中華大典

# 醫藥衛生典

四川出版集團·巴蜀書社

# 中華大典·醫藥衛生典

# 藥學分典

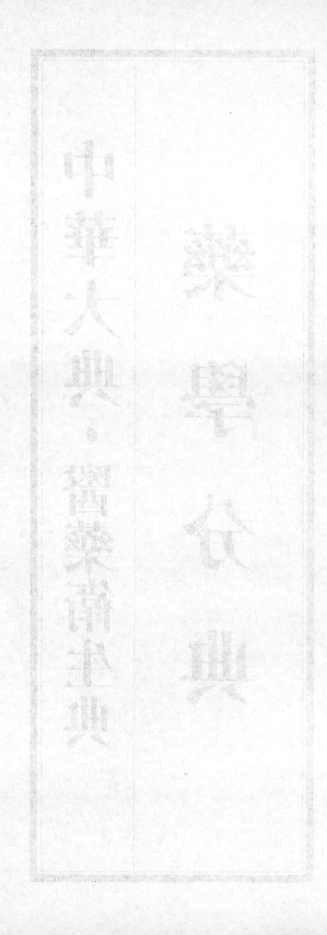

# 《藥學分典》總目錄

**第四册**

藥物總部

草部一

**第五册**

藥物總部

草部二

**第六册**

藥物總部

穀豆部

菜部

**第七册**

藥物總部

果部

藤蔓部

**第八册**

藥物總部

木部

製釀部

器用部

**第九册**

藥物總部

蟲部

介甲部

蛇蜥部

魚部

**第十册**

藥物總部

禽鳥部

獸部

人部

引用書目

藥名索引

# 藥學分典　三

## 藥物總部

# 目録

## 金石部

## 地衣苔蘚部



## 蕨部

# 《藥物總部》提要

《藥物總部》是《藥學分典》中內容最龐大的一個總部，下列『部』與『分部』兩級經目。其中一級經目按藥物自然屬性分二十三個部。鑒於各部藥物內容相對獨立，為方便使用，本分典將本總部分八册，各自獨立成書。這八册在整個分典的位置及所屬各部名稱參見前《藥學分典》總目録。本總部藥物的編排順序與先行出版的《本草圖録總部》基本相同，僅少數藥物的位置有所調整。

本總部收載的動物藥中，不乏當今已列為重點保護的野生動物（如犀牛、虎、麋鹿等）。本分典為保存古代醫藥文獻而收載這些動物的有關史料，但反對將這些珍稀動物用作藥物。

本總部在緯目『綜述』及『雜録』下設專題名，即單味藥的正名。單味藥在本總部中為最小單元，其正名乃從該藥諸多名稱中遴選得來。正名之下諸書所出藥名雖有不同，但據其文字描述或藥圖（須參《本草圖録總部》）所示，均屬同一藥物。本總部共收載藥物四千三百零二種。各藥條下的主要内容有基原鑒别、生長地區與環境、采收時月、炮製、性味良毒、七情、功用主治、相關附方等。

由於本分典的編纂宗旨在於全面客觀地反映中國古代藥物學的豐富内容，因此必須尊重古代某些傳統分類法，以容納古代曾出現過某些特殊藥物。本此原則本總部設置了火、水、土、製釀、器用等部。其他部的設置大體按礦物、植物、動物為序，主要采用傳統分類名稱（如草部、菜部、果部、藤蔓部、木部、蟲部、魚部、獸部、人部等）。但在尊重古代傳統分類的同時，又再細化類別。例如藻菌、地衣苔蘚、蕨部屬於低等植物，今從古代『草部』分出。古代籠統的蟲、魚部，今則細分為蟲、介甲、蛇蜥、魚四個部，以盡量貼近動物進化分類序列。此外各部下的某些分部（如蟲部下的濕生分部、卵生分部、兩棲分部）乃爲兼顧傳統分類與現代分類而設。

本總部體現現代分類進展及中藥鑒別最新成果之處，主要是部或分部下的藥物排列方式。例如動植物類各部及分部下的藥物，一般都按現代分類法，將同科的動植物集中相鄰排列，並將包含常用藥居多的動植物科屬排在前面。例如『草部・山草分部』的緯目『綜述』之下，依次是甘草、黃耆、苦參（豆科）、人參、竹節參、珠兒參、三七、西洋參（五加科）、桔梗、沙參、薺苨、黨參（桔梗科）等。

本總部單味藥的確定，以藥物基原為主。同一基原的動植物，其藥用部分可有多種。例如桑的樹皮（桑白皮）、樹葉（桑葉）、果實（桑椹）等均可入藥。對此情況，按古代本草慣例，取其常用部位歸類。故桑雖列入木部，但不再把各藥用部位拆分，仍在桑條下表述其不同藥物部分的功用。又，鑒於本總部未設花部，因此某些花類藥往往據其植物屬性，分別散入草、木等部，或附在同基原常用藥用部位所屬部類之中，例如『梅花』權且附在『梅』（烏梅、白梅）之後。

本總部藥物基原的確定，主要依據文字描述與藥圖。在充分汲取國内外中藥鑒定的最新成果的基礎上，編纂人員又逐一對以往尚無研究的藥物進行考訂，采用『以形相從』的方法，盡力確定其科屬或近似的分類位置。對缺乏形態描述與圖形的藥物，則多采『以名相從』之法，將其排在名稱近似藥物之後。例如《滇南本草》中基原不明的白雲參、還元參、土人參、黃參等藥，均附列在人參之後。若名稱亦無相似者，則依據古本草『有名未用』舊例，將不明來源的藥物集中起來，排列在相關的部或分部之末，設經目

『某部藥存疑』，或在緯目『雜錄』中予以表現。

本總部的文字編排及標記體例，除遵從大典總體要求外，針對本分典的特點，有如下需說明之處：

《證類本草》一書的《神農本草經》《名醫別錄》《藥對》三書文字雜糅在一起，原書采用『白大字』（大號陰文）表示《神農本草經》，『黑大字』（大號陽文）表示《名醫別錄》文，『黑小字』（小號陽文）表示《藥對》文。對此類條文，本分典將『白大字』用五號黑體，『黑大字』用五號宋體表示，『黑小字』用小五號宋體，並在文獻出處後的六角符號『〔 〕』中，用同體、同號字標出各書名，以提示原本混排之三書文字的區別。又，《證類本草》除采用陰陽文、大小字之外，還用特定文字（如『今定』、『新補』等）及特殊符號（如墨蓋子）來表示文字出處。為適應《中華大典》體例，使讀者一目了然知其明確出處，本總部一律增補該書所引原書之名。另外，對少數本草書采用的特殊標記，本分典在不與大典統一標記衝突的前提下，用其他符號予以替代。例如《本草品彙精要》將藥品分為二十四項，每項名稱用黑魚尾括注。由於此標記與大典省略文字標記相同，故本分典將其改為白魚尾。

《藥物總部》之末，附『藥名索引』。進入索引的藥名僅限於藥物正名。

# 藥物總部

## 火部

### 題解

**宋・李昉《太平御覽》卷八六八火部一**　《易》曰：水流濕，火就燥。又曰：燥萬物者，莫熯呼旱切乎火。

《書》曰：五行：二曰火。火曰炎上。炎上作苦。

《周禮》曰：司爟掌行火之政令，四時變國火，以救時疾。季春出火，民咸從之。季秋內火，民亦如之。　又曰：《秋官》司烜氏掌以夫燧取明火於日。

**宋・李昉《太平御覽》卷八六九火部二**　《王子年拾遺記》曰：申彌國去都萬里有燧明國，不識四時晝夜。其人不死，厭世而升天。國有火樹名燧木，屈盤萬丈，雲霧出於中間。折枝相鑽，則火出矣。後世聖人變腥臊之味，遊日月之外，以食救萬物，乃至南垂，目此樹表，有鳥若鴞，以口啄樹，粲然火出。聖人感焉，因取小枝以鑽火，號燧人氏，在庖羲之前，則火食起乎茲矣。

《莊子》曰：木與木相摩則燃，金與火相守則流。陰陽錯行，則天地大駭，於是乎有雷有霆。水中有火，乃焚大槐。　又曰：利害相摩，生火甚多，眾人焚和。

《管子》曰：黃帝作鑽燧出火，以熟葷臊。

《淮南子》曰：老槐生火，久血為磷，人弗怪也。

《呂氏春秋》曰：伊尹說湯五味，九沸九變，火為之紀。

《博物志》曰：燧人鑽木而造火。　又曰：臨邛有火井一所，縱廣五尺，深二三丈，在縣南百里。昔人以竹木投之以取火。諸葛丞相往觀視後，火轉盛。以盆著井上，煮鹽得鹽。後人以家燭火投井中，火即滅，迄今不復然也。　又曰：臨邛有火井，深六十餘丈，火光上出。人以筒盛火，行百餘里，猶可燃也。　又曰：積油萬石，則自然生火。晉泰始中武庫火，積油所致。

《禮含文嘉》曰：燧人始鑽木取火，炮生為熟，令人無腹疾，遂天之意，故為燧人也。

《古今注》曰：陽燧，以銅為之，形如鏡，向日則火生，以艾炷承之得火也。

**明・李時珍《本草綱目》卷六火部**　李時珍曰：水火所以養民，而民賴以生者也。本草醫方，皆知辨水而不知辨火，誠缺文哉。火者南方之行，其文橫則爲☲卦，直則爲火字，炎上之象也。其氣行于天，藏于地，而用于人。太古燧人氏上觀下察，鑽木取火，教民熟食，使無腹疾。《周官》司烜氏以燧取明火于日，鑒取明水于月，以供祭祀。司爟氏掌火之政令，四時變國火以救時疾。《曲禮》云：聖王用水火金木，飲食必時。則古先聖王之于火政，天人之間，用心亦切矣，而後世慢之何哉？今撰火之切于日用灸焫者凡一十一種，爲火部云。

**清・穆石匏《本草洞詮》卷二**　火部　水火所以養民，而民賴以生者也。《本草》醫方皆辨水而不辨火，誠闕文哉。火者，南方之氣，行于天，藏于地，而用于人。太古燧人氏上觀下察，鑽木取火，教民熟食，使無腹疾。《周官》司爟氏掌火之政令，四時變國火以救時疾。古先王之于火政，用心亦切矣。性氣功用，惡可無辨。

**清・陳士鐸《本草新編》〔抄本〕卷五**　火　火性不同，皆可炊□□焚，今世取火，大約□□□□□□□□□□火也。其實火之資益，關於疾病壽夭□□□□□□□□□□火，非無意也。今人不講者，以爐灶石火，取□□□□□□□□□□之法，誰知鑽燧之火，有益於人不淺乎。我今闡發其義□□□君子採擇焉。春宜取榆柳之火，蓋榆柳之氣，得春氣最早□□葉先百木而青，取其火以生春氣，則一春無鬱結之病也。夏宜取棗杏之火，蓋棗杏之氣，得夏氣最全，故其心純赤，取其火以長夏氣，則一夏無吐瀉之病也。秋宜取柞楢之火，蓋柞楢之氣，得秋氣俱多，故其理皆白，取其火以收秋氣，則一秋無瘧痢之病。冬宜取槐檀之木，蓋槐檀之木，得冬氣甚堅，□□□□火以藏冬氣，則一冬無寒凜之病也。長夏宜取桑柘之□□□柘之木，得長夏和氣，故其肌為黃，取其火以合四時之□□□夏無濕熱之病也。上古之人，無有疴疾者，雖性情恬□□□□火之益也。今世所用□灶之火，此傳薪之□□□□□□□未免雜而不純，烏能却病哉。至於石中□□□□□□□□損，又不若傳薪之火矣。夫延年即□□□□□□□□□□以益壽哉？修仙之士，專尚水火，可不留□□。

**清·沈李龍《食物本草會纂》卷二**　沈雲將曰：火者，五行之一。造化兩間，生殺萬物，顯仁藏用，神妙不測。本草醫方，多詳于辨水，而略于辨火，即如施山公所輯《食物本草》頗為世所鑒賞，亦不載火部，誠為不解。不知火者，南方之行，其文橫則為☲卦，直則為火字，炎上之象也。太古燧人氏仰觀俯察，知空中有火，麗木則明，遂鑽木取火，教民熟食，使無腹疾。《周官》司烜氏以燧取明火于日，鑒取明水于月，以供祭祀。司爟氏掌火之政令，四時變國火以救時疾。《曲禮》云聖王用水火金木，飲食必時，則古先聖人之于火政天人之間，用心亦切矣。況當今士農工商，無人不飲烟火，自晨至暮，恣意呼吸，刻不容緩，火之于人，不亦重乎！至五行，皆一獨火有陽火、陰火之分。諸陽火遇草而焫，得木而燔，可以濕伏，可以水滅。諸陰火不流草木而流金石，得濕愈焰，遇水益熾，以火逐之，以灰撲之，則灼性自消，光焰自滅。此外，又有蕭丘之寒火，蕭丘在南海中，上有自然之火，春生秋滅，生一種木，但小焦黑。出《抱朴子外篇》。又陸游云：火山軍，其地鋤耘深入則有烈焰，不妨種植，亦寒火也。澤中之陽焰，狀如火焰，起于水面，出《素問》王冰註。野外之鬼磷，多火色青，其狀如炬，或聚或散，俗呼鬼火，或云諸血之燐光也。金銀之精氣，凡金銀玉實，皆夜有火光。此皆似火而不能焚物者也。至于樟腦猾髓，皆能水中發火。樟腦見水部，猾髓見獸部。濃酒積油，得熱氣則火自生。燒酒、醇酒得火氣，則自焚。油滿百石，則火自生，油紙、油衣、油鐵得熱蒸激，皆自生火也。南荒有厭火之民，國近黑崑崙，人能食火炭。食火之獸。《原化記》云：禍斗獸，狀如犬，而食火，糞復為火，能燒人屋。西戎有食火之鳥，駝鳥見禽部。火鴉、蝙蝠能食焰烟，火黿、火鼠生于火地。火黿見介部黿下，火鼠見獸部鼠下。此皆五行物理之常，而乍聞者，目為怪異者也。李時珍論之詳矣，不切于日用，概不詳載，謹輯火之切于日用炙焫者凡十種為火部。

**清·张璐《本經逢原》卷一**　諸火　北方炊食都用煤火，以地屬坎，足勝其氣，且助命門真火。人食煤火，長氣於陰，所以膂力強壯。南人食之，多發癰毒。受其毒者，以齏汁解之，然煤火處，置大缸水於旁，則毒從水解。南方炊食都用薪火，人食薪火，長氣於陽，氣多輕浮不實，不似北方之稟氣剛勁也。○凡煎補藥，文火緩煎；瀉藥，武火急煎。煎膏用桑柴火最良。《抱朴子》云：一切神仙藥，不得桑柴不服。然不若煎收並用文火，則不傷藥性。○上古炊食都用燧火，是為陽火。今皆擊石取火，則陰火也，用以炊食猶之可也，若點艾炷尤非所宜，灸艾宜取太陽真火，否則真麻油燈，艾莖點於炷上，則灸瘡至愈不痛。○神鍼火治寒濕痹、附骨陰疽，凡在筋骨隱痛者鍼之，火氣直達病所。○燔鍼即燒鍼，病在經筋所發諸痹，用之其效最捷。《經》云：治在燔鍼劫刺，以知為度，以痛為愈。○馬矢煴煨風痹藥，取其性緩，通行經絡也。○葦薪火炊瀉陽藥，取其輕揚，不損藥力，二者皆《內經》法也。○燈火焠小兒諸驚及頭風腦痛、風痹緩急，以油能解風毒，火能通經絡也。○燈花治小兒邪熱在心，夜啼不止，以二三顆燈心湯調，抹乳吮之。○燭燼治疔腫，同胡麻、鍼砂等分為末，和醋敷之。治九漏，與陰乾馬齒莧等分為末，和臘豬脂敷之，取烏桕之餘力，以化歹肉也。至於煙草之火，方書不錄，惟《朝鮮誌》見之，始自閩人吸以祛瘴，向後北人藉以辟寒，今則遍行寰宇，豈知毒草之氣，熏灼藏府，遊行經絡，能無壯火散氣之慮乎？近日目科內障丸中，間有用之獲效者，取其辛溫散冷積之翳也。不可與冰片同吸，以火濟火，多發煙毒。不可以藤點吸，恐其有蛇虺之毒也。吸煙之後，慎不得飲火酒，能引火氣熏灼藏府也。又久受煙毒而肺胃不清者，以砂糖湯解之。煙筒中脂汙衣上，滌之不去，惟嚼西瓜仁揉之即淨，其滌除痰垢之力可知。世以瓜子仁生痰，不亦謬乎。

**清·浦士貞《夕庵讀本草快編》卷一**　火類總論　火者南方之行，其文橫則為卦，直則為火，炎上之象也。有氣無質，生殺萬物。五行各一，惟火有二，曰陰火也，陽火也。其綱凡三，其目凡十有二。所謂三者，天火、地火、人火也；所謂十有二者，天之火四，地之火五，人之火三也。試申言之，天之陽火二，太陽與星精也；天之陰火二，龍火、雷火也。地之陽火三，鑽木、擊石、戛金也；地之陰火二，石油之火、水中之火也。人之陽火一，丙丁君火也；人之陰火二，命門與三焦也。合而言之，陽火六，陰火亦六，共十二焉。凡陽火遇草而焫，得木而燔，可以濕伏，可以水滅。諸陰火不焚草木而流金石，得濕愈焰，遇水愈熾。若以火逐之，以灰撲之，則灼性自消，光焰自滅。故人能善反于身，上體于天，下驗于物，則君火相火、正治從治思過半矣。然烹飪之長，助藥之力，又在用之得宜。且火無定體，因物而生，金石之火烈于草木，故《周禮》司烜氏鑽燧取火，以救民疾是也。桑木能利關節、養津液，得火則拔引毒氣而祛風寒，仙藥不得桑煎不服，謂其為箕星之精，火中最貴爾。陳蘆、枯竹，則性緩而不悍。生炭、糠煨，取長暖而力勻。燈火、燈花，療驚風而止驚啼。艾火、神針，舒筋骨而殺勞瘵。此數者蓋有益于人而又專祛疾者也。外有蕭丘之寒火，澤中之陽焰，野外之鬼燐，金銀之精氣，雖云似火而不能焚物。至于樟腦、獺髓能于水中發火，濃酒、積油得熱則焚。南荒有饜火之民，食火之獸。西戎有食火之鳥，火鴉蝙蝠能食焰烟，火龜火鼠生于火地，乃五行物理之常，而乍聞者目為怪異，蓋未深造乎理故爾。復有至人入水不溺，入火不焚，入金石無礙，步日月無影，與道合真，此又不假凡火而生壽敝天地者矣！

附考：按《周禮》鑽燧取新火以為飲食，使歲氣無亢不及，以救民之時疾也。榆、柳先百木而青，故春取之；杏、棗之木心赤，故夏取之；柞、楢之木理白，故秋取之；槐、檀之木心黑，故冬取之；桑、柘之木肌黃，故季夏取之。天文大火之次于星為心；季夏龍見于辰而出火，于時為暑；季冬龍伏于戌而納火，于時為寒。順天道而百工之作息皆因之，以免水旱災祥也。後世寒食禁火，俗傳介之推事謬矣！

**清・章穆《調疾飲食辯》卷一上**　火　《綱目》曰：水火皆所以養民者也。太古燧人氏鑽木取火，教民熟食，使無腹疾。《周官》司烜氏以燧取明火於日，鑒取明水於月，以供祭祀。司爟氏掌火之政令，四時變國火以救民疾。春取榆、柳之火，夏取杏、棗之火，季夏取桑、柘，秋取槐、檀，冬取柞、楢之火。季春龍見於辰而出火，於時為暑。季秋龍伏於戌而納火，於時為寒。後世寒食禁火，乃季春改火遺意。觀唐時清明日，賜百寮新火，新字可見矣。俗作介推以是日焚死，故禁火，豈不謬哉。按：先王之世，火政如此，似乎近迂。且所云順天道，而百工之作息皆因之，以免水旱災祲之流行，其理尤不可信。今惟戛石取火，或以玻瓈照日取火，得火之由，只此二法。火幾無日不新，於養生療疾未見其有害也。《綱目》論火乃遠扯君火、相火，及周濂溪聖人定之以中正仁義而主靜，朱紫陽人心、道心諸說，一派空談，全無實際。醫家不宜有此。蓋火之優劣，視乎薪炭，故桑樹可以烹老黿，軒轅墓上千年華表可以照狐魅。次視乎文武久暫之候，故丹經有溫養之文，內典有烈焰燒空之喻，而養生療疾於此外，又奚足辯乎。

**清・俞樾《茶香室叢鈔・四鈔》卷七**　灸病避八木　宋太醫局程文：劫病之法，當以灸而爲先。灼艾之術，必以火而成效。聖人取燈燭之火者，欲其潤而無忌。古法避八般木：松木火難差增病，柏木火傷神多汗，竹木火傷筋目暗，榆木火傷骨失志，桑木火傷肉肉枯，棗木火內傷吐血，枳木火大傷氣脈，橘木火傷榮衛經絡。按灸病忌此八木之火，今人不知也。然《周書・月令》更火之法，榆、桑、棗皆在所取，不知何以醫家避之。

## 綜述

陽火陰火

**明・李時珍《本草綱目》卷六火部**　陽火陰火《綱目》

【集解】李時珍曰：火者，五行之一，有氣而無質，造化兩間，生殺萬物，顯仁藏用，神玅無窮，火之用其至矣哉。愚嘗繹而思之，五行皆一，惟火有二。二者，陰火、陽火也。其綱凡三，其目凡十有二。所謂三者，天火也，地火也，人火也。所謂十有二者，天之火四，地之火五，人之火三也。試申言之，天之陽火二：太陽，真火也；星精，飛火也。赤物暾暾，降則有灾，俗呼火殃。天之陰火二：龍火也，雷火也。龍口有火光，霹靂之火，神火也。地之陽火三：鑽木之火也，擊石之火也，戛金之火也。地之陰火二：石油之火也，見石部石腦油。水中之火也。江湖河海，夜動有火。或云水神夜出，則有火光。人之陽火一，丙丁君火也。心、小腸，離火也。人之陰火二：命門相火也，起於北海，坎火也，遊行三焦，寄位肝膽。三昧之火也。純陽，乾火也。合而言之，陽火六，陰火亦六，共十二焉。諸陽火遇草而焫，得木而燔，可以濕伏，可以水滅。諸陰火不焚草木而流金石，得濕愈焰，遇水益熾。以水折之，則光焰詣天，物窮方止；以火逐之，以灰撲之，則灼性自消，光焰自滅。故人之善反於身者，上體於天而下驗於物，則君火相火、正治從治之理，思過半矣。此外又有蕭丘之寒火，蕭丘在南海中，上有自然之火，春生秋滅。生一種木，但小焦黑。出《抱朴子外篇》。又陸游云：火山軍，其地鋤耘深入則有烈焰，不妨種植，亦寒火也。澤中之陽焰，狀如火焰，起於水面。出《素問》王冰註。野外之鬼磷，其火色青，其狀如炬，或聚或散，俗呼鬼火。

或云諸血之燐光也。金銀之精氣，凡金銀玉寶，皆夜有火光。此皆似火而不能焚物者也。至於樟腦、猾髓，皆能水中發火；樟腦見木部，猾髓見獸部。濃酒、積油，得熱氣則火自生。燒酒、醇酒，得火氣則自焚。油滿百石，則火自生。油帟、油衣、油鐵，得熱蒸激，皆自生火也。南荒有厭火之民，國近黑崑崙，人能食火炭。食火之獸。《原化記》云：禍斗獸，狀如犬而食火，糞復爲火，能燒人屋。西戎有食火之鳥，駝鳥，見《禽部》。火鴉蝙蝠，能食焰煙；火龜火鼠，生於火地。火龜見介部龜下，火鼠見獸部鼠下。此皆五行物理之常，而乍聞者目爲怪異，蓋未深詣乎此理故爾。復有至人，入水不溺，入火不焚，入金石無礙，步日月無影。斯人也，與道合真，不知其名，謂之至人。蔡九峰止言木火、石火、雷火、水火、蟲火、燐火，似未盡該也。

震亨曰：太極動而生陽，靜而生陰，陽動而變，陰靜而合，而生水火木金土，各一其性。惟火有二：曰君火，人火也；曰相火，天火也。火內陰而外陽，主乎動者也，故凡動皆屬火。以名而言，形氣相生，配於五行，故謂之君；以位而言，生於虛無，守位稟命，因其動而可見，故謂之相。天主生物，故恒於動；人有此生，亦恒於動。動者，皆相火之爲也。見於天者，出於龍雷則木之氣，出於海則水之氣也；具於人者，寄於肝腎二部，肝木而腎水也。膽者肝之腑，膀胱者腎之腑，心包絡者腎之配，三焦以焦言，而下焦司肝腎之分，皆陰而下者也。天非此火不能生物，人非此火不能自生。天之火雖出於木，而皆本乎地。故雷非伏，龍非蟄，海非附於地，則不能鳴，不能飛，不能波也。鳴也，飛也，波也，動而爲火者也。肝腎之陰，悉具相火，人而同乎天也。然而東垣以火爲元氣之賊，與元氣不兩立，一勝則一負者，何哉？周子曰：神發知矣。五性感物而萬事出。有知之後，五者之性，爲物所感而動，即《內經》五火也。五性厥陽之火，與相火相扇則妄動矣。火起於妄，變化莫測，煎熬真陰，陰虛則病，陰絶則死。君火之氣，經以暑與濕言之；相火之氣，經以火言之，蓋表其暴悍酷烈甚於君火也。故曰相火元氣之賊。周子又曰：聖人定之以中正仁義而主靜。朱子曰：必使道心常爲一身之主，而人心每聽命焉。夫人心聽命而又主之以靜，則彼五火之動皆中節，相火惟有裨補造化，以爲生生不息之運用爾，何賊之有。或曰：《內經》止於六氣言火，未言及臟腑也。曰岐伯歷舉病機一十九條，而屬火者五。諸熱瞀瘛，皆屬於火；諸逆衝上，皆屬於火；諸躁狂越，皆屬於火；諸禁鼓慄，如喪神守，皆屬於火；諸病胕腫，疼酸驚駭，皆屬於火，是也。劉河間云：諸風掉眩屬於肝，風火也；諸氣膹鬱屬於肺，燥火也；諸濕腫滿屬於脾，濕火也。諸痛痒瘡屬於心，鬱火也。是皆火之爲病，出於臟腑者然也。以陳無擇之通敏，猶以暖温爲君火，日用之火爲相火，無怪乎後人之聾瞽也。

**清·顧元交《本草彙箋》卷一〇** 陽火陰火火之一 陽火陰火，凡十有二。蓋天之火四，地之火五，人之火三也。天之火四者，陽火二，太陽真火也，星精飛火也。陰火二，龍火也，雷火也。地之火五者，陽火三，鑽木之火也，擊石之火也，戛金之火也。陰火二，石油之火也，水中之火也。人之火三者，陽火一，丙丁君火也，即心與小腸。陰火二，命門、相火也。起于北海坎宮，遊行三焦，寄位肝膽，三味之火也，指純陽乾火。合而言之，陽火六，陰火亦六，共十二焉。諸陽火遇草而焫，得水而燔，可以濕伏，可以水滅。諸陰火不焚草木，而流金石，得濕愈焰，遇水益熾，以水折之，則光焰詣天，物窮方止，以火逐之，以灰撲之，則灼性自消，光焰自滅。故反之，人身治陽火者，利用降，治陰火者，利用升，均之內虛火動也。李東垣主助陽，朱丹溪主助陰，各有攸當。凡人脾胃氣虛，元氣不足，而心火獨盛，心不主令，相火代之。相火者，下焦包絡之火，元氣之賊也。脾胃氣虛則下陷，陰火得以乘其土位，故氣高而喘，身熱而煩，其脈洪大而頭痛，或渴不止，故以柴胡、升麻，佐參、芪、歸、术，非特從陰位升出陽氣，行春生之令，乃是順其性而揚之，蓋治陰火法也。若瘵之所損者，精也。離中之一陰，即坎也。坎中之一陽，即離也。陽無體，以陰爲體。陰虧則陽無所附，而不得不恣其炎上之性，以爲嘔血咳嗽，骨蒸之症矣。非質重味厚，陰中之陰者，安能固其陽根而斂之，使返於宅乎？故曰精不足者，補之以味，地黃丸是也。形不足者，温之以氣，補中益氣湯是也。

**題清·徐大椿《藥性切用》卷七** 陽火陰火 五行各有陰陽，而火之陰陽為尤著，天之陽火，太陽真火，星精飛火。天之陰火，龍火雷火，火精伏火。地之陽火，鑽木之火，擊石戛金之火。地之陰火，石油之火，水中之火。人之陽火，君火、相火。人之陰火，失位之火。

**清·趙學敏《本草綱目拾遺》卷二火部** 陽火陰火 火有陰陽，乃太極之妙蘊。人盡以火為純陽，不知有陰火，惟聖人知之。故離卦中虛，陽中有陰也。坎卦中實，陰中有陽也。(火)〔天〕地生物亦然，陽火無質，以物為質，然後寄其形以燃物。陰火有質，不必寄形於物，而不能盡焚諸物。蓋陽火乃火之魂，屬陽，氣熱。陰火乃火之魄，屬陰，氣不熱。瀕湖統十二火以分陰陽，其曰天之陽火二：太陽〔真〕火，星精飛火。地之陽火三：鑽木火，擊石火，戛金火。人之陽火一：丙丁君火。夫太陽炙背即暖，星精火有光有聲，其墜地之初，如燔石，手不可近。鑽木之火，鑽與木皆熯熱有烟。擊石戛金，必兩物摩盪，熱則火出，皆有火氣。人身君火所呵出之氣，天雖極寒，而人氣無不熱，此皆陽火，為火之魂，氣雖熱，必寄形於物乃燃，故水晶取日中之火，承艾而烟起。火殃為飛星之精，入土乃起焚房屋。鑽木擊石戛金，非物受其火不能存也。人身丙丁火能解犀角，散積陰之氣，已不啻寄其身而焚之也，其氣皆猛烈可知。其曰天之陰火二：龍火，雷火。地之陰火二：石油火，水中火。人身之陰火二：命門相火，三昧真火。龍火不能焚物，止能焚砂石。蓋龍本純陽，而火反陰者，以陽為體，以陰為用也。雷火不能焚物，能焚金鐵。蓋雷之擊物必有聲，其用屬陽，而其體屬陰也。砂石本土之餘氣，為先天火，結以陽體，焚之金鐵，為水之母。本陰精而即以陰體鎔之，此五行生尅之妙也。石油能於水中生火，凡水中一切物，非石油不能焚之，水中火本鹹精，故海水入夜則明，至陰之氣不能焚物也。命門相火即人身慾火，與三昧真火皆能自焚，不能焚物，此皆陰火，為火之魄，氣不熱，不必寄形於物，而有能焚、不能焚之別。非若陽火之遇物無不消鎔也。瀕湖僅列其名，又不晰言其故，且其主治功用，又皆晦之。故特為詳述以補。

太陽火　除濕，止寒澼，舒經絡。痼冷，以體曝之，則血和而病去。冬月以舊帛曬，受陽氣，覆體，皆能却疾。補脾養胃，作醬日曬，受日氣多，人食之，多補脾胃。久服長生。養生家有服日光法。

星精飛火　辟伏尸，陳子靜《養生註》云：火殃即流星之精，入土中，其地有伏尸皆遠去。增志慮，聰明。《談道錄》有製星精米法，以白米露星月下百日，承受星精，小兒食之，多聰明，增神智，且辟邪除瘧。

### 諸陰火

**清・趙學敏《本草綱目拾遺》卷二火部**　龍火

龍起石中，石內必有焦裂處，乃龍口火所燒也，刮其石末煎湯，治痞膈如神，以石受龍火之氣，無堅不破也《海上格物論》。

雷火　其震木有硫黃氣者，得雷火之氣也。能治驚癇邪祟，合辟瘟丹加用最妙。

**清・趙學敏《本草綱目拾遺》卷二火部**　水中火　著體能潰肉腐爛，可摩風氣。

相火、三昧火　凡人皆不能運用，惟有道之士能運以療病，起死回生。相火能結舍利，成堅固子，三昧火能殺精魅。

### 燧火

**明・李時珍《本草綱目》卷六火部**　燧火《綱目》

〔集解〕時珍曰：《周官》司爟氏四時變國火以救時疾，季春出火，季秋納火，民咸從之。蓋人之資于火食者，疾病壽夭生焉。四時鑽燧，取新火以爲飲食之用，依歲氣而使無亢不及，所以救民之時疾也。榆柳先百木而青，故春取之，其火色青。杏棗之木心赤，故夏取之，其火色赤。柞楢之木理白，故秋取之，其火色白。槐檀之木心黑，故冬取之，其火色黑。桑柘之木肌黃，故季夏取之，其火色黃。天文大火之次，于星爲心。季春龍見于辰而出火，于時爲暑。季秋龍伏于戌而納火，于時爲寒。順天道而百工之作息皆因之，以免水旱灾祥之流行也。後世寒食禁火，乃季春改火遺意，而俗作介推事，謬矣。道書云竈下灰火謂之伏龍屎，不可爇香事神。

**明・姚可成《食物本草》卷二一火部**　燧火李時珍曰：【略】　榆柳火　主助春生之氣，利肝膽，調筋脉。　棗杏火　〔主滋〕蕃茂之氣，養心血，通神明。

柞楢火　主斂耗散，〔秉肅〕清，利肺而滋〔水源，制陽〕而益精髓。

槐檀火　主補腎臟，益陰血，使遍體〔調和〕，周身通暢。

桑柘〔火〕　〔主補脾〕胃，壯真元。

**清・王道純《本草品彙精要續集》卷一**　燧火《本草綱目》：主救人四時之疾，因時鑽取，因病而用。五色之火，煎五臟之藥《品彙續集》。〔名〕榆柳木火、杏棗木火、桑柘木火、柞楢木火、槐檀木火。〔時〕生：四時四季。採：春夏、季夏、秋冬取之。〔用〕取於四時，配合五臟。〔質〕榆柳先百木而青，故春取之，其火色青；杏棗之木，心赤，故夏取之，其火色赤；桑柘之木，肌黃，故季夏取之，其火色黃；柞楢之木，裏白，故秋取之，其火色白；槐檀之木，心黑，故冬取之，其火色黑。〔色〕青、赤、黃、白、黑。〔性〕熱。〔氣〕上炎升也，陰中之陽也。〔治〕李時珍云：《周官》司爟氏四時變國火以救時疾，季春出火，季秋納火，民咸從之。蓋人資於火食者，疾病壽夭生焉。因時鑽燧取新火，以爲飲食之用。依歲氣而使無亢不及，所以救民之時疾也。〔禁〕道書云：竈下炭火，謂之伏龍屎不可爇香祀神。

〔解〕天文：大火之次於星爲心。季春龍見於辰而出火，于時爲暑。季秋龍伏於戌而納火，于時爲寒。順天道而百工之作息皆因之以免水旱災傷之流行也。〔贋〕後世寒食禁火，乃季春改火遺意，而俗作介推事，謬矣。

**清·汪紱《醫林纂要探源》卷三**　木燧火　《周禮》司爟掌四時變國火以救時疾。如春有痟首疾，夏月瘡疥疾，秋有瘧疾，冬有欬逆疾，此四時之疾也。春取榆、柳之火，夏取棗、杏之火，夏季取桑、柘之火，秋取柞、楢之火，冬取槐、檀之火，此四時變國火以救時疾也。仲春寒食，令民息其火，次日清明，乃燧取榆、柳新火，以偏布用之。至小暑前一日，又息其火，而取棗、杏之火。季夏大暑前一日，又息其火，而取桑、柘之火。季秋前一日又息其火，而取柞、楢之火。季冬前一日又息其火，而取槐、檀之火，此如大儺王儺國儺及藏冰開冰之意，使四時之令隨所取之火而舒也。鑽木可以取火，今海外諸番，猶用此法，雖不及擊石之易，然其道古矣。舒民志意，易氣移神。此就改火之意言之。榆、柳色青，故春取其火，以達肝氣。棗、杏色赤，故夏取其火以達心氣。桑、柘色黃，故夏季取其火以達脾氣。柞、楢色白，故秋取其火以達肺氣。槐、檀色黑，故冬取其火以達腎氣。蓋春病痟首，肝風也。夏病瘡疥，心火也。夏季泄瀉，脾濕也。秋病瘧瘧，清燥也。冬病欬逆，寒閉也。故四時改火，以達其氣如此。　石火：便民致用。兩間之物，莫不含陽而生，陽氣之動則發為火。故木、石、金、寶之類，燧之皆可得火。硫黃，土中之火也。湯泉，由土中火使之熱也。雷則土中之火，因地氣上騰而發者。至於水中有火，則滇蜀之間有火井。故火無往而不在，泯於無形，用之以時可有，不用亦一時可熄，熄之未嘗滅，用之未嘗留，天下之至神者，故於人為心為神明，寂然不動，感而遂通天下之故焉。然有所謂君火、相火，何也？曰：火亦非有二，以其得於陽以生，而有炎熱之氣，有長養萬物之機，有變化萬物之用，則謂之相火。以其陽德之發為光明，而有炳照萬物之光，有宰制萬事之權，有靈妙不測之用，則謂之君火。故君火惟一，相火則本於命門，動於肝膽，熏蒸脾胃，行於三焦，無在不有，猶木、石、土、水中皆有火，隨燧而即得，隨所動而輒生。其發為光明，則主於一也。凡火之出，惟燧出之。相火之動，惟心使之。故心火，君也。相火，欲其熱，不欲其燎原。君火，欲其明，不欲其逐物，明滯於物，則火必燎原矣。故君子觀於木石之有火，而知養生焉。

**清·汪紱《醫林纂要探源》卷三**　明火　以金燧取於日而得者。金燧者，鍊精銅為鑒，吸取日光，以艾茸承其光則火炎矣。古人以供祭，交鬼神，燔膟膋，蕭合黍稷，又爇荊灼龜以卜。今廣中有火珠火鏡，乃琢玻璃為之，亦可聚日光以取火。舒肝潤腎，明志意，動魂氣，合冥莫，感神靈。火非可服食，何以舒肝潤腎，人見火光，則氣血自覺舒展，志意自覺欣動，魂氣寧壹，志已默通於鬼神矣。

**題清·徐大椿《藥性切用》卷七**　燧火　鑽木取火，木為火母，性緩不燥。金石取火，擊烈火暴，火燥性急。今人嗜烟酒，多燥火之患。

**清·趙學敏《本草綱目拾遺》卷二火部**　鑽木火　除瘟疫，却四時不正之氣。《周禮》司爟掌火政，四時變火以救時疾，即此。　殺精魅。凡一切山魈木怪，年老精魅，用千年古柏，不得以凡火燃，須鑽木按時取火燃之。【略】

擊石火　宜鍼灸百病，取其含陰氣於陽中，有太極之妙。張石頑以石取火為陰火，云不宜以之灼艾，以太陽取於陽燧者為陽火，宜灸病。不知石雖陰質，非真火蘊結則不成形。凡石中皆有火，火石較他石尤火多而易取者，以此石獨受太陽之氣厚也。石陰而火陽，必受擊乃出，火多者且有矻炸聲，若陰火則無聲矣。故瀕湖列為地之陽火，石頑以為陰火，未免拘墟之見耳。

戞金火　能散鬼磷野祟，戞金取火照之，即滅跡。

桑柴火

**明·李時珍《本草綱目》卷六火部**　桑柴火《綱目》

〔主治〕癰疽發背不起，瘀肉不腐，及陰瘡瘰癧流注，臁瘡頑瘡，然火吹滅，日灸二次，未潰拔毒止痛，已潰補接陽氣，去腐生肌。凡一切補藥諸膏，宜此火煎之。但不可點艾，傷肌時珍。〔發明〕震亨曰：火以暢達拔引鬱毒，此從治之法也。時珍曰：桑木能利關節，養津液。得火則拔引毒氣，而祛逐風寒，所以能去腐生新。《抱朴子》云：一切仙藥，不得桑煎不服。桑乃箕星之精，能助藥力，除風寒痹諸痛，久服終身不患風疾故也。藏器曰：桑柴火灸蛇，則足見。

**明·姚可成《食物本草》卷二一火部**　桑柴火　桑柴火，煮物食之，主益人。又煮老雞及猪羊等肉，俱能令極爛。能解一切毒。【略】○《一統志》云：昔有人于浙江永康縣金豚山遇一大龜，束之歸。龜作人言曰：游不良時，為君所得。人甚怪之，載上吳王，王命烹之，焚薪數百車，語猶如故。諸葛恪命燃老桑，頃成糜爛。

**清·顧元交《本草彙箋》卷一〇**　桑柴火　桑木能利關節，養津液。火能拔引毒氣，而驅逐風寒。此從治之理也。一切仙藥，不得桑煎不服，桑乃箕星之精，能助藥力，除風寒痺諸痛，久服終身不患風疾。

**清·朱本中《飲食須知·水火》**　桑柴火　宜煎一切補藥，勿煮猪肉及鰍鱓魚。不可灸艾，傷肌。

**清·王道純《本草品彙精要續集》卷一**　桑柴火

桑柴火：主癰疽，發背不起，瘀肉不腐，及陰瘡，瘰癧，流注，臁瘡，頑瘡。然火吹滅，日炙二次。未潰拔毒止痛，已潰補接陽氣，去腐生肌《本草綱目》。〔用〕李時珍云：桑木，能利關節，養津液，得火則拔引毒氣而祛逐風寒，所以能去腐生新。〔製〕凡一切補藥諸膏，宜此火煎之。〔治〕朱震亨云：火以暢達，拔引鬱毒，此從治之法也。〔助〕《抱朴子》云：一切仙藥不得桑煎不服。桑乃箕星之精，能助藥力，除風寒痹諸痛。久服終生不患風疾故也。〔行〕陳藏器云：桑柴火，炙蛇則足見。〔忌〕此火不可點艾傷肌。

**清・汪紱《醫林纂要探源》卷三** 桑柴火 堅勁而和，有攻堅入裏之能，煎補藥，熬膏膠，及煎去淫感之藥，宜之。桑火甚勁，凡難爛之物，惟此能煮透。諺云：老雞煮不爛，移禍於枯桑。《詩》云：樵彼桑薪，卬烘於煁。蓋惜之也。且能拔毒，癰疽不起，瘀肉不腐，流注瘰癧，惡瘡不愈者，燃桑木片，吹息，炙患處，其毒可拔。〇火雖同，而薪性異，是不可以不擇。如枳、枸為薪，能敗酒。皂莢樹為薪，能裂釜。槐樹為薪，宜煎射罔。可知火之性各因其木，舉一端，餘可類推。

**題清・徐大椿《藥性切用》卷七** 桑柴火 桑乃箕星之精，火燃則拔引毒氣，助藥力，逐風寒。煎補藥，灸癰疽。

**清・章穆《調疾飲食辯》卷一上** 桑火 諸木作薪，惟桑火最烈。故凡牛、羊、雞、鴨老者，煮之不爛，得此即糜。熬鹿肉、虎骨等膠，得此比他薪較損，而得膠且多。宜煎一切補藥，如地黄、二冬、牛膝之類，汁本難出，且補藥宜熟也。況桑性能除風寒濕痹諸病，此數種病人，不拘飲食、藥餌，概宜用之。

**清・趙其光《本草求原》卷二二火部** 桑柴火 利關節，拔毒，去風，止痛，化腐生肌。陰瘡、瘰癧，燃火吹滅，日灸。一切補藥、緩煎。煎膏宜之。但不可點艾，傷肌。

**清・劉善述、劉士季《草木便方》卷二金石土火部** 桑木火 桑柴火燃口吹熄，癰疽發背陰症急。瘍流頑臁肉不應，拔毒止痛生肌奇。久烘助陽能化膿，米成消散烘不離。

炭火

**明・李時珍《本草綱目》卷六火部** 炭火《綱目》

〔集解〕時珍曰：燒木爲炭。木久則腐，而炭入土不腐者，木有生性，炭無生性也。葬家用炭，能使蟲蟻不入，竹木之根自回，亦緣其無生性耳。古者冬至、夏至前二日，垂土炭于衡兩端，輕重令匀，陰氣至則土重，陽氣至則炭重也。

〔主治〕櫟炭火，宜煅錬一切金石藥。烰炭火，宜烹煎焙炙百藥丸散時珍。

白炭 〔主治〕誤吞金銀銅鐵在腹，燒紅，急爲末，煎湯呷之；甚者，刮末三錢，井水調服，未效再服。又解水銀、輕粉毒。帶火炭納水底，能取水銀出也。上立炭帶之，辟邪惡鬼氣。除夜立之户内，亦辟邪惡時珍。

〔附方〕新六。 卒然咽噎：炭末蜜丸，含嚥。《千金方》。 白虎風痛：日夜走注，百節如齧。炭灰五升，蚯蚓屎一升，紅花七捻，和熬，以醋拌之，用故布包二包，更互熨痛處，取效。《聖惠方》。 久近腸風：下血，用緊炭三錢，枳殼燒存性五錢，爲末。每服三錢，五更米飲下一服，天明再服，當日見效。忌油膩毒物。《普濟方》。 湯火灼瘡：炭末，香油調塗。《濟急方》。 白癩頭瘡：白炭燒紅，投沸湯中，溫洗之取效。《百一方》。 陰囊濕痒：麩炭、紫蘇葉末，撲之。《經驗方》。

**明・姚可成《食物本草》卷二一火部** 炭火李時珍曰：【略】 櫟炭火 宜煅煉一切金石藥。 烰炭火 宜烹煎焙炙百藥丸散。 生炭火 煎茶味美而不濁。治吞金銀銅鐵在腹，燒紅急為末，煎湯呷之。甚者刮末三錢，井水調服，未效再服。又解水銀輕粉毒，帶火炭納水底，能取水銀出也。上立炭 帶之辟邪惡鬼氣。除夜立之户内，亦辟邪惡。

**清・王道純《本草品彙精要續集》卷一** 白炭火

白炭火：主誤吞金銀銅鐵在腹，燒紅急爲末，煎湯呷之，甚者刮末三錢，井水調服，未效再服《本草綱目》。〔地〕燒木爲炭，處處有之。諸木皆可燒炭，入藥惟用白炭、櫟炭、烰炭。〔用〕白炭，性堅，木久則腐，而炭入土不腐者，木有生性，炭無生性也。葬家用炭，能使蟲蟻不入，竹木之根自回，亦緣其無生性耳。古者冬至、夏至前二日垂土炭於衡兩端，令匀，陰氣至則土重，陽氣至則炭重也。〔質〕長短不等，大小不齊。〔色〕生紅，死黑。〔性〕溫，熱。〔氣〕炎可升可降，陰中之陽也，陽中之陰也。〔治〕《百一方》：治白癩頭瘡，用白炭燒紅投沸湯中，溫洗之取效。〇《千金方》：治卒然咽噎，用炭末蜜丸，含咽。〇《濟急方》：治湯火灼瘡，用炭末香油調塗。〔合治〕《聖惠方》：治白虎痛風，日夜走注，百節如囓，用炭灰五升，蚯蚓泥屎一升，紅花七捻，和熬，以醋拌之，用故布包作二包，更互熨痛處，取效。〔解〕李時珍云：解水銀、輕粉毒，帶火炭納水底，能取水銀出也。上立炭帶之，辟邪惡鬼氣，除夜立之戶内，亦辟邪惡祟氣。

櫟木炭火：　主煆煉一切金石藥《品彙》分錄。〇周王《普濟方》：　久近腸風下氣，用緊炭三錢，枳殼燒存性五錢，爲末，每服三錢，五更米飲下一服，天明再服，當日見效。忌油膩毒。

烰炭火：　主烹煎焙炙百藥丸散《品彙》分錄。〇陳氏《經驗方》：　陰囊濕痹，用麩炭、紫蘇葉末撲之。

**清・汪紱《醫林纂要探源》卷三**　炭火　魄覆載營，其燄不揚，用以烹飪，令人志氣不強，以燔以炙，以烹茶茗，以煉丹石，凡小用宜之。木焚為炭，所存之魄以爇火，是魄之覆載魂也，故其火無烟，而焰亦不揚，不足於光明，但取能熱耳。只用烹飪，非有室家者所宜，惟其無烟而火熱有恆，故烹茶、煎藥、煉丹宜之，以燖溫熟物則亦宜之。然炭又自有剛柔草木之異，柔草者僅冬烘而已。

**清・紀昀《閱微草堂筆記》上卷一二**　蔡葛山先生曰：　吾校《四庫》書，坐訛字奪俸者數矣，惟一事深得校書力：　吾一幼孫，偶吞鐵釘，醫以朴硝等藥攻之，不下，日漸尫弱。後校《蘇沈良方》，見有小兒吞鐵物方，云剉新炭皮研為末，調粥三碗，與小兒食，其鐵自下。依方試之，果炭屑裹鐵釘而出。乃知雜書亦有用也。此書世無傳本，惟《永樂大典》收其全部。余領書局時，屬王史亭排纂成帙。蘇沈者，蘇東坡、沈存中也。二公皆好講醫藥。宋人集其所論，爲此書云。

**清・章穆《調疾飲食辯》卷一上**　白炭火　用雜木煨糠火中，不使其燃，俟煙盡，閉窑滅火，其炭堅結，故俗呼硬炭。外有白粉者良，故名白炭。無白粉者多爆，其火甚烈，能使肉食易糜，藥易出汁。但極熱，平素飲食習用薪火者，驟遇炭火所烹，令人口糜舌爛，或咽痛，或鼻衄。凡肺熱咳嗽及天行熱病人，切宜遠之也。冬月烤火亦然。研末蜜丸含嚥，治卒然咽喉閉塞。無白炭，烰炭亦可《千金方》。燒紅，急研為末，陳香油調搽愈陳愈佳，治湯火傷灼《濟急方》。一種獨木所燒，名雞骨炭，能治跌撲傷損，見果類沙餹下。

雜木烰炭火：　較白炭稍不熱，病人治食、煎藥皆無所忌。櫟炭尤佳。泡湯飲，或研末蜜丸含嚥，治卒然失音。杉木炭最驗，但勿用曾經水淬者，及竹炭皆不驗。前咽喉閉塞方，無白炭，可代以烰炭。此則必用烰炭，不可代以白炭《得效方》。

**清・劉善述、劉士季《草木便方》卷二金石土火部**　鋼炭　鋼炭燒淬水甘平，竹木銅鐵誤吞靈。小兒停食久積聚，合煎他藥效如神。青杠木炭。

### 煤火

**清・汪紱《醫林纂要探源》卷三**　石煤火　地中之陽氣所鍾也。山有煤，其水必出泥漿而帶硫黃氣。凡地下之礦，皆陰精也。地下之煤，皆陽氣也。開鑿恣取，氣必竭，脈必傷，是天地鬼神之所忌。人材日下，物產日薄，未必不職此之由。古者焚萊有禁，斧斤以時入山林，後世不然，林木既窮，并掘根柢，且烈山而焚之，柴薪不足於用，乃取給於石煤。今則燕薊豫章之境，待以舉火者，不知幾億萬家矣。嗚乎！　六府不修，三事不和，不為撙節愛養之謀，而暴殄天物，日有甚焉，將伊於胡底也。剛而不和，烈而無燄，熄則難燃，燃則不熄，令人短志寡神，思淫好忿。有相火之熱，無君火之明，其氣偏，則養人亦偏，宜矣。

**清・趙學敏《本草綱目拾遺》卷二火部**　煤火　《本經逢原》云：　北方炊食多用煤火，以地屬坎，足勝其氣，且助命門真火。食煤火，長氣於陰，所以膂力強壯，南人食之多發癰毒。受其毒者，以蘿汁解之。然煤火處置大缸水於旁，則毒從水解。南方炊食多用薪火，人食薪火，長氣於陽。氣多輕浮不實，不似北方之稟氣剛勁也。然近日南方亦產煤，薪價日昂，市井多有用煤者，其煤在浙省則出於衢嚴、湖州，較北煤堅細，以之代薪。煤氣亦減薄，甚有如薪炭無臭氣者，名曰香煤。出太湖山中，《綱目》石部收烏金石，即煤也。其主治多言其質之用，而火部又不收煤火，故為補之。用以香煤為佳。烹一切食物，能和脾胃、滋氣力、通腎氣、助陽道。婦人暖子宮。雜煤、臭煤有毒。

**清・章穆《調疾飲食辯》卷一上**　煤炭火：　《綱目》曰：　一名石炭，一名烏金石，即《拾遺記》之焦石。古人用以書字，故又名石墨。南北產處甚多。代薪炊爨，煆煉鐵石，大為民利。曹叔雅《異物志》云：　豫章有石，黃色而理疏。張華謂之然石，以水灌之則熱，可以烹鼎，冷則再灌。高安亦有之。

按：　高安、豫章，與吾饒接壤，不聞有水沃之然石，或古有今無乎。石灰初出窑時，堅硬仍如石體，扣之亦作石聲，按之不熱，遇水則煙焰陡發。榜人裝載稍不檢點，可以焚舟。張公、曹公得毋為人所愚，所云然石即此乎？　且高安、豫章多有灰窑。有煤之山，必有亂石成行，高出土面。風雨之夕，火光炳耀，倏明倏滅者即是。其在土中，淺深不一，必作坎如井，少則二三丈，多或十餘丈。得炭則為隧橫入鑿取，用修綆轆轤出之。有三種：　一種色黑而黯者為紅火炭，其焰色紅，煙多易燼；　一種深黑，光明如黑鑿者，為綠火炭，其焰色綠，煙少難燼；一種焰綠而更難燼者，名鐵炭，惟供煅鐵之用，炊爨者以價昂不能用也。三種炭火皆作硫黃氣，性烈有毒，紅火者尤烈。中其煙毒，能令人昏瞀，速以冷水灌之，移向風吹則解。一切煙毒皆宜解以冷水。乍食煤火所烹之物，其害甚於白炭，病人概宜避之，煎藥則斷斷不可。研末，同滑石末水調，或人尿調，可敷金瘡血出不止《醫學集成》。

**清・趙其光《本草求原》卷二二火部**　煤火　助腎陽，而有毒。惟北地屬水，足勝其氣。南人食之，多受其毒，以齏汁解之；其煤之旁置大缸水，則毒從水解。

### 竈下灰火

**清・朱本中《飲食須知・水火》**　竈下灰火　謂之伏龍屎，不可爇香祀神。

### 艾火

**明・李時珍《本草綱目》卷六火部**　艾火《綱目》

【主治】灸百病。若灸諸風冷疾，入硫黃末少許，尤良時珍。

【發明】時珍曰：凡灸艾火者，宜用陽燧火珠承日，取太陽真火。其次則鑽槐取火，為良。若急卒難備，即用真麻油燈或蠟燭火，以艾莖燒點於炷，滋潤灸瘡，至愈不痛也。其戛金擊石鑽燧入木之火，皆不可用。邵子云：火無體，因物以為體，金石之火，烈於草木之火，是矣。八木者，松火難瘥，柏火傷神多汗，桑火傷肌肉，柘火傷氣脈，棗火傷內吐血，橘火傷營衛經絡，榆火傷骨失志，竹火傷筋損目也。《南齊書》載武帝時，有沙門從北齊賫赤火來，其火赤於常火而小，云以療疾，貴賤爭取之，灸至七炷，多得其驗。吳興楊道慶虛疾二十年，灸之即瘥。咸稱為聖火，詔禁之不止。不知此火，何物之火也。

**清・王道純《本草品彙精要續集》卷一**　艾火

艾火：主灸百病。若灸諸風冷疾，入硫黃少許尤良《本草綱目》。

【用】李時珍云：凡灸艾火，宜用陽燧火珠承日，取太陽真火，其次則鑽槐取火為良。若急卒難備，即用真麻油燈或蠟燭火，以艾莖燒點于炷，滋潤灸瘡，至愈不痛也。【性】溫，熱。【氣】炎，陰中之陽也。【禁】戛金擊石、鑽燧八木之火，皆不可用。邵子云：火無體，因物以為體，金石之火烈於草木之火也。【忌】所謂八木者，松火難瘥，柏火傷神多汗，桑火傷肌肉，柘火傷氣脈，棗火傷內吐血，橘火傷營衛經絡，榆火傷骨失志，竹火傷筋損目也。《南齊書》載：武帝時，有沙門從北齊賫赤火來，其火赤于常火而小，云以療疾，貴賤爭取之，灸至七炷，多得其驗。吳興楊道慶虛疾二十年，灸之，即瘥。咸稱為聖火，詔禁之不止，不知此火何物之火，而能愈疾也。

**清・汪紱《醫林纂要探源》卷三**　蕭火　其氣焄蒿，其意悽愴。古人合膟膋黍稷爇之，以求神於陽。即野艾也。古爇以感神，自覺有焄蒿悽愴之感。今人焚香，其用遂廢，惟以之辟蚊蚋而已。然取類用物之精，今不如古也。艾火：嚴氣正性，以祛百邪，以灸百病。能透百脈，拔六淫之邪。

**清・嚴潔等《得配本草》卷一**　艾火　灸百病。若灸諸風冷疾，入硫黃末少許尤良。

**題清・徐大椿《藥性切用》卷七**　艾火　火力透出通經絡，灸百病，風冷人入硫黃少許更妙。

**清・章穆《調疾飲食辯》卷一上**　諸雜草火　但香竄者，即不宜供病人之用。其餘性皆柔緩，可隨便用。

蕭艾蘺蓼諸火　凡草木氣香竄者，作薪火亦竄。覸所烹蔬菜、魚肉失味，茶無香，可見矣。不堪為病人飲食、藥餌之用。

諸稻粱黍麥等穰火　一名稈，俗呼禾稈、粟稈、麥稈。易燼多灰，火性極其柔緩，烹飪難熟，煎藥豈能出汁。但火性既柔，則不耗藥力，加而用之可也。

諸菽穰火　一名萁。陳思王詩：煮豆燃豆萁。火性緊而烈，又且難燼灰少。作飲食易糜，煎藥出汁，又不助熱，與木中桑火同佳品也。不拘黃黑大豆，赤白小豆，豌豆、豇豆同，落花生穰亦同。

諸麻穰火　其火性雖平，不助熱，苦其易燼。脂麻穰稍可，火麻穰尤易燼。病人飲食加而用之。

糠火　礱糠供爨，有二用：一用風箱曳，搧焰甚烈，而火性不熱，病人飲食、藥餌俱不忌；一不用風箱，不能作焰，僅能煨養諸般食物，易糜而有味，但性較熱，不宜煎滋陰補血之藥。凡麥芒、秕穀、秕粟等，俱可燃，性亦彷彿。

**清・趙其光《本草求原》卷二二火部**　艾火　灸百病、諸風冷疾。須取太陽真火，否則，真麻油燈或蠟燭火點之。若擊石之火，陰火也，無功。入硫黃末於艾，灸風冷尤良。

**清・劉善述、劉士季《草木便方》卷二金石土火部**　艾燈火　艾火解毒療諸風，風寒濕痹麻木鬆。內外百病皆可灸，驚風解毒燈火功。縮陰寒毒陽脫燒，灸燈臍下腎根中。

### 蘆竹火

**明・李時珍《本草綱目》卷六火部**　蘆火、竹火《綱目》

【主治】宜煎一切滋補藥時珍。

【發明】時珍曰：凡服湯藥，雖品物專精，修治如法，而煎藥者鹵莽造次，水火不良，火候失度，則藥亦無功。觀夫茶味之美惡，飯味之甘餲，皆係于水火烹飪之得失，即可推矣。是以煎藥須用小心老成人，以深罐密封，新水活火，先武後文，如法服之，未有不效者。火用陳蘆、枯竹，取其不強，不損藥力也。桑柴火取其能助藥力，烰炭取其力慢，櫟炭取其力緊。溫養用糠及馬屎、牛屎者，取其緩而能使藥力勻徧也。

**明・顧逢柏《分部本草妙用》卷一〇火部**　蘆火竹火　宜煎一切滋補藥。桑火助藥力，烰火力慢，櫟炭力緊，溫養用糠及牛馬屎，以其暖而能使藥力勻徧也。用陳蘆枯竹者，取其不強，不損藥力也。

**清・李熙和《醫經允中》卷二三**　蘆火、竹火　宜煎一切滋補藥。桑火助藥力，烰火力慢，櫟火力緊，溫養用糠及牛馬屎，以其暖而能使藥力勻徧也。用陳蘆枯竹者，取其不強，不損藥力也。北方人食煤火，受其毒者，每每發眩，以韲汁解之。若煤火處以大缸注水于旁，毒即從水解。

**清・王道純《本草品彙精要續集》卷一**　蘆火竹火

蘆火竹火：　主煎一切滋補藥《本草綱目》。　【用】李時珍云：　陳蘆枯竹火，取其不強，不損藥力也。桑柴火，取其能助藥力。烰炭，取其力慢。櫟炭，取其力緊溫養。用糠及馬屎、牛屎者，取其緩而能使藥力勻遍也。

【製】凡服湯藥，雖品物專精，修治如法，而煎藥鹵莽造次，水火不良，火候失度，則藥亦無功。觀夫茶味之美惡，飯味之甘餲，皆係於水火烹飪之得失，即可推矣。是以煎藥須用小心老成人，以深罐密封新水，活火先武後文，如法服之，未有不效者。

**清・趙學敏《本草綱目拾遺》卷二火部**　茅柴火　炊煮飲，主明目解毒《食纂》。

**清・章穆《調疾飲食辯》卷一上**　竹火　此火亦烈，但遜於桑耳，宜煎補藥。

松火　凡木供爨，此為最多。火性在緊緩間。又香竄之木，火亦竄，惟此與柏不竄，故可用。

諸雜木　諸木火雖不能如桑火之烈，然桑薪不能常得，不拘何木，加而用之，火候既足，亦有同功也。

樟木火　此薪中之最劣者。作餳作腐，草柴中但夾樟木葉數片，則滿鍋皆成清水。且釜中未沸，近底處先焦。故煉為樟腦，能於水中發火。若烹飪諸物，能令滋味全失，且帶樟木氣。病人切宜避之，為害不小也。杉木火較樟木之害稍殺，病人亦不宜用。

蘆火　其性柔緩，烹飪用之不助熱，煎藥不耗藥力。故《靈樞》半夏秫米湯方後曰烹以葦薪。荻火同。

**清・趙其光《本草求原》卷二二火部**　竹火　傷筋損目。

### 藤火、匏火

**清・趙學敏《本草綱目拾遺》卷二火部**　藤火、匏火　藤乃木本。各種山藤，性最蔓延，喜束物，故為火亦如其本性。匏屬皆瓠類，草本也。蔓皆中空，而長養最速，其性行甚捷。今徽人作花炮者，其藥線必用壺盧炭，取其疾速勝於杉柳梢。同一藤也，而草木之性不同如此。

藤火　宜煎臌脹水腫，四肢諸病等藥。

匏火　宜煎救急諸藥，取其頃刻能達經絡也。

### 荷梗火

**清・趙學敏《本草綱目拾遺》卷二火部**　荷梗火　荷梗入秋，人多采取積之，使乾為薪。入鑊煮肉，則精者反浮，肥者反沉，入藥用其火氣，能通肝肺二竅。　宜煎一切轉脬交腸藥，能正倒陰陽之氣。

### 稻麥穗火

**明・姚可成《食物本草》卷二一火部**　稻穗火　烹煮飲食，安人神魂，利五臟六腑，穢柴不宜作食，道家所忌。

麥穗火　煮飲食，主消渴咽乾，利小便。

**清・汪紱《醫林纂要探源》卷三**　稻薪火　和緩春容，有穀之餘氣焉。烹飪飲食，以安養脾胃，調和氣血者，宜之。稻、黍、稷、粱、麥、菽、麻之稈，皆可。《內經》獨言稻薪者，豈以生於水，而用於火，尤為得陰陽之和乎？　然草火之性和緩，凡茅蘆之類，可類推矣。

**清・趙學敏《本草綱目拾遺》卷二火部**　稻麥穗火　烹煮飲食，安人神魂，利五臟六腑。糯稻穗尤峻烈。《盧鏜日記》：鳥鎗用糯殼炭，取其鎔鐵力速，見風鉛子不凝，其能久住之力如此。

松柴火

**明・姚可成《食物本草》卷二一火部**　松柴火　煮飯益人，壯筋骨，煎茶不佳。

**清・趙學敏《本草綱目拾遺》卷二火部**　松卵火　煎茶美，以能聚茶力，使不解散真味。

櫟柴火

**明・姚可成《食物本草》卷二一火部**　櫟柴火　煮猪肉食之不發風，煮雞〔鵝魚腥等物〕，易爛且良。

茅柴火

**明・姚可成《食物本草》卷二一火部**　茅柴火　炊煮飯食，主明目解毒。其鍋底〔墨〕即百草霜，主吐血，一切陽火上升之症。

馬矢煴

**清・汪紱《醫林纂要探源》卷三**　糞火　掃拾於牛馬者。薪炭皆窮，乃以此備烹飪之用。噫，甚矣。臭穢熏蒸，烹飪不潔，令人志亦卑濁，何以滓濯神明。禽獸不火食，惟人火食，所以靈於物。人所居方土，且足以移人，況火以烹飪，其有不足以移人者哉。

**清・趙其光《本草求原》卷二二火部**　馬矢煴　煨風痹藥，取其性緩，通行經絡也。　凡煎補藥，宜文火，緩煎；瀉藥、散藥，宜武火，急煎。

荆柴火

**清・汪紱《醫林纂要探源》卷三**　荊柴火　通志意，達經絡。古人用灼龜以卜。牡荊，方心勁實而通，古以其火灼龜，謂之楚焞，能通人志於神，以方而有恆也。

火針、黄金火

**明・李時珍《本草綱目》卷六火部**　火針《綱目》

〔釋名〕燔鍼《素問》　焠鍼《素問》　燒鍼《傷寒論》　煨鍼時珍曰：火鍼者，《素問》所謂燔鍼、焠鍼也，張仲景謂之燒鍼，川蜀人謂之煨鍼。其法：麻油滿盞，以燈草二七莖點燈，將鍼頻塗麻油，燈上燒令通赤用之。不赤或冷，則反損人，且不能去病也。其鍼須用火筋鐵造之爲佳。點穴墨記要明白，差則無功。

〔主治〕風寒筋急攣引痹痛，或癱緩不仁者，鍼下疾出，急按孔穴則疼止，不按則疼甚。癥塊結積冷病者，鍼下慢出，仍轉動以發出污濁。癰疽發背有膿無頭者，鍼令膿潰，勿按孔穴。凡用火鍼，太深則傷經絡，太淺則不能去病，要在消息得中。鍼後發熱惡寒，此爲中病。凡面上及夏月濕熱在兩脚時，皆不可用此。時珍。

〔發明〕時珍曰：《素問》云：病在筋，調之筋，燔鍼劫刺其下及筋急者。病在骨，調之骨，焠鍼藥熨之。又《靈樞經》叙十二經筋所發諸痹痛，皆云治在燔鍼劫刺，以知爲度，以痛爲輸。又云：經筋之病，寒則反折筋急，熱則縱弛不收，陰痿不用。焠刺者，焠寒急也。縱緩不收者，無用燔鍼。觀此，則燔鍼乃爲筋寒而急者設，以熱治寒，正治之法也。而後世以鍼積塊，亦假火氣以散寒涸，而發出污濁也。或又以治癰疽者，則是以從治之法，潰泄其毒氣也。而昧者以治傷寒熱病，則非矣。張仲景云：太陽傷寒，加溫鍼必發驚。營氣微者，加燒鍼則血流不行，更發熱而煩躁。太陽病下之，心下痞。表裏俱虛，陰陽俱竭，復加燒鍼，胸煩、面色青黄，膚瞤者，難治。此皆用鍼者不知往哲設鍼之理而謬用，以致害人也。又凡肝虚目昏多淚，或風赤，及生翳膜頑厚，或病後生白膜失明，或五臟虚勞風熱，上衝于目生翳，並宜熨烙之法。蓋氣血得温則宣流，得寒則凝澀故也。其法用平頭鍼如翳大小，燒赤，輕輕當翳中烙之，烙後翳破，即用除翳藥傅點。

**明・顧逢柏《分部本草妙用》卷一〇火部**　火鍼　《素問》謂燔鍼、焠鍼也。其法，麻油滿盞，以燈草十四莖點燈，將鍼頻塗麻油，燈上燒赤用之。倘不赤或冷，反致損人。太淺則病不去，太深則傷經絡，要在得中。鍼後發熱惡寒，方為中病。夏日濕熱在兩脚時，不可用此。　主治：風寒筋急，攣引痺痛癱瘓，癥積冷病。

**清・王道純《本草品彙精要續集》卷一**　火針

火針：主風寒筋急，攣引痹痛，或癱緩不仁者，針下疾出，急按孔穴則疼止，不按則疼甚。癥塊、結積、冷病者，針下慢出，仍轉動以發出污濁。癰疽、發背有膿無頭者，針令膿潰，勿按孔穴。凡用火針，太深則傷經絡，太淺則不能去病，要在消息得中。針後發熱惡寒，此爲中病。凡面上及夏月濕熱在兩脚時，皆不可用此《本草綱目》。　〔名〕燔針、焠針、燒針、煨針。李時珍云：火針者，《素問》所謂燔針、焠針也。張仲景謂之燒針，川蜀人謂之煨針。　〔製〕其法：麻油滿盞，以燈草二七莖點燈，將針頻塗麻油，燒於燈上，令通赤用之。不赤或冷，則反損人，且不能去病也。其針須用火筋鐵造之爲佳，點穴墨記必要明白，差則無功。　〔治〕《素問》云：病在筋，調之筋，燔針劫刺其下及筋急者；病在骨，調之骨，焠針藥熨之。又《靈樞經》叙十二經筋所發諸痹痛，皆云治在燔針劫刺，以知爲度，以痛爲輸。【禁】又云：經筋之病，寒則反折筋急，熱則縱弛不收，陰痿不用。焠刺者，焠寒急也；縱緩不收者，無用燔針。觀此，則燔針乃爲筋寒而急者設，以熱治寒，正治之法也。而後世以針積塊，亦假火氣以散寒涸而發出污濁也。或又以治癰疽者，則是以從治之法，潰泄其毒氣也。而昧者，以治傷寒熱病，則非矣。【忌】張仲景云：太陽傷寒，加溫針必發驚，營氣微者，加燒針則血流不行，更發熱而煩躁。太陽病下之，心下痞，表裏俱虛，陰陽俱竭，復加燒針，胸煩，面色青黄，膚潤者，難治。此皆用針者不知往哲設針之理而謬用，以致害人也。【解】又凡肝虛，目昏多淚，或風赤，及生翳膜頑厚，或病後生白膜，失明，或五臟虛勞，風熱上冲於目，生翳，並宜熨烙之法。蓋氣血得溫則宣流，得寒則凝濇故也。其法：用平頭針如翳大小，燒赤，輕輕當翳中烙之，烙後翳破，即用除翳藥傳點之。

**題清・徐大椿《藥性切用》卷七**　火針　金針燒赤，針沉寒痼冷，癥瘕積聚，較冷針暖灸效速。

**清・趙學敏《本草綱目拾遺》卷二火部**　黄金火　以金器燒紅烙肉上，能止血。凡人神所在，誤鍼出血不止者，燒金器烙之《選元方》。

神針火

**明・李時珍《本草綱目》卷六火部**　神鍼火《綱目》

【主治】心腹冷痛，風寒濕痹，附骨陰疽，凡在筋骨隱痛者，鍼之，火氣直達病所，甚效時珍。

【發明】時珍曰：神鍼火者，五月五日取東引桃枝，削爲木針，如鷄子大，長五六寸，乾之。用時以綿紙三五層襯于患處，將鍼蘸麻油點着，吹滅，乘熱鍼之。又有雷火神針法，用熟蘄艾末一兩，乳香、没藥、穿山甲、硫黄、雄黄、草烏頭、川烏頭、桃樹皮末各一錢，麝香五分，爲末，拌艾，以厚紙裁成條，鋪藥艾于内，緊卷如指大，長三四寸，收貯瓶内，埋地中七七日，取出。用時，于燈上點着，吹滅，隔紙十層，乘熱鍼于患處，熱氣直入病處，其效更速。並忌冷水。

**清・王道純《本草品彙精要續集》卷一**　神針火

神針火：主心腹冷痛，風寒濕痹，附骨陰疽，凡在筋骨隱痛者，針之，火氣直達病所，甚效《本草綱目》。【名】桃枝木針火。【地】向東引桃樹枝。【時】採：五月五日取之。【收】取桃枝削爲木針如雞子大，長五六寸，乾之。【用】李時珍云：用時以綿紙三五層襯於患處，將針蘸麻油點着，吹滅，乘熱針之。

**題清・徐大椿《藥性切用》卷七**　神針火　削桑木成針，乾之，蘸麻油點着吹滅，乘熱隔紙灸患處，火氣直達病所。心腹冷痛，風寒濕痹及附骨陰疽皆效。雷火神針，藥艾紙捲，如神針法灸患處，其效亦速。

陽燧

**明・李時珍《本草綱目》卷六火部**　陽燧時珍曰：火鏡也。以銅鑄成，其面凹，摩熱向日，以艾承之，則得火。《周禮》司烜氏以火燧取明火于日是矣。

**題清・徐大椿《藥性切用》卷七**　陽燧火　火鏡向日，艾絨承取。火珠火，火珠向日，艾絨承取。二火最能透經愈病，不傷肌肉經絡。

陽燧錠

**清・趙學敏《本草綱目拾遺》卷二火部**　陽燧錠　趙氏《集要》：古有烙法，今罕用之。不但粗工不知用法，抑且患者見之駭然，故以此代之。法用乾蟾酥剉薄片焙研，硃砂水飛，川烏、草烏各五分，殭蠶一條，各研細。將硫黄一兩五錢置杓内，微火鎔化，入藥末攪匀，急攪為要，遲則凝矣。傾入磁盆内，速拏成片，待冷收用。用時取甜瓜子大一塊，上尖下平，先將棗肉擦患處，黏藥於上，香火點著，即起火焰，五壯七壯九壯，隨症施之。灸畢即飲米醋半酒杯，候起小泡，綫鍼穿破，出黄水些須，膏藥蓋住，其毒即消。此方遺寫冰片、麝香二味，原稿眉注。

治溼痰流注。附骨陰疽、寒溼瘡毒經久不消，内潰不痛者，能使未成即消，已成即潰，已潰即斂。如若風痹，用竹箸點之，有酸痛處，筆蘸墨記之，照墨上灸。若腿膝疼痛，灸鬼眼穴。諸瘡初起，灸三五壯即瘥。

燈火

**明・李時珍《本草綱目》卷六火部**　燈火《綱目》

【主治】小兒驚風，昏迷搐搦竄視諸病。又治頭風脹痛，視頭額太陽絡脉盛處，以燈心蘸麻油點燈焠之，良。外痔腫痛者，亦焠之。油能去風解毒，火能通經也。小兒初生，因冒寒氣欲絶者，勿斷臍，急烘絮包之，將胎衣烘熱，用燈炷於臍下往來燎之，暖氣入腹内，氣回自甦。又燒銅匙柄熨烙眼弦内，去風退赤，甚妙時珍。

【發明】時珍曰：凡燈惟胡麻油、蘇子油然者，能明目治病。其諸魚油、諸禽獸油、諸菜子油、棉花子油、桐油、豆油、石腦油諸燈煙，皆能損目，亦不治病也。

〔附方〕新七。　攪腸沙痛：陰陽腹痛，手足冷，但身上有紅點。以燈草蘸油點火，焠於點上。《濟急方》。　小兒諸驚：仰向後者，燈火焠其顖門、兩眉(齊)〔際〕之上下。眼翻不下者，焠其臍之上下。不省人事者，焠其手足心、心之上下。手拳不開，目往上者，焠其頂心、兩手心。撮口出白沫者，焠其口上下、手足心。《小兒驚風秘訣》。　百蟲咬傷：以燈火熏之，出水妙。《濟急方》。　楊梅毒瘡：《方廣心法附餘》用鉛汞結砂、銀朱各二錢，白花蛇一錢，爲末，作紙捻七條。初日用三條，自後日用一條，香油點燈于烘爐中，放被内蓋卧，勿透風。須食飽口含椒茶，熱則吐去，再含。○神燈熏法：用銀朱二錢，孩兒茶、龍掛香、皂角子各一錢，爲末，以紙卷作燈心大，長三寸，每用一條，安燈盞内，香油浸點，置水桶中，以被圍坐，用鼻吸煙嚥之。口含冷茶，熱則吐去。日熏二次。三日後口中破皮，以陳醬水漱之。○神燈照法：治楊梅瘡，年久破爛坑陷者。用銀朱、水粉、線香各三錢，乳香、没藥各五分，片腦二分，爲末，以紙卷作撚，浸油點燈照瘡，日三次，七日見效。須先服通聖散數帖，臨時口含椒茶，以防毒氣入齒也。　年深疥癬：遍身延蔓者。硫黄、艾葉研勻作撚，浸油點燈，于被中熏之。以油塗口鼻耳目，露之。《集玄方》。

**明・顧逢柏《分部本草妙用》卷一〇火部**　燈火　惟胡麻油、蘇子油能明目，餘皆損目。　主治：小兒驚風，昏迷搐搦竄視諸病。及頭風脹痛。以燈心醮麻油，點燈焠之良。外痔焠之亦玅。　小兒初生，冒寒欲絶，勿斷臍帶，急烘熱胞衣，燈炷臍下，往來燎之，暖氣入腹，自甦。

**清・王道純《本草品彙精要續集》卷一**　燈火

燈火：主小兒驚風，昏迷，搐搦，竄視諸病。初生時因冒風寒，氣將絶者，勿斷臍，急烘絮包之，將胎衣烘熱，用燈炷於臍下往來燎之，暖氣入腹内，氣回自甦。又燒銅匙柄熨烙眼弦内，去風退赤，甚妙《本草綱目》。　〔用〕凡燈，惟用胡麻油、蘇子油然者，能明目治病。　〔治〕李時珍云：治頭風脹痛，視頭額太陽絡脈盛處，以燈心蘸麻油，點燈焠之，良。外痔腫痛者，亦焠之。○《濟急方》治百蟲咬傷，以燈火熏之，出水妙。　〔合治〕《方廣心法附餘》：治楊梅毒瘡，用鉛汞結砂、銀硃各二錢，白花蛇一錢，共爲末，作紙撚七條，初日用三條，自後日用一條，香油點燈於烘爐中，放被内，蓋卧勿透風，須食飽，口含椒茶，熱則吐去再含。○神燈熏法：用銀硃二錢，孩兒茶、龍掛香、皂角子各一錢，爲末，以紙捲作燈心大，長三寸，每用一條，安燈盞内，香油浸點，置水桶中，以被圍坐，用鼻吸煙咽之，口含冷茶，熱則吐去，日熏二次，三日後口中破皮，以陳醬水漱之。○神燈照法：治楊梅瘡年久破爛坑陷者，用銀硃、水粉、線香各三錢，乳香、没藥各五分，片腦二分，爲末，以紙捲作撚，浸油點燈照瘡，日三次，七日見效。須先服通聖散數帖，臨時口含椒茶，以防毒氣入齒也。○《集元方》：治年深疥癬遍身延蔓者，硫黄、艾葉研勻，作撚浸油，點燈於被中熏之，以油塗口鼻，耳目露之。　〔禁〕李時珍云：諸魚油，諸禽獸油，諸菜子油、棉花子油、桐油、豆油、石腦油諸燈煙，皆能損目，亦不治病也。

**清・徐大椿《藥性切用》卷七**　燈火　回陽祛風，治驚解毒。燈心蘸麻油點着，視絡脉盛處焠之。

### 神燈火

**清・趙學敏《本草綱目拾遺》卷二火部**　神燈火　外科有神燈照法：用硃砂、雄黄俱研水飛，血竭、没藥箬烘去汗，各二錢，麝香四分，為極細末，每用三分。以紅棉紙緊捲撚條，約長七寸，麻油潤透，以火燃著，須令患者坐無風處，將藥條離瘡半寸，自外至内，週圍徐徐照入，火頭向上，藥氣乃入，毒即隨火解散，自不内侵臟腑，不可太過，恐傷好肉。其瘡微微覺熱，心神即爽，每日只燻一次，初用三條，每日加一條，加至四五條，勢即漸減，然後每日減去一條，直燻至紅腫消盡為度。燻後用後藥。豨薟草新鮮采得者，搗爛，入陳年小粉等分。初起者，再加白鹽研細少許，打成稠糊，敷半寸厚，留頭，必須敷過瘡暈三分，方能箍定毒根。瘡口之上，用大葱葉滚水泡熱，扯開貼之，或膏蓋亦可，避風為妙，自能拔出膿毒。如無鮮草，以如意黄金散代之。《集要》云：神燈照法勿用太早，如瘡四五日間，形未成，毒未聚，驟用之，毒必内鬱，反難外出。須用在八九日後，瘡勢已定，毒氣已聚，未成膿腐之時，用此照之。未成者自消，已成者自高，不起發者即發，不腐潰者即潰。若毒已潰，膿已泄者，不宜用。每日以豬蹄湯淋洗，或葱頭煎湯洗亦佳。忌發物。　治一切腫毒，癰疽發背，能解毒活血，消腫散瘀。

### 燈花

**宋・唐慎微《證類本草》卷一〇草部下品〔唐・陳藏器《本草拾遺》〕**　燈花末　傅金瘡止血生肉，令瘡黑。今燭花落有喜事。不爾，得錢之兆也。

**明・鄭寧《藥性要略大全》卷八**　燈花　敷金瘡，止血長肉。令瘡黑。味苦、辛，平，無毒。　搽乳頭上，令兒吮之，止夜啼。

**明・李時珍《本草綱目》卷六火部**　燈花《拾遺》

【氣味】缺。　【主治】傅金瘡，止血生肉藏器。小兒邪熱在心，夜啼不止，以二三顆，燈心湯調，抹乳吮之時珍。

【發明】時珍曰：　昔陸賈言燈花爆而百事喜，《漢書・藝文志》有占燈花術，則燈花固靈物也。錢乙用治夜啼，其亦取此義乎。我明宗室富順王一孫，嗜燈花，但聞其氣，即哭索不已。時珍診之，曰：　此癖也。以殺蟲治癖之藥丸服，一料而愈。

**清・嚴潔等《得配本草》卷一**　燈花　治喉痹，敷金瘡。小兒邪熱在心，夜啼不止，以二三顆，燈心湯調，抹乳吮之。

**題清・徐大椿《藥性切用》卷七**　燈花　火氣結聚，敷金瘡生肉定血，抹乳頭止小兒夜啼。

**清・葉桂《本草再新》卷一二**　燈花味苦，性寒，有毒。入心、肝二經。　涼心止血，去熱壓邪。　敷金瘡。

**清・趙其光《本草求原》卷二二火部**　燈花　治小兒邪熱在心，夜啼。乳調二三粒抹口。

**清・陳其瑞《本草撮要》卷一〇**　燈花　主治敷金瘡，止血生肉。小兒邪熱在心，夜啼不止，以二三顆燈花調抹乳頭令吮之即止，得辰砂少許拌尤效。

### 燭燼

**明・李時珍《本草綱目》卷六火部**　燭燼《綱目》

【集解】時珍曰：　燭有蜜蠟燭、蟲蠟燭、桕油燭、牛脂燭，惟蜜蠟、桕油者，燼可入藥。

【氣味】缺。　【主治】丁腫，同胡麻、鍼砂等分，爲末，和醋傅之。治九漏，同陰乾馬齒莧等分，爲末，以泔水洗浄，和臘猪脂傅之，日三上時珍。

**清・王道純《本草品彙精要續集》卷一**　燭燼

燭燼：　主疔腫，九漏《本草綱目》。　【用】李時珍云：　燭，用蜜蠟、桕油者燼，可入藥。　【合治】疔腫，同胡麻、針砂等分爲末，和醋傅之。　又治九漏，同陰乾馬齒莧等分爲末，以泔水洗淨，和臘豬油傅之，日三上。　【禁】蟲、蠟燭牛脂燭燼，俱不可用。

### 煙草火

**明・倪朱謨《本草彙言》卷五**　烟草　味苦、辛，氣熱，有毒。通行手足陰陽一十二經。

沈氏曰：　烟草，生江南浙閩諸處，今西北亦種植矣。初春下子，種莳喜肥糞，其葉深青，大如手掌。夏初作花，形如簪頭，四瓣合抱，微有辛烈氣，藕合色，姿甚嬌嫩可愛。其本莖長五六尺，秋中采收，晒乾，切細，如絲縷成穗，裝入筒口，火然吸之，烟氣入口鼻，通達百骸萬竅。閩中石馬鎮産者最佳。

烟草：　通利九竅之藥也。門吉士曰：　此藥氣甚辛烈，得火然，取烟氣吸入喉中，大能禦霜露風雨之寒，辟山蠱鬼邪之氣。小兒食此，能殺疳積；婦人食此，能消癥痞。北人日用爲常，客至即然烟奉之，以申其敬。如氣滯、食滯、痰滯、飲滯，一切寒凝不通之病，吸此即通。如陰虚吐血，肺燥勞瘵之人，勿胡用也。偶有食之，其氣閉悶昏憒如死，則非善物可知矣，所以陰虚不足之人不宜也。

**明・姚可成《食物本草》卷二一火部**　返魂煙姚可成曰：　返魂艸，出東夷海島諸山，夷人采得曝乾，貨來中國，形細如絲，略似鹿角菜。相傳海外有鬼國，彼俗人病將死，即舁置深山。昔有國王女病革，棄去之。昏憒中聞芬馥之氣，見臥傍有艸，乃就而嗅之，使覺遍體清涼，霍然而起，奔入宫中。人以為異，叩得是艸。今閩廣諸處，燒入竹筒，吸煙滿口，使竅穴俱遍，仍噓出之，口行二三次，去百疾，強健輕身。然夷狄之習，豈中國所宜效？違令越禮，莫此為甚，姑錄以備博識者。

返魂煙，吸之，主利頭目，解風邪，逐惡氣，去百病，強健輕身。

姚可成曰：　火乃有形無質，性烈而人畏焉。豈屬飣飣中物？顧輯入是編，第自古之燧人，教民熟食以來，炊爨烹庖，何能一日亡之。且火附木生，性因木異，故火之為用，寧獨後于食物乎。具錄數條，以便趨用。

**清・穆石匏《本草洞詮》卷九**　煙草　一名相思草。言人食之，則時時思想，不能離也。味辛，氣溫，有毒。治寒濕痺，消胸中痞膈痰塞，開經絡結滯。人之腸胃筋脈，惟喜通暢，煙氣入口，直循胃脈而行，自內達外，四肢百骸，無所不到。其功有四：　一曰醒能使之醉，蓋火氣薰蒸，表裏皆徹，若飲酒然；　二曰醉能使之醒，蓋酒後啜之，寬氣下痰，餘醒頓解；　三曰飢能使之飽；　四曰飽能使之飢。蓋空腹食之，充然氣盛如飽，飽後食之，則飲食快然易消，人遂以之代酒代茗，終日食之而不厭也。然人之宗氣，一呼脈行三寸，一吸脈行三寸，晝夜一萬三千五百息，五十周於身，脈行八百一十丈，此自然之節度也。臟腑經絡皆稟氣於胃，煙入胃中，頃刻而周於身，不循常度，而有駃疾之勢，是以氣道頓開，通體俱快，然火與元氣不兩立，一勝則一負，人之元氣豈堪此邪火終日薰灼乎？勢必真氣日衰，陰血日涸，暗損天年，人不覺耳。凡病內痞外痺者，藉其開通之力，驅除寒濕痰滯，亦有殊功。若陰虛有火者得之，是益之焰矣。戒之！按《本草》肇於《神農本經》三百六十種，歷代名賢各有增益，至明萬曆間，蘄州李東璧著《綱目》一書，廣之為一千八百九十二種，而大備矣。然尚未載烟草，迄今遂為日用不離之物。蓋天地之生物不窮，生人之用物亦無窮，學者之格物，又寧有窮耶？

**清・汪昂《本草備要》卷二** 烟草新增。宣，行氣，辟寒。辛，溫，有毒。治風寒濕痹，滯氣停痰，山嵐瘴霧。其氣入口，不循常度，頃刻而周一身，令人通體俱快。醒能使醉，醉能使醒，飢能使飽，飽能使飢。人以代酒代茗，終身不厭。故一名相思草。然火氣熏灼，耗血損年，人自不覺耳。閩産者佳。烟筒中水，能解蛇毒。

**清・沈李龍《食物本草會纂》卷二** 烟草火新增。〇出東邊塞外海島諸山，今中國徧地有之，閩産者佳，燕産者次，浙江石門産者為下。春時栽植，夏時開花，土人除一二本聽其開花收種外，餘皆摘去頂穗，不使開花，并去葉間旁枝，使之聚力于葉，則葉厚味美。每烟草一本，其頂上數葉，名曰蓋露，味最美，此後之葉遞下味遞減，秋日取葉，用竹簾夾縛，曝乾，去葉上粗筋，用火酒噴製，切葉形細如髮，每十六兩為一封，貿易天下，其名不一。有真建、假建之分，蓋露頭黃、二黃之別。近日北方製烟，不切成絲，將原晒烟片揉成一塊，如普兒茶、磚茶一般，用時揉碎作末，納烟袋中吸，烟之管不一，有金銀銅鐵四種，長約七八寸，竹管短者一二尺，長者丈餘，好事者以吸管長遠，則烟來舒徐為美。普天之下好飲烟者，無分貴賤，無分男婦，用以代茗代酒，刻不能少，終身不厭，故一名相思草。味辛，溫，有毒。治風寒濕痹，滯氣停痰。利頭目，去百病，解山嵐瘴氣，塞外邊瘴之地食此最宜。凡食烟者，將烟納入烟管大頭內，點火燒吸，滿口吞咽，頃刻而遇一身，令人通體俱快，仍噓出之。醒能使醉，醉能使醒，飢能使飽，飽能使飢，食物之最奇者，但多食則火氣薰灼，耗血損年，不可不慎。相傳海外有鬼國，彼俗人病將死，即舁置深山。昔有國王女病革，棄去之，昏憒中聞芬馥之氣，見臥傍有草，乃就而嗅之，便覺徧體清涼，霍然而起，奔入宮中，人以為異，因得是草，故一名返魂烟。

**清・李熙和《醫經允中》卷二一** 烟草 味辛，氣溫，有毒。主逐風寒，開腠理，辟山嵐瘴氣，禦霧濕侵肌；上治頭風鼻塞，下治疝氣奔豚，且殺蟲殺蛇甚捷。以烟油塗惡蛇身上，其蛇立死。然火氣薰灼，耗氣損真，非所宜也。久服受毒，以砂糖湯解之。烟筒中垢汚人衣服，惟嚼瓜子仁揉之即淨。

**清・馮兆張《馮氏錦囊秘錄・雜症痘疹藥性主治合參》卷三** 烟草 閩産者最佳。辛，溫，有毒。治風寒濕痹，行滯氣停痰。辟山嵐瘴霧，洗膿窠疥蟲。人以代酒代茶，終身不厭，厭則病來，嗜則病愈。醒能使醉，醉能使醒。其氣入口，頃刻而周一身，令人偏體俱快。似乎通氣血而暢榮衛者矣。故一名相思草。然火氣薰灼，耗血傷神，故禦寒散濕則有功，若火症陰虧者，所宜禁也。

**附：泰西・石鐸琭《本草補》** 金絲草 取金絲烟葉，必鮮者，有自然汁，以二斤擣爛，置罐內，加以燒酒。酒浸過烟葉，高二指，兩日後取出，以布包壓出水，忌柤滓參入。將水置鍋內，加淨豬膏熬過無柤者一斤，同煎至無酒氣為度。以布濾過去柤，加明淨松香六兩同煎。烟水要煎極濃，又濾過加黃蠟三兩同煎。須烟水成膏，取起入罐，烈日曬之，不必遮蓋，常要攪勻。曬至水氣乾盡，久留逾好。即生黴，亦曬攪之。癰癤等，以膏藥開頂貼。若疥瘡，只用油抹。男女下體陰處生瘡，或生蝨，開膏藥貼。湯火傷，開膏藥貼，或唯用油抹。刺入肉內不得出，無論木、竹、骨、鐵，開膏藥貼之，即吐出刺矣。刀箭等傷，日久生蛆，開膏藥貼，則蛆自去。氣喘，開膏藥貼胸前。頭痛及胃口痛，皆以油抹。頭則抹額上。兩足腫痛，不能行動，以油偏抹。或此油不便，又一方神效：用生葱(儿)〔八〕兩，生薑(儿)〔八〕兩，擣爛炒熱，加鹽二兩，白麪四兩，同炒極熱，分藥為二，先擦一足，後又一足，藥冷更炒。如是者凡九。後以蘄艾包足而睡。又取葱、薑，熱酒服，取醉。每日如此，三日全瘉。患一足者，藥各減半。外膏藥奇方，因藥料中邦缺少，兼價值太高，不錄。

**清・王士禛《香祖筆記》卷三** 今世公卿士大夫下逮輿隸婦女，無不嗜烟草者，田家種之連畛，頗獲厚利。考之《本草》《爾雅》，皆不載。姚旅《露書》云，呂宋國有草名淡巴菰，一名曰金絲醺。烟氣從管中入喉，能令人醉，亦辟瘴氣。搗汁可毒頭虱。初，漳州人自海外攜來，莆田亦種之，反多于呂宋。今處處有之，不獨閩矣。

**清・王士禛《香祖筆記》卷七** 呂宋國所産烟草，本名淡巴菰，又名金絲薰，余既詳之前卷。近京師又有製爲鼻烟者，云可明目，尤有辟疫之功，以玻璃爲瓶貯之。瓶之形象，種種不一，顏色亦具紅紫黃白黑綠諸色，白如水晶，紅如火齊，極可愛翫。以象齒爲匙，就鼻嗅之，還納于瓶。皆內府製造，民間亦或仿而爲之，終不及。

**題清・徐大椿《藥性切用》卷四** 烟草 一名相思草。(思)〔性〕味辛溫，入口而頃刻能周一身，令人胸次爽快，辟穢禦瘴。然過嗜，則火氣灼人，耗血損元，養生家宜遠之。

**清·黃宫繡《本草求真》卷四** 煙草通氣爽滯，辟山(巔)(嵐)瘴毒。 煙草耑入表與胃。下咽即能醉人，且或醉倒而復甦，其性力之猛，殆非他物所能比類者矣。景岳云：吸其味，則辛而鮮甘；審其氣，則溫而且熱。凡書所述煙草，皆言在表則能散陰助陽，如山巔惡毒瘴濕，而致腠理閉密，筋骨痹痛，服此可以見效。因散故。在裏則能開胃和中，凡因風寒食滯，而致霍亂嘔吐，宿食難消，膨脹鬱結，下陷後墜，服此亦克有功。因性溫性熱故。且其氣一入人口，不比常度，頃刻而周一身，令人通體俱快。氣竄善走。醒能使人醉，醉能使人醒，飢能使人飽，飽能使人飢，以之代酒代茗，終身不厭，卒不能以妨人，其故何耶？蓋緣煙性猛，人不能勝，故下咽即醉。醉因氣耗，辛散氣。理固然也。然煙氣易散，而人氣隨服，陽性留中，旋亦生氣，雖散仍補，此惟陰滯者用之如神。陰臟可用。若陽盛氣越，多燥多火陽臟不可用。及氣虛氣短多汗者，皆不宜用。閩產者佳。

**清·李文培《食物小錄》卷下** 菸音烟，今作煙字非。 辛，溫，有毒。治風寒濕，滯氣停痰，山嵐瘴霧。其氣入口不循常度，頃刻而周一身，令人通體俱快，醒能使醉，醉能使醒，飢能使飽，飽能使飢，令人以之代酒、代茗，終身不厭。然火氣熏灼，耗血損年，人自不覺耳。閩產者佳。

**清·趙學敏《本草綱目拾遺》卷二火部** 烟草火 沈雲將《食物會纂》：

【略】

方氏《物理小識》：烟草明萬曆末年有攜至漳泉者，馬氏造之，曰淡肉果。漸傳至九邊，皆含長管而火點吞之，有醉仆者。崇禎時嚴禁之，不止，其本似春不老，而葉大於菜，暴乾，以火酒炒之，曰金絲烟，可以祛溼發散，久服則肺焦。諸藥多不效，其症令人忽吐黃水而死。

《粵志》：粵中有仁草，一曰八角草，一曰金絲烟，治驗亦多，其性辛散，食其氣令人醉。一曰烟酒，其種得之大西洋，一名淡巴菰，相思草。《物理小識》淡巴姑或呼擔不歸。閩產者佳。近出江西射洪永豐者亦佳。製成烟有生熟二種。熟者性烈，損人尤甚。凡患咳嗽喉癰一切諸毒肺病，皆忌之。近蘭州出一種烟，名曰水烟，以水注筒吸之，令烟從水過，云絕火毒，然烟味亦減。

張良宇云：水烟出蘭州五泉地種者佳，食其氣能解瘴消臌，寬中化積，去寒癖，但不宜多食。其製法：以砒夾香油炒成，故不能無毒也。近日粵中潮州出一種潮烟，其性更烈。

姚旅《露書》云：呂宋國有草名淡巴菰，一名金絲醺。烟氣從管中入喉，能令人醉，亦辟瘴氣，搗汁可毒頭蝨。

《延綏鎮志》：烟草，其苗挺生如葵，葉光澤，形如紅蓼，不相對，高數尺，三伏中開花色黃，八月採陰乾，用酒洗切成絲。而各省之有名者：崇德烟、黃縣烟、曲沃烟、美原烟。惟日本之倭絲為佳。

《百草鏡》：菸，一名相思草，葉如菘菜，厚狹而尖，秋月起莖，高者六尺，花如小瓶淡紅色，產福建者良。用葉以伏月採者佳，生頂上者，嫩而有力，色嫩黃，名蓋露烟。烟品之多，至今極盛。在內地則福建漳州有石馬烟，色黑，又名黑老虎，係油炒而成，性最猛烈，多食則令人吐黃水。浙常山有面烟，性疎利，消痰如神，凡老人五更咳嗽吐痰者，食之，嗽漸止，痰亦消。江西有射洪烟，性情肅導氣。湖廣有衡烟，性平和，活血殺蟲，可已虛勞。山東有濟甯烟，氣如蘭馨，性亦尅利。甘肅蘭州有水烟，可以醒酒。近日粵東有潮烟，出潮州，每服不過米粒大，性最烈，消食下氣如神，然體弱者忌。

長州張璐玉《本經逢原》云：烟草之火，方書不錄，惟《朝鮮志》見之。始自閩人吸以祛瘴，向後北方藉以辟寒，今則遍行寰宇，豈知毒草之氣，熏灼臟腑，遊行經絡，能無壯火散氣之慮乎。近日目科內障丸中，間有用之獲效者，取其辛溫散冷積之翳也。不可與冰片同吸，以火濟火，多發烟毒。不可以藤點吸，恐其有蛇虺之毒也。吸烟之後，慎不得飲火酒，能引火氣熏灼臟腑也。又久受烟毒而肺胃不清者，以砂糖湯解之。

蘭上徐沁埜著《烟誡》，載有祛烟蟲方云：杜湘民說凡人食烟則腹中生蟲，狀類蠅，兩翅鼓動，即思烟以沐之，故終日食不暇給，久之蟲日盛，而臟腑敗，疾疢大作，不可救藥。常有臨革喫烟而始瞑者，哀哉！其方用生豆腐四兩，戳數孔，黑砂糖二兩，加腐上，置飯甑中蒸之，使腐與糖融化，每思烟，輒進數匙，只三日後，其蟲盡下，聞烟氣則嘔不欲食矣。

汪東藩云：近日有一種熟烟，閩人能製，其法以油炒烟片令黑，名黑老虎。又曰紫建，云食之香辣甘，一體而備三味，中其毒者，欲吐不得，須食北棗一二枚解之。凡烟種有山田之分，山種者味厚，田種者味薄，多草氣。

張景岳云：烟草味辛氣溫，性微熱，升也，陽也，燒烟吸之能醉人。用時惟吸一二口，若多吸之，令人醉倒。久而後甦，甚者以冷水一口解之即醒。若見煩悶，但用白糖解之即安，亦奇物也。吸時須開喉長吸嚥下，令其直達下焦，其氣上行則能溫心肺，下行則溫肝脾腎，服後能使通身溫暖微汗，元陽陡壯。用以治表，善逐一切陰邪寒毒，山嵐瘴氣風溼，邪閉腠理，筋骨疼痛，誠頃刻取效之神劑。用以治裏，善壯胃氣，進飲食，祛寒滯陰濁，消臌脹宿食，止嘔噦霍亂，除積聚諸蟲，解鬱結，止疼痛，行氣停血瘀，舉下陷後墜，通達三焦，立刻見效。此物自古未聞，近自我明萬曆時，出於閩廣之間，自後吳楚地土皆種植之，總不若閩中者，色微黃，質細，名為金絲烟者，力強氣勝為優。求其習服之始，則向以征滇之役，師旅深入瘴地，無不染病，獨一營安然無恙，問其故，則眾皆服烟，由是偏傳。今則西南一方，無分老幼，朝夕不能閒矣，予初得此物，亦甚疑，及習服數次，乃悉其功用之捷。有如此者，因著性於此，然此物性屬純陽，善行善散，惟陰滯者用之如神。若陽盛氣越，而多躁多火及氣虛氣短而多汗者，皆不宜用。或疑其能頃刻醉人，性必有毒。蓋其陽氣強猛，人不能勝，故下嚥即醉。既能散熱，亦必耗氣。然烟氣易散，而人氣隨復，陽性留中，旋亦生氣。此耗中有補，所以人多喜服，未見其損者，以此。

敏按：釋氏書言人乃山川火土之氣和合以生，故脾胃亦受火土之氣以養。烟本火土之精，人喜喫烟者，病重即不食烟，以脾胃不受火土之氣，故烟亦不受也。火土之氣不特養陽，亦兼能生陽，所以妖彪鬼魅，多能吃烟。以無質吸無質，味之氣也。至乾麂子閉土中多年，亦思得烟吸以融和其體。開礦閉死穴中之人，久不得出，亦不死，鑿礦者於山穴中遇之，呼為乾麂子。見常中丞安《宦游筆記》。則知烟力之能走百絡，通堅邃，可知矣，凡烟氣吸出，悠揚於外，陰為鬼吸，人不見耳，故食烟之人多面黃不盡，耗肺而焦皮毛，亦因精氣半為鬼吸也。友人張壽莊己酉與予同館臨安，每晨起，見其咳吐濃痰遍地，年餘迄未愈，以為痰火老疾，非藥石所能療。一日忽不食烟，如是一月，晨亦不咳，終日亦無痰唾，精神頓健，且飲食倍增，啖飯如湯沃雪，食飽後少頃即易飢，予乃悟向之痰咳，悉烟之害也。耗肺損血，世多陰受其禍而不覺，因筆於此，以告知醫者。景岳所云特一偏之見，惟辟瘴却佳。

《秋燈叢話》：予堂叔疾，延一醫至，食畢茹烟，烟房大如升，容烟觔許，盡吸入腹，即瞑目不語，攲椅仰臥，而氣息闃如。眾大驚！其僕曰：無慮也，頃且甦。俄唇動口翕，烟自口中噴騰而出，蓊然若雲霧，數刻始息。乃欠伸而起，張目四顧，曰：快哉。晚食復如之，詢其僕曰：家居朝夕，餐烟二次，俱以觔為率，否則病，家人聞其言，懼而辭焉。其酷嗜之量，有如此者。

辛溫。

《本草從新》云：治風寒溼痹，滯氣停痰，山嵐瘴霧，其氣入口，不循經絡，頃刻而週一身，令人通體俱快，然火氣熏灼，耗血損年。

《藥性考》：菸草味辛性溫，開鬱，燒吸解倦。罨傷止血，烟油有毒，殺蟲最捷。諸蟲咬傷，塗之病失。

烟有毒，中其毒者，煎胡、黃連合茶服之。

汪東藩《醫粵》云：烟毒以黑砂糖和井水服之。

《延綏鎮志》云：性熱味辛，有毒。主寒溼胸膈痞滿，益津止飢，多食傷氣。

《格致鏡原》云：損容。王桂舟云：烟渣入目，如以他物洗之，愈洗愈疼，必盲後已。須用亂髮或鬉纓緩緩揉之，即愈。《文堂集驗》云：凡服至寶丹，須停烟茶酒飯一二時。按至寶丹即塘棲痧藥。脚氣：《同壽錄》：脚氣痛不可忍，以致口眼喎斜、手脚如搐，不省人事，昏迷如死。用黃建烟二觔，炒熱，以坐桶盛入內，將脚解光，放入烟中出汗，少冷又炒熱，隔日一燻，七次即除根。金瘡止血：《良朋彙集》：以烟末敷之。

烟梗　陳良翰云：烟葉生者有毒，人食之即中毒，發病難治，其莖更烈。登萊人用以毒魚。凡溪塘中大魚難捕者，用此法毒之。用烟莖乾濕俱可，剉碎，同青胡桃皮搗爛，置水中，一飯間，大魚輒如醉浮水面，小者皆死。雖鰻鱺黿鰕鼈蟹蚌蛤之屬，一齊罄斃。其毒之猛烈如此，然以此造烟，則梗之味淡，迥不如葉之味厚。

烟葉　治腦漏：楊春涯《驗方》：菸葉半觔，曬乾，研極細末，調花露四兩，曬乾，用玫瑰餅再研吹入。〇喫蘭花烟成腦漏者，以白鯗脊骨燒烟燻之，數日愈。蘭花乃江西賈人帶來一種蘭子，即澤蘭子也。氣香烈，取其子研拌入烟，名曰蘭花烟。人食之作蘭花香，然其氣竄上，往往入頂傷腦，易成腦漏。

葉天士《種福堂方》：治風寒溼氣，骨節疼痛，痿痹不仁。鶴膝風、歷節風、偏頭漏肩等症。有見晛膏，中用新鮮烟葉搗汁，浸松香，曬乾入藥，亦取其氣味以透利筋絡也。毒蛇咬傷：《慈航活人書》：先避風擠去惡血，用生烟葉搗爛敷之，無鮮葉用乾者，研末敷，即烟油、烟灰皆可。《不藥良方》：治毒蛇及毒蟲傷，用魚腥草、皺面草、烟葉、草決明等分，杵爛敷之。

辟臭蟲：《活人書》用烟葉鋪牀代褥，或燒熏之，則臭蟲盡絶。

**清・趙學敏《本草綱目拾遺》卷二火部**　烟筒中水　俗名烟油。《古今秘苑》：烟油染衣，以瓜子水洗之即去。

《同壽錄》云：烟油入目，如小兒及好喫烟者誤犯之，若將別湯洗，愈洗愈疼，必至瞎而後已。須用亂頭髮或駿纓緩緩揉之即愈。解蛇毒，塗惡瘡頑癬，殺蟲。　毒蛇咬：劉羽儀《驗方》：取喫烟杆内脂膏，塗在咬傷處，用手指搓入肉中，痛即止，最效。　蜈蚣咬：劉氏《驗方》：用烟筒内膏油，塗在咬處，或烟灰擦之，立止痛。

按：烟油一名烟膏，味辛微毒，陳貢士毅齋云：烟油乃五行之氣相合而生，近日外丹家用以點藥金，又可益金色，術士隱其名，呼為太極膏，又曰氣泥，曰五行丹，剔以燃燈代油，則一切毒蟲皆不近，入水蛟龍亦畏之。入藥，舊竹桿劈取者良，凡梅條、藤條、紫檀、烏木、老鸛草及純銅、純銀桿中油，皆不及竹中者性良。惟象牙桿中烟油可殺蠱毒。閩有橄欖木烟桿，其中油可毒魚。至烟膏亦各隨所食烟質為高下，烟肆所市烟，俱以烟葉噴油打成塊，用鐵鑤披作絲售之，此為純葉不雜，為上品。更有打塊時夾素馨葉，雜以礬紅鑤成絲，再加薑黄末以和其色者，其氣燥烈損人，烟膏亦淡而薄，不及上品力厚也。

海鹽朱進士醒庵云：烟油解蛇毒，初不甚信，後見里人獲一赤練蛇，長八九尺，粗如臂，口吐毒烟，一犬近之，蛇嘘以氣，即腹裂死。一人戲以舊竹烟桿去頭嘴，以竹絲通出油，刺入蛇口，蛇嚙之即瞑目閉口，身捲縮，俄復伸長，如是數次，直如繩而斃。始知其解毒殺蟲之功，信不虛謬。諸城劉仲旭少府云：西北口外出一種毒蟲，名曰蜢蠓。狀如中土虻蠅，人出遇之，即觸人面，不論何處被其觸者，亦不甚痛，頃覺眼眶四圍出細蛆，攢食睛膏，痛不可忍。彼土人治法：惟取烟桿四五枝，折取烟油，塗目内，忍痛片時，其蛆皆死，然後再用溫水洗去烟油即愈。

《椿園聞見錄》撻拉巴哈台即准噶爾故地，夏多白蠅為害，觸人畜眼角，輒遺蛆而去，非以膠黏之不出。

按常中丞《筆記》云：西北臺站及伊犁等處，出一種野蠅，亂撲人面，若被其觸者，眼角内即出蛆蟲，痛癢異常，有因此成瞽者。土人多以烟油塗眼角治之。然疾愈後，目亦紅腫，數日不消。總不若蒙古治法：以魚膠一塊，向眼角黏出之，又不損目，較烟油為佳。

煙筒頭中煤　《濟急良方》：治蜈蚣咬傷，取烟筒内硬煤擦之，立時止痛。

**清・趙學敏《本草綱目拾遺》卷二火部**　水烟參看前烟草條下。　沈君士云：水烟真者出蘭州五泉山，食之性尤峻削，豁痰消食，開膈降氣，惟虛弱者忌服。亦解蛇虺毒。予家有姻戚餽食品，因天暮未暇食，置筐中經宿，為蛇涎所漬，次日食之，舉家皆患嘔吐腹痛。惟一小僕免，詢之：則每食後輒服水烟也。蔡雲白言：蘭州五泉種水烟，其葉與枇杷葉相似，與烟葉迥別。

**清・章穆《調疾飲食辯》卷一下**　煙葉　自有明中葉以前，中國無喫煙者。成化而後，自東洋呂宋國闌入中土，名淡巴姑巴一作把，彼處番語也。其國近臺灣。初入時盛於福建，而後漸及於南北諸省。故天下貨煙之人，福省為多；蒔煙之地，亦福省為上。全閩山多土少，素號貧區，近一二百年漸臻富厚，不可謂非煙葉之力也。今嗜者日衆，上自公卿、大夫，下而輿擡、負販，鮮有不喫。即至閨闥婦人，亦十之七八。每一城市、村鎮，每歲賣煙之錢，較鹽數倍。無怪閩人之坐茲致富。嗜之者云：寧可無飯，不可無煙。嘗讀王漁洋先生《池北偶談》云：某年，與韓慕廬先生同典會試。公在闈中，酒盞、煙筒不去於手。戲詢之曰：煙與酒，皆公熊魚之嗜，倘必不得已而去，於斯二者何先？公沉思良久，曰：去酒。此正與寧無飯不可無煙之意同也。論其味辛氣烈，自非和平之物，且他物雖烈，不過性惡損人而已。此則燃之以火熏其喉舌。以理揆之，其害當不崇朝而見，而嗜之者終身不斷，未嘗不高登耄耋，長育子孫。世有酒，人多成酒病，未有成煙病曾作何形症者，不可解也。其盛自明末隆、萬時始。國初，曾奉嚴禁。然天下之大喫煙者，多未能遽止也。至康熙十六年，御史成其範因星變上疏，請兵討吳逆三桂，朝廷允其請，發兵從川、黔而進。一夜，兵宿貴州山中，忽受山嵐瘴氣，病者多人，惟嗜煙者不染。以故瘴癘之區在古最惡，宋人諺曰：春循梅新，與死為鄰；高竇雷化，說着便怕。今不甚為害者，賴有此也。緣此，遂弛煙禁，但勅有司每春出示，凡新墾山地始許種煙，成熟地畝不得擅種而已。此物最宜新墾之地，其色香味俱高絶。以吾鄙而論，蒔煙畝可得二三十金。而煙宜荒土，故人樂於開墾。近五十年來，野無曠土者，煙之力也。其性既能辟瘴癘，則可以寬中調氣，下食醒酒。故每食後、酒後喫煙，倍覺腹內寬舒，精神疏爽，且又能辟惡氣。凡醫人入傷寒熱病，時行瘟疫之房，必須喫煙，令從鼻出，可以不染。煙筒中油煙屎，能殺一切惡蟲毒。被蛇咬者，急用冷水洗淨，以此塗之。少頃，又洗又塗，痛減為度。刨煙時榨出油，可塗風瘡、疥癩及豬、犬、牛、馬癩瘡。近二三十年，另創一種喫法：用銅製管，大其末如喇叭狀，內貯少水。吸煙從水中過，一吸輒吹去，又入煙吸而吹之。少者八九吸，多或一二十吸，煙俱未燼，滿地火點，有若列星，煙縷縷飛騰。無論暴殄天物，又最為火燭之媒。且其吹吸，形狀醜惡，對之令人欲嘔。喫水煙者，曾不知耻也。初乃西人作俑，故賣者曰蘭州水煙。後乃處處有之，然亦不過優伶及衙門、長隨、門役等人。一見水煙，則滿地吹之，以示佻達不羈之狀。此輩本無耻之人，不足深責。詎意十數年來，農工商賈喫者大半，即搢紳士大夫亦被其染，漸至婦女，無所避忌。古稱男女食不同器，今喫水煙者，豈但同器，較共牢合巹尤過之矣。嗟乎！此非甚不得已之事，何遂蕩檢踰閑至此極也。

又有一種鼻煙，名雖為煙，實不用火，以辛香藥碾為細末置小瓶內，就鼻吸之，頗覺爽快。然辛必熱，香必竄，總為有損無益。且鼻通於腦，素有內熱之人，斷不宜近之也。

**清·吳其濬《植物名實圖考》卷二三** 野煙 即菸，處處皆種為業。滇南多野生者，園圃中亦自生，葉黏人衣，辛氣射鼻。《滇本草》：味辛麻，性溫，有大毒。治疔瘡、癰疽發背已見死症。煎服或酒合為丸，名青龍丸，又名氣死名醫草。服之令人煩，不知人事，發暈；走動一二時辰後出汗，發背未出頭者即出頭。此藥之惡烈也。昔時謂吸多煙者，或吐黃水而死。殆皆野生，錄此以志其原。

**清·文晟《新編六書》卷六《藥性摘錄》** 煙草 入表與胃，通氣爽滯，辟山嵐瘴氣。

**清·陸以湉《冷廬醫話》卷五** 藥品 煙草明季始有之，其種出於淡巴國，流入呂宋國，轉入閩，閩石馬鎮產者最良。諸家本草皆載入毒草門，《彙言》謂偶有食之，其氣閉悶，昏(潰)〔憒〕如死，其非善物可知。《備要》謂火氣薰灼，耗血損年，取其所長，惟辟瘴除穢而已。今人嗜此者眾，煙肆之多，幾於酒肆埒，雖不若鴉片煙之為害甚烈，然能耗肺氣，傷陰血。凡患咳嗽、哮喘、虛損、吐血、氣虛、火炎等症，尤宜遠之。

**清·王孟英《隨息居飲食譜·水飲類》** 淡巴菰 辛，溫。辟霧露穢瘴之氣，舒憂思鬱懣之懷。殺諸蟲，禦寒濕。前明軍營中始吸食之，漸至徧行天下，不料其為亞片煙之先兆也。然聖祖最惡之，而味者猶以熙朝瑞草譽之，謬矣。臥房卑濕，以乾烟葉厚鋪席下良。并可以辟臭蟲、蜈蚣、蛇蝎諸蟲也。

絞腸痧，烟筩中垢如豆大一丸，放病人舌下，掬水灌之，垂死可活。蛇齩及諸毒蟲螫，以煙筩中垢塗之。

**清·劉善述、劉士季《草木便方》卷一草部** 野思草 野菸葉辛解毒熱，無名腫毒塗消滅。風寒濕痹腫痛痒，合入他藥功效烈。

**清·田綿淮《本草省常·氣味類》** 菸 一名還魂草，一名相思草。性熱，有毒。辟一切風寒、山嵐瘴霧，開滯氣，利停痰。久服耗血損壽。水菸，一名箱菸。性略同旱菸。空心服之，能引痰吐。多服傷肺，令人氣少。久服令人咳嗽，生菸蟲。建菸，一名富春。氣薄者為小溪，性略同旱菸而熱尤甚。多服助邪火，令人口舌生瘡。久服壞牙齒，昏耳目。鼻菸，一名洋菸，次者為熏菸。因氣類菸，故名。性略同旱菸。辟一切惡穢、六淫外感。多服泄陽氣，令人頭昏；久服令人瞎，鼻香臭不鼽。

**清·戴葆元《本草綱目易知錄》卷一** 煙草相思草 辛，溫，微毒。治風寒濕痹，滯氣停痰，山嵐瘴霧，頭風眩運，辟壁蝨，解鴉片煙毒。作煙吸，直先熏肺，故不循常度，以肺朝百脈，頃刻而週一身，令人通體俱快。今人若作酒茶，終身不厭。然火氣熏灼，損肺耗血，人自不覺耳。葆按：煙草，俗名相思草，俗傳夫妻相愛，妻死，其夫思之，夢其妻曰我塚上出草一本，取其葉作煙吸，可舒解，故名。查《綱目》未載，予照《備要》文增損附方。〇解洋煙毒，悮吞洋煙者，以煙草濃煎汁，灌之，取吐瀉即解。〇辟壁蝨，以新乾煙草，鋪牀底，自絕。〇水煙筒水，倒坑中，蛇自避。

**清·陳其瑞《本草撮要》卷一** 烟草 味辛，溫，有毒，入手足太陰，通行十二經，功專去滯氣停痰，辟山嵐瘴霧。一名相思草。

**清·毛祥麟《對山醫話》卷四** 古無煙草，昔閩人自海外得淡巴菰燃之，以管吸其煙，云能辟瘴。故明時征滇軍中咸服之，至我朝始盛行於內地。今雖擔夫農工之家，無不備以供客。按本草云其性純陽，能行能散，故可化濕禦寒。其氣入口，頃刻而周一身，令人通體俱快。然火氣薰灼，大損肺氣。

今之多患喉舌諸瘡，未必非嗜煙所致。近人欲避其火熱，以銅為器，置水於中，使煙從水底起，名曰水煙袋。以為得既濟之法，一吸三吸，更傷氣分。衛生者，還宜遠之。

**清・李伯元《南亭筆記》卷五**　北京達官嗜淡巴菰者十而八九，乾隆嗜此尤酷，至於寢饋不離。後無故患咳，太醫曰：是病在肺，遘厲者淡巴菰也。詔內侍不復進，未幾病良已。

石油火

**清・趙學敏《本草綱目拾遺》卷二火部**　石油火　有毒，不宜煐物。以紙撚蘸油點火照瘡，可引毒外出。

蝟油火、魚膏火

**清・趙學敏《本草綱目拾遺》卷二火部**　魚膏火　海上人多取魚膏為油，代菜荳油用。其油割海鰍腹中脂或取其肉，並煉為膏，燃之照夜，然烟重氣腥，多昏目損神。秦始皇墓中以鯢膏為燈，即此。後人多解為人魚者，誤也。　辟蚊蛾，熏竹木除蠹。

**清・趙學敏《本草綱目拾遺》卷二火部**　蝟油火　乃刺蝟脂肉所熬油。山左蝟大者如貓，山人獲取之，熬其脂肉，可得油斗許，用以照夜，光明皎澈同白晝，比蠟猶明。此油可入神燈照用，按蝟脂可烊鐵，骨能縮人筋骨，其性峻利可知。入神燈，其氣照毒，能箍毒使小。

燒酒火

**清・趙學敏《本草綱目拾遺》卷二火部**　燒酒火　酒本米麴之精華，屬陽。燒酒則又為酒之精華，乃陽中之陽。燃之色綠，陽極陰生之象，與石硫性同，皆以陽為體，藏陰於用也。故其光照人面，皆作青灰色，照魑魅則不能遁形，以陰為用者多含毒。今人率以此酒冬月為大盌，用以煐物代炭火。久食則發癰毒。默受其毒而不覺，然維藏寒者宜之。氣能透達骨髓，軟堅燥溼，熏衣著之，能發骨髓中汗。

丹藥火、蓬萊火

**清・趙學敏《本草綱目拾遺》卷二火部**　丹藥火　《錦囊秘授》有製救苦丹法：真麝香一錢，硼砂水飛二錢，好硫黃三錢，各研極細，先將硫黃化開，次入麝砂二味，離火攪勻，在光石上攤作薄片，切如米如粞二樣小塊，貯瓶勿洩氣。治病：將藥安患處，以燈火點著，候至火滅，連灰罨在肉上，立見痊愈。重者用米粒大，輕者用粞粒大，安放銅錢眼內，香火燃之，只須一炷，不必復灸。如若患處闊大，連排數炷，一起灸之，且灸時不甚熱，亦不甚疼，灸後並不潰膿，一茶之頃，痼疾如失，係觀音佛所授，真神方也。

又《海上仙方》亦有救苦丹，其法：用麝五分，硃砂水飛錢半，硫黃五錢，樟腦錢半，俱為細末，入銅器內，文武火烘烊，取起冷定，敲碎如米粒大用，能治各種風痹跌撲癰疽，初起有效。

敏按：此丹藥諸火為人工製造，本非天生藥料，然本草中又不得不載造釀一類，即瀕湖火部收載神鍼之意也。因與神燈火並錄，以補李氏所未述。

治一切風寒溼氣流注作痛，手足踡攣，小兒偏搐，口眼喎斜。婦人心腹痞塊攻疼，無分年深月久，皆可用。

**清・趙學敏《本草綱目拾遺》卷二火部**　蓬萊火　茅昆來《家傳醫要》有蓬萊火法：西黃、雄黃、乳香、沒藥、丁香、麝香、火消各等分。去西黃，加硼砂、草烏，皆可。用紫棉紙裹藥末，撚作條，如官香粗，以緊實為要。治病翦二三分長一段，以粽黏黏肉上點著，不過三次即除根。若點穴不差，灸至藥盡，皮肉發爆，病即立愈。每次三壯，重者不過三次即除根，不復再發。灸後忌豬肉，待瘡平復再食，此茅氏家傳五世試效神驗方也。　治風痹跌撲瘰癧，俱按患處灸。水脹膈氣胃氣。按穴灸。

火罐氣

**清・趙學敏《本草綱目拾遺》卷二火部**　火罐氣　火罐，江右及閩中皆有之。係窑戶燒售，小如大人指，腹大，兩頭微狹。使促口以受火氣，凡患一切風寒，皆用此罐。以小紙燒見焰，投入罐中，即將罐合於患處。或頭痛則合在太陽腦戶或巔頂，腹痛合在臍上，罐得火氣合於肉，即牢不可脫，須待其自落。患者但覺有一股暖氣從毛孔透入，少頃火力盡則自落，肉上起紅暈，罐中有氣水出。風寒盡出，不必服藥。　治風寒頭痛，及眩暈風痹腹痛等症。

# 水部

## 題解

**元・吴瑞《日用本草》卷一**　天一生水，善利萬物。人非水不能活，況療病乎？輒取水之一條，冠于卷首。

**明・盧和、汪穎《食物本草》卷一水類**　上諸水日常所用，人多忽之。殊不知天之生人，水穀以養之。故曰：水去則榮散，穀消則衛亡。仲景曰：水入於經，其血乃成；穀入於胃，其脈乃行。水之於人，不亦重乎？故人之形體有厚薄，年壽有長短，多由於水土稟受滋養之不同。驗之南北水土、人物可見矣。

**明・李時珍《本草綱目》卷五水部**　李時珍曰：水者，坎之象也。其文横則爲☵，縱則爲☵。其體純陰，其用純陽。上則爲雨露霜雪，下則爲海河泉井。流止寒温，氣之所鍾既異；甘淡鹹苦，味之所入不同。是以昔人分别九州水土，以辨人之美惡壽夭。蓋水爲萬化之源，土爲萬物之母。飲資于水，食資于土。飲食者，人之命脉也，而營衛賴之。故曰水去則營竭，穀去則衛亡。然則水之性味，尤慎疾衛生者之所當潛心也。今集水之關于藥食者，凡四十三種，分爲二類：曰天，曰地。舊本水類共三十二種，散見玉石部。

## 論説

**明・虞摶《醫學正傳》卷一**　或問：醫家以水烹煮藥石，本草著名類多而未詳其用。曰長流水，曰急流水，曰順流水，曰逆流水，曰千里水，曰半天河水，曰春雨水，曰秋露水，曰雪花水，曰井花水，曰新汲水，曰無根水，曰菊英水，曰潦水，曰甘瀾水，曰月窟水，夫何一水之用而有許多之名，必其能各有所長，請逐一明言其故無吝。

曰：謂長流水者，即千里水也，但當取其流長而來遠耳，不可泥於千里者，以其性遠而通達，歷科坎已多，故取以煎煮手足四末之病道路遠之藥，及通利大小便之用也。曰急流水者，湍上峻急之流水也，以其性速急而達下，故特取以煎熬通利二便及足脛以下之風藥也。曰順流水者，其性順而下流，故亦取以治下焦腰膝之證，及通利二便之用也。曰逆流水者，漫流洄瀾之水也，以其性逆而倒流，故取以調和發吐痰飲之劑也。曰半天河水者，即長桑君授扁鵲飲以上池之水，乃竹籬藩頭管内之積水耳，取其清潔自天而降，未受下流汚濁之氣，故可以為煉還丹、調仙藥之用也。曰春雨水者，立春日空中以器盛接之水也，其性始得春升生發之氣，故可以煮中氣不足、清氣不升之藥也。曰秋露水者，其性稟收斂肅殺之氣，故可取以烹煎殺祟之藥，及調敷殺癩蟲疥癬諸蟲之劑也。曰井花水者，清晨井中第一汲者，其天一真精之氣浮結於水面，故可取以烹煎補陰之劑，及修煉還丹之用。今好清之士，每日取以烹春茗，而謂清利頭目最佳，其性味同於雪水也。曰菊英水者，蜀中有長壽源，其源多菊花，而流水四季皆菊花香，居人飲其水者，壽皆二三百歲，故陶靖節之流好植菊花，日采其花英浸水烹茶，期延壽也。曰新汲水者，井中新汲水未入缸瓮者，取其清潔無混雜之劑，故用以烹煮藥劑也。曰甘瀾水者，器盛水，以物揚躍，使水珠沫液盈於水面，其水與月窟水性同，取其味甘溫而性柔，故可以烹傷寒陰證等藥也。曰潦水者，又名無根水，山谷中無人跡去處，新土科凹中之水也，取其性不動搖而有土氣内存，故可以煎熬調脾進食以補益中氣之劑也。夫本草雖有諸水之名，而未詳言其用，今故述之，以為後學之矜式云。

**明・陳嘉謨《本草蒙筌》卷八**　諸水　稟天一之氣，居五行〔之〕先。草木資以發生，黎民藉之養育。普天之下，惟水最多。大則為海、為江、為河，小則為潭、為溪、為澗。鄉市有塘有井，崖谷有溜有泉。味甘辛鹹淡自殊，性動静緩急亦異。用烹藥餌，各有所宜。苟弗詳知，安求効驗。　有曰長流水者，與千里水同，取歷科坎極多，來遠流長之義，手足四末之疾，非此莫攻。○有曰順流水者，與朝東水類，謂向東流不悖，直下無礙之名，大小二便滯留，用斯即利。　逆流水即迴瀾倒逆上流，堪吐上焦胸膈風痰，資易上湧。　井華水汲在早晨，補陰虛，併清頭目，蓋緣天一真氣，浮結水面而未開。　急流水係峻灘急趨下水，可去下體腿胯濕痛，仗竟下行。　山骨水覓於長夏，退時疫，且卻瘟黄，乃因夏至陰生，起從地底而極冷。　半天河水積諸竹木管中，即長桑君授扁鵲以上池之水是也。質極清潔而不濁，堪鍊丹藥，欲成僊者須求。　菊英水出於菊花多處，原陶靖節好植菊，而採英浸水是焉，氣甚馨香而最甘，可烹茗芽，望延壽者宜啜。蜀中有長壽源，其源多菊花，而流水四季皆菊花香，居民飲之，壽皆二三百歲。　春雨水立春日，以器迎接空中，氣得春升而生發，中氣不足，清氣不升，及年壯未嗣人，煎服極妙。○秋露水秋分時，以物拂諸草上，性禀秋降而肅清，癆蟲傳屍，疳蟲作脹，併年深染祟者，取飲最佳。○臘雪水甕貯，掘地埋藏，性酷寒，治春夏時行疫毒。　甘爛水器盛，以物揚躍，氣柔緩，調冬月陰證傷寒。　新汲水井泉汲出，不經混雜為然，不曾傾缸甕者。養心神誠獲奇効。　無根水一名潦水。土凹音勘積留，不見流動者方是，扶脾胃果有神功。○仍有地漿，是人造者。挖地坎以水沃中，攪濁渾俄頃取服。惡毒能解，煩熱能敺。楓上毒菌悮食，笑不止者，用之即安；山中毒菌悮食，命幾死者，〔飲之〕立効。　謨按：諸水雖分精詳，醫者未免忽略。投煎藥餌，多失選求。殊不知，用藥如用兵。兵之赴敵也，貴擇地而屯營壘。苟弗得其地利，則兵練固精，不能望克敵之捷報。猶藥之治病也，貴擇水而煎湯液，若非合其水性，則藥製雖妙，亦難收愈病之全功。此理勢自然，不待辯而可明也。水之為用，寧不謹乎。又況人之養生，固云穀食為本，考諸先哲，每亦與水對言。有曰水去則榮散，穀消則衛亡。有曰水入于經，其血乃成。穀入于胃，脉道乃行。何獨不離其水者，蓋水之于人，關係甚大。年歲之夭壽，形體之豐羸，悉由得夫水土之厚薄故爾。觀今南北人物，則可驗焉。仍有遠行，不服水土成疾者，亦可概推矣。

**明·王文潔《太乙仙製本草藥性大全》卷六《仙製藥性》**　諸水　稟天一炁，居五行先，草木資之以發生，黎民藉之以養育。普天之下，惟水最多，大則爲海、爲江、爲河，小則爲潭、爲溪、爲澗。鄉市有塘有井，崖谷有溜有泉。味甘辛鹹淡自殊，性動靜緩急亦異。用烹藥餌，各有所宜。苟勿詳知，安求效驗？

**明·謝肇淛《五雜俎》卷三**　《茶經》云：水品山水爲上，江水次之，井水爲下。此自是定論。然山水須乳泉緩流者，又須近人村落者，若深山窮谷之中，恐有瘴霧毒蛇，不利於人。即無毒者，亦能令人發瘧，蓋其氣味與五臟不相習也。奔湍急瀨，久飲能令人癭。井水亦有絕佳者，不亞山泉。大約江水以甘勝，井水以冽勝，山水則兼甘與冽而有之者也。

**明·謝肇淛《五雜俎》卷三**　易州、湖州之鏡，阿井之膠，成都之錦，青州之白丸子，皆以水勝耳。至於婦人女子，尤關於水，蓋天地之陰氣所凝結也。【略】吾閩建安一派溪源，自武夷九曲來，一瀉千里，清可以鑒，而建陽士女莫不白皙輕盈，即輿儓下賤，無有蠢濁肥黑者，得非山水之故耶？

**明·謝肇淛《五雜俎》卷三**　輕水之人，多禿與癭；重水之人，多尰與躄；甘水之人，多好與美；辛水之人，多疽與痤；苦水之人，多尪與傴。余行天下，見溪水之人多清，鹹水之人多黷，險水之人多癭，苦水之人多痞，甘水之人多壽。滕嶧、南陽、易州之人，飲山水者，無不患癭，惟自鑿井飲則無患。山東東兗沿海諸州縣，井泉皆苦，其地多鹼，飲之久則患痞，惟不食麵及飲河水則無患，此不可不知也。

**明·應礱《食治廣要》卷一**　水部　昔人分別九州水土，以辨人之美惡壽夭。蓋以水為萬化之原，土為萬物之母也。雨露、霜雪、江河、井泉、湖澤、陂塘流止，寒溫甘淡鹹苦，此人生日用飲食之先資焉，豈可以不辨乎？

**明·鄭二陽《仁壽堂藥鏡》卷一**　十二水　或問：醫家以水烹煮藥石，本草著名頗多，夫何一水之用，而有許多名類？必其能各有所長，請逐一明言其故。曰：長流水，即千里水也。但當取其流長而來遠者。以其性遠而通達，歷坷坎已多，故取以煎煮手足四末之病道路遠之藥，及通利大小便之用也。　急流水，湍上峻急之流水也。以其性速急而達下，故特取以煎通利二便及足脛以下之風藥也。　順流水，其性順而下流，故亦足以治下焦腰膝之證，及通利二便之用也。　逆流水，慢流洄瀾之水也。以其性逆而倒流，故取以調和發吐痰飲之劑也。　《藥性論》云：半天河水，微寒。惟竹籬頭及高樹穴中盛者，能治精神恍惚妄語。勿令病人知之，與飲立瘥。　半天河水，即長桑君授扁鵲飲以上池之水。乃竹籬藩頭管內之積水。取其清潔，自天而降，未受下流污濁之氣，故可以為煉還丹、調仙藥之用也。　春雨水，立春日空中以器盛接之水也。其性始得春升生發之氣，故可以煮中氣不足，清氣不升之藥也。古方謂婦人無子者，於立春日清晨，以器盛空中之雨水，或此日百草曉露之水，夫妻各飲一杯，還房當即有孕。取其資始資生、發育萬物之義耳。　《本草》云：味甘，無毒。在百草頭，愈百病，止消渴。柏葉上者明目。百花上，令人好顏色。　秋露水，其性稟收斂肅殺之氣，故可取以烹煎殺祟之藥，及調敷殺癩蟲疥癬諸蟲之劑也。　井花水：清晨井中第一汲者。其天一真精之氣浮結于水面，故可取以烹煎補陰之劑，及修煉還丹之用。今好清之士，每日取以烹春茗，而謂清利頭目最佳。其性味同於雪水也。《本草》云：甘，溫，無毒。除風補衰，令人好顏色，菊英水也。菊英水，蜀中有長壽源，其源多菊，而流水四季皆菊花香。居人飲其水，壽皆二三百歲。故陶靖節之流，好植菊，日採其花英，浸水烹茶，期延壽也。《梅師方》云：治眼睛無故突出一二寸者，以新汲水灌漬睛中，數易水，睛自收入。新汲水：井中新汲未入缸甕者。取其清潔，無濕雜之味，故用以烹煮藥劑也。《外臺秘要》云：甘爛水，入膀胱治奔豚。甘爛水，其法取水二斗，置大盆內，以木杓揚之，使水珠沫液盈於水面，乃收用之。其水與月窟水性同。取其味甘溫而性柔，故可以烹傷寒陰證等之藥也。成無己云：煎用甘爛水者，揚之無力，取其不助腎氣也。潦水：又名無根水。山谷中無人跡去處，新土科凹中之水也。取其性不動搖，而有土氣內存，故可以煎調脾進食、補益中氣之劑也。成無己云：用潦水，取其味薄，則不助濕氣。

**明·施永圖《本草醫旨·食物類》卷二**　施子曰：【略】天之生人，水穀以養之。故曰：水去則榮竭，穀去則衛亡。仲景曰：水入於經，其血乃成；穀入於衛，脉道乃行。水之於人，不亦重乎！故先列水部。

**清·顧元交《本草彙箋》卷一〇**　流水合勞水。　流水者，大而江河，小而溪澗，皆流水也。其外動而性靜，其質柔而氣剛，與湖澤陂塘之止水不同。而江河水與溪澗之水，清濁復異。觀濁水流水之魚，與清水止水之魚，性色迥別。淬劍染帛，色各不同。煮粥烹茶，味亦有異。則其入藥，豈可無辨。

江水，流泉遠涉，順勢歸海，不逆上流，用以治頭，必歸于下，故治五勞七傷、羸弱之病。煎藥宜以陳蘆、勞水，取其水不強，火不盛也。無江水則以千里東流水代之，皆堪蕩滌邪穢。

勞水，即揚泛水，又謂甘瀾水。其法以水置大盆中，用杓高揚之千萬遍，有沸珠相逐，乃取煎藥。蓋水性本鹹而體重，勞之則甘而輕，取其不助腎氣而益脾胃也。凡烹傷寒陰證等藥用之者，取其甘溫而性柔也。順流水，性順而下流，故治下焦腰膝之證，及通利二便之藥用之。急流水，湍上峻急之水，其性急速下達，故通二便、風痺之藥用之。逆流水，洄瀾之水，其性逆而湧上，故發吐痰飲之藥用之也。大抵東流水取其性順疾速，通膈下關。倒流水取其迴旋流止，止而不下。

昔有患下便閟者，衆工不能治，令取長川急流水煎前藥，一飲立溲。則水可不擇乎？

按《內經》經脈十二，外合於十二經水，而內屬於五藏六府。足太陽外合于清水，內屬於膀胱，而通水道。足少陽外合于渭水，內屬於膽。足陽明外合於海水，內屬於胃。足太陰外合於湖水，內屬於脾。足少陰外合于汝水，內屬於腎。足厥陰外合于澠水，內屬於肝。手太陽外合于淮水，內屬小腸，而水道出焉。手少陽外合于漯水，內屬於三焦。手陽明外合於江水，內屬於大腸。手太陰外合於河水，內屬于肺。手少陰外合于濟水，內屬於心。手心主外，合于漳水，內屬於心包。凡此五臟六府，十二經水者，外有源泉，而內有所稟，故天爲陽，地爲陰。腰以上爲天，腰以下爲地。故海以北者爲陰，湖以北者爲陰中之陰，漳以南者爲陽，河以北至漳爲陽中之陰，漯以南至江者爲陽中之太陽，此一隅之陰陽也。所以人與天地相參。

阿井通濟水之源，故阿膠能清血分。血屬心故也。

**清·丁其譽《壽世秘典》卷三**　瓶內插花水　氣味：辛、苦，有毒。飲之殺人，臘梅尤甚。

發明宋汪待舉治處州，有郡民宴客者。客醉臥空宅中，夜半酒渴，索水不得，取花瓶水飲之。次早啟戶，客死矣。客家訟于官，待舉究宅中所有物，惟瓶浸旱蓮而已。待舉以其水飲囚，果死。郡民之寃得白。宋袁采《世(編)〔範〕》云：有置水于案而不掩覆，屋有伏蛇遺毒于水，客飲而死。凡事不可不謹如此。

**清·尤乘《食鑒本草·五味類》**　水　味甘淡，無毒。大益人，資生日用，不齒其功，故不可一日缺也。井泉平旦第一汲者佳。

**清·馮兆張《馮氏錦囊秘錄·雜症痘疹藥性主治合參》卷五**　諸水得天一所生之數，為萬物生化之源。然處地土高下遠近不同，在節候消長寒熱不一，而性之溫涼補瀉，因亦異焉。列於石部者，以水之凝成處即為土、為石也。

長流水，與千里水同，取來遠流長之意。手足四末之疾，非此莫攻。順流水，與朝東水類，取直下無礙之名。大小便滯留，用斯即利。逆流水，即迴瀾倒逆上流，堪吐上焦胸膈風痰。急流水，係峻灘急趨下水，可去下體腿胯濕痛。井華水，汲在早晨，補陰虛，且清頭目，蓋緣天一真氣浮結水面而未開。山骨水，覓於長夏，退時疫，且卻瘟瘴，乃因夏至陰生，起於地底而極冷。

半天河水，積諸竹木管中，即上池之水是也，質極清潔而不濁，堪煉丹藥，欲成仙者須求。菊英水，出於菊花多處，氣正馨香而最甘，可烹芽茗，望長壽者宜啜。春雨水，立春日以器迎接空中，氣稟春升而生發，凡中氣不足，清氣不升，及年壯未嗣人，煎服極妙。秋露水，秋分時，以物拂諸草上，性稟秋霜而肅清，治癆蟲傳屍，疳蟲作脹，并年染祟者，取飲最佳。臘雪水，甕貯掘地埋藏，性酷寒，治春夏時行疫毒。無根水，凹處積留，不見流動者是，扶脾青果有神功。一云飲澤中停水，令人生瘕病。甘爛水，用流水盛器內，以瓢揚萬遍，或擊起珠子泡，又名勞水，水性鹹而重，勞之則甘而輕，仲景用取煮藥，治霍亂傷寒勞傷，及入膀胱奔㹠氣用之殊勝；取益中州，而不直下，且不助腎氣而專益脾胃也。新汲水，係井泉新汲，不經缸甕者，養心神，誠獲奇效；夏冰大寒，去熱除煩，暑月宜之；但與氣候相反，入腹冷熱相激，臨時爽快，久當成疾，止可隱映飲食耳。熱湯，須百沸過，若半沸者飲之病脹。陰陽水，沸湯、井水各半和服，治霍亂吐瀉神功。梅雨水，洗癬疥，滅瘢痕，入醬令易熟，沾衣服便腐，澣垢功如灰汁，有異他水。方諸水，方諸大蚌也。向月取之，得二三合，亦如朝露，又名明水，得至陰之精華，故甘寒能明目定心及止渴除煩熱也。猪槽水，治諸蠱毒蛇咬，可以浸瘡。洗碗水，主惡瘡久不瘥者，煎沸，以鹽投中，洗之立效。地漿，係掘地作坑，以水沃其中，攪令濁，俄頃，澄清服之；取水土之性甘寒，以解中諸百毒；蓋土為萬物之母，諸毒遇土則化也，故諸惡毒能解，煩熱能毆；中毒砒霜，中暑霍亂，不吐不利，脹痛欲死，連飲并療；有山中毒蕈，誤食必死，又楓樹蕈，誤食之，令人笑不止，惟飲地漿皆瘥，餘藥不能救也。

**清·张璐《本經逢原》卷一**　諸水

古人服藥必擇水火，故凡湯液多用新汲井華水，取天真之氣浮於水面也。宜文火煎成，候溫緩緩服之。《金匱》云：凡煮藥飲汁以解毒者，雖云救急，不可熱飲，諸毒病得熱更甚，宜冷飲之。此言治熱解毒及辛熱藥味，當確遵此例。一切調補藥，即宜溫飲。苦寒祛火藥，則宜熱飲，熱因寒用之法也。○仲景煎實脾藥，作甘瀾水揚之萬遍，取其流利不助腎邪也。○杓揚百遍名百勞水，取其激揚以除陳積也。成無己曰：仲景治傷寒瘀熱在裏身黃，麻黃連翹赤小豆湯，煎用潦水，取其味薄不助濕熱也。○以新汲水煮沸如麻，名麻沸湯，取其輕浮以散結熱也。○以水空煎候熟極煮藥，名清漿水，取其下趨不至上涌也。服涌吐藥，用齏水，取其味濁，引疾上竄，以吐諸痰飲宿食，酸苦涌泄為陰也。○煎蕩滌邪穢藥，用東流水，《本經》云：東流水為雲母石所畏，煉雲母用之。煎利水藥，用急流水，取性走也。○煎水逆嘔吐藥，用逆流水，取其上涌痰涎也。煎陽盛陰虛目不得瞑藥，用千里流水，取其性之疾瀉也。煎中暑神昏藥及食楓樹菌笑不止，用地漿水，急掘牆陰地作坎置水，攪澄者是也。取救垂絕之陰也。○煎中暑亡汗藥及霍亂泄利不止，用酸漿水，糯米釀成點乳餅者，或水磨作內點真粉之酸水亦可。取收欲脱之陽也。○黃霉雨水洗瘡疥，滅斑痕。○白露雨水洗肌面，減顏色。秋露質清，止瘧除煩。○臘雪氣羶，助陽攝火，治天行時氣瘟疫，解丹毒。雹水性暴，動風發癲。○夏冰陰凝，發痁成痞。○栢葉、菖蒲上露並能明目。○韭葉上露去白癜風。○淩霄花上露能損人目。○浸藍水解毒殺蟲，誤吞水蛭，腹面黃者，啜此水，蟲下即安。○瓶中養花水有毒傷人，臘梅者尤甚。○鹵水鹹苦大毒，凡蝕䘌疥癬及毒蟲生子入肉者，塗之即化，但瘡有血者，不可塗之。六畜食一合當時死，人亦然。○生熟湯入鹽微鹹，霍亂者，飲一二升，吐盡痰食即愈。○方諸水，大蚌水也，向月取之，得至陰之精華，故能明目止渴除煩，湯火瘡敷之有效。○上池水，竹籬頭上水也，長桑君飲扁鵲能洞鑒臟腑，見垣一方人。○東阿井水煎烏驢皮膠，治逆上之痰血。青州范公泉造白丸子，利膈化痰。二者皆濟水之分流也。○至若古塚廢井、澤中停水、山嚴泉水有翳及諸水經宿面有五色者，皆有毒，非但不可服食煎藥，即洗滌亦忌之。

**清·浦士貞《夕庵讀本草快編》卷一**　水類總論

水者，坎之象也。橫文成卦，縱則為水。天一所生，萬物之元也。其體純陰，其用純陽。飲資于水，營賴以生。均是水爾，而有陰陽之別，衛生者可不辨哉？若雨、露、霜、雪、雹、冰、方諸，皆屬于天。姑射仙吸風飲露，武帝作承露盤，貴妃吸花露解醒，《呂氏春秋》載三危之露。以此觀之，則知露為陽，水之聖，宜珍宜蓄者也。雨乃八節之和，本出地氣，施化由天。立春取其生發，宜煎補劑。黃梅惡其濕蒸，垢染衣服。立冬入液，百蟲飲之而蟄，宜于殺蟲化積之藥，以類相感也。霜為肅殺之氣，成萬物而消祲沴。當降不降，政弛而慢；不當降而降，政急而殘。故傷寒鼻塞，寒熱瘧疾，面赤痤痱，皆所宜也。雪能洗瘴除蝗，花英六出，秉陰之數也。臘者為瑞，宜于菜麥，更卜春夏之水。凡天行溫瘧，濕熱黃疸，洗目退赤，解毒解渴，宜粥宜茗，久藏不壞者也。雹則戾氣所結，悮食必致奇疾。但救敗醬有功，亦須知之。冰者太陰之精，《周禮》淩人掌之，以供祭祀賓客。所謂藏冰發冰，以制陽氣之燔，故能辟暑熱而清煩渴，解陽毒傷寒而救昏迷不醒。倘肆食之，反成腹疾矣。方諸之水乃承于月，取其清明純潔，誠敬至祭，所謂玄酒是也。故能明目而去小兒煩熱，博識君子不可偏廢爾。試再舉在地諸水而別之：若長江大河、川流溪澗，外動而性靜，質柔而氣剛，與湖澤陂塘止定之不同也。故勞傷脾腎，陽盛陰虛，目不得瞑，及傷寒欲作奔豚、霍亂吐利者用之，取其勞則甘而輕，能益能助，喜其順下。仲景以杓揚之，名曰甘瀾，蓋法此也。以是推之，湍瀨奔注，能通二便，逐除風痹逆厥；洄瀾宜探吐利痰，舒鬱豁滯。至若井泉，乃地脉所聚，亦有分焉。如平旦初汲，謂之井華，功用極大，悅顏補陰，噀血豁痰；新汲者為清泉，取天一真氣浮于面，煉藥烹茗，有益于人者。倘溝渠浸溢，泥土鹹腥，非但藥中所忌，必令人昏懵生疾。《易》云井泥不食是矣。大抵天下之水，用之滅火、濡槁則同性。隨地變質，〔性〕與物遷，未嘗同也。故蜀江濯錦則鮮，濟源烹楮則皛；南陽之潭漸于菊，其人多壽；遼東之澗通于參，其人多髮。晉山產礬泉可愈疽，戒麓伏硫湯可浴癘。江心宜荈，淮萊宜醪。滄鹵成鹽，阿井成膠。癭消于藻帶之波，痰破于半夏之洳。冰水嚥而霍亂息，流水飲而癃閉通。雪水洗目而紅退，鹹水濯肌而瘡乾。麻沸能助陽行經，生熟能止嘔升降。酸漿化積，醴泉療痼。千變萬殊，言不可盡。烹煮日用，行藥助勢，豈可忽哉？況貪淫有泉，仙壽有井，清水音小，濁水音大，湍水人輕，遲水人重，兩山夾水，人多癭。九州性味皆不等，善惡壽夭之相關，養生當為首務者也。

附治法：仲景治傷寒瘀熱在裏，遍身發黃，用潦水煎麻黃連翹赤小豆湯。按：潦乃降注雨水也，又淫雨為潦。韓文公詩云潢潦無根源，朝灌夕已除是也。蓋取其味薄，不助濕氣而利熱也。　宋徽宗食冰太過患脾疾，國醫不效。召楊介診之，介用大理中丸，上曰：服之屢矣。介對曰：病因食冰，臣因以冰煎此藥，是治其原也。服後果愈。

**清・章穆《調疾飲食辯》卷一上**　水　天地間未有萬物先有水，故水者萬化之源也。水何以先乎萬物，曰水即氣也，氣即水也，水為氣所生，氣又為水所生。試觀一陽之氣起於下陰，上遏之則氣聚而為水雲雨之理；一陰之氣聚於上陽，下蒸之則水復散而為氣釜甑之理。《易》乾之象曰：雲行雨施，品物流形。蓋氣聚而為雲雨，自無形而之有形，自有此有形之水，而太虛寥廓之中，生生化化不窮矣。其行於地也，流則為江河為溝澮，大小皆流也；止則為行潦為海水歸墟，大小皆止也。上而有此雲雨霜露，下如有此江湖河海。而水之類不齊，水之性味亦各異。《本草綱目》分為天水、地水兩類，各辨其甘淡鹹苦之味，而著其寒溫良毒之性。自古談物理者，未有若是其詳且盡者也。況乎民非水火不生活，是平人、病人日不可離之物，醫者可置焉不講乎。謹依《綱目》，條例如左。

**清・文晟《新編六書》卷六《藥性摘錄》**　水　雨水，味甘淡，性冷。可烹茶。暴雨不可。○梅雨水，甘，平。入醬易熟，烹茶亦佳。然有濕熱之氣，○臘雪水，甘，冷。解丹石毒，疫病中暍及小兒熱狂，抹痱即退。春雪，日久生蟲，不堪用。○夏冰，北人冬藏至夏取出，解暑氣。甘，大寒。多冷飲則致病。○露水，秋露解酒熱，及諸病面赤，傷寒鼻塞。○千里水，即遠來長流水。通腸下關，煎藥良。○井水新汲者能療病。平旦第一汲為井華水，煎補陰藥及煉丹膏良。○泉水、河水俱佳，惟通流未暢及暴長雨水不佳。○地漿，解毒。○陰陽水，治霍亂。○古井水，有毒，勿用。○蒸糯飯甑上氣水，煎服，痰核瘰癧毒易効。搽唇鬚瘡，亦佳。○凡水中有赤脈，不可斷。○井水沸溢不可飲。○澤中停水，夏月防有魚鱉，勿冷飲。○花瓶內水，悮飲殺人，臘梅尤甚。○銅器盛水過夜，不可飲。

# 天水分部

## 綜述

### 雨水

**宋・唐慎微《證類本草》卷五玉石部下品〔唐・陳藏器《本草拾遺》〕**　正月雨水　夫妻各飲一盃，還房，當獲時有子，神效也。

**明・李時珍《本草綱目》卷五水部・天水類**　雨水《拾遺》

〖釋名〗時珍曰：地氣升爲雲，天氣降爲雨，故人之汗，以天地之雨名之。

〖氣味〗鹹，平，無毒。

立春雨水　〖主治〗夫妻各飲一盃，還房，當獲時有子，神效藏器。　宜煎發散及補中益氣藥時珍。

〖發明〗時珍曰：虞摶《醫學正傳》云：立春節雨水，其性始是春生發之氣，故可以煮中氣不足、清氣不升之藥。古方婦人無子，是日夫婦各飲一盃，還房有孕，亦取其資始發育萬物之義也。

梅雨水　〖主治〗洗瘡疥，滅瘢痕，入醬易熟藏器。

〖發明〗藏器曰：江淮以南，地氣卑濕，五月上旬連下旬尤甚。《月令》土潤溽暑是五月中氣。過此節以後，皆須曝書畫。梅雨沾衣，便腐黑。澣垢如灰汁，有異他水。但以梅葉湯洗之乃脱，餘並不脱。時珍曰：梅雨或作黴雨，言其沾衣及物，皆生黑黴也。芒種後逢壬爲入梅，小暑後逢壬爲出梅。又以三月爲迎梅雨，五月爲送梅雨。此皆濕熱之氣，鬱遏熏蒸，釀爲霏雨。人受其氣則生病，物受其氣則生黴，故此水不可造酒醋。其土潤溽暑，乃六月中氣，陳氏之説誤矣。

液雨水　〖主治〗殺百蟲，宜煎殺蟲消積之藥時珍。

〖發明〗時珍曰：立冬後十日爲入液，至小雪爲出液，得雨謂之液雨，亦曰藥雨。百蟲飲此皆伏蟄，至來春雷鳴起蟄乃出也。

**明・穆世錫《食物輯要》卷一**　雨水　味、甘淡，性冷，無毒。可煮茶。暴雨不可用。《養老書》云：立春節雨水，性有春升始生之氣，於脾胃清氣下陷者宜用。婦人不生育者，是日夫婦宜各飲一杯，還房，易得孕。又：淫雨及降注雨，謂之潦水。味薄。不助濕氣，且利熱，亦取其急流而有聲，通達之義也。

**明・李中立《本草原始》卷八**　雨水　時珍曰：地氣升為雲，天氣降為雨。　氣味：鹹，平，無毒。

立春雨水　主治：夫婦各飲一盃，還房，當獲時有子，神效。　宜煎發散及補中益氣藥。

**明・吴文炳《藥性全備食物本草》卷一**　雨水　味甘淡，性冷，無毒。可煮茶，暴雨不可用。立春日以器迎接空中。氣(生)〔得〕春升而生發，中氣不足及年壯未嗣人煎服極妙。

立春、清明二節日貯水曰神水，宜用造風溫脾胃虚損丸散藥酒，久留不壞。

穀雨水　味甘，性寒，無毒。取長江者流以之造酒，儲久色紺味冽。清明水亦然。

梅雨水　味甘，平，無毒。入醬易熟，烹茶尤佳，勝諸雨水。洗疥癬，滅瘢痕。芒種後逢壬為入梅，小暑後逢壬為出梅。又云三月為迎梅雨，五月為送梅雨，此皆濕熱之氣鬱遏熏蒸，釀為霏雨，人受其氣生病，物受其氣生黴，忌用造醋、酒。

花水　從花滴下者曰花水，主解渴。以此水和天花粉為丸，預備遠行無水處，渴時服即解。

菊花水　味甘，氣溫，無毒。除風痰，補衰，治眩冒，止痺痼疾，溫中，立除陽弱，羸瘦肥健。蜀中有長壽源，其源多菊花而流水，四季皆菊花香，居民飲之，壽皆二三百歲，史載太尉胡廣久患風羸，常汲飲此水，後疾遂瘳。太尉劉寬、太尉袁隗皆為南陽太守，每到官常使酈縣月送甘谷水四十斛以為飲食，此諸公多患風痺及眩冒，皆得愈。晉陶靖節好植菊而採英浸水，氣甚馨香而最甘，可烹茗芽，望延壽者宜啜。

液雨水　無毒，立冬後十日為入液，至小雪為出液，製殺蟲消積等藥良，故又謂之藥雨。

**明・應麐《食治廣要》卷一**　雨水節候雨水附。【略】

謹按雨水宜忌，誠不可忽。今江南維揚淮海之地井水有鹼，無論四時，人多接雨水烹茶，取其味淡而益茶色耳。尊生者可不必用也。其法：以新白布幅洗去糨滓，繩紮四角，中置一小石子，懸空隙地，下以潔淨瓦缸接注，澄清另灌淨罎中，上以新瓦一片覆之，置檐下無日色處。久之或生小蟲，用大炭一塊燒紅淬之，即以柳條周旋急絞，剪脚，傾過別罎，即成好水。凡煎雨水宜極老，否則敗胃且有氣息。

**明・施永圖《本草醫旨・食物類》卷二**　天雨水地氣升為雲，天氣降為雨。味：平，無毒。治：心病鬼疰，狂邪諸毒，入火炭解毒，可飲。

**清・丁其譽《壽世秘典》卷三**　天水　氣味：甘，微寒，無毒。主治心病、鬼疰、狂邪、惡毒。【略】

梅雨水　主洗瘡疥，滅瘢痕，入醬易熟，霑衣便腐黑，浣垢如灰汁，有異他水，以梅葉湯洗之，乃脱。　發明李時珍曰：梅雨或作黴雨，言其霑衣及物皆生黑黴也。芒種後逢壬為入梅，小暑後逢壬為出梅。又以三月為迎梅雨，五月為送梅雨，此皆濕熱之氣抑遏熏蒸之為霏雨。人受其氣則生病，物受其氣則生黴，故此水不可造酒、醋。《芷園臆草》云：雨水初時未可就用，須置甕久，俟其蟲出飛去，則色味俱佳，香氣轉盛，不似山泉久則味變也。春雨味更鮮厚，亦不專取梅雨，唯俟久雨，向急溜中，先以缸承之，月餘移甕中，三月取烹則佳，半年尤佳。四時皆可用此法。

**清・劉雲密《本草述》卷一**　雨水　《廣筆記》立春節雨水，梅雨水。芒種後逢壬為入梅，小暑後逢壬為出梅。液雨水，立冬後十日為入液，至小雪為出液，得雨謂之液雨。

愚按：立春節雨水，李時珍云：宜煎發散及補中益氣藥，是因虞摶謂其得春升生發之氣也。如梅雨水，時珍則謂其皆受溼熱之氣，鬱遏熏蒸，釀為霏雨，人受其氣則生病，物受其氣則生黴，故此水不可造酒醋。即此說觀之，則梅雨水不宜用矣。又液雨水，時珍主治殺百蟲，宜煎殺蟲、消積之藥。蓋因此雨在嚴冬而百蟲皆伏蟄，故取此義爾。

**清・陳士鐸《本草新編》卷五〔抄本〕**　天雨水　性輕清，味甘淡，諸水之上也。四時俱可用，而夏日尤佳。大旱之後得雨，必須收貯，飲之可以却病。

或問：《本草》載天雨水性寒，而君曰性輕清，何也？曰：凡水性皆寒，獨湯泉性熱。然流出于外，溫亦變寒，何獨于天雨之水性獨寒耶？是水皆寒，予所以不言其寒也。天之氣最清，故天氣屬陽。陰氣重而陽氣清，理也。天之雨水，雖地氣所化，然天氣不交于地，則地之氣終不能化雨。是雨水仍是天氣所生，而非地氣也。既得天之氣為多，安得不輕且清哉。

或問：立春節雨水，夫婦飲之，易于得孕，驗乎不驗乎？曰：春為陽氣之首，立春之雨水，似乎得發育之義。然而男女媾精，始能生子，未聞媾水而可以得男者也。此說尚在可信不可信之間，未可全恃飲立春之水，便為種子奇方也。

或問：梅雨水，何以有毒也？曰：梅雨水，味甘性平，安得有毒？因天氣鬱蒸，水易化物。凡不變之物，得之變化，故水漿則易熱也，沾水則易斑也。造酒醋則改味也，浣衣則去垢也。其實何嘗有毒哉。倘久貯之，不特無毒，並能化毒耳。

或問：芒種後逢壬為入梅，小暑後逢壬為出梅，立冬後十日為入液，至小雪為出液，有之乎？曰：此《月令》載之，余何敢辨其非。但謂百蟲飲液內之水，盡皆伏蟄，宜製殺蟲藥餌，此則鐸所不信也。倘液內無雨，蟲不飲水，即不蟄乎？蟲既不蟄，而修合藥餌，豈皆不效乎？大約百蟲交冬則俯，俯即蟄也，安在必飲液內之雨水哉。

**清・吳儀洛《本草從新》卷五**　小滿、芒種、白露三節內水　並有毒，造藥、釀酒醋一應食物皆易敗壞，人飲之亦生脾胃疾。

**清・汪紱《醫林纂要探源》卷三**　雨　甘，淡，平。久晴乍雨，檐水勿用，恐瓦苔有濕熱毒氣。及洗一二日後，則可。若空曠不由屋上者，不拘。潤肺清熱，利小便。

**清・嚴潔等《得配本草》卷一**　立春雨水　鹹，平。宜煎發散及補中益氣藥。

**題清・徐大椿《藥性切用》卷七**　立春雨水　節內雨性味甘平，升陽舉陷，可煎中氣不足、清陽下陷之藥。

**題清・徐大椿《藥性切用》卷七**　驚蟄、春分、清明、穀雨節內雨　性味甘平，輕揚上行，補中而舉陽氣下陷，宜煎補中升陽及發散之藥。　小滿節內（腫）〔雨〕有毒，壞物，人飲之多生脾胃疾。小滿節前後淫雨，並為鹹雨，其毒尤甚。　梅內雨：　性甚消伐，有毒黴物，惟可洗瘡疥滅痕，澄清入醬亦易熟。芒種後逢壬為入梅，小暑後逢壬為出梅，此時濕熱薰蒸，人受其氣則生病，物受其氣則生黴。　重五日午時雨：　性味清烈，解毒殺蟲。宜製造瘧痢瘡瘍諸丹丸，煎辟祟藥更效。　神水：　即五月五日午時雨，急伐竹竿瀝取，為神水。性味甘寒，清熱化痰，定驚安神，和獺肝丸治心腹積，及殺勞蟲及諸蟲病。　立秋、處暑、白露、秋分：　節內雨性味甘寒，清熱潤燥，宜煎肅清肺氣之藥。　寒露：　節內雨有毒，壞禾稻，人飲亦致多疾，與小滿節內雨相近，性稍清肅耳。　霜降液雨：　立冬後十日為入液，至小雪為出液。液雨殺蟲消積，宜煎蟲痛疳積藥。　霜降雨：　氣稟肅殺，功耑瀉熱。陽氣有餘者宜此煎藥。　大雪、冬至、小寒、大寒及臘日雨：　清熱益陰，宜浸滋補五藏及痰火積聚、蟲毒諸丹丸。

**清・李文培《食物小錄》卷上**　雨水　甘，平，無毒。煎茶良，洗衣物亦佳。春夏者有毒，不可用。

**清・吳瑭《醫醫病書》**　雨水論　坎離代天地用事，人非水火不生活，故醫者必究水火。按草之火最柔，而木火則剛矣。然木之中，亦萬有不齊，其性堅者火必剛，柔脆者火必柔。最剛者，莫如石火，亦萬有不齊。石火之中，至剛者莫如京師之紅煤。凡試火之法，以大錢一枚，置水鍋內，紅煤之高者，水開時則錢浮水面，其次則半浮半沉，火柔則錢離鍋底不過二三寸而已矣。剛火所排之靴帽，至舊不改樣，柔火萬不能也。學者可借以助格致之理。食剛火者多熱病，食柔火者多濕病。至於水，泉水最清，削去垢有餘，清頭目最勝。河為陽水，通六腑最速。濟為至陰之水，伏流黃泉之下，其性沉降，補五臟有專功。〔他如千里急流水，《靈樞》半夏湯治不寐，用之取其急驅胃陰下降也。甘瀾水因無從取之千里急流水者，但以水揚千萬遍，使之起花，急逐痰飲，前人治痰飲用之。〕其生化最速，去陳莝如神者，莫如雨水。而雨水之中，化氣最速，又莫如伏雨，孟子所謂有如時雨化之。何李時珍《本草綱目》於雨水條下，毫無發明，但曰春分日雨水，夫婦各飲一杯，可以有孕。試問誰係飲春分之水而後有孕哉？〔如此耳食之談，〕副載一條，亦未始不可，雨水正文何反不言功用？余特補之。

**清・章穆《調疾飲食辯》卷一上**　雨水　《綱目》曰：立春雨水，宜煎發散及中氣不足，清氣不升之藥。此說出虞摶《醫學正傳》。然不拘何日雨水，尚未落地，其性清真，用供病人飲食藥餌，無不相宜。若夏秋暴雨，承取其水，冷如冰雪，煎時行暑熱之藥，更有應驗。

**清・趙其光《本草求原》卷二一水部**　立春節雨　清升，脾氣下陷宜之。無子之人，是日夫婦各飲一杯，還房即孕，資始發育之義也。

**清・趙其光《本草求原》卷二一水部**　花下雨水　止渴。取美花初晴滴下之水，毒花勿用。和花粉為丸，遠行解渴妙。

**清・趙其光《本草求原》卷二一水部**　雨水　甘淡而冷，無毒。烹茶妙，暴雨勿用。

**清・趙其光《本草求原》卷二一水部**　春雨水　得春升氣，主發散，升提。

**清・王孟英《隨息居飲食譜・水飲類》**　天雨水《戰國策》名上池水。陶隱居名半天河，俗名天泉水。　甘，涼，養陽分之陰。瀹茗，清上焦之熱。體輕味淡，煮粥不稠，宿久澄澈者良。

**清・田綿淮《本草省常・水性類》**　春雨水　性平，益氣升陽。　夏雨水　性平，有小毒，易生脾胃疾。　秋雨水　性平，有小毒。易作泄瀉。至寒露以後始無毒，滋補五臟。

## 潦水

**元・朱震亨《本草衍義補遺》**　潦水　成無己：赤小豆湯用潦水者，亦取其水味薄則不助濕氣。

**明・葉文齡《醫學統旨》卷八**　潦水　即雨澤水也。治傷寒發黃，煎用此水，取其味薄不助濕也。

**明・許希周《藥性粗評》卷四**　潦水用不助於濕氣。

潦水，行潦之水，或雨澤之類，凡無源者皆是。性味淡薄。主治濕氣浮腫，入湯須用此水。成無己云：赤小豆湯煎用潦水者，亦取其味薄不助濕氣也。

**明・皇甫嵩《本草發明》卷五**　無根水一名潦水。　土凹積留，不見流動者。扶脾胃有功。

地漿，是人造者。　挖地坎，以水沃中，攪濁，俄頃，服解惡毒煩熱，暑毒熱渴心悶及楓上菌毒。誤食令人笑不止。又山中毒菌，誤食幾死，飲之安。

**明・李時珍《本草綱目》卷五水部・天水類**　潦水《綱目》

〔釋名〕時珍曰：降注雨水謂之潦，又淫雨爲潦。韓退之詩云潢潦無根源，朝灌夕已除是矣。

〔氣味〕甘，平，無毒。〔主治〕煎調脾胃，去濕熱之藥時珍。

〔發明〕成無己曰：仲景治傷寒瘀熱在裏，身發黃，麻黃連軺赤小豆湯，煎用潦水者，取其味薄而不助濕氣，利熱也。

**明・梅得春《藥性會元》卷下**　潦水　即雨澤水也。主治傷寒發黃，煎用取其味薄不助濕也。

**明・王肯堂《傷寒證治準繩》卷八**　潦水　即霖雨後行潦之水。亦取其發縱之極，流而不滯，不助濕也。

**明・李中立《本草原始》卷八**　無根水　土凹積留，不見流動者是也。

氣味：甘，平，無毒。　主治：脾胃虛損。

**明・盧之頤《本草乘雅半偈》帙一一**　潦水《綱目》　氣味：甘，平，無毒。　主治：主煎調脾胃，去濕熱之聖藥。

覈曰：雨水曰潦，疾雨曰驟，徐雨曰零，久雨曰苦雨，曰愁霖，雨晴曰霽，時雨曰澍，雨而晝晴曰啟也。蓋雨從雲下，天地氣和而為雨，怒而為風。故凡《易》稱雨者，皆和之象也。《詩》云：有渰萋萋，興雨祁祁。渰，陰雨也，或作晻。渰，水氣之雲也。《傳》云：雨，雲水氣。萋萋，盛貌。祁祁，徐貌。蓋雲欲盛，盛則雨足，雨欲徐，徐則入土，且亦雲氣不待族而雨者，非陰之和也。故《詩》雲以萋萋，雨以祁祁為善爾。《詩》曰：靈雨既零，命彼倌人，星言夙駕，稅于乘田。《瑞應圖》云：靈雨，瑞雨也。降而應物，謂之靈雨。星，晴也。言夜而雨，夙而星見，于是督勸農乘，此《傳》所謂務材訓農者也。《鹽鐵論》云：周公之時，雨不破塊，風不鳴條，雨則必以夜。夜者，正雨之時也。《詩》云：我來自東，零雨其濛。濛善沾濡，又喜陰結，不解羈旅之愁，于是為甚，《詩》以言其情也。雨無正曰，雨自上下者也。衆多如雨，而非所以為政也。政者，正也。夫文一止為正，衆多如雨，則無正矣。《詩》云：月離于畢，俾滂沱矣。又曰：益之以霢霂滂沱，大雨也；小雨謂之霢霂。《釋名》曰：言霂瀝霑浸，如人之沐，唯及其上支而已，根不濡也。蓋霢膏潤于土，如人之脈，故曰霢也。《說文》云：秋穜厚薶，故謂之麥。然則霂言其上，霢言其下也。《詩》云芃芃黍苗，陰雨膏之，方暑之苗也。暑雨暴息，無陰雲以覆之，日隨蒸焉，則苗槁矣。將以潤之，乃所害之也。故《詩》以陰雨為善。俗諺五月謂之分龍雨，曰隔轍。言夏雨多暴至，龍各有分域，雨暘往往隔一轍而異也。《易》云：密雲不雨，目我西郊，言小畜也。畜者，畜也。升氣又自乎西，故能為密雲而已。蓋入藥之潦，宜取陰雲之雨。斯本天地之和，《本草》取霪雨為潦，是非陰陽之正矣。備錄經雅用供博粲云爾。

条曰：地氣上為雲，天氣下為雨。雨出地氣，雲出天氣，交互升沉，沛然降注也。對待水寒獨沉，俾之起亟，熏膚充身，澤毛若霧露之溉歟。《別錄》主調煎脾胃之聖藥。《經》言人之脾胃以地土名之，人之氣汗以風雨狀之，器界益根身，踈相培親相，無情于有情，互相感召耳。

**清・劉雲密《本草述》卷一**　潦水　時珍曰：降注雨水謂之潦，又淫雨為潦。韓退之詩云潢潦無根源，朝灌夕已除，是矣。

**清・王道純《本草品彙精要續集》卷一**　潦水無毒

潦水：主煎調脾胃，去濕熱之藥《本草綱目》。【名】李時珍云：降注雨水，謂之潦，又淫雨爲潦。韓退之詩云潢潦無根源，朝灌夕已除是矣。【地】《國風》云：于彼行潦。《大雅》云：洞酌彼行潦。《左傳》云潢汙行潦之水，是其地也。【用】《大雅》云：挹彼注茲，可以餴饎。《左傳》云可薦於鬼神，可饈於王公，是其用也。【味】甘。【性】平。【治】成無已云：張仲景治傷寒，瘀熱在裏，身上發黃，必用潦水，煎麻黃連軺赤小豆湯，取其味薄而不助濕氣利熱也。

**清・趙其光《本草求原》卷二一水部**　淫雨潦水　未受地濕，無根，味薄，去濕熱。

**清・陳其瑞《本草撮要》卷一〇**　潦水　味甘，平，宜煎調脾胃去濕熱之藥。降注雨水為潦，又名無源水。

梅雨水

**宋・唐慎微《證類本草》卷五玉石部下品〔唐・陳藏器《本草拾遺》〕**　梅雨水　洗瘡疥，滅瘢痕。入醬令易熟，沾衣便腐，澣垢如灰汁，有異他水。江淮已南，地氣卑濕，五月上旬連下旬尤甚。《月令》土潤溽暑是五月中氣，過此節已後，皆須曝書。漢崔寔七夕曝書，阮咸焉能免俗，蓋此謂也。梅沾衣，皆以梅葉湯洗之脫也，餘並不脫。

**元・吴瑞《日用本草》卷一**　梅雨水　五月雨水。味甘，寒，微毒。主洗瘡疥，滅瘢痕。沾衣便起青，以梅葉湯洗之便去。澣垢如灰汁。

**明・盧和、汪穎《食物本草》卷一水類**　梅雨水　洗癬疥，滅瘢痕，入醬令易熟，沾衣便腐。澣垢如灰汁，有異它水。

**明・穆世錫《食物輯要》卷一**　梅雨水　味甘，平，無毒。入醬易熟。烹茶尤佳，勝諸雨水。洗癬疥，滅瘢痕。芒種後逢壬為入梅，小暑後逢壬為出梅。又云：三月為迎梅雨，五月為送梅雨。此皆濕熱之氣，鬱遏熏蒸，釀為霏雨。人受其氣生病，物受其氣生黴。忌用造酒、醋。

**明・顧逢柏《分部本草妙用》卷一〇水部**　梅雨水　洗瘡疥，滅瘢痕，和醬易熟。梅雨沾衣，腐黑不脫，以梅葉湯洗之即脫。或作黴雨，以此故也。此皆濕熱之氣，鬱遏熏蒸釀成霏雨。人受其氣則生病，物受其氣則生黴。故此水不可造酒醋，惟以之煎茶，則滌腸胃宿垢，味美而清神也。

**清・何其言《養生食鑒》卷上**　梅水首言梅下裝取者，後言節口或作黴雨，言其沾衣及物，皆主黑黴也。

白雲

**清・趙學敏《本草綱目拾遺》卷一水部**　白雲　雲本山澤之氣，蒸而為雲，水屬也。故入水部。雲有五色，惟白雲可治病，唐守時言：凡高山大川，悉有雲氣，五嶽名山，多出雲。山僧取之餉客，其取雲法，用金漆盒，蓋上鑿一孔，以木塞之。俟天氣晴朗，黎明往山巖石畔覓之，見地上有白雲如線者，如筍者，茁土而出，即雲苗也。急以盒蓋孔對其氣，使盡入其中，以木塞口。收必須白雲，如雪色，有香氣如梅蘭，方合用。其他雜色雲，多帶草土氣，黑雲尤腥，多帶怪物，不宜盒取。放雲之法：擇淨室，須四面有窗者，通上下用紙裱糊，勿令洩氣，然後將雲盒置中，去塞，則雲自出，悠揚渙散，芬芳四繞，可以醒脾胃，舒肝鬱而和經絡，令人有翛然出塵之想。治啞瘴：余澹菴云：滇廣山瘴，有一種人受之終身不能語，名曰啞瘴。唯聞白雲之氣，久久自引毒外出，可以全愈。血臌水腫，聞雲氣漸消。

## 露水

**宋・唐慎微《證類本草》卷五玉石部下品〔唐・陳藏器《本草拾遺》〕** 秋露水　味甘，平，無毒。在百草頭者愈百疾，止消渴，令人身輕不飢，肌肉悅澤。亦有化雲母成粉，朝露未晞時拂取之。柏葉上露，主明目。百花上露，令人好顏色。露即一般，所在有異，主療不同。

**明・皇甫嵩《本草發明》卷五**　秋露水味甘，平，無毒。　性禀秋降而肅清。在百草頭者，愈百病，止消渴，令人輕身，肌肉悅澤。又治傳屍癆，疳蟲作脹，并年深染祟者，取飲妙。秋分時朝露未晞，以布物拂諸草上，絞取。

**明・李時珍《本草綱目》卷五水部・天水類**　露水《拾遺》

〔釋名〕時珍曰：露者，陰氣之液也，夜氣着物而潤澤於道傍也。　〔氣味〕甘，平，無毒。〔主治〕秋露繁時，以槃收取，煎如飴，令人延年不飢藏器。　禀肅殺之氣，宜煎潤肺殺祟之藥及調疥癬蟲癩諸散虞摶。

百草頭上秋露，未晞時收取，愈百疾，止消渴，令人身輕不飢，〔肌肉〕悅澤。別有化雲母作粉服法藏器。八月朔日收取，摩墨點太陽穴，止頭痛，點膏肓穴，治勞瘵，謂之天灸時珍。　百花上露，令人好顏色藏器。　柏葉上露，菖蒲上露，並能明目，旦旦洗之時珍。　韭葉上露，去白癜風，旦旦塗之時珍。　凌霄花上露，入目損目時珍。

〔發明〕藏器曰：薛用弱《續齊諧記》云：司農鄧紹，八月朝入華山，見一童子，以五采囊盛取柏葉下露珠滿囊。紹問之。答云：赤松先生取以明目也。今人八月朝作露華囊，象此也。又郭憲《洞冥記》云：漢武帝時，有吉雲國，出吉雲草，食之不死。日照之，露皆五色。東方朔得玄、青、黃三露，各盛五合，以獻於帝。賜群臣服之，病皆愈。朔曰：日初出處，露皆如飴。今人煎露如飴，久服不飢。《呂氏春秋》云：水之美者，有三危之露，爲水即重於水也。時珍曰：秋露造酒最清冽。姑射神人吸風飲露。漢武帝作金盤承露，和玉屑服食。楊貴妃每晨吸花上露，以止渴解醒。番國有薔薇露，甚芬香，云是花上露水，未知是否。藏器曰：凡秋露春雨着草，人素有瘡及破傷者觸犯之，瘡頓不痒痛，乃中風及毒水，身必反張似角弓之狀。急以鹽豉和麪作盤子，於瘡上灸一百壯，出惡水數升，乃知痛痒而瘥也。

**明・穆世錫《食物輯要》卷一**　露水　味甘，性涼，無毒，堪用。柏葉露明目。百草露愈百病，解消渴，澤肌膚，令人身輕。百花露益顏色。晉殷云：取秋露造酒，名秋露白，味甘冽。

**明・羅周彥《醫宗粹言》卷四**　收秋露水法　交白露節先日未時，將田禾以淨水潑過，次日寅時以洗白布拖展禾頭露水，攪下用新磁瓶收貯，留不壞，香甘止渴，治諸熱燥最佳。養道家謂之無為油，服食以磁盆置方諸於中取之。

**明・吳文炳《藥性全備食物本草》卷一**　秋露水　味甘，氣平，無毒。百草頭者療百疾即愈，止消渴立清，令人身輕不飢，肌肉悅澤。朝露未晞拂取能化雲母石成粉。柏葉上者主明目，百花上者好顏色。晉殷云：取秋露造酒名秋露白，味甘冽。

**清・穆石匏《本草洞詮》卷一**　露　味甘，氣平，無毒。秋露繁時以槃收取，煎服愈百疾，止消渴。八月朔日收取，磨墨點大陽穴止頭痛，點膏肓穴治勞瘵，謂之天灸。柏葉上露，菖蒲上露，並能明目。韭葉上露去白癜風。按《呂氏春秋》云：水之美者，有三危之露。姑射神人吸風飲露，漢武帝作金盤承露，東方朔云煎露如飴，久服不飢，楊貴妃每晨吸花上露以止渴解醒，則露之功可見矣。更有一種甘露，《瑞應圖》云神靈之精，仁瑞之澤，故有日膏酒漿之名。《列星圖》云：天乳，一星明潤則甘露降。《山海經》云：諸沃之野，搖山之民，甘露是飲，下壽者八百歲。夫甘露不常有，凡秋露要亦佳物也。

**清・丁其譽《壽世秘典》卷三**　秋露　氣味：甘，平，無毒。主治清金降火，解胸膈諸熱，明目止渴。

**清・汪昂《本草備要》卷四**　露水潤肺。　甘，平。止消渴。宜煎潤肺之藥。秋露造酒最清冽。百花上露，令人好顏色。霜殺物，露滋物，性隨時異也。露能解暑，故白露降則處暑矣。瘧必由于暑，故治瘧藥，露一宿服。

**清・王逊《藥性纂要》卷一**　露水　【略】東圃曰：露乃天地氤氳之氣，凝聚成液，盛於清秋歛肅之時，降於寅升昧爽之際。味甘氣和，百草頭上未晞時收取，服之愈百疾而止消渴。露藥露薑飲可止瘧，蓋得陰陽之和，而陰勝以制亢陽也。且瘧多因風暑所成，白露則暑解，故露能清暑，本乎天者親上。花乃精英上注而發榮，故百花之露，能悅人顔色。而柏葉、菖蒲上之露，旦服與洗，並能明目。蓋五藏之精華上注於目。其和合而為膏者，上滲目窠而成瞳子。詩云天降膏露，詞有月明雲淡露華濃之句，藉此膏華，可以明目，較勝他藥百倍矣。

**清・陳士鐸《本草新編》卷五〔抄本〕** 或問：露水，亦天一之水也。服之必能益人？曰：露水可内治，而亦可外治也。外治者取七夕之水，洗目最佳。然不可取淩霄花上之露，反致損目矣。内治者，最善解肺金之燥，然必須五更之時，取之百草頭上者為佳。古人取秋露以造酒，名曰秋露白。亦取其解肺氣之乾涸也。秋露大能入五臟之陰，用藥欲入陰分者，必須用之為引經之味，非秋露之竟能益五臟也。得補陰藥同用，實奏奇功。

**清・李熙和《醫經允中》卷二三** 露水【略】

稻葉上露，治日久赤痢。

**清・汪啟賢等《食物須知・諸水》** 秋露水 秋分時以物拂諸草上，性稟秋降而肅清。癆蟲、傳屍、疳蟲作脹，併年深染祟者，取飲最佳。

**清・汪紱《醫林纂要探源》卷三** 露 甘，平。早晨收於荷葉及草本上，百花者尤妙。潤肺清心，解暑止渴，明耳目，悅顔色。欲斂肺及治瘧藥，宜露一宿服。凡瘧必由暑。

**清・趙學敏《本草綱目拾遺》卷一水部** 荷葉上露 夏日黎明日將出時，將長杓坐盌於首，向荷池葉上傾瀉之，以伏露為佳。秋露太寒，花上者性散，有小毒，勿用。 味甘，明目，下水臌氣脹，利胸膈，寬中解暑。大力丸用之。蓮葉象震卦，荷上露或亦入肝而滋益肝臟歟。

按：露本陰液，夜則地氣上升，降而為露。其性隨物而變，《居易録》有碧玉露漿方，於中秋前後，用無五倍子新青布一二匹扯作十餘段，每一段四五尺，五更時於百草頭上，或荷葉稻苗上者尤佳。先用細竹一根，掠去草上蛛網，乃用青布繫長竹上，如旗樣，展取草露水，絞在桶中，展濕即絞，視青布色淡，則另換新布，陽光一見則不展，所取露水，用甆罐洗淨盛貯，澄數日自清，晚間用男乳一酒杯，約一兩半，白蜂蜜一酒杯，人參湯一酒杯，多少同乳，人參須上等，四五分不拘，總入一宮盌内，將露水一飯盌攙入宮盌，共得七八分，和勻，以棉紙封口，用碟蓋好。次日五更，燒開水二大盌，將宮盌内露隔湯頓熱，睡醒時緩緩溫服之。藍所以殺蟲，露去諸經之火，參補氣，乳補血，蜜潤肺。治一切虚損勞症有奇效。可知露本養陰扶陽，又得荷葉之清氣，故能奏功如此。

糯稻露 俞佳士《妙應方》：治痞塊。八月白露後收糯稻頭上露水，晚作二服，飲下立消。

按：諸草木皆需天露始潤，惟稻至酉時，其根上津潤之氣漸升，入夜乃達葉尖，至曉復自上而降於根，故無露之夜，稻葉獨潤。陳翠虚詞：一些珠露，阿誰運上稻花頭，是也。

**清・章穆《調疾飲食辯》卷一上** 露水 夜中無雲星光照，吸地中滋潤之氣，升於半空，降而為露。故陰晦之夕，及不見星光之所，如樹下、屋中，雖地濕亦無露。其性屬陰，最能長養萬物。月能吸海水為潮汐，星能吸地氣為霜露，故其性皆屬陰，說見揭子宣《璇璣遺述》。飲之能退大熱，止消渴。出《本草拾遺》。凡有此二症，服藥不效危急者，宜多用瓷盤承取，實有奇功。 秋露稟肅殺之氣，宜煎潤肺殺祟之藥。出《醫學正傳》。 柏葉上露，能明目，旦旦洗之熱眼極效，寒者禁用。出《綱目》。《續齊諧記》曰：赤松先生八月一日取柏葉上露以明眼。《雞跖集》曰：八月一日作五明囊，盛百草露，可以明目。

**清・葉桂《本草再新》卷八** 荷露味甘，性清涼，無毒。入心、肺二經。 清心火，兼清肺熱，潤肺氣，兼益心氣，除煩止渴。

**清・張仁錫《藥性蒙求・水部》** 露水 味甘，寬腸明目。解暑除煩，其功甚速。《拾遺》云：伏露為佳，秋露太寒。花上者性散有小毒，勿用。按露水本陰液，則地氣上升，降而為露，其性隨物而變。荷葉及稻葉上者佳。用新布展取露水，展濕即絞，陽光一見則不展。

**清・王孟英《隨息居飲食譜・水飲類》** 露水立秋後五日白露降，夜來不可露身出戶，故曰白露身勿露。 甘，涼。潤燥，滌暑除煩。若秋前之露，皆自地升。蘇詩露珠夜上秋禾根是已，云秋禾者，以禾成于秋也。稻頭上露養胃生津，菖蒲上露清心明目，韭葉上露涼血止噎，荷花上露清暑怡神，菊花上露養血息風，餘可類推。

## 繁露水

**宋・唐慎微《證類本草》卷五玉石部下品〔唐・陳藏器《本草拾遺》〕** 繁

露水　是秋露繁濃時也。作盤以收之，煎令稠可食之。延年不飢。五月五日取露草一百種，陰乾，燒爲灰，和井花水，重煉令白，醶醋爲餅，腋下挾之，乾即易，主腋氣臭，當抽一身間瘡出，即以小便洗之。《續齊諧記》云：司農鄧沼，八月朝入華山，見一童子以五綵囊承取柏葉下露，露皆如珠，云赤松先生取以明目。今人八月朝朝作露華明，像此也。漢武帝時，有吉雲國有吉雲草，食之不死，日照草木有露，著皆五色，東方朔得玄露、青黄二露，各盛五合，帝賜群臣，老者皆少，病者皆除。東方朔曰：日初出處，露皆如糖可食。漢武帝《洞冥記》所載：今時人煎露亦如糖，久服不飢。《呂氏春秋》云：水之美者，有三危之露。爲水即味重於水也。

### 甘露

**宋・唐慎微《證類本草》卷五玉石部下品〔唐・陳藏器《本草拾遺》〕**　甘露水　味甘美，無毒。食之潤五藏，長年，不飢，神仙，緣是感應天降祐兆人也。

**明・盧和、汪穎《食物本草》卷一水類**　甘露水及醴泉水　味甘美，無毒。食之潤五臟，長年不飢，主胸膈諸熱，明目止渴。此水不可易得，附錄之以備參考。

**明・李時珍《本草綱目》卷五水部・天水類**　甘露《拾遺》

〔釋名〕膏露《綱目》　瑞露《綱目》　天酒《綱目》　神漿時珍曰：按《瑞應圖》云：甘露，美露也。神靈之精，仁瑞之澤，其凝如脂，其甘如飴，故有甘、膏、酒、漿之名。《晋中興書》云：王者敬養耆老，則降於松柏；尊賢容衆，則降於竹葦。《列星圖》云：天乳一星明潤，則甘露降。已上諸説，皆瑞氣所感者也。《呂氏春秋》云：水之美者，三危之露。和之美者，揭雩之露，其色紫。《拾遺記》云：崑崙之山有甘露，望之如丹，着草木則皎瑩如雪。《山海經》云：諸沃之野，摇山之民，甘露是飲，不壽者八百歲。《一統志》云：雅州蒙山常有甘露。已上諸説，皆方域常産者也。杜鎬言：甘露非瑞也，乃草木將枯，精華頓發於外，謂之雀餳，於理甚通。

〔氣味〕甘，大寒，無毒。　〔主治〕食之潤五臟，長年不飢，神仙藏器。

**明・姚可成《食物本草》卷一水部・天水類**　甘露水崑崙之山有甘露，望之如丹。着草木，則皎瑩如雪。　甘露水，味甘美，無毒。主延年益壽及治胸膈諸熱，明目止渴。生巴西絶域中。如餳，不可易得，録之以備參攷。古帝王築臺，造金童，托金盤受露，以之丸丹，服而成仙。寧特延年却病已哉！

### 甘露蜜

**宋・唐慎微《證類本草》卷五玉石部下品〔唐・陳藏器《本草拾遺》〕**　甘露蜜　味甘，平，無毒。主胸膈諸熱，明目止渴。生巴西絶域中，如餳也。〔宋・唐慎微《證類本草》〕：漢武帝立金莖，作仙人掌承露盤，取雲表之露，服食以求仙。

**明・李時珍《本草綱目》卷五水部・天水類**　甘露蜜《拾遺》

〔集解〕藏器曰：生巴西絶域中，狀如餳也。時珍曰：按《方國志》云：大食國秋時收露，朝陽曝之，即成糖霜，蓋此物也。又《一統志》云：撒馬兒罕地在西番，有小草叢生，葉細如藍，秋露凝其上，味如蜜，可熬爲餳，夷人呼爲達即古賓，蓋甘露也。此與刺蜜相近，又見果部。

〔氣味〕甘，平，無毒。　〔主治〕胸膈諸熱，明目止渴藏器。

### 明水

**宋・唐慎微《證類本草》卷五玉石部下品〔唐・陳藏器《本草拾遺》〕**　方諸水　味甘，寒，無毒。主明目，定心，去小兒熱煩，止渴。方諸，大蚌也，向月取之，得三二合水，亦如朝露。陽燧向日，方諸向月，皆能致水火也。《周禮》明諸承水於月，謂之方諸。陳饌明水以爲玄酒，酒水也。

**明・王文潔《太乙仙製本草藥性大全》卷六《仙製藥性》**　方諸水　味甘，氣寒，無毒。主治：主明目定志，去小兒熱煩。祛燥尤良，止渴大效。

**明・李時珍《本草綱目》卷五水部・天水類**　明水《拾遺》

〔釋名〕方諸水藏器曰：方諸，大蚌也。熟摩令熱，向月取之，得水二三合，亦如朝露。陽燧向日，方諸向月，皆能致水火也。《周禮》明諸承水於月，陳饌爲玄酒是也。時珍曰：明水者，取其清明純潔，敬之至也。《周禮》司烜氏以夫燧取明火於日，鑒取明水於月，以恭祭祀。魏伯陽《參同契》云：陽燧以取火，非日不生光；方諸非星月，安能得水漿。《淮南子》云：方諸見月，則津而爲水。注者或以方諸爲石，或以爲大蚌，或以爲五石鍊成，皆非也。按《考工記》云：銅錫相半，謂之鑒燧之劑，是火爲燧、水爲鑒也。高堂隆云：陽燧一名陽符，取火於日。陰燧一名陰符，取水於月。並以銅作之，謂之水火之鏡。此説是矣。干寶《搜神記》云：金錫之性，一也。五月丙午日午時鑄，爲陽燧；十一月壬子日子時鑄，爲陰燧。

〔氣味〕甘，寒，無毒。　〔主治〕明目定心，去小兒煩熱，止渴藏器。

**明・穆世錫《食物輯要》卷一**　方諸水一名明水。　味甘，性寒，無毒。明目，定心神，退小兒熱，止煩渴。《異物志》云：方諸，銅錫相半所造，謂之鑒燧之劑，非蚌非金石，摩熱，向月取之，得水二三合，似朝露。

**明・繆希雍《本草經疏》卷三〇**　方諸水　味甘，寒，無毒。主明目，定心，去小兒熱煩，止渴。　方諸，大蚌也。向月取之，得二三合，水亦如朝露，又名明水。得至陰之精華，故能明目定心及止渴除煩熱也。又為丹竈家所須。

**清・穆石匏《本草洞詮》卷一**　明水　方諸熟摩令熱，向月取之，得水謂之明水。或以方諸為石，或以方諸為蚌，皆非也。《周禮》司烜氏以燧取明火于日，鑒取明水于月，《考工記》云銅錫相半，謂之鑒燧之劑。《搜神記》云：金錫之性一也，五月五日午時鑄為陽燧，子月子日子時鑄為陰燧，陰燧即方諸也。明水，味甘，氣寒，無毒。主明目，定心止渴。

**清・汪紱《醫林纂要探源》卷三**　明水　甘，淡，寒。以方諸取於月而得者。方諸，鑒名。今用銅鏡或大蚌殼，承明月中，皆可得水。月固水之精也，古人以供祭祀，灌鬱鬯之酒。潤肺清心，安神明，靜志慮，明目耳，悦顔色。月中得水而安神明者，水火相濟也。明耳目者，魂魄抱一也。以之洗目，最明目去熱。

**題清・徐大椿《藥性切用》卷七**　明水　即方諸水。功耑益陰退熱，明目安神，除煩止渴。宜煎虛勞煩熱之藥。

**清・趙其光《本草求原》卷二一水部**　方諸水即蚌水。　向月取之，得至陰之精。明目，止渴，塗湯火傷。

冬霜

**宋・唐慎微《證類本草》卷五玉石部下品〔唐・陳藏器《本草拾遺》〕**　冬霜　寒，無毒。團食者，主解酒熱，傷寒鼻塞，酒後諸熱面赤者。

**明・王文潔《太乙仙製本草藥性大全》卷六《仙製藥性》**　冬霜　寒，無毒。　主治：團食者，主解酒熱疾神方，治傷寒鼻塞捷法。酒後諸熱堪除，臉面赤者尤效。　按：霜，治暑月汗漬腋下赤腫及疿瘡，以和蚌粉傅之立差。瓦木上以鷄毛羽掃取收甆瓶中，時久不壞。宜附臘雪後。

**明・李時珍《本草綱目》卷五水部・天水類**　冬霜《拾遺》

【釋名】時珍曰：陰盛則露凝爲霜，霜能殺物而露能滋物，性隨時異也。《乾象占》云：天氣下降而爲露，清風薄之而成霜。霜所以殺萬物，消禝沴。當降而不降，當殺物而不殺物，皆政弛而慢也。不當降而降，不當殺物而殺物，皆政急而殘也。許慎《説文》云：早霜曰霰，白霜曰皚。又有玄霜。承曰：凡收霜，以鷄羽掃之，瓶中密封陰處，久亦不壞。

【氣味】甘，寒，無毒。【主治】食之解酒熱，傷寒鼻塞，酒後諸熱面赤者藏器。和蚌粉，傅暑月疿瘡及腋下赤腫，立瘥陳承。

【附方】新一。　寒熱瘧疾：秋後霜一錢半，熱酒服之。《集玄方》。

**清・陳士鐸《本草新編》卷五〔抄本〕**　或問：冬霜亦雪之類，雪可能解冬日之熱邪，不識冬霜亦能解之乎？曰：冬霜味甘性寒，與雪相同，然而功用實別。霜可外治，而不可内服，外治熱毒最效，隨掃隨乾，隨乾隨輕矣。若内治熱症，下喉少快，一入腹内則腹痛矣。蓋冬霜肅殺，其氣太剛。五臟之熱，乃假熱居多，一遇真寒，其假立破，不敢爭鬥，反覓路逃遁，有不可入之路亦入矣，故不可輕用也。

**清・汪紱《醫林纂要探源》卷三**　霜　甘，寒。露之凝也，而能殺物。清金降熱，燥濕去垢，殺蟲。霜水能令人皮膚皴揭。

**清・章穆《調疾飲食辯》卷一上**　霜水　霜即露也，然稟寒冷肅殺之氣，結而為霜，其性極寒，較雪尤甚。凡雪水所主之病，霜皆能治之。而解毒退熱之功，於時行瘟疫尤為親切。收藏宜冬至後立春前，日未出時，用雞翎掃取菘、芥葉上者，舊瓦器盛，如藏雪水法。《國語》：駟見而隕霜。注：房星見在霜降節。今時霜降，太陽在房星之後，法當昏見。然以距太陽不遠，日入時房星已近地平，不能得見。以歲差逆數之，春秋魯隱公元年己未，距今大清嘉慶十六年辛未，共二千五百三十三年。每年五十一秒，差一十二萬九千一百八十三秒。度法收之，得三十六度弱。距度愈近，更不能得見。至於火見心星也而清風戒寒，天根見氐星也而水涸，皆與當時星度不合，不知何故。霜雪水，解夏秋時行瘟疫、暑熱、瘧痢等毒，實有奇功。而苦於無人收取，則危急時萬不可得，醫者所以宜司歲備物也。

**清・田綿淮《本草省常・水性類》**　冬霜水　性寒，解酒熱面赤。多服傷人。

臘雪

**宋・唐慎微《證類本草》卷五玉石部下品〔宋・掌禹錫《嘉祐本草》〕**　臘雪　味甘，冷，無毒。解一切毒，治天行時氣溫疫，小兒熱癇狂啼，大人丹石發動，酒後暴熱，黄疸，仍小溫服之。藏淹一切果實良。春雪有蟲，水亦便敗，所以不收之。新補，見陳藏器及日華子。

〔宋・陳承《重廣補注神農本草並圖經》〕別説云：謹按：霜治暑月汁漬腋下

赤腫及痱瘡。以和蚌粉，傅之立差。瓦木上以雞毛羽掃取，收瓷瓶中，時久不壞。今宜附臘雪後。

**宋・王繼先《紹興本草》卷一** 臘雪 紹興校定：臘雪凝至陰之氣也，故可以滌熱。其春雪不堪。然主療已載《本經》，味甘、性冷、無毒是矣。

**元・吳瑞《日用本草》卷一** 春雪水 立春後雪消為水。味甘，性冷，無毒。食之令人牙蛀。主生蟲。其水易敗，不堪收貯。

**元・吳瑞《日用本草》卷一** 臈雪水 臈中所積之雪。味甘，性冷，無毒。淹藏一切果實，良。主解一切毒，治天行時氣，溫疫，小兒熱癇狂啼，大人丹石發動，酒後暴熱，黃疸，溫服之，可以滌熱。

**明・劉文泰《本草品彙精要》卷五** 臘雪無毒。附霜。

臘雪：主解一切毒，治天行時氣，溫疫，小兒熱癇狂啼，大人丹石發動，酒後暴熱，黃疸，仍小溫服之。名醫所錄。謹按：大寒節後而雨雪謂之臘雪，時當陽氣潛伏，寒令大行，其花六出，乃稟純陰之數，故能治一切瘟熱之疾。及醃藏果實，經年不壞，其春雪則易生蟲，水亦易敗，前人故不收用。臘雪之功，斯可見矣。【收】瓷器收貯。【色】白。【味】甘。【性】冷，緩。【氣】味厚于氣，陰也。【臭】朽。【主】疫癘，熱病。【合治】霜合蚌粉，傅治暑月汗漬，腋下赤腫及痱瘡。

**明・鄭寧《藥性要略大全》卷八** 冬雪 性寒，無毒。食之解酒後諸熱。

**明・王文潔《太乙仙製本草藥性大全》卷六《本草精義》** 臘雪水 即大寒水也。宜十二月三臘內收甕貯，掘地埋藏。性酷寒，治春夏時疫，浸一切果品。春雪有蟲，水亦便敗，所以不收之。

**明・李時珍《本草綱目》卷五水部・天水類** 臘雪宋《嘉祐》

【釋名】時珍曰：按劉熙《釋名》云：雪，洗也。洗除瘴癘蟲蝗也。凡花五出，雪花六出，陰之成數也。冬至後第三戊爲臘，臘前三雪，大宜菜麥，又殺蟲蝗。臘雪密封陰處，數十年亦不壞；用水浸五穀種，則耐旱不生蟲；洒几席間，則蠅自去；淹藏一切果食，不蛀蠹，豈非除蟲蝗之驗乎。藏器曰：春雪有蟲，水亦易敗，所以不收。

【氣味】甘，冷，無毒。【主治】解一切毒，治天行時氣温疫，小兒熱癇狂啼，大人丹石發動，酒後暴熱，黃疸，仍小温服之藏器。洗目，退赤張從正。煎茶煮粥，解熱止渴吳瑞。宜煎傷寒火暍之藥，抹痱亦良時珍。

【發明】宗奭曰：臘雪水，大寒之水也，故治已上諸病。

**明・羅周彥《醫宗粹言》卷四** 收臘雪水 臘月以淨瓶收貯淨雪，築實，密封瓶口，置于陰室中，不見日色，暑天遇煩燥熱渴，取飲之，甚解熱毒，尤勝涼藥。凡人家不可不收也。

**明・吳文炳《藥性全備食物本草》卷一** 臘雪水 味甘，性冷，無毒。解丹石毒，洗目退赤，烹茶解酒，於疫病中暍及小兒驚癇熱狂者宜用。（沫沸）〔抹痱〕即退，淹藏果實不壞。春雪日久則生蟲，不堪用。大寒後戌日起臘。

**明・姚可成《食物本草》卷一水部・天水類** 臘雪水【略】 附方：小兒牙疳及滿口發白如粉，名雪口。用〔臘雪〕水搽抹，每日三四次，立瘥。

**明・施永圖《本草醫旨・食物類》卷二** 冬臘水 用以作酒，可以儲久。

**清・丁其譽《壽世秘典》卷三** 臘雪 發明李時珍曰：冬至後第三戊為臘，臘前之雪大宜菜、麥，又殺蟲蝗。臘雪水功用甚多，治一切熱疾、時疫及痘疹、癍毒等瘡。造酒、醋，下醬，味甘可久。以浸鮮肉，則暑月不敗。以浸五穀、百果、花、蔬種，則耐旱不生蟲。洒几席間，則蠅自去。治六畜瘡疫，諸病皆效。

**清・劉雲密《本草述》卷一** 臘雪水 用淨瓶收淨雪，築實，密封瓶口，置於陰室中，不見日色。

**清・陳士鐸《本草新編》卷五〔抄本〕** 或問：臘雪水藏物，則不蛀不壞，豈亦有義乎？曰：安得無義哉。冬氣收藏，乃乾坤不交之時也。冬日天雨，則乾坤不交而交也。不交而交，似乎冬氣之不藏矣。然而，天雨則天氣交於地，天雨而變為雪，則地氣交於天，而天氣仍不交於地也。天氣既不交於地，則雪之氣，純是孤陰而無陽。孤陰不長，不長則不化，故藏物而蟲不生而味亦不變也。豈惟不生蟲哉，且能殺蟲。蓋陰主殺也。所以冬至後之水為臘水，密封陰處，亦能藏物，正取其純陰不陽，而又居於至陰之地也。一過冬交春天所雨，雖變為雪，藏物未有不生蟲而敗壞者，正以其陰中藏陽耳。

**清・汪啟賢等《食物須知・諸水》** 臘雪水 甕貯，掘地埋藏，性酷寒，治春夏時行疫毒。

**清・汪紱《醫林纂要探源》卷三** 雪 甘，淡，寒。雨所凝也。冬作花六出，水之數也。掃入甕，密封陰處，可待用。春則花五出，不堪藏用。降熱殺蟲，清金利水。治天行疫熱，傷寒壯熱，傷暑鬱熱，止渴除煩，寧心安神，拂摩熱痱。

**清・黃宮繡《本草求真》卷六** 雪水解熱消燥。 雪水耑入胃。氣稟太陰，水極似土，雖於冬時置而不問，然值傷寒陽毒，瘟疫時毒，丹毒內熾，並盛夏暑熱內淫，而見燥熱殆甚者，並可用此調治。宗奭曰：臘雪水大寒之水也，故治以上諸病。且能以解燒酒諸毒，是以書載凡治熱症，可用塊置於兩乳之間，且云宋徽宗因食冰過甚致病，醫士楊介仍以冰煎諸藥以治其源，深得用冰義耳。因知病因冰起，還以冰解之也。

**清・李文培《食物小錄》卷上**　臘雪水　甘，冷，無毒。煎茶煮粥，解熱止渴。田家收之浸種，則禾苗耐旱，不生蟲。

**清・章穆《調疾飲食辯》卷一上**　雪水　《爾雅》釋名曰：雪，洗也，故洗滌冤誣，謂之昭雪。洗除瘴癘蟲蝗也。《綱目》曰：雪花六出，陰之數也。冬至後三戊為臘，臘前三雪宜麥。《授時通考》載古諺曰：若要麥，臘月見三白。瓦器盛，緊築密封泥口避日。宜小口舊瓦罐未經鹽者。用藏一切果食，不生蟲蠹。夏月置几席間，蠅自去。宜煎傷寒、火暍之藥。傷寒即是熱病。《日用本草》曰：煎茶煮粥，能解熱止渴。《本草拾遺》曰：解諸毒，治天行瘟疫，酒後暴熱，黃癉，小兒熱癇。張從正曰：洗目，退赤熱。

**清・文晟《新編六書》卷六《藥性摘錄》**　臘雪水　入胃，解熱消燥。○治傷寒陽毒，瘟疫時毒，丹毒內熾，及盛夏暑熱內熾，而見燥熱殆甚者。並解燒酒毒。

**清・陸以湉《冷廬醫話》卷五**　藥品　冬雪水臘雪更佳。救時疫大熱症，獲效最速。余在杭州，每遇冬雪，即取藏壜中，咸豐戊午四月，輿夫王姓發熱身腫，嘔吐不食，心口大熱，似有一大塊塞住胸間，病逾十餘日，已危篤，其妻來求藥，乃以雪水與之，飲一大碗，即安睡半時許，徧身大汗，身涼思食而痊。時其鄰祝氏婦，懷孕數月，亦患熱症甚劇，王氏婦以所餘雪水令飲，亦即熱退獲痊。

**清・王孟英《隨息居飲食譜・水飲類》**　冬雪水　甘，寒。清熱解毒，殺蟲，溫疫熱狂，暑暍霍亂，徐徐頻灌，勿藥可瘳。淹浸食物，久藏不壞。

### 雹

**宋・唐慎微《證類本草》卷五玉石部下品〔唐・陳藏器《本草拾遺》〕**　雹　主醬味不正，當時取一二升醬甕中，即如本味也。

**明・李時珍《本草綱目》卷五水部・天水類**　雹音駁。《拾遺》。

〔釋名〕時珍曰：程子云：雹者，陰陽相摶之氣，蓋沴氣也。或云：雹者，砲也，中物如砲也。曾子云：陽之專氣爲雹，陰之專氣爲霰。陸農師云：陰包陽爲雹，陽包陰爲霰。雪六出而成花，雹三出而成實。陰陽之辨也。《五雷經》云：雹乃陰陽不順之氣結成。亦有懶龍鱗甲之內，寒凍生冰，爲雷所發，飛走墮落，大生者如斗升，小者如彈丸。又蜥蜴含水，亦能作雹，未審果否。

〔氣味〕鹹，冷，有毒。時珍曰：按《五雷經》云：人食雹，患疫疾大風顛邪之證。藏器曰：醬味不正者，當時取一二升納甕中，即還本味也。

**明・姚可成《食物本草》卷一水部・天水類**　雹水雹者，陰陽相摶之氣而成，蓋沴氣也。即天降注冰塊。小者如彈丸，大者如升斗。

**明・施永圖《本草醫旨・食物類》卷二**　冰雹水陰陽相摶之氣，蓋沴氣也。味：鹹，冷，有毒。如醬味不正，當取一二升入甕中，即佳。陽之專氣為雹，陰之專氣為霰。陰包陽為雹，陽包陰為霰。雪六出而成花，雹三出而成實。陰陽之辨也。

**清・陳士鐸《本草新編》卷五〔抄本〕**　或問：冰雹之水，亦霜雪之類，亦可入藥乎？曰：冰雹乃天地乖戾之氣，降之以災害世人也。乖戾之氣，烏可入藥乎。人誤吞之，必有奇災。蓋其味鹹而氣腥，乃毒龍取海水而變者也，切忌用藥。

**清・汪紱《醫林纂要探源》卷三**　雹　鹹，寒。霰陽摶陰，雹陰摶陽，大雹中每含有細蟲。不可食。

### 夏冰

**宋・唐慎微《證類本草》卷五玉石部下品〔唐・陳藏器《本草拾遺》〕**　夏冰　味甘，大寒，無毒。主去熱煩熱，熨人乳石發，熱腫。暑夏盛熱，食此應與氣候相反，便非宜人，或恐入腹冷熱相激，却致諸疾也。《食譜》云：凡夏用冰，正可隱映飲食，令氣冷，不可打碎食之，雖復當時暫快，久皆成疾。今冰井，西陸朝覿出之，頒賜官宰，應悉此。《淮南子》亦有作法。又以凝水石爲之，皆非正冰也。

**宋・張杲《醫說》卷五**　冰煎理中元　泗州楊吉老，名醫也。徽廟常苦脾疾，國醫進藥俱不效。遂召吉老診視，訖進藥。徽廟問何藥？吉老對以大理中元。上云：朕服之屢矣，不驗。吉老曰：臣所進湯，使不同，陛下之疾，以食冰太過得之，今臣以冰煎此藥，欲已受病之原，果一二服而愈《瑣碎録》。

**明・葉文齡《醫學統旨》卷八**　冰水　氣寒，味鹹。無毒。先以水洗去鹽味，乃可食之。　治傷寒熱極煩渴，消暑熱毒。

**明·王文潔《太乙仙製本草藥性大全》卷六《仙製藥性》**　夏冰　味甘，氣大寒，無毒。　主治：　主去熱煩熱症妙劑，熨乳石發熱腫仙方。

**明·李時珍《本草綱目》卷五水部·天水類**　夏冰《拾遺》

【釋名】凌去聲。時珍曰：　冰者，太陰之精，水極似土，變柔爲剛，所謂物極反兼化也。故字從水，從仌。《周禮》凌人掌冰，以供祭祀賓客。《左傳》：　古者日在北陸而藏冰，西陸朝覿而出之。其藏之也，深山窮谷，涸陰沍寒；　其用之也，禄位賓客喪祭。郎顗曰：　藏冰以時，則雷出不震；　棄冰不用，則雷不發而震。今人冬月藏冰於窖，登之以鹽是也。《淮南萬畢術》有凝水石作冰法，非真也。

【氣味】甘，冷，無毒。　【主治】去熱煩，熨人乳石發熱腫藏器。　解煩渴，消暑毒吴瑞。　傷寒陽毒，熱盛昏迷者，以冰一塊置於膻中，良。　亦解燒酒毒時珍。

【發明】藏器曰：　夏暑盛熱食冰，應與氣候相反，便非宜人，誠恐入腹冷熱相激，却致諸疾也。《食譜》云：　凡夏用冰，止可隱映飲食，令氣凉爾，不可食之。雖當時暫快，久皆成疾也。時珍曰：　宋徽宗食冰太過，病脾疾，國醫不效，召楊介診之。介用大理中丸。上曰：　服之屢矣。介曰：　疾因食冰，臣因以冰煎此藥，是治受病之原也。服之果愈。若此，可謂活機之士矣。

【附方】新一。　滅瘢痕：　以凍凌頻熨之，良。《千金方》。

**明·吴文炳《藥性全備食物本草》卷一**　夏冰　味甘，性大寒，無毒。解暑毒、陽毒、熱狂昏迷，以冰一塊置膻中良。解燒酒毒。酷暑時食，暫時爽快，久則致病，以其與時候相反，冷熱相激，非所宜也。

**明·姚可成《食物本草》卷一水部·天水類**　冬冰水冬氣嚴凝，水結成冰。以柔變剛，此陰極似陽之理。　冬冰水，味甘，寒。　用煎腸風赤帶、清熱消煩之劑。

**清·朱本中《飲食須知·水火》**　冰　味甘，性大寒。　止可浸物。　若暑月食之，不過暫時爽快，入腹令寒熱相激，久必致病，因與時候相反，非所宜也。　服黄連、胡黄連、大黄、巴豆者，忌之。

**清·陳士鐸《本草新編》卷五〔抄本〕**　或問：　雪與冰之性味同乎？曰：　不同也。雪味淡而性寒，冰味甘而性寒。淡而寒者，可以滌冬日之熱邪；　甘而寒者，可以解夏日之暑邪。然而二味雖解冬夏之邪，而多飲反致助邪。蓋寒熱相激，久而從邪，邪不去而相留於腹中，轉難速愈。故止可暫解其熱，而不可久恃其寒也。

**清·汪紱《醫林纂要探源》卷三**　冰　甘，寒。古人子月藏冰，卯月開冰，調燮陰陽，國家視為大政。蓋冰堅而藏之地下，所以靖地中閉固未盡之陽，冰判而出所藏於地上，以宣地下伏藏未散之陰，使陽氣不愆，則秋冬無震雹之變。陰氣不伏，則春夏無淒風寒雨之虞。陰陽和而年穀可以順成，民疾可以不作，且其為用甚大，有以奉賓祭，使飲食不至變味。養老疾，使暑暍不至爍肌。瞻死傷，使屍骸不至穢腐。今朝無其政，則都會之中有藏冰賣冰者，亦庶民謀利資耳。　靖暑暍，安心神，保肺金，瀓腎水，解渴除煩，斂汗凉血。水以沍寒而凝，此太陽寒水之令，固然。謂水極似土者，非也。固閉之堅，陽氣得以安存於中，以為復用之本。若固閉不堅，則陽氣散而不收，以趨於盡，無以成終而成始矣。故寒水所以為太陽也。藏冰用於夏，味得之則不變，氣得之則不穢，形得之則不腐，蠅蚋見之則遠避，心志以之而安靜，故古人祭享尸賓，安養老疾，皆用之。凡天行毒熱，傷寒陽毒，陽明壯熱，以至神氣昏迷者，置冰塊心胸間，即可清醒。夏月傷暑感寒，泄瀉痢瘧，霍亂諸證，皆宜用以煎藥，必能調劑陰陽。不獨楊介之以冰煎理中湯，治徽宗脾泄，為可傳為故事也。但不可過食。凡食物皆不可過，不獨冰也。冰過食反傷陽，命火以衰，脾胃不能化矣。陳藏器謂盛夏食冰，與氣候相反，冷熱相激，卻致諸疾。此說亦不然。夫冬宜溫暖，夏宜寒凉，此如冬裘夏葛，冬向火，夏就凉，乃調燮自然之理。公都子曰：　冬日則飲湯，夏日則飲水。如藏器言，則盛夏當食燒炙薑、桂，然後為順氣候乎？《内經》云：　毋伐天和。正言火令則不宜更食熱，寒令則不宜更食寒，此理不明，皆妄説亂之也。夏食冰，猶勝於瓜果，蓋瓜果終含溽濕，冰則無也。

**清·章穆《調疾飲食辯》卷一上**　冰　篆文作仌，亦曰淩。南方地氣暖，冬時雖有冰而不厚。藏之，春暖即融，亦僅如霜雪水耳。北方地氣寒，河流徹底皆凍，車馬可以通行。故《月令》季冬之月，水澤腹堅。藏之，至夏不釋。《詩·豳風》曰：　二之日，鑿冰沖沖；　三之日，納於淩陰冰室。《周禮·天官》：　淩人掌冰，正歲十有二月，令斬冰，三其淩。凡内外饔之膳羞、祭祀、賓客無不用之。《左傳》古者日在北陸而藏冰，西陸朝覿而出之。其藏之也，深山窮谷，涸陰沍寒，於是乎取之。其出之也，朝之祿位，賓客喪祭，於是乎用之。其藏之也，黑牡、秬黍，以享司寒。其出之也，桃弧、棘矢，以除其災。祭寒而藏之，獻羔而啟之，公始用之。火出而畢賦，自命夫、命婦至於老疾，無不受冰。山人取之，縣人傳之，輿人納之，隸人藏之。夫冰以風壯，而以風出。其藏之也周，其用之也徧，則冬無愆陽，夏無伏陰，春無淒風，秋無苦雨，雷出不震，無災霜雹，癘疾不降，民不夭札。

按：　藏冰於冬，及夏而用，藉其陰寒，以制暑熱，理之所有也。故《拾遺》

曰：去熱煩。《日用本草》曰：解煩渴，消暑毒。《綱目》曰：治傷寒，陽毒，熱甚昏迷。冰之用如此，已不可謂不大。且能殺蝗蝻。故《春秋》以冬燠無冰為災，紀之者三。謂當寒不寒，恐為歲害也。獨不知藏冰何以遂能無愆陽、伏陰、淒風、苦雨，乃至無雷震、無霜雹、無夭札癘疾。左氏之失也誣，此或其一也。本朝藏冰之制，伐冰取諸御河及龍王堂、蓮花池。歲以冬至後半月，工部委司官一人，募夫伐取明淨堅厚者，以方尺有五寸為塊。紫禁城内窨五，藏冰二萬五千塊；景山西門外窨六，藏冰五萬四千塊；德勝門外窨三，藏冰二萬六千七百塊，以供各壇廟祭祀暨内廷之用。德勝門外土窨二，藏冰四萬塊；正陽門外土窨二，藏冰六萬塊，以供公廨、官學及各衙門、各監獄官暑湯之用。凡陵寢祭祀，則藏冰於畿輔遵化州、薊州、易州、豐潤縣等處。車駕巡幸直省，均由地方有司供用，無常數。惟熱河定額二千塊，喀喇河屯三百塊，巴克什營、兩間房、長山谷、樺榆溝、中關、小營、波羅河屯各一百塊。又古者雖命夫、命婦至於老疾無不受冰，而藏冰則有品節，大夫非有采地者不得與焉。故《大學》孟獻子曰：伐冰之家，不畜牛羊。不知冰既可為夏月消暑之用，先王之立此制，其理安在。今則戶戶可藏，且鬻於市，消融為水，熱病人煮粥、煎茶誠佳。若整塊冷食，不免敗人脾胃，中寒者切戒。

**清・葉桂《本草再新》卷八**　冰味甘，性大寒，無毒。入心、肝二經。　專瀉火熱，解百毒，除煩止渴，發斑疹痧痘。

**清・趙其光《本草求原》卷二一水部**　冰　甘，寒。治暑毒、陽毒、熱甚昏迷。置膻中良。解酒毒，治食冰成病。以之煎理中丸。

**清・田綿淮《本草省常・水性類》**　冰水　性寒，解燒酒毒。多服傷人。夏日食冰，與氣候相反，傷人尤甚。

半天河

**宋・唐慎微《證類本草》卷五玉石部下品〔《別錄》〕**　半天河　微寒。主鬼疰，狂，邪氣，惡毒。

〔梁・陶弘景《本草經集注》〕云：　此竹籬頭水也，及空樹中水，皆可飲，并洗諸瘡用之。

〔宋・馬志《開寶本草》〕按：　陳藏器《本草》云：半天河，在槐樹間者主諸風及惡瘡，風瘙疥痒，亦溫取洗瘡。今注：　《唐本》元在草部，今移。

〔宋・掌禹錫《嘉祐本草》〕按：　《藥性論》云：　半天河，單用。此竹籬頭水及高樹穴中盛天雨，能殺鬼精，恍惚妄語，勿令知之與飲，差。日華子云：　平，無毒。主蠱毒。

〔宋・唐慎微《證類本草》〕《外臺秘要》：　治身體白駮。取樹木孔中水洗之，搗桂屑，唾和傅駮上，日再。白駮者，浸淫漸長似癬，但無瘡也。

**宋・寇宗奭《本草衍義》卷六**　半天河水　一水也。然用水之義有數種，種各有理。如半天河水，在上天澤水也，故治心病、鬼疰、狂、邪氣、惡毒。臘雪水，大寒水也，故解一切毒，治天行時氣，溫疫、熱癇、丹石發、酒後暴熱、黃疸。井華水，清冷澄澈水也，故通九竅，洗目膚翳及酒後熱痢。後世又用東流水者，取其快順疾速，通關下膈者也。倒流水，取其回旋留止，上而不下者也。

**宋・王繼先《紹興本草》卷一**　半天河水　紹興校定：　半天河水，主療備見《經》注。乃竹籬頭上或高木穴中所盛雨露水也。其槐木間者，獨稱主治諸風。蓋取其因槐氣為用。《本經》止云微寒而不載有毒無毒。日華子云平，無毒。竊詳半天河本雨露之水，即非有毒之物，今當以味甘、平、無毒是也。

**元・吳瑞《日用本草》卷一**　半天河水　竹籬頭及空樹中所盛雨露水。味甘，性寒，無毒。　主鬼疰，狂邪，蠱毒，精神恍惚。槐樹間者，主諸風疥痒。

**明・劉文泰《本草品彙精要》卷五**　半天河無毒。

半天河：　主鬼疰，狂，邪氣，惡毒。名醫所錄。　謹按：　此水乃天澤水也，由雨貯于高樹穴中及竹籬頭上，蓋稟乾陽之氣，謂之半天河，故能鎮心殺鬼也。若諸水聚於地者，得坤陰之性，治療於此有別，用之當各適其宜可也。

〖時〗生：　無時。採：　無時。　〖用〗水。　〖色〗白。　〖性〗微寒。　〖氣〗氣之薄者，陽中之陰。　〖主〗殺鬼精，除邪氣。　〖治〗療：　陶隱居云：　洗諸瘡用之。《藥性論》云：　能殺鬼精，恍惚妄語，勿令知之，與飲，差。日華子云：　主蠱毒。陳藏器云：　在槐樹穴間者療諸風及惡瘡，風瘙疥癢，亦溫取洗瘡。《別錄》云：　身體白駮，取樹木孔中水洗之，搗桂屑唾和，傅駮上，日三。白駮者，浸淫漸長似癬，但無瘡也。

**明・許希周《藥性粗評》卷四**　疥風浴洗半天河。

半天河，竹籬頭上水及樹上空孔中水也。以其未經土氣，氣味輕清，故堪入藥。味甘，性微寒，無毒。主治鬼疰心亂，邪氣惡毒，勿令知之，與飲便差。又主疥癩諸瘡，浴洗亦差。若得槐樹間者更佳。

**明・王文潔《太乙仙製本草藥性大全》卷六《本草精義》**　半天河水　即竹籬頭水及高樹穴中盛大雨，皆可飲，并洗諸瘡。用樹間者，主諸風及惡瘡，風瘙疥痒，亦温取洗瘡。即長桑君授扁鵲以上池之水是也。質極清潔而不濁，堪煉丹藥，欲成仙者須求。

**明・李時珍《本草綱目》卷五水部・天水類**　半天河《别錄》下品

【釋名】上池水弘景曰：此竹籬頭水及空樹穴中水也。時珍曰：《戰國策》云：長桑君飲扁鵲以上池之水，能洞見臟腑。注云：上池水，半天河也。然别有法。

【氣味】甘，微寒，無毒。【主治】鬼疰，狂，邪氣，惡毒《别錄》。洗諸瘡弘景。主蠱毒《日華》。殺鬼精，恍惚妄語，與飲之，勿令知之甄權。槐樹間者，主諸風及惡瘡風瘙疥痒藏器。

【發明】宗奭曰：半天河水，在上天澤之水也，故治心病鬼疰狂邪惡毒。

【附方】舊一，新一。辟禳時疫：半天河水，飲之。《醫林集要》。身體白駮：取樹木孔中水洗之，擣桂末唾和傅之，日再上。張文仲《備急方》。

**明・穆世錫《食物輯要》卷一**　半天河水　即竹籬頭水及空樹穴中水。治心痛鬼疰，狂邪惡毒。久者，防有蛇蟲毒。

**明・姚可成《食物本草》卷一水部・天水類**　天河水一名上池水。即上天雨澤，灌注竹籬頭及空樹穴中水也。又云，其水降自銀潢，故名天河水也。

**清・陳士鐸《本草新編》卷五〔抄本〕**　或問：半天河水，得毋有毒乎？曰：在枯竹梢内取之者，無毒。若空樹中取之者，防有蛇、蠍之毒。半天河水，取其水未入於地也。愚意用半天河水，不若取天雨水而不落地者為佳。恐取水之時，正值無雨之候，不得已取半天河水可也。

**清・趙學敏《本草綱目拾遺》正誤**　扁鵲飲上池之水，即半天河水也，雨也。《綱目》必以樹臼中水當之，誤矣！

神水

**明・李時珍《本草綱目》卷五水部・天水類**　神水《綱目》

【集解】時珍曰：《金門記》云：五月五日午時有雨，急伐竹竿，中必有神水，瀝取爲藥。

【氣味】甘，寒，無毒。【主治】心腹積聚及蟲病，和獺肝爲丸服。又飲之，清熱化痰，定驚安神時珍。

**清・王道純《本草品彙精要續集》卷一**　神水無毒

神水：主心腹積聚及蟲病，和獺肝爲丸服《本草綱目》。【名】端午雨水。【地】藏在竹竿中者。【時】生：於五月五日午時。採：於午時内取之。【收】《金門記》云：五月五日午時有雨，急伐竹，竿中必有神水，即收之。【用】瀝取爲藥。【味】甘。【性】寒。【治】李時珍云：得飲神水，能清熱化痰，定驚安神，此雨罕逢，惜乎，不易得耳。

**清・陳其瑞《本草撮要》卷一〇**　神水　甘寒，和獺肝為丸，治心腹積聚及蟲病。獨煎飲此水，能清熱化痰，定驚安神。五月五日午時雨，伐竹中之水即是。以上諸水，皆能助濕。

屋漏水

**宋・唐慎微《證類本草》卷五玉石部下品〔唐・陳藏器《本草拾遺》〕**　屋漏水　主洗犬咬瘡，以水澆屋檐承取用之，以水滴檐下令土濕，取土以傅犬咬處瘡上，中大有毒，誤食必生惡疾。

**元・吴瑞《日用本草》卷一**　屋漏水　主犬咬瘡。甘爛，以水洗之。

**明・李時珍《本草綱目》卷五水部・天水類**　屋漏水《拾遺》

【氣味】辛、苦，有毒。李〔廷〕〔鵬〕飛曰：水滴脯肉，食之，成癥瘕，生惡瘡。又檐下雨滴菜，亦有毒，不可食之。【主治】洗犬咬瘡，更以水澆屋檐，取滴下土傅之，效藏器。塗肬目，傅丹毒時珍。

**明・姚可成《食物本草》卷一水部・天水類**　屋漏水【略】

檐頭水　有毒，不可用。或大雨衝斥，俟塵垢蕩滌無餘，庶可以器承受。不然，飲之多生瘡癬，以猫鳥糞污沙土不淨耳。

**清・陳士鐸《本草新編》卷五〔抄本〕**　或問：檐下雨水與屋漏水，何殊乎？然人飲之，有病、有不病者，何也？曰：屋漏水，則同塵而下，不潔亦甚矣。難免百蟲之穢，不特味苦性寒，而且有大毒，故食之殺人。若檐下之水，瓦片之中，久雨沖淋，即有蟲穢，得雨而化，故飲之無恙。若初雨之時，蟲穢猶存，毒難盡解，飲之雖不殺人，安得免於疾病乎。

# 地水分部

## 綜述

### 池沼水

**明·姚可成《食物本草》卷一水部·地水類**　池沼水苑囿之中，方塘半畝，謂之池沼。　池沼水，味甘，平，無毒。止而不流利，用煎洩瀉藥。止者，塞之義也，故反驗。

**明·姚可成《食物本草》卷一水部·地水類**　澤中停水　五六月勿飲澤中停水，内有魚鼈精，令人〔生〕鼈瘕病。

**清·汪紱《醫林纂要探源》卷三**　池澤水　甘，淡，平。如土河土池之水。安神，養脾胃。凡土河土池之水，多不流而有土氣，故甘，歸脾胃。

**清·章穆《調疾飲食辯》卷一上**　止水　大而湖蕩，小而陂塘，皆止水也。水性動，止而不行則靜，拂其性矣。且四岸穢汙，有納而無出，故凡鄉村飲此水者，其人丁必不繁盛，且多中滿蠱脹，矧病人用之乎？

### 流水

**宋·唐慎微《證類本草》卷五玉石部下品〔唐·陳藏器《本草拾遺》〕**　千里水及東流水　味平，無毒。主病後虚弱，(湯)〔揚〕之萬過，煮藥，禁神驗。二水皆堪盪滌邪穢，煎煮湯藥，禁呪鬼神，潢汙行潦，尚可薦羞王公，況其靈長者哉！　蓋取其潔誠也。《本經》云：　東流水爲雲母所畏，煉雲母用之，與諸水不同，即其效也。

**宋·沈括《夢溪筆談》卷三《補筆談》**　孫思邈《千金方》人參湯言須用流水煮，用止水則不驗。人多疑流水、止水無異。予嘗見丞相荊公喜放生，每日就市買活魚，縱之江中，莫不洋然。唯鰌鱓入江中輒死，乃知鰌鱓但可居止水。則流水與止水果不同，不可不信。又鯽魚生流水中則背鱗白而味美，生止水中則背鱗黑而味惡，此亦一驗矣。《詩》所謂豈其食魚，必河之魴，蓋流水之魚，品流自異。

**元·王好古《湯液本草》卷六**　東流水　味平，無毒。《時習》云：　千里水及東流水，主病後虚弱。揚之萬過，煮藥，收禁神效。二者皆堪盪滌邪穢。此水潔淨，誠與諸水不同。爲雲母所畏，煉雲母粉用之。

甘瀾水　《時習》云：　揚之水上成珠者是也。治霍亂及入膀胱。治奔豚藥用之，殊勝。

**元·吴瑞《日用本草》卷一**　東流水　取其快順，通關下膈。千里水即長流水，解虚煩。

**元·徐彦純《本草發揮》卷一**　甘爛水　其法：　取水二斗，置大盆内，以杓揚之，水上有珠子五六千顆相逐，乃取用之。無已云：　煎用甘爛水者，揚之無力，取不助腎氣也。

**明·王綸《本草集要》卷五**　千里水及東流水　氣平，無毒。盪滌邪穢，快順疾速，通關下膈，煎煮湯藥，禁呪鬼神。又煉雲母用之，爲雲母所畏。

**明·劉文泰《本草品彙精要》卷六**　東流水無毒。

東流水及千里水：　主病後虚弱，二者皆堪盪滌邪穢。名醫所錄。　謹按：　水自崑崙發源，由江河淮濟而注於海，所謂江漢朝宗是也。然人病後虚弱，而氣不能健運者，必用東流水及千里水也。蓋千里水，不泥於東流者，但取其活水耳。其東流水，必取其向東流者也。然水有二，功用則一。揚之萬遍以煮藥，則藥假其力以運行，而元氣生生不息矣。抑考陳藏器云：　水本爲一物，皆堪盪滌邪穢，煎煮湯藥，禁咒鬼神，潢汙行潦，尚可薦羞王公，況其靈長者哉。蓋取其潔誠也。《本經》云：　東流水爲雲母所畏，煉雲母用之，與諸水不同，即其驗也。故《衍義》取其快順疾速，通關下膈之義，乃因其性而用也。　〔時〕採：　無時。　〔用〕東流揚過者佳。　〔色〕白。　〔味〕甘。　〔性〕平，寒。　〔氣〕氣之薄者，陽中之陰。

甘爛水無毒　甘爛水，主霍亂及入膀胱，治奔豚，藥用殊勝。名醫所錄。　〔地〕《湯液本草》云揚之水上成珠是也。《外臺秘要》作甘爛水法：　以木盆盛湯，杓揚千百次，泡起作珠千百顆，擎取之。　謹按：　仲景治奔豚之藥，用甘爛水煎，以杓揚之而緩其本然之性，故曰甘也。水上有珠數千顆相逐，其光燦然，故曰爛也。蓋腎屬水，恐水從類而助邪，故揚之，使其無力，不能助矣。《經》曰緩則氣味薄是也。仲景用之，深得軒岐之微旨。　〔時〕

採：無時。【用】揚過作漚者佳。【色】白。【味】甘。【性】微溫。【氣】氣之薄者，陽中之陰。

**明・盧和、汪穎《食物本草》卷一　水類**　千里水　即遠來流水也。從西來者，謂之東流水。二水味平無毒，主病後虛弱及盪邪穢。揚之過萬，名曰甘爛水。以木盆盛，水杓揚之，泡起作珠子數千顆，擊取煮藥，治霍亂及入膀胱奔肫氣，用之殊勝，誠與諸水不同。煉雲母粉用之，即其驗也。古云流水不腐，但江河水善惡有不可知者。昔年予在潯州，忽一日城中馬死數百。詢之，云：數日前有雨，洗出山谷中蛇蟲之毒，馬飲其水而致然也。不可不知。

**明・葉文齡《醫學統旨》卷八**　甘瀾水　其法：取出一盆，以杓揚之，水上起珠子泡五六千顆者用。　治傷寒臍上悸者，欲作奔豚，以此水煎，不助腎氣，以泄奔豚也。

**明・許希周《藥性粗評》卷四**　水如甘爛亦利奔豚。

甘爛水，其法：取清水一盆，以杓揚之，上有水珠數千顆相逐，取而用之，是為甘爛。性味甘淡，輕浮無力，以之煎藥，則能不助腎邪。故仲景治傷寒汗後，臍下悸，欲作奔豚者，以之煎桂苓等湯。

**明・王文潔《太乙仙製本草藥性大全》卷六《本草精義》**　千里水　千里水同長流水，取歷科坎極多，來遠流長之義，手足四末之疾，非此莫攻。

順流水：與朝東水謂向東流不悖，直下無礙之名，大小二便滯留，用斯即利。《本經》云：東流水爲雲母所畏，煉雲母用之與諸水不同，即其效也。

《筆談》東阿是濟水，所取其井水煮膠，謂之阿膠。用攪濁水則清，人服之下膈疎痰，止吐皆服。濟水性趨下，清而重，故以治瘀濁及逆上之疾。

**明・皇甫嵩《本草發明》卷五**　順流水與東流水相同，謂向東流不悖，直下無礙之名。主順快疾速，蕩滌邪穢，通關下膈，大小二便滯用之即利。煎煮湯藥，禁呪鬼神。又煉雲母石每用之，以其為雲母所畏者。以上四水，大同小異。

逆流水，迴瀾倒逆上流，堪吐上焦胸膈風痰，資上湧之意。　急流水，峻灘急趨下流，可去下體腿胯濕痛，竟下行。

**明・李時珍《本草綱目》卷五水部・地水類**　流水《拾遺》

【集解】時珍曰：流水者，大而江河，小而溪澗，皆流水也。其外動而性靜，其質柔而氣剛，與湖澤陂塘之止水不同。然江河之水濁，而溪澗之水清，復有不同焉。觀濁水流水之魚，與清水止水之魚，性色迥別，淬劍染帛，各色不同，煮粥烹茶，味亦有異，則其入藥，豈可無辨乎。

千里水　東流水　甘爛水一名勞水。　【氣味】甘，平，無毒。【主治】病後虛弱，揚之萬遍，煮藥禁神最驗藏器。主五勞七傷，腎虛脾弱，陽盛陰虛，目不能瞑，及霍亂吐利，傷寒後欲作奔豚時珍。

逆流水　【主治】中風、卒厥、頭風、瘧疾、咽喉諸病，宣吐痰飲時珍。

【發明】藏器曰：千里水、東流水二水，皆堪蕩滌邪穢，煎煮湯藥，禁呪神鬼。潢汙行潦，尚可薦之王公，況其靈長者哉。《本經》云：東流水爲雲母石所畏。鍊雲母用之，與諸水不同，即其效也。思邈曰：江水，流泉遠涉，順勢歸海，不逆上流，用以治頭，必歸於下。故治五勞七傷羸弱之病，煎藥宜以陳蘆、勞水，取其水不强、火不盛也。無江水，則以千里東流水代之，如涇、渭之類。時珍曰：勞水即揚泛水，張仲景謂之甘爛水。用流水二斗，置大盆中，以杓高揚之千萬遍，有沸珠相逐，乃取煎藥。蓋水性本鹹而體重，勞之則甘而輕，取其不助腎氣而益脾胃也。虞摶《醫學正傳》云：甘爛水甘溫而性柔，故烹傷寒陰證等藥用之。順流水性順而下流，故治下焦腰膝之證，及通利大小便之藥用之。急流水湍上峻急之水，其性急速而下達，故通二便風痹之藥用之。逆流水，洄瀾之水，其性逆而倒上，故發吐痰飲之藥用之也。宗奭曰：東流水取其性順疾速，通膈下關也。倒流水取其迴旋流止，上而不下也。張從正曰：昔有患小便閟者，衆工不能治，令取長川急流之水煎前藥，一飲立溲，則水可不擇乎。

【附方】新三。　目不得瞑：乃陽氣盛，不得入於陰，陰氣盛，故目不得瞑。治法飲以半夏湯，用流水千里外者八升，揚之萬遍，取其清五升煮之，炊葦薪火，置秫米一升，半夏五合，徐炊令竭爲一升，去滓，飲汁一小盃，日三飲，以知爲度。詳半夏下。《靈樞經》。　汗後奔豚：茯苓桂枝湯。治發汗後，臍下悸，欲作奔豚者。茯苓一兩，炙甘草二錢半，桂枝三錢，大棗二枚，以甘爛水二升，煮茯苓，減半，服之，日再。張仲景《金匱要略》。　服藥過劑：煩悶，東流水飲一二升。《肘後方》。

**明・王肯堂《傷寒證治準繩》卷八**　甘瀾水　氣平，味甘，無毒。傷寒汗後，臍下悸，欲作奔豚，茯苓桂枝甘草大棗湯主之，煎以甘瀾水，揚之無力，取不助腎氣也。虞摶曰：甘瀾水，甘溫而性柔，故烹傷寒陰證等藥用之。

**明・吳文炳《藥性全備食物本草》卷一**　千里水　即遠來流水，從西來者謂之東流水。二水味甘，氣平，無毒。其性疾速，通腸下關，蕩滌邪穢及療勞傷虛弱病。

順流水　性順下流，急湍上峻急之水，其性尤急，急速下達，能通二便於下焦，膀胱症者宜用，患泄瀉下虛者勿用。

逆流水　倒逆迴瀾之水，性逆倒上，能發吐痰飲，患氣逆沖上，霍亂嘔吐者勿用。

**明·趙南星《上醫本草》卷一**　流水千里水，東流水，甘爛水一名勞水。　甘，平，無毒。【略】　急流水　湍上峻急之水，其性急速而下達，故通二便、風痹之藥用之。昔有患小便閟者，衆工不能治，令取長川急流之水煎前藥，一飲立溲，則水可不澤乎？

**明·姚可成《食物本草》卷一水部·地水類**　長江水長江天塹，界限南北；源發河漢，東流到海。水之浩淼無垠，莫踰於此。　長江水，味甘美，性流利，飲之能入肺脾，令人滑澤肌膚，神清氣爽。

**清·陳士鐸《本草新編》卷五〔抄本〕**　或問：流水亦有分別乎？曰：流水不同，有江水、有河水、有溪水、有澗水。而水之中，又分逆流水、順流水。大約以源長順流者為佳，而順流者，又以東流者為更佳，取其流入生方也。然病有順逆，有時取逆流者，欲因其逆而逆之，正取其逆而仍順也。勞水者，即取流水而揚之千萬遍，後以入藥，乃煉生為熟之法也。

**清·汪紱《醫林纂要探源》卷三**　長流水　甘，淡，平。水無當於五味，故可以淡該之。然流水性味亦殊，大抵東方多酸，南方多苦，西方多辛，北方多鹹，中原多甘，溪澗自山始出者多淡而冽，江河下流及池澤不流者多鹹，河性急而浮，泲性沉而伏，淮性平而準，江性深而毅，漢性潛而滲，是以五方風氣不同，人之性質亦因以有異，皆所居水土之性使然。然涸鮒豈待西江，故第以長流概之。　疏通經脈，灌溉周身。水入於經，血脈乃行，長流尤見流通之意。　急流水　去壅滯，通二便，排癰著。以其性急，則不能阻而直趨於下。

逆流水　涌痰涎，清厥逆，靖浮熱。又曰洄瀾水，洄旋復上，有似逆流耳。

**清·汪紱《醫林纂要探源》卷三**　勞水　甘，淡，平。此恐水有鹹味，而以瓢揚沸之萬遍。一名甘瀾水。　開胃和脾，灌溉臟腑。仲景治傷寒勞傷等藥，往往用之，不欲水性之下沉，而欲其敷散也。

**清·嚴潔等《得配本草》卷一**　甘爛水一名東流水，一名勞水。　甘，平。益脾腎，補中益氣。治陽盛陰虛，目不能瞑，及霍亂吐利。　即急流水以瓢高揚之萬遍，則甘而輕。　逆流水　性逆而上宣。吐風邪痰飲及瘧疾，吹咽喉諸病。

**清·沈金鰲《要藥分劑》卷三**　流水　【略】鰲按：甘瀾水大補脾胃二土，故能治五勞七傷，及虛弱等症。其治奔豚者，以其兼入膀胱經也。

**清·李文培《食物小錄》卷上**　江河水　甘，平，無毒。有長流、急流、逆流之異。其名長流者，無休也；急流者，中溜也；逆流者，兩坼之洄溜也。資生日用，不可一日缺也。長夏洪水有瘴，宜以管仲沉香解之，白礬攪之。

**清·章穆《調疾飲食辯》卷一上**　江河長流水　此數千里之地，其水皆不盡向東流，皆不可為藥餌、飲食乎？總之，長流之水合千派而不竭，納衆污而不污。所以郭景純《江賦》曰：咨五行之並用，實水德之靈長。隨在可以汲取，養生療疾無所不宜。古方云宜煎下行利導之藥，理則然耳，但居近長流者，平時飲食無非此水，用以煎藥，何獨能速下乎？存其說而已矣。

谿澗急流水　江河谿澗者，流水也。江河取其長，谿澗取其速，性順而善下則同也。但山居者平日長飲此水，臨病用之，未必遂有奇效，是亦不可全恃也。《爾雅》：山夾水，澗。陵夾水，澮。杜預注《左傳》：澗谿，沼沚之毛曰谿，亦澗也。李巡曰：水出於山，入於川為谿，皆急流之名也。

逆流水　水無逆流之理，因流勢本急，又遇河道轉灣之所，此岸順流屈曲而下，則彼岸必逆流回旋而上，其逆者，順之轉也。水大灣長，可逆上一二十里；水急灣陡，可成旋渦大數畝。《爾雅》曰過辨回川是也。古方用煎中風卒厥及涌吐之藥。然回旋逆上處，即穢汙所聚處。汲取此水，非精細人不可用也。除煎藥外，一切飲食概不宜用。《詩·秦風》：遡洄從之，道阻且長；遡遊從之，宛在水中央。《爾雅》曰：逆流而上，曰泝洄；順流而下，曰泝游。泝同遡，又作溯。孫炎《正義》曰：此順逆指渡者，非言水之順逆也。

勞水　《傷寒論》名甘瀾水。《綱目》曰：用流水置大盆中，以杓高揚千萬遍，有沸泡相逐，乃取用之。水味鹹而體重，勞之則甘而輕，取其不助腎氣而益脾胃也。此解大誤，總是取其善行不止，觀下二方可見。其來最古，《靈樞》治衛氣常行於陽，不得入於陰，目不得瞑，多年不寐，半夏秫米湯，用千里長流水八升，揚之萬遍，半夏五升，秫米一升，炊以葦薪，取汁一升，飲一小盃，以知為度。此欲行衛氣，使得入於陰也。《傷寒論》治發汗後，臍下悸，茯苓桂枝甘草湯　茯苓一兩，桂枝三錢，甘草二錢半，甘瀾水煮服之。此欲假其善行，而去臍下之畜水也。凡病經絡阻滯，及內有積水，中滿臚脹等人。飲食之中能用此水，亦可以助藥力也。

**清·吳鋼《類經證治本草·足陽明胃腑藥類》**　逆流水　【略】誠齋曰：

此西流水也。

**清・葉桂《本草再新》卷八**　江水味甘，淡，性涼，無毒。入心、肝二經。　治心火肝火，止瀉痢，治吐血。

河水味甘，性涼，無毒。入脾、肺二經。　治肺熱脾火，和胃壯氣。

急流水味甘，性平，無毒。入心、腎二經。　性下達，通二便，治下焦風痺等藥用之。逆流水味性同。治中風卒厥，頭風咽喉，宣吐痰飲等藥用之。

**清・趙其光《本草求原》卷二一　水部**　長江急流水　潮退下趨，通二便。潮長逆流水　性上行，能湧吐痰飲。

**清・張仁錫《藥性蒙求・水部》**　甘瀾水　甘瀾水淡，不助腎邪。補脾養胃，煎藥為佳。

**清・王孟英《隨息居飲食譜・水飲類》**　溪河湖池水　各處清濁不同，非清而色白味淡者不可飲。凡近地無好水，宜飲天泉。或以其水澄清煮熟而藏之，即為好水。

**清・吳汝紀《每日食物却病考》卷上**　千里東流水　東流者，甘，平，無毒。主病後虛弱，及盪滌邪穢，煎煮湯藥俱良。但溪河水善惡有不可知，或出自山谷，蛇蟲之毒飲之傷人，慎之。

### 名水類

**明・姚可成《食物本草》卷一　水部・名水類**　菊潭水在河南内鄉縣東，〔潭水源出石碉〕山，水傍生甘菊，極馨香，〔水味甚甘冽，昔〕潭傍有數十家，惟飲此水，壽至百歲之上。　菊潭水，味甘冽。飲之主諸風眩運，聰耳明目，清痰抑火。治頭項〔急〕痛，及肝經不足受邪，久〔飲之〕輕身不飢，壽至百歲之上。

瞿塘水在四川夔州府白帝城西。昔有人垂繩墜石探之，深八十四丈，為水程極險之處。中有灩澦堆，堆乃碎石積成，出水數十丈。又曰猶豫，言水勢凶惡，舟子進退不決之義也。灩澦水平如席，舟楫始可行。若稍有泛漲，終莫能濟。諺曰：灩澦如象，行人莫上；灩澦如馬，行人莫下。灩澦大如鼈，瞿塘行舟絕；灩澦大如黿，瞿塘不可窺。或堆頂盤渦，水勢瀺灂而下，謂之灩澦撒髮。

瞿塘水，味甘，性速。主傳達下焦及蕩滌膈中邪氣。清利頭目，快決小便，通腎經，解煩渴，排癰腫，散結氣。凡胸脘阨塞不爽者，宜飲之。

三峽水在四川夔州府白帝城西，兩山相夾，水激其中，謂之峽。有廣谿峽，為上峽；明月峽，為中峽；仙山峽，為下峽。其水湍激奔流，狂瀾莫遏。每一舟入峽數里，後舟方續發。水勢怒急，恐猝相遇，不可解拆也。帥司遣卒執旂，次第立山之上下。一舟平安，則籏旂以招後船。峽中兩岸，高崖峭壁，斧鑿之痕皴皴然。天下危險之地，莫過於此。白居易詩：瞿塘天下險，夜上信難哉。岸似雙屏合，天如匹練開。逆風驚浪起，拔簽暗船來。欲識愁多少，高於灩澦堆。〇三峽水，味美宜烹，而上峽者為第一，中峽、下峽俱次之。昔人以為上峽水茗浮盎面，下峽水茗沉盎底，中峽水不浮不沉，界乎其中。試之果然。　上峽水，味甘美，平和。主益元氣，助精神，止煩渴，養脾胃，滋脉絡，通腎臟。小水閟而能行，多而能止，尤宜烹茗。其味佳美殊勝。中峽水，味甘，平。主解渴和中，益肌潤肺。治時疾狂熱煩悶。下峽水，味甘，平。主調和臟腑，止渴生津，清肌肉中熱，開胃進食。中、下二水烹茶，味稍減於上峽。

南泠水在直隸揚州府南揚子江心，與鎮江府分界。《水記》劉伯芻品之為第一。唐丁仙芝詩：桂檝中流望，空波兩岸明。林開揚子驛，山出潤州城。海氣邊陰淨，江寒朔吹生。更聞楓葉下，淅瀝度秋聲。溫庭筠《採茶錄》云：李季節刺湖州，過維揚，逢陸鴻漸共食揚子驛。李謂：陸君善別茶，南泠在眼，盍試諸？即命卒渡江而汲。陸滌器以俟。俄，水至，陸以杓揚之，曰：非南泠，似臨岸者。卒言：擢〔舟〕深入，見者累百，敢有紿乎？既傾之盆，過半，陸遽止，以杓揚之曰：自此乃南泠也！卒蹶然曰，某齎水近岸，舟蕩潑其半，乃挹近岸水增之云。　南泠水，味甘美。為天下第一品。〔主〕補真元，散邪氣，和血脉，解憂愁，蠲蕩煩囂，清除忿戾，清神思而益慧開心，爽肌骨而潤澤顏色。煉丹丸久服，延年却病神仙。

蝦蟇碚水在湖廣夷陵州西三十里石鼻山。山高五百餘仞，下瞰江流，中有巨石，橫亙六十餘丈，其下為蝦蟇碚。黃魯直云：蝦蟇碚，泛舟遠望，頤頷口吻〔甚〕類蝦蟇。尋泉入洞中，石氣清寒，流泉出石，骨若虬龍。凡出蜀者，必酌此水以瀹茗。陸羽品之為第四。歐陽永叔詩云：石溜吐陰崖，泉聲滿空谷。能邀弄泉客，繫舸留嵓腹。陰精分〔月窟〕，水味標茶錄。共約試春芽，旗槍幾時綠。陸務觀詩云：巴東峽裏最初峽，天下泉中第四泉。　蝦蟇碚水，味甘冽。主養精神，和榮衛，悅澤肌膚，通調臟腑，除煩止渴，益智聰明。久飲令人蕩去囂氛，增添秀麗。

洞庭湖水一名三江。《禹貢》謂之九江，在湖廣岳州府城下。沅、漸、元、辰、敘、酉、澧、資、湘九江，皆會於此。孟浩然詩云：八月湖水平，涵虛混太清。氣蒸雲夢澤，波撼岳陽城。欲濟無舟楫，端居恥聖明。坐觀垂釣者，徒有羨魚情。杜子美詩云：昔聞洞庭水，今上岳陽樓。吳楚東南坼，乾坤日夜浮。親朋無一字，老病有孤舟。戎馬關山北，憑軒涕泗流。張說詩云：楓岸紛紛落葉多，洞庭秋水晚來波。乘興輕舟無遠近，白雲明月弔湘娥。李太白詩：洞庭西望楚江分，水盡南天不見雲。日落長沙秋色遠，不知何處弔湘君。〇荊江五六月間，其水暴漲，則逆泛洞庭。瀟湘清流，為之改色。南至青草，旬日乃復。亦謂之西水。其水極冷，皆云岷峨雪消所致，岳人謂之翻流。又云水神朝元君。　洞庭湖水，味甘，平。

主消積滯，推陳致新，止渴除煩，去胸中熱滿，利大小便，滋養臟腑，調和氣血。五六月間湖水暴漲，水性極冷，蓋因岷峨萬山深處，積雪已消，流出所致。飲之能解熱毒，消煩暑。不可多飲，傷脾胃。

鄱陽湖水一名彭蠡，王勃《滕王閣賦》響窮彭蠡之濱是也。在江西南昌府東北百五十里。其水總納十川，同湊一瀆。隋范雲有滉漾疑無際，飄飄似度空之句。　鄱陽湖水，味甘，平。主蕩滌胸中邪氣，消除心上憂愁，滋肺金以助真元，伐心火而遏熾燄，止渴生津，資養脉絡。

太湖水一名震澤，一名具區，一名笠澤。在直隸蘇州府西三十餘里，浙江湖州府北十八里，其廣三萬六千頃，中有七十二峰，襟帶蘇、湖、常三府。北曰百瀆，納建康、常、潤數郡之水。南曰諸漊，納宣、歙、臨安、苕、霅諸水。唐薛據《泊震澤》詩：日落草木陰，舟徒泊江汜。蒼茫萬象開，合沓聞風水。洄沿值漁翁，窅窱逢樵子。雲開天宇淨，月明照萬里。　太湖水，味甘，平。主消煩益氣，除熱，利胸膈，止渴解表，和血脉，通二便，定驚癇，祛邪瘧，寬胸中阨塞之氣，瀉肺家稠濁之痰。多得三吳靈秀，人久飲之，開心益智。

雲夢澤水在湖廣雲夢縣南六十步，方九百里。　雲夢澤水，味甘，平。主消渴，養(所)〔肝〕，明目，聰耳，除三焦熱，蕩臟腑中邪氣壅塞不通。治燥氣乾涸，皮膚搔癢。

練湖水一名後湖。在直隸丹陽縣北百二十步。其水味甘色白。彼地有曰曲阿，出名酒，皆以後湖水所釀，故醇冽也。唐李華有頌，其序略云：大江其區，惟潤州藪曰練湖，幅員四十里，菰蒲菱芡，鼀魚螺鼈，厭飫江淮，膏潤數州，其利甚溥。〇劉直指《觀吳錄》曰：練湖坐落丹陽，上受高麗、長山諸漢之水，泛濫為災。始自先秦時，居民疏告官司，議將開姓田地築埂瀦水，得免旱潦，故又名開家湖。週廻四十餘里，計畝一萬三千有奇。晉陳敏據有江東，改名曲阿湖。南宋文帝遊幸其上，飲此水而甘之，更名勝景湖。至宋建炎間值亂，練兵於此，遂易今名，載在《水經》誌冊。居五湖之一也。　練湖水，味甘冽。主生津止渴，潤肺治欬，滋腎水，退虛熱，明耳目，開心益智。久飲之，令人悅顏色、耐老。

蜜湖水在江西安福縣東南十五里。水味甘如蜜，中產蓴絲鯽。　蜜湖水，味甘，平。主助脾胃，養肌肉，緩中益氣，止嘔逆。

蕉溪水在江西大庾縣西三十里。水味甘冽而佳。蘇公有蕉溪間試雨前茶之句。

蕉溪水，味甘冽。主清心潤肺，解熱邪，開鬱氣，涼大腸，止吐衄，降三焦之火，養陰退陽。瀹茗飲之，令人逸興遄飛，風生肘腋。

蘭溪水在湖廣蘄水縣西四十里。味極佳，陸羽《茶經》品為〔第〕三。宋郡守章《三泉記》曰：米芾書鳳仙之陰，蘭溪之陽，有泉出石罅。其在〔庭除者，為陸羽烹茶之水。其在鳳山陰者，為〕逸少澤筆之井。蘭溪品於《茶經》第三。藏諸水底，出則隨溪。流無停積，故嘗新潔。今之蘭溪驛東數里、南嶽廟後有一潭，乳泉津津漫出是也。王元之《陸羽泉》詩云：甃石封苔幾尺深，試嘗茶味少知音。惟餘夜半泉中月，留照先生一片心。《逸少池》詩云：蘭清時雨和甘棠，石壁洄瀾映塔光。陸羽茶泉金鼎冷，右軍墨沼兔毫香。龍潭徹底明秋月，鳳鼎當空背夕陽。乘醉綠楊春曉興，玉壺井畔泛霞觴。　蘭溪水，味甘冽。主清神益氣，添文思，助豪興，涵養情懷，伸舒鬱滯。利耳目而破情開聰，啟元陽而和心悅志。

雋水在湖廣江夏縣東南二百里金城山下。水味甘美。《漢書》：雋，永也；又肥肉曰雋。以此名水者，取其味甘美而長也。　雋水，味甘美。主生精神，壯元氣，利水道，止口渴。除煩燥而清涼氣血，抑火熱而洗刷涎潮。治勞瘵之疾，養不足之氣。固大便，止吐衄，調脾胃，補命門。

無患溪水在福建福清縣，源出石竹山。相傳林玄光脩鍊時，邑遭大疫，真人以藥投水源，令病者沿流飲之，無不立愈。今有患者，亦往往祈禱，取此水煎藥作湯飲之，多獲效驗。

無患溪水，味甘。治天行疫厲之氣，頭痛壯熱如火，煩悶惡心，痢下腹痛，瘧疾寒熱，嘔吐酸水痰涎，脚氣攻沖，痞滿不食，大小便不利。又治蛇蟲咬螫，用此水煎藥及飲之，竝效。

箬溪水在浙江湖州府城西里許五峰山下。土人取下箬水釀酒，味極美。白樂天詩：勞將下箬忘憂物，寄與江南愛酒翁。　箬溪水，有上箬、下箬，惟下箬者佳。味甘冽。主養血脉，和脾胃，悅顏色，止煩渴，生津液，益智慧。釀酒味醇，多飲而不傷，少飲亦自酡然。

過龜潭水在福建仙遊縣飛鳳漈。去五里許，有飛鳳山，其高百仞。十里之外有泉縈迴，注而為漈。漈下里許，有石虛中如龜。龜下有潭，潭水深碧，中多虬螭，水流從龜頂而下。潭下之水不可吸，吸則害人，惟過龜者，其味頓殊。飲之髮鬒，久可沖舉。　過龜潭水，味甘。主補真元，益腎經，生血添精，烏鬚黑髮。久飲之身輕，可以升舉。潭下水有毒，不可吸。吸則害人，中多虬螭故也。

汨羅江水在湖廣湘陰縣北七十里。汨水、羅水相合而入洞庭。　汨羅江水，味甘。主清心利肺，止渴除煩，明目聰耳，蕩滌塵襟，消磨俗累。

湘水在湖廣長沙府城西，環城而下。其水至清，深五六丈，下見底(丁)〔了〕，石子如樗蒲，白沙如霜雪，赤岸若朝霞。有瀟水來合，故又曰瀟湘。　湘水，味甘。主清金潤肺，抑火寧心，止渴生津液退熱，利二便，滌煩慮，養元神。

千秋水在湖廣(彬)〔郴〕州南萬歲山下。《抱朴子》云：飲千秋之水不死。　千秋水，味甘。主補元氣，壯精神。久飲之，令人輕身不老，延年神仙。

程鄉水在湖廣興寧縣西北，水味甘美。劉杳云：桂陽程鄉有千日酒，飲者至家而醉。即此水也。　程鄉水，味甘。主和脾胃，壯筋骨，生津止渴，通脉調經。飲之令人酣然如醉。

曾青岡水一名酃湖。在湖廣衡陽縣。其水週迴二十里，深八尺，湛然綠色。土人取以釀酒，其味醇美。晉武帝平吳，始薦酃酒於太廟。《吳都賦》接飛觴而酌酃渌是也。　曾青岡水，味甘。主補中益氣，潤肺生津，和胃化痰涎，養血調經脉。釀酒味醇美，飲之祛百病。

綵水出湖廣當陽縣南八十里紫蓋山。其山道書謂三十二洞天，有南北二峰。頂上四垂若繖，林石皆紺色。下出綵水，厥味甘馨。每遇晦日，輒有金牛出飲，光照一山。　綵水，味甘馨。主生血脉，調榮衛。清痰下氣，降火止渴。每月晦日及甲子庚申日五鼓時竊飲之，辟邪氣，延年神仙。

洄溪水在湖廣江華縣四山之間，乳竇松膏之所。汲飲者多壽。　洄溪水，味甘。主添精髓，堅筋骨。治癰瘍，補陰血。久飲之，悅顔耐老，壽至期頤。

廉水在四川彰明縣北。平地出泉，飲之生廉遜。《宋書》：范柏年，梓潼人。明帝語次，問卿鄉土有貪泉否？柏年對曰：臣梁益間有廉遜水，不聞有貪泉。帝嘉之。　廉水，味甘冽。飲之令人除貪殘，生廉介，興謙卑遜讓，去我慢貢高。

溫水在湖廣蘄州東北六十里，當蘄春縣介山下。凝冬之月，蒸氣上騰，人皆沐浴於此，可以療百病，愈諸瘡。　溫水，浴之，可以已諸疾，瘥瘡瘍。

溫池水在福建莆田縣錦江口。漢時胡道人採藥煉丹於此，丹成，神仙下降，教以度世之方。若所煉者，僅可延年耳，非太上之藥也。於是道人盡棄丹藥於池，移居哥州脩真，而池水遂溫。浴之者多登上壽。宋林大鼐《莆陽風物賦》云：浴桃源之湯者多年歲。　溫池水，浴之登上壽，飲之亦可以治百病，輕身耐老。悅人面，不飢。

黃雞灘水在福建仙遊縣九鯉河之東，曰雷轟漈。昔九仙畜黃雞於此，以飲其水，故名。浴之可以已瘡。　黃雞灘水，浴之療瘡，飲之治時病狂邪及療蜈蚣咬毒。

味江水在四川灌縣青城長樂山下，味甘美。太初蜀王征西番，野人以壺漿為獻，王使投入江中，三軍飲之皆醉。　味江水，味甘。主解憂惱，祛煩悶，止洩痢，治勞傷。
微似酒，令人酣。

梵音水在四川邊境黎州治內。昔唐三藏至此，持梵音而水湧出，故名。水色如米瀋而味甘。　梵音水，色玉，味飴。主益元氣，補勞傷。緩脾助胃，止渴生津，寧心定志，鎮驚辟邪。

蒲澗水在廣東番禺縣東北二十里，澗傍多生九節菖蒲，水極清冷，異於常流。味甘而香，又名甘溪澗。　蒲澗水，味甘。主開心益志，明耳目，安神魂，養老扶衰，壯筋骨，善記誦。

鐵溪水在貴州鎮遠府城東北鐵山下。其水清冷可茗。　鐵溪水，味甘冷。主潤肺生津，安和臟腑，清聲音，退火熱。

湯水在北直隸沙河縣。《山海經》云：湯山之下，湯水出焉。此湯愈疾，為天下最。今人有病，浴之輒效。　湯水，浴之治百病，飲之暖脾胃。治洩利，四肢寒痹拘急，或縱緩不收，麻木疼痛。

陽河水在北直薊州城西五里。河水性暖，甚寒不冰。相去二十里，有曰瀑水。夏日往往有冰浮出。其陰陽寒熱不同如此。　陽河水，浴之，已瘡疥；飲之，治寒疾。瀑水，熱病發狂者，少少飲之，瘥。

鳳河水在北直隸東安縣西北六十里。水性極熱，雖隆冬沍寒亦不冰。　鳳河水，浴之，治風寒濕痹；飲之，療寒洩。

酸水在山西交城縣西北四十里少陽山下，其味微酸。　酸水，味酸，入肝經。養血明目，斂耗散之氣。

苦水在北直隸深澤縣東南苦水村。昔漢光武經此患渴，遣人取水。人以惡水與之，光武潑其水曰：此處世喫苦水。至今水味皆苦。　苦水，味苦，不堪飲。入心經，洩逆氣。

### 井泉水

**宋·唐慎微《證類本草》卷五玉石部下品〔宋·掌禹錫《嘉祐本草》〕**　井華水　味甘，平，無毒。主人九竅大驚出血，以水噀面。亦主口臭，正朝含之，吐棄廁下，數度即差。又令好顔色，和朱砂服之。又堪鍊諸藥石，投酒醋令不腐。洗目膚瞖，及酒後熱痢，與諸水有異，其功極廣。此水井中平旦第一汲者，《本經》注井苔條中略言之，今此重細解也。新補。

〔宋·唐慎微《證類本草》〕《千金方》：治心悶汗出，不識人。新汲水和蜜飲之，甚妙。又方：欲産時，取井華水半升，頓一服。又方：治馬汗及毛入人瘡。腫毒熱痛，入腹害人。以冷水浸瘡，頓易，飲好酒立愈。又云：井華水，服藥、煉藥並用之。《梅師方》：治眼睛無故突一二寸者。以新汲水灌漬睛中，數易水，睛自入。又方：治卒驚悸，九竅血皆溢出。以井華水噀面當止，勿使知之。

**宋·王繼先《紹興本草》卷一** 井華水 紹興校定：井華水，平旦第一汲水也。取澄澈為用。經方所載療疾之功不一，但取味甘者佳，然未聞單服此而起疾也。性平、無毒是矣。

**元·吴瑞《日用本草》卷一** 新汲水 凡用水療病，必旋汲取之。味甘，平，無毒。主解合口椒毒。下魚肉骨鯁，取一杯水，合口向水，鯁當自下。

**明·劉文泰《本草品彙精要》卷五** 井華水無毒

井華水：主人九竅大驚出血，以水噀面。亦主口臭，正朝含之，吐棄廁下，數度即瘥。又令好顏色，和朱砂服之。又堪煉諸藥石，投酒醋令不腐，洗目膚翳及酒後熱痢。名醫所錄。 謹按：此水乃平旦第一汲者，取其清冷澄澈，靜而不動，得純陰之氣，故療疾與諸水有異。不爾，非謂之井華水也，水體雖屬陰，汲而動之，則不得純陰之性，其性既失，療疾欲神不可得也。噫！前人取義深遠於斯可見矣。〔收〕瓷器貯之。〔用〕平旦第一汲者。〔色〕白。〔味〕甘。〔性〕平，寒。〔氣〕味厚氣薄，陰也。〔臭〕朽。〔主〕解熱毒。〔治〕療：《別錄》云：眼睛無故突出者，以新汲水頻易灌漬睛上，其睛自入。又療馬汗及毛入人瘡，腫毒熱痛入腹，以冷水浸瘡。數易，飲好酒立愈。〔合治〕新汲水合蜜飲之，治心悶汗出不識人。

**明·盧和、汪穎《食物本草》卷一水類** 井水 新汲即用，利人療病。平旦第一汲者，為井華水，又與諸水不同。凡井水，有遠從地脉來者為上，有從近處江河中滲來者，欠佳。又城市人家稠密，溝渠污水雜入井中成鹼，用須煎滾，停頓一時，候鹼下墜，取上面清水用之。否則，氣味俱惡，而煎茶、釀酒、作豆腐三事尤不堪也。又雨後其水渾濁，須擂桃杏仁，連汁投入水中攪勻，少時則渾濁墜底矣。《易》曰：井泥不食。謹之。

**明·王文潔《太乙仙製本草藥性大全》卷六《仙製藥性》** 井花水 味甘，氣平，無毒。 主治：主九竅大驚出血，以水噀面即愈。治口作臭氣，含吐廁下數次即差。好顏色和硃砂服，鍊藥石投酒醋中。洗目膚瞖立除，酒後熱痢神效。 補註：欲産時，取井花水半升，頓一服。〇治心悶汗出，不識人，新汲水和藥飲之甚妙。〇治馬汗及毛入人瘡腫，毒熱痛入腹害人，以冷水浸瘡，頓易，飲好酒立愈。〇治眼睛無故突一二寸者，以新汲水灌漬睛中，數易水，睛自入。〇治卒驚悸，九竅血皆溢出，以井花水噀面當止，勿使知之。 井花水，服藥、鍊藥並用之。 井華水：汲在早晨，補陰虛，併清頭目，蓋緣天地真氣浮結水面未開，與諸水有異，其功效極多。此水井中侵早第一汲者是也。

**明·王文潔《太乙仙製本草藥性大全》卷六《仙製藥性》** 新汲水 井泉汲出，不經混雜者爲然。不曾傾缸甕者。 養心神誠獲奇效。

**明·皇甫嵩《本草發明》卷五** 井華水味甘，平。 平旦時未曾打動第一汲者，與諸水異。其功廣，補陰虛，清頭目，洗目瞖及酒後熱痢。蓋天一真氣，浮結水面而未開。又堪鍊諸藥石，投酒醋令不腐。又云：主大驚，九竅出血，以水噀面。又主口臭，正朝含之，吐棄廁下，數度即差。

新汲水 井泉纔汲出，不經傾缸中者。養心神，清熱毒。煎藥最妙。又解閉口椒毒。

**明·李時珍《本草綱目》卷五水部·地水類** 井泉水宋《嘉祐》

〔釋名〕時珍曰：井字象井形，泉字象水流穴中之形。 〔集解〕穎曰：井水新汲，療病利人。平旦第一汲，爲井華水，其功極廣，又與諸水不同。凡井水有遠從地脉來者爲上，有從近處江湖滲來者次之，其城市近溝渠污水雜入者成鹼，用須煎滾，停一時，候鹼澄乃用之，否則氣味俱惡，不堪入藥食茶酒也。雨後水渾，須擂入桃杏仁澄之。 時珍曰：凡井以黑鉛爲底，能清水散結，人飲之無疾；入丹砂鎮之，令人多壽。按麻知幾《水解》云：九疇昔訪靈台太史，見銅壺之漏水焉。太史召司水者曰：此水已三周環，水滑則漏迅，漏迅則刻差，當易新水。予因悟曰：天下之水，用之滅火則同，濡槁則同，至於性從地變，質與物遷，未嘗同也。故蜀江濯錦則鮮，濟源烹楮則皛。南陽之潭漸於菊，其人多壽；遼東之澗通于蔘，其人多髮。晉之山産礬石，泉可愈疽；戎之麓伏硫黄，湯可浴癘。揚子宜荈，淮蔡宜醪；滄鹵能鹽，阿井能膠。澡垢以污，茂田以苦。癭消於藻帶之波，痰破於半夏之洳。冰水嚥而霍亂息，流水飲而癃閉通。雪水洗目而赤退，鹹水濯肌而瘡乾。菜之爲虀，鐵之爲漿，麴之爲酒，蘖之爲醋，千派萬種，言不可盡。至於井之水一也，尚數名焉，況其他者乎？反酌而傾曰倒流，出甃未放曰無根，無時初出曰新汲，將旦首汲曰井華。夫一井之水，而功用不同，豈可烹煮之間，將行藥勢，獨不擇夫水哉？昔有患小溲閟者，衆不能瘥，張子和易之以長川之急流，煎前藥，一飲立溲。此正與《靈樞經》治不瞑半夏湯，用千里流水同意味。後之用水者，當以子和之法爲制。予於是作《水解》。

井華水〔氣味〕甘，平，無毒。 〔主治〕酒後熱痢，洗目中膚翳，治人大驚，九竅四肢指歧皆出血，以水噀面。和硃砂服，令人好顏色，鎮心安神。治口臭，堪鍊諸藥石。投酒醋，令不腐《嘉祐》。宜煎補陰之藥虞摶。宜煎一切痰火氣血藥時珍。

新汲水　【主治】消渴反胃，熱痢熱淋，小便赤澀，却邪調中，下熱氣，並宜飲之。射癰腫令散，洗漆瘡。治墜損腸出，冷噴其身面，則腸自入也。又解閉口椒毒，下魚骨哽《嘉祐》。解馬刀毒之才。解砒石、烏喙、燒酒、煤炭毒，治熱悶昏瞀煩渴時珍。

【發明】禹錫曰：凡飲水療疾，皆取新汲清泉，不用停污濁暖，非直無效，亦且損人。虞摶曰：新汲井華水，取天一真氣，浮於水面，用以煎補陰之劑，乃鍊丹煮茗，性味同於雪水也。時珍曰：井泉，地脉也，人之經血象之，須取其土厚水深，源遠而質潔者，食用可也。《易》曰：井泥不食，井冽寒泉食，是矣。人乃地産，資禀與山川之氣相爲流通，而美惡壽夭，亦相關涉。金石草木，尚隨水土之性，而况萬物之靈者乎。貪淫有泉，仙壽有井，載在往牒，必不我欺。《淮南子》云：土地各以類生人。是故山氣多男，澤氣多女，水氣多瘖，風氣多聾，林氣多癃，木氣多傴，下氣多尰，石氣多力，陰氣多癭，暑氣多夭，寒氣多壽，谷氣多痹，丘氣多狂，廣氣多仁，陵氣多貪。堅土人剛，弱土人脆，壚土人大，沙土人細，息土人美，耗土人醜，輕土多利，重土多遲。清水音小，濁水音大，湍水人輕，遲水人重。皆應其類也。又《河圖括地象》云：九州殊題，水泉剛柔各異。青州角徵會，其氣慓輕，人聲急，其泉酸以苦。梁州商徵接，其氣剛勇，人聲塞，其泉苦以辛。兗豫宫徵會，其氣平静，人聲端，其泉甘以苦。雍冀商羽合，其氣駃烈，人聲捷，其泉鹹以辛。觀此二說，則人賴水土以養生，可不慎所擇乎。時珍曰：按《後漢書》云：有婦人病經年，世謂寒熱注病。十一月，華佗令坐石槽中，平旦用冷水灌，云當至百。始灌七十，冷顫欲死，灌者懼欲止，佗不許，灌至八十，熱氣乃蒸出，囂囂然高二三尺。滿百灌，乃使然火温牀，厚覆而卧，良久冷汗出，以粉撲之而愈。又《南史》云：將軍房伯玉，服五石散十許劑，更患冷疾，夏月常復衣。徐嗣伯診之曰：乃伏熱也，須以水發之，非冬月不可。十一月冰雪大盛時，令伯玉解衣坐石上，取新汲冷水，從頭澆之，盡二十斛，口噤氣絶，家人啼哭請止，嗣伯執撾諫者。又盡水百斛，伯玉始能動，背上彭彭有氣。俄而起坐，云熱不可忍，乞冷飲。嗣伯以水一升飲之，疾遂愈。自爾常發熱，冬月猶單衫，體更肥壯。時珍竊謂二人所病，皆伏火之證，《素問》所謂諸禁鼓慄，皆屬於火也。治法火鬱則發之，而二子乃於冬月平旦澆以冷水者，冬至後陽氣在内也，平旦亦陽氣方盛時也，折之以寒，使熱氣鬱遏至極，激發而汗解，乃物不極不反，是亦發之之意。《素問》所謂逆者正治，從者反治，逆而從之，從而逆之，疏通道路，令氣調和者也。春月則陽氣已洩，夏秋則陰氣在内，故必於十一月至後，乃可行之。二子之醫，可謂神矣。

【附方】舊八，新二十一。

九竅出血：方見主治下。

衄血不止：葉氏用新汲水，隨左右洗足即止，累用有效。○一方：用冷水噀面。○一方：冷水浸帋貼顖上，以熨斗熨之，立止。○一方：用冷水一瓶，淋射頂上及啞門上。或以濕帋貼之。

金瘡血出：不止，冷水浸之即止。《延壽方》。

犬咬血出：以水洗，至血止，綿裹之。《千金方》。

蠍蠆螫傷：以水浸故布搨之，暖即易。《千金方》。

馬汗入瘡：或馬毛入瘡，腫入腹，殺人。以冷水浸之，頻易水，仍飲好酒，立瘥。《千金方》。

魚骨哽咽：取水一盃，合口向水，張口取水氣，哽當自下。《肘後方》。

中砒石毒：多飲新汲井水，得吐利佳。《集簡方》。

中烏喙毒：方同上。

中蒙汗毒：飲冷水即安。《濟急方》。

中煤炭毒：一時運倒，不救殺人。急以清水灌之。唐瑶《經驗方》。

服藥過劑：卒嘔不已。飲新汲水一升。《肘後方》。

燒酒醉死：急以新汲水浸其髮，外以故帛浸濕，貼其胸膈，仍細細灌之，至甦乃已。《瀕湖集簡方》。

飲酒齒痛：井水頻含漱之。《直指方》。

破傷風病：用火命婦人取無根水一盞，入百草霜調捏作餅，放患處，三五換，如神。此蔣亞香方也。《談野翁試驗方》。

墜損腸出：方見主治下。

眼睛突出：一二寸者，以新汲水灌漬睛中，數易之，自入。《梅師方》。

時行火眼：患人每日於井上，視井旋匝三遍，能洩火氣。《集玄方》。

心悶汗出：不識人，新汲水和蜜飲之，甚效。《千金方》。

嘔吐陽厥：卒死者。飲新汲水三升佳。《千金方》。

霍亂吐瀉：勿食熱物，飲冷水一碗，仍以水一盆浸兩足，立止。《救急良方》。

厭禳瘟疫：臘旦除夜，以小豆、川椒各七七粒投井中，勿令人知，能却瘟疫。○又法：元旦以大麻子三七粒，投井中。

口氣臭惡：正旦含井華水吐棄厠下，數度即瘥也。《肘後方》。

心腹冷痛：男子病，令女人取水一盃飲之；女人病，令男子取水一盃飲之。《肘後方》。

寒熱注病：方見發明下。

火病惡寒：方見發明下。

丁毒疽瘡：凡手指及諸處有瘡起，發痒，身熱惡寒，或麻木，此極毒之瘡也。急用針刺破，擠去惡血，候血盡，口噙凉水吮之，水温再換，吮至痛痒皆住即愈，此妙法也。《保壽堂方》。

婦人將産：井華水服半升，不作運。《千金方》。

初生不啼：取冷水灌之，外以葱白莖細鞭之，即啼。《全幼心鑑》。

### **明·姚可成《食物本草》卷一水部·地水類**

井華水井水同也，而性有異。無時初出曰新汲，平旦首汲為井華，反酌而傾曰倒流，吊桶下滴曰無根。

井華水，味甘，平，無毒。主酒後熱痢，洗目中膚翳。治人大驚，九竅出血，以水噀面。和朱砂服，令人好顏色，鎮心安神。治口臭，正朝含之，吐棄廁下，數度即瘥。〔堪〕鍊諸藥石。投酒醋，令不腐。○井華、新汲，取其太乙真氣，浮於水面。用煎補陰、痰火、血氣之藥，功效倍焉。無根水，解癰腫毒，調傅藥極佳。

新汲水平旦首汲為井華，無時初汲曰新汲。　新汲水，主消渴，反胃，熱痢，熱淋，小便赤澀。洗漆瘡。治墜損腸出，冷噴其身面，則腸自入也。又解閉口椒毒，下魚骨鯁，解馬刀毒。又解砒石、烏喙、燒酒、煤炭毒。治熱悶昏瞀，煩渴。○凡井水，有遠從地脉來者為上，有從近處江河中滲來者欠佳。又城市人家稠密，溝渠污水，雜入井中成鹼，用須煎滾，停頓一時，候鹼下墜，取上面清水用之。否則氣味惡，而煎茶、釀酒、作豆腐三事，尤不堪也。又，雨後其水渾濁，須擂桃、杏仁，連汁投入水中攪勻，少時則渾濁墜底矣。《易》曰：井泥不食。謹之。如井中生蟲，用甘草四五兩，切片投入，則殺蟲而味甘美。

附方：　衄血不止，用新汲水，隨左右洗足即止。或用冷水噀面，或冷水浸紙貼顖上，以熨斗熨之，立止。

**清・顧元交《本草彙箋》卷一〇**　井泉水　新汲療病利水。平旦第一汲爲井華水，其功尤勝。又與諸水不同，凡井水有遠從地脈來者，爲上。有從近處江湖滲來者，次之。其城市近溝渠污水雜入者，成鹼，用須煎滾，停一時，候鹼澄乃用之。否則，氣味俱惡，不堪入藥。凡用煎補陰劑，及煉丹煮茗，用井華水，性味同于雪水。蓋取天一真氣，浮於水面故耳。夫人產于地，資稟典山川之氣，相爲流通，而美惡壽夭亦相關涉，金石草木尚隨水土之性，而況萬物之靈者乎？

丁毒疽瘡，發於面部，或手指，及諸處有瘡起發癢，身熱惡寒，或麻木，此極毒之症，急用針刺破，擠去惡血，候血盡，口噙涼水吮之，水溫再換，吮至痛癢，嘴住即愈。

**清・陳士鐸《本草新編》卷五（抄本）**　或問：　井水與流水異乎？　曰：性寒則同，味之甘鹹淡則異也。用井水，不若用流水為佳。然有時入藥，有必用井水，而不可用流水者，取其靜也。井水得地氣俱多。取平旦之井華水者，為天一之水，又取其地中而得天氣也，故井水在屋內者有小毒，正以其純陰而無陽耳。古人投入丹砂者，化其陰氣也。井水沸溢，亦不可飲，此純陰欲變也。變而未化，飲之腹脹也。投管仲二枚亦佳。一年投兩次足矣，有毒盡化。

**清・李熙和《醫經允中》卷二三**　井泉水　同一井也，而水有異。反酌而傾曰倒流水，出甃未放曰無根，隨時初汲曰新汲，平旦首汲曰井華。功用各自不同。　井華水甘，平，無毒。主酒後熱痢，洗目中瞖，治驚出血，以水噀面，和硃砂服，好顏色，鎮心神，宜煎補陰之藥與痰火藥。　無根水治胎衣不下，將產婦裹袂衣帶，用點中無名三指，按帶頭，一合一仰，剪下約六指長，燒灰存性，無根水服之即下。

**清・汪啟賢等《食物須知・諸水》**　新汲水　井泉汲水，不經混雜為然，不曾傾缸甕者，養心神誠獲奇效。

**清・汪紱《醫林纂要探源》卷三**　井水　甘，淡，平。亦泉水之匯，或江河溪澗所滲而入地深得者，多得陰氣，若鹹濁有鹻氣者，則穢濁所滲聚，不堪用。　養腎滋陰，升清降濁。甘淡者，萬化之原，故無不補。井水深而在下，自有養腎滋陰之義。其清氣往往上浮，是能升清而降濁也。　井華水：　清明頭目，瀓濯心神。此平旦首汲者，靜夜所息清明之氣，尤能交心腎而清頭目。　無根水：　止渴除煩，上清胸膈。汲來未放下地者，亦取用其意耳。　新汲水：　解心腹熱悶，通利大小便。貴初汲者，陰靜之意猶存，久則動而煩矣。故以新汲之水，頻呷嗽口，可治陽明牙痛。蘸青布洗口舌，可清心火。拍頸窩，可止鼻衄。蘸青布熨胸前，可治煩熱難耐。及酒醉欲死，壯熱如火，和蜜飲之，可治心悶，汗出不止。

**清・嚴潔等《得配本草》卷一**　井泉水一名井華水。　甘、鹹，平。得陰氣多，滋陰降火。解熱悶，除煩渴，宜煎補陰之藥。

**題清・徐大椿《藥性切用》卷七**　井泉水　平旦新汲為井華水。療病宜人，有益陰清熱之功。

**清・李文培《食物小錄》卷上**　井泉水　甘，平，微鹹，無毒。和硃砂服，令人好顏色，鎮心安神，解內熱。亦可日用，然烹茶煮粥無味。

**清・章穆《調疾飲食辯》卷一上**　井泉水　《世本》云：　伯益始作井，或云黃帝穿井。《爾雅》云：　泉一見一否為瀸。謂有時出，有時不出。井一有水一無水為瀱汋。謂夏有冬無。濫，泉正出，涌出也。《詩》作檻，《大雅》曰：　觱沸檻泉。《公羊傳》作濆泉。昭五年叔弓敗莒師於濆泉。杜註云：　直泉，涌也，直即正也。沃泉，縣出，下出也。《曹風》：　冽彼下泉。氿泉，穴出，仄出也。大東有冽氿泉。歸異，出同流肥；《邶風》：　我思肥泉。瀵，大出尾下。郭注云：　尾猶底也。泉之名不同如此。蓋泉者，地之氣脈也，其大小視乎氣脈之盛衰，優劣視乎氣脈之清濁。醫書之用井水，隨時初出曰新汲，出甕未放曰無根，謂未曾放手落地。平旦首汲曰井華。平人、病人飲食藥餌，新汲水最佳。蓋夏月陽氣用事，陰伏於下，井水極冷；　冬月陰氣用事，陽潛於下，井水微溫，此皆地脈陰陽之正理。若汲之既久，則失其本性，與地面停畜者何殊？隔宿尤劣。然此皆小者。論其大要，第一宜辨味，味甘而淡為優，鹹者及作石氣、泥氣者為劣。次論色，色清如水晶為優；色白如米泔，及雖清而面有紅、黃、紫沫者為劣。此數種水，其作石氣、泥氣及白如米泔者，由地脈實實不佳，必另鑿他井得佳泉，乃可汲飲。否則，非居人之地，速宜遷去。伍子胥之治姑蘇，白香山之治杭州，胥以此為首務，不宜執改邑不改井之說也。至於味鹹及水面浮沫之井，人煙稀少處反無，通都大邑則十九如此。此由居人稠密，糞穢雜汙漬入泥土所致，雖地脈本旺，飲之者人戶未嘗凋敝。而明明穢物，豈可入口，況病人藥餌乎？夫濬泄溝渠，清理街道，亦為民父母者所有事，是在官茲土者，加之意焉。矧膏粱藜藿，富貴貧賤各殊，而井汲同受，王明之福，則為民亦以自為也。《綱目》曰：《河圖括地象》云九州殊題，水泉剛柔各異。青州角徵會，其氣慓輕，人聲急，其泉酸以苦；梁州商徵接，其氣剛勇，人聲塞，其泉苦以平；袞豫宮徵會，其氣平靜，人聲端，其泉甘以苦；雍冀商羽合，其氣駃烈，人聲捷，其泉鹹以辛。觀此，知人賴水土以生，可不擇乎？然九州水土固不同，就一處而言，相距咫尺即異，是又不可以執論也。其新汲冷泉水之入藥，《集簡方》治中砒石毒，倉猝不能得藥，速速多飲冷水，輕者得吐利即解，解後仍宜頻飲，重者亦可緩死待救。然毒輕則解，毒重則膨脹而死，其死反速，此不可不知也。又治中烏喙毒，即川烏、草烏。方同上。《濟急方》治中蒙汗毒，《經驗方》治中煤炭煙毒，不速治，能殺人。均以冷水灌之。《千金方》治馬汗或馬毛入瘡毒，其氣入腹亦殺人。冷水浸之。不可浸者，不住手淋洗之。內飲美酒取醉，立瘥。《肘後方》治誤服熱藥，或吐，或衄，或發狂，頻飲冷水，以安為度。《保壽方》治疔疽惡瘡初起，痛癢或麻木，身發寒熱，乃極毒之候，急用鍼刺破，擠盡惡血，令人口噙冷水吮之，水溫吐去，再噙吮，至痛癢皆住即愈。《延壽方》治鼻衄不止，冷水淋洗後項風池、風府，或浸濕布巾貼之。《傷寒論》曰：病人欲飲水者，少少與之。不特傷寒，凡一切時行熱病、瘟疫諸症，但大熱大渴急欲得涼水者，均可用。宜頻飲一二口，不可頓飲過多。其熱而為湯，須極熟，故古名百沸湯，《傷寒論》名麻沸湯。《本草衍義》曰：能助陽氣，行經絡。《拾遺》治小兒客忤卒死，用瓦器盛熱湯，隔衣熨其腹，冷即易，氣通立甦。《嘉祐本草》治霍亂轉筋，亦以器盛熱湯熨之，仍令足踏熱器，使足底熱透，內服安和脾胃之藥即愈。《千金方》治暑月暍死，以熱湯徐徐灌之，略舉其頭，令湯入腹即甦。又治手指腫痛，熱湯久浸。《延壽書》治金瘡血不止，舊布蘸熱湯合之。《綱目》曰：熱湯善通經絡，加以藥力，其效更速。予每治寒濕，用艾煎湯。治風虛，用桑、槐、桃、柳、榆枝，或五加皮煎湯淋洗。按：此法觸類變通，其用無盡。如治客忤，可用葱、韭。治轉筋，可用五加、木瓜。用藥煎湯，只蘸所隔之布，器內熨湯，但取其熱，不必用藥。治暍死，可用蒜。治手指腫痛，可用大黃、地丁。治金瘡血出，可用荊芥、白芷。不能枚舉也。又《本草拾遺》有生熟湯加鹽引吐之法，原治誤食毒物，臚脹，欲作霍亂。用冷水、沸湯各半相和，俗名陰陽水。《綱目》遂謂其能通陰陽，升降清濁，譽之未免過情。蓋果係熱病，可全飲冷水。無熱病而飲陰陽湯，往往有害。考其法始於陳藏器，自唐以前醫書、本草並無之，不足信也。

**清・葉桂《本草再新》卷八** 井水味甘、鹹，性涼，無毒。入肺、腎二經。治命門之真火，清肺經之血熱，明目去風，止鼻血、牙腫。

無根水味甘，性涼，無毒。入心、肝二經。瀉火清熱，消腫脹，解瘡毒。

**清・張仁錫《藥性蒙求・水部》** 井泉水　井泉水涼，清暑助陰。除煩療渴，炎熱不侵。平日第一汲為井華水，其功極廣。涼能清熱，甘可助陰。宜煎補陰藥及氣血痰火藥。

**清・王孟英《隨息居飲食譜・水飲類》** 井泉水　甘，寒。清下焦之熱。煮飯補陰中之陽。新汲者良。鹹濁勿用。中煤炭毒，灌之即甦。食井中每年五月五日午時，入整塊雄黃、整塊明礬各斤許，以辟蛇蟲、陰濕之毒，或加整塊硃砂數两尤妙。食水缸中宜浸降香，一二段菖蒲根養於水面亦良。水不甚清者，稍以礬澄之，並解水毒。

雨雪之水皆名天泉，其質最輕，其味最淡，杭人呼曰淡水，瀹茗最良，宜煎清肅滌熱諸藥。惟杭人飲之，故人文秀美，甲於天下。杭城皆瓦屋，以竹木或甎或銅錫為承霤，周曰承霤，漢曰銅池，宋曰承落，皆檐溝水筧之稱也。杭人呼為閶漏。引其水而注諸缸。然必曰使人梯而上視，如有鳥惡貓穢之瓦，即以潔瓦易之，再以淨帚頻為埽除，毋使木葉塵沙之積，則水始潔。若近廚突之屋，必有煤炲之污，勿取其水也。狂風暴雨，必夾塵砂，亦勿取焉。久晴乍雨，亦勿遽取，恐瓦有積垢，濯之未淨也。既注之缸，必待其澄，而後挹其清者，藏諸別缸，藏久彌良。凡藏水之缸，宜身長而口小者，上以缶盆冪之，而置於有風無日之所，日曬久則水易耗，而色不白也。置缸之地，甃以甎石，或埋入土中一二尺亦可。先慈嗜茗，而取水甚嚴，蓄水甚精，謹詳識之中。他處亦可仿行，以免水上惡劣之病，不但備烹茶煮藥之用已。

溪澗之水，發源於山，清甘者良。水如惡劣，其山必嶮巇，或為砒礬毒藥之所產，或為蟲蛇猛獸之所居。而人之飲食，首重惟水。乍入其鄉者飲之，疾病生焉。生於其地者習之，很戾鍾焉。欲籌斡旋補救之策，以期革獷悍之俗而康濟斯民者，惟有廣鑿井泉，是為亟務，爰采泰西掘井法於左，庶無井之地，悉可仿而行焉。

高地作井，未審泉源所在，其求之法有四：第一氣試：當夜水氣恆上騰，日出即止。今欲知此地水脈安在，宜掘一地窖，於天明辨色時，入窖以目切地，望地面有氣如煙騰騰上出者，水氣也，氣所出處，水脈在其中。第二盤試：望氣之法，曠野則可，城邑之中，室居之側，氣不可見。宜掘地深三尺，廣長任意，用銅錫盤一具，清油微微偏擦之，窖底用木高一二寸以擱盤偃置之，盤上乾草蓋之，草上土蓋之，越一日開視，盤底有水欲滴者，其下則泉也。第三缶試：近陶家之處，取缾缶坯子一具，如前銅盤法用之，水氣沁入缾缶者，其下泉也。無陶之處，以土墼代之，或用羊絨代之，羊絨者不受濕，得水氣必足見也。第四火試：掘地如前，篝火其底，煙氣上升，蜿蜒曲折者，是水氣所滯，其下則泉也。煙氣直上者否。

鑿井之法有五：第一擇地：山麓為上，蒙泉所出，陰陽適宜。園林室屋所在，向陽之地次之，曠野又次之。山腰者，居陽則太熱，居陰則太寒，為下。此論泉水之高下等第耳。然山腰、山頂亦有甘泉，不可泥也。鑿井者察泉水之有無，斟酌避就之。第二量淺深：井與江河地脈通貫，其水淺深尺度必等。今問鑿井應深幾何，宜度天時旱潦，河水所至，酌量加深幾何而為之度。去江河遠者不論。不論者，不論深淺，而以及泉為度也。泉愈深，則水愈美，雖水土惡劣之鄉，深泉必清冽無毒也。第三避震氣：地中之脈，條理相通，有氣伏行焉。強而密理，中人者九竅俱塞，迷悶而死。俗謂之犯土者是。凡山鄉高亢之地多有之，澤國鮮焉。此地震之所由也，故曰震氣。凡鑿井遇此，覺有氣颯颯侵人，急起避之，俟泄盡更下鑿之。欲候知氣盡者，縋燈火下視之，火不滅是氣盡也。第四察泉脈：凡掘井及泉，視水所從來，而辨其土色。若赤埴土，其水味惡，赤埴，黏土也，中為墼為瓦者是。若散沙土，水味稍淡。若黑墳土，其水良。黑墳者，其上色黑稍黏也。若沙中帶細石子者，雖赤土黃土皆佳。其水最良。第五澄水：凡作井底用木為下，甎次之，石次之，鉛為上。既作底，更加細石子厚一二尺，能令水清而味美。

試水美惡，辨水高下，其法有五，凡江河、井泉、雨雪之水，試法皆同：第一煮試：取清水置淨器煮熟，傾入白瓷器中，候澄清。下有沙土者，此水質濁也。水之良者無滓。又水之良者，以煮物則易熟。第二日試：清水置白瓷器中，向日下令日光正射水，視日光中若有塵埃絪緼如游氣者，此水質不淨也。水之良者，其澄徹底。第三味試：水，元氣也。元氣無味，無味者真水。凡味皆從外合之，故試水以淡為主，味佳者次之，味惡為下。天泉最淡，故烹茶獨勝，而煮粥不稠。第四稱試：有各種水欲辨優劣，以一器更酌而衡之，輕者為上。第五紙帛試：用紙或絹帛之類色瑩白者，以水蘸而乾之，無痕迹者為上。於文白水為泉，故水以色白為上。

人可以一日無穀，不可以一日無水，水之於人，顧不重歟。苟知掘井試水之法，則在在可飲甘泉，而免疾病，且藉以備旱災，禦兵火，一舉而數善存焉。余性喜鑿井，而力有未逮，惟冀同志者勉為之。但井欄之口宜小而多，既免墮溺，仍便引汲也。設無水之地，而萬難鑿井者，更列水庫法於後。

水庫法　《泰西》書云：若天府金城，居高乘險，江湖溪澗，境絕路殊，鑿井百尋，盈車載綆。時逢亢旱，涓滴如珠，或絕徼孤懸，恆須遠汲。長圍久困，人馬乏竭。如此之類，世多有之。臨渴為謀，豈有及哉？計惟恆儲雨雪之水，可以禦窮。而人情狃近，未或先慮，及其已至，坐槁而已。亦有依山掘地，造作池塘，以為旱備，而彌月不雨，已成龜圻，徒傷挹注之易窮，不悟滲漏之實多也。西方諸國因山為城者，其人積水如積穀，穀防紅腐，水防漏渫，其為計慮亦略同之。以故作為水庫，率令家有三年之蓄，雖遭大旱，遇強敵，莫我難焉。且土方之水，比於地中，陳久之水，方於新汲。其蠲煩去疾，益人利物，往往勝之。彼山城之人，遇江河井泉之水，猶鄙不屑嘗矣。天泉宿水遠勝山泉，此惟杭人知之。名曰水庫者，固之其下，使無受渫也，冪之其土，使無受損也。原注冪，防耗損，亦防不潔。故古人井亦有冪也。四行之性，土為至乾，土性乾，故勝濕。受水太過，則卑濫而為濕土。甚於火矣。水居地中，風過損焉，日過損焉。故夏之日大旱，金石流土山焦，而水獨存乎？妄人謂濕熱相合為暑，真是夢囈。故固之，故冪之。水庫之事有九：一曰具，具者所以庀其物也。細砂、石灰、烏樟、桐油等物。二曰劑，劑所以為之和也。三曰鑿，鑿所以為之容也。在家在野皆可，擇地而為之。不論方圓，宜下侈上弇為妙。中底以三分之一為坎，渟其垢時以吸筒去之，則年久彌清。四曰築，築所以為之地也。底牆皆須築實，毋使滲漏。五曰塗，塗所以為之固也。築堅候至八分乾，再以烏樟或細灰塗之。六曰蓋，蓋所以為之冪也。七曰注，注所以為之積也。以承霤引注也。八曰挹，挹所以受其用也。九曰修，修所以為之彌縫其闕也。凡造壙、造窖、造鹽地，皆須築實，毋使滲漏，其事同也。而各處造法微有不同，若造水庫之法，亦可各隨其便者，故附載其略於此，智者自能因地制宜。

水倉法　水庫或卒難集辨，更有水倉一法，較易從事。其法創自乾隆間，揚州余君觀德凡水土惡劣之鄉，人烟稠密之地，距河稍遠之處，皆可仿行，以備兵火旱災，疾病諸患。但置曠地一區，繚以土垣，前設門楹，榜曰水倉，中為大院，置大缸數百或百十隻，脚埋入土尺許，滿儲以水，復置水桶百十隻，水龍數具，外鐍以鎖，設有災患，開取甚易。若大家巨刹，凡有空院者，尤易仿行，為己為人，公私兩益，故附載之。

煎藥用水歌　何西池《醫碥》云：急流迅速堪通便，宣吐迴瀾水即逆流水最宜。百沸氣騰能取汗，甘爛勞水流水杓揚萬遍名甘爛水，亦名勞水。意同之。黃虀水吐痰和食，霍亂陰陽水百沸天泉與新汲井水各半也。可醫。治瘧亦妙。新汲無根皆取井，除煩去熱補陰施。地漿解毒兼清暑，亦和中補土。臘雪寒冰瘧疫奇。更有輕靈氣化水，如蒸露法蒸水，以管接取用之。一名氣汗水，亦名水露。雖海水但蒸取其露，即清淡可飲，以鹹濁不能上升也。奇功千古少人知。善調升降充津液，滋水清金更益脾。肺熱而腎涸，清金則津液下澤，此氣化為水，天氣下為雨也。腎涸而肺熱，滋陰則津液上騰，此水化為氣，地氣上為雲也。蒸水，使水化為氣，氣復化水，有循環相生之妙。而升降之機，脾為之主，故兼主中樞不運也。

**清·田綿淮《本草省常·水性類》**　井泉水　初出為新汲水，平旦第一汲為井華水。性平，除煩解渴，清熱助陰，然味涼不可輕飲。宜作湯飯，養人五臟，生氣血，其功極廣，難以盡述。用平旦新汲者佳，雨後水渾，擂入桃杏仁澄之。

節氣水

**明·盧和、汪穎《食物本草》卷一水類**　清明水及穀雨水　味甘。取長江者為良，以之造酒可儲久，色紺味冽。此水蓋取其時候之氣耳。

**明·李時珍《本草綱目》卷五水部·地水類**　節氣水《綱目》

【集解】時珍曰：一年二十四節氣，一節主半月，水之氣味，隨之變遷，此乃天地之氣候相感，又非疆域之限也。《月令通纂》云：正月初一至十二日止，一日主一月。每旦以瓦瓶秤水，視其輕重，重則雨多，輕則雨小。觀此，雖一日之內，尚且不同，況一月乎。

立春、清明二節貯水，謂之神水　【主治】宜浸造諸風脾胃虛損諸丹丸散及藥酒，久留不壞。

寒露、冬至、小寒、大寒四節及臘日水　【主治】宜浸造滋補五臟及痰火積聚蟲毒諸丹丸，并煮釀藥酒，與雪水同功。

立秋日五更井華水　【主治】長幼各飲一盃，能却瘧痢百病。

重午日午時水　【主治】宜造瘧痢瘡瘍金瘡百蟲蠱毒諸丹丸。

小滿、芒種、白露三節內水　【主治】并有毒。造藥，釀酒醋一應食物，皆易敗壞。人飲之，亦生脾胃疾並時珍。

**明·吳文炳《藥性全備食物本草》卷一**　端午日午時取水　宜造瘧痢、瘡瘍、金瘡等丹丸藥有効。又端午午時有雨，急伐竹竿中必有神水，瀝取為藥，能清熱化痰，定驚安神，治心脾積聚及蟲病，和獺肝為丸服之良。

**清·趙其光《本草求原》卷二一水部**　立冬後十日為入液。至小雪為出液。雨水為液水　制殺蟲、消積等良藥。

端午午時取水　制瘧痢、瘡瘍等藥效大。端午午時有雨，急伐竹竿，中必有瀝水藏之，能清熱化痰，定驚安神。治心脾積聚、蠱病、勞瘵。和獺肝為丸。

立秋日五更井花水　治瘧疾，飲之卻百病。

寒露、冬至、小寒、大寒四節及臘日之水　浸造滋補痰水積聚殺蟲藥。與雪水同功。

立春、清明、穀雨貯井水　造風濕補脾藥良。亦久留不壞。三節長流江水亦然。

**清·吳汝紀《每日食物却病考》卷上**　神水　立春、清明二節貯水，謂之神水。宜造諸風、脾胃虛損諸丹藥，造酒久留不壞。〔重午水〕：重午日午時水，宜造瘧痢、瘡瘍等丹藥。〔立秋水〕：立秋日五更井華水，能却瘧痢百病。四節水：寒露、冬至、小寒、大寒，四節也。又臘日水，宜造諸丹藥並釀藥酒，與雪水同功。〔三節惡水〕：小滿、芒種、白露三節內水，并有毒。造酒、醋易敗，飲之生疾。

天孫水

**清・趙學敏《本草綱目拾遺》卷一水部**　天孫水　《廣志》云：即七夕水。廣人每以七夕雞初鳴，汲江水或井水貯之，是夕水重於他夕數觔，經年味不變，益甘甚，以療熱病，謂之聖水。若雞二唱則水不然矣。　色清，性微寒，味甘，治一切熱症神效。

喉蛾喉癰：陸氏《濟世良方》，用肥婆草搥爛，將此聖水開服，如牙痍牙癰，將此草搥爛，和聖水含在口内，吐換數次即愈。　治食百尿：《濟世良方》用苦瓜搥爛，取汁，和聖水服之，即愈。若無苦瓜，取其核搥爛，和聖水服之。

醴泉

**宋・唐慎微《證類本草》卷五玉石部下品〔唐・陳藏器《本草拾遺》〕**　醴泉　味甘，平，無毒。主心腹痛，疰忤鬼氣邪穢之屬，並就泉空腹飲之。時代升平，則醴泉湧出，讀古史大有此水，亦以新汲者佳。止熱消渴及反胃，腹痛，霍亂爲上。

**明・李時珍《本草綱目》卷五水部・地水類**　醴泉《拾遺》

〔釋名〕甘泉時珍曰：醴，薄酒也，泉味如之，故名。出無常處，王者德至淵泉，時代昇平，則醴泉出，可以養老。《瑞應圖》云：醴泉，水之精也，味甘如醴，流之所及，草木皆茂，飲之令人多壽。《東觀記》云：光武中元元年，醴泉出京師，人飲之者，痼疾皆除。

〔氣味〕甘，平，無毒。〔主治〕心腹痛，疰忤鬼氣邪穢之屬，並就泉空腹飲之。又止熱消渴及反胃霍亂爲上，亦以新汲者爲佳藏器。

**明・施永圖《本草醫旨・食物類》卷二**　醴泉水之精也。味甘如醴，流之所及，草木皆茂，飲之令人多壽。　味：甘，平，無毒。治：心腹痛，疰忤鬼氣，邪穢之屬，並就泉空腹飲之。又止熱消渴，及反胃、霍亂為上，亦以新汲者為佳。食之潤五臟，長年不飢。治胸膈諸毒，明目，止渴。

**清・徐大椿《藥性切用》卷七**　醴泉　即甘泉，瑞物也。王者興，甘泉出，祛邪辟穢，止渴除煩，飲之令人多壽。

泉水

**宋・唐慎微《證類本草》卷五玉石部下品〔唐・陳藏器《本草拾遺》〕**　好井水及土石間新出泉水　味甘，平，無毒。主霍亂煩悶，嘔吐，腹空，轉筋。恐入腹及多服之，名曰洗腸。人皆懼此，嘗試有效。不令腹空，空則更服，如遇力弱身冷，則恐藏胃悉寒，寒則不能支持，當以意消息。兼及當時橫量灸脊骨三五十壯，令暖氣徹内補胃氣間，不然則危。又主消渴，反胃，熱痢，淋，小便赤澀，兼洗漆瘡，射癰腫令散。久服調中，下熱氣，傷胃，利大小便，並多飲之，令至喉少即消下。

**宋・唐慎微《證類本草》卷五玉石部下品〔宋・掌禹錫《嘉祐本草》〕**　泉水　味甘，平，無毒。主消渴，反胃，熱痢熱淋，小便赤澀。兼洗漆瘡，射癰腫令散。久服却溫，調中，下熱氣，利小便，並多飲之。又新汲水，《百一方》云：患心腹冷病者。若男子病，令女人以一杯與飲；女子病，令男子以一杯與飲。又解合口椒毒。又主食魚肉，爲骨所鯁。取一杯水，合口向水，張口取水氣，鯁當自下。又主人忽被墜損腸出，以冷水噴之，令身噤，腸自入也。又臘日夜，令人持椒井傍，無與人語，内椒井中，服此水去溫氣。《博物志》亦云：凡諸飲水，療疾皆取新汲清泉，不用停污濁暖，非直無效，固亦損人。新補。

〔宋・唐慎微《證類本草》〕沈存中《筆談》：東阿是濟水所，取其井水煮膠，謂之阿膠。用攪濁水則清，人服之，下膈疏痰止吐皆服。濟水性趨下，清而重，故以治淤濁及逆上之疾。

**宋・王繼先《紹興本草》卷一**　泉水　紹興校定：泉水乃源泉通流之水，並新汲水及陳藏器餘藥内千里水、東流水、好井水、土石間泉水，雖各有主治，但宜以煎煮諸藥，則勝於濁汙水。水俱味甘、平、無毒是矣。

**元・忽思慧《飲膳正要》卷二**　泉水　甘，平，無毒。治消渴，反胃，熱痢。今西山有玉泉水，甘美，味勝諸泉。

**元・吳瑞《日用本草》卷一**　泉水　岩谷及石窟自出者。味甘，性平，無毒。主消渴，反胃，熱痢，熱淋，小便赤澁，下熱氣。夏月行路，切不可飲，恐毒蛇在内。治墜損腸出，以冷水噴之立收。

**明・劉文泰《本草品彙精要》卷五**　泉水無毒

泉水：主消渴，反胃，熱痢，熱淋，小便赤澀，兼洗漆瘡，射癰腫令散。久服卻溫，調中，下熱氣，利小便，並宜多飲之。名醫所錄。〔地〕謹按：水稟壬癸，乃天一所生，若穴沙石而出者，謂之泉水。《爾雅》云：一見一否爲瀸泉，正出爲濫泉，下出爲沃泉，仄出爲氿泉，此皆泉水發原之名也。亦有鑿地取水曰井，夫井亦泉耳。《易》所謂改邑不改井，井冽寒泉是也。其皆得陰寒之性，具體玄潔潤下，故有療熱解毒之功。若男女心腹有疾，取新汲者，互相授受飲之，得陰陽從治之義。臘日以椒投井而飲水，亦歲旦屠蘇之意爾。用者當以類分可也。【時】生：無時。採：無時。【用】新汲者。【味】甘。【性】平，寒。【氣】味厚于氣，陰也。【臭】朽。【主】解煩渴，消瘡腫。【治】療：《别錄》云：患心腹冷病者，若男子病，令女人以一杯與飲；女子病，令男子以一杯與飲。又主食魚肉爲骨所鯁，取一杯水合口向水張口取水氣，鯁當自下。及人忽被墜損腸出，以冷水噴之，令身噤，腸自入也。又臘日夜，令人持椒井傍，毋與人語，内椒井中，服此水去瘟氣。

【禁】不用停污濁暖，非直無效，固亦損人。

**明·王文潔《太乙仙製本草藥性大全》卷六《本草精義》** 泉水 出岩崖山谷土石間新出泉水，清泓可愛者佳。務悠長遠路來者服之大有神效。

**明·王文潔《太乙仙製本草藥性大全》卷六《仙製藥性》** 山骨水 覓於長夏。退時疫，且却瘟黄。乃因夏至陰生，起從地底而極冷。

泉水 味甘，氣平，無毒。 主治：主消渴翻胃，治熱痢熱淋。清小便赤澁神方，散漆瘡癰腫妙劑。久服下熱氣。調中利小便，飲效。補註：患心腹冷病者，若男子病，令女子以一杯與飲；女子病者，令男子以一杯與飲；又解合口椒毒。○食魚肉爲骨所骾，取一杯水，合口向水，張口取水氣，骨當自下。○人忽被墜損腸出，以冷水噴之，令身噤腸自入。○臘日夜，令人持椒井旁，無與人説，納椒井中，服此水去濕氣。《博物志》亦云：凡諸飲水療疾，皆用新汲清泉，不用停汙濁暖，非直無效，亦且損人，最宜詳審。

**明·李時珍《本草綱目》卷五水部·地水類** 山巖泉水《拾遺》

【釋名】時珍曰：此山岩土石間所出泉，流爲溪澗者也。《爾雅》云：水正出曰濫泉，懸出曰沃泉，仄出曰(汍)〔氿〕泉。其泉源遠清冷，或山有玉石美草木者爲良；其山有黑土毒石惡草者不可用。陸羽云：凡瀑涌漱湍之水，飲之令人有頸疾。穎曰：昔在潯陽，忽一日城中馬死數百。詢之，云：數日前雨，洗出山谷中蛇蟲之毒，馬飲其水然也。

【氣味】甘，平，無毒。【主治】霍亂煩悶，嘔吐腹空，轉筋恐入腹，宜多服之，名曰洗腸，勿令腹空，空則更服。人皆懼此，然嘗試有效。但身冷力弱者，防致臟寒，當以意消息之藏器。

**清·陳士鐸《本草新編》卷五〔抄本〕** 或問：山巖泉水亦各不同乎？曰：不同。巖水從石壁上墮下者可飲，餘不可輕用。恐黑土毒木惡草之中，有蛇蟲伏之則有毒，飲之殺人。山中泉水，尤好者，乳泉也。乳泉亦有不同，有從沙中出者，有從石骨中出者。石骨為上，沙中次之，其味甘溫，不比他水皆寒也。然乳泉初取之時，其氣微腥，其色少濁，隔宿則澄清香冽，飲之可以却病，久服難老，取其為石中之液也。倘隔宿而腥且濁者，又不可用。蓋山質不佳也。

**清·王道純《本草品彙精要續集》卷一** 山岩泉水無毒。倘遇驟雨後，不宜飲之，有大毒。

山岩泉水：主霍亂，煩悶，嘔吐，腹空，轉筋，恐入腹，宜多服之，名曰洗腸。勿令腹空，空則更服，人皆懼此，然嘗試有效，但身冷力弱者，防致臟寒，當以意消息之《本草拾遺》。【名】《爾雅》云：水正出曰檻泉，懸出曰沃泉，反出曰氿泉。【地】李時珍云：此山岩土石間所出，泉流於溪澗者也。《小雅》云觱沸檻泉，是正出泉水之地耳。【用】《爾雅》云：其泉源遠清冷，或山有玉石美草木者爲良。【味】甘。【性】平。【禁】陸羽云：凡瀑湧漱湍之水，飲之令人有頸疾。○汪穎云：昔在潯陽，忽一日城中馬死數百，詢之，云：數日前雨洗出山谷中蛇蟲之毒，馬飲其水然也。【忌】《爾雅》云：其山有黑土毒石惡草者不可用。

**清·汪紱《醫林纂要探源》卷三** 泉水 甘，淡，平。性各稍異。土出者甘平，石出者甘冽而寒。側出平流者，曰氿泉，性亦平和。正出上涌者，曰檻泉，性亦逆上，多哽人喉。下瀑者，曰下泉，性亦趨下，出之緩者，性亦緩。出之急者，性亦急。潤心清肺，解渴除煩，堅腎利水。泉多自石出，金水之本源，大能治熱病。凡大熱傷肺致吐衄者，及天行時疫，狂熱煩悶不可忍者，汲此恣飲，自有滋陰降火清金之益，勝服涼藥百倍，勿疑傷脾胃也。

## 春水

**清·趙學敏《本草綱目拾遺》卷一水部** 春水 《南詔志》：春水有三，俱在鶴慶府。一在城東南二十里石碑坪，一在城南三十里龍珠山麓。一在城東北三十里五老山下。春水盈時，有硫黄氣。郡人於二三月間和鹽梅椒末飲之，能祛疾。

《職方考》：雲南鶴慶府出春水，在觀音山蓮花寨之北，立夏前三日出後七日止，水無定所，每出時，地中瀌瀌有聲，土人循其聲掘之，其水始出，能除百病，遠近村民競飲之，走彝方者飲之不染瘴，病癘者飲之立除，外境人尤效，數日內有鸜鵒綠鳩數百群飛來，飲水涸乃去。

味甘性平，除痼疾，厚腸胃，已虛勞，去瘴癘。

敏按：土為萬物之母，凡物得土之精者，均入脾胃而能扶正氣。正氣足，則百病自除，此水在地能鳴，出無定所，乃川脈得先天之氣，藉地力宣洩，故有厚胃除疾之功。出七日即涸，并具來復之機，鶴慶為雲南邊境，山川蒙密，民多瘴癘，《府志》載城東南尚有溫泉，每歲三月，郡人浴之，有痞疾者輒愈，則又不特春水之出其地也。天心愛人，生一害必生一物以救之，如出鳩之地多犀，觀於此水，可以悟物理矣。

### 起蛟水

**清・趙學敏《本草綱目拾遺》卷一水部**　起蛟水　徽州張宇南言：其地多山，每春夏之交久雨，有起蛟之患。村人習見勿異也。蛟初起一二日間，地中先有聲，隱隱如雷鳴，或如牛吼，至期，土中輒陷出一小穴如豆大，水從穴出，直上一二尺如箭，已而漸升漸長，長至檐隙與溜合，則水勢乃大，下穴亦漸大如盌孔，蛟如鰍鱔形，從穴出，乘水而上，過檐則形變大，乃飛越奔騰而去，屋宇亦無害。惟相隔一二里許田禾間有傷損者，為山水沖刷而然，此水初起一二尺時，山人以瓶盎之屬接取食之，力大無窮。蓋出蛟口中含吮，精力貫注，直逼而上，其全身之力，盡在此水，故人亦不能多食，壯健者三盞，即腹脹不能再飲。土人以釀酒，更壯精力，可已虛勞。

單杜可云：蛟初起時，水如箭，清如泉脈，漸湧而高，必合天雨水，則勢大而能飛騰。蛟出，穴口始泛出水，名曰發洪。若初起時，用河水一杓灌入其穴，則蛟水自回，便不能出穴，或取婦人月經穢布塞之亦止。若人服蛟水作脹，用千里長流河水煎服之，亦可解也。

壯筋骨，健腰膝，已虛勞，除驚悸，殺蟲蠱尸疰鬼疰，遁尸邪氣，浴瘡疥，虛弱者以代水煎滋補藥良。性升，能直透巔頂。

### 寒泉水

**明・盧和、汪穎《食物本草》卷一水類**　寒泉水　味甘，平，無毒。主消渴反胃，去熱淋及暑痢，兼洗漆瘡，射癰腫令散，下熱氣，利小便，並宜飲之。

### 陰地流泉水

**宋・唐慎微《證類本草》卷五玉石部下品〔唐・陳藏器《本草拾遺》〕**　陰地流泉　二月、八月行途之間勿飲之，令人夏發瘧瘴，又損脚令軟。五月、六月勿飲澤中停水，食著魚鱉精，令人鱉瘕病也。

**明・盧和、汪穎《食物本草》卷一水類**　陰地流泉水　飲之令人發瘧瘴，又損脚令軟。又云，飲澤中停水，令人生瘕病。

**明・吳文炳《藥性全備食物本草》卷一**　陰地流泉水　性寒，有毒。飲之發瘴瘧，令脚軟。又云，飲澤中停水令人成瘕。

### 名泉

**元・忽思慧《飲膳正要》卷二**　鄒店水　今內府御用之水，常於鄒店取之。緣自至大初武宗皇帝幸柳林飛放，請皇太后同往觀焉。由是道經鄒店，因渴思茶，遂命普蘭奚國公金界奴朵兒只煎造。公親詣諸井選水，惟一井水，味頗清甘。汲取煎茶以進，上稱其茶味特異。內府常進之茶，味色兩絕。乃命國公於井所建觀音堂，蓋亭井上，以欄翼之，刻石紀其事。自後御用之水，日必取焉。所造湯茶，比諸水殊勝，隣左有井，皆不及也。此水煎熬過，澄瑩如一。常較其分兩與別水增重。

**明・姚可成《食物本草》卷二水部・名泉類**　北直諸泉

玉泉水在順天府城西三十里。山曰西山，巍峨鉅勢，爭奇擁翠於皇都之右。每大雪初霽，千峰萬壑，積素凝輝，宛然若畫。泉當山頂，名為玉泉。水自石穴中出，鳴如雜珮，甘洌宜茗。　玉泉水，味甘洌。主解熱，除煩躁，止渴，消宿酲。治霍亂轉筋，熱淋暑痢，小便不通，心腹冷痛，反胃嘔逆，閉口椒毒，及魚骨鯁。烹茗飲之，令人清肌爽骨，口頰生芳。

清泠泉水在順天府城西三十里覺山之頂。厥味清泠可愛。　清泠泉水，味甘冷。主潤澤肌膚，充養毛髮，悅顏色，解口渴，消煩祛暑，散熱退腫。治身體遊風白駁，以此水調藥塗之。

卓錫泉在順天府城西四十里甕山之陽。泉傍有寺曰碧雲。其水湧出，環繞寺內，殿廡廚室，高下畢達，巧出人工。味亦甘洌。　卓錫泉水，味甘洌。止消渴，解酒熱，明目，洗目中膜翳。治反胃吐逆，消膈中痰飲，清煩熱，降上焦火，寧嗽，潤肺。

滿泉水在順天府城北十里。有泉穴出，冬夏常滿，故名。今人搠亭其上，藤陰柳色，相為掩映。　滿泉水，味甘。主清肌肉中熱，解暑氣，抑火邪，明目止痛。聰耳，治耳疼。解酒渴，消腫毒，潤心肺，降痰膩稠濁，蠲欬嗽。

龍泉水在良鄉縣西十五里。山有石龍，泉出龍口，涓涓不竭。　龍泉水，味甘。主腸風下血，清熱消煩，天行疫厲，小兒狂啼，大人黃疸。洗目退赤，止渴，除躁悶，保肝，寧神定志。

九龍泉水在昌平州東九十里翠屏山下。泉有九穴，鑿石為龍，水從吻出。　九龍泉水，味甘。治酒積，壓驚狂，祛邪瘧鬼祟之病。治白虎歷節風瘍。

溫泉水在玉田縣東北百里。水味甘美。　溫泉水，味甘。主潤肺止欬，療胸中痰氣嘔逆。浴之已百病。

湯泉水在遵化縣西北四十里福泉山下。寬平約半畝許。泉水沸出，溫可燖雞。旁引為池，方平如鑑。武宗時，引入便房，裸浴頗適。王宮人從駕，題云：絕塞窮冬凍異常，小池何事暖如湯。可憐一脈溶溶水，不為人間洗冷腸。　湯泉水，味甘。主臟寒下痢，寒溼瘧疾，嘔吐清涎。澡浴治諸病，愈疥癬。

蟄泉水在灤州西二十里烽火山。水味甘冽。　蟄泉水，味甘。主抑火清熱，潤燥解渴，開鬱氣，除煩躁，治頭目昏暈。

瀑泉水在灤州大峰山。味甘冽而美。　瀑泉水，味甘冽。清肺潤大腸，止渴，消煩暑，下痰利水，止欬。

聖泉水在灤州吳家峪。味甘冽。　聖泉水，味甘冽。主欬嗽，寒熱溫瘧，痰氣攻衝，心腹疼痛下痢。

偏山泉在灤州偏山。一名龍泉。味甘冽。　偏山泉水，味甘。治心胸蓄熱欬嗽，下氣定喘。

雞距泉水在保定府城西。泉水噴薄，狀如雞距，厥味甘冽。　雞距泉水，味甘。主祛暑益氣，除煩熱，止渴。

大士井水在定興縣南四十里固城鎮。井水日夜泛溢，頗為民患。因建梵刹以鎮之，其泉即止。元總管萬戶張柔浚井，獲大士像，淨水瓶。至今泉雖溢，不踰其限，故以名之。　大士井水，味甘。治寒熱欬嗽，煩滿口渴，咽痛舌腫。

堅功泉水在慶都縣西三里。水味甘冽。　堅功泉水，味甘。主口渴喉腫，利水通淋。

涌魚泉在慶都縣西南。俗傳午日魚遊甚夥，取之不竭。泉味清冽。　涌魚泉水，味甘美。治瘧疾寒熱，解暑止渴，利水。

毛公井水在滄州舊城東北隅。唐開元清池令毛公母老，苦水鹹，不堪為養，遂穿得此井，得泉甚甘冽。　毛公井水，味甘。主生精補髓，消痰止渴，益老人。

白馬泉水在贊皇縣東五馬山。岩隙出泉。其味甘美。相傳宋建炎初，五馬將軍至此，患渴，忽所乘白馬跑地泉出，至今不竭。　白馬泉水，味甘。治渴，解熱，生津益腎，潤肺止嗽。

鴛鴦泉水在南和縣治南。泉水二道迸流而出。味甚清冽。　鴛鴦泉水，味甘。主渴。令人有子。夫婦相和。

瀑布泉在密雲縣東六十里。其聲如雷，時吐雲氣。　瀑布泉水，味甘。治胸膈阨塞不通，反胃吐逆，癰疽初起。此水煎藥煮粥甚良。又治喉痹不通，大小便閉關格之症，女人臨產不快，胞衣不下，小兒痰熱驚癇，狂叫不已。

斗泉水在房山縣南五十里兩崖之間。絕頂有泉如斗，汩汩不窮。味甘而冽。　斗泉水，味甘。止渴除煩熱，消痰潤肺燥，抑火清金，平肝補胃，悅澤肌膚，滋養毛髮，寬胸中虛痞，治足脛痠疼。

桃花泉水在薊州城南七十里桃花山之頂。水味清冷。　桃花泉水，味甘。主怡悅人面，潤澤肌肉，解鬱氣，遣睡魔，開聰明，益智慧。

龍泉在平谷縣東南十里，國初文皇駐蹕於此，飲其水而甘之，因易以今名。詞人騷客，題詠頗多。　龍泉水，味甘冽。主利肺生津，消渴除熱，滑澤肌膚，悅顏和色，治欬喘，降逆氣。又小便不利，黃疸腹脹及邪祟瘴瘧者，俱宜飲之。

聖泉在遷安縣南十五里龍泉山。泉水清冽可愛。　聖泉水，味甘。主開胃止渴，霍亂，洩痢，心肝痛，疰忤鬼氣，清熱解肌，痰火積聚，瀉肺逆，止欬喘，利腸胃。

扶蘇泉水在灤州城西三里。秦太子扶蘇築長城駐此飲之，故名。　扶蘇泉水，味甘。治肺熱吐血，欬逆上氣，生津止渴。

甘泉水在灤州城西三里。水味甘冽。　甘泉水，味甘。主緩脾益氣，止渴生津，消暑熱，利咽喉，利肺，除熱下痰，止嘔，清頭目，逐風涎。

玉液泉在灤州城南。水清味甘，造酒極佳。　玉液泉水，味甘而淡。主益脾胃，涼心清肺，消痰涎，止欬嗽，寧神定志。

甘井水在興濟縣治西。井水甘冽。國朝張縉詩云：誰開古井驛亭中，百尺曾聞海眼通。六月行人汗如雨，轆轤清響下梧桐。　甘井水，味甘冽。主清暑熱，解煩渴，面垢唇焦，脈伏欲死。止霍亂吐痢，腹中絞痛。益元氣，去風毒面腫，腮頰疼痛。

南直諸泉

梅花泉水在南京城東青龍山嘉善寺。酌之甚香冽。　梅花泉水，味甘。主清肌骨，潤肺除熱，滋臟腑，止渴生津液。解丹石毒及天行熱毒消癰疽瘍疹，痔瘻瘻瘤結核，去癧疹。

一人泉在南京城東北蔣山之麓。泉水僅容一人，挹之不竭。　一人泉水，味甘。主解酒醒脾，清心退熱，止欬嗽，消煩渴，祛暑氣，引涼颸。

田公泉在句容縣茅山岩石之間。水味甘冽，飲之能除三尸。　田公泉水，味甘。主補五臟，益精元，止渴生津，除煩退熱，辟惡夢，斬三尸。修煉服之，延年却疾，身輕不飢，羽化神仙。

柳谷泉在句容縣茅山伏龍岡之東。唐顧況詩：掩合桃花本，聰鳴柳谷泉。　柳谷泉水，味甘。主榮養精神，沖和臟腑。久飲之，令人面色生春。

菖蒲潭水在句容縣茅山之陽。潭上多生九節菖蒲，服之可以長生。唐王建詩：江城柳色海門烟，欲到茅山始下船。知道君家當瀑布，菖蒲潭在草堂前。　菖蒲泉水，味甘，主補心神，益精血，益智慧不忘，强健耐老，延年不飢。

感泉水在溧水縣東南廬山，泉脉泓澄，四時不竭。　感泉水，味甘。治心火上炎，肺金受邪，鼻衄吐血，欬喘痰氣。

珍珠泉在江浦縣東北定山山谷中，廣可三畝。其色深碧，鑑人毛髮。沸急處成串如珠。國朝曹學佺詩云：秖入岩巒迴，誰知泉水生。鑑人猶自媚，出洞始成聲。好鳥沿崖映，繁花徹底明。石家金谷伎，見此倍盈盈。　珍珠泉水，味甘。主清心潤肺，益氣調榮，止渴生津，消煩滌暑。

湯泉在江浦縣西南三十五里。水溫有香氣。梁昭明太子嘗浴于此。　湯泉水，味甘淡。主入脾胃，利毛竅，澤肌膚。浴之可已諸病。

鹿跑泉在六合縣東十五里昭山絕頂。水味甘冽。　鹿跑泉水，味甘。主抑火清熱，利五臟六腑，止渴生津，治欬逆。

溫泉水在徽州府城西北黄山第四峰。泉廣二丈，水熱可以燖雞。嘗湧丹砂，水皆赤色。李白有《送人歸黄山》詩云：黄山四千仞，三十二蓮峰。丹星夾石柱，菡萏金芙蓉。伊昔升絕頂，下窺天目松。仙人煉玉處，羽客留餘蹤。亦聞溫伯雪，獨往今相逢。歸休白鵝嶺，渴飲丹砂井。風吹我時來，雲車爾當整。　溫泉水，味甘。主補脾胃，暖五臟，滑澤肌膚，滋潤毛髮，鎮心養神，逐邪辟厲。

白水泉在歙縣南二里。水色如練，流入興唐寺。唐李白詩云：天台國清寺，天下稱四絕。我來興唐遊，於中更無別。栴木劃斷雲，高峰頂条雪。檻外一條溪，幾回流碎月。○(赤)〔水〕味甘馨，異於他處者。最宜烹茗。　白水泉，味甘。主清三焦火熱，滋兩腎真陰，蠲欬消痰，生津止渴。

珠簾泉在休寧縣西四十里白岳山之巔。灑灑落崖，噴沫如雨，寒氣襲人，清沁肌骨，味甘宜瀹。　珠簾泉水，味甘。主潤五臟六腑，利四肢百骸，消熱除煩，升陰降火。

玉井水在旌德縣西五里正山。其水清冷澄澈，宜於烹瀹。　玉井水，味甘。主清冷臟腑燥熱，滋潤喉吻焦枯，沁徹胃腸，疏通肌表。

上下華池水在青陽縣九華山。味甚甘美，陳岩有聽鐘喫飯東西寺，就水烹茶上下池之句。　上下華池水，味甘。主補益元氣，榮養精神。使(律)〔津〕液湧自廉泉，制亢陽潛于至極。

雙泉在青陽縣東南七里龍安山。泉有二流，俱從石穴。味甘冽。　雙泉水，味甘。主潤肺經，降心火，退熱清暑，消煩解酒，止渴生津。

真隱泉在青陽縣東招隱山。泉從石罅流出，其味清甘。　真隱泉水，味甘。主清熱，利臟腑，解暑氛，消酒積，生津止渴。

清泉在青陽縣西十里石竇中。水味甘美，真德秀大書二字于石。　清泉水，味甘。主胸中煩熱，利頭目，止眩暈，消痰涎，生津液。

靈寶泉在銅陵縣葉山大明院內，水出石穴中。昔傳有龍在泉中，擘石而出。王介甫詩云：山腰水有千年潤，石眼泉無一日乾。天下蒼生望霖雨，不知龍向此中蟠。蓋荊公假此以寓意也。　靈寶泉水，味甘。主祛百邪，治寒熱瘴瘧，傷寒發熱，口渴煩躁。

飲鳳泉在銅陵縣東七十里鳳皇山。相傳昔有鳳皇翔飲于此，故名。　飲鳳泉水，味甘。主補精神，益元氣，生智慧明敏。士子久飲，令文湧波濤，花生彩筆。

丹井水在石埭縣陵陽山。峰高二百餘丈。昔有仙陵陽子明修鍊其間。上有丹臺藥竈，下有丹井。清泉一掬，甘冽異常。　丹井水，味甘。主補五臟六腑之氣，養精神，悅顏色，久服延年。

蓋山泉在石埭縣南三十里，蓋山之陽。前漢時，山下舒氏有妾採藥，遇桃，分食之，及溪而浴，化為赤鯉。其母尋至溪邊，但見赤鯉游泳，若相迎狀，母謂人曰：某女平日好音樂，試以招之。乃弦歌水上，鯉果應節而躍。此《文選》所謂蓋山之泉，聞弦歌而應節者也。　蓋山泉水，味甘。主消宿酲，利小便，清熱止渴，潤肺生津。久飲之，令人變魯鈍為聰明，化頑愚為賢哲。

許由泉在石埭縣。唐堯之世，許由嘗隱酌于此。　許由泉水，味甘。主蕩滌胸中邪穢，消除心裏憂愁，止渴蠲煩，倍生逸興。

仙姑井水在建德縣北印石山下。觀者拍呼仙女，則水花湧出。　仙姑井水，味甘。主勞瘵虛熱，中風癱瘓，黃疸，水脹鼓脹，膈噎反胃，偏頭風病，目痛赤腫，以此水煎藥立效。

桓溫井水在太平府東五里白苧山。晉桓溫嘗挾妓游其上，好為白苧之歌，故名。井在山椒。唐李白詩云：桓公名已舊，古井曾未竭。石磴冷蒼苔，寒泉湛孤冽。秋來桐暫落，春至桃還發。路遠人莫窺，誰能見清澈？　桓溫井水，味甘。主清心潤肺，益胃調中，解暑氣，止煩渴。

噴雪泉在蕪湖縣東南之隱靜山。泉如噴雪，味極清甘，迥異他水。　噴雪泉水，味甘。主清熱止渴，潤肺生津，解宿醒，治目赤腫痛。

雪峰泉在懷寧縣東三里投子山。泉味甘冽。　雪峰泉水，味甘。主清心胸，滌煩暑，治火升咽喉腫閉及小兒丹瘤熱毒。

雲姑井水在懷寧縣東三里投子山。水味甘美。　雲姑井水，味甘。主風邪中人，口眼喎斜，半身不遂及厲風鼻崩眉脫。

天池水在桐城縣大通客之頂。其水淵洄，不盈不涸。　天池水，味甘。主補精神，益元氣，和中養胃，解暑除煩，止口渴，生津液。

張公井水在桐城縣符度山張公岩。水甘而冽。　張公井水，味甘。主清神思，辟倦魔，益元陽，解酒毒，和脾止渴。

白鶴泉在潛山縣天柱山。味甘而冽。　白鶴泉水，味甘。主和脾益胃，養血調神，降火滋陰，生津潤肺，久飲之多壽。

丹霞泉在潛山縣天柱山。　丹霞泉水，味甘。主養心神，和血脉，通調經絡，充實肌膚，久服延齡不老。

光明泉在潛山縣靈仙觀內。泉出楓腹中，點以明目。　光明泉水，味甘。主清心火，解肝熱。點目，治目昏目赤疼，令光明倍增。

九龍井水在潛山縣萬壽宮內。常有北風從井而出，不生蚊蚋。旱年殺犬投井中，即降雷雨，犬亦流出。　九龍井水，味冽而寒。主清涼臟腑，蕩滌邪氛，辟厲〔氣〕以復真元，祛亢陽而薪抽釜底。

飛龍泉在潛山縣萬壽宮內。泉如瀑布，味甚甘冽。　飛龍泉水，味甘。主清熱除煩，榮養臟腑，潤肺止渴，生津液。

梁公泉水在潛山縣萬壽宮中。　梁公泉水，味甘。主大熱欬嗽煩滿，胃火齒痛，小兒丹疹赤殤。

七佛泉在潛山縣皖山七佛寺浮圖下。泉味甘美。　七佛泉水，味甘。主利胸膈，潤肺經，去火熱，生津液，清暑寧心。

摩圍泉在潛山縣皖山山谷寺後。黃魯直嘗讀書于此。摩圍即其別號也。王荊公六言詩云：水泠泠而北去，山靡靡而旁圍。欲窮源而不得，竟悵望而空歸。　摩圍泉水，味甘。主清肌骨，利三焦，降火熱以寧心，解炎氛而定志。

百藥泉在太湖縣北七十里百藥山之絕巘。泉水寒冽，可愈諸疾。　百藥泉水，味甘。主療傷寒寒熱邪氣、瘧痢諸疾，嘔吐霍亂，勞瘵反胃臌膈，中風半身不遂，頭痛目疼及癰疽疔毒。

石井泉在蘇州府西北七里虎岳山劒池之傍。即張又新所品為天下第三泉者也。井面闊丈餘，上有石轆轤。其穴嵌岩天成，四壁鱗皴，下連石底。泉出石脉中，味甘冽而美，陳張正見詩：滄波壯鬱島，洛邑鎮崇芒。未若兹山麗，岩嶤擅水鄉。重岩標虎踞，九曲峻羊腸。溜深澗無底，風幽谷自涼。柙沈餘玉氣，劒隱絕星光。白雲多異影，丹桂有叢香。遠看銀臺竦，洞塔耀山莊。唐顏真卿詩云：不到東西寺，於今五十春。揭來從舊賞，林壑宛相親。吳子多藏日，秦皇厭勝辰。劒池穿萬仞，(盤)〔磐〕石坐千人。金氣騰為虎，琴堂化若神。登壇仰生一，捨宅歎珣璠。中嶺分雙樹，迴巒絕四鄰。客有神仙者，於兹雅麗陳。悠然千載後，知我挹光塵。張祜詩云：雲樹擁崔嵬，深行異俗埃。寺門山外入，石壁地中開。俯砌池光動，登樓海氣來。傷心萬年意，金玉葬寒灰。　虎丘石井泉〔水〕，味甘。主清心潤肺，止渴生津，逐垢消痰，醒神遺睡。

憨憨泉在蘇州府西北七里虎丘山雲巖寺中，與試劒石相為左右。味甘冽。　憨憨泉水，味甘。主養精神，補五臟，除煩止渴，潤肺生津。

白雲泉在蘇州府西北二十里天平山石罅中。出泉如綫，味極清冽。唐白居易詩云：天平山上白雲泉，雲本無心水自閒。何必奔衝山下去，更添波浪向人間。　白雲泉水，味甘。主抑心火，退肺熱，解炎暑，止霍亂。治丹毒瘡疹。

法雨泉在蘇州府西四十里穹窿山。泉出岩穴間。味甘而冽。　法雨泉水，味甘。主降熱火，清肺胃，利百脉，通毛竅，生津潤液，止渴除煩。

嶢峰泉在蘇州府西南三十里嶢峰山之巔。泉色如玉。味極甘冽。　嶢峰泉水，味甘。主潤肺燥作渴，瀉心火上炎。瀹茗飲之，遣憂解悶。

天池水在蘇州府西北四十里華山之腰。山石峭拔，岩壑深秀，池水橫浸，逾數十丈。晉太康中生千葉蓮，服之羽化。大國朝高啟詩云：騎馬尋幽度嶺遲，老僧不識使君誰。門開紅葉林間寺，泉浸青山石上池。殘果已收猿食少，枯松欲折鶴巢危。壁間不用題名字，無限蒼苔沒舊碑。　天池水，味甘。主補五臟，益精神，助氣力，利三焦，添骨髓，久飲不飢，駐色，耐老延年，羽化登仙。

吳王井水在蘇州府西北五十里靈岩山頂。味極甘冽。唐吳鄴有詩二絕云：古官十井曾平後，見說耕人又鑿開。拾得金釵(攜)〔鐫〕勑字，當時恩澤賜誰來？(三)含青薜荔隨金甃，碧砌磷磷生綠苔。莫言數尺無波水，曾與此花同照來。　吳王井水，味甘。主清心潤肺，止渴生津，解酒除熱，消痰治欬，和臟腑，利所表。

銅井泉在蘇州府西北六十里銅坑山。晉宋間鑿坑，取水煎之，皆成銅，故名。上有岩洞，其懸溜匯而為〔池〕，味極甘冽，宜茗。

無礙泉在蘇州府西南七十里洞庭西山。峰名縹緲，為七十二峰之一。峙三萬六千頃其區之中。泉在峰之西北，瑩潔甘涼，冬夏不涸。　無礙泉水，味甘。主益五臟，滋六腑，(滙)〔潤〕肺清心，疏利腸胃，除煩滌垢，遣睡消魔。

毛公井水在蘇州府西南七十里縹緲峰之西北。水味甘冽。　毛公井水，味甘。主潤燥除熱，止渴生津，降肺胃火邪，利咽嗌阻滯。

仰天泉在蘇州城西北四十里仰天塢中。石穴如仰盂，泉出其中，涓涓如玉，山僧汲以餽遠。泉傍亦多名公題咏。　仰天泉水，味甘冷。主清心潤肺，益智慧，除煩熱，下逆氣，消痰涎，滋養真元，調和百脉。

寶華泉在蘇州城西北支硎山寶華峰之頂。泉出石隙中。甘冷宜茗。　寶華泉水，味甘。主寧神定志，退驚邪恍惚，解暑熱，久飲之，令人增壽算。

雪井水在常熟縣西北虞山之麓。黃冠申元道師事徐神翁，得修煉術。將出遊，請于師，師曰：逢虞則止，無雪則開。乃渡江結菴于虞山，恒患無水。一日天雪，獨于菴前不積，遂浚而得泉。味甚甘冽。　雪井水，味甘。主清心降火，益胃調中，利三焦，潤五臟，止燥渴，解炎氛。

第四泉又名甘泉。在吳江縣甘泉橋下。泉甚深，味甚甘，色湛湛而寒碧。唐陸羽嘗品為天下第四泉。　第四泉水，味甘。主清胃和中，滋榮脉絡，益肺金。

寒穴水一名通靈泉。在松江府東南九十里金山之北。宋景祐中，相國舒王詩云：神震列霜冰，高穴與雲平。空山渟千秋，不出嗚咽聲。山風吹更寒，山月相與清。北客不到此，如何洗煩塵。毛滂銘云：泉之顯晦，豈亦有數。生此寒穴，與世不遇。美不見錄，為汲者惜。泉獨知冽，不計不食。　寒穴水，味甘。主清三焦積熱，治肺火欬嗽，滋潤肺腎二經，止渴生津液。

五色泉在松江府西湖中。湖有漩渦甚急處是也。相傳葛穉川煉丹湖上，丹(處)〔成〕投水中，後常湧泉作五色。小舟經此，或為漩溺沒而出者，舐所濡，甘如飴，謂其下甚深，寒若冰雪。有橘商艤舟湖上，得一丹，置於舟次，左右則欹，中則平穩。因過洞庭，為風雨躍去。泉之東，有鶴唳灘，鶴飲此水，其聲乃清。元陸鵬南詩云：唳鶴灘頭水拍天，養魚池上月籠烟。眼前好景無人管，時有漁船(拍)〔泊〕柳邊。　五色泉水，味甘。主清涼肺腑，補益真陰，耐老延齡，悅顏駐色。鶴飲之，其聲清遠。

沸泉在常州府北七十里季子廟前。騰湧沸溢，晝夜不絕。　沸泉水，味甘。主胸膈厄塞不快，心腹膨脹。

慧山泉在無錫縣西五里慧山之陽。泉出石穴中，陸羽泉品為第二者也。獨孤及《慧山寺新泉記》略云：此寺居西山之足，山小多泉，其高可憑而上。山下有靈池異華，載在方志。其泉伏湧潛泄，無沚無竇。始發袤丈之沼，疏為懸流，使瀑布下鍾。甘溜湍激，若醴濃乳，噴及于禪床，周于僧房，灌注于德池，(熒瀯)〔經營〕于法堂。唐張祜詩：舊宅人何在，空門客自過。泉聲到池盡，山色上樓多。小洞穿斜竹，重堦夾瘦莎。殷勤望城市，雲水暮鐘和。宋蘇軾〔詩〕云：茲山定空中，乳泉滿其腹。過隙則發見，臭味同一族。淺深各有宜，方圓隨所蓄。或為雲〔洶湧〕，或作綫斷續。或鳴空洞內，雜珮間琴筑。或流蒼石縫，宛轉新鳳甓。缾罌走千里，真贗半相瀆。貴人高宴罷，醉眼亂紅綠。赤泥開方印，紫餅艷圓玉。傾甌共歡賞，竊語笑僮僕。豈知泉上僧，盥洗自挹掬。　慧山泉水，味甘。主補五臟，益精神，調和榮衛，清涼肺腑，解鬱悶，破憂思，散酒除渴，通靈發汗。久飲之，延年駐色，輕身不老。為天下第二泉。

竇乳泉在無錫縣東四十里。水味甘冽。　竇乳泉水，味甘。主潤肺除熱，和中益氣，降心火，止燥渴。

滌硯泉在無錫縣東四十里。水清而冽。　滌硯泉水，味甘。主除臟腑燥熱，解酒力，利小便，止渴生津。

玉乳泉在江陰縣東二十五里定山之陽。泉水瑩白甘美。　玉乳泉水，味甘。主補五臟六腑，榮養肌骨，升陰水以制火熱，生津液，解肺渴。

貪泉在江陰縣東二十七里貪山幽谷中。湛潔靚深，飛塵不到。飲之可以解鬱。昔有樵夫見金寶于此掘取被覆壓之患，故名貪山。　貪泉水，味甘。主清熱止渴，抑火除煩，解鬱消憤，下氣寬膨。

於潛泉在宜興縣東南四十里湖汶鎮。竇穴闊二尺許，狀如井。其源洑流潛通。味頗甘冽。唐修茶貢，此泉亦遞進。　於潛泉水，味甘。主除臟腑大熱，潤肺生津，止渴。治欬嗽，清痰抑火。

珍珠泉在宜興縣西南陽羨山。水出古穴中，味特奇勝。唐開元間，桐廬錫神師築菴隱迹，偶嘗此泉，甚甘之，曰：以此水烹桐廬茶，不亦稱乎？未幾，有白蛇銜茶子置菴側，自是種之滋蔓，味亦倍佳，因以入貢。郭三益詩云：古木陰森梵帝家，寒泉一勺試新茶。官符星火催春焙，却使山僧怨白蛇。　珍珠泉水，味甘。主清神思，補元氣，止渴除熱，消煩定喘，潤燥滋陰。

金沙泉在宜興縣東南茶山。泉出石字中，味頗甘冽。水中砂色炯炯如金。唐張祜詩云：決水金沙靜，梯雲石壁虛。　金沙泉水，味甘。主清肺，滋腎源；益陰，養真髓，止渴生津，消痰蠲欬。

金牛潭水在宜興縣張公洞後，其水澄泓不竭，味亦清冷，李郢詩云：石上苔蕪水上烟，潺湲聲在觀門前。千岩萬壑分流去，更引飛花出洞天。　金牛潭水，味甘，主和脾胃，調榮衛，除大熱，寧心益智，利竅通淋。

玉女潭水在宜興縣陽羨山，深廣十餘丈。舊傳玉女修煉于此。唐權德輿稱陽羨佳山水，以此為首。文待詔徵明有記，其略云：潭在山半深谷中，渟膏湛碧，瑩潔如玉，三面石壁，下插深淵。石梁亘其上，如楣而偃，石上微竅。遇日正中，流影穿漏，下射潭心，光景澄霽。信非人間所有。唐張祜詩云：古樹千秋色，蒼崖百尺陰。髮寒泉氣靜，神駭玉光沈。上穴青冥小，中連碧海深。何當烟月〔下〕，一聽夜龍吟。獨孤及詩云：碧玉徒強名，冰壺難比德。惟當夕照心，可竝淵淪色。　玉女潭水，味甘。主補精神，壯筋骨，滋養脉絡，榮華腠理。止煩渴，澤肌膚，駐景延年，輕身明目。

中泠泉在鎮江府西七里大江中金山下，昔人品為天下第一泉。江山秀麗，泉水靈奇，海宇之間，固難求匹。唐張祜詩云：一宿金山寺，微茫水國分。僧歸夜船月，龍出曉堂雲。樹影中流見，鐘聲兩岸聞。因悲在城市，終日醉醺醺。孫魴詩云：萬古波心寺，金山名日新。天多剩得月，地小不生塵。櫓過妨僧定，濤驚濺佛身。誰言張處士，題後更無人。韓垂詩云：金山一峰秀，岌然殊眾山。盤根大江底，撐影浮雲間。雷電常間作，風雨時往還。象外懸清景，千載長躋攀。宋梅聖俞詩：吳客獨來後，楚橈歸夕曛。山形無地接，寺界與波分。巢鶻寧窺物，馴鷗自作群。老僧忘歲月，坐石看江雲。李燾詩云：金山何處好，四顧不相連。牕迥前無地，波澄下有天。堂留三楚客，門泊五湖船。暝色關詩思，江籠兩岸煙。　金山中泠泉水，味甘。主補五臟，安精神，潤肺生津，填精固髓。久飲耐老延年，悅顏駐色。昔人品為天下第一水。

真珠泉在鎮江府西南磨笄山後。泉水清冽。唐駱賓王詩云：共尋招隱寺，初識戴顒家。還依舊泉壑，因改昔烟霞。綠竹寒天筍，紅蕉臘月花。金繩倘留客，為繫日光斜。　真珠泉水，味甘。主除三焦積熱，潤肺止欬嗽，消痰涎，治燥渴。

鹿跑泉在鎮江府西南十里招隱山，戴顒築室之處。水味清冽。唐張祜詩云：千年戴顒宅，佛廟此崇修。古寺人名在，清泉鹿跡幽。竹光寒閉院，山影夜藏樓。未得高僧旨，烟霞空暫遊。　鹿跑泉水，味甘。主解酒除熱，利小便，助陽氣，和中益胃，止口渴。

靈泉在鎮江府西南二十里長山之巔。泉味甘冽。　靈泉水，味甘。主明目去翳，治風寒中人，燔熱如火，瘧疾往來潮熱，反胃吐逆，嘔血虛勞，洩痢腹痛，痰火欬嗽。

經山泉在丹陽縣東北二十里。昔有異僧講經于此。　經山泉水，味甘。主明目，治鼻中息肉，腦入風邪，臭涕流出，名鼻淵症。

白鶴泉在丹陽縣東三十里繡毬山頂。味甘而冽。　白鶴泉水，味甘。主清心潤肺，抑火除熱，解口渴，消痰喘。

浮槎泉在廬州府浮槎山之巔。味甘美。宋嘉祐中，郡守李不疑以遺歐陽脩。脩為作記，其略云：浮槎山上有泉，自前世論水者皆弗道，惟陸羽《茶經》云：山水上，江次之，井為下。山水又以乳泉石池漫流者上。然後益以羽為知水者。今浮槎山與龍池山，皆在廬州界中，較其水味，龍池不及浮槎遠甚，而張又新《水記》以龍池為第十，浮槎之泉，反棄而不錄，以此知其所失多矣。　浮槎泉水，味甘。主補精神，益臟腑，潤肺熱，止燥渴，生津液，化痰涎。

多智泉在廬州府三角山。泉清而冽，飲之能長人智慧。　多智泉水，味甘。主益精神，開心益智慧，令人誦記不忘。

虎跑泉在廬江縣南七十里，光明寺側。　虎跑泉水，味甘。主清心潤肺，除熱止渴，治氣喘上逆，生津液。

太守泉在無為州景福寺後。米〔元〕章有甘泉如慧山之句。　太守泉水，味甘。主清肺胃火邪，治齒痛牙齦出血如綫，止渴生津。

回翁泉在無為州西北五十里。昔呂洞賓卓劒而泉湧出，石底纍纍若貫珠。人有嬉笑其傍，泉輒加沸。又呼為笑泉。　回翁泉水，味甘。主消渴身熱，咽乾口燥，潤肺生津，悅顏耐老。

雙泉在無為州西九十里雙井山。　雙泉水，味甘。主清心抑火，潤腸胃，利小便，解渴除煩，蠲欬嗽。

湯泉在巢縣東北十里。泉自石穴間出，四時常熱，抱疴來飲者多愈。唐羅隱詩：飲水魚心知冷暖，濯纓人足識炎涼。　湯泉水，味甘。主脾胃虛寒泄痢，冬天欬嗽，偏正頭風，心腹冷痛。

甘泉在巢縣南鄉。石刻有米芾大書泉山二字于此。　甘泉水，味甘。主除心胸大熱，利五臟六腑，消痰治欬嗽，生津液。

杏花泉在巢縣西南九十里王喬山金庭洞口。阮戶部詩云：瀟瀟葉下曉風寒，日上金庭恰一竿。行遍杏花泉畔路，紫雲深處見星壇。　杏花泉水，味甘。主風邪頭痛，目赤昏障，去煩熱。久飲之，悅顏色，澤肌膚。

紫微泉在巢縣西南九十里王喬山紫微洞內，冬夏不竭。有唐杜子春等七人貞元廿一年磨崖。阮戶部詩云：一溪流水過雙池，池外三峰雲四垂。行到唐人題字處，紫微岩下立多時。阮令嘗取紫微水以瀹茗，作詩云：紫翠山圍小洞天，洞中石〔下〕有寒泉。他年誰補《圖經》闕，合在康王谷水前。　紫微泉水，味甘。主潤肺，利胸膈，益五臟，消酒，去煩熱，開鬱痰，益智慧，通心竅，明耳目，悅顏色。久飲之，延年不飢。

龍池水在六安州東五十里龍穴山之東南隅，池在一穴中，方五丈。張又新《烹茶〔本〕〔水〕記》〔品此〕水為天下第十。　龍池水，味甘。主清諸經火熱，補五臟六腑，榮養精神，滋充脉絡，止渴生津，肥悅人面，久飲延年却疾，辟穀不飢。

水晶泉在六安州西南六十里齊頭山。山高一千八百丈，層峰疊嶂，頂方四平，泉當其巔。唐中峰禪師結菴之處。有詩云：三尺茅檐聳翠岑，去城七十里崎嶔。誰同趣入忘賓主，我自獨來空古今。雪澗有聲泉眼活，雲崖無路蘚痕深。為言海上条玄者，菴主癡頑勿訪尋。　水晶泉水，味甘。主補真元，益臟腑，明目聰耳，增慧開心，止渴生津，消痰解酒。

東泉在英山縣東三里許。泉從平地湧出。　東泉水，味甘。主和中益胃，生津止渴，潤五臟，去心經火熱，治口舌生瘡。

西泉在英山縣西南三里許。從石中湧出。　西泉水，味甘。主明目，利口齒，降肝胆脾胃諸經之火。生津液，止燥渴。

龍洞泉在英山縣廣福山中。其洞深邃，懸泉下滴，終古不絕，滴成石竅如盂。水味甘洌可飲。　龍洞泉水，味甘。主潤肺除熱，生津止渴，補益精神，滑肌悅面。

靈泉在鳳陽府西武店。泉味清冽。唐元桓有《靈泉贊》。　靈泉水，味甘。主和脾胃，潤臟腑，止欬嗽，生津液，清熱除煩，涼心解暑。

乳泉在鳳陽府西北二十五里栖岩寺內。其味清美，亞于靈泉。　乳泉水，味甘。主潤肺經燥熱，降心腎火邪，壯筋骨，生精髓。

橫澗泉在定遠縣西北七里橫澗山。壘石為城，泉出石中，甘洌可飲。　橫澗泉水，味甘。主消酒積熱，潤腸胃燥涸，生津止渴，消痰利肺。

勝漢泉在定遠縣西五十里。楚漢交兵〔之際，漢〕兵困竭，因大呼，得泉以濟。又五里為〔楚〕泉，其流稍微。宋呂夷簡有地與分雙派，天方鬭二雄之句。　勝漢泉水，味甘。主止渴生津，利耳目，強健骨力，安心神，降火消痰，補中益氣。

楚泉在定遠縣西五十餘里。水出石穴中。比之勝漢泉水，其流稍細。　楚泉水，味甘。主除大熱，利肺氣，清心，潤喉吻，通小便，治淋瀝。

聖水泉在虹縣東北朱買臣祠東。泉甘而洌，雖旱不涸，飲之愈疾。曾有人于泉側浣濯，一夕，泉傍之石暴長幾合，土民奔赴神祠，祈禱乃止。　聖水泉水，味甘。主傷寒邪熱，狂亂煩悶不安，霍亂泄痢，目昏赤痛。

玻璃泉在盱眙縣第一山下。有琢成龍虎，泉自其口噴出。　玻璃泉水，味甘。主消渴引飲，清心抑火，潤肺生津，逐痰利便。

磬泉在盱眙縣東南六十里都梁山。泉有七眼噴出。　磬泉水，味甘。主寧心志，解煩躁，醒酒，解渴除熱，利水消痰。

丹泉在天長縣南六十里道人山。昔有異人煉丹於〔此〕，故名。　丹泉水，味甘。主益精氣，鍊形神，悅顏色，澤肌膚，久飲抱一守真，延年辟穀。

咄泉在壽州安豐東北十里淨界寺北百步。泉與地平，一無波浪，人至其傍，大叫則大湧，小叫則小湧，咄之則湧彌甚。　咄泉水，味甘。主傷風寒大熱及驚癇邪氣，心悸怔忡，消渴飲水。

九井泉在壽州南六十里。九井相連，若汲一井，八井皆動。　九井泉水，味甘。主滋腎經，制火邪，消痰蠲欬，利肺氣，治痹痛。

枸杞井水在淮安府城開元寺內。劉禹錫詩云：僧房藥樹依寒井，井有清泉藥有靈。枝繁本是仙人杖，根老新成瑞犬形。　枸杞井水，味甘。主補五臟，益腎陰，明耳目，止腰膝疼痛，固精氣。

羽泉在海州羽山。水恒清，牛羊不飲，乃殛鯀之處。　羽泉水，味甘。主利胸膈，消痰涎，益腎固齒牙，堅筋骨，止渴潤燥。牛羊不飲，以無鹹味也。

大明寺水在揚州府蜀岡之側。古有拆字謎即此。謎云：一人堂堂，二曜同光。泉深尺一，點去冰傍。二人相連，不欠一邊。三梁四柱，烈火烘然。除去雙勾，兩日不全。解者以為一人堂堂是大字，二曜同光是明字，泉深尺一是寺字，點去冰傍是水字，二人相連是天字，不欠一邊是下字，三梁四柱、烈火烘然是無字，除去雙勾、兩日不全是比字。乃大明寺水天下無比。按此并在蜀岡之傍，岡有茶園，產茶甘如蒙頂，蒙頂在蜀，故以名岡。且井水之脉來自西川。相傳有僧于蜀江洗缽，為浪所漂，從此井浮出，後遊揚州獲之。蘇東坡有蜀井出冰雪及剩覓蜀岡新井茶之句。蘇潁濱亦有詩云：信脚東遊十二年，甘泉香稻憶歸田。行逢蜀井恍如夢，試煮山茶意自便。　大明寺水，味甘，天下無比。主補益真元，清涼肺腑，潤燥涸，除煩悶，生津液，止口渴，滑澤肌膚，和悅顏色。久飲之，輕身耐老，延年不飢。

斗宿泉在揚州府西三十五里甘泉山之頂，味甘如醴。山有七峰，聯絡如北斗。平地錯（洛）〔落〕諸圓岡，凡二十有八，如列宿拱北，故名。　斗宿泉水，味甘。主補五臟六腑，治五勞七傷，寒熱欬喘，肺火上升，鼻不通利，咽喉乾燥，唇舌出血如絲，牙齒疼痛。

石井水在高郵州土山之巔。大可五尺，深倍之。極其清冽，大旱不涸。山下人時見朱衣人，高冠巍巍，徘徊井側。或云是古列仙之地。　石井水，味甘。主清心潤肺，止渴生津，利腸胃之燥澀，解暑熱之炎蒸。

卓錫泉在泰州城北二里開化院内。唐寶曆中，王屋禪師自蜀中來，駐錫于此，云與揚州府治蜀岡水通。　卓錫泉水，味甘。主補五臟，益精神，止渴除熱，消痰利氣。

玉涓泉在如皋縣中禪寺内。水味清冽，玉色涓涓。邑人王覿有覆欄常滿梧陰冷，煮茗猶呈玉色寒之句。　玉涓泉水，味甘。主安和臟腑，潤肺清心，補陰精不足，瀉陽火有餘，止渴生津液，解暑除煩燥，消宿酒，化頑痰。

度軍泉在如皋縣治西十里許，地名聖井欄。泉雖淺而不竭，擊其欄，則大溢出。昔岳武穆經略通泰，領兵過此，數千人飲之，泉亦如故，因名之曰度軍泉。淮南王聞其異，命取欄置庭中。　度軍泉水，味甘。主消煩熱，助筋力，添精補髓，止渴生津，明耳目，抑火邪，解暑威，定喘息，及治咽喉腫痛，口舌生瘡。

癸亥泉在蕭縣東南五十里。癸，水也；亥，亦水也。其畜為豕。泉下有猪龍潛伏，旱年禱之立應。　癸亥泉水，味甘。主抑心火，退熱邪，治欬嗽，痰氣上壅，咽喉疼痛；入腎經，補虚羸，腰脊酸疼，腿膝無力，遺精虚汗。

琉璃井水在沛縣泗水北岸。相傳漢高祖時所浚，下廣上狹，泉水甘冽。甃磚甚滑，光彩如琉璃。　琉璃井水，味甘。主洗滌胸膈中垢膩，除煩熱，止口渴，生津液，化稠痰。

白龍泉在滁州城南十里瑯琊山。王禹偁詩云：一鑑自泓澄，高原發地靈。老僧來洗鉢，不畏白龍腥。　白龍泉水，味甘。主補養真陰，清涼肺腑，寧神益智，解渴生津。

石泓泉在滁州瑯琊山醉翁亭之側。水味甘如醍醐，瑩如美玉。　石泓泉水，味甘。主補益真元，滋榮臟腑，沖和百脉，灌養三焦。

紫微泉舊名豐樂泉。在滁州南幽谷之傍。宋歐陽永叔建亭其上。公記略云：脩既治滁之明年夏，始飲滁水而甘。問之滁人，得于州南百步之近，其上則豐山聳然而特立，下則幽谷窈然而深藏，中有清泉滃然而仰出。于是疏泉鑿石，而與滁人日遊其間。復有詩云：經年種桃在幽谷，花開不暇把一巵。人生此事尚難必，況欲功名書鼎彝。元祐初，滁守陳知新乃改今名。通判呂元中記云：歐陽公既得釀泉，一日會客，有以新茶獻者，公勑汲泉瀹之，汲者道仆覆水，偽汲他泉代，官知其非釀泉，詰問之，乃得是泉于幽谷山下，因名豐樂泉，作亭其上，久而湮廢。至今太守發得之，始改今名，由是紫微泉盛聞于天下。今帖所稱酒名，豈非滁陽官釀耶？　紫微泉水，味甘。主潤肺清心，明耳目，益智慧，生津止渴，利胸膈，通調臟腑，治脾胃火邪，口燥口苦。久飲悦顔色，耐老延年。

八角井水在滁州仁義館中。味甘可飲。《述異記》載：蒲人崔韜，過滁宿仁義館，吏曰：是館素不利宿者。韜不聽。至夜闔戶將宿，門欻開，虎入，韜驚走避，竊窺之，虎忽褫皮，化一婦，貌殊麗，乃止室中。韜出問之，對曰：君幸無訝。妾家貧，父兄較獵未還，適聞兄至，願薦枕席。潛被虎皮出，人莫知也。韜悦其容，忘所見，與之寢，而潛以皮投井中，且故婦也，遂從之奔，歸已生子。他日韜當之官宣城，道經滁，至館笑謂曰：吾昔遇子於此，記否？同往井，視皮尚在，婦令人取出被身，復化為虎，咆哮而去。　八角井水，味甘。主清三焦火熱，潤五臟燥澀，治偏正頭疼，風邪目痛，寒濕痿痹，拘攣筋急。又治痰癇怪異，驚悸恍惚，顛走狂亂，尸厥倒仆，涎潮迫塞，不知人事。此水與飲，或煎湯液用之。

平疴湯在和州北四十里。能愈一切衆疾。凡抱疴者，近遠皆來浴之。梁昭明亦嘗赴澡。又名太子湯。　平疴湯，但可浴之。治勞瘵羸疾，中風癱瘓，厲風惡瘡，一切諸疾。

齊魯諸泉：　舜泉在濟南府歷山下。虞舜耕獲之處。　舜泉水，味甘。主解鬱消憂除煩，止渴潤肺生津，通利六腑。

甘露井在濟南府歷山下。水味甘冽，傍有石鐫天生自來泉五字。　甘露井水，味甘。主傷寒大熱發狂，清肺止渴，調中益氣明目。

趵突泉在濟南府城西。水味甘冽，澎湃奔騰，平地湧起二丈餘。　趵突泉水，味甘。主吐逆痰涎，哮喘氣急，肺胃火邪上沖，喉痹乳蛾。

珍珠泉在都司西北白雲樓前。平地噴泉，錯落如珠。　珍珠泉水，味甘。治陰虚火盛，盜汗發熱遺精，夢與鬼交。

杜康泉在濟南府虞舜廟西廡下。其水極輕，每一升僅十三銖。　杜康泉水，味甘。主消渴，其性輕揚，可以消風解肌，清熱散毒。

百脉泉在章丘縣。曾鞏記云：歷下諸泉，皆岱陰伏流所發，西則趵突為魁，東則百脉為冠。　百脉泉水，味甘。主解暑氣，清火邪，止渴生津，通調經絡。

淨明泉在章丘縣。其水至潔，可以祛瞖。　淨明泉水，味甘。主明目去瞖，刮垢磨光，掃蕩烟雲，增輝日月。

聖井在章丘縣南危山之巔。其水穿石而出，味甚甘冽。　聖井水，味甘。主癥瘕痞癖，邪氣結硬。用此水煎藥。

上方井在章丘縣。其泉從石罅中流出，冬夏不竭。　上方井水，味甘。主清涼肺腑，洗滌垢膩，止渴除熱，去中焦積聚。

晏嬰井在禹城縣中。水和膠入藥方，亞於東阿矣。　晏嬰井水，味甘。治血虛，吐血、唾血、欬血、咯血，女子經漏不止。

錫杖泉在臨邑縣東南方山靈岩寺。隋煬帝《酌泉》詩：梵宮既隱隱，靈岫亦沈沈。平郊送晚日，高峰落遠陰。迴幡飛曙嶺，疎鐘響晝林。蟬鳴秋氣近，泉吐石溪深。極目禪枝地，發念菩提心。　錫杖泉水，味甘。主消煩止渴，解暑抑火，治丹瘤熱毒，焮痛赤腫。

天神泉在泰安州泰山之崖，懸流百尺，望之如練。其味甘冽。　天神泉水，味甘。主風寒眩冒，邪氣沖心，蠱毒惡氣，嘔吐痰涎。

鐵佛泉在泰安州泰嶽之間。自鐵佛以下，其泉共二十有八，多由平地土石中湧出。或澎湃噴薄騰湧沸溢者，或一綫激射有如灑珠者。其來本自一源，其味亦俱清冽甘美，不甚相遠。　鐵佛泉水，味甘。主補中益氣，調胃固脾，利肺，通水道，治五淋。

石池水在寧陽縣西青石山。其山惟一大石，高四十餘丈，周迴三里。石池二所，東西行列，類於人功。冬夏澄清，初無耗溢。　石池水，味甘。主清冷臟腑燔焦，滋益天真精髓。虛勞尸疰者，飲之輒治。入肺調諸經，滋腎溉五臟，除煩燥，止熱渴。

呂井水在單縣。其井有二，一在城南，一在城北，邑人惠(冲)〔仲〕之花圃云：金大定間，呂仙翁來遊單父，與惠(冲)〔仲〕為友，徜徉圃中，因浚二井。水初苦澀，擲瓦礫其中，水遂甘冽。二井相去二里許，泉穴相通。北井沈物于中，即于南井浮出。　呂井水，味甘。主調中補精神，益元氣，潤肺生津止渴，治欬。久飲輕身耐老，悅顏色，澤肌膚。

浣筆泉在濟寧州東門外，相傳太白浣筆處。國朝嘉靖五年，主事白旆築亭其上。崑山吳擴有詩云：良夜不能寐，閒過浣筆泉。獨看池上月，空憶酒中仙。落魄何為者，高風萬古傳。臨流重回首，哀雁下江南。　浣筆泉水，味甘。主解煩暑，生津液，潤燥利肺，益智開心。

宣聖墨池水在濟寧州南六十里魯橋閘下。其水色玄。　宣聖墨池水，味甘。主抑心火，清肺金，益精補髓，以其色黑而入腎也。

托基泉在濟寧州。水味甘冽。　托基泉水，味甘。主止渴清暑熱，降火(却)〔邪〕，寧心神。

鳳山泉在東平州東五十里。泰峰環抱，泉水清澈，四面流溢。騷人墨客，多所題詠。味之甘美，與他水不同。　鳳山泉水，味甘。主利肺除熱，止渴降火，消痰泄忿，下水通淋。

平河泉在東阿縣南。泉涌地中，匯而為潭，深不可測，相傳有龍蟄焉。嘉靖初，郎中楊旦飲其地，欲涸而觀之。水決未半，風雷大作，乃止。　平河泉水，味甘。主通利臟腑，消除煩渴，去胃火齒痛，口唇生瘡。

琉璃井在東阿縣南。方圓七十二眼，俱以琉璃甃之。相傳龐涓所鑿。水味甘冽。　琉璃井水，味甘。主傷寒大熱發狂，寒熱溫瘧，消渴引飲，煩悶不已。

弇山泉在莘縣北十三里。後魏武昌二年，泉忽湧出亂石中。宋縣令趙[illegible]建亭其上，復有序以紀之。　弇山泉水，味甘。主吐血，涼心胃及大腸熱，下血痔漏，止渴消酒。又治胸中煩熱，咽乾燥渴，下喘潤心肺，消痰涎。

漱玉泉在臨清州城中。泉味清冽。程篁墩詩云：雞犬深深曲逕通，行行何必問西東。玉泉楊柳交加處，木槿初開一樹紅。　漱玉泉水，味甘。主肺經火熱，欬唾痰涎，煩渴津枯，引飲不休，滋腎水以制燔灼。

樓兒井水在高唐州城內西南隈。水極清甘，夏月久貯不敗。永樂間，朝廷駐蹕，以此水上供，酌而甘之，御賜建亭其上。　樓兒井水，味甘。主清肌爽骨，潤肺滋陰，止渴生津，消憂蠲憤。

范公泉在青州府直西門外。泉水甘冽如醴。以宋范仲淹嘗知青州，故人以范公目之。環泉古木陰森，塵跡不到。幽人逋客，往往琴詩試茗其間。有亭覆于泉上，歐陽修、蘇軾多所題詠。　范公泉水，味甘。主解炎氛，生睿氣，清心胸而祛除煩躁，爽肌骨而振起精神。

香山泉在益都縣東四十五里香山之巔，孤峰獨聳。泉水自春以至嚴冬，涓涓不竭，味清而冽。　香山泉水，味甘。主止渴利肺氣，去心家火熱，療舌痛咽瘡。

百丈泉在臨朐縣東南沂山東百丈崖。壁立萬仞，形如斧削。泉自山頂而下，灑若飛雨。亦曰瀑布泉，宛如廬峰之勝。尚書喬宇詩云：匡廬瀑布天下知，沂山隱在齊東陲。丹崖斗絕三百丈，宛如白龍身倒垂。層巒曲澗何逶迤，松蘿蔭濕苔蘚滋。古今游人到絕少，誰復表此山川奇？平生溪山頗登涉，如此名泉初見之。徘徊盡日不忍去，似覺岩壑生春姿。

百丈泉水，味甘。主解憂鬱，消恚怒，除煩燥，生津液，止渴利肺，抑火祛痰。

逢山泉在臨朐縣西二十五里逢山石竇間。泉水甘潔異常。宋末避兵者，多所獲濟。

逢山泉水，味甘。主涼心熱，止肺渴，寧嗽消痰，滋陰益腎。

雩泉在諸城縣南二十里常山之崖。泉水旋折如輪，清涼甘滑，冬夏若一。宋蘇子瞻為縣旱禱應焉，作亭其上，名之雩泉。又作《吁嗟之歌》以遺東武之民，使歌以祀神焉。

雩泉水，味甘。主解利傷寒熱病，天行疫厲不正之氣。治鬼瘧淫痢及偏頭風病。

中州泉水：

靈池水在長葛縣西四十里少陘山之麓。世傳抱朴子習仙於此，亦名葛仙池。水味甘冽可飲，旱年禱之輒應。

靈池水，味甘。主補益三焦，調和臟腑，生津止渴，潤肺清心。端午日正中時飲一杯，驅百邪，治百病。

湧泉在禹州城西玲瓏山。水味清冽。

湧泉水，味甘。主除熱，養毛髮，潤顏色，滑澤肌膚，止渴治欬。

七女泉在禹州城東北七女岡下。水味清冽。

七女泉水，味甘。主霍亂煩滿，心腹疼痛，客忤驚邪，止渴潤燥。

七泉在林縣東南。泉出平地，七穴竝湧。

七泉水，味甘。治心胸燥熱，煩渴不安，悅顏色，安神定志。

萬飛泉在林縣萬泉山。泉水飛騰噴薄，響振山谷。

萬飛泉水，味甘。主解憂鬱忿怒，治脇痛煩悶，嘔逆痰水，去宿垢，止口渴。

瑩玉泉在林縣西南玉泉山。泉潔如玉，味甘如飴。

瑩玉泉水，味甘。主補元氣，潤華蓋以灌溉諸經；益真陰，過命門而滋培六腑。

滴乳泉在林縣天平山，山勢平坦，泉水沿石而下，若滴乳然。

滴乳泉水，味甘。主添精補髓，止渴生津，益壽耐老，怡顏黑髮。

逗雪泉在林縣天平山西。泉潔而寒。

逗雪泉水，味甘。主解暑清熱毒，止渴除煩悶，治欬逆痰火。

甘露泉在林縣天平山十八盤之左。泉水甘冽。行人方登十八盤，喘渴流汗，得之如飲甘露。

甘露泉水，味甘。主潤肺，定喘急；止渴，清燥熱。瀉心火，消痞滿。

石竇泉在林縣天平山碧霄峰頂。泉味甘美。

石竇泉水，味甘。治胃火上升，咽喉腫脹，口臭齒痛，牙宣出血。

鑑泉在林縣天平山。泉出石竇間，其清見毛髮。

鑑泉水，味甘。主潤肺止渴，解炎暑，治傷寒大熱發狂，煩悶不安。

金線泉在林縣天平山。其流細垂如線。

金線泉水，味甘。主欬逆上氣不安，痰因火升，胸膈痞塞不快。

珠簾泉在林縣天平山。泉瀉高崖，宛如珠簾之狀。

珠簾泉水，味甘。治咽喉疼痛，口舌生瘡。抑火升陰，養心濟腎。

菩薩泉在林縣天平山。水極甘冷。

菩薩泉水，味甘。主清心降火，治肺痿勞嗽，陰虛發熱，欬唾膿血。

紫泉在武安縣東南三十里玉赭山。泉側有仙人王子喬洞，常產九節菖蒲。

紫泉水，味甘。主百病，耐老延年，悅顏色，烏鬚髮，辟穀神仙。

滏口泉在涉縣西一里。泉水清冷。

滏口泉水，味甘。治痰滿痞塞，抑火止渴生津。

錫盆水在淇縣西北四十里石坎下。灣曲如盆，厥味如醴。

錫盆水，味甘。主補中益氣，止渴生津，潤燥止欬，添精助髓。

衛風泉在淇縣。民間引之溉稻，其米香潔，異於他稻。

衛風泉水，味甘。主助脾胃，補元氣。止渴除煩。

湧金泉在輝縣西北五里。泉湧出，日照如金。

湧金泉水，味甘。主消酒開胃，利小便，生津液，潤五臟，悅顏色。

焦泉在輝縣。泉方丈餘，清水湛然，常無增減。山居者資以給飲。

焦泉水，味甘。主和中補脾，解炎滋腎，止渴除煩，消痰下氣。

卓水泉在輝縣西北。平地湧出。

卓水泉，味甘。治煩渴引飲不止，解暑益氣，宣通臟腑壅滯，消心下痞。

五色泉在濟源縣。泉中砂石五色，故名。昔盧仝嘗居泉傍，有詩云：買得一片田，濟源花洞前。仝自號為玉川子，每汲此泉瀹茗，有玉川子飲茶歌。

五色泉水，味甘。治心血虛少，肺經燥澀，火旺上焦，咽喉口齒之症。

沙溝泉在洛陽縣西南秦山下。水味甘美。

沙溝泉水，味甘。主四肢痛痹，經脉緩縱不仁，頭風目痛。

碧玉泉在洛陽縣東南玉泉山下。水如碧玉。

碧玉泉水，味甘。主生津液，益真陰，溉五臟之焦枯，清四肢之煩熱。

龜泉在封丘縣東中嶽嵩山之頂。水味清冽。　龜泉水，味甘。主滋陰補腎，濟壬癸以制陽光，假天一而生真水。

靈泉在靈寶縣南五十里女郎山。唐李德裕有靈泉。　靈泉水，味甘。主瘧疾往來寒熱，夢寐不寧，中惡邪鬼氣，辟諸蛇蟲。

清泠泉在南陽縣東北豐山，神耕父處之。水味甘冽。神來時，有赤光籠罩。　清泠泉水，味甘。治傷風傷寒，時氣頭痛，發熱惡寒，狂躁諸疾。

蒼龍泉在鎮平縣境竹園内流出。水味清冽，灌溉甚廣。　蒼龍泉水，味甘。主補脾胃，清三焦，治酒疸發渴，通利五淋。

柳泉在鎮平縣遮山之陽，廣五丈餘。水味甘美。　柳泉水，味甘。主肺受火邪，喘咳痰嗽，大腸下血，痔漏肛癰等症。

靈濟泉在唐縣南。世傳靈濟禪師，卓錫其地。　靈濟泉水，味甘。主消渴，解煩暑，清君相五志之火邪，養十二經絡之血氣。

天池水在内鄉縣東南五十里天池山頂。其水比于帝臺漿更寒而冽。飲之者可以已心痛。　天池水，味甘。主消渴，清肺胃火熱，已心痛及四肢麻痹不仁。

流素泉在裕州泉白山頂，下流如素練。　流素泉水，味甘。主三焦大熱，腎臟乾涸，津不到咽，唇口燥裂。

聖井水在裕州境内。其地四面皆下，井居其上，獨高仞餘，泉常仰溢。　聖井水，味甘。主心腹痛，疰忤邪氣，目赤疼，風濕痿痹，寒熱鬼瘧下痢。

舞泉在舞陽縣東南。泉水沸騰若舞。　舞泉水，味甘。主心胸煩熱，口燥咽乾，舌卷唇焦，大渴引飲。

蓮華泉在西平縣西北樂、秀二山之間。泉水湧作蓮華之狀。　蓮華泉水，味甘。主益精元，固真氣，生津液，滋肺金，養老扶衰，澤肌悦色。

金線泉在光州城南岸。宋趙抃詩：玉甃常浮灝氣鮮，金絲不滴路南泉。　金線泉水，味甘。主潤肺生津，清熱止渴。除煩燥，解炎蒸。

仙井水在固始縣西五十里仙井山。　仙井水，味甘。主明目，治心腹疼痛，喉痹煩熱，痰氣上升，腮頰腫脹。

溫泉在商城縣南三十里。浴之能已瘍疾，不可飲。　溫泉水，浴之已瘍疾，不可飲。

玉龍泉在汝州城西南。其水瑩潔。中秋之夕，陰雲蔽月，俯觀泉内，魄形自若。昔人有詩：我欲龍泉觀夜月，崆峒煙雨阻人行。　玉龍泉水，味甘。治目昏瞖，肺氣不清，聲音不出，潤燥止渴。

石龍渦在汝州龍泉之側。四壁千仞，散泉如雨。唐孟效有詩記之。　石龍渦水，味甘。主天行熱病，狂躁口渴，明目，清心瘡。

三晉諸泉：　芹泉水在壽陽縣二十里。水味甘冽。　芹泉水，味甘。解暑熱，治煩渴，益氣調中，寧心增智，明耳目。

石甕泉在平定州西北三十里。其深若井，其形如甕，甕端覆石。水味甘馨，遇旱祈禱，舉杖挑石，石開即雨。　石甕泉水，味甘。主洒潤燥涸，滋灌真陰，制火邪之爍肺金，伐木旺而淩脾土。

妬女泉在平定州東九十里。色碧而味甘。婦人袨服靚粧過此，必興雷雨。　妬女泉水，味甘。主解〔肌〕退熱，明目除風，益肝胆，利胸膈，消痰涎。

龍躍泉在代州西。泉源湧沸，騰波奮發。以巨石投之，水輒噴起數丈。　龍躍泉水，味甘。主心煩氣喘，痰涎嘔噦，風寒瘧疾，止渴生津。

豹突泉在雁門城北四十里。平地湧出，厥勢雄猛，如豹之突。　豹突泉水，味甘。主潤肺，治喘急喉痹，口舌生瘡及大腸痔漏，肛門下墜。

太華泉在五臺縣東北百四十里五臺山頂。此山常有紫炁，為仙人頻來栖止，亦文殊所居之地。唐柳宗元曰：雲代間有靈山焉，與竺乾、鷲嶺角立相應。其泉亦自甘冽異常，飲之者延年不飢。　太華泉水，味甘。主潤肺滋腎源，除煩止燥渴。泉之左右恒有飛仙止息，常有紫炁浮空。服之者延年却病成仙。

三珠泉在五臺縣東北百四十里五臺山。其水馨冽甘美，異於他水。其沸纍纍顆顆，圓淨如珠。　三珠泉水，味甘。治丹疹熱毒，解煩渴，祛炎暑，明耳目，益智慧。

白龍泉水在岢嵐州東二十里。其味甘美，冬溫夏涼。　白龍泉水，味甘。主除煩熱，止燥渴，清暑和脾，生津液，下逆氣。

撾鼓泉水在趙城縣霍山絕頂。泉水湧出，其聲如鼓。　撾鼓泉水，味甘。治目生蒙瞖及目痛，鼻淵腦漏，耳中疼痛，聤耳汁出，口燥渴引飲。

淡泉水在解州鹽池之北。他水皆鹹，此水味獨甘冽，故又名甘泉，可汲而飲。鹽池之水得此水點之，方能煎炙成鹵。　淡泉水，味甘、淡。主助胃止渴生津液，和中補元陽，利竅發汗。

止渴泉一名天池。在解州百梯山，山嶺峭拔。噴薄洶湧，水花瑩潔如雪。澄渟而為池，上有盎漿，名為止渴。　止渴泉水，味甘，主潤肺經燥熱，煩渴引飲不休。生津液，益真髓。上有益漿，服之不死。

帝臺漿在解州。《山海經》曰：高前之山，其上有水，甚寒而清，謂之帝臺漿。郭璞注云：今河東解縣南壇道山有水潛出，渟而不流，即此處矣。　帝臺漿，味甘。主補五臟，生津液，止肺渴，治羸瘵，久服延年不飢。

玉鉤泉在解州東北二十里玉鉤山。其山東西綿亙數里，狀如玉鉤，故以名泉。　玉鉤泉水，味甘。主下氣定喘，解渴除熱，止吐衄血，消痰治欬。

明月泉在隰州北十里。中有白石，光瑩如月，故名。　明月泉水，味甘，主清臟腑，洗滌心胸，益智慧，令人記誦不忘。

涌泉在大同府城西北角。泉水清冽，一人汲之不溢，千人汲之不窮。　涌泉水，味甘。止渴利肺，〔清〕熱蠲欬嗽，明目聰耳，益智慧。

神泉在懷仁縣城北四十里。泉有二眼，其味甚甘。　神泉水，味甘。主除煩解熱，潤肺生津，止欬嘔，療瘧痢寒熱諸疾。

潛龍泉在渾源州北嶽恒山之東南五十里。旱禱立應，兼能愈疾。　潛龍泉水，味甘。主利胸膈，化痰涎，明目去瞖。養肝胆，止消渴。

一斗泉在廣靈縣西北十五里九層山。山有九層，泉出崖口，僅斗〔許〕。味甚〔甘冽，可供〕百餘家。　一斗泉水，味甘。治心胸煩悶，大熱燥渴，廉泉津液不至。舌下為廉泉穴。　抑火清胃。

瑞泉在廣靈縣西四十里。泉水湍瀑奔騰，聲如唾玉。　瑞泉水，味甘。主潤喉吻，清火熱，消胸膈之稠痰，利膀胱之閟澀。

百穀泉在長子縣西五十步。有泉二所，一玄一白，甘冽異常。相傳為神農得嘉穀之處，故名。　百穀泉水，味甘。白者入肺經，止渴治欬逆，消痰涎；　玄者入腎臟，滋陰退虛火，生精髓。

玉女泉在潞城縣西北五里鳳皇山頂。深僅五尺，未嘗盈竭。泉內時有白氣盛出，蒙覆其上則雨。土人謂之玉女披衣。　玉女泉水，味甘。主潤心胸，清肌骨，消煩暑，止燥渴，益腎生津。

流玉泉在孝義縣西七十里玉泉山。噴如漱玉，味極甘冽而美。　流玉泉水，味甘。主清肺熱，治勞瘵骨蒸，欬吐膿血，陰虛午後發熱，止口渴。

懸泉在介休縣東南四十里洪谷南。四圍皆山，中有石磊，橫空數仞，周廣三里。岩頂有泉，味極甘冽，倒流如瀑布。　懸泉水，味甘。主降逆氣，瀉心火，止渴生津，消痰潤肺，治吐衄，定〔須〕〔煩〕躁。

百聚泉在陽城縣東二十五里。其泉鼎沸，百流噴騰。　百聚泉水，味甘。治傷寒熱邪在內，狂妄不知人及百合病。

濯纓泉在陵川縣南山下。水味甘冽。　濯纓泉水，味甘。治邪氣著人，如見鬼狀及一切癲癇之症。

**明・姚可成《食物本草》卷三水部・名泉類**　秦隴諸泉：瀑布泉在鎮安縣西四十里，水甘冷。唐太宗御製詩：東望香爐山，西觀瀑布水。飛流三千丈，崩岸數十里。　瀑布泉水，味甘，冷。主推蕩陳垢，滋養真陰。治反胃噎膈，利大小便，通痰擁經絡，攻注疼痛，腹中結滯。

天柱泉在山陽縣南八十里天柱山。其山壁立萬仞，形如天柱。泉當絕頂，清冽可飲。宋邵康節先生隱於此，有詩曰：一簇烟嵐鎖亂雲，孤高天柱好棲〔真。清泉〕數酌無餘事，免向人間更問津。　天柱泉水，味甘冽。主清心潤肺，止渴除煩。益智慧，生明敏，全真養性，補腎滋陰。久飲之，耐老身輕，童顏黑髮，延年成仙。

太華泉在華陰縣太華山之巔。其山削成而四方，高五千仞。遠而望之，有若華狀。山頂又有池，生千葉蓮，服之羽化。泉水狀若山雨，滂湃洪津，泛洒掛溜，直瀉山下，服之者延年成仙。　太華泉水，味甘冽。主潤肺金。抑心火，補益真元，蠲除燥渴，烏鬚髮，澤肌膚，駐景延年，身輕不老。久服之成仙。

霧〔谷〕泉在華陰縣太華峰之西霧露谷。後漢張超於此，能布五里之霧。泉在谷口，色如瓊漿，味頗甘冽。　霧谷泉水，味甘。主明目，去目中瞖膜，補肝膽，涼心熱，止渴生津，消痰下氣定喘，通大小腸，益五臟，利百脉。

苦泉在同州洛水之南，泉味鹹苦。羊飲之，肥而肉美。諺云：苦泉羊，洛水漿。　苦泉水，味鹹苦，不堪烹瀹。羊飲之，其肉肥美。又宜於煎治癭瘤、痰核、結塊、降心火退熱藥中用之。

重泉在同州西北三十里，味甘而美。　重泉水，味甘美。主補中益氣，養血脉，厚腸胃。彼地萬餘頃，皆瘠惡之土，悉賴此水，盡成膏腴。可令畝得十石。

甘泉水在澄城縣西匱谷中。其味澄潔甘美，堪造酒。　甘泉水，味甘。主解渴消暑，除煩燥，清肌骨，降火邪，退肺熱，止欬嗽，釀酒味佳。

洗腸泉水在澄城縣西，相傳晉佛圖澄洗腸於此。　洗腸泉水，味甘。主天行不正之氣，取此水飲之，兼洒。

御池泉水在耀州西北七十里，其味甘馨。　御池泉水，味甘。主胸膈諸熱，明目止渴，滋腎臟，伐火邪，益精氣，安心神。

溫泉水在武功縣太白山。其水沸湧如湯。　溫泉水，不可飲，止堪澡浴，可治百病。世清則疾愈，世亂則無驗。

平泉在永壽縣北二十里。泉從平地湧出，味甚清冽。　平泉水，味甘冽。主清利頭目，祛豁風痰，止渴消煩，滋陰抑火。

金泉在淳化縣西三十里。泉湧數穴，清徹無底，味極甘冽而美。人來汲引，見有金光滉漾其中。　金泉水，味甘。主解熱鬱，行結氣，逐風涎，通水道，除燥渴，利胸中阨塞痞悶，治上焦壅滿稠痰，降心火，遏肺家受邪。

醴泉在洋縣境內。其泉湧出，甘冽如醴。　醴泉水，味甘冽。主補五臟，養精神，悅顏色，生智慧，調經脈，止肺渴。

龍泉在西鄉縣南三十里。泉在石穴中湧出，隨潮之進退，視其減溢。潮生則水濁，潮息則水清。　龍泉水，味甘、鹹、淡不常。主滋養腎經，制伏心火。大抵通潮脉之水，不宜於烹瀹。

聖水在寧羌州南三十里山厓之畔。一石懸如龍首，水從口吻滴瀝而下。過客仰面就飲，味甚甘冽。　聖水，味甘冽。除心煩，涼肺熱，止渴，治欬嗽，潤燥，療吐衄，滋養腎經，調伏相火。

三泉在沔縣大安軍東門外瀕江石上，有泉如小車輪，品列鼎峙，故名三泉。唐蘇頲詩云：三月松作花，春行日漸賒。竹障山鳥路，藤蔓野人家。透石飛泉下，尋雲絕磴斜。此中誰與樂？揮涕語年華。　三泉水，味甘。主欬逆上氣，喘急不安，解熱渴，潤肺燥，降心火，消痰涎。

熱泉在沔縣北平地方。泉源沸湧，冬夏湯湯。望之則白氣浩然，能瘥百病。赴集者常有百數。　熱泉水，不可飲，其下恐有硫〔黃〕。可浴之，治內外新久百病。

盤龍泉水在略陽縣西五里盤龍山之下。泉味清冽而美，屈曲縈紆，有若蟠龍之狀，故以為名。　盤龍泉水，味甘。治肺熱欬嗽，瘧疾寒熱，嘔吐酸水，肝熱淚出。

石泉在石泉縣南五十步。其水清冽，四時不竭，縣以泉名。　石泉水，味甘冽。治三焦積熱，肺受火迫，欬唾痰血，聲啞不清，喉中痰塞，胸滿痞悶，陰火上升，一切亢極之症。

玉潤泉在鳳翔府城西北五里，水味甘冽。　玉潤泉水，味甘。治火邪有餘，口臭齒痛，痰氣上攻，頭目昏暈。

塔寺泉水在鳳翔府城東三里，水味甘冽。　塔寺泉水，味甘。主消渴煩滿，身熱欬喘，抑火降痰，潤肺生津液。

靈泉在鳳翔府東北十五里，水味甘冽。蘇東坡詩云：金沙泉湧雪濤香，洒作醍醐大地涼。解妬九天河影白，遙通百谷海聲長。僧來汲月歸靈石，人到尋源宿上方。更續《茶經》校奇品，山瓢留待羽仙嘗。　靈泉水，味甘冽。治傷寒溫疫，大汗不解，大熱狂躁，口渴煩滿，瘧疾暑痢，邪火熾盛，暴病悶亂，癲癇痰厥之候。

虎吼泉在鳳翔府城西北二十里，水味甘美。　虎吼泉水，味甘。主肝氣有餘，易於恚怒，轉筋霍亂，腹中疞痛，飲其水愈。

潤德泉在岐山縣西北十五里鳳山周公廟之傍。時平則流，世亂則涸。　潤德泉水，味甘。主補元氣，治勞瘵，洩肺邪，通隧道，降痰火。

流玉澗水在寶雞縣城南二里許。清流如玉，味甚甘冽。　流玉澗水，味甘。治臟腑積熱，口乾舌燥，咽喉腫痛，含水漱嚥，大效。

九眼泉水在寶雞縣城南二里。泉出九穴，味特殊勝。　九眼泉水，味甘冽。主潤肺生津，止渴除熱，寧心神，益智慧。

飛鳳泉在扶風縣城北五十里，明月山之西。　飛鳳泉水，味甘。主助文思，壯吟懷，揮毫洒翰，能使筆走龍虵。

蟄龍泉在扶風縣城北五十里，明月山之東。　蟄龍泉水，味甘。主雄武略，鼓軍愾，舞劍掄鎗，能使聲銷羆虎。

溫春泉在郿縣東南五十里。泉水溫暖，故以春名。　溫春泉水，不可飲，止堪浴，以療諸疾。泉清則愈，濁則不靈。

馬跡泉在汧陽縣東南二十里，上有人馬足跡。　馬跡泉水，味甘。主大渴身熱，消煩祛暑，利肺經，止欬嗽，降心火，治鼻洪。

湧珠泉在汧陽縣南三里，泉湧如珠。　湧珠泉水，味甘。主涼心經，治肝熱目昏淚出，解渴除煩，消癰腫瘡毒。

西巖泉在平涼府西崆峒山之西，泉味甘冽。　西巖泉水，味甘冽。治肺熱燥渴，鼻衄吐血，驚狂煩悶不安，譫言妄語作亂。此水清涼，可以立解。又治丹石之毒。

琉璃泉在平涼府西三十里，崆峒山之西，水味甘冽。　琉璃泉水，味甘。主補元氣，養心神，益智聰明，強陰制火，安和五內。

百泉在涇州城西三十五里。泉眼噴出，亂流難計。　百泉水，味甘。主燥渴，除肺熱，退心火。治口舌生瘡，咽喉疼痛。

玉井在臨洮府城東二里，玉井峰之巔。井水如玉。　玉井水，味甘冽。治肺熱欬嗽，肺痿肺癰，虛勞客熱，痰唾稠濁。

龍紋泉在蘭州允街谷泉眼之中。水紋作蛟龍狀，或試撓破之，尋復成龍。將飲者皆退避而走。　龍紋泉水，味甘。主潤心肺，治喉痹，降火邪，消癰毒，止口渴。

玉漿泉在鞏昌府西鳥鼠山。其山絕壁千尋，由來乏水。周武帝時，豆盧勣為渭州刺史，有惠政，華夷悅服。馬跡所踐，忽飛泉湧出，民以玉漿稱之。　玉漿泉水，味甘。主清心抑火，潤肺生津。治咽嗌不利，胃中痰熱，臟腑清濁混淆，大便滑洩而小水禁錮不快。

洒玉泉在寧遠縣南玉泉山，流泉如洒玉。　洒玉泉水，味甘。主溫疫，天行熱病，腸風臟毒，下血血痢。心腹脹滿，邪氣結熱，口渴咽乾，黃疸，小便黃如金色。

九珠泉在西和縣西北。其水夏涼冬溫，味甘而四時不竭。　九珠泉水，味甘。主煩滿口渴，咽腫疼痛，狂邪驚悸，大熱；　潤肺止欬逆，消痰利胸膈；　嘔吐酸水，胃中火熱，頭疼齒痛。

通靈泉在西和縣東南三百餘里通靈山。四山環合，清泉自岩穴飛洒如玉繩。其味甘香而冽。　通靈泉水，味甘。主瘧疾，往來寒熱，心腹結聚疼痛；　溫疫時行，驚悸狂邪；　婦人產難及胞衣不下，產後兒枕疼痛；　小兒驚風搐搦，痰涎滿口，啼叫如見鬼祟。又治大人尸厥之症，竝取此水，煎藥煮粥及噴屋四角，無不效驗。

鹽井水在西和縣南三十里，水與岸齊。味極甘美，飲之破氣解鬱悶。　鹽井水，味甘美。主平肝邪太過，補脾土以滋肺〔金，伐〕有餘之木，令恚怒之氣消，憂鬱之氣解。其功向來未有知者。

豐水泉在西和縣南百里仇池山。四面拱立，峭絕險固，自然有樓櫓却敵形。絕頂平地，方二十餘里。泉如湖水，可煮鹽。杜甫詩云：萬古仇池穴，潛通小有天。神魚人不見，福地語空傳。近接西南境，長懷九十泉。何時一茅屋，送老白雲邊。　豐水泉水，味甘鹹。主解熱清暑，消痰核，利胸膈，入腎經，治陰虛精少，自汗盜汗，腰膝痠疼無力，足脛軟弱，不能行履。

玉繩泉在成縣東南七里萬丈潭之左。宋喻涉有萬丈潭邊萬丈山，山根一竇落飛泉之句。　玉繩泉水，味甘。治煩渴，肺胃大熱，心胸躁悶不安，引飲無度。

迸璣泉在成縣東南十里鳳凰山之腰，味甘而冽。　迸璣泉水，味甘。主清火熱，解燥渴，潤心肺，治吐衄血，益智慧，生津液。

飲軍泉在秦州東四十里。唐尉遲敬德與番將金牙戰，士卒疲渴，敬德馬忽跑泉水涌出，三軍飲足，至今不竭。傍有鄂國公祠，宋游師雄飲之，賞其清冽，因與葉康直詩云：清泉一派古祠邊，昨日親烹小鳳團。却恨竟陵無品目，煩君精鑒為嘗看。　飲軍泉水，味甘美。主清頭目，解肺渴，潤燥，涼心熱。瀹茗飲之，利六腑，清肌骨，祛暑氣。

清水泉在合水縣西南一里。天雨滂沱，流而不濁，故曰清水。　清水泉水，味甘。主滋益水臟，灌溉真元，降三焦隱伏之火，從小便滲洩而出。

戛玉泉在合水縣西南七十里，水味甘冽。石崖上刻有唐句云：山脉逗飛泉，泓澄傍岩石。亂垂寒玉篠，碎洒珍珠滴。清波涵萬象，明鏡瀉天色。有時乘月來，賞咏還自適。東坡亦有驪珠萬顆濺清寒之句。　戛玉泉水，味甘。主解炎蒸，止消渴，消痰利肺氣，滋陰益腎經。治汗多為火熱所迫，強脾土為木所乘。烹酌更佳。

金沙泉在寧州城南一里，其水湧沙如金。　金沙泉水，味甘。主利膀胱水道，熱結下焦，小腹硬痛，沙淋石淋。

天澤泉在安塞縣天澤山之巔，水味清冽。　天澤泉水，味甘。治肺熱欬唾痰涎，陰虛盜汗，夜臥少寐，魂夢不寧，腰膝痠疼，腿足無力，心悸怔忡，恍惚健忘。

御甘泉在甘泉縣南五里巖谷上。其水飛流激射，去地丈許，厥味甘美。隋煬帝游此，飲而嗜之，取入禁內，故縣以泉名。　御甘泉水，味甘美。主肺熱消渴，心火上炎，口舌生瘡，咽喉疼痛，利頭腦，明耳目，生津液，潤枯槁，通閼治淋，強陰益髓。

五龍泉在安定縣東里許，平地石隙中湧出，其聲雄吼，味特甘美。　五龍泉水，味甘。主潤心肺，利六腑，解煩暑，治燥渴，行水除淋，清痰抑火。

漱玉泉在延長縣東漱玉巖下，泉出如練。　漱玉泉水，味甘。治心胸煩躁不安，喉吻津液不至，祛暑益氣，潤肺清心。

一綫泉在中部縣西南。泉出石穴中，如垂一綫，味極清冽。　一綫泉水，味甘。主除熱解煩，清暑潤燥，止渴生津液，涼心利水臟。

滴珠泉在中部縣西南里許。泉出石罅中，滴瀝如珠，味甘而冽。　滴珠泉水，味甘冽。主補中益氣，和血清神，解暑熱，涼心腎。

姜女泉在宜君縣南八十里。相傳杞良之妻，尋夫至此，疲渴甚，仰天而哭，泉忽湧出，味甘而冽，故名。　姜女泉水，味甘。主解渴，灌溉丹田，清涼肺腑，消除大熱，滋益真陰。

嗚咽泉在綏德州城南三里。秦扶蘇賜死之處。唐胡曾詩云：舉國賢良盡淚垂，扶蘇屈死戍邊時。至今谷口泉嗚咽，猶似當年恨李斯。　嗚咽泉水，味甘。主欬嗽，咽喉痛，利水除熱。士人飲之，生聰慧賢良。

金積泉在寧夏城南二百餘里金積山之麓。山多積土，日照之，其色如金。泉自地湧如沸，清冽可飲。　金積泉水，味甘。治口渴，生津液，止吐血，下熱痰。祛煩暑，面垢唇焦，脉伏欲死者，飲一杯愈。

酒泉一名金泉。在肅州衛，其色如金，厥味如酒。　酒泉水，味甘冽。主和脾胃，調血脉，養心神，走經絡，止渴生津。

紅泉在涼州衛，其水紺色。　紅泉水，味甘冽。治霍亂嘔逆，及膀胱奔豚氣。調中利水，止渴除煩燥，通關開胃，手足轉筋，心病鬼疰，明目定心。去小兒熱，酒後面赤；　治女人赤白帶下，胎前腹中疼痛，產後兒枕痛。洗癬疥，滅疤痕。洒屋壁，祛蚊蚋。

咽瓠泉在藍田縣北十七里。唐李筌遇驪山老母，授以《陰符經》，既畢，令筌攜瓠汲泉，因而不見，故名。　咽瓠泉水，味甘。主補元氣，壯精神，除百病，消憂憒，服之既久成仙。

石門溫泉在藍田縣西南四十里。此地雪落即融，唐時有異僧見之云，必溫泉也，已而掘之，果然。凡有病者，飲之輒愈。　石門溫泉水，味甘。治心腹寒痛，傷寒寒熱，瘧痢洩瀉，勞瘵膈氣反胃，鼓脹黃疸，一切瘋症。

冰井在藍田縣玉案山，他水流入輒成冰，經夏不消。長安不藏冰，但於此地求取。　冰井水，味甘。主解熱毒，消丹瘤；　治實火，眼目暴發腫痛。

飛泉在盩厔縣東南五十里，泉味甚甘，飲者愈疾。　飛泉水，味甘。治天行時病，冬月正傷寒，春溫夏熱病，秋月暑溼瘧痢，眼目赤腫，丹瘤瘡癤。

浪井在三原縣，不鑿自成。王者道德，則水清冽而溢。　浪井水，味甘。主補益真元，消除煩渴，潤肺生津。

澤多泉在渭南縣西十里，水味甘冽。　澤多泉水，味甘。治五臟不足，益智慧。

三楚諸泉：　桃花泉在興國州南十五里桃花尖下桃花寺中，甘美無比。里人用以造茶，味勝他處，今號曰桃花絕品。宋王琪詩云：　梅雪既掃地，桃花露微紅。風從北苑來，吹入茶塢中。　桃花泉水，味甘。主補益真元，榮養臟氣，消暑解酒，止渴生津。

九真泉在漢陽縣九真山九真廟側，水味甘冽。　九真泉水，味甘。主滋榮脉絡，利肺通淋，止欬嗽。

茶泉在蘄水縣東鳳栖山下。唐陸羽烹茶所汲，水味甘美。　茶泉水，味甘。主補精神，調和臟腑，生津液，解熱渴，利水道，破五淋。

玉虹泉在羅田縣東二里。宋何錫爾有半嶺泉鳴通古澗，千尋水瀉接狂瀾之句。　玉虹泉水，味甘。主瀉陽養陰，抑心滋腎，止欬逆，下痰。

雪嵒井在羅田縣東四十里雪嵒之頂，井深數十丈，噴泉如雪。　雪嵒井水，味甘。主臟腑大熱，傷寒陽邪傳裏，發斑黃，狂亂，大渴煩悶。

宋玉井在承天府學泮池側。其泉清冷湛冽，異於他水。　宋玉泉水，味甘。主消痰涎，潤肺燥，涼內熱，止欬嗽，通利小便，清解炎暑。

五泉在京山縣橫嶺下，泉有五穴，湧如鼎沸。　五泉水，味甘。主涼心益腎，潤燥滋陰，止口渴，去目瞖，消除煩熱。

新羅泉在京山縣石人山下。昔有新羅僧修行於此。　新羅泉水，味甘。主除風寒入於腦府，眩暈時作。又治肺火上升，面紅鼻赤。

白玉泉在京山縣之寶香山頂，水味甘冽。　白玉泉水，味甘。主消酒熱，治欬喘，潤心肺，涼胸膈，止煩渴。

珍珠泉在京山縣子陵洞中，水味甘冽。　珍珠泉水，味甘。主長毛髮，滑肌肉，舒筋健骨，解百毒，退淫泆之火。

八角井水在京山縣西南八十里，梁高僧演教之所。其水甘冽澄澈，異於他處。　八角井水，味甘。治肺經火盛，咳嗽吐紅，痰中有血絲、血屑。

蒙惠泉在荊門州西一里，蒙山之下。北曰蒙，其水常寒；　南曰惠，其水常溫。唐沈傳師詩：　京洛馬駸駸，塵勞日向深。蒙泉聊息駕，可以洗君心。　蒙泉水，味甘。主清心明目，降火除熱。惠泉水，味甘。主潤肺止渴。

珠玉泉在荊門州郊石山之麓。水二派：　南出珠，北出玉。　珠玉泉水，味甘。主潤肺生津止渴，益精神，悅顏色，澤肌膚。

玉泉在當陽縣南三十里玉泉山。郭璞《遊仙詩序》謂此泉潛行九萬八千里，來自西域天竺，注震旦者也。　玉泉水，味甘。主行結氣，開通鬱滯，蕩滌胸膈中邪氣，止渴生津，治肺熱。

溫泉在應城縣西南六十里京山之巔，深淨如鑑。聞人聲則湯發，可以燖雞。李白詩云：　神女沒幽境，湯池流大川。陰陽結炎炭，造化開靈泉。地底爍朱火，沙傍歊素烟。沸珠濯明月，皎鏡涵空天。氣浮蘭草滿，色漲桃花然。散下楚王國，分澆宋玉田。獨隨朝宗願，赴海輸微涓。　溫泉水，大抵熱水不可飲，下有硫黃，只宜洗浴，以療瘡疥。

驢泉在隨州北九十里驢泉山上。大旱不涸，山石鹵潤。牛馬經過，貪其味甘，不能去。土人云：牛馬解逸，即於此山尋之。　驢泉水，味甘微鹹。主補脾益腎，抑火消痰。牛馬飲之肥壯。

金沙泉在宜城縣二里。其泉造酒甘美，世稱宜城春，又稱竹葉春。梁元帝詩：宜城醖酒今朝熟，停鞭繫馬暫栖宿。溫庭筠詩：宜城酒熟花覆橋，沙晴綠鴨鳴咬咬。　金沙泉水，味甘。主補五臟，生津液，潤肺，止口渴，和脾，利胸膈。

一椀泉在南漳縣西三百里。石上有坎，水出坎中，僅容一椀。味甚清甘，取之不竭。　一椀泉水，味甘。主清心潤肺，解渴，祛煩暑，除熱，散酒勢。

甘泉在棗陽縣東北四十里。水出石穴中，味甘而冽。　甘泉水，味甘。主和中補脾，益元氣，利諸經。止渴除煩，消痰降火。

靈泉在棗陽縣南五十里古靈寺傍。其泉與西蜀相連。昔泉上浮一木魚，刻云西蜀某寺記。　靈泉水，味甘。主風虛眩冒，欬逆痰涎，惡氣攻沖，腹中疼痛。

竹泉在松滋縣南，泉水清冽。宋至和初，苦竹寺僧浚井得筆。後黃庭堅謫黔過之，視筆曰：此吾蝦蟆〔碚所〕墜。固知此泉與之相通。其詩曰：松滋〔縣南竹〕林寺，苦竹林中甘井泉。巴人謾說蝦蟆〔碚〕，試裹春茶來就煎。　竹泉水，味甘。主潤五臟，悅顏色，益精神，榮肌膚，清泠肺腑，止渴生津。大略與蝦蟆碚水相同。蝦蟆碚水見前名水類內。

永慶井水在岳州府東山絕頂，其水清冽。　永慶井水，味甘。主解酒勢及諸丹石藥毒，止渴滋肺，生津。

雲母泉在華容縣東三十里墨山下。泉出味甘而流長。地產雲母。李華詩序云墻壁道路，炯如列星；井泉溪澗，色皆純白是也。　雲母泉水，味甘。主除邪氣，安五臟，益精明目，止渴生津液。久飲之，輕身延年。

子真井在平江縣梅仙山，梅子真隱處。水味甘冽。　子真井水，味甘。主涼心熱，降肺火，益精，去目睛膜翳，止渴清暑。

碧泉在湘潭縣西南七十里。唐天寶間，石穴中泉忽湧出，色如拖藍。投物其中，色皆蒼翠。宋胡安國刱碧泉書院于此。　碧泉水，味甘。主補腎明目，醒酒，除大熱，消煩躁，止口渴。

醴泉在醴陵縣北五里陵上，泉湧如醴。其味極甘，因以名縣。縣西五里有鳳皇山，與



梧桐山對峙。古者云：鳳皇非梧桐不棲，非醴泉不飲。故此三山相為〔左〕右。　醴泉水，味甘。主補精神，滋榮五臟六腑，增智慧，令人強記不忘。

小溈泉在醴陵縣東二十里小溈山。眾峰環繞，湍流中濺。　小溈泉水，味甘。主清心抑火，養胃和中，止渴除煩，消痰利氣。

薌泉在湘鄉縣城中。泉香如椒蘭，釀酒殊勝。若条以他水，其味輒變。　薌泉水，味甘。主和脾益胃，補助真元，潤涸生津，除煩退熱。釀酒味極甘馨，久貯不敗。

洣泉在酃縣境內。泉不常見，遇邑政清明，年穀豐稔，其泉澌然如米泔瀑湧，飲之可以愈百病。　洣泉水，味甘。主補五臟，養精神，療百病，悅顏色。久飲之，延年不飢。

碧雲泉在桂陽州治圃中。水味甘冽宜茗。　碧雲泉水，味甘。主清神思，遣睡魔，益氣調中，生津止渴。

龍山泉在寶慶府城東八十里龍山頂上，泉如潮湧。　龍山泉水，味甘。主解酒熱，潤心胸，治喘欬痰涎，咽喉疼痛。

如意泉在零陵縣福田山塔下，水味甘冽。　如意泉水，味甘。主潤五臟，利六腑，止渴，滋養肌膚，和悅面容。

七勝泉在道州東郭，石穴出水。　七勝泉水，味甘。主滅除五志之火，滋充兩腎之陰，解酒熱，消煩躁。

愈泉在（彬）〔郴〕州城中，泉水清泠甘美。有患疾者，飲之立愈，故名。　愈泉水，味甘。主傷寒傷風，天行時病，瘧痢霍亂，欬嗽目痛，勞瘵鼓膈，中風癱瘓，手足痿痹，癘風鼻崩，眉脫。

劒泉在（彬）〔郴〕州城內康泰坊。泉自石罅中躍沙而出。浮休居士張舜民刻銘其上。　劒泉水，味甘。主祛邪氣，解酒消風，除熱止渴，明目，生津液。

圓泉在（彬）〔郴〕州南靈壽山石室下。陸羽《茶經》品為第十八水。　圓泉水，味甘。主潤肺止渴，榮肌膚，發腠理，滋益華池，開明智府。

崔婆井在常德府城西三十里。宋時有道士張虛白嘗飲酒姥崔氏，不責以償，經年無厭。乃問所欲，答以江水遠，不便于汲。道士遂指舍傍隙地，堪為掘井。不數尺得泉，甘冽異于常水。　崔婆井水，味甘。主養精神，滋五臟，充百脉，利三焦。久飲令人肥白悅澤，延年不老。

萊公泉在常德府城北六十里甘泉寺中。宋寇準南遷日，題于東楹曰：平仲酌泉，經

此同望，北闕黯然。未幾，丁謂又過之，題于西楹曰：謂之酌泉，禮佛而去。後范諷留詩于寺曰：平仲酌泉同北望，謂之禮佛向南行。烟嵐翠鎖門前路，轉使高僧厭寵榮。　萊公泉水，味甘。主益腎明目，開心，通神明，增智慧，消酒除熱，五臟煩熱，脾火燔灼，多食易飢，四(鼓)〔肢〕瘦削，補陰。

西江泉水：　洪崖井在南昌府西四十里西山翠岩應聖宮之間。飛流懸注，其深無底。僧善權詩：水發香城源，度澗隨曲折。奔流兩崖腹，洶湧雙石闕。怒翻銀漢浪，冷下太古雪。跳波落丹冰，勢盡聲自歇。散漫歸平川，與世濯煩熱。飛梁瞰靈磨，洞視竦毛髮。連峰翳層陰，老木森羽節。洪崖古仙子，煉秀擣殘月。丹成已蟬蛻，井舊見遺烈。我亦小道山，浮杯愛清絕。攀松一舒嘯，靈風披林(千)〔樾〕。尚想騎雪精，重來飲芳潔。　洪崖井水，味甘。主除煩熱，降肺火，涼心清胃，治欬消痰，明耳目，利小便，益智調中，寧神定志。又治驚癇、邪氣狂妄之症，此水飲之。或以送下諸丸丹及煎治湯液。

孝感泉在豐城縣西南八十里道人山。宋紹興中，少卿曹戩避地寓此，其母喜茗飲，山初無井，戩乃齋戒籲天，劚地纔尺，而清泉湧溢，味甚甘冽。　孝感泉水，味甘。主清心止渴，潤肺生津，益氣和中，延年養老。

聖井水在進賢縣南廿里麻姑山麻姑觀之東。冬夏如一，味甘而冽。每風月澄靜之夕，輒有步虛及鐘磬聲。　聖井水，味甘。主清肝經風熱，明目去瞖，目(睃)〔眵〕淚出，止渴除〔煩〕。

溫泉在奉新縣西八十里九仙山。其水一溫一沸，湧出道間，往來皆得浴焉。　溫泉水，不可飲，止堪澡洗。治一切寒溼痿痹之症及瘡瘍疥癬。

分水泉在靖安縣東北七十里之梅崖。　分水泉水，味甘。主風邪入于肝經，筋脉不逐，頭眩目昏，耳鳴火旺。

雙井在寧州三十里外，黃山谷所居之地。土人汲以造茶，為草茶第一。魯直送雙井茶與蘇子瞻詩云：人間風日不到處，天上玉堂森寶書。想見東坡舊居士，揮毫百斛雙明珠。我家江南摘雲腴，落磑霏霏雪不如。為君喚起黃州夢，獨載扁舟向五湖。　雙井水，味甘。主清神思，益五臟，利百脉，通閟塞，開竅，除淋，消煩止渴。

噴雪泉在高安縣西北六十里。呂仙翁遊憩時，以劒插地，而泉噴出。　噴雪泉水，味甘。主涼心經積熱，滋津液久枯，治頭目昏眩，痰壅欬逆。

真君井在上高縣西九十里萬松山法忍寺。寺初無井水，以行汲為病。旌陽許真君過之，拔劒插于千山之間，水泉湧出，味極甘冽。　真君井水，味甘。主潤肺清心，益陰補腎，祛百疾，固真元。久飲之，延年。

五色泉在新昌縣西十里淨慧院。土人取而酌之，五色鮮瑩。　五色泉水，味甘。主消煩渴，補五臟，養精神，悅顏色。久飲不飢、辟穀。

聰穎泉在新昌縣北五十里吉祥山，味甘冽。相傳久飲令人穎慧。　聰穎泉水，味甘。主清熱止渴，潤肺滋陰，益智慧，開迷懵。

西峰井水在饒州府南百里。唐西峰禪師以錫杖插地而成此井。味甚甘冽，雖大旱不竭。　西峰井水，味甘。主洗滌胸膈垢膩，消胃中痰涎，利耳目，除煩熱，消痰嗽。

乳泉在樂平縣西四十里石研山，色白味甘如乳。　乳泉水，味甘。主補中助胃，益血添精，寧心志，止煩渴，消痰涎，降逆氣。

馬祖泉在安仁縣東馬祖岩。其水從山腰直下，飛瀉百餘丈。　馬祖泉水，味甘。主消渴大熱，養氣和中，蕩去胃中宿垢痰涎，補益心經神衰血耗。

谷簾泉在星子縣西三十五里。瀑廣如簾，布岩而下者三十餘派。陸羽《茶經》品為第一。味極甘美而馨。　谷簾泉水，味甘。主潤肺清心，補中益氣，安和四體，總理百骸，止渴生津，滌煩消垢。久飲之，悅顏色，烏髭鬚，黑髮髩，延年辟穀。陸鴻漸品為第一。

瀑布泉在星子縣西十五里匡廬山開先寺之側。桑喬山疏云：瀑布源出漢陽，方冬泉脉微弱，循崖而流，涓涓然如一綫。春夏汎濫，直落霄漢間，如垂匹練。日光灼之，燦爛作黃金色。倏為驚風所掣，則中斷不下。久之，忽飄入雲際，如飛毬捲雪、迸珠散玉。頃刻萬狀，殆難以名言也。廬山之南，瀑布以十數，皆待積雨方見，惟開先之瀑不窮，掛流三四百丈，望之如懸索。水所注處，石悉成井，深幽不可測。　瀑布泉水，味甘。主補精神，益臟腑，潤燥止渴，降氣消痰，清利頭目，澤滑肌膚。久久飲之，返老還童，變白為黑。

溫泉在建昌縣黃龍山下。其水四時常暖，以生物投之即熟。白居易詩：一眼湯泉流向東，浸泥澆艸暖無窮。驪山溫水因何事，流入金鋪玉甃中。　溫泉水，暖脾胃，和血脉。不宜常飲，止可洗浴，治諸瘡疥。

神泉在九江府南二十五里錦繡峰下。道士皇甫坦劚菴側，應手出泉，味甚甘冽。　神泉水，味甘。主消渴身熱，煩滿口渴，利胸膈，化痰涎。久飲明目輕身。

甘泉在德化縣南甘泉驛之傍。泉極甘冷，飲之有餘香。　甘泉水，味甘。主清心補脾，潤燥滋化源，益腎強陰，固虛理羸弱。

天池水在九江府西南五十里山谷中，四時湛碧，澄泓不竭。　天池水，味甘。主潤肺經火燥，滋腸胃焦枯，治老人痰欬虛嗽。

烏石泉在德安縣北八里烏石山之半。味甚甘冽，行者利之。　烏石泉水，味甘。主和中降火，解暑消煩，明耳目，利胸胃。

黄漿泉在彭澤縣東南四十里黄漿山之頂。泉水瑩潔，隆冬不涸。宋黄鵬舉詩云：清泉徹底瑩無泥，喚作黄漿恐未宜。若見洞仙還寄語，佳名當换碧琉璃。　黄漿泉水，味甘。主清心潤肺，解暑消酒。令人身輕不飢，肌肉悦澤，明目益精，利小便，除淋閟，溼熱黄疸，小腹滿痛。

玉壺泉在彭澤縣南四十里石壁山，下有玉壺洞，泉流不竭，味極甘冽。宋時縣僚祈雨山中，見石壁有題詩云：洞前流水碧如苔，洞口桃花撲面開。轉頭望斷意不斷，長嘯一聲須再來。墨蹟未乾，亟追之不得。　玉壺泉水，味甘。主補五臟，安精神，益氣除熱，解渴消暑，去酒積。

生生泉在廣信府城察院堂西。皇明余姚翁大立記云：嘉靖丙午，予以刑部郎中審錄江西，踰年五月至廣信，即御史臺居之。將復命，從史皆病疫。臺中有怪物，狀類狗而大，每夜分即來，來即滄廚具去。繚垣無竇，扃戶皆弗啟也。時信城大疫，民間鳴金伐鼓驅疫鬼，聲徹昏曉。從史聞之，皆恐恐畏死，泣且告予。予乃肅衣冠，藏燈密室待之，夜分果來，命隸人遮擊，擊數百乃死，疫者疑稍解。忽夢神人語曰：君從者病，惟天乙生能治之，明日且至。明日為六月朔也。予蚤起戒門者曰：有稱天乙生者至，毋留門。日晡無報至者。予循除散步，且疑且思。忽堂之西偏，有地津津然。以物發視，至尺許，清泉湧出。實從乾方來，若噴沫狀，飲之寒且甘。予喜曰：天乙生水，神人告我哉！遂命疫者，人飲數瓢即愈，既而城中疫者群飲之，無不愈。乃命工採石甃為井，而名曰生生。　生生泉水，味甘。主傷寒寒熱，頭目疼，骨節痛，煩渴大熱，疫厲時行，四時不正之氣，著人成病及瘧痢霍亂，痰厥迷悶。

巖山泉在廣信府北巖山石壑中，味甘而冽。　巖山泉水，味甘。主潤肺經火燥，止口渴，解暑熱，消酒積。

一滴泉在廣信府西南數里南岩石穴中。朱晦翁詩：南岩兜率境，形勝自天成。崖雨前楹下，山雲後殿生。泉堪清病目，井可濯塵纓。五級峰頭立，何須步玉京。　一滴泉水，味甘。主消宿酒，除煩渴，治頭風顛倒昏眩，耳鳴目痛。

天井水在廣信府銅山之頂。井廣丈餘，上有倒懸石，可四五丈，如蓮花覆蓋。其水碧色，莫測淺深，春夏不增減。天欲雨，井中即有白霧上騰。　天井水，味甘。主潤肺渴，生津液，涼心腎，治血枯，除煩熱，狂悶不安。



冰壺泉在鉛山縣南六十步教場山下，泉水清冽。　冰壺泉水，味甘。主清心胸，退實熱，益氣除煩滿，明目，利小便。

石井在鉛山縣東北四里資聖院之後，週迴六丈，深二三丈，有岩去水二丈，三面回抱，瞰于井上，石文隱起，錯鏤垂下，如蓮花倒生。縣多膽水，味澀，此水獨甘。其流晝夜涓涓不息。　石井水，味甘。主明目，利耳竅，清心益腎，潤肺生津液，除熱止欬。

石龍泉在撫州府西南三十里。泉上有石如龍形，頭尾鱗甲皆具。泉水澄澈甘美。謝竹友有揭來龍泉上，杖屨隨沙鷗之句。　石龍泉水，味甘。主益肝明目，止目淚，除風，榮養陰血，黑髮烏鬚。

馬蹄泉水在撫州府西四十里龍會山，有四穴如馬蹄，水清冽。　馬蹄泉水，味甘。主清胸膈，滌胃腑，利小便，治淋瀝，止渴除熱。

崇仁泉在崇仁縣西四十里崇仁山絕頂。泉水冬夏不竭。吳曾詩云：有泉日日來，但覺聲涓涓。縈紆若虵走，往注山腹田。　崇仁泉水，味甘。主利頭目，潤心肺，定喘急，消痰涎，蕩去膈中垢膩。

伯清泉在金谿縣東二里。泉出石穴中，味甘而冽。　伯清泉水，味甘。主滋潤肺經燥熱，清涼臟腑燔熾。生津止渴，補髓填精。

石眼泉在金谿縣東二里。水從石罅流出，味極清甘，冬夏如一。　石眼泉水，味甘。主除勞熱欬嗽，涕唾稠粘，肺癰肺痿，雲門、中府隱隱作痛。

月寶泉在金谿縣南四里翠雲山。有岩洞，正圓如月。泉出其中，味特甘美。陸梭山詩云：玉兔爰作泉，飲之化為石。規圓立山趾，萬古終不息。應厭舊經躔，盈虛多闕夕。自從寄茲蹤，表表無晦蝕。光彩雖輪埋，體素得不易。神物豈終潛，早晚照九域。　月寶泉水，味甘。主滋陰益血，潤肺生津，解暑除煩，消痰止渴。

躍馬泉在金谿縣翠雲山。泉水涓涓，清甘味勝。曾艇齋詩云：山靈從何來，崩騰躍萬馬。初疑夫差軍，水犀光照夜。又疑闞與戰，聲撼武安瓦。森然毛骨竦，舌拄不能下。對此神驂姿，可以一戰霸。　躍馬泉水，味甘。主除嘔吐霍亂，利下裏急，窘迫不快，寒熱鬼瘧。

試茗泉在金谿縣翠雲山。味清冽而甘，頗為諸泉之勝。王安石詩云：此泉地何偏，陸羽未曾閱。坻沙光散射，竇乳甘潛洩。靈山不可見，嘉艸何由掇。但有夢中人，相隨掬明月。　試茗泉水，味甘。主清心家火熱，消膈上稠痰；止渴解酒，祛痰潤肺。

玉斧泉在金谿縣南塗黄嶺下。宋提刑鄒極置別墅于其傍。時有道人，自稱姓呂，來輒索酒。飲酣假枕，公以珊瑚枕與之，戲擲地而碎，袖往井中浣濯復完。隨于井上書玉斧泉三字。人于井上頓足，則起二泡，合成呂字。又傳洞賓于郝壁間，畫一圓圈，徑不滿寸，樓閣女樂皆具焉。洞賓躍入，圖亦漸褪。夫人急以衣裾印之，遂成一圖，子孫世藏于家。　玉斧泉水，味甘。主潤肺止渴，除熱保神。久飲辟穀，不飢延年。

鰲頭泉在金谿縣治前鰲頭山。其山下瞰溪流，如靈鰲赴海之狀。泉當山之腰，涓流不窮，味甘而冽。　鰲頭泉水，味甘。主清心益胃，利五臟，調諸氣，降各經火邪。

玉女盆水在建昌府東十里芙蓉山之頂。上有磐石，週迴十數尺，盆深僅咫。泉湧味甘，寒暑不竭。　玉女盆水，味甘，主補五臟六腑，益精神血脉，潤燥生津，利痰治欬。

丹泉在建昌府西三谷石穴內，丹砂中流出。　丹泉水，味甘。主鎮心神，除驚狂，涼煩熱，悅顏耐老。久飲，返邁成童。

神功泉在建昌府麻姑山三峽橋。泉出石隙中，味極甘冽。取以釀酒，即麻姑酒也。故老相傳：先年泉出如酒，色微紅，飲之醉人，想為諸仙丹液。後人以穢器取之，色變味淡。然比他水，尤勝絕。　神功泉水，味甘。主補五臟六腑，榮養肌肉血脉，生精神，治五勞七傷。久飲，輕身不老，延年辟穀，役使鬼神，飛行羽化。

乳泉在廣昌縣西北七十里聖栖岩。泉水甘冽，宜于烹瀹。古詩云：妙哉雙古乳，玉液清涓涓。攀蘿躡石磴，一飲消煩煎。　乳泉水，味甘。主潤肺除熱，生津止渴，益精神，通脉絡，利耳目，悅顏色。

靈泉在廣昌縣東北二十里寶陀岩。疫者得杯勺輒愈。國朝冢宰何文淵詩云：仙人西方來，手持白玉斧。劈開蒼石岩，雲煙互吞吐。高空千餘丈，深闊五十步。四時總是秋，六月不知暑。清泉繚石澗，香風繞牕戶。雲移樹影斜，花落雞唱午。龍歸月正圓，犬吠天欲曙。山搖覺撞鐘，林響初擊鼓。天台與蓬島，未必能勝此。來遊住三日，酷愛神仙府。題詩鐫石壁，記我為岩主。　靈泉水，味甘。主清心火，除肝經風熱，明目退翳，治溫疫頭疼大熱。

佛面泉在廣昌縣德興里，從石壁中湧出，潔白如乳。泡沫皆肖佛面。　佛面泉水，味甘。主清肺除熱，益五臟，消宿酒，解暑毒。生津液，消煩渴。

鳴玉泉在金谿縣翠雲山。泉聲淙淙如鳴珮，味甘冽。謝邁詩云：山路秋陽何赫赫，山亭淒涼多秋色。豈惟醉耳玉琮琤，照眼寒光如練白。舊聞瀑布垂雲間，恍疑銀河墮天闕。西望香爐不得往，箇中元有小廬山。　鳴玉泉水，味甘。主涼心膈，益肌肉，保肺氣，去面上䵟䵳，好顏色。

黃蜂泉在金谿縣西三十里，寬不盈畝，而泉脉星燦，多于蜂房，味甘宜飲。　黃蜂泉水，味甘。主益脾胃，養肝血，止嘔逆，明目，去目中障翳。

府治泉在吉安府治垣壁中石隙流出，其源來自安福，味極甘美，宜于烹瀹，為郡中第一。元時監郡者增培府治基址，泉遂涸焉。國初莫已知為守，夷平之，泉湧如噴珠。　府治泉水，味甘。主補益精神，滋榮臟腑，除燥熱，止煩渴。

東坡井水在廬陵縣米巷。相傳東坡遊清都，曰：此地好開井。市人隨指處浚鑿，得泉甚甘冽。　東坡井水，味甘。主清胸膈，涼三焦，降有餘之火邪，滋不足之真水。

觀山泉在泰和縣觀山，從石穴中湧出，冬夏不竭，味甚甘冷。黃魯直有觀山平尺夜泉寒之句。　觀山泉水，味甘。主清肺除熱，利竅通淋，開心益智，止渴生津液。

玉溪泉在泰和縣西五十里傳擔山絕頂，凡四十八竅而合為一者，又名六八泉。味極清冽。　玉溪泉水，味甘。治傷寒瘟疫大熱，口渴煩悶，胸膈痞滿，噫氣吞酸。

聖嶺泉在永豐南二十里聖嶺之巔，深闊丈餘，大旱不涸，每風雨晦冥，見有金鴨出沒其中。　聖嶺泉水，味甘。主五臟邪氣，腸胃痼熱，心胸浮熱，消渴，利小便。

醴泉在永豐縣南百六十里，宋楊仙師所居之地。土人艱于行汲，師以柱杖卓地，水湧出如醴。　醴泉水，味甘。主補中益氣，安和臟腑，悅顏耐老，延年不飢。

龍洞泉在龍泉縣西北五十里蓬萊嶺，泉水直垂百仞，味極甘冽。　龍洞泉水，吐甘。主治中風風邪，頭目腦角痛，手足拘急不能動。

聰明泉在永新縣二十里外義山下。水出石中，甘冽宜茗。宋劉沆詩云：義山之下有靈泉，泉號聰明自古傳。四百年中三出相，不才何幸繼前賢。　聰明泉水，味甘。主補元氣，滋腎陰，開達心孔，益人智慧。

漿山泉在永寧縣西三十里漿山之頂，味甚甘冽。　漿山泉水，味甘。主和脾胃，補不足，除熱止渴，利肺寧志，扶衰養老。

仙井在永寧縣南鄭溪。相傳此地苦無井，是呂仙經此，取椀覆米于地，指曰：七日後當得泉。如期啟椀，(上)〔土〕陷而水湧，味甚甘。　仙井水，味甘。主消煩熱，益精神，多睡而能醒，少睡而能寐。

醴乳泉在新喻縣西三十里。黃山谷嘗過此，飲而甘之，曰：惜張又新、陸鴻漸輩不及知也！因題其傍石柱曰醴乳。　醴乳泉水，味甘。主補益精神，滋充百脉，安五臟，利三焦。

白乳泉在峽江縣南四十里玉笥山。　白乳泉水，主養老人血液衰，大便秘澀，上沖胃脘，食不納。

宜春泉在宜春縣側。從地湧出，夏涼冬溫，澄碧如鑑，瑩媚如春。味極甘冽，飲之宜人，故以名縣。　宜春泉水，味甘。主和脾胃，潤三焦，益五臟，悅顏色，延年耐老，清熱止口渴，明目利小便，滑澤肌膚，返白還黑。

磐石泉在宜春縣江心，有石如枰，大可五尺，平坦可憩。遊者每至此，酌水為樂。宋黃叔萬詩云：離火自天爍，溫泉由地生。我來須曉汲，聊用濯塵纓。　磐石泉水，味甘。主消煩渴，清暑熱，潤肺生津，蠲痰止欬。

神泉在分宜縣南二里鈐岡，泉水可以愈疾。唐張景修有江抱羅村盤玉帶，地開石井湧銀濤之句。　神泉水，味甘。主辟厲氣，治傷寒時疫，噎膈反胃，霍亂吐逆。

廉泉在贛縣東南隅光孝寺。宋元嘉中，一夕忽湧地為泉，時以歸功太守，故名。蘇子瞻詩云：水性故自清，不清或撓之。君看此廉泉，五色爛摩尼。廉者為我廉，何以此名為。又云：贛水雨已漲，廉泉春未流。同烹貢茗雪，一洗瘴茅秋。　廉泉水，味甘。主清涼臟腑，蕩滌垢膩，止口渴，祛炎暑，消煩煎。

甘酸泉在雩都縣東紫陽觀內。泉水甘酸，間日易味。甘日汲以釀酒，特美。宋洪邁四言詩云：毖彼甘泉，出自東方。發源雩山，鍾于紫陽。冰清玉潔，源深流長。君子至止，鑑亦有光。挹之不竭，漱玉流芳。　甘酸泉水，主養脾胃，充肌肉，益肝膽，榮筋脉、爪甲，黑鬚髮，取以釀酒最佳。

葛仙泉在興國縣西北二里，治平觀外。井深三十餘尺，底有亙石，泉從竅中湧出，味特甘美殊勝。　葛仙泉水，味甘。主益精神，補五臟，滋榮血脉，却疾延年。

玉珠泉在興國縣東十五里靈山之麓，其味清冽，冬夏如一。　玉珠泉水，味甘。主潤肺，消煩熱，滋陰退虛火，生津液，解暑渴。

仁峰泉在會昌縣西百里仁峰石室內。冬夏不涸，飲之可以愈疾。　仁峰泉水，味甘。主治風邪中人，偏枯癱瘓，口眼喎邪，四肢不舉，傷寒時氣，瘧痢吐下。

陸公泉在瑞金縣西南一里。宋大觀中，縣尹陸藴，搜尋勝跡，得唐人陸藻軒前山色依然綠，溜下泉聲漱玉寒之句，因于石竇間浚得此水，故以其姓名泉也。　陸公泉水，味甘。主涼三焦火熱，潤肺經燥涸，生津液，止煩渴。

飛錫泉在瑞金縣北二十五里靈應山，寺初艱于汲水，有禪僧飛錫東行，泉如雲湧。　飛錫泉水，味甘。主補元氣，明耳目，益精髓，壯筋骨，澤肌膚，悅顏色。

石龜泉在南安府城西北隈寶界寺法堂之後。初掘井及泉，下有石龜，水從龜自而出，烹瀹最佳。　石龜泉水，味甘。主滋腎益陰，明目補精，消煩熱，退虛火。

上徙泉在南安府東南二里，東山苦于汲，有僧性定者，以符呪之曰：泉且上來，與老僧徙鉢。逾時，香積傍石竇出泉，甚甘冽。　上徙泉水，味甘。主和氣血，充腸胃，調脉絡，止渴生津，消煩清暑。

點石泉在南安府庾嶺上。唐六祖大鑒禪師，自黃梅傳衣鉢回曹溪，五百僧爭之，追至大庾嶺，久立告渴，祖拈錫杖點石，泉湧，清泠甘美，眾駭而退。　點石泉水，味甘。主清心潤肺，利六府，明耳目，止渴生液。

九眼泉在南安府治之東，相去七十步，井深而水冽。石其底，如盤而九竅，涓涓無已，春夏不窮。　九眼泉水，味甘。主消痰涎，定喘急，去垢膩，滌邪穢，清熱解暑。

玉字井水在大庾縣東南隅玉字街，味甚甘美。　玉字井水，味甘。主除熱明目，清痰抑火，解酒毒，止消渴。

巴蜀諸泉：　三昧泉在彭縣西三十里至德山，泉自石竇噴冽，方大如斗，不竭不溢。相傳即知玄國師洗人面瘡之處。至今疾者澆之多效。○附《水懺序》：昔唐懿宗朝，有悟達國師知玄者，未顯時，嘗與一僧邂逅於京師，忘其所寓之地。其僧乃患迦摩羅疾，眾皆惡之，獨知玄與之為鄰，時時顧問，略無厭色。因分袂，其僧感其風義，祝之曰：子向後有難，可往西蜀彭州茶隴相尋，山有二松為誌。後悟達國師居安國寺，道德昭著，懿宗親臨法席，賜沉香為法座，恩渥甚厚。自爾忽生人面瘡於膝上，眉目口齒俱備，每以飲食餧之，則開口吞啖，與人無異。徧召名醫，皆拱手默默。因記昔日同住僧之語，竟入山相尋，值天色已晚，彷徨四顧，乃見二松於煙雲間，信期約之不誣。即趨其所，崇樓廣殿，金碧交輝。其僧立於門首，顧接甚歡，因留(宿)，遂以所苦告之。彼云：無傷也。巖下有泉，明(旦)濯之即愈。詰明，童子引至泉所，方掬水間，其人面瘡遂大呼：未可洗。公識達深遠，考究古今，曾讀《西漢書·袁盎鼂錯傳》否？曰：曾讀。既曾讀之，寧不知袁盎殺鼂錯乎？公即袁盎，吾即鼂錯也。錯腰斬東市，其冤為何如哉？累世求報於公，而公十世為高僧，戒律精嚴，報不得其便。今汝受人主寵遇過奢，名利心起，於德有損，故能害之。今蒙迦諾迦尊者洗我以三昧法水，自此以往，不復與汝為冤矣。悟達聞之凜然，魂不住體，連忙掬水洗之，其痛徹髓，絕而復甦。覺來其瘡不見，乃知聖賢溷跡，非凡情所測。再欲瞻敬，回顧寺宇，不可復見。因卓菴其所，遂成招提。迨我宋朝至道中，賜名至德禪寺。悟達當時感其殊異，深思積世之冤，非遇聖人，何由得釋！因述為懺法，朝夕禮誦，後傳布天下。今之懺文三卷者，乃斯文也。蓋取三昧水洗冤業為義，命之曰《水懺》。此悟達感迦諾迦之異應，正名立義，報本而為之云耳。　三昧泉水，味甘。主治一切痼疾，醫藥難痊、冤愆沉著之病，澆洗奇惡諸瘡。

牛跑泉在灌縣青城山老君觀內，味甚甘美。昔老子與天皇真人會真之所。老子所騎青牛跑地出泉也。　牛跑泉水，味甘。主潤燥生津，益精補腎。久飲延年，辟穀不飢。

林泉在新津縣南里許脩覺寺，左右各有一井。春夏汲東，秋冬汲西，味斯甘冽殊勝，反之便不佳矣。　林泉水，味甘。主清心火，治肺熱，益胃氣，除煩解暑，利竅通淋。

麗甘泉在仁壽縣南一里麗甘山下，是十二玉女故迹。以玉女美麗，泉水味甘，合而名其山。　麗甘泉水，味甘。主補五臟六腑，退三焦火熱，潤喉吻，益智慧。

靈泉在仁壽縣靈泉院中。一名譚子池。宋進士郭周藩詩述之甚悉：　靈泉在山頭，酌之不盈巵。試詢陵陽叟，云何譚子池？一叟為我言，郡有譚叔皮。在唐開元末，生兒名阿宜。墜地解言笑，九歲森髯髭。不食且不飲，超然忘渴飢。十五銳行走，夐若神駒馳。二十入山林，人莫知所之。父母念不泯，鄉人為立祠。大曆元年春，此兒忽來歸。頭簪鳳凰冠，身着霓裳衣。再拜向父母，一吐心中詞：　兒乃仙子流，塵市不可羈。鄉人意雖厚，立祠將焉為。妖魅一朝據，作祟無休期。急為告鄉人，毁之勿遲遲。祠下多金藏，不知使何時。盡取濟不給，幸勿藏於私。言訖即辭去，仙袂風披披。於焉撤祠宇，突兀成平夷。果獲千黃金，貧匱得所資。金盡泉繼湧，湛若青琉璃。不滿亦不涸，旱澇恒若斯。禱之立有應，翕如塤協篪。由來羽化人，出處同鬱儀。去今數百載，跡在名還垂。　靈泉水，味甘。主傷寒邪熱，煩躁不安，發狂奔走，踰垣上屋，飲數杯愈。又治目赤疼痛，昏蒙障膜，〔及〕肺燥口渴。

旌陽井水在德陽縣東關內。晉太康初，許真君遜為旌陽令，浴丹於此。其水清冽，暑月飲之最宜。半倚江岸，漲減不崩。　旌陽井水，味甘。主消肺渴，滑肌膚，好顔色，祛炎暑，久飲延年駐景。

神泉在安縣西三十里。泉有十四穴，甘香異常，飲之能瘥痼疾。　神泉水，味甘。主中風痿痹，筋攣踠急，厲風手足廢壞，膨脹吐血勞瘵，時行目痛，焮赤發腫。

靈液一名天池。在江油縣天池山，山高九十二丈，池在其巔，周迴二十三步，味極清冽，春夏如一。　靈液水，味甘。主補肺金不足，腎臟虧乏，陰火上騰，身熱骨細。

甘泉在石泉縣北二里，極清徹甘美。　甘泉水，味甘。主清三焦，補五臟，益精氣，除大熱，和中止渴。

卓錫泉在閬中縣繖蓋山，高僧羅什住此，初苦無水，僧以杖扣岩，泉水湧出。　卓錫泉水，味甘。主解暑氣，去丹瘤熱毒，潤肺燥，止口渴。

鼈靈泉在閬中縣東北十里鼈靈山之頂，味甚清冽。　鼈靈泉水，味甘。主好色人陰虚腎竭，精流不禁，白濁遺溺。

君子泉在巴州東四十里。從岩石中流出，味甚甘冽。　君子泉水，味甘。飲之，令人在朝有忠直之猷，在野有隱逸之志。雖庸衆飲之，亦可少祛俗慮。

報國靈泉在劍州劍閣之側。唐僖宗巡幸至此，有疾飲之即愈，故名。《劍南詩藳》有滴瀝珠璣翠壁間，昔年曾得奉龍顔之句。　報國靈泉水，味甘。主風寒邪氣，頭痛煩滿，暑氣侵著成瘧。

蘇公泉在潼川州東三里普惠寺中。味甘而潔。昔老蘇好飲此水，故名。　蘇公泉水，味甘。主消煩熱，潤枯槁，生津液，解口渴，升陰降陽，燮理元氣。

飛龍泉在鹽亭縣負戴山，水色清冷，味極甘冽，有璚漿之美譽。　飛龍泉水，味甘。主補五臟六腑，益精神，止渴生津，除煩解暑。

破石井水在安岳縣西，乃一巨〔石〕，破而得水，味甚甘冽。　破石井水，味甘。主清暑邪，解酒毒及〔丹〕疹赤斑，一切熱毒。

金釵泉在江津縣西周溪上砂磧中。淺水一泓，周五六尺，有金釵影映于水際。《異物志》云：　在昔天旱，水泉皆涸，有周姓婦孝其姑。姑病渴，思得甘泉。其婦徬徨，至周陽山下，遇一叟，曰：　能與吾釵，則泉可得。婦拔釵授之，墜于地而泉出。　金釵泉水，味甘。主益老人，添津液，助血氣，止口渴，消煩熱。

玉版泉在銅梁縣南十五里巴岳山上。味甘冽而不窮。相傳昔人斸井得玉版。　玉版泉水，味甘。主滋養血氣，充調脉絡，止消渴，定痰喘。

孔子泉在巫山縣東北三百步石穴中流出，清泠甘美，迥異他水。其傍居民童子率能書。王梅溪詩：　巫山孔子泉，可飲仍可祈。泉傍人幾家，聰慧多奇兒。　孔子泉水，味甘，治煩渴，心火上炎。久飲令人開心益智，聰慧能詩書。

噴霧泉在梁山縣東二十里蟠龍山。山下有二石龍，首尾相蟠，泉出其傍。懸岩二百餘丈，噴薄如霧。張無盡留題云：　水味甘腴，偏宜煮茗，非陸羽莫能辨。范石湖以為天下瀑布第一。古詩有云：　人言此地無六月，呼取大斗酌甘潔。一顧令君塵累祛，再顧令君消內熱。昔人極言泉之佳美，已見於辭矣。　噴霧泉水，味甘。主潤肺燥，抑心火，益精元，榮血脉，止渴生津，消煩退熱。

寒泉在梁山縣西十里許西龍鎮，味甘而冽。　寒泉水，味甘。主〔清〕涼臟腑，滋灌三焦，生津液以制亢陽，助真陰而消煩熱。

甘和泉在開縣西北里許盛山蓮臺之傍，味甘色白，宜茗。　甘和泉水，味甘。主益脾胃，固真元，生津液，止口渴，治口淡怔忡。

安樂泉在敘州府南門外一里，宋黃山谷品其水為第一，又作《泉頌》，引云：鎖江安樂泉，為僰道第一。姚君玉取以釀酒，甚清而可口，飲之令人安樂，故為作頌：姚子雪麴，杯色爭玉。得湯郁郁，白雲生谷。清而不薄，厚而不濁。甘而不噦，辛而不螫。　安樂泉水，味甘。主補五臟，安精神，生津液，填骨髓，久飲令人四體安和，忘憂喜樂。

滴乳泉在瀘州城西真如寺，石崖中流出，味甚甘。黃山谷大書滴乳泉三字。其集中亦云：瀘州大雲寺西偏崖石上，有甘泉滴瀝而下。一州泉味皆不及也。　滴乳泉水，味甘。主補益臟腑，充實三焦，榮血分，滋陰水。

三泉在瀘州寶山濬岩間。昔王大過鑿山濬泉，泉味甘冽，榜以茲名。　三泉水，味甘。主潤肺寧心，安神益氣，助精髓，生津液，除煩暑，解口渴。

釀泉在嘉定州城東東岩之半，味甘冽宜釀。蘇子瞻有一時付與東岩酒之句。　釀泉水，味甘。主悅神怡志，健胃和中，釀醞用之，甘香妙勝他水數倍。少飲便覺微暈生春，精神健旺，固西川佳水也。

醴泉在眉州城西八里醴泉山八角井中，甘香如醴。　醴泉水，味甘。主清泠內熱，滋潤燥涸，益精神，和榮衛，止渴生津液，延年，養老人。

老翁泉在眉州蟆頤山東二十里。蘇明允《嘉祐集》云：十數年前月夜，有一老翁，蒼頭白髮，偃息泉上，就之則隱而入于泉。洵甃以石，建亭覆之，而為之銘曰：山起東北，翼為南西。涓涓斯泉，溢溢以瀰。斂以為井，可飲萬夫。里無斯人，將此為誰？山空寂寥，或嘯而嘻。更千萬年，自潔自好。誰其知之，乃訖遇我。惟我與爾，將遂不泯。無竭無濁，以永千祀。梅聖俞寄蘇明允詩：泉上有老人，隱見不可常。蘇子居其間，飲水樂未央。淵中必有魚，與子自徜徉。淵中苟無魚，子特翫滄浪。日月不知老，家有雛鳳凰。百鳥戢羽翼，不滯彼泉傍。　老翁泉水，味甘。主補元氣，益精神，調胃和中，消煩止渴，潤肺燥，蠲痰欬，悅顏色，返老成童。久飲之，壽過期頤之外。

天池水在奉節縣巫山之間，浸可千頃。杜甫詩云：天池馬不到，嵐壁鳥纔通。百頃青雲杪，層波白石中。鬱紆騰秀氣，蕭瑟浸寒空。直對巫山出，兼疑夏禹功。魚龍開闢有，菱芡古今同。飄零神女雨，續斷楚王風。聞道奔雷黑，初看浴日紅。九秋驚雁序，萬里狎漁翁。更是無人處，誅茅任薄躬。　天池水，味甘。主補五臟六腑，養肝明目，上焦虛熱，眩冒時作。治山嵐邪瘧，鬼疰蠱氣。久飲之，延年不飢，輕身羽化。

玉坎泉水在青神縣中岩。黃山谷銘之，有蜀中百泉，莫與比甘之句。　玉坎泉水，味甘。主補胃和中，寧心潤肺，止煩渴，祛炎暑。

虎劈泉在大邑縣西八十里鳳皇山。唐契覺道人結菴于此，有虎為之劈地而泉出，澄潔甘冷，異于他水。　虎劈泉水，味甘。主邪祟為病，鬼疰沈著，心腹痛，乍寒乍熱，山嵐瘧疾。小兒驚啼，癲癇痓痙，大人痛風，周身走注。

甘露井水在雅州蒙山。山有五頂，其最高者名上清峰，井居其巔，水極甘冽，飲之可以療疾。　甘露井水，味甘。主治傷風傷寒，頭痛發熱燥渴，煩悶狂亂。

永泉在四川邊境松潘衛東南五里金蓬山。國朝正統初，都督李安，以劍斫岩而得二水，亦名文武水。　永泉水，味甘。主清熱潤肺，解暑氣，消酒渴，明目益肝，補腎虛，利腰膝。

玻璃泉在四川邊境漳臘衛城下。岩石空洞，泉〔出〕其傍。冬夏淵然，味甘而冽。　玻璃泉水，味甘。主清心抑火，明目去翳，止欬嗽，消煩渴。

溫泉在四川邊境越巂衛東百二十里。泉水四時皆暖，可以療疾。　溫泉水，止可澡浴，治寒溼痹痛，四肢筋攣緩縱及瘡疥諸癬。不宜飲。

**明・姚可成《食物本草》卷四水部・名泉類**　兩浙諸泉

青衣泉在杭州府城吳山紫陽菴之後、青衣洞口。昔有人至此，遇一青衣，問之不答，良久入洞，逐之不見，泉得以名。水出石罅中，清鑒毛髮，甘冽宜茗。　青衣泉水，味甘。主清熱解鬱，潤肺抑火，明耳目，止渴生津液。

吳山井水在杭州府吳山之北，週迴四丈。吳越時，韶國師所鑿。泓澄甘潔，大旱不涸，異於他水。　吳山井水，味甘。主清心降火，解熱毒斑疹，丹瘤赤腫，消暑氣，除酒熱。

沁雪泉在杭州府石佛山。水出石中，甘寒宜茗。方思道題名。　沁雪泉水，味甘。主補腎除熱，潤肺燥，止欬嗽，定喘急，治消渴。

僕夫泉在杭州府孤山巖穴間。宋智圓禪師所居之地。以僕夫藝竹，得於叢莽之中，因名。水味甘冽。　僕夫泉水，味甘。主清煩熱，開鬱悶閟結，利小便，通五淋。

閒泉在杭州府孤山之巔。宋智圓禪師有閒泉澄極頂之句。　閒泉水，味甘。主降三焦火熱，涼大腸，治臟毒下血色黯，止渴生津。

六一泉在杭州府孤山之頂，講堂之後，甚白而甘。蘇子瞻以六一居士歐陽脩與僧惠勤善，故名，更為銘。　六一泉水，味甘。主潤肺燥，涼心熱，疏腠理，解肌發輕汗，清暑氣。

冷泉在杭州府飛來峰石人嶺下。流入西湖，味極甘。宋高宗南渡時，取以製麴釀酒，色紅而氣香。　冷泉水，味甘。主補脾胃，益心腎，使水火相交，陰陽既濟，止渴，生津液。

茯苓泉在杭州府靈隱山。泉傍古松婆娑，泉出石隙中，味特甘香，飲之令人多壽。茯苓泉水，味甘。主補元氣，益脾胃，生精補髓，利水通淋。久飲令人壽考，輕身不飢。

乳竇泉在杭州府上天竺寺南乳竇峰。下有空岩，懸乳如脂，甘和可啖。乳竇泉水，味甘。主補五臟潤燥，生精益髓，明目去瞖，開瞽還瞳。

大悲泉在杭州府天竺寺講堂下，水味甘冽。大悲泉水，味甘。主抑火清心，消痰潤肺，生津液，止煩渴。

參寥泉在杭州府西湖之北，寶雲山智果寺中。蘇子瞻記略云：僕在黃州，夢參寥子賦詩有寒食清明都過了，石泉槐火一時新之句。後七年守錢塘，而參寥子卜居智果院。有泉出石縫，甘冷宜茶。寒食之明日，僕自孤山來，謁參寥子，汲泉鑽火烹茶，而所夢兆于七年之前，因名參寥泉。參寥泉水，味甘。主清心潤肺，調胃益脾，助元陽，滋精髓，止渴，除煩躁。

圓照泉在杭州府南屏山永明院之西隅。味甘冷，大旱不竭。圓照泉水，味甘。主抑有餘火邪上沖，頭目不利，咽喉窒塞，口瘡糜爛。

潁川泉在杭州府九曜山之麓，味甘冽。潁川泉水，味甘。治心腹邪氣，霍亂吐下，四時瘧病鬼疰。

筲箕泉在杭州府赤山之崖，味甘宜茶。筲箕泉水，味甘。主清熱潤肺，益脾和胃，消酒食積，解丹石毒。

定光泉在杭州府法相寺中。寺僧法真者，生有異相，耳長九寸。後唐同光二年至此，依石為室，禪定其中。乏水給飲，卓錫岩際，清流迸出。吳越王方齋僧，永明禪師告王曰：長耳和尚，乃定光佛應身。王即趣駕叅禮。和尚默然，但云：永明饒舌。少頃跏趺而化。至今真身尚存。定光泉水，味甘。主消渴煩躁大熱，氣逆欬嗽，痰火上升。治勞瘵吐衄，陰虛發熱，午後增劇，肢體羸細無力，自汗腰脊酸疼。

虎跑泉在杭州府清波門外西南十里大慈山定慧寺中。國初金華宋景濂序云：唐元和十四年，性空大師栖禪其中。尋以無水將他之，忽神人跪告：自師駐錫，我等徼惠，奈何棄去？南嶽有童子泉，當遣二童移來。翌日，乃見二虎跑山出泉，甘冽勝常。師因留，乃建寺于此。客欲觀泉者，僧為舉梵唄，泉即鼎沸而出，若聯珠然，已而微作湧勢。宋蘇軾詩云：亭亭石塔東峰上，此老初來百神仰。虎移泉眼趁行脚，龍作浪花供撫掌。至今遊人盥濯罷，臥聽空堦環珮響。信知此來如此泉，莫作人間去來想。虎跑泉水，味甘。主清心潤肺，退虛煩勞熱，止消渴，生津液，益老人。

梅花泉在杭州府武林山。泉從地湧，作梅花瓣，若可掇拾。清冽宜飲。梅花泉水，味甘。主清肌骨，潤膈，通幽門，淨潔胃中垢膩，止口渴。

靈泉在海寧縣東六十里菩提山菩提寺之西。初苦無水，有德行僧居此，俄而水從竇出，味甚甘美。靈泉水，味甘。主解渴生津，除煩消暑，和脾益氣，洩酒毒，袪痰熱。

烏龍井水在海寧縣東南七十里。深廣不踰四尺，冬夏不竭。胡隆成詩云：烏龍井中黑雲起，電掣雷轟走神鬼。烏龍捲濤天上來，却向人間作風雨。大風吹海海水渾，大雨洗出珊瑚根。須臾雲散星明朗，黃河直接瑤天門。烏龍井水，味甘。主治瘧疾鬼疰狂蠱，寒熱心腹痛邪氣，婦人產難不下，飲一盃即出。

丹泉在餘杭縣天柱山，味甘冽異常。元張光弼詩云：百年能得幾回來，更酌丹泉飲一盃。莫送魚龍歸大海，海中波浪是塵埃。丹泉水，味甘。主補中，益五臟，利六腑，清頭目，利九竅，止口渴。

偃松泉在餘杭縣西北徑山之陽。泉上有偃松，其陰四垂。松下石泓，激泉成沸。水色乳味甘，宜烹茶。偃松泉水，味甘。主補元氣，滋榮臟腑，好顏色，澤肌膚。久飲之，延年不飢。

窪泉在於潛縣雙溪之側，味極甘潔。蘇子瞻嘗酌以試茶。上有亭，曰薦菊，蓋取子瞻詩一盞寒泉薦秋菊之句也。窪泉水，味甘。主清胸膈，潤肺燥，調元氣，益精神，除熱消煩，生津止渴。

丁東洞水在於潛縣西五十里鷲峰山。洞中泉水涓涓，味甘宜飲。古詩云：渴烏滴盡三更雨，銕騎敲殘六月風。湯餅困來茶未熟，為師搖夢作丁東。丁東洞水，味甘。主涼心肺大熱，煩渴引飲，三焦火盛，小便滴瀝，溺血淋悶。

石柱泉在於潛縣西石柱山。水出石竅，深窅叵測，涓涓不窮，春冬若一，味冽而清，宜於烹瀹。石柱泉水，味甘。主清泠三焦大熱，五志君相七火有餘。

幽瀾泉在嘉善縣東景德寺，清泓無滓，品居惠山泉之次。相傳昔有僧夜坐，忽一女子過之，容色甚麗。僧叱之曰：牕外誰家女？女應聲曰：堂中何處僧？僧起逐之，女投入地，掘得此泉，因以幽瀾名焉。幽瀾泉水，味甘。主潤肺除熱，蠲欬消痰。治丹石藥毒及一切食毒。

虎躍泉在歸安縣道場山。水出石縫中，味甘不竭。蘇子瞻詩有山僧不放山泉出，屋底清流照瑤席之句。虎躍泉水，味甘。主痰滿胸膈，痞急飽悶作疼，咽喉阻塞不利。

金井泉在歸安縣西北二十里卞山金井洞。洞頂出泉，清冽無比。金井泉水，味甘。主蕩邪熱，清肺經，消痰涎，蠲欬嗽，止渴生津液，除煩躁。

玉寶泉在歸安縣西南七十里。水出石罅，味甘宜茗。　玉寶泉水，味甘。主潤肺除熱，降三焦火，滋腎經，添精補髓。

金沙泉在歸安縣西北四十里明月峽。山中產茶異品，泉在沙中不常出，惟將造茶，太守具儀致祭，頃即清溢。供御者畢，泉即微減。供堂者畢，泉即半減。太守造畢即涸。或還旆愆期，則有風雷毒蛇之變。　金沙泉水，味甘。主清神益氣，補胃和中，利肺生津液，消煩止燥渴。

石壺泉在德清縣東南一里乾元山元峰觀內。泉從石穴流出，涓涓不斷，冬夏如一，味甘而清。　石壺泉水，味甘。主解丹石藥毒，消渴煩躁，大熱咽乾津涸。

半月泉在德清縣東北三里百寮山。山有巨石，直下如削，不可攀躋。晉咸和間，梵僧名曇者，過其地，指山石曰：是中有泉。乃卓菴其處，鑿石罅如半月，果得泉，清涼甘美，因名半月泉。宋呂祖謙《募修半月泉疏》略云：斷崖吐月，纔出半規；古甃涵星，尚懷全璧。久矣寶奩之廢，時哉玉斧之修。護此寒清，祓其氛翳。名高詩社，再傳和仲之符；價重帝城，復置文饒之遞。蘇子瞻詩云：請得一日假，來遊半月泉。何人施大手？擘破水中天。　半月泉水，味甘。主補腎滋陰，明目去內障，除心經煩熱，止消渴。

佛眼泉在蕭山縣西十里城山石上，深不盈尺，圍不踰盃，清潔甘美，冬夏不竭。　佛眼泉水，味甘。主清冷臟腑大熱，掃目中雲翳，生津潤燥。

香泉在蕭山縣西南數里獅子山之頂，廣四尺，深尺許，清冷不涸。劉伯溫詩有逝川無停波，急絃有哀音之句。　香泉水，味甘。主清心胃火邪，潤大小腸，利胸膈，化頑結痰涎。

冠山泉在蕭山縣西十七里冠山之巔，味甘冽宜茗。　冠山泉水，味甘。主益胃腑，利小腸，瀉痞滿，除諸熱，和脾止渴。

龍泉在餘姚縣靈緒山之半，從石隙中出，味甘宜飲。　龍泉水，味甘。主解酒及熱毒，丹石藥發毒，消積血，通利大小腸。

華清泉在餘姚縣東北嚴子陵故里、客星山之半。昔有人得一鰻于泉，持歸，臠而烹之，俄而失鰻。後數日見其游泳于泉，而有臠痕，疑其為龍云。　華清泉水，味甘。主祛鬼疰邪癘。中有龍物，水之深洞幽奧叵測，不可久飲。

姜女泉在餘姚縣西五十里姜山。味甘潔，有木葉蔭覆之。去葉，其水便渾濁。　姜女泉水，味甘。主火氣上升，肺經受邪，欬嗽吐衄，熱狂煩悶。

淨凝寺池在餘姚縣西五十里姜女泉之傍。廣不及丈，旱不涸，雨不盈。寺之烹飲，皆取給焉。池中艸常蕪沒，僧稍芟治，泉即竭，祈禱久之，乃如故。　淨凝寺池水，味甘。主清心潤肺，抑火除熱，生津液，止燥渴。

一滴泉在新昌縣西十五里南岩山滴水岩。岩下清泉一滴，烈日凍雨，皆無盈縮。其味清甘，甲于衆泉。　一滴泉水，味甘。主治目生障翳，用點兩眦甚良。又止渴，治咽痛。

窪樽泉在奉化縣二十里新嶺山。嶺狹而長，凡七十二曲，有天然石磴，泉出甚冽。杯飲只給一人，行者以次取飲不竭。　窪樽泉水，味甘。主清肌熱，潤肺生津液，止煩渴，抑胃火，寧嗽消痰。

白鹿泉在象山縣象山之半。水味甘潔無比，時有白鹿來飲，逐之即不見，因刱亭其側，曰白鹿飲泉亭。　白鹿泉水，味甘。主補五臟，益真氣，止渴潤肺生津，解諸草藥毒。

鳳躍泉在象山縣西北鳳躍山之頂，味甘可飲。　鳳躍泉水，味甘。主保肺氣，滋腎陰，生津液，止煩渴，益智慧，開心明目。

滴滴泉在黃岩縣西北瑞岩山，澄泓甘潔，宜茗。　滴滴泉水，味甘。主抑火清心，利痰寧肺，治欬嗽，益肝經衰弱，明目。

錫杖泉在天台縣天台山國清寺中。普明禪師止寺之半岩，艱于得水，以杖扣石而清泉湧出，味極甘美。　錫杖泉水，味甘。主利肺氣，調榮衛，和脉絡，止渴生津，除煩消暑。

瀑布泉在天台縣天台山之瀑布岩，飛流千丈。陸羽品為天下第十七水。餘姚虞洪入山採茗，遇一道士牽三青羊，引洪至瀑布岩，曰：吾丹丘子也。聞子善具飲，常思見惠。山中有大茗，可以相給。　瀑布泉水，味甘。主補益五臟六腑，助精神，扶衰老，生津止渴。久飲延年不飢，輕身羽化。陸鴻漸品為天下第十七水。

老松泉在永嘉縣治東華蓋山。昔人于松根得泉，甘而且冷，謝靈運與從弟書云地無佳井，賴有山泉者，此也。　老松泉水，味甘。主補脾胃，助元氣，利水道，生津液，止消渴，久飲輕身耐老，童顏黑髮。

飲鶴泉在永嘉縣西甌浦山，味甚甘冽，恒有白鶴來飲。　飲鶴泉水，味甘。主清神益氣，補元陽，和胃助脾，止洩。久飲之，好顏色，滑肌膚，還老成童，變白返黑，延年輕身。

玉乳泉在永嘉縣西甌浦山。水出石坎中，味甘冽。　玉乳泉水，味甘。主補五臟，助元氣，養老扶衰，生津液，解口渴。

大羅泉在永嘉西南大羅山，水出石穴中，清泠甘潔。　大羅泉水，味甘。主消渴益氣，止小便，療口瘡，治女月閉不行。

沐簫泉在樂清縣西白鶴山。水出石中，味甘而冽。相傳為子晉吹簫之處。　沐簫泉水，味甘。治耳聾，滴少許入耳中。又磨刀劍，令不鏽也。

屑玉泉在樂清縣白石山，從石縫流出，味甘冽。　屑玉泉水，味甘。主潤胸膈，化痰涎。治虛羸少氣，補不足。久飲不飢健行。

龍鬚泉在樂清縣盤谷山，甘潔可飲。　龍鬚泉水，味甘。治諸骨鯁，安神定志，益精氣，利小便，辟不祥。

雁蕩湖一名龍湫。在樂清縣雁蕩山。山跨樂清、平陽二縣，上有飛泉，如傾萬斛，水從天而下。頂上有湖，方十餘里，水常不涸。雁之春歸者，留宿于此。宋沈括《筆談》云：雁蕩山，天下奇秀。自下望之，高若峭壁；從上觀之，適與地平。其山高一萬八千丈，湖當絕巘，水之清瑩甘冽，自與塵濁之地者迥別。古詩有天台雁蕩天下奇，有生不往將安之？唐僧貫休詩云：雁蕩經行雲漠漠，龍湫宴坐雨濛濛。　雁蕩湖水，味甘。主益精神，補元氣，扶衰振弱，滋腎寧心，解暑消酒，生津止渴。

劍鋒泉在樂清縣雁宕山馬鞍嶺谷中。泉出石罅，直上指二尺，形如立劍。自遠望之，則光明瑩潔而搖動。　劍鋒泉水，味甘。主消渴大熱煩悶，狂躁不安，潤肺涼心，抑火清胃。

龍鼻水在樂清縣雁宕山之東谷，有岡如龍形，鼻端有孔，泉從孔湧出，味甘宜茗。又可點目去瞖。　龍鼻水，味甘。主潤臟腑，清三焦大熱，點去目中花瞖，解煩渴。

漱玉泉在平陽縣西南五十里蓋竹山。水出石中，味甘而冽。　漱玉泉水，味甘。主清神寧志，治虛勞，滑腸利竅，通血脉。

水仙泉在縉雲縣仙都山，水出石罅中，大旱不涸。　水仙泉水，味甘。主目盲白瞖，利大小便，止赤白下痢，消躁渴。

馬蹄泉在松陽縣東橫山，泉水湧出石坎。唐戴叔倫詩：偶入橫山寺，溪流景最幽。露涵松翠滴，風湧浪花浮。老衲供茶盌，斜陽送客舟。自緣歸思促，不得更遲留。　馬蹄泉水，味甘。主補五臟，利六腑，瀉三焦火熱，治咽喉疼痛。

煉丹泉在松陽縣上方山，泉出岩中，大旱不涸。相傳唐進士毛文龍好黃老，隱此煉丹。沈晦詩云：學道空山歲月深，丹成初試馬蹄金。猶餘一勺丹泉井，洗盡人間名利心。　煉丹泉水，味甘。主補中益氣，養精神，悅顏色，生津液，止消渴。久飲延年耐老。

靈泉洞水在遂昌縣東數里飛鶴山。洞可傴僂而入，中有鳴泉淙淙。徐貫有止水半潭清似靛之句。　靈泉洞水，味甘。主清心經火熱，滋肺臟燥涸，潤腸胃，解暑氛，治消渴，下氣消積塊。久飲延年不飢，滑澤肌膚。

玉壺湖水在金華縣長山之巔。山高一千餘丈，上有雙巒，曰玉壺，曰金盆。壺中有湖，名徐公(壺)〔湖〕，週迴四百八十步。有徐公者至此，逢二人共博，自稱赤松子、安期生，酌湖水為樂以飲之。徐公醉臥，及醒，不見二人，而宿莽攢聚身上，因名徐公湖。湖水清瑩無滓，甘冽勝于他水。　玉壺湖水，味甘。主補精神，益榮衛，潤肺寧心，保神定志，開智慧，好顏色，延年耐老，輕身不飢。

天池泉在蘭谿縣洞岩山飛來峰下，清鑑毫髮。元于石詩云：萬疊嵐光冷滴衣，清泉白石鎖煙扉。半山落日樵相語，一徑寒松僧獨歸。葉墜誤驚幽鳥去，林空不礙斷雲飛。層岩峭壁疑無路，忽有鐘聲出翠微。又有二絕云：四山迴合向幽泉，古木蒼藤路曲盤。一局殘棋雙鶴去，石屏空倚白雲寒。斷崖怒湧四時雪，虛壁寒凝六月霜。倚樹老僧閒洗缽，碧桃花落澗泉香。　天池泉水，味甘。主補中益精，強陰助腎，令人好顏色，延年不飢、辟穀。

白雲泉在東陽縣甑山。泉從石壁中出。　白雲泉水，味甘。主清心明目，潤肺熱，止煩渴，抑遏炎暑，祛滌邪穢。

冷然泉在東陽縣東南夏山。山高七百丈，泉在山巔，冬夏冷然。　冷然泉水，味甘。主大熱，煩躁不安，上〔焦火〕邪太盛，口瘡耳痛。

石盆水在東陽縣大盆山，有石如盆。徑二尺，深尺許，其水清甘常滿。　石盆水，味甘。主利五臟，潤肺下氣，止嘔止渴，治欬消痰。

飛來泉在浦江縣寶掌山飛來峰下。泉水甘冽。有寶掌和尚，西域人，生于周末。來遊東土，至此岩下，飲泉栖息，誦偈有行盡支那四百州，此中偏稱道人遊之句。晏坐凡十七年。一日屈指，已一千七十二歲，語其徒惠雲曰：吾將謝世矣！端坐而化。　飛來泉水，味甘。主消渴病，解天行時疫及一切熱毒。久飲駐色延年。

梅花泉在浦江縣更明山。有老梅橫蹲其上，水之澄泓淨潔，共此鐵榦銀葩為雙絕云。汲取者絡繹，頗為此地之勝。　梅花泉水，味甘。主清神益思，明目聰耳，開心孔，除健忘。

九峰泉在湯溪縣九峰山，水從絕頂淩空而下。朱約詩云：亭亭九瓣擁青蓮，中有飛來一道泉。瑤艸不知春幾度，碧桃已老歲三千。岩前月冷猿空嘯，洞裏雲深鹿自眠。莫道葛洪仙去遠，至今丹竈尚〔依〕然。　九峰泉水，味甘。主止渴生津，消煩去熱，潤腸抑火，解暑清肌。

江郎池水在江山縣南五十里江郎山頂，人跡罕至。池中每生碧蓮、金鯽。水味甘洌而寒。　江郎池水，味甘。主清心益脾胃，止吐血、衄血，治口渴。煮茗不宜，恐中產魚味腥也。

梅芬泉在江山縣里外西山之麓，水味甘冷。　梅芬泉水，味甘。主利竅明目，清心抑火，榮肝胆，黑髮髩，補五臟，生精神，止渴除熱，扶衰益老人，治心腹痛邪氣下。在建德縣北三里烏龍山之巔，水味極甘冷。宋趙抃有泉石淙淙瀉百尋之句。

閩福諸泉：　苔泉在侯官縣治山北麓，俗呼龍腰水，味甘而冽。　苔泉水，味甘。主補五臟六腑，清三焦火熱，生津液，解暑氣。

聖泉在侯官縣東山之麓。唐僧懷一卜居于此，苦于遠汲，忽一禽噪于地，因鑿之，泉即洶湧而出，味亦甚甘。　聖泉水，味甘。主養精神，和榮衛，潤肺，止煩燥，解渴，生津液，明耳目，療諸疾。

神移泉在侯官縣東山之麓。唐僧守正菴居，去泉頗遠，一夕泉忽移于其側，明僧惟嶽詩云：岩頭瀑布瀉寒烟，舟底澄清浸月圓。性水真空同法界，神從何處更移泉。　神移泉水，味甘。主潤肺除熱，補中益胃，蕩滌六腑邪氣，清利頭目。

湧泉在侯官縣東鼓山小頂峰下。平地有一竇，泉從湧出。明王禹偁有飛泉搖古藤之句。　湧泉水，味甘。主抑火清心，利竅消痰，止欬嗽，解熱毒，祛暑氣。

羅漢泉在侯官縣鼓山石門岩下。　羅漢泉水，味甘。主潤肺生津，除熱止渴，明目。治偏正頭風痛，鼻氣不利。

甘泉在侯官縣東南甘泉山。從石中湧出，不盈不涸，色白而味甘。　甘泉水，味甘。主潤肺滋腎，益精補髓，和脾胃，生津止渴。

藍泉在侯官縣天乙岩西南。水自石穴中出，色白而味甚甘。泉傍多生藍草。　藍泉水，味甘。主消渴，解熱毒，治傷寒邪熱狂悶及腹脇癥瘕癖塊。

安德泉在侯官縣古靈山。泉自絕巘而下，懸崖千尺，如匡廬瀑布。　安德泉水，味甘。主去壅滯，利肺氣，吐痰，洩逆上火邪，止渴生津。

鹿乳泉在侯官縣群鹿山。水出石縫中。　鹿乳泉水，味甘。主助陽益胃，添精益血，補中強五臟，解渴，生津液。

應潮泉在福州府去城二百里，雪峰之巔。泉廣二三尺，深僅咫。進退盈縮，與潮候相應，味亦頗甘。　應潮泉水，味甘。治女人月候不行，室女血枯成勞，男子精衰，面色痿瘁。



溫泉在福州府雪山鰲峰嶺下。僧可過詩有直待眾生塵垢盡，我方清冷混常流之句。宋李綱詩云：溫冷泉源各自流，天教施浴雪峰陬。眾生塵垢何時盡，日日人間幾度秋。又詩：玉池金屋浴蘭芳，千〔古華〕清第一湯。何似此泉澆病瘦，不妨〔更〕入荔枝鄉。　溫泉水，浴之，治內外諸疾，滑肌體，悅顏色，不可飲。大抵水之熱者，不宜烹瀹也。

不溢泉在侯官縣北昇山下玄妙寺中。　不溢泉水，味甘。主潤心肺，除寒熱，奔豚，五癃邪氣，止渴生津。

水簾泉在侯官縣鳳皇山。　水簾泉水，味甘。主安五臟，補絕傷，輕身益氣。久飲利人，耐老延年。

四明泉在長樂縣西北四明山岩壑中，泉味如蜜。　四明泉水，味甘。主解酒毒酒渴，消渴，利五臟，益血潤毛髮。

石澗泉在長樂縣東南溪湄山。水出石縫中，味甘而冽。　石澗泉水，味甘。主止消渴，開胃解酒毒，壓丹石毒，明目利水。

珠湖水在長樂縣溪湄山頂，週迴四五畝，水味清冷，冬夏不為盈縮。相傳水中有巨蚌，剖之有珠。　珠湖水，味甘。主女人虛勞下血，壓丹石毒，除煩熱。

玉泉在連江縣西玉泉山。泉出兩峰之間，色澄味甘。隋大業元年，建寺於山麓。寺僧百餘飲此泉，語音鏗然，眸子碧色，至老不衰。雖有沉痾者，亦皆霍然而起。　玉泉水，味甘。主補中，益五臟，養精神元氣，潤肺，悅顏色，明目，延年不老。

童仙泉在連江縣香爐山，深尺餘，不盈不竭。相傳有青衣童子撥草取水，乘雲登爐峰而去，山人因此得泉。　童仙泉水，味甘。主和臟腑，益元氣，止渴生津，消痰治欬嗽。

石井水在羅源縣西四明山。其山屹然如削，高列四峰，井在峰巔。水甘如蜜，撓之亦不渾濁。　石井水，味甘。主補脾胃，固元氣，滋榮臟腑。止煩消渴，散灌諸經，生津助液。

玉洞水在永福縣東方廣岩下，兩石相倚，上合下開，狀若郭門，水從門內湧出，色瑩白如玉，味甘潔如飴。古詩有百尺寒泉漱玉鳴之句。　玉洞水，味甘。主補精神，益榮衛，清心肺二經之火邪，添腎與命門之真液。

海眼泉在福寧州南洪山石洞口。泉出石竅，清澈一泓，洞內有篆文六字，出于天成，人莫能識。宋韓伯修詩云：〔壁〕立東南第一峰，問知名是葛仙翁。丹砂竈〔暖〕雲頭近，玉井泉流海眼通。六字籀文天篆刻，數間洞室石屏幪。我來整屐層巔上，無數群峰立下風。

海眼泉水，味甘。主滋陰益血，潤肺寧心，調中消酒渴，潤毛髮，明目，去雲膜。

滴水洞水在福寧州東百里太姥山。山高五千餘丈，洞在石天門上，泉流不竭，甘冽無比。

滴水洞水，味甘。主清心肺，長毛髮，消暑氣，止口渴，通小便癃閉。

丹井水在福寧州太姥山滴水洞下。相傳黄帝時容成先生在此修煉，嘗苦乏水，忽一夕裂成是井，有虎守洞，有猿候火。及丹成，猴、虎各食其餘。虎變黑，猿變白，皆得長生不死，至今猶有見之者。

丹井水，味甘。主補精神，益元氣，悦顔色，止消渴。久飲延年辟穀。

龍湫在寧德縣西白鶴山，水甚甘冽。

龍湫水，味甘。治大便下血及癲癇病。又治婦人乳汁不通。

定泉在寧德縣西白鶴山。泉深二尺，旱澇不增減。宋高頤詩云：方師鑿破天池水，碧龍吹出冰霜寒。一泓清澈絶泥滓，萬竅號動無波瀾。倒海翻江俱是幻，貯風留月得真觀。我來酌飲冷徹骨，飄飄此身在霄漢。此泉源流本曹溪，名之以定實亦宜。莫言蜿蜒姿尚乏，蟲行蛭動皆所知，咫尺中間涵世界，寂然心印本無碍。不與兒童攪水渾，留照鬚眉常自在。

定泉水，味甘。主心胸煩熱不安，肺燥口渴，降三焦火，止吐衄血。

黯井水在寧德縣西南漈嶺之半。泉味極甘美，四時不竭。宋樞密曹輔為縣尉時，創憩亭于此，思欲引泉他峰以飲行人。纔一動念，泉脉即時湧出，因甃為井。初名應泉，又名曹公泉。

黯井水，味甘。主補益五臟六腑，灌溉百脉諸經。止渴除煩，消痰祛暑。

石甕水在寧德縣北七十里霍童山。石甕中貯水，色白味佳。甕之東北，有仙壇仙竹。

石甕水，味甘。主消渴大熱，解丹石毒，除酒積，止吐衄血。

甘露池水在寧德縣北七十里霍童山。山去平地七里，池在其巔。池水甘冽，飲之可以延年。

甘露池水，味甘。主補元氣，益臟腑，養精神，悦顔色，久飲延年不飢。

銅冠泉在福安縣東北銅冠山下。泉清，可以治疫厲。

銅冠泉水，味甘。主傷風大熱，頭目痛，身痛，四時溫疫邪厲之氣。

梅峰井水在莆田縣西北梅山光孝寺。其水甘冽。林大鼐賦云飲梅山之井者無廢疾，即此。

梅峰井水，味甘。主補益精神，培養元氣，壯筋骨，填腦髓，祛夙疾，保長年。

智泉在莆田縣大象山彌陀岩後，泉從石罅細流，聲淙淙而味清冽。

智泉水，味甘。主小腸熱，膀胱有火，尿血赤淋，滴瀝澀痛。

天泉水在莆田縣大象山之頂。水味清冽。

天泉水，味甘。主胸中熱，解結散鬱，補中益氣，除腹中邪氣。

瑞泉在莆田縣鳳皇山金仙院。無際禪師居此，專誦《法華經》，恒苦水遠，一日，房前石忽自裂，清泉湧出。

瑞泉水，味甘。主口渴煩燥大熱，輕身益氣力血脉，填精助腎。

淘金井水在莆田縣九華山。深纔二尺，泉甘而冽，終歲不竭。相傳有陳仙于此淘金，故名。

淘金井水，味甘。主清肺抑火，止渴解暑，利小便，通五淋。

天然井水在莆田縣香山之岩。方廣丈餘，泉極清冽。

天然井水，味甘。主邪氣欬逆，明目，輕身不飢，益氣資智。治反胃噎膈。

靈惠井水在莆田縣東南二十里。環境斥鹵，而此井居其間，獨甘冽。

靈惠井水，味甘。治風痹筋骨不仁。久服強志不飢，輕身延年。

錫杖泉在仙遊縣西北七十里九座山栖真(岩)下。初苦無水，有高僧住此，以錫杖扣石而泉出。

錫杖泉水，味甘。主養精神，悦顔色，和臟腑，調榮衛。又治熱渴躁悶。

仙泉在仙遊縣何嶺之傍。泉出石罅中，昔九仙飛昇處。宋人有詩云：何嶺巍峩欲接天，清泉直瀉白雲邊。桃花不點尋常路，從此依稀度九仙。

仙泉水，味甘。治風寒邪氣，熱傳在裏，煩燥大渴，狂亂不寧，目中昏瞖。

雷擘泉在仙遊縣東北八十里尋陽山之巔。初有泉源，以岩石障蔽不通。一夕雷擘成罅，泉流始達，味甘而清。宋鄭樵詩云：西風洩洩白雲間，一片寒泉掛此山。倚杖岩頭秋獨望，依稀烟隴是人間。

雷擘泉水，味甘。主驚癇邪氣，大熱狂渴，心神昏冒。

藜杖泉在晉江縣東北清源山紫澤洞前。泉水出自平石之上，深不踰尺，大旱不竭。相傳有異人握藜杖戳之而泉出。

藜杖泉水，味甘。主潤肺生津，除熱止渴，益元氣，補精神，久飲延年。

乳泉在晉江縣東北清源山紫澤洞前藜杖泉之側。宋元祐間潛江令張總謫居于此，嘗取以煉藥，逾年不壞，以為慧山泉殊不及。上下洞之間有清源泉，甘潔無比。

乳泉水，味甘。主補益五臟六腑，滋養血氣精神，止渴抑火。

漱玉泉在晉江縣清源山之梅岩。兩石對峙，泉出石罅。

漱玉泉水，味甘。主清心火，滋肺金，止消渴，除煩躁，保肝明目。

黄精泉在惠安縣西大帽山絶頂。泉僅尺許，傍産黄精、磁石。

黄精泉水，味甘。

主補絕傷，虛勞羸弱，陰血虧損，補腎明目。

端午泉在德化縣西五華山。唐咸通間，無晦禪師所鑿。每五月之朔，泉水溢至石欄，凡五日為度。　端午泉水，味甘。主修煉丹丸藥餌用之。洗瘡疥，治蛇蟲毒。飲之辟鬼邪。

九仙石井水在德化縣九仙山頂。廣不踰尺，其味甘寒，酌之不竭。　九仙石井水，味甘。主臟腑大熱，三焦火盛，目睛腫赤疼痛。

天慶觀井水在漳州府城西北隅紫芝山。漳南水土不佳，仕宦初至者，飲之輒病，惟此水甘美，可辟瘴厲。仕宦將至，土人汲此泉數罌，馳往迓之。古詩有井水清冷消瘴厲之句。天慶觀井水，味甘。治痰火上攻，頭眩目暈，山嵐邪氣，寒熱交作。

玄玉泉在龍溪縣南岩山普陀岩下。泉如玄玉，味極清冷。　玄玉泉水，味甘。主潤肺，生津止渴，滋腎養陰，消痰下氣。

一勺泉在龍溪縣鶴鳴山虛白岩下。水出石穴中，深不盈尺。清冽甘美，可供一人之飲。

一勺泉水，味甘。主風狂，憂愁不樂，安心神，消痰，退虛熱勞瘵荏苒之症。

雲洞泉在龍溪縣鶴鳴山雲洞之下。泉出石壁，味甘而冽。　雲洞泉水，味甘。主水穀不調，赤白久痢，胃火齒痛，欬逆上氣。

水晶泉在漳浦縣西南三十里梁山水晶坪。山產水晶，泉如瀑布。宋蔡希蘧詩云：會稽之南羅浮北，中有大羅神仙宅。瀑流千丈掛長虹，瀉下銀河數千尺。　水晶泉水，味甘。主客熱，利小便，一切丹石藥毒，女人帶下諸疾。

石屋泉在詔安縣東五十里漸山之岐，有巨石如室，泉出其中，味甚清冽，冬夏涓涓不息。

石屋泉水，味甘。主安和五臟六腑，除胸中熱，止尿血，治夢遺。

甘井水在詔安縣甘山。四面海，此水獨甘。　甘井水，味甘。主緩脾胃，益精氣，利五臟；　治胃中虛熱，反胃吐逆。

玉乳泉在寧化縣北五十里鳳皇山上。一窟如窪樽，水出其中，滿而不溢。病者飲之□瘥。

玉乳泉水，味甘。主清心抑火，潤肺生津，除熱益脾胃，止口渴。

小石泉在歸化縣北聖水岩下。深尺許，終歲不盈，百千人飲之不竭。或浣濯于中，即有雷鳴。

小石泉水，味甘。治虛勞，潤腸胃，消痰涎，澤肌膚，悅顏色。

白鶴甘泉在甌寧縣東白鶴山。泉〔出〕山巔，味甘而冽。病者飲之〔旋〕愈。　白鶴甘泉水，味甘。治喉痹不通，除肝邪，利五臟，明目退翳。

鳳皇泉一名龍焙泉，一名御泉。在甌寧縣東數里鳳皇山頂。宋時供御茶，則取此水濯之。　鳳皇泉水，味甘。主壓丹石毒，去暴熱，明目，利水，去下淋。

醴甘泉在甌寧縣蓋仙山之頂。泉出甘美，宋汪藻詩云：一派靈源濬已長，色濃如醴味甘香。石龍洞裏無塵染，留與仙家作玉漿。　醴甘泉水，味甘。主補五臟六腑，益精填髓，止渴生津，長年不飢。

寶華泉在將樂縣天階山寶華洞內。泉出石穴中，寒而味冽。明督學王世懋有芙蓉片片滴璚漿之句。　寶華泉水，味甘。主清心益肺，解暑，除煩渴，利竅明目，益氣和中。

玉華泉在將樂縣天階山玉華洞中，水清而美。　玉華泉水，味甘。主補五臟虛勞，益陽氣，潤毛髮，止消渴。

呂峰泉在沙縣呂峰山頂。泉極清澈，宜茗。　呂峰泉水，味甘。主補〔虛勞，益〕腰脚，強志，益氣，治赤淋，通五癃。

龍門泉在尤溪縣龍門山絕頂。泉出石穴中，清冷可愛。　龍門泉水，味甘。主下氣，潤心肺燥熱，通大腸閉結，止渴生津。

天湖水在尤溪縣北蓮華峰頂。水色紺碧，不知泉脉所自，亢旱不竭。宋時〔每見〕五色雲，間有並蒂蓮，則歲大稔。　天湖水，味甘。主強志不飢，輕身明目。治小兒丹瘤熱毒。

甘乳泉在永安縣南甘乳岩。岩下有洞，洞中一石突出如蓮華。泉自石中迸起，滴巨石上如甘〔乳。人〕或〔以〕穢器承之，泉脉即斷。　甘乳泉水，味甘。治虛勞腎損，午後大熱，肌骨中熱，欬嗽唾痰，女子〔乏〕乳。

凌虛泉在大田縣西北靈惠岩。拔地千丈，眾峰森列如筍。泉出石罅間，隨飲者〔多寡為〕盈縮。　凌虛泉水，味甘。主治諸風頭痛，骨節煩〔疼，解口渴，清〕暑氣。

玉醴泉在大田縣太玄岩。水出崖根石穴中。　玉醴泉水，味甘。治心肺不足，氣少不能〔布息，生津液〕，止口渴。

大溈泉在邵武縣熙春、西塔兩山之間。〔唐末僧〕大溈駐錫于此，清泉湧出，味甘而冽。

大溈泉水，味甘。主調胃氣，理五臟，小兒陰癩卵腫，尸疰鬼疰。

石穴水在邵武縣東百五十里七臺山之獅子臺上百花洞邊。水出清冷，旱年洒田中則雨，病者飲數瓢即愈。　石穴水，味甘。治傷寒溫熱病，壯熱如火，頭痛如破，煩渴引飲。

碎玉泉在寧泰縣東寶蓋岩。泉出石穴中。宋蔣之奇詩云：斷崖天削成，雲蘿可攀拏。忽然至其上，金碧藏谽谺。揮手挹天漿，引吭吸陽華。僧有定慧者，相此山水佳。卜居不復出，焚香擁袈裟。嗟予但企仰，涉世空喧嘩。安得寄遯此，可以忘幽遐。　碎玉泉水，味甘。主利百脉，益五臟，止消渴，除煩熱，壓丹石毒。

甘露泉在泰寧縣甘露岩石穴中，滴泉如甘露。梁淮詩云：久聞勝地到無由，今日追隨雪雨頭。石髓香生甘露乳，岩檐影落梵〔王樓〕。人愁石徑蒼苔滑，鳥語山嵐碧樹稠。一〔縷爐〕烟飛不到，共談清話到茶甌。　甘露泉水，味甘。主熱中消渴，利小便，益氣補中，降胃火。

石斗泉水在光澤縣北會仙岩。石穴方形〔如斗〕，泉出其中，味甚甘冽。　石斗泉水，味甘。治腸胃結熱。服丹石人飲之佳，止渴生津液，滋潤肺金，制伏心火。治目睛障翳，肝腎不足，養血補精。

東粵諸泉：越臺井在廣州府番禺山西歌舞岡。深百餘尺，味甚甘冽。為昔趙佗所鑿。佗登山飲酒，投杯於井，浮出石門，舟人得之。宋番禺令丁伯桂伐石開九竅以覆其上。又名爲玉龍井。　越臺井水，味甘。主涼心益腎，解渴除煩，養陰退陽，消〔小兒丹毒〕。

安期井水在廣州府東北十五里白雲山下。《番禺記》云：初，安期生隱此，乏水。忽有九童子見，須臾泉湧。又名九龍泉。水味甘冽無比，烹瀹有金石氣。　安期井水，味甘。主補精神，益臟腑，調榮衛，壯脉絡。久飲辟穀不飢，延年神仙。

貪泉一名石門水。在廣州府〔西〕北二十里石門山。舊云：登大庾嶺則清穢之氣分，飲石門水則潔白之質變。晉吴隱之為廣州刺史，《酌貪泉詩》云：古人云此水，一歃懷千金。試使夷齊飲，終當不易心。　貪泉水，味甘。主益脾胃，潤肺與大腸，除內熱，通幽門。古有令人貪之語，是蓋不然。以其味甘，戀而不肯置也。

回蘇井水在順德縣西北八十里，冬溫夏涼，飲之可以已病。　回蘇井水，味甘。主心腹脹滿疼痛，飲食不消，傷寒瘧痢諸疾。

雲母井水在增城縣南鳳臺山下。唐何泰居此。有女年十四五，一夕夢神人教以食雲母法，遂汲此水餌之，步履如飛，後乃辟穀。則天后遣使召赴闕，中路失之，不知所在。景德間白日上昇。　雲母井水，味〔甘〕。主潤肺，除熱燥，補益心神。久飲延年不飢神仙。

天井在新會縣西北六十里崑崙山之頂，味極甘冽。　天井水，味甘。令人肥健悅澤，益氣強志，治女子〔血〕枯月閉。

定心泉在清遠縣東三十里峽山獅子臺下。有藏法師以乏泉為慮，一日，忽有老人指石曰：但定其心，何慮無泉。後果鑿石得水。　定心泉水，味甘。主辟時疫，壓丹石，去暴熱，明目利水，解口渴，除煩熱。

賢令井水在陽山縣北二里賢令山岩下，味極甘冽。唐韓愈被謫於此，有試酌一泓清之句。　賢令井水，味甘。主消渴身熱，潤津利肺，止欬嗽，定喘治悸。

卓錫泉在南雄府大庾嶺東北。相傳六祖以杖點石而泉出，味甚甘冽。宋張士遜詩云：靈踪遺幾載，卓錫在高岑。妙法歸何地？清泉流至今。苔花生細細，雲葉映沈沈。桂魄皎清夜，分明六祖心。　卓錫泉水，味甘。主和悅心神，補益臟腑，明目，能夜視，止渴消暑。

玉井水在曲江縣西〔三〕里芙蓉山之巔，味甚甘冽。井泥可療小兒頭瘡。　玉井水，味甘。主解丹石毒，清暑氣，消煩除熱，潤肺燥，止欬嗽。

蔚巔泉在樂昌縣西九十里蔚嶺。其山高入雲漢，泉在其巔。世傳六祖自黃梅歸，卓錫而泉出，味極甘冽。　蔚巔泉水，味甘。主利益五臟，安養六腑，填精髓，補虛勞。

八泉在翁源縣東百五十里翁山之頂。泉有八穴，曰湧，曰甘，曰溫，曰香，曰震，曰龍，曰玉，曰乳，皆美泉也。　八泉水，味甘。主補精神，治疾病。湧泉，吐痰清熱。甘泉，補益脾元。溫泉，寧心定志。香泉，辟祟祛邪。震泉，扶陽，助生發之氣。龍泉，明目，利肝膽之經。玉泉，潤肺生津。乳泉，填精補髓。

石洞泉在翁源縣東南七十里白石岩洞中，味極香冽。　石洞泉水，味甘。主陰虛元氣不足，每季夏之月，困乏無力。

湯雪泉在博泉縣北二十里象山佛跡院中。湯泉在東，雪泉在西，相去步武。東泉熱甚，不堪觸指。以西泉解之，纔適沐浴。　湯泉水，不可飲，止堪浴瘡疥。　雪泉水，甘寒。潤肺除煩熱，解暑氣。

錫杖泉在博羅縣西北五十里羅浮山小石樓下。梁大同中，景泰禪師駐錫於此。其徒以無水難之，師笑不答，因卓錫，泉湧而出，味甘殊勝。蘇子瞻云：予飲江淮水，彌年覺水腥。以此知江甘於井。來嶺外，自揚子江始飲江水。至南康，水益甘。入清遠峽，味亦益勝。今飲景泰禪師錫杖泉，則清遠峽水，又在下矣。　錫杖泉水，味甘。主補五臟六腑，除三焦大熱，止煩渴，生津液，去頭風，消痰結。

金雞泉在長樂縣城西二里。相傳邑人于此見金雞，掘地得泉，可以蠲疾。　金雞泉水，味甘。主傷寒溫疫時氣，頭風目淚，手足痿痹，骨節酸疼。

曾氏忠孝泉在程鄉縣城西一里。南漢時縣令曾芳以仁愛為政，因民苦瘴，給藥愈之，而來者接踵，乃以大囊藥投井中，令民汲水飲之皆愈。宋皇祐間，狄青征儂智高經此，軍士疾厲，禱井水溢，飲之盡愈。旋師奏凱，首以為言，仁宗降制，封芳為忠孝公，又賜飛白書曾氏忠孝泉五字，以表揚其美。　曾氏忠孝泉水，味甘。治傷寒熱病，疫厲天行，暑濕中人成病，解消渴，下丹毒。

扣石泉在潮陽縣西二十五里靈山下。唐僧大顛結菴於此，以杖扣石而出泉，味甘冽，異於他水。　扣石泉水，味甘。主潤肺經，清心胸，除煩熱燥渴，定喘悸怔忡。

龍盤泉在封川縣東一里，東山之左。水常清溢，味甘殊勝。　龍盤泉水，味甘。主五邪驚啼悲傷，瘰蟻瘻，利水通淋，明目，止風淚。

鳳泉在化州治西一里，水從石罅流出，味極甘冽。　鳳泉水，味甘，治心中悸惕不安，生智慧不忘。久飲令人多壽。

萊泉在海康縣西館中，寇萊公以司戶謫官於此，喜飲此泉，故名。　萊泉水，味甘。主潤肺除熱，止渴寧煩躁，利大小腸，通五淋。

雙泉在瓊州府治之北。東坡謂其泉相去而異味，名之曰泂酌。　雙泉水，味甘。主益氣調中，消煩止嗽，保肺定心，解利痰熱，解酒毒，降火邪。

和靖泉在瓊州府東北潭龍嶺下。宋時有名衲和靖卓錫于此，甘泉忽自流出。蘇子瞻詩云：稍喜海南州，自古無〔戰〕場。飛泉瀉萬仞，無肉亦何傷。　和靖泉水，味甘。主煩滿，心腹結氣，狂邪恍惚，消渴身熱，益胃通淋。

玉龍泉在瓊州府西南二十里。水自石竇流出，寒冽異常，其味甘潔。噴湧之勢，如飛珠洒玉，大旱不減。　玉龍泉水，味甘。主熱狂煩悶，肺氣上逆，燥渴不止，利小便。

惠通泉在瓊州府城東五十里，味極甘冽。蘇子瞻記略云：三山菴之下出泉，味類惠山泉。僧惟德以水餉，且求名。名之曰惠通，以其與惠山泉通也。　惠通泉水，味甘。主補益臟腑，滋潤三焦，除骨節中〔熱〕，治虛勞欬嗽。

澹菴泉在臨高縣。宋胡銓於紹興十八年謫吉陽軍過此，遇旱，覓得此泉，甘而且冽，故以名之。　澹菴泉水，味甘。主喘欬下氣，安和五臟六腑，除胸中熱，久飲不飢。

乳泉井水在儋州城東南朝天宮中，井水甘冽。蘇長公飲而喜之，因名。又為作賦：吾謫官儋耳，卜居城南。鄰於司命之宮，百井皆鹹。而醪醴湩乳，獨發於宮中。給吾飲食酒茗之用，蓋沛然而無窮。吾嘗中夜而起，挈缾而東。有落月以相隨，無一人而我同。汲者不動，夜氣方歸。鏘瓊珮之落谷，灩玉池之生肥。吾一嘯而遄返，懼守神之呵譏。却五味而謝六塵，悟一真而失百非。雖飛仙之有藥，中無主而何依。渺喬松之安在，猶想像於庶幾。又詩云：無事此靜坐，一日似兩日。若活七十年，便是百四十。黃金幾時成，白髮日夜出。開眼三十秋，速如駒過隙。是故東坡老，貴汝一念息。時來登此軒，目送過客席。家山歸未能，題詩寄屋壁。　乳泉井水，味甘。主潤肺補五臟，安精神，生津液，填骨。

綠珠井水在博白縣雙角山下。梁氏女綠珠，生長於此。石崇為採訪使，以珠三斛易之。今井尚清冽，汲飲之者，令人顏色秀美，生子女亦有麗容。　綠珠井水，味甘。主益顏色，澤肌膚，令人美麗俊好。

西粵諸泉：　石盆泉在桂林府隱山之岡。盆色如玉，泉味如醴，香甘可愛。　石盆泉水，味甘。主勞瘵發熱，欬嗽，肌體羸瘦。

新泉在桂林府鬬雞山築岩洞前，味甚甘冽。　新泉水，味甘。主洩利口淡，怔忡耳鳴，飲食無味。

滴玉泉在桂林府龍隱岩。方信孺《古風》有春波飽微綠，斗柄涵空明。乳泉助茗椀，中有冰雪清之句。　滴玉泉水，味甘。主補潤五臟，益氣力，治消渴，心胸煩躁不安。

灕水泉在桂林府灕江，與湘水同源。繚繞桂城東北，南流至鬬雞山，東過將軍橋，泉在橋下，甘冽宜茗。　灕水泉水，味甘。治心胸煩熱，肺氣上逆，消渴虛勞，夢交精洩。

承裕泉在靈川縣北二十里唐家舖。色如碧玉，甘冽異常。昔為唐承裕宅。五季時承裕自中原避地于此，後入宋仕。　承裕泉水，味甘。主補勞，潤心肺，止渴，治肺痿心熱，消痰，治吐衄。

玉髓泉在全州西三里磐石廟下。水自石罅流出，味甘而美。　玉髓泉水，味甘。主滋腎經，益精髓，保肺氣，降火熱，除煩，止消渴，解酒毒。

丹砂井水在永寧州東百壽岩下。飲之者多壽。昔東郭先生廖扶家一族數百口，飲此井水，皆百餘歲。　丹砂井水，味甘。主補益心神、五臟，止渴潤肺。久飲之，不飢延年。

冰井在梧州府城東冰井寺內。水澄澈不涸，味甘且冷。唐元結刻銘其上。　冰井水，味甘。主消渴，身熱煩燥滿悶，胸膈痰涎，遍體丹毒。

注玉泉在藤縣西南，泉色如玉，味極甘美。元余觀詩云：雲南崑山液，月浸藍田英，臨風嘯沆瀣，滿腹珠璣鳴。　注玉泉水，味甘。主潤五臟，益精神，消煩熱，解燥渴，止遺精溺濁，夢與鬼交。

桂山泉在藤縣二里，色瑩潔而味甘寒。古詩云：明蟾窺玉甃，老兔遺香酥。化為銀河水，一沃炎海枯。　桂山泉水，味甘。主明目，辟邪氣，益智慧，令人不忘，止渴，生津液。

葛仙井水在岑溪縣東，味極甘冽。昔勾漏令葛洪修煉于此。後人有詩云：古洞門深百尺寬，石岩題咏暗苔班。細尋仙令燒丹去，滿地流泉浸月寒。　葛仙井水，味甘。主補五臟六腑，通利十二經絡，滋榮益胃，延年神仙。

古漏泉在賓州西四十里古漏山，甘冽可飲。　古漏泉水，味甘。主潤肺除熱，止渴生津，和胃氣，利小便。

龍泉在宜州南二里，其水重于他水。黄魯直編管宜州，試之，果然。　龍泉水，味甘。主痰積大腸及胃中垢膩，下痢裏急窘痛。

古辣泉在横州北八十里。土人以泉釀酒，既熟，不煮，但埋土中。日足取出，色微紅而味甚甘。可以致遠，雖曝烈日中不變。　古辣泉水，味甘。主散風寒暑溼之邪，辟邪祟，治瘧疾，往來寒熱。

滇南泉水：　冷泉在昆明縣商山下，其水飲之，可以已風。　冷泉水，味甘。主消渴，伐肝氣，滋肺經；　治諸風邪中人，手足痿痹及厲風皮膚臭爛。

甘泉在曲靖軍民府亦佐縣治西矣層山上，泉水甘冽，居人利汲。夷語以水為矣，故名其山。　甘泉水，味甘。主補五臟不足，治口渴身熱，咽喉煩燥，胃火齒痛。

玉潔井水在臨安府東門外，味極甘冽，宜飲。　玉潔井水，味甘。主消渴，丹毒，煩熱風疹，補益和五臟，解酒熱。

白沙井水在臨安府白鶴舖前。〔味〕極甘，土人以為第一泉。　白沙井水，味甘。主補益精神，滋養臟腑，消渴身熱，生津潤肺。

溫玉泉在元江軍民府西北十五里。泉自石竇迸出。其色清碧可飲。　溫玉泉水，味甘。主去頭風，利五臟，止渴，除熱，療欬唾膿血。

響石泉在楚雄府城西鳴鳳山巔響石寺中。泉有二穴，味極甘美。　響石泉水，味甘。主養腎氣，去內熱，解〔酒〕毒，治霍亂，療淋瀝，肛門瘀熱。

龍泉在廣通縣東北蟠龍山，味甘冽。　龍泉水，味甘。主明目，補中不足，止渴，除煩熱，安心神，定悸。

醉翁泉在大姚縣治之東，泉水清冽，人飲之，酣然而醉。　醉翁泉水，味甘。主心中鬱悶不樂，脾氣結而不舒，止渴消憂。

香泉在和曲州城南三里，至春則生香氣。土人每以二三月内具酒殽致祭，然後汲之，和酒而飲，能愈諸疾。　香泉水，味甘香。主心腹結氣作痛，霍亂吐逆不食，止渴，除煩熱。

石馬泉在大理府治後，味甚甘冽。其源來自西天竺。每日午照井，中有石宛如馬形可見。　石馬泉水，味甘。主潤補肺經，清心制火熱，止渴生津液。

法明寺井水在保山縣法明寺內。味極甘美，烹茶不翳。　法明寺井水，味甘。主清心，調勞益胃，明耳目，去內煩，生智不忘。

玄珠井水在蒙化〔府〕城東玄珠山玄珠觀內。此水飲之，可以已疾。　玄珠井水，味甘。主中風寒溼氣，手足痿痹不仁，痰厥頭痛。

一椀泉在鶴慶府東南七十里大成坡頂，深僅尺許，大旱不涸，味極甘美。相傳南詔蒙氏過此，三軍無水渴甚，拔劍插地，泉隨湧出，至今行人資焉。　一椀泉水，味甘。主潤肺生津，除淋閉，消痰，治喘急，上氣。

苦泉在麗江軍民府東二十里東山下。泉味微苦，飲之愈疾。　苦泉水，味甘微苦。主心腹痛，風寒客邪，四肢遊風身熱，鬼疰邪瘧。

赤崖泉在北勝州西北三里赤石崖之半，泉味如醴。每春仲，居人郊遊，爭掬飲之。布穀一鳴，其味即變。俗謂之喫春水。　赤崖泉水，味甘。主升陽，助生發之氣，解恚怒氣鬱，胸腹兩脇脹痛。

黔地諸泉：　百刻泉在貴州平壩城西五里。水自石罅迸出，匯而為池。每晝夜進退盈縮者百次。楊用脩詩：睠茲觱沸流，肇彼混沌年。盈涸在頃刻，消息同坤乾。塵刹變潮汐，億垓無留遷。岷觴衍遊聖，坳舟喻思玄。迷踪鬼方霧，蘊真羅甸煙。詎逢陸羽品，那遇桑欽傳。　百刻泉水，味甘。主調利氣息，升降陰陽，止渴除煩，和脾益胃。

嘉客泉在平壩衛西南十里。副使焦希程記略云：平壩之西，有泉湧焉。湛然甘冽，可鑑可酌，冬溫而夏清。客至語笑，明珠翠玉纍纍而沸，風恬日霽，晶瑩射目。客語在左側左應，在右則右應，眾寡亦如之。否，則已，殆如酬酢，因名之曰嘉客泉。　嘉客泉水，味甘。主五心煩熱，利水通淋，止口渴，解酒力。又能怡神悦性，益智延年。

既濟泉在鎮寧州治東，〔火〕烘坡在其北。其地極熱，此水獨寒。味甘美，宜烹茗。　既濟泉水，味甘。主寒熱邪氣，心腎不交，精流不已，消渴善飢。

尾灑井水在安南衛南關。楊升菴謂其水清甘可烹。　尾灑井水，味甘。主涼心肺，止燥渴，解內熱，明目去翳膜。

天池水在都勻府平浪長官司西南六十里凱陽山頂。其山險峻，周圍十里，高四十丈。四壁斗絕，獨一徑尺許，僅可側身而陟。池水清冷可茗。　天池水，味甘。主補五藏，益精神，止渴生津液，和中助元氣。

馬蹄井水在黃平州東四十里馬鬉嶺之陽。石竅深入，形如馬蹄。相傳唐永一將軍追苗賊至此，軍渴，馬足忽陷，清泉湧出，味甘而冽。　馬蹄井水，味甘。主解渴除熱，清心益腎，利肺消痰，生津止欬。

味泉在鎮遠府治西，味極甘冽。　味泉水，味甘。主腹脹浮腫心痛，乳難喉痹，利大小便。

甘梗泉在平頭著可長官司石崖中，一源湧出，清濁分流，有如涇渭之狀。相傳出於萬山之底。　甘梗泉水，味甘。主清頭目，利咽嗌，養肺補神，寧心定喘，諸泉中之最有益者也。

乳穴水

**宋・唐慎微《證類本草》卷五玉石部下品〔唐・陳藏器《本草拾遺》〕**　乳穴中水　味甘，温，無毒。久服肥健人，能食，體潤不老，與乳同功。近乳穴處，人取水作食釀酒，則大有益也。其水濃者，秤重他水。煎上有鹽花，此真乳液也。所爲穴中有魚，出魚部中。

**明・盧和、汪穎《食物本草》卷一水類**　乳穴水　乃岩穴中涓涓而出之水，秤之重於它水，煎沸，上有鹽花。味溫，甘，無毒。肥健人，令能食，體潤不老，與乳同功。取以作飯及釀酒，大有益也。穴有小魚，補人，見魚類。

**明・姚可成《食物本草》卷一水部・地水類**　乳穴水乃巖穴中涓涓而出之水，秤之重於他水。煎沸，上有鹽花者是。　乳穴水，味甘，溫，無毒。食之令人肥健，體潤不老，與乳同功。取以作飯及釀酒，大有益也。用煎流注漏瘡藥，其功甚捷。穴有小魚，補人。見魚類。

**清・朱本中《飲食須知・水火》**　乳穴水　味甘，性溫。秤之重於他水，煎之似鹽花起，此真乳穴液也。取飲與鍾乳石同功。山有玉而草木潤，近山人多壽，皆玉石津液之功所致。

玉井水

**宋・唐慎微《證類本草》卷五玉石部下品〔唐・陳藏器《本草拾遺》〕**　玉井水　味甘，平，無毒。久服神仙，令人體潤，毛髮不白。出諸有玉處，山谷水泉皆有。猶潤於草木，何況於人乎？夫人有髮毛，如山之草木，故山有玉而草木潤，身有玉而毛髮黑。《異類》云：崑崙山有一石柱，柱上露盤，盤上有玉水溜下，土人得一合服之，與天地同年。又太華山有玉水，人得服之長生。玉既重寶，水又靈長，故能延生之望。今人近山多壽者，豈非玉石之津乎？故引水爲玉證。

**宋・王繼先《紹興本草》卷一**　玉泉　紹興校定：玉泉，乃玉之自然泉液也。主治已載《本經》，味甘、平、無毒是矣。雖生藍田山谷，但世之罕得，故方家稀用。注云以仙室池中者為善。仙室之論，亦無可據。或說雜以他藥，他玉為液，以代玉泉，誠非真玉泉也。諸方亦罕用之。

**明・劉文泰《本草品彙精要》卷一**　玉泉無毒：穴生。

**玉泉**出《神農本經》。**主五臟百病，柔筋強骨，安魂魄，長肌肉，益氣，久服耐寒暑，不飢渴，不老，神仙。人臨死服五斤，死三年色不變。**以上朱字《神農本經》。利血脈，療婦人帶下十二病，除氣癃音隆，明耳輕身長年。以上黑字名醫所錄。　〔名〕玉劄、玉液、瓊漿。〔地〕《圖經》曰：玉泉生藍田山谷。陶隱居云：藍田在長安東南，舊出美玉，此當是玉之精華。白者質色明澈，可消之爲水，故名玉泉。今人無復的識者，惟通呼爲玉爾。蘇公云：玉泉者，玉之泉液也。以仙室池中者爲上，其以法化爲漿者，功劣于自然泉液也。《衍義》曰：《經》云：玉泉生藍田山谷。今藍田山谷無玉泉，泉水古今不言採。又曰：服五斤。古今方水不言斤。又曰：一名玉劄。如此則不知定是何物。諸家所解更不言泉，但爲玉立文。陶隱居雖曰可消之爲水，故名玉泉。誠如是，則當言玉水，亦不當言玉泉也。今詳泉字，乃是漿字，于義方允。採玉爲漿，斷無疑焉。〔時〕採：無時。〔用〕漿。〔質〕明澈如水。〔色〕白。〔味〕甘，淡。〔性〕寒。〔氣〕氣之薄者，陽中之陰。〔臭〕朽。〔主〕治血塊。〔反〕畏款冬花。

**明・王文潔《太乙仙製本草藥性大全》卷六《仙製藥性》**　玉井水　味甘，氣平，無毒。主治：常服亦獲永壽長生，令人體潤，毛髮不白。久服即神仙也。按：先哲去玉之所以異於群石者，以其堅而有理，火刃不可傷爲別耳，匪但質潤而音清也。苟弗精知，則近似者甚多，如碔砆亦可以雜也。《書》曰燕石入笥，卞氏長號，其以此夫。又云凡石蘊玉，但夜將石映燈看之，內有紅光，明如初出日者，便知有玉，卞和刖足以不鑒也。其色五般，今惟青白者常有，黑者時有，黃赤者絕無。雖禮之六器，亦不能得其真，况有他乎？服餌之人必須屏居山林，排棄嗜慾，方獲效驗。倘或酒色勿戒，反致發熱，自投於死。蓋玉稟純陽之精，而酒色助火甚速，以火濟火，安得不然？故《本經》註曰：若未深解節度，勿輕服之。

**明・穆世錫《食物輯要》卷一**　玉井水　味甘，平，無毒。久飲，令人肌體潤澤，毛髮不白且多壽。《異物志》云凡有玉處山谷水泉是也。山有玉而草木潤，近山人多壽，皆玉石津液之功。

**明・吴文炳《藥性全備食物本草》卷一**　玉井水　味甘，平，無毒。久服令人肌體潤澤，毛髮不白，人多壽。《異物志》云：凡有玉處山谷水泉是也。山有玉而草木潤，近山人多壽，皆玉石津液之功。

海水

**宋・唐慎微《證類本草》卷五玉石部下品〔唐・陳藏器《本草拾遺》〕**　碧海水　味鹹，小溫，有小毒。煮浴去風瘙疥癬。飲一合，吐下宿食、臚脹。夜行海中，撥之有火星者，鹹。水色既碧，故云碧海。東方朔《十洲記》云。

**明・李時珍《本草綱目》卷五水部・地水類**　碧海水時珍曰：海乃百川之會。天地四方，皆海水相通，而地在其中。其味鹹，其色黑，水行之正也。

**明・吴文炳《藥性全備食物本草》卷一**　海水　性涼，秋冬味鹹，助濕。春夏味淡，澄清可烹茶，但不甘。

碧海水　味鹹，性微溫，有小毒。治宿食臚脹，飲合許，令吐下即寬。煎湯浴去風瘙癬。東方朔《十洲記》云：夜行海中，撥之有火星，鹹水也。其色碧，故名碧海。

**明・姚可成《食物本草》卷一水部・地水類**　大海水天地四方皆海，引納百川，總歸清淨。天一生水，灝瀚難名。　大海水，味鹹、苦，性寒，入腎經。久飲令人蒼黑，且不〔用〕煎茶及作腐。

**清・朱本中《飲食須知・水火》**　海水鹽滷　性涼，秋冬味鹹，春夏味淡。碧海水，味鹹，性微溫，有小毒。夜行海中，撥之有火星者，鹹水也。其色碧，故名碧海。鹽膽水，即鹽滷，味鹹、苦，有大毒。凡六畜飲一合即死，人飲亦然。今人用之點豆腐，煮四黃銲物。服丹砂者忌之。

**清・陳士鐸《本草新編》卷五〔抄本〕**　或問：人身之精，應海中之水，宜海中為補陰之味，何以食鹽則有益，而服海水則無功，且多飲鹽鹵，竟至喪命耶？曰：腎水雖應海水，言其氣味也，非言海水即腎水也。腎水乃先天之水，無形之水也。海水乃後天之水，有形之水也。有形烏能補無形哉。食鹽有益於腎水者，以水經火化也。火亦無形，故能入於無形之中。然多食則過助火矣。亦必無功，猶之多飲海水□□□□純是火化而成。今無陰氣，且味又大苦，苦先入□□□□□膜，使不得入，而心之氣不通，鹽鹵見心不受，乃下犯於□□因其味大苦，又堅閉不受，腎之氣亦不通矣。於是流入□□□收縮其氣，必至腸結而死矣，何能助腎而受益乎？

**題清・徐大椿《藥性切用》卷七**　海水　味鹹微溫，浴風癬，吐宿食，無瘢痕、傷胃之虞。

**清・葉桂《本草再新》卷八**　海水味鹹，性寒，無毒。入肝、腎二經。　養肝益腎，斂氣化痰。

**清・王孟英《隨息居飲食譜・水飲類》**　海水　鹹，濁。蒸取其露，即清淡可飲。

石腦油

**《漢書・地理志・上郡》**　高奴有洧水，可難。【略】師古曰：難，古然字。

**晉・張華《博物志》卷二**　酒泉延壽縣南，山名火泉，火出如炬。

**《後漢書・郡國志・酒泉郡》**　延壽《博物記》曰：縣南有山，石出泉水，大如筥簴，注池為溝。其水有肥，如煮肉洎，羕羕永永，如不凝膏，然之極明。不可食。縣人謂之石漆。

**北魏・酈道元《水經注》卷三《河水》**　又東逕高奴縣合豐林水。《地理志》謂之洧水也，故言高奴縣有洧水肥，可難。水上有肥，可接取用之。《博物志》稱酒泉延壽縣南山出泉水，大如筥簴，注地為溝，水有肥如肉汁，取著器中，始黃後黑如凝膏，然極明，與膏無異。膏車及水碓缸甚佳。彼方人謂之石漆。水肥亦所在有之，非止高奴縣洧水也。

**宋・樂史《太平寰宇記》卷一五二隴右道三**　石漆　延壽城中有山，出泉注地，其水肥如牛汁，燃之如油，極明，但不可食。此方人謂石漆，得水愈熾也。

**宋・王欽若《册府元龜》卷九七二**〔後周〕世宗顯德【略】五年九月占城國王釋利因德漫遣其臣莆訶散等來貢方物，【略】又進猛火油八十四琉璃瓶。是油得水而愈熾，彼國凡水戰則用之。

**《新五代史・四夷・附録》**　顯德五年，其國王因德漫遣使者莆訶散來貢猛火油八十四瓶，【略】猛火油以灑物，得水則出火。

**宋・沈括《夢溪筆談》卷二四**　鄜延境内有石油。舊説高奴縣出脂水，即此也。生於水際，沙石與泉水相雜，惘惘而出。土人以雉尾裛之，乃採入缶中，頗似淳漆。燃之如麻，但煙甚濃，所霑幄幕皆黑。予疑其煙可用，試掃其煤以為墨，黑光如漆，松墨不及也，遂大為之，其識文為延州石液者是也。此物後必大行於世，自予始為之。蓋石油至多，生於地中無窮，不若松木有時而竭。

**宋・唐慎微《證類本草》卷三玉石部上品〔唐・陳藏器《本草拾遺》〕** 石漆 堪燃燭膏半缸如漆，不可食，此物水石之精，固應有所主療，檢諸方，見有說《博物志》酒泉南山石出水，其如肥肉汁，取著器中如凝脂，正黑，與膏無異，彼方人爲之石漆。今檢不見其方，深所恨也。

**宋・唐慎微《證類本草》卷五玉石部下品〔宋・掌禹錫《嘉祐本草》〕** 石腦油 主小兒驚風，化涎，可和諸藥作丸服。宜以瓷器貯之，不可近金銀器，雖至完密，直爾透之。道家多用，俗方亦不甚須。新定。

〔宋・唐慎微《證類本草》〕《圖經》：文具鍾乳石條下。

**宋・寇宗奭《本草衍義》卷六** 石腦油 真者難收，多滲蝕器物。今入藥最少，燒煉或須也。仍常用有油去聲器貯之。又研生砒霜，入石腦油再研如膏，入坩鍋子內，用淨瓦片子蓋定，置火上，俟鍋子紅泣盡油，出之。又再研，再入油，再上火，凡如此共兩次，即砒霜伏。

**宋・王繼先《紹興本草》卷二** 石腦油 紹興校定：石腦油，《本經》不載所出州土及性味、有無毒。今山東及海南皆有之，狀如竹瀝。冬月微凝，上舌緊者為佳。雖名石腦油，但恐附石而生水中液，非自然石中所出矣。其云治小兒驚風，化涎，即知性寒，多餌亦可為害。今醫方罕使，唯丹竈家時用之，當云味辛、寒、有毒為定。

**明・劉文泰《本草品彙精要》卷六** 石腦油：石生。

石腦油：主小兒驚風，化涎。可和諸藥作丸服，道家多用。俗方亦不甚須。名醫所錄。《衍義》曰：石腦油真者難收，多滲蝕器物。今入藥最少，燒煉或須也。仍常用有油去聲器貯之。又研生砒霜入石腦油，再研如膏，入坩堝內，用淨瓦片子蓋定，置火上，俟堝子紅泣盡油，出之，又再研，再入油，再上火，凡如此兩次，即砒霜伏矣。【時】採：無時。【收】用瓷器密固之，不可近金銀器，雖至完密，直爾透之。【色】黑。【主】祛風，化痰。

**明・許希周《藥性粗評》卷四** 油生石腦，涎化驚風。

石腦油，岩石中所取，如鍾乳之類，滲滴如油。此物貯之，雖金銀器亦不能載，惟光甆瓶可以收之，免其滲透。味無考，性無考，〔有〕毒。主治小兒驚風，化涎沫，入諸藥作丸用之。又方士以伏砒。

**明・王文潔《太乙仙製本草藥性大全》卷六《仙製藥性》** 石腦油 主小兒驚風，化涎，可和諸藥作丸服。宜以甆器貯之。不可近金銀器，雖至完密，直爾透之。道家多用，俗方亦不甚須。按：《衍義》云：石腦油真者難收，多滲蝕器物。今入藥最少，燒鍊或須也，仍常用有油去聲器貯之。又研生砒霜入石腦油，再研如膏，入坩鍋子內用净瓦片子蓋定，置火上，俟鍋子紅泣盡油出之。又再研，再入油，再上火，凡如此共兩次，即砒霜伏。

**明・李時珍《本草綱目》卷九金石部・石類上** 石腦油宋《嘉祐》。校正：併入《拾遺》石漆。

【釋名】石油《綱目》 石漆《拾遺》 猛火油 雄黃油 硫黃油《綱目》【集解】禹錫曰：石腦油宜以瓷器貯之。不可近金銀器，雖至完密，直爾透過。道家多用，俗方不甚須。宗奭曰：真者難收，多滲蝕器物。入藥最少。燒鍊家研生砒入油，再研如膏，入坩鍋內，瓦蓋置火上，俟油泣盡出之，又研又入油，又上火鍊之，砒即伏矣。時珍曰：石油所出不一，出陝之肅州、鄜州、延州、延長，及雲南之緬甸，廣之南雄者，自石岩流出，與泉水相雜，汪汪而出，肥如肉汁。土人以草挹入缶中，黑色頗似淳漆，作雄硫氣。土人多以然燈甚明，得水愈熾，不可入食。其烟甚濃，沈存中宦西時，掃其煤作墨，光黑如漆，勝于松烟。張華《博物志》載：延壽縣南山石泉注爲溝，其水有脂，挹取着器中，始黄後黑如凝膏，然之極明，謂之石漆。段成式《酉陽雜俎》載：高奴縣有石脂水，膩浮水上如漆，采以膏車及然燈。康譽之《昨夢録》載：猛火油出高麗東，日烘石熱所出液也，惟真琉璃器可貯之。入水涓滴，烈焰遽發；餘力入水，魚鼈皆死。邊人用以禦敵。此數説，皆石腦油也。國朝正德末年，嘉州開鹽井，偶得油水，可以照夜，其光加倍。沃之以水則焰彌甚，撲之以灰則滅。作雄硫氣，土人呼爲雄黄油，亦曰硫黄油。近復開出數井，官司主之。此亦石油，但出于井爾。蓋皆地産雄、硫、石脂諸石，源脉相通，故有此物。王冰謂龍火得濕而焰，遇水而燔，光焰詣天，物窮方止，正是此類，皆陰火也。

【氣味】辛，苦，有毒。獨孤滔曰：化銅，制砒。【主治】小兒驚風，化涎，可和諸藥作丸散《嘉祐》。塗瘡癬蟲癩，治鍼、箭入肉藥中用之時珍。

【發明】時珍曰：石油氣味與雄、硫同，故殺蟲治瘡。其性走竄，諸器皆滲，惟瓷器、琉璃不漏。故錢乙治小兒驚熱膈實，嘔吐痰涎，銀液丸中，用和水銀、輕粉、龍腦、蠍尾、白附子諸藥爲丸，不但取其化痰，亦取其能透經絡、走關竅也。

**清・趙學敏《本草綱目拾遺》卷二石部** 石腦油 出陝西延安榆州等

處，乃石中流液，土人取之。《格物須知》云：石腦油真者透金銀，惟真琉璃可貯，入水涓滴，烈焰遽發，餘力入水，魚鼈皆死，撲之以灰則滅。常中丞《宦遊筆記》：西陲赤金衛東南一百五十里，有石油泉，油生水面如肥脂，色黑，氣臭，土人多取以燃燈，極明。可抵松膏，或云可治瘡癬。《筆談》：鄜延脂，延安石油也。生於水際沙石，與泉水相雜，惘惘而出，土人以雉尾裹之入缶中，頗似漆，燃之極明。《元和志》：石油泉在玉門縣東一百八十里，泉中有苔如肥肉，燃之可代燭，此油能於水中發火，如燃此油沃以水，其光愈熾，以灰撲之則滅。按：此即古之石漆也。《漢書》註：延壽縣南有山石，出泉漾漾，如不凝脂，燃之極明，不可食。縣人謂之石漆。張華言延壽縣南山有溝脂，始黃後黑，謂之石漆。《方鎮編年錄》謂之地脂。時珍以為石腦油。一曰硫黃油。今雲南緬甸、廣之南雄皆有之。《聞見雜志》：蜀富順縣火井，先以木火下引而上，用大竹破半去節，火由內行，可引入竈下煎鹽，其火色青綠不紅，井中油用紙布撚燃，入水沉底不滅，搽瘡癬立愈。此亦石腦油之類。《北史》：屈茨川在龜茲國西北大山中，水如膏，流出成川，行數里入地，狀如餅糊，甚臭，服之齒髮再生，癘人服之亦愈。此亦石腦地溲之類。《通志略》龜溺亦名石腦油，與此別。治白禿堆灰：俗名狗屎，蠟梨瘡剃頭，以此油塗上，立瘥。又治頑癬風癩惡疥。無名腫毒：《救生苦海》緬甸出石油，即石腦油，在石縫流，氣臭惡不可聞，色黑，用塗惡毒良。又治癧毒。《東西洋考》：三佛齊在東南海中，本南蠻別種，後為爪哇所破，更名舊港，產猛火油，樹津也。一名泥油，大類樟腦，第能腐人肌肉，燃置水中，光焰愈熾，蠻夷以製火器，其烽更烈，魚鼈過者，無不燋爍。敏按：此即石油，觀其一名泥油，可知非樹脂也。《洋考》悞以為樹津，故取附石腦油下。

地溲

**明・李時珍《本草綱目》卷九金石部・石類上**　地溲時珍曰：溝澗流水，及引水灌田之次，多有之。形狀如油，又如泥，色如黃金，甚腥烈。冬月收取，以柔鐵燒赤投之，二三次，剛可切玉。

地漿

**宋・唐慎微《證類本草》卷五玉石部下品**〔《別錄》〕　地漿　寒，主解中毒煩悶。

〔梁・陶弘景《本草經集注》〕云：此掘地作坎，以水沃其中，攪令濁，俄頃取之，以解中諸毒。山中有毒菌，人不識，煮食之，無不死。又楓樹菌食之，令人笑不止，惟飲土漿皆差，餘藥不能救矣。

〔宋・馬志《開寶本草》〕注：《唐本》元在草部下品之下，今移。

〔宋・掌禹錫《嘉祐本草》〕按：日華子云：地漿，無毒。

〔宋・唐慎微《證類本草》〕《聖惠方》：治熱渴心悶，服地漿一盞並妙。《梅師方》：食生肉中毒。掘地深三尺，取土三升，以水五升，煎五沸，清之一升，即愈。

**宋・王繼先《紹興本草》卷一**　地漿　紹興校定：地漿，解毒諸方有用之者。其法掘地為坎，水沃於中，澄取飲之。是假土氣為用爾，當以性平、無毒是也。

**宋・張杲《醫說》卷六**　地漿治菌毒　四明溫台間山谷多生菌，然種類不一，食之間有中毒，往往至殺人者，蓋蛇毒氣所薰蒸也。有僧教掘地，以冷水攪之令濁，少頃取飲，皆得全活。此方見《本草》。陶隱居注，謂之地漿。亦治楓樹菌，食之笑不止，俗言食笑菌者。居山間，不可不知此法。

**元・吳瑞《日用本草》卷一**　地漿水　掘地作窟，用水澆沃其中，攪令濁，候澄清，取解諸毒。性寒，無毒。主解中毒煩悶。山中有毒菌，人悞食之，或悞食楓木菌，令人笑不休，飲此可解。餘藥不能救矣。

**明・劉文泰《本草品彙精要》卷五**　地漿無毒。

地漿：主解中毒煩悶。名醫所錄。〔地〕陶隱居云：此掘地作坎，以水沃其中，攪令渾濁，俄頃取之，以解中諸毒。山中有毒菌，人不識煮食之，無不死。又楓樹菌食之，令人笑不止。惟飲此漿，皆瘥。餘藥不能救矣。〔色〕土黃。〔味〕甘。〔性〕平，寒。〔氣〕氣之薄者，陽中之陰。〔臭〕腥。〔主〕熱渴，心悶。〔解〕中諸毒及食生肉中毒。

**明・方穀《本草纂要》卷九**　地漿水　以地掘坑，用水沃之令濁澄清，此爲地漿水也。氣寒，無毒。大能解毒，主中惡諸毒及百藥中毒，或山嵐瘴氣殺厲之毒，或水土不伏滿生瘡毒，或服砒霜、鹽滷、酒、巴豆等毒，或下蠱如食蟲蛇蜞蝎等毒，其症煩悶嘔噦，或泄瀉不止，或腹脹中滿，或血溢七竅，與此服之，其毒自解。大抵毒之傷人，所傷必重，土之解毒，物必歸土。又謂脾屬土，服毒脾先受之。脾之不平，則煩悶嘔泄，令以土解其毒。然毒得土則和，脾得土則平矣，何患之有？

**明・李時珍《本草綱目》卷五水部・地水類**　地漿《別錄》下品

【釋名】土漿弘景曰：此掘黄土地作坎，深三尺，以新汲水沃入攪濁，少頃取清用之，故曰地漿，亦曰土漿。

【氣味】甘，寒，無毒。　【主治】解中毒煩悶《别錄》。解一切魚肉果菜藥物諸菌毒，療霍亂及中暍卒死者，飲一升妙時珍。

【發明】弘景曰：楓上菌，食之令人笑不休，飲此即解。時珍曰：按羅天益《衛生寶鑒》云：中暑霍亂，乃暑熱内傷，七神迷亂所致。陰氣静則神藏，躁則消亡，非至陰之氣不愈。坤爲地，地屬陰，土曰静順。地漿作於墻陰坎中，爲陰中之陰，能瀉陽中之陽也。

【附方】舊一，新六。　熱渴煩悶：地漿一盞，飲之。《聖惠方》。　乾霍亂病：不吐不利，脹痛欲死。地漿三五盞服即愈，大忌米湯。《千金方》。　服藥過劑：悶亂者。地漿飲之。《肘後方》。　閉口椒毒：吐白沫，身冷欲死者，地漿飲之。張仲景《金匱方》。　中野芋毒：土漿飲之。《集簡方》。　黄鱨魚毒：食此魚，犯荆芥，能害人。服地漿解之。《集簡方》。　中砒霜毒：地漿調鉛粉服之，立解。《集玄方》。

**明・繆希雍《本草經疏》卷五**　地漿　寒，主解中毒煩悶。

【疏】地漿，弘景云：此掘地作坎，以水沃其中，攪令濁，俄頃取之，以解中諸毒。蓋取土為萬物之母，諸毒遇土則化故也。

**清・汪昂《本草備要》卷四**　地漿瀉熱，解毒。　甘，寒。治瀉痢冷熱、赤白，腹内熱毒絞痛。解一切魚肉菜果、藥物、諸菌毒菌，音郡。生朽木濕地上。亦名蕈，音尋，上聲。及蟲蜞入腹，如誤食馬蟥蜞入腹，生子爲患，用地漿下之。中暍暑熱卒死者。取道上熱土圍臍，令人尿臍中，以熱土、大蒜等分，搗水去渣，灌之即活。以新水沃黄土攪濁，再澄清用。凡跌打損傷，取淨土蒸熱，以布裹，更互熨之。勿大熱，恐破肉。雖瘀血凝積，氣絶欲死者亦活。宋神宗皇子病瘛瘲，國醫不能治。錢乙進黄土湯而愈。帝問其故，對曰：以土伏水，水得其平，風自止矣。

**清・陳士鐸《本草新編》卷五（抄本）**　或問：陰水既無益於人，何故醫家又用地漿之水耶？曰：病□□陽無陰者，不得不用地漿之水，掘地作坑，以新汲井水，投入攪濁，澄清服之。取其純陰而又得土氣，與井水又不同耳。凡水有土氣，皆不傷脾胃之氣，毒物遇之解，邪熱得之去也。

**清・汪啟賢等《食物須知・諸水》**　仍有地漿，是人造者。挖地坎以水沃中，攪濁渾，俄頃取服之。惡毒能解，煩熱能驅。楓上毒菌誤食笑不止者，用之即安。山中毒菌誤食，命已死者飲之立效。按：人之養生，固云穀食為本。考諸先哲，每示與水對言，水之為用，寧不謹乎！有曰：水去則榮散，穀消則衛亡。有曰：水入於經，其血乃成；穀入於胃，脈道乃行。何獨不離其水者，蓋水之與人關係甚大。年歲之夭壽，形體之豐羸，悉由得夫水上之厚薄也。故爾觀今南北人物則可驗焉。諸水雖分精詳，而醫者往往忽略，投煎藥餌，多失選求，殊不知用藥如用兵，兵之赴敵也，貴擇地而屯營壘，苟弗得其地利，則兵練固精，不能望克敵之捷報。猶藥之治病也，擇水而煎湯液。若非合其水性，則藥製須妙，亦難收愈病之全功。此理勢自然不待辨而可明也。仍有遠行不服水土成疾者，亦可概矣。

**清・王子接《得宜本草・下品藥》**　地漿　味甘，寒。主治煩熱霍亂。

**清・吴儀洛《本草從新》卷五**　地漿（瀉熱解毒。）一名土漿。　甘，寒。治泄痢冷熱赤白，腹内熱毒絞痛。解一切魚肉、菜果、藥物、諸菌毒，菌音郡。生朽木及濕地上，亦名蕈。楓樹上菌，食之令人笑不休，服此即解。及蟲蜞入腹，誤食馬蝗蜞，入腹生子，用此下之。中暍卒死者。取道上熱土圍臍，令人尿其中，乃用熱土、大蒜等分搗末，去渣，灌之即活。《衛生寶鑒》云：中暑霍亂，乃暑熱内傷，七情迷亂所致。陰氣静則神藏，躁則消亡，非至陰之氣不愈。坤為陰，地屬陰，土曰静順，地漿作於牆陰坎中，為陰中之陰，能瀉陽中之陽也。　掘黄土地作坎，深三尺，以新汲水沃入攪濁，少傾，取清用。

**題清・徐大椿《藥性切用》卷七**　地漿　一名土泉。性味甘寒，清暑除煩，化熱解毒。可煎霍亂吐瀉之藥。

**清・章穆《調疾飲食辯》卷一上**　地漿　亦曰土漿。此物最古，《名醫别錄》即有之。陶隱居曰：掘黄土地作坎，深三尺，一二尺亦可。以新汲水沃入攪濁，少頃取清用之，病輕取清，重者連泥濁飲，力更大。能解一切卒急不可名狀之惡毒。蓋凡物遇土則化，香者不香，臭者不臭，坤德之所以能受也。若羅天益《衛生寶鑒》云：地屬陰，於牆陰掘坎作地漿，乃陰中之陰，能瀉陽中之陽。語乃大謬。作此須稍遠居人，高阜潔淨黄土地，常受風日雨露之所則佳。樹下、牆陰、屋内，皆不可作。第一善解楓菌、土菌等毒，閉口椒毒，口吐白沫，身冷欲死，出《金匱要略》。熱毒煩渴，出《聖惠方》。天行熱病及瘟疫尤佳。乾霍亂病即攪腸痧，脹痛不得吐瀉，救遲則死，飲地漿三五盞，以雞羽探喉中，得吐即生。大忌米湯，尤忌薑湯，但一滴入口，則萬不能救，出《千金方》。誤服或過服熱藥，煩躁瞀亂，出《肘後方》。中野芋毒、黄鱨魚毒，出《集簡方》。並飲地漿則解。

**清・葉桂《本草再新》卷八** 地漿味甘，性寒，無毒。入肝、肺二經。 治泄痢，瀉熱解毒。

**清・趙其光《本草求原》卷二一水部** 地漿水掘牆陰地作坎置水，攪澄用。能瀉陽救陰，治泄痢冷熱、熱毒腹痛、中暑、霍亂神昏、取道上熱土圍臍，令人尿臍中，以熱土、大蒜等分杵，水澄灌之。黃土更佳。蟲蜞入腹，解一切魚、肉、菜、果、菌、藥毒。乾霍亂者，服之即安，忌米湯。中砒石毒，和鉛粉灌之。

**清・張仁錫《藥性蒙求・水部》** 地漿 甘寒，瀉熱和陰。陽邪泄痢，腹痛堪尋。地漿作於墻下，坎深三尺，以新汲水沃入，攪濁，少頃取清用。為陰中之陰，瀉陽中之陽邪。

温湯

**宋・唐慎微《證類本草》卷五玉石部下品〔唐・陳藏器《本草拾遺》〕** 溫湯 主諸風，筋骨攣縮及皮頑痹，手足不遂，無眉髮，疥癬諸疾，在皮膚骨節者入浴。浴乾，當大虛憊，可隨病與藥及飯食補養。自非有佗病人則無宜輕入。又云：下有硫黃，即令水熱。硫黃主諸瘡病，水亦宜然。水有硫黃臭，故應愈諸風冷爲上，當其熱處，大可燖猪羊。

**明・盧和、汪穎《食物本草》卷一水類** 溫泉水 性熱，有毒，切不可飲。一云：下有硫黃，即令水熱，當其熱處可燖猪羊。主治風頑痹，浴之可除。廬山下有溫泉池，往來方士教令患疥癩及楊梅瘡者，飽食，入池久浴，得汗出乃止，旬日，諸瘡自愈。然水有硫黃臭氣，故應愈諸風惡疾，體虛者毋得輕入。

**明・鄭寧《藥性要略大全》卷八** 溫泉 主諸風筋骨攣縮，及皮膚頑痹、疥癩等疾。

**明・皇甫嵩《本草發明》卷五** 湯泉 主諸風，筋骨攣縮，皮頑痺，手足不遂，無眉髮，疥癬諸疾在皮膚骨節者，入浴之，浴當虛憊，可隨病與藥及飯食補養。自非有他病人，無宜輕入，蓋下有硫黃，即令水熱。硫黃主諸瘡病，水亦宜，故應諸風冷疾為上。

**明・李時珍《本草綱目》卷五水部・地水類** 温湯《拾遺》

【釋名】温泉《綱目》 沸泉藏器曰：下有硫黃，即令水熱，猶有硫黃臭。硫黃主諸瘡，故水亦宜然。當其熱處，可燖猪羊、熟鷄子也。時珍曰：温泉有處甚多。按胡仔《漁隱叢話》云：湯泉多作硫黃氣，浴之則襲人肌膚。惟新安黃山是朱砂泉，春時水即微紅色，可煮茗。長安驪山是礬石泉，不甚作氣也。朱砂泉雖紅而不熱，當是雄黃爾。有砒石處亦有湯泉，浴之有毒。

【氣味】辛，熱，微毒。 【主治】諸風筋骨攣縮，及肌皮頑痹，手足不遂，無眉髮，疥癬諸疾，在皮膚骨節者，入浴。浴訖，當大虛憊，可隨病與藥，及飲食補養。非有病人，不宜輕入藏器。

【發明】潁曰：廬山有溫泉，方士往往教患疥癬、風癩、楊梅瘡者，飽食入池，久浴得汗出乃止，旬日自愈也。

**明・吴文炳《藥性全備食物本草》卷一** 溫泉 味辛，性熱，有毒。不可飲，下有硫黃，能令水熱，可燖豬羊毛，可熟蛋。風濕寒痺浴之可除。廬山有溫泉池，方士令疥癩廣瘡人，飽食入池浴之，得汗即止，旬日而愈。虛人則不可也。按《相感志》云：溫泉多作硫黃氣，浴之襲人肌膚。惟新安黃山是硃砂泉，春時水即微紅色，可煮茗。有砒石處溫泉浴之有毒，慎之。

**明・謝肇淛《五雜俎》卷三** 大凡溫泉之發源，其下必有朱砂，或硫黃、礬石。蓋天地至陽之精所結也。閩中諸泉皆作硫黃氣，甚者薰人不可耐。人有疥者，浴之輒愈。竹木浸一宿，則終不蠹。蓋硫黃能殺諸蟲也。華清宮，余未之見，然束賀詩有華清宮中礬石湯之句，其為礬石無疑矣。黃山下者，萬曆戊戌秋，曾與同志諸子共浴其中，方廣丈許，上有石屋覆之，其底皆白沙，沙熱，足不能久住，所浴垢膩自流於外，都不煩人力，亦無硫黃氣，相傳朱砂在其下。

**清・陳士鐸《本草新編》卷五〔抄本〕** 或問：水性寒，彼溫泉之水為熱而不可飲者，何也？曰：溫泉非不可飲，且有不可浴者。蓋亢陽之水也，純陽無陰，故水寒變熱耳。凡人陽旺而陰衰者，為多飲水，所以濟陽也。飲溫泉反去助陽，自然無益。況所助者，又邪陽而非真陽乎，故不可飲也。

鹽膽水

**宋・唐慎微《證類本草》卷五玉石部下品〔唐・陳藏器《本草拾遺》〕** 鹽膽水 味鹹、苦，有大毒。主䘌蝕疥癬，瘻蟲咬，馬牛爲蟲蝕，毒蟲入肉生子。六畜飲一合，當時死，人亦如之。並鹽初熟，槽中瀝黑汁也。主瘡，有血不可傳也。

**明・盧和、汪穎《食物本草》卷一水類** 鹵水 味苦鹹，無毒。主大熱，消渴，狂煩，除邪及下蠱毒，柔肌膚，去濕熱，消痰，磨積塊，洗滌垢膩。勿過服，頓損人。

**明·盧和、汪穎《食物本草》卷一水類** 鹽膽水 味鹹苦，有大毒。此水鹽初熟槽中瀝黑汁也，人與六畜皆不可食。

**明·李時珍《本草綱目》卷五水部·地水類** 鹽膽水《拾遺》

【釋名】鹵水藏器曰：此乃鹽初熟，槽中瀝下黑汁也。時珍曰：鹽下瀝水，則味苦不堪食。今人用此水，收豆腐。獨孤滔云：鹽膽煮四黄，焊物。

【氣味】鹹，苦，有大毒。【主治】蝕䘌疥癬，瘻疾蟲咬，及馬牛爲蟲蝕，毒蟲入肉生子。六畜飲一合，當時死，人亦然。凡瘡有血者，不可塗之藏器。痰厥不省，灌之取吐，良時珍。

**明·吴文炳《藥性全備食物本草》卷一** 鹽膽水即鹽鹵。 味鹹、苦，有大毒。治痰厥不省，少少灌之，取吐而止。療蝕疥癬瘻疾及牛馬蟲蝕，毒蟲入肉生子。凡六畜飲一合即死，人亦然，止可點豆腐煮四黄銲物。

**清·何其言《養生食鑒》卷上** 鹽膽水即鹽鹵水。 味鹹、苦，有大毒。治痰厥不省，少少灌之，取吐而止。療蝕疥癬瘻疾，及牛馬蟲蝕，毒蟲入肉生子。凡六畜飲一合，即死，人亦然。止可點豆腐，煮四黄，銲物。

**清·趙其光《本草求原》卷二一水部** 煮鹽初熟槽中黑汁 塗蝕䘌、疥癬、蟲咬及毒蟲入肉即化； 痰厥不省，灌之即吐。但瘡有血不可塗，人畜飲之則死。

鹽鹵水，即斥鹵苦地之水，可煮鹽者。 鹹、苦，大毒。治痰厥不省，少少灌之，取吐而止。療疥癬及牛、馬、蟲蝕、毒蟲入肉。塗之。但毒與碱灰所濾之碱水同。詳土部。人與六畜飲一合即死。止可點豆腐，煮四黄焊物。

**清·劉善述、劉士季《草木便方》卷二金石土火部** 膽巴 膽水苦鹹殺蟲毒，疥癬禿癩䘌蝕塗。痰飲不消嚾取吐，牛馬蟲䘌蝕搽除。

阿井水

**明·李時珍《本草綱目》卷五水部·地水類** 阿井泉《綱目》

【氣味】甘、鹹，平，無毒。 【主治】下膈，疏痰，止吐時珍。

【發明】時珍曰：阿井在今兖州陽穀縣，即古東阿縣也。沈括《筆談》云：古説濟水伏流地中，今歷下凡發地下皆是流水。東阿亦濟水所經，取井水煮膠謂之阿膠。其性趣下，清而且重，用攪濁水則清，故以治淤濁及逆上之痰也。又青州范公泉，亦濟水所注，其水用造白丸子，利膈化痰。《管子》云：齊之水，其泉青白，其人堅勁，寡有疥瘙，終無痟酲。水性之不同如此。陸羽烹茶，辨天下之水性美惡，烹藥者反不知辨此，豈不戾哉。

**明·吴文炳《藥性全備食物本草》卷一** 阿井水 味甘、鹹，平，無毒。其性趨下，氣清而性重，利膈止吐，能治逆上之痰。

**明·姚可成《食物本草》卷一水部·地水類** 阿井水即東阿井，是濟水所聚。其水煮膠即阿膠。 阿井水，味甘、鹹、平，無毒。主下膈疎痰，止吐安胃。

**清·朱本中《飲食須知·水火》** 井水阿井水【略】 阿井水，味甘、醎，氣清性重。

**清·王道純《本草品彙精要續集》卷一** 阿井水無毒

阿井水：主下膈疏痰，止吐《本草綱目》。 【地】李時珍云：阿井在今兖州陽穀縣，即古東阿縣也。【用】沈括《筆談》云：古説濟水，伏流地中，今歷下凡發地下，皆是流水，東阿亦濟水所經。取井水煮膠，謂之阿膠。又青州范公泉亦濟水所注，其水用造白丸子，利膈化痰。【質】其性趣下，清而且重，用攪濁水則清。【色】管子云：齊之水，其泉清白，其人堅勁，寡有疥瘙，終無消酲，水性之不同如此。【味】甘，鹹。【性】平。【治】烏井水，性重，故能治瘀濁及逆上之痰。【贗】李時珍云：陸羽烹茶，尚辨天下之水性美惡，烹藥者反不知辨此，豈不誤哉。

**題清·徐大椿《藥性切用》卷七** 阿井水 甘醎性平，利膈清痰，化濁澄清，能止吐衄崩淋諸血。用以煎煑阿膠，其功益倍。

赤龍浴水

**宋·唐慎微《證類本草》卷五玉石部下品〔唐·陳藏器《本草拾遺》〕** 赤龍浴水 小毒。主瘕結氣諸瘕，惡蟲入腹及咬人生瘡者。此澤間小泉，赤蛇在中者，人或遇之，經雨，取水服及人浴。蛇有大毒，故以爲用也。

塚井水

**宋·唐慎微《證類本草》卷五玉石部下品〔唐·陳藏器《本草拾遺》〕** 塚井中水 有毒。人中之者立死。欲入塚井者，當先試之。法以雞毛投井中，毛直而下者無毒； 毛迴旋而舞，似不下者有毒。以熱醋數斗投井穴中，則可入矣。凡塚井及竈中，從夏至秋，毒氣害人，從冬至春，則無毒氣。凡秋露、春水著草，水亦能害人，冬夏則無。人素爲物所傷，并有諸瘡，觸犯毒露及毒水，覺瘡頑不痒痛，當中風水所爲，身必反張似角弓。主之法以鹽豉和麫作椀子蓋瘡上，作大艾炷，灸一百壯，令抽惡水數升，舉身覺痒，瘡處知痛，差也。

**明・穆世錫《食物輯要》卷一**　古塚中水　性寒，有毒。悞飲，殺人。洗諸瘡可愈。

**明・姚可成《食物本草》卷一水部・地水類**　塚井中水　有毒，飲之害人。但洗諸瘡，差。欲入塚井中，先試以雞毛。投之直下，無毒；如迴旋而舞，則有毒，先以熱醋數斗投井中，方可入。

**清・朱本中《飲食須知・水火》**　古塚中水糧罌中水　性寒，有毒，悞飲殺人。糧罌中水，味辛，有毒，乃古塚中食罌中水也。洗眼見鬼，多服令人心悶。

### 糧罌中水

**宋・唐慎微《證類本草》卷五玉石部下品〔唐・陳藏器《本草拾遺》〕**　糧罌中水　味辛，平，小毒。主鬼氣，中惡，疰忤，心腹痛，惡夢鬼神。進一合，多飲令人心悶。又云：洗眼見鬼，未試。害蚘蟲。其清澄久遠者佳。古塚云文遮留餘節，瓜(毒潰屍)〔表遺犀〕，言此二物不爛，餘皆成水。北人呼糧罌爲食罌也。

**明・李時珍《本草綱目》卷五水部・地水類**　糧罌中水《拾遺》

〔集解〕藏器曰：乃古冢中食罌中水也，取清澄久遠者佳。古文曰：蔗留餘節，瓜表遺犀。言二物不爛，餘皆成水也。

〔氣味〕辛，平，有小毒。〔主治〕鬼氣中惡疰忤，心腹痛，惡夢鬼神，殺蚘蟲。進一合，不可多飲，令人心悶。又云：洗眼見鬼，未試藏器。

〔附方〕新一。噎疾：古冢内罐罌中水，但得飲之即愈，極有神效。《壽域方》。

**明・吴文炳《藥性全備食物本草》卷一**　糧罌中水　味辛，平，有小毒。年遠澄清者良。治噎症，癎疾及中惡鬼疰，心腹痛，惡夢神物，殺蛇蟲，進合許效，多服令人心悶。

### 車轍中水

**明・李時珍《本草綱目》卷五水部・地水類**　車轍中水《綱目》

〔釋名〕時珍曰：轍，乃車行迹也。

〔主治〕癧瘍風，五月五日取洗之，甚良。牛蹄〔迹〕中水亦可時珍。

**清・王道純《本草品彙精要續集》卷一**　車轍中水　車轍中水：主癧瘍風。取洗之，甚良，牛蹄中水亦可《本草綱目》。

〔名〕李時珍云：轍乃車行跡也。〔時〕採：五月五日取之。

### 熱湯

**宋・唐慎微《證類本草》卷五玉石部下品〔宋・掌禹錫《嘉祐本草》〕**　熱湯　主忤死。先以衣三重，藉忤死人腹上，乃取銅器若瓦器盛湯著衣上，湯冷者去衣，大冷者換湯，即愈。又霍亂，手足轉筋。以銅器若瓦器盛湯熨之，亦可令蹋器使脚底熱徹，亦可以湯捋之，冷則易，用醋煮湯更良，煮蓼子及吴茱萸汁亦好。以錦絮及破氊角脚，以湯淋之，貴在熱徹。又繰絲湯，無毒，主蛔蟲。熱取一盞服之，此煮繭汁，爲其殺蟲故也。又燖豬湯，無毒，主産後血刺心痛欲死，取一盞溫服之。新補，見《抱朴子》《陳藏器》。

〔宋・唐慎微《證類本草》〕陳藏器云：凡初覺傷寒三日内，但取熱湯飲之，候吐則止，可飲一二升，隨吐，汗出差。重者亦減半。又凍瘡不差者，熱湯洗之效。《野人閑話》：《朱真人靈驗篇》：有病者，患風疾數年不較。掘坑令患者解衣坐於坑内，遂以熱湯上淋之。良久，復以簟蓋之，差。

〔宋・陳承《重廣補注神農本草並圖經》〕別說云：謹按：《外臺秘要》有作甘爛水法：以木盆盛水，杓揚千百下，泡起作珠子五六千顆，撇取治霍亂及入膀胱，治奔豚，藥用殊勝。《傷寒論》第三卷，亦有此法。

**宋・寇宗奭《本草衍義》卷六**　熱湯　助陽氣，行經絡。患風冷氣痹人，多以湯渫脚至膝上，厚覆使汗出周身。然別有藥，亦終假湯氣而行也。四時暴泄利，四肢冷，臍腹疼，深湯中坐，浸至腹上，頻頻作，生陽佐藥，無速於此。虚寒人始坐湯中必戰，仍常令人伺守。

**宋・王繼先《紹興本草》卷一**　熱湯　紹興校定：熱湯之用，取其熱氣通暢。《本經》雖有主療之文，然未嘗有專恃此而起疾者。復有醋湯，蓼子、吴茱萸等汁，然主治頗同，但性味殊異。其繰絲湯、燖猪湯，並云服餌、療疾，皆未聞驗據。但熱湯固知性平、無毒是也。

**元・吴瑞《日用本草》卷一**　熱湯　滚沸者佳。味甘，性平，無毒。熱湯助陽氣，行經絡，主忤死，霍亂轉筋，以衣着患人腹上，以熱湯淋熨之，冷則再易，用醋煮湯更良。繰絲湯：無毒，服之殺蛔蟲。燖猪湯：無毒，主産後血刺心痛欲死，取一盞溫服之也。

**元・朱震亨《本草衍義補遺》**　麻沸湯　成無己云：瀉心湯以麻沸湯

漬服者，取其氣薄而泄虛熱也。

**明・劉文泰《本草品彙精要》卷五**　熱湯無毒。附繅絲湯、麻沸湯、燖豬湯。

熱湯主忤死，先以衣三重藉忤死人腹上，乃取銅器若瓦器盛湯著衣上，湯冷者去衣，大冷者換湯，即愈。又霍亂，手足轉筋，以銅器若瓦器盛湯熨之，亦可令蹋器使脚底熱徹，亦可以湯酹之，冷則易，用醋煮湯更良，煮蓼子及吴茱萸汁亦好，以綿絮及破氈裹脚，以湯淋之，貴在熱徹。又繅絲湯，無毒，主蛔蟲，熱取一盞服之，此煮繭汁，爲其殺蟲故也。又燖豬湯，無毒，主產後血刺心痛欲死，取一盞溫服之。名醫所錄。　謹按：水經火煎作沸者，謂之湯也。《衍義》曰：助陽氣，通經絡，用以熨治風冷氣痹等疾，正合《内經》所謂寒因熱用之意。抑考朱丹溪云繅絲湯，屬火有陰之用，能瀉膀胱水中相火，使清氣上朝於口，而止消渴也。又，成無己云瀉心湯，用麻沸湯漬服者，取其氣薄而泄虛熱也，觀此厥有旨矣，用者審之。　【治】療：陳藏器云：凡初覺傷寒三日内，但取熱湯飲之，候吐則止。可飲一二升，隨吐汗出，瘥。重者亦減半。又凍瘡不瘥者，熱湯洗之，效。《衍義》曰：熱湯助陽氣，行經絡，患風冷氣痹人，多以湯渫脚至膝上，厚覆使汗出周身，然别有藥，亦終假湯氣而行也。四時暴洩痢，四肢冷，臍腹疼，深湯中坐浸至腹上，頻頻作，生陽佐藥，無速於此。虛寒人始坐湯中必戰，仍常令人伺守，可也。《别錄》云：風疾數年不效者，掘坑令患者解衣坐於坑内，遂以熱湯上淋之，良久，復以簟蓋之，瘥。

**明・盧和、汪穎《食物本草》卷一水類**　熱湯　須百沸過。若半沸者，食之病脹。患霍亂手足轉筋者，以銅瓦器盛湯熨臍，效。

**明・許希周《藥性粗評》卷四**　呷麻沸之湯，瀉心一注。

麻沸湯，煮苧麻所沸之湯也。味甘，性平，無毒。主治心煩虛熱，以甘草瀉心湯藥，用麻沸湯漬而服之，取其氣薄相助，以瀉虛熱。

**明・李時珍《本草綱目》卷五水部・地水類**　熱湯宋《嘉祐》

【釋名】百沸湯《綱目》　麻沸湯仲景　太和湯

【氣味】甘，平，無毒。時珍曰：按汪穎云：熱湯須百沸者佳。若半沸者，飲之反傷元氣，作脹。或云熱湯漱口損齒。病目人勿以熱湯洗浴。凍僵人勿以熱湯灌之，能脱指甲。銅瓶煎湯服，損人之聲。　【主治】助陽氣，行經絡宗奭。熨霍亂轉筋入腹及客忤死《嘉祐》。

【發明】宗奭曰：熱湯能通經絡，患風冷氣痹人，以湯淋脚至膝上，厚覆取汗周身，然别有藥，亦假陽氣而行爾。四時暴泄痢，四肢冷，臍腹疼，深湯中坐，浸至腹上，頻頻作之，生陽諸藥，無速於此。虛寒人始坐湯中必顫，仍常令人伺守之。張從正曰：凡傷寒傷風傷食傷酒，初起無藥，便飲太和湯盌許，或酸虀汁亦可，以手揉肚，覺恍惚，再飲再揉，至無所容，探吐，汗出則已。時珍曰：張仲景治心下痞，按之濡，關上脉浮，大黄黄連瀉心湯，用麻沸湯煎之，取其氣薄而洩虛熱也。朱真人《靈驗篇》云：有人患風疾數年，掘坑令坐坑内，解衣，以熱湯淋之，良久以簟蓋之，汗出而愈。此亦通經絡之法也。時珍常推此意，治寒濕加艾煎湯，治風虛加五枝或五加煎湯淋洗，覺效更速也。

【附方】舊四，新九。　傷寒初起：取熱湯飲之，候吐則止。陳藏器《本草》。　初感風寒：頭痛憎寒者，用水七盌，燒鍋令赤，投水於内，取起再燒再投，如此七次，名沸湯，乘熱飲一盌，以衣被覆頭取汗，神效。《傷寒蘊要》。　忤惡卒死：銅器或瓦器盛熱湯，隔衣熨其腹上，冷即易，立愈。陳藏器《本草》。　霍亂轉筋：以器盛湯熨之，仍令蹋器，使足底熱徹，冷則易。《嘉祐本草》。　暑月暍死：以熱湯徐徐灌之，小舉其頭，令湯入腹，即甦。《千金方》。　火眼赤爛：緊閉目，以熱湯沃之，湯冷即止，頻沃取安，妙在閉目。或加薄荷、防風、荆芥煎湯沃之，亦妙。趙原陽《濟急方》。　金瘡血出：不止。以故布蘸熱湯盦之。《延壽書》。　代指腫痛：麻沸湯漬之，即安。《千金方》。　癰腫初起：以熱湯頻沃之，即散也。《集簡方》。　凍瘡不瘥：熱湯洗之。陳藏器。　馬汗入瘡，腫痛欲死。沸湯溫洗即瘥。《千金方》。　蠍蠆螫傷：溫湯漬之，數易，至旦愈。華佗治彭城夫人方。　蛇繞不解：熱湯淋之，即脱。《千金方》。

**明・吴文炳《藥性全備食物本草》卷一**　熱湯　味甘，平，無毒。煎百沸者佳，助胃氣，行經絡，熨霍亂轉筋及客忤死者良。勿用滚湯漱口，損齒。病目人勿用熱湯沐浴，助熱昏目。凍僵人勿用熱湯濯手足，脱指甲。勿用銅器煎湯，人悮飲損聲。勿飲半滚湯，令人發脹滿，損元氣。

**明・吴文炳《藥性全備食物本草》卷一**　燖豬湯　無毒。主產後血刺心痛欲死，水一盞溫服效。

**清・汪昂《本草備要》卷四**　百沸湯宣，助陽氣。　助陽氣，行經絡。汪穎曰：湯須百沸者佳。寇宗奭曰：患風冷氣痹人，以湯淋脚至膝，厚覆取汗，然别有藥，特假陽氣而行耳。四時暴瀉痢，四肢臍腹冷，坐深湯中，浸至膝上。生陽之藥，無速于此。張從正曰：凡傷風寒、酒食，初起無藥，便飲太和湯，或酸虀水，揉肚探吐，汗出即已。昂按：感冒風寒，而以熱湯澡浴，亦發散之一法。故《内經》亦有可湯熨、可浴，及摩之、浴之之文。《備急方》治心腹卒脹痛欲死，煮熱湯以漬手足，冷即易之。

**清・王逊《藥性纂要》卷一**　熱湯　【略】東圃曰：先慎安徵君治瘧，用生薑觔許煎湯，於未發前熱洗兩足，從跟至膝，或一作，或再作，瘧即止。蓋瘧係風寒暑濕之邪，初受於三陽之經，久則隨經溜入陰分，瘧由汗解，身半以上汗易出而多，發瘧則下部之汗常少，惟汗出至足方透，周身之經脉和暢，無所阻滯，邪盡而瘧止矣。生薑辛散溫行，取汁露飲，可以截瘧。然入胃未免於熱，惟煎湯浸漬肢體，外助勝於內服。蓋飲則藥力至足，其勢已殺，不若洗為徑捷。且足三陰經脉從足走腹，足三陽經脉從頭亦走足，陰陽互交，上下貫通，皆在於此。淋洗之法，大有補助，人多不講，豈非失哉。又大吐血衄血足冷者，用好酒燉熱，浸洗兩足，血亦自止。此引火歸元之法。又治頭風痛熏法，用熱湯一大盆，入上白鹽花一碗，泡化，令病人熏頭，用綿被悶緊，熏至汗出，湯氣漸溫，並洗額及兩太陽，漫漫拭乾，其痛立止。此良法也。蓋風寒入留於腦，則成頭風，其痛如斧劈，久者藥難速效，用湯熏法，大為得理。夫腦為髓海，腎所主也。汗為腎液，鹽能入腎，水之所化，風寒深入於腦，膚淺治之，必不得出，惟借鹽以引入血分，而藉熱湯揚液為汗以外達，則風從汗解，而痛自釋，若輕者一次便愈，壯實人未愈可再作，但熏後宜服補劑以調之。

**清・陳士鐸《本草新編》卷五〔抄本〕**　或問：百沸湯古人所尚，愚以為太熱而無生氣矣。曰：□□□□凡飲茶湯，亦不可過沸。過沸則其性太急，五臟□□□□□□氣，然又不可不沸而即飲，飲之往往腹脹，以□□□□□□□

**清・汪紱《醫林纂要探源》卷三**　百沸湯　甘，平。湯豈定以百沸，此言其大數。必以百沸為數，則文人之愚也。宣助陽氣，通行經絡。凡寒餓欲絕者，滾湯一呷，即復回陽，四肢臍腹冷甚及寒痺者，滾湯浸脚，或坐湯中，皆能回陽。感冒風寒者，坐密室，以湯或蒸或浴，亦能發汗。隨宜施治，惟人意會。

**題清・徐大椿《藥性切用》卷七**　百沸湯　一名太和湯，一名麻沸湯。味甘微溫，補中助陽，宣通經絡。

**清・葉桂《本草再新》卷八**　百沸湯味甘，性溫，無毒。入肺、腎二經。　補元氣，行經絡。○千沸湯，力更雄壯。取其元氣也。

**清・趙其光《本草求原》卷二一水部**　百沸湯一名麻沸湯。　輕浮散結熱，外感宜熱飽。助陽氣，通經絡。治風冷氣痹，煎藥，並熱浸脚取汗。虛寒暴泄。以深湯浸至腹上妙。

**清・田綿淮《本草省常・水性類》**　百沸湯半滾水　一名太和湯，即白開水滾百沸者也。性平，助陽氣，行經絡。半滾水傷元氣，令人腹脹。

**清・陳其瑞《本草撮要》卷一〇**　百沸湯　助陽行氣。若半沸者，飲之反傷元氣作脹。蛇繞不解，以熱湯淋之即脫。忤惡卒死，銅瓦器盛熱湯隔衣熨其腹。心腹卒痛欲死，以之漬手足，水冷則易之良。一名太和湯，一名麻沸湯。

繅絲湯

**元・朱震亨《本草衍義補遺》**　繅絲湯　口乾消渴者，可用此吐之。此物屬火，有陰之用，能瀉膀胱水中相火，以引清氣上朝於口。按《究原方》治消渴，以此湯飲之，或以繭殼絲綿湯飲之效。

**明・滕弘《神農本經會通》卷六**　繅絲湯　無毒。《本經》云：主蛔蟲，熱取一盞服之。此煮繭汁，為其殺蟲故也。

**明・許希周《藥性粗評》卷四**　口乾無害（澡）〔繅〕絲湯。（澡）〔繅〕絲湯，即以繭出絲時湯也。四五月新繭時有之。味〔苦〕、甘，性寒，無毒。主治大熱口燥，消渴，降火清內。丹溪云：口乾消渴者，可用此吐之。又云：能消膀胱水中相火，以引清氣上朝于口。按《究原方》治消渴以（澡）〔繅〕絲湯飲之，或以繭殼絲綿煮湯飲之亦可。

**明・皇甫嵩《本草發明》卷五**　繅絲湯　主蚘蟲熱，取一盞服之。此煮蠶繭汁，為其殺蟲也。

**明・梅得春《藥性會元》卷下**　繅絲湯　味甘，氣平，無毒。主治消渴口乾。丹溪云：屬火，有陰之用，能瀉膀胱中相火，以引清氣上朝於口。如無此湯，以繭殼絲綿煮飲。又能殺蟲，治蛔蟲，熱服一盞效。熱湯救忤死人，先以衣布三四重，鋪忤死人腹上，將銅器或瓦器盛熱湯，安於衣布上，熨之，冷則又換熱湯，即得甦醒。又治霍亂，手足轉筋，亦如前法熨之即止。或用醋煮湯更良。

**明・羅周彥《醫宗粹言》卷四**　收（澡）〔繅〕絲湯法　煮蠶繭絲湯，以磁瓶收，密封，埋淨土地中，任經數年，久而愈妙，大能療瘟疫及熱病，消渴不能止者，涼飲數次即止。

**清・劉雲密《本草述》卷一**　繅絲湯　以瓷瓶收，密封，埋淨土地中，任經數年，久而愈妙。

主治：　時珍曰：　止消渴大驗。

### 齏水

**元·吴瑞《日用本草》卷八**　齏水　古以蒜作齏，名蒜齏。今以菜并麵湯釀成之。　味酸，平，無毒。多食發腎氣。　主潤肺定喘，洗惡瘡，制烏頭毒。

**明·李時珍《本草綱目》卷五水部·地水類**　虀水《綱目》

【集解】時珍曰：　此乃作黄虀菜水也。

【氣味】酸、鹹，無毒。　【主治】吐諸痰飲宿食，酸苦涌泄爲陰也時珍。

**清·朱本中《飲食須知·水火》**　虀水　味酸、鹹，性涼。能吐痰飲宿食，婦人食多絶產。

**清·汪昂《本草備要》卷四**　黄虀水宣，涌吐。　酸、鹹。吐痰飲、宿食。酸苦涌泄爲陰也。

**清·王道純《本草品彙精要續集》卷一**　齏水無毒

齏水：　主吐諸痰飲宿食《本草綱目》。　【名】李時珍云：　此乃作黄齏水也。　【味】酸，鹹。　【氣】酸苦湧泄爲陰也。

**清·汪紱《醫林纂要探源》卷三**　酸虀水　酸，鹹，寒。此虀菜中酸水也。補斂心肺，降滲濕熱，涌吐痰涎，解酒開音。

**清·嚴潔等《得配本草》卷一**　齏水此乃作黄齏菜水也。　酸、鹹。　湧吐痰食。

**題清·徐大椿《藥性切用》卷七**　虀水　性味酸鹹，探吐宿食痰飲。

**清·章穆《調疾飲食辯》卷三**　黄虀菜　不拘何菜，以煮飯熱米飲浸一二日，色變黄，味微酸，加鹽食，頗爽口。此菜雖微，其來古矣，性亦無益有損。

### 生熟湯

**宋·唐慎微《證類本草》卷五玉石部下品〔唐·陳藏器《本草拾遺》〕**　生熟湯　味鹹，無毒。熱鹽投中飲之，吐宿食毒惡物之氣，臚脹欲爲霍亂者，覺腹内不穩，即進一二升，令吐得盡，便愈。亦主痰瘧，皆須吐出痰及宿食，調中消食。又人大醉及食苽果過度，以生熟湯浸身，湯皆爲酒及苽味。《博物志》云：　浸至腰，食苽可五十枚，至脛頸則無限。

**明·盧和、汪穎《食物本草》卷一水類**　生熟湯　味鹹，無毒。熬鹽投中，飲之，吐宿食毒惡物，消氣臚脹，亦主痰瘧，調中消食。又人大醉及食瓜果過度，以生熟湯浸身，湯皆為酒及瓜果氣味。

**明·李時珍《本草綱目》卷五水部·地水類**　生熟湯《拾遺》

【釋名】陰陽水時珍曰：　以新汲水百沸湯合一盞和勻，故曰生熟，今人謂之陰陽水。

【氣味】甘、鹹，無毒。　【主治】調中消食。凡痰瘧，及宿食毒惡之物，臚脹欲作霍亂者，即以鹽投中，進一二升，令吐盡痰食，便愈藏器。凡霍亂及嘔吐，不能納食及藥，危甚者，先飲數口即定時珍。

【發明】時珍曰：　上焦主納，中焦腐化，下焦主出。三焦通利，陰陽調和，升降周流，則臟腑暢達。一失其道，二氣淆亂，濁陰不降，清陽不升，故發爲霍亂嘔吐之病。飲此湯輒定者，分其陰陽，使得其平也。藏器曰：　凡人大醉及食瓜果過度者，以生熟湯浸身，則湯皆爲酒及瓜味。《博物志》云：　浸至腰，食瓜可五十枚，至頸則無限也。未試。

**明·吴文炳《藥性全備食物本草》卷一**　生熟湯冷水滚湯相和者，又名陰陽湯。　味甘、鹹，平，無毒。調中，治痰瘧，宿食膨脹，霍亂，投鹽飲一二鍾，令吐盡即可。凡霍亂嘔吐不能納藥食至危者，先飲一二口即定。凡人大醉，食瓜果過度，以生熟湯浸身，其湯皆作酒氣、瓜果味。

**明·顧逢柏《分部本草妙用》卷一〇水部**　生熟湯即名陰陽水。　甘、鹹，無毒。　主治：　調中，消食，痰瘧宿食，毒惡之物。欲治霍亂，以鹽投中，進一二升，令吐盡痰食，即愈。　夫陰陽二氣淆亂，濁陰不降，清陽不升，故發霍亂。飲此湯以分其陰陽，使得其平也。

**清·郭章宜《本草匯》卷一八**　生熟湯　甘、鹹。調中消食，治嘔理脹。

按：　生熟湯，以新汲水同百沸湯和勻，是也。今人謂之陰陽水。最能分理二氣，暢達升降，使陰陽得其和平。若謂井泉水與河水合之，非也。

**清·何其言《養生食鑒》卷上**　生熟湯冷水與湯相和者，又名陰陽湯。　味甘、鹹，平，無毒。調中，治痰瘧。宿食膨脹霍亂，投鹽，飲一二鍾，令吐盡即可。凡霍亂嘔吐，不能納藥食至危者，先飲一二口，即定。甯原曰：　凡人大醉，食瓜果過度，以生熟湯浸身，其湯皆作瓜果味。

**清·汪昂《本草備要》卷四**　陰陽水一名生熟水。　宣，和陰陽。　治霍亂吐瀉有神功。　陰陽不和而交爭，故上吐下瀉而霍亂。飲此輒定者，分其陰陽，使和平也。按：　霍亂有寒熱二症，藥中能治此者甚多，然未嘗分別言之。倉卒患此，脉候未審，慎勿輕投偏熱寒之劑。曾見有霍亂服薑湯而立斃者，惟飲陰陽水爲最穩。霍亂邪在上焦則吐，邪在下焦則瀉，邪在中焦則吐瀉兼作，此濕霍亂，症輕易治。又有心腹絞痛、不得吐瀉者，名乾霍亂，俗名絞腸沙，其死甚速。古方用鹽熬熱，童便調飲，極爲得治。勿與穀食，即米湯下咽亦死。

以沸湯半鍾，井水半鍾，和服。

**清・陳士鐸《本草新編》卷五〔抄本〕** 或問：半滾湯既不可用，何以陰陽水醫家用□□□□□□陽水非可常用之物也。因病陰陽反覆，故用□□□□□□合以灌之，取其不陰不陽。因其亂而亂之，以動其吐□□□□陰，陽各歸陽也。倘無病而妄吐之，則反亂陰陽矣。烏□□□□。

**清・汪紱《醫林纂要探源》卷三** 陰陽水 和陰陽，交心腎。合沸湯、泉水各半盞，少加熟鹽尤妙。治霍亂兼吐瀉，及乾霍亂，腹中絞痛，神效。

**清・嚴潔等《得配本草》卷一** 陰陽水即生熟湯。 陰陽不和，吐瀉交作，不能納食及藥，危甚者，先飲數口即定。 以新汲水、百沸湯合一盞和勻。

**題清・徐大椿《藥性切用》卷七** 生熟湯 一名陰陽水。調中化食，治霍亂吐瀉。

**清・黃宮繡《本草求真》卷七** 陰陽水調劑陰陽不和。 陰陽水耑入腸胃。即湯沸半杯，合井冷水半杯，而並用之也。緣人陰陽不和，則吐瀉並作，而霍亂不寧，斯時病屬倉卒，寒熱難分，陰陽莫測。若使投以偏劑，如單服薑湯之類以斃。則不免有誤治之失矣。惟急用此投治，則陰陽克協，故借有形調和之質，以平無形不和之氣也。若使心腹絞痛，止有吐瀉之勢，而無吐瀉之實者，是為乾霍亂，即為絞腸痧。心腹絞痛，不得吐瀉者，名乾霍亂。吐瀉有物，名濕霍亂。蓋病在上則吐，在下則瀉，邪在中則吐瀉並作。則又另有法在。如古方用鹽熬熱，童便調飲，極為得治。但不可用穀食米湯下咽，以致立斃。而非此水所能治矣。

**清・吳鋼《類經證治本草・足陽明胃腑藥類》** 陰陽水 治霍亂吐瀉有神功。誠齋曰：甘平。此生熟水也。取沸湯一半，和冷水一半服。

**清・葉桂《本草再新》卷八** 陰陽水味甘，性溫，無毒。入脾、肺二經。 治霍亂吐瀉。霍亂，乃陰陽不和，用陰陽取其和也。

**清・趙其光《本草求原》卷二一 水部** 陰陽水即生熱水。 能分陰陽，治陰陽交爭，霍亂吐瀉。乾霍者入鹽飲之，即吐痰食而愈。忌米湯。

**清・文晟《新編六書》卷六《藥性摘錄》** 陰陽水 即沸湯半杯，合井中冷水半杯。入腸、胃。調劑陰陽不和，治霍亂吐瀉。〇若止有吐瀉之狀，而無吐瀉，名乾霍亂，即為絞腸痧，則用鹽熬，童〔便〕調飲，甚効。〇俱不可遽用穀食米湯下嚥，以致立斃。

**清・張仁錫《藥性蒙求・水部》** 生熟水 生熟之水，和協陰陽。調中消食，霍亂用良。一名陰陽水，一名生熟湯。乃新汲水、百沸湯各半，合一盞，和勻用。

**清・陳其瑞《本草撮要》卷一〇** 生熟湯 調中消食，治霍亂吐瀉。邪在上焦則吐，邪在下焦則瀉，邪在中焦則吐瀉交作，此濕霍亂，猶易治也。惟心腹絞痛，不得吐瀉，名乾霍亂，俗名絞腸沙，其死甚速。古方用鹽熬熱童便調服極穩。勿與穀食，則米飲下嚥亦死，以新汲水百沸湯合一盞和勻。均用河水為要。

## 漿水

**宋・李昉《太平御覽》卷八六一** 漿 又《内則》曰：漿酢哉也。水醷梅漿。濫。以諸和水。以《周禮》六飲校之，則濫，凉也。紀莒之間名諸爲濫。 漢《釋名》曰：桃濫水也，水漬而藏之，其味濫濫然酢也。 《漢書・郊祀歌》曰：奉尊柘漿析朝酲。應劭曰：取甘柘汁以為飲也，析，解。酲，病酒。言柘漿可以解朝酲也。 《吳書》曰：袁術去壽春，時方盛夏，欲得蜜漿，又無蜜，遂嘔血死。 《山海經》曰：高前之山，上有水焉，甚寒而清，帝臺之漿也，飲者不心痛。 《典術》曰：餌桃膠五十日後飲玉漿。 《楚辭・九歌》曰：奠桂酒兮椒漿。以椒置漿中也。

**宋・唐慎微《證類本草》卷五玉石部下品〔宋・掌禹錫《嘉祐本草》〕** 漿水 味甘、酸，微溫，無毒。主調中，引氣宣和，强力通關，開胃止渴，霍亂洩痢，消宿食。宜作粥，薄暮啜之，解煩去睡，調理腑藏。粟米新熟白花者佳。煎令醋止嘔噦，白人膚體如繒帛。爲其常用，故人不齒其功。冰漿至冷，婦人懷妊，不可食之，食譜所忌也。新補。

〔宋・唐慎微《證類本草》〕《外臺秘要》：大妙去黑子方：夜以暖漿水洗面，以布揩黑子令赤痛，水研白檀香取濃汁以塗之，旦又復以漿水洗面，仍以鷹糞粉黑子。《孫真人食忌》：手指腫方：煎漿水和少鹽，熱漬之，冷即易。又方：食生脯腊過多，筋痛悶絕。煮細漿水粥，以少鷹糞末攪和，頓服三五合。鷄子糞亦得。《兵部手集》：救人霍亂，頗有神效。漿水稍醋味者，煎乾薑屑，呷之。夏月腹肚不調，煎呷之差。《産寶》云：孕婦令易産。酸漿水和水少許，頓服立産。《楊氏産乳》云：姙娠不得食漿水粥，令兒骨瘦不成人。

**宋・寇宗奭《本草衍義》卷六**　漿水　不可同李實飲，令人霍亂吐利。

**宋・王繼先《紹興本草》卷一**　漿水　紹興校定：　漿水即蒸米漬水，腐而所成。《本經》雖有主療，然在起疾，即未聞恃此取效者。其味甘、酸、微溫、無毒是也。

**元・吳瑞《日用本草》卷一**　漿水　煮粟米飲，釀令酸。若浸至敗者，殺人。味甘、酸，性溫，無毒。　主調中引氣，開胃止渴，洩痢，消宿食，解煩。水漿至冷，妊婦不可食，絕子。

**元・朱震亨《本草衍義補遺》**　漿水　味甘酸而性涼。善走，化滯物，解消煩渴。〇宜作粥，薄暮啜之，解煩去睡，調理臟腑。婦人懷妊不可食之，食譜所忌也。

**元・徐彥純《本草發揮》卷一**　漿水　丹溪云：　味甘酸而性涼，善走，化滯物，解煩渴。

**明・王綸《本草集要》卷五**　漿水　味甘、酸，氣涼、微溫，無毒。粟米新熟，白花者佳。不可同李實食。　主調中引氣，開胃止渴，霍亂洩痢，消宿食。宜作粥，薄暮啜之，解煩去睡。

**明・滕弘《神農本經會通》卷六**　漿水　粟米新熟白花者，佳。不可同李實食。《衍義》云：　同李實飲，令人霍亂吐利。　味甘、酸，氣微溫，無毒。一云：　涼。　《本經》云：　主調中引氣，宣和強力，通開關，開胃，止渴，霍亂洩痢，消宿食。宜作粥，薄暮啜之，解煩去睡，調理腑臟。煎令醋，止嘔噦。白人膚體如繒帛，為其常用，故人不齒其功。冰漿至冷，婦人懷姙不可食之，《食譜》所忌也。丹溪云：　味甘酸而性涼，善走，化滯物，解煩消渴。餘同《本經》。

**明・劉文泰《本草品彙精要》卷五**　漿水無毒。附冰漿。

漿水：　主調中引氣，宣和強力，通關，開胃，止渴，霍亂，洩痢，消宿食。宜作粥，薄暮啜之，解煩去睡，調理腑臟。粟米新熱白花者佳。煎令酸，止嘔噦，白人膚體如繒帛，爲其常用，故人不齒其功。冰漿至冷，婦人懷妊不可食之，食譜所忌也。名醫所錄。　謹按：　作漿水之法：　于清明日用倉黃粟米一升，淘淨下鍋內，以水四斗，入酒一鍾，煎至米開花爲度，後將柳枝截短一大把，先內壇中，然後貯漿水於內，以苧布封口，使出熱氣，每日用柳條攪一次，如用去，旋加米湯，仍前攪用之。　〖收〗瓷壇盛貯。　〖色〗青白。〖味〗甘，酸。　〖性〗溫，緩。　〖氣〗氣厚味薄，陽中之陰。　〖臭〗腥。〖主〗除霍亂，止消渴。　〖合治〗去黑子方，夜以暖漿水洗面，用布揩令黑子赤痛，水研白檀香，取濃汁以塗之，且又以漿水洗面，仍用鷹糞傅上，效。〇合鹽少許，熱漬之，療手指腫，冷即易之。〇漿水稍醋味者合乾薑屑煎呷之，治人霍亂，頗有神效。及夏月腹肚不調者，並瘥。〇酸漿水合水少許，頓服，令孕婦易產。　〖禁〗妊娠不得食漿水粥，令兒骨瘦，不成人。　〖忌〗勿與李實同食，令人霍亂吐利。

**明・盧和、汪穎《食物本草》卷一水類**　漿水　以粟米或倉米飲釀成者。味甘酸，微溫，無毒。調中引氣，宣和強力，通關開胃，止霍亂泄痢，消宿食，解煩，去睡，止嘔，白膚體。似冰者至冷，妊娠忌食。不可同李子食，令吐利。丹溪云：　漿水性冷，善走化滯物，消解煩渴。宜作粥，薄暮食之，去睡，理臟腑。

**明・葉文齡《醫學統旨》卷八石部**　漿水　氣涼、微溫，味甘、酸。無毒。粟米新熟白花者佳。不可同李實食。　治霍亂洩痢，調中開胃，化滯物，解煩渴。

**明・許希周《藥性粗評》卷四**　漿水稍通於霍亂。

漿水，穀粟將熟，所含漿水也。《本草》謂粟米新熟白花者佳。味甘、酸，性微溫，無毒。主治消渴，霍亂洩痢，調中引氣，解煩去睡，通關節，強筋力，久服令人肌白如帛。

單方：　面上黑痣：　夜以漿水暖溫洗面，復用布揩黑子，令赤痛，水研白檀香，取濃汁塗之，明早又以暖漿水洗面，用布揩過，又將鷹糞研末，塗之，自消。　手指腫痛：　煎漿水入少〔許〕鹽，將手入漬之。

**明・陳嘉謨《本草蒙筌》卷五**　漿水　味甘、酸，氣微溫，無毒。所造之法，臞僊江西寧王。備云，節擇清明，熟炊粟飯。乘熱投磁缸內，冷水浸五六朝。味漸酸而生白花，色類漿故名漿水。或酷熱當茶飲下，或薄暮作粥啜之。醒睡除煩，消食止渴。調和臟腑，滑白肌膚。霍亂立建神功，瀉痢即臻速効。冰醬冬成冰者至冷，孕婦忌嘗。

**明・皇甫嵩《本草發明》卷五**　漿水氣微溫，味甘，無毒。　漿水酸甘，能調中引氣，宣和強力，通関開胃，醒睡除煩，止渴消食，調和臟腑，滑肌膚，止霍亂瀉痢。手指腫，漿水煎，和鹽少許，熱漬之，冷即換。霍亂病，漿水稍醋味者，煎乾薑屑呷之。夏月肚腹不調，煎呷之差。〇不可同李食，令人霍亂。妊娠人不可飲漿水粥，令兒骨瘦不成人。〇臞仙造法，擇清明炊粟飯，乘熱投磁缸内，冷水浸五六朝，味漸酸，生白花者佳。或酷〔熱〕者(常)〔當〕茶〔下〕，或薄暮作粥啜之，調理藏府。煎令醋酸止嘔噦，白人肌膚如繒帛。為其常用，故人不齒其功。

**明・李時珍《本草綱目》卷五水部・地水類**　漿水宋《嘉祐》

【釋名】酸漿嘉謨曰：漿，酢也。炊粟米，熱投冷水中，浸五六日，味酢，生白花，色類漿，故名，若浸至敗者，害人。

【氣味】甘、酸，微温，無毒。宗奭曰：不可同李食，令人霍亂吐利。妊婦勿食，令兒骨瘦。水漿尤不可飲，令絶産。醉後飲之，失音。

【主治】調中引氣，宣和强力，通關開胃止渴，霍亂洩利，消宿食。宜作粥，薄暮啜之，解煩去睡，調理腑臟。煎令酸，止嘔噦，白人膚體如繒帛《嘉祐》。利小便時珍。

【發明】震亨曰：漿水性凉善走，故解煩渴而化滯物。

【附方】舊五，新一。　霍亂吐下：酸漿水，煎乾薑屑，呷之。《兵部手集》。　過食脯腊：筋痛悶絶。漿水煮粥，入少鷹屎，和食。《孫真人方》。　滑胎易産：酸漿水和水少許，頓服。《産寶》。　手指腫痛：漿水入少鹽，熱漬之，冷即易之。《孫真人方》。　面上黑子：每夜以暖漿水洗面，以布揩赤，用白檀香磨汁塗之。《外臺秘要》。　骨鯁在咽：磁石火煅醋淬，陳橘紅焙，多年漿水脚炒，等分爲末，别以漿水脚和丸芡子大，每含嚥一丸。《聖濟録》。

**明・梅得春《藥性會元》卷下**　酸漿水　味甘、酸，氣微温，無毒。粟米新熟白蒼者，煎令如醋者佳。不可同李食。　主治霍亂洩痢，調中開胃，化滯物，解煩渴，開胸引氣，消宿食，醒睡，調和腑臟，宣和强力，白人膚體如絹帛。因其常用，故人不齒其功。冰漿至冷，婦人懷妊忌之。

**明・梅得春《藥性會元》卷下**　漿水　味甘，平，無毒。能解合口椒毒。主治消渴及胃熱痢，熱淋，小便赤，洗漆瘡，散癰腫，久服調中下氣，利小便。又《百一方》云：凡患心腹冷病者，男患令女人將一杯與飲〔食〕，女患令男人將一杯與飲。又解魚肉骨鯁，取一杯合口，向水張口吸一口水氣，其鯁自下。若人忽被墜損腸出，以冷水噴之，令打禁，腸自入也。又臈日夜持椒井傍，勿與人言，放椒井中，服此泉辟瘟氣。《博物志》亦云：治病皆取新汲清泉，不用停污濁暖。非惟無效，抑且損人。

**明・王肯堂《傷寒證治準繩》卷八**　漿水　氣微温，味甘酸，無毒。即酸泔水也。或云煮粟米飲釀成。主調中，引氣宣和强力，通關開胃，解煩去睡。丹：漿水性凉，善走，故解煩渴，而化滯物。按漿水能止渴，以其酸也。能化滯，以其米味之變也，亦猶神麯、麥芽之消食，非性凉善走之謂。

**明・吴文炳《藥性全備食物本草》卷一**　漿水炊粟米熱投冷水中浸五六日成此水。浸至敗者損人。　味甘、酸，性微凉，無毒。善走，化滯通關，消宿食，解煩渴；煎令酸，止嘔噦，白人膚，利小水。同李食令霍亂吐利。酸後飲令失音。

**明・盧之頤《本草乘雅半偈》帙一一**　漿水宋《嘉佑》　【略】　覈曰：漿水，炊粟令熟，投冷水中浸六夕，味作酢，面生花，色類漿汁，故名漿水。蓋粟粒細圓，南北皆有，北田猶多，苗都如茅，有青、黄、赤、白、黑、褐之殊，或因姓氏地名，或因形似時令，隨義賦名，不啻數十種。如早有趕麥黄、百日糧，中有八月黄、老軍頭，晚有鴈頭青、寒露粟。故成熟有早晚，苗稈有高下，山澤有宜異，實收有息耗，質性有强弱，氣味有美惡，順天時，量地理，則用力少而成功多，任性返道，勞而無穫矣。大都早粟皮薄而米充，晚粟皮厚而米瘦。與粱同類，穗大毛長、粒麤而粘者粱，穗小毛短、粒細而秔者粟也。苗似粟，低小有毛，秀特舒散，米粒悦澤，一稃一米。米粒稍肥者，稷也；一稃二米，米粒稍細者，黍也。狀如蘆荻而内實，葉如蘆穗而稍肥，米如椒子而堅硬者，蜀粟也。蜀粟，即高粱，《廣雅》謂之水稷，又謂之荻粱，食物謂之蘆穄，俗謂之蘆粟，又謂之蜀秫也。苗葉都似蜀粟而肥，又類薏苡而長，六七月開花成穗，如秕豆狀，苗心出苞，如椶魚，白鬚四垂，久則苞裂子出，攢簇如珠者，玉粟。一名玉蜀粟，又名玉高粱，即今之御粟也。漿水所需，取陸種之早粟，一稃一米，最細而圓者。炊浸合宜，為用彌佳。日久致敗，為害殊甚。禁李同食，令人霍亂。姙婦食之，令兒骨瘦，産後尤忌。清漿啜之，絕嗣不字；醉人頻飲，失音不語也。

条曰：漿水，粟漿也。炊粟浸釀，六夕乃成，去滓純水，一名清漿。蓋粟本作㮚，象穗在禾之上也。《春秋題辭》云：粟乃金所主，米為陽之精，西葉米而粟成矣。孔子曰：粟之為言續也，為陸種之首，舊穀既絕，新穀未登，接絕續乏，名之曰粟。其味鹹，其氣寒，炊之作漿。其氣温，其味酸且甘，顧穀類水屬，葉西而登，炊之釀之，稼穡之甘，曲直成酸，五氣固備，而酸津獨著，爽旦微明，春生之象也。廼爾漿水穀味，開發上焦，熏膚充身，澤毛若霧露之溉。斯毛脈合精，行氣于府，府精神明，留于四藏，則絶者接，而乏者續矣。何患氣之失引，水之失調，開之不通，渴之不止，霍亂之難平，湧洩之難定，宿食之難消乎。薄暮啜之，解煩去睡，此爽且微明，春生之休徵也。調府理藏，此府精神明，留于四藏之休徵也。煎之令酸，止嘔定噦，此宣水穀味，開發上焦之休徵也。白人膚體如繒帛，此熏膚充身，澤毛若霧露之溉之休徵也。至宣和強力，將挈衛營，平權衡，成寸口，後天生氣從之，先天真氣自守矣。

**清・陳士鐸《本草新編》卷五〔抄本〕** 或問：西北人好飲酸漿水，亦有益乎？曰：漿水亦能解渴，行路困乏，人得而飲之亦有益，但久則有損。蓋酸漿水，□炊飲投入韭菜之中，久則菜與飯皆敗。南方三日尚可飲，北方七日尚可啜。南方過三日，北方過七日，俱不可用矣。用則無益有損，以此過於酸，則必伐肝。氣過於臭，則反敗脾。婦人服之，必至絶經。孕婦服之，必至胎瘦，不可不慎也。

**清・馮兆張《馮氏錦囊秘錄・雜症痘疹藥性主治合參》卷六** 漿水 以粟米或倉米飲釀成者。味甘、酸，微溫。醒睡除煩，消食止渴，調和臟腑，滑白肌膚。霍亂飲愈，瀉痢能痊。 主治痘疹合參：痘疹中惟大渴者，宜飲之。

**清・章穆《調疾飲食辯》卷一上** 酸漿 《本草蒙筌》曰：炊粟米半熟，投冷水中，浸三五日，待面生白花，味酢用之，古方凡用漿水者即此。性能調中，消宿食，解煩渴，止嘔吐，並溫服一盞。浸至臭敗者不可用。城居擠粉店中，日日有之。鄉居卒急不能得，勿用收豆腐之酸漿。此乃豆汁，非米汁也。然米漿亦不宜妄服。《衍義》曰：孕婦服，令兒骨瘦。飲多能絶產，醉後飲之失音。

**清・趙其光《本草求原》卷二一水部** 酸漿水糯米熱投冷水中，五六日味酢，生白花是。浸之敗，則害人。 收脱陽，止煩渴，通關節，開胃。治中暑亡汗，霍亂吐下，煎乾薑屑呷之。傷食筋悶，煮粥，入少鷹屎食。利水。

諸米泔

**明・王文潔《太乙仙製本草藥性大全》卷四《仙製藥性》** 泔 主霍亂轉筋，頓飲數升立愈。 臭泔：除煩渴，敺熱。 酸泔：洗瘡疥殺蟲。 補註：泔新研米漬水，和濾取汁服，胃冷者不宜多食。酸泔洗皮，膚瘡疥。服主五野雞病及消渴，下瘕殺蟲及惡瘡。和臭樗皮煎服主疳痢。樗皮一名武目樹。

**明・吴文炳《藥性全備食物本草》卷一** 泔水 新研米漬水和濾，取汁服，主霍亂轉筋，卒熱心煩，飲之立瘥。胃冷者不宜多食。〇臭泔止煩渴，五痔疳痢；洗皮膚瘡疥，下瘕殺蟲，洗惡瘡。

糗：一名麨，昌少切。味酸，寒。和水服之，解熱煩，止洩，實大腸，壓石熱，止渴。河東人以麥為之，麄者為乾糗糧，東南人以粳米為之，炒乾磨而成也。

**清・丁其譽《壽世秘典》卷三** 米泔 氣味：甘，涼，無毒。主益氣，止煩渴、霍亂，解毒。食鴨肉不消者，頓飲一盞即消。

**清・劉雲密《本草述》卷一** 粳米、淅二泔水淅，音錫，洗米也。第二次泔水，清而可用，故曰淅二泔。 氣味：甘，寒，無毒。 主治：清熱，止煩渴，利便涼血時珍。

**清・汪紱《醫林纂要探源》卷三** 米泔水 甘、微苦，微寒。五穀之性，多內溫而外寒，米皮、麥麸皆微寒，而不失為沖和之氣。淅米之水，其性亦然，宜溫飲之。安養脾胃，清肺寧心，蕩熱去垢。解濁除煩，而不傷脾胃，且能解熱毒。以沐髮，去垢膩。以浴身，潤皮膚。去燥熱風熱作癢，愈瘡疥。

**清・章穆《調疾飲食辯》卷二** 諸米泔 一名瀋，洗米水也。醫書曰淅二泔，淅亦洗也。《孟子》曰：接淅而行。二泔，先略洗一次，傾去水，再入水用力洗之，取其糠去而汁清也。

**清・趙其光《本草求原》卷一四穀部** 米泔洗米第二次汁也。 甘，寒。清熱，止煩渴，利小便，涼血，鼻衄飲之，仍以麻油和蘿蔔汁滴之。陳紅米泔，治吐血不止。溫服，日三次。

**清・趙其光《本草求原》卷二一水部** 米泔水洗米第二次水。 粳米者，清熱、涼血、止渴； 糯米者，兼消鴨肉食，益氣，解毒、霍亂。

甑氣水

**宋・唐慎微《證類本草》卷五玉石部下品〔唐・陳藏器《本草拾遺》〕** 甑氣水 主長毛髮，以物於炊飲飯時承取，沐頭，令髮長密黑潤。不能多得，朝朝梳小兒頭，漸漸覺有益。

**明・李時珍《本草綱目》卷五水部・地水類** 甑氣水《拾遺》

〖主治〗以器承取，沐頭，長毛髮，令黑潤。朝朝用梳摩小兒頭，久覺有益也。藏器。

〖附方〗新一。　小兒諸疳：遍身或面上生瘡，爛成孔臼，如大人楊梅瘡，用蒸糯米時甑蓬四邊滴下氣水，以盤承取，掃瘡上，不數日即效，百藥不效者，用之神妙。《集簡方》。

**明・吴文炳《藥性全備食物本草》卷一**　甑氣水：　味甘鹹，無毒。沐鬚髮令黑潤。取蒸糯米飯湯煎服，痰核瘰癧藥易效，蓋取其引藥至瘡所，即經云知瘡所在，口點陰膠是也。

**明・姚可成《食物本草》卷一水部・地水類**　甑氣水　味淡。主長毛髮。以物於炊飯時承取，沐頭，令髮長密、黑潤。

**清・朱本中《飲食須知・水火》**　甑氣水　味甘、鹹。知瘡所在，能引藥至患所。

**清・章穆《調疾飲食辯》卷一上**　甑氣水　《集簡方》云：　小兒唇面生瘡，爛成臼孔，取蒸糯米甑篷滴下氣水，日掃數次，數日即愈。無糯米，秈米、粟米俱可，但更須多上。

**清・趙其光《本草求原》卷二一水部**　甑氣水蒸糯米甑衣所滴者。　掃爛瘡、疳爛如神。

**清・戴葆元《本草綱目易知錄》卷七**　甑氣水　【略】塗口角破爛。葆元。○小兒諸疰，遍身或面上生瘡，爛成孔，如大人楊梅瘡。用蒸糯米時甑蓬四邊滴下氣水，以絮承取，掃瘡上，不數日即愈。神效。

炊湯

**宋・唐慎微《證類本草》卷五玉石部下品〔唐・陳藏器《本草拾遺》〕**　炊湯　經宿洗面，(今)〔令〕人無顔色；　洗體，令人成癬；　未經宿者，洗面，令人亦然。

**明・滕弘《神農本經會通》卷六**　炊湯　陳藏器云：　炊湯，經宿洗面令人無顔色，洗體令人成癬。未經宿者，洗面令人亦然。

**明・盧和、汪穎《食物本草》卷一水類**　炊湯水　經宿洗面無顔色，洗身成癬。

浸藍水

**明・李時珍《本草綱目》卷五水部・地水類**　浸藍水《綱目》

〖氣味〗辛、苦，寒，無毒。　〖主治〗除熱，解毒，殺蟲。治誤吞水蛭成積，脹痛黄瘦，飲之取下則愈時珍。○染布水，療咽喉病及噎疾，溫服一鍾良時珍。

〖發明〗時珍曰：　藍水、染布水，皆取藍及石灰能殺蟲解毒之義。昔有人因醉飲田中水，誤吞水蛭，胸腹脹痛，面黄，遍醫不效。因宿店中渴甚，誤飲此水，大瀉數行，平明視之，水蛭無數，其病頓愈也。

**明・顧逢柏《分部本草妙用》卷一〇水部**　浸藍水即染布水。　辛、苦，寒，無毒。　主治：　除熱毒，殺蟲。治誤吞水蛭成積，脹痛黄瘦，飲之即下。咽喉痛噎疾，溫服一鍾良。藍以石灰能殺蟲解毒，而藍性復寒故也。

**清・劉雲密《本草述》卷一**　浸藍水【略】　愚按：　藍之治功，在其大布生陽之氣，獨擅能耳。故染布水能治咽喉。至於殺蟲，即在布生陽之氣，已該舉矣，其義詳於藍下。時珍止以殺蟲為功，是言其末而遺本也。

**清・王道純《本草品彙精要續集》卷一**　浸藍水無毒。附染布水。　浸藍水：　主除熱，解毒，殺蟲。○染布水，療咽喉病及噎疾，溫服一鍾，良《本草綱目》。　〖味〗辛，苦。　〖性〗寒。　〖治〗李時珍云：　誤吞水蛭成積脹痛，黄瘦，蛭聚腹中，飲浸藍水，取下即愈。　〖解〗浸藍水、染布水，皆取藍及石炭能殺蟲解毒之義，昔有人因醉飲田中水，誤吞水蛭，胸腹脹痛，面黄，遍醫不效，因宿店中渴甚，誤飲此水，大瀉數行，平明視之，水蛭無數，其病頓愈也。

**清・章穆《調疾飲食辯》卷一上**　浸藍水　解毒退熱，與藍澱同，見後。

磨刀水

**明・李時珍《本草綱目》卷五水部・地水類**　磨刀水《綱目》

〖氣味〗鹹，寒，無毒。時珍曰：　洗手則生癬。　〖主治〗利小便，消熱腫時珍。

〖附方〗新五。　小便不通：　磨刀交股水一盞，服之效。《集簡方》。　肛門腫痛：　欲作痔瘡。急取屠刀磨水服，甚效。《集簡方》。　盤腸生産：　腸乾不上者。以磨刀水少潤腸，煎好磁石一盃，溫服，自然收上。乃扁鵲方也。　蛇咬毒攻：　入腹。以兩刀於水中相摩，飲其汁。《救急方》。　耳中卒痛：　磨刀鐵漿，滴入即愈。《活人心統》。

**清・王道純《本草品彙精要續集》卷一**　磨刀水無毒

磨刀水：　主利小便，消熱腫《本草綱目》。　〖味〗鹹。　〖性〗寒。　〖治〗

《活人心統》云：耳中卒痛，磨刀鐵漿滴入即愈。○《集簡方》：治小便不通，磨刀交股水一盞，服之效。○又方：治肛門腫痛，欲作痔瘡，急取屠刀磨水服，甚效。［合治］扁鵲云：盤腸生產腸乾不上者，以磨刀水少潤腸，煎好磁石一杯，溫服，自然收上。［禁］不宜洗手，恐生濕瘡。［解］《救急方》：解蛇咬毒攻入腹，以兩刀于水中相摩，飲其汁，即能解其毒矣。

### 三家洗碗水

**宋·唐慎微《證類本草》卷五玉石部下品〔唐·陳藏器《本草拾遺》〕** 三家洗椀水 主惡瘡久不差者，煎令沸，以鹽投中，洗之，不過三五度，立效。

### 筅帚水

**明·姚可成《食物本草》卷一水部·地水類** 筅箒水 味鹹。嗽不止者，滴以飲之。

### 銅壺滴漏水

**明·李時珍《本草綱目》卷五水部·地水類** 銅壺滴漏水《綱目》

［主治］性滑，上可至顛，下可至泉，宜煎四末之藥虞摶。

**清·陳其瑞《本草撮要》卷一〇** 銅壺滴漏水 性滑，上可至顛，下可至泉，宜煎四末之藥。《說文》曰：漏以銅壺受水刻節，晝夜百刻。《周禮·周官》曰：挈壺氏掌壺以水火守之，分以日夜。及冬則以火爨鼎水，而沸之而沃之。鄭康成曰：冬水凍，故以火炊水沸以沃之，謂沃漏也。

### 溺坑水

**宋·唐慎微《證類本草》卷五玉石部下品〔唐·陳藏器《本草拾遺》〕** 市門衆人溺坑中水 無毒。主消渴重者，取一小盞服之，勿令病人知之，三度差。

**明·盧和、汪穎《食物本草》卷一水類** 溺坑水 無毒。［主］消渴，解河豚魚毒。

**明·穆世錫《食物輯要》卷一水類** 市門溺坑水 無毒。止消渴，去惡血，重者服一小盞，二三度可瘥。

**明·施永圖《本草醫旨·食物類》卷二** 溺坑水 無毒。主解河豚魚毒。消渴重者，飲一小盞，三度即愈。

**清·章穆《調疾飲食辯》卷一上** 市門溺坑水 俗名溝尿。《本草拾遺》曰：能治消渴，飲一小盞，三四度瘥。按：此物能解大毒，但須不近豆腐、酒店，又無燖豬血水者，又必晴日乃佳，雨後者無用。凡時行瘟疫，頭項作腫，或生疙瘩，大熱煩渴，吐血，便血，哮喘等症，取數升，燒鐵一塊令赤，投中淬之，少頃水清，飲數次可以起死。豬牛瘟病，縛置坑中，捺其頭於水內，使不得息，水自然入腹，一二次便瘥。

**清·戴葆元《本草綱目易知錄》卷七** 市門溺坑水 【略】葆按：市中溺坑，每多拋死鼠穢物等件，恐污濁有害。《本草》治渴，擬是有水通行者。

### 御溝金水

**清·趙學敏《本草綱目拾遺》卷一水部** 御溝金水 《集效方》有製御溝金水法：用篾籮八隻，高二尺，取山上淨土，裝入籮內，用磁缽八個盛之，取童便八桶，傾入七籮土內淋下，上以井花水推之，共傾在一籮土內，如淋少，再用清推前七籮淋下，又加上一籮內，待他一夜淨淋下水三五盌，以磁罐收貯，外用井水養之，但遇此症，待口中要茶吃，將此水半杯溫服即安，至重不過三七次立愈。 性平，味微鹹帶甘，治男婦骨蒸，乾血勞，童子勞，晝夜發熱至緊，不肯服藥，此水不比尋常，大有功效。

### 洗兒湯

**明·李時珍《本草綱目》卷五水部·地水類** 洗兒湯《綱目》

［主治］胎衣不下，服一盞，勿令知之《延年秘錄》。

**明·姚可成《食物本草》卷一水部·地水類** 洗兒湯即小孩初生時浴水。洗兒湯，主胎衣不下，服一盞，勿令知之。

### 洗手足水

**明·李時珍《本草綱目》卷五水部·地水類** 洗手足水《綱目》

［主治］病後勞復，或因梳頭，或食物復發，取一合飲之，效《聖惠》。

### 混堂水

**清·趙學敏《本草綱目拾遺》卷一水部** 混堂水 混堂：今浴池燒水浴者，人多則穢濁積垢使然。人氣薰漬，體虛者觸之昏暈，名曰暈堂。毛達可曰：凡少年思慾不遂，或赤白濁者，待慾溺時，入混堂，坐水中，令出溺即愈。蓋得人氣通洽也。 洗疥癬，通淋濁。 蛇鱗纏身：劉羽儀《驗方》：飲浴湯水，便可解毒。 發痘：杭士元方：痘出八九日黑陷，用混堂水煎藥立起。

## 猪槽中水

**宋・唐慎微《證類本草》卷五玉石部下品〔唐・陳藏器《本草拾遺》〕** 猪槽中水 無毒。主諸蠱毒，服一盃，主蛇咬，可浸瘡，皆有效驗者矣。

**清・戴葆元《本草綱目易知錄》卷七水部** 猪槽中水 【略】葆驗：手指腫痛，猪槽內宿渣敷，立消。

## 菊花水

**宋・王繼先《紹興本草》卷一** 菊花水 紹興校定：菊花水，性味主治已載《本經》。乃南陽酈縣菊潭之水也。蓋以彼處偶得之而療疾，味甘、溫、無毒者是矣。然在諸方稀見用之。

**明・劉文泰《本草品彙精要》卷五** 菊花水無毒。

菊花水：主除風補衰。久服不老，令人好顏色，肥健，益陽道，溫中去痼疾。名醫所錄。【地】《圖經》曰：出南陽酈縣北潭水，其源悉芳，菊生被崖，水爲菊味，盛洪之。《荊州記》云：酈縣菊水，太尉胡廣久患風羸，常汲飲此水，後疾遂瘳。此菊甘美，廣後收此菊實播之，京師處處傳植。《抱朴子》云：南陽酈縣山中有甘谷水，所以甘者，谷上左右皆生甘菊，菊花墮其中，歷世彌久，故水味爲變。其臨此谷中居民，皆不穿井，悉食甘谷水，無不壽。考故司空王暢、太尉劉寬、太傅袁隗，皆爲南陽太守，每到官，常使酈縣月送甘谷水四十斛，以爲飲食，此諸公多患風痺及眩冒，皆得愈。《衍義》曰：菊花水，本條言南陽酈縣北潭水，其源悉芳，菊生被崖，水爲菊味。此說甚怪，且菊生於浮土上，根深者不過尺，百花之中，此特淺露水泉，莫非深遠而來。況菊根亦無香，其花當九月、十月間止開三兩旬中，焉得香入水也。若因花而香，其無花之月合如何也？殊不詳水自有甘淡鹹苦，焉知無有菊味者？嘗官于永、耀間，沿幹至洪門北山下古渠中，泉水清澈，衆官酌而飲，其味與惠山泉水等，亦微香。世皆未知之，烹茶尤相宜，由是知泉脈如此，非緣浮土上所生菊能變泉味。博識之士，宜細詳之。【時】生：無時。採：無時。【色】白。【味】甘。【性】溫，緩。【氣】氣厚于味，陽中之陰。【臭】香。【主】風痺。

**明・王文潔《太乙仙製本草藥性大全》卷六《本草精義》** 菊花水 出南陽酈縣北潭，水甘，源悉芳菊被崖，水爲菊味盛洪之。此菊甘美，廣後收此菊實，播之京師處處傳植。《抱朴子》云：南陽酈縣山中有甘谷水，所以甘者，谷上左右皆生甘菊，菊花墮其中，歷世彌久，故水味爲變，其臨此谷中居民皆不掘井，悉食甘谷水，食無不壽考。

**明・王文潔《太乙仙製本草藥性大全》卷六《仙製藥性》** 菊花水 味甘，氣溫，無毒。主治：除風痰補衰，治眩冒止痺。痼疾溫中立除，陽弱羸瘦肥健。補註：太尉胡廣久患風羸，常汲飲此水，後疾遂瘳。司空王陽、太尉劉寬、太傅袁隗，皆爲南陽太守，每到官，常使酈縣月送甘谷水四十斛以爲飲食，此諸公多患風痺及眩冒，皆得愈。菊英水：出於菊英多處，原陶靖節好植菊，而採英浸水是焉。氣甚馨香而最甘，可烹茗芽。望延壽者宜啜。蜀中有長壽源，其源多菊花，而流水四季皆菊花香，居民飲之，壽皆二三百歲。

**清・汪啟賢等《食物須知・諸水》** 菊英水 出於菊花多處，原陶靖節好植菊，而採英浸水是焉。氣甚馨香而最甘，可煮茗芽，望延壽者宜啜。蜀中有長壽源，其源多菊花，而流水四季皆菊花香，居民飲之，壽皆二三百歲。

## 花水

**明・盧和、汪穎《食物本草》卷一水類** 花水 平，無毒。主渴。遠行無水，和苦栝蔞為丸，服之永無渴。

**明・穆世錫《食物輯要》卷一** 花水 從花滴下者曰花水。主解渴。以此水和栝蔞根為丸，預備於遠行無水處渴時服，即解。

**清・何其言《養生食鑒》卷上** 花水從花滴下者，曰花水，以花之性而分美惡也。

主解渴，以此和天花粉為丸，預備遠行，無水處渴時服，即解。和粉作點心，食之益人。

**清・李熙和《醫經允中》卷二三** 瓶中養花水 有毒，殺人，臘梅者尤甚。諸凡古塚、廢井、澤中停水、山巖泉水，面上有翳，及諸水經宿面上有五色光者，皆有毒，非但不可服食煎藥，即洗滌亦忌之。息盧剩言：天得水而五行，著人得水而四大成，使天下而無水，則百物焦，天地槁，人盡暍而死矣。故曰水者，天地之血脉也。水之功用，不甚大哉？孟子曰人非水火不生活，烏可不貴且重焉？乃今之人，食其利，而不知其可寶，朝而汲，暮而取，以為天地之無盡藏也，濫用無度，灌濯而棄其餘，豈不為暴殄之大者乎？吾願用水者愛惜之，留其餘以還造物可也。

## 蟹膏水

**明・盧和、汪穎《食物本草》卷一水類** 蟹膏水 以膏投漆中化為水，古人用和藥。又蚯蚓去泥，以鹽塗之，或內人葱中化為水。主天行諸熱病、癲癇等疾。又塗丹毒，並傳漆瘡，效。

諸水有毒

**宋・唐慎微《證類本草》卷五玉石部下品〔唐・陳藏器《本草拾遺》〕** 水氣有毒　能爲風溫，疼痹，水腫，面黃，腹大。初在皮膚脚手，人漸至六府，令人大小便澀，至五藏漸漸加至，忽攻心便死，急不旋踵，無寬延歲月。既是陰病，復宜以陰物生類，諸豬、魚、螺、鱉之屬，春夏秋宜瀉，冬宜補藥，尤宜浸酒中服之，隨陰陽所行者。昔馬援南征，多載薏苡人。閔叔留寓，常食猪肝，蓋以爲濕疾也。江湖間露氣成瘴，兩山夾水中氣，瘧一冷一熱相激成病癥。此三疾俱是濕爲，能與人作寒熱，消鑠骨肉，南土尤甚。若欲醫療，須細分析，其大略皆瘴類也。人多一概醫之，則不差。

**宋・唐慎微《證類本草》卷五玉石部下品〔唐・陳藏器《本草拾遺》〕** 諸水有毒　水府龍宮，不可觸犯；水中亦有赤脈，不可斷之；井水沸，不可食之。已上並害人。東晉溫嶠，以物照水，爲神所怒。《楚詞》云：鱗屋貝闕。言河伯所居。《國語》云：季桓子穿井獲土缶。仲尼曰：水之怪魍魎，土之怪羵羊，水有脈及沸，並見白澤圖。

**明・李時珍《本草綱目》卷五水部・地水類** 諸水有毒《拾遺》

水府龍宮，不可觸犯。藏器曰：水之怪魍魎，溫嶠然犀照水，爲神所怒是也。

水中有赤脉，不可斷之。○井水沸溢，不可飲。時珍曰：但於三十步內取青石一塊投之，即止。古井眢井不可入，有毒殺人。時珍曰：夏月陰氣在下，尤忌之。但以鷄毛投之，盤旋而舞不下者，必有毒也。以熱醋數斗投之，則可入矣。古冢亦然。古井不可塞，令人盲聾。○陰地流泉有毒，二八月行人飲之，成瘴瘧，損脚力。○澤中停水，五六月有魚鼈精，人飲之，成瘕病。○沙河中水，飲之令人瘖。○兩山夾水，其人多癭。○流水有聲，其人多癭。○花瓶水，飲之殺人，臘梅尤甚。○炊湯洗面，令人無顏色；洗體，令人成癬；洗脚，令人疼痛生瘡。○銅器上汗入食中，令人生疽，發惡瘡。○冷水沐頭，熱泔沐頭，並成頭風，女人尤忌之。○水經宿，面上有五色者，有毒，不可洗手。○時病後浴冷水，損心胞。○盛暑浴冷水，成傷寒。○汗後入冷水，成骨痹。時珍曰：顧閔遠行，汗後渡水，遂成骨痹痿蹷，數年而死也。產後洗浴，成痙風，多死。○酒中飲冷水，成手顫。○酒後飲茶水，成酒癖。○飲水便睡，成水癖。○小兒就瓢及瓶飲水，令語訥。○夏月遠行，勿以冷水濯足。○冬月遠行，勿以熱湯濯足。

**明・吴文炳《藥性全備食物本草》卷一** 諸水有毒條辨　井中水沸溢不可飲。三十步內取青石一塊投之即止。古井眢井不可入，有毒，殺人。夏月陰氣在下，尤忌用。雞毛試投下，旋舞不下者有毒。投熱醋數斗方可入。古井不可塞，令人盲聾。澤中停水五六月，有魚鱉精，悮飲成瘕。沙河中水飲之令人瘖。兩山夾水，其人多瘦；流水有聲，其人多瘦。花瓶內水，悮飲殺人，臘梅尤甚。銅器內盛水過夜不可飲。炊湯洗面令人無顏色，洗體令人生癬，洗足令疼痛生瘡。銅器上汗誤食生惡疽。冷水淋頭、熱泔淋頭並令頭風，女人尤忌。經宿水面有五色者有毒，勿洗手。時病後浴冷水損心胸。盛暑浴冷水令傷寒。汗後入冷水令骨痺。產後當風洗浴發痙病多死。酒中飲冷水令手戰。酒後飲冷茶湯成酒癖。飲水便睡成水癖。夏月遠行勿以冷水濯足。冬月遠行勿以熱湯濯足。小兒就瓢瓶飲水令語訥。已上所禁忌養生者，切宜謹戒。

**明・姚可成《食物本草》卷一水部・毒水類** 烏脚溪水在福建詔安石塍溪是也。涉其流者，兩足皆黑，謂之烏脚瘴。沈存中《筆談》載：漳州界有烏脚溪，涉者足皆如墨，飲之則病瘴。行人皆載水自隨。梅龍圖素多病，預憂瘴厲。至烏脚溪，使數人負荷，以物蒙身，恐為瘴水所沾。兢惕過甚，忽墮水中，自謂必死，然自此宿病盡除，無復昔之羸瘵，人皆以為異云。　烏脚溪水，有毒，不可飲，發瘴厲。涉其流者，足皆如墨，終身不瘥。

黑泉水在灣甸州，去雲南三千里。其地每至六月，瘴厲盛行時，其水泛漲。不惟水不可涉，即其地亦不可居。飛鳥過輒墜。夷人以竿掛布，浸而曝之，以拭盤盂，人食立死。黑泉水，有大毒。悮飲之，立死。

毒泉在雲南邊方者樂甸長官司東二百里蒙樂山，一名無量山之頂。山極高，窮日之力，方陟其巔。泉水有毒，人畜飲之竝死。　毒泉水，有大毒。悮飲之，不分人畜竝死。

石漆附。在陝西延壽城中。有山泉出注於地，肥如肉汁，燃燈似油，極明，但不可食。石漆，似油，但可燃燈，不堪飲。誤飲之，令人喉嚨〔烣澀〕，傷肺，壞音聲。

**清・朱本中《飲食須知・水火》** 諸水有毒　人感天地氤氳而產育，資稟山川之氣，相為流通，其美惡壽夭，亦相關涉。金石草木，尚隨水土之性，況人為萬物之靈乎？貪淫有泉，仙壽有井，載在往牒，必不我欺。《淮南子》云：土地各以類生人，是故山氣多男，澤氣多女；水氣多瘖，風氣多聾；

林氣多癃，木氣多傴；下氣多尰，石氣多力，險氣多癭；暑氣多夭，寒氣多壽；谷氣多痹，丘氣多狂；廣氣多仁，陵氣多貪。堅土人剛，弱土人脆；壚土人大，沙土人細；息土人美，耗土人醜。輕土多利，重土多遲。清水音小，濁水音大。湍水人輕，遲水人重。皆應其類也。又《河圖括地象》云：九州殊題，水泉剛柔各異。青州角徵會，其氣慓輕，人聲急，其泉酸以苦。梁州商徵接，其氣剛勇，人聲塞，其泉苦以辛。兗豫宮徵會，其氣平靜，人聲端，其泉鹹以苦。雍冀商羽合，其氣壯烈，人聲捷，其泉鹹以辛。人之形賦有厚薄，年壽有短長，由水土資養之不同，驗諸南北人物之可見。水之有毒而不可犯者，亦所當知。

**清・陳士鐸《本草新編》卷五〔抄本〕** 或問：澤中池塘之水亦可飲乎？曰：凡不流動之水，皆不□□□五六月間尤忌。恐蛇、蟲、魚、鱉之交，而流精于水中，誤飲□□□秋冬亦無害，然總不若飲井水之為得也。或問：水不可飲止此乎？曰：吾就日用之所需者言之耳。若推其變，則忌飲者甚多，如浸花之水、銅器貯水、經宿水而有五色之光者、古井之水、混濁之水，皆不可飲也。

**清・章穆《調疾飲食辯》卷一上** 諸水有毒 《本草綱目》曰：沙河中水，飲之令人瘖聲啞也。○陰地流泉，行人飲之，成瘴癘，損脚力。○兩山夾水及流水有聲者，久飲令人成癭疾。○澤中停水，五六月有魚鼈精，飲之令人成瘕病。即無之，久停之水，總不宜人飲食、藥餌。說見前止水條。古井、眢井，井無欄謂之眢井，井欄古名銀床。唐人句曰：井梧花落盡，一半在銀床。久無人汲者，夏月行人縱渴甚，不可妄飲。有毒甚者，能殺人。《周易》所以云井道不可不革也。溫泉，《本草拾遺》曰：下有硫黃，即令水熱，故溫泉多作硫黃氣。熱甚處可燖豬羊，熟雞卵，非有瘋癩病人，不宜輕入。《漁隱叢書》曰：天下溫泉，惟黃山是硃砂泉，春時水色微紅。長安驪山是礬石泉，俱不甚作氣。有砒信處，亦有溫泉，其水大毒。《本草會編》曰：盧山溫泉，患瘋癩及楊梅瘡人，飽食入池，久浴至汗出乃止，旬日自愈。按：溫泉天下有處甚多，其下不有硫黃，即有砒石，總皆有毒，浴且不宜輕入，況可入飲食、藥餌乎？獨驪山者可浴。白香山《長恨歌》曰：春寒賜浴華清池，溫泉水滑洗凝脂。此乃地脈之奇也，他處慎之。花瓶中水，飲之殺人，蠟梅尤甚。炊湯甑下水，洗面令人無顏色，洗體成癬，洗脚疼痛生瘡。貧家以惜薪故，每用泡茶，病人切不宜飲也。○水經宿面上成五色者，有毒，不可入宿食，不可濯手足，與炊湯同。春夏大雨，山水暴漲，有毒。山居別無他水可汲者，宜搗蒜或白礬末少許，投水缸中。已受其毒，梅葉煎湯解之。無梅葉，礬、蒜俱可。《本草會編》曰：昔在潯陽，忽一日城中馬死數百。詢之，云數日前，大雨洗出山中蛇蟲之毒，馬飲其水故也。秋冬水涸，湖蕩溝渠停畜之水，雖無甚毒，極能作脹傷脾。澤居必須飲此水者，亦宜常搗礬、蒜投之。然住居此地，若無高阜可以鑿井，常飲此水，其人丁總不繁盛，非樂土也。陸羽《茶經》尚知辨天下水性之美惡，況病人飲食、藥餌，反不知辨，豈不戾哉。以上並見《本草綱目》。

**清・趙其光《本草求原》卷二一水部** 至古塚廢井，澤中停水，兩山夾水，山巖水，有翳及諸水經宿，面有五色，銅盤久貯水，花瓶水，皆毒，煎藥固忌，洗滌亦禁。酒中、酒後飲冷水、冷茶成癖，手顫。飲水即睡，成水癖。盛暑時，病後、汗後忌洗冷水。冬月遠行，勿以熱水濯足。凡激湍瀑湧之水，飲之，令人頸疾。沙河中水，令人瘖。流水有聲，令人瘦。炊湯水，經宿洗面，令人無顏色，洗身成癬。

# 土部

## 題解

**明・李時珍《本草綱目》卷七土部** 李時珍曰：土者五行之主，坤之體也。具五色而以黃爲正色，具五味而以甘爲正味。是以《禹貢》辨九州之土色，《周官》辨十有二壤之土性。蓋其爲德，至柔而剛，至靜有常，兼五行生萬物而不與其能，坤之德其至矣哉。在人則脾胃應之，故諸土入藥，皆取其裨助戊己之功。今集土屬六十一種爲土部。舊本三十九種，散見玉石部。

## 論說

**清・穆石匏《本草洞詮》卷四**　土部　土者，五行之主，坤之體也。《禹貢》辯九州之土色，《周官》辯十有二壤之土性。土具五色，而以黃為正色。具五味，而以甘為正味。在人則脾胃應之，故諸土入藥，皆取其裨助戊己之功。而氣味有異，宜辯。

**清・馮兆張《馮氏錦囊秘錄・雜症痘疹藥性主治合參》卷五**　諸土　黃土，三尺以上曰糞，三尺以下曰土，凡用當去上惡物，勿令入客水。土為萬物之母，黃乃中央正色，在人臟腑則脾胃應之，故萬物非土不生，人身五臟六腑，非脾胃無以養。是以黃土入藥，治洩痢冷熱赤白，腹中熱毒，絞結痛者，取其補助戊己之功也。味甘而氣和，故能安和脾胃，止下血，及解諸藥毒，諸肉毒，合口椒毒，野菌毒，蓋諸毒遇土即化也。東壁塵土，百餘年者極佳，得太陽真火之氣，故氣溫味甘，土性可以扶脾，藉火更可生土，故為扶脾益胃，虛寒滑洩，下部濕瘡，中暑霍亂，脫肛暑瘧，除濕斂瘡，竝堪資治；和白朮炒，專止注瀉；同蜆殼研，能敷痘瘡，點翳侵目中，摩癬發身上。治春月寒熱溫瘧，去下部痔漏脫肛。故鞋底土，取自己穿者良，研水吞，適他方不服水土者立效。鑄鐘黃土，研酒服，卒心痛，疰忤惡氣殊功。鼠壤土，主中風筋骨攣疼，日曝乾用。車輦土，治小兒初生，無膚赤色，因受胎未得土氣，取碾敷之，三日後膚生良驗。胡燕窩土，胡燕即玄鳥。春分後至窠，取四方濕土為之，故氣味甘寒，凡諸痛癢瘡瘍，皆屬心火，而甘寒最解火毒，且土性又能化一切毒也，治風瘙癮疹焮癢，水調濕敷，入回燕膏，貼瘰癧最效。回燕者，朝北燕窠土也。井底砂，砂即泥也。稟地中至陰之氣，味甘而大寒者也，故《本經》主湯火燒瘡用，又能療妊娠熱病，取敷心下臍及丹田，可護胎無失。蚯蚓泥，味甘，氣寒，無毒，主赤白久熱下痢，用一升炒烟至盡，沃汁半升，濾淨飲之即愈，以其甘寒之氣，則腸胃濕熱自除矣；外塗小兒陰囊腫痛，及傳熱毒瘡腫，蛇犬咬傷，皆取土有化毒之功，蚓有味鹹軟堅、消瘀散結之力。韮地土者更佳，亦此義耳。糞坑底泥，大寒，無毒，以純陰大寒之性，故專治大熱留結之瘡，凡發背諸惡瘡，陰乾為末，新水調敷，其痛立止；諸惡疔腫，同蟬蛻、全蠍等分，搗作錢大，香油煎滾溫服，以滓敷瘡四圍，疔自出也。烟膠，即熏牛皮竈上黑土。味辛苦，氣微溫，辛能散風，苦能燥濕，殺蟲，故主頭瘡白禿，疥瘡風癬，癢痛流水也，取硝牛皮竈岸烟膏為末，麻油調塗，或入輕粉少許最佳。

**清・张璐《本經逢原》卷一**　諸土　脾土喜燥惡濕，故取東壁太陽所照之土，引真火生發之氣，補土而勝濕，則吐瀉自止。用以製藥皆為脾胃之引導耳。昔人以東壁土調水，治小兒嗜食泥土之病，取土入蟲口而祛之下行也。〇道途中熱土治夏月暍死，取溫以散熱也。若沃以冷水，虛陽立鏟，死不救矣。〇白堊土苦溫無毒，《本經》主女子寒熱癥瘕，月閉積聚，取土之間氣，以祛婦人間廁之積也。《千金》治婦人帶下等疾者，以土能勝濕，而白則兼入氣分也，惟邯鄲者為勝。〇黃土甘平無毒，乃中央正色，不占穢漬，故色不黑，治泄利冷熱、赤白，腹內絞痛，下血，解諸藥毒、閉口椒毒、野蕈毒。〇蚯蚓泥治小兒陰囊熱腫，取寒能解毒也。熱病讝語狂亂無燥結可攻者，蚯蚓泥涼水調服。〇蜣螂轉丸土治反胃、吐利、霍亂，湯淋絞汁飲之。醋調塗項上瘿瘤。〇土蜂窩上細土，主頭風腫毒及蜂蠆傷，醋和傅之。〇胡燕窩土，主風瘙癮疹及惡刺瘡、浸淫瘡，並水和傅之。《小品》治濕瘍疥瘡，《外臺》治蠼螋尿瘡，《千金》治瘭疽丹毒。〇鼠壤土通腎氣，解毒邪，取其搜風達竅也。〇蟻垤土下胞衣死胎，炒熱搨心下自出。〇燒尸場上土，治好魘多夢，置枕中并塗關元及臍。〇螺螄泥主反胃吐食，取螺螄一斗水浸，取泥曬乾，每服一錢，火酒調服。〇犬屎泥治妊娠傷寒，塗腹保胎。〇井底泥治妊娠熱病，塗胸臍丹田護子，并治湯火燒瘡。〇伏龍肝乃竈心赤土，《本經》云：味辛微溫，主婦人崩中吐血。《千金》名釜月下土，言正對釜臍處也。然必日用炊飯者良，若煮羹者，味鹹不堪入藥。止欬逆吐血，消癰腫毒氣，蓋以失血過多，中氣必損，故取微溫調和血脈也。消癰腫毒氣者，辛散耎堅也。日華子主催生者，取溫中而鎮重下墜也。其胎漏不止，產後下利，並宜煮水澄清去滓，代水煎藥，取溫土藏和營血也。《千金方》治中風口噤，狂不識人，并用攪水澄服。又久利不止，橫生逆產，胞衣不下，皆醋調塗臍腹效。小兒重舌和苦酒塗之。發背，酒調厚敷，乾即易，平乃止。杖瘡腫痛，香油調塗。灸瘡腫痛，煮水熱淋，皆孫真人法也。《外臺》治一切癰腫，和蒜泥貼，乾再易之。〇百草霜，燒百草之煤也，止血散瘀，上下諸血悉主之。又陽毒發斑，取溫以解毒散火也。〇釜臍墨治陽毒發狂，黑奴丸中用之。《千金》治卒中惡，卒心痛，舌卒腫大等患。又下死胎方，用百草霜二錢，伏龍肝五錢為細末，酒調童便服二錢，少頃再服三錢即下。〇梁上塵，一名烏龍尾，治妊娠胎動、橫生逆産，及金瘡鼻衄、疔腫惡瘡、小兒赤丹，取其輕浮，以散久積之氣也。清煙墨灰止吐衄血逆上行，或生藕汁，或萊菔汁，或鮮地黄自然汁，磨服即止。然須燒灰出火毒用之，但勿用乾地黄和水搗磨。栢葉汁、甘蔗汁，咸非所宜，往往止截後有瘀積之患。飛絲入目及一切塵物入目，磨濃墨點之自出，或燈心蘸墨汁頻捲之。砂鍋取年久炊食者，研細水飛，治黄腫積塊，酒服五錢，潞州者佳。〇孩兒茶，一名烏爹泥，性澀收斂，止血收濕，為金瘡止痛生肌之要藥。〇白磁器研細水飛，傅癰腫，可代鍼砭。又點目去翳。〇糞坑底泥治背瘡疔腫癰毒，陰乾為末，新水調敷，其痛立止。坑垽同蟬蜕、全蠍末作餅，香油煎滾，溫服，以滓傅疔四圍，其疔自出。

**清・浦士貞《夕庵讀本草快編》卷一**　土類總論　土為五行之主，坤之體也。具五色而以黄為正，具五味而以甘為正。故《禹貢》有九州之辨，《周官》有十二壤之别。蓋其德至柔而剛，至靜而有常，兼五行，生萬物，而不與其能，德之用至矣！在人則脾胃應之，凡諸土入藥，裨補戊己為多，然其中亦有涇渭，詎可不察乎？如黄土補中而止瀉泄，白堊入氣而治翻胃，東壁泥取其太陽所照，得真火生發之氣輔土而勝濕，伏龍肝乃食火久積，止吐紅崩漏，二便失血，能攝能收，風噤反胃亦可用也。草霜、梁塵、釜墨，皆烟氣結成，質有輕重之異，輕者入心肺之分，重者歸中下二焦，黑奴丸中共用，攻解三焦熱毒，取其火化從治之法也。若消積去疸，開膈治瘧，胎産諸疾，皆取此義。墨亦積烟所造，或配香料，本出于火而性則屬金矣。專于吐衄血運有功，雖云血見墨而即止，凡用墨藥，亦當推其宜與不宜為妙爾。至于石鹼善能浣衣發麵，去垢破堅，故用之以消痰化積，磨翳利膈，但蕩滌之性過服損人腸胃矣。大抵人為萬物之靈，踐土而生，地産資稟，各因而異。故山氣多男，澤氣多女，谷氣多力，陵氣多貪，堅土人剛，弱土人脆，墟土人大，沙土人細，息土人美，耗土人醜，輕土多利，重土多遲。故敬姜語其子曰：沃土之民不材，淫也；瘠土之民莫不向義，勞也。信夫。

附治：元豐中，皇子儀國公病瘛瘲，國醫未能治。長公主舉錢乙，入，進黄土湯而愈。神宗召見問故，乙曰：以土勝水，水得其平則風自退爾。上悅，擢太醫丞。《夷堅志》載：吳少師得疾數月消瘦，每日飲食入咽，如薑蟲攢攻，且痒且痛，皆以為勞瘵。迎張鋭診之，鋭令明旦勿食，遣卒詣十里外取行路黄土至，以溫酒二升攪之，投藥百粒，飲之覺痛，幾不堪忍，及圊，下馬蝗千餘條，吳已憊甚，三日始安。因思夏月出軍，渴飲澗水，似有物入咽，遂得此症。鋭曰：蟲入人臟，勢必孳生，飢則裹咬精血，飽則散處臟腑，苟知殺之而不能掃盡，終無益也。是以令公枵腹以誘之，蟲久不得土味，又喜酒，故乘飢畢集，一洗而空。公大喜，厚賂謝之。

**清・趙其光《本草求原》卷二三土部**　諸土

神后土：正月起申，順行十二辰是。每月旦日取塗屋四角及塞鼠穴，能逐鼠。

清明日戊上土：同狗毛。塗房戶內孔，蛇、鼠、諸蟲永不入。太陽土：按九宮看太陽在何宮取。治動土犯禁致病。煎湯飲。道中熱土：治中暑死，取溫以散熱也。人家行步高起土：名千步峰。治便毒初起。生薑點醋磨塗之。鞋底泥：治不服水土。和水服。塚上土及古塚磚：辟瘟疫。五月一日取，埋門外階下。燕巢土：治驚邪，作湯浴。黄水濕瘑、疥瘡、浸淫瘡，發心下，能殺人。白禿、風瘙、癮疹，俱水塗或加麝。丹毒，雞子白和敷。一切熱瘡。同黄柏油開搽。細腰蜂巢土：催生，泡湯飲。治頭風腫毒、疔腫、蜂蠆傷，醋塗。霍亂吐瀉，乳汁下。乳蛾，醋和，翎點攪喉中痰涎。鼻瘜。吹之。蜣螂轉丸土：在地中如丸。大寒。治反胃、時氣黄疸、吐瀉，湯淋汁飲。頂上瘿瘤。醋塗，並燒存性酒服。鼠穴土：蒸熱，熨風冷痹疼，塗疔腫。和童便。蟻蛭土：下死胎胞衣。炒熱搨心下自出。松木上白蟻泥：消惡瘡。同黄丹炒黑，油開塗。田螺泥：水養取，曬乾用。性涼，治反胃。酒下。豬槽垢土：治難産，和黑豆麵煮服。丹毒赤黑。頻塗。銷金銀鍋：瓷器粉所作。研末，治偏墜疝氣，酒下。湯火瘡，入輕粉敷。鍋上黝、爛肉。白瓷器：止上下諸血、行血、血崩、白丹、赤黑丹，豬脂塗。湯火傷，桐油塗。去目翳，加雄黄點。穿瘡腫。打碎，埋灶內炭火上一夜用。香爐灰：止跌打、刀傷血，生肌。煅鐵灶灰：消堅積。社稷壇土：塗門戶，令盜賊不入境。牧宰臨官宜用。

富家中庭土：七月丑日私取塗灶，令人富；除日取富家田中土塗灶亦吉。陳醋壇泥：苦、酸，平。斂肝，開胃，鎮邪，散風，消濕利水。糞坑泥：取尿常淋的，炒，淬水飲，治心痛效。鍋臍灰：辛，溫，無毒。入肝補脾，燥氣。敷瘡敗毒。

## 綜述

赤土

**明・李時珍《本草綱目》卷七土部**　赤土《綱目》

〔氣味〕甘，温，無毒。　〔主治〕主湯火傷，研末塗之時珍。

〔附方〕新三。　牙宣疳䘌：赤土、荆芥葉同研，揩之，日三次。《普濟方》。　風疹瘙癢：甚不能忍者。赤土研末，空心温酒服一錢。《御藥院方》。　身面印文：刺破，以醋調赤土傅之，乾又易，以黑滅爲度。《千金方》。

黃土

**宋・唐慎微《證類本草》卷四玉石部中品〔唐・陳藏器《本草拾遺》〕**　鑄鍾黃土　無毒。主卒心痛，疰忤惡氣。置酒中溫服之，弥佳也。

鑄鏵鉏孔中黃土　主丈夫陰囊濕癢，細末摸之，亦去陰汗最佳。

**明・王文潔《太乙仙製本草藥性大全》卷六《仙製藥性》**　好土　味甘，氣平，無毒。　主治：主洩痢冷熱赤白妙劑，治腹内熱毒絞痛神方。下血堪除，水煮服效。　補註：去土三尺已上曰糞土，不潔，掘去，三尺已下曰土，服之當去上惡物，勿令入客水。取入地乾土，以水煮三五端，絞去滓，適稀稠及暖，服一二升，又解諸藥毒，中肉毒、合口椒毒、野菌毒並解之。與東壁土之功亦小同。〇又食牛馬肉及肝中毒者，先剉頭髮令寸長，拌好土，作溏泥二升，合和飲之，須臾髮皆貫所食肝出。牛馬獨肝者有大毒，不可食。漢武云：文成食馬肝死。又人卒患心痛，畫地作王字，以撮取中央土，水和一升，絞服之良也。

**明・李時珍《本草綱目》卷七土部**　黃土《拾遺》

〔釋名〕藏器曰：張司空言：三尺以上曰糞，三尺以下曰土。凡用當去上惡物，勿令入客水。

〔氣味〕甘，平，無毒。藏器曰：土氣久觸，令人面黃。掘土犯地脉，令人上氣身腫。掘土犯神殺，令人生腫毒。　〔主治〕洩痢冷熱赤白，腹内熱毒絞結痛，下血，取乾土，水煮三五沸，絞去滓，暖服一二升。又解諸藥毒，中肉毒，合口椒毒，野菌毒藏器。

〔發明〕時珍曰：按劉跂《錢乙傳》云：元豐中，皇子儀國公病瘛瘲，國醫未能治，長公主舉乙入，進黃土湯而愈。神宗召見，問黃土愈疾之狀。乙對曰：以土勝水，水得其平，則風自退爾。上悦，擢太醫丞。又《夷堅志》云：吴少師得疾，數月消瘦，每日飲食入咽，如萬蟲攢攻，且痒且病，皆以爲勞瘵，迎明醫張鋭診之。鋭令明旦勿食，遣卒詣十里外，取行路黃土至，以温酒二升攪之，投藥百粒飲之。覺痛幾不堪，及登溷，下馬蝗千餘，宛轉，其半已困死，吴亦憊甚，調理三日乃安。因言夏月出師，燥渴，飲澗水一盃，似有物入咽，遂得此病。鋭曰：蟲入人臟，勢必孳生，飢則聚咂精血，飽則散處臟腑。苟知殺之而不能掃取，終無益也。是以請公枵腹以誘之，蟲久不得土味，又喜酒，故乘飢畢集，一洗而空之。公大喜，厚賂謝之，以禮送歸。



〔附方〕舊二，新十。　小兒喫土：用乾黃土一塊，研末，濃煎黃連湯調下。《救急方》。　烏沙驚風：小兒驚風，遍身都烏者。急推向下，將黃土一盌，搗末，入久醋一鍾，炒熱包定熨之，引下至足，刺破爲妙。《小兒秘訣》。　卒患心痛：畫地作王字，撮取中央土，水和一升服，良。陳藏器《本草》。　目卒無見：黃土攪水中，澄清洗之。《肘後方》。　牛馬肉毒：及肝毒。取好土三升，水煮清一升服，即愈。一方：入頭髮寸截和之，髮皆貫肝而出也。《肘後方》。　内痔痛腫：朝陽黃土、黃連末、皮消各一兩，用猪膽汁同研如泥，每日旋丸棗大，納入肛内，過一夜，隨大便去之。内服烏梅、黃連二味丸藥。孫氏《集效方》。　攧撲欲死：一切傷損，從高墜下，及木石所迮，落馬撲車，淤血凝滯，氣絶欲死者，亦活。用净土五升蒸熱，以故布重裹作二包，更互熨之。勿大熱，恐破肉，取痛止則已，神效之方。孫真人《千金方》。　杖瘡未破：乾黃土末，童尿入鷄子清調塗刷上，乾即上，隨以熱水洗去，復刷復洗，數十次，以紫轉紅爲度，仍刷兩胯，以防血攻陰也。《攝生方》。　湯火傷灼：醋調黃土，塗之。《談野翁方》。　蜈蚣螫傷：畫地作王字，内取土摻之，即愈。《集簡方》。　蜂蠆叮螫：反手取地上土傅之。或入醋調。《千金方》。　蠼螋尿瘡：畫地作蠼螋形，以刀細取腹中土，唾和塗之，再塗即愈。孫真人云：予得此疾，經五六日不愈，或教此法，遂瘳。及知萬物相感，莫曉其由也。《千金方》。

鑄鍾黃土《拾遺》　〔主治〕卒心痛，疰忤惡氣，温酒服一錢藏器。

鑄鏵鉏孔中黃土《拾遺》　〔主治〕丈夫陰囊濕痒及陰汗，細末撲之藏器。

**明・繆希雍《本草經疏》卷三〇**　黃土　味甘，平，無毒。主洩痢冷熱赤白，腹中熱毒絞結痛，下血。取入地乾土，以水煮三五沸，絞去滓，暖服一二升。又解諸藥毒，中肉毒，合口椒毒，野菌毒。張司空云：三尺以上曰糞，三尺以下曰土。凡用當去上惡物，勿令入客水。

〔疏〕土為萬物之母，黃乃中央正色，在人臟腑則脾胃應之。故萬物非土不生，人身五臟六腑非脾胃無以養。是以黃土入藥，治洩痢冷熱赤白，腹中熱毒絞結痛者，取其補助戊己之功也。味甘而氣和，故能安和脾胃，止下血及解百毒，如經所言也。〔主治參互〕《小兒秘訣》烏沙驚風，遍身都黑者，急推向下，將黃土一盌，搗末，入酢一鍾，炒熱包定，熨之，引下至足，刺破為妙。　氣味和平，與物無迕。故不著簡誤。

**明・顧逢柏《分部本草妙用》卷一〇土部**　黃土　三尺以上曰糞，三尺以下曰土。凡用去上惡物，勿令入客水。　甘，平，無毒。　主治：洩痢，冷熱赤白，腹內熱毒絞結痛，下血。取乾土，水煮三五沸，去滓，溫服一二升。又解諸藥中毒及諸肉毒、椒菌等毒。　按：病瘈瘲者，以黃土湯治之。土勝水而水平，風自退耳。　又有飲食入咽，癢痛如蟲攢狀，取十里外行路黃土，以溫酒二升，攪之，投藥百粒，空心飲下，覺痛不堪，下馬蝗千條而愈。凡蟲入人臟，勢必孳生。入腹久無土味，喜酒乘飢而下，焉有不一洗而空者邪？

**清・穆石匏《本草洞詮》卷四**　黃土　味甘，氣平，無毒。治洩痢冷熱，解毒，取乾土煮三五沸，去滓暖服。三尺以上曰糞，三尺以下曰土。凡用當去上惡物也。《錢乙傳》云：一人病瘛瘲，國醫未能治，乙進黃土湯而愈。神宗召問黃土愈疾之狀。乙對曰：以土勝水，水得其平，則風自退爾。《夷堅志》云：吳少師得疾消瘦，飲食入咽如萬蟲攢攻。張銳令明旦勿食，遣卒詣十里外，取行路黃土，至以溫酒攪之，投藥百粒，飲之痛幾不堪，及登廁，下螞蝗千餘。因言夏月出師，燥渴飲澗水一盃，似有物入咽，遂病。銳曰：蟲入人臟，勢必滋生，飢則聚咂精血，飽則散處臟腑，苟知殺之，而不能盡之，無益也，是以請公枵腹誘之，蟲久不得土氣，又喜酒，故乘飢畢集，一洗而空之也。

**清・劉雲密《本草述》卷三**　黃土　【略】愚按：《內經》曰：土居中，以應四旁者也。其味與氣固甘且平，而黃正屬中央之色也。在人身臟腑，則脾胃應之。本其味之甘者，入脾胃而和他味之偏；本其氣之平者，入脾胃而散異氣之厲；唯黃土實居其功。且萬物生於土，更化於土者也。不然，如解毒之藥亦不少矣，而何以首歸之無情黃土哉？

**清・王道純《本草品彙精要續集》卷一**　黃土無毒。原本注好土，《綱目》改黃土。

黃土：主洩痢冷熱赤白，腹內熱毒絞結痛，下血，取乾土水煮三五沸，絞去滓，暖服一二升《本草拾遺》。〔名〕陳藏器云：張司空言三尺以上曰糞，三尺以下曰土，凡用當去上惡物，勿令入客水。〔味〕甘。〔性〕平。〔治〕劉跂《錢乙傳》云：元豐中，皇子儀國公病瘛瘲，國醫未能治，長公主舉乙，入，進黃土湯而愈。神宗召見，問黃土愈疾之故，乙對曰以土勝水，水得其平，則風自退爾。上悅，擢太醫丞。又《夷堅志》云：吳少師得疾數月，消瘦，每日飲食入咽如萬蟲攢攻，且癢且病，皆以爲勞瘵，迎明醫張銳診之，銳令明旦勿食，遣卒詣十里外取行路黃土，至，以溫酒二升攪之，投藥百粒飲之，覺痛，幾不堪，及登溷下馬蝗千餘，宛轉，其半已困死，吳亦憊甚，調理三日乃安。因言夏月出師，燥渴，飲澗水一杯，似有物入咽，遂得此疾。銳云：蟲入人臟，勢必孳生，飢則聚咂精血，飽則散處臟腑，苟知殺之而不能掃取，終無益也。是以請公枵腹以誘之，蟲久不得土味，又喜酒，故乘飢畢集，一洗而空之。公大喜，厚賂謝之，以禮送歸。〇《小兒秘訣》云：烏沙驚風，遍身多烏者，急推向下，將黃土一碗搗末，入久醋一鍾炒熱，包定熨之，引下至足，刺破爲妙。〇陳藏器《本草》云：治卒患心痛，畫地作王字，撮取中央土，水和一升服，良。〇《肘後方》治目卒無所見，用黃土攪水中，澄清洗之。〇《救急方》治小兒吃土，用乾黃土一塊，研末，濃煎黃連湯調下。〇又方：治牛馬肉毒及肝毒，取好土三升，水煮清一升服，即愈。一方入頭髮寸截和之，髮皆貫肝而出也。〇《談野翁方》：治湯火傷灼，醋調黃土塗之。〇《集簡方》治蜈蚣螫傷，畫地作王字，內取土糝之，即愈。〇《千金方》治蜂蠆叮螫，反手取地上土傅之，或入醋調塗。〇又方：治蠼螋尿瘡，畫地作蠼螋形，以刀細取腹中土，唾和塗之，再塗即愈。孫真人云：予得此疾，經五六日不愈，或教此法遂瘳，乃知萬物相感，莫曉其由也。〇孫真人《千金方》治攧撲將死，一切傷損，從高墜下，及木石所迮，落馬撲車，淤血凝滯，氣絕將死者亦活。用淨土五升，蒸熱，以故布重裹，作二包，更互熨之，勿大熱，恐破肉，候痛止，則已。此神效之方。〔合治〕孫氏《集效方》治內痔痛腫，朝陽黃土、黃連末、皮硝各一兩，用豬膽汁同研如泥，每日旋丸棗大，納入肛內，過一夜，隨大便去之，內服烏梅、黃連二味丸藥。〇《攝生方》治杖瘡未破，乾黃土末、童尿，入雞子清調塗刷上，乾即上，隨以熱水洗去，復刷復洗，數十次，以紫轉紅爲度，仍刷兩胯，以防血攻陰也。〔禁〕陳藏器云：土氣久觸，令人面黃，掘土犯地脈，令人上氣身腫，掘土，犯神殺，令人生腫毒。【解】陳藏器云：解諸藥毒、中肉毒、合口椒毒、野菌毒。

**清·汪紱《醫林纂要探源》卷三**　黃土　甘，平。掘地，去穢土，取新黃土，汲清泉沃之，攪渾待澂清，用其水，一名地漿。亦或用土。和陰陽，解百毒。治赤白泄痢，瘴暑霍亂，中暍暴死，解一切魚肉、菜果、菌蕈、藥草、丹石之毒，及蟲蜞入腹中者。去瘀血，續傷損。以淨土蒸熱，帛裹之，更互熨受傷之處，雖瘀血凝聚，氣絕欲死者，皆可復治。

**題清·徐大椿《藥性切用》卷七**　黃土　性味甘平，益脾止瀉，解百藥、野蕈毒。

**清·許豫和《許氏幼科七種·怡堂散記》卷下**　土　土為萬物之母，坤之體，脾之用也。用時宜旋取純黃色，含生氣者為上。陳土一物，皆自壞墻坼灶中出，其土和過石灰，不堪收用。吾鄉土色純黃者多，每於長夏土旺之月，掘取純黃無雜色者一石，米湯和杵，捻成彈丸，烈日中晒收，所費二三十文，可支數年之用。予常備置囊中，黑壤之地一時難覓者，以數丸贈之。

**清·葉桂《本草再新》卷八**　東方土味酸，性燥，無毒。入肝經。治肝鬱肝氣。

北方土味鹹，性寒，無毒。入腎經。益腎養陰。

南方土味苦，性熱，無毒。入心、脾二經。補中健脾。

黃土味甘，性溫，平，無毒。入心、脾二經。開胃健脾，消食利濕，補中益氣。

**清·趙其光《本草求原》卷二三土部**　黃土三尺下，不黑者。甘，平，無毒。乃中央正色，益脾胃以勝水。治泄痢赤白，腹內熱毒，絞痛下血，脾運則血化。解諸藥、肉、椒、菌毒，毒見土則化也。筋脈拘縱。寒水所化之風，俱煮水去渣飲。治蟲入腹攻癢黃瘦，濕，酒攪，入殺蟲藥和飲，取土以引之也。小兒吃土，黃連湯調下。驚風身黑，名烏沙驚，刺破醋炒，布包熨之。肉痔腫痛，取朝陽土，同黃連、皮硝、豬膽為丸，日入肛內，內服烏梅、黃連二味。墜撲欲死及杖瘡未破。蒸熟包熨；或同童便、雞子清調，頻塗；或燒地令熱，以生薑磨熱地成漿，刮取塗之，仍刷兩胯，以防血攻陰，立愈。畫地作王字，取其土塗蜈蚣咬。

### 土地

**宋·唐慎微《證類本草》卷四玉石部中品〔唐·陳藏器《本草拾遺》〕**　土地　主斂萬物毒。人患發背者，掘地爲孔，一頭傍通取風，以穴大小可腫處，仰卧穴上，令瓥入穴孔中噏之，作三五箇，覺熱即易，仍以物藉他處。又，人卒患急黃，熱盛欲死者，於沙土中掘坎，斜埋患人，令頭出土上，灌之，久乃出，曾試有效，當是土能收攝熱也。又，人患丹石發腫，以腫處於濕地上卧熨之，地熱易之。

### 東壁土

**宋·唐慎微《證類本草》卷五玉石部下品〔《別録》〕**　東壁土　主下部瘡，脱肛。

〔梁·陶弘景《本草經集注》〕云：此屋之東壁上土爾，當取東壁之東邊，謂常先見日光，刮取用之。亦療小兒風臍，又可除油污衣，勝石灰、滑石。

〔唐·蘇敬《唐本草》〕注云：此土摩乾、濕二癬，極有效也。

〔宋·掌禹錫《嘉祐本草》〕按：《藥性論》云：東壁土，亦可單用。性平。刮末細篩，點目中去瞖。又東壁土蜆殻細末，傅豌豆瘡及主溫瘧。日華子云：東壁土，溫，無毒。陳藏器云：好土，味甘，平，無毒。主洩痢，冷熱赤白，腹內熱毒絞結痛，下血。取入地乾土，以水煮三五沸，絞去滓，適稀稠，及暖服二升。又解諸藥毒，中肉毒、合口椒毒、野菌毒並解之。取東壁土用之，功亦小同。止洩痢，霍亂煩悶爲要。取其向陽壁久乾也。張司空云：土三尺已上曰糞，三尺已下曰土。服之當去上惡物，勿令入客水。又，食牛馬肉及肝中毒者，先剉頭髮，令寸長，拌好土，作溏泥二升，合和飲之，須臾髮皆貫所食肝出。牛馬獨肝者有大毒，不可食。漢武云：文成食馬肝死。又人卒患心痛，畫地作五字，以撮取中央土，水和一升絞，服之良也。又云：土消，大寒，無毒。主傷寒時氣，黃疸病，煩熱，湯淋取汁頓服之。《莊子》云：蛣蜣轉丸是也。藏在土中，掘地得之。正員如人捻作，彌久者佳。又云：土檳榔，主惡瘡，諸蟲咬及瘰癧，疥瘻等，細研油塗之，狀如檳榔，於土穴中及堦除間得之。新者猶軟，云蟾蜍屎也。蟾食百蟲，故特主惡瘡。

〔宋·唐慎微《證類本草》〕《圖經》：文具石灰條下。《外臺秘要》：治肛門凸出。故東壁土一升研，皂莢三挺，長一尺二寸，壁土挹粉肛門。頭出處，皂莢炙暖更遞熨之，差。《肘後方》：服藥過劑及中毒，煩悶欲死。刮東壁土以水三升，調飲之。《經驗方》：治背瓥瘢。以多年煙薰壁土并黃蘗二件等擣羅末，用生薑汁拌成膏，攤貼之，更以茅香湯調下一錢匕，服，妙也。《子母秘録》：治小兒臍風瘡，歷年不差方：東壁土傅之。

**宋·王繼先《紹興本草》卷一**　東壁土　紹興校定：東壁土，謂常先見日之土也，取其意爾。《本經》與諸注雖有主治之文，然但取效者未聞也。當從土，性平、無毒是矣。

**宋·張杲《醫說》卷一〇**　壁土治瘡爛　暑月肌膚瘡爛，或因搔成瘡者，林才中暑中卧病，肌膚多瘡爛汁出。有一乳姥曰：此易差也。取乾壁土，揉細末傅之，隨手即差《良方》。

**明·滕弘《神農本經會通》卷六**　東壁土　取東壁之東邊，謂常先見日光，刮取用之。一云：性平。一云：溫，無毒。《衍義》詳伏龍肝條下。

《本經》云：主下瘡，脱肛。《唐本》注云：摩乾濕二癬，極有效也。《藥性論》云：亦可單用，細末，點目中去瞖。又土一蜆殼，細末，傅豌豆瘡及主濕痛。陳藏器云：好土，味甘平，無毒。主洩痢冷熱赤白，腹内熱毒絞結痛，下血，取入地乾土，以水煮三五沸，絞去滓，適稀稠，及暖服一二升。又解諸藥毒、中肉毒、合口椒毒、野菌毒，并解之。取東壁土用之，功亦小同，止洩痢，霍亂煩悶為要，取其向陽壁，久乾也。

**明·劉文泰《本草品彙精要》卷五**　東壁土無毒。附好土、土消、土檳榔。

東壁土：主下部瘡，脱肛。名醫所錄。【地】陶隱居云：此朽壁乾久之土，取其東向者，故謂之東壁土也。由其感旭日之精華，鍾震方發育之氣。刮取之，亦可去衣油垢。張司空云：土三尺已上曰糞，三尺已下曰土，服之當去上惡物，勿令入客水。陳藏器云：一種土消，大寒，無毒。莊子云：蛣蜣，轉丸是也。藏在土中，掘地得之，正圓如人撚作，彌久者佳。又有土檳榔，狀如檳榔，於土穴中及階除間得之，新者猶軟，云蟾蜍屎也。蟾食百蟲，故特主惡瘡。《衍義》曰：今詳南壁上土亦向陽久乾，何不取之？蓋東壁常得曉日烘炙，日者太陽真火，故治瘟瘧。或曰：何不取午盛之時南壁土，而取日初出東壁土者，何也？火生之時，其氣壯，故《素問》云少火之氣壯，及其當午之時，則壯火之氣衰，故不取之，實用此義。或曰：何以知日者太陽真火？以水精珠或心凹銅鑒向日射之，以艾承接，其光聚處火出，故知之。【時】生：無時。採：無時。【收】暴乾。【色】黄。【味】甘。【性】平，溫，緩。【氣】氣厚于味，陽也。【臭】朽。【主】解毒，除濕。【製】研細用。【治】療：陶隱居云：治小兒風臍。《唐本》注云：摩乾濕癬。《藥性論》云：點目中去翳。東壁土上蜆殼爲末，傅豌豆瘡及除溫瘧。陳藏器云：止洩痢，霍亂，煩悶。○好土，味甘，無毒。主洩痢，冷熱赤白，腹内熱毒絞結痛，下血，取入地乾土，以水煮三五沸，絞去滓，適稀稠暖服一二升。○土消，主傷寒時氣，黄疸病，煩熱，湯淋取汁，頓服之，良。○土檳榔，主惡瘡，諸蟲咬，及瘰癧疥瘻，細研，油塗之。《别錄》云：東壁土，主小兒臍風瘡歷年不瘥。【合治】東壁土一升，合皂莢三挺，長一尺二寸，療肛門凸出，以壁土挹粉肛門頭出處，皂莢炙暖，更遞熨之，瘥。○好土合頭髮，療食牛馬肉及肝中毒者，先剉頭髮令寸長，拌好土作溏泥二升，合和飲之，須臾，髮皆貫所食肝出。○多年煙熏壁土合黄蘗同搗，羅末，以生薑汁拌成膏，攤貼之，更以茅香湯調下一錢匕，療背生癰癤。【解】好土，以水煮三五沸去滓，適稀稠暖服二升，解諸藥毒、中肉毒、合口椒毒、野菌毒。

**明·許希周《藥性粗評》卷四**　肛脱咲平東壁土。

東壁土，故屋上東邊壁土也。以其得日最先，乾久而善。味甘，性溫，無毒。主治下部濕瘡，小兒風臍，及肛門突脱，俱用溫水洗淨，以壁土研極細，傅之。

**明·鄭寧《藥性要略大全》卷八**　陳壁土　主下部瘡，脱肛，冷熱赤白瀉痢，腹内痛，熱毒絞結痛，解諸藥毒，中肉毒、合口椒毒、菌毒，並能解之。味甘，平。又云：微溫，無毒。東邊朝日者佳。極助胃氣。

**明·陳嘉謨《本草蒙筌》卷八**　東壁土　氣溫。無毒。惟取東壁陳土，因得曉日久烘。或問曰：東壁土得曉日烘炙為優。南壁土亦午日常烘炙者，何棄而不取乎？答曰：《素問》云：少火之氣壯，壯火之氣衰。日者，太陽真火也。日初出，是少火。少則壯，故取之。及當午，壯火也。壯則衰，故不取。務擇多年，百年餘年者妙。研羅細末。扶脾益胃，以類相從。脾胃屬土故云。和白术炒成，專止注瀉；同蜆殼研就，能敷痘瘡。點瞖侵目中，摩癬發身上。治春月寒熱瘟瘧，去下部痔瘻脱肛。○故鞋底土研水吞。適他方，不服水土者立効。取自己穿者良。○鑄鍾黄土研酒服，卒心痛，疰忤惡氣者殊功。○鼠壤土主中風筋骨攣疼，日曝乾用。○燕窠土胡燕者良。治風瘙瘾疹㾦癢，水調濕敷。

**明·王文潔《太乙仙製本草藥性大全》卷六《仙製藥性》**　陳壁土　氣溫，無毒。　主治：扶脾益胃，以類相從。脾胃屬土，故云。和白术炒成，專止注瀉；同蜆殼研就，能敷痘瘡。點瞖侵目中，摩癬發身上。治春月寒熱瘟瘧，去下部痔瘻脱肛。　補註：肛門凸出，故屋東壁土一升，研，皂莢三挺，長一尺二寸，壁土挹粉肛門頭出處，皂莢炙暖，更連熨之差。○小兒臍風瘡，歷年不差，東壁土敷之。○服藥過劑及中毒煩悶欲死，刮東壁土，以水三升調頓服。○背癰癤，以多年烟熏壁土，并黄蘗二件等分，搗羅末，用生薑汁拌成膏貼之，更以茅香湯調下一錢匕，服妙也。○刮末細篩，點目中去瞖。○止洩痢煩悶爲要，取其向陽壁久乾也。○東壁土、蜆殼細末，敷豌豆瘡及主瘟瘧，亦療小兒風臍，又可除油污衣，勝石灰、滑石。摩乾、濕二癬極有效也。

**明·李時珍《本草綱目》卷七土部** 東壁土《別錄》下品

【氣味】甘，温，無毒。 【主治】下部瘡，脱肛《別錄》。止洩痢霍亂煩悶藏器。温瘧，點目去翳。同蜆殼爲末，傅豌豆瘡甄權。療小兒風臍弘景。摩乾、濕二癬，極效蘇恭。

【發明】弘景曰：此屋之東壁上土也，常先見日故爾。又可除油垢衣，勝石灰、滑石。藏器曰：取其向陽久乾也。宗奭曰：久乾之説不然。蓋東壁先得太陽真火烘炙，故治瘟疫。初出少火之氣壯，及當午則壯火之氣衰，故不用南壁而用東壁。時珍曰：昔一女，忽嗜河中污泥，日食數盌。玉田隱者以壁間敗土調水飲之，遂愈。又凡脾胃濕多，吐瀉霍亂者，以東壁土，新汲水攪化，澄清服之，即止。蓋脾主土，喜燥而惡濕，故取太陽真火所照之土，引真火生發之氣，補土而勝濕，則吐瀉自止也。《嶺南方》治瘴瘧香椿散内用南壁土，近方治反胃嘔吐用西壁土者，或取太陽離火所照之氣，或取西方收斂之氣，然皆不過借氣補脾胃也。

【附方】舊三，新九。 急心痛：五十年陳壁土、枯礬二錢，爲末，蜜丸，艾湯服。《集玄方》。 霍亂煩悶：向陽壁土，煮汁服。《聖濟錄》。 藥毒煩悶：欲死者。東壁土調水三升，頓飲之。《肘後方》。 解烏頭毒：不拘川烏、草烏毒，用多年陳壁土泡湯服之。冷水亦可。《通變要法》。 六畜肉毒：東壁土末，水服一錢，即安。《集玄方》。 目中翳膜：東壁土細末，日點之，淚出佳。《肘後方》。 肛門凸出：故屋東壁上土一升，研末，以長皂莢挹末粉之，仍炙皂莢，更互熨之。《外臺秘要》。 痱子瘙痒：乾壁土末傅之，隨手愈。《普濟方》。 耳瘡唇瘡：東壁土和胡粉傅之。《救急方》。 癧破經年：膿水不絶。用百年茅屋廚中壁土爲末，入輕粉調傅，半月即乾愈。《永類方》。 諸般惡瘡：拔毒散：東墻上土、大黄等分，爲末，用無根井華水調搽，乾再上。《瑞竹堂方》。 發背癰癤：多年烟熏壁土、黄蘗等分，爲末，薑汁拌調攤貼之，更以茅香湯調服一錢匕。《經驗方》。

**題明·薛己《本草約言》卷二《藥性本草》** 東壁土 取扶益脾胃，以類相屬也。取多年壁土研細，和白朮炒，專止注瀉。炒壁土止瀉，取土氣以助胃氣。

**明·梅得春《藥性會元》卷下** 陳壁土 主治下部瘡及小兒臍風，又除油污衣，勝石灰、滑石。單用性平，治洩痢冷熱赤白，熱毒。向東者良。

**明·李中立《本草原始》卷八** 東壁土 此屋之西壁向東土也。蓋謂西壁東面，得太陽真火烘炙，則少陽之氣壯，及午則壯陽之氣衰，故不用南壁而用東壁。 氣味：甘，溫，無毒。 主治：下部瘡，脱肛。○止洩痢，霍亂煩悶。○溫瘧。點目去瞖。同蜆殼為末，傅豌豆瘡。○療小兒風臍。○摩乾濕癬極效。

東壁土，《別錄》下品。世人泥東字，多用東墻土，非也。

昔一女子忽嗜河中污泥，日食數盌。玉田隱者以壁間敗土調水，飲之遂愈。

**明·繆希雍《本草經疏》卷五** 東壁土 主下部瘡，脱肛。

【疏】東壁土先得太陽真火之氣，其氣溫和，其味甘，無毒。脾主四肢而惡濕，下部生瘡，濕氣侵脾也。得陽氣之壯，故能燥濕除瘡。脱肛亦大腸濕熱所致，甘溫而燥，故亦主之。藏器止洩痢霍亂煩悶者，取其土能補脾胃，溫能和中也。得太陽初氣，能祛暑濕之邪，故又主溫瘧及猝中暑熱，攪土漿與之即解。

【主治參互】甄權法：同蜆殼為末，傅豌豆瘡。《肘後方》藥毒煩悶欲死者，東壁土調水三升，頓飲之。《通變要法》解烏頭毒，不拘川烏、草烏毒。用多年陳壁土，泡湯服之。《外臺秘要》肛門突出，東壁土一升，研末，傅肛門頭出處，以長皂莢炙熟，互熨之。 氣味甘溫，性無偏至，故不著簡誤。

**明·顧逢柏《分部本草妙用》卷一〇土部** 東壁土 甘，溫，無毒。 主治：下部瘡，脱肛，止洩痢，霍亂煩悶，溫瘧點目。同蜆殼為末，傅豌豆瘡。療小兒風臍，摩乾濕二癬極効。 此東壁土也，可除油垢衣。新汲水攪化，澄清服之，以脾濕吐瀉霍亂。蓋脾土喜燥而惡濕，故取太陽真火所照之土，引真火生發之氣，補土勝濕，則吐瀉自止也。 治反胃，用西壁土者，取太陽離火所照，并收斂之氣，借氣以調脾胃也。

**清·穆石匏《本草洞詮》卷四** 東壁土 【略】嶺南治瘴瘧，用南壁土。近治畨胃，用西壁土。或取離火所照之氣，或取西方收斂之氣，皆借氣補土，同一理也。

**清·劉雲密《本草述》卷三** 東壁土、道中熱土 宗奭曰：以一壁論之，外一面向東，常先見曉日，得初陽少火之氣。若當午向南者，則壯火之氣衰，故不用。【略】夏月暍死，以十字道上熱土，圍臍旁，令人撒熱尿於臍中，仍用熱土、大蒜等分，搗汁，去滓，灌之即活。

**題清·徐大椿《藥性切用》卷七** 東壁土 性味甘溫，益脾扶陽，止霍亂吐瀉。下部濕爛，研末敷之。

**清・趙其光《本草求原》卷二三土部** 東壁久土 甘，溫，無毒。得太陽初升少火生發之氣，南壁則壯火之氣衰。補土勝濕，止泄利霍亂、下部瘡、脱肛，同皂莢末搽。用以炒藥，為脾胃引導也。調水飲，治嗜食泥土者，取土入蟲口，而祛之下行也。又治痱子瘙癢，敷之立愈。癧破膿水不止，廚中壁土，同輕粉塗。惡瘡，同大黃、無根水開搽。背癰，煙薰壁土。同黃柏、薑汁搽。亦拔濕毒之功。反胃用西壁土，亦收斂脾胃氣之意耳。

**清・戴葆元《本草綱目易知錄》卷七** 東壁土 甘，溫。取太陽先見所照，能引真火生發之氣，而補土勝濕，止瀉痢霍亂，煩悶溫瘧。療下部瘡，脱肛。小兒風臍。【略】解川烏、草烏、六畜肉毒，湯泡服之。

**清・陳其瑞《本草撮要》卷一〇** 東壁土 甘溫，治霍亂煩悶，洩痢溫瘧，療下部瘡脱肛，小兒臍風，摩乾濕癬。此屋外向東之壁上土也。以新汲水攪化澄清服之，治霍亂吐瀉。嗜污泥者，以土調服即愈。

### 朝陽灰

**清・劉善述、劉士季《草木便方》卷二金石土火部** 朝陽灰 朝陽灰名風化灰，疥癩白禿風癬瘻。瓦口向陽能殺蟲，刀斧爛瘡功即歸。古墳灰，万年灰，瓦口石灰。

### 太陽土

**明・李時珍《本草綱目》卷七土部** 太陽土《綱目》

【主治】人家動土犯禁，主小兒病氣喘，但按九宮，看太陽在何宮，取其土煎湯飲之，喘即定。時珍。出《正傳》。

**清・蔣居祉《本草擇要綱目・平性藥品》** 太陽土 氣味：甘，平，無毒。 主治：人家動土犯禁。主小兒病氣喘，但按九宮看太陽在何宮，取其土煎湯飲之，喘即定。

### 執日取天星上土

**宋・唐慎微《證類本草》卷四玉石部中品〔唐・陳藏器《本草拾遺》〕** 執日取天星上土 和柏葉、薰草，以塗門戶，方一尺，盜賊不來。《抱朴子》亦云有之。

### 執日六癸上土

**明・李時珍《本草綱目》卷七土部** 執日六癸上土時珍曰：《抱朴子》云：常以執日取六癸上土、市南門土、歲破土、月建土，合作人，着朱鳥地上，辟盜。

### 二月上壬日土

**宋・唐慎微《證類本草》卷四玉石部中品〔唐・陳藏器《本草拾遺》〕** 二月上壬日取土 泥屋四角，大宜蠶也。

### 清明日戌上土

**明・李時珍《本草綱目》卷七土部** 清明日戌上土時珍曰：同狗毛作泥，塗房户内孔穴，蛇鼠諸蟲永不入。

### 神后土

**明・李時珍《本草綱目》卷七土部** 神后土時珍曰：逐月旦日取泥屋之四角，及塞鼠穴，一年鼠皆絕迹，此李處士禁鼠法也。神后，正月起申順行十二辰。

### 天子藉田三推犁下土

**宋・唐慎微《證類本草》卷四玉石部中品〔唐・陳藏器《本草拾遺》〕** 天子耤田三推犁下土 無毒。主驚悸癲邪，安神定魄，强志。入官不懼，利見大官，宜婚市。王者所封五色土亦其次焉。已前主病正爾，水服，餘皆藏寶。

**明・李時珍《本草綱目》卷七土部** 天子藉田三推犁下土《拾遺》

【釋名】時珍曰：《月令》：天下以元日祈穀于上帝，親載耒耜，率三公、九卿、諸侯、大夫躬耕。天子三推，三公五推，卿、諸侯九推。反執爵于太寢，命曰勞酒。

【主治】水服，主驚悸癲邪，安神定魄强志。藏之，入宫不懼，利見大官，宜婚市。王者封禪五色土次之藏器。

### 社壇四角土

**宋・唐慎微《證類本草》卷四玉石部中品〔唐・陳藏器《本草拾遺》〕** 社壇四角土 牧宰臨官，自取以塗門戶，主盜不入境，今郡縣皆有社壇也。

### 春牛土

**宋・唐慎微《證類本草》卷四玉石部中品〔唐・陳藏器《本草拾遺》〕** 春牛角上土 收置戶上，令人宜田。

**明・李時珍《本草綱目》卷七土部** 春牛土藏器曰：收角上土置户上，令人宜田。時珍曰：宋時立春日進春牛，御藥院取牛睛以充眼藥。今人鞭春時，庶民争取牛土，云宜蠶；取土撒檐下，云辟蚰蜒。

### 富家土

**宋・唐慎微《證類本草》卷四玉石部中品〔唐・陳藏器《本草拾遺》〕** 富

家中庭土　七月五日，取之泥竈，令人富，勿令人知。

明・李時珍《本草綱目》卷七土部　富家土藏器曰：七月五日，取中庭土泥竈，令人富。勿令人知。時珍曰：除日取富家田中土泥竈，招吉。

亭部中土

明・李時珍《本草綱目》卷七土部　亭部中土時珍曰：取作泥塗竈，水火盜賊不經；塗屋四角，鼠不食蠶；塗倉囷，鼠不食稻；塞穴百日，鼠皆絶去。出《陰陽雜書》云。

楊妃粉

清・趙學敏《本草綱目拾遺》卷二土部　楊妃粉　產馬嵬坡上，取之者必先祭然後掘之，去浮土三尺，有土如粉，膩滑光潔，於女子最宜。澤肌有效。《職方典》：出陝西西安府，女面有黑黝，以水和粉洗之即除。拭面，去黝䵟雀斑，美顏色。

丹竈泥

清・趙學敏《本草綱目拾遺》卷二土部　丹竈泥　《嶺南雜記》：出羅浮山，以粉紅色者佳。《粵志》：羅浮沖虛觀後，有稚川丹竈，取竈中土，以藥槽之水洗之，丸小粒，投水中，輒有白氣數縷，沖射四旁，生泡不已，哈哈有聲，頃之，一分為二，二分為四，四分為八，然後融化，服之可療腹疾。道士號為丹滓，嘗以餉客。　治暈船不服水土等症，丸如豆大，飲水調服。

洗手土

清・趙學敏《本草綱目拾遺》卷二土部　洗手土　《坤輿典》：雞足山有迦葉洗手土，彼方人若頭痛者，以些少塗之即瘥。

雞脚膠

清・趙學敏《本草綱目拾遺》卷二土部　雞脚膠　出雲南雞足山近地土中，俗名雞脚膠。土人往往從土中掘得，形如碎磚，入火即烊如膠然，故名。終不知何物所結也。　治風如神。煎湯服。

道中熱土

宋・唐慎微《證類本草》卷四玉石部中品〔唐・陳藏器《本草拾遺》〕　道中熱塵土　主夏中熱暍死，取土積死人心。其死非爲遇熱，亦可以蓼汁灌之。

明・李時珍《本草綱目》卷七土部　道中熱土《拾遺》

【主治】夏月暍死，以土積心口，少冷即易，氣通則甦藏器。亦可以熱土圍臍旁，令人尿臍中；仍用熱土、大蒜等分，搗水去滓灌之，即活時珍。

十字道上土　【主治】主頭面黃爛瘡，同竈下土等分傅之時珍。

明・顧逢柏《分部本草妙用》卷一〇土部　道中熱土　【略】　桑根下土治中惡風惡水而肉腫者，水和敷上，灸二三十壯，熱透即平。

清・楊時泰《本草述鉤元》卷三　道上熱土　猝中暑熱，攪土漿與服，即解。夏月暍死，取十字道上熱土，圍臍旁，令人撒熱尿於中，仍用熱土、大蒜等分，搗汁去渣灌之，即活。

大甑中蒸土

宋・唐慎微《證類本草》卷四玉石部中品〔唐・陳藏器《本草拾遺》〕　大甑中蒸土　一兩碩，熱坐、卧其上，取病處熱徹汗偏身，仍隨疾服藥。和鼠壤用亦得。

車輦土

宋・唐慎微《證類本草》卷四玉石部中品〔唐・陳藏器《本草拾遺》〕　載鹽車牛角上土　主惡瘡，黃汁出不差，漸胤者。取土封之即止。牛角，謂是車邊脂角也，好用。

明・李時珍《本草綱目》卷七土部　車輦土《拾遺》

【主治】惡瘡出黃汁，取鹽車邊脂角上土塗之藏器。行人暍死，取車輪土五錢，水調澄清服，一盌即甦。又小兒初生無膚，色赤，因受胎未得土氣也。取車輦土碾傅之，三日後生膚時珍。

市門土

宋・唐慎微《證類本草》卷四玉石部中品〔唐・陳藏器《本草拾遺》〕　市門土　無毒。主婦人易產。取土臨月帶之。又臨月產時，取一錢匕末，酒服之。又捻爲丸，小兒於苦瓠中作白龍乞兒。此法，《崔知悌方》，文多不録。

明・李時珍《本草綱目》卷七土部　市門土《拾遺》

【釋名】時珍曰：日中爲市之處門柵也。　【主治】婦人易產，入月帶之。產時，酒服一錢藏器。

明・顧逢柏《分部本草妙用》卷一〇土部　市門土　婦人易產，入月帶之，產時酒服一錢。　為市之處門柵下土也。

戶限下土

**宋・唐慎微《證類本草》卷四玉石部中品**(唐・陳藏器《本草拾遺》) 戶垠下土 無毒。主産後腹痛,末一錢匕,酒中熱服之。戶者,門之別名也。新注云: 和雄雀糞,暖酒服方寸匕,治吹奶效。

**明・王文潔《太乙仙製本草藥性大全》卷六《仙製藥性》** 戶垠下土 無毒。戶者,門之別名也。 主治: 主産後腹痛神方,治兒吮乳腫妙劑。 補註: 産後腹痛,取末一錢,熱酒調服。○治吹奶,取末和雄雀糞,熱酒服方寸〔匕〕。

**明・李時珍《本草綱目》卷七土部** 戶限下土《拾遺》

【釋名】時珍曰: 限,即門閾也。

【主治】産後腹痛,熱酒服一錢。又治吹奶,和雄雀糞,暖酒服方寸匕藏器。

千步峰

**明・李時珍《本草綱目》卷七土部** 千步峰《綱目》

【集解】時珍曰: 此人家行步地上高起土也,乃人往來鞋履沾積而成者。技家言人宅有此,主興旺。

【主治】便毒初發,用生蘿蔔醋磨泥塗之時珍。

鞋底下土

**宋・唐慎微《證類本草》卷四玉石部中品**(唐・陳藏器《本草拾遺》) 故鞋底下土 主人適佗方不伏水土,刮取末和水服之。不伏水土與諸病有異,即其狀也。

**明・王文潔《太乙仙製本草藥性大全》卷六《仙製藥性》** 故鞋底土 水呑,適他方不服水土者,立效。取自己穿者更妙。

**清・趙學敏《本草綱目拾遺》卷二土部** 椅足泥 《物理小識》: 此泥炕乾,可以生肌。

鞋底泥 瀕湖《綱目》引藏器《本草》: 治不服水土用,而外治無聞焉。今補之。

治聤耳頭瘡: 《良朋彙集》: 人生耳底即聤耳,用鞋底陳土吹入耳內,即乾。此土又治頭上瘡,不乾擦上即好。 一切無名腫毒: 用獨郎蒜一枚,津唾磨鞋底泥箍之,三五次即消。

柱下土

**宋・唐慎微《證類本草》卷四玉石部中品**(唐・陳藏器《本草拾遺》) 柱下土 無毒。主腹痛暴卒者,末服方寸匕。

**明・李時珍《本草綱目》卷七土部** 柱下土《拾遺》

【主治】腹痛暴卒,水服方寸匕藏器。胎衣不下,取宅中柱下土,研末,雞子清和服之思邈。

牀四脚下土

**宋・唐慎微《證類本草》卷四玉石部中品**(唐・陳藏器《本草拾遺》) 牀四脚下土 主猘犬咬人,和成泥傅瘡上,灸之一七壯。瘡中得大毛者愈。猘犬,狂犬也。

燒屍場上土

**明・王文潔《太乙仙製本草藥性大全》卷五《仙製藥性》** 燒死屍灰燼亦主魔魘夢,多取置枕中,是夜即止。

**明・李時珍《本草綱目》卷七土部** 燒尸場上土《綱目》

【主治】邪瘧,取帶黑土同葱搗作丸塞耳,或繫膊上,即止。男左女右時珍。

【附方】新四。 好魘多夢: 燒人灰,置枕中、履中,自止。《本草拾遺》。 尸厥卒死: 不知人者。燒尸場土二三錢,擂細,湯泡灌之,即活。如無,以竈心土代之。《何氏方》。 小兒夜啼: 燒尸場土,置枕邊。《集簡方》。 脚底多汗: 燒人場上土,鋪于鞋底內踐之。灰亦可。《集玄方》。

**清・王道純《本草品彙精要續集》卷一** 燒屍場上土 主邪瘧,取帶黑土同葱搗作丸,塞耳或繫膊上即止,男左女右《本草綱目》。 【治】《本草拾遺》云: 燒人灰,置枕中履中,能止好魘多夢。○《何氏方》: 治屍厥卒死,不知人事者,燒屍場上土二三錢,擂細湯灌之,即活。如無,以竈心土代之。○《集簡方》治小兒夜啼,燒屍場上土置兒枕邊。○《集元方》治脚底多汗,燒屍場上土鋪於鞋底,內踐之,灰亦可用。

塚上土

**宋・唐慎微《證類本草》卷四玉石部中品**(唐・陳藏器《本草拾遺》) 塚上土及塼石 主溫疫。五月一日取之,瓦器中盛,埋之著門外堦下,合家不患時氣。又,正月朝早將物去塚頭取古塼一口,將咒要斷,一年無時疫,懸安大門也。

**明·李時珍《本草綱目》卷七土部**　塚上土《拾遺》

〔主治〕瘟疫。五月一日，取土或磚石，入瓦器中，埋着門外階下，合家不患時氣。又正旦取古塚磚，呪懸大門上，一年無疫疾藏器。

〔附方〕新一。　腸癰：死人塚上土，作泥塗之，良。《千金方》。

水龍骨

**清·葉桂《本草再新》卷八**　水龍骨味辛，性平，無毒。入脾經。　治濕痺，消腫毒。

**清·趙其光《本草求原》卷二五石部**　舊船油之石灰名水龍骨。　治刀撲血出，止諸瘡血，血風臁爛，煆過，入輕粉，以苦茶洗淨敷，陳石灰亦可。下體癬。同牛尿燒煙熏。俱不可着水，否則爛肉。五月五采葛葉、白芍、生地、蒼耳葉、青蒿葉及凉血各草，和石灰搗丸曬乾，最止血、生肌。或以船灰和雞子白曬乾，或入灰於冬月牛膽內風乾尤勝。一人脚肚生瘡成漏，以石灰溫泡熏洗，覺癢，知為鱔漏，洗數次即愈。洗陰挺及產後玉門不閉亦妙。

**清·劉善述、劉士季《草木便方》卷二金石土火部**　水龍骨、地龍骨　爛船灰止金瘡血，跌打損傷調敷捷。止痛殺蟲斂瘡口，久爛淋漓膿水滅。古墳灰性同功效，煆用生用各分別。

桑根下土

**宋·唐慎微《證類本草》卷四玉石部中品〔唐·陳藏器《本草拾遺》〕**　桑根下土　搜成泥餅，傅風腫上，仍灸三二十壯，取熱通瘡中。又，人中惡風水肉腫，一箇，差以土塊，灸二百壯，當下黄水，即差也。

**明·王文潔《太乙仙製本草藥性大全》卷六《本草精義》**　桑根下土　搜成泥餅傅風腫上，灸二三十壯，取熱通瘡中，或人中惡風水肉腫，用餅一箇，搓以土塊，灸二百壯，當出黄水即愈也。

按：諸土有毒：怪曰羵羊，掘土見之，不可觸，已出上土部。土有氣，觸之令人面黄色，上氣身腫，掘土處謹之。多斷地脉，古人所忌，地有仰穴，令人移也。

**清·李熙和《醫經允中》卷二三**　桑根上土　治中惡風惡水而肉腫者，水和敷上，（炙）〔灸〕二三十壯愈。

胡燕窠土

**宋·唐慎微《證類本草》卷四玉石部中品〔唐·陳藏器《本草拾遺》〕**　胡鷰窠內土　無毒。主風瘙癮疹，末，以水和傅之。又巢中草，主卒溺血，燒爲灰，飲服。又主惡刺瘡及浸淫瘡遶身至心者死，亦用之。

**明·王文潔《太乙仙製本草藥性大全》卷六《本草精義》**　燕窠土　胡燕者良。治風瘙癮瘮㾊癢，水調濕敷。又窠內百草，主卒溺血，燒灰飲調服。治惡刺瘡、浸淫瘡遍身，至心者死，亦主之。

**明·李時珍《本草綱目》卷七土部**　胡燕窠土《拾遺》

〔主治〕無毒。同屎作湯，浴小兒，去驚邪弘景。主風瘙癮疹，及惡刺瘡，浸淫瘑瘡遍身，至心者死，並水和傅之，三兩日瘥藏器。治口吻白禿諸瘡時珍。

〔附方〕舊三，新八。　濕瘑疥瘡：胡燕窠大者，用托子處土，爲末，以淡鹽湯洗拭，乾傅之，日一上。《小品方》。　黄水肥瘡：燕窠土一分，麝香半分，研傅之。《普濟方》。　浸淫濕瘡：發於心下者，不早治殺人。用胡燕窠中土，研末，水和傅。葛氏。　口角爛瘡：燕窠泥傅之，良。《救急方》。　白禿頭瘡：百年屋下燕窠泥、蠮螉窠，研末，剃後麻油調搽。《聖濟錄》。　蠼螋尿瘡：遶身汁出。以燕窠中土和猪脂、苦酒傅之。《外臺秘要》。　瘭疽惡瘡：着手足肩背，累累如赤豆，出汁。剥痂，以温醋、米泔洗净，用胡燕窠土和百日男兒屎，傅之。《千金方》。　皮膚中痛：名癥疰。用醋和燕窠土傅之。《千金方》。　風瘙癮疹：胡燕窠土，水和傅之。《千金方》。　小兒丹毒：向陽燕窠土，爲末，鷄子白和傅。《衛生易簡方》。　一切惡瘡：燕窠內外泥糞，研細，油調搽。一加黄蘗末。《瑞竹堂方》。

**明·繆希雍《本草經疏》卷四**　胡燕窠內土　無毒。主風瘙癮㾊，及惡刺瘡、浸淫瘡遍身至心者死，竝水和敷之。

〔疏〕胡燕，即玄鳥，春分後至。窠取四方濕土為之，其氣味必甘寒，故藏器以之療諸瘡瘍。蓋諸痛痒瘡瘍，皆屬心火，而甘寒最能解火毒，土性能化一切毒故也。〔主治參互〕入回燕膏，貼瘰癧有效。回燕者，朝北燕窠土。

**清·嚴潔等《得配本草》卷一**　胡燕窠土　煎湯浴小兒，逐驚癇，除瘡疥。

**清·趙學敏《本草綱目拾遺》卷二土部**　回燕膏　《本草經疏》：朝北

燕窠土，名回燕膏。　治瘰癧：《經疏》合胡燕窩内土，研敷有效。

**清・劉善述、劉士季《草木便方》卷二金石土火部**　燕窩泥　燕窩泥治驚風邪，口瘡白秃諸瘡滅。風瘙癮疹惡刺瘡，瘑瘡浸淫遍身捷。

**清・戴葆元《本草綱目易知錄》卷七**　燕窩土　【略】及傅口吻白秃諸瘡，時毒頭項腫。葆元。○口角爛瘡，燕窩泥，研傅。【略】○葆驗：治時邪項外腫，飲食難下，頃刻殺人。燕窩土一兩，枯礬、雄黄各三錢，共末，燒酒調稀，時掃項外。空咽門，出火毒。

### 百舌窠中土

**宋・唐慎微《證類本草》卷四玉石部中品〔唐・陳藏器《本草拾遺》〕**　百舌鳥窠中土　末和釅醋，傅蚯蚓及諸惡蟲咬瘡。

**清・黄元御《玉楸藥解》卷五**　燕子窠　味辛，氣平。入手少陰心經。消惡瘡，敗腫毒。胡燕窠土消腫解毒。治疥癘浸淫，黄水白秃，一切惡瘡，塗洗皆效。

### 土蜂窠

**宋・唐慎微《證類本草》卷四玉石部中品〔唐・陳藏器《本草拾遺》〕**　土蜂窠上細土　主腫毒，醋和爲泥傅之。亦主蜘蛛咬。土蜂毒，在地土中作窠者是。

**明・王文潔《太乙仙製本草藥性大全》卷八《仙製藥性》**　土房　用爲末醋調，傅風頭癰腫。　補註：治小兒霍亂吐瀉方：用蠮螉窠微炙爲末，以乳汁調下一字止。

**明・李時珍《本草綱目》卷七土部**　土蜂窠《拾遺》

〔釋名〕蠮螉窠時珍曰：即細腰蜂也。

〔氣味〕甘，平，無毒。　〔主治〕癰腫風頭《别錄》。小兒霍亂吐瀉，炙研，乳汁服一錢《聖惠》。醋調塗腫毒，及蜘蛛咬藏器。　醋調塗蜂蠆毒宗奭。　治丁腫乳蛾，婦人難産時珍。

〔附方〕新六。　女人難産：土蜂兒窠，水泡湯飲之。取時逢單是男，雙是女，最驗。《婦人良方》。　腫毒焮痛：陳藏器《本草》用醋和泥蜂窠塗之。○《直指》加川烏頭等分，云未結則散，已結則破也。　丁瘡腫痛：土蜂窠煅，蛇皮燒，等分，酒服一錢。《直指方》。　咽喉乳蛾：土蜂窠一個，爲末。先用楮葉擦破病人舌，令血出。以醋和末，用翎點之。令痰涎出爲效。後〔用〕扁竹根擂水服數口，取利。《瑞竹堂方》。　手足發指：毒痛不可忍。用壁間泥蜂窠爲末，入乳香少許研匀，以醋調塗，乾即以醋潤之。《奇效方》。　蠼螋尿瘡：螟蛉窠，水調傅之。《集玄方》。

**明・繆希雍《本草經疏》卷四**　土蜂窠上細土　本經無氣味，云主腫毒，醋和為泥傅之。亦主蜘蛛咬，必是甘平無毒之物。甘為土化，故能解諸毒也。

**清・劉善述、劉士季《草木便方》卷二金石土火部**　蜂窩泥　蜂窩泥甘性味平，小兒霍亂吐瀉靈。癰腫疔毒蛛蜂傷，乳蛾頭風産難生。

**清・戴葆元《本草綱目易知錄》卷七**　土蜂窠蠮螉窠，即細腰蜂窠。　甘，平。治癰腫頭風，婦人難産，煎服。小兒霍亂吐瀉，炙研，乳汁服一錢。點乳蛾，消疔腫。為末，醋調，塗腫毒及蜘蛛咬、蜂蠆毒。

### 蜣螂轉丸

**明・王文潔《太乙仙製本草藥性大全》卷六《本草精義》**　土消　即蛣蜣轉丸是也。一名蜣蜋，俗名推屎蟲之轉丸也。藏在土中，掘地得之，正圓如人捻作，彌久者佳。

**明・王文潔《太乙仙製本草藥性大全》卷六《仙製藥性》**　土消　氣大寒，無毒。　主治：主傷寒時氣如神，治黄疸病煩奇效。熱湯淋汁，順服即安。

**明・李時珍《本草綱目》卷七土部**　蜣螂轉丸《拾遺》

〔釋名〕土消藏器曰：此蜣螂所推丸也。藏在土中，掘地得之，正圓如人捻作，彌久者佳。

〔氣味〕鹹、苦，大寒，無毒。　〔主治〕湯淋絞汁服，療傷寒時氣，黄疸煩熱，及霍亂吐瀉。燒存性酒服，治項癭。塗一切瘻瘡藏器。

**清・王道純《本草品彙精要續集》卷一**　蜣螂轉丸無毒。原本注蛣蜣轉丸，《綱目》改蜣螂轉丸。

蜣螂轉丸：主療傷寒時氣，黄疸煩熱，及霍亂吐瀉，湯淋絞汁服《本草拾遺》。　〔名〕土消。　〔地〕陳藏器云：此蜣螂所推丸也，藏在土中，必掘地而得之。　〔用〕彌久者佳。　〔質〕正圓如人捻作成者。　〔色〕青黑。　〔味〕鹹，苦。　〔性〕大寒。　〔治〕陳藏器方：用燒存性，酒服治項癭，並塗一切瘻瘡。

土檳榔

唐・段成式《酉陽雜俎・前集》卷一〇　土檳榔　狀如檳榔，在孔穴間得之，新者猶軟，相傳蟾蜍矢也，不常有之，主治惡瘡。

明・王文潔《太乙仙製本草藥性大全》卷六《本草精義》　土檳榔　出土穴中，及階除間得之，新者尤效。傳云是蟾蜍屎也，故蟾食百蟲，故特主惡瘡。

明・王文潔《太乙仙製本草藥性大全》卷六《仙製藥性》　土檳榔　主惡瘡諸蟲咬立效，治瘰癧疥瘻瘡殊功。細研爲末，油調塗之。

鬼屎

宋・唐慎微《證類本草》卷四玉石部中品〔唐・陳藏器《本草拾遺》〕　鬼屎　主人馬反花瘡，刮取和油塗之。生陰濕地，如屎，亦如地錢，黃白色。

鼠壤土

宋・唐慎微《證類本草》卷四玉石部中品〔唐・陳藏器《本草拾遺》〕　鼠壤土　主中風筋骨不隨，冷痹骨節疼，手足拘急，風掣痛，偏枯死肌。多收取暴乾用之。

明・皇甫嵩《本草發明》卷五　鼠壤土　主中風，筋骨攣痛。日曝乾用。

明・李時珍《本草綱目》卷七土部　鼠壤土《拾遺》

【釋名】時珍曰：柔而無塊曰壤。【主治】中風筋骨不隨，冷痹骨節疼，手足拘急，風掣痛，偏枯死肌，多收曝乾，蒸熱袋盛，更互熨之藏器。小兒尿和，塗丁腫思邈。

清・趙學敏《本草綱目拾遺》卷二土部　鼠穴泥　治偏正頭風：《救生苦海》用老鼠洞內泥炒熱，乘熱絹帕包頭上，即愈。

鼢鼠壤土

宋・唐慎微《證類本草》卷四玉石部中品〔唐・陳藏器《本草拾遺》〕　鼢鼠壤堆上土苦酒和爲泥，傅腫極效。又云：鬼疰氣痛，取土以秫米甘汁搜作餅，燒令熱，以物裹熨痛處。凡鼢鼠，是野田中尖觜鼠也。

明・王文潔《太乙仙製本草藥性大全》卷六《仙製藥性》　鼢鼠壤堆上土即田野中尖嘴鼠也。主治：諸腫癰腫傅之即安，鬼疰氣痛餅熨立效。

明・李時珍《本草綱目》卷七土部　鼢鼠壤土《拾遺》

【集解】藏器曰：此是田中尖嘴小鼠也。陰穿地中，不能見日。

【主治】鬼疰氣痛，秫米泔汁和作餅，燒熱綿裹熨之。又主腫毒，和醋傅之，極效藏器。孕婦腹內鐘鳴，研末二錢，麝香湯下，立愈時珍。

屋內壖下蟲塵土

宋・唐慎微《證類本草》卷四玉石部中品〔唐・陳藏器《本草拾遺》〕　屋內墉下蟲塵土　治惡瘡久不差，乾傅之，亦油調塗之。

明・李時珍《本草綱目》卷七土部　屋內壖下蟲塵土《拾遺》

【釋名】時珍曰：壖音軟，平聲。河邊地及垣下地，皆謂之壖。

【主治】惡瘡久不乾，油調傅之藏器。

蟻垤土

宋・唐慎微《證類本草》卷四玉石部中品〔唐・陳藏器《本草拾遺》〕　蟻穴中出土　取七枚如粒，和醋搽狐刺瘡。

明・王文潔《太乙仙製本草藥性大全》卷六《本草精義》　蟻穴中土　取七枚如米粒，和醋搽狐刺瘡上，立有效驗。

明・李時珍《本草綱目》卷七土部　蟻垤土《拾遺》

【釋名】蟻封時珍曰：垤音迭，高起也。封，聚土也。

【主治】狐刺瘡，取七粒和醋搽。又死胎在腹及胞衣不下，炒三升，囊盛，搨心下，自出也藏器。

白蟻泥

明・李時珍《本草綱目》卷七土部　白蟻泥《綱目》

【主治】惡瘡腫毒，用松木上者，同黃丹各炒黑，研和香油塗之，取愈乃止時珍。

蚯蚓泥

明・王文潔《太乙仙製本草藥性大全》卷八《仙製藥性》　蚯蚓屎呼爲蚓螻。封猘犬咬毒，仍出大毛殊功。補註：治一切丹毒流腫，用其屎，水和傅之。○治火丹，取曲蟮糞，水和泥傅之。○治小兒吐乳，用田中地龍糞一兩，研末，空心以粥飲調下半錢，不過二三服效。○治齒齦宣露，蚯蚓屎水和泥，火燒令極赤，研之如粉，臘月猪脂和傅上，日三永差。○小兒耳後月蝕瘡，燒蚯蚓屎，合猪脂傅之差。○小兒患聤耳，出膿水成瘡污方：以蚯蚓糞，碾末傅之，兼吹耳中立效。○治蛇、犬咬并熱瘡，取屎與鹽研傅。小兒陰囊忽虛熱腫痛，以生甘草汁調，輕輕塗之。○療赤白久熱痢，取無沙者末一升，炒令煙盡，水沃取半大升，濾過麄滓，空肚服之。　太乙曰：　凡使，收得後用糯米水浸一宿至明，漉出以無灰酒浸一日至夜，漉出焙令乾後，細切，取蜀椒并糯米及切了蚯蚓三件同熬之，待糯米熟，去米、椒了，揀净用之。凡修事二兩，使米一分，椒一分爲準。

**明・李時珍《本草綱目》卷七土部**　蚯蚓泥《綱目》

〔釋名〕蚓螻音婁。　六一泥

〔氣味〕甘、酸，寒，無毒。　〔主治〕赤白久熱痢，取一升炒煙盡，沃汁半升，濾净飲之藏器。小兒陰囊忽虚熱腫痛，以生甘草汁入輕粉末調塗之。以鹽研傅瘡，去熱毒，及蛇犬傷《日華》。傅狂犬傷，出犬毛，神效蘇恭。

〔附方〕舊五，新十七。　斷截熱瘧：《邵氏青囊方》用五月五日午時取蚯蚓糞，以麪和丸梧子大，朱砂爲衣。每服三丸，無根水下，忌生冷，即止。皆效。或加菖蒲末、獨頭蒜同丸。　傷寒譫語：　蚯蚓屎凉水調服。《簡便方》。　小便不通：　蚯蚓糞、朴硝等分，水和傅臍下，即通。《皆效方》。　小兒吐乳：　取田中地龍糞一兩，研末，空心以米湯服半錢，不過二三服效。《聖惠方》。　小兒卵腫：　地龍糞，以薄荷汁和塗之。《危氏得效方》。　婦人吹乳：　用韭地中蚯蚓屎，研細篩過，米醋調，厚傅，乾則换，三次即愈。凉水調亦可。《藺氏經驗方》。　時行腮腫：　柏葉汁調蚯蚓泥塗之。《丹溪方》。　一切丹毒：　水和蚰蜒泥傅之。《外臺》。　脚心腫痛：　因久行久立致者。以水和蚯蚓糞厚傅，一夕即愈。《永類鈐方》。　耳後月蝕：　燒蚯蚓糞，猪脂和傅。《子母秘錄》。　聤耳出水：　成瘡。蚯蚓糞爲末傅之，并吹入。《千金方》。　齒齗宣露：　蚯蚓泥，水和成團，煅赤，研末，臘猪脂調傅之，日三。《千金方》。　咽喉骨鯁：　五月五日午時韭畦中，面東勿語，取蚯蚓泥(取)〔收〕之。每用少許，搽喉外，其骨自消，名六一泥。　蜈蚣螫傷：　蚯蚓泥傅之，效。《集效方》。　金瘡困頓：　蚯蚓屎末，水服方寸匕，日三服。《千金方》。　解射罔毒：　蚯蚓屎末，井水服二方寸匕。《千金方》。　吐血不止：　石榴根下地龍糞，研末，新汲水服三錢。《聖惠》。　反胃轉食：　地龍糞一兩，木香三錢，大黄七錢，爲末，每服五錢，無根水調服，忌煎煿酒醋椒薑熱物，一二服其效如神。《邵真人經驗方》。　燕窩生瘡：　韭地蚰蜒屎，米泔水和，煅過，入百草霜等分，研末，香油調塗之。《摘玄方》。　小兒頭熱：　鼻塞不通。濕地龍糞捻餅，貼顖上，日數易之。《聖惠方》。　足臁爛瘡：　韭地蚯蚓泥，乾研，入輕粉，清油調傳。《便民圖(纂)》。　外腎生瘡：　蚯蚓屎二分，緑豆粉一分，水研塗之，乾又上之。《便民圖纂》。

**明・繆希雍《本草經疏》卷三〇**　蚯蚓泥　即蚯蚓屎也。味甘，氣寒，無毒。赤白久熱痢，取一升炒，烟盡，沃汁半升，濾淨飲之。蓋久痢乃濕熱甚於腸胃，得甘寒之氣，則濕熱自除矣。日華子主小兒陰囊忽虚熱腫痛，以生甘草汁入輕粉末調塗之。以鹽研，傅瘡去熱毒及蛇犬傷。蘇恭主傅狂犬傷，出犬毛者，神效。皆取甘寒除熱解毒之力耳。

〔主治參互〕《外臺秘要》一切丹毒，水和蚯蚓泥傅之。　丹溪方時行腮腫，栢葉汁調蚯蚓泥塗之。　《摘玄方》燕窩生瘡，韭地蚰蜒屎，米汁水和，煅過，入百草霜，等分研末，香油調塗之。　又方：　治下部楊梅結毒，韭地上蚯蚓泥、硫黄，等分研勻，用泥封固，作團煨過，取出研細，生桐油調搽。

〔簡誤〕虚寒滑利，不宜用。

**明・倪朱謨《本草彙言》卷一三**　蚯蚓泥　沈氏曰：　係蚯蚓食土遺出，累累如珠，粒粒成塊者。園圃墻脚間，及道途陰乾處多有之。散火毒，解天行狂熱之藥也。《簡便方》：　治傷寒陽毒譫狂，及時行赤白熱痢，取半升，調沸湯飲之，即止。如被狂犬毒蛇咬傷，和鹽水調敷。

**清・顧元交《本草彙箋》卷一〇**　蚯蚓泥　又名六一泥。取其甘寒，散火而消毒也。

赤白久熱痢，取一升，炒煙盡，沃汁半升，濾淨飲之，立瘳。　吐血不止者，以石榴根下地龍泥，研末，新汲水服三錢。　小便不通，以地龍泥、朴硝等分，水和，傅臍上。　小兒卵腫，地龍泥，以薄荷汁和，塗之。　一切丹毒，水和蚯蚓泥傅。

**清・劉雲密《本草述》卷三**　蚯蚓泥　氣味：　甘、酸，寒，無毒。　主治：　赤白久熱痢，取一升，炒烟盡，沃汁半升，濾淨飲之。

附方　一切丹毒，水和蚯蚓泥傅之。　反胃轉食，地龍糞一兩，木香三錢，大黄七錢，為末，每服五錢，無根水調服，忌煎煿、酒、醋、椒、薑熱物，一二服，其效如神。　足臁爛瘡，韭地上蚯蚓屎，乾研，入輕粉，清油調傅。　治下部楊梅結毒，韭地上蚯蚓泥、硫黄等分，研勻，用泥封固，作團煨過，取出研細，生桐油調搽。

愚按：　希雍謂此味甘寒，亦除溼熱之痢為盛者。然殊有未盡也。如東壁土取其甘溫以燥溼，溼除而熱自清，是固然矣。茀茲味亦云溼熱，而又用甘寒以除之，不知寒與溼同氣，溼不能去，而熱何由清乎？　且是物孟夏始出，仲冬蟄結，雨則先出，晴則夜鳴，似有成質於陰，化氣於陽，能得氣之先者，不可謂其專屬陰寒也。先賢郭璞贊為土精，又豈純陰而無陽者乎？土固陰陽合和而成，故居中以應四旁耳。若然，則用茲種與用土之義，遂更無別乎？蓋蚯蚓始終於土者，所食槁壞，固已脫化於寒水之氣，而其轉化以出者，即其脫化之所餘也。蓋土本主溼，而反能行溼，固為其陰陽相麗也。更用其所脫化而出者，以治所應對之證，則其行溼而清熱也。乘於轉化之氣，其功不較捷乎哉？故治反胃轉食方，以是為君，雖此證之所因不一，而所以治之者亦不一。然以合於《內經》三陽結謂之隔，則此方亦大有意義矣。至療楊梅結毒用此，治邪毒之結，其誰曰不宜。希雍曰：虛寒滑利不宜用。愚按：《綱目》一名六一泥。蓋謂六味同為末，礬石、黃礬、蚯蚓糞、鹹土、鹽各一兩，黃泥一斤，以上共六味。擣和成泥，用以固濟煉藥之盒耳。然不可獨以此名，歸之蚓糞也。

**清・何諫《生草藥性備要》卷下**　蚯蚓泥　治小兒陰囊腫痛，蜂毒疔傷，爛頭癢，用此泥搥蜜糖敷之立愈。

**清・黃元御《玉楸藥解》卷六**　蚯蚓土　味鹹，微寒。入足少陰心經。除濕熱，消腫毒。蚯蚓土清熱消腫，敷乳吹、卵腫、聤耳、痄腮，一切腫毒，少腹、小便脹閉。

**清・嚴潔等《得配本草》卷一**　蚯蚓泥一名六一泥。　甘、酸，寒。治赤白久熱痢，燒煙盡，沃汁濾淨，飲之。得生甘草汁、輕粉末，調塗小兒陰囊忽熱腫痛。得米醋，調敷吹乳。得綠豆粉，敷外腎生瘡。

**清・張德裕《本草正義》卷下**　六一泥　蚯蚓糞也。可塗火瘡，痄痱熱毒。非地者佳。

**清・楊時泰《本草述鉤元》卷三**　蚯蚓泥　【略】論：蚯蚓孟夏始出，仲冬蟄結，雨則先出，晴則夜鳴，似有成質於陰，化氣於陽，而能得氣之先者。郭璞贊為土精，土固陰陽合和而成，不可謂其專屬陰寒也。所食槁壤，固已脫化於寒水之氣，而其轉化以出者，即脫化之所餘。夫土本主濕，而反能行濕者，為其陰陽相麗也。更即脫化而出者，乘於轉化之氣，以行濕而清熱，其功不較捷乎哉。《經》言三陽結謂之隔，是以反胃轉食方，以地龍糞為君，與楊梅結毒用此治邪毒之結同一義。又按：《綱目》一名六一泥，蓋謂六味礬石、黃礬、蚯蚓糞、鹹土、鹽各一兩，黃泥一斤。同為末，擣和成泥，用以固濟煉藥之盒耳。若獨以此名歸之蚓糞，似未盡然。虛寒滑利，不宜用仲淳。

**清・趙其光《本草求原》卷二三土部**　蚯蚓泥　蚓，雨則先出，晴則先鳴，質陰氣陽，其泥從寒水脫化而出，故甘寒，行濕清熱。治濕熱白痢，炒煙盡，沃汁澄清飲。熱瘧，同菖蒲、獨蒜、麵和丸，朱砂為衣，無根水下。丹毒，水和敷。反胃，《經》曰：三陽結，謂之隔。同木香、大黃末，無根水調下。尿秘，同朴硝水調，塗臍下。卵腫，薄荷汁，或甘草汁、輕粉塗。時行腮腫，柏葉汁開塗。臁爛瘡，同輕粉，油開搽。外腎生瘡，同綠豆粉、水研塗。下部楊梅結毒，韭地蚓泥、硫黃等分研勻，另泥包煨，桐油開搽。一切熱毒瘡、蛇犬傷，鹽研敷。凡熱病譫狂、無燥結可攻者，涼水調服。吐血不止。石榴根下蚓泥，新汲水下。塗蜂毒。同片糖。

### 螺螄泥

**明・李時珍《本草綱目》卷七土部**　螺螄泥《綱目》

【主治】性涼。主反胃吐食，取螺螄一斗，水浸，取泥晒乾，每服一錢，火酒調下時珍。

**明・倪朱謨《本草彙言》卷一三**　螺螄泥　治暑毒痢，取螺一斗，水浸取泥，白湯調服二錢。

### 白鱔泥

**明・李時珍《本草綱目》卷七土部**　白鱔泥《綱目》

【主治】火帶瘡，水洗取泥炒研，香油調傅時珍。

**清・劉善述、劉士季《草木便方》卷二金石土火部**　白善泥　白善泥溫治頭疼，癥瘕月閉積聚行。陰腫胎漏痢痔血，男女陰冷止洩精。

### 猪槽上垢土

**宋・唐慎微《證類本草》卷四玉石部中品〔唐・陳藏器《本草拾遺》〕**　猪槽上垢及土　主難産，取一合和麵半升，烏豆二十顆，煮取汁服之。

**明・李時珍《本草綱目》卷七土部**　猪槽上垢土《拾遺》

【主治】難産，取一合和麪半升，烏豆二十顆，煮汁服藏器。火焰丹毒，赤黑色，取槽下泥傅之，乾又上時珍。

### 犬尿泥

**明・李時珍《本草綱目》卷七土部**　犬尿泥《綱目》

【主治】妊娠傷寒，令子不落，塗腹上，乾即易時珍。

**清・趙學敏《本草綱目拾遺》卷二土部**　狗溺硝　此藥處處有之。生人家石㘭上，鄉村尤多，乃狗溺石上，多年結成，如硝樣。取之水飛用，或甘草湯拔去穢氣用。　性凉色清白，治咽喉腫痛等症。能降虚火。

### 驢溺泥土

**宋・唐慎微《證類本草》卷四玉石部中品〔唐・陳藏器《本草拾遺》〕**　驢溺泥土　主蜘蛛咬。先用醋泔汁洗瘡，然後泥傅之。黑驢彌佳，浮汁洗之更好。

### 尿坑泥

**明・李時珍《本草綱目》卷七土部**　尿坑泥《綱目》

〔主治〕主蜂蠍諸蟲咬，取塗之時珍。

### 圊中泥

**明・許希周《藥性粗評》卷四**　東向圊中泥，喉風挫勢。

圊中泥，向東廁坑中泥也。味□，性寒，無毒。主治喉風腫痛，并諸癰腫。以泥抹之自消。如已成膿，即潰。又主天行熱毒，并諸中毒，和水服之，亦解。

**明・王文潔《太乙仙製本草藥性大全》卷五《仙製藥性》**　東向圊音青廁溺坑中清泥　主治：療喉痹如神，消癰腫奇效。若已有膿，敷之即潰。

補註：療瘟病垂死，取近城寺別塞空罌口，內糞倉中，積年得汁甚黑而苦，名黃龍湯。

**明・李時珍《本草綱目》卷七土部**　糞坑底泥《綱目》

〔主治〕發背諸惡瘡，陰乾爲末，新水調傅，其痛立止時珍。

〔附方〕新一。　丁腫：糞下土、蟬蜕、全蠍等分，搗作錢大餅，香油煎滚，温服。以滓傅瘡四圍，丁自出也。《聖濟總録》。

**明・繆希雍《本草經疏》卷三〇**　糞坑底泥　大寒，無毒。治發背，諸惡瘡。陰乾為末，新水調傳，其痛立止。《聖濟總錄》治疔腫：糞下土、蟬蜕、全蠍等分，搗作錢大餅，香油煎滚，溫服。以滓傅瘡四圍，疔自出也。今人以熱糞盛核桃殼內，覆疔腫上，云疔根即爛出，即此意也。

**清・趙學敏《本草綱目拾遺》卷二土部**　烏金磚　乃糞窖中多年磚也。取起一塊，洗淨，以清水煎熬，撇去浮沫，候浮沫淨，其汁亦濃，每一二盞，治痘不貫漿。虚弱無力者，大效。

蛆鑽泥　乃糞坑中蛆鑽之泥，其質鬆，凡蛆在泥中過冬，必鑽此土作窠。蛆過冬則短縮，頭生二角，白如蛹，清明後化黑蟲而去。蛆必退殼，每退每大。其退時，輒扒越牆石從高墜下，退一節，再扒再墜，如是屢次，則全退矣。此泥有蛹，故入退管藥用。須冬時取。　治痔漏多年起管：用蛆鑽泥一斗，曬乾，以五升炒熱，袋盛，令患者去褲坐其上，則稠水膿血淋下。久之泥冷，再用五升炒熱接盛坐之。如此一袋坐，一袋復炒泥，炒熱又易，換數次，則稠膿自盡，三度後管自退出。又不傷人，屢用屢效之方也。

**清・趙其光《本草求原》卷二三土部**　糞坑底泥　大寒，治發背，諸惡瘡，陰乾，新水調敷，痛立止。療腫。同蟬蜕、全蠍等分，香油煎滚溫服，渣敷四圍；或以熱糞盛核桃殼內，覆疔上，根即爛出。淬水飲，止心痛。

### 簷溜下泥

**明・李時珍《本草綱目》卷七土部**　簷霤下泥《綱目》

〔主治〕猪咬、蜂螫、蟻叮、蛇傷毒，並取塗之。又和羊脂，塗腫毒、丹毒時珍。

〔附方〕新一。　蠍蠆螫叮：蠍有雌雄，雄者痛在一處，以井底泥封之，乾則易；雌者痛牽諸處，以瓦溝下泥封之。若無雨，以新汲水，從屋上淋下取泥。《肘後方》。

### 田中泥

**明・李時珍《本草綱目》卷七土部**　田中泥《綱目》

〔主治〕馬蝗入人耳，取一盆枕耳邊，聞氣自出。人誤吞馬蝗入腹者，酒和一二升服，當利出時珍。

**明・倪朱謨《本草彙言》卷一三**　田中泥　李瀕湖方治誤吞馬蝗入腹者，取此泥，水飛去砂石，湯調數錢服，當利出。如入耳者，取泥一碗，枕耳邊，聞氣即出。

### 井底泥

**宋・唐慎微《證類本草》卷五玉石部下品**　井底沙　至冷，主治湯火燒瘡用。

〔宋・唐慎微《證類本草》〕《千金方》：　蝎螫人。以井底泥塗傅之，溫則易之。《肘後方》：　卧忽不寤，勿以火照，火照之殺人。但痛嚙其踵及足拇指甲際，而多唾其面即活。井底泥塗目畢，令人垂頭於井中，呼其姓名便起。　又方：　治妊娠得時疫病令胎不傷，取井底泥傅心下。

**宋・王繼先《紹興本草》卷三**　井底砂　紹興校定：　井底砂，淘取泥砂而用之。經方所載，止傳熱毒蟲傷，而不入服餌之用，當作性寒、無毒者是矣。

**明・劉文泰《本草品彙精要》卷五** 井底沙

井底沙：主治湯火燒瘡用。名醫所錄。【地】謹按：井底沙即井中泥而具坤體，乃至陰也。蓋井水靜而不流爲陰水也，非江湖之水，日夜流蕩，上薄陽光，爲之陽水。所以浸漬成泥，其性愈冷，故能祛大熱湯火之毒也。【用】沙。【色】青黑。【味】淡。【性】至冷。【氣】味厚于氣，陰也。【臭】腥。【主】天泡瘡。【治】療：《別錄》云：塗傅蠍螫，溫則易之。及妊娠得時疫病，以傅心下，令胎不傷。並療臥忽不寤，勿以火照，照之即殺人。但痛齧其踵及足拇指甲際，而唾其面即活，以井底泥塗目畢，令人垂頭于井中，呼其姓名便起。

**明・王文潔《太乙仙製本草藥性大全》卷六《仙製藥性》** 井底砂 氣極冷。主治：治湯火燒瘡神效，療時疫蝎螫殊功。補註：蝎螫人，以井底泥塗之，溫則易之。〇治妊娠得時疫病，令胎不傷，取井底泥敷心下。〇臥忽不寤，勿以火照之，殺人，但痛齧其踵及足拇指甲際，而多唾其面即活。井底泥塗目畢，令人垂頭於井中，呼其姓名更起。

**明・李時珍《本草綱目》卷七土部** 井底泥《證類》

【主治】塗湯火瘡《證類》。療妊娠熱病，取傅心下及丹田，可護胎氣時珍。

【附方】新五。 頭風熱痛：井底泥和大黃、芒消末，傅之。《千金方》。 胎衣不下：井底泥一鷄子大，井華水服即下。《集玄方》。 臥忽不寤：勿以火照，但痛嚙其踵及足拇趾甲際，而多唾其面，以井底泥塗其目，令人垂頭入井中，呼其姓名，便甦也。《肘後方》。 小兒熱癤：井底泥傅其四圍。《談野翁方》。 蜈蚣螫人：井底泥頻傅之。《千金方》。

**明・繆希雍《本草經疏》卷五** 井底砂作泥 至冷。主治湯火燒瘡用之。

【疏】井底砂稟地中至陰之氣，味甘而大寒者也。故本經主湯火燒瘡用。又能療妊娠熱病，取傅心下、臍及丹田，可護胎無失。《肘後方》：臥忽不寤，勿以火照，火照之殺人。但痛嚙其踵及足拇指甲際，而多唾其面，以井底泥塗其目，令人垂頭於井中，呼其姓名便甦。

**明・倪朱謨《本草彙言》卷一三** 井底泥 療妊娠熱病，取此泥傅心下及丹田，可護胎氣。

**明・顧逢柏《分部本草妙用》卷一〇土部** 井底泥 塗湯火瘡，療妊娠熱病，傅心下及丹田，可護胎氣。

彈丸土

**宋・唐慎微《證類本草》卷四玉石部中品〔唐・陳藏器《本草拾遺》〕** 彈丸土 無毒。主難產。末一錢匕，熱酒調服之，大有功效也。

自然灰

**宋・唐慎微《證類本草》卷四玉石部中品〔唐・陳藏器《本草拾遺》〕** 自然灰 主白癜風、癧瘍，重淋取汁，和醋。先以布揩白癜風破，傅之，當爲創勿怪。能軟瑠璃玉石如泥，至易雕刻，及澣衣令白。洗惡瘡疥癬驗於諸灰。生海中，如黃土。《南海異物志》云：自然灰生南海畔，可澣衣，石得此灰即爛，可爲器。今馬腦等形質異者，先以此灰埋之令輭，然後雕刻之也。

**明・許希周《藥性粗評》卷四** 自然灰能祛白癜。

自然灰，海邊黃土，一種成灰者也。以埋瑠璃玉石便軟可刻，淋汁以澣衣最潔白。味性《本草》不載，有小毒。主治惡瘡疥癬，淋汁洗之。又主白癜風，淋汁，和醋，先以布揩癜處令破，以汁塗之，遂變為瘡而愈。

**明・王文潔《太乙仙製本草藥性大全》卷六《本草精義》** 自然灰 生南海畔，色如黃土，可澣衣。石得此灰即爛，可爲器。今馬腦等形質異者，先以此灰埋之令輭，然後雕刻之也。

**明・王文潔《太乙仙製本草藥性大全》卷六《仙製藥性》** 自然灰 主治：傅白癜風癧瘍神妙，洗惡瘡癬疥瘙捷奇。能軟玉石、琉璃，又且澣衣令白。補註：白癜風癧瘍，重淋取汁和醋，先以布揩白癜風破，傅之，當爲創勿怪。能軟玉石、琉璃如泥，至易雕刻。及澣衣令白。洗惡瘡疥癬，驗於諸灰。

土墼

**明・李時珍《本草綱目》卷七土部** 土墼音急。《綱目》。

【釋名】煤赭時珍曰：此是燒石灰窑中流結土渣也，輕虚而色赭。

【主治】婦人鼈瘕，及頭上諸瘡。凡人生痰核如指大，紅腫者，爲末，以菜子油調搽，其腫即消；或出膿，以膏藥貼之時珍。

【附方】新一。 白禿臘梨：灰窑内燒過紅土墼四兩，百草霜一兩，雄黃一兩，膽礬六錢，榆皮三錢，輕粉一錢，爲末，猪膽汁調，剃頭後搽之，百發百中，神方也。陸氏《積德堂方》。

**清·王道純《本草品彙精要續集》卷一**　土墼音急

土墼：　主婦人鱉瘕及頭上諸瘡《本草綱目》。　〔名〕煤赭。　〔地〕李時珍云：　此是燒石灰窯中流結土渣也。　〔質〕輕虚。　〔色〕赭。　〔治〕李時珍方：　凡人生痰核如指大紅腫者，爲末，以菜子油調搽，其腫即消，或出膿，以膏藥貼之。　〔合治〕陸氏《積德堂方》治白秃臘梨，灰窯内燒過紅土墼四兩，百草霜一兩，雄黄一兩，膽礬六錢，榆皮三錢，輕粉一錢爲末，豬膽汁調剃頭後搽之，百發百中，神方也。

甘鍋

**明·李時珍《本草綱目》卷七土部**　甘鍋《綱目》

〔釋名〕銷金銀鍋吴人收瓷器屑，碓舂爲末，篩澄取粉，呼爲滓粉，用膠水和劑作鍋，以銷金銀者。

〔主治〕偏墜疝氣，研末，熱酒調服二錢。又主煉眉瘡、湯火瘡，研末，入輕粉少許傅之。鍋上黝，爛肉時珍。

**清·王道純《本草品彙精要續集》卷一**　甘堝

甘堝：　主偏墜，疝氣，研末酒調服二錢《本草綱目》。　〔名〕銷金銀鍋。〔地〕李時珍云：　吴人收瓷器屑，碓舂爲末，篩澄取粉，呼爲滓粉，用膠水和劑作鍋，以銷金銀者。　〔合治〕李時珍方：　治煉眉瘡、湯火瘡，研末，入輕粉少許傅之。鍋上黝，爛肉。

**清·趙學敏《本草綱目拾遺》卷二土部**　鑄銅罐　《雲溪方》：　浙江湖州人，每擔爐具赴他州，代人鑄銅杓鍋鏟，其泥罐不輕棄，可入藥。　治小兒頭生軟癤，出膿水不乾，仍復癩腫，用罐石上搥細末，醋調敷之，膿自溢乾，迨泥落而疾自愈。

砂鍋

**明·李時珍《本草綱目》卷七土部**　砂鍋《綱目》

〔集解〕時珍曰：　沙土埏埴燒成者。

〔主治〕消積塊黄腫，用年久者，研末，水飛過，作丸，每酒服五錢時珍。

**清·王道純《本草品彙精要續集》卷一**　砂鍋

砂鍋：　主消積塊黄腫，用年久者，研末水飛過，作丸，每服五錢，酒送下《本草綱目》。　〔地〕李時珍云：　沙土埏埴燒成者。

砂壺

**清·趙學敏《本草綱目拾遺》卷九器用部**　砂壺　出宜興紫泥者佳。入藥吸毒用，取其口光滑而薄，不傷肌肉也。　治傷寒不出汗，用吸法：　以二砂壺各盛燒酒八分，重湯煮滚，將酒傾去，即將壺口對臍上合住，使吸之緊，輪換汗出即愈。　瘰癧破爛拔毒法：　將先破處麪糊作餅貼上，用小砂壺二個，燒酒煎滚，去酒，以熱壺口覆於麪餅上，熏瘡如拔火壺一樣，壺冷，又易一壺，如此數次，將毒氣拔盡，即愈。　熏後用豬膽熬成膏，貼瘡口，此方神效。

治獸蟲咬傷，并風寒一切毒。　用砂燒酒壺二個，盛大半壺燒酒，先以一壺火上令滚無聲，傾去酒，即按在破口上拔出污黑血，水滿則自落，再以次壺仍按瘡上輪流提拔，以毒盡為度俱見《經驗廣集》。　按王站柱《不藥良方》治瘋狗咬傷，用砂壺吸法，與此同。吸後再拔去頂上紅髮，即愈。

白瓷瓦屑

**宋·唐慎微《證類本草》卷五玉石部下品〔唐·蘇敬《唐本草》〕**　白瓷瓦屑　平，無毒，主婦人帶下白崩，止嘔吐，破血，止血。水摩，塗瘡滅瘢。定州者良，餘皆不如。《唐本》先附。

〔宋·唐慎微《證類本草》〕《經驗後方》：　治鼻衄久不止。定州白瓷，細擣研爲末，每抄一剜耳許，入鼻立止。《梅師方》：　治人面目卒得赤黑丹如疥狀，不急治，偏身即死。若白丹者方：　取白瓷瓦末，猪脂和塗之。

**宋·王繼先《紹興本草》卷一**　白瓷瓦屑　紹興校定：　白瓷瓦屑，取瓷器為屑末也，以定州者堪用。在方及是收固、止血之藥，明非有毒。當從《本經》性平、無毒是矣。

**明·劉文泰《本草品彙精要》卷六**　白瓷瓦屑無毒。

白瓷瓦屑：　主婦人帶下白崩，止嘔吐，破血，止血，水摩塗瘡滅瘢。名醫所錄。

〔地〕《圖經》曰：　定州瓷器者良，餘皆不如也。　〔色〕白。　〔性〕平。　〔氣〕氣之薄者，陽中之陰。　〔臭〕朽。　〔製〕擣爲末，或水摩用。〔治〕療：　《別錄》云：　擣爲細末，每抄一剜耳許，吹入鼻中，治鼻衄久不止。

〔合治〕合豬脂和塗，療人面卒得赤黑丹如疥狀，不急治，發遍身即死。如白丹者，用之良。

**明·鄭寧《藥性要略大全》卷八**　白磁瓦屑　主女人帶下白崩，止嘔吐，破血止血。　味淡，平，無毒。水摩塗瘡滅瘢痕，治鼻衄久不止者。研為粉，用少許吹入鼻内即止。定州者良。

**明・王文潔《太乙仙製本草藥性大全》卷六《本草精義》**　白甆瓦屑　惟定州出者良。揀擇取好净者，爲末收貯聽用。

**明・王文潔《太乙仙製本草藥性大全》卷六《仙製藥性》**　白甆瓦屑　氣平，無毒。　主治：　主婦人帶下白崩屢效，止嘔吐破血止血殊功。水磨塗瘡瘢痕即滅。　補註：　治鼻衄久不止，定州白甆細搗爲末，每抄一剜耳許，入鼻即止。○治人面目卒得赤黑丹如疥狀，不急治，偏身即死。若白丹者，方取白甆瓦末，猪脂和塗之。

**明・皇甫嵩《本草發明》卷五**　白磁瓦屑下品。平，無毒。　主婦人帶下白崩，止嘔吐，破血止血。水摩，塗瘡滅瘢。定州者良。一方治人面目卒得赤黑丹如疥狀，不急治，遍身即死。若白丹者，取白磁瓦末之，用猪脂和塗之。

**明・李時珍《本草綱目》卷七土部**　白瓷器《唐本草》

【集解】恭曰：　定州者良，餘皆不如。　時珍曰：　此以白土爲坯，坯燒成者，古人以代白堊用，今饒州者亦良。

【氣味】平，無毒。　【主治】婦人帶下白崩，止嘔吐，破血止血。水磨，塗瘡滅瘢《唐本》。研末，傅癰腫，可代鍼。又點目，去翳時珍。

【附方】舊二，新七。　鼻衄不止：　定州白瓷細末，吹少許，立止。《經驗方》。　吐血不止：　上色白瓷器末二錢，皂莢子仁煎湯下，連服三服，即愈。《聖濟方》。　小便淋痛：　真定瓷器煅研二兩，生熟地黄末各一兩。每用二錢，木通煎湯服。《傳信適用方》。　一切齁齁：　處州瓷器爲末。發時用二錢，以手指點津液蘸藥，點舌下嚥之，即效。《普濟方》。　目生翳膜：　用細料白瓷鍾一個，大火煅過，研末，篩篩，加雄黄二分，爲末。早晚各點少許，不可多用，牛角簪撥出翳膜爲妙。若紅，用人退末點四角即愈。孫天(人)〔仁〕《集效方》。　身面白丹：　白瓷瓦末，和猪脂塗之。《梅師方》。　赤黑丹疥：　或痒或燥，不急治，遍身即死。白瓷末，猪脂和塗之。《聖濟錄》。　湯火傷灼：　《多能鄙事》用青瓷盌片爲末，水飛過，和桐油傅，數次瘥。○《活幼口議》用景德鎮瓷器打碎，埋竈内，炭火鋪上，一夜取出，去火毒，爲末，入黄丹少許傅之，立愈。

**清・趙學敏《本草綱目拾遺》卷二土部**　白硃砂　一名翠白，古方有用之，乃舊定窯器末也。近窯火氣未脱，有毒，能腐肉，不宜服。○青磁末曰翠青。

《本經逢原》：　白磁器研細水飛，傅癰腫，可代鍼砭。又點目去翳。

《百草鏡》云：　白硃砂係古磁白色者，研粉入藥。以其年久無火毒之害，必不得已，用破碎定窯入土過者，火煅醋淬，研細水飛用。今人以近日窯氣白色者代用，誤矣。按：　外科有九種十三根法，凡種癰留根，有白瓷種，能令患毒不收口，時以取利，今《逢原》用以傅癰腫。恐種毒留根，不宜誤用。或加入膏中以代鍼可也。然亦以少為貴。　接斷骨神效方《黃氏醫抄》：　研極細末，同黄蠟丸，酒呑三錢，取汗出，骨接有聲，片時即復。　去翳障：　《得效方》有點眼翠白丹，用之。《錄驗方》有推雲散，翠青翠白同用。○《醫學指南》目疾門有撥雲能光散，中用白硃砂，以童便合醋煅製二十一次方用。

遠近星障：　《眼科要覽》白硃砂、牛黄、熊膽、白丁香、珍珠、冰片各一分，石燕、石蟹、琥珀、珊瑚各三分，爐甘石煅三錢，麝香半分，共為細末，蜜一兩，調點。　鼻血不止：　《慈惠編》定窯磁器乳極細末，吹少許入鼻孔内，立止。

治膈：　《義復方》用白磁片燒紅，醋淬七次，研極細末，燒酒服三釐。　臁瘡起沿：　白硃砂煅紅，淬入乾燒酒内四兩，七八次，以酥為度，研細水飛，每上藥一錢，加冰片三釐，研細摻之，黑膏藥蓋貼。孕婦勿服，能墜胎。慎之。

鱔揁頭：　《葉氏方》用細磁器為末，香油調塗，立效。　治跌打閃衄傷方：　白硃砂，即回青磁器，用火礶燒紅，童便淬七次，研成粉，淨用三錢，乳香、沒藥俱去油各一錢，三味研為細末，用好黄酒送下，三日一服，三服全愈。

難産催生：　《便易良方》：　白細盌研碎末一錢，酒呑下，立刻即産。

《綱目》四卷主治内云：　白磁器水磨，可滅瘢痕。

**清・劉善述、劉士季《草木便方》卷二金石土火部**　白朱砂　白瓷灰平味微甘，破血止血滅痕瘢。帶下白崩止嘔吐，末塗癰腫如手拈。細磁濫碗。

## 烏古瓦

**宋・唐慎微《證類本草》卷五玉石部下品〔唐・蘇敬《唐本草》〕**　烏古瓦　寒，無毒。以水煮及漬汁飲，止消渴。取屋上，年深者良。《唐本》先附。

〔宋・掌禹錫《嘉祐本草》〕按：　《藥性論》云：　烏古瓦，亦可單用。煎湯服，解人中大熱。日華子云：　冷，并止小便，煎汁服之。

〔宋・唐慎微《證類本草》〕陳藏器：　主湯火傷，當取土底深者，既古且潤三角瓦子。灸牙痛法：　令三姓童子，候星初出時，指第一星，下火三角瓦上灸之。

**宋・王繼先《紹興本草》卷一**　烏古瓦　紹興校定：　烏古瓦，乃屋上年深之瓦也。《本經》水煮或漬汁飲之，能止消渴，蓋取其濕潤之意。其性寒、無毒是矣。

**明・劉文泰《本草品彙精要》卷六**　烏古瓦無毒。

烏古瓦：以水煮及漬汁飲，止消渴。名醫所錄。【地】《圖經》曰：處處有之，以屋上年深者良。【色】黑。【性】寒。【氣】氣之薄者，陽中之陰。【臭】朽。【製】水煮或漬汁用。【治】療《藥性論》云：煎湯，解人中大熱。日華子云：煎汁服之，止小便。陳藏器云：湯火傷，當取土底深者，既古且潤三角瓦子。灸牙痛法：令三姓童子，候星初出時，指第一星，下火，三角瓦上灸之。

**明・許希周《藥性粗評》卷四**　瓦畨烏古，寒生陽毒之年。

烏古瓦，即屋上舊瓦也。以土底深而年久者良。味淡，性寒，無毒。主治熱病陽毒，消渴煩滿。洗其泥土，入水煮或水漬，飲之。

**明・鄭寧《藥性要略大全》卷八**　烏古瓦　性寒，無毒。水煮及漬汁飲，止消渴大熱。屋上年深者良。

**明・王文潔《太乙仙製本草藥性大全》卷六《仙製藥性》**　烏古瓦　氣寒，無毒。主治：灸牙齒痛神方，主湯火燒妙藥。消渴小便能止，人中大熱堪嘗。補註：消渴，水煮及漬汁飲。○止小便，煎汁服。○中熱單用煎湯服。○湯火傷，當取土底深者，既古且潤，貼之。○灸牙痛法：令三姓童子候星初出時，指第一星，下火三角瓦上灸之良。

**明・李時珍《本草綱目》卷七土部**　烏古瓦《唐本草》

【集解】時珍曰：夏桀始以泥坯燒作瓦。

【氣味】甘，寒，無毒。【主治】以水煮及漬汁飲，止消渴，取屋上年深者良《唐本》。煎湯服，解人心中大熱甄權。止小便，煎汁服大明。研末，塗湯火傷藏器。治折傷，接骨時珍。

【附方】舊一，新六。　暑月暍死：屋上兩畔瓦，熱熨心頭，冷即易之。《千金方》。　折傷筋骨：秘傳神效散：治跌撲傷損，骨折骨碎，筋斷，痛不可忍。此藥極能理傷續斷，累用累驗。用路上墻脚下，往來人便溺處，久碎瓦片一塊，洗凈火煅，米醋淬五次，黄色爲度，刀刮細末。每服三錢，好酒調下，在上食前，在下食後。不可以輕易而賤之，誠神方也。邵以正真人《經驗方》。　湯火傷灼：取多年屋上吻獸爲末，油和塗之，立效。《儒門事親方》。　灸牙痛法：取土底年深，既古且潤，三角瓦一塊。令三姓童子，候星初出時，指第一星，下火于瓦上灸之。《本草拾遺》。　唇吻生瘡：新瓦爲末，生油調塗。《集玄方》。　瘢痕凸起：熱瓦頻熨之。《千金方》。　蜂蠆螫傷：瓦摩其上，唾二七遍，置瓦於故處。《千金》。

**清・嚴潔等《得配本草》卷一**　烏古瓦　甘，寒。理損傷續斷，解心中大熱。醋煅五次，研末用。

**清・趙學敏《本草綱目拾遺》卷九器用部**　古瓦　《綱目》土部有烏古瓦，不言治癖毒。

治小兒生毒：《救生苦海》已成形者，用多年古瓦研末，用細茶葉煎極濃汁和傅，留頭即散。　蟮拱癧：用瓦片火煅醋淬七次為末，菜油和搽。　消渴：用舊屋上瓦兩片，洗淨搥碎，以水煮濃汁，食後溫服一小盞《同壽錄》。

## 古磚

**宋・唐慎微《證類本草》卷四玉石部中品〔唐・陳藏器《本草拾遺》〕**　古塼　熱燒之，主下部久患白痢膿泄下，以物裹上坐之。入秋小腹多冷者，亦用此古塼煮汁服之，主噦氣。又令患處熨之三五度，差。又主婦人帶下五色，俱治之。取黄塼石燒令微赤熱，以麵、五味和作煎餅七箇，安塼上，以黄瓜蔞傅麵上，又以布兩重，患冷病人坐上，令藥氣入腹，如熏之有蟲出如蠶子，不過三五度差。

**明・李時珍《本草綱目》卷七土部**　古磚

【附方】新三。　寒濕脚氣：磚燒紅，以陳臭米泔水淬之，乘熱布包三塊，用膝夾住，綿被覆之，三五次愈。《扶壽方》。　赤眼腫痛：新磚浸糞池中，年久取放陰處，生花刷下，入腦子和點之。《普濟方》。　臀生濕瘡：日以新磚坐之，能去濕氣。《集玄方》。

## 温石及燒塼

**宋・唐慎微《證類本草》卷三玉石部上品〔唐・陳藏器《本草拾遺》〕**　温石及燒塼　主之，得熱氣徹腰腹，久患下部冷，久痢腸腹下白膿，燒塼并温石熨及坐之并差。但取堅石燒暖用之，非别有温石也。

## 煙膠

**明・李時珍《本草綱目》卷七土部**　煙膠《綱目》

【集解】時珍曰：此乃熏消牛皮竈上及燒瓦窑上黑土也。

【主治】頭瘡白禿，疥瘡風癬，癢痛流水，取牛皮竈岸爲末，麻油調塗。或和輕粉少許時珍。

【附方】新三。　牛皮血癬：烟膠三錢，寒水石三錢，白礬二錢，花椒一錢半，爲末，臘猪脂調搽。《積德堂方》。　消渴引飲：瓦窑突上黑煤，乾似鐵屎者半斤，爲末，入生薑四兩，同搗，絹袋盛，水五升浸汁，每飲五合。《聖濟錄》。　胞衣不下：竈突後黑土三指撮，五更酒下。陳藏器。

**明·繆希雍《本草經疏》卷三〇**　煙膠　味辛、苦，氣微溫。辛能散風，苦能燥濕殺蟲。故主頭瘡，白禿，疥瘡，風癬痒痛流水。取焇牛皮竈岸煙膏為末，麻油調塗，或入輕粉少許。此即熏焇牛皮竈上黑土也。

**清·王道純《本草品彙精要續集》卷一**　煙膠

煙膠：　主頭瘡，白禿疥瘡，風癬癢痛流水，取牛皮竈岸爲末，麻油調塗，或和輕粉少許《本草綱目》。　〖地〗李時珍云：　此乃熏消牛皮竈上及燒瓦窯上黑土也。　〖合治〗《積德堂方》：　治牛皮血癬，用煙膠三錢，寒水石三錢，白礬二錢，花椒一錢五分，爲末，臘豬脂調搽。○《聖濟錄》云：　消渴引飲，瓦窯突上黑煤，乾似鐵屎者半斤，爲末，入生薑四兩同搗，絹袋盛，水五升，浸汁，每飲五合。○陳藏器云：　胞衣不下，竈突後黑土三指撮，五更酒下。

**清·劉善述、劉士季《草木便方》卷二金石土火部**　煙膠泥　煙膠泥治頭禿瘡，疥癩風瘡頑癬方。瘙痒疼痛流黃水，合磨他藥麻油裹。

## 鐺墨

**宋·唐慎微《證類本草》卷五玉石部下品〔宋·馬志《開寶本草》〕**　鐺墨　主蠱毒中惡，血暈吐血。以酒或水細研溫服之。亦塗金瘡，生肌止血。瘡在面，慎勿塗之，黑入肉如印，此鐺下墨是也。今附。

〔宋·掌禹錫《嘉祐本草》〕按：《蜀本》云：　鐺墨無毒。

〔宋·唐慎微《證類本草》〕《圖經》：　文具石灰條下。《千金方》：　臭氣、鼻氣壅塞不通方：　水服釜墨末。　又方：　治舌卒腫如豬胞狀，滿口，不治，須臾死。以釜墨和酒塗舌下，立差。　又方：　治心痛，取鐺墨以熱小便調下二錢匕。　又方：　治逆生。以手中指取釜下墨，交畫兒足下，順生。　又方：　治中惡，心痛欲絕。用釜下墨半兩，鹽一錢，和研，以熟水一盞調，頓服。《肘後方》：　治轉筋入腸中欲轉者。釜底墨末，和酒服之差。《經驗方》：　治霍亂。取鍋底墨煤少許，只半錢已下。又於竈額上取少許，以百沸湯一盞，投煤其中，急攪數十下，用椀蓋之，汗出，通口微呷一兩口，吐瀉立止。

**宋·王繼先《紹興本草》卷一**　鐺墨　紹興校定：　鐺墨，諸鐺、釜底積久火煙熏墨也。《本經》雖具主療，而不載性味、有無毒。蓋諸薪燒之，而煙氣所成，即非有毒之物。又有百草霜，《圖經》稱為竈額上墨。今詳與鐺墨亦大同小異，當作一種通用矣。

**明·劉文泰《本草品彙精要》卷五**　鐺墨無毒。附百草霜。

鐺墨：　主蠱毒，中惡，血暈，吐血，以酒或水細研，溫服之。亦塗金瘡，生肌，止血。名醫所錄。　〖地〗謹按：　鐺墨是鐺底煤也，又有竈額上墨，謂之百草霜。然百草霜入藥必須山野人家釜底者爲勝。蓋因取雜草供爨，得衆草之性，故有是名。張仲景黑奴丸以此二味，及梁上塵同用，蓋其功力相近。百草霜治證，舊本混收鍛竈灰條下，今移附於此。　〖時〗生：　無時。採：　無時。　〖用〗霜。　〖質〗類窯煤。　〖色〗黑。　〖臭〗朽。　〖主〗止血。　〖製〗研細用。　〖治〗療：　《別錄》云：　治鼻氣壅塞不通者，水調服。又逆產，以手中指取墨，交畫兒足下，即順生。　〖合治〗合酒塗舌下，療舌卒腫如豬胞狀，滿口者，不治須臾死。○合熱小便調下二錢匕，療心痛。○以五錢合鹽一錢，熟水調，頓服，療中惡，心痛欲絕。○合酒服，療轉筋入腸中欲轉者。○百草霜二錢合狗膽汁一處拌勻，分作二服，以當歸酒調下，療婦人崩中。○百草霜末，合米飲調下二錢，治暴瀉痢。○百草霜合白芷等分，每服二錢，童子小便、醋各少許調勻，更以熱湯化開服，療逆生，橫生，瘦胎，妊娠產前、產後虛損，月候不調，崩中，不過一服瘥。○百草霜合膩粉少許，研細，生油調塗，療頭瘡及諸熱瘡。先用醋少許和水淨洗去痂，再用水洗裛乾，然後塗之。　〖禁〗瘡生在面，慎勿塗之，黑入肉如印。

**明·王文潔《太乙仙製本草藥性大全》卷六《本草精義》**　鐺墨　一名百草霜，一名釜月下墨，一名釜臍墨，俗名鍋底墨。燒柴薪者良。侵早冷刮下著鍋鐵上，收貯用。採無時。

**明·王文潔《太乙仙製本草藥性大全》卷六《仙製藥性》**　鐺墨即百草霜。氣涼，無毒。　主治：　主蠱毒中惡立解，治血暈吐血即除。或酒或水細研服之。血部要劑，因黑勝紅。慎勿塗瘡，入肉如印。　補註：　臭氣、鼻氣壅塞不通，水服釜墨末。○舌卒腫如猪胞狀滿口，不治須臾死，以釜墨和酒塗舌下立差。○治心痛，以鐺墨用熱小便調下二錢。○治轉筋入腸中欲轉者，用釜墨末和酒服之差。○治逆生，以手中指取釜墨，交畫兒足下，順生。○治中惡心痛欲絕，用釜墨半兩，鹽一錢，和研，以熟水一盞調，頓服。　霍亂，取釜墨煤少許，只半錢已下，又於竈額上取少許，以百沸湯一盞，投煤其中，急攪數千下，用椀蓋之，汗出，通口微呷一兩口，吐洪立止。

**明·李時珍《本草綱目》卷七土部**　釜臍墨《四聲》

〔釋名〕釜月中墨《四聲》　鐺墨《開寶》　釜煤《綱目》　釜炲《綱目》　鍋底墨

時珍曰：大者曰釜，曰鍋，小者曰鐺。

〔氣味〕辛，温，無毒。　〔主治〕中惡蠱毒，吐血血運，以酒或水温服二錢。亦塗金瘡，止血生肌《開寶》。消食積，舌腫喉痹口瘡，陽毒發狂時珍。

〔發明〕頌曰：古方治傷寒黑奴丸，用釜底墨、竈突墨、梁上塵三物同合諸藥，爲其功用相近耳。

〔附方〕舊七，新六。　卒心氣痛：鐺墨二錢，熱小便調下。《千金方》。　中惡心痛：鐺墨五錢，鹽一錢，研匀，熱水一盞調下。《千金方》。　轉筋入腹：釜底墨末，和酒服一錢。《肘後方》。　霍亂吐下：鍋底墨煤半錢，竈額上墨半錢，百沸湯一盞，急攪數千下，以盌覆之，通口服，一二口立止。《經驗方》。　吐血咯血：鍋底墨炒過，研細，井華水服二錢，連進三服。《濟急方》。　婦人逆産：以手中指取釜下墨，交畫兒足下，即順。《千金方》。　産血不下：鍋底墨煙，熱酒服二錢。《生生編》。　舌卒腫大：如猪脬狀，滿口，不治殺人。釜墨和酒塗之。《千金方》。　鼻氣壅塞：水服釜墨一錢。《千金方》。　鼻中息肉：方同上，三五日愈。《普濟方》。　聤耳膿血：月下灰吹滿耳，深入無苦，即自出。《肘後方》。　小兒口瘡：釜底墨，時時搽之。《普濟方》。　手搔瘡腫：作膿。用鍋臍墨研細，清油調搽。《簡便方》。

**明·梅得春《藥性會元》卷下**　鐺墨　即鍋煤墨。　主治蠱毒，中惡血。以酒或水調，細研，溫溫服之，又塗金瘡，生肌止血。毒瘡在面，慎勿塗之，黑入肉如印難脱。

**明·張懋辰《本草便》卷一**　鐺墨即百草霜。　主蠱毒中惡，血暈吐血，亦塗金瘡，主肌止血。

**明·繆希雍《本草經疏》卷五**　鐺墨　主蠱毒中惡，血暈吐血，亦塗金瘡，生肌止血。

〔疏〕鐺墨，釜臍中墨也。本經無氣味。然觀其所主，大約與伏龍肝相似，而其用則少劣也。凡血見灰、見黑則止，蠱毒惡氣得辛溫則散，故本經主蠱毒中惡。吐血血暈，以酒或水細研，溫服，亦塗金瘡，生肌止血也。慎勿入傅面瘡藥中，其黑入肉如黥，不能去也。血暈宜用米醋研服。

**明·倪朱謨《本草彙言》卷一三**　釜臍煤　味苦，氣溫，無毒。止吐血血暈，并解中惡蠱毒，小兒客忤之藥也。臨病以童便調服，大人數錢，小兒數分，其治病大略與百草霜同。

**明·孟笨《養生要括·土部》**　釜臍墨　氣味辛，溫，無毒。治中惡蠱毒，吐血血運，以酒或水溫服二錢。亦塗金瘡，止血生肌，消食積，舌腫喉痹，口瘡，陽毒發狂。笨曰：人之疾病感於土之燥濕者居多，故因土以療治，則立辦易而取效捷也。特擇土之緊要者録之，衛生者不可不知也。

**清·王翃《握靈本草》卷一**　釜臍墨即鍋底煤。　主治：釜臍墨辛，溫，無毒。主蠱毒，吐血。塗金瘡，舌腫喉痺，陽毒發狂。

**清·李世藻《元素集錦·本草發揮》**　鍋臍灰　性止血，産後最忌。今人遇産後血多者，輕用。輕則致火病，重則殺人，當痛戒之。

**題清·徐大椿《藥性切用》卷七**　釜臍墨　性味辛溫，止血解毒，治陽毒發狂，黑奴丸用之。

**清·趙學敏《本草綱目拾遺》卷二土部**　烏龍粉　丹術家名黑龍丹。係燒馬糞釜臍煤。　生肌收口藥用之，摻瘡口即驗。

**清·葉桂《本草再新》卷八**　鍋臍灰味辛，性溫，無毒。入肝、脾二經。　補脾燥氣，敷瘡敗毒。

百草霜

**宋·唐慎微《證類本草》卷一〇草部下品〔唐·陳藏器《本草拾遺》〕**　百草灰　主腋臭及金瘡。五月五日採。露取之一百種陰乾。燒作灰，以井華水爲團，重燒令白，以釅醋和爲餅，腋下挾之，乾即易。當抽一身痛悶，瘡出即止。以水、小便洗之，不過三兩度。又主金瘡，止血生肌，取灰和石灰爲團，燒令白，刮傅瘡上。

**宋·劉明之《圖經本草藥性總論》卷上**　百草霜　主蠱毒，中惡血暈吐血，療金瘡，生肌止血。一云：治心痛及霍亂，又治婦人逆生。

**明·許希周《藥性粗評》卷四**　竈墨治發斑，乃與黑奴之用。

竈突墨，一名百草霜。即竈内墨烟也。不拘釜底竈門，俱可用，須舊竈上，日久者方可採用。　味苦，性寒，無毒。　主治陽毒發斑，大渴煩躁。仲景治傷寒黑奴丸中用之。又主蠱毒中惡，血暈吐血，金瘡生肌止血，惟瘡在面，慎勿塗之，黑入成印不散。

單方：　吐血：以鐺墨一錢匕，研末，溫酒或水調下，血止不來。　逆生：凡倒産，其足先來者，以手中指取釜墨，交畫兒足下，當自復轉順生。

**明・鄭寧《藥性要略大全》卷八**　百草霜　治百病，止吐衄、崩漏，瀉痢帶下及跌打諸瘡。　味苦、辛，性平，無毒。

**明・王文潔《太乙仙製本草藥性大全》卷六《本草精義》**　竈突墨　亦竈額上黑煤。曾載方書，總能止血。

**明・王文潔《太乙仙製本草藥性大全》卷二《仙製藥性》**　百草灰　主腋臭及金瘡。　補註：腋臭，腋下挾之，乾即易。當抽一身痛悶，瘡出即止，以水及小便洗之，不過三兩度。○金瘡止血、生肌，刮傅瘡上差。○此灰須五月五日採〔草乘〕露取之一百種，陰乾燒灰，以井花水爲團，重燒令白，以醋和爲餅。

**明・王文潔《太乙仙製本草藥性大全》卷六《仙製藥性》**　竈內熱灰　取之用醋調勻作餅，心腹冷痛頻熨彌佳，血氣絞痛熨之再易。

**明・王文潔《太乙仙製本草藥性大全》卷六《仙製藥性》**　竈突後墨　無毒。主産後胞衣不下，末服二指撮，暖水及酒服之，天未明時取，至驗也。

**明・皇甫嵩《本草發明》卷五**　百草灰端午日乘露採一百種草，陰乾燒成。治兩腋臭，井花水調。作團，晒乾，重燒令白，陳醋和餅，兩腋下緊夾之，當抽一身痛悶，瘡出，以少水更洗之，不過三度即愈。

**明・李時珍《本草綱目》卷二一草部・雜草類**　百草《拾遺》　藏器曰：五月五日採一百種草，陰乾燒灰，和石灰爲團，煆研，傅金瘡止血，亦傅犬咬。又燒灰和井華水作團，煆白，以釅醋和作餅，腋下夾之，乾即易，當抽一身盡痛悶，瘡出即止，以小便洗之，不過三度愈。　時珍曰：　按《千金方》治洞注下痢，以五月五日百草灰吹入下部。又治瘰癧已破，五月五日採一切雜草，煮汁洗之。

**明・李時珍《本草綱目》卷七土部**　百草霜《綱目》

【釋名】竈突墨《綱目》　竈額墨時珍曰：　此乃竈額及煙爐中墨煙也。其質輕細，故謂之霜。

【氣味】辛，温，無毒。　【主治】消化積滯，入下食藥中用蘇頌。　止上下諸血，婦人崩中帶下，胎前産後諸病，傷寒陽毒發狂，黃疸，瘧痢，噎膈，咽喉口舌一切諸瘡時珍。

【發明】時珍曰：　百草霜、釜底墨，梁上倒掛塵，皆是煙氣結成，但其體質有輕虛結實之異。重者歸中下二焦，輕者入心肺之分。古方治陽毒發狂，黑奴丸，三者並用，而内有麻黃、大黃，亦是攻解三焦結熱，兼取火化從治之義。其消積滯，亦是取其從化，故疸膈瘧痢諸病多用之。其治失血胎産諸病，雖是血見黑則止，亦不離從化之理。

【附方】新二十。　衄血不止：　百草霜末吹之，立止也。　衄血吐血：　劉長春《經驗方》治吐血，及傷酒食醉飽，低頭掬損肺臟，吐血汗血，口鼻妄行，但聲未失者。用鄉外人家百草霜末，糯米湯服二錢。○一方：　百草霜五錢，槐花末二兩。每服二錢，茅根湯下。　齒縫出血：　百草霜末摻之，立止。《集簡方》。　婦人崩中：　百草霜二錢，狗膽汁拌勻，分作二服。當歸酒下。《經驗方》。　胎動下血：　或胎已死。百草霜二錢，棕灰一錢，伏龍肝五錢，爲末。每服一二錢，白湯入酒及童尿調下。《筆峰雜興方》。　胎前産後：　逆生橫生，瘦胎，産前産後虛損，月候不調，崩中。百草霜、白芷等分，爲末。每服二錢，童子小便、醋各少許調勻，熱湯化服，不過二服。《杜壬方》。　婦人白帶：　百草霜一兩，香金墨半兩，研末。每服三錢，猪肝一葉，批開入藥在內，帋裹煨熟，細嚼，温酒送之。《永類方》。　臟毒下血：　百草霜五錢，以米湯調，露一夜，次早空心服。《邵真人經驗方》。　暴作瀉痢：　百草霜末，米飲調下二錢。《續十全方》。　一切痢下：　初起一服如神，名鐵刷丸。百草霜三錢，金墨一錢，半夏七分，巴豆煮十四粒，研勻，黃蠟三錢，同香油化開，和成劑。量大小，每服三五丸，或四五十丸，薑湯下。《瀕江方》。　小兒積痢：　駐車丸：　用百草霜二錢，巴豆煨去油一錢，研勻，以飛羅麪糊和丸綠豆大。每服三五丸，赤痢甘草湯下，白痢米飲下，紅白薑湯下。《全幼心鑒》。　挾熱下痢：　膿血。竈突中墨、黃連各一兩，爲末。每酒下二錢，日二服。《聖惠方》。　寒熱瘧疾：　方見鉛丹下。　魘寐卒死：　鍋底墨，水灌二錢，并吹鼻。《醫説》。　尸厥不醒：　脉動如故。竈突墨彈丸，漿水和飲，仍針百會，足大趾中趾甲側。《千金方》。　咽中結塊：　不通水食，危困欲死。百草霜，蜜和丸芡子大。每新汲水化一丸灌下，甚者不過二丸，名百靈丸。《普濟方》。　鼻瘡膿臭：　百草霜末，冷水服二錢。《三因方》。　白禿頭瘡：　百草霜和猪脂塗之。《簡便方》。　頭瘡諸瘡：　以醋湯洗净，百草霜入膩粉少許。生油調塗，立愈。《證類本草》。　瘭疽出汁：　着手足肩背，累累如米。用竈突墨、竈屋塵、釜下土研勻，水一斗，煮三沸，取汁洗，日三四度。《外臺秘要》。

**明・張懋辰《本草便》卷一**　百草灰　主腋臭及金瘡。

**明・龔廷賢《壽世保元》卷一〇**　百草霜治驗　白痢肚腹疼痛，百草霜為末，每服二錢，空心，熱酒調服，米湯亦可。　久瘧不愈，百草霜二錢，香附末三錢，研末，生蜜為丸，每服三十丸，空心烏梅湯下。隔一日用一服，不過三服效。　吐血下血，百草霜末，每服三錢，米飲調下。　吐血，用糯米湯下。　口鼻中出血，用一字吹入鼻。　皮破血出及灸瘡出血，摻半錢，立止。

便血血痢，男用公猪血，女用雌猪血，和百草霜為丸，或以血蘸服。 血崩，用陳槐花一兩，百草霜半兩，為末，每二錢，燒紅秤錘，淬酒下。 諸瘡并臁瘡，百草霜，過江龍，即驗船石灰。燒過為末，二味研細，摻瘡上，即出水，斂瘡口神效。 舌腫硬，閉塞悶亂，百草霜、食鹽各等分，井花水調塗舌上。 治熱心氣痛，百草霜末，每服三錢，熱童子小便調下。 治婦人產後下血不止，雜草燒釜鏽二錢，酒調服。 治吐血及傷酒飽食，低頭掬損，吐血至多，并血妄行，口鼻俱出，但聲未失者，投之無不效。百草霜每三錢，童便、酒和服。

治跌撲損傷，惡血入腸胃，下血，溺如瘀血者，百草霜研細，好酒調服。

**明·繆希雍《本草經疏》卷五** 百草霜 乃煙氣結成。其味辛，氣溫，無毒。辛主散，故能消化積滯及下食也。凡血見灰則止，此藥性能止血，復能散瘀滯，故主上下諸血，及崩中帶下，胎前產後諸病。 【主治參互】《筆峰襍興方》胎動下血，或胎已死。百草霜二錢，椶灰一錢，伏龍肝五錢，為末，每服二錢，白湯入酒及童便調下。 《杜壬方》治橫生倒逆，胎前產後虛損，月候不調，崩中帶下。百草霜、白芷等分為末。每服二錢，童子小便、醋各少許調勻，熱湯化服，不過二服瘥。 【簡誤】雖能止血，無益腸胃。救標則可，治本則非，故不宜多服。

**明·倪朱謨《本草彙言》卷一三** 百草霜 味苦，氣溫，無毒。 李氏曰：此乃竈額上積煤，及爐蓋上墨烟皆是。以鵝羽掃之，其質輕細，故謂之霜。 百草霜：解三焦結熱，化藏府瘀血之藥也。車體和曰：焚百草積烟凝結，烟雖發于火之先，而烟之氣係百草津氣熏蒸，此得木之津、火之氣也。如蘇頌主化小兒食積癥塊，婦人氣痞血瘕，取此得火氣之輕揚，而散陰凝陳聚之物也。瀕湖治黃疸瘧脹，咽喉腫閉，口舌生瘡取此，得火氣之輕升，而發越濕熱痰氣搏結之疾也。又古人有黑奴丸，治傷寒陽毒發狂者，謂其清陽烟火之氣，從治上焦心肺之火邪也。《雜病方》用治吐衄崩血不止者，謂其輕浮火化之質，且色之黑也，血見黑即止，亦從治熱勝動血，而安營血之暴走也。如陰虛火燥，咳嗽肺損者，勿用也。

集方：《方脉正宗》共方五首。 治小兒食積痞癥。用百草霜三錢，巴豆霜一分，研勻，以飛羅麪打糊爲丸，如綠豆大。每服一丸，白湯化下。○治婦人氣痞血瘕。用百草霜一兩，三稜、莪朮各二兩，乾漆五錢，俱用酒拌炒，紅麯爲粉，打糊丸，梧子大。每蚤服一錢，酒送下。○治黃疸，或瘧疾作脹。用百草霜一兩研極細。每服一錢，病疸者，茵陳湯下； 病瘧者，草菓仁湯下。○治咽喉無故腫閉。用百草霜、白硼砂各二錢，研細末，吹入喉間。○治口舌生瘡。用百草霜二錢，甘草一錢，肉桂五分，頻頻搽之。○黑奴丸治傷寒陽毒發狂。用百草霜、釜底煤各三錢，麻黃一錢，大黃一錢五分，水煎服。○劉氏方治吐血衄血不止。用百草霜，白湯調服二錢，即止。○倪氏家傳治婦人崩血大脫。用百草霜、炮薑末各三錢，用人參三錢煎湯飲，立止。○《聖惠方》治積熱痢。用百草霜五錢，川黃連三錢微炒，共研極細，每服七分，米湯調服。○杜氏方治胎前產後一切危證。用百草霜、香白芷各等分，爲細末，每服二錢，童便調下，二服即安。

**明·顧逢柏《分部本草妙用》卷一〇土部** 百草霜 辛，溫，無毒。 主治：消化積滯，入下食藥中用。止上下諸血，崩帶胎產諸病。傷寒黃疸，瘧痢噎膈，咽喉口舌諸瘡毒。 百草霜乃釜底煙氣結成，體質原有輕虛、結實之異。重者歸中下二焦，輕入心肺之分。古方治陽毒發狂黑奴丸，三者竝用，攻解三焦結熱，兼取火化，從治之義。其治失血胎產，見黑而止之意也。

**明·李中梓《醫宗必讀·本草徵要下》** 百草霜辛，溫，無毒。 清咽治痢，解熱定血。黑奴丸用以療陽毒發狂，亦從治之義也。

**明·蔣儀《藥鏡》卷一溫部** 百草霜 消積下食，止血散瘀。伏龍肝與椶灰，胎動下血者服此無危。童便醋并白芷，產後崩帶者吞之即止。

**清·顧元交《本草彙箋》卷一〇** 百草霜合釜底墨、梁上塵。 百草霜、釜底墨、梁上倒挂塵，煙氣結成，但其體質有輕虛結實之異。重者歸中下二焦，輕者入心肺之分。 古方治陽毒發狂，黑奴丸三者並用，而內有麻黃、大黃，亦係攻解三焦結熱，兼取火化，從治之義。其消積滯，亦取其從化。故疸膈瘧痢諸病多用之。其治失血、胎產諸病，雖是血見黑則止，亦不離從化之理。

**清·穆石匏《本草洞詮》卷四** 百草霜 此竈額內及烟爐中墨烟也。味辛，氣溫，無毒。主消化積滯，療傷寒，陽毒發狂，黃疸，瘧痢噎膈，婦人崩帶。百草霜、釜底墨、梁上塵，三種皆是烟氣結成，但其體質有輕虛結實之異，重者歸中下二焦，輕者入心肺之分。古方治陽毒黑奴丸，三者並用，攻解三焦結熱，兼取火化，從治之理。其治失血胎產諸病，雖是血見黑則止，亦不離從化之理也。

**清·劉雲密《本草述》卷三** 百草霜、一名竈突墨，竈額及烟爐中墨烟，質輕細。

釜臍墨一名釜月中墨，一名鍋底墨。　氣味：　辛，溫，無毒。　主治：　止上下諸血，婦人崩中帶下，胎前產後諸病，傷寒陽毒發狂，黃疸，瘧痢，噎膈，咽喉口舌一切諸瘡，消化積滯，入下食藥中用。　方書主治：　吐血，咯血，下血，血積，傷飲食及食滯成痢，并食滯腹痛，大便秘結，更舌腫喉痹，喉痛纏喉等病。　門曰竈突。　墨，釜底墨。　其功用大同。　唯南陽傷寒黑奴丸兩用之。

時珍曰：【略】

愚按：　時珍謂此二種，皆兼取火化從治之義，是固然矣。　第火化之黑者，以竈突釜底為勝，是猶伏龍肝用年久者之義也，更取火化而以從治二字。　夫時珍就陽毒之治，謂黑奴丸用此兩味，而內有麻黃、大黃，以攻解三焦結熱，若斯證以為從治，何不可也？　然偏取方書，以為參訂其所主治，有不可以從治概之者，固不止一二證也。　如傷飲食有感應丸及神應丸，二方中同用木香、肉豆蔻、丁香、乾薑、巴豆，是因中虛積冷，或食冷物，（偕）〔皆〕辛熱以為用也。　如滯下黑丸子，有巴豆、縮砂，是因脾胃虛弱，飲食傷滯成痢，同溫熱以為用也。　又如大便不通脾積丸，內用良薑、木香，是因飲食停滯，腹脹痛悶，嘔惡吞酸，故同於辛溫以為用也。　舉數證而尋其投劑之主，乃屬傷冷并中氣虛寒，是則百草霜之用，似與諸味為正治而對待之矣。　尚可以從治言乎？　雖然此中有妙理存焉，夫水屬黑色，而火化之精微者，仍歸於黑，似有歸其所始之義，故先哲多用以治血證。　蓋血原從水化也，而水之能化血者，又真火成之也。　其病於血者，真水不足，而邪火有餘也。　茲味之治血證者，取其由水而化血，又由血而歸水，故能療血之病於火者也。　然凡見血者，以是傅之即止，亦不必皆治血之病於火者也。　總由水火合化之玄，更取水火轉化之氣，原非用於止澀，乃血見黑而即止，遇虛而還益。　由水火轉化之氣，更取水火蛻化之妙，亦非用之離散，故無寒熱而從主劑以奏功，無寒熱而握樞機以轉關。　推之所治各證，莫不皆然，不獨血也。　若是，則正治從治，皆不可以名茲味，會心人當自得之。

附方　咯血用生薑一片，四面蘸百草霜，含咽，如百草霜已淡，吐出再蘸，如薑已無味，則吐出易之。　吐血，用他藥使血止，止後乃同生地等味煎服，其詳見《吐血全論》下。　腸風下血，以香附末加百草霜，米飲調服，加入麝香少許，其應尤捷。以上俱《證治準繩》。　女子崩中，百草霜二錢，狗膽汁拌勻，分作二服，當歸酒下。　胎動下血或胎已死，百草霜二錢，椶灰一錢，伏龍肝五錢，爲末，每服一二錢，白湯入酒及童便調下。　胎前產後、逆生橫生、瘦胎、產前產後虛損、月候不調、崩中，百草霜、白芷等分，為末，每服二錢，童子小便、醋各少許，調勻，熱湯化服，不過二服。　舌腫起如猪胞，忽然硬腫，逡巡塞悶，殺人，用釜下墨末，以醋調，厚傅舌上下，須臾即消。　若先決去血，更傅之尤佳《準繩》。　咽中結塊，不通水食，危困欲死，百草霜蜜和丸芡子大，每新汲水化一丸，灌下，甚者不過二丸。以上俱百草霜。　轉筋入腹，釜底墨末加酒服一錢。　霍亂吐下，鍋底墨煤半錢，竈額上墨半錢，百沸湯一盞，急攪數千下，以盌覆之，通口服一二口，立止。以上釜臍墨。　希雍曰：用塗金瘡，生肌止血，但慎勿入傅瘡藥中，其黑入肉如黥，不能去也。

**清·王翃《握靈本草》卷一**　百草霜竈突中墨，其質輕細，故謂之霜。　主治：　百草霜，辛，溫，無毒。　消化積滯。

**清·汪昂《本草備要》卷四**　百草霜輕，止血，消積。　辛，溫。　止血鼻衄者，水調塗之。　紅見黑則止，水剋火也。　消積。　治諸血病，傷寒陽毒發斑，疸膈瘧痢，咽喉、口舌、白秃諸瘡。　時珍曰：　皆兼取火化從治之義。　竈突上烟煤。

**清·李熙和《醫經允中》卷二三**　百草灰　端午日乘露採草一百種，陰乾，燒灰，濃醋和為餅，兩腋臭用治即止。

**清·尤氏《尤氏喉科秘書》**　取百草霜法　須燒茅柴者，謂之百草霜。　取其近底者，鍋心及鍋口邊，俱不可用。　先刮去浮面一層，後刮去中一層，不可重刮，蓋着鍋第三層，又不堪用。

**清·黃元御《玉楸藥解》卷三**　百草霜　味辛，氣平。　入足厥陰肝經。　斂營止血，清熱消瘀。　百草霜專止失血，治吐衄便溺，治產漏諸血甚效。　即竈內煙煤，與釜臍灰同性。

**清·吳儀洛《本草從新》卷五**　百草霜〔輕，止血，消積。〕　辛，溫，止血，鼻衄者，水調塗之。　紅見黑則止，水剋火也。　消積。　治諸血病，傷寒陽毒發狂，疸膈瘧痢，咽喉口舌白秃諸瘡。　時珍曰：　皆兼取火化，從治之法。　竈突上烟煤。　其質輕細，故謂之霜。

**清·汪紱《醫林纂要探源》卷三**　百草霜　辛苦，溫。　竈突上煙煤也。　瀉心降火，去妄熱，止妄血，下氣消積，行痰。　上竈而赤，下竈而黑，辛行苦泄，主瀉心安肺，止吐衄及諸積瘀積血，降使下行，併治傷寒陽毒發斑，疸熱熱隔及咽喉口舌白秃諸瘡。

凡火毒之已亢者。

**清・嚴潔等《得配本草》卷一** 百草霜 辛，溫。消積，止血。敷口舌諸瘡，消痘疹癰腫。得棕炭，治胎動下血。配川連，治挾熱下痢。

**題清・徐大椿《藥性切用》卷七** 百草霜 即灶突上烟煤。性味辛溫，止血散瘀，治吐血衄血，陽毒發狂。

**清・黄宮繡《本草求真》卷七** 百草霜治血，止血殺蟲。 百草霜耑入肝，兼入腎。即灶突上烟煤及釜裏鍋煤也，因燒雜草，故名。味辛氣溫，觀其所主，與伏龍肝相似，凡血見黑即止，蠱毒惡氣得辛溫則散，故《本經》耑主蠱毒中惡，吐血血暈，以酒或水或醋，細研溫服。亦塗金瘡，止血生肌。至於傷寒發斑，斑有陽毒、陰毒。疸膈瘧痢，咽喉口舌、白禿諸瘡，亦須用此，以取火化從治之義。

**清・羅國綱《羅氏會約醫鏡》卷一八金石水土部** 百草霜味辛，氣溫。能治一切血病，吐血、衄血、血暈、血痢、便血、崩漏、金傷出血。以黑勝紅，水尅火也。細研内服，或藥調、童便調。面瘡勿摻，入肉如印。凡皮破出血者，摻之即止。係鐺底黑垢，刀削下，細研用，燒雜草者更良。

**清・楊時泰《本草述鉤元》卷三** 百草霜、釜臍墨 百草霜乃竈額及煙爐中墨煙，其質輕細。一名竈突墨。釜臍墨一名釜月中墨，又名銅底墨。二物功用大同，惟南陽傷寒，黑奴丸兩用之門。

味辛，氣溫。二物與梁上倒掛塵，皆是煙氣結成，但其體質有輕虛結實之異。重者歸中下二焦，輕者入心肺之分瀕湖。止上下諸血，治婦人崩帶、胎產諸病，傷寒陽毒發狂，黃疸，瘧痢，噎膈，咽喉口舌一切諸瘡，消化積滯。入下食藥中用。方書治吐咯下血，血積，傷飲食，及食滯成痢，並食滯腹痛，大便秘結，舌腫喉痹，咽痛纏喉等病。咯血，用生薑一片，蘸百草霜含咽，如霜已淡，吐出再蘸，薑已無味，吐出易之。吐血止後，百草霜同生地等味煎服。腸風下血，香附末加百草霜，米飲調服，入麝香少許，其應尤捷。崩中，百草霜二錢，狗膽汁拌匀，分二服，當歸酒下。胎動下血，或胎已死，百草霜二錢，椶灰一錢，伏龍肝五錢，為末，每服一二錢，白湯入酒及童便調下。胎產逆生、橫生，瘦胎及虛損經病不調崩中。百草霜、白芷等分為末，每服二錢，童便、醋各少許調匀，熱湯化服。舌腫起如猪胞，忽硬，逡巡塞悶殺人。用釜下墨末，醋調厚傅舌上下，須臾即消。若先決去血，更傅之，尤佳。咽中結塊，不通水食，百草霜、蜜和丸芡子大，每新汲水化一丸灌下，甚者不過二丸。轉筋入腹，釜底墨末和酒服一錢。霍亂吐下，鍋底煤五分，竈額上墨五分，百沸湯一盞，急攪數千下，以盌覆之，通口服一二口，立止。

論：夫水屬黑色，而火化之精微者仍歸於黑，似有歸其所始之義，故先哲多用百草霜、釜底墨治諸血證。蓋血原從水化，而水之能化血者，又真火成之也。其病於血者，真水不足而邪火有餘也。茲味治血，取其由水而化血，又由血而歸水，故能療血之病於火者。又凡見血者，傅之即止，即不必血之病於火者而皆治之。總由水火合化之元，更取水火轉化之氣，原非用於止澁。由水火轉化之氣，更取水火蛻化之妙，亦且用之益虛。故無寒熱而從主劑以奏效，握樞機以轉闢，推之所治各證，莫不皆然，會心人當自得之，不必沾沾於火化從治夫熱也。瀕湖言，黑奴治陽毒發斑，以麻黃、大黃攻解三焦結熱，而霜、墨、塵兼取火化從治也。用塗金瘡，生肌止血。但勿入傅瘡藥中，其黑入肉如黥，不能去也仲淳。

**清・葉桂《本草再新》卷八** 百草霜味辛，性溫，無毒。入肝、肺二經。 止血積，治膈噎瘧痢，咽喉口舌陽毒陰瘡。

**清・趙其光《本草求原》卷二三土部** 百草霜 由火而轉化水黑之色，得血化之原，水歸火而化血，火歸水而血反其原。故治衄血、吹之。咯血、生薑點含。吐血、同槐花、茅根、糯米。齒血、摻之。下血、同香附、麝飲下妙。崩血、同狗膽汁和歸酒下。漏血或胎死。同棕灰、伏龍肝，童便、酒下。帶下、同金墨入豬肝内包煨，酒送。臟毒下血、米飲調，露一夜服。血痢、同金墨、半夏、巴豆，以黃蠟油化為丸，挾熱加川連甘草湯下。紅白痢薑湯下。膈噎，胎前產後諸病。同白芷研，童便、醋下。辛，溫，散結，消積，故治傷寒陽毒，黑奴丸同麻黃、大黃以攻口，解三焦結熱。口舌腫塞，決去血，醋調敷。咽結塊，蜜丸，新汲水下，立效。發斑，瘧疾，方見鉛丹。白禿。和豬脂塗。

灶額上煤煙也，質輕細，與梁上塵入上焦。釜底墨質略結，走中下焦，故黑奴丸三者並用，亦水火轉化之義也。釜底墨又治筋轉入腹，酒下。霍亂吐下。同百草霜攪滾水下。頭血，有寒、有熱。此二藥入溫劑，為正治；入寒劑，為從治，俱宜。但有瘀者不可遽用，宜佐化瘀之品。

**清・文晟《新編六書》卷六《藥性摘錄》** 百草霜 即燒雜草灶突上煙煤及釜底烟煤。入腸兼入腎。味辛，氣溫。○治蠱毒中惡，吐血血暈，以酒或水，或醋，細研溫服。亦塗金瘡。○至於傷寒發斑，癰疽膈噎，瘧痢，咽喉口舌，白秃諸瘡，亦宜用此，以取火化從治之義。

**清·張仁錫《藥性蒙求·土部》** 百草霜五分 百草霜溫，散瘀止血。吐衄崩中，治標可遏。即灶突上烟煤。辛，溫。入肝、肺、胃三經。止血為最要之藥。研細末用。然雖止血，無益腸胃。救標則可，治本則非。○有釜臍墨，一名釜煤。主治略同，功在止血解毒。○張路玉云：百草霜，燒百草之煤也。

**清·劉善述、劉士季《草木便方》卷二金石土火部** 百草霜 鍋煙辛溫止血暈，嘔吐衄血治漏崩。口舌咽喉白秃瘡，傷寒發班瘧痢清。釜底墨。

**清·陳其瑞《本草撮要》卷一〇** 百草霜 味辛，溫，止血魘寐卒死，水化吹鼻效，即灶突上煙煤。

## 梁上塵

**宋·唐慎微《證類本草》卷五玉石部下品〔唐·蘇敬《唐本草》〕** 梁上塵 主腹痛噎，中惡，鼻衄，小兒軟瘡。《唐本》先附。

〔宋·掌禹錫《嘉祐本草》〕按：《藥對》云：梁上塵，微寒。 日華子云：平，無毒。

〔宋·唐慎微《證類本草》〕《雷公》云：凡使，須去煙火遠，高堂殿上者，拂下，篩用之。《外臺秘要》：治小便不通及胞轉。取梁上塵三指撮，以水服之。又方：治自縊死。用梁上塵如大豆，各內一箇耳、鼻中，四處各一粒，極力齊吹之，即活。《千金方》：妬乳。梁上塵醋和塗之，亦治陰腫。又方：治婦人日月未足而欲產。取梁上塵、竈突煤二味，合方寸匕，酒服。《千金翼》：凡癰，以梁上塵、灰葵莖等分，用醋和傅之。《子母秘録》：治橫生不可出。梁上塵，酒服方寸匕，亦治倒生。又方：治小兒頭瘡。梁上塵和油，取瓶下滓，以皂莢湯洗後塗上。

**宋·王繼先《紹興本草》卷一** 梁上塵 紹興校定：梁上塵，取梁棟上久積塵也。高堂殿宇遠煙火者為上，即無煙煤相雜爾。《本經》雖有主療，而不載性味。今當從日華子平、無毒者是也。

**明·滕弘《神農本經會通》卷六** 梁上塵 凡使，須去煙火遠，高堂殿上者，拂下，篩而用之。一名烏龍尾。

一云：微寒。一云：平，無毒。《本經》云：主腹痛噎，中惡，鼻衄，小兒軟瘡。《局》云：梁上塵比烏龍尾，能瘳腹痛噎難通。產難橫生調酒服，小兒軟癧可專攻。梁上塵，消軟癧，通喉噎，橫生立產。梁上塵，主金瘡，附石灰條。

**明·劉文泰《本草品彙精要》卷六** 梁上塵無毒。

梁上塵：主腹痛，噎，中惡，鼻衄，小兒軟瘡。名醫所録。【地】處處梁上皆有之。【時】採：無時。【用】遠去煙火者佳。【色】黑。【性】平，微寒。【氣】氣之薄，陽中之陰。【臭】朽。【主】止衄。【製】《雷公》云：凡使，須去煙火遠者，高堂殿上拂下，篩用之。【治】療：《別録》云：小便不通及胞轉者，取梁上塵三指撮，以水服之，瘥。及自縊死者，用梁上塵如大斗許，各內一筒中，四人各一筒，同時極力吹兩耳鼻，即活。【合治】合醋，和塗妬乳，亦治陰腫。○合竈突煤二味，酒服方寸匕，療婦人日月未足而欲產。○合葵莖等分，醋和傅癰腫。○合酒服方寸匕，療橫生不可出及倒產。○合油瓶中滓，療小兒頭瘡。先以皂莢湯洗淨塗之，瘥。

**明·許希周《藥性粗評》卷四** 臨盆若擺青龍尾，堯鄭伯之寤生。

青龍尾，即梁上塵也。取收不用烟火，擇高堂殿上者，掃下，篩用。 味苦，性寒，無毒。 主治噎塞腹痛，小兒軟癧。又主產婦橫生，溫酒調下一錢匕，即下。因借鄭莊公事以形之。見《左傳·魯隱公元年》。

**明·鄭寧《藥性要略大全》卷八** 梁上塵一名烏龍尾。 消軟癧，通喉閉，宣橫生立產，主腹痛，噎塞，中惡，鼻中衄血及自縊死者。 味苦、辛，氣微寒，無毒。 凡取須遠去烟火，高堂佛殿上者，拂下篩過入藥。去蛛絲蟲屎用。

**明·陳嘉謨《本草蒙筌》卷八** 梁上塵一名烏龍尾。 氣平，微寒。無毒。須遠煙火處所。務近堂殿中間。箒拂下旋收，篩羅過方用。中惡卒來鼻衄，流滴不已者殊功；傷寒陽毒發斑，煩渴倍常者立効。仲景黑奴丸，用之即治此證。 主腹內痛噎，消頭上軟瘡。 又老屋上塵煤，治齒齗腫出血。○故茅屋上塵取，多年欬嗽可除。和石黃、欵冬花、婦人月經衣帶為末，以水和塗茅上，待乾納竹筒中，燒一頭，以口吸入嚥下，無不差。

**明·王文潔《太乙仙製本草藥性大全》卷六《本草精義》** 梁上塵 一名烏龍尾。 乃蜘蛛放絲於梁懸掛二三尺者，塵積已久，狀如龍尾。 須遠煙火處所，務近堂殿中間，箒拂下，旋艾篩羅過方用。

**明·王文潔《太乙仙製本草藥性大全》卷六《仙製藥性·土水部》** 梁上塵即烏龍尾。 氣平，微寒，無毒。 主治：主中惡卒來鼻衄流滴不已者殊功，治傷寒陽毒發斑煩渴倍常者立效。仲景黑奴丸用之，即治此證。 主腹內痛噎，消頭上軟瘡。 補註：小便不通及胞轉，取梁上塵三指撮，以水服之。

○自縊死，用梁上塵如豆大，各内一箇〔耳〕、〔鼻〕中，四處各一箇，同時極力吹兩耳鼻中即活。○妬乳，梁上塵醋和塗之，亦治陰腫。○婦人日月未足而欲産，取梁上塵、竈突墨二味，合方寸〔匕〕酒服。○凡癰，以梁上塵、葵莖等分，用醋和傅之。○横生不可出，梁上塵酒服方寸〔匕〕，亦治倒生。○小兒頭瘡，梁上塵和油，取瓶下滓，以皂莢湯洗後塗上。 太乙曰：凡使須去煙火遠，高堂殿上者，拂下篩用之。

老屋上塵煤 齒斷腫出血，用之效如神。

**明・皇甫嵩《本草發明》卷五** 梁上塵微寒，氣（中）〔平〕。一名烏龍〔尾〕。主中惡卒來，鼻血流滴不已。療傷寒陽毒發斑，煩渴。仲景黑奴丸中用之。又主腹内痛噎。一方治横生不可出，用梁上塵，酒服方寸匕。亦治倒生。○遠煙火處，取高堂殿上者，拂下，旋篩，用之良。

老屋上塵煤，治齒斷腫，出血。

**明・李時珍《本草綱目》卷七土部** 梁上塵《唐本草》

〔釋名〕倒掛塵名烏龍尾《綱目》 煙珠 〔修治〕斅曰：凡梁上塵，須去煙火大遠，高堂殿上者，拂下，篩淨末用。 時珍曰：凡用倒掛塵，燒令煙盡，篩取末入藥。雷氏所説，似是梁上灰塵，今人不見用。

〔氣味〕辛、苦，微寒，無毒。大明曰：平。 〔主治〕腹痛，噎膈，中惡，鼻衄，小兒軟瘡《唐本》。食積，止金瘡血出，齒斷出血時珍。

〔附方〕舊七，新十二。 翻胃吐食：梁上塵，黑驢尿調服之。《集簡方》。 霍亂吐利：屋下倒掛塵，滚湯泡，澄清服，即止。《衛生易簡方》。 小便不通：梁上塵二指撮，水服之。《外臺秘要》。 大腸脱肛：烏龍尾即梁上塵，同鼠屎燒烟于桶内，坐上熏之，數次即不脱也。《濟急》。 喉痹乳蛾：烏龍尾、枯礬、猪牙皂莢以鹽炒黄，等分，爲末。或吹或點皆妙。孫氏《集效方》。 牙疼嗜鼻：壁上掃土，用鹽炒過，爲末。隨左右嗜鼻。《普濟方》。 鼻中息肉：梁塵吹之。《普濟方》。 夜臥魘死：勿用火照，急取梁塵納鼻中，即活。《瑣碎録》。 卒自縊死：梁上塵如豆大，各納一筒中，四人同時極力吹兩耳及鼻中，即活。《外臺秘要》。 經血不止：烏龍尾炒煙盡，荆芥穗各半兩，爲末，每服二錢，茶下。《聖濟録》。 婦人胎動：日月未足欲産。梁上塵、竈突墨等分，酒服方寸匕。《千金方》。 横生逆産：梁上塵，酒服方寸匕。《子母秘録》。 婦人妬乳：醋和梁上塵塗之。《千金方》。 石癰不膿：梁上塵灰、葵根莖灰等分，用醋和傅之。《千金方》。 發背腫痛：厨内倒弔塵，爲末，以生葱極嫩心同搗膏傅之，留頂，一日一换，乾則以水潤之。《瀕湖集簡方》。 無名惡瘡：梁上倒掛塵二條，韭地蚯蚓泥少許，生蜜和捻作餅如錢大，陰乾，用蜜水調，頻傅之。《楊起簡便方》。 小兒頭瘡：浸淫成片。梁上塵和油瓶下滓，以皂莢湯洗後塗之。《子母秘録》。 小兒赤丹：屋塵和臘猪脂傅之。《千金方》。 老嗽不止：故茅屋上塵，年久着煙火者，和石黄、款冬花、婦人月經衣帶爲末，水和塗茅上待乾，入竹筒中燒煙吸嚥，無不瘥也。陳藏器《本草》。

**明・梅得春《藥性會元》卷下** 梁上塵 味甘、平，氣微寒，無毒。 主治腹内痛，噎膈，中惡，鼻衄，小兒軟瘡。 凡使，須用城樓佛殿無煙去處者，拂下，篩用。

**明・李中立《本草原始》卷八** 梁上塵 凡使須去煙火大遠，高堂殿上倒掛塵，篩取末用之。俗呼烏龍尾，象形也。 氣味：辛、苦，微寒，無毒。主治：腹痛噎膈，中惡，鼻衄，小兒軟瘡。○消積食，止金瘡出血，齒齦出血，鼻中息肉，吹之。

**明・繆希雍《本草經疏》卷五** 梁上塵 主腹痛，噎，中惡，鼻衄，小兒輭瘡。

〔疏〕梁上塵乃是空中煙氣結成。本經無氣味，應是辛苦之物。辛能散，苦能洩，故主腹痛，噎膈，中惡也。體輕而上騰，故入肺，味辛而清熱，故又主鼻衄及小兒輭瘡也。一名倒掛塵，一名烏龍尾。 〔主治參互〕孫氏《集效方》喉痹、乳蛾，烏龍尾、枯礬、猪牙皂莢以鹽炒黄，等分為末。或吹或點皆妙。 一法：用燈心以鹽中苦鹵浸過，入雞子殼中，煅存性，取出研細，加龍腦香一二分，研勻，明礬末五分，同梁上倒掛塵五分，青魚膽調，點入喉，治喉痹咽痛有效。

**明・顧逢柏《分部本草妙用》卷一〇土部** 梁上塵 去煙火遠，必高堂殿上者，篩淨用。 主治：止金瘡血出，齒斷出血《唐本》。治腹痛噎膈，中惡鼻衄，小兒軟瘡。

**清・王翃《握靈本草》卷一** 梁上塵即倒掛塵，須去烟火，大遠高堂殿上，拂下，燒烟盡用。 主治：梁上塵，辛、苦，微寒，無毒。主腹痛，噎膈，中惡，衄血，齒斷出血。皆上焦病。

**清・李熙和《醫經允中》卷二三** 梁上塵 去烟火遠，必高堂殿上者，篩淨用。 主治止金瘡血出，齒斷出血。治腹痛噎膈，中惡鼻衄，小兒禿瘡。

**清・馮兆張《馮氏錦囊秘錄・雜症痘疹藥性主治合參》卷五** 梁上塵又

名烏龍尾，倒掛塵。乃空中烟氣結成。味辛而苦，辛主散結，苦主洩熱，故治腹痛噎膈，傷寒陽毒中惡也。體輕而上騰，故入肺而治喉痹，味辛而清熱，色黑而入血，故主鼻衄，頭上軟瘡也。　梁上塵，須遠烟火處所，篩過方用。中惡卒來鼻衄，流滴不已者殊功。傷寒陽毒發斑，煩渴倍常者立效。主腹內痛噎，消頭上軟瘡，喉痹乳蛾，吹點皆妙。喉痹乳蛾，烏龍尾、枯礬、猪牙皂莢，以鹽炒黃等分，為末，或吹或點皆妙。　老屋上塵煤，治齒齗腫出血。故茅屋上塵，多年咳嗽可除。

**清・吳儀洛《本草從新》卷五**　梁上塵（輕，止血，消積。）一名烏龍尾。　辛，苦，微寒。治腹痛噎膈，中惡鼻衄，小兒軟瘡，消食積，止金瘡血出，齒齦出血。時珍曰：凡用，倒掛塵燒令烟盡，篩取末入藥。

**清・汪紱《醫林纂要探源》卷三**　烏龍尾　辛，淡，平。梁上煙塵也。　瀉肺清熱。傳治諸丹毒及皮膚風熱。

**題清・徐大椿《藥性切用》卷七**　梁上塵　一名烏龍尾。辛苦微寒，輕浮散積，治膈痛噎塞，金瘡齒衄，並皆止之散積，生研。止血，炒黑用。

**清・葉桂《本草再新》卷八**　梁上塵味辛、苦，性微寒，無毒。入肝、脾、胃三經。治腹痛噎膈，中惡鼻衄，小兒軟瘡。消食積，止金瘡血出。塵乃煙與灰結成，煙即氣也，噎膈亦氣也，以此治噎膈，是以氣治氣也。

**清・趙其光《本草求原》卷二三土部**　梁上塵即烏龍尾。　輕浮，辛、苦，微寒。能散久積氣，煙塵氣所結而成，故能以氣治氣病。主噎膈，治霍亂吐下、尿秘，俱水下。脫肛，同鼠屎燒煙熏。蛾喉，同枯礬、皂莢，鹽炒研吹點。牙痛，鹽炒研嗃鼻。胎動、橫生逆產，俱酒下。妒乳，醋和塗。無名惡瘡，同蚯蚓泥、蜜、葱涎和塗。赤丹，豬脂和塗。老嗽，同冬花、月經衣研水和塗茅上，待乾，燒灰吸之神效。　止諸血。功同白草霜。燒令煙盡，篩用。

**清・張仁錫《藥性蒙求・土部》**　梁上塵五分　梁上塵苦，止諸衄證。噎膈喉痺，治之亦應。辛苦，微寒。凡用倒掛塵，燒令烟盡，篩取末入藥。

**清・劉善述、劉士季《草木便方》卷二金石土火部**　倒生根　陽塵辛苦殺蟲瘡，疥癩禿癬油末方。金瘡止血生肌肉，產後血悶血崩湯。

**清・戴葆元《本草綱目易知錄》卷七土部**　梁上塵烏龍尾，倒掛塵。　辛、苦，微寒。治腹痛噎膈，中惡食積，婦人胎動，橫生逆產。酒和，傅小兒軟癧，止鼻衄，金瘡，齒齗出血。

**清・陳其瑞《本草撮要》卷一〇**　梁上塵　味辛苦，微寒，治腹痛噎膈，中惡鼻衄，小兒輭瘡，消食積，止金瘡血出，齒齦出血。凡用倒掛塵，燒令烟盡，篩取末入藥。一名烏龍尾。

### 故茅屋上塵

**宋・唐慎微《證類本草》卷四玉石部中品〔唐・陳藏器《本草拾遺》〕**　故茅屋上塵　無毒。主老嗽。取多年煙火者，拂取上塵，和石黃、欵冬花、婦人月經衣帶爲末，以水和塗于茅上，待乾，内竹筒子中，燒一頭，以口吸之入咽喉，數數咽之，無不差也。

**明・王文潔《太乙仙製本草藥性大全》卷六《仙製藥性》**　故茅屋上塵　無毒。拂取多年者，治咳嗽即除，和石黃、欵冬花、婦人月經衣帶爲末，以水和塗茅上待乾，納竹筒中，燒一頭，以口吸入數口嚥下，無不差也。

### 門臼塵

**明・李時珍《本草綱目》卷七土部**　門臼塵《綱目》

〔主治〕止金瘡出血。又諸般毒瘡，切蒜蘸擦，至出汗即消時珍。

### 寡婦牀頭塵土

**宋・唐慎微《證類本草》卷四玉石部中品〔唐・陳藏器《本草拾遺》〕**　寡婦牀頭塵土　主人耳上月割瘡，和油塗之效也。

**明・王文潔《太乙仙製本草藥性大全》卷六《仙製藥性》**　寡婦牀頭塵土　主小兒耳上月割瘡，和油塗之大有效。

### 席下塵

**清・趙學敏《本草綱目拾遺》卷二土部**　席下塵　治水腫：《聖惠方》治遍身水腫，用鹿葱根葉曬乾為末，每服二錢，入席下塵半錢，食前米飲服。

### 瓷甌中裏白灰

**宋・唐慎微《證類本草》卷四玉石部中品〔唐・陳藏器《本草拾遺》〕**　瓷甌中裏白灰　主遊腫，醋磨傅之。瓷器物初燒時，相隔皆以灰爲泥，然後燒之。甌，瓷也，但看裏有，即收之。

**明・王文潔《太乙仙製本草藥性大全》卷六《仙製藥性》**　甆甌鍾底白灰　主遊風妙劑，治赤腫神方。研爲細末，醋調傅良。

### 香爐灰

**明・李時珍《本草綱目》卷七土部**　香爐灰《綱目》

〔主治〕跌撲金刃傷損，罨之，止血生肌。香爐岸，主疥瘡時珍。

**清·劉善述、劉士季《草木便方》卷二金石土火部**　香爐灰　香爐灰治刀斧傷，金刃跌撲搽疥瘡。止血生肌能定痛，多年陳久入藥方。

鍛竈灰

**宋·唐慎微《證類本草》卷五玉石部下品〔《別錄》〕**　鍛竈灰　主癥瘕堅積，去邪惡氣。

〔梁·陶弘景《本草經集注》〕云：　即今鍛鐵竈中灰爾，兼得鐵力。以療暴癥，大有效。

〔宋·掌禹錫《嘉祐本草》〕按：《唐本》云：　貳車丸用之。陳藏器云：　竈突後黑土，無毒。主産後胞衣不下。末服三指撮，暖水及酒服之。天未明時取，至驗也。又云：　竈中熱灰和醋，熨心腹冷氣痛及血氣絞痛，冷即易。

〔宋·唐慎微《證類本草》〕《圖經》：　文具石灰條下。《經驗方》：　治婦人崩中。用百草霜二錢，狗膽汁一處拌勻，分作兩服，以當歸酒調下。《續十全方》：　治暴瀉痢。百草霜末，米飲調下二錢。《杜壬方》：　治逆生，橫生，瘦胎，姙娠産前、産後虚損，月候不調，崩中。百草霜、白芷等分末。每服二錢，童子小便、醋各少許調勻，更以熱湯化開服，不過二服即差。　治瘡：　頭瘡及諸熱瘡。先用醋少許和水，淨洗去痂，再用溫水洗，裛乾，百草霜細研，入膩粉少許，生油調塗，立愈。

**宋·王繼先《紹興本草》卷一**　鍛竈灰　紹興校定：　鍛竈灰，乃鍛鐵竈下灰也。《本經》雖有主療，而不載性味，有無毒。然諸灰皆有毒，今鍛竈灰當以味苦、有毒為定。方家亦稀用之。

**明·劉文泰《本草品彙精要》卷六**　鍛竈灰無毒。附竈突墨、竈中熱灰。

鍛竈灰：　主癥瘕堅積，去邪惡氣。名醫所錄。　〔地〕陶隱居云：　此即鍛鐵竈中灰耳，兼得鐵力，治疾多獲其效。今處處有之。　〔色〕黑。　〔臭〕朽。　〔主〕消堅積。　〔製〕碾細用。　〔治〕療：　陶隱居云：　除暴癥，大有效。　陳藏器云：　竈突後黑土，主産後胞衣不下。爲末，以三指撮暖水及酒服之，天未明時取，至驗也。　〔合治〕竈中熱灰合醋熨心腹冷氣痛及血氣絞痛，冷即易之。

**明·王文潔《太乙仙製本草藥性大全》卷六《本草精義》**　鍛鐵竈灰　即今鍛鐵竈中灰爾。兼得鐵力以療暴癥堅積，古方二車丸用之。

**明·王文潔《太乙仙製本草藥性大全》卷六《仙製藥性》**　鍛鐵竈灰又云是百草霜，未知孰是？　主治：　主癥瘕堅積神效，去邪惡忤氣奇捷。　補註：　治婦人崩中，用百草霜二錢，狗膽汁一處拌勻，分作兩服，以當歸酒調下。○治暴瀉痢，用末，米飲調下二錢。○治逆生、橫生，瘦胎姙娠，産前産後虚損，月候不調，崩中，用百草霜、白芷等分末，每服二錢，童便、醋少許調勻，以熱湯化開服，二服即差。○頭瘡及諸熱瘡，先用醋少許，和水净洗去痂，再用溫水洗，裛乾，百草霜細研，入膩粉少許，生油調塗。

**明·李時珍《本草綱目》卷七土部**　鍛竈灰《別錄》下品

〔集解〕弘景曰：　此鍛鐵竈中灰爾，兼得鐵力故也。

〔主治〕癥瘕堅積，去邪惡氣。《別錄》。　恭曰：　療暴癥有效。古方貳車丸中用之。

〔附方〕新一。　産後陰脱：　鐵爐中紫塵、羊脂，二味和勻，布裹炙熱，熨推納上。《徐氏胎産方》。

**清·葉桂《本草再新》卷一二**　爐內灰味甘、辛，性溫，無毒。入脾、肺二經。健脾開胃，主嗆欬氣逆。取其香之氣也。

冬灰

**宋·唐慎微《證類本草》卷五玉石部下品〔《本經·別錄》〕**　冬灰　**味辛，微溫。主黑子，去肬**音尤**息肉，疽蝕疥瘙。一名藜灰。**生方谷川澤。

〔梁·陶弘景《本草經集注》〕云：　此即今浣衣黃灰爾，燒諸蒿、藜，積聚鍊作之，性亦烈，又荻灰尤烈。欲銷黑誌，肬贅，取此三種灰和水蒸以點之即去，不可廣用，爛人皮肉。

〔唐·蘇敬《唐本草》〕注云：　桑薪灰，最入藥用，療黑子，肬贅，功勝冬灰。用煮小豆，大下水腫。然冬灰本是藜灰，餘草不真。又有青蒿灰，燒蒿作之。柃灰，燒木葉作。並入染用，亦堪蝕惡肉。柃灰一作苓字。

〔宋·掌禹錫《嘉祐本草》〕按：　陳藏器云：　桑灰，本功外，去風血癥瘕塊。又主水癊淋，取釅汁作食，服三五升。又取鼈一頭，治如食法，以桑灰汁煎如泥，和諸癥瘕藥重煎，堪丸，衆手捻成。日服十五丸，癥瘕痃癖無不差者。其方文多，不具載。

〔宋·唐慎微《證類本草》〕《圖經》：　文具石灰條下。

**宋·寇宗奭《本草衍義》卷六**　冬灰　諸家止解灰而不解冬，亦其闕也。諸灰一烘而成，惟冬灰，則經三四月方徹爐。灰既曉夕燒灼，其力得不全燥烈乎？　而又體益重。今一爇而成者體輕，蓋火力劣，故不及冬灰耳。若古緊面少容方中，用九燒益母灰，蓋取此義。如或諸方中用桑灰，自合依本法。既用冬灰，則須爾。《唐本》注云：　冬灰本是藜灰，未知別有何說。　又湯火灼，以餅爐中灰細羅，脂麻油調，羽掃，不得着水，仍避風。

**宋·王繼先《紹興本草》卷一** 冬灰 紹興校定：冬灰，即浣衣黄灰，乃蒿藜灰是也。又有荻灰、桑灰等，皆淋汁作煎，以點黑痣疣贅雖驗，但損人皮肉多矣。《本經》止載外用之法。若在注文入服餌之藥者，今未聞用之。當作味辛、微溫、有毒是矣。

**明·劉文泰《本草品彙精要》卷五** 冬灰無毒。附荻灰、桑薪灰、青蒿灰、柃灰。

**冬灰：主黑子，去疣**音尤，**息肉，疽蝕，疥瘙。**《神農本經》。【名】藜灰。【地】《圖經》曰：出方谷川澤。即今浣衣黄灰爾。燒諸蒿、藜積聚煉作之，性甚烈。又荻灰尤烈。欲銷黑痣疣贅，取此三種灰和，水蒸以點之，即去。不可廣用，爛人皮肉。《唐本》注云：桑薪灰最入藥用，療黑子疣贅，功勝冬灰。用煮小豆，大下水腫。然冬灰本是藜灰，餘草不真。又有青蒿灰，燒蒿作之；柃灰，燒木葉作之。並入染用，亦堪蝕惡肉。柃一作苓字。《衍義》曰：冬灰，諸家止解灰而不解冬，亦其闕也。諸灰一烘而成，惟冬灰則經三四月方徹爐，此灰既朝夕燒灼，其力得不全燥烈乎。又體益重，今一爇而成者，火力爲劣。其體則輕，故不及冬灰也。若古緊面少容方中，用九燒益母灰，蓋取此義爾。諸方中用桑灰，自合依本法。既用冬灰則須爾。【用】經冬三月者佳。【色】青白。【味】辛。【性】微溫，散。【氣】氣之厚者，陽也。【臭】朽。【主】去黑子，蝕惡肉。【治】療：陳藏器云：桑灰去風血，癥瘕塊，及水癊淋，取釃汁作飲，服三五升。【合治】餅爐中灰細羅，脂麻油調，療湯火灼。以羽掃，不得著水，仍避風。○桑灰汁合鱉一頭，治如食法，同煎如泥，和諸癥瘕藥重煎堪丸，衆手撚成，日服十五丸，療癥瘕痃癖，無不瘥者。

**明·王文潔《太乙仙製本草藥性大全》卷六《本草精義》** 冬灰 生方谷川澤。浣衣黄灰，燒諸蒿藜積聚鍊作之。今用灰多雜薪，蒸乃不善，惟桑薪灰純者。主黑子去肬贅息肉，破癰疽，殺蟲蝕疥瘙，入藥絶奇。古方以諸灰雜石灰熬煎，以點疣痣、黑子等，丹竈亦用之。

**明·王文潔《太乙仙製本草藥性大全》卷六《仙製藥性》** 冬灰即火爐灰。味辛，微溫，無毒。主治：因冬寒不斷其火，取性氣烈過三時。入劑用之，熬膏蝕肉，專理外科。補註：湯火，炙以餅爐中灰，細羅，麻油調，羽翎掃，不得着水，仍避風。

**明·李時珍《本草綱目》卷七土部** 冬灰《本經》下品

【釋名】宗奭曰：諸灰一爇而成，其體輕力劣；惟冬灰則經三四月方撤爐，其灰既曉夕燒灼，其力全燥烈，而體益重故也。【集解】《別録》曰：冬灰，生方谷川澤。弘景曰：此即今浣衣黄灰爾，燒諸蒿藜積聚鍊作之，性亦烈，荻灰尤烈。恭曰：冬灰本是藜灰，餘草不真。又有青蒿灰、柃灰，一作苓字，乃燒木葉作。並入染家用，亦蝕惡肉。時珍曰：冬灰，乃冬月竈中所燒薪柴之灰也。專指作蒿藜之灰，亦未必然。原本一名藜灰，生方谷川澤，殊爲不通。此灰既不當言川澤，又豈獨方谷乃有耶。今人以灰淋汁，取鹻浣衣，發麪令皙，治瘡蝕惡肉，浸藍澱染青色。

【氣味】辛，微温，有毒。【主治】去黑子、肬、息肉，疽，蝕疥瘙《本經》。煮豆食，大下水腫蘇恭。醋和熱灰，熨心腹冷氣痛，及血氣絞痛，冷即易藏器。治犬咬，熱灰傅之。又治溺死、凍死，蝕諸癰疽惡肉時珍。

【發明】時珍曰：古方治人溺水死，用竈中灰一石埋之，從頭至足，惟露七孔，良久即甦。凡蠅溺水死，試以灰埋之，少傾即便活，甚驗，蓋灰性暖而能拔水也。

【附方】新七。人溺水死：方見上。墮水凍死：只有微氣者，勿以火炙，用布袋盛熱灰，放在心頭，冷即换，待眼開，以温酒與之。《普濟方》。陰冷疼悶：冷氣入腹，腫滿殺人，醋和熱灰，頻熨之。《千金方》。湯火傷灼：餅爐中灰，麻油調傅。不得着水，仍避風。寇氏《衍義》。犬咬傷人：苦酒和灰傅之。或熱湯和之。《千金方》。

**清·穆石匏《本草洞詮》卷四** 冬灰 諸灰一爇而成。體輕力劣，惟冬灰則經三四月方撤爐，其灰曉夕燒灼，力全而體重也。味辛，氣溫，有毒。主去黑子肬息肉，疽蝕疥瘙。古方治人溺水死，用竈中灰一石埋之，從頭至足，惟露七孔，良久即甦。凡蠅溺水死，以灰埋之即活。蓋灰性暖而拔水也。

**清·李熙和《醫經允中》卷二三** 冬灰 治人溺水死，用竈中灰一石埋之，從頭至足，止露七孔，良久自甦，以灰性緩而能拔水也。

**清·葉志詵《神農本草經贊》卷三** 冬灰 味辛，微溫。主黑子去肬息肉，疽蝕疥搔。一名藜灰。生川澤。

鑪撥三冬，寒灰沉質。火荻輝揚，燃藜烟密。涗水漚絲，吹葭緩室。心地澄然，酒杯淋溢。

杜甫詩：蟄龍三冬卧。鮑照詩：寒灰滅更燃。寇宗奭曰：冬灰經三四月方撤鑪，其灰力燥體重。《抱朴子》：火荻數千束，因猛風而燔之。陸雲詩：厥輝愈揚。《漢書·傳》：劉向校書天禄閣，有老人植青藜杖，吹杖端烟然。陶弘景曰：諸蒿藜積聚鍊作之，性烈，荻灰尤烈。《周禮注》：涚水漚絲，以灰所泲水也。《後漢書・志》：候氣之法，布緹縵室中，每律各一，以葭莩灰抑其内端，氣至者灰去。李山甫詩：心地澄然一聚灰。蘇軾詩：趙子飲酒如淋灰，一年十萬八千杯。

### 石鹼

**明・李時珍《本草綱目》卷七土部**　石鹼《補遺》

〔釋名〕灰鹼　花鹼時珍曰：狀如石，類鹼，故亦得鹼名。　〔集解〕時珍曰：石鹼，出山東濟寧諸處。彼人采蒿蓼之屬，開窖浸水，漉起晒乾燒灰，以原水淋汁，每百引入粉麪二三斤，久則凝淀如石，連汁貨之四方，澣衣發麪，甚獲利也。他處以竈灰淋濃汁。亦去垢發麪。

〔氣味〕辛、苦，温，微毒。　〔主治〕去濕熱，止心痛，消痰，磨積塊，去食滯，洗滌垢膩，量虛實用，過服損人震亨。殺齒蟲，去目翳，治噎膈反胃，同石灰爛肌肉，潰癰疽瘰癧，去瘀血，點痣黶疣贅痔核，神效時珍。

〔附方〕新六。　多年反胃：方見鉛下。　消積破氣：石鹼三錢，山查三兩，阿魏五錢，半夏皂莢水製過一兩，爲末，以阿魏化醋煮糊丸服。《摘玄方》。　一切目疾：石鹼揀去黑碎者，厚帋七層，包掛風處，四十九日取，研極細，日日點之。《普濟方》。　拳毛倒睫：用刀微劃動，以藥泥眼胞上，睫自起也。石鹼一錢，石灰一錢，醋調塗之。《摘玄方》。　蟲牙疼痛：花鹻填孔内，立止。《儒門事親》。　痣黶疣贅：花鹻、礦灰，以小麥稈灰汁煎二味令乾，等分爲末，以針刺破，水調點之，三日三上，即去，須新合乃效。《聖濟錄》。

**明・繆希雍《本草經疏》卷三〇**　石鹼　味辛、苦、濇，氣温，微毒。性能除垢膩，磨積塊，過服能損人。同石灰、桑磠，透肌肉，潰癰瘰癧，去瘀肉，點痣黶疣贅。今人用以澣衣。出山東濟寧、大同諸處。彼人採蒿蓼之屬，開窖浸水，漉起晒乾，燒灰，以原水淋汁，每百斤入粉麵一二斤，則凝定如石，連汁貨之。

〔簡誤〕鹼乃輭堅消積之物，食之使人泄瀉。以其陰濕之性，潤下輭堅透肉，故於腸胃非宜。作泄胃薄者忌之。

**明・姚可成《食物本草》卷二一土部**　石鹼出山東濟寧諸處，彼人采蒿蓼之屬，開窖浸水，漉起晒乾，燒灰，以原水淋汁，每百引入粉麪二三斤，久則凝淀如石，連汁貨之四方，〔澣〕衣發麪，甚獲利也。他處以竈灰淋濃汁亦去垢發麪，今市肆炊製麪食，欲其鬆而且浮，往往以鹼水作酵，比之酒母尤勝。　石鹼，味辛、苦，溫，無毒。主去溼熱，止心痛。消痰，磨積塊。去食滯，洗滌垢膩。量虛實用，過服損人。殺齒蟲，去目翳，治噎膈反胃。同石灰爛肌肉，潰癰疽瘰癧去瘀肉。點痣黶疣贅痔核神效。

姚可成曰：地列三才，非土焉能博厚？性兼四德，萬類咸賴生成。吾人於一飯之頃而后土之功居多。寧不於是編之末，附錄數條，以備稽考？

**清・劉雲密《本草述》卷三**　石鹼時珍曰：狀如石，類鹼，故亦得鹼名。　時珍曰：石鹼出山東濟寧諸處，彼人採蒿蓼之屬，開窖浸水，漉起晒乾，燒灰，以原水淋汁，每百引入粉麪二三斤，久則凝淀如石，連汁貨之。四方澣衣發麪，其獲利也。他處以竈灰淋濃汁，亦去垢發麪。　氣味：辛、苦，溫，微毒。　主治：去溼熱，止心痛，消痰，磨積塊，去食滯。洗滌垢膩。量虛實用，過服損人丹溪。　同石灰爛肌肉，潰癰疽瘰癧，去瘀肉，點痣黶疣贅、痔核神效時珍。　類明曰：石鹼磨積塊，鹹耎故也。腸胃中之垢膩，能洗滌之，是鹹苦能消能降也。【略】

愚按：石鹼之用，在方書用之殊少。第丹溪主治，首言其去溼熱，止心痛，斷不為無據也。即其外治可以爛肌肉，潰癰疽及點痣黶疣贅等證，則内所聚結之溼熱，以傷其血，而及其主血之心者，謂斯味獨不能消之於内乎？以外方内，故必氣血壯實者，如溼熱之結積甚，或不容已而用之。不然，則亦唯是緩攻而善圖之耳。丹溪量人虛實一語，所當三思。

**清・汪昂《本草備要》卷四**　鹼一作鹻。瀉，磨積、去垢。　辛、苦，濇，溫。消食磨積，去垢除痰。治反胃噎膈，點痣黶疣贅。與壙灰等分，用小麥稈灰汁，煎乾爲末。挑破痣，三點即瘥。　發麪、浣衣多用之。　取蒿蓼之屬，浸曬燒灰，以原水淋汁，每百觔入粉麵二三斤，則凝淀如石。

**清・李熙和《醫經允中》卷二一**　碱　辛、苦，濇，溫。主治磨積去垢，點痣黶疣贅。

**清・馮兆張《馮氏錦囊秘錄・雜症痘疹藥性主治合參》卷五**　石鹼出山東濟甯、大同諸處。彼人採蒿蓼之屬，開窑浸水，漉起晒乾，燒灰，以原水淋汁，每百斤入粉麵一二斤，則凝定如石，連汁貨之。　石鹼，味辛、苦、濇，氣溫，微毒。性能除垢膩，磨積塊。過服能損人。同石灰、桑磠，透肌肉潰癰，消瘀肉瘰癧，點痣黶疣贅。今人用以澣衣。然鹼乃軟堅消積之物，食之使人泄瀉，以其陰濕之性，潤下軟堅透肉，故於腸胃非宜也。

**清・王道純《本草品彙精要續集》卷一**　石鹼微毒

石鹼： 主去濕熱，止心痛，消痰，磨積塊，化食滯，洗滌垢膩《衍義補遺》。殺齒蟲，去目翳，療噎膈反胃，同石灰，爛肌肉，潰癰疽瘰癧，去瘀肉，點痣靨疣贅痔核，神效《本草綱目》。 【名】灰鹼、花鹼。 【地】李時珍云： 石鹼，出山東濟寧諸處。 【質】狀如石，類鹼，故亦得鹼名。 【色】有黃、白二種。【味】辛，苦。 【性】溫。 【製】彼人採蒿蓼之屬，開窖浸水漉起，曬乾，燒灰，以原水淋汁，每百引入粉麵二三斤，久則凝澱如石，連汁貨之四方，澣衣、發麵甚獲利也。他處以竈灰淋濃汁，亦去垢發麵。 【治】《普濟方》： 治一切目疾。白鹹，揀去黑碎者，厚紙七層包，掛風處，四十九日取研極細，日日點之。○《儒門事親》方： 治蟲牙疼痛，花鹹填孔內立止。 【合治】《摘元方》： 消積破氣，用石鹹三錢，山楂三兩，阿魏五錢，半夏、皂莢水製過一兩，爲末，以阿魏化，醋煮糊丸服。○又方： 拳毛倒睫，用刀微劃動，以藥泥眼胞上睫自起也。石鹹一錢，石灰一錢，醋調塗之。○《聖濟錄》云： 點痣靨疣贅，用花鹹、礦灰，小麥稈灰汁煎二味，令乾，等分爲末，以針刺破水，調點之，三日三上，即去，須新合乃效。 【禁】朱震亨云： 量虛實用，過服損人。

亭部中土《綱目》附錄藉田土內。○《陰陽雜書》云： 取作泥，塗竈，水火、盜賊不經，塗屋四角，鼠不食蠶，塗倉困，鼠不食稻，塞穴，百日鼠皆絕去。

**清・吳儀洛《本草從新》卷五** 鹼〔瀉。 磨積去垢。〕 辛，苦，澀，溫。 消食磨積，去垢除痰。 治反胃噎膈，點痣靨疣贅。與擴灰等分，用小麥稈灰汁煎乾為末，針刺挑破，水調點之，三日三上即去。 須新合乃效。 發麵浣衣多用之。 取蓼蒿之屬，浸曬燒灰，以原水淋汁，每百斤入粉麵二三斤，則凝定如石。

**清・汪紱《醫林纂要探源》卷三** 鹻 辛，濇，寒。 柴灰也。 凡稻、麥、黍、稷之稈，及蒿蓼之屬，燒灰存性，以水淋汁為鹻，澣衣去垢，發麫起酵皆用之。 白麫入鹻水中，久則凝淀如石。 降胸膈痰涎，除腸胃積垢，功用略同石灰。 治反胃噎膈，火化之餘，能除鬱火，且辛潤苦降也。 然斂澀腸胃，反至停食。

**題清・徐大椿《藥性切用》卷七** 鹼 辛苦濇溫，消食磨積，去垢除痰。發麫浣衣皆用之。

**清・章穆《調疾飲食辯》卷一下** 鹼 此非煎鹽之鹼，乃用炭灰及雜薪灰淋出。 性能涌吐，去頑痰宿食。 外用蝕瘡瘍，久爛死肌惡肉，點疣痣。 飲食中用稍多，亦令人吐。 其性甚烈，內外俱不宜輕用。 石灰及煅竈中灰尤烈。

**清・楊時泰《本草述鉤元》卷三** 石鹼 其狀如石，類鹼，故名。 出山東濟寧諸處。 造法： 采蒿、蓼之屬，開窖浸水，漉起，曬乾燒灰，以原水淋汁，每百斤入粉麫二三斤，久則凝淀如石，連汁貨之四方，澣衣發麫，甚獲利也。他處以竈灰淋濃汁，亦去垢發麫瀕湖。

味辛苦，氣溫，微毒。 去濕熱，止心痛，消痰，磨積塊，去食滯，洗滌垢膩。量虛實用，過服損人丹溪。 同石灰爛肌肉，潰癰疽瘰癧，去瘀肉，點痣靨、疣贅、痔核，神效瀕湖。 能消能降，腸胃中之垢膩能洗滌之《類明》。 消積破氣，石鹼三錢，山查三兩，阿魏五錢，半夏皂莢水製過一兩，為末，以阿魏化醋，煮糊丸服。 一切目疾，白鹼揀去黑碎者，厚紙七層包，掛風處四十九日，取研極細，日日點之。 痣靨疣贅，花鹼、礦灰，以小麥稈灰汁煎二味，令乾，等分為末，鍼刺破，水調點之，三日三上，即去，須新合乃效。 蟲牙疼痛，花鹼填孔內，立止。 陰濕之性，潤下軟堅，故於腸胃不宜，食之使人泄瀉，作瀉胃薄者忌之仲淳。

**清・趙其光《本草求原》卷二三土部** 石鹹一名鹽鹵。 陰濕，辛、苦，溫，微毒。 潤下，軟堅。 去濕熱結心痛，消痰磨積、同楂肉、阿魏，半夏皂莢水製，醋和丸。 目翳、牙蟲，填孔內。 噎膈。 見鉛下。 不可過服。 同石灰或加麥杆灰汁，爛肌潰瘡去瘀腐，點瘰癧、痣痔、疣核神效。

取蒿蓼之屬，浸曬燒灰，以原水淋汁，每百斤入粉麵二三斤，則凝淀如石。 發麯，浣衣，去垢。 多用之。

諸土有毒

**宋・唐慎微《證類本草》卷四玉石部中品〔唐・陳藏器《本草拾遺》〕** 諸土有毒 怪曰墳羊，掘土見之，不可觸，已出上土部。 土有氣，觸之令人面黃色，上氣身腫，掘土處慎之，多斷地脉，古人所忌。 地有仰穴，令人移也。

# 金石部

## 題解

**明・李時珍《本草綱目》卷八金石部**　李時珍曰：石者，氣之核，土之骨也。大則爲岩巖，細則爲砂塵。其精爲金爲玉，其毒爲礜爲砒。氣之凝也，則結而爲丹青；氣之化也，則液而爲礬汞。其變也：或自柔而剛，乳鹵成石是也；或自動而静，草木成石是也；飛走含靈之爲石，自有情而之無情也；雷震星隕之爲石，自無形而成有形也。大塊資生，鴻鈞鑪鞴，金石雖若頑物，而造化無窮焉。身家攸賴，財劑衛養，金石雖曰死瑶，而利用無窮焉。是以《禹貢》《周官》列其土産，農經、軒典詳其性功，亦良相、良醫之所當注意者也。迺集其可以濟國却病者一百六十一種爲金石部，分爲四類：曰金，曰玉，曰石，曰鹵。舊本玉石部三品，共二百五十三種。今併入二十八種，移三十二種入水部，三十九種入土部，三種入服器部，一種入介部，一種入人部。

**清・汪紱《醫林纂要探源》卷三**　石亦金類也。

## 論説

**宋・張杲《醫説》卷九**　服金石藥之戒　服金石藥者，潛假藥力以濟其欲。然多諱而不肯言，一旦疾作，雖欲諱不可得也。吴興吴景淵刑部，服硫黄，人罕有知者。其後二十年，長子橐為華亭市易官，發背而卒，乃知流毒傳氣尚及其子，可不戒哉《泊宅編》？

**清・黄凱鈞《橘旁雜論》卷下**　論金石　或問曰：金石之藥，埋之不腐，煮之不爛，用能固氣，可以延年；草木之藥，未免腐爛，焉有固駐之功？答曰：金石之藥，其性慓悍，而無津液之潤。人服金石，當壯盛時，未見其害；及其衰弱，毒則發焉。夫壯年氣盛則能制，血旺則能行，故不發也。及其氣虚血衰，不能行制，毒積於臟腑，大患生焉。何固駐之有？或問曰：亦有未衰弱而石發，何也？答曰：憂恚在心，氣血不宣暢，營衛澀滞，不能行石，熱結不散，隨其所積，發諸癰瘡。又有服石之人，倚石熱而縱慾，恃石勢而啖肥濃，以為奇效，而不知精液潛耗，猛熱遂作，烈火燎原，罕不焦土。問曰：金石之為害若此，農皇何以標之於《本經》？答曰：大虚積冷之人，不妨暫服，疾愈即止，亦無害也。又問曰：石性慓悍，臟衰則發，今病者先虚而後服石，豈能制其勢力乎？且未見其害何也？答曰：初服之人，石勢未積，又乘虚冷之體，焉得發邪？又曰：草木自不能久，豈能益人哉？答曰：服之不倦，勢力相接，積年之後，必獲大益。夫攻之藥，以疾差見功；固駐之方，覺安為效。形神既寧，則壽命日永矣。

**清・龍之章《蠢子醫》卷二**　金石之藥能涼血除風，風火諸症宜用　人生氣逆不能行，痰涎風火從此生。實用肝横來克土，不得金石必不中。滑石能利竅，赤石能澀精。礞石能墜痰，朱砂能鎮驚。磁石滋腎水，赤金把火平。避陽砂兮善涼血，自然銅兮多通經。一切氣逆不能行，必得金石始克清。況乎金石能生水，轉眼萌芽又發生。雖與肝木相為敵，實與肝木若有情。我今再勸司命者，還須山經誦一通。

金石之藥治虚癆雜疾百藥不效者，甚有奇驗　涼血破血金石堪，一切虚癆他能痊。補藥破藥全不效，治得久時心内翻。但用二藥研為末，避陽砂、自然銅、朱砂、礞石、琥珀之類。紅糖和入日日餐。不論邪祟與狐鬼，真是神仙絕妙丹。

# 金分部

## 綜述

金

**宋・唐慎微《證類本草》卷四玉石部中品〔《别録》〕**　金屑　味辛，平，有毒。主鎮精神，堅骨髓，通利五藏，除邪毒氣，服之神仙。生益州。採無時。

〔梁・陶弘景《本草經集注》〕云：　金之所生，處處皆有，梁、益、寧三州多有，出水沙中，作屑，謂之生金。辟惡而有毒，不鍊服之殺人。建平、晉安亦有金砂，出石中，燒鎔鼓鑄爲碣，雖被火亦未熟，猶須更鍊。高麗、扶南及西域外國成器皆鍊熟，可服。仙經以醯、蜜及猪肪、牡荆、酒輩，鍊餌柔軟，服之神仙。亦以合水銀作丹砂外，醫方都無用者，當是慮其有毒故也。仙方名金爲太真。

〔宋・馬志《開寶本草》〕注：　醫家所用皆鍊熟，金薄及以水煎金器取汁用之，固無毒矣。按陳藏器《拾遺》云，嶺南人云生金是毒蛇屎，此有毒。常見人取金，掘地深丈餘，至紛子石，石皆一頭黑焦，石下有金，大者如指，小猶麻豆，色如桑黄，咬時極軟，即是真金。夫匠竊而吞者，不見有毒。其麩金出水沙中，氈上掏取，或鵝、鴨腹中得之，即便打成器物，亦不重鍊。煎取金汁，便堪鎮心。此乃藏器傳聞之言，全非。按：　據皇朝收復嶺表，詢其事于彼人，殊無蛇屎之事，入藥當必用熟金，恐後人覽藏器之言惑之，故此明辨。

〔宋・掌禹錫《嘉祐本草》〕按：　《藥性論》云：　黄金屑，金薄亦同。主小兒驚，傷五藏，風癇，失志，鎮心，安魂魄。楊損之云：　百鍊者堪，生者殺人，水飲合膏，飲之即不鍊。日華子云：　金，平，無毒。畏水銀。鎮心，益五藏，添精補髓，調利血脉。

〔宋・蘇頌《本草圖經》〕曰：　金屑，生益州。銀屑，生永昌。陶隱居注云：　金之所生，處處皆有，梁、益、寧三州多有，出水沙中，作屑，謂之生金。而銀所出處，亦與金同，但皆生石中耳。蘇恭以爲銀之與金，生不同處。金又出水中。陳藏器云：　生金是毒蛇屎，常見人取金，掘地深丈餘，至紛子石，石皆一頭黑焦，石下有金，大者如指，小猶若麻豆，色如桑黄，咬時極軟，即是真金。麩金出水沙中，氈上淘取，或鵝、鴨腹中得之。注以陳説爲非，是。然今饒、信、南、劍、登州出金處，採得金亦多端，或有若山石狀者，或有若米豆粒者，若此類未經火，皆可爲生金。其銀在鑛中，則與銅相雜，土人採得之，必以鉛再三煎鍊方成，故不得爲生銀也。故下別有生銀條云：　出饒州、樂平諸坑生銀鑛中，狀如硬錫，文理麁錯，自然者真。今坑中所得，乃在土石中，滲溜成條，若絲髮狀，土人謂之老翁鬚，似此者極難得。方書用生銀，必得此乃真耳。金屑，古方不見用者。銀屑，惟葛洪治癰腫五石湯用之。今人彌不用，惟作金銀薄入藥甚便。又金石淩、紅雪、紫雪輩，皆取金銀取汁，此亦通用經鍊者耳。

〔宋・唐慎微《證類本草》〕《海藥》云：　按《廣州記》云：　出大食國，彼方出金最多，凡是貨易并使金。金性多寒，生者有毒，熟者無毒。主癲癇，風熱上氣，咳嗽，傷寒，肺損吐血，骨蒸勞極渴，主利五藏邪氣，補心，並入薄於丸散服。《異志》云：　金生麗水。《山海經》説：　諸山出金極多，不能備録。蔡州出瓜子金，雲南山出顆塊金，在山石間採之。黔南、遂府、吉州水中並産麩金。又《嶺表録異》云：　廣州涪涯縣有金池，彼中居人忽有養鵝、鴨，常於屎中見麩金片，遂多養收屎淘之，日得一兩或半兩，因而至富矣。《淮南子》：　陽燧見日，然而爲火。許慎注云：　陽燧金也。取金杯無緣去聲者，熟磨令熱，日中時日下以艾承之，則然得火也。《太清服煉靈砂法》：　金所稟于中宮陰己之魄，性本剛，服之傷損肌。《寶藏論》：　凡金有二十件：　雄黄金、雌黄金、曾青金、硫黄金、土中金、生鐵金、熟鐵金、生銅金、鍮石金、砂子金、土碌砂子金、金母砂子金、白錫金、黑鉛金、朱砂金，已上十五件，惟祇有還丹金、水中金、瓜子金、青麩金、草砂金等五件是真金，餘外並皆是假。《丹房鏡源》：　楚金出漢江五溪，或如瓜子形，雜衆金，帶青色。若天生牙，亦曰黄牙。若製水銀，朱砂成器爲利術，不堪食，内有金氣毒也。《青霞子》：　《金液還丹論》：　金未增年。又黄金破冷除風。

**宋・唐慎微《證類本草》卷三玉石部上品〔唐・陳藏器《本草拾遺》〕**　金漿　味辛，平，無毒。主長生神仙。久服腸中盡爲金色。

**宋・寇宗奭《本草衍義》卷五**　金屑　不曰金而更加屑字者，是已經磨屑可用之義，如玉漿之義同。二經不解屑爲未盡，蓋須烹煉，煅屑爲薄，方可研屑入藥。陶隱居云：　凡用銀屑，以水銀和成泥，若非煅屑成薄，焉能以水銀和成泥也？獨不言金屑，亦其闕也。生金有毒，至于殺人，仍爲難解。有中其毒者，惟鷓鴣肉可解，若不經煅屑，則不可用。顆塊金即穴山或至百十尺，見伴金石，其石褐色，一頭如火燒黑之狀，此定見金也。其金色深赤黄。麩金即在江沙水中淘汰而得，其色淺黄。此等皆是生金也，得之皆當銷煉。麩金耗折少，塊金耗折多。入藥當用塊金，色既深，則金氣足，餘更防罨製成及點化者，如此，焉得更有造化之氣也。若本朝張永德，字抱一，并州人，五代爲潞帥，淳化二年改并州。初寓睢陽，有書生鄰居卧病，永德療之獲愈。生一日就永德求汞五兩，即置鼎中，煮成中金。永德懇求藥法，生曰：　君當貴，吾不吝此，慮損君福。煅工畢升言：　祥符年，嘗在禁中爲方士王捷煅金，以鐵爲金，凡百餘兩爲一餅，輻解爲八段，謂之鴉嘴金。初自治中出，色尚黑。由是言之，如此之類，乃是水銀及鐵，用藥製成，非造化所成，功治焉得不差殊？如惠民局合紫雪用金，蓋假其自然金氣爾。然惡錫。又東南方金色深，西南方金色淡，亦土地所宜也，入藥故不如色深者。然得餘甘子則體柔，亦相感爾。

**宋・王繼先《紹興本草》卷一**　金屑　紹興校定：　金屑，生於附石水沙中。性味主治已載《本經》，然稱有毒，蓋謂未經鍛煉，生用而尚帶石氣。今方家多取經煉熟金作薄，及水煮金器取汁用之，當為無毒是也。論屑者以謂作細碎爾，其熟亦可作之。

**宋・劉明之《圖經本草藥性總論》卷上**　金屑　味辛，平，有毒。主鎮精神，堅骨髓，通利五臟，除邪毒。《藥性論》云：金薄亦同。主小兒驚傷，五臟風癇失志，鎮心安魂魄。日華子云：平，無毒。鎮心，益五臟，添精補髓，調利血脉。青霞子云：《金液還丹論》金末增年。又黄金破冷除風。畏水銀。

**明・王綸《本草集要》卷五**　金屑金箔同　味辛，氣平，有毒。畏水銀。用宜鍊熟，生者殺人。　主鎮精神，安魂魄，堅骨髓，通利五臟，小兒驚傷風癇失志。

**明・滕弘《神農本經會通》卷六**　金屑　金薄同。畏水銀。用宜鍊熟，生者殺人。《局》云：烹煉鍛屑，金薄研用。益州、信州。　味辛，氣平，有毒。

《本經》云：主鎮精神，安魂魄，堅骨髓，通利五臟，除邪毒氣，服之神仙。陶隱居云：多出水沙中，作屑，謂之生金。辟惡而有毒，不鍊服之殺人。醫方都無用者，是慮其有毒故也。《今注》云：醫家所用，皆鍊熟金薄，及以水煎金器，取汁用之，無毒。《藥性論》云：黄金屑，金薄亦同，主小兒驚傷五臟，風癇失志，鎮心，安魂魄。日華子云：金，平，無毒。畏水銀。鎮心，益五臟，添精補髓，調利血脉。《衍義》曰：金屑不曰金，而更加屑字者，是已經磨屑可用之義，如玉漿之義同。二經不解屑為未盡，蓋須烹鍊鍛屑為薄，方可研屑入藥。隱居云：凡用銀屑，以水銀和成泥，若非鍛屑成薄，焉能以水銀和成泥也？生金有毒，至於殺人，仍為難解。有中其毒者，惟鷓鴣肉可解。若不經鍛屑，則不可用。《局》云：金屑除邪通五臟，能堅骨髓鎮精神。鍊成金薄宜驚病，生用須知毒損人。

**明・劉文泰《本草品彙精要》卷三**　金屑生有毒，熟無毒。　石生。

金屑：主鎮精神，堅骨髓，通利五臟，除邪毒氣，服之神仙。名醫所錄。

【名】生金。《寶藏論》云：凡金有二十種：還丹金、水中金、瓜子金、青麩金、草砂金，已上五種是真金，堪入藥用。雄黄金、雌黄金、曾青金、硫黄金、土中金、生鐵金、熟鐵金、生銅金、鍮石金、砂子金、朱砂金、白錫金、土碌砂子金、金母砂子金、黑鉛金，已上十五種是假金，不入藥用。　【地】《圖經》曰：金之所產雖有數處，而梁、益、甯三州尤多。生於水底沙中，謂之生金。今人乃以氈上淘取。又黔南遂府、吉州水中並產麩金。《嶺表錄》云：廣州浛洭縣有金池，彼中居人多養鵝鴨，常於屎中淘得之。《山海經》說：諸山出金最多，不獨生於水也。蔡州出瓜子金，雲南出顆塊金，俱于山石間取之。其饒、信、南劍、登州金亦多端，或有若山石狀者，或有若米豆粒者，此類未經火煅，皆爲生金，不堪入藥。其屑古方不見用者，而金箔入藥最爲甚便。紅雪、紫雪輩皆取金汁用之，此亦煅煉者爾。《衍義》曰：金屑不曰金而更加屑字者，是已經磨屑如玉漿之義也。生金若不煅，屑不可入藥，顆塊金，穴山或至百十尺，若見伴金石，定見金也。其石褐色，一頭如火燒黑之狀，此金色深赤黄。麩金乃江水中淘汰而得，其色淡黄，此皆生金。若銷煉之，麩金耗折少，塊金耗折多，入藥當用塊金，蓋取其金色深則金氣足矣。【時】採：無時。【用】經煅煉者佳。【質】類沙而黄。【色】黄。【味】辛。【性】平，散。【氣】氣之薄者，陽中之陰。【臭】朽。【主】辟邪去惡，鎮心安魄。【反】畏水銀。惡錫。【製】以火煅煉則爲熟金，磨屑用或煎取汁用。或爲金箔入丸藥用。【治】療：《藥性論》云：主小兒驚傷五臟，風癇失志。日華子云：鎮心，利血脈。《別錄》云：治風熱，上氣欬嗽，傷寒肺損吐血，骨蒸勞極渴。補：日華子云：益五臟，添精補髓。【禁】不鍊服之殺人，多服傷損肌肉。【解】中金毒，以鷓鴣肉解之。

**明・許希周《藥性粗評》卷四**　飛金銀之屑，精氣流通。

金銀屑，即金銀薄也。經火煅煉，亦其本性之名，與礦中新出，或雖經火而尚生硬者不同。畏水銀。味辛，性平，無毒。主治顛癇驚悸，鎮精神，堅筋骨，宣利五臟，流通精氣。方術有服之至仙者。今人入藥以煉熟金銀同煎，取氣以相助，更不用屑亦可。

**明・鄭寧《藥性要略大全》卷八**　金屑　味辛，氣平，有毒。處處有之。惟梁、益、寧三州及訶國最多。出水中沙石間，淘得其屑，謂之生金。未鍊服之，殺人。不禁敲打，打之即碎。必煅鍊而後可成器。凡服食必依《經》以藥物法度製鍊之，然後可以服餌。若無藥製服之者，必墜腸而死。畏水銀，又與水銀同處出。

金箔　鎮心而安魂魄，專治驚悸。〇上文所云金屑，未見火之生金也。此云金箔，即金屑所煉打薄而成片者也。氣味、主治，皆與金屑同。

**明・陳嘉謨《本草蒙筌》卷八** 金屑 味甘，氣平，有毒。一云：性多寒，無毒。隨處皆有，益州屬四川，今改成都府。獨多。收採不同，形色自異。麩片金淘水沙內，色却淡黃；瓜子金亦有顆塊者，取山石間，色乃深赤。又說：西北金色淺，東南金色深，此又各土所宜爾。畏水銀錫，惧犯色變；得餘甘子，相感體柔。古方紫雪用之，蓋假自然氣也。名僉加屑，義在摩成。或洗淨金器水煎，或擂碎金箔湯服。生金未鍊，切忌妄投。若毒中腹中，鷓鴣肉可解。除邪殺毒，卻熱敺煩。安魂魄，養心神，堅骨髓，和血脉。禁癲疾狂走，止驚悸風癇。幼科藥作錠丸，必資此為衣飾。○金石能健肥肢體，駐顏壯陽。○金漿可長生神僊，延年益壽。○金芽亦如金色，燒淬去麁汁纔宜；專療瘴氣傳屍、風毒及鬼疰等疾。孫思邈治此證，有大小金芽散。○金星石有金星簇如麩片，出濠州，屬鳳陽。治肺損欬嗽吐紅。

**明・方穀《本草纂要》卷九** 金銀箔 味辛，氣平，有毒。主安五臟，壯精神，養魂魄，止驚悸，寧心志，鎮癲狂，除邪熱，爲至寶之神藥也。吾見小兒驚風、驚搐、驚癇、驚哭，用此神效。殊不知小兒初生，氣血未平，心神未定，如遇少驚，則恐惕而煩亂，或癲癇而搐搦，欲得金銀以鎖之也。大抵金銀之寶，爲天地間神足氣滿之物，而吾身鎖心安神之藥也。蓋吾身之中，所主者心，心之所藏者神，神有所虧，則心不自守，而治心之病，必歛神爲先可也。故將神足之物，而補其心；氣滿之物，而充其神，使神安而心定，氣壯而心和矣。何況於驚惕等症之所生乎？

**明・王文潔《太乙仙製本草藥性大全》卷六《本草精義》** 金屑 金屑生益州，又云金之所生，處處有之。梁、益、寧三州多有，出水沙中作屑，謂之生金。又廣州洽涯縣有金池，彼中居人，忽有養鵝鴨，常於屎中見麩金片，遂多養收屎淘之，日得一兩或半兩，因而至富矣。陳藏器云：生金是毒蛇屎，常見人取金，掘地深丈餘，至紛子石下有金，大者如指，小尤若麻豆，色如桑黃，咬時極軟，即是真金。麩金出水沙中，氈上淘取，或鵝鴨腹中得之。今饒、信、南劍、登州所出金處，採得金亦多端，或有若山石狀者，或有若米豆粒者，若此類未經火，皆可爲生金。百鍊者堪入藥，生者殺人。水飲、合膏飲之，即不鍊。畏水銀。又說西北金色淺，東南金色深，此又各土所宜爾。畏水銀、錫，惧犯色變，得餘甘子相感體柔。古方紫雪用之，蓋假自然氣也。按：《衍義》云：金屑不曰金，而更加屑字者，是已經磨屑可用之義，如玉漿之義同。二經不解屑爲未盡，蓋須烹鍊鍛屑爲薄，方可研屑入藥，如惠民局合紫雪用金，蓋假其自然金氣耳。然惡錫。又東南方金色深，西南方金色淡，亦土地所宜也，入藥故不如色深者。然得餘甘子則體柔，亦相感爾。

**明・王文潔《太乙仙製本草藥性大全》卷六《仙製藥性》** 金漿 味辛，氣平，無毒。餌之可長生神仙，延年益壽，久服腸中盡成金色。補註：神仙消金玉漿法：葱者，菜之伯，雖臭而有用消金、玉、錫石也。又以冬至日取葫蘆盛葱汁，根莖埋於庭中，到夏至發之，盡爲水，以漬金、玉、銀、青石各三分，自消矣。曝令乾如飴，可休糧，久服神仙，亦曰金漿也。

金屑君 味甘，氣平，有毒。一云性多寒，無毒。主治：名僉，加屑，義在摩成。或洗净金器水煎，或擂碎金箔湯服。生金未鍊，切忌妄投。若毒中腹中，鷓鴣肉可解。除邪殺毒，却熱祛煩。安魂魄，養心神，堅骨髓，和血脉。禁癲疾狂走，止驚悸風癇。益五臟添精補髓，治驚風定志鎮心。幼科藥錠丸，必資此爲衣飾。鍊餌柔軟，服之神仙。補註：仙經以醢、蜜及猪肪、牡荊、酒輩鍊餌柔軟，服之神仙。亦以水銀作丹砂(外)。○小兒驚，煎取金汁，便服鎮心。

**明・皇甫嵩《本草發明》卷五** 金屑中品，臣。味辛，平，有小毒。註云：生者有毒，鍊過無毒，性亦寒。發明曰：金屑，大抵性寒，而為鎮定之用。故《本草》主鎮精神，堅骨髓，利五臟，除邪毒氣。《藥性》云：鎮心，安魂魄，風癇失志驚悸。《海藥》云：性多寒，主癲癇風熱，上氣咳嗽，肺損吐血，骨蒸勞極渴。大約主鎮心神，安魂，止驚癇之用為專。畏水銀，犯之色變。得餘甘子能柔。古方紫雪用之，蓋假自然氣也。名為金屑，是已經磨屑，可用之義。須煅鍊為之金箔，擂碎為屑，作錠丸藥衣飾。或磨成水，洗淨金器，水煎。切忌用未鍊生金。中其毒，鷓鴣肉解之。

金牙，下品。味酸，平，無毒。主鬼疰毒蠱諸疰。《藥性》云：治一切風，筋骨攣急，腰脚不遂。又云：主小兒驚癇。孫思邈治風毒及鬼疰，南方瘴氣、傳屍等，有大小金牙散。生蜀郡，如金色者良。石間打出者，又有銅牙，亦相似，但外黑色，方家少用，燒淬，浸酒服之。金漿，上品。味辛，平，無毒。可長生延年神仙，久服之，腸中盡為金色。但得之不製鍊真者難。金石，味甘，無毒。補腰脚冷，久羸，不能食，能肥健肢體，壯陽，駐顏色，暴熱脫髮，飛鍊服之。生五臺山清涼寺石中，金屑作赤褐色。〇《圖經》云：金石凌、紅雪、紫雪，皆取金銀汁經鍊者。未詳。

## 明・李時珍《本草綱目》卷八金石部・金類

金《別錄》中品。校正：併入《拾遺》金漿。

【釋名】黄牙《鏡源》 太真時珍曰：按許慎《説文》云：五金黄爲之長，久埋不生衣，百鍊不輕，從革不違，生於土，故字左右注，象金在土中之形。《爾雅》云：黄金謂之璗，美者謂之鏐，餅金謂之鈑，絶澤謂之銑。獨孤滔云：天生牙謂之黄牙。梵書謂之蘇伐羅。弘景曰：仙方名金爲太真。

【集解】《別録》曰：金屑生益州，采無時。弘景曰：金之所生，處處皆有，梁、益、寧三州多有，出水沙中，作屑，謂之生金。建平、晋安亦有金沙，出石中，燒鎔鼓鑄爲碢，雖被火亦未熟，猶須更鍊。高麗、扶南及西域外國〔等地〕成器，皆鍊熟可服。藏器曰：生金生嶺南夷獠峒穴山中，如赤黑碎石、金鐵屎之類。南人云：毒蛇齒落在石中。又云：蛇屎着石上，及鴆鳥屎着石上皆碎，取毒處爲生金，有大毒，殺人。《本草》言黄金有毒，誤矣。生金與黄金全别也。常見人取金，掘地深丈餘，至紛子石，石皆一頭黑焦，石下有金，大者如指，小者猶麻豆，色如桑黄，咬時極軟，即是真金。夫匠竊而吞者，不見有毒，其麩金出水沙中，氈上淘取，或鵝鴨腹中得之，即便打成器物，亦不重鍊。煎取金汁，便堪鎮心。志曰：今醫家所用，皆鍊熟金箔，及以水煮金器，取汁用之，則無毒矣。皇朝收復嶺表，詢訪彼人，並無蛇屎之説，藏器傳聞之言，非矣。頌曰：今饒、信、南劍、登州所出，采亦多端，或有若山石狀者，若米豆粒者，此類皆未經火，並爲生金。珣曰：《山海經》所説諸山出金極多，不能備録。《廣州記》云：大食國出金最多，貨易並用金錢。《異物志》云：金生麗水。又蔡州出瓜子金，雲南出顆塊金，在山石間采之。黔南、遂府、吉州水中，並産麩金。《嶺表録》云：五嶺内富州、賓州、澄州、涪縣，江溪河皆産金。居人多養鵝鴨取屎，以淘金片，日得一兩或半兩，有終日不獲一星者。其金夜明。宗奭曰：顆塊金，即穴山至百十尺，見伴金石，定見金也。其石褐色，一頭如火燒黑之狀，其金色深赤黄。麩金，即在江沙水中淘汰而得，其色淺黄。皆是生金，得之皆當鑄鍊，麩金耗多。入藥當用塊金，色既深，則金氣足餘。須防藥制成及點化者，此等焉得有造化之氣。如紫雪之類，用金煮汁，蓋假其自然之氣爾。又東南金色深，西南金色淡，亦土地所宜也。時珍曰：金有山金、沙金二種。其色七青、八黄、九紫、十赤，以赤爲足色。和銀者性柔，試石則色青；和銅者性硬，試石則有聲。《寶貨辨疑》云：馬蹄金象馬蹄，難得。橄欖金出荆湖嶺南。胯子金象帶胯，出湖南北。瓜子金大如瓜子，麩金如麩片，出湖南及高麗。沙金細如沙屑，出蜀中。葉子金出雲南。《地鏡圖》云：黄金之氣赤，夜有火光及白鼠。或云：山有薤，下有金。凡金曾在冢墓間及爲釵釧溲器者，陶隱居謂之辱金，不可合煉。《寶藏論》云：金有二十種。又外國五種。還丹金，出丹穴中，體含丹砂，色尤赤，合丹服之，希世之寶也。麩金出五溪、漢江，大者如瓜子，小者如麥，性平無毒。山金出交廣南韶諸山，銜石而生。馬蹄金乃最精者，二蹄一斤。毒金即生金，出交廣山石内，赤而有大毒，殺人，鍊十餘次，毒乃已。此五種皆真金也。水銀金、丹砂金、雄黄金、雌黄金、硫黄金、曾青金、石緑金、石膽金、母砂金、白錫金、黑鉛金，並藥制成者。銅金、生鐵金、熟鐵金、鍮石金，並藥點成者。已上十五種，皆假金也，性頑滯有毒。外國五種，乃波斯紫磨金、東夷青金、林邑赤金、西戎金、占城金也。

金屑 【氣味】辛，平，有毒。大明曰：無毒。珣曰：生者有毒，熟者無毒。宗奭曰：不曰金而更加屑字者，是已經磨屑可用之義，必須烹鍊鍛屑爲箔，方可入藥。金箔亦同生金，有毒能殺人，且難解。有中其毒者，惟鷓鴣肉可解之。若不經鍛，屑即不可用。金性惡錫，畏水銀，得餘甘子則體柔，亦相感耳。時珍曰：洗金以鹽。駱駝、驢、馬脂，皆能柔金。金遇鉛則碎，翡翠石能屑金，亦物性相制也，金蛇能解生金毒。晋賈后飲金屑酒而死，則生金有毒可知矣。凡用金箔，須辨出銅箔。【主治】鎮精神，堅骨髓，通利五臟邪氣，服之神仙《別録》。療小兒驚傷五臟，風癇失志，鎮心安魂魄甄權。癲癇風熱，上氣欬嗽，傷寒肺損吐血，骨蒸勞極作渴，並以箔入丸散李珣。破冷氣，除風青霞子。

金漿《拾遺》 【氣味】同金。 【主治】長生神仙。久服，腸中盡爲金色藏器。

【發明】弘景曰：生金辟惡而有毒，不鍊服之殺人。仙經以醯、蜜及猪肪、牡荆、酒輩鍊至柔軟，服之成仙，亦以合水銀作丹砂。醫方都無用者，當是慮其有毒爾。損之曰：生者殺人，百鍊者乃堪服，水銀合膏飲即不鍊。頌曰：金屑古方不見用者，惟作金箔，入藥甚便。又古方金石凌、紅雪、紫雪輩，皆取金銀煮汁，此通用經鍊者，假其氣爾。時珍曰：金乃西方之行，性能制木，故療驚癇風熱肝膽之病，而古方罕用，惟服食家言之。淮南三十六水法，亦化爲漿服餌。葛洪《抱朴子》言：餌黄金不亞于金液。其法用豕負革肪、苦酒鍊之百遍即柔，或以樗皮治之，或以牡荆酒、慈石消之爲水，或以雄黄、雌黄合餌，皆能地仙。又言丹砂化爲聖金，服之昇仙。《別録》、陳藏器亦言久服神仙。其説蓋自秦皇、漢武時方士傳流而來，豈知血肉之軀，水穀爲賴，可能堪此金石重墜之物久在腸胃乎？求生而喪生，可謂愚也矣。故《太清法》云：金禀中宫陰己之氣，性本剛，服之傷損肌肉。又《東觀秘記》云：亡人以黄金塞九竅，則尸不朽。此雖近於理。然亦誨盗矣，曷若速化歸虚之爲愈也哉。

【附方】新五。 風眼爛弦：金環燒紅，掠上下瞼肉，日數次，甚妙。《集簡方》。 牙齒風痛：火燒金釵針之，立止。《集簡方》。 輕粉破口：凡水腫及瘡病，服輕粉後口瘡齦爛。金器煮汁頻頻含漱，能殺粉毒，以愈爲度。《外臺秘要》。 水銀入耳：能蝕人腦。以金枕耳邊，自出也。張仲景方。 水銀入肉：令人筋攣。惟以金物熨之，水銀當出蝕金，候金白色是也，頻用取效，此北齊徐王方也。《本草拾遺》。

## 明・薛己《本草約言》卷二《藥性本草》

金箔 亦鎮心府之神志。熱病而陽病發狂，人糞汁安免；産後和打撲傷損，童男溺可容。人溺降火滋陰甚速，童便為佳。童溺氣涼無毒，剪除首尾，或攙藥同服，或單味竟吞。勞熱咳嗽能驅，鼻紅吐衄堪止。治撲損瘀血作痛，和酒立可消除。療產後敗血攻心，溫飲能壓下。難產胎衣不下，煎同薑、葱。毒蛇狂犬咬傷，熱淋患處。童便產後下盞，壓下敗血惡物，不致他病。熱中，多方用之。

**明・梅得春《藥性會元》卷下**　金屑　味辛，有毒。　主鎮精神，堅骨髓，通利五臟，除邪氣。產益州，採無時。　金箔　同。味辛，平，無毒。主鎮心神，安魂魄，定驚悸，治癲狂，小兒傷風、驚風、癇風失志。丸藥多用為衣。

**明・李中立《本草原始》卷八**　金屑　始生益州。采無時。有山金、沙金二種。其色七青、八黄、九紫、十赤，以赤為足色。《寶貨辨疑》云：馬蹄金象馬蹄，難得。橄欖金出荊湖嶺南。胯子金象帶胯，出湖南北。瓜子金大如瓜子，麩金如麩片，出湖南及高麗。沙金細如沙屑，出蜀中。葉子金出雲南。出處不一，采亦多端。按許慎《說文》曰：五金黄為之長，久埋不生衣，百煉不輕，從革不違。生于土，故字左右注，象金在土中之形。《爾雅》云：黄金謂之璗，美者謂之鏐，餅金謂之鈑，絕澤謂之銑。獨孤滔云：天生牙謂之黄牙。梵書謂之蘇代羅。弘景云：仙方名金為太真。宗奭曰：不曰金而更加屑字者，是已經磨屑可用之義。

金屑　氣味：辛，平，有毒。主治：鎮精神，堅骨髓，通利五臟邪氣，服之神仙。○療小兒驚傷五臟，風癇失志，鎮心安魂魄。○癲癇風熱，上氣欬嗽，傷寒肺損吐血，骨蒸勞極作渴，並以薄入丸散服。○破冷氣，除風。

金，《別錄》中品。珣曰：生者有毒，熟者無毒。

金漿　氣味：同金。　主治：長生神仙。久服，腸中盡為金色。

金必須烹煉鍛屑為薄，方可入藥。生金有毒，能殺人，中其毒者，惟鷓鴣肉可解之。金性惡錫，畏水銀。得餘甘子則體柔，亦相感耳。

金星石，有金星簇如麩片，生并州、濠州。寒，無毒。　主治：脾肺壅毒，肺損吐血嗽血，下熱涎，解衆毒。

齊徐王方：治水銀入肉令人筋攣，惟以金物熨之，水銀當出蝕金，候金白色是也，頻用取效。

**明・羅周彦《醫宗粹言》卷四**　製金銀屑法　用金銀剉為細末，以水銀少許研成泥。

**明・張懋辰《本草便》卷二**　金屑金薄同。味辛，氣平，有毒。畏水銀。用宜鍊熟，生者殺人。銀屑味同。　主鎮精神，安魂魄，堅骨髓，通利五臟，小兒驚傷，風癇失志。

**明・李中梓《藥性解》卷一**　金銀箔　味辛，性平，有毒。入心、肺二經，主安心神，定驚悸，鎮癲狂，除邪熱。　按：金銀之入肺部，固其類也。其性沉重，能制火臟之輕揚，故亦入心經。過服必中其毒，以鷓鴣肉解之。

**明・繆希雍《本草經疏》卷四**　金屑　味辛，平，有毒。主鎮精神，堅骨髓，通利五臟，除邪毒氣。服之神仙。【略】

【疏】金屑稟西方剛利之性，善能制木。體重而降，亦能鎮心。心氣怯則驚邪易入，精神不安，五臟皆為之病。肝經風熱則為驚癇失志，魂魄飛揚。肝屬木而畏金，與心為子母之臟，故其病同一源，治亦同法。本經主鎮驚，通利五臟邪氣，及甄權療小兒驚傷五臟，風癇失志，鎮心安魂魄者，亦兼實則瀉其子之義也。本經又主堅骨髓者，以肝心平、風熱退，則精血生，骨髓自堅矣。服之神仙，乃出之仙經，非醫方所述也。　【主治參互】入至寶丹，治中風不語氣絕，中惡蠱毒尸疰，難產血暈等證。　入牛黄清心丸，治諸風緩縱不隨，語言蹇濇，恍惚怔忡，痰涎壅塞，驚恐怕怖，或喜怒無時，癲狂昏亂。　入紫雪，治內外煩熱，口舌生瘡，狂呼叫走，瘴疫毒癘卒死，溫瘧，五尸，五疰，蠱毒，卒黄，小兒驚癇百病。紅雪治療略同。　金箔鎮心丸：治小兒風壅痰熱，驚悸譫妄，心神不寧。　磨細屑，挑開疔瘡頭上，沒入，能拔疔根。作鍼，鍼疔瘡，納藥拔疔。　【簡誤】《太清法》云：金稟中宮陰己之氣，性本剛，服之傷肌損骨。予見今之以難求死者，服金一二分，則心腹剜痛，腸胃如裂而斃。其為損傷肌骨，概可見矣。惟作箔入藥，可為鎮心安神之用。如或止因心氣虛，以致神魂不安，竝無驚邪外入者，當以補心安神為急，而非金箔所能定矣。

**明・倪朱謨《本草彙言》卷一二**　金箔　味辛，氣寒，有毒。入手少陰、足厥陰經。

按：許慎《說文》云：五金黄爲之長。久埋不生衣，百鍊不輕，從革不違。生於土，故字從土。金之所生，出產多方，具體不一。

陶氏曰：有山金、沙金、土金、石金、水金，其色不一。有七青，八黄，九紫，十赤，以赤爲足色。和銀者性柔，試石則色青；和銅者性硬，試石則色紅，暗而有聲。嶺南夷獠峒穴山中，出生金，如赤黑碎石、鐵屎之類。梁、益、寧三州，水沙中生金屑。建平、晋安生金沙，出石中。高麗、扶南及西域外國，出碎金沙。五嶺內，富、賓、澄三州及涪江、溪河中皆産金。居人多養鵝鴨，取屎以淘金沙。日得一錢或半錢，有終日不獲一星者。又荆州、嶺南，出馬蹄金，象馬蹄，最難得。又橄欖金，形似橄欖。二金俱有毒，須久煉熟，方可佩服。胯子金，象帶胯，出湖南北。瓜子金，大如瓜子。麩金，如麩片。俱出湖南、高麗江沙水中，淘汰而得，其色淺黄。又五溪、漢江，亦産麩金，小者如麥。又沙金細如沙屑，出蜀中。葉子金，出雲南。又顆塊金，亦出雲南或南夷。穴山至百十丈，始見拌金石，定見金也。其石褐色，一頭如火燒黑之狀。其金色赤黄，大者如指，小者如麻豆。咬時極軟。又饒、信、南劍、登州所出，有若山石狀者，若米豆粒者。又黔南、遂府、吉州水中亦産麩金。生金與黄金全別。然《山海經》所説諸山産金，極華夏荒夷，不能備録。又大食國、荷蘭國，出金最多。夷人貨易，並用金錢。又外國六種金：還丹金，出丹穴中，體含丹砂，色尤赤，此希世之寶也；又波斯國紫磨金，東夷青金，林邑赤金，西戎金，占城金也。《地鏡圖》云：黄金之氣赤，夜月中有火光及白鼠。或云：山中有薤，下有金種。凡金在塚墓內，近尸氣者，名辱金，不宜入藥用。《寶藏論》云：金有二十類，五類真金，十五類假金。如水銀金、丹砂金、雄黄金、雌黄金、硫黄金、曾青金、石緑金、石膽金、母砂金、白錫金、黑鉛金，俱用藥製成者。又銅金、生鐵金、熟鐵金、鍮石金，俱用藥點成者。已上十五種，皆假金也。又東南金色濃，西南金色淡，亦土地所宜。大都以黄赤紫色爲貴，餘色少差也。生金未經鍛煉者，有毒，能殺人，不可服食。須久煉熟，方可入藥。有中金毒者，速尋鷓鴣鳥肉，食之乃解。金性惡錫，畏水銀，得餘甘子則體柔，亦物性相感也。洗金以鹽屑，或駱駝、驢馬脂，皆能柔亮，有寶色。遇鉛則碎，遇翡翠石能屑，亦物性相制也。凡用金箔入藥，惟宜純赤者爲良。方術家有久服致神仙之説，豈知血肉之軀，水穀爲賴，可能堪此金石重墜下之物久在腸胃乎？又古人官家以黄金塞九竅，則尸肉不朽壞。此雖近於理，然亦多招盜矣。

金箔，安心志，平肝氣，甄權鎮癲狂，養魂魄，壯精神，《別録》除邪熱，和五藏，寧六府，爲至寶之神藥也。沈孔庭稿如小兒初生有患驚風驚搐，驚癇驚哭，用此立效。蓋嬰孩初生，精神血氣尚未安定，如遇少驚，則恐惕而煩亂，或癲癇而搐搦。真金爲天地間神足氣滿之物，使神安而心定，氣壯而心和矣。何有於驚惕等證之不可已乎？

繆仲淳先生曰：按《太清法》云：金禀中宫陰己之氣，性本堅剛而墜，服之傷肌損骨。予屢見今之以難欲求死者，服金屑一二分，則心腹剜痛，腸胃如裂而斃。其爲損傷肌骨，概可見矣。惟作箔入藥，可爲鎮心安神之用。如或止因心氣虚，以致神魂不安，并無驚邪外入者，當以補心安神爲急，而非金箔所能定矣。

集方：《和劑》至寶丹治中風不語，痰閉氣絶，并尸疰暗風，中熱瘟瘴，疫毒厲氣，或山嵐瘴蠱，中惡惡氣，陰陽二毒；或産後血暈，惡血攻心，煩燥氣喘；或口鼻出血，并難産吐逆悶亂；或胎死不下諸疾。又療傷寒伏熱，唇口乾燥，譫妄發狂，并諸病神魂恍惚，頭目昏眩，眠睡不寧等證。用金箔、銀箔二分，天竺黄、硃砂、雄黄、琥珀各五錢，生烏犀角、生玳瑁各六錢，麝香、冰片各一錢，人參、天南星各七錢。已上一十二味，俱研極細末，再用真安息香一兩五錢，研爲末，以無灰酒攪澄，飛過，濾去沙土，大約得淨數一兩。共十三味，總和一處，拌勻，煉蜜爲丸，如梧桐子大。每遇前項諸證，用五丸至七丸，以人參湯化下。又療小兒諸癇，急驚心熱，卒中客忤，不得安睡而煩躁者。如風涎搐搦，每一歲兒服一丸，二歲、三歲服二丸、三丸，并用生薑湯化下。如四、五、六、七、八、九、十餘歲，只以三丸爲率。○《和劑》牛黄清心丸治諸風緩縱不隨，語言蹇澀，心怔健忘，恍惚去來，頭目眩冒，胸中煩鬱，痰涎壅塞，精神昏憒。又治神志不定，驚恐畏怖，悲憂慘慽，虚煩少睡，喜怒不時，或發狂癲，神情昏亂等證。用金箔一千張，人參、麥門冬去心、白芍藥、黄芩、當歸身、防風、白朮各二兩，川芎、茯苓、杏仁去皮尖、蒲黄、山藥、甘草、白斂、肉桂、柴胡、桔梗各一兩，阿膠、蛤粉拌炒、大豆黄卷各一兩五錢，牛黄八錢，羚羊角、烏犀角各一兩六錢，神麯二兩一錢，麝香、冰片各四錢。俱研爲極細末，煉蜜丸，每丸重一錢。如遇前項諸證，每服一丸，白湯化下。小兒減半。○《和劑》紫雪治內外煩熱，口舌生瘡，狂呼叫走，瘴疫毒厲卒死，溫瘧熱瘧，五尸五疰，心腹癘刺切痛，蠱毒卒黄，小兒驚癇百病，一切野道熱毒。用黄金一百兩，石膏、寒水石、磁石、滑石，四味各三觔，搗碎，水一斛，煮至四斗，去滓，入犀角屑、羚羊角屑、青木香搗碎、沉香搗碎各五兩，玄參洗淨搗碎，升麻各一觔，甘草炙八兩，丁香搗碎一兩。已上八味，入前藥汁中，再煮取一斗五升，去滓，入朴硝精者十觔，消石四升，如闕芒硝亦得，每升重七兩七錢半，已上二味入前藥汁中，微火上煎，柳木篦攪不住手，候有七升，投在木盆中，半日，欲凝，入麝香當門子一兩二錢研，硃砂水飛，研，三兩，已上二味入前藥中攪，調令勻，寒之二日，右件藥成霜雪，紫色。每服一錢或二錢，用冷水調下，大人小兒臨時以意加減，食後服。○幼科鎮心丸治小兒風壅痰熱，驚悸譫妄，心神不寧。用金銀箔各四片，遠志去心、薑汁拌、焙，雄黃、鐵粉、琥珀各二錢，硃砂水飛，研一錢，麝香一分。共爲細末，煮紅棗，取肉爲丸，如梧桐子大。每服三五丸，用麥門冬煎湯化下。○治疔瘡拔根方：用金箔研細，挑開疔瘡頭上抹入，能拔疔根。作金針，針疔出。○《集簡方》治風眼爛弦。用金簪頭燒紅，掠上下瞼肉，日數次，甚妙。○同前治齒牙風痛。用金花扞，火燒，針痛處，立止。○《外臺秘要》治梅瘡服輕粉後，口瘡齦爛。用金器煮湯，頻頻含漱，其結毒自解。○《本草拾遺》治水銀入肉，令人筋攣。以金器焙熱，熨之，水銀自漸出，吸入金器中，候金色白是也。

辟邪丹：治衝惡怪疾，及家間山精水狐，一切怪類，憑人爲患。用金箔二十片，人參、茯苓、遠志、九節菖蒲、白朮、蒼朮、當歸、桃奴，即桃樹上乾枯不落者，十二月收者連核用五錢，人參，已下共十味，俱炒研爲末，再配雄黃、硃砂各二錢，麝香五分，牛黃三分，和勻，四味另研極細末，和入藥內，煉蜜丸，如彈子大，金箔爲衣。臨臥時，木香湯化下一丸。諸邪怪自退。

**明・姚可成《食物本草》卷二一金部**　金金屑生益〔州。陶〕弘景曰：金之所生，處處皆有，梁、益、寧三州〔多有〕，出水沙中，作屑，謂之生金。建平、晉安亦有金沙，出石中，燒鎔鼓鑄為碣，雖被火亦未熟，猶須更煉。高麗、扶南及西域外國成器，皆煉熟可服。○李時珍曰：金有山金、沙金二種，其色七青、八黃、九紫、十赤，以赤為足色。和銀者性柔，試石則色青；和銅者性硬，試石則有聲。《寶貨辨疑》云：馬蹄金象馬蹄，難得。橄欖金出荊湖嶺南。胯子金象帶胯，出湖南北。瓜子金大如瓜子。麩金如麩片，出湖南及高麗。砂金細如沙屑，出蜀中。葉子金出雲南。《地鏡圖》云：黃金之氣赤，夜有火光及白鼠。或云：山有薤，下有金。凡金曾在塚墓間及為釵釧溲器者，陶隱居謂之辱金，不可合煉。《寶藏論》云：金有二十種。又外國五種。還丹金出丹穴中，體含丹砂，色尤赤，合丹服之，希世之寶也。麩金出五溪、漢江，大者如瓜子，小者如麥，性平無毒。山金出交廣南韶諸山，銜石而生。馬蹄金乃最精者，二蹄一斤。毒金即生金，出交廣山石內，赤而有大毒，殺人，煉十餘次，毒乃已。此五種皆真金也。水銀金、丹砂金、雄黃金、雌黃金、硫黃金、曾青金、石綠金、石膽金、母砂金、白錫金、黑（松）〔鉛〕金，並藥制成者。銅金、生鐵金、熟鐵金、鍮石金，並藥點成者。已上十五種，皆假金也，性頑滯有毒。外國五種，乃波斯紫磨金、東夷青金、林邑赤金、西戎金、占城金也。

金屑　味辛，平，生者有毒。熟者無毒。主鎮精神，堅骨髓，通利五臟邪氣，服之神仙。療小兒驚傷五臟，風癇失志，鎮心安魂魄。癲癇風熱，上氣欬嗽，傷寒肺損吐血，骨蒸勞極作渴，並以薄入丸散。

金漿　主長生神仙。久服，腸中盡為金色。○李時珍曰：金乃西方之行，性能制木，故療驚癇風熱肝膽之病，而古方罕用，惟服食家言之。淮南三十六水法，亦化為漿服餌。葛洪《抱朴子》言：餌黃金不亞于金液，其法用豕負革肪、苦酒，鍊之百遍即柔，或以樗皮治之，或以牡荊酒、慈石消之為水，或以雄黃、雌黃合餌，皆能地仙。又言丹砂化為聖金，服之昇仙。《別錄》、陳藏器亦言久服神仙，其說蓋自秦皇、漢武時方士傳流而來，豈知血肉之軀，水穀為賴，可能堪此金石重墜之物久在腸胃乎。求生而喪生，可謂愚也矣。故《太清法》云：金稟中宮陰己之氣，性本剛，服之傷損肌肉。又《東觀秘記》云：亡人以黃金塞九竅則尸不朽。此雖近於理，然亦誨盜矣。曷若速化歸虛之為愈也哉。

附方：治水銀入耳，能蝕人腦。以金枕耳邊自出也。治水銀入肉，令人筋攣。惟以金物熨之，水銀當出蝕金，候金白色是也，頻用取效。

**明・顧逢柏《分部本草妙用》卷一肝部・性平**　金銀　辛，平，有毒。生者有毒，熟者無毒。主治：安五臟，定心神，止驚悸，除邪鎮心，小兒癲疾，狂走風熱。按：金本屬肺，而何以入肝部？金能制木，凡肝膽虛邪之症，非以之鎮治則不靈，故驚悸以之煎湯下藥，不惟肝平，而心亦鎮矣。心者，肝之子也，母平而子安，理固然也。

**明・李中梓《醫宗必讀・本草徵要下》**　金箔味辛，平，有毒。安鎮靈臺，神魂免於飄蕩；辟除惡祟，臟腑搜其伏邪。稟西方之質，為五金之主，最能制木，故中風驚癇皆需之。銀箔功用相倣。按：金有大毒，磨屑頓服，不過三錢而斃，豈可多服乎？催生者用之。

**明・蔣儀《藥鏡》卷三平部**　金銀箔　剛銛制木，寶重鎮心。肝木平則風熱退，而精血自長。心神定則驚邪去，而五臟疏瀹。

**明・張景岳《景岳全書》卷四九《本草正》**　金箔　味辛，平，性寒。生者有毒。氣沉質重，降也，陰也。能鎮心神，降邪火，墜痰涎，療風熱上壅，吐血衄血，神魂飛蕩，狂邪躁擾，及小兒驚風癲癇，痰滯心竅，上氣欬喘，安魂魄，定心志。凡邪盛於上，宜降宜清者，皆所當用。若陽虛氣陷，滑洩清寒者，俱當避之。

**明・李中梓《本草通玄》卷下**　金薄　辛，平。鎮邪祟，安魂魄，治癲癇。生金有毒能殺人。用薄不得過二分。仲景紫雪方用赤金，煎液取其制肝風，降炎逆也。輕粉、水銀所傷，非金莫療。

**清・穆石匏《本草洞詮》卷三**　金　五金，黄為之長。有山金、沙金二種，其色七青、八黄、九紫、十赤，色深則金氣足，久埋不生衣，百鍊不輕，從革不違。其藥製成及點化者，既無造化之氣，不堪入藥。曾在冢墓及為釵釧溲器者，陶隱居謂之辱金，不可合鍊也。《地鏡圖》云：黄金之氣，赤夜有火光及白鼠。《寶藏論》云：金有二十種，五種真金，十五種假金。蓋雄黄、硫黄、曾青、石綠之類，皆可以藥製亂金銀也。金性惡錫，畏水銀，得餘甘子則體柔。洗金以鹽，駱駝、驢馬脂，竝能柔金。翡翠石能屑金，亦物性相制也。金味辛，氣平，有毒。主鎮精神，堅骨髓，通利五臟惡氣。性能制水，故療驚癇風熱肝膽之病，而古方罕用。方術家有久服神仙之説，豈知血肉之軀，水穀為賴，可能堪此金石重墜之物，久在腸胃乎？中金毒者，惟鷓鴣肉能解之。《東觀秘記》云：亡人以黄金塞九竅，則屍不朽，此雖近於理，然亦誨盜矣。

**清・劉雲密《本草述》卷四**　金箔　蘇頌曰：《本草》云金屑，然古方不見用，惟金箔入藥乃便。雷公曰：凡使金、銀、銅、鐵，只可渾安在藥中，借氣生藥力而已，勿入藥服，能消人脂。氣味：辛，平，有毒。日華子大明曰：無毒。李珣曰：生者有毒，熟者無毒。主治：鎮精神，堅骨髓，利五臟邪氣《別録》。療小兒驚傷，五臟風癇失志，鎮心，安魂魄甄權。治癲癇風熱，上氣欬嗽，傷寒肺損，吐血，骨蒸勞極作渴李珣。方書主治：中風顫振，狂癇譫妄，驚，消癉，咽喉生瘡。時珍曰：金乃西方之行，性能制木，故療驚癇風熱，肝膽之病。希雍曰：金稟氣於西方，能制木，而為木之主，即能鎮心，心肝為子母之臟，其病類同一源，治亦同法。

附方　入至寶丹治中風不語氣絶，中惡蠱毒，尸疰，難産血暈等證。入牛黄清心丸治諸風緩縱不隨，語言蹇澀，恍惚怔忡，痰涎壅塞，驚恐怕怖，或喜怒無時，癲狂昏亂。入紫雪治内外煩熱，口舌生瘡，狂呼叫走，瘴疫毒癘卒死，温瘧，五尸五疰，蠱毒卒黄，小兒驚癇百病。紅雪治療畧同。金箔鎮心丸治小兒風壅痰熱，驚悸譫妄，心神不寧。磨細屑，挑開疔瘡頭上，沒入，能拔疔根，作鍼，鍼疔瘡，納藥拔疔。

愚按：金具五行之一，在人身所賦之氣與質，得此五行之一者以為肺，肺氣固，先入心，而還入腎，入心為火之妻，入腎為水之母，以合水火之交，故《別録》首主鎮精神，堅骨髓。在甄權言其療小兒驚傷，五臟風癇失志。李珣亦主癲癇風熱，上氣欬嗽。蓋金稟肅殺之氣，其受制者風木也。如諸所治證，乃風之淫氣，然亦本於肺金之虛，故令木侮其所不勝耳。用金箔以助肺之虛，而令肝木自平，非謂此味之治，獨專其功於肝也，但主於平風淫者為多耳。試觀方書主治，有顫振之補心丸，消癉之金銀箔丸，咽喉生瘡之桃紅散，即此以類推之，則茲味助肺之功類專，不可識取哉。又如傷寒肺損而吐血，更骨蒸勞極而作渴，似舉寒熱而胥治矣，亦均謂之助肺乎？夫金稟中宫陰己之氣，以陰治陽，固曰益肺。詎知傷寒之損肺，乃足太陽寒水之傷乎陽，而移寒於肺也。是則金雖稟肅殺之氣而主陰，然《經》所云：出地者，陰中之陽，陽予之政，陰為之主，不可以悟元氣為水中之火歟。傷寒肺損而吐血者，陽不能為陰之政，而陰無以自主也。況心肺為在天之陽，其出地已極，可使陽受傷，而陰亦不得致其用歟。然則投此味於此證，謂之補肺陽也，豈不誠然哉？蓋陰陽原不能相離，寧獨人身，即萬物莫不皆然，而金寧獨異乎？明此一證，則凡茲味所投之證，罔不於肺有功也，亦可思矣。

**清・郭章宜《本草匯》卷一八**　金箔　味辛，有毒。安鎮靈臺，神魂免于飄蕩。辟除惡祟，藏府搜其伏邪。

按：金，稟西方之質，性能制木。生者大毒，殺人。用箔亦不過二分，借此以療驚癇風熱肝膽之病耳。仲景紫雪方用赤金煎液，取其制肝風，降炎逆也。然古方亦罕用之。蓋血肉之軀，水穀為賴，豈可堪此金石重墜之物？故《太清法》云：金稟中宫陰己之氣，性本剛，服之損傷肌肉。觀此，而世亦可鑒矣。若輕粉、水銀所傷，非金莫療也。中其毒者，惟鷓鴣肉可解。銀箔，功用亦相倣。

**清・王翃《握靈本草》卷一**　黄金熟者無毒，爲屑或爲薄，方可入藥。主治：黄金屑，辛，平，有毒。主鎮精神，療驚癇。

**清·汪昂《本草備要》卷四** 金重，鎮心肝，定驚悸。 辛，平，有毒。生金屑，服之殺人。昂按：金性至剛重墜，與血肉之體不相宜，故服之致死，非其性有毒也。人被金銀灼者，并不潰爛，無毒可知矣。精金粹玉，世之寶器，豈有毒氣哉？ 金制木，重鎮怯，故鎮心肝，安魂魄。雖云重墜，亦藉其寶氣也。古方有紅雪、紫雪，皆取金銀煮汁，亦假其氣耳。 治驚癇風熱，肝膽之病。肝經風熱，則爲驚癇失志，魂魄飛揚。肝屬木而畏金，與心爲子母之藏，故其病同源一治。 丸散用箔爲衣，煎劑加入藥煮。 畏鉛、水銀。遇鉛則碎。五金皆畏水銀。 銀，功用略同。

**清·顧靖遠《顧氏醫鏡》卷八** 金箔辛、甘，有毒。入心肝二經。湯中用金物同煎，假其氣甚良。生金有大毒，殺人。 鎮心神，重可鎮心。 定驚邪。驚者平之。 若心氣虛而神魂不安，並無驚邪外入者，當補心安神，非金箔可定。 無故入服，能消人脂。 磨屑頓飲，不滿三錢，則心腹剜痛，腸胃如裂而斃。 銀箔辛，平。無毒。同金箔。

**清·李熙和《醫經允中》卷一七** 金銀 生者有毒，熟者無毒。 中其毒者，以鷓鴣肉解之。 辛，平，有毒。 主治定心神，止驚悸，除邪止熱，催生祛風。

**清·馮兆張《馮氏錦囊秘錄·雜症痘疹藥性主治合參》卷五** 金屑稟西方剛利之性，故味辛，平，有毒。善能治木平肝而降，亦能鎮心辟邪而安，故為利驚氣，散風熱，安魂魄，鎮心平肝之用。然質重性剛，服之傷肌損骨。故古今以難求死者，服金一二錢，則心腹剜痛，腸胃如裂而斃。惟作箔用，乃無傷耳。 金屑，除邪殺毒，却熱毆煩。 安魂魄，養心神，和血脉。 禁顛疾狂走，止驚悸風癇。 幼科鎮心丸，衣以金箔飾，既平肝以治風，復鎮心以除熱。 金星石，治肺損咳嗽吐紅。

**清·张璐《本經逢原》卷一** 金 生金，辛，平，有毒。 金箔，無毒。 發明：金能制木，故可療驚癇風熱肝膽之病，然須為箔，庶無重墜傷中之患。紫雪方用赤金葉子煎水，取制肝降痰逆也。 若成塊錠金及首飾之類，非特無味且有油膩，良非所宜。〇銀箔功用與金不殊，但入氣分，不入血分，稍為不同。《肘後方》治癰腫，五石湯用之。

**清·浦士貞《夕庵讀本草快編》卷一** 金《別録》 《說文》云：五金以黄為長，久埋不生衣，百錬不輕，從革不違，生于土，故字左右注，象金在土中之形。 金稟中宮陰己之氣，得西方剛烈之性，味辛而平，生則毒熾，熟則可服，故善能安魂魄而療驚癇，抑肝膽而除風熱，制木之良劑，益肺之神丹也。故古方有紅雪、紫雪以鎮墜邪熱，便可徵矣。 但沉墜之品不宜久服，仙家雖有諸法，未堪深信。晉賈后誤飲金屑酒而死，可不慎用歟？ 入藥以箔為佳，取其易化也。

**清·黄元御《玉楸藥解》卷三** 金屑 味辛，性寒。入足陽明胃、手太陰肺經。 鎮定魂魄，甯安驚悸。 金屑服之殺人，性同鴆酒，古人賜死，往往用此。本草謂其能止欬嗽吐血，驚悸癲癇。 方士製煉服餌，以為長生不死，荒妄極矣！ 或謂生者有毒，熟者無毒，胡說之至！ 庸工每常用之，即至少服，不至殺人，而驚悸自有原本，鎮重之物何能〔得〕效？

**清·吴儀洛《本草從新》卷五** 金〔重，鎮心肝〕以下金類。 辛，平，有毒。磨屑頓服，不過三錢而斃。 重鎮怯，故鎮心肝，安魂魄。能辟除惡祟。 金制木，故能治驚癇風熱，肝膽之病。 銀，功用相仿。 丸散用箔為衣，煎劑加入藥煮。 畏錫、水銀。遇鉛則碎。五金皆畏水銀。

**清·汪紱《醫林纂要探源》卷三** 金 辛，甘，平。黄金也。出沙中。 味補肝化，而氣能鎮肝邪。五金皆然。 黄色屬土，其氣尤和。 開爽精神，鎮安魂魄。 治小兒風熱驚癇，湯藥則加金器同煎，丸藥則以金箔為衣。 畏汞。五金皆然。 〇或云有毒，非也。天地之精英，安得有毒？ 但非腸胃所能容耳。

**清·嚴潔等《得配本草》卷一** 金箔 得餘甘子、驢馬脂則體柔。 畏水銀、翡翠石。 惡錫。 辛，平，有毒。 除熱辟邪，鎮心肝，安魂魄。 止驚悸，治風癇。 殺輕粉毒。 百煉者無毒，方可入藥，不得過一分。 傷肌損骨，不宜多用。 生者有毒殺人，中其毒者，鷓鴣肉可解。

**題清·徐大椿《藥性切用》卷七** 金箔 辛平體重，平肝定魄，鎮心安神，治驚狂癲癇。 銀箔同功。

**清·黄宫繡《本草求真》卷二** 金銀薄平肝鎮怯。 金銀薄耑入肝。 稟剛健之性，最能殺人，故欲尋短者，服一二錢，則心腹剜痛即斃。 惟作薄乃無傷耳。 銀薄亦然，二薄性皆辛平，其治俱屬除邪殺毒解熱。 毆煩安魂定魄，養心和血，止癲除狂，療驚祛風。 幼科鎮心丸，衣以為飾，皆取金能平木重以鎮怯之意云耳。 風熱多生於肝，肝屬木，故得金為之制。 魂魄飛揚者，其神散而不收，必得重為之鎮。 但銀薄色白入氣，金薄色黄入血，差各有別。 畏錫、水銀。 遇鉛則碎，五金皆畏。 入丸為衣，入湯劑水煮用。

**清·羅國綱《羅氏會約醫鏡》卷一八金石水土部** 金箔味辛平，入心經。

能制木平肝，鎮心辟邪。治癲狂驚悸，安魂魄，定風癇，風屬肝而畏金，與心為子母，故病同源一治。墜痰涎，降邪火。凡邪盛於上，宜清宜降者，皆所當用。若陽虛氣陷，滑泄清寒者，俱當避之。生金有毒，磨屑服二三錢，即斃。即箔亦不可多服。畏錫、水銀，遇鉛則碎。銀箔功用略同。

**清·黃凱鈞《藥籠小品》**　金箔　辛平有毒，鎮心肝，安魂魄，治驚癇風熱肝膽之病。

**清·王龍《本草纂要稿·金石部》**　金　辛，平，無毒。鎮心神，堅骨髓，通五臟，驅邪氣。療驚癇，安魂魄。治咳嗽骨蒸，除風熱上壅。治勞極吐血。不煉，服之殺人。宜以薄入丸散。

**清·張德裕《本草正義》卷下**　金箔　辛，寒，生者有毒。氣沉質重，降也。鎮心神，降痰火，療神魂飛蕩，狂邪躁擾，驚風癲癇，痰滯心竅。凡邪火在上，宜降，清者可用。

**清·楊時泰《本草述鉤元》卷四**　金箔　凡使金銀銅鐵，只可渾安在藥中，借氣生藥力而已，勿入藥服，能消人脂。【略】

論：金具五行之一，人身得之以為肺，肺氣固先入心，而還入腎，入心為火之妻，入腎為水之母，以合水火之交，故《別錄》首主鎮精神堅骨髓。而驚風癲癇上氣之治，皆以其稟肅殺之氣，而受制者風木耳。所治諸證，乃風之淫氣。然亦本於肺金之虛，致肝木侮其所不勝，用金箔以助肺之虛，而肝木自平，非此味之治，功專於肝也。其治傷寒肺損而吐血者，陽不能為陰之政，元氣為水中之火，《經》云：出地者陰中之陽，陽予之政，陰為之主。而陰無以自主也。然則此味謂之補肺陽可矣。　金稟中宮陰己之氣，其性本剛，服之傷肌損骨。服一二分，則心腹剜痛，腸胃如裂而斃。惟作箔入藥，可為鎮心安神之用，如並無驚邪外入者，更非金箔所宜仲淳。凡用金箔，須辨出銅箔瀕湖。

**清·葉桂《本草再新》卷八**　金味辛、苦，性平，有微毒。入心、肝、肺三經。　鎮驚邪，安魂魄，平肝燥肺，治金瘡熱毒。

金銀箔味辛，性溫，無毒。入心、肝、腎三經。　舒肝氣，定心智，安魂魄，滋腎水，行經絡，利關節。破積消疝，治小兒驚癇，痘瘡諸毒。

**清·趙其光《本草求原》卷二四金部**　金箔　金為火妻，為水母。辛，平，無毒。專助肺陰，使肺陰下降入心生血，入腎生水。故鎮心神，堅骨髓，堅主骨。通利五臟，益陰之功。除邪氣，壯火傷肺氣，謂之邪氣，故消痹之金銀箔丸，喉咽生瘡之桃紅散，及肺損吐血，骨蒸勞極而作渴，皆用之，取其助肺降火，以益真氣也。小兒驚傷。心虛則驚，邪易入。又金能制木平風，故治癲癇失志，魂魄飛揚，上氣咳嗽。皆肝經風熱之病。

丸散用箔，乃無重墜傷中之患；煎劑用赤金葉煎水，則制肝平風，降痰逆。若生金，為陰己之氣，傷肌損骨，作針針疔瘡，納磨金屑於內，能拔疔根。故服生金一二分，即腸胃如裂而斃。金錠及首飾之類，又無味而有油膩，勿用。心氣血虛，而無驚邪者，以補心為主，非金所能定也。畏錫、水銀，遇鉛則碎，五金皆畏水銀。然誤服輕粉，口瘡齦爛，煮金頻含。及水銀入耳，能蝕人腦，以金枕耳即出。入肉筋攣。以金物熨之，金白見效。金又能引毒外出。火燒金針，針牙及掠眼，又止牙風痛，風眼爛弦。

**清·文晟《新編六書》卷六《藥性摘錄》**　金銀薄　入肝。金不可服，服一二錢能殺人。惟製作薄，為丸藥之衣，或入煎藥，可平肝鎮怯，除邪殺毒，止顛狂，療驚癇陰風，亦無他患。金薄入血分，銀薄入氣分，俱勿常服。

**清·張仁錫《藥性蒙求·金石部》**　金箔銀三張、箔五張　金銀箔平，重鎮心肝。驚癇風熱，魂魄均安。丸劑用箔為衣，煎劑加入藥劑煎，攪勻服。取赤金葉子煎水，取制肝降痰逆也。若成塊錠金及首飾之類，非特無益，且有油膩，良非所宜。若磨屑頓服，不過三錢而斃。○《經疏》曰：凡病止因心氣虛，以致神魂不安，并無驚邪外入者，當以補心安神為急，而非金箔所能定也。惟外邪侵犯，乃可藉為鎮心安神也。○銀箔功用同。

**清·陳其瑞《本草撮要》卷六**　金　味辛，平，有毒。入手少陰太陰、足厥陰經，功專鎮心肝，安魂魄，專治驚癇風熱肝膽之病。磨細屑挑開疔頭抹入，能拔疔根。丸散用箔為衣，煎劑加入藥煮。畏錫、水銀。五金遇水銀皆碎，其相畏如此。銀功用略同。食物有毒，以銀箸插入即變黑色。

**清·李桂庭《藥性詩解》**　賦得金箔鎮心而安魂魄得心字　田春芳　金箔辛平淡，其功最鎮心。安魂除熱擾，定魄治驚侵。

前題李慶霖　金箔除驚怯，顛狂使不侵。安魂原制木，定魄自寧心。

按：金生麗水，本辛平有毒之物。《本草》載註，磨屑頓服，不過三錢而斃。功最鎮驚制木，安魂定魄，以其體重而沉，鎮抑肝肺，故能鎮心，而使魂魄均安也。

金頂

**清·趙學敏《本草綱目拾遺》卷二金部**　金頂　《品級考》：頂製以銅

外鍍以金，七品以下皆純鍍金，七品以上則嵌珍石不同，入藥取純銅鍍金色舊難用者良。先以甘草煎湯，乘熱洗用。　治頭風及口眼喎斜：《傳信方》袁良臣云：　煎湯煮藥有效。舊雀頂更妙。　絕邪瘧：　余機云：　取年久色舊純金頂一枚，以紅絹囊盛之，藏臥席下，勿令病人知，自愈。

按：　頂製加於冠首，日受陽氣熏浹，又得風日之氣，年久者得氣愈厚。凡金之屬，皆能尅木，風屬巽，巽為木，故能治風斜絕邪瘧者，亦取正氣以定之耳。

銀

**宋・唐慎微《證類本草》卷四玉石部中品**〔《別錄》〕　銀屑　味辛，平，有毒。主安五藏，定心神，止驚悸，除邪氣，久服輕身長年。生永昌。採無時。

〔梁・陶弘景《本草經集注》〕云：　銀之所出處，亦與金同，但皆是生石中。鍊餌法亦相似。今醫方合鎮心丸用之，不可正服爾。爲屑，當以水銀研令消也。永昌本屬益州，今屬寧州。仙經又有服鍊法，此當無正主療，故不爲本草所載。古者名金爲黃金，銀爲白金，銅爲赤金。今銅有生熟，鍊熟者柔赤，而本草幷無用。今銅青及大錢皆入方用，並是生銅，應在下品之例也。

〔唐・蘇敬《唐本草》〕注云：　銀之與金，生不同處，金又兼出水中。方家用銀屑，當取見成銀薄，以水銀消之爲泥。合消石及鹽研爲粉，燒出水銀，淘去鹽石，爲粉極細，用之乃佳。不得已磨取屑爾。且銀所在皆有，而以虢州者爲勝，此外多錫穢爲劣。高麗作帖者有云：　非銀鉚所出，然色青不如虢州者。又有黃銀，《本經》不載，俗云爲器辟惡，乃爲瑞物。

〔宋・掌禹錫《嘉祐本草》〕按：　《藥性論》云：　銀屑，君。銀薄同。　主定志，去驚癇，小兒癲疾狂走之病。

〔宋・唐慎微《證類本草》〕《圖經》：　文具金屑條下。《海藥》云：　謹按《南越志》云：　出波斯國，有天生藥銀，波斯國用爲試藥、指鐶。大寒，無毒。主堅筋骨，鎮心，明目，風熱，癲疾等。並入薄於丸散服之。又燒朱粉瓮下多年沉積有銀，號盃鉛銀，光軟甚好，與波斯銀功力相似，秖是難得。今時燒煉家，每一斤生鉛，只煎得一二銖。《山海經》云：　東北樂平郡黨少山出銀甚多。黔中生銀，體骨硬，不堪入藥。又按：　唐《貞觀政要》云：　十年，有理書御史權萬紀奏曰：　宣、饒二州諸山，極有銀坑，採之甚是利益。太宗曰：　朕貴爲天子，無所乏少，何假取乎？　是知彼處出銀也。《子母秘録》：　妊娠卒腰背痛如折。銀一兩，水三升，煎取二升，飲之。《太上八帝玄變經》：　銀屑益壽。《青霞子》：　《金液還丹論》：　銀破冷除風。

**宋・唐慎微《證類本草》卷四玉石部中品〔宋・馬志《開寶本草》〕**　生銀　寒，無毒。主熱狂驚悸，發癇，恍惚，夜卧不安，譫音詹語，邪氣鬼祟。服之明目，鎮心，安神定志。小兒諸熱丹毒，並以水磨服，功勝紫雪。出饒州樂平諸坑生銀鑛中，狀如硬錫，文理麤錯，自然者真。今附。

〔宋・掌禹錫《嘉祐本草》〕按：　陳藏器云：　生銀，味辛。日華子云：　冷，微毒。畏石亭脂，磁石。治小兒衝惡，熱毒煩悶。並水磨服，忌生血。又云：　朱砂銀，冷，無毒。畏石亭脂、磁石、鐵。延年益色，鎮心安神，止驚悸，辟邪。治中惡蠱毒，心熱煎煩，憂忘虛劣。忌一切血。

〔宋・唐慎微《證類本草》〕《圖經》：　文具金屑條下。雷公云：　金、銀、銅、鐵氣，凡使，在藥中用時，即渾安置於藥中，借氣生藥力而已，勿誤入藥中用，消人脂也。《千金翼》：　治身有赤疵，常以銀揩令熱，不久漸漸消。《抱朴子》：　銀但不及金玉，可以地仙也。服之法：　麥漿化之，亦可以朱草酒餌之，亦可以龍膏餌煉之。然日三服，服輒大如彈丸，然非清貧道士所能得也。《太清服煉靈砂法》：　銀稟西方辛陰之神，結精而爲質，性戾，服之傷肝。《寶藏論》云：　夫銀有一十七件：　真水銀、白錫銀、曾青銀、土碌銀、丹陽銀、生鐵銀、生銅銀、硫黃銀、砒霜銀、雄黃銀、雌黃銀、鍮石銀，惟有至藥銀、山澤銀、草砂銀、母砂銀、黑鉛銀五件是真，外餘則假。銀坑內石縫間有生銀迸出如布線，土人曰老翁鬚，是正生銀也。《丹房鏡源》：　銀生洛平盧氏縣，褐色，石打破，內即白。生於鉛坑中，形如笋子。此有變化之道。亦曰自然牙，亦曰生鉛，又曰自然鉛，可爲利術，不堪食，鉛內銀性有毒，可用結砂子。

**宋・寇宗奭《本草衍義》卷五**　銀屑　金條中已解屑義，銀本出于鑛，須煎煉而成，故名熟銀，所以于後別立生銀條也。其用與熟銀大同。世有術士，能以朱砂而成者，有鉛、汞而成者，有焦銅而成者，不復更有造化之氣，豈可更入藥？　既有此類，不可不區別。其生銀，即是不自鑛中出，而特然自生者，又謂之老翁鬚，亦取像而言之耳。然銀屑《經》言有毒，生銀《經》言無毒。釋者漏略不言。蓋生銀已生發于外，無蘊鬱之氣，故無毒。鑛銀尚蘊蓄于石中，鬱結之氣，全未敷暢，故言有毒。亦惡錫。

**宋・王繼先《紹興本草》卷一**　銀屑　紹興校定：　銀屑，又附石而生。味、主治已載《本經》。言其有毒者，蓋亦謂未經鍛煉而生用矣。今醫方多取見成銀薄及水煮熟銀取汁入藥，當為無毒。然銀屑，其熟銀亦作之矣。

生銀　紹興校定：　生銀顯非經火煉熟矣。然所産不一，其有滲溜土石問，成條狀若老翁鬚者，亦有在礦中文理錯雜如硬錫者，俱名生銀也。性味主治已載《本經》注。今詳生銀既未經鍛煉，須帶雜石氣，當從日華子云微毒是矣。然在方家亦稀用生者。

**宋・劉明之《圖經本草藥性總論》卷上**　銀屑　味辛，平，有毒。主安五臟，定心神，止驚悸，除邪氣，久服輕身長年。《藥性論》云：君。銀薄同。主定志，去驚癇、小兒癲疾狂走之病。《子母秘録》：治姙娠卒腰背痛如折，銀壹兩，水叁升，煎取貳升，飲之。《金液還丹論》：銀，破冷除風。

生銀　性寒，無毒。主熱狂驚悸，發癇恍惚，夜臥不安讝語，邪氣鬼祟，服之明目鎮心，安神定志。小兒諸熱丹毒，並水磨服，功勝紫雪。陳藏器云：味辛。日華子云：冷，微毒。畏石亭脂、磁石。治小兒衝惡熱毒煩悶，並水磨下。又治中惡蠱毒，心熱煎煩，憂忘虛劣。忌一切生血。

**明・王綸《本草集要》卷五**　銀屑銀箔同　味辛，氣平，有毒。用鍊熟者。主安五臟，定心神，止驚悸，除邪氣，小兒癲疾狂走。

**明・滕弘《神農本經會通》卷六**　銀屑　君也。銀薄同。用鍊熟者。《局》云：取銀薄。以水銀消之為泥，合消石、鹽，研為粉，燒出水銀，淘去鹽、石，研用。饒州。　味辛，氣平，有毒。《本經》云：主安五臟，定心神，止驚悸，除邪氣。久服輕身長年。《藥性論》云：銀屑，君。銀薄同。主定志，去驚癇，小兒癲疾狂走病。《局》云：銀屑辛平安五臟，主除邪氣定心驚。小兒煩熱諸丹毒，冷水磨銀必用生。生銀屑，鎮驚，安五臟。

生銀　生銀鑛中，狀如硬錫，文理粗錯自然者真。　味辛，氣寒，無毒。一云：冷，微毒。《本經》云：主熱狂驚悸，發癇恍惚，夜臥不安，讝語，邪氣鬼祟，服之明目，鎮心，安神定志。小兒諸熱丹毒，并以水磨服，功勝紫雪。陳藏器云：生銀，味辛。日華子云：冷，微毒。畏石亭脂、磁石。治小兒衝惡，熱毒煩悶，并水磨服。忌生血。又云：朱砂銀，冷，無毒。畏石亭脂、磁石、鐵。延年益色，鎮心安神，止驚悸，辟邪，治中惡蠱毒，心熱煎煩，憂忘虛劣。忌一切血。《衍義》曰：金條中已解屑義，銀本出於礦，須煎鍊而成，故名熟銀，所以於後別立生銀條也。其用與熟銀大同。世有術士，能以朱砂而成者，有鈆汞而成者，有焦銅而成者，何復更有造化之氣，豈可更入藥，既有此類，不可不區別。其生銀，即是不自礦中出，而特然自生者。銀屑，《經》言有毒，生銀《經》言無毒，蓋生銀已生發於外，無蘊欝。礦銀尚蘊蓄於石中，欝結之氣全未敷暢，故言有毒，亦惡錫。

**明・劉文泰《本草品彙精要》卷三**　銀屑有毒　石生。

銀屑：主安五臟，定心神，止驚悸，除邪氣。久服輕身長年。名醫所錄。

【地】《衍義》曰：所產之地已備生銀條下。屑義與金屑之義同焉。然銀屑《經》言有毒，生銀《經》言無毒。釋者漏略不言。蓋生銀已發生於外，無蘊鬱之氣，故無毒；礦銀尚蘊蓄於石中，鬱結之氣未泄，故有毒也。【時】採：無時。【用】經煆煉者良。【質】類沙而白亮。【色】白。【味】辛。【性】平，散。【氣】氣之薄者，陽中之陰。【臭】朽。【主】定心志，去驚癇。【反】惡錫。【製】磨剉爲屑用。【治】療：《藥性論》云：主小兒顛疾狂走。《別錄》云：妊娠卒腰背痛如折，用水煮服之。破冷除風。

生銀：有毒。附朱砂銀。石生。　生銀，主熱狂驚悸，發癇恍惚，夜臥不安讝音詹語，邪氣鬼祟。服之明目鎮心，安神定志。小兒諸熱丹毒，並以水磨服，功勝紫雪。名醫所錄。

【名】《寶藏論》云：夫銀有一十七種：至藥銀、山澤銀、草砂銀、母砂銀、黑鉛銀，已上五種是真銀，堪入藥用。白錫銀、曾青銀、土碌銀、丹陽銀、生鐵銀、生銅銀、硫黃銀、砒霜銀、雄黃銀、雌黃銀、鍮石銀、真水銀銀，已上十二種是假銀，不入藥用。【地】《圖經》曰：出饒州樂平諸坑生銀礦中。狀如硬錫，文理粗錯自然者真。今坑中所得乃在土石中滲溜成條，狀若絲髮，土人謂之老翁鬚，似此者極難得。方書用生銀，必得此乃真爾。《別錄》云：銀生洛平盧氏縣，褐色，石打破，內即白，生於鉛坑中，形如笋子。此有變化之道。亦曰自然牙，亦曰生鉛，又曰自然鉛，可爲利術，不堪食。鉛內銀性有毒，可用結砂子。一種朱砂銀，冷，無毒。畏石亭脂、磁石、鐵及忌諸血。有延年益色，鎮心安神，止驚悸，辟邪，治中惡，蠱毒，心熱煎煩，憂忘虛劣之功，故附於此。《衍義》曰：其生銀即是不自礦中出而特然自生者，又謂之老翁鬚，亦取像而言之耳。【時】採：無時。【用】文理粗錯，自然生者佳。【質】狀如硬錫。【色】白。【味】辛。【性】寒，散。【氣】氣之薄者，陽中之陰。【臭】朽。【主】鎮心安神。【反】畏石亭脂、磁石。【製】《雷公》云：金、銀、銅、鐵氣，凡使，在藥中用時即渾安置於藥中，借氣生藥力而已；若以金、銀、銅、鐵入於藥中，用之俱消人脂也。【治】療：日華子云：治小兒衝惡，熱毒，煩悶，水磨服。《別錄》云：身有赤疵，常以銀指令熱，不久漸漸消除。【禁】其性戾，服之傷肝。

**明·許希周《藥性粗評》卷四** 銀屑生宜於悸氏。

生銀屑，礦中所出，未經火者是也。出永昌者為勝，狀如硬錫，文理麄錯自然者真。採無時。味辛，性平、寒，無毒。主治熱狂驚悸，發癇恍惚，夜臥不安，譫語，邪氣鬼祟，破冷除風，明目鎮心，安神定志。大抵服之者，與他藥同煎，借其氣以助藥力云耳，藥成而去之，非真以研末服之也。故仙經謂其稟西方辛陰之神，恐傷肝木，此又不可不知。

單方：妊娠腰痛：以銀一兩，水三升，煎取二升，飲之，不差再作。

**明·鄭寧《藥性要略大全》卷八** 銀屑君 鎮心定驚，安五臟，長精神，明目，除邪氣熱狂。味辛，氣寒、平，有小毒。生銀屑當取現成銀箔，加水銀消之為泥，合硝石及鹽研為粉，燒出水銀，淘去鹽石，為極細末入藥用。若急用，摩剉取屑亦可。

銀箔 定心志，去驚癇、小兒顛疾狂走之病。

生銀 出銀坑礦中。狀如硬石，紋理粗錯。或礦石縫中如線，人曰老翁鬚。又有如砂、如泥、如代赭石、如石炭、如黑鉛，其色有大青、大綠、大黃，有內青外黃，有內黃外青，白綠、翠黑、紫赤等色。其形或圓或方，或大塊，或散碎，極不一也。 潔古云：治夜臥不安話語，驚癇，小兒丹毒赤腫，並水摩服。

**明·陳嘉謨《本草蒙筌》卷八** 銀屑 味辛，氣平，有毒。多出宣饒坑中，宣州屬南直隸，饒州屬江西。唐御史權萬紀奏：宣、饒二州極有銀坑，採甚利益。太宗曰：無所缺乏，何暇取乎。是知彼處有銀也。惟生銀礦石內。文理麄錯，類錫其堅。此謂礦銀，難竟入劑。銀在礦中，與銅相雜，必以鉛煎鍊，方成寶也。一說：礦銀尚蘊鬱石內，氣未敷暢，故言有毒。所加屑字，義與金同。必用鍊熟摩成，或取銀箔調碎。為丸煎汁，憑證重輕。畏磁石併石亭脂，惡白錫及一切血。除譫語恍惚不睡，止熱狂驚悸發癇。定志養神，鎮心明目。安五臟，辟諸邪。並用服之，功勝紫雪。 黃銀謂辟惡瑞物，蘇註云：作器辟惡瑞物也。乃無稽謬言。既堪作器，則非瑞物可知。 烏銀用硫黃煙熏，故變為黑色。 銀膏合鍊有法，白錫、銀箔、水銀三物合者。如膏凝成，專治心虛健安，補齒缺落。○銀星石有銀星麩片，其治體併土產同前。悉同金銀石。

**明·王文潔《太乙仙製本草藥性大全》卷六《本草精義》** 銀屑 其銀在礦中則與銅相雜，土人採得之，必以鉛再三煎鍊方成，故不得爲生銀。方家用銀屑，當取見成銀薄，以水銀消之爲泥，合消石及鹽研爲末，燒出水銀，淘去鹽石爲粉，極細用之乃佳，不得已磨取屑爾。且銀所在皆有，而以虢州者爲勝，此外多鉛，穢爲劣。高麗作帖者，云非銀礦所出，然色青不如虢州者。

生銀：銀之出處亦與金同，但皆生石中耳，鍊餌法亦相似。生宣州、饒州、樂平諸坑。生銀礦中狀如硬錫，文理麄錯自然者真，坑中所得乃佳。土石中滲溜成條，若絲髮狀，土人謂之老翁鬚，似此者極難得，此謂礦銀，難竟入劑。銀在礦中與銅相雜，必以鉛煎鍊方成寶也。一說礦銀尚蘊鬱石內，氣未敷暢，故言有毒。所加屑字，義與金同，必用鍊熟磨成，或取銀箔調碎爲丸煎汁，憑症輕重。畏磁石併石亭脂，惡白錫及一切血。

**明·王文潔《太乙仙製本草藥性大全》卷六《仙製藥性》** 銀屑君 味辛，氣平，有毒。 主治：除譫語恍惚不睡，止熱狂驚悸發癇。定志神鎮心，明目安五臟。祛辟諸邪，除小兒癲痰狂走之疾，治妊娠腰背疼痛之疴。

補註：妊娠卒腰背痛如折，銀一兩，水三升，煎取二升飲之。 謹按《南越志》云：出波斯國有天生藥銀，波斯國用爲試藥、指環。大寒無毒。主堅筋骨，鎮心明目，風熱癲疾等，並入箔入丸散服之。又燒朱粉甕下多年沉積有銀，號盃鉛銀，光軟甚好，與波斯銀功用相似，秖是難得。今時燒鍊家每一斤生鉛，只煎得一兩銖。陶隱居云：銀之所出處，亦與金同，但皆是生石中，鍊餌法亦相似。今醫方合鎮心丸用之，不可正服耳。爲屑，當以水銀研令消也。《衍義》云：銀屑，金條中已解屑義。銀本出於礦，須煎鍊而成，故名熟銀，所以於後別立生銀條也，其用與熟銀大同。世有術士能以朱砂而成者，有鉛汞而成者，有焦銅而成者，何復更有造化之氣，豈可更入藥？既有此類，不可不區別。其生銀即是不自礦中出，而特然自生者，又謂之老翁鬚，亦取像而言之。然銀屑《經》言有毒，生銀《經》言無毒，釋者漏略不言，蓋生銀已生發於外，無蘊鬱之氣，故無毒；礦銀尚蘊於石中，鬱結之氣全未敷暢，故言有毒。亦惡錫。 生銀： 味辛，氣寒，無毒。 主治：主驚悸發癇恍惚，衣臥不安。治熱狂譫語，邪氣鬼祟惡疰。能明目而鎮心，善安神而定志。小兒衝惡，丹毒煩悶，並水磨服，功勝紫雪。 補註：治身有赤疵，常以銀指令熱，不久漸漸消。○小兒衝惡，熱毒煩悶，並水磨服。忌生血。

**明・皇甫嵩《本草發明》卷五**　銀屑中品，臣。氣平，味辛，有毒。　發明曰：　銀屑亦鎮定，故《本草》主安五臟，定心神，止驚悸，除邪氣。出宣、饒坑中〔生銀〕鑛石內，〔文理〕粗錯，類錫，石內氣未敷暢，故有毒。若後條生銀，已生發于外，無蘊畜之氣，故無毒也。必須煉熟摩成，或取銀箔，研碎為丸，或用銀器煎汁，憑症輕重。《子母秘錄》云：　妊娠卒腰背痛如折，銀一兩，水三升，煎取半飲之。愚謂即此煎藥亦好。〇畏磁石并石亭脂。惡白錫及一切血。

生銀，中品。寒，無毒。　主熱狂驚悸，發癎恍惚，夜臥不安，譫語，邪氣鬼祟，服之明目，鎮心安神定志，功用同金屑。小兒諸熱丹毒，並以水磨服，功勝紫雪。忌生血。按：　雷公云：　凡金銀器及銅鐵，凡使在藥中，用時即渾安置于藥中，借氣生藥力而已，勿誤入藥中用，恐消人脂也。一云：　銀，西方辛陰之神，結精而為質，性戾，服之傷人之肝。

**明・李時珍《本草綱目》卷八金石部・金類**　銀《別錄》中品。校正：　併入《開寶》生銀。

〔釋名〕白金《綱目》　鋈時珍曰：　《爾雅》：　白金謂之銀，其美者曰鐐。《說文》云：　鋈，白金也。梵書謂之阿路巴。　〔集解〕《別錄》曰：　銀屑生永昌，采無時。弘景曰：　銀之所出處，亦與金同，但是生土中也。鍊餌法亦似金。永昌屬益州，今屬寧州。恭曰：　銀與金，生不同處，所在皆有，而以虢州者爲勝，此外多鉛穢爲劣。高麗作帖者，云非銀鉚所出，然色青不如虢州者。志曰：　生銀出饒州樂平諸坑銀鉚中，狀如硬錫，文理粗錯自然者真。頌曰：　銀在鉚中與銅相雜，土人采得，以鉛再三煎鍊方成，故爲熟銀。生銀則生銀鉚中，狀如硬錫。其金坑中所得，乃在土石中滲漏成條，若絲髮狀，土人謂之老翁鬚，極難得。方書用生銀，必得此乃真。珣曰：　按《南越志》：　波斯國有天生藥銀，用爲試藥指環。又燒朱粉甕下，多年沉積有銀，號盃鉛銀，光軟甚好，與波斯銀功力相似，秪是難得。今時燒鍊家，每一斤生鉛，只得一二銖。《山海經》云東北樂平郡堂少山出銀甚多。黔中生銀體硬，不堪入藥。宗奭曰：　銀出於鉚，須煎鍊成，故名熟銀。其生銀即不自鉚中出而特然生者，又謂之老翁鬚，其入用大同。世之術士，以朱砂而成，以鉛汞而成，以焦銅而成者，既無造化之氣，豈可入藥，不可不別。時珍曰：　閩、浙、荊、湖、饒、信、廣、滇、貴州、交趾諸處，山中皆產銀，有鉚中鍊出者，有沙土中鍊出者。其生銀，俗稱銀笋、銀牙者也，亦曰出山銀。獨孤滔《丹房鏡源》所謂鉛坑中出褐色石，形如笋，打破即白，名曰自然牙，曰自然鉛，亦曰生鉛，此有變化之道，不堪服食者是也。《管子》云：　上有鉛，下有銀。《地鏡圖》云：　山有葱，下有銀。銀之氣，入夜正白，流散在地，其精變爲白雄鷄。《寶藏論》云：　銀有十七種。又外國四種。天生牙，生銀坑內石縫中，狀如亂絲，色紅者上。入火紫白如草根者次之，銜黑石者最奇，生樂平、鄱陽產鉛之山，一名龍牙，一名龍鬚，是正生銀無毒，爲至藥根本也。生銀生石鉚中，成片塊，大小不定，狀如硬錫。母砂銀，生五溪丹砂穴中，色理紅光。黑鉛銀，得子母之氣。此四種爲真銀。有水銀銀、草砂銀、曾青銀、石緑銀、雄黃銀、雌黃銀、硫黃銀、膽礬銀、靈草銀，皆是以藥製成者；　丹陽銀、銅銀、鐵銀、白錫銀，皆以藥點化者，十三種皆假銀也。外國四種：　新羅銀、波斯銀、林邑銀、雲南銀，並精好。

銀屑　〔修治〕弘景曰：　醫方鎮心丸用之，不可正服。爲屑，當以水銀研令消也。恭曰：　方家用銀屑，取見成銀箔，以水銀消之爲泥，合消石及鹽研爲粉，燒出水銀，淘去鹽石，爲粉極細，用之乃佳，不得只磨取屑耳。時珍曰：　入藥只用銀箔易細，若用水銀鹽消制者，反有毒矣。《龍木論》謂之銀液。又有錫箔可僞，宜辨之。

〔氣味〕辛，平，有毒。珣曰：　大寒，無毒。詳生銀下。　〔主治〕安五臟，定心神，止驚悸。除邪，久服輕身長年《別錄》。定志，去驚癎，小兒癲疾狂走甄權。破冷除風青霞子。銀薄堅骨，鎮心明目，去風熱癲癎，入丸散用李珣。

生銀　〔氣味〕辛，寒，無毒。獨孤滔云鉛內銀有毒。保昇曰：　畏黃連、甘草、飛廉、石亭脂、砒石，惡羊血、馬目毒公。大明曰：　冷，微毒。畏慈石，惡錫，忌生血。時珍曰：　荷葉、蕈灰能粉銀。羚羊角、烏賊魚骨、鼠尾、龜殼、生薑、地黃、慈石，俱能瘦銀。羊脂、紫蘇子油，皆能柔銀。　〔主治〕熱狂驚悸，發癎恍惚，夜卧不安讝語，邪氣鬼祟。服之明目鎮心，安神定志。小兒諸熱丹毒，並以水磨服之，功勝紫雪《開寶》。小兒中惡，熱毒煩悶，水磨服之大明。煮水入葱白、粳米作粥食，治胎動不安，漏血時珍。

〔發明〕好古曰：　白銀屬肺。頌曰：　銀屑，葛洪《肘後方》治癰腫五石湯中用之。宗奭曰：　《本草》言銀屑有毒，生銀無毒，釋者略漏不言。蓋生銀已發於外，無蘊鬱之氣，故無毒；　鉚銀蘊於石中，鬱結之氣全未敷暢，故有毒也。時珍曰：　此說非矣。生銀初煎出如縵理，乃其天真，故無毒。鎔者投以少銅，則成絲文金花，銅多則反敗銀，去銅則復還銀，而初入少銅終不能出，作僞者又制以藥石鉛錫。且古法用水銀煎消，制銀箔成泥入藥，所以銀屑有毒。銀本無毒，其毒則諸物之毒也。今人用銀器飲食，遇毒則變黑；　中毒死者，亦以銀物探試之，則銀之無毒可徵矣。其入藥，亦是平肝鎮怯之義。故《太清服鍊書》言，銀禀西方辛陰之神，結精爲質，性剛戾，服之能傷肝，是也。《抱朴子》言銀化水服，可成地仙者，亦方士謬言也，不足信。斅曰：　凡使金銀銅鐵，只可渾安在藥中，借氣生藥力而已，勿入藥服，能消人脂。

〔附方〕舊二，新四。　妊娠腰痛：　如折者。銀一兩，水三升，煎二升，服之。《子母秘錄》。　胎動欲墮：　痛不可忍。銀五兩，苧根二兩，清酒一盞，水一大盞，煎一盞溫服。《婦人良方》。　胎熱橫悶：　生銀五兩，葱白三寸，阿膠炒半兩，水一盞。煎服。亦可入糯米，作粥食。《聖惠方》。　風牙疼痛：　文銀一兩，燒紅淬燒酒一盞，熱漱飲之，立止。《集簡方》。　口鼻疳蝕：　穿唇透頰。銀屑一兩，水三升，銅器煎一升，日洗三四次。

《聖濟錄》。　身面赤疵：　常以銀揩，令熱，久久自消。《千金翼》。

**明・梅得春《藥性會元》卷下**　生銀　寒，無毒。一云有毒。　主治熱狂驚悸，發癎恍惚，夜臥不安，邪氣讝語鬼祟，服之即定。又能明目鎮心，安神定志，小兒諸熱丹毒。並以水磨服，功勝紫雪。出饒州樂平、處州諸坑生銀鑛中，形如硬錫，文理麄錯自然者真。　註解：　凡金銀銅鐵器用在藥中時，惟將各器安置於藥中，借氣以生藥力而已，勿誤入藥中用，否則消人脂，且要中毒，餘倣此。

銀屑　味辛，平，有毒。　主安五臟，定心神，止驚悸，除邪。　生永昌，採無時。

**明・李中立《本草原始》卷八**　銀屑　出永昌。採無時。李時珍曰：　閩、浙、荊、湖、饒、信、廣、滇、貴州、交趾，諸處山中皆產銀。有鉚中煉出者，有沙土中煉出者。其生銀俗呼銀笋、銀牙，亦曰出山銀。許慎《說文》曰：　鋈，白金也。　氣味：　辛，平，有毒。主治：　安五臟，定心神，止驚悸，除邪氣。久服輕身長年。〇定志，去驚癎，小兒癲疾狂走。〇破冷除風。〇銀薄：　堅骨，鎮心明目，去風熱癲癎，入丸散用。

生銀　氣味：　辛，寒，無毒。主治：　熱狂驚悸，發癎恍惚，夜臥不安，讝語，邪氣鬼祟。服之明目，鎮心安神定志。小兒諸熱丹毒，並以水磨服之，功勝紫雪。〇小兒中惡，熱毒煩悶，水磨服之。〇煮水入葱白、粳米作粥食，治胎動不安，漏血。

銀，《別錄》中品。修治：　入藥只用銀薄，易細。

保昇曰：　畏黃連、甘草、飛廉、石亭脂、砒石，惡羊血、馬目毒公。大明曰：　冷，微毒。畏慈石，惡錫，忌生血。時珍曰：　荷葉、蕈灰能粉銀，羚羊角、烏賊魚骨、鼠尾、龜殼、生薑、地黃、慈石俱能瘦銀，羊脂、紫蘇子油皆能柔銀。今人用銀器飲食，遇毒則變黑。中毒死者亦以銀物探試之，則銀之無毒可徵矣。其入藥亦是平肝鎮怯之義。斆曰：　凡使金銀銅鐵，只可渾安在藥中，借氣生藥力而已，勿入藥服，能消人脂。《衍義》曰：　銀屑，金條中已解屑義。銀本出於礦，須煎煉而成，故名熟銀。所以別立生銀條也，其用與熟銀大同。世有術士，能以朱砂而成者，有鉛汞而成者，有焦銅而成者，何復更有造化之氣，豈可更入藥？　既有此類，不可不區別。其生銀即是不自礦中出而特然自生者，又謂之老翁鬚，亦取像而言之曰。　然銀屑，《經》言有毒；生銀，《經》言無毒。釋者漏略不言。蓋生銀已生發于外，無蘊鬱之氣，故無毒。礦銀尚蘊蓄于石中，鬱結之氣全未敷暢，故言有毒。銀屑：　君。銀星石主療與金星石大體相似。

**明・倪朱謨《本草彙言》卷一二**　銀箔　味辛，氣平，有毒。入手少陰、足厥陰經。　陶隱居曰：　銀與金，生不同處，所在皆有，而以虢州者爲勝。

蘇氏曰：　銀在礦中，與銅相雜。土人采得，以鉛再三煎煉方成，故稱爲熟銀。若生銀，不自礦中出而特然生者，如絲狀，土人謂之老翁鬚，極難得。方藥中用生銀，必得此乃真。今術家以硃砂而成，以鉛汞而成，以焦銅而成者，皆僞造也。　李氏曰：　閩、浙、荆、湖、饒、信、廣、滇、貴州、交趾諸處，山中皆產銀。有礦中煉出者，有沙土中煉出者，其生銀俗稱銀笋、銀芽。所謂鉛坑中出，色褐，形如石，或如笋，打破則白，名曰自然芽，亦曰生鉛，此有變化之道也。《地鏡圖》云：　山有野葱，下有生銀。銀之氣，入夜色白，流散在地，其精變爲白雄鷄。《寶藏論》云：　銀有十七種，又外國四種。生銀生石礦中，成片塊，大小不定，狀如硬錫；　母砂銀，生五溪丹砂穴中，色理紅光；　黑鉛銀，得母子之氣。此四種爲真銀。外有水銀銀、草砂銀、曾青銀、石綠銀、雄黃銀、雌黃銀、硫黃銀、膽礬銀、靈草銀，皆是以藥製成者；　丹陽銀、銅銀、鐵銀、白錫銀，皆以藥點化者。十三種皆假銀也。外國有四種，新羅銀、波斯銀、林邑銀、雲南銀，并精好。

銀箔：　定心志，安神明，鎮魂魄，甄權 去驚癎，解妄火之藥。張少懷按：　白銀稟西方辛陰之氣，堅墜之物，善能清氣下痰，解熱鎮驚。凡肝火爲眚者，煎汁飲之立定。蓋金、銀原本無毒，前人每用硝、礬、水銀，製煉服食，故有毒也。非金銀之毒，乃諸物之毒也。今人用銀器貯飲食，遇毒則銀色變黑。中毒死者，以銀物探入喉中試之，有毒即黑，則銀之無毒可知矣。又按：　雷氏曰：　凡使金、銀、銅、鐵、鉛、錫，只可渾放藥汁中煎煮，不過借氣助藥力而已。勿煉粉入藥服。誤服，令人消脂墜膽，有暴亡之禍，戒之！　慎之！

集方：　治中風不語，中惡蠱毒，尸疰，難產，血暈等證，及怔忡驚悸，恍惚恐怖，癲癎狂亂，及小兒風痓痰熱，驚悸不寧諸證。入丸散中，與金箔同功。〇《子母秘錄》治妊娠腰痛如折者。用白銀一兩，水三碗，煎八分，飲之。〇《婦人良方》治胎動欲墮，痛不可忍。用白銀四兩，苧根二兩，白酒一碗，水二碗，煎八分，服。〇《集簡方》治風牙疼痛。用白銀二兩，燒紅，淬白酒一碗乘熱漱飲，立止。○《聖濟錄》治口鼻疳蝕，甚至有穿唇透頰者。用銀屑一兩，水三升，煎七八合。日洗三四次。○《千金翼》治身面赤疵。常以銀揩令熱。久久自消。

**明・李中梓《本草通玄》卷下**　銀薄　性味主治皆同金薄，但金薄有毒，而銀無毒耳。

**清・劉雲密《本草述》卷四**　銀箔　氣味：辛，平，有毒。　主治：與金箔不遠。同能平肝，過服亦能傷肝。

愚按：生金在前哲多以為有毒，唯百煉者堪服。而生銀則以為無毒。李瀕湖之說甚辨，謂驗試中毒與否，必藉銀物，而有用銀器飲食者，亦以銀之與毒，其氣原不相容，而即為之色變也。是不問生熟而皆無毒矣。然有異者，金畏水銀，有水銀入肉，令人筋攣，惟以金物久久熨之。水銀當出蝕金，候金色白是也。至於作銀箔者，又借水銀煎消製之，是金銀之所喜忌，即一水銀而迥殊矣。奈何方書投證，似金銀之性味如一，竟無毫釐之分別乎哉？物理難窮，姑以俟之格物君子。　又按：《太清法》云：金稟中宮陰土之氣，而《太清服煉書》言，銀稟西方辛陰之神。若然是金之氣合於土，而銀之氣則純乎金也？故海藏獨言，白銀屬肺。而時珍獨言銀能傷肝也。如金氣之合於土者，斯能媾肺於肝，而使其平，不得言傷肝也。

**清・王翃《握靈本草》卷一**　白金銀也。入藥只用銀薄。　主治：銀，辛，平，有毒。安五臟，定心神。

**清・馮兆張《馮氏錦囊秘錄・雜症痘疹藥性主治合參》卷五**　銀屑　除譫語恍惚不睡，止熱狂驚悸發癇。定志養神，鎮心明目。安五臟，辟諸邪。銀星石，治法與金星石同。銀膏，係錫箔、銀箔、水銀，三物合者，專治心虛健忘，補齒缺落。

**清・浦士貞《夕庵讀本草快編》卷一**　銀《別錄》　白金謂之銀，以其色美也。《說文》釋名鋈。　銀乃辛陰之神，結精為質，無毒而能試毒，養正而可抑邪。凡熱狂驚悸，鬼惡癲癇，用之立止。入藥取箔，喜其易化。又恐偽雜鉛錫，不可不辨。《龍木論》載銀液乃消石及鹽所製，反生毒矣。雷公所謂凡用金銀只可渾煎，借氣而助藥力，不可輕服，以消人脂也。善夫！

**清・汪紱《醫林纂要探源》卷三**　銀　辛，平。白金也。出山中，取丱烹煉而出。功用略同黃金。嚴氣正性，以造盂盌，遇毒則變黑。以造翦刀，割癰疽則解毒。

**清・嚴潔等《得配本草》卷一**　銀箔　畏石亭脂、砒石、磁石、荷葉、蕈灰、羚羊角、烏賊骨、黃連、甘草、飛廉、鼠尾、龜甲、生薑、地黃、羊脂、蘇子油。惡錫、馬目毒公、羊血。　辛，寒，有毒。定心神，止驚悸，除狂熱，避諸邪。得蔥白、阿膠、糯米煎服，治胎熱橫悶。得苧根，酒水煎服，治胎動欲墮。凡用，只可煎汁，借氣以生藥力，勿入藥服，以消人脂。

**清・王龍《本草纂要稿・金石部》**　銀　氣味辛平寒，無毒。定精神恍惚，夜臥不寧。安五臟，小兒顛疾狂走。除邪鎮悸，破冷驅風。風熱驚癇立效，鬼祟譫語即安。生用之有毒，宜以薄入丸散。

**清・吳鋼《類經證治本草・手少陰心臟藥類》**　白銀　【略】誠齋曰：銀更能肺，肺病宜之，力稍遜於金。

**清・葉桂《本草再新》卷八**　銀味辛、苦，性微寒，有小毒。入肝經。　定心智，鎮肝風，通經活脈，治小兒驚癇。

**清・趙其光《本草求原》卷二四金部**　銀箔　功用與金同。但入氣分，不入血分。且性寒，解熱毒煩悶，磨水服。安胎，煮水入蔥白，米煮粥，或入苧根，酒煎飲。治孕婦腰痛，煎水飲。胎熱橫悶，漏血，同蔥白、阿膠、糯米作粥。癰腫。五石湯亦用之。生銀亦無毒，故能試中毒而色變。

**清・戴葆元《本草綱目易知錄》卷七**　銀屑熟銀　辛，平，有毒。堅骨，鎮心，明目，定志，破冷除風，安五臟，定心神，止驚悸，除邪氣，定癲癇，去風熱。療小兒癲疾狂走，妊婦腰痛胎動。造薄，入丸散用。【略】

生銀　辛，寒，無毒。明目鎮心，安神定志，治熱狂驚悸，發癇恍惚。夜臥不安讝語，邪氣鬼祟。小兒中惡，熱毒煩悶及諸熱丹毒。並以水磨服之，功勝紫雪。煎水入蔥白、粳米作粥食，治胎動不安漏血。

錫藺脂

**宋・王繼先《紹興本草》卷一**　錫藺脂　味甘、微鹹，有小毒。鎮墜風痰邪實，通利經絡，消散癖結，諸方中頗用之。其形塊大小不定，重紫黑色。表亦有如塗金，破之有牆壁，產鉛錫處皆有之，乃錫之礦也。入藥當鍛淬為用。本草不載，今宜添入。紹興新添。

**明・李時珍《本草綱目》卷八金石部・金類**　錫悋脂《綱目》

【集解】時珍曰：此乃波斯國銀丱也。一作悉藺脂。

【主治】目生翳膜，用火燒銅鋮輕點，乃傅之，不痛。又主一切風氣，及三焦消渴飲水，並入丸藥用時珍。

〔附方〕新一。　小兒天弔：多涎，搐搦不定。錫悋脂一兩，水淘黑汁令盡，水銀一分，以少棗肉研，不見星，牛黃半分，麝香半分，研勻，粳米飯丸黍米大。每服三十二丸，新汲水下，名保命丹。《普濟方》。

**清·王道純《本草品彙精要續集》卷一**　錫悋脂

錫悋脂：　主目生翳膜，用火燒銅針輕點，乃傳之不痛。又主一切風氣，及三焦消渴飲水，并入丸藥用《本草綱目》。　〔名〕銀礦、悉藺脂。　〔地〕李時珍云：　此乃波斯國銀鉚也，一作悉藺脂。　〔合治〕《普濟方》：　治小兒天吊多涎，搐搦不定，錫悋脂一兩，水淘黑汁令盡，水銀一分，以小棗肉研，不見星，牛黃半分，麝香半分，研勻，粳米飯丸黍米大，每服三十二丸，新汲水下，名保命丹。

## 黃銀

**宋·唐慎微《證類本草》卷三玉石部上品〔唐·陳藏器《本草拾遺》〕**　黃銀　銀注中蘇云：　作器辟惡，瑞物也。按：　瑞物黃銀，載于《圖經》。銀瓮丹甑，非人所爲，既堪爲器，明非瑞物。今烏銀辟惡，煮之，工人以爲器物，養生者爲器，以煮藥。兼于庭中，高一丈，夜承得醴，投別器中，飲長年。今人作烏銀以琉黃熏之，再宿，寫之出，即其銀黑矣。此是假，非真也。

**明·王文潔《太乙仙製本草藥性大全》卷六《仙製藥性》**　黃銀　謂辟惡瑞物，蘇註云：　作器辟惡，瑞物也。乃無稽謬言。按：　瑞物，即黃銀，載於《圖經》。銀瓮丹甑，非人所爲，既堪作器，明非瑞物可知。

**明·李時珍《本草綱目》卷八金石部·金類**　黃銀《拾遺》。　恭曰：　黃銀《本草》不載，俗云爲器辟惡，乃爲瑞物。　藏器曰：　黃銀載在《瑞物圖經》，既堪爲器，明非瑞物。時珍曰：　按方勺《泊宅編》云：　黃銀出蜀中，色與金無異，但上石則白色。　熊太古《冀越集》云：　黃銀絕少，道家言鬼神畏之。《六帖》載唐太宗賜房玄齡帶云：　世傳黃銀鬼神畏之。《春秋運斗樞》云：　人君秉金德而生，則黃銀見世。人以鍮石爲黃銀，非也。鍮石，即藥成黃銅也。

## 烏銀

**明·王文潔《太乙仙製本草藥性大全》卷六《仙製藥性》**　烏銀　辟惡者煮之，工人以爲器物，養生爲器以煮藥，兼於庭中高一丈，夜承得醴，投別器飲之長年。　補註：　今人作烏銀以硫黃薰之，再宿瀉之出，即其銀黑矣。

**清·趙學敏《本草綱目拾遺》卷二金部**　烏銀　《綱目》銀下附烏銀，言用硫黃熏銀則色黑，成烏銀。養生家製為器，盛露飲之，長年辟惡，止載其服食功用，而不言有治病之用，故從《行篋檢秘》方得其法以補之。　治翻胃如神：　用紋銀一錢二分，硫黃一觔，將硫黃分作一百二十包，取大傾銀罐一個，將銀放入罐內，炭火上煅，將硫黃逐包投入罐內，黃盡為度。取銀為末，初次服三分，二次服二分，三次服一分，再加丁香、茴香、藿香、沉香各三分，麝香一分，分為三服。每服用銀粉二分，水一鍾，煎藥至半鍾，將銀粉空心送下，作三日服，完即愈。

## 銀膏

**宋·唐慎微《證類本草》卷四玉石部中品〔《唐本餘》〕**　銀膏　味辛，大寒。主熱風，心虛驚癎，恍惚，狂走，膈上熱，頭面熱風，衝心上下，安神定志，鎮心明目，利水道，治人心風、健忘。其法以白錫和銀薄及水銀合成之。亦甚補牙齒缺落，又當凝硬如銀，合煉有法。

**宋·王繼先《紹興本草》卷一**　銀膏　紹興校定：　銀膏，然《本經》雖以水銀、白錫、銀薄三物合和而成，亦不見製造之法。又況水銀不得近牙齒，發腫，善脫齒，復云補牙齒缺落者，乃見此一種無可執據之藥，況方家亦不聞用之。《本經》味辛、大寒，不云有無毒。竊詳以水銀、白錫合和，即當以有毒是矣。

**明·劉文泰《本草品彙精要》卷四**　銀膏無毒　煉成。

銀膏：　主熱風，心虛驚癎，恍惚狂走，膈上熱，頭面熱，風衝心上下。安神定志，鎮心，明目，利水道，治人心風健忘。名醫所錄。　〔地〕《圖經》曰：此膏以符陵平土水銀和白錫及銀薄合成之，凝硬如銀，堪補牙齒缺落。　謹按：　《本經》合煉之法未詳，詢之方士，備云其法：　先以汞一百分，銀箔四十五分，殺作泥子後，用白錫九百分，內鐵鍋中，火熔成汁，出爐約人行二十步，將泥子投入，令勻，則成膏矣。其煉之法，以人行二十步爲則者，恐錫太熱則汞飛走，太冷則錫堅凝與其不相合也。時經試煉，果如所言。　〔質〕類銀。　〔色〕白。　〔味〕辛。　〔性〕大寒，散。　〔氣〕氣之薄者，陽中之陰。〔臭〕朽。　〔主〕安神定志，清心明目。

**明·王文潔《太乙仙製本草藥性大全》卷六《仙製藥性》**　銀膏　味辛，氣大寒。　主治：　主熱風衝心虛弱，療驚癎恍惚狂走。安神定志，明目鎮心。治人心風健忘，能補牙齒缺落。　合煉法：以白錫和銀箔及水銀合成，爲之補缺齒，又當凝硬如銀。　太乙曰：金銀銅鐵器，凡使在藥中用時，即渾安置於藥中，借氣生藥力而已，勿悞入藥中用，消人脂也。《寶藏論》：夫銀有十七件：真水銀、白錫銀、曾青銀、土碌銀、丹陽銀、生鐵銀、生銅銀、硫黃銀、砒霜銀、雄黃銀、雌黃銀、鍮石銀，惟有至藥銀、山澤銀、草沙銀、母砂銀、黑鉛銀五件是真，外餘則假銀。坑內石縫間有生銀迸出如布線，土人曰老翁鬚，是正生銀也。《丹房鏡源》云：銀生洛平盧氏縣，褐色石打破，內即白。生於鉛坑中，形如笋子。此有變化之道，亦曰自然牙，亦曰生鉛，又曰自然鉛，可爲利術，不堪食，鉛內銀性有毒，可用結砂子。《太清服鍊靈砂法》：銀稟西方辛陰之神，結精而爲質，性戾，服之傷肝。《抱朴子》云：銀但不及金玉，可以地仙也。服之法：麥漿化之，亦可以朱草酒餌之，亦可以龍膏鍊之，然〔日〕三服，〔服〕輙大如彈丸者，又非清貧道士所能得也。

**明·皇甫嵩《本草發明》卷五**　銀膏大寒，味辛。　主風熱，心虛健忘，驚癇恍惚狂走，膈上熱，頭面熱風衝心上下，安神定志，鎮心明目，定水道，治心風。大段與生銀治功同。又補牙缺落。又當凝硬如銀，合鍊有法。此白錫、銀箔、水銀三物合鍊成如膏。

**明·李時珍《本草綱目》卷八金石部·金類**　銀膏《唐本草》

【集解】恭曰：其法用白錫和銀薄及水銀合成之，凝硬如銀，合鍊有法。時珍曰：今方士家有銀脆，恐即此物也。

【氣味】辛，大寒，有毒。　【主治】熱風，心虛驚悸，恍惚狂走，膈上熱，頭面熱，風衝心上下，安神定志，鎮心明目，利水道，治人心風健忘，亦補牙齒缺落。蘇恭。

**明·梅得春《藥性會元》卷下**　銀膏　味辛，大寒。　主治熱風心虛驚癇，恍惚狂走，膈上熱，頭面熱，風衝心上下，安心神定志，明目，利水道。治失心風，健忘。其法以白錫和銀箔、水銀合成，亦補牙齒缺落，合煉凝硬如銀，務要得法。　以上金部之藥，時人方中罕用，但舊本曾備，難以闕之。僅採其尤者數品，纂入以備考擇，庶為全書云。

**清·戴葆元《本草綱目易知錄》卷七**　銀膏　辛，大寒，有毒。治熱風，心虛驚，恍惚狂走，膈上熱，頭面熱風衝心上下，安神定志，鎮心明目，利水道，治人心風健忘，亦補牙齒缺落。恭曰：其法用白錫和銀薄及水銀合成之，凝硬如銀，合鍊有法。時珍曰：今方士家，有銀脆，恐即此也。葆按：近有以此作生銀騙人者，當面煎鍊成銀，貪心墜術，或云買藥煎鍊，多方誘騙，傾家覆產，故誌之，免受其害。

## 銀銪

**清·趙學敏《本草綱目拾遺》卷二金部**　銀銪一作釉。　此乃傾銀鋪鎔銀脚也。凡鎔銀入罐，必多用消及硼砂、黃砂，以去鉛銅雜脚，則成十足成色為紋銀。其罐底所餘黑色滓渣，名曰銪。有毒，不可誤食，食能墜人腸，此物無人藥用者，故《綱目》銀下附烏銀。雖無主治，尚列其名。而銪未及焉者，或以其毒而棄諸，人有誤食者，急用黃泥水服二茶盞可解。或每日用飴糖四兩作小丸，不時以芝麻油吞下，俱可瀉其毒出，須服至百日外無患。《經驗廣集》：服銀銪水者，烏梅湯灌之即解。楊春涯《驗方》：誤食銀釉，帶皮綠柿連喫數十枚，冬日喫柿餅茨菇汁可解，神妙。　治癬：《救世青囊》凡頑癬，用銀銪不拘多少，盛磁盤內，安放露天，將盤微側，使銪沾露，有水流下，抓破搽之。　內府萬應膏：慈谿陳水東得來，用銀銪一觔，黑芝麻油二觔，先將銪入油內浸十日，敲碎，同油煎至四五分熟，用絹袋濾去銪，入炒過飛淨東丹一觔，熬成膏，治一切無名腫毒，癬瘡痔漏，發背疔瘡，一貼即愈。五雲膏：《不藥良方》治馬刀瘰癧，又鼠瘡已潰者，用銀黝子四兩，搥碎，黃丹八兩，飛淨，香油二十兩，用砂鍋一個，盛香油火溫，候油熱，將黝子投入油，以桃柳桑槐棗五枝攪之，候起珍珠花，撈去渣，用布濾淨，復將油下鍋，慢慢將黃丹篩入油內，仍用五枝不住手攪之，以滴水成珠為度。取出收貯，用時勿見火，以重湯炖化，紅緞攤貼。

## 赤銅

**宋·唐慎微《證類本草》卷五玉石部下品〔唐·蘇敬《唐本草》〕**　赤銅屑以醋和如麥飯，袋盛，先刺腋下脈，去血，封之，攻腋臭神效。又熬使極熱，投酒中，服五合，日三，主賊風反折。又燒赤銅五斤，內酒二斗中百徧，服同前，主賊風甚驗。

〔宋·馬志《開寶本草》〕按：陳藏器《本草》云：赤銅屑，主折傷，能銲人骨及六畜有損者。取細研酒中溫服之，直入骨損處，六畜死後，取骨視之，猶有銲痕。赤銅爲佳，熟銅不堪。《唐本》先附。

〔宋·掌禹錫《嘉祐本草》〕按：日華子云：銅屑，味苦，平，微毒。明目，治風眼，接骨銲齒，療女人血氣及心痛。又云：銅器，平。治霍亂轉筋，腎堂及臍下疰痛，並衣被襯後，貯火熨之。

〔宋・唐慎微《證類本草》〕《外臺秘要》：治狐臭。崔氏方：先用清水淨洗，又用清酢漿淨洗訖，微揩使破，取銅屑和酢熱揩。又方：赤銅屑，以酢和銀器中，炒極熱，以布裹，熨腋下，冷復易，差止，甚驗。《太清服煉靈砂法》云：銅稟東方乙陰之氣，結而成魄。性利，服之傷腎。《朝野僉載》云：定州人崔務，墜馬折足。醫者令取銅末，和酒服之，遂痊平。及亡後十餘年改葬，視其脛骨折處，有銅束之。《丹房鏡源》云：武昌銅若作丹，打之不裂拆。

**宋・王繼先《紹興本草》卷一**　赤銅屑　紹興校定：赤銅屑，乃經火去礦之銅，即非熟煉之物。蓋取色赤而作屑。《本經》雖有主治，然但不云性味，有無毒。日華子云：苦，平，微毒。今詳凡火鍛以酒淬服之，則為無毒，若不鍛淬服之，則為有毒。據經接骨補傷、療心痛等疾，當作味苦，微溫是也。

**明・王綸《本草集要》卷五**　赤銅屑　味苦，氣平，微毒。治腋臭，以醋和，炒熟如麥飯，袋盛，先刺腋下脈，去血封之，神效。又熬極熱，投酒中，服五合，日三，主賊風。又能銲人骨，細末和酒中，溫服之。

**明・滕弘《神農本經會通》卷六**　赤銅屑　日華子云：味苦，氣平，微毒。《本經》云：以醋和如麥飯，袋盛，先刺腋下脈，去血，封之，攻腋臭神效。又熬使極熱，投酒中，服五合，日三，主賊風反折。又燒赤銅五斤，內酒二斗中百徧，服同前，主賊風甚驗。陳藏器云：主折傷，能銲人骨，及六畜有損者，取細研酒中，溫服之，直入骨損處，六畜死後，取骨視之，猶有銲痕。赤銅為佳，熟銅不堪。日華子云：明目，治風眼。接骨銲齒。療女人血氣及心痛。又云：銅器，平。治霍亂轉筋，腎堂及臍下疰痛。《太清》云：銅稟東方乙陰之氣，結而成魄，性利，服之傷腎。

**明・劉文泰《本草品彙精要》卷五**　赤銅屑微毒。附銅器。

赤銅屑：以醋和如麥飯，袋盛，先刺腋下脈，去血封之，攻腋臭，神效。又熬使極熱，投酒中，服五合，日三，主賊風反折。又燒赤銅五斤，內酒二斗中百遍，服同前，主賊風，甚驗。名醫所錄。〔地〕陳藏器云：出武昌，蓋銅稟東方乙陰之氣結而成魄，其性利，能焊人骨，凡六畜有損者，取細研酒中溫啖之，直入骨損處。六畜死後，取骨視之，猶有焊痕。赤銅爲佳，黃熟銅不堪用。《別錄》云：定州人崔務墜馬折足，醫者令取赤銅末和酒服之，遂痊平。及亡後十餘年改葬，視其脛骨折處，有銅束之，是其驗也。〔時〕生：無時。採：無時。〔用〕屑。〔色〕赤。〔味〕苦。〔性〕平，泄。〔氣〕味厚于氣，陰也。〔臭〕腥。〔主〕傷折。〔製〕細剉爲屑，或燒淬，酒服。〔治〕療：日華子云：明目及風眼，接骨焊齒，療女人血氣及心痛。○銅器治霍亂轉筋，腎堂及臍下疰痛，並衣被襯後貯火熨之。陳藏器云：主折傷，能焊人骨。〔合治〕合醋於銀器中，炒極熱，以布裹，熨腋下，冷復易之，治狐臭。或用清醋漿淨洗訖，微揩使破，取銅屑和醋熱揩之，甚驗。

**明・鄭寧《藥性要略大全》卷八**　赤銅屑　味苦、酸澁，氣平，無毒。又云微毒。明目，治風眼。接骨銲齒。療女人血氣及心痛。伊訓云：治霍亂轉筋，敺賊風。

**明・王文潔《太乙仙製本草藥性大全》卷六《本草精義》**　赤銅屑　一名紅銅。古者以銅爲赤金，金爲黃金，銀爲白金。出蜀郡山谷平澤，閩、廣、宣、饒各郡諸山銀坑中採之。銅稟東方乙陰之氣結而成性，久服之傷腎。今銅爲赤金，生（熟）鍊熟者柔赤。而《本草》並無用，今銅青及大錢皆入方用，並是生銅，應在下品之類也。

**明・王文潔《太乙仙製本草藥性大全》卷六《仙製藥性》**　赤銅屑　味苦，氣平，無毒。　主治：主傷寒能銲人骨，療風眼善令目明。治女人血氣及心痛，祛賊風接骨又銲齒。治腋下狐臭如神，刺腋脉去血封效。　補註：治狐臭崔氏方：先用清水浄洗，又用清酢漿浄洗訖，微揩使破，取銅屑和酢熱揩。○又赤銅屑以酢和銀器中炒極熱，以布裹熨腋下，冷復易，差止，甚效。○崔務墜馬折足，醫者令取銅屑末和酒服之，遂痊平，及亡後十餘年改葬，視其脛骨折處有銅束之。

黃銅　用赤銅一斤，入蘆甘石四兩於內烹煉而成，可以造成諸般器皿。體如赤金者佳。　白銅：出會川山谷，有礦石用煆煉烹煎而成，出山體如彈丸，下地粉碎雪白者佳，爆渣者次之，不堪入藥，用之可爲器皿也。　青銅：出雲南蠻洞、山峪、巖谷間，體如黑漆，乃世之所稀有者。

**明・皇甫嵩《本草發明》卷五**　赤銅屑味苦，氣平，無毒。　治腋臭。以醋和炒熱，如麥飯袋盛，先刺腋下脉去血，封之神效。又熬極熱，投酒中，服五合，日二三服，主賊風反折。又能銲人骨，細研，酒中溫服之。銅稟東方乙陰之氣，結而成塊，性利，服之傷腎。

**明・李時珍《本草綱目》卷八金石部・金類**　赤銅《唐本草》

【釋名】紅銅《綱目》　赤金弘景　屑名銅落　銅末　銅花　銅粉　銅砂時珍曰：　銅與金同，故字從金、同也。

【集解】弘景曰：　銅爲赤金，生熟皆赤，而《本草》無用。今銅青及大錢皆入方用，並是生銅，應在下品之例也。時珍曰：　銅有赤銅、白銅、青銅。赤銅出川、廣、雲、貴諸處山中，土人穴山采礦鍊取之。白銅出雲南，青銅出南番，惟赤銅爲用最多，且可入藥。人以爐甘石鍊爲黃銅，其色如金。砒石鍊爲白銅，雜錫鍊爲響銅。《山海經》言出銅之山四百六十七，今則不知其幾也。《寶藏論》云：　赤金一十種：　丹陽銅、武昌白慢銅、一生銅、生銀銅，皆不由陶冶而生者，無毒，宜作鼎器。波斯青銅，可爲鏡。新羅銅，可作鐘。石緑，石青，白、青等銅，並是藥製成。鐵銅以苦膽水浸至生赤，煤熬鍊成而黑堅。錫坑銅大軟，可點化。自然銅見本條。《鶴頂新書》云：　銅與金銀同一根源也，得紫陽之氣而生緑，緑二百年而生石，銅始生于中，其氣禀陽，故質剛戾。《管子》云：　上有陵石，下有赤銅。《地鏡圖》云：　山有慈石，下有金若銅。草莖黃秀，下有銅器。銅器之精，爲馬爲僮。《抱朴子》云：　銅有牝牡。在火中尚赤時，令童男、男女以水灌之，銅自分爲兩段，凸起者牡也，凹下者牝也。以牝爲雌劍，牡爲雄劍，帶之入江湖，則蛟龍水神皆畏避也。

赤銅屑　【修治】時珍曰：　即打銅落下屑也。或以紅銅火鍛水淬，亦自落下。以水淘净，用好酒入沙鍋内炒見火星，取研末用。

【氣味】苦，平，微毒。時珍曰：　蒼术粉銅，巴豆、牛脂軟銅，慈姑、乳香啞銅，物性然也。

【主治】賊風反折，熬使極熱，投酒中，服五合，日三。或以五斤燒赤，納二斗酒中百遍，如上服之。又治腋臭，以醋和如麥飯，袋盛，先刺腋下脉去血，封之，神效《唐本》。明目，治風眼，接骨銲齒，療女人血氣及心痛大明。同五倍子，能染鬚髮時珍。

【發明】時珍曰：《太清服鍊法》云：　銅禀東方乙陰之氣結成，性利，服之傷腎。既云傷腎，而又能接骨，何哉？　藏器曰：　赤銅屑主折傷，能銲人骨，及六畜有損者，細研酒服，直入骨損處，六畜死後，取骨視之，猶有銲痕，可驗。打熟銅不堪用。慎微曰：《朝野僉載》云：　定州崔務墜馬折足，醫者取銅末和酒服之，遂瘥，及亡後十年改葬，視其脛骨折處，猶有銅束之也。

【附方】舊一。　腋下狐臭：　崔氏方用清水洗净，又用清酢漿洗净，微揩破，取銅屑和酢熱揩之，甚驗。《外臺》。

**明・李中立《本草原始》卷八**　赤銅屑　即打紅銅落下末也，或以紅銅火鍛水淬，亦自落下。以水淘淨，用好酒入沙鍋炒見火星，取研末用，俗呼銅末。時珍曰：　銅與金同，故字從金、同也。　赤銅屑：　氣味：　苦，平，無毒。主治：　賊風反折，熬使極熱，投酒中，服五合，日三。或以五斤燒赤，納二斗酒中百遍，如上服之。又治腋臭，以醋和如麥飯，袋盛，先刺腋下脉，去血，封之，神效。○明目，治風眼，接骨銲齒，療女人血氣及心痛。○同五倍子能染鬚髮。

赤銅屑，《唐本草》。

慎微曰：《朝野僉載》云：　定州崔務墜馬折足，醫者取銅末和酒，服之遂差。及亡後十年改葬，視其脛骨折處，猶有銅束之也。

**明・羅周彦《醫宗粹言》卷四**　粉銅法　用荸薺、胡桃和銅研，銅能成粉。以死茈入水同煮，則銅可雕刻。

**明・繆希雍《本草經疏》卷五**　赤銅屑　主賊風反折，燒赤銅五斤，内酒二斗中，百遍服。

【疏】赤銅屑，日華子云：　苦平微毒，亦能接骨理傷，功用與自然銅相等。第其性有毒耳。本經主賊風反折者，風氣通於肝，肝屬木，金能平之故也。藏器曰：　赤銅屑能銲人骨及六畜有損，細研酒服，直入骨損處。六畜死後，取骨視之，猶有銲痕可驗。《朝野僉載》云：　定州崔務墮馬折足，醫者取銅末，和酒服之，遂瘥。及亡後十年改葬，視其脛骨折處，猶有銅束之也。打熟銅不堪用。

**明・倪朱謨《本草彙言》卷一二**　赤銅屑　味苦，氣平，微有毒。　李氏曰：　銅爲赤金，又有赤、白、青、黃四種之别。赤銅出川、廣、雲、貴，白銅出雲南，青銅出南番，黃銅出閩、廣。皆出深山中。土人穴山采礦，煉取之，惟赤銅爲用最多，亦可入藥。《山海經》言出銅之山二百有奇，今則不知其幾也。諸銅得東南紫陽之氣而生，其氣禀陽，故其質剛戾。若赤銅屑者，即打銅落下飛屑也，或以紅銅火燒水淬，屑亦自落。以水淘淨，用好酒拌入鐵鍋内炒，見火星即取起，研末用。

赤銅屑：　日華子接骨堅齒，李時珍烏鬚髮之藥也。方益明稿《太清服煉》云：　此藥秉東南乙陰之氣而生，承紫陽之氣而長，性堅味苦，能澀能斂。故合五棓子，染鬚髮即黑。火煅淬酒服，治跌撲筋骨斷折。煎水洗目，去弦障。和醋水煎滾飲，治女子血氣心胃疼。諸病皆取此收澀堅凝之用也。此乃金石之劑，中病即止，不可過服。

集方：《李氏手集》染白鬚髮轉黑。用紅銅細末一兩，研極細，聽用，取五棓子十兩敲碎，研成末，鍋內炒成糊，初時黑烟出，將鍋提起放地上，不住手炒；將冷，又上火炒，待黃烟出，又提起放地上，不住手炒；將冷，再上火炒，待青黃烟間出，即住火。先以真青布一大幅，浸濕，將五棓子傾在布上，捏成一團，用脚踏成餅，上用濕黃泥一擔，盦一夜，色如烏鴉羽爲妙。配膽礬、白礬各七錢，潔白鹽一兩四錢，和入紅銅末內，再研勻，和入製過五棓子餅內，再總研勻。貯磁器內，臨染鬚髮時，取藥末一錢，配小麥麵二分，用酒調如稀糊，隔湯頓稠，黃昏時乘熱刷鬚髮上，待有二個時辰，用熱湯洗去藥，鬚髮即黑矣。○王時中治跌撲折損筋骨。用赤銅末，每用三分，熱酒調服。折傷在上，食後服；折傷在下，食前服。不過三五服愈。○費仲吾方治風爛眼弦，沿久不愈。用紅銅末二錢，日逐煎湯頻洗。半月尋愈。○大氏方治女人心胃作痛。用紅銅末二錢，米醋半盞，和水一碗，煎滚，澄去銅末。取醋湯飲，立止。

**清・穆石匏《本草洞詮》卷三**　銅赤銅、自然銅、銅青　銅，與金同，故名。《鶴頂新書》云：銅與金銀同一根源也。得紫陽之氣而生綠，綠二百年而生石，銅始生於中。有赤、青、白三種，惟赤銅入藥。赤銅味苦，氣平，微毒。治賊風反折，赤銅五斤，熬使極熱，投二斗酒中百遍，服五合，日三。又接骨銲齒，治腋臭。同五棓子能染鬚髮。【略】

自然銅，生銅礦中，山氣薰蒸，自然流出，不從礦鍊，故名。味辛，氣平，無毒。主治與赤銅同。有人以自然銅飼折翅胡鷹，後遂飛去。今人打撲損傷，研細水飛過，同當歸、沒藥各半錢，以酒調服，仍手摩病處，有續筋骨之功。而又有消瘀血之效也。

銅青，味酸，氣平，微毒。生熟銅皆有青，此銅之精華也。近時以醋製銅生綠，收取之。入肝膽二經。主吐利風痰，明目，殺疳，合金瘡止血。

**清・劉雲密《本草述》卷四**　赤銅屑銅有赤銅、白銅、青銅，唯赤者可入藥。　氣味：苦，平，無毒。　主治：同自然銅，同五倍子俱能染鬚髮。

**清・馮兆張《馮氏錦囊秘錄・雜症痘疹藥性主治合參》卷五**　赤銅屑味苦、辛，微毒。亦能接骨理傷，功用與自然銅相等，第其性有毒耳。《本經》主賊風反折者，風氣通於肝，肝屬木，金能平之故也。其力能銲人骨，凡六畜有損，細研酒服，直入骨損處，六畜死後取骨視之，猶有銲痕可驗。定州崔務墮馬折足，醫者取銅末和酒服之遂瘥，及亡後十年改葬，視其脛骨折處，猶有銅束之也。但打熟銅不堪用。　赤銅屑，主賊風反折，燒赤銅五觔，納酒二斗中百遍服之。

**清・张璐《本經逢原》卷一**　赤銅　苦，平，微毒。　發明：賊風反折，以赤銅五觔燒紅，內二斗酒中百遍，服五合，日三服，以效為度。煅赤銅落乃打銅落下之屑，與自然銅同類，故亦能接骨。煅赤醋沃七次，同五倍等則染鬚黑潤。藏器曰：赤銅屑能銲人骨及六畜有損，細研酒灌，直入骨損處。六畜死後，取骨視之，猶有銲痕可驗。

**清・浦士貞《夕庵讀本草快編》卷一**　銅《綱目》　附：銅青、自然銅　銅與金同，故字兼之。入藥須以水淬，自落者為銅粉，生者不堪用。銅感東方乙陰之氣，味苦性利，善能接骨而明目，療風而銲齒。腋下狐臭，女人血氣，俱可暫用。若以醋製，化液成青，其味兼酸，乃入肝膽。吐利風痰，殺疳明目，尤為效速。至于自然銅，功用相倣，世人但知用以接骨化瘀，不究其治心痛及暑濕癱瘓亦有效也。

**清・汪紱《醫林纂要探源》卷三**　銅　辛苦，平。赤金也。紅為本色，雜以鉛乃有青銅、混銅、黃銅。烹煉得法，則有響銅。至若白銅，則另是一種。　鎮心明目。

**清・羅國綱《羅氏會約醫鏡》卷一八金石水土部**　生赤銅味苦平，微毒。　平肝散風。治賊風反折，用赤銅五斤燒紅，淬酒數十遍服之。善接折骨。凡六畜損骨，細研末，酒調灌，直入損處。六畜死後，取骨視之，猶有銅痕。昔崔務墜馬折足，以銅末和酒服之，遂瘥。及亡後十年，改葬，視其脛骨折處，猶有銅束也。但打熟銅不堪用。

**清・趙學敏《本草綱目拾遺》卷二金部**　菜花銅　《藥性考》：此天生者，今之黃銅，乃赤銅合爐甘石煉成。　味辛，宜製刀切藥，性味不改，打箔用，入損傷劑，能斂金瘡傷口，強脾益肺，除一切風痹。

**清・楊時泰《本草述鉤元》卷四**　赤銅屑　銅有赤、白、青色不一，惟赤者入藥。其屑即打銅落下者，或以紅銅火煅水淬，亦自落下瀕湖。　氣味苦平。主治同自然銅。能銲人骨，凡六畜有損者，細研酒服，直入骨損處，畜死，取骨視之，猶有銲痕可驗藏器。　同五倍子，能染鬚髮。　修治：水淘淨，用好酒入砂鍋內炒，見火星，取研末用。打熟銅，不堪用。

**清・趙其光《本草求原》卷二四金部**　赤銅屑即打赤銅落下屑，青、白銅者不可用。　苦，平，微毒。六畜有損，細研，酒灌，直入骨損處；六畜死後，取視其骨，猶有焊痕可驗，故亦接骨。同五棓染鬚髮。煅赤，醋淬七次用。或以紅銅火煅水淬，亦自落下，水淘盡，用好酒炒見火星，研用。

## 古鏡

**宋・唐慎微《證類本草》卷五玉石部下品〔《本經・别録》〕 錫銅鏡鼻** 〔宋・掌禹錫《嘉祐本草》〕按：月閉通用藥云：錫銅鏡鼻，平。 **主女子血閉，癥瘕，伏腸，絶孕，**及伏尸邪氣。生桂陽山谷。

〔梁・陶弘景《本草經集注》〕云：此物與胡粉異類，而今共條，當以其非止成一藥，故以附見錫品中也。古無純銅作鏡者，皆用錫雜之，《别録》用銅鏡鼻，即是今破古銅鏡鼻爾。用之當燒令赤內酒中飲之。若置醯中出入百過，亦可擣也。鉛與錫，《本經》云生桂陽，今則乃出臨賀，猶是分桂陽所置。鉛與錫相似，而入用大異。

〔唐・蘇敬《唐本草》〕注云：臨賀出者名鉛，一名白鑞，唯此一處資天下用，其錫出銀處皆有之。雖相似，而入用大異也。

〔宋・馬志《開寶本草》〕按：别本注云：凡鑄鏡皆用錫和，不爾即不明白，故言錫銅鏡鼻，今廣陵者爲勝。

〔宋・掌禹錫《嘉祐本草》〕按：《藥性論》云：銅鏡鼻，微寒。主治産後餘疹刺痛三十六候，取七枚投醋中，熬過呷之。亦可入當歸、芍藥煎服之。《藥訣》云：鏡鼻，味酸，冷，無毒。日華子云：古鑒，平，微毒。辟一切邪魅，女子鬼交。飛尸蠱毒，小兒驚癇，百蟲入人耳鼻中，將就彼敲，其蟲即出。又催生，及治暴心痛，並燒酒淬服之。

〔宋・唐慎微《證類本草》〕《圖經》：文具鉛、錫條下。《聖惠方》：治小兒卒中客忤。用銅照子鼻燒令赤，著少許酒中淬過，少少與兒服之。

**宋・唐慎微《證類本草》卷三玉石部上品〔唐・陳藏器《本草拾遺》〕** 古鏡 味辛，無毒。主驚癇邪氣，小兒諸惡。煮取汁和諸藥煮服之。文字彌古者佳爾。

**宋・王繼先《紹興本草》卷一** 錫銅鏡鼻 紹興校定：錫銅鏡鼻，主療《本經》具載而不云性味、有無毒。《藥訣》云味酸。但此物以錫、銅合成之，其服餌之家凡用之，多以淬而借氣，當云無毒，末服之即有毒矣。既療〔癖（癖）〕〔癥瘕〕等疾，明非性冷之藥。今當作味酸、性溫為定，諸注云性寒與冷者非矣。

**明・滕弘《神農本經會通》卷六** 古鏡 陳藏器餘云：味辛，無毒。主驚癇邪氣，小兒諸惡，煮取汁，和諸藥煮服之。文字彌古者佳。

**明・劉文泰《本草品彙精要》卷五** 錫銅鏡鼻無毒。附古鑒。

**錫銅鏡鼻**出《神農本經》：**主女子血閉，癥瘕，伏腸，絶孕。**以上朱字《神農本經》。伏屍，邪氣。以上黑字名醫所録。 〔地〕陶隱居云：古無純銅鑄鏡，皆用錫和雜之，以取其明白故也。以廣陵者爲勝，今所用銅鏡鼻者，乃破古銅鏡之鼻爾，用之當燒令赤，內酒中飲之。若置醯中，出入百過，亦可搗矣。其入藥之義，即銅弩牙、古文錢之類，皆有錫相雜，故所用也，以意推之，其理則一。 〔時〕生：無時。採：無時。 〔用〕古者愈佳。 〔色〕青緑。 〔味〕酸。 〔性〕冷。 〔氣〕氣薄味厚，陰也。 〔臭〕朽。 〔主〕祛邪通經。 〔製〕燒赤淬酒，碾細服。 〔治〕療：日華子云：古鑒辟一切邪魅，女人鬼交，飛屍，蠱毒，小兒驚癇。百蟲入人耳鼻中，就將彼敲，其蟲自出。 〔合治〕以七枚投醋中熬過，呷之。亦可入當歸、芍藥煎服，療産後餘疹刺痛三十六候。○銅照子鼻燒赤，著少許酒淬過，少少與兒服之，療小兒卒中客忤。○古鑒燒赤淬酒服，療暴心痛及催生。

**明・王文潔《太乙仙製本草藥性大全》卷六《本草精義》** 錫銅鏡鼻 凡鑄鏡皆用錫和，不爾即不明白，故言錫銅鏡鼻。今廣陵者爲勝。陶隱居云：此物與胡粉異類，而今共條，當以其非止成一藥，故以附見錫品中也。古無純銅作鏡者，皆用錫雜之，《别録》用銅鏡鼻，即是今破古銅鏡鼻爾。用之當燒令赤，淬酒中飲之，若置醯中，出入百過亦可擣也。

**明・王文潔《太乙仙製本草藥性大全》卷六《仙製藥性》** 錫銅鏡鼻 味酸，氣冷，又云微寒，無毒。主治：破女子血閉癥瘕，治産後餘疹刺痛。主伏腸絶孕神方，祛伏尸邪氣符令。補註：治産後餘疹刺痛三十六候，取七枚投醋中，蒸過呷之，亦可入當歸、芍藥煎服炒。○治小兒卒中客忤，用銅照子鼻燒令赤，著少許酒中淬過，少少與兒服之。

古鏡 味辛，氣平，無毒。主治：主驚癇邪氣妙藥，治小兒諸惡仙方。補註：凡用時以古鏡煮取汁，和諸藥煮服之效。文字彌古者尤佳。

古鑑 味辛，氣平，有微毒。主治：辟一切邪魅，治女人鬼交。飛尸蠱毒如神，小兒驚癇大效。百蟲入耳，敲之即出。卒暴心痛，淬服何難。補註：百蟲入耳鼻中，將就彼敲，其蟲即出。○催生及暴心痛，並燒酒淬，服之良。

**明・皇甫嵩《本草發明》卷五** 古鏡上品。味辛。 主驚癇邪氣，小兒諸惡。取汁，和諸藥煮服。文字（称）〔彌〕古者佳。

**明・李時珍《本草綱目》卷八金石部・金類** 古鏡《拾遺》。校正：併入《本經》錫銅鏡鼻。

【釋名】鑒　照子時珍曰：鏡者景也，有光景也。鑒者監也，監於前也。《軒轅內傳》言：帝會王母，鑄鏡十二，隨月用之。此鏡之始也。或云始于堯臣尹壽。

【氣味】辛，無毒。大明曰：平，微毒。　【主治】驚癇邪氣，小兒諸惡，煮汁和諸藥煮服，文字彌古者佳藏器。辟一切邪魅，女人鬼交，飛尸蠱毒，催生，及治暴心痛，並火燒淬酒服。百蟲入耳鼻中，將鏡就敲之，即出大明。小兒疝氣腫硬，煮汁服時珍。

【發明】時珍曰：鏡乃金水之精，內明外暗。古鏡如古劍，若有神明，故能辟邪魅忤惡。凡人家宜懸大鏡，可辟邪魅。《劉根傳》云：人思形狀，可以長生。用九寸明鏡照面，熟視令自識己身形，久則身神不散，疾患不入。葛洪《抱朴子》云：萬物之老者，其精悉能託人形惑人，唯不能易鏡中真形。故道士入山，以明鏡徑九寸以上者背之，則邪魅不敢近，自見其形，必反却走。轉鏡對之，視有踵者山神，無踵者老魅也。群書所載，古鏡靈異，往往可證，謾撮於左方。《龍江錄》云：漢宣帝有寶鏡，如八銖錢，能見妖魅，帝常佩之。《異聞記》云：隋時王度有一鏡，歲疫令持鏡詣里中，有疾者照之即愈。《樵牧閒談》云：孟昶時張敵得一古鏡，徑尺餘，光照寢室如燭，舉家無疾，號無疾鏡。《西京雜記》云：漢高祖得始皇方鏡，廣四尺，高五尺，表裏有明，照之則影倒見；以手捧心，可見腸胃五臟；人疾病照之，則知病之所在；女子有邪心，則膽張心動。《酉陽雜俎》云：無勞縣舞溪石窟有方鏡，徑丈，照人五臟，云是始皇照骨鏡。《松窗錄》云：葉法善有一鐵鏡，照物如水。人有疾病，照見臟腑。《宋史》云：秦寧縣耕夫得鏡，厚三寸，徑尺二，照見水底，與日爭輝。病熱者照之，心骨生寒。《雲仙錄》云：京師王氏有鏡六鼻，常有雲烟，照之則左右前三方事皆見。黃巢將至，照之，兵甲如在目前。《筆談》云：吳僧一鏡，照之知未來吉凶出處。又有火鏡取火，水鏡取水，皆鏡之異者也。

【附方】新一。　小兒夜啼：明鑒掛牀脚上。《聖惠方》。

錫銅鏡鼻《本經》下品　【釋名】弘景曰：此物與胡粉異類而共條者，古無純銅作鏡，皆用錫雜之，即今破古銅鏡鼻爾。用之當燒赤納酒中。若醞中出入百遍，乃可搗也。志曰：凡鑄鏡皆用錫，不爾即不明白，故言錫銅鏡鼻，今廣陵者爲勝。時珍曰：錫銅相和，得水澆之極硬，故鑄鏡用之。《考工記》云金錫相半，謂之鑒燧之劑，是也。

【氣味】酸，平，無毒。權曰：微寒。《藥訣》曰：冷，無毒。　【主治】女子血閉癥瘕，伏腸絕孕《本經》。伏尸邪氣《別錄》。產後餘疹刺痛，三十六候，取七枚投醋中熬，呷之。亦可入當歸、芍藥煎服甄權。

【附方】新一。　小兒客忤：面青驚痛。銅照子鼻燒赤，少酒淬過，與兒飲。《聖惠方》。

鏡鏽即鏡上綠也。俗名楊妃垢。　【主治】腋臭，又療下疳瘡，同五倍子末等分，米泔洗後傳之時珍。

**明·李中立《本草原始》卷八**　古鏡　一名鑒。李時珍曰：鏡者，景也，有光景也。鑒者，監也，監於前也。《軒轅內傳》言：帝會王母，鑄鏡十二，隨日用之，此鏡之始也。或云：始於堯臣尹壽。古鏡：氣味　辛，無毒。主治：驚癇邪氣，小兒諸惡，煮汁和諸藥煮服，文字彌古者佳。○辟一切邪魅，女人鬼交，飛尸蠱毒。催生，及治暴心痛，並火燒淬酒服。百蟲入耳鼻中，將鏡就敲之，即出。○小兒疝氣腫硬，煮汁服。

漢宣帝有寶鏡如八銖錢，能見妖魅，帝常佩之。孟昶時張敵得古鏡，徑尺餘，照寢室如燭，舉家無疾，號無疾鏡。漢高祖得始皇方鏡，廣四尺，高五尺，表裏有明，照之則影倒見；以手捧心，可見腸胃五臟；人疾病照之，則知病之所在；女子有邪心，則膽張心動。《宋史》云：秦寧縣耕夫得鏡，厚三寸，徑尺二，照見水底，與日爭輝，病熱者照之，心骨生寒。《雲仙錄》云：京師王氏有鏡，六鼻，常有雲烟，照之則左右前三方事皆見。黃巢將至，照之，兵甲如在目前。《筆談》云：吳僧一鏡，照之知未來吉凶出處。又有火鏡取火，水鏡取水，皆鏡之異者也。

**清·穆石匏《本草洞詮》卷一二**　古鏡　鏡乃金水之精，能治驚癇邪氣，辟邪魅。《劉根傳》云：人思形狀，可以長生，用九寸明鏡照面熟視，令自識己身形，久則神氣不散，疾患不入。葛洪云：萬物之老者，其精悉能託人形惑人，惟不能易鏡中真形，故道士入山，以明鏡背之，則邪魅不敢近，自見其形，必反却走，轉鏡對之，視有踵者山神，無踵者老魅也。

## 古文錢

**宋·唐慎微《證類本草》卷五玉石部下品〔宋·掌禹錫《嘉祐本草》〕**　古文錢　平。治翳障，明目，療風赤眼，鹽滷浸用。婦人橫逆產，心腹痛，月膈，五淋，燒以醋淬用。新補，見日華子。

〔宋·唐慎微《證類本草》〕《圖經》：文具鉛條下。陳藏器云：大錢，銀注中陶云不入用。按錢青者是大錢，煮汁服，主五淋。磨入目，主盲瘴膚赤。和薏苡根煮服，主心腹痛。煮比輪錢以新汲水投服之，又主時氣。含青錢，又主口內熱瘡。以二十文燒令赤，投酒中服之，立差。又主婦人患橫產。

**宋・寇宗奭《本草衍義》卷六**　古文錢　古銅焦赤有毒，治目中瘴瘀，腐蝕壞肉。婦人横逆産，五淋多用。非特爲有錫也，此説非是。今但取景王時大泉五十及寶貨，秦半兩，漢莢錢大小五銖，吳大泉五百、大泉當千，宋四銖、二銖，及梁四柱，北齊常平五銖。爾後，其品尚多，如此之類方可用。少時常自患暴赤目腫痛，數日不能開。客有教以生薑一塊，洗淨去皮，以古青銅錢刮取薑汁，就錢棱上點。初甚苦，熱淚蔑面，然終無損。後有患者，教如此點，往往疑惑。信士點之，無不獲驗，一點遂愈，更不可再作。有瘡者不可用。

**宋・王繼先《紹興本草》卷一**　古文錢　紹興校定：古文錢乃熟銅也。《本經》雖有主療，而不載味及有無毒。竊詳古文錢又銅錫相雜而成，據《經》注所載，皆借氣為用，當作味辛、無毒是也。

**明・王綸《本草集要》卷五**　古文錢　治翳障，明目，療風赤眼，鹽滷浸用。婦人横逆産，心腹痛，月膈五淋，燒以醋淬用。眼暴赤痛，取生薑一塊，淨洗，去皮，古青錢刮取薑汁，就錢棱上點，熱淚出，愈。

**明・滕弘《神農本經會通》卷六**　古文錢　《衍義》曰：古文錢，古銅焦赤，有毒。治目中瘴，瘀腐蝕壞肉。婦人横逆産，五淋，多用。非特為有錫也，此説非是。目暴赤腫痛，以生薑一塊，洗淨去皮，以古青錢刮取薑汁，就錢棱上點，初甚苦，熱淚蔑面，然終無損，一點遂愈，更不可再作。有瘡者不可用。　氣平。　《本經》云：治瞖障，明目，療風赤眼，鹽滷浸用。婦人横逆産，心腹痛，月膈五淋，燒以醋淬用。《衍義》曰：今但取景王時大泉五十及寶貨，秦半兩，漢莢錢大小五銖，吳大泉五百，大泉當千，宋四銖、二銖，及梁四柱、北齊常平五銖，方可用。

**明・劉文泰《本草品彙精要》卷六**　古文錢有毒。

古文錢：主翳障，明目，療風赤眼。鹽滷浸用，婦人横逆産，心腹痛，月隔，五淋。燒以醋淬用。名醫所録。　【地】《圖經》曰：凡鑄銅之物，多和以錫。《考工記》曰攻金之工，金有六齊是也。如藥用銅弩牙之類，皆以有錫，故其用亦近之。《衍義》曰：古銅焦赤，治諸疾者，非特爲有錫也，此説非是，今但取景王時大泉五十及寶貨，秦半兩，漢莢錢大小五銖，吳大泉五百、大泉當千，宋四銖、二銖，及梁四柱，北齊常平五銖耳。後其品尚多，如此之類，方可用也。　【用】古者良。　【色】青。　【性】平。　【氣】氣之薄者，陽中之陰。　【臭】腥。　【治】療：陳藏器云：青錢煮汁，主五淋。磨入目，治盲障膚赤。○比輪錢，以新汲水投服之，療時氣。含青錢，治口内熱瘡。《衍義》曰：少時常自患暴赤目腫痛，數日不能開，客有教以生薑一塊，洗淨去皮，以古青銅錢刮取薑汁，就錢棱上點，初甚苦，熱淚蔑面，然終無損。後有患者，教如此點，往往疑惑，信士點之，無不獲驗。一點遂愈，更不再作。有瘡者不可用。　【合治】合薏苡根煮服，療心腹痛。○以二十文燒赤，投酒中，服之，利婦人横産。

**明・許希周《藥性粗評》卷四**　錢借古文，賂骨傷而復舊。

古文錢，上古舊錢也。以其陳久，消去銅性，故堪入藥。味無考，性平，無毒。主治赤眼瞖障，心腹疼痛，骨節傷損，婦人産難，月隔不通，男子五淋，明目散血。　單方：赤眼瞖障：凡患眼痛，赤障不明者，古文錢數文，浸鹽滷點之，或以生薑一塊，去皮，以古文錢刮薑汁點之，熱淚出即愈。　骨節損傷：凡患骨節，不拘閃挫、打撲損傷者，古文錢五分，醋浸過，乳香、沒藥各五分，俱為末，相合，每服如數，以溫酒調服，日三四，久當復舊。

**明・鄭寧《藥性要略大全》卷八**　古文錢　味苦、酸、澁，氣平。治障翳明目，療風赤眼，鹽滷浸用。又治横生逆産，心腹痛，月隔五淋等症。

**明・王文潔《太乙仙製本草藥性大全》卷六《本草精義》**　古文錢　禹以歷山之金鑄鎔以周人困，周太公立九府圜上法，始名錢，以圓含方，輕重以銖，周流四方之象。

**明・王文潔《太乙仙製本草藥性大全》卷六《仙製藥性》**　古文錢　味苦澁，氣平，無毒。　主治：治瞖瘴明目之良方，療風眩赤眼之妙劑。下横逆産而順遂，祛心腹痛以無危。兼治五淋，又主時氣。　補註：錢青者是大錢，煮汁服主五淋，磨入目主盲障膚赤，和薏苡根煮服，主心腹痛。煮比輪錢，以新汲水投服之，主時氣。又含青錢，主口内熱瘡，以二十文燒令赤，投酒中服之立差。又主婦人患横生。○患暴赤目腫痛不能開，以生薑一塊洗净去皮，以古青銅錢刮取薑汁，就錢棱上點，初甚苦，熱淚蔑面，無不獲驗，一點遂愈。有瘡者不可用。

**明・皇甫嵩《本草發明》卷五**　古文錢　治瞖障明目，療風赤暴痛眼，鹽滷浸用。又云：生薑一塊，洗去皮，古青錢刮取薑汁，就錢棱上點目，熱淚出愈。又治婦人横逆産，心腹痛，月隔五淋，燒以醋淬用。

**明·李時珍《本草綱目》卷八金石部·金類**　古文錢《日華》

【釋名】泉　孔方兄　上清童子《綱目》　青蚨時珍曰：管子言禹以歷山之金鑄幣，以救人困，此錢之始也。至周太公立九府泉法，泉體圓含方，輕重以銖，周流四方，有泉之象，故曰泉。後轉爲錢。魯褒《錢神論》云：爲世神寶，親愛如兄，字曰孔方。又昔有錢精，自稱上清童子。青蚨血塗子母錢，見蟲部。

【集解】頌曰：凡鑄銅之物，多和以錫。《考工記》云攻金之工，金有六劑，是也。藥用古文錢、銅弩牙之類，皆有錫，故其用近之。宗奭曰：古錢其銅焦赤有毒，能腐蝕壞肉，非特爲有錫也。此說非是。但取周景王時大泉五十及寶貨，秦半兩，漢莢錢大小五銖，吳大泉五百、大泉當千，宋四銖、二銖，及梁四柱、北齊常平五銖之類，方可用。時珍曰：古文錢但得五百年之外者即可用，而唐高祖所鑄開元通寶，得輕重大小之中，尤爲古今所重。綦毋氏《錢神論》云：黄金爲父，白銀爲母，鉛爲長男，錫爲適婦，其性堅剛，須汞終始，體圓應天，孔方效地，此乃鑄錢之法也。三伏鑄錢，其汁不清，俗名爐凍，蓋火尅金也。唐人端午於江心鑄鏡，〔亦〕此意也。

【氣味】辛，平，有毒。時珍曰：同胡桃嚼即碎，相制也。

【主治】瞖障，明目，療風赤眼，鹽滷浸用。婦人生産横逆，心腹痛，月膈五淋，燒以醋淬用大明。大青錢煮汁服，通五淋；磨入目，主盲障膚赤；和薏苡根煮服，止心腹痛藏器。

【發明】宗奭曰：古錢有毒，治目中障瘀，腐蝕壞肉，婦人横逆産，五淋，多用之。予少時常患赤目腫痛，數日不能開。客有教以生薑一塊，洗净去皮，以古青銅錢刮汁點之，初甚苦，熱淚蔑面，然終無損。後有患者，教之，往往疑惑；信士點之，無不一點遂愈，更不須再。但作瘡者，不可用也。時珍曰：以胡桃同嚼食二三枚，能消便毒。便毒屬肝，金伐木也。

【附方】舊一，新二十一。

時氣欲死：大錢百文，水一斗煮八升，入麝香末三分，稍飲至盡，或吐或下愈。《肘後方》。

時氣温病：頭痛壯熱脉大，始得一日者。比輪錢一百五十七文，水一斗，煮取七升，服汁。須臾復以水五升，更煮一升，以水二升投中，合得三升，出錢飲汁，當吐毒出也。《肘後方》。

心腹煩滿：及胸脇痛欲死者。比輪錢二十枚，水五升，煮三升，分三服。《肘後方》。

急心氣痛：古文錢一個，打碎，大核桃三個，同炒熱，入醋一盌冲服。楊誠《經驗方》。

霍亂轉筋：青銅錢四十九枚，木瓜一兩，烏梅炒五枚，水二盞，煎分温服。《聖濟錄》。

慢脾驚風：利痰奇效。用開元通寶錢背後上下有兩月痕者，其色淡黑，頗小。以一個放鐵匙上，炭火燒四圍上下，各出珠子，取出候冷，傾入盞中，作一服，以南木香湯送下，或人參湯亦可。錢雖利痰，非胃家所好，須以木香佐之。楊仁齋《直指方》。

下血不止：大古錢四百文，酒三升，煮二升，分三服。《普濟方》。

赤白帶下：銅錢四十文，酒四升，煮取二升，分三服。《千金方》。

小便氣淋：比輪錢三百文，水一斗，煮取三升，温服。《千金方》。

沙石淋痛：古文錢，煮汁服。《普濟方》。

傷水喘急：因年少飲冷水驚恐所致者。古文錢七枚洗净，白梅七個，水一鍾，同浸三宿，空心一呷，良久得吐效。《仁存方》。

唇腫黑痛：痒不可忍。四文大錢于石上磨猪脂汁塗之，不過數遍愈。《幼幼新書》。

口内熱瘡：青錢二十文，燒赤投酒中服之，立瘥。陳藏器《本草》。

眼赤生瘡：連年不愈。古錢一文，青江石一個，洗净，以錢于石上磨蜜，取濃汁三四滴在盞，覆瓦上，以艾灸瓦内七壯熏蜜，取點之效。《普濟方》。

赤目浮瞖：古錢一文，鹽方寸匕，治篩點之。《千金方》。

目卒不見：錢于石上磨汁，注眦中。《普濟方》。

目生珠管：及膚瞖。銅錢青一兩，細墨半兩，爲末，醋丸白豆大。每以一丸，乳汁、新汲水各少許，浸化點之。《聖惠方》。

腋下胡臭：古文錢十文，鐵線串燒，醋淬十次，入麝香研末，調塗。《應急良方》。

跌撲傷損：半兩錢五個，火煅醋淬四十九次，甜瓜子五錢，真珠二錢，研末。每服一字，好酒調。隨上下，食前後。《青囊》。

誤吞鐵錢：古文銅錢十個，白梅肉十個，淹過即爛，搗丸緑豆大。每服一丸，流水吞下，即吐出。《聖濟錄》。

百蟲入耳：青錢十四文，煎猪膏二合，少少滴之。《聖濟錄》。

便毒初起：方見發明下。

**明·梅得春《藥性會元》卷下**　古文錢　味平。主去翳障，明目，療風赤眼，以鹽鹵浸用。治婦人横産，心腹痛及月膈五淋，燒以醋淬用。

錫銅鏡鼻：主女子血閉癥瘕，伏腸絶孕，及伏尸邪氣。生陽山谷。

**明·李中立《本草原始》卷八**　古文錢　時珍曰：但得五百年之外者，即可用。唐高祖所鑄開元通寶，得輕重大小之中，尤為古今所重。綦毋氏《錢神論》云：黄金為父，白銀為母，鉛為長男，錫為嫡婦。其性堅剛，須水終結。體圓應天，孔方效地。此乃鑄錢之法也。《管子》言：禹以歷山之金鑄幣，以救人困，此錢之始也。至周太公立九府泉法，泉體圓含方，輕重以銖，周流四方，有泉之象，故名曰泉。後轉為錢。氣味：辛，平，有毒。主治：瞖障明目，療風赤眼，鹽鹵浸用。婦人生産横逆，心腹痛，月膈五淋，燒以醋淬用。〇大青錢煮汁服，通五淋。磨，入目，主盲，盲障膚赤。和薏苡仁根煮服，止心腹痛。

昔有患赤目腫痛，數日不能開者，客有教以生薑一塊洗淨去皮，以古青錢刮汁點之。初甚苦，熱淚蔑面，然終無損。後有患者，教之，往往疑惑。信士點之，無不一點即愈。但作瘡者，不可用也。戲術：用開元錢一般厚大十箇，八箇一面貼成金的，一箇二面貼成金的，一箇本色的，做與人看時，將九箇本色的擺開，惟壓蓋住二面金錢一箇，看着都是本色錢，釋在手中，偷轉下面過，喝聲變金錢，將金面九箇攄開，後一錢復壓蓋住本色錢一箇，則惟見金錢。名曰大變金錢。

**明・羅周彥《醫宗粹言》卷四**　製古銅錢法　古錢其形碎而爛者是，用火煅微紅，淬醋中，用之入目者磨用，入散者同胡桃研成粉。治心腹痛，五淋，口瘡皆神効。目科用古錢煅，醋淬六七次方用。

**明・張懋辰《本草便》卷二**　古文錢　治瞖障，明目，療風赤眼；　婦人横逆產，心腹痛，月膈五淋，燒以醋淬用。眼暴痛。

**明・繆希雍《本草經疏》卷五**　古文錢　平。治翳障，明目，療風赤眼，鹽鹵浸用。婦人横逆產，心腹痛，月隔，五淋，燒以醋淬用。

【疏】古文錢，其金毒火毒悉去，性應平無毒，而寇宗奭云：　古錢其銅焦赤有毒。不知本草内赤銅之毒已微，況古錢又多於古穴坑塹中得之，歷年既久，毒性必失，甚則有但存形質者。其味辛，氣平，平即涼也。目赤翳障，肝經風熱也，辛涼能散風熱，則翳障赤痛除，目自明矣。婦人生產横逆者，血氣壅塞，道路不開也。心腹痛者，亦氣血結聚也。月隔者，月事不來，胞脈閉也。五淋者，衝任熱壅也。此藥能走下焦陰分，散凝滯之氣血，開壅塞之道路，則諸證無不除矣。又能主跌撲損傷，其為散凝滯之藥無疑。

【主治參互】同自然銅、胎骨、䗪蟲、血竭、無名異、黄荊子、沒藥、乳香、狗骨，治跌撲損傷及金刃傷，神效。《青囊錄》跌撲損傷，半兩錢五箇，火煅醋淬四十九次，甜瓜子五錢，真珠二錢研末。每服一字，好酒調，隨上下，食前後。　古方麥斗散，治一切傷損。自然銅煅一兩，古文錢煅一兩，麝香五分，為末。每服五分，酒下。【簡誤】其味辛涼，但能治風熱眼。有佐以薑汁點眼者，即從治之意，借其熱以拔出火毒也。如肝腎虛而風障生花者，必不宜用。

**明・倪朱謨《本草彙言》卷一二**　古文錢　味辛、澀，氣平，無毒。　李氏曰：　管子言：　禹以歷山之銅鑄幣以救人困，此錢之始也。至周太公立九府泉法，泉後轉爲錢。古銅錢，但得五百年外者即可用。而唐高祖所鑄開元通寶，得輕重大小之中，尤古今所重。

古文錢：　活滯血，療跌撲，去翳障，藏器通淋閉之藥也。朱正泉稿按：　日華方又主婦人生產，横逆不順，及月隔經事不來，心腹卒痛諸疾。蓋古錢因時移世變，必年遠零落，於地穴坑塹之中得之。歷年既久，雖具金體，純受水土至陰之氣，能達下焦陰分，散凝滯之血氣，開壅塞之道路，故善去翳障，通淋閉，活滯血而療跌撲也。但性味辛澀而涼，治風熱眼，佐以薑汁點之，即從治之意，借其熱以拔出風火之毒也。如肝腎虛而内障生花不明者，又不宜用也。跌撲疼痛，月隔淋閉，心腹諸疾，因瘀血凝滯不行者，可用。如血枯髓虛，營弱經少者，亦不宜用也。　前賢寇氏曰：　古銅錢治目中翳障及瘀腐努出脂膜，幷時氣風火腫痛目疾，數日不能閉者。用生薑一塊，洗淨土幷去皮，以古銅錢刮薑汁點之。初甚苦痛，熱淚一點，少頃即愈，更不必再點。如眼沿生瘡者，不可用也。

集方：　《青囊秘》治跌撲傷損筋骨。用古銅錢五個，火燒醋淬，計四十九次，甜瓜子五錢，共研末。每服三分，好酒調，隨傷上下，食前後服。○《千金方》治赤目生翳。用古銅錢一文，潔白食鹽五分，煎水點眼眦內。○《普濟方》治沙石淋痛。用古銅錢十二文，煮汁飲。○大氏方治產理横逆不順。用古銅錢五十文，酒一升，煮半升。隨量飲。○《楊氏方》治心腹卒痛。用古銅錢二文，胡桃肉三個，同炒熱，入米醋一鍾，水一鍾，沖服。○《肘後方》治時氣溫病，頭痛發熱，脉大，始得一日者。用古錢百文，煎湯飲之，即吐毒出也。

諸銅器，氣味有毒。　李氏曰：　諸銅器，藏飲食茶酒，過夜有毒。煎湯飲，損人聲。錫器亦然。惟磁砂瓦器無毒也。　諸銅器：　蔡心吾抄用滾湯煮熱，熨霍亂轉筋，及臍下腎堂疰痛，幷奔豚寒疝等疾。又三代古銅鍾鼎彝器，藏家能辟邪祟。而李時珍言：　山精水魅，多歷年所，故能興妖作祟，而鍾鼎彝器歷年又過之，所以能辟邪祟也。

**清・穆石匏《本草洞詮》卷一二**　古文錢　古文錢，但得五百年以上者即可用。唐鑄開元通寶，得輕重大小之中，尤為古今所重。《錢神論》云：　黄金為父，白銀為母，鉛為長男，錫為適婦。三伏鑄錢，其汁不清，蓋火尅金也。古錢能腐蝕壞肉，故治目中障瘀。寇宗奭患赤目腫痛，有教以生薑一塊，洗淨去皮，以古青錢刮汁點之。初甚苦熱，淚蔑面。後有患者教之，無不一點遂愈，不煩再也。

**清・郭章宜《本草匯》卷一八**　古文錢　辛，平，有毒。明目，點翳障。通五淋，治月膈。

按：　古錢，能去目中障，消瘀腐，蝕壞肉甚妙。患此者，用生薑去皮，以古青錢刮汁點之。熱淚蔑面，腫赤即散。此寇宗奭自試也。五六百年外者可用，唐開元通寶，亦為古今所重矣。

**清・王翃《握靈本草》卷一**　古文錢秦漢常平五銖，開元通寶五百年以外者，皆可用。　主治：古錢，辛，平，有毒。明目，療赤風眼翳，婦人逆產，五淋。

**清・馮兆張《馮氏錦囊秘錄・雜症痘疹藥性主治合參》卷五**　古文錢金毒火毒悉去，味辛，氣涼，無毒。辛涼能散風熱，故治目赤翳障。婦人生產橫逆者，血氣壅塞道路不開也。心腹痛者，亦氣血結聚也。月隔者，月事不來，胞脉閉也。五淋者，衝任熱壅也。跌撲損傷者，氣血受傷凝滯也。此藥能走下焦陰分，散凝滯之氣血，開壅塞之道路，則諸證無不治矣。　古文錢，鹽鹵浸用，療風赤眼，去翳障明目。火煅醋淬用，治婦人橫逆產，心腹痛，月隔五淋。

**清・张璐《本經逢原》卷一**　古文錢　辛，平，小毒。　發明：古錢以生薑汁塗，刮青點目，去障消瘀散赤腫，一點即愈。但初點熱淚蔑面，然終無損。惟作瘡者，與肝腎虛而內障生花者，不可用也。婦人逆產，五淋，煮汁用之。便毒初起，與胡桃肉同嚼，食二三枚即消。便毒屬肝，金伐木也。

**清・吴儀洛《本草從新》卷五**　古文錢〔重，平肝；通，下行。〕　辛，平，有毒。治目中障瘀，腐蝕壞肉，婦人生產橫逆，心腹痛，月隔，五淋。或燒醋淬，或煮汁。

**清・汪紱《醫林纂要探源》卷三**　古銅錢　微，酸，平。凡古銅之自吐青花，尤良於醋澆刮者，味亦酸，蓋從木之色，則從其味也。瀉肝火，主明目。風淚赤眼，日揩青綠古錢，亦良。

**題清・徐大椿《藥性切用》卷七**　古文錢　性味辛平，目中障翳。醋煅，磨汁點之。

**清・黃宫繡《本草求真》卷八**　古文錢破瘀開結散滯。　古文錢耑入肝腎。氣味辛涼，雖曰屬銅有毒，然歷久氣化，其毒無多。時珍曰：古文錢但得五百年之外者即可用。考其主治，有曰能治目赤翳障，婦人生產橫逆者，是能開其血氣壅塞之路也。宗奭曰：予少時常患赤目腫痛，數日不能開，客有教以生薑一塊，洗淨去皮，以古青銅錢刮汁點之。初甚苦，熱淚蔑面，然終無損。後有患者，教之往往疑惑，信士點之，無不一點遂愈，更不須再，但作瘡者不可用也。有曰能治心腹痛者，是能散其血氣凝結之意也。有曰能治月解不來者，是能解其胞脈也。有曰能治五淋者，是能通其衝任熱壅也。有曰能治跌撲損傷者，火煅醋淬四十九次。是能入其受傷凝滯之所，而消其血瘀也。故治目赤翳障，則須用以生薑汁塗刮青點目，生內障生花不用，治婦人逆產五淋，則須煮汁以服。治便毒初起，則與胡桃肉同嚼食二三枚即消，以金伐木者故耳。或煮湯，或刮青，或醋服。各依本方製用。

**清・羅國綱《羅氏會約醫鏡》卷一八**　古錢味辛氣涼。　金毒火毒悉去。辛涼能散風熱，走下焦陰分，破凝滯之氣血，開壅塞之道路。治目赤翳障、鹽水浸用。婦人橫生逆產、道路不開，火煅醋淬。月經不來、胞脉閉也。五淋作痛、衝任熱壅。跌撲損傷、氣血凝滯。心腹滯痛。氣血結聚。最古者良，多用則效。

**清・紀昀《閱微草堂筆記》卷一三**　交河黃俊生言：折傷骨者，以開通元寶錢此錢唐初所鑄，歐陽詢所書。其旁微有偃月形，乃進蠟樣時，文德皇后誤掐一痕，因而未改也。其字當迴環讀之。俗讀為開元通寶，以為玄宗之錢，誤之甚矣。燒而醋淬，研為末，以酒服下，則銅末自結而為圈，周束折處。曾以一折足雞試之，果接續如故。及烹此雞，驗其骨，銅束宛然。此理之不可解者。銅末不過入腸胃，何以能透膜自到筋骨間也？惟倉卒間此錢不易得。後見張鷟《朝野僉載》曰：定州人崔務，墜馬折足，醫令取銅末酒服之，遂痊平。及亡後十餘年，改葬，視其脛骨折處，銅末束之。然則此本古方，但云銅末，非定用開通元寶錢也。

**清・趙學敏《本草綱目拾遺》卷二金部**　開元錢附萬曆龍鳳錢。　《無顔錄》：唐開元錢燒之有水銀出，可入藥，以有楊妃手掐痕者佳。以火煅紅淬醋中六七次用，入目者磨用。入散者同胡桃研成粉用，明目，醋煅入眼科。治小兒急慢驚風。　楊仁齋《直指》：有孔方兄飲，治慢脾驚風利痰奇效。用開元錢背後上下有兩月痕者，其色淡黑，頗小，以一個放鐵匙上，炭火燒四圍上下，各出珠子，取出待冷，傾入盞中，作一服。以南木香湯送下，或人參湯亦可。錢雖利痰，非胃家所好，須以木香佐之。　禁口痢：張氏《必效方》：開元古錢一個，火煅醋淬，以錢化為度，研細末，拌粥內食之。如十分沉重，併粥不能食者，以溫開水調下，一二時辰，即思飲食矣。然後用薄粥漸漸開導，再用調理脾氣，自愈。　折傷接骨：《槐西雜志》：交河黃俊生言：折傷接骨者，以開通元寶錢燒而醋淬，研為末，以酒服下，則銅末自結而為圈，周束折處，曾以折足雞試之，果接續如故。及烹此雞驗其骨，銅束宛然。此錢唐初所鑄，歐陽詢所書，其旁微有一偃月形，乃進樣時文德皇后誤掐一痕，因而未改也。其字當迴環讀之，俗以為開元錢則誤矣。　周氏方：治跌打損傷：　用開元錢一個，醋煅和酒服，至重者用兩個，立愈。　《古方選註》云：　唐時開元錢亦可入藥，功專腐蝕壞肉。　陳藏器曰：　能直入損處，銲入斷骨。　《廣志》：　自河頭至高廉二郡，皆用唐宋錢。　開元錢以平頭元為上，尖頭元次之。　有萬曆錢，則以跂曆為上，以曆字左撇直下也。古錢皆可治病，如漢之五銖，秦之半兩，其質薄多青綠剝蝕痕，醋煅入眼科。《綱目》已載之，世亦多有知者。　《秋燈叢話》載：　順治初，湖南孝感縣民多病瘧，或于古錢中檢開元通寶錢一文持之即愈。　遠近喧傳，每文價值制錢一緡，若是則又不止開元錢可用也。　然準古酌今，入藥惟開元錢為當。　故特為拈出，以廣其用。　王楙《野客叢書》：　唐之錢見於今者有二，開元通寶與夫乾元重寶。　按《食貨志》開元通寶高祖時鑄，徑八分，得輕重小大之中，其文以八分篆隸三體，洛并幽益桂等州皆置監，賜秦王齊王三爐，右僕射裴寂一爐，高宗復行開元通寶錢，天下皆鑄之。　元宗亦鑄此錢。　京師藏皆偏天下，而乾元重寶錢，肅宗命第五琦鑄，錢徑一寸，每緡重十觔，與開元通寶參用，以一當十，琦為相後，命絳州鑄此錢，徑一寸二分，每緡重二十觔，與開元通寶並行，以一當十。　乾元錢惟肅宗朝鑄，而開元錢鑄於累朝，所以至今尚多。

按：　開元通寶錢有二種：　一種有手掐痕，儼如月眉，輪廓微仄，銅色頗古，即世所稱楊妃手痕者。　閱《譚寶錄》載：　錢文如甲跡者，因文德皇后也。武德中廢五銖錢，行開元通寶錢。此四字乃歐陽詢所書，初進樣，后掐一甲痕，因鑄之。始知今所傳乃開通錢也。存以備考。

萬曆龍鳳錢　婦人臨產，置錢一文手掌內，可催生朱文藻附記。

**清・吳鋼《類經證治本草・手太陽小腸腑藥類》**　五銖開元錢　【略】誠齋曰：　半兩錢更古。

**清・葉桂《本草再新》卷八**　太平錢味辛，性溫，有小毒。入肝、肺二經。　治目疾，退紅消翳，壓驚。治癰瘻、無名腫毒。

**清・趙其光《本草求原》卷二四金部**　古文錢　辛，平，小毒，調肺制肝，治目昏翳，消瘀散腫，肝熱也。薑汁或鹽同點，腎虛勿用。橫產、五淋、水煮飲。下血、帶下、酒煮飲。心氣痛、便毒初起，俱用胡桃嚼碎食。時氣欲死、水煮入麝飲。跌撲、刀傷。取其走下陰分，以散凝滯氣血也。火燒，醋淬用。同胡桃嚼即碎。

**清・文晟《新編六書》卷六《藥性摘錄》**　古文錢　辛，涼。入肝腎。破瘀，開結散滯。○治跌撲損傷，婦人逆產及五淋。○火煅，醋淬四十九次，細研。或刮青，治目翳，或醋服。

**清・劉善述、劉士季《草木便方》卷二金石土火部**　古錢　古錢辛治目風平，目盲障翳爛弦靈。心腹疼痛五淋止，橫生逆產醋淬亨。半兩古錢治折傷，醋淬接骨能續筋。

**清・戴葆元《本草綱目易知錄》卷七**　古文錢　【略】葆按：　乾霍亂，欲吐不吐，欲瀉，腹中絞痛。取大青錢七個，蘆穄一盃，淨鍋內同炒焦，入鹽少許，煎汁服，得吐瀉則安。屢驗。

**清・陳其瑞《本草撮要》卷六**　古文錢　味辛，平，有毒，入足厥陰經，功專治目中障瘀腐蝕壞肉，婦人生產橫逆，心腹痛，月隔五淋。或燒醋淬，或煮汁。若唇腫黑痛痒不可忍，以錢在石上磨汁，同猪脂塗之數遍即愈。目卒不見，石上磨汁注眦中效。

### 錢花

**清・趙學敏《本草綱目拾遺》卷二金部**　錢花　《藥性考》：　此乃鑄錢爐中飛起黃沫，輕鬆者佳。　主敷騾馬迎鞍瘡。

### 銅弩牙

**宋・唐慎微《證類本草》卷五玉石部下品〔《別錄》〕**　銅弩牙　主婦人產難，血閉，月水不通，陰陽隔塞。

〔梁・陶弘景《本草經集注》〕云：　即今人所用射者爾，取燒赤內酒中，飲汁，得古者彌勝。

〔宋・掌禹錫《嘉祐本草》〕按：　日華子云：　平，微毒。

〔宋・唐慎微《證類本草》〕《聖惠方》：　治小兒吞珠璫錢而哽方：　燒銅弩牙赤，內水中，冷飲其汁，立出。《千金方》：　令易產。銅弩牙燒令赤，投醋三合服，良久頓服，立產。

**宋・王繼先《紹興本草》卷一**　銅弩牙　紹興校定：　銅弩牙，亦經火煉之銅也。主治之意，取其快利為用。在方皆燒淬飲汁，蓋不可末服之也。《本經》不載性味、有無毒。日華子云平、微毒。今既淬汁服之，當作無毒是也。

**明・劉文泰《本草品彙精要》卷六**　銅弩牙微毒。

銅弩牙：主婦人產難，血閉，月水不通，陰陽膈塞。名醫所錄。【地】陶隱居云：即今之所用射者是也。取燒赤，內酒中，飲汁。得古者彌勝。按《南越志》云：唐時龍川嘗有銅弩牙，流出水皆銀黃，雕鏤取以製弩。【用】年久者良。【色】黃。【性】平。【氣】氣之薄者，陽中之陰。【治】療：《別錄》云：療小兒吞珠璫錢而哽銅。○弩牙燒令赤，內水中，冷飲其汁，立出。【合治】銅弩牙燒赤投醋三合，良久頓服，令妊娠易產。○又燒赤內酒中，飲之，療誤吞銅鐵而哽者，立愈。

**明・王文潔《太乙仙製本草藥性大全》卷六《仙製藥性》**　銅弩牙　氣平，有微毒。主治：主婦人產難，治月水不通。陰陽隔塞用之有準，諸般血閉服之立通。補註：治小兒吞珠璫錢而哽方：燒銅弩牙赤，內水中，冷飲其汁立出。○令易產，銅弩牙燒令赤，投醋三合服，良久頓服立產。誤吞銅錢而哽者，燒銅弩牙令赤，內酒中飲之立愈。

**明・李時珍《本草綱目》卷八金石部・金類**　銅弩牙《別錄》下品

【釋名】時珍曰：黃帝始作弩。劉熙《釋名》云：弩，怒也，有怒勢也。其柄曰臂，似人臂也。鉤絃者曰牙，似人牙也。牙外曰郭。下曰懸刀。合名之曰機。頌曰：藥用銅弩牙，以其有錫也。

【氣味】平，微毒。【主治】婦人難產，血閉，月水不通，陰陽隔塞《別錄》。

【發明】弘景曰：銅弩牙治諸病，燒赤納酒中飲汁，古者彌勝。劉完素曰：弩牙速產，以機發而不括，因其用而爲使也。

【附方】舊一。誤吞珠錢：哽在咽者。銅弩牙燒赤，納水中，冷飲汁，立愈。《聖惠方》。

諸銅器

**宋・唐慎微《證類本草》卷三玉石部上品〔唐・陳藏器《本草拾遺》〕**　銅盆　主熨霍亂。可盛灰厚二寸許，以炭火安其上，令微熱，下以衣藉患者腹，漸漸熨之。腹中通熱差。

銅器蓋食器上汗　滴食中，令人發惡瘡，內疽，食性忌之也。

**明・王文潔《太乙仙製本草藥性大全》卷六《仙製藥性》**　銅器　氣平，無毒。　主治：治霍亂吐瀉轉筋，補腎堂臍下氣痛。並衣破襯，貯火熨之。

**明・李時珍《本草綱目》卷八金石部・金類**　諸銅器《綱目》

【氣味】有毒。時珍曰：銅器盛飲食茶酒，經夜有毒。煎湯飲，損人聲。藏器曰：銅器上汗有毒，令人發惡瘡內疽。【主治】霍亂轉筋，腎堂及臍下疰痛，並炙器隔衣熨其臍腹腎堂大明。古銅器畜之，辟邪祟時珍。

【發明】時珍曰：趙希鵠《洞天録》云：山精水魅多歷年代，故能爲邪祟。三代鐘鼎彝器，歷年又過之，所以能辟祟也。

銅鈷鉧一作鈷鏻，熨斗也。【主治】折傷接骨，搗末研飛，和少酒服，不過二方寸匕。又盛灰火，熨臍腹冷痛時珍。

銅秤錘　【主治】產難橫生，燒赤淬酒服大明。

銅匙柄　【主治】風眼赤爛，及風熱赤眼翳膜，燒熱烙之，頻用妙時珍。

**清・趙學敏《本草綱目拾遺》卷二金部**　風磨銅　生西番，置風露中，色燦如金，佩之，除一切風疾。

**清・吴鋼《類經證治本草・足少陰腎臟藥類》**　銅器　【略】○銅鑼　走肺。誠齋曰：治失聲暴啞，取鑼心搗碎，木鑼槌頭剉屑一錢，同湍上水一鍾，煎取半鍾，時時細呷，當愈。

**清・劉善述、劉士季《草木便方》卷二金石土火部**　銅錘　銅鉈淬酒救橫生，產難婦人服太平。血暈血運卒不醒，燒紅醋淬鼻孔熏。

紫銅鈔

**清・趙學敏《本草綱目拾遺》卷二金部**　紫銅鈔金花鈔、錫鈔附。《藥性考》：產雲南，入藥鎮心利肺，降氣墜痰，火煅末用，可罨續筋骨折傷。

金花鈔　《藥性考》：與紫銅鈔相類，主治亦同。

錫鈔　《藥性考》：有毒，磨塗疔腫。

銅礦石

**宋・唐慎微《證類本草》卷五玉石部下品〔唐・蘇敬《唐本草》〕**　銅鑛石　味酸，寒，有小毒。主丁腫惡瘡，驢馬脊瘡，臭腋，石上水磨取汁塗之。其丁腫，末之傅瘡上，良。

〔宋・馬志《開寶本草》〕按：別本注云：狀如薑石而有銅星，鎔取銅也。《唐本》先附。

**宋・王繼先《紹興本草》卷一**　銅礦石　紹興校定：銅礦石，未經鍛煉，帶石氣之生銅也。其《本經》主療皆外用之，既不可服餌，當從味酸、寒、有小毒為正。

**明・劉文泰《本草品彙精要》卷六**　銅礦石有小毒　石生。

銅礦石： 主疔腫，惡瘡，驢馬脊瘡，臭腋。石上水磨取汁，塗之。其疔腫，末之，傅瘡上良。名醫所録。

**明・王文潔《太乙仙製本草藥性大全》卷六《本草精義》** 銅礦石 舊本不著所出州土。生川蜀諸郡山谷平澤。狀如薑石而有銅星者佳，用爐煅鍊鎔化而成銅也。

**明・王文潔《太乙仙製本草藥性大全》卷六《仙製藥性》** 銅礦石 味酸，氣寒，有小毒。 主治： 主惡瘡疔腫捷法，療驢馬脊瘡神方。治腋臭有效，理瘡毒尤良。 補註： 狐臭腋蝨，石上水磨取汁塗之。〇疔腫惡瘡，爲末傅瘡上良。

**明・李時珍《本草綱目》卷八金石部・金類** 銅礦石礦音古猛切，亦作鉚。《唐本草》。

〔釋名〕時珍曰： 礦，粗惡也。五金皆有粗石銜之，故名。麥之粗者曰麳，犬之惡者亦曰獷。 〔集解〕恭曰： 銅礦石，狀如薑石而有銅星，鎔之取銅也，出銅山中。許慎《說文》云： 礦，銅鐵樸石也。

〔氣味〕酸，寒，有小毒。 〔主治〕丁腫惡瘡，爲末傅之。驢馬脊瘡，臭腋，磨汁塗之《唐本》。

**清・趙學敏《本草綱目拾遺》卷二金部** 白銅礦白銅附 此乃礦中白銅，質脆，今時用白銅，以赤銅砒石煉成。有毒，不堪用。 辛溫，治風散毒，敷牛馬瘡，亦續筋骨。

白銅 辛，涼，鎮氣不足，益肺下痰，伐肝明目《藥性考》。

金牙

**宋・唐慎微《證類本草》卷五玉石部下品〔《別録》〕** 金牙 味鹹，無毒。主鬼疰，毒蠱，諸疰。 生蜀郡，如金色者良。

〔梁・陶弘景《本草經集注》〕云： 今出蜀漢，似麄金，大如棋子而方。 又有銅牙亦相似，但外色黑，內色小淺，不入藥用。 金牙惟合酒、散及五疰丸，餘方不甚須此。

〔唐・蘇敬《唐本草》〕注云： 金牙，離本處入土水中，久皆色黑，不可謂之銅牙也。此出漢中，金牙湍湍兩岸入石間，打出者，內即金色，岸摧入水，久者皆黑。 近南山溪谷，茂州、雍州亦有，勝於漢中者。

〔宋・掌禹錫《嘉祐本草》〕按： 《藥性論》云： 金牙石，君。治一切風，筋骨攣急，腰脚不遂。 燒浸服之良。 日華子云： 金牙石，味甘，平。治一切冷風氣，暖腰膝，補水藏，驚悸，小兒驚癇。 入藥並燒淬去麄汁乃用。

〔宋・蘇頌《本草圖經》〕曰： 金牙，生蜀郡，今雍州亦有之。《本經》以如金色者良，而此物出於溪谷，在蜀漢江岸石間打出者，內即金色，岸摧入水，年久者多黑。 葛洪治風毒厥，有大小金牙酒，但浸其汁而飲之。 古方亦有燒淬去毒入藥者。 孫思邈治風毒及鬼疰，南方瘴氣、傳尸等，各有大小金牙散之類是也。 又有銅牙，亦相似而外黑色，方書少見用者。 小金牙酒，主風疰百病，虛勞，濕冷緩不仁，不能行步，近人用之多效，故著其法云： 金牙、細辛、地膚子、莽草、乾地黃、蒴藋根、防風、附子、茵芋、續斷、蜀椒各四兩，獨活一斤，十二物，金牙擣末，別盛練囊，餘皆薄切，并金牙共內大絹囊，以清酒四斗漬之，密泥器口，四宿酒成，溫服二合，日三，漸增之。

**宋・寇宗奭《本草衍義》卷六** 金牙 今方家絕不用。 以此故，商客無利不販賣，醫者由是委而不用，兼所出惟蜀郡有之，蓋亦不廣也。 餘如《經》。

**宋・王繼先《紹興本草》卷三** 金牙 紹興校定： 金牙者石之類也。 非金出產、性味、主治已載《本經》。 但取其色類粗金，大小方如牙狀是也。 非金色者不堪入藥。 古方治八風五疰，用金牙酒皆碎如米粒，漬酒飲之。 其入圓散者，亦當淬而用之。 當作味鹹、平、無毒者是矣。

**宋・劉明之《圖經本草藥性總論》卷上** 金牙 味鹹，無毒。 主鬼疰。 生蜀郡，如金色者良。《藥性論》云： 君。治一切風，筋骨攣急，腰脚不遂，燒浸，服之良。 日華子云： 味甘，平。 治一切冷風氣，暖腰膝，補水藏，驚悸，小兒驚癇，入藥並燒淬，去麄汁乃用。 今出蜀漢，似麄金，大小如棋子而方。 又有銅牙相似，但外色黑，不入藥。 孫思邈云： 治風毒及鬼疰，南方瘴氣，傳尸等病。 葛洪云： 治風毒。 近南山溪谷，茂州、維州亦有，勝漢中者。

**明・劉文泰《本草品彙精要》卷六** 金牙無毒 石生。

金牙： 主鬼疰，毒蠱，諸疰。名醫所録。 〔地〕《圖經》曰： 生蜀郡，今雍州亦有之。 此物出於溪谷，在蜀漢江岸石間打出者，內即金色，岸摧入水，年久者多黑。 葛仙翁有大小金牙酒，孫真人有大小金牙散，用者是也。 又有銅牙，亦相似，而外黑色，方書少見用者。《唐本》注云： 金牙離本處，入土水中，久皆色黑，不可謂之銅牙也。 此出漢中金牙，湍湍兩岸入石間，打出者內即金色，岸摧入水，久者皆黑。 近南山溪谷，茂州、維州亦有，勝於漢中者。

《衍義》曰：金牙，今方家絕可用。以此故商客無利不販賣，醫者由是委而不用。兼所出惟蜀郡有之，蓋亦不廣也。【時】生：無時。【用】金色者佳。【色】赤。【味】鹹。【性】軟。【氣】味厚于氣，陰也。【臭】朽。

【主】舒筋骨，暖腰膝。【合治】燒赤合酒浸服之，治一切風，筋骨攣急，腰脚不遂者並良。○燒赤淬酒，去粗滓，溫飲之，治一切冷風氣，暖腰膝，補水臟，除驚悸，及小兒驚癇。○以四兩搗末，別盛練囊，合細辛、地膚子、莽草、乾地黃、蒴藋根、防風、附子、茵芋、續斷、蜀椒各四兩，獨活一斤，十一物皆薄切，並金牙共內大絹囊中，以清酒四斗漬之，密泥器口，四宿酒成矣。溫服二合，日三，漸增之，療風疰，百病虛勞，濕冷，緩痹不仁，不能行步，用之多效。

**明・鄭寧《藥性要略大全》卷八**　金牙石君　味甘、鹹，氣平。治一切風攣驚悸，痢疾。並燒淬，去毒汁入藥。又有銅牙石，亦相似而黑。方書少見用者。

**明・王文潔《太乙仙製本草藥性大全》卷六《本草精義》**　金牙石　生蜀郡，今雍州亦有之。《本經》以如金色者良。而此物出於溪谷，在蜀漢江岸石間打出者內即金色，岸摧入水年久者多黑。葛洪治風毒厥，有大小金牙酒，但浸其汁而飲之。古方亦有燒淬去毒入藥者。孫思邈治風毒及鬼疰，南方瘴氣傳尸，各有大小金牙散之類是也。入藥並燒淬去麁汁乃用。

**明・王文潔《太乙仙製本草藥性大全》卷六《仙製藥性》**　金牙石君　味鹹，又云味甘，氣平，無毒。主治：主一切冷風氣，治小兒驚悸癇，患筋骨攣急，腰脚不遂神效。祛鬼疰蠱毒傳尸瘴氣尤良。暖腰而至妙，補水臟以至強。孫思邈治此症有大小金牙散。

**明・李時珍《本草綱目》卷一〇金石部・石類下**　金牙石《別錄》下品

【釋名】黃牙石時珍曰：象形。【集解】《別錄》曰：金牙生蜀郡，如金色者良。弘景曰：今出蜀漢，似粗金，大如棋子而方。又有銅牙亦相似，但外黑，內色小淺，不入藥用。恭曰：金牙離本處，入土水中，久皆黑色，不可謂之銅牙也。此出漢中，金牙湍湍兩岸石間打出者，內即金色，岸頹入水久者皆黑。近南山溪谷、茂州、維州亦有，勝于漢中者。頌曰：今雍州亦有之。時珍曰：崔昉《本草》云：金牙石，陽石也。生川陝山中，似蜜栗子，有金點形者妙。《聖濟經》：治癘風大方中，用金牙石、銀牙石。銀牙恐即金牙石之白色者爾，方書並無言及者，姑闕之。

【修治】大明曰：入藥燒赤，去粗乃用。

【氣味】鹹，平，無毒。大明曰：甘，平。【主治】鬼疰毒蠱諸疰《別錄》。治一切冷風氣，筋骨攣急，腰脚不遂，燒浸酒服甄權。暖腰膝，補水臟，驚悸，小兒驚癇大明。

【發明】弘景曰：金牙惟酒、散及五疰丸用之，餘方少用。頌曰：葛洪《肘後方》治風毒厥，有大小金牙酒，但浸其汁飲之。孫思邈《千金方》治風毒及鬼疰、南方瘴氣、傳尸等，各有大小金牙散之類是也。小金牙酒主風疰百病，虛勞濕冷，緩弱不仁，不能行步，近人用之多效，故著其法云，金牙、細辛、莽草、防風、地膚子、地黃、附子、茵蕷、續斷、蜀椒、蒴藋根各四兩，獨活一斤，十二物。金牙搗末，別盛練囊，餘皆薄切，同入一大囊，以清酒四兩漬之，密器泥口，四宿酒成。溫服二合，日二次取效。

**清・劉雲密《本草述》卷五**　金牙石　《仙製本草》曰：生蜀郡，近雍州亦有之。《本經》以如金色者良。而是物出於溪谷，在蜀漢江岸石間打出者，內即金色，岸摧入水年久者多黑色。時珍曰：崔昉《本草》云：金牙石，陽石也。有金點形者妙。《聖濟經》曰：治癘風。氣味：鹹，平，無毒。日華子曰：甘平。【略】

愚按：金牙石，李東璧氏謂其為陽石，大有分曉。蓋蜀漢江岸之石間而產，是物固受金氣之精，而凝結者也。所以鬼疰及毒蠱諸疰，胥能禦之。更治風疰百病，虛勞溼冷，緩弱不仁，不能行步諸證，是皆由氣而兼血之用，以為周身之益焉。如金牙酒於顫振，太一神精丹於譫妄二證，皆投茲品，益可以識氣血精微之用須此，固大有意義爾。是所謂暖腰膝，補水臟者具體，而治一切冷風氣，筋骨攣急，腰脚不遂，并愈驚悸者，致其用也，即一物而具有妙理如此。

**清・楊時泰《本草述鉤元》卷五**　金牙石　陽石也。生蜀郡谿谷中，近雍州亦有之。如金色者良。在蜀、漢江岸石間打出者，內即金色，岸摧入水，年久者多黑色。【略】

論：金牙為陽石，固受金氣之精而凝結者，大約由氣而兼血，以為周身之益。如金牙酒於振顫，太一神精丹於譫妄，可以識氣血精微之用，所謂暖腰膝補水臟者，是其具體。而治一切冷風氣，筋骨攣急，腰脚不遂，並愈驚悸者，致其用也。

## 鉛

**宋・唐慎微《證類本草》卷五玉石部下品〔宋・掌禹錫《嘉祐本草》〕**　鉛

味甘，無毒。鎮心安神，治傷寒毒氣，反胃嘔噦，蛇蜴所咬，炙熨之。新補，見日華子。

〔宋・蘇頌《本草圖經》〕曰：鉛，生蜀郡平澤；錫，生桂陽山谷。今有銀坑處皆有之。而臨賀出錫尤盛，亦謂之白鑞。鉛丹，黄丹也。粉錫，胡粉也。二物並是化鉛所作，故附於鉛。鏡雖銅而皆用錫雜之，乃能明白，故鏡鼻附於錫。謹按《字書》：爲錫，爲鑞，鉛爲青金，雖相似而入用殊别也。又有鉛霜，亦出於鉛。其法以鉛雜水銀十五分之一，合煉作片，置醋甕中，密封，經久成霜，亦謂之鉛白霜。性極冷，入治風痰及嬰孺驚滯藥。今醫家用之尤多。凡鑄銅之物，多和以錫。《考工記》：攻金之工。金有六齊是也。凡藥用銅弩牙、古文錢之類，皆以有錫，故其用亦近之。又，鉛灰治瘰癧。劉禹錫著其法云：取鉛三兩，鐵器中熬之，久當有脚如黑灰和脂塗癧子上，仍以舊帛貼之，數數去帛，拭惡汁又貼，如此半月許，亦不痛、不破、不作瘡，但内消之爲水，差。雖流過項亦差。

〔宋・唐慎微《證類本草》〕陳藏器云：錫、鉛及琅玕、銅鏡鼻銅，陶云琅玕殺錫毒，按錫有黑有白，黑錫，寒，小毒。主癭瘤，鬼氣疰忤，錯爲末，和青木香，傅風瘡腫惡毒。《本經》雖有條，皆以成丹及粉，非專爲鉛、錫生文也。錫爲粉，化鉛爲丹。《本經》云鉛丹、錫粉是也。蘇云鉛爲丹，錫爲粉，深誤。《經驗方》：治發背及諸般癰毒瘡。黑鉛一斤，甘草三兩，微炙，剉，用酒一㪷，著空瓶在傍，先以甘草置在酒瓶内，然後熔鉛投在酒瓶中，却出酒在空瓶内，取出鉛，依前鎔後投，如此者九度，并甘草去之，只留酒，令病者飲，醉寢即愈。《勝金方》：烏髭鬢，明目，牢齒牙。黑鉛半斤，大鍋内鎔成汁，旋入桑條灰，柳木攪令成沙，右以熟絹羅爲末。每日早晨如常揩齒牙後，用溫水漱在盂子内，取用其水洗眼，治諸般眼疾。髭黄白者，用之皆變黑也。又方：治金石藥毒。用黑鉛一斤，以甘鍋中鎔成汁，投酒一升，如此十數迴，候酒至半升，去鉛，頓服之差。《青霞子》《寶藏論》云：黑鉛草伏得成寶，可點銅爲銀，并鑄作鼎，養朱砂住得火，養水銀住火，斷粉霜住火。《太清服煉靈砂法》：錫、鉛俱禀北方壬癸陰極之精也，性濡滑，服之而多陰毒，傷人心胃。《丹房鏡源》云：鉛，鹹。鉛者不出銀，熟鉛是也。嘉州隴陁利州出鉛精之葉，深有變形之狀，文曰紫背鉛，鉛能碎金鋼鑽。草節鉛出嘉州，打着碎，如燒之有硫黄臭煙者。信州鉛、盧氏鉛，此麄惡，用時直須濾過。陰平鉛出劍州，是鐵之苗，鉛黄花投汞中，以文武火養，自浮面上，掠刮取炒作黄丹色。釣脚鉛出雅州山洞溪砂中，形如皂子，又如蝌蚪子，黑色。炒鉛丹法：鉛一斤，土硫黄一兩，消石一兩。右先鎔鉛成汁，下醋點之，滚沸時下土硫黄一小塊，并續更下消石少許，沸定再點醋，依前下少許消、黄，已，消沸盡黄亦盡，炒爲末成丹。

**宋・王繼先《紹興本草》卷一** 鉛 紹興校定：鉛，所産土地不一，以蜀郡平澤者佳。《經》方雖載主療漬服之法，若生用之即為有毒。若漬服之，當從《本經》味甘、無毒是矣。然但近世諸方亦稀用之。

**宋・劉明之《圖經本草藥性總論》卷上** 鈆 味甘，無毒。鎮心安神，治傷寒毒氣，反胃嘔噦，蛇蜴咬。主治發背及諸癰毒瘡，明目，牢齒。又鈆灰治瘰癧瘡。

**明・滕弘《神農本經會通》卷六** 鉛 《局》云：以鐵銚鎔開，取出，瀉新瓦上，濾去滓脚一兩次，取淨鉛用。又鉛白霜，亦出於鉛。粉錫，胡粉也，并化鉛所作。生蜀郡平澤。錫生桂陽山谷，今有銀坑處皆有之。味甘，無毒。一云：性濡滑。《本經》云：鎮心安神，治傷寒毒氣，反胃嘔噦。蛇蜴所咬，炙熨之。《圖經》云：鉛霜，亦出於鉛，以鉛雜水銀，煉作片，置醋瓮中，密封經久成霜。性極冷，入治風痰及嬰驚滯藥。又鉛灰，治瘰癧，和脂塗癧子上，仍將舊帛貼之，數數去帛，拭惡汁，又貼，如此半月許，亦不痛不破，不作瘡，但内消之為水，差。雖流過項，亦差。《太清服煉靈砂法》：錫、鈆俱稟北方壬癸陰極之精也，性濡滑，服之而多陰毒，傷人心胃。《局》云：黑鉛安鎮除翻胃，蛇虺如傷熨有功。并治傷寒諸毒氣，若言粉錫殺三蟲。黑鉛，安鎮，熨蛇創。

**明・劉文泰《本草品彙精要》卷五** 鉛無毒。附鉛灰。 土生。

鉛：主鎮心安神，治傷寒毒氣，反胃嘔噦，蛇蜴所咬，炙熨之。名醫所錄。

〔地〕《圖經》曰：鉛乃青金也，生蜀郡平澤。《别錄》云：鉛，鹹。鉛者不出銀，熟鉛是也。嘉州、隴陀、利州出鉛精之葉，深有變形之狀，文曰紫背鉛。鉛能碎金鋼鑽。草節鉛出嘉州，打著碎，如燒之有硫黄臭煙者。信州鉛、盧氏鉛，此粗惡，用時直須濾過。陰平鉛出劍州，是鐵之苗，鉛黄花投汞中，以文武火養，自浮面上，掠刮取，炒作黄丹色。釣脚鉛出雅州山洞溪砂中，形如皂子，又如蝌蚪子，黑色，此皆稟北方壬癸陰極之精而生也。又有鉛灰，其法：取鉛三兩，鐵器中熬之，久當有脚如黑灰，治瘰癧有效，故附於此。

〔時〕生：無時。採：無時。〔質〕類錫而軟。〔色〕黑。〔味〕甘。〔性〕緩。〔氣〕氣之薄者，陽中之陰。〔臭〕朽。〔主〕鎮心神，消惡瘡。

〔合治〕以一斤合甘草三兩，微炙，剉，用酒一斗，著空瓶在傍，先以甘草置在酒瓶内，然後熔鉛投在酒瓶中，卻出酒在空瓶内，取出鉛，依前熔後投，如此者九度，並甘草去之，只留酒，治發背及諸般癰毒瘡，令飲醉寢即愈。○以半斤内大鍋中熔成汁，旋入桑條灰，柳木攪令成砂，後以熟絹羅爲末，每日早晨如常揩牙齒，後用溫水漱在盂內，取其水洗眼，治諸般眼疾。鬚髮黃白者用之，皆變黑也。〇以一斤坩堝中熔成汁，投酒一升，如此十數回，候酒至半升，去鉛，頓服之，療金石藥毒。〇以三兩鐵器中熬之，久當有脚如黑灰，取此灰合臘月豬脂塗瘰癧上，仍以舊帛貼之，數數去帛拭惡汁，又貼，如此半月許，亦不痛不破不作瘡，但內消之爲水，瘥。雖流過項，亦瘥。【禁】性濡滑，服之多陰毒，傷人心胃。

**明·許希周《藥性粗評》卷四**　欲轉髭鬚，炒黑鉛而作漱。

鉛，銀母也。生桂陽山谷，及銀坑處皆有之。有白有黑，黑者入藥。味甘，性寒，無毒。主治傷寒毒氣，嘔噦，發背惡瘡，鎮心安神，明目，牢牙齒，烏髭髮，解蛇蝎諸毒。

單方：　烏鬚固齒：　黑鉛半斤，大鍋內溶成汁，旋入桑條灰，用柳木棍攪令成砂，取出，以熟絹羅為末，每日早晨如常擦牙齒，含水漱之，少頃吐在碗內，復以洗眼，令目明，久久其髭黃白者皆亦黑也。

**明·鄭寧《藥性要略大全》卷八**　黑鉛　安神鎮心，治傷寒毒氣，反胃嘔噦，蛇蝎咬，炙熨之。又能烏鬚固牙。　味甘、鹹，氣大寒，無毒。出銀礦處皆有之。亦有鉛礦，色青黑者，與銀礦同產，或異處亦有之。凡煎銀制礦必用之物也。用硝、礬炒成紅色者，為黃丹。用醋蒸成白色者，造韶粉也。

**明·陳嘉謨《本草蒙筌》卷八**　鉛　味甘。無毒。稟北方壬癸陰極之精，生蜀郡平澤銀坑之所。性濡而滑，色黑而緇。可點銅成銀，須草伏成寶。入劑治療，鎮心安神。主鬼疰癭瘤，止反胃嘔噦。蛇蠍傷毒，炙熨尤奇。熔出鉛灰，能治瘰癧。　鉛霜性冷，亦鉛鍊成。其法：　以鉛雜水銀十五分之一，合鍊作片，置醋甕中，密封，久成霜，又名鉛白霜。能塗木瓜失酸，因體屬金尅木。止驚悸敺熱，解酒毒消痰。療胸膈悶煩，逐中風痰實。　鉛丹製炒有法，其法：鉛一斤，土硫黃一兩，硝石一兩先熔鉛成汁，下醋點沸，時下小硫黃一塊，續下硝石少許，沸定再點醋，依前下黃硝少許，待硝沸盡，黃亦盡，炒為末成丹。考其氣味辛寒。一名黃丹，外科多用。先入水飛淨砂土，後駕火炒變褐黃。煎膏敷金瘡，生長肌肉住痛；　入藥治癎疾，收斂神氣鎮驚。除毒熱臍攣，止翻胃吐逆。《經》云：　澁可去脫。鉛丹固氣，而處有銅所，形方圓不定，色青黃類銅，不從礦鍊而成，故曰自然銅也。製宜火煆醋淬，研末絕細水飛。治跌損接骨續筋，療折傷散血止痛。熱酒調服，立建奇功。若非煆成，切勿悞服。

讃按：　丹溪云：　世以自然銅為接骨妙藥，殊不知跌損之方，貴在補氣、補血、補胃。俗工不明此理，惟圖速効取錢。儻遇老弱之人，若服此新出火者，其火毒金毒相扇，又挾香熱藥之毒，雖有接傷之功，然燥散之禍，甚於刀劒。戒之！戒之！

**明·王文潔《太乙仙製本草藥性大全》卷六《本草精義》**　鉛　生蜀郡山谷、平澤，或銀礦處皆有之。亦有鉛礦，色青黑者，與〔銀礦〕同產，或異處亦有之，多出銀坑之所。性濡而滑，色黑而緇，凡煎膏制礦必用之物也。用硝、礬炒成紅色者爲黃丹，用醋蒸成白色者造胡粉也。《寶藏論》云：　黑鉛草伏得成寶，可點銅爲銀，并鑄作鼎，養硃砂住得火，養水銀住火，斷粉霜住火。

鉛灰　製鍊法：　劉禹錫著其法云：　取鉛三兩，鐵器中熬之，久當有脚如黑灰。

**明·王文潔《太乙仙製本草藥性大全》卷六《仙製藥性》**　鉛　味甘、鹹，氣大寒，無毒。　主治：　入劑治療鎮心安神，主鬼疰癭瘤，止反胃嘔噦。蛇蠍傷毒，炙熨尤奇。　補註：　發背及諸般癰毒瘡毒，用〔黑鉛〕一斤，甘草三兩微炙剉，用酒一斗，著空瓶在傍，先以甘草置在酒瓶內，然後鎔鉛投酒瓶中，再傾酒於空瓶內，取出鉛，依前鎔後投，如此者九度，并甘草去之，只留酒，令病者飲，醉寢即愈。〇烏髭髮，明目，牢齒牙，黑鉛半斤，入鍋內鎔成汁，旋入桑條灰，柳木攪令成沙，右以熟絹羅爲末，每日早晨如常揩齒牙後，以溫水漱在盂子內，取用其水洗眼，治諸般眼疾。髭黃白者，用之皆變黑也。〇治金石藥毒，用黑鉛一斤，以乾鍋中鎔成〔汁〕，〔投酒〕一升，如此十數廻，候酒至半斤，去鉛頓服之差。

**明·皇甫嵩《本草發明》卷五**　鉛下品。味甘，無毒。鉛作鈆名。　發明曰：　鈆，稟北方壬癸陰精，性滑濡而色黑，能鎮定水氣而解毒。《本草》主鎮心安神，治傷寒毒氣，反胃嘔噦。蛇蝎所咬，炙熨之。服多陰毒，傷心胃。〇鎔山鉛脚，如黑灰，和脂，塗瘧子，以帛貼，數去帛，拭惡汁，又貼，如此半月，內消之如水，雖流過項，亦差。

**明·李時珍《本草綱目》卷八金石部·金類**　鉛《日華》

【釋名】青金《說文》　黑錫　金公《綱目》　水中金時珍曰：　鉛易沿流，故謂之鉛。錫爲白錫，故此爲黑錫。而神仙家拆其字爲金公，隱其名爲水中金。　【集解】頌曰：　鉛生蜀郡平澤，今有銀坑處皆有之，燒礦而取。時珍曰：　鉛生山穴石間，人挾油燈，入至數里，隨礦脉上下曲折斫取之。其氣毒人，若連月不出，則皮膚痿黃，腹脹不能食，多致疾而死。《地鏡圖》云：草青莖赤，其下多鉛。鉛錫之精爲老婦。獨孤滔云：嘉州、利州出草節鉛，生鉛未鍛者也。打破脆，燒之氣如硫黃。紫背鉛，即熟鉛，鉛之精華也，有變化，能碎金剛鑽。雅州出釣脚鉛，形如皂子大，又如蝌蚪子，黑色，生山澗沙中，可乾汞。盧氏鉛粗惡力劣，信州鉛雜銅氣，陰平鉛出劍州，是銅鐵之苗，並不可用。《寶藏論》云：鉛有數種：波斯鉛，堅白爲天下第一。草節鉛，出犍爲，銀之精也。銜銀鉛，銀坑中之鉛也，内含五色。並妙。上饒樂平鉛，次于波斯、草節。負版鉛，鐵苗也，不可用。倭鉛，可勾金。《土宿真君本草》云：鉛乃五金之祖，故有五金狴犴、追魂使者之稱，言其能伏五金而死八石也。雌黃乃金之苗，而中有鉛氣，是黃金之祖矣。銀坑有鉛，是白金之祖矣。信鉛雜銅，是赤金之祖矣。與錫同氣，是青金之祖矣。朱砂伏于鉛而死于硫，硫戀于鉛而伏于硇，鐵戀于磁而死于鉛，雄戀于鉛而死于五加。故金公變化最多，一變而成胡粉，再變而成黃丹，三變而成密陀僧，四變而爲白霜。雷氏《炮炙論》云：令鉛住火，須仗修天；如要形堅，豈忘紫背。註云：修天，補天石也。紫背，天葵也。

【修治】時珍曰：凡用以鐵銚鎔化瀉瓦上，濾去渣脚，如此數次收用。其黑錫灰，則以鉛沙取黑灰。白錫灰，不入藥。

【氣味】甘，寒，無毒。藏器曰：小毒。【主治】鎮心安神，治傷寒毒氣，反胃嘔噦，蛇蜴所咬，炙熨之大明。療癭瘤，鬼氣疰忤。錯爲末，和青木香，傅瘡腫惡毒藏器。消瘰癧癰腫，明目固牙，烏鬚髮，治實女，殺蟲墜痰，治噎膈消渴風癇，解金石藥毒時珍。

黑錫灰【主治】積聚，殺蟲，同檳榔末等分，五更米飲服震亨。

【發明】好古曰：黑錫屬腎。時珍曰：鉛秉北方癸水之氣，陰極之精，其體重實，其性濡滑，其色黑，内通于腎，故《局方》黑錫丹、《宣明》補真丹皆用之。得汞交感，即能治一切陰陽混淆，上盛下虚，氣升不降，發爲嘔吐眩運、噎膈反胃危篤諸疾，所謂鎮墜之劑，有反正之功。但性帶陰毒，不可多服，恐傷人心胃耳。鉛性又能入肉，故女子以鉛珠紝耳，即自穿孔；實女無竅者，以鉛作鋌，逐日紝之，久久自開，此皆昔人所未知者也。鉛變化爲胡粉、黃丹、密陀僧、鉛白霜，其功皆與鉛同。但胡粉入氣分，黃丹入血分，密陀僧鎮墜下行，鉛白霜專治上焦胸膈，此爲異耳。方士又鑄爲梳，梳鬚髮令光黑，或用藥煮之，尤佳。

【附方】舊四，新十七。烏鬚明目：黑鉛半斤，鍋内鎔汁，旋入桑條灰，柳木攪成沙，篩末。每早揩牙，以水漱口洗目，能固牙明目，黑鬚髮。《勝金方》。揩牙烏髭：黑鉛消化，以不蛀皂莢寸切投入，炒成炭，入鹽少許，研勻。日用揩牙。摘去白髭，黑者更不白也。○又方：黑錫一斤，炒灰埋地中五日，入升麻、細辛、訶子同炒黑。日用揩牙，百日效。《普濟》。牙齒動摇：方同上。烏鬚鉛梳：鉛十兩，錫三兩，婆羅得三個，針砂、熟地黃半兩，茜根、胡桃皮一兩，沒食子、訶黎勒皮、硫黃、石榴皮、慈石、皂礬、烏麻油各二錢半，爲末，先化鉛錫，入末一半，柳木攪勻，傾入梳模子，印成修齒。餘末同水煮梳，三日三夜，水耗加之，取出故帛重包五日。每以熟皮襯手梳一百下，須先以皂莢水洗浄拭乾。《普濟》。腎臟氣發：攻心，面黑欲死及諸氣奔豚喘急。鉛二兩，石亭脂二兩，木香一兩，麝香一錢。先化鉛炒乾，入亭脂急炒，焰起以醋噴之，傾入地坑内覆住，待冷取研，粟飯丸芡子大。每用二丸，熱酒化服，取汗或下或通氣即愈。如大便不通，再用一丸，入玄明粉五分。《聖濟錄》。婦人血氣：冷痛攻心。方同上。風癇吐沫：反目抽掣，久患者。黑鉛、水銀結砂，南星炮，各一兩，爲末，糯飯丸菉豆大。一歲一丸，乳汁下。《普濟方》。反胃噦逆：黑鉛化汁，以柳木槌研成粉，一兩，入米醋一升，砂鍋熬膏，入蒸餅末少許，擣丸小豆大。每服一丸，薑湯下。《聖濟(錄)》。多年反胃：不止。紫背鉛二兩，石亭脂二兩，鹽鹵汁五兩，燒鉛以鹵汁淬盡，與亭脂同炒，或焰起，銚子蓋上，焰即止，研勻，蒸餅和丸梧子大。每服二十丸，煎石蓮、乾柿湯下。《聖濟錄》。消渴煩悶：黑鉛、水銀等分，結如泥。常含豆許，吞津。《聖惠方》。寸白蟲病：先食猪肉一片，乃以沙餹水調黑鉛灰四錢，五更服之，蟲盡下，食白粥一日。許學士病嘈雜，服此下二蟲，一寸斷，一長二尺五寸，節節有斑文也。《本事方》。水腫浮滿：烏錫五兩，皂莢一挺炙，酒二斗，煮六沸。頻服，至小便出二三升，即消。《千金翼》。小便不通：黑鉛錯末一兩，生薑半兩，燈心一握，井水煎服，先以炒葱貼臍。《聖惠方》。卒然欬嗽：爐中鉛屑、桂心、皂莢等分，爲末，蜜丸如梧子大。每飲下十五丸，忌葱。《備急方》。瘰癧結核：鉛三兩，鐵器炒取黑灰，醋和塗上，故帛貼之，頻換，去惡汁。如此半月，不痛不破，内消爲水而愈。劉禹錫《傳信方》。癰疽發背：黑鉛一斤，甘草三兩微炙，瓶盛酒一斗浸甘草，乃鎔鉛投酒中，如此九度，去滓。飲酒醉卧即愈。《經驗方》。金石藥毒：黑鉛一斤，鎔化，投酒一升，如此十餘次，待酒至半升，頓飲。《勝金方》。取輕粉毒：出山黑鉛五斤，打壺一把，盛燒酒十五斤，納土茯苓半斤，乳香三錢，封固，重湯煮一日夜，埋土中，出火毒。每日早晚任性飲數盃，後用瓦盆接小便，自有粉出爲驗。服至筋骨不痛，乃止。《醫方摘要》。解砒霜毒：煩躁如狂，心腹疞痛，四肢厥冷，命在須臾。黑鉛四兩，磨水一盌灌之。《華陀危病方》。解硫黃毒：黑錫煎湯服，即解。《集簡方》。

**明・李中立《本草原始》卷八** 鉛 生蜀郡平澤，今有銀坑處有之。李時珍曰：錫為白錫，此為黑錫。許慎《說文》曰青金，而神仙家拆其字為金公，隱其名為水中金。鈆易沿流，故謂之鈆，俗名鉛。氣味：甘，寒，無毒。主治：鎮心安神，治傷寒毒氣，反胃嘔噦。蛇蜴所咬，炙熨之。○療癭瘤，鬼氣疰忤。錯為末，和青木香傅瘡腫惡毒。○消瘰癧癰腫，明目固齒，烏鬚髮，治實女。殺蟲墜痰，治膈噎，消渴，風癇。解金石藥毒。鉛性能入肉，故女子以鉛珠紝耳，即自穿孔。○實女無竅者，以鉛作鋌，逐日紝之，久久自開。此皆昔人所未知者也。

黑錫灰　主治：積聚，殺蟲。同檳榔末等分，五更米飲服。

**明·繆希雍《本草經疏》卷五**　鉛　味甘，無毒。鎮心安神，治傷寒毒氣，反胃嘔噦。蛇蜴所咬，炙熨之。

【疏】鉛稟先天壬癸之氣以生，一者數之始，水者物之初，故曰天一生水。中含生氣，為萬物之先，金丹之母，八石之祖，五金之寶。壬金為清，癸水為濁。清為陽氣，濁為陰質。陽氣為生，陰質有毒。範以法象，招攝陰陽。烹煉得宜，是成丹藥，餌之仙去。生氣之初，味固應甘。潤下之性，無毒可知。心藏神而法火，寧謐則安，妄炎則病，重而潤下，使水火既濟而不妄炎，故主鎮心安神。傷寒毒氣者，即陽證熱毒也。先天真水，性含生氣，而屬至陰，故能解之也。反胃嘔噦者，火氣上浮，陰陽將離，故氣逆升，而發嘔噦也。茲得鎮墜以下之，則陽火歸元而前病自止矣。蛇蜴之毒，無非熱氣，諸毒得水則解，故亦主之也。五行萬物之中，能解一切毒氣者，無過先天生氣，土中沖氣。鉛兼有之，故為解諸毒之首藥也。【主治參互】黑鉛入養正丹，治一切上盛下虛，孤陽發越上浮，煩躁面赤，恍忽驚惕，嘔吐反胃等證。用此以鎮墜陽氣，使火入陰分，則上焦得寧，而後可以隨證施治。入黑錫丹，治一切下元虛冷，陽氣垂絕，陰陽將離及沉寒痼冷諸病。《聖濟錄》治小兒驚熱，心肺積熱，夜臥多驚。鉛霜、牛黃各半分，鐵粉一分，研勻。每服一字，竹瀝調下。《普濟方》驚風癇疾，喉閉牙緊。鉛白霜一字，蟾酥少許，為末。烏梅肉蘸藥於齦上揩之。仍吹通關藥，良久便開。《聖濟錄》治消渴煩熱，鉛白霜、枯白礬等分，為末，蜜丸芡實大，綿裹含化嚥汁。又方：鉛白霜一兩，黃消石一兩，為末，每冷水服一錢。喉痹腫痛，鉛白霜、甘草各半兩，青黛一兩，為末，醋糊丸芡子大。每含嚥一丸，立效。《宣明方》治口瘡齦爛，氣臭血出，不拘大人小兒。鉛白霜、銅綠各二錢，白礬豆許，為末掃之。《普濟方》梳髮令黑，鉛霜包梳，日日梳之，勝於染者。【簡誤】鉛性沉重，未經烹煉，癸水之陰質尚存。多服能損傷心脾，蓋金石與人身氣血異。《悟真篇》云非類難為巧是已。凡脾胃虛寒，陽火不足，飲食不化，下部陰濕諸證，法咸忌之。

**明·倪朱謨《本草彙言》卷一二**　黑鉛　味甘，氣寒，有微毒。入手足厥陰經。名黑錫。蘇氏曰：鉛生蜀地平澤。今產銀處皆有之，燒礦而取也。李氏曰：生山穴石間。人携油燈，入進數里，隨礦脉上下曲折斫取之。其氣毒人，若一月不出，則皮膚痿黃，腹脹不食，多致疾而死。獨孤滔云：嘉州、利州出草節鉛，此生鉛未經煅也。打破燒取之，氣如硫黃。紫背鉛，即熟鉛之精華也。有變化，能碎金剛鑽。雅州山澗砂石中出釣脚鉛，形如皂子大，又如蝌蚪子，黑色。盧氏鉛，粗惡力劣。信州鉛，雜銅氣。陰平鉛，出劍州，是銅鐵之苗，并不可用。外有波斯鉛，堅白如錫，爲大丹第一。銜銀鉛，產銀坑中，內含五色，俱可入藥。上饒樂平鉛，負版鉛，外有倭鉛，只可勾金，亦不入丹藥。又土宿真君曰：鉛乃五金之祖，能伏五金而死八石。雌黃乃金之苗，而中有鉛氣，是黃金之祖。銀坑之鉛，乃白金之祖。信州鉛，雜銅氣，是赤金之祖。鉛又與錫同氣，是青金之祖。又硃砂伏於鉛而死於硫，硫戀於鉛而死於硇，鐵戀於磁而死於鉛，雄戀於鉛而死於五加，故鉛變化最多。一變而成胡粉，再變而爲黃丹，三變而蜜陀僧，四變而爲白霜。

黑鉛：日華子鎮心安神，陳藏器化痰定癇之藥也。時珍李氏曰：黑錫秉北方癸水之氣，陰極之精，其體重墜，其性濡滑，其色青黑，內通於腎，故《局方》黑錫丹，《宣明》養正丹皆用之。得汞交感，能治一切陰陽混淆，上盛下虛，氣升不降，發爲嘔吐眩暈，噎膈反胃，危篤諸疾。所謂鎮墜之劑，有反正逐邪之功。其性又能入肉，故女子以鉛珠紝耳墜，即自穿孔。實女無竅者，以鉛作鋌，逐日紝之，久久自開，此皆昔人所未知者也。但氣帶陰毒，不可多服，恐傷損心胃之氣。

集方：《和劑局方》黑錫丹：治痰氣壅塞，上盛下虛，心火炎盛，腎水枯竭，一應下虛之證，及婦人血海久冷無子，赤白帶下等證。用黑錫、硫黃各二兩，沉香、葫蘆巴酒浸炒、附子童便製、陽起石研細水飛各一兩，肉桂五錢，補骨脂、舶茴香炒、肉豆蔻麪裹煨、木香、金鈴子蒸去皮核各一兩，右用新鐵銚內，如常法結黑錫、硫黃砂子，地上出火毒，研令極細，餘藥俱爲細末，和勻，自朝至暮以研至黑光色爲度，酒糊丸，如梧子大，陰乾入布袋內，擦令光瑩。每服四十丸，空心淡鹽薑湯下，或棗湯下。女人陳蘄艾湯下。○《和劑局方》養正丹：治上盛下虛，氣不升降，元陽虧損，氣短身羸，及中風涎潮，不省人事，傷寒陰盛，自汗唇青，婦人血海久冷諸證。用黑錫、水銀、硫黃細研、硃砂研細各一兩，右用新鐵銚一隻，火上熔黑錫，化汁，次下水銀，以柳條攪勻，次下硃砂末，攪令不見星，放下少時，方入硫黄末，急攪成汁，和勻，如有焰起，以米醋灑之，候冷取出，研極細，糯米粥爲丸，如菉豆大。每服三十丸，淡鹽棗湯下。

集方：《聖濟録》治腎藏氣發攻心，面黑欲死，及奔豚諸氣喘急，或婦人血氣冷結，攻心腹作痛。用黑鉛、石亭脂各二兩，木香一兩，麝香一錢。先將鉛炒化，次入亭、硝急炒，焰起以米醋灑之，傾入地坑內，覆住，待冷取研，粥糊丸如芡實大，每用二丸，熱酒化服，取汗，或下，或通氣即愈。○《普濟方》治風癇吐沫，抽掣目反，久患不愈。用黑鉛、水銀結成砂子一兩，南星炮一兩二錢。共爲末，粥糊爲丸菉豆大小。小兒一歲一丸，大人以十丸爲率，乳汁下。○《千金翼》治水腫浮滿。用黑錫五兩，皂莢一挺炙，白酒一斗，浸二日，煮百餘沸。頻頻飲，漸消。○《聖惠方》治小便不通。用黑錫剉末一兩，生薑五錢，燈心五十枝，井水煎服。先以葱搗爛，炒熱熨臍上。○治瘰癧結核。用黑錫三兩鐵器炒，取黑灰，醋調塗，上用故帛圍裹，出惡汁黄水，頻頻換藥。如此半月，不痛不破，內消而愈。○取輕粉毒。用黑錫五觔，打壺一把，盛好酒十五觔，納土茯苓搗爛一觔，乳香五錢，封固，重湯煮一日夜，埋土中三日。每日早晚隨量飲，後用瓦盆接小便，自有粉出。服至筋骨不痛乃止。○解硫黄毒。用黑錫煎湯飲即解。

**明・李中梓《本草通玄》卷下**　鉛　甘，寒。屬水入腎。　秉北方癸水之氣，陰極之精，其體重實，其性濡滑。故黑錫丹得汞交感，治上盛下虚，氣升不降，發為眩暈，噎膈反胃，鎮墜之性，有反正之功。但偏於陰降，不可多服。燒酒、醋釀成鉛水，為降火神方。然亦禁久服。

**清・顧元交《本草彙箋》卷一**○　鉛合鉛霜、胡粉、鉛丹。　鉛，稟北方癸水之氣，陰極之精，其體重實，其性濡滑，其色黑，內通於腎，故《局方》黑錫丹、《宣明》補真丹皆用之。其主鎮心安神者，心藏神而法火，寧謐則安，妄炎則病。鉛體重而潤下，故能使水火既濟，而不妄炎。其解傷寒陽證熱毒者，取先天真水，性含生氣，而屬至陰也。若反胃嘔噦者，火氣上浮，陰陽將離，故氣逆升，而成嘔噦，得鎮墜以下之，俾陽火歸元，前病自止。

鉛霜，乃鉛假汞氣，交感英華所結。道家謂之神符白雪。其性大寒，用以墜痰去熱，定驚止瀉，蓋有奇功。

胡粉，即鉛之處黑爲白者也。其用雖與鉛及黄丹同，而無硝鹽火燒之性，內有豆粉、蛤粉雜之，止能入氣分爲稍異也。主治善殺蟲，解熱毒，以其重而下降，故能墮胎，澀而黏膩，故止小便利。

鉛丹，即熬鉛所成之黄丹也。鉛秉先天壬癸之氣，得火成丹，則又有靈通變化之神。體重性沉，味兼鹽礬，專走血分，以能墜痰去祛，故治驚癇癲狂，吐逆反胃諸症。以能消積殺蟲，故治疳疾下痢瘧疾等病。以能解熱拔毒長肉去瘀，故治惡瘡腫毒，及入膏藥，爲外科必用之物也。

凡用鉛，以鐵銚溶化，寫瓦上，濾去渣脚，如此數次，收用。鉛性沉重，未經烹煉，癸水之陰質尚存，服之多損傷心脾。蓋金石與人身氣血異，所謂非類，難爲巧也。其黑錫灰，則以鉛沙取黑灰，白錫灰不入藥。主治積聚，殺蟲，同檳榔末等分，五更，米飲服。鉛性入肉，故女子以鉛珠紝耳，即自穿孔。鉛變化爲胡粉、黄丹、蜜陀僧、鉛白霜，其功皆與鉛同。但胡粉入氣分，黄丹入血分，蜜陀僧鎮墜下行，鉛白霜專治上焦胸膈，此爲異耳。近法以鉛槌成錢，穿成串，瓦盆盛生醋，以串横盆中，離醋三寸，仍以瓦盆覆之，置陰處，候生霜，刷下，仍如前盛覆。鉛丹自炒成者佳。市中多雜砂土、礬紅，不堪用。《會典》云：黑鉛一觔，燒丹一觔五錢三分。

**清・穆石匏《本草洞詮》卷三**　鉛鉛粉、鉛丹、蜜陀僧、鉛霜

鉛，為五金之祖，故有五金狴犴、追魂使者之稱，言其能伏五金而死八石也。氣味甘寒，無毒。主鎮心安神，治傷寒毒氣反胃，瘿瘤鬼疰，固牙烏鬚，殺蟲墜痰，解金石藥毒。蓋鉛秉癸水之氣，陰極之精，色黑通腎，故黑錫丹、補真丹皆用之。得汞交感，治一切陰陽混淆，上盛下虚，有升無降，發為眩運、噎膈諸疾。所謂鎮墜之劑，有反正之功，但性帶陰毒，恐傷人心胃耳。鉛性又能入肉，故女子以鉛珠紝耳，即自穿孔。實女無竅者，以鉛作鋌，逐日紝之，自開也。鉛之變化最多，一變而成胡粉，再變而成黄丹，三變而成蜜陀僧，四變而為白霜，其功皆與鉛同。但胡粉入氣分，黄丹入血分，蜜陀僧鎮墜下行，鉛白霜輕虚上行也。鉛粉味辛，氣寒，無毒。主墜痰消脹，治伏尸毒螫，殺三蟲，去鱉瘕，療惡瘡，止泄痢，墮胎。久痢成疳者，胡粉和水及雞子白服，以糞黑為度，為其殺蟲而止痢也。亦可入膏藥代黄丹用。《肘後方》云：從高落下，瘀血搶心，面青氣短欲死者，胡粉一錢，和水服即安。

鉛丹，味辛，氣微寒，無毒。能墜痰去怯，故治驚癇癲狂，吐逆反胃者用之。能消積殺蟲，故治疳疾下痢，瘧有實積者用之。能解熱拔毒，長肉去瘀，

故治惡瘡腫毒，及入膏藥，為外科必用之藥也。

蜜陀僧，味鹹辛，氣平，有小毒。其性重墜，直走下焦。主墜痰，止吐消積，定驚癇，治瘧痢，止消渴，療瘡腫。洪邁云：驚氣入心，瘖不能言者，用蜜陀僧末一匕，茶調服。一人為狼所逐，而得是疾，或授此方而愈。蓋驚則氣亂，蜜陀僧之重以去怯而平肝也。功力與鉛丹同，故膏藥中用代鉛丹云。

鉛霜，味甘酸，氣冷，無毒。此係用鉛雜水銀十五分之一，合鍊作片，置醋甕中，密封經久成霜，乃鉛汞之氣交感所結也。道家謂之神符白雪，能消痰，止驚悸，去膈熱涎塞，治吐逆病在上焦者，宜此清鎮之也。

**清・劉雲密《本草述》卷四**　鉛　《土宿真君本草》云：鉛乃五金之祖，故有五金狴犴、追魂使者之稱。言其能伏五金而死八石也。雌黃乃金之苗，而中有鉛氣，是黃金之祖矣。銀坑有鉛，是白金之祖矣。信鉛雜銅，是赤金之祖矣。與錫同氣，是青金之祖矣。硃砂伏於鉛，而死於硫。硫戀於鉛，而伏於硇。鐵戀於磁，而死於鉛。雄戀於鉛，而死於五脂。五脂，蓋赤石脂之類。《本草》原文作五知。故金公變化最多，一變而成胡粉，再變而成黃丹，三變而成密陀僧，四變而為白霜。《仙製本草》云：多出銀礦之所，性濡而滑，色黑而淄。凡煎銀制礦，必用之物也。氣味：甘，寒，無毒。藏器曰：小毒。主治：反胃嘔噦，消渴，風癇，降熱墜痰，鎮心安神，明目固牙，烏鬚髮，炙熨蛇蝎所傷，及解金石藥毒。【略】

愚按：鉛稟北方癸水之氣，屬於至陰，在上之陽偏勝以為病者，固能療之。第壬金為清，癸水為濁，清為陽氣，濁為陰質，先哲言之矣。又有云：人生結胎之始，先生命門，天一生水，壬為陽水，配丁之陰火而生丙，是為命門，然後生心，歷按之五行所生，皆以五陽配五陰，乃得展轉相生。是則鉛屬陰質，其生氣全藉於陽，故硫鉛交感交化，真自然之妙也。鉛本陰極之精，性濡滑，體重實，謂服之多病陰毒者不妄。如鉛丹，鉛中入硫、硝，製炒有法，庶可治瘳諸病，即鉛霜亦鉛汞結砂，二氣交感，吐出精英，尚不似極陰之重滯也。第病於下虛上盛諸證，必取其至陰而歸原。如鉛者，其處方固可參也。方書於氣證有養正丹，云治上盛下虛，氣不升降，元陽虧損，氣短身羸，及中風涎潮，不省人事，傷寒陰盛，自汗脣青，婦人血海久冷。又於諸逆衝上證有黑錫丹，云治痰氣壅塞，上盛下虛，心火炎盛，腎水枯竭，一應下虛之證，及婦人血海久冷無子，赤白帶下。又於頭痛證，另治真頭痛。又治癲證有抱膽丸，云治一切癲癇風狂，或因驚恐怖畏所致，及婦人產後血虛，驚氣入心，并室女經脈通行，驚邪蘊結，第就諸逆衝上，與真頭痛其所患，固皆因下元之虛以為病，但諸逆衝上者，就此義而投劑宜矣。至如真頭痛者，為病於天門真痛，上引泥丸，是患於腦之髓海，為真氣所聚之會，絕不可容邪者，是為危而且急之證也，然何以皆用此丹以為治乎？蓋其下元之虛者，舉陰陽而兩虛矣。如真頭痛證，欲只補下元之陰，為陽生陰中之義，則緩而莫濟，唯從陽生陰長之義，直補下元之陽而歸之，矧有黑鉛為主腦，更本歸下之氣化，有以先扼其要乎？此先哲製方之精義，尤不可不細參也。

附方　養正丹，水銀、黑錫去滓，淨秤，與水銀結砂子。硫黃研、朱砂，研細各一兩。右用黑盞一隻，火上鎔黑鉛成汁，次下水銀，以柳條攪，次下朱砂，攪令不見星子，放下，少時方入硫黃末，急攪成汁，和勻，如有焰，以醋灑之，候冷取出，研極細，煮糯米糊丸綠豆大，每三十丸，鹽湯、棗湯任下。黑錫丹，沉香、葫蘆巴、酒浸炒。附子、炮。陽起石、細研，水飛，各一兩。肉桂半兩，破故紙、舶茴香炒、肉豆蔻麪裹煨、木香、金鈴子、蒸，去皮核，各一兩。硫黃、黑錫，去滓，秤各二兩。右用黑盞或新鐵銚內，如常法，結黑錫硫黃砂子，地上出火毒，研令極細，餘藥並細末，和勻，自朝至暮，以研至黑光色為度，酒糊丸如梧子大，陰乾，入布袋內，擦令光瑩，每四十丸，空心鹽、薑湯，或棗湯下，女人艾棗湯下。抱膽丸，水銀二兩、朱砂一兩，細研。黑鉛一兩半、乳香一兩，細研。右將黑鉛入銚子內，下水銀結成砂子，次下朱砂滴乳，乘熱用柳木槌研勻，雞頭大，每服一丸，空心井花水吞下，病者得睡，切莫驚動，覺來即安，再一丸，可除根。多年反胃不止，紫背鉛二兩，石亭脂二兩，石亭即硫黃之多赤者，《抱朴子》曰：石流丹，石之赤精石。硫黃之類也。鹽鹵汁五兩，燒鉛，以鹵汁淬盡，與亭脂同炒，焰起挑於水上，焰止研勻，蒸餅和丸梧子大，每服二十丸，煎石蓮、乾柿湯下。風癇吐沫，反目抽掣，久患者，黑鉛、水銀結砂，南星炮各一兩，為末，糯米飯丸綠豆大，一歲一丸，乳汁下即愈。腎臟氣發攻心，面黑欲死，及諸氣奔豚喘急，鉛二兩，石亭脂二兩，木香一兩，麝香一錢，先化鉛炒乾，入亭脂急炒，焰起以醋噴之，傾入地坑內，覆住待冷，取研，粟飯丸芡子大，每用二丸，熱酒化服，取汗，或下、或通氣，即愈。如大便不通，再用一丸，入玄明粉五分取。指牙烏鬚固齒，黑錫一斤，炒，灰埋地中五日，入升麻、細辛、訶子同炒黑，日用指牙，百日效。　解砒霜毒，煩燥如狂，心腹疼痛，四肢厥冷，命在須臾，黑鉛四兩，磨水一盌，灌之。

**清·郭章宜《本草匯》卷一八**　黑錫即鉛。　味甘，氣寒，入足厥陰經。安定心神，風癇吐沫皆可治。傷寒熱毒，噎膈嘔噦總堪除。能明目而烏鬚，堅牙齒而解毒。

按：　黑錫，即鉛之別名也。秉北方壬癸之氣，陰極之精，其體重實，其性濡滑，其色黑，內通于腎，故《局方》黑錫丹、《宣明》補真丹，皆用之。能治一切陰陽混淆，上盛下虛，氣升不降，發為嘔吐眩運，噎膈反胃，危篤諸疾，所謂鎮墜之劑，有反正之功。但性帶陰毒，不可多服，恐傷人心胃耳。鉛性入肉，故女子以鉛珠紝耳，即自穿孔。實女無竅者，以鉛作鋌，逐日紝之，久久自開。又鑄為梳，梳髮光黑甚妙。或用藥煑之尤佳。鉛十兩，錫三兩，婆羅得三箇，針砂、熟地黃半兩，茜根、胡桃皮一兩，沒食子、訶黎勒皮、硫黃、石榴皮、慈石、皂礬，為末，烏麻油各三錢半，先化鉛錫，入末一半，柳木攪勻，傾成梳模子，印成修齒，餘末同水煑梳三日三夜，水耗加之，取出，過五日，以熟軟皮襯手梳之，先以皂莢水洗淨髮用。　養正丹用之，治一切上盛下虛，孤陽發越上浮，煩躁面赤，恍惚驚惕，吐嘔反胃等症，用此以鎮墜陽氣，使火入陰分，則上焦得寧，而後可以隨症施治。　黑錫丹用之，治一切下元虛冷，陽氣垂絕，陰陽將離及沉寒痼冷諸病。　然偏于陰降，凡脾胃虛寒，陽火不足，下部陰濕者，法並忌之。　中輕粉毒者，打鉛壺盛燒酒十五斤，納土茯苓半斤，乳香三錢，重湯煑一日夜，埋土中出火毒，每日早晚任飲，小便自有粉出，至筋骨不痛乃止。　若中砒硫毒，磨一二兩，水灌即解。

溶化，濾去渣脚，收用。　然必數次方好。　其黑錫灰，能治積聚，殺蟲。　同檳榔末五錢，粳米飲下。　灰即鉛沙溶出之物也。　白錫灰不入藥。

**清·王翃《握靈本草》卷一**　鉛即黑錫。生蜀郡。凡銀坑處皆有之。以鐵銚溶化，濾去滓，如此數次，收用。灰，即黑錫灰。　主治：　鉛，甘，寒，無毒。　鎮心安神，消瘰癧癰腫，明目固齒，烏鬚髮，殺蟲。　墜痰，治風癇。　解金石毒。

**清·汪昂《本草備要》卷四**　鉛重，墜痰，解毒。　甘寒屬腎。　稟壬癸之氣，水中之金，金丹之母，八石之祖。丹竈家必用之。　安神解毒，墜痰殺蟲，烏鬚製爲梳，以梳鬚。　明目。

**清·陳士鐸《本草新編》卷五**　鉛鉛霜、黃丹、自然銅　鉛：　味甘，無毒。稟北方壬癸陰極之精，性濡而滑，色黑而緇。鎮心安神，主鬼疰癭瘤，止反胃嘔吐。　蛇蠍傷毒，炙熨亦良。

鉛霜：　止驚怪嘔逆，解酒毒，消痰，療胸膈煩悶，逐中風痰實。

黃丹：　膏敷金瘡，生長肌肉住痛。　入藥治癇疾，收斂神氣，鎮驚除毒熱，止翻胃吐逆。

自然銅：　亦鉛之類，未煉礦者也。　火煅醋淬，研細末。　治跌損，接骨續筋，療折傷，散血止痛，熱酒調服，立建奇功。　若非煅成，切勿悞服。

以上四種，用之得宜，均可活人，用之失宜，均能殺人。　蓋鉛性至寒，非大熱、實熱之病不可用。　鉛霜更甚于鉛，尤宜慎用。　黃丹力輕于鉛，然外科可以多用，而內治亦不宜多用也。　自然銅，乃治折傷之神藥，然而老弱之人，亦宜少用。　蓋老人孤陽而少精，弱人氣虛而少血。　跌損之病，雖尚接續，然必以生地、當歸、川芎、牛膝之類為君臣，少加自然銅為佐使，則取效既捷，而精血又復不傷。　倘止投自然銅，以求速效，絕不加入補腎、補精之味，則火煅之物，其性大燥，以燥助燥，必生大熱，況又是老弱之人，何能勝此乎？　骨雖接續，而變病即生，其禍有不可勝狀者矣。　或問：　繆仲醇疏黑鉛謂天一生水，中含生氣，為萬物之先，金丹之母，八石之祖，五金之寶。　壬金為清，癸水為濁。　清為陽氣，濁為陰質。　陽氣為生，陰質有毒。　範以法象，招攝陰陽，烹煉得宜，是成丹藥，餌之仙去等語，是黑鉛鍊服，果可羽化乎？　嗟乎！　此仲醇悞讀丹經，私臆而妄註也。　夫黑鉛性沉，鎮墜陽氣，使火入陰分，或治陽氣垂絕，陰陽將離等症，實有奇功。　欲其換骨出神，飛霄沖漢，烏可得哉。

**清·顧靖遠《顧氏醫鏡》卷八**　黑鉛甘，寒。　入丸藥用。　鐵銚內溶化，去滓脚用。

治氣升不降諸疾，如嘔吐眩運，噎膈，奔豚，喘急，危篤諸疾，有反正之功。　塗瘰癧結核腫瘡。　稟先天壬癸之氣，以生陰極之精，故能解一切熱毒。　解毒甚效，砒霜、硫黃、輕粉，一切金石藥毒，煎湯飲之即解。　殺蟲如神。　先食猪肉一片，乃以沙糖水調鉛灰二三四錢，五更服之，諸蟲盡下。　色黑通腎，體重性滑，鎮墜之劑。　凡金石藥，與人身臟腑氣血不相宜，所謂非類難為巧，不可多服。

**清·李熙和《醫經允中》卷一九**　黑鉛　甘，寒，無毒。　主治反胃嘔噦，下痰，噎膈，風癇，鎮墜之劑。　其性陰毒，過服傷人心胃。　胡粉即鉛粉之變黑者，味辛氣寒。　主治乾濕癬瘡，殺蟲。　然走而不守，服之有斷腸墮胎之害。　熬膏可代黃丹。　黃丹亦鉛炒成者，味辛氣寒。　主治止痛生肌，鎮心墜痰，拔毒。

**清·馮兆張《馮氏錦囊秘錄·雜症痘疹藥性主治合參》卷五** 鉛稟先天壬癸之氣以生。一者數之始，水者物之初，故曰天一生水，水中含生氣，為萬物之先，金丹之母，八石之祖，五金之寶。壬金為清，癸水為濁，清為陽氣，濁為陰質，陽氣為生，陰質有毒。烹煉得宜，是成丹藥，餌之仙去。生氣之初，味固應甘，潤下之性，無毒可知。蓋以天一至陰之氣，得鎮墜潤下之性，故能使水火既濟，則傷寒熱毒之氣頓消，胃中邪逆之氣頓解。且五行萬物之中，能解一切毒者，無過先天生氣，土中沖氣，鉛兼有之，故為解諸毒之首藥也。然終是金石之藥，與人氣血無情。《悟真篇》云非類難為巧也。〇鉛霜，一名鉛白霜，用鉛雜水銀十五分之一，合煉作片，置醋甕中密封，經久成霜，乃鉛假汞氣交感，因醋以拔其英華所結，道家謂之神符白雪，其味甘酸，氣大寒，無毒。以酸寒之味，故能除熱化痰，斂驚酒毒，止渴之需。脾虛胃寒腸滑者禁之。黄丹，即鉛熬所成，味辛，氣微寒，無毒。鉛稟先天癸壬之氣，得火成丹，則又有靈通變化之神，體重而降，故能治胃反吐逆，驚癇癲疾，熱毒金瘡，祛瘀長肉。〇粉錫，一名胡粉，一名鉛粉，一名官粉。係黑鉛煅煉變黑為白者也。味辛，氣寒，無毒。體用與粉相似，性善殺蟲，故去伏尸，三蟲鱉瘕。寒能解熱毒，故療惡瘡毒螫。更治小兒久痢成疳，和雞子白服，以糞黑為度，皆以其消積殺蟲止痢也。凡食之大便必黑者，此乃還其本質，所謂色壞還為鉛也。膏摻竝用，與黄丹同，但能止入氣分，不能入血分耳。

鉛，鎮心安神，治傷寒毒氣，消渴煩熱。主鬼疰癭瘤，止反胃嘔噦。蛇蠍傷毒，炙熨尤奇。若脾胃虛寒，陽火不足者忌之。熔出者名鉛灰，能治瘰癧。鉛霜性冷，亦鉛鍊成，止驚悸歐熱，解酒毒消痰。療胸膈悶煩，逐中風痰實，生津止渴，并治吐逆。鉛丹，一名黄丹，乃炒鉛所作，外科多用，煎膏敷金瘡，生長肌肉，住痛濕瘡惡瘡，血風臁瘡，膏藥必需。摻藥亦用，既能解毒散熱，復能除濕生新。入藥治癇疾，收斂神氣，鎮驚安魄，墜痰殺蟲，除毒熱臍攣，止反胃吐逆。主治痘疹合參：黄丹，除熱鎮心，止痛生肌。痘癍星障入眼，同珍珠、輕粉研末，吹耳，左患吹右，右患吹左，星障漸消神效。鉛粉涼血，生肌，殺三蟲、鱉瘕。療惡瘡毒螫，去伏日墮胎。

**清·张璐《本經逢原》卷一** 鉛一名黑錫。甘，寒，無毒。凡用取未經銀治，新鉛鎔淨去渣，再鎔成液，同硫磺煅，如焰起，以醋洒之，候成黑灰，研之不黏滯為度。如煅不透，服之令人頭痛，以陰降太速，陽火無依故也。

發明：鉛稟北方癸水之性，陰極之精，內通於腎，故《局方》黑錫丹、《宣明》補真丹皆用之。得汞交感，即能治一切陰陽混淆，上盛下虛，氣升不降，噎膈、反胃、嘔吐、眩暈諸疾。又搥成薄片，置燒酒中半月許，結成白霜，取其酒徐徐飲之，降陰火最捷，但性帶陰毒，恐傷心腎，不可多服。鉛性入肉，故女子以之紝耳，孔即自穿。

**清·浦士貞《夕庵讀本草快編》卷一** 鉛《日華》 附：胡粉、黄丹、蜜陀僧、鉛白霜 鉛易沿流，故謂之鉛。《說文》名青金。鉛稟北方癸水之氣，陰極之精，其體重寔，其性濡滑，其色黑，內通于腎，故黑錫丹、補真丹並皆用之是也。得汞交感能治陰陽混淆，上盛下虛，氣不升降，發為嘔吐眩運，噎膈反胃危篤之疾，無不立效。所謂鎮墜之劑，有反正之功，但性帶陰毒，不可多服，恐傷人心胃。況鉛性善能入肉，故女子以鉛珠紝耳，即易穿孔。實女以鉛作鋌，久得自開，此皆瀕湖之特識也。方士製為鉛梳，以烏鬚髮，亦取此意。夫鉛為五金之祖，變化則為胡粉、黄丹、蜜陀僧、鉛白霜，其功皆與鉛同。但胡粉入氣，故能殺尸蟲而止疳利；黄丹入血，能斂神鎮驚而開反胃；陀僧專于鎮墜下行；白霜能治上焦胸膈，稍為異爾。附用法 胡粉：治久痢成疳，以雞子白調服，糞黑便愈。黄丹：仲景龍骨牡蠣湯中用之，斂神鎮驚也。蜜陀僧：《夷堅志》云：驚氣入心絡，瘖不能言者，用一匕茶調服，即愈。一人伐薪，為狼所逐；一軍校採藤，逢惡蛇受恐，俱得前疾，用之立瘥。

**清·吳儀洛《本草從新》卷五** 鉛〔重，墜痰解毒。〕 甘，寒。屬腎，稟壬癸之氣。水中之金，金丹之母，八石之祖。丹竈家必用之。墜痰解毒，安神明目，殺蟲烏鬚。製為梳，以梳鬚。性帶陰毒，傷人心胃。

**清·汪紱《醫林纂要探源》卷三** 鉛 辛，鹹。黑錫也。《參同契》言其被褐懷玉，內含金華，以喻腎水能制心火。蓋五金皆畏汞，汞最善走失，故以喻心火，而汞見鉛則止，是腎水能制心火也。鍊丹家乃謬以鉛為金丹之母，八石之祖，直以鉛製金石之類，升鍊為丹而服之，至唐憲宗遂以服金丹而死。愚哉！補心安神，祛風明目。能解毒，墮痰。煎用之，取其氣耳，非可服也。作鉛丸，兩手時摩弄之，可去鵝掌風。

**清·嚴潔等《得配本草》卷一** 鉛一名黑錫。畏紫背天葵。甘，寒。秉北方癸水之氣，陰極之精，其體重實，其性濡滑，其色黑，內通於腎。治一切陰陽混淆，上盛下虛，氣升不降，發為嘔逆、眩暈、噎膈反胃，危篤諸疾。所謂鎮墜之劑，有反正之功。但性帶陰毒，不可多服，恐傷人心胃。用鉛兩許，水煎，沖蔗汁、梨汁服，敗毒除狂。和蒸餅為丸，治反胃噦逆。用鉛烊化，柳木搥研成粉，一兩入米醋一升，砂鍋熬膏，用陳小麥粉為餅，入鉛膏少許，蒸熟，杵丸如綠豆大，每一丸，淡薑湯下。　陰火衝逆，真陽暴脫，氣喘痰鳴，入鉛於回陽湯中自愈。

**題清・徐大椿《藥性切用》卷七**　烏鉛　性味甘寒，墜痰制熱，解毒安神。體重性陰，大傷心胃，虛人不可輕用。

**清・黃宮繡《本草求真》卷二**　黑鉛補水之精，墜痰降氣。　黑鉛耑入腎。甘寒，稟北方極陰之氣，為水中之金，金丹之母，八石之祖，專主下降，力能入腎補水，功有過於地黃，是以昔人有云水精之說。凡一切水虧火熾，而見噎膈反胃，嘔吐眩暈，痰氣上逆等症，服此立能見效，但必煅製得宜，不令滲入壓膀胱，以致又生他變。時珍曰：吳巡檢病不得溲，卧則微通，立則不能涓滴，遍用通利藥不效，唐與正問其平日自製黑錫丹常服。因悟曰：此必結砂時硫飛去，鉛不死，鉛砂入膀胱，卧則偏重，猶可溲，立則正塞水道，故不通。取金液丹三百粒，分為十服，煎瞿麥湯下。鉛得硫氣則化，纍纍水道下，病遂愈。如《局方》黑錫丹、《宣明》補真丹，皆用黑鉛納入，無非取其補陰退陽之意，至云能以解毒殺蟲，亦是水歸火伏，陰陽互根，而毒斯化，而蟲自殺。然金石之藥與人血氣無情，用之最宜合病，鉛粉一名胡粉，係黑鉛煅煉，變黑為白。《本草》云：鉛乃五金之祖，故有五金狴犴、追魂使者之稱，言其能伏五金而死八石也。雌黃乃金之苗，而中有鉛氣，是黃金之祖矣。銀坑有鉛，是白金之祖矣，信鉛雜銅，是赤金之祖矣。與錫同氣，是青金之祖矣。硃砂伏於鉛而死於硫，硫戀於鉛而伏於硇，鐵戀於磁而死於鉛，雄戀於鉛而死於五(知)〔加〕，故金公變化最多，一變而成胡粉，再變而成黃丹，三變而成蜜陀僧，四變而為白霜。氣味辛寒，體用與鉛相似，但有豆粉、蛤粉同入，故止入氣而不入血，其功耑能止痛生肌，膏藥每取為用，且力能化蟲殺蟲，《金匱》甘草粉蜜湯用此，以為除蟲殺蟲藥也。鉛丹即名黃丹，係用黑鉛、硝、黃、鹽、礬煅煉而成，故味兼鹹而走血，其性亦能殺蟲解熱，墜痰袪積，且更拔毒去瘀，長肉生肌。膏藥每取為用，目暴赤痛，鉛丹調貼太陽，立效。

**清・羅國綱《羅氏會約醫鏡》卷一八金石水土部**　鉛味甘寒，入腎經。　體重性陰，為金丹之母。丹灶家必用。　墜痰解毒，鎮心安神，殺蟲明目。　若脾胃虛寒、陽火不足者忌之。

**清・楊時泰《本草述鉤元》卷四**　鉛　【略】養正丹，治上盛下虛，氣不升降，元陽虧損，氣短身羸，及中風潮涎，不省人事，傷寒陰盛，自汗脣青，婦人血海久冷。　水銀、黑錫、去滓淨秤。　硫黃、硃砂，研細，各一兩，用黑盞一隻，先鎔黑鉛成汁，次下水銀，以柳條攪，次下硃砂攪，令不見星子，下火少時，方入硫末，急攪成汁和勻，如有焰，以醋灑之，候冷取出，研極細，糯飯糊丸綠豆大，每服三十丸，鹽湯、棗湯任下。　黑錫丹，治諸逆衝上，痰氣壅塞，心火炎盛，腎水枯竭，一應下虛之症，及婦人血海久冷，赤白帶下。　炮附子、沉香、胡盧巴、酒浸炒。　陽起石、研細水飛。　破故紙、舶茴香、煨肉蔻、木香、金鈴子，蒸去皮核。　各一兩，硫黃、黑錫，去滓秤。　各二兩，用黑盞或新鐵銚，先如常法，鎔結黑錫、硫黃砂子，攤地上出火毒，研極細，並與餘藥細末和勻，自朝至暮，研至黑光色為度，酒糊丸梧子大，陰乾，入布袋內，擦令光瑩，每空心服四十丸，鹽薑湯或棗湯下，女人艾棗湯下。　抱膽丸，治一切癲癇風狂，或因驚恐怖畏所致，及婦人產後血虛，驚氣入心，並室女經脈通行，驚邪蘊結。　水銀二兩，硃砂細研一兩，黑鉛一兩半，乳香細研一兩，先將黑鉛入銚內，下水銀結成砂子，次下硃砂滴乳，乘熱用柳木搥，研勻如雞頭子大，每服一丸，空心，井花水下，病者得睡，切莫驚動，覺來即安。　再一丸，可除根。　多年反胃不止，紫背鉛二兩，石亭脂即硫之多赤者。　二兩，鹽滷五兩，燒鉛以滷汁焠盡，與亭脂同炒，焰起挑於水上，焰止研勻，蒸餅和丸梧子大，每服二十丸，石蓮、乾柿煎湯下。　久患風癇，吐沫翻目抽掣者，黑鉛、水銀結砂，炮南星各一兩，為末，糯飯丸綠豆大，一歲一丸，乳汁下。　腎臟氣發攻心，面黑欲死，又諸氣奔豚喘急。　鉛二兩，石亭脂二兩，木香一兩，麝香一錢，先化鉛炒乾，入亭脂急炒，焰起以醋噴之，傾入地坑覆住，待冷取研，粟飯丸芡子大，每用二丸，熱酒化服取汗，或下或通氣即愈。　如大便不通，再用一丸，入元明粉五分服。　揩牙烏鬚固齒，黑錫一斤炒灰，埋地中五日，入升麻、細辛、訶子同炒黑。　日用揩牙，百日效。　解砒霜毒，煩躁如狂，心腹疼痛，四肢厥冷，命在須臾，黑鉛四兩，磨水一盌灌之。

論：　鉛稟北方癸水之氣，而屬至陰，凡在上之陽偏勝以為病者，非此至陰而歸原之品，莫能療之。　第癸水為濁，濁為陰質，歷按五行所生，皆以五陽配五陰，乃得展轉相生。　鉛屬陰質，其生氣全藉於陽，故硫、鉛交感交化，乃真自然之妙。　如鉛丹則鉛中入硫、硝，製炒有法，庶可治療諸病。　即鉛霜亦由鉛、汞結砂，二氣交感，吐出精英，尚不似極陰之重滯也。

鉛性沉重，未經烹煉，癸水之陰質尚存，多服損傷心脾。　金石與人身氣血異。《悟真篇》云：　非類難為巧是已。　凡脾胃虛寒，陽火不足，飲食不化，下部陰濕諸證，法咸忌之仲淳。　修治：　凡入藥，用鐵銚鎔化，瀉新瓦上，濾去渣脚，如此數次，取淨者用。

**清·葉桂《本草再新》卷八**　鉛味甘、苦，性寒，無毒。入肝、腎二經。　治肝氣，鎮肝，故能降氣墜痰。解毒，安神明目，殺蟲烏鬚。

**清·趙其光《本草求原》卷二四金部**　鉛即黑錫。　木癸水之氣，極陰之精，甘，寒，入脾、胃、腎。質重鎮墜，得硫黃交感，陰藉陽以生。則引火歸元，治陰陽將離，上盛下虛，氣升不降，痰涎上湧，噎膈反胃，嘔吐眩暈，煩燥面赤，及下元虛冷，赤白帶下，真正頭痛，陰陽俱飛越於上也。故養正丹，黑錫丹皆用之。得汞交感，則鎮心安神，治精血枯竭，驚氣入心，故抱膽丸用之。先溶鉛兩半，下水銀二兩，炒成砂，入朱砂、乳香末各一兩，搥丸，井華水每下二錢。又搥成薄片，置酒中半月，結成白霜，取酒徐飲，最降陰火，固齒，明目，同桑條炭炒成灰，每早揩牙，漱口、洗目。烏鬚，製為梳，以梳髭。去蟲病嘈雜，先食豬肉一片，後以砂糖調鉛灰二三錢，五更服。水腫，同皂莢炙，酒煮頻服。出輕粉毒，製鉛壺盛酒十五斤，入土茯八兩，乳香三錢煮，飲至筋骨不痛止。解砒毒，磨水灌。硫毒，煎湯飲。金石藥毒。溶化，淬酒飲。得土中沖氣，故解諸毒。但性帶陰滯，多服恐損心胃。

鉛為五金祖，一變成鉛粉，入氣分；再變成黃丹，入血分；三變成陀僧，鎮墜下行；四變成白霜，專治上焦胸膈，功同而略異。以鐵銚熔化，傾瓦上，去渣數次，再熔入硫或汞鍛，焰起以醋灑之，候成黑灰，研細用，或單炒成灰和藥。如煅不透，則陰降太速。令人頭痛。又性入肉。故紝耳孔即穿，又與蓮葉同炒，易成灰。

**清·文晟《新編六書》卷六《藥性摘錄》**　黑鉛　甘，寒。入腎補水之精，墜痰降氣，治噎膈反胃，嘔吐眩暈。然必煅製，不令滲入膀胱，致生他變。○鉛粉，止痛生肌，膏藥每取為用，且能化蟲殺蟲。○鉛丹，即黃丹。殺蟲解熱，墜痰祛積，熬膏拔毒生肌。○目暴赤，調貼大陽效。○鉛粉有毒。見《洗冤錄》。

**清·張仁錫《藥性蒙求·金石部》**　鉛八錢、一兩　鉛性甘寒，功專鎮攝。上盛下虛，氣痰可納。屬腎，稟壬癸之氣。金丹之母，墜痰安神。凡遇陰火逆沖，真陽暴脫，氣喘痰鳴之急症，同桂、附回陽等藥用之，立見奇效。○張路玉云：得汞交感，能治一切陰陽混淆，上盛下虛，氣升不降，噎膈眩暈諸疾。○性陰毒，不宜多服。

**清·戴葆元《本草綱目易知錄》卷七**　鈆鉛、黑錫。甘，寒。鎮心安神，固牙明目，殺蟲墜痰。療風癎，烏髭髮。治傷寒毒氣，噎膈消渴，反胃嘔噦。消瘰癧瘻瘤，癰疽疰忤。作条紝穿女耳，作挺開女陰實。解砒霜、硫黃、金石藥毒。蛇蠍咬，炙熱熨之。【略】葆按：黑錫灰，即溶鉛罐內之灰。

**清·陳其瑞《本草撮要》卷六**　鉛　味甘寒辛，入手足太陰、厥陰經，功專墜痰安神，明目殺蟲，烏鬚療惡瘡。得當歸接骨續筋，得黍米治腹中鼈癥，得豬脂療誤吞金銀。單用煎湯服，解硫黃毒。性帶陰毒，傷人心胃。一名胡粉。

## 鉛霜

**宋·唐慎微《證類本草》卷五玉石部下品〔宋·掌禹錫《嘉祐本草》〕**　鉛霜　冷，無毒。消痰，止驚悸，解酒毒，療胸膈煩悶，中風痰實，止渴。新補，見日華子。

〔宋·唐慎微《證類本草》〕《圖經》：文具鉛條下。《簡要濟衆》：治室女月露滯澀，心煩恍惚。鉛白霜細研爲散，每服一錢，溫地黃汁一合調下。生乾地黃煎湯調服亦得。《十全博救》：治鼻衄方：鉛白霜爲末，取新汲水調一字。

**宋·寇宗奭《本草衍義》卷六**　鉛霜　《圖經》已著其法，治上膈熱涎塞。塗木瓜失酸味，金尅木也。

**宋·王繼先《紹興本草》卷一**　鉛霜　紹興校定：鉛霜，以鉛造作之，其法備載《圖經》。以其色白，故又名鉛白霜也。詳《本經》主療，當從性冷、無毒是矣。

**宋·劉明之《圖經本草藥性總論》卷上**　鈆霜　冷，無毒。消痰，止驚悸，解酒毒。療胸膈煩悶，中風痰實，止渴。又治鼻衄。鈆霜出於鈆，其法以鈆雜水銀拾伍分之壹，合煉，作片，置醋瓮中，密封，經久成霜，亦謂之鈆白霜。性極冷。入風痰及嬰孺驚滯藥用。

**明·劉文泰《本草品彙精要》卷六**　鉛霜無毒。

鉛霜：主消痰，止驚悸，解酒毒，療胸膈煩悶，中風，痰實，止渴。名醫所錄。

〖地〗《圖經》曰：用蜀郡平澤鉛十五兩，符陵平土水銀一兩，合煉作片，置醋甕中，密封，經久成霜，謂之鉛白霜。今醫家多用之。《衍義》曰：取塗木瓜以失酸味，蓋金克木之義也。〖用〗霜。〖色〗白。〖性〗冷。〖氣〗氣之薄者，陽中之陰。〖臭〗朽。〖主〗止驚悸，去風痰。〖製〗研細用。〖治〗療：《圖經》曰：消風痰及鎮驚。《衍義》曰：涼膈熱涎塞。《別錄》云：爲末，新汲水調一字，服之，止鼻衄。〖合治〗細研一錢，合溫生地黄汁一合調下，治室女月經滯澀，心煩恍惚，或生地黄煎湯調服亦得。

〔解〕酒毒。

**明・鄭寧《藥性要略大全》卷八** 鉛霜 消痰，止驚悸，解酒毒，療胸膈煩悶，中風止渴，性極冷。 造鉛霜法： 以鉛雜水銀十五分之一，合煉作片，置醋瓮中密封，經久成霜。 一名鉛白霜。 治鼻衄，新水下一字。 可治瘡瘍。

**明・王文潔《太乙仙製本草藥性大全》卷六《本草精義》** 鉛霜 亦鉛鍊成。其法以鉛雜水銀十五分之一，合鍊作片，置醋甕中密封，久成霜，又名鉛白霜。

**明・王文潔《太乙仙製本草藥性大全》卷六《仙製藥性》** 鉛霜 氣極冷，無毒。 主治： 能塗木瓜失酸，因體屬金尅木。 止驚悸敺熱，解酒毒消痰。 療胸膈悶煩，逐中風痰實。 嬰孺驚滯大效，止渴生津尤奇。

**明・皇甫嵩《本草發明》卷五** 鈆霜性冷。 止驚悸，祛熱，解酒毒，消痰，逐中風痰實，療胸膈煩悶。 醫家常用之。 以鈆雜水銀十五分之一，合煉作片，置醋甕中，密封，經久成霜。 又謂之鈆白霜。 因躰屬金，尅木，故能塗木瓜失其酸味。

**明・李時珍《本草綱目》卷八金石部・金類** 鉛霜《日華》

〔釋名〕鉛白霜 〔修治〕頌曰： 鉛霜，用鉛雜水銀十五分之一合鍊作片，置醋甕中密封，經久成霜。 時珍曰： 以鉛打成錢，穿成串，瓦盆盛生醋，以串橫盆中，離醋三寸，仍以瓦盆覆之，置陰處，候生霜刷下，仍合住。

〔氣味〕甘、酸，冷，無毒。 宗奭曰： 鉛霜塗木瓜，即失酸味，金克木也。 〔主治〕消痰，止驚悸，解酒毒，去胸膈煩悶，中風痰實，止渴大明。 去膈熱涎塞宗奭。 治吐逆，鎮驚去怯，黑鬚髮時珍。

〔發明〕頌曰： 鉛霜性極冷，治風痰及嬰孺驚滯藥，今醫家用之尤多。 時珍曰： 鉛霜乃鉛汞之氣交感英華所結，道家謂之神符白雪，其墜痰去熱，定驚止瀉，蓋有奇效，但非久服常用之物爾。 病在上焦者，宜此清鎮。

〔附方〕舊二，新九。 小兒驚熱： 心肺積熱，夜卧多驚。 鉛霜、牛黄各半分，鐵粉一分，研勻。 每服一字，竹瀝調下。《聖濟錄》。 驚風癇疾： 喉閉牙緊。 鉛白霜一字，蟾酥少許，爲末，烏梅肉蘸藥於齦上揩之，仍吹通關藥，良久便開。《普濟方》。 消渴煩熱： 鉛白霜、枯白礬等分，爲末，蜜丸芡子大。 綿裹，含化嚥汁。 〇又方： 鉛白霜一兩，根黄、消石各一兩，爲末。 每冷水服一錢。《聖濟錄》。 喉痹腫痛： 鉛白霜、甘草半兩，青黛一兩，爲末，醋糊丸芡子大。 每含嚥一丸，立效。《聖濟錄》。 懸癰腫痛： 鉛白霜一分，甘草半生半炙一分，爲末，綿裹含嚥。《聖惠方》。 口疳齦爛： 氣臭血出，不拘大人小兒。 鉛白霜、銅緑各二錢，白礬豆許，爲末掃之。《宣明方》。 鼻衄不止： 鉛白霜末，新汲水服一字。《十全博救方》。 痔瘡腫痛： 鉛白霜、白片腦各半字，酒調塗之，隨手見效。《嬰童百問》。 室女經閉： 恍惚煩熱。 鉛霜半兩，生地黄汁一合，調下，日三服。《聖惠方》。 梳髮令黑： 鉛霜包梳，日日梳之，勝於染者。《普濟方》。

**明・繆希雍《本草經疏》卷五** 鉛霜 冷，無毒。 消痰，止驚悸，解酒毒，療胸膈煩悶，中風痰實，止渴。 一名鉛白霜，用鉛襍水銀十五分之一，合鍊作片，置醋甕中密封，經久成霜。

〔疏〕鉛霜乃鉛假汞氣交感，因醋以拔其英華所結。 道家謂之神符白雪。 其味甘酸，氣大寒，無毒。 凡中風驚悸，未有不因痰熱所生。 胸膈煩悶多渴，亦火熱炎灼所致。 甘寒能除熱生津，則痰結消，驚悸平，風自愈也。 其主解酒毒者，亦取其除熱生津之意耳。 并治吐逆，鎮驚去怯，黑鬚髮。

〔主治參互〕諸方俱見鉛條下。 《簡要濟眾》治室女月露滯澀，心煩恍惚。 鉛白霜細研為散，每服一錢，地黄汁一合調下。 《十全普救方》治鼻衄，鉛白霜為末，取新汲水，調服一字。 〔簡誤〕鉛霜，墜痰去熱，定驚癇，止吐逆，皆有奇效。 然其性極冷，非久服常用之物，病已即去之。 胃弱脾虚腸滑者，不宜用。 風寒咳嗽多痰者，并忌之。

**清・劉雲密《本草述》卷四** 鉛霜一名鉛白霜。 頌曰： 鉛霜，用鉛雜水銀十五分之一，合煉作片，置醋甕中，密封經久成霜。 時珍曰： 以鉛合水銀煉成，打成錢，穿成串，瓦盆盛生醋，以串橫盆中，離醋三寸，仍以瓦盆覆之，置陰處，候生霜，刷下仍合住。 宗奭曰： 鉛霜塗木瓜，即失酸味。 金尅木也。 氣味： 甘、酸，冷，無毒。 主治： 消痰，去膈熱涎塞，胸膈煩悶，中風痰實。 治風驚譫妄，消癉，療舌患及咽喉證。 頌曰： 鉛霜性極冷，治風痰及嬰孺驚滯藥，今醫家用之尤多。 時珍曰： 鉛霜乃鉛汞之氣交感，英華所結，道家謂之神符白雪。 其墜痰去熱，定驚止瀉，蓋有奇效。 但非久服常用之物爾。 病在上焦者，宜此清鎮。 希雍曰： 鉛霜乃鉛假汞氣交感，因醋以拔其英華所結，道家所謂神符白雪也。 其味甘酸，氣大寒，無毒。 凡中風驚悸，未有不因痰熱所生，胸膈煩悶多渴，亦火熱炎灼所致。 甘寒能除熱生津，則痰結消，驚悸平，風自愈也。 並治吐逆，鎮驚去怯。

愚按：　鉛屬天一坎水所凝，即為五金之祖，是金在木中，所謂壬金為陽，而氣能上交者也。　水銀出於丹砂，正為離中之坎，丹砂内藴金精，乃坎水之母氣也。　又能下交，以至陰精氣感乎離中之坎以下行，而坎水母氣，本於離者，却能感壬金之陽而合之，以療上膈，如痰飲諸證，況因變化而吐其精華，如之何不治上焦心肺之熱乎？　即挾肝火，亦藉其清鎮而降墜矣。

附方　痰飲化涎散治熱痰，利胸膈，止煩渴，凝水石，煅研，一兩。　鉛白霜，另研。　馬牙硝，另研。　雄黄，另研，各一錢。　白礬枯研、甘草，炙，各二錢半。　龍腦少許，為細末，研勻，每服一錢，不拘時，水調下，小兒風熱痰涎，用沙糖水調下半錢。　此藥太涼，不可多服。　法製半夏消飲化痰，壯脾順氣，用大半夏湯洗泡七遍，以濃米泔浸一日夜，每半夏一兩，用白礬一兩半，研細，溫水化浸半夏，上留水兩指許，頻攪，冬月於暖處，頓放浸五日夜，取出焙乾，用鉛白霜一錢，溫水化，又浸一日夜，通七日盡，取出，再用漿水慢火煮，勿令滾，候漿水極熟，取出焙乾，以瓷器收貯。　每服一二粒，食後細嚼，溫薑湯下。　譫妄：　鎮心丸，治心風狂言多驚，迷悶恍惚，牛黄，研。　鉛霜，各七錢半，研。　硃砂水飛、龍齒研、龍膽草、天竺黄研、遠志去心、生乾地黄各半兩、金箔五十片、人參去蘆、伏神去木、犀角屑各一兩、鐵粉七錢半，研。　為細末，入另研藥和勻，煉蜜丸如小豆大，每服七丸，煎竹葉湯送下，不拘時。　驚：　鐵粉散，治風驚，鐵粉、硃砂、鉛霜、天竺黄，用竹瀝湯調下，每服半錢。　消癉：　甘露丸，解壅毒，退風熱，治口舌乾燥，寒水石，二斤，煅。　馬牙硝三兩、鉛霜、炙甘草、龍腦各七錢半為細末，研勻，以糯米飯和丸如彈子大，每服半丸，食後用新汲水磨化服。　木舌：　馬牙硝丸，馬牙硝七錢半、白霜、玄精石、寒水石、麝香、大黄各五錢、枯白礬一錢二分、炙甘草二錢半。　為細末，研勻，煉蜜和丸如小彈子大，含一丸，咽津。　甘露丸，解壅毒，退風熱，治口舌乾燥，藥味與消癉甘露丸同。　綠雲散，治舌上生瘡，銅綠、鉛白霜各等分，同研極細，每用少許，摻舌上。　咽喉：　龍麝聚聖丹，治心脾客熱，毒氣攻衝，咽喉赤腫疼痛，或成喉痹，或結硬不消，經久不瘥，或舌本腫脹，滿口生瘡，飲食難進，南硼砂研、川芎各一兩，生地黄、犀角屑、羚羊角屑、琥珀研、玄參、桔梗、升麻、鉛白霜研、連翹各五錢、赤茯苓、馬牙硝、腦子研、人參、麝香各三錢、硃砂飛、牛黄，研，各二錢。　為細末，煉蜜為丸，每兩作十丸，用金箔五十片為衣，每服一丸，薄荷湯或新汲水化下，或細嚼，或化津液咽下，皆可，食後臨卧服。　祛毒牛黄丸，治咽喉腫痛，舌本强硬，滿口生瘡，涎潮喘急，飲食難進，胸膈不利，牛黄，研，三錢半。　人參、琥珀研、犀角取細末、桔梗、生地黄沉水者佳、硼砂各半兩、雄黄，一兩，飛。　玄參、升麻各三錢、蛤粉，水飛，四兩。　寒水石，煅，二兩。　硃砂，飛研，七錢。　鉛白霜、腦子各一錢為細末，煉蜜丸如小彈大，金箔為衣，瓷器内收，每服一丸，濃煎薄荷湯化下，或新汲水化服亦得，食後日進二三服，噙化亦得。　黄芪散，治咽喉生瘡疼痛，黄芪、檳榔、紫(苑)〔菀〕，洗去土。　牛蒡子、梔子仁、赤茯苓、甘草，生用，各半兩。　麥門冬去心、玄參各一兩、川升麻、黄芩各三錢剉碎，每服一錢，水一盞，煎至六分，去滓溫服。　桃紅散，治喉中生瘡腫，赤紫色，咽嗌痛，咽物有妨，金箔十片、銀箔十片、鉛白霜少許、寒水石四兩、太陰玄精石，二兩，二味搗碎，入一盒子内，火煅令通赤，取出埋地土内出火毒，研細。　馬牙硝研、丹砂研、甘草炙，為末，各一兩。　為細末，研勻，每服一字，甘草水調下，或以稀糯米粥丸如豌豆大，含化咽津。　喉痹腫痛，鉛白霜、甘草半兩，青黛一兩，為末，醋糊丸芡子大，每含咽一丸，立效。　懸癰腫痕，鉛白霜一分，甘草半生半炙一分，為末，綿裹含咽。　口疳齦爛，氣臭血出，不拘大人小兒，鉛白霜、銅綠各二錢，白礬豆許，為末，掃之。　小兒驚熱，心肺積熱，夜卧多驚，鉛霜、牛黄各半分，鐵粉一分，研勻，每服一字，竹瀝調下。　驚風癇疾，喉閉牙緊，鉛白霜一字，蟾酥少許，為末，烏梅肉蘸藥於齦上，揩之，仍吹通關藥，良久便開。

希雍曰：　鉛霜墜痰去熱，定驚癇，止吐逆，皆有奇效。　然其性極冷，非久服常用之物，病已即去之。　胃弱脾虛腸滑者，不宜用。　風寒咳嗽多痰者，并忌之。

**清・王逊《藥性纂要》卷一**　水中金東圃　製法：　用淺磁盆盛細柴灰，上坐鐵鍋一隻，鍋内放篩過半濕柴灰，裝滿按實，打成灰池，又篩淡灰潤濕，鋪於池内，仍按實，用蜜陀僧一二兩，研細篩上面壓定，將夾碎出山生鉛，量池大小放入，上架大栗炭，三方一頂，留火門，如煎銀法，約二炷香時，看鉛面如滿月，有金花起，去炭，用濕草紙要厚，依池略大，罨住鉛上，結成薄皮面子，於側邊近灰處，打細縫一條，連鍋連盆輕側起，逼去内鉛，溜地上，此去癸留壬法，壬即水中金也。　逼時手不可太重太急，若一震則結成鉛殼陷下也。　逼完，起去鉛面子，腹内即水中金矣。　二三觔鉛止有錢許取下，此鉛再加新鉛，接續可再煉，池中初次要滲鉛半觔許，鉛池勿損壞，後仍可用，并不滲鉛。

神水東圃　取出山鉛十觔，鍋内鎔化，銅杓盪成鉛碗數十個，中穿孔，細竹截寸段，為間隔，用繩穿成一串，又以大鉛碗結頂，將新馬蹄缸覆轉，底鑿孔，懸掛（錫）〔鉛〕碗，用新鍋一隻，好燒酒、米醋各十觔，鍋中放井字木架，上置磁盤，酒、醋只與架平，將缸罩鍋上，口須齊，醋麵封密，不使泄氣，嗣後添酒、醋，以篾探鍋中淺深，用酒壺細細斟添，仍將醋麵塗好縫間，用栗炭火煨十二炷香完，取出盤中鉛露，即是神水。冷定成塊，收貯磁瓶聽用。

味甘、酸，濇，氣溫。質重，能下墜化痰，降浮逆之氣，止欬嗽吐血方中用之。琥珀四分、牛黃三分、羚羊角尖、水磨，取粉二錢。犀角、取尖，水磨粉一錢。神水二錢，文蛤熬膏，和丸豌豆大，每用一丸，噙化。

**清・嚴潔等《得配本草》卷一** 鉛霜一名鉛白霜。 甘、酸，冷。墜痰去熱，定驚止瀉，蓋有奇效，但非久服常用之物。病在上焦者，宜此清鎮。以鉛打作錢，穿成串。瓦盆盛生醋，以串橫盆中，離醋二寸，仍以瓦盆覆之，置陰處，候生霜刷下。

**清・楊時泰《本草述鉤元》卷四** 鉛霜 一名鉛白霜。取鉛雜水銀十五分之一合煉，作片如錢，有孔穿成串，用瓦盆盛生醋，橫鉛串於盆，離醋三寸，仍以瓦盆覆之，置陰處，候生霜，刷下，仍合住瀕湖。 氣味甘酸，性極冷。消痰，治風痰。去膈熱涎塞，胸膈煩悶，治中風痰實，消癉風驚譫妄。嬰孺驚滯藥用之尤多。療舌病及咽喉證。

**清・趙其光《本草求原》卷二四金部** 鉛霜即白霜。 用鉛合水銀十五分之一煉成錢片，穿置醋甕中，離醋二寸，密封陰處，候生霜刮用。鉛為水中之金，能上交；汞出於丹砂，為離中之坎，能下交，用醋以拔其精華。甘、酸，大寒，無毒。精心肺熱，以墜肝風火。治上焦熱痰，利胸膈，止煩渴，用煅寒水石、牙硝、雄黃、枯礬、甘草、冰片研，水下。中風驚悸，皆熱生風、生痰也。同牛黃、朱砂、龍齒、膽草、竺黃、生地、遠志、茯神、犀角、人參、金箔、鐵粉蜜丸，竹葉湯下。喉痹腫痛，同甘草、青黛，醋為丸含化。舌瘡牙疳，同銅綠、枯礬摻之。小兒驚熱，夜臥多驚，同牛黃、鐵粉研，竹瀝下。驚癇喉閉、牙緊，同蟾酥研，以烏梅肉點揩齦上，仍吹通關散。痔腫，同冰片，酒調塗甚效。經閉煩熱，生地汁下，日三。止吐逆、解酒毒，皆取坎離之純陰，以治陽分之偏勝也。

子母懸

**清・趙學敏《本草綱目拾遺》卷二金部** 子母懸 翟笏《川掌記》：子母懸出貴州鉛礦中，乃鉛之精氣所結。得其大者成塊，有數十觔，生鑿為洗盆，沐頭面髮，至老不白，明目，去瘢痣，澤容潤肌，凡人面有紫黑癍記，久沐盡去。 解毒：去疣贅息肉、烏鬚髮、明目。

粉錫

**宋・唐慎微《證類本草》卷五玉石部下品〔《本經・別錄》〕 粉錫 味辛，寒，無毒。主伏尸毒螫**音釋，**殺三蟲，**去鼈瘕，療惡瘡，墮胎，止小便利。**一名解錫。**

〔梁・陶弘景《本草經集注》〕云：即今化鉛所作胡粉也。其有金色者，療尸蟲彌良，而謂之粉錫，事與《經》乖。

〔唐・蘇敬《唐本草》〕注云：鉛丹、胡粉實用錫造。陶今言化鉛作之，《經》云粉錫，亦爲誤矣。

〔宋・馬志《開寶本草》〕注：按《本經》呼爲粉錫，然其實鉛粉也。故英公序云：鉛、錫莫辨者，蓋謂此也。

〔宋・掌禹錫《嘉祐本草》〕按：《藥性論》云：胡粉，使。又名定粉。味甘、辛，無毒。能治積聚不消，焦炒，止小兒疳痢。陳藏器云：胡粉，本功外，主久痢成疳。和水及雞子白服，以糞黑爲度，爲其殺蟲而止痢也。日華子云：光粉，涼，無毒。治癰腫瘻爛，嘔逆，療癥瘕，小兒疳氣。

〔宋・唐慎微《證類本草》〕《圖經》：文具鉛條下。《外臺秘要》：誤吞錢并金銀物。以胡粉一兩，搗調之，分再服。食水銀金如泥，吞金銀物在腹中，服之令消洋出之。《千金方》：治瘡中水。胡粉、炭灰白等分，脂和塗孔上，水即止。又方：治諸腋臭。胡粉三合，以牛脂和，煎令可丸，塗之。《肘後方》：治篤病新起，早勞食飲多致復欲死方：水服胡粉少許。《傷寒類要》同。又方：治卒從高落下，瘀血搶心，面青短氣欲死方：胡粉一錢匕，和水服之，即差。《孫真人食忌》：治火燒瘡。以胡粉、羊髓和塗上，封之。《食醫心鏡》：治小兒舌上瘡。取胡粉末并豬䯝骨中髓傅之，日三度。張文仲：治乾濕癬等及陰下常濕且臭，或作瘡。但以胡粉一分粉之，除即差止，常用大驗。《肘後方》同。又方：治寸白蟲。熬胡粉令速燥，平旦作肉臛，以藥方寸匕內臛中，服之有大效。又方：小兒疳瘡。胡粉熬八分，豬脂和塗之，差爲度，油亦得。《子母秘録》：小兒夜啼。胡粉服水調三豆大，日三服。又方：小兒腹脹。胡粉鹽熬色變，以摩腹上，兼治腹皮青。若不理，須臾死。又方：治小兒無辜痢赤白兼成疳。胡粉熟蒸，熬令色變，以飲服之。又方：治小兒耳後月蝕瘡，胡粉和土塗上。《丹房鏡源》云：胡粉可制硫黃，亦可作外櫃。

**宋・寇宗奭《本草衍義》卷六**　粉錫　胡粉也，又名定粉。止洩痢，積聚及久痢。

**宋・王繼先《紹興本草》卷一**　粉錫　紹興校定：粉錫，諸方稱胡粉者是也。蓋取鉛燒之為粉，色白而光者佳。正名稱粉錫者，但恐錫字之誤矣。《本經》雖有主治，然近世治痢諸方用之多驗，及外療瘡瘍，時亦為用。既因鉛鍛而成，當作味辛、寒、有小毒為定。

**宋・劉明之《圖經本草藥性總論》卷上**　粉錫　味辛，寒，無毒。主伏尸毒螫，殺三蟲，去鼈瘕，療惡瘡，墮胎，止小便利。《藥性論》云：胡粉，使。又名定粉。味甘、辛，無毒。能治積聚不消。焦炒，止小兒疳痢。陳藏器云：主久痢成疳，粉和水及雞子白服，以糞黑為度，為其殺蟲而止痢也。日華子云：光粉，涼，無毒。治癰腫瘻爛，嘔血，癥瘕。

**元・王好古《湯液本草》卷六**　白粉　《本草》云：一名胡粉，一名定粉，一名瓦粉。仲景猪膚湯用白粉，非此白粉，即白米粉也。黃延非治胸中寒，是治胸中塞，誤寫作寒字。《藥性論》云：胡粉，使。又名定粉，味甘、辛，無毒。能治積聚不消，焦炒，止小兒疳痢。陳藏器云：主久痢成疳，粉和水及雞子白服，以糞黑為度。為其殺蟲而止痢也。

**元・朱震亨《本草衍義補遺》**　白粉、胡粉　另是一種，乃是錫粉，非鉛粉也。蓋(古)〔胡〕人以錫為粉，故名胡粉，不可入藥。惟婦人用以(附)〔傅〕面，喜其色類肌肉也。又名鑞子粉，即是錫也。

**元・徐彥純《本草發揮》卷一**　鉛粉　味辛、甘，寒，無毒。殺三蟲，去鼈瘕，療惡瘡，墮胎。《藥性》云：治積聚不消。焦炒，止小兒疳痢。丹溪云：**【略】**

**明・王綸《本草集要》卷五**　粉錫使，即光粉也。　味辛甘，氣寒，無毒。主伏尸毒螫，殺三蟲，去鱉癥，療惡瘡，墮胎，止小便利。炒黑，治小兒疳氣久痢。

**明・滕弘《神農本經會通》卷六**　粉錫　使也。即光粉。陶云：即今化鉛所作胡粉也，謂之粉錫，事與《經》乖。今注云：按《本經》呼為粉錫，其實鉛粉也。味辛，氣寒，無毒。又云：味甘、辛。《本經》云：主伏尸毒螫，殺三蟲，去鼈瘕，療惡瘡，墮胎，止小便利。《藥性論》云：胡粉，使。又名定粉。味甘、辛，無毒。能治積聚不消。焦炒，止小兒疳痢。陳藏器云：胡粉本功外，主久痢成疳，和水及鷄子白服，以糞黑為度，為其殺蟲而止痢也。日華子云：元粉，涼，無毒。治癰腫瘻爛，嘔血，癥瘕，小兒疳氣。《湯》云：白粉，《本草》云一名胡粉，一名定粉，一名瓦粉，一名白粉。仲景猪膚湯用白粉，非此白粉，即白米粉也。丹溪云：白粉，胡粉，另是一種，乃是錫粉，非鉛粉也。蓋古人以錫為粉，故名胡粉，不可入藥，惟婦人用以傅面，其色類肌肉也。又名鑞子粉，即是錫也。此說與注異，未詳，録以備參考。《衍義》曰：粉錫，胡粉也，又名定粉。止泄痢，積聚，久痢。《局》云：胡粉元來名粉錫，伏尸毒螫殺三蟲。癰瘻癥瘕咸可療，惡瘡狐臭亦能攻。粉錫，殺三蟲，破癥結。

**明・劉文泰《本草品彙精要》卷五**　粉錫無毒。

**粉錫**出《神農本經》：**主伏屍毒螫音釋，殺三蟲。**以上朱字《神農本經》。去鱉瘕，療惡瘡，墮胎，主小便利。以上黑字名醫所錄。　【名】解錫、定粉、胡粉。【地】陶隱居云：即今化鉛所作胡粉也，而謂粉錫，事與《經》乖。《唐本》注云：鉛丹、胡粉實用錫造。陶云：化鉛作之，《經》云粉錫亦爲誤矣。謹按：李含光云：黃丹、胡粉二物俱是化鉛爲之，未聞用錫者，故《參同契》云若胡粉投炭中，色壞爲鉛。《抱朴子內篇》云：愚人乃不信黃丹及胡粉是化鉛所作，噫，古者或以鉛、錫兼稱乎。故英公序云：鉛錫莫辯者，蓋謂此也。唐注因襲，遂以三物俱言炒錫所致，殊深誤矣。更熟思之，陶說爲是。今造粉之法：以磚作竈，高五六尺，中砌一小缸，貯糟醋至八分許，以竹篦平置缸口，篦底木作井字架之，用蜀郡平澤鉛不限分兩，熔化成汁，以杓傾鐵掀模內作方片，每重二十兩，至三百片，數攢積篦上，以醬蓬覆蓋缸底，用重一斤炭墼，火煨，日夜各二餅，使醋氣熏蒸於上，候至二七日夜，其醋已盡，將鉛片上浮粉擊取，稱過，泡水缸中，仍帶水細羅澄於別缸，撆去上面清水。以粉三百斤爲則，加白鹽一斤，福蜜四兩，二味相和煉熟，稍澄，羅濾入粉令勻。外作一炕，上鋪細砂土一層，再以綿紙嚴遮其土，攤粉於紙上，炕下仍煨炭墼，微火轉展將近一月方乾，以竹刀切成塊，冬月水寒不宜造也。【用】光膩者佳。【色】白。【味】辛。【性】寒。【氣】氣之薄者，陽中之陰。【臭】腥。【製】研細用。【治】療：《別錄》云：主從高落下，瘀血搶心，面青，短氣欲死，以胡粉一錢匕和水服之，即瘥。治乾濕癬及胡臭，若股內、陰下常濕且臭，或作瘡，以胡粉一物塗之，即愈。常用大驗。小兒夜啼，水調服三豆許，日三服之，效。　【合治】胡粉水和合雞子白服，治小兒久痢成疳，服之以糞黑爲度，爲其殺蟲而止痢也。○合炭灰白等分，以脂和塗療孔上，治瘡中水即止。○合羊髓和塗火燒瘡。○合豬髑骨中髓，治小兒舌上瘡，日三傅之，效。○熬八分，合豬脂塗小兒疳瘡，以瘥爲度。○合鹽熬色變，以摩小兒腹上，治腹脹及腹皮青，若不理，須臾死。○合土和塗小兒耳後月蝕瘡。　【禁】妊娠不可服。　【解】硫黃毒。

**明・許希周《藥性粗評》卷四**　鉛粉破蟲瘕之積。

鉛粉，以鉛合水銀煉成者，即今婦女所搽水粉也。出辰州者佳。　味辛、甘，性微寒，無毒。　主治癥瘕、蟲鱉等積惡瘡，墮胎，小兒疳痢。

**明・鄭寧《藥性要略大全》卷八**　胡粉使　殺三蟲，破癥結，鱉瘕惡瘡，癰腫瘻爛，下胎，止小便利、嘔血。小兒疳氣，治積聚。炒，止小兒疳痢。味辛、甘，氣寒，無毒。　即婦人塗面以為容者。　一名粉錫，一名光粉、韶粉、定粉、鉛粉。　皆先化鉛作之，總一物也。　治久痢成疳，胡粉和水及雞子白服之，以糞黑為度。　為其殺蟲而止痢也。

**明・王文潔《太乙仙製本草藥性大全》卷六《本草精義》**　粉錫　一名胡粉，一名解錫，一名鉛粉，一名韶粉，一名定粉，即今化鉛所作。　其製煉之法：　用鉛搥箔捲筒，用醋蒸九遍成白色者佳。　其有金色者，療尸蟲彌良，而謂之粉錫，事與《經》乖。《唐本》云鉛丹、胡粉實用錫造，陶今言化鉛作之，《經》云粉錫，亦爲誤矣。　按《本經》呼爲粉錫，然其實鉛粉也。　故英公序云鉛錫莫辨者，蓋謂此也。

**明・王文潔《太乙仙製本草藥性大全》卷六《仙製藥性》**　粉錫使，即鉛粉。　味甘、辛，氣寒，無毒。　主治：　治癰腫瘻爛，療癥癖鼈瘕。　破積聚而殺三蟲，主伏尸而理惡瘡。　祛毒螫難産，止久痢成疳。　小兒疳氣服之有效，通利小便用之尤良。　補註：　悞吞錢并金銀物，以一兩搗調之，分再服之，令消烊出之。○小兒無辜痢赤白兼成疳，胡粉熟蒸，熬令色變，以飲服。○瘡中水，胡粉、炭灰白等分，脂和塗孔上即平。○小兒耳雙月蝕瘡，胡粉和土塗上效。○諸腋臭，胡粉三合，以牛脂和熬令黑，可塗之。○火燒瘡，以粉和羊髓塗上封之。○篤病新起，早勞食飲多致復欲死，服胡粉少許。《傷寒類要》同。○卒從高落下，瘀血搶心，面青短氣欲死，粉一錢匕，和水服差。○小兒舌上瘡，取胡粉并猪脛中髓傅之美。○乾濕癬，胡臭，若股內陰下常濕且臭，或作瘡，但以胡粉一物糝之即差，常用大驗。《肘後方》同。○寸白蟲，熬胡粉令速燥，平旦作肉臛，以藥方寸〔匕〕內臛中服之有大效。○小兒疳瘡，胡粉熬八分，猪脂和塗之差。○久痢成疳，和水及鷄子白服，以糞黑爲度。○小兒夜啼，以胡粉水調三豆大服。○小兒腹脹，胡粉、鹽焚色變，以摩腹上。　兼治腹皮青，若不理，須臾死。

**明・皇甫嵩《本草發明》卷五**　粉錫即光粉。又名胡粉、定粉。即鉛燒者。　味辛，寒，無毒。　發明曰：　粉錫，只可外科作膏，敷瘡毒用。《本草》但主伏尸毒螫，殺三蟲，去鼈瘕，療惡瘡，墮胎，止小便利。　又云：　炒黑，治小兒疳氣久痢。　湯丸中罕用。　或用水調，或調脂塗，或熬膏藥，隨宜用之。○《子母〔秘〕錄》方：小兒腹脹，胡粉、鹽熬色變，摩腹上，兼治腹皮青，若不理，須臾死。○治乾濕癬，療瘡。　胡臭及股內陰下常濕且臭，或作瘡，以胡粉一物，傅之即差，常用有驗。

**明・李時珍《本草綱目》卷八金石部・金類**　粉錫《本經》下品

【釋名】解錫《本經》　鉛粉《綱目》　鉛華《綱目》　胡粉弘景　定粉《藥性》　瓦粉《湯液》　光粉《日華》　白粉《湯液》　水粉《綱目》　官粉弘景曰：　即今化鉛所作胡粉也，而謂之粉錫，以與今乖。　時珍曰：　鉛、錫一類也，古人名鉛爲黑錫，故名鉛錫。《釋名》曰：　胡者糊也，和脂以糊面也。　定、瓦言其形，光、白言其色。　俗呼吳越者爲官粉，韶州者爲韶粉，辰州者爲辰粉。　【正誤】恭曰：　鉛丹、胡粉，實用炒錫造，陶言化鉛誤矣。震亨曰：　胡粉是錫粉，非鉛粉也。　古人以錫爲粉，婦人用以（附）〔傅〕面者，其色類肌肉，不可入藥。　志曰：　粉錫、黃丹二物，俱是化鉛爲之。　英公李勣序云鉛錫莫辨者，謂此也。　按李含光《音義》云：　黃丹、胡粉皆是化鉛，未聞用錫者。《參同契》云：　胡粉投炭中，色壞還爲鉛。《抱朴子内篇》云：　愚人不信黃丹、胡粉是化鉛所作。　蘇恭以二物俱炒錫作，大誤矣。時珍曰：　錫炒則成黑灰，豈有白粉。　蘇恭已誤，而朱震亨復踵其誤，何哉？　【集解】時珍曰：　按《墨子》云：　禹造粉。　張華《博物志》云：　紂燒鉛錫作粉。　則粉之來亦遠矣。　今金陵、杭州、韶州、辰州皆造之，而辰粉尤真，其色帶青。　彼人言造法：　每鉛百斤，鎔化，削成薄片，卷作筒，安木甑內，甑下、甑中各安醋一瓶，外以鹽泥固濟，紙封甑縫。　風爐安火四兩，養一七，便掃入水缸內，依舊封養，次次如此，鉛盡爲度。　不盡者，留炒作黃丹。　每粉一斤，入豆粉二兩，蛤粉四兩，水内攪勻，澄去清水。　用細灰按成溝，紙隔數層，置粉于上，將乾，截成瓦定形，待乾收起。　而范成大《虞衡志》言：　桂林所作鉛粉最有名，謂之桂粉，以黑鉛着糟甕中罨化之。　何孟春《餘冬録》云：　嵩陽産鉛，居民多造胡粉。　其法：　鉛塊懸酒缸內，封閉四十九日，開之則化爲粉矣。　化不白者，炒爲黃丹。　黃丹滓爲密陀僧。　三物收利甚博。　其鉛氣有毒，工人必食肥猪犬肉、飲酒及鐵漿以厭之。　枵腹中其毒，輒病至死。　長幼爲毒熏蒸，多痿黃癱攣而斃。　其法略皆不同，蓋巧者時出新意，以速化爲利故爾。　又可見昔人炒錫之謬。

《相感志》云：韶粉蒸之不白，以蘿蔔瓮子蒸之則白。

【氣味】辛，寒，無毒。權曰：甘、辛，凉。時珍曰：胡粉能制硫黃。又雌黃得胡粉而失色，胡粉得雌黃而色黑，蓋相惡也。又入酒中去酸味，收蟹不沙。【主治】伏尸毒螫，殺三蟲《本經》。去鼈瘕，療惡瘡，止小便利，墮胎《別錄》。治積聚不消。炒焦，止小兒疳痢甄權。治癰腫瘻爛，嘔逆，療癥瘕，小兒疳氣大明。止泄痢、久積痢宗奭。治食復勞復，墜痰消脹，治疥癬狐臭，黑鬚髮時珍。

【發明】弘景曰：胡粉金色者，療尸蟲彌良。藏器曰：久痢成疳者，胡粉和水及鷄子白服，以糞黑爲度，爲其殺蟲而止痢也。時珍曰：胡粉，即鉛之變黑爲白者也。其體用雖與鉛及黃丹同，而無消鹽火燒之性，内有豆粉、蛤粉雜之，止能入氣分，不能入血分，此爲稍異。人服食之，則大便色黑者，此乃還其本質，所謂色壞還爲鉛也。亦可入膏藥代黃丹用。

【附方】舊十四，新三十。勞復食復：欲死者。水服胡粉少許。《肘後方》。小兒脾泄：不止。紅棗二十個去核，將官粉入内，以陰陽瓦焙乾，去棗研粉。每服三分，米湯下。孫天仁《集效方》。赤白痢下：頻數，腸痛。定粉一兩，鷄子清和，炙焦爲末，冷水服一錢。《肘後方》。小兒無辜：疳，下痢赤白。胡粉熟蒸，熬令色變，以飲服半錢。《子母秘錄》。小兒腹脹：胡粉、鹽熬色變，以摩腹上。《子母秘錄》。腹皮青色：不速治，須臾死。方同上。小兒夜啼：水服胡粉三豆大，日三服。《子母秘錄》。身熱多汗：胡粉半斤，雷丸四兩，爲末粉身。《千金方》。婦人心痛：急者。好官粉爲末，葱汁和丸小豆大。每服七丸，黃酒送下即止。粉能殺蟲，葱能透氣故也。《邵真人方》。寸白蚘蟲：胡粉炒燥，方寸匕，入肉臛中，空心服，大效。《張文仲備急方》。服藥過劑：悶亂者。水和胡粉服之。《千金方》。鼻衄不止：胡粉炒黑，醋服一錢，即止。《聖惠方》。齒縫出血：胡粉半兩，麝香半錢，爲末。卧時揩牙。《聖濟錄》。墜撲瘀血：從高落下，瘀血搶心，面青氣短欲死。胡粉一錢，和水服即安。《肘後方》。折傷接骨：官粉、硼砂等分，爲末。每服一錢，蘇木湯調下，仍頻飲蘇木湯，大效。《接骨方》。杖瘡腫痛：水粉一兩，赤石脂生一錢，水銀一分，以麻油杵成膏，攤油紙貼之。肉消者，填滿緊縛。《救急方》。抓傷面皮：香油調鉛粉搽之，一夕愈。《集簡方》。食梅牙齼：韶粉揩之。《相感志》。染白鬚髮：胡粉、石灰等分，水和塗之，以油紙包，烘令温暖，候未燥間洗去，以油潤之，黑如漆也。《博物志》。腋下胡臭：胡粉常粉之。或以胡粉三合，和牛脂煎稠塗之。《千金方》。陰股常濕：胡粉粉之。《備急方》。乾濕癬瘡：方同上。黃水膿瘡：官粉煅黃、松香各三錢，黃丹一錢，飛礬二錢，爲末，香油二兩，熬膏傅之。《邵真人方》。小兒耳瘡：月蝕。胡粉和土塗之。《子母秘錄》。小兒疳瘡：熬胡粉、猪脂和塗。《張文仲方》。小兒舌瘡：胡粉和猪髓骨中髓，日三傅之。《食醫心鑒》。燕口吻瘡：胡粉炒一分，黃連半兩，爲末，傅之。《普濟方》。痘瘡瘢痕：或凸或凹。韶粉一兩，輕粉一定，和研，猪脂調傅。《陳文中小兒方》。妬精陰瘡：鉛粉二錢，銀杏仁七個，銅銚内炒至杏黃，去杏取粉，出火毒，研搽效。《集簡方》。反花惡瘡：胡粉一兩，臙脂一兩，爲末。鹽湯洗淨傅之，日五次。《聖惠方》。瘡似蜂窠：愈而復發。胡粉、朱砂等分，爲末，蜜和塗之。《聖濟錄》。血風臁瘡：孫氏《集效方》用官粉四兩，水調入盌内，以蘄州艾葉燒烟熏乾，入乳香少許同研，香油調作隔紙膏，反復貼之。○《楊氏簡便方》用官粉炒過，桐油調作隔紙貼之。小兒丹毒：唾和胡粉，從外至内傅之良。《千金方》。湯火燒瘡：胡粉，羊髓和，塗之。《孫真人方》。瘡傷水濕：胡粉、炭灰等分，脂和塗孔上，水即出也。《千金方》。蠼螋尿瘡：酢和胡粉塗之。《千金方》。諸蛇螫傷：胡粉和大蒜搗塗。《千金方》。誤吞金銀：及錢。胡粉一兩，猪脂調，分再服，令消烊出也。《外臺秘要》。三年目瞖：胡粉塗之。《聖惠方》。口中乾燥：煩渴無津。雄猪膽五枚，酒煮皮爛，入定粉一兩研勻，丸芡子大。每含化一丸嚥汁。《太平聖惠方》。腹中鼈癥：胡粉、黍米淋汁温服，大效。《衛生易簡方》。接骨續筋：止痛活血。定粉、當歸各一錢，硼砂一錢半，爲末。每服一錢，蘇木煎湯調下，仍頻飲湯。同上。發背惡瘡：諸癰疽。好光粉二兩，真麻油三兩，慢火熬，以柳枝急攪，至滴水成珠，入白膠末少許，入器水浸兩日，油紙攤貼，名神應膏。《直指方》。

**明・梅得春《藥性會元》卷下**　胡粉　味辛，氣寒，無毒。一名錫粉。又云即金花鉛所作。又，查非鉛粉也。　主治伏尸毒螫，殺三蟲，去鱉瘕，療惡瘡，墮胎，利小便。

**明・李中立《本草原始》卷八**　粉錫　弘景曰：即今化鉛所作胡粉也。《釋名》曰：胡者，餬也，和脂以餬面也。名定粉、瓦粉，言其形；名光粉、水粉、白粉，言其色。俗呼吳越者為官粉，韶州者為韶粉，辰州者為辰粉，桂林者為桂粉。氣味：辛，寒，無毒。主治：伏尸，毒螫，殺三蟲。○去鼈瘕，療惡瘡，止小便利，墮胎。○治積聚不消。炒焦，止小兒疳痢。○治癰腫瘻爛，嘔逆。療癥瘕，小兒疳氣。○止泄痢，久積痢。○治食復勞復，墜痰消脹。治疥癬狐臭，黑鬚髮。

粉錫，《本經》下品。今婦女用之塗面，通呼官粉。

《肘後方》：治篤病新起，早勞復食復欲死者，水服胡粉少許。又方：

治卒從高落下，瘀血搶心，面青短氣欲死方，胡粉一錢，和水服之即安。　粉錫，使。

**明・羅周彦《醫宗粹言》卷四**　炒鉛粉法　鉛不拘多少，入鐵鍋炒化，鉛下烈火，鉛化用木柴炒之，久則成灰，以無活鉛，却用大火燒鍋紅，枯鉛又炒百度，退火冷再研極細，熬膏妙。

**明・張懋辰《本草便》卷二**　粉錫使，即光粉也。　味辛、甘，氣寒，無毒。主伏尸毒螫，殺三蟲，去鼈癥，療惡瘡，墮胎，止小便利。　炒黑治小兒疳氣，久痢。

**明・李中梓《藥性解》卷一**　胡粉　味辛，性寒，無毒，不載經絡。主一切癰腫諸毒及腐爛肉。殺三蟲，破癥結。　按：胡粉一名粉錫，實亦化鉛所作。能破結殺蟲者，其亦鎮墜之功與。

**明・繆希雍《本草經疏》卷五**　粉錫　味辛，寒，無毒。主伏尸，毒螫，殺三蟲，去鼈瘕，療惡瘡，墮胎，止小便利。一名鉛粉，一名胡粉，一名官粉。

【疏】粉錫，陶隱居云：即化鉛所作胡粉也。其味辛，氣寒，無毒。體用與鉛相似。性善殺蟲，故去伏尸、三蟲、鼈瘕。寒能解熱毒，故療惡瘡，毒螫。重而下降，故能墮胎。澀而黏膩，故止小便利。甄權主積聚不消，炒焦，止小兒疳痢。藏器主久痢成疳，和雞子白服，以糞黑為度。皆為其消積殺蟲止痢也。　附：李時珍云：胡粉即鉛之變黑為白者也。其用雖與鉛及黄丹同，內有豆粉、蛤粉雜之。止能入氣分，不能入血分，此為稍異。人服食之則大便色黑者，此乃還其本質，所謂色壞還為鉛也。亦可入膏藥，代黄丹用。　【主治參互】《肘後方》勞復、食復欲死者，水調胡粉少許與之。《子母秘錄》小兒腹脹，或腹皮青色，不速治，須臾死。胡粉，鹽熬色變，以摩腹上。　《救急方》杖瘡腫痛，水粉一兩，赤石脂生一錢，水銀一分，以麻油杵成膏，攤油紙貼之。肉消者填滿緊縛。　《備急方》陰股常濕，胡粉摻之。　邵真人方黄水膿瘡，官粉煅、黄松香各三錢，黄丹一錢，飛礬二錢，為末，香油二兩，熬膏傅之。　《備急方》小兒疳瘡，熬胡粉，猪脂和塗。《集簡方》妒精陰瘡，鉛粉二錢，銀杏七箇，銅銚內炒至銀杏黄，去杏取粉，出火毒，研搽效。　《聖惠方》翻花惡瘡：胡粉一兩，臙脂一兩，為末。鹽湯洗淨傅之，日五次。　孫氏《集效方》血風臁瘡，官粉四兩，水調入盌內，以蘄艾燒煙熏乾，入乳香少許同研，香油調作隔紙膏，反覆貼之。

《千金方》小兒丹毒，唾和胡粉，從外至內傅之。　又方：瘡傷水濕，胡粉、炭灰等分，脂和塗孔上，水即出也。　又方：蠼螋尿瘡，酢和胡粉塗之。　《直指方》發背惡瘡，諸癰腫。好錫粉二兩，真麻油三兩，慢火熬，以柳枝急攪，至滴水成珠，入白膠香末少許，入瓷器水浸二日，油紙攤貼，名神應膏。　【簡誤】胡粉雖能消疳逐積，殺蟲止痢，然其性冷，走而不守。脾胃虚弱者不宜用。娠婦忌之。

**明・倪朱謨《本草彙言》卷一二**　胡粉　味酸、辛，氣寒，有微毒。　李氏曰：按墨子云：禹造粉。又張華《博物志》云：紂燒鉛作粉供妲己。則粉之來亦遠矣。今金陵、杭州、韶州、辰州皆造之。而辰州尤妙，其色帶青。彼人言造法：每鉛百觔，熔化，打成薄片，卷作筒，安木甑內。甑下甑中，各安米醋一瓶，外以鹽泥固濟，紙封甑縫，風爐安火，四面養之，一七，便掃入水缸內，依舊封養。次次如此，鉛盡爲度。不盡者，炒作黄丹。每粉一觔，入菉豆粉二兩，蛤粉四兩，水內攪勻，澄去清水，用細灰按成溝，紙隔數層，置粉於上，將乾，截成方塊，待乾收起。而范氏《虞衡志》又言：桂林所造鉛粉，以黑鉛着糟甕中，罨化成粉。而何孟春《餘冬錄》又言：嵩陽産鉛造粉，其法用鉛塊懸酒缸內，封閉四十九日，開之則化爲粉。化不盡者，炒爲黄丹。黄丹滓又爲蜜陀僧。三物收利甚溥。蓋巧者時出新意，以速化爲利故爾。其鉛氣有毒，工人必食肥猪犬肉，飲酒及鐵漿以壓之。枵腹中其毒輒病，竟至死者有之。毒發急，必筋抽腹痛，緩則身面痿黄，手足癱瘓，關節拘攣而斃者多矣。欲解其毒，時臥泥地上一二月，漸愈，而手足復舊。雌黄得胡粉失色，胡粉得雌黄色黑。入酒中去酸味，收蟹味不沙。

胡粉：李時珍墜痰涎，日華子化癥癖，《別錄》下胎娠，甄權消積聚，《別錄》殺三蟲，甄權劫疳痢之藥也。李氏珣曰：此藥即鉛之變異爲白者也。其體用雖與鉛及黄丹同，而無硝鹽火燒之性。雖能墜痰化癖，消積殺蟲，劫疳止痢，然金石之類，終能損胃尅脾，泄氣耗血，性冷而不守，體重而質墜。無故妄服，有潰藏府，壞膜絡之咎。如脾胃虚弱，禀賦薄乏者，雖有已上諸病，不宜輕試，僅可作敷藥，解毒收濕。入膏藥，止痛護肌，外用之功，受益恒多。充服食劑中，餘未敢輕投也。《集方》數首，因古人因病制用，可否當視證之緩急輕重，斟酌行之，毋濫也。

集方：晏然和尚方治脾傷食滯，痰涎壅脹，老痰凝結不化，羈礙胸胃，其人形實氣壯者。宜用胡粉五分，水飛過，用豆腐漿調服。○《衛生方》治腹中鼈瘕，或癥癖不時作痛，痛極欲死。用胡粉五錢，米泔水調，澄清，取泔水煎滚，溫飲之，即將胡粉取起，和食鹽一撮，鍋內炒熱，布裹熨腹上。○《救急方》治死胎不下。用胡粉三錢，粥糊爲丸，如菉豆大。每早服八分，白湯下。不過三服即下。○《方脉正宗》治大人小兒食積停滯，不論穀食血食，瓜菓諸食，脹悶不通。用胡粉一分，溫酒調渾，一氣吞下。○陳氏家抄治諸蟲積。用胡粉三錢，史君子肉六錢，俱研末，粥糊丸，菉豆大。每早服一分二釐，酒下。○孫真人方治疳積、下利赤白頻數，腸內作痛。用胡粉三錢，鷄子白十個，調成糊，鍋內炙熟，冷茶調食一錢。○張文仲《備急方》治寸白蚘蟲，引動不止。用胡粉二錢炒燥，精猪肉煮爛，蘸食。再用烏梅花椒湯度之。○《子母秘錄》治小兒無故疳，下痢赤白。以胡粉炒黑，用白湯調服三分。○同前治小兒無故腹脹，唇青、腹皮青色，不速治即死。用胡粉、食鹽各一兩，炒微熱，腹上輕輕熨之。○邵真人方治婦人心胃作疼急甚者。用胡粉一錢爲末，葱汁和，如豆粒大，放舌上，白湯下立止。○《肘後方》治墜墮趺撲，瘀血搶心，面青氣短垂死者。用胡粉一錢，溫湯調服即安。○《救急方》治杖瘡疼痛。用胡粉一兩，赤石脂三錢，水銀一錢，以麻油少許，調杵成膏，攤油紙，貼之。肉潰者，填滿，用帛緊縛。○《集簡方》治抓傷面皮。用胡粉少許，香油調敷，一夕愈。○邵真人方治黄水流膿瘡。用胡粉、瀝青各二錢，黄丹一錢，枯礬一錢五分。共研末，香油調搽。○《子母秘錄》治小兒月蝕耳瘡。用胡粉和黄土減半，共研末，猪膽汁調敷。○《集簡方》治妒精陰瘡。用胡粉三錢，白果肉九個，搗碎同炒，至白果肉焦黄，去白果，取粉敷瘡。○《備急方》治人兩腋下、兩胯下常濕。用胡粉炒燥，研末摻之。○《聖惠方》治一切翻花惡瘡。用胡粉、胭脂各一兩，研勻，用鹽湯洗敷之。

**明・黄承昊《折肱漫録》卷七**　鉛粉即女人搽面之物，最能解毒。予次子痘後靨有未落者，好以手搔爬，血肉淋漓，敷藥不效。一人教以鉛粉塗之，即塗即靨而愈，此神方也。後以撲諸瘡俱效痘瘡。

**明・鄭二陽《仁壽堂藥鏡》卷一**　鉛粉　味辛、甘，寒，無毒。殺三蟲，去鼈瘕，療惡瘡，墮胎。《藥性》云：治積聚不消。焦炒，止小兒疳痢。《本草》云：一名胡粉，一名定粉，一名瓦粉。仲景猪膚湯用白粉，非此白粉，即白米粉也。黄延非治胸中寒，是治胸中塞，誤寫作寒字。　陳藏器云：主久痢成疳。粉和水及雞子白服，以糞黑為度。為其殺蟲而止痢也。

**明・蔣儀《藥鏡》卷四寒部**　粉錫　辛寒解毒療瘡，重墜以下懷胎，澁膩以節小水。臙脂輕和，潤嬌容而益麗。穢氣偶逢，幛黎膚而增玷。

**明・張景岳《景岳全書》卷四九《本草正》**　水粉即官粉，亦名胡粉。　味辛，性寒，有毒。善殺蟲墮胎，治癰疽瘡毒，濕爛諸瘡，下疳瘻潰不收，亦治疥癬狐臭。黑鬚髮。雖亦能墜痰消食，然惟外證所宜，而內傷諸病，似亦不宜用之。

**明・盧之頤《本草乘雅半偈》帙一一**　胡粉《本經》下品　氣味：辛，寒，無毒。　主治：主治伏尸、毒螫，殺三蟲。

覈曰：錫鉛皆可造粉，錫粉瑩潔無青氣，僅可婦女飾面，色同肌理無辨也。第錫為五金賊，不入藥用，丹竈家亦不採取。鉛粉有青色，此即先天之一炁，五金之純液，入藥最良，丹竈家烹煉作櫃，匪此不用。按《墨子》云：大禹造粉。張華《博物志》云：紂燒鉛錫作粉。則粉之來亦遠矣。今金陵、杭州、韶州、辰州皆造，其法每鉛百斤，鎔化，削成薄片，卷作筒，安木甑內，甑下、甑中各安醋一瓶，外以鹽泥固濟，紙封甑縫。風爐內，安火四兩，火盡添炭，養一七，開甑掃取，仍封仍養，以盡為度。不盡者，炒作黄丹。渣滓，蜜陀僧也。孟春《餘冬錄》云：嵩陽產鉛，居民多造胡粉。其法：鉛塊懸酒缸內，封閉四十九日，開之則化為粉矣。但鉛氣有毒，工人多用肥猪犬肉、漿酒以厭之。中其毒者，每至痿黄，癱攣而斃。此皆巧者時出新意，以速化為利故爾。《相感志》云：韶粉不白，用萊菔子蒸制則白。

条曰：溉種金穀之糟醢，交烹黑鉛而成粉，轉作西白金，金向水中求也。更藉鼎甕醞藏，蒸之浮之，解堅凝為柔脆，碎大塊作微塵，燒之，粉復還鉛，隨分仍合，仍合隨分，正所以徵從革之體物不遷，用行數變也。咸屬工力之使然，胡其産耳。夫如是，既襲容平之金德，則天氣以明，何有夫三蟲伏尸蝕毒死陰之屬，尚有着脚處耶。仲景先行君黄連炎上之作苦，具太陽寒水之化令，且也金至斯堅，上達九天，下徹九淵，內周五藏，外彌膚腠，用治身熱膚痛為浸淫，焦爍毛髮膚皮金肺形藏者，黄連粉主之，藉炎敲襄清肅，易熱惱置清涼地也。

**清・劉雲密《本草述》卷四**　粉錫　即水粉化鉛為之。古人名鉛為黑錫，故此名粉錫，一名鉛粉、胡粉、定粉、瓦粉、光粉、白粉、水粉、官粉。時珍曰：金陵、杭州、韶州、辰州皆造之。而辰粉尤真，其色帶青。彼人言造法：每鉛百斤，鎔化削成薄片，卷作筒，安木甑內，甑下甑中各安醋一瓶，外以鹽泥固濟，紙封甑縫，風爐安火四兩，養一七便掃入水缸內，依舊封養，次次如此，鉛盡為度。不盡者留炒作黃丹，每粉一斤，入豆粉二兩，蛤粉四兩，水內攪勻，澄去清水，用細灰。按成溝紙隔數層，置粉於上，將乾截成瓦，定形待乾，收起。而范成大《虞衡志》言：桂林所作鉛粉最有名，謂之桂粉。以黑鉛着糟甕中罨化之。何孟春《餘冬錄》云：嵩陽產鉛，居民多造胡粉。其法：鉛塊懸酒缸內，封固四十九日，開之則化為粉矣。化不白者，炒為黃丹。黃丹滓為密陀僧。三物收利甚溥。氣味：辛，寒，無毒。權曰：甘、辛，涼。主治：積聚不消，療癥瘕，去鼈瘕，治久積痢，墜痰消脹，殺蟲，療惡瘡，治癰腫瘻爛，瘡中出水，湯火，乾溼癬瘡及股內陰下常溼癢且臭，并小兒疳瘡，耳後月蝕，諸狐臭。或乾糝或豬脂、牛脂調傅之。更治小兒疳氣，及小兒無辜疳痢。無辜疳痢而腹脹也。以上諸證，或內服，外傅咸宜。藏器曰：久痢成疳者，胡粉和水及雞子白服，以糞黑為度。為其殺蟲而止痢也。時珍曰：胡粉即鉛之變黑為白者也。其體用雖與鉛及黃丹同，而無硝鹽火燒之性，內有豆粉、蛤粉雜之，止能入氣分，不能入血分，此為稍異。人服食之，則大便色黑者，此乃還其本質，所謂色壞還為鉛也。亦可入膏藥，代黃丹用。

愚按：鉛本陰寒之性，重墜之質，蒸罨為粉，由黑而白，是變化奇矣。苐其法或安醋瓶於內，或着糟甕，或懸酒缸之中，皆假其氣以成變化，致重墜之質輕，陰寒之氣和，且色黑化白，是金在水中者，出現金相，以為氣分之用，故能消積聚，療癥瘕。蓋積聚即陰氣凝結之所致，而癥瘕又即是積聚之久而成形者也。此味根至陰，而有其變化，以達其陰氣，故其奏效如此。小兒疳氣，類由脾陰大傷，以為病陰氣傷，則有積，積則宿滯不能化，水穀不得聚，頻下惡物，而為疳痢積久，則莫不化而為蟲，故能治積聚癥瘕，即其能治小兒疳氣，炒焦止小兒疳痢，並殺三蟲者也。試閱方書於滯下證，有二方主治，俱用定粉。一方聖餅子，治瀉痢赤白，臍腹撮痛，久不愈者；一方治休息痢羸瘦者。即此二證繹之，則其為久積未消之故，以至此也，明矣。使非從至陰而有變化之氣，如茲粉者，安能奏同氣相求之功，以療所患哉？凡男子婦人患痢久者，治之俱當識此義，不獨小兒也。但小兒患於積者類多耳。抑主陰氣為病，即不離血分矣。而時珍謂此止入氣分者，何居？曰：方書之治，有若墜撲瘀血搶心者，有齒縫出血不止者，有婦人心痛急者，舉此可以類推。凡有形而成積聚者，皆血之病也，是時珍所云入氣分者，宜指血中之氣而言，若離血以言氣，則誤矣。夫人身寧有分離之氣血哉？

附方 聖餅子：定粉、密陀僧、硫黃各三錢，黃丹二錢，輕粉少許，為末，入白麪四錢匕，滴水丸如指頭大，捻成餅，陰乾，食前溫漿水磨下，大便黑色為效。休息痢羸瘦，黃連、去鬚，為末。定粉，研各半兩，大棗二十枚去核，右舂棗如泥，鋪於紙上，安二味藥裹之，燒令通赤，取出候冷，細研為末，每服使好精羊肉半斤，切作片子，用散藥三錢，摻在肉上，溼紙裹燒熟，放冷食之，效。

**清・郭章宜《本草匯》卷一八** 胡粉 味甘、辛，寒。去腹中鼈瘕，治乾濕癬瘡。同蘇木能續折傷之骨，等硃砂堪醫瘡似蜂窠。

按：胡粉，即鉛之變黑為白者也。體用與鉛及黃丹相等，但此有豆粉、蛤粉雜內，止能入氣分耳。性善殺蟲止痢，服之者以糞黑為驗。然性冷，走而不守，脾胃虛弱與娠婦，均忌也。亦可入膏藥，代黃丹用。

**清・王翃《握靈本草》卷一** 胡粉以鉛爲之。其說不同，《虞衡志》言：以黑鉛置糟甕中，封閉四十九日，則化爲粉。不白者炒爲黃丹，黃丹滓爲蜜陀僧，三物皆出一處。胡粉即今韶粉是也。一名定粉。 主治：胡粉，辛，寒，無毒。主殺蟲，止痢。

**清・汪昂《本草備要》卷四** 鉛粉 主治略同。亦名胡粉、錫粉。李時珍曰：鉛粉亦可代鉛丹熬膏。然未經鹽礬火煅，又有豆粉、蛤粉雜之，只入氣分，不能入血分也。

**清・张璐《本經逢原》卷一** 鉛粉一名胡粉。 辛，寒，無毒。《本經》治伏尸毒螫，殺三蟲。 發明：鉛粉與黃丹同類，內有豆粉、蛤粉，而無硝鹽，但入氣分，功專止痛生肌，亦可入膏藥代黃丹用。《本經》治伏尸毒螫、殺三蟲者，取鉛性之重，以鎮攝其邪。《金匱》甘草粉蜜湯治蚘病吐涎心痛，專取胡粉殺蟲、甘草安胃、蜜以誘入蟲口也。陶弘景云：療尸蟲彌良。

**清・張志聰、高世栻《本草崇原》卷下** 鉛粉 氣味辛寒，無毒。主治伏尸，毒螫，殺三蟲。 因化鉛而成粉，故名鉛粉。《本經》名粉錫，《別錄》名胡粉，今名水粉。李時珍曰：鉛錫一類也，古人名鉛為黑錫，故名粉錫。伏尸者，伏於泉下之尸，相癊而為傳尸鬼疰之病。鉛粉從黑變白，從陰出陽，故主治伏尸。稟水氣而性寒，故消鳖毒。稟金氣而味辛，故殺三蟲。變白者，得金水之氣而走氣分。愚按：黃丹、鉛粉皆本黑錫所成，而變化少有不同。變赤者，得火土之氣而走血分。黃丹稟火土之氣，故入膏丹，主癰疽惡瘡之用。今時則用鉛粉收膏藥，以代黃丹。

**清・王子接《得宜本草・下品藥》** 胡粉 味辛。功專療惡瘡。得硼砂、當歸接骨續筋，得黍米治腹中鼈癥，得猪脂療誤吞金銀。

**清・黃元御《長沙藥解》卷二** 鉛粉 味辛，入足厥陰肝經。善止泄利，能殺蚘蟲。《傷寒》猪膚湯方在猪膚用之治少陰病，下利咽痛，以其止利而醫瘡也。甘草粉蜜湯方在甘草用之治蚘蟲，吐涎，心痛，以其燥濕而殺蟲也。鉛粉燥澀之性，能殺蟲蠹而止滑溏。其諸主治，止諸血，療諸瘡，續折傷，染鬚髮。

**清・汪紱《醫林纂要探源》卷三** 鉛粉 鹹辛，寒。以酒糟罨鉛使腐，入甑蒸之，則化為粉，朽腐故有鹹味。輭堅行痰，殺蟲鎮驚，入氣分，於肺為瀉。白色入氣分，散其所不當斂，為瀉。〇可少許入藥，或熬膏外敷。

**清・嚴潔等《得配本草》卷一** 鉛粉即粉錫，一名胡粉，又名水粉。惡雌黃，制硫黃。辛，寒。入足少陰經氣分。鎮心安神，墜痰消癥，殺蟲止痢，療瘡拍汗。得葱汁和丸，治婦人心痛。得豬脂調，塗小兒諸瘡。配朱砂，蜜和，塗瘡似蜂窠。配胭脂，敷反花瘡。和黍米淋汁溫服，治鳖瘕。配黃連，敷燕口吻瘡。和鹽熬色變，摩小兒腹脹及腹皮青色。不速治，須臾死。反胃嘔噦者，火氣上浮，陰陽將離也。得此鎮墜之品，加入補陰之劑，俾陽火歸元，吐病自止。

**清・羅國綱《羅氏會約醫鏡》卷一八金石水土部** 鉛粉 一名官粉。黑鉛煆煉，變為白者也。味辛，氣寒。性善殺蟲，故去伏尸三蟲、鼈瘕、疥癬、諸蟲，療惡瘡、毒螫，更治小兒久痢成疳。如雞子白服，以糞黑為度。皆寒勝熱之功也。

**清・趙學敏《本草綱目拾遺》正誤** 粉錫即鉛粉，乃以鉛打成薄片，入甑，用醋一瓶同蒸，化作粉用。今杭城多有業此，名曰粉坊，工人無三年久業者，以鉛醋之氣有毒，能鑠人肌骨，且其性燥烈，坊中人每月必食鵝一次以解之，則其不能無毒可知。瀕湖粉錫集解下，引何孟春《餘冬錄》亦云作粉工人，必食肥豬犬肉，飲酒及鐵漿以壓之，枵腹中其毒，輒病至死。長幼為毒薰蒸，多痿黃癱攣而斃，蓋亦未嘗無毒也。或曰：其造製時則其氣有毒，若成粉便不毒。如果有毒，則前人方中何以入食劑，而又不遺製解之法？殊不知此物性能制硫黃，除酒酸，雌黃見之則黑，糟蟹得之不沙，入藥能墮胎，敷面多生粉痣，其剝蝕猛悍之性，等於砒硇。惟少服之則可，服後糞多黑色，仍還其本體。律例載有婦人服鉛粉至死，手足皆青黯，可知其毒也。而瀕湖於粉錫氣味下云辛寒無毒。至諸家本草，皆仍其誤，俱云無毒，則誤世匪淺。故特表而出之。

**清・張德裕《本草正義》卷下** 水粉卽官粉。辛，寒，有毒。殺蟲，墮胎，療癰疽瘡毒，濕爛諸瘡，下疳瘻潰不收，治狐臭，黑鬚髮。外瘍宜用。

**清・楊時泰《本草述鉤元》卷四** 鉛粉 【略】味甘、辛，氣寒、涼。入氣分。主積聚不消，療癥瘕，去鼈瘕，治久積痢，墜痰消脹，殺蟲，療惡瘡、癰腫瘻爛，瘡中出水，湯火乾濕癬瘡，及股內陰下濕癢且臭，諸狐臭，或乾摻，或猪脂、牛脂調傅之。更治小兒疳氣，無辜疳痢，痢而腹脹，曰無辜疳。及疳瘡耳後月蝕，內服外傅咸宜。其體用雖與鉛及黃丹同，而無硝、鹽、火燒之性，內有豆粉、蛤粉雜之，止能入氣分，不能入血分，此爲稍異。服之大便色黑者，還其本質，所謂色壞還為鉛也。亦可入膏藥，代黃丹用瀕湖。久痢成疳者，胡粉和水及雞子白服，以糞黑為度，為其殺蟲而止痢也藏器。無辜疳下痢赤白，胡粉熟蒸，熬令色黑，米飲服半錢。小兒腹脹，或腹皮青色，不速治必死，胡粉、鹽熬色變，以摩腹上。小兒丹毒，胡粉唾和，從外至內傅之良。久痢赤白，臍腹撮痛，聖餅子。用定粉、密陀僧、硫黃各三錢，黃丹二錢，輕粉少許，為末，入白麪四錢匕，滴水丸如指頭大，捻成餅，陰乾，食前溫漿水磨下，大便黑色為效。休息痢羸瘦，黃連去鬚為末，定粉研，各半兩，大棗二十枚去核舂如泥，鋪紙上，入二味藥裹之，燒令通赤，取出候冷，細研，每服使精羊肉半斤，切片，摻散藥三錢於上，濕紙裹，燒熟，放冷食之效。腹中鼈癥，胡粉、黍米淋汁，溫服大效。婦人心痛急者，官粉為末，葱汁和丸小豆大，每服七丸，黃酒下即止。火燒瘡，胡粉和羊髓塗上封之。乾濕癬，胡臭，若股內陰下常濕且臭，或作瘡，以定粉一物摻之瘥。齒縫出血，胡粉半兩，麝香半錢，為末，臥時揩牙。從高墜撲，瘀血搶心，面青氣短欲死，胡粉一錢，和水服即安。接骨續筋，止痛活血，定粉、當歸各一錢，硼砂錢半，為末，每服一錢，蘇木煎湯調下，仍頻飲湯。

**清・趙其光《本草求原》卷二四金部**　鉛粉又名胡粉、錫粉、定粉、水粉、官粉。鉛安醋瓶或糟缸，或懸酒缸封，化成粉，重變輕，黑變白，是水中金變還金色，從至陰變化，以達血中之氣。時珍謂其入氣不入血。離血以言氣，謬。又粉每斤入豆粉二兩，蛤粉四兩，故甘、辛，寒，無毒。入脾、肺、腎。消積，脾陰傷所致。治無辜疳痢，下痢腹脹也。熬色變，飲下。赤白痢，同雞子清炙焦，冷水下。鱉癥，米淋汁，溫服。殺寸白蛔蟲，蜜服亦可。積久則化蟲，炒焦入肉食。蟲或血心痛，葱汁為丸，酒下，葱通氣也。鼻衄，炒黑醋下。齒衄，同麝擦之。墜撲瘀血，搶心面青，氣短欲死，水和服。以上三方，皆達血中氣之明證也。接筋骨，同硼砂等分，蘇木湯下。乾濕癬、陰股濕，粉之。黃水瘡，同黃丹、枯礬、松香油搽。耳瘡，塗之。疳瘡，豬脂和塗。止痛，活血，可代黃丹，同黃連入棗肉煅赤，以羊肉煨食，治休息痢效。墮胎。亦墮痰、消脹，治食勞復。水服。又鉛和硫、汞煅升為靈砂，治陰竭陽升，上盛下虛，陰陽離絕，取陽中之陰下行者、陰中之陽上行者，兩感相結以交水火也。合汞、硝、礬煅升為輕粉。俱詳石部。

**清・葉志詵《神農本草經贊》卷三**　粉錫　味辛，寒。主伏尸毒螫，殺三蟲。一名解錫。　錫鏡鼻，主女子血閉，癥瘕伏腸絕孕。生山谷。

鉛質銀光，生香和粉。糟甕懸蒸，風鑪扇緊。裂鼻通精，照心開蘊。為賊為媒，救疴裁準。

《說文》注：銀色而鉛質也。庾信詩：和粉雜生香。《桂海虞衡志》：以黑鉛著糟甕中罨化之，謂之桂粉。李時珍曰：鉛錫一類也。鎔片安水甑內，鹽泥固濟，風爐安火封養，即成粉。姜質賦：裂鼻之芬。（子）〔曰〕華子：肺之精其竅上通於鼻。《古鏡銘》：照心照膽保千春。《元樂章》：提綱開蘊。《土宿指南》：五金之中，獨錫易制。失其藥則為賊，得其藥則為媒。梁簡文帝論：救頭痛之疴。裴度書：有所裁準。

**清・莫枚士《研經言》卷四**　甘草粉蜜湯方白粉辨　白粉，說者謂即鉛白粉。泉謂經處此方於已服毒藥後，是因毒藥不效而改治。若鉛白粉，仍係毒藥，何庸以毒繼毒乎？蓋此方與傷寒少陰猪膚湯方，皆粉蜜同用。成注白粉益氣斷利，明是米粉。以彼例此，義可知已。攷《外臺》治一切藥毒方：甘草三兩炙，以水五升，煮取二升，內粉一合，更煎三兩沸，內蜜半兩，分服以定止。《千金翼》治藥毒不止，解煩悶方：甘草二兩炙，白粱粉一升，蜜四兩，煎服法與《外臺》同。泉據此經為說，粉為米粉無疑。且《經》云毒藥不止者，謂藥毒傷其胃氣，故蛔動不止。若作毒藥殺蟲解，則豈甘草粉蜜之甘和，功反過於毒藥，而毒藥所不能殺者，殺之以平藥乎？必無此理。仲景書文義簡奧，有當即症求方者，有當即方求症者。余作此篇，即方求症也。

**清・戴葆元《本草綱目易知錄》卷七**　鉛粉　辛，寒。殺三蟲，去鱉瘕。療惡瘡，黑髭髮。止瀉痢及久積痢。墮胎墮痰消積，止小便利。治食復勞復，積聚不消，嘔逆癥瘕。小兒疳氣，炒焦，止小兒疳痢。療疥癬胡臭，癰腫瘻爛。鉛粉，又名粉錫、解錫、鉛華、胡粉、定粉、瓦粉、光粉、白粉、水粉、官粉。葆因各方列別名，故詳之。

**清・仲昻庭《本草崇原集說》卷下**　鉛粉　【略】仲氏曰：黑錫雖成鉛粉，本性猶存，所治之病，亦須配他藥內服。如《金匱》甘草粉蜜湯，治蚘蟲，以甘蜜誘之，以白粉殺之，即先賢溫膽湯加黃丹，治癲癇，清鎮並用，無非配之之義也。獨仲景審證配藥，出奇制勝有如斯。

鉛丹

**宋・唐慎微《證類本草》卷五玉石部下品〔《本經・別錄》〕　鉛丹　味辛，微寒。主吐逆胃反，驚癇癲疾，除熱下氣，**止小便利，除毒熱，臍攣，金瘡溢血。**鍊化還成九光，久服通神明。**一名鉛華，生於鉛。生蜀郡平澤。

〔梁・陶弘景《本草經集注》〕云：即今熬鉛所作黃丹也。畫用者，俗方亦稀用，惟仙經塗丹釜所須，云化成九光者，當謂九光丹以爲釜爾，無別變鍊法。

〔唐・蘇敬《唐本草》〕注云：丹、白二粉，俱炒錫作，今《經》稱鉛丹，陶云熬鉛，俱誤矣。

〔宋・馬志《開寶本草》〕注：此即今黃丹也，與粉錫二物，俱是化鉛爲之。按：李含光《音義》云：黃丹，胡粉皆化鉛，未聞用錫者，故《參同契》云：若胡粉投炭中，色壞爲鉛。《抱朴子內篇》云：愚人乃不信黃丹及胡粉是化鉛所作，今唐注以三物俱炒錫，大誤矣。

〔宋・掌禹錫《嘉祐本草》〕按：《藥性論》云：鉛丹，君。主治驚悸狂走，嘔逆，消渴。煎膏用，止痛生肌。蕭炳云：臣，不入湯。日華子云：黃丹，涼，無毒。鎮心安神，療反胃，止吐血及嗽，傅金瘡長肉，及湯火瘡，染鬚髮。可煎膏。

〔宋・唐慎微《證類本草》〕《圖經》：文具鉛、錫條下。《外臺秘要》：《集驗》療逆產方：真丹刀圭，塗兒蹠下。《肘後方》：客忤，中惡之類，多於道間門外得之，令人心腹疼痛，脹滿，氣衝心胸，不即治亦害人。救之方：真丹方寸匕，蜜三合和服之，口噤者折齒灌之。又方：治傷寒及時氣，溫病頭痛壯熱，脈盛。真丹塗身令遍，向火坐令汗出。又方：蝎螫人，黄丹醋調塗之。《經驗方》：碧霞丹：治吐逆立效。北來黄丹四兩篩過，用好米醋半升，同藥入銚内煎令乾，却用炭火三秤，就銚内煅透紅，冷取，研細爲末，用粟米飯丸如桐子大。煎酵湯下七丸，不嚼，只一服。《王氏博濟》：治風癇驅風散：鉛丹二兩，白礬二兩，爲末。用塼一口，以紙鋪塼上，先以丹鋪紙上，次以礬鋪丹上，然後用紙扭，卻將十斤柳木柴燒過爲度，取出細研。每服一錢，溫酒下。劉氏治小兒瘧方：黄丹兩錢匕，以蜜水和與服，冷即以酒和，令服之良。《子母秘録》：治小兒重舌方：黄丹如豆大，内管中，以安舌下。治瘧：百草霜、黄丹等分細研。每服二錢匕，於發日空心米飲調服，不過兩服愈。

**宋·寇宗奭《本草衍義》卷六** 鉛丹 本謂之黄丹，化鉛而成。別有法，《唐本》注：沙錫作。然《經》稱鉛丹，則炒錫之說誤矣。亦不爲難辨，蓋錫則色黯暗，鉛則明白，以此爲異。治瘧及久積皆用。

**宋·王繼先《紹興本草》卷一** 鉛丹 紹興校定：鉛丹，俗名黄丹也，以鉛為之。唐注稱炒錫作之者，誠為誤矣。又《本經》雖具主療，而云微寒，未見有無毒，但近世外用者多。竊詳鉛丹，本硫黄、消石炒鉛而成，當從微寒而有小毒。若復製熬而用之者，當作性平而無毒矣。

**宋·劉明之《圖經本草藥性總論》卷上** 鉛丹 味辛，微寒。主吐逆胃反，驚癇癲疾，除熱下氣，止小便利，除毒熱臍攣，金瘡溢血。《藥性論》云：君。主驚悸狂走，嘔逆，消渴。煎膏用，止痛生肌。蕭炳云：臣。不入湯藥。日華子云：凉，無毒。鎮心安神，療反胃，止吐血及嗽。傅金瘡長肉，及湯火瘡，并小兒瘧疾、重舌。

**元·王好古《湯液本草》卷六** 鉛丹 氣微寒，味辛。黄丹也。《本草》云：主吐逆反胃，驚癇癲疾，除熱下氣。止小便利，除毒熱筋攣，金瘡溢血。又云：鎮心安神，止吐血。《本經》云：澀可去脱而固氣。成無己云：鉛丹收斂神氣，以鎮驚也。《藥性論》云：君。治消渴。煎膏，止痛生肌。

**元·朱震亨《本草衍義補遺》** 鉛丹 屬金而有土與水火。丹出於鉛，而曰無毒，又曰涼，予觀竊有疑焉。曾見中年一婦人，因多子，於月内服鉛丹二兩，四肢冰冷强直，食不入口。時正仲冬，急服理中湯加附子數帖而安。謂之涼而無毒，可乎？○鉛丹本謂之黄丹，化鉛而成。別有法，《唐本》註炒錫作。然《經》稱鉛丹，則炒錫之說誤矣。亦不為難辨，蓋錫則色黯暗，鉛則明白，以此為異爾。

**元·徐彦純《本草發揮》卷一** 鉛丹 味辛，微寒，有毒。主吐逆驚癇，金瘡，散血。《藥性》云：煎膏，用以止痛生肌。潔古云：《本經》言澁可去脱而固氣。成無己云：鉛丹，收斂神氣以鎮驚也。丹溪云：鉛丹屬金而有土與水火。丹出於鉛，而日華子云涼，無毒，予竊疑焉。曾見一中年婦人，因多子，於月内服鉛丹二兩，遂四肢冰冷强直，食不入口。時正仲冬，遂急服理中湯加附子，與數十貼而安。謂之涼而無毒，可乎？

**明·王綸《本草集要》卷五** 鉛丹君，一云臣。味辛，氣微寒。即今黄丹，化鉛而成。主吐逆胃反，驚癇癲疾，除熱下氣，除毒熱臍攣，金瘡溢血。治瘧及久積。煎膏，止痛生肌。鍊化還成九光，久服通神明。《經》云：澀可以去脱而固氣，鉛丹收斂神氣以鎮驚也。

**明·滕弘《神農本經會通》卷六** 鉛丹 即黄丹也。與粉錫二物，俱是化鉛為之。君也。一云：臣。《局》云：炒令色變，研細用。味辛，氣微寒。《湯》云同。一云：涼，無毒。《本經》云：主吐逆胃反，驚癇癲疾，除熱，下氣，止小便利，除毒熱筋攣，金瘡溢血。鍊化還成九光，久服通神明。《藥性論》云：君。主治驚悸狂走，嘔逆，消渴。煎膏用，止痛生肌。蕭炳云：臣。不入湯。日華子云：黄丹，涼，無毒。鎮心安神，療反胃，止吐血及嗽。傅金瘡長肉，及湯火瘡，染鬚髮，可煎膏。《湯》云：《本草》同《本經》。《本經》云：澁可去脱而固氣。成無己云：鉛丹，收斂神氣以鎮驚也。丹溪云：屬金而有土與水火。丹出於鉛，而曰無毒，又曰涼。竊有疑焉。曾見中年一婦，因多子，於月内服鉛丹二兩，四肢冰冷强直，食不入口，時正仲冬，急服理中湯加附子數十貼而安，謂涼而無毒可乎？《衍義》曰：黄丹，《唐本》注炒錫作，然《經》稱鉛丹，則炒錫之説誤矣。亦不為難（辦）〔辨〕，蓋錫則色黯暗，鉛則明白，以此為異爾。治瘧方：百草霜、黄丹等分，細研，每服二錢匕，於發日空心米飲調服，不過兩服愈。《局》云：鉛丹乃是熬鉛作，吐逆顛癇用最良。除熱鎮心仍下氣，生肌止痛傅金瘡。黄丹，乃是熬鉛作，止痛生肌。

**明·劉文泰《本草品彙精要》卷五** 鉛丹無毒。

**鉛丹**出《神農本經》：**主吐逆胃反，驚癇癲疾，除熱下氣，煉化還成九光，久服通神明。**以上朱字《神農本經》。止小便，除毒熱，臍攣，金瘡，血溢。以上黑字名醫所錄。〖名〗鉛華、黃丹。〖地〗《別錄》云：出蜀郡平澤，即今熬鉛而成者也。其製法：以鉛一斤，土硫黃一兩，硝石一兩，先熔鉛成汁，下醋點之，滾沸時下土硫黃一小塊，續更下硝石少許，沸定再點醋。依前下硝黃少許，待硝黃沸盡，炒爲末，乃成丹也。〖時〗生：無時。採：無時。〖用〗細膩無砂者。〖色〗紅、黃。〖味〗辛。〖性〗微寒。〖氣〗氣之薄者，陽中之陰。〖臭〗朽。〖主〗生肌肉，止疼痛。〖製〗水飛過，細研，炒紫色用。〖治〗療：《藥性論》云：治驚悸狂走，嘔逆消渴，煎膏止痛，生肌。日華子云：鎮心安神，除反胃，止吐血及嗽。傅金瘡長肉，及湯火瘡，染鬚髮。《別錄》云：小兒重舌，用安舌下。及逆產，以刀圭塗兒蹠下，即順。〖合治〗合醋調塗，療蠍螫。○合百草霜各等分研，空心米飲調服二錢匕，療瘧疾，於發日服。○合蜜水服二錢匕，療小兒瘧疾，冷即以酒和服。○真丹方寸匕，合蜜三合和服之，療忤中，惡心，腹疼痛，腹滿，氣衝心胸。如口噤者，折齒灌之。○黃丹四兩，米醋半升同煎乾，卻用炭火鍛透紅，研爲末，以粟米飲丸如桐子大，名碧霞丹。酒下七丸，療吐逆，立效。○合白礬各二兩爲末，用三角磚相鬬，七寸紙鋪磚上，先以丹鋪紙上，次以礬鋪丹上，然後用紙扭卻，將十斤柳木柴燒過，研爲末，名驅風散，每用二錢，溫酒調下，療風癇。○合醋調，塗蠍螫毒。

**明·葉文齡《醫學統旨》卷八**　黃丹　氣微寒，味辛。有毒。化鉛而成。治吐逆胃反，驚癇癲疾；除熱下氣，去毒熱臍攣，金瘡溢血，祛瘧化積；煎膏生肌止痛。《經》云：澁可去脫而固氣。又云：收斂神氣，以鎮驚也。

**明·許希周《藥性粗評》卷四**　鉛丹有益於驚癇。

鉛丹，即今熬鉛所收黃丹也。熬法另有傳授。凡用炒令色變，研細。味辛，性微寒，無毒。一曰有毒。主治驚悸顛癇，反胃吐逆，熱毒臍攣，久瘧，金瘡血溢，下氣除熱，鎮心安神，生肌止痛，止小便利。成無己云：鉛丹收斂神氣以鎮驚也。丹溪云：鉛丹出於火。而日華子云：涼，無毒。予竊惑焉，曾見一婦人，因多子服鉛丹，遂四肢冰冷強直，多服理中湯而安，謂之涼無毒，可乎？

單方：久瘧：黃丹、百草霜二味等分，細研，每服二錢，發日預先米飲調下，不過兩服愈。顛癇：黃丹每服二錢匕，溫酒調下，妙。瘟疫時行：凡患傷寒瘟疫，壯熱頭痛，以黃丹遍身塗之，退熱。小兒重舌：以黃丹如豆許大，內管中，吹置舌下。

**明·鄭寧《藥性要略大全》卷八**　黃丹君　主反胃吐逆，除瘧，通神明，止驚悸癲癇狂走，療金瘡溢血，生肌止痛。《本經》云：澁可去脫而固氣。成無己云：收斂神氣以鎮驚也。除熱下氣，止小便利，止吐血，除毒熱筋攣，鎮心安神。又療湯火瘡。《湯液》云：治嘔逆，消渴。煎膏止痛生肌。味辛，微寒，無毒。凡入藥，炒令紫色，研細用。若有砂者，先以清水飛過，然後炒之，可入丸散及煎膏，不入湯用。亦可作畫色。一名鉛丹，一名號丹，一名鉛華。

**明·方穀《本草纂要》卷九**　鉛丹　味辛，氣微寒。主吐逆反胃，驚癇癲疾，除熱下氣，金瘡溢血，治癰疽，止痛生肌，斂諸瘡，拔毒長肉。故《經》云：澁可以去脫而固氣。鉛丹收斂神氣，又鎮驚而固瘡也。

**宋·竇漢卿撰，明·竇夢麟續增《瘡瘍經驗全書》卷九**　製黃丹法　黃丹先炒黑色，傾入缸內，用滾湯泡之，再浸涼水滿缸，時時攪之，浸一宿，水飛，再番一器內，澄其細者，斷其雜砂之類，將細好者晒乾，方研極細如塵，水氣盡方可用。

**明·王文潔《太乙仙製本草藥性大全》卷六《本草精義》**　鉛丹　一名黃丹，一名號丹，一名鉛華。鉛錫乃北方壬癸陰極之精，性濡滑，服之而多陰毒，傷人心胃。鉛丹製炒有法，其法：鉛一斤，土硫黃（一）〔十〕兩，硝石一兩，先鎔鉛成汁，下醋點，沸時下小硫黃一塊，續下硝石少許，沸定，再點醋，依前下黃硝少許，待硝沸盡，黃亦盡，炒爲末成丹。外科多用，先入水飛淨砂土後，加火炒變褐黃色，可入丸散，煎膏藥，不入湯用。

**明·王文潔《太乙仙製本草藥性大全》卷六《仙製藥性》**　鉛丹君，即黃丹。味辛，氣微寒，無毒。主治：主癲疾狂走，利小便下氣。治瘧止渴，安神鎮心。煎膏傅金瘡生長肌肉住痛，入藥治癇疾收斂神氣鎮驚。傅湯火大效，染鬚髮極靈。除毒熱臍攣，止反胃吐逆。《經》云：澁可去脫。鉛丹固氣而通神明。煉化還成九光丹者，久服極效。補註：療逆產，真丹刀圭，塗兒蹠下。○客忤中惡，多於道間門外得之，令人心腹疼痛脹滿，氣衝心胸不住，真丹方寸〔匕〕，蜜三合和服，口噤者折齒灌之。○傷寒時氣，溫病頭痛壯熱，脉盛，真丹塗身令遍，向火坐令汗出。○蠍螫人，丹醋調塗之。○吐逆，丹四兩篩過，好醋同藥入銚內煎令乾，却用炭火三秤，就銚內煅紅，冷研爲末，用粟米飯丸桐仁大，煎醋湯下七丸。○風癇，丹二兩，白礬二兩，爲末，用三角磚相鬭，以七寸紙鋪磚上，先以丹鋪紙上，次以礬鋪丹上，然後用紙握，却將十斤柳木柴燒過，細研，每服二錢，溫酒下。○小兒瘧，黄丹兩錢，蜜水和服，冷却以酒和服良。○小兒重舌，用黄丹如豆大，内管中以安舌下。○百草霜、黄丹等分細研，每服二錢，於發日空心米飲調服。

鉛灰　氣大寒，無毒。　主治：瘰癧而至妙，祛鼠瘻以殊功。　補註：取此灰和脂塗癧子上，仍以舊帛貼之，數次去帛，拭惡汁，又貼，如此半月許，亦不痛不破，不作瘡，但内消之爲水，差，雖流過項亦差。

## 明・皇甫嵩《本草發明》卷五

鉛丹一名黄丹。味辛，氣寒。　發明曰：澁可去脱而固氣也。鉛丹，收斂神氣，鎮驚。故《本草》主驚癇癲疾，止小便利。其辛寒能除毒熱，臍攣下氣，止反胃吐逆及久積。煎膏，止痛生肌，敷金瘡溢血，長肉，外科之要藥也。製炒法：用鉛一斤，土硫黄一兩，硝石一兩。先鎔鉛成汁，下醋點沸，時下小硫黄一塊，續下硝石少許，沸定，再點醋，依前下黄、硝少許，沸定，再點醋，依前下黄、硝少許，待硝沸盡，黄亦盡，炒末成丹。○熬膏，用丹水飛淨土，用火炒變褐色了，以香油煉藥黑色油如漆，去查，投丹如法熬，緩，金要得火候緩急。

## 明・李時珍《本草綱目》卷八金石部・金類

鉛丹《本經》下品

【釋名】黄丹弘景　丹粉《唐本》　朱粉《綱目》　鉛華　【正誤】見粉錫下。

【集解】《别録》曰：鉛丹生於鉛，出蜀郡平澤。弘景曰：即今熬鉛所作黄丹也。俗方稀用，惟仙經塗丹釜所須。云化成九光者，當謂九光丹以爲釜爾，無别法也。宗奭曰：鉛丹化鉛而成，《别録》言生於鉛，則蘇恭炒錫作成之説誤矣。不爲難辨，錫則色黯，鉛則明白，以此爲異。時珍曰：按獨孤滔《丹房鏡源》云：炒鉛丹法：用鉛一斤，土硫黄十兩，消石一兩。鎔鉛成汁，下醋點之，滚沸時下硫一塊，少頃下消少許，沸定再點醋，依前下少許消、黄，待爲末，則成丹矣。今人以作鉛粉不盡者，用消石、礬石炒成丹。若轉丹爲鉛，只用連鬚葱白汁拌丹慢煎，煅成金汁傾出，即還鉛矣。貨者多以鹽消砂石雜之。凡用以水漂去消鹽，飛去砂石，澄乾，微火炒紫色，地上去火毒，入藥。《會典》云：黑鉛一斤，燒丹一斤五錢三分也。

【氣味】辛，微寒，無毒。大明曰：微鹹，凉，無毒。伏砒，制硇、硫。震亨曰：一婦因多子，月内服鉛丹二兩，四肢冰冷，食不入口。時正仲冬，急服理中湯加附子，數十帖乃安。謂之凉無毒可乎？時珍曰：鉛丹本無甚毒，此婦産後冬月服之過劑，其病宜矣。

【主治】吐逆胃反，驚癇癲疾，除熱下氣，鍊化還成九光，久服通神明《本經》。止小便，除毒熱臍攣，金瘡血溢《别録》。驚悸狂走，消渴。煎膏用，止痛生肌甄權。鎮心安神，止吐血及嗽，傅瘡長肉，及湯火瘡，染鬚大明。治瘧及久積宗奭。墜痰殺蟲，去怯除忤惡，止痢明目時珍。

【發明】成無己曰：仲景龍骨牡蠣湯中用鉛丹，乃收斂神氣以鎮驚也。好古曰：澀可去脱而固氣。時珍曰：鉛丹體重而性沉，味兼鹽、礬，走血分，能墜痰去怯，故治驚癇癲狂、吐逆反胃有奇功。能消積殺蟲，故治疳疾下痢瘧疾有實績。能解熱拔毒，長肉去瘀，故治惡瘡腫毒，及入膏藥，爲外科必用之物也。

【附方】舊八，新二十五。　消渴煩亂：黄丹，新汲水服一錢，以蕎麥粥壓之。《聖惠方》。　吐逆不止：碧霞丹：用北黄丹四兩，米醋半升，煎乾，炭火三秤，就銚内煅紅，冷定爲末，粟米飯丸梧子大。每服七丸，醋湯下。《集驗方》。　伏暑霍亂：水浸丹，見木部巴豆下。　小兒吐逆：不止，宜此清鎮。燒針丸：用黄丹研末，小棗肉和丸芡子大。每以一丸，針簽於燈上燒過，研細，乳汁調下。一加朱砂、枯礬等分。《謝氏小兒方》。　反胃氣逆：胃虚。鉛丹二兩，白礬二兩，生石亭脂半兩。以丹、礬研勻，入坩鍋内，以炭半秤煅赤，更養一夜，出毒兩日，入亭脂同研，粟米飯和丸緑豆大。每日米飲下十五丸。《聖濟録》。　泄瀉下痢：赤白。用棗肉搗爛，入黄丹、白礬各皂子大，粳米飯一團，和丸彈子大，鐵線穿，於燈上燒過，爲末。米飲服之。《摘玄方》。　赤白痢下：黄丹炒紫，黄連炒，等分爲末，以糊丸麻子大。每服五十丸，生薑、甘草湯下。《普濟方》。　妊娠下痢：(疞)〔疙〕痛。用烏鷄卵一個，開孔去白留黄，入鉛丹五錢攪勻，泥裹煨乾研末，每服二錢，米飲下，一服愈，是男；二服愈，是女。《三因方》。　吐血咯血：欬血。黄丹，新汲水服一錢。《經驗方》。　寒熱瘧疾：體虚汗多者。黄丹、百草霜等分，爲末。發日，空心米飲服三錢，不過二服愈。或糊丸，或蒜丸，皆效。○《肘後方》用飛炒黄丹一兩，恒山末三兩，蜜丸梧子大。每服五十丸，溫酒下。平旦及未發、將發時，各一服，無不效。○《普濟方》：端午日，用黄丹炒二兩，獨蒜一百個，搗丸梧子大。每服九丸，空心長流水面東下。二三發後乃用。神效。亦治痢疾。○《三因方》：用黄丹炒、建茶等分，爲末。溫酒服二錢。○又黄丹飛焙，麪糊丸芡子大。每棗子一枚，去核，包一丸，紙裹煨熟食之。　溫瘧不止：黄丹炒半兩，青蒿童尿浸二兩，爲末。每服二錢，寒多酒服，熱多茶服。《仁存堂方》。　小兒瘴瘧：壯熱不寒。黄丹二錢，蜜水和服，冷者酒服，名鬼哭丹。《劉涓子鬼遺方》。　風癇發止：驅風散：用鉛丹二兩，白礬二兩爲末。用三角磚相鬭，以七層紙鋪磚上，鋪丹於紙上，礬鋪丹上，以十斤柳木柴燒過爲度，取研。每服二錢，溫酒下。《王氏博濟方》。　客忤中惡：道間門外得之，令人心腹刺痛，氣衝心胸脹滿，不治害人。真丹方寸匕，蜜三合，和灌之。《肘後方》。　一切目疾：昏障治，只障不治。蜂蜜半斤，銅鍋熬起紫色塊，入飛過真黄丹二兩，水一盌，再煉，至水氣盡，以細生絹鋪薄紙一層，濾净，瓶封埋地内三七。每日點眼七次，藥粘則洗之。一方：入訶子肉四個。《保壽堂方》。　赤眼痛：黄丹、蜂蜜調貼太陽穴，立效。《明目經驗方》。　赤目及瞖：鉛丹、白礬等分，爲末點之。

○又方：鉛丹、烏賊骨等分，合研，白蜜蒸點之。《千金方》。　眼生珠管：鉛丹半兩，鯉魚膽汁和如膏。日點三五次。《聖惠方》。　痘疹生瞖：黃丹、輕粉等分，爲末。吹少許入耳內，左患吹右，右患吹左。《疹痘方》。　小兒重舌：黃丹一豆大，安舌下。《子母秘錄》。　小兒口瘡：糜爛。黃丹一錢，生蜜一兩，相和蒸黑。每以鷄毛蘸搽，甚效。《普濟方》。　腋下胡臭：黃丹入輕粉，唾調，頻摻之。《普濟方》。　婦人逆産：真丹塗兒足下。《集驗方》。　蚰蜒入耳：黃丹、酥、蜜、杏仁等分，熬膏。綿裹包塞之，聞香即出，抽取。《聖惠方》。　蝎蠆螫人：醋調黃丹塗之。《肘後方》。　金瘡出血：不可以藥速合，則內潰傷肉。只以黃丹、滑石等分，爲末傅之。《集玄方》。　外痔腫痛：黃丹、滑石等分，爲末，新汲水調，日五上之。《嬰童百問》。　血風臁瘡：黃丹一兩，黃蠟一兩，香油五錢，熬膏。先以葱、椒湯洗，貼之。陸氏《積德堂方》。　遠近臁瘡：黃丹飛炒，黃蘗酒浸七日焙，各一兩，輕粉半兩，研細。以苦茶洗淨，輕粉填滿，次用黃丹護之，外以蘗末攤膏貼之，勿揭動，一七見效。孫氏《集效方》。

**明・梅得春《藥性會元》卷下**　鉛丹　味辛，氣微寒，有毒。即黃丹，乃鉛化而成也。　主治吐逆反胃，驚癇癲疾，除熱下氣，止小便，去毒熱金瘡溢血，袪瘧化積。熬膏藥，生肌止痛。《經》云收斂神氣以鎮驚也。

**明・王肯堂《傷寒證治準繩》卷八**　鉛丹　氣微寒，味辛、微鹹，無毒。主吐逆胃反，驚癇癲疾，除熱下氣。仲景龍骨牡蠣湯中用鉛丹，乃收斂神氣以鎮驚也。澁可去脱而固氣，體重而性沉，其色紅，故走血分。

**明・李中立《本草原始》卷八**　鉛丹　生於鉛，出蜀郡平澤。弘景曰：即今熬鉛所作黃丹也。　氣味：辛，微寒，無毒。主治：吐逆胃反，驚癇癲疾，除熱下氣。煉化還成九光，久服通神明。○止小便。除毒熱臍攣，金瘡血溢。○驚悸狂走，消渴。煎膏，止痛生肌。○鎮心安神，止吐血及嗽。傅瘡長肉，及湯火瘡。染鬚。○治瘧及久積。○墜痰殺蟲，去怯除忤惡，止痢，明目。

鉛丹，《本經》下品。

《三因方》：治妊娠下痢，用烏雞蛋一箇，開孔去白留黃，入鉛丹五錢，攪勻，泥裹煨乾，研末，每服二錢，一服愈是男，二服愈是女。

**明・羅周彥《醫宗粹言》卷四**　炒黃丹法　用黑鉛十斤，鍋內化開，炒成粉，再入焰硝一斤同炒極紅，則成丹。

**明・張懋辰《本草便》卷二**　鉛丹君，一云臣。　味辛，氣微寒。　主吐逆胃反，驚癇癲疾，除熱下氣，除毒熱臍攣，金瘡溢血。治瘧及久積。煎膏止痛生肌。

**明・李中梓《藥性解》卷一**　黃丹　味辛，性微寒，有毒，不載經絡，主吐逆顛狂，止痛生肌。　按：黃丹乃熬鉛所作，鉛本水中之金，最能制火，吐狂等症，何者非火，而有不瘳者乎。

**明・繆希雍《本草經疏》卷五**　鉛丹　味辛，微寒。主吐逆胃反，驚癇癲疾，除熱下氣，止小便利，除毒熱，臍攣，金瘡溢血，鍊化還成九光，久服通神明。自炒成者佳。市中多雜砂土、礬紅，不堪用。

【疏】鉛丹即熬鉛所作黃丹，故其味辛，氣微寒，性應無毒。鉛稟先天壬癸之氣，得火成丹，則又有靈通變化之神。其體重而降，胃反吐逆，火氣上升也。驚癇癲疾，心氣虛怯也。得潤下鎮重之性，則火不上炎，熱氣自下，心腎得交，而前證除矣。稟天一所生之氣，故能除熱毒及金瘡溢血也。止小便利者，心與小腸為表裏，心神寧斂則小便自有節也。臍攣者，即小兒臍風也。風熱入肝則筋自攣急。辛寒鎮重，能散風熱；　金液之性，能平肝木，故主之也。久服通神明者，以其得先天之氣，故能鎮心安神也。今世又用以解散熱毒，長肉去瘀，治惡瘡腫毒及入膏藥，為外科必用之物。

【主治參互】單用傅瘡，能止痛長肉生肌。　入一切膏藥，貼惡瘡腫毒。仲景柴胡加龍骨牡蠣湯，治傷寒八九日，下之，胸滿煩驚，小便不利，譫語身重者。鉛丹、龍骨、柴胡、牡蠣、黃芩、生薑、人參、桂枝、茯苓各一兩半，半夏二合半，大黃二兩，棗六枚，以水八升，煮取四升，內大黃，更煮一兩沸，去渣，溫服一升。　《集驗方》治吐逆不止。碧霞丹：黃丹四兩，米醋半升，煎乾，炭火三秤，就銚內煅紅，冷定為末，粟米飯丸梧子大。每服七丸，醋湯下。　《劉涓子鬼遺方》小兒瘴瘧，壯熱不寒。黃丹二錢，蜜水和服，冷者酒服，名鬼哭丹。　《痘瘮方》痘瘮生翳。黃丹、輕粉等分，為末，吹少許入耳內，左患吹右，右患吹左。　《子母秘錄》小兒重舌。黃丹一豆大，安舌下。　《普濟方》小兒口瘡糜爛。黃丹一錢，生蜜一兩，相和蒸黑。每以雞毛蘸搽，甚效。　《集玄方》金瘡出血不止，以藥速合，則內潰傷肉。只以黃丹、滑石等分，為末傅之。　陸氏《積德堂方》血風臁瘡。黃丹一兩，黃蠟一兩，香油五錢，熬膏。先以葱、椒湯洗，貼之。　《集效方》遠近臁瘡，黃丹水飛炒，黃蘗酒浸七日焙，各一兩，輕粉半兩，研細，以苦茶洗淨，輕粉填滿，次用黃丹護之，外以檗末攤膏貼之，勿揭動，一七見效。

【簡誤】吐逆由於胃虚及因寒發吐者，皆不宜服。

**明·倪朱謨《本草彙言》卷一二**　黃丹　味辛、鹹，氣寒，無毒。

陶隱居曰：即黑鉛煉粉未化盡之渣胚也。用消石、礬石炒成丹。若轉丹爲鉛，用葱連根搗汁，拌丹，慢煎成金汁，傾出地上，即還鉛矣。凡用以水漂去消(鹹)〔鹽〕，澄乾，微火再炒紫色用。

黃丹：平肝鎮驚，甄權解毒護肌之藥也。繆氏仲淳曰：此藥係熬鉛所作，稟先天壬癸之氣，得火成丹，有靈通變化之妙。其體重而降，質潤而凉，故前古主吐逆胃反，驚癇癲疾，痰聚心胞膜絡之内。以此陰沉下降之物，胃氣上逆可平，心氣浮怯可定也。《別錄》又主臍攣。臍攣者，即小兒初生臍風是也。風熱入肝，則筋自攣急。辛寒鎮重，能散風熱。金液之性，能平肝木，故主用專之。李氏曰：今世用以解毒散熱，去瘀長肉，治一切惡瘡腫毒，及入諸膏藥中，爲外科必用之物也。但金石火煅之性，燥寒有毒，如驚癇由于血虚，吐逆由于胃弱者，毋亂投也。

集方：《集驗方》治吐逆不止。碧霞丹：用水飛過黃丹四兩，米醋半升，煎乾，傾在地上，用炭火就地上煅紅，冷定，爲末，粥糊丸，梧子大。每服七丸，醋湯下。○治小兒吐逆不止。用黃丹研末，棗肉和丸如芡實大。每以一丸，用鍼簽於燈上燒過，研細，乳汁調下。○治痰閉驚悸。用黃丹水飛過三錢，研末，粥糊丸梧子大。每日臨睡時服一丸，薑湯下。○王氏《博濟方》、《肘後方》同治風癇發止不常。用黃丹、白礬各二兩，鐵鍋内炒，以礬枯丹黑爲度，取起爲細末，每服一錢二分，溫酒下。○治小兒臍風撮口，并客忤中惡，又令人心腹刺痛，氣衝心胸脹滿。用真飛丹方寸匕，蜜湯調灌之。○治一切惡瘡腫毒，潰爛疼痛。用真飛丹八兩，麻油一觔，共熬成膏。貼之能拔膿長肉。

**明·姚可成《食物本草》卷二一　金部**　鉛丹即今熬鉛所作黃丹也。炒鉛丹法：用鉛一斤，土硫黃十兩，消石一兩。鎔鉛成汁，下醋點之，滚沸時下硫一塊。少頃下消少許。沸定，再點醋，依前下少許消、黃，待為末，則能成其丹矣。　鉛丹，味辛，微寒，無毒。治吐逆反胃，驚癇癲疾，除熱下氣，鍊化還成九光。久服通神明。止小便，除毒熱。

**明·李中梓《醫宗必讀·本草徵要下》**　黃丹味辛，寒，無毒。止痛生肌，宜於外傅；鎮心安魄，可作丸吞。下痰殺蟲，截瘧止痢。按：黃丹乃炒鉛所作，味辛沉陰，過服損陽氣。

**明·鄭二陽《仁壽堂藥鏡》卷一**　鉛丹即黃丹。　氣微寒，味辛，有毒。《本草》云：主吐逆反胃，驚癇癲疾，除熱下氣，止小便利，除毒熱，筋攣，金瘡溢血。又云：鎮心安神，止吐血。潔古云：《本經》言澁可去脱而固氣。成無已云：鉛丹收斂神氣以鎮驚也。丹溪云：鉛丹屬金而有土與水、火。丹出於鉛。而日華子云凉，無毒，予竊疑焉。曾見一中年婦人，因多子，於月内服鉛丹二兩，遂四肢冰冷強直，食不入口。時正仲冬，遂急服理中湯加附子，與數十貼而安。謂之凉而無毒，可乎？《衍義》云：治瘧久不愈，用百草霜、黃丹等分，細研，每服二錢。於發日空心米飲調服之，立時效。

**明·蔣儀《藥鏡》卷四　寒部**　黃丹　性潤下，安心神，小便有節。質鎮重，平肝木，臍攣自寬。入膏藥，風熱潛消，生肌止痛。得滑石、金瘡以歛，吐逆兼醫。

**明·張景岳《景岳全書》卷四九《本草正》**　黃丹　味辛、微鹹，微澁。性重而收，大能燥濕，故能鎮心安神，墜痰降火。治霍亂吐逆，欬嗽吐血，鎮驚癇癲狂客忤，除熱下氣，止瘧止痢，禁小便。解熱毒，殺諸蟲毒。治金瘡火瘡濕爛，諸瘡血溢，止痛生肌長肉，收陰汗，解狐臭，亦去翳障明目。

**明·盧之頤《本草乘雅半偈》帙一一**　鉛丹《日華》　氣味：辛，微寒，無毒。

主治：主吐逆反胃，驚癇癲疾，除熱，下氣，鍊化還成九光，久服通神明。

覈曰：鉛丹，原生于鉛，出蜀郡平澤。近皆炒鉛為之，法用每鉛一觔，以土硫黃十兩，硝石一兩。鎔鉛成汁，下醋點之，俟瀼沸時，遂下硫黃一塊，少頃，再下硝少許，沸定再點醋，依前下少許硝、黃，待自作末，則成丹矣。近多以作粉鉛脚，不烇成粉者，用礬石、硝石，合炒成丹，力轉薄矣。若欲轉丹為鉛，只用蓮鬚葱白汁，拌丹漫煎，煅成金汁，傾出土上，即還鉛矣。市肆者每以鹽硝砂石雜亂。凡用須用淨水漂去硝鹽，飛去砂石，澄乾，微火漫炒，紫赤色，置土地上，攤去火毒，乃入藥用。《會典》云：黑鉛一觔，燒丹可得一觔五錢〔三分也〕。

条曰：鉛秉重玄，五金水也。點烹成丹，碎大塊作太末，轉丹還鉛，會太末歸太玄，下而上，外而內，元始合璧，動定九光，丹體備已。故主吐逆反胃，驚走狂癲，下而上者，上而下矣。癇疾下氣，忤惡聚積，外而內者，內而外矣。水濟火則熱除，火濟水則通神，丹成敵應，莫捷于鉛。

**明・李中梓《本草通玄》卷下**　黄丹　體重，性沉，味兼鹽礬。能墜痰去怯，治驚癇癲狂吐逆；能消積殺蟲，治疳疾瘧痢；能解熱拔毒，長肉去腐，治惡瘡腫毒。

**清・劉雲密《本草述》卷四**　鉛丹一名黄丹。　時珍曰：按獨孤滔《丹房鏡源》云：炒鉛丹法：用鉛一斤，土硫黄十兩，硝石一兩，鎔鉛成汁，下醋點之，滚沸時下硫一塊，少頓下硝少許，沸定，再點醋，依前下少許硝黄，待為末，則成丹矣。今人以作鉛粉不盡者，用硝石、礬石炒成丹，若轉丹為鉛，只用連鬚葱白汁，拌丹慢煎，煅成金汁，傾出即還鉛矣。《會典》云：黑鉛一斤，燒丹一斤五錢三分也。　可入丸散、煎膏藥，不入湯用。　氣味：辛，微寒，無毒。　日華子曰：微鹹涼，無毒。伏砒，制硇硫。　主治：內服吐逆胃反，驚因蓄熱生驚，用鉛丹除上焦熱，而驚自止也。癇癲疾，除熱下氣《本經》。除消渴，消積痢及瘧久積，止衄血，并痔證下血不止，療熱毒臍攣，當臍攣急而痛，是陰陽不得升降也。中惡，心腹脹痛，能固氣，斂神氣，墜痰殺蟲。外傅生肌，止痛，止血，諸瘡，金瘡，湯火瘡，或煎膏用之諸《本草》。　時珍曰：鉛丹體重而性沉，味兼鹽礬，走血分，能墜痰去怯，故治驚癇癲狂，吐逆反胃有奇功。能消積殺蟲，故治疳疾下痢瘧疾有實績。能解熱拔毒，長肉去瘀，故治惡瘡腫毒及入膏藥為外科必用之物也。

愚按：就鉛霜而言，先哲謂其一氣之交感，其義悉於前矣。即取輕粉毒，輕粉即水銀升煉者，一名水銀粉，見後石部。其法用黑錫作壺，煮土茯苓酒服之，是交感之一證也。就鉛丹而言，土宿真君曰：硫戀於鉛。又方書曰：硫能死鉛。鉛得硫則化，即治溲閉一案可驗矣。治溲閉案，見硫黄條時珍論中。然解硫毒者，還用黑錫煎湯解之，是何一水一火，其交感又如是耶？蓋天一生水，地二生火，在人身，水火同宫，即天地間陰陽二氣，并二氣所凝者，與人身無異也。故硫與鉛交感，而交化至陽者，戀乎陰而得所歸，至陰者合於陽，而行其化，陽得所歸則火降，陰行其化則水升，水火之氣和，而氣血亦和，此鉛丹之所以能除熱下氣，治吐逆反胃，及癇癲驚狂，煩渴諸疾，而外傅瘡瘍更效也。　又按：方書於鉛丹主治，有數證可以參其微義。如治齒衄，先哲謂此證所因不一，其屬腎虛者，為火乘水虛而上，服涼劑反甚，宜鹽湯下安腎丸，間黑錫丹。蓋謂腎水枯而心火炎，或兼痰氣壅塞，用黑錫與硫黄結砂子為主劑，而和以溫補腎氣者也。又治痔證下血不止，於神效方中而入鉛丹，方中用白礬者，是收陰於亢陽之中，以散陽邪而救真陰也。又緑礬用火煅赤，俾其理脾陰，和脾氣，轉為血臟地耳。更用伏龍肝，欲用陽以化陰，俾溼化行，而血乃化，且又不屬燥劑也。至用蝟皮，如是物固療痔證為專矣。統諸味而繹之，則鉛丹固相助為理者也。又頭痛證，有治八般頭風，如草烏尖、細辛，而此味入少許以和血。蓋風臟即血臟也。又消癉證有烏金散，止鉛丹、細墨二味，合治以療心中熱渴欲飲者也。更滯下聖餅子之治，此味同於定粉、陀僧、硫黄、輕粉，固為相感相交之氣味，以療臍腹撮痛之久痢，而化其積者也。以上特舉內治之數證，以為例推耳。至於外傅所治尤多，兹亦止錄咽喉一方，追風散治咽喉腫痛，用黄丹、朴硝、猪牙皂角煅、砂仁殼煅灰，各五錢，為細末，每用少許，以鵞毛蘸藥入口中，傅舌上下及腫處，然後以溫水灌漱。以上本《證治準繩》。

附方　治鼻衄初出，多不能止，用黄丹吹入鼻中，乃肺金受相火所制然也。　吐逆不止，用北黄丹四兩，米醋半升，煎乾，炭火三秤，就銚內煅紅，冷定為末，粟米飯丸梧子大，每服七丸，醋湯下。　反胃氣逆，胃虛，鉛丹二兩，白礬二兩，生石亭脂半兩，以丹礬研勻，入坩鍋內，以炭半秤，煅赤，更養一夜，出毒兩日，入亭脂同研，粟米飯和丸緑豆大，每日米飲下十五丸。　溫瘧不止，黄丹炒半兩，青蒿童便浸二兩，為末，每服二錢，寒多酒服，熱多茶服。

小兒瘴瘧，壯熱不寒，黄丹二錢，蜜水和服，冷者酒服。　風癇發止，用鉛丹二兩，白礬二兩，為末，用三角磚相鬬，以七層紙鋪磚上，鋪丹於紙上，礬鋪丹上，以十斤柳木柴燒過為度，取研，每服二錢，溫酒下。　眼生珠管，鉛丹半兩，鯉魚膽汁和如膏，日點三五次。　外痔腫痛，黄丹、滑石等分，為末，新汲水調，日五上之。

修治：時珍曰：貨者多以鹽硝、砂石雜之。凡用以水漂去硝鹽，飛去砂石，澄乾，微火炒紫色，地上去火毒，入藥。

　希雍曰：吐逆由於胃虛，及因寒發吐者，皆不宜服。

鉛霜、鉛丹、靈砂總論

愚按：黑錫之用，雜水銀作片，醋薰成霜者，名鉛白霜。合硫硝製為末者，名曰鉛丹。而汞合硫以煅升者，為靈砂。又汞合於硝礬煅升者，為輕粉。茀鉛霜、鉛丹、靈砂，似其主治不遠。但鉛霜唯取坎離之純陰，其所交感精華，上焦熱可以清降，上焦熱所生痰可以鎮墜，是在陽之偏勝者，乃其對待。至鉛丹取鉛同宮之陽以化陰，石硫是也，更藉硝石之苦溫而上騰者，同硫氣以升陽，使至陰隨陽以升，而清墜上焦之亢陽，是所謂藉升以為降也，在患於陰不升而陽不降者，此其中的之治也。若靈砂，則治上盛下虛者，陽極於上，陰竭於下，是為陰陽離絕，最為危篤。故取陽中之陰下行者，陰中之陽上行者，兩相感而兩相結，以交水火而媾陰陽，所謂斡旋於俄頃，徐為養陰馭陽之計者也。時珍曰：水銀與黑錫結砂，則鎮墜痰涎。同硫黃結砂，則拯救危病。斯言不謬矣。

**清・郭章宜《本草匯》卷一八**　黃丹　味辛、鹹，寒。止痛生肌，宜于外傳。鎮心安魄，可作丸呑。殺蟲墜痰，截瘧止痢。

按：黃丹，乃炒鉛所作。體重性沉，味兼鹹礬，走血分，能墜痰去怯，治驚臍攣。即小兒臍風也。能解熱拔毒，長肉去腐，入膏藥，為外科必用之物也。以水漂去消鹽，飛去砂石，澄乾，微火炒紫色，地上去火毒，入藥用。

**清・王翃《握靈本草》卷一**　黃丹　見鉛下。　主治：黃丹，辛，微寒，無毒。主吐逆，驚癇，傅瘡長肉，墜痰，殺蟲，止痢。

**清・汪昂《本草備要》卷四**　鉛丹即黃丹。用黑鉛加硝、黃、鹽、礬煉成。　鹹，寒，沉重，味兼鹽、礬。內用墜痰去怯，消積殺蟲，治驚疳瘧痢；外用解熱拔毒，去瘀長肉。熬膏必用之藥。用水漂去鹽硝砂石，微火炒紫色，攤地上，去火毒用。

**清・吳楚《寶命真詮》卷三**　黃丹　【略】墜痰殺蟲，截瘧止痢，鎮心安魂。外傳止痛生肌。

**清・张璐《本經逢原》卷一**　鉛丹一名黃丹。　辛，微寒，無毒。《本經》治吐逆胃反，驚癇癲疾，除熱下氣。　發明：鉛丹體重性沉，味兼鹽礬，而走血分，能墜痰止瘧。《本經》言止吐逆胃反，治驚癇癲疾，除熱下氣，取其性重以鎮逆滿也。仲景柴胡龍骨牡蠣湯用之，取其入膽以祛痰積也。但內無積滯，誤服不能無傷胃奪食之患。傅瘡長肉，墜痰殺蟲，皆鉛之本性耳。目暴赤痛，鉛丹蜜調貼太陽穴立效。

**清・張志聰、高世栻《本草崇原》卷下**　鉛丹　氣味辛，微寒，無毒。主治吐逆反胃，驚癇，癲疾，除熱下氣，煉化還成九光，久服通神明。　鉛丹，一名丹粉，今煉鉛所作黃丹也。鉛名黑錫，又名水中金，五金中之屬水者也，有銀坑處皆有之。　鉛丹木金水之精，得火化而變赤，氣味辛微寒，蓋稟金質而得水火之氣化。主治吐逆反胃者，火溫其土也。治驚癇者，水濟其火也。治癲疾者，火濟其水也。氣味辛寒，寒能除熱，辛能下氣也。煉化還成九光者，煉九轉而其色光亮，還成黑鉛也。煉化還光而久服，則金水相生，水火相濟，故通神明。　愚按：鉛有毒，煉鉛成丹，則無毒。鉛丹下品，不堪久服，煉鉛丹而成九光，則可久服，學者所當意會者也。

**清・王子接《得宜本草・下品藥》**　鉛丹　味辛，寒。功專墜痰止驚。得龍骨、牡蠣治心臟神驚。

**清・黃元御《長沙藥解》卷二**　鉛丹　味辛，入足少陽膽、足厥陰肝經。降攝神魂，鎮安驚悸。《傷寒》柴胡加龍骨牡蠣湯方在龍骨用之治少陽傷寒，胸滿煩驚，以其降逆而斂魂也。　鉛丹沉重降斂，寧神魂而安驚悸。其諸主治，療瘡瘍，去翳膜。

**清・吳儀洛《本草從新》卷五**　鉛丹（重，內用鎮心墜痰，外用解熱拔毒。）即黃丹。　鹹，寒，沉重，味兼鹽礬。內用鎮心安魂墜痰，消積殺蟲，治驚疳瘧痢；外用解熱拔毒止痛，去瘀長肉。性味沉陰，損陽氣。黑鉛加硝、黃、鹽、礬煉成。凡用，以水漂去鹽、硝、砂石，微火炒紫色，攤地上，去火毒。　鉛粉，主治略同。亦名胡粉、錫粉。時珍曰：鉛粉亦可代鉛丹熬膏，然未經鹽、礬火煅，又有豆粉，蛤粉雜之，只入氣分，不能入血分，人服食之則大便色黑者，此乃還其本質，所謂色壞還為鉛也。

**清・汪紱《醫林纂要探源》卷三**　鉛丹　鹹，辛，寒。以硝、礬加鹽鍊鉛，則化為丹，亦戊己相抱，月魄載營之意。鹽、礬、硝石皆鹹，酸以補心之味，故鉛亦化丹，歸色於心也。　功用同粉，入血分，於心為補。赤色入血分，輭堅行痰，皆心之令。　鉛丹熬膏，外科最需用，能除熱拔毒，去瘀血而長新肉。

**清・嚴潔等《得配本草》卷一**　黃丹一名鉛丹。　伏砒，制硇、硫。　辛，微寒。味兼鹽、礬，走血分。內用，墜痰去怯，治驚癇顛狂，吐逆，消積殺蟲，治疳疾、下痢、瘧疾。外用，解熱拔毒，長肉去腐，治惡瘡腫毒，及入膏藥，為外科之要藥。　得鯉魚膽汁，點眼生珠管。配黃連炒丸，治赤白痢。配建茶末，酒服，治瘧疾。和蜜水服，治小兒癉瘧。　水漂澄乾，微火炒紫色用。

**題清・徐大椿《藥性切用》卷七**　鉛丹　即黃丹。性味鹹寒，解熱拔毒。

雖有內治之功，與鉛同性，復經鹽、礬煉成，大損真陽，不可輕用。鉛粉，功忌略同。

**清・羅國綱《羅氏會約醫鏡》卷一八金石水土部**　黄丹以黑鉛加硝黄、鹽、礬鍊成。味鹹寒。　鎮心安神，墜痰降火。內用治驚癇癲狂，消積殺蟲，止痢除瘧。外用解熱拔毒，去瘀長肉。熬膏必用之藥。收陰汗，消狐臭。

**清・張德裕《本草正義》卷下**　黄丹俗名紅丹。　辛，涼，澁收。大能燥濕，治金瘡火瘡，濕爛諸瘡，生肌長肉。去目翳，辟狐臭。其性重，亦能鎮驚墜痰，療癲癇客忤，解熱毒、蟲毒。

**清・楊時泰《本草述鉤元》卷四**　鉛丹　一名黄丹。可入丸散，熬膏藥。不入湯用。炒鉛丹法：用鉛一斤，土硫黄十兩，硝石一兩，鎔鉛成汁，下醋點之，滚沸時，下硫一塊，少頃下硝少許，沸定，再點醋，依前下少許黄、硝，待為末，即成丹。《會典》云：黑鉛一斤，燒丹一斤五錢三分。若轉丹為鉛，只用連鬚葱白汁拌丹慢煎，煅成金汁，傾出即還鉛矣瀕湖。今人以作鉛粉，不盡者用硝石、礬石炒成丹又。　味微辛鹹，氣微寒。體重性沉，內走血分。伏砒，制硇、硫。內服，治吐逆胃反，驚癇癲疾，除熱下氣《本經》。除消渴，消積痢久積及瘧，止衄血並痔證下血不止，療熱毒臍攣，當臍攣急而痛，是陰陽不得升降也。中惡心腹脹痛，能固氣斂神氣，墜痰，殺蟲，治疳疾諸本草。外傅，生肌止痛止血，諸瘡、金瘡、湯火瘡，或煎膏用之。能解熱拔毒，長肉去瘀，故治惡瘡腫毒，及入膏藥，為外科必用之藥瀕湖。

**清・葉桂《本草再新》卷八**　黄丹味鹹，性寒，無毒。入心、腎二經。　內用鎮心安魂，墜痰消積，殺蟲，治驚疳瘧痢。外用解熱拔毒，止痛長肉，去瘀。

**清・趙其光《本草求原》卷二四金部**　鉛丹即黄丹。　合黄、硝、鹽、礬煉成。硝苦溫上騰，同硫黄化陰升陽，使陰隨陽升。鹽、礬同鉛下降，則陽隨陰降，故能升降陰陽，治伏暑霍亂，方見巴豆。溫瘧，同青蒿尿浸。寒多，酒服；熱多，茶下二錢。諸瘧，同百草霜，或同常山、蒜汁糊丸，茶、酒分下。亦治痢。熱毒當臍攣痛，中惡心腹脹痛。皆陰陽不得升降也。鹹寒走血分，除熱下氣，故治衄血，肺受火刑也，吹之。吐咯血。新汲水下。驚癇癲疾，蓄熱所生，同白礬紙包，磚夾之煅過，酒下。痔症下血，同白礬，散陽收陰；煅綠礬，理脾陰，和肝血；伏龍肝，化濕行血；猬皮，消痔。止赤白痢，同白礬、棗肉飯為丸，燈火燒過飲下。或同川連糊丸。腹痛積痢，同淀粉、陀僧、硫黄、輕粉，交感以化積。妊娠下利，同烏雞卵黄煨乾，米飲下。化久積。質重鎮逆，故治吐逆，醋煮乾，再煅紅，飯為丸，醋下。反胃，同白礬煅，加亭脂，飯為丸，飲下，收陰於亢陽中。墜痰，鎮心去怯，殺蟲，治疳，仲景柴胡龍牡湯用之，取其入膽，以祛痰積也。但內無積滯，服之則有傷胃、奪食之患。外治解熱拔毒，止痛、去瘀、長肉，故治惡瘡腫毒，膏藥必用。塗口瘡爛，蜜蒸搽。痔腫刀傷，俱同滑石搽摻。臁爛，茶洗後，同輕粉、枯礬、松香填之，外以酒柏末攤膏貼。血風臁瘡，椒、葱湯洗，同黄蠟、香油熬膏貼。目暴赤，蜜調貼太陽。目翳，同白礬研點，或同海螵、蜜蒸點。痘疹生翳，同輕粉等分，左患吹右耳，右患吹左。湯火傷。

鉛一斤，熔化，醋點，待沸下硫，次下硝；再沸再下，共黄十兩，硝一兩，即成丹。今人以作鉛粉不盡者，用硝、礬、鹽炒成丹，須水漂去硝砂石，微火炒紫，去火毒用，伏砒、制硫。用牙皂灰、砂仁殼灰、朴硝研，去風咽喉腫痛，吹搽、溫水灌漱。鯉魚膽汁調點眼生珠管。

**清・葉志詵《神農本草經贊》卷三**　鉛丹　味辛，微寒。主上逆胃反，驚癇瘨疾，除熱下氣，鍊化還成九光，久服通神明。生平澤。今名黄丹。

青金澀固，良治銷鎔。分形點醋，還質披葱。霜砒毒伏，汞釜泥封。鹽砂決擇，元液沖融。

《說文》：鉛青金也。王好古曰：澀可去脱而固氣。寇宗奭曰：鉛丹化鉛而成。《禮》：良治之子。《丹房鑒源》：炒鉛丹法：用土硫黄消石，鎔鉛成汁，下醋點之，待為末則成丹。若轉丹為鉛，用葱白汁拌丹，煅成金汁，傾出即還鉛矣。日華子曰：鉛丹伏砒。陶弘景曰：塗丹釜所須。李時珍曰：凡用，須漂去消鹽，飛去砂石。王珣文：方融元液。

**清・戴葆元《本草綱目易知錄》卷七**　黄丹鉛丹、朱粉。　辛，微寒。體重性沉，味兼鹽礬而走血分，鎮心安神，墮痰去怯，消積殺蟲，除熱下氣，止痢明目，治吐逆反胃，溫瘧消渴，驚癇癲疾，驚悸狂走，止小便吐血及嗽。除忤惡毒熱，臍攣金瘡血溢。傅瘡長肉及湯火瘡，染鬚。煎膏用，止痛生肌。

**清・陳其瑞《本草撮要》卷六**　鉛丹　味鹹，寒，沉重，入手足太陰、少陰經，功專墜痰止驚。單用塗黄水瘡神效。得龍骨、牡蠣治心臟神驚。一名黄丹。

**清・仲昴庭《本草崇原集説》卷下**　鉛丹　【略】仲氏曰：鉛丹即黄丹也。所治之病，須配他藥作湯服之，不宜單用。故傷寒太陽方，有柴胡加龍骨牡蠣湯，連鉛丹共十二味。

蜜陀僧

**宋·唐慎微《證類本草》卷四玉石部中品〔唐·蘇敬《唐本草》〕** 蜜陀僧 味鹹、辛，平，有小毒。主久痢，五痔，金瘡，面上瘢䵟，面膏藥用之。

〔唐·蘇敬《唐本草》〕注云：形似黄龍齒而堅重，亦有白色者，作理石文，出波斯國。一名沒多僧。並胡言也。《唐本》先附。

〔宋·掌禹錫《嘉祐本草》〕按：《蜀本》云：五痔：謂牡痔、酒痔、腸痔、血痔、氣痔。日華子云：味甘，平，無毒。鎮心，補五藏，治驚癇，嗽嘔及吐痰等。

〔宋·蘇頌《本草圖經》〕曰：蜜陀僧，《本經》不載所出州土。注云：出波斯國。今嶺南、閩中銀銅冶處亦有之，是銀鉛脚。其初採礦時，銀、銅相雜，先以鉛同煎鍊，銀隨鉛出。又採山木葉燒灰，開地作鑪，填灰其中，謂之灰池。置銀、鉛於灰上，更加火大鍛，鉛滲灰下，銀住灰上，罷火候冷出銀。其灰池感鉛、銀氣，置之積久成此物。今之用者，往往是此，未必胡中來也。形似黄龍齒而堅重者佳。

〔宋·唐慎微《證類本草》〕雷公云：時呼蜜陀僧。凡使，搗令細，於瓷堝中安置了，用重紙袋盛柳蚛末，焙蜜陀僧堝中，次下東流水浸令滿，著火煮一伏時足，去柳末、紙袋，取蜜陀僧用。《聖惠方》：治䵟䵳班點方：用蜜陀僧二兩，細研，以人乳調塗面，每夜用之。又方：赤白痢，所下不多，遍數不減。用蜜陀僧三兩，燒令黄色，研如粉。每服醋、茶調下一錢匕，日三服。《外臺秘要》：令面生光方：以蜜陀僧用乳煎，塗面佳，兼治皶鼻皰。《譚氏小兒方》：療豆瘡瘢，面黶。以蜜陀僧細研，水調，夜塗之，明旦洗去，平復矣。

〔宋·陳承《重廣補注神農本草並圖經》〕云：別說云：今考市中所貨，乃是用小瓷瓶實鉛丹鍛成者，塊大者，尚有小瓶形狀。銀冶所出最良，而罕有貨者，外國者未嘗見之。通治口瘡最驗。

**宋·寇宗奭《本草衍義》卷五** 蜜陀僧 堅重，椎破如金色者佳。

**宋·王繼先《紹興本草》卷一** 蜜陀僧 紹興校定：蜜陀僧，性味主療已載《本經》。《圖經》云是銀鉛脚，今人多取鉛丹火鍛所成。其銀鉛脚者，多自閩越中來也，或云自波斯國來者，亦須自銀、鉛而成。當從《本經》有小毒。日華子云無毒者，非也。

**宋·劉明之《圖經本草藥性總論》卷上** 密陀僧 味鹹、辛，平，有小毒。主久痢五痔，金瘡，面上瘢䵟(面)。日華子云：味甘，平，無毒。鎮心，補五臟，治驚癇嗽嘔及吐痰。《聖惠方》：治䵟䵳班點用，細研，以人乳汁調，塗面，每夜用之。《譚氏小兒方》：療豆瘡瘢面黶，細研，水調，夜塗之，明早洗去，平復矣。《外臺秘要》：治皶鼻皰。

**明·王綸《本草集要》卷五** 密佗僧 味鹹辛甘，氣平，有小毒。主久痢，五痔，金瘡，口瘡。面上瘢䵟，面膏藥用之。

**明·滕弘《神農本經會通》卷六** 蜜陀僧 即煎鍊銀鈆灰池底。形似黄龍齒而堅重者佳。廣州。

味鹹、辛，氣平，有小毒。一云：味甘，平，無毒。

《本經》云：主久痢五痔，金瘡，面上瘢皯，面膏藥用之。日華子云：鎮心，補五臟，治驚癇，嗽嘔及吐痰等。《別說》云：銀治所出最良，通治口瘡最驗。《衍義》曰：堅重，椎破如金色者佳。《局》云：鍛銀爐底蜜陀僧，久痢收功痔亦便。點抹䵟䵳隨手沒，吐痰端的主驚癇。吐痰抵痔蜜陀僧，兼抹䵟班隨手沒。

**明·劉文泰《本草品彙精要》卷三** 蜜陀僧有小毒 土生。

蜜陀僧：主久痢，五痔，金瘡，面上瘢䵟，面膏藥用之。名醫所錄。

【名】沒多僧。【地】《圖經》曰：舊不載所出州土。注云：出波斯國。今嶺南、閩中銀銅冶處亦有之。其初採礦時銀銅相雜，先以鉛同煎煉，銀隨鉛出。又採山木葉燒灰開地，作爐填灰，其中謂之灰池。置銀鉛於灰上，更加火大鍛，鉛滲灰下，銀結灰上，候火冷，出銀，其灰池感鉛銀之氣，積久遂成此物，即銀鉛脚也。今之用者，往往是此，未必胡中來者。形似黄龍齒而堅重者佳。《別錄》云：今之市者，乃是用瓷瓶實鉛丹鍛成塊大者，尚有瓶之形狀。銀冶所出最良而罕有。其外國來者則未嘗見之。【時】採：無時。【用】金色者爲好。【質】類黄龍齒而堅重。【色】黄。【味】鹹，辛。【性】平，軟。【氣】味厚于氣，陰中之陽。【臭】腥。【主】澀痢，去䵟。【製】《雷公》云：凡使，搗令細，於瓷堝中安置，用重絹袋盛柳蚛末焙蜜陀僧堝中，次下東流水浸，令滿，火煮一伏時足，去柳末絹袋，取用。【治】療：《蜀本》注云：主諸痔及腸澼下血不止。日華子云：鎮心，補五臟，驚癇，嗽嘔及吐痰。《別錄》云：治口瘡，豆瘡，瘢，面黶。【合治】合人乳，調塗面，治䵟䵳、斑點及令面上生光，並皶鼻皰。

**明·許希周《藥性粗評》卷四** 僧念蜜陀，抹䵟瘢而自退。

蜜陀僧，煎銀爐底也。在灰池内感銀鉛之氣而成形，似黄龍齒而堅重者佳。味鹹、辛，性平，有小毒。主治久痢五痔，金瘡面上瘢䵟，驚癇，咳嘔，鎮心，補五臟，尤為面膏所需。

單方：　面上瘢䵟：　凡患面上䵟黯、斑點，及痘瘡所靨，或皻鼻，用蜜陀僧二兩，研末，每夜以人乳調塗面上，不過二三次，盡去，面又有光。

**明・鄭寧《藥性要略大全》卷八**　蜜佗僧　止久痢，吐痰，五痔，去痣點，鎮心，治驚癇，補五臟，止嗽嘔。　味鹹、辛，氣平，有毒。即鍛銀爐所煉也。可代黄丹煎膏。

**明・陳嘉謨《本草蒙筌》卷八**　密佗僧　味鹹、辛，氣平。有小毒。原產波斯胡國，其名葢本胡言。今各處銅銀冶中，盡識明煎鍊灰脚。故凡賣者，又謂灰壞。近道俱多，至賤易得。體堅重如龍齒妙，凡擊碎有金色佳。絕細研成，多入膏藥。禁久痢且治五痔，除白瘢尤療諸瘡。

**明・王文潔《太乙仙製本草藥性大全》卷六《本草精義》**　密陀僧　一名沒多僧。原產波斯胡國，其名葢本胡言。《本經》不載所出州土。注云：出波斯國，今嶺南閩中銀銅冶處亦有之，是銀鉛脚。其初採礦時，銀銅相雜，先以鉛同煎鍊，銀隨鉛出。又採山木葉燒灰，開地作爐填灰其中，謂之灰池。置銀、鉛於灰上，更加火大煅，鉛滲灰下，銀住灰上，罷火候冷出銀，其灰池感鉛、銀氣，置之積久成此物。今之用者，往往是此，未必胡中來也。形似黄龍齒而堅重，凡擊碎有金色者佳。絕細研成，多入膏藥。

**明・王文潔《太乙仙製本草藥性大全》卷六《仙製藥性》**　密陀僧　味鹹、辛，氣平，有小毒。　主治：　禁久痢且治五痔，除白瘢而療諸瘡。補五臟而鎮心，治驚癇與嗽。嘔吐痰仙方，面膏絕妙。　補註：　治䵟黯班點方：　用二兩，細研，乳調塗面，每夜用之。〇赤白痢所下不多，遍數不減，用三兩燒令黄色，研如粉，每服醋、茶調下一錢。〇令面生光，用爲末，以乳煎塗面佳，兼治皻鼻皰。〇豆瘡瘢，面（壓）〔靨〕，細研末水調，夜塗之，明旦洗去，平復矣。　太乙曰：　時呼密陀僧，凡使搗令細，於甆鍋安置了，用重紙袋盛柳蚛末，焙密陀僧鍋中，次下東流水浸令滿，著火煮一伏時足，去柳末紙袋，取密陀僧用。

**明・皇甫嵩《本草發明》卷五**　蜜陀僧中品。味鹹、辛，平，有小毒。　主久痢，五痔，金瘡，口瘡面瘢䵟除白瘢。膏藥內用，不入湯藥。　閩中鉛銅冶處有之。煎鍊銀鉛脚，形如黄龍齒，堅重者佳。

**明・李時珍《本草綱目》卷八金石部・金類**　密陀僧《唐本草》

【釋名】沒多僧《唐本》　爐底恭曰：　密陀、沒多，並胡言也。　【集解】恭曰：　出波斯國，形似黄龍齒而堅重，亦有白色者，作理石文。頌曰：　今嶺南、閩中銀銅冶處亦有之，是銀鉛脚。其初采礦時，銀銅相雜，先以鉛同煎鍊，銀隨鉛出。又采山木葉燒灰，開地作爐，填灰其中，謂之灰池。置銀鉛於灰上，更加火煅，鉛滲灰下，銀住灰上，罷火候冷，出銀。其灰池感鉛銀氣，積久成此物，未必自胡中來也。承曰：　今市中所貨，是小瓶實鉛丹鍛成者，大塊尚有瓶形。銀冶所出最良，而罕有貨者。外國者未嘗見之。時珍曰：　密陀僧原取銀冶者，今既難得，乃取煎銷銀鋪爐底用之。造黄丹者，以脚滓鍊成密陀僧，其似瓶形者是也。

【修治】斆曰：　凡使搗細，安瓷鍋中，重紙袋盛柳蛀末焙之，次下東流水浸滿，火煮一伏時，去柳末、紙袋，取用。

【氣味】鹹、辛，平，有小毒。大明曰：　甘，平，無毒。時珍曰：　制狼毒。　【主治】久痢，五痔，金瘡，面上瘢䵟，面膏藥用之。《唐本》。保昇曰：　五痔，謂牡、酒、腸、血、氣也。　鎮心，補五臟，治驚癇欬嗽，嘔逆吐痰大明。　療反胃消渴，瘧疾下痢。止血，殺蟲，消積。治諸瘡，消腫毒，除胡臭，染髭髮時珍。

【發明】時珍曰：　密陀僧感鉛銀之氣，其性重墜下沉，直走下焦，故能墜痰、止吐、消積，定驚癇，治瘧痢，止消渴，療瘡腫。洪邁《夷堅志》云：　驚氣入心絡，瘖不能言語者，用密陀僧末一匕，茶調服，即愈。昔有人伐薪，爲狼所逐而得是疾，或授此方而愈。又一軍校采藤逢惡蛇病此，亦用之而愈。此乃驚則氣亂，密陀僧之重以去怯而平肝也。其功力與鉛丹同，故膏藥中用代鉛丹云。

【附方】舊三，新一十五。　痰結胸中：　不散。密陀僧一兩，醋、水各一盞，煎乾爲末。每服二錢，以酒、水各一小盞，煎一盞，温服，少頃當吐出痰涎爲妙。《聖惠方》。　消渴飲水：　神效丸：　用密陀僧二兩，研末，湯浸蒸餅丸梧子大。濃煎蠶繭、鹽湯，或茄根湯，或酒下，一日五丸，日增五丸，至三十丸止，不可多服。五六服後，以見水惡心爲度。惡心時，以乾物壓之，日後自定，甚奇。《選奇方》。　赤白下痢：　密陀僧三兩，燒黄色研粉。每服一錢，醋、茶下，日三服。《聖惠方》。　腸風痔瘻：　銅青、密陀僧各一錢，麝香少許，爲末，津和塗之。《濟急方》。　小兒初生：　遍身如魚脬，又如水晶，破則成水，流滲又生者。密陀僧生研擲之，仍服蘇合香丸。《救急方》。　驚氣失音：　方見發明。　腋下胡臭：　漿水洗淨，油調密陀僧塗。〇以一錢，用熱蒸餅一個，切開摻末夾之。《集簡方》。

香口去臭：　密陀僧一錢，醋調漱口。《普濟方》。　大人口瘡：　密陀僧鍛研摻之。《聖濟方》。　小兒口瘡：　不能吮乳。密陀僧末，醋調塗足心，瘡愈洗去。蔡醫博方也。《黎居士簡易方》。　鼻內生瘡：　密陀僧、香白芷等分，爲末。蠟燭油調塗之。《簡便方》。　鼻皶赤皰：　密陀僧二兩，細研。人乳調，夜塗旦洗。《聖惠方》。　痘瘡瘢厭：方同上。譚氏。　鼾黯斑點：方同上。《外臺》。　夏月汗斑：如瘮。用蜜陀僧八錢，雄黃四錢，先以薑片擦熱，仍以薑片蘸末擦之，次日即焦。《活人心統》。　骨疽出骨：一名多骨瘡，不時出細骨，乃母受胎未及一月，與六親骨肉交合，感其精氣，故有多骨之名，以密陀僧末，桐油調勻，攤貼之。即愈。《壽域方》。　血風臁瘡：密陀僧、香油入粗盌內磨化，油紙攤膏，反覆貼之。孫氏《集效方》。　陰汗濕痒：密陀僧末傅之。○戴氏加蛇牀子末。

**明·梅得春《藥性會元》卷下**　蜜陀僧　味鹹、辛，平，有小毒。即鍊銀淡爐底也。又云味酸、辛。　主治久痢，五痔，金瘡。面上瘢，作膏藥用之。

製法：搗令細，於磁鍋中，用厚紙盛柳蚛末焙之，下東流水，煮一伏時，去柳袋取用。

**明·李中立《本草原始》卷八**　密陀僧　始出波斯國，今各處銀銅冶中有之，是銀鉛脚。形似黃龍齒，堅重者妙。擊碎有金色者佳。一名沒多僧。密陀、沒多，並胡語也。氣味：鹹、辛，平，有小毒。主治：久痢，五痔金瘡，面上瘢鼾，面膏藥用之。○鎮心，補五臟，治驚癇，欬嗽嘔逆吐痰。○療反胃消渴，瘧疾，下痢止血。殺蟲，消積。治諸瘡，消腫毒，除胡臭，染髭髮。

密陀僧，《唐本草》。修治：凡使搗細，安瓷鍋中，重紙袋盛柳蛀末焙之，次下東流水浸滿，火煮一伏時，去柳末、紙袋，取用。

《聖惠方》：治鼻皶赤皰，密陀僧二兩，細研，人乳調，夜塗旦洗。

**明·張懋辰《本草便》卷二**　蜜佗僧　味鹹、辛、甘，氣平，有小毒。　主久痢，五痔，金瘡，口瘡，面上瘢鼾，面膏藥用之。

**明·李中梓《藥性解》卷一**　蜜陀僧　味鹹、辛，性平，有毒，不載經絡。主皮膚斑點，五痔金瘡，嗽嘔吐痰，禁瘧痢，鎮心驚，體重如金色者佳，水飛用。

按：蜜陀僧一名沒多僧，質極重，過服傷人臟。

**明·繆希雍《本草經疏》卷四**　蜜陀僧　味鹹、辛，平，有小毒。　主久痢，五痔，金瘡。面上鼾，面膏藥用之。舊出南閩中銀銅冶處，今甚難得，但取煎銷銀鋪爐底用之。

【疏】蜜陀僧感銀銅之氣而結，故其味鹹辛，氣平，有小毒。久痢，五痔，大腸濕熱積滯也。辛主散結滯，鹹主潤下除熱。大腸清寧，則久痢、五痔自瘳矣。體重，能消磨堅積；味鹹，能入血涼血，故又主金瘡及滅面上瘢鼾也。

【主治參互】《聖惠方》鼻皶赤皰，蜜陀僧二兩，細研，人乳調，夜塗旦洗。《活人心鑒》夏月汗癍如瘮，用蜜陀僧八錢，雄黃四錢，先以薑片擦熱，仍以薑片蘸末擦之，次日即焦。《壽域方》骨疽出骨，一名多骨瘡，不時出細骨。乃母受胎未及一月，與六親骨肉交合，感其精氣，故有多骨之名。以蜜陀僧末，桐油調勻，攤貼之，即愈。

【簡誤】蜜陀僧惟治鼾黯，傅面外，今人無復用以服食者。大都可外敷，不可內服。此藥難得真者，銷銀爐底，乃硝銅之氣所結，能爛一切物，故益不宜輕用。

**明·倪朱謨《本草彙言》卷一二**　密陀僧　味鹹、辛，氣平，有小毒。

蘇氏曰：密陀僧，出嶺南、閩中銀銅冶處，是銀鉛之脚。采礦時銀銅相雜，以鉛同煎煉，銀隨鉛出。又采杉木葉燒灰，開地作爐，填灰其中，謂之灰池。置銀、銅、鉛於灰上，加以炭火燒煅，鉛銅滲於灰下，銀浮灰上，退火候冷，出銀。其灰池感鉛銅銀氣，積久成此物。形似黃龍齒而堅重，亦有白色作理石文者。今市中所貨者，是小瓶實鉛丹煅成，大塊尚有瓶形。銀冶所出最良而少有。　李氏曰：此藥原取銀冶者。今銀冶難得，取煎銷銀鋪中爐底用之。造黃丹者，以脚滓煉成密陀僧，其似瓶形者是也。

密陀僧：入服食方，下結痰，日華子定驚癇，止反胃，療口瘡，朱丹溪截瘧疾，《唐本》禁久痢也。入外敷方，去面鼾，退鼻皶，滅汗斑，愈臁瘡，拔多骨，消痔瘻，散腫毒，《唐本》呼膿穢也。李瀕湖曰：其體重墜而沉，直走下焦血肉之裏，故能下結痰，去面鼾等證云。如《夷堅志》云：驚氣入心絡，喑不能言者，用此藥爲末，一匙，茶調服，即能言。此乃驚則氣亂，密陀僧之重以鎮怯而平肝也，其功用與黃丹同。今瘍科入膏藥方中，代黃丹、胡粉用之。又繆氏言：惟治鼾黯，敷塗外疾諸證之外，少用於服食料中者。大都可外敷，不可內服。此藥係銷銀爐底，乃鉛銅之氣所結，能潰爛一切生物，不宜輕用也。

集方：《聖惠方》治痰結胸中不散。用密陀僧一兩，米醋和水各一盞，煎乾，爲末。每用二錢，以酒水各一盞，煎一盞，溫服，少傾當吐出痰涎爲妙。○治驚氣失音，方見前論中。○周氏《小品》治反胃吐食。用密陀僧三錢，醋煮過。每用五分，米湯調服。○《聖濟方》治口瘡，不拘大人小兒。用密陀僧火燒，研爲細末，用少許搽口內。○《方脉正宗》治痰瘧久不愈。用密陀僧火燒，爲細末，每服八分，生薑湯調服。○《聖惠方》治久痢，不拘赤白。用密陀僧一兩火燒，研極細，每服八分，清晨白湯下。○《外臺秘要》治面上鼾黯斑點，并鼻皶赤疱。用密陀僧二兩，銀硃五錢，共研。人乳調，夜塗旦洗。

○《活人心統》治夏月汗斑。用密陀僧一兩，雄黃四錢，胡粉二錢，先以薑片擦斑上，仍以薑片蘸末擦之，次日即焦。○孫氏方治血風臁瘡。用密陀僧研細末，鮮猪油調，攤薄油紙上，再以油紙夾住，兩面反覆貼之。○《壽域方》治骨疽瘡，不時出細骨。用密陀僧研末，桐油調勻，攤油紙上，貼之。○《濟急方》治腸風痔瘻。用密陀僧、銅青各二錢，麝香少許，共爲末，用津吐調塗患上。○《外科方》治癰疽腫毒，未潰可散，已潰呼膿。未潰，用薑汁和米醋調敷；已潰，用作細末，填敷毒內，或以麻油熬稠，密陀僧研末，收作膏藥貼之。

**明・顧逢柏《分部本草妙用》卷一肝部・性平**　蜜陀僧　鹹、辛，平，小毒。　制狼毒。　主治：　久痢，五痔，金瘡，鎮心，驚癇嘔逆吐痰，止血，除蟲積、腫毒。　蜜陀感鉛銀之氣，性沉墜下，走下焦，故能降痰止吐，消積定驚。治瘧痢瘡腫，驚至失音不言，用蜜佗一匕，茶調服愈。以之傳蛇咬妙。性專平肝，并能鎮心，功與鉛丹相似，故膏中借用。

**明・李中梓《醫宗必讀・本草徵要下》**　密陀僧味辛，平，有小毒。色如金者良。

鎮心，主滅瘢䵟。五痔金瘡同借重，瘧家痢證共尋求。即煎銀爐底，感銀鉛之氣而成，其性重墜，故鎮心下痰，須水飛用，食之令人寒中。

**明・張景岳《景岳全書》卷四九《本草正・金石部》**　密佗僧　味鹹，平，有小毒。能鎮心神，消痰涎，治驚癇欬嗽，嘔逆反胃，瘧疾下痢，止血殺蟲，消積聚，治諸瘡腫毒，鼻皻面䵟汗班，金瘡五痔，辟狐臭，收陰汗脚氣。

**清・顧元交《本草彙箋》卷一〇**　蜜陀僧　非專是鉛底，故另出一條。大都感鉛銀之氣而結，重墜下沉，直走下焦，故爲墜痰止吐，瀉積定驚，治瘧痢，止消渴，療瘡腫之要品。今人但以之治：䵟黯傳面外，無復用以服食者。以此藥難得真者，銷銀爐底乃銷銅之氣所結，能爛一切物，益不宜輕用。凡銀銅冶處，初出礦時，銀銅相雜，充以鉛銅，煎煉銀隨鉛出。又采山木葉燒灰，開地作爐，填灰其中，謂之灰池，置銀鉛於灰上，更加火煅，鉛滲灰下，銀住灰上，罷火候冷，出銀，其灰池感鉛銀氣積久成者爲蜜陀僧。今市中所貨，乃取煎銷銀鋪爐底用之。　驚氣入心絡，瘖不能言者，用蜜陀僧末一匕，茶調服，即愈。昔有人伐薪，爲狼所逐，而得是疾，服此方愈。又一軍校，采藤逢惡蛇病此，亦用之。此乃驚則氣亂，蜜陀僧之重以去怯而平肝也。其功力與鉛丹同，故膏藥中用代鉛丹云。

**清・劉雲密《本草述》卷四**　密陀僧一名爐底。　頌曰：　嶺南閩中銀銅冶處有之，是銀鉛脚。其初採礦時，銀銅相雜，先以鉛同煎煉，銀隨鉛出，又採山木葉燒灰，開地作爐，填灰其中，謂之灰池，置銀鉛於灰上，更加火煅，鉛滲灰下，銀住灰上，罷火候冷，出銀，其灰池感鉛銀氣，置之積久成是物。今之用者，咸是此種。　時珍曰：　取用於銀冶者，今亦難得，多取煎銷銀鋪爐底用之。

愚按：　煎銷銀鋪有分金爐燒爐底，即密陀僧。市匠將銀油及傾銀壞罐，共搥成末，攪鉛子拌勻，置分金爐上，火煅出鉛，後用大鍋一口，入灰滿鍋，將前所燒出鉛，置鍋內灰上，用炭火煅化，其中銀在灰上，鉛墜灰底，即陀僧，與銀冶之灰池煅法，得銀上而鉛下者，無異也。故曰分金爐，固可以代銀冶之陀僧也。

氣味：　鹹、辛，平，有小毒。　日華子曰：　甘，平，無毒。　主治：　久痢五痔，謂牡酒腸血氣也。療驚癇，欬嗽嘔逆，吐痰，并反胃消渴，瘧疾，下痢止血，殺蟲，治諸瘡，消腫毒，面上瘢䵟，并膏藥用之。　時珍曰：　密陀僧感鉛銀之氣，其性重墜下沉，直走下焦，故能墜痰，止吐消積，定驚癇，治瘧痢，止消渴，療瘡腫。洪邁《夷堅志》云：　驚氣入心絡，瘖不能言語者，用密陀僧末一匕，茶調服，即愈。昔有人伐薪，為狼所逐，而得是疾，或授此方而愈。又一軍校採藤逢惡蛇，病此，亦用之而愈。此皆驚則氣亂，密陀僧之重以去怯而平肝也。其功力與鉛丹同。故膏藥中用以代鉛丹云。

愚按：　密陀僧之用，在時珍止以為重墜，直走下焦，能效墜痰止吐，消積等證之功耳。殊不察鉛本至陰，其下行者，乃返其所自始也。陰之不得下行，而返其所始者，由於陰不足也。如久痢是傷其陰氣者也。如驚癇是陰不足，不能為陽之守，以病於驚，不能達陽之用，以病於癇也。又如反胃，亦是陰不足，而不能下歸，以致陽上逆也。由此推之，若《本草》所治諸證，大都不越於斯義矣。第方書於諸證，何以用之寥寥也？　得非止宜於外傳，誠如繆希雍之所云耶？

附方　痰結胸中不散，密陀僧一兩，醋、水各一盞，煎乾為末，每服二錢，以酒、水各一小盞，煎一盞，溫服，少頃當吐出痰涎，為妙。　腸風痔瘻，銅青、密陀僧各一錢，麝香少許，為末，津和塗之。　骨疽出骨，一名多骨瘡，不時出細骨，乃母受胎未及一月，與父交合，感其精氣而然。以密陀僧末，桐油調勻，攤貼之，即愈。　血風臁瘡，密陀僧，香油入麤盌內，磨化，油紙攤膏，反覆貼之。　希雍曰：　密陀僧惟治䵟䵳音贈，䵟䵳，面黑氣也。傅面外，今人無復用以服食者，大都可外敷，不可内治。　此藥難得真者，銷銀爐底乃硝銅之氣所結，能爛一切物，故益不宜輕用。

修治：　此即煎銀爐底，堅重，碎之如金色者佳。　外傅、生用、内服，火煅黄色，細研。

**清・郭章宜《本草匯》卷一八**　蜜陀僧即爐底。　味辛、鹹，平，有毒。　鎮心主，滅瘢䵟。研末，人乳抹，夜塗旦洗。　五痔牡、酒、腸、血、氣。　金瘡同借重，瘧家痢證共尋求。

按：　蜜陀僧，即煎銀爐底，感銀鉛之氣而成。　性重沉墜，直走下焦。　故鎮心下痰，食之能令人寒中。　胃虚及因寒發吐者，勿服。　搗細，火煮一伏時，水飛用。

**清・蔣居祉《本草擇要綱目・平性藥品》**　蜜陀僧　氣味：　鹹、辛，平，有小毒。　主治：　久痢，五痔金瘡，面上瘢䵟，面膏藥用之。　殺蟲消積，治諸瘡，消腫毒。　除胡臭，染髭髮。　蜜陀僧感鉛銀之氣，其性重墜下沉，直走下焦，故能墜痰止吐，消積，定驚癇，治瘧痢，止消渴，療瘡腫。

**清・閔鉞《本草詳節》卷九**　密陀僧　【略】按：　密陀僧感銅銀之氣而結，其性重墜，直走下焦，去濕熱積滯，鹹入血分涼血，故治諸病。　昔人治驚氣入心絡，瘖不語，茶調一匕，屢效。　蓋重能去怯而平肝也。　其功力與鉛丹同，膏藥中用以代之。

**清・王翃《握靈本草》卷一**　密陀僧煉鉛所成。　一云銀銅冶處有之。　有瓶形，水浸煮一伏時。　主治：　密陀僧，鹹、辛，平，有小毒。　主久痢，五痔，金瘡，面䵟驚癇，欬逆痰。

**清・汪昂《本草備要》卷四**　蜜陀僧重，鎮驚，劫痰，消積。　辛、鹹，小毒。　感銀鉛之氣而結。　墜痰鎮驚，止血散腫，消積殺蟲，療腫毒，愈凍瘡，熟桐油調敷。　解狐臭，油調搽腋。　以饅頭蒸熟劈開，摻末夾腋下亦佳。　染髭鬚。　出銀坑，難得。　今用者乃傾銀爐底。　入藥煮一伏時。

**清・李熙和《醫經允中》卷一七**　蜜陀僧　制狼毒。　須煅過水飛用。　鹹、辛，平，有毒。　主治五痔，金瘡腫毒，降痰定驚，以之敷蛇咬妙。　但入口即吐，以陰毒之性能傷胃氣也。

**清・馮兆張《馮氏錦囊秘録・雜症痘疹藥性主治合參》卷五**　蜜陀僧感銀銅之氣而結，故味鹹辛，氣平，有小毒。　以辛散鹹軟之性，為去濕熱積滯之需，治久痢五痔諸症。　然此藥難得真者，若銷銀爐底所結，則硝銅之氣所成，能爛諸物，不可服餌，只可外敷。

蜜陀僧，擊碎有金色者佳。　多入膏藥，禁久痢，治五痔，除白瘢。　療諸瘡，敷鼻皶，愈金瘡。　桐油調貼，治多骨瘡疽。　多骨瘡，係骨疽，時出細骨。　乃母受胎未及一月，與六親骨肉交合，感其精氣，故有多骨之名。　以蜜陀僧末、地瀝青調匀，貼之即愈。

主治痘疹合參：　治面上痘瘡瘢痕。　以此研細水調，夜塗之，明旦洗去，則平復矣。

**清・张璐《本經逢原》卷一**　蜜陀僧　鹹、辛，平，小毒。　發明：　此感鉛銀硝石之氣而成，其性重墜，直入下焦，故能墜痰，截瘧療瘡腫。　治驚氣入心包絡，瘖不能言語者，用蜜陀僧末一匕，茶清調服即愈。　驚則氣亂，取重以去怯而平肝也，但入口則漾漾欲吐，以陰毒之性能傷胃氣也。　《聖惠方》鼻皶赤皰，蜜陀僧細研人乳調，夜則塗之。　《丹方》治背瘡初起，以醋煅七次，桐油調，圍患處即消。　同枯礬治汗瘢體氣，合五倍子染髭鬚，同鷹屎白滅瘢痕，水磨服解砒霜、硫黄毒。

**清・黄元御《玉楸藥解》卷三**　密佗僧　味辛，氣平。　入足厥陰肝經。　甯嗽止驚，化積殺蟲。　密佗僧沉墜下行，能降痰止吐，化積除驚，甯嗽斷痢，止血消腫，平痔瘻汗斑，口瘡鼻皶，臁瘡骨疽之屬。　研細水飛。

**清・吴儀洛《本草從新》卷五**　密陀僧〔重，鎮驚，劫痰，消積。〕　辛，平，有小毒。　感銀鉛之氣而結。　墜痰鎮驚，止血散腫，消積殺蟲。　療腫毒，解狐臭，油調搽腋，或以饅頭蒸熱劈開，摻末夾腋下亦佳。　滅瘢䵟，染髭鬚，療瘧痢五痔，金瘡凍瘡。　熱桐油調敷。　食之令人寒中。　出銀坑，難得。　今用者，乃傾銀爐底。　入藥煮一伏時。

**清・汪紱《醫林纂要探源》卷三**　密陀僧　辛、鹹，平。　出取丱銀坑中，難得。　今用乃傾銀罐底所積，實銀、鉛、銅餘氣所還結也。　謂之爐底。　有毒，能殺人。　須甘草水煮用。　鎮心神，散毒腫，墜痰殺蟲。　外傅略可治凍瘡，又搽脇治狐臭。　然爛人肉。

**清・嚴潔等《得配本草》卷一**　密陀僧一名爐底。　制狼毒。　鹹、辛，平，有小毒。　走下焦，墜痰鎮驚，散腫殺蟲。　治五痔，療金瘡。　得桐油，調貼骨疽。　配白芷、燭油，塗鼻内生瘡。　配茶調服，治驚氣失音。　驚氣入心絡則瘖。　佐蛇床子，敷陰汗濕癢。　和水調，塗痘瘢。　生研，摻小兒初生遍身如魚脬，又如水晶，破則成水流滲又生者，仍服蘇合香丸。　研末置瓷鍋内，重紙袋盛，柳蛀末焙之，次下東流水浸滿，火煮〔一伏時〕，去蛀末、紙袋用。此藥難得其真。若銷銀爐底所結者，爛諸物，不宜輕服，但宜外敷。

**題清・徐大椿《藥性切用》卷七** 密陀僧 性味辛平，散血消腫，解毒殺蟲，為外治瘢腫耑藥。

**清・黃宮繡《本草求真》卷二** 密陀僧燥濕除熱消痰，祛積鎮怯。 密陀僧耑入脾。係出銀坑之中，真者難得，今用多屬傾銀爐底，味辛而鹹，氣平小毒，大率多屬祛濕除熱。消積滌痰鎮墜之品，故書載能絕瘧除痢，安驚定魄，止血散腫，消積殺蟲及療腫毒。敷凍瘡，桐油調敷。解狐臭，漿水洗淨，油調密陀僧塗之，以一錢用熱蒸餅一箇，切開摻末夾之。染鬚髮，非其痰祛熱清濕除，重鎮軟堅，則病曷克去乎！ 時珍曰：密陀僧感鉛銀之氣，其性重墜下沉，直走下焦，故能墜痰止吐，消積定驚，治瘧痢，止消渴，療瘡腫。洪邁《夷堅志》云：驚氣入心，絡瘖不能語者，用密陀僧末一匙，茶調服即愈。但此出於銷銀爐裏，則有銅氣雜入，不堪入藥。且只可以外敷，不可以作服餌也。若入藥，須煮一伏時。

**清・羅國綱《羅氏會約醫鏡》卷一八金石水土部** 蜜陀僧味鹹辛，氣平，有小毒。以辛散鹹軟之性，為去濕熱積滯之需。鎮驚消痰，治痢療痔，除汗瘢，同硫黃、水粉、花椒、海螵蛸共研末，用生薑蘸擦，先以連翹四錢煎酒服，斷根。愈腫毒，殺諸蟲，鼻齄面䵟，收陰汗，神治多骨瘡疽。此疽時出細骨，桐油調塗即愈。出銀坑中，真者難得。今用者乃傾銀爐底，多有硝銅之氣，能爛諸物，不可服餌，只可外敷。

**清・王龍《本草纂要稿・金石部》** 蜜陀僧 氣味辛平而寒，有小毒。驚氣入心絡，瘖啞不能言者急施。䵟瘢滿面部，黑如漆點者立效。鎮心，補五臟。消疾，殺諸蟲。定驚癇，療反胃，截瘧，且禁泄痢。除狐臭，治諸瘡，止嗽，尤能吐痰。

**清・張德裕《本草正義》卷下** 密陀僧 鹹，平，有小毒。能鎮心消痰，治癲癇，殺蟲消積。治諸瘡腫毒，塗汗斑面䵟，辟狐臭，除脚氣。

**清・楊時泰《本草述鉤元》卷四** 密陀僧 一名爐底，是銀、鉛脚。嶺南、閩中銀銅冶處有之。其初採礦時，銀、銅相雜，先以鉛同煎煉，銀隨鉛出。又採山木葉燒灰，開地作爐，填灰其中，置銀、鉛於灰上，更加火煅。鉛滲灰下，銀住灰上，罷火候冷，出銀。其灰池感鉛、銀氣，置之積久成密陀僧頌。取於銀冶者，亦甚難得，今人多取銷銀鋪爐底用之瀕湖。按：銀鋪有分金爐，市匠將銀油及傾銀壞罐，共搥成末，攪鉛子拌勻，置分金爐上，火煅出鉛後，用大鍋一口，入灰滿鍋，將所燒出鉛置鍋內灰上，用炭火煅化，則銀在灰上，鉛墜灰底，即陀僧，與銀冶之灰池煅法得銀上而鉛下者無異。

味鹹、辛、甘，氣平，有小毒。治久痢五痔，牡、酒、腸、血、氣五種。療驚癇，并欬嗽，嘔逆吐痰，反胃，消渴，瘧疾，下痢，止血，殺蟲，消腫毒，治諸瘡，去面上瘢䵟，并膏藥用之。感鉛、銀之氣，其性重墜下沉，直走下焦瀕湖。驚氣入心絡，瘖不能言，用密陀僧末一匕，茶調服即愈。昔有人伐薪，為狼所逐，而得是疾，或授此方而愈。又一軍校採藤，逢惡蛇，病此，亦用之而愈。蓋驚則氣亂，陀僧之重以去怯而平肝也《夷堅志》。其功力與鉛丹同，故膏藥中用以代之。痰結胸中不散，密陀僧一兩，醋、水各一盞，煎乾為末，每服二錢，以酒、水各一小盞煎一盞，溫服，少頃當吐出痰涎為妙。腸風、痔瘻，銅青、密陀僧各一錢，麝香少許，為末，津和塗之。骨疽出骨，一名多骨瘡，不時出細骨。乃母受胎未及一月，與父交合，感其精氣而然，以密陀僧末，桐油調勻攤貼之，即愈。血風、臁瘡，密陀僧用香油磨化，油紙攤膏，反覆貼之。

**清・葉桂《本草再新》卷八** 蜜陀僧味辛，性平，有小毒。入脾、肺二經。 墜痰鎮驚，止血散腫，消核，殺蟲。療腫毒，治金瘡凍瘡。

**清・趙其光《本草求原》卷二四金部** 蜜陀僧 感銀鉛之氣而結，鉛本至陰下行。辛、鹹，小毒。從肺歸腎，治陰虛不能守陽、久痢，則傷陽，燒黃醋茶下。驚氣，陰虛陽越，茶調下。癇疾，陰虛而陽不達。反胃，消渴，陰不歸而陽逆。吐胸痰，醋水煎乾研，水酒下。墜痰，止血，散腫，去狐臭，油塗腋下。口臭，醋調嗽。消積，殺蟲，治口瘡，摻之，並醋調塗足心。痔瘻，同銅青、麝津塗。多骨疽，時出細骨，乃受胎未及月，父母交合，感其精氣而生。桐油調貼。血風臁瘡，油磨攤貼。陰汗濕癢，同蛇床敷。鼻齄，赤疱，痘瘢，面黑氣，斑點，具乳調夜搽。汗斑。先以薑擦，再以薑點雄黃末同擦。外敷，生研用；內服，煅黃用，亦可代鉛丹。

古用銀坑中煉銀之灰池鉛脚，今因難得，乃用傾銅爐底，有銅氣而無鉛氣，能爛物，止可外敷，不可內服。法用傾銀敗罐，同鉛研勻，置銀匠分金爐煅出鉛脚，再以鍋入滿灰，置鉛脚灰上煅之，則銀在灰上，鉛墜灰底，其底鉛即可代銀坑之陀僧。水磨服，解砒、硫毒。合五棓染髮，同枯礬治汗斑、狐臭。醋煅七次，桐油調，圍背瘡初起，即消。

**清・文晟《新編六書》卷六《藥性摘錄》** 蜜陀僧 辛鹹，氣平，有小毒。

散腫消痰，去積殺蟲。敷凍瘡，染須髮。○只宜外用。

**清·戴葆元《本草綱目易知錄》卷七**　蜜陀僧爐底　鹹、辛，有小毒。其性重墜下沉，直走下焦，鎮心墮痰，止吐止血，消痰殺蟲，治驚癇咳嗽，嘔逆吐痰，反胃消渴，瘧疾下痢，五痔，金瘡。補五臟，治諸瘡，消腫毒，除胡臭，染髭髮。去面上瘢䵟，面膏藥用之。制狼毒。

**清·陳其瑞《本草撮要》卷六**　蜜陀僧　味辛，平，有小毒，入手足太陰、厥陰經，功專墜痰鎮驚，止血散腫。以饅頭劈開，將蜜陀僧為末放其中，夾腋下，治狐臭氣。食之令人寒中。

## 爐甘石

**宋·王繼先《紹興本草》卷一**　爐甘石　味辛，微寒，有毒。主眼瞼瞤赤爛，癢痛，多淚，消瘀肉，退翳暈，能製銅為瑜石，採無時。用之燒赤，以黃連水淬七遍，淨地上去火毒一宿，次細研如粉，點目皆良。本草並不載此一種，今宜添入。生河東山谷，然江淮亦產，唯太原者佳。紹興新添。

**明·劉文泰《本草品彙精要》卷二**　爐甘石無毒　土生。

爐甘石：　主風熱赤眼，或癢或痛，漸生翳膜，及治下部生瘡，津唾調敷。今補。

〖地〗謹按：　此種出川、廣、池州山谷，其形膩軟，棱層作塊，大小不一。有粉紅色如梅花瓣者，亦有青白色而挾石者，入藥惟以純白而膩者佳，餘色粗礪爲劣。今以點煉蟹殼銅而成黃銅者，即此也。〖時〗生：　無時。採：　無時。〖用〗如羊腦者佳。〖色〗白。〖味〗甘。〖性〗平。〖氣〗氣之薄者，陽中之陰。〖臭〗朽。〖主〗明目退翳。〖製〗凡使以炭火鍛赤，童子小便淬三十次，研細用。黃連、龍膽草各一兩，當歸三錢，煎水二碗，飛過訖，重湯蒸乾，再研約一日，令極細如麵用。〖治〗療：　眼目昏赤，眵淚羞明，及風眼赤爛，隱澀疼痛，暴發腫痛，翳膜遮睛。〖合治〗製過甘石四兩，合膩粉、硇砂、白礬、黃連各半兩，銅青一兩半，白丁香、乳香、鉛白霜、膽礬各一字，另研令極細，每用少許點治新久病眼昏澀難開，翳膜遮睛，或成胬肉，冷淚及暴發赤眼腫痛。○製過甘石一兩，合珍珠、孩兒茶、輕粉、枯白礬各一分，片腦少許，治下部瘡。

**明·鄭寧《藥性要略大全》卷八**　爐甘石　明目去翳障，止淚，止金瘡血，長肉生肌。療莖頭妬精瘡。又能制銅使軟。眼科必用之藥。

**明·張四維《醫門秘旨》卷一五《煅煉門》**　煉爐甘石　用羊腦爐甘石不拘多少，去石入火煅紅。先將黃連、黃柏、黃芩、防風、荊芥、薄荷等分，煎濃湯去渣，入紅爐甘淬數次，俱碎在藥汁內為度，去夾石，同藥汁煅乾聽用。

**明·張四維《醫門秘旨》卷一五《藥性拾遺》**　爐甘石　味甘、辛，氣平，性溫，陽中之陰，無毒。去翳障，袪爛弦，明目生肌，斂口散血，驅風熱，收冷淚藥。

**明·皇甫嵩《本草發明》卷五**　爐甘石　明目去翳障，止淚眼爛翳，眼科必用之藥。但《本草》《別錄》不載其名。

**明·李時珍《本草綱目》卷九金石部·石類上**　爐甘石《綱目》

〖釋名〗爐先生土宿真君曰：　此物點化爲神藥絶妙，九天三清俱尊之曰爐先生，非小藥也。時珍曰：　爐火所重，其味甘，故名。〖集解〗時珍曰：　爐甘石所在坑冶處皆有，川蜀、湘東最多，而太原、澤州、陽城、高平、靈丘、融縣及雲南者爲勝，金銀之苗也。其塊大小不一，狀似羊腦，鬆如石脂，亦粘舌。產于金坑者，其色微黃，爲上。產於銀坑者，其色白，或帶青，或帶綠，或粉紅。赤銅得之，即變爲黃，今之黃銅，皆此物點化也。《造化指南》云：　爐甘石受黃金、白銀之氣熏陶，三十年方能結成。以大穢浸及砒煮過，皆可點化，不減三黃。崔昉《外丹本草》云：　用銅一斤，爐甘石一斤，鍊之即成鍮石一斤半。非石中物取出乎？　真鍮石生波斯，如黃金，燒之赤而不黑。

〖修治〗時珍曰：　凡用爐甘石，以炭火煅紅，童子小便淬七次，水洗淨，研粉，水飛過，晒用。

〖氣味〗甘，溫，無毒。〖主治〗止血，消腫毒，生肌，明目去瞖退赤，收濕除爛。同龍腦點，治目中一切諸病時珍。

〖發明〗時珍曰：　爐甘石，陽明經藥也。受金銀之氣，故治目病爲要藥。時珍常用爐甘石煅淬、海螵蛸、硼砂各一兩，爲細末，以點諸目病，甚妙。入朱砂五錢，則性不粘也。

〖附方〗新十五。目暴赤腫：　爐甘石火煅尿淬，風化消等分，爲末。新水化一粟點之。《御藥院方》。　諸般翳膜：　爐甘石、青礬、朴消等分，爲末。每用一字，沸湯化開，溫洗。日三次。《宣明方》。　一切目疾：　真爐甘石半斤，用黃連四兩，剉豆大，銀石器內，水二盌，煮二伏時，去黃連爲末，入片腦二錢半，研勻罐收。每點少許，頻用取效。○又方：　爐甘石煅一錢，盆消一錢，爲末。熱湯泡洗。　目中諸病：　石連光明散：　治眼中五輪八廓諸證，神效。爐甘石半斤，取如羊腦、鴨頭色者，以桑柴灰一斗，火煅赤研末，用雅州黃連各四兩，切片，煎水浸石，澄取粉，晒乾。用鉛粉二定，以二連水浸過，炒之。雄黃研末。每用甘石、鉛粉各三分，雄黃一分，片腦半分，研勻，點眼甚妙。《張氏方》。　目暗昏花：　爐甘石火煅童尿淬七次，代赭石火煅醋淬七次，黃丹水飛，各四兩爲末。白沙蜜半斤，以銅鐺鍊去白沫，更添清水五六盌，熬沸下藥，文武火熬至一盌，滴水不散，以夾帋濾入瓷器收之。頻點日用。《衛生易簡方》。　爛弦風眼：劉長春方：治風眼流淚，爛弦。白爐甘石四兩，火煅童尿淬七次，地上出毒三日，細研。每用椒湯洗目後，臨卧點三四次，次早以茶湯洗去，甚妙。○又方：爐甘石一斤火煅，黄連四兩煎水淬七次，爲末，入片腦。每用點目。○《宣明》眼科方：用爐甘石、石膏各一錢，海螵蛸三分，爲末。入片腦、麝香各少許，收點。○《衛生易簡方》用爐甘石二兩，以黄連一兩煎水，入童尿半盞再熬，下朴消一兩又熬成。以火煅石淬七次，洗净爲末，入密陀僧末一兩研匀，收點之。　聤耳出汁：爐甘石、礬石各二錢，臙脂半錢，麝香少許，爲末，繳净吹之。《普濟方》。　齒踈陷物：爐甘石煅、寒水石等分，爲末。每用少許擦牙，忌用刷牙，久久自密。《集玄方》。　漏瘡不合：童尿製爐甘石、牡蠣粉，外塞之。内服滋補藥。《雜病治例》。　下疳陰瘡：爐甘石火煅醋淬五次一兩，孩兒茶三錢，爲末，麻油調傅。立愈。通妙邵真人方。　陰汗濕痒：爐甘石一分，真蚌粉半分，研粉撲之。《直指方》。

**明・李中立《本草原始》卷八**　爐甘石　川蜀、湘東最多，太原、澤州、陽城、高平、靈丘、融縣及雲南者為勝。金銀之苗也。其塊大小不一，狀類滑石，鬆如石脂，亦粘舌，其色微黄者為上。産于銀坑者，其色白，或帶青，或帶緑，或粉紅。赤銅得之，即變為黄。今之黄銅，皆此物點化也。九天三清俱尊之曰爐先生，非小藥也。時珍曰：爐火所重，其味甘，故名爐甘石。氣味：甘，溫，無毒。主治：止血，消腫毒，生肌明目，去瞖退赤，收濕除爛。同龍腦點治目病。

爐甘石，新增。【圖略】俗呼片子爐甘。俗呼羊腦爐甘。修治：以炭火煅紅，童子小便淬七次，水洗淨，研粉水飛過，晒用。凡用，以片子者為勝。

時珍曰：爐甘石，陽明經藥也。受金銀之氣，故治目病為要藥。通妙邵真人方：治下疳陰瘡，用爐甘石火煅醋淬五次一兩，孩兒茶三錢，為末，脂麻油調傅，立愈。《集玄方》：治齒疏陷物，爐甘石煅，寒水石等分為末，每用少許擦牙，忌用刷牙，久久自密。

**明・繆希雍《本草經疏》卷三〇**　爐甘石　味甘，溫，無毒。主止血，消腫毒，生肌，明目去翳退赤，收濕除爛。同龍腦，點治目中一切病。

【疏】爐甘石，受金氣而結。味應甘辛，氣溫，無毒，其性帶澀。《經》曰：榮氣不從，逆於肉裏，乃生癰腫。甘溫能通暢血脈，則腫痛散，血自止，肌肉生也。又目得血而能視，風熱上壅則目為赤爛膚瞖。甘入脾而益血，辛溫能散風熱，性澀則能粘物，故同除瞖藥點目瞖及治目中一切病也。

【主治參互】一切目疾，真爐甘石半斤，用黄連四兩，剉碎，入銀石器内，水二盌，煮二伏時，去黄連，以甘石為末，入龍腦香二錢半，研勻，罐收。每點少許，頻用取效。　邵真人方下疳陰瘡，爐甘石煅，醋淬七次，一兩，孩兒茶三錢，為末，麻油調敷，立效。

**明・倪朱謨《本草彙言》卷一二**　爐甘石　味甘，氣溫，無毒。陽明經藥。

李氏曰：爐甘石，生川蜀、湘東，所在坑冶處皆有，而太原、澤州、陽城、高平、靈丘、融縣，及雲南諸處者更勝。其塊大小不一，狀似羊腦，鬆如石脂，亦粘舌不落。産金坑者，其色黄爲上；産銀坑者，其色白，或微青緑，或粉紅色，乃金銀之苗也。受金銀之氣，熏陶三十年方結成。此藥係爐火所重，其味甘，故名。

爐甘石：李時珍去目翳，收濕爛之藥也。顧汝琳抄《衛生方》治目病，諸般翳膜，眼風弦爛，冷淚時出。又耳聤濕爛，出水不收，及陰瘡下疳閧爛，幷兩胯陰汗，濕癢諸疾，或點搽，或敷摻，或配諸藥合用，隨證施治。

集方：《宣明眼科方》治一切目疾，或暴赤腫痛，或驟生翳障，或眼風弦爛，冷淚時出。用嫩爐甘石五錢，研極細，以川黄連三錢，川花椒二錢，煎濃汁，調入爐甘石末内，晒乾，再配瀝淨潔白玄明粉一錢，總研勻。凡遇目疾，用溫湯洗目，以清水一點，取藥米粞大，調之，點大小眦内。○《普濟方》治耳聤濕爛，久不愈。用嫩爐甘石二錢，枯礬一錢，冰、麝各五釐，共研勻，先用軟帛作撚繳淨，吹之。○邵真人方治下疳陰瘡。用嫩爐甘石三錢，孩兒茶一錢，研極細，加冰片一分，再總研，隨時摻之。○《直指方》治兩胯陰汗濕爛。用嫩爐甘石一兩，研極細，隨便敷之。

**明・黄承昊《折肱漫録》卷三**　爐甘石煅過，治風弦爛眼甚效。

**明・李中梓《醫宗必讀・本草徵要下》**　爐甘石味甘，溫，煅水飛。　散風熱而腫消，祛痰氣而翳退。　金銀之氣所結，為眼科要藥。

**明・蔣儀《藥鏡》卷一温部**　爐甘石　通血脉，散熱風。煮以黄連，佐以龍腦，點目而赤翳消。　孩兒茶佐，醋先淬煅，油調而下疳抹。

**明・傅仁宇《審視瑤函》卷六**　秘授製爐甘石法　用好田泥做成大窩球二箇，外以硼砂、硝石，不拘多少，共為末，即將所做窩二箇，日中曝乾極透，用上好羊腦甘石一斤，裝在窩内，將球相合，又用前硼、硝、鹽水調塗固濟，又用泥包過，以乾為度，以大炭週圍架之居中，煅至三炷香盡，色如松花樣為度。取出，淬人童便內，略輕蝺一遍，浮上者逼在一處，重濁不碎者裝入照前復煅，又淬，再蝺又逼，所沉者石脚，不用。細末，須炙烘得極乾，再用三黃湯，開列於後，煮過晒乾，收貯聽用。

煮爐甘石三黃湯藥味：　川黃連　黃蘗　川羌活　黃芩　山梔仁　防風　木賊草　蟬退　家菊花　白芷　蘇薄荷　細辛　當歸身　川芎　荊芥穗　大黃　赤芍藥　連翹等分　右剉一劑，白水四碗，煎至二碗，去滓澄清，入煅過甘石煮之。

**明・張景岳《景岳全書》卷四九《本草正》**　爐甘石　味甘，澁，性溫。能止血消腫毒，生肌斂瘡口，去目中翳膜赤腫，收濕爛。同龍腦點，治目中一切諸病。宜用片子爐甘，其色瑩白，經火煅而鬆膩味澀者為上。製宜炭火煅紅，童便淬七次，研粉，水飛過，晒用。若煅後堅硬，不鬆不膩者，不堪也。

**明・李中梓《本草通玄》卷下**　爐甘石　陽明藥也。　受金銀之氣，故能平肝。治目清腫，退赤去爛除翳。　煅紅，童便淬七次，研粉，水飛。入硃砂則不粘膩。

**清・顧元交《本草彙箋》卷一〇**　爐甘石　受金銀之氣結成。氣味甘溫。專治目中一切諸病，瘍家亦以之爲止血消腫生肌之用。爐甘石，蓋爐灰所鍾而味甘，所在坑冶處皆有之。其塊大小不一，狀似羊腦，鬆如石脂，亦粘舌，乃金銀之苗也。產于金坑者，色微黃，爲上。產於銀坑者，色白或帶青，或帶綠，或粉紅，赤銅得之即變黃，今之黃銅，皆此物點化。

一切目病，用爐甘石煅淬，海螵蛸，硼砂各一兩，爲極細末，點用。入朱砂五錢，則性不粘。又方：　爐甘石、青礬、朴硝，等分爲末，每用一字，沸湯化開，溫洗，日三次，以治諸般翳膜。又方：　爐甘石火煅，童便淬七遍，代赭石火煅，醋淬七遍，黃丹水飛，各四兩，共末，白沙蜜半斤，以銅鐺煉去白沫，更添清水五六碗，熬沸，下藥，文武火熬至一碗，滴水不散，以夾紙濾入瓷器收之，以點目暗昏花。又方：　白爐甘石四兩，童便煅淬七次，地上出毒三日，細研，每日椒湯洗目後，臨臥點三四次，次早以茶湯洗去，以治爛弦風眼。　漏瘡不合，童便製甘石，牡蠣粉外塞之，內服滋補藥。　下疳陰瘡，甘石火煅，醋淬五次，一兩，孩兒茶三錢，爲末，麻油調敷，立愈。

**清・穆石匏《本草洞詮》卷三**　爐甘石　爐甘石味甘，而為爐火所重，故名。九天三清俱尊之曰爐先生，非小藥也。氣溫，無毒。入陽明經。主止血消腫，生肌，明目，去翳退赤，收濕除爛。同龍腦點目中一切病。李瀕湖謂：常用爐甘石，煅淬，海螵蛸、硼砂各一兩，為細末，以點諸目病，甚妙。入朱砂五錢，則性不粘也。

**清・郭章宣《本草匯》卷一八**　爐甘石　味甘，氣溫，入陽明經。散風熱而消腫毒，除翳膜而散赤昏。

按：爐甘石，得金銀之氣而結成，故能平肝治目，清腫退赤，去爛除翳，為眼科要藥。川蜀、湘中最多。火煅紅，童便淬七次，研粉水飛，入硃砂則不粘膩。

**清・蔣居祉《本草擇要綱目・溫性藥品》**　爐甘石此物點化為神藥絕妙，九天三清俱尊之曰爐先生，非小藥也。凡用以炭火煅紅，童子小便淬七次，水洗淨，研粉，水飛過，晒用。　氣味：　甘，溫，無毒。　主治：　止血，消腫毒，生肌明目，去翳退赤，收濕除爛。同龍腦，點治目中一切諸病。爐甘石，陽明經藥也，受金銀之氣，故治目病為要藥。

**清・王翃《握靈本草》卷一**　爐甘石金銀坑處皆有，金銀之苗也。狀似羊腦，鬆如石脂，亦粘舌，其色微黃爲上，色白或帶青，或帶綠者次。　主治：　爐甘石，甘，溫，無毒。主消腫，生肌，明目，去翳，退赤除爛。

**清・汪昂《本草備要》卷四**　爐甘石燥濕，治目疾。　甘溫。陽明胃經藥。受金銀之氣，金勝木，燥勝濕，故止血消腫，收濕除爛，退赤去翳，爲目疾要藥。　產金銀坑中，金銀之苗也。狀如羊腦，鬆似石脂。能點赤銅爲黃。今之黃銅，皆其所點也。　煅紅，童便淬七次，研粉，水飛用。

**清・李熙和《醫經允中》卷二〇**　爐甘石　入胃經。　甘，溫，無毒。主治散風熱，除翳膜，為眼科要藥。

**清・馮兆張《馮氏錦囊秘錄・雜症痘疹藥性主治合參》卷五**　爐甘石　受金氣而結，味甘辛帶澀，氣溫，無毒。甘溫能通暢血脈，則腫毒散，血自止，肌肉生也。辛溫能散風熱，性澀則鹵粘物，故能除翳而點目翳，去口中赤爛目翳也。有用以治下疳陰瘡者，亦此義耳。治一切目疾，真爐甘石半觔，用黃連四兩，剉碎，入銀石器內，水二碗，煮二伏時，去黃連，以甘石為末，入龍腦香二錢半，研勻罐收，每點少許，頻用取效。一方：　治下疳陰瘡，爐甘石煅，醋淬七次，一兩，孩兒茶三錢，為末，麻油調敷立效。

**清・张璐《本經逢原》卷一**　爐甘石　甘，溫，無毒。　發明：　爐甘石得金銀之氣而成，專入陽明經而燥濕熱，目病為要藥。時珍常用爐甘石煅飛、海螵蛸、硼砂等分，為細末，點諸目疾皆妙。又煅過水飛，丸如彈圓，多攢簪孔燒赤，煎黃連汁，淬數次，點眼皮濕爛及陰囊腫濕，其功最捷。

**清・楊陳允《眼科指掌》**　製爐甘石法　用濕紫土為團如雞卵大，將甘石包在土團內，用先文後武火煅一時之久，取出，次用三黃水煎過，陰乾聽用。　又法：　將甘石(張)〔裝〕在銀鍋內，用火煅過，然後用童便浸半月，換過童便，又浸半月，方取起聽用，神效。

**清・黃元御《玉楸藥解》卷三**　鑪甘石　味甘，氣平。入手太陰肺經。兼醫痔瘻下疳，止血消毒，並療陰囊濕癢。鑪甘石清金燥濕，治眼病紅腫瞖障，弦爛淚流。鑪甘石生金銀礦，秉寒肅燥斂之氣，最明目退瞖，收斂瘡肉。鑪甘石清金燥濕，治眼病紅腫瞖障，弦爛淚流。

**清・汪紱《醫林纂要探源》卷三**　爐甘石　甘，溫。狀如羊腦而輕鬆，產金銀坑中。煅紅，童便淬七次，細研水飛。益脾土，緩肝急，毓養陰血，而止妄血。眼科要藥，治目赤爛弦，除濕，去翳膜。又止血消腫，蓋功專平肝也。

**清・嚴潔等《得配本草》卷一**　爐甘石　甘，溫。陽明經藥也。受金銀之氣，故治目疾為要藥。　時珍常用爐甘石煅淬，海螵蛸、硼砂各一兩，為細末，以點諸目病，甚妙。入朱砂五錢，則性不粘。得枯礬、胭脂、麝香，吹聤耳出汁。得真蚌粉，撲陰汗濕癢。配孩兒茶，搽下疳陰瘡。配青黛、冰片，搽下疳。　凡用爐甘石，以炭火煅紅，童便淬，或黃連煎水淬七次，洗淨研粉，水飛過，曬乾用。

**清・黃宮繡《本草求真》卷四**　爐甘石活血脈，散風熱。　爐甘石耑入胃。係金銀之苗，產於金銀坑中。《造化指南》云：　爐甘石受黃金、白銀之氣，薰陶三十年方能結成。狀如羊腦，鬆似石脂，能點赤銅為黃，甘辛而澁，氣溫無毒，其性專入陽明胃。蓋五味惟甘為補，惟溫為暢，是能通和血脈，故腫毒得此則消，而血自能克止，肌亦自克能生也。辛溫能散風熱，性澁能黏翳膜，故凡目翳得此，即能撥雲也。《宣明方》爐甘石、青礬、朴硝等分為末，每用一字，沸湯化，溫洗日三次。有用此治下疳陰濕，並齒疎陷物者，亦此義耳。爐甘石火煅醋淬五次一兩，孩兒茶三錢，為末。麻油調敷立愈。又《集玄方》，因齒疎物陷，用爐甘石煅、寒水石等分為末，每用少許擦牙，忌用銅刷，久久自密。時珍常用甘石煅飛、海螵蛸、硼砂，等分為細末，硃砂依分減半，同入點諸目病皆妙。煅用童便良。

**清・沈金鰲《要藥分劑》卷一〇**　爐甘石　【略】鰲按：　爐甘石主目疾者，目得血而能視，血衰則隱澁羞明。又或風熱上壅，致赤爛膚翳也。此藥味甘則入脾，而能益血，性溫則能散風熱，而不使為害，故功有由見也。

**清・羅國綱《羅氏會約醫鏡》卷一八金石水土部**　爐甘石味甘辛，溫，入胃經。　辛溫能散風熱。消腫，止血，生肌，除目瞖翳障、赤腫爛弦，一切目疾要藥。產金銀坑中，金銀之苗也，輕鬆者良。能點赤銅為黃，今之黃銅皆是。煅紅，童便淬七次用。

**清・黃凱鈞《藥籠小品》**　爐甘石　甘溫，能止血消腫，收濕祛痰，退眼疾赤爛翳膜。煅紅童便淬七次，研漂。

**清・張德裕《本草正義》卷下**　爐甘石　性溫，甘，澁。去目中翳障赤腫，消瘡毒，生肌斂口，一切濕爛諸瘡。同冰片點，治目中諸痛。片子色瑩白，火煅鬆膩者佳。須煅紅，童便淬七次，研粉，水飛。若煅而堅硬，不鬆膩者，不堪用。

**清・葉桂《本草再新》卷八**　鑪甘石味甘，性溫，無毒。入肝、脾二經。　止血消腫，收濕去痰，治目爛，退赤去翳，此品為目疾要藥。

**清・趙其光《本草求原》卷二五石部**　爐甘石　得金氣而結，味甘，入陽明胃經；　燥澀勝濕，氣溫，入肝散風熱。治目赤腫，煅，尿淬，同風化硝水化點。翳膜，同黃連煮煅，入海蛸、朱砂、硼砂、冰片研點；　又同青礬、朴硝煎洗。昏花，童尿淬，同醋淬，代赭石，水飛黃丹煉淨蜜和點。流淚爛弦，以童便、黃連煮煅，入石膏、海蛸冰麝研，加朴硝水淬，再入陀僧研，先以椒洗點之。止血，為目疾要藥。又生肌，治耳聤出汁，同白礬、胭脂、麝吹之。齒疏，同寒水石擦。漏瘡、童便製，同牡蠣塗，內服滋補藥。下疳、陰瘡、醋煅，同兒茶研，麻油調搽。陰濕癢。同蚌粉撲。

產金銀坑中，金銀之苗也。狀如羊腦，松似石脂，能點赤銅為黃。煅紅，尿或醋等淬七次，研粉，水飛用，飛過，丸如彈子，多鑽孔，燒赤，淬於黃連汁內數次，更去爛，治陰濕腫。

**清・文晟《新編六書》卷六《藥性摘錄》**　爐甘石　甘辛而溫。入胃和血脉，散風濕。點睛去翳。亦治下疳陰濕，並齒疎陷物。○煅用。得童便良。

**清・戴葆元《本草綱目易知錄》卷七**　爐甘石　甘，溫。陽明經藥，故能止血生肌，消腫毒。受金銀之氣久，又能明目去翳，退赤收濕，除爛弦風眼，一切目疾，同龍腦點之。【略】爛弦風眼，甘石煅二兩，黄連一兩，煎水去滓，入童尿半盞，下朴硝一兩，又熬以火煅甘石淬七次，洗淨爲末，入蜜陀僧末一兩，研勻，收點之。葆按：每末二錢，加片腦、硼砂各一分，研勻，更效。

**清・陳其瑞《本草撮要》卷六**　爐甘石：味甘，溫，入足陽明經，功專止血消腫，收濕祛痰，治爛腿，去赤翳。得海螵蛸、硼砂各一兩，硃砂五錢，研極細末，點目神效。以之煅醋淬七次，與兒茶為末，麻油調敷下疳陰瘡。今之黃銅，皆爐甘石所點。

## 錫

**明・劉文泰《本草品彙精要》卷五**　錫灰有毒。

錫灰：主殺蟲，去積。名醫所錄。【名】白鑞。【地】《圖經》曰：生桂陽山谷。今有銀坑處皆有之，而臨賀所出尤盛。又謂之白鑞，然有黑有白，黑即鉛也。與此形雖相近而所用殊別。錫灰乃以錫置鐵盤中，熔煉良久，澄下粗滓，如灰者是。今妙應丸中用之。【時】生：無時。採：無時。【用】灰。【色】黑褐。【味】鹹。【性】平。【氣】味厚于氣，陰中之陽。【臭】朽。【製】去錫細研，羅過用。

**明・王文潔《太乙仙製本草藥性大全》卷六《本草精義》**　錫灰　生桂陽山谷，今有銀坑處皆有之。而臨賀出錫尤盛，亦謂之白鑞。謹按：字書錫爲鑞，鉛爲青金，雖相似而入用殊別也。今醫家無雷丸，故以錫灰代之，大抵治證與雷丸無異也，故録之以俟後之知音者。

**明・王文潔《太乙仙製本草藥性大全》卷六《仙製藥性》**　錫灰　味甘，性冷，有微毒。主治：主殺三蟲而逐毒氣，善破積聚而驅蟲毒。小兒百痛疳痢益效，男子皮中結熱堪除。

**明・李時珍《本草綱目》卷八金石部・金類**　錫《拾遺》

【釋名】白鑞音臘　鈏音引　賀時珍曰：《爾雅》：錫謂之鈏。郭璞注云：白鑞也。方術家謂之賀，蓋錫以臨賀出者爲美也。　【集解】《別録》曰：錫生桂陽山谷。弘景曰：今出臨賀，猶是桂陽地界。鉛與錫相似，而入用大異。時珍曰：錫出雲南、衡州。許慎《說文》云：錫者，銀鉛之間也。《土宿本草》云：錫受太陰之氣而生，二百年不動成砒，砒二百年而錫始生。錫禀陰氣，故其質柔。二百年不動，遇太陽之氣乃成銀。今人置酒於新錫器內，浸漬日久或殺人者，以砒能化錫，歲月尚近，便被采取，其中蘊毒故也。又曰：砒乃錫根。銀色而鉛質，五金之中獨錫易制，失其藥則爲五金之賊，得其藥則爲五金之媒。《星槎勝覽》言：滿剌加國，於山溪中淘沙取錫，不假煎鍊成塊，名曰斗錫也。

【正誤】恭曰：臨賀采者名鉛，一名白鑞，惟此一處資天下用。其錫，出銀處皆有之。體相似，而入用大異。時珍曰：蘇恭不識鉛錫，以錫爲鉛，以鉛爲錫。其謂黃丹、胡粉爲炒錫，皆由其不識故也。今正之。

【氣味】甘，寒，微毒。獨孤滔曰：羚羊角、五靈脂、伏龍肝、馬鞭草皆能縮賀。硇、砒能硬錫。巴豆、蓖麻、薑汁、地黃能制錫。松脂銲錫。錫礦縮銀。　【主治】惡毒風瘡大明。

【發明】時珍曰：洪邁《夷堅志》云：汝人多病癭。地饒風沙，沙入井中，飲其水則生癭。故金房間人家，以錫爲井闌，皆夾錫錢鎮之，或沉錫井中，乃免此患。

【附方】新二。　解砒霜毒：錫器，於粗石上磨水服之。《濟急方》。　楊梅毒瘡：黑鉛、廣錫各二錢半，結砂，蜈蚣二條，爲末，紙卷作小撚，油浸一夜，點燈日照瘡二次，七日見效。《集玄方》。

**明・羅周彥《醫宗粹言》卷四**　粉錫法　錫溶化入水銀同擂，錫爲粉。

**明・姚可成《食物本草》卷二一金部**　錫李時珍曰：錫出雲南、衡州。許慎《說文》云：錫者，銀鉛之間也。《土宿本草》云：錫受太陰之氣而生，二百年不動成砒，砒二百年而錫始生。錫禀陰氣，故其質柔。二百年不動，遇太陽之氣乃成銀。今人置酒於新錫器內，浸漬日久或殺人者，以砒能化錫，歲月尚近，便被采取，其中蘊毒故也。又曰：砒乃錫根。銀色而鉛其質，五金之中獨錫易制，失其藥則為五金之賊，得其藥則為五金之媒。《星槎勝覽》言：滿剌加國，於山溪中淘沙取錫，不假煎鍊成塊，名曰斗錫也。

錫，味甘，寒，微毒。治惡毒風瘡。○李時珍曰：洪邁《夷堅志》云：汝人多病癭。地饒風沙，沙入井中，飲其水則生癭。故金房間人家，以錫為井闌，皆夾錫錢鎮之，或沉錫井中，乃免此患。

**明・顧逢柏《分部本草妙用》卷五腎部・寒瀉**　黑錫　甘，寒，無毒。

主治：鎮心安神，傷寒毒氣，反胃嘔噦，瘰癧瘻瘤癰腫。和青木香，傅毒處。下痰，噎膈風癇。解金石藥毒。○灰，殺蟲去積。同檳榔末，米飲服。

黑錫，北方癸水之氣，陰極之精，其體重，其性濡滑，能治一切陰陽混淆，上盛下虛，氣升不降，發為嘔吐眩運，噎膈反胃諸疾。所謂鎮墜之劑，有反正之功。但性帶陰毒，不可過服，恐傷人心胃耳。

**清・穆石匏《本草洞詮》卷三**　錫　受太陰之氣而生，二百年成砒，砒二百年而成錫。錫秉陰氣，故其質柔。二百年遇太陽之氣乃成銀。今人置酒於新錫器中，浸漬日久，或殺人者，以砒能化錫，歲月尚近故也。五金之中，獨錫易製，銀色而鉛質，失其藥則為五金之賊，得其藥則為五金之媒也。味甘，氣寒，微毒。治惡毒風瘡。《夷堅志》云：汝人多病癭，地饒風沙，沙入井中，飲其水則生癭。人家以錫為井闌，或沉錫井中，則無此患。

**清・张璐《本經逢原》卷一**　錫　辛，寒，微毒。　發明：錫為砒母，故新造錫器不可盛酒越宿，製瓶藏藥須舊錫雜鉛乃佳。昔人過飲燒酒昏迷欲絕，或令以錫器貯沸湯，蓋取氣水飲之即甦，此與炊單布治湯氣薰灼無異，同氣相感之力也。

**清・汪紱《醫林纂要探源》卷三**　錫　辛、酸，平。青金也。最柔者。

**清・趙其光《本草求原》卷二四金部**　錫　以砒為根，砒二百年成錫。甘寒而毒。故新錫器盛酒，久則殺人，宜舊錫雜鉛藏藥。若飲酒昏迷欲絕，以錫器貯沸湯蓋，取氣水飲之即解。又解砒毒，磨水飲。同氣相感也。　砒能硬錫，巴豆、蓖麻、生地、薑汁制錫。

鋼鐵

**宋・唐慎微《證類本草》卷四玉石部中品〔《別錄》〕**　鋼鐵　味甘，無毒。主金瘡，煩滿熱中，胸膈氣塞，食不化。一名跳音條鐵。

〔宋・馬志《開寶本草》〕注：解在鐵精條。

〔宋・唐慎微《證類本草》〕《圖經》：文具鐵條。

**宋・唐慎微《證類本草》卷四玉石部中品〔宋・馬志《開寶本草》〕**　鐵粉　味鹹，平，無毒。主安心神，堅骨髓，除百病，變白，潤肌膚，令人不老，體健能食，久服令人身重肥黑，合諸藥各有所主。其造作粉，飛鍊有法，文多不載。人多取雜鐵作屑飛之，令體重，真鋼則不爾。其針砂，市人錯鍒鐵爲屑，和砂飛爲粉賣之，飛鍊家亦莫辨也。取鋼鐵爲粉勝之。今附。

〔宋・唐慎微《證類本草》〕《圖經》：文具鐵條下。

**宋・王繼先《紹興本草》卷一**　鋼鐵　紹興校定：鋼鐵，諸有鋒刃而堅者，通名鋼鐵。《圖經》以謂取生、〔鍒〕相雜而成之，在方多以水磨取汁為用。性味主治已載《本經》，其無毒是矣。

**宋・劉明之《圖經本草藥性總論》卷上**　銅鐵　味甘，無毒。主金瘡，煩滿熱中，胸膈氣塞，食不化。一名跳鐵。

鐵粉　味鹹，平，無毒。主安心神，堅骨髓，除百病，變白潤肌膚，令人不老，體健能食。久服令人身重肥黑。合和諸藥，各有所主。其造作粉，飛煉有法，文多不載。人多取雜鐵，作屑飛之，令體重，真鋼則不爾。其針砂市人錯鍒鐵為屑，和砂飛為粉，賣之，飛煉家亦莫辨也。取鋼鐵為粉，勝之。

**明・滕弘《神農本經會通》卷六**　針砂　作針家磨鑢細末，謂之針砂。又云：針是其真鋼，砂堪用。人多以雜和之，謬也。陳藏器云：性平，無毒。堪染白為皂，及和沒食子染鬚至黑。飛為粉，功用如鐵粉。

鋼鐵　以生柔相雜和，用以作刀劍鋒刃者是也。　味甘，無毒。《本經》云：主金瘡，煩滿熱中，胸膈氣塞，食不化。一名跳音條鐵。

**明・劉文泰《本草品彙精要》卷四**　鋼鐵無毒　鍛煉成。

鋼鐵：主金瘡，煩滿熱中，胸膈氣塞，食不化。名醫所錄。　〔名〕跳音條鐵。

〔地〕《圖經》曰：出江南、西蜀有爐冶處皆有之。其鋼鐵以生柔相雜和用，以作刀劍鋒刃者是也。　〔時〕採：無時。　〔用〕堅精而脆者。〔色〕黑。　〔味〕甘。　〔性〕寒。　〔氣〕氣之薄者，陽中之陰。　〔臭〕腥。

**明・王文潔《太乙仙製本草藥性大全》卷六《本草精義》**　鐵粉　蓋鐵各處有之，宜取鋼鐵爲粉者尤勝。又云：入火飛煉者爲鐵粉。其造作粉，飛煉有法，文多不載。人多取雜鐵作屑飛之，令體重，真鋼則不爾。其針砂，市人錯鍒鐵爲屑和砂，飛爲粉賣之，飛煉家亦莫辨也。

鋼鐵　鋼鐵者，一名跳鐵。以生熟雜煉，生録作刀鐮，磨石鋒刃易成者。皆煮汁用服。

**明・王文潔《太乙仙製本草藥性大全》卷六《仙製藥性》**　鋼鐵　味甘，氣平，無毒。　主治：去胸膈積痞食停，主金瘡煩滿熱中。

鐵粉　味鹹，氣平，無毒。　主治：安心神，堅骨髓而神捷，除百病，變白髮於須臾。潤肌膚令人不老，健身體飲食能食。久服俾身重髮肥，合和諸藥有準。

**明・李時珍《本草綱目》卷八金石部・金類**　鋼鐵《別錄》中品。校正：併入《開寶》鐵粉，《拾遺》鍼砂。

〔釋名〕跳鐵音條。　〔集解〕時珍曰：鋼鐵有三種：有生鐵夾熟鐵鍊成者，有精鐵百鍊出鋼者，有西南海山中生成狀如紫石英者。凡刀劍斧鑿諸刃，皆是鋼鐵。其鍼砂、鐵粉、鐵精，亦皆用鋼鐵者。按沈括《筆談》云：世用鋼鐵，以柔鐵包生鐵泥封，煉令相入，謂之團鋼，亦曰灌鋼，此乃僞鋼也。真鋼是精鐵百鍊，至斤兩不耗者，純鋼也。此乃鐵之精純，其色明瑩，磨之黯然青且黑，與常鐵異。亦有鍊盡無鋼者，地産不同也。又有地溲，淬柔鐵二三次，即鋼可切玉，見石腦油下。凡鐵内有硬處不可打者，名鐵核，以香油塗燒之即散。

【氣味】甘，平，無毒。　【主治】金瘡，煩滿熱中，胸膈氣塞，食不化《別錄》。

鐵粉宋《開寶》。恭曰：乃鋼鐵飛鍊而成者。人多取雜鐵作屑飛之，其體重，真鋼者不爾也。

【氣味】鹹，平，無毒。　【主治】安心神，堅骨髓，除百病。變黑，潤肌膚，令人不老，體健能食，久服令人身重肥黑。合和諸藥，各有所主《開寶》。化痰鎮心，抑肝邪，特異許叔微。

【發明】見鐵落下。

【附方】新六。　驚癇發熱：鐵粉，水調少許服之。《聖惠方》。　急驚涎潮：壯熱悶亂。鐵粉二錢，朱砂一錢，爲末。每服一字，薄荷湯調下。《楊氏家藏方》。　傷寒陽毒：狂言妄語亂走，毒氣在臟也。鐵粉二兩，龍膽草一兩，爲末。磨刀水調服一錢，小兒五分。《全幼心鑒》。　頭痛鼻塞：鐵粉二兩，龍腦半分，研勻。每新汲水服一錢。《聖惠方》。　雌雄疔瘡：鐵粉一兩，蔓菁根三兩，搗如泥封之，日二换。《集玄方》。　風熱脱肛：鐵粉研，同白斂末傅上，按入。《直指方》。

鍼砂《拾遺》。藏器曰：此是作鍼家磨鑢細末也。須真鋼砂乃堪用，人多以柔鐵砂雜和之，飛爲粉，人莫能辨也。亦堪染皂。　【主治】功同鐵粉。和沒食子染鬚，至黑藏器。消積聚腫滿黄疸，平肝氣，散癭時珍。

【附方】新十。　風濕脚痛：鍼砂、川烏頭爲末，和勻炒熱，綿包熨之。《摘玄方》。　風痹暖手：鐵砂四兩，硇砂三錢，黑脚白礬六錢，研末，以熱醋或水拌濕，油紙裹置袋内，任意執之，冷再拌。《聖濟錄》。　脾勞黄病：鍼砂四兩，醋炒七次，乾漆燒存性二錢，香附三錢，平胃散五錢，爲末，蒸餅丸梧子大。任湯使下。《摘玄方》。　濕熱黄疸：助脾去濕。針砂丸：用鍼砂不拘多少，擂盡鏽，淘洗白色，以米醋於鐵銚内浸過一指，炒乾，再炒三五次，候通紅取出。用陳粳米半升，水浸一夜，搗粉作塊，煮半熟，杵爛，入鍼砂二兩半，百草霜炒一兩半，搗千下，丸梧子大。每服五十丸，用五加皮、牛膝根、木瓜浸酒下。初服若泄瀉，其病源去也。《乾坤生意》。　水腫尿少：鍼砂醋煮炒乾、猪苓、生地龍各三錢，爲末，葱涎研和，傅臍中約一寸厚，縛之，待小便多爲度，日二易之。入甘遂更妙。《德生堂方》。　泄瀉無度：諸藥不效。方同上，不用甘遂。《醫學正傳》。　虚寒下痢：腸滑不禁。鍼砂七錢半，官桂一錢，枯礬一錢，爲末，以凉水調攤臍上下，縛之。當覺大熱，以水潤之。可用三四次，名玉胞肚。《仁存方》。　項下氣癭：鍼砂入水缸中浸之，飲食皆用此水，十日一换砂，半年自消散。楊仁齋《直指方》。　染白鬚髮：鍼砂醋炒七次一兩，訶子、白及各四錢，百藥煎六錢，緑礬二錢，爲末，用熱醋調刷鬚髮，菜葉包住，次早酸漿洗去。此不壞鬚，亦不作紅。〇又方：鍼砂、蕎麪各一兩，百藥煎爲末，茶調，夜塗旦洗。再以訶子五錢，沒食子醋炒一個，百藥煎少許，水和塗一夜，温漿洗去，黑而且光。

**清・汪紱《醫林纂要探源》卷三**　鐵砂　辛、苦、鹹，寒。琢針所錯落者。行水消腫，兼濟心腎。治疸散癭，染鬚髮。凡鐵汁色黑，皆染緇。

**清・黄宫繡《本草求真》卷二**　鐵粉入肝平木，重墜鎮驚，療狂。鐵粉耑入肝。氣辛性平。煅時砧上打落者名鐵落，如塵飛起者名鐵精。器物生衣者名鐵鏽。鹽醋浸出者名鐵華，刮取細搗為粉。本草云：鐵受太陽之氣。始生之初，鹵石産焉，一百五十年而成磁石，二百年孕而成鐵，又二百年不經採煉而成銅，銅復化為白金，白金化為黄金，是鐵與金銀同為一氣。今取磁石碎之，内有鐵片可驗矣。諸書所著治功，止載定驚療狂，消癰解毒數效。即其所云定驚療狂，亦止就鐵重墜之意起見，故云可以定療。豈真救本求源之治哉！暫用則可，久用鮮效，且諸草藥切忌。時珍曰：凡諸草藥，皆忌鐵器。而補腎藥尤忌。否則反消腎上肝傷氣，母氣愈虚矣。畏磁石、皂莢，皂莢木作薪則釜裂。煅赤醋沃七次用。

**清・趙其光《本草求原》卷二四金部**　鐵粉　煉鋼鐵所飛者。鹹，平，無毒。鎮心化痰，抑肝邪，堅骨髓，治驚癇發熱、水調下。急驚涎潮、同朱砂、薄荷湯下。傷寒陽毒狂走、同膽草研，磨刀水下。風熱脱肛。同白斂敷按入。

**清・文晟《新編六書》卷六《藥性摘錄》**　鐵粉　辛，平。入肝平木，重墜，鎮急驚，療癲狂，敷癰解毒。煅赤，醋沃七次，研細用。勿久服。〇畏磁石，皂角。

## 馬口鐵

**清・趙學敏《本草綱目拾遺》卷二金部**　馬口鐵　一名馬銜鐵，乃馬口中嚼環是也。其性愈久愈軟，市人以之打簪鐲戒指，偽充銀器，儼如真者，或以作包金地子，皆好。年久者質軟，更得馬之精液，入藥良。　味辛，煎湯治小兒驚風。

## 鐵

**宋・唐慎微《證類本草》卷四玉石部中品〔《本經》〕**　鐵　**主堅肌耐痛。**

〔宋・掌禹錫《嘉祐本草》〕按：《詳定本草》云：作熟鐵。日華子云：鐵，味辛，平，有毒。畏磁石、灰炭等，能制石亭脂毒。

〔宋・馬志《開寶本草》〕注：解在鐵精條。

〔宋・蘇頌《本草圖經》〕曰：鐵，《本經》云：鐵落出牧羊平澤及祊音伻城或析城，諸鐵不著所出州郡，亦當同處耳。今江南、西蜀有鑪冶處皆有之。鐵落者，鍛家燒鐵赤沸，砧上打落細皮屑，俗呼爲鐵花是也。初鍊去鑛，用以鑄瀉器物者，爲生鐵。再三銷拍，可以作鍱者，爲鑐鐵，亦謂之熟鐵。以生柔相雜和，用以作刀劍鋒刃者，爲鋼鐵。鍛竈中飛出如塵，紫色而輕虚，可以瑩磨銅器者，爲鐵精。作針家磨鑢細末，謂之針砂。取諸鐵於器中，水浸之，經久色青沫出，可以染皂者爲鐵漿。以鐵拍作片段，置醋糟中，積久衣生刮取之，爲鐵華粉。入火飛鍊者，爲鐵粉。作鐵華粉自有法，文多不載。諸鐵無正入丸散者，惟煮汁用之，華粉則研治極細，合和諸藥。又馬銜、秤錘、車轄及杵、鋸等，皆燒以淬酒用之，刀斧刃磨水作藥使，並俗用有效，故載之。

〔宋・陳承《重廣補注神農本草並圖經》〕別說云：謹按：鐵漿即是以生鐵漬水服餌者。日取飲，旋添新水。日久鐵上生黄膏，則力愈勝，令人肌體輕健。唐太妃所服者，乃此也。若以染皂者爲漿，其酸苦臭澀安可近，況爲服食也。

**宋・唐慎微《證類本草》卷四玉石部中品〔《別録》〕** 生鐵 微寒。主療下部及脱肛。

〔宋・掌禹錫《嘉祐本草》〕按：日華子云：生鐵鏽鍛後，飛，淘去麄赤汁，烘乾用。治癇疾，鎮心，安五藏，能黑鬢髮。治癬及惡瘡疥，蜘蛛咬，蒜摩，生油傅並得。

《圖經》：文具鐵條下。《千金方》：治耳聾。燒鐵令赤，投酒中飲之，仍以磁石塞耳。《肘後方》：治熊、虎所傷毒痛。煮生鐵令有味，以洗之。又方：若被打，瘀血在骨節及脇外不去。以鐵一斤，酒三升，煮取一升，服之。《集驗方》：治脱肛，歷年不愈。以生鐵三斤，水一斗，煮取五升，出鐵，以汁洗，日再。《子母秘録》：治小兒得卒熛瘡，一名爛瘡。燒鐵淬水中二七偏，以浴兒三二偏，起作熛瘡漿。

**宋・唐慎微《證類本草》卷三玉石部上品〔唐・陳藏器《本草拾遺》〕** 勞鐵 主賊風。燒赤投酒中，熱服之。勞鐵經用辛苦者，鐵是也。

**宋・王繼先《紹興本草》卷一** 生鐵 紹興校定：生鐵，及鐵作器用之物，及鐵初出礦者，俱名生鐵。主治已載《本經》，而不云有無毒。今生鐵在方，多以酒淬取汁為用，不正入丸散。比之秤錘，不經火鍛煉，當作微寒、無毒是矣。注說：生鐵銹亦有主治，與上卷陳藏器餘鐵銹主治頗同。

**宋・劉明之《圖經本草藥性總論》卷上** 生鐵 微寒。主療下部及脱肛。日華子云：生鐵煅後，飛淘去麄赤汁，烘乾用。治癬及惡瘡疥。蜘蛛咬，蒜摩，生油傅並得。《肘後方》：治熊虎所傷毒痛，煮生鐵，令有味以洗之。《千金方》：治耳聾，燒赤，投酒中，飲之，仍以磁石塞耳中，夜去之。

**明・王綸《本草集要》卷五** 生鐵 氣微寒。主療下部及脱肛，水煮汁，洗之。耳聾，燒令赤，投酒中，飲之。被打，瘀血在骨節脇外不去，取一斤，用酒三升，煮取一升，服之。

**明・滕弘《神農本經會通》卷六** 生鐵 初鍊去鑛，用以鑄瀉器物者是也。

氣微寒。《本經》云：主療下部及脱肛。《千金方》治耳聾，燒鐵令赤，投酒中，飲之，仍以磁石塞耳中，日一易，夜去之，且別著。又治被打，瘀血在骨節及脇外不去，以鐵一斤，酒三升，煮取一升服之。又治脱肛，歷年不愈，以生鐵三斤，水二斗，煮取五升，出鐵，以汁洗之，日再。

**明・劉文泰《本草品彙精要》卷四** 鐵有毒 土生。

**鐵：主堅肌耐痛。**《神農本經》。〔地〕《圖經》曰：單言鐵者，鍒鐵也。諸鐵不著所出州土。今江南、西蜀有爐冶處皆有之。鐵乃黑金也，其體堅重，至於熔冶然後成器。蓋鐵有生有熟、有鋼有精、有落有粉，並華粉、胤粉之類，祈文立條。而鑐鐵乃再三拍打以作鍱者，亦謂之熟鐵也。〔時〕採：無時。〔用〕鍒鐵。〔質〕類磁石。〔色〕黑。〔味〕辛。〔性〕平，散。〔氣〕氣之薄者，陽中之陰。〔臭〕腥。〔反〕畏磁石、石灰炭。〔解〕制石亭脂毒。

生鐵 土生。

生鐵：主療下部及脱肛。名醫所録。〔地〕《圖經》曰：出江南、西蜀有爐冶處有之。初煉去鑛，用以鑄瀉器物者爲生鐵。即陶隱居所謂不破鑐音柔、鎗音錚、釜之類是也。〔時〕採：無時。〔用〕鑄成器物者。〔色〕黑。〔味〕辛。〔性〕微寒。〔氣〕氣之薄者，陽中之陰。〔臭〕腥。〔主〕鎮心，惡瘡。〔製〕日華子云：鍛後飛，淘去粗赤汁，烘乾用。或燒紅投淬酒中或水中，並堪用。〔治〕療：日華子云：除癇疾，鎮心，安五臟，能黑鬚髮及惡瘡疥癬。《別錄》云：熊虎所傷毒痛，煮令有味，洗之。治脱肛久不愈，以生鐵煮水洗之，日再。〔合治〕燒赤投酒中飲之，仍以磁石塞耳中，日一易，夜去之，且別著，治耳聾。〇以一斤合酒三升，煮取一升，服之，療被打瘀血在骨節及脇外不去。〇燒赤淬水二七遍，浴療小兒熛瘡，即爛瘡也。○合蒜、生油摩，傅蜘蛛咬。

**明・許希周《藥性粗評》卷四** 鐵片置醋糟以取衣，便安心志。

此當與前條類看，以鐵一片，置醋糟中，少頃上浮性衣一層，取而服之。主治與前條同。蓋鐵性重且寒，足以鎮心而壓伏邪熱。

**明・鄭寧《藥性要略大全》卷八** 鐵粉 除結熱，通大便，定心，療驚悸，脫肛。 味鹹、酸澁，氣寒，無毒。即鐵銹也。一名鐵落，一名鐵精。

**明・陳嘉謨《本草蒙筌》卷八** 生鐵 味辛，氣微寒。無毒。出閩廣，畏磁石。鑄器皿堪用，拍片段弗能。凡入方劑拯疴，難作丸散正用。須煆過，麄赤汁淘淨； 復燒紅，酒或水任煎。脫肛及熊虎咬傷，取湯日洗； 被打致血凝骨節，用酒時嘗。耳聾亦可服之，必塞磁石纔効。凡耳聾以生鐵投酒，日服，任綿裹磁石塞耳內，日一易，夜去之。○熟鐵一名鍒鐵，削粉可作諸般。煮汁下咽，堅肌耐痛。 鋼鐵以生熟雜鍊，作刀磨鋒刃易成。去胸膈痞積食停，主金瘡煩滿熱中。○鐵落乃燒赤砧上打落皮屑，煎服治諸瘡毒氣焮在皮膚。 鐵精煆竈中飛出如塵，紫色輕虛者為妙； 可摩瑩銅器皿，亦堪染皂。入劑療驚悸心神不足，小兒風癇證亦宜。 鐵漿取鐵浸水中，經久自浮青沫； 飲下解諸毒入腹，由虎蛇犬嚙傷。主癲癇發狂，鎮心氣退熱。 鐵繡着濕即有，生鐵上者纔佳。蜘蛛等傷，醋摩敷愈。惡瘡疥癬，油調塗差。○鐵華粉氣味鹹平，係鋼鐵鍛共作葉。平面摩醋淨光。鹽水灑投于醋甕，埋陰處自然生衣。刮研成霜，能去百病。安心神，堅骨髓，強志力，卻風邪。養血氣延年，烏鬚髮耐老。若為丸散，須和棗膏。 又有針砂，乃針家摩鑢細末。堪治黃胖，務釅醋浸透煮乾。 鑰匙治婦人血噤失音，薑醋尿煮服。 刀刃主蛇虺咬毒入腹，地漿水摩吞。 鋸漬酒，治悞吞竹木入喉。○斧淬酒，治婦人難產不下。 秤錘拉鐵，並去賊風； 用之燒紅，淬酒頓飲。

**明・王文潔《太乙仙製本草藥性大全》卷六《本草精義》** 生鐵 諸鐵舊本不著所出州土，今湖陝、閩廣、江南、西蜀皆有之。所出山谷皆有鐵砂，用爐冶烹煆鎔出，初鍊去礦，用以鑄瀉器物，鍋鼎鐺釜者俱爲生鐵。入藥用煆，水飛淘去麄汁，汁烘乾，再燒令赤，酒淬服之。 諸鐵不入丸散，皆煮漿用之。俱畏磁石、灰炭等。

**明・王文潔《太乙仙製本草藥性大全》卷六《仙製藥性》** 生鐵 味辛，氣微寒，無毒。 主治： 治癇疾，鎮心安五臟，黑髮。療癬疥妙方，祛惡瘡秘法。脫肛及熊虎咬傷，取湯日洗； 被打致血凝骨節，用酒時嘗。耳聾亦可服之，必塞磁石纔效。 補註： 治耳聾，燒鐵令赤，投酒中飲之，仍以磁石塞耳中，日一易，夜去。熊虎所傷毒痛，煮生鐵令有味以洗之。○被打瘀血在骨節及脇外不去者，以生鐵酒煮服之。○脫肛歷年不愈，以生水煮汁洗之，日再洗。○小兒卒得熛瘡，一名爛瘡，燒鐵淬水七遍，以浴兒二三次即差。 熟鐵： 味辛，氣平，無毒。 主治： 主堅肌之妙劑，耐疼痛之良方。能刺石亭脂毒，煮汁下咽尤捷。

淬鐵水 味辛，氣平，無毒。即打鐵時堅鐵槽中水也。 主治： 治小兒丹毒，暖飲一合良。

勞鐵 經用辛苦者是也。 主治： 主賊風，燒煆赤，投酒中，熱飲之效。

**明・皇甫嵩《本草發明》卷五** 鐵類中品。其中用者各不同。 發明曰： 鐵類大率鎮固解毒之用，凡入方劑，難作丸散，惟煮汁用之。

生鐵，微寒，味辛。初鍊去礦用，以鑄鎢器物者，為生鐵。 須煆過，粗赤汁淘淨，復燒紅，酒或水任煎下。主下部脫肛。又云： 治癇疾，鎮心，安五臟，黑鬚髮。治癬及惡瘡疥，蜘蛛咬，蒜摩。生油傅脫肛及熊虎咬傷，湯洗之。撲打瘀血凝骨節間，用酒煮飲之。 柔鐵，即熟鐵。味辛，平，有毒。畏磁石、灰炭。能制石亭脂毒。主堅肌耐痛。 鋼鐵，味甘。以生熟雜鍊，作刀劍，磨鋒刃易成。主金(鎗)〔瘡〕，煩滿熱中，胸膈氣痞，食停不化。 鐵精，煆，鍛灶中飛出如塵，紫色輕虛者佳。可磨銅器。微溫。療驚悸，定心氣，小兒風癇，陰癀脫肛，主明目，化銅。 鐵落，乃燒赤砧上打落皮屑。味辛，平。主風熱惡瘡瘍，疽瘡痂疥，氣在皮膚中，除膈中熱氣，食不下，止煩，去黑子。 鐵漿，取鐵浸水中，經久自浮青沫是。飲之鎮心，主癲癇，發熱狂走。又治蛇、虎、犬、狼、惡蟲等嚙傷，服之毒不入腹。又堪染皂。 鐵華粉，味鹹，平。係(剛)〔鋼〕鐵煆(共)〔平〕作葉，平面磨錯(爭)〔净〕光，鹽水洒，投于醋甕，(理)〔埋〕陰處，自生衣，刮研成霜。主安心神，堅骨髓，除百病，潤肌膚，躰健能食，烏鬚髮，久服耐老，令人身重肥黑。取真(剛)〔鋼〕鐵鍊之，取霜，搗篩，入鉢研如麪，和合諸藥為丸。此鐵之〔精〕華，功用強如鐵粉也。 鐵蓺，以竹木蓺火于刀斧上燒之，津出如(不)〔漆〕者，是也。一名刀煙。主惡瘡蝕䘌，金瘡毒物傷皮肉，止風水不入，入水不爛手足。染鬚髮永黑，並及熱未凝，塗之，少當乾硬。 淬鐵水，味辛。打鐵器時，堅鐵槽中水。主小兒丹毒，飲一合。 秤錘，味辛，溫。

主賊風，止産後血瘕腹痛兒枕痛也。及喉痺寒熱，燒紅，投酒中，熱飲之。此與斧並主産難，横逆及胞衣不下，産後即起痛不止。無錘即用斧。鐵匙，治婦人血噤失音，薑、醋、童便煮飲。刀刃，主蛇虺咬毒入腹，地漿水摩呑。鋸，漬酒，治悮吞竹木入喉。

## 明・李時珍《本草綱目》卷八金石部・金類

鐵《本經》下品。校正：併入《别錄》生鐵，《拾遺》勞鐵。

【釋名】黑金《說文》　烏金時珍曰：鐵，截也，剛可截物也。於五金屬水，故曰黑金。

【集解】《别錄》曰：鐵出牧羊平澤及祊城，或析城，采無時。弘景曰：生鐵是不破鍒，鎗、釜之類。鋼鐵是雜鍊生鍒，作刀、鎌者。鍒音柔。頌曰：鐵今江南、西蜀有爐冶處皆有之。初鍊去鑛，用以鑄瀉器物者，爲生鐵。再三銷拍，可以作鍱者，爲鍒鐵，亦謂之熟鐵。以生柔相雜和，用以作刀劍鋒刃者，爲鋼鐵。鍛家燒鐵赤沸，砧上打下細皮屑者，爲鐵落。鍛竈中飛出如塵，紫色而輕虛，可以瑩磨銅器者，爲鐵精。作鍼家磨鑢細末者，謂之鍼砂。取諸鐵于器中水浸之，經久色青沫出可以染皂者，爲鐵漿。以鐵拍作片段，置醋糟中積久衣生刮取者，爲鐵華粉。入火飛鍊者，爲鐵粉。又馬銜、秤錘、車轄及鋸、杵、刀、斧，並俗用有效。時珍曰：鐵皆取鑛土炒成。秦、晉、淮、楚、湖南、閩、廣諸山中皆産鐵，以廣鐵爲良。甘肅土錠鐵，色黑性堅，宜作刀劍。西番出賓鐵尤勝。《寶藏論》云：鐵有五種：荆鐵出當陽，色紫而堅利；上饒鐵次之；賓鐵出波斯，堅利可切金玉；太原、蜀山之鐵頑滯；剛鐵生西南瘴海中山石上，狀如紫石英，水火不能壞，穿珠切玉如土也。《土宿本草》云：鐵受太陽之氣。始生之初，鹵石産焉。一百五十年而成慈石，二百年孕而成鐵，又二百年不經采鍊而成銅，銅復化爲白金，白金化爲黄金，是鐵與金銀同一根源也。今取慈石碎之，内有鐵片，可驗矣。鐵禀太陽之氣，而陰氣不交，故燥而不潔。性與錫相得。《管子》云：上有赭，下有鐵。

勞鐵《本經》。恭曰：此柔鐵也，即熟鐵。藏器曰：經用辛苦者，曰勞鐵。【氣味】辛，平，有毒。大明曰：畏慈石、火炭，能制石亭脂毒。斅曰：鐵遇神砂，如泥似粉。時珍曰：鐵畏皂莢、猪犬脂、乳香、朴硝、硇砂、鹽鹵、荔枝。貘食鐵而蛟龍畏鐵。凡諸草木藥皆忌鐵器，而補腎藥尤忌之，否則反消肝腎，蓋肝傷則母氣愈虚矣。【主治】堅肌耐痛《本經》。勞鐵療賊風，燒赤投酒中飲藏器。

生鐵《别錄》中品　【氣味】辛，微寒，微毒。見鐵下。　【主治】下部及脱肛《别錄》。鎮心安五臟，治癇疾，黑鬢髮。治癬及惡瘡疥，蜘蛛咬，蒜磨，生油調傅大明。散瘀血，消丹毒時珍。

【發明】恭曰：諸鐵療病，並不入散，皆煮取汁用之。藏器曰：鐵砂鐵精，並入丸散。時珍曰：鐵於五金，色黑配水，而其性則制木，故癇疾宜之。《素問》治陽氣太盛，病狂善怒者，用生鐵落，正取伐木之義。日華子言其鎮心安五臟，豈其然哉。《本草》載《太清服食法》言服鐵傷肺者，乃肝字之誤。

【附方】舊五，新一。　脱肛歷年：不入者。生鐵二斤，水一斗，煮汁五升，洗之，日再。《集驗方》。　熱甚耳聾：燒鐵投酒中飲之，仍以慈石塞耳，日易，夜去之。《千金方》。　小兒丹毒：燒鐵淬水，飲一合。陳氏《本草》。　小兒熛瘡：一名爛瘡。燒鐵淬水中二七遍，浴之二三起，作漿。《子母秘錄》。　打撲瘀血：在骨節及脇外不去。以生鐵一斤，酒三升，煮一升服。《肘後方》。　熊虎傷毒：生鐵煮令有味，洗之。《肘後方》。

## 明・李中立《本草原始》卷八

鐵　出牧羊平澤及祊城，或析城。采無時。李時珍曰：鐵，截也，剛可截物也。於五金屬水，故一名黑金，一名烏金。鐵：氣味：辛，平，有毒。主治：堅肌耐痛。○勞鐵療賊風，燒赤投酒中飲。○此熟鐵也。

生鐵：氣味：辛，微寒，微毒。主治：下部及脱肛。○鎮心安五臟，治癇疾。黑鬢髮。治癬及惡瘡疥、蜘蛛咬，蒜磨，生油調傅。○散瘀血，消丹毒。

鋼鐵：氣味：甘，平，無毒。主治：金瘡，煩滿熱中，胸膈氣塞，食不化。

鐵華粉，取鋼鍛作葉，如笏，或團，平面磨錯令光淨，以鹽水灑之，於醋甕中，陰處埋之一百日，鐵上衣生，鐵華成矣。刮〔取〕研成霜，此鐵之精華，功用强於鐵粉也。氣味：鹹，平，無毒。主治：安心神，堅骨髓，除百病，變黑，潤肌膚，令人不老，體健能食，久服令人身重肥黑。合和諸藥，各有所主。○化痰鎮心，抑肝邪特異。○止驚悸虚癇，鎮五臟，去邪氣，治健忘，冷氣心痛，痃癖癥結，脱肛痔瘻，宿食等，及傅竹木刺入肉。

鐵落，是鍛家燒鐵赤沸，砧上鍛之，皮甲落者。氣味：辛，平，無毒。主治：風熱惡瘡，瘍疽瘡痂疥氣在皮膚中。○除胸膈中熱氣，食不下，止煩，去黑子，可以染皂。○治驚邪癲癇，小兒客忤，消食及冷氣，並煎服之。○主鬼打鬼疰邪氣，水漬沫出，澄清暖飲一二盃。○炒熱投酒中飲，療賊風痙。又裹以熨腋下，療胡臭有驗。○平肝去怯，治善怒發狂。

鐵鏽　此鐵上赤衣也。主治：惡瘡疥癬，和油塗之。蜘蛛蟲咬，蒜磨塗之。○平肝墜熱，消瘡腫，口舌瘡。醋磨塗蜈蚣咬。

鐵秤錘：氣味：辛，溫，無毒。主治：賊風，止産後血瘕腹痛及喉痺熱塞，燒赤淬酒熱飲。〇治男子疝痛，女子心腹妊娠脹滿，胎卒下血。

**明·羅周彦《醫宗粹言》卷四**　粉鐵法　用鐵末同辰砂、肥皂角、荔枝同研，鐵成粉。

**明·倪朱謨《本草彙言》卷一二**　鐵　味辛，氣微寒，無毒。　李氏曰：　鐵名黑金，於五金屬水，皆取礦土炒成。秦、晉、淮、楚、湖南、閩、廣諸山中皆有之，以廣鐵爲最。甘肅土錠鐵，色黑性堅，宜作刀劍。西番出賓鐵，又勝甘肅者。《寶藏論》言：　鐵有五種：　荆鐵出當陽，色紫而堅利；　上饒鐵，性體相若而稍次之；　賓鐵，出波斯國，堅利，可切金玉；　太原屬山之鐵，頑滯而鈍；　剛鐵，生西南海中山石間，狀如紫石英，水火不能壞，用之作鑽，穿珠作刀，切金石如土也。　蘇氏曰：　鐵初煉去礦，用之鑄器物者，爲生鐵。再三銷拍燒煉，日久者爲熟鐵。　愈煉愈久，經火百餘遍者，爲鋼鐵。　如鍛家燒鐵赤沸，砧上打下細皮屑，爲鐵落；　爐竈中飛出如塵，輕虚紫色，可以磨瑩銅器有光者，爲鐵精；　作針家磨鑢細末，謂之針砂；　取諸鐵於器中，水浸之，經久色青沫起，可以染皂者，爲鐵漿；　以鐵拍作片，置醋糟中，積久生衣，刮取之，謂之鐵華粉；　入火飛煉者，爲鐵粉。〇鐵內有硬處，不可打者，名鐵核，以香油塗上燒之，即散。

生鐵，平肝氣，安驚癇，解丹毒，散瘀血，陳藏器清耳聾之藥也。李氏時珍曰：　鐵於五金，色黑屬水，而其性則制木，而又降氣清火也。《素問》治陽氣大盛，病狂善怒者，用生鐵落，酒煮飲之，正取伐木之意。　日華子言其鎮心、安五藏，豈其然哉？　又《太清服食法》言服鐵至長生。　其説荒謬，不可依從。

集方：　《方脉正宗》治大人小兒驚癇頻發，能食而力足者。　用生鐵煮汁飲。〇陳氏《本草》治小兒丹毒。　用生鐵燒紅，淬水三次，飲一合。〇《肘後方》治打撲瘀血，在骨節及脇內外。　以生鐵二觔，酒三升，煮半升服。〇《千金方》治熱甚耳聾。　用生鐵燒紅，投酒中飲之，再以慈石塞耳內，日用夜去之。

**明·姚可成《食物本草》卷二一　金部**　鐵，此柔鐵也，即熟鐵。　味辛，平，有毒。　主堅肌耐痛。

勞鐵　療賊風，燒赤投酒中飲。

生鐵　味辛，微寒，微毒。　治下部及脱肛。　鎮心安五臟，治癇疾，黑鬢髮及惡瘡癬疥，蜘蛛咬，蒜磨，生油調傅。　散瘀血，消丹毒。〇李時珍曰：　鐵於五金，色黑配水，而其性則制木，故癇疾宜之。《素問》治陽氣太盛，病狂善怒者，用生鐵落，正取伐木之義。

**明·顧逢柏《分部本草妙用》卷一　肝部·性平**　鐵　辛，平，有毒。　畏磁石、火炭。　能制石亭脂。　凡草木藥，皆忌鐵器，而補腎藥尤忌之。　主治：　熟則堅肌耐痛，下食積結胸有奇功。　生則辛寒微毒，治下部脱肛，鎮心安臟，散瘀血，消丹毒，治黄疸，浸酒有功。　按：　鐵，為諸藥犯忌。　余嘗以之治傷寒結胸及食積停堅。　凡元氣虚而欲下者，每以之代大黄，不傷神，而功效甚速。　世所未知，又嘗以之治黄疸，用生熟鐵各一斤，糯米斗半，做白酒下鐵煨熟，服完病愈。《素問》治陽氣盛，病狂怒者，用生鐵落，取其伐肝之義，木平火降之説也。　多服則傷肝。

**清·穆石匏《本草洞詮》卷三**　鐵鋼鐵、鐵落、鐵華粉　鐵，受太陽之氣，生於鹵石，一百五十年而成慈石，二百年孕而成鐵，又二百年不經采鍊而成銅，銅化白金，白金化黄金，是鐵與金銀同一根源也。　初鍊去礦者為生鐵，再三銷拍者為熟鐵，以生熟夾鍊作刀劍鋒刃者為鋼鐵。　鍛家燒鐵赤沸，砧上皮甲落者為鐵落。　鍛竈中飛出如塵，紫色而輕虚者為鐵精。　作鍼家磨濾細末者為鍼砂。　取諸鐵於器中水積之，經久色青沫出，可染皂者，為鐵漿。　以鐵拍作片，置醋糟中積久衣生，刮取者，為鐵華粉。　經用辛苦者，曰勞鐵。　鋼有三種，以熟鐵包生鐵，鍊令相入者，偽鋼也。　精鐵百鍊，至觔兩不耗者，純鋼也。西南海山中生成，狀如紫石英，水火不能壞，穿珠切玉如泥者，真鋼也。　鐵落，一名鐵蛾，鍊時有花飛出，如蘭如蛾，今烟火家用之，浸醋書字於紙背，塗墨如碑字也。　貘食鐵，而蛟龍畏鐵，性相制也。　鐵味辛，氣平，有毒。　鋼鐵味甘，氣平，無毒。　竝主平肝鎮心，治驚癇，散瘀血，消丹毒，堅肌耐痛。　鐵華粉安心神，除風邪，痃癖癥瘕結。　蓋鐵於五金，色黑配水，而其性則制水。《素問》治怒狂陽厥之證，曰陽明者嘗動，巨陽少陽不動，而動大疾，此其候也。治之當奪其食則已。　夫食入於陰，長氣於陽，故奪其食則已。　以生鐵落為飲，夫生鐵落者，下氣疾也。　蓋取金以制木之義，木平則火降矣。　李一南謂腫藥用鐵蛾入丸子者，一生須斷鹽，蓋鹽性濡潤，腫若再作，不可為矣。　故日華子云：　煎汁服之，不留滯於臟腑。借鐵虎之氣，以制肝木，使不能克脾土耳。　凡鐵精、鐵砂、鐵漿入藥，並同此意。　凡諸草木藥忌鐵器，補腎藥尤忌之。

**清·劉雲密《本草述》卷四**　鐵　《土宿本草》云：　鐵受太陽之氣，始生之初，鹵石產焉。一百五十年而成磁石，二百年孕而成鐵，又二百年不經采煉而成銅，銅復化為白金，白金化為黃金，是鐵與金銀同一根源也。今取磁石碎之，內有鐵片可驗矣。鐵稟太陽之氣，而陰氣不交，故燥而不潔，性與錫相得。管子云：上有赭，下有鐵。

鐵粉　蘇恭曰：乃鋼鐵飛煉而成者。人多取雜鐵作屑，飛之。其體重，真鋼者不爾也。　氣味：鹹，平，無毒。　主治：鎮心化痰，抑肝邪特異。　附方：驚癇發熱，鐵粉水調少許，服之。　急驚涎潮，壯熱悶亂，鐵粉二錢，硃砂一錢，為末，每服一字，薄荷湯調下。

鍼砂　藏器曰：此是作鍼家磨鑢細末也。須真鋼砂乃堪用。人多以柔鐵砂雜和之，飛為粉，柔鐵即熟鐵，非鋼鐵也。人莫能辨矣。亦堪染皂。　主治：功同鐵粉，消積聚腫滿，黃疸，平肝氣，散癭。　脾勞黃病，鍼砂四兩，醋炒七次，乾漆燒存性二錢，香附三錢，平胃散五錢，為末，蒸餅丸梧子大，任湯使下。　水腫尿少，鍼砂醋煮，炒乾，豬苓、生地龍各三錢，為末，葱涎研和，傅臍中，約一寸厚，縛之，待小便多為度，日二易之，入甘遂更妙。　泄瀉無度，諸藥不效，方同上，不用甘遂。　須詳使水化，又使水止者，俱此一方並後方，不用甘遂，其義謂何？則可以和鍼砂之所用矣？丹溪小溫中丸內用鍼砂治脹，是脾虛不能運化，不可下之。方見《準繩·脹滿門》。　項下氣癭，鍼砂入水缸中浸之，飲食皆用此水，十日一換，砂半年自消散。

鐵落飲：　生鐵四十斤，入火燒赤，沸砧上煅之，有花出如蘭如蛾，紛紛墮地者，是名鐵落。用水二斗，煮取一斗。　氣味：辛，平，無毒。　《別錄》曰：甘。　主治：驚邪癲癇，小兒客忤，炒熱投酒中飲。療賊風痙，平肝去怯，治善怒發狂。　《素問·病能論》云：帝曰：有病怒狂者，此病安生？岐伯曰：生於陽也。陽氣者暴折而不決，故善怒，病名陽厥，治之當以生鐵落為飲。夫生鐵落者，下氣疾也。按：《經》曰：肝主怒。又曰：十二經皆取決於膽。即此則知為肝膽鬱怒之火，故以生鐵落為飲治之，取金制木之義。　李仲南《永類方》云：腫藥用鐵蛾及鍼砂入丸子者，一生須斷鹽。蓋鹽性濡潤，腫若再作，不可為矣。　製法：用上等醋煮半日，去鐵鍼，取醋和蒸餅，為丸，每薑湯服三四十丸，以效為度。亦只借鐵氣爾。故日華子云：煎汁服之，不留滯於臟腑，借鐵虎之氣以制肝木，使不能剋脾土，土不受邪，則水自消矣。鐵精、鐵粉、鐵華粉、鍼砂、鐵漿，入藥皆同此意。愚按：以鐵落為飲，義固取於金制木也。但鐵稟太陽之氣，而陰氣不交，故治水腫，此品較諸藥為勝。即脹病而不屬水者，亦須之。以脾氣不運而脹，多困於陰中，無陽而溼不化也。乃謂脾氣虛，鍼砂燥陰而化溼，正以其純稟太陽之氣，不與陰氣交也。所以食鹽則犯其所忌，而病劇耳。

鐵華粉　馬志曰：作鐵華粉法：取鋼煅作葉，如笏或團，平面磨錯令光淨，以鹽水灑之，於醋甕中陰處埋之一百日，鐵上衣生，即成粉矣。刮取細搗，篩入乳鉢，研如麪，和合諸藥為丸散。此鐵之精華，功用強於鐵粉也。　氣味：鹹，平，無毒。　主治：止驚悸虛癇，鎮五臟，去邪氣。

鐵鏽　藏器曰：此鐵上赤衣也。刮下用。　主治：惡瘡疥癬，和油塗之。平肝墜熱，消瘡腫，口舌瘡。醋磨塗蜈蚣咬。　時珍曰：按陶華云：鐵鏽水和藥服，性沉重，最能墜熱，開結有神也。　附方：疔腫初起，多年土內鏽釘，火煅醋淬，刮下鏽末，不論遍次，煅取收之，每用少許人乳和，挑破傅之。仍炒研二錢，以虀水煎滾，待冷調服。　重舌腫脹，鐵鏽鎖燒紅，打下鏽，研末，水調一錢，噙咽。　希雍曰：鐵鏽得金氣之精華，其味應辛，苦氣應寒，秘法取露天入土者，研極細，同蟾酥、腦、麝，以金鍼刺入疔瘡中令至根，然後以藥塞入，能拔疔根，輒效。蓋疔腫未有不因肝經風熱所致，此藥屬金，善能平木，故有如是之功。

鐵漿　承曰：鐵漿是以生鐵漬水，服餌者旋入新水，日久鐵上生黃膏，則力愈勝。　氣味：鹹，寒，無毒。　主治：鎮心明目，主癲癇，發熱急黃，狂走，六畜顛狂，人為蛇、犬、虎、狼毒刺，惡蟲等嚙，服之毒不入肉也。兼解諸毒入腹。

鐵穪秤同錘　氣味：辛，溫，無毒。　附方：喉痹腫痛，菖蒲根嚼汁，燒穪錘，淬一盃飲之。　舌腫咽痛，咽生息肉，舌腫，穪錘燒赤，淬醋一盃，咽之。　希雍曰：鐵穪錘燒紅，淬入米泔中百次，乘熱熏洗，陰癬頑瘡皆有效。　別敷殺蟲涼血藥，彌佳。　時珍曰：凡諸草木藥，皆忌鐵器，而補腎藥尤忌之。否則反消肝腎，子肝傷氣，母氣愈虛矣。蓋肝為腎之子，子能盜母氣，故云。

愚按：鐵居金之首，但燥而不潔，故用之必取其精純者，名為鋼鐵是也。其鍼砂、鐵粉、鐵精，必用鋼鐵。乃日華子猶慮其留滯於臟腑，但取其汁，借其氣以為用而已。至於鐵華粉、鐵漿，固亦不取其質，而取其精者矣。

第此種稟太陽之氣，而陰氣不交，如用之中的，豈曰可置？儻用非所宜，即宜而過劑，不惟消腎之陰，且以竭肝之陽，即時珍所謂消腎肝數語，寧獨為修治者云乎？可不慎諸？

**清・汪昂《本草備要》卷四**

鐵重，墜痰，鎮驚。 辛，平，重墜。鎮心平肝，定驚療狂，消癰解毒。諸藥多忌之。李時珍曰：補腎藥尤忌之。 畏磁石、皂莢。皂莢木作薪，則釜裂。 煅時砧上打落者名鐵落，《素問》用治怒狂。如塵飛起者名鐵精，器物生衣者名鐵銹，鹽、醋浸出者名鐵華。李時珍曰：大抵借金氣以平木，墜下解毒，無他義也。 針砂： 消水腫、黄疸，散癭瘤，烏髭髮。烏鬚方多用之。

**清・李熙和《醫經允中》卷一七**

鐵 畏磁石。凡草木藥皆忌鐵氣，補腎藥尤忌。 辛，平，有毒。主治： 熟則下食積結胸，生者治下部脱肛，鎮心安臟，散瘀血，治黄疸，浸酒有功。治黄疸用生熟鐵各一觔，元米一十五升做白酒，下鐵煨熟，服完病癒。《分部》云： 傷寒結胸及食積停堅，元氣虛而當下者，用此以代大黄，不傷神而效甚速，世所不知。 鐵漿： 取鐵浸水中經夕，自浮白沫。解諸毒入腹，蛇犬咬傷，堪洗漆瘡。 鐵鏽： 能墮熱，開結。油調塗惡瘡、口舌瘡； 醋磨敷蜘蛛咬傷妙。 附： 錫辛，寒，微毒。錫為砒母，故新造錫器不可盛酒藏藥。

**清・馮兆張《馮氏錦囊秘錄・雜症痘疹藥性主治合參》卷五**

生鐵 鐵鏽，一名鐵衣。得金氣之英華，故味辛、苦，性寒。惡瘡疥癬，濕熱所生，蜘蛛蟲咬，毒氣傷血。辛苦能除濕熱，寒能解熱毒氣，故主之也。更敷疔瘡神效，蓋疔腫所成，未有不由肝經風熱，此藥屬金，能平木也。鐵落，味辛甘，氣平，無毒。本出於鐵，不離金象，取體重降下，火性外散之象，更能平肝除熱，由胸膈以及皮膚，諸濕熱諸瘡瘍為患也。

生鐵，須煅過，粗赤汁，復燒紅，或酒或水煎。脱肛及熊虎咬傷，取湯日洗。被打致血凝骨節，用酒時嘗。耳聾亦可服，更塞磁石於耳，方效。熟鐵煮汁下咽，堅肌耐痛。鋼鐵，去胸膈痞積食停，主金瘡煩滿熱中。鐵落，即燒赤砧上打落皮屑，煎服治諸瘡毒氣焮在皮膚，除胸膈熱氣，止煩定狂。鐵精，煅竈中飛出如塵，紫色輕虛者妙； 入劑療驚悸，心神不足，小兒風癇症宜。鐵漿，係鐵久浸水，自浮青沫，飲下解諸毒入腹，由虎蛇犬嚙傷； 主顛癇發狂，鎮心氣退熱。鐵鏽，着濕即有。蜘蛛等傷，醋磨敷愈； 惡瘡疥癬，油調塗痊。鐵華粉，去百病，安心神，堅骨髓，強志力，卻風邪。養氣血延年，烏鬚髮耐老。若為丸散，須和棗膏。針砂，係作針者磨末，堪治黄胖，務釅醋浸透煮乾。鑰匙，治婦人血噤失音，薑醋尿煮服。刀刃，主蛇虺咬毒入腹，地漿水磨吞。鋸，浸酒，治誤吞竹木入喉。斧，淬酒，治婦人難産不下。秤錘拉鐵，竝去賊風用之，燒紅淬酒頓飲。

**清・浦士貞《夕庵讀本草快編》卷一**

鐵《本經》 附： 鐵落、針砂、鐵銹水

鐵，截也，剛可截物也。《説文》名黑金，遇神砂成粉。 鐵在五金，色黑配水。其性辛平，生熟有毒。且純秉太陽之氣而與陰不交，故燥而不結，獨能散瘀治癇，收肛消毒。惟腎虚者，最忌用之，恐傷母氣，木愈枯耳。致于生鐵落，《素問》用治善怒陽厥，奪其食而愈。夫陽氣怫鬱而不得疏越，少陽膽木挾三焦少陽相火、陰火上行，使人易怒如狂也。奪其食者，不使胃火復助其邪也。飲以生鐵落，以金制木，木平則火降，氣下則疾愈矣。若論針砂，治濕熱黄腫有功，化積染鬚並效。大凡用諸鐵物，須用醋製，庶不停留。日華子煎汁服之，不滯臟腑是也。陶節庵有云： 鐵銹水和藥，最墜熱開結，斯言也亦可謂闡前人之未發，豈可以人廢之乎？ 附： 用諸鐵器 鐵斧能轉女為男，凡懷妊二三月之時，名曰始胎，形象未判，是時宜以斧置床下，繫刃向地，勿令婦知。倘或不信，以雞試之。馬鐙能壓鬼燐。凡過田野燐火，或出或沒，來逼奪人精氣，以馬鐙相戛作聲即滅。張華有云金葉一振遊光斂色是也。

**清・吳儀洛《本草從新》卷五**

鐵〔重，墜痰鎮驚。〕 辛，平，有毒。鎮心平肝，定驚療狂，消癰解毒。時珍曰： 凡諸藥皆忌鐵器，而補腎藥尤忌之。 畏慈石、皂莢。皂莢木作薪則釜裂。 煅時砧上打落者名鐵落。即鐵屑。《素問》用治怒狂。研粉敷癬甚效。 如塵飛起者名鐵精，器物生衣者名鐵銹，鹽醋浸出者名鐵華。時珍曰： 大抵借金氣以平木，墜下解毒，無他義也。

附： 針砂〔重，消水腫。〕 消水腫黄疸，散癭瘤。烏鬚髮。此是作針家磨鑢細末也。須真鋼砂乃堪用。人多以柔鐵砂雜和之，飛為粉，人莫能辨。

**清・汪紱《醫林纂要探源》卷三**

鐵 辛、鹹，寒。黑金也。其鹹味含之即見，前人多失察。 瀉腎舒肝，補心寧神。 凡補腎藥忌之。黑色歸腎，而鹹瀉腎，故補腎藥忌。然亦自有交濟心腎，定魄安魂之用。

**清・羅國綱《羅氏會約醫鏡》卷一八金石水土部**

鉄味辛平，入心肝二經。 鎮心平肝，定驚療狂，諸藥多忌之。補腎藥尤忌之。 治打傷血凝骨節酒煎服，開耳聾。外塞磁石，内以酒煎服。煅時砧上打落者，名鉄落治癲。療胸膈以及皮膚濕熱諸瘡為患。器物生衣者，名鉄銹，散疔瘡神效，疔由肝經風熱，此能平肝。疥癬能痊。油調塗之。

針砂：散癭瘤醋調敷，烏鬚髮。畏磁石、皂莢。皂莢木作薪，則釜易裂。其能治諸症，大抵借金氣以平肝，墜下解毒而已。

## 清・楊時泰《本草述鉤元》卷四

鐵　鐵受太陽之氣，始生之初，鹵石產焉。百五十年而成磁石，二百年孕而成鐵。取磁石碎之，内有鐵片可驗。又二百年，不經采煉而成銅，銅復化為白金，白金化為黄金，是鐵與金、銀，同一根源也《土宿本草》。鐵稟太陽之氣，而陰氣不交，故燥而不潔，性與錫相得。管子云：上有赭，下有鐵又。

鐵粉：此乃鋼鐵飛煉而成者，今人多取雜鐵作屑飛之，其體重，真鋼者不爾也恭。味鹹，氣平。主治鎮心化痰，抑肝邪，特異。驚癇發熱，鐵粉水調少許服之。急驚涎潮，壯熱悶亂，鐵粉二錢，硃砂一錢，為末，每服一字，薄荷湯調下。

鍼砂：此作鍼家磨鑢細末也。須真鋼砂乃堪用，人多以柔鐵砂雜和之，柔鐵即熟鐵。飛為粉，人莫能辨。亦堪染皂。氣味主治功同鐵粉。消積聚腫滿黄疸，平肝氣，散癭。入丹溪小溫中丸，治脹滿。此屬脾虚不能運化，不可下之。腫脹藥製法：用滴醋煮半日，去鐵鍼，取醋和蒸餅為丸，每薑湯服三四十丸，以效為度，亦只借鐵氣耳《永類方》。水腫尿少，鍼針砂醋煮，炒乾猪苓、生地龍，各三錢，為末，葱涎研和傅臍中，約厚寸許，縛之，待小便多為度，日二易之。入甘遂更妙。泄瀉無度，諸藥不效，方同上，不用甘遂。二治須詳，使水化又使水止，俱用此一方，並次方不用甘遂，其義謂何？則可以知鍼砂之所主矣。脾勞黄病，鍼砂四兩，醋炒七次，乾漆燒存性二錢，香附三錢，平胃散五錢，為末，蒸餅丸梧子大，任湯使下。項下氣癭，鍼砂入水缸中浸之，飲食皆用此水，十日一換針鍼，半年自消散。論：鐵稟太陽之氣，而陰氣不交，故治水腫較諸藥為勝。即脹滿而不屬於水者，亦須之，以脾氣不運而脹，多因於陰中無陽而濕不化也。鍼砂燥陰而化濕，正緣純稟太陽之氣，而與陰氣交，所以食鹽則犯其所忌，而病反增劇耳。凡去腫藥用鍼砂及鐵蛾入丸子者，一生須斷鹽，蓋鹽性濡潤，腫若再作，不可為矣仲南。修事：煎汁服之，不留滯於臟腑，但借鐵虎之氣以制肝木，使不能尅脾土，土不受邪，則水自消矣日華子。凡鐵精、鐵粉、鐵華粉、鍼砂、鐵漿，入藥皆同此意又。

鐵華粉：此鐵之精華。製法：取鋼煅作葉，如笏或團，平面磨錯，令光淨，以鹽水灑之，於醋甕中陰處埋之，百日，鐵上衣生，即成粉矣，刮取細搗篩，入乳缽研如麪，和合諸藥為丸散《志》。氣味鹹平。功用強於鐵粉。止驚悸、虚癇，鎮五臟，去邪氣。

生鐵落：生鐵四十斤，入火燒赤沸，砧上煅之，有花出，如蘭如蛾，紛紛墮地，是名鐵落。用水二斗，煮取一斗。味辛、甘，氣平。平肝去怯，治善怒發狂，主驚邪癲癇，小兒客忤。炒熱投酒中飲，療賊風痙。《素問》：怒狂者，此病安生？曰：生於陽也。陽氣者，暴折而不決，故善怒，病名陽厥，治之當以生鐵落為飲。夫生鐵落者，下氣疾也。按：肝主怒，又十二經皆取決於膽，肝膽鬱怒之火，以生鐵落為飲治之，正取金能制木之義。

鐵鏽：此鐵上赤衣也。刮下用藏器。味辛、苦，氣寒。平肝墜熱，主治惡瘡疥癬，和油塗之。消瘡腫，口舌瘡。醋磨，塗蜈蚣咬。鐵鏽水和藥服，性沉重，最能墜熱開結有神陶華。鐵鏽得金氣之精華，善能平木，治疔腫，蓋疔腫未有不因肝經風熱所致者仲淳。秘法，取露天入土者，研極細，同蟾酥、冰、麝，以金鍼刺入疔中，令至根，然後以藥塞入，能拔疔根又。疔腫初起，用多年土内鏽釘，火煅醋淬，刮下鏽末，不論遍次，煅取收之，每取少許，人乳和，挑破傅之，仍炒研二錢，以虀水煎滾，待冷調服。重舌腫脹，鐵鏽鎖燒紅，打下鏽，研末，水調一錢，噙咽。

鐵漿：以生鐵漬水服，是謂鐵漿，旋入新水，日久鐵上生黄膏，其力愈勝承。氣味鹹寒。鎮心明目，主癲癇發熱，急黄狂走，六畜顛狂，兼解諸毒入腹。凡為蛇犬虎狼、毒刺、惡蟲等所嚙，服之毒不入肉也。

鐵秤錘：氣味辛溫。喉痹腫痛，菖蒲根嚼汁，燒秤錘淬一盃飲之。咽痛或生息肉舌腫，秤錘燒赤，淬醋一盃咽之。陰癬頑瘡，用秤錘燒紅，淬入米泔中百次，乘熱熏洗有效，別傳殺蟲涼血藥彌佳。

## 清・葉桂《本草再新》卷八

鐵味辛，性涼，無毒。入心、肝、腎三經。　鎮心肝之煩熱，補腎益陰，消濕利水。

## 清・趙其光《本草求原》卷二四金部

生鐵　辛，寒，微毒。煮水飲，鎮心，散骨節、脇外瘀血，加酒服。消丹毒，洗虎傷，脱肛。蒜磨生油，調塗瘡疥。

**清·葉志詵《神農本草經贊》卷二** 鐵精 平。主明目，化銅。鐵落：味辛，平。主風熱惡創，瘍疽創痂疥氣在皮膚中。鐵：主堅肌耐痛。生平澤。

稟陽就燥，氣弗交陰。紫塵吹焰，烏液留碪。柔能繞指，堅自安心。山盈渥赭，索廣窺深。

《土宿指南》：鐵稟太陽之氣，而陰氣不交，故燥而不潔。《易》：火就燥。陶弘景曰：鐵精出煅竈中如塵，紫色輕者為佳。蘇恭曰：鐵落是鍛家燒鐵碪上，鍛之皮甲落者，滋液黑於餘鐵，又名鐵液。劉琨詩：何意百鍊剛，化為繞指柔。日華子曰：生鐵鎮心，安五藏。《管子》：其上有赭，其下有鐵。《詩》：赫如渥赭。《文心雕龍》：才欲窺深，辭務索廣。

**清·陳其瑞《本草撮要》卷六** 鐵 味辛，平，有毒，入手少陰、足太陰厥陰經，功專鎮心平肝，定驚療狂，消癰解毒。煅時砧上打落者名鐵落，即鐵屑，治怒狂，研粉敷癬良。如塵飛起者名鐵精，器物生衣者名鐵銹，鹽醋浸出者名鐵華。畏磁石、皂莢。以皂莢木燒鍋即裂，相尅可知。真鋼砂功專破積平肝，得黃連、苦參治熱脹腹瀉。

柔鐵

**宋·王繼先《紹興本草》卷一** 鍒鐵 紹興校定：鐵之種類多矣，生鐵自有一種。今單言鐵者，乃熟鐵也，顯經鍛煉之物。況在方止淬漬為用，即無末服之法。當作味辛、無毒為定。日華子云有毒者，非也。

鐵粉 紹興校定：鐵粉，《本經》說飛煉已成，而不載造作之法。今人多以雜鐵或〔鍒〕鐵為屑，和針砂為之，即不及鋼鐵飛煉成者。主治已載《本經》，味鹹、平、無毒是矣，然亦不可久服之。

**宋·劉明之《圖經本草藥性總論》卷上** 柔鐵 主堅肌耐痛。一云作熟鐵。日華子云：鐵，味辛，平，有毒。畏磁石、灰炭等。能制石亭脂毒。

**明·王綸《本草集要》卷五** 柔鐵熟鐵也 味辛，氣平，有毒。諸鐵無正入丸散者，惟煮汁用之。主堅肌耐痛。

**明·滕弘《神農本經會通》卷六** 柔鐵 再三銷拍，可以作鏷者為鑐鐵，亦謂之熟鐵。諸鐵無正入丸散者，惟煮汁用之。又馬銜、秤錘、車轄及杵鋸等，皆燒以淬酒用之。畏磁石、灰炭等，制石亭脂毒。《局》云：煅後飛淘，去麤赤汁，烘乾用。日華子云：味辛，氣平，有毒。

《本經》云：主堅肌，耐痛。《局》云：鐵主堅肌仍耐痛，墜砧鐵落療風瘡。胤成鐵粉安心志，若治顛狂用鐵漿。

**明·劉文泰《本草品彙精要》卷四** 鐵粉無毒 鍛煉成。

鐵粉：主安心神，堅骨髓，除百病，變白潤肌膚，令人不老，體健，能食，久服令人身重，肥黑。合和諸藥，各有所主。名醫所錄。

【地】《圖經》曰：舊不著所出州郡，今江南爐冶處皆有之。其造粉飛煉之法，文不多載。人以雜鐵作屑，飛之，令體重，真鋼則不爾。時人錯柔鐵屑，和針砂飛粉市之，飛煉家亦莫能辨也。謹按：《雷公炮炙論序》云：鐵遇神砂如泥似粉。竊嘗試之不就，其亦秘而不悉乎？博詢術家，得究其奥，遂令經目法煉，載之不爲無稽。據其方，以鐵十兩，不限生熟，入銷銀罐内熔化爲汁，以塊雄黄五兩，徐徐投入，常令鐵箸攪之，候黄盡，復加猛火，約人行百步許，傾出，候冷。取輕脆者研細入藥，其存性者，不堪用也。砒與硫黄亦能製粉，但其毒甚，服之傷生。慎之！慎之！【用】粉。【質】類針砂而細。【色】黑。【味】鹹。【性】平。【氣】味厚于氣，陰中之陽。【臭】腥。【主】安心神，堅骨髓。

**明·王文潔《太乙仙製本草藥性大全》卷六《本草精義》** 熟鐵 一名鍒鐵，一名鑐鐵。所出處俱同前。再三銷拍可以作鍱者是。俱宜煮汁服之，或酒煮尤妙。《太清》云：鐵性堅，服之傷肺。

**明·王文潔《太乙仙製本草藥性大全》卷六《仙製藥性》** 針砂 氣平，無毒。作針家磨鑢細末是也。主治：堪染白爲皂，及和沒食子染鬚至黑。又治黄腫，務釅醋浸透煮乾。用飛爲粉，功用亦如鐵粉。鍊鐵粉中亦別須之。針是其真鋼砂，堪用，人多以雜和之，謬也。

**明·羅周彦《醫宗粹言》卷四** 製鍼砂法 每鍼砂一兩，加辰砂一錢，同研即如粉。

**明·倪朱謨《本草彙言》卷一二** 鍼砂 味辛，氣寒，無毒。陳氏曰：鍼砂，是造鍼家，磨鑢細末也。須真鋼砂乃堪用。人多以柔鐵砂雜和之，飛爲粉，人莫能辨。

鍼砂：平肝氣，散瘿核，消積聚，時珍療黄疸腫滿之藥也。

集方：楊仁齋《直指方》治項下瘿核。用鍼砂八兩，入水缸中浸之，飲食皆用此水，十日一換砂，半年自消散。○陸穎山方治腹内一切積聚，久不消散。用鍼砂三合，每晚臨睡時，炒熱用布包熨之。○《摘玄方》治脾勞黄病。用鍼砂二兩研極細，米醋炒七次，乾漆燒存性，三錢，蒼朮、厚朴、陳皮、香附各五錢，甘草四錢，共爲末，和鍼砂，蒸餅爲丸，如菉豆大。每早食前服三丸，食後臨睡服四丸，白湯下。○劉德生方治水腫尿少。鍼砂五錢，醋煮乾，甘遂末三錢，生蚯蚓三條，葱三枝連根葉，共搗作餅，用薄布襯傅臍上，用帛縛之，一日一換，以小便大通爲度。○顧仁存方治虚寒下利，或泄瀉無度。用鍼砂一兩，肉桂、枯礬各三錢，共爲末，以米湯調，用薄布襯，攤臍上下，用帛縛之，當覺大熱，即愈。○同上染白鬚髮：用鍼砂一兩，米醋炒七次，百藥煎六錢，訶子、白及各四錢，綠礬二錢，共爲末，用熱醋調，刷鬚髮上，用軟帛包住，次早熱湯洗藥，即黑。

**清・王翃《握靈本草》卷一**　鍼砂作鍼家磨下細末也。須真鋼砂乃堪用。　主治：　鍼砂，甘，平。鎮心抑肝。

**清・王遜《藥性纂要》卷一**　鍼砂　【略】東圃曰：余見病黄者服此，其方用鍼砂一兩五錢，研極細，將黑棗頭一觔，乾去皮核，搗丸梧桐子大，每日半飢半飽時服一錢五分，能飲者酒吞下，不能飲者白湯吞服二次，不可太多，多則令人胸中極嘈也。忌食糟味、鵝、羊、雞、鴨、猪首肝腸。

**清・張璐《本經逢原》卷一**　鍼砂　酸、辛，無毒，作鍼家磨鑪細末也。

發明：　鍼砂寒降，善治濕熱脾勞黄病，於鐵銚内煅通紅，醋沃，置陰處待半月，積塊生黄化盡鐵性用，為消脾胃堅積黄腫之專藥。丹溪溫中丸用之。又以製過鍼砂一兩，入乾漆灰半錢、香附三錢，合平胃散五錢，蒸餅為丸，湯酒任下，治療與溫中丸不殊。

**清・王子接《得宜本草・下品藥》**　鍼砂　味辛。功專破積平肝。得黄連、苦參治熱脹腹瀉。

**清・黄元御《玉楸藥解》卷三**　鍼砂　味鹹，氣平。入手少陰心、足太陽膀胱經。　甯神止驚，泄濕消脹。鍼砂鎮定心神，疏通水道。治驚癇，掃痰飲，治水脹，除黄疸，縮癭瘤，染鬚髮。然金石重墜，未宜輕服。炒熨手足，去濕痹疼痛甚效。

**清・嚴潔等《得配本草》卷一**　針砂即作針家磨鑪細末也。　治黄疸，消積聚腫滿，平肝氣，散癭。

**清・趙其光《本草求原》卷二四金部**　針砂　作針家磨礪細末也，須真鋼砂方可，人多以熟鐵砂飛粉偽充。功同鐵粉。平肝消積，治脾虚黄腫，濕熱傷脾也。同燒乾漆二錢，香附三錢，平胃散五錢，蒸餅為丸，湯、酒任下。水腫尿少，同豬苓、生地、地龍研，入甘遂末，葱涎調，敷臍，厚一寸。泄瀉無度，諸藥不效，上方去甘遂。虚寒滑利，同玉桂、枯礬、涼水調，塗臍上下，乾則潤之。項下氣癭，入水缸中浸，取水常飲食，十日一換砂，半年自消散。是功去濕熱，能使水化，又使水止。故丹溪小溫中丸用之。方見《準繩・脹滿門》。以治黄腫脹滿，脾虚不運，不可下者。

鐵銚内煅紅，醋沃，置陰處半月，結塊生黄，化盡鐵性用。

**清・張仁錫《藥性蒙求・金石部》**　鍼砂五分、一錢　鍼砂寒降，水腫能療。　黄疸濕熱，堅積皆消。此作鍼家磨鑪細末也。須真鋼砂乃堪用。煅紅，醋沃，置陰處，化盡鐵性用。為消脾胃堅積、黄腫之專藥。○人多以柔鐵砂雜和之，飛為粉，人莫能辨。○《綱目》主治又能平肝氣。

**清・劉善述、劉士季《草木便方》卷二金石土火部**　鍼砂　鍼砂磨治黄疸湯，水腫癭瘤脱肛方。鐵粉塗痔收陰挺，磨刀漿水搽漆瘡。

**清・戴葆元《本草綱目易知錄》卷七**　鍼砂　【略】葆按：凡用鍼砂，器盛，火煅，醋淬，又煅淬，計七次，水漂，研，澄乾，再研如飛麪，否則損人脂。

**清・陳其瑞《本草撮要》卷六**　鍼砂　味辛，平，入手太陰經，功專消水腫黄疸，散癭瘤，烏髮鬚。此是作鍼所磋之鍼屑。

## 鐵落

**宋・唐慎微《證類本草》卷四玉石部中品《本經・別録》**　**鐵落**　**味辛、甘，平**，無毒。　**主風熱，惡瘡瘍疽，瘡痂疥，氣在皮膚中**，除胸膈中熱氣，食不下，止煩，去黑子。一名鐵液。可以染皂。生牧羊平澤及祊音伻城或析城。採無時。

〔宋・掌禹錫《嘉祐本草》〕按：　日華子云：　鐵液，治心驚邪，一切毒蛇蟲及蠶、漆咬瘡，腸風痔瘻，脱肛，時疾熱狂，幷染鬚髮。

〔宋・馬志《開寶本草》〕注：　解在鐵精條。

〔宋・唐慎微《證類本草》〕《圖經》：　文具鐵條下。

**宋・王繼先《紹興本草》卷一**　鐵落　紹興校定：　鐵落，《圖經》云：乃燒鐵赤沸，砧上打落細皮，俗亦呼為鐵華。性味主治已載《本經》，在方止是漬水為用，其無毒者是矣。

**宋・劉明之《圖經本草藥性總論》卷上**　鐵落　味辛、甘，無毒。主風熱，惡瘡瘍疽，瘡痂疥，氣在膚中。除胸膈中熱氣，食不下，止煩，去黑子。日華子云：治心驚邪，一切毒蛇、蟲、蠶、漆咬瘡，腸風痔瘻脱肛，時疾熱狂，并染鬚髮。鐵落是鍛鐵皮甲落者，一名鐵液，可以染皂。

**明·王綸《本草集要》卷五**　鐵落　味辛甘，氣平，無毒。燒鐵赤沸，砧上打落細皮屑。　主風熱，惡瘡瘍疽，瘡痂疥，氣在皮膚中。

**明·滕弘《神農本經會通》卷六**　鍛鐕下鐵屑　陳藏器云：味辛，平，無毒。主鬼打，鬼注邪氣，水漬攪令沫出，澄清去滓，及暖飲一二盞。

鐵屑　日華子云：治驚邪癲癇，小兒客忤，消食及冷氣，并煎汁服之。又炒極熱，投酒中，飲酒，療賊風痙。又裹以熨腋，療胡臭驗。

鐵落　一名鐵液。可以染皂。鍛家燒鐵赤沸，砧上打落細皮屑，俗呼為鐵花是也。　味辛，甘，氣平，無毒。《本經》云：主風熱，惡瘡瘍疽，瘡痂疥，氣在皮膚中。除胸膈中熱氣，食不下，止煩。去黑子。

**明·劉文泰《本草品彙精要》卷四**　鐵落無毒

**鐵落**出《神農本經》。**主風熱，惡瘡，瘍疽，瘡痂疥，氣在皮膚中。**以上朱字《神農本經》。除胸膈中熱氣，食不下，止煩，去黑子，可以染皂。以上黑字名醫所錄。　【名】鐵液。　【地】《圖經》曰：出牧羊平澤及祊音伻城或析城，今江南、西蜀有爐冶處皆有之。其鐵落乃鍛家燒鐵赤沸，砧上打落細皮屑，俗呼爲鐵花是也。　【時】採：無時。　【用】屑。　【色】黑。　【味】辛，甘。　【性】平，散。　【氣】氣之薄者，陽中陰。　【臭】腥。　【主】風熱，諸瘡。　【治】療：日華子云：除心驚邪，一切毒蛇蟲及蠶咬，漆瘡，腸風，痔瘻，脱肛，時疾，熱狂，並染鬚髮。

**明·王文潔《太乙仙製本草藥性大全》卷六《本草精義》**　鐵落　落即煅燒鐵赤沸，砧上煅之皮甲落者是也。　諸鐵療病，並不入丸散，皆煎取汁以服之。

鐵液：　生牧羊平澤及祊城或析城。是鐵皮滋液，黑於餘鐵。　陶云可以染皂。或云鋼中之汁也。

**明·王文潔《太乙仙製本草藥性大全》卷六《仙製藥性》**　鐵落　味辛、甘，氣平，無毒。　主治：　主風熱在皮膚中，除熱氣在胸膈内。惡瘡瘍疽即消，瘡痂疥癬立退。能進食而止煩，去黑䵟而大效。　鐵液：　味甘、辛，氣平，無毒。　主治：　治心驚一切邪毒，主腸風痔瘻惡瘡。治時疾熱狂秘訣，及蛇蟲蠶漆咬瘡。　鐵屑：　味辛，氣平，無毒。　主治：　主小兒客忤，治癲癇驚邪。消穀食如神，止冷氣立效。　補註：　療賊風痙，屑炒極熱投於酒内飲之效。○胡臭，用裹以熨腋下尤靈。○打鬼疰邪氣，水漬抹令沫出，澄清去滓，暖飲一二盞神效。



**明·李時珍《本草綱目》卷八金石部·金類**　鐵落《本經》中品

【釋名】鐵液《別錄》　鐵屑《拾遺》　鐵蛾弘景曰：鐵落，是染皂鐵漿也。恭曰：是鍛家燒鐵赤沸，砧上鍛之，皮甲落者。若以漿爲鐵落，則鋼浸之汁，復謂何等？落是鐵皮，滋液黑於餘鐵，故又名鐵液。時珍曰：生鐵打鑄，皆有花出，如蘭如蛾，故俗謂之鐵蛾，今煙火家用之。鐵末浸醋書字於紙，背後塗墨，如碑字也。

【氣味】辛，平，無毒。《別錄》曰：甘。　【主治】風熱，惡瘡瘍疽，瘡痂疥，氣在皮膚中《本經》。除胸膈中熱氣，食不下，止煩，去黑子，可以染皂《別錄》。治驚邪癲癇，小兒客忤，消食及冷氣，並煎服之大明。主鬼打鬼疰邪氣，水漬沫出，澄清，暖飲一二盃藏器。炒熱投酒中飲，療賊風痙。又裹以熨腋下，療胡臭，有驗蘇恭。平肝去怯，治善怒發狂時珍。

【發明】時珍曰：按《素問·病(態)〔能〕論》云：帝曰：有病怒狂者，此病安生？岐伯曰：生於陽也。陽氣者，暴折而不決，故善怒，病名陽厥。曰：何以知之？曰：陽明者常動，巨陽、少陽不動而動大疾，此其候也。治之當奪其食則已。夫食入於陰，長氣於陽，故奪其食即已。以生鐵落爲飲。夫生鐵落者，下氣疾也。此《素問》本文也，愚嘗釋之云：陽氣怫鬱而不得疏越，少陽膽木，挾三焦少陽相火、巨陽陰火上行，故使人易怒如狂，其巨陽、少陽之動脉，可診之也。奪其食，不使胃火復助其邪也。飲以生鐵落，金以制木也。木平則火降，故曰下氣疾速，氣即火也。又李仲南《永類方》云：腫藥用鐵蛾及〔鍼〕砂入丸子者，一生須斷鹽。蓋鹽性濡潤，腫若再作，不可爲矣。製法：用上等醋煮半日，去鐵蛾，取醋和，蒸餅爲丸。每薑湯服三四十丸，以效爲度。亦只借鐵氣爾，故日華子云煎汁服之。不留滯於臟腑，借鐵虎之氣以制肝木，使不能尅脾土，土不受邪，則水自消矣。鐵精、鐵粉、鐵華粉、鍼砂、鐵漿入藥，皆同此意。

【附方】新一。　小兒丹毒：煅鐵屎研末，猪脂和傅之。《千金方》。

**明·繆希雍《本草經疏》卷四**　鐵落　味辛、甘，平，無毒。主風熱，惡瘡瘍疽，瘡痂疥，氣在皮膚中，除胸膈中熱氣，食不下，止煩，去黑子。可以染皂。

【疏】鐵落是煅家燒鐵赤沸，砧上煅之，如皮甲落下者。本出於鐵，不離金象，體重而降。故《素問》有生鐵落飲，以療病狂怒者，云生鐵落，下氣疾也。又狂怒屬肝氣暴升，故取金氣以制之也。其主氣在皮膚中，及除胸膈中熱氣，食不下，止煩者，皆制木散熱之功也。《本經》又主風熱惡瘡，瘍疽瘡痂疥者，皆肝心火熱所致，辛平能除二經之火熱，故主之也。蘇恭以之炒熱投酒中飲，療賊風痙。大明治驚邪癲癇，小兒客忤，竝煎服之，悉此意耳。【主治參互】鐵稱錘燒紅，淬入米泔中百次，乘熱熏洗陰癬頑瘡，皆有効。別敷殺蟲涼血藥彌佳。

**明・倪朱謨《本草彙言》卷一二** 鐵落 味辛，氣寒平，無毒。李氏曰：生鐵打鑄，皆有花出如蘭、如蛾。今造烟火家用之。又鐵末浸醋書字於紙，背後塗墨，如碑字也。

鐵落：平肝氣，時珍定狂怒，蘇恭去賊風暴痙，安驚癇客忤，鬼擊鬼疰之藥也。日華子言：煎汁飲服，不留滯於藏府，借金虎之氣，以制肝木，使不尅脾土，土不受邪，諸疾咸消而瘳。治水腫溺脹，屢奏奇功，有自來矣。則驚狂暴怒，賊風鬼擊諸病，一本於肝强木實，火盛氣逆，用此一袪而下。倘肝虛內乏，中氣虛寒者，不必需也。

集方：《方脉正宗》治暴怒發狂。用鐵落三錢，甘草一錢，煎湯飲。○蘇氏方治賊風流痛關節，不能轉動。用鐵落炒熱，投酒中飲之。立解。○大氏方治小兒驚癇客忤，鬼擊鬼疰。用鐵落二錢炒熱，滾水沖服。

**明・李中梓《本草通玄》卷下** 鐵落 制肝下降。主善怒發狂、癲癇驚邪客忤。

**清・王翃《握靈本草》卷一** 鐵落即煆下鐵花。 主治：鐵落，辛，平。平肝去怯，治善怒發狂。【略】選方：婦人陰挺，將鐵打薄片，以鹽水灑之，置醋甕中，埋之百日，鐵上生衣，即成粉，用粉一錢，龍腦半錢，研，水調，傅產門。

**清・王逊《藥性纂要》卷一** 鐵落 【略】東圃治一少年哮喘者，其性善怒，病發寒天，每用桂附八味地黄湯及黑錫丹而平。一次用之未效，加生鐵落於八味湯中，一劑而愈。又治一頓嗽痰甚者，即於桑、杏、枳、桔、前、蘇、陳、半湯劑中，加而用之，一服遂定。

**清・张璐《本經逢原》卷一** 鐵落 辛，寒，有毒。即燒鐵赤沸砧上爆下之屑也，鐵銚內煆赤，醋沃七次用。《本經》主風熱惡瘡，瘍疽瘡痂疥，氣在皮膚中。

發明：《素問》云：有病怒狂者，治以生鐵落為飲。漬汁煎藥，取其性沉，下氣最疾。不可過服，過服令人凜凜惡寒，以其專削陽氣也。《本經》主風熱惡瘡等疾，皆肝心火熱所致，辛寒能除二經之熱也。蘇恭以之炒熱投酒中，療賊風痙病，借酒以行皮膚中氣也。

**清・張志聰、高世栻《本草崇原》卷中** 鐵落 氣味辛平，無毒。主治風熱，惡瘡瘍疽，瘡痂疥，氣在皮膚中。 鐵落是鍛鐵匠砧上錘鍛所落之鐵屑。又，生鐵打鑄有花如蘭如蛾而落地者，俗謂之鐵蛾，今煙火家用之。 鐵名黑金，生於西北，五金中之屬水者也。稟金氣，故治風。稟水氣，故治熱。惡瘡、瘍疽瘡，熱也。痂疥氣在皮膚中，風也。以火煆轉烏之金，而清熱毒之瘡，故治惡瘡、瘍疽瘡，以皮膚所落之金，而殺皮膚之蟲，故治痂疥氣在皮膚中。《素問・病能論》有生鐵落飲，言其下氣疾也。今人以鐵銹磨塗疔腫，湯火傷，蜈蚣咬，喜兒瘡，重舌脚腫，正治風熱惡瘡之義。

**清・姚球《本草經解要》卷四** 鐵衣 氣平，味辛、甘，無毒。主風熱，惡瘡瘍疽，瘡痂疥，氣在皮中。醋炒研。 鐵衣氣平，稟天秋降之金氣，入手太陰肺經。味辛甘無毒，得地金土之味，入足陽明燥金胃土。氣味降多於升，性重色黑，陰也。肝為風木，風熱瘡疽痂疥，肝火症也。氣平可以平肝，味甘可以緩熱，所以主之也。皮膚者，肺之合也。氣在皮中，氣不斂也。其主之者，氣平可以斂氣也。《素問》用鐵落治狂。狂者，肝木之症，故取金氣以制之也。

製方：鐵衣同白芍、甘草、丹皮、杞子、牛蒡、茯神、木瓜、遠志，治狂症。同白芍、北味、炮薑、杞子、肉桂、甘草，治小兒驚風。

**清・楊友敬《本草經解要附餘・考證》** 鐵衣 《本經》名鐵落，主風熱，惡瘡瘍疽，瘡痂疥，氣在皮膚中。痂，《說文》訓乾瘍。疥有甲，故曰疥。皆外乾燥，邪鬱皮膚，痛癢不可耐。金以制木，木平則邪熱自清，故主之。《千金方》用治小兒丹毒，亦此意也。煎汁服，亦治水腫。蓋借鐵氣以制肝木，使不能尅土，土不受邪，水自消矣。愈後仍斷鹽，以鹽性濡潤，恐致復病也。

**清・黃元御《玉楸藥解》卷三** 鐵落 味辛，氣平。入手少陰心、足少陽膽經。甯心下氣，止怒除狂。生鐵落，《素問・病能論》用治怒狂，曰生鐵落者，下氣疾也。肝主怒，肝虛則驚悸善恐，膽旺則風狂善怒。鐵落鎮伏肝膽，收攝神魂，止驚除狂是所長也。

**清・汪紱《醫林纂要探源》卷三** 鐵落 苦，鹹，寒。煆時砧上椎落，得火化，故苦。寧心神，瀉妄火，墜涌痰。《素問》云治狂證，禁其食，飲以鐵落汁。

**清・嚴潔等《得配本草》卷一**　鐵落一名鐵蛾。畏磁石、皂莢、乳香、灰炭、朴硝、硇砂、鹽鹵、豬犬脂、荔枝。制石亭脂。辛，平。下氣。治陽氣太盛，病狂善怒，癲癇瘡毒。　配豬脂，敷小兒丹毒。　水浸一宿研，澄清飲水。

**題清・徐大椿《藥性切用》卷七**　鐵落　辛平體重，墜熱平肝，甯心愈狂。打落者名鐵落，飛起者名鐵精，器物生衣為鐵鏽，鹽醋浸出為鐵華。雖升沉有差，功用大略相同。針砂，消腫潰堅，治水腫黃(痘)〔疸〕，虛人慎用。

**清・張德裕《本草正義》卷下**　生鐵落　性沉，寒。鎮墜藥也。能平肝制木，降火清心。《內經》用治癲狂失志。然惟邪實有火者宜之。

**清・趙其光《本草求原》卷二四金部**　鐵落飲　辛，平，無毒。制肝去熱，鎮怯。治驚邪、癲癇善怒發狂，肝膽鬱火所發。取其性沉下氣也。賊風痙病，炒熱，投酒中飲，借酒以行皮膚也。風熱在皮膚，惡瘡痂疥，辛平入肺，肺主皮毛也。燒鐵赤沸，砧上爆下之屑，鐵銚煅紅，醋沃七次，煮水飲。

按：鐵屬金，制肝固矣。然古方用為治水腫要藥，取鐵落針砂醋煮半日，去鐵砂，用醋和，蒸餅為丸，薑湯下。即脾虛而脹者，亦多用鐵漿、鐵粉之類。或謂制肝使不克土，脾自運也。不知鹵石受太陽之氣，百餘年而成磁石，二百年孕而成鐵，性平寒而專禀太陽之燥氣，故能入陰以降陽，又能燥陰以化濕；但服之須斷鹽，以鐵忌鹽，而鹽潤腫也。且過服亦令人凛凛惡寒，以其專削陽氣也。煎飲、煎醋入丸，則不留滯臟腑也。

**清・張仁錫《藥性蒙求・金石部》**　鐵落三錢　鐵落辛涼，平鎮心肝。發狂善怒，氣降即安。煅時打落於砧下者，名鐵落。○有病怒狂者，治以生鐵落飲，清汁煎藥，取其性沉，下氣最疾。不可過服，令人寒冷，以其專削陽氣也。《本經》主風熱惡瘡等疾，皆心肝大熱所致。辛寒能除二經之熱也。

**清・戴葆元《本草綱目易知錄》卷七**　鐵落　辛，平。平肝去怯止煩，下氣消食及冷氣，去黑子，可以染皂。治善怒發狂，驚邪癲癇，小兒客忤，除胸膈中熱氣不下食，風熱惡瘡，疽瘡痂疥，氣在皮膚中，竝煎服之。療鬼打鬼疰邪氣，水漬沫出，澄清，暖服一二盃，瘥。炒熱投酒中飲，療賊風痙。又裹以熨腋下，療胡臭。小兒丹毒，煅，研末，猪脂和傅。

鐵精

**宋・唐慎微《證類本草》卷四玉石部中品〔《本經・別錄》〕**　鐵精　平，微溫。**主明目，化銅。**療驚悸，定心氣，小兒風癇，陰癀脫肛。

〔梁・陶弘景《本草經集注》〕云：鐵落是染皂鐵漿。生鐵是不破鑐音柔鎗音錚、釜之類。鋼鐵是雜鍊生鍒作刀鎌者。鐵精出鍛竈中，如塵，紫色輕者爲佳，亦以摩瑩銅器用之。

〔唐・蘇敬《唐本草》〕注云：單言鐵者，鍒鐵也。鐵落是鍛家燒鐵赤沸，砧上鍛之，皮甲落者。夫諸鐵療病，並不入丸散，皆煮取漿用之。若以漿爲鐵落，鋼生之汁，復謂何等？落是鐵皮滋液，黑於餘鐵。陶謂可以染皂，云是鐵漿，誤矣。又鐵屑炒使極熱，用投酒中飲酒，療賊風痙，又裹以熨腋，療胡臭有驗。

〔宋・馬志《開寶本草》〕按：陳藏器《本草》云：凡言鐵療病，不入丸散，皆煮漿用之。按：今針砂、鐵精，俱堪染皂，鐵並入丸散。

〔宋・掌禹錫《嘉祐本草》〕按：陳藏器云：鐵漿，取諸鐵於器中，以水浸之，經久色青沫出，即堪染帛成皂，兼解諸物毒入腹，服之亦鎮心，明目。主癲癇，發熱，急黃，狂走，六畜癲狂。人爲蛇、犬、虎、狼毒惡蟲等嚙，服之毒不入內也。又云：鐵爇，主惡瘡蝕䘌，金瘡，毒物傷皮肉，止風水不入，入水不爛，手足皸坼，瘡根結筋，瘰癧，毒腫。染髭髮令永黑。並及熱未凝塗之，少當乾硬，以竹木爇火於刀斧刃上，燒之津出，如漆者是也。一名刀煙，江東人多用之防水。項邊癧子，以桃核燒熏。又云：殺蟲立效。又云：淬鐵水，味辛，無毒。主小兒丹毒，飲一合。此打鐵器時，堅鐵槽中水。又云：針砂，性平，無毒。堪染白爲皂，及和沒食子染鬚至黑。飛爲粉，功用如鐵粉。鍊鐵粉中亦別須之。針是其真鋼砂，堪用；人多以雜和之，謬也。又云：鍛鑕下鐵屑，味辛，平，無毒。主鬼打，鬼注，邪氣。水漬攪令沫出，澄清去滓，及暖飲一二盞。又云：刀刃，味辛，平，無毒。主蛇咬毒入腹者，取兩刀於水中相磨，飲其汁。又兩刀於耳門上相磨敲作聲，主百蟲入耳，聞刀聲即自出也。日華子云：鐵屑，治驚邪，癲癇，小兒客忤，消食及冷氣，幷煎汁服之也。又云：犂鑱尖浸水，名爲鐵精，可制朱砂、石亭脂、水銀毒。

〔宋・唐慎微《證類本草》〕《圖經》：文具鐵條下。《聖惠方》：陰脫，鐵精、羊脂二味，攪令稠。布裹炙熱，熨推內之差。又方：食中有蠱毒，令人腹內堅痛，兩目青黃，淋露骨立，病變無常。用鐵精細研，擣鷄肝和爲丸如梧桐子大。食前後酒下五丸。《百一方》：產後陰下脫，鐵精粉推納之。又方：蛇骨刺人毒痛。以鐵精粉如大豆，以管吹瘡內。《子母秘録》：療陰腫，鐵精粉傅上。姚和衆：治小兒因痢肛門脫，以鐵精粉傅之。《太清服煉靈砂法》云：鐵，性堅，服之傷肺。

**宋・寇宗奭《本草衍義》卷五**　鐵磺　於磺中煉出者，謂之生鐵。鐵落，斷而落者也。鑐鐵，炒成熟鐵也。剛鐵，煉鐵去滓者也。鐵精、針沙、鐵漿，已上七等，取汁，各依《經》用。鐵華粉、鐵粉，已上二等，燒煅取。馬銜、秤錘、車轄、杵、鋸，已上五等，特以其意使之耳。其生鐵既自火中煉石而出，世謂之生鐵。亦如炒脂麻取油，謂之生油，其義亦同，白油麻條中已著。鐵粉，以生薑汁調擦眉上，生眉毛。鋼鐵，今用柔鐵屈盤，乃以生鐵陷其間，泥封煉之，鍛令相入，謂之團鋼，又曰灌鋼。此蓋草創之鋼，亦不免僞也。蓋生鐵之堅，及三四煉，則生鐵亦自熟，却是柔鐵，而天下莫以為非。磁州煉坊，方識真鋼。凡鐵之有鋼，如麵之有筋，濯洗揉麵既盡，筋乃見，煉鋼亦然。恒取精鐵一百餘斤，每鍛一火，稱之遂輕。累鍛稱之，至於不減耗，此則純鋼也，實鐵之精純者，雖百煉不耗矣。其色清明，磨瑩之，則黯黯而清且黑。亦有煉之盡，全無鋼者，係地之所產精粗爾。前所謂鐵精者，其說有二。陶隱居言出鍛灶中，如塵，紫色，輕者為佳，亦以摩瑩銅器用之。日華子又云犁鑱尖浸水中名為鐵精。本條既言化銅，則隱居所說是。蓋鍛灶中塵紫摩銅則明，浸犁鑱尖水非是。

**宋・王繼先《紹興本草》卷一**　鐵精　紹興校定：鐵精，方家名為鐵精粉也。乃鍛鐵竈中飛出如塵、紫色輕虛者即是。日華子云犁頭浸水名為鐵粉，其說顯誤。在《本經》說定心止悸，當以性平、無毒是矣。

**宋・劉明之《圖經本草藥性總論》卷上**　鐵精　平，微溫。主明目，化銅。療驚悸，定心氣，小兒風癇，陰癀脫肛。

**明・王綸《本草集要》卷五**　鐵精　氣平，微溫。煅竈中飛出如塵、紫色輕虛者，可磨瑩銅器。　主明目，化銅。療驚悸，定心氣，小兒風癇陰癀，脫肛。

**明・滕弘《神農本經會通》卷六**　淬鐵水　此打鐵時，堅鐵槽中水。陳藏器云：味辛，無毒。主小兒丹毒，飲一合。

鐵精　煅竈中，飛出如塵，紫色而輕虛，可以磨瑩銅器者是也。　氣平，微溫。《本經》云：主明目，化銅。療驚悸，定心氣，小兒風癇，陰癀脫肛。

**明・劉文泰《本草品彙精要》卷四**　鐵精附鐵爇、淬鐵水、針砂、鍛鑽下鐵屑、刀刃、犁鑱尖。

**鐵精**出《神農本經》：**主明目，化銅。**以上朱字《神農本經》。療驚悸，定心氣，小兒風癇，陰癀脫肛。○鍛鑽下鐵屑，味辛，平，無毒。主鬼打，鬼注邪氣，水漬攪令沫出，澄清服之。○鐵爇，主惡瘡，蝕䘌，金瘡，毒物傷皮肉，止風水不入，入水不爛，手足皸拆，瘡根結筋，瘰癧，毒腫，染髭髮令永黑。並及熱未凝塗之，少頃當乾硬。項邊癧子以桃核燒熏之。又殺蟲，立效。○淬鐵水，味辛，無毒。主小兒丹毒，飲一合。○針砂，性平，無毒。堪染白爲皂，及和沒石子染鬚至黑，飛爲粉，功用如鐵粉。○刀刃，味辛，無毒。主蛇咬，毒入腹者，取兩刀于水中相磨，飲其汁。又兩刀於耳門上相磨，敲作聲，主百蟲入耳，聞刀聲即自出也。○鐵屑治驚邪，癲癇，小兒客忤，消食及冷氣，並煎汁服之。○犁鑱尖浸水名爲鐵精，可制朱砂、石亭脂、水銀毒。以上黑字名醫所錄。

【地】《圖經》曰：舊不著所出州郡。今江南、西蜀有爐冶處皆有之。乃鍛鐵竈中飛出如塵，紫色而輕虛，可以摩瑩銅器者是也。日華子云：犁鑱尖浸水名爲鐵精。一說意實矛盾。謹考諸方所用者，皆曰鐵精粉。誠如《經》之所云，彼犁鑱浸水僅可制朱砂、石亭脂、水銀毒，於治病之功，無所取矣。及鍛鑽下鐵屑，鑽乃鐵砧也，此爐冶處打鐵砧下屑耳。又鐵爇，以竹木爇火於刀斧刃上，燒之津出如漆者，一名刀煙。江東人多用之，以防水是矣。若淬鐵水，此打鐵器時堅鐵槽中水也。針砂，即作針家磨鑢之細末爾。若其治病之功，當各適其用焉。【時】採：無時。【用】粉。【質】類塵而輕虛。【色】紫。【味】辛。【性】平，微溫。【氣】氣厚味薄，陽中之陰。【臭】腥。【主】驚悸，風癇。【治】療：《別錄》云：產後陰下脫，以粉推內，即入。蛇骨刺人毒痛，以粉一匕，管吹瘡內。並傅陰腫，小兒因痢肛門脫。【合治】合羊脂，攪令稠，布裹炙熱，熨陰脫。○合雞肝，和爲丸桐子大，每服五丸，酒下。治食中有蠱毒，腹內堅痛，面目青黃，淋露骨立，病變無常。【禁】服多傷肺。

**明・王文潔《太乙仙製本草藥性大全》卷六《本草精義》**　鐵精　出煅竈中，飛出如紫輕虛者爲妙，亦可以摩瑩銅器者用之，亦堪染皂，並入丸散。又云：犂鑱尖浸水名爲鐵精。可制硃砂、石亭脂、水銀毒。

**明・王文潔《太乙仙製本草藥性大全》卷六《仙製藥性》**　鐵精　味辛，氣平，又云微溫，無毒。主治：療驚悸心神不定，治小兒風癇亦宜。主陰癀脫肛，又化銅，明目。補註：陰脫，鐵精、羊脂二味攪令稠，布裹脚炙熱，熨推內之差。○食中有蠱毒，令人腹內堅痛，面目青黃，淋露骨立，病變無常，用爐中鐵精細研，搗鷄肝和爲丸如梧子大，任食前後酒下五丸。○產後陰下脫，鐵精粉推內之。○陰腫，鐵精粉傅之。○蛇骨刺人毒痛，以鐵精粉如大豆，以管吹瘡內。○小兒因痢肛門脫出，鐵精粉之。

**明·李時珍《本草綱目》卷八金石部·金類**　鐵精《本經》中品

〔釋名〕鐵花弘景曰：鐵精，鐵之精華也。出鍛竈中，如塵紫色，輕者爲佳，亦以磨瑩銅器用之。　〔氣味〕平，微温。　〔主治〕明目，化銅《本經》。療驚悸，定心氣，小兒風癇，陰㿗脱肛《别錄》。

〔發明〕見鐵落。

〔附方〕舊五，新二。　下痢脱肛：鐵精粉傅之。《至寶方》。　女人陰脱：鐵精、羊脂，布裹炙熱，熨推之。《聖惠方》。　男子陰腫：鐵精粉傅之。《子母秘錄》。　疔腫拔根：鐵渣一兩，輕粉一錢，麝香少許，爲末。針畫十字口，點藥入内，醋調麪糊傅之神效。《普濟方》。　食中有蠱：腹内堅痛，面目青黄，淋露骨立，病變無常。用爐中鐵精研末，鷄肝和丸梧子大。食前酒下五丸，不過十日愈。《肘後》。　蛇骨刺人：毒痛。鐵精粉豆許，吹入瘡内。《肘後方》。

**明·梅得春《藥性會元》卷下**　鐵精　微温。　主明目，化銅，療驚悸，定心氣，小兒風癇，陰㿗脱肛。出自鍛竈中，紫色者佳。

**明·倪朱謨《本草彙言》卷一二**　鐵精　味苦、辛，氣温，無毒。　陶氏曰：鐵精，鐵之精華也。出鍛鐵竈中，如塵飛出，色紫而體輕者爲佳。用之磨一切銅器，光亮可觀。

鐵精：療驚癇，安心氣，拔疔毒，日華子止小兒陰㿗脱肛之藥也。朱寰宇稿質雖重墜而體實飛騰，故能安心志驚癇之證，因火盛氣怯而神情浮越不靜者，服之立安。倘由勞倦神疲，氣虚魄亂，神不守舍，以致驚癇煩憒者，非所宜用也。

集方：《至寶方》治火熱燔心，暴發驚狂如癇者。用鐵精一錢，甘草二錢，煎汁飲。〇《普濟方》治疔腫拔根。用鐵精研極細一錢，輕粉五分，麝香三釐，共研勻，以銀鍼畫十字於疔上，將藥敷上，神效。〇《至寶方》治下痢脱肛。用鐵精研極細如塵，敷之。

**清·张璐《本經逢原》卷一**　鐵精　平，微溫，小毒。　《本經》明目化銅。

發明：鐵之精華也。出鍛竈中，紫色輕如塵者佳，取至陰沉重之性。得純陽火鍊而輕浮上升，故可以療驚悸、定風癇、破胃脘積血作痛。《本經》主明目，取其鎮攝虚火之義，以其得火氣之多也。但胃氣虚寒人服之，往往有奪食發呃之虞，以純陰鎮攝太過，而傷犯陽和之氣也。

**清·汪紱《醫林纂要探源》卷三**　鐵精　同。煅擊時飛起如塵者。　泄肺逆，墜涌痰。

**清·趙其光《本草求原》卷二四金部**　鐵精　此鐵之精華，陰沉之性，得火煉而輕浮上升。平而微溫，能鎮攝虚火，治驚悸、風癇、定心，破胃脘積血作痛，明目，脱肛，陰腫，敷之。陰脱，同羊脂布包熱熨。疔腫，同輕粉、麝，醋糊敷之。中蠱腹痛，面青黄淋露，雞肝和丸，食前酒下。但純陰，鎮攝太過，多食大傷胃陽。

出煅灶中，紫色、輕如塵者佳。或曰即砧上如塵飛起者。又鋼煅作薄葉，磨光，鹽灑浸醋中，生衣刮取，名鐵華粉。浸水日久、生黄膏者，名鐵漿。皆取其金氣平木，墜下解毒也。然必用鐵之精純為鋼者方可。古人猶慮其留滯，故或用汁，或用華、用漿，取氣、取精而不取質，以其消腎陰，竭肝胃之陽也。用者慎之。

鐵華粉

**宋·唐慎微《證類本草》卷四玉石部中品〔宋·馬志《開寶本草》〕**　鐵華粉　味鹹，平，無毒。　主安心神，堅骨髓，强志力，除風邪，養血氣，延年變白，去百病，隨體所冷熱，合和諸藥，用棗膏爲丸。作鐵華粉法：取鋼鍛作葉，如笏或團，平面磨錯令光淨，以鹽水灑之，於醋甕中，陰處埋之一百日，鐵上衣生，鐵華成矣。刮取，更細擣篩，入乳鉢研如麪，和合諸藥爲丸散。此鐵之精華，功用强於鐵粉也。今附。

〔宋·掌禹錫《嘉祐本草》〕按：日華子云：鐵胤粉，止驚悸，虚癇，鎮五藏，去邪氣，强志，壯筋骨，治健忘，冷氣，心痛，痃癖癥結，脱肛，痔瘻，宿食等，及傅竹木刺。其所造之法，與華粉同，惟懸於醬瓿上，就潤地及刮取霜時研，淘去麁汁鹹味，烘乾。

〔宋·唐慎微《證類本草》〕《圖經》：文具鐵條下。

《經驗後方》：治心虚風邪，精神恍惚，健忘。以經使鏵鐵四斤，於炭火内燒令通赤，投於醋中，如此七徧，即堪打碎如棋子大，以水二斗浸經二七日，每於食後服一小盞。

**宋·王繼先《紹興本草》卷一**　鐵華粉　紹興校定：鐵華粉，主療造製用已載《本經》，既安心神，養血氣，當從味鹹、平、無毒是矣。

**明·王綸《本草集要》卷五**　鐵華粉　味鹹，氣平，無毒。取鋼煅作（業）〔葉〕，平面磨錯光淨，以鹽水洒之於醋甕中，陰處埋之一百日，鐵上衣生，刮取之，細研如麵，和合諸藥為丸散。　主安心神，堅骨髓，强志力，除風邪，養血氣，延年變白。去百病，隨所冷熱，和合諸藥，用棗膏為丸。

**明・滕弘《神農本經會通》卷六**　鐵華粉　取鋼鐵作葉如笏或團，平面磨錯令光淨，以鹽水洒之，於醋甕中，陰處埋之一百日，鐵上衣生，鐵華成矣。刮取，更細擣篩，入乳鉢研如麪，和合諸藥為丸散。此鐵之精華，功用強於鐵粉也。　味鹹，氣平，無毒。《本經》云：　主安心神，堅骨髓，強志力，除風邪，養血氣，延年變白，去百病。隨所冷熱合和諸藥，用棗膏為丸。日華子云：　鐵胤粉，主驚悸虛癎，鎮五臟，去邪氣，強志，強筋骨，治健忘，冷氣心痛，痃癖癥結，脫肛痔瘻，宿食等，及傅竹木刺。安心志，制顛狂，鐵粉和鐵漿。

**明・劉文泰《本草品彙精要》卷四**　鐵華粉無毒。附鐵胤粉。

鐵華粉：　主安心神，堅骨髓，強志力，除風邪，養血氣，延年變白，去百病。名醫所錄。　〖地〗《圖經》曰：　出江南、西蜀有爐冶處皆有之。其造鐵華粉之法：　取鋼鍛作葉，如笏或團，平面磨錯，令光淨，以鹽水灑之，於醋甕中陰處埋之百日，鐵上衣生，鐵華成矣。此鐵之精華，功用強於鐵粉也。日華子云：　有鐵胤粉，止驚悸，虛癎，鎮五臟，去邪氣，強志，壯筋骨，治健忘，冷氣心痛，痃癖，癥結，脫肛，痔瘻，宿食等，及傅竹木刺。其所造之法，與華粉同，惟懸於醬瓿上，就潤地及刮取霜時研，淘去粗汁鹹味，烘乾，亦入藥用。

〖用〗霜。　〖色〗紫。　〖味〗鹹。　〖性〗平，軟。　〖氣〗味厚于氣，陰中之陽。　〖主〗安神，養血。　〖製〗刮取霜，細搗，篩入乳鉢，研如麵，入諸藥用。

〖治〗療：《別録》云：　治心虛風邪，精神恍惚，以經使鏵鐵四斤，炭火燒令赤，投醋中，如此七遍，即堪打碎，如棊子大，水二斗，浸二七，食後服一小盞，愈。　〖合治〗合棗膏爲丸，服之，隨所冷熱去百病。

**明・王文潔《太乙仙製本草藥性大全》卷六《本草精義》**　鐵華粉　一名鐵胤粉。其法取鋼煅作葉如笏或團，平面磨錯令光净，以鹽水洒之，於醋甕中陰處埋之一百日，鐵上衣生，鐵華成矣。刮取，更細搗篩，入乳缽研如麪。和合諸藥爲丸散之法與華粉同。惟懸於醬瓿上就潤地及刮取霜時，研淘去麄汁、鹹味，烘乾。此鐵之精華，功用強於鐵粉也。

**明・王文潔《太乙仙製本草藥性大全》卷六《仙製藥性》**　鐵華粉　味鹹，氣平，無毒。　主治：　止驚悸瘧癎，治冷氣心痛。去疰癖癥結有準，療脫肛痔瘻何難。善補五臟，能去百病。安心神，堅骨髓，強志力，却風邪。亦治健忘，又消宿食。養血氣延年，烏鬚髮耐老。若爲丸散，須知棗膏。補註：　治心虛風邪，精神恍惚健忘，以經使鏵鐵四斤，於炭火內燒令通赤，投於醋中，如此七遍即堪打碎如棋子大，以水二斗，浸經二七日，每於食後服一小盞。

**明・李時珍《本草綱目》卷八金石部・金類**　鐵華粉宋《開寶》

〖釋名〗鐵胤粉《日華》　鐵艷粉　鐵霜

〖修治〗志曰：　作鐵華粉法：　取鋼鍛作葉，如笏或團，平面磨錯，令光净，以鹽水洒之，于醋甕中，陰處埋之一百日，鐵上衣生，即成粉矣。刮取細搗篩，入乳缽研如麪，和合諸藥爲丸散。此鐵之精華，功用强於鐵粉也。大明曰：　懸於醬瓿上生霜者，名鐵胤粉。淘去粗滓鹹味，烘乾用。

〖氣味〗鹹，平，無毒。　〖主治〗安心神，堅骨髓，強志力，除風邪，養血氣，延年變白，去百病，隨所冷熱，和諸藥用，棗膏爲丸《開寶》。止驚悸虛癎，鎮五臟，去邪氣，治健忘，冷氣心痛，痃癖癥結，脫肛痔瘻，宿食等，及傅竹木刺入肉大明。

〖發明〗見鐵落。

〖附方〗新一。　婦人陰挺：　鐵胤粉一錢，龍腦半錢，研，水調刷産門。《危氏得效方》。

**明・梅得春《藥性會元》卷下**　鐵華粉　味鹹，平，無毒。　主安心神，堅骨髓，強志力，除風邪，養血氣，磨腹中硬塊，延年，去百病，隨冷熱合和諸藥，用棗膏為丸。　取華法：　將鋼鍛作葉片如笏，剉令光淨，以鹽水洒之，投於醋甕中，陰處埋之。百日鋼上衣生，即華成也。刮取研乳極細，篩去不成粉粗頭，將細者再乳如麪，入丸散，功過於鐵粉也。

**明・羅周彦《醫宗粹言》卷四**　取鐵華粉法　用鋼鐵作片，藏於鹽、醋中，日久取出，自然生華，用刀割下為鐵華粉。大能強志健安，破結癥痃癖及傅竹木刺，其功優於鐵粉多矣。

**明・倪朱謨《本草彙言》卷一二**　鐵華粉　味鹹，氣平，無毒。　馬氏曰：　作鐵華粉法：　用鋼鍛作葉，如笏式或團，平面磨錯令光淨，以鹽水灑之，藏於醋甕中，埋土一百日，鐵上衣生，即成粉矣。刮取，乳鉢內細研如麪，合和諸藥爲丸散用。此鐵之精華，功用勝如鐵精也。

鐵華粉：　安心神，止驚悸，化痃癖癥結，推食積頑滯諸疾之藥也。堅金之質，體重而降，急趨直下，少無留難，病非堅結，體非強壯能食之人，不可輕用。《開寶》方：去有餘百病，隨所冷熱，和諸藥以棗膏爲丸服，每次用不過四五六分。據危氏《得效方》：治婦人陰挺。用鐵華粉一二錢，冰片一分，研細，水調敷産門上。

**清・汪紱《醫林纂要探源》卷三**　鐵華　酸，鹹，寒。醋浸，使生赤衣也。補心甯神，平肝定驚，止怒解毒。加之酸，以收心瀉肝。

鐵爇

**明・滕弘《神農本經會通》卷六**　鐵爇　以竹木爇火於刀斧刃上，燒之，津出如漆者是也。陳藏器云：主惡瘡，蝕䘌金瘡，毒物傷皮肉，止風水不入，入水不爛，手足皸坼，瘡根結筋，瘰癧毒腫，染髭髮令永黑，并及熱未凝，塗之，少當乾硬。

**明・王文潔《太乙仙製本草藥性大全》卷六《本草精義》**　鐵爇　一名刀煙。以竹木爇火於刀斧上燒之，津出如漆者是也。江東人多用之以防水。

枷上鐵及釘　有犯罪者，忽遇恩得免枷了，取棄釘等，後遇有人官累，帶之除得災。

釘棺下斧聲　主人身弩肉，可候有時專聽其聲，聲發之時便下手速擦二七遍，已後自得消平也。産婦勿用。

**明・王文潔《太乙仙製本草藥性大全》卷六《仙製藥性》**　鐵爇　味苦，辛，氣平，無毒。

主治：主金瘡毒物而傷皮肉，治蝕䘌惡瘡而根結筋。止風水不入，入水不爛。破瘰癧毒腫，手皸坼。補註：染髭髮永黑，並以熱末凝塗之，少當乾硬。〇項邊瘰子，同桃核燒熏之。又云殺蟲立效。

**明・李時珍《本草綱目》卷八金石部・金類**　鐵爇《拾遺》

【釋名】刀煙《綱目》　刀油時珍曰：以竹木爇火，於刀斧刃上燒之，津出如漆者，是也。江東人多用之。【主治】惡瘡蝕䘌，金瘡毒物傷皮肉，止風水不入，入水不爛，手足皸坼，瘡根結筋，瘰癧毒腫，染髭髮，令永黑，及熱未凝時塗之，少頃當乾硬。用之須防水。又殺蟲立效藏器。

【附方】新一。項邊癧子：以桃核于刀上燒烟熏之。陳氏《本草》。

**明・倪朱謨《本草彙言》卷一二**　鐵爇　味苦，有毒。李氏曰：以竹、木、紙、草、樹葉等，爇火於刀斧劍一切鐵器上，燒之津出如漆者是也。江東人多用之。

鐵爇：陳氏《藏器方》治一切惡瘡蝕䘌，臭爛不收，及金刃傷損皮肉，或手足（軟）〔皸〕坼，或筋結瘰癧，或蟲疥癬癩等疾。用此須乘熱未凝時，取塗之，少頃乾硬，無所用也。

鐵鏽

**宋・唐慎微《證類本草》卷三玉石部上品〔唐・陳藏器《本草拾遺》〕**　鐵鏽　主惡瘡疥癬，和油塗之。蜘蛛蟲等咬，和蒜磨傅之。此鐵上衣也。鏽生鐵上者堪用。

**明・滕弘《神農本經會通》卷六**　鐵鏽　此鐵上衣也。鏽生鐵上者，堪用。　陳藏器餘云：主惡瘡疥癬，和油塗之。蜘蛛等咬，和蒜磨傅之。

**明・許希周《藥性粗評》卷四**　鐵鏽備攻瘡之用。

鐵鏽，即陳鐵上所鏽衣也，刮取用之。味鹹，性平，無毒。主治惡瘡疥癬，和油塗之。如蜘蛛等蟲所咬，則和蒜磨傅之。

**明・李時珍《本草綱目》卷八金石部・金類**　鐵鏽《拾遺》

【釋名】鐵衣藏器曰：此鐵上赤衣也。刮下用。

【主治】惡瘡疥癬，和油塗之。蜘蛛蟲咬，蒜磨塗之藏器。平肝墜熱，消瘡腫、口舌瘡。醋磨，塗蜈蚣咬時珍。

【發明】時珍曰：按陶華云：鐵鏽水和藥服，性沉重，最能墜熱開結，有神也。

【附方】新八。　風瘙癮疹：鏽鐵磨水塗之。《集簡方》。　湯火傷瘡：青竹燒油，同鐵鏽搽之。《積德堂方》。　丁腫初起：多年土内鏽釘，火煅醋淬，刮下鏽末，不論遍次，煅取收之。每用少許，人乳和，挑破傅之。仍炒研二錢，以虀水煎滚，待冷調服。《普濟方》。　脚腿紅腫：熱如火炙，俗名赤遊風。用鐵鏽水塗解之。《惠濟方》。　重舌腫脹：鐵鏽鎖燒紅，打下鏽，研末，水調一錢，噙嚥。《生生編》。　小兒口瘡：鐵鏽末，水調傅之。《集簡方》。　内熱遺精：鐵鏽末，冷水服一錢，三服止。《活人心統》。　婦人難産：雜草燒鑊鏽、白芷等分，爲末。每服二錢，童尿、米醋各半，和服見效。《救急方》。

**題明・薛己《本草約言》卷二《藥性本草》**　鐵（綉）〔鏽〕水　開結，取性重以墜堅。

**明・繆希雍《本草經疏》卷三**　鐵鏽　主惡瘡疥癬，和油塗之。蜘蛛蟲等咬，和蒜磨傅之。一名鐵衣。

【疏】鐵鏽得金氣之英華，其味應辛苦，氣應寒。惡瘡疥癬，濕熱所生。蜘蛛蟲咬，毒氣傷血。辛苦能除濕熱，寒能解熱毒氣，故主之也。又秘法：取露天入土者，研極細，同蟾酥、腦、麝，以金鍼刺入疔瘡中，令至根，然後以藥塞入，能拔疔根，輒效。蓋疔腫未有不因肝經風熱所致，此藥屬金，善能平木，故有如是之功。《普濟方》疔腫初起，多年土内鏽釘，火煅醋淬，刮下鏽末，研細。每用少許，人乳和，挑破傅之。

**明・倪朱謨《本草彙言》卷一二**　鐵鏽　味辛、苦，氣寒，無毒。陳氏曰：此鐵上自生赤衣也。以水磨落用。

鐵鏽：解疔毒，消惡瘡，藏器退風癬，李時珍散脚氣壅腫之藥也。沈志所稿按陶氏言：鐵鏽水性沉重，和藥服，最能墜熱開結。《嘉祐》方治傷寒熱實結胸，磨水入承氣湯，服之極驗。此必强實有力人方準此。

集方：《普濟方》治疔腫惡瘡初起。用多年土内鏽鐵器，火煅醋淬，不論遍次，落下鏽末，收之研細，先用銀鍼挑破，用鐵鏽少許，人乳調和傅之。○同前治風癬作癢不止。先將癬瘡抓破，用鐵鏽水塗之。○同前治脚氣紅腫，熱如火炙，俗名赤遊風。用鐵鏽水塗，解之。○《生生編》治重舌腫脹。用鏽鐵器燒紅，打下鏽末一錢，研細水調，噙嚥。○《集簡方》治小兒口瘡。用鐵鏽末，水調敷之。

**明・顧逢柏《分部本草妙用》卷一肝部・性平**　鐵鏽　能墜熱開結，消瘡腫、口舌瘡有神效。

**明・蔣儀《藥鏡》卷四寒部**　鐵鏽　油調塗疥癬惡瘡，蒜和傅蜘蛛蟲咬。蟾酥、腦麝，與此同研，宜用鍼挑而入肉。風熱，肝經一時不復，兼拔疔瘇之根苗。

**清・张璐《本經逢原》卷一**　鐵鏽一名鐵衣。辛，寒，無毒。發明：陶華云：鐵鏽水和藥服，性沉重，最能墜熱開結，又能平肝消腫。治惡瘡疥癬，和油塗之。婦人產後陰挺不收，和冰片研水傅之。蠼螋、蜈蚣咬，和蒜塗之。

**清・黃元御《玉楸藥解》卷三**　鐵鏽　味鹹，氣平。入手太陰肺、足厥陰肝經。消腫敗毒，降逆清熱。鐵鏽重墜清降，消腫毒惡瘡，療蜘蛛、蜈蚣諸傷。

**清・汪紱《醫林纂要探源》卷三**　鐵鏽　補心寧神，解毒除熱。朽鐵上赤衣，塗漆瘡尤效。

**清・嚴潔等《得配本草》卷一**　鐵鏽一名鐵衣。醋磨，敷蜘蛛等傷。調油，塗漆瘡疥癬。

**清・趙其光《本草求原》卷二四金部**　鐵鏽　辛、苦，寒。墜熱開結，平肝。治風瘙癮疹，水塗。惡瘡疥癬，油塗。拔疔根，皆肝風熱也，針刺，同蟾酥、麝填入。重舌口瘡。水調含。此舊鐵赤衣也，露天入土者佳，刮磨用。產後陰挺不收，同冰片，研水敷。蜈蚣咬。和蒜塗。

**清・劉善述、劉士季《草木便方》卷二金石土火部**　鐵鏽　鐵鏽消腫治惡瘡，疥癬蟲毒蜘蛛傷。口舌腫瘡末蒜搽，蜈蚣傷末醋塗光。

**清・戴葆元《本草綱目易知錄》卷七**　鐵鏽鐵衣　性沉重。煎水和諸藥服。平肝墮熱開結，消瘡腫口舌瘡，醋磨塗。蜈蚣咬，惡瘡疥癬，和油塗。蜘蛛咬毒，蒜磨塗之。

### 鐵線粉

**清・趙學敏《本草綱目拾遺》卷二金部**　鐵線粉　色黑，產廣中，以香炷點之，有烟起如蚊子飛者真。陳廷慶云：色白者真，此乃鎔鐵鍋中浮起白沫如枯礬者，若色黃黑者假。治癬神效：多年頑癬久不愈者，先以薑擦患處，後以粉傅之。《百草鏡》云：用醋調搽，忌薑椒一切發物。楊春涯《驗方》云：廣東剔癬粉治癬神效。其色如沉香末，則是鐵線者，乃剔癬之訛也。兩腿陰面溼癬：毛世洪《經驗集》：以荸薺蘸鐵線粉擦之立瘥。鐵線粉，即火炮中刮下鏽粉也。粵中洋行有舶上鐵絲，帶來出售中土，日久起鏽，用刀刮其鏽，明亮如新，所刮下之鏽末，名鐵線粉。其色黃如香灰，帶白色者，乃鎔鐵浮起鍋中白沫搗細而成。亦名鐵線粉。廣中有此二種。

### 鐵漿

**宋・唐慎微《證類本草》卷四玉石部中品〔宋・掌禹錫《嘉祐本草》新分條〕**　鐵漿　鐵法中，陶爲鐵落是鐵漿，蘇云非也。按：鐵漿，取諸鐵於器中，以水浸之，經久色青沫出，即堪染皂，兼解諸毒入腹，服之亦鎮心。主癲癇發熱，急狂走，六畜癲狂。人爲蛇、犬、虎、狼、毒刺、惡蟲等嚙，服之，毒不入内。見陳藏器。

〔宋・唐慎微《證類本草》〕《圖經》：文具鐵條下。《外臺秘要》：療漆瘡。以鐵漿洗之，隨手差，頻爲之妙。《梅師方》：治時氣病，骨中熱，生疱瘡、豌豆瘡，飲鐵漿差。

**宋·王繼先《紹興本草》卷一**　鐵漿　紹興校定：鐵漿，以諸鐵漬水為漿，所漬者為用。主療已載《本經》，然不說性味有無。既可解毒，當以性平、無毒是也。

**明·王綸《本草集要》卷五**　鐵漿取諸鐵於器中，以水浸之，經久色青沫出，即堪染皂。　主解諸毒入腹，蛇、犬、虎、狼、惡蟲等嚙，服之。亦鎮心，主癲癇，發熱急黃，狂走，六畜癲狂。

**明·滕弘《神農本經會通》卷六**　鐵漿　取諸鐵於器中，以水浸之，經久色青沫出，即堪染皂。

《本經》云：主解諸毒入腹，服之亦鎮心，主癲癇發熱，急狂走。六畜癲狂，人為蛇犬虎狼毒刺，惡蟲等嚙，服之毒不入內。《別說》云：鐵漿，即是以生鐵漬水，服餌者日取飲，旋入新水，日久鐵上生黃膏，則力愈勝，令人肌體輕健。唐太妃所服者，乃此也。若以染皂者為漿，其酸苦臭澁，安可近，況為服食也。《大清服煉靈砂法》云：鐵性堅，服之傷肺。

**明·劉文泰《本草品彙精要》卷四**　鐵漿有小毒。

鐵漿：主鎮心，癲癇，發熱，急狂走，六畜癲狂，人爲蛇、犬、虎、狼、毒刺惡蟲等齧，服之毒不入內。名醫所錄。　【地】《圖經》曰：出江南、西蜀有爐冶處皆有之。取諸鐵於器中，以水浸之，經久色青，沫出，即堪染皂。兼解諸毒入腹。《別說》云：鐵漿即是以生鐵漬水服餌者。日取飲，旋入新水，日久鐵上生黃膏，則力愈勝，令人肌體輕健。唐太妃所服者，乃此也。若以染皂者爲漿，其酸苦臭澀不可近，況服食乎。　【時】採：無時。　【用】漿。　【色】青。　【味】微鹹。　【性】寒。　【氣】味厚于氣，陰也。　【臭】腥。　【主】癲狂，發熱。　【製】以水浸，經久色青沫出者爲度。　【治】療：《別錄》云：洗消漆瘡並時氣病，骨中熱，生皰瘡，豌豆瘡，飲之瘥。

**明·許希周《藥性粗評》卷四**　陽邪飲浸鐵之漿。

鐵漿，以器盛水，將鐵浸於其中，經久色青沫出，則成矣。須用多鐵浸之則易成。　味辛、甘，性微寒，無毒。　主治熱病顛狂，神思恍惚，悞食諸毒，及虎狼蛇犬諸蟲惡毒。以上俱可飲其水，能退陽生陰，辟毒不入。

**明·王文潔《太乙仙製本草藥性大全》卷六《本草精義》**　鐵漿　鐵法中，陶爲鐵落是鐵漿，蘇云非也。按：鐵漿，取諸鐵於器中，以水浸之，經久色青沫出，即堪染帛成皂也。

按：鐵漿即是以生鐵漬水服餌者。日取飲，旋入新水，日久鐵上生黃膏則力愈勝，令人肌體輕健。唐太妃所服者乃此也。若以染皂者爲漿，其酸苦臭澁，安可近？況爲服食也。

**明·王文潔《太乙仙製本草藥性大全》卷六《仙製藥性》**　鐵漿　味澁，氣平，無毒。　主治：解諸毒入腹內，治虎蛇犬齒傷。主癲癇發狂，鎮心氣退熱。惡蟲齧秘法，明眼目仙方。　補註：療漆瘡以鐵漿洗之，隨手差，頻爲之妙。○治時氣病骨中熱，生疱瘡，豌豆瘡，飲鐵漿差。○六畜顛狂，蛇犬虎狼毒刺，惡蟲等齧，鐵漿服之，毒不入肉。

**明·李時珍《本草綱目》卷八金石部·金類**　鐵漿《拾遺》

【集解】藏器曰：陶氏謂鐵落爲鐵漿，非也。此乃取諸鐵於器中，以水浸之，經久色青沫出，即堪染皂者。承曰：鐵漿是以生鐵漬水服餌者。旋入新水，日久鐵上生黃膏，則力愈勝。唐太妃所服者，乃此也。若以染皂者爲漿，其酸苦臭澀不可近，矧服食乎？

【氣味】鹹，寒，無毒。　【主治】鎮心明目。主癲癇發熱，急黃狂走，六畜顛狂，人爲蛇、犬、虎、狼、毒刺、惡蟲等齧，服之毒不入肉，兼解諸毒入腹藏器。

【附方】舊二，新三。　時氣生瘡：胸中熱。鐵漿飲之。《梅師方》。　一切丁腫：鐵漿日飲一升。《千金方》。　發背初起：鐵漿飲二升，取利。《外臺秘要》。　蛇皮惡瘡：鐵漿頻塗之。《談野翁方》。　漆瘡作痒：鐵漿頻洗，愈。《外臺》。

**題明·薛己《本草約言》卷二《藥性本草》**　鐵漿　味甘，無毒。取鐵浸之經久，色青沫出可染皂者為鐵漿。治癲狂。拍作片段，置醋糟中積久衣〔生〕刮取者為胤鐵粉。安心志。

**明·梅得春《藥性會元》卷下**　鐵漿　按：取諸鐵於器中，以水浸之，經久色青沫出，即堪染皂。　解諸毒入腹。服之亦鎮心，治癲癇發熱，急黃狂走，六畜癲狂，人為蛇、犬、虎、狼、毒刺、惡蟲等嚙，服之使毒氣不入內。

**明·李中梓《藥性解》卷一**　鐵漿　味甘、濇，性平，無毒，入心、肺二經。主顛癇狂亂，解諸毒入腹，蛇犬咬傷，鎮心神，明眼目，堪洗膝瘡，隨手而愈。○鐵銹油調之，可敷惡瘡瘡疥，蒜磨，傅蜘蛛咬傷。　按：鐵漿即浸鐵，色青，可染皂者。質本金也，宜歸肺部；性本沉也，宜鎮心家。明目治漆，皆由伐木之功。○鐵銹可敷瘡毒。亦以發在外者有散之義歟。

**明·倪朱謨《本草彙言》卷一二**　鐵漿　味鹹，寒，無毒。　陳氏曰：

鐵漿，以生鐵浸水中，日久色青沫出。若鐵上浸出黄膏，更勝。

鐵漿：　解疔毒瘡腫，及蛇犬虎狼，藏器毒氣所傷。或内服，或外洗，兩者皆可。

集方：《千金方》治一切疔腫，用鐵漿，日飲一升。〇《外臺秘要》治發背初起，用鐵漿，連飲二升，取利。

**清·嚴潔等《得配本草》卷一**　鐵漿　鹹，寒。解諸毒入腹。主癲癇發狂，退心經煩熱，療蛇犬齧傷。　鐵久浸水，自浮青沫，名漿。

### 磁石

**宋·李昉《太平御覽》卷第九八八**　磁石　王隱《晉書》曰：馬隆擊凉州，以磁石累道側，賊負鐵鎧不得過，以為神。《呂氏春秋》曰：磁石，召鐵或引之也。石，鐵之母也。石之不磁者，亦不能引之也。《抱朴子》曰：五石者，丹沙、雄黄、白礬石、曾青、磁石也。一石轉五轉而各成五色，五石合為二十五色。《南州異物志》曰：漲海崎頭，水淺而多磁石。外徼人乘大舶，皆以鐵鍱鍱之，至此關，以磁石不得過。《淮南萬畢術》曰：磁石拒碁。取雞血與作針，磨鐵擣之，以和磁石，日塗碁頭，曝乾之，置局上，則相拒不休。又曰：磁石懸入井，亡人自歸。取亡人衣帶，裹磁石，懸井中，亡人自歸。《吳氏本草》曰：磁石，一名磁君。

**宋·沈括《夢溪筆談》卷三《補筆談》**　以磁石磨針鋒，則鋭處常指南，亦有指北者。恐石性亦不同。如夏至鹿角解，冬至麋角解，南北相反，理應有異。未深考耳。

**宋·唐慎微《證類本草》卷四玉石部中品〔《本經》·《別錄》·藥對〕**　**磁石**　**味辛**、鹹，**寒**，無毒。**主周痹。**〔宋·掌禹錫《嘉祐本草》〕按：《蜀本》注云：凡痹，隨血脉上下，不能左右去者，爲周痹。**風濕，肢節中痛，不可持物，洗洗酸痟，除大熱，煩滿及耳聾，**養腎藏，强骨氣，益精，除煩，通關節，消癰腫，鼠瘻，頸核，喉痛，小兒驚癇。鍊水飲之，亦令人有子。**一名玄石，**一名處石。生太山川谷及慈山山陰，有鐵處則生其陽。採無時。柴胡爲之使，殺鐵毒，惡牡丹、莽草，畏黄石脂。

〔梁·陶弘景《本草經集注》〕云：今南方亦有，好者能懸吸針，虛連三四爲佳。殺鐵毒，消金。仙經、丹方、黄白術中多用之。

〔宋·掌禹錫《嘉祐本草》〕按：《蜀本》注云：吸鐵虛連十數針，乃至一二斤刀器，迴轉不落。《南州異物志》云：漲海崎頭水淺而多磁石，外徼人乘船皆以鐵鍱鍱之，至此關，以磁石不得過。《吳氏》云：磁石一名磁君。《藥性論》云：磁石，臣，味鹹，有小毒。能補男子腎虛，風虛，身强，腰中不利，加而用之。陳藏器云：磁石毛，味鹹，溫，無毒。主補絶傷，益陽道，止小便白數，治腰脚，去瘡瘻，長肌膚，令人有子，宜入酒。出相州北山。磁石毛，鐵之母也。取鐵如母之招子焉。《本經》有磁石，不言毛。毛、石功狀殊也。又言磁石寒，此彌誤也。日華子云：磁石，味甘、澀，平。治眼昏，筋骨羸弱，補五勞七傷，除煩躁，消腫毒，小兒誤吞鍼鐵等。即細末，筋肉莫令斷，與磁石同下之。

〔宋·蘇頌《本草圖經》〕曰：磁石，生泰山山谷及慈山山陰，有鐵處則生其陽。今磁州、徐州及南海傍山中，皆有之。慈州者歲貢最佳，能吸鐵虛連十數針，或一二斤刀器回轉不落者尤真。採無時。其石中有孔，孔中黄赤色，其上有細毛，性溫，功用更勝。謹按：《南州異物志》云：漲海崎頭水淺而多磁石，徼外大舟以鐵禁錮之者，至此多不得過。以此言之，海南所出尤多也。按：磁石一名玄石，而此下自有玄石條，云生泰山之陽，山陰有銅，銅者雌，鐵者雄。主療頗亦相近，而寒溫銅鐵畏惡乃别。蘇恭以爲鐵液也。是磁石中無孔，光澤純黑者，其功劣于磁石，又不能懸針。今北蕃以磁石作禮物，其塊多光澤，又吸針無力，疑是此石，醫方罕用。

〔宋·唐慎微《證類本草》〕雷公云：凡使，勿誤用玄中石并中麻石。此石之二真相似磁石，只是吸鐵不得。中麻石心有赤，皮麁，是鐵山石也。誤服之，令人有惡瘡不可療。夫欲驗者，一斤磁石，四面只吸鐵一斤者，此名延年沙；四面只吸得鐵八兩者，號曰續(未)〔采〕石；四面只吸得五兩已來者，號曰磁石。若夫修事一斤，用五花皮一鎰，地榆一鎰，故綿十五兩，三件並細剉，以搥于石上，碎作二三十塊了。將磁石于瓷瓶子中，下草藥，以東流水煮三日夜，然後漉出拭乾，以布裹之，向大石上再搥，令細了，却入乳鉢中研細如塵，以水沉飛過了，又研如粉用之。《聖惠方》：治小兒誤吞針。用磁石如棗核大，磨令光，鑽作竅絲穿，令含，針自出。《外臺秘要》：療丁腫。取磁石擣爲粉，釅酢和，封之，根即立出，差。錢相公《篋中方》：療誤吞錢。以磁石棗許大一塊，含之立出。《鬼遺方》：治金瘡腸出欲入之。磁石、滑石各三兩爲末，以白米飲調方寸匕服，日再服。沈存中《筆談》：磁石指南。《丹房鏡源》：磁石四兩，協物上者，伏丹砂，養汞，去銅暈，軟硬汞堅頑之物。服食不可長久，多服必有大患。《青霞子》：磁石毛，治腎之疾。

**宋·寇宗奭《本草衍義》卷五**　磁石　色輕紫，石上皺澀，可吸連針鐵，俗謂之熁鐵石。養益腎氣，補填精髓，腎虛耳聾目昏皆用之。入藥，須燒赤醋淬。其玄石，即磁石之黑色者也，多滑淨。其治體大同小異，不可不分而爲二也。磨針鋒則能指南，然常偏東不全南也。其法取新纊中獨縷，以半芥子許蠟，綴于針腰，無風處垂之，則針常指南。以針橫貫燈心，浮水上，亦指南，然常偏丙位。蓋丙爲大火，庚辛金受其制，故如是，物理相感爾。

**宋·王繼先《紹興本草》卷二**　磁石　紹興校定：磁石，《本經》主治有煉水飲之者，當從性寒，無毒。若經火煅錯者，即為性溫、無毒。然皆益陰強骨，當從宜而用之。其味辛、鹹，但吸鐵有力者佳。

**宋·劉明之《圖經本草藥性總論》卷上**　磁石　味辛、鹹，寒，無毒。主周痺風濕，肢節中痛，不可持物，洗洗酸消，除大熱煩滿及耳聾。養腎藏，強骨氣，益精除煩，通關節。消癰腫鼠瘻，頸核喉痛，小兒驚癇。《藥性論》云：臣。味鹹，有小毒。能補男子腎虛風虛，身強，腰中不利。陳藏器云：毛味鹹，溫，無毒。主補絕傷，益陽道，止小便白數，治腰脚，去瘡瘻，長肌膚，令人有子。日華子云：味甘、澀，平。治眼昏，筋骨羸弱，補五勞七傷，除煩燥，消腫毒，小兒悞吞鐵鍼等。《外臺秘要》：療下腫，取磁石為粉，釅醋和封之，立拔根出差，神妙。《鬼遺方》：治金瘡腸出，欲入之，磁石、滑石各叁兩，為末，以白米飲調方寸匕服，日再服。《丹房鏡源》：服食不可長久，多服必有大患。《青霞子》云：磁石毛治腎之疾。柴胡為之使。殺鐵毒。惡牡丹、莽草。畏黃石脂。

**明·王綸《本草集要》卷五**　磁石　味辛鹹，氣寒，無毒。柴胡為之使。殺鐵毒，惡牡丹、莽草、石脂。　主周痹風濕，肢節中痛，不可持物，洗洗酸痟。除大熱煩滿，及耳聾目昏。養腎臟，強骨氣，益精，通關節。消癰腫，鼠瘻頸核喉痛，小兒驚癇。鍊水飲之，令人有子。誤吞針，取棗核大，鑽竅絲穿，令吞之，針自出。

**明·滕弘《神農本經會通》卷六**　磁石　柴胡為之使。殺鐵毒，惡牡丹、莽草，畏黃石脂。懸吸針，虛連三四為佳。臣也。生太山山谷及慈山山陰，有鐵處則生其陽。今慈州、徐州及南海傍山中皆有之。磁石，有細孔，孔中黃赤色。一種玄石，是磁石中無孔，光澤純黑者，其功劣於磁石。生太山之陽，山陰有銅，銅者雌，玄者雄，《本經》自一條。

味辛、鹹，氣寒，無毒。一云：有小毒。一云：味甘，澀，平。

《本經》云：主周痺風濕，肢節中痛，不可持物，洗洗酸痟，除大熱煩滿，及耳聾。養腎藏，強骨氣，益精除煩，通關節。消癰腫鼠瘻，頸核喉痛，小兒驚癇。鍊水飲之，亦令人有子。《藥性論》云：臣。味鹹，有小毒。補男子腎虛風虛，身強，腰中不利，加而用之。陳藏器云：磁石毛，味鹹，溫，無毒。主補絕傷，益陽道，止小便白數，治腰脚大瘡瘻，長肌膚，令人有子。宜入酒。磁石毛，鐵之母也，取鐵如母之招子焉。《本經》有磁石不言毛，毛石功狀殊也。又言磁石寒，此彌誤也。日華子云：味甘，澁平。治眼昏，筋骨羸弱，補五勞七傷，除躁，消腫毒，小兒誤吞鍼鐵等，即細末筋肉莫令斷，與磁石同下之。《聖惠方》：治小兒誤吞針，用磁石如棗核大，磨令光，鑽作竅，絲穿令含，針自出。《衍義》曰：磁石毛輕，紫石上皹澁，可吸連針鐵，俗謂之熁鐵石，養益腎氣，補填精髓，腎虛耳聾，目昏，皆用之。入藥須燒赤，醋淬。其玄石即磁石之黑色者也，多滑淨，其治體大同小異，不可不分而為二也。磨針鋒則能指南，然常偏東，不全南也。以針橫貫燈心，浮水上，亦指南，然常偏丙位，蓋丙為大火，庚辛金受其制，故如是，物理相感爾。《局》云：磁石鹹寒能吸鐵，主除周痺四肢風。益精養腎強陽道，補益勞傷治耳聾。腎臟既衰，煅磁石而強陽道。

**明·劉文泰《本草品彙精要》卷三**　磁石無毒。附磁石毛。　石生。

**磁石**出《神農本經》：**主周痹風濕，肢節中痛，不可持物，洗洗酸痟**音消**，除大熱煩滿及耳聾。**以上朱字《神農本經》。養腎臟，強骨氣，益精除煩，通關節，消癰腫，鼠瘻，頸核，喉痛，小兒驚癇，煉水飲之，亦令人有子。以上黑字名醫所錄。

【名】玄石、處石、磁君。

【地】《圖經》曰：生泰山山谷及慈山山陰，有鐵處則生其陽。今慈州、徐州及南海傍山中皆有之，慈州者最佳。能吸鐵虛連十數針或一二斤刀器，回轉不落者尤真。其石中有孔，孔中黃赤色。其上有細毛，謂之磁石毛，性溫，功用尤勝。按《南州異物志》云：漲海崎頭水淺而多磁石，徼外大舟以鐵鍱錮之者，至此多不能過。以此言之，南海所出尤多也。又《本經》一名玄石，其玄石亦自有條，以其形質頗同，疑重其名爾。雷公云：人欲驗者，一斤磁石，四面只吸鐵一斤者名延年沙，四面吸鐵八兩者曰續末石，四面只吸鐵五兩以來者號磁石。蓋磁石爲鐵之母，取鐵猶母之召子焉。

【時】採：無時。

【用】能吸鐵有力者佳。

【質】類生鐵。

【色】赤黑。

【味】辛、鹹。

【性】寒。

【氣】氣薄味厚，陰中之陽。

【臭】朽。

【主】滋養腎臟，補益精氣。

【助】柴胡爲之使。

【反】畏黃石脂。惡牡丹、莽草。

【製】《雷公》云：凡修事，一斤用五花皮五花者，即五加皮之五葉花也。一鎰，地榆一鎰，故綿十五兩，三件並細剉，以搥於石上碎作二三十塊(子)，將磁石(於)(入)瓷瓶子中，下草藥，以東流水煮三日夜，然後漉出，拭乾，以布裹之，向大石上再搥，令細卻入乳鉢中研細，如塵。以水沉，飛過了，又研如粉用之。〔治〕療：《藥性論》云：治肝腎虛風虛，身強，腰中不利。日華子云：除煩躁，消腫毒，小兒誤吞針鐵。陳藏器云：止小便白數，去瘡瘻。補：日華子云：主眼昏，筋骨弱，五勞七傷。陳藏器云：補絕傷，益陽道，長肌膚，令人有子。〔合治〕合釅酢封疔腫。〇合滑石末，米飲調，治金瘡腸出者，服之瘥。〔解〕殺鐵毒。〔贗〕玄石爲僞。

**明・許希周《藥性粗評》卷四**　扶衰陽於磁石。

磁石，俗名引針石，乃鐵之母也。出巴蜀慈州生鐵之處，以方寸許能吸針虛連三四者為佳。柴胡為之使，惡牡丹、莽草，畏黃石脂。凡用燒紅，醋淬七次，研末，水飛過，紙鋪碗內滲乾。味辛、鹹，性溫，無毒。一曰有小毒。主治風濕周痹，大熱煩滿，耳聾癰腫，鼠瘻頸核，喉痛，腎虛腰冷陰痿，小兒驚癎，生精補氣，通關節，強筋骨，養腎藏，興陽道。

單方：衰陽不起：凡年老無子，覺陽衰不利者，用磁石真者二兩，硫黃一兩，俱如法製過，小茴香一兩，鹽水炒過，俱研為末，又以黃柏皮半斤許，削去皮，剉，煎濃水，去渣，煉成膏，將藥末丸如梧子大，每服空心，溫酒送下十丸或十五丸，二三日其陽自復，入室自當有子。丁腫初生：速取磁石研末，用釅醋調塗瘡上，立差。指南針法：以磁石一塊，用針數莖養之，次日針體便輕，能浮水面，指南而立，然常偏東丙方，須橫穿燈心一寸許，浮之便南，亦微微偏丙，不盡午也，豈丙為大火，金氣所伏而然與。

**明・鄭寧《藥性要略大全》卷八**　磁石君　治風濕肢節痛，除大熱煩滿，通關節，消癰腫驚癎，補勞傷，益腎強陽道，兼治耳聾。味辛、鹹，氣寒，無毒。生有鐵處，能殺鐵毒，吸鐵。惡牡丹、黃石脂。即引針石，一名玄石。一本云是臣。味甘，性平，有小毒。

磁石毛　味鹹，性溫，無毒。補絕傷，益陽道，令人有子。止小便白數，治腰脚大瘡。

**明・陳嘉謨《本草蒙筌》卷八**　磁石　味苦、鹹，無毒。一云平、甘，溫、澁，小毒。乃鐵之母，惟有鐵處則生；雖多海南，僅慈州屬河南。者進貢。能吸鐵針鐵物，若母見子相連。凡用拯疴，須依法製。火煅醋淬七次，羅細水飛數遭。務如灰塵，纔可服餌。專殺鐵毒，惟使柴胡。惡莽草、牡丹、石脂，為重而去怯之劑。除大熱煩滿，去周痹痠疼。周痹，謂痹隨血脉上下，不能左右去者是也。綿裹治耳聾，裹豆大塞耳中，口含生鐵少許，覺內有風雨聲即效。藥和點目瞖音茂。強骨氣，益腎臟，通關節，消癰疽。逐驚癎風邪，敺頸核喉痛。鍊水旋飲，令人有娠。若悞吞針入喉，急取繫線服下。引上牽出，實亦妙方。〇又磁石毛更功力勝。生石細孔上輕紫，研入醇酒內調吞。掃瘡瘻以長肌膚，補絕傷而益陽道。止小便頻數，開老眼光明。腎虛耳聾，每每取効。玄石亦磁石一種，純黑無孔者為然。力劣不能吸針，治體大同小異。

**明・王文潔《太乙仙製本草藥性大全》卷六《本草精義》**　磁石　一名磁君。生泰山山谷及慈山山陰，有鐵處則生其陽。今慈州、徐州及南海傍山中皆有之，慈州者歲貢最佳。能吸鐵虛之十數針，或一二斤刀器，回轉不落者尤真，採無時。能吸鐵針諸物，若母見子。凡用拯疴，須淬七次，羅細水飛數遭，務如灰塵纔可服餌。專殺鐵毒。惡莽草、牡丹，石脂，爲重而去怯之劑。

磁石毛　其石中有孔，孔中黃赤色，其上有細毛，輕紫，石上頗澁，可吸連針鐵，謂之熁鐵石，功用更勝。研入醇酒內調服。謹按：《南州異物志》：漲海崎頭水淺而多磁石，徼外大舟以鐵鍱錮之者，至此多不得過。以此言之，海南所出尤多也。

**明・王文潔《太乙仙製本草藥性大全》卷六《仙製藥性》**　磁石君　味苦、鹹，無毒。一云平、甘，溫，澁，小毒。乃鐵之母，惟有鐵處則生。柴胡爲之使。主治：除大熱煩滿，去周痹痠疼。周痹謂痹隨血脉上下，不能左右去者是也。治風濕肢節中痛，療鼠瘻益精除煩。綿裹治耳聾，裹豆大塞耳中，口含生鐵少許，覺內有風雨聲即效。藥和點目瞖音茂。強骨氣，益腎臟，通關節，消癰疽。逐驚癎風邪，敺頸核喉痛。鍊水旋飲，令人有娠。若悞吞針入喉，急取繫線服下，引上牽出，實亦妙方。鍊水服之令人有子。補註：小兒誤吞針，用棗核大，磨令光，鑽作竅絲穿，令含，針自出。〇丁腫，取搗爲粉，暖酢和封，立拔根出。〇誤吞錢，以石棗核許大一塊，含之立出。〇金瘡腸出欲內之，磁石、滑石各三兩，細末，以白米飲調方寸〔匕〕服。太乙曰：凡使勿誤用玄中石并中麻石，此石之二真相似磁石，只是吸鐵不得。中麻石心有赤，皮麄，是鐵山石也，誤服之令人有惡瘡不可療。夫欲驗者，一斤磁石四面吸鐵一斤者，此名延年沙；　四面只吸得鐵八兩者，號曰續未石；　四面只吸得五兩已來者，號曰磁石。〔將磁石〕於甆孔子中下草藥，以東流水煮三日夜，然後漉出拭乾，以布裹之，向大石上再搥令細了，却入乳鉢中細研如塵，以水沉飛過了，又研如粉用之。　磁石毛：　味鹹，氣溫，無毒。　主治：　養益腎氣，補填骨髓。補絕陽仍補腎虛，益陽道能令有子。止小便白數，治腰脚大瘡。耳聾捷方，目昏秘旨。

**明·皇甫嵩《本草發明》卷五**　磁石中品，臣。味辛、鹹，寒，無毒。《藥性》云：有小毒。

發明曰：　磁石，重而去怯之劑，故《本草》除大熱煩滿及耳聾，養腎臟，強骨氣，益精，除煩，通關節，風濕肢節中痛，不可持物，消癧腫鼠瘻，療頸核喉痛，小兒驚癇。錬水飲之，使人有子。○和藥點眼，去目翳。綿裹豆大，塞耳中，口含生鐵少許，覺內有風雨聲，即效。若誤吞針入喉，急取繫線吞下，引針自出。磁石，乃鐵之母，有鐵處則生，能懸虛吸鐵引針者方真。製用火煅，醋淬七次，研細，水飛數次，纔可服餌。專殺鐵毒。柴胡為之使。惡莽草、牡丹皮、石脂。

磁石毛，味鹹，溫，無毒。磁石中有孔，黃赤色，其上有細毛，功用更優。云即磁石。細孔上輕紫，研入醇酒內，調吞，掃瘡瘻，長肌肉，補絕傷，益陽道，止小便白數，明目。治腎虛耳聾更勝。○玄石，亦磁石一種，純黑，無孔。治體大同小異，力劣，不能吸針。

**明·李時珍《本草綱目》卷一〇金石部·石類下**　慈石《本經》中品

【釋名】玄石《本經》　處石《別錄》　熁鐵石《衍義》　吸鍼石藏器曰：　慈石取鐵，如慈母之招子，故名。時珍曰：　石之不慈者，不能引鐵，謂之玄石，而《別錄》復出玄石于後。

【集解】《別錄》曰：　慈石生太山川谷及慈山山陰，有鐵處則生其陽。采無時。弘景曰：　今南方亦有好者。能懸吸鐵，虛連三爲佳。仙經、丹房、黃白術中多用之。　藏器曰：　出相州北山。　頌曰：　今慈州、徐州及南海傍山中皆有之，慈州者歲貢最佳，能吸鐵虛連數十鐵，或一二斤刀器，回轉不落者尤良。采無時。其石中有孔，孔中有黃赤色，其上有細毛，功用更勝。按《南州異物志》云：　漲海崎頭水淺而多慈石，徼外大舟以鐵葉固之者，至此皆不得過。以此言之，海南所出尤多也。　斅曰：　凡使，勿誤用玄中石并中麻石。此二石俱似慈石，只是吸鐵不得。而中麻石心有赤，皮粗，是鐵山石也。誤服令人生惡瘡，不可療。真慈石一片，四面吸鐵一斤者，此名延年沙；　四面只吸鐵八兩者，名續采石；　四面吸五兩者，名慈石。　宗奭曰：　慈石其毛輕紫，石上頗澁，可吸連鐵，俗謂之熁鐵石。其玄石，即慈石之黑色者，慈磨鐵鋒，則能指南，然常偏東，不全南也。其法取新纊中獨縷，以半芥子許蠟，綴于鐵腰，無風處垂之，則鍼常指南。以鍼橫貫燈心，浮水上，亦指南。然常偏丙位，蓋丙爲大火，庚辛受其制，物理相感爾。土宿真君曰：　鐵受太陽之氣，始生之初，石產焉。一百五十年而成慈石，又二百年孕而成鐵。

【修治】斅曰：　凡修事一斤，用五花皮一鎰，地榆一鎰，故綿十五兩，三件並剉。于石上搥，碎作二三十塊。將石入瓷瓶中，下草藥，以東流水煮三日夜，漉出拭乾，布裹再搥細，乃碾如塵，水飛過再碾用。宗奭曰：　入藥須火燒醋淬，研末水飛。或醋煮三日夜。

【氣味】辛，寒，無毒。權曰：　鹹，有小毒。大明曰：　甘、濇，平。藏器曰：　性溫，云寒誤也。之才曰：　柴胡爲之使，殺鐵毒，消金，惡牡丹、莽草，畏黃石脂。獨孤滔曰：　伏丹砂，養汞，去銅暈。

【主治】周痹風濕，肢節中痛，不可持物，洗洗酸消，除大熱煩滿及耳聾《本經》。養腎臟，强骨氣，益精除煩，通關節，消癰腫鼠瘻，頸核喉痛，小兒驚癇，錬水飲之，亦令人有子《別錄》。補男子腎虛風虛。身强，腰中不利，加而用之甄權。治筋骨羸弱，補五勞七傷，眼昏，除煩躁。小兒誤吞鍼鐵等，即研細末，以筋肉莫令斷，與末同吞，下之大明。明目聰耳，止金瘡血時珍。

【發明】宗奭曰：　養腎氣，填精髓，腎虛耳聾目昏者皆用之。藏器曰：　重可去怯，慈石、鐵粉之類是也。時珍曰：　慈石法水，色黑而入腎，故治腎家諸病而通耳明目。一士子頻病目，漸覺昏暗生翳。時珍用東垣羌活勝風湯加減法與服，而以磁朱丸佐之。兩月遂如故。蓋慈石入腎，鎮養真精，使神水不外移；朱砂入心，鎮養心血，使邪火不上侵；而佐以神麴，消化滯氣，生熟並用，溫養脾胃發生之氣，乃道家黃婆媒合嬰姹之理，製方者宜窺造化之奥乎。方見孫真人《千金方》神麴丸，但云明目，百歲可讀細書，而未發出藥微義也，孰謂古方不可治今病耶。獨孤滔云：　慈石乃堅頑之物，無融化之氣，止可假其氣服食，不可久服渣滓，必有大患。夫藥以治病，中病則止。砒、硇猶可餌服，何獨慈石不可服耶？慈石既錬末，亦匪堅頑之物，惟在用者能得病情而中的爾。《淮南萬畢術》云：　慈石懸井，亡人自歸。註云：　以亡人衣裹慈石懸于井中，逃人自反也。

【附方】舊三，新一十二。

耳卒聾閉：　熁鐵石半錢，入病耳內，鐵砂末入不病耳內，自然通透。《直指方》。

腎虛耳聾：　真慈石一豆大，穿山甲燒存性研一字，新綿塞耳內，口含生鐵一塊，覺耳中如風雨聲即通。《濟生方》。

老人耳聾：　慈石一斤搗末，水淘去赤汁，綿裹之。猪腎一具，細切。以水五斤煮石，取二斤，入腎，下鹽豉作羹食之。米煮粥食亦可。《養老方》。

老人虛損：　風濕，腰肢痹痛。慈石三十兩，白石英二十兩，搥碎甕盛，水二斗浸于露地。每日取水作粥食，經年氣力强盛，顏如童子。《養老方》。

陽事不起：　慈石五斤研，清酒漬二七日。每服三合，日三夜一。《千金》。

眼昏內障：　慈朱丸：　治神水寬大漸散，昏如霧露中行，漸覩空花，物成二體，久則光不收，及內障神水淡綠、淡白色者。真慈石火煅醋淬七次二兩，朱砂一兩，神麴生用三兩，爲末。更以神麴末一兩煮糊，加蜜丸梧子大。每服二十丸，空心飯湯下。服後俯視不見，仰視微見星月，此其效也。亦治心火乘金、水衰反制之病。久病累發者服之，永不更作。倪維德《原機啓微集》。　小兒驚癇：　慈石鍊水飲之。《聖濟錄》。　子宫不收：　名瘣疾，痛不可忍。慈石丸：用慈石酒浸煅研末，米糊丸梧子大。每卧時滑石湯下四十丸。次早用慈石散，米湯服二錢。散用慈石酒浸半兩，鐵粉二錢半，當歸五錢，爲末。　大腸脱肛：　《直指方》：慈石半兩，火煅醋淬七次，爲末。每空心米飲服一錢。○《簡便方》：用慈石末，麪糊調塗顖上。入後洗去。　金瘡腸出：　納入，以慈石、滑石各三兩爲末。米飲服方寸匕，日再。《劉涓子鬼遺方》。　金瘡血出：　慈石末傅之，止痛斷血。《千金方》。　誤吞鍼鐵：　真慈石棗核大，鑽孔線穿吞，拽之立出。錢相公《篋中方》。　丁腫熱毒：　慈石末，酢和封之，拔根立出。《外臺秘要》。　諸般腫毒：　吸鐵石三錢，金銀藤四兩，黄丹八兩，香油一斤，如常熬膏，貼之。《乾坤秘韞》。

慈石毛　【氣味】鹹，温，無毒。　【主治】補絶傷，益陽道，止小便白數，治腰脚，去瘡瘻，長肌膚，令人有子，宜入酒。　藏器曰：《本經》言石不言毛，毛、石功狀殊也。

**明・梅得春《藥性會元》卷下**　磁石　味辛、鹹，氣寒，無毒。一名玄石。生有鐵處。柴胡為使。惡牡丹、莽草。殺鐵毒。　主治周痹風濕，肢節中痛，不可持物，洗洗酸。除大熱煩滿，耳聾，能養腎臟，益精強骨，通關節，消癰腫鼠瘻，頸核痛，小兒驚癇。鍊水飲之，亦令人有子。　製法：　凡使，勿誤用玄中石、中麻石。二物相似，誤服令人生惡瘡，不可療。欲驗真者，一斤重磁石，能吸一斤鐵者名延年沙，四面只吸得半斤鐵者名續采石，四面只吸得五兩以來鐵者曰磁石。每一斤用五花皮一鎰，地榆一鎰，故綿一十兩，三件並剉細，石下搥碎作二三十塊，將四味用放沙鍋中，加東流水煮三日夜，勿令水火失度，拭乾，布裹，向大石上再搥令細，入石研中研極細，再入鉢，乳無聲方用。

**明・李中立《本草原始》卷八**　慈石　生泰山山谷及慈山山陰，有鐵處則生其陽。今慈州、徐州及南海傍山中皆有之。慈州者歲貢最佳，能吸鐵，虚連十數針，或一二斤刀器，回轉不落者尤真。採無時。其石中有孔，孔中黄赤色。其上有細毛，性溫，功用更勝。藏器曰：　慈石取鐵，如慈母之招子，故名。　氣味：　辛，寒，無毒。　主治：　周痹風濕，肢節中痛不可持物，洗洗酸消，除大熱煩滿及耳聾。○養腎臟，強骨氣，益精除煩，通關節，消癰腫鼠瘻，頸核喉痛，小兒驚癇。煉水飲之，亦令人有子。○補男子腎虛。身強，腰中不利，加而用之。○治筋骨羸弱，補五勞七傷，眼昏，除煩躁，小兒誤吞鍼鐵等，即研細末，筋肉莫令斷，與末同吞下之。○明目聰耳，止金瘡血。

慈石，《本經》中品。【圖略】俗呼吸鐵石。吸鐵者佳。　修治：　慈石，須火燒醋淬，碾如塵，水飛過用。或醋煮三日夜，研用。

之才曰：　柴胡為之使，殺鐵毒，消金，惡牡丹、莽草，畏黄石脂。　獨孤滔曰：　伏丹砂，養汞，去銅暈。《衍義》曰：　慈石，其毛輕紫，石上頗澀，可吸連鐵，俗謂之熁鐵石。其玄石即慈石之黑色者。慈磨鐵鋒則能指南，然常偏東，不全南也。其法：　取新纊中獨縷，以半芥子許蠟，綴于鐵腰，無風處垂之，則鍼常指南。以鍼横貫燈心，浮水上亦指南。然常偏丙位，蓋丙為大火，庚辛受其制，物理相感耳。《直指方》：　治耳卒聾，熁鐵石半錢，入病耳内，鐵砂末入不病耳内，自然通透。《外臺秘要》：　治丁腫，慈石末，酢和封之，拔根立出。　慈石：　臣。

**明・張懋辰《本草便》卷二**　磁石　味辛，氣寒，無毒。殺鐵毒，惡牡丹、莽草、石脂。　主周痹風濕，肢節中痛，不可持物，洗洗酸痛；　除大熱煩滿，及耳聾目昏，養腎氣，強骨氣，益精；　通關節，消癰腫、鼠瘻、頸核、喉痛，小兒驚癇。

**明・李中梓《藥性解》卷一**　磁石　味辛、鹹，性寒，無毒，入腎經。主周身濕痹，肢節中痛，目昏耳聾，補勞傷，除煩躁消腫毒，令人有子。能吸重鐵者佳，入火煅紅，醋淬七次，研絶細用。柴胡為使，惡牡丹、莽草、黄石脂。

按：　磁石入腎，何也？　蓋以性能引鐵，取其引肺金之氣入腎，使子母相生爾，水得金而清，則相火不攻自去，故主治如右。然久服多服，必有大患，勿喜其功而忽其害也。

**明・繆希雍《本草經疏》卷四**　磁石　味辛、鹹，寒，無毒。主周痹，風濕肢節中痛，不可持物，洗洗酸痟。除大熱煩滿及耳聾。養腎臟，堅骨氣，益精除煩，通關節，消癰腫鼠瘻，頸核喉痛，小兒驚癇。鍊水飲之，亦令人有子。一名玄石。　即吸鐵石。入藥須火燒醋淬，研末水飛，或醋煮三日夜。

【疏】磁石生於有鐵處，得金水之氣以生。《本經》：　味辛，氣寒，無毒。《别錄》、甄權：　鹹，有小毒。大明：　甘、濇，平。藏器：　鹹，溫。今詳其用，應是辛鹹微溫之藥，而甘寒非也。氣味俱厚，沉而降，陽中陰也。入足少陰，兼入足厥陰經。其主周痹風濕，肢節中痛，不可持物，洗洗酸者，皆風寒濕三氣所致，而風氣尤勝也。風淫末疾，發於四肢，故肢節痛不能持物。風濕相搏，久則從火化，而骨節皮膚中洗洗酸也。辛能散風寒，溫能通關節，故主之也。鹹為水化，能潤下軟堅。辛能散毒，微溫能通行除熱，故主大熱煩滿及消癰腫鼠瘻。頸核喉痛者，足少陽、少陰虛火上攻所致，鹹以入腎，其性鎮墜而下吸，則火歸元而痛自止也。夫腎為水臟，磁石色黑而法水，故能入腎養腎臟。腎主骨，故能強骨。腎藏精，故能益精。腎開竅於耳，故能療耳聾。腎主施泄，久秘固而精氣盈溢，故能令人有子。小兒驚癇，心氣怯，痰熱盛也，鹹能潤下，重可去怯，是以主之。甄權云：補男子腎虛，風虛身強，腰中不利，加而用之。宗奭云：養腎氣，填精髓，腎虛耳聾目昏者，皆用之。【主治參互】《直指方》：耳卒聾閉，吸鐵石半錢，入病耳內，鐵砂末入不病耳內，自然通透。《千金方》：陽事不起，磁石五斤，研，清酒漬二七日。每服三合，日二夜一。倪維德《原機啟微集》：眼昏內障，神光寬大漸散，昏如霧露中行，漸睹空花，物成二體，久則光不收及內障。磁硃丸：真磁石火煅醋淬七次二兩，朱砂一兩，神麯生用三兩，為末。更以神麯末一兩煮糊，加蜜丸梧子大。每服二十丸，空心飯湯下。《千金方》：金瘡血出，磁石末傅之，止痛斷血。諸藥石皆有毒，且不宜久服，獨磁石性稟沖和，無猛悍之氣，更有補腎益精之功，故不著簡誤。大都漬酒優於丸散，石性體重故爾。

**明·倪朱謨《本草彙言》卷一二**　慈石　味辛、鹹，氣溫，有微毒。氣味俱厚，沉而降，陽中陰也。入足少陰、厥陰經。《別錄》曰：慈石，生泰山山谷，及慈山山陰，有鐵處則生其陽。蘇氏曰：今徐州及南海傍山中亦有之。慈州者，歲貢最佳，能吸鐵，虛連數十鐵，或一二觔刀器，回轉不落者尤良。采無時，石中有孔，孔中有黃赤色，其上有細毛，功用更勝。按《南州異物志》云：漲海崎頭水淺而多慈石。徼外大舟，用鐵葉固之者，至此皆不得過。以此言之，海南所出尤多也。雷氏曰：修治：慈石一觔，用新綿裹鐵搥，打作二三十塊，以淨水煮二日夜，取出拭乾，布裹再搥細，乃碾如塵，水飛過，再碾用。凡使勿誤用玄中石幷中麻石，二石形俱似慈石，只是不吸鐵耳。而中麻石更有赤皮且粗，是鐵山石也，誤食，令人生惡瘡，不可療。

慈石：養腎藏，強骨氣，《別錄》益精髓，去風濕周痹，《神農》肢節疼痛之藥也。薛氏宜生曰：腎爲水藏，慈石色黑而法水，故能養腎而強骨益髓。鎮重以象金，故能平肝而主風濕痛痹，善通肢節者也。如古方之治耳聾，明目昏，安驚癇，消鼠瘻癰腫，亦莫非肝腎虛火之爲眚耳。此藥色黑味鹹，體重而降，有潤下以制陽光之意。但諸石藥俱有毒，而不宜久服。獨慈石，性稟沖和，無猛悍燥烈之氣，實有補腎益精，明目生子之功。用以煮酒，優于丸散，緣體重達下故爾。繆仲淳先生曰：風淫末疾，發于四肢，而肢節爲之痛。慈石質屬水而體類堅金，對待治之，風息而火安矣。

集方：《養老方》治老人虛損，腎氣衰微，兼風濕腰肢痹痛。用熁鐵活慈石三十兩，白石英二十兩，俱用菉豆五升，同煮三伏時，取出，綿裹搥碎，潔淨瓷甕盛水二斗，浸于露地，每日取水煮粥飯食，經年氣力強盛，顏如童子。○《千金方》治腎陽衰痿不起。用慈石五觔製法同前，清酒浸一七日，每飲三合，日三夜一。○《養老方》治老人耳聾。用慈石一觔製法同前，和猪腎一副，以水煮熟，加鹽、椒，調和食之。煮粥亦可。○《原機啓微集》慈珠丸治眼昏內障，或神水寬大漸散，昏如霧中，或睹空花，或視物成二體，久則光散不收，竟成內障，睛光淡綠色，或淡白色者。用真熁鐵活慈石，要四面俱能吸鐵者，用二兩製法如前，綿裹搥碎，再碾爲細末，硃砂一兩，同慈石，再總研極細，水飛過，澄底者再研，以飛盡爲度，用神麯一兩爲末，打糊丸梧子大。每服三十丸，早晚各食前米湯下。服後仰視，微見星月，此其效也。久患目昏屢發者，永不再作。○又方：用慈石二兩，硃砂一兩，二味製法同前。大懷熟地四兩，酒煮搗膏，淮山藥、山萸肉、茯苓各三兩，牡丹皮一兩五錢，澤瀉一兩鹽水炒，俱研爲末，和熟地膏，再加煉蜜少許和勻，拌入慈石、硃砂末研勻，爲丸梧子大。每早晚各食前服五十丸，米湯下。治證同前。○治小兒驚癇暴發。用慈石製法如前，研細末五錢，膽星、天竹黃、殭蠶、紅麯各一兩，俱研細末，總和一處，竹瀝一碗煎滾，和爲丸如彈子大。每服一丸，薄荷湯化下。○《方脉正宗》治癰疽冷毒，幷鼠瘻瘰癧。用慈石製法如前，爲極細末。瘡破者，乾摻少許；乾硬者，用慈石三錢，配紅麯末一兩，蜜醋調塗。○《乾坤秘韞》治諸般腫毒。用黃丹八兩，豆油一觔，熬成膏藥，單油紙，量毒大小攤膏，摻慈石末少許，貼毒上，即愈。○《千金方》治金瘡出血不止。用慈石末，傅之立止。

**明·顧逢柏《分部本草妙用》卷五腎部·寒補**　磁石　辛、鹹，寒，無毒。柴胡為使，惡牡丹皮、莽草、黃石脂。火煅紅，醋淬七次，研極細用。能吸尘鐵者佳。　主治：　周身濕痺，肢節中痛，補勞傷，除煩燥，消腫毒，養腎強骨，益精，耳聾目昏，止金瘡血。　按：　磁石性能引鐵，取肺金之氣入腎，使母來生子，水得金而清，相火不攻自化，故為腎家妙藥。　而主治如右，即耳聾目昏，亦腎水枯竭，故用之以滋腎。　鐵石之藥，但未可多服。

**明・李中梓《醫宗必讀・本草徵要下》**　磁石味辛，溫，無毒。入腎經。柴胡為使，惡牡丹皮、莽草，畏石脂。火煆、醋淬、水飛。　治腎虛之恐怯，鎮心臟之怔忡。　鎮心益腎，故磁硃丸用之，可暫用，不可久也。

**明・蔣儀《藥鏡》卷一温部**　慈石　養腎氣，聾耳可通。　填精髓，目昏可亮。　蓋以性能攝鐵，善引肺金之氣，走入腎宮，使子母相生，則相火不攻自去，故主治如右也。

**明・盧之頤《本草乘雅半偈》帙五**　慈石《本經》中品　氣味：　辛，寒，無毒。　主治：　主周痹風濕，肢節中痛，不可持物，洗洗痠消，除大熱煩滿，及耳聾。

覈曰：　生太山山谷及慈山山陰，有鐵處則生其陽。　今徐州及南海傍山中亦有。　慈州者，歲貢最佳，能吸鐵，虛連數十鐵，或一二斤刀器，回轉不落者，尤良。　採無時。　石中有孔，孔中有黃赤色，其上有細毛，功用更勝。《南(川)〔州〕異物志》云：　漲海崎頭水淺而多慈石，徼外大舟，用鐵葉固之者，至此皆不得過。　以此言之，海南所出尤多也。　凡使勿誤用玄中石併中麻石。二石俱似慈石，只是吸鐵不得。　而中麻石心更有赤，皮且粗，是鐵山石也。誤食令人生惡瘡，不可療。　真慈石一片，四面吸鐵一斤者，曰延年沙；　只吸八兩者，曰續採石；　五兩者，曰慈石。　慈磨鐵峰，則指南。　其法取新纊中獨縷，以半芥子許蠟，綴於鐵腰，無風處垂之，鐵嘗指南。用磨鐵峰，鐵便指南，其既濟象為水火之徵兆也。以鐵橫貫燈心，浮水上，亦嘗指南。　物理相感如此。　土宿真君云：　鐵受太陽之氣，始生之初，鹵石產焉。　百五十年而成慈石，又二百年孕而成鐵。　修治一斤，用五花皮、地榆各一鎰，取綿十五兩，三件並剉。于石上，搥作二三十塊。　將石入瓷瓶中，下草藥，以東流水煮三日夜，取出，拭乾，布裹再搥細，乃碾如塵，水飛過，再碾用。　茈胡為之使，殺鐵毒，消金，惡牡丹、莽草，畏黃石脂。

条曰：　始生之初，鹵石產焉，久之孕而成鐵。　慈母，鐵子也。無情化有情，理固然矣。　慈之煬鐵，互為噓吸，無情之情，氣相感召，故周痹風濕，及濕流肢節，致肢節中痛，洗洗痠消也，不能持物，此手不煬物；　不能聽聲，此耳不煬聲；　併可治目不煬色，鼻不煬香，舌不煬味，與癰腫鼠瘻，頸核喉痛之身不煬觸，皆以類推。　總屬假借，大熱是因，煩滿是證，慈屬八石水而位于坎，對待治之，寒熱溫涼則逆也。

**明・李中梓《本草通玄》卷下**　磁石　色黑，入腎。　養腎益精，明目聰耳。

**清・顧元交《本草彙箋》卷一〇**　慈石　法水色黑而入腎，故治腎家諸病，而通耳明目也。　蓋諸藥石有毒，不宜久服，獨慈石性稟沖和，無猛悍之氣，更有補腎益精之功。　大都漬酒，優於丸散，石性體重故爾。

慈石生於山之有鐵處，其能熁鐵者，如慈母之招子。　若不能熁鐵，謂之玄石，不得誤用。　其石中有孔，孔中有黃赤色，其土有細毛者，功用更勝。　慈磁磨鐵鋒，則能指南。　南方丙位，庚辛受其制也。　古方磁朱丸，治眼昏內障，神光寬大漸散，昏如霧露中行，漸睹空花，物成二體，久則光不收及內障。　用真磁石火煆，醋淬七次，二兩，硃砂一兩，神麯生用三兩，爲末，更以神麯末一兩，煮糊，加蜜丸梧子大，每服二十丸，空心飯湯下。　蓋磁石入腎，鎮養真精，使神水不外移。　硃砂入心，鎮養心血，使邪火不上侵，而佐以神麯，消化滯氣，生熟並用，溫養脾胃發生之氣，乃道家黃婆媒合嬰姹之理，製方者直窺造化之奧。　服後俯視不見，仰視微見星月，此其效矣。　亦治心火乘金，水衰反制之病。　久病累發者，服之永不更作。　陽事不起，只用磁石五斤，研，清酒漬二七日，每服二合，日三夜一。

**清・穆石匏《本草洞詮》卷三**　慈石　引鐵如慈母之招子，故名。　慈磨鐵鋒，則能指南，然常偏丙位，不正午也。　丙為大火，庚辛受制，故爾。　慈石味辛，氣寒，無毒。　主益精，強骨氣，治周痺，消癰腫，除大熱煩滿，明目聰耳，止金瘡血。　其石色黑，通腎，故治腎家諸病，凡腎虛耳聾目昏者，宜用之。　古方有慈珠丸，治神水散大，漸覩空花者，用真慈石火煆，醋淬七次，二兩，朱砂一兩，神麴生用三兩，為末，更以神麴末一兩，煮糊加蜜為丸。　蓋慈石入腎，鎮養真精，使神水不外移；　朱砂入心，鎮養心血，使邪火不上侵；　神麴消化滯氣；　生熟竝用，溫養脾胃發生之氣，乃道家、黃婆媒合嬰姹之理也。　獨孤滔云：　磁石堅頑之物，無融化之氣，止可假其氣耳，久服渣滓，必有大患。是亦篤論。　然藥以治病，中病即止，砒硇猶可服餌，況磁石耶？

**清・劉雲密《本草述》卷五**　磁石亦名慈石。又一種率石，與磁石相似，以不能吸鐵為異耳。玄石之色較黑。慈石生山之陰，有鐵處。玄石生山之陽，有銅處。形雖相似，性則不同。　土宿真君曰：鐵受太陽之氣始生之初石產焉，一百五十年而成慈石，又二百年孕而成鐵。　頌曰：石中有孔，孔中有黃赤色，其上有細毛，功用更勝。

氣味：辛、寒，無毒。　權曰：鹹，有小毒。　日華子曰：甘，濇，平。　藏器曰：性溫云寒，誤也。

主治：養腎臟，補男子腎虛風虛，強骨氣，通關節，明目聰耳，治周痹風溼，肢節中痛，洗洗酸消。又身強腰中不利，加而用之。並小兒驚癇，止金鎗血。《別錄》云：煉水飲之，亦令人有子。　宗奭曰：養腎氣，填精髓，腎虛耳聾目昏者，皆用之。　藏器曰：重可去怯，慈石、鐵粉之類是也。　時珍曰：磁石法水，色黑而入腎，故治腎家諸病，而通耳明目。一士子頻病目，漸覺昏暗生翳，時珍用東垣羌活勝風湯加減法與服，而以磁硃丸佐之，兩月遂如故。蓋磁石入腎，鎮養真精，使神水不外移。硃砂入心，鎮養心血，使邪火不上侵，而佐以神麯消化滯氣，生熟並用，溫養脾胃發生之氣，乃道家黃婆媒合嬰姹之理，製方者其窺造化之奧乎。方見孫真人千金神麯丸。但云明目，百歲可讀細書，而未發出藥微義也，孰謂古方不可治今病耶？　之頤曰：慈母，鐵子也。慈之熖鐵，互為噓吸，無情之情氣相感召，所主治諸證，皆以類推，亦屬假借。　希雍曰：磁石生於有鐵處，得金水之氣以生。《本經》：味辛，氣寒，無毒。《別錄》、甄權：鹹，有小毒。日華子：甘濇平。藏器：鹹溫。今詳其用，應是辛鹹微溫之藥，而甘寒非也。氣味俱厚，沉而降，陽中陰也。入足少陰，兼入足厥陰經。諸藥石皆有毒，且不宜久服，獨磁石性稟冲和，無猛悍之氣，更有補腎益精之功。

愚按：磁石為鐵之母，孕二百年而後成鐵，則其生化之氣，所畢萃者金也。《別錄》謂其養腎臟，強骨氣。　甄權云補男子腎虛風虛，且補腎虛勞，諸方率多用之。　蓋取腎之母氣所獨鍾，而感召有異者，大能益腎之氣，以療虛也。方書消癉，由腎氣虛損者有腎瀝散，以磁石為君，而麥冬、芎藭為臣，其他藥益氣血之味，不過為佐，則可以思此石本堅貞之氣，故為鐵之母。其益腎氣，固有迥異於他味之補腎氣者矣。虛勞證方中，有磁石丸治腎痿。是當於氣分為切，即其上通於耳目之竅，而益聰明，則其用可思矣。乃方書貿貿，謂功在重可去怯，不知《本經》首言治周痹風溼，肢節中痛，不可持物，洗洗酸消者，於重之去怯者，何當也？　蓋惟其能益腎氣，故可主治上證，以腎氣固陰中之陽也。更合於甄權療風虛者，其義益明。　蓋腎乃肝之化原，腎氣虛而肝亦因之。風屬陽也，肝之氣虛，故曰風虛。　先哲張雞峯有云，臂細無力，不能任重者，此乃肝腎氣虛，風邪客滯於營衛之間，使氣血不能周養四肢，故有此證。肝主項背與臂膊，腎主腰胯與脚膝，如此證者，乃肝氣偏虛，宜專補肝補腎。　雞峯此說，不正與《本經》所指諸證可相發明歟。　在甄權更曰：身強腰中不利，加而用之，不又與雞峯所說相發明歟。《別錄》又云：消癰腫，鼠瘻頸核。然此皆通關節之所及，而其本由於補腎虛風虛也。如止補腎虛而不補風虛，則亦不能通關節，以療諸證矣。蓋肝以腎為體，腎又以肝為用也。　余年七十有三，於丁酉夏秋手臂、腰足屈伸不便，且微有痛，先分上下之經以治，而手臂不應，後如雞峯療治，乃得全愈，始信先哲之有確見。　而余於磁石主治，以腎氣為切者，亦不謬矣。　雖方書用此以治周痹等證，不少概見。　然《本經》與甄權所主，實根至理，豈可不表而明之乎？　蓋先聖後賢所取諸此者，的取其於腎中母氣，確有感召之精，能通於氣血之中也。　如止取其重可去怯，泛然同於諸石之用也。豈不憒憒之甚哉？

附方　老人耳聾，磁石一斤，搗末，水淘去赤汁，綿裹之，豬腎一具，細切，以水五升，煮石取二升，入腎下鹽、豉作羹食之，米煮粥食亦可。米煮粥食，是亦取此石所煮之水，入米成粥也。時珍言煉末者，即搗末而更用水煮，乃可云煉也。

陽事不起，磁石五升，研，清酒漬二七日，每服三合，日三夜一。方書有磁石丸治精虛極，愚謂用之當碎之，以酒煮良久，嘗之，酒有石味，將酒拌諸藥，曬乾，再拌再曬，如此數次，務令石味入諸藥中，和透，更以此酒搜和諸藥為丸，庶幾得之。　小兒驚癇，磁石煉水飲之。　金瘡血出，磁石末傅之。　止痛斷血。　獨孤滔云：慈石乃堅頑之物，無融化之氣，止可假其氣，服食不可。　希雍曰：石性體重，用之漬酒，優於丸散。

修治：　能懸吸針，虛連三四者佳。　火煅醋淬九次，細研，水飛，或煉汁飲之。

**清・郭章宜《本草匯》卷一八**　磁石即吸鐵石。　甘濇辛，溫，氣味俱厚，沉而降，陽中陰也，入足少陰，兼入足厥陰經。　養腎氣，填精髓。　治目眼光明不收，理內障神水淡綠。　除周痺之風濕，去肢節中痠疼。

按：磁石，生于有鐵處，得金水之氣，法水色黑而入腎，有補腎益精之功，明目聰耳之驗。蓋磁石入腎，鎮養真精，使神水不外移，佐以硃砂入心，鎮養心血，使邪火不上侵，而又佐以神麯消化滯氣，生熟並用，溫養脾胃，故東垣磁硃丸用之，亦治心火乘金，水衰反制之病。然中病即已，不可久服。大都浸酒，優于丸散。

河南磁州者佳。火煅醋淬水飛。柴胡為之使，惡牡丹皮，畏石脂。

**清・王翃《握靈本草》卷一**　慈石生太山川谷及慈山山陰有鐵處。能懸吸針者佳。凡使須火煅醋淬，或醋煮三日夜。一云：以東流水煮三日夜，拭乾搥碎乳細，水飛如塵。

主治：慈石，辛，鹹，無毒。主諸痺風濕，養腎藏，強骨氣，益精除煩。

**清・汪昂《本草備要》卷四**　磁石重，補腎。辛、鹹，色黑屬水，能引肺金之氣入腎。補腎益精，除煩祛熱，通耳明目。耳爲腎竅，腎水足，則目明。治羸弱周痹，骨節痠痛，腎主骨。驚癇重鎮怯。腫核，鹹軟堅。誤吞針鐵，末服。止金瘡血。《十劑》曰：重可去怯，磁石、鐵粉之屬是也。《經疏》云：石藥皆有毒，獨磁石沖和，無悍猛之氣，又能補腎益精。然體重，漬酒優于丸散。時珍曰：一士病目漸生翳，珍以羌活勝濕湯加減，而以磁朱丸佐之，兩月而愈。蓋磁石入腎，鎮養真陰，使神水不外移；朱砂入心，鎮養心血，使邪火不上侵；佐以神麯，消化滯氣，溫養脾胃生發之氣，乃道家黃婆媒合嬰姹之理。方見孫真人《千金方》，但云明目，而未發出用藥微義也。黃婆，脾也；姹女，心也；嬰兒，腎也。色黑能吸鐵者真。火煅醋淬，碾末水飛，或醋煮三日夜用。柴胡爲使，殺鐵消金，惡牡丹。

**清・陳士鐸《本草新編》卷五**　磁石　味苦、鹹，無毒。一云：平甘，溫澁。乃鐵之母也。火煅七次，醋淬七次，研細，水飛過始可用。專殺鐵毒，除大熱煩滿，去周痹痠疼。綿裹治耳聾，藥和點目瞖。強骨益腎臟，通骨節，消癰疽，逐驚癇風邪，祛頸核喉痛。鍊水旋飲，令人有妊。若悞吞針入喉，急取繫線服下，引上牽出其針，殊效。此物體重，乃去怯之劑也。藥籠中亦不可缺，故存之。

磁石能治喉痛者，以喉乃足少陽、少陰二經之虛火上沖也。磁石鹹以入腎，其性鎮墜而下吸，則火易歸原。火歸于下，而上痛自失。夫腎乃至陰，寒水之臟，磁石色黑而入水，故能益腎而堅骨，生精而開竅，閉氣而固泄也。

**清・顧靖遠《顧氏醫鏡》卷八**　磁石辛，寒，微溫。入腎肝二經。火煅，醋淬，水飛。不能吸鐵者，勿用。　補男子腎虛，色黑入腎益精，故治腎家諸病，而聽耳明目，陽事不起，浸酒飲之。腰中不利，加而用之。治小兒驚癇。驚癇因心氣怯，痰熱盛，重可去怯，鹹能潤下軟堅，故用之。耳聾而可返其聰，鎮墜下吸，脾腎氣不上逆，宜同補腎藥用之。又真吸鐵石，入病耳內，鐵砂末絹包，入不病耳內，自然通透。目昏而能復其明。磁硃丸中，用以鎮養真精，使神水不外移。性稟沖和，無猛悍之氣。

**清・馮兆張《馮氏錦囊秘錄・雜症痘疹藥性主治合參》卷五**　磁石即吸鐵石。宜火燒醋淬，研末，水飛用。或醋煮三日夜。生於有鐵處，得金水之氣以生。故味辛鹹，氣寒，無毒。諸藥石皆有毒，獨磁石性稟沖和，無猛悍之氣。味鹹色黑，更有補腎益精之功。漬酒優於丸散，石性體重故耳。辛能散結，寒能洩熱，黑而法水，鹹而入腎，故為軟堅清熱、潤下補腎之用。　磁石，火煅照法醋淬，鎮心益腎。除大熱煩滿，去周痹痠疼。綿裹治耳聾，和藥點目瞖。強骨氣，益腎臟，通關節，消癰疽。益精除煩，鼠瘻癰腫，逐驚癇風邪，祛頸核喉痛。煉水旋飲，令人有姙。若誤吞針，繫線服下，引上即出。　主治痘疹合參：功效同前。痘科用以消痘癰，定驚，能除大熱。

**清・张璐《本經逢原》卷一**　慈石《本經》名玄石，俗名吸鐵石。　辛、鹹，微寒，無毒。入藥煅過，醋淬七次，研細，水飛用。　《本經》主周痹風濕，肢節中痛，不可持物，洗洗酸消，除大熱煩滿及耳聾。　發明：慈石為鐵之母，腎與命門藥也，惟其磁，故能引鐵。《千金》慈硃丸治陰虛龍火上炎，耳鳴嘈嘈，腎虛瞳神散大，蓋磁石入腎，鎮養真精，使神水不外移。硃砂入心，鎮養心血，使邪火不上侵，耳目皆受蔭矣。《本經》主周痹風濕，肢節中痛，洗洗酸消，取辛以通痹而祛散之，重以去怯而鎮固之，則陰邪退聽，而肢節安和，耳目精明，大熱煩滿自除矣。《濟生方》治腎虛耳聾，以慈石豆大一塊，同煅穿山甲末，綿裹塞耳中，口含生鐵一塊，覺耳中如風雨聲即通。

**清・浦士貞《夕庵讀本草快編》卷一**　慈石《本經》、吸鐵石　石不慈者不能引鐵，如母之招子，故名。若以逃人衣裹慈石懸井中，亡人自歸。用其養針則指南。　慈石法水，色黑而味辛鹹，入腎臟而益精氣。故腰膝不利，筋骨羸弱，眼生翳障，耳多聾聵者，並宜用之。蓋取其鎮養精髓，重以去怯也。但堅頑之物少融化之氣，衹可中病，不堪過服。而慈硃丸以辰砂為配，治瞳子昏綠，謂心腎交姤，則邪火不上侵而神水不外移，佐以生熟神麯，化滯調中，鼓其生發之氣，即道家黃婆媒合嬰姹之理，製方者其窺造化之奥乎！

**清・張志聰、高世栻《本草崇原》卷中**　慈石　氣味辛寒，無毒。主治周痹，風濕，肢節中痛，不可持物，洗洗酸消，除大熱煩滿，及耳聾。　慈石出太山山谷及慈山山陰。今慈州、徐州及南海旁山中皆有之。《南州異物志》云：漲海崎頭水淺而多慈石，大舟以鐵葉固之者，至此皆不得過。以此言之，南海所出尤多也。慈州者，歲貢最佳，能吸鐵，虛連數十鐵，或一二斤刀器，回轉不落者，尤良。其石中有孔，孔中有黃赤色，其上有細毛，功用更勝。土宿真君曰：鐵受太陽之氣，始生之初，鹵石產焉，百五十年而成慈石，二百年孕而成鐵，是慈石乃鐵之母精也。　慈石色黑味辛性寒，蓋稟金水之精氣所生。周痹者，在於血脈之中，真氣不能周也。慈石能啟金水之精，通調血脈，故能治之。風濕肢節中痛，不可持物，洗洗酸消者。風濕之邪傷於肢節而痛，致手不能持物，足洗洗酸消不能行。酸消，猶痠削也。慈石稟陽明、太陽金水之氣，散其風濕，故能治之。除大熱煩滿及耳聾者，乃濟其火，陰交於陽，亦慈石引針，下而升上之義。

**清・姚球《本草經解要》卷四**　慈石　氣寒，味辛，無毒。主周痹風濕，肢節中痛不可持物，洗洗酸消，除大熱煩滿及耳聾。醋煅研。　慈石氣寒，稟天冬寒之水氣，入足少陰腎經。味辛無毒，得地西方之金味，入手太陰肺經。氣味降多於升，陰也。其主周痹風濕，肢節中痛不可持物，洗洗酸者，蓋濕流關節，痛而不可持物，濕勝筋耎也。濕而兼風，風屬木，木曰曲直，曲直作酸，洗洗酸痛，所以為風濕周痹也。慈石味辛入肺，金能平木，可以治風。肺司水道，可以行濕也。腎，水藏也。水不制火，濁氣上逆，則大熱煩滿。慈石入腎，氣寒壯水，質重降濁，所以主之。腎開竅於耳，腎火上升則聾，慈石氣寒，可以鎮火，所以主耳聾也。　製方：慈石同生地、白芍、五味、小茴、歸身、山藥，治膈症。同生地、肉桂、炮薑、五味，治龍雷火逆。同麥冬、五味、牛膝、白芍、知母、歸身、蘇梗，治大熱煩滿及耳聾。

**清・王子接《得宜本草・中品藥》**　慈石　味辛。入足少陰經。功專溫腎鎮怯。得熟地、山萸肉治耳鳴，得朱砂、神麴能交通心腎。

**清・徐大椿《神農本草經百種錄》中品**　磁石　味辛，寒。主周痹風濕，肢節中痛，不可持物，洒洒酸消，味辛則散風，石性燥則除濕，其治酸痛等疾者，以其能堅筋骨中之正氣，則邪氣自不能侵也。除大熱，寒除熱。煩滿重降逆。及耳聾。腎火炎上則耳聾，此能降火歸腎。　凡五行之中，各有五行，所謂物物一太極也。如金一行也，銀色白屬肺，金色赤屬心，銅色黃屬脾，鉛色青屬肝，鐵色黑屬腎。石也者，金土之雜氣，而得金之體為多。何以驗之？天文家言星者金之散氣，而星隕即化為石，則石之屬金無疑。而石之中亦分五金焉，磁石乃石中鐵之精也，故與鐵同氣，而能相吸，鐵屬腎，故磁石亦補腎。腎主骨，故磁石堅筋壯骨；腎屬冬令，主收藏，故磁石能收斂正氣，以拒邪氣。知此理，則凡藥皆可類推矣。

**清・黃元御《玉楸藥解》卷三**　吸鐵石　味辛，微寒。入足少陰腎、手太陰肺經。補腎益精。吸鐵石收斂肺腎，治耳聾目昏，喉痛頸核，筋羸骨弱，陽痿脫肛，金瘡腫毒，咽鐵吞鍼，斂肝止血。種種功效，悉載本草。庸工用之殊無應驗，非藥石中善品也。火鍛醋淬，研細水飛。

**清・汪紱《醫林纂要探源》卷三**　磁石　辛鹹，平。生於出鐵山之陰，故能吸鐵，其氣通也。以火煅，醋淬研末，水飛，或醋煮三日夜，或漬酒用。潤腎燥，補命門，瀉腎邪，鎮精髓。色黑體沉，下入於腎。腎苦過堅則燥，辛以潤之，則精益生。腎主閉藏，有不當藏而藏者，瀉之則濁熱去，故能填實精髓，治骨節痠痛，羸弱周痺，且能聰明耳目。耳為腎竅，目為肝竅，目之精水，亦腎水也。知白守黑，魄與形親，而技巧出焉。白，肺金也。黑，腎水也。魄藏於肺，形則腎也，此石能引鐵，石體鎮重，鐵自來附，金水相依，則是精魄不離，腎精不勞而能作強，技巧以出，此所以能聰明視聽，且祛勞熱，止煩躁也。○《千金方》有磁朱丸，用以明目，磁石毓腎精，丹砂鎮心神，精神交足，則目明矣。

**清・嚴潔等《得配本草》卷一**　磁石一名熁鐵石，一名吸鐵石，一名玄石。　柴胡為之使。畏黃石脂。惡牡丹、莽草。伏丹砂，養水銀，去銅暈，殺鐵毒，消金。　辛、鹹，平。入足少陰經。墜炎上之火以定志，引肺金之氣以入腎。水得金而自清，火不攻而自伏。除煩悶，逐驚癇，聰耳明目。　得朱砂、神麯，交心腎，治目昏內障。磁石使精水不外遺，朱砂使邪火不上侵。配人參，治陽事不起。佐熟地、萸肉，治耳聾。相火不上，則氣清而聰。和麵糊調塗囟上，治大腸脫肛。入後洗去。　地榆汁煮，火煅醋淬用。入腸恐致後患，紗包入藥煎，但取其氣為妥。　諸石有毒，不宜久用。獨磁石性稟沖和，常服亦可。

**清・黃宮繡《本草求真》卷二**　磁石補腎水鎮虛怯。　磁石耑入腎。即俗熁石，磁為鐵母。磁石二百年孕而成鐵。故見鐵即能以引，是以有磁之說也。磁石味辛而鹹，微寒無毒，得沖和之氣，能入腎鎮陰，使陰氣龍火不得上升，故《千金》磁硃丸用此以治耳鳴嘈嘈。耳屬腎竅。腎虛瞳神散大。瞳人屬腎。謂有磁以鎮養真精，使神水不得外移。硃砂入心鎮養心血，使邪火不得上侵耳目，腎受蔭矣。且磁入腎，腎主骨，磁味辛，辛主散，磁味鹹，鹹軟堅，磁質重，重鎮怯，故凡周痹風濕而見肢體酸痛，驚癇腫核，悞吞針鐵，金瘡血出者，亦何莫不用此以為調治。吞針繫線服下，引上即出。昔徐之才《十劑篇》云：重可去怯，磁石、鐵粉之屬是也。故怯則氣浮，宜重劑以鎮之。然亦不可與鐵同用，色黑能吸鐵者真，火煅醋淬碾末，水飛用。柴胡為使，殺鐵消金。惡牡丹、莽草。畏黃石脂。

**清·沈金鰲《要藥分劑》卷八**　磁石　【略】鰲按：黃婆，脾也。嬰兒，腎也。姹女，心也。黃婆媒合嬰姹云者，乃調養脾氣，使心腎相交也。

**清·楊璿《傷寒溫疫條辨》卷六補劑類**　磁石色黑吸鐵者真，火煅醋淬。諸石皆毒，獨磁石沖和無猛氣。味辛鹹，沉也。色黑屬水，引肺入腎。補精益氣，通耳明目，除煩祛熱，療虛羸周痹，骨節痛，治驚癇腫核，吞針鐵。時珍曰：《千金》磁辰丸但云明目，而未發出微義。磁石二兩，鎮養腎陰，使神水不外溢；辰砂二兩，鎮養心血，使邪火不上浸；佐以炒熟神麯一兩，以斂其暴氣；生神麯三兩，以生發脾胃之氣，為末，煉蜜丸，熟水送下。乃黃婆媒合嬰姹之理也。

**清·羅國綱《羅氏會約醫鏡》卷一八金石水土部**　磁石味辛鹹，入腎經。柴胡為使，惡丹皮，畏石脂。火煅、醋淬，水飛。性稟中和，諸石藥皆有毒。無猛悍之氣。補腎益精，色黑味鹹。鎮心，除驚癇重鎮怯，明耳目，耳為腎竅，腎足則瞳人不散大。骨節勁，腰膝健俱主腎。誤吞鐵物服末。生於有鐵之處，得金水之氣，色黑能吸鐵者真。其體重。若漬酒，優於丸散。

**清·黃凱鈞《藥籠小品》**　磁石　鹹，能引肺氣入腎，通耳氣，火煅醋淬研漂。

**清·楊時泰《本草述鉤元》卷五**　磁石　亦名慈石。生於有鐵處，鐵受太陽之氣，其始一百五十年而成磁石，又二百年孕而成鐵。石中有孔，孔中有黃赤色，其上有細毛者，功用更勝頌。一種元石，與磁石相似而色較黑，不能吸鐵。蓋磁石生山之陰有鐵處，元石生山之陽有銅處，形雖相似，性則不同。　味辛，氣鹹、微溫，有小毒。氣味俱厚，沉而降，陽中陰也。入足少陰，兼入足厥陰經。主養腎氣，補男子腎虛風虛，強骨氣，通關節，明目聰耳。治周痹風濕，肢節中痛，洗洗酸消。又身強腰中不利，加而用之。止金鎗血。煉水飲之，亦令人有子，並療小兒驚癇。不徒養腎氣，亦能填精髓，腎虛耳聾目昏者倚之宗奭。得金水之氣以生，色黑而入腎，故治腎家諸病。一士子頻病目，漸覺昏瞖，用東垣羌活勝風湯加減與服，而磁、硃佐之，兩月遂如故。蓋磁石入腎，鎮養真精，使神水不外移；硃砂入心，鎮養心血，使邪火不上侵；而佐以神麴，消化滯氣，生熟並用，溫養脾胃發生之氣。方見《千金》神麴丸瀕湖。慈母，鐵子也。慈之熁鐵，互為噓吸，無情之情，氣相感召，所主諸證，皆以類推，亦屬假借子由。諸藥石皆有毒，且不宜久服，獨磁石性稟沖和，無猛悍之氣，更有補腎益精之功。老人耳聾，磁石一斤，搗末，水淘去赤汁，綿裹之，猪腎一具細切，以水五升煮石，取二升，入腎，下鹽、豉，作羹食之，米煮粥食亦可。陽事不起，磁石五升，研，清酒漬二七日，每服三合，日三夜一。小兒驚癇，磁石搗末，煉水飲之。金瘡血出，磁石末傅之，止痛斷血。

論：磁石孕二百年而成鐵，則其生化之氣所畢萃者金也，腎水之母氣所獨鍾，而感召特異，故能益腎之氣以療虛。此石本堅貞之氣，為鐵之母，其益腎氣，固有迥異於他味者，是以虛勞方中有磁石丸，治腎瘻消痹、腎氣虛損者有腎瀝散，以磁石為君。即其上通耳目之竅而益聰明，固可思矣。夫腎氣，陰中之陽也，腎氣足，是以更療風虛。蓋腎乃肝之化原，腎氣虛而肝亦因之，風屬陽也。肝之氣虛，故曰風虛。張雞峰有云：臂細無力，不能任重者，此乃肝腎氣虛，風邪客於營衛之間，使氣血不能周養故也。肝主項背與臂膊，腎主腰胯與脚膝，此證乃肝氣偏虛，宜專補肝補腎。雞峰此說，不正與《本經》所指周痹風濕，肢節中痛，不可持物，洗洗酸消者，相發明歟。《別錄》消癰腫，鼠瘻頸核，此皆通關節之所及，而其本由於補腎虛風虛，如止補腎虛而不補風虛，則亦不能通關節以療諸證矣。蓋肝以腎為體，腎又以肝為用也。總之，磁石主治所以於腎氣為切者，由其腎中母氣，確有感召之精，能通於氣血之中耳，如止云重可去怯，不泛然而同諸石之用哉。又按：獨孤滔云：磁石乃堅頑之物，無融化之氣，止可假其氣，不可服食。是以繆氏云：用之漬酒，優於丸散。觀磁石丸治精氣虛極，乃以酒煮碎磁良久，嘗之酒有石味，將石拌諸藥，曬乾，再拌，再曬，如此數次，務令石味入諸藥中，和透，更以此酒搜和諸藥為丸，庶幾得之。

辨治：能懸吸針虛連三四者佳。火煅醋淬九次，細研水飛，或煉汁飲之。

**清·葉桂《本草再新》卷八**　慈石味辛，性寒，無毒。入腎經。補腎益精，除煩去熱，治羸弱，周痺骨痛，怔忡驚癇，腫核，止金瘡血，聰耳明目。

**清・趙其光《本草求原》卷二五石部**　磁石即慈石。　生山陽，受太陽之氣，二百年成鐵，為鐵之母。辛、鹹，寒，無毒，性可吸鐵，能引肺金之氣歸腎以益精，墜炎上之火以定志。治周痹風濕，骨節酸痛，腰背脚弱，腎氣虛，不能周於營衛，則濕內着，而肝之虛風亦動。同白石英水浸於露地，日取水煮粥食。耳聾，研末，水浸去赤汁，綿包。同豬腰、鹽豉煮食。又同炒山甲末，綿包塞之，口含生鐵；若偏聾則塞病耳，以鐵入不病耳中。瞳神散大及內障，同朱砂、神麯糊丸。蓋磁石鎮腎，則神水不外移；朱砂養心血，則邪火不上侵；神麯消化五穀，則精易成；重以鎮之，則散大疾，收腎虛。外翳者，合羌活勝濕湯加減。陽萎，研酒清下。驚癇，煉水飲，益精鎮怯之功。子宮疼痛不收，酒浸煅，米糊丸，滑石湯下；次早又同鐵粉、歸身末米飲下，兩相間服。脱肛，醋煅飲下，並麵糊調，貼囟門。敷刀傷，止血止痛。金瘡腸出，酒煎鐵精潤腸，以滑石同研飲服。誤吞針鐵，取小粒鑽孔，線穿吞曳之。疔腫，醋和敷。瘰腫鼠瘻，同銀花、黃丹、香油熬膏貼，腎氣充則關節通也。一法：布鐵於患處，外用磁石頻吸之。除煩袪熱，藏氣謂其微溫不寒，亦以其兼益腎氣耳。治怔忡，消腫核。鹹軟堅。

石性多悍毒，惟此益精無毒。火煅，醋淬，水飛；或醋煮三日夜用。但堅頑難化，水若酒煮，俟酒有石味，以之拌藥，久拌久曬為佳。色黑，能吸重鐵者良。惡丹皮。柴胡為使。

**清・葉志詵《神農本草經贊》卷二**　磁石　味辛，寒。主周痹風濕，肢節中痛，不可持物，洗洗酸消，除大熱煩滿及耳聾。一名元石。生山谷。

鐵質堅頑，磁君引并。山辨陰陽，石分動靜。煉畏伏砂，歸催懸井。受制庚辛，南鍼指丙。

《淮南子》：磁石能引鐵。吳普曰：一名磁君。李時珍曰：磁石生山之陰，元石生山之陽。形雖相似，性各不同。磁石能吸鐵，元石不能吸鐵。《餘冬敘錄》：丹砂伏磁石，水克火也。《淮南子》：磁石懸井，亡人自歸。寇宗奭曰：磁石磨鐵鋒，能指南。然常偏丙位，蓋丙為大火，庚辛受其制，物類相感耳。

**清・文晟《新編六書》卷六《藥性摘錄》**　磁石　辛鹹，微寒。補腎水，鎮虛怯，跌陰火不上升，與朱砂末為丸，治耳鳴嘈雜，瞳神散大，及周痹風濕，肢體酸痛，驚癇，吞鐵，腫核等症。〇能吸鐵者真。火煅醋淬，曝末，水飛用。〇殺鐵銷金，惡丹皮，畏黃石脂。

**清・莫枚士《研經言》卷三**　磁石治周痺解　人皆知磁石之益腎氣也，而《本經》獨主周痹。痹為風寒濕三氣雜至之病，未必皆由腎虛，《經》意何所指乎。蓋嘗歷考方書，乃知磁石能吸通一切擁塞之氣，塗於外則從外吸內，如入昇藥提毒，納喉中引鍼是也。以彼例此，治痺之義灼然矣，經隧中為風寒濕所阻而成痺，亦係擁塞為病，故須此以吸通之。第古方中依《經》直用者絕少，而繹周義為流之理，則凡擁塞之處，無非痺氣所流之處，故用之者，不必規規於《經》文，而自合《經》旨，且因此益知益腎氣之故焉。心肺主呼，肝腎主吸，能吸之物，與喜吸之症，其氣相協，虛者得吸以實之，謂為益腎也固宜，特不比泛泛益腎如山藥、地黃輩耳。臨證者審諸，每見上下俱虛之人，欬喘吐血，醫用磁石，漸至肺萎，延成死症，實由吸傷上焦之誤，而醫者無一悟及，可慨也夫。案仲景書不及此藥者，仲景為傷寒設法，原書不別出《金匱》，《金匱》亦論傷寒之雜病也，寒邪從外入內，不可再服磁石，使之從內吸外，故不及也。

**清・張仁錫《藥性蒙求・金石部》**　磁石三錢　磁石辛鹹，益陰入腎。龍火上炎，氣升能鎮。一名吸鐵石。得熟地、萸肉治耳鳴，得硃砂、神粬能交心腎。〇色黑屬水，能引肺金之氣入腎補腎，袪熱。煅用。

**清・戴葆元《本草綱目易知錄》卷七**　慈石　辛，寒。色黑屬水而入腎。故能養腎臟，強骨氣，通關節，收脱肛，益精除煩，聰耳明目。治風濕周痹，肢節中痛，不可持物，洗洗酸麻。大熱煩滿，五勞七傷，眼花耳聾，筋骨羸弱，男子腎虛，腰中不利，風虛身強。小兒驚癇。消瘰腫鼠瘻，頸核喉痹，止金瘡血。凡小兒悞吞針鐵等，研細，以筋肉莫令斷，與末同吞下之。凡服，煅醋淬水飛用。

慈石毛　鹹，溫。補絕傷，益陽道，止小便白數，治腰脚，去瘡瘻，長肌膚，令人有子，宜入酒。藏器曰：《本經》言石不言毛。葆按：慈石無毛，其毛係人以針砂養，生毛。

**清・陳其瑞《本草撮要》卷六**　慈石　味辛，入足少陰經，功專溫腎鎮怯。得熟地、山萸肉治耳聾，得硃砂、神麴能交心腎。色黑能吸鐵者真。火煅醋淬，研末水飛，或醋煮三日夜。柴胡為使，惡牡丹。一名吸鐵石。

### 玄石

**宋・唐慎微《證類本草》卷四玉石部中品〔《別錄・藥對》〕**　玄石　味鹹，溫，無毒。主大人小兒驚癇，女子絕孕，小腹冷痛，少精身重，服之令人有子。一名玄水石，一名處石。生太山之陽。山陰有銅，銅者雌，黑者雄。惡松脂、柏實、菌桂。

〔梁・陶弘景《本草經集注》〕云：《本經》磁石，一名玄石。《別録》各一種。

〔宋・馬志《開寶本草》〕按：其一名處石既同，療體又相似，而寒溫銅鐵及畏惡有異。俗方既不復用之，亦無識其形者，不知與磁石相類否？

〔唐・蘇敬《唐本草》〕注云：此物鐵液也，但不能拾針，療體如《經》，劣於磁石。磁石中有細孔，孔中黄赤色，初破好者，能連十針，一斤鐵刀亦被迴轉。其無孔光澤純黑者，玄石也，不能吸針。

〔宋・唐慎微《證類本草》〕《圖經》：文具磁石條下。

**宋・王繼先《紹興本草》卷二**　玄石　紹興校定：玄石與磁石，主治一也，但其色黑而不能吸鐵為異爾。《本經》云味鹹、溫、無毒是矣。然方家亦稀用之。

**宋・劉明之《圖經本草藥性總論》卷上**　玄石　味鹹，溫，無毒。主大人小兒驚癇，女子絶孕，小腹冷痛，少精身重，服之令人有子。一名玄水石，一名處石。生大山之陽，山陰有銅，銅者雌，玄者雄。惡松脂、栢實、菌桂。一云：磁石中有細孔，中黄赤色，好者能連拾鍼。其無孔光澤純黑者，玄石也，不能懸鍼也。

**明・劉文泰《本草品彙精要》卷三**　玄石無毒　土石生。

玄石：主大人小兒驚癇，女子絶孕，小腹冷痛，少精，身重，服之令人有子。名醫所録。【名】玄水石、處石。【地】《圖經》曰：生泰山之陽，山陰有銅。銅者雌，鐵者雄。主療與磁石頗亦相近，而寒溫、銅鐵、畏惡乃別。蘇恭以爲鐵液也，是磁石中無孔光澤純黑者。其功劣於磁石，又不能懸針者，即玄石也。今北蕃以磁作禮物，其塊多光澤。又吸鐵無力，疑是此石。醫方罕用耳。【時】採：無時。【用】光澤純黑者好。【質】類磁石，無孔而不能懸針。【色】黑。【味】鹹。【性】溫。【氣】氣厚于味，陽中之陰。【臭】朽。【主】小兒驚癇，女人絶孕。【反】惡松脂、柏實、菌桂。

**明・王文潔《太乙仙製本草藥性大全》卷六《本草精義》**　玄石　一名玄水石，一名處石。生泰山之陽，山陰有銅，銅者雌，鐵者雄。主療頗相近，而寒溫、銅鐵、畏惡乃別。蘇恭以爲鐵液也，是磁石中無孔，光澤純黑者，其功劣於磁石，又不能懸針。今北番以磁石作禮物，其塊多光澤，又吸針無力，疑是此石，醫方罕用。

按：《衍義》云：指南針，用磁石磨針鋒則能指南，然常偏東，不全南也。其法取新纊中獨縷，以半芥子許蠟綴於針腰，無風處垂之，則針常指南，然常偏丙位，蓋丙爲大火庚辛，金受其制，故如是，物理相感爾。

**明・王文潔《太乙仙製本草藥性大全》卷六《仙製藥性》**　玄石　味鹹，氣溫，無毒。主治：治大人小兒驚癇，主女子絶孕腹冷。少精身重，服之有子。

**明・李時珍《本草綱目》卷一〇金石部・石類下**　玄石《別録》中品

【釋名】玄水石《別録》　處石時珍曰：玄以色名。【集解】《別録》曰：玄石生太山之陽，山陰有銅。銅者雌，鐵者雄。弘景曰：《本經》慈石一名玄石。《別録》又出玄石，一名處石。名既同，療體又相似，而寒溫、銅鐵、畏惡有異。俗方不用，亦無識者，不知與磁石相類否。恭曰：此物，鐵液也，慈石中有細孔，孔中黄赤色，初破好者能拾針吸鐵。其無孔而光澤純黑者，玄石也，不能拾，療體亦劣于慈石。頌曰：今北番以慈石作禮物，其塊多光澤，吸鐵無力，疑即此玄石也。醫方罕用。時珍曰：慈石生山之陰有鐵處，玄石生山之陽有銅處，雖形相似，性則不同，故玄石不能吸鐵。

【氣味】鹹，溫，無毒。之才曰：畏松脂、柏實、菌桂。【主治】大人小兒驚癇，女子絶孕，小腹冷痛，少精身重。服之令人有子《別録》。

### 自然銅

**宋・唐慎微《證類本草》卷五玉石部下品〔宋・馬志《開寶本草》〕**　自然銅　味辛，平，無毒。療折傷，散血止痛，破積聚。生邕州山巖中出銅處，於坑中及石間採得，方圓不定，其色青黄如銅，不從礦鍊，故號自然銅。今附。

〔宋・掌禹錫《嘉祐本草》〕按：日華子云：自然銅，涼。排膿消瘀血，續筋骨，治産後血邪，安心，止驚悸，以酒摩服。

〔宋・蘇頌《本草圖經》〕曰：自然銅，生邕州山巖中出銅處，今信州、火山軍皆有之。於銅坑中及石間採之，方圓不定，其色青黄如銅，不從鑛鍊，故號自然銅。今信州出一種，如亂銅絲狀，云在銅鑛中，山氣熏蒸，自然流出，亦若生銀如老翁鬚之類，入藥最好。火山軍者，顆塊如銅，而堅重如石，醫家謂之鍮石，用之力薄。採無時。今南方醫者說，自然銅有兩三體：一體大如麻黍，或多方解，纍纍相綴，至如斗大者，色煌煌明爛如黄金、鍮石，最上；一體成塊，大小不定，亦光明而赤；一體如薑、鐵矢之類。又有如不冶而成者，形大小不定，皆出銅坑中，擊之易碎，有黄赤，有青黑者，鍊之乃成銅也。據如此說，雖分析頗精，而未見似亂絲者耳。又云：今市人多以鍮石爲自然銅，燒之皆成青焰如硫黄者是也。此亦有二三種：一種有殼如禹餘糧，擊破其中光明如鑒，色黃類鍮石也；一種青黃而有牆壁，或文如束針；一種碎理如團砂者，皆光明如銅，色多青白而赤少者，燒之皆成煙焰，頃刻都盡。今藥家多誤以此爲自然銅，市中所貨往往是此。自然銅用多須鍛，此乃畏火，不必形色，只此可辨也。

〔宋・唐慎微《證類本草》〕《雷公》云：石髓鉛即自然銅也。凡使，勿用方金牙，其方金牙真似石髓鉛，若誤餌，吐煞人。其石髓鉛，色似乾銀泥，味微甘。如採得，先搥碎，同甘草湯煮一伏時，至明漉出，攤令乾，入臼中搗了，重篩過，以醋浸一宿，至明，用六一泥泥瓷合子，約盛得二升已來，於文武火中養三日夜，纔乾便用蓋蓋了，泥用火煆兩伏時，去土抉蓋，研如粉用。若修事五兩，以醋兩鎰爲度。《丹房鏡源》云：可食之。自然銅，出信州鉛山縣銀場銅坑中深處有銅鑛，多年鑛氣結成，似馬屎勃，色紫重，食之(若)〔苦〕澀，是真自然銅。今人只以大碙石爲自然銅，誤也。

〔宋・陳承《重廣補注神農本草並圖經》〕別說云：謹按：今辰州川澤中出一種形圓似蛇含，大者如胡桃，小者如栗，外青皮黑色光潤，破之與鉟石無別，但比鉟石不作臭氣爾，入藥用之殊驗。

**宋・寇宗奭《本草衍義》卷六**　自然銅　有人飼折翅雁，後遂飛去。今人打撲損，研極細，水飛過，同當歸、沒藥各半錢，以酒調，頻服，仍以手摩痛處。

**宋・王繼先《紹興本草》卷一**　自然銅　紹興校定：自然銅亦石類也。性味主治，已載《本經》。雖出產土地不一，取銅色明净者佳，色青者不堪。凡入方，須當火鍛醋淬，研令極細用之。味辛、平、無毒是也。又雷公說：石髓鉛即自然銅也，與方金牙真相似，若誤餌之，吐煞人。竊詳《本草》金牙與自然銅形色全不相類，然金牙《本經》味鹹，無毒，亦不見有吐人之說。雷公之論似無考據。

**宋・劉明之《圖經本草藥性總論》卷上**　自然銅　味辛，平，無毒。療折傷，散血止痛，破聚。日華子云：涼。排膿，消瘀血，續筋骨。治產後血邪，安心止驚悸，以酒摩服。雷公云：石髓鈆，即自然銅也。凡使，勿用方金牙，其方金牙真似石髓鈆，若誤餌吐殺人。其石髓鈆色似乾銀泥。《丹房鏡源》云：可食之。出信州鈆山縣銀塲銅坑中深處，有多年鑛氣結成，似馬屎勃，色紫重，食之苦澁，是真自然銅。今人只以大碙石為自然銅，誤也。

**元・朱震亨《本草衍義補遺》**　自然銅　世以為接骨之藥。然此等方儘多。大抵骨折在補氣補血補胃，俗工惟在速效以罔利，迎合病人之意，而銅非煆不可用。若新出火者，其火毒、金毒相扇，挾香熱藥毒，雖有接骨之功，燥散之禍，甚於刀劍。戒之！〇石髓鉛，即自然銅也。凡使勿用方金牙，其方金牙真似石髓鉛，若誤餌，吐煞人。

**元・徐彥純《本草發揮》卷一**　自然銅　味辛，平、寒，有小毒。療折傷，散血止痛。

**明・王綸《本草集要》卷五**　自然銅　味辛，氣平，無毒。生出銅處，方圓不定，色青黃如銅。煆用。凡使勿用方金牙，誤餌吐殺人。　療折傷，散血止痛，續筋骨，破積聚，以酒磨服。治打撲損，研極細，水飛過，同當歸、沒藥各半錢，酒調頓服。仍磨，傅痛處。

**明・滕弘《神農本經會通》卷六**　自然銅　生出銅處，方員不定，其色青黃如銅，不從鑛鍊，故名。用須火煆。凡使勿用方金牙，誤餌吐煞人。生邕州山岩中出銅處，今信州火山軍皆有之，於銅坑中及石間採之。一出鉟石。

味辛，氣平，無毒。一云：涼。《本經》云：療折傷，散血止痛，破積聚。日華子云：涼。排膿，消瘀血，續筋骨，治產後血邪，安心，止驚悸，以酒摩服。丹溪云：世以為接骨之藥，然此等方儘多，大抵在補氣補血補骨。俗工惟務速效，而銅非煆不可用。若新出者，其火毒、金毒相扇，挾香熱藥毒，雖有接骨之功，燥散之禍甚於刀劒，戒之。又雷公云：石髓鉛，即自然銅也。凡使勿用方金牙，其方金牙真似石髓鉛，若誤餌，吐煞人。《衍義》云：以酒磨服，治打撲損，研極細，水飛過，同當歸、沒藥各半錢，酒調頓服，仍磨傅痛處。《局》云：自然銅是自然生，顆塊非從礦煉成。主療折傷除積聚，排膿止痛治心驚。折傷，排膿，火煆醋淬。

**明・劉文泰《本草品彙精要》卷六**　自然銅　石生。

自然銅：主療折傷，散血，止痛，破積聚。名醫所錄。

【名】石髓鉛。

【地】《圖經》曰：生邕州山巖中出銅處，今信州、火山軍皆有之。于銅坑中及石間採之，方圓不定，其色青黃如銅，不從礦煉，故號自然銅。今信州出一種，如亂銅絲狀，云在銅礦中，山氣熏蒸自然流出，亦若生銀，如老翁鬚之類，入藥最好；火山軍者，顆塊如銅而堅重如石，醫家謂之鉟石，用之力薄。今南方醫者說自然銅有兩三體：一體大如麻黍，或多方解，纍纍相綴，至如斗大者，色煌煌明爛如黃金、鍮石，最上；一體成塊大小不定，亦光明而赤；一體如薑鐵屎之類，又有如不冶而成者，形大小不定，皆出銅坑中，擊之易碎，有黄赤，有青黑者，煉之乃成銅。據如此説，雖分析頗精而未見似亂絲者。又云今市人多以鍮石爲自然銅，燒之皆成青焰，如硫黄者是也。此亦有二三種：一種有殼，如禹餘糧，擊破，其中光明如鑒，色黄類鍮石也；一種青黄而有牆壁，或文如束針；一種碎理如摶砂者，皆光明如銅，色多青白而赤少者，燒之皆成煙焰，頃刻都盡。今醫家多誤以此爲自然銅，市中所貨往往是此。自然銅用多須鍛，此乃畏火，不必形色，只此可辯也。雷公云：石髓鉛，即自然銅也。凡使，勿用方金牙，其方金牙真似石髓鉛。若誤餌，吐殺人。其石髓鉛，色似乾銀泥。《别録》云：自然銅出信州鉛山縣銀場銅坑中，深處有銅礦，多年礦氣結成。似馬屎勃，色紫重，食之苦澀，是真自然銅。今人只以大碗石爲自然銅，誤也。《别説》云：今辰州川澤中出一種，形圓似蛇含，大者如胡桃，小者如栗，外有皮黑色光潤，破之與鍮石無别，但比鍮石不作臭氣耳，入藥用之殊驗。【時】生：無時。【質】類方金牙。【色】青黄。【味】辛。【性】平。【氣】氣之薄者，陽中之陰。【臭】腥。【主】筋骨折傷。【製】《雷公》云：如採得，先捶碎，同甘草湯煮一伏時，至明漉出，攤令乾。入臼中搗了，重篩過，以醋浸一宿，至明用泥六兩，鹽一兩，令勻，名爲六一泥，固封瓷合子。約盛二升已來，于文武火中養三日夜，纔乾，便用蓋蓋了，泥固。火鍛兩伏時，去土抉蓋，研如粉用。若修事五兩，以醋兩鎰爲度。【治】療：日華子云：排膿，消瘀血，續筋骨。【合治】合酒摩服。治産後血邪，安心，止驚悸。〇研極細末，水飛過，合當歸、沒藥各五分，酒調頓服，療打撲損。服藥後仍以手摩痛處。【贗】方金牙及大碗石爲僞，誤服吐殺人。鍮石燒之有臭氣，亦爲僞。

**明・許希周《藥性粗評》卷四**　銅出自然，儘堪接骨。

自然銅，一種石，青黄如銅，不從礦煉之名。出銅處坑中及石間往往有之。雷公謂石髓鉛即自然銅，理或然也。凡用火煅，研末，以水飛過。味辛，性平，無毒。主治折傷，散血止痛，破積聚。丹溪云：自然銅世以為接骨藥，然接骨妙在補氣，補血，補胃。而自然銅非煅不可服，若服新出火者，其火毒金毒相扇，雖有接骨之功，而燥散之禍甚於刀劍。此蓋言其自有他劑，雖不必此可也。

單方：折傷：凡被打撲折傷，其骨已損者，用煅過自然銅，同沒藥各半錢，為末，以溫酒調，頓服，仍以手摩痛處，不日而愈。

**明・鄭寧《藥性要略大全》卷八**　自然銅　破積排膿，治折傷，散血止痛，續筋骨，療打跌，治産後血邪，安心止驚悸，消瘀血。並酒摩服。味辛，氣平，無毒。出銅處有之。其形大小方圓不定，黄色似銅，實石也。不從礦石氣結鍊，自然而生，故以為名。凡用火煅入藥。出信州鉛山縣銀場銅坑中，似馬屁勃，色紫重，味澁。今宣州雲門山一種，生於土中。一番大雨，洗出一番。其形極方正，色黑如漆，光瑩照日。人以為自然銅，市者亦多是此。〇凡入藥，切勿悮用方金牙。若悮餌之，吐殺人。

**明・王文潔《太乙仙製本草藥性大全》卷六《本草精義》**　自然銅　生邕州山巖中出銅處，今信州、火山軍皆有之，於銅坑中及石間採之。方圓不定，其色青黄如銅，不從礦石氣結鍊，自然而生，故以爲名。凡用製宜火煅醋淬研末絕細，水飛入藥。出信州鉛山縣銀塲銅坑中，似馬屁勃，色紫重，味澁。又一種如銅絲狀，云在銅礦中山氣薰蒸，自然流出，亦若生銀如老翁鬚之類，入藥最好。今宣州雲門山一種，生於土中，一番大雨洗出一番，其形極方正，色黑如漆，光瑩照日，人以爲自然銅，市者亦多是此。火山軍者，顆塊如銅而堅重如石，醫家謂之鍮石，用之力薄，採無時。今南方醫者説自然銅有兩三體，一體大如麻黍，或多方解，纍纍相綴，至如斗大者，色煌煌明爛如黄金、鍮石，最上；一體成塊，大小不定，亦光明而赤；一體如薑鐵矢之類。又有如不冶而成者，形大小不定，皆出銅坑中，擊之易碎，有黄赤，有青黑者，鍊之乃成銅也。據如此説，雖分析頗精，而未見似亂絲者耳。又云：今市人多以鍮石爲自然銅，燒之皆成青焰如硫黄者是也。此亦有二三種，一種有殼如禹餘糧，擊破其中光明如鑑，色黄類鍮石也；一種青黄而有牆壁，或紋如束針；一種碎理如團砂者，皆光明如銅，色多青白而赤少者，燒之皆成煙焰，頃刻都盡。今醫家多誤以此爲自然銅，市中所貨往往是此。自然銅用多須煅，此乃畏火，不必形色，只此可辨也。

**明・王文潔《太乙仙製本草藥性大全》卷六《仙製藥性》**　自然銅　味辛，氣平，無毒。主治：破積排膿，安心定志。主産後血邪，消瘀血驚悸。治跌損接骨續筋，療折傷散血止痛，熱酒調服立效。若非煅鍊成者，切勿悮用。太乙曰：石髓鉛即自然銅也。凡使勿用方金牙，其方金牙真似石髓鉛，若誤餌，吐煞人。其石髓鉛色似乾銀泥，味微甘，如採得先搥碎，同甘草湯煮一伏時，至明漉出攤令乾，入臼中搗了，重篩過，以醋浸一宿至明，用六一泥泥甆合子，約盛得二升已來，於文武火中養三日夜，方乾便用蓋蓋了泥，用火煅兩伏時，去土抰蓋，研如粉用。若修事五兩，以醋兩鎰爲度。《衍義》曰：自然銅有人飼折翅鴈後遂飛去。今人打撲損研極細，水飛過，同當歸、没藥各半錢，以酒調頓服，仍以手摩痛處。按：丹溪云：世以自然銅爲接骨妙藥，殊不知跌損之方貴在補氣補血補胃。俗工不明此理，惟圖速效取錢，倘遇老弱之人，若服此新出火者，其火毒、金毒相扇，又挾香熱藥之毒，雖有接傷之功，然燥散之禍甚於刀劒。戒之戒之！

**明・皇甫嵩《本草發明》卷五**　自然銅下品。味辛，平，無毒。　發明曰：世以自然銅為接骨妙藥，未之審耳。蓋跌損之疾，要惟補氣血，活血溫經，養脾為本。苟不明此理，惟期速效，壯者猶可，倘老弱及素有火病人，服此新出火者，其金火二毒相煽，又加香熱之藥，雖幸獲功，然燥散之禍，慘于刀劍，火毒輒發，內攻藏府，可不慎之。《本草》主折傷，散血止痛，破積聚。又云續筋骨，排膿消瘀血是也。但經火煅，而云性冷，吾不信也。愚意其主折傷者，必有死血瘀滯經絡筋骨間。煅過，以酒調服而消散之，製劑亦要顧人虛實，須以活血養血藥佐之，不可專用過用方妙耳。〇治折傷，用當歸、没藥各半錢，酒調服，仍摩傳痛處。製用火煅醋淬，研絕細，甘草水飛過，方用。〇產于出銅處，形方圓不定，色青黃類銅，不從(鑛)〔礦〕成，故云自然。

**明・李時珍《本草綱目》卷八金石部・金類**　自然銅宋《開寶》

【釋名】石髓鉛志曰：其色青黃如銅，不從礦鍊，故號自然銅。　【集解】志曰：今信州、火山軍銅坑中及石間皆有之。信州出一種如亂銅絲狀，云在銅礦中，山氣熏蒸，自然流出，亦若生銀老翁鬚之類，入藥最好。火山軍出者，顆塊如銅，而堅重如石，醫家謂之鍮石，用之力薄。采無時。今南方醫者說自然銅有兩三體：一體大如麻黍，或多方解，纍纍相綴，至如斗大者，色煌煌明爛如黃金、鍮石，入藥最上。一體成塊，大小不定，亦光明而赤。一體如薑鐵屎之類，又有如不冶而成者，形大小不定，皆出銅坑中，擊之易碎，有黃赤，有青黑，鍊之乃成銅也。其說分析頗精，而未嘗見似亂絲者。又云：今市人多以鍮石爲自然銅，燒之成青焰如硫黃者是也。此亦有二三種：一種有殼如禹餘糧，擊破其中光明如鑒，色黃類鍮石也。一種青黃而有墻壁，成文如束針。一種碎理如團砂者，皆光明如銅，色多青白而赤少者，燒之皆成烟焰，頃刻都盡。今醫家多誤以此爲自然銅，市中所貨往往是此，而自然銅用須火煅，此乃畏火，不必形色，只此可辨也。獨孤滔曰：自然銅出信州鉛山縣銀場銅坑中深處有銅礦，多年礦氣結成，似馬屁勃也。色紫重，食之苦澀者是真。今人以大碙石爲自然銅，誤矣。承曰：今辰州川澤中，出一種自然銅，形圓似蛇含，大者如胡桃，小者如栗，外有皮，黑色光潤，破之與鍮石無別，但比鍮石不作臭氣耳，入藥用之殊驗。斅曰：石髓鉛即自然銅。勿用方金牙，真相似，若誤餌之，吐殺人。石髓鉛似乾銀泥，味微甘也。時珍曰：按《寶藏論》云：自然銅生曾青、石綠穴中，狀如寒林草根，色紅膩，亦有墻壁。又一類似丹砂，光明堅硬有稜，中含銅脉，尤佳。又一種似木根，不紅膩，隨手碎爲粉，至爲精明，近銅之山則有之。今俗中所用自然銅，皆非也。

【修治】斅曰：采得石髓鉛搥碎，同甘草湯煮二伏時，至明漉出，攤令乾，入臼中搗了，重篩過，以醋浸一宿，至明，用六一泥泥瓷盒子，盛二升，文武火中養三日夜，纔乾用蓋蓋了，火煅兩伏時，去上研如粉用。凡修事五兩，以醋兩鎰爲度。時珍曰：今人只以火煅醋淬七次，研細水飛過用。

【氣味】辛，平，無毒。大明曰：凉。　【主治】折傷，散血止痛，破積聚《開寶》。消瘀血，排膿，續筋骨，治產後血邪，安心，止驚悸，以酒磨服大明。

【發明】宗奭曰：有人以自然銅飼折翅胡雁，後遂飛去。今人打撲損，研細水飛過，同當歸、没藥各半錢，以酒調服，仍手摩病處。震亨曰：自然銅，世以爲接骨之藥，然此等方儘多，大抵宜補氣、補血、補胃。俗工惟在速效，迎合病人之意，而銅非煅不可用，若新出火者，其火毒、金毒相扇，挾香藥熱毒，雖有接骨之功，燥散之禍，甚於刀劍，戒之。時珍曰：自然銅接骨之功，與銅屑同，不可誣也。但接骨之後，不可常服，即便理氣活血可爾。

【附方】新三。　心氣刺痛：自然銅，火煅醋淬九次，研末，醋調一字服，即止。《衛生易簡方》。　項下氣癭：自然銅貯水甕中，逐日飲食，皆用此水，其癭自消。或火燒烟氣，久久吸之，亦可。楊仁齋《直指方》。　暑濕癱瘓：四肢不能動。自然銅燒紅，酒浸一夜，川烏頭炮、五靈脂、蒼术酒浸，各一兩，當歸二錢酒浸，爲末，酒糊丸梧子大。每服七丸，酒下，覺四肢麻木即止。《陸氏積德堂方》。

**明・梅得春《藥性會元》卷下**　自然銅　味辛，平，無毒。又名石髓鉛。名雖曰銅，實乃石也。形方而大小不等。　主療折傷，散血止痛，破積聚。生邕州山岩出銅處，於坑中及石間採得。方圓不定，其色不從礦鍊，故號自然銅也。又云：排膿消瘀血，續筋骨。又治產後血邪，安心定驚，以酒磨服。世人以為接骨之藥，此方儘多，大抵在補氣血、補胃。俗工惟務速效以罔利，迎合病人之意，殊不知此藥非煅過決不可用，雖煅過而用之，速則金火毒未出，相煽為禍，不旋踵也。　製法：先用甘草湯煮一伏時，令乾，入臼搗細篩過，每五兩，用醋二斤浸一宿。另造一細泥盒子，可盛二升許，用文武火養三日夜，去泥土，用火煅兩伏時，研如粉。凡使，勿用方金牙，真相似，若誤餌，吐殺人。

**明・李中立《本草原始》卷八**　自然銅　生邕州山巖中出銅處，今信州、火山軍皆有之。於銅坑中及石間採之，方圓不定，其色青黃如銅。不從鑛煉，故號自然銅。氣味：　辛，平，無毒。主治：　折傷，散血止痛，破積聚。○消瘀血，排膿，續筋骨。治產後血邪，安心，止驚悸，以酒摩服。

自然銅，宋《開寶》。【圖略】堅明、有棱者佳。修治：　自然銅，以火煅醋淬七次，研為細末，水飛過用。

宗奭曰：　有人以自然銅飼折翅胡鴈，後遂飛去。今人打撲損傷，研細水飛過，同當歸、沒藥各半錢，以酒調服之，仍以手摩病處。

**明・張懋辰《本草便》卷二**　自然銅　味辛，氣平，無毒。　療折傷，散血止痛，續筋骨，破積聚，治打撲損。

**明・李中梓《藥性解》卷一**　自然銅　味辛，性平，無毒，不載經絡。主破積聚，療折傷，續筋骨，散血排膿，止痛定驚，亦主產後血邪。凡使須搥碎，以甘草水煮過，又用醋浸一宿，以泥盒裹之，火煅研細用。　按：　自然銅，實銅坑中所產之石也。其色青黃如銅，不從礦煉，故名之。丹溪曰：　自然銅，世以為接骨要藥，不知接骨在補氣、補血、補胃、補腎。俗醫惟冀速效，以罔利而用之，亦未稔其燥散之禍耳。

**明・繆希雍《本草經疏》卷五**　自然銅　味辛，平，無毒。療折傷，散血止痛，破積聚。生邕州山巖中出銅處，於坑中及石間採得，方圓不定，其色青黃如銅，不從礦煉，故號自然銅。入藥火煅醋淬七次，研細水飛過用。

【疏】自然銅稟土金之氣以生，故其味辛，氣平，無毒。乃入血行血，續筋接骨之神藥也。凡折傷則血瘀而作痛，辛能散瘀滯之血，破積聚之氣，則痛止而傷自和也。大明主消瘀血、排膿，續筋骨，治產後血邪，安心止驚悸，以酒磨服者，可謂悉其用矣。寇宗奭云：　有人以自然銅飼折翅胡雁，後遂飛去。今人打撲損傷，研細水飛過，同當歸、沒藥各半錢，以酒調服，仍以手摩痛處，即時見效。【主治參互】同乳香、沒藥、䗪蟲、五銖古錢、麻皮灰、血竭、胎骨作丸，煎當歸、地黃、續斷、牛膝、牡丹皮、紅花濃湯送下，治跌撲損傷，或金刃傷骨斷筋，皆效。【簡誤】雷公云：　石髓鉛即自然銅也。凡使勿用方金牙，其方金牙真似石髓鉛。若誤餌，吐殺人。石髓鉛色似乾銀泥，味微甘也。凡使中病乃已，不可過服，以其有火金之毒，走散太甚。

**明・倪朱謨《本草彙言》卷一二**　自然銅　味辛，氣平，無毒。馬氏曰：　自然銅，石類也。其色青黃如銅，不從礦煉，故名。出信州鉛山縣。今醫家所說，自然銅不一類。市中每以鈩石亂真，燒之有青焰起，氣臭如硫黃，頃刻消盡者，非真也。如真者，燒之無臭氣，幷不畏火。此藥出近銅礦處，礦氣結成，似銅非銅，似石非石也。陳氏曰：　今辰州川澤中出一種自然銅，形圓似蛇含石，大者如胡桃，小者如栗。外皮黑色光潤，破之與鈩石無別，但比鈩石不作臭氣耳。入藥用之殊驗。再按《寶藏論》云：　自然銅生曾青、石綠穴中，色紅膩，光明有墻壁。又一類似丹砂，光明堅硬有棱，中含銅脉，尤佳。又一種如樹根，不紅膩，擊之即碎，色精明，凡近銅之山則有之。今俗中所用自然銅，皆非真也。雷氏曰：　采得真者，以火煅酒淬七次，研細，水飛用。

自然銅：　日華子接骨續筋之藥也。程君安稿《開寶》方主跌撲折傷筋骨。以此散血止痛，接骨續筋，以火煅酒淬，研末用。如中病即止。金石之類，火煅有毒，過用頗能損人。李時珍先生曰：　自然銅接骨之功，與銅屑同，不誣也。不可多服常服。如骨接之後，仍服火煅金石之劑，火毒、金毒相扇，又兼香燥熱藥，雖有接骨之功，燥散之禍，甚於刀劍，戒之！慎之！

集方：　寇氏方治跌打損折筋骨。用煅過自然銅七分，當歸、沒藥各一錢，共爲末。酒調服。○《衛生方》治心氣刺痛。用真正自然銅，火煅醋淬七次，研末，醋湯調三分服。立止。

**明・顧逢柏《分部本草妙用》卷一肝部・寒瀉**　自然銅　辛，涼，無毒。火煅醋淬七次，研細，水飛用。主治：　折傷，散血止痛，破積聚，消瘀血，續筋骨。治產後血邪，安心止驚，以酒摩服。　肝主周身筋骨，自然銅同當歸、沒藥各半錢，酒服神效。但東垣曰銅不煅不可用，新出火者，功雖倍，然體燥烈，甚于刀劍，戒之。熟銅，而出火久者，方妙。

**明・李中梓《醫宗必讀・本草徵要下》**　自然銅味辛，平，無毒。　續筋接骨，折傷者依然復舊；　消瘀破滯，疼痛者倏爾消除。按：　自然銅雖有神用，頗能損人，不可過用。

**明・鄭二陽《仁壽堂藥鏡》卷一**　自然銅　味辛，平、寒，有小毒。療折傷，散血止痛。　丹溪云：　自然銅，世以為接骨藥，然此等方儘多，大抵妙在補虛、補血、補胃。俗工不知，惟求速效以罔利，迎合病人之意。而自然銅非煅不可服。若服新出火者，其火毒、金毒相扇，又挾香熱藥之毒，雖有接骨之功，其燥散之禍，甚於刀劍。戒之！戒之！　雷公曰：石髓鉛，即自然銅也。凡使勿用方金牙。其方金牙真似之。若餌，吐煞人。其石髓鉛，色似乾銀泥，如採得，先搥碎，同甘草湯煮一伏時，漉出令乾，入臼中搗，重篩過，以醋浸一宿，用六一泥泥磁盒，於文武火中養三日夜，取出研如粉用之。

**明·張景岳《景岳全書》卷四九《本草正》**　自然銅　味辛、平，性涼。能療折傷，散瘀血，續筋骨，排膿止疼痛，亦鎮心神，安驚悸。宜研細水飛用，或以酒磨服。然性多燥烈，雖其接骨之功不可泯，而絕無滋補之益，故用不可多，亦不可專任也。

**明·李中梓《本草通玄》卷下**　自然銅　辛，平。　消瘀血，續筋骨，止痛排膿。不可多服。

**清·顧元交《本草彙箋》卷一〇**　自然銅　乃入血行血，續筋接骨之神藥。凡折傷瘀血痛者，用之以取速效。若産後血邪，自有他藥可用不必用。此燥厲之品，有傷中氣。　製須火煆，醋淬七次，水飛用。今市人多以鍮石僞之，燒之成青焰如硫黄者，宜辨。

**清·劉雲密《本草述》卷四**　自然銅　按：自然銅，前哲俱云出銅坑中，命斯名者，以其未經礦煉，煉之乃成銅也。獨孤滔謂為銅礦多年礦氣結成，是或然也。觀赤銅屑亦與斯銅，皆能接骨，而斯名更著，得非此為得銅之精氣者歟。然所說不一，姑錄蘇頌所述，有曰：南方醫者說自然銅有兩三種，一種大如麻黍，或多方解，纍纍相綴，至如斗大者，色煌煌明爛如黄金、鍮石，入藥最上。一種成塊，大小不定，亦光明而赤。一種如薑鐵屎之類，又有如不冶而成者，形大小不定，皆出銅坑中，擊之易碎，有黄赤，有青赤，煉之乃成銅也。又云：今市人多以鍮石為自然銅，燒之成青焰如硫黄者，是也。此亦有二三種，然不必詳析言之。但其三種，俱畏火，不等於自然銅之須火煆，只此即可辨也。

氣味：辛，平，無毒。日華子曰涼。

主治：折傷續筋骨，散血止痛。　宗奭曰：有人以自然銅飼折翅胡鴈，後遂飛去。今人打撲損，研細，水飛過，同當歸、没藥各半錢，以酒調服，仍手摩病處。　丹溪曰：自然銅，世以為接骨之藥，然此等方儘多。大抵宜補氣、補血、補胃，俗工惟在速效，迎合病人之意。而銅非煆不可用，若新出火者，其火毒金毒相煽，挾香藥熱毒，雖有接骨之功，燥散之禍甚於刀劍。戒之！　時珍曰：自然銅接骨之功，與銅屑同，不可誣也。但接骨之後，不可常服，即便理氣活血可爾。　希雍曰：自然銅稟土金之氣以生，故其味辛，氣平，無毒。乃入血行血，續筋接骨之神藥也。

附方　同乳香、没藥、蜜蟲、五銖古錢、麻皮灰、血竭、胎骨作丸，煎當歸、地黄、續斷、牛膝、牡丹皮、紅花，濃湯送下，治跌撲損傷，或金刃傷骨斷筋，皆效。

愚按：自然銅非火煆不可。丹溪慮其為毒不淺者，蓋謂諸損藥必熱，能生氣血以接骨也。更用此金火相煽者，其燥熱愈甚耳。且不止此也，先哲云：凡刀斧跌磕，閃肭脱臼者，初然不可便用自然銅，久後方可用之，折骨者宜便用之。若不折骨，不碎骨，則不可用。修合諸損藥，皆要去之。又云：凡損傷，妙在補氣血，不宜求速效。多用自然銅，致成痼疾。若然，是茲物能續筋骨，乃其所長，若非骨折骨碎，尚不須此，即宜用而輒早，猶以貽患則焉。能不致慎哉？余見痛風證古方時用之，詎知非骨之折且碎也，奚為用之，況有内風，是則燥熱甚矣。至於多偽鮮真，不如不用之為愈也。自然銅能何以曰脱臼，蓋上下骨之相合處，有臼有杵，脱臼者，離其窠臼也。自然銅能續骨，如投之早，所脱臼之骨未歸其窠，而先續之，則終身不能屈伸如意，故曰成痼疾也。

修治　凡使火煆醋淬七次，細研，水飛用。

**清·郭章宜《本草匯》卷一八**　自然銅　味辛、苦，濇。續筋接骨，折傷者依然復舊。消瘀破滯，疼痛者倏爾堪除。

按：自然銅，不從鑛鍊，故號自然。世以為接骨神藥，然壯實者尚可暫施，若虛弱者，非所宜也。大抵折傷之症，宜補氣補血補胃，不可信俗工惟在速効，而用此燥散之劑也。蓋其火金之毒，有甚于刀劒耳。

出信州鉛山縣。色青黄如銅，火煆醋淬九次，研末，水飛用。

**清·閔鉞《本草詳節》卷九**　自然銅　【略】按：自然銅入血行血，乃接骨之神藥。與銅屑同。但接骨之後，當理氣活血。不可多服，恐火毒金毒相扇，挾香熱之藥，別成燥散之禍也。

**清·王翃《握靈本草》卷一**　自然銅生出銅處坑中。色黄或青黄而有牆壁，燒之有煙焰，煆用。　主治：自然銅，辛，平，無毒。主折傷，散血止痛，續筋骨。

選方：【略】項下氣癭，自然銅貯水甕中，逐日飲食皆用此水，其癭自消。或火燒煙氣，久久吸之，亦可。

**清・汪昂《本草備要》卷四**　自然銅重，續筋骨。　辛，平。主折傷，續筋骨，散瘀止痛。折傷必有死血瘀滯經絡，然須審虛實，佐以養血補氣溫經之藥。銅非煅不可用。火毒、金毒相煽，復挾香藥，熱毒內攻，雖有接骨之功，然多燥散之禍，用者慎之。產銅坑中。火煅、醋淬七次，細研，甘草水飛用。昔有飼折翅雁者，雁飛去，故治折傷。

**清・李世藻《元素集錦・本草發揮》**　自然銅　接骨甚效，而閃挫骨離者，則不可用，用之骨接，即不能屈伸矣。閃挫者，唯蝌殼灰可用。

**清・顧靖遠《顧氏醫鏡》卷八**　自然銅辛，平。火煅，醋淬七次，研細，水飛過用。

續筋接骨折傷仍復舊，消瘀破滯疼痛即蠲除。中病即止，不可過用。

**清・李熙和《醫經允中》卷一七**　自然銅　火煅醋淬七次，研細，水飛用。　辛，涼，無毒。主治折傷散血，止痛消瘀血，續筋骨。丹溪曰：世以為自然銅為接骨妙藥，殊不知跌損之方，在補氣補血補胃，倘悮用之，其性燥烈甚于刀劍，戒之！

銅青　酸，濇，無毒。主治吐利風痰，明目，殺蟲，疳瘡惡瘡。

**清・馮兆張《馮氏錦囊秘錄・雜症痘疹藥性主治合參》卷五**　自然銅稟土金之氣以生，故味辛，平，無毒。產於有銅山中，採得方圓不定，其色青黃如銅，不從鑛煉，故號自然銅。入藥火煅醋淬七次，研細，水飛過用，乃入血行血，續筋接骨之神藥也。凡折傷則血瘀而作痛，辛能散瘀滯之血，破積聚之氣，則痛止而傷自和也。故主消瘀血排膿，續筋骨，并治產後血邪，止驚悸而安心。以酒磨服者，可謂悉其用矣。昔有人以自然銅飼折翅胡雁，後遂飛去。今人打撲損傷，研細水飛過，同當歸、沒藥各半錢，以酒調服，仍以手摩痛處，即時見效。又有同乳香、沒藥、䗪虫、五銖古錢、麻皮灰、血竭、胎骨作丸，煎當歸、地黃、續斷、牛膝、牡丹皮、紅花濃湯送下，治跌撲損傷，或金刃傷骨斷筋者最效。但中病即已，不可過服，以其有火金之毒，有病病當之，病減恐真氣走散耳。　自然銅，療跌損，接骨續筋，折傷散血止痛。火煅醋淬，熱酒調服，立建奇功。然治產後，恐血氣大虛，非金石藥所宜。

**清・張璐《本經逢原》卷一**　自然銅　辛，平，小毒。火煅，醋淬七次，置地七日，出火毒水飛用。銅非煅不可入藥。新煅者，火毒燥烈，慎勿用之。

發明：自然銅出銅坑中，性稟堅剛，散火止痛，功專接骨，骨接之後，即宜理氣活血，庶無悍烈傷中、走散真氣之患。

**清・黃元御《玉楸藥解》卷三**　自然銅　味辛，氣平。入足少陰腎、足厥陰肝經。補傷續絕，行瘀消腫。自然銅燥溫，行瘀止痛，續折。治跌打損傷，癥瘕積聚，破血消癭，甯心定悸。療風濕癱瘓之屬。自然銅收濕之力，無名異同。火煅醋淬，研細水飛。

**清・汪紱《醫林纂要探源》卷三**　自然銅　辛苦，平。產銅坑中，自然而成，可以燧火。用宜火煅，醋淬七次，乃細研，以甘草水飛過。金也，而能補肝化，生於自然，中涵火用。主治折傷，續筋骨，去瘀血。所涵有火，是相火也。藏火於金中，故行肝化，而能續筋骨，去瘀血。

**清・嚴潔等《得配本草》卷一**　自然銅一名髓鉛。　辛，平。散血定痛，續筋接骨。今接骨者，用為要藥，不必疑其有毒。

火煅，醋淬七次，研末，甘草水飛過用。

**題清・徐大椿《藥性切用》卷七**　自然銅　性味辛平，散瘀止痛，善治折傷，能續筋骨。火煅醋淬七次，細研用。

**清・黃宮繡《本草求真》卷八**　自然銅散血瘀，接骨止痛。　自然銅耑入骨。因何用能接骨，蓋緣骨被折傷，則血瘀而作痛，得此辛以散瘀破氣，則痛止而傷自和也，而骨安有不接乎？且性秉堅剛，於骨頗類，故能入骨而接，是以有合乳香、沒藥、䗪蟲、五銖古錢、麻皮灰、血竭、胎骨作丸，煎當歸、地黃、續斷、牛膝、丹皮、紅花，濃湯送下。以治跌撲損傷最效。但中病即已，不可過服，以致真氣走泄耳。震亨曰：自然銅世以為接骨之藥，然此等方儘多，大抵宜補氣、補血、補胃，俗工惟在速效，迎合病人之意，而銅非煅不可用。若產後血虛者忌服。產銅坑中。火煅醋淬七次，細研。新出火者，其火毒、金毒相煽，挾香藥熱毒，雖有接骨之功，燥散之禍，甚於刀劍。甘草水飛用。

**清・羅國綱《羅氏會約醫鏡》卷一八金石水土部**　自然銅味辛平。　辛能散瘀滯之血，破積聚之氣。治跌打折傷，接骨續筋，稱為神藥。同當歸、沒藥酒調服。宜細研水飛用，或以酒磨服。然性燥烈，火煅醋淬七次，或用甘草水研。不可多用專任。

**清・張德裕《本草正義》卷下**　自然銅　辛，涼。療折傷，散瘀血，續筋骨，排膿止痛。亦能鎮心安驚。其性燥烈，雖能接骨，不可多服。

**清・楊時泰《本草述鉤元》卷四**　自然銅　出銅坑中，以其未經礦煉，故名自然。獨孤滔謂多年礦氣結成，得銅之精氣，是或然也。有兩三種：一種大如麻黍，或多方解，纍纍相綴，至如斗大，色煌煌明爛如黃金、鍮石，入藥最上。一種成塊，大小不定，亦光明而赤。一種如薑鐵屎之類。又有如不冶而成者，皆出銅坑中，擊之易碎，或黃赤，或青赤，煉之乃成銅。今人多以鉐石為自然銅，燒之成青焰如硫黃，此亦有二三種，但俱畏火，不等於自然銅之須火煅也，即此可辨。

味辛，氣平，涼。主折傷，續筋骨，散血止痛。稟土金之氣以生，入血行血，為續筋接骨之神藥仲淳。接骨之功，與銅屑同，但不可常服，即便理氣活血為要瀕湖。打撲損傷，自然銅研細，水飛過，同當歸、沒藥各半錢，以酒調服，仍手摩病處。同乳香、沒藥、䗪蟲、五銖古錢、麻皮灰、血竭、胎骨作丸，煎當歸、地黃、續斷、牛膝、丹皮、紅花濃湯送下，治跌撲損傷，或金刃傷骨斷筋，皆效。

論：自然銅非火煅不可，凡諸損藥必熱，能生氣血以接骨，此物火金相煽，燥熱愈甚。先哲云：凡刀斧跌磕，閃肭脫臼者，初時不可便用自然銅，久後方可用之。折骨者，宜便用之，若不折骨，不碎骨，則不可用。然則茲物續筋骨，乃其所長，若非骨折骨碎，尚不須此，即宜用而輒早，猶以貽患也。凡損傷病，妙在補氣血，不宜求速效。多用自然銅，往往致成痼疾。蓋骨之上下相合處，有臼有杵，使脫臼之骨未歸其窠，而早用自然銅續之，則終身不能屈伸如意。接骨藥用自然銅，非煅不可，若新出火者，火金毒氣相煽，更挾香藥熱毒，雖有接骨之功，燥散之禍，甚於刀劍，戒之丹溪。

修治：火煅，醋淬七次，細研，水飛用。

**清・葉桂《本草再新》卷八**　自然銅味辛，性平，無毒。入肝經。治折傷，續筋骨，散瘀止痛。

**清・趙其光《本草求原》卷二四金部**　自然銅　性稟堅剛，辛，平，散火，為續筋接骨，行瘀止痛要藥。折傷必有瘀滯經絡，須審虛實，佐以養血、補氣、溫經之味。同乳、沒、䗪蟲、五銖錢、麻皮灰、血竭作丸，煎歸、地、續斷、牛膝、丹皮、紅花湯下。骨不碎折不可用；即接骨後，亦宜速理氣活血，乃無燥烈散氣之患。昔有飼折翅雁而復飛者，故治折骨。

山銅坑中，火煅，醋淬七次，非煅勿用。細研，甘草水飛用。煅之成青焰如硫黃者，鉐石之偽也。此則不畏煅。

**清・文晟《新編六書》卷六《藥性摘錄》**　自然銅　味辛。入骨。散血積，接骨止痛。○合乳香、沒藥、血竭、當歸、續斷等，牛膝、丹皮、紅花等藥，治跌撲損傷最効。○但中病即已，勿過服。○火煅，醋淬七次，細研出火氣，甘草水飛用。

**清・劉東孟傳《本草明覽》卷七**　自然銅　【略】按：丹溪云：世以自然銅為接血妙藥，殊不知跌損之方，貴于補氣、補血、補骨。若老弱之人，服此新煅之藥，其火毒金毒相扇，又挾辛香熱藥之毒，雖有接傷之功，而燥散之禍甚于刀劍。

**清・戴葆元《本草綱目易知錄》卷七**　自然銅　辛、甘。安心止驚悸，消瘀血排膿，破積聚，化項癭。治折傷撲損，能續筋骨，散血止痛。療產後血邪。火鍊，醋淬七次，研，水飛用。

**清・陳其瑞《本草撮要》卷六**　自然銅　味辛，入足厥陰經，功專治折傷，續筋骨。去瘀止痛。得折傷必有瘀血凝滯經絡，須審其虛實，佐以養血補氣溫經之品。產銅坑中，火煅醋淬七次，細研，甘草水飛用。

## 金精石

**清・趙學敏《本草綱目拾遺》卷二石部**　金精石　《福建續志》：出永春州雙髻山等處，其石似鐵磺而鬆，色如黃金。《本草綱目》金星石集解後，引劉河間《宣明方》點眼藥中用金精石，時珍疑以為即金星石，蓋未見《續志》也。去翳明目，入眼科用。

## 代赭石

**宋・李昉《太平御覽》卷九八八**　赭代赭附　《說文》曰：赭，赤土也。《山海經》曰：胞山灌水之中有流赭，以塗牛馬，無病。郭璞注曰：赭，赤土也，今多以朱塗牛角，云辟惡。又曰：少陽山之中多美赭。《南方草木狀》曰：赤土出踊山下，在石中。採好色赤者，雜丹中朱（膠）漆器。《范子計然》曰：石赭，出齊郡。赤色者善。蜀赭，出蜀郡。《本草經》曰：代赭，一名血師。好者，色如雞肝。

**宋・唐慎微《證類本草》卷五玉石部下品〔《本經》・《別錄》・《藥對》〕**　代赭　**味苦、甘，寒，無毒。主鬼疰，賊風，蠱毒，殺精物惡鬼，腹中毒邪氣，女子赤沃漏下**，帶下百病，產難，胞衣不出，墮胎，養血氣，除五藏血脈中熱，血痹血瘀，大人小兒驚氣入腹及陰痿不起。**一名須丸**，出姑幕者名須丸，出代郡者名代赭。一名血師。生齊國山谷。赤紅青色如雞冠有澤，染爪甲不渝者良。採無時。畏天雄。

〔梁・陶弘景《本草經集注》〕云：舊說云：是代郡城門下土。江東久絕，頃魏國所獻，猶是彼間赤土爾，非復真物，此於俗用乃疏，而爲仙方之要，并與戎鹽、鹵鹹皆是急須。

〔唐·蘇敬《唐本草》〕注云：此石多從代州來，云山中採得，非城門下土，又言生齊地山谷。今齊州亭山出赤石，其色有赤、紅、青者。其赤者，亦如雞冠且潤澤，土人惟採以丹楹柱，而紫色且暗，此物與代州出者相似，古來用之。今靈州鳴沙縣界河北，平地掘深四五尺得者，皮上赤滑，中紫如雞肝，大勝齊、代所出者。

〔宋·掌禹錫《嘉祐本草》〕按：《藥性論》云：代赭，使，鴈門城土，乾薑爲使，味甘，平。主治女子崩中，淋瀝不止，療生子不落。末，溫服之，辟鬼魅。蕭炳云：代赭，臣。日華子云：代赭，畏附子。止吐血，鼻衄，腸風，痔瘻，月經不止，小兒驚癇，疳疾，反胃，止瀉痢，脫精，尿血，遺溺，金瘡長肉，安胎，健脾，又治夜多小便。

〔宋·蘇頌《本草圖經》〕曰：代赭，生齊國山谷，今河東、京東山中亦有之，以赤紅青色如雞冠有澤，染爪甲不渝者良。古方紫丸治小兒用代赭，云無真者，以左顧牡蠣代使，乃知真者難得。今醫家所用，多擇取大塊，其上文頭有如浮漚丁者爲勝，謂之丁頭代赭，採無時。次條又有白堊，生邯鄲山谷，即畫家所用者，多而且賤，一名白善土。《胡居士》云：始興小桂縣晉陽鄉有白善，俗方稀用。今處處皆有，人家往往用以浣衣。《山海經·西山經》：石鄗音跪之山，其陰灌水出焉，而北流于愚水，其中有流赭，以塗牛馬無病。郭璞注云：赭，赤土也。今人以朱塗牛角，云以辟惡。又云：大次之山，其陽多堊。又《北山經》：天池之山，其中多黃堊。又《中山經》：葱聾之山，其中有大谷，多白、黑、青、黃堊。注云：言有雜色之堊也。然則赭以西土者爲貴，堊有五色，入藥惟白者耳。

〔宋·唐慎微《證類本草》〕《雷公》云：凡使，不計多少，用臘水細研盡，重重飛過，水面上有赤色如薄雲者去之。然後用細茶脚湯煮之，一伏時了，取出又研一萬匝，方入用。淨鐵鐺一口，著火得鐺熱底赤，即下白蠟一兩於鐺底，逡巡間，便投新汲水衝之於中，沸一二千度了，如此放冷，取出使之。《斗門方》：治小腸氣。用血師一兩，米醋一升，以火燒血師通赤，淬入醋中，以淬竭爲度，擣羅如麵。用湯調下一大錢，即差如神矣。血師即代赭也。《御藥院》：治風痒疼痒不可忍。赤土不計多少研碎，空心溫酒調下一錢。《丹房鏡源》云：代赭出金色。

〔宋·陳承《重廣補注神農本草並圖經》〕別說云：謹按：今處州歲貢數，不啻萬斤，其色亦丹鮮。

**宋·寇宗奭《本草衍義》卷六** 代赭 方士爐火中多用，丁頭、光澤、堅實、赤紫色者佳。白堊，即白善土，京師謂之白土子。方寸許切成段，鬻於市，人得以浣衣。今人合王瓜等分爲末，湯點二錢服，治頭痛。赤土，今公府用以飾椽柱者。水調細末一二錢服，以治風瘮。

**宋·王繼先《紹興本草》卷二** 代赭 紹興校定：代赭，石類也。出產、形色、主療《本經》具載，取色如鐵色朱砂，形堅實而有浮漚下者佳，故俗謂之丁頭代赭，方家入藥多鍛淬用之。《本經》云苦甘、寒、無毒是也。其有方用赤土者，與代赭自是兩種爾。

**宋·劉明之《圖經本草藥性總論》卷上** 代赭石 味苦、甘，寒，無毒。主鬼疰賊風蠱毒，殺精物惡鬼，腹中毒邪氣，女子赤沃漏下，帶下百病，產難，胞衣不出，墮胎。養血氣，除五臟血脉中熱，血痺血瘀，大人小兒驚氣入腹，及陰痿不起。《藥性論》云：使。鴈門城土。乾薑為之使。味甘，平。主治女子崩中，淋瀝不止。療生子不落。辟鬼魅。蕭炳云：臣。日華子云：止吐血鼻衄，腸風痔瘻，月經不止，小兒驚癇疳疾，反胃，止瀉痢，脫精尿血遺溺，金瘡長肉，安胎健脾。又治夜多小便。畏天雄、附子。

**元·王好古《湯液本草》卷六** 代赭石 氣寒，味甘、苦，無毒。一名須丸。出姑幕者，為須丸；出代郡者，名代赭。入手少陰經、足厥陰經。《本草》云：主鬼疰，賊風蠱毒。殺精物惡鬼，腹中毒邪氣，女子赤沃漏下，帶下百病，產難，胞衣不出，墮胎。養血，除五臟血脈中熱，血痹，血瘀，大人、小兒驚氣入腹，及陰痿不起。《聖濟經》云：怯則氣浮，重則所以鎮之。怯者，亦驚也。

**元·徐彥純《本草發揮》卷一** 代赭石 味苦、甘，寒，無毒。除五藏血脉中熱，驚氣入腹。成聊攝云：怯則氣浮，重劑所以鎮之。代赭之重，以鎮虛逆。海藏云：《經》言怯則氣浮，重劑所以鎮之。怯者，亦驚也。入手少陽經、足厥陰經。

**明·王綸《本草集要》卷五** 代赭臣。一云使。味苦甘，氣寒，無毒。入手少陰經、足厥陰經。畏天雄、附子。赤紅青色如雞冠，有澤者良。主鬼疰，賊風蠱毒，殺精鬼惡鬼，腹中毒邪氣。女子赤沃漏下，帶下百病，產難墮胎，血痹血瘀，小兒驚癇疳疾，止瀉痢，脫精尿血遺溺，金瘡長肉。

**明·滕弘《神農本經會通》卷六** 代赭石 一名須丸。臣也。一云：使。乾薑為之使。畏天雄、附子。赤紅青色，如鷄冠有澤，染爪甲不渝者良。生齊國山谷，今河東、京東山中亦有之。《局》云：赤土火煅，醋淬七次，研，水飛。出代州，色赤，故名。味苦、甘，氣寒，無毒。《湯》云：出姑幕者名須丸，出代郡者名代赭。入手少陰經、足厥陰經。一云：甘，平。東云：

鎮肝之劑。

《本經》云：主鬼疰賊風，蠱毒，殺精物惡鬼，腹中毒邪氣，女子赤沃漏下，帶下百病，產難，胞衣不出，墮胎，養血氣，除五臟血脉中熱，血痺血瘀。大人小兒驚氣入腹，及陰痿不起。《藥性論》云：使。乾薑為使。味甘，平。主治女子崩中，淋瀝不止，療生子不落。末，溫服之，辟鬼魅。日華子云：止吐血鼻衂，腸風痔瘻，月經不止，小兒驚癇疳疾，反胃，止瀉痢，脫精，尿血遺溺，金瘡，長肉。安胎健脾，又治夜多小便。《圖經》云：古方紫丸，治小兒用代赭，云無真者，以左顧牡蠣代使。乃知真者難得。《湯》云：《本草》同《本經》。《聖濟經》云：怯則氣浮，重則所以鎮之。怯者，亦驚也。《衍義》曰：代赭，方士爐火中多用。丁頭光澤堅實，赤紫色者佳。白堊，即白善土。京師謂之白土子，方寸許切成段，鬻於市，人得以浣衣。今人合王瓜，等分為末，湯點服，治頭痛。赤土，今公府用以飾椽柱者，水調細末，一貳錢服，以治風瘮。《局》云：代赭辟邪除鬼疰，養人血氣療疳驚。女能墮孕攻崩漏，男則強精治脫精。代赭石，能墮胎，而可攻崩漏。

**明·劉文泰《本草品彙精要》卷五**　代赭無毒。附赤土。

**代赭**出《神農本經》：**主鬼疰，賊風，蠱毒，殺精物，惡鬼，腹中毒，邪氣，女子赤沃，漏下。**以上朱字《神農本經》。帶下百病，產難，胞衣不出，墮胎，養血氣，除五臟，血脈中熱，血痹，血瘀，大人小兒驚氣入腹，及陰痿不起。以上黑字名醫所錄。

【名】須丸、血師。【地】《圖經》曰：生齊國山谷。今河東、京東山中亦有之。以赤紅、青色如雞冠有澤，染爪甲不渝者良。古方紫丸治小兒用代赭，云無真者，以左顧牡蠣代之，乃知真者難得。今醫家所用，多擇取大塊，其上有如浮漚丁者爲勝，謂之丁頭代赭。陶隱居云：舊說是代郡城門下土，江東久絕，其魏國所獻是彼間赤土，非復真物矣。《唐本》注云：出姑幕者名須丸，出代郡者名代赭，此石多從代州來，云山中採得，非城門下土。又言生齊地山谷，今齊州亭山出赤石，其色有赤紅青者，其赤者亦如雞冠且潤澤，土人惟採以丹楹柱，而紫色且暗，此物與代州出者相似，古來用之。今靈州鳴沙縣界河北平地掘深四五尺得者，皮上赤滑，中紫如雞肝，大勝齊、代所出者。【時】生：無時。採：無時。【用】如雞冠，光澤有浮漚丁者佳。【色】紫赤。【味】苦，甘。【性】寒，泄，緩。【氣】氣薄味厚，陰也。【臭】朽。【主】驚風，辟鬼魅。【行】手少陰經，足厥陰經。【助】赤土以乾薑爲使。【反】畏附子、天雄。【製】《雷公》云：凡使，不計多少，用蠟水細研盡，重重飛過，水面上有赤色如薄雲者去之，然後用細茶脚湯煮之一伏時，取出又研一萬匝，方入用，淨鐵鐺一口，著火得鐺熱底赤，即下白蠟一兩，於鐺底逡巡間便投新汲水衝之，於中沸一二千度了，如此放冷，取出使之。【治】療：《藥性論》云：療女子崩中，淋瀝不止，及生子不落。末溫服，辟鬼魅。日華子云：止吐血鼻衄，腸風痔瘻，月經不止，小兒驚癇，疳疾，反胃，止瀉痢，脫精，尿血，遺溺，金瘡長肉，安胎健脾，及夜多小便。【合治】以一兩合米醋一升，用火燒代赭通赤，淬米醋中，以盡爲度，搗羅如麵，用湯調下一大錢，療小腸氣，瘥。○赤土不計多少，研碎，空心溫酒調下一錢，療風瘮疼癢不可忍。

**明·許希周《藥性粗評》卷四**　益血尤資於代赭。

代赭石，赭，赤土也。一名血師。出代州，故名。以赤紅青色如雞冠有澤，染爪甲不渝者良。採無時。薑為之使，畏附子、天雄。凡用火煆醋淬七次，研細，水飛過。味苦、甘，性寒，無毒。主治鬼疰蠱毒，邪氣賊風，血熱血痺、血瘀，吐血鼻衄，腸風痔瘻，癮瘮疼癢，心風神不守舍，婦女崩漏，小兒驚癇疳病，男子陰痿不起，脫精遺溺，養血止痢，健脾胃，壯元陽。成聊攝云：怯則氣浮，重劑所以鎮之，代赭之重，以鎮虛逆。

單方：腸風：凡患腸風痔漏，不拘久近，以赭石一兩，米醋一升，火燒赭石通紅，入醋中淬，累燒累淬，以醋盡為度，研細，每用一大錢，滾白湯調下，神效。　癮瘮：凡患風瘮，疼痒不可忍者，赭石不計多少，研細，每服空心溫酒調下一錢，一二次，妙。

**明·鄭寧《藥性要略大全》卷八**　代赭石使　填肝健脾，安胎養血氣，治赤白帶下，產難下胎。除五臟血脉中熱，血痺瘀血，及陰痿不起，併崩中淋瀝，止吐血、衄血，腸風痔瘻，止瀉痢、脫精、尿血、遺溺、多小便及小兒驚癇。療金瘡長肉，敺賊風蠱毒，殺精鬼邪氣。　味甘、苦，氣寒，無毒。入手少陰、足厥陰。畏天雄、附子，赤紅色如雞冠，有澤者良。出齊國。今靈州鳴沙縣、代州皆有之。以其出代州、其色赤，故名代赭石。又云：染甲不渝。皮上青滑，中紫如雞肝者良。今擇大塊，上有文頭如浮漚丁者，為之丁頭代赭，佳。　雷公云：用火煆醋淬七遍，研，水飛用。能下胎，又能安胎，攻崩漏。

七潭云：此條功效甚詳，難以盡信。

**明·陳嘉謨《本草蒙筌》卷八**　代赭石　味苦、甘，氣寒。一云：味甘，氣平。無毒。惟出代州，屬山西。多生山谷。一說：是代都城門下赤土。色赤如鷄冠有澤，佳者染爪甲不渝。或難得真，牡蠣可代。火煅醋淬七次，方研極細水飛。惟作散調，勿煎湯服。畏雄附，天雄、附子。使乾薑。入少陽三焦，及厥陰肝臟。治女人赤沃崩漏帶下，暨難產胎衣不來；療小兒疳疾瀉痢驚癇，併尿血遺溺不禁。卻賊風蠱毒，殺鬼疰魅精。陰痿不起能扶，驚氣入腹可愈。《聖濟經》曰：怯者驚也。怯則氣浮，重劑以鎮之。代赭之重，以鎮虛逆也。孕婦忌服，恐墮胎元。

**明・王文潔《太乙仙製本草藥性大全》卷六《本草精義》** 代赭石 一名血師，一名須丸。生齊國山谷，今河東、京東山中亦有之。以赤紅青色如鷄冠有澤，染爪甲不渝者良。古方紫丸治小兒用代赭，云無真者以左〔顧〕牡蠣代使，乃知真者難得。今醫家所用多擇取大塊，其上文頭有如浮漚丁者爲勝，謂之丁頭代赭。火煅醋淬七次方用，研極細末水飛，惟作散調，勿煎湯服。畏天雄、附子。

**明・王文潔《太乙仙製本草藥性大全》卷六《仙製藥性》** 代赭石 味苦，甘，氣寒，一云味甘，氣平，無毒。乾薑爲使。入少陽三焦及厥陰肝臟。

主治：治女人赤沃崩漏帶下，暨難產胎衣不來。療小兒疳疾瀉痢驚癇，併尿血遺溺不禁。卻賊風蠱毒，殺鬼疰魅精。陰痿不起能扶，驚氣入腹可愈。《聖濟經》曰：怯者驚也，怯則氣浮，重劑以鎮之。代赭之重，以鎮虛浮逆也。孕婦忌服，恐墮胎元。補註：腸風，用一兩，米醋一升，以火燒血師通赤，淬入醋中，以淬竭爲度，搗羅如麪，用湯調下一大錢即差，如神矣！血師即代赭也。○風癮疹痒不可忍，不計多少，研碎，空心溫酒調下二錢。

太乙曰：凡使，勿計多少，用臈水細研盡，重重飛過，水面上有赤色如薄雲者去之，然後用細茶脚湯煮之一伏時了，取出又研一萬匝方入用。净鐵鐺一口，著火得鐺熱底赤，即下白蠟一兩於鐺底，逡巡間便投新汲水衝之於中，沸一二十度了，如此放冷，取出使之。

**明・皇甫嵩《本草發明》卷五** 代赭石下品。氣寒，味苦，甘，無毒。入手少陰三焦及厥陰肝經。發明曰：《聖濟經》云：怯者，驚也。怯則氣浮，重劑以鎮之。代赭之重，以鎮虛逆。故《本草》主賊風鬼疰，魅精蠱毒，腹中毒邪氣，驚氣入腹，小兒驚癇，疳疾瀉痢，女人赤沃，崩漏帶下，男子陰痿不起。又云：脫精遺溺。凡此，皆甘寒鎮固之用也。云除五臟血脉中熱。又云：止吐血衄血尿血，腸風痔瘻，此又苦寒以清熱也。云胞衣不出，孕婦墮胎，恐其重墜之過也。出代州山谷。色赤如雞冠有澤，染指爪不渝者良。或難得真，牡蠣可代之，火煅醋淬七次，方研極細，水飛。惟作散調服，勿作煎劑。畏天雄、附子。乾薑為之使。

**明・李時珍《本草綱目》卷一〇金石部・石類下** 代赭石《本經》下品

〔釋名〕須丸《本經》 血師《別錄》 土朱《綱目》 鐵朱《別錄》曰：出代郡者名代赭，出姑幕者名須丸。時珍曰：赭，赤色也。代，即雁門也。今俗呼爲土朱、鐵朱。《管子》云：山上有赭，其下有鐵。鐵朱之名或緣此，不獨因其形色也。〔集解〕《別錄》曰：代赭生齊國山谷，赤紅青色，如鷄冠有澤，染爪甲不渝者良。采無時。弘景曰：是代郡城門下赤土也。江東久絕，俗用乃踈，而爲仙方之要，與戎鹽、鹵鹼皆是急須。恭曰：此石多從代州來，云山中采得，非城門下土也。今齊州亭山出赤石，其色有赤紅青者。其赤者亦如鷄冠且潤澤，土人惟采以丹楹柱，而紫色且暗，與代州出者相似，古來用之。今靈州鳴沙縣界河北，平地掘深四五尺得者，皮上赤滑，中紫如鷄肝，大勝齊、代所出者。頌曰：今河東、京東山中亦有之。古方紫丸治小兒用代赭，云無真，以左顧牡蠣代使，乃知真者難得。今醫家所用，多擇取大塊，其上文頭有如浮漚丁者爲勝，謂之丁頭代赭。《北山經》云：少陽之山，中多美赭。《西山經》云：石脆之山，灌水出焉。中有流赭，以塗牛馬無病。郭璞注云：赭，赤土也。今人以塗牛角，云辟惡。時珍曰：赭石處處山中有之，以西北出者爲良。宋時處州歲貢萬斤。崔昉《外丹本草》云：代赭，陽石也。與太乙餘糧並生山峽中。研之作朱色，可點書，又可罨金益色赤。張華以赤土拭寶劍，倍益精明，即此也。

〔修治〕斅曰：凡使研細，以臘水重重飛過，水面上有赤色如薄雲者去之。乃用細茶脚湯煮一伏時，取出又研一萬匝。以净鐵鐺燒赤，下白蜜蠟一兩，待化投新汲水冲之，再煮一二十沸，取出晒乾用。時珍曰：今人惟煅赤以醋淬三次或七次，研，水飛過用，取其相制，并爲肝經血分引用也。《相感志》云：代赭以酒醋煮之，插鐵釘于內，扇之成汁。

〔氣味〕苦，寒，無毒。《別錄》曰：甘。權曰：甘，平。之才曰：畏天雄、附子。乾薑爲之使。

〔主治〕鬼疰賊風蠱毒，殺精物惡鬼，腹中毒邪氣，女子赤沃漏下《本經》。帶下百病，產難胞不出，墮胎，養血氣，除五臟血脉中熱，血痹血瘀，大人小兒驚氣入腹，及陰痿不起《別錄》。安胎健脾，止反胃吐血鼻衄，月經不止，腸風痔瘻，瀉痢脫精，遺溺夜多，小兒驚癇疳疾，金瘡長肉，辟鬼魅大明。

〔發明〕好古曰：代赭入手少陰、足厥陰經。怯則氣浮，重所以鎮之。代赭之重，以鎮虛逆。故張仲景治傷寒汗吐下後心下痞鞕，噫氣不深者，旋覆代赭湯主之。用旋覆花三兩，代赭石一兩，人參二兩，生薑五兩，甘草三兩，半夏半斤，大棗十二枚。水一斗，煮六升，去滓，再煎三升，溫服一升，日三服。時珍曰：代赭乃肝與包絡二經血分藥也，故所主治皆二經血分之病。昔有小兒瀉後眼上，三日不乳，目黃如金，氣將絕。有名醫曰：此慢驚風也，宜治肝。用水飛代赭石末，每服半錢，冬瓜仁煎湯調下，果愈。

〔附方〕舊二，新一十四。

哮呷有聲：卧睡不得。土朱末，米醋調，時時進一二服。《普濟方》。

傷寒無汗：代赭石、乾薑等分爲末，熱醋調塗兩手心，合掌握定，夾于大腿內側，溫覆汗出乃愈。《傷寒蘊要》。

嬰兒瘧疾：無計可施。代赭石五枚煅紅醋淬，朱砂五分，砒霜一豆大，同以帋包七重，打濕煨乾，入麝香少許爲末。香油調一字，塗鼻尖上及眉心、四肢，神應。《保幼大全》。

急慢驚風：弔眼撮口，搐搦不定。代赭石火燒醋淬十次，細研水飛，日乾。每服一錢，或半錢，煎真金湯調下，連進三服。兒脚脛上有赤斑，即是驚氣已出，病當安也。無斑點者，不可治。《直指方》。

慢肝驚風：方見發明。

腸風下血：血師一兩，火煅，米醋淬，盡醋一升，搗羅如麪。每服一錢，白湯下。《斗門》。

吐血衄血：小腸疝氣：代赭石火煅醋淬，爲末。每白湯服二錢。《壽域方》。

墮胎下血：不止。代赭石末一錢，生地黄汁半盞調。日三五次，以瘥爲度。方同。

婦人血崩：赭石火煅醋淬七次，爲末。白湯服二錢。《普濟方》。

赤眼腫閉：土朱二分，石膏一分，爲末。新汲水調傅眼頭尾及太陽穴。《直指方》。

喉痹腫痛：紫朱煮汁飲。《普濟方》。

牙宣有䘌：土朱、荆芥同研，揩之三日。《普濟方》。

諸丹熱毒：土朱、青黛各二錢，滑石、荆芥各一錢，爲末。每服一錢半，蜜水調下，仍外傳之。《直指方》。

一切瘡癤：土朱、虢丹、牛皮膠等分爲末，好酒一盌冲之，澄清服。以渣傅之，乾再上。《朱氏集驗方》。

百合病發：已汗下復發者。百合七個擘破，泉水浸一宿，赭一兩，滑石三兩，泉水二鍾，煎一鍾，入百合汁，再煎一鍾，温服。《傷寒蘊要》。

**題明・薛己《本草約言》卷二《藥性本草》** 代赭石 怯則氣浮，重劑以鎮之。代赭之重，以鎮虛逆。出代州，其色赤，故名代赭石。能墮胎而崩漏可攻。須用火煅，醋淬七遍，研，水飛。味甘，寒，無毒。

**明・梅得春《藥性會元》卷下** 代赭 味苦、甘，氣寒，無毒。出代州，其色赤紅如雞冠。畏附子、天雄。其澤染衣不渝。主治鬼疰、賊風、蠱毒，殺精物惡鬼，腹中毒邪氣，女子赤沃漏下，帶下百病，產難，胞衣不落，鎮肝墜胎，除五臟血脉中熱，血痹、瘀血，大人小兒驚氣入腹及陰痿不起。製法：凡使，用臈水飛過，水面上有赤色如薄雲者去之，然後以細茶脚湯煮之一伏時，取研一萬匝，再用淨鐵鍋一口，火燒熱底，即下白蠟一兩於鍋底，候熔，投新汲水衝之，入赭同煮千沸，放冷取出用。

**明・王肯堂《傷寒證治準繩》卷八** 代赭石 氣寒，味苦甘，無毒。海：入手少陰、足厥陰經。怯則氣浮，重劑所以鎮之。代赭之重，以鎮虛逆，故張仲景治傷寒汗吐下後，心下痞鞕，噫氣不除者，旋覆代赭湯主之。珍：代赭，乃肝與包絡二經血分藥也，故所主治，皆二經血分之病。生搗細，羅過用。

**明・李中立《本草原始》卷八** 代赭石 生齊國山谷，今河東、京東山中亦有之。以赤紅、青色如雞冠有澤，染爪甲不渝者良。《别錄》曰：出代郡者名代赭。時珍曰：赭，赤色也；代，即鴈門也。今俗呼為土朱、鐵〔朱〕。氣味：苦，寒，無毒。主治：鬼疰賊風蠱毒，殺精物惡鬼，腹中毒邪氣，女子赤沃漏下。○帶下百病，產難，胞不出，墮胎，養血氣，除五臟，血脉中熱，血痹血痢，大人小兒驚氣入腹及陰痿不起。○安胎健脾，止反胃，吐血鼻衄，月經不止，腸風痔瘻，瀉痢脫精，遺溺夜多。小兒驚癇疳疾，金瘡長肉，辟鬼魅。

代赭石，《本經》下品。時珍曰：修治今人惟煅赤，以醋淬三次或七次，研，水飛過用。

好古曰：代赭入手少陰、足厥陰經。時珍曰：乃肝與包絡二經血分藥也。之才曰：畏天雄、附子，乾薑為之使。昔有小兒瀉後，三日不乳，目黄如金，氣將絕。有名醫曰：此慢肝驚風也，宜治肝。用水飛代赭石末，每服半錢，冬瓜仁煎湯調下，果愈。《相感志》云：代赭以酒醋煮之，插鐵釘于內，揭之成汁。

**明・張懋辰《本草便》卷二** 代赭臣，一云使。 味苦、甘，氣寒，無毒。入手少陰經、足厥〔陰〕經。畏大附子。 主鬼疰，賊風蠱毒，殺精鬼惡鬼，腹中毒邪氣；女子赤沃漏下，帶下百病，產難，墮胎血痺血瘀，小兒驚癇，疳疾瀉痢，脫精尿血遺溺，金瘡長肉。

**明・繆希雍《本草經疏》卷五** 代赭石 味苦、甘，寒，無毒。主鬼疰賊風蠱毒，殺精物惡鬼，腹中毒邪氣，女子赤沃漏下，帶下百病，產難，胞衣不出，墮胎，養血氣，除五藏血脈中熱，血痹，血瘀，大人小兒驚氣入腹及陰痿不起。入藥煅赤醋淬三次，研，水飛過用。畏天雄、附子。乾薑為之使。

〔疏〕代赭石稟土中之陰氣以生。《本經》味苦，氣寒，《别錄》加甘，無毒。氣薄味厚，陰也，降也。入手少陰、足厥陰經。少陰為君主之官，虛則氣怯而百邪易入，或鬼疰邪氣，或精物惡鬼，或驚氣入腹所自來矣。得鎮重之性，則心君泰定而幽暗破，邪無從著矣。其主五臟血脈中熱，血痹，血瘀，賊風，及女子赤沃漏下，帶下百病，皆肝心二經血熱所致。甘寒能凉血，故主如上諸證也。甘寒又能解毒，故主蠱毒，腹中毒也。《經》曰：壯火食氣，少火生氣。火氣太盛則陰痿反不能起，苦寒泄有餘之火，所以能起陰痿也。重而下墜，故又主產難胞不出及墮胎也。〔主治參互〕仲景旋覆代赭湯，治傷寒汗吐下後，心下痞鞕，噫氣不除者。代赭一兩，旋覆花三兩，人參二兩，生薑五兩，大棗十二枚，半夏半升，甘草三兩，水一斗，煮取六升，去滓再煮，取三升，溫服一升，日三。《直指方》急慢驚風，弔眼撮口，搐搦不定。代赭石火燒醋淬七次，細研水飛，日乾。每服一錢或半錢，煎真金湯調下，連進三服。兒脚脛上有赤斑，即是驚氣已出，病當安也。無者不治，如慢驚，用冬瓜仁煎湯調，亦妙。《普濟方》婦人血崩，代赭石煅為末，白湯服二錢。〔簡誤〕下部虛寒者不宜用，陽虛陰痿者忌之。

**明・倪朱謨《本草彙言》卷一二** 代赭石 味苦澀，氣溫，無毒。入手足厥陰經血分。蘇氏曰：赭，赤土也。出代州山中，今靈州鳴沙縣河北平地，入深四五尺，得赤土滑膩，中紫如鷄冠，大勝代州所出者。今醫家所用，多取大塊，其文有如浮漚丁者爲上。李氏曰：赭石處處山中有之，以西北者爲勝。宋時處州歲貢萬斤。崔氏《本草》云：代赭，陽石也。研之作朱色，可以點書。張華以赤土拭寶劍，倍益精明，即此也。修治：須研極細，以水飛過用。

代赭石：去蠱毒，殺鬼邪，《神農》止女子赤沃漏下，大明氏安小兒驚癇入腹，《別錄》止大人血痢腸風，脫精遺溺之藥也。陶九江曰：此藥得土中純正之氣，體重色赤，故能去蠱毒而殺鬼邪、定驚癇也。味澀氣溫，故能禁赤沃漏下，血痢腸風，遺精遺溺也。乃肝與心包絡二經血分之劑，故所主用，皆二經血分之病也。成氏張仲景治傷寒發汗，若吐若下，外解後心下痞鞕，氣滿噫嘻，噯餡不除者，固因痞鞕，亦屬焦脘窒遏，失于宣發故也。以旋覆代赭湯主之，亦推此意耳。

集方：《直指方》治急慢驚風，眼吊口撮，搐搦不定。用代赭石，火燒醋淬三次，研細，水飛過，每服一錢或五分，金銀湯調下。○《本草發明》治慢脾風，因瀉後吊眼成慢驚。用代赭石，火燒研細，每服五分，冬瓜仁煎湯調下。○《方脉正宗》治腸風血痢久不愈。以代赭石二兩，火燒醋淬二次，以柿餅一個煮爛，搗爲丸梧子大，每早服二錢，白湯下。○《方脉正宗》治遺精白濁，及老人小兒遺溺，或女人赤白帶漏。用代赭石二兩，牡蠣一兩，俱火燒，研極細末，山茱萸肉、茯苓、山藥各三兩，澤瀉一兩，俱鹽水炒，懷生地四兩，切片，炒，俱研爲末，煉蜜丸，梧子大，每早服三錢，白湯下。○仲景方治傷寒發汗，若吐若下，解後，心下痞鞕，噫氣不除者。以旋覆代赭湯，用代赭石一兩，旋覆花八錢，生薑二兩，甘草、人參各七錢，半夏三兩，用水三升，煮取一升五合，去滓換水，再煮一升，溫服，日三次。○《傷寒蘊要》治傷寒無汗。用代赭石、乾薑各一兩五錢，爲細末，熱醋調塗兩手心，合掌定，夾于大腿內側，被覆汗出，乃愈。○《保幼大全》治嬰兒瘧疾，無計可施。用代赭石二錢，燒紅醋淬二次，硃砂一錢，人言一分，麝香五釐，共研爲末，以香油調一字，塗鼻尖上及眉心四肢，立效。○《普濟方》治哮呷有聲，不得睡臥。用代赭石二錢爲末，每服一錢，醋湯調服。

**明・顧逢柏《分部本草妙用》卷一肝部・寒瀉** 代赭石 苦，寒，無毒。畏天雄、附子，乾薑為使。為肝血分引用。主治：鬼疰蠱毒，殺精祛鬼，腹中毒邪。女子赤沃漏帶，難產，墮胎，除血熱，起陰痿，吐血鼻衄，月經不止。腸風驚癇，疳症。代赭，色本象心，而入肝分。肝藏血，血不藏于肝，則為腸風、崩帶、吐衄等病。治驚祛邪，又為肝膽之症，故代赭專攻肝膽血分也。中病即止，多服傷肝。

**明・鄭二陽《仁壽堂藥鏡》卷一** 代赭石 氣寒，味甘、苦，無毒。一名須丸。出姑幕者名須丸，出代郡名代赭。入手少陰經、足厥陰經。《本草》云：主鬼疰賊風，蠱毒，殺精物惡鬼，腹中毒邪氣，女子赤沃漏下，帶下百病，產難，胞衣不出，墮胎。養血，除五臟血脉中熱，血痹，血瘀，大人、小兒驚氣入腹，及陰痿不起。《聖濟經》云：怯則氣浮，重則所以鎮之。怯者亦驚也。《藥性論》云：畏天雄，乾薑為使。火煅、醋淬七次，研細末飛。不入湯藥。

**明・張景岳《景岳全書》卷四九《本草正》** 代赭石 味微甘，性凉而降，血分藥也。能下氣降痰清火，除胸腹邪毒，殺鬼物精氣，止反胃吐血衄血，血痹血痢，血中邪熱。大人小兒驚癇，狂熱入藏，腸風痔漏，脫精遺尿，及婦人赤白帶下，難產胞衣不出，月經不止，俱可為散調服。亦治金瘡，生肌長肉。

**明・盧之頤《本草乘雅半偈》帙六** 代赭石《本經》下品 氣味：苦，寒，無毒。主治：主鬼疰賊風蠱毒，殺精物惡鬼，腹中毒邪氣，女子赤沃漏下。　覈曰：出代郡及姑幕。《北山經》云：少陽之山，中多美赭。《西山經》云：石脆之山，灌水出焉，中有流赭。《管子》云：其山有赭，其下有鐵。處處山中亦有之，西北者為良也。生山峽中者，赤紅青色而有澤，上紋如浮漚，俗呼丁頭赭。修事：細研，以臘水重重飛過，水上有赤色如薄雲者去之。澄淨去水，再以茗汁煮一伏時，取出，研萬餘匝用。鐵鐺燒赤，下白蠟一兩，待化，投新汲水衝之，再煮一二十沸，取出，晒乾用。帥氣衛外，左右二十有四，而營隊居中，設無血師，誰主司命乎。　先人云：去浮赤，奪其先聲。烹白蠟，培其根本。　肝與血，大獲保任矣。　參曰：《靈樞》稱衛氣為帥氣。隱居稱大赭為血師，則大赭當為營氣之司命矣。《經》云：命曰營氣，以奉生身，莫貴乎此。先人云：鬼疰三證，大為生氣之害，然必伏匿陰血中，乃肆毒惡。赭色丹青，承宣君相火，為血師保任，仍令就規矩，會尺寸，以合五十營，奉身生氣如營，營血安堵如故矣。

**明·李中梓《本草通玄》卷下**　代赭石　止反胃，吐血衄血，經不止，腸風瀉痢，脫精遺溺，小兒驚疳，女人崩漏。　按：代赭入肝與心胞，專主二經血分之病。仲景治汗吐下後心下硬，噫氣，用旋覆代赭湯，取其重以鎮虛逆，赤以養陰血也。　煅紅，醋淬，水飛。

**清·顧元交《本草彙箋》卷一〇**　代赭石　其鎮重之性，以壓虛逆。故仲景治傷寒汗吐下後，心下痞鞕，噫氣不深者，旋覆代赭湯主之。又能入肝治驚，故小兒慢驚劑中用之。

**清·穆石匏《本草洞詮》卷三**　代赭石　代，鴈門也。赭，赤也。此石研之，可點書，亦可罨金。張華以赤土拭寶劍，倍益精明，此也。味苦，氣寒，無毒。入手足厥陰經血分。治鬼疰，賊風蠱毒，除血脈中熱，血痺血痢。小兒驚癇疳疾，蓋怯則氣浮，重以鎮之，代赭之重，以鎮虛逆。一小兒瀉後眼上，目黃如金，氣將絕，此慢驚風也，宜治肝，用水飛代赭石末，每服半錢，冬瓜仁煎湯調下，遂愈。

**清·劉雲密《本草述》卷五**　代赭石乾薑為之使，畏天雄、附子。　一名土硃，研之作朱色，可點書。　赭者，紅黑之間色也。　出代郡。　一名鐵朱。　頌曰：真者難得。今醫家所用，多擇取大塊，其上文頭有如浮漚丁者為勝，謂之丁頭代赭。　時珍曰：赭石，處處山中有之，以西北出者為良。

氣味：苦，寒，無毒。《別錄》曰：甘。　權曰：甘平。

主治：鬼疰賊風，腹中毒邪氣，鎮虛逆，大人小兒驚氣入腹，女子崩漏帶下，安胎，除五臟血脈中熱。　崔昉《外丹本草》曰：代赭，陽石也。　好古曰：代赭入手少陰、足厥陰經。　怯則氣浮重，所以鎮之。代赭之重以鎮虛逆。故張仲景治傷寒汗吐下後，心下痞鞕，噫氣不除者，旋覆代赭湯主之。

時珍曰：代赭乃肝與包絡二經血分藥也。故所主治皆二經血分之病。昔有小兒瀉後眼上，三日不乳，目黃如金，氣將絕。有名醫曰：此慢驚風也，宜治肝。用水飛代赭石末，每服半錢，冬瓜仁煎湯調下，果愈。　希雍曰：代赭石秉土中之陰氣以生。《本經》味苦，氣寒。《別錄》加甘，無毒。氣薄味厚，陰也，降也。入手少陰、足厥陰經。

附方　急慢驚風，弔眼撮口，搐搦不定，代赭石火燒，醋淬十次，細研水飛，日乾，每服一錢或半錢，煎真金湯調下，連進三服，兒脚脛上有赤斑，即是驚氣已出，病當安也。無斑點者，不可治。　墮胎下血不止，代赭石末一錢，生地黃汁半盞，調，日三五次，以瘥為度。　婦人血崩，赭石火煅，醋淬七次，為末，白湯服二錢。　諸丹熱毒，土硃、青黛各二錢，滑石、荊芥各一錢，為末，每服一錢半，蜜水調下，仍外傅之。

愚按：赭石之用，先哲概以為重可去怯，在《聖濟經》曰：怯則氣浮重劑所以鎮之。怯者，亦驚也。若然，是蓋本於元氣之虛，故仲景治傷寒或汗吐下後，心下鞕痞，噫氣不除證，主以旋覆赭石湯也。未審何以怯亦云驚？而後來治小兒驚癇者，又何以用此味，乃責之肝，如時珍所云哉？曰：肝由陰而升陽者也。升而不能合於天氣之陽，則病於風，故《本經》主治首言鬼疰賊風。所云鬼疰，又精物惡鬼等語，皆元氣虛怯之幻象耳。所以仲景處方，於補益中而入此味，令佐補益以鎮虛怯，則肝之驚風自平，固非先責於肝也。然亦何以能如是乎？曰：管子有云，山上有赭，其下有鐵，故一名鐵朱。是則赭石乃金氣之化也。金屬天氣而色化赤則從火，是金火合德，以暢衛而達營，即木之所以得媾於金，而風平者，不僅僅如鐵鏞之以金制木也。若然，是固氣分之劑矣，又何以能效血分之功歟？曰：陽中之太陽，心也，而生血却即在此。心肺合而氣盛，氣盛而血生，俾清中之濁，入胃至脾，而肝乃得司其藏血之職，安得謂能清鎮氣化者，而不能為血化之地歟？故病見於氣者，本於益氣以及血。若病見於血，則亦未有不因於氣化者也。如女子崩漏之鎮宮丸，帶下之卷柏丸，入茲味於羣劑中，豈無謂哉？其義可類推也。或曰小兒驚癇，固知病及風木矣。而女子崩帶，亦專屬風木之病歟。曰風木之臟，即是血臟，血之不獲寧謐者，多本臟風木搖之耳。此味以鎮浮而平風，則血不溢，是固然之化機也。但此味先氣而及血，故方書於療血證者用之，亦鮮唯女子崩漏時及之，以女子之血有餘，而氣之病於不足，以為血患者多也。明於此，則知所以用赭石矣。抑時珍輩胥專以為血分藥，今不知何所取證，而謂先氣及血也。曰：不觀之養氣丹，前用五石，後入諸藥，而赭石與焉。其所云主治者曰：諸虛百損，真陽不固，上實下虛，氣不升降，或喘或促，一切體弱氣虛之人，如所云是非氣分藥乎？且又曰：并婦人血海冷憊諸證，是非由氣而及血之證歟。況《外丹本草》所說，固已為陽石矣。希雍曰：下部虛寒者不宜用，陽虛陰痿者忌之。

修治　色如雞冠，且有潤澤，染爪甲不渝者良。　時珍曰：今人惟煅赤，以醋淬三次或七次，研水飛過用，取其相制，并為肝經血分引用也。《相感志》云：代赭以酒、醋煮之，插鐵釘於內，扇之成汁。

**清・郭章宜《本草匯》卷一八**　代赭石　味苦，氣寒，陰也，降也，入手少陰、足厥陰經。治陰痿不起，愈驚氣入腹。煎真金湯，服半錢，連進三次，看兒脚上有赤斑，即是驚氣已出，當愈。如無赤斑，不治。墮胎氣，理難產。

按：代赭，入肝與心胞，耑主二經血分之病。仲景治傷寒汗吐下後，心下痞鞕噫氣，用旋覆代赭湯，取其重以鎮虛逆，赤以養陰血也。

出山西代州。煅紅醋淬，水飛。乾薑為之使。畏雄、附。

**清・蔣居祉《本草擇要綱目・熱性藥品》**　代赭石　氣味：苦，寒，無毒。乃肝與包絡二經血分藥也。　主治：女子赤沃漏下，帶下百病，產難胞不出，墮胎，養血氣。除五臟血脈中熱，血痹血瘀，大人小兒驚氣入腹及陰痿不起。安胎健脾，止反胃，吐血鼻衄，月經不止。腸風痔瘻，瀉痢脫精，夜多遺溺，小兒驚癇疳疾。金瘡長肉，辟鬼魅。故仲景治傷寒汗吐下後，心下痞鞕，噫氣不除者，旋覆代赭湯主之。蓋怯則氣浮，唯重可以鎮之。代赭之重，以鎮虛逆也。

**清・閔鉞《本草詳節》卷九**　代赭石　【略】按：代赭石，甘寒能涼血，故主諸血症。重以鎮虛逆，故主驚氣諸症。《經》曰：壯火食氣，少火生氣，人知陽虛陰痿，不知火氣太盛，如諸物見火則軟，亦能令陰痿不起。苦寒泄有餘之火，而陰起矣。仲景治傷寒汗吐下後，心下痞鞕，噫氣不除，亦取其重鎮耳。

**清・王翃《握靈本草》卷一**　代赭石出代郡。色如雞冠，有光澤，染爪甲不渝者良。煅赤，醋淬一次或七次，水飛用。　主治：代赭石，苦，寒，無毒。主鬼疰賊風，蠱毒，安胎，健脾，止反胃，吐血鼻衄，月經不止，腸風瀉痢，脫精遺溺夜多。

**清・汪昂《本草備要》卷四**　代赭石重，鎮虛逆，養陰血。　苦，寒。養血氣，平血熱，入肝與心包，耑治二經血分之病，吐衄崩帶，胎動難產，小兒慢驚，赭石半錢，冬瓜仁湯調服。金瘡長肉。仲景治傷寒，汗吐下後，心下痞鞕噫氣，鞕，音硬；噫，音噯。用代赭旋覆湯，取其重以鎮虛逆，赤以養陰血也。今人用治膈噎甚效。

煅紅醋淬，水飛用。乾薑爲使，畏雄、附。

**清・陳士鐸《本草新編》卷五**　代赭石　味苦而甘，氣寒，無毒。入少陽三焦及厥陰肝臟。治女人赤白崩漏帶下，暨難產胎衣不下，療小兒疳疾瀉痢驚癇，併尿血遺溺，驚風入腹可愈。經曰：怯者，驚也。怯則氣浮，重劑以鎮之，代赭之重，以鎮虛逆也。孕婦忌服，恐墮胎元。此物有旋轉乾坤之力，藥籠中以備急用，斷難輕置。代赭石雖能旋轉逆氣，然非旋覆花助之，亦不能成功，二味必並用為佳。

或問：代赭石體重以定逆，何以能轉逆耶？曰：代赭石非能轉逆，旋覆花實能轉逆耳。然則轉逆用旋覆花足矣，何以又用代赭石乎？不知旋覆花雖能止逆，而不能定逆。用旋覆花以轉逆，復用代赭石以定之，則所轉之氣，不再變為逆也。

**清・顧靖遠《顧氏醫鏡》卷八**　代赭石甘、苦，寒。入心肝二經。煅赤，以醋淬三次，研細，水飛。　止反胃，治呃逆。哮病能除，疝氣可理。俱調末服，皆取其重而下墜，能鎮逆氣也。起男子陰痿，壯火食氣，火氣太盛，則陰反痿，苦寒能泄有餘之火故也。小兒驚癇。癇症發則竄視搐搦，吐舌嚼唇，其聲如畜，因驚駭所致。此藥真墜，入肝與心包二經，故主之。虛寒者勿用。陽虛陰痿者，驚癇因風邪者，均忌之。下墜墮胎，孕婦亦忌。

**清・李熙和《醫經允中》卷一七**　代赭石　煅紅醋淬，水飛用。畏天雄、附子。乾薑為使。　苦，寒，無毒。主治吐血鼻衄，難產，胎衣不下，腸風驚悸。取重以鎮虛逆，赤以養陰血也。孕婦弗服，恐墮胎元。

**清・馮兆張《馮氏錦囊秘錄・雜症痘疹藥性主治合參》卷五**　代赭石稟土中之陰氣以生。味苦甘，氣寒，無毒。如雞冠有澤者佳。專入肝、心二經。以甘寒涼血，鎮重解毒之性，則君主虛靈而幽暗自辟，肝氣和平而血熱血瘀之病自除。甘寒則毒化，重墜則下胎。壯火即退，少火乃生，既痿之陰，自可復起也。　代赭石，入少陽三焦及厥陰肝臟。治女人赤沃崩漏帶下，暨難產胎衣不來。療小兒疳積瀉痢，驚癇，併尿血遺溺不禁。卻賊風蠱毒，殺鬼疰魅精，陰痿不能扶。驚氣入腹可愈，養血氣，除五臟血熱、血痹、血瘀。　主治痘疹合參：　取其甘寒鎮重，且能解毒涼血，故痘後亦用之。

**清・张璐《本經逢原》卷一**　代赭石《本經》名須丸。　苦、甘，平，無毒。擊碎有乳形者真，火煅醋淬三次，研細，水飛用。　《本經》主鬼疰賊風蠱毒，腹中毒邪，女子赤沃漏下。　發明：　赭石之重，以鎮逆氣，入肝與心包絡二經血分。《本經》治賊風蟲毒，赤沃漏下，取其能收斂血氣也。仲景治傷寒吐下後，心下痞硬，噫氣不除，旋覆代赭石湯，取重以降逆氣，滌痰涎也。觀《本經》所治，皆屬實邪。即赤沃漏下，亦是肝心二經瘀滯之患。其治難產，胞衣不下，及大人小兒驚風入腹，取重以鎮之也。陽虛陰痿，下部虛寒忌之，以其沉降而乏生發之功也。

**清・張志聰、高世栻《本草崇原》卷下**　代赭石　氣味苦寒，無毒。主治鬼疰，賊風，蠱毒，殺精物惡鬼，腹中毒邪氣，女子赤沃漏下。　代赭石，《本經》名須丸，《別錄》名血師，研之作朱色，可以點書，故俗名土朱，又名鐵朱。管子曰：　山上有赭，其下有鐵。《北山經》曰：　少陽之山，中多美赭。《西山經》曰：　石脆之山，灌水出焉，中有流赭皆謂此石。《別錄》曰：　代赭生齊國山谷，赤紅青色，如雞冠有澤，染爪甲不渝者良。今代州，河東、江東處處山中有之，以西北出者為良。　赭石，鐵之精也，其色青赤，氣味苦寒，稟水石之精，而得木火之化。主治鬼疰賊風蠱毒者，色赤屬火，得少陽火熱之氣，則鬼疰自消也。石性鎮重，色青屬木，木得厥陰風木之氣，故治賊風蠱毒也。殺精物惡鬼，所以治鬼疰也。腹中毒，所以治蠱毒也。邪氣，所以治賊風也。　赭石，一名血師，能治衝任之血，故治女子赤沃漏下。

**清・姚球《本草經解要》卷四**　代赭石　氣寒，味苦，無毒。主鬼疰，賊風蠱毒，殺精物惡鬼，腸中毒邪氣，女子赤沃漏下。火煅研淬。　代赭石氣寒，稟天冬寒之水氣，入足少陰腎經。味苦無毒，得地南方之火味，入手少陰心經。氣味俱降，陰也。天地者，陰陽之體。水火者，陰陽之用也。腎為坎水，代赭氣寒益腎，則腎水中一陽上升。心為離火，代赭味苦益心，則心火中一陰下降。水升火降，陰陽互藏其宅，而天地位矣。故鬼疰邪氣，精魅惡鬼，賊風毒邪，不能相干。即或有邪，亦必祛逐也。寒可清熱，苦可洩邪，所以又主蠱毒及腹中邪毒也。腎主二便，心主血，血熱則赤沃漏下也。苦寒清心，心腎相交，所以主女子赤沃漏下也。　製方：　代赭石同旋覆花、人參、半夏、生薑、大棗、甘草，名旋覆代赭湯，治傷寒汗吐下後，心下痞鞕，噫氣不除。細研，真金湯下，治小兒驚症。

**清・楊友敬《本草經解要附餘・考證》**　代赭石　方稱研末，真金湯下，治小兒驚症。《綱目》載：　一兒瀉後眼上，三日不乳，將危。有名醫曰慢驚也，宜治肝。水飛代赭石末，每用半錢，冬瓜仁煎湯調下，果愈。考冬瓜仁，專未服，補肝明目，故用煎湯。此更簡易，附記便用。

**清・王子接《得宜本草・下品藥》**　代赭石　味苦，寒。入足厥陰經。功專入血鎮逆。得冬瓜仁治慢驚風。

**清・黃元御《長沙藥解》卷一**　代赭石　味苦，氣平，入足陽明胃經。降戊土而除噦噫，鎮辛金而清煩熱。《傷寒》旋覆花代赭〔石〕湯方在旋覆花。用之治傷寒汗吐下後，心下痞鞕，噫氣不除者，以其降胃而下濁氣也。滑石代赭石湯方在滑石。用之治百合病，下之後者，以其降肺而清鬱火也。　代赭重墜之性，驅濁下衝，降攝肺胃之逆氣，除噦噫而泄鬱煩，止反胃嘔吐，療驚悸哮喘。兼治吐衄崩漏，痔瘻泄利之病。　煅紅醋淬，研細綿裹，入藥煎。鬆輭者佳，堅硬者無用。　肝脾下陷者忌之。

**清・吳儀洛《本草從新》卷五**　代赭石〔重，鎮虛逆。〕　苦，寒。入肝與心包血分。除血熱。治吐衄崩帶，胎動產難，翻胃噎膈，仲景治傷寒汗吐下後，心下痞鞕，噫氣，用代赭旋覆湯，取其重以鎮虛逆，赤以養陰血也。哮呷有聲。臥睡不得，土硃末調服。　金瘡長肉。　煅紅醋淬，水飛。乾薑為使。畏雄、附。

**清・汪紱《醫林纂要探源》卷三**　代赭石　苦，寒。煅紅，醋淬，水飛。瀉心泄熱，鎮逆安驚。色兼赤白，微黃微紫，有如人肌肉，而赤為多，入心瀉熱，入肺泄逆，入肝平相火，入脾去濕，氣味輕而浮上，形體重而降下，能定驚癇，下痞逆，治噎隔，上治吐衄，下治崩帶，中安胚胎，又能催生。外傳金瘡，能長肌肉，石藥中良品也。

**清・嚴潔等《得配本草》卷一**　代赭石一名土朱。　乾薑為之使。畏天雄、附子。　苦，寒。入手足厥陰經血分。鎮包絡之氣，除血脈之熱。療崩帶，止反胃、吐衄，治驚癇疳疾。　得生地汁，治吐血、衄血、下血。得冬瓜仁湯調下，治慢驚風。瀉後不乳，目黃如金。佐半夏，蠲痰飲。　煅，醋淬七次，研，水飛過用。　氣不足、津液燥者，禁用。

**清·黃宮繡《本草求真》卷二**　代赭石入心、肝二經，涼血解熱鎮驚。　代赭石耑入心肝。味苦而甘，氣寒無毒。凡因血分屬熱，崩帶瀉痢，胎動產難，噎膈痞硬，驚癇金瘡等症，治之即能有效。仲景治傷寒汗吐下後，心下痞硬，噫氣不深者，旋覆代赭湯主之。用旋覆花三兩，代赭石一兩，人參二兩，生薑五兩，甘草三兩，半夏半升，大棗十二枚。水一斗，煮六升，去渣再煎三升，溫服一升，日三服。噎膈病亦用此。以其體有鎮怯之能，甘有和血之力，寒有勝熱之義，專入心、肝二經血分涼血解熱，鎮怯祛毒。色赤入血。但小兒慢驚虛症甚多。及陽虛陰痿，下部虛寒者忌之，以其沉降而乏生發之功耳。書載能治慢驚，其說似非，實症不得謂慢，虛症當從溫理，不可不辨。　擊碎有乳孔者真。火煅醋淬三次，研細水飛用，乾薑為使，畏雄、附。

**清·楊璿《傷寒溫疫條辨》卷六寒劑類**　代赭石火煅，醋淬。　味苦辛寒，沉也，陰中陽也。入心包、肝。養血氣，平血熱。療小兒慢驚風。冬瓜仁煎湯，調赭石末一錢服，自愈。與急驚實熱不同。若急驚風，則升降、涼膈證須辨之。並吐衄崩帶，產難胎動及心下痞硬噯氣。仲景代赭旋覆湯，取其重以鎮虛逆，赤以養陰血也。後人用治噎膈，因痰氣阻塞故。

**清·羅國綱《羅氏會約醫鏡》卷一八金石水土部**　代赭石味苦甘，氣寒，入肝、心包二經。　下氣降火，耑治二經血分之病，療吐衄崩帶、腸風痔漏、悉血有邪熱。月經不止、胎動產難、涼血活血。小兒慢驚。用末五分，東冬仁湯調服。　煅紅醋淬，水飛用。　乾薑為使，惡雄、附。　以上諸症，俱可為散。或水、或酒、或童便酌量調服。

**清·陳修園《神農本草經讀》卷四下品**　代赭石　氣味苦，寒，無毒。主鬼疰，賊風，蠱毒，殺精物惡鬼，腹中毒邪氣，女子赤沃漏下。

述：代赭石氣寒入腎，味苦無毒入心。腎為坎水，代赭氣寒益腎，則腎水中一陽上升。心為離火，代赭味苦益心，則心火中一陰下降。水升火降，陰陽互藏其宅，而天地位矣。故鬼疰，賊風，精魅惡鬼，以及蠱毒、腹中邪毒，皆可主之。腎主二便，心主血，血熱則赤沃漏下，苦寒清心，心腎相交，所以主女子赤沃漏下。仲景旋覆代赭湯用之極少。後人昧其理而重用之，且賴之以鎮納諸氣，皆荒《經》之過也。

**清·黃凱鈞《藥籠小品》**　代赭石　苦，寒，入心包、肝血分，同旋覆治氣逆，噫氣頻頻，虛人須加補益。

**清·王龍《本草纂要稿·金石部》**　代赭石　氣味苦寒。治女人赤沃，崩漏帶下，暨難產胎衣不出。療小兒疳疾瀉痢，驚癇，併尿血，遺溺不禁。却賊風蠱毒，殺鬼疰魅精。陰痿不起能扶，驚氣入腹可愈。入手少陰心經、足厥陰肝經。

**清·張德裕《本草正義》卷上**　代赭石　甘涼而降，血分藥也。能下氣降痰清火，止吐血衄血，血中邪熱，小兒驚癇，婦人產下胞衣不出，月經不止。可治金瘡，生肌長肉。

**清·楊時泰《本草述鉤元》卷五**　代赭石　赭者，紅黑之間色也。出代郡。一名土硃，一名鐵朱。代產難得。擇取石上文頭有如浮漚丁者，謂之丁頭代赭，色如雞冠，且有潤澤，染爪甲不渝者良。　味苦、甘，氣平，寒。氣薄味厚，陰也，降也。入手少陰、手足厥陰經。乾薑為之使。畏天雄、附子。　治鬼疰賊風，腹中邪毒氣，除五臟血脈中熱，鎮虛逆，大人小兒驚氣入腹，女子崩漏、帶下，安胎。代赭，陽石也《外丹本草》。怯則氣浮，代赭之重以鎮之。傷寒汗吐下後，心下痞鞕，噫氣不除者，主旋覆代赭湯好古。小兒瀉後，眼上，三日不乳，目黃如金，氣將絕。此慢驚風也，宜治肝。用水飛代赭末，每服五分，冬瓜仁煎湯調下愈。急慢驚風，弔眼撮口，搐搦不定，代赭石火燒醋淬十次，細研水飛，日乾，每服一錢或半錢，真金煎湯調下。連進三服，脚脛上有赤斑，此驚氣已出，病當安也。無斑點者不可治。墮胎下血不止，代赭末一錢，生地汁半盞調服，日三五次，以瘥為度。血崩，赭石火煅醋淬七次，為末，白湯服二錢。諸丹熱毒，赭石、青黛各二錢，滑石、荊芥各一錢，為末，每服錢半，蜜水調下，仍外傅之。

論：人身肝臟之氣，由陰而升陽者也。升而不能合於天氣之陽，則病於風。《本經》赭石主治，首言鬼疰賊風，以鬼疰乃元氣虛怯之幻象，惟於補益中佐此以鎮虛怯，則肝之驚風自平。何以能之？蓋赭石一名鐵朱，本金氣之化，山上有赭，其下有鐵。金屬天氣，而赭色化赤則從火，是金火合德以暢衛而達營，即木之所以得媾於金而風平者，不僅如鐵鏽之以金制木也。若是，則赭石固氣分之劑矣，何以能效血分之功歟？曰：陽中之太陽，心也，而生血却在此，心肺合而氣盛，氣盛而血生，俾清中之濁入胃至脾，而肝乃得司其藏血之職，安得謂清鎮氣化不能為血化之地歟。或曰：小兒驚癇，固知病及風木矣，女子崩帶亦專屬風木之病歟？曰：風臟即血臟，血之不獲寧謐者多本臟風木搖之耳。此味以鎮浮而平風，則血不溢，是固然之化機也。但先氣而及血，故方書用療血證者惟崩漏及之，以女子之血有餘，而氣之病於不足以為血患者多也。明於此，則知所以用赭石矣。瀕湖專以為血分藥，不知養氣丹之用五石，代赭與焉，其所主治曰諸虛百損，真陽不固，上實下虛，氣不升降，或喘或促，一切體弱氣虛之人，如此，則非氣分藥乎？且又曰并治婦人血海冷憊諸證，是非由氣而及血之證歟？況《外丹本草》，固已謂為陽石矣。下部虛寒者不宜，陽虛陰痿者忌仲淳。

修治：煅赤醋淬三次或七次，研末水飛，取其相制，并為肝經血分引用也瀕湖。以酒、醋煮之，插鐵釘於內，扇之成汁《相感志》。

**清・葉桂《本草再新》卷八** 代赭石味苦，性寒，無毒。入心、肝二經。平肝降火，治血分，去瘀生新，消腫化痰，治五淋崩帶，安產墮胎。

**清・趙其光《本草求原》卷二五石部** 代赭石 山上有赭，其下有鐵，是金氣所化，而味辛且苦入心，寒入腎；色又在赤、黑之間，能使水升火中、火降水中，互藏其宅，能令金火合德，以暢營達衛。故治賊風，金平木。鬼疰蠱毒，精物惡鬼，腹中毒邪氣，水火升降，則天地位，正氣充，而邪自退。吐衄，崩漏下血，胎動，皆心血熱也，生地汁調下，心清則血調。慢驚，怯則氣浮，平風鎮怯，驚自定。冬瓜仁湯調下。急驚，煎金湯下二三次，其脚有赤斑，即驚氣出矣；斑不出，不治。小腸疝氣，心熱移於小腸，水下。眼赤腫，同石膏，水調貼太陽穴及眼頭尾。喉痹腫，煮汁飲。丹毒，同青黛、滑石、荊芥研，蜜調下，並敷之。瘡癤，同皮膠酒服，並敷。陰痿精滑，遺尿夜多，難產，皆交通水火，陰陽得養之功。金瘡長肉，血脈熱除則肉長。哮呷不卧，醋調下。噫氣膈噎，仲景治傷寒汗吐下後心下痞鞕，噫氣不除，以旋覆代赭湯，是陰寒走胃，上並心肺，而肺脾失其升降，故重用薑、棗宣脾氣，參、甘安胃氣，半夏降胃，旋覆鹹降肺氣以滌痰。赭石交通水火肺腎以鎮心氣為佐，則陰甯於下，陽達於上，而中上二焦皆和也。今人賴之以鎮納諸氣而重用之，大失經旨。劉潛江曰：心肺合而氣盛，氣盛而血生。此屬氣分藥，故養氣丹用之治真陽不固，氣不升降而喘促，並治血海冷痹，皆因氣以及血也。時珍以為血分藥，非。

**清・葉志詵《神農本草經贊》卷三** 代赭 味苦，寒。主鬼注賊風，蠱毒，殺精物惡鬼，腹中毒邪氣，女子赤沃漏下。一名須丸。生山谷。

鐵精上達，灌水流丹。祥凝牛角，澤潤雞冠。罨金色瑩，拭劍光寒。餘糧並產，牡蠣訑謾。

《管子》：山上有赭，其下有鐵。《山海經》：石脆之山，灌水出焉，中有流赭。注：今人以塗牛角，云辟惡。名醫曰：色如雞冠，有澤者良。崔曰：代赭，陽石也，罨金色益赤。張華：以之拭劍，色益精明。與太乙餘糧並生山峽中。蘇頌曰：真者難得，以左顧牡蠣代使。《九章》：或訑謾而不疑。

**清・文晟《新編六書》卷六《藥性摘錄》** 代赭石 味苦而甘，氣寒入心肝。涼血解熱，鎮急驚，祛毒。但小兒慢驚，及陽虛陰痿，下部虛寒者，忌之。○火煅，醋淬三次，研細，水飛用。畏雄、附、

**清・張仁錫《藥性蒙求・金石部》** 代赭石三錢、六錢 代赭石苦寒，清血除熱。下氣降痰，兼能鎮逆。苦、甘，平。入心包、肝二經血分。為鎮虛逆，養陰血之品。海藏曰：心肝二經，怯則氣浮，重以鎮之。故仲景治傷寒汗吐下後心下硬痞，噫氣不除，用旋覆代赭湯，取其能鎮逆養陰也。今人用治噎膈效。煅用。

**清・屠道和《本草匯纂》卷一鎮虛** 代赭石 專入心、肝。味苦而甘，氣寒，無毒。涼血解熱，鎮驚。治鬼疰，賊風蠱毒，殺精物惡鬼，腹毒邪氣，女子赤沃，漏下帶下，胎動產(體)〔難〕，胞衣不出，墮胎，小兒驚風，疳疾及陰痿不起。止反胃，吐血鼻衄，月經不止，腸風痔瘻，脱精遺溺。療血熱泄痢，噎膈痞硬，驚癇，金瘡等疾。但小兒慢驚及下部虛寒者，忌之。擊碎，有乳孔者真。火煅醋淬三次，研細，水飛用。

**清・戴葆元《本草綱目易知錄》卷七** 代赭石土朱、鐵朱。苦，寒。手足厥陰血分藥。平噫氣，鎮虛逆，除五臟血脉中熱，血痹血瘀，驚氣入腹，陰痿不起，安胎健脾，止反胃吐衄，月經不止，腸風痔瘻，瀉痢脱精，遺溺夜多。小兒驚癇疳疾，女子血崩，赤沃漏下，帶下百病，墮胎，養血氣，產難胞衣不出。金瘡長肉。殺精物，辟鬼魅鬼疰蠱毒賊風，腹中毒邪氣。火煅，醋淬用。

**清・黃光霽《本草衍句》** 代赭石 苦寒入心瀉熱，重鎮平肝降逆。耑治心肝二經之血分病。除五臟血熱血瘀血痺，止吐衄痞鞕噎膈。女子赤白帶下，小兒疳疾驚癇。難產墮胎，脱精遺溺。昔有兒瀉後眼上，三日不乳，目黃如金，氣將

絕。有名醫曰此慢驚風也，宜治肝。用水飛赭石末，每服五分，冬瓜仁煎湯調下，果愈。《傷寒蘊要》：百合病發，已汗下復發者，百合七個，擘破，泉水浸一宿，代赭石一兩，滑石三兩，泉水二鍾，入百合汁再煎一鍾，溫服。　急慢驚風，弔眼撮口，搐搦不定，代赭石火煅，醋淬十次，細末，水飛，日乾，每服一錢或半錢，煎真金湯調下，連進二服，兒脚脛上有赤斑，即是驚風已出，病當安也。無斑點者，不可治。（俱）〔諸〕丹熱毒，土硃、青黛各二錢，滑石、荊芥各一錢，為末，服一錢，蜜水調下，仍敷之。

**清・陳其瑞《本草撮要》卷六**　代赭石　味苦，寒，入足厥陰經，功專入血鎮逆。得冬瓜仁治慢驚風，得旋覆治心下痞鞕噫氣。煅紅醋淬水飛。乾薑為使，畏雄、附。

**清・李桂庭《藥性詩解》**　賦得代赭迺鎮肝之劑得肝字。田春芳。　代赭苦甘寒，沉陰迺鎮肝。帶崩原有效，吐衄亦無難。　按：代赭石性本甘寒沉陰，功專入肝理血。因其色赤，復入心胞血分，以除血熱而治吐衄，崩帶、難產、翻胃等患。皆其重鎮沉降之力也。故仲景有代赭旋覆湯，治心下痞鞕、噫氣，用當煅紅，醋淬，水飛研細。

前題李慶霖　代赭沉陰品，其功迺鎮肝。衄崩皆可治，噎嘔倍能安。

代赭石體本重鎮，功專入肝經，謂肝苦氣則上逆，故有噎嘔、吐衄、胃翻、噫氣等患，得赭石之重鎮而降，則肝氣逆為舒。肝為血海，主藏血分，靜則血安，動則血行，故并治之崩帶。

**清・仲昴庭《本草崇原集說》卷下**　代赭石　【略】〔批〕此解與代赭石之性恰合，所以詮釋主治的確不移，絕無浮光掠影。

《經讀》仲景代赭旋覆花湯，代赭石用之極少，後人昧其理而重用之，且賴之以鎮納諸氣，皆荒《經》之過也。

### 玄黃石

**宋・唐慎微《證類本草》卷三玉石部上品〔唐・陳藏器《本草拾遺》〕**　玄黃石　味甘，平，溫，無毒。主驚恐身熱邪氣，鎮心。久服令人眼明，令人悅澤。出淄川北海山谷土石中，如赤土、代赭之類。又有一名零陵，極細，研服之如代赭，土人用以當朱，呼爲赤石，恐是代赭之類也，人未用之。

**明・王文潔《太乙仙製本草藥性大全》卷六《本草精義》**　玄黃石　出淄州北海山谷土石中，如赤土、代赭之類。又有一名零陵，極細，研服如代赭。土人用以當朱，呼爲赤石。恐是代赭之類也。

**明・王文潔《太乙仙製本草藥性大全》卷六《仙製藥性・石部》**　玄黃石　味甘，氣平、溫，無毒。　主治：　主驚恐身熱如神，祛邪氣鎮心奇效。久服令人眼明，又能悅澤顏色。

**明・李時珍《本草綱目》卷一〇金石部・石類下**　玄黃石時珍曰：此亦他方代赭耳，故其功效不甚相遠也。

### 諸鐵器

**宋・唐慎微《證類本草》卷三玉石部上品〔唐・陳藏器《本草拾遺》〕**　枷上鐵及釘　有犯罪者，忽遇恩得免枷了，取葉釘等，後遇有人官累，帶之除得灾。

釘棺下斧聲　之時，主人身弩肉。可候有時，專聽其聲，聲發之時，便下手速擦二七遍，已後自得消平也。産婦勿用。

**明・滕弘《神農本經會通》卷六**　秤錘　陳藏器云：味辛，溫，無毒。《本經》云：主賊風，止産後血瘕腹痛及喉痺熱塞，并燒令赤，投酒中及熱飲之，時人呼血瘕為兒枕，産後即起，痛不可忍，無錘用斧。日華子云：銅秤錘，平。治産難，並横逆産，酒淬服。陳藏器云：鐵杵，無毒。主婦人横産，無杵用斧，并燒令赤，投酒中飲之。杵，搗藥者是也。又云：故鋸無毒。主誤吞竹木入咽喉，出入不得者，燒令赤，漬酒中及熱飲并得。日華子云：鑰匙，治婦人血噤失音，衝惡，以生薑、醋、小便煎服。弱房人煎湯服亦得。《産寶》云：治胞衣不出，燒鐵杵、鐵錢令赤，投酒飲之。

**明・滕弘《神農本經會通》卷六**　布鍼　陳藏器云：主婦人横産，燒令赤，内酒中七遍，服之。可取二七布鍼，一時火燒，粗者用縫布大鍼是也。

**明・劉文泰《本草品彙精要》卷四**　車轄無毒

車轄：主喉痺及喉中熱塞。燒令赤，投酒中，及熱飲之。名醫所錄。

謹按：轄與牽同，即軸頭金也。以脂膏塗之，使其滑澤，設之而後行，不駕則脫之。《詩》所謂：載脂載牽，還車言邁，遄臻于衛。實取迴旋至速之義。今療喉痺用之，以其鐵體鎮重，而所稟之捷速爾。【用】鐵。【色】黑。【味】鹹。【性】平，寒。【氣】味厚于氣，陰也。【臭】腥。【主】喉閉。【製】燒赤淬酒用。【治】療：《別錄》云：治小兒大便失血，用一枚燒赤，内水中服。【合治】用火燒赤，投酒中，候冷飲之，療妊娠欬嗽。

秤錘無毒。附鐵杵、故鋸、鑰匙。　鎬。

秤錘：主賊風，止產後血瘕，腹痛及喉痹，熱塞，並燒令赤，投酒中，及熱飲之，時人呼血瘕爲兒枕，產後即起，痛不可忍。無錘用斧。名醫所錄。

謹按：孟子曰：權然後知輕重。蓋權，秤錘也。有銅者，有鐵者，雖皆熔治以成之，然性質既殊，功效亦異，用以治病，當擇而施之。【用】古者佳。

【色】黑。【味】辛。【性】溫。

銅秤錘：平。【氣】氣之厚者，陽也。【臭】腥。【主】產後血瘕，腹痛。【製】燒赤漬酒中用。【合治】鐵秤錘燒令赤，淬酒中，飲之，治妊娠卒下血。○銅秤錘燒令赤，淬酒中，服之，治產難並橫逆產者。○鐵杵、鐵斧並燒令赤，投酒中，飲之，治婦人橫產。○故鋸燒令赤，漬酒中及熱飲，治誤吞竹木入喉咽，出入不得者。○鑰匙同生薑、醋、小便煎服，治婦人血噤失音，衝惡，弱房。人煎湯服亦得。○鐵杵、鐵錢，燒令赤，投酒中，飲之，治胞衣不下。

馬銜無毒。

馬銜，主難產，小兒癇，產婦臨產時手持之。亦煮汁服一盞。名醫所錄。【地】《圖經》曰：馬銜，即馬勒口鐵也，處處有之。古舊鋌者堪作醫家針用。謹按：鐵體堅重，其性鎮墜，故有治癇之功。馬乃行地無疆，則順而健矣。夫欲馳者，必藉勒以先之，故用催生，亦取其健順之義爾。【色】黑。【味】微鹹。【性】平。【氣】味厚于氣，陰中之陽。【臭】腥。【主】婦人難產，小兒驚癇。【製】煮汁用。【治】療：《別錄》云：走馬喉痹，喉中深腫連頰，壯熱吐氣數者，用馬銜一具，水三大盞，煎取一盞半，分爲三服。

**明・鄭寧《藥性要略大全》卷八**　馬銜鐵　性平，無毒。主小兒癇，及難產時手持之，或煮汁服。古舊者可作醫師針，即馬勒口鐵也。

秤錘　味辛，性溫，無毒。治橫生逆產，止產後血瘕腹痛，喉閉熱塞，兒枕痛。並燒紅淬酒熱服。

**明・王文潔《太乙仙製本草藥性大全》卷六《仙製藥性》**　秤錘　味辛，氣溫，無毒。主治：主賊風喉痹熱塞，止產後血瘕腸痛，並燒令紅赤，投酒內熱飲。人呼血瘕，以爲兒枕，產後即起，痛不可當。無錘以斧代之。　銅秤錘：氣平，治產難橫逆，酒淬服效。補註：治婦人血瘕痛，用古秤錘，或大斧，或鐵杵，以炭火燒赤，內酒中三升已來，稍稍飲之。○患妊娠卒下血，燒杵、錘令赤，內酒中，沸定出，飲之；妊娠脹滿用之亦良。○胎衣不出，燒鐵杵、鐵錢令赤，投酒飲之。　鐵杵：無毒。杵擣藥者是也。主治：主婦人橫產，無杵用斧，並燒令赤，投酒中飲之，自然順生。　故鋸：無毒。主誤吞竹木入喉咽，出入不得者，燒令赤，漬酒中熱飲。　斧：無毒。用燒令紅赤，淬酒服之，全婦產難。　鑰匙：治婦人口噤失音衝惡，以生薑、醋、小便煎服，弱房人煎湯服。　馬銜鐵：無毒。此馬勒口轡頭，銜在口之鐵也。主治：主產婦難產立下，治小兒驚癇即甦。　補註：治馬喉痹，喉中深腫連頰，出熱吐氣數者。用銜鐵一具，水三大盞，煎取一盞半，分爲三服。○日華子云古舊鋌者好，或作針也良。○產難，用產婦手持之，亦煮之服一盞效。　車轄：無毒。主治：主喉痹及喉中熱塞，燒煅令赤，投酒中熱飲之。補註：治妊娠咳嗽，以車轄一枚，燒令赤，投酒中候冷飲之。○治小兒大便失血，出車轄一枚，燒令赤，內水中，服之即差。

**明・李時珍《本草綱目》卷八金石部・金類**　諸鐵器《綱目》

【集解】時珍曰：舊本鐵器條繁，今撮爲一。大抵皆是借其氣，平木解毒重墜，無他義也。

鐵杵《拾遺》。即藥杵也。　【主治】婦人橫產，胞衣不下，燒赤淬酒飲，自順藏器。

鐵秤錘宋《開寶》　【氣味】辛，温，無毒。【主治】賊風。止產後血瘕腹痛，及喉痹熱塞，燒赤淬酒，熱飲《開寶》。治男子疝痛，女子心腹妊娠脹滿，漏胎，卒下血時珍。

【附方】新四。　喉痹腫痛：菖蒲根嚼汁，燒秤錘淬一盃，飲之。《普濟方》。舌腫咽痛：咽生息肉，舌腫。秤錘燒赤，淬醋一盞，噏之。《聖惠方》。　誤吞竹木：秤錘燒紅，淬酒飲之。《集玄方》。　便毒初起：極力提起，令有聲。以鐵秤錘摩壓一夜，即散。《集簡方》。

鐵銃《綱目》　【主治】催生，燒赤，淋酒入內，孔中流出，乘熱飲之，即產。舊銃尤良。

鐵斧《綱目》　【主治】婦人產難橫逆，胞衣不出，燒赤淬酒服。亦治產後血瘕，腰腹痛時珍。

【發明】時珍曰：古人轉女爲男法：懷妊三月，名曰始胎，血脈未流，象形而變，是時宜服藥，用斧置牀底，繫刃向下，勿令本婦知。恐不信，以鷄試之，則一窠皆雄也。蓋胎化之法，亦理之自然。故食牡鷄，取陽精之全於天産者；佩雄黄，取陽精之全於地産者；操弓矢，藉斧斤，取剛物之見於人事者。氣類潛感，造化密移，物理所必有。故妊婦見神像異物，多生鬼怪，即其徵矣。象牙、犀角，紋逐象生；山藥、鷄冠，形隨人變。以鷄卵告竈而抱雛，以苕帚掃猫而成孕。物且有感，况於人乎？藏器曰：凡人身有弩肉，可聽人家釘棺下斧聲之時，便下手速擦二七遍，以後自得消平。産婦勿用。

鐵刀《拾遺》【主治】蛇咬毒入腹，取兩刀於水中相摩，飲其汁。百蟲入耳，以兩刀於耳門上摩敲作聲，自出藏器。磨刀水，服，利小便，塗脱肛痔核，産腸不上，耳中卒痛時珍。

大刀環《綱目》【主治】産難數日不出，燒赤淬酒一盃，頓服時珍。

剪刀股《綱目》【主治】小兒驚風。錢氏有剪刀股丸，用剪刀環頭研破，煎湯服藥時珍。

鐵鋸《拾遺》【主治】誤吞竹木入咽，燒故鋸令赤，漬酒熱飲藏器。

布鍼《綱目》【主治】婦人横産，取二七枚燒赤淬酒七遍，服時珍。

【附方】新一。眼生偷鍼：布針一個，對井睨視，已而折爲兩段，投井中，勿令人見。張杲《醫説》。

鐵鏃《綱目》【主治】胃熱呃逆，用七十二個，煎湯啜之時珍。

鐵甲《綱目》【主治】憂鬱結滯，善怒狂易，入藥煎服時珍。

鐵鎖《綱目》【主治】齆鼻不聞香臭，磨石上取末，和猪脂綿裹塞之，經日肉出，瘥。《普濟》。

鑰匙《日華》【主治】婦人血噤失音衝惡，以生薑、醋、小便同煎服。弱房人亦可煎服大明。

鐵釘《拾遺》【主治】酒醉齒漏出血不止，燒赤注孔中即止。時珍。藏器曰：有犯罪者，遇恩赦免，取枷上鐵及釘等收之。後入官帶之，得除免。

鐵鏵即鍤也。《綱目》。【主治】心虚風邪，精神恍惚健忘，以久使者四斤，燒赤投醋中七次，打成塊，水二斗，浸二七日，每食後服一小盞時珍。

【附方】新三。小兒傷寒：百日内患壯熱。用鐵鏵一斤，燒赤，水二斗，淬三七次，煎一半，入柳葉七片，浴之。《聖濟録》。積年齒䘌：舊鐵鏵頭一枚，炭火燒赤，捻硫黄一分，猪脂一分，于上熬沸。以綿包柳杖揾藥，熱烙齒縫，數次愈。《普濟方》。灌頂油法：治腦中熱毒風，除目中翳障，鎮心明目。生油二斤，故鐵鏵五兩打碎，消石半兩，寒水石一兩，馬牙消半兩，曾青一兩，綿裹入油中浸七日。每以一錢頂上摩之，及滴少許入鼻内，甚妙。此大食國胡商方。《聖惠方》。

鐵犁鑱尖《日華》【主治】得水，制朱砂、水銀、石亭脂毒大明。

車轄：即車軸鐵轄頭，一名車缸。宋《開寶》。【主治】喉痹及喉中熱塞，燒赤，投酒中熱飲《開寶》。主小兒大便下血，燒赤，淬水服時珍。

【附方】舊一，新一。小兒下血：方見上。妊娠欬嗽：車缸一枚，燒赤投酒中，冷飲。《聖惠方》。走注氣痛：車缸燒赤，温布裹熨病上。《千金方》。

馬銜即馬勒口鐵也。大明曰：古舊者好，亦可作醫工鍼也。宋《開寶》。【主治】小兒癇，婦人難産，臨時持之，并煮汁服一盞《開寶》。治馬喉痹，腫連頰，吐血氣數，煎水服之《聖惠》。

馬鐙《綱目》【主治】田野燐火，人血所化，或出或没，來逼奪人精氣，但以馬鐙相戛作聲即滅。故張華云：金葉一振，遊光斂色時珍。

**明·梅得春《藥性會元》卷下** 馬啣 味辛，無毒。主治小兒驚癇，妊婦難産，臨産時手持之即生，服汁一盞。此為轡嚼口鐵也。《本經》馬條註中以略言之。

**明·梅得春《藥性會元》卷下** 秤錘 味辛，溫，無毒。主治賊風。止産後血瘕腹痛，及喉痹寒熱，燒紅令赤透，投酒中，乘熱飲之。時俗呼為血瘕兒枕，産後疼痛不止難忍。又産後金瘡血暈，並諸病暈眩者，用鐵秤錘燒紅，以米醋淬沃之，使觸氣於鼻中，愈。

**明·姚可成《食物本草》卷二一金部** 諸鐵器

鐵杵 婦人横産，胞衣不下，燒赤淬酒飲，自順。 鐵秤錘 味辛，溫，無毒。治賊風。止産後血瘕腹痛及喉痹熱塞，燒赤淬酒，熱飲。治男子疝痛，女子心腹妊娠脹滿，漏胎，卒下血。 鐵斧 治婦人産〔難〕横逆，胞衣不出，燒赤淬酒服。亦治産後血瘕，腰腹痛。○李時珍曰：古人轉女為男法：懷妊三月，名曰始胎，血脉未流，象形而變，是時宜服藥，用斧置牀底，繫刃向下，勿令本婦知。恐不信，以雞試之，則一窠皆雄也。蓋胎化之法，亦理之自然。故食牡雞，取陽精之全於天產者；佩雄黃，取陽精之全於地產者；操弓矢，藉斧斤，取剛物之見於人事者。氣類潛感，造化密移，物理所必有。故妊婦見神像異物，多生鬼怪，即其徵矣。象牙、犀角，紋逐象生；山藥、雞冠，形隨人變。以雞卵告竈而抱雛，以苕帚掃猫而成孕。物且有感，况於人乎？ 鐵刀 治蛇咬毒入腹，取兩刀於水中〔相摩，飲〕其汁。百蟲入耳，以兩刀於耳門上摩敲作聲，自出。磨刀水，服，利小便。塗脱肛痔核，產腸不上，耳中卒痛。　鐵鋸　治誤吞竹木入咽，燒故鋸令赤，漬酒熱飲。　布鍼　治婦人橫產，取二七枚燒赤淬酒七遍，服。　鐵鎖　治鼽鼻不聞香臭，磨石上取末，和豬脂綿裹塞之，經日肉出，瘥。　鑰匙　治婦人血噤失音衝惡，以生薑、醋、小便同煎服。弱房人亦可煎服。　鐵釘　治酒醉齒漏出血不止，燒赤注孔中即止。有犯罪者，遇恩赦免，取枷上鐵及釘等收之。後入官帶之，得除免。　馬銜即馬勒口鐵也　治小兒癇，婦人難產，臨時持之，并煮汁服一盞。治馬喉痹，腫連頰，吐血氣數，煎水服之。　馬鐙　治田野燐火，人血所化，或出或沒，來逼奪人精氣，但以馬鐙相戛作聲即滅。故張華云：金葉一振，遊光斂色。

姚可成曰：金銀得天地英華之氣以生，稟西方剛勁之氣以成，支居申酉，干屬庚辛，百鍊不耗，愈煅愈精。固為鎮國之寶，傳世〔之珍〕。今封饒者飾為盌楪盃〔斝〕，豪貴者治為鍋釜瓶罌。既可以置飲食，經久而不敗，又頗有試驗良毒之奇勳，故金銀於飲食不無裨補，特附其類於簡末云云。

**清・穆石匏《本草洞詮》卷一二**　諸鐵器　諸鐵器入藥，皆是借氣平木重墜，無他義也。惟鐵斧有轉女為男之功。古人懷妊三月，用斧置床下，勿令婦知，以雞試之，則一窠皆雄也。蓋胎化之法，食牡雞取陽精之全于天產者，佩雄黃取陽精之全于地產者，操弓矢，藉斧斤取剛物之見于人事者，氣類相感，物理自然。雞卵告竈而抱雛，苕帚掃貓而成孕，物且有感，而況于人乎？此理之可據者，而人不之信耳。

**清・嚴潔等《得配本草》卷一**　鐵刀刃　治蛇咬。地漿磨服。　鐵鋸　治竹木入喉。燒赤，漬酒服。　鐵斧　治難產及胞衣不下。燒赤，淬酒服。　鐵鑰匙　治婦人血噤失音。生薑、醋、尿同煮飲。

鐵秤錘

**宋・唐慎微《證類本草》卷四玉石部中品〔宋・馬志《開寶本草》〕**　秤錘　主賊風，止產後血瘕腹痛及喉痹熱塞，並燒令赤，投酒中及熱飲之。時人呼血瘕爲兒枕，產後即起，痛不可忍，無錘用斧。今附。

〔宋・掌禹錫《嘉祐本草》〕按：陳藏器云：秤錘，味辛，溫，無毒。日華子云：銅秤錘，平。治難產幷橫逆產。酒淬服。陳藏器云：鐵杵，無毒。主婦人橫產。無杵用斧，並燒令赤，投酒中飲之，自然順生。杵，擣藥者是也。又云：故鋸，無毒。主誤吞竹木入喉咽，出入不得者。燒令赤漬酒中及熱飲並得。日華子云：鑰匙治婦人血噤，失音，衝惡。以生薑、醋、小便煎服。弱房人煎湯服亦得。〔宋・唐慎微《證類本草》〕《圖經》：文具鐵條下。《聖惠方》：治婦人血瘕痛。用古秤錘或大斧，或鐵杵，以炭火燒赤，內酒中五升已來，稍稍飲之。《外臺秘要》：療妊娠卒下血。燒錘令赤內酒中，沸出，飲之。《千金方》：妊娠腹脹及產後下血。燒令赤，投酒中，服。《產寶》：治胎衣不出。燒鐵杵、鐵錢令赤投酒，飲之。

**宋・王繼先《紹興本草》卷一**　秤錘　紹興校定：秤錘主治，已載《本經》，並不云性味、有無毒。今用之酒淬飲汁者，止假其鐵之氣味爾。但不正入丸散，亦非起疾之物。當從陳藏器味辛、溫、無毒者是矣。

**宋・劉明之《圖經本草藥性總論》卷上**　鐵錘　主賊風，止產後血瘕腹痛，及喉痺熱塞。並燒令赤，投酒中，及熱飲之。時人呼血瘕為兒枕，產後即起痛不可忍。無錘用斧。

**明・王綸《本草集要》卷五**　秤錘　主賊風，止產後血癥腹痛，俗呼兒枕。及喉痹熱塞，並燒令赤，投酒中，熱飲之。無錘用斧或杵。又主婦人產難橫逆及胞衣不下。

**明・倪朱謨《本草彙言》卷一二**　鐵秤錘　味辛，氣溫，無毒。《開寶》方：主賊風關節不利，男子疝瘕奔豚，婦人產後瘀血脹痛，及橫生逆產，胞衣不下等證。並燒赤，淬酒中，俟滾響聲息，取飲之。鐵杵、鐵斧取用亦同。

**清・趙其光《本草求原》卷二四金部**　鐵秤錘　辛，溫，無毒。燒紅淬水，治喉腫；先嚼菖蒲。淬醋，治咽痛、咽生瘜肉，舌腫。飲之。淬米泔熏洗陰癬，頑瘡。後敷殺蟲涼血藥。草木藥多忌鐵，而補腎藥尤忌。肝竭則盜腎氣。

鐵刀

**明・滕弘《神農本經會通》卷六**　刀刃　陳藏器云：味辛，平，無毒。主蛇咬毒入腹者，取兩刀於水中相磨，飲其汁。

**明・王文潔《太乙仙製本草藥性大全》卷六《仙製藥性》**　刀刃　味辛，氣平，無毒。主治：主蛇虺咬毒入腹，取兩刀於水中相摩，飲其汁。治百蟲，以兩刀於耳門相摩，敲聲而蟲自出也。

鐵斧

**清・王道純《本草品彙精要續集》卷一**　鐵斧　鐵斧：主婦人產難橫逆，胞衣不出，燒赤，淬酒服，亦治產後血瘕，腰腹痛。《綱目》總錄諸鐵器內。　〖用〗李時珍云：古人轉女爲男法，懷妊三月，名曰始胎，血脈未流，象形而變，是時宜服藥，用斧置牀底，繫刃向下，勿令本婦知，恐不信，以雞試之，則一窠皆雄也。蓋胎化之法，亦理之自然，故食牡雞，取陽精之全於天產者，佩雄黃，取陽精之全於地產者，操弓矢，藉斧斤，取剛物之見於人事者，氣類潛感，造化密移，物理所必有，故妊婦見神像異物多生鬼怪，即其徵矣。象牙、犀角紋逐象生，山藥、雞冠形隨人變，以雞卵告竈而抱雛，以苕帚掃貓而成孕，物且有感，況於人乎。〖治〗陳藏器云：凡人身有豰肉，可聽人家釘棺下斧聲之時，便下手連擦二七遍以後，自得消平，產婦勿用。

布針

**宋·唐慎微《證類本草》卷三玉石部上品〔唐·陳藏器《本草拾遺》〕** 布鍼 主婦人橫産。燒令赤，内酒中，七遍，服之，可取二七布鍼，一時火燒。麤者用縫布大鍼是也。

**明·王文潔《太乙仙製本草藥性大全》卷六《仙製藥性》** 鐵鍼 〔麄者〕用縫布大鍼是也。主婦人橫産，燒赤投酒中七遍，服之，可取二七布鍼，一時火燒。

車轄

**宋·唐慎微《證類本草》卷四玉石部中品〔宋·馬志《開寶本草》〕** 車轄 無毒。主喉痹及喉中熱塞。燒令赤投酒中，及熱飲之。今附。

〔宋·唐慎微《證類本草》〕《圖經》：文具鐵條下。《聖惠方》：治妊娠咳嗽。以車缸一枚，燒令赤投酒中，候冷飲之。《外臺秘要》：治小兒大便失血。車缸一枚，燒令赤内水中，服之。

**宋·王繼先《紹興本草》卷一** 車轄 紹興校定：車轄，乃轄車輪鐵也。據《本經》治喉痹及喉中熱塞，酒淬飲汁，蓋通利之意。在喉痹熱塞，用酒治之，似乎非宜。今當以燒赤，内水中飲之，庶使主治無相違，其無毒者是矣，然方家亦稀用之。

馬銜

**宋·唐慎微《證類本草》卷四玉石部中品〔宋·馬志《開寶本草》〕** 馬銜 無毒。主難産，小兒癇，産婦臨産時手持之，亦煮汁服一盞，此馬勒口鐵也。《本經》馬條注中，已略言之。今附。

〔宋·掌禹錫《嘉祐本草》〕按：《本經·難産通用藥》云：馬銜，平。日華子云：古舊鋌者好，或作醫士針也。

〔宋·馬志《開寶本草》〕今據：《本經》馬條注中都無説馬銜之事，不知此《經》所言何謂？今姑存云。

〔宋·唐慎微《證類本草》〕《圖經》：文具鐵條下。《聖惠方》：治馬喉痹，喉中深腫連頰，壯熱吐氣數者。用馬銜一具，水三大盞，煎取一盞半，分爲三服。

**宋·王繼先《紹興本草》卷一** 馬銜 紹興校定：馬銜，熟鐵也。主治已載本經，蓋取其滑利之意。在方多淬漬用之，餘稀見入藥。當從經注性平、無毒是矣。

**宋·劉明之《圖經本草藥性總論》卷上** 馬御 無毒。主難産、小兒癇。産婦臨産時手持之，亦煮汁服壹盞。此馬勒口鐵也。性平。日華子云：古鋌作醫工鍼也。

鐵犁鑱尖

**明·滕弘《神農本經會通》卷六** 犁鑱尖 日華子云：浸水名為鐵精，可制朱砂、石亭脂、水銀毒。

霹靂碪

**宋·唐慎微《證類本草》卷三玉石部上品〔唐·陳藏器《本草拾遺》〕** 霹靂鍼 無毒。主大驚失心，恍惚不識人，并下淋，磨服，亦煮服。此物伺候震處，掘地三尺得之。其形非一，或言是人所造，納與天曹，不知事實。今得之，亦有似斧刃者，亦有如剉刃者，亦有安二孔者。一用人間石作也。注出雷州，并河東山澤間。因雷震後時，多似斧，色青黑，斑文，至硬如玉。作枕，除魔夢，辟不祥。名霹靂屑也。

**明·許希周《藥性粗評》卷四** 夢魂安霹靂之鍼。

霹靂鍼，雷震處所掘雷斧也。掘地三尺得之。其形非一，然似石而非鐵。性味《本草》不載，無毒。主治大驚失心，恍惚不識人，并治淋。俱磨水服，或煮汁服，皆可。如以作枕，除魔，辟不祥，夢魂安逸。

**明·李時珍《本草綱目》卷一〇金石部·石類下** 霹靂碪《拾遺》

〖釋名〗雷楔時珍曰：舊作針及屑，誤矣。〖集解〗藏器曰：此物伺候震處，掘地三尺得之。其形非一，有似斧刀者，剉刀者，有安二孔者。一云出雷州，并河東山澤間。因雷震後得者。多似斧色，青黑斑文，至硬如玉。或言是人間石造，納與天曹，不知事實。時珍曰：按《雷書》云：雷斧如斧，銅鐵爲之。雷碪似碪，乃石也，紫黑色。雷鎚重數斤，雷鑽長尺餘，皆如鋼鐵，雷神以劈物擊物者。雷環如玉環，乃雷神所珮遺落者。雷珠乃神龍所含遺下者，夜光滿室。又《博物志》云：人間往往見細石形如小斧，名霹靂斧，一名霹靂楔。《玄中記》云：玉門之西有一國，山上立廟，國人年年出鑽，以給雷用。此謬言也。雷雖陰陽二氣激薄有聲，實有神物司之，故亦隨萬物啓蟄，斧鑽碪鎚皆實物也。若曰在天成象，在地成形，如星隕爲石。則雨金石、雨粟麥、雨毛血及諸異物者，亦在地成形者乎？必太虚中有神物使然也。陳時蘇紹雷鎚重九斤。宋時沈括于震木之下得雷楔，似斧而無孔。鬼神之道幽微，誠不可究極。

【氣味】無毒。　【主治】大驚失心，恍惚不識人，并石淋，磨汁服。亦煮服。作枕，除魔夢不祥藏器。刮末服，主瘵疾，殺勞蟲，下蠱毒，止洩泄。置箱簣間，不生蛀蟲。諸雷物珮之，安神定志，治驚邪之疾。時珍。出《雷書》。

**清・张璐《本經逢原》卷一**　霹靂碪即雷楔。　溫，無毒。　發明：雷楔稟東南水火之氣，治小兒驚癎，磨汁服之。作枕辟惡夢不祥，鎮邪瘧。刮屑殺瘵蟲，下蠱毒。置箱簣不生蛀蟲。佩之安神，治驚邪之疾。

### 雷墨

**明・李時珍《本草綱目》卷一〇金石部・石類下**　雷墨《綱目》

【集解】時珍曰：按《雷書》云：凡雷書木石，謂木札，入二三分，青黃色。或云：雄黃、青黛、丹砂合成，以雷楔書之。或云蓬萊山石脂所書。雷州每雷雨大作，飛下如沙石，大者如塊，小者如指，堅硬如石，黑色光艶至重。劉恂《嶺表錄》云：雷州驟雨後，人于野中得石如黳石，謂之雷公墨，扣之錚然，光瑩可愛。又李肇《國史補》云：雷州多雷，秋則伏蟄，狀如人，掘取食之。觀此，則雷果有物矣。

【主治】小兒驚癎邪魅諸病，以桃符湯磨服即安時珍。

**清・王道純《本草品彙精要續集》卷一**　雷墨

雷墨：主小兒驚癎、邪魅諸病，以桃符湯磨服即安《本草綱目》。　【名】劉恂《嶺表錄》云：雷州驟雨後，人於野中得石如黳石，謂之雷公墨，扣之錚然，光瑩可愛。　【地】《雷書》云：雷州每雷雨大作，飛下如沙石，黑色，光豔至重。　【質】大者如塊，小者如指，堅硬如石。李肇《國史補》云：雷州多雷，秋則伏蟄，狀如人，掘取食之。觀此，則雷果有物矣。　【色】李時珍曰：按《雷書》云：凡雷書木石，謂木札，入二三分，青黃色。或云：雄黃、青黛、丹砂合成，以雷楔書之。或云蓬萊山石脂所書。

### 水銀

**宋・李昉《太平御覽》卷第九八八**　水銀　《廣雅》曰：水銀〔謂〕之澒。音紅董切。　《淮南萬畢術》曰：朱沙為澒。　《本草經》曰：水銀，味辛，寒，無毒。

**宋・唐慎微《證類本草》卷四玉石部中品〔《本經・別錄・藥對》〕**　**水銀味辛，寒，有毒。主疥瘻，痂**音加**瘍**音羊，**白秃，殺皮膚中蝨，墮胎，除熱。**以傅男子陰，陰消無氣。**殺金、銀、銅、錫毒，鎔化還復爲丹。久服神仙不死。**一名汞。生符陵平土，出於丹砂。畏磁石。

〔梁・陶弘景《本草經集注》〕云：今水銀有生熟。此云生符陵平土者，是出朱砂腹中。亦別出沙地，皆青白色，最勝。出於丹砂者，是今燒麁末朱砂所得，色小白濁，不及生者。甚能消化金銀，使成泥，人以鍍物是也。還復爲丹，事出仙經。酒和日暴，服之長生。燒時飛著釜上灰名汞粉，俗呼爲水銀灰，最能去蝨。

〔唐・蘇敬《唐本草》〕注云：水銀出於朱砂，皆因熱氣，未聞朱砂腹中自出之者。火燒飛取，人皆解法。南人蒸取之，得水銀雖少，而朱砂不損，但色少變黑爾。

〔宋・馬志《開寶本草》〕按：陳藏器《本草》云：水銀，本功外，利水道，去熱毒。入耳能食腦至盡，入肉令百節攣縮，到陰絶陽，人患瘡疥，多以水銀塗之，性滑重，直入肉，宜慎之。昔北齊徐王療攣躄病，以金物火炙熨之。水銀得金當出蝕金，候金色白者是也，如此數度，並差也。

〔宋・掌禹錫《嘉祐本草》〕按：《廣雅》云：水銀謂之澒，紅董切。《藥性論》云：水銀，君，殺金銅毒，妊女也，有大毒。朱砂中液也，此還丹之元母，神仙不死之藥。伏鍊五金爲泥，生能墮胎。主療瘑疥等，緣殺蟲。日華子云：水銀，無毒。治天行熱疾，催生，下死胎，治惡瘡，除風，安神鎮心。鍍金燒粉，人多患風，或大段使作須飲酒，并肥猪肉及服鐵漿，可禦其毒。

〔宋・蘇頌《本草圖經》〕曰：水銀，生符陵平土，今出秦州、商州、道州、邵武軍，而秦州乃來自西羌界。《經》云：出於丹砂者，乃是山石中採麁次朱砂，作鑪置砂於中，下承以水，上覆以盆，器外加火煅養，則烟飛於上，水銀溜於下，其色小白濁。陶隱居云：符陵平土者，是出朱砂腹中，亦別出沙地，皆青白色。今不聞有此。至於西羌來者，彼人亦云如此燒煅。但其山中所生極多，至於一山自拆裂，人採得砂石，皆大塊如升斗，碎之乃可燒煅，故西來水銀極多於南方者。謹案：《廣雅》水銀謂之澒，丹竈家乃名汞，蓋字亦通用耳。其鑪蓋上灰亦名澒粉是也。又飛鍊水銀爲輕粉，醫家下膈最爲要藥。服者忌血，以其本出于丹砂故也。

〔宋・唐慎微《證類本草》〕雷公云：凡使，勿用草中取者，并舊朱漆中者，勿用經別藥制過者，勿用在屍過者、半生半死者。其水銀若在朱砂中產出者，其水銀色微紅，收得後用葫蘆收之，免遺失。若先以紫背天葵并夜交藤自然汁二味，同煮一伏時，其毒自退。

若修十兩，用前二味汁各七鎰，和合煮足爲度。《聖惠方》： 誤吞銀鐶子、釵子。以半兩服之，再服即出。《經驗後方》： 治心風秘。水銀一兩，藕節八箇，先研藕節令細，次入水銀同研成沙子，丸如雞頭大。每服二丸，磨刀水下，一二服差。《梅師方》： 治胎死腹中不出，其母氣絶。以水銀二兩吞之，立出。又方： 治難産。以水銀二兩，先煮之，後服立差。又方： 治痔，穀道中蟲痒不止。以水銀、棗膏各二兩，同研相和，撚如棗形狀，薄綿片裹，内下部，明日蟲出。若痛者，加粉三大分作丸。《漢武帝内傳》曰： 封君達，隴西人。初服黄連五十餘年。入鳥峰山，服水銀百餘年，還鄉里如二十者，常乘青牛，故號青牛道士。《太清服鍊靈砂法》： 汞禀五陽神之靈，精會符合爲體，故能輕飛玄化，感遇萬靈。

**宋・寇宗奭《本草衍義》卷五** 水銀 入藥雖各有法，極須審慎，有毒故也。婦人多服絶娠。今人治小兒驚熱涎潮，往往多用。《經》中無一字及此，亦宜詳諦。得鉛則凝，得硫黄則結，并棗肉研之則散。别法煅爲膩粉、粉霜，唾研斃蝨。銅得之則明，灌屍中，則令屍後腐。以金、銀、銅、鐵置其上則浮，得紫河車則伏。唐韓愈云： 太學博士李干，遇信安人方士柳賁，能燒水銀爲不死藥。以鉛滿一鼎，按中爲空，實以水銀，蓋封四際，燒爲丹砂，服之下血。比四年病益急，乃死。余不知服食說自何世起，殺人不可計，而世慕尚之益至，此其惑也。在文書所記，及耳聞傳者不說，今直取目見，親與之遊，而以藥敗者六七公，以爲世誡。工部尚書歸登自說既服水銀得病，若有燒鐵杖，自顛貫其下，摧而爲火，射竅節以出，狂痛號呼，乞絶，其茵席得水銀，發且止，唾血十數年以斃。殿中御史李虚中，疽發其背死。邢部尚書李遜謂余曰： 我爲藥誤。遂死。邢部侍郎李建，一旦無病死。工部尚書孟簡邀我于萬州，屏人曰： 我得秘藥，不可獨不死，今遺子一器，可用棗肉爲丸服之。别一年而病。後有人至，訊之，曰： 前所服藥誤，方且下之，下則平矣。病二歲卒。東川節度御史大夫盧坦，溺血，肉痛不可忍，乞死。金吾將軍李道古，以柳賁得罪，食賁藥，五十死海上。此可爲誡者也。蘄不死，乃速得死，謂之智者不可也。五穀三牲，鹽醯果蔬，人所常御，人相厚勉，必曰强食。今惑皆曰五穀令人夭，當務減節，臨死乃悔。嗚呼，哀也已！ 今有水銀燒成丹砂，醫人不曉，研爲藥衣，或入藥中，豈不違誤，可不慎哉？

**宋・王繼先《紹興本草》卷二** 水銀 紹興校定： 水銀所産，出自丹砂。其造作之法，備載《圖經》而但有精粗矣。乃至陰之物，其味辛、寒者是也。然主療備於《本經》，以性為至毒，不可妄用，其傷人甚速。日華子云無毒者，明乃無字之誤。方皆以他藥製煉用之，當從《藥性論》有大毒是矣。

**宋・劉明之《圖經本草藥性總論》卷上** 水銀 味辛，寒，有毒。主疥瘻痂瘍白禿，殺皮膚中蝨，墮胎除熱。《藥性論》云： 君。殺金銅毒。能墮胎，主療瘑疥等，緣殺蟲。日華子云： 無毒。治天行熱疾，催生，下死胎，治惡瘡除風，安神鎮心。鍍金燒粉，人多患風，或大段使作，須飲酒并肥猪肉，及服鐵漿，可禦其毒。畏磁石。

**宋・張杲《醫説》卷九** 服水銀 侍其傳服水銀，久之發痒，爬搔成赤疹，水銀隨爪出，細如粟顆。建炎中帥杭已昏不任事，既罷疾，革未屬纊諸姬，皆散不禁，可為世戒《泊宅編》。

**宋・張杲《醫説》卷一〇** 頭瘡禁用水銀 小兒頭有瘡有虱，切不可用水銀擦，自瘡而入經絡，必緩筋骨，百藥不能治。醫方併云： 人有患漆瘡者，不可以朱漆器炙熱熨之，恐朱中有水銀入經絡也。黑漆器則不妨。此方正類以生草烏塗白禿，以巴豆薰痔而致死者《瑣碎録》。

**明・王綸《本草集要》卷五** 水銀君 味辛，氣寒。性滑重。有毒。畏磁石。出於丹砂。 主疹瘻痂瘍白禿，殺皮膚中蝨，墮胎，除熱。以傳男子陰，陰消無氣。殺金、銀、銅、錫毒，鎔化還復為丹。得鉛則凝，得硫黄則結，并棗肉研則散，得紫河車則伏。〇輕粉，味辛。忌一切血。飛鍊水銀為之。主瘰癧，殺瘡疥癬蟲，及鼻上酒齇，風瘡燥癢。

**明・滕弘《神農本經會通》卷六** 水銀 君也。畏磁石。出於丹砂。一名汞。即朱砂液。 味辛，氣寒，有毒。一云： 性滑重。《衷》云： 消化五金，除疥虱，婦人難産，催生。

《本經》云： 主疥瘻，痂瘍白禿，殺皮膚中蝨，墮胎，除熱，以傳男子陰，陰消無氣。殺金、銀、銅、錫毒，一化還復為丹，久服神仙不老。陶隱居云： 甚能消化金銀使成泥，人以鍍物是也。燒時飛著釜上灰名汞粉，俗呼為水銀灰，最能去蝨。陳藏器云： 水銀本功外，利水道，去熱毒。入耳能食腦至盡，入肉令百節攣縮，到陰絶陽。人患瘡疥，多以水銀塗之，性滑重，直入肉，宜謹之。《藥性論》云： 水銀，君。殺金、銅毒，妊女也。有大毒，朱砂中液也。此還丹之元母，神仙不死之藥，伏鍊五金為泥，生能墮胎，生療瘑疥等，緑殺蟲。日華子云： 水銀，無毒。治天行熱疾，催生，下死胎，治惡瘡，除風，安神鎮心。鍍金燒粉人多患風，或大段使作須飲酒并肥猪肉，及服鐵漿，可禦其毒。《集》云：得鉛則凝，得硫黃則結，併棗肉研之則散，得紫河車則伏。今有水銀燒成丹砂，醫人不曉，研為藥衣，或入藥中，豈不違悞，可不謹哉。《衍義》曰：水銀入藥，雖各有法，極須審，有毒故也。婦人多服，絕娠。今人治小兒驚熱涎潮，往往多用。《經》中無一字及此，亦宜詳審。得鈆則凝，得硫黃則結，併棗肉研之則散。別法煅為膩粉、粉霜，唾研斃虱，銅得之則明，灌尸中則令尸後腐，以金、銀、銅、鐵置其上則浮，得紫河車則伏。不知服食說自何世起，燒為丹砂服之，殺人不可計，而世慕尚之益至，此其惑也。五穀三牲，鹽醢果蔬，人所常御，人相厚勉，必曰強食，今惑者皆曰五穀令人夭，當務減節，臨死乃悔。嗚呼哀也已！劊云：水銀本是朱砂液，取置爐中煅養成。消化五金除疥蝨，婦人難產用催生。即《局方》水銀，除疥蝨與瘡瘍。

**明・劉文泰《本草品彙精要》卷三**　水銀有毒　石生。

**水銀**出《神農本經》：**主疹瘻，痂音加瘍音羊，白禿，殺皮膚中虱，墮胎，除熱，殺金、銀、銅、錫毒，熔化還復為丹，久服神仙不死。**以上朱字《神農本經》。以傳男子陰，陰消無氣。以上黑字名醫所錄。【名】汞、澒紅董切。【地】《圖經》曰：生符陵平土，今出秦、商、道等州，邵武軍，而秦州者來自西羌界。《經》云：出自丹砂者，乃是山中採粗次朱砂，和硬炭屑勻，內陽城罐內令實，以薄鐵片可罐口，作數小孔掩之，仍以鐵線羅固。一罐貯水承之，兩口相接，鹽泥和豚毛固濟上罐及縫處，候乾，以下罐入土，出口寸許，外置爐圍火煅煉，旁作四竇，欲氣達而火熾也。候一時則成水銀，溜於下罐矣。陶隱居云：今水銀有生熟，符陵平土者，是出朱砂腹中，亦別出沙地，皆青白色，最勝，今不聞有此。至於西羌來者，彼人亦云如此燒煅，但其山中所生極多，至於一山自拆裂，人採得砂石，皆大塊如升斗，碎之乃可燒煅，故西來者極多於南方，但不及生者，甚能銷化金銀成泥，人以鍍物是也。按《廣雅》謂之澒，丹竈家乃名汞，蓋字亦通用爾。《衍義》曰：水銀入藥，雖各有法，極須審謹，有毒故也。唐韓愈云：太學博士李干遇信安方士柳賁，能燒水銀為不死藥。以鉛滿一鼎，按中為空，實以水銀，蓋封四際，燒為丹砂。服之下血，比四年病益急，乃死。余不知服食之說起自何時，殺人不可計，而世慕尚之益至，此其惑也。在方冊所記及耳聞傳者不說，今親與之游者刑部尚書等官李遜輩亦服此藥，敗者六七人矣，痛可惜哉。近世有水銀燒成丹砂，醫人不曉，研為藥衣，或入藥中，豈弗違誤，可不慎歟。【時】採：無時。【收】以竹筒成貯或瓷器、葫蘆收之。【質】類熔錫。【色】白。【味】辛。【性】寒。【氣】氣之薄者，陽中之陰。【臭】朽。【主】殺蟲疥，下死胎。【助】得鉛則凝，得硫黃則結，得紫河車則伏，與棗肉研之則散。【反】畏磁石。【製】《雷公》云：凡使，勿用草中取者，並舊朱漆中者，及經別藥製過者，在屍過者，半生半死者。若在朱砂中產出者，其色微紅，收得後用葫蘆貯之，則免遺失。若先以紫背天葵並夜交藤自然汁二味同煮一伏時，其毒自退，每修十兩，用前二味汁各七鎰和合，煮足為度。【治】療：《藥性論》云：療瘑疥，殺蟲。日華子云：治天行熱疾，催生，下死胎，惡瘡，除風，安神鎮心。陳藏器云：利水道，去熱毒。【禁】婦人服之絕娠及墮胎；入人耳，能食腦至盡；入肉，令百節攣縮，倒陰絕陽。【解】殺五金毒。鍍金燒粉，人患風，須飲酒，食肥豬肉及服鐵漿，以禦其毒。

**明・葉文齡《醫學統旨》卷八**　水銀　氣寒滑重，味辛。有毒。畏磁石，出於丹砂。

治疹瘻痂瘍白禿，殺皮膚中蝨，墮胎除熱；以傳男子陰，陰消無氣；殺金銀銅錫毒；鎔化還復為丹。得鉛則凝，得硫黃則結，併棗肉研之則散，得紫河車則伏。

**明・許希周《藥性粗評》卷四**　水銀洗瘡疥之汙。

水銀，一名汞，即丹砂液也。煉取另有傳受。出秦、商諸州山谷。味辛，性寒，有毒。主治瘡疥蟲蝨，墮胎，養尸，殺金、銀、銅、錫，使之成泥。大抵水銀入藥，惟洗瘡疥等功，服食家惑於方書之說，以為可仙，竟無一驗，而反速禍者多。升為輕粉，或以治天疱等瘡，雖目前小效，而骨節陰受其毒，往往遂成攣縮痿弱，倒陰絕陽之患。凡此不可不謹。

**明・鄭寧《藥性要略大全》卷八**　水銀君　能催生，墮胎，下死胎。除疥虱瘡瘻痂痒，殺皮膚中蟲，治天行熱病，安神鎮心，利水道，去熱毒。以傳男子陰，陰消無氣。入耳能蝕腦至盡。入肉令百節攣縮，倒陰絕陽。不宜搽瘡疥，恐入肉也。凡合瘡藥，務要乳極細，至見其星，方可用之。殺五金毒，可作錫銲及磨鏡藥。味辛、甘，性大寒，有毒。一名汞，即硃砂精液也。畏磁石。能消化金銀，使成泥；鉛見即化為水；入汞而黑，不能分其體矣。水銀之殼為天硫青，黑翠色，假火而成，亦能辟邪氣。此皆丹爐中所需之正要藥物也。

**明・方穀《本草纂要》卷九**　水銀　味辛，氣寒，性滑重，有毒。主殺蟲疥，去蚤虱，墮胎氣，除熱毒，化五金，成丹藥。大抵此藥還復爲丹，得鉛則凝，得硫黄則結，得火則去，得紫河車則伏，得棗肉則散，得香油、茶葉則復，此其所以爲丹家之藥也。其人不可輕服，服之墜陽欲死。《本經》云重可以去怯，滑可以去著者，此也。

**明・王文潔《太乙仙製本草藥性大全》卷六《本草精義》**　水銀　生符陵平土，今出秦州、商州、道州、邵武軍，而秦州乃來自西羌界。《經》云：出於丹砂者，乃是山石中採麁次硃砂，作爐擦砂於中，下承以水，上覆以盆器，外加火煅養，則煙飛於上，水銀溜於下，其色小白或青白色。又取法：用磁罐二個，掘地成坑，深闊量可容二罐，先埋一罐於坎，四圍用土築穩實，內盛水滿，仍一罐入硃砂半滿，上加敲碎瓦粒，剪鐵線髻如月圓樣一塊，閉塞罐口，閉覆下罐之上，務令兩口相對，弦縫鹽泥封固，以熱炭火先文後武，煅煉一炷香久，其砂盡出，水銀流於下罐水內，復起上罐，檢出皮殼，入新硃砂，固濟再煅，每好砂一兩常煅出七八錢，低者僅五六錢而已。盛以葫蘆，免其走失。畏磁石。

**明・王文潔《太乙仙製本草藥性大全》卷六《仙製藥性》**　水銀君　味辛，氣寒，無毒。即硃砂中之液也。　主治：　主疹瘻痂瘍白禿有效，療皮膚蟲蝨除熱。殺五金大毒，惡磁石同前。得鉛則凝，得硫則結，得紫河車則伏。置金銀銅鐵於上則浮，併棗核研則散揚，併津唾研則斃蝨。屍體嚾之不朽，銅錫搓之則明。和大楓子研末則殺瘡蟲，佐黄芩爲丸則絕胎孕。方名斷孕丸。匪專醫藥，亦入丹爐。　補註：　誤吞金銀鐶子、釵子，以半兩吞之，再服即出。〇虚風秘，以一兩，同藕節八個，先研藕節令細，次入同研成砂子，丸如雞頭大，每服二丸，磨刀水下，差。〇胎死腹中不出，其母氣絕，以一兩吞之立出。〇難産，以二兩先煮之，後服立差。〇痔，穀道中蟲痒不止，同棗膏各二兩，和研，撚如棗形，薄綿片裹，內下部，明日蟲出。若痛者，加粉三大分作丸。　太乙曰：　凡使勿用草中取者，并舊朱漆中者，勿用經別藥製過者，勿用在屍過者，半生半死者。其水銀若在硃砂中産出者，其色微紅，收得後用葫蘆收之，免遺失。若先以紫背天葵并夜交藤自然汁二味同煮一伏時，其毒自退。若修事十兩，用前二味汁各七鎰，和合煮足爲度。　《衍義》曰：　水銀入藥，雖各有法，極須審謹，有毒故也。婦人多服絕娠。今人治小兒驚熱涎潮往往多用，《經》中無一字及此，亦宜詳諦。今按陳藏器《本草》云：水銀，本功外，利水道，去熱毒。入耳能食腦至盡，入肉令百節攣縮，倒陰絕陽，人患瘡疥多以水銀塗之。性滑重，直入肉，宜謹之。昔北齊徐王療攣躄病，以金物火炙熨之，水銀得金當出蝕金，候金色白者是也，如此數度並差也。日華子云：水銀，無毒。治天行熱疾，催生下死胎。治惡瘡除風，安神鎮心。鍍金、燒粉人多患風，或大段使作須飲酒，并肥猪肉及服鐵漿，可禦其毒。《太清》曰：汞稟五陽神之靈，精會符合爲一體，故能輕飛玄化，感遇萬靈。可以勾金，可爲涌泉匱，蓋藉死水銀之氣也。《內傳》曰：封君達，隴西人，初服黄連五十餘年，入烏峰山，服水銀百餘年，還鄉里如二十者，常乘青牛，故號青牛道士。

**明・皇甫嵩《本草發明》卷五**　水銀中品，臣。即砂汞。氣寒，有毒。　主疹瘻痂瘍白痜，皮膚中風，殺五金大毒。鎔化還復為丹。〇併津唾，研，則斃虱和大風子。研末，殺瘡蟲。佐黄芩，則絕胎孕。傅陰子即瘥。若入骨爐，得鉛則凝，得硫則結，得紫河車則伏。置金銀銅鐵于上則浮，併棗核研則散揚，屍體嚾之不朽。〇辰砂煅過水銀，皮殼名天硫，仙方謂己土，倘修煉得法，可點銅成銀。

**明・李時珍《本草綱目》卷九金石部・石類上**　水銀《本經》中品

【釋名】汞《別錄》　澒汞同。　靈液《綱目》　姹女《藥性》。時珍曰：其狀如水似銀，故名水銀。澒者，流動貌。方術家以水銀和牛、羊、豕三脂杵成膏，以通草爲炷，照於有金寶處，即知金銀銅鐵鉛玉龜蛇妖怪，故謂之靈液。頌曰：《廣雅》水銀謂之澒。丹竈家名汞，其字亦通用爾。　【集解】《別錄》曰：水銀生符陵平土，出於丹砂。弘景曰：今水銀有生熟。此云生符陵平土者，是出朱砂腹中，亦有別出沙地者，青白色，最勝。出於丹砂者，是今燒粗末朱砂所得，色小白濁，不及生者。甚能消化金銀，使成泥，人以鍍物是也。燒時飛着釜上灰名汞粉，俗呼爲水銀灰，最能去蝨。恭曰：水銀出於朱砂，皆因熱氣，未聞朱砂腹中自出之者，火燒飛取，人皆解法。南人蒸取之，得水銀雖少，而朱砂不損，但色少變黑爾。頌曰：今出秦州、商州、道州、邵武軍，而秦州乃來自西羌界。《經》云出于丹砂者，乃是山石中采粗次朱砂，作爐置砂於中，下承以水，上覆以盆，器外加火煅養，則烟飛於上，水銀溜於下，其色小白濁，陶氏言別出沙地者青白色，今不聞有此。西羌人亦云如此燒取，但其山中所生極多，至於一山自拆裂，人采得砂石，皆大塊如升斗，碎之乃可燒煅，故西來水銀極多於南方者。又取草汞法：用細葉馬齒莧乾之，十斤得水銀八兩或十兩。先以槐木搥之，向日東作架晒之，三二日即乾。如經年久，燒存性，盛入瓦甕内，封口，埋土坑中四十九日，取出自成矣。時珍曰：汞出於砂爲真汞。雷斅言有草汞。陶弘景言有沙地汞。《淮南子》言弱土之氣生白礜石，礜石生白澒。蘇頌言陶説者不聞有之。按陳霆《墨談》云拂林國當日没之處，地有水銀海，周圍四五十里。國人取之，近海十里許掘坑井數十，乃使健夫駿馬，皆貼金箔，行近海邊。日照金光晃耀，則水銀滚沸如潮而來，其勢若粘裹。其人即回馬疾馳，水銀隨趕。若行緩，則人馬俱撲滅也。人馬行速，則水銀勢遠力微，遇坑塹而溜積於中。然後取之，用香草同煎，則成花銀，此與中國所産不同。按此説似與陶氏沙地所出相合，又與陳藏器言人服水銀病拘攣，但炙金物熨之，則水銀必出蝕金之説相符。蓋外番多丹砂，其液自流爲水銀，不獨鍊砂取出，信矣。胡演《丹藥秘訣》云：取砂汞法：用瓷瓶盛朱砂，不拘多少，以紙封口，香湯煮一伏時，取入水火鼎内，炭塞口，鐵盤蓋定。鑿地一孔，放盌一個盛水，連盤覆鼎於盌上，鹽泥固縫，周圍加火煅之，待冷取出，汞自流入盌矣。邕州溪峒燒取極易，以百兩爲一銚，銚之制似猪脬，外糊厚紙數重，貯之即不走漏。若撒失在地，但以川椒末或茶末收之，或以真金及鍮石引之即上。嘉謨曰：取去汞之砂殼，名天流，可點化。

【修治】斅曰：凡使，勿用草汞并舊朱漆中者，經别藥制過者，在尸中過者，半生半死者。其朱砂中水銀色微紅，收得後用壺蘆貯之，免遺失，若先以紫背天癸并夜交藤自然汁二味同煮一伏時，其毒自退。若修十兩，二汁合七鎰。

【氣味】辛，寒，有毒。權曰：有大毒。大明曰：無毒。之才曰：畏慈石、砒霜。

宗奭曰：水銀得鉛則凝，得硫則結，併棗肉研則散，别法煅爲膩粉、粉霜，唾研之死蝨，銅得之則明，灌尸中則後腐，以金銀銅鐵置其上則浮，得紫河車則伏，得川椒則收。可以勾金，可爲涌泉匱，蓋藉死水銀之氣也。土宿真君曰：荷葉、松葉、松脂、穀精草、萱草、金星草、瓦松、夏枯草、忍冬、莨菪子、雁來紅、馬蹄香、獨脚蓮、水慈姑，皆能制汞。

【主治】疥瘻痂瘍白秃，殺皮膚中蝨，墮胎除熱，殺金銀銅錫毒。鎔化還復爲丹，久服神仙不死《本經》。以傅男子陰，陰消無氣《别録》。利水道，去熱毒藏器。主天行熱疾，除風，安神鎮心，治惡瘡瘑疥，殺蟲，催生，下死胎大明。治小兒驚熱涎潮宗奭。鎮墜痰逆，嘔吐反胃時珍。

【發明】弘景曰：還復爲丹，事出仙經。酒和日暴，服之長生。權曰：水銀有大毒，朱砂中液也。乃還丹之元母，神仙不死之藥，能伏煉五金爲泥。《抱朴子》曰：丹砂燒之成水銀，積變又還成丹砂，其去凡草木遠矣，故能令人長生。金汞在九竅，則死人爲之不朽，況服食乎？藏器曰：水銀入耳，能食人腦至盡；入肉令百節攣縮，倒陰絶陽。人患瘡疥，多以水銀塗之，性滑重，直入肉，宜謹之。頭瘡切不可用，恐入經絡，必緩筋骨，百藥不治也。宗奭曰：水銀入藥，雖各有法，極須審謹，有毒故也。婦人多服絶娠。今有水銀燒成丹砂，醫人不曉誤用，不可不謹。唐韓愈云：太學士李干遇方士柳泌，能燒水銀爲不死藥，以鉛滿一鼎，按中爲空，實以水銀，蓋封四際，燒爲丹砂。服之下血，四年病益急，乃死。余不知服食説自何世起，殺人不可計，而世慕尚之益至，此其惑也。在文書所記耳聞者不説。今直取目見，親與之游，而以藥敗者六七公，以爲世誡。工部尚書歸登，自説服水銀得病，有若燒鐵杖自顛貫其下，摧而爲火，射竅節以出，狂痛呼號泣絶，其裀席，得水銀，發且止，唾血十數年以斃。殿中御史李虚中，疽發其背死。刑部尚書李遜謂余曰：我爲藥誤。遂死。刑部侍郎李建，一旦無病死。工部尚書孟簡，邀我於萬州，屏人曰：我得秘藥，不可獨不死，今遺子一器，可用棗肉爲丸服之。别一年而病。後有人至，訊之，曰：前所服藥誤，方且下之，下則平矣。病二歲卒。東川節度御史大夫盧坦，溺血，肉痛不可忍，乞死。金吾將軍李道古，以柳泌得罪，食泌藥，五十死海上。此皆可爲戒者也。蘄不死乃速得死，謂之智，可不可也。五穀三牲，鹽醯果蔬，人所常御。人相厚勉，必曰强食。今惑者皆曰五穀令人夭，三牲皆殺人，當務減節。一筵之饌，禁忌十之二三。不信常道而務鬼怪，臨死乃悔。後之好者又曰：彼死者皆不得其道也，我則不然。始動曰：藥動故病，病去藥行，乃不死矣。及且死又悔。嗚呼！可哀也已。時珍曰：水銀乃至陰之精，禀沉着之性。得凡火煅煉，則飛騰靈變；得人氣熏蒸，則入骨鑽筋，絶陽蝕腦。陰毒之物無似之者。而大明言其無毒，《本經》言其久服神仙，甄權言其還丹元母，《抱朴子》以爲長生之藥。六朝以下貪生者服食，致成廢篤而喪厥軀，不知若干人矣。方士固不足道，本草其可妄言哉。水銀但不可服食爾，而其治病之功，不可掩也。同黑鉛結砂，則鎮墜痰涎；同硫黄結砂，則拯救危病。此乃應變之兵，在用者能得肯綮而執其樞機焉爾。餘見鉛白霜及靈砂下。

【附方】舊五，新二十四。

初生不乳：咽中有噤物如麻豆許。用水銀米粒大與之，下咽即愈。《聖惠方》。

小兒癇疾：能壓一切熱。水銀小豆許，安盞中，沉湯内煮一食頃，與服。勿仰兒頭，恐入腦也。《聖濟方》。

急驚墜涎：水銀半兩，生南星一兩，麝香半分，爲末，入石腦油同搗，和丸緑豆大。每服一丸，薄荷湯下。

失心風疾：水銀一兩，藕節八個，研成砂子，丸如芡子大。每服二丸，磨刀水下，一二服。《經驗方》。

精魅鬼病：水銀一兩，漿水一升，炭火煎減三分。取水銀一豆許，神符裹吞之，晚又服，一二日止。《廣濟方》。

反胃吐食：水不能停。黑鉛、水銀各一錢半，結砂，舶硫黄五錢，官桂一錢，爲末。每服六錢，一半米湯，一半自然薑汁，調作一處服。《聖濟録》。

消渴煩熱：水銀一兩，鉛一兩，結砂，皂莢一挺酥炙，麝香一錢，爲末。每服半錢，白湯下。《聖濟録》。

膽熱衄衊：血上妄行。水銀、朱砂、麝香等分，爲末，每服半錢，新汲水下。《宣明方》。

血汗不止：方同上。

妊婦胎動：母欲死，子尚在，以此下之。水銀、朱砂各半兩，研膏。以牛膝半兩，水五大盞。煎汁，入蜜調服半匙。《聖惠方》。

婦人難産：水銀二兩，先煮後服，立出。《梅師方》。

胎死腹中：其母欲死。水銀二兩吞之，立出。《梅師方》。

婦人斷産：水銀以麻油煎一日，空心服棗大一丸，永斷，不損人。《婦人良方》。

解金銀毒：水銀一兩，服之即出。《千金方》。

誤吞金銀：

及鐶子釵子。以汞半兩吞之，再服即出。《聖惠方》。　百蟲入耳：水銀豆許，傾入耳中，以耳向下，擊銅物數聲即出。能食人腦，非急切勿用。《聖濟錄》。　頭上生蝨：水銀和蠟燭油揩之，一夜皆死。《摘玄方》。　腋下胡臭：水銀、胡粉等分，以面脂和，頻摻之。《千金方》。　少年面皰：水銀、胡粉等分，研，臘猪脂和。夜塗旦拭，勿見水，三度瘥。《肘後方》。　老小口瘡：水銀一分，黃連六分，水二升，煮五合。含之，日十次。《普濟方》。　白癜風痒：水銀數拭之，即消。《千金方》。　蟲癬瘙痒：水銀、胡粉等分，研傅。○又水銀、蕪荑，和酥傅之。《外臺秘要》。　痔蟲作痒：水銀、棗膏各二兩同研，綿裹納下部，明日蟲出。《梅師方》。　惡肉毒瘡：一女年十四，腕軟處生物如黃豆大，半在肉中，紅紫色，痛甚，諸藥不效。一方士以水銀四兩，白帋二張揉熟，蘸銀擦之，三日自落而愈。李樓《怪證方》。　一切惡瘡：水銀、黃連、胡粉熬黃，各一兩，研勻傅之，乾則以唾調。《肘後方》。　楊梅毒瘡：水銀、黑鉛各一錢結砂，黃丹一錢，乳香、没藥各五分，爲末。以紙卷作小撚，染油點燈，日照瘡三次，七日見效。○《方廣附餘》：用水銀、黑鉛結砂、銀朱各二錢，白花蛇一錢，爲末，作紙撚七條。頭日用三條，自後日用一條，香油點燈于爐中，放被内熏之，勿透風。頭上有瘡，連頭蓋之。○一方：水銀一錢二分，黑鉛、白錫各八分，共結砂，黄丹四分，朱砂六分，爲末，分作十二帋撚，以香油浸燈盞内，點於小桶中。以被圍病人坐之，以鼻細細吸烟，三日後口出惡物爲效。　痘後生瞖：水銀一錢，虢丹五錢，研作六丸，甘鍋糊定，火煆一日取出，薄綿裹之。左瞖塞右耳，右瞖塞左耳，自然墜下。《危氏方》。

**題明・薛己《本草約言》卷二《藥性本草》**　水銀　殺蟲而下死胎。必須唾製。除疥蟲與瘡瘍。水銀即朱砂液，能化金銀成泥，名汞，畏磁石。難產可用催生。

味辛，寒，有毒。

**明・梅得春《藥性會元》卷下**　水銀　味辛，氣寒，滑重有毒。出自丹砂中。一名汞。畏磁石。　主治疥瘻痂瘍白禿，殺虱，墮胎，除熱。以傅男子陰，陰消無氣。殺金銀銅錫毒。鎔化還復為丹。得鉛則凝，得硫黃則結，併棗肉研之則散，得紫河車則伏。　製水銀法：凡使，勿用馬齒莧及諸草中取者，並朱漆中及經別藥製過者，屍棺中殮過者，並半生半死者。須要硃砂中產出水銀，微紅色，收得以葫蘆貯之。先以紫背天葵、夜交藤二味搗自然汁，煮一伏時，其毒自退。每拾兩，前二味汁各七鎰，和合煮足為度。煉粉另有製法。

**明・李中立《本草原始》卷八**　水銀　一名汞。生符陵平土。出于丹砂，乃是山中採粗次朱砂。作爐，置砂于中，下承以水，上覆以盆，外加火煆養，則煙飛于上，水銀溜于下。其狀似水如銀，故名水銀。水銀：氣味：辛，寒，有毒。主治：疹瘻痂瘍白禿，殺皮膚中蝨，墮胎，除熱，殺金銀銅錫毒。鎔化還復為丹。久服神仙不死。○以傅男子陰，陰消無氣。○利水道，去熱毒。○主天行熱疾，除風，安神鎮心，治惡瘡瘑疥，殺蟲，催生，下死胎。○治小兒驚熱涎潮。○鎮墜痰逆嘔吐、反胃。之才曰：畏慈石、砒霜。

宗奭曰：水銀得鉛則凝，得硫則結，併棗肉則散。別法煆為膩粉、粉霜，唾研之死虱。銅得之則明，灌尸中則後腐，以金銀銅鐵置其上則浮，得紫河車則伏，得川椒則收。可以勾金，可為涌泉匱，蓋藉死水銀之氣也。盛葫蘆中，免其走失。藏器曰：水銀入耳，能食人腦至盡。入肉令百節攣縮，倒陰絕陽。人患瘡疥，多以水銀塗之，性滑重，直入肉，宜謹之。頭瘡切不可用，恐入經絡，必緩筋骨，百藥不治也。宗奭曰：水銀入藥，雖各有法，極須審謹，有毒故也。婦人多服絕娠。今有水銀燒成丹砂，醫人不曉誤用，不可不謹。李樓《怪證方》云：一女年十四，腕軟處生物如黃豆大，半在肉中，紅紫色，痛甚，諸藥不效。一方以水銀四兩，白帋二張揉熟，蘸水銀擦之，三日自落而愈。水銀：君。

**明・張懋辰《本草便》卷二**　水銀君　味辛，氣寒，性滑重，有毒。主殺皮膚中蝨，墮胎，除熱，殺金、銀、銅、錫毒。　輕粉味辛。忌一切血。本轉水銀爲之，主瘰癧，殺瘡疥癬蟲，及鼻上酒齄，風瘡痒。

**明・陳實功《外科正宗》卷三**　昇白靈藥法第一百五十五　水銀二兩，用鉛一兩化開，投入水銀聽用。火硝二兩，綠礬二兩，明礬二兩，共研為末，投入鍋內，化開炒乾，同水銀研細，入泥護陽城罐內，上用鐵盞蓋之，兜以鐵梁，梁之兩端用燒熟軟鐵線上下扎緊，用紫土鹽泥如法固口，留出盞面，烘令十分乾燥，架三釘上，砌百眼爐圍之，先加底火二寸點香一枝，中火點香一枝，頂火點香一枝，預用小罐安滾湯在傍，以筆蘸湯，搽擦盞內，常濕勿乾，候三香已畢去火，罐待次日取起，開出藥來，如粉凝結盞底，刮下收藏聽用。凡瘡久不收口，用此研細，糝上少許，其口易完，即尋常收斂藥中用之，功亦甚捷。

**明・李中梓《藥性解》卷一**　水銀　味辛，性寒，有毒，不載經絡。主疹瘻痂瘍，白禿皮膚，殺蟲蝨，墮胎絕孕，解金銀銅錫毒，鎔化還復為丹，服之神仙不死，畏磁石、砒霜。　按：水銀療蟲疹等症，良由其毒也，又殺五金毒者，蓋以其性陰柔，能消五金為泥耳。入耳能蝕腦至盡，入肉令百節攣縮，倒陰絶陽，性滑重，極易入肉，最宜謹之。能下死胎，可灌屍骸，內傳極言其煉服之功。然後世食之者，往往喪生，可為妄信者戒。

**明·繆希雍《本草經疏》卷四**　水銀　味辛，寒，有毒。主疥瘻痂瘍，白禿，殺皮膚中蝨，墮胎除熱。以傅男子陰，陰消無氣。殺金銀銅錫毒。鎔化還復為丹，久服神仙不死。一名汞。得鉛則凝，得硫則結，併棗肉、人唾研則散。別法煆為膩粉、粉霜，得紫河車則伏，得川椒則收。

〔疏〕水銀從石中迸出為石汞，從丹砂中出者為硃裏汞，即丹砂中液也。稟至陰之氣而有汞，故其味辛，其氣寒而有毒，善能殺蟲，其性下走無停歇。故《本經》以之主疥瘻痂瘍，白禿，殺皮膚中蝨及墮胎除熱也。至陰之精，能消陽氣，故不利男子陰也。神仙不死之說，必得鉛華相合，乃能收攝真氣，凝結為丹。即道家所謂太陽流珠常欲去，人卒得金華，轉而相因之旨也。伏鍊五金為泥，以其性能殺金銀銅錫毒也。鎔化還復為丹，亦出仙家烹鍊耳。〔主治參互〕得礬石、丹砂、芒硝、雄黃、黑鉛，入陽城罐內，如法昇鍊，名紅粉霜。能止痛生肌。少加冰片，研勻，擦廣瘡有效。製法具礬、輕粉。同大風子、蛇牀子、樟腦、輕粉、枯礬、雄黃、胡桃油，治疥癬蟲瘡。《肘後方》一切惡瘡，水銀、黃連、胡粉熬黃各一兩，研勻傅之。乾則以唾調。〔簡誤〕陳藏器曰：水銀入耳，能食人腦至盡，入肉令百節攣縮，倒陰絶陽。人患瘡疥，多以水銀塗之。性滑重，直入肉，宜謹之。頭瘡切不可用，恐入經絡，必緩筋骨。寇宗奭云：水銀入藥，雖各有法，極須審謹，有毒故也。歷舉學士大夫惑於方士之說，服煆鍊水銀暴卒者，不可勝數。婦人誤服，多致絶孕。其為毒害昭昭矣。惟宜外敷，不宜內服。入口為厲，可不戒哉！

**明·倪朱謨《本草彙言》卷一二**　水銀　味辛，氣寒，有毒。

盧氏曰：水銀，原名澒，又名汞。《綱目》又名靈液。《藥性論》又名姹女。《別錄》曰：水銀生符陵平土。

蘇氏曰：今秦州、商州、道州、邵武軍亦產，而秦州乃來自西羌界者。山中所生極多，山自拆裂，土人取砂石皆大塊如升斗，碎之乃可燒煆，故西來水銀極多於南方者。《淮南子》曰：弱土之氣，御於白天生白礬，白礬生白澒。陶弘景言：是出硃砂腹中者佳，亦有別出沙地，色青白者，為之生澒。或硃砂麤末，或山石拆裂，采其砂石燒煆成者，色小白而濁，皆不及生澒之能應化無方也。陳霆《墨談》云：拂林國，當日沒處有澒海，周匝七八十里。國人取之，近海十數里掘坑塹數十方，乃使健夫駿馬，徧體粘貼金箔，行近海隅，日光晃耀，澒則滾沸如潮，涌逐而至，若琥珀之遇芥，磁石之見鐵。蓋澒以金為食也。遂回馬疾馳，俟涌逐之勢漸緩，遇坑塹則溜積于中，否則人馬亦為之裹沒矣。取得此品，合香草煎製，便成白金，為丹家至寶。世用熟澒燒煉，經數十百世，曾未成丹者，以熟澒氣去形存，名曰陰符，又曰死尸。徒消年歲，終不可得也。一種草澒法，用細葉馬齒莧，先以槐木槌熟，向日東作架，暴二三日，經久更善，乃燒灰存性，置瓦甕中，封固甕口，埋土內四十九日，則澒成矣。每莧百觔，可得澒三兩，或十兩。胡氏《丹藥秘訣》云：取硃砂澒法：用瓷瓶盛硃砂，不拘多寡，以紙封瓶口，香草湯煮一伏時，先于地上掘一土坑，置一鐵盤于坑內，次以瓷瓶倒覆盤內，遂用鹽泥封固近盤瓶口，更築實以土，露瓶下節之半于土上，圍以栗炭，煆二炷香，火息氣冷，澒自流溢盤中矣。每硃砂末一觔，可得澒十兩。舊坑明透好砂，可得澒十五兩。邕州溪峒燒取極易，以百兩為一銚，銚之制似豬脬，外糊厚紙數重，貯之即不走漏。若散失在地，以川椒末或茶末收之，或真金及鍮石引之即止。

陳氏曰：去澒之砂殼，名曰天琉，丹竈家用之。

雷氏曰：修事勿用草澒，并朱漆中燒出者，或經別藥製過者，或死尸中流出者。誤服為毒甚深，不可不辨。必取生澒，但不易得，惟砂末燒取者，乃可用之。用紫背天葵、夜交藤汁，用煮一伏時，以去其毒，修事十兩，二汁合用七鎰。寇氏曰：澒得鉛則凝，得硫黃則結，銅得之則明，灌尸中則後腐，以五金置其上則浮，得紫背天葵、紫河車則伏，得川椒則收，可以勾金，可為湧泉匱，蓋藉死取澒之氣也。并棗肉研乳則散，別法製之則成膩粉、粉霜。吐唾研之，可死蟲蝨也。土宿真君曰：荷葉、松葉、松脂、穀精草、萱草、金星草、瓦松、夏枯草、忍冬葉、莨菪子、雁來紅、馬蹄香、獨枝蓮、水慈菇、萬年青、蒼耳草、陸六藤、白花茺蔚，皆能制汞。程氏曰：人服水銀病拘攣，但炙金物熨之，則水銀必出。

水銀：時珍墜痰下食，落胎絶孕，殺蟲滅疥，去魅辟邪，日華子點搽楊梅惡瘡，《本經》化金銀銅鐵鉛錫之毒之藥也。東璞子曰：此藥其味辛，其氣寒，其體重，其質柔，其性流走而無停止，故前古主疥癬白禿，殺蟲破胎，有死生僵腐之力焉。故陳藏器言：入耳能化人腦至盡，入肉令百節攣縮，倒陰絕陽。人患瘡疥，多以水銀塗之，性滑體重，直入肉裏，宜謹慎之。頭瘡切不可用，恐毒氣入腦故也。僅堪外敷，不宜內服。歷觀前人惑于方士，有久服致神仙不死之説，烹煮煅煉服食而至暴卒者，不可勝數。婦人誤服，多致絕孕，其爲毒害，昭昭不爽，可不戒哉！　盧子繇先生曰：水銀，似銀如水也，原名澒。按周伯溫曰：澒者，天地鴻洞，未分之象也。故澒含水而流，含風而動，含火而熔，含地而堅，顯諸木而色華青，顯諸火而還丹赤，顯諸土而峭粉黃，顯諸金而凝霜白，顯諸水而結砂玄，隨合仍分，隨分仍合，遍周四大，攢簇五行，神仙不死藥也。顧注留尸竅，死且不朽，益知其體性流活，善能變化五色、五形。澒煉爲丹，丹還爲澒，神仙不死之質，蓋可見矣。有言氣寒爲陰金之屬者，恐失體用相盪之爲性歟？

集方：寇氏方治痰迷閉塞不通，此方墜涎立效。用水銀五錢，生南星一兩，麝香一分，共研勻，以水銀不見星爲度，入石腦油少許，同搗和丸，如菉豆大。每服一丸，薄荷湯下。○郭子千《救急方》治食結胸，脹悶不通。用水銀一錢，陳粽一個，燒炭存性，入水銀同研，少加黃米粥糊爲丸，菉豆大。每服一丸，生薑湯下。○《梅師方》治婦人難產。用水銀一兩，以白水一碗，煎湯半碗，飲之立出。○《婦人良方》治婦人多產，絕孕。用水銀二兩，麻油二兩，煎一時，俟油耗半，取出水銀，以麻油空心服三五匙，米湯調服。以油服完爲度，永絕胎孕，不損人。○《外臺秘要》治一切諸瘡，生蟲瘙癢，或痔上生蟲，疥瘡生蟲。用水銀五錢，紅棗肉一兩，煮膏，和水銀搗爲丸，菉豆大。于諸瘡癢處，擦之漸消。○《外科全書》治一切惡瘡，并楊梅時毒。用水銀、胡粉、乳香、沒藥各一錢。共研細末，用香油少許調敷。○《經驗方》治失心風疾。用水銀一兩，藕節四個，共搗極細，米糊丸，如芡實大。每用二丸，磨刀水化下。○治疥癬蟲瘡。用水銀二錢，枯礬、雄黃、樟腦、芒硝、蛇牀子各三錢，研細末，大風子肉二十個，搗膏，和入前末藥內，總搗，以水銀不見星爲度，熱湯洗淨瘡，用藥少許擦之。

秘方：升煉靈藥法：治癰疽惡瘡，及楊梅諸瘡，拔毒長肉，神驗。用水銀一兩，黑鉛七錢，硃砂、雄黃各三錢，研細末，白礬、火硝各二兩五錢，研細末。其法：先將鉛化開，投水銀，凝成餅，入硃砂、雄黃末，總研極細，然後將硝、礬熔化，投前四味末入內，離火急攪令勻，用陽城罐盛之，用鐵燈盞仰蓋罐口，上加鐵梁鐵線紮緊，鹽泥固濟盞口，放神仙爐內，先以小炭火鋪罐底四圍，以水濕紙不住手在燈盞內擦，勿令間斷，逐漸加火，以三分爲卒，至罐中身，不必至罐頸，每焚官香一炷，則加一分火，如是，煉三炷官香爲度。候冷取開，于盞底刮取靈藥，研極細，用甘草湯飛過，入淨絹上瀝乾，再曬燥，入冰片少許，點瘡上，時時以指頭蘸藥按之，三日自脱。此神方也。

**明・顧逢柏《分部本草妙用》卷八雜藥部**　水銀　辛，寒，有毒。畏磁石、砒霜。

主治：殺皮膚疥疳諸蟲，殺金銀銅錫毒，利水道，去熱毒。古人主用雖多，用之有法，入之瘡藥中則有効，入之服藥中則有毒。婦人服之絕胎，男子服之滯腎緩筋，不可服也。

**明・傅仁宇《審視瑶函》卷六**　取汞粉法此粉如遇痰火症，配痰火藥；驚風症，配驚風藥。每劑中加四釐，無有不效。　汞一兩，鉛二錢五分，鐵杓鎔化，另放冷定，再將白礬、牙硝、皮硝、皂礬各五錢，青鹽二錢，炒乾，再入鉛、汞，共研極細，入罐升打，鐵盞扎好，硼砂、鹽泥固濟，三釘駕於火上，先用文一炷，後武二炷為度，武火時，以新羊毛筆蘸水盞內畫圈，香盡待冷，開取用。

**明・張景岳《景岳全書》卷四九《本草正》**　水銀　性辛，寒，有大毒。能利水道，去熱毒。同黑鉛結砂，則鎮墜痰涎。同硫黃結砂，則療劫危疾。極善墮胎，殺諸蟲及疥癬癩瘡，凡有蟲者皆宜之。亦善走經絡，透骨髓，逐楊梅瘋毒。其他內證，不宜輕用，頭瘡亦不可用，恐入經絡，必緩筋骨，百藥不治也。李時珍曰水銀乃至陰之精，禀沉著之性，得凡火煅煉，則飛騰靈變，得人氣薰蒸，則入骨鑽筋，絕陽蝕腦，陰毒之物，無似之者。而大明言其無毒，《本經》言其久服神仙，甄權言其還丹元母，《抱朴子》以為長生之藥，六朝以下，貪生者服食，致成廢篤而喪厥軀，不知若干人矣。方士固不足道，《本草》其可妄言哉！水銀但不可服食爾，而其治病之功，不可掩也。

**明・盧之頤《本草乘雅半偈》帙六**　水銀《別錄》中品　氣味：辛，寒，有毒。

主治：主疥瘻，痂瘍白秃，殺皮膚中蝨，墮胎，除熱，伏金銀銅錫毒。鎔化還復為丹，久服神仙不死。

覈曰：原名澒，一名汞，汞與澒同，《綱目》名靈液，《藥性》名姹女，此丹竈家言也。古采符陵平土，今采秦州、商州、道州、邵武軍者。《淮南子》言：弱土之氣，御于白天生白礜，白礜生白澒。陶弘景言：是出硃砂腹中者佳，亦有別出沙地，色青白者，為之生澒，或硃砂粗末，或山石折裂，采其砂石，燒煅成者，色小白而濁，皆不及生澒之能應化無方也。陳霆《墨談》云：拂林國當日沒處，有澒海，周匝七八十里國人取之，近海十數里，掘坑塹數十方，乃使健夫駿馬，徧體粘貼金箔，行近海隅，日光晃耀，澒則滾沸如潮，湧逐而至，若琥珀之遇芥，磁石之見鐵，蓋澒以金為食也，遂回馬疾馳，俟湧逐之勢漸緩，遇坑塹則溜積于中，否則人馬亦為之裹沒矣。取得此品，合香草煎製，便成白金，為丹家至寶。世用熟澒燒煉，經數十百世，曾未成丹者，以熟澒氣去形存，名曰陰符，又曰死尸，徒消年歲，終不可得也。一種草澒，法用細葉馬齒莧，先以槐木搥熟，向日東作架，暴二三日，經久更善，乃燒灰存性，置瓦甕中，封固甕口，埋土內四十九日，則澒成矣。每莧百觔，可得澒三兩，或十兩。胡演《丹藥秘訣》云：取硃砂澒法，用瓷瓶盛硃砂，不拘多寡，以紙封瓶口，香草湯煮一伏時，先于地上掘一土坑，置一鐵盤于坑內，次以瓷瓶倒覆盤內，遂用鹽泥封固近盤瓶口，更築實以土，露瓶下節之半于土上，圍以栗炭，煅二炷香，火息氣冷，澒自流溢盤中矣。每硃砂末一觔，可得澒十兩。舊坑明透好砂，可得澒十五兩。邕州溪洞，燒取極易，以百兩為一銚，銚之制似豬脬，外糊厚紙數重，貯之即不走漏，若散失在地，以川椒末，或茶末收之，或真金，及鍮石引之即上。嘉謨云：去澒之砂魄，名曰天琉，丹竈家用之。修事：勿用草澒，并舊硃漆中燒出者，或經別藥製過者，或死尸中流者，誤服為毒甚深，不可不辨。必取生澒，但不易得，唯砂末燒取者，乃可用之，用紫背天葵、夜交藤汁，同煮一伏時，以去其毒。修事十兩，二汁各用七鎰。宗奭云：澒得鉛則凝，得硫黃則結，銅得之則明，灌尸中則後腐，以五金置其上則浮，得紫背天葵、紫河車則伏，得川椒則收。可以勾金，可以湧泉，匱蓋藉死，澒氣也。并棗肉研乳則散。別法制之，則成膩粉、粉霜。吐唾研之，可死蟲蝨也。土宿真君云：荷葉、松葉、松脂、穀精草、萱草、金星草、瓦松、夏枯草、忍冬、莨菪子、鴈來紅、馬蹄香、獨枝蓮、水慈姑、萬年青、蒼耳草、陸六藤、白花充蔚，皆能制汞。龍從火裏得，金向水中求，不須他方尋覓矣。

條曰：水銀，似水如銀也。原名澒，澒從水項聲，音為水銀澒，俗作水銀汞者謬矣。澒者，天地鴻洞，未分之象也。故澒含水而流，含風而動，含火而鎔，含地而堅，顯諸木而色華青，顯諸火而還丹赤，顯諸土而峭粉黃，顯諸金而凝霜白，顯諸水而結砂玄。隨合仍分，隨分仍合，徧周四大，攢簇五行，神仙不死藥也。顧注留九竅，死且不朽，況餌服者乎。故對待生欲速朽者，為疥瘻，為痂瘍白禿，殺皮膚中蝨，其功特著。有言氣寒為陰金之屬者，恐失體用相盪之為性矣。

**明・李中梓《本草通玄》卷下** 水銀 辛寒，有毒。鎮墜痰氣上逆，嘔吐反胃；殺蟲墮胎，下死胎。水銀乃至陰之精，稟沉著之性。得凡火煅煉，則飛騰靈變；得人氣薰蒸，則入骨鑽筋。近巔頂，則蝕腦而百節攣廢；近陰莖，則陰消而痿敗不興。同黑鉛結砂，則鎮墜痰涎；同硫黃結砂，則拯救危病，在用之者合其宜爾。

**清・顧元交《本草彙箋》卷一〇** 水銀合輕粉。水銀，乃至陰之精，稟沉着之性。得凡火煅煉，則飛騰靈變。得人氣熏蒸，則入骨鑽筋，絕陽蝕腦。陰毒之物，無似之者。方士以爲長生服食之藥，多成篤疾。然其治病之功，不可掩也。同黑鉛結砂，則鎮墜痰涎。同硫黃結砂，則拯救危病。此乃應變之品，未可輕嘗。

輕粉，乃水銀升煉。亦能下膈涎，消積滯，并小兒涎溯瘛瘲。然其性有毒，走而不守，服之不當，爲患不淺。蓋水銀本至陰毒物，因火煅丹砂而出，再加鹽礬，煉爲輕粉，加硫黃升爲銀硃，輕飛靈變，化純陰爲燥烈，凡水腫風痰，濕熱毒瘡被劫，涎從齒齦流泄，邪鬱暫開，而痰因之亦愈。若服之過劑，或不得法，則毒氣被蒸，竄入經絡筋骨，莫之能出。痰涎既去，血液耗亡，筋失所養，榮衛不從，變爲筋攣骨痛，發爲癰腫疳漏，或手足皸裂，蟲癬頑痺，經年累月，遂成廢痼。觀丹客升煉水銀、輕粉，鼎器稍失固濟，鐵石迸裂，況人之筋骨皮肉乎？其病毒被劫，涎從齒齦出者，上下齒齦屬手足陽明經，藥氣入於腸胃，即循經上行而至齒齦嫩薄之分，尋竅而出耳。

水銀從石中迸出者，爲石汞。從丹砂中出者，爲硃裏汞，即丹砂中液也。

如水銀失散，但以川椒末或茶末收之。或以真金及鍮石引之，即上。

煉輕粉，用綠礬及鹽者，水銀爲金之魂魄，綠礬乃鐵之精華，二氣同根，是以暫製成粉，無鹽則不白。

**清・穆石匏《本草洞詮》卷三** 水銀 從朱砂燒鍊而成，其狀如銀似水。一名澒者，流動貌。汞出於砂為真汞。雷斅言有草汞，陶弘景言有沙地汞，陳霆《墨談》云拂林國當日沒之處，地有水銀，海周圍四五十里，近海十里許，掘坑井數十，乃使健夫駿馬皆貼金箔，行近海邊，日照金光晃耀，則水銀滾沸如潮而來，其人即回馬疾馳，水銀隨趕，若行緩，則人馬俱撲滅也，人馬行速，則水銀勢遠力微，遇坑塹而溜積於中，然後取之。用香草同煎，則成花銀。此與中國所產不同，此說似與陶氏沙地所出相合。又與陳藏器言人服水銀病拘攣，但炙金物熨之，則水銀必出蝕金之說相符。蓋外番多丹砂，其液自流為汞，不獨鍊砂取出也。水銀得鉛則凝，得硫則結，併棗肉研則散；銅得之則明，灌屍中則後腐；以金、銀、銅、鐵置其上則浮。得川椒則收，撒失在地，以椒末或茶末收之。或以真金引之即上，能化金銀使成泥以鍍物。方術以水銀和牛羊豕三脂、通草為炷，照知地下金、銀、銅、鐵、鉛、玉、龜、蛇、妖怪，故稱靈液。味辛，氣寒，有毒。主去熱毒，下死胎，殺蟲，治惡瘡瘑疥。《本經》云：久服神仙。《抱朴子》云：丹砂燒成水銀，積變還成丹砂，去凡草木遠矣，故能令人長生。寇宗奭云：服食水銀，殺人不可計，而世慕尚之。五穀三牲，人所常禦，且曰五穀令人夭，三牲皆殺人，不信常道，而務鬼怪，臨死乃悔，可哀也已。陳藏器云：水銀入耳能食人腦，入肉令百節攣縮。人患瘡疥，多以水銀塗之，性滑重，直入肉，宜謹之。頭瘡切不可用，恐入經絡，必緩筋骨也。按諸家之論，水銀利害迥別。夫水銀乃至陰之精，秉沉着之性，得凡火煅煉，則飛騰靈變；得人氣薰蒸，則入骨鑽筋。陰毒之物，無似之者，而以為長生之藥，過矣。然水銀不可服食，而治病之功不可掩也。同黑鉛結砂，則鎮墜痰涎；同硫黃結砂，則拯救危病。此乃應變之兵，在用者能得其旨敢耳。

**清・劉雲密《本草述》卷五**

水銀一曰汞，澒字通用。時珍曰：汞出於砂為真汞。得鉛則凝，得硫則結。併棗肉、人唾研，則散。別法煅為膩粉、粉霜。得紫河車則伏，得川椒則收。

氣味：辛，寒，有毒。權曰：有大毒。日華子曰：無毒。主治：利水道，去熱毒，鎮墜痰逆，嘔吐反胃，安神鎮心，治惡瘡瘑疥，殺蟲，治小兒驚熱潮涎。時珍曰：水銀乃至陰之精，稟沉着之性，得凡火煅煉則飛騰靈變，得人氣熏蒸則入骨鑽筋，絕陽蝕腦，陰毒之物，無似之者。而日華子言其無毒，《本經》言其久服神仙，甄權言其還丹元母，《抱朴子》以為長生之藥，六朝以下，貪生者服食，致成廢篤，而喪厥軀，不知若干人矣。方士固不足道，《本草》其可妄言哉？水銀但不可服食爾。而其治病之功不可掩也。同黑鉛結砂，則鎮墜痰涎；同硫黃結砂，則拯救危病。此乃應變之兵，在用者能得肯綮，而執其樞機焉。

愚按：水銀謂其能鎮墜痰逆，然在鉛固曰墜痰，而鉛霜尤云的劑，其所主果屬何味也？蓋痰為液所化，腎主五液，鉛稟北方癸水之氣，陰極之精，能攝液而歸腎，宜其鎮墜痰逆也。水銀為離中之坎，與鉛氣交感，自同氣相求以歸於下。若然，是鉛為氣之先矣。但痰之原在腎，而液之化為痰也則在上，痰之由熱化者，以心火為主。丹砂專主心火，汞蘊於其內，是水在火中也，得火中之水以祛熱。而痰之上逆者，乃得順下而墜之。觀陳藏器謂其利水道，去熱毒；寇宗奭云主小兒驚熱痰涎，則可以思其用矣。或曰《日華子本草》言：鉛霜主胸膈煩悶，中風痰實，固取鉛汞交感之義。而戴原禮治中風痰壅甚者，間投養正丹，較鉛霜更有硫、砂二味，得母陰陽交補歟。曰不也。蓋鉛歸於腎以宅陰，而硫戀於鉛以同歸，汞固感乎同氣之鉛，在砂亦趨乎同氣之硫。人生結胎之始，先生命門，天一生水。壬為陽水，配丁之陰火而生丙，然後生心，即此則砂亦趨於同氣之硫，其義可思，更參石硫黃論，乃為得之。此丹正治上實下虛，上焦痰熱甚者，固屬下之陰虛甚也。然又非純陰之劑所能墜，並藉陽之所歸，因而導之，彷彿於從治之法，俾能奏功於危篤耳。但本方四味各等分，如陰虛而陽盛，以為病也，硫砂止宜居其少半。即陰陽兩虛，硫砂亦宜如其半而止，防其虛陽愈僭，而上逆愈甚也。靈砂分兩，汞八兩，硫止二兩，此法可倣也。

附方 養正丹治上盛下虛，氣不升降，元陽虧損，氣短身羸，及中風涎潮，不省人事，傷寒陰盛，自汗脣青，婦人血海久冷，水銀、黑錫，去滓，淨秤，與水銀結砂子，硫黃研，朱砂研細，各一兩，右用黑盞一隻，火上鎔黑鉛成汁，次下水銀，以柳條攪，次下朱砂，攪令不見星子，放下少時，方入硫黃末，急攪成汁，和勻，如有燄，以醋灑之，候冷取出，研極細，煮糯米糊丸綠豆大，每三十丸，鹽湯、棗湯任下。小兒急驚墜涎，水銀半兩，生南星一兩，麝香半分，為末，入石腦油同搗，和丸綠豆大，每服一丸，薄荷湯下。失心風疾，水銀一兩，藕節八個，研成砂子，丸如芡子大，每服二丸，磨刀水下一二服。惡肉毒瘡，一女年十四，腕軟處生物如黃豆大，半在肉中，紅紫色，痛甚，諸藥不效。一方士以水銀四兩，白紙二張，揉熟蘸銀擦之，三日自落而愈。

修治 用磁罐二箇，掘地成坎，深開量可容二罐，先埋一罐於坎，四圍用土築穩實，內盛水滿，仍一罐入朱砂半滿，上加敲碎瓦粒，剪鐵線髻如月圓樣，一塊閉塞罐口，倒覆下罐之上，務令兩口相對，弦縫鹽泥封固，以熟炭火先文後武，煅煉一炷香久，其砂盡出，水銀流於下罐水內，復起下罐，揀出皮殼，入新朱砂，固濟再煅，每好砂一兩常煅出七八錢，低者僅五六錢而已。斆曰：凡使勿用草汞。草汞用細葉馬齒莧取之。并舊朱漆中者，經別藥制過者，在尸中過者，半生半死者，其朱砂中水銀色微紅，收得後用葫蘆貯之，免遺失，若先以紫背天葵并夜交藤自然汁二味同煮一伏時，其毒自退，若修十兩，二汁合七鎰。希雍曰：水銀從丹砂中出者，即砂中液也。稟至陰之氣而有汞，故其味辛，其氣寒而有毒。入口為厲，祇宜外治，不宜內服。然陳藏器曰：水銀入耳能食人腦至盡，入肉令百節攣縮，倒陰絕陽。人患瘡疥，多以水銀塗之，性滑重，直入肉，宜謹之。頭瘡切不可用，恐入經絡，必緩筋骨，是外治亦未可亂投矣。寇宗奭云：水銀入藥，雖各有法，極須審謹，有毒故也。歷舉學士大夫惑於方士之說，服煅煉水銀而暴卒者，不可勝數。婦人誤服多致絕孕，其為毒害昭昭矣，可不慎諸！

又按：水銀之毒，陳嘉謨以為朱砂伏火而成，氣味純陽為毒，殊不如時珍所云陰毒之物，無似之者之議為確也。蓋水銀乃砂中之汞，取汞離砂，則為純陰矣。觀取者用水承下以招之，使烟飛於上，汞滿於水，則其義可知，天地間寧獨純陽之性為毒，而純陰之性其毒等也。故其入骨蝕腦者，骨為腎之餘，腦為髓之充，髓為骨之精，皆其以同氣致害也。若人死而入水銀，猶能不即腐者，以血肉之軀屬陰，而引純陰之氣能全之也。知此則偏勝之陰，猶不可輕餌，況乎脫砂之汞，復燒煉以求長生，不知其何所取而奠補益，祇用自戕其生也。

**清·郭章宜《本草匯》卷一八**　水銀一名汞。　味辛，氣寒，大毒。殺皮膚中蝨，消金銀之毒。下婦人之死胎，損男子之陰氣。

按：水銀，即丹砂中液也。稟至陰之氣，其性下走而無停歇，以傅男子陰，能消陽氣而不起。蓋其性沉滑，入骨鑽筋。頭瘡用之，食腦至盡。入肉則百節拘攣，倒陰絕陽，百藥不治。或炙金物熨之，庶冀其出耳。陰毒之物，無似之者。若其外治之功，蓋不可掩。故外科黃白靈丹中，每用之以奏功。黃靈丹，專治無名腫毒，止痛止臭，拔毒，去腐肉，生新肉，收口。水銀、明礬各一兩，火硝二兩，石青二錢，蜜陀僧一錢，硼砂一錢，倭鉛三錢，硃砂三錢，東丹一錢，雌黃一錢，銀朱三分，先用微火煨乾鍋內，以砂碗蓋之，光粉封固碗口，昇三炷香，取起俟冷，取藥用。白靈丹，耑治各樣未成腫毒，用醋調點患處頭上，看毒大小，如桐子大，泡起毒即消。若已成，不肯穿者，亦用此作餅，將膏藥貼頭上，半日即穿。水銀一兩，青鹽、明礬、皂礬各二兩，火硝二兩五錢，硼砂、雄黃、硃砂各三錢，砒石五分，研勻，放烊銅罐內，微火煨乾後，降三炷香，俟冷取藥，不可生人、雞犬沖。

以葫蘆貯之，即不走漏。若撒失在地，但以川椒末或茶末收之，或以真金及鍮石引之，即上。

**清·蔣居祉《本草擇要綱目·寒性藥品》**　水銀　氣味：辛，寒，有毒。主治：瘡瘻瘍白禿，殺皮膚中蝨，墮胎，除熱。殺金、銀、銅、錫毒，鎔化還復為丹，以傅男子陰，陰消無氣。利水道，去熱毒。主天行熱疾，除風安神鎮心。治惡瘡瘑疥殺蟲，催生下死胎。丹燒不成水銀，積變又還成丹砂，其去凡草木遠矣。金汞在九竅，則死人為之不朽。水銀入耳，能食人腦至盡，入肉令百節攣縮，倒陰絕陽。人患瘡疥，多以水銀塗之。性滑重，直入肉，宜謹之。頭瘡切不可用，恐入經絡，必緩筋骨，百藥不治也。

**清·王翃《握靈本草》卷一**　水銀西來水銀出朱砂中，南方者多草汞，色微紅者真。以紫背天葵并夜交藤自然汁二味，同煑一伏時，即無毒。　主治：水銀辛，寒，有大毒。主鎮墜痰涎，嘔吐反胃。

**清·汪昂《本草備要》卷四**　水銀重，外用殺蟲。　辛，寒，陰毒。功專殺蟲。治瘡疥蟣蝨。性滑重，直入肉，頭瘡切不可用，恐入經絡，令人筋骨拘攣。解金銀銅錫毒，能殺五金。墮胎絕孕。從丹砂燒煅而出。畏磁石、砒霜。得鉛則凝，得硫則結，并棗肉人唾研則碎。散失在地者，以花椒、茶末收之。

**清·张璐《本經逢原》卷一**　水銀一名汞。　辛，寒，有毒。水銀陰毒重著，不可入人腹。古法治誤食水銀，令其人臥於椒上，則椒內皆含水銀。今有誤食水銀，腹中重墜，用豬脂二觔切作小塊焙熟，入生蜜拌食得下，亦一法也。

《本經》主疥瘻痂瘍白禿，殺皮膚中虱，墮胎，除熱，殺金銀銅錫毒，鎔化還復為丹。發明：水銀乃至陰之精，質重著而性流利，得鹽礬為輕粉，加硫黃為銀硃，煬成罐同硫黃打火升鍊則為靈砂，同硝皂等則為升降靈藥，性之飛騰靈變無似之者，此應變之兵在用者得其肯綮而執其樞要焉。《本經》主疥瘍白禿，皮膚中虱，及墮胎除熱，傅男子陰，則陰消無氣，以至陰之精能消陽氣，故不利男子陰氣也。《和劑局方》之靈砂丹專取硫黃以製汞，養正丹兼取伏火丹砂以的製鉛，深得交通陰陽，既濟水火之妙用，非尋常草木可以例推也。《千金》治白癜風癢，《外臺》治蟲癬瘙癢，《梅師》治痔瘡作癢，《肘後》治一切惡瘡。藏器有云：水銀入耳能蝕人腦，令人百節攣縮，但以金銀著耳邊即出。頭瘡切不可用，恐入經絡必緩筋骨，百藥不治。

**清・浦士貞《夕庵讀本草快編》卷一**　水銀《本經》、汞　附：輕粉、銀朱、靈砂　其狀如水似銀，故兼名之。方術家以汞和牛、羊、豕三脂杵成膏，以通草為炷，照于藏金寶處，或妖怪之物盡知。　汞乃至陰之精，稟沉着之性。得凡火煅煉，則飛騰靈變；得人氣熏蒸，則入骨鑽筋，絕陽蝕腦，亡血散液。陰毒之物，誰似之者？而大明言其無毒，《本經》言其久服神仙，甄權美其還丹元母，《抱朴》譽其長生良藥，蓋取其能化五金，成大丹耳。六朝以下，貪生之輩不得其旨，服食之者，皆成廢篤，不可勝數。若論治病之功，祇可鎮驚療癲，殺蟲祛鬼為上，固不宜輕投以夭人也。且其得鹽、礬則成輕粉，得硝、黃則化為銀朱，則又變至陰為燥烈矣。其性皆走而不守，故善劫痰消滯，去濕逐邪，大抵功與汞同，并為一條。致于靈砂，乃獨硫乾汞，謂之丹基，九度抽添，制而成形。奪天地造化之功，竊陰陽不測之妙，真扶危拯急之神丹也。東坡云：此藥治久患反胃及一切吐逆，小兒驚吐，其效如神。李瀕湖又以陰陽水送下，配合更妙。先君星臨公受知於臺山葉相國，讀書中秘見其施此丹，治勞瘵蠱膈，陰寒絕嗣者，無不奏捷，益進乎神矣。

**清・張志聰、高世栻《本草崇原》卷中**　水銀　氣味辛，寒，有毒。主治疹瘻痂瘍白禿，殺皮膚中虱，墮胎，除熱，伏金銀銅錫毒，熔化還復為丹。久服神仙不死。　水銀一名汞，一名靈液，又名姹女。古時出符陵平土，產於丹砂中，亦有別出沙地者。今秦州、商州、道州、邵武軍、西羌、南海諸番、嶺外州郡皆有。陳霆《墨談》云：拂林國當日沒之處，地有水銀海，周圍四五十里，國人取之近海十里許，掘坑井數十，乃使健夫駿馬皆貼金箔行，近海邊日照金光晃耀，則水銀滾沸，如潮而來，其勢若粘裹，其人即回馬疾馳，水銀隨趕。若行緩則人馬具撲滅也，人馬行速則水銀勢遠力微，遇坑塹而溜積於中，然後取之。又，馬齒莧乾之十斤，可得水銀八兩，名曰草汞。　水銀氣味辛寒，稟金水之真精，為修煉之丹汞，燒硃則鮮紅不渝，燒粉則瑩白可愛，猶人身中焦之汁，化血則赤，化乳則白，此天地所生之精汁也。主治疹瘻痂瘍白禿者，稟水精之氣，能清熱而養血也。殺皮膚中虱，墮胎者，稟金精之氣，能肅殺而攻伐也，性寒故能除熱，汞乃五金之精，故能殺金銀銅錫毒。水銀出於丹砂之中，而為陽中之陰。若熔化，則還復為丹，而為陰中之陽。一名靈液，又名姹女，乃天地所生之精汁，故久服神仙不死。凡人誤食水銀則死。《本經》乃謂：久服神仙不死者，蓋以古之神仙，取鉛汞二物，用文武火候煉養久久，而成還丹，服之得以延年不老，指此言耳，非謂水銀可以久服也。然其法久已失傳，方士竊取其說以惑人，苟有服者，勢在必死，載於典籍不一而足，不可以《本經》有是文而誤試之。然謂《本經》六字竟是後之方士增加者，恐又不然也。

**清・徐大椿《神農本草經百種錄》中品**　水銀　味辛，寒。主疥瘻，痂瘍白禿，殺皮膚中蝨，解皮毛中濕熱之毒，蝨亦濕熱所生也。墮胎，至重能墮胎，又胎氣始生肝氣養之，金尅木則傷肝而胎墜也。除熱，殺金、銀、銅、錫毒，得五金之精氣，故能除其毒也。鎔化還復為丹。水銀出于丹砂中者為多，故亦可鍊成丹石，金精得火變化不測，鉛汞皆如此。久服神仙不死。以其不朽而能變化也。　水銀，五金之精也，得五金之精氣，而未成質鍊之，亦能為金銀等物。其所治，皆皮膚熱毒之疾。蓋肺屬金，而主皮毛，亦以氣相感也。〇丹家爐鼎之術，以水銀與鉛為龍虎，合鍊成丹，服之則能長生，久服飛昇羽化。自《參同契》以後，其說紛紛，高明之士，為所悞者不一而足。夫水銀乃五金之精，而未成金體者也。凡金無不畏火，惟水銀則百鍊如故，以其未成金質，中含水精，故火不得而傷之。其能點化為黃白者，亦因藥物所鍊，變其外貌，非能真作金銀也。今乃以其質之不朽，欲借其氣以固形體，真屬支離。蓋人與萬物，本為異體。借物之氣，以攻六邪，理之所有；借物之質，以永性命，理之所無。術士好作聰明，談天論易，似屬可聽，實則伏羲畫卦，列聖繫辭，何嘗有長生二字，此乃假託大言以愚小智，其人已死，詭云尚在。試其術者，破家喪身，未死則不悟，既死則又不知。歷世以來，昧者接踵，總由畏死貪生之念，迫于中而反以自速其死耳。悲夫！

**清・黃元御《玉楸藥解》卷三**　水銀　味辛，性寒。入手少陰心、足少陰腎經。殺蟲去蝨，止痛拔毒。水銀大寒至毒，治疥癬痔瘻，楊梅惡瘡，滅白癜粉皰。但可塗搽，不可服餌，服之痿陽絕產，筋攣骨痛。古人服方士燒煉水銀，以為不死神丹，殞命夭年，不可勝數，帝王將士，多被其毒。古來服食求神仙，多為藥所誤，其由來遠矣。勿入瘡口。

**清・汪紱《醫林纂要探源》卷三**　水銀　辛，寒。汞也。丹砂燒煅，則自流出，是其液也。性善走，鉛能制之使止，亦水能制火，黑能止赤之理。故修煉家以喻坎離交媾之義。磨鏡者必用鉛所制之汞，光明乃發，人毓精以養神，使心神常靜，則能動發光明，亦猶是矣。其已制而未碎者，合棗肉，入口唾研之則碎。其未制而散走在地者，可以花椒、茶葉末收之。功專殺蟲。治疥癬，殺蟣蝨。能墜胎絕孕。此非毒也。其無微不入，一散難收，亦猶心神之用，逐物以流，不能復反，則傷物敗度，為害無窮。辛行而散，寒則摧傷，此其所以毒也。

**清·嚴潔等《得配本草》卷一**　水銀一名汞。畏磁石、砒石、黑鉛、硫黃、大棗、蜀椒、紫河車、松脂、松葉、荷葉、穀精草、金星草、萱草、夏枯草、莨菪子、雁來紅、馬蹄香、獨脚蓮、水慈菇、瓦松、忍冬。辛，寒，有毒。解五金毒，殺瘡疥蟲，墮胎絕孕。紫背天葵並夜交藤自然汁同煮，以去其毒。得鉛則凝，得硫則結，並棗肉、人唾研則碎，散失在地者得川椒、茶葉則收。頭瘡禁用。恐入經絡，致筋骨拘攣，百藥不治也。

**題清·徐大椿《藥性切用》卷七**　水銀　辛寒陰毒，功耑殺蟲。性滑重直，最易入肉，慎之。

**清·黃宮繡《本草求真》卷八**　水銀殺諸蟲瘡疥。水銀走而不守。從石中迸出者為石汞，從丹砂中出者為硃裹汞，究皆丹砂液也。性稟至陰，辛寒有毒，質重着而流利，得鹽礬為輕粉，加硫黃為銀硃，煬成罐同硫黃打火昇煉，則為靈砂。同皂礬則為升降靈丹，藥之飛騰靈變無有過是，故以之殺諸蟲疥瘡也。然至陰之性，近於男子陰器則必消痿無氣，入耳能蝕人腦至盡。頭瘡切不可用。入肉令百節攣縮，外敷尚防其毒之害，內服為害，不待言而可知矣。今人有水銀燒成丹砂，醫人不曉，誤用，不可不謹。得棗肉人唾同研則散，得鉛則凝，得硫黃則結。時珍曰：水銀陰毒之物，無似之者。而大明言其無毒，《本經》言其久服成仙，甄權言其還丹元母，《抱朴子》以為長生之藥，六朝以下，貪生者服食至成廢篤而喪厥軀，不知若干人矣。方士固不足道，本草其可妄言哉！水銀但不可服食耳，而其治病之功，不可掩也。同黑鉛結砂則鎮墜，又鉛同硫黃結砂，則拯救危病，此乃應變之兵，在用者能得肯綮而執其樞要耳。得紫河車則伏，得川椒則收。水銀失在地者，以花椒茶末收之。

**清·羅國綱《羅氏會約醫鏡》卷一八金石水土部**　水銀辛寒，有大毒。陰毒之性，耑殺諸蟲。治疥癬癩瘡，同大楓子用。頭瘡不用，恐入經絡。除虱墮胎，死胎可下。永絕胎孕。佐黃芩丸服。止可外用，不可內服。棗肉、人唾、麻油同研則碎。

**清·吳鋼《類經證治本草·經外藥類》**　水銀汞　【略】誠齋曰：水銀不可服，外用亦慎之。

**清·張德裕《本草正義》卷下**　水銀　辛，寒，有大毒。同黑鉛結砂，則鎮墜痰涎。同硫黃結砂，則療刼危疾。墮胎殺蟲，尤善走經絡，透骨髓，逐楊梅瘋毒。內證不宜輕用，頭瘡防流入經絡，緩筋骨，無藥可治。

**清·楊時泰《本草述鉤元》卷五**　水銀　一曰汞，出於丹砂為真汞。取汞法：用磁罐二箇，掘地成坎，開深可容二罐，先埋一罐於底，四圍土築穩實，內盛水滿，仍用一罐，入硃砂半滿，上加敲碎瓦粒，紮鐵線髻一圓，閉塞罐口，倒覆下罐之上，兩口相對，鹽泥固縫，以熟炭火先文後武，煉一炷香久，其砂盡出，水銀流於下罐水內，復起罐，揀出皮殼，入新硃砂，固濟再煅，每好砂一兩，常煅出七八錢，低者僅五六錢。水銀從丹砂中出者，色微紅，收得後，葫蘆貯之，免遺失。若先有紫背天葵并夜交藤自然汁二味，同煮一伏時，其毒自退，若修十兩，二汁合七鎰。

氣味辛寒，有毒。主治利水道，去熱毒，鎮墜痰逆，嘔吐，反胃，安神鎮心，治惡瘡瘑疥，殺蟲，療小兒驚熱潮涎。稟至陰之氣而有毒，故味辛氣寒，入口為厲，外治且不可亂投，何況內服仲淳。水銀乃至陰之精，稟沉着之性，得凡火煅煉，則飛騰靈變，得人氣熏蒸，則入骨鑽筋，絕陽蝕腦，陰毒之物，無似之者。六朝以下，服食貪生，致成廢篤，不知若干人。但其治病之功，自不可掩。同黑鉛結砂則鎮墜痰涎，同硫黃結砂則拯救危病，乃真應變之兵，在用者得其肯綮耳瀕湖。養正丹，治上盛下虛，氣不升降，元陽虧損，氣短身羸，及中風涎潮，不省人事，傷寒陰盛，自汗脣青，婦人血海久冷。水銀一兩，黑錫去滓秤一兩，硫黃研、硃砂研細各一兩，用黑盞一隻，先鎔黑鉛成汁，次下水銀，以柳條攪，次下硃砂，攪令不見星子，下火少時，方入硫末，急攪成汁，和勻，如有燄以醋灑之，候冷取出，研極細，煮糯米糊丸綠豆大，每服二三十丸，鹽湯、棗湯任下。小兒急驚，用墜痰涎，水銀半兩，生南星一兩，麝香半分，為末，入石腦油，同搗和丸綠豆大，每服一丸，薄荷湯下。失心風疾，水銀一兩，藕節八箇，研成砂子，丸如芡子大，每服二丸，磨刀水下一二服。惡肉毒瘡，一女子腕軟處生物如黃豆，半在肉中，紅紫色，痛甚，諸藥不效，一方士以水銀四兩，白紙二張揉熟，蘸水銀擦之，三日自落。

論：水銀同黑鉛結砂，何以能鎮墜痰逆？蓋痰為液所化，而主五液者腎也。鉛稟北方癸水之氣，陰極之精，能攝液而歸腎，水銀為離中之坎，與鉛氣交感，自同氣相求以歸於下。但痰之原在腎，而液之化為痰也則在上，痰之由熱化者，以心火為主。丹砂法火主心，汞蘊於其內，是水在火中也，得火中之水以祛熱，而痰之上逆者，乃得順下而墜之矣。戴原禮治中風痰壅甚者，間投養正丹，較鉛霜之主痰實煩悶，更有硫、砂二味，此非陰陽交補也。蓋鉛歸於腎以宅陰，而硫戀於鉛以同歸，汞固感乎同氣之鉛、砂，亦趨乎同氣之硫，人生結胎之始，先生命門，天一生水，壬為陽水，配丁之陰火而生丙，然後生心，即此則砂亦趨於同氣之硫。其義可思。正治上實下虛之的劑也。夫上焦痰熱甚者，固屬下之陰虛甚，然又非純陰之劑所能墜，必藉陽之所歸，因而導之，彷彿於從治之法，始能奏功於危篤耳。但本方四味等分，如陰虛而陽盛，硫、砂止宜居其少半，即陰陽兩虛，硫、砂亦宜如其半而止，防其虛陽愈僭而上逆愈甚也。靈砂分兩，汞八硫二可做。水銀乃砂中之汞，取汞離砂，則為純陰矣。觀取者用水下承以招之，使烟飛於上，汞滿於下可見。天地間寧獨純陽之性為毒，純陰之性其毒等也。其入骨蝕腦者，骨為腎之餘，腦為髓之充，髓為骨之精，皆其以同氣致害也。人死而入水銀，能不即腐者，以血肉之軀屬陰，此純陰之氣能全之也。知此則偏勝之陰，洵無似之者矣。

水銀入耳，能食人腦至盡。入肉令百節攣縮，倒陰絕陽。患瘡疥人塗之，性滑重，直入肉，宜謹之。頭瘡切不可用，恐入經絡，必緩筋骨，是外治亦未可亂投也。婦人誤服，多致絕孕仲淳。辨治：凡使，弗用草汞。取之細葉馬齒莧者。并舊朱漆中者，或經別藥製過者，在尸中過者，半生半死者雷公。得鉛則凝，得硫則結，并棗肉、人唾研則散，得紫河車則伏，得川椒則收。別法煅為膩粉、粉霜。

**清・葉桂《本草再新》卷八** 水銀味辛，性寒，有小毒。入肝、腎二經。 殺蟲，治疥瘡，解金銀毒，墮胎絕孕。

**清・趙其光《本草求原》卷二五石部** 水銀一名汞。 從丹砂煅煉而出，為火中之水。辛，寒，有毒。能導心肺熱毒下行，沉陰歸下。利水，墜胸上熱痰，水歸腎則痰化。嘔吐反胃，清水不止，此下陰虛而熱迫於上，宜養正丹加玉桂，米湯、薑汁下，借硫黃戀鉛以導陽歸下。殺蟲，鎮心，治瘡疥、蟣虱、瘙癬，同胡粉敷。白癜，拭之。誤吞金、銀、銅、錫，吞之即解。墮胎絕孕。至陰之性能消陽，故靈砂丹取硫黃以制之，養正丹兼取伏火，丹砂以制鉛，乃得交通水火之妙。入耳，能蝕人腦，令人百節攣縮，以金銀着耳邊即出。頭瘡勿用，恐入經絡，筋骨拘攣。畏磁石、砒霜。得鉛則凝，得硫則結。並棗肉、人唾研則碎。散失在地者，以花椒、茶末收入。

**清・葉志詵《神農本草經贊》卷二** 水銀 味辛，寒。主疥瘻痂瘍，白禿，殺皮膚中蝨，墮胎，除熱。殺金銀銅錫毒。鎔化還復為丹，久服神仙不死。生平土。

爍質洪鑪，澒流烟盡。伏戀鉛凝，含收椒引。采莧東晞。披沙內蘊。姹女丹還，性全韜隱。

《列仙傳》：寧封子爍質洪鑪。蘇頌曰：采粗次硃砂，作鑪煅養，承水覆盆，烟飛於上，澒流於下。《土宿指南》：硃砂伏於鉛，硫戀於鉛。寇宗奭曰：得鉛則凝。《國語》：土氣含收。《丹藥秘訣》：遺失在地，以川椒末引之。韓保昇曰：馬齒莧節葉間有水銀，然至難燥，向日東曬之。陶弘景曰：水銀有別出沙地者。李嶠詩：向日披沙盡。權德輿文：和易內蘊。杜甫詩：姹女縈新裹。注：澒也。白居易詩：黃芽姹女大還丹。宋《新論》：能韜隱其質，故致全性也。《抱朴子》：丹砂燒之成水銀，積變又還成丹砂。

**清・文晟《新編六書》卷六《藥性摘錄》** 水銀 有毒。入耳者，以黃金枕其耳，即出。入腹者，以豬脂服之，有効。

**清・戴葆元《本草綱目易知錄》卷七** 水銀汞 辛，寒，有毒。鎮心安神，除風殺蟲，利水道，去熱毒。鎮墮痰逆胎，天行熱疾，嘔逆反胃。小兒驚熱涎潮，催生下死胎。殺皮膚中蝨，傳疥瘻惡瘡，白禿瘑疥。殺金、銀、銅、錫毒。鎔化，還復為丹，能倒陰陽，墮胎絕孕，以傳男子陰，陰消無氣。其性至陰沉着，火煅煉，則飛騰靈變。得人氣熏蒸，則鑽筋入骨。入耳，食人腦至盡。入肉，令百節攣縮。頭瘡忌用，恐入經絡，而緩筋骨，百藥難治。外用傳瘡，仍嫌體重，傷肌肉，悞信制服成仙，無不傷軀殞命，養生者戒之。

**清・陳其瑞《本草撮要》卷六** 水銀 味辛，寒，陰毒，入手足太陰經，功專殺蟲，治瘡疥蟣蝨，解金銀銅錫毒，墮胎絕孕。從丹砂燒煅而出，得鉛則凝，得硫則結，併棗肉、人唾研則碎。散失在地者，以花椒末、茶末收之。畏慈石、砒霜。

**清・仲昴庭《本草崇原集說》卷中** 水銀 【略】仲氏曰：五方言語不通，神仙不死，乃上古之方言，無可疑也，可疑而不能闕疑者，為丹久服之說耳。

丹砂

**宋·李昉《太平御覽》卷第九八五**　丹　《易叅同契》曰：丹沙木精，得金乃并。　《書》曰：荊及衡陽惟荊州。杶、幹、栝、栢、礪、砥、砮、丹。砥細於礪，皆磨石也。砮石中矢鏃丹，朱類。　《汲冢周書·王會》曰：成王時，濮人獻丹沙。濮人，西南角之蠻。丹沙所出。　《禮儀》曰：君乘木而王，地生丹。　《孝經援神契》曰：德至山陵，則陵出黑丹。宋均注曰：丹應五典，備五色也。　《春秋運斗樞》曰：搖光得陵出黑芝，亦令人長生。以金投中，則名為金漿。以玉投中，則名為玉澧。服之皆長生。又有取伏丹法云：天下諸水，有石丹者，其水中皆有丹魚。先夏至十日，夜伺之，丹魚必浮於岸側，赤光上照，赫然如火。網而取之，雖多，勿盡取之也。割取血，以塗足下，則可步行水上，長居水中。　《史記》曰：寡婦清先得丹穴，而擅其利。清寡婦能守其業，始皇為女築懷清臺。　《梁書》曰：陶弘景既得神符祕訣，以為神丹可成，而苦無藥物。帝給黃金、朱沙、曾青、雄黃等，後合飛丹，色如霜雪，服之體輕。及帝服飛丹有驗，益敬重之。　《唐書》曰：道士劉道合者，宛丘人。高宗令合還丹，丹成而上之。咸亨中卒，唯有空皮，而背上開拆有似蟬蛻。高宗聞之，曰：劉師為我合丹，自服仙去。其所進者，亦無異。　《典略》曰：白丹者，山陵之精也。　《淮南子》曰：赤水宜丹，黃水宜金，清水宜龜。　《抱朴子》曰：余考覽養生之書，究集久視之方，曾所披涉，篇以千計矣，莫不以還丹金液為大要焉。然則二事，蓋仙道之極也。服此而不仙，則古無仙矣。昔左元放於天注山中精思，神人授以丹經，仙公從元放受之，凡受《太清丹經》三卷，及《九鼎丹經》一卷，《金液經》一卷。予師鄭君者，予從祖仙公之弟子，乃於馬迹山中立壇盟受之，并具諸口訣之不書者。　又曰：太清神丹，其法出元君。元君者，老子之師也。《太清觀天經》有十四篇，云其上七篇不可以教授，其中四篇無足傳，嘗沉之三泉。下篇者，正是《丹經》上、中、下三卷，其經曰：上下得道，長生世間。　又曰：漢末，新野陰君合此太清丹得仙。其人本儒生，有才思，著詩及《丹經讚》並序，述初學道淩師本末，引己所知識之得仙者四十餘人，甚分明也。　又曰：有九光丹，與九轉異法，大都相似耳。作之之法，當先以諸藥合水火，以轉五石。五石者，丹砂、雄黃、礜石、曾青、磁石也。一石(轉)〔輒〕五轉，而各成五色，五石合為二十五色，色各一兩，而異器盛之。欲起死人，未滿三日，取青丹一刀圭，和以水，浴死人之身；又以一刀圭，發其口內之，死人立生。欲致行廚，取黑丹，和以塗左手，所求如所道，皆自(致)〔至〕，可致天下萬物也。欲隱形及先知未然方來之事，及住年不老，服黃丹一刀圭，即便長生不復老。坐見千里之外，吉凶皆如在目前也。人生相命，盛衰壽夭，貴賤貧富，皆知之矣。其法具在《太清》中卷。　又曰：《五帝雲丹方》一卷，其法五也。用丹砂、雄黃、石流黃、曾青、礜石、磁石、礬石、戎鹽、太一禹餘糧，亦同用(太)〔六〕一泥，及神室祭醮之，三十六日成。　又曰：以金液為威喜巨勝之法，取金液及水銀，合煮之三十日出，以黃土甌盛，封以(太)〔六〕一泥，置之猛火上炊之，卒時皆化為丹。服如小豆便仙。以此丹一刀圭，粉和水銀一斤，即成銀。又取此丹一斤，置猛火上扇之，化為赤金而流，名曰丹金。以塗刀劍，兵去萬里。以此丹金為盤椀，食其中，令長生。以承日月得神液，如方諸之得水也，飲之令人不死。　又曰：九丹誠為仙藥之上，然合作之，所用雜藥甚多。若四方清通者，市之可得，取若九域分攝，則其物或不可得也。　又曰：葛稚川云：余祖鴻臚少時，曾為臨沅令。云此縣有廖氏，家世壽考，或出百，或八九十，後徙去，子孫多夭折。他人居其故宅者，復累世壽。由此乃覺是宅所為，而不知其何故。疑其井水殊赤，乃試掘井左右，得古人埋丹沙數十斛。　《山海經》曰：拒山，英水出焉，其中多丹粟。　又曰：始州國有丹山。　《論衡》曰：《太公陰謀書》：武王伐紂，食小兒以丹金，身純赤。長大，教云：殷王亡，民見兒身赤，以為天神。　《說文》曰：丹，越之赤石也。臒，善丹也。　《神仙傳》曰：采女請問彭祖延年之法，彭祖曰：欲舉形登天，上補仙官者，當用金丹。此(九)〔元〕君太一，所以白日昇天。　又曰：馬明生從道人受《太清神丹經》三卷，入山合藥服之，不樂昇天。但服半劑為地仙，展轉九州百餘年，乃白日昇天也。　又曰：淮南王安從八公受《丹經》及三十六水方。　又曰：李少君從安期先生受神丹爐火之方。家貧不得藥，乃以方干漢武帝云。　又曰：葛玄字孝先，從左元放受《九丹金液仙經》。　又曰：劉元鳳，南陽人。服芙蓉丹及雞子丹。　《魯女生別傳》曰：李少君字雲翼，齊國臨淄人也。少好道，入山採藥，修全身之術。道未成，而病困於山林中，遇安期先生經過，見少君。少君叩頭求乞生活。安期愍其有志，乃以神樓散方與服之，即起。少君求隨安期，奉給奴役。《廣志》曰：丹，朱沙之朴也，大者如米。生山中，出牂牁與古僰國。裴淵《廣州記》曰：鄣平縣有朱沙塘，水如絳。又曰：鄣平縣有石膏山，望之若霜雪。又一嶺東為銀石，南是鐵石，西則丹砂，北乃銅石。（本）（章）〔草〕曰：丹砂，味甘，微寒，生山谷。養精神，益氣明目。鈆丹，味辛，微寒。生平澤，治吐逆胃反，久服成仙。生蜀都。《吳氏本草》曰：丹砂，神農甘，黄帝、岐伯苦，有毒。扁鵲苦，李氏大寒。或生武陵，採無時。能化朱成水銀。畏磁石，惡鹹水。武陵太守謝承表曰：新宫成，上丹砂五百斤，上億萬歲壽。

**宋・唐慎微《證類本草》卷三玉石部上品〔《本經・別錄・**藥對**》〕** **丹砂** **味甘，微寒，**無毒。**主身體五藏百病，養精神，安魂魄，益氣明目，**通血脉，止煩滿，消渴，益精神，悅澤人面，**殺精魅邪惡鬼，**除中惡、腹痛、毒氣、疥瘻、諸瘡。**久服通神明不老，**輕身神仙，**能化爲汞。**作末名真朱，光色如雲母，可析者良。生符陵山谷。採無時。惡磁石，畏鹹水。

〔梁・陶弘景《本草經集注》〕云：按：此化爲汞及名真朱者，即是今朱砂也。俗醫皆别取武都、仇池雄黄夾雌黄者，名爲丹砂。方家亦往往俱用，此爲謬矣。符陵是涪州，接巴郡南，今無復採者。乃出武陵、西川諸蠻夷中，皆通屬巴地，故謂之巴砂。仙經亦用越砂，即出廣州、臨漳者，此二處幷好，惟須光明瑩澈爲佳。如雲母片者，謂雲母砂。如樗蒲子、紫石英形者，謂馬齒砂，亦好。如大小豆及大塊圓滑者，謂豆砂。細末碎者，謂末砂。此二種麤，不入藥用，但可畫用爾。採砂，皆鑿坎入數十丈許。雖同出一郡縣，亦有好惡。地有水井勝火井也。鍊餌之法，備載仙方，最爲長生之寶。

〔唐・蘇敬《唐本草》〕注云：丹砂，大略二種，有土砂、石砂。其土砂，復有塊砂、末砂，體幷重而色黄黑，不任畫用，療瘡疥亦好，但不入心腹之藥爾。然可燒之，出水銀乃多。其石砂便有十數種，最上者光明砂，云一顆别生一石龕內，大者如鷄卵，小者如棗栗，形似芙蓉，破之如雲母，光明照澈，在龕中石臺上生。得此者，帶之辟惡，爲上；其次，或出石中或出水內，形塊大者如拇指，小者如杏人，光明無雜，名馬牙砂，一名無重砂。入藥及畫俱善，俗間亦少有之。其有磨嵯、新井、别井、水井、火井、芙蓉、石末、石堆、豆末等砂，形類頗相似。入藥及畫，當擇去其雜土石，便可用矣。南有越砂，大者如拳，小者如鷄鵝卵，形雖大，其雜土石，不如細明淨者。《經》言末之名真朱，謬矣，豈有一物而以全末爲殊名者也？

〔宋・馬志《開寶本草》〕注：今出辰州、錦州者，藥用最良，餘皆次焉。陶云出西川，非也。蠻夷中或當有之。

〔宋・掌禹錫《嘉祐本草》〕按：《藥性論》云：丹砂，君，有大毒。鎮心，主尸疰，抽風。日華子云：凉，微毒。潤心肺，治瘡疥痂，息肉。服幷塗用。

〔宋・蘇頌《本草圖經》〕曰：丹砂，生符陵山谷，今出辰州、宜州、階州，而辰州者最勝，謂之辰砂。生深山石崖間，土人採之，穴地數十尺，始見其苗，乃白石耳，謂之朱砂牀。砂生石上，其塊大者如鷄子，小者如石榴子，狀若芙蓉頭，箭鏃。連牀者紫黯若鐵色，而光明瑩澈，碎之嶄巖作墻壁，又似雲母片可析者，真辰砂也，無石者彌佳。過此，皆淘土石中得之，非生于石牀者。陶隱居注：謂出武陵西川諸蠻中。今辰州乃武陵故地，雖號辰砂，而本州境所出殊少，往往在蠻界中溪溆、錦州得之，此地蓋陶所謂武陵西川者是也。而後注謂出西川爲非，是不曉武陵之西川耳。宜砂絕有大塊者，碎之亦作墻壁，但罕有類物狀，而色亦深赤，爲不及辰砂，蓋出土石間，非白石牀所生也。然宜州近地春州、融州皆有砂，故其水盡赤，每烟霧鬱蒸之氣，亦赤黄色，土人謂之朱砂氣，尤能作瘴癘，深爲人患也。階砂又次，都不堪入藥，惟可畫色耳。凡砂之絕好者，爲光明砂，其次謂之顆塊，其次謂之鹿蔌，其下謂之末砂。而醫方家惟用光明砂，餘幷不用。採無時。謹按：鄭康成注《周禮》，以丹砂、石膽、雄黄、礜石、磁石爲五毒，古人惟以攻創瘍。而《本經》以丹砂爲無毒，故人多鍊治服食，鮮有不爲藥患者。豈五毒之説勝乎？服餌者，當以爲戒。

〔宋・唐慎微《證類本草》〕雷公云：凡使，宜須細認取諸般，尚有百等，不可一一論之。有妙硫砂，如拳許大，或重一鎰，有十四面，面如鏡，若遇陰沉天雨，即鏡面上有紅漿汁出。有梅柏砂，如梅子許大，夜有光生，照見一室。有白庭砂，如帝珠子許大，面上有小星現。有神座砂，又有金座砂、玉坐砂，不經丹竈，服之而自延壽命。次有白金砂、澄水砂、陰成砂、辰錦砂、芙蓉砂、鏡面砂、箭鏃砂、曹末砂、土砂、金星砂、平面砂、神末砂，已上不可一一細述也。夫修事朱砂，先于一靜室內，焚香齋沐，然後取砂，以香水浴過了，拭乾，即碎擣之，後向鉢中更研三伏時竟，取一瓷鍋子着研了砂于內，用甘草、紫背天葵、五方草各剉之，著砂上下，以東流水煮亦三伏時，勿令水火闕失時候滿，去三件草，又以東流水淘，令淨。乾曒又研如粉，用小瓷瓶子盛。又入青芝草，山鬚草半兩蓋之，下十斤火煅，從巳至子時方歇。候冷，再研似粉。如要服，則入熬蜜，丸如細麻子許大，空腹服一丸。如要入藥中用，則依此法。凡煅，自然住火，五兩朱砂，用甘草二兩，紫背天葵一鎰，五方草自然汁一鎰，若東流水取足。《外臺秘要》：傷寒、時氣、溫疫、頭痛、壯熱脉盛，如得一二日者，取真砂一兩，以水一斗，煮取一升，頓服，覆衣被取汗。又方：辟瘟疫，取上等硃砂一兩細研，以白蜜和丸如麻子大，常以太歲日平旦，一家大小勿食諸物，面向東立，各吞三七丸，永無疫疾。又方：療心腹宿癥及卒得癥，取硃砂細研，搜飯令硃匀，以雄鷄一隻，先餓二日，後以硃飯飼之，著鷄于板上，收取糞，曝燥爲末，溫清酒服方寸匕至五錢，日三服。若病困者，晝夜可六服。一鷄少，更飼一鷄，取足服之，侯愈即止。《斗門方》：治小兒未滿月驚着似中風欲死者，用朱砂以新汲水濃磨汁，塗五心上，立差，最有神驗。《十全博救》：　瘵子死腹中不出，用硃砂一兩，以水煮數沸，末之，然後取酒服之，立出。　姚和衆：　小兒初生六日，温腸胃，壯血氣方，鍊成硃砂如大豆許，細研，以蜜一棗大熟調，以綿搵取，令小兒吮之，一日令盡。《太上八帝玄變經》：　三皇真人煉丹方：　丹砂一斤，色發明者，研末，重絹篩之，令靡靡，以醇酒不見水者沃丹，撓之令如葑泥狀，盛以銅盤中，置高閣上，勿令婦人見，曝之，身自起居數撓燥，復沃之，當令如泥。　若陰雨疾風，復藏之無人處。天晏，出曝之，盡酒三斗而成，能長曝之三百日，當紫色，握之不污手，如著手，未乾可丸。欲服時，沐浴蘭香，齋戒七日，勿令婦人近藥過傍，丸如麻子大，常以平旦向日吞三丸，服之一月，三蟲出。服之五六月，腹内諸病皆差。服之一年，眉髮更黑，歲加一丸。服之三年，神人至。　張潞云：　烏髭鬢大效方：　以小雌鷄一對，別處各養餵，不得令食蟲幷雜物，只與烏油麻一件，幷與水喫，使鷄長大放卵時專覷取出，先放者卵，收取及別處更放，卵絕，却收先放者卵，細研好硃砂一兩，擊破卵巔，些些作竅，入砂于卵内安置，用紙粘損處數重，候乾用。後放者卵，一齊令鷄抱，候鷄子出爲度。其藥在卵内，自然結實，打破取出，爛研如粉，用蒸餅丸如綠豆大，不計時候，酒下五七丸，不惟變白，亦愈疾矣。《青霞子》：　丹砂，自然不死，若以氣衰，血散，體竭，骨枯，人石之功，稍能添益，若欲長生久視，保命安神，須餌丹砂。且八石見火，悉成灰燼，丹砂伏火，化爲黄銀，能重能輕，能神能靈，能黑能白，能暗能明，一斛人擎，力難昇舉，万斤遇火，輕速上騰，鬼神尋求，莫知所在。《太清服鍊靈砂法》：　丹砂，外包八石，内含金精，先禀氣于甲，受氣于丙，出胎見壬，結魄成庚，增光歸戊，陰陽升降，各本其原，且如鉚石五金，俱受五陰神之氣結，亦分爲五類之形，形質頑嚚，志性沉滯。《寶藏論》：　硃砂若草伏住火，胎包在鞴，成汁可點銀爲金，次點銅爲銀。

〔宋・陳承《重廣補注神農本草並圖經》〕別說云：　謹按：　金、商州亦見出一種，作土氣色，微黄。陝西、河東、河北、京東、京西等路幷入藥，及畫家亦用。長安、蜀中研以代水銀朱作漆器。又信州近年出一種，極有大者光芒墻壁，略類宜州所產，然皆有砒氣，破之多作生砒色，入藥用，見火恐殺人。今浙中市肆所貨往往多是，用者宜審諦之。

**宋・寇宗奭《本草衍義》卷四**　丹砂　今人謂之朱砂。辰州朱砂，多出蠻峒。錦州界猪獠峒老鴉井，其井深廣數十丈，先聚薪于井，滿則縱火焚之。其青石壁迸裂處，即有小龕，龕中自有白石床，其石如玉。床上乃生丹砂，小者如箭鏃，大者如芙蓉，其光明可鑒，研之鮮紅。砂洎床，大者重七八兩至十兩者。晃州亦有形如箭鏃帶石者，得自土中，非此之比也。此物鎮養心神，但宜生使。鍊服，少有不作疾者，亦不減硫黄輩。又一醫流服伏火者數粒，一旦大熱，數夕而斃。李善勝嘗鍊朱砂爲丹，經歲餘，沐浴再入鼎，誤遺下一塊，其徒丸服之，遂發懵冒，一夕而斃。其生朱砂，初生兒便可服。因火力所變，遂能殺人，可不謹也？

**宋・王繼先《紹興本草》卷二**　丹砂　紹興校定：　丹砂即朱砂是也，以其色名之。主治已載《本經》，唯產辰州光明鐵色者佳。《本經》味甘，微寒，無毒，而注說或稱有毒。按古方小兒初生有服朱蜜法，即知無毒明矣。在方生用之，即微寒無毒。若經火鍛煉之，即性變大熱而有毒矣。又《別說》云：信州近年出一種極有大者，光芒牆壁，略類宜州所產，然皆有砒氣，破之作土砒色。其傷人之說不可不疑之。今詳生砒形色然亦有色紅者，但比之丹砂，殊難雜矣。

**宋・洪邁《夷堅志・志補》卷一八**　張中書愨，壯歲時無日不服丹砂。暮歸福州，身體充腯，飲啖加人十倍。家人困於供億，獨一婢與婦竭力祗事。張命以官，每中夜苦飢，但擊床屏，亟以饅頭至，非五十枚不飽，茹蔬必十盤，常食羊肉必五觔，經年之後，婢家爲之枵空。後忽髮際生瘍，浸淫及頂，巍然若高阜，結爲三十六瘡。旬餘，爆裂有聲，瘡番而外向，如人口反脣，遂卒。

**金・張元素《潔古珍珠囊》〔見元・杜思敬《濟生拔粹》卷五〕**　朱砂苦純陰。涼心熱非此不能除。

**宋・劉明之《圖經本草藥性總論》卷上**　丹砂　味甘，微寒，無毒。主身體五臓百病，養精神，安魂魄，益氣明目。通血脉，止煩滿，消渴。殺精魅邪惡鬼，除中惡腹痛毒氣，疥瘻諸瘡。《藥性論》云：　君。有大毒。鎮心，主尸疰抽風。日華子云：　涼，微毒。潤心肺。壹云：　治傷寒時氣，斷瘟疫及瘵子死腹中不出。出沅州麻陽。大塊者有牆壁者佳。階州砂不堪入藥，只可作畫色。信州出壹種，極有大者，相類宜州所產，然有砒氣，入藥用，見火恐殺人。惡磁石。畏鹹水。採無時。

**宋・張杲《醫說》卷八**　服雄黄　劉無名嘗於庚申日守三尸，服雄黄後見二鬼曰：　我泰山真符來攝君，見君頂上黄光數尺，不可近得。非雄黄之功乎（《瑣碎録》）？

**宋・張杲《醫說》卷九**　丹砂之戒　太學博士李干以進士為鄂岳從事，遇方士柳賁，從受藥法服之，往往下血，比四年病益急，乃死。其法以鉛滿一鼎，以物按，中為空，實以水銀蓋封，四際燒為丹砂。云：　余不知服食說自何世起，殺人不可計，而世慕向之益至，此其惑也。在文書所記及耳相聞傳者不說，今直取自見，親與之游，而以藥敗者六七公，以為世戒。工部尚書歸登，殿中御史李虛中，刑部尚書李遜，遜弟，刑部侍郎建，襄陽節度使，工部尚書孟簡，東川節度御使大夫盧坦，金吾將軍李道古，此其人皆有名位，世所共識。工部既食水銀得病，自說若有燒鐵杖自顛貫其下者，摧而為火，射竅節以出，狂痛號呼乞絕，其茵席嘗得水銀，發且止，唾血十數年以斃。殿中疽發其背死。刑部且死，謂余曰：　我為藥誤。其季建一旦無病死，襄陽黜為吉州司馬。余自袁州還京師，襄陽乘舸，邀我於瀟洲。屏人曰：　我得祕藥，不可獨不死，今遺子一器，可用棗肉為元服之。別一年而病，其家人至，訊之曰：　前所服之藥誤，方且下之，下則平矣。病二歲竟卒。盧大夫死時溺出血，肉痛不可忍，乞死。及金吾以柳賁得罪，食賁藥，五十死海上，此可以為誡者也。蘄不死，乃速得死，謂之智可不可也。五穀三牲，鹽醯果蔬，人所常御，人相厚勉，必曰強食，今惑者皆曰五穀令人夭，不能無食，當務減節鹽醯，以濟百味。豚魚雞三者，古以養老，反曰是皆殺人，不可食，一筵之饌，禁忌十常不食二三，不信常道，而務鬼怪，臨死乃悔。後之好者又曰，彼死者皆不得其道也。我則不然，始動曰藥動，故病，病去藥行，乃不死矣，及且死又悔。嗚呼！　可哀也已！　昌黎文：　韓退之既知其害，而晚年服硫黃而死。詳見《漁隱叢話》。

**宋・張杲《醫說》卷九**　服丹之戒　士大夫服丹砂死者，前後固不一。余所目擊林彥振，平日充實，飲啖兼人，居吳下，每以強壯自誇。有醫周公輔言，得宋道方丹砂祕術，可延年而無後害。道方拱州良醫也，彥振信之。服三年，疽發於腦，始見髮際如粟，越兩日，鬚頷與胸背略平，十日死。方疾亟時醫，使人以帛漬所潰膿血，濯之水中，澄其下略有丹砂。蓋積於中，與毒俱出也。謝任伯平日聞人畜伏丹砂，不問其方，必求之服，唯恐盡，去歲亦發腦疽。有人與之語，見其疾將作，俄頃間形神頓異，而任伯猶未知覺，既覺如風雨，經夕死。十年間親見此二人，可以為戒矣石林老人《避暑錄》。

**元・王好古《湯液本草》卷六**　硃砂　味甘。《珍》云：　心熱者，非此不能除。《局方本草》云：　丹硃味甘，微寒，無毒。養精神，安魂魄，益氣明目，通血脈，止煩渴。《藥性論》云：　君。有大毒。鎮心，主抽風。日華子云：　涼，微毒。潤心肺。惡磁石，畏鹹水。

**元・李雲陽《用藥十八辨》〔見《秘傳痘疹玉髓》卷二〕**　硃砂　俗醫見小兒患痘，遽投稀痘丹，倍加硃砂。豈知硃砂性乃沉寒，多服則痘日見伏匿，鎮心固肺，為害亦眾？　評曰：　痘中莫便用硃砂，遽服硃砂痘不花。稀痘中間加倍用，嬰兒誤殺百千家。

**元・徐彥純《本草發揮》卷一**　丹砂　味甘，微寒，無毒。《衍義》云：　鎮養心神，但宜生使。潔古云：　辰砂，心熱者非此不能除。《經》云：　丹砂法火，故色赤而主心。東垣云：　硃砂味甘，寒，純陰，納浮溜之火，而安神明也。

**明・王綸《本草集要》卷五**　丹砂君　味甘，氣微寒，無毒。又云：　有毒。惡磁石，畏鹹水。大塊色光明者佳。細研，水飛用。　主身體五臟百病，養精神，安魂魄，益氣，明目，通血脈，止煩渴，涼心熱，殺精魅邪惡鬼，治瘡瘍疥瘻。久服通神明不老。小兒初生，細研，蜜調塗口中，令吮之良。又豆瘡將出，蜜調服之，解豆毒，令出少。此物鎮養心神，但宜生使，煉服則有毒，少有不作疾者。《周禮》以丹砂、石膽、雄黃、礜石、磁石為五毒，古人惟以攻創瘍。

**明・滕弘《神農本經會通》卷六**　丹砂　一名朱砂。君也。惡磁石，畏鹹水。大塊，色光明者佳。細研，水飛用。陶云：　按《本經》化為汞，及名真朱者，即是今朱砂也。惟須光明瑩澈為佳。有謂雲母砂、馬齒砂者，好。有謂豆砂、碎末砂者，此二種粗，不入藥，但可畫用。《圖經》云：　丹砂出辰州者最勝，謂之辰砂。似雲母可析者，真辰砂也。無石者彌佳。過此皆淘土石中得之，非生於石牀者。砂生白石上，白石謂之朱砂牀。宜州砂，赤黃色，土人謂之朱砂。辰州、宜州符陵山谷，是涪州接巴郡南，今無復採者。

味甘，氣微寒，無毒。一云：　有大毒。《湯》云：　味甘。東云：　鎮心。珍云：　退心熱。《本經》云：　主身體五臟百病，養精神，安魂魄，益氣，明目，通血脈，止煩滿，消渴，益精神，悅澤人面。殺精，辟邪惡鬼，除中惡腹痛，毒氣，疥瘻諸瘡。久服通神明，不老輕身神仙。能化為汞，作末，名真朱。光色如雲母，可析者良。《藥性論》云：　君。有大毒。鎮心，主尸疰，抽風。日華子云：　涼，微毒。潤心肺。《圖經》云：　《周禮》以丹砂、石膽、雄黃、礜石、磁石為五毒，古人惟以攻創瘍，而《本經》以丹砂為無毒，故人多鍊治服食，鮮有不為藥患者，豈五毒之說勝乎？　服餌者當以為戒。珍云：心熱者非此不能除。《局方本草》同《本經》，餘同《藥性》、日華云。《別說》云：見火恐殺人。《集》云：涼心熱，小兒初生，細研，蜜調，塗口中，令吮之良。又豆瘡將出，蜜調服之。解(豆)〔痘〕毒，令出少。此物鎮養心神，但宜生使，鍊服則有毒，少有不作疾者。《衍義》云：丹砂，今人謂之朱砂。辰州朱砂，多出蠻峒。錦州界猎獠峒老雅井，有小龕，龕中自有白石床，如玉，床上乃生丹砂。小者如箭鏃，大者如芙蓉，其光明可鑒，研之鮮紅。此物鎮養心神，但宜生使，鍊服少有不作疾者，亦不減硫黃輩。生朱砂，初生兒便可服，因火力所變，遂能殺人，可不謹也。《局》云：丹砂益氣安魂魄，心渴除煩更益精。明目鎮心通血脉，依經鍊服可長生。

**明・劉文泰《本草品彙精要》卷一**　丹砂無毒　石穴生。

**丹砂**出《神農本經》：**主身體五臟百病，養精神，安魂魄，益氣明目，殺精魅邪惡鬼。久服通神明不老。能化爲汞。**以上朱字《神農本經》。通血脈，止煩滿，消渴，益精神，悦澤人面，除中惡、腹痛、毒氣、疥瘻、諸瘡。輕身神仙。以上黑字名醫所錄。【名】雲丹砂、馬齒砂、豆砂、末砂、土砂、石砂、朱砂、真朱、光明砂、馬牙砂、無重砂、越砂、鹿蔌、妙硫砂、白庭砂、金座砂、梅柏砂、白金砂、澄水砂、玉座砂、辰錦砂、芙蓉砂、陰成砂、箭簇砂、曹末砂、鏡面砂、平面砂、神末砂、金星砂、巴砂。【地】《圖經》曰：丹砂生符陵山谷，今出辰州、宜州、階州。而辰州者最勝，謂之辰砂。生深山石崖間，土人採之。掘地數十尺，始見其苗，乃白石耳，謂之朱砂牀。砂生石上，其塊大者如雞子，小者如石榴子，狀若芙蓉頭，箭簇。連牀者紫黯若鐵色而光明瑩澈，碎之嶄巖作牆壁。又似雲母片可析者，真辰砂也。無石者彌佳。過此皆淘土石中得之，非生於石牀者。陶隱居云：出武陵西川諸蠻夷中，皆通屬巴地，謂之巴砂。仙經亦用越砂，出廣州、臨漳者二處並好。惟光明瑩澈爲佳。如雲母片者，謂之雲母砂。如樗蒲子、紫石英形者，謂馬齒砂，亦好。如大小豆及大塊圓滑者，謂豆砂。細末碎者，謂末砂。此二種粗，不入藥用，但可畫用爾。【時】生：無時。採：無時。【質】光明瑩澈，如雲母可析者良。【色】赤。【味】甘。【性】微寒。【氣】氣薄于味，陰中之陽。【臭】朽。【主】鎮心，安魂魄。【反】畏鹹水。【製】《雷公》云：凡使宜須細認，尚有百等。有妙硫砂，如拳大，或重一鎰。有十四面，面如鏡，若遇陰沉天雨，即鏡面上有紅漿汁出。有梅柏砂，如梅子大，夜有光生，照見一室。有白庭砂，如帝砵子大，面上有小星現。有神座砂、金座砂、玉座砂，不經丹竈，服之而自延壽命。次有白金砂、澄水砂、陰成砂、辰錦砂、芙蓉砂、鏡面砂、箭簇砂、曹末砂、土砂、金星砂、平面砂、神末砂，不可一一細述也。夫修事朱砂，先於一靜室內焚香齋沐。然後取砂，以香水浴過了，拭乾，即碎搗之。後向缽中更研三伏時，竟，取一甕鍋子著研了砂於內，用甘草、紫背天葵、五方草各剉之，著砂上下。以東流水煮亦三伏時。勿令水火闕失時候滿，去三件草，又以東流水淘，令淨，乾曬。又研如粉，用小瓷瓶子盛。又入青芝草、山鬚草半兩，蓋之，下十斤火鍛。從巳至子時方歇。候冷，再研似粉。如要服，則入熬蜜丸如細麻子大，空腹服一丸。如尋常入藥，乳極細，水飛過用。【治】療：《藥性論》云：鎮心並屍疰風。日華子云：潤心肺，療瘡疥，痂息，內服並塗用。《別錄》云：傷寒時氣、溫疫、頭痛、壯熱、脈盛纔一二日者，以一兩水煮一升頓服。覆衣被取汗，即瘥。又療小兒未滿月驚著，似中風欲死者，以新汲水濃磨汁，塗五心上，立瘥。【合治】以一兩水煮數沸爲末合酒服。療妊婦子死腹中不出。【贋】武都仇池雄黃挾雌黃者，名爲丹砂。方家亦往往俱用，此爲偽矣。

**明・葉文齡《醫學統旨》卷八**　丹砂　氣微寒，味甘，無毒。煉服則有毒。惡磁石，畏鹹水。大塊色光明者佳。細研水飛用。　治心熱煩渴，養精神，安魂魄，益氣明目，納浮溜之火，而鎮安心神；通血脉，殺精魅邪惡鬼，瘡瘍疥瘻，久服通神。小兒初生，細研蜜調，塗口中吮良。又痘瘡將出，蜜調服之，解痘毒，出稀少有驗。

**明・許希周《藥性粗評》卷四**　養心莫善於丹砂。　丹砂，即朱砂也。此有數種，以辰州色光如雲母可析者良。採無時。仙經煉之為汞，及為不死之劑。惡磁石，畏鹹水。凡用研細，水飛過，灰碗內鋪紙，滲乾。味甘，性微寒，無毒。入手少陰心經。主治寒熱昏沉，煩滿消渴，益氣補精，養血明目，定心志，安魂魄，悦澤人面。潔古云：心熱者，非此不能除。東垣云：納浮溜之火，而安神明。

單方：　辟瘟疫：凡每年時氣瘟疫，欲令不染者，上等朱砂一兩，細研，以白蜜和丸，如麻子大，常以太歲日平旦，一家大小勿食諸物，面向東立，各吞三七丸，永無瘟疫，服時勿令近齒。　消夙癥：凡患心腹結塊宿癥，及卒得癥結者，上等朱砂一二□，細研，拌飯令勻，以雄雞一隻，先餓二日，以朱砂飯飼之，如啄未盡者，另用一□者隻飼之，置雞淨板上，收其□糞曝乾為末，每服五錢，溫清酒調下，日三服，若病困者，日夜可六服，俟愈即止。

心熱昏沉：凡患煩熱，心氣昏沉，不拘大人小兒，以朱砂大人一錢，小兒五分，研末，用蜜調勻，服之最妙。小兒驚悸：小兒初生，未滿月患驚風症者，以朱砂研末，新汲水調塗五心上，立差。

**明・鄭寧《藥性要略大全》卷八** 辰砂、石床、金屑、玉屑 四味皆能敺邪而辟鬼祟，可定魄而制顛狂，止渴除煩，安鎮靈臺，明眼目，補精益氣。依經鍊服，壽延長。極能通神除穢。

辰砂君 治身體五臟百病，養精神，安魂魄，益氣明目，通血脈，止煩滿、消渴，益精神，悅澤人面。除中惡腹痛毒氣，疥瘻諸瘡。久服輕身，通神明，近神仙不老。極能鎮心。味甘，平，性平、微涼，無毒。產辰州者最勝，故名辰砂。惡磁石、鹹水。生深山石崖間，穴地數十尺，始見其苗，乃白石爾，為之硃砂床。砂生石床。亦有淘土石中得之，不生於石床者。〇新坑砂，其色紅嫩力淺；舊坑砂，其色紅紫力強。又有大而光瑩，有廉稜者，為之墻壁硃砂，尤為珍貴。入藥不必揀擇，若用細砂入藥，需用磁石引去鐵屑，次以水淘去細白沙石，方可用之。一名丹砂，一名硃砂。《賦》曰：硃砂鎮心而有靈，明目，通血脈。

**明・陳嘉謨《本草蒙筌》卷八** 丹砂 味甘，氣微寒。生餌無毒，鍊服殺人。出辰州屬湖廣。巒峒井中，本境所出硃砂，多在猪獠峒老鴉井得之。在井圍青石壁內。土人欲覓，多聚乾柴。縱火滿井焚之，致壁迸裂，始見有石床如玉潔白。生砂塊，似血鮮紅。大類芙蓉頭，有四五兩，至十兩一塊者。小若羽箭簇。俗呼箭頭砂。其甚小者，豆砂米砂。作牆壁明澈為優，成顆粒鹿簌略次。米砂下品，鐵屑常多。磁石引除，染畫充用。一云：火井者，不如水井力勝；水井有砂者，其水盡赤，每有煙霞鬱蒸之氣。新井者，難及舊井色深。凡治病邪，惟取優等。磁缽擂細，清水淘勻。服餌無憂，効驗自應。惡磁石，畏鹹水。經云：丹砂象火，色赤主心。故能鎮養心神，通調血脈。殺鬼祟精魅，掃疥瘻瘡瘍。止渴除煩，安魂安魄。方士甚重，常多買求。謂能點化飛昇，每每燒鍊不絕。〇依法煅，以磁罐取汞，又名水銀。用磁罐二箇，掘地成坎，深闊量可容二罐，先埋一罐于坎，四圍用土築穩實，內盛水滿，仍一罐，入硃砂半滿，上加敲碎瓦粒，剪鐵線髻如月圓樣一塊，閉塞罐口，倒覆下罐之上，務令兩口相對，弦縫鹽泥封固。以熟炭火先文後武，煅煉一炷香久，其砂盡出，水銀流于下罐水內。復起下罐，檢出皮殼，入新硃砂，固濟再煅。每好砂一兩，常煅出七八錢。低者僅五六錢而已。盛以葫蘆，免其走失。殺五金大毒，惡磁石同前。得鉛則凝，得硫則結。得紫河車則伏。置金銀銅鐵于上則浮。併棗核研則散揚，併津唾研則斃蝨。屍體灌之不朽，銅錫搓之則明。和大楓子研末，則殺瘡蟲；佐黃芩為丸，則絕胎孕。方名斷孕丸。匪專醫藥，亦入丹爐。皮殼名曰天硫，僊方謂之己土。儻修鍊得法，可點銅成銀。輕粉係汞再昇，加鹽皂礬二物。質輕色白，故此為名。其法水銀一兩，皂礬七錢，白鹽五錢同研，微見星為度，放炊餅盆中按匾，以鷄翅掃圓如餅樣，覆以烏盆。用爐灰羅過，水調封盆縫。盆底離火三寸許，用熟炭火煅之。火慢則漸加，至半斤為度，以點線香三炷為候。提出候冷，用刀輕輕挑起烏盆仰放，撥去爐灰，勿令香落。鷄翅輕輕掃下盆底粉脚，任意掃淨另放。又加皂礬、水銀、白鹽同研，復鍊鐵盆內餅上。或有升不起者，掃上面好者，亦和前再鍊，以乾濕得所為宜。乾則入少水潤之，又不可太濕。其盆底麄者去之，或留搽瘰疥癬亦可。今市賣者，有燒凝水石，或石膏為粉以亂真。須燒火上走者，真也。其功惟治外科，所忌一切生血。銀硃亦汞燒就，時俗又喚心紅。染畫色最奇，殺蟲蝨亦驗。庸醫不曉，研為藥衣。違悞太深，傷寒寧免。

謨按：汪石山曰：經云：朱砂微寒，生餌無毒。伏火者，大毒殺人。水銀乃火煅朱砂而成，何謂無毒？其性滑動，走而不守。氣味俱陽，從可知矣。陽屬熱火。經云水銀辛寒，似難憑據。又云有毒。得非謂以朱砂伏火而成之耶？故毒比朱砂尤甚。宜其蝕腦至盡，入肉百節拘攣也。又水銀和入皂礬，再加火煅，飛着釜蓋者，謂之水銀粉，又名輕粉。此經煅而又煅，陽中之陽。更資皂礬燥烈，比之朱砂水銀，尤為大毒燥烈之劑也。經云：粉寒無毒，豈理也哉？近見世之淫夫淫婦，多生惡瘡。始起陰股，不數日間，延及遍體，狀似楊梅，因名曰楊梅瘡，甚者傳染。俗醫以輕粉為君，佐以雄、朱、腦、麝等劑。或散或丸，服之雖効，愈而又發，發則又服。久久致手足攣曲，遂成痼疾。俗又名曰楊梅風。蓋由藥之燥熱酷烈，耗其血液，筋失所養，以致是也。俗人不知由死于藥，良可哀憫。

**明・方穀《本草纂要》卷九** 丹砂 味甘，氣微寒，無毒。入少陰心經，主寧心定志，止悸鎮驚，安魂養魄，壯氣清神；又能通血脈，止煩渴，凉心熱，殺鬼魅，去精邪，明耳目，和五臟，療百病，治瘡瘍、疥癬、瘰癧、痔漏等症。久服通神明，延年不老，故小兒初生，細研蜜調塗口中，令吮之良。又痘瘡將出，蜜調服之，解痘毒，令出少。設若古者常欲飛昇，將砂煉就靈藥服之，多生惡毒，何也？殊不知鎮養心神之藥，宜生而不宜熟，生則其氣輕揚，熟則其氣鎮墜，輕揚則發，越乎精神，鎮墜則傷損乎臟腑。又不知生則其體丹砂，熟則其體水銀。丹砂可服，水銀難服，此理一也。《本經》云：金石之藥，不可多服，服之多損元氣，其中俱有銀液，亦此意也。

**明・王文潔《太乙仙製本草藥性大全》卷六《本草精義》** 丹砂 一名朱砂，俗名辰砂。生符陵山谷，今出宣州、階州，又出廣州、臨漳者並好，惟辰州者最勝。出蠻峒井中，本境所出硃砂多在猪獠峒老鴉井得之。在井圍青石壁內，土人欲覓，多取乾柴，縱火滿井焚之，致壁迸裂，始見有石床如玉潔白，生砂塊似血鮮紅，大類芙蓉頭，有四五兩至十兩一塊者。小若羽箭鏃俗謂箭頭砂，其甚小者豆砂、米砂。作墻壁明徹爲優，成顆粒塵簌略次，米砂下品。鐵屑常多，磁石引除，染畫充用。一云：火井者不如水井力勝，水井有砂者，其水盡赤，每有煙霞鬱蒸之氣。新井者難及舊井色深。凡治病邪，惟取優等，磁鉢擂細，清水淘勻，服餌無憂，效驗自應。惡磁石，畏鹹水。

按：汪石山曰：《經》云朱砂微寒，生餌無毒，伏火者大毒殺人。水銀乃火煅朱砂而成，何謂無毒？其性滑動，走而不守，氣味俱陽，從可知矣，陽屬熱火。《經》云水銀辛寒，似難憑據。又云有毒，得非謂以朱砂伏火而成之耶，故毒比朱砂尤甚，宜其蝕腦至盡，入肉百節拘攣也。又水銀和入皂礬，再加火煅，陽中之陽。更資皂礬燥烈，比之朱砂、水銀尤爲大毒，燥烈之劑也。《經》云粉寒無毒，豈理也哉！近見世之淫婦淫夫多生惡瘡，始起陰股，不數日間延及遍體，狀似楊梅，因名曰楊梅瘡，甚者傳染。俗醫以輕粉爲君，佐以雄、硃、腦、麝等劑，或散或丸，服之雖效，愈而又發，發則又服，久久致手足攣曲，遂成痼疾，俗又名曰楊梅風。蓋由藥之燥熱酷烈，耗其血液，筋失所養，以致是也。俗人不知由死於藥，良可哀憫！

**明・王文潔《太乙仙製本草藥性大全》卷六《仙製藥性》** 丹砂君 味甘，氣微寒，生餌無毒，鍊服殺人。 主治：《經》云：丹砂象火，色赤主心。故能鎮養心神，通調血脉。殺鬼祟精魅，掃疥瘻瘡瘍。止渴除煩，安魂定魄。主身體而補五臟，療百病而涼心熱。益氣神方，明目妙劑。久服通神明，永長年不老。小兒初生，細研蜜調塗口中，令吮之良。痘瘡將出，蜜調服之，解(豆)〔痘〕毒，令出稀少。 補註：傷寒時氣，溫疫頭痛，壯熱脉盛，始得一二日者。取真砂一兩，以水一斗，煮取一升頓服，覆衣被取汗，忌生血物。○辟瘟疫，取上等硃砂一兩，細研，以白蜜和丸如麻子大，常以太歲日平旦，一家大小勿食諸物，面向東立，各吞三七丸，永無疫疾。勿令近齒。○療心腹鷄癥，及卒得癥，取硃砂細研，搜飯令硃勻，以雄鷄一隻，先餓二日，後以硃飯飼之，著鷄於板上，收取糞，曝燥爲末，溫清酒服方寸匙至五錢，日三服；若病困者，晝夜可六服，一鷄少，更飼一鷄，取足服之，俟愈即止。○小兒未滿月，驚著似中風欲死者，用硃砂以新汲水濃磨汁，塗五心上立差，最有神驗。○療子死腹中不出，用硃砂一兩，以水煮數沸，末之，然後取酒服之立出。○小兒初生六日，溫腸胃，壯血氣方：煉成硃砂如大豆許，細研以蜜一棗大，熟調，以綿搵取之，令小兒吮之，一日令盡。 太乙曰：凡使宜須細收取諸般，尚有百等，不可一一論之。有妙硫砂，如拳許大，或重一鎰，有十四面，面如鏡，若遇陰沉天雨，即鏡面上有紅漿汁出。有梅柏砂，如梅子許大，夜有光生，照見一室。有白庭砂，如帝珠子許大，面上有小星現。有神座砂，又有金座砂、玉座砂，不經丹竈，服之而自延壽命。次有白金砂、澄水砂、陰成砂、辰錦砂、芙蓉砂、鏡面砂、箭鏃砂、曹末砂、土砂、金星砂、平面砂、神末砂，已上不可一一細述也。夫修事朱砂，先於一靜室內焚香齋沐，然後取砂以香水浴過了拭乾，即碎搗之，後向鉢中更研三伏時竟，取一甆鍋子，著研了砂於內，用甘草、紫背天葵、五方草各剉之，著砂上，下以東流水煮亦三伏時，勿令水火闕失。時候滿，去三件草，又以東流水淘令净，乾熬，又研如粉，用小甆瓶子盛之，入青芝草、山鬚草半兩蓋之，下十斤，火煅，從巳至子時方歇，候冷再研似粉。如要服，則入熬蜜丸如細麻子許大，空腹服一丸。如要入藥中用，則仿此法。凡煅，自然住火，五兩硃砂用甘草二兩，紫背天葵一鎰，五方草自然汁一鎰，若東流水取足。

**明・皇甫嵩《本草發明》卷五** 丹砂上品，君。氣微寒，味甘，無毒。火煉有大毒。

發明曰：丹砂，色赤象火，主心，故專能鎮養心神，而除心熱。故《本草》所謂益養精神，安魂魄，益氣，通血脉。蓋精神、魂魄、血脉，皆主于心故耳。又謂明目，除消渴，止煩滿，除中惡腹痛，毒氣疥瘻瘡瘍諸毒者，以其甘寒，除心熱之功也。《經》又云：主身躰五藏百病者，得非皆統于心歟。云殺鬼祟邪魅，久服通神明，不老輕身，此即養精神，定魂魄，通神明之謂耳。若云神仙化為汞，此方術家之言，每每燒煉不絕。丹砂出辰州蠻峒者勝。有百等，不可一一論。有妙硫砂，如拳大，或重一鎰，有四面，砂如鏡面，遇陰沉天雨，面有紅漿；有梅柏砂，如梅子許大，夜有光照一室；有白庭砂，如帝硃子許大，面上有小星現；有神座砂，有金座砂、王座砂。不經丹竈，服之延年。次之，白金砂、澄水砂、陰成砂、辰錦砂、芙蓉砂、箭頭砂、鏡面砂、曹末砂、金星砂、平面砂，不可一一細述。今用但以墻壁明徹鮮紅為優，成顆粒鹿蔌略硬，末砂下品，鐵屑常多，用磁石引除，入藥不堪。今用新井砂，不如舊井砂，色深無毒。〇惡磁石。畏鹹水。研極細，甘草水飛五次，去毒。

## 明・李時珍《本草綱目》卷九金石部・石類上　丹砂《本經》上品

【釋名】硃砂時珍曰：丹乃石名，其字從井中一點，象丹在井中之形，義出許慎《説文》。後人以丹爲朱色之名，故呼朱砂。　【集解】《別錄》曰：丹砂生符陵山谷，采無時。光色如雲母可拆者良，作末名真朱。弘景曰：即今朱砂也。俗醫別取武都仇池雄黄夾雌黄者，名爲丹砂用之，謬矣。符陵是涪州接巴郡南，今無復采者。乃出武陵、西川諸蠻夷中，皆通屬巴地，故謂之巴砂。仙經亦用越砂，即出廣州、臨漳者，此二處並好，惟須光明瑩澈爲佳。如雲母片者，謂之雲母砂。如樗蒲子、紫石英形者，謂之馬齒砂，亦好。如大小豆及大塊圓滑者，謂之豆砂。細末碎者，謂之末砂。此二種粗，不入藥用，但可畫用爾。采砂皆鑿坎入數丈許。雖同出一郡縣，亦有好惡。地有水井，勝火井也。仙方鍊餌，最爲長生之寶。恭曰：丹砂大略二種，有土砂、石砂。其土砂，復有塊砂、末砂，體並重而色黄黑，不任畫，用療瘡疥亦好，但不入心腹之藥，然可燒之，出水銀乃多也。其石砂有十數品：最上者爲光明砂，云一顆別生一石龕內，大者如鷄卵，小者如棗栗，形似芙蓉，破之如雲母，光明照徹，在龕中石臺上生，得此者帶之辟惡，爲上。其次或出石中，或出水內，形塊大者如拇指，小者如杏仁，光明無雜，名馬牙砂，一名無重砂，入藥及畫俱善，俗間亦少有之。其磨嵯、新井、別井、水井、火井、芙蓉、石末、石堆、豆末等砂，形類頗相似。入藥及畫，當擇去其雜土石，便可用矣。別有越砂，大者如拳，小者如鷄鴨卵，形雖大，其雜土石，不如細而明净者。經言末之名真朱者，謬矣，豈有一物以全、末殊名乎。斅曰：砂凡百等，不可一一論。有妙硫砂，如拳許大，或重一鎰，有十四面，面如鏡，若遇陰沉天雨，即鏡面上有紅漿汁出。有梅柏砂，如梅子許大，夜有光生，照見一室。有白庭砂，如帝珠子許大，面上有小星現。有神座砂、金座砂、玉座砂，不經丹竈，服之而自延壽命。次有白金砂、澄水砂、陰成砂、辰錦砂、芙蓉砂、鏡面砂、箭鏃砂、曹末砂、土砂、金星砂、平面砂、神末砂等，不可一一細述也。頌曰：今出辰州、宜州、階州，而辰砂爲最。生深山石崖間，土人采之，穴地數十丈始見其苗，乃白石，謂之朱砂牀。砂生石上，其大塊者如鷄子，小者如石榴子，狀若芙蓉頭，箭鏃，連牀者紫黯若鐵色，而光明瑩澈，碎之嶄岩作墻壁，又似雲母片可拆者，真辰砂也，無石者彌佳。過此皆淘土石中得之，非生於石牀者。宜砂絶有大塊者，碎之亦作墻壁，但罕有類物狀，而色亦深赤，爲用不及辰砂，蓋出土石間，非白石牀所生也。然近宜州鄰地春州、融州皆有砂，故其水盡赤。每煙霧鬱蒸之氣，亦赤黄色，土人謂之朱砂氣，尤能作瘴癘爲人患也。階砂又次之，不堪入藥，惟可畫色爾。凡砂之絶好者，爲光明砂，其次謂之顆塊，其次謂之鹿蔌，其下謂之末砂。惟光明砂入藥，餘並不用。宗奭曰：丹砂今人謂之朱砂。辰州砂多出蠻峒。錦州界狤獠峒老鴉井，其井深廣數十丈，先聚薪于井焚之。其青石壁迸裂處，即有小龕。龕中自有白石牀，其石如玉。牀上乃生砂，小者如箭鏃，大者如芙蓉，光明可鑒，研之鮮紅，砂泊牀，大者重七八兩至十兩。晃州所出形如箭鏃帶石者，得自土中，非此比也。承曰：金州、商州亦出一種砂，色微黄，作土氣，陝西、河東、河北、汴東、汴西並以入藥，長安、蜀州研以代銀朱作漆器。又信州近年出一種砂，極有大者，光芒墻壁，略類宜州所産。然有砒氣，破之多作生砒色。若入藥用，見火恐殺人。今浙中市肆往往貨之，不可不審。時珍曰：丹砂以辰、錦者爲最。麻陽即古錦州地。佳者爲箭鏃砂，結不實者爲肺砂，細者爲末砂。色紫不染紙者爲舊坑砂，爲上品；色鮮染紙者爲新坑砂，次之。蘇頌、陳承所謂階州、金、商州砂者，乃陶弘景所謂武都雄黄，非丹砂也。范成大《桂海志》云：本草以辰砂爲上，宜砂次之。然宜州出砂處，與湖北大牙山相連。北爲辰砂，南爲宜砂，地脉不殊，無甚分別，老者亦出白石牀上。蘇頌乃云，宜砂出土石間，非石牀所生，是未識此也。別有一種色紅質嫩者，名土坑砂，乃土石間者，不甚耐火。邕州亦有砂，大者數十百兩，作塊黑暗，少墻壁，不堪入藥，惟以燒取水銀。頌云融州亦有，今融州無砂，乃邕州之訛也。臞仙《庚辛玉册》云：丹砂石以五溪山峒中産者，得正南之氣爲上。麻陽諸山與五溪相接者，次之。雲南、波斯、西胡砂，並光潔可用。柳州一種砂，全似辰砂，惟塊圓如皂角子，不入藥用。商州、黔州土丹砂，宣、信州砂，皆内含毒氣及金銀銅鉛氣，不可服。張果《丹砂要訣》云：丹砂者，萬靈之主，居之南方。或赤龍以建號，或朱鳥以爲名。上品生於辰、錦二州石穴，中品生於交、桂，下品生於衡、邵。各有數種，清濁體異，真僞不同。辰、錦上品砂，生白石牀之上，十二枚爲一座，色如未開蓮花，光明耀日。亦有九枚爲一座。七枚、五枚者次之。每座中有大者爲主，四圍小者爲臣朝護，四面雜砂一二斗抱之。中有芙蓉頭成顆者，亦入上品。又有如馬牙光明者，爲上品；白光若雲母，爲中品。又有紫靈砂，圓長似笋而紅紫，爲上品；石片稜角生青光，爲下品。交、桂所出，但是座上及打石得，形似芙蓉頭面光明者，亦入上品；顆粒而通明者，爲中品；片段不明澈者，爲下品。衡、邵所出，雖是紫砂，得之砂石中者，亦下品也。有溪砂，生溪州砂石之中；土砂，生土穴之中，土石相雜，故不入上品，不可服餌。唐李德裕《黄冶論》云：光明砂者，天地自然之寶，在石室之間，生雪牀之上。如初生芙蓉，紅芭未拆。細者環拱，大者處中，有辰居之象，有君臣之位。光明外澈，采之者，尋石脈而求，此造化之所鑄也。土宿真君曰：丹砂受青陽之氣，始生鉚石，二百年成丹砂而青女孕，又二百年而成鉛，又二百年成銀，又二百年復得太和之氣，化而爲金，故諸金皆不若丹砂金爲上也。

【修治】斅曰：凡修事朱砂，静室焚香齋沐後，取砂以香水浴過，拭乾，碎搗之，鉢中更研三伏時。取一瓷鍋子，每朱砂一兩，同甘草二兩，紫背天葵一鎰，五方草一鎰，着砂上，以東流水煮三伏時，勿令水火闕。去藥，以東流水淘净，乾曬，又研如粉，用小瓷瓶入青芝草、山鬚草半兩蓋之，下十斤火煆，從巳至(午)〔子〕方歇，候冷取出，細研用。如要服，則以熬蜜丸細麻子大，空腹服一丸。時珍曰：今法惟取好砂研末，以流水飛三次用。其末砂多雜石末、鐵屑，不堪入藥。又法：以絹袋盛砂，用蕎麥灰淋汁，煮三伏時取出，流水浸洗過，研粉飛晒用。又丹砂以石膽、消石和埋土中，可化爲水。

【氣味】甘，微寒，無毒。普曰：神農：甘。岐伯：苦，有毒。扁鵲：苦。李當之：大寒。權曰：有大毒。大明曰：凉，微毒。之才曰：惡慈石，畏鹹水，忌一切血。時珍曰：丹砂，《別録》云無毒，岐伯、甄權言有毒，似相矛盾。按何孟春《餘冬録》云：丹砂性寒而無毒，入火則熱而有毒，能殺人，物性逐火而變。此説是也。丹砂之畏慈石、鹹水者，水克火也。斅曰：鐵遇神砂，如泥似粉。土宿真君曰：丹砂用陰地厥、地骨皮、車前草、馬鞭草、皂莢、石韋、决明、瞿麥、南星、白附子、烏頭、三角酸、藕荷、桑椹、地榆、紫河車、地丁，皆可伏制。而金公以砂爲子，有相生之道，可變化。

【主治】身體五臟百病，養精神，安魂魄，益氣明目，殺精魅邪惡鬼。久服通神明不老。能化爲汞《本經》。通血脉，止煩滿消渴，益精神，悦澤人面，除中惡腹痛，毒氣疥瘻諸瘡。輕身神仙《別録》。鎮心，主尸疰抽風甄權。潤心肺，治瘡痂息肉，并塗之大明。治驚癎，解胎毒痘毒，驅邪瘧，能發汗時珍。

【發明】保昇曰：朱砂法火色赤而主心。杲曰：丹砂純陰，納浮溜之火而安神明，凡心熱者非此不能除。好古曰：乃心經血分主藥，主命門有餘。青霞子曰：丹砂外包八石，内含金精，稟氣於甲，受氣於丙，出胎見壬，結塊成庚，增光歸戊，陰陽升降，各本其原，自然不死。若以氣衰血敗，體竭骨枯，八石之功，稍能添益。若欲長生久視，保命安神，須餌丹砂。且丹石見火，悉成灰燼；丹砂伏火，化爲黄銀。能重能輕，能神能靈，能黑能白，能暗能明。一斛人擎，力難升舉；萬斤遇火，輕速上騰。鬼神尋求，莫知所在。時珍曰：丹砂生於炎方，稟離火之氣而成，體陽而性陰，故外顯丹色而内含真汞。其氣不熱而寒，離中有陰也。其味不苦而甘，火中有土也。是以同遠志、龍骨之類，則養心氣；同當歸、丹參之類，則養心血；同枸杞、地黄之類，則養腎；同厚朴、川椒之類，則養脾；同南星、川烏之類，則祛風。可以明目，可以安胎，可以解毒，可以發汗，隨佐使而見功，無所往而不可。夏子益《奇疾方》云：凡人自覺本形作兩人，並行並卧，不辨真假者，離魂病也。用辰砂、人參、茯苓，濃煎日飲，真者氣爽，假者化也。《類編》云：錢丕少卿夜多惡夢，通宵不寐，自慮非吉。遇鄧州推官胡用之曰：昔常如此。有道士教戴辰砂如箭鏃者，涉旬即驗，四五年不復有夢。因解髻中一絳囊遺之。即夕無夢，神魂安静。道書謂丹砂辟惡安魂，觀此二事可徵矣。《抱朴子》曰：臨沅縣廖氏家，世世壽考。後徙去，子孫多夭折。他人居其故宅，復多壽考。疑其井水赤，乃掘之，得古人埋丹砂數十斛也。飲此水而得壽，况鍊服者乎。頌曰：鄭康成注《周禮》，以丹砂、石膽、雄黄、(礬)〔礜〕石、慈石爲五毒。古人惟以攻瘡瘍，而《本經》以丹砂爲無毒，故多鍊治服食，鮮有不爲藥患者，豈五毒之説勝乎？當以爲戒。宗奭曰：朱砂鎮養心神，但宜生使。若鍊服，少有不作疾者。一醫疾，服伏火者數粒，一旦大熱，數夕而斃。沈存中云：表兄李勝鍊朱砂爲丹，歲餘，沐浴再入鼎，誤遺一塊。其徒丸服之，遂發懵冒，一夕而斃。夫生硃砂，初生小兒便可服；因火力所變，遂能殺人，不可不謹。陳文中曰：小兒初生，便服朱砂、輕粉、白蜜、黄連水，欲下胎毒。此皆傷脾敗陽之藥，輕粉下痰損心，朱砂下涎損神，兒實者服之軟弱，弱者服之易傷，變生諸病也。時珍曰：葉石林《避暑録》載：林彦振、謝任伯皆服伏火丹砂，俱病腦疽死。張杲《醫説》載：張慤服食丹砂，病中消數年，發鬢疽而死。皆可爲服丹之戒。而周密《野語》載：臨川周推官平生孱弱，多服丹砂、烏、附藥，晚年發背疽。醫悉歸罪丹石，服解毒藥不效。瘍醫老祝診脉曰：此乃極陰證，正當多服伏火丹砂及三建湯。乃用小劑試之，復作大劑，三日後用膏敷貼，半月而瘡平，凡服三建湯一百五十服。此又與前諸説異。蓋人之臟腑稟受萬殊，在智者辨其陰陽脉證，不以先入爲主。非妙入精微者，不能企此。

【附方】舊八，新二十六。

服食丹砂：三皇真人鍊丹方：丹砂一斤，研末重篩，以醇酒沃之如泥狀。盛以銅盤，置高閣上，勿令婦女見。燥則復以酒沃，令如泥，陰雨疾風則藏之。盡酒三斗，乃暴之，三百日當紫色。齋戒沐浴七日，静室飯丸麻子大，常以平旦向日吞三丸。一月三蟲出，半年諸病瘥，一年鬚髮黑，三年神人至。《太上玄變經》。

小神丹方：真丹末三斤，白蜜六斤，攪合日曝，至可丸，丸麻子大，每旦服十丸。一年白髮反黑，齒落更生，身體潤澤，老翁成少。《抱朴子内篇》。

明目輕身：去三尸，除瘡癩。美酒五升，浸朱砂五兩，五宿，日乾研末，蜜丸小豆大。每服二十丸，白湯下，久服見效。《衛生易簡方》。

神注丹方：白茯苓四兩，糯米酒煮，軟竹刀切片，陰乾爲末，入朱砂末二錢，以乳香水打糊丸梧子大，朱砂末二錢爲衣。陽日二丸，陰日一丸。要秘精，新汲水下；要逆氣過精，温酒下。並空心。王好古《醫壘元戎》。

烏髭變白：小雌鷄二隻，只與烏油麻一件同水飼之。放卵時，收取先放者打竅，以硃砂末填入糊定，同衆卵抱出鷄取出，其藥自然結實，研粉，蒸餅和丸緑豆大。每酒下五七丸。不惟變白，亦且愈疾。《張潞方》。

小兒初生：六日，解胎毒，温腸胃，壯氣血。朱砂豆大，細研，蜜一棗大，調與吮之，一日令盡。姚和衆《至寶方》。

預解痘毒：初發時或未出時。以朱砂末半錢，蜜水調服。多者可少，少者可無，重者可輕也。《丹溪方》。

初生兒驚：月内驚風欲死。朱砂磨新汲水塗五心，最驗。《斗門方》。

小兒驚熱：夜卧多啼。朱砂半兩，牛黄一分，爲末。每服一字，犀角磨水調下。《普濟方》。

急驚搐搦：丹砂半兩，天南星一個，一兩重者，炮裂酒浸，大蠍三個，爲末。每服一字，薄荷湯下。《聖濟録》。

驚忤不語：打撲驚忤，血入心竅，不能言語。朱砂爲末，以雄猪心血和，丸麻子大。每棗湯下七丸。《直指方》。

客忤卒死：真丹方寸匕，蜜三合，和灌之。《肘後方》。

癲癇狂亂：歸神丹：治一切驚憂，思慮多忘，及一切心氣不足，癲癇狂亂。豶豬心二個，切，入大朱砂二兩、燈心三兩在内，麻扎，石器煮一伏時，取砂爲末，以茯神末二兩，酒打薄糊丸梧子大。每服九丸至十五丸、至二十五丸，麥門冬湯下，甚者乳香、人參湯下。《百一選方》。

產後癲狂：敗血及邪氣入

心，如見祟物，顛狂。用大辰砂一二錢，研細飛過，用飲兒乳汁三四茶匙調濕，以紫項地龍一條入藥，滚三滚，刮净，去地龍不用，入無灰酒一盞，分作三四次服。《何氏方》。　心虛遺精：　豬心一個，批片相連，以飛過朱砂末摻入，線縛，白水煮熟食之。唐瑶《經驗方》。　離魂異病：　方見發明。　夜多惡夢：　方見發明。　男婦心痛：　朱砂、明礬枯等分，爲末。沸湯調服。《摘玄方》。　心腹宿癥：　及卒得癥。朱砂研細，搜飯，以雄鷄一隻，餓二日，以飯飼之，收糞曝燥爲末。温酒服方寸匕，日三服。服盡更作，愈乃止。《外臺秘要》。　霍亂轉筋：　身冷，心下微温者。朱砂研二兩，蠟三兩，和丸着火籠中熏之，周圍厚覆，勿令烟洩。兼牀下着火，令腹微暖，良久當汗出而甦。《外臺秘要》。　辟瘴正陽：　丹砂三兩，水飛。每服半錢，温蜜湯下。《聖濟錄》。　傷寒發汗：　《外臺秘要》治傷寒時氣温疫，頭痛壯熱脈盛，始得一二日者。取真丹一兩，水一斗，煮一升，頓服，覆被取汗。忌生血物。○《肘後》用真丹末酒調，遍身塗之，向火坐，得汗愈。　辟禳温疫：　上品朱砂一兩，細研，蜜和丸麻子大。常以太歲日平旦，一家大小勿食諸物，向東各吞三七丸，勿令近齒，永無温疫。《外臺》。　諸般吐血：　朱砂、蛤粉等分，爲末。酒服二錢。○又方：　丹砂半兩，金箔四片，蚯蚓三條，同研，丸小豆大。每冷酒下二丸。《聖濟錄》。　妊婦胎動：　朱砂末一錢，和鷄子白三枚，攪勻頓服。胎死即出，未死即安。《普濟方》。　子死腹中：　不出。朱砂一兩，水煮數沸，爲末。酒服立出。《十全博救方》。　目生障瞖：　生辰砂一塊，日日擦之，自退。王居雲病此，用之如故。《普濟方》。　目膜息肉：　丹砂一兩，五月五日研勻，銅器中以水漿一盞，臘水一盞，浸七日，暴乾，銅刀刮下，再研瓶收。每點少許眦上。《聖濟錄》。　目生弩肉：　及珠管。真丹、貝母等分，爲末。點注，日三四度。《肘後方》。　面上皯䵟：　鷄子一枚去黃，朱砂末一兩，入鷄子内封固，入白伏雌下，抱至雛出，取塗面即去。不過五度，面白如玉。此乃陳朝張貴妃常用方，出西王母枕中方。《外臺秘要》。　沙蜂叮螫：　朱砂末，水塗之。《摘玄方》。　木蛭瘡毒：　南方多雨，有物曰木蛭，大類鼻涕，生於古木之上，聞人氣則閃閃而動。人過其下，墮人體間，即立成瘡，久則遍體。惟以朱砂、麝香塗之，即愈。張杲《醫說》。　產後舌出：　不收。丹砂傅之，暗擲盆盎作墮地聲驚之，即自收。《集簡方》。

**明・薛己《本草約言》卷二《藥性本草》**　硃砂　味甘，微寒，無毒。陽中之陰，降也。心經驚熱，非此不除；神志昏亂，有此立效。　江云：　辰砂大鎮驚痰，末入湯調。　《發明》云：　丹砂色赤，象火主心，故專能鎮養心神，而除心熱。能除心熱，以甘寒故也。惟辰州者最勝，故謂之辰砂。

**明・梅得春《藥性會元》卷下**　丹砂　味甘，氣微寒，無毒，煉服則有毒。惡磁石，畏鹹水。　解曰：　砂有百等，不可一概論之。有妙硫砂，如拳許大，或重一鎰，有十四面，面如鏡，若遇陰沉天雨，其鏡面上即有紅漿汁出；有梅柏砂，如梅子許，夜有光生，照見一室；　有白庭砂，如帝硃子許，面上有小星現；　有神座砂，又有金座砂、玉座砂，不經丹竈，服之而延年益壽。次有白金砂、澄水砂、陰成砂、辰錦砂、芙蓉砂、鏡面砂、箭鏃砂、曹末砂、土砂、金星砂、平面砂、神末砂、豆瓣砂，已上不能備述。出自辰州，一名辰砂。其色丹，又名硃砂，此總名也。大塊光明者，研細水飛用。　主治心煩熱渴，養精神，安魂魄，益氣明目，納浮溜之火而鎮安心神，通血脉，殺精邪鬼魅，療瘡瘍疥瘻。久服通神。小兒初生，細研，蜜調少許，塗口中，吮之良。又痘瘡將出，蜜調服之，解痘毒出稀少有驗。又云：　能祛邪而逼鬼祟，定魂魄而制癲狂。

製法：　凡修事硃砂，先於一靜室內，焚香齋沐，然後取砂伍兩，以香水浴，拭乾，即碎搗之。後向一鉢中，研三伏時，竟將砂放磁鍋中，用甘草、紫背天葵一鎰，五方草自然汁一鎰，以東流水量加煮，亦三伏時，令水盡闕，識時候滿，去其三味，再入青芝草、山鬚草兩半，蓋之，下十斤火煅，從巳至子時方歇。候冷，再研似粉。如要服，則入煉蜜丸如細麻子大，空心服一丸。如入藥用，亦照此法煅之。凡煅自然住火。

**明・杜文燮《藥鑒》卷二**　辰砂　氣寒，味甘，無毒。其色赤，赤象心，心主血，故能鎮養心神，通調血脉。殺鬼祟精魅，掃疥瘻瘡瘍。止渴除煩，安魂定魄。和大楓子研末，則殺瘡蟲。佐條黃芩為丸，則絕胎孕。

**明・王肯堂《鬱岡齋筆麈》卷四**　造朱挺子法　用辰州朱砂有神氣者，乳鉢內輕輕研細，淨水飛澄，陰乾，上好入漆截角心紅，用廣膠熬水浸之，以手搓洗，飛澄去黃膘，候水清為度，却以淨水再飛澄，煎去濁脚，紫黑色者不用，獨取澄淨鮮紅者，再用烏梅湯搓洗二三次，隔紙曬乾，每砂六兩配心紅十兩，於染肆中取成造紅花汁，以新汲水浸之，澄去浮面清水，取盌底濃汁約盌許，作三四次拌朱令濕，攤於磁盌內，不許見日，唯取日色逼乾，亦忌見火，若犯日與火，則通身盡變為黃矣。乾後乃用上好透明真廣膠一兩二錢八分，清化半盞，頓化候冷，和朱搓合成劑。一方加珊瑚末一兩，冰片三錢二分妙。

製朱砂法　朱砂如箭鏃，如蕎麥起稜明瑩者佳。劈砂、末砂、和尚頭砂俱不可用。先以冷水洗過，揀去頑黯夾石者，入乳鉢內研極細，每砂一斤，用河水二十盌，入烏梅肉二兩煎湯，以廣膠三錢，投入同熬化勻，候冷去滓濾清，用飛朱砂漸加漸澄，輕輕傾去黃水，以湯盡為度，以紙覆盌面，置日邊熁乾，不可正晒日中，乾後復研。又如前另煎烏梅湯飛澄黃臕盡而止，熇乾，每研時盡一人之力，約半日為度。

**明・李中立《本草原始》卷八**　丹砂　始生符陵山，今出辰州蠻洞井中，在井圍青石壁內。土人欲覓，多聚乾柴，縱火滿井焚之，致壁迸裂，始見有石床，潔白如玉，砂塊生于其上。大塊類芙蓉頭，小塊類箭簇，其甚小者豆砂、米砂。作墻壁、明澈者為優，成顆粒鹿簌者次之。米砂為下，鐵屑最低。火井不如水井者力勝。新井不如舊井者色深。凡治病邪，惟取優等。《本草綱目》云：丹乃石名，其字從井中一點，象丹在井中之形，義出許慎《說文》。後人以丹為朱色之名，故呼朱砂。丹砂：氣味：甘，微寒，無毒。主治：身體五臟百病，養精神，安魂魄，益氣明目，殺精魅邪惡鬼。久服通神明，不老。能化為汞。〇通血脉，止煩滿消渴，益精神，悅澤人面。除中惡腹痛，毒氣疥瘻諸瘡。輕身神仙。〇鎮心，主尸疰抽風。〇潤心肺，治瘡痂息肉，并塗之。〇治驚癇，解胎毒、痘毒，驅邪瘧，能發汗。

丹砂，《本經》上品。【圖略】〇采無時。〇形如芙蓉，破之如雲母，可拆者良。俗呼和尚頭，俗呼石榴子，俗呼爲劈砂。以上等形，入藥服食並佳。斅曰：砂凡百等，不可一一論。有妙硫砂，如拳許大，或重一鎰，有十四面，面如鏡。若遇陰沉天雨，即鏡面上有紅漿汁出。有梅柏砂，如梅子許大，夜有光生，照見一室。有白庭砂，如帝珠子許大，面上有小星現。有神座砂、金座砂、玉座砂，不經丹竈，服之自延壽命。次有白金砂、澄水砂、陰成砂、辰錦砂、芙蓉砂、鏡面砂、箭鏃砂、曹末砂、土砂、金星砂、平面砂、神末砂等，不可一一細述也。修治：取好光澈有神者，研末，以流水飛三次，晒用。

丹砂，以石膽、消石和埋土中，可化為水。之才曰：惡慈石，畏鹹水，忌一切血。入火則熱而有毒，能殺人。

《類編》云：錢丕少卿忽夜多惡夢，但就枕便成，輒通夕不止。後因赴官經濮上，與鄧州推官胡用之相遇，驛中同宿，遂說近日多夢，慮非吉兆。胡曰：某嘗如此，驚怕特甚，有道士教戴丹砂。初任辰州推官，求得靈砂雙箭鏃者戴之，不涉旬即驗，四五年不復有夢。至口秘惜。因解髻中以一紗袋遺之，即夕無夢神魂安靜。《真誥》及其他道書多載丹砂辟惡，豈不信然？

**明・張懋辰《本草便》卷一**　丹砂君　味甘，氣微寒，無毒。又云有毒。惡磁石，畏鹹水。大塊色光明者，作細研，水飛用。即硃砂。主身體五臟百病，養精神，安魂魄，益氣明目，通血脉，止煩渴，涼心熱，殺精魅邪惡鬼，治瘡瘍疥瘻。



**明・李中梓《藥性解》卷一**　丹砂　味甘，生者微寒無毒，煉者大熱有毒，入心經，主鎮心安神，益氣明目，通血脉，除煩滿，止消渴，療百病，殺精祟鬼邪，祛疥癬蟲瘡。久服成仙，畏(碱)〔鹹〕水，大如雞卵，形似芙蓉，破之若雲母，光明照徹者佳。按：丹砂之色，屬丙丁火，心臟之所由歸也，質性沉滯，勿宜多用。青霞子云：入石見火，悉成灰燼，丹砂伏火，化為黃銀，能重能輕，能神能靈，能黑能白，能暗能明。《太清》云：外包八石，內含金精，先禀氣于甲，受氣于丙，出胎見壬，結魄成庚，增光歸戊。陰陽升降，各本其原。考茲二說，則服食成仙之說信矣。自唐世太平日久，膏粱之家，弗得其理，惑于方士，都致殞身，習俗成風，至今未已，斯民何辜，蒙此慘禍，其理淵奥。察之實難，吾願好事者慎之。

**明・繆希雍《本草經疏》卷三**　丹砂　味甘，微寒，無毒。主身體五藏百病，養精神，安魂魄，益氣明目，通血脈，止煩滿消渴，益精神，悅澤人面。殺精魅邪惡鬼，除中惡腹痛，毒氣，疥瘻諸瘡。久服通神明不老，輕身神仙。能化為汞。作末名真朱。光色如雲母，可析者良。惡磁石，畏鹹水。

〔疏〕丹砂本禀地二之火氣以生，而兼得乎天七之氣以成。色赤法火，中含水液。為龍為汞，亦曰陰精。七為陽火之少，故味甘微寒而無毒，蓋指生砂而言也。《藥性論》云：丹砂，君，為清鎮少陰君火之上藥，辟除鬼魅百邪之神物。安定神明則精氣自固，火不妄炎則金木得平，而魂魄自定，氣力自倍。五臟皆安則精華上發，故明目。心主血脈，心火寧謐，則陰分無熱而血脈自通，煩滿自止，消渴自除矣。殺精魅邪惡鬼，除中惡腹痛者，陽明神物，故應辟除不祥，消散陰惡殺厲之氣也。久服通神明不老者，古之真人，飛丹煉石，引納清和，配以金鉛，按之法象，自能合丹道而成變化也。青霞子及《太清服煉靈砂法》云：能重能輕，能暗能明，能黑能白，能神能靈。一斛人擎，力難舉升；萬斤遇火，輕速上騰。鬼神尋求，莫知所在。先禀氣於甲，受氣於丙，出胎見壬，結魄成庚，增光歸戊，陰陽升降，各本其原。非虛語矣！　〔主治參互〕丹砂研飛極細，令狀如飛塵，以甘草、生地黃濃煎，調分許，與兒初生時服之，能止胎驚，解胎毒。同真珠、琥珀、金箔、牛黃、生犀角、天竺黃、滑石末，治小兒急驚，有神。入六一散，治暑氣伏於心經，神昏口渴，及泄瀉如火熱。入補心丹，鎮心神，定魂魄。入乳香托裹散，散癰疽熱毒，發熱疼痛及毒氣攻心發譫語。〖簡誤〗丹砂為八石之主，故列石部之首。體中含汞，汞味本辛，故能殺蟲、殺精魅。宜乎《藥性論》謂其有大毒。若經伏火及一切烹煉，則毒等砒磠，服之必斃。自唐以來，上而人主，下而搢紳，曾餌斯藥，鮮克免者。戒之！戒之！

**明·倪朱謨《本草彙言》卷一二**　丹砂　味甘，氣微寒，有毒。可升可降，陰中陽也。入手少陰經。　《別錄》曰：丹砂，出符陵山谷。符陵，涪州也，接巴郡之南，今不復采矣。出武陵、西川諸蠻夷中者，通屬巴地，謂之巴砂。　蘇氏曰：近出辰州、宜州、階州，而辰州者爲最。生深山石崖間，穴地數十丈，始見其苗，乃白石，曰硃砂牀。砂生牀上，大者如鷄卵，小者如榴子，狀若芙蓉，頭似箭鏃，連牀者色黯而光明瑩徹，碎之嶄巖作墻壁，如雲母石，成層可析者，辰砂也。過此以往，皆淘土石中得之。無石者彌佳。宜州者亦有大塊，亦作墻壁，但罕類物狀，色亦深赤，爲用不及辰砂。蓋出土石間，非生石牀故也。宜之鄰地，春州、融州亦有砂，故其水盡赤，每烟霧鬱蒸之氣，作赤黄色，土人謂之硃砂瘴，能作瘴癘，爲人患也。階州者但可作畫，不堪入藥。　雷氏曰：砂凡百等，有妙流砂，如拳許大，或重一鎰，具十四面，面如鏡，遇陰沉烟雨，即有紅漿溢出；有梅柏砂，如梅子許大，夜有光，照見一室；有白庭砂，如帝珠子許大，面有小星燦爛；有神座砂、金座砂、玉座砂，不經丹竈，服之自延壽命。次有白金砂、澄水砂、陰成砂，辰錦砂、芙蓉砂，平面砂、金星砂、馬牙砂、神末砂、曹末砂、豆瓣砂、石砂、塊砂、溪砂、土砂等，不可一一細述也。　寇氏曰：出蠻洞。錦州界猪獠峒老鴉井者，井深廣數十丈，聚薪焚之，石壁迸裂處，即有小龕，中生石牀如玉。牀上結砂，光明可鑒。砂泊牀大者，重七八兩，或十餘兩。張果老人云：丹砂者，萬靈之主，居南方，或赤龍建號，或朱鳥爲名。上品生辰、錦，中品生交、桂，下品生衡、邵。清濁體異，真僞不同。辰、錦者，生白石牀上，十二枚爲一座。如未開蓮花，光明耀日，座中大者爲君，小者爲臣，四面朝護。又有紫靈砂，圓長似笋，而紅紫爲上品。又有如馬牙光明者，亦上品。白色若雲母者，爲中品。石片稜角生青光者，爲下品。交桂所出，但是座上及打石得之，形似芙蓉者，亦入上品。顆粒通明者爲中品，片段不明者爲下品。衡、邵所出，雖是紫砂，得之砂石中者，亦下品也。　陳氏曰：金州、商州，一種色微黄，作土氣。信州一種，形極大，光芒墻壁，略類宜州所産，而有砒氣，破之作生砒色。若入藥用，見火殺人。《庚辛玉册》云：柳州一種，全似辰砂，塊圓如皂角子，不入藥用。出商、黔、宣、信四州者，内含毒氣，及金、銀、銅、鉛之氣，并不可用。設雜石末及鐵屑與黑色，名陰砂者，亦不堪用。　李時珍曰：色不染紙者，爲舊坑；色鮮染紙者，爲新坑。舊坑者佳，新坑者次之。　雷氏曰：凡修治，硃砂上品者，敲豆粒大，每用砂一觔，好酒二觔，米醋一觔，童便一觔，菉豆三合，再和清水一觔，同煮，以水乾爲度，斯毒解而無石發之患。此法是蜀醫楊紫亭用之良。

丹砂：甄權鎮定心氣之藥也。陳芝先抄龍潭方：主寧心定志，安魂魄，伏癲狂，散驚癇，甦卒忤，殺鬼邪狐魅，解鬱熱妄火等證。究其功用之所長，陰清鎮重，安煩下熱，故于心神、魂魄、志意不寧之證，每需用之而不棄也。至于殺鬼邪狐魅者，蓋鬼魅妖狐係陰浮無定之邪物耳。丹砂，火赤鎮重，得靈明之體，禀陽明離麗之光，使之重以鎮之，明以耀之，則陰浮無定之邪而自滅矣。故道家書符咒水，藉此爲法寶也。何前人撰本草，遂托神農之名，而謬言治五藏百病，久服通神明，長生不老，能化爲汞，豈理也哉？故唐甄氏撰《藥性論》，謂其有大毒，若經伏火，及一切烹煉，則毒等砒硇，服之必斃。自唐以來，上而人主，下而縉紳，曾餌斯藥殺身之禍，鮮克免者，戒之！戒之！朱又讀本草，於蘇氏《集解》中云：每有煙霧鬱蒸，作赤黄瘴氣，尤能作灾癘，爲人疾患等語，洵非良善無毒之物也，可知矣！焉有久服能致長生之道乎？　方龍潭先生曰：姚和衆《至寶方》小兒初生，用硃砂一二分研細，乳調塗口中，令兒吮之，能化胎毒。又不宜多服，多服反發毒也。此藥生研服之，性涼而降火；煉熟服之，必亂氣潰血，走泄精神，反致煩悶，或多生惡毒，損壞藏府，爲害有不可勝言者。

集方：《方脉正宗》治心志不寧，或怔忡，或驚悸，或驚癇恍惚，或昏昏多寐，或煩燥不眠等證。用上品好硃砂三錢，用好酒、米醋、童便、菉豆各少許煮之。石菖蒲、當歸、川貝母、陳膽星、茯神各五錢，俱微炒，研爲末，琥珀、真珠各二錢，研極細末，煉蜜丸，如龍眼核大，硃砂爲衣。不拘時服。虚煩，人參湯下；有痰，生薑湯下；內熱，燈心湯下；內寒，桂附湯下。臨證酌用，毋執也。○《百一選方》治一切驚憂思慮多忘，及心氣不足，癲癇狂亂。用上品硃砂二兩，打成豆粒，如前法製。燈心二兩，豶猪心二個，切開入燈心、硃砂在内，麻扎住，磁鍋內煮一伏時，取硃砂爲極細末。外用茯苓二兩爲末，酒打米糊爲丸，梧子大，每服十四丸，漸加至二十一丸，用麥門冬湯下。甚者，用乳香人參湯下。〇治小兒驚熱，夜臥多啼。用上品硃砂二錢，製法同前。牛黃一分，共爲極細末。每服二分。羚羊角磨白湯調下。〇《聖濟錄》治小兒急驚搐搦。用上品硃砂五錢，製法同前。天南星一個、重一兩者，切片，酒炙黃全蝎三個，共爲極細末。凡一歲兒病，每用一分，薄荷湯下。〇《直指方》治大人小兒打撲驚忤，血入心竅，不能言語者。用上品硃砂三錢，製法同前。爲極細末。以雄猪心血爲丸，如麻子大。每用三七丸，黑棗湯下。〇《肘後方》治無故客忤卒死。用上品硃砂二錢，製法同前。爲極細末，用生蜜一合，和白湯少許，調灌之，即甦醒。〇《外臺秘要》治瘟疫可辟禳，不致傳染。用上品硃砂一兩，細研如粉，棗肉和爲丸，如麻子大。當以太歲日平旦，一家大小勿進一切飲食，向東各吞三七丸，苦茶送下。永無瘟疫災癘，幷治鬼魅妖狐憑附人者。〇馮天培《小品》治鬱熱妄火，浮遊不定。用上品硃砂二錢，製法同前。川貝母一兩，共研極細末，用竹瀝半盞，和膽星末三錢，打作稀糊爲丸，如麻子大，每早晚各服五分，白湯下。〇何氏方治產後敗血，邪氣入心，癲狂見祟。用上品硃砂二錢，製法同前。研細，以紫頸蚯蚓一條，搗爛，拌入硃砂末內，入無灰熱酒一盞，調服。〇《外臺秘要》治心腹卒得癥積。用上品硃砂五錢，製法同前。研極細，拌飯一碗，用雄鷄一隻，餓二日，以飯飼之，收糞曝燥爲末，溫酒服一錢。日三服，服盡更作，愈乃止。〇《摘玄方》治男婦心胃痛。用上品硃砂，明礬枯，各等分，爲細末，白湯調服一錢二分。〇《十全博救方》治胎死腹中不出。用上品硃砂五錢，製法同前。白酒調服，即出。〇《外臺秘要》治面上皯䵳。用鷄子一個，去黃，入上品硃砂末五錢，入鷄子內，綿紙封固，入雌伏鷄下，抱至鷄出，取汁塗面即去，不四五次愈。　通靈五實散：　凡人病過楊梅、天泡、棉花等瘡，致成一切難以名狀之疾；　或楊梅瘡爛見骨，經年不收口者；　或筋骨疼痛，舉發無時；　或通身疙瘩不消；　或出足皴破出血，或遍身起皮發靨，好一層，起一層；　或赤癜白癜，鵝掌風癬；　或皮好骨爛，口臭難當，及年久臁瘡不愈，一切頑瘡惡毒，幷皆治之。　大丹砂二分，鍾乳粉三分，琥珀、冰片各五釐，珍珠二釐半，共爲細末，每服五釐，另入飛白麵一分五釐，炒過，合作一服，每一料分作十二帖，每一日用土茯苓一觔，用水煎作十二碗，去渣，清晨以一碗，入藥一帖，攪勻溫服。其茯苓湯須一日服盡，不可別用湯水幷茶，日日如是。服盡一料，以十二日即愈。或有不終劑而愈者。如病重者，再服一料，無不愈也。百發百中。忌鷄鵝牛肉，房事，服藥完，不忌。此方乃王范泉遊宦廣東傳來，極真，治楊梅瘡乃是古今第一仙方也。幸寶之寶之！出《萬病回春》。

## 明·姚可成《食物本草》卷二一玉石部

丹砂一名朱砂，生符陵山谷，即涪州，屬四川。出廣州、臨(川)〔漳〕者竝佳，光明瑩澈者最勝。如雲母片者，謂之雲母砂。如樗蒲子、紫石英者，謂之馬齒砂，亦好。如大小豆及大塊圓滑者，謂之豆砂。細末碎者，謂之末砂。此二種不可服食，但可畫用。〇蘇恭曰：　丹砂有十數品：　最上者為光明砂，云一顆別生一石龕內，大者如雞卵，小者如棗栗，形似芙蓉，破之如雲母，光明照徹，在龕中石臺上生，得此者佩之以辟邪惡。其次或出石中，或出水內，形塊大者如拇指，小者如杏仁，光明無雜，名馬牙砂，又名無重砂，入藥及畫俱善，俗間亦少有之。其磨篕、新井、別井、水井、火井、芙蓉、石末、石堆、豆末等砂，形類頗相似。比之已上各種又為下矣。〇雷斅曰：　砂凡百等，不可枚舉。有妙硫砂，如拳許大，有十四面，面面如鏡，〔若〕遇陰沉天雨，即鏡上有紅漿汁出。有梅栢砂，如梅子許大，夜有光生，照見一室。有白庭砂，如帝珠子許大，面上有小星見。有神座砂、金座砂、玉座砂，不經丹竈，服之而自延壽命。次有白金砂、澄水〔砂〕、陰成砂、辰錦砂、芙蓉砂、鏡面砂、箭鏃砂、曹末砂、土砂、金星砂、平面砂、神末砂等，難以一一〔細述〕也。〇蘇頌曰：　今出辰州、宜州、階州，而辰州為最。生深山石崖間，土人采之，穴地數十丈始見其苗，乃白石，謂之朱砂牀。砂生〔石〕上，其大者如雞卵，小者如石榴子，狀若芙蓉、箭鏃，連牀者紫黯若鐵色，而光明瑩澈，碎之嶄巖作牆壁，又似雲母片可拆者，真辰砂也。宜砂亦頗相似，色亦甚赤，為用不及辰砂。蓋出土石間，非白石牀所〔生〕也。然近宜州鄰地春州、融州皆有砂，故其水盡赤。每煙霧鬱蒸之氣，亦赤黃色，土人謂之朱砂氣，尤能作瘴癘為人患也。寇宗奭曰：　丹砂出蠻峒。錦州界猺獠峒老鴉井，其井深廣數十丈，先聚薪於井焚之。其青石壁迸裂處，即有小龕。龕中自有白石牀，其石如玉，牀上乃生砂，小者如箭鏃，大者如芙蓉，光明可鑒。張果《丹砂要訣》云：　丹砂者，萬靈之主，居之南方。或赤龍以建號，或朱鳥以為名。上品生於辰、錦二州石穴，中品生於交、桂，下品生於衡、邵。名有數種，清濁體異，真偽不同。辰、錦上品砂，生白石牀之上，十二枚為一座，色如未開蓮花，光明耀目。亦有九枚為一座。七枚、五枚者次之。每座中有大者為主，四圍小者為臣朝護環拱之。四面雜砂一二斗，中有芙蓉頭成顆者，亦入上品。又有如馬牙光明者，為上品；　白光若雲母，為中品。又有紫靈砂，圓長似筍而紅紫，為上品；　石片稜角生青光，為下品。交、桂所出，但是座上及打石得，形似芙蓉頭，面光明者，亦入上品；　顆粒而通明者，為中品；　片段不明徹者，為下品。衡、邵所出，雖是紫砂，得之砂石中者，亦下品也。有溪砂，生溪州砂石之中；　土砂，生土穴之中，土石相雜，故不入上品，不可服餌。〔唐李〕德裕《黃冶論》云：　光明砂者，天地自然〔之寶，在〕石室之間，〔生〕靈牀之上。如初生芙〔蓉〕，紅芭未拆。細者環〔拱〕，大者處中，有辰(君)〔居〕之象，有君臣之位。光明〔外〕徹，采之者，尋石脉而求，此造化之所〔鑄〕也。《土〕宿真君》曰：丹砂受青陽之氣，始生鉚石，二〔百〕年成丹砂而青女孕，又二百年而成鉛，又二百年成銀，又二百年復得太和之氣，化而〔為〕金，故諸金皆不若丹砂金之為上也。○脩治丹砂法：以好砂研末，流水飛三次用。

丹砂，味甘，微寒，無毒。治身〔體五〕臟百病，養精神，安魂魄，益氣明目，殺精魅〔邪惡鬼〕。通血脉，止煩渴，悅澤人面，鎮心，主尸疰〔抽風。解〕胎毒痘毒，驅邪瘧。久服通神明不老，輕身〔神仙。能〕化〔為〕汞。○青霞子曰：丹砂外包八石，內含金精，禀氣於甲，受氣於丙，出胎見壬，結塊成庚，增光歸戊，陰陽升降，各本其原，自然不死。若以氣衰血敗，體竭骨枯，八石之功，稍能添益。若欲長生久視，保命安神，須餌丹砂。丹砂之靈，能重能輕，能神能靈，能暗能明。人擎一斛，力難升舉；萬斤遇火，輕速上騰。鬼神尋求，莫知所在。○《抱朴子》曰：臨沅縣廖氏，世世壽考。後徙去，子孫多夭折。他人居其故宅，復多壽考。疑其井水赤，乃掘之，得古人埋丹砂數十斛也。飲此水而得壽，況鍊服者乎！○夏子益《奇疾〔方〕》云：凡人自覺〕本形作兩人，竝行竝卧，不辨真假者，離魂病也。用人參、辰砂、茯苓，濃煎日飲，真者氣爽，假者自化。○《類編》云：錢丕少卿夜多惡夢，通宵不寐，自慮非吉。遇鄧州推官胡用之〔曰：昔〕當如此。有道〔士〕教戴辰砂如箭鏃者，涉旬即驗，四五年不復有夢。因解髻中絳囊遺之。即夕無夢，神魂安靜。道書謂丹砂辟惡安魂，觀此二事可徵矣。

附方：服食丹砂：三皇真人鍊丹方。丹砂一斤，研末重篩，以醇酒沃之如泥狀。盛以銅盤，置高閣上，勿令婦人見。燥則復以酒沃令如泥，陰雨疾風則藏之。盡酒三斗，乃曝之，三百日當紫色。齋戒沐浴七日，靜室飯丸麻子大，常以平旦向日吞三丸。一月三蟲出，半年諸病瘥，一年鬚髮黑，三年神人至。　預解痘毒。初發時或未出時，以朱砂末半錢，蜜水調服。多者可少，少者可無，重者可輕。　辟禳瘟疫。丹砂一兩研細，蜜丸麻子大，常以太歲日平旦，太歲日，如甲子年，不拘何月，凡遇甲子日是也。一家大小，勿食諸物，向東各吞三七丸，勿令近齒，永無瘟疫。　治產後舌出不收。丹砂傅之，暗擲盆盎作墮地聲驚之，即自收也。　治子死腹中不出。朱砂一兩，水煮數沸，為末。酒服。　治產後癲狂。丹砂二錢，研細飛過，乳汁調，分四服，無灰酒下。

**明・顧逢柏《分部本草妙用》卷二心部・寒補**　丹砂　甘，微寒，無毒。惡磁石，畏鹽水。忌一切血。　主治：安魂魄，除邪鬼，益氣，通神明目，通血脉，益精神，鎮心尸疰，潤心肺。治瘡痂驚癇，解胎毒痘毒，治邪瘧，能發汗。　按：丹砂，外秉離火，而內含真汞。色雖赤而反寒，離中有坎也。味不苦而反甘，火中有土也。是以同遠志、龍骨，則養心氣。同當歸、丹參，則養心血。同枸杞、地黃，則養腎水。同厚朴、川椒，則養脾土。同人參、茯苓，則治本身作兩人形症。同南星、川烏，則祛風明目。安胎，解毒而發汗，隨佐使而見功，無所往而不可。　用緋絹作小囊，盛丹砂置髻中，則夜無惡夢，神魂安逸，久服可以成仙，神品也。

**明・李中梓《醫宗必讀・本草徵要下》**　硃砂味甘，寒，有毒。入心經。惡磁石，畏鹹水，忌一切血。水飛。　鎮心而定癲狂，辟邪而殺鬼祟。解胎熱痘毒，療目痛牙疼。色赤應離，為心經主藥。獨用多用，令人呆悶。水銀即硃砂之液，殺蟲蝨有功，下死胎必用。滲入肉內，使人筋攣。若近男陽，陽痿無氣，惟以赤金係患處，水銀自出。楊梅瘡服輕粉，毒僭骨髓，毒發〔殺〕人。　輕粉主殺蟲生肌。

**明・鄭二陽《仁壽堂藥鏡》卷一**　丹砂　今出辰州、錦州。小者如箭鏃，大者如芙蓉，光明可鑒。　味甘，微寒，無毒。　《局方本草》云：丹砂，味甘，微寒，無毒。養精神，安魂魄，益氣明目，通血脉，止煩渴。　《藥性論》云：君。有大毒，鎮心，主抽風。　日華子云：涼，微毒。潤心肺。惡磁石，畏鹹水。　潔古云：辰砂，心熱者非此不能除。《經》云：丹砂法火，故色赤而主心。　東垣云：丹砂味甘，寒，純陰。納浮溜之火而安神明也。

《衍義》云：鎮養心神。但宜生使。

**明・蔣儀《藥鏡》卷四寒部**　丹砂　血脉通調，魂魄安定。清心熱而煩渴不駐，鎮驚悸而鬼祟來纏。鮮痘疹之毒根，納浮溜之虛火。和大楓子研末，則殺瘡蟲。佐條黃芩為丸，則絕胎孕。

**明・李中梓《頤生微論》卷三**　硃砂　味甘，性寒，有毒。入心經。惡磁石，畏鹹水，忌一切血。研細，水飛。狀如箭頭者最上，狀如石榴子鮮紅透明者亦佳。安心神，療顛狂，去結痰，解煩熱，辟邪氣，殺鬼祟，清胎毒痘毒，止目痛牙疼。　按：硃砂色赤，應南離，為心經主藥，多服令人痴悶。水銀即硃砂之液。殺蟲蝨，下死胎，滲入肉內，使人筋攣。若近男陽，陽痿無氣，惟以赤金繫莖邊，患處水銀自出，陽便起也。

**明·張景岳《景岳全書》卷四九《本草正》**　朱砂　味微甘，性寒，有大毒。通稟五行之氣，其色屬火也，其液屬水也，其體屬土也，其氣屬木也，其入屬金也，故能通五藏。其入心可以安神而走血脉，入肺可以降氣而走皮毛，入脾可逐痰涎而走肌肉，入肝可行血滯而走筋膜，入腎可逐水邪而走骨髓，或上或下，無處不到。故可以鎮心逐痰，祛邪降火，治驚癇，殺蟲毒，祛蠱毒鬼魅中惡，及瘡瘍疥癬之屬。但其體重性急，善走善降，變化莫測，用治有餘，乃其所長，用補不足及長生久視之說，則皆謬妄不可信也。若同參、芪、歸、朮，兼朱砂以治小兒，亦可取效。此必其虛中挾實者乃宜之，否則不可概用。

**明·盧之頤《本草乘雅半偈》帙一**　丹砂《本經》上品　氣味：甘，微寒，無毒。主治：主身體五藏百病，養精神，安魂魄，益氣，明目，殺精魅邪惡鬼，久服通神明不老。能化為汞。

覈曰：出符陵山谷，符陵，涪州也，接巴郡之南，今不復采矣。出武陵、西川諸蠻夷中者，通屬巴地，謂之巴砂。蘇頌曰：近出辰州、宜州、階州，而辰州者為最。生深山石崖間，穴地數十丈，始見其苗，乃白石，曰硃砂床。砂生床上，大者如鷄卵，小者如榴子。狀若芙蓉，頭似箭鏃，連床者色黯而光明瑩徹，碎之嶄岩作牆壁，如雲母石，成層可析者，辰砂也。過此以往，皆淘土石中得之，無石者彌佳。宜州者，亦有大塊，亦作牆壁，但罕類物狀，色亦深赤，為用不及辰砂，蓋出土石間，非生石床故也。宜之鄰地春州、融州亦有砂，故其水盡赤。每烟霧鬱蒸之氣，作赤黃色，土人謂之硃砂瘴，能作瘴癘為人患也。階州者但可作畫，不堪入藥。本具烟霧氣作畫，自然神異。雷斅曰：砂凡百等，有妙流沙，如拳許大，或重一鎰，具十四面，面如鏡，遇陰沉烟雨即有紅漿溢出。有梅柏砂，如梅子許大，夜有光，炤見一室。有白庭砂，如帝珠子許大，面有小星燦爛然。有神座砂、金座砂、玉座砂，不經丹灶，服之自延壽命。次有白金砂、澄水砂、陰成砂、辰錦砂、芙蓉砂、平面砂、金星砂、馬牙砂、神末砂、曹末砂、豆瓣砂、石砂、塊砂、溪砂、土砂等，不可一一細述也。宗奭曰：出蠻洞。錦州界，狤獠峒老鴉井者，井深廣數十丈，聚薪焚之，石壁迸裂處即有小龕，中生石床如玉，床上結砂，光明可鑒，砂泊床大者，重七八兩，或十餘兩。張果云：丹砂者，萬靈之主，居南方，或赤龍建號，或朱鳥為名。上品生辰、錦，中品生交、桂，下品生衡、邵，清濁體異，真偽不同。辰、錦者，生白石床上，十二枚為一座，如未開蓮花，光明耀日，座中大者為君，小者為臣，四面朝護。又有紫靈砂，圓長似笋而紅紫亦上品。又有如馬牙光明者亦上品。白色若雲母者為中品。石片稜角，生青光者為下品。交、桂所出，但是座上及打石得之，形似芙蓉者亦入上品；顆粒通明者，為中品；片段不明者，為下品。衡、邵所出，雖是紫砂，得之沙石中者，亦下品也。座中者，為君。朝護者，為臣。如此生成，宜作萬靈主。承曰：金州、商州一種，色微黄，作土氣。信州一種，形極大，光芒牆壁，略類宜州所產。而有砒氣，破之作生砒色。若入藥用，見火殺人。《庚辛玉冊》云：柳州一種，全似辰砂，塊圓如皂角子，不入藥用。出商、黔、宣、信四州者，內含毒氣，及金銀銅鉛之氣，並不可用。設雜石末，及鐵屑，與黑色名陰砂者，亦不堪用。時珍曰：色不染紙者為舊坑，色鮮染紙者為新坑。舊坑者佳，新坑者次之。斅曰：凡修治硃砂，靜室焚香齋浴後，取砂以香水浴過，拭乾碎搗，更研三伏時。入瓷鍋內，每砂一兩，用甘草二兩，紫背天葵、五方草各一鎰着砂上，以東流水煮三伏時，勿令水闕，去藥，更以東流水淘淨，熬乾，又研如粉，入小瓷瓶，用青芝草、山鬚草各半兩蓋之，下十觔火煅，從巳至午方歇，候冷取出，細研如塵。又法：以絹袋盛砂，用蕎麥灰淋汁，煮三伏時，取出，流水中浸洗，研粉飛晒。又法：同石膽、消石和埋土中，可化為水。鐵遇神砂，如泥似粉。先人云：丹正一點，腎間動氣，水裏陽生，義合日月。玄關之靈秘，如刹帝利種，尊重貴上，百靈呵護，非上品不可服食。又《博議》云：人之肢體藏府，血氣營衛之，精神充御之。丹砂能養精神，則天君泰然，百體從令矣。客曰：祇須丹砂一味，病莫不治，諸藥俱可廢矣。曰：丹砂之力，能使精神凝聚。凡從精神以致四體五藏百病者，得其因而百病良已，非百病皆可獨以丹砂治也。設四體五藏百病，波及精神者，或求其因而借用之亦可。客曰：化汞之語，即昇作水銀否。曰：此即關尹子所謂鍊精神而久生，以服久百體能如汞化，可以成液。玄門汞八兩，鉛半觔，正指內丹耳。客曰：丹砂養精神，人參安精神，有分別否？曰：養有育義，安惟使之寧也。先人辨論經文，詳且盡矣，頤不更加詳訂。

条曰：虛無太極，動而生陽，靜而生陰，分成兩物。男女相為飲食，彼此各闕一半故爾。丹家修練戊己，互交金木，幹坎填離，復還圓相，惟丹砂色味性情，靡不脗合。色赤，離也；氣寒，坎也；伏汞，水也；固質，金也；

甘平性味，土也。蓋水中有金，火中有木，方堪攢簇，所謂龍從火裏得，金向水中求。假此外丹，滋培四大，而四大之內，中黄為戊己，精神即坎離，魂魄作金木，內外合成丹，嬰兒方養育。《博議》重言精神，而概言魂魄意志，条語單拈太極，統具精神魂魄意志，一屬先天，一屬後天法也。

**明・李中梓《本草通玄》卷下**　硃砂　甘，微寒，心經藥也。　養精神，安魂魄，辟邪魅，治癲癇，解諸毒，驅邪瘧。硃砂稟離火之氣，性反涼者，離中有陰也。納浮溜之火，安君主之官，秉陽明之德，辟幽昧之邪，藥中神聖也。形如箭鏃，透明者佳。研細，水飛三次為度。

**清・顧元交《本草彙箋》卷一〇**　丹硃　秉離火之氣而成，體陽而性陰，故外顯赤色，內含真汞。其氣不熱而寒，離中有陰也。其味不苦而甘，火中有土也。是以同遠志、龍骨之類則養心氣，同當歸、丹參之類則養心血，同枸杞、地黄之類則養腎，同厚朴、川椒之類則養脾，同南星、川烏之類則祛風。可以明目，可以安胎，可以解毒，可以發汗。隨佐使而見功，無所往而不利也。　朱砂鎮養心神，但宜生使。若煉服，鮮有不作疾者。蓋朱砂性寒無毒，入火則熱而有毒，能殺人，所謂物性逐火而變也。《經》云：久服通神明不老者，古之真人飛丹煉石，引納清和，配以金鉛，按之法象，自能合丹道而成變化也。《青霞子》及《太清服煉靈砂法》云：能重能輕，能暗能明，能黑能白，能神能靈，一斛入掣，力難舉升；萬斤過火，輕速上騰；鬼神尋求，莫知所在。又云：丹砂外包八石，內含金精，稟氣於甲，受氣於丙。出胎見壬，結塊成庚，增光歸戊，陰陽升降，各本其原。

古有奇疾，其人自覺本形作兩人，並坐並臥，不辨真假，此名離魂病。用辰砂、人參、茯苓，濃煎日飲，真者氣爽，假者漸低。由此言之，凡人心神恍惚，夢魂飛散者，宜加丹砂于諸藥中。蓋生砂純陰之品，能納浮游之火，以安神明。凡心熱者，非此不除。　入六一散，治暑氣伏於心經，神昏口渴及泄瀉如火熱。　入乳香，托裏散癰疽熱毒，發熱疼痛，及毒氣攻心，發譫語俱治。

**清・穆石匏《本草洞詮》卷三**　丹砂　有土石二種，土砂體重而色黄黑，止療瘡疥，不入心腹之藥，出水銀則多也。石砂有十數品，最上者為光明砂。李德裕云：光明砂在石室之間，生雪牀之上，如初生芙蓉，細者環拱，大者處中，有辰居之象，有君臣之位，此天地自然之寶也。其次或出石中，或出水內，當擇去其雜土石者，皆可用也。味甘，氣微寒，無毒。主養精神，安魂魄，治百病，殺精魅邪鬼，久服通神明。蓋丹砂秉離火之氣，體陽而性陰，故外顯丹色，而內含真汞。其氣不熱而寒，離中有陰也。其味不苦而甘，火中有土也。同遠志、龍骨之類則養心氣，同當歸、丹參之類則養心血，同枸杞、地黄之類則養腎，同厚朴、川椒之類則養脾，同南星、川烏之類則祛風。可以明目，可以安胎，可以解毒，可以發汗，隨佐使而見功，無所往而不可。夏子益云：凡人自覺本形作兩人，竝行竝臥，不辨真假者，離魂病也。用辰砂、人參、茯苓，濃煎日飲，則假者化也。《類編》云：錢丕夜多惡夢，有道士教戴辰砂如箭鏃者，涉旬即驗。《抱朴子》云：臨沅廖氏家，世世壽考，後徙去，子孫多夭折。他人居其故宅，復多壽考。疑其井水赤，乃掘之，得古人埋丹砂數十斛也。據此諸說，則丹砂之功大矣。然鄭康成注《周禮》，以丹砂、石膽、雄黄、(礬)[礜]石、慈石為五毒。古人惟以攻瘡瘍，而《本經》以丹砂為無毒，能治百病。然為患者多，豈五毒之說勝乎？蓋丹砂性寒而無毒，入火則熱而有毒。凡用丹砂，但宜生使；若煉服，未有不為患者。戒之！

**清・劉雲密《本草述》卷五**　丹砂一名朱砂。　按諸說丹砂皆取光明瑩徹為佳。范成大《桂海志》曰：本草以辰砂為上。時珍曰：丹砂以辰錦者為最。麻陽即古錦州地，又曰寧獻王。臞仙《庚辛玉冊》云：丹砂以五溪山峒中產者，得正南之氣，為上。麻陽諸山與五溪相接者，次之。又曰：張果《丹砂要訣》云：丹砂者，萬靈之主，居之南方，上品生於辰、錦二州石穴。丹經以朱砂煅出水銀，朱砂屬離，水銀為真水。以水銀煉成靈砂，水銀屬坎，靈砂為真火，水火升降，養成內丹。　又按諸說，砂有石砂、土砂、溪砂之殊。石砂最上者，為光明砂。蘇頌云：生深山石崖間，土人采之，穴地數十丈，始見其苗，乃白石，謂之朱砂牀，砂生石上，大者如雞子，小者如石榴子，狀若芙蓉，頭箭鏃，連牀者，紫黯若鐵色而光明瑩徹，碎之嶄巖作墻壁。又如雲母石，成層可析者，真辰砂也，得此者帶之辟惡，為上。其次或出石中，或出水內，形塊大者如拇指，小者如杏仁，光明無雜，名馬牙砂。但如上二種，俗間亦少有之。又云：色紫不染紙者為舊坑砂，乃上品。色鮮染紙者為新坑砂，次之。又云：石片稜角生青光為下品。又云：交州、桂州所出，但是座上及打石得，形似芙蓉，頭面光明者，亦入上品。顆粒通明者為中品，片段不明徹者為下品。又云：邕州所產，大者數十百兩，作塊黑暗，少墻壁，不堪入藥。又云：別有越砂，大者如拳，小者如雞鴨卵，形雖大，共雜土石，不如細而明淨者至。所謂土砂，乃生於土穴中。溪砂，生溪州砂石中。俱土石相雜，故不入服餌用。李德裕《黄冶論》云：光明砂者，天地自然之寶，在石室之間，生雪牀之上，如初生芙蓉，紅芭未拆，細者環拱，大者處中，有辰居之象，有君臣之位，光明外徹，采之者尋石脈而求，此造化之所鑄也。統前諸説，則砂亦不必較大小，但取無砂土相雜，光明瑩徹，色不黑暗者為貴也。

氣味：甘，微寒，無毒。吳普曰：神農甘，岐伯苦，有毒。扁鵲苦，李當之大寒。權曰：有大毒。日華子曰：涼，微毒。時珍曰：丹砂，《别録》云無毒。岐伯、甄權言有毒。似相矛盾。按何孟春《餘冬録》云：丹砂性寒而無毒，入火則熱，而有毒能殺人。物性逐火而變，此説是也。

主治：身體五臟百病，養精神，安魂魄，益氣明目，殺精魅邪惡鬼，久服通神明《本經》。通血脈，解煩熱，治驚癇，并解小兒胎毒，痘毒。韓保昇曰：朱砂法火色赤，而主心。王好古曰：乃心經血分主藥，主命門有餘。

李杲曰：丹砂純陰，納浮溜之火，而安神明。凡心熱者，非此不能除。時珍曰：丹砂生於炎方，秉離火之氣而成，體陽而性陰。故外顯丹色，而內含真汞。其氣不熱而寒，離中有陰也。其味不苦而甘，火中有土也。是以同遠志、龍骨之類，則養心氣。同當歸、丹參之類，則養心血。同枸杞、地黄之類，則養腎。同厚朴、川椒之類，則養脾。同南星、川烏之類，則祛風。可以明目，可以安胎，可以解毒，可以發汗，隨佐使而見功，無所往而不可。希雍曰：丹砂本稟地二之火氣以生，而兼得乎天七之氣以成，色赤法火，中含水液，為龍為汞，亦曰陰精，七為陽火之少。故味甘微寒而無毒，蓋指生砂而言也。《藥性論》云：丹砂為清鎮少陰君火之上藥，辟除鬼魅百邪之神物。

丹砂研飛極細，令狀如飛塵，以甘草、生地黄濃煎，調分許，與兒初生時服之，能止胎驚，解胎毒。同真珠、琥珀、金箔、牛黄、生犀角、天竺黄、滑石末，治小兒急驚有神。入六一散治暑氣伏於心經，神昏口渴，及泄瀉如火熱。入補心丹鎮心神，定魂魄。入乳香托裏散，散癰疽熱毒，發熱疼痛，及毒氣攻心，發譫語。

愚按：青霞子曰：丹砂外包八石，內含金精，稟氣於甲，受氣於丙，出胎見壬，結塊成庚，增光歸戊，陰陽升降，各本其原，斯言也，信而有徵，謂非造化之所鑄歟。夫人與萬物，盡造化於水火二氣，而水火同宮，所謂坎離是也，唯丹砂之受鑄最完，見象最靈。何以言之？其外顯丹色，所謂受氣於丙也。土宿真君言丹砂受青陽之氣，是非稟氣於甲乎？內蘊真汞，所謂出胎見壬也。青霞子言內含金精，是非結塊成庚乎？本風升之木，可使水騰於火中，本燥降之金，可使火範於水外，水火自有升降，而金木又升降乎水火，皆不離中土，以為升降，是非各歸其原乎？斯所謂受鑄最完也，其外顯丹色，中蘊真汞，即坎離見象，水火同宮，如斯其最靈也。若然，則《本經》所謂養精神，安魂魄者，語語實詣矣。然亦何以明之？《經》曰：兩神相搏，合而成形，常先身生是謂精，此言生身之始。山於陰陽二氣相交而形成，然精在成形之先，此由神以化精者也。又曰：兩精相搏謂之神。夫陰陽相交乃成形，先有精，是精無兩也。成形以後，則水火各司其官，各有其精，《經》所謂水之精為志，火之精為神也。第火中有水，水中有火，雖曰兩精，而實相交，此由精以化神者也。請再悉之，夫陰陽原從混沌一氣而分，分者亦未嘗不合也。故曰兩神相搏，就其分而合之處，即有精矣。此是相搏謂之精，而曰常先身生者，固指先天而言，《內經》所謂化生精也。既成形以後，落於後天清濁，分而動静殊矣。不名為陰陽，名為水火矣。《經》曰：水火者，陰陽之徵兆。言其落於形氣也，故曰兩精。第先哲有云：心為離火，內陰而外陽。腎為坎水，內陽而外陰。內者，是神，是主。外者，是氣，是用。故心以神為主，陽為用。腎以志為主，陰為用。陽則氣也，火也。陰則精也，水也。夫水火之奠於上下者，此一精而分為兩也，此動静根於清濁之分者也。然水火之主，於在中者，此兩精而摶為一也，此升降妙於動静之中者也。《內經》所謂精歸化也。若使火中無水，以為神則動無静，以為君將有升無降。水中無火，以為神則静無動，以為用將有降無升，是升降廢而氣化息矣。唯其兩精相搏，而升降不息，如是乃謂之神耳。動無静以為主，静無動以為用。二語方説得神字出。《經》曰：出入廢，則神機化滅。夫有升降，則出入不廢，有出入則升降不息，出入固形中之氣，升降即氣中之神也。一則曰兩神相搏合而成形，常先身生，謂之精。一則曰水之精為志，火之精為神，兩精相搏，謂之神。是則由神合氣，神氣合而化精，復由精歸氣，精氣合而歸神，所謂天地之有造有化，原始要終，總歸之神而已。而人身中之有造有化者，亦同之天地而已矣。天地之神歸之虛空，人身之神歸之虛靈，故《內經》曰：心藏神。又曰：心者，生之本，神之變也。蓋其虛而能靈，動以靜君者，彷彿乎老子之所謂虛而不詘，動而愈出者也。如砂之內蘊真汞，外顯丹象，由內所蘊之水以歸火，而火應水以下藏，由外所顯之水以召水，而水應火以上際，是非水火既濟乎？神合於氣而精生，氣合於神而精化，是《本經》所謂養精神也。以水而歸火，火即應水以下藏，由火而召水，水即應火以上際，是謂養神而益心，即以養精而益腎矣。又云：安魂魄者，《經》曰：隨神往來謂之魂，并精而出入者謂之魄，是魂魄即不外於精神矣。而丹書日烏月兔說云：日者，陽也，陽內含陰象，砂中有汞也。陽無陰則不能自耀，其魂故名曰雌。火乃陽中含陰也，是謂日中烏月者陰也。陰內含陽象，鉛中有銀也。陰無陽則不能自熒，其魄故名曰雄。金乃陰中含陽也，是謂月中有兔，即耀魂熒魄。二語則知安魂魄，不外於養精神矣。更以龍從火裏出，虎向水中生。參之，蓋肝木乘至陰而升於陽，得合於心包絡，以媾肺者，因離中之陰，俾木復乘，陰精以變化，是謂龍從火裏出也。肺金乘至陽而降於陰，得合三焦，以媾肝者，因坎中之陽，俾金復乘陽精以鼓盪，是謂虎向水中生也。若然，是則水火交而金木自并，金木并而水火之交愈固，總不越於水火既濟。而水火既濟，總不越於一心。如丹砂之受鑄於造化者極異，固亦最切於心哉。《內經》曰：血氣已合，榮衛已通，五藏已成，神氣舍心，魂魄畢具，乃成為人。即此數語，則由心而收精神魂魄之益，及身體五藏百病之胥治者，《本經》固非妄語也。盧之頤曰：四大之內，中黃為戊己。精神即坎離，魂魄作金木，內外合成丹。嬰兒方養育，斯義是矣。抑氣為精之先，試更暢之。《經》云：腎者，受五藏六府之精而藏之。又云：腎者，精之處，是腎固藏精，其所以能化精者，原本於腎之氣，而腎氣又本於金。故道家曰：鉛中有銀也，離中有水者，亦以金而水得宅於火中也。汞本於金精，故其色白，所以人身之精亦猶是耳。砂中有汞，乃是真精之化原，心包絡之血下歸於衝，而仍由氣以化精者，以肺氣還歸於腎元，金精由火以歸水，故由赤而白也。若然，舉精氣神合一之微，皆在斯矣。欲立後天之命者，可不留意乎哉？

附方 服食丹砂，三皇真人煉丹方：丹砂一斤，研末，重篩，以醇酒沃之如泥狀，盛以銅盤，置高閣上，勿令婦人見，燥則復以酒沃，令如泥，陰雨疾風則藏之，盡酒三斗，乃曝之三百日，當紫色，齋戒沐浴七日，靜室飯丸麻子大，常以平旦向日吞三丸，一月三蟲出，半年諸病瘥，一年鬚髮黑，三年神人至。按丹砂，砂中有汞，伏火者徒存其枯陽，而汞離於砂者，又陰毒為甚，如斯服食，原是陽中含陰，益令陰和於陽，誠有大益者也。神注丹方：白茯苓四兩，糯米酒煮軟，竹刀切片，陰乾為末，入朱砂末二錢，以乳香水打糊丸梧子大，朱砂末二錢為衣。陽日二丸，陰日一丸，要秘精，新汲水下；要逆氣過精，溫酒下，並空心。此王好古海藏氏《醫壘元戎》方也。茯苓本陽以吸陰，丹砂本陰以充陽，所說秘精及逆氣過精，煞有至理。預解痘毒，初發時或未出時，以朱砂末半錢，蜜水調服，多者可少，少者可無，重者可輕。按此朱震亨丹溪氏方也。好古言主命門有餘，其義正與茲方合。小兒驚熱，夜臥多啼，朱砂半兩，牛黃一分，為末，每服一字，犀角磨水調下。歸神丹，治一切驚憂，思慮多忘，及一切心氣不足，癲癇狂亂，豶豬心二个，切，入大朱砂二兩，燈心三兩在內，麻扎，石器煮一伏時，取砂為末，以茯神末二兩，酒打薄糊丸梧子大，每服九丸至十五丸，至二十五丸，麥門冬湯下，甚者乳香、人參湯下。按：心氣心血，治心者類能分之，不知丹砂之所主者神，神屬陰，却用之以補心氣，謂火得水以為主，而火之用乃充也。妊婦胎動，朱砂末一錢，和雞子白三枚，攪勻，頓服，胎死即出，未死即安。

修治 丹砂入藥，秖宜生用，慎勿升煉，一經火煉，餌之殺人。研須萬遍，要若輕塵，以磁石吸去鐵氣，惡磁石。宗奭曰：生朱砂初生小兒便可服，因火力所變，遂能殺人，不可不謹。

愚按：丹砂之用，為離中有陰，且內含金精，使坎能交離也。服餌正宜生用，先哲多謂升煉即殺人，是矣。蓋離中有陰，經火煅煉，則純陽無陰，不獨燥烈可畏，亦何取於枯陽而用之乎？此繆仲淳所云。自唐以來，上而人主，下而縉紳，曾餌斯藥，無一克免者也。先哲諄諄致戒，不獨繆氏為然，不能備錄。

**清·郭章宜《本草匯》卷一八** 硃砂 味甘，微寒，純陰，入手少陰經。鎮心而定癲狂，辟邪而殺鬼祟。解胎熱痘毒，療目膜宿癥。按：硃砂，禀離火之氣，性反凉者，離中有陰也。味不苦而甘，火中有土也。為心經血分主藥。同遠志、龍骨之類，則養心氣。同當歸、丹參之類，則養心血。同枸杞、地黃之類，則養腎。同厚朴、川椒之類，則養脾。同南星、川烏之類，則祛風。隨佐使而見功也。若人自覺木形作兩人，行臥不辨真假者，離魂病也。參、茯、辰砂自不可缺耳。獨用多用，令人呆悶。體中含汞，止宜生用。若經火煉，毒等砒矣。戒之！戒之！產辰州。形如箭鏃，透明者佳。研細，水飛用。忌火，畏磁石、鹻水。

**清・蔣居祉《本草擇要綱目・平性藥品》** 硃砂 氣味：甘，微寒，無毒。主治：鎮心，安魂魄，通神明。主尸疰抽風，解驚癇，胎毒，痘毒。蓋硃砂生於炎方，秉離火之氣而成，體陽而性陰，故外顯丹色，內含真汞。其氣不熱而寒，離中有陰也。其味不苦而甘，火中有土也。故可以養心，可以明目，可以安胎，可以解毒，可以發汗，隨佐使而見功，無所往而不可。若有人自覺本形忽若為二，並行並臥，不辨真假者，魂離魄也。用辰砂為君，人參、茯苓為佐，濃煎日飲，則真者氣爽，假者自化。又或夜多惡夢，通宵不寐，佩之以箭鏃辰砂，神魂安靜。此皆辟惡安魂之驗也。但宜生使，若鍊服，恐竄入經絡骨髓，流而為癰瘤疽毒也。又小兒初生，以硃砂、輕粉、白蜜、黃連之屬，欲下胎毒，不知輕粉下痰損心，硃砂下涎損神，兒實者服之軟弱，弱者服之易傷，變生諸病也。

**清・王翃《握靈本草》卷一** 丹砂生于辰、錦二州者爲上品，生于交桂者爲中品，生于衡、邵者爲下品。中有芙蓉頭及紅紫者良。若砂石相間及曾入火者，不可服。 主治：丹砂，甘，微寒，無毒。一云有毒。主身體五臟百病，養精神，安魂魄，益氣，明目。殺精魅惡鬼，久服通神明。

**清・汪昂《本草備要》卷四** 丹砂重，鎮心，定驚，瀉熱。體陽性陰，內含陰汞。味甘而涼，色赤屬火。性反凉者，離中虛有陰也。味不苦而甘者，火中有土也。瀉心經邪熱，心經血分主藥。鎮心清肝，明目發汗，汗爲心液。定驚祛風，辟邪錢丕少卿多惡夢，遇推官胡用之，胡曰：昔常患此，有道士教戴靈砂而驗。遂解髻中絳囊授之，即夕無夢。解毒，胎毒、痘毒宜之。止渴安胎。《博救方》：水煮一兩，研，酒服，能下死胎。李時珍曰：同遠志、龍骨之類養心氣；同丹參、當歸之類養心血；同地黃、枸杞之類養腎；同厚朴、川椒之類養脾；同南星、川烏之類祛風。〇多服反令人痴呆。辰產，明如箭鏃者良。名箭頭砂。細研，水飛三次用。生用無毒，火煉則有毒，服餌常殺人。惡磁石，畏鹽水，忌一切血。鄭康成註《周禮》，以丹砂、雄黃、石膽、礜石、磁石爲五毒，古人用以攻瘍。

**清・吳楚《寶命真詮》卷三** 硃砂 【略】鎮心定癲狂，辟邪殺鬼祟，養精神，安魂魄，解諸毒，驅邪瘧。稟離火之質，而其性反凉者，離中有陰也。為心經主藥，秉陽明之德，辟幽昧之邪，藥中神聖。

**清・李世藻《元素集錦・本草發揮》** 硃砂 安心神，庸醫皆知之。輒用以安心神，而殺人不可勝數，仍不解其何故。夫心經因勞思虛弱，心神散而不聚，硃砂能納浮流之火而安之。若瘡證、時疾、跌傷等病，用之收邪入心，不死何待？非比他藥，誤用止不效而已。不明藥性，豈可混用？戒之！

**清・王遜《藥性纂要》卷一** 丹砂 【略】東圃曰：朱砂飛細，將黑雄猪心血拌勻，以竹刀剖開猪心，入砂於內，竹箬包緊，砂鍋煮至心熟，去心取砂用，引入心經，養血安神甚效。

味甘，氣微寒，色赤，入心。砂體鎮墜，質勝之物，而能安五藏之神者，蓋神雖虛靈而有所平則安也。故治驚悸狂癇，明目安胎，凡病涉心血不足，心氣虛怯者，俱宜用之。夫目為心使，心之神寄於目，胎藉血養，惟心生血也。夏子益《奇疾方》云：凡人自覺本形作兩人，並行並臥，不辨真假者，離魂病也。用辰砂、人參、茯苓，濃煎日飲，真者氣爽，假者自化矣。

**清・陳士鐸《本草新編》卷五** 丹砂水銀、輕粉 味甘，氣微寒，生餌無毒，鍊服殺人。入心經。鎮養心神，通調血脉，殺鬼祟精魅，掃疥瘻瘡瘍，止渴除煩，安魂定魄。水銀，即丹砂火煅而出之者也，止可為外科之用。輕粉，又從水銀而再變者也，亦外科所需。此三物，至毒者水銀，其次輕粉，又其次則丹砂也。蓋水銀、輕粉經火百鍊而成。丹砂未經火者，秉南方至精之氣，可借以安神定魄，然亦只可少服獲益。輕粉功專收斂，世人治楊梅風毒，用之以圖速效，誰知毒未宣揚，遽用輕粉以斂毒，顧目前片刻之快，變成終身難治之瘡，鼻落身腐而死，可不慎哉。或問：輕粉之毒，多成于楊梅瘡，不識有何藥可救？近人多以土茯苓救之，然未見其收功也。曰：輕粉之毒，非服丹砂，則毒不能出。蓋輕粉即丹砂之子也，子見母則化矣。但服丹砂有法，用丹砂一觔，切不可火煅，須覓明亮者，研末，水飛過，用茯苓末二觔，生甘草三兩，為末，共拌勻。每日用白滾水調服三錢，不須一月，輕粉毒盡散，而結毒全愈矣。或問：丹砂，古之真人每借之飛丹煉石，引納清和，配以金鉛，按之法象，合成金丹而成變化。青霞子及《太清真君煉法》，皆載之于丹經，而錄之各本草也，先生略而不言，何也？曰：丹法難言，非有形之物也。古之真人，不過託言丹砂、黑鉛，以喻其金丹之妙也，何嘗取丹砂而烹煉之哉。夫丹砂最惡者火也，得火則有大毒。有唐以來，上而人主，下而縉紳，服烹煉丹砂之藥，未有不爛腸裂膚而死者。又安能長生變化飛騰升舉哉。此余所以略而不存也。 或問：繆仲醇註疏《本草》，謂久服水銀，神仙不死之說，必得鉛華相合，乃能收攝真氣，凝結金丹，即道家所謂太陽流珠，常欲去人，卒得金華，轉而相合之旨也，吾子以為然乎？否乎？曰：此繆仲醇不知丹訣而錯認之也。金丹大道，豈藉後天有形之物而成哉？況水銀生用、煉用，無非有毒，大非丹砂可比，尤不可服，古今來服水銀而死者比比。夫水銀入耳則腦爛，豈入臟腑偏能有益乎。此不必辨而自明者也。 或問：丹砂能消魚、龍、蛇、鱉之毒，有之乎？曰：有之。但生用則不能消毒耳。蓋魚、龍、蛇、鱉之毒，中入于人身內外者，用丹砂煮熟作湯，或火煅為末服之，則毒氣盡消。丹砂生用則無毒，而熟用則有毒，以毒攻毒，故能奏功獨神耳。

**清・顧靖遠《顧氏醫鏡》卷八** 硃砂甘，微寒。入心經。忌一切血。須研極細，水飛生用。若經火煉，則熱毒等砒磠，殺人。光明者入藥。 清鎮君火之上藥，色赤法火，中含水液，體陽而性陰，納浮溜之火，而安神明，心熱非此不除。故心煩不眠，怔忡驚悸，皆需之。 辟除邪魅之神丹。最上品者，夜有光生，故能殺邪鬼精魅。夜多惡夢者，絹包，裹頭即安。 治癲癇狂亂，癲癇屬心氣虛而有熱，病狂，古人謂之失心，能鎮心安神清熱，故皆用之也。 理小兒驚熱。硃砂五錢，牛黃一分，為末，每用一匙，磨犀角汁調下。又生地、甘草煎湯，調分許，初兒生時服之，止胎驚，解胎毒。 獨用多用，令人呆悶。

**清・李熙和《醫經允中》卷一七** 丹砂 惡磁石，畏鹽水。忌一切血。經火煆煉，毒等砒磠。 甘，微寒，無毒。主治安心神，定魂魄，解胎毒、痘毒，除鬼邪驚癇。多用獨用令人呆悶。雖云久服成仙，未得真傳不可輕餌。

附水銀： 辛，寒，大毒。主治殺瘡蟲，絕胎孕。 水銀，丹砂中液也。稟至陰之氣，其性沉滑，入骨鑽筋，頭瘡用之食腦至盡，入肉則百節拘攣，近陰則倒陰絕陽，百藥不治。陰毒之物，未可輕用。誤服水銀，以猪脂切塊焙熟，入生蜜拌食得下。 輕粉燥烈大毒。主治傅小兒疳瘡瘰癧，殺瘡疥癬蟲。輕粉乃水銀加鹽、礬煉成者，其性走竄，止宜外用，服之則毒氣薰蒸，竄入經絡筋骨，致血液消亡，筋骨失養，遂成筋攣骨痛，結毒漏瘡，貽害無窮，不可救藥。慎之！戒之！ 土茯苓、黃連、陳醬、黑鉛能解其毒。

**清・馮兆張《馮氏錦囊秘錄・雜症痘疹藥性主治合參》卷五** 丹砂稟地二之火氣以生，兼得乎天七之氣以成，色赤法火，中含水液，為龍為汞，亦曰陰精。七為陽火之少，故味甘，微寒而無毒，蓋指生砂而言也。乃清鎮少陰君火之上藥。辟除鬼魅百邪之神物，故能通神明，定魂魄，殺鬼魅，辟諸毒。然丹砂為八石之主，故列石部之首。體中含汞，汞味本辛，故能殺諸蟲，殺精魅，宜乎《藥性論》謂其有大毒。若經伏火及一切烹煉則毒等砒磠，服之必斃，戒之。○水銀從石中迸出為石汞，從丹砂中出者為硃裏汞，即丹砂中液也。稟至陰之氣而有汞，或其味辛，其氣寒而有毒，善能殺蟲。其性下走，無停歇，故以之殺諸蟲瘡疥也。然至陰之精，故近男陽，陽痿無氣。入耳能食人腦至盡，入肉令百節攣縮。外敷尚防其毒之害，內服為害不待言而可知矣。得棗肉、人唾同研則散，得鉛則凝，得硫則結，得紫河車則伏，得川椒則收。○銀硃乃硫黃同汞升煉而成，其性燥烈，過服能使人齦爛筋攣。其味辛，氣溫，有毒。亦能破積滯散結，療癬疥惡瘡，殺蟲，不宜服食。日久頑瘡不收者，銀硃一錢，地龍骨即年久石灰，五分，松香五錢為末，香油一兩，化攤紙上，貼之能治濕毒臁瘡。○水銀粉即輕粉，由煉水銀而成。其味本辛，氣冷，無毒。療性與水銀相似，第其體稍輕浮耳。故為流利腸胃及除熱殺蟲，外治之需，若用服餌，恐汞毒又兼火毒，燥烈腸胃血液耗亡，反成痼疾，慎之。久病虛人，尤宜切禁。○升煉輕粉法： 用水銀一兩，白礬二兩，食鹽一兩，同研至不見星，鋪於鐵器內，以小烏盆覆之，鹽泥封固盆口，以炭火打三炷香，取開則粉升於盆上矣。

丹砂，鎮心養神，安魂定魄，辟邪解毒。主五臟百病，除煩止渴，通調血脈，殺鬼祟精魅，掃疥瘻瘡瘍。然色赤而應南離，為心經主藥，但係純陰重滯之品，多服久服則虛靈清氣，皆為鎮墜，令人痴悶。若一經火煉，其毒更等於砒矣。依法煆煉取汞，又名水銀，殺五金大毒。和大楓子則殺瘡蟲。佐黃芩丸，則絕胎孕。殺蟲虱有功，下死胎必用。滲入肉內，使人筋攣。若近男陽，陽痿無氣，惟以赤金繫莖邊患處，水銀自出，陽便起也。輕粉係汞再昇，惟入外科，去風殺蟲，追毒生肌，主通大腸，敷小兒疳痹瘰癧，殺瘡癬疥癩。若楊梅瘡初起，或服或點，則毒氣退伏骨髓，如油入麵，莫之能出，迨多年之後，毒發關竅，重者喪生，輕者廢敗。銀硃亦汞燒就，僅殺蟲蝨，更理疔瘡。

主治痘疹合參： 丹砂雖云通血脈，解痘毒，安魂魄，養精明目。然性寒沉墜，凡熱盛狂言者，可用少許，和諸藥以解熱毒，安神，切不可多服，蓋心血一涼，則痘毒何由而發？ 輕粉涼血散瘡毒，止堪合入摻藥，以為痘毒癰疽外治之用。 又秘法，升丹靈藥方： 治癰疽惡瘡，楊梅諸瘡，拔毒長肉神驗，水銀一兩，黑鉛七錢，硃砂、雄黃各三錢，白礬、火硝各二兩半。其法先用鉛化開，投水銀凝成餅，入硃砂、雄黃研勻，然後將硝、礬鎔化，投前四味末入內，離火急攪，令勻。用陽城罐盛之，鐵盞蓋口，上架鐵梁，鐵線紮緊。鹽泥固濟，神仙爐內，文武火升煉，盞中時時以水擦之，火漸加以三分為率，每焚官香一炷，則加一分，如是煉三炷官香為度，候冷取開，於盞底刮取，研如飛麵，甘草湯飛過三次，入龍腦香少許，點廣瘡上，頻頻以指蘸藥按之，三日自脫，神方也。

**清・张璐《本經逢原》卷一**　丹砂一名朱砂。　甘，微寒，無毒。研細水飛用，入火則烈，毒能殺人，急以生羊血、童便、金汁等解之。《本經》主身體五藏百病，養精神，安魂魄，益氣明目，殺精魅邪惡鬼，久服通神明，不老。能化為汞。　發明：　丹砂體陽性陰，外顯丹色，內含真汞，不熱而寒，離中有坎也。不苦而甘，火中有土也。嬰姹兒女交會於中，鎮心安神是其本性。用則水飛，以免鎮墜，不宜見火，恐性飛騰。《本經》治身體五藏百病，安定神明，則精氣自固。火不妄炎，則金木得平，而魂魄自定。五藏皆安，精華上發，而氣益目明。陽明神物，故應辟除不祥，消散陰惡殺厲之氣，仲淳繆子《經疏》之言也。同遠志、龍骨則養心氣。同當歸、丹參則養心血。以人參、茯神濃煎調入丹砂，治離魂病。以丹砂末一錢，和生雞子黃三枚攪勻頓服，治妊娠胎動不安，胎死即出，未死即安。又以丹砂一兩為末，取飛淨三錢，於一時頃分三次酒服，治子死腹中，立出。慎勿經火，若經伏火及一切烹煉，則毒等於砒硇。惟養正丹則同鉛汞硫黃煅之，以汞善走而火毒不致蘊發也。

**清・浦士貞《夕庵讀本草快編》卷一**　丹砂《本經》、朱砂　《說文》云：丹乃石名，其中一點象丹在井之中形。後人以丹為朱，故呼朱砂。　丹砂外包八石，內含金精，稟氣于甲，受氣于丙，出胎見壬，結塊成庚，增光歸戊。體陽而性陰，乃心經血分主藥也。故外顯丹色而內含真汞。其氣不熱而寒，離中有陰也；其味不苦而甘，火中有土也。是以同遠志、龍骨之類則益心氣；同當歸、丹參之類則養心血；同枸杞、地黃則補腎；同厚朴、川椒則啟脾；同南星、川烏則祛風。可以明目，可以安胎，可以解毒，可以發汗，隨佐使而見功，無所往而不利。且八石見火則消，惟丹砂伏火，化為黃銀。所謂能重能輕，能暗能明，真神物也。　附：　治驗　夏子益云：　凡人自覺本形作兩人行臥，不辨真假者，凡離魂病也。用辰砂、人參、茯苓，濃煎日飲，真者氣爽，假者自化。　錢丕少卿夜多惡夢，自慮非吉，遇推州胡用之，曰：昔常如此，有道士教戴辰砂，始愈，因解髻中絳囊遺之，竟夕無夢，神魂安舒。

**清・張志聰、高世栻《本草崇原》卷上**　丹砂　氣味甘，微寒，無毒。主治身體五臟百病，養精神，安魂魄，益氣明目，殺精魅邪惡鬼。永服通神明，不老，能化為汞。　丹砂又名朱砂，始出涪州山谷，今辰州、錦州及雲南、波斯蠻獠洞中石穴內皆有，而以辰州者為勝，故又名辰砂。大者如芙蓉花，小者如箭鏃，碎之作牆壁光明可鑒，成層可拆研之。鮮紅斯為上品，細小者為米砂，淘土石中得者為土砂，又名陰砂，皆為下品。　蘇恭曰：　形雖大而雜土石，又不若細而明淨者佳。　水銀出於丹砂之中，精氣內藏，水之精也。色赤體堅，象合離明，火之精也。　氣味甘寒，生於土石之中，乃資中土，而得水火之精。　主治身體五臟百病者，五臟之氣，內歸坤土，外合周身，丹砂從中土而達五臟之氣，出於身體，則百病咸除。　養精神者，養腎臟之精，心臟之神，而上下水火相交矣。　安魂魄者，安肝臟之魂，肺藏之魄，而內外氣血調和矣。調和其氣，故益氣。　調和其血，故明目。　上下水火相交，則精魅之怪，邪惡之鬼自消殺矣。　久服則靈氣充盛，故神明不老，內丹可成，故能化為汞。

**清・姚球《本草經解要》卷四**　硃砂　氣微寒，味甘，無毒。主身體五藏百病，養精神，安魂魄，益氣明目，殺精魅邪惡鬼。久服通神明，不老。水飛。

丹砂氣微寒，稟天初冬寒水之氣，入足少陰腎經。味甘無毒，得地中正之土味，入足太陰脾經。色赤而生水銀，入手少陰心經。蓋心乃火藏而藏陰者也。氣味降多於升，質重味薄，陰也。心腎者，人身之水火也。天地之用，在於水火，水火安，則人身天地位矣。丹砂色赤質重，可以鎮心火，氣寒可以益腎水，水升火降，心腎相交，身體五藏之病皆愈也。心者，生之本，神之居也。腎者，氣之源，精之處也。心腎交，則精神交相養矣。隨神往來者謂之魂，並精出入者謂之魄。精神交養則魂魄自安。味甘益脾，脾為後天。氣者得於天，充於穀，後天納穀，所以益氣。心病多舍於肝，心火不炎，則肝血上奉，故又明目也。色赤具南方陽明之色，陽明能辟陰幽，所以殺精魅邪惡鬼也。久服通神明不老者，心之所藏者神明，久服丹砂，則心火清，火清則血充，故虛靈不昧，光彩華面也。　製方：　丹砂一兩，同人參、茯神、甘草各二錢，山藥、馬豆各四錢，青黛、僵蠶各一錢，冰片一分，丸，名安神丸，治小兒驚症。同生地、當歸、白茯、甘草、川連，名硃砂安神丸，安神清熱。

**清・王子接《得宜本草・上品藥》**　丹砂　味甘，寒。入手少陰經。功專鎮心安魄。得遠志、龍骨則養心氣，得當歸、丹參則養心血，得生地、枸杞則養腎陰。

**清・徐大椿《神農本草經百種錄》上品**　丹砂　味甘，微寒。甘言味，寒言性，何以不言色與氣？蓋入口則知其味，入腹則知其性，若色與氣則在下文主治之中可推而知之也。主身體五臟百病，百病者，凡病皆可用，無所禁忌，非謂能治天下之病也。凡和平之藥皆如此。養精神，凡精氣所結之物，皆足以養精神。人與天地同，此精氣以類相益也。安魂魄，赤入心，重鎮怯。益氣，氣降則藏，藏則益。明目，凡石藥皆能明目，石者金氣所凝，目之能鑒物，亦金氣所成也。又五臟之精皆上注於目，目大小眦屬心，丹砂益目中心藏之精。殺精魅邪惡鬼。大赤為天地純陽之色，故足以辟陰邪。久服，通神明，不老。能化為汞。石屬金，汞亦金之精也。凡上品之藥，皆得天地五行之精以成其質。人身不外陰陽五行，采其精氣以補真元，則神靈通而形質固矣。但物性皆偏，太過不及，翻足為害，苟非通乎造化之微者，未有試而不斃者也。此因其色與質以知其效者。丹砂正赤，為純陽之色。心屬火，色赤，故能入心，而統治心經之證。其質重，故又有鎮墜氣血之能也。〇凡藥之用，或取其氣，或取其味，或取其色，或取其形，或取其質，或取其性情，或取其所生之時，或取其所成之地，各以其所偏勝而即資之療疾，故能補偏救弊，調和藏府。深求其理，可自得之。

**清・黃元御《長沙藥解》卷四**　硃砂　味甘，微寒，入手少陰心經。善安神魂，能止驚悸。《金匱》赤丸，茯苓四兩，半夏四兩，烏頭二兩，細辛一兩，研末，煉蜜丸，硃砂為衣，麻子大，酒下三丸。治寒氣厥逆，以火虛土敗，不能溫水，寒水上淩，直犯心君。茯苓、烏頭泄水而逐寒邪，半夏、細辛降逆而驅濁陰，硃砂鎮心君而護宮城也。硃砂降攝心神，鎮安浮蕩，善醫驚悸之證。赤丸用之，取其保護君主，以勝陰邪也。

**清・汪紱《醫林纂要探源》卷三**　丹砂　甘、微辛，寒。黔沅諸郡皆出，辰州為良。明透，形如箭簇者尤佳。細研，水飛二三次，去黑脚，勿見火，火煉則有毒。君火之下，承以陰精，神以靜安，明乃四徹，離之為卦也。形靜而神動，有妙於無。凡陰陽水火，其宅皆互藏，腎水命門，則水中之火，坎中之陽也。心，火也，心內有竅，內含精汁，則火中之水，離中之陰也。鉛黑而內含金華，砂赤而內含水銀，皆動藏靜中，故精神不失，而妙用出焉。丹砂本藏土中，得土之正味故甘，鍾於南，荊得火之正色故朱，形則金石也，得金之形體故鎮靜。而居陰則生水，得水之精氣故寒涼。靜極復動，但未用耳，故內含水銀，而味遂兼微辛。水中相火，又火之根也。故能鎮心神，定驚悸，辟邪惡，除惡熱，安相火，平肝木，明耳目，祛風痰，養血安胎，除煩止渴。要以色赤歸心，俾君火得以靜而明生焉。重鎮之體，不可過服。過服反重墜而生毒。《周禮》注以丹砂、雄黃、石膽、磁石、（礜）〔礬〕石為五毒。

**清・嚴潔等《得配本草》卷一**　丹砂一名朱砂。　畏鹼水、車前、石韋、皂莢、決明、瞿麥、南星、烏頭、地榆、桑椹、紫河車、地丁、馬鞭草、地骨皮、陰地厥、白附子。惡磁石。忌諸血。　甘，微寒。入手少陰經血分。納浮溜之火，降心肺之熱。安神明，除煩滿，是其降火之功。辟邪祟，下死胎，乃其鎮重之力。去目翳，療瘡毒。得蜜水調服五分，預解痘毒。多者可少，重者可輕。心為火藏，不受辛熱之品，宜用此治之。得南星、虎掌，去風痰。配枯礬末，治心痛。配蛤粉，治吐血。配當歸、丹參，養心血。佐棗仁、龍骨，養心氣。抑陰火以養元氣。得人參、茯苓，治離魂。自覺本形作兩人，並行並臥，不辨真假者，離魂病也。和雞子白服一錢，治妊婦胎動。胎死即出，未死即安。入六一散，治暑氣內伏。入託裏散，治毒氣攻心。同生地、杞子，養腎陰。納豬心蒸食，治遺濁。研敷產後舌出不收。暗擲盆盎作墮地聲驚之，即自收。紫背天葵、粉甘草同煮，研末水飛用。蕎麥梗灰淋汁煮，研末水飛亦可。若火煉，則有毒殺人。

**題清・徐大椿《藥性切用》卷七**　硃砂　性味甘涼，色赤屬火，入心而鎮心安神，辟邪治祟。細研，水飛用。多用獨用，令人呆純。

**清・黃宮繡《本草求真》卷七**　辰砂清心熱，鎮驚安神。　辰砂岩入心。即書所云丹砂、朱砂者是也。因砂出於辰州，故以辰名。體陽性陰，外顯丹色。內含真汞，不熱而寒，離中有坎也。不苦而甘，火中有土也。嬰兒姹女，交會於中，故能入心解熱，而神安魄定。杲曰：丹砂純陰，納浮游之火而安神明。凡心熱者，非此不能除。是以同滑石、甘草，則清暑。同遠志、龍骨，則養心氣。同丹參則養心血。同地黃、枸杞，則養腎。同厚朴、川椒，則養脾。同南星、川烏之類，則祛風。且以人參、茯神濃煎，調入丹砂，則治離魂病。夏子益《奇疾方》云：凡人自覺本形作兩人，並行並臥，不辨真假者，離魂病也。《類編》云：錢丕少卿夜多惡夢，通宵不寐，自慮非吉。遇鄧州推官胡用之，曰：昔常如此，有道士教戴辰砂如箭簇者，涉旬即驗。四五年不復有夢，因解髻中一絳囊遺之，即夕無夢，神魂安靜。以丹砂末一錢，和生雞子黃三枚，攪勻頓服，則姙娠胎動即安，胎死即出，慎勿經火及一切烹鍊，則毒等於砒硇，況此純陰重滯，即未烹鍊。久服痴悶，以其虛靈之氣被其鎮墜也。辰砂明如箭簇者良。惡磁石，畏鹽水。忌一切血。頌曰：鄭康成注《周禮》，以丹砂、石膽、雄黃、（礬）〔礜〕石、磁石為五毒，古人惟以攻瘡瘍，而《本經》以丹砂為無毒，故多鍊治。服食鮮有不為藥患者，豈五毒之說勝乎？當以為戒。

**清・楊璿《傷寒溫疫條辨》卷六補劑類**　丹砂　味甘微寒，色赤屬火，體陽性陰。離中虛，有陰也。鎮心安神，益氣明目，發汗定驚，祛風解毒。通血脉，除煩熱，止消渴，療百病。多服久服，令人癡呆，煉熟大熱有毒。丹砂安神丸：黄連、元參、雲苓一兩，歸身、生地七錢五分，遠志、黑棗仁五錢，琥珀、犀角、甘草二錢五分，丹砂三錢為衣，為末，竹葉燈心湯丸，滚水送下。治一切神短煩躁不安，夜卧不寧，驚悸怔忡，恍惚健忘，甚驗。

**清・羅國綱《羅氏會約醫鏡》卷一八金石水土部**　硃砂味甘寒，入心經。生者無毒，火煅者有大毒殺人。畏鹹水，忌一切血。水飛用。　色赤應離，為心經主藥。治癲狂，既補心血，又瀉心經邪熱。　鎮心治怔忡。　定驚，心血足。　辟邪明目，點眼藥用之。　解毒痘毒、胎毒安胎解熱。　獨用多用，令人呆悶。　辰産、明如箭鏃者良。

**清・陳修園《神農本草經讀》卷二上品**　朱砂　氣味甘，微寒，無毒。主身體五臟百病，養精神，安魂魄，益氣明目，殺精魅邪惡鬼。久服通神明不老。

陳修園曰：朱砂氣微寒入腎，味甘無毒入脾，色赤入心。主身體五臟百病者，言和平之藥，凡身體五臟百病，皆可用而無顧忌也。心者，生之本，神之居也；腎者，氣之源，精之處也。心腎交，則精神交養。隨神往來者謂之魂，並精出入者謂之魄，精神交養則魂魄自安。氣者得之先天，全賴後天之穀氣而昌，朱砂味甘補脾，所以益氣。明目者，以石藥凝金之氣，金能鑒物，赤色得火之象，火能燭物也。殺精魅邪惡鬼者，具天地純陽之正色，陽能勝陰，正能勝邪也。久服通神明不老者，明其水升火降之效也。

**清・趙學敏《本草綱目拾遺》卷一水部**　丹砂水　《臞仙神隱》有造丹砂水法：丹砂一斤，石膽二兩，硝石四兩，以小口磁罐，漆固其口。埋地中四十九日，出視成水，則藥成矣。若未化再埋。又法：用竹筒盛亦可。

味苦，服之延年。殺精魅，却惡鬼，養精神，安魂魄。

**清・趙學敏《本草綱目拾遺》卷二石部**　神火　《救生苦海》：有取神火法，用劈砂一觔，帶水研細，以滚水沖之，面上有浮起細沫一層，用荊川紙拖水面，其沫即黏著紙上，將紙曬乾掃下，即神火也。其砂澄清去水，再研再沖，見有浮起沫，依前法拖曬，如此六七次，直至無浮沫方止，每砂一觔，約可取神火八九分，用烏金紙包收貯。

性能拔毒收口，凡癰疽毒瘡難收口者，以神火少許，鵝翎蘸掃膏藥上貼，毒水易乾，瘡口易斂，為外科聖藥。

**清・黄凱鈞《藥籠小品》**　硃砂　甘，涼，體陽性陰，色赤屬心，鎮心定驚，瀉熱辟邪，多用令人神呆。明透者良，研細水飛。

**清・王龍《本草纂要稿・金石部》**　丹砂　氣味甘寒。通血脉，鎮養心神。安魂魄，辟除鬼祟。生津液，除煩止渴。養精神，益氣長生。敷瘡痂瘜肉，治疥瘻瘍疽。明眼目，駐顔悦色。療驚癇，屍疰，抽風。秉離火之氣而成體，離中有陰，故其氣不熱，而寒火中有土，故其味不苦而甘。同遠志、龍骨能養心氣，配當歸、丹參能養心血。同枸杞、地黄則養腎，同厚朴、川椒則養脾。共南星化痰，合川烏祛風明目。安胎，解毒，發汗。入手少陰心經。

**清・吴鋼《類經證治本草・手太陰肺臟藥類》**　朱砂　【略】誠齋曰：朱砂墜心氣，不能益人，只可少用引導。如或心寒而虚，膈上寒痰，用之反能引邪入心，而成不可治之症。用者宜慎諸。以紫黯若鐵色，光澈如雲母片，可拆者真。凡市人以水銀煅煉者，切不可服。

**清・張德裕《本草正義》卷上**　硃砂　甘，寒，有毒。通行五臟，無處不到。鎮心逐痰，祛邪降火，亦療癲癇，及蟲毒鬼魅，瘡瘍疥癬。體重性急，走降有餘，虚中挾實者，可用。

**清・翁藻《醫鈔類編》卷二三《本草》**　辰砂　即丹砂、朱砂。因砂出於辰州，故以辰名。體陽性陰，外顯丹色，内含真水。不熱而神安魄定。杲曰：丹砂純陰，納浮游之火而安神明。凡心熱者非此不能除。是以同滑石、甘草則清暑，同遠志、龍骨則養心氣，同丹參則養心血，同地黄、枸杞則養腎，同厚朴、川椒則養脾，同南星、川烏之類則祛風。且以人參、茯神濃煎，調大丹砂則治離魂病。以丹砂末一錢，和生雞子黄三枚，攪勻頓服，則妊娠胎動即安，胎死即出。慎勿經火及一切烹鍊，則毒等於砒硇。況此純陰重滯，即未烹鍊，久服呆悶，以虚靈之氣被其鎮墜也。明如箭簇者良。惡磁石，畏鹽水，忌一切血。細研水飛三次用。

**清・楊時泰《本草述鉤元》卷五**　丹砂　一名硃砂。上品。生於辰、錦二州石穴，産五溪山峒者，得正南之氣為上。麻陽即古錦州地。諸山，與五溪相接者，次之。有石砂、土砂、溪砂之殊。石砂最上者為光明砂，此天地自然之寶。在石室間，生雪床之上，采之者尋石脈，穴地數十丈始見，其苗乃白石，謂之硃砂床。如初生芙蓉，光明外澈，細者環拱，大者處中，有辰居之象。其箭鏃連床者，紫黯若鐵色而瑩徹，碎之嶄巖作牆壁，又如雲母石，成層可析者，真辰砂也，得此者帶之辟惡，為上。其次或出石中，或出水内，形塊大者如拇指，小如杏仁，光明無雜，名馬牙砂，一種俗間少有頌。色紫不染紙者，為舊坑砂，乃上品。色鮮染紙者，為新坑砂，次之。石片稜角生青光，為下品頌。交州、桂州所出，但是座上及打石得，形似芙蓉，頭面光明者，亦入上品。顆粒通明者，為中品。片段不明徹者，為下品又。雍州所產，大者數十百兩，作塊黑暗，少牆壁，不堪入藥。別有越砂，大者如拳，小者如雞鴨卵，形雖大，共雜土石，不如細而明淨者。土砂生於土穴中，溪砂生溪州砂石中，俱土石相雜，不入服餌用又。玩諸說，則砂不必較大小，但取無砂土相雜，光明瑩徹而不黑暗者，為貴。

味甘，氣微寒。心經血分主藥。主命門有餘。生砂性寒而無毒，入火則熱而有毒，能殺人，物性逐火而變也。惡磁石。《本經》主身體五臟百病，養精神，安魂魄，益氣明目，殺精魅邪惡鬼，久服通神明。通血脈，解煩熱，治驚癇，並解小兒胎毒痘毒。丹砂純陰，納浮溜之火而安神明，凡心熱者，非此不除東垣。丹砂體陽而性陰，外顯丹色，內含真汞，其氣不熱而寒，離中有陰也。其味不苦而甘，火中有土也瀕湖。稟地二之氣以生，陰火之少。兼得乎天七之氣以成，陽火之少。色赤法火，中含水液，為龍為汞，亦曰陰精，七為陽火之少，故味甘微寒而無毒也仲淳。同遠志、龍骨之類則養心氣。同當歸、丹參之類則養心血。同枸杞、地黃之類則養腎。同厚朴、川椒之類則養脾。同南星、川烏之類則祛風。可以明目，可以安胎，可以解毒，可以發汗，隨佐使而見功瀕湖。兒初生時，研丹砂，飛極細如塵，以甘草、生地濃煎，調分許服之，止胎驚，解胎毒。同真珠、琥珀、金箔、牛黃、生犀角、天竺黃、滑石末，治小兒急驚有神。入六一散，治暑氣伏於心經，神昏口渴及泄瀉如火熱。入補心丹，鎮心神，定魂魄。入乳香託裏散，散癰疽熱毒，發熱疼痛，及毒氣攻心，發譫語。三皇真人煉丹方，丹砂一斤，研末重篩，以醇酒沃之如泥狀，盛以銅盤，置高閣上，勿令婦人見，燥則復以酒沃令如泥，陰雨疾風則藏之，盡酒三斗，乃曝之，三百日當紫色，齋戒沐浴七日，靜室飯丸麻子大，常以平旦向日吞三丸。一月三蟲出，半年諸病瘥，一年鬚髮黑，三年神人至。按：砂中有汞，伏火者徒存其枯陽，而汞離於砂者，又陰毒為甚，如斯服食，原是陽中含陰，益令陰和於陽，誠有大益。神注丹方，白茯苓四兩酒煮，軟竹刀切片，陰乾，為末，入硃砂末二錢，以乳香水打糊，丸梧子大，硃砂末二錢為衣，陽日二丸，陰日一丸。要秘精，新汲水下。要逆氣過精，溫酒下元戎。按：茯苓本陽以吸陰，丹砂本陰以充陽，所說秘精及逆氣過精，煞有至理。預解痘毒，初發時，或未出時，以朱砂末半錢，蜜水調服，多者可少，少者可無，重者可輕丹溪。按：好古言丹砂主命門有餘，其義正合。歸神丹，治一切驚憂思慮多忘，及一切心氣不足，癲癇，狂亂。豮豬心二箇，切，入大硃砂二兩，燈心三兩在內，麻扎，石器煮一伏時，取砂為末，以茯神末二兩，酒打薄糊，丸梧子大，每服九丸至十五丸，麥冬湯下，甚者乳香、人參湯下。按：心氣、心血，治心者類能分之，不知丹砂之所主者神，神屬陰，卻用之以補心氣，謂火得水以為主，而火之用乃充也。妊婦胎動，硃砂末一錢，和雞子白三枚，攪勻頓服。胎死即出，未死即安。小兒驚熱，夜臥多啼，硃砂半兩，牛黃一分，為末，每服一字，犀角磨水調下。

論：夫人與萬物，盡造化於水火二氣，而水火同宮，所謂坎離是也。惟丹砂之受鑄最完，內含金精，稟氣於甲，土宿真君言丹砂受青陽之氣。本風升之木，可使水騰於火中，本燥降之金，可使火範於水外，水火自有升降，而金木又升降乎水火，皆不離中土以為升降，是非受鑄最完者乎。《本經》謂丹砂養精神，何以明之？《經》曰：兩神相搏，合而成形，常先身生，是謂精。又曰：兩精相搏謂之神。夫陰陽原從混沌一氣而分，分者未嘗不合也，故曰兩神相搏。就其分而合之處，即有精矣，此是相搏謂之精。而曰常先身生者，固指先天而言，《內經》所謂化生精也。既成形以後，落於後天，清濁分而動靜殊矣，不名為陰陽，名為水火矣。《經》曰：水火者，陰陽之徵兆。言其落於形氣也，故曰兩精。第火中有水，水中有火，雖曰兩精，而實相交，此由精以化神者也，《內經》所謂精歸化也。先哲有云：心為離火，內陰而外陽；腎為坎水，內陽而外陰。內者是神是主，外者是氣是用，故心以神為主，陽為用；腎以志為主，陰為用。陽則氣也火也，陰則精也水也。夫水火之奠於上下者，此一精而分為兩也，動靜根於清濁之分者也。水火之主於在中者，此兩精而搏為一也，升降妙於動靜之中者也。若使火中無水以為神，則動無靜以為君，將有升無降。水中無火以為神，則靜無動以為用，將有降無升，而氣化息矣。動無靜以為君，靜無動以為用二語，方說得神字出。《經》曰：出入廢則神機化滅。夫有升降，則出入不廢；有出入，則升降不息。出入固形中之氣，升降則氣中之神也。一則曰兩神相搏，合而成形，常先身生謂之精；一則曰水之精為志，火之精為神，兩精相搏謂之神。是則天地之有造有化，原始要終，總歸之神而已。而人身中之有造有化者，亦同之天地而已矣。人身心藏神，天地之神歸之虛空，人身之神歸之虛靈。《經》故曰：心者生之本，神之變也。蓋其虛而能靈，動以靜君者，彷彿乎老子之所謂虛而不詘，動而愈出者也。丹砂內蘊真汞，外顯丹象。由內所蘊之水以歸火，而火應水以下藏；由外所顯之火以召水，而水應火以上際。以水而歸火，由火而召水，水火既濟，是用養神而益心，即以養精而益腎也。其又云安魂魄者，《經》曰：隨神往來為之魂，并精而出入者謂之魄。是魂魄即不外於精神矣。丹書曰烏月兔說云：陽無陰則不能自耀其魂，故名雌火。陰無陽則不能自熒其魄。故名雄金。即耀魂、熒魄二語，知安魂魄不外於養精神矣。更以龍從火裏出，虎向水中生參之。蓋肝木龍乘至陰而升於陽，得合於心包絡以媾肺者，因離火中之陰，俾木復乘陰精以變化也。肺金虎乘至陽而降於陰，得合三焦以媾肝者，因坎水中之陽，俾金復乘陽精以鼓盪也。若是則水火交而金木自并，金木并而水火之交愈固，總不越於水火既濟，總不越於一心。如丹砂之受鑄於造化者於心最切，有不由心而收精神魂魄之益者哉。精神魂魄益，而身體五臟百病胥治矣。子由云：四大之內，中黃為戊己，精神即坎離，魂魄作金木，內外合成丹，嬰兒方養育。斯義可證。抑氣為精之先，試更暢之。《經》云：腎者精之處。是腎固藏精，其所以能化精者，原本於腎之氣，而腎氣又本於金，故道家曰鉛中有銀也，離中之有水也，亦以金而水得宅於火中也。汞本於金精，故其色白，人身之精，亦猶是耳。砂中有汞，乃是真精之化。原心包絡之血，下歸於衝，而仍由氣以化精者，以肺氣還歸於腎元，金精由火以歸水，故由赤而白也。若是則舉精氣神合一之微，皆在斯矣。修治：入藥祇宜生用。一經火煉，餌之殺人。蓋離中有陰火，煉則純陽無陰，燥烈為禍，餌之無一克免者。研須萬遍，要若輕塵，以磁石吸去鐵氣。

**清・鄒澍《本經疏證》卷一**　丹沙　【略】凡藥所以致生氣於病中，化病氣為生氣者也。凡用藥取其稟賦之偏，以救人陰陽之偏勝也。是故藥物之性，無有不偏者。徐洄溪曰：藥之用，或取其氣，或取其味，或取其色，或取其形，或取其質，或取其性情，或取其所生之時，或取其所成之地。愚謂：丹沙則取其質與氣與色為用者也。質之剛是陽，內含汞則陰，氣之寒是陰，色純赤則陽，故其義為陽抱陰。陰承陽，稟自先天，不假作為。人之有生已前，兩精相搏即有神，神依於精乃有氣，有氣而後有生，有生而後知識具以成其魂，鑒別昭以成其魄。故凡精神失所養，則魂魄遂不安。欲養之安之，則捨陰陽緊相抱持、密相承接之丹沙，而誰取矣？然謂主身體五臟百病，養精神，安魂魄，益氣明目，何也？夫固以氣寒，非溫煦生生之具，故僅能於身體五臟百病中，養精神，安魂魄，益氣明目耳。若身體五臟百病，其不必養精神，安魂魄，益氣明目者，則不得用丹沙。即精神當養，魂魄當安，氣當益，目當明，而無身體五臟百病者，用丹沙亦無益也。血脈不通者，水中之火不繼續也。煩滿消渴者，火中之水失滋澤也。中惡腹痛，陰陽不相保抱，邪得乘間以入。毒氣疥瘻諸瘡，陽不畜陰而反灼陰，惟得藥之陽抱陰，陰涵陽者治之。斯陽不為陰賊，陰不為陽累，諸疾均可已矣。是丹沙主治之義也。

丹沙之品甚尊，丹沙之用極博。乃仲景僅於寒氣厥逆赤丸中用之，但得《別錄》中惡腹痛一端耳。舉凡身體五臟百病，養精神，安魂魄，益氣明目，諸大用盡遺之，何也？是固古今醫學分合所係，不可不知者也。考班氏《藝文志》方技之別有四：一曰醫經，二曰經方，三曰房中，四曰神僊。太古之醫，有岐伯、俞拊，中世有扁鵲、秦和，漢興有倉公，咸能盡通其旨。迨漢中葉，學重師承，遂判而為四。自是各執一端，鮮能相通。即天縱仲景，於醫幾聖。其所深慨，亦止在不求經旨，斯須處方，是明明融洽醫經、經方合為一貫，故於六淫之進退出入，陰陽之盛衰錯互，皆辨析黍銖。於房中、神僊，則咸闕焉。《本經》則太古相承，師師口授，該四而一焉者也。故仲景非特於精神、魂魄等義，不備細研究以示人。即所謂輕身益壽，不老神僊者，豈復一言述及耶？僅於《五臟風寒積聚篇》曰：邪入《金匱》本是哭字，據注家改正。使魂魄不安者，血氣少也。血氣少者屬於心，心氣虛者其人則畏，目合欲眠，夢遠行，而精神離散，魂魄妄行，是歸結其旨於氣血。但使氣血充盈，精神魂魄自然安貼耳。仲景焉有不知精神魂魄之理哉？其輕身益壽、不老神僊等義，皆不敢強解。遵仲景之志也。

**清・葉桂《本草再新》卷八**　硃砂味辛，性涼，無毒。入心、肝二經。　定心安魄，瀉熱除煩，清肝明目，解毒，下胎和血。

**清・趙其光《本草求原》卷二五石部**　丹砂即朱砂。　色赤，入心，內含真汞；　氣微寒，入腎；　味甘，無毒，入脾；　結塊如金，入肺；　稟氣於甲，語本青霞子。　入肝，是得金降木升，以使水騰火中，火範水外，而又藉土以為升降之媒也。　主身體五臟百病，備五行形色氣味，凡身體五臟百病皆可用而無所忌也。

養精神，《經》曰：出入廢，則神機化滅；必水精上而火精下，兩者相搏，乃能化神；心腎交，則精神交養。安魂魄，肝藏魂，隨神往來者也；肺藏魄，並精出入者也；精神交養，魂魄自安。益氣，水火合則氣生，甘又補脾氣。明目，金能鑒，火能燭，水能照也。殺精魅邪惡鬼，具純陽之正色，陽能勝陰，正能勝邪也。久服，通神明不老，研細，酒沃如泥藏之，燥則再沃；每斤盡酒三斗，曬三百日，飯為丸，平旦吞三丸，半年諸病失。水火升降，陰陽和合也。秘精，糯米酒煮茯苓陰乾四兩，乳香，水糊丸，朱砂為衣，新汲水下。茯苓，本陽吸陰；丹砂，本陰以充陽也。解小兒初生胎毒、痘毒，同甘草、生地蜜調吮之。驚熱夜啼，同牛黃研，犀角磨水下。急驚，同珠、珀、犀、竺、牛黃、金箔、滑石。心氣不足，癲癇狂亂，同燈心入豬心內紮煮，同茯神等分，酒糊丸，麥冬湯或乳香、人參湯下。此補心神而心氣自充也。心虛遺精，入豬心煮食。心痛，同枯礬滾水下。諸般吐血，同蛤粉，或同蚯蚓、金箔為丸，冷酒下。安胎，和雞子白頓服，胎死即出，未死即安。下死胎，水煮為末，酒下立出。出目翳，成塊擦目。目生努肉，同川貝點。益心氣，同龍骨、遠志等。養心血，同丹參、歸身等。補腎，同杞、地等。益脾，同川椒、厚朴等。祛風，同南星、川烏、全蠍等。治離魂。離魂者，自覺本形成兩人，並行並臥也。以參、苓煎濃湯調下。生研，水飛用，切勿經火，經火烹煉則毒能殺人。離中有坎，經火煉則陽枯而陰亡。惟養正丹同鉛、汞、硫黃煉之，以汞善走，而火毒不至蘊發也。性純陰，納浮游之火以安神明，陽弱人服之反損神。辰產，明如箭簇者良。惡磁石，研細，以磁石吸之，則鐵氣去。畏鹹水，忌諸血。中其毒者，以羊血、童便、金汁等解之。

**清·葉志詵《神農本草經贊》卷一**　丹沙　味甘，微寒。主身體五藏百病，養精神，安魂魄，益氣明目，殺精魅邪惡鬼。久服通神明不老。能化為汞。生山谷。

符陵上藥，首紀丹巴。凝真調氣，禦魅驅邪。液孳金澒，光燦朱霞。宜家壽考，廖井澄華。

名醫曰：生符陵。《魏志·傳》注：嵇康采御上藥。《說文》：丹巴，越之赤石也。李湜碑：凝真牝谷。張蠙詩：飢渴惟調氣。《左傳》：以禦魑魅。《齊民要術》：以驅百邪。《管子》：山上有丹沙，其下有鉎金。《南史·傳》：劉訏如天半朱霞。《易林》：壽考宜家。《抱朴子》：臨沅廖氏，世世壽考。其井水赤，掘之得丹沙數十斛。

**清·文晟《新編六書》卷六《藥性摘錄》**　辰砂　即丹砂、朱砂。不熱而寒，不苦而甘。○清心熱，鎮驚安神定魄。○同滑石、甘草則清暑。○同遠志、龍骨養心氣。○同丹參養心血。○同地黃、枸杞則養腎。○慎勿經火煉，毒如砒霜。○惡磁石，畏鹽水，忌一切血。○明如箭頭者良。勿過一錢，勿久服。

**清·劉東孟傳《本草明覽》卷七**　丹砂　【略】按：水銀以硃砂伏火而成，其性滑動，走而不守，氣味俱陽，毒可知矣。宜其蝕腦至盡，入肉百節拘攣也。輕粉則鍛而又鍛，陽中之陽，更資皂礬，煉成燥烈，此之水銀尤為大毒。近世淫夫淫婦，多生惡瘡。醫者賴以輕粉為君，佐以雄、硃、腦、麝，服之雖效，愈而復發。發則又服，久久手足攣曲，遂成痼疾。蓋由藥之燥熱酷烈，耗其血液，筋失所養，以致是也，良可哀憫。

**清·張仁錫《藥性蒙求·金石部》**　硃砂一分、三分　硃砂甘涼，鎮心瀉熱。殺鬼驅邪，定驚最的。一名丹砂，一名辰砂。功專鎮心安魂。得遠志、龍骨則養心氣，得當歸、丹參則養心血，得生地、枸杞則養腎陰。以人參、茯神濃煎，調入丹砂，治離魂病。○研細，水飛用。入火則烈毒，能殺人。以童便、金汁等解之。○臨服，冲或用紅絹包懸藥中煎，獨用令人呆悶。○辰產，明如箭鏃良。

**清·戴葆元《本草綱目易知錄》卷七**　丹砂硃砂　生則性寒，無毒。煅則性熱，有毒，殺人。色赤，屬火，體陽性陰。鎮心益氣，定驚明目，潤心肺，養精神，安魂魄，殺精鬼邪惡鬼。通血脈，止煩滿，消渴。主尸疰抽風，療身體五臟百病，除中惡腹痛毒氣，塗瘡疥息肉。解胎毒痘毒，癲癇狂亂，驅邪瘧，能發汗下死胎。同遠志、龍骨養心氣，同當歸、丹參養心血，同枸杞、地黃養腎，和南星、川烏祛風。研細，水飛，生用。

**清·陳其瑞《本草撮要》卷六**　丹砂　味甘，涼，入手少陰經，功專鎮心安魄，辟邪解毒，止渴下胎。得遠志、龍骨養心氣，得丹參、當歸養心血，得生地、枸杞養腎陰，得厚朴、川椒養脾，得南星、川烏祛風。獨用多服，令人呆悶。辰產名箭鏃砂，最良。畏鹽、米，惡慈石，忌一切血。

**清·李桂庭《藥性詩解》**　賦得硃砂鎮心而有靈得靈字。田春芳。　欲去驚忡病，硃砂最有靈。安神驅邪擾，泄熱使心寧。　按：硃砂甘涼，原能鎮心養神，除邪泄熱，定驚療狂。而不能治停水之悸跳，亦不能導榮衛之停滯。語意略是，治療未諳，勉力《本經》可也。

前題李慶霖　硃砂能瀉火，且又鎮心靈。血靜神難怯，肝清魄自寧。

硃砂原能鎮心定驚，辟邪清肝，體陽性陰，耑瀉心經邪熱，以象離中有陰之義也。

**清・仲昴庭《本草崇原集説》卷一**　丹砂　【略】〔批〕全以《内經》精義闡發《本經》主治，語雖簡約而丹砂已無遁情，歷來注家、作家皆夢想不到。【略】〔批〕此下云云，凡聰明善悟之士，儘能解到，而説來或嫌疏略，或太絮煩，反令人不了了，惟此解明快，一閲了然。【略】

仲氏曰：丹砂必須先論出處，次體與色，次氣與味。《經讀》以氣味為《本經》字眼，故入手先論氣味，而丹砂之體與色，不過就主治分貼其間，則非解經恒法矣。然語意何嘗不是，見深見淺，足與《崇原》互相發明。

**清・鄭奮揚著，曹炳章注《增訂偽藥條辨》卷四**　硃砂　始出涪州山谷，今辰州、錦州及雲南、波斯蠻獠洞中石穴内皆有，而以辰州為勝，故又名辰砂。大者如芙蓉花，小者如箭鏃，研之明淨鮮紅，斯為上品。近今市肆有以鉛丹攙入硃砂，又用代赭入辰砂，貽害多矣。炳章按：硃砂體質極重，鮮紅，硃紅色，至褐紅色之粒塊，亦有成細小，透明之斜方之結晶體者。或為紅色粉末，有時含有機物，則顔色殆黑不明亮，俗為陰砂，實内含有銻質，或鐵質、銅及各種硫化物礦相伴，不堪入藥。周去非云：據《本草》金石部，以湖南辰州所産為佳，雖今世亦貴之。今辰砂乃出沅州，其色與廣西宜州所産相類，色鮮紅微紫，與邕州砂之深紫微黑者大異，功效亦相懸絶，蓋宜山即辰山之陽故也。雖然，宜辰硃砂雖良，要非仙藥。嘗聞邕州石江溪峒，歸德州大秀墟，有金纏砂，大如箭簇，而上有金線縷文，乃真仙藥。得其道者，可用以變化形質，試取以煉水銀，乃見其異。乃邕州燒水銀，當硃砂十二三斤，可燒成十斤，其良者十斤真得十斤。惟金纏砂八斤可得十斤，不知此砂一經火力，形質乃重，何也？是砂也，取毫末而齒之，色如鮮血，誠非辰宜可及，惜乎出産不豐，不能分銷全國耳。今所通行者，皆湖南辰州及雲南、貴州出者，苟能片大而薄如鏡面光亮，色紫紅鮮豔明透者為鏡面砂，亦佳。如整粒者為豆砂，能起鏡面光豔，亦佳。細如粉屑者為米砂，略次。如呆色紫暗不明亮者，即陰砂，内含銻質或鐵質，為更次，不宜入藥用。

## 朱砂銀

**明・王文潔《太乙仙製本草藥性大全》卷六《仙製藥性》**　硃砂銀　氣冷，無毒。主治：延年益色，鎮心安神。止驚悸而辟邪，治中惡與蠱毒。治心熱煎煩有效，主憂忘虚勞殊功。

**明・李時珍《本草綱目》卷八金石部・金類**　朱砂銀《日華》

〔集解〕時珍曰：此乃方士用藥合硃砂鍊制而成者。《鶴頂新書》云：丹砂受青陽之氣，始生鉚石，二百年成丹砂而青女孕，三百年而成鉛，又二百年而成銀，又二百年復得太和之氣，化而爲金。又曰：金公以丹砂爲子，是陰中之陽，陽死陰凝，乃成至寶。

〔氣味〕冷，無毒。大明曰：畏石亭脂、慈石、鐵，忌一切血。〔主治〕延年益色，鎮心安神，止驚悸，辟邪，治中惡蠱毒，心熱煎煩，憂忘虚劣大明。

## 水銀粉

**宋・唐慎微《證類本草》卷四玉石部中品〔宋・掌禹錫《嘉祐本草》〕**　水銀粉　味辛，冷，無毒。畏磁石、石黄。通大腸，轉小兒疳，并瘰癧，殺瘡疥癬蟲，及鼻上酒齄，風瘡瘙痒。又名汞粉、輕粉、峭粉，忌一切血。新補，見陳藏器及日華子。

〔宋・唐慎微《證類本草》〕《圖經》：文具水銀條下。《經驗方》：治小兒喫泥腫肚。膩粉一分，用沙糖搜，和丸如麻子大。空心米飲下一丸，良久瀉出涅差。孫用和：治虚風。不二散：膩粉一兩，用湯煎五度如茶脚，慢火上焙乾，麝香半兩，細研如粉。每服一字，溫水調。但是風，臨時服半錢或一錢匕，看虚實加減。又方：治血痢。膩粉五錢，定粉三錢，同研勻，用水浸蒸餅心少許和爲丸，如菉豆大。每服七丸或十丸。艾一枝，水一盞，煎湯下，艾湯多亦妙。

**宋・寇宗奭《本草衍義》卷五**　水銀粉　下涎藥，并小兒涎潮瘈瘲多用。然不可常服及過多，多則其損兼行。若兼驚，則尤須審慎。蓋驚爲心氣不足，不可下，下之裏虚，驚氣入心不可治。若其人本虚，便須禁此一物，慎之至也。

**宋・王繼先《紹興本草》卷二**　水銀粉　紹興校定：水銀粉，飛煉水(粉)〔銀〕而為輕粉，今稱膩粉是也。主治已載《本經》，其云無毒，但恐無字之誤。既自水銀而成，當以味辛、冷、有毒為定。服餌之家，動傷牙齒者衆矣。

**宋・劉明之《圖經本草藥性總論》卷上**　水銀粉　味辛，冷，無毒。畏磁石、石黄。通大腸，小兒疳，并瘰癧，殺瘡疥癬蟲，及鼻上酒齄風瘡燥痒。又名汞粉，輕粉，峭粉。忌一切血。

**明・滕弘《神農本經會通》卷六**　輕粉　本名水銀粉，又名汞粉。飛鍊水銀為之。畏磁石、石黃。《局》云：治小兒驚。尤須審訂，不可妄下。此藥勿輕易用之，恐下之，裏虛，驚氣入心，難治。　味辛，氣冷，無毒。　《本經》云：通大腸，轉小兒疳，并瘰癧，殺瘡疥癬蟲，及鼻上酒齇，風瘡燥癢，忌一切血。《衍義》云：下涎藥并小兒涎潮瘈瘲多用。然不可常服及過多，多則其損兼行。若兼驚，則尤須審謹，蓋驚為心氣不足，不可下，下之裏虛，驚氣入心不可治。若其人本虛，便須禁此一物，謹之至也。《局》云：水銀飛鍊為輕粉，通轉兒疳利大腸。并殺癬蟲攻瘰癧，風瘡酒齇用之良。水銀，飛鍊成輕粉。能殺諸疥癬，善治小兒疳。

**明・滕弘《神農本經會通》卷六**　膩粉　即輕粉。見前。　味甘、辛，氣寒，無毒。東云：抑肺，斂肛門。

**明・劉文泰《本草品彙精要》卷三**　水銀粉無毒　煅煉成。

水銀粉：主通大腸，傅小兒疳，並瘰癧，殺瘡疥，癬蟲及鼻上酒皶，風瘡燥癢。名醫所錄。　【名】汞粉、輕粉、峭粉。　【地】謹按：升符陵平土水銀作輕粉，凡作粉先要作麴。其作麴之法，以皂礬一斤，鹽減半，二味入舊鐵鍋內，以慢火炒之，仍以鐵方鏟攪，不住手，炒乾成麴，如柳青色。其升粉法，先置一平臺，高三尺餘，徑二尺，不拘磚垍，以荊柴炭一斤，碎之如核桃大，熾於臺上，扇熾。每升粉一料，用水銀一兩二錢，麴二兩二錢，內石臼內，石杵研，不見水銀星爲度。卻入白礬粗末二錢，三味攪勻，平攤鐵鏊中心，約厚三分許，鵝翎遍插小孔，將澄漿瓦盆覆之，縫以鹽泥固濟，勿令太實，實則難起，置鏊於熾火上，候微熱，以手蘸水輕抹其縫及盆，復用磚疏立鏊下周護火氣，待火盡，盆溫揭之，勿令手重，重則振落其粉，凝於盆底，狀若雪花而瑩潔，以翎掃之，瓷器收貯，其盆鏊濁滓入後料，再升。此法目經修煉，詳不過此。【收】瓷器貯之。　【用】有鋒鋩入水不沉者佳。　【質】類雪花。　【色】白。　【味】辛。　【性】冷。　【氣】氣之薄者，陽中之陰。　【主】殺蟲。　【反】畏磁石、石黃。　【製】研細用。　【治】療：《衍義》曰：小兒涎潮，瘛瘲，以此主之。　【禁】虛人不宜服。　【忌】一切血。　【贗】寒水石、糯米粉、明瓦屑爲僞。

**明・葉文齡《醫學統旨》卷八**　輕粉　氣寒，味辛。有毒。忌一切血。飛鍊水銀為之。　治大風癲疾瘰癧，殺瘡疥癬蟲，生肌合口，及鼻上酒齇風瘡燥痒。

**明・許希周《藥性粗評》卷四**　疥子更新於輕粉。

輕粉，水銀所升者，故一名水銀粉。畏磁石、石黃，忌一切血。以其出於丹砂故也。味辛，性冷，有小毒。主治風癬疥瘡，瘰癧，小兒驚疳，殺蟲去毒，利大小腸。此藥性冷，不可輕用，虛弱者戒之。世有患天疱等瘡用之者，多致骨弱之病。

**明・鄭寧《藥性要略大全》卷八**　膩粉　抑肺而斂肛門。○此粉《證類本草》註於水銀粉下，疑即輕粉也。未知是否，存之以俟知者。

輕粉　治諸般瘡疥，殺蟲，治小兒疳，通大腸，治鼻上酒齇，風瘡燥痒。《金匱》云：收棒瘡及打跌諸般瘡口，併治下疳瘡。　味辛，氣大寒，無毒。即水銀升鍊成粉者。畏磁石。忌一切血。一名汞粉，一名峭粉，一名水銀粉。　《本經》注膩粉於此條下，疑即此粉也。

**明・方穀《本草纂要》卷九**　輕粉　味辛性輕，有毒。主收斂瘡口，生肌長肉；又除疥癬熱風，癰疽瘰癧。如癘風瘡腫，服之神效。燥痒諸瘡，膿潰流血，此藥用之，斂而無跡。大抵此劑，水銀之升，有毒難制，亦戒服之，恐生後患。

**明・王文潔《太乙仙製本草藥性大全》卷六《本草精義》**　輕粉　輕粉係汞再昇加鹽、皂礬二物，質輕色白，故此爲名。其法：水銀一兩，皂礬七錢，白鹽五錢，同研，微見星爲度，放炊餅盆中按匾，以鷄翅掃圓如餅樣，覆以烏盆，用爐灰羅過，水調封盆縫，盆底離火三寸許，用熟炭火煅之。火慢則漸加，至半斤爲度，以點線香二炷爲候，提出候冷，用刀輕輕挑起烏盆仰放，撥去爐灰，勿令香落，鷄翅輕輕掃下盆底粉脚，任意掃浄另放。又加皂礬、水銀、白鹽同研，復鍊，鐵盆內餅上。或有昇不起者，掃上面好者，亦和前再鍊，以乾濕得所爲宜。乾則入少水潤之，又不可太濕。其盆底麄者去之，或留搽臘瘺疥癬亦好。今市賣者有燒凝水石或石膏爲粉以亂真，須燒火上走者是也。

**明・王文潔《太乙仙製本草藥性大全》卷六《仙製藥性》**　輕粉　味辛，氣寒，無毒。　主治：通大腸轉胞，治小兒疳積。主瘰癧鼠瘻，殺瘡疥蟲癬。鼻上酒齇即散，風瘡燥痒堪除。　補註：小兒喫泥及膿肚，膩粉一分，用沙糖搜和丸如麻子大，空心米飲下一丸，良久瀉出泥土差。○治虛風不二散：膩粉一兩，用湯煎五度如麻脚，慢火上焙乾，麝香半兩，細研如粉，每服一字，溫水調，但見風，臨時服半錢或一錢，看虛實加減。○治血痢，用膩粉五錢，定粉三錢，同研匀，用水浸蒸餅心少許和爲丸，如菉豆大，每服七丸或十丸，艾一枝，水一盞，煎湯下，艾湯多亦妙。《衍義》曰：水銀粉下涎藥，並小兒涎潮瘈瘲多用。然不可常服及過多，多則其損兼行，若兼驚，則尤須審謹。蓋驚爲心氣不足，不可下之，裏虛，驚氣入心，不可治。若其人本虛，便須禁此一物，謹之至也！　銀珠：亦汞燒就，時俗又喚心紅。染畫色最奇，殺蟲蝨亦驗。庸醫不曉，研爲藥衣，違悮太深，傷寒寧免。

**明・皇甫嵩《本草發明》卷五**　輕粉中品，臣。係水銀再昇。其功惟治外科，所忌一切生血。畏磁石、黄石。〇昇粉法：水銀一兩，皂莢七錢，白鹽五錢，同研，微見星為度，放(焕)[炊]餅盆中按扁，以雞翅掃圓餅子樣，覆以烏盆，用爐灰羅過，水調封盆縫，盆底離火三寸許，用熟炭火煅之，火慢則漸加至半斤為度，以線香三炷為候，提出候冷，用刀輕輕挑起烏盆，仰放，除去爐灰，勿令香落，雞翅輕輕掃下盆底粉脚，恁意掃盡，另放。又加皂礬、水銀、白鹽，同研，復煉，盆内餅上如有昇不起者，掃上面好者，和前再煉，乾則入少水潤，又不可過濕，要乾濕得宜。其盆底粗者去之，或留搽人疥癬亦好。今市賣者多燒凝水石為粉，或雜以蛤粉，須用燒火上走者，方真。

**明・李時珍《本草綱目》卷九金石部・石類上**　水銀粉宋《嘉祐》

【釋名】汞粉　輕粉《拾遺》　峭粉《日華》　膩粉時珍曰：輕言其質，峭言其狀，膩言其性。昔蕭史與秦穆公鍊飛雲丹，第一轉乃輕粉，即此。　【修治】時珍曰：升鍊輕粉法：用水銀一兩，白礬二兩，食鹽一兩，同研不見星，鋪于鐵器内，以小烏盆覆之。篩竈灰，鹽水和，封固盆口。以炭打二炷香取開，則粉升于盆上矣。其白如雪，輕盈可愛。一兩汞，可升粉八錢。又法：水銀一兩，皂礬七錢，白鹽五錢，同研，如上升鍊。又法：先以皂礬四兩，鹽一兩，焰硝五錢，共炒黄爲麴。水銀一兩，又麴二兩，白礬二錢，研匀，如上升鍊。《海客論》云：諸礬不與水銀相合，而緑礬和鹽能制水銀成粉，何也？蓋水銀者金之魂魄，緑礬者鐵之精華，二氣同根，是以暫制成粉。無鹽則色不白。

【氣味】辛，冷，無毒。大明曰：畏慈石、石黄，忌一切血，本出于丹砂故也。時珍曰：温燥有毒，升也，浮也。黄連、土茯苓、陳醬、黑鉛、鐵漿，可制其毒。　【主治】通大腸，轉小兒疳痹瘰癧，殺瘡疥癬蟲，及鼻上酒皶，風瘡瘙痒藏器。治痰涎積滯，水腫鼓脹，毒瘡時珍。

【發明】宗奭曰：水銀粉下膈涎，并小兒涎潮瘈瘲藥多用。然不可常服及過多，多則損人。若兼驚則危，須審之。蓋驚爲心氣不足，不可下。下之裏虛，驚氣入心，不可治。其人本虛，更須禁此，慎之至也。劉完素曰：銀粉能傷牙齒。蓋上下齒齦屬手足陽明之經，毒氣感於腸胃，而精神氣血水穀既不勝其毒，則毒即循經上行，而至齒齦嫩薄之分爲害也。時珍曰：水銀乃至陰毒物，因火煅丹砂而出，加以鹽、礬鍊而爲輕粉，加以硫黄升而爲銀朱，輕飛靈變，化純陰爲燥烈。其性走而不守，善劫痰涎，消積滯。故水腫風痰、濕熱毒瘡被劫，涎從齒齦而出，邪鬱爲之暫開，而疾因之亦愈。若服之過劑，或不得法，則毒氣被蒸，竄入經絡筋骨，莫之能出。痰涎既去，血液耗亡，筋失所養，營衛不從。變爲筋攣骨痛，發爲癰腫疳漏，或手足皸裂，蟲癬頑痹，經年累月，遂成廢痼，其害無窮。觀丹客升鍊水銀輕粉，鼎器稍失固濟，鐵石撼透，況人之筋骨皮肉乎？陳文中言輕粉下痰而損心氣，小兒不可輕用，傷脾敗陽，必變他證，初生尤宜慎之；而演山氏謂小兒在胎，受母飲食熱毒之氣，畜在胸膈，故生下個個發驚，宜三日之内與黄連去熱，膩粉散毒，又與人參朱砂蜜湯解清心肺，積毒既化，兒可免此患。二説不同，各有所見：一謂無胎毒者，不可輕服；一謂有胎毒者，宜預解之。用者宜審。

【附方】舊三，新三十二。　小兒初生：浴湯中入鹽少許，拭乾，以膩粉少許摩其身，既不畏風，又散諸氣。《全幼心鑒》。　初生鎖肚：證由胎中熱毒，結於肛門，兒生之後，閉而不通三日者。急令婦人咂兒前後心手足心并臍(下)七處，四五次。以輕粉半錢，蜜少許，温水化開，時時與少許，以通爲度。《全幼心鑒》。　小兒涎喘：服藥不退者。用無雄鷄子一個取清，入輕粉抄十錢拌和，銀器盛，置湯瓶上蒸熟。三歲兒盡食，當吐痰或泄而愈。氣實者乃可用。演山《活幼口議》。　幼兒哯乳：不止，服此立效。膩粉一錢，鹽豉七粒，去皮研匀，丸麻子大。每服三丸，藿香湯下。《活幼口議》。　小兒㖞泥：及脹肚。用膩粉一分，沙糖和丸麻子大。空心米飲下一丸，良久泄出泥土，瘥。《經驗方》。　大小便閉：脹悶欲死，二三日則殺人。膩粉一錢，生麻油一合，相和，空心服。《聖惠方》。　大便壅結：膩粉半錢，沙糖一彈丸，研丸梧子大。每服五丸，臨卧温水下。〇又方：膩粉二錢，黄丹一錢，爲末。每米飲服一錢。《普濟方》。　血痢腹痛：膩粉五錢，定粉三錢，同研，水浸蒸餅心少許，和丸緑豆大。每服七丸或十丸。艾一枚，水一盞，煎湯下。《秘寶方》。　消中嗜食：多因外傷癉熱，内積憂思，啖食鹹物及麪，致脾胃乾燥，飲食倍常，不生肌肉，大便反堅，小便無度。輕粉一錢爲末，薑汁拌匀，長流水下，齒浮是效。後服猪肚丸補之。《危氏得效方》。　一切虚風：不二散：用膩粉一兩，湯煎五度如麻脚，慢火焙乾，麝香半兩，細研。每服一字，温水調下。孫用和《秘寶方》。　水氣腫滿：汞粉一錢，烏鷄子去黄，盛粉，蒸餅包，蒸熟取出，苦葶藶炒一錢，同蒸餅杵丸緑豆大。每車前湯下三五丸，日三服，神效。《醫壘元戎》。　痘瘡生瞖：輕粉、黄丹等分爲末。左目患吹右耳，右目吹左耳，即退。《王氏痘疹方》。　女人面脂：太真紅玉膏：輕粉、滑石、杏仁去皮等分，爲末，蒸過，入腦、麝少許，以鷄子清調匀，洗面畢傅之，旬日後，色如紅玉。《閨閣事宜》。　抓破面皮：生薑自然汁調輕粉末搽之，更無痕迹。《救急方》。　牙齒疼痛：輕粉一錢，大蒜一瓣，杵餅，安膈骨前陷中。先以銅錢隔了，用蜆殼蓋定扎住，一宿愈。左疼安右，右疼安左。《摘玄方》。　風蟲牙疳：膿血有蟲。輕粉一錢，黄連一兩，爲末摻之。《普濟方》。　小兒耳爛：輕粉、棗子灰等分，研，油調傅。《摘玄方》。　底耳腫痛：汁水不絶，輕粉一錢，麝香一分，爲末摻之。《簡便方》。　爛弦風眼：膩粉末，口津和，點大眦，日二三次。《聖惠方》。　小兒頭瘡：葱汁調膩粉塗之。○又方：鷄子黄炒出油，入麻油及膩粉末，傅之。《集簡方》。　小兒生癬：猪脂和輕粉抹之。《直指方》。　牛皮惡癬：五更食炙牛肉一片，少刻以輕粉半錢，温酒凋下。《直指方》。　楊梅瘡癬：《嶺南衛生方》用汞粉、大風子肉等分，爲末，塗之即愈。○《醫方摘玄》用輕粉二錢，杏仁四十二個去皮，洗瘡拭乾搽之，不過三次即愈。乾則以鵝膽汁調。　楊梅毒瘡：《醫學統旨》用輕粉一錢，雄黄、丹砂各二錢半，槐花炒、龜版炙各一兩，爲末，糊丸梧子大。每服一錢，冷茶下，日二服，七日愈。○《楊誠經驗方》用輕粉、胡桃仁、槐花炒研、紅棗肉各二錢，搗丸。分作三服。初日鷄湯下，二日酒下，三日茶下，三日服盡，五日瘡乾，七日痂落。○一方：用豮猪腎一對，去膜批開，各摻輕粉一錢扎定，麻油二兩煠熟。頓食，不破口腫牙。仍服金銀花藥。○一方用大鷄卵一個，去黄留白，入輕粉一錢攪勻，帋糊飯上蒸熟食。　下疳陰瘡：輕粉末乾摻之，即結靨而愈。萬表《積善堂方》。　臁瘡不合：以虀汁温洗拭乾，用葱汁調輕粉傅之。○一方：輕粉五分，黄蠟一兩，以粉摻紙上，以蠟鋪之。縛在瘡上，黄水出即愈。《永類方》。　癰疽惡瘡：楊梅諸瘡。水銀一兩，朱砂、雄黄各二錢半，白礬、緑礬各二兩半，研勻罐盛，燈盞蓋定，鹽泥固濟，文武火鍊，升罐口掃收。每以三錢，入乳香、没藥各五分，洒太乙膏上貼之，絶效，名曰五寶霜。

**題明・薛己《本草約言》卷二《藥性本草》**　輕粉　療肌瘡而長肉。輕粉，水銀飛煉成者。能殺諸疥癬。善治兒疳。

**明・梅得春《藥性會元》卷下**　輕粉　味辛，氣寒，無毒。飛鍊水銀為之。一云有毒。忌一切血。畏磁石、石黄。一名水銀粉。主治大風癩疾瘰癧，殺瘡疥癬蟲，生肌合口，及鼻上酒齄，風瘡燥痒，通大腸，傅小兒疳瘡。

**明・梅得春《藥性會元》卷下**　膩粉　味甘，平，無毒。主抑肺氣，斂肛門。

**明・李中立《本草原始》卷八**　水銀粉　其升煉法：用水銀一兩，白礬二兩，食鹽一兩，同研不見星，鋪于鐵器內，以小烏盆覆之。篩竈灰、鹽水和，封固盆口。以炭打二炷香取開，則粉升于盆上矣。其白如雪，輕盈可愛。一兩水銀可升粉八錢。又法：水銀一兩，皂礬七錢，白鹽五錢，同研，如上升煉。其質輕，其狀如粉，故《本草拾遺》名輕粉。

水銀粉：氣味：辛，冷，無毒。主治：通大腸，轉小兒疳痹瘰癧，殺瘡疥癬蟲，及鼻上酒皶，風瘡瘙痒。○治痰涎積滯，水腫鼓脹，毒瘡。真者體輕，色白如雪片可愛，撮些放銅鐵器內，置火上，化無痕。假者多攙石膏末，焚之有滓，亦有攙朴消者。宜細辨之。大明曰：畏慈石、石黄，忌一切血。本出于丹砂故也。時珍曰：溫燥有毒，升也，浮也。黄連、土茯苓、陳醬、黑鉛、鐵漿，可制其毒。《醫方摘玄》：治楊梅癬，用輕粉二錢，杏仁四十二箇去皮，洗瘡，拭乾，搽其末，不過三次即愈，乾則以鵝膽汁調。

**明・羅周彦《醫宗粹言》卷四**　升輕粉法　用水銀一斤，明礬、焰硝、皂礬、食鹽各二兩，同研一處，以不見(永)〔汞〕星為度，用烏磁盆二箇，以藥鋪盆內上用一盆合定，以鹽泥、石膏、蜜醋調封盆口，勿令泄氣。下盆底用鐵釘三脚支住四五寸高，用炭火先文後武蒸半日，次日冷定，輕輕取起上盆，則輕粉盡騰其上，以鵝翎掃下聽用。此為真正輕粉，生肌立効。市肆便攙寒水石、銀母石、石膏之偽物而獲利，計真正僅有十分之一，如之何而求効哉？

**明・傅懋光《醫學疑問》**　問：牛黄金虎丹所入膩粉，何粉耶？切願詳知。

膩粉之性已見前篇。

**明・李中梓《藥性解》卷一**　輕粉　味辛，性寒，有毒，不載經絡。主通大腸轉胞，諸瘡蟲癬，小兒疳積，輕明可愛，燒火上走者真。按：輕粉即水銀所昇者，本草言其無毒，誤也！外科需為要藥，但勿輕用服食。今見瘓瘲方中多用之，必能損人腸胃，不可不戒。其值頗貴，市中多燒凝水石及石膏為粉以亂真，須細辨之。

**明・繆希雍《本草經疏》卷四**　水銀粉　味辛，冷，無毒。主通大腸，傅小兒疳并瘰癧，殺瘡疥癬蟲，及鼻上酒皶，風瘡瘙痒。又名汞粉、輕粉、膩粉。畏磁石、石黄，忌一切血。本出於丹砂故也。土茯苓、黑鉛、鐵漿，可制其毒。

〖疏〗水銀粉，升鍊水銀而成。其味本辛，氣冷，無毒。療體與水銀相似，第其性稍輕浮爾。大腸熱燥則不通。小兒疳痹因多食甘肥，腸胃結滯所致，辛涼總除腸胃積滯熱結，故主之也。其主瘰癧瘡疥癬蟲，及鼻上酒皶，風瘡瘙痒者，皆從外治，無非取其除熱殺蟲之功耳。升鍊輕粉法：用水銀一兩，白礬二兩，食鹽一兩，同研不見星，鋪於鐵器內，以小烏盆覆之，鹽泥封固盆口，以炭火打三炷香，取開，則粉升於盆上矣。〖主治參互〗《活幼口議》：小兒哯乳不止，服此立效。膩粉一錢，鹽豉七粒去皮，研勻，丸麻子大。每服三丸，藿香湯下。《經驗方》小兒吃泥，膿肚。用膩粉一分，砂糖和丸麻子大。空心米飲下一丸，良久，泄出泥土瘥。《聖惠方》大小便閉，脹悶欲死，二三日則殺人。膩粉一錢，生麻油一合，相和空心服。

萬表《積善堂方》下疳陰蝕瘡，輕粉末乾掺之，即結靨而愈。《永類鈐方》臁瘡不合，葱汁調輕粉傅之。　又秘法升丹靈藥方治癰疽惡瘡，楊梅諸瘡，拔毒長肉，神驗。水銀一兩，黑鉛七錢，硃砂、雄黄各三錢，白礬、火硝各二兩半，其法先用鉛化開，投水銀，凝成餅，入硃砂、雄黄研匀，然後將硝、礬鎔化，投前四味末入内，離火急攪令匀，用陽城礶盛之，鐵盞蓋口上，架鐵梁，鐵線紥緊，鹽泥固濟，神仙爐内文武火升鍊，盞中時時以水擦之，火漸加，以三分為率。每焚官香一炷，則加一分。如是鍊三炷官香為度，候冷，取開，於盞底刮取，研如飛麪，甘草湯飛過三次，入龍腦香少許，點廣瘡上。數數以指蘸藥按之。三日自脱，神方也。

【簡誤】水銀粉下膈涎，消積滯，并小兒涎潮瘈瘲藥多用。然而其性有毒，走而不守，若服之過劑，或不得當，則毒氣熏蒸，竄入經絡筋骨，莫之能出。痰涎既去，血液隨亡，筋失所養，營衛不從，變為筋攣骨痛，或結腫塊漏瘡，或手足皸裂頑痹等證，遂成痼疾，貽害無窮。蓋此物本成於汞，則汞之毒尚存。又得火煅，則火之毒氣未出。《本經》言其無毒，誤也。凡閉結由於虚，血不能潤澤；小兒疳病，脾胃兩虚；小兒慢驚，痰涎壅上；楊梅結毒，發於氣虚；久病之人，咸不宜服。宗奭有云：病屬於驚，尤須審謹。蓋驚為心氣不足，不可下，下之裏虚。驚氣入心不可治，其人本虚，便須禁此。慎之至也。

**明・倪朱謨《本草彙言》卷一二**　輕粉　味辛，氣燥，有毒。升也，浮也。

李氏曰：升煉輕粉法：用水銀一兩，白礬二兩，食鹽一兩，同研不見星，鋪于鐵器内，以小烏盆覆之，以滋泥鹽滷和熟，封固盆口，以炭打二炷香，取開，則粉升于盆上矣。其白如雪，輕盈可愛。一兩湏可升輕粉八錢。〇又法：水銀一兩，皂礬七錢，白鹽五錢，同研如上升煉。〇《海客論》云：諸礬不與水銀相合，而皂礬和鹽能製水銀成粉，何也？蓋水銀者，金之魂魄；綠礬者，鐵之精華，二氣同根，是以暫製成粉，無鹽則色不白。

輕粉：下痰涎，推積滯，李時珍利水腫臌脹之藥也。繆氏仲淳曰：此係水銀升煉而成，療體與水銀相似，第其性稍輕浮爾。李氏曰：觀其輕飛靈變，化純陰爲燥烈，其性走而不守，善刼痰涎，消積滯，故水腫瀛熱，風痰驚癇，惡瘡潰爛等疾，用此刼劑，去惡涎，從齒齦而出，邪鬱爲之暫開，而瘡疾亦因之而愈。若服之過劑，或不得其法，則毒氣被蒸，竄入經絡筋骨藏府，莫之能出，涎毒雖去，血液耗亡，筋骨失養，營衛不從，變爲筋攣骨痛，發爲癰腫疳漏，或手足皸裂，蟲癬頑痹，經年累月，遂成廢人，其害無窮。嘗觀丹客升煉水銀、輕粉，鼎器稍失固濟，鐵石亦爲之迸裂，況人身皮肉筋骨乎？蓋此物本成於湏，則湏之毒尚存，又得火煉，則火之毒氣亦未出。《神農經》言其無毒，誤也。凡閉結由于虚燥，血不潤澤者；小兒驚風，痰涎壅上，由于内熱者；疳積病，由于脾胃兩虚者；楊梅結毒，發于氣血兩虚，久病之人者，臨用尤須斟酌。李時珍先生曰：陳氏方言：輕粉下痰而損心氣，小兒常病，不可輕用。初生尤宜慎之。而演山氏又謂：小兒在胎，日受母之飲食血毒之氣，畜在胸膈，故嬰兒生下發驚痰，十有四五。初生三日之内，用黄連一分去熱，輕粉五釐，散血毒，又配硃砂二分，蜜湯三匙，清解心肺積毒。積毒既化，可免驚痰搐搦之患。二説不同，各有所見。一謂即有胎毒者，不可輕服；一謂有胎毒者，宜預服之。朱附錄于此，以便後之君子，量其證之緩急而取舍焉。庶不負前兩人之用心矣。

集方：《幼科證治準繩》治小兒驚風痰熱，四證壅盛。用輕粉一錢，巴霜五分，南星炮五錢，全蝎炒、真青黛、滑石各二錢。俱研極細末，稀糊丸如麻子大。一歲兒五丸，二三歲七丸，五六歲至十歲，多則以十丸爲率，薄荷湯化下，以通利爲度。〇同前治小兒天釣臍風，客忤卒死，撮口、鵝口、木舌、喉痹、痄腮、風壅吐涎後，以他藥隨證調理。用輕粉五分，蠍尾十四個，銅青、硃砂各二錢。共爲末。每服五分，薄荷湯調下。〇同前治小兒急驚，陽癇熱證，面赤身熱，發搐直視，牙關緊者。用輕粉、赤脚蜈蚣炙，蠍尾各五分，蘆薈、胡黄連、白附子、甘草各一錢，麝香二分，共爲末。二歲已上兒服五分，薄荷湯化下。〇同前治急驚天釣、撮口，此方通利痰熱。用輕粉五分，麝香、冰片各三分，全蠍七個，南星炮、白附子、青黛各二錢，硃砂水飛過一錢。共爲極細末，粟米糊丸，如菉豆大。每用一丸，薄荷湯調下。先研半丸，吹入鼻中。〇鄭氏化金丸治急驚壯熱，喘麤痰嗽，大小便不通。用輕粉、滑石、南星、青黛各等分。共爲末，稀糊丸，如小豆大。一歲兒三丸，多則以七八丸爲率。此方疎流蘊積涎熱。〇鄭氏利驚方治急驚痰熱潮搐。用輕粉、青黛各一錢，天竹黄二錢，牽牛末四錢。共爲末，煉蜜丸，如小豆大。以薄荷湯化下。〇演山《活幼口議》治小兒涎喘，服藥不止者。用輕粉一錢，以鷄子清二個，拌和，銀器盛置，隔湯蒸熟。三四歲者，食盡當吐痰，或泄而愈。一二歲者，減半。氣實有力者，方可用。〇《經驗方》治小兒吃泥及囊肚。用輕粉一分，研細，砂糖湯調服。良久泄出泥土，瘥。〇《聖惠方》治大小便閉，脹悶欲死，二三日則殺人。用輕粉一錢，生麻油一合，相和，空心服。〇《方脉正宗》治水腫臌脹氣促，大小二便不通。用輕粉三錢，韭菜子五錢。共搗作膏，薑汁調傅臍上，或作末藥，每服八分，薑湯調服亦可。〇《嶺南衛生方》治楊梅瘡癬。用輕粉三錢，大風子肉二十個。共搗爲末，以鵝膽汁調塗。〇萬氏治下疳陰瘡。用輕粉末，乾摻之。即結靨而愈。〇《永類鈐方》治臁瘡久不合。用輕粉一二錢，葱汁調傅。先以米泔水溫洗。〇《救急方》治抓破面皮。用輕粉末，調生薑自然汁，搽之，更無痕迹。〇《普濟方》治牙疳臭爛有膿血者。用輕粉二錢，川黃連五錢。共爲細末，摻之。〇《摘玄方》治大人小兒耳邊爛瘡。用輕粉一錢，配黑棗灰二錢。共研細，菜油調搽。〇治耳底腫痛，膿水不絕。用輕粉、爐甘石各一錢，麝香七釐。共爲末，摻之。〇《聖惠方》治爛弦風眼。用輕粉末，口津和，以銀簪脚蘸藥，點大眦內，日一二次。

**明・李中梓《頤生微論》卷三**　輕粉　即水銀昇鍊者。去風殺蟲，追毒生肌。若楊梅瘡初起，便服輕粉，或以輕粉、銀硃點之，毒氣退伏骨髓，如油入麪，莫之能出，迨十年廿載之後，毒發闗竅，重者喪生，輕者廢敗，世之蹈此而死者，不可勝數。醫者取其一時捷效，計利忘命，亦與于不仁之甚者也。痛切戒之！

**明・張景岳《景岳全書》卷四九《本草正》**　輕粉　味微辛，性溫燥，有大毒。升也，陽也。治痰涎積聚，消水腫鼓脹，直達病所。尤治瘰癧諸毒瘡，去腐肉，生新肉，殺瘡癬疥蟲，及鼻上酒齄，風瘡瘙癢。然輕粉乃水銀加鹽礬升鍊而成，其以金火之性，燥烈流走，直達骨髓，故善損齒牙。雖善劫痰涎水濕瘡毒，涎從齒縫而出，邪得劫而暫開，病亦隨愈。然用不得法，則金毒竄入經絡，留而不出，而傷筋敗骨，以致筋攣骨痛，癰瘡疳漏，遂成廢痼，其害無窮。嘗見丹家升鍊者，若稍失固濟，則雖以鐵石為鼎，亦必爆裂，而矧以人之藏府血氣乎？陳文中曰：輕粉下痰而損心氣，小兒不可輕用，傷脾敗陽，必變他證，初生者尤宜慎之。

**明・盧之頤《本草乘雅半偈》帙九**　水銀粉宋《嘉祐》　氣味：辛，冷，無毒。主治：主通大腸，轉小兒疳痹瘰癧，殺〔瘡〕疥癬蟲，及鼻上酒皶，風瘡瘙癢。

覈曰：升煉水銀粉法，分紅白兩種。白者用水銀一兩，白礬二兩，海鹽一兩，皂礬一兩，焰消二兩，同研不見星。貯罐內，先以滑石九兩，研極細，水飛過，晒乾再研；更以黑鉛四兩，分作數塊，打成薄片；一層滑石，一層鉛片，鋪置藥上，築極實，上餘空數寸，使藥氣易轉。以盞蓋罐口，先於灰火中徐煨罐底，聽罐裏無聲，乃紮定之，用鹽泥封固罐口。先用底火一炷香，次用二寸火，漸加至三寸火二炷香。用火時，以涼水常擦盞內。火足，去火冷定，藥升盞上，及空處矣。紅者秖用水銀一兩，焰消二兩，白礬二兩，同研極細。升煉之法，悉與白同。即釜盌之內，亦可升取，并不必水擦釜頂，為甚便也，并不必沐浴以損藥力。既用滑石、黑鉛為匱，則鹽礬鹹濇之味，俱從鉛石拔盡，功力轉更神異。但火候以緩為貴，取藥以少為良。此法為丹家不傳之秘，頤不自私，公之海內。

**明・李中梓《本草通玄》卷下**　輕粉　辛，溫，有毒。治痰涎、積滯、鼓脹、毒瘡，殺蟲搜風。按：輕粉乃鹽礬煉水銀而成，其氣燥烈，其性走竄，善劫痰涎，消積滯。故水腫、風痰、濕熱、楊梅毒瘡服之，則涎從齒齦而出，邪鬱暫開而愈。若服之過劑及用之失宜，則毒氣被逼，竄入經絡筋骨，莫之能出。變為筋攣骨痛，發為癰腫疳漏，經年累月，遂成廢痼，因而夭枉者不可枚舉。

**清・穆石匏《本草洞詮》卷三**　輕粉　用水銀合白礬、食鹽煅之，則粉升於盆上也。味辛，氣寒，無毒，一云有毒。下痰涎，殺瘡疥癬蟲，小兒涎潮瘛瘲藥中用之。然多則損人，若兼驚則危，蓋驚為心氣不足，不可下，下之驚氣乘虛入心，不可治也。蓋水銀陰毒之物，一經火煅，變純陰為燥烈，其性走而不守，善劫痰涎，消積滯，故風痰濕熱被劫，涎從齒齦而出，邪鬱為之暫開，而疾因之亦愈。齒齦屬手足陽明之經，毒氣感於腸胃，而精神氣血不勝其毒，則毒亦循經上行，而至齒齦嫩薄之分，故常傷牙齒也。且痰涎既去，血液耗亡，筋失所養，榮衛不隨，變為筋攣骨痛，發為癰腫疳漏，或手足皸裂，蟲癬頑痹，經年累月，遂成廢痼。觀丹客升鍊鼎器，稍失固濟，鐵石撼透，況人之筋骨皮肉乎？汞粉可輕餌哉？粉霜以輕粉轉升成霜者也。味辛，氣溫，有毒。下涎消滯，殺蟲。與輕粉同功，毒而損齒害亦同也。

## 清·劉雲密《本草述》卷五

水銀粉　即水銀升煉者，故一名汞粉，一名輕粉，言其質也。一名峭粉，言其狀也。一名膩粉，言其性也。　畏磁石、石黃。忌一切血。出於丹砂故也。　之頤曰：升煉水銀粉法，分紅白兩種：白者用水銀一兩，白礬二兩，海鹽一兩，皂礬一兩，焰硝二兩，同研，不見星，貯罐內，先以滑石九兩，研極細，水飛過，晒乾，再研，更以黑鉛四兩，分作數塊，打成薄片，一層滑石，一層鉛片，鋪置藥上，築極實，上餘空數寸，使藥氣易轉，以盞蓋罐口，先於灰火中徐煨罐底，聽罐裏無聲，乃紮定之，用鹽泥封固罐口，先用底火一炷香，次用二寸火，漸加至三寸火二炷香，用火時以涼水嘗擦盞內，火足去火，火足即一炷、二炷香之謂。冷定，藥升盞上及空處矣。紅者祇用水銀一兩，焰硝二兩，白礬二兩，同研極細，升煉之法，悉與白同，即釜盌之內，亦可升取，并不必水擦釜頂為甚便也。此法用滑石、黑鉛為匱，則鹽礬鹹濇之味，俱從鉛石拔盡，功力轉更神異。但火候以緩為貴，取藥以少為良。此法為丹家不傳之秘。頤不自私，公之海內。　又曰：水銀粉者，合皂、白二礬石，海鹽、火硝，而升者嫩色黃，老色白，取用貴黃不貴白也。僅合白礬、硝石而升者，嫩色赤，老色紫，取用貴嫩不貴老也。顧所升之質即木，有能升之頑，汞同能升之，汞綠，屬離火之所含也。所顯之色，與味之醇烈，即緣鹽、礬、硝石合化，以成黃白紫赤耳。故味醇則氣清而色黃赤，味烈則氣濁而色紫白黃赤，點餌咸宜。近世以味醇黃嫩者點瘡毒頑肉，赤嫩者彌諸瘡毒膚皮，捷如影響。淨潔淫瘡，取效固速，第骨髓與形臟之至毒，從經氣會歸於胃，循胃上口而出，多致口爛舌斷，人多畏之，罔敢輕試。蓋毒從口出，已達空竅，而反口舌斷爛者，謂人臥氣歸於臟，而會於胃，胃氣上熏，毒不得洩，故併發口舌耳。《丹家秘訣》臥時銜管，則毒氣從管外洩，斯無糜爛之為患矣。　《海客論》云：諸礬不與水銀相合，而綠礬和鹽能制水銀成粉，何也？蓋水銀者，金之魂魄。綠礬者，鐵之精華。二氣同根，是以暫制成粉。無鹽則色不白。

氣味：辛，冷，無毒。　時珍曰：溫燥有毒，升也，浮也。黃連、土茯苓、陳醬、黑鉛、鐵漿，可制其毒。　主治：外傳殺瘡疥癬蟲，風癢瘰癧，下瘡陰疳，一切毒瘡，去風殺蟲。內治下膈痰涎，通大腸轉，消痰積滯，止血痢，療水腫鼓脹，及小兒疳痹。　李文清曰：膩粉主殺疥瘡癬蟲，風癢瘰癧，及下疳陰瘡，皆用外傳。若內治，善下小兒膈涎瘈瘲。但多用有損，若驚風屬心氣不足者，下之則裏虛，驚氣入心必死。抑論經云：利大腸。東垣又云：抑肺而斂肛門。何也？蓋輕粉經火本燥，原自水銀性冷，用之於潤藥則利，用之於澀藥則止，所以又能消水腫，止血痢，吐風涎。要之虛病禁用，實者亦量用之。

愚按：水銀在砂中，丹砂伏火，則溜汞於下，乃同他藥煉之，則結粉於上，其義固可參也。方書曰：礬石同焰硝可煉水銀成粉，歷稽升汞粉者，多不能離此二味。蓋其收痰涎攝水，又同於焰硝，得火性之升舉者，故本屬潤下，轉成炎上，以結於極頂，此李瀕湖所謂化純陰為燥烈者也。然取其能下膈涎，如小兒急驚用之，蓋痰涎乃水液所結，汞固砂中之金精，而為水母，原與鉛交感，故鉛汞合而最能下墜，假礬石、火硝煅煉，使陰滯之質化於陽浮之氣，能直就膈上而下，其痰涎者此耳。更先哲云銀粉乃是下膈通大腸之要劑，即如治癘風一證，投遇仙散必用銀粉為使，所以用其驅諸藥入陽明，經開，其風熱拂鬱痞隔，逐出惡風臭惡之毒，殺所生之蟲，循經上行，至牙齒輭薄之分，而出其臭毒之涎水也。即此可以類推矣。

又按：寇氏謂驚為心氣不足，切宜禁此，不知惟慢驚乃屬火土虛者也。若急驚，則因於熱盛生痰，痰盛生驚，先哲謂治驚先於豁痰，焉得禁此？但其燥烈未可獨任，故急驚有輕下法，如比金丸，輕粉、滑石、南星、青黛。又利驚丸，輕粉、青黛、牽牛末、天竺黃。多同辛涼用之，乃為適宜。

附方　小兒涎喘，服藥不退者，用無雄雞子一個，取清，入輕粉抄十錢，拌和，銀器盛置，湯瓶上蒸熟，三歲兒盡食，當吐痰或泄而愈。氣實者乃可用。　大小便閉脹滿欲死，二三日則殺人，膩粉一錢，生麻油一合，相和，空心服。　大便壅結，膩粉二錢，黃丹一錢，為末，每米飲服一錢。　消中嗜食，多因外傷脾熱，內積憂思，啖食鹹物及麪，致脾胃乾燥，飲食倍常，不生肌肉，大便反堅，小便無度，輕粉一錢，為末，薑汁拌勻，長流水下，齒浮是效，後服豬肚丸補之。　一切虛風，不二散用膩粉一兩，湯煎五度如麻脚，慢火焙乾，麝香半兩，細研，每服一字，溫水調下。　水氣腫滿，汞粉一錢，烏雞子去黃，盛粉蒸餅包，蒸熟取出，苦葶藶炒一錢，同蒸餅杵丸綠豆大，每車前湯下三五丸，日三服，神效。

簡誤　時珍曰：水銀乃至陰毒物，因火煅丹砂而出，加以鹽、礬煉而為輕粉，加以硫黃升而為銀硃。輕飛靈變，化純陰為燥烈，其性走而不守，善劫痰涎，消積滯，故水腫風痰，溼熱毒瘡，被劫涎從齒齦而出，邪鬱為之暫開，而疾因之亦愈。若服之過劑，或不得法，則毒氣被蒸，竄入經絡筋骨，莫之能出，痰涎既去，血液耗亡，筋失所養，營衛不從，變為筋攣骨痛，發為癰腫疳漏，或手足皸裂，蟲癬頑痹，經年累月，遂成廢痼，其害無窮。觀丹客升煉水銀輕粉，鼎器稍失固濟，鐵石撼透，況人之筋骨皮肉乎？投劑者可不慎諸？

希雍曰：是物本成於汞，則汞之毒尚存，又得火煅，則火之毒氣未出。《本經》言其無毒，誤也。凡閉結由於虛，血不能潤澤，小兒疳病，脾胃兩虛，小兒慢驚，痰涎壅上。楊梅結毒，發於氣虛久病之人，咸不宜服。

愚按：水銀為陰毒之物，入肉令百節攣縮，倒陰絕陽。而礬石又最能(澡)〔燥〕水傷骨，是皆損人之真陰者也。礬石本鐵之精，而鐵稟太陽之氣，與陰氣不交，其性燥而不潔，固宜礬石之燥烈也。況加以焰硝辛苦大溫，見火燄起，燥火合氣，以同煅煉乎？夫物性隨所感而移，理固不謬。純陰化燥，加以入骨攣筋之性，其貽害可勝言乎？乃方書止以烈火煅煉為言，或又止以汞毒為言，彼靈砂非烈火煅煉者耶？獨無汞毒耶？守一說而失之目睫，可笑也。

《仙製本草》云：真水銀粉體輕，色白如雪片可愛。撮些須放銅鐵器內，置火上化無痕假者，多攙石膏。焚之有滓，亦有攙朴硝者。買者細辨之。大都此味宜如法自製乃可用，市肆中物固不可憑也。附取輕粉毒方：出山黑鉛五斤，打壺一把，盛燒酒十五斤，納土茯苓半斤，乳香三錢，封固，重湯煮一日，夜埋土中出火毒，每日早晚任性飲數盃，後用瓦盆接小便，自有粉出為驗。服至筋骨不痛乃止。

**清・郭章宜《本草匯》卷一八**　輕粉　味辛，氣冷，大毒。升也，浮也。治痰涎積滯，殺楊梅癬瘡。按：輕粉，乃鹽礬煉水銀而成。其氣燥烈，其性走竄，至陰毒物。善劫痰涎，消積滯，故水腫風痰，濕熱毒瘡服之，則涎從齒齦而出，邪鬱暫開，而疾因之亦愈。若服之過劑，及用之失宜，則毒氣被蒸，竄入經絡筋骨，莫之能出。痰涎去而血液亡，變為筋攣骨痛，發為癰腫疳漏，經年累月，遂成廢痼，因而夭者，不可枚舉。黃連、土茯苓、陳醬、黑鉛，可制其毒。

升煉輕粉法：用水銀一兩，白礬二兩，食鹽一兩，同研，不見星，鋪于鐵器內，以小烏盆覆之，鹽泥封固盆口，以炭火打三炷香，取開，則粉升于盆上矣。

**清・王翃《握靈本草》卷一**　輕粉水銀入皂礬、白鹽升煉而成。一名膩粉。主治：輕粉，辛，冷，無毒。又云：辛，燥，有毒。主痰涎積滯，水腫鼓脹。

**清・汪昂《本草備要》卷四**　輕粉燥，劫痰涎，外用殺蟲。辛，冷。時珍曰：燥有毒。殺蟲治瘡，劫痰消積。能消涎積。十棗湯加大黃、牽牛、輕粉，名三花神佑散。善入經絡，瘛瘲藥多用之。不可過服常用。時珍曰：水銀陰毒，用火煅丹砂而出。再加鹽、礬，煉爲輕粉。輕揚燥烈，走而不守。今人用治楊梅毒瘡。雖能劫風痰濕熱，從牙齦出，邪鬱暫解，然毒氣竄入經絡，筋骨血液耗亡，筋失所養，變爲筋攣骨痛，癰腫疳漏，遂成廢痼，貽害無窮。〇上下齒齦，屬手足陽明腸胃經。毒氣循經上行，至齒齦薄嫩之處而出。土茯苓、黃連、黑鉛、鐵漿、陳醬，能制其毒。

**清・张璐《本經逢原》卷一**　輕粉一名膩粉。辛，燥，有毒。發明：水銀加鹽礬鍊為輕粉，化純陰為燥烈，而陰毒之性猶存，故能通大腸。傅小兒疳疽瘰癧，殺瘡疥癬蟲，風瘙瘡癢，但以陰性暴悍，善劫淫穢黴瘡，食之竄入筋骨，莫之能出，久久發為結毒，致成廢人。然必仍用水銀昇鍊，入三白丹引拔毒之藥，同氣相求，以搜逐之。癘風，醉仙丹，通天再造散用以搜滌毒邪從齒縫出。錢氏利驚丸、白餅子皆用之取痰積從大便出，真瞑眩之首推也。

**清・黃元御《玉楸藥解》卷三**　輕粉　味辛，性寒。入足少陰腎、足厥陰肝經。搽疥癬，塗楊梅。輕粉辛冷毒烈，服之筋骨拘攣，齒牙脫落。庸工用治楊梅惡瘡，多被其毒，不可入湯丸也。本草謂其治痰涎積滯，氣臌水脹，良藥自多，何為用此？輕粉即水銀、鹽、礬升煉而成者，其性燥烈，能耗血亡津，傷筋損骨。

**清・吳儀洛《本草從新》卷五**　輕粉〔燥，劫痰涎，外用殺蟲。〕辛冷而燥，有毒。殺蟲治瘡，劫痰消積。能消涎積。善入經絡，瘛瘲藥有用之。不可輕服。時珍曰：水銀陰毒，用火煅煉丹砂而出，再加鹽、礬煉為輕粉，輕揚燥烈，走而不守。今人用治楊梅毒瘡，雖能劫風痰濕熱從牙齦出，邪鬱暫解，然毒氣竄入經絡筋骨，血液耗亡，筋失所養，變為筋攣骨痛，癰腫疳漏，遂成廢痼，貽害無窮。上下齒齦屬手足陽明腸胃經，毒氣循經上行，至齒齦薄嫩之處而出。土茯苓、黃連、黑鉛、鐵漿、陳醬能制其毒。粉霜，功過略同。

**清・汪紱《醫林纂要探源》卷三**　輕粉　辛，寒。鹽、礬、硝石升煉汞，則化為粉，亦從金色。破堅，行痰，毒能攻毒。劫頑痰風痰，消堅積熱毒，竄走經絡，可治癱瘓抽搐之病。不宜輕用。外傳亦殺蟲，治毒瘡。今治楊梅瘡必用之。然貽害甚大，昔人有深戒矣。中其毒者，土茯苓、黃連、陳醬及黑鉛、鐵汁皆可解。

**清・嚴潔等《得配本草》卷一**　輕粉即水銀粉，一名汞粉，一名膩粉。　畏石黃、磁石。忌一切血。　辛，溫燥，有大毒。劫痰涎，除水濕。治瘡殺蟲。不可輕服。　得生薑自然汁調搽，搔破面皮無痕迹。配沙糖，丸如麻子大，空心米飲下一丸，治小兒吃泥。配黃丹為末，治痘、目生翳。左目患吹右耳，右目患吹左耳，即退。　即水銀和白礬、食鹽，升煉成粉。　用不得法，毒氣入骨而莫出。

**題清・徐大椿《藥性切用》卷七**　輕粉　辛冷燥毒，殺蟲治瘡，劫痰行經。即水銀加鹽礬煉成，不可輕用。粉霜，功過大略相同。

**清・黃宮繡《本草求真》卷八**　輕粉殺蟲治疥，卻瘀消積。　輕粉耑入筋骨。係水銀加鹽礬昇煉而成。水銀一兩，白礬二兩，食鹽一兩，入銕器內，盆覆封固升煉。又法：水銀一兩，皂礬七錢，白鹽五錢，同上昇法。一兩汞可升粉八錢，按水銀金之魂魄，綠礬鐵之精華，二氣同根，是煉製成粉，無鹽則色不白。　雖是化純陰而為辛燥，然陰毒之性猶存，故能殺蟲治瘡，劫痰消積，烈毒之性，走而不守，今人用治楊梅瘡毒，雖能劫風痰濕熱，從牙齦而出，暫得寬解。劉完素曰：銀粉能傷牙齒，蓋上下齒齦屬手足陽明之經，毒氣感於腸胃，而精神氣血水穀既不勝其毒，則毒即循經上行，而至齒齦嫩薄之分。　然毒氣竄入筋骨，血液耗損，久久發為結毒，遂成廢人。　仍須用水銀昇煉，入三白丹引拔毒之藥，同氣搜逐癘風。　醉仙丹、通天再造散，用以搜剔毒邪，仍從齒縫而出，再以錢氏利驚丸白餅子並用，取痰積從大便而出矣。時珍曰：黃連、土茯苓、陳醬、黑鉛，可制其毒。　畏磁石、石黃，忌一切血。本出於丹砂故也，《閨閣事宜》作女人面脂，用輕粉、滑石、杏仁去皮尖等分爲末，蒸過，入腦麝少許，以雞子清調勻，名太真紅玉膏。洗面畢傅之，旬日色如紅玉。

**清・羅國綱《羅氏會約醫鏡》卷一八金石水土部**　輕粉辛燥，有毒。　惟入外科。　去風殺蟲，追毒生肌。　敷疳痹瘰癧，治瘡癬疥癩，又消涎積、鼓脹、梅瘡。　直達病所，可以劫毒。　然邪鬱暫解，但恐毒氣透於筋骨，迨後毒發關竅，重者喪生，輕者廢敗，可不慎諸！　輕粉乃水銀加鹽礬升鍊而成，其性燥烈，勿輕用。

**清・張德裕《本草正義》卷下**　輕粉　辛，溫燥，有大毒。升也。　水銀加鹽、礬升煉而成。　燥烈流走，能直達骨髓。　消痰涎積聚，水腫鼓脹，瘰癧惡瘡，去腐肉，生新肉，蟲瘡癢痛。　又能使毒涎從齒縫而出。

**清・楊時泰《本草述鉤元》卷五**　水銀粉　【略】氣味辛冷，有燥毒。升也，浮也。　黃連、土茯苓、陳醬、黑鉛、鐵漿可制其毒。畏磁石、石黃，忌一切血。　外傅，殺瘡疥癬蟲風癢，瘰癧、下疳、陰瘡一切毒瘡，去風殺蟲。　內治，下膈涎，通大腸，轉消痰積，如治癘風遇仙散，用以驅諸藥入陽明經，開其風熱拂鬱，逐出惡風臭毒，殺所生之蟲，循經上行至牙齒耎薄之分而出之。此可類推。　止血痢，療水腫、鼓脹，及小兒癥瘕疳癉。　用水銀粉潔淨淫瘡，取效固速，第骨髓與形臟之至毒，從經氣會歸於胃，循胃上口而出，多致口爛舌齗。人臥氣歸於臟而會於胃，胃氣上熏，毒不得洩，故併發於口舌。　惟臥時銜管，則毒氣從管外洩，斯無糜爛之患矣子由。　輕粉利大腸，東垣又云抑肺而斂肛門，何也？　蓋輕粉經火本燥，原自水銀，性冷，用之於潤藥則利，用之於濇藥則止，所以又能消水腫，止血痢，吐風涎，要之虛病禁用，實者亦量用之文清。　小兒涎喘，服藥不退者，用無雄雞子一箇，取清，入輕粉抄十錢，拌和，銀器盛，置湯瓶上蒸熟，三歲兒盡食，當吐痰或泄而愈。　氣實者乃可用。　大小便閉，脹滿欲死，二三日則殺人。膩粉一錢，生麻油一合，相和空心服。　大便壅結，膩粉二錢，黃丹一錢，為末，每米飲服一錢。　消中嗜食，不生肌肉，多因外傷脾熱，內積憂思，啖食鹹物及麪，致脾胃乾燥，飲食倍常，大便反堅，小便無度。　用輕粉一錢為末，薑汁拌勻，長流水下，齒浮是效。　後服猪䐗丸補之。　一切虛風，不二散，用膩粉一兩，湯煎二度，如麻脚，慢火焙乾，麝香半兩細研，每服一字，溫水調下。　水氣腫滿，汞粉一錢，烏雞子去黃盛粉，蒸餅包，蒸熟取出，苦葶藶炒一錢，同蒸餅杵丸綠豆大，每車前湯下三五丸，日三服神效。

論：水銀在丹砂中，伏火則溜汞於下，同他藥煉之，則結粉於上。　歷稽升汞粉者，多不能離礬、消二味，蓋其收痰涎攝水，緣與𧮰消得火性之升舉者，故轉潤下而成炎上，以結於極頂。　此瀕湖所謂化純陰為燥烈，其性走而不守者也。　然小兒急驚，又取其能下膈涎，因痰涎為水液所結，汞固砂中金精，而為水母，與鉛交感，最能下墜，假礬石、火消煅煉，使陰滯之質化於陽浮之氣，能直就膈上而下其痰涎者此耳。　寇氏謂驚為心氣不足，切宜禁此，不知惟慢驚屬火，土虛者忌之。　若急驚則因於熱盛生痰，痰盛生驚，先哲謂治驚先豁痰，焉得禁此，但其燥烈，未可獨任，惟多同辛涼用之，乃為適宜。　如比金丸，輕粉、滑石、南星、青黛。　又利驚丸，輕粉、青黛、牽牛末、天竺黃。　又按：水銀為陰毒之物，入肉令百節攣縮，倒陰絕陽，而礬石又最能燥水傷骨，是皆損人之真陰者也。礬石本鐵之精，鐵稟太陽之氣，與陰氣不交，其性燥而不潔，固宜礬石之燥烈也。況加以鹽消辛苦大溫，見火燄起，燥火合氣以同煅煉乎。夫物性隨所感而移，純陰化燥，理固不謬，加以入骨攣筋之性，貽害可勝言哉。方書乃止以烈火煅煉為言，或又止以汞毒為言，彼靈砂非烈火煅煉者耶，獨無汞毒耶？守一說而失之目睫，可笑也。

水銀乃至陰毒物，加以鹽、礬，煉為輕粉，加以硫黃，升為銀硃，輕飛靈變，化純陰為燥烈，其性走而不守，善劫痰涎消積滯，故水腫、風痰、濕熱毒瘡被劫，涎從齒齦而出，邪鬱暫開，疾亦因愈。若服之或誤或過，則毒氣竄入經絡筋骨，莫之能出，痰涎既去，血液耗亡，筋失所養，變為攣痛，發為癰、疳，或手足皸裂，蟲癬頑痹，經年累月，遂成廢痼，其害無窮瀕湖。凡閉結由於血虛，小兒疳病，脾胃兩虛，慢驚痰涎上壅，楊梅結毒，發於氣虛久病者咸忌仲淳。膩粉善下小兒膈涎瘛瘲，但多用有損。若驚風屬心氣不足者，下之則裏虛，驚氣入心必死文清。辨治：真水銀粉，體輕色白，如雪片可愛，撮些須放銅鐵器內，置火上化無痕。假者多攙石膏，焚之有滓，亦有攙朴消者，須細辨之。大都如法自製乃可用，市肆中物，不可憑也。附取輕粉毒方：出山黑鉛五斤，打壺一把，盛燒酒十五斤，納土茯苓半斤，乳香三錢，封固，重湯煮一日夜，埋土中，出火毒。每日早晚任性飲數杯後，用瓦盆接小便，自有粉出為驗，服至筋骨不痛乃止。

**清・葉桂《本草再新》卷八**　輕粉味辛，性燥，有毒。入肝、肺二經。　殺蟲治瘡，劫痰消積，善入經絡。

**清・趙其光《本草求原》卷二五石部**　輕粉又名膩粉、汞粉、水銀粉。　水銀陰毒入肉，合礬石燥水傷骨。又加鹽與焰硝之苦，溫升煉，而化為辛燥毒物。雖通二便，生麻油下。消水腫，鋪烏雞子白上蒸熟，加炒葶藶蒸餅為丸，車前湯下。劫痰涎積，同大黃、牽牛，加入十棗湯，名三花神佑散。但性烈走竅，不可輕用。惟外治瘰癧、疥癬、酒齇、風瘙、陰疳諸瘡用之，取其拔毒、散熱、殺蟲之效。今人治楊梅毒用之，癘瘋醉仙丹、通天再造散用之，欲其驅諸藥入陽明，開逐惡風、濕熱痰毒、蟲積從牙齦出。上下牙齦，屬陽明胃、大腸。但用之不當，毒入經絡、筋骨，血液耗亡，變為筋攣、骨痛等症。宜打大黑鉛壺盛酒，入土茯八兩，乳香三錢，封固，重湯煮，任飲，則小便自有粉出，服至筋骨不痛乃止。陳醬亦制其毒。

**清・文晟《新編六書》卷六《藥性摘錄》**　輕粉　有小毒。只可外用。治楊梅瘡，間或服之，終遺餘毒。

**清・陸以湉《冷廬醫話》卷五**　藥品　輕粉辛燥有毒，以治楊梅瘡，奏效雖捷，而毒氣竄入筋骨，變生他疾，為害無窮。大風子之治癘風亦然，製方藥者其慎之。

**清・戴葆元《本草綱目易知錄》卷七**　輕粉水銀粉、汞粉、膩粉。　溫，躁，有毒。治痰涎積滯，水腫鼓脹。通大小腸，療小兒疳痹瘰癧。殺瘡疥癬蟲，塗鼻上酒皶，風瘡瘙疥。其性善竄經絡，不可多服。黃連、土苓、黑鉛、鐵漿、陳醬，俱可制其毒。

**清・陳其瑞《本草撮要》卷六**　輕粉　味辛，冷燥，有毒，入手足太陰經。功專殺蟲治瘡，劫痰消積，善入經絡，瘛瘲藥有用之者，不可輕服。土茯苓、黃連、黑鉛、鐵漿、陳醬能制其毒。

**清・李桂庭《藥性詩解》**　賦得膩粉抑肺而斂肛門得門字。田春芳。　豈徒能抑肺，且又斂肛門。治與鉛丹仿，功惟膩粉惇。

前題李春霖　膩粉從何創，鉛丹是化源。頗能抑肺氣，尤可斂肛門。

按：膩粉本鉛粉之物，閨閣塗敷之後，取淋凝粉入藥，與鉛粉主治略同。然體重沉寒，功多滯斂而抑。原作治意弗背，抑雖仄聲，勉為留之，以通主治之原，不使辭字而害意也。

### 粉霜

**明・劉文泰《本草品彙精要》卷六**　粉霜有小毒。

粉霜：主急風口噤，手足搐搦，涎潮作聲，止痢，膿血，消瘰癧。今補。

謹按：升粉霜之法：用焰硝、食鹽、白礬、皂礬各一斤，入鐵鍋內，炒熔成汁，急以鐵鏟頻攪，結成黃色砂子，謂之粗麯。內石臼中，以鐵杵研令極細，謂之細麯。入水銀一斤，研，令不見微星爲度，是謂汞麯。分作四分，先以陽城罐長五六寸者，用細炭灰一斤，入鹽六兩，水和得所，留罐口二分許，周匝固濟，曬乾，內汞麯一分於內，上用鐵燈盞深一二寸者蓋之，下用鐵絆上用鐵線，將燈盞與絆纏束極緊。外用鹽十兩，白炭灰十六兩，水和爲泥，捏作餅子，燒通紅，待冷，研爲細末。水調得所，用小竹篦細細將罐口封固，約一指厚，盞罐相平，曬極乾。用大鐵釘三個，釘在地下，高三四寸，周圍離罐二寸，用磚數個圍成爐。煤用四斤，炭用二斤。火候之法：先文後武。煤炭陸續旋添上，勿近盞。待盞熱時，徐徐添極熱水，止可九分滿，水少即添，常令水足，仍以沿盞邊滾爲度。若滿盞通滾，爲火大，火大則罐必烈。慢慢滾起爲火小，火小則粉不升。水上火下，欲其相濟，別點長線香，以三炷爲則，至二炷香盡時，火方漸漸近盞，與盞相平；至三炷香完，即便去火，莫動其罐，待罐極冷時，方可開罐。罐底麯查不用，盞下之霜用刀刮下，其色尚未白，至汞麯四分俱升畢時，共研爲細末，通入一罐。如前法再升一遍，其色漸白，再研爲細末。如前法再升一遍，其霜堅白，壯如寒水石一般，方入藥用也。

**明・李時珍《本草綱目》卷九金石部・石類上**　粉霜《綱目》

【釋名】水銀霜　白雪《綱目》　白靈砂時珍曰：以汞粉轉升成霜，故曰粉霜。《抱朴子》云：白雪，粉霜也。以海鹵爲匱，蓋以土鼎。勿洩精華，七日乃成。要足陽氣，不爲陰侵。惟薑、藕、地丁、河車可以煉之點化。在仙爲玄壺，在人爲精原，在丹爲木精，在造化爲白雪，在天爲甘露。　【修治】時珍曰：升鍊法：用真汞粉一兩，入瓦罐內令勻。以燈盞仰蓋罐口，以鹽泥塗縫。先以小炭火鋪罐底四周，以水濕紙不住手在燈盞內擦，勿令間斷。逐漸加火，至罐頸住火。冷定取出，即成霜如白蠟。按《外臺秘要》載古方崔氏造水銀霜法云：用水銀十兩，石硫黃十兩，各以一鐺熬之。良久銀熱黃消，急傾爲一鐺，少緩即不相入，仍急攪之。良久硫成灰，銀不見，乃下伏龍肝末十兩，鹽末一兩，攪之。別以鹽末鋪鐺底一分，入藥在上，又以鹽末蓋面一分，以瓦盆覆之，鹽土和泥塗縫，炭火煅一伏時，先文後武，開盆刷下，凡一轉。後分舊土爲四分，以一分和霜，入鹽末二兩，如前法飛之訖。又以土一分，鹽末二兩，和飛如前，凡四轉。土盡更用新土，如此七轉，乃成霜用之。此法後人罕知。故附于此云。

【氣味】辛，温，有毒。時珍曰：畏蕎麥稈灰、硫黃。　【主治】下痰涎，消積滯，利水，與輕粉同功時珍。

【發明】元素曰：粉霜、輕粉，亦能潔净府，去膀胱中垢膩，既毒而損齒，宜少用之。時珍曰：其功過與輕粉同。

【附方】新六。　小兒急驚：搐搦涎盛。粉霜二錢，白牽牛炒、輕粉各一錢，爲末。每服一字，薄荷湯下，吐涎爲效。《全嬰方》。　小兒躁渴：粉霜一字，大兒半錢，蓮花湯調下。冬月用蓮肉。《保幼大全》。　風熱驚狂：神白丹：治傷寒積熱，及風生驚搐，或如狂病，諸藥不效。粉霜一兩，以白麪六錢，和作餅子，炙熟同研，輕粉半兩，鉛白霜二錢半，爲末，滴水丸梧子大。每服十丸至十五丸，米飲下。《宣明方》。　瘢疹生瞖：粉霜八分，朱砂一錢，爲末。水調少許，傾入耳內。《鴻飛集》。　腋下胡臭：粉霜、水銀等分，以面脂和塗之。《聖濟錄》。　楊梅惡瘡：粉霜一味搽之。《集簡方》。

**明・倪朱謨《本草彙言》卷一二**　粉霜　味辛，氣溫，有毒。　李氏曰：以輕粉轉升成霜，故名粉霜。○升粉霜法：用真輕粉一兩，入瓦罐內，以鐵燈盞仰蓋罐口，鹽滷和滋泥塗縫。先以小炭火鋪罐底四圍，以水濕紙不住手在燈盞內擦，勿令間斷，逐漸加火，至罐頸住火，候冷定，取出即成霜，如白蠟狀。

粉霜：下痰涎，推積滯，利水腫。治傷寒積熱顛狂，譫妄見鬼，李時珍及小兒急驚等證之藥也。張氏元素曰：粉霜係輕粉轉升，得水銀之清中之清者，大能潔淨藏府，沉痰積滯，去膀胱中宿垢積膩之物。故下結痰，解結毒，去傷寒積熱，小兒驚癇諸證，此亦無妄之藥，必不得已而用之。用之得宜，可稱應變之兵也。既毒而有損真氣，豈可嘗試？

集方：已上諸證，用他藥不效者，獨用此一味，不佐諸藥。急病用一二分，小兒用四五釐，以白湯調服。

**明・盧之頤《本草乘雅半偈》帙九**　粉霜《綱目》　氣味：辛，溫，有毒。

主治：主下痰涎，消積滯，利水，〔與輕粉同功〕。

覈曰：升鍊之法，用真澒粉一兩，入瓦罐內，以鐵盞仰蓋罐口，鹽泥封固。先以小炭火鋪罐底及四圍，約香炷半，常用水擦盞，勿令間斷。遂漸加火至罐頸，約香一炷，去火冷定，霜即成矣。

条曰：《嘉祐》所謂水銀粉，今之所謂粉霜者是也。《綱目》所謂粉霜，今之所謂輕粉者是也。第輕粉輕盈如雪，膩滑如粉，色純白無間，不假外物，昇結釜頂，所謂清秋月轉霜輪也。蓋龍從火得，金向水求，正指此耳。以澒木也龍，丹之化也。丹即丹砂火，澒為習坎水，轉作西白金，離沉重，化輕盈，所謂顯諸金而凝霜白也。故可入肺，下痰涎，消積滯，利水道以除肺眚，此藉輕盈以化沉重耳。近世用點婬瘡，致毒入浸骨髓，或骨析筋焦，肌糜膚剝，死不藥救者。以婬瘡從骨髓受，還從骨髓出。是轉沉重為輕盈，用作點餌；是轉輕盈為沉重，仍從外入之內也。若水銀粉者，合皂白二礬石，海鹽火消而昇者，嫩色黃，老色白，取用貴黃不貴白也。僅合白礬、消石而昇者，嫩色赤，老色紫，取用貴嫩不貴老也。顧所升之質，即本有能升之澒；所顯之色，與味之醇烈，即緣鹽礬消石，合化以成黃白紫赤耳。故味醇則氣清而色黃赤，味烈則氣濁而色紫白。黃赤點餌咸宜，紫白必藉退却陰符為沐浴，不若鉛關寒水為匱之純粹精也。所謂鴻洞未分之氣，顯諸土而峭粉黃，顯諸火而還丹赤，從水覓金，金從水得也。故通肺府之大腸，殺肺形皮毛之瘡疥癬蟲，及肩項肺部之瘰癧，鼻根肺竅之酒皶風瘡瘙癢也。近世以味醇黃嫩者，點瘡毒頑肉；赤嫩者，彌諸瘡毒膚皮，捷如影響。亦可餌服，淨潔婬瘡，取效固速。第骨髓與形藏之至毒，從經氣會歸于胃，循胃上口而出，多致口爛舌斷，人多畏之，罔敢輕試。蓋毒從口出，已達空竅，而反口舌斷爛者，謂人臥氣歸于藏，而會于胃，胃氣上熏，毒不得洩，故併發口舌耳。丹家秘訣，臥時唧管，則毒氣從管外泄，斯無糜爛之為患矣。

**清·劉雲密《本草述》卷五** 粉霜一名水銀霜、白雪、白靈砂，畏蕎麥稈灰、硫黃。

時珍曰：以汞粉轉升成霜，故曰粉霜。又曰：按《外臺秘要》載古方崔氏造水銀霜法云：用水銀十兩，石硫黃十兩，各以一鐺熬之，良久銀熱黃消，急傾入一鐺，少緩即不相入，仍急攪之，良久硫成灰，水銀不見，乃下伏龍肝末十兩，鹽末一兩，攪之，別以鹽末鋪鐺底一分，入藥在上，又以鹽末蓋面一分，以瓦盆覆之，鹽土和泥塗縫，炭火煅一伏時，先文後武，開盆刷下。凡一轉後，分舊土為四分，以一分和霜，入鹽末二兩，如前法飛之，訖，又以土一分，鹽末二兩，和飛如前，凡四轉，土盡，更用新土，如此七轉，乃成霜，用之。時珍云：此法後人罕知。氣味：辛，溫，有毒。主治：下痰涎，消積滯，利水，與輕粉同功時珍。張潔古曰：輕粉、粉霜，亦能潔淨腑，去膀胱中垢膩。既毒而損齒，宜少用之。

愚按：時珍所云粉霜，謂從汞粉轉升成霜者也。其述崔氏造水銀霜法，是即未成汞粉，而造成粉霜者也。尋繹崔氏治法，似與升水銀成粉之法，如時珍所謂化純陰為燥烈者，猶有不同。而時珍謂其與輕粉同功，殊未細審也。試以方書療滯下證，因其久積而成者，痢下五色膿血，或如爛魚腸，並無大便腸中攪痛不可忍，呻吟叫呼至苦，用粉霜、輕粉、朱砂、硇砂、白丁香、乳香、巴豆諸味，是以行積為功者也。然却粉霜與輕粉並用，如兩味同功，而處劑者不幾失於贅乎哉？此即一證之治，便可推求其精義矣。後二方亦可參也。

小兒躁渴，粉霜一字，大兒半錢，蓮花湯調下，冬月用蓮肉。風熱驚狂，神白丹，治傷寒積熱，及風生驚搐，或如狂病，諸藥不效，粉霜一兩，以白麪六錢，和作餅子，炙熟同研，輕粉半兩，鉛白霜二錢半，為末，滴水丸梧子大，每服十丸至十五丸，米飲下。

銀朱

**明·王文潔《太乙仙製本草藥性大全》卷六《本草精義》** 銀珠 亦汞燒就，時俗又喚心紅。染畫色最奇。殺蟲蝨亦驗。庸醫不曉，研為藥衣，違悞太深，傷害寧免。

**明·皇甫嵩《本草發明》卷五** 銀砞亦水銀燒就。亦殺蟲虱。若誤研為藥衣，其害不〔小〕。

按：《周禮》以丹砂、石膽、雄黃、（礬）〔礜〕石、磁石為毒，惟以攻創瘡，不宜鍊服餌。大抵金石之物，伏火為毒。丹砂性微寒，若生用，初生小兒便可服。一經火煉，輒變本性，遂能殺人。水銀又火煅丹砂而成，其性滑動，走而不守，氣味俱陽，其毒尤甚，宜其蝕至入肉，百節拘攣。若輕粉經煉而又煉，陽中之陽，更滋皂礬燥烈，其毒太甚。近世治惡時瘡，以輕粉為君，佐以雄、砞、腦、麝等，為丸散，服之暫效，久之致手足攣曲，或為腫塊潰爛盡曲，藥之燥熱酷烈，耗其血液筋肉故也。戒之！戒之！

**明·李時珍《本草綱目》卷九金石部·石類上** 銀朱《綱目》

【釋名】猩紅 紫粉霜時珍曰：昔人謂水銀出於丹砂，鎔化還復爲朱者，即此也。名亦由此。

【集解】時珍曰：胡演《丹藥秘訣》云：升鍊銀朱，用石亭脂二斤，新鍋內鎔化，次下水銀一斤，炒作青砂頭，炒不見星。研末罐盛，石版蓋住，鐵線縛定，鹽泥固濟，大火煅之。待冷取出，貼罐者爲銀朱，貼口者爲丹砂。今人多以黃丹及礬紅雜之，其色黃黯，宜辨之。真者謂之水華朱。每水銀一斤，燒朱一十四兩八分，次朱三兩五錢。

【氣味】辛，温，有毒。【主治】破積滯，劫痰涎，散結胸，療疥癬惡瘡，殺蟲及虱，功同粉霜時珍。

【發明】時珍曰：銀朱乃硫黃同汞升鍊而成，其性燥烈，亦能爛齦攣筋，其功過與輕粉同也。今廚人往往以之染色供饌，宜去之。

【附方】新二十。小兒內釣：多啼。銀朱半錢，乳香、煨蒜各一錢，爲末，研丸黍米大。半歲五丸，薄荷湯下。《心鑒》。男女陰毒：銀朱、輕粉各一錢，用五日獨蒜一枚，搗和作餅。貼手心，男左女右，兩手合定，放陰下，頃間氣回，汗出即愈。但口中微有氣，即活。唐瑶《經驗方》。痰氣結胸：鶴頂丹：不問陰陽虛實，妙過陷胸、瀉心等藥。用銀朱半兩，明礬一兩，同碾。以熨斗盛火，瓦盞盛藥，鎔化，急刮搓丸。每服一錢，真茶入薑汁少許服之。心上隱隱有聲，結胸自散。不動臟腑，不傷真氣，明礬化痰，銀朱破積，故也。

曾世榮《活幼全書》。　正水腫病：大便利者。銀朱半兩，硫黄煅四兩，爲末，麪糊丸梧子大。每飲下三十丸。《普濟方》。　咽喉疼痛：銀朱、海螵蛸末等分，吹之取涎。《救急方》。　火焰丹毒：銀朱調鷄子清塗之。李樓《怪症方》。　湯火灼傷：銀朱研細，菜油調傅，二次愈。《多能鄙事》。　疽瘡發背：銀朱、白礬等分，煎湯温洗，却用桑柴火遠遠炙之，日三次，甚效。《救急方》。　魚臍丁瘡：四面赤，中央黑。銀朱，水和丸。每服一丸，温酒下，名走馬丹。《普濟方》。　楊梅毒瘡：銀朱、官香等分，爲末，以帋卷作撚，點燈置桶中。以鼻吸煙，一日一作，七日愈。○又方：銀朱二錢，孩兒茶一錢，龍掛香一錢，皂角子一錢，爲末。如上法用。○又方：銀朱、輕粉各一錢，黄蠟、清油各一兩，化開和收。以油紙攤貼，瘡痂自脱也。　筋骨疼痛：猩紅三錢，枯礬四錢，爲末，作三帋撚。每旦以一撚蘸油點火熏臍，被覆卧之，取汗。《纂要奇方》。　日久頑瘡：不收者。銀朱一錢，千年地下石灰五分，松香五錢，香油一兩，爲末。化攤帋上貼之。《應急良方》。　臁瘡不斂：方同上。　血風臁瘡：生脚股上，乃濕毒成風也。黄蠟一兩溶化，入銀朱一兩，攪攤帋上，刺孔貼之。《簡便方》。　黄水濕瘡：銀朱、鹽梅和搗傅之。《集玄方》。　癬瘡有蟲：銀朱、牛骨髓、桐油調搽。《醫方摘要》。　頭上生虱：銀朱浸醋，日日梳頭。○包銀朱帋以盌覆燒之，茶清洗下烟子，揉之，包頭一夜，至旦虱盡死。《積德堂方》。

**明・李中立《本草原始》卷八**　銀朱　一名猩紅，係硫黄同水銀昇煉而成，故俗謂之水華朱。昔人謂〔之〕水銀出于丹砂，熔化還復為朱者，即此也。名亦由此。銀朱：氣味：辛，温，有毒。主治：破積滯，劫痰涎，散結胸，療疥癬惡瘡，殺蟲及虱。

時珍曰：銀朱乃硫黄同汞昇煉而成，其性燥烈，亦能爛齦筋。今廚人往往以之染色供饌，宜去之。更不可作丸藥衣。造朱墨法：用好鮮紅銀朱，勿雜以黄丹及礬紅者，細研，水飛過，澄清去水，用秦皮、梔子、皂角各一分，巴豆一粒去皮，廣東黄明牛膠五錢，同煎汁，和銀朱作墨，陰乾任用。

**明・李中梓《藥性解》卷一**　銀硃　味苦、辛，性温，有毒。止入敷藥殺蟲，餘無他用。

按：銀硃亦水銀燒就，中其毒者。令人發脹至死，可弗慎耶！

**明・繆希雍《本草經疏》卷三〇**　銀朱　乃硫黄同汞升鍊而成。其性燥烈，過服能使人齦爛筋攣。其味辛氣温，有毒。亦能破積滯，散結，療癬疥惡瘡，殺蟲。不宜服食。今人多以黄丹、礬紅雜之，不堪用。

【主治參互】李樓《怪症方》火燄丹毒，銀朱調雞子清塗之。《多能鄙事》湯火灼傷，銀朱研細，菜油調敷。《應急良方》日久頑瘡不收者。銀朱一錢，地龍骨即年久石灰。五分，松香五錢，為末，香油一兩，化攤紙上貼之。兼能治濕毒臁瘡。

**明・倪朱謨《本草彙言》卷一二**　銀硃　味辛，氣温，有毒。　李氏曰：按胡演《丹藥秘訣》云：升煉銀硃法：用石亭脂二觔，新鐵鍋熔化，次下水銀一觔，炒作青砂頭，如有焰起，以米醋噴之，炒不見星爲度，研末，入陽城大罐內，石片蓋住，外用鐵絲纏定，鹽泥固濟，大火煅之，以三炷香爲率。待冷，取出貼罐者爲銀硃，貼口者爲丹砂。每石亭脂二觔，水銀一觔，燒上銀硃一十四兩八錢，次銀硃三兩五錢。

銀硃：刼痰涎，破積滯，散結胸，殺蟲蝨，療疥癬，時珍歛惡瘡潰爛之藥也。李氏曰：硫黄同澒升煉而成，其體重墜，其性燥劣，用之不當，亦能爛肉攣筋，其功過與輕粉同也。

集方：《全幼心鑒》治小兒驚痰，內釣多啼。用銀硃五分，乳香一錢，瓦上焙出汗，共爲末，生蒜肉一錢煨熟，和搗爲丸，如黍米大。一歲服五丸，三四五六歲，服七八丸，薄荷湯化下。○曾氏《活幼全書》治痰氣飲食結胸，不問陰陽虛實。用銀硃五錢，明礬一兩，同研細末，鐵盞內熔化，調勻候冷，再爲極細末，神麯糊爲丸，如梧子大。每服二錢，薑湯吞下。心上隱隱有聲，結胸自散。不動藏府，不傷真氣。明礬化痰，銀硃破積故也。○唐瑤《經驗方》治男婦陰毒傷寒。用銀硃二錢，輕粉一錢，生蒜肉三錢，煨熟，共搗和作餅，貼手心，男左女右，兩手合定于陰下，頃間氣回，微汗出，口中微有蒜氣即活。○《醫方摘要》治蟲癬。用銀硃一二錢，桐油調塗。○萬氏方治頭生蟣虱。用銀硃不拘多少，米醋調塗梳掠上，通髮，用幅巾包頭一夜，至旦盡死。○《救急方》治疽瘡發背，潰爛。用銀硃、白礬各三錢，煎湯溫洗，外用桑柴火，遠遠焙之，日二次，甚效。○《普濟方》治魚臍疔瘡，四圍紅，中央黑者。用銀硃五分，水和丸，白湯下。○治楊梅毒瘡。用銀硃、輕粉各二錢，俱研細末，黄蠟、清油各一兩，鐵盞內煎油滾，投蠟熔化，取起將凝，入朱粉二末，攪勻。用油單紙攤貼瘡上，痂自脱也。○《簡便方》治血風臁瘡。用銀硃五錢，黄蠟一兩，香油二錢。鐵盞中熔化黄蠟，將凝，入銀硃攪勻，攤單油紙上，再夾單油紙一層，貼之。○《纂要奇方》治男婦身染楊梅毒氣，筋骨疼痛。用銀硃三錢，枯礬四錢，作三紙撚。每旦以一撚蘸香油，點燈照臍，被覆臥之取汗。

**明·張景岳《景岳全書》卷四九《本草正》**　銀朱　乃水銀同硫黃升煉而成。味辛，溫，有毒。破積滯，劫痰涎，善療瘡癬惡瘡，殺蟲毒蚤虱。惟燒烟薰之，或以棗肉拌烟擦之，其功尤捷。

**明·李中梓《本草通玄》卷下**　銀硃　辛，溫，有毒。　劫痰破積殺蟲，其功與輕粉同，其害亦同也。廚人染食供饌，未知其害耳。

**清·穆石匏《本草洞詮》卷三**　銀朱　亦水銀升鍊而成。所謂水銀出於丹砂，鎔化還復為朱也。味辛，氣溫，有毒。功過與汞粉同。

**清·郭章宜《本草匯》卷一八**　銀朱　味辛，氣溫，有毒。劫痰破積，療疥癬與疔毒。殺蟲治𧏾，驅脚股之濕風。按：銀朱，乃硫黃同汞升煉而成。其性燥烈，亦能爛齦攣筋，功過與輕粉同。廚人染供饌，未知其害耳。

**清·李熙和《醫經允中》卷一七**　銀珠　辛，溫，有毒。殺蟲虱亦驗。即汞燒就，内服不免傷害矣。

**清·张璐《本經逢原》卷一**　銀硃　辛，溫，有毒。忌一切血。　發明：水銀和硫黃煅煉成硃，轉姹為嬰，故專殺蟲、治瘡，以毒攻毒而已。今食品往往用之，良非所宜。觀其同蟹殼燒之，則臭蟲絶跡。和棗肉薰之，則瘡疥頓枯，其性悍烈可知。

**清·王道純《本草品彙精要續集》卷一**　銀朱有毒

銀朱：　主破積滯，劫痰涎，散結胸，療疥癬，惡瘡，殺蟲及虱，功同粉霜《本草綱目》。　〔名〕猩紅、紫粉霜。　李時珍云：　昔人謂水銀出於丹砂，熔化還復爲朱者，即此也。　名亦由此。　〔味〕辛。　〔性〕溫。　〔製〕胡演《丹藥秘訣》云：　升煉銀朱，用石亭脂二斤，新鍋内熔化，次下水銀一斤，炒作青砂，頭炒不見星，研末，罐盛，石版蓋住，鐵線縛定，鹽泥固濟，大火煅之，待冷，取出。　貼罐者爲銀朱，貼口者爲丹砂。　今人多用水銀一斤，燒上，好水花朱一十四兩八分，次朱三兩五錢。　〔治〕李樓《怪症方》：　治火焰丹毒，銀朱調雞子清塗之。○《多能鄙事方》：　治湯火灼傷，銀朱研細，菜油調傅，二次愈。○《普濟方》：　治魚臍疔瘡，四面赤，中央黑，銀朱水和丸，每服一丸，溫酒下，名走馬丹。　〔合治〕《心鑒方》：　治小兒内釣多啼，銀朱五分，乳香煨蒜各一錢，爲末，研丸黍米大，半歲五丸，薄荷湯下。○唐瑤《經驗方》：　治男女陰毒，銀朱、輕粉各一錢，用五日，獨蒜一枚，搗和作餅，貼手心，男左女右，以手合定，放陰下，頃間氣回汗出，即愈。　但口中微有氣，即活。〔世榮《活幼全書》云：　痰氣結胸，鶴頂丹，不問陰陽虛實，炒過陷胸瀉心等藥，用銀朱半兩，明礬一兩，同碾，以熨斗盛火，瓦盞盛藥，熔化，急刮搓丸，每服一錢，真茶入薑汁少許服之，心上隱隱有聲，結胸自散，不動臟腑，不傷真氣，明礬化痰，銀朱破積故也。○《普濟方》治水腫病大便利者，銀朱半兩，硫黃煅四兩爲末，麵糊丸梧子大，每飲下三十丸。○又方：　治楊梅毒瘡，銀朱、官香等分爲末，以紙捲作撚，點燈置桶中，以鼻吸煙，一日一作，七日愈。○又方：　銀朱二錢，孩兒茶一錢，龍掛香一錢，皂角子一錢，爲末，如上法用。○又方：　銀朱、輕粉各一錢，黃蠟、清油各一兩，化開，和收，以油紙攤貼，瘡痂自脱也。○《急救方》治咽喉疼痛，銀朱、海螵蛸末等分吹之，取涎。○又方：　治瘡疽發背，銀朱、白礬等分，煎湯溫洗，卻用桑柴火，遠遠炙之，日三次，甚效。○《纂要奇方》治筋骨疼痛，猩紅三錢，枯礬四錢，爲末，作三紙撚，每旦以一撚蘸油點火熏臍，被覆臥之，取汗。○《應急良方》治日久頑瘡不收，臁瘡不斂者，銀朱一錢，千年地下石灰五分，松香五錢，香油一兩爲末，化攤紙上貼之。○《簡便方》治血風臁瘡生脚股上，乃濕毒成風也。黃蠟一兩，溶化，入銀朱一兩，攪攤紙上，刺孔貼之。○《集元方》治黃水濕瘡，銀朱、鹽梅，和搗傅之。○《醫方摘要》云：　癬瘡有蟲，銀朱、牛骨髓、桐油調搽。○《積德堂方》治頭上生虱，銀朱浸醋，日日梳頭。○又方：　包銀朱紙，以碗覆燒之，茶清洗下，煙紙揉之，包頭一夜，至旦虱盡死。○又方：　銀朱、枯礬、蒼术、苦參等分爲末，摻入髮内，梳洗數次。　〔禁〕銀朱乃硫黃同汞升煉而成，其性燥烈，亦能爛齦攣筋，其功過與輕粉同也。今廚人往往以之染色供饌，應禁用之。　〔贋〕銀朱，真者謂之水華朱，今人多以黃丹及礬紅雜之，其色黃黯，宜辨之。

**清·吴儀洛《本草從新》卷五**　銀硃〔燥，破積劫痰。〕　辛，溫，有毒。破積滯，劫痰涎，散結胸。療疥癬惡瘡，殺蟲及𧏾。其性燥烈，能爛齦攣筋。其功過與輕粉、粉霜同。今廚人往往以之染色供饌，宜去之。

**清·汪紱《醫林纂要探源》卷三**　銀硃　辛，寒。制汞，罨以酒糟，蒸熟則變為丹，復從硃砂之色，猶鉛制而成粉，復從金石也。粉復燒之，又復成鉛。銀硃復燒之，亦復成汞矣。以標硃為上，心紅為下。　功用同水銀。毒稍減。

**清·嚴潔等《得配本草》卷一**　銀朱　辛，溫，有毒。殺蟲劫痰。　水銀煉成。爛齦攣筋，甚於輕粉。

**題清・徐大椿《藥性切用》卷七** 銀砂 辛溫燥毒，劫痰破結，治瘡殺蟲。與輕粉、粉霜不甚相遠。

**清・黄宮繡《本草求真》卷八** 銀硃殺蟲治瘡。 銀硃外治係水銀同煅煉成硃。性燥味辛，方書用以殺蟲治瘡，亦是以毒解毒而已。用以食服，古人切戒。謂其性悍烈，良非所宜。時珍曰：功過與輕粉同。且同蟹殼燒之，則臭蟲絶跡，和棗肉熏之，則瘡疥頓枯，於此可徵其概矣。

**清・羅國綱《羅氏會約醫鏡》卷一八金石水土部** 銀硃辛溫有毒。 能療瘡癬惡毒，殺諸蟲蚤虱。惟燒烟熏之，或以棗肉拌烟擦之，其效尤捷。用銀硃鋪於草紙上，轉筒燃之，上以濕碗覆之，空二分，烟垂於碗，可掃而收之。

**清・張德裕《本草正義》卷下** 銀硃 辛，溫，有毒。破積滯，劫痰涎。療瘡癬，殺蟲毒、蚤虱，燒煙熏煤，同棗肉拌擦。

**清・葉桂《本草再新》卷八** 銀硃味辛，性溫，有毒。入心、肺二經。 破積滯墜而能走，劫痰涎散結胸。療疥癬惡瘡，殺蟲及蝨。

**清・趙其光《本草求原》卷二五石部** 銀朱 水銀同土硫即石亭脂。升煉而成。辛，溫，有毒。殺蟲治瘡，其功同於輕粉，皆以毒攻毒耳。同蟹殼燒，則臭蟲絶跡；同棗肉熏，瘡疥頓枯； 浸醋梳頭，則虱死。其毒可知。

**清・文晟《新編六書》卷六《藥性摘錄》** 銀朱 有毒。只可外用。

**清・陳其瑞《本草撮要》卷六** 銀硃 味辛，溫，有毒，入手足太陰經，功專破積滯，劫痰涎，散結胸，療疥癬惡瘡，殺蟲蝨，性燥烈，功過同輕粉。

### 靈砂

**宋・唐慎微《證類本草》卷四玉石部中品** 靈砂 味甘，性溫，無毒。主五藏百病，養神，安魂魄，益氣，明目，通血脉，止煩滿，益精神，殺精魅惡鬼氣。久服通神明，不老，輕身，神仙，令人心靈。一名二氣砂。水銀一兩，硫黄六銖細研，先炒作青砂頭，後入水火既濟爐，抽之如束針絞者，成就也。惡磁石，畏鹹水。

《茅亭話》：楊子度餌猢猻靈砂，輒會人語，然可教好事者知之，多以靈砂飼猢猻、鸚鵡、犬、鼠等教之。《青霞子》：靈砂若草伏得住火成汁不折，可療風冷。用作母砂子匱爲銀，若把五金折不成，汁不堪。

**宋・王繼先《紹興本草》卷二** 靈砂 紹興校定：靈砂以水銀、硫黄二物鍛成。《本經》云甘溫，無毒。竊詳水銀、硫黄俱是有毒之物，雖經鍛煉，今當以性溫、有毒為定。詳正文主療之外，而近世用之，其升降陰陽，止逆定吐，最為要藥也。

**宋・劉明之《圖經本草藥性總論》卷上** 靈砂 味甘，性溫，無毒。主五臟百病，養神，安魂魄，益氣明目，通血脉，止煩滿，益精神，殺精魅惡鬼氣。久服通神明，不老輕身神仙，令人心靈。一名貳氣砂。水銀壹兩，硫黄陸銖，細研，先炒作青砂頭，後入水火既濟爐，抽之如束針絞者，成就也。惡磁石、鹹水、石亭脂。

**明・王綸《本草集要》卷五** 靈砂 味甘，氣溫，無毒。惡磁石，畏鹹水。乃水銀、硫黄煉成者。 主五臟百病，養精神，安魂魄，益氣明目，通血脈。止煩滿，殺精魅惡鬼氣。

**明・滕弘《神農本經會通》卷六** 靈砂 二氣砂也。惡磁石，畏鹹水。乃水銀硫黄錬成者。 味甘，性溫，無毒。東云：定心臟怔忡。《朞》云：主五臟，并百病，止煩渴，安魂魄，殺邪鬼，通血脉，養氣，益精神。《本經》云：主五臟百病，養神，安魂魄，益氣，明目，通血脉，止煩滿，益精神，殺精魅惡鬼氣。久服通神明，不老，輕身神仙，令人心靈。劄云：靈砂性溫通血脉，安魂養氣益精神。止陰煩滿殺邪魅，主五臟之百病迍。《局》云：汞硫伏火結成砂，定魄安魂辟鬼邪。明目鎮心通血脉，輕身不老入仙家。伏火靈砂，辟鬼邪，安魂魄，明目，鎮心，通血脉。

**明・劉文泰《本草品彙精要》卷三** 靈砂無毒 煅煉成。

靈砂：主五臟百病，養神，安魂魄，益氣明目，通血脈，止煩滿，益精神，殺精魅惡鬼氣。久服通神明不老，輕身神仙，令人心靈。名醫所錄。【名】二氣砂。【地】謹按：升煉之法，用符陵平土水銀四兩，入鐵鍋內，以硫黄末一兩，徐徐投下，慢火炒作青砂頭。候冷研細，內陽城罐中，上坐鐵盞，將鐵線纏束數匝，釘紐之，彈線聲清亮爲緊。以赤石脂入鹽密封其縫，仍用鹽泥和豚毛通令固濟，厚一大指許，日乾之。藉以鐵架爲磚作爐，外以文火自下煅至罐底，約紅寸餘，以香爐一炷。復用武火漸加至罐口，候香爐二炷爲度。候冷取出，其砂升凝盞底，如束針紋者，則成就矣。【收】瓷器盛貯。【用】砂如束針紋者。【質】類蜜陀僧而赤。【色】紫、赤。【味】甘。【性】溫，緩。【氣】氣味俱厚，陽也。

〖臭〗腥。〖主〗安魂魄，益精神。〖反〗畏鹹水，惡磁石。〖製〗研細用。〖治〗療：《別錄》云：除風冷。

**明・許希周《藥性粗評》卷四** 砂含二氣安心志，以無驚。二氣砂，一名靈砂。乃水銀同硫黃所造者，水銀一兩，硫黃六銖，合同細研，先炒作青砂頭，後入水火既濟爐中，抽之如束針紋者，成就也。惡磁石，畏鹹水。味甘，性溫，無毒。主治煩滿，五臟百病，益氣明目，通血脉，定心志，止驚悸，殺精魅，久服心靈。

**明・鄭寧《藥性要略大全》卷八** 靈砂 味甘，性溫，無毒。功與辰砂同。惡磁石，畏鹹水，服之安神定魄，益氣明目，通血脉，止煩益精神，殺精魅。久服輕身、心靈。一名二氣砂。乃天硫與汞同砂所炒養成者。色青翠，若餌猢猻、鸚鵡，能識人言。

**明・陳嘉謨《本草蒙筌》卷八** 靈砂 味甘，氣溫。無毒。係水銀硫黃二藥，用水火煆煉成形。其法：水銀一兩，硫黃六銖，先炒作青砂頭，後入水火爐抽之，如束針紋者，成就也，又名二氣砂。畏鹹水勿加，惡磁石須避。止煩滿，通血脉，安魂魄，養精神。殺鬼辟邪，益氣明目。久服不老，輕身神僊。令人心靈，神明通暢。若飼猿猴鸚鵡，輒作人語不差。

**明・王文潔《太乙仙製本草藥性大全》卷六《本草精義》** 靈砂 一名二氣砂，又名二氣丹。係水銀、硫黃二藥用水火煆煉成形。其法：水銀一兩，硫黃六錢，先炒作青砂頭，後入水火爐抽之如束鍼紋者成就也。畏鹹水勿加，惡磁石須避。

**明・王文潔《太乙仙製本草藥性大全》卷六《仙製藥性》** 靈砂 味甘，氣溫，無毒。主治：補五臟妙藥，療百病神丹。止煩滿而通血脉，安魂魄而養精神。殺鬼辟邪，益氣明目。久服不老，輕身神仙，令人心靈神明通暢。若飼猿猴、鸚鵡，輒作人語不差。補註：青霞子曰：靈砂，若草伏得住火，成汁不折，可療風冷。用作母砂，子賈爲銀，若把五金折不成，汁不堪。楊子度餌猢猻靈砂，輒會人語，然可教好事者知之，多以靈砂飼猢猻、鸚鵡、犬、鼠等教之。

**明・皇甫嵩《本草發明》卷五** 靈砂中品，臣。氣溫，味甘，無毒。經水銀、(研)〔硫〕黃二藥用水火煆鍊成形，又名二氣丹。發明曰：靈砂，甘溫。助益陽氣。故《本草》主五臟百病，通血脉，安魂魄，養精神，殺鬼辟邪，益氣明目，久服不老，輕身成仙，令人心靈神明通暢。楊子度以靈砂餌猢猻，輒會人語。○製法：水銀一兩，硫黃六銖，研細，先炒作青砂頭，後入水火爐抽之，如束針紋者，成就也。○愚謂水銀、硫黃，本燥烈之性，又經火煉，其熱毒可知。苟煉之不如法，或偏于火候，鑠耗陰血，其禍匪細，往往餌之而過害者，雖曰無毒，吾不信也。慎之！

**明・李時珍《本草綱目》卷九金石部・石類上** 靈砂《證類》

〖釋名〗二氣砂慎微曰：《茅亭客話》載，以靈砂餌胡孫、鸚鵡、鼠、犬等，變其心，輒會人言，丹之通爲靈者。時珍曰：此以至陽鈎至陰，脱陰反陽，故曰靈砂。〖修治〗慎微曰：靈砂，用水銀一兩，硫黃六銖，細研炒作青砂頭，後入水火既濟爐，抽之如束鍼紋者，成就也。時珍曰：按胡演《丹藥秘訣》云：升靈砂法：用新鍋安逍遥爐上，蜜揩鍋底，文火下燒，入硫黃二兩鎔化，投水銀半斤，以鐵匙急攪，作青砂頭。如有焰起，噴醋解之。待汞不見星，取出細研，盛入水火鼎内，鹽泥固濟，下以自然火升之，乾水十二盞爲度，取出如束鍼紋者，成矣。《庚辛玉册》云：靈砂者，至神之物也。硫汞制而成形，謂之丹基。奪天地造化之功，竊陰陽不測之妙。可以變化五行，鍊成九還。其未升鼎者，謂之青金丹頭；已升鼎者，乃曰靈砂。靈砂有三：以一伏時周天火而成者，謂之金鼎靈砂；以九度抽添用周天火而成者，謂之九轉靈砂；以地數三十日炒煉而成者，謂之醫家老火靈砂。並宜桑灰淋醋煮伏過用，乃良。

〖氣味〗甘，温，無毒。〖主治〗五臟百病，養神安魂魄，益氣明目，通血脉，止煩滿，益精神，殺精魅惡鬼氣。久服通神明不老，輕身神仙，令人心靈慎微。主上盛下虚，痰涎壅盛，頭旋吐逆，霍亂反胃，心腹冷痛，升降陰陽，既濟水火，調和五臟，輔助元氣。研末，糯糊爲丸，棗湯服，最能鎮墜，神丹也時珍。

〖發明〗時珍曰：硫黃，陽精也；水銀，陰精也。以之相配夫婦之道，純陰純陽二體合璧。故能奪造化之妙，而升降陰陽，既濟水火，爲扶危拯急之神丹，但不可久服爾。蘇東坡言：此藥治久患反胃，及一切吐逆，小兒驚吐，其效如神，有配合陰陽之妙故也。時珍常以陰陽水送之，尤妙。

〖附方〗新七。伏熱吐瀉：陰陽丸：用硫黃半兩，水銀一錢，研黑，薑汁糊丸小豆大。三歲三丸，冷水下；大人三四十丸。《鄭氏小兒方》。諸般吐逆：方同上。霍亂吐逆：不問虛實冷熱。二氣散，一名青金丹：用水銀、硫黃等分，研不見星。每服一字至半錢，生薑湯調下。《錢氏小兒方》。脾疼反胃：靈砂一兩，蚌粉一兩，同炒赤，丁香、胡椒各四十九粒，爲末，自然薑汁煮，半夏粉糊丸梧子大。每薑湯下二十丸。《普濟方》。冷氣心痛：靈砂三分，五靈脂一分，爲末，稀糊丸麻子大。每服二十丸，食前石菖蒲、生薑湯下。《直指方》。九竅出血：因暴驚而得，其脉虛者。靈砂三十粒，人參湯下，三服愈。此證不可錯認作血得熱則流，妄用涼藥誤事。楊仁齋《直指方》。　養正丹：又名交泰丹，乃寶林真人谷伯陽方也。却邪輔正，助陽接真。治元氣虧虛，陰邪交蕩，上盛下虛，氣不升降，呼吸不足，頭旋氣短，心怯驚悸，虛煩狂言，盜汗，腹痛腰痛，反胃吐食，霍亂轉筋，欬逆。又治中風涎潮，不省人事，陽氣欲脱，四肢厥冷。傷寒陰盛自汗，唇青脉沉。婦人産後月候不勻，帶下腹痛。用黑盞一隻，入黑鉛鎔汁，次下水銀，次下朱砂末，炒不見星，少頃乃下硫黄末，急攪。有焰，酒醋解之。取出研末，糯粉煮糊丸緑豆大。每服二十丸，鹽湯下。四味皆等分。此藥升降陰陽，既濟心腎，神效，不可具述。《和劑局方》。

**明・梅得春《藥性會元》卷下**　靈砂　味甘，性溫，無毒。一名二氣砂。惡磁石，畏鹽水。　主治五臟百病，養精神，安魂魄，益氣明目，鎮心，通血脉，定怔忡，消煩滿，殺惡鬼精魅。久服通神明，可至神仙，令人心靈。　鍊法：　以水銀一兩，硫黄六銖，細研，先炒作青砂頭，後入水火既濟爐，抽之如束針紋者，成就也。

**明・李中立《本草原始》卷八**　靈砂　用水銀一兩，硫黄六銖，細研，炒作青砂頭，後入水火既濟爐，抽之如束鍼紋者，成就也，因名二氣砂。此以至陽勾至陰，脱陰反陽，故曰靈砂。靈砂：　氣味：　甘，溫，無毒。主治：　五臟百病，養神，安魂魄，益氣明目，通血脉，止煩滿，益精神，殺精魅惡鬼氣。久服通神明不老，輕身神仙，令人心靈。○主上盛下虛，痰涎壅盛，頭旋吐逆，霍亂反胃，心腹冷痛，升降陰陽，既濟水火，調和五臟，輔助元氣。研末，糯糊為丸，棗湯服，最能鎮墜。神丹也。

修治：　宜桑灰淋醋煮伏過，用乃良。畏鹹水，惡慈石。

靈砂若飼猿猴、鸚鵡，輒作人語不差。

**明・張懋辰《本草便》卷二**　靈砂　味甘，氣溫，無毒。　主五臟百病，養精神，定魂魄，益氣明目，通血脉，止煩滿，殺精魅惡鬼邪。

**明・繆希雍《本草經疏》卷四**　靈砂　味甘，溫，無毒。主五藏百病，養神，安魂魄，益氣明目，通血脈，止煩滿，益精神，殺精魅惡鬼氣。久服通神明，不老輕身神仙，令人心靈。一名二氣砂。

【疏】靈砂，硫、汞製而成。乃水火既濟，二氣交合，奪造化之功，竊陰陽之妙，可以變化五行，升降氣血，為除邪養正，扶危救急之靈丹也。故能主五臟百病，益精神，安魂魄，及益氣養神也。其主明目，通血脈，止煩滿，殺精魅惡鬼氣者，特其餘事耳。得陰陽之妙，故能令人心靈。心靈則神明自通，不老輕身神仙所自來矣。又能主上盛下虛，痰涎壅盛，頭旋吐逆，霍亂反胃，心腹冷痛諸證，更為鎮墜之神丹也。　修治：　用水銀一兩，硫黄六銖，細研，炒作青砂頭，後入水火既濟爐，抽之如束鍼紋者，成就也。又按：胡演《丹藥秘訣》云：　升靈砂法：　用新鍋安逍遙爐上，蜜揩鍋底，文火下燒，入硫黄二兩鎔化，投水銀半斤，以鐵匙急攪作青砂頭。如有燄起，噴醋解之。待汞不見星，取出細研，盛入水火鼎內，鹽泥固濟，下以自然火升之。乾水十二盞為度。取出束鍼紋者，成矣。　【主治參互】錢氏《小兒方》霍亂吐逆，不問虛實冷熱。二氣散，一名青金丹。用水銀、硫黄等分，研不見星。每服一字，生薑湯調下。　《直指方》冷氣心痛。靈砂三分，五靈脂一分，為末，稀糊丸麻子大。每服二十丸，食前石菖蒲、生薑湯下。又方：　九竅出血，因暴驚而得，其脈虛者，靈砂丹三十粒，人參湯下，三服愈。此證不可認作血得熱則妄行而用涼藥，誤矣！何者？驚則氣浮，神魂發越，陽氣暴壅故也。得鎮墜則神魂復安，而血自循經矣。　《和劑局方》有養正丹，又名交泰丹，用黑鉛、硃砂、水銀、硫黄炒成，即靈砂意也。其用亦與靈砂略同。　【簡誤】靈砂雖稱水火既濟，陰陽配合，然而硫、汞有毒，性亦下墜，止可藉其墜陽交陰，卻病于一時，安能資其養神益氣，通靈于平日哉？凡胃虛嘔吐，傷暑霍亂，肺熱生痰，病屬于虛，非關驟發者，咸在所忌。

**明・倪朱謨《本草彙言》卷一二**　靈砂　味甘，氣溫，無毒。　李氏曰：按胡演《丹藥秘訣》云：　升靈砂法：　用新鐵鍋安逍遙爐上，以蜜糊鍋底，文火下燒，入硫黄二兩熔化，投水銀八兩，以鐵箸急攪作青砂頭，如有焰起，噴米醋解之。待水銀不見星，取出細研，盛入水火鼎內。鼎口用鐵燈盞仰蓋，鹽泥固濟，下以自然火升之。燈盞內盛水，計水乾十二盞爲度，候冷，取開，砂結如束針紋者，成矣。《庚辛玉册》云：　靈砂者，至神之物也。硫、汞製而成形，謂之丹基。奪天地造化之功，竊陰陽不測之玅。可以變化五行，煉成九還。其未升鼎者，謂之青金丹頭。以升鼎者，乃曰靈砂。靈砂有三：　以一伏時周天火而成者，謂之金鼎靈砂；　以九度抽添，用周天火而成者，謂之九轉靈砂；　以地數三十日，炒煉而成者，謂之老火靈砂。如入藥用，并宜桑柴灰淋米醋煮伏過，方可入藥。　茅氏曰：　以靈砂拌飲食，餌胡孫、鸚鵡、猫、犬等，變其心，輒會人言。

靈砂：唐慎微益精神，安魂魄，和藏府，通血脉，下逆氣，殺精魅鬼邪之藥也。李氏時珍曰：硫黃，陽精也；水銀，陰精也。以之相配，二體合璧，有夫婦之道焉。故能奪造化之功，而升降陰陽，既濟水火，爲扶危拯急之神丹也。主上盛下虛，痰涎壅盛，頭旋吐逆，反胃膈噎，霍亂轉筋，心腹冷痛，能升降陰陽，既濟水火，調和五藏，補助元神。研末米糊爲丸，如梧子大，陰陽水吞下七丸，最能鎮墜虛怯。龐安常言：治久患反胃及一切吐逆之證，小兒驚吐，其效更神。但不可久服多服爾。繆氏曰：前賢雖稱配合陰陽，既濟水火，然而硫汞有毒，性亦下墜，止可藉其墜陽交陰，却病于一時，安能資其養神益氣，補助元神于平日哉？凡胃虛嘔吐，傷暑霍亂，肺熱生痰，心虛神魂不寧等證，病屬于虛火，非關陰寒久病，陰寒驟發者，咸在所忌。如必不得已而用之，重配參、耆、歸、朮稍可。

集方：《證治準繩》治上盛下虛，氣不升降，痰涎壅盛，及中風涎潮，不省人事；或傷寒陰盛陽衰，自汗唇青；或婦人血海久冷。用靈砂一錢，薑汁打米糊丸，如小豆大，每服七丸，急者九丸，薑湯送下。○頭旋吐逆，人參白朮湯下。○反胃膈噎，人參砂仁湯下。○霍亂轉筋，淡鹽湯頓冷下。○胃脘心腹冷痛，木香湯下。○疝瘕弦氣，茴香湯下。○偶感暴驚而得諸病，用人參湯下。○產後血脹不行，腹痛上攻心胃，用五靈脂湯下。

**明·姚可成《食物本草》卷二一玉石部** 靈砂《丹藥秘訣》云：升靈砂法：用新鍋安逍遙爐上，蜜揩鍋底，文火下燒，入硫黃二兩鎔化，投水銀半斤，以鐵匙急攪，作青砂頭。如有焰起，噴醋解之。待汞不見星，取出細研，盛入水火鼎內，鹽泥固濟，下以自然火升之，乾水十二盞為度，取出如束鍼紋者，成矣。○《庚辛玉冊》云：靈砂者，至神之物也。硫汞制而成形，謂之丹基。奪天地造化之功，竊陰陽不測之妙。可以變化五行，煉成九轉。其未升鼎者，謂之青金丹頭；已升鼎者，乃曰靈砂。靈砂有三：以一伏時周天火而成者，謂之金鼎靈砂；以九度抽添用周天火而成者，謂之九轉靈砂；以地數三十日炒煉而成者，謂之老火靈砂。竝宜桑灰淋醋煮伏過用，乃良。

靈砂，味甘，溫，無毒。治五臟百病，善神安魂魄，益氣明目，通血脉，止煩滿，益精神，殺精〔魅〕惡鬼氣。久服通神明不老，輕身神仙，令人心靈。主上盛下虛，痰涎壅盛，頭旋吐逆，霍亂反胃，心腹冷痛，〔升〕降陰陽，既濟水火，調和五臟，輔助元陽。研末，糯〔糊〕為丸，棗湯服，最能鎮墜，神丹也。○《茅亭客話》載，以靈砂餌猢猻、鸚鵡、鼠、犬等，變其心，輒會人言。丹之為通靈者，故曰靈砂。

附方：養正丹，又名交泰丹，乃寶林真人〔谷〕伯陽方也。却邪輔正，助〔陽〕接真。治元氣虧虛，陰邪〔交蕩〕，上盛下虛，氣不升降，呼吸不足，頭旋氣短，心怯驚悸，虛煩狂言，盜汗，腹痛腰痛，反胃吐食，霍亂轉筋，欬逆。又治中風涎潮，不省人事，陽氣欲脫，四肢厥冷。傷寒陰盛自汗，唇青脉沉。婦人產後月候不勻，帶下腹痛。用黑盞一隻，入黑鉛熔汁，次下水銀，次下朱砂，炒不見星，少頃乃下硫黃末，急攪。有焰，洒醋解之。取出研末，糯粉煮糊丸綠豆大。每服二十丸，鹽湯下。四味皆等分。此藥升降陰陽，既濟心腎，神效不可具述。

**明·蔣儀《藥鏡》卷一溫部** 靈砂 鎮神魂之發越，而邪魅潛消。墮陽氣之暴壅，而血脉循絡。反胃經年頓定，小兒驚吐咸甦。

**明·張景岳《景岳全書》卷四九《本草正》** 靈砂 味甘，性溫。主五臟百病，養神志，安魂魄，通血脉，明耳目，調和五臟。主上盛下虛，痰涎壅盛，頭旋吐逆，霍亂反胃，心腹冷痛。升降陰陽，既濟水火，久服通神明，殺精魅惡鬼，小兒驚吐，其效如神。研末，糯米糊為丸，棗湯服，最為鎮墜神丹也。或以陰陽水送下尤玅。○按胡演《丹藥秘訣》云：升靈砂法，用新鍋安逍遙爐上，以蜜揩鍋底，文火下燒，入硫黃二兩，熔化，投水銀半斤，以鐵匙急攪，作青砂頭。如有焰起，噴醋解之。待汞不見星，取出細研，盛入水火鼎內，鹽泥固濟，下以自然火升之，乾水十二盞為度，取出如束鍼紋者，成矣。

**清·顧元交《本草彙箋》卷一〇** 靈砂 合硫汞所成。硫，陽精也。汞，陰精也。以之相配，陰陽合璧，故能奪造化之功。升降二氣，既濟水火，爲扶危拯急之神丹。蘇東坡言：此藥治久患反胃，及一切吐逆，小兒驚吐，其效如神。但硫汞皆有毒，性俱下墜，止可藉其墜陽交陰，卻病于一時，不宜過劑。

法用新鍋，安逍遙爐上，蜜揩鍋底，文火下燒，入硫黃二兩鎔化，投水銀半觔，以鐵匙急攪，作青砂頭，如有焰起，噴醋解之，待汞不見星，取出，細研，入水火鼎內，鹽泥固濟，下以自然火升乾水十二盞爲度，取出，如束鍼紋者，成矣。

九竅出血，因暴驚而得，其脈虛者，靈砂丹三十粒，人參湯下，三服愈。此證不可認作血得熱則妄行，而用涼藥也。蓋驚則氣浮，神魂發越，陽氣暴壅，得鎮墜則神魂復安，而血自循經。

**清·穆石匏《本草洞詮》卷三** 靈砂 一名二氣砂，以硫黃合水銀製煉而成。以一伏時周天火而成者，謂之金鼎靈砂。以九度抽添周天火而成者，謂之九轉靈砂。以地數三十日炒煉而成者，謂之醫家老火靈砂。《茅(高)〔亭〕客話》云：以靈砂餌胡孫、鸚鵡、鼠犬等變其心，輒會人言，丹之通為靈者。味甘，氣溫，無毒。主養神益氣，安魂魄，通血脈，治百病，殺精魅惡鬼，令人心靈。蓋硫黃陽精也，水銀陰精也，以之相配，夫婦之道，純陰純陽，二體合璧，故能升降陰陽，既濟水火，為扶危救急之靈丹，但不可久服耳。上盛下虛，痰涎壅盛，吐逆霍亂，以之鎮墜甚妙。蘇東坡言此藥治久患反胃，及小兒驚吐，其効如神也。以陰陽水送之尤妙。

**清·劉雲密《本草述》卷五**　靈砂時珍曰：以至陽勾至陰，脫陰反陽，故曰靈砂。胡寅《丹藥秘訣》云：升靈砂法：用新鍋安逍遙爐上，蜜揩鍋底，文火下燒，入硫黃二兩，鎔化，投水銀半斤，以鐵匙急攪，作青砂頭。如有燄起，噴醋解之，待汞不見星，取出細研，盛入水火鼎內，鹽泥固濟，下以自然火升之，乾水十二盞為度，取出如束鍼紋者，成矣。《庚辛玉冊》云：硫汞未升鼎者，謂之青金丹頭，已升鼎者，乃曰靈砂。

氣味：甘，溫，無毒。主治：五臟百病，養神安魂魄，益氣明目，通血脈，止煩滿，益精神，久服通神明，令人心靈唐慎微。主上盛下虛，痰涎壅盛，頭旋吐逆，霍亂反胃，心腹冷痛。升降陰陽，既濟水火，調和五臟，輔助元氣。研末糯糊為丸，棗湯服，最能鎮墜神丹也時珍。

時珍曰：硫黃，陽精也。水銀，陰精也。以之相配，夫婦之道，純陰純陽二體合璧，故能奪造化之妙，而升降陰陽，既濟水火，為扶危拯急之神丹。但不可久服爾。蘇東坡言：此藥治久患反胃，及一切吐逆，小兒驚吐，其效如神，有配合陰陽之妙也。時珍常以陰陽水送之，尤妙。希雍曰：靈砂，硫汞製而成。水火既濟，陰陽配合，所謂奪造化之功，竊陰陽之妙，誠不妄也。至藉其墜陽交陰，除邪養正，更扶危救急之靈丹也。《和劑局方》有養正丹，硃砂、水銀、黑鉛、硫黃並用，即靈砂意也。其用亦與靈砂畧同。《方論》云：其治元氣虧虛，陰邪交蕩，上盛下虛，氣不升降，呼吸不足，頭旋氣短，心怯膽悸，虛煩狂言，盜汗，腹痛腰痛，反胃吐食，霍亂轉筋，欬逆。又治中風涎潮，不省人事，陽氣欲脫，四肢厥冷，傷寒陰盛，自汗唇青，脈沉，婦人產後月候不勻，帶下，腹痛，用黑盞一隻，入黑鉛鎔汁，次下水銀，次下朱砂末，炒不見星，少頃乃下硫黃末，急攪，有燄灑醋解之，取出研末，糯粉煮糊丸綠豆大，每服二十丸，鹽湯下，四味皆等分也。此藥神效，不可具述。

愚按：硫戀於鉛，則硫為陰中之陽，汞出砂中，見火則出，是為陽中之陰。硫固陽之動，汞亦陰之動者也。《經》曰兩精相搏謂之神。俱取陰陽之動者，使其二氣相感，而即以相應，能療上實下虛之篤證，故曰靈砂，類知陽動陰靜，殊不知陰陽俱有動靜也。抑鉛霜、鉛丹似與此同功，何以茲丹獨得此名乎？蓋鉛霜為二宮之一氣相應也，鉛丹為同宮之二氣相合也，唯靈砂既為二宮，又屬二氣，特以兩精相搏，能轉上下之率機，故因而命此名耳。雖然靈砂以汞為主，而少和以硫者也，至造銀硃者，亦硫汞合造，其功用何以迥別乎？雖以硫能死汞，二法皆不可少。然制銀硃者，以赤硫為主，而汞特半之，與制靈砂以汞為主者不同，二法為主固異，故其効用亦異耳。大抵造銀硃者，用石亭脂，即赤硫也。方書已言其不堪入藥矣。靈砂所用者，乃正石硫黃也。又按：升靈砂法：君以水銀，而佐以石硫。蓋取陽中之陰所化者為主，而和以陰中之陽所化者，俾其二氣交，以為升降。蓋陽中之陰降也，陰中之陽升也。蓋《經》曰升降息則氣立孤危，試繹方書用之悸證及便濁證，皆以虛言，是即病於元氣之孤危，由於升降不前者也。第硫汞制而成形，謂之丹基，可以變化五行，煉成九還，豈不能握升降之樞，而頓名曰靈砂哉？但汞半斤，而硫止二兩，其義若何？蓋汞乃陽中之陰，為離中之坎也。離得坎為用，而離之化乃神，然離原在坎中，如硫是也，在天之陽，究其原而陽火出於地中，故離得坎以神其化，不得坎中之離以合之，則至陽出於至陰之化機，不幾乎息而病於氣立孤危乎？是以汞多於硫者，由陰暢陽也，而少用硫以和離者，取其化原在是，本生化之精微，俾完其升降之不息，以益元氣耳。即此二方參之，則人身陽中之陰，誠為補後天，療虛羸之要會。凡虛中生火，如溢血等證，宜於此要會留心，如止後先天元陰處調劑，恐緩不及事，且亦未能中病之肯要也。又按：上實下虛，類本於陰虛。即《內經》所云：人年四十，則陰氣自半，至六十則陰氣大衰。下虛上實，是非的證乎？如靈砂所療，又下虛上實之極，而陰陽將離絕者也。制靈砂法汞八兩，硫止二兩，固知所本矣。而時珍拯救危證一語，尤為中肯。

附方　悸證，專治虛人夜不得睡，夢中驚魘，自汗松悸，松音忠，心動也，驚也，惶遽也。靈砂二錢，研，人參半錢，棗仁肉一錢，為末，棗肉丸如綠豆大，臨臥棗湯吞五七粒。　赤白濁，治虛憊便濁，滴地成霜方，蓮肉去心。乾藕節、龍骨、遠志各一兩，枯白礬、靈砂各二錢半，為細末，糯米糊為丸梧子大，每服十五丸，食前白湯下。　九竅出血，因暴驚而得，其脈虛者，靈砂丹三十粒，人參湯下，三服愈。此證不可認作血得熱則妄行而用涼藥，誤矣。何者？驚則氣浮，神魂發越，陽氣暴壅故也。得鎮墜則神魂復安，而血自循經矣。

希雍曰：靈砂雖曰升降陰陽，既濟心腎，然硫汞有毒，性亦下墜，救急則可，補養無功。且凡胃虛嘔吐，傷暑霍亂，肺熱生痰，病屬於虛，非關驟發者，咸在所忌。

**清・蔣居祉《本草擇要綱目・熱性藥品》**　靈砂《庚辛玉冊》云：靈砂者，至神之物也。硫汞制而成形，謂之丹基，奪天地造化之功，竊陰陽不測之妙，可以變化五行，鍊成九還。其未升鼎者，謂之青金丹頭。已升鼎者，乃曰靈砂。靈砂有三：以一伏時周天火而成者，謂之九轉靈砂。以地數三十日炒鍊而成者，謂之醫家老火靈砂。並宜桑灰淋醋煮伏過用乃良。　氣味：甘，溫，無毒。　主治：五臟百病，養神，安魂魄，益氣明目，通血脈。止煩滿，益精神。殺精魅惡鬼氣，久服通神明不老，輕身神仙，令人心靈。主上盛下虛，痰涎壅盛頭旋，吐逆霍亂，反胃，心腹冷痛。升降陰陽，既濟水火，調和五臟，輔助元氣。研末，糯糊為丸，棗湯服，最能鎮墜神丹也。故時珍曰：硫黃，陽精也。水銀，陰精也。以之相配，夫婦之道，純陰純陽，二體合璧，故能合造化之妙，而升降陰陽，既濟水火，為扶危拯急之神丹。但不可久服耳。蘇東坡言此藥治久患反胃及一切吐逆，小兒驚吐，其效如神，有配合陰陽之妙故也。時珍常以陰陽水送之，尤妙。

**清・馮兆張《馮氏錦囊秘錄・雜症痘疹藥性主治合參》卷五**　靈砂一名二氣砂，係硫汞煅煉而成。乃水火既濟，二氣交合，奪造化之功，竊陰陽之妙，可以變化五行，升降氣血，為除邪養正扶危救急，五臟百病之靈丹也。味甘，溫，無毒。然必竟燥烈之性，止可藉其墜陽交陰，却病於一時，安能資其養神益氣通靈於平日哉！

靈砂，用水銀、硫黃二物，同水火煅煉成形。主五臟百病，止煩滿，通血脉，安魂魄，養精神。殺鬼除邪，益氣明目。久服不老，輕身神仙，令人心靈，神明通暢。若飼猿猴、鸚鵡，輒作人語不差。又有養正丹，又名交泰丹。用黑鉛、硃砂、水銀、硫黃炒成，即靈砂意也。其用亦與靈砂略同。

**清・張璐《本經逢原》卷一**　靈砂　甘，溫，無毒。按胡演《丹藥秘訣》云：升靈砂法用新鍋安逍遙爐上，蜜揩鍋底，文火下燒，入硫黃二兩鎔化，投水銀八兩，以鐵匙急攪作青砂頭，如有焰起，噴醋解之。待汞不見星取出，細研盛入水火鼎內，鹽泥固濟，下以自然火升之，乾水十二盞為度，取出，如束鍼紋者成矣。《庚辛玉冊》云：靈砂有三，以一伏時周天火而成者，謂之金鼎靈砂。以九度抽添用周天火而成者，謂之九轉靈砂。以地數三十日炒煉而成者，謂之老火靈砂。並宜桑灰淋醋煮伏過用之。於硃砂中鍊出者，謂之真汞，尤為神效。　發明：時珍曰，此以至陽鉤至陰，脫陰反陽，故曰靈砂，為扶危拯急之靈丹。虛陽上逆，痰涎壅盛，頭眩吐逆，喘不得臥，寤不得寐，霍亂反胃，心腹冷痛，允為鎮墜虛火之專藥。但不可久服。凡胃虛嘔吐，傷暑霍亂，心肺熱鬱禁用。

**清・黃宮繡《本草求真》卷二**　靈砂墜陽交陰，鎮納歸腎。　靈砂耑入胃。又名神砂，係水銀、硫黃二物同水火煅煉而成。慎微曰：用水銀壹兩，硫黃六銖，細研炒作青砂頭，後入水火既濟爐抽之，如束鍼紋者成就也。時珍曰：此以至陽勾至陰，脫陰反陽，故曰靈砂。　蓋水銀性秉最陰，硫黃性秉純陽，同此煎熬，合為一氣，則火與水交，水與火合，而無亢騰飛越之弊矣。故凡陽邪上浮，下不交而致虛煩狂燥，寤寐不安，精神恍惚者，用此墜陽交陰，則精神鎮攝，而諸病悉去。謂之曰靈，即見扶危拯急。若有神使之意，時珍曰：硫黃陽精也，水銀陰精也，以之相配，夫婦之道，純陰純陽，二體合璧，故能奪造化之妙，而升降陰陽，既濟水火，為扶危拯急之神丹。但不可久服爾，蘇東坡言，此藥治久患反胃及一切吐逆，小兒驚吐，其效如神。有配合陰陽之妙故也，時珍常以陰陽水送之，尤妙。　後人不明辰砂即屬丹砂，混以靈砂入於益元散內，即滑石六兩，甘草一兩，加辰砂。詎知一神一靈，音同字別，一水一火，天淵各判，烏可以此烹煉燥烈之品，以代辰州甘寒之味耶？市肆與醫，妄用如斯，附記以俟高明並參。

**清・張德裕《本草正義》卷下**　靈砂　甘，溫。可治百病，調和五臟。凡上盛下虛，痰涎壅盛，或吐逆，或驚癇，均可研末，糯米餬丸，棗湯吞下。為鎮墜仙丹，或陰陽水尤妙。製法：用硫黃二兩熔化，入水銀半觔，急攪，如有焰起，醋噴解之，待汞不見星，取出細研，盛入水火鼎，鹽泥封固，升煉如鐵紋，成矣。

**清・楊時泰《本草述鉤元》卷五**　靈砂　以至陽勾至陰，脫陰反陽，故曰靈砂瀕湖。升靈砂法：用新鍋安逍遙爐上，蜜揩鍋底，文火下燒，入硫黃二兩，鎔化，投水銀半斤，以鐵匙急攪作青砂頭，如有燄起，噴醋解之，待汞不見星，取出細研，盛入水火鼎內，鹽泥固濟，下以自然火升之，乾水十二盞為度，取出，如束鍼紋者成矣胡演。未升鼎者，謂之青金丹頭。已升鼎者，乃曰靈砂《庚辛玉冊》。

氣味甘溫。急救治五臟百病，養神，安魂魄，益氣明目，通血脈，止煩滿，益精神，久服通神明，令人心靈唐慎微。主上盛下虛，痰涎壅盛，頭旋吐逆，霍亂反胃，心腹冷痛，升降陰陽，既濟水火，調和五臟，輔助元氣。研末糯糊為丸，棗湯服，或參湯。最能鎮墜，神丹也瀕湖。硫為陽精，汞乃陰精，純陰純陽，二體相合，故能奪造化之妙，而升降陰陽，既濟水火，為扶危拯急之神丹，但不可久服耳又。此藥有配合陰陽之妙，治久患反胃，及一切吐逆，小兒驚吐，其效如神，以陰陽水送之尤妙東坡。靈砂竊陰陽之妙，藉以墜陽交陰，除邪養正，真有神功仲淳。專治虛人夜不得睡，夢中驚魘，自汗忪音忠，心動，惶遽也。悸，靈砂二錢，研，人參半錢，棗仁一錢，為末，棗肉丸綠豆大，臨臥，棗湯吞五七粒。虛憊便濁，滴地成霜，用蓮肉、乾藕節、龍骨、遠志各一兩，枯白礬、靈砂各二錢半，為細末，糯米糊丸梧子大，每服十五丸，食前白湯下。上二證皆病於元氣之孤危，由於升降不前者。九竅出血，因暴驚而得，其脈虛者，靈砂丹三十粒，人參湯下，三服愈。此證不可認作血熱妄行而用涼藥，何者？驚則氣浮，神魂發越，陽氣暴壅故也。得鎮墜則神魂復安，而血自循經矣。

論：硫戀於鉛，則硫為陰中之陽。汞出砂中，見火則出，是為陽中之陰。硫固陽之動，汞亦陰之動者也。《經》曰：兩精相搏謂之神。俱取陰陽之動者，使二氣相感而即以相應，能療上實下虛之篤證，故曰靈砂。人知陽動陰靜，殊不知陰陽俱有動靜也。夫鉛霜、鉛丹，功略相似，何茲丹獨以靈名？蓋鉛霜鉛雜汞合煉作片，醋熏成霜。為二宮之一氣相應也。鉛丹鉛合硫、消製為末。為同宮之二氣相合也。惟靈砂既為二宮，水中之火，火中之水。又屬二氣，陰中之陽，陽中之陰。特以兩精相搏，能轉上下之元機，故非靈不足以命之。升靈砂法，君以水銀，佐以石硫，蓋取陽中之陰所化者為主，而和以陰中之陽所化者，俾之二氣交以為升降也。夫硫、汞製而成形，謂之丹基，可以變化五行，煉成九還，豈不能握升降之樞哉。汞乃陽中之陰，離中之坎也。離得坎為用，而離之化乃神，然離原在坎中，如硫是也。陽火出於地中，故離得坎以神其化，不得坎中之離以合之，則至陽出於至陰之化機不暢，是以汞多於硫者，由陰暢陽也。少用硫以和離者，取其化原在是耳。即此參之，則人身陽中之陰，誠為補後天療虛羸之要會，凡虛中生火如溢血等證，宜於要會留心，如止從先天元陰處調劑，恐緩不及事，且亦未能中病之肯要也。又按：上實下虛，類本於陰虛。《經》云：人年四十則陰氣自半，六十陰氣大衰，下虛上實。如靈砂所療，又下虛上實之極，而陰陽將離絕者也。製靈砂法，汞八兩，硫止二兩，固知所本矣。

此藥雖曰升降陰陽，既濟心腎，然硫、汞有毒性，亦下墜，救急則可，補養無功。胃虛嘔吐，傷暑霍亂，肺熱生痰者禁，凡病屬於虛，非關驟發者，咸在所忌仲淳。

**清・趙其光《本草求原》卷二五石部**　靈砂即二氣砂。硫戀鉛，為陰中陽；汞出丹砂，見火即出，為陽中之動陰。陽固，動陰亦動，二者合煉，則交動交應，使水騰火中，火歸水中，以治虛陽上逆，痰涎壅盛，頭眩吐逆，冷水下。喘不得臥，寤不得寐，皆陰陽不得升降也。霍亂，薑湯下。反胃，同蚌粉炒赤，入丁香、胡椒，薑汁煮，半夏末為丸，薑湯下。心腹冷痛，同靈脂糊丸。菖蒲、薑湯下。小兒驚吐及因驚脈虛而九竅出血，參、棗湯下。為鎮神魂，墜虛火之靈丹。然性毒下墜，不可久服，凡胃虛嘔吐、傷暑霍亂、心肺熱鬱勿用。法以硫二兩溶化，投汞半斤急炒，焰起噴醋，待不見星，研細固濟升之。若加黑鉛、朱砂炒成，則為養正丹，功亦同。

按：銀朱亦硫、汞合造，但銀朱用赤硫，即土硫，石亭脂。而多於汞；靈砂用舶黃，而汞多三倍，是陰虛而盛陽於上，用陰以墜陽，而少用陽為從治以和之也。即陰陽兩虛，亦宜硫、砂半之，而後虛陽不致愈僭也。同枯礬、蓮肉、藕節、龍骨、遠志，糯米糊丸，治虛憊，赤白濁滴地成霜。

**清・文晟《新編六書》卷六《藥性摘錄》**　靈砂　又名神砂。耑入腎系。水銀、硫黃煉成，非辰砂，一名丹砂者也。墜陽交陰，鎮納歸腎，治虛煩狂燥，寤寐不安，精神恍惚。性近燥烈，非辰砂甘寒之比。

**清・戴葆元《本草綱目易知錄》卷七**　靈砂　甘，溫。養神益氣，明目，安魂魄，通血脈，止煩渴，益精神。殺精魅惡鬼氣，久服通神明，令人心靈。主上盛下虛，痰涎壅盛，頭旋吐逆，霍亂反胃，心腹冷痛，能升降陰陽，既濟水火，調和五臟，補助元氣。研末，糯粉糊丸，棗湯服，最能鎮墮，真神丹也。

**清・李桂庭《藥性詩解》**　賦得靈砂定心臟之怔忡得砂字。田春芳。欲使心忡定，何如此藥嘉。鎮肝須赭石，安臟必靈砂。按：靈砂甘溫無毒，主五臟百病，養神定魄，益氣通榮，殺魅避惡，久服通神明，令人心靈，故有定心臟之怔忡也。非若赭石之重鎮虛逆，入肝理血，衄崩產難，反胃痞氣，皆取其重以鎮逆也。惟其色赤，甘寒稍苦，故又入心胞血分，藉以養心也。用須煅紅，醋淬，水飛。靈砂，一名二氣砂。

諸金有毒

**宋・唐慎微《證類本草》卷三玉石部上品〔唐・陳藏器《本草拾遺》〕** 諸金有毒 生金有大毒。藥人至死。生嶺南夷獠洞穴山中，如赤黑碎石、金鐵屎之類。南人云：毒蛇齒脫在石中。又云：蛇著石上。又鴆屎著石上皆碎，取毒處爲生金，以此爲雌黃，有毒；雄黃亦有毒。生金皆同此類。人中金藥毒者，用蛇解之。其候法在金蛇條中。《本經》云：黃金有毒，誤甚也。生金與彼黃金全別也。

# 石分部

## 綜述

玉

**宋・李昉《太平御覽》卷第九八八** 玉泉 《本草經》曰：玉泉，一名玉澧。味甘，平。生山谷。治藏百病，柔筋强骨，安魂，長肌肉，久服能忍寒暑，不飢渴，不老神仙。人臨死服五斤，死三年色不變。生藍田。吳氏《本草》曰：玉泉，一名玉屑。神農、岐伯、雷公：甘。李氏：平。畏冬華，惡青竹。

**宋・唐慎微《證類本草》卷三玉石部上品〔《別錄・藥對》〕** 玉屑 味甘，平，無毒。主除胃中熱，喘息，煩滿，止渴。屑如麻豆服之，久服輕身，長年。生藍田。採無時。惡鹿角。

〔梁・陶弘景《本草經集注》〕云： 此云玉屑，亦是以玉爲屑，非應別一種物也。仙經服穀玉，有擣如米粒，乃以苦酒輩，消令如泥，亦有合爲漿者。凡服玉，皆不得用已成器物及塚中玉璞也。好玉出藍田及南陽徐善亭部界中，日南、盧容水中，外國于闐、疏勒諸處皆善。仙方名玉爲玄真，潔白如豬膏，叩之鳴者，是真也。其比類甚多相似，宜精別之。所以燕石入笥卞氏長號也。

〔唐・蘇敬《唐本草》〕注云： 餌玉，當以消作水者爲佳。屑如麻豆服之，取其精潤藏府，滓穢當完出也。又爲粉服之者，即使人淋壅。屑如麻豆，其義殊深。

〔宋・掌禹錫《嘉祐本草》〕按：《抱朴子》云：玉屑，服之與水餌之，俱令人不死。所以不及金者，令人數數發熱，似寒食散狀也。若服玉屑者，宜十日輒一服，雄黃、丹砂各一刀圭，散髮洗沐寒水，迎風而行，則不發熱也。

日華子云：玉，潤心肺，明目，滋毛髮，助聲喉。

〔宋・蘇頌《本草圖經》〕曰： 玉，按《本經》玉泉生藍田山谷，玉屑生藍田。陶隱居注云：好玉出藍田及南陽徐善亭部界中，日南、盧容水中，外國于闐、疏勒諸處皆善。今藍田，南陽，日南不聞有玉，禮器及乘輿服御多是于闐國玉，晉金州防禦判官平居誨，天福中爲鴻臚卿張鄴，本二名上一字犯太祖廟諱上字。使于闐，判官回作《行程記》，載其國採玉之地云：玉河，在于闐城外。其源出崑山，西流一千三百里，至于闐界牛頭山，乃疏爲三河。一曰白玉河，在城東三十里；二曰綠玉河，在城西二十里；三曰烏玉河，在綠玉河西七里。其源雖一，而其玉隨地而變，故其色不同。每歲五、六月大水暴漲，則玉隨流而至。玉之多寡，由水之大小。七八月水退，乃可取，彼人謂之撈玉。其國之法，官未採玉禁人輒至河濱者，故其國中器用服飾，往往用玉。今中國所有，多自彼來耳。陶隱居云：玉泉是玉之精華，白者質色明澈，可消之爲水，故名玉泉。世人無復的識者，惟通呼爲玉爾。玉屑是以玉爲屑，非應別是一物。仙經服穀玉，有擣如米粒，乃以苦酒輩消令如泥，亦有合爲漿者。蘇恭云：玉泉者，玉之泉液也，以仙室池中者爲上。其以法化爲玉漿者，功劣于自然泉液也，餌玉當以消作水者爲佳。又屑如麻豆服之，取其精潤臟腑，滓穢當完出。若爲粉服之，即使人淋壅。《周禮・玉府》王齊則供食玉。鄭康成注云：玉是陽精之純者，食之以禦水氣，王齊當食玉屑。《正義》云：玉屑研之乃可食。然則玉泉今固無有。玉屑，醫方亦稀用。祥符中先帝嘗令工人碎玉如米豆粒，製作皆如陶、蘇之說，然亦不聞以供膳餌。其云研之乃食，如此恐非益人，誠不可輕服也。方書中面膏，有用玉屑者，此恐是研粉之乃可用，既非服餌用之，亦不害也。《書傳》載玉之色曰：赤如雞冠，黃如蒸栗，白如截肪，黑如純漆，謂之玉符，而青玉獨無說焉。又其質溫潤而澤，其聲清越以長，所以爲貴也。今五色玉，清白者常有，黑者時有，黃、赤者絕無，雖禮之六器，亦不能得其真。今儀州出一種石，如蒸栗色，彼人謂之粟玉，或云亦黃玉之類，但少潤澤，又聲不清越，爲不及耳。然服玉、食玉，惟貴純白，它色亦不取焉。

〔宋・唐慎微《證類本草》〕《海藥》云： 按《異物志》云： 出崑崙。又《淮南子》云：出鍾山。又云：藍田出美玉，燕口出璧玉，味鹹，寒，無毒。主消渴，滋養五藏，止煩躁。宜共金、銀、麥門冬等同煎服之，甚有所益。仙經云：服玉如玉化水法，在淮南《三十六水法》中載。又《別寶經》云：凡石韞玉，但夜將石映燈看之，内有紅光，明如初出日，便知有玉。《楚記》卞和三獻玉，不鑒所以，遭刖足。後有辨者，映燈驗之，方知玉在石内，乃有玉璽，價可重連城也。李預：每羨古人餐玉之法，乃採訪藍田，躬往掘得若環璧雜器形者，大小百餘枚，稍麤黑，皆光潤可玩。預乃搥七十枚成屑，日食之，經年，云有效驗，而世事寢息，并不禁節。又加之以好酒損志，及疾篤，謂妻子曰：服玉當屏居山林，排棄嗜欲，或當有大神力，而吾酒色不絶，自致于死，非藥之過也。尸體必當有異于人，勿使速殯，令後人知餐服之驗。時七月中旬，長安毒熱，預停尸四宿，而體色不變，其妻常氏，以玉珠二枚含之，口閉。因囑，其口都無穢氣。《寶藏論》：玉玄真者餌之，其命無極，令人舉身輕飛，不但地仙而已。然其道遲成，服一二百斤乃可知也。玉，可以烏米酒及地榆酒化之爲水，亦可以葱漿水消之爲粘，亦可餌以爲丸，可燒爲粉服，一年已上，入水中不濡。王莽：遺孔休玉，休不受，莽曰：君面有疵，美玉可以滅瘢，休猶不受。莽曰：君嫌其價，遂搥碎進休，休方受之。《青霞子》：玉屑一升，地榆草一升，稻米一升。三物，取白露二升，置銅器中煮米熟，絞取汁。玉屑化爲水，名曰玉液。以藥内杯中。美醴，所謂神仙玉漿也。《天寶遺事》：唐貴妃含玉嚥津，以解肺渴。《葉天師枕中記》：玉屑，味甘，和，無毒。屑如麻豆，久服輕身長壽。惡鹿角。《馬鳴先生金丹訣》：玉屑常服，令人精神不亂。《丹房鏡源》：玉末養丹砂。

**宋・唐慎微《證類本草》卷三玉石部上品〔《本經・別録・藥對》〕 玉泉 味甘，平，無毒。主五藏百病，柔筋强骨，安魂魄，長肌肉，益氣，**利血脉，療婦人帶下十二病，除氣癃音隆，明耳目。**久服耐寒暑，不飢渴，不老神仙，**輕身長年。**人臨死服五斤，死三年色不變。一名玉札。**生藍田山谷。採無時。畏欵冬花。

〔梁・陶弘景《本草經集注》〕云：藍田在長安東南，舊出美玉，此當是玉之精華，白者質色明澈，可消之爲水，故名玉泉。今人無復的識者，惟通呼爲玉爾。張華又云：服玉用藍田穀音角玉白色者；此物平常服之，則應神仙。有人臨死服五斤，死經三年，其色不變。古來發塚見屍如生者，其身腹内外，無不大有金玉。漢制，王公葬，皆用珠襦玉匣，是使不朽故也。鍊服之法，亦應依仙經服玉法，水屑隨宜。雖曰性平，而服玉者亦多乃發熱，如寒食散狀。金玉既天地重寶，不比餘石，若未深解節度，勿輕用之。

〔宋・馬志《開寶本草》〕按：别本注云：玉泉者，玉之泉液也。以仙室玉池中者爲上。今仙經三十六水法中，化玉爲玉漿，稱爲玉泉。服之長年不老，然功劣于自然泉液也。一名玉液，一名瓊漿。

〔宋・掌禹錫《嘉祐本草》〕按：日華子云：玉泉治血塊。

〔宋・唐慎微續添〕《圖經》：文具玉屑條下。

〔宋・陳承《重廣補注神農本草並圖經》〕别説云：謹按：《圖經》説儀州栗玉，乃黄石之光瑩者，凡玉之所以異于石者，以其堅而有理，火刃不可傷爲别爾。今儀州黄石，雖彼人强名栗玉，乃輕小，刀刃便可雕刻，與階州白石同體而異色，恐不足繼諸玉類。

**宋・寇宗奭《本草衍義》卷四** 玉泉 《經》云生藍田山谷，採無時。今藍田山谷無玉泉。泉水，古今不言採。又曰：服五斤。古今方，水不言斤。今又曰：一名玉札。如此則不知定是何物。諸家所解，更不言泉，但爲玉立文。陶隱居雖曰可消之爲水，故名玉泉。誠如是則當言玉水，亦不當言玉泉也。蓋泉具流布之義，别之則無所不通。《易》又曰：山下出泉蒙。如此則誠非止水，終未臻厥理。今詳泉字，乃是漿字，于義方允。漿中既有玉，故曰服五斤。去古既遠，亦文字脱誤也。採玉爲漿，斷無疑焉。且如《書》篇尚多亡逸，況《本草》又在唐堯之上，理亦無怪。謂如蛇含，《本草》誤爲蛇全。《唐本》注云：全字乃是合字，陶見誤本改爲含，尚如此不定。後有鐵漿，其義同此。又《道藏經》有金飯玉漿之文，唐李商隱有瓊漿未飲結成冰之詩，是知玉誠可以爲漿。又荆門軍界有玉泉寺，中有泉，與尋常泉水無異，亦不能治病。寺中日用此水。又西洛有萬安山，山腹間有寺曰玉泉。嘗兩登是山，質玉泉之疑，寺僧皆懵不能答。寺前有泉一派，供寺中用。泉竇皆青石，與諸井水無異。若按别本注玉泉，玉之泉液也，以仙室玉池中者爲上。如此則舉世不能得，亦漫立此名，故知别本所注爲不可取。又有燕玉出燕北，體柔脆，如油和粉色，不入藥，當附于此。

**宋・王繼先《紹興本草》卷一** 玉屑 紹興校定：玉屑，碎玉為屑也。主療已載《本經》，但潔白如猪膏，叩之鳴者佳。味甘、平、無毒者是矣。

**宋・劉明之《圖經本草藥性總論》卷上** 玉屑 味甘，平，無毒。主除胃中熱，喘息煩滿，止渴。日華子云：潤心肺，明目，滋毛髮，助聲喉。壹云：解肺渴，常服令人精神不亂。屑如麻豆服之，久服輕身長年。《淮南子》云：味鹹，寒，無毒。主消渴，滋養五臟，止煩躁。同金、銀、麥門冬煎服甚益。畏鹿角。

玉泉 味甘，平，無毒。主五臟百病，柔筋強骨，安魂魄，長肌肉，益精氣，利血脉。療婦人帶下拾貳病，除氣癃，明耳目。日華子云：治血塊。仙經云：《叁拾陸水法》中，化玉為玉漿，稱為玉泉，服之長年不老，功劣於自然泉液。壹云：人臨死服伍斤，死叁年色不變。

**明・王綸《本草集要》卷五** 玉屑 味甘，氣平，無毒。惡鹿角。主除胃中熱，喘息煩滿，止渴，屑如麻豆大，服之。久服輕身長年。

玉泉：《衍義》云：泉字疑是漿字。味甘，氣平，無毒。畏款冬花。主五臟百病，柔筋強骨，安魂魄，長肌肉，益氣。久服耐寒暑，不飢渴，不老神仙。人臨死服五斤，死三年屍不變。

**明・滕弘《神農本經會通》卷六** 玉屑 惡鹿角。擣碎，酒浸。好玉出藍田及南陽徐善亭部界中，日南、盧容水中，外國于闐、踈勒諸處，皆善。

味甘，氣平，無毒。《本經》云：主除胃中熱，喘息煩滿，止渴。屑如麻豆，服之，久服輕身長年。《唐本》注云：餌玉，當以消作水者為佳。屑如麻豆，服之，取其精潤臟腑，滓穢當完出也。又為粉服之者，即使人淋壅。屑如麻豆，其義殊深。日華子云：玉，潤心肺，滋毛髮，助聲喉。《圖經》云：玉屑，醫方稀用，其云研之乃食，如此恐非益人，誠不可輕服也。《局》云：玉屑能消作玉泉，可輕身體可成仙。除煩止渴安魂魄，久服令人永享年。

玉泉：《衍義》：泉字，恐是漿字。畏欵冬花。味甘，氣平，無毒。《本經》云：主五臟百病，柔筋強骨，安魂魄，長肌肉，益氣，利血脉。療婦人帶下十二病，除氣癃，明耳目。久服耐寒暑，不飢渴，不老神仙，輕身長年。人臨死服五斤，死三年色不變。陶隱居云：當是玉之精華，白者質色明澈，可消之為水，故名玉泉。今人無復的識者，惟通呼為玉爾。雖曰性平，而服玉者亦多發熱，如寒食散狀。金玉既天地重寶，不比餘石，若未深解節度，勿輕用之。日華子云：玉泉，治血塊。《別說》云：凡玉之所以異於石者，以其堅而有理，火刃不可傷，為別爾。《經》云：生藍田山谷，採無時。今藍田山谷無玉泉，泉水古今不言採。又曰：服五斤，古今方水不言斤，諸家所解，更不言泉，但為玉立文。今詳泉字，乃是漿字，於義方允。漿中既有玉，故曰服五斤。去古既遠，亦文字脫誤也。採玉為漿，斷無疑焉。

**明・劉文泰《本草品彙精要》卷一** 玉屑無毒。石生。

玉屑：主除胃中熱，喘息，煩滿，止渴，屑如麻豆服之，久服輕身長年。名醫所錄。

【名】玄真璞玉、瑴、琛、和氏璧、球琳、璠璵、珩、瓊、連城璧、黃璧、玄璧、琚、瑤、璆、瑜、青璧、白璧、白玉、碧玉、紫玉、綠玉、蒼玉、紅玉、玫瑰、赤璋。

【地】《圖經》曰：玉，按《本經》玉屑生藍田。陶隱居注云：好玉出藍田及南陽徐善亭部界中，日南、盧容水中，外國于闐、疏勒諸處，皆善。今藍田、南陽、日南不聞有玉，禮器及乘輿、服御，多是于闐國玉。陶隱居云：玉屑是以玉爲屑，非應別是一物。仙經服瑴玉，有搗如米粒，乃以苦酒輩消令如泥。亦有合漿者。蘇恭云：屑如麻豆服之。取其精潤臟腑，滓穢當完出。若爲粉服之，即使人淋壅。《書傳》載玉之色曰：赤如雞冠，黃如蒸栗，白如截肪，黑如純漆。爲之玉符，而青玉獨無說焉。又其質溫潤而澤，其聲清越以長，所以爲貴也。今五色玉，青、白者常有，黑者時有，黃、赤者絕無。雖禮之六器，亦不能得其真。然服玉、食玉惟貴純白，他色亦不取焉。【時】採：無時。【用】屑。【質】類水精而溫潤。【色】白。【味】甘。【性】寒，緩。【氣】氣之薄者，陽中之陰。【臭】朽。【主】止渴，滅瘢。【反】惡鹿角。【製】陶隱居云：仙經服瑴音角玉，有搗如米粒，乃以苦酒輩消令如泥服之。【治】療：日華子云：潤心肺，明目，滋毛髮，助聲喉。《別錄》云：含玉咽津，以解肺熱。【合治】璧玉合金、銀、麥門冬等煎服，滋養五臟，除煩躁。

**明・鄭寧《藥性要略大全》卷八** 玉屑 味甘，氣平，無毒。產藍田。功用在前四味之下。丹砂、石床、金屑、玉屑，四物主治相同，故照舊經連書之。

**明・陳嘉謨《本草蒙筌》卷八** 玉屑 味甘，氣平。一云味鹹，氣寒。無毒。為世珍寶，多產藍田。在長安東南。顏色五般，書傳詳載。黑者如純漆，赤者如雞冠。白類截肪，黃若蒸栗。惟青玉無說。其質溫潤而澤，其音清越而長。叩之即鳴，自異群石。玉工雕琢，屑落如麻。凡入劑中，色貴純白。他色不用。研絕細免致淋壅，一說：餌玉當以消作水者為佳，研粉末，終使人淋壅。惡鹿角毋相和攙。解渴咽喉，除熱胃脘。潤心神明目，滋毛髮滅瘢。助音聲，定喘息。久服勿已，耐老輕身。又有玉泉，乃玉泉液。僊室池中者為上，此最難得。以法消成者亦佳。玉可以烏米酒，或苦酒、地榆酒，消之為水。亦可葱漿水，消之為粘。一法玉屑一升，地榆草、稻米各一升，取白露二升，同置銅器中，煮米熟，玉屑化為水，絞取汁，名曰玉液。是玉精華，色甚明澈。療百病尤妙，惡欵冬須知。強骨柔筋，安魂定魄。長肌肉益氣，耐寒暑延年。人臨死灌下五斤，屍三年不致朽爛。○玉井水出有玉處所，常服者亦獲壽長生。

謨按：先哲云：玉之所以異于群石者，以其堅而有理，火刃不可傷為別耳，匪但質潤而音清也。苟弗精知，則近似者甚多。如碔砆，亦可以雜也。

《書》曰：燕石入笥，卞氏長號，其以此夫。又云：凡石韞玉，但夜將石映燈看之，內有紅光明如初出日者，便知有玉。卞和刖足，以不鑒也。其色五般：今惟青、白者常有，黑者時有，黃、赤者絕無。雖禮之六器，亦不能得其真，況其他乎！服餌之人，必須屏居山林，排棄嗜慾，方獲効驗。儻或酒色弗戒，反致發熱，自投于死。蓋玉禀純陽之精，而酒色助火甚速。以火濟火，安得不然。故《本經》註曰：若未深解節度，勿輕服之。

**明·王文潔《太乙仙製本草藥性大全》卷六《本草精義》** 玉屑 玉屑亦是以玉爲屑，非應別有一種物也。仙經服瑴玉，有搗如米粒，乃以苦酒輩消令如泥，亦有合爲漿者，凡服玉皆不得用已成器物及塚中玉璞也。《抱朴子》云：玉屑，服之與水餌之，俱令人不死。所以不及金者，令人數數發熱似寒食散狀也。若服玉屑者，宜十日輒一服雄黃、丹砂各一兩圭，散髮洗沐寒水，迎風而行，則不發熱也。

玉：鄭康成云：玉是陽精之純者，食之以禦水氣。出藍田及南陽徐善亭部界中，日南、盧容水中，外國于闐、疏勒諸處皆善。今藍田、南陽、日南不聞有玉，禮器及乘輿服御多是于闐國玉。玉河在于闐城外，其源出崑山，西流一千三百里，至于闐界牛頭山，乃疏爲三河。一曰白玉河在城東三十里，二曰綠玉河在城西二十里，三曰烏玉河在綠玉河西七里，其源雖一，而其玉隨地而變，故其色不同。每歲五六月大水暴漲，則玉隨流而至，玉之多寡，由水之大小，七八月水退乃可取，彼人謂之撈玉。其國之法，官未採玉，禁人輙至河濱者，故其國中器用服飾，往往用玉，今中國所有者，多自彼來。書傳載玉之色，曰赤如鷄冠，黃如蒸栗，白如截肪，黑如純漆，謂之玉符，而青玉獨無說焉。又其質溫潤而澤，其聲清越而長，所以爲貴也。今五色玉，清、白者常有，黑者時有，黃、赤者絕無，雖禮之六器，亦不能得其真。今儀州出一種石如蒸栗色，彼人謂之栗玉，或云亦黃玉之類，但少潤澤，又聲不清越，爲不及耳。然服玉食玉，惟貴純白，它色亦不取焉。

玉泉：一名玉液，一名瓊漿，一名玉漿，一名玉札。出藍田，在長安東南，舊出美玉，此當是玉之精華。白者質色明徹，可消之爲水，故名玉泉。今人無復的識者，惟通呼爲玉耳。張華又云：服玉用藍田瑴音角玉白色者，此物平常服之則應神仙。蘇恭云：玉泉者，玉之泉液也，以仙室池中者爲上，其以法化爲玉漿者，功劣於自然泉液也。餌玉當以消作水者爲佳。



**明·王文潔《太乙仙製本草藥性大全》卷六《仙製藥性》** 玉屑 味甘，氣平，一云味鹹，氣寒，無毒。主治：解渴咽喉，除熱胃脘。潤心肺明目，滋毛髮滅瘢。助音聲而定喘息，治煩滿而利咽喉。久服勿已，耐老輕身。

玉：味甘，氣平，無毒。主治：治胃中熱大效，療腹煩滿殊功。唐貴妃含玉噙津以解肺渴，馬鳴生常服玉屑不亂精神。久服益壽長年，飛昇輕舉。

玉泉：即玉液也。味甘，氣平，無毒。主治：療百病尤妙，補五臟極良。強骨柔筋，安魂定魄。長肌肉益氣，耐寒暑不飢。不老神仙，輕身任世。人臨死灌下五斤，屍三年不至爛朽。補註：青霞子云：玉屑一升，地榆草一升，稻米一升，三物取白露二升，置銅器中煮米熟，絞取汁，玉屑化爲水，名曰玉液，以藥內杯中。美醴，所謂神仙玉漿也。《寶藏論》：玉玄真者餌之，其命無極，令人舉身輕飛，不但地仙而已，然其道遲服一二百斤，乃可知也。玉可以烏米酒及地榆酒化之爲水，亦可以葱漿水消之爲粭，亦可餌以爲丸，可燒爲粉，服一年已上，入水中不濡。

**明·皇甫嵩《本草發明》卷五** 玉屑上品，君。氣寒，味(自)〔甘〕，一云味鹹，寒。色有五，黃、赤絕少，用取純白，取玉工落屑。發明曰：玉屑，甘寒，能生津潤燥，故主除胃中熱，喘息煩滿，止渴。又云：潤心肺，明目，滋毛髮，助聲喉，久服耐老輕身。用之研絕細如麪，免致淋壅。一說餌玉，當以消作水為佳。研為粉末，終使人淋壅，服者慎之。○惡鹿角，無相攙和用多。產藍田者佳。

玉泉，味甘，平。乃玉之泉液。仙室池中者為上。是玉精華，色甚明□，此最難得。以法消成者亦佳，仙經《三十六水法》中，化玉為玉漿，稱為玉泉，服之長年不老。然功劣于自然玉泉也，則當名之玉漿方是。《寶藏論》云：以烏米酒及地榆酒化之為水，亦可取葱漿水消之為粘。青霞子：玉屑一升，地榆草一升，稻米各一升，取白露二升，置銅器中，煮米熟，絞取汁，玉屑化為水，名曰玉液。一名玉札。昔唐楊貴妃含玉噙津，以解肺熱渴。主五臟百病，柔筋強骨，安魂魄，長肌肉，益氣，利血脉。療婦人帶下十二病，除氣癃，明目聰耳，久服耐寒者延年不老，臨死人服一二斤，死屍三年不變。惡欵冬花。

玉井水，出有玉處。所常服者，亦獲長生。

愚按：玉之為物，溫潤而栗，禀純陽之精，服餌者必清修之士，排損嗜慾，方得真驗。如酒色弗戒，助火甚速，反致發熱，自貽死亡，故《本經》註云若未深解節度，勿輕服之。

## 明・李時珍《本草綱目》卷八金石部・玉類

玉《別錄》上品。校正：併入《別錄》玉屑。

〔釋名〕玄真時珍曰：按許慎《説文》云：玉乃石之美者。有五德：潤澤以温，仁也；鰓理自外可以知中，義也；其聲舒揚遠聞，智也；不撓而折，勇也；鋭廉而不技，絜也。其字象三玉連貫之形。葛洪《抱朴子》云：玄真者，玉之别名也，服之令人身飛輕舉。故曰：服玄真者，其命不極。

〔集解〕《别錄》曰：玉泉、玉屑，生藍田山谷。采無時。弘景曰：好玉出藍田及南陽徐善亭部界中，日南、盧容水中，外國于闐、疎勒諸處皆善。潔白如猪膏，叩之鳴者，是真也。其比類者，甚多相似，宜精别之。所以燕石入笥，卞氏長號也。珣曰：《異物志》云：玉出崑崙。《别寶經》云：凡石韞玉，但將石映燈看之，内有紅光，明如初出日，便知有玉也。頌曰：今藍田、南陽、日南不聞有玉，惟于闐出之。晉鴻臚卿張匡鄴使于闐，作《行程記》，載其國采玉之地云：玉河，在于闐城外。其源出崑山，西流一千三百里，至于闐界牛頭山，乃疏爲三河：一曰白玉河，在城東三十里；二曰緑玉河，在城西二十里；三曰烏玉河，在緑玉河西七里。其源雖一，而其玉隨地而變，故其色不同。每歲五六月大水暴漲，則玉隨流而至。玉之多寡，由水之大小。七八月水退，乃可取，彼人謂之撈玉。其國中有禁，器用服食，往往用玉。中國所有，亦自彼來。王逸《玉論》，載玉之色曰，赤如雞冠，黄如蒸栗，白如截肪，黑如純漆，謂之玉符，而青玉獨無説焉。今青、白者常有，黑者時有，黄、赤者絶無，雖禮之六器，亦不能得其真者。今儀州出一種石，如蒸栗色，彼人謂之栗玉，或云亦黄玉之類，但少潤澤，聲不清越，爲不及也。然服食者，惟貴純白，他色亦不取焉。承曰：儀州栗玉，乃黄石之光瑩者，非玉也。玉堅而有理，火刃不可傷。此石小刀便可雕刻，與階州白石同體而異色爾。時珍曰：按《太平御覽》云：交州出白玉，夫餘出赤玉，挹婁出青玉，大秦出菜玉，西蜀出黑玉。藍田出美玉，色如藍，故曰藍田。《淮南子》云：鍾山之玉，炊以爐炭，三日三夜，而色澤不變，得天地之精也。觀此諸説，則産玉之處亦多矣，而今不出者，地方恐爲害也。故獨以于闐玉爲貴焉。古禮玄珪蒼璧，黄琮赤璋，白琥玄璜，以象天地四時而立名爾。《禮記》云，石藴玉則氣如白虹，精神見於山川也。《博物志》云：山有穀者生玉。《尸子》云：水圓折者有珠，方折者有玉。《地鏡圖》云：二月山中草木生光下垂者有玉，玉之精如美女。《玉書》云：玉有山玄文，水蒼文，生於山而木潤，産於水而流芳，藏於璞而文采露於外。觀此諸説，則玉有山産、水産二種。中國之玉多在山，于闐之玉則在河也。其石似玉者，珷、玞、琨、珉、璁、瓔也。北方有罐子玉，雪白有氣眼，乃藥燒成者，不可不辨，然皆無温潤。稗官載火玉色赤，可烹鼎；暖玉可辟寒；寒玉可辟暑；香玉有香；軟玉質柔；觀日玉，洞見日中宫闕，此皆希世之寶也。宗奭曰：燕玉出燕北，體柔脆如油，和粉色，不入藥用。

玉屑《別錄》　〔修治〕弘景曰：玉屑是以玉爲屑，非别一物也。仙經服瑴玉，有擣如米粒，乃以苦酒輩，消令如泥。亦有合爲漿者，凡服玉，皆不得用已成器物及冢中玉璞。恭曰：餌玉當以消作水者爲佳，屑如麻豆，服者取其精潤臟腑，滓穢當完出也。又爲粉服者，即使人淋壅。屑如麻豆，其義殊深。化水法，在淮南《三十六水法》中。

〔氣味〕甘，平，無毒。珣曰：鹹，寒，無毒。時珍曰：惡鹿角，養丹砂。〔主治〕除胃中熱，喘息煩滿，止渴，屑如麻豆服之，久服輕身長年《別錄》。潤心肺，助聲喉，滋毛髮大明。滋養五臟，止煩躁，宜共金、銀、麥門冬等同煎服，有益李珣。

〔附方〕新三。小兒驚啼：白玉二錢半，寒水石半兩，爲末，水調塗心下。《聖惠方》。痃癖鬼氣：往來疼痛及心下不可忍者，不拘大人小兒。白玉、赤玉等分，爲末，糊丸梧子大。每服三十丸，薑湯下。《聖惠方》。面身瘢痕：真玉日日磨之，久則自滅。《聖濟録》。

玉泉《本經》〔釋名〕玉札《本經》　玉漿《開寶》　瓊漿普曰：玉泉，一名玉屑。弘景曰：此當是玉之精華，白者質色明澈，可消之爲水，故名玉泉。今人無復的識者，通一爲玉爾。志曰：按别本注云：玉泉者，玉之泉液也。以仙室玉池中者爲上，故一名玉液。今仙經《三十六水法》中，化玉爲玉漿，稱爲玉泉，服之長年不老，然功劣於自然泉液也。宗奭曰：《本經》言：玉泉生藍田山谷，采無時。今藍田無玉，而泉水古今不言采。陶氏言玉爲水，故名玉泉。如此則當言玉水，不當言玉泉，泉乃流布之義。今詳泉字乃漿之誤，去古既遠，文字脱誤也。《道藏經》有金飯玉漿之文，唐李商隱有璚漿未飲結成冰之詩，是采玉爲漿，斷無疑矣。别本所注不可取也。若如所言，則舉世不能得，亦漫立此名耳。時珍曰：玉泉作玉漿甚是。别本所注乃玉髓也，《别錄》自有條，諸家未深攷爾。〔修治〕青霞子曰：作玉漿法：玉屑一升，地榆草一升，稻米一升，取白露二升，銅器中煮，米熟絞汁。玉屑化爲水，以藥納入，所謂神仙玉漿也。藏器曰：以玉殺朱草汁，化成醴。朱草，瑞草也。术家取蟾蜍膏軟玉如泥，以苦酒消之成水。

〔氣味〕甘，平，無毒。普曰：神農、岐伯、雷公：甘。李當之：平。畏款冬花、青竹。

〔主治〕五臟百病，柔筋强骨，安魂魄，長肌肉，益氣。利血脉，久服耐寒暑，不飢渴，不老神仙。人臨死服五斤，三年色不變《本經》。療婦人帶下十二病，除氣癃，明耳目，久服輕身長年《別錄》。治血塊大明。

〔發明〕慎微曰：《天寶遺事》：楊貴妃含玉嚥津，以解肺渴。王莽遺孔休玉曰：君面有疵，美玉可以滅瘢。後魏李預得餐玉之法，乃采訪藍田，掘得若環璧雜器形者，大小百餘枚，搥作屑，日食之，經年云有效驗，而好酒損志。及疾篤，謂妻子曰：服玉當屏居山林，排棄嗜欲，而吾酒色不絶，自致於死，非藥之過也。尸體必當有異於人，勿使速殯，令後人知餐服之功。時七月中旬，長安毒熱，停尸四日，而體色不變，口無穢氣。弘景曰：張華云：服玉用藍田瑴玉白色者，平常服之，則應神仙。有人臨死服五斤，死經三年，其色不變。古來發冢見尸如生者，其身腹内外，無不大有金玉。漢制，王公皆用珠襦玉匣，是使不朽故也。鍊服之法，水屑隨宜。雖曰性平，而服玉者亦多發熱，如寒食散狀。金玉既天地重寶，不比餘石，若未深解節度，勿輕用之。志曰：《抱朴子》云：服金者，壽如金；服玉者，壽如玉。但其道遲成，須服一二百斤，乃可知也。玉可以烏米酒及地榆酒化之爲水，亦可以葱漿消之爲粭，亦可餌以爲丸，亦可以燒爲粉。服之一年以上，入水不沾，入火不灼，刃之不傷，百毒不死。不可用已成之器，傷人無益，得璞玉乃可用也。赤松子以玄蟲血漬玉爲水服之，故能乘烟霞上下。玉屑與水服之，俱令人不死。所以不及金者，令人數數發熱，似寒食散狀也。若服玉屑，宜十日一服雄黄、丹砂各一刀圭，散髮洗沐冷水，迎風而行，則不發熱也。董君異常以玉醴與盲人服，旬日而目愈也。時珍曰：漢武帝取金莖露和玉屑服，云可長生，即此物也。但玉亦未必能使生者不死，惟使死者不朽爾。養尸招盜，反成暴棄，曷若速朽歸虚之爲見理哉。

**明·梅得春《藥性會元》卷下**

玉屑　味甘，氣平，無毒。惡鹿角。主除胃中熱，喘息煩滿，止渴。唐楊貴妃含玉噉生津，以解肺渴。

**明·李中立《本草原始》卷八**

玉屑　生藍田。採無時。顔色有緑、黑、赤、白、黄五般，其質溫潤而澤，其聲清越以長。屑如麻豆。服餌用白。按許慎《説文》云：玉乃石之美者。有五德：潤澤以溫，仁也；鰓理自外可以知中，義也；其聲舒揚遠聞，智也；不撓而折，勇也；鋭廉而不技，潔也。其字象三玉連貫之形。玉屑：氣味：甘，平，無毒。主治：除胃中熱，喘息煩滿，止渴，屑如麻豆服之。久服輕身長年。○潤心肺，助聲喉，滋毛髮。○滋養五臟，止煩燥，宜共金、銀、麥門冬等同煎服，有益。《寶藏論》：玉，玄真者，餌之其命無極，令人舉身輕飛，不但地仙而已。然其道遲成，服一二百斤乃可知也。玉可以烏米酒及地榆酒化之為水，亦可以葱漿水消之為粭，亦可餌以為丸，可燒為粉，服一年已上，入水中不濡。《天寶遺事》：楊貴妃含玉噉津，以解肺渴。○王莽遺孔休玉曰：君面有疵，美玉可以滅瘢。《異物志》云：玉出崑崙。《別寶經》云：凡石韞玉，但夜將石映燈看之，内有紅光，明如初出日，便知有玉。楚記卞和三獻玉不鑒，所以刖足。後有辨者，映燈驗之，方知玉在石内。乃為玉璽，價可重連城也。《太平御覽》云：交州出白玉，夫餘出赤玉，挹婁出青玉，大秦出菜玉，西蜀出黑玉。藍田出美玉。色如藍，故曰藍田。惡鹿角，養丹砂。火刃不可傷。

玉泉　弘景曰：此當是玉之精華者。質色明澈，可消之為水，故名玉泉。又一名玉漿，一名璚漿。玉泉：氣味：甘，平，無毒。主治：五臟百病，柔筋強骨，安魂魄，長肌肉，益氣，利血脉。久服耐寒暑，不飢渴，不老神仙。人臨死服五斤，三年色不變。○療婦人帶下十二病，除氣癃，明耳目。久服輕身長年。○治血塊。修治：青霞子曰：作玉漿法：玉屑一升，地榆草一升，稻米一升，取白露二升，銅器中煮米熟，絞汁。玉屑化為水，名曰玉液。以藥納杯中美醴，所謂神仙玉漿也。畏款冬花、青竹。

**明·李中梓《藥性解》卷一**

玉屑　味甘，性平，無毒，入肺經。主除煩止渴，養神明目，寧心定驚，滅瘢痕，滋毛髮，助聲喉，美顔色。擣如米，苦酒浸之，消如泥，惡鹿角，畏欵冬花。按：玉屑色白性潤，宜入肺部。肺得其養，則煩渴諸症何自而生。又主滅瘢云云者，亦以肺主皮毛，功効之所必及也。

**明·倪朱謨《本草彙言》卷一二**

玉　味甘，氣平，無毒。陶氏曰：玉出藍田及南陽徐善亭部界中。今西域于闐國、疏勒諸處出玉。晉鴻臚卿張匡鄴使于闐，作《行程記》，載其國采玉之地，云玉河在闐國城外，其源出崑崙山，西流一千餘里，至于闐界牛頭山，乃疏爲三河，一曰白玉河，在城東三十里；二曰緑玉河，在城西二十里；三曰烏玉河，在緑玉河西七里。其源雖一，而其玉隨地而變，故其色不同。每歲五六月，大水暴發，則玉隨流而至。玉之多寡，實由水之大小。七八月水退乃可取。又王逸民《玉經》載：玉之色曰：赤如鷄冠，黄如煮栗，白如截肪，黑如純漆，而青玉獨無説焉。今細查之，青、白者嘗有，黑者時有之，黄、赤者絕無。雖禮之六器，亦不能得其全真者。今儀州出一種石，色如煮栗，彼人謂之栗玉。或云若黄玉之類，但少潤澤，聲不清亮，爲不及也。然服食者，惟貴純白，他色亦不取焉。李氏曰：按《太平御覽》云：交州出白玉，夫餘出赤玉，挹婁出青玉，大秦出菜玉，西蜀出黑玉，藍田出美玉。觀此諸説，則玉出産之處亦多矣，而獨以于闐玉爲貴焉。古禮玄珪、蒼璧、黄琮、赤璋，白珀、玄璜，以象天地四時而立名。《禮記》云石藴玉，則氣如白虹，精神見于山川也。《博物志》云：山有野穀生，下有玉，玉之精，見如美女。《玉經》云：玉生山者，有山玄文；産水者，有水蒼文。生于山而木潤，産于水而流芳，藏于石而文采露于外。觀此諸説，則玉有山産、水産，二種不同。細考之中國之玉，多在山；于闐之玉，多在河也。其石似玉者，如珷玞、琨瑶、璁瓔等類也。北方有罐子玉，雪白有浮眼，乃土藥燒成者，然無溫潤光明之氣色，不可不辨。又稗官載火玉，色赤，可烹鼎。暖玉可辟寒，寒玉可辟暑，香玉氣香，軟玉質柔。又外國有觀日玉，洞照日中山水宫闕。此皆稀世之寶，不易得也。

白玉： 潤心肺，助聲音，日華子止煩渴，定虚喘，安神明，李珣滋養五藏六府清純之氣之藥也。陸平林稿宜與金、銀、人參、竹葉、麥門冬同煎服有益。又按：《玉經》有青、黄、赤、白、黑、碧六種之色。凡入藥惟取生玉純白無瑕者佳，如他色者，性劣而燥，不可用也。

**明·姚可成《食物本草》卷二一玉石部**

玉生藍田山谷。《别寶經》云：凡石韞玉，但將石映燈看之，内有紅光，明如初出日，便知有玉也。蘇頌曰：晉鴻臚卿張匡鄴使于闐，作《行程記略》云：采玉之地曰玉河，在于闐城外，源出崑崙，西流一千三百里，至于闐界牛頭山，乃疏為三河：一曰白玉河，二曰緑玉河，三曰烏玉河。其源雖一，而其玉隨地而變。每歲五六月大水暴漲，則玉隨流而至，夷人因以取得之。○李時珍曰：按《太平御覽》云：交州出白玉，夫餘出赤玉，挹婁出青玉，大秦出菜玉，西蜀出黑玉。藍田出美玉，色如藍，故曰藍田。《淮南子》云：鍾山之玉，炊以爐炭，三日三夜，而色澤不變，得天地之精也。觀此諸説，則產玉之處亦多矣，而今不出者，地方恐為害也，故獨以于闐玉為貴焉。古禮玄珪蒼璧，黄琮赤璋，白琥玄璜，以象天地四時而立名爾。《禮記》云石蘊玉則氣如白虹，精神見于山川也。《博物志》云：山有穀者生玉。《尸子》云：水圓折者有珠，方折者有玉。《地鏡圖》云：二月山中草木生光下垂者有玉，玉之精如美女。《玉書》云：玉有山玄文、水蒼文。生于山而木潤，產于水而流芳，藏于璞而文采露于外。觀此諸説，則玉有山產、水產二種。中國之玉多在山，于闐之玉則在河也。其石似玉者，珷玞、琨、珉、璁、瓔也。北方有罐子玉，雪白有氣眼，乃藥燒成者，不可不辨，然皆無溫潤。稗官載火玉色赤，可烹鼎；暖玉可辟寒氣；寒玉可辟酷暑；香玉聞之有香；軟玉性則質柔；觀日玉，洞見日中宫闕：此皆希世之至寶也。

玉屑 味甘，平，無毒。除胃中熱，喘息煩滿，止渴。屑如麻豆服之，久服輕身長年。潤心肺，助聲喉，滋毛髮。滋養五臟，止煩躁，宜共金、銀、麥門冬等同煎服，有益。餌玉當以消作水者為佳，已成器物者不堪用。

玉泉玉之泉液也。以仙室玉池中者為上，一名玉液。今仙經《三十六水法》中，化玉為玉漿，稱為玉泉，服之長年不老，然功劣於自然泉液也。 味甘，平，無毒。治五臟百病，柔筋強骨，安魂魄，長肌肉，益氣，利血脉，久服耐寒暑，不飢渴，不老神仙。人臨死服五斤，三年色不變。療婦人帶下十二病，除氣癃，明耳目，久服輕身長年，治血塊。《天寶遺事》：楊貴妃含玉嚥津以解肺渴。王莽遺孔休玉曰：君面有疵，美玉可以滅瘢。後魏李預得餐玉之法，乃采訪藍田，掘得若環璧雜器形者大小百餘枚，搥作屑，日食之，經年云有効驗，而好酒損志。及疾篤，謂妻子曰：服玉當屏居山林，排棄嗜欲，而吾酒色不絶，自致於死，非藥之過也。尸體必當有異於人，勿使速〔殯，令後人〕知餐服之功。時七月中旬，長安毒熱，停尸四日，而體色不變，口無穢氣。張華云：服玉用藍田穀玉白色者，平常服之，則應神仙。有人臨死服五斤，死經三年，其色不變。古來發塚見尸如生者，其身腹内外，無不大有金玉。漢制，王公皆用珠〔襦〕玉匣，是使不朽故也。鍊服之法，水屑隨宜。雖曰性平，而服玉者亦多發熱，如寒食散狀。金玉既天地重寶，不比餘石，若未深解節度，勿輕用之。《抱朴子》云：服金者，壽如金；服玉者，壽如玉。但其道遲成，須服一二百斤，乃可知也。玉可以烏米酒及地榆酒化之為水。亦可以葱漿消之為粭，亦可餌以為丸，亦可以燒為粉。〔服〕之一年以上，入水不沾，入火不灼，刃之不傷，百毒不死。不可用已成之器，傷人無益，得璞玉乃可用也。赤松子以玄蟲血漬玉為水服之，故能乘煙霞上下。玉屑與水服之，俱令人不死。所以不及金者，令人數數發熱，似寒食散狀也。若服玉屑，宜十日一服雄黄、丹砂各一刀圭，散髮洗沐冷水，迎風而行，則不發熱也。董君異常以玉醴與盲人服，旬日而目愈也。○李時珍曰：漢武帝取金莖露和玉屑服，云可長生，即此物也。但玉亦未必能使生者不死，惟使死者不朽爾。養尸招盜，曷若速朽之為愈哉。

**明·顧逢柏《分部本草妙用》卷四肺部·寒補**

玉 甘，平、微寒，無毒。主治：玉屑除胃熱，喘息煩滿，止渴，輕身，潤心肺，助聲喉，滋毛髮。同金、銀、麥冬同煎，有益。○玉泉號瓊漿，補五臟，去百病，柔筋堅骨，安魂魄，長肌肉，益氣，利血脉，久服耐寒暑不老。療婦人帶下十二病，除氣癃，明耳目，治血塊。作玉屑法：玉屑一升，地榆草一升，稻米一升，取白露二升，銅器中煮米熟，絞汁，玉屑化為水，以藥納入，所謂神仙玉漿也。按：楊貴妃含玉嚥津，以解肺渴。王莽以玉滅面疵，李預餐玉，而死後神色不變，其真美物也哉。

**清·穆石匏《本草洞詮》卷三**

玉 《禮記》云：石蘊玉則氣如白虹，精神見於山川。《尸子》云：水圓折者有珠，方折者有玉。《玉書》云：玉生於山而木潤，產於水而流芳，藏於璞而文采流於外地。《〔地〕鏡圖》云：玉之精如美女。陶貞白云：玉出藍田南陽日南，外國于闐疏勒諸處。晉張匡鄴使于闐，作《行程記》，云：玉河源出崑山，西流一千三百里，至于闐界，乃疏為三河，一曰白玉河，二曰綠玉河，三曰烏玉河，每歲五六月大水暴漲，則玉隨流而至，水退乃取之。《太平御覽》云：交州出白玉，夫餘出赤玉，挹婁出青玉，大秦出菜玉，西蜀出黑玉，藍田出美玉。王逸論玉之色，曰赤如雞冠，黃如蒸栗，白如截肪，黑如純漆。《淮南子》云：鍾山之玉，炊以爐炭，三日三夜而色澤不變，得天地之精也。觀此諸說，則玉有山產、水產二種。中國之玉產於山，四夷之玉產於水也。石似玉者，珷玞琨（玭）〔珉〕璁瓔，所謂燕石入笥，卞氏長號也。玉味甘，氣平，無毒。《本草》謂玉漿治五臟百病，柔筋強骨，安魂魄，長肌肉，利血脈。葛洪謂服金者壽如金，服玉者壽如玉，一年以上入水不沾，入火不灼，刃之不傷，百毒不死。《天寶遺事》載楊貴妃含玉嚥津，以解肺渴。王莽遺孔休玉曰：君面有疵，美玉可以滅瘢。董君異以玉醴與盲人服，旬日復明。後魏李預得餐玉之法，及疾篤，謂妻子曰：服玉當屏居山林，排棄嗜慾，而吾酒色不絕，自致於死，非玉之咎也。吾體心當有異，勿速殯，令後人知餐服之功，時七月中旬，長安毒熱，停屍四日而體色不變。古來發塚見屍如生者，身腹內外無不大有金玉。漢制王公皆用珠襦玉匣，是使不朽故也。據理而推，玉未必使生者不死，但能使死者不朽耳。鍊服之法，若未深解節度，豈可輕用？至於養屍招盜，反成暴棄，豈若速朽歸虛之為愈哉？夫玉乃重寶，古禮玄珪蒼璧，黃琮赤璋，白琥玄璜，以象天地四時，是豈無用而珍之？若此，《左傳》云玉足以庇蔭嘉穀則寶之。玉之用亦大矣。若以服食見功，小之乎視玉也。

**清・李熙和《醫經允中》卷一八** 玉 畏欵冬花、青竹。甘，平，微寒，無毒。主治胃熱喘嗽，除煩止渴，潤心肺。作玉泉法：玉屑一升，地榆一升，元米一升，取白露二升，銅器中煮米熟絞汁，屑化為水，所謂玉漿也。

**清・馮兆張《馮氏錦囊秘錄・雜症痘疹藥性主治合參》卷五** 玉屑 研細極，免人淋壅。然不若以消化作水者尤佳。主解渴咽喉，除熱胃脘。潤心神，能明目，助音聲，止喘息。久服勿已，耐老輕身。然稟純陽之精，凡酒色不戒者輕服，似以火濟火，為害匪輕。

**清・张璐《本經逢原》卷一** 玉 平，淡，無毒。發明：玉滅瘢痕，日日磨擦，久則自退。研細水飛，去目翳。珊瑚、瑪瑙、寶石、玻璃、水晶為屑，水飛，皆能去翳，不獨玉屑為然也。

**清・浦士貞《夕庵讀本草快編》卷一** 玉《別錄》 《說文》云：玉乃石之美者，故字象三玉連貫之形。玉乃天地重寶，味甘氣平，故能安魂魄而調血氣，耐寒暑而忘飢渴。是以久服延齡，輕身飛舉。蓋取其得陽精之純而五德俱備。潤澤以溫，仁也。䚡理自外，可以知中，義也。其聲舒揚遠聞，智也。不撓而折，勇也。銳廉而不忮，潔也。故瀛州有玉膏如酒，飲之長生。今方家製為漿液，以充服食。唐李商隱有璚漿未飲結成冰之句是爾。況能禳火災、禦水氣，君子宜佩，家國宜珍者也。

**清・汪紱《醫林纂要探源》卷三** 玉 甘，平。出崑崙于闐諸西域。具五色，以粹白為貴。其出北方瀚海者，曰瀚玉。水晶，亦曰水玉，凡所稱寶石，皆玉類也。鎮心安神，平補五臟，清明耳目，潤澤肌膚。古王者服食玉屑，《周禮》玉人所供食玉，韓昌黎所稱玉札也。玉分五色，蒼養肝，赤養心，黃養脾，白養肺，元養腎，皆能鎮心安神。屑為末，傅身面，能悅澤肌膚，塗滅瘢痕，口含玉屑，則能生津止渴，蓋其氣恒潤而體恒溫。

**清・王龍《本草纂要稿・金石部》** 玉 氣味甘平，無毒。止煩燥，滋養五臟。潤心肺，耐寒暑不（肌）〔飢〕。利血脉，柔筋強骨。明眼目，耐老輕身。滋毛髮而滅瘢痕，清聲而定喘息。

**清・葉志詵《神農本草經贊》卷一** 玉泉 味甘，平。主五藏百病，柔筋強骨，安魂魄，長肌肉，益氣。久服耐寒暑，不飢渴，不老神仙。人臨死服五斤，死三年色不變。一名玉札。《初學記》引云玉桃，《太平御覽》引同。疑當作桃。生山谷。

陽精孕璞，霏屑消堅。禁水勝火，輝山澄川。濃調榆釀，粘倩葱湔。禮供齋食，白長官延。

《周禮注》：玉是陽精之純者。吳普曰：玉泉，一名玉屑。《抱朴子》：服之一年以上，入水不霑，入火不灼。得于闐國白玉尤善。烏米酒及地榆酒化之為水。亦可以蔥漿消之為粘。陸機賦：石韞玉而山輝。《唐書・傳》：鄭朗藹若瑞玉，淡如澄川。《周禮》：王齋則供食玉。《事類賦》：白玉體如白首翁。

**清・戴葆元《本草綱目易知錄》卷七** 玉泉玉漿、瓊漿。甘，平。柔筋強骨，益氣延年。安魂魄，明耳目，長肌肉，利血脈。治血塊，除氣癃。療五臟百病及婦人帶下。久服耐寒暑，不飢渴，人臨死，服五斤，三年色不變。

## 白玉髓

**宋・唐慎微《證類本草》卷三〇有名未用・玉石〔《別錄》〕** 白玉髓 味

甘，平，無毒。主婦人無子，不老延年。生藍田玉石間。

**宋・唐慎微《證類本草》卷三玉石部上品〔唐・陳藏器《本草拾遺》〕** 玉膏 味甘，平，無毒玉石。主延年，神仙。術家取蟾蜍膏軟玉如泥，以苦酒消之成水，此則爲膏之法。今玉石間水，飲之長生，令人體潤，以玉投朱草汁中化成醴，朱草瑞物，已出金水卷中。《十洲仙記》：瀛洲有玉膏泉如酒，飲之數杯輒醉，令人長生。洲上多有仙家似吳兒，雖仙境之事，有可憑者，故以引爲證也。

**明・王文潔《太乙仙製本草藥性大全》卷六《仙製藥性》** 玉膏 味甘，氣平，無毒。 主治 主延年神仙，術家取蟾蜍膏，軟玉如泥，以苦酒消之成水，此則爲膏之法。今玉石間水，飲之長生，令人體潤，以玉投朱草汁中化成醴，朱草瑞物，已出金水卷中。《十洲仙記》：瀛洲有玉膏泉如酒，飲之數杯輒醉，令人長生，洲上多有仙家似吳兒。雖仙境之事，有可憑者，故以引爲證也。

**明・李時珍《本草綱目》卷八金石部・玉類** 白玉髓《別錄》有名未用。校正：併入《拾遺》玉膏。

〔釋名〕玉脂《綱目》 玉膏《拾遺》 玉液 〔集解〕《別錄》曰：生藍田玉石間。時珍曰：此即玉膏也，別本以爲玉泉者是矣。《山海經》云：密山上多丹木，丹水出焉，西流注於稷澤。其中多白玉，是有玉膏。其源沸沸湯湯，黃帝是食是饗。是生玄玉，玉膏所出，以灌丹木。黃帝乃取密山之玉，榮而投之鍾山之陽。瑾瑜之玉爲良，堅栗精密，澤而有光，五色發作，以和柔剛。天地鬼神，是食是饗。君子服之，以禦不詳。謹按密山亦近于闐之間。是食者，服食也。是饗者，祭祀也。服之者，佩服也。玉膏，即玉髓也。《河圖玉版》云：少室之山，有白玉膏，服之成仙。《十洲記》云：瀛洲有玉膏如酒，名曰玉醴，飲數升輒醉，令人長生。《抱朴子》云：生玉之山，有玉膏流出，鮮明如水精，以無心草末和之。須臾成水，服之一升長生。皆指此也。藏器曰：今玉石間水飲之，亦長生潤澤。

〔氣味〕甘，平，無毒。〔主治〕婦人無子，不老延年《別錄》。

### 青玉

**宋・唐慎微《證類本草》卷三〇有名未用・玉石〔《別錄》〕** 青玉 味甘，平，無毒。主婦人無子，輕身不老長年，一名穀玉。生藍田。

〔梁・陶弘景《本草經集注》〕云：張華云：合玉漿用穀玉，正縹白色，不夾石者，大如升，小者如雞子，取穴中者，非今作器物玉也。出襄鄉縣舊穴中。黃初中，詔征南將軍夏侯尚求之。

**明・李時珍《本草綱目》卷八金石部・玉類** 青玉《別錄》有名未用

〔釋名〕穀玉時珍曰：穀，一作瑴，又作珏，谷、角二音。二玉相合曰瑴，此玉常合生故也。 〔集解〕《別錄》曰：生藍田。弘景曰：張華言合玉漿用瑴玉，正縹白色，不夾石。大者如升，小者如鷄子，取於穴中者，非今作器物玉也。出襄鄉縣舊穴中。黃初時，詔征南將軍夏侯（上）尚求之。時珍曰：按《格古論》云：古玉以青玉爲上，其色淡青，而帶黃色。綠玉深綠色者佳，淡者次之。菜玉非青非綠，如菜色，此玉之最低者。

〔氣味〕甘，平，無毒。 〔主治〕婦人無子，輕身不老長年《別錄》。

**明・姚可成《食物本草》卷二一玉石部** 青玉生藍田。張華言合玉漿用瑴玉，正縹白色，不夾石。大者如升，小者如雞子，取於穴中者，非今作器物玉也。出（裴）〔襄〕鄉縣舊穴中。黃初時，詔征南將軍夏侯尚求之。○李時珍曰：按《格古論》云：古玉以青玉為上，其色淡青，而帶黃色。綠玉深綠色者佳，淡者次之。菜玉非青非綠，如菜色，此玉之最低者。

青玉，味甘，平，無毒。主婦人無子，輕身不老長年。

璧玉 味甘，無毒。主明目益氣，使人多精生子。○李時珍曰：璧，瑞玉圜也。此玉可為璧，故曰璧玉。璧外圓象天，內方象地。《爾雅》云：璧大六寸謂之瑄，肉倍好謂之璧，好倍肉謂之瑗。

玉英 味甘，主風瘙皮膚痒。生山竅中，明白可作鏡，一名石鏡，十二月采。

合玉石 味甘，無毒。主益氣，療消渴，輕身辟穀。生常山中丘，如彘（肋）〔肪〕。○李時珍曰：此即碾玉砂也，玉須此石碾之乃光。

### 璧玉

**宋・唐慎微《證類本草》卷三〇有名未用・玉石〔《別錄》〕** 璧玉 味甘，無毒。主明目，益氣，使人多精生子。

**明・李時珍《本草綱目》卷八金石部・玉類** 璧玉《別錄》曰：味甘，無毒。主明目益氣，使人多精生子。時珍曰：璧，瑞玉圜也。此玉可爲璧，故曰璧玉。璧外圓象天，內方象地。《爾雅》云：璧大六寸謂之瑄，肉倍好謂之璧，好倍肉謂之瑗。

### 合玉石

**宋・唐慎微《證類本草》卷三〇有名未用・玉石〔《別錄》〕** 合玉石：味甘，無毒。主益氣，療消渴，輕身辟穀。生常山中丘，如彘肪。

**明・李時珍《本草綱目》卷八金石部・玉類** 合玉石《別錄》曰：味甘，無毒。主益氣，療消渴，輕身辟穀。生常山中丘，如彘肪。時珍曰：此即碾玉砂也，玉須此石碾之乃光。

玉英

**宋・唐慎微《證類本草》卷三〇有名未用・玉石**〔《別錄》〕　玉英　味甘。主風瘙皮膚痒，一名石鏡，明白可作鏡。生山竅，十二月採。

青琅玕

**唐・段成式《酉陽雜俎・前集》卷一〇**　石欄干　生大海底，高尺餘，有根，莖上有孔如物點，漁人網罥取之，初出水正紅色，見風漸漸青色，主石淋。

**宋・唐慎微《證類本草》卷五玉石部下品〔《本經・別錄・藥對》〕**　**青琅玕**　**味辛，平，無毒。主身痒，火瘡，癰傷，**白秃，**疥瘙，死肌，**侵淫在皮膚中。煮鍊服之，起陰氣，可化爲丹。**一名石珠，**一名青珠。生蜀郡平澤。採無時。殺錫毒，得水銀良，畏雞骨。

〔梁・陶弘景《本草經集注》〕云：　此《蜀都賦》所稱青珠黃環也。黃環乃是草，苟取名類而種族爲乖。琅玕亦是崑山上樹名，又《九真經》中大丹名也。此石今亦無用，惟以療手足逆臚，音閭。化丹之事，未的見其術。

〔唐・蘇敬《唐本草》〕注云：　琅玕乃有數種色，是瑠璃之類，火齊寶也。且琅玕五色，其以青者入藥爲勝。今出嶲音髓州以西烏白蠻中及于闐國也。

〔宋・掌禹錫《嘉祐本草》〕按：　陳藏器云：　瑠璃，主身熱目赤，以水浸令冷熨之。《韻集》曰：　火齊珠也。《南州異物志》云：　瑠璃本是石，以自然灰理之可爲器，車渠、馬腦並玉石類，是西國重寶。佛經云：　七寶者，謂金、銀、瑠璃、車渠、馬腦、玻璃、真珠是也。或云珊瑚、琥珀。今馬腦碗上刻鏤爲奇工者，皆以自然灰又昆吾刀治之，自然灰，今時以牛皮膠作假者，非也。日華子云：　玻璃，冷，無毒。安心，止驚悸，明目，摩瞖障。

〔宋・蘇頌《本草圖經》〕曰：　青琅玕，生蜀郡平澤。蘇恭注云：　琅玕乃有數種，是瑠璃之類，火齊寶也。琅玕五色，具以青者入藥爲勝。出嶲音隨州以西烏白蠻中及于闐國也。今秘書中有《異魚圖》載，琅玕青色，生海中，云海人於海底以網挂得之，初出水紅色，久而青黑，枝柯似珊瑚而上有孔竅如蟲蛀，擊之有金石之聲，乃與珊瑚相類。其說不同，人莫能的識。謹按：　《尚書・禹貢》：　雍州厥貢，璆琳琅玕。《爾雅》云：　西北之美者，有崑崙墟之璆琳、琅玕焉。孔安國、郭璞皆以爲石之似珠者。而《山海經》云：　崑崙山有琅玕，若然，是石之美者，明瑩若珠之色，而其狀森植耳。大抵古人謂石之美者多謂之珠。《廣雅》謂瑠璃、珊瑚，皆爲珠是也。故《本經》一名青珠。而左太沖《蜀都賦》云：　青珠黃環。黃環是木，然引以相並者，亦謂其美如珠，而其類實木也。又如上所說，皆出西北山中，而今圖乃云海底得之。蓋珍瑰之物，山海客俱産焉。今醫方家亦以難得而稀用也。

〔宋・唐慎微《證燈本草》〕《唐本餘》：　味甘。

**宋・唐慎微《證類本草》卷三玉石部上品〔唐・陳藏器《本草拾遺》〕**　石欄干　味辛，平，無毒。主石淋，破血，産後惡血。磨服，亦煮汁服，亦火燒投酒中服。生大海底，高尺餘，如樹，有根、莖。莖上有孔，如物點之，漁人以網罥得之，初從水出，微紅，後漸青。

**宋・寇宗奭《本草衍義》卷六**　青琅玕　《書》曰：　三危既宅。三危，西裔之山也，厥貢惟球琳琅玕。孔穎達以謂琅玕石似玉。《新書》亦謂三苗、西戎。《西域記》云：　天竺國正出此物。陶隱居謂爲木名，大丹名。既是大丹名，則《本經》豈可更言煮煉服之？又曰：　可化爲丹。陶不合遠引，非此琅玕也。《唐本》注云：　是琉璃之類。且琉璃火成之物，琅玕又非火成。《經》曰：　生蜀郡平澤。安得同類言之，其說愈遠。且佛經所謂琉璃者，正如鬼谷珠之類，乃火成之物也，今人絕不見用。

**宋・王繼先《紹興本草》卷一**　青琅玕　紹興校定：　青琅玕，雖《經》注所著出産不一，大抵石之類，狀如珊瑚，色青者佳。諸注稱以作玻璃、琉璃者誤矣。主療已載《本經》，其味辛、平、無毒者是也。雖古方間而有用，但近世稀用之。

**宋・劉明之《圖經本草藥性總論》卷上**　青琅玕　味辛，平，無毒。主身痒，火瘡癰傷，白秃疥瘙死肌，侵淫在皮膚中，煮煉服之。起陰氣，可化為丹。日華子云：　玻璃，冷，無毒。安心止驚悸，明目，摩障瞖。陳藏器云：　瑠璃主身熱目赤，以水浸令冷，熨之。殺錫毒，得水銀良。畏雞骨。

**明・劉文泰《本草品彙精要》卷五**　青琅玕　無毒。附琉璃、玻璃。石生。

**青琅玕**出《神農本經》：　**主身癢，火瘡，癰傷，疥瘙，死肌。**以上朱字《神農本經》。白秃侵淫在皮膚中，煮煉服之，起陰氣，可化爲丹。以上黑字名醫所錄。

【名】石珠、青珠。　【地】《圖經》曰：　青琅玕，生蜀郡平澤及嶲音髓州西烏白蠻中于闐國。蘇恭云：　琅玕乃有數種，是琉璃之類，火齊寶也。火齊珠名琅玕，五色，惟青者入藥爲勝。秘書中有《異魚圖》載琅玕青色，生海中，云海人於海底以網掛得之。初出水紅色，久則青黑，枝柯似珊瑚，而上有孔竅，如蟲蛀，擊之有金石之聲。《爾雅》云西北之美者，有崑崙墟之璆琳、琅玕焉，孔安國、郭璞皆以爲石之似珠者。《山海經》云：　崑崙山有琅玕，若然，是石之美者，明瑩若珠之色，而其狀森植爾。大抵古人謂石之美者，多謂之珠。

《廣雅》謂琉璃、珊瑚皆珠也。故《本經》一名青珠，亦此義也。抑考之琅玕出海中，以其色瑩如珠，故蘇云琉璃，火齊之類，實非琉璃也。蓋琉璃火成，人爲之物，此則天然成者，其不同也明矣。況《皇極經世》云：水之木珊瑚之類，正此是也。蓋珍瑰之物，山、海、谷俱產焉。〔時〕生：無時。採：無時。〔質〕類珊瑚，色青而有孔。〔色〕青白。〔味〕辛。〔性〕平，散。〔氣〕氣之薄者，陽中之陰。〔臭〕朽。〔主〕火瘡，止癢。〔助〕得水銀良。〔反〕畏雞骨。〔治〕療：日華子云：玻璃安心，止驚悸，明目，磨翳障。陳藏器云：琉璃主身熱，目赤，以水浸冷熨之。〔解〕殺錫毒。

**明・許希周《藥性粗評》卷四**　淋血斷欄干之石。石欄干，海底石也。高尺餘，如樹，有根莖，莖上有孔，漁人網而得之。初出水微紅，後漸變青。味辛，性平，無毒。主治砂淋血塊，產後惡血。俱磨水服，或煮汁服，或燒紅投酒中服，皆可。

**明・鄭寧《藥性要略大全》卷八**　青琅玕　味辛，平，無毒。形似珊瑚，有五色，惟青者入藥。主身痒浸淫，及皮膚火瘡癰傷，白禿，死肌。煉服起陰氣，可化為丹。殺錫毒。得汞良。畏雞骨。崑崙山樹也。

**明・王文潔《太乙仙製本草藥性大全》卷六《本草精義》**　青琅玕　乃玉石類，是西國重寶也。生蜀郡平澤。蘇恭注云：琅玕乃有數種，是琉璃之類，火齊寶也。琅玕五色，具以青者入藥爲勝。出雟州以西烏白蠻中及于闐國也。今書中有《異魚圖》載琅玕青色，生海中。海人於海底以鐵網撈得之，初出水紅色，久而青黑，枝柯似珊瑚，而上有孔竅如蟲蛀，擊之有金石之聲。劑用堪煮汁服。殺錫毒，畏鷄骨，與珊瑚相類，其說不同，人〔莫〕能識。《尚書・禹貢》雍州厥貢，璆琳琅玕。《爾雅》云西北之美者，有崑崙墟之璆琳、琅玕焉。孔安國、郭璞皆以爲石之似珠者，而《山海經》云崑崙山有琅玕。若然是石之美者，明瑩若珠之色耶，其狀生植耳！

石欄杆　生大海底，高尺餘。如樹有根莖，莖上有孔如物點之，漁人以網罾得之。初從水中微紅，後漸青。

**明・王文潔《太乙仙製本草藥性大全》卷六《仙製藥性》**　石欄杆　味辛，氣平，無毒。主治：主石淋破血之仙方，治產後惡血之秘訣。磨服煮汁尤良，火燒淬酒甚妙。

青琅玕　味辛，氣平，無毒。得水銀良。主治：主皮膚浸淫死肌，去身體瘙癢瘡疥。除石淋且破惡血，起陰氣可化爲丹。醫火瘡癰傷秘訣，疙瘭白禿妙方。

**明・皇甫嵩《本草發明》卷五**　琅玕下品。味辛，平，無毒。主身痒，火瘡癰傷，白禿疥瘙，死肌，侵淫在皮膚中，煮汁鍊服，起陰氣，可化為丹。殺錫毒。得水銀良。畏雞骨。有五色，青者入藥。似珊瑚，上有孔竅，作金石聲。

**明・李時珍《本草綱目》卷八金石部・玉類**　青琅玕《本經》下品。校正：併入《拾遺》石闌干。

〔釋名〕石闌干《拾遺》　石珠《別錄》　青珠時珍曰：琅玕，象其聲也。可碾爲珠，故得珠名。

〔集解〕《別錄》曰：青琅玕生蜀郡平澤，采無時。弘景曰：此《蜀都賦》所稱青珠、黃環者也。琅玕亦是崑崙山上樹名，又《九真經》中大丹名。恭曰：琅玕有數種色，以青者入藥爲勝，是琉璃之類，火齊寶也。今出雟州以西烏白蠻中及于闐國。藏器曰：石闌干生大海底，高尺餘，如樹，有根莖，莖上有孔，如物點之。漁人以網罾得之，初從水出微紅，後漸青。頌曰：今秘書中有《異魚圖》，載琅玕青色，生海中。云海人以網於海底取之，初出水紅色，久而青黑，枝柯似珊瑚，而上有孔竅，如蟲蛀，擊之有金石之聲，乃與珊瑚相類。其說與《別錄》生蜀郡平澤，及蘇恭所云不同，人莫能的識。謹按《尚書》：雍州厥貢，球琳琅玕。《爾雅》云：西北之美者，有崑崙墟之璆琳、琅玕。孔安國、郭璞注皆以爲石之似珠者。而《山海經》云崑崙山有琅玕。若然是石之美者，明瑩若珠之色，而狀森植爾。大抵古人謂石之美者，多謂之珠，《廣雅》謂琉璃、珊瑚皆爲珠是也。已上所說，皆出西北山中，而今圖乃云海底得之。蓋珍貴之物，山海或俱產焉，今醫家亦以難得而稀用也。宗奭曰：《書》云：雍州厥貢，球琳琅玕。《西域記》云，天竺國正出此物。蘇恭云是琉璃之類。琉璃乃火成之物，琅玕非火成者，安得同類。時珍曰：按許慎《說文》云：琅玕，石之似玉者。孔安國云：石之似珠者。《總龜》云：生南海石崖間，狀如筍，質似玉。《玉冊》云：生南海崖石內，自然感陰陽之氣而成，似珠而赤。《列子》云：蓬萊之山，珠玕之樹叢生。據諸說，則琅玕生於西北山中及海山崖間。其云生於海底網取者，是珊瑚，非琅玕也。在山爲琅玕，在水爲珊瑚，珊瑚亦有碧色者。今回回地方出一種青珠，與碧靛相似，恐是琅玕所作者也。《山海經》云：開明山北有珠樹。《淮南子》云：曾城九重，有珠樹在其西。珠樹即琅玕也。餘見珊瑚下。

〔氣味〕辛，平，無毒。之才曰：殺錫毒，得水銀良，畏鷄骨。〔主治〕身痒，火瘡癰瘍，疥瘙死肌《本經》。白禿，浸淫在皮膚中，煮鍊服之，起陰氣，可化爲丹《別錄》。療手足逆臚弘景。石闌干：主石淋，破血，產後惡血，磨服，或煮服，亦火燒投酒中服。藏器。

**明・倪朱謨《本草彙言》卷一二**　青琅玕　味辛，氣平，無毒。寇氏曰：《書》云：雍州厥貢，球琳琅玕。又《西域記》言：天竺國亦有之。又按：許慎《說文》云：琅玕，石之似玉，生南海石崖間，狀如筍，質似玉，體如石，感陰陽之氣而成。又《列子》云：蓬萊之山，珠玕之樹叢生。據此諸說，則琅玕生于西北山中，及海上山崖間。如生于海底，以鐵網取者，是珊瑚，非琅玕也。產於山石崖者，爲琅玕，青色；產於海底者，爲珊瑚，紅色。此說明甚。又回回地出一種青珠，與碧靛相似，恐是琅玕所作者也。

青琅玕　陶弘景方療肝逆氣阻，手足逆臚，神農熱瘡身癢，疥瘙死肌，藏器方及石淋淋閉不通，產後惡血悶脹諸疾，俱宜火燒投酒中，淬之三次，取酒飲一二合，愈。

**明·姚可成《食物本草》卷二一玉石部**　青琅玕生蜀郡平澤。亦是崑崙山上樹名，又《九真經》中大丹名。○陳藏器曰：青琅玕生大海底，高尺餘，如樹，有根莖，莖上有孔，如物點之。漁人以網（繒）〔罾〕得之，初從水出微紅，後漸青。《總龜》云：生南海石厓間，狀如筍，質似玉。《玉冊》云：生南海石崖石內，自然感陰陽之氣而成，似珠而赤。《列子》云：蓬萊之山，琅玕之樹叢生。據諸說，則琅玕生於西北山中及海山崖間。其云生於海底網取者，是珊瑚，非琅玕也。在山為琅玕，在水為珊瑚，珊瑚亦有碧色者。今回回地方出一種青珠，與碧靛相似，恐是琅玕所作者也。《山海經》云：開明山北有珠樹。《淮南子》云：曾城九重，有珠樹在其西。珠樹即琅玕也。

青琅玕，味辛，平，無毒。治身痒，火瘡癰瘍，疥瘙死肌。白秃，浸淫在皮膚中，煮鍊服之。又主石淋，破血，產後惡血不止。水磨服之，或煮服之，即止。亦可火燒投酒中服。

**清·穆石匏《本草洞詮》卷三**　琅玕　象其聲也。《尚書》雍州厥貢，球琳琅玕。《爾雅》云：西北之美者，有崑崙墟之璆琳、琅玕。《列子》云：蓬萊之山，珠玕之樹叢生。據諸說，則琅玕生西北山中及海山厓間。陳藏器謂琅玕生海底，漁人以網罾得之。是珊瑚，非琅玕也。在山為琅玕，在水為珊瑚，形似而實不同。蘇恭謂是琉璃之類。琉璃乃火成之物，琅玕非火成者，安得同類？琅玕味辛，氣平，無毒。治身痒火瘡，癰瘍死肌。

**清·葉志詵《神農本草經贊》卷三**　青琅玕　味辛，平。主身痒，火創癰傷，疥搔死肌。一名石珠。生平澤。

美珍西北，氣感陰陽。紅浮鐵網，青耀崑岡。珠非川媚，玉訝淵藏。獻分楚寶，禮重東方。

《爾雅》：西北之美者，有崑崙墟之璆琳、琅玕。《庚辛玉冊》：生南海崖石內，自然感陰陽之氣而成。蘇頌曰：取珊瑚，先作鐵網沉水底，貫中而生琅玕，明瑩若珠之色，而狀森植。《列子》：珠玕之樹叢生。李時珍曰：生於水者，為珊瑚。生於山者為琅玕，可碾為珠，故得珠名。陸機賦：水懷珠而川媚。《莊子》：藏珠於淵。《唐書·志》：楚州獻寶玉十三。八曰：琅玕珠。《周禮》：以青珪禮東方。

珊瑚

**宋·唐慎微《證類本草》卷四玉石部中品〔唐·蘇敬《唐本草》〕**　珊瑚　味甘，平，無毒。主宿血，去目中瞖。鼻衄，末吹鼻中。生南海。

〔唐·蘇敬《唐本草》〕注云：似玉紅潤，中多有孔，亦有無孔者。又從波斯國及師子國來。《唐本》先附。

〔宋·掌禹錫《嘉祐本草》〕按：日華子云：鎮心止驚，明目。

〔宋·蘇頌《本草圖經》〕曰：珊瑚，生南海。注云又從波斯國及師子國來。今廣州亦有，云生海底，作枝柯狀，明潤如紅玉，中多有孔，亦有無孔者，枝柯多者更難得。採無時。謹按：《海中經》曰：取珊瑚，先作鐵網沉水底，珊瑚貫中而生，歲高三二尺，有枝無葉，因絞網出之，皆摧折在網中，故難得完好者，不知今之取者果爾否？漢積翠池中有珊瑚，高一丈二尺，一本三柯，上有四百六十三條，云是南越王趙佗所獻，夜有光影。晉石崇家有珊瑚，高六七尺，今並不聞有此高大者。

〔宋·唐慎微《證類本草》〕陳藏器云：珊瑚，生石巖下，刺刻之汁流如血。以金投之爲丸，名金漿；以玉投之，爲玉髓。久服長生。《海藥》按：《晉·列傳》云：石崇金谷園，珊瑚樹交加苑生藥，味甘，平，無毒。主消宿血，風癇等疾。按：其主治與金相似也。《錢相公篋中方》：治七八歲小兒眼有膚瞖未堅，不可妄傳藥。宜點珊瑚散，細研如粉，每日少少點之，三日立愈。《異物志》云：出波斯國，爲人間至貴之寶也。

**宋·寇宗奭《本草衍義》卷五**　珊瑚　治翳目，今人用爲點眼筯。有一等紅油色，有細縱紋可愛；又一種如鉛丹色，無縱紋爲下。入藥用紅油色者。嘗見一本高尺許，兩枝直上，分十餘歧，將至其顛，則交合連理，仍紅潤有縱紋，亦一異也。波斯國海中，有珊瑚洲。海人乘大舶，墮鐵網水底，珊瑚初生磐石上，白如菌，一歲而黃，三歲赤，枝榦交錯，高三四尺。鐵發其根，繫網舶上，絞而出之，失時不取則腐。

**宋·王繼先《紹興本草》卷一**　珊瑚　紹興校定：珊瑚，性味主治已載《本經》，生南海。明潤如紅玉者佳。既可作點洗目藥，其云無毒是矣。

**宋・劉明之《圖經本草藥性總論》卷上**　珊瑚　味甘，平，無毒。主宿血，去目中瞖。鼻衄，末吹鼻中。日華子云：鎮心止驚，明目。《海藥》按：《晉・列傳》云：石崇金谷園，珊瑚樹交加苑生蘂。味甘，平，無毒。主消宿血風癇等疾。按：其治與金相似也。《唐本》注：似玉紅潤，中有孔或無孔，生南海及波斯國。

**明・王綸《本草集要》卷五**　珊瑚　味甘，氣平，無毒。似玉，紅潤油色者佳。主宿血，鼻衄，末，吹鼻中。鎮心止驚，明目，去目中翳。

**明・滕弘《神農本經會通》卷六**　珊瑚　生海底，作枝柯狀，明潤如紅玉，中多有孔，亦有無孔者，枝柯多者更難得。廣州。(山)〔出〕南海。　味甘，氣平，無毒。《本經》云：主宿血，去目中瞖。鼻衄，末吹鼻中。日華子云：鎮心，止驚，明目。《衍義》曰：治瞖目，今人用為點眼筯。有一等細油色，有細縱文可愛。又一種如鈆丹色，無縱文為下。入藥用紅油色者。

**明・劉文泰《本草品彙精要》卷三**　珊瑚無毒　石生。

珊瑚：主宿血，去目中翳，鼻衄，末吹鼻中。名醫所錄。〔地〕《圖經》曰：生南海及波斯國、師子國。今廣州亦有之。生海底作枝柯狀，明潤如紅玉，中多有孔，亦有無孔者，枝柯多者更難得。《海中經》曰：取珊瑚，先作鐵網沉水底，珊瑚貫中而生，歲高三二尺，有枝無葉，因絞網出之，皆摧折，故難得完好者。漢積翠池中有高一丈餘者，夜有光影。晉石崇家有高六七尺，今並不聞有此高大者。《衍義》曰：一種紅油色，有細縱紋可愛。又有鈆丹色，無縱紋者爲下。入藥用紅油色者。嘗見一本高尺許，兩枝直上，分十餘歧，將至其顛，則交合連理，仍紅潤有縱紋，亦一異也。其所初生時，白如菌，一歲而黄，三歲則赤，枝幹交錯，高三四尺，網發其根，絞而出之，失時不取則腐矣。〔時〕採：無時。〔用〕紅色有細縱紋者佳。〔質〕類琅玕而紅潤。〔色〕紅。〔味〕甘。〔性〕平，緩。〔氣〕氣之薄者，陽中之陰。〔臭〕朽。〔主〕鎮心止驚，退瞖目。

**明・鄭寧《藥性要略大全》卷八**　珊瑚　鎮心止驚，去障翳，除目昏，消宿血，治衄，主消渴。伊訓云：明目，治風癇，安心定志，除驚悸。與金屑功效相似。《金匱》云：治七八歲小兒眼內麩翳，血氣未堅，不可妄施別藥，只宜將此細研為粉，每日少少點之，立效。味甘，氣平，無毒。出波斯國。云生海底，作枝柯，明瑩如紅玉，中多有孔。亦有無孔者。枝多者及長大者至難得。刺之汁出如血。若以金投之為金漿，以玉投之為玉髓，服之可以長生。

**明・方穀《本草纂要》卷九**　珊瑚　味甘，氣平，無毒。主鎮心止驚，明目去翳，又通血脉。如宿血可散，瘀血可行，吐血可止，衄血可吹鼻中，自然散去，爲血家之神藥也。

**明・王文潔《太乙仙製本草藥性大全》卷六《本草精義》**　珊瑚　生南海。註云：又從波斯國及師子國來，今廣州亦有。云生海底，作枝柯狀，明潤如紅玉，中多有孔，亦有無孔者。枝柯多者更難得。採無時。謹按：《海中經》曰：取珊瑚先作鐵網沉水底，珊瑚貫中而生，歲高三二尺，有枝無葉，因絞網出之，皆摧折在網中，故難得完好者。不知今之取者果耳否？漢積翠池中有珊瑚，高一丈二尺，一本三柯，上有四百六十三條，云是南越王趙佗所獻，夜有光影。晉石崇家有珊瑚，高六七尺，今並不聞有此高大者。

**明・王文潔《太乙仙製本草藥性大全》卷六《仙製藥性》**　珊瑚　味甘，氣平，無毒。主治：中多細孔，刺則汁出，以金投之爲金漿，以玉投之爲玉髓，得飲之者，可致長生。斷枝研成粉霜點目，拂去麩瞖，吹鼻塞衄，鎮心止驚。仍治風癇，更主消渴。補註：治七八歲小兒眼有麩瞖未堅，不可妄傳藥，宜點珊瑚散，細研如粉，每日少少點之，三日立愈。○陳藏器云：珊瑚生石岩下，刺刻之汁流如血，以金投之爲丸名金漿，以玉投之爲玉髓，久服長生。按：《衍義》云：珊瑚乃人間至貴之寶，種類甚多，有一等細油色，有細縱紋可愛；又一種如鉛丹色，無縱紋爲下。入藥用紅油色者。嘗見一本高尺許，兩枝直上，分十餘歧，將至其顛，則交合連理，仍紅闊有縱紋，亦一異也。波斯國海中有珊瑚洲，海人乘大舶墮鐵網水底。珊瑚初生磐石上，白如菌，一歲而黃，三歲赤枝，蘚交錯，高三四尺。鐵發其根繫網，舶上絞而出之，失時不取則腐。

**明・皇甫嵩《本草發明》卷五**　珊瑚甘，平，無毒。　主宿血。研粉，點目去麩瞖。吹鼻塞衄。又云：鎮心止驚，仍治風癇，主消渴。

**明・李時珍《本草綱目》卷八金石部・玉類**　珊瑚《唐本草》

〔釋名〕鉢擺娑福羅梵書　〔集解〕恭曰：珊瑚生南海，又從波斯國及師子國來。頌曰：今廣州亦有，云生海底作枝柯狀，明潤如紅玉，中多有孔，亦有無孔者，枝柯多者更難得，采無時。謹按《海中經》云：取珊瑚，先作鐵網沉水底，珊瑚貫中而生，歲高三二尺，有枝無葉，因絞網出之，皆摧折在網中，故難得完好者。不知今之取者果爾否？漢積翠池中，有珊瑚高一丈二尺，一本三柯，上有四百六十條，云是南越王趙佗所獻，夜有光景。晉石崇家有珊瑚高六七尺。今並不聞有此高大者。宗奭曰：珊瑚有紅油色者，細縱文可愛。有如鉛丹色者，無縱文，爲下品。入藥用紅油色者。波斯國海中有珊瑚洲，海人乘大舶墮鐵網水底取之。珊瑚初生磐石上，白如菌，一歲而黄，二歲變赤，枝幹交錯，高三四尺。人没水以鐵發其根，繫網舶上，絞而出之，失時不取則腐蠹。時珍曰：珊瑚生海底，五七株成林，謂之珊瑚林。居水中直而軟，見風日則曲而硬，變紅色者爲上，漢趙佗謂之火樹是也。亦有黑色者不佳，碧色者亦良。昔人謂碧者爲青琅玕，俱可作珠。許慎《説文》云：珊瑚色赤，〔或〕生于海，或生于山。據此説，則生於海者爲珊瑚，生於山者爲琅玕，尤可徵矣。互見琅玕下。

【氣味】甘，平，無毒。【主治】去目中瞖，消宿血。爲末吹鼻，止鼻衄《唐本》。明目鎮心，止驚癇大明。點眼，去飛絲時珍。

【發明】珣曰：珊瑚主治與金相似。宗奭曰：今人用爲點眼筋，治目瞖。藏器曰：珊瑚刺之汁流如血，以金投之爲丸名金漿，以玉投之爲玉髓，久服長生。

【附方】舊一。小兒麩瞖：未堅，不可亂藥。宜以珊瑚研如粉，日少少點之，三日愈。《錢相公篋中方》。

**明·梅得春《藥性會元》卷下**　珊瑚　味甘，氣平，無毒。紅潤如玉者佳。

主治宿血，去目中翳。鼻衄，為末吹鼻中。又鎮心止驚。

**明·李中立《本草原始》卷八**　珊瑚　生南海。又從波斯國及師子國來。今廣州亦有。云生海底，作枝柯狀，明潤如紅玉，中多有孔，亦有無孔者。枝柯多者更難得。采無時。梵書謂之鉢擺娑福羅。珊瑚：氣味：甘，平，無毒。主治：去目中瞖，消宿血。為末吹鼻，止鼻衄。○明目，鎮心，止驚癇。點眼去飛絲。

《唐本草》。【圖略】入藥用紅油色者為良。漢積翠池中，有珊瑚高一丈二尺，一本三柯，上有四百六十三條，云是南越王趙佗所獻，夜有光景。晉石崇家有珊瑚，高六七尺。今並不聞有此高大者。《錢相公篋中方》：治小兒麩瞖未堅，不可亂藥，宜以珊瑚研為粉，日少少點之，三日愈。

**明·張懋辰《本草便》卷二**　珊瑚　味甘，氣平，無毒。似玉，經潤色者佳。主宿血，鼻衄，末吹鼻中。鎮心止驚，明目，去目中瞖。

**明·繆希雍《本草經疏》卷四**　珊瑚　味甘，平，無毒。主宿血，去目中翳。鼻衄，末吹鼻中。

〔疏〕珊瑚得水中之陰氣以生，味甘氣平，性主消散，故能去目中翳，及消宿血、止鼻衄也。〔主治參互〕同貝子、真珠、瑪瑙、琥珀、石蟹，為極細末，點入目中，去膚翳。甘平無毒，主療亦稀，故無簡誤。

**明·倪朱謨《本草彙言》卷一二**　珊瑚　味甘，氣平，無毒。李氏曰：珊瑚，生南海，及波斯國、師子國來，今廣州亦有。生海底，作枝柯，五七株成林。居水中，直而軟，見風則曲而硬。枝柯多者更難得。明潤如赤玉，胭脂色，有細縱文者爲上，淡紅者次之，黑色者不堪用。按：《海中經》云：取珊瑚，先作鐵網沉水底，珊瑚貫中而生。歲長一尺，因絞網得之，皆摧折在網中，故難得完好者，不知今之取者果爾否？按：《東明史記》言：漢積翠池中，有珊瑚樹，高一丈二尺，本有三柯，上有四十六條。云是南越王趙佗所獻，夜有光。晉石崇家有珊瑚樹，高六七尺，并不聞有此高大者。

珊瑚：散瘀血，《唐本》去目翳之藥也。繆氏仲淳曰：此得水中陰堅之氣以生，體潔而氣清，質堅而性墜。故《唐本草》善消瘀血而去翳障。大氏方又言：鎮心志，止驚癇，皆取此堅潔清重之義云。

集方：彭氏家抄治心肺鬱熱，吐衄不止。用大紅珊瑚以布包，鐵錘徐徐擊之，俟碎，入鐵研中徐徐研極細如粉，每服二分，百合煮成糊，調服。○《眼科類方》治目中膚翳。用珊瑚、貝子、真珠、瑪瑙、琥珀、石蟹各等分，爲極細末，用米許，點入目中。○《方脉正宗》治心神昏冒，驚癇卒倒，或怔忡煩亂。用大紅珊瑚、琥珀、真珠各一錢，研極細，人參、白朮、當歸、膽星各三錢，共研末，和珊瑚等末，每服一錢，燈心湯調下。

**明·姚可成《食物本草》卷二一玉石部**　珊瑚生南海，又從波斯國及師子國來。今廣州亦有，云生海底作枝柯狀，明潤如紅玉，中多有孔，亦有無孔者，枝柯多者更難得。取珊瑚，先作鐵網沉水底，珊瑚貫中而生，歲高二三尺，有枝無葉，因絞網出之，皆摧折在網中，故難得完好者。漢積翠池中，有珊瑚高一丈二三尺，本三柯，上有四百六十條，云是南越王趙佗所獻，夜有光景。晉石崇家有珊瑚高六七尺。○寇宗奭曰：珊瑚有紅油色者，細縱文可愛；有如鉛丹色者，無縱文，為下品。波斯國海中有珊瑚洲，海人於舶上墮鐵網水底取之，珊瑚所生磐石上，白如菌，一歲而黄，二歲變赤，枝幹交錯，高三四尺。人沒水以鐵發其根，繫網舶上，絞而出之，失時不取則腐蠹。○李時珍曰：珊瑚生海底，五七株成林，謂之珊瑚林。居水中直而軟，見風日則曲而硬，變紅色者為上，漢趙佗謂之火樹是也。亦有黑色者，不佳，碧色者亦良。昔人謂碧者為青琅玕，俱可作珠。許慎《說文》云：珊瑚色赤，或生於海，或生於山。據此則生於海者為珊瑚，生於山者為琅玕，尤可徵矣。

珊瑚，味甘，平，無毒。主去目中瞖，消宿血。為末吹鼻，止鼻衄。明目鎮心，止驚癇。點眼，去飛絲。〇陳藏器曰：　珊瑚刺之汁流如血，以金投之名金漿，以玉投之爲玉髓，久服長生。

附方：　治目瞖未堅，不可亂藥。宜以珊瑚研如粉，目少少點之，三日愈。

**清・穆石匏《本草洞詮》卷三**　珊瑚　生海底，作枝柯狀，五七株成林，居水中直而軟，見風日則曲而硬也。味甘，氣平，無毒。主去目中翳，消宿血，止鼻衄。陳藏器謂珊瑚刺之，汁流如血，投以金為金漿，投以玉為玉髓，久服長生。未知然否？

**清・蔣居祉《本草擇要綱目・平性藥品》**　珊瑚　氣味：　甘，平，無毒。主治：　去目中瞖，消宿血。為末吹鼻，止鼻衄。明目鎮心，止驚癇。點眼，去飛絲。

**清・黃元御《玉楸藥解》卷三**　珊瑚　味辛，氣平。入手太陰肺經。點眼去瞖，吹耳鼻止衄。珊瑚磨瞖消障，功載本草，而取效甚難。至謂化血止衄，則其說更荒誕。

**清・趙其光《本草求原》卷二五石部**　珊瑚　甘，平，無毒。去目翳、飛絲宿血。點之。吹鼻，止鼻衄，研細，水飛用。

瑪瑙

**宋・唐慎微《證類本草》卷四玉石部中品〔宋・掌禹錫《嘉祐本草》〕**　馬腦　味辛，寒，無毒。主辟惡，熨目赤爛，紅色似馬腦，亦美石之類，重寶也。生西國玉石間，來中國者皆以爲器，亦云馬腦珠。是馬口中吐出，多是胡人謬言，以貴之耳。新補，見陳藏器。

〔宋・唐慎微《證類本草》〕陳藏器：　馬腦出日本國，用砑木不熱爲上，砑木熱非真也。

**宋・寇宗奭《本草衍義》卷五**　馬腦　非石、非玉，自是一類。有紅、白、黑色三種，亦有其紋如纏絲者，出西裔者佳。彼土人以小者碾爲好玩之物，大者碾爲器。今古方入藥，絕可用。此物，西方甚重，故佛經多言之。其馬口吐出，既知謬言，不合編入。

**宋・王繼先《紹興本草》卷一**　馬腦　紹興校定：　馬腦，性味主治及無毒之文，並載《本經》，然但可以(慰)〔熨〕目為用，亦未聞入服餌之藥矣。

**宋・劉明之《圖經本草藥性總論》卷上**　馬腦　味辛，寒，無毒。主辟惡，熨目赤爛。生西國。

**明・滕弘《神農本經會通》卷六**　瑪瑙　生西國玉石間，來中國者皆以為器，亦美石之類，重寶也。用砑木不熱為上，砑木熱，非真也。味辛，氣寒，無毒。《本經》云：　主辟惡，熨目赤爛，紅色似瑪瑙。《衍義》曰：　非玉非石，自是一類。有紅、白、黑色三種，亦有其紋如纏絲者，出西裔者佳。彼土人以小者碾為好玩之物，大者碾為器。今古方入藥，絕可用。此物西方甚重，故佛經多言之，其馬口吐出，既知謬言，不合編入。

**明・劉文泰《本草品彙精要》卷三**　馬瑙無毒　石生。

馬瑙：　主辟惡，熨目赤爛。名醫所錄。【地】《圖經》曰：　自西國玉石間來。紅色，似馬腦，亦美石之類，重寶也。今中國貴以爲器。陳藏器云：　出日本國，用砑木不熱者爲上，砑木熱者非真也。《衍義》曰：　馬瑙非石非玉，自是一類，有紅、白、黑色三種。亦有其紋如纏絲等理，出西裔者佳。彼土人以小者碾爲玩好之物，大者碾爲器，今古方藥多用之。【時】採：　無時。【用】砑木不熱者爲佳。【質】類玉而有紋彩。【色】紅、白。【味】辛。【性】寒，散。【氣】氣之薄者，陽中之陰。【臭】朽。

**明・鄭寧《藥性要略大全》卷八**　瑪瑙　治目中障翳，熨目赤爛，辟惡氣。味辛，氣寒，無毒。紅黃色似馬腦，亦美石之類，寶者也。以之砑木，不熱者真。砑木熱者非真也。出西國。又日本國玉石間可作器皿，有紅瑪瑙，纏絲瑪瑙。

**明・陳嘉謨《本草蒙筌》卷八**　瑪瑙　味辛，氣寒，無毒。出日本國，生玉石間。種有三般，紅黑而白。佈紋如纏絲者咸妙，砑木不見熱者纔真。砑木熱非真也。土人得之，碾為玩器。雖稱重寶，亦入醫方。辟惡精邪，熨目赤爛。

琉璃乃火成之物，赤目亦水浸熨之。玻璃即水精珠，似玉極光瑩者。安心明目，每著奇功。夜向太陰，可取真水。火精取火，向太陽取之。用異名同。又種珊瑚惟生海底。海舶沉鐵網掛取，紅潤多枝柯參差。長大丈餘，短小尺許。中多細孔，刺則汁流。以金投之為金漿，以玉投之為玉髓。得飲之者，可致長生。斷枝研成粉霜，點目拂去麩瞖。吹鼻塞衄，鎮心止驚。仍治風癇，更主消渴。〇琅玕亦海底生長，枝柯與珊瑚略同。舶者欲求，鐵網必用。出水紅潤，久旋變青。枝擊有金石聲，劑用堪煮汁服。殺錫毒畏惟雞骨，號青珠古人以石之美者，多謂之珠。《廣雅》謂琉璃、珊瑚皆為珠是也。宜得水銀。主皮膚浸淫死肌，去身體瘙癢瘡疥。除石淋且破惡血，起陰氣可化為丹。〇仍有琿璖形如蚌蛤。外多紋理，亦出海中。得者珍藏，不忝玉石。安神鎮宅，解毒殺蟲。《西域記》曰：重堂殿梁楹，皆以七寶飾之，此其一也。

**明・王文潔《太乙仙製本草藥性大全》卷六《本草精義》** 瑪瑙 紅色似馬腦。亦美石之類，重寶也。生日本國及西國玉石間。亦云馬珠用斫木不熱者爲上，熱者非真也。馬腦非石非玉，自是一類，有紅、白、黑色三種。亦有其紋如纏絲者，出西域者佳，彼土人以小者碾爲好玩之物，大者碾爲器。今古方人藥，絕可用，此物西方甚重，佛經多言之。其馬口吐出者，謬也。

**明・王文潔《太乙仙製本草藥性大全》卷六《仙製藥性》** 瑪瑙 味辛，氣寒，無毒。 主治：主惡疰精邪，熨目赤眩爛。

**明・皇甫嵩《本草發明》卷五** 瑪瑙，中品。味辛，寒，無毒。 主辟惡，熨目赤爛。出日本國。有紅、黑、白，紋如纏絲。出西裔者佳。斫木不熱者方真。堪為器玩。

**明・李時珍《本草綱目》卷八金石部・玉類** 馬腦宋《嘉祐》

【釋名】瑪瑙 文石 摩羅迦隸佛書。 藏器曰：赤爛紅色，似馬之腦，故名，亦云馬腦珠。胡人云是馬口吐出者，謬言也。時珍曰：按《增韻》云：玉屬也。文理交錯，有似馬腦，因以名之。《拾遺記》云是鬼血所化，更謬。 【集解】藏器曰：馬腦生西國玉石間，亦美石之類，重寶也。來中國者，皆以爲器。又出日本國。用斫木不熱者爲上，熱者非真也。宗奭曰：馬腦非玉非石，自是一類。有紅、白、黑三種，亦有文如纏絲者。西人以小者爲玩好之物，大者碾爲器。時珍曰：馬腦出西南諸國，云得自然灰即軟，可刻也。曹昭《格古論》云：多出北地、南番、西番，非石非玉，堅而且脆，刀刮不動，其中有人物、鳥獸形者最貴。顧薦《負暄録》云：馬腦品類甚多，出產有南北，大者如斗，其質堅硬，碾造費工。南馬腦產大食等國，色正紅無瑕，可作杯斝。西北者色青黑，寧夏瓜沙羌地砂磧中得者尤奇。有柏枝馬腦，花如柏枝。有夾胎馬腦，正視瑩白，側視則若凝血，一物二色也。截子馬腦，黑白相間。合子馬腦，漆黑中有一白線間之。錦紅馬腦，其色如錦。纏絲馬腦，紅白如絲。此皆貴品。漿水馬腦，有淡水花。醬斑馬腦，有紫紅花。曲蟮馬腦，粉紅花。皆價低。又紫雲馬腦出和州，土馬腦出山東沂州，亦有紅色雲頭、纏絲、胡桃花者，又竹葉馬腦，出淮右，花如竹葉，並可作桌面屏風。金陵雨花臺小馬腦，止可充玩耳。試馬腦法，以斫木不熱者爲真。

【氣味】辛，寒，無毒。 【主治】辟惡，熨目赤爛藏器。 主目生障翳，爲末日點時珍。

**明・梅得春《藥性會元》卷下** 馬腦 味辛，氣寒，無毒。 主辟惡，熨目赤爛。紅色似馬之腦，亦美石之類，重寶色也。生西國玉石間，中國皆以為器。

**明・李中立《本草原始》卷八** 馬腦 生西南諸國。曹昭《格古論》云：多出北地、南番、西番，非石非玉，堅而且脆，刀刮不動，其中有人物、鳥獸形者最貴。顧薦《負暄録》云：馬腦品類甚多，出產有南北。大者如斗，其質堅硬，碾造費工。南馬腦產大食等國，色正紅，無瑕，可作杯斝。西北者色青黑，寧夏瓜沙羌地砂磧中得者尤奇。有柏枝馬腦，花如柏枝；有夾胎馬腦，正視瑩白，側視則若凝血，一物二色也；截子馬腦黑白相間；合子馬腦漆黑中有一白線間之；錦紅馬腦其色如錦；纏絲馬腦紅白如絲。此皆貴品。漿水馬腦有淡水花，醬斑馬腦有紫紅花，曲蟮馬腦粉紅花，皆價低。又紫雲馬腦出和州，土馬腦出山東沂州，亦有紅色雲頭、纏絲、胡桃花者。竹葉馬腦出淮右，花如竹葉，並可作桌面屏風。金陵雨花臺小馬腦，止可充玩耳。試馬腦法：以斫木不熱者為真。按《增韻》云：玉屬也。文理交錯，有似馬腦，故以名之。藏器曰：赤爛紅色似馬之腦，故名。亦云：馬腦珠，俗呼瑪瑙。氣味：辛，寒，無毒。主治：辟惡，熨目赤爛。〇主目生障翳，為末，日點之。

**明・繆希雍《本草經疏》卷四** 瑪瑙 味辛，寒，無毒。主辟惡，熨目赤爛。

【疏】瑪瑙，玉之屬也。觀陳藏器云斫木不熱，其性寒可知矣。寒而帶辛，故能辟惡及熨目赤爛也。同珊瑚輩為末點目，去障翳尤妙。

**明・倪朱謨《本草彙言》卷一二** 瑪瑙 味辛，氣寒，無毒。 李氏曰：瑪瑙，生南北東西四野外國中。非玉非石，而又玉石之屬，乃重寶也。有紅、白、黑、花斑四種，有花文如纏絲者爲上品，得自然灰即軟，可刻字也。按：曹昭《格古論》云：多出南北東西四番外，非玉非石，堅而且脆，刀刮不動，其中有紅、黃、白、黑、斑點。又顧氏《負暄録》言：瑪瑙品類甚多，出產有南北。大者如斗，其質堅硬，碾造費工力。東南產者，出大食國，色正紅，無瑕斑，可作杯斝。西北產者，色青暗，今寧夏瓜沙羌地砂磧中亦嘗有之。外有柏枝瑙，花如柏枝； 有夾胎瑙，正視瑩白，側視又若凝血，一物二色也； 截子瑙，黑白相間； 合子瑙，色如漆黑，中有一條白線間之； 錦紅瑙，其色赤如錦花； 纏絲瑙，其色紅白如絲之細。此皆貴重之品。又有漿水瑙，其色如淡水花； 醬斑瑙，有紫紅花點； 曲蟮瑙，有粉紅花條： 皆其次者。又有紫雲瑙，出和州；　土石瑙，出沂州。此二瑙，亦有紅色、雲頭、纏絲、胡桃等花者；　又竹葉瑙，出淮右，花如竹葉，并可做桌面屏風。又金陵雨花臺小瑪瑙，止可充玩好。〇試瑪瑙法：　以瑙砑木，不熱者爲真。

瑪瑙：　陳藏器辟惡氣，解客忤，李時珍去目障之藥也。繆氏仲淳曰：　此乃玉之屬也，觀《寶藏論》言：　砑木不熱，其性寒可知；　光潔明淨，其體輕可知。故陳氏方辟惡氣而解客忤，去目翳而熨赤爛，皆取此寒潔清淨之氣，而辟除卒暴鬱結之疾也。

集方：　楊水公方治卒暴惡邪鬼氣，及小兒客忤，神亂氣閉之證，用明淨瑪瑙，麤石上洒磨汁，薑湯沖和灌之。即甦。〇治目生翳障。用瑪瑙配珊瑚用。見珊瑚集方中。

**明・姚可成《食物本草》卷二一玉石部**　瑪瑙一名文石。陳藏器曰：　瑪瑙生西國玉石間，亦美石之類，重寶也。〇寇宗奭曰：　瑪瑙非玉非石，自是一類。有紅、白、黑三種，亦有文如纏絲者。西人以小者為玩好之物，大者碾為器。〇李時珍曰：　瑪瑙出西南諸國，云得自然灰即軟，而可加磋琢也。曹昭《格古論》云：　多出北地、南番、西番，非石非玉，堅而且脆，刀刮不動，其中有人物、鳥獸形者最貴。顧薦《負暄錄》云：　瑪瑙出產有南北，大者如斗，其質堅硬，碾造費工。南瑪瑙產大食等國，色正紅無瑕，可作杯斝。西北者色青黑，寧夏瓜沙羌地砂磧中得者尤奇。有柏枝瑪瑙，花如柏枝。有夾胎瑪瑙，正視瑩白，側視則若凝血，一物二色也。截子瑪瑙黑白相間。合子瑪瑙漆黑，中有一白線間之。錦紅瑪瑙其色如錦。纏絲瑪瑙紅白如絲。此皆貴品。漿水瑪瑙有淡水花。醬斑瑪瑙，有紫紅花。皆價低。又紫雲瑪瑙出和州，土瑪瑙出山東沂州，亦有紅色雲頭、纏絲、胡桃花者。竹葉瑪瑙出淮右，花如竹葉，竝可作桌面屏風。金陵雨花臺小瑪瑙，止可充玩耳。試瑪瑙法：　以砑木不熱者為真。

瑪瑙，味辛，寒，無毒。主目生障瞖，為末日點。辟惡，熨目赤爛。

**清・穆石匏《本草洞詮》卷三**　瑪瑙　文理交錯，其色紅爛如馬之腦，故名。味辛，氣寒，無毒。主辟惡，熨目赤爛。

**清・馮兆張《馮氏錦囊秘錄・雜症痘疹藥性主治合參》卷五**　瑪瑙瑪瑙，玉之屬也。寒而帶辛，故能辟惡及熨目赤爛也。珊瑚得水中之陰氣以生，味甘，氣平，無毒。性主消散，故點目中去膚翳。更消宿血，故吹鼻中止鼻衄也。　瑪瑙，辟惡精邪，熨目赤爛。珊瑚中多細孔，刺則汁流。以金投之，為金漿，以玉投之，為玉髓。得飲之者，可致長生。主治消宿血，去目翳，止鼻衄。

**清・黃元御《玉楸藥解》卷三**　瑪瑙　味辛，氣平。入手太陰肺經。點眼去瞖，熨目消紅。瑪瑙磨瞖退障。存此一說可也，至於收功奏效，則未能矣。

**清・趙其光《本草求原》卷二五石部**　瑪瑙　辛，寒，無毒。去目翳，熨赤爛，辟惡。

### 寶石

**明・李時珍《本草綱目》卷八金石部・玉類**　寶石《綱目》

【集解】時珍曰：　寶石出西番、回鶻地方諸坑井內，雲南、遼東亦有之。有紅、綠、碧、紫數色。紅者名刺子，碧者名靛子，翠者名馬價珠，黃者名木難珠，紫者名蠟子。又有鴉鶻石、猫精石、石榴子、紅扁豆等名色，皆其類也。《山海經》言騩山多玉，凄水出焉，西注於海，中多采石。采石，即寶石也。碧者，唐人謂之瑟瑟。紅者，宋人謂之靺鞨。今通呼爲寶石。以鑲首飾器物，大者如指頭，小者如豆粒，皆碾成珠狀。張勃《吳録》云：　越雋、雲南河中出碧珠，須祭而取之，有縹碧、綠碧。此即碧色寶石也。　【主治】去翳明目，入點藥用之。灰塵入目，以珠拭拂即去時珍。

**清・穆石匏《本草洞詮》卷三**　寶石　有紅、綠、碧、紫數色。主去翳明目，灰塵入目，以珠拭拂即去。

**清・王道純《本草品彙精要續集》卷一**　寶石

寶石：　主去翳，明目，入點藥用之。灰塵入目，以珠拭拂即去。《本草綱目》。【名】李時珍云：　紅者名刺子，碧者名靛子，翠者名馬價珠，黃者名木難珠，紫者名蠟子。又有鴉鶻石、貓睛石、石榴子、紅藊豆。【地】出西番、回鶻地方諸坑井內，雲南、遼東亦有之。《山海經》云：　騩山多玉，凄水出焉，西注於海中，多采石。采石，即寶石也。碧者，唐人謂之瑟瑟；　紅者，宋人謂之靺鞨。今通呼爲寶石，以鑲首飾器物。張勃《吳錄》云：　越雋、雲南河中出碧珠，須祭而取之，有縹碧、綠碧，此即碧色寶石也。【質】大者如指頭，小者如豆粒，皆碾成珠狀。【色】有白、黃、紅、綠、碧、紫數色。

### 猫睛石

**清・趙學敏《本草綱目拾遺》卷二石部**　猫睛石　《墨莊漫錄》：　宣和間外夷貢方物，有石圓如龍眼實，色若綠蒲萄，號猫兒眼睛，能息火。燃炭方熾，投之即滅。按此即寶石中一種貓兒眼也。今雲南、緬地寶井中有之。解蠱毒。

### 玻璃

**宋・唐慎微《證類本草》卷三玉石部上品〔唐・陳藏器《本草拾遺》〕** 玻瓈　味辛，寒，無毒。主驚悸心熱，能安心明目，去赤眼，熨熱腫。此西國之寶也。是水玉，或云千歲冰化爲之。應玉石之類，生土石中。未必是冰。今水精珠精者極光明，置水中不見珠也。熨目除熱淚，或云火燧珠，向日取得火。

**明・王文潔《太乙仙製本草藥性大全》卷六《本草精義》** 玻瓈　即水精珠，又名方諸。似玉及光瑩者，置水中而不見珠，此西國之寶也。一云是水玉，或云千歲冰化爲之。應玉石之類，生土石中，未必是冰也。又云：火燧珠者，向日取得火也，亦曰陽燧珠。

**明・王文潔《太乙仙製本草藥性大全》卷六《仙製藥性》** 玻瓈　味辛，氣寒，無毒。主治：主驚悸而治心熱，去赤眼而摩瞖膜。安心明目每著奇功，夜向太陰可取真水。火精取火，向太陽取之，用異名同。琉璃：乃火成之物。主身熱目赤，以水浸令冷，熨之大效。

**明・皇甫嵩《本草發明》卷五** 玻璃性冷，味辛。主驚悸心熱，能安心，明目，去赤眼，熨熱腫。此西國之寶，玉石之類，生土石中，是水王。

**明・李時珍《本草綱目》卷八金石部・玉類** 玻瓈《拾遺》

〖釋名〗頗黎《綱目》　水玉《拾遺》。時珍曰：本作頗黎。頗黎，國名也。其瑩如水，其堅如玉，故名水玉，與水精同名。

〖集解〗藏器曰：玻瓈，西國之寶也。玉石之類，生土中。或云千歲冰所化，亦未必然。時珍曰：出南番。有酒色、紫色、白色，瑩澈與水精相似，碾開有雨點花者爲真。外丹家亦用之。藥燒者有氣眼而輕。《玄中記》云：大秦國有五色頗黎，以紅色爲貴。《梁四公子記》云：扶南人來賣碧頗黎鏡，廣一尺半，重四十斤，内外皎潔，向明視之，不見其質。蔡絛云：御庫有玻瓈母，乃大食所貢，狀如鐵滓，煅之但作珂子狀，青、紅、黄、白數色。

〖氣味〗辛，寒，無毒。

〖主治〗驚悸心熱，能安心明目，去赤眼，熨熱腫藏器。摩翳障大明。

**明・姚可成《食物本草》卷二一玉石部** 玻瓈李時珍曰：玻瓈出南番。有酒色、紫色、白色，瑩澈與水晶相似，碾開有雨點花者為真。《梁四公子記》云：扶南人來賣碧玻瓈鏡，廣一尺半，内外皎潔，向明視之，不見其質。　玻瓈，味辛，寒，無毒。主驚悸心熱，安心明目，去赤眼，熨熱腫。摩瞖障。

**清・穆石匏《本草洞詮》卷三** 玻璃　其瑩如水，其堅如玉，故名水玉。味辛，氣寒，無毒。主安心，明目，摩翳障，熨熱腫。

### 火珠

**明・李時珍《本草綱目》卷八金石部・玉類** 火珠時珍曰：《說文》謂之火齊珠。《漢書》謂之玫瑰，音枚回。《唐書》云：東南海中有羅刹國，出火齊珠，大者如鷄卵，狀類水精，圓白，照數尺。日中以艾承之則得火，用炙艾炷不傷人。今占城國有之，名朝霞大火珠。又《續漢書》云：哀牢夷出火精、琉璃，則火齊乃火精之訛，正與水精對。

### 瑌石

**明・李時珍《本草綱目》卷八金石部・玉類** 瑌石音耎。時珍曰：出雁門。石次於玉，白色如冰，亦有赤者。《山海經》云：北山多瑌石。《禮》云：士佩瑌玫，是也。

### 水精

**明・皇甫嵩《本草發明》卷五** 水晶珠　極光明，置水中，不見珠。熨目除熱淚。夜向太陰，可取真水，火精取火，向太陽取之，用異而名同也。

**明・李時珍《本草綱目》卷八金石部・玉類** 水精《拾遺》

〖釋名〗水晶《綱目》　水玉《綱目》　石英時珍曰：瑩澈晶光，如水之精英，會意也。《山海經》謂之水玉，《廣雅》謂之石英。

〖集解〗時珍曰：水精亦頗黎之屬，有黑、白二色。倭國多水精，第一。南水精白，北水精黑，信州、武昌水精濁。性堅而脆，刀刮不動，色澈如泉，清明而瑩，置水中無瑕、不見珠者佳。古語云水化，謬言也。藥燒成者，有氣眼，謂之硝子，一名海水精。《抱朴子》言，交廣人作假水精盌，是此。

〖氣味〗辛，寒，無毒。

〖主治〗熨目，除熱淚藏器。亦入點目藥。穿串吞咽中，推引諸骾物時珍。

**明・李中立《本草原始》卷八** 水精　生倭國。亦石類也。其形瑩澈晶光，如水之精英，故名水精。一名水晶。氣味：寒，無毒。主治：熨目除熱淚。亦入點目藥。穿串吞咽中，推引諸哽物出。水精色似水，明亮。

**明・姚可成《食物本草》卷二一玉石部** 水晶出信州、武昌。亦玻璃之屬，有黑白二色，性堅而脆，刀刮不動，色澈如泉，清明而瑩。　水晶，味辛，寒，無毒。主熨目，除熱淚。亦入點目藥。穿串吞咽中，推引諸骾物。

**清・穆石匏《本草洞詮》卷三** 水精　瑩徹晶光，水之精英也。有黑白二色，南水精白，北水精黑。亦玻璃之屬。味辛，氣寒，無毒。熨目除熱淚，亦入點眼藥用。《唐書》云：羅刹國出火齊珠，日中以艾承之，則得火。《續漢書》云：哀牢夷出火精，則火齊即火精。正與水精對也。

**清・王道純《本草品彙精要續集》卷一**　水精無毒

水精：主熨目，除熱淚《本草拾遺》。亦入點目藥，穿串吞咽中，推引諸鯁物。《本草綱目》。【名】水晶、水玉、石英。李時珍云：瑩澈晶光，如水之精英，會意也。《山海經》謂之水玉。《廣雅》謂之石英。【地】倭國多水精，第一。南水精白，北水精黑，信州、武昌水精濁。【質】性堅而脆，刀刮不動，色澈如泉，清明而瑩，置水中無瑕，不見珠者佳。【色】有黑、白、青、紫。《類書》云：太康四年，林邑王范能獻紫水精唾壺一口，青白水精唾壺二口。【味】辛。【性】寒。【贗】古語云：冰化。謬言也。藥燒成者有氣眼，謂之硝子，一名海水精。《抱朴子》云：交廣人作假水精，蓋是此。

**清・汪紱《醫林纂要探源》卷三**　水晶　甘，寒。瑩徹如冰，有白色、茶色，以墨色為貴。止渴生津，鎮心明目，益腎清火。琢為墜子，時用揩目，可去熱清目。墨晶作眼鏡，尤養目。

## 菩薩石

**宋・唐慎微《證類本草》卷三玉石部上品〔宋・掌禹錫《嘉祐本草》〕**　菩薩石　平，無毒。解藥毒、蠱毒，及金石藥發動作癰疽渴疾，消撲損瘀血，止熱狂驚癇，通月經，解風腫，除淋，並水磨服。蛇蟲、蜂蠍、狼犬、毒箭等所傷，並末傅之，良。新補，見日華子。

〔宋・唐慎微《證類本草》〕《楊文公談苑》：嘉州峨眉山有菩薩石，人多採得之。色瑩白，若太山狼牙石、上饒州水晶之類，日光射之，有五色如佛頂圓光。

**宋・寇宗奭《本草衍義》卷四**　菩薩石　出峨嵋山中，如水精明澈，日中照出五色光，如峨嵋普賢菩薩圓光，因以名之。今醫家鮮用。

**宋・王繼先《紹興本草》卷一**　菩薩石　紹興校定：菩薩石，據《談苑》所說形質甚詳，以《本經》考之，主療亦備。既能解諸毒，其性平、無毒者明矣。

**明・劉文泰《本草品彙精要》卷二**　菩薩石無毒　石生。

菩薩石：解藥毒，蠱毒，及金石藥發動作癰疽，渴疾，消撲損瘀血，止熱狂驚癇，通月經，解風腫，除淋，並水磨服。蛇、蟲、蜂、蠍、狼、犬、毒箭等所傷，並末傅之，良。名醫所錄。【地】《衍義》曰：出峨嵋山中，如水精明澈，日中照出五色如佛之圓光，因以明之。今醫家鮮用。《別錄》云：嘉州峨嵋山有菩薩石，人多採得，其色瑩白，若泰山狼牙石、上饒州水晶之類，日光射之有五色，如佛頂圓光也。【時】生：無時。採：無時。【用】明澈者佳。【質】類水晶而有光。【色】白。【味】淡。【性】平，寒。【氣】氣之薄者，陽中之陰。【臭】朽。【主】解諸毒，傅瘡瘍。

**明・王文潔《太乙仙製本草藥性大全》卷六《本草精義》**　菩薩石　出嘉州峨嵋山中，人多採得，其石色瑩白。若泰山狼牙石如水晶之類，澄澈清明，日光射之有五色霞光，如峨嵋普賢菩薩佛頂圓光，因以名之。今醫家少用。

**明・王文潔《太乙仙製本草藥性大全》卷六《仙製藥性》**　菩薩石　氣平，無毒。主治：解藥毒蠱毒及金石毒，通月經行血並撲損瘀血。解風腫癰疽，止驚癇狂熱消渴。除淋並水磨服，蛇蜂蝎狼犬毒，並末敷之極良。

**明・李時珍《本草綱目》卷八金石部・玉類**　菩薩石《日華》

【釋名】放光石　陰精石《綱目》。義見下。【集解】宗奭曰：嘉州峨眉山出菩薩石，色瑩白明澈，若太山狼牙石、上饒水精之類，日中照之有五色，如佛頂圓光，因以名之。時珍曰：出峨眉、五臺、匡廬巖竇間。其質六稜，或大如棗栗，其色瑩潔，映日則光采微芒，有小如櫻珠，則五色粲然可喜，亦石英之類也。丹爐家煅制，作五金三黃匱。

【氣味】甘，平，無毒。【主治】解藥毒蠱毒，及金石藥發動作癰疽渴疾，消撲損瘀血，止熱狂驚癇，通月經，解風腫，除淋，並水磨服。蛇蟲、蜂蠍、狼犬、毒箭等傷，並末傅之大明。明目去翳時珍。

**明・倪朱謨《本草彙言》卷一二**　菩薩石　味甘，氣平，無毒。寇氏曰：菩薩石，出嘉州、峨眉、五臺諸山，及匡廬巖竇間。其質六稜，或大如栗棗，或小如櫻桃。其色瑩白明澈，如狼牙石、水晶之類。日中照之，有五色光彩，映日可愛，亦石英之類也。

菩薩石：解百藥毒，化諸蠱毒之藥也。宋人日華子，治藥毒蠱毒及蛇蟲蜂蠍，狼犬諸毒，并一切金石藥毒，變動作癰疽渴疾。又傷寒熱狂譫語，產後血閉，驚癇諸證，俱用白湯磨服。如蛇蟲狼犬等傷，再爲末幷傅傷處。

## 琉璃

**明・王文潔《太乙仙製本草藥性大全》卷六《本草精義》**　琉璃　《博物誌》云琉璃本是石，以自然灰理之，可爲器。《韻集》曰火齊珠也。佛經所謂琉璃者，正如鬼谷珠之類，乃火成之物也。今人絕不見用。

**明・皇甫嵩《本草發明》卷五**　琉璃乃火成之物。水浸之，可熨赤目。

**明·李時珍《本草綱目》卷八金石部·玉類**　琉璃《拾遺》

【釋名】火齊時珍曰：《漢書》作流離，言其流光陸離也。火齊，與火珠同名。

【集解】藏器曰：《集韻》云：琉璃，火齊珠也。《南州異物志》云：琉璃本質是石，以自然灰治之可爲器，石不得此則不可釋。佛經所謂七寶者，琉璃、車渠、馬腦、琉璃、真珠是也。時珍曰：按《魏略》云：大秦國出金銀琉璃，有赤、白、黃、黑、青、綠、縹、紺、紅、紫十種。此乃自然之物，澤潤光采，逾於衆玉。今俗所用，皆銷冶石汁，以衆藥灌而爲之，虛脆不貞。《格古論》云：石琉璃出高麗，刀刮不動，色白，厚半寸許，可點燈，明於牛角者。《異物志》云：南天竺諸國出火齊，狀如雲母，色如紫金，重沓可開，析之則薄如蟬翼，積之乃如紗縠，亦琉璃、雲母之類也。按此石今人以作燈球，明瑩而堅耐久。蘇頌言亦可入藥，未見用者。

【主治】身熱目赤，以水浸次序熨之藏器。

**明·姚可成《食物本草》卷二一玉石部**　琉璃一名火齊。《南州異物志》云：琉璃本質是石，以自然灰治之，可為器，石不得此則不可釋。佛經所謂七寶者，琉璃、車渠、瑪瑙、玻瓈、真珠是也。〇李時珍曰：按《魏略》云：大秦國出金銀琉璃，有赤、白、黃、黑、青、綠、縹、紺、紅、紫十種。此乃自然之物，澤潤光采，踰於眾玉。今俗所用，皆銷冶石汁，以眾藥灌而為之，虛脆不貞。《格〔古〕論》云：石琉璃出高麗，刀刮不動，色白，厚半〔寸〕許，可點燈，明於牛角者。　琉璃，主身熱目赤，以水浸冷熨之。

**清·趙學敏《本草綱目拾遺》卷九器用部**　敗琉璃浮子　係羊角所造，有五色，惟白者入藥。佛前十餘年者良。去淨油垢，新瓦煅研。

退管漏、湯火傷、乳痛。《急救方》：用琉璃片燒灰存性，食後酒服一錢，即消。《救生苦海》：退一切管秘方：手指甲炙黃研細，象牙剉末研細，山甲炙黃研細，乳香、沒藥俱炙，硃砂水飛，舊琉璃燈底佛前白者，用三十年者佳。如若難得，十餘年者亦可用。打碎，麩炒為極細末，各三錢，合勻再研，用黃蠟四兩，化和為丸如椒大，初服五粒，次服六粒，每日加服一粒，加至十四粒止，共服十日，計服九十五粒。至十一日，每日減一粒。至五粒，仍舊逐日加上一粒。加至十四粒，又逐日遞減一粒，如此週而復始，或服至十四粒，每從五粒服起更妙，每日空心陳酒送下，管漸褪出，褪盡為度，如若未盡，再從頭服起，神效，秘之秘之。　內消痔管神方：陳直夫《躬行錄》載此方治痔管如神。有一小兒從高墜下，傷背脊骨，月餘後生毒潰爛成漏，蛔蟲從漏孔中出。《經》云：外癰透膜者生，內癰透膜者死。此症已屬不治，直夫用此藥一料而愈，亦奇方也。凡諸般漏管皆可服，不獨痔管耳。琥珀、燈心研末，象牙屑焙，血餘，須自製。蜎皮陰陽瓦合好、泥封煅存性，雨前芽茶，舊琉璃底翦碎，製法同蜎皮。蟬蛻炒，人指甲不拘手足俱可用。瓦上焙脆為末，穿山甲炒脆，當歸，白茯苓，豬懸蹄甲殼夾翦翦碎，製同蜎皮。蜣螂瓦炙，牛皮膠酒煮化和藥，如不足，加煉白蜜，以上之藥各三兩；小蜂房十個，製同蜎皮，火候更宜輕，勿煅成灰；蛇蛻十條，翦碎，瓦上炙烊，自作汁，將凝即覆存性，否則過性矣，為末，同阿膠和搗撚丸，每日早、午、晚服三錢，滾水送下，一料自愈。已驗過數十人。　痔潰成管：俞曉園鈔方：尅蛇龜活者一個，泥裹，擇朝南牆下背陰處煅，烟盡為度，去泥用；多年白琉璃底一具，琥珀、象牙各三錢，珍珠、西黃、冰片各五分，為末摻之，此藥亦可服，每服九分。　肺癰：《傳信方》：陳年琉璃煅灰存性，陳年油絮漆，匠店有，煉成和勻，酒服，試驗神效。　尿血：《救生苦海》用舊琉璃燈洗淨翦碎，入磁罐內泥封火煅，以紅為度，待冷取出，酒下三錢。　輕粉結毒：《救生苦海》用舊琉璃燈燒存性研，每服二錢，毒在上者，川芎湯下。毒在下者，牛膝湯下。輕者十日，重者一月全愈。《濟世方》用佛前照過舊琉璃燒存性，酒調下，日一二次，一月全愈。　凡人火燒：取廟中琉璃浮子，松樹厚皮做的，燒灰放地土上，用盌覆蓋灰上，存性研末，用紅糖、真香油調敷。　臘利瘡：《百藥備遺》：用陳年佛前琉璃，只取底用，瓦上煅存性為末，真麻油和搽。　喉癬：《選奇方》：用陳年琉璃煅為末一錢，加薄荷末、白蓬砂各五分，冰片少許，和勻，吹入立愈。　敗毒散：不問新久腫毒、癰疽、發背、疔瘡皆治。《家寶方》：琉璃陳年破損者一個，楝樹子四兩，舊髮網巾一頂，鳳凰衣四十九個，三七一錢，敗龜板炙五個，共為末，每服五分，楝樹子湯下。　男女臁瘡：《家寶方》：先用白蘿蔔打爛，貼瘡口上，一日一換，三日毒血去盡，再用後藥。松香一兩，杏仁三十粒去皮尖油，黃丹八錢，輕粉五錢，舊琉璃燈三錢，火焙為末，研細，麻油調搽，一日一換，數次即愈。　癧痺：《雲谷醫鈔》：多年佛前舊琉璃焙存性，麻油調搽，癧痺即消。　散結核：石臨初《結核論》：凡馬刀瘰癧一切結核，用破舊琉璃煅存性為末，每服二錢，取微汗。此物乃羊角製成，能療節中結氣，佐以養血和榮清熱解毒之品，標本並治，乃佳。〇散結湯：熟地、當歸、白芍、川芎、丹參、丹皮、柴胡、桔梗、元參、白斂各等分，水煎，沖琉璃末同服。　頸上癧瘡：舊琉璃燈燒灰，菜油調搽，神效。　長明酒：《種福堂方》治痔漏神效。用積年舊琉璃燈，洗淨油膩，火煅研細，以紅酒服四錢，不過七日，管自退去。　治遍身漏：《醫宗彙編》

云：驗過良方，用陳年琉璃底三錢，人指甲麩皮炒一錢，象牙末一錢，辰砂一錢，蟬蛻去土五分，沒藥去油八分，白礬八錢，如漏在上身，加川芎六分；在下身，加牛膝六分，共為細末，以黃蠟三兩，溶化入前藥和勻，眾手急丸，如菉豆大，初服七八丸，每日加一丸，至十六七丸止，無灰好酒送下，上身飽服，下身飢服，最忌雞及一切有葱之物。

### 白石英

**宋·李昉《太平御覽》卷第九八七** 白石英《本草經》曰：白石英，味甘，微温。生山谷。主治消渴，陰痿不足，嘔迷，益氣，除濕痺，鬲間久寒，益氣。其人久服，輕身長年。生華陰。《永嘉記》曰：安固老山出白石英。《吳氏本草》曰：白石英，神農：甘。岐伯、黃帝、雷公、扁鵲：無毒。生太山。形如紫石英，白澤，長者二三寸。採無時。久服，通日月光。

青石英《本草經》曰：青石英，形如白石英，青端赤後者是。

赤石英《本草經》曰：赤石英，形如白石英，形赤端〔白後者是〕，故赤澤有光，味苦，補心氣。

黃石英《本草經》曰：黃石英，形如白石英，黃色如金在端者是。

黑石英《本草經》曰：黑石英，形如白石英，黑澤有光。

**宋·唐慎微《證類本草》卷三玉石部上品〔《本經·別錄·藥對》〕** **白石英** **味甘**、辛，**微溫**，無毒。**主消渴，陰痿不足，咳逆，胸膈間久寒，益氣，除風濕痹**，療肺痿，下氣，利小便，補五藏，通日月光。**久服輕身長年**，耐寒熱。生華陰山谷及太山。大如指，長二三寸，六面如削，白澈有光。其黃端白稜名黃石英，赤端名赤石英，青端名青石英，黑端名黑石英。二月採，亦無時。惡馬目毒公。

〔梁·陶弘景《本草經集注》〕云：今醫家用新安所出極細長白澈者，壽陽八公山多大者，不正用之。仙經大小并有用，惟須精白無瑕雜者。如此說，則大者爲佳。其四色英，今不復用。

〔唐·蘇敬《唐本草》〕注云：白石英所在皆有，今澤州、虢州、洛州山中俱出，虢州者大，徑三四寸，長五六寸。今通以澤州者爲勝也。

〔宋·掌禹錫《嘉祐本草》〕按：《吳氏》云：白石英，神農：甘。岐伯、黃帝、雷公、扁鵲：無毒。生太山，形如紫石英。白澤，長者二三寸。採無時。又云青石英如白石英，青端赤後者是。赤石英，赤端白後者是，赤澤有光，味苦，補心氣。黃石英，黃色如金在端者是。黑石英，黑澤有光。《藥性論》云：白石英，君。能治肺癰吐膿，治嗽逆上氣，疸黃。日華子云：五色石英，平。治心腹邪氣，女人心腹痛，鎮心，療胃冷氣，益毛髮，悅顏色，治驚悸，安魂定魄，壯陽道，下乳，通亮者爲上。其補益隨藏色而治，青者治肝；赤者治心；黃者治皮膚；白者治肺；黑者治腎。

〔宋·蘇頌《本草圖經》〕曰：白石英，生華陰山谷及泰山。陶隱居以新安出者佳。蘇恭以澤州者爲勝。今亦澤州出焉。大抵長而白澤，明澈有光，六面如削者可用。長五六寸者彌佳。其黃色如金在端者，名黃石英。赤端白後者，名赤石英。青端赤後者，名青石英。黑澤而有光者，名黑石英。二月採，亦云無時。古人服食，惟白石英爲重，紫石英但入五石散。其黃、赤、青、黑四種，《本經》雖有名，而方家都不見用者。故《乳石論》以鍾乳爲乳，以白石英爲石，是六英之貴者，惟白石也。又曰：乳者，陽中之陰；石者，陰中之陽。故陽生十一月後甲子服乳，陰生五月後甲子服石。然而相反、畏惡，動則爲害不淺。故乳石之發，方治雖多，而罕有能濟者，誠不可輕餌也。

〔宋·唐慎微《證類本草》〕《聖惠方》：治腹堅脹滿號石水方：用白石英十兩，搥如大豆大，以瓷瓶盛，用好酒二斗浸，以泥重封瓶口，將馬糞及糠火燒之，長令酒小沸，從卯至午即住火，候次日暖一中盞飲，日可三度。如喫酒少，隨性飲之。其白石英，可更一度燒之。《簡要濟衆方》：治心臟不安，驚悸善忘，上鬲風熱化痰。白石英一兩，朱砂一兩，同研爲散。每服半錢，食後夜卧，金銀湯調下。

**宋·寇宗奭《本草衍義》卷四** 白石英 狀如紫石英，但差大而六稜，白色如水精。紫、白二石英，當攻疾，可暫煮汁用，未聞久服之益。張仲景之意，只令吹咀，不爲細末者，豈無意焉？其久服，更宜詳審。

**宋·王繼先《紹興本草》卷一** 白石英 紹興校定：白石英，乃石之英華也。益氣療肺疾，誠為要藥。日華子云：其補益隨藏色而治，此乃一家之說。然世之所用者，唯白石英。主治肺病，經驗不惑，明矣。當從《本經》味甘辛、微溫、無毒是也。除白石英、紫石英外，餘色石英並無專主治正文。

**宋·劉明之《圖經本草藥性總論》卷上** 白石英 味甘辛，微溫，無毒。主消渴，陰痿不足，欬逆，胸膈久寒，益氣。除風濕痺，療肺痿下氣，利小便，補五臟。《藥性論》云：君。能治肺癰吐膿，欬逆上氣，(疽)〔疸〕黃。日華子云：五色石英，平。治心腹邪氣，女人心腹痛，鎮心，療胃中冷氣。益毛髮，悅顏色。治驚悸，安魂定魄。壯陽道，下乳。通亮者為上，其補益隨臟色而治，青者治肝，赤者治心，黃者治脾，白者治肺，黑者治腎。一云：治腹堅脹滿，心神不安。惡馬目毒公。

**明·王綸《本草集要》卷五**　白石英君　味甘辛，氣微溫，無毒。大如指，長二三寸，六面如削，白澈有光。　主消渴，陰痿不足，咳逆，胸膈間久寒，益氣，除風濕痹。療肺痿肺癰吐膿，下氣，利小便。久服輕身長年。

**明·滕弘《神農本經會通》卷六**　白石英　君也。惡馬目毒公。大如指，長二三寸，六面如削，白澈有光。《局》云：煅，醋淬研，水飛。生華陰山谷及太山。蘇恭以澤州者為勝。有黃、赤、青、黑四種。日華子云：五色石英，平。治心腹邪氣，女人心腹痛，鎮心。療胃中冷氣，益毛髮，悅顏色。治驚悸，安魂定魄，壯陽道，下乳。通亮者為上。其補益隨藏色而治。

味甘、辛，氣微溫，無毒。東云：治咳嗽，吐膿。《本經》云：主消渴，陰痿不足，欬逆，胸膈間久寒，益氣，除風濕痺。療肺痿，下氣，利小便，補五臟。通日月光，久服輕身長年，耐寒熱。《藥性論》云：君。治肺癰吐膿，治嗽逆上氣，疸黃。《圖經》云：四種，《本經》雖有名，而方家都不見用。故《乳石論》以鍾乳為乳，以白石英為石，是六英之貴者，惟白石英也。又曰：乳者，陽中之陰。石者，陰中之陽。相反畏惡，動則為害不淺。故乳石之發，方治雖多，而罕有能濟者，誠不可輕餌也。《衍義》曰：白石英，狀如紫石英，但差大而六稜，白色如水精。紫、白二石英，當攻疾可暫，煮汁用，未聞久服之益。張仲景之意，只令㕮咀，不為細末者，豈無意焉。其久服，更宜詳審。《局》云：白石英能寬欬逆，治風濕痺更強陰。悅顏益氣除消渴，定魄安魂又鎮心。

**明·劉文泰《本草品彙精要》卷二**　白石英無毒。附青、黃、赤、黑石英。

石生。

**白石英**出《神農本經》：**主消渴，陰痿不足，欬逆，胸膈間久寒，益氣，除風濕痹，久服輕身長年。**以上朱字《神農本經》。療肺痿下氣，利小便，補五臟，通日月光，耐寒熱。以上黑字名醫所錄。【地】《圖經》曰：生華陰山谷及泰山。陶隱居以新安出者佳。蘇恭以澤州者爲勝。大抵明澈有光，精白無瑕，如指，長二三寸，六面如削者，可用。長五六寸者，彌佳。其黃端白稜名黃石英，赤端名赤石英，青端名青石英，黑端名黑石英。古人服食惟白石英爲重。餘色者方家不甚見用。惟紫石英，下品已具之矣。蓋英乃精英之義，況六英之貴者，惟白石英也。《唐本》注云：所在皆有，今虢州、洛州山中俱出。大徑三四寸，長五六寸，通以澤州者爲勝也。《衍義》曰：紫、白二石英，當攻疾，可暫煮汁用。未聞久服之益。張仲景只令㕮咀，不爲細末，用者豈無意也。其欲久服者，更宜詳審。【時】採：無時，亦云二月取。【用】透明方潔者佳。【質】類白玉而方稜瑩澈。【色】白。【味】甘，辛。【性】微溫。【氣】氣厚于味，陽中之陰。【臭】朽。【主】鎮心，安魂魄。【反】惡馬目毒公。【製】剉如麻豆大，或研如粉用。【治】療：《藥性論》云：除肺癰，吐膿，嗽逆上氣，黃疸。日華子云：五色石英去心腹邪氣，女人心腹痛及胃中冷氣，主驚悸，安魂定魄，下乳。補：日華子云：益毛髮，悅顏色，壯陽道。其補益隨臟色而治，青者治肝，赤者治心，黃者治脾胃，白者治肺，黑者治腎。【合治】取十兩搥如大豆許，以瓷瓶盛，用好酒二斗浸，以泥重封瓶口，將馬糞及糠火煨之，常令酒小沸，從卯至午。次日暖三鍾飲，日三度。如飲酒少，隨性飲之。治腹堅脹滿，白石英可更一度燒用。○合硃砂各一兩，同研如散，每服半錢，夜臥，煎金銀湯調下，治心臟不安，驚悸，善忘，上膈風熱，化痰安神。

**明·鄭寧《藥性要略大全》卷八**　白石英　治肺痿、肺癰，吐膿咳嗽，及消渴、陰痿不足，咳逆，胸膈久寒，益氣下氣，除風，利小便，久服輕身益壽。

味甘、辛，氣微溫，無毒。大如指，長二三寸，六面削，白澈有光者佳。

**明·王文潔《太乙仙製本草藥性大全》卷六《本草精義》**　白石英　生〔華〕陰山谷及泰山山中。色有五品，種有兩般，以新安出者爲佳。蘇恭以澤州產者最勝。大抵長而白澤明徹有光，六面如削者可用，長五六寸者彌佳。其黃色如金在端者名黃石英，赤端白後者名赤石英，青端赤後者名青石英，黑澤而有光者名黑石英。二月採，亦云無時。但青赤黃治療少用，惟紫白者服餌多求。缽擂成，水攪飛過。資長石爲使，入心、肝、肺經。紫者入心、肝二經，白者入肺經。畏附子、扁青，惡黃連、麥句、生薑。古人服食惟白石英爲重，紫石英但入五石散。其黃赤青黑四種，《本經》雖有名，而方家都不見用者，故《乳石論》以鍾乳爲乳，以白石英爲石，是六英之貴者，惟白石也。又曰：乳者，陽中之陰；石者，陰中之陽。故陽生十一月後甲子服乳，陰生五月後甲子服石。然而相反畏惡，動則爲害不淺。故乳石之發，方治雖多，而罕有濟者，誠不可輕餌也。

**明·王文潔《太乙仙製本草藥性大全》卷六《仙製藥性》**　白石英君　味

甘、辛，氣溫，無毒。　主治：　治欬逆，胸膈久寒；　理消渴，陰痿不足。益氣除風痹，下氣利大便小便。療肺痿肺癰，止吐膿吐血。補五臟，通日月光。久服能耐寒熱。五色石英取通亮者爲上，青者治肝，赤者治心，黄者治脾，白者治肺，黑者治腎。　補註：　治腹堅脹滿，號石水方：　用白石英十兩，杵如大豆大，以甆瓶盛，用好酒二斗浸，以泥重封瓶口，將馬糞及糠火燒之，常令酒小沸，從卯至午即住火，候次日暖一中盞飲，日可三度。如喫酒少，隨性飲之，其白石英可更一度燒之。○治心藏不安，驚悸善忘，上鬲風熱，化痰安神，白石英一兩，朱砂一兩，同爲散，每服半錢，食後夜臥煎金銀湯調下。

按：《衍義》云：　白石英狀如紫石英，但差大而六稜，白色如水精。紫、白二石英，當攻疾可暫煮汁用，未聞久服之益。張仲景之意，只令㕮咀，不爲細末者，豈無意焉？　其久服更宜詳審。

**明・皇甫嵩《本草發明》卷五**　白石英味甘、辛，微溫，無毒。入肺經。故主欬逆，胸膈間久寒，益氣，除風濕痺，療肺痿下氣，主消渴，陰痿不足，利小便，補五臟，通日月光。白石英如指長二三寸，六面如削，白澈有光。○《簡要方》治心不安，驚悸善忘，上鬲風熱，化痰安神。白石英、神砂各一兩，同研為散，夜臥，金銀湯服半錢。○《衍義》曰：　二石英當攻疾，暫可煮汁用，未聞久服之益。張仲景之意，只令㕮咀，不為細末者，豈無意焉。其久服之說，更詳之。

**明・李時珍《本草綱目》卷八金石部・玉類**　白石英《本經》上品

【釋名】時珍曰：　徐鍇云：　英，亦作瑛，玉光也。今五種石英，皆石之似玉而有光瑩者。

【集解】《别錄》曰：　白石英生華陰山谷及太山，大如指，長二三寸，六面如削，白澈有光，長五六寸者彌佳。其黄端白稜，名黄石英；　赤端白稜，名赤石英；　青端赤稜，名青石英；　黑澤有光，名黑石英。二月采，亦無時。弘景曰：　今醫家用新安所出，極細長白澈者；　壽陽八公山多大者，不正用之。仙經大小並有用，惟須精白無瑕雜者。如此說，則大者爲佳。其四色英，今不復用。恭曰：　白石英所在皆有，今澤州、虢州、洛州山中俱出。虢州者大，徑三四寸，長五六寸。今通以澤州者爲勝。宗奭曰：　白石英狀如紫石英，但差大而六稜，白色若水精。時珍曰：　澤州有英鷄，食石英，性最補。見禽部。

【氣味】甘，微温，無毒。《别錄》曰：　辛。普曰：　神農甘。岐伯、黄帝、雷公、扁鵲無毒。之才曰：　惡馬目毒公。

【主治】消渴，陰痿不足，欬逆，胸膈間久寒，益氣，除風濕痹，久服輕身長年《本經》。療肺痿，下氣，利小便，補五臟，通日月光，耐寒熱《别錄》。治肺癰吐膿，咳逆上氣，疸黄甄權。實大腸好古。

五色石英　【主治】心腹邪氣，女人心腹痛，鎮心，胃中冷氣，益毛髮，悦顔色，治驚悸，安魂定魄，壯陽道，下乳。隨臟而治：　青治肝，赤治心，黄治脾，白治肺，黑治腎大明。

【發明】藏器曰：　濕可去枯，白石英、紫石英之屬是也。時珍曰：　白石英，手太陰、陽明氣分藥也，治痿痹肺癰枯燥之病。但係石類，止可暫用，不宜久服。頌曰：　古人服食，惟白石英爲重。紫石英但入五石飲。其黄赤青黑四種，本草雖有名，而方家都不見用者。乳石論以鍾乳爲乳，以白石英爲石，是六英之貴，惟白石也。又曰：　乳者陽中之陰，石者陰中之陽。故陽生十一月後甲子服乳，陰生五月後甲子服石。然而相反畏惡，動則爲害不淺。故乳石之發，方治雖多，而罕有濟者，誠不可輕餌也。宗奭曰：　紫、白二石英，攻疾可暫煮汁用，未聞久服之益。張仲景只令㕮咀，不爲細末，豈無意焉？　若久服，宜詳審之。

【附方】舊二，新七。　服石英法：　白石英一斤，打成豆大，于砂盆中和粗砂，着水挼二三千下，洗净又挼，仍安柳箕中，入蒿葉少許，同水熟挼至光净，即以綿袋盛，懸門上。每日未梳前，以水或酒吞七粒，用飯二匙壓下小腹。一切穢惡、白酒、牛肉，石家所忌者，皆不忌。久則新石推出陳石，石常在小腹内温暖，則氣息調和，經脉通達，腰腎堅强，百病自除。石若得力，一斤即止；　若不得力，十斤亦須服。此物光滑，既無浮碎着人腸胃作瘡，又無石氣發作諸病也。○又法：　澤州白石英，光净無點瞖者，打小豆大，去細者，水淘净，袋盛，懸鐺内，清水五大升，煮汁一升，澄清，平旦服。以汁煮粥更佳。服後飲酒二三盃，可行百步。一袋可煮二十度。如無力，以布裹埋南墻下三尺土内，百日又堪用也。○石煮猪肉法：　白石英一兩，袋盛，水三升，煮四升，猪肉一斤，同葱椒鹽豉煮，以汁作羹食。○石蒸羊肉法：　白石英三兩，打作小塊，精羊肉一斤包之，荷葉裹之，于一石米飯中蒸熟，取出去石，切肉和葱椒作小餛飩，煮熟。每旦空腹冷漿水吞一百個，後以冷飯壓之。百無所忌，永不發動。○石煮牛乳法：　白石英五兩，擣碎密絹盛，以牛乳三升，酒三升，同煎至四升，去石，以瓶收之。每食前暖服三合。治虚損勞瘦，皮燥陰痿，脚弱煩疼。○石飼牸牛法：　白石英三斤，擣篩。取十歲以上生犢牸牛一隻，每日和豆與食，經七日，即可收乳。每旦熱服一升，餘者作粥食。百無所忌。潤養臟腑，悦澤肌肉，令人體健。○凡服石並忌芥菜、蔓菁、蕪荑、葵菜、薺苨，宜食冬瓜、龍葵，壓石氣。孫真人《千金翼》。　風虚冷痺：　諸陽不足，及腎虚耳聾，益精保神。白石英三兩，坩鍋内火煅酒淬三次，入瓶中密封，勿洩氣。每早温服一鍾，以少飯壓之。○一法：　磁石火煅醋淬五次，白石英各五兩，絹袋盛，浸一升酒中五六日，温服。將盡，更添酒。《千金翼》。　驚悸善忘：　心臟不安，上膈風熱，化痰安神。白石英一兩，朱砂一兩，爲散。每服半錢，食後煎金銀湯下。《簡要濟衆方》。　石水腹堅：　脹滿。用白石英十兩，搥豆大，瓷瓶盛好酒二斗浸之，以泥重封，將馬糞及糠火燒之，常令小沸，從卯至午住火。次日暖一中盞飲之，日三度。酒盡可再燒一度。《聖惠方》。

**明・李中立《本草原始》卷八**　白石英　生華陰山谷及太山。大如指，長二三寸，六面如削，白澈有光。二月采，亦無時。徐鍇云：英，亦作瑛，玉光也。英有白、黃、赤、青、黑五種，皆石之似玉而有光瑩者，故得英名。白石英：氣味：甘，微溫，無毒。主治：消渴，陰痿不足，欬逆，胸膈間久寒，益氣，除風濕痹。久服輕身長年。○療肺癰吐膿，欬逆上氣，疸黃。○實大腸。五色石英：主治：心腹邪氣，女人心腹痛，鎮心，胃中冷氣，益毛髮，悅顏色。治驚悸，安魂定魄，壯陽道，下乳。隨臟而治，青治肝，赤治心，黃治脾，白治肺，黑治腎。

白石英，《本經》上品。【圖略】白色若水精。

時珍曰：白石英，手太陰、陽明氣分藥也。之才曰：惡馬目毒公。

**明・張懋辰《本草便》卷二** 白石英君 味甘、辛，氣微溫，無毒。主消渴，陰痿不足，欬逆，胸膈間久寒，益氣，除風濕痹，療肺癰吐膿，下氣，利小便。

**明・倪朱謨《本草彙言》卷一二** 白石英 味甘，氣微溫，無毒。入手太陰、陽明二經氣分。蘇氏曰：白石英，出澤州、虢州、洛州多有。今取澤州者爲勝。《別錄》曰：向出華陰山谷，大如指，長三四寸，六稜如削，白澈有光。長五六寸者更佳。黃端白稜者，名黃石英；赤端白稜者，名赤石英；青端赤稜者，名青石英；黑澤有光者，名黑石英。若細而長，大而不正，與多瑕疵者，俱不可用。李氏曰：澤州有英雞，嗜石英而性補。

白石英：青霞子養陽氣，滋陰藏之藥也。王氏嘉士曰：色相瑩潔如華萼，故名石英。以石質可入腎，白色可入肺，中含火光可散寒，故前古主腎氣不周于胸而消渴，天癸枯竭于內而陰痿，肺氣衝逆不平而欬逆，風濕留滯不行而痹結，或心陽失令而胸膈作寒，或脾胃衰弱而中氣不運。此藥體堅而氣潤，質重而性輕，味甘溫而能補中逐冷，雖屬石種，實無燥劣剛暴之性，大有資化育神之功。奈何前人以功用載之方册，而後人竟棄之不用，惜哉！然僅可暫用，應效即已，又不可使人多服久服也。

集方：華佗《青囊秘》已下共五方治腎藏陽氣衰微，津源不能上濟于華池，頻作渴者。用白石英四兩，煎湯飲。一方：加枸杞子二兩，同煎，亦通。○治婦人年未五十，天癸久絕不行。用白石英四兩，當歸身二兩，煮酒飲。○治形寒飲冷，肺氣衝逆，作欬作喘，或爲哮嗆，或爲冷怯。用白石英二兩，日煎湯飲，一月平復。○治風濕留滯筋脉，四肢木强，不能舉動而痹痿者。用白石英四兩，用好酒十壺，重湯蒸三日夜，酒耗去半，白石英仍浸酒內，逐日隨量飲，飲畢再加酒十壺，如法蒸飲。全愈。○治心火失令，胸膈時作寒冷，陽氣不運，漸成中滿，減飲食者。用白石英八兩，用好酒十壺，重湯蒸三日夜，與前風濕留滯方，同法製服。○孫真人《千金翼》一方：治虛寒百病。用白石英打碎如小豆大，取一合，每日煮粥食，次日取起水洗淨，再和粥煮，如此煮粥食百日，即見顏色悅澤，精神强健，百病全消。

**明・姚可成《食物本草》卷二一玉石部** 白石英生華陰山谷及太山。大如指，長二三寸，六面如削，白澈有光，長五六寸者彌佳。其黃端白稜，名黃石英；赤端白稜，名赤石英；青端赤稜，名青石英；黑澤有光，名黑石英。仙經惟貴白澤無瑕者，其四色英，俱不復用。○蘇恭曰：白石英所在皆有，今澤州、虢州、洛州山中俱出。虢州者大，徑三四寸，長五六寸。今通以澤州者為勝。○李時珍曰：澤州有英雞，食石英，性最補。見禽部。

白石英，味甘，微溫，無毒。治消渴，陰痿不足，欬逆，胸隔間久寒，益氣，除風溼痹，久服輕身長年。療肺痿，下氣，利小便，補五臟，通日月光，耐寒熱，實大腸。治肺癰吐膿。五色石英，治心腹邪氣，女人心腹痛，鎮心，胃中冷氣，益毛髮，悅顏色，治驚悸，安魂定魄，壯陽道，下乳汁。

附方：服石英法：白石英一斤，打成豆大，於砂盆中和粗砂，着水挼二三千下，洗淨又挼，仍安柳箕中，入蒿葉少許，同水熟挼至光淨，即以綿袋盛，懸門上。每日未梳前，以水或酒吞七粒，用飯二匙壓下小腹。一切穢惡、〔白酒、牛肉、石家所忌者，皆不忌〕。久則新石推出陳石，石常在小腹內溫暖，則氣息調和，筋絡通利，腰〔腎堅〕强，百病自除。石若得力，一斤即止。若不得力，十斤亦須再服。此物光滑，既無浮碎着人作瘡，傷人腸胃，又無石氣發作諸病也。石煮猪肉法：白石英一兩，袋盛，水三斗，煮四升，猪肉一斤，同葱椒鹽豉煮，以汁作羹食。石煮牛乳法：白石英五兩，擣碎密絹盛，以牛乳三升，酒三升，同煎至四升，去石，以瓶收之。每食前暖服三合。治虛損勞瘦，皮燥陰痿，脚弱煩疼。

**明・顧逢柏《分部本草妙用》卷四肺部・溫瀉** 白石英 甘，溫，微毒。手太陽陽明氣分。附肺。主治：消渴，陰痿不足，除風濕痺。療肺痿，下氣開胸，利小便，補五臟。治肺癰吐膿，黃疸，實大腸。夫濕可去枯，白石英治肺痿痺，肺癰枯燥之病。但係石類，不無微毒，中病即已，不可過服。

**明・盧之頤《本草乘雅半偈》帙二** 白石英《本經》上品 氣味：甘，微溫，無毒。主治：主消渴，陰痿不足，咳逆，胸膈間久寒，益氣，陰風濕痹，久服輕身長年。

斅曰：出華陰山谷及太山，今澤州、虢州、雒州亦有。近取澤州者為勝。大如指，長二三寸，六稜如削，白澈有光，長五六寸者彌佳。黃端白稜者，名黃石英；赤端白稜者，名赤石英；青端赤稜者，名青石英；黑澤有光者，名黑石英。若細而長，及大而不正，與多瑕疵者，都不堪用。時珍云：澤州有英雞，嗜石英而性補。五石英制汞死砒，惡馬目毒公。条曰：色相瑩如華萼，故名石英。以石質可入腎，白色可入肺，中含火氣可逐寒，故主腎氣不周于胸而消渴，天癸枯竭而陰痿不足，肺不容平而欬逆上氣，氣無帥制而痹閉不輸，火失修容而胸膈久寒。久服輕身長年，寧靜所致耳。

**清·穆石匏《本草洞詮》卷三**　白石英　味甘，氣微溫，無毒。入手太陰、陽明經氣分。主益氣，治消渴欬逆，胸膈間久寒，除風濕痹。《十劑》云：濕可去枯，白石英、紫石英之屬是也。溫潤之劑，故能治痿痹枯燥之病。按《乳石論》以鍾乳為乳，以白石英為石，乳者陽中之陰，石者陰中之陽。故一陽生後服乳，一陰生後服石，久服則新石推出陳石，石常在小腹中溫暖，則氣息調和，經脈通達，腰腎堅強，百病自除。蓋此物光滑，既不着人陽胃，亦無石氣發作諸病，似可常服。李瀕湖謂方治雖多，罕有濟者，勿輕餌也。古方有石煮羊肉法，去石用肉；石煮牛乳法，去石食乳；均有益而無損。更有石飼牸牛法，每日和豆與食，經七日後收乳，服之更佳。

**清·劉雲密《本草述》卷五**　白石英　斅曰：出華陰山谷及太山，今澤州、虢州、雒州亦有，近取澤州者為勝。大如指，長二三寸，六稜如削，白澈有光，長五六寸者彌佳。

氣味：甘，微溫，無毒。《別錄》曰：辛。普曰：神農甘，岐伯、黃帝、雷公、扁鵲無毒。主治：消渴，陰痿不足，欬逆，胸膈間久寒，益氣除風溼痹《本經》。療肺痿下氣，補五臟《別錄》。治肺癰吐膿，欬逆上氣甄權。實大腸好古。治喘咳嗽血方書。藏器曰：溼可去枯，白石英、紫石英之類是也。時珍曰：白石英，手太陰陽明氣分藥也。之頤曰：色相瑩如華萼，故名石英。以石質可入腎，白色可入肺，中含火氣可逐寒，故主腎氣不周於胸而消渴，天癸枯竭而陰痿不足，肺不容平而欬逆上氣，氣無帥制而痹閉不輸。火失修容而胸膈久寒，胥能療之矣。

愚按：先哲曰：山體曰石。又曰：石氣之核也。又曰：土精為石。若然，則石乃土之精氣，凝而為此剛質也。乃石又曰英者，是本於凝結之氣，而更透其精粹以成此質，是為石之英也。惟其為石之英，故能分五行而異其色焉。若白石英之色歸於金，在人身屬肺，故《本經》及《別錄》、甄權多以之治肺病矣。第五行中金為水母，而人身中金水，又若互相子母者焉。觀二陰至肺，腎脈之由肺而至心也。俾火不刑金，而金為火妻以布其氣化，是則肺得司主氣之職以益四臟者，豈不更藉於水哉？故《本經》所主治諸證，蓋亦互相為用之義也。第《乳石論》謂石為陰中之陽，蓋謂從凝結精悍之氣，又透其精粹者以出耳。是茲種之由腎益肺者，正有合於陰中之陽也。《本經》所謂除胸膈間久寒并風溼痹者，方書雖用之稀，而理實應得如是也。若《別錄》云治肺痿，則當酌投，肺痿之屬虛者固宜，如由熱而成者，是種可概投乎，至於肺癰吐膿咳逆，自是的對，業已見之方書矣。

風虛冷痹，諸陽不足及腎虛耳聾，益精保神，白石英三兩，坩鍋內火煅酒淬三次，入瓶中密封勿洩氣，每早溫服一鍾，以少服壓之。一法磁石火煅醋淬五次，白石英各五兩，絹袋盛，浸一升酒中五六日，溫服將盡，更添酒。

頌曰：《乳石論》以鍾乳為乳，以白石英為石，是六英之貴惟白石也。又曰：乳者，陽中之陰石者，陰中之陽，故陽生十一月後甲子服乳，陰生五月後甲子服石，然而相反畏惡，動則為害不淺，故乳石之發方治雖多而罕有濟者，誠不可輕餌也。修治　法見方中。修治如法，中病而服，病去而止，可也。蓋金石悍氣，有病則病當之，病去則陰氣受之而內消也，可不慎歟？

**清·王翃《握靈本草》卷一**　白石英生華陰山谷。大如指，長二三寸，六面如削，白澈有光，長五六寸者彌佳。今多用新安所出，打小豆大，水淘淨用。主治：白石英，甘，微溫，無毒。主消渴，陰痿，欬逆，療肺痿肺癰。

**清·汪昂《本草備要》卷四**　白石英重，潤肺。甘、辛，微溫。肺、大腸經氣分之藥。潤以去燥，利小便，實大腸。治肺痿吐膿，欬逆上氣。但係石類，祇可暫用。《十劑》曰：濕可去枯，白石英、紫石英之屬是也。濕，即潤也。按：潤藥頗多，石藥終燥，而徐之才取二石英爲潤劑，存其意可也。白若水晶，如紫石英而差大。

**清·李熙和《醫經允中》卷一八**　白石英　入手太陽、陽明氣分，附肺。甘，溫，微毒。主治消渴，欬逆下氣，寬胸，肺痿肺癰吐膿。但係石類有毒，不可過服。

**清・張璐《本經逢原》卷一**　白石英　甘，溫，無毒。出泰山。以六稜瑩白如水晶者為真。林北海先生《本草綱目必讀》，但收紫而不及白，世鮮真者可知。《本經》治消渴，陰痿不足，欬逆，胸膈間久寒，益氣，除風濕痹。

發明：白石英入手太陰、足陽明氣分，肺癰潰久，痿痹不起者宜之。《本經》主消渴陰痿不足諸病，功專溫肺無疑。但石性慓悍，不可久服。仲景《金匱》風引湯只令碎如米粒，不欲其淬入胃也。《千金》五石等方，俱煅過水飛入丸，而五石丸專以鍾乳為君，合紫白石英、赤石脂、石膏，專溫藏氣，而石膏清胃，以解諸石之悍，且既經煅過水飛，不慮其淬之留中蘊熱也。

**清・張志聰、高世栻《本草崇原》卷上**　白石英　氣味甘，微溫，無毒。主治消渴，陰痿不足，咳逆，胸膈間久寒，益氣，除風濕痹。久服輕身長年。

白石英始出華陰山谷及太山，今壽陽、澤州、虢州、洛州山中俱有。大如指，長二三寸，六面如削，白瑩如玉而有光，長五六寸益佳。或問天地開闢，草木始生，後人分移蒔植。故他處亦有。今土中所生之石，亦有始生，與他處之分何耶？愚曰：草木金石蟲魚皆為物類，始生者開闢之初，物之先見也。他處者，生育之廣，物之繁盛也。天氣從東南而西北，則草木始生東南者，未始不生西北，西北雖生，不如東南之力也。地氣從西北而東南，則金石之始生西北者，未始不生東南，東南雖生，不如西北之力也。而豈蒔植移徙之謂哉。若以草木土石而異視之，何所見之不大也。　紫白石英，品類相同，主治亦不甚遠。紫為木火之色，氣味甘溫，故治心腹、腎臟之寒。白為金方之色，氣味甘，微溫，亦治腎臟、胸膈之寒，而兼上焦之燥，此大體同而微異也。

**清・王子接《得宜本草・下品藥》**　白石英　味甘。主治痿痺，肺癰，實大腸。得硃砂治驚悸，得磁石治耳聾。

**清・吳儀洛《本草從新》卷五**　白石英〔重，潤肺。〕　甘，辛，微溫。潤以去燥，《十劑》曰：濕可去枯，白石英、紫石英之屬是也。利小便，實大腸，治肺痿吐膿，咳逆上氣。石藥終燥，只可暫用。潤藥頗多，而徐之才取二石英為潤劑，存其意可也。白如水晶者良。

**清・汪紱《醫林纂要探源》卷三**　白石英　甘辛，溫。有五色，各入五臟。形多五稜，色皆瑩徹，惟紫白入藥，餘色罕及。火煅，醋淬七次，研末水飛。凡石英同。補肺氣，瀉肺邪，行水利便。味薄能升，色白入肺，甘補辛瀉，體重能降，實大腸，行水去滯，治肺痿，止咳逆，潤腸胃，利小便，止瀉。

**清・嚴潔等《得配本草》卷一**　白石英　惡馬目毒公。甘、辛，微溫。入手太陰、陽明經氣分。除風濕痿痹，療寒氣咳逆，利小便，治肺癰。得朱砂，治驚悸。得磁石，治耳聾。煅研，水飛用。久服、多服，則元氣下陷。

**題清・徐大椿《藥性切用》卷七**　白石英　甘辛微溫，溫肺潤燥，治肺癰潰久不斂，欬逆上氣。細研用。

**清・黃宮繡《本草求真》卷四**　白石英散肺分寒燥不潤。　白石英耑入肺。味甘而辛，性溫無毒，按理似非潤藥濕藥矣。而《十劑》偏指此屬濕劑。謂枯則為燥，宜用白石英、紫石英之屬以濕之，不幾令人眩惑乎？詎知書之言濕，有以濕為濕者，有以燥為濕者，以濕為濕，人易知，以燥為濕，人難明，茲而曰濕，是以燥以溫為濕矣。從溫濕言。石英性本辛溫，辛則能以化液，溫則能以滋潤，故雖辛若濕，因辛始濕。是以寒燥不潤之症。燥從寒字點出，明甚。得此辛以暢達，而滯不致見枯，此《十劑》所以以辛以溫為濕而言也。書曰：服此可治欬逆胸寒，消渴陰痿，風痹溺閉，肺痿肺癰，吐膿吐血等症，是亦辛溫潤肺之一驗矣。但係石類，只可暫用。頌論乳石，謂乳者陽中之陰，石者陰中之陽，故陽生十一月後甲子服乳，陰生五月後甲子服石，然而相反畏惡，動則為害不淺，故乳石之發，方治雖多，而罕有濟者，誠不可輕餌也。凡服宜食冬瓜、龍葵以壓石氣，忌芥菜、蔓菁、蕪荑、葵、薺苨，白如水銀者良。

**清・羅國綱《羅氏會約醫鏡》卷一八金石水土部**　白石英　入肺與大腸氣分。治欬逆上氣、大腸泄瀉、肺癰肺痿、吐膿吐血。製法同紫石英。

**清・黃凱鈞《藥籠小品》**　白石英　甘辛，微溫潤燥，治肺痿吐膿，欬逆上氣。紫石英性味相同，安心神，暖子宮，女子血海虛寒不孕者宜之。火煅醋淬，研末水飛。

**清・王龍《本草纂要稿・金石部》**　白石英　味甘，辛，性溫，無毒。止咳逆，胸膈久寒，理消渴，陽痿不舉。益氣，除風痺。下氣，利小水。療肺癰肺痿，止吐血吐膿。

**清・楊時泰《本草述鉤元》卷五**　白石英　出華陰山谷及泰山，虢州、雒州亦有，近取澤州者為勝。大如指，六稜如削，白澈有光，長五六寸者彌佳。味甘、辛，氣微溫。手太陰陽明氣分藥。主消渴，陰痿不足，治胸膈間久寒，益氣，除風濕痹，補五臟，下氣，療肺痿並肺癰吐膿，欬逆上氣，實大腸，治喘欬嗽血諸本草。濕可去枯，紫白石英之類是也藏器。色相瑩如華萼，質可入腎，色可入肺，中含火氣可逐寒，故主腎氣不周於胸而消渴，天癸枯竭而陰痿不足，肺不容平而欬逆上氣，氣無帥制而痹閉不舒，火失修容而胸膈久寒等證子由。風虛冷痹，腎虛耳聾，益精保神，治諸陽不足。白石英三兩，火煅，酒淬三次，瓶中密封，弗洩氣，每早溫服一鍾，以少飯壓之。一法：磁石火煅，醋淬五次，白石英各五兩，絹袋盛浸一升酒中，五六日，溫服將盡，更添酒。

論：《本經》、《別錄》、甄權多以白石英色歸於金而治肺病矣。夫五行中金為水母，而人身中金水又若互相子母者。然觀二陰至肺，腎脈之由肺而至心也。俾火不刑金，而金為火妻，以布其氣化，是則肺得司主氣之職以益四臟者，豈不更藉於水哉。凡石為陰中之陽，茲種之由腎益肺者，蓋又互相子母之義，有合於陰中之陽耳。《別錄》云治肺痿惟虛者始宜，如由熱而成非可概乎，至於肺癰吐膿欬逆，自為的對矣。《乳石論》以鍾乳為乳，白石英為石，是六英之貴惟白石也。又曰：乳者陽中之陰，石者陰中之陽，誠無輕餌也。蘇頌云：陽生十一月後甲子服乳，陰生五月後甲子服石，然而相反畏惡，動則為害不淺。誠無輕餌也。蘇頌云：乳、石之發，方治雖多，罕有濟者。蓋金石悍氣，有病則病當之，病去則陰氣受之，不可不慎。

修治：坩鍋內火煅酒淬三次用。修治如法，中病即止，毋過劑焉。

**清・葉桂《本草再新》卷八**　白石英味甘、辛，性溫，無毒。入脾、肺二經。利小便，實大腸，治肺痿吐膿，欬逆上氣。

**清・趙其光《本草求原》卷二五石部**　白石英　石皆土之精氣所結，今透出精氣，光澈棱削而為英；色白，甘，溫，則溫補肝脾，能引水中生陽上交於肺，透達肌腠。故治消渴，陰隨陽升也，故謂其潤燥。咳逆上氣，木火之氣不能與上氣相接。胸膈久寒，風濕冷痹，腎虛耳聾，陰痿，肺癰吐膿，肺腎交補，邪火下降。肺痿，虛者宜之，熱者勿用。黄疸，俱同磁石煅，以絹包浸酒飲。益精神，止驚悸，化痰，同朱砂研食後，金根湯下。利水，實大腸，消石水堅腫。杵碎，浸酒中，以馬屎、糠火煨半日飲。但石性剽悍，雖兼潤燥，不可久服。惟杵碎袋盛，煎取水，煮牛肉、豬肉、羊肉等食則無害。一袋可煮廿度。煮牛乳酒食，更治虛勞皮燥，陰痿脚弱煩疼。風引湯只令碎如米粒，不欲其渣入胃也。白英，兼理上焦；紫英，治衝任血海，功多在下。

按：《千金》五石丸，以鍾乳、紫白石英、赤石脂溫臟氣，加石膏入胃，以解諸石之悍也。俱火煅，水飛用，則無留中蘊熱之慮也。

**清・葉志詵《神農本草經贊》卷一**　白石英　味甘，微溫。主消渴，陰痿不足，欬逆，胸鬲間久寒，益氣除風濕痹。久服輕身長年。生山谷。

誰削六棱，吹霜鍊雪。搖影朝陽，搏華夕月。西華岧嶢，東封突兀。開鑿登探，如指紛結。

名醫曰：生華陰山谷及太山。如指長二三寸，六面如削，白澈有光。《文心雕龍》：吹霜噴露。《二儀錄》：蕭史造鍊雪丹。《御覽》：久服通日月光。李為賦：乍搖紫影。歐陽詹賦：搏華上浮。沈佺期詩：太史漏金探文，命浞開鑿。

**清・文晟《新編六書》卷六《藥性摘錄》**　白石英　甘辛，性溫。入肺中氣分。治欬逆胸寒，消渴，陰痿風痹，溺閉，肺痿肺癰，吐膿吐血等症。○忌芥菜、蔓菁、蕪荑、葵、薺尼。○服後宜食冬瓜。

**清・張仁錫《藥性蒙求・金石部》**　白石英三錢　白石英溫，實腸潤肺。肺痿吐膿，欬逆上氣。甘、辛，微溫。入肺、胃二經氣分。潤以去燥，利小便，實大腸。得硃砂治驚悸，得磁石治耳聾。白如水晶者為真。

**清・戴葆元《本草綱目易知錄》卷七**　白石英　甘，微溫。手足太陰、陽明氣分藥。濕可去枯，潤以化躁。補五臟，止消渴，利小便，實大腸。治陰痿不足，欬逆，胸膈間久寒，益氣，除風濕痹。肺痿下氣，肺癰吐膿，咳逆上氣，疸黄石水。但係石類，勿久服。火煅酒淬用。

**清・陳其瑞《本草撮要》卷六**　白石英　味甘，平，入手足少陰、陽明經，功專治痿痹肺癰。實大腸，利小便。得硃砂治驚悸，得磁石治耳聾。白如水晶者良。

**清・仲昴庭《本草崇原集說》卷一**　白石英　【略】〔批〕衝脈與少陰之大絡，起於腎胞為血海。白為金色，主治消渴，兼理上焦之燥。

仲氏曰：《崇原》以紫為木火之色，雖主腎，亦連肝經。《經讀》以氣溫為稟木氣而入肝，雖主肝，亦連腎臟，何以知之？以《本經》石英主治，直說到女子風寒在子宮，絕孕十年無子而知之也。

紫石英

**宋·李昉《太平御覽》卷第九八七** 紫石英 《山海經》曰：單孤之山，蓬水出焉。其中多紫石英。《魏氏春秋》曰：黄初元年，明帝愈崇宫殿，雕飾觀閣，取白石英及紫石英、五色文石於太行穀城之山。《宋書》曰：謝瞻，字宣遠，六歲能屬文，為《紫石英贊》，為當時才士歎異。《隋書》曰：梁彦光少歧嶷有至性，七歲時父遇篤疾，醫云餌五石可愈。時求紫石英、五色文石於太行，不得。彦光憂瘁，不知所為。於園中見一物，彦光所不識，怪而持歸，即紫石英也。親屬咸異之。《抱朴子内篇》曰：或問不寒之道。荅曰：以立冬之日，或服六丙六壬符，或服太陽酒，或服紫石英。東莞縣西北二十里，有爆山出紫石英，舊以貢獻。《永嘉記》曰：固陶（朴）〔村〕有小山，出紫石英，人嘗於山下得一紫石英。王府君聞，遣人緣山掘得數升，芒角甚好，色小薄。孫府君亦掘得數升也。《從征記》曰：自太峴至太山，皆有紫石英。太山所出，時復瓌殊。《吴興記》曰：烏程縣北壟山，有紫石英，甚光明，但小黑。《博物志》曰：平氏陽山縣，紫石英特好。其他者，色淺。紫石英，舊出胡陽縣。《嶺表錄異》曰：隴州山中多紫石英，其色淡紫，其質瑩徹，隨其大小，皆五稜，兩頭如箭鏃。煮水飲之，暖而無毒，比北中白石英其力倍矣。《本草經》曰：紫石英，味甘，温。生太山山谷中。治心腹嘔逆邪氣，補不足，女子風寒在子宫，絶孕十年無子者，久服温中，輕身延年。《吴氏本草》曰：紫石英，神農、扁鵲：甘，氣平。李氏：大寒。雷公：大温。岐伯：甘，無毒。生太山或會稽。採無時。欲令如削，紫色，頭如樗蒲者。

**宋·唐慎微《證類本草》卷三玉石部上品〔《本經·別錄·**藥對**》〕** **紫石英** **味甘**、辛，**温**，無毒。**主心腹咳逆邪氣，補不足，女子風寒在子宫，絶孕十年無子**，療上氣，心腹痛，寒熱邪氣，結氣，補心氣不足，定驚悸，安魂魄，填下焦，止消渴，除胃中久寒，散癰腫，令人悦澤。**久服温中，輕身延年。** 生太山山谷。採無時。長石爲之使，得茯苓、人參、芍藥，共療心中結氣；得天雄、菖蒲，共療霍亂，畏扁青、附子，不欲鮀甲、黄連、麥句薑。

〔梁·陶弘景《本草經集注》〕云：今第一用太山石，色重澈，下有根。次出雹零山，亦好。又有南城石，無根。又有青綿石，色亦重黑，不明澈。又有林邑石，腹裏必有一物如眼。吴興石四面纔有紫色，無光澤。會稽諸暨石，形色如石榴子。先時幷雜用。今丸散家採擇，惟太山最勝，餘處者，可作丸酒餌。仙經不正用，而爲俗方所重也。

〔宋·掌禹錫《嘉祐本草》〕按：《吴氏》云：紫石英，神農、扁鵲：味甘，平。季氏：大寒。雷公：大温。岐伯：甘，無毒。生太山或會稽，採無時。欲令如削，紫色達頭如樗蒲者。《藥性論》云：紫石英，君。女人服之有子，生養肺氣，治驚癇，蝕膿，虚而驚悸不安，加而用之。《嶺南録異》云：隴州山中多紫石英，其色淡紫，其實瑩澈，隨其大小皆五稜，兩頭如箭鏃，煮水飲之，暖而無毒。比北中白石英，其力倍矣。日華子云：紫石英，治癰腫毒等，醋淬擣爲末，生薑、米醋煎，傅之。摩亦得。

〔宋·蘇頌《本草圖經》〕曰：紫石英，生泰山山谷，今嶺南及會稽山中亦有之。謹按：《吴普本草》云：紫石英，生泰山及會稽，欲令如削，紫色達頭如樗蒲者。陶隱居云：泰山石，色重澈下有根，最佳。會稽石，形色如石榴子，最下。先時幷雜用，今惟用泰山石，餘處者可作丸，酒餌。又按：《嶺表録異》云：今隴州山中多紫石英，其色淡紫，其實瑩澈，隨其大小皆五稜，兩頭如箭鏃。煮水飲之，暖而無毒，比北中白石英，其力倍矣。然則泰山、會稽、嶺南紫石英用之亦久。《乳石論》無單服紫石者，惟五石散則通用之，張文仲有鎮心單服紫石煮水法，《胡洽》及《千金方》則多雜諸藥同用，今方家用者，惟治療婦人及治心病藥時有使者。

〔宋·唐慎微《證類本草》〕《聖惠方》：補虚勞，止驚悸，令人能食。紫石英五兩，打碎如米豆大，水淘一遍，以水一斗，煮取二升，去滓澄清，細細服，或煮粥、羹食亦得，服盡更煎之。

《青霞子》：紫石英，輕身充肌。

**宋·寇宗奭《本草衍義》卷四** 紫石英 明澈如水精，其色紫而不匀。張仲景治風熱瘛瘲及驚癇瘛瘲風引湯：紫石英、白石英、寒水石、石膏、乾薑、大黄、龍齒、牡蠣、甘草、滑石等分，混合㕮五汝切。咀，子與切。以水一升，煎去三分，食後量多少温呷，不用滓，服之無不效者。

**宋·王繼先《紹興本草》卷一** 紫石英 紹興校定：紫石英與白石英形質大小頗同，但其色紫，故名紫石英也。《圖經》云其力倍于白石英，乃論藥攻疾而力有輕重矣，非謂與白石英主治一同，緣皆名石英，故言之。又《本經》云：主女子風寒在子宫及補心氣不足，則其性温明矣。季氏復云大寒者，甚非也。當從味甘辛、温、無毒是矣。

**宋·劉明之《圖經本草藥性總論》卷上** 紫石英 味甘辛，温，無毒。主心腹欬逆邪氣，補不足，女子風寒在子宫，絶孕十年無子。療上氣，心腹痛，寒熱邪氣，補心氣不足，定驚悸，安魂魄。填下焦，止消渴，除胃中久寒，散癰腫。《藥性論》云：君。主養肺氣，治驚癇，蝕膿虚而驚悸不安。日華子云：治癰腫毒，醋淬為末，生薑、米醋煎，傅之，摩亦得。《聖惠方》補虛勞，止驚悸，令人能食。打碎，伍兩，如米豆大，水淘壹遍，以水壹斗，煮取貳升，去滓澄清，細細服。或煮粥羹食亦得。服盡，更煎服。長石為之使。得茯苓、人參、芍藥，共療心中結氣。得天雄、菖蒲，共療霍亂。畏扁青、附子。不欲鮀甲、黃連、麥句薑。

**元・王好古《湯液本草》卷六**　紫石英　氣温，味甘、辛，無毒。入手少陰經、足厥陰經。《本草》云：主心腹欬逆邪氣，補不足，女子風寒在子宮，絕孕十年無子。療上氣，心腹痛，寒熱邪氣，結氣。補心氣不足，定驚悸，安魂魄，填下焦，止消渴。除胃中久寒，散癰腫。令人悅澤。久服温中，輕身延年。得茯苓、人參、芍藥，共療心中結氣；得天雄、菖蒲，共療霍亂。長石為之使。畏扁青、附子，不欲鮀甲、黃連、麥句薑。《衍義》云：仲景治風熱瘛瘲風引湯，紫石英、白石英、寒水石、石膏、乾薑、大黃、龍齒、牡蠣、甘草、滑石等分，上吹咀，以水一升，煎去三分，食後，量多少温呷之。不用柤，立效。

**明・王綸《本草集要》卷五**　紫石英君　味甘辛，氣溫，無毒。入手少陰經、足厥陰經。長石為之使。畏扁青、附子。不欲黃連、麥句薑。明澈如水精，紫(石)〔色〕達頭如樗蒲者。　主心腹咳逆邪氣，補不足，女子風寒在子宮，十年無子。療上氣寒熱，邪氣結氣，補心氣虛，定驚悸，安魂魄，填下焦。久服溫中，輕身延年。又散癰腫，醋淬，生薑、米醋煎，傅之。

**明・滕弘《神農本經會通》卷六**　紫石英　君也。長石為之使。畏扁青、附子，不欲鮀甲、黃連、麥句薑。明澈如水精，紫色達頭如樗蒲者。《局》云：火煆，醋淬七遍，研細，水飛過。生太山山谷。今嶺南及會稽山中亦有之。

味甘、辛，氣溫，無毒。《湯》云同。入手少陰經、足厥陰經。東云：療驚悸，崩中。《本經》云：主心腹欬逆邪氣，補不足，女子風寒在子宮，絕孕，十年無子。療上氣，心腹痛，寒熱邪氣結氣，補心氣不足，定驚悸，安魂魄，填下焦，止消渴，除胃中久寒，散癰腫。令人悅澤，久服溫中，輕身延年。《本草》云：得茯苓、人參、芍藥，共療心中結氣。得天雄、菖蒲，共療霍亂。《藥性論》云：君。女人服之有子。主養肺氣，治驚癎，蝕膿。虛而驚悸不安，加而用之。日華子云：治癰腫毒等，醋淬，擣為末，生薑、米醋煎，傅之。摩亦得。《圖經》云：《乳石論》無單服紫石者，惟五石散則通用之。張文仲有鎮心單服紫石煮水法，《胡洽》及《千金方》則多雜諸藥同用。今方家用者，惟治療婦人及治心病藥時有使者。《湯》云：《本草》同《本經》。《衍義》云：仲景治風熱瘈瘲風引湯，紫石英、白石英、寒水石、石膏、乾薑、大黃、龍齒、牡蠣、甘草、滑石，等分，右吹咀，以水一升，煎去三分，食後量多少，溫呷之，不用(楂)〔滓〕，立效。《局》云：紫石英能除結氣，安魂定魄作湯丸。更宜子戶風寒病，孕育何憂絕十年。胎宮乏孕，紫石英再弄之璋。

**明・劉文泰《本草品彙精要》卷二**　紫石英無毒　石生。

**紫石英**出《神農本經》：**主心腹，欬逆，邪氣，補不足，女子風寒在子宮，絕孕十年無子，久服溫中，輕身延年。**以上朱字《神農本經》。療上氣，心腹痛，寒熱，邪氣，結氣，補心氣不足，定驚悸，安魂魄，填下焦，止消渴，除胃中久寒，散癰腫，令人悅澤。以上黑字名醫所録。【地】《圖經》曰：生泰山山谷，今嶺南及會稽山中亦有之。陶隱居云：泰山石色重澈，下有根者最佳；會稽石形色如石榴子者最下。昔時並雜用，今丸散家採擇惟用泰山最勝，餘處者可作丸酒餌。又按《嶺表録異》云：隴州山中多紫石英，其色淡紫瑩澈，隨其大小皆五棱，兩頭如箭鏃，煮水飲之，暖而無毒。比北中白石英，其力倍矣。隱居又云：今第一用泰山石，色重澈，下有根，次出雹零山亦好。又有南城石無根。又有青綿石，色赤重黑不明澈。又有林邑石，腹裏別有一物如眼。吳興石四面纔有紫色，無光澤者次之。【時】採：無時。【用】瑩澈者佳。【色】紫。【味】甘，辛。【性】溫，平，緩。【氣】氣厚于味，陽中之陰。【臭】朽。【主】安心神，養肺氣。【助】長石爲之使。【反】畏扁青、附子，惡鮀甲、黃連、麥句薑。【製】生用，打碎如米豆大入丸散。火鍛醋淬七遍，研細，水飛用。【治】療：《圖經》曰：鎮心，療婦人諸疾。《藥性論》云：治驚癇，蝕膿，虛而驚悸不安。補：《藥性論》云：女人服之有子，主養肺氣。《別録》云：輕身充飢。【合治】用醋淬搗爲末，合生薑、米醋煎，傅之，摩亦得，治癰腫毒，瘥。○以五兩打碎，如米豆大，水淘一遍，以水一斗，煮二升，去滓，細細服。或煮粥羹食亦得，服盡，更煎之，補虛勞，止驚悸，令人能食。○合白石英、寒水石、石膏、乾薑、大黃、龍齒、牡蠣、甘草、滑石各等分，吹咀，以水一升，煎三分，去滓，食後溫呷。治風熱瘛瘲及驚癇，效。

**明·葉文齡《醫學統旨》卷八**　紫石英　氣溫，味甘、辛。無毒。入手少陰、足厥陰經。長石為之使，畏扁青、附子，不欲黄連、麥句薑。明徹如水，精紫色，達頭如樗蒲者。得茯苓、人參、芍藥共療心中結氣，得菖蒲、天雄共療霍亂。　治心腹欬逆邪氣，補不足；女子風寒在子宮十年無子；療上氣寒熱邪氣結氣，補心氣虚，定驚悸，安魂魄，填下焦，止消渴；又散癰腫，醋淬調傅。

**明·許希周《藥性粗評》卷四**　入室如經紫石英，邁楊妃之假育。紫石英，此有紫白二種，惟紫入藥有力。其形五稜，兩頭如箭鏃。出泰山及會稽山山谷。採無時，以明徹如水晶者佳。長石為之使，畏扁青、附子，惡鮀甲、黄連、麥句薑。凡用，火煅醋淬七次，研細，水飛過，灰碗内鋪紙滲乾。　味甘、辛，性溫，無毒。入手少陰心、足厥陰肝經。　主治婦女子宮寒冷，多年不育，滋陰補血，能使有子。因言不必如楊貴妃假育祿兒也。又主安魂定魄，散癰腫，止消渴。得茯苓、人參、芍藥，共療心中結氣。得天雄、昌蒲，共療霍亂。

單方：　虚癆：　凡患虚怯驚悸，飲食不進，成癆者，紫石英五兩，打碎如米豆大，淘淨，以水一斗，煮取三升，去滓澄清，以作羹粥食之，服盡再煎，自有奇效。

**明·鄭寧《藥性要略大全》卷八**　紫石英　主心腹咳逆邪氣，治上焦寒熱結氣，補心氣不足，定驚悸，安魂魄，填下焦，久服輕身延年。《衍義》云：　治風熱，瘛瘲風，止消渴，除胃中久寒，散癰腫，悅澤顏容。久服溫中。

又治女人崩中及子宫虚冷，難成胎孕者。　味辛、甘，氣溫，無毒。入足厥陰肝。長石為之使。畏扁青、附子。不欲鮀甲、黄連、麥句薑。得茯苓、人參、芍藥，共療心中結氣。得天雄、菖蒲，共療霍亂。明澈如水精，紫色達頂，如樗蒲者良。

**明·陳嘉謨《本草蒙筌》卷八**　紫白石英　味甘、辛，氣溫。無毒。泰山山中，每每出產。色有五品，種有兩般。但青赤黄，治療少用。惟紫白者，服餌多求。鉢貯擂成，水攪飛過。資長石為使，入心肝肺經。紫者入心肝二經，白者入肺經。畏附子、扁青，惡黄連、麥句麥句薑也。紫石英類水精明澈，似樗蒲達頭。治婦人子戶風寒，經十年不孕；療男子寒熱邪氣，致欬逆異常。定驚悸且補心虚，填下焦尤安魂魄。又散癰腫，薑醋煎調。白石英二三寸長，手指般大。六面如削，白澈有光。治欬逆胸膈久寒，理消渴陰痿不足。益氣除風痹，下氣利小便。療肺痿肺癰，止吐膿吐血。

**明·王文潔《太乙仙製本草藥性大全》卷六《仙製藥性》**　紫石英君　味甘、辛，氣溫，無毒。長石爲之使。　主治：　主心腹欬逆上氣，止消渴結氣心疼。補心不足，除胃中寒。治婦人子戶風寒經十年不孕，療女子寒熱邪氣致客逆異常。定驚悸且補心虚，填下焦尤安魂魄。又散癰腫。薑、醋煎調久服溫中，令人悅澤。　補註：　補虚勞，止驚悸，令人能食，紫石英五兩，打碎如米豆大，水淘一遍，以水一斗煮取二升，去滓澄清，細細服。或煮粥羹食亦得，服盡更煎之。〇風熱瘈瘲及驚癇瘈瘲，風引湯：　紫石英、黄白石英、寒水石、石膏、乾薑、大黄、龍齒、牡蠣、甘草、滑石等分，混合㕮咀，以水一升，煎去三分，食後量多少溫呷，不用滓，服之無不效者。〇治癰腫毒等，醋淬擣爲末，生薑、米醋煎傅之，摩亦得。

**明·皇甫嵩《本草發明》卷五**　紫白石英上品，君。氣溫，味甘、辛，無毒。有五色，青、黄、赤治療少用，紫、白多用。紫入心肝二經，白者入肺經。　發明曰：　紫石英，入心肝二經，亦鎮固之劑。故《本草》主心氣不足，定驚悸，安魂魄，填下焦，止消渴，除胃中寒，兼治心腹寒熱，邪氣結氣致欬逆，主婦人風寒在子宫十年不孕。又散癰腫，薑醋煎，調敷。久服溫中，輕身延年。今方家用者，惟療婦人及治心病藥時有使者。類水晶明徹，似樗蒲達頭，色紫潤。長石為之使。得茯苓、人參、芍藥，共療心中結氣。畏扁青、附子。不欲鮀甲、黄連、麥句薑。白石英與此同。

**明·李時珍《本草綱目》卷八金石部·玉類**　紫石英《本經》上品

【集解】《别録》曰：　紫石英生太山山谷，采無時。普曰：　生太山或會稽，欲令如削，紫色達頭如樗蒲者。弘景曰：　今第一用太山石，色重澈下有根。次出雹零山，亦好。又有南成石，無根，又有青綿石，色亦重黑明澈。又有林邑石，腹裏必有一物如眼。吴興石，四面纔有紫色，無光澤。會稽諸暨石，形色如石榴子。先時並雜用，今惟采太山最勝。仙經不正用，而俗方重之。禹錫曰：　按《嶺表録》云：　瀧州山中多紫石英，其色淡紫，其質瑩澈，隨其大小皆五稜，兩頭如箭鏃。煮水飲之，暖而無毒，比之北中白石英，其力倍矣。宗奭曰：　紫石英明澈如水精，但色紫而不匀。時珍曰：　按《太平御覽》云：　自大峴至太山，皆有紫石英。太山所出，甚瓌瑋。平氏陽山縣所出，色深特好。烏程縣北壟山所出，甚光明，但小黑。東莞縣爆山所出，舊以貢獻。江夏礬山亦出之。永嘉固陶村小山所出，芒角甚好，但小薄爾。

【修治】時珍曰：　凡入丸散，用火煅醋淬七次，研末水飛過，晒乾入藥。

【氣味】甘，温，無毒。《别録》曰：　辛。普曰：　神農、扁鵲：　味甘，平。李當之：　大寒。雷公：　大温。岐伯：　甘，無毒。之才曰：　長石爲之使。畏扁青、附子。惡鮀甲、黄連、麥句薑。得茯苓、人參，療心中結氣。得天雄、菖蒲，療霍亂。時珍曰：　服食紫石英，乍寒乍熱者，飲酒良。

【主治】心腹欬逆邪氣，補不足，女子風寒在子宫，絶孕十年無子。久服温中，輕身延年《本經》。療上氣心腹痛，寒熱邪氣結氣，補心氣不足，定驚悸，安魂魄，填下焦，止消渴，除胃中久寒，散癰腫，令人悦澤《別錄》。養肺氣，治驚癇，蝕膿甄權。

【發明】好古曰：紫石英，入手少陰、足厥陰經。權曰：虚而驚悸不安者，宜加用之。女子服之有子。頌曰：《乳石論》無單服紫石者，惟五石散中用之。《張文仲備急方》，有鎮心單服紫石煮水法，《胡洽》及《千金方》，則多雜諸藥同用。今方治婦人及心病，時有使者，時珍曰：紫石英，手少陰、足厥陰血分藥也。上能鎮心，重以去怯也。下能益肝，濕以去枯也。心生血，肝藏血，其性暖而補，故心神不安，肝血不足及女子血海虚寒不孕者宜之。《別錄》言其補心氣，甄權言其養肺者，殊昧氣陽血陰營衛之別。惟《本經》所言諸證，甚得此理。

【附方】舊二，新一。虚勞驚悸：補虚止驚，令人能食。紫石英五兩，打如豆大，水淘一遍，以水一斗，煮取三升，細細服，或煮粥食，水盡可再煎之。《張文仲方》。風熱瘛瘲：風引湯：治風熱瘛瘲及驚癇瘛瘲。紫石英、白石英、寒水石、石膏、乾薑、大黄、龍齒、牡蠣、甘草、滑石等分，㕮咀，水一升，煎去三分，食後温呷，無不效者。仲景《金匱方》。癰腫毒氣：紫石英火燒醋淬，爲末，生薑、米醋煎傅之，摩亦得。《日華本草》。

**明·梅得春《藥性會元》卷下**　紫石英　味甘、辛，氣溫，無毒。長石為使。畏扁青、附子。不欲黄連、麥句薑。入手少陰心經、足厥陰肝經藥。主治心腹欬逆邪氣，補不足，女人風寒在子宫。十年無子，寒熱邪氣、結氣，補心氣虚，定驚悸，安魂魄，填下焦，止消渴。又散癰腫，醋淬調敷。一云止崩，又曰胎宫乏孕，有再弄璋之慶。明澈如水晶，紫色、達頭如樗蒲者。得茯苓、人參、芍藥，共療心中結氣；得菖蒲、天雄，共療霍亂。白石英味同，治咳嗽吐膿，風濕痹，安魂，強陰道。

**明·李中立《本草原始》卷八**　紫石英　生太山山谷。采無時。其色紫，其質瑩澈。隨其大小皆五稜，兩頭如箭鏃。煮水飲之，暖而無毒。紫石英：氣味：甘，溫，無毒。主治：心腹欬逆邪氣，補不足，女子風寒在子宫，絕孕十年無子。久服溫中，輕身延年。〇療上氣，心腹痛，寒熱邪氣結氣，補心氣不足，定驚悸，安魂魄，填下膲，止消渴，除胃中久寒，散癰腫。令人悦澤。〇養肺氣，治驚癇，蝕膿。

紫石英，《本經》上品。【圖略】有淡紫色，有深紫色。修治：紫石英，火煅醋淬七次，研末水飛過，晒乾，入丸散用。

之才曰：長石為之使，畏扁青、附子，惡鮀甲、黄連、麥句薑。得茯苓、人參，療心中結氣；得天雄、菖蒲，療霍亂。好古曰：紫石英，入手少陰、足厥陰經。《日華子本草》：治癰腫毒氣，用紫石英火燒醋淬，為末，生薑、米醋煎，傅之，摩亦得。

**明·張懋辰《本草便》卷二**　紫石英君　味甘、辛，氣溫，無毒。入手少陰經、足厥陰經。畏扁青、附子，不欲黄連、麥句薑。主心腹欬逆邪氣，補不足，女子風寒在子宫，十年無子；療上氣寒熱邪氣結氣，補心氣虚，定驚悸，安魂魄，填下焦，又散癰腫。

**明·李中梓《藥性解》卷一**　紫石英　味甘、辛，性溫，無毒，入心經。主咳逆邪氣，寧心定驚，補不足，塗腫毒，又主婦人子戶風寒，十年無孕。長石為使，畏扁青、附子，惡黄連、鮀甲、麥句薑。按：紫石英為鎮重之劑，又有紫赤色，心經之所由入也，心主血，婦人得之，則血受溫補而胎可結矣。

**明·繆希雍《本草經疏》卷三**　紫石英　味甘、辛，溫，無毒。主心腹欬逆邪氣，補不足，女子風寒在子宫，絕孕十年無子，療上氣，心腹痛，寒熱邪氣結氣，補心氣不足，定驚悸，安魂魄，填下焦，止消渴，除胃中久寒，散癰腫，令人悦澤。久服溫中，輕身延年。

【疏】紫石英稟土中之陽氣以生，《本經》味甘，氣溫，無毒。《別錄》加辛。雷公言大溫。獨李當之言大寒者，是昧其性矣。味厚於氣，陽中之陰，降也。入手少陰、手厥陰、足厥陰經。少陰主心，屬陽而本熱，虚則陽氣衰而寒邪得以乘之，或為上氣欬逆，或為氣結寒熱心腹痛。此藥溫能除寒，甘能補中，中氣足，心得補，諸證無不瘳矣。驚悸屬心虚，魂魄不安亦由心君怯弱，無以鎮壓諸經。玆得鎮墜之力，而心君有以鎮攝，即重以去怯之義也。其主女子風寒在子宫，絕孕無子者，蓋女子繫胎於腎及心包絡，皆陰臟也，虚則風寒乘之而不孕，非得溫暖之氣，則無以袪風寒而資化育之妙。此藥填下焦，走腎及心包絡，辛溫能散風寒邪氣，故為女子暖子宫之要藥。補中氣，益心肝，通血脈，鎮墜，虚火使之歸元，故又能止消渴，散癰腫，令人悦澤及久服輕身延年也。凡入丸散，用火煅醋淬七次，碾末水飛過，曬乾入藥。

【主治參互】同白薇、艾葉、白膠、當歸、山茱萸、川芎、香附，治女人子宫虚寒，絕孕無子。張文仲《備急方》虚勞驚悸，補虚止驚，令人能食。紫石英五兩，打如豆大，水淘一遍，以水一斗，煮取三升，細細服。仲景《金匱方》治風熱瘈瘲及驚癇，風引湯：紫石英、白石英、寒水石、石膏、乾薑、大黄、龍齒、牡蠣、甘草、滑石等分，㕮咀，水一升，煎去三分，食後溫呷，無不效者。　〔簡誤〕紫石英，其性鎮而重，其氣暖而補，故心神不定，肝血不足及女子血海虛寒不孕者，誠為要藥。然而止可暫用，不宜久服，凡係石類皆然，不獨石英一物也。婦人絶孕由於陰虛火旺，不能攝受精氣者忌用。

**明・倪朱謨《本草彙言》卷一二**　紫石英　味甘，氣溫，無毒。味厚于氣，陽中之陰，降也。入手少陰、足厥陰經血分藥。《别録》曰：紫石英，生泰山山谷。　吴氏曰：今會稽山、諸暨山、陽山山、烏程山俱有之。　李氏曰：今江夏礬山，永嘉固陶村小山亦有。其色淡紫，其質瑩澈如水晶。不拘大小，皆具五稜如削，兩頭如箭鏃。修治：凡入丸散，用火煅醋淬七次，研末水飛過用。

紫石英：《本經》溫中暖藏之藥也。李仁甫稿如前古治欬逆上氣，寒熱邪氣，婦人風寒在子宫，絶孕無子。蓋取溫以除寒，甘以補中也。如《别録》又言：定驚悸，安魂魄者，蓋取重以去怯，明以達幽也。此藥填補下焦而走腎藏，爲婦人暖子宫，壯胎娠，治半産，誠爲要藥。然而止可暫用，不宜久服。凡係石類皆然，不獨石英一物也。如婦人絶孕，由于陰虛火旺，不能攝受精氣者，又忌用之。

集方：已下三方出華佗《青囊秘方》治肺寒欬逆上氣。用紫石英火煅醋淬七次，研細末，水飛過。每早用五分，花椒十粒泡湯下。十服全愈。○治時行寒瘴頭痛，寒熱如瘧。用紫石英五分，製法如前方。生薑五片，煎湯調服。三服愈。○治婦人胎胞虛冷，久不受孕，或受孕多小産者。用紫石英二兩，製法如前。配香附醋炒、當歸、川芎俱酒炒，白朮土拌炒各三兩，枸杞子酒洗炒、熟地黄酒煮，搗膏煉蜜丸，梧子大。每早晚各服三錢，好酒送下。○鄭子來家秘治怔忡驚悸，魂魄不寧，或心虛不寐，精神煩亂。用紫石英一兩，製法如前。配當歸、遠志、棗仁、川貝母、茯苓、柏子仁各二兩，川黄連三錢，俱用鹽水拌炒，研爲末，煉蜜丸。每早晨服三錢，臨睡服四錢，俱用黑棗湯下。○金匱方治風熱瘈瘲及驚癇瘈瘲。用紫石英、白石英、寒水石、石膏，俱打碎，大黄、乾薑、龍齒、牡蠣、滑石、甘草各五錢，水一升，煎半升。食後溫呷，無不效者。

**明・姚可成《食物本草》卷二一　玉石部**　紫石英生太山山谷，瀧州、會稽山中亦多。其色淡紫，其質瑩澈，大小不一，皆五稜，兩頭如箭鏃，頭如樗蒲者更佳。煮水飲之，暖而無毒，比之白石英，其力倍矣。紫石英，味甘，溫，無毒。主心腹欬逆邪氣，補不足，女子風寒在子宫，絶孕十年無子。久服溫中，輕身延年。療上氣心腹痛，寒熱邪氣結氣，補心氣不足，定驚悸，安魂魄，填下焦，止消渴，除胃中久寒，散癰腫，令人悦澤，養肺氣，治驚癇。

**明・顧逢柏《分部本草妙用》卷二心部・溫補**　紫石英　甘，溫，微毒。入手少陰、足厥陰血分。長石為使，畏附子，惡黄連。得茯苓、人參，療心中結氣。得天雄、菖蒲，治霍亂。　主治：心腹欬逆，去邪氣，補不足。女子風寒入子宫，絶孕。定驚悸，安魂魄。填下焦，止消渴，除胃寒，散癰腫。

按：紫石英上能鎮心，重以去怯也。下能益肝，濕以去枯也。心生血，肝藏血。其性暖而補，故心神不安，肝血不足，乃女子血海虛寒，不孕者宜之。

**明・李中梓《醫宗必讀・本草徵要下》**　紫石英味甘，溫，無毒。畏扁荳、附子，惡黄連。火煅，醋淬，水飛。　上通君主，鎮方寸之靡寧；下達將軍，助胎宫而有孕。　紫石英南方之色，故功在血分，火熱者忌之。

**明・鄭二陽《仁壽堂藥鏡》卷一**　紫石英　《圖經》云：今隴州山中多出。其色淡紫，其實瑩澈，隨其大小，皆五稜，兩頭如箭鏃者佳。暖而無毒。

氣溫，味甘、辛，無毒。　入足厥陰經、手少陰經。　《本草》云：主心腹欬逆邪氣，補不足，女子風寒在子宫，絶孕十年無子。療上氣，心腹痛，寒熱邪氣、結氣。補心氣不足，定驚悸，安魂魄，填下焦，止消渴。除胃中久寒，散癰腫。令人悦澤。久服溫中，輕身延年。得茯苓、人參、芍藥，共療心中結氣；得天雄、菖蒲，共療霍亂。長石為之使，畏扁青、附子。不欲鮀甲、黄連、麥句薑。　《衍義》云：仲景治風熱瘈瘲，風引湯：紫石英、白石英、寒水石、石膏、乾薑、大黄、龍齒、牡蠣、甘草、滑石，等分，右㕮咀，以水一升，煎去三分，食後，量多少溫呷之。不用渣。立效。

**明・蔣儀《藥鏡》卷一　溫部**　紫石英　散氣結而補心神，溫子宫不令嗣絶。醋淬可敷癰腫，水煎亦治瘈瘲。

**明・盧之頤《本草乘雅半偈》帙三**　紫石英《本經》上品　氣味：甘，溫，無毒。　主治：主心腹欬逆邪氣，補不足，女子風寒在子宫，絶孕十年無子。久服溫中，輕身延年。

覈曰：出太山山谷，《嶺表録異》云：瀧州山中多紫石英，其色淡紫，其質瑩徹，隨其小大，皆具五稜，兩頭如箭鏃。比之白石英，其力倍矣。《太平御覽》云：自大峴至太山，皆出紫石英。太山者，甚環瑋。平氏陽山縣者，色深特好。烏程縣北壟山者，甚光明，但小而黑。東莞縣爆山者，舊以貢獻。江夏礬山亦有。永嘉固陶村小山者，芒角甚佳，但小薄耳。必以五稜如削，紫色達頭，如樗蒲者乃良。修治：火煅醋淬，凡七徧，研末，水飛三四次，晒乾入藥。長石為之使。畏扁青、附子。惡鮀甲、黃連、麥句薑。得茯苓、人參，療心中結氣。得天雄、菖蒲，療霍亂。過服紫石英，設乍寒乍熱者，飲酒遂解。先人云：溫潤如玉，則心光可通，餌服者無妄躁，獲益當無量矣。

条曰：赤黑相間曰紫，坎離交會之色也。石乃山骨，英乃石華。艮山為體，震動為用，故主體用不足，致邪入心腹，作欬作逆者。正離失虛中，坎失剛中耳。若風寒在子宮，絕孕無子，十年弗克攻者，藉坎離交會，則體用雙彰，十年乃字矣。久服溫中，輕身，互坎填離之驗也。虛中剛中，正陰陽互根之妙。

**明・李中梓《本草通玄》卷下**　紫石英　甘，溫，手少陰、足厥陰血分藥也。上能鎮心，重可去怯也；下能益肝，濕可去枯也。心主血，肝藏血，性暖而補，故神不安，血不足，虛寒不孕者宜之。

**清・穆石匏《本草洞詮》卷三**　紫石英　味甘，氣溫，無毒。入手少陰、足厥陰經血分。上能鎮心，重以去怯也。下能益肝，濕以去枯也。心生血，肝藏血，其性暖而補，故心神不安，肝血不足，及女子血海虛寒不孕者宜之。《別錄》言其補心氣。甄權言其養肺氣。殊昧氣陽血陰，營衛之別。惟《本經》言治欬逆邪氣，女子風寒在子宮者，久服溫中，甚得此理。

**清・劉雲密《本草述》卷五**　紫石英　覈曰：出太山山谷。《嶺表錄》云：瀧州山中多紫石英，其色淡紫，其質瑩徹，隨其小大，皆具五稜，兩頭如箭鏃，比之白石英其力倍矣。《太平御覽》云：自大峴及太山皆出紫石英，太山者甚瓌瑋。平氏山陽縣者色深，特好。烏程縣北壟山者甚光明，但小而黑。東莞縣爆山者，舊以貢獻。江夏礬山亦有。永嘉固陶村小山者芒角甚佳，但小薄耳。必以五稜如削，紫色達頭如樗蒲者，乃良。

氣味：甘，溫，無毒。《別錄》曰：辛。普曰：神農、扁鵲味甘平。雷公大溫。岐伯甘，無毒。主治：心腹欬逆邪氣，補不足，女子風寒在子宮，絕孕，十年無子，久服溫中《本經》。療上氣心腹痛，寒熱邪氣結氣，補心氣不足，定驚悸，安魂魄，填下焦，止消渴，除胃中久寒，散癰腫《別錄》。主治氣證脹滿，痼證驚悸，泄瀉赤白濁方書。好古曰：紫石英入手少陰、足厥陰經。權曰：虛而驚悸不安者，宜加用之。女子服之有子。希雍曰：紫石英稟土中之陽氣以生，《本經》味甘，氣溫，無毒。《別錄》加辛。雷公言大溫。味厚於氣，陽中之陰，降也。入手少陰、手厥陰、足厥陰經。虛勞驚悸，補虛止驚，令人能食。紫石英五兩，打如豆大，水淘一遍，以水一斗，煮取三升，細細服，或煮粥食，水盡可再煎之。同白微、艾葉、白膠、當歸、山茱萸、川芎、香附，治女人子宮虛寒，絕孕無子。

愚按：石英具五色，而用者唯紫石英及白石英耳。具紫為赤黑相間之色。之頤舉似坎離交會，此一語與《本經》及《別錄》主治諸證，庶幾能中病情，而更合於方書所療之病，其義亦不爽也。抑何以明之？蓋坎中有離，則陰得陽以化。夫水者，氣之所以孕育也。而却借於陽之能化陰，離中有坎，則陽得陰以裕。夫火者，氣之所以昌大也。而却借於陰之能裕陽，是水合於火而氣生，火合於水而氣化，即所謂坎離交會也。能生即能化，能化即能生。《本經》所謂治心腹咳逆邪氣，補不足，而《別錄》所謂療上氣心腹痛，寒熱邪氣結氣，其所主治同也。正元氣生化之妙用，具足水火合和之神機耳。其所謂補不足者，正補其水火合和之氣耳。雖然，元氣屬三焦，在《本經》一條已包舉言之矣。如分而在上所云補心氣，定驚悸；在下如療女子子宮風寒，填下焦；在中如久服溫中，除胃中久寒；是分三焦之主治，皆取其精悍之氣，化為清粹者。適有合於坎之會離，離之會坎，大為人身真元之助也。如《本草》所謂寒熱邪氣，方書所治寒邪脹滿，皆不足所受之妄象。又《本草》所謂驚悸，方書所治劣弱泄瀉，思慮過度濁證，皆不足所見之虛象，悉由坎離交會之元，以為化以為生矣。或曰：然則茲品將獨取其陽乎？不然。《本草》所云療女子子宮風寒及胃中久寒者，是何所取爾也？曰：元氣是坎離交會，乃少火非壯火也。《經》固曰氣食少火，壯火食氣。如是則豈可謂其以熱治寒，為偏於補陽，如桂、附論哉？若執以熱治寒，《本經》又何為以寒熱相衡而言乎？且方書用治脹滿之見蜆丸，固因寒氣久結，而治痼證屬熱者，如風引湯，又皆用之，則可以明於茲品之用，以補元氣為其主，而溫寒清熱之味，乃得需之以奏功者也。抑如斯論，然則方書所治驚癇等證，謂重可去怯者，殆未然歟。曰：坎離交會而心氣具足，奈何錮於陋說而不深究乎？或曰：療驚悸等證類，以為益心血，何以《別錄》獨言補心氣也？曰：既已離得會坎，則心血有不足乎？但離借坎以為用，總歸於補心氣耳。至若瀕湖謂為血分藥，而更以《別錄》、甄權所說為無據也。是固鹵莽甚矣，何不取方書所治之證，而一通之。即如氣證之養氣丹，其所云主治者，已的的為真元地，與《本經》正合，故以五石為主，是豈不較然，猶得貿貿謂為血分藥哉？

希雍曰：紫石英其性鎮而重，其氣暖而補，故心神不安，肝血不足及女子血海虛寒不孕者，誠為要藥。然而止可暫用，不宜久服。凡係石類皆然，不獨石英一物也。婦人絕孕由於陰虛火旺，不能攝受精氣者，忌用。

修治　火煅，醋淬，凡七遍，研末，水飛三四次，曬乾入藥。長石為之使，畏扁青、附子，惡鮀甲、黃連、麥句薑。得茯苓、人參療心中結氣，得天雄、菖蒲療霍亂。過服紫石英，設乍寒乍熱者，飲酒遂解。

**清·郭章宜《本草匯》卷一八**　紫石英　味甘，氣溫，陽中之陰，降也，入手少陰、足厥陰經。上通心主，鎮方寸之靡寧。下達將軍，助胎宮而有孕。

按：紫石英，色屬南方，故功在血分。其性鎮而重，其氣暖而補，上能鎮君，重以去怯也。下能益肝，濕以去枯也。心主血，肝藏血，故神不安，血不足，血海虛寒不孕者，誠要劑也。然石類之物，止宜于暫用，不可久服。陰虛火熱者，忌之。

出泰山山中。色有五品。火煅醋淬，水飛。畏扁豆、附子。惡黃連。

**清·蔣居祉《本草擇要綱目·溫性藥品》**　紫石英凡入丸散，用火煅，醋淬七次，碾末，水飛過，晒乾入藥。　氣味：甘，溫，無毒。入手少陰、足厥陰血分藥也。　主治：心腹欬逆邪氣，補不足，女子風寒在子宮絕孕，十年無子。久服溫中，輕身延年。療上氣心腹痛，寒熱邪氣結氣。補心氣不足，定驚悸，安魂魄，填下焦，止消渴。除胃中久寒，散癰腫，令人悅澤，養肺氣。治驚癇蝕膿。紫石英上能鎮心，重以去怯也。下能益肝，濕以去枯也。心生血，肝藏血，其性暖而補，故心神不安，肝血不足及女子血海虛寒不孕者宜之。《別錄》言其補心氣，甄權言其養肺者，殊昧氣陽血陰營衛之別，惟《本經》所言諸證，甚得此理。　畏：扁青、附子。惡：鮀甲、黃連。

**清·王翃《握靈本草》卷一**　紫石英生太山山谷，會稽亦有。色紫質瑩，大小皆五稜，兩頭如箭簇。凡入丸散，火煅，醋淬七次，水飛。　主治：紫石英，甘，溫，無毒。主心腹欬逆。

**清·汪昂《本草備要》卷四**　紫石英重，鎮心；潤，補肝。　甘，平。性溫而補，重以去怯，濕以去枯。入心肝血分，故心神不安，肝血不足，女子血海虛寒不孕者宜之。衝爲血海，任主胞胎。《經疏》云：女子繫胞于腎及心包絡，虛則風寒乘之，故不孕。紫石英辛溫走二經，散風寒，鎮下焦，爲暖子宮之要藥。　色淡紫瑩徹，五棱。火煅醋淬七次，研末，水飛用。二英俱畏附子，惡黃連。五色石英，各入五藏。

**清·李熙和《醫經允中》卷一七**　紫石英　經火即毒。生研極細，水飛三次用。　甘，溫，微毒。主治安魂魄，定驚悸，男子心腹欬逆，女人風寒入子戶不孕。按：紫石英上能鎮心，重以去怯也。下能益肝，濕以去枯也。故心神不安，肝血不足及女子血海虛寒不孕者宜之。但性慓悍，且罕得真，慎勿輕用。

**清·馮兆張《馮氏錦囊秘錄·雜症痘疹藥性主治合參》卷五**　紫石英得土中之陽氣以生。故味甘、辛，氣溫，無毒。入手少陰、手厥陰、足厥陰經。以甘溫辛散之功，復得鎮墜之力，所謂重以去怯，乃得去諸病，資化育，上補心氣，下填下焦，驚悸定而魂魄安矣。　紫石英，稟南方之色，功專血分。婦人子戶風寒，經十年不孕。療男子寒熱邪氣，致欬逆異常。定驚悸，且補心虛。填下焦，尤安魂魄。又散癰腫，薑、醋煎調。白石英治欬逆，胸膈久寒，理消渴，陰痿不足。利氣除風痹，下氣利小便。療肺痿肺癰，止吐膿吐血。

**清·张璐《本經逢原》卷一**　紫石英　甘，溫，無毒。出泰山。以五稜明淨深紫大塊者良，浙產者塊小，亦可入藥。經火則毒生，研極細水飛三次用。時珍云：煅赤，醋淬七次，水飛用。非。　《本經》主心腹欬逆邪氣補不足，女子風寒在子宮，絕孕十年無子。　發明：紫石英入手足少陰、厥陰血分，上能鎮心定驚悸，安魂魄，攝逆氣，重以去怯也。下能益肝，填補下焦，散陰火，止消渴，溫以暖血也。女子經阻色淡不孕者宜之。《本經》治女子風寒在子宮，絕孕十年者，服之能孕，非特峻補，兼散濁陰留結之驗也。若血熱紫黑者禁用，為其性溫也。《千金》云，婦人欲求美色者，勿服紫石英，令人色黑，非溫血之謂乎。故婦人絕孕，由於陰虛火旺，不能攝精者禁用。

**清·浦士貞《夕庵讀本草快編》卷一**　紫白石英《本經》　英作瑛，玉光也。　石英有五，獨取紫、白，貴其走氣走血，濕可去枯也。紫者入手少陰、足厥陰血分，故上能鎮心安神，下能益肝養血，謂心生血、肝藏血也。其性暖而且補，故虛勞驚悸，風熱瘛瘲，女子血海虛寒不能孕育者宜之。白者入手太陰、陽明氣分，專解消渴而止欬逆，療肺癰肺痿而下氣，實大腸而利小便。膈上停寒，陰痿不起良效。然重墜之品，可暫攻疾，若欲久服，必受其災。《千金翼》用其蒸羊煉乳，仲景不為細末，皆借氣之法耳。

**清・張志聰、高世栻《本草崇原》卷上**　紫石英　氣味甘溫，無毒。主治心腹咳逆邪氣，補不足，女子風寒在子宮，絕孕，十年無子。久服溫中，輕身延年。　紫石英始出太山山谷，今會稽、諸暨、烏程、永嘉、陽山、東莞山中皆有，唯太山者最勝。其色淡紫，其質瑩澈，大小皆具五稜，兩頭如箭鏃。

**清・姚球《本草經解要》卷四**　紫石英　氣溫，味甘，無毒。主心腹欬逆邪氣，補不足，女子風寒在子宮，絕孕十年無子。久服溫中，輕身延年。火煆醋淬。　紫石英氣溫，稟天春和之木氣，入足厥陰肝經。味甘無毒，得地中正之土味，入足太陰脾經。氣味俱升，陽也。心腹者，足太陰經行之地，脾虛不能生肺，肺失下降之令，則邪氣上逆而欬矣。紫石英味甘質重，益脾土而降氣逆，所以主欬也。補不足者，氣溫，補肝氣之不足；味甘，補脾陰之不足也。厥陰之脈，結於陰器，則子宮亦屬肝經，肝為兩陰交盡之經，風木之府。風寒在子宮，則肝血不藏，脾血亦不統，不能生育而孕矣。脾土之成數十，所以十年無子也。紫石英氣溫，可以散子宮之風寒，味甘可以益肝脾之血也。中者，中州脾土也。久服甘溫益脾，所以溫中，肝木條達，脾土健運，所以身輕延年也。　製方：　紫石英同白薇、艾葉、白膠、歸身、山萸、川芎、香附，治女子絕孕無子。同龍齒、牡蠣、甘草、北味、炮薑，治小兒驚症。

**清・王子接《得宜本草・上品藥》**　紫石英　味甘，溫。入手少陰、足厥陰經。主治子宮寒不孕，上能鎮心，重以去怯，下能益肝，濕以去枯。

**清・徐大椿《神農本草經百種錄》上品**　紫石英　味甘，溫。主心腹欬逆，甘能和中，重能降氣。邪氣，散風寒。補不足，補心血之不足。女子風寒在子宮，絕孕十年無子。子宮屬衝脈、血海，風寒入于其中，他藥所不能及，紫石英色紫入血分，體重能下達，故能入于衝脈之底，風寒妨孕，溫能散寒驅風也。久服溫中，輕身延年。補血納氣之功。　此以色為治，色紫則入心，心主血，故能補血。其降氣而能入下焦，則質重之效也。

**清・吳儀洛《本草從新》卷五**　紫石英〔重，鎮心；潤，養肝。〕甘辛而溫。重以去怯，濕以去枯。心神不安，肝血不足，女子血海虛寒不孕者宜之。衝為血海，任主胞胎。《經疏》云：女子繫胞於腎及心包絡，虛則風寒乘之，故不孕。紫石英辛溫走二經，散風寒，鎮下焦，為暖子宮之要藥。色淡紫，石英五色，各入五臟。瑩徹五稜。火煆醋淬七次，研末水飛。二英俱畏附子，惡黃連。

**清・汪紱《醫林纂要探源》卷三**　紫石英　甘辛，溫。補肝木，緩肝急。去衝任之寒，益心包之血。色紫入肝及心包血分，辛補甘緩，且能補衝任不足，故上安心神，神以血足而安。下暖子宮，血足而能受胎孕，為女科當行之藥。

**清・嚴潔等《得配本草》卷一**　紫石英　長石為之使。畏扁青、附子。惡鮀甲、黃連、麥句薑。　甘，溫。入手少陰、足厥陰經血分。鎮心益肝，暖子宮，除風寒。　得茯苓、人參，療心中結氣。得天雄、菖蒲，治霍亂。得生薑、米醋煎，調敷癰腫毒氣。　煆，醋淬，研，水飛用。　血熱者禁用。

**題清・徐大椿《藥性切用》卷七**　紫石英　甘辛微溫，鎮墜虛怯，耑溫血室，治血海虛寒經久不孕，為溫暖子宮耑藥。醋煆，細研，水飛用。

**清・黃宮繡《本草求真》卷四散劑・平散**　紫石英散肝心血分，寒燥不潤。紫石英耑入肝心。即係石英之紫色者，故爾別其名曰紫。性味俱同，而紫即能直入血分，不似白石英因其色白，功耑潤肺，止就肺部之病而言之也。紫能入血治療，凡婦人子戶，因於風寒內乘絕孕，男子寒熱咳嗽驚悸，夢魂不安，服此則能鎮魄安神，為心肝經溫血要藥。時珍曰：上能鎮心，重以去怯也，下能益肝，濕以去枯也。心生血，肝藏血，其性緩而補，故心神不安，肝血不足及女子血海虛寒不孕者宜之。《別錄》言其補心氣，甄權言其養肺氣，殊昧氣陽血陰營衛之別。但陰虛火旺者切忌。　醋煆淬七次，研末水飛用，畏附子，惡黃連。

**清・羅國綱《羅氏會約醫鏡》卷一八金石水土部**　紫石英味辛甘，溫，入心肝二經。畏扁豆、附子，惡黃連。火煆、醋淬、水飛用。　重以去怯，濕以潤枯，補心以定驚悸，達下以安魂魄。女子血海虛寒不孕者宜之。衝為血海，任主胞胎。虛則風寒乘之，故不孕。紫石英辛溫走二經，散風寒，鎮下焦，為暖子宮要藥。　色淡紫，瑩徹五稜者真。但係石類，只可暫用。

**清・陳修園《神農本草經讀》卷二上品**　紫石英　氣味甘，溫，無毒。主心腹咳逆邪氣，補不足，女子風寒在子宮，絕孕十年無子。久服溫中，輕身延年。　陳修園曰：　紫石英氣溫，稟木氣而入肝。味甘無毒，得土味而入脾。

咳逆邪氣者，以心腹為脾之部位，人之呼吸，出心肺而入肝腎，脾居中而轉運，何咳逆之有？惟脾虚受肝邪之侮，不能下轉而上沖，故為是病。其主之者，溫能散邪，甘能和中，而其質又重而能降也。補不足者，氣溫味甘，益肝脾之不足也。風寒入於子宫，則肝血不藏，脾血亦不統，往往不能生育，脾土之成數十，所以十年無子也。紫石英氣溫，可以散子宫之風寒，味甘可以益肝脾之血也。久服溫中輕身延年者，誇其補血納氣之力也。

按：白石英治略同，但紫色屬陰，主治衝脈血海，功多在下。白為金色，主治消渴，兼理上焦之燥。

**清·王龍《本草纂要稿·金石部》** 紫石英 性味同。治婦人子戶風寒，經年不孕。療男子寒熱風邪，咳逆無休，定驚悸，且補心虚，填下焦，尤安魂魄。又散癰腫。薑、醋同調。

**清·楊時泰《本草述鉤元》卷五** 紫石英 出泰山山谷。其色淡紫而質瑩徹，隨其小大，皆具五稜，兩頭如箭簇，比之白石英，其力當倍嚴。產處甚多，或形甚環瑋，或色深特好，或甚光明，但小而黑，或芒角甚佳而小薄。必以五稜如削，紫色達頭如樗蒲者乃良《太平御覽》。味甘、辛，氣溫。味厚於氣，陽中之陰，降也。入手少陰、手厥陰、足厥陰經。長石為之使。畏扁青、附子，惡鮀甲、黃連、麥句薑。主心腹欬逆邪氣，療上氣心腹痛，寒熱邪氣結氣，治女子風寒在子宫，絕孕十年無子，補心氣不足，定驚悸，安魂魄，填下焦，止消渴，除胃中久寒，散癰腫，久服溫中。方書治氣證脹滿，癇證、驚悸，泄瀉赤白濁。虚而驚悸不安者，宜加用之，女子服之有子權。其性鎮重，其氣暖補，故心神不安，肝血不足及女子血海虚寒不孕者，為要藥仲淳。得茯苓、人參，療心中結氣。得天雄、菖蒲，療霍亂。虚勞驚悸，補虚止驚，令人能食，紫石英五兩，打如豆大，水淘一遍，以水一斗煮取三升，細細服，或煮粥食，水盡可再煎之。同白薇、艾葉、白膠、當歸、山萸、川芎、香附，治子宫虚寒，絕孕無子。

論：紫為赤黑相間之色，子由舉似坎離交會，庶幾與石英主治能中病情，何以言之？蓋坎中有離，則陰得陽以化，夫水者氣之所以孕育也，而卻借於陽之能化陰。離中有坎，則陽得陰以裕，夫火者氣之所以昌大也。而卻借於陰之能裕陽，是水合於火而氣生，火合於水而氣化，所謂坎離交會也。能生即能化，能化即能生，是物具足水火合和之神機。其所謂補不足者，正補夫水火合和之氣耳。分閲三焦主治，在上則補心氣，定驚悸；在下則填下焦，療子宫風寒；在中則除胃中久寒，久服溫中。皆取其精悍之氣化，為清粹者適。有合於坎之會離，離之會坎，大為人身真元之助也。如寒熱邪氣，寒邪脹滿，皆不足所受之妄象。又如驚悸劣弱，泄瀉，思慮過度濁證，皆不足所見之虚象。此品悉由坎離交會之元，以為化，以為生，故能治之。惟以補元氣為其主，故溫寒清熱之味，皆得需之以奏功。見晛丸，治寒氣久結而脹滿；風引湯，又治癇證之屬熱者。《別錄》獨言補心氣者，以坎離交會而心氣具足，蓋離得會坎則心血足，但離借坎以為用，總歸於補心氣耳。繆氏：止可暫用，不宜久服，凡石類皆然，不獨石英一物也。婦人絕孕，由於陰虚火旺，不能攝受精氣者忌。

修治：火煅醋淬七遍，研末，水飛三四次，曬乾入藥。過服紫石英，設乍寒乍熱者，飲酒遂解。

**清·葉桂《本草再新》卷八** 紫石英味甘、辛，性溫，無毒。入心、肝二經。定心安神，養血，去濕。治虚寒不孕者宜之。

**清·趙其光《本草求原》卷二五石部** 紫石英 紫為赤黑之間色。紫而甘，溫，無毒。是水火合和以生氣、生血，而補肝脾之不足。治心腹痛，寒熱邪氣，結氣。心、腹，脾之部位，肝邪乘之則病。咳逆上氣，氣出心肺，入肝腎，脾居中而轉運，脾虚肝乘，不能下轉而上沖，宜溫散邪，甘和中，重以鎮逆。女子血海虚寒不孕，風寒入于衝任子宫，則肝血不藏，脾血不統，往往無孕。溫可以散子宫之風寒，甘可以益肝脾之血。補心氣，定驚悸，安魂魄，水火交會之功。碎如米粒，煎水煮粥食。風熱驚癇瘈瘲，同白石英、石膏、寒水石、乾薑、大黃、龍牡、甘草、滑石水煎食後呷之，名風引湯，是寒熱互用，而藉之以交水火也。除胃中久寒，散癰腫，生薑、醋煎敷。蝕膿，同白薇、艾葉、川芎、鹿膠、香附，治子宫虚寒無子。赤白濁，泄瀉。明澈五棱，火煅、醋淬、研細、水飛用。二英俱畏附子、黃連。過食致寒熱者，飲酒可解。

**清·葉志詵《神農本草經贊》卷一** 紫石英 味甘，溫。主心腹欬逆邪氣，補不足，女子風寒在子宫，絕孕十年無子。久服溫中，輕身延年。生山谷。

盤根奪紫，比象樗蒲。色兼纁質，質亞珷玞。腹池沍解，心府春蘇。十年乃字，門設桑弧。字本程氏伊川說《易》，作字育之字。

陶弘景曰：石色重澈，下有根。吳普曰：達頭如樗蒲。寇宗奭曰：色紫而不勻。郭璞曰：珷玞石似玉。《黃庭經》：小腹為玉池。《淮南子》：智者心之府也。《易》：十年乃字。《禮》：男子生，桑弧蓬矢六，以射天地四方，又設弧於門左。

**清・文晟《新編六書》卷六《藥性摘録》**　紫石英　甘，平。散肝心血分，寒燥不潤，治男子寒熱欬嗽，驚悸夢魂不安，婦人子戶因風寒內乘絕孕。○但陰虛火旺者，切忌。○畏附子，惡黃連。製法同上。

**清・張仁錫《藥性蒙求・金石部》**　紫石英三錢　紫石英溫，重能鎮逆。補下益肝，安神效捷。甘辛而溫，入心、腎、包絡、肝血分。心神不安，肝血不足及女子血海虛寒不孕者，紫石英宜之。又為鎮下焦，暖子宮要藥。《經疏》曰：凡絕孕由陰虛火旺，不能攝受精氣者，忌用。○出泰山。以五棱明淨，深紫大塊者良。火煅，研末，水飛用。張路玉云：經火則毒。生研極細，水飛三次用。

**清・戴葆元《本草綱目易知録》卷七**　紫石英　甘，溫。入手少陰、足厥陰血分。上能鎮心，重以去怯，下能益肝，濕以去枯。安魂魄，定驚悸，填下焦，養肺氣，止消渴，散癰腫。令人悅澤。補心氣不足，除胃中久寒。療上氣心腹痛，欬逆寒熱結氣，驚癇邪氣。其性溫暖，故心神不安，肝血不足及女子血海虛寒，子宮絕孕無子，宜之。

**清・黃光霽《本草衍句》**　紫石英　甘益肝木，溼以去枯。溫鎮心經，重以去怯。散衝任之寒，益心胞之血。上安心神，神以血足而安。故能定驚悸，安魂魄。下暖子宮，血海受姙不絕。為女科當行之藥。得茯苓、人參治心中結氣。《本經》治女人風寒在子宮，絕妊無子也。徐注：子宮屬衝脈，血海風寒入于其中，他藥所不及。紫石英色紫，入血分，體重能下達，故能入衝脈之底，風寒妨妊，溫能檢寒驅風也。

**清・陳其瑞《本草撮要》卷六**　紫石英　味甘辛，溫，入手少陰、足厥陰經，功專治子宮寒不孕，鎮心去怯，益肝去枯。火煅醋淬七次，研末，水飛。二英俱畏附子、黃連。癰腫毒氣，以紫石英煅淬為末，生薑、米醋煎敷之良。

### 麥飯石

**明・劉文泰《本草品彙精要》卷六**　麥飯石

麥飯石：治發背，諸般癰疽，神效。名醫所録。【地】《圖經》曰：其石粗黃白，類麥飯，曾作磨磑者尤佳。抑考陳自明云：麥飯石不可作磨，古云作磨者尤佳，恐惑人矣。蓋因其石狀如飯團生粒點耳，若無此石，當以舊麵磨近齒處石代之，取其有麥性故也，屢試得效。此石鋪家有時亦無賣者，如欲用之，但於溪中尋麻石中有白石肌粒如豆如米大者，即是也。但其石大小不同，或如拳，或如鵝卵，或如盞大者，大略如握聚一團麥飯耳。【時】採：無時。【質】類麥飯團。【色】黃白。【臭】朽。【製】不限多少，用炭火煅至紅，以好釅米醋淬之，如此煅淬十次，卻，碾為末，重羅去粗者，取細末入乳鉢內用數人更迭研五七日，要如麵樣，極細為妙，若不細，塗瘡極痛難忍。【合治】煅成細末二兩，合生取鹿角一具，連腦骨全者，截作二三寸長，用炭火燒令煙盡為度，碾羅為末，再入乳鉢研令極細，四兩，並白斂末二兩，三物同和，用三年好米醋入銀石器中煎，令魚眼沸，卻，旋旋入前藥末在內，用竹篦子不住手攪，熬一二時久，令稀稠得所，取出傾在瓷盆內，候冷，以紙蓋其上，勿令著塵埃。每用時，先用豬蹄湯洗去癰瘡上膿血至淨，以故帛挹乾，以鵝翎蘸藥膏塗傳四圍，凡有赤處，盡塗之，但留中心一孔如錢大，以出膿血，使熱毒之氣隨出。如膿未潰，能令內消，如已潰，則排膿如湍水。逐日見瘡口收斂，如患瘡久，肌肉腐爛，筋骨出露，用舊布片塗藥以貼瘡上，但膈膜不穴，亦能取安。洗瘡勿以手觸動嫩肉，仍不可以口氣吹著瘡，更忌有腋氣之人及月經見行婦人或有孕者，合藥時亦忌之。【代】如無此石，取舊麵磨近齒處石代之。

**明・李時珍《本草綱目》卷一〇石部・石類下**　麥飯石宋《圖經》

【釋名】時珍曰：象形。【集解】時珍曰：李迅云：麥飯石處處山溪中有之。其石大小不等，或如拳，或如鵝卵，或如盞，或如餅，大略狀如握聚一團麥飯，有粒點如豆如米，其色黃白，但於溪間麻石中尋有此狀者即是。古方云曾作磨者佳，誤矣。此石不可作磨。若無此石，但以舊麫磨近齒處石代之，取其有麥性故耳。

【氣味】甘，溫，無毒。【主治】一切癰疽發背時珍。

【發明】頌曰：大凡石類多主癰疽。世傳麥飯石膏，治發背瘡甚效，乃中岳山人呂子華秘方。裴員外啗之以名第，河南尹脇之以重刑，呂寧絕榮望，守死不傳其方。取此石碎如棋子，炭火燒赤，投米醋中浸之，如此十次，研末篩細，入乳鉢內，用數人更碾五七日，要細膩如麪，四兩。鹿角一具，要生取連腦骨者，其自脫者不堪用，每二三寸截之，炭火燒令烟盡即止，為末研細，二兩。白斂生研末，二兩。用三年米醋入銀石器內，煎令魚目沸，旋旋入藥在內，竹杖子不住攪，熬一二時久，稀稠得所，傾在盆內，待冷以帋蓋收，勿令塵入。用時，以鵝翎拂膏，于腫上四圍赤處盡塗之，中留錢大洩氣。如未有膿即內消，已作頭即撮小，已潰即排膿如湍水。若病久肌肉爛落，見出筋骨者，即塗細布上貼之，乾即易，逐日瘡口收斂。但中膈不穴者，即無不瘥。已潰者，用時先以猪蹄湯洗去膿血，故帛挹乾，乃用藥。其瘡切忌手觸動，嫩肉仍不可以口氣吹風，及腋氣、月經、有孕人見之，合藥亦忌此等。初時一日一洗一換，十日後二日一換。此藥要極細，方有效；若不細，塗之即極痛也。此方孫真人《千金月令》已有之，但不及此詳悉耳。又北齊馬嗣明治楊遵彦背瘡，取粗黄石如鵝卵大者，猛火燒赤，納濃醋中，當有屑落醋中，再燒再淬，石至盡，取屑日乾擣篩極細末，和醋塗之，立愈。劉禹錫《傳信方》謂之鍊石法，用傅瘡腫無不驗。

**明·鄭澤《墨寶齋集驗方》卷三**　白麥飯石有大于鵝卵石者，有小于鵝卵石者。其色有青黑紅白點相間。大約以鬆脆為佳。一搥即碎者是也。湖廣岳陽樓下水岸上多有之，各處山澗邊亦有。

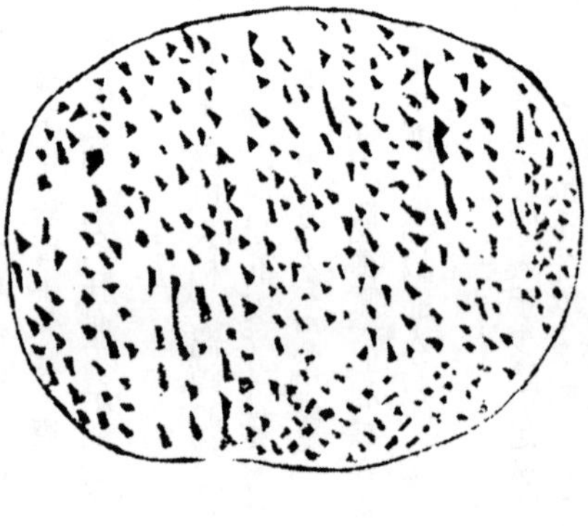

**明·繆希雍《本草經疏》卷五**　麥飯石

〔疏〕麥飯石出自蘇頌《圖經》，附於薑石條内。因薑石有疗腫之用，故引及之。其味、氣必與薑石相似。但得火煅醋淬之後，復有溫暖收斂之功。昔呂子華秘方麥飯石膏，治發背瘡神效。取此石碎如棋子，炭火燒赤，投米醋中浸之。良久，又燒又浸，如此十次，研末極細如飛塵；鹿角一具連腦骨者，二三寸截之，炭火燒令煙盡即止。白斂末與石末等分，鹿角倍之。用三年米醋，入銀石器内，煎令魚目沸，即下前藥，不住手攪，熬一二時，稀稠得所，傾出待冷。以鵝翎拂膏於腫上四圍赤處，中留腫頭洩氣。如未膿即内消，已作頭即撮小，已潰即排膿。若病久肌肉爛落，見出筋骨者，即塗細布上貼之，乾即易，逐日瘡口收斂。但中膈不穴者，即無不瘥。已潰者，用時先以猪蹄湯洗去膿血，挹乾，然後上藥。其瘡切忌手觸動嫩肉，仍不可以口氣吹風，及腋氣、月經、孕婦見之，合藥時亦忌此等。初時一日一換，十日後二日一換。此藥要極細方有效。若不細，塗之即痛也。煅久亦無效，臨用方煅，煅過即研若飛塵一二兩，可治一癰疽矣。

**明·倪朱謨《本草彙言》卷一二**　麥飯石　味甘，氣溫，無毒。李氏曰：麥飯石，隨處山溪中有之。大小不等，或如拳，或如鵝卵，或如錢，或如餅狀，似一團麥飯，有粒點，如豆如米，其色黄白。于溪間麻石中尋，有此狀者即是。

麥飯石：《圖經》治一切癰疽發背之藥也。蘇水門氏曰：大凡石類多治癰疽。世傳麥飯石膏，治發背瘡甚效，乃山人呂子華秘方。其方取麥飯石，碎如棋子，炭火燒赤，投米醋中浸之，如此十次，研末篩細，再入乳鉢内，用數人手力，更碾五六日，要細膩如麵狀，取四兩，鹿角一具，要生取，連腦者更好，截成寸許，用炭火燒令烟盡存性，爲末研極細，取二兩，白斂生研末，取二兩，三味總和勻，用三年陳米醋入鐵鍋内，煎令魚目沸起，旋旋入藥在内，用竹杖子不住手攪，熬一二時久，稀稠得所，傾在磁器内，待冷，以油紙蓋收，勿令飛塵入，用時以鵝羽蘸膏于腫上，四圍赤處盡塗之，中留錢大一孔洩氣。如未有膿即内消，已作頭即撮小，已潰即排膿。如病久肌肉爛落，見出筋骨者，即塗軟帛上貼之，乾即易，逐日瘡口收斂。已潰者，先以猪蹄湯洗去膿血，軟帛挹乾後用藥，初時一日一洗一換，十日後二日一洗一換。此藥要研極細方有效。若不極細，塗之反作痛也。用此藥時，切忌行經并有孕婦人及鷄犬見之，瘡口切忌風吹及一切穢氣。誠能守禁忌，無有不瘥。○又按北齊馬嗣明治背瘡方：取溪中麤黄石，如鵝卵大者，猛火燒赤，納濃米醋中，當有屑落，再燒再淬，醋乾再加，至石盡醋中，取屑日乾，研細，篩極細末，和醋塗之，立愈。

**清·顧元交《本草彙箋》卷一〇**　麥飯石　專主癰疽發背，外科之用，不及他症。

麥飯石膏，先以石碎如棋子，炭火燒赤，投米醋中浸之良久，又燒又浸，如此十次，研極細，如飛塵，鹿角一具連腦骨者二三寸截之，炭火燒令煙盡即止，白斂生研末，與石末等分，鹿角灰倍之，用陳米醋入銀石器内，煎令魚目沸，即下前藥，不住手攪，煮一二時，稀稠得所，傾出待冷，以鵝翎拂膏於腫上四圍赤處，留孔洩氣，未膿即内消，已作即撮小，已潰即排膿。若病久肌肉爛落，見出筋骨者，即塗細布上貼之，乾即易，逐日瘡口收斂。但中隔不穴者，即無不瘥。已潰者用時，先以豬蹄湯洗去穢物，挹乾，然後上藥。此藥煅久無效，臨用方煅之一二兩，可治一癰疽矣。此石，凡山溪中俱有之。大小不等，或如拳，如鵝卵，如盞，如餅，大略狀如握聚一團麥飯，有粒點如豆如米，其色黄白。但于溪間麻石中尋，有此狀即是。

**清・穆石匏《本草洞詮》卷三** 麥飯石 狀如一團麥飯，故名。味甘，氣溫，無毒。治一切癰疽發背。凡石多主癰疽，而麥飯石膏治背瘡甚効，乃中岳山人呂子華秘方。裴員外啗之以名第，河南尹脇之以重刑，呂寧絕榮望，守死不傳。今載李瀕湖《綱目》中。

**清・蔣居祉《本草擇要綱目・溫性藥品》** 麥飯石此石碎如棋子，炭火燒赤，投米醋中浸之，如此十次，研末篩細，入乳鉢內，用數人更碾五七日，要細膩如麵，極細方有效，若不細，塗之即極痛也。 氣味：甘，溫，無毒。 主治：一切癰疽發背。

**清・馮兆張《馮氏錦囊秘錄・雜症痘疹藥性主治合參》卷五** 麥飯石出自蘇頌《圖經》，附於薑石條下。《本草經疏》載之。 麥飯石，治發背瘡毒神效。取此石碎如棋子大，炭火燒赤，投米醋中，浸之良久，又燒又浸，如此十次，研末極細如飛塵，鹿角一枝連腦骨者，二三寸截之，炭火燒令烟盡，即止，白斂末與石末等分，鹿角倍之，用三年米醋，入銀石器內，煎令魚目沸，即下前藥，不住手攪，熬一二時，稀稠得所，傾出待冷，以鵝翎拂膏於腫上四圍赤處，中留腫頭洩氣。如未膿即內消，已作頭即撮小，已潰即排膿，若病久肌肉爛落出見筋骨者，即塗細布上貼之，乾即易，逐日瘡口收斂，但中膈不穴者，即無不瘥。已潰者，用時先以猪蹄湯洗去膿血，挹乾，然後上藥，其瘡切忌手觸動嫩肉，仍不可以口氣吹風及腋氣、月經、孕婦見之，合藥時亦忌此等。初時一日一換，十日後二日一換，此藥要極細方有效，若不細，塗之即痛也，煅久亦無效，臨用方煅，煅過即研細若飛塵，一二兩可治一癰疽矣。

**清・趙其光《本草求原》卷二五石部** 麥飯石 山溪大小石中，內有狀如飯團，中有粒點如米如豆，其色黄白。甘，溫，無毒。塗癰疽、發背未成即消，闊大即斂，已潰排膿，腐爛即合。每四兩合鹿角灰二兩，生白斂二兩，共研，投滚醋煮稠。塗瘡四周，留頂出毒，已潰則攤貼。 打碎火煅，醋淬十次研細，不細則痛。水飛用。 粗黄如鵝卵石及舊面磨近齒處石，亦可代。

## 浮石

**宋・唐慎微《證類本草》卷五玉石部下品〔唐・陳藏器《本草拾遺》〕** 水花 平，無毒。主渴。遠行山無水處，和苦栝樓爲丸，朝預服二十丸，永無渴。亦入殺野獸藥，和狼毒、皂莢、礬石爲散，指安獸食餘肉中，當令不渴，渴恐飲水藥解，名水沫。江海中間，久沫成乳石，故如石水沫，猶軟者是也。

**宋・寇宗奭《本草衍義》卷六** 浮石 水飛，治目中翳。今皮作家用之，磨皮上垢，無出此石。石蟹條中云：浮石，平，無毒。止渴，治淋，殺野獸毒，合于此條收入。

**宋・張杲《醫說》卷五** 浮石止渴 《交州記》曰：浮石體虚而輕，煮飲止渴。

**明・鄭寧《藥性要略大全》卷八** 水花 味平，無毒。和栝蔞〔為丸〕。若遠行無水處，早朝預服一丸，永不渴。即水沫也。

**明・鄭寧《藥性要略大全》卷八** 浮石 性平，無毒。止渴，治淋。殺野獸毒。

**明・王文潔《太乙仙製本草藥性大全》卷六《仙製藥性》** 浮石 氣平，無毒。 主治：止渴神方，治淋妙劑。能殺野獸毒，亦治目中瞖。 補註：水飛點目瞖。用磨皮上垢大效。

**明・皇甫嵩《本草發明》卷六** 海石鹹，寒。即海蛤，久被風濤砥礪，廉稜消盡，無復形質。有以海浮石用火煅為粉，故曰海粉。 丹溪云：海粉即海石，降熱痰，燥濕痰，軟結痰，消頑痰。此與蛤粉不同。

**明・李時珍《本草綱目》卷九石部・石類上** 浮石《日華》。校正：併入《拾遺》水花。

〔釋名〕海石《綱目》 水花 〔集解〕時珍曰：浮石，乃江海間細沙、水沫凝聚，日久結成者。狀如水沫及鍾乳石，有細孔如蛀窠，白色，體虚而輕。今皮作家用磨皮垢甚妙。海中者味鹹，入藥更良。《抱朴子》云：燒泥爲瓦，燔木爲炭，水沫爲浮石，此皆去其柔脆，變爲堅剛也。《交州記》云：海中有浮石，輕虚可以磨脚，煮水飲之止渴。即此也。

〔氣味〕鹹，平，無毒。時珍曰：小寒。 〔主治〕煮汁飲，止渴，治淋，殺野獸毒大明。止欬弘景。去目瞖宗奭。清金降火，消積塊，化老痰震亨。消瘤癭結核疝氣，下氣，消瘡腫時珍。

〔發明〕藏器曰：水花主遠行無水止渴，和苦栝樓爲丸，每旦服二十丸，永無渴也。震亨曰：海石治老痰積塊，鹹能軟堅也。時珍曰：浮石乃水沫結成，色白而體輕，其質玲瓏，肺之象也。氣味鹹寒，潤下之用也。故入肺除上焦痰熱，止欬嗽而軟堅。清其上源，故又治諸淋。按余琰《席上腐談》云：肝屬木，當浮而反沈，肺屬金，當沈而反浮，何也？肝實而肺虛也。故石入水則沉，而南海有浮水之石；木入水則浮，而南海有沈水之香。虛實之反如此。

【附方】新十二。　欬嗽不止：浮石末湯服，或蜜丸服。《肘後方》。　消渴引飲：《本事方》浮石、舶上青黛等分，麝香少許，爲末。温湯服一錢。○又方：白浮石、蛤粉、蟬殼等分，爲末。鯽魚膽汁七個，調服三錢，神效。　血淋砂淋：小便澁痛。用黄爛浮石爲末。每服二錢，生甘草煎湯調服。《直指方》。　石淋破血：浮石滿一手，爲末，以水三升，酢一升，和煮二升，澄清。每服一升。《傳信適用方》。　小腸疝氣：莖縮囊腫者。《直指方》用浮石爲末。每服二錢，木通、赤茯苓、麥門冬煎湯調下。○丹溪方：用海石、香附等分，爲末。每服二錢，薑汁調下。　頭核腦痺：頭枕後生痰核，正者爲腦，側者爲痺。用輕虛白浮石燒存性，爲末，入輕粉少許，麻油調，掃塗之。勿用手按，即漲。或加焙乾黄牛糞尤好。亦治頭瘡。《直指方》。　底耳有膿：海浮石一兩，没藥一錢，麝香一字，爲末。繳净吹之。《普濟方》。　疳瘡不愈：海浮石燒紅醋淬數次二兩，金銀花一兩，爲末。每服二錢半，水煎服。病在上食後，在下食前。一年者，半年愈。《儒門事親》。　疔瘡發背：白浮石半兩，没藥二錢半，爲末，醋糊丸梧子大。每服六七丸，臨卧，冷酒下。《普濟方》。　諸般惡瘡：方同上。

**明·梅得春《藥性會元》卷下**　海石　味鹹，無毒。　主治老痰，須與半夏同用。治鬱痰與香附同用，治疝痛薑汁傳送。

**明·李中立《本草原始》卷八**　海石　日華子名浮石。乃海間細沙水沫凝聚日久結成者。狀如石，出海中，故名海石。　氣味：鹹，平，無毒。　主治：煮汁飲，止渴治淋。殺野獸毒。○止欬。○去目瞖。○清金降火，消積塊，化老痰。○消瘻瘤結核，疝氣下氣，消瘡腫。

【圖略】體輕色褐而光，有孔如蛀窠，海人呼為海檳榔，又呼海石。　色白玲瓏。市者通呼海石。二色海石，功用大同小異。

震亨曰：海石治老痰積塊，鹹能軟堅也。時珍曰：浮石，乃水沫結成，色白而體輕，其質玲瓏，肺之象也。氣味鹹寒，潤下之用也。故入肺除上焦痰熱，止咳嗽而軟堅。清其上源，故又治諸淋。

**明·吴文炳《藥性全備食物本草》卷一**　水花一名水沫，俗名浮區。　江海中間久沫成乳石，故如石水沫猶軟是也。或溪澗池沼中有。採無時，氣平，無毒。主渴，遠行山無水處，和苦栝蔞為丸梧子大，每服二十丸，永無渴。殺野獸藥，和(後)[狼]毒、皂莢、白礬為散，指(齒即)安獸食餘肉中，當令不渴，渴恐飲水，藥解。

**明·倪朱謨《本草彙言》卷一二**　浮石　味鹹，氣寒，無毒。　李氏曰：浮石，乃江海間沙土水沫凝聚日久結成者。狀似牛肺，有細孔，如蛀窠。有白色、紫色者，體虛而輕。今皮作家用磨皮垢甚妙。《抱朴子》云：燒泥爲磚，燔木爲炭，聚水沫爲浮石。此皆反其柔脆，變爲堅剛也。

浮石：止渴治淋，定咳嗽，朱震亨消積塊之藥也。李氏時珍曰：此石乃水沫結成，色白而體輕，其質玲瓏，肺之象也。氣味鹹寒，潤下之用也。故入肺，除上焦痰熱，止咳嗽而軟堅，清其上源也。又治諸淋澀脹、不通而痛者。蓋以結而化結也。

集方：《肘後方》治咳嗽不止。用浮石一兩，水三碗，煮減半，作茶飲。○《本事方》治消渴引飲。用浮石、白蛤殼各一兩，煮水飲。○《直指方》治血淋，砂淋，石淋，澀痛不通。用黄殼浮石一兩，甘草一錢，水三碗，煎減半，隨時飲。每用甘草，逐日換煎，浮石可常煮不壞也。

**明·顧逢柏《分部本草妙用》卷四肺部·性平**　浮石　鹹，平，無毒。　主治：止渴治淋，殺野獸毒。止欬，去目瞖。清金降火，消積塊，化老痰，消瘻瘤，結核疝氣，下氣，消瘡腫。　按：東垣云：海石治老痰積塊，鹹能軟堅也。時珍曰：浮石乃水沫結成，色白而體輕，其質玲瓏，肺象也。鹹寒潤下，故入肺，除上焦痰熱，止嗽軟堅，清上源，治諸淋。余琰曰：肝屬木，當沉而反浮，何也？肝實而肺虛也，故石入水則沉，而南海有浮水之石。木入水則浮，而南海有沉水之香，虛實之反若此。

**明·李中梓《醫宗必讀·本草徵要下》**　海石味鹹，平，無毒。獨入肺經。　清金降火，止濁治淋。積塊老痰逢便化，瘻瘤結核遇旋消。海石乃水沫結成，體質輕飄，肺之象也；氣味鹹寒，潤下之用也。故治證如上。按：多服損人氣血。

**明·張景岳《景岳全書》卷四九《本草正》**　海石　味鹹，性微寒。陽中陰也。善降火下氣，消食，消熱痰，化老痰，除瘻瘤結核，解熱渴熱淋，止痰嗽喘急，消積塊，軟堅癥，利水濕疝氣，亦消瘡腫。

**明·賈九如《藥品化義》卷八腎藥**　海石　屬陰，體略重，色灰白，氣和，味鹹，性涼，能沉，力化積痰，性氣清而味重濁，入肺胃大腸三經。　海石乃沿海間細沙水沫凝聚日久結成，浮石火煅為粉，另名海粉。丹溪云：　海粉即海石，味鹹能降火，又能軟堅，故力降熱痰，軟結痰，消頑痰，因其體浮，專主上焦心肺之分，咽喉之間。消化凝結，化痰丸中必用，聖藥也。

**明·盧之頤《本草乘雅半偈》帙一一**　浮石日華　氣味：　鹹，平，無毒。

主治：　煮汁飲，止渴，治淋，殺野獸(肉)〔毒〕。

覈曰：　出南海、交州之陽。水沫集塵埃，蕩漾水面日久凝結而成。色黃白，體虛而輕，仍未離乎塵沫本相也。先人云：　山融成水，歸宗走海，泡幻立堅仍呈本相，隨波上下，止止行行，行行止止，會心者得之。

条曰：　《抱朴子》云：　燒泥為瓦，燔木為炭，水沫為浮石，皆去其柔脆，變其堅剛。釋典云：　火劣水勢，濕為巨海，乾為州潭，是故彼大海中，火光常起，彼州潭中，江河常注，雖幻化異形，而水火之性，終不隕滅。顧浮石之浮水上，即火性浮炕之上炎。《詩·大雅》云烝之浮浮是也。若止渴治淋即濕者乾之，乾者濕之。若積塊老痰，癭癧疝瘕，砂石淋露，即去其堅剛，變其柔脆。隨根身之缺陷，現四大之偏周，若以結治結，猶幻歸幻耳。

**明·李中梓《本草通玄》卷下**　海石　乃水沫結成，色白體輕，肺之象也。氣味鹹寒，潤下之用也。故入肺除痰嗽而軟堅，上源既清，故又治諸淋。肝屬木，當浮而反沉，肺屬金，當沉而反浮，何也？肝實而肺虛也。故石入水則沉，而南海有浮水之石；　木入水則浮，而南海有沉水之香。

**清·穆石匏《本草洞詮》卷三**　浮石　乃江海間水沫凝聚日久結成者。味鹹，氣平，無毒。清金降火，止渴治淋，消積塊老痰，癭瘤結核。蓋浮石其質玲瓏，肺之象也，故入肺。鹹能潤下，故治上焦熱。鹹能軟堅，故治積塊。清其上源，故又治諸淋也。夫燒泥為瓦，燔木為炭，水沫為浮石，皆變柔脆為堅剛也。肝屬木，當浮而反沉；　肺屬金，當沉而反浮。石入水則沉，而有浮水之石；　木入水則浮，而有沉水之香。物理之變化若此。

**清·劉雲密《本草述》卷五**　浮石　時珍曰：　浮石乃江海間細沙水沫凝聚日久結成者，狀如水沫及鍾乳石，有細孔如蛀窠，白色，體虛而輕，今皮作家用磨皮垢甚妙。海中者味鹹，入藥更良。

氣味：　鹹，平，無毒。　時珍曰：　大寒。　主治：　疝氣，化老痰，消積塊及瘤癭結核，下氣治淋。　丹溪曰：　海石治老痰積塊，鹹能軟堅也。

時珍曰：　浮石乃水沫結成，色白而體輕，其質玲瓏，肺之象也。氣味鹹寒，潤下之用也。故入肺，除上焦痰熱，止欬嗽而軟堅，清其上源，故又治諸淋。按余琰《席上腐談》云：　肝屬木，當浮而反沉。肺屬金，當沉而反浮。何也？　肝實而肺虛也。故石入水則沉，而南海有浮水之石，木入水則浮，而南海有沉水之香，虛實之反如此。

愚按：　浮石成於水沫，其氣偶爾結聚，其質最為輕虛，故名之曰浮石。又曰水花。閱方書所治之證，於疝用之如敵金丸者，敵金丸見《準繩·疝證》。其義固是之取也。蓋疝原屬水臟偶結之邪，亦似有中痼而不得即散者，故疝從疾，從山。然却非本來沉痼之疾也，即此種水氣之偶結而似石，雖似石而甚輕虛，還不離於浮聚之氣者，以對待之，本氣味鹹寒，以入水臟，因取其結之出於偶然，而散之還即以其偶然，固藉氣以為推移耳。至於治老痰，積塊消瘤癭結核，似亦不越前義矣。《日華子本草》云：　治淋，想亦治沙石之淋。第方書之治淋者，不少概見，何哉？

附方　血淋、砂淋，小便澀痛，用黃爛浮石為末，每服二錢，生甘草煎湯，調服。　石淋破血，浮石滿一手，為末，以水三升，酢一升，和煮二升，澄清，每服一升。　小腸疝氣，莖縮囊腫者，丹溪方用海浮石、香附等分，為末，每服二錢，薑汁調下。　頭核腦痹，頭枕後生痰核，正者為腦，側者為痹，用輕虛白浮石燒存性，為末，入輕粉少許，麻油調，掃塗之，勿用手按即漲。或加焙乾黃牛糞尤好。亦治頭瘡。

**清·郭章宜《本草匯》卷一八**　浮石　鹹，平，大寒。清金降火，止渴治淋。積塊老痰逢便化，癭瘤結核遇旋消。

按：　浮石，乃江海間水沫結成，白質體輕，肺之象也。氣味鹹寒，潤下之用也。不獨入肺清源，又治一切淋病，余琰(席)云：　肝屬木，當浮而反沉；　肺屬金，當沉而反浮，何也？　肝實而肺虛也。故石入水則沉，而南海有浮水之石；　木入水則浮，而南海有沉水之香。虛實之反如此，多服損人氣血。

**清·汪昂《本草備要》卷四**　浮石一名海石。瀉火，軟堅。　鹹潤下，寒降火。色白體輕，入肺清其上源。肺爲水之上源。止渴止嗽，通淋軟堅，除上焦痰熱，消癭瘤結核。頑痰所結，鹹能軟堅。(俞)〔余〕琰《席上腐談》云：　肝屬木，當浮而反沉；肺屬金，當沉而反浮，何也？肝實而肺虚也。故石入水則浮，而南海有浮水之石；木入水則沉，而南海有沉水之香。虚實之反如此。　水沫日久結成。海中者味鹹更良。

**清·顧靖遠《顧氏醫鏡》卷八**　海浮石鹹，平。入腎經。　能化積塊老痰，可消癭瘤結核。鹹能軟堅故也。　水沫結成，體輕虚而性潤下，故有清金降火之功。多服損人氣血。

**清·李熙和《醫經允中》卷一八**　浮石　即海石。蓋海水沫結成，色白體輕象肺。　鹹，平，無毒。主治去目瞖，清金降火，止咳通淋，消癭瘤核，老痰積塊，鹹能軟堅也。入肺除上焦痰熱，止嗽，鹹寒潤下也。

**清·馮兆張《馮氏錦囊秘錄·雜症痘疹藥性主治合參》卷五**　浮石一名海石，味鹹，平，無毒。乃水沫結成，體質輕飄，故入肺經，氣味鹹寒，故為軟堅潤下之用。浮石，清金降火，止濁治淋，積塊老痰，癭瘤結核，竝堪袪治。蓋石性沉而反浮，象肺金也。水沫聚而凝成，象痰結也。且味鹹而軟堅，得水性而潤下，故專走肺經，善治一切痰結諸病。

**清·张璐《本經逢原》卷一**　浮石一名海石。　鹹，平，無毒。煅過水飛用。　發明：海石乃水沫結成，色白體輕。故治上焦痰熱，止咳，點目翳。消癭瘤結核疝氣，然惟實證宜之。虚者誤投，患亦最速，以其性專尅削肺胃之氣也。南海有浮水之石，沉水之香，專取物類之相反，以治病氣之阻逆也。

**清·浦士貞《夕庵讀本草快編》卷一**　浮石《日華》、海石　江海中細砂水沫凝聚結成。《抱朴子》云：燒泥為瓦，燔木為炭，水沫為石，皆去其柔脆，變為堅剛者也。　浮石乃水沫結成，色白體輕，其質玲瓏，肺之象也。氣味鹹寒，潤下之用也。故降火清金，除上焦之煩熱，化痰止欬，消頸項之癭瘤。蓋鹹以軟之，此其本質也。又用以治淋破疝，蓋潔其上源而流自清矣。按：余琰云：肝屬木，當浮而反沉；肺屬金，當沉而反浮，何也？蓋肝實而肺虚也。故海中有浮水之石，海南有沉水之香。虚實之反，便可悟矣！

**清·黄元御《玉楸藥解》卷三**　海浮石　味鹹，氣平。入手太陰肺、足厥陰肝經。化痰止渴，破滯軟堅。海浮石鹹寒通利，能化老痰。消積塊，止渴通淋濇。去瞖障，平癭瘤。清金止嗽，泄濕消疝。亦兼治疔毒惡瘡。

**清·吴儀洛《本草從新》卷五**　海石一名浮石。　鹹軟堅，寒潤下，色白體輕入肺，清其上源，肺為水之上源，故又治諸淋。止嗽止渴，通淋，化上焦老痰，消癭瘤結核。頑痰所結，鹹能軟堅。《席上腐談》云：肝屬木，當浮而反沉，肺屬金，當沉而反浮，何也？肝實而肺虚也。故石入水則沉，而南海有浮水之石；木入水則浮，而南海有沉水之香。虚實之反如此。多服損人血氣。水沫日久結成，海中者味鹹更良。

**清·汪紱《醫林纂要探源》卷三**　浮水石　鹹，寒。水中浮沫所結，故不沉。以出海中者佳。補心，瀉上焦火。清肺金，以滲水消痰。鹹則補心，色白體輕，上浮入肺，是瀉火於肺中，而清水之源也。可止渴，止嗽消痰，能消癭瘤結核，通淋下氣，令人善泄屁。

**清·嚴潔等《得配本草》卷一**　浮石一名海石。　鹹，寒。入手太陰經。除上焦之痰熱，清膀胱之上源。消結核，止乾渴。　得牙皂，治老痰横結。得通草，治疝氣莖腫。得鯽魚膽，治膈消。善飲水者。得金銀花，治疳瘡。得輕粉少許，麻油調，塗頭核腦痹。枕後生痰核，正者為腦，側者為痹。　煅研，水飛過用。

**清·黄宫繡《本草求真》卷六**　海石散上焦積熱，軟下焦積塊。　海石耑入肺腎。即書所云浮石者是也。其石係水沫結成，浮於水上，故以浮名。色白體輕，味鹹氣寒。時珍曰：其質玲瓏，肺之象也。蓋既有升上之能，復有達下之力，其曰能治上焦痰熱，目翳痘癰者，以其氣浮上達之謂也。能治諸淋積塊癭瘤者，以其鹹潤軟堅之意也。余琰《席上腐談》云：肝屬木當浮而反沉，肺屬金當沉而反浮，何也？肝實而肺虚也，故石入水則沉，而南海有浮水之石，木入水則浮，而南海有沉水之香，虚實之反如此。至於實則宜投，虚則忌服者，以其忌有尅削之氣也。味鹹者良，煅過水飛用。

**清·羅國綱《羅氏會約醫鏡》卷一八金石水土部**　浮石一名海石。味鹹氣寒，入肺經。　鹹潤下，寒降火。色白體輕入肺，清水之上源。肺金生水。止渴，止嗽，通淋，肺火清也。化積塊老痰，消癭瘤結核。鹹能軟堅。水沫日久結成，海中者味鹹更良。

**清·黄凱鈞《藥籠小品》**　海浮石　鹹軟堅，寒潤下，色白體輕，入肺止嗽，化老痰，消癭瘤結核，水沫結成。

**清·王龍《本草纂要稿·金石部》**　海浮石　氣味鹹寒。水沫結成，色白而體輕，其質玲瓏。肺金之象，潤下之用，故除上焦痰熱，止咳嗽而軟堅，療癭瘤結核，治諸淋而消疝。

**清·張德裕《本草正義》卷下**　海石　鹹寒而降。清熱痰，解熱渴，治肺熱喘急欬嗽。亦能消積塊堅癥，水濕疝氣。

**清·楊時泰《本草述鉤元》卷五**　浮石　又曰水花。江海間細沙水沫凝聚日久結成，有細孔如蛀窠，體虛而輕，白色。海中者味鹹，入藥更良瀕湖。氣味鹹平。治疝氣，化老痰，消積塊及瘤癭結核，下氣，治淋。浮石色白體輕，肺之象也。氣味鹹寒，潤下之用也。故入肺除痰熱，止欬軟堅，清其上源，又治諸淋瀕湖。肝屬木，當浮而反沉，肺屬金，當沉而反浮，何也？肝實而肺虛也。故石入水則沉，而南海有浮水之石；木入水則浮，而南海有沉水之香。虛實之反如此余琰。血淋沙淋，小便澀痛，浮石為末，每服二錢，生甘草湯調服。石淋破血，浮石滿一手為末，以水三升，醋一升，和煮二升，澄清，每服一升。小腸疝氣，莖縮囊腫者，用海浮石、香附等分，為末，每服二錢，薑汁調下。頭核腦痹頭枕後生痰核，正者為腦，側者為痹。白浮石燒存性，為末，入輕粉少許，麻油調塗，弗用手按，按之即漲，或加焙乾黃牛糞尤好，亦治頭瘨。

論：敵金丸用浮石治疝氣，見《準繩》。蓋疝屬水臟偶結之邪，亦似有中痼而不得即散者，然却非本來沉痼之疾也。即此種水氣之偶結似石而甚輕虛，還不離於浮聚之氣者，以對待之，本氣味鹹寒以入水臟，取其結之出於偶然而散之，還即以其偶然固藉氣以為推移耳。至於治老痰積塊消瘤癭結核，似亦不越前義。日華子更云治淋，想於沙石之淋尤宜。

**清·葉桂《本草再新》卷八**　海浮石味鹹，性寒，無毒。入肺、腎二經。　清肺氣，滋腎水，止嗽止渴，通淋，化上焦老痰，消癭瘤結核。多服損人血氣。

**清·趙其光《本草求原》卷二五石部**　海石即浮石。　水沫所結，色白虛輕入肺。鹹潤下，軟堅；寒降火，入肺腎，以清散結聚之氣。以浮聚治結聚，同氣相求也。治咳嗽，水或蜜調下。沙石諸淋，甘稍湯調下。疝氣囊腫，同香附研木通、茯苓，麥冬湯下。此正水腑邪氣之結。頭枕後痰核，正者為腦核，側者為痹。煅，同輕粉焙牛屎油搽。耳膿，同沒藥、麝吹。疳瘡，醋淬，同銀花研，水下，在上食後服，在下食前服。消積塊老痰。瘤癭結核，疔腫惡瘡，同沒藥醋糊丸，冷酒下。止渴，煮汁，或同青黛、花粉，或加麝，蛤粉，鯽魚膽汁為丸，水下。去翳，解獸毒，敷痘癰最捷。沉香屬木反沉，海石屬水反浮，肝實肺虛之義也。以其相反之結氣，治邪氣偶結之阻逆。多服損氣血。

**清·文晟《新編六書》卷六《藥性摘錄》**　海石　味鹹，氣寒。色白體輕，入肺腎，治上焦痰熱，目翳痘癰，諸淋積塊癭瘤。○實則宜投，虛則忌服。○即浮石。鹹者良。煨研，水飛用。

**清·張仁錫《藥性蒙求·金石部》**　海石三錢　海石鹹寒，化痰清肺。消核軟堅，諸淋通利。一名浮石。消老痰結核，止嗽止渴。多服損人血氣。○水沫結成，或煅用。

**清·戴葆元《本草綱目易知錄》卷七**　海石浮石、水花　鹹，寒。乃水沫結成，色白體輕，肺之象也。故入肺而清上焦痰熱，止咳嗽而軟堅，清金降火而止渴，化老痰，消積塊，去目瞖，消癭瘤結核。鹹潤下，又能下氣，通淋，治疝氣癰腫。殺野獸毒。

**清·陳其瑞《本草撮要》卷六**　海浮石　味鹹，寒，入手太陰、足厥陰經，功專軟堅潤下，止嗽止渴，通淋，化上焦老痰，消癭瘤結核。多服損人血氣。頭核腦痹，頭枕後生核，正者為腦，側者為痹，白浮石燒存性為末，入輕粉少許，麻油調塗，或加乾牛糞尤妙。亦治頭瘨。得香附、薑汁治疝氣莖縮囊腫。咳嗽不止，末服良。

### 暈石

**宋·唐慎微《證類本草》卷三玉石部上品〔唐·陳藏器《本草拾遺》〕**　暈石　無毒。主石淋。磨服之。亦燒令赤，投酒中服。生大海底。如薑石，紫褐色，極緊似石，是鹹水結成之。自然有暈也。

### 黑、白羊石

**宋·蘇頌《本草圖經》〔見《證類》卷四玉石部中品〕**　白羊石　生兗州白羊山。味淡，其性：熟用即大熱，生用即涼。解衆藥毒。春中掘地採之，以白瑩者爲良。

**宋·蘇頌《本草圖經》〔見《證類》卷四玉石部中品〕**　黑羊石　生兗州宮山之西。味淡，性熱，解藥毒。春中掘地採之，以黑色有墻壁光瑩者爲上。

**明·劉文泰《本草品彙精要》卷四**　黑羊石　土生。

黑羊石：　解諸藥毒。名醫所錄。　【地】《圖經》曰：　生兗州宮山之西。春中掘地採之，以黑色有牆壁光瑩者爲上。　【時】採：　春月取。　【質】類方解石。　【色】黑。　【味】淡。　【性】熱。　【氣】氣厚味薄，陽中之陰。　【臭】朽。　【製】研細，水飛用。

白羊石無毒　土生。

白羊石，解衆藥毒。名醫所録。　〔地〕《圖經》曰：　生兗州白羊山。春中掘地取之，以白瑩者爲良。　〔時〕採：　春月取。　〔色〕白。　〔味〕淡。　〔性〕生冷，熟熱。　〔氣〕氣味俱薄，陰中之陽。　〔臭〕朽。　〔製〕研細，水飛用。

**明・王文潔《太乙仙製本草藥性大全》卷六《本草精義》**　黑白羊石　黑羊石生兗州宮山之西，春掘地採之，以黑色有墻壁光瑩者爲上。白羊石出兗州白羊山，春中掘地採之，以白瑩者爲佳。

**明・王文潔《太乙仙製本草藥性大全》卷六《仙製藥性》**　黑羊石　味淡，性熱，解藥毒。　白羊石：　味淡，其性熱，熱生涼，解衆藥毒。

**明・李時珍《本草綱目》卷一〇石部・石類下**　白羊石宋《圖經》

〔集解〕頌曰：　生兗州白羊山，春中掘地采之，以白瑩者爲良。又有黑羊石，生兗州宮山之西，亦春中掘地采之，以黑色、有墻壁、光瑩者爲上。

〔氣味〕淡，生涼，熟熱，無毒。　〔主治〕解藥毒。　黑羊石同蘇頌。

水中白石

**宋・唐慎微《證類本草》卷三玉石部上品〔唐・陳藏器《本草拾遺》〕**　水中石子　無毒。　主食魚鱠腹中脹滿成瘕，痛悶，飲食不下，日漸瘦。取水中石子數十枚，火燒赤，投五升水中，各七遍，即熱飲之。如此三五度，當利出瘕也。

燒石　令赤，投水中，内鹽數合。主風瘙癮疹，及洗之。又取石如鵝卵大，猛火燒令赤，内醋中十餘度。至石碎盡取屑暴乾，和醋塗腫上。出《北齊書》，醫人馬嗣明：　發背及諸惡腫皆愈。　此並是尋常石也。

**明・王文潔《太乙仙製本草藥性大全》卷六《仙製藥性》**　水中石子　無毒。　主治：　主食魚鱠腹内脹滿成瘕，痛悶飲食不下，日漸羸瘦。　補註：　取水中石子數十枚，火燒赤投五升水中，各七遍，即熱飲之，如此三五度，當利出瘕也。

**明・皇甫嵩《本草發明》卷五**　水中石子上品。無毒。　主食魚鱠腹中脹滿成瘕，痛悶，飲食不下，日漸瘦，取水中石子數十枚，火燒赤，投五升水中，各七遍，即熱飲之，如此三五度，當利出瘕也。

**明・皇甫嵩《本草發明》卷五**　燒石是尋常石燒者。　燒令赤，投水中，内鹽數合，主風癮疹及洗之。又取石如鵝卵大，猛火燒令赤，内醋中十餘度，至石碎盡，取屑，晒乾，和醋，塗腫上，發背諸惡腫皆愈。

**明・李時珍《本草綱目》卷一〇石部・石類下**　水中白石《拾遺》

〔集解〕時珍曰：　此石處處溪澗中有之。大者如鷄子，小者如指頭，有黑白二色，入藥用白小者。

〔主治〕食魚鱠多，脹滿成瘕，痛悶，日漸羸弱。　取數十枚燒赤，投五升水中七徧，熱飲。如此三五度，當利出瘕也。又燒淬水中，納鹽三合，洗風瘙癮疹藏器。　治背上忽腫如盤，不識名者。　取一二盌，燒熱投水中，頻洗之，立瘥蘇頌。

〔發明〕時珍曰：　昔人有煮石爲糧法，即用此石也。其法用胡葱汁或地榆根等煮之，即熟如芋，謂之石羹。《抱朴子》云：　洛陽道士董威辟穀方：　用防風、〔莧〕子、甘草之屬十許種爲散，先服三方寸匕，乃吞石子如雀卵十二枚。足百日，不食，氣力顔色如故。欲食，則飲葵湯，下去石子。又有赤龍血、青龍膏，皆可煮石。又有引石散，投方寸匕，可煮白石子一斗，立熟如芋，可食。

**清・趙其光《本草求原》卷二五石部**　溪澗小白石小如指者，黑色勿用。　治食魚鱠成瘕，脹滿痛悶，燒赤投水中七次，熱飲即利出瘕。洗背上忽腫如盤，燒熱投水中頻洗。風瘙癮疹，燒淬，加鹽。以胡葱汁，或地榆根煮之即軟，可作為糧。

杓上砂

**明・李時珍《本草綱目》卷一〇石部・石類下**　杓上砂《綱目》

〔集解〕時珍曰：　此淘米杓也。有木杓，瓢杓，皆可用。

〔主治〕面上風粟，或青或黃赤，隱暗澀痛，及人唇上生瘡者，本家杓上刮去唇砂一二粒，即安。又婦人吹乳，取砂七枚，温酒送下，更以炊帚枝通乳孔。此皆莫解其理時珍。

**清・王道純《本草品彙精要續集》卷一**　杓上砂

杓上砂：　主面上風粟，或青或黃赤，隱暗澀痛，及人唇上生瘡者，本家杓上刮去唇砂一二粒，即安《本草綱目》。　〔名〕李時珍云：　此淘米杓也，有木杓瓢杓，皆可用。　〔治〕李時珍方：　治婦人吹乳，取砂七枚，溫酒送下，更以炊帚枝通乳孔，此者莫解其理。

河砂

**宋・唐慎微《證類本草》卷三玉石部上品〔唐・陳藏器《本草拾遺》〕**　六月河中諸熱砂　主風濕頑痹不仁，筋骨攣縮，脚疼冷風掣，癱緩，血脉斷絕。

取乾沙日暴令極熱，伏坐其中，冷則更易之，取熱徹通汗。然後隨病進藥，及食忌風冷勞役。

**明・李時珍《本草綱目》卷一〇石部・石類下** 河砂《拾遺》

〔釋名〕砂，小石也。字從少石，會意。

〔主治〕石淋，取細白沙三升炒熱，以酒三升淋汁，服一合，日再服。又主絞腸沙痛，炒赤，冷水淬之，澄清服一二合時珍。風濕頑痹不仁，筋骨攣縮，冷風癱緩，血脉斷絶。六月取河砂，烈日暴令極熱，伏坐其中，冷即易之。取熱徹通汗，隨病用藥。切忌風冷勞役藏器。

〔附方〕新一。 人溺水死：白沙炒，覆死人面上下，惟露七孔，冷濕即易。《千金》。

**清・张璐《本經逢原》卷一** 河沙 微寒，無毒。 發明：河沙得水土之氣，故夏月發癍子，通石淋，主絞腸沙痛，用沙炒熱，冷水淬之，澄清服效。又風濕頑痹不仁，筋骨攣縮，六月取河沙曝熱，伏坐其中，冷即易之，取微汗，忌風冷勞役，不過數次愈。其玉田沙，夏月發麻疹良。

**清・趙學敏《本草綱目拾遺》卷二石部** 玉田沙 《本經逢原》云：夏月發麻疹用之良。亦河沙中之一種也。《綱目》失載。

瑤池沙 朱排山《柑園雜識》：喇嗎嘗進瑤池水，水香如蓮，色白而重，以玻璃器貯之，數百年不涸不變，人飲之能療百病，康熙五十三年遣理藩院員外盛柱取之，自京出西寧口，望西北行。凡七千里，至星宿海，即世所稱火敦腦兒也。更西北行三千里，達崑崙，山形如桃，皆積雪，人不能上，測影高三百餘丈，山前名孔雀門，後名馬門，左名獅門，右名象門，山四隅各有一山，皆低於崑崙，孔雀門內有池，名麻蓬達噸，華言天河也，四山之水，合流於天河，河水伏流至星宿海，復流出入中國。去崑崙西北四五里即瑤池，池匝百八十里，岸傍皆雪，水中有五色細砂，滑膩可食，取水一瓶，并圖山川風土而歸，往返凡二年零六月。

稀痘：取沙，與小兒常食之，即永不出痘。

**清・趙其光《本草求原》卷二五石部** 河白沙 得水土之氣，治石淋，炒熱，淋酒飲。發斑疹，止絞腸痧痛，炒赤，淬水服。風濕頑痹不仁，筋骨攣縮，夏月曬熱，伏坐於其中取汗，冷即易之。溺死。炒覆面上下，露七孔，冷濕即易。

瀚海石竅沙

**清・趙學敏《本草綱目拾遺》卷二石部** 瀚海石竅沙 朱排山《柑園小識》：瀚海石，出瀚海。地近澤旺，為方三百里，無水草，其石大者如瓜如拳，小者如芋栗，亦有如珠如豆者，皆具五色，如瑪瑙，有竅而中空，其竅中有沙，可入藥。石質堅，其外可碾，其中不可碾，故每因形成器。 主明目。

北雁砂

**清・趙學敏《本草綱目拾遺》卷九器用部** 北雁砂 出關東。菉豆色，如珠顆粒，擲盌中有響聲者真。明目。 治一切眼病：洪清遠方：用明目砂五分，用鍼刺入紅者佳。北雁砂三錢，再用羊肝一具，連膽不落水，刺開數路，不要剖開。將二味砂為末，入肝內，以無灰酒二斤蒸熟，煎剩二盌，空心一服，晚飯後一服，以盡量為度，羊肝配之，一服完。不論眼病內障、外障、黑暗不明，無不神效。

砒石

**宋・唐慎微《證類本草》卷五玉石部下品〔宋・馬志《開寶本草》〕** 砒霜味苦、酸，有毒。主諸瘧，風痰在胸膈。可作吐藥，不可久服，能傷人。飛鍊砒黃而成，造作別有法。今附。

〔宋・掌禹錫《嘉祐本草》〕按：日華子云：砒霜，暖。治婦人血氣衝心痛，落胎。又砒黃，暖，亦有毒。畏菉豆、冷水、醋。治瘧疾，腎氣。帶，辟蚤蝨。入藥以醋煮殺毒，乃用。

〔宋・蘇頌《本草圖經》〕曰：砒霜，舊不著所出郡縣，今近銅山處亦有之，惟信州者佳。其塊甚有大者，色如鵝子黃，明澈不雜。此類本處自是難得之物，每一兩大塊真者，人競珍之，市之不啻金價。古服食方中亦或用之，必得此類，乃可入藥。其市肆所蓄，片如細屑，亦夾土石，入藥服之，爲害不淺。誤中，解之用冷水研菉豆漿飲之乃無也。

〔宋・唐慎微《證類本草》〕《雷公》云：凡使，用小瓷瓶子盛，後入紫背天葵、石龍芮二味，三件便下火煆，從巳至申，便用甘草水浸，從申至子，出，拭乾，卻入瓶盛，於火中煆，別研三萬下用之。《聖惠方》：治卒中風，昏憒若醉，痰涎壅盛，四肢不收。方用砒霜如菉豆大，研，以新汲水調下少許，用熟水投，大吐即愈。若未吐，再服。又方：治惡刺方：用砒霜細研，和膠清塗之。《博濟方》：治小兒牙宣，常有鮮血不止，牙齗臭爛。砒黃一錢，麝香半錢，同研細，先用紙條子以生油塗之，後摻藥末在上，少用末。剪作小片紙棋子大，看大小用，插在爛動處。孫尚藥：治痁疾。信砒二兩，別研如粉，寒水石三兩，別搗爲末。右用一生鐵銚子，先鋪石末一半，後堆砒末在上，又以石末蓋頭。然後取厚盞蓋之，周迴醋糊紙條子密封約十重，以炭火一斤已來，安銚子在上。候紙條子黑取出，置冷地上候冷，取開盞子，淨刮取砒石末一處，入乳鉢内細研，以軟粟米飯和丸如梧子，更別作小丸子一等，以備小兒服，以飛過辰砂爲衣，候乾，入瓷合收。每人服時，於發日早，臈茶清下一丸，一日内不得熱物。合時先掃洒一淨室中合之，不得令婦人、貓、犬、雞、鼠等見，收得時亦如然。若婦人患則男著在口中，男子患亦然。《靈苑方》：治瘰癧。用信州砒黃，細研，滴濃墨汁丸如梧桐子大，於銚子内炒令乾，後用竹筒子盛。要用，於所患處灸破或針，將藥半丸敲碎貼之，以自然蝕落爲度。覺藥盡時，更貼少許。《青霞子》：《寶藏論》云：砒霜，若草伏住火煅，色不變移，鎔成汁，添得者，點銅成銀。若只質枯折者，不堪用。《丹房鏡源》云：砒霜化銅乾汞。

〔宋・陳承《重廣補注神農本草並圖經》〕別說云：謹按：今信州玉山有砒井，官中封禁甚嚴。生不夾石者，色赤甚，如雄黃，以冷水磨，解熱毒，治痰壅甚效。近火即殺人，《圖經》所謂不啻金價者此也。若今市人通貨者，即取山中夾砂石者，燒煙飛作白霜，乃碎屑而芒刺，其傷火多者，塊大而微黃，則《圖經》所謂如鵝子色明澈者此也。古方並不入藥，唯見燒煉丹石家用。近人多以治瘧，然大意本以生者能解熱毒。蓋瘧本傷暑，故用。今俗醫乃不究其理，即以所燒霜用，服之必吐下，因此幸有安者，遂爲定法，爾後所損極多，不可不慎也。初取飛燒霜時，人在上風十餘丈外立，下風所近草木皆死；又多見以和飯毒鼠，若貓、犬食死鼠者亦死，其毒過於射罔遠矣。可不察之。又衡山所出一種，力差劣於信州者云。

**宋・寇宗奭《本草衍義》卷六** 砒霜 瘧家或用，纔過劑，則吐瀉兼作，須濃研綠豆汁，仍兼冷水飲，得石腦油即伏。今信州鑿坑井下取之。其坑常封鎖，坑中有濁渌水，先絞水盡，然後下鑿取。生砒謂之砒黃，其色如牛肉，或有淡白路，謂石非石，謂土非土，磨研酒飲，治癖積氣有功。纔見火，便有毒，不可造次服也。取砒之法：將生砒就置火上，以器覆之，令砒煙上飛，著覆器，遂凝結，累然下垂如乳。尖長者爲勝，平短者次之。《圖經》言大塊者，其大塊者已是下等，片如細屑者極下也。入藥當用如乳尖長者，直須詳謹。

**宋・王繼先《紹興本草》卷三** 砒霜 紹興校定：砒霜至毒之物，世所共知。其造作之法，《本經》不載，但將生砒而飛煉成霜矣。雖有療病之說，但害人者多矣。在服餌不用為善，即非常毒之物。今定砒霜味苦、酸、有大毒是矣。

**宋・劉明之《圖經本草藥性總論》卷上** 砒霜 味苦、酸，有毒。主諸瘧風痰在胸膈，可作吐藥。日華子云：暖。治婦人血氣衝心痛，落胎。又砒黃暖，亦有毒。畏菉豆、冷水、醋。治瘧疾腎氣，帶辟蚤蝨。一云：治卒中風昏憒若醉，痰涎壅盛，四肢不收。凡入藥，以醋煮殺毒乃用。

**宋・張杲《醫說》卷六** 解砒毒 凡人誤服生砒，唯單飲生油，以吐為度，則其毒氣自消，不能為害。

**明・王綸《本草集要》卷五** 砒霜 味苦酸，有大毒。畏菉豆、冷水、醋。入藥醋煮，殺毒。用信州官井鑿取者佳，色黃赤，明澈不雜。 主諸瘧風痰在胸膈，可作吐藥。又能消肉積。大損人，不可輕服。

**明・許浩《復齋日記》** 陳壽，分宜人。聘某氏，未成婚而壽得癩疾。其父令媒辭絕，女泣不從，竟歸。壽以己惡疾，不敢近，女事之，三年不懈。壽念惡疾不可瘳而苟延旦夕，以負其婦，不如死。乃私市砒欲自盡，婦覘知之，竊飲其半，冀與俱殞。壽服砒大吐，而癩頓愈，婦一吐不死。夫婦偕老，生二子，家道日隆。人皆以為婦貞烈之報。安成李翰為予言之如此。

**明・滕弘《神農本經會通》卷六** 砒霜 畏菉豆、冷水、醋。入藥醋煮殺毒。用信州官井鑿取者佳，色黃赤明澈，不雜。若片如細屑，亦挾土石，入藥服之，為害不淺。《圖經》云：近火即殺人。

味苦、酸，有毒。又云：暖。《疌》云：治瘧，除齁，膈内風痰可吐。傷人，不宜輕服。《本經》云：主諸瘧，風痰在胸膈，可作吐藥。不可久服，能傷人。飛鍊砒黃而成，造作別有法。日華子云：砒霜，暖。治婦人血氣衝心痛，落胎。又砒黃，暖，亦有毒。畏菉豆、冷水、醋。治瘧疾腎氣，帶辟蚤蝨。入藥以醋殺毒乃用。《別說》云：古方并不入藥，唯是燒鍊丹石家用。近人多以治瘧，然大意本以生者能解熱毒，蓋瘧本傷暑，故用。今俗醫乃不究其理，即以所燒霜用，服之必吐下，因此幸有安者，遂為定法，爾後所損極長，不可不謹也。初取飛燒霜時，人在上風十餘丈外立，下風所近草木皆死。又多見以和飯毒鼠，若猫、犬食死鼠者亦死，其毒過於射罔遠矣，可不察之。《集》云：又能消肉積，大損人。《衍義》曰：瘧家或用，纔過劑則吐瀉兼作，須濃研菉豆汁，仍兼冷水飲。得石腦油即伏。今信州鑿坑井下取之，其坑常封鎖，坑中有濁渌水，先絞水盡，然後下鑿取。生砒謂之砒黃，其色如牛肉，或有淡白路，非石非土，磨研酒飲，治癖積有功。纔見火便有毒，不可造次服也。取砒之法，將生砒置火上，以器覆之，令砒煙上飛着覆器，遂凝結，纍然下垂如乳，尖長者為勝，平短者次之。《圖經》言大塊者已是下等，片如細屑者，極下也。入藥當用如乳尖長者，直須詳謹。劊云：砒霜有毒仍酸苦，治瘧除齁効若神。膈內風痰堪用吐，若還多服必傷人。即《局方》信石，可吐膈內風痰，中毒促人亡。

**明·劉文泰《本草品彙精要》卷五** 砒霜大毒。附砒黃。土生。

砒霜：主諸瘧，風痰在胸膈，可作吐藥。名醫所錄。【地】《圖經》曰：舊本不著所出郡縣，今近銅山處亦有之，惟信州者佳。其塊甚有大者，色如鵝子黃，明徹不雜，此種甚難得。每一兩大塊者，人競珍重，市之不啻金價。古服食方，必得此種，乃可入藥。其市肆所蓄片如細屑，亦夾土石，入藥服之，爲害不淺。《衍義》曰：今信州鑿坑井下取之，其坑官常封鎖甚嚴，坑中有濁淥水，先絞水盡，然後下鑿取。生砒謂之砒黃。其色如牛肉，或有淡白路，謂石非石，謂土非土，治病雖有功，不可造次服也。取砒之法：將生砒就置火上，以器覆之，令砒煙上飛著覆器，遂凝結，纍然下垂如乳，尖長者爲勝，平短者次之。《圖經》云大塊者，其大塊是下等，片如細屑者極下也。入藥當用如乳尖長者佳。《別錄》云：初取飛燒霜時，人在上風十餘丈外立，下風所近草木皆死。又多見以和飯毒鼠，若貓犬食死鼠者亦死，其毒猛於射罔遠矣。【時】生：無時。採：無時。【用】如乳尖長者佳。【色】黃、白。【味】苦，酸。【性】泄。【氣】味厚于氣，陰中之陽。【臭】臭。【主】諸瘧。【反】畏綠豆、冷水、醋。【製】《雷公》云：凡使，用小瓷瓶子盛後，入紫背天葵、石龍芮二味，三件便下，火煆從巳至申，便用甘草水浸從申至子，出拭乾，入瓶盛於火中煆，別研三萬下，用之。【治】療：日華子云：砒霜除婦人血氣衝心痛，落胎。〇砒黃袪瘧疾，腎氣，帶辟蚤虱。《別錄》云：砒霜療卒中風，昏𥌒若醉，痰涎壅。〇四肢不收，用如綠豆大，研以新汲水調下少許，用熱水投，大吐即愈。【合治】末二兩，合膠清塗之，治毒蛇尿草木著人似刺劄，便腫痛肉爛，若手脚著之，節即墮落。〇砒黃一錢，合麝香半錢，研細，先用紙條子以生油塗之，後摻藥末在上，少用末，剪作小紙片棋子大，看大小用插在爛動處，治小兒牙宣，常有鮮血不止，牙齦臭爛。〇信州砒黃細研，合濃墨汁，丸如桐子大，於銚子內炒令乾後，用竹筒子盛。要用，如所患處灸破，或針將藥半丸敲碎貼之，以自然蝕落爲度，覺藥盡更貼少許，療瘰癧。【禁】不可輕服，能傷人，妊婦不可服。【解】誤中其毒，以冷水研綠豆漿飲之，及得石腦油即伏。

**明·葉文齡《醫學統旨》卷八** 砒霜 氣溫，味苦酸。有大毒。畏巴豆、冷水、醋。入藥醋煮殺毒。用信州官井鑿取者佳；色黃赤明澈不雜。治諸瘧風痰在胸膈，可作吐藥，又能消肉積。大損人，不可輕服。

**明·許希周《藥性粗評》卷四** 瘧貴番痰，降砒霜而在早。

砒霜，信石也。出信州，故名。《圖經》謂近銅山處亦有之。色如鵝子黃，明徹不雜者佳。採無時。取霜之法：以生砒置火上，覆以瓦器，令烟上着，自然凝結，纍然下垂如乳，取而研用。味苦、酸，性熱，有大毒。主治諸瘧風痰，痞塊瘰癧，婦人血氣，殺蚤蝨。有中砒毒者，以冷水調菉豆粉服之，立解。

單方：久瘧：凡患□瘧日久不愈，有風痰在胸膈間者，□□□以砒霜二錢，雄黃一錢，菉豆粉一錢，同□子尖搗，為丸如菉豆大，收貯，遇瘧發之日，先時以三丸，面東冷水呑下，吐出風痰而愈。

**明·鄭寧《藥性要略大全》卷八** 信石 主瘧。能吐膈上風痰，殺疥痒蟲。不宜多用。味苦、酸、辛，有大毒。即砒霜也。信州出者佳，故名信石。畏菉豆、冷水、醋。凡入藥用醋煮殺其毒，然後用之。不宜多服，爛人腸胃，能傷人命。若悞中硇砂、砒霜二毒，急以冷水研菉豆汁飲之。又泥漿、鉛末及東行拒油樹根、鶴虱草汁、香油、大黃之類，皆可解砒毒。砒性極熱。七潭云：真芝麻油飲三四，亦可解之。

**明·陳嘉謨《本草蒙筌》卷八** 砒霜一名信〔石〕。味苦、酸。有大毒。近銅山處俱有，信州井者獨佳。信州屬江西，其處有此井，宮中封禁甚嚴，井中有濁淥水，先絞水盡，纔鑿取之。塊大色黃，明澈不雜。此生砒者，謂之砒黃。置火上以器覆之，令砒煙上着凝結，纍纍垂下。如乳尖長，纔名砒霜，入藥方妙。所畏釃醋冷水，菉豆羊血四般。誤中毒腹中，用一味即解。醫方醋煮，亦殺毒焉。截瘧除哮，膈上風痰可吐；潰堅摩積，腹內宿食能消。

**明·王文潔《太乙仙製本草藥性大全》卷六《本草精義》** 砒霜 一名信石。舊不著所出郡縣，今近銅山處亦有之，惟信州者佳。其塊甚有大者，色如鵝子黃，明徹不雜。此類本處自是難得之物，每一兩大塊真者，人競珍之，市之不啻金價。古服食方中亦或用之，必得此類，乃可入藥。其市肆所蓄片如細屑，亦夾土石，入藥服之，爲害不淺。悞中，解之用冷水研菉豆漿飲之，乃無也。

**明・王文潔《太乙仙製本草藥性大全》卷六《仙製藥性》**　砒霜一名信石。味苦、酸，有大毒。　主治：　治婦人血氣衝心，辟蚤虱腎氣滯澀。截瘧除哮，膈上風痰可吐；　潰堅磨積，腹內宿食能消。所畏醲醋、冷水、菉豆、羊血四般，誤中毒腹中，用一味即解。　醫方醋煮，亦殺毒焉。　補註：　卒中風，昏憒若醉，痰涎壅盛，四肢不收者。　用如菉豆大許，研以新汲水調下少許，用熟水投，大吐即愈，若未吐再服。〇毒蛇尿草木著人似刺劄，便腫痛肉爛，若手脚著之，指節墮落，用研和膠清塗之。〇小兒牙宣常有鮮血不止，齒齦臭爛，砒黃一錢，麝香半錢，同研細，先用紙條子，以生油塗之後摻藥末在上，少用末，剪作小片紙棋子大，看大小用，插在爛動處。〇治瘰癧，用信州砒黃細研，滴濃墨汁丸如梧子大，於銚子內炒令乾，後用竹筒子盛，要用於所患處灸破或針，將藥半丸敲碎貼之，以自然蝕落爲度，覺藥盡時更貼少許。　治痁疾，信砒二兩，別研如粉，寒水石三兩，別搗爲末，右用一生鐵銚子，先鋪石末一半，後堆砒末在上，又以石末蓋頭，然後取厚盞蓋之，周圍醋糊紙條子密封約十重，以炭火一斤已来，安銚子在上，候紙條子黑，取出置冷地上候冷，取開盞子，净刮取砒石末一處，入乳鉢內細研，以軟粟米飯爲丸如梧子，更別作小丸子一等，以備小兒服，以飛過辰砂爲衣，候乾入甆合收。　每人服時，於發日早臈茶清下一丸，一日內不得熱物。　合時先掃洒一净室中合之，不得令婦人、猫、犬、雞、鼠見，收得時亦如然。　若婦人患則男著在口中，男子患亦然。

太乙曰：　凡使用小甆瓶子盛後，入紫背天葵、石龍芮二味，三件便下火煅，從巳至申，便用甘草水浸，從申至子出，拭乾入瓶盛，於火中煅，別研三萬下用之。　《衍義》曰：　砒霜，瘧家或用，纔過劑，則吐瀉兼作，須濃研菉豆汁，仍兼冷水飲，得石腦油即伏。　今信州鑿坑井下取之，其坑常封鎖，坑中有濁淥水，先攪水盡，然後下鑿取。　生砒謂之砒黃，其色如牛肉，或有淡白路，謂石非石，謂土非土，磨酒飲，治癖積氣有功。　纔見火，更有毒，不可造次服也。　取砒之法，將生砒就置火上，以器覆之，令砒烟上飛著覆器，遂凝結纍然下垂如乳。　尖長者爲勝，平短者次之。　皆名砒霜，入藥方用。《圖經》言大塊者，其大塊者以是下等也。

**明・皇甫嵩《本草發明》卷五**　砒霜下品，佐使。味苦、酸，有大毒。　發明曰：　砒霜，大毒藥。　飛鍊砒黃而成，造作有法，亦能治病。　醫方醋煮，能殺毒，截瘧，除哮，吐膈上痰，可作吐藥。　虛人忌之。　又云：　潰堅磨積，消腹內宿食。　生信州者良。　一名信。　塊大色黃，明澈，不雜，此生砒石，砒黃最難得。　置火上，以器覆之，令砒煙上凝結，纍纍(重)〔垂〕下如乳，長者為勝，纔名砒霜，入藥方妙。　愚按：　砒用火煅，療病更有毒。　近人多治暑瘧，為吐藥。　瘧本傷暑，俗醫不究其理，乃以燒霜用，服之必吐下。　幸而得安，遂為定法，其後所損多矣，可不慎歟。〇畏醲醋及羊血。　誤中其毒，用冷水研菉豆漿飲之，可解。

**明・李時珍《本草綱目》卷一〇石部・石類下**　砒石宋《開寶》

【釋名】信石　人言《綱目》　生者名砒黃，鍊者名砒霜。　時珍曰：　砒，性猛如貔，故名。　惟出信州，故人呼爲信石，而又隱信字爲人言。

【集解】頌曰：　砒霜不著所出郡縣，今近銅山處亦有之，惟信州者佳。　其塊有甚大者，色如鵝子黃，明澈不雜。　此類本處自是難得之物，一兩大塊真者，人競珍之，不啻千金。　古服食方中亦載用之，必得此類，乃可入藥。　其市肆所畜片如細屑，亦夾土石，入藥服之，爲害不淺。　承曰：　信州玉山有砒井，官中封禁甚嚴。　生不夾石者，色赤甚于雄黃，以冷水磨，解熱毒，近火即殺人，所謂不啻金價者此也。　今市貨者，取山中夾砂石者，燒烟飛作白霜，乃碎屑而芒刺，其傷火多者，塊大而微黃，所謂如鵝子色明澈者此也。　古方並不入藥，惟燒煉丹石家用之。　近人多以治瘧，但以瘧本傷暑，而此物生者能解熱毒也。　今俗醫不究其理，即以所燒霜服之，必大吐下，因此幸有安者，遂爲〔定法，爾後〕所損極多，不可不慎。　初燒霜時，人在上風十餘丈外立，下風所近草木皆死；　又以和飯毒鼠，死鼠猫犬食之亦死，毒過于射罔遠矣。　衡山所出一種，力差劣于信州者。　宗奭曰：　今信州鑿坑井下取之。　其坑常封鎖，坑中有濁緑水，先絞水盡，然後下鑿取。　生砒謂之砒黃，色如牛肉，或有淡白路，謂石非石，謂土非土。　磨酒飲，治積氣。　有火便有毒，不可造次服也。　取法：　將生砒就置火上，以器覆之，令烟上飛，着器凝結。　纍然下垂如乳尖者入藥爲勝，平短者次之，大塊乃是下等，片如細屑者極下也。　時珍曰：　此乃錫之苗，故新錫器盛酒日久能殺人者，爲有砒毒也。　生砒黃以赤色者爲良，熟砒霜以白色者爲良。

【修治】斆曰：　凡使用，以小瓷瓶盛，後入紫背天葵、石龍芮二味，火煅從巳至申，便用甘草水浸，從申至子，出拭乾，入瓶再煅，別研三萬下用。　時珍曰：　醫家皆言生砒輕見火則毒甚，而雷氏治法用火煅，今所用多是飛煉者，蓋皆欲求速效，不惜其毒也，曷若用生者爲愈乎？

【氣味】苦、酸，暖，有毒。　時珍曰：　辛、酸，大熱，有大毒。　大明曰：　畏緑豆、冷水、醋。　入藥，醋煮殺毒用。　土宿真君曰：　砒石用草制，鍊出金花，成汁化銅乾汞。　青鹽、鶴頂草、消石、蒜、水蓼、常山、益母、獨帚、木律、菖蒲、三角酸、鵝不食草、菠薐、萵苣，皆能伏砒。

【主治】砒黃：　治瘧疾腎氣，帶之辟蚤虱大明。　冷水磨服，解熱毒，治痰壅陳承。　磨服，治癖積氣宗奭。　除齁喘積痢，爛肉，蝕瘀腐瘰癧時珍。〇砒霜：　療諸瘧，風痰在胸膈，可作吐藥。　不可久服，傷人《開寶》。　治婦人血氣衝心痛，落胎大明。蝕癰疽敗肉，枯痔殺蟲，殺人及禽獸時珍。

〖發明〗宗奭曰：砒霜瘧家用，或過劑，則吐瀉兼作，須煎绿豆汁兼冷水飲之。劉純曰：瘧丹多用砒霜大毒之藥。本草謂主諸瘧風痰在胸膈，可作吐藥。蓋以性之至烈，大能燥痰也。雖有燥痰之功，大傷胸氣，脾胃虚者，切宜戒之。時珍曰：砒乃大熱大毒之藥，而砒霜之毒尤烈。鼠雀食少許即死，猫犬食鼠雀亦殆，人服至一錢許亦死。雖鉤吻、射罔之力，不過如此，而宋人著本草不甚言其毒，何哉？此亦古者礜石之一種也，若得酒及燒酒，則腐爛腸胃，頃刻殺人，雖绿豆冷水亦難解矣。今之收瓶酒者，往往以砒烟熏瓶，則酒不壞，其亦嗜利不仁者哉！飲酒潜受其毒者，徒歸咎於酒耳。此物不入湯飲，惟入丹丸。凡痰瘧及齁喘用此，真有劫病立地之效。但須冷水吞之，不可飲食杯勺之物，静卧一日或一夜，亦不作吐；少物引發，即作吐也。其燥烈純熱之性，與燒酒、焰硝同氣，寒疾濕痰被其劫而怫鬱頓開故也。今烟火家用少許，則爆聲更大，急烈之性可知矣。此藥亦止宜于山野藜藿之人。若嗜酒膏粱者，非其所宜，疾亦再作，不慎口欲故爾。凡頭瘡及諸瘡見血者，不可用，此其毒入經必殺人。李樓《奇方》云：一婦病心痛數年不愈。一醫用人言半分，茶末一分，白湯調下，吐瘀血一塊而愈。得日華子治婦人血氣心痛之旨乎？

〖附方〗舊五，新十。中風痰壅：四肢不收，昏憒若醉。砒霜如绿豆大，研，新汲水調下少許，以熱水投之，大吐即愈。未吐再服。《聖惠方》。寒熱痁疾：孫貞宗《秘寶方》用信砒二兩研粉，寒水石三兩别搗末。用生鐵銚一個，鋪石末，後鋪砒在上，又以石末蓋之。厚盞覆定，醋糊帋條密封十餘重，炭火一斤煅之。待帋條黑時取出，候冷，刮盞上砒末乳細，粟米飯丸绿豆大，辰砂爲衣。每用三四丸，小兒一二丸，發日早以臘茶清下，一日不得食熱物。男人患，女人着藥入口中；女人患，男人着藥入口中。〇《本事方》：用人言一錢，绿豆末一兩，爲末，無根井水丸绿豆大，黄丹爲衣，陰乾。發日五更冷水下五七丸。〇《衛生寶鑒》：一剪金：用人言醋煮、硫黄、绿豆等分，爲末。每一豆許，用紅絹包之，采絲扎定。每剪下一粒，新汲水空心吞下，治瘧聖藥也。〇《醫壘元戎》：九轉靈砂丹：用砒霜、黄丹、紫河車各一錢，爲末，雄黑豆一百粒，水浸一夜，研泥，和丸梧子、绿豆、黍米三様大。每服一二十丸，不發日五更向東，無根水下。紫河車、绿豆、黑豆，皆解砒毒也。〇《本草權度》：不二散。用砒一錢，麪二兩，和匀，香油一斤煎黄色，以草帋壓去油，入茶三兩，爲末。每服一錢，發日早冷茶下。一切積痢：砒霜、黄丹等分，蠟和收，旋丸绿豆大。每米飲下三丸。《普濟方》。休息下痢：經一二年不瘥，羸瘦衰弱。砒霜成塊者爲末、黄蠟各半兩，化蠟入砒，以柳條攪，焦則换，至七條，取起收之。每旋丸梧子大，冷水送下。小兒，黍米大。《和劑局方》。脾疼腰痛：即上方，用冷水下。婦人血氣：心痛。方見發明下。走馬牙疳：惡瘡。砒石、銅绿等分，爲末，攤帋上貼之，其效如神。〇又方：砒霜半兩，醋調如糊，盌内盛，待乾刮下。用粟米大，綿裹安齒縫，來日取出，有蟲自死。久患者，不過三日即愈。《普濟方》。項上瘰癧：信州砒黄研末，濃墨汁丸梧子大，銚内炒乾，竹筒盛之。每用針破，將藥半丸貼之，自落，蝕盡爲度。《靈苑方》。痰喘齁鮯：方見穀部，豉下。一切漏瘡：有孔。用信石，新瓦火煅，研末，以津調少許於帋撚上，插入，蝕去惡管，漏多勿齊上。最妙。《急救良方》。

**明·梅得春《藥性會元》卷下**　砒霜　味苦、酸，氣温，有毒。畏巴豆、冷水、醋、水銀。出信州官井，鑿取者須要其色黄赤、明徹不雜為佳。主治諸瘧及風痰在胸膈，可作吐藥，又能消肉積。不可輕用，大能傷人。時人以為毒藥，乃飛煉砒黄而成，煉别有法。製法：凡使，用小瓶一個，盛砒後入紫背天葵、石龍芮二味，以火從巳至申，更用甘草水浸，自申至子，拭入器，於火中乾，研二三萬下用之。

**明·李中立《本草原始》卷八**　砒石　今近銅山處亦有之，惟信州者佳。其塊有甚大者，色如鵝子黄，明澈不雜。此生砒者，謂之砒黄，必得此類，乃可入藥。砒性猛如貔，故名砒。出信州，故名信，而又隱信字為人言。生砒置火上，以器覆之，令煙上飛着器凝結，纍然下垂如乳尖者，名砒霜。砒黄：氣味：苦、酸，暖，有毒。主治：瘧疾，腎氣，帶之辟蚤虱。〇冷水磨服，解熱毒。治痰壅。〇磨服治癖積氣。〇除齁喘積痢，爛肉，蝕瘀腐瘰癧。〇砒霜療諸瘧風痰在胸膈，可作吐藥。不可久服，傷人。〇治婦人血氣衝心痛，落胎。〇蝕癰疽，敗肉枯痔，殺蟲，殺人及禽獸。

砒石，宋《開寶》。砒石紅色者良，砒霜白色者佳。大明曰：畏绿豆、冷水、醋。入藥醋煮，殺毒用。

時珍曰：砒乃大熱大毒之藥，砒霜之毒亦烈。鼠雀食少許即死，猫犬食鼠雀亦死，人服一錢許亦死。雖鉤吻、射罔之毒不過如此。而宋人著本草不甚言其毒，何哉？此亦古者（礬）〔礜〕石之一種也。若得酒及燒酒，則腐爛腸胃，頃刻殺人，雖绿豆、冷水亦難解矣。今之收瓶酒者，往往以砒烟熏瓶，則酒不壞，其亦嗜利不仁者哉！飲酒潛受其毒者，徒歸咎于酒耳。此物不入湯飲，惟入丹丸。凡痰瘧及齁喘，用此真有劫病立地之效，但須冷水吞之，不可飲食杯勺之物，靜卧一日或一夜，亦不作吐，少物引發即作吐也。其燥烈純熱之性，與燒酒、焰消同氣，寒疾濕痰被其刼而佛鬱頓開故也。今烟火家用少許，則爆聲更大，急烈之性可知矣。用者宜審。

**明·羅周彦《醫宗粹言》卷四**　死砒法　用砒、硝各一兩，為末，入鍋，大火作汁，瓦口候無烟，傾入槽，淨有一兩五錢。

**明・張懋辰《本草便》卷二**　砒霜：味苦、酸，有大毒。畏菉豆。　主諸瘧疾，痰在胸膈，可作吐藥，又能消肉積。大損人，不可輕服。

**明・陳實功《外科正宗》卷三**　煉金頂砒法第一五十一　用鉛一斤，小罐內炭火煨化，投白砒二兩於化烊鉛上，煉至烟盡為度，取起冷定打開，金頂砒結在鉛面上，取下聽用。

**明・繆希雍《本草經疏》卷五**　砒霜　味苦、酸，有毒。主諸瘧，風痰在胸膈，可作吐藥。不可久服，能傷人。飛鍊砒黃而成。畏菉豆、冷水。入藥醋煮，殺毒用。

〔疏〕砒霜稟火之毒氣，復兼煆煉，本經雖云味苦、酸，而其氣則大熱，性有大毒也。酸苦涌泄，故能吐諸瘧風痰在胸膈間。大熱大毒之物，故不可久服，能傷人也。更善落胎及枯痔殺蟲。〔簡誤〕案砒黃既已有毒，見火則毒愈甚。而世人多用砒霜以治瘧，不知《內經》云：夏傷於暑，秋必痎瘧。法當消暑益氣健脾，是為正治，豈宜用此大熱大毒之藥？如果元氣壯實有痰者，服之必大吐。雖暫獲安，而所損真氣實多矣。初燒霜時，人在上風十餘丈外立，下風所近草木皆死。以之毒鼠，鼠死，猫犬食之亦死。人服至一錢許，則立斃。若得酒及燒酒服，則腸胃腐爛，頃刻殺人。雖菉豆、冷水，亦難解矣。其於鉤吻、射罔之毒，殆又甚焉！奈何今人用之治瘧，是以必死之藥，治必不死之病，豈不誤哉！除枯痔殺蟲用於外傅之藥，此外慎毋服之。切戒！切戒！

**明・倪朱謨《本草彙言》卷一二**　砒石　味苦、酸，氣大熱，有大毒。

李氏曰：砒石，性猛如貔，故名。出信州近錫坑處有之。鑿坑下取生砒，謂之砒黃。色如牛肉，或有淡白路，謂石非石，謂土非土。一種碎屑夾石者，乃燒煉，去夾石凝結者。大塊色微黃，毒更甚。凡入藥用，必須生者。中此毒，以菉豆粉、糞清、冷水皆可解。

砒石：日華祛時瘧，時珍除齁喘，化瘀肉之藥也。李氏時珍曰：砒乃大熱大毒之藥，其性猛烈，誤食頃刻殺人。如時瘧之藥，少服一二釐，亦常奏效，故聖人亦存而不棄也。凡時行瘧疾，因暑熱外受，生冷內傷，寒熱不均，相因病瘧，內蓄痰涎，伏于營分，故發則寒熱往來，頭眩胸悶，少服一釐，冷水吞下，伏涎頃消，故瘧疾可止。如齁喘之病，因肺有伏積冷涎，或觸冒寒暑風濕之邪即發；或遇怒氣勞傷即發，或值飢飽失度即發。少用一二釐，溫湯調服，伏涎頓開，故齁喘可除。如化瘀肉一證，凡癰疽發背，諸潰瘍證，膿血內閉不出，瘀肉堅硬不腐，以致膿潰日深，生肉日敗，以砒石末數釐和入黃蠟條內，納入癰毒瘡中，則瘀腐自化，膿血自行。但見效即去，不可多用久用也；然大毒之性，又不可輕行妄試。如瘧疾邪汗未出，表邪未清，宜清解溫散。或久瘧陰虛陽乏，宜大補氣血。砒石不可用也。如齁喘肺熱裏虛，或兼陰虛勞損，宜滋養正氣。砒石不可用也。如瘀肉不化，由于陽氣不充，胃虛不食，癰瘍，見七惡而神氣委弱者，砒石不可用也。何寇氏、陳氏不究藥性如此酷烈有毒，撰本草方云解熱毒、化熱痰、治癖積，磨服數分，調水飲之。倘依方悞服，此真殺人不待刃耳。兩賢立方之意，未不知其何如也？特書此痛言之，以爲後人之戒云。　樓奇曰：一婦病心痛，數年間，月日常發，百藥不愈。一醫用砒石三釐，茶末一分，共爲末，白湯調下，吐瘀血一塊而愈。得日華子治婦人血氣心痛之旨乎？○一童子遍身生雲頭癬，作圈如畫，或大如錢，或小如筆管文印。一醫用砒石一二分，研極細，以米湯五六匙，稀調，用新毫筆依癬圈塗之，三日滅迹。

今之藏瓶酒者，往往以砒烟熏瓶，藏酒數年不壞。今造烟火家，火藥內用少許，則爆聲更大。其急烈之性可知矣！

**明・顧逢柏《分部本草妙用》卷八雜藥部**　砒石　苦、酸，暖，大毒。砒黃，主瘧疾，解熱毒，治痰壅，治癖積氣。砒霜，瘧家用之，稍多服則吐。治婦人沖心痛，落胎。殺蟲，殺人。按：砒霜殺人，而瘡藥及治結毒藥中用之，以毒攻毒也。然以性命為嘗試，何可哉？

**明・蔣儀《藥鏡》卷二熱部**　砒霜　風痰可吐，截瘧除哮。更善落胎，殺蟲枯痔。釐毫或用，多必毒人。磨菉豆而水飲之，庶幾堪解。

**明・傅仁宇《審視瑶函》卷六**　眼科取靈砒法　白砒五錢，為末，用牙硝白胰子一箇，切如豆大，將砒拌勻，用烏公雞一隻，餓二日，將胰喂之，食盡半頓飯時，殺雞取出，淘淨，入礶內封固，打火三炷香，取升盞靈砒，再用多年老鵝油拌砒，封固，放淨處四十九日，去油，加蕤仁去殼皮五錢，黃連三錢，生砒五分，俱為末，再入礶內，打火，取出聽用。

**明・李中梓《本草通玄》卷下**　砒石　辛、酸，大熱，大毒。主老痰諸瘧，齁喘癖積，蝕瘀腐瘰癧。砒已大熱大毒，煉成霜，其毒尤烈，人服至七八分即死，得酒頃刻殺人，雖菉豆、冷水亦難解矣。入丸藥中，劫齁喘痰瘧，誠有立地奇功。須冷水吞之，不可飲食，靜臥一日，即不作吐；少物引發，即作吐也。惟宜用生者，不可經火。

**清·穆石匏《本草洞詮》卷三**　砒石　砒猛如貔，故名。味辛酸，氣熱，有大毒。治齁喘痰壅，瘧疾，癖積爛肉，蝕瘀腐瘰癧。信州玉山有砒井，官中封禁甚嚴，生不夾石者色赤，冷水磨服，解熱毒。一兩大塊，不啻千金。近火即殺人。今市貨者，燒烟，飛作白霜。初燒霜時，人在上風十餘丈外立，下風所近草木皆死，鼠雀食少許即死，猪犬食鼠雀亦殆。得酒則腐爛腸胃。今之收瓶酒者，砒烟薰瓶，則酒不壞，其亦嗜利不仁者哉。凡痰瘧及齁喘用之，真有劫病立地之効。濕痰被劫，而怫鬱頓開故也。但須冷水吞之，不可飲食杯勺之物，靜臥一日一夜，亦不作吐，少物引發即作吐也。然止宜於山野藜藿之人，若嗜酒膏粱者禁之。疾亦再作，不慎口慾故爾。凡諸瘡見血者不可用，其毒入經，必殺人也。

**清·劉雲密《本草述》卷五**　砒石出信州，故又呼信石。更有隱信字為人言。生者名砒黃，煉者名砒霜。　信州玉山有砒井，官中封禁甚嚴，每鑿坑井下取之，坑中有濁綠水，先絞水盡，然後下鑿，取生砒謂之砒黃，此生砒不夾石者，色赤甚於雄黃。今市貨者，取山中夾有砂石之砒，燒烟飛用白霜，乃碎屑而芒刺，其傷火多者，塊大而微黃。大抵此種為大熱大毒之物，加以火煅，其毒益不可嚮邇。今俗醫不明此理，輒以所燒霜服之，必大吐下，即幸有不致殞生者，而所損已多，是不可不慎也。　時珍曰：生砒黃以赤色者為良，熟砒霜以白色者為良。

氣味：苦、酸，暖，有毒。　時珍曰：辛、酸，大熱，有大毒。　日華子曰：畏綠豆，冷水如入，藥酸，煮殺毒用。

砒黃治瘧疾，砒霜除齁喘痰積，主惡瘡瘰癧，腐肉，和諸藥敷之，自然蝕落。又治蛇尿著人手足，即腫痛肉爛，指節脫落，取砒為末，以膠清調塗，即瘥。　承曰：古方並不入藥，惟燒煉丹石家用之。　宗奭曰：即用霜，亦須兼煎綠豆汁及冷水飲之。　時珍曰：砒乃大熱大毒之藥，而砒霜之毒尤烈。鼠雀食少許即死，猫犬食鼠雀亦殆，人服至一錢許亦死。雖鉤吻、射罔之力，不過如此。而宋人著本草，不甚言其毒，何哉？若得酒及燒酒，則腐爛腸胃，頃刻殺人，雖綠豆、冷水亦難解矣。此物不入湯飲，惟入丹丸。凡痰瘧及齁喘用此，真有劫病立地之效。但須冷水吞之，不可飲食杯勺之物，靜臥一日或一夜，亦不作吐，少物引發即作吐也。其燥烈純熱之性，與燒酒、焰硝同氣，寒疾溼痰被其劫而怫鬱頓開，故也。此藥亦止宜於山野藜藿之人，若嗜酒膏粱者，非其所宜。疾亦再作，不慎口慾故爾。凡頭瘡及諸瘡見血者不可用，此其毒入經，必殺人。

愚按：砒霜一種，在時珍謂其大熱大毒，是固然矣。第陳承云冷水磨服解熱毒，若然，是則大熱大毒之藥，止以冷水磨之，遂能易其性味，頓使熱毒化為清涼之用乎？竊意陳承所云，以冷水磨解熱毒，近火即殺人，二語蓋謂是物有熱毒，大有決壅潰瘀之能，吞以冷水，則差殺其熱毒，而得用其梟以取勝，如近火，則益恣其虐焰，不唯無益，而先取害也。試以先哲所主治各證，曾有一屬熱毒者否？即時珍亦明言所治寒疾溼痰，被其劫而拂鬱頓開。又云宜於山野藜藿之人，若嗜酒膏粱者非其所宜，以此推之，則病於素有熱毒者，設之不為以火濟火乎？故以此味治痰，如痰喘齁船，誠為的對，第皆因於寒溼，固非火熱之痰也。愚昔年曾治一小子，大獲奇效，蓋既為大熱大毒之藥，則宜以救偏至之疾，如寒痰溼痰是也。方書治脹滿之椒仁丸，療女子先因經水斷絕，後至四肢浮腫，小水不通，血化為水者，此證瘀血，類逐峻厲之隊以化之，蓋潰陰凝之堅，非必藉陽毒之厚者，不可也。又治哮喘之紫金丹、簡易黃丸子，又治遠年近日哮喘痰嗽一方，或止因於寒，或更因寒以鬱熱，而類同於所宜之味。蓋非此大熱有毒者，不足以散寒之凝，更不足以破寒之外錮而內螯者。即此二證，則推類以盡之，亦可為善用砒石地矣。雖然，總之此種未可嘗試，繆氏曰今人奈何輒用之治瘧，是以必死之藥，治必不死之病，有味乎其言哉？第為外傅之藥，如枯痔殺蟲，亦何可少也。

附方　痰喘齁船，凡天雨便發，坐臥不得，飲食不進。乃肺竅久積冷痰，遇陰氣觸動則發也。用此一服即愈。服至七八次，即出惡痰、數升，藥性亦隨而出，即斷根矣。用江西淡豆豉一兩，蒸搗如泥，入砒霜末一錢，枯白礬三錢，丸綠豆大，每用冷茶、冷水送下七丸，甚者九丸，小兒五丸，即高枕仰臥，忌食熱物等。　走馬牙疳，惡瘡，砒石、銅綠等分，為末，攤紙上，貼之，其效如神。　項上瘰癧，梁州砒黃，研末，濃墨汁丸梧子大，銚內炒乾，竹筩盛之，每用針破，將藥半丸貼之，自落蝕盡為度。一切漏瘡有孔，用信石新瓦火煅，研末，以津調少許，於紙撚上，插入蝕去惡管漏，多勿齊上，最妙。

**清·汪昂《本草備要》卷四** 砒石大燥，劫痰。辛苦而鹹。大熱大毒，砒霜尤烈。耑能燥痰，可作吐藥。療風痰在胸膈，截瘧除哮。外用蝕敗肉，殺蟲枯痔。出信州，故名信石，衡州次之。錫之苗也。故錫壺亦云有毒。生者名砒黃，煉者名砒霜。畏綠豆、冷水、羊血。

**清·李熙和《醫經允中》卷二一** 砒石 苦、酸，暖，大毒。砒黃主瘧痰，殺蟲殺人，不可以性命試之。畏醲醋、冷水、菉豆、羊血，中其毒者，一味可解。又有男女草，俗名帳子草，解砒毒最妙，擣汁和酒服，更勝前方，其形三角方，而中有罅縫。

**清·馮兆張《馮氏錦囊秘錄·雜症痘疹藥性主治合參》卷五** 砒霜係砒黃飛煉而成，砒黃即已有毒，復兼火氣煅煉則毒愈甚。故味苦酸，氣大熱，性大毒也。初燒霜時，人立上風十餘丈外，其下風所近草木皆死。毒鼠鼠死，貓犬食之亦死。人服之至一錢立斃。苦酒服及燒酒服，則腸胃腐爛，傾刻殺人，雖菉豆、冷水亦無解矣。奈何以必死之藥，治不死之病，惟膠痰牢固，為哮為瘧，不得已借此酸苦涌泄吐之。及殺蟲、枯痔外敷之用。砒霜，所畏醲醋、冷水、綠豆、羊血。中毒腹中，得一味即解。截瘧除哮，膈上風痰可吐。潰堅磨積，腹內宿食能消。

**清·张璐《本經逢原》卷一** 砒石出信州，故又名信石。苦、辛，大熱，大毒。色白有黃暈者名金脚砒，鍊過者曰砒霜。色紅者最劣，不堪入藥。畏菉豆芽、茶、冷水。入藥醋煮用，或與芽茶同用，或與浸濕生菉豆仁同研，以殺其毒。中其毒者，以生羊血解之，冷水多灌亦解，若犯火酒，必不可救。發明：砒霜瘧家常用，入口則吐利兼作。吐後大渴，則與菉豆湯飲之。砒性大毒，誤食必死。奈何以必死之藥，治必不死之病，豈不殆哉？然狂癡之病，又所必需，勝金丹用之，無不應者。枯痔散與天靈蓋同用，七日痔枯自落，取熱毒之性，以枯歹肉，天靈蓋以透骨髓，散宿垢，長肌肉也。

**清·黃元御《玉楸藥解》卷三** 砒霜 味苦、辛，性熱。入足太陰脾、手太陰肺、足厥陰肝經。行痰化癖，截瘧除齁。砒霜辛熱大毒，治寒痰冷癖，久瘧積痢。療痔漏瘰癧，心痛齁喘，蝕癰疽腐肉，平走馬牙疳。生名砒黃，煉名砒霜。經火更毒，得酒愈烈。過臍則生，吐泄服一錢，殺人。

**清·吳儀洛《本草從新》卷五** 砒石〔大燥，劫痰。〕 辛苦而酸，大熱大毒。砒霜尤烈。生者名砒黃，煉者名砒霜。專能燥痰，可作吐藥，療痰在胸膈，除哮截瘧。今方伎家每用幾釐，常見捷效，而害人者亦不少。外用蝕敗肉，殺蟲枯痔。出信州，故又名信石，而又隱信字為人言。衡州次之。錫之苗也，故錫亦有毒。畏羊血、冷水、綠豆。

**清·汪紱《醫林纂要探源》卷三** 砒霜 辛苦鹹，大熱，毒。出廣信及衡州。赤白二色，赤尤毒人。云錫之苗，未見為然。又云生者名砒黃，煉熟名砒霜。然今統稱砒霜。生者猛，熟較緩，中其毒者，菉豆、黑豆、甘草、羊血、鴨血、泉水皆可解。可用以吐胸膈間之頑痰、風痰、寒痰，截瘧，殺蟲。

**清·嚴潔等《得配本草》卷一** 砒石一名信石，一名人言。生者名砒黃，煉者名砒霜，尤烈。畏冷水、綠豆、醋、青鹽、蒜、硝石、水蓼、常山、益母、獨帚、菖蒲、水律、菠薐、萵苣、鶴頂草、三角酸、鵝不食草。辛、苦、鹹，大熱，大毒。治痰癖，除寒哮。外用蝕敗肉，殺諸蟲。中其毒者，綠豆可解。煅，醋淬七次，研，水飛，日乾用。大熱之性，雖可除寒消癖，必須煅過，配綠豆末和諸藥服之，每日約服一二釐而止。豆末亦每日約服二錢，以制其毒。不然，久服之肌肉燥裂，毒氣交并，卒致後禍而不可解。

**清·黃宮繡《本草求真》卷八** 砒石熱毒殺人，兼治哮瘧頑痰。砒石耑入腸胃。出於信州，故名信石，即錫之苗。故錫亦云有毒，色白，有黃暈者，名金脚砒，煉過者曰砒霜，色紅最劣。性味辛苦而鹹，大熱大毒，煉砒霜時，人立上風十餘丈，其下風所近草木皆死，毒鼠鼠死，貓犬食亦死，人服至一錢者立斃。烟火家用少許，則爆聲更大，急烈之性可知矣。若酒服及燒酒服，則腸胃腐爛，頃刻殺人，雖菉豆，冷水亦無解矣！奈何以必死之藥，治不死之病，惟膈痰牢固，為哮為瘧，果因寒結，不得已借此酸苦涌泄吐之。時珍曰：凡痰瘧及齁喘，用此真有劫病立起之效，但須冷水吞之，不可以飲食同投。靜臥一日，或一夜，亦不作吐。少物引發，即作吐也。一婦病心痛，數年不愈，一醫用人言半分，茶葉一分，白湯調下，吐瘀血一塊而愈。及殺蟲。惡瘡，砒石、銅綠等分為末，攤紙上貼之，其效如神。枯痔外敷，畏醋、菉豆、冷水、羊血。

**清·羅國綱《羅氏會約醫地鏡》卷一八金石水土部** 砒霜係砒黃所鍊而成者，大毒殺人，能毒鼠犬。止可外用。蝕敗肉、枯痔、殺蟲，切毋內服。出信州，故名信石，錫之苗也。故錫器亦有毒。生者名砒黃，醋磨塗一切腫毒。鍊者名砒霜。鍊時，近處草木皆死。中毒者服菉豆汁、冷水或者可解十救一二。

**清・吴鋼《類經證治本草・經外藥類》** 砒石 【略】誠齋曰： 生者名砒黃，鍊過者名砒霜，毒更烈，同酒服之，則無救。 藥品極多，又何必取此大毒之品為內用，且外用亦不佳。 若瘡疽初起，敷之更甚，拔膿之痛，尤不堪言。 間有一二用之者，則又千中取一而已。 後學者切戒輕試，中其毒者，肝腸寸斷，七竅流血，死之極慘。 或用菉豆汁、羊血、鴨血解之。 在上者取法吐之。已入腸胃，用白蠟搗末，冷水調服。 或人尿灌之。 此亦不過盡人事也。

**清・楊時泰《本草述鉤元》卷五** 砒石 出信州，故呼信石，更有隱信字為人言者。 信州玉山砒井，官封甚嚴，取時坑中有濁綠水，先絞水盡，然後下鑿。 其生砒不夾石者，色赤甚於雄黃，謂之砒黃。 今市貨者，取山中夾有砂石之砒，燒烟，飛作白霜，乃碎屑而芒刺，謂之砒霜，古方並不入藥，惟燒煉丹石家用之。

味苦、酸、辛，氣大熱，有大毒。 畏綠豆、冷水。 砒黃治瘧疾，砒霜除齁喘痰積，主惡瘡瘰癧腐肉，和諸藥敷之自然蝕落。 治蛇尿着人，手足腫痛，肉爛，指節脫落。取砒為末，以膠清調塗，即瘥。 其燥烈純熱之性，與燒酒、焰硝同氣，寒疾濕痰，被其劫而拂鬱頓開。 凡痰瘧及齁喘用之，真有劫病立地之效。 但須冷水吞之，不可飲食杯勺之物，靜臥一日或一夜，亦不作吐，少物引發，即作吐也瀕湖。 痰喘齁船，天雨便發，坐臥不得，飲食不進，此肺竅久積冷痰，不可遇陰氣觸動也。 用淡豆豉一兩，蒸搗如泥，入砒末一錢，枯白礬三錢，丸綠豆大，每用冷茶、冷水送下七丸，甚者九丸，小兒五丸，即高枕仰臥，忌食熱物，一服即愈。 服至七八次，吐出惡痰數升，藥性亦隨去，即斷根矣。 走馬牙疳、惡瘡，砒石、銅綠等分，為末，攤紙上貼之，神效。 項上瘰癧，砒黃研末，濃墨汁丸梧子大，銚內炒乾，竹筒盛之，每用鍼破，將藥半丸貼之，自落，蝕盡為度。 一切漏瘡有孔，用信石新瓦火煅研末，津調少許，粘紙撚上，插入，蝕去惡管，漏多弗齊上最妙。

論： 砒霜大熱大毒，有決壅潰瘀之能，吞以冷水則差，殺其熱毒而得用其臬以取勝。 如近火則益恣其虐焰，取害尤速。 夫既為大熱大毒之藥，只宜以救偏至之疾，如寒痰濕痰類，以潰陰凝之堅，非藉陽毒之厚者不可也。 今人輒用之治瘧，是以必死之藥治必不死之病，繆氏所言洵然。

砒黃大熱大毒，砒霜加以火煅，其毒尤烈，人服至一錢許，必死。 得酒及燒酒則腐爛腸胃，頃刻殺人，雖綠豆、冷水，亦難解。 此藥止宜於山野藜藿之人，若嗜酒膏粱者用之，不慎口慾，疾亦再作。 凡頭瘡及諸瘡見血者不可用此。 其毒入經，必殺人瀕湖。 修治： 此物不入湯飲，惟入丹丸。 如入藥，醋煮殺毒用。 即用霜，亦須兼煎綠豆汁及冷水飲之。

**清・趙其光《本草求原》卷二五石部** 砒石出信州，又名信石。 苦、辛，大熱，毒。 生者，名砒黃； 色白有黃暈者，名金脚砒，最良； 紅者，最劣。 不堪入藥。 冷水磨服，解痰壅，積痢，同黃丹蠟溶，和丸飲下。 截瘧，每一錢同綠豆一兩，無根水丸，冷水下，加黃丹為衣。 秘方： 製砒、黃丹各一錢，雄精分半，方梗雞蘇二錢半，辰砂一錢，藥黑豆仁兩半，滾水候冷為丸，冷水下十餘粒。 血氣心痛，焙茶末，白湯下，吐瘀血立愈。 瘰癧，濃墨為丸。 針破貼之。 殺牙疳蟲。 銅綠等分，攤紙上貼。

煉過者名砒霜，尤毒烈。 燥痰、治瘧，痰在胸膈，可作吐藥。 中風痰壅，四肢不收，以豆大研，新汲水下，再投熱水即吐。 除哮，入香橼內，以烏雞包之泥固，煅炭研，每分半飲下。 哮喘一方，每砒一錢，入枯礬三錢，江西淡豆豉一兩，蒸搗丸，冷茶下七九丸。 遇陰雨即發者，神效。 治狂癡，勝金丹用之甚驗。 殺蟲蚤虱，下胎，去腐，拔瘻管，枯痔。 同天靈蓋用，以天靈蓋透骨、去垢、生肌也。

毒能殺人，須醋煮，與綠豆仁，或黑豆仁，或茶芽同用，以殺其毒。 或以三者煮水久浸，再以豆腐蒸過更妙。 服之吐下後大渴，宜飲綠豆水。 中其毒者，生羊血、冷水解之。 若犯火酒，不救。 又法： 每砒二兩，寒水石三兩，各研，用鐵銚，先鋪石末，次鋪砒在上，又以石末蓋之，如升丹法，刮下，用以外治則不痛。 砒見火愈毒，煅好，仍以甘草、硝石、蒜水浸用。 究不若生用浸製為良。 蓋生砒水磨，劫濕去痰，兼解熱毒也。 按水磨解熱毒，言可殺其毒耳，非此熱毒之物可治熱毒也。

**清・文晟《新編六書》卷六《藥性摘錄》** 砒石 有大毒。 敷惡瘡，用砒石、銅綠等分，為末，攤紙上，貼之効。 熬煉者為砒霜，帶紅色，最毒。 可拔疔瘡頭，枯外痔，殺蟲。 ○中其毒者，用綠豆半升，擂，去渣，以新汲水調，通口服。 ○又生油灌之，令其吐。 ○又熱鴨血灌之，立解。 ○又防風四兩，煎湯二碗，冷飲之，即解。 ○又熟豆腐漿灌之，亦解。 ○又甘草同藍汁灌之，即愈。 ○又淡豆豉濃煎湯，服之探吐，可解。 ○服未久，毒在上，宜吐。 時已久，毒入腹，磨黑鉛水下之。 餘詳急救。

**清・戴葆元《本草綱目易知錄》卷七** 砒石信石、人言。 辛、酸，暖、大熱，大毒。 生者名砒黃。 解熱毒，療痰壅，治瘧疾癖積氣，除齁喘積痢，冷水磨服半分。外用，蝕爛肉腐瘀瘰癧，帶之辟蚤蝨。此乃錫之苗，故新錫器盛酒日久殺人，為内畜砒毒也。火鍊名砒霜，其毒更甚。療諸瘧風痰在胸膈，可作吐藥，治婦人血氣沖心痛，白湯服一分，多則殺人。落胎產，殺禽獸。外用蝕癰疽敗肉，枯痔，殺蟲，中其毒，菠稜菜、萵苣、鵝不食草、水蓼、石蒜、常山、益母、綠豆、菖蒲、冷水等服，俱可解。

**清·陳其瑞《本草撮要》卷六**　砒石　味辛苦酸，大熱，大毒，砒霜尤烈，入手足太陰、陽明經，功專燥痰。作吐藥療痰在胸膈，除哮截瘧。外用蝕敗肉，殺蟲枯痔。信州者良，衡州次之。生名砒黃，鍊名砒霜。錫之苗也，故錫亦有毒。以大棗一個去核，將砒霜放入少許，用線紮緊，瓦上焙焦，研細末，磁瓶收貯，專塗牙根痒爛神效，名砒棗散。畏羊血、冷水、綠豆。

土黄

**明·李時珍《本草綱目》卷一〇石部·石類下**　土黃《綱目》

【修治】時珍曰：　用砒石二兩，木鼈子仁、巴豆仁各半兩，硇砂二錢，爲末，用木鼈子油、石腦油和成一塊，油裹，埋土坑内，四十九日取出，劈作小塊，甆器收用。

【氣味】辛、酸，熱，有毒。獨孤滔曰：　土黃制雄黃。　【主治】枯瘤贅痔乳，食瘻癧并諸瘡惡肉時珍。

**清·王道純《本草品彙精要續集》卷一**　土黃有毒

土黃：　主枯瘤贅痔乳，食瘻癧，並諸瘡惡肉《本草綱目》。　【味】辛，酸。【性】熱。　【製】李時珍云：　用砒石二兩，木鱉子仁、巴豆仁各半兩，硇砂二錢爲末，和木鱉子油、石腦油調成一塊，油裹埋土坑内，四十九日取出，劈作小塊，瓷器收之。　【解】獨孤滔云：　土黃，制雄黃。

雄黄

**宋·李昉《太平御覽》卷第九八八**　雄黃　《玄中記》曰：　員丘之上多大蛇，以雄黃精壓之。　《水經》曰：　黃水出零陽縣西北連巫山，溪出雄黃，頗有神異。採常以冬月，祭祀鑿石深數丈方得。故溪水取名焉。　《淮南萬畢術》曰：　夜燒雄黃，水蟲成列。水蟲聞燒雄黃氣，皆趨火。　《吳氏本草》曰：　雄黃，神農：　苦。山陰有丹。雄黃生山之陽，故曰雄。是丹之雄，所以名雄黃也。

**宋·唐慎微《證類本草》卷四玉石部中品**〔《本經·別錄》〕　**雄黃**　**味苦、甘，平、寒、大溫，有毒。主寒熱，鼠瘻，惡瘡，疽痔，死肌，**療疥蟲，䘌瘡，目痛，鼻中息肉，及絕筋破骨，百節中大風，積聚，癖氣，中惡，腹痛，鬼疰，**殺精物惡鬼，邪氣，百蟲毒，勝五兵，**殺諸蛇虺毒，解藜蘆毒，悅澤人面。**鍊食之，輕身神仙。**餌服之，皆飛入人腦中，勝鬼神，延年益壽，保中不飢。得銅可作金。**一名黃食石。**生武都山谷、燉煌山之陽。採無時。

〔梁·陶弘景《本草經集注》〕云：　鍊服之法，皆在仙經中。以銅爲金，亦出黃白術中。晉末已來，氐羌中紛擾，此物絕不復通，人間時有三五兩，其價如金。合丸皆用石門、始興石黃之好者爾。始以齊初涼州互市，微有所得，將至都下，余最先見於使人陳典籤處，撿獲見十餘片，伊輩不識此是何等，見有夾雌黃或謂是丹砂，示吾，吾乃示語幷又屬覔，於是漸漸而來，好者作鷄冠色，不臭而堅實。若黯黑及虛軟者，不好也。武都氐羌是爲仇池。宕昌亦有，與仇池正同而小劣。燉煌在涼州西數千里，所出者，未嘗得來江東，不知當復云何？此藥最要，無所不入。

〔唐·蘇敬《唐本草》〕注云：　出石門名石黃者，亦是雄黃，而通名黃食石。而石門者最爲劣爾，宕昌、武都者爲佳，塊方數寸，明澈如鷄冠，或以爲枕，服之辟惡。其青黑堅者，不入藥用。若火飛之而療瘡亦無嫌。又云：　惡者名熏音訓

〔宋·掌禹錫《嘉祐本草》〕謹：　按《吳氏》云：　雄黃，神農：　苦。山陰有丹雄黃，生山之陽，故曰雄，是丹之雄，所以名雄黃也。《水經》云：　黃水出零陽縣西北連巫山溪，出雄黃，頗有神異。採常以冬月，祭祀鑿石深數丈方得，故溪水取名焉。《抱朴子》云：　雄黃當得武都山所出者，純而無雜，其赤如鷄冠，光明曄曄者，乃可用耳，其但純黃似雌黃色無光者，不任作仙藥，可以合理病藥耳。《藥性論》云：　雄黃，金苗也。殺百毒。又名黃石。味辛，有大毒。能治尸疰，辟百邪鬼魅，殺蠱毒。人佩之，鬼神不能近；入山林，虎狼伏；涉川濟，毒物不敢傷。蕭炳云：　雄黃，君。陳藏器云：　按石黃，今人敲取中精明者爲雄黃，外黑者爲熏黃。主惡瘡，殺蟲，熏瘡疥蟣蝨及和諸藥熏嗽。其武都雄黃，燒不臭，熏黃中者，燒則臭，以此分別之。蘇云通名，未之是也。日華子云：　雄黃，微毒。治疥癬，風邪，癲癇，嵐瘴，一切蛇蟲犬獸傷咬。久服不飢。通赤亮者爲上，驗之，可以熓蟲死者爲真，臭氣少，細嚼口中含湯不激辣者，通用。

〔宋·蘇頌《本草圖經》〕曰：　雄黃，生武都山谷、燉煌山之陽，今階州山中有之。形塊如丹砂，明澈不夾石，其色如鷄冠者爲真。有青黑色而堅者名熏音訓黃，有形色似真而氣臭者名臭黃，並不入服食藥，只可療瘡疥耳。其臭以醋洗之便可斷氣，足以亂真，用之尤宜細辨。又階州接西戎界，出一種水窟雄黃，生於山巖中有水泉流處。其石名青煙石、白鮮石。雄黃出其中，其塊大者如胡桃，小者如粟豆，上有孔竅，其色深紅而微紫，體極輕虛，而功用勝於常雄黃，丹竈家尤所貴重。或云：　雄黃，金之苗也，故南方近金坑冶處時或有之，但不及西來者真好耳。謹案：　雄黃治瘡瘍尚矣。《周禮·瘍醫》凡療瘍，以五毒攻之。

鄭康成注云：　今醫方有五毒之藥，作之合黃堥音武，置石膽、丹砂、雄黃、礜石、磁石其中，燒之三日三夜，其煙上著，以鷄羽掃取之，以注創，惡肉破骨則盡出。故翰林學士《楊億常筆記》：　直史館楊嵎年少時有瘍生於頰，連齒輔車外腫若覆甌，内潰出膿血不輟，吐之痛楚難忍，療之百方，彌年不差，人語之，依鄭法合燒藥成，注之創中，少頃，朽骨連兩牙潰出，遂愈，後便安寧。信古方攻病之速也。黃堥若今市中所貨有蓋瓦合也，近世合丹藥猶用黃瓦甂，亦名黃堥，事出於古也。

〔宋・唐慎微《證類本草》〕雷公云：　凡使，勿用黑鷄黃、自死黃、夾膩黃。其臭黃真似雄黃，只是臭不堪用，時人以醋洗之三兩度，便無臭氣，勿誤用也。次有夾膩黃，亦似雄黃，其内一重黃一重石，不堪用。次有黑鷄黃，亦似雄黃，如烏鷄頭上冠也。凡使，要似鷓鴣鳥肝色爲上。凡修事，先以甘草、紫背天葵、地膽、碧稜花四件並細剉，每件各五兩，雄黃三兩，下東流水入埚堝中，煮三伏時，漉出，擣如粉，水飛，澄去黑者，曬乾再研，方入藥用。其内有劫鐵石，是雄黃中有，又號赴矢黃，能劫於鐵，並不入藥用。《聖惠方》：　治傷寒、狐惑毒，蝕下部肛外如䘌，痛痒不止。以雄黃半兩，先用瓶子一箇口大者，内入灰上，如裝香火將雄黃燒之，候煙出當病處熏之。《外臺秘要》：　治骨蒸極熱。以一兩和小便一升，研如粉。乃取黃理石一枚，方圓可一尺，以炭火燒之三食頃，極熱，灌雄黃汁於石上。恐大熱不可近，宜著一片薄氊置石上，令患人脱衣坐石上。冷停，以衣被圍遶身，勿令藥氣泄出，經三五度，差。又方：　治箭毒。擣爲末傅之，沸汁出愈。亦療蛇咬毒。《千金方》：　治婦人始覺有娠，養胎，轉女爲男。以一兩囊盛帶之。又方：　治耳聾。以雄黃、硫黃等分爲末，綿裹塞耳中。又方：　卒中鬼擊及刀兵所傷，血漏腹中不出，煩滿欲絕。雄黃粉酒服一刀圭，日三服，化血爲水。又方：　治癥瘕積聚，去三尸，益氣，延年却老。以雄黃二兩，細研爲末，九度水飛過，却入新淨竹筒内盛，以蒸餅一塊塞筒口，蒸七度，用好粉脂一兩爲丸如菉豆大。日三服，酒下七丸、十丸。三年後道成，益力不飢，玉女來侍。《肘後方》：　若血内漏者。以雄黃末如大豆，内瘡中。又服五錢匕，血皆化爲水，卒以小便服之。《經驗方》：　治馬汗入肉。雄黃、白礬等分，更用烏梅三箇，搥碎，巴豆一箇，合研爲細末。以半錢匕，油調傅患處。《斗門方》：　辟魔，以一塊帶頭上，妙。《博濟方》：　治偏頭疼至靈散：　雄黃、細辛等分研令細，每用一字已下，左邊疼吹入右鼻，右邊疼吹入左鼻，立效。《續十全方》：　治纏喉風。雄黃一塊，新汲水磨，急灌，吐下，差。《集驗方》：　治卒魘。雄黃擣爲末，細篩，以管吹入鼻孔中。《傷寒類要》：　治小腹痛滿，不得小便及療天行病。雄黃細研蜜丸如棗核，内溺孔中。又方：　殺齒蟲，以末如棗塞牙間。《抱朴子》：　餌之法：　或以蒸煮，或以酒服，或以消石化爲水乃疑之，或以猪脂裹蒸之於赤土下，或以松脂和之，或以三物煉之，引之如布，白如冰。服之皆令人長生，百病除，三尸下，瘢痕滅，白髮黑，墮齒生，千日，玉女來侍，可使鬼神。又云：　玉女常以黃玉爲誌。大如黍米，在鼻上，是真玉女；　無此誌者，鬼試人也。帶雄黃入山林，即不畏蛇。若蛇中人，以少許末傅之，登時愈。蛇雖多品，惟蝮蛇、青蝰、金蛇中人爲至急，不治，一日即死。人不曉，治之方術者，爲二蛇中人，即以刀急割瘡肉投地，其肉沸如火炙，須臾盡燋，而人得活也。此蛇七月、八月毒盛之時不得嚙人，其毒不泄，乃以牙刺大竹木，即亦燋枯。《太平廣記》：　劉無名，成都人也。志希延生，謂古方草木之藥，但愈疾得效，見火輒爲灰燼，自不能固，豈有延生之力哉？乃入霧中山，嘗遇人教服雄黃，凡三十餘年。一旦，有二人赤巾朱服，徑詣其室。劉問何人？對曰：　我泰山直事，追攝子耳，不知子以何術，我已三日冥期，迫促而無計近子，將欲陰符譴責，以稽延獲罪，故見形相問。劉曰：　余無他術，但冥心至道不視聲利，靜處幽山，志希度世而已。二使曰：　子之黃光照灼於頂，迨高數尺，得非雄黃之功乎？今子三尸已去，而積功未著，大限既盡，將及死期，豈可苟免。劉聞其語，心魂憂迫，不知所爲。二使謂之曰：　岷峨青城神仙之府，可以求真師，訪尋要道，我聞鉛汞朱髓，可致沖天，此非高真上仙，須得修煉之旨。復入青城北崖之下，見一洞，行數里忽覺平博，殆非人世，遇神仙居其間，云青城劉真人。劉祈叩再三，具述所值鬼使追攝之由，願示要道，以拔沉淪，賜度生死之苦。真人指一巖室，使栖止其中，復令齋心七日乃視，其《陽爐陰鼎》柔金煉化水玉之方，伏汞錬鉛成朱髓之訣。狐剛子、陰長生皆得此道，亦名《金夜九丹之經》。丹分三品，以鉛爲君，以汞爲臣，八石爲使，黃牙爲田，君臣相得，運火功全，七日爲輕水，二七日變紫鋒，三七日五彩具，内赤上黃，狀如窗塵。復運火二年，日周六百，再經四時，重履長至。初則十月離胞胎，已成初品，即能乾汞成銀丸而服之，可以袪疫。二年之外，服者延年益筭，白髮反黑。三年之後服之刀圭，散居名山周遊四海，爲初品地仙。服之半劑，變化萬端，坐在立亡，駕馭飛龍，白日昇天。大都此藥經十六節已爲中品，便能使人長生。藥成之日，五金、八石、黃牙諸物，與君臣二藥，不相雜亂。千日功畢名上品還丹，謹而藏之，勿示非人，世有其人，視形氣功行合道，依而儔之。劉受丹訣，還霧中山，築室修鍊，三年乃成。開成二年猶駐于蜀，自述無名，傳以示後人。入青城山去，不知所終矣。《太上八帝玄變經・小丹法》：　用雄黃、柏子，拘魂制魄方：　柏子細篩去滓，松脂十斤，以和柏子、雄黃各二斤，色如赤李，合藥臼中復擣，如蒸藥一日。如餌，正坐北向，平旦頓服五丸，百日之後，與神人交見。《明皇雜録》：　有黃門奉使交廣迴，周顧謂曰：　此人腹中有蛟龍。上驚問黃門曰：　卿有疾否？曰：　臣馳馬大庾嶺，時當大熱，困且渴，遂飲水，覺腹中堅痞如石。周遂以消石及雄黃煮服之，立吐一物，長數寸，大如指，視之鱗甲具，投之水中，俄頃長數尺，復以苦酒沃之如故，以器覆之，明日已生一龍矣，上甚訝之。《唐書》：　甄立言究習方書，仕唐爲太常丞。有道人心腹滿煩，彌二歲，立言診曰：　腹有蟲，誤食髮而然。令餌雄黃一劑，少選吐一蛇，如人小指，惟無目，燒之有髮氣，乃愈。《寶藏論》：　雄黃，若以草藥伏住者，熟鍊成汁，胎色不移；　若將制諸藥成汁并添得者，上可服食，中可點銅成金，下可變銀成金。《丹房鏡源》： 雄黃千年化爲黃金。

**宋・唐慎微《證類本草》卷三玉石部上品〔唐・陳藏器《本草拾遺》〕** 石黃 雄黃注中蘇云： 通名黃石。按石黃，今人敲取精明者爲雄黃，外黑者爲薰黃。主惡瘡，殺蟲，薰瘡疥蟣虱，和諸藥薰嗽。其武都雄黃，燒不臭。薰黃中者，燒則臭。以此分別之。蘇云通名，未之是也。

**宋・寇宗奭《本草衍義》卷五** 雄黃 非金苗。今有金窟處無雄黃。金條中言，金之所生處處皆有，雄黃豈處處皆得也？ 别法，治蛇咬，焚之熏蛇遠去。又武都者，鐫磨成物形，終不免其臭。唐甄立言仕爲太常丞，有道人病心腹滿煩，彌二歲。診曰： 腹有蟲，誤食髮而然，令餌雄黃一劑，少選吐一蛇如拇〔指〕，無目，燒之有髮氣，乃愈。此殺毒蟲之驗也。

**宋・張世南《游宦紀聞》卷一** 世南在蜀中，偏訪林下人，求獨鍊法，鮮有能者。忽一日，得青城山道友傳授云： 丹經謂捉得龍，伏得雄。言雄黃見火，則飛走為烟焰，最難伏也。其法用雄黃不拘多少，研細。甘鍋火內，煅令通紅，取出。搵雄黃末入焰硝內，急用桃枝攪轉，即成水矣。急傾出瓦碟內，微側碟子，則清者一邊，俟凝取出，去麤者，研細，以宿蒸餅為元，如菉豆大，每服三元至七元。如前法，服雄黃末一兩，大約用焰硝一錢。此乃丹竈家秘法，得之甚艱。古人云： 施藥不如施方。故詳記之。

**宋・王繼先《紹興本草》卷二** 雄黃 紹興校定： 雄黃，出產、主療已載《本經》。入藥當取形塊明澈，色如雄冠，不夾石者佳，餘者不堪。《本經》云： 味苦、甘，平，寒，復云大溫。蓋謂經火煉者，其性變溫，若生用者，其性則寒，皆為有毒。陳藏器餘內又有石黃一條，乃雄黃之粗惡者爾。

**宋・劉明之《圖經本草藥性總論》卷上** 雄黃 味苦甘，平、寒、大溫，有毒。主寒熱鼠瘻，惡瘡疽痔死肌，療疥蟲䘌瘡，目痛，鼻中息肉，及絕筋破骨，百節中大風，積聚癖氣，中惡腹痛，鬼疰，殺精物惡鬼邪氣，百蟲毒，勝五兵，殺諸蛇虺毒。《藥性論》云： 金苗也。殺百毒。味辛，有大毒。能治尸疰，辟百邪鬼魅，殺蠱毒。人佩之，鬼神不敢近。蕭炳云： 君。日華子云： 微毒。治疥癬風邪，癲癇，嵐瘴，一切蛇蟲犬獸傷咬。一云： 治傷寒骨蒸，耳聾，養胎，癥瘕積聚。去三尸，益氣，療金瘡及纏喉風，解藜蘆毒、箭毒。

**宋・張杲《醫說》卷七** 山林日用法 每欲出時，用雄黃一桐子大，火上燒煙起，以薰脚裲草屨之類，及袍袖間，即百毒不敢侵害，邪祟遠避《集驗方》同上。

**宋・張杲《醫說》卷七** 辟蛇毒 南海地多蛇，而廣府治尤甚。某侍郎為帥，聞雄黃能禁制此毒，乃買數百兩，分貯絹囊，掛於寢室四隅。經月餘日，臥榻外常有黑汁從上滴下，臭且腥，使人穿承塵窺之，則巨蟒橫其上，死腐矣。於是盡令撤去障蔽，死者長丈許，大如柱。旁又得十數條，皆蟠虯成窠穴，它屋內所驅放者合數百。自是官舍為清《類編》。

**元・王好古《湯液本草》卷六** 雄黃 氣溫，寒，味苦、甘，有毒。《本草》云： 主寒熱鼠瘻惡瘡，疽痔死肌。療疥蟲䘌瘡，目痛，鼻中息肉，及絕筋破骨，百節中大風，積聚癖氣，中惡，腹痛，鬼疰。

**明・王綸《本草集要》卷五** 雄黃君 味苦甘辛，氣平，寒。又云： 大溫，有毒。武都山所出，赤如雞冠，明徹而不臭者佳。可入服食藥，餘但可療瘡。 主寒熱鼠瘻，惡瘡疽痔，死肌疥蟲䘌瘡，鼻中息肉，及絕筋破骨，百節中大風，中惡蟲毒腹痛，殺精物惡鬼邪氣，百蟲毒，勝五兵，殺諸蛇虺毒。鍊食之，輕身神仙。佩之，鬼神不能近。入山林，虎狼伏，涉川濟，毒物不敢傷。姙娠佩之，轉女為男。

**明・滕弘《神農本經會通》卷六** 雄黃 君也。形塊如丹砂，明澈，不挾石，其色赤如雞冠而不臭者，為真。可入服食藥。有青黑色而堅者，名熏黃。有形色似真而色臭者，名臭黃，不堪用，只可療瘡疥耳。其臭以醋洗之，便可斷氣，足以亂真，用之宜細辨。《局》云： 研細，水飛過，灰椀內鋪紙滲乾。

味苦、甘，氣平、寒、大溫，有毒。《湯》云同。又云： 味辛，有大毒。《疌》云： 主鼻中息肉，殺精邪氣。姙娠佩之，轉女為男。《本經》云： 主寒熱，鼠瘻，惡瘡，疽痔，死肌。療疥蟲，䘌瘡自痛，鼻中息肉，及絕筋破骨，百節中大風，積聚癖氣，中惡腹痛，鬼疰，殺精惡鬼邪氣，百蟲毒，勝五兵，殺諸蛇虺毒，解藜蘆毒。悅澤人面。鍊食之，輕身神仙，餌服之，皆飛入人腦中，勝鬼神，延年益壽，保中不飢。得銅可作金。《藥性論》云： 雄黃，金苗也。殺百毒。味辛，有大毒。能治尸疰，辟百邪鬼魅，殺蠱毒。人佩之，鬼神不能近。入山林，虎狼伏，涉川濟，毒物不敢傷。陳藏器云： 按石黃，今人敲取中精明者為雄黃，外黑者為熏黃。主惡瘡，殺蟲，熏瘡疥蟣虱，及和諸藥熏嗽。其武都雄黃，燒不臭。熏黃中者，燒則臭。以此分別之。日華子云： 雄黃，微毒。治疥癬，風邪，癲癇，嵐瘴，一切蛇犬獸傷咬。久服不飢。通赤亮者為上。驗之，可以煼蟲死者為真。臭氣少，細嚼口中含湯不激辣者，通用。《千金》云：婦人有娠，佩之轉女為男。《湯》云：《本草》同《本經》。《衍義》曰：雄黃非金苗，今有金窟處無雄黃。金條中言，金之所生處處皆有，雄黃豈處處皆得也？別法，治蛇咬，焚之，燻蛇遠去。又武都者，鐫磨成物形，終不免其臭。唐甄立言仕為太常丞，有道人病心腹懣煩，彌二歲。診曰：腹有蟲，誤食髮而然。令餌雄黃一劑，少選，吐一蛇如拇指，無目，燒之有髮氣，乃愈。此殺毒蟲之驗也。階州水窟，生武都山谷，燉煌山之陽，今階州山中有之。劊云：雄黃有毒性平甘，息肉喉風用最堪。能殺精邪蛇虺毒，妊娠佩帶轉生男。即《局方》。雄黃，能殺虺蛇毒。妊娠佩帶轉生男。

**明・劉文泰《本草品彙精要》卷三**　雄黃有毒　石生。

**雄黃**出《神農本經》：**主寒熱，鼠瘻惡瘡，疽痔死肌。殺精物，惡鬼邪氣，百蟲毒，勝五兵。煉食之，輕身神仙。**以上朱字《神農本經》。療疥蟲䘌瘡，目痛，鼻中息肉及絕筋破骨，百節中大風，積聚癖氣，中惡腹痛鬼疰，殺諸蛇虺毒，悅澤人面。餌服之者，皆飛。入人腦中，勝鬼神。延年益壽，保中不飢，得銅可作金。以上黑字名醫所錄。〔名〕黃食石、黃石。〔地〕《圖經》曰：生武都山谷、敦煌山之陽，今階州山中亦有之。形塊如丹砂，明澈不挾石，其色如雞冠者爲真。有青黑色而堅者，名熏音訓黃。有形色似真而氣臭者，名臭黃，並不入藥。其臭以醋洗之便去，足以亂真，用之尤宜細辨。又階州接西戎界，出一種水窟雄黃，生於山巖中有水泉流處，其石名青煙石、白鮮石，雄黃出其中，其塊大者如胡桃，小者如粟豆，上有孔竅，其色深紅而微紫，體極輕虛而功用勝常，丹竈家尤所貴重。或云：雄黃，金之苗也。故南方近金坑冶處時或有之，但不及西來者真正爾。《水經》云：黃水出零陽縣西北連巫山溪，出雄黃，頗有神異。採常以冬月祭祀，鑿石深數丈方得，故溪水取名焉。《衍義》曰：雄黃非金之苗，今有金窟處無。雄黃條中言金之所生處處皆有，雄黃豈處處皆得也。〔時〕生：無時。採：無時。〔用〕純而不雜，燁燁如雞冠色者爲佳。〔質〕類石黃而赤亮。〔色〕紅、黃。〔味〕苦，甘。〔性〕平，寒，大溫。〔氣〕氣味俱厚，陽中之陰。〔臭〕臭。〔主〕瘡瘍，辟百邪。〔製〕《雷公》云：凡修事，先以甘草、紫背天葵、地膽、碧稜花四件，並細剉，每件各五兩，雄黃三兩，下東流水入坩堝中，煮三伏時，漉出，搗如粉，水飛，澄去黑者，曬乾再研，方入藥用。〔治〕療：《唐本》注云：辟惡療瘡。《藥性論》云：治屍疰，辟百邪鬼魅，殺蠱毒。日華子云：治疥癬，風邪，癲癇，風瘴，蛇蟲犬獸傷咬。陳藏器云：熏黃主惡瘡，殺蟲，熏瘡疥，蟣虱。補：日華子云：久服不飢。〔合治〕末合酒服一匙，日三，治卒中鬼擊及刀所傷血滿腹者，化血爲水。○合細辛等分，研細用一字，治偏頭痛。左邊疼嗅入右鼻，右邊疼嗅入左鼻。人佩之，鬼神不能近；入山林，虎狼伏；涉川濟，毒物不敢傷。〔解〕藜蘆毒，殺百毒。〔贋〕今人敲取石黃中精明者爲雄黃，外黑者爲熏黃。武都雄黃燒不臭，熏黃燒則臭，以此分別。

**明・葉文齡《醫學統旨》卷八**　雄黃　氣溫、寒，味苦、甘、辛，有毒。武都山所出赤如雞冠，明徹而不臭者佳，可入服食藥，餘可療瘡。　治寒熱鼠瘻，惡瘡疽痔，死肌，疥癬䘌瘡，鼻中息肉，及絕筋破骨，百節中大風，中惡蠱毒，腹痛癲癇，嵐瘴，殺精物惡鬼邪氣百蟲毒。勝五兵，殺諸蛇虺毒，解藜蘆毒。鍊食之輕身神仙，佩之鬼神不能近；入山林虎狼伏，涉川濟毒物不敢傷；妊娠佩之轉女為男。

**明・許希周《藥性粗評》卷四**　斬邪毒於雄黃。

雄黃，一名黃食石。出階州銅山，生向陽，與雌黃相對，故名。以明徹如丹砂，不挾石色如雞冠者勝。採無時。凡用研細，水飛過，灰碗內紙鋪，滲乾。味苦、甘，性平、寒一曰大溫，有毒。主治中風邪氣，鬼疰蠱毒，傷寒狐惑，中惡腹痛，癖積癥塊，蛇蟲螫毒，疥瘡瘜肉，鼠瘻惡瘡，生肌解毒，去三尸，壓鬼神，悅澤人面。煉服之輕身益壽，保中不飢。

單方：辟魔：以雄黃一塊，帶頭上妙。　中鬼：凡中鬼毒，昏昧不惺者，以雄黃末用竹管吹入鼻中。　傷寒狐惑：凡傷寒，下部有物蝕肛痛痒不止者，雄黃半兩，先用瓶子一個，口稍大者，坐灰上，如裝香火，將雄黃燒之，候烟出，當下部熏之。　腹內蟲瘕：凡中食蟲，腹內成瘕，或蛇或蟲者，雄黃同硝石共一二兩，煮汁服之，須臾吐出，甚妙。　金瘡內流：雄黃末如大豆許，納瘡中，又五錢研末，水調下，須臾血化為水，又服小便佳。　蛇咬傷重：凡被藥箭及蛇咬等毒，傷重不治即死，速以雄黃末納瘡口中，待沸汁出，可活。

**明・鄭寧《藥性要略大全》卷八**　雄黃君　治寒熱鼠瘻惡瘡，疽痔死肌，殺疥蟲，除䘌瘡，目痛，治鼻中息肉，及絕筋碎骨，百節中風，積聚癖氣，中惡腹痛，殺精鬼邪惡，蜂蛇虺毒。解黎蘆毒、山嵐毒。悅澤人面色。得銅可作金。赤色如雞冠，光明燁燁者為妙。人佩之，鬼神不能近。出入山林，虎狼遁伏。解涉川毒物，不敢傷。孕婦佩之，轉女為男。　味苦，甘，平，氣微寒，有毒。鍊之久服則身輕，可入仙家。

**明・陳嘉謨《本草蒙筌》卷八**　雄黄　味苦、甘、辛，氣平、寒，無毒。一云大溫，有毒。生武都燉煌山陽，名曰雄也。得大塊三五兩重，價類金焉。齅之臭氣不聞，赤如鷄冠明澈，此為上品。擂細水飛，作散為丸，任憑酒服。鍊服飛入人腦中。年深月久，輕身神僊。出路佩之，鬼神不近。有孕帶者，轉女成男。又可點紅銅成金，甚為丹竈家所重。一說：雄黄千年化為黄金。又云：雄黄以草藥伏住者，鍊成汁，胎色不移，若將製藥成汁併添得者，上可服餌，中可點銅成金，下可變銀成金也。堅頑作氣，此名臭黄，不宜服餌。只治瘡瘍。辟精魅鬼邪，殺蛇虺蠱毒。去鼻中瘜肉，破骨絕筋。除鼠瘻痔疽，積聚痃癖。悞中毒者，防己解之。

**明・方穀《本草纂要》卷九**　雄黄　味甘、苦、辛，氣平，大溫，有毒。主中惡蠱毒，腹脹攻痛，辟精物惡，如神見鬼；破骨節中風，時瘡塊爛；去鼻中息肉，黄水流出；殺諸蟲百毒，中人腫痛；療痔漏疥癬，殺蟲生肌。大抵此劑甚若五兵，取其大雄而至寶也，服之鬼神不能近，佩之轉女亦爲男，入山林虎狼皆伏，涉川澤惡毒不侵，所以五月五日當陽之首，遇陽之正服陽之物，以雄黄飲酒也，使百惡難侵，諸毒難近，鬼神相畏，瘡癘不生，豈不謂至雄之寶哉。

**明・王文潔《太乙仙製本草藥性大全》卷六《本草精義》**　石黄　合丸皆用石門出者。始興石黄之好者，石門出者最爲劣爾。蘇云：通名黄石。按：石黄，令人敲取精明者爲雄黄，外黑者爲薰黄，即石黄也。其武都雄黄燒不臭，薰黄中燒則臭，以此分別之。蘇云通名，未之是也。

**明・王文潔《太乙仙製本草藥性大全》卷六《本草精義》**　雄黄　一名黄金石。生武都山谷、燉煌山之陽，名雄也。今階州山中亦有之。形塊如丹砂，得大塊重三五兩，價重類金，齅之臭氣不聞，赤如鷄冠，明徹者佳，此爲上品。擂細水飛，作散爲丸，任憑酒服。有青黑色而堅者名熏音訓黄，有形色似真而氣臭者名臭黄，並不入服食藥，只可療瘡疥耳。其臭以醋洗之，便可斷氣，足以亂真，用之尤宜細辨。又階州接西戎界出一種水窟雄黄，生於山岩中有水泉流處，其石名青烟石、白鮮石，雄黄出其中，其塊大者如胡桃，小者如粟豆，上有孔竅，其色深紅而微紫，體極輕虛，而功用勝於常雄黄，丹竈家尤所貴重。或云雄黄金之苗也，故南方近金坑冶處時或有之，但不及西來者真好耳。謹按雄黄治瘡瘍尚矣，《周禮》：瘍醫凡療瘍，以五毒攻之。鄭康成注云：今醫方有五毒之藥，作之，合黄堥音武置石膽、丹砂、雄黄、礬石、磁石其中，燒之三日三夜，其烟上著，以鷄羽掃取之以注瘡，惡肉破骨則盡出。故翰林學士楊億嘗《筆記》：直史館楊嵎年少時有瘍生於頰連齒輔車，外腫若覆甌，內潰出膿血，不輒吐之，痛楚難忍，療之百方彌年不差。人語之依鄭法，合燒藥成，注之瘡中，少頃朽骨連兩牙潰出，遂愈，後便安寧，信古方攻病之速也。黄堥若今市中所貨，有蓋瓦合也，近世合丹藥，猶用黄瓦甌，亦名黄堥，事出於古也。

**明・王文潔《太乙仙製本草藥性大全》卷六《仙製藥性》**　雄黄　味苦、甘，平，氣微寒，有毒。　主治：除寒熱惡瘡死肌，止䘌瘡疥蟲目痛。主中惡腹疼大效，治百節中風殊功。辟精魅鬼邪，殺蛇虺蠱毒。去鼻中瘜肉，破骨絕筋；除鼠瘻痔疽，積聚痃癖。解藜蘆山嵐瘴毒。好顏色，悅澤人面。鍊服年深月久，輕身神仙。出路佩之，鬼神不近。有孕帶者轉女成男。又可點紅銅成金，甚爲丹竈家所重。悞中毒者，防己解之。　補註：傷寒、狐惑毒蝕下部，肛外如䘌，痛痒不止，以半兩，先用瓶子一個口稍大者，內入灰上如裝香火，將雄黄燒之，候烟出，當病處熏之。○被毒箭，搗爲末傅之，沸汁出愈。又療蛇咬毒。○骨蒸極熱，以一兩和小便研如粉，乃取黄理〔石〕一枚，方圓一尺，以炭火燒之極熱，洒雄黄汁於石上。恐大熱不可近，宜著氈置石上，令患人脫衣坐石上，冷停，以衣被圍身，勿令藥氣泄出，經三五度差。○婦人始覺有胎，養胎轉爲男，以一兩，絡囊帶之。○卒中鬼擊，及刀兵所傷，血滿腹中不出，煩滿欲絕。雄黄粉，酒服一刀圭，日三服，化血爲水。○治癥瘕積聚，去三尸，益氣延年却老。以二兩，研末，九度水飛過，入新竹筒內盛，以蒸餅一塊塞口，蒸七度，用好粉脂一兩爲丸如菉豆大。日三服，酒下七丸、十丸，三年後道成，益力不飢，玉女來侍。○金瘡血內漏，以雄黄末如大豆內瘡中，又服五錢，血皆化爲水，卒以小便服之。○治馬汗入肉，雄黄、白礬等分，更用烏梅三個，搥碎，巴豆一個，合研末，以半錢油調，傅患處。○辟〔魘〕魔，取一塊帶頭上，妙。○治纏喉風，以一塊，以新汲水磨，急灌吐下差。○偏頭疼至靈散：雄黄、細辛等分，研令細，每用一字已下，左邊疼嗅入右鼻，右邊疼嗅入左鼻效。〇小腹痛滿不得小便及療天行病，雄黃細研蜜丸如棗核，內溺孔中。〇殺齒蟲，以末如棗塞牙間。〇治卒魘，雄黃擣末細篩，以管吹入鼻孔中。〇心病，腹滿煩彌二歲，誤食髮而然。令餌雄黃一劑，少頃吐一蛇如拇指，無目，燒之有髮氣，乃愈，此殺毒蟲之驗也。　太乙曰：凡使勿用黑鷄黃、自死黃、夾膩黃。其臭黃，真似雄黃，只是臭不堪用，時人以醋洗之三兩度，便無臭氣，勿誤用也。次有夾膩黃，亦似雄黃，其內一重黃一重石，不堪用。次有黑鷄黃，亦似雄黃，如烏鷄頭上冠也。凡使要似鷓鴣鳥肝色爲上。凡修事，先以甘草、紫背天葵、地膽、碧稜花四件，並細剉，每件各五兩，雄黃三兩，下東流水，入坩堝中煮三伏時，漉出擣如粉，水飛澄去黑者，晒乾再研，方入藥用。其內有刧鐵石，是雄黃中有，又號赴矢黃，能刧於鐵，並不入藥用。　《抱朴子》餌雄法：　或以蒸煮，或以酒服，或以硝石化爲水乃凝之，或以猪脂裹蒸之於赤土下，或以松脂和之，或以三物錬之，引之如布白如冰。服之皆令人長生，百病除，三尸下，瘢痕滅，白髮黑，墮齒生，千日，玉女來侍，可使鬼神。又云：　玉女常以黃玉爲誌，大如黍米在鼻上是真玉女，無此誌者鬼試人也。帶雄黃入山林即不畏蛇，若蛇中人，以少許末傅之，登時愈。蛇雖多種，唯腹蛇及青蝰、金蛇中人爲至急，不治一日即死。人不曉治之方術者，爲二蛇中人，即以刀急割瘡肉投地，其肉沸如火炙，須臾盡燋，而人得活也。此蛇七月、八月毒盛之時不得嚙人，其毒不泄，乃以牙刺大竹木，即亦燋枯。　小丹法：　用雄黃、柏子，拘魂制魄方：　柏子細篩去滓，松脂十斤，以和柏子、雄黃各二斤，色如赤李，合藥臼中復擣，如蒸藥一日。如餌，正坐北向，平旦頓服五丸，百日之後與神人交見。　《寶藏論》：　雄黃若以草藥伏住者，熟錬成汁，胎色不移，若將制諸藥成汁，并添得者，上可服食，中可點銅成金，下可變銀成金。《丹房鏡源》云：　雄黃千年化爲黃金。

石黃　味苦，氣平、寒，有小毒。　主治：　主惡瘡而殺三蟲，熏疥瘡與蛾蝨。和諸毒燻毒奇功，養丹砂制汞見寶。

**明・皇甫嵩《本草發明》卷五**

雄黃中品，臣。平，寒。味苦、甘、辛，有小毒。一云性溫，有毒。想經火煅則然。大抵丹石遇火煅則燥而有毒居多。　發明曰：　雄黃只是辟邪解毒之物，故《本草》專主治瘡瘍，除鼠瘻惡瘡痔疽死肌，疥蟲䘌瘡，鼻中瘜肉及絕筋破骨，百節中大風積聚，痃癖，中惡腹痛，鬼疰，辟精魅，殺蛇虺百蟲毒，蠱毒，勝五兵。解藜蘆毒。若誤中其毒者，防己解之。赤如雞冠明澈，為上品。三五兩重，金價。勿用黑雞冠色、自死黃、夾膩黃，臭氣不堪用。

**明・李時珍《本草綱目》卷九金石部・石類上**

雄黃《本經》中品

〔釋名〕黃金石《本經》　石黃《唐本》　熏黃　普曰：　雄黃生山之陽，是丹之雄，所以名雄黃也。　恭曰：　出石門者名石黃，亦是雄黃，而通名黃金石，石門者爲劣爾。惡者名熏黃，止用熏瘡疥，故名之。　藏器曰：　今人敲取石黃中精明者爲雄黃，外黑者爲熏黃。雄黃燒之不臭，熏黃燒之則臭，以此分別。　權曰：　雄黃，金之苗也。故南方近金冶處時有之，但不及西來者真好爾。　宗奭曰：　非金苗也。有金窟處無雄黃。　時珍曰：　雄黃入點化黃金用，故名黃金石，非金苗也。

〔集解〕《別錄》曰：　雄黃生武都山谷、燉煌山之陽，采無時。　弘景曰：　武都，氐羌也，是爲仇池。宕昌亦有之，小劣。燉煌在涼州西數千里，近來紛擾，皆用石門、始興石黃之好者耳。　涼州黃好者作鷄冠色，不臭而堅實。其黯黑及虛軟者，不好也。　恭曰：　宕昌、武都者爲佳，塊方數寸，明澈如鷄冠，或以爲枕，服之辟惡。其青黑堅者，不入藥用。　貞觀年中，以宕州新出有得方數尺者，但重脆不可全致之耳。　禹錫曰：　《水經注》云：　黃水出零陵縣西北連巫山溪出雄黃，頗有神異。常以冬月祭祀，鑿石深數丈，方采得之，故溪水取名焉。又《抱朴子》云：　雄黃當得武都山中出者，純而無雜，其赤如鷄冠，光明曄曄者，乃可用。其但純黃似雌黃色無光者，不任作仙藥，可合理病藥耳。　頌曰：　今階州即古武都山中有之。形塊如丹砂，明澈不夾石，其色如鷄冠者真。有青黑色而堅者名熏黃，有形色似真而氣臭者名臭黃，並不入服食，只可療瘡疥。其臭以醋洗之便去，足以亂真，尤宜辨。又階州接西戎界，出一種水窟雄黃，生于山岩中有水流處。其石名青煙石、白鮮石。雄黃出其中，其塊大者如胡桃，小者如粟豆，上有孔竅，其色深紅而微紫，體極輕虛而功用更勝，丹竈家尤貴重之。　時珍曰：　武都水窟雄黃，北人以充丹砂，但研細色帶黃耳。《丹房鏡源》云：　雄黃千年化爲黃金。武都者上，西番次之。鐵色者上，鷄冠次之。以沉水銀脚鐵末上拭了，旋有黃衣生者爲真。一云：　驗之可以熁蟲死者爲真，細嚼口中含湯不臭辣者次之。斅曰：　凡使勿用臭黃，氣臭；　黑鷄黃，色如烏鷄頭；　夾膩黃，一重黃一重石，並不堪用。真雄黃，似鷓鴣鳥肝色者爲上。

〔修治〕斅曰：　每雄黃三兩，以甘草、紫背天葵、地膽、碧稜花各五兩，細剉，東流水入坩鍋中，煮三伏時，漉出，擣如粉，水飛澄去黑者，晒乾再研用。其內有劫鐵石，又號赴矢黃，能劫于鐵，並不入藥用。　思邈曰：　凡服食用武都雄黃，須油煎九日九夜，乃可入藥；　不爾有毒，慎勿生用。　時珍曰：　一法：　用米醋入蘿蔔汁煮乾用良。《抱朴子》曰：　餌法：　或以蒸煮，或以消石化爲水，或以猪脂裹蒸之于赤土下，或以松脂和之，或以三物錬之，引之如布，白如冰。服之令人長生，除百病，殺三蟲。伏火者，可點銅成金，變銀成金。

〔氣味〕苦，平、寒，有毒。《別錄》曰：　甘，大溫。　權曰：　辛，有大毒。　大明曰：　微毒。　土宿真君曰：　南星、地黃、萵苣、五加皮、紫河車、地榆、五葉藤、黃芩、白芷、當歸、地錦、鵝腸草、鷄腸草、苦參、鵝不食草、圓桑、猬脂，皆可制雄黃。

〔主治〕寒熱，鼠瘻惡

瘡，疽痔死肌，殺精物惡鬼邪氣百蟲毒，勝五兵。鍊食之，輕身神仙《本經》。療疥蟲䘌瘡，目痛，鼻中息肉，及絶筋破骨，百節中大風，積聚癖氣，中惡腹痛鬼疰，殺諸蛇虺毒，解藜蘆毒，悦澤人面。餌服之者，皆飛入腦中，勝鬼神，延年益壽，保中不飢。得銅可作金《别録》。主疥癬風邪，癲癇嵐瘴，一切蟲獸傷大明。搜肝氣，瀉肝風，消涎積好古。治瘧疾寒熱，伏暑泄痢，酒飲成癖驚癇，頭風眩運，化腹中瘀血，殺勞蟲疳蟲時珍。

【發明】權曰：雄黄能殺百毒，辟百邪，殺蠱毒。人佩之，鬼神不敢近；入山林，虎狼伏；涉川水，毒物不敢傷。《抱朴子》曰：帶雄黄入山林，即不畏蛇。若蛇中人，以少許傅之，登時愈。吴楚之地，暑濕鬱蒸，多毒蟲及射工、沙虱之類，但以雄黄、大蒜等分，合搗一丸佩之。或已中者，塗之亦良。宗奭曰：焚之，蛇皆遠去。治蛇咬方，見五靈脂下。《唐書》云：甄立言究習方書，爲太常丞。有尼年六十餘，患心腹鼓脹，身體羸瘦，已二年。立言診之，曰：腹内有蟲，當是誤食髮而然。令餌雄黄一劑，須臾吐出一蛇，如拇指，無目，燒之猶有髮氣，乃愈。又《明皇雜録》云：有黄門奉使交廣回，太醫周顧曰：此人腹中有蛟龍。上驚問黄門有疾否？曰：臣馳馬大庾嶺，熱困且渴，遂飲澗水，竟腹中堅痞如石。周遂以消石、雄黄煮服之。立吐一物，長數寸，大如指，視之鱗甲皆具。此皆殺蠱毒之驗也。頌曰：雄黄治瘡瘍尚矣。《周禮·瘍醫》療瘍以五毒攻之。鄭康成注云：今醫方有五毒之藥，作之，合黄堥，置石膽、丹砂、雄黄、(礬)〔礜〕石、慈石其中，燒之三日三夜，其烟上着，鷄羽掃取以注瘡，惡肉破骨則盡出也。楊億《筆記》載：楊嵎少時，有瘍生于頰，連齒輔車，外腫若覆甌，内潰出膿血，痛楚難忍，百療彌年不瘥。人令依鄭法燒藥注之，少頃，朽骨連牙潰出，遂愈。信古方攻病之速也。黄堥音武即今有蓋瓦合也。時珍曰：五毒藥。范汪《東陽方》變爲飛黄散，治緩疽惡瘡，蝕惡肉。其法取瓦盆一個，安雌黄于中，丹砂居南，慈石居北，曾青居東，白石英居西，礜石居上，石膏次之，鍾乳居下，雄黄覆之，雲母布于下，各二兩末。以一盆蓋之，羊毛泥固濟，作三隅竈，以陳葦燒一日，取其飛黄用之。夫雄黄乃治瘡殺毒要藥也，而入肝經氣分，故肝風肝氣、驚癇痰涎、頭痛眩運、暑瘧泄痢、積聚諸病，用之有殊功。又能化血爲水。而方士乃鍊治服餌，神異其説，被其毒者多矣。按洪邁《夷堅志》云：虞雍公允文感暑痢，連月不瘥。忽夢至一處，見一人如仙官，延之坐。壁間有藥方，其辭云：暑毒在脾，濕氣連脚；不泄則痢，不痢則瘧。獨鍊雄黄，蒸餅和藥；别作治療，醫家大錯。公依方，用雄黄水飛九度，竹筒盛，蒸七次，研末，蒸餅和丸梧子大。每甘草湯下七丸，日三服。果愈。《太平廣記》載成都劉無名服雄黄長生之説，方士言耳，不可信。

【附方】舊十三，新四十九。

卒中邪魔：雄黄末吹鼻中。《集驗方》。

鬼擊成病：〔血漏〕腹中，煩滿欲絶。雄黄粉酒服一刀圭，日三服，化血爲水也。《孫真人千金方》。

辟禳魘魔：以雄黄帶頭上，或以棗許繫左腋下，終身不魘。《張文仲方》。

家有邪氣：用真雄黄三錢，水一盌，以東南桃枝呪洒滿屋，則絶迹。勿令婦女見知。《集簡方》。

女人病邪：女人與邪物交通，獨言獨笑，悲思恍惚者。雄黄一兩，松脂二兩，溶化，以虎爪攪之，丸如彈子。夜燒于籠中，令女從其上，以被蒙之，露頭在外，不過三劑自斷。仍以雄黄、人參、防風、五味子等分爲末，每旦井水服方寸匕，取愈。《肘後方》。

小丹服法：雄黄、柏子仁各二斤，松脂煉過十斤，合搗爲丸。每旦北向服五丸。百日後，拘魂制魄，與神人交見。《太上玄變經》。

轉女爲男：婦人覺有妊，以雄黄一兩，絳囊盛之，養胎轉女成男，取陽精之全于地産也。《千金方》。

小兒諸癇：雄黄、朱砂等分爲末。每服一錢，猪心血入虀水調下。《直指方》。

骨蒸發熱：雄黄末一兩，入小便一升，研如粉。乃取黄理石一枚，方圓一尺者，炭火燒之三食頃，濃淋汁于石上。置薄毡于上，患人脱衣坐之，衣被圍住，勿令洩氣，三五度瘥。《外臺秘要》。

傷寒欬逆：服藥無效。雄黄二錢，酒一盞，煎七分，乘熱嗅其氣，即止。《活人書》。

傷寒狐惑：蟲蝕下部，痛痒不止。雄黄半兩，燒于瓶中，熏其下部。《聖惠方》。

偏頭風病：至靈散：用雄黄、細辛等分爲末。每以一字吹鼻，左痛吹右，右痛吹左。《博濟方》。

五尸注病：發則痛變無常，昏恍沉重，纏結臟腑，上衝心脇，即身中尸鬼接引爲害也。雄黄、大蒜各一兩，杵丸彈子大。每熱酒服一丸。《肘後方》。

腹脇痞塊：雄黄一兩，白礬一兩，爲末，麪糊調膏攤貼，即見功效。未效再貼，待大便數百斤之狀乃愈，秘方也。《集玄方》。

脇下痃癖：及傷飲食。煮黄丸：用雄黄一兩，巴豆五錢，同研，入白麪二兩，滴水爲丸梧子大。每服二十四丸，漿水煮三十沸，入冷漿水沉冷吞下，以利爲度，如神。《保命集》。

飲酒成癖：酒癥丸：治飲酒過度，頭旋惡心嘔吐，及酒積停于胃間，遇飲即吐，久而成癖。雄黄皂角子大六個，巴豆連皮油十五個，蠍稍十五個，同研，入白麪五兩半，滴水丸豌豆大，將乾，入麩内炒香。將一粒放水試之，浮則取起收之。每服二丸，温酒下。《和劑局方》。

髮癥飲油：有飲油五升以來方快者，不爾則病。此是髮入于胃，氣血裹之，化爲蟲也。雄黄半兩爲末，水調服之，蟲自出。夏子益《奇疾方》。

癥瘕積聚：去三尸，益氣延年却老。雄黄二兩爲末，水飛九度，入新竹筒内，以蒸餅一塊塞口，蒸七度，用好粉脂一兩，和丸緑豆大。每服七丸，酒下，日三服。《千金方》。

小腹痛滿：不得小便。雄黄末蜜丸，塞陰孔中。《傷寒類要》。

陰腫如斗：痛不可忍。雄黄、礬石各二兩，甘草一尺，水五升，煮二升，浸之。《肘後方》。

中飲食毒：雄黄、青黛等分，爲末。每服二錢，新汲水下。《鄧筆峰方》。

蟲毒蠱毒：雄黄、生礬等分，端午日研化，蠟丸梧子大。每服七丸，念藥王菩薩七遍，熟水下。《蘇東坡良方》。

結陰便血：雄黄不拘多少，入棗内，線繫定，煎湯。用鉛一兩化汁，傾入湯内同煮，自早至晚，不住添沸湯，取出爲末，共棗杵如丸梧子大。每服三十丸，煎黑鉛湯空心下，只三服止。《普濟方》。

暑毒泄痢：方見發明下。

中風舌强：

正舌散：用雄黄、荆芥穗等分，爲末。豆淋酒服二錢。《衛生寶鑑》。　破傷中風：雄黄、白芷等分，爲末。酒煎灌之，即甦。《邵真人經驗方》。　風狗咬傷：雄黄五錢，麝香二錢，爲末，酒下，作二服。《救急良方》。　百蟲入耳：雄黄燒撚熏之，自出。《十便良方》。　馬汗入瘡：雄黄、白礬各一錢，烏梅三個，巴豆一個，合研。以油調半錢傅之良。《經驗方》。　蜘蛛傷人：雄黄末傅之。《朝野僉載》。　金瘡内漏：雄黄末豆大，納之，仍以小便服五錢，血皆化爲水。《肘後方》。　杖瘡腫痛：雄黄二分，密陀僧一分，研末。水調傅之，極妙。《救急方》。　中藥箭毒：雄黄末傅之，沸汁出愈。《外臺秘要》。　解藜蘆毒：水服雄黄末一錢。《外臺》。　小兒痘疔：雄黄一錢，紫草三錢，爲末，胭脂汁調。先以銀簪挑破，搽之極妙。《痘疹證治》。　白秃頭瘡：雄黄、猪膽汁和傅之。《聖濟録》。　眉毛脱落：雄黄末一兩，醋和塗之。《聖濟録》。　筋肉化蟲：有蟲如蟹走于皮下，作聲如小兒啼，爲筋肉之化。雄黄、雷丸各一兩爲末，摻猪肉上炙熟，喫盡自安。夏氏《奇疾方》。　風痒如蟲：成煉雄黄、松脂等分，研末，蜜丸梧子大。每飲下十丸，日三服，百日愈。忌酒肉鹽豉。《千金方》。　丁瘡惡毒：《千金方》：刺四邊及中心，以雄黄末傅之，神驗。○《積德堂方》：用雄黄、蟾酥各五分，爲末，葱、蜜搗丸小米大，以針刺破瘡頂，插入，甚妙。　廣東惡瘡：雄黄一錢半，杏仁三十粒去皮，輕粉一錢，爲末，洗净，以雄猪膽汁調上，二三日即愈。百發百中，天下第一方，出武定侯府内。《積德堂方》。　蛇纏惡瘡：雄黄末，醋調傅之。《普濟方》。　纏喉風痹：雄黄磨新汲水一盞服，取吐下愈。《續十全方》。　風熱痛：用雄黄、乾薑各等分，爲末。嗃鼻，左痛嗃右，右痛嗃左。　牙齒蟲痛：雄黄末，和棗肉丸，塞孔中。《類要》。　走馬牙疳：臭爛出血。雄黄豆大七粒，每粒以淮棗去核包之，鐵線串，于燈上燒化爲末。每以少許摻之，去涎，以愈爲度。《全幼心鑒》。　小兒牙疳：雄黄一錢，銅緑二錢，爲末貼之。《陳氏小兒方》。　疳蟲蝕齒：雄黄、葶藶等分，研末，臘猪膽和，以槐枝點之。《金匱方》。　耳出臭膿：雄黄、雌黄、硫黄等分爲末，吹之。《聖濟方》。　臁瘡日久：雄黄二錢，陳艾五錢，青布卷作大撚。燒烟熏之，熱水流出，數次愈。《筆峰雜興》。　鼻準赤色：雄黄、硫黄各五錢，水粉二錢，用頭生乳汁調傅，不過三五次愈。《攝生妙用方》。

熏黄　【主治】惡瘡疥癬，殺蟲虱，和諸藥熏嗽。

【附方】新五。　小便不通：熏黄末豆許，内孔中，良。《崔氏方》。　卅年呷嗽：熏黄、木香、莨菪子等分爲末，羊脂塗青帋上，以末鋪之，竹筒燒烟，吸之。《崔氏方》。

欬嗽熏法：熏黄一兩，以蠟帋調捲作筒十枚，燒烟吸嚥，取吐止。一日一熏，惟食白粥，七日後以羊肉羹補之。《千金方》。　水腫上氣：欬嗽腹脹。熏黄一兩，款冬花二分，熟艾一分，以蠟紙鋪艾，洒二末于上，葦管卷成筒，燒煙，吸嚥三十口則瘥。三日盡一劑，百日斷鹽、醋。《外臺秘要》。　手足甲疽：熏黄、蛇皮等分爲末。以泔洗净，割去甲，入肉處傅之，一頃痛定，神效。《近效方》。

○江云：解毒消痰。

**題明・薛己《本草約言》卷二《藥性本草》**　雄黄　只是辟邪解毒之物。

**明・梅得春《藥性會元》卷下**　雄黄　味苦、甘、辛，氣溫，有毒。　主治寒熱，鼠瘻惡瘡，疽痔死肌，疥癬䘌瘡，鼻中息肉，及絶筋破骨，百節中大風，中惡蠱毒，腹痛，癲癇，嵐瘴，殺精物惡鬼邪氣，百蟲毒，勝五兵，殺諸蛇虺毒，解藜蘆。鍊服食久，輕身，可致神仙。佩之鬼神不能近，入山林虎狼伏，涉川澤毒物不敢傷。妊婦佩之，轉女成男。出武都山，赤如雞冠，明而不臭者佳。可入丸。末藥亦可療瘡。　又有黑雞黄、自死黄、夾膩黄，其形似雄黄，多臭，不堪入藥。時人以醋洗之，三兩次便無臭氣，勿誤用也。　内夾膩黄，乃一重石夾一重黄，不堪用。　製法：凡脩事，先以甘草、紫背天葵、地膽草、碧稜花，細剉各五兩，雄黄三兩，下東流水煮三伏時，漉搗如粉，水飛，澄去黑者。其内亦有劫鐵石于中，又號赴矢黄，並不入藥，揀去，再乳極任用。

**明・李中立《本草原始》卷八**　雄黄　重三五兩一塊，齅之不聞臭氣。赤如雞冠、明澈者，價類金焉。有孕佩之，轉女成男。仙家入點化黄金用，故一名黄金石。因生武都燉煌山陽，故名曰雄黄。雄黄：氣味：苦，平、寒，有毒。主治：寒熱，鼠瘻惡瘡，疽痔死肌，殺精物惡鬼邪氣，百蟲毒，勝五兵。煉食之，輕身神仙。○療疥蟲䘌瘡，目痛，鼻中息肉，及絶筋破骨，百節中大風，積聚癖氣，中惡腹痛鬼疰。殺諸蛇虺毒，解藜蘆毒。悦澤人面。餌服之者，皆飛入腦中，勝鬼神，延年益壽，保中不飢。得銅可作金。○主疥癬風邪，癲癇嵐瘴，一切蟲獸傷。○搜肝氣，瀉肝風，消涎積。○治瘧疾寒熱，伏暑泄瀉痢疾。酒飲成癖，驚癇，頭風眩運，化腹中瘀血，殺勞蟲疳蟲。

修治：雄黄，搗如粉，水飛，澄去黑者，晒乾，再研用。頌曰：形塊如丹砂，明澈，不夾石，其色如雞冠者真。有(武城縣)青黑色而堅者，名熏黄；有形色似真而氣臭者，名臭黄。並不入服食，只可療瘡疥。其臭以醋洗之便去，足以亂真，尤宜辨。

土宿真君曰：南星、地黄、萵苣、五加皮、紫河車、地榆、五葉藤、黄芩、白芷、當歸、地錦、鵝腸草、雞腸草、苦參、鵝不食草、圓桑、蝟脂，皆可制雄黄。

《甲志》觀音治痢：昔虞丞相自渠州被召，途中冒暑得泄痢，連月夢觀音，壁間有韻語一紙，讀之數遍，其詞曰：暑毒在脾，濕氣連脚。不泄則痢，不痢則瘧。獨煉雄黃，蒸餅和藥。甘草作湯，服之安樂。别作治療，醫家大錯。如方服之遂愈。《明皇雜録》：有黄門奉使交廣回，周顧謂曰：此人腹中有蛟龍。上驚問黄門曰：卿有疾否？曰：臣馳馬大庾嶺時，當大熱，困且渴，遂飲〔澗〕水，覺腹中堅痞如石。周遂以消石及雄黄煮服之，立吐一物，長數寸，大如指，視之鱗甲具，投之水中，俄頃長數尺，復以苦酒沃之如故，以器覆之，明日已生一龍矣。上甚訝之。《唐書》：甄立言究習方書，仕唐為太常丞，有道人心腹滿煩，彌二歲。立言診曰：腹有蠱，誤食髮而然，令餌雄黄一劑，少頃吐一蛇如小指，惟無目，燒之有髮氣，乃愈。雄黄，君。《本經》中品。

**明・張懋辰《本草便》卷二** 雄黄君 味苦、甘、辛，氣平寒，又云大溫，有毒。雌黄味同。 主寒熱，鼠瘻疽痔死肌，疥蟲䘌瘡，鼻中息肉，及絕筋破骨，百節中大風中惡，蠱毒腹痛，殺惡鬼邪氣，百蟲諸蛇心毒。妊娠佩之轉女爲男。

**明・李中梓《藥性解》卷一** 雄黄 味苦、甘，性平，有毒，不載經絡。主殺精魅鬼邪，蛇虺蠱毒，山嵐瘴毒，惡瘡死肌，疥癬蟲䘌，百節中風，鼻中瘜肉，中惡腹痛。佩帶之，鬼神不敢近，諸毒不能傷，胎婦轉女成男。解藜蘆毒，大塊透明中無砂石者佳，研細，水飛用。按：雄黄或以為黄金之苗，今有金窟處無雄黄，則斯言未足深信。夫孕婦佩之能轉女胎為男，言若不經，然里中試之者往往獲驗，則有奪造化之功，非稟太陽之精，惡能臻此？殺蠱辟邪，宜其效矣。中其毒者，以防己解之。

**明・繆希雍《本草經疏》卷四** 雄黄 味苦、甘，平、寒、大溫，有毒。主寒熱，鼠瘻，惡瘡，疽痔，死肌，療疥蟲䘌瘡，目痛，鼻中息肉及絕筋破骨，百節中大風，積聚癖氣，中惡腹痛，鬼疰，殺精物惡鬼邪氣，百蟲毒。勝五兵，殺諸蛇虺毒，解藜蘆毒。悅澤人面。鍊食之，輕身神仙。餌服之，皆飛入人腦中，勝鬼神，延年益壽，保中不飢。得銅可作金。

〔疏〕雄黄稟火金之性，得正陽之氣以生。《本經》味苦，平，氣寒，有毒。《别録》加甘、大溫。甄權言辛，大毒。察其功用，應是辛苦溫之藥，而甘寒則非也。氣味俱厚，升也陽也。入足陽明經。其主殺精物惡鬼邪氣，及中惡腹痛鬼疰者，蓋以陽明虚則邪惡易侵，陰氣勝則精鬼易憑，得陽氣之正者，能破幽暗，所以殺一切鬼邪，勝五兵也。寒熱、鼠瘻、惡瘡、疽痔、死肌，疥蟲䘌瘡諸證，皆濕熱留滯肌肉所致，久則浸淫而生蟲。此藥苦辛，能燥濕殺蟲，故為瘡家要藥。其主鼻中息肉者，肺氣結也；癖氣者，大腸積滯也；筋骨斷絕者，氣血不續也。辛能散結滯，溫能通行氣血，辛溫相合而殺蟲，故能搜剔百節中大風積聚也。虺蛇陰物，藜蘆陰草，雄黄稟純陽之氣，所以善殺百蟲蛇虺毒，及解藜蘆毒也。《别録》復有目痛及悅澤人面之語，悉非正治。鍊餌之法，出自仙經。以銅為金，亦黄白術中事耳。〔主治參互〕同紅白藥子、白及、白斂、乳香、沒藥、冰片，傅一切腫毒癰疽。同金頭蜈蚣、牛角研細末，入猪膽內，套指頭上，治天蛇疔毒發於中指。同漆葉、苦參、刺蒺䔧、猪懸蹄、猬皮、象牙末、黄蠟、白礬，治通腸漏。藜、白芷、荊芥、天麻、鼈蝨胡麻、半枝蓮、豨薟、百部、天門冬，治大麻風眉毛脱落。治暑毒瘧痢，百法不效。用雄黄研細，水飛九次，竹筒盛，蒸七次，再研，蒸餅和丸梧子大。每服甘草湯下七丸，日三服。其辭云：暑毒在脾，濕氣連脚。不泄則痢，不痢則瘧。獨煉雄黄，蒸餅和藥。别作治療，醫家大錯，此昔人夢中所得之方，今試之輒效。《聖惠方》傷寒狐惑，蟲食下部，痛痒不止。雄黄半兩，燒於瓶中，熏其下部。《肘後方》五尸疰，病發則變痛無常，昏恍沉重，纏結臟腑，上衝心脇，身中尸鬼接引為害也。雄黄、大蒜各一兩，杵丸彈子大，每熱酒服一丸。夏氏《奇疾方》筋肉蟲，有蟲如蟹，走於皮下，作聲如小兒啼，為筋肉所化。雄黄、雷丸各一兩，為末，摻猪肉上炙熟，喫盡自安。《積德堂方》廣東惡瘡，雄黄一錢半，杏仁三十粒去皮，輕粉一錢為末，洗淨，以雄猪胆汁調上，二三日即愈。百發百中，天下第一方也。出武定侯府內。入龍腦少許尤良。〔簡誤〕雄黄殺蛇蟲咬毒，及傅疥癬、惡瘡、疔腫，辟鬼魅邪氣，在所必用。然而性熱有毒，外用易見其所長，内服難免其無害。凡在服餌，中病乃已，毋盡劑也。

**明・倪朱謨《本草彙言》卷一二** 雄黄 味苦，氣寒平，有毒。氣味俱厚，升也，陽也。入足陽明經。 吳氏曰：雄黄，生山之陽，是丹之雄，所以名雄黄也。《别録》曰：生武都山谷，燉煌山之陽。武都，氐羌也，是仇池。宕昌亦有之，但少劣耳。燉煌在凉州西北千里，近來流寇紛擾，貨取不便。《抱朴子》云：今石門、始興之好者，純而不雜，色如鷄冠，光明曄曄者最勝。　蘇氏曰：　階州接西戎界，出一種水窟雄黃，生山巖中有水流處，其石名青烟石、白鮮石，黃出其中。其塊大者如胡桃，小者如栗、如豆，有孔竅色深紅而微紫，體極輕虛，而功用更勝。丹竈家尤貴重之。劉禹錫曰：　按《水經注》云：　零陵縣西北連巫山之溪，出一種名黃水雄黃，有神異，每冬月祭祀山神，鑿石深數丈，方采得之，故以溪水取名焉。　但凡雄黃，色純黃，似雌黃色而無光明者，外有黃、中帶青黑而堅硬者，曰熏黃；　氣臭者曰臭黃，幷不堪服食，只可療瘡疥，作熏塗藥。修治：　每雄黃三兩，用甘草、菉豆各一兩，以新汲水入坩鍋中煮一伏時，取出，搗如粉，水飛澄去黑者，其內有切鐵石，能切鐵，幷不入藥用。

雄黃：《別錄》殺百蟲，療疥癬，化涎痰，日華子止癲癇，消死肌，磨積聚，《別錄》逐癖氣，《本經》祛精邪鬼魅之藥也。成氏治安曰：　此藥稟火金之性，得正陽之氣以生，善辟陰凝留閉諸疾。故前古之殺百蟲疥癬，王好古之化涎痰癲癇，《別錄》之消死肌積癖，精魅鬼邪，瘧疾寒熱，悉屬陰凝障痹之氣。藉此雄明正黃之令，轉陽精純健之力，則陰凝留閉諸疾，不驅而自消夷矣。繆氏曰：　此藥體屬金石，性墜氣悍，雖能殺百蟲，及傳疥癬惡瘡疔腫，辟鬼魅邪氣，在所必用，然而燥烈有毒，外用易見其所長，內服難免其無害。凡在服餌，中病即已，毋盡劑也。前古稱爲煉食之，延年益壽，輕身神仙。此乃唐間方士，託僞神農之言。妄誕欺世之語，不可信從。

集方：《蘇氏方》治蟲毒蠱毒。用雄黃、生明礬各等分，端午日研，化蠟丸梧子大。每服十丸，熱水送下。〇姜月峰家傳方治遍身蟲疥蟲癬。用雄黃、蛇牀子各等分，俱研細，水銀減半，以猪油和搗勻，入水銀再研，以不見星爲度。早晚以湯洗淨，搽藥。〇《方脉正宗》治頑痰涎結不散，胸滿頭眩，能飲食者。用雄黃研極細，水飛過，每服五分，米湯調服。〇同前治癲癇卒倒，常愈常發。用雄黃水飛過，膽星，俱研細，蓖麻肉各等分，共研勻，米糊爲丸，如菉豆大，每早飯後服一錢，白湯下。〇《外科方》治死肌惡瘡，瘻痔疽疰，穢爛久不收口。用雄黃研細，水飛過。以少許日敷之。〇《集玄方》治積聚痞塊。用雄黃、白礬各一兩，俱研細末。用水粉一兩，炒焦，米醋調和雄黃、白礬末作膏。用細密布攤貼患上，連貼三四個，即愈。〇《保命集》治脇下痃癖，因傷食成者。用雄黃一兩爲末，巴豆肉一錢同研，入紅麯二兩爲末，滴水跌成丸梧子大，每服七丸，溫湯下，以利爲度。〇《和劑局方》治飲酒多而成癥，頭眩、惡心、嘔吐，或酒積停于胃間，遇飲即吐，久而成癖。用雄黃一兩爲末，巴豆肉一錢，蠍稍十五個，同研勻，入紅麯二兩，爲末，滴水跌成丸如梧子大。每服七丸，溫酒下。以利爲度。〇《集驗方》治卒中邪魔。用雄黃研細末，吹鼻中，立甦。〇《千金方》治鬼擊成病，腹中煩滿欲絕。用雄黃爲細末，服一錢，酒調下。〇《肘後方》治男婦病邪，爲鬼物所憑，或夢與交通，獨言獨笑，悲思恍惚者。用雄黃一兩，松脂二兩，溶化，以虎爪攪之，丸如彈子大，夜燒爐鉢中，上架無板椅櫈，令病人坐其上，以被通身蒙之，露頭在外，不過三丸，自斷。再以人參、白朮、防風各二錢，雄黃一錢，共爲末。每早服一錢，白湯調下。

續補集方：《直指方》治小兒諸癇。以雄黃、硃砂各等分，爲極細末，每服一錢，猪心湯調下。七服愈。〇《聖惠方》治傷寒狐惑，蟲蝕下部，痛癢不止。用雄黃五錢，研細末，火盆內燒烟熏下部，即愈。〇《博濟方》治偏頭風病。用雄黃、北細辛各等分，爲細末，每以一字吹鼻，左痛吹右，右痛吹左。〇萬表方治楊梅惡瘡。用雄黃一錢爲細末，杏仁三十粒去皮，輕粉一錢，俱研細末，用米泔熱水洗淨瘡，以雄猪膽汁，調搽瘡上，一日二次，三日全消。〇《續千金方》治纏喉風痹。用雄黃一錢爲細末，白湯一盞調服，取吐下愈。〇《全幼心鑒》治走馬牙疳臭爛。用雄黃三錢，銅綠二錢，俱爲細末，大黑棗去核十個，共雄黃、銅綠末，同搗成膏，丸如彈子大，大火內燒紅，存性，爲細末，摻少許，以去涎爲度。〇《聖濟方》治耳爛出臭膿水，久不愈。用雄黃、雌黃、硫黃各等分，爲極細末，吹少許。〇治鼻準赤色。用雄黃、硫黃、鉛粉各二錢，蜜陀僧五錢。共爲極細末，每臨睡時，以糯米湯加生蜜一二匙調傅，五次全退。

集方：《廣筆記》治乳蛾腫脹。用雄黃一錢五分，膽礬、明礬各一錢，芒硝二錢。俱研極細，和勻吹入喉中。〇又方：　用雄黃二分，火硝一錢五分，硼砂五分，冰片三釐，共研細末。用蘆管抄藥一二匙，吹喉間，即吐痰涎，愈。〇治坐版瘡。用雄黃二錢，研極細，瀝青六錢，研碎和勻，以綿紙包裹，撚成紙條。用猪油熬化，浸透，點火燒着，取滴下油，搽上立效。〇治蛇咬傷。用雄黃五錢，研細末。以菜油半盞調，再以白芷一段在油內，和雄黃磨，以白芷磨去少許，蘸雄黃油，搽傷處，溫火烘之，滴盡黃水爲度。水出腫漸消。〇治小兒癖疾積塊，僻居兩脇，生於皮裏膜外也。又有痞結者，否塞中脘，堅硬可按也。二證總因飲食失調，停滯不化，邪氣相搏而成，用藥必先固胃氣爲主，使養正則癖積自除。若欲直攻其積，損其脾土，脾土一虧，必變證百出矣。以運脾消癖散，用雄黃五錢研細，白蒺藜、厚朴、白朮、三稜、麥芽、甘草各一兩，俱用醋拌炒，磨爲末，每早晚各服一錢，米湯調下。外用磨癖膏，見硇砂下。

**明·姚可成《食物本草》卷二一玉石部**　雄黃生武都山谷、燉煌山之陽。純而無雜，其赤如雞冠，光明燁燁者佳。其但純黃似雌黃色無光者，不任作仙藥，但可合理病藥耳。　雄黃，味苦，寒，有毒。治寒熱，鼠瘻惡瘡，疽痔死肌，殺精物惡鬼邪氣百蟲毒，勝五兵。鍊食之，輕身神仙。得銅可作金。人佩之，鬼神不敢近。入山林虎狼伏，涉川水毒物不敢傷。

附方：治卒中邪魔。雄黃末吹鼻中。〔治鬼擊成卒病，血漏〕腹中，煩滿欲絕。雄黃粉酒服一刀圭，日〔三〕服，化血為水也。　辟禳魘魅。以雄黃帶頭上，終身不〔魘〕。

**明·顧逢柏《分部本草妙用》卷一肝部·寒瀉**　雄黃　苦，平、寒，有毒。南星、地黃、五加皮、黃芩、白芷、苦參，皆制雄黃。水飛九度，蒸七次，研末用。光明少石者佳。　主治：惡瘡金瘡，殺精鬼，諸蛇蟲毒。絕筋破骨百節，中大風積聚。搜肝氣，瀉肝風，消涎積。治邪瘧寒熱，泄痢，酒癖，驚癇，頭風眩運，化腹中瘀血，殺勞疳等蟲。　按：雄黃，入肝經氣分，故肝氣驚風，痰眩等症，俱有殊功。然治瘡殺蟲之要藥，而腹中有蟲毒，非此不攻。佩以入山林，虎狼蛇虺皆畏之。同丹砂治金瘡，尤效異常。服之依製法，為末，用甘草湯下。治一切濕瘡、痢、蟲症。○雌黃主治相同，但雄為陽氣，而雌稟陰柔，終不如雄者為佳。

**明·李中梓《醫宗必讀·本草徵要下》**　雄黃味苦，平，有毒。研細，水飛。　楊梅疔毒，疥癬痔瘍，遵法搽敷力不小；　血瘀風淫，鬼干屍疰，依方製服效偏奇。化痰涎之積，塗蛇虺之傷。　獨入厥陰，為諸瘡殺毒之藥，亦能化血為水。

**明·鄭二陽《仁壽堂藥鏡》卷一**　雄黃　《抱朴子》云：雄黃，武都山所出，赤如雞冠，光明曄曄者，乃可用耳。　氣溫、寒，味甘、苦，有毒。《本草》云：主寒熱鼠瘻惡瘡，疽痔死肌。療疥蟲䘌瘡，目痛，鼻中息肉，及絕筋破骨，百節中大風，積聚癖氣，中惡腹痛，鬼疰。

**明·蔣儀《藥鏡》卷一溫部**　雄黃　稟太陽之精，佩孕婦轉女成男。辟陰祟之擾，解百毒中人腫痛。散肺經之氣結，而鼻瘜消。去積滯于大腸，而癖氣醒。通行氣血，接骨續筋，燥濕殺蟲，瘡家要藥。

**明·張景岳《景岳全書》卷四九《本草正》**　雄黃　味苦、甘、辛，性溫，有毒。消痰涎，治癲癇嵐瘴瘧疾寒熱，伏暑瀉痢，酒癖，頭風眩暈。化瘀血。殺精物鬼疰，蠱毒邪氣，中惡腹痛，及蛇虺百蟲獸毒，疥癩疳蟲䘌瘡。去鼻中瘜肉，癰疽腐肉，并鼠瘻廣瘡疽痔等毒。欲逐毒蛇，無如燒烟薰之，其畏遁尤速。

**明·盧之頤《本草乘雅半偈》帙四**　雄黃《本經》中品　氣味：苦，平，無毒。　主治：主寒熱，鼠瘻，惡瘡，疽痔死肌，殺精物惡鬼邪氣，百蟲毒，勝五兵。煉食之，輕身神仙。

覈曰：出武都山谷、燉煌山之陽。武都，氐羌也，是為仇池。宕昌亦有，但小劣耳。燉煌在涼州西北千里，近用石門、始興石黃之好者。純而無雜，色如雞冠，光明曄曄者最勝。階州接西戎界，出一種水窟黃，生山岩有水處，其石曰青烟石，曰白鮮石。雄黃出其中，有孔竅，色深紅微紫，體極輕虛，而功用更勝。《水經注》云：黃水出零陵縣西北連巫山之溪，出雄黃，頗有神異。嘗以冬月祭祀，鑿石深數丈，方采得，但凡雄黃色純黃，似雌黃色而無光明，或青黑而堅者，曰熏黃。氣臭者曰臭黃，並不堪服。修治：每雄黃三兩，用甘草、紫背天葵、地膽、碧稜花各五兩，細剉，以東流水，入坩鍋中，煮三伏時，取出，搗如粉，水飛，澄去黑者，晒乾，再研用。其內有劫鐵石，又號赴矢石，能劫于鐵，並不入藥用。

条曰：雄，大也，武也，以將群也。黃，中色，男女之始生也。雄而黃，純而健者也。《千金》云：婦覺有妊，作絳囊盛佩，易女為男，此轉陽精旋于地產耳。鼠瘻曰寒熱病；　惡瘡疽痔，皆名死肌；　百骸焦府，悉屬地大故也。陰凝堅而黃中失，安能通理，雄力含弘而光大之，可稱大黃，大黃賦名將軍，此足當之矣。故功勝五兵，殺精物惡鬼邪氣，百蟲毒為害也。煉食之輕身神仙，地仙類耳。非將軍不能功勝五兵，非將軍亦不能開闢土地，不唯盡雄黃功績，併顯大黃威武矣。

**明·李中梓《本草通玄》卷下**　雄黃　辛溫，有毒，肝家藥也。　搜肝氣，瀉肝風，消涎積，解百毒，辟百邪，殺百蟲，截邪瘧，理蛇傷，能化血為水。

**清·顧元交《本草彙箋》卷一〇**　雄黃合雌黃。　雄黃，乃治瘡散毒之要藥。而入肝經氣分，故肝風肝氣，驚癇痰涎，頭痛眩運，痎瘧泄痢，積聚諸病用之有殊功。又能化血爲水。而方士神異其說，以爲煉服之品，不可信也。

雌黃、雄黃同産，但以山陰、山陽受氣不同，故服食家重雄黃，取其得純陽之精也。雌黃則兼有陰氣。若夫治病，則二黃之功亦彷彿，大要皆取其溫中搜肝，殺蟲解毒祛邪云耳。

**清・穆石匏《本草洞詮》卷三**　雄黃、雌黃　雄黃生山之陽，是丹之雄，故名。《丹房鑒源》云：雄黃千年化黃金也。赤如雞冠，光明燁燁者，乃可服食。惡者名熏黃，燒之氣臭，止療瘡疥，不入服食。雄黃味苦甘辛，氣平，一云寒，一云大溫，有毒。主殺百蟲，辟百邪，殺蠱毒，人佩之鬼神不敢近，入山虎狼伏，涉川毒物不敢傷。《抱朴子》云：吳楚之地，暑濕鬱蒸，多毒蟲及射工、沙蝨之類，但以雄黃、大蒜等分合搗一丸，佩之，或已中者塗之亦良。按《周禮》瘍人療病，以五毒攻之。鄭康成註云：五毒之藥，合黃堥置石膽、丹砂、雄黃、(礬)[礜]石、慈石其中，燒之三日三夜，其烟上着，雞羽掃取以注瘡，惡肉破骨盡出也。夫雄黃治瘡殺毒，人皆知之，而不知其入肝經氣分，故風氣驚癇，痰涎頭痛眩暈，暑瘧泄痢，積聚諸病，用之有殊功。昔虞允文感暑痢，連月不瘥，夢一方，其辭云：暑毒在脾，濕氣連脚，不泄則痢，不痢則瘧，獨鍊雄黃，蒸餅和藥，別作治療，醫家大錯。公依方用雄黃水飛九度，竹筒盛蒸七次，研末，蒸餅和之，丸如梧子，甘草湯下七丸，日三服，遂愈。第雄黃能化血為水，而方士乃鍊治服餌，此亦泥於《本經》輕身神仙之說，被其毒者衆矣。雌黃味辛，氣平，有毒。雄黃、雌黃同産，但以山陽、山陰受氣不同。故服食重雄黃，取其得陽精也。若夫治病，則溫中搜肝，殺蟲解毒，祛邪，二黃之功亦相彷彿。

**清・劉雲密《本草述》卷五**　雄黃　《抱朴子》云：雄黃當得武都山中出者，純而無雜，其赤如雞冠，光明曄曄者，乃可用。其但純黃，似雌黃，色無光者，不任作仙藥，可合理病藥耳。蘇頌曰：今階州，即古武都。按：今階州隸陝西鞏昌府。雌黃與雄黃同山，但雄生山之陽，生其陰者為雌耳。

氣味：苦，平，寒，有毒。《別錄》曰：甘，大溫。權曰：辛，有大毒。日華子曰：微毒。

主治：寒熱鼠瘻，惡瘡疽痔，死肌，殺精物惡鬼邪氣，百蟲毒《本經》。主鼻中息肉，及絕筋破骨，百節中大風，積聚，癖氣中惡，腹痛，鬼疰，殺諸蛇虺毒，治風邪癲癇，嵐瘴，一切蟲獸毒諸本草。搜肝氣，瀉肝風，消涎積海藏。治瘧疾寒熱，伏暑泄痢，酒飲成癖，驚癇，頭風眩暈，化腹中瘀血，殺勞蟲，疳蟲時珍。

權曰：雄黃能殺百蟲，辟百邪，殺蠱毒。時珍曰：雄黃入肝經氣分，故肝風肝氣驚癇痰涎，及頭痛眩暈，暑瘧泄痢，積聚諸病，用之有殊功。又能化血為水。至於治瘡殺毒，在所必須也。按洪邁《夷堅志》云：虞雍公允文感暑痢，連月不瘥。忽夢至一處，見如仙官者，延之坐，壁間有藥方，其辭曰：暑毒在脾，溼氣連脚，不泄則痢，不痢則瘧，獨煉雄黃，蒸餅和藥，別作治療，醫家大錯。公依方用雄黃水飛九度，竹筒盛蒸七次，研末蒸餅，和丸梧子大，每甘草湯下七丸，日三服，果愈。頌曰：雄黃治瘡瘍尚矣。《周禮・瘍醫》療瘍，以五毒攻之。鄭康成注云：今醫方有五毒之藥，作之合黃堥，音武，一音謀，即今有蓋瓦合也。置石膽、丹砂、雄黃、(礬)[礜]石、磁石其中，燒之三日三夜，其烟上着，雞羽掃取以注瘡，惡肉破骨則盡出也。楊億《筆記》載：楊嵎少時有瘍，生於頰，連齒輔車，外腫若覆甌，內潰出膿血，痛楚難忍，百療不瘥。人令依鄭法燒藥注之，少頃朽骨連牙潰出，遂愈。乃信其效若此。希雍曰：雄黃秉火金之性，得正陽之氣以生。《本經》味苦平，氣寒，有毒。《別錄》加甘，大溫。甄權言辛，大毒。察其功用，應是辛苦溫之藥，而甘寒則非也。氣味俱厚，升也，陽也，入足陽明經。同紅白藥子、白及、白斂、乳香、沒藥、氷片，傅一切腫毒癰疽。研細末，入豬膽內，套指頭上，治天蛇疔毒發於中指。同金頭蜈蚣、牛角鰓、豬懸蹄、蝟皮、象牙末、黃蠟、白礬，治通腸漏。同漆葉、苦參、刺蒺藜、白芷、荊芥、天麻、鼈蝨、胡麻、半枝蓮、豨薟、百部、天門冬，治大麻風眉毛脫落。

愚按：《丹房鑑源》云：雄黃千年化為黃金。又《別錄》云：雌黃生山之陰，山有金，金精重則生雌黃。若然，是則生山之陽者為雄，稟金之氣也。生山之陰者為雌，孕金之精也。夫金稟中宮陰己之氣，然其氣却資始於陽，在《地鏡圖》曰：黃金之氣赤黃，千萬斤以上，金氣發火夜有光，上赤下青也。試觀取之，服食者，必其赤如雞冠，光明曄曄，乃可合丹砂，飛煉為丹，是則雄黃於金，雖未全其化氣，而已賦其始氣。繆仲淳氏所謂稟火金之性，得正陽之氣以生，斯言亦微中矣。正陽之義若何？曰：天一之壬水召丁，乃丙隨於丁，而心以成，更丙火召辛，其庚隨於辛，而肺以成。然則人身之氣，非火召金，而金應火，以為正陽之氣乎？夫萬物與人，同是陰陽五行耳。但萬物有偏者，而雄黃一味，適得其陽氣之正者矣。或曰，是亦怕所謂純陽，故修真者藉是以合丹歟。曰：不也。正陽之氣原非離於陰者也，如丙之召辛，辛之歸丙，本以一氣相感相應，唯為一氣之呼應，故此品得其氣，而味始辛後苦，是固陰之歸於陽也。其色如雞冠而明徹有光，又陽之化乎陰也，藉以治療疾患，故協於同氣之陰陽，即相合而化以為理，值於戾氣之陰陽，又即以其化而理者，并化其戾，更化其戾而毒者矣。即修真家之所謂純陽者，化陰以歸陽，取其還於一也，非離陰以存陽，致其累於偏也。故此味能散風毒，傷寒陰毒，伏暑毒，溼熱毒，辛熱毒，積熱毒，散見方書之治，使非召陰以歸，化陰以行，安能咸宜若是乎哉？或曰：何故止以搜肝風為言乎？曰：出地之風，乃元氣之別使也。火之召金而布天氣者，不能外於風木，金之從火而歸地氣者，亦不外風木，故曰一陰為獨使也。按雄黃療肝風，其自陽召陰，是能療風淫，其由陽化陰，是能療風虛，但從其所主之劑如何耳。如在下水中之火有金，為一陰化原而使其上，在上火中之水有金，又為一陰化原而使其下。能上則火金合而氣布也，能下則水金合而血化也。是金之所媾，本不外木，木之所媾，本不離金，況庚之隨辛者，還即召乙，如之何不專言肝乎？故方書之治，如中風，如嘔吐，如鼻衄，如頭痛，如脚氣，如破傷風，如癲癇，種種治肝；又如痰飲喘證，吐利及脹滿積聚，胃脘之走氣痃癖，反胃之瘀血及蟲，或由氣以病液，或由血以壅癖，皆不外於血臟之肝也。即如《本經》所云，治寒熱鼠瘻，惡瘡疽痔，固皆戾氣之病於血者，遇正陽之氣而自化，即更推之，死肌，鼻中息肉，暨絕筋破骨，亦因正陽之氣以歸真陰，所謂非其種者，自鋤而去之矣。更有百蟲蛇虺之必辟，固以氣相伏相制之理也。或曰其能辟精物邪魅者云。何曰精物邪魅？皆幽陰之氣不化也。如五行中稟正陽之氣，則亦以陽明之氣伏之矣。如譫妄之太一備急散、太一神精丹、八毒赤丸、雄硃散，皆治尸疰等證，却用雄黃更專。如八毒赤丸，羅謙甫以治兩證，其應如響，可見此味果得陽氣之正，能化幽陰邪氣者，良不誣也，是又何疑之有哉。

附方 偏頭風痛，用雄黃、細辛等分，為末，每以一字，吹鼻，左痛吹右，右痛吹左。此方的專因肝風者，投之神驗。故補錄之。用於寒冬及春寒未透之候更宜。脇下痃癖及傷飲食，煮黃丸用雄黃一兩，巴豆五錢，同研，入白麪二兩，滴水為丸梧子大，每服二十四丸，漿水煮三十沸，入冷漿水沉冷，吞下，以利為度，如神。癥瘕積聚，雄黃二兩，為末，水飛九度，入新竹筒內，以蒸餅一塊塞口，蒸七度，用好粉脂一兩，和丸綠豆大，每服七丸，酒下，日三服。結陰便血，雄黃不拘多少，入棗內，線擊定，煎湯，用鉛一兩化汁，傾入湯內同煮，自早至晚，不住添沸湯，取出為末，共棗杵和丸梧子大，每服三十丸，煎黑鉛湯空心下，只三服止。小兒痘疔，雄黃一錢，紫草三錢，為末，胭脂汁調，先以銀簪挑破，搽之極妙。

愚按：雄黃，《本經》謂其氣寒，而甄權云辛，有大毒。即繆仲淳辨其非寒是矣。又云性熱有毒，則不然。溫而不熱，何毒之有？若服食家所謂伏火者，其毒不無在此耳。

修治 形塊如丹砂，明徹不夾石，其色如雞冠者真。有青黑色而堅者名熏黃。有形色似真而氣臭者名臭黃，並不入服食，只可療瘡疥，其臭以醋洗之便去，足以亂真，尤宜辨。取透明，色鮮紅，質嫩者，研如飛塵，水飛數次。

**清·郭章宜《本草匯》卷一八** 雄黃 味辛、苦，溫，大毒。氣味俱厚，升也，陽也，入足陽明、厥陰經。搜肝氣，瀉肝風。解百毒，辟百邪。截邪瘧，理蛇傷。同礬甘甘草浸陰腫之如斗，與釅醋塗眉毛之脫落。驚癇嵐瘴皆除，五尸注病同制。按：雄黃，稟火金之性，得正陽之氣，殺百毒，辟百邪之要藥也。入肝經氣分，故肝風肝氣，痰涎瘧痢，癖積諸病，用有殊功。然外用易見其長，內服難免無害。生武都燉煌山陽。明徹者佳。有臭者，以醋洗之，油煎九日九夜，方可入藥，不爾有毒。一法：用米醋入蘿蔔汁，煮乾用。慎勿生使。南星、地黃、五加皮、地榆、黃芩、白芷、當歸皆可制。

**清·蔣居祉《本草擇要綱目·寒性藥品》** 雄黃 氣味：苦，平，寒，有毒。主治：殺百毒，辟百邪，殺蠱毒，人佩之鬼神不敢近，入山林虎狼伏，涉川水毒物不敢傷，佩入叢草即不畏蛇。大抵雄黃入肝經氣分，故肝風肝氣，驚癇痰涎，頭痛眩運，暑瘧泄痢積聚諸病，用之有殊功。又能化血為水，有患者瘍生於頰連齒輔車，外腫若覆甌，內潰出膿血，痛楚難忍，以雄黃為君，佐之以石膽、丹砂、(礬)〔礜〕石、磁石，燒之三日三夜，其烟上著，用雞羽掃取以注瘡，惡肉破而骨自盡出也。雄黃、雌黃，俱是同產，但以山陰山陽受氣不同耳。服食家重雄黃，取其得純陽之精也。雌黃則兼有陰氣，大寒，不入藥餌。

**清・王翃《握靈本草》卷一**　雄黃生武都敦煌山陽者爲雄黃，山陰者爲雌黃。形如丹砂，燒之不臭，雞冠色堅實者佳。以米醋入蘿蔔汁，煮乾乃可入藥，不爾有毒，水飛用。

主治：雄黃，苦，平，寒，有毒。主瘡疽，邪毒鬼物，搜肝風，瀉肝氣，瘧疾寒熱，伏暑泄痢。

**清・汪昂《本草備要》卷四**　雄黃重，解毒，殺蟲。辛，溫，有毒。得正陽之氣，入肝經氣分。搜肝强脾，散百節大風，殺百毒，辟鬼魅。治驚癇痰涎，頭痛眩運，暑瘧澼痢，泄瀉積聚。虞雍公道中冒暑，泄痢連月，夢至仙居，延之坐。壁中有詞云：暑毒在脾，濕氣連脚。不泄則痢，不痢則瘧。獨煉雄黃，蒸餅和藥。甘草作湯，食之安樂。別作治療，醫家大錯。如方服之遂愈。又能化血爲水，燥濕殺蟲，治勞疳瘡疥蛇傷。赤似鷄冠，明徹不臭，重三五兩者良。孕婦佩之，轉女爲男。醋浸，入萊菔汁煮，乾用。生山陰者名雌黃，功用略同。劣者名熏黃，燒之則臭，只堪熏瘡疥，殺蟲虱。

**清・顧靖遠《顧氏醫鏡》卷八**　雄黃辛、苦，溫，有毒。入胃肝二經。辟邪聖藥，陰氣盛則精鬼易憑，稟純陽之氣，故善殺一切精物邪鬼。殺蟲神品。化瘀血而消痰涎，塗蛇傷而敷惡瘡。中病即止。

**清・李熙和《醫經允中》卷一七**　雄黃　入香油熬化，再入米醋或入蘿蔔汁煮乾用。五加皮、南星、地黃、黃芩、白芷、苦參皆制其毒。生者有毒。苦，平，寒，有毒。主治惡瘡、金瘡、諸蛇毒，辟邪殺蟲，療驚風痰眩等症。孕婦佩之轉女成男。中其毒者，防己解之。

**清・馮兆張《馮氏錦囊秘錄・雜症痘疹藥性主治合參》卷五**　雄黃稟火金之性，得正陽之氣以生。故味辛、苦，氣大溫，有毒。入足陽明、厥陰二經。其主殺精鬼邪氣及中惡腹痛鬼疰者，蓋以陽明虛，則邪惡宜侵，陰氣勝，則精鬼易憑。得陽氣之正者，能破幽暗，所以殺一切鬼邪也。寒熱鼠瘻，惡瘡疳痔，死肌疥蟲，䘌諸證，皆濕熱留滯肌肉，侵淫而生蟲。此藥苦辛，能燥濕殺蟲，故為瘡家要藥。其主鼻中息肉者，肺氣結也。癖氣者，大腸積滯也。目痛者，肝經受病也。筋骨斷絕者，氣血不續也。辛能散結滯，溫能通行氣血，辛溫相合而殺蟲，故能搜剔百節中大風積聚也。虺蛇陰物，藜蘆陰草，雄黃稟純陽之氣，所以善殺百蟲、蛇虺毒及解藜蘆毒也。入厥陰功多。亦能化血為水，為消瘀殺蟲殺毒之用。

雄黃，治惡瘡金瘡，寒熱鼠瘻，疥蟲䘌瘡，鼻中息肉。殺精物邪氣百蟲，楊毒疔癬，蛇虺諸毒，及絕筋破骨，積聚痞氣，中惡腹痛鬼疰。小兒肝疳目病，辟邪鎮驚，搜肝氣，瀉肝風，消涎積，治邪瘧，筋骨百節中大風。酒癖驚癇，頭風眩運。及能化腹中瘀血，殺勞疳等蟲。解藜蘆毒。孕佩轉男。然石藥與氣血無情，凡榮衛虧損，而成疳癆者，勿服。雌黃佩之，轉男為女。入藥專治一切蟲毒惡瘡。

疳積壞眼白翳遮睛者，服之即變紅而障漸退，真神方也。其方用桑白皮五六錢，瓦上焙燥，搗細，雄雞硬肝皮一箇，即名雞內金。陰乾，瓦上炙黃，搗細，入明雄黃錢許，三味和勻，摻雄雞軟肝上，酒釀於銅瓦器內，煮熟，去藥食肝，每日一箇，神效。研細末入猪膽內，套指頭上，治天蛇疔毒發於中指。治暑毒瘧痢，百法不效，用雄黃研細，水飛九次，節筒盛蒸七次，再研，蒸餅和丸，梧桐子大，每服甘草湯下七丸，日三服。其辭云：暑毒在脾，濕氣連脚，不泄則痢，不痢則瘧，獨煉雄黃，蒸餅和藥，別作治療，醫家大錯。此昔人夢中所得之方，試之輒效。《聖惠方》：傷寒狐惑，蟲食下部，痛癢不止，雄黃半兩，燒於瓶中，熏其下部。《肘後方》：五尸疰病，發則變痛無常，昏恍沉重，纏結臟腑，上衝心脇，即身中尸鬼接引為害也。雄黃、大蒜各一兩，杵丸彈子大，每熱酒服一丸。《夏氏奇疾方》：筋肉有蟲，如蟹走於皮下，作聲發小兒啼，為筋肉之化，雄黃、雷丸各一兩，為末摻猪肉上，炙熟，喫盡自安。《積德堂方》：廣東惡瘡，雄黃一錢半，杏仁三十粒去皮，輕粉一錢，為末。洗淨，以雄猪膽汁調上，二三日即愈，百發百中，天下第一方也。出武定侯府內，入龍腦少許尤良。

主治痘疹合參：開痰治驚，解痘毒，殺百蟲，生長肌肉，兼轉黑陷，摻藥中亦用。

**清・张璐《本經逢原》卷一**　雄黃　辛、苦，溫，微毒。武都者良。入香油熬化或米醋入蘿蔔汁煮乾用，生則有毒傷人。《本經》主寒熱鼠瘻，惡瘡疽痔死肌，殺精物惡鬼邪氣，百蟲毒，勝五兵。發明：雄黃生山之陽，純陽之精，入足陽明經。得陽氣之正，能破陰邪，殺百蟲，辟百邪，故《本經》所主皆陰邪濁惡之病。勝五兵者，功倍五毒之藥也。其治驚癇痰涎及射工沙虱毒，與大蒜合搗塗之。同硝石煮服，立吐腹中毒蟲。《千金方》治疔腫惡瘡，先刺四邊及中心，以雄黃末傅之。《聖惠方》治傷寒狐惑，以雄黃燒於瓶中，熏其下部。《和劑局方》酒癥丸同蠍尾、巴豆治酒積利。《肘後方》以雄黃、礬石、甘草湯煮，治陰腫如斗。《經驗方》以雄黃、白芷為末酒煎，治破傷風腫。《家秘方》以雄黃細研，神麯糊丸，空心酒下四五分，日服無間，專消瘧母。《急救良方》以雄黃五錢、麝香二錢為末，作二服，酒下，治瘋狗咬傷。

《外臺秘要》雄黃敷藥箭毒。《攝生》妙用，雄黃、硫黃、菉豆粉，人乳調傅，酒皶鼻赤不過三五次愈。《痘疹證治》以雄黃一錢、紫草三錢為末，臙脂汁調，先以銀簪挑破搽痘疔。《萬氏方》治壅瘍漫腫色不焮赤，明雄黃細末三分，雞子破殼，調入飯上蒸熟食之，重者不過三枚即消。《聖濟錄》以雄黃、豬膽汁調敷白禿頭瘡。〇熏黃治惡瘡疥癬，殺蟲蝨，和諸藥熏嗽。《千金方》有欬嗽熏法。

**清・浦士貞《夕庵讀本草快編》卷一**　雄黃《本經》　附：雌黃　氣未足者為雌，已足者為雄，造化有如夫婦之道焉，故雄者又名石黃。雄雌二黃，同產一類，但以山陽山陰受氣之殊為分別爾。雌者辛平，雄多苦寒，服食家祇重其雄，蓋取其得陽精之純也。若以治病，功亦仿佛，皆能溫中搜肝，殺蟲解毒，祛邪輔正，鎮鬼壓驚，辟蛇蝎虎狼，化蛟龍痞積，乃其長也。若希延年，反覺謬矣。

**清・張志聰、高世栻《本草崇原》卷中**　雄黃　氣味苦平寒，有毒。主治寒熱鼠瘻，惡瘡疽痔，死肌，殺精物惡鬼邪氣，百蟲毒，勝五兵，煉食之輕身，神仙。《別錄》云：雄黃出武都山谷、燉煌山之陽。武都氐羌也，是為仇池，後名階州，地接西戎界。宕昌亦有而稍劣。燉煌在涼州西數千里。近來用石門謂之新坑，始興石黃之好者耳。階州又出一種水窟雄黃，生於山岩中有水流處，其色深紅而微紫，體極輕虛，功用最勝。抱朴子云：雄黃當得武都山中出者純而無雜，形塊如丹砂，其赤如雞冠，光明燁燁者，乃可用。有青黑色而堅者，名熏黃。有形色似真而氣臭者，名臭黃，並不入服食，只可療瘡疥。金剛鑽生於雄精之中，孕婦佩雄精，能轉女成男。　雄黃色黃質堅，形如丹砂，光明爍爍，乃稟土金之氣化，而散陰解毒之藥也。水毒上行，則身寒熱，而頸鼠瘻。雄黃稟土氣而勝水毒，故能治之。肝血壅滯，則生惡瘡而為疽痔，雄黃稟金氣而平肝，故能治之。死肌乃肌膚不仁，精物惡鬼乃陰類之邪，雄黃稟火氣而光明，故治死肌，殺精物惡鬼。邪氣百蟲之毒，逢土則解，雄黃色黃，故殺百蟲毒。勝五兵者，一如硫黃能化金銀銅鐵錫也。五兵，五金也。勝五兵，火氣盛也。煉而食之，則轉剛為柔，金光內藏，故輕身神仙。

**清・劉漢基《藥性通考》卷六**　雄黃　味辛，溫，有小毒。得正陽之氣，入肝經氣分。搜肝強脾，散百節大風，殺百毒，辟鬼邪，治驚癇痰涎，頭痛眩運，暑瘧澼痢，泄瀉積聚。又能化血為水，燥濕，殺蟲，治勞疳瘡疥，蛇傷。赤似雞冠，明徹不臭，重三五兩者良。孕婦佩之，轉女為男。醋浸，入萊菔汁煮乾用。生山陰者名雌黃，功用略同。劣者名薰黃，燒之則臭，只堪薰瘡疥、殺蟲虱也。

**清・王子接《得宜本草・中品藥》**　雄黃　味辛。功專解毒勝邪。得黑鉛治結陰，得朱砂、豬心血治癲癇。雌黃主治略同。

**清・黃元御《長沙藥解》卷二**　雄黃　味苦，入足厥陰肝經。燥濕行瘀，醫瘡殺蟲。《金匱》雄黃散，雄黃為末，筒瓦二枚，合之，燒熏肛門。治狐惑蝕於肛者。以土濕木陷，鬱而生熱，化生蟲䘌，蝕於肛門。雄黃殺蟲而醫瘡也。升麻鱉甲湯方在升麻用之治陽毒陰毒，以其消毒而散瘀也。　雄黃燥濕殺蟲，善治諸瘡。其諸主治，消腫痛，治瘡瘍，化瘀血，破癥塊，止泄痢，續折傷，避邪魔，驅蟲蛇。

**清・吳儀洛《本草從新》卷五**　雄黃（重，解毒殺蟲。）　辛，溫，有毒。獨入厥陰，搜肝強脾，散百節大風，殺百毒，辟鬼魅。治驚癇，痰涎積聚，頭痛眩運，暑瘧澼痢泄瀉。《夷堅志》云：虞雍公道中冒暑，泄痢連月，夢至仙居，延之坐，壁中有詞云：暑毒在脾，濕氣連脚；不泄則痢，不痢則瘧；獨煉雄黃，蒸餅和藥；甘草作湯，食之安樂；別作治療，醫家大錯。如方服之而愈。又能化血為水，燥濕殺蟲。治勞疳蛇傷，焚之，蛇皆遠去。敷楊梅疔毒，疥癬痔瘍。血虛者大忌。生山之陽，赤似鷄冠，明徹不臭，重三五兩者良。醋浸，入萊菔汁煮乾。生山之陰者名雌黃，功用略同。劣者名熏黃，燒之則臭，只堪熏瘡疥，殺蟲蝨。

**清・汪紱《醫林纂要探源》卷三**　雄黃　辛甘，溫。赤黃明透者良。大至三五兩重，為雄精，古人云佩之宜男。然謂孕婦佩此，可轉女為男則未必也。或以蘿蔔汁同煮，以殺其毒，然亦不必也。補命門而能鎮，補肝木而能緩，補脾土而不濡，嚴毅正性，得陽之純者。命火上炎，重故能鎮，肝木苦急，甘則能緩。脾土苦濕，辛則不濡。左行入肝，搜骨節之風，治頭痛眩暈，鎮驚定癇。上行以溫脾胃，逐積濕，控痰涎，進飲食。尤治暑濕瘧痢。瘧痢多因溽暑所傷，又外抑於淒清之令，此以宣達其火，而行其溽濕，則淒清之氣亦無復留矣。又能殺蛇蟲、疳䘌、疥癬，勞瘵諸毒，辟鬼魅不祥之氣，化瘀血為水。

**清・嚴潔等《得配本草》卷一**　雄黃一名黃金石。　畏南星、地黃、萵苣、地榆、黃芩、白芷、當歸、地錦、苦參、五加皮、紫河車、五葉藤、鵝腸草、雞腸草、鵝不食草、桑葉、猬脂。　苦，溫，有毒。入肝經陽分，得陽土之精。搜肝氣，瀉肝風。解百毒，治惡瘡，去死肌，辟鬼邪，療驚癇，除瘧痢，消涎積，殺諸蟲。　得淮棗去核，納雄黃包之，燈上燒化為末，摻走馬牙疳。得水調服五錢，治發癥飲油。得黑鉛，治結陰便血。配荊芥穗末，治中風舌強。配硫黃、水粉，用頭生乳汁調，敷鼻準赤色。配白芷末酒服，治破傷風。配青黛末水服，治飲食毒。配白礬、甘草，浸陰腫如斗。配紫草末，胭脂汁調，塗痘疔。先以銀刀挑破，搽之極效。配蟾酥、蔥、蜜，搗敷疔瘡惡毒。配細辛為末吹鼻，治偏頭風痛。左痛吹右，右痛吹左。配朱砂，豬心血調服，治癲癇。　赤如雞冠，明徹不臭者良。米醋入蘿蔔汁煮乾用。　怪症：有蟲如蟹，走於皮內，作聲如小兒啼，此為筋肉所化，同雷丸各一兩為末，摻豬肉片上炙熟，常服之，自愈。

**題清・徐大椿《藥性切用》卷七**　雄黃　性味辛溫，除痰辟邪，解毒殺蟲。紅透明徹者，為雄黃。色黃暗晦者，為雌黃，但能治瘡殺蟲，不堪入藥。

**清・黃宮繡《本草求真》卷四**　雄黃散結行氣，殺蟲辟惡。　雄黃耑入胃肝。生山之陽，得氣之正，味辛而苦，氣溫有毒。凡人陽氣虛則邪易侵，陰氣勝則鬼易憑，負二氣之精者，能破群妖；受陽氣之正者，能辟幽暗。故能治寒熱鼠瘻，惡瘡疽痔，死肌疥蟲䘌瘡諸症，皆由濕熱侵於肌肉而成，服此辛以散結，溫以行氣，辛溫相合而蟲殺，故能搜剔百節中風寒積聚也！是以《聖惠方》之治狐惑，雄黃半兩，燒於瓶中，即止。《肘後方》之治陰腫如斗。雄黃、礬石各二兩，甘草一尺，水浸。《家秘方》之消瘧母，《急救方》之治風狗咬傷，《聖濟》之治白禿頭瘡，雄黃、豬〔膽〕汁和敷之。何一不用雄黃以為調治。虞雍公允文感暑下痢，連月不瘥。忽夢仙官延坐，壁間有藥方，其辭云：暑毒在脾，濕氣連脚，不泄則痢，不痢則瘧，獨煉雄黃，蒸餅和藥，別作治療。醫家大錯，公依方服愈。至云能解蛇虺、藜蘆等毒，以其蛇屬陰物，藜屬陰草也。宗奭曰：焚之蛇皆遠去。瘜肉癖氣能治者，以其一屬氣結，一屬積滯也。目痛能愈者，以其肝得辛散之意也。明徹不臭者良，孕婦佩之轉女成男。醋浸，入萊菔汁煮乾用。生山陰者名雌黃，功用略同。劣者名熏黃，燒之則臭，止可熏瘡疥，殺蟲虱。

**清・楊璿《傷寒溫疫條辨》卷六消劑類**　雄黃　味辛，性溫。得正陽之氣，搜肝強脾，殺百毒。治驚癇痰涎，暑濕瘧利，化瘀血為水，散百節大風，除勞疳瘡疥，破結滯殺蟲。孕婦佩之生男，姑存此說。解毒丸：治纏喉急痹。雄黃一兩，鬱金二錢，巴豆七粒，為末，麵糊丸，津嚥三五丸。如不能嚥，先吹末喉中，後自下。

**清・羅國綱《羅氏會約醫鏡》卷一八金石水土部**　雄黃味苦辛，溫，有毒，入肝經。　稟純陽之氣，能殺鬼邪，而除濕熱之毒。陽明虛則邪易侵。治惡瘡、疽痔、疥蟲諸症，濕熱生蟲。此藥燥濕殺蟲，瘡家要藥。驚癇、暑傷、瘧痢，雄黃為末，蒸餅為丸，甘草湯下七丸，日三服。鼻中瘜肉吹末。孕佩轉男。有孕一月者，用明雄黃三兩，作香袋，佩左邊，日夜勿解。化瘀血，辟蛇傷，散百節大風。然石藥與氣血無情，凡榮衛虧損而成疳勞者勿服。赤似雞冠，明徹不臭，重三兩者良。生(三)〔山〕陰者名雌黃，功用不及。劣者名熏黃，燒之則臭，只可熏瘡疥、殺蟲虱。

**清・趙學敏《本草綱目拾遺》卷二石部**　雄膽雉窠黃附。　《六研齋筆記》：王存思太僕，貴陽人，云：其土多山，出雄黃，有大至數百觔者，中有浮沙成團，如鵝卵，曰雄膽，破之有清水盞許，急飲之，沉疴俱消，壽二百歲。特以山民頑獷，遇之不謹，即散漫不得飲耳，有一人飲之，至今猶在，健如三十許人，自言百五十餘歲矣。　殺三蟲毒，除痼疾，駐容延年。

雉窠黃　《簪雲樓雜記》：雉窠底有雉黃，黃氣遠射，能辟毒物。鄉人三四月中偏覓之為市，其取黃法：先以溺繞窠三匝，從而掘之，所獲約二三兩，價倍於他產。《海外三珠》有轉胎法：五月五日午時，取金鍼花葉，俗名鵝脚花，單葉名金鍼花，陰乾聽用。婦人孕滿月，四十日之前，將雉窠黃揀明透重一兩一塊者，用葉包裹三四張，再用布包，縫上孕婦腹前貼身衣上。候四十日分娩，生男不生女。　解一切毒蛇咬傷，辟邪魅山精。

按：雉窠有黃，猶鶴窠有礜，所以助陽氣，能令子不斵也。《千金方》有轉女成男法，用雄黃養胎，取其陽精之全於地產，則雉蓋不獨取以解毒也。竊謂雉之精氣呴伏既久，人得佩之，可解一切產厄，於孕婦尤宜。

**清・黃凱鈞《藥籠小品》**　雄黃　辛溫有毒，入肝氣分，殺百毒，辟鬼魅，治驚癇，又能化血為水。明徹不臭者良。

**清・王龍《本草纂要稿・金石部》**　雄黃　味甘苦而辛，氣平、寒，無毒。去鼻中瘜肉，續破骨絕筋，除鼠瘻痔疽，殺蛇虺惡毒。消涎積，開痃癖，腹中瘀血咸消。搜肝氣，瀉肝風，頭風眩暈即止。辟山嵐瘴氣，療疥癬䘌瘡，截瘧疾寒熱往來。治伏暑泄痢不止，為治瘡殺毒之要藥，為肝經氣分之引經。

**清・張德裕《本草正義》卷下**　雄黃　苦辛甘，溫，有毒。消痰涎，治癲癇，療山嵐瘴瘧，殺鬼精疰毒，中惡腹痛，疳蟲䘌瘡，去鼻中瘜肉，瘡疽腐肉，辟蛇虺百蟲。燒煙，逐毒蛇尤速。

**清・楊時泰《本草述鉤元》卷五**

雄黃　出武都山者今階州，純而無雜，其赤如雞冠，光明煜煜，乃可用。其但純黃似雌黃，色無光者，不任作仙藥，可合理病藥耳抱朴子。雄黃生山之陽，生山陰者為雌黃。

氣溫，味苦、辛，有毒。按性溫而不熱，何毒之有？若服食家伏火者則有毒。氣味俱厚，升也，陽也。入足陽明、足厥陰經。秉火金之性，得正陽之氣以生。察其功用，應是辛苦溫之藥，《本經》《別錄》言甘寒者，非也。《本經》主寒熱鼠瘻，惡瘡，疽痔死肌，殺精物惡鬼邪氣，百蟲毒。諸本草治鼻中瘜肉，及絕筋破骨，百節中大風，積聚癖氣，中惡腹痛，鬼疰風邪，癲癇，嵐瘴，一切蟲獸毒，殺諸蛇虺毒，搜肝氣，瀉肝風，消涎積，治飲酒成癖，化腹中瘀血，殺勞蟲疳蟲。入肝經氣分，故肝風肝氣，驚癇痰涎，及頭痛眩暈，暑瘧泄痢，積聚諸病，用之有殊功，又能化血為水瀕湖。虞雍公暑痢，連月不瘥，忽夢至一處，見如仙官者，延之坐，壁間有藥方云：暑毒在脾，濕氣連脚，不泄則痢，不痢則瘧，獨煉雄黃，蒸餅和藥，別作治療，醫家大錯。公依方用雄黃水飛九度，竹筒盛，蒸七次，研末，蒸餅和丸梧子大，每甘草湯下七丸，日三服愈《夷堅志》。《周禮・瘍醫》療瘍，以五毒攻之。康成注云：醫方有五毒之藥，作之合黃堥，即今有蓋瓦合。置石膽、丹砂、雄黃、(礬)〔礜〕石、磁石其中，燒之三日夜，其烟上着，雞羽掃取以注瘡，惡肉破骨則盡出也。楊嵎少時，瘍生於頰，連齒輔車，外腫若覆甌，潰出膿血，痛楚，百療不瘥，依鄭法燒藥注之，少頃朽骨連牙潰出，其效若此頌。同紅白藥子、白及、白斂、乳香、沒藥、冰片，傅一切腫毒癰疽。研末入猪膽內，套指頭上，治天蛇疔毒發於中指。同金頭蜈蚣、牛角䚡、猪懸蹄、猬皮、象牙末、黃蠟、白礬，治通腸漏。同漆葉、苦參、刺蒺藜、白芷、荊芥、天麻、鼈蝨胡麻、半枝蓮、豨薟、百部、天冬，治大麻風眉毛脫落。偏頭風痛，因肝風者，用雄黃、細辛等分為末，每以一字吹鼻，左痛吹右，右痛吹左。此方用於寒冬及春寒未透之候更宜。脇下痃癖，及傷飲食，煮黃丸，用雄黃一兩，巴豆五錢，同研，入白麪二兩，滴水為丸梧子大，每服二十四丸，漿水煮三十沸，入冷漿水沉冷吞下，以利為度，如神。癥瘕積聚，雄黃二兩為末，水飛九度，入新竹筒內，以蒸餅一塊塞口，蒸七度，用好粉脂一兩，和丸綠豆大，每服七丸，酒下，日三服。結陰便血，雄黃不拘多少，入棗內，線繫定，煎湯，用鉛一兩化汁，傾入湯內同煮，自早至晚，不住添沸湯，取出為末，共棗杵和丸梧子大，每服三十丸，煎黑鉛湯空心下，只三服止。小兒痘疔，雄黃一錢，紫草三錢，為末，胭脂汁調，先以銀簪挑破搽之，極妙。

論：《丹房鑒源》云：雄黃千年，化為黃金。《別錄》云：山有金，金精重則生雌黃。若是則生山之陽者為雄，稟金之氣也。生山之陰者為雌，孕金之精也。夫金稟中宮陰己之氣，而其氣却資始於陽，雄黃於金，雖未全其化氣，然已賦其始氣，繆氏所謂稟火金之性，得正陽之氣以生，斯言中矣。正陽之義若何？曰：天一之壬水召丁，乃丙隨於丁，而心以成；丙火召辛，庚又隨於辛，而肺以成。然則人身之氣，非火召金而金應火，以為正陽之氣乎？雄黃適得陽氣之正，而非其偏者，然正陽之氣，又非離於陰者也。如丙之召辛，辛之歸丙，本以一氣相感應，此品得其氣，而味始辛後苦，是固陰之歸於陽也。其色如雞冠，而明徹有光，又陽之化乎陰也。用以治療諸疾，協於同氣之陰陽，則相合而化以為理，值於戾氣之陰陽，即以其化而理者并化其戾，更化其戾而毒者矣。修真家藉以合丹，正為化陰以歸陽，取其還於一也。非離陰以存陽，致其累於偏也。觀此味能散風毒，傷寒陰毒，伏暑毒，濕熱毒，辛熱積熱毒，使非召陰以歸，化陰以行，安能咸宜若是哉。然則海藏何止以搜肝風為言？曰：出地之風，乃元氣之別使也。火之召金而布天氣者，不能外於風木，金之從火而歸地氣者，亦不外於風木，故曰一陰為獨使也。雄黃療肝風，其自陽召陰，是能治風淫，其由陽化陰，是能治風虛，但從其所主之劑何如耳。如在下，水中之火有金，為一陰化原而使其上；在上，火中之水有金，又為一陰化原而使其下。能上則火金合而氣布也，能下則水金合而血化也。是金之所媾，本不外木，木之所媾，本不離金，況庚之隨辛者，還即召乙，如之何不專言肝乎。方治如中風，嘔吐，鼻衄，頭痛，脚氣，破傷風，癲癇，種種皆係於肝。又如痰飲喘症，吐利，及脹滿積聚胃脘之走氣，痃癖瘀血及蟲，或由氣以病液，或由血以壅癖，皆不外於血臟之肝。《本經》所主寒熱鼠瘻，惡瘡疽痔，固皆戾氣之病於血者，遇正陽之氣而自化。即推之死肌鼻瘜，暨絕筋破骨，亦因正陽之氣以歸真陰。所謂非其種者，自鋤而去之矣。更若百蟲蛇虺之必辟，固以氣相制伏之理，至於能辟精物邪魅者，以精物邪魅皆幽陰之氣不化。如五行中稟正陽之氣，則亦以陽明之氣伏之矣。如譫妄之太一備急散、太一神精丹、八毒赤丸、雄硃散，皆治尸疰等症，而用雄黃更專，可見此味果得陽氣之正，能化幽陰邪氣也。

辨治：形塊如丹砂，明徹不夾石者真。有青黑色而堅者名熏黃，形色似真而氣臭者名臭黃，並不入服食，只可療瘡疥，其臭以醋洗之便去，最足亂真，宜辨。取透明色鮮紅質嫩者，研如飛塵，水飛數次。

**清·葉桂《本草再新》卷八** 雄黃味辛，性溫，無毒。入心、肝二經。 平肝降氣，利濕散風。殺蟲傷，解諸毒。化血和血，治泄瀉瘧痢。

**清·趙其光《本草求原》卷二一五石部** 雄黃 千年則化為金，稟金氣而味辛，入肺胃；苦，溫，微毒，入心肝；色赤，得陽氣之正。散百節大風，金媾木則風平。中風舌強，同荊芥穗末，豆淋酒下。破傷風，同白芷末，酒下。偏頭風，同細辛，左痛吹右，右痛吹左。解陰毒，陽能化陰。暑濕熱毒，陽又能召陰以歸。蠱毒，同白礬，蠟為丸，水下。辟鬼魅邪氣，正氣勝邪也。吹鼻、身帶及酒下。治驚癇，同朱砂和豬心血，齏水下。痞塊，同白礬，麵調貼之。脇癖，同巴豆，麵丸，漿水下。酒癖久吐，同上方。加蠍梢為丸，將乾，入麵炒香，試之能浮水即收之，酒下二粒。發癥嗜油，此發入胃，血包之而化蟲也，水調下。痰涎頭痛，方同酒癖。燥濕，殺蟲，解毒。故治痔瘻，同蜈蚣、豬甲、牛角䚡、猬皮、象牙、黃蠟、白礬。惡瘡、疥癬、疔腫，同蟾酥蜜、葱敷。蟲牙痛，棗肉和塞。牙疳，入棗內燒化，摻之。膿耳，同硫黃吹。中指天蛇疔，入豬膽內套之。暑濕瘧痢，竹筒盛蒸研末，蒸餅為丸，甘草湯下。去死肌，濕傷脾故。陰腫，同白礬，甘草煮浸。皮膚如有蟲行作聲。同雷丸末，入豬肉上炙食。解諸蛇虺毒。嵐瘴、勞蟲、痘疔，同紫草研，刺破，胭脂調搽。風癢，周松香蜜丸飲下。喉風痹。新汲水下。又化瘀血為水，故治金瘡內漏，摻之，仍以童便調下。杖瘡腫痛，同陀僧水調敷。中藥箭毒。敷之。又消瘧母，神麯糊丸，酒頻下。治瘋犬傷，同麝香，酒下。陰疽漫腫，入雞子內蒸食。白禿。豬膽汁調搽。鼻準赤色。同硫黃、水粉、乳汁調敷。接筋骨。

同膽礬、白礬、丹砂、磁石，入罐內，燒三日夜，其煙上着，掃取點瘡，則惡肉枯骨頓出。所治皆屬戾氣病於血臟之肝與陰滯不化耳。故研入棗肉紮定，與鉛同煮一日，去鉛為丸，黑鉛湯下，治陰結便血。 赤似雞冠，明亮不臭，重三五兩者良。醋浸，入萊服汁煮乾研細，水飛用。生山陰，純黃，明亮不息者為雌黃，功亦同。若雜青黑，或色純而臭者，名熏黃，世人以醋亂去臭偽充，但色必不亮，只堪熏瘡疥，殺蟲虱。

**清·梁章鉅《浪跡叢談》卷八** 《一斑錄》云：雄黃能解蛇虺諸毒，而其性最烈，用以愈疾，多外治，若內服，只可分釐之少，更不可衝酒飲之。有表親錢某，於端午大飲雄黃燒酒，少時腹痛，如服砒信，家眾誤認爲痧，百計治之，有知者云雄黃性烈，得燒酒而愈烈，飲又太多，是亦為患也。急覓解法，而已無及矣。

**清·葉志詵《神農本草經贊》卷二** 雄黃 味苦，平，寒。主寒熱，鼠瘻，惡創，疽痔，死肌，殺精物，惡鬼邪氣，百蟲毒，勝五兵。鍊食之，輕身神仙。一名黃金石。生山谷。

丹雄蘊石，精結陽巒。五兵制勝，百毒除殘。威申虎爪，色映雞冠。桃枝辟禳，怪祟奚干。

吳普曰：生山之陽，是丹之雄。《唐書·傳》：蘇頲居中制勝。《吳志·傳》：周瑜除殘去穢。葛洪曰：女人病邪，雄黃松脂鎔化，以虎爪攪之，夜燒取愈。蘇恭曰：宕昌、武都者佳，塊方數寸，明徹如雞冠。《集簡方》：家有邪氣者，雄黃水，以東南桃枝，咒灑滿屋則絕迹。《易林》：家多怪祟。

**清·文晟《新編六書》卷六《藥性摘錄》** 雄黃 辛苦，氣溫，有毒。入胃肝。散結行氣，殺蟲辟惡，治寒熱鼠瘻惡瘡，疽痔死肌，疥蟲肥瘡等症。○又治狐惑，雄黃半兩，燒於瓶中，即止。○陰腫如斗，同礬石各二兩，甘草一尺，水浸，熬。○能解蛇虺毒，風狗咬傷，藜蘆毒，瘜肉。○明徹不臭者良。醋浸，入萊菔汁煮乾用。○生山陰者名雌黃，功畧同。熏黃燒之則臭，只可熏瘡疥，殺蟲。

**清·張仁錫《藥性蒙求·金石部》** 雄黃五分 雄黃苦平，辟邪解毒。入胃殺蟲，驚癇可服。辛、苦，溫，微毒。入足陽明經。純陽之精，能破陰邪，殺百蟲，辟邪，故主治皆陰邪濁惡之病。○武都者良。入香油熬化，或米醋，入蘿蔔汁煮乾用。生則有毒殺人。

**清·戴葆元《本草綱目易知錄》卷七** 雄黃 辛，溫，微毒。得正陽之氣，入肝經氣分。搜肝氣，瀉肝風，消涎積。治瘧疾寒熱，伏暑瀉痢，酒飲成癖，頭風眩運，癲癇嵐脹，疥癬風邪，絕筋破骨，百節中大風。積聚癖氣中惡，腹痛，鬼疰邪氣。目痛牙疳，鼻中息肉。化腹中瘀血，殺勞蟲疳蟲。療鼠瘻惡瘡，疽瘡死肌。殺精物，惡鬼邪氣百蟲毒，諸蛇虺毒，一切蟲獸傷。解藜蘆毒。

**清·陳其瑞《本草撮要》卷六** 雄黃 味辛，入足陽明、厥陰經，功專解毒勝邪。得黑鉛治結陰，得硃砂、猪心血治癲癇。雌黃主治略同。血虛者大忌。陰腫如斗，雄黃、礬石各二兩，甘草一尺，水五升，煮二升浸之良。

**清·徐士鑾《醫方叢話》卷二** 雄黃酒不宜多飲 吾鄉每過端午節，家家必飲雄黄燒酒。近始知其非宜也。《一斑錄》云：雄黄能解蛇虺諸毒，而其性最烈，用以愈疾，多外治，若内服，只可分釐之少，更不可銜燒酒飲之。有表親錢某，於端午大飲雄黄燒酒，少時腹痛，如服砒信。家眾誤認為痧，百計治之。有知者，云雄黄性烈，得燒酒而愈烈，飲又太多，是亦為患也。急覓解法，而已無及矣。

## 雌黄

**宋·李昉《太平御覽》卷第九八八** 雌黄 《吴越春秋》曰：太官舍春申君所造殿後，殿名逃夏宫。春申子假君宫也。數失火，因塗雌黄，故曰黄堂。臨漲水。《土物志》曰：丹山，草木赫然盡彤，雌黄所産。煒煌，内含奇寶，外發英光。昔隸交部，今則南康。《典術》曰：天地之寶，藏於中極，命曰雌黄。雌黄千年化為雄黄，雄黄千年化為黄金。《本草經》曰：雌黄，石金。味辛，平。生山谷。治身癢諸毒。

**宋·唐慎微《證類本草》卷四玉石部中品〔《本經·别錄》〕** **雌黄** **味辛**、甘，**平**、大寒，有毒。**主惡瘡，頭禿，痂疥，殺毒蟲蝨，身癢，邪氣，諸毒**，蝕鼻中息肉，下部䘌瘡，身面白駮，散皮膚死肌，及恍惚邪氣，殺蜂蛇毒。**鍊之，久服輕身、增年、不老**，令人腦滿。生武都山谷，與雄黄同山生。其陰山有金，金精熏則生雌黄，採無時。

〔梁·陶弘景《本草經集注》〕云：今雌黄出武都仇池者，謂爲武都仇池黄，色小赤。扶南林邑者，謂崑崙黄，色如金而似雲母甲錯，畫家所重。依此言，既有雌雄之名，又同山之陰陽，於合藥便當以武都爲勝，用之既稀，又賤於崑崙者。仙經無單服法，惟以合丹砂、雄黄共飛鍊爲丹爾。金精是雌黄，銅精是空青，而服空青反勝于雌黄，其義難了。

〔宋·掌禹錫《嘉祐本草》〕按：《藥性論》云：雌黄，君，不入湯服。

〔宋·蘇頌《本草圖經》〕曰：雌黄，生武都山谷，與雄黄同山，其陰止有金之精熏則生雌黄。今出階州，以其色如金，又似雲母甲錯可析者爲佳。其夾石及黑如鐵色者不可用。或云一塊重四兩者，析之可得千重，此尤奇好也。採無時。

〔宋·唐慎微《證類本草》〕雷公云：凡使，勿誤用夾石黄、黑黄、珀熟等。雌黄一塊重四兩。按《乾寧記》云：指開拆得千重，軟如爛金者上。凡修事，勿令婦人、鷄、犬、新犯、淫人、有患人、不男人、非形人、曾是刑獄地臭穢，已上幷忌。若犯觸者，雌黄黑如鐵，不堪用也，及損人壽。凡修事，四兩，用天碧枝、和陽草、粟遂子草各五兩，三件乾、濕加一倍，用瓷堝子中煮三伏時了，其色如金汁，一垛在堝底下，用東流水猛投于中，如此淘三度了，去水取出拭乾，却於臼中擣篩過，研如塵，可用之。《聖惠方》：治烏癩瘡，殺蟲。用雌黄研如粉，以醋幷鷄子黄打令匀，塗於瘡上，乾即更塗。又方：治婦人久冷，血氣攻心，疼痛不止。以葉子黄二兩，細研，醋一升，煎似稠糊，丸如小豆大。每服無時，醋湯下五丸。又方：治久心痛，時發不定，多吐清水，不下飲食。以雌黄二兩，好醋二升，慢火煎成膏，用乾蒸餅丸如梧桐子大。每服七丸，薑湯下。《百一方》：治小腹滿，不得小便。細末雌黄蜜丸，如棗核大，内一丸溺孔中，令入半寸許，以竹管中注陰令緊，嘲氣通之。《經驗方》：縮小便。以顆塊雌黄一兩半，研如粉，乾薑半兩切碎，入鹽四大錢同炒，令乾薑色黄，同爲末，乾蒸餅入水，爲丸如菉豆大。每服十丸至二十丸，空心鹽湯下。《斗門方》：治肺勞咳嗽。以雌黄一兩，入瓦合内，不固濟，坐合子於地上，用灰培之，周匝令實，可厚二寸。以炭一斤簇定，頂以火煅之，三分去一，退火待冷，出，研如麵，用蟾酥爲丸如粟大。每日空心杏人湯下三丸，差。《勝金方》：治久嗽，暴嗽，勞嗽。金粟丸：葉子雌一兩研細，用紙筋泥固濟，小合子一箇令乾，勿令泥厚。將藥入合子内，水調赤石脂封合子口，更以泥封之，候乾，坐合子於地上，上面以未入窑瓦坯子彈子大，擁合子，令作一尖子，上用炭十斤簇定，頂上著火一熨斗籠起，令火從上漸熾，候火消三分去一，看瓦坯通赤則去火，候冷，開合子取藥，當如鏡面，光明紅色。入乳鉢内細研，湯浸蒸餅心爲丸如粟米大。每服三丸、五丸，甘草水服。服後睡良久，妙。《寶藏論》：雌黄伏住火，胎色不移，鞴鎔成汁者，點銀成金，點銅成銀。《丹房鏡源》：黄，背陰者雌也，純柔者亦可。乾汞，舶上嘆血者上，湖南者次。青者本性，葉子上者可轉硫黄，伏粉霜，記之不可誤使。《青霞子》云：雌黄，辟邪去惡。

**宋·寇宗奭《本草衍義》卷五** 雌黄 入藥最稀，服石者宜審諦。治外功多，方士點化術多用，亦未聞終始如何。畫工或用之。

**宋·王繼先《紹興本草》卷二** 雌黄 紹興校定：雌黄，主療具於《本經》，但取成片如生金色、可拆者佳。服餌家多以同雄黄鍛煉用之。若外療疾，皆生用之，未聞餌生用也。其性即寒，經火煉之即熱，皆味辛甘、有毒是矣。

**宋·劉明之《圖經本草藥性總論》卷上** 雌黄 味辛、甘，平、大寒，有毒。主惡瘡頭禿痂疥，殺毒蟲蝨身癢，邪氣諸毒，蝕鼻中息肉，下部䘌瘡，身面白駮，散皮膚死肌，及恍惚邪氣，殺蜂蛇毒。《藥性論》云：君。不入湯藥。一云：治烏癩瘡，殺蟲，婦人久冷，血氣攻心疼痛。又治肺勞咳嗽，縮小便。又治久嗽暴嗽勞，天行時病，小腹滿，不得小便。一云：辟邪去惡。

**明·王綸《本草集要》卷五** 雌黄 味辛甘，氣平，寒，有毒。與雄黄同山生，金精熏則生雌黄，色如金，似雲母，甲錯可拆。主惡瘡，頭禿痂疥，殺毒蟲、蝨、蜂、蛇，身癢，邪氣諸毒，下部䘌瘡。

**明・滕弘《神農本經會通》卷六**　雌黄　與雄黄同山生，其陰山有金，金精熏則生雌黄。其色如金，又似雲母，甲錯可析者為佳。其夾石及黑如鐵色者，不可用，畫家所重。君也。不入湯服。《局》云：研細，水飛過，灰紙滲乾。伏火成汁，點銀成金，點銅成銀，亦可乾汞。階州。生武都山谷，今出階州。

味辛、甘，氣平，大寒，有毒。《本經》云：主惡瘡，頭禿痂疥，殺毒蟲虱，身癢，邪氣，諸毒蝕，鼻中息肉，下部䘌瘡，身面白駮，散皮膚死肌，及恍惚邪氣，殺蜂蛇毒。錬之久服輕身，增年不老，令人腦滿。《衍義》曰：雌黄入藥最稀，服石者宜審諦，治外功多，方士點化術多用，亦未聞其終始如何。畫工或用之。《局》云：雌黄有毒味辛平，山有金精熏則生。息肉蟲瘡能主治，錬之久服自身輕。雌黄，錬服，久輕身，佩，生女子。

**明・劉文泰《本草品彙精要》卷三**　雌黄有毒　石生。

**雌黄**出《神農本經》：**主惡瘡，頭禿痂疥，殺毒蟲虱，身癢，邪氣，諸毒。煉之，久服輕身，增年不老。**以上朱字《神農本經》。蝕鼻中息肉，下部䘌瘡，身面白駮，散皮膚死肌及恍惚邪氣，殺蜂蛇毒，久服令人腦滿。以上黑字名醫所録。

〖地〗《圖經》曰：生武都山谷，與雄黄同山。其陰山有金，金精熏則生雌黄。今出階州，以其色如金，又似雲母，甲錯可析者爲佳。其夾石及黑如鐵色者，不可用。或云一塊重四兩者，析之可得千重，此尤奇好也。〖時〗採：無時。〖用〗軟如爛金，可析者爲佳。〖質〗類雲母石。〖色〗黄。〖味〗辛，甘。〖性〗平，大寒。〖氣〗氣之薄者，陽中之陰。〖臭〗臭。〖主〗辟邪，去惡，療瘡，殺毒。〖製〗《雷公》云：凡修事，勿令婦人、雞犬、臭穢等物觸之，若犯之者，其色黑如鐵，不堪用，及損人壽。每四兩用天碧枝、和陽草、粟遂子草各五兩，三件乾、濕加一倍，用瓷堝子中煮三伏時，其色如金汁一垛在堝底下，用東流水猛投於中，如此淘三度，去水取出，拭乾，於臼中擣篩過，研如塵用之，不入湯藥。〖合治〗研如粉，合醋並雞子黄打令勻，塗於瘡上，乾即更塗，治烏癩瘡，殺蟲。

**明・許希周《藥性粗評》卷四**　雌黄煉服於仙家。

雌黄，世謂與雄黄同山生，其陰山有金，金精熏則生雌黄，理或兼也。出階州及武都山谷，以色如金，又如雲母甲錯可析者為佳。夾石及黑如鐵色者，《圖經》云一塊重四兩者，折之可得千層，此尤奇好也。採無時。味辛、甘，性平、大寒，有毒。主治惡瘡頭禿，蠱毒尸蟲，邪氣，鼻中瘜肉，下部䘌瘡，皮膚死肌，安神，定驚悸。仙家以術煉之，久服輕身，令人腦滿，耐寒暑，增年不老。

**明・鄭寧《藥性要略大全》卷八**　雌黄君　治惡瘡頭禿痂疥，鼻中息肉，殺蜂蛇毒。與雄黄同功。○雌雄二黄，同一山所生。向陽處所生者為雄黄，山陰有金處，金精所薰則生雌黄。婦人但覺有孕，以雄黄一兩，縫囊盛帶之，可轉女為男。若要生女，以雌黄半兩，以素囊盛帶之，可轉男為女。味辛、甘，平，氣平寒，有毒。不入湯藥。

**明・陳嘉謨《本草蒙筌》卷八**　雌黄　味辛、甘，氣平、寒。有毒。産武都山陰，故雌黄為譽。色與金子彷彿，因受金精熏蒸。陰山出金故也。甲錯層，又若雲母。凡修製主療，忌鷄犬婦人。儻悮觸之，則黑如鐵。研成塵末，治外功多。入藥最稀，服者宜審。去身面白駮，一切惡瘡；散皮膚死肌，諸般蟲毒。辟邪去惡，並與雄同。懷孕佩身，轉男成女。若以草藥伏住，亦可點銅成銀。照前法，以草藥伏住火，胎色不移。謂熔成汁者，點銀成金，點銅成銀。

**明・王文潔《太乙仙製本草藥性大全》卷六《本草精義》**　雌黄　出武都仇池，黄色小赤。扶南林邑者謂崑崙黄，色如金而似雲母甲錯，畫家所重。依此言既有雌雄之名，又同山之陰陽，其陰中有金，金精熏則生雌黄。今出階州，以其色如金，又如雲母甲錯可析者爲佳，其夾石及黑如鐵色者不可用。或云：一塊重四兩者，析之可得十重，此尤奇好也。採無時。凡修製主療忌鷄、犬、婦人，倘誤觸之，則黑如鐵。研成塵，末治外多功，入藥最稀，服者宜審。於合藥便當以武都爲勝，用之既稀，又賤於崑崙者。仙經無單服法，雌以含丹砂、雄黄共飛錬爲丹爾。金精是雌黄，銅精是空青，而服空青反勝於雌黄，其義難了。

**明・王文潔《太乙仙製本草藥性大全》卷六《仙製藥性》**　雌黄君　味辛、甘，氣平、寒，有毒。主治：治頭禿疥痂，去鼻中息肉。除身面白駮，一切惡瘡；散皮膚死肌，諸般蟲毒。辟邪去惡並與雄黄同，懷孕佩身轉男成女。錬服增年不老，令人腦滿輕身。若以草藥伏住，亦可點銅成銀。照前法以草藥伏住火，胎色不移，輔溶成汁者，點銀成金，點銅成銀。　補註：烏癩瘡，殺蟲，用研如粉，以醋并鷄子黄，打令勻，塗瘡上，乾即更塗。○婦人久冷，血氣攻心，疼痛不止，以葉子黄二兩，細研，醋煎似稠糊，丸如小豆大，每服醋湯下五丸。○久心痛，時發不定，多吐清水，不下飲食，以二兩細研，好醋慢火煎成膏，用乾蒸餅丸梧子大，每服七丸，薑湯下。○天行病小腹滿，不得小便，細末蜜丸如棗核大，內溺孔中，令入半寸，亦以竹管注陰令痛立通。○縮小便，以顆塊一兩半，研如粉，乾薑半兩切碎，入鹽四大錢，同炒，令乾薑色黃，同爲末，乾蒸餅入水爲丸如菉豆大，每服十丸至二十丸，空心鹽湯下。○治久嗽、暴嗽、肺勞嗽，用葉子雌黃一兩，研細，用紙筋泥固濟小合子一個令乾，勿令泥厚，將藥入合子內，水調赤石脂封合子口，更以泥封之候乾，坐合子於地上，上面以未入窑瓦坯子彈子大擁合子，令作一尖子，上用炭十斤簇定，頂上著火一熨斗籠起，令火從上漸熾，候火消三分去一，看瓦坯通赤則去火，候冷開合子取藥，當如鏡面，光明紅色。入乳鉢內細研，湯浸蒸餅，或糖、酥爲丸如粟米大，每服三丸、五丸，甘草水或杏子湯服，服後睡良久妙。　太乙曰：　凡使，勿誤用夾石黃、黑黃、珀熟等。　雌黃一塊重四兩。　按《乾寧記》云：　指開拆得千重，軟如爛金者上。　凡修事，勿令婦人、鷄犬、新犯、淫人、有患人、不男人、非形人、曾是刑獄地臭穢，已上並忌，若犯觸者，雌黃黑如鐵，不堪用也，及損人壽。　凡修事四兩，用天碧枝、和陽草、粟遂子草各五兩，三件乾、濕加一倍，用甆堝子中煮三伏時了，其色如金汁，一垛在堝底下，用東流水猛投於中，如此淘三度了，去水取出拭乾，却於臼中搗篩過，研如塵可用。

**明・皇甫嵩《本草發明》卷五**　雌黃氣平，寒，味辛、甘，有毒。　專治外科功多，入藥最稀，服者宜審。　主去身面白駁，一切惡瘡等，殺諸般蟲毒，辟邪，並與雄黃同。　生武都山谷，與雄黃同山生，其陰山有金，金精熏則生雌黃，色如金，又似雲母甲錯可析者佳。

**明・李時珍《本草綱目》卷九石部・石類上**　雌黃《本經》中品

【釋名】砒七火切。　時珍曰：　生山之陰，故曰雌黃。《土宿本草》云：　陽石氣未足者爲雌，已足者爲雄，相距五百年而結爲石。　造化有夫婦之道，故曰雌雄。　【集解】《別錄》曰：　雌黃生武都山谷，與雄黃同山生。　其陰山有金，金精熏則生雌黃。　采無時。弘景曰：　今雌黃出武都仇池者，謂之武都仇池黃，色小赤。　出扶南林邑者，謂之崑崙黃，色如金，而似雲母甲錯，畫家所重。　既有雌雄之名，又同山之陰陽，合藥便當以武都爲勝。　仙經無單服法，惟以合丹砂、雄黃飛鍊爲丹爾。　金精是雌黃，銅精是空青，而服空青反勝于雌黃，其義難了。　斆曰：　雌黃一塊重四兩，拆開得千重，軟如爛金者，佳；　其夾石及黑如鐵色者，不可用。　時珍曰：　按獨孤滔《丹房鏡源》云：　背陰者，雌黃也。　淄成者，即黑色輕乾。　如焦錫塊，臭黃作者，硬而無衣。　試法：　但于甲上磨之，上色者好。　又燒熨斗底，以雌劃之，如赤黃線一道者好。　舶上來如噀血者上，湘南者次之，青者尤佳。　葉子者爲上，造化黃金非此不成。　亦能柔五金，乾汞，轉硫黃，伏粉霜。　又云：　雄黃變鐵，雌黃變錫。

【修治】斆曰：　凡修事，勿令婦人、鷄、犬、新犯淫人、有患人、不男人、非形人及曾是刑獄臭穢之地；　犯之則雌黃黑如鐵色，不堪用也，反損人壽。　每四兩，用天碧枝、和陽草、粟遂子草各五兩，入瓷鍋中煮三伏時，其色如金汁，一垛在鍋底下。　用東流水猛投于中，如此淘三度，去水拭乾，臼中搗篩，研如塵用。　又曰：　雌得芹花，立便成庾。　芹花一名立起草，形如芍藥，煮雌能住火也。

【氣味】辛，平，有毒。《別錄》曰：　大寒。　不入湯用。　土宿真君曰：　芎藭、地黃、獨帚、益母、羊不食草、地榆、五加皮、瓦松、冬瓜汁，皆可制伏。　又雌見鉛及胡粉則黑。　【主治】惡瘡頭禿痂疥，殺毒蟲虱身痒邪氣諸毒。　鍊之久服，輕身增年不老《本經》。　蝕鼻內息肉，下部䘌瘡，身面白駁，散皮膚死肌，及恍惚邪氣，殺蜂蛇毒。　久服令人腦滿《別錄》。　治冷痰勞嗽，血氣蟲積，心腹痛，癲癇，解毒時珍。

【發明】保昇曰：　雌黃法土，故色黃而主脾。　時珍曰：　雌黃、雄黃同產，但以山陽山陰受氣不同分別。　故服食家重雄黃，取其得純陽之精也；　雌黃則兼有陰氣故爾。　若夫治病，則二黃之功亦彷彿，大要皆取其溫中、搜肝殺蟲、解毒祛邪焉爾。

【附方】舊七，新五。　反胃吐食：　雌黃一分，甘草生半分，爲末，飯丸梧子大。　以五葉草、糯米煎湯，每服四丸。《聖濟錄》。　停痰在胃：　喘息不通，呼吸欲絕。　雌黃一兩，雄黃一錢，爲末，化蠟丸彈子大。　每服一丸，半夜時投熱糯米粥中食之。《濟生方》。　心痛吐水：　不下飲食，發止不定。　雌黃二兩，醋二斤，慢火煎成膏，用乾蒸餅和丸梧子大，每服七丸，薑湯下。《聖惠方》。　婦人久冷：　血氣攻心，痛不止。　以葉子雌黃二兩，細研，醋一升，煎濃，和丸小豆大，每服十五丸，醋湯下。《聖惠方》。　小腹痛滿：　天行病，小腹滿，不得小便。　雌黃末蜜丸，納尿孔中，入半寸。《肘後方》。　癲癇瘛瘲：　眼暗嚼舌。　雌黃、黃丹炒各一兩，爲末，入麝香少許，以牛乳汁半升熬成膏，和杵千下，丸麻子大。　每溫水服三五丸。《直指方》。　肺勞欬嗽：　雌黃一兩，入瓦合內，不固濟，坐地上，以灰培之，厚二寸。　以炭一斤簇定頂，火煅三分去一，退火出毒，爲末，蟾酥和丸粟米大。　每日空心杏仁湯下三丸。《斗門方》。　久嗽暴嗽：　金粟丸：　用葉子雌黃一兩研。　以帋筋泥固濟小合子一個，令乾，盛藥。　水調赤石脂封口，更以泥封，待乾，架在地上，炭火十斤簇煅。　候火消三分之一，去火候冷取出，當如鏡面，光明紅色。　鉢內細研，蒸餅丸粟米大。　每服三丸、五丸，甘草水服。　服後睡良久。《勝金方》。　腎消尿數：　乾薑半兩，以鹽四錢炒黃成顆，雌黃一兩半，爲末，蒸餅和丸緑豆大。每服十丸至三十丸，空心鹽湯下。《聖濟錄》。小便不禁：　顆塊雌黃一兩半研，乾薑半兩，鹽四錢同炒薑色黃，爲末，水和蒸餅丸緑豆大。每服十丸至二十丸，空心鹽湯下之。《經驗方》。　烏癩蟲瘡：　雌黃粉，醋和鷄子黃調，塗之。《聖惠方》。　牛皮頑癬：　雌黃末，入輕粉，和猪膏傅之。《直指方》。

**明・李中立《本草原始》卷八**　雌黃　生武都山谷，與雄黃同山。其陰山有金，金精熏則生雌黃。今出階州，以其色如金，又似雲母，甲錯可析者為佳。其夾石及黑如鐵色者，不可用。或云：　一塊重四兩者，析之可得千重，此尤奇好也。採無時。李時珍曰：　生山之陰，故曰雌黃。《土宿本草》云：　陽石氣未足者為雌，已足者為雄，相距五百年而結為石，造化有夫婦之道，故曰雌雄。　雌黃：　氣味：　辛，平，有毒。主治：　惡瘡頭禿痂疥，殺毒蟲蝨，身痒邪氣諸毒。煉之，久服輕身，增年不老。○蝕鼻中息肉，下部䘌瘡，身面白駮，散皮膚死肌，及恍惚邪氣，殺蜂蛇毒人。久服之腦滿。○治冷痰勞嗽，血氣蟲積，心腹痛，癲癇，解毒。

雌黃，《本經》中品。《別錄》云：　大寒，不入湯用。修治：　勿令婦人、雞、犬、新犯淫人，有患人，不男人，非形人及曾是刑獄臭穢之地犯之。雌黃黑如鐵色，不堪用也，反損人壽。凡用，搗篩，以水飛過，晒乾，研如塵用。

土宿真君曰：　芎藭、地黃、獨帚、益母、羊不食草、地榆、五加皮、瓦松、冬瓜汁，皆可制伏。又雌見鉛及胡粉則黑。

試法：　但于甲上磨之，土色者好。又燒熨斗底，以雌畫之，如赤黃線一道者好。舶上來如噀血者上，湘南者次之，青色尤佳。葉子者為上，造化黃金非此不成。亦能柔五金，乾汞，轉硫黃，伏粉霜。又云：　雄黃變鐵，雌黃變錫。

《聖惠方》：　治烏癩蟲瘡，雌黃粉，醋和雞子黃，塗之。雌黃：　君。

**明・倪朱謨《本草彙言》卷一二**　雌黃　味辛，氣平，有毒。陶氏曰：　雌黃，出武都仇池者，謂之仇池黃，色小赤；出扶南、林邑者，謂之崑崙黃，色如金而似雲母，有甲錯，層層可拆，畫家所重。　李氏曰：　今舶上來，如噀血者爲上，湘南者次之，軟如爛金者更佳。雖有雄雌二種，其實一處同生。山之陽産雄黃，山之陰産雌黃也。有夾石及色黑如鐵者，俱不堪用。試法：　以銅器燒熱，以雌黃劃之，有赤黃線一道者，更佳。一說，雄黃日久變鐵，雌黃日久變銀。　雷氏曰：　修治：　勿令婦女鷄犬及犯房中事人，或刑獄臭穢之地，犯之色必變黑，不可用也。製法：　每雌黃一觔，和菉豆一觔，瓷罐中同煮三伏時，其色如金花一朵，在鍋底中，用淨溪水，猛投于中，淘去菉豆，再用溪水浸一日，濾水乾，石臼中搗細如塵用。

雌黃：　主治、功能與雄黃等。如鎮邪辟鬼，殺百蟲毒，力稍不及。李氏時珍曰：　但同産一地，而以山陽、山陰，受氣各異有別。故服食家重雄，取其得純陽之精也。若雌者，則兼有陰氣故爾。咸屬金精之所鍾。若治病見功，亦仿佛不甚遠矣。

**明・盧之頤《本草乘雅半偈》帙四**　雌黃《本經》中品　氣味：　辛，平，有毒。

主治：　主惡瘡頭禿痂疥，殺毒蟲虱，身癢，邪氣諸毒。充四肢，通谿骨，鍊之，久服輕身，增年不老。

覈曰：　出武都仇池者，曰仇池黃，色小赤。出扶南林邑者，曰崑崙黃，色如金。舶上來，如噀血者為上，湘南者次之。似雲母甲錯，層層可拆，軟如爛金者尤佳。雌雄二品同生，山之陽生雄，山之陰生雌。雌者金精所熏，一曰金之苗也。雷公云：　修事，勿令婦女，與新犯婬人及不男女、非形人，或雞犬刑獄臭穢之地，犯之色變如鐵，損人壽，不堪用矣。每雌黃四兩，用天碧枝、和陽草、粟遂子草，各五兩，入瓷鍋中，煮三伏時，其色如花一朵，在鍋底中，遂用東流水猛投于中，如此淘三度，去水拭乾，搗研如塵用。雌得芹花，立便成庾。芹花，一名立起草，形如芍藥，煮雌能住火也。又云：　造化黃金，非此不成，亦能柔五金，乾澒，轉硫黃，伏粉霜。土宿真君云：　芎藭、地黃、獨帚、益母草、羊不食草、地榆、五加皮、瓦松、冬瓜汁，皆可制之。雌見鉛及胡粉，則色黑。

叅曰：　雌，羽母，地類也。黃中通理，暢發以為體用者也。《老子》云知其雄，守其雌，為天下谿，故達谿骨，暢四肢，發肌腠，勝五兵，與雄等也。咸屬金精之所鍾，唯雌雄之有別耳。

**清・張璐《本經逢原》卷一**　雌黃　辛，平，有毒。《本經》主惡瘡頭禿痂疥，殺毒蟲蝨身癢，邪氣諸毒。　發明：　雌黃出山之陰，故單治瘡殺蟲，而不能治驚癇痰疾。《本經》治惡瘡頭禿痂疥，與雄黃之治寒熱鼠瘻，迥乎陰陽之分矣。其殺毒蟲蝨身癢，較雄黃之殺精物惡鬼邪氣，解毒辟惡之性則一，而功用懸殊。治狂癡勝金丹用之，不過借為搜陰邪之嚮導耳。《別錄》治鼻中瘜肉。不宜久服，令人腦漏。

**清・張志聰、高世栻《本草崇原》卷中**　雌黄　氣味辛，平，有毒。主治惡瘡頭秃，痂疥，殺毒蟲虱，身癢邪氣諸毒。煉之，久服輕身，增年不老。雌黄與雄黄同産，雄黄生山之陽，雌黄生山之陰，一陰一陽，有似夫婦之道，故曰雌雄。　李時珍曰：　雌黄、雄黄同産，但以山陰山陽受氣不同分别，服食家重雄黄，取其得純陽之精也。雌黄則兼有陰氣，故不重。若治病，則二黄之功，亦相仿佛，大要皆取其温中搜肝，殺蟲解毒，祛邪焉爾。　愚按：雄黄、雌黄氣味宜同，今雄黄曰苦平，雌黄曰辛平，須知雄黄苦平而兼辛，雌黄辛平而兼苦，氣味之同，難以悉舉，故彼此稍異，以俟人之推測耳。

**清・汪紱《醫林纂要探源》卷三**　雌黄　功用略同。雄黄生山之陽，此生山之陰。雄黄色赤而明，此色黄而稍黯。雄黄力猛，入肝之功居多。此力緩，入脾之功為善。煉丹者，合而並用之，蓋必有相助之意。瑣碎帶砂泥者，有毒，不足服食，然亦有殺蟲之功。

**清・嚴潔等《得配本草》卷一**　雌黄　畏黑鉛、胡粉、芎藭、地黄、獨帚、益母，羊不食草、地榆、瓦松、五加皮、冬瓜汁。　辛，平，有毒。入肝經陰分，得陰土之精。為搜陰邪之嚮導，功用略同雄黄。搜肝殺蟲，解毒祛邪。　得輕粉、豬脂研，敷牛皮頑癬。醋和雞子黄調，塗烏癩蟲瘡。納豬膽套指，治天蛇疔毒。　冬瓜汁、益母、地榆、地黄俱可制。　陰虚血燥者禁用。

**清・葉志詵《神農本草經贊》卷二**　雌黄　味辛，平。主惡瘡，頭秃痂疥，殺毒蟲蝨，身痒邪氣諸毒。鍊之久服輕身，增年不老。生山谷。

同山雌伏，武都之陰。變分連錫，熏藉精金。助功婦順，避地群侵。純黄不雜，土德層深。

名醫曰：　生武都，與雄黄同山生，其陰山有金，金精熏則生雌黄。《後漢書・傳》：　趙温曰：　焉能雌伏。《丹房鑒源》：　雌黄變錫。《史記・傳》：　長沙出連錫。陶弘景曰：　仙經無單服法，惟以合丹少雄黄，飛煉成丹。《土宿指南》：　陽石，相距五百年而結，造化有夫婦之道，故曰雌雄。雷斆論：　凡修事，勿令婦人、雞、犬及臭穢之地犯之。鍾會賦：　純黄不雜。韓保昇曰：　雌黄法土故色黄。《水經注》：　山岫層深。

## 礜石

**宋・李昉《太平御覽》卷第九八七**　礜石音預　《説文》曰：　礜，毒石也。《山海經》曰：　皐塗之山，有白石焉，名曰礜。可以毒鼠。今礜石殺鼠，蠶食之而肥。　《范子計然》曰：　礜石，出漢中。色白者善。　《湘州記》曰：　湘東山多礜石。《博物志》曰：　鸛伏卵時，取礜石遶卵，以助暖氣。方術家取鸛巢中礜石為真。《荆州記》曰：　湖縣鹿山舍傍多礜石，每至嚴冬，其上不得停霜雪。　盛弘之《荆州記》曰：　魚復縣岸崩，將出礜石。《吴興記》曰：　長成縣有白石山，出白礜石，極精好。　《本草經》曰：　礜石，一名青分石，一名立制石，一名固羊石。味辛。生山谷。治寒熱鼠瘻蝕瘡，除熱，殺百獸。生漢中（氣）。　《吴氏本草》曰：　白礜石，一名鼠卿，一名太白，一名澤乳，一名食鹽。神農、岐伯：　辛，有毒。桐君：　有毒。黄帝：　甘，有毒。李氏：　大寒。主温熱。生漢中，或生魏興，或生少室。十二月採。

**宋・唐慎微《證類本草》卷五玉石部下品〔《本經・別錄・藥對》〕**　礜石　**味辛、甘，大熱，**生温，熟熱，有毒。**主寒熱，鼠瘻，蝕瘡，死肌，風痹，腹中堅。**癖邪氣，除熱，明目，下氣，除膈中熱，止消渴，益肝氣，破積聚，痼冷腹痛，去鼻中息肉。久服令人筋攣。火鍊百日，服一刀圭。不鍊服，則殺人及百獸。**一名青分石，一名立制石，一名固羊石，**一名白礜石，一名太白石，一名澤乳，一名食鹽。生漢中山谷及少室。採無時。得火良，棘針爲之使，惡馬目毒公、鶩屎、虎掌、細辛，畏水。

〔梁・陶弘景《本草經集注》〕云：　今蜀漢亦有，而好者出南康南野溪及彭城界中、洛陽城南塹，常取少室。生礜石，内水中令水不冰，如此則生亦大熱。今以黄土泥苞，炭火燒之，一日一夕，則解碎可用，療冷結爲良。丹方及黄白術多用之，此又湘東新寧及零陵皆有。白礜石能柔金。

〔唐・蘇敬《唐本草》〕注云：　此石能拒火，久燒但解散，不可奪其堅。今市人乃取潔白細理石當之，燒即爲灰，非也。此藥攻擊積聚痼冷之病爲良，若以餘物代之，療病無效，正爲此也。今漢川武當西遼坂名礜石谷，此即是其真出處。少室亦有，粒細理，不如漢中者也。

〔宋・掌禹錫《嘉祐本草》〕按：　《吴氏》云：　白礜石一名鼠鄉。神農、岐伯：辛，有毒。桐君：　有毒。黄帝：　甘，有毒。《季氏》云：　或生魏興，或生少室，十二月採。《山海經》云：　皐塗之山有白石焉，名曰礜，可以毒鼠。郭注云：　今礜石若鼠，蠶食而肥也。《説文解字》云：　礜，毒石也。《博物志》云：　鸛伏卵時，取礜石周圍繞卵，以助暖氣。方術家取鸛巢中礜石，爲真也。《藥性論》云：　礜石，使，鉛丹爲之使，味甘，有小毒。主除胸膈間積氣，去冷濕風痹，瘙痒皆積年者，忌羊血。蕭炳云：　不入湯。

〔宋・蘇頌《本草圖經》〕曰：　礜石，生漢中山谷及少室，今潞州亦有焉。性大熱，置水中令水不冰，又堅而拒火，燒之一日夕，但解散而不奪其堅。市人多取潔白石當之，燒即爲灰也。此藥攻擊積聚痼冷之病爲良，用之須真者乃佳。又有特生礜石，生西域。張華《博物志》云：鸛伏卵取礜石周圍遶卵，以助暖氣。方術家用之，取鸛巢中者爲真，即此特生礜石也。然此色難得，人多使漢中者，外形紫赤，內白如霜，中央有(曰)〔臼〕，形狀如齒，其塊小於白礜石，而肌粒大數倍，乃如小豆許。白礜石粒細，纔若粟米耳。又有握雪礜石，出徐州西宋里山，入土丈餘，生於爛土石間，色白細軟如麪也。又下條蒼石，生西城。蘇恭云：特生礜石，一名蒼礜石，而梁州特生，亦有青者。房陵、漢川與白礜石同處，亦有青色者，多與特生同，但不入方用。而今醫家多只用礜石，即白礜石也，形類相近，如此尤宜詳擇之耳。古方治寒冷積聚，皆用礜石。《胡洽》：大露宿丸，主寒冷百病方：礜石鍊、乾薑、桂心、皂莢、桔梗各三兩，附子二兩，六物擣篩，蜜丸。服如梧子五丸，日三，漸增，以知爲度。又有匈奴露宿丸、硫黄丸，並主積聚及飲食不下，心腹堅實，皆用礜石。近世乃少用者。

〔宋・唐慎微《證類本草》〕《丹房鏡源》云：紅皮礜石能伏丹砂，養汞。

**宋・寇宗奭《本草衍義》卷六** 礜石 并特生礜石，《博物志》及陶隱居皆言此二石，鸛取之以壅卵，如此則是一物也。隱居又言：仙經不云特生，則止是前白礜石。今《補注》但隨文解義，不見特生之意。蓋二條止是一物，但以特生不特生爲異耳。所謂特生者，不附著他石爲特耳。今用者絕少，惟兩字礜石入藥。然極須慎用，其毒至甚。及至論鸛巢中者，又却從謬說。鸛巢中皆無此石，乃曰：鸛常入水，冷，故取以壅卵。如此則鸕鷀、雁鶩之類，皆食於水，亦自繁息生化，復不用此二石。其說往往取俗士之言，未嘗究其實而窮其理也。嘗官於順安軍，親檢鸛巢，率無石，矧礜石焉得處處有之？然治久積及久病胸腹冷有功，直須慎用，蓋其毒不可當。

**宋・王繼先《紹興本草》卷三** 礜石 紹興校定：礜石性味具於《本經》，乃大熱、有毒之藥。其形堅而白，小大塊不一，四面如粘碎方顆粒者佳。每用須大火鍛之，治諸痼冷殊驗。然其性熱，又以大火鍛之。其《本經》云：除熱下氣，除膈中熱，止消渴，似非所宜。況前後諸方豈有療熱而用石者！後人不可不識之矣。

**宋・劉明之《圖經本草藥性總論》卷上** 礜石 味辛、甘，大熱，生溫熟熱，有毒。主寒熱鼠瘻，蝕瘡死肌，風痺，腹中堅癖邪氣，除熱明目，下氣，除膈中熱，止消渴，益肝氣，破積聚痼冷腹痛，去鼻中息肉。久服令人筋攣。火煉百日，服一刀圭。不煉，服則殺人及百獸。得火良。棘鍼為之使。惡馬目毒公、鶩屎、虎掌、細辛。畏水。《藥性論》云：使。鈆丹為之使。味甘，有小毒。主除胸膈間積氣，去冷風濕痺瘙痒皆積年者。忌羊血。殺鼠。

**明・王綸《本草集要》卷五** 礜石使 味辛甘，氣大熱，有毒。棘針為之使。忌羊血，惡鶩(尿)〔屎〕、虎掌、細辛，畏水，得火良。火鍊服。主寒熱鼠瘻，蝕瘡死肌，風痹，腹中堅癖邪氣，破積聚痼冷，去鼻中息肉。不鍊服則殺人及百獸。

**明・滕弘《神農本經會通》卷六** 礜石 得火良。棘針為之使。惡馬目、鶩屎、虎掌、細辛，畏水。置水中，令水不冰，性堅硬而拒火，燒之一日夜，但解散，不可奪其堅。用之須真者，必取鸛巢中伏卵時周圍遶卵，以助暖氣者方真。階州。潞州。生漢中山谷及少室，今潞州亦有焉。

味辛、甘，氣大熱，生溫熟熱，有毒。《本經》云：主寒(勢)〔熱〕，鼠瘻，蝕瘡死肌，風痺，腹中堅癖邪氣，除熱，明目，下氣，除膈中熱，止消渴，益肝氣，破積聚痼冷，腹痛，去鼻中息肉。久服令人筋攣。火鍊百日，服一刀圭。不煉，服則殺人及百獸。《衍義》曰：礜石并特(石)〔生〕礜石，蓋二條止是一物。所謂特生者，不附著他石為特耳。今用者絕少，惟兩字礜石入藥。然極須慎用，其毒至慎。及論鸛巢中者，又從謬說，鸛巢中皆無此石，矧礜石焉得處處有之。然治久積及久病，胸腹冷，有功。直須慎用，蓋其毒不可嘗。《局》云：特生礜石熱非常，逐冷消癥破聚傷。伏卵鸛巢資暖氣，養成黃白入丹房。礜石、特生，非常熱，養就丹房。

**明・劉文泰《本草品彙精要》卷五** 礜石有毒 石生。

**礜石**出《神農本經》：**主寒熱，鼠瘻，蝕瘡，死肌，風痹，腹中堅癖，邪氣。**以上朱字《神農本經》。除熱明目，下氣，除膈中熱，止消渴，益肝氣，破積聚，痼冷腹痛，去鼻中息肉，火煉百日，服一刀圭。以上黑字名醫所錄。

【名】青分石、食鹽、立制石、鼠鄉、太白石、澤乳、固羊石、白礜玉。

【地】《圖經》曰：生漢中山谷及少室，今潞州亦有焉。其性大熱，置水中令水不冰，質堅而能拒火，燒之一日夕，但解散而不奪其堅。市人多取潔白細理石當之，燒即爲灰也。此石惟攻擊積聚痼冷之病，亦能柔金，真者乃佳。《唐本》注云：今漢川武當西遼阪，名礜石谷，此即是其真出處。少室亦有粒細理，不如漢中者，入藥必須鍛煉，蓋其有毒故也。【時】採：十二月取。【收】瓷器盛貯。【質】類晉礬。【色】白。【味】辛，甘。【性】大熱，生溫熟熱。【氣】氣味俱厚，陽也。【臭】朽。【主】消積聚，除風冷。【助】得火良，棘針、鉛丹爲之使。【反】畏水，惡馬目毒公、鶩屎、虎掌、細辛。【製】火煅研細，水飛用。【治】療：《圖經》曰：治冷積聚。《藥性論》云：除胸膈間積氣，去冷濕風痹瘙癢皆積年者。《衍義》曰：消久積，及久病胸腹冷。【合治】礜石煉合乾薑、桂心、皂莢、桔梗各三兩，附子二兩，蜜丸桐子大，服五丸，療寒冷百病。【禁】久服令人筋攣，不煉服之則殺人及百獸。【忌】羊血。

**明・俞弁《續醫說》卷四**　礜石有毒　余讀《淮南子》曰：人食礜石而死，蠶食之而不飢。魚食巴豆而死，鼠食之而肥。類不可必推也。昔見宋人記洪文安公亦信庸醫，誤服礜石丸，竟至精液皆竭，七竅流血而死。《淮南子》之言亦有徵矣。

**明・許希周《藥性粗評》卷四**　取礜石而投水，光武失望於滹沱。

礜石，一名青分石，一名固羊石。其名甚多，茲不能悉。生漢中山谷，大小不同，以外紫赤内白如霜者真。或求於鸛鳥巢中，以鸛足長伏卵時不能周密，常啣其石，取而圍之，以助暖氣。凡用以黄土泥苞炭火燒之，須一日一夜方得解碎，如入火即碎者，乃其僞也。鉛丹、棘針為之使，惡馬目、虎掌、細辛。味辛、甘，性生溫熟熱，有毒。主治風痹痼冷，積癖鼠瘻，明目下氣。能令水不冰，以一塊投之，雖隆寒如故，姑借光武滹沱之事以成文，甚言礜石之性熱也。

**明・鄭寧《藥性要略大全》卷八**　礜石　攻取痼冷之疾，能生非常之熱。極助暖氣，乃丹房燒煉脩真之藥物也。《原醫藥性》云：明目益肝，止消渴，破積。鉛丹為之使。味辛甘，大熱，有毒。嚴冬置水中，令水不冰。性堅硬而拒火，燒一日夜方解散。此石惟鸛巢中有之。一名定風石。今市中皆非真者。此石方士煉服之，嚴冬可浴寒潭而身不冷，但皮膚微紅而已。〇此石生溫熟熱，火煉百次方可服。若一刀圭未煉者，服之則殺及百獸。

**明・王文潔《太乙仙製本草藥性大全》卷六《本草精義》**　礜石　一名青分石，一名立制石，一名固羊石，一名白礜石，一名太白石，一名澤乳，一名食鹽。生漢中山谷及少室，今潞州亦有焉。性大熱，置水中令水不冰。又堅而拒火，燒之一日夕，但解散而不奪其堅。市人多取潔白石當之，燒即爲灰也。此藥攻擊積聚痼冷之病爲良，用之須真者乃佳。惡馬目毒公、鶩屎、虎掌、細辛，畏水。

**明・王文潔《太乙仙製本草藥性大全》卷六《仙製藥性》**　礜石使　味辛、甘，大熱，生溫熟熱，有小毒。鉛丹、棘針爲之使。得火良。主治：主寒熱鼠瘻蝕瘡死肌大效，除腹中堅癖邪氣下熱殊功。明目下氣，止渴益肝。破積聚痼冷腹痛，祛膈熱除鼻息肉。冷濕風痹堪除，積年瘙痒立愈。久服令人筋攣，不鍊服則殺人，火鍊百日服一刀圭。補註：古方治寒冷積聚，用礜石。《胡治》大露宿丸，主寒冷百病方：礜石鍊、乾薑、桂心、皂莢、桔梗各三兩，附子二兩，六物擣篩蜜丸，服如梧子五丸，日三，漸增，以知爲度。又有匈奴露宿丸、硫黄丸，並主積聚及飲食不下，心腹堅實，皆用礜石。近世乃少用者。

**明・皇甫嵩《本草發明》卷五**　礜石下品。味辛、甘，大熱，生溫熟熱，有毒。此藥攻擊積癖痼冷之病，主寒熱鼠瘻，蝕瘡死肌，去瘜肉，風痺，腹中堅癖邪氣，積聚痼冷腹痛，除熱，明目，下氣，除膈中熱，止消渴，益肝氣。久服令人筋攣。火煉百日，服一刀圭。不煉殺人及百獸。此石性大熱，能拒火，久燒拒解散，不可奪其堅。不入湯藥，丹方及黄白術多用之。

**明・李時珍《本草綱目》卷一〇石部・石類下**　礜石《本經》下品

【釋名】白礜石《別錄》　太白石《別錄》　立制石《本經》　青分石《本經》　固羊石《本經》　食鹽《別錄》　澤乳《吳普》　鼠鄉《吳普》。時珍曰：礜義不解。許氏《說文》云：礜，毒石也。《西山經》云：皋塗之山，有白石，其名曰礜，可以毒鼠。郭璞注云：鼠食則死，蠶食而肥。則鼠鄉之意以此。

【集解】《別錄》曰：礜石生漢中山谷及少室，采無時。當之曰：或生少室，或生魏興，十二月采。弘景曰：今蜀漢亦有，而好者出南康南野溪及彭城界中、洛陽城南塹。又湘東新寧及零陵皆有。白礜石，能柔金。以黄泥包，炭火燒之，一日一夕則解，可用。丹房及黄白術多用之。恭曰：此石能拒火，久燒但解散，不可脱其堅。今市人乃取潔白理石當之，燒即爲灰也。今漢川武當西遼坂名礜石谷，即是真出處。少室有粒細理，不如漢中者。頌曰：今潞州、階州亦有之。時珍曰：詳見特生礜石下。

【氣味】辛，大熱，有毒。《別錄》曰：甘，生温熟熱。普曰：神農、岐伯：辛，有毒。桐君、黄帝：甘，有毒。權曰：甘，有小毒。鉛丹爲之使。惡羊血，不入湯。之才曰：得火良。棘針爲之使。惡馬目毒公、鶩屎、虎掌、細辛，畏水。

【主治】寒熱鼠瘻，蝕死肌風痹，腹中堅癖邪氣《本經》。除熱明目，下氣，除膈中熱，止消渴，益肝氣，破積聚，痼冷腹痛，去鼻中息肉，久服令人筋攣。火鍊百日，服一刀圭。不鍊服，則殺人及百獸《別錄》。除胸膈間積氣，去冷濕風痹瘙痒積年者甄權。

【發明】弘景曰：常取生礜石納水，令水不冰，如此則生者性亦大熱矣。張仲景云生用，破人心肝。恭曰：此藥攻擊積冷之病爲良。若以餘物代之，療病無效，正爲此也。宗奭曰：治久積及久病腹冷有功，直須慎用，其毒不可試也。時珍曰：礜石性氣與砒石相近，蓋亦其類也。古方礜石、礬石常相混書，蓋二字相似，故誤耳。然礬石性寒無毒，礜石性熱有毒，不可不審。陸農師云：礜石之力，十倍鍾乳。按洪邁《容齋隨筆》云：王子敬《静息帖》言礜石深是可疑，凡喜散者輒發癰，蓋散者，寒食散也，古人多服之，中有礜石，性熱有毒。故云深可疑也。劉表在荆州，與王粲登鄣山，見一岡不生百草。粲曰：此必古冢，其人在世，服生礜石，熱不出外，故草木焦滅。表掘之，果有礜石滿塋。又今洛水不冰，下亦有礜石，人謂之温洛是也。取此石安甕中，水亦不冰。文鸛伏卵，取石置巢中，以助温氣，其性如此，豈可服？予兄文安公鎮金陵，秋暑減食。醫者湯三益教服礜石丸。已而飲啖日進，遂加意服之。越十月而毒作，衄血斗餘。自是數數不止，竟至精液皆竭而死。時珍竊謂洪文安之病，未必是礜石毒發。蓋亦因其健啖自恃，厚味房勞，縱恣無忌，以致精竭而死。夫因減食而服石，食既進則病去矣，藥當止矣。而猶有服之不已，恃藥妄作，是果藥之罪歟？

【附方】新一。　風冷脚氣：白礜石煅二斤，酒三斗，漬三日，稍稍飲之。《肘後方》。

**明・張懋辰《本草便》卷二**　礜石使　味辛、甘，氣大熱，有毒。與砒同惡鶩屎、虎掌，冬月致水中不冰，火鍊服。　主寒熱鼠瘻，蝕瘡死肌，風痹，腹中堅癖邪氣，破積聚痼冷，去鼻中息肉。不鍊服則殺人及百獸。

**明・倪朱謨《本草彙言》卷一二**　礜石　味辛、甘，性大熱，有毒。　李氏曰：礜石有數種，白礜石、蒼礜石、紫礜石、紅皮礜石、桃花礜石、金星礜石、銀星礜石、特生礜石，俱是一物。但以形色立名，其性皆熱而有毒，并可毒鼠，制汞。惟蒼白二色入藥用。諸礜石生于山，則草木不生，霜雪不積；生于水，則水不冰凍，或有温泉。其氣之熱可知矣。

礜石：化腹内冷積癥瘕堅癖，除冷濕風痹，寒熱邪氣之藥也。陸氏農師曰：礜石之力，十倍鍾乳。温肺暖胃，無出其右。宜火煉百日可服。如生用，毒若砒石，損人藏府，爲害莫救。

**清・穆石匏《本草洞詮》卷三**　礜石　礜石納水，令水不冰。今洛水不冰，下有礜石故也，故稱温洛。文鸛伏卵，取礜石置巢中，以助温氣。鼠食則死，蠶食則肥，寒熱之異也。味辛，氣大熱，有毒。除冷濕風痺，破積聚痼冷，火鍊百日，服一刀圭。仲景云：生用破人心肝。陸農師云：礜石之力，十倍鍾乳。昔劉表在荆州與王粲登鄣山，見一岡不生百草。粲曰：此必古冢，其人在世，服生礜石，熱不出外，故草木焦滅。表掘之，果礜石滿塋也。古方礬石、礜石常相混書，蓋二字相似故耳。然礬寒無毒，礜熱有毒，二石正相反。

**清・汪昂《本草備要》卷四**　礜石重，燥，祛寒積。　辛，熱，有大毒。治堅癖痼冷，寒濕風痹。蘇恭曰：攻積冷之病最良。《别録》曰：不煉服殺人。此石生于山，無雪，令水不冰。時珍曰：性氣與砒石相近。《博物志》言鸛伏卵時，取此石暖足。謬也！

有蒼、白數種。火燒但解散，不能脱其堅。置水不凍者真。惡羊血。

**清・张璐《本經逢原》卷一**　礜石　辛，熱，有毒。久服令人筋攣。煅法以黄泥包，炭火燒一日一夕，乃可用之。惡羊血，不入湯液。《本經》主寒熱鼠瘻蝕，死肌風痹，腹中堅癖邪氣。　發明：時珍云：礜石與砒石相近，性亦相類。但砒石略帶黄暈，礜石全白，稍有分辨。而古方礜石與礬石常相渾書，二字相似，故誤耳。然礬石性寒無毒，礜石性熱有毒，不可不審。甄權除膈間積氣，冷濕風痹，瘙癢積十年者。仲景云：生用破人心肝。嚴冬以此置水中則水不冰，其熱毒之性不減砒石。今藥肆中往往以充砒石，而礜石僅可破積攻痹，不能開痰散結，是以勝金丹、截瘧丹服之不效者，良由誤用礜石之故。按王子敬《静息帖》言，礜石深是可疑，凡喜服寒食散者，輒發癰毒，故云深可疑也。以其毒烈乾汞最速，故丹方目為仙藥，凡山中有礜則春不生草，冬不積雪，而鼠食則斃，蠶食則肥，物類之宜忌，有不可解者。其特生礜石有蒼、白、紫桃花色、金星、銀星等類，其毒不異。惟出金穴中者，名握雪礜石，雖温無毒，與上迥爲不同。

**清・吴儀洛《本草從新》卷五**　礜石〔重，燥，去寒積。〕　辛，大熱，有毒。治堅癖痼冷，寒濕風痺。蘇恭曰：攻寒冷之病最良。時珍曰：性氣與砒石相近。不煉服殺人。有蒼白數種。火燒但解散，不能脱其堅。置水不凍者真。此石生於山無雪，入水不冰。惡羊血。

**清・汪紱《醫林纂要探源》卷三**　礜石　辛，熱。有蒼白數種。山生此石不積雪。石置水不冰。火煅雖解散分裂，其堅如故。醋淬煅須七次。煎用，以甘草、黑豆、羊肉血等制其毒。補命門，破痼冷。治風寒濕痺，沉寒堅癖，寒疝。

**清・羅國綱《羅氏會約醫鏡》卷一八金石水土部**　（礬）〔礜〕石　味辛，性温，有大毒，不鍊服，殺人。性辛熱，善治積冷痼疾、寒濕風痹。有蒼白數種，火煅但解散，而質仍堅，其性與砒石相近，不必内服。此石生於山，無雪，今置水而不凍者真。

**清·葉志詵《神農本草經贊》卷三**　礜石　味辛，大熱。主寒熱，鼠瘻，蝕創死肌，風痹腹中堅。一名青分石，一名立制石，一名固羊石。出山谷。

山訊皋塗，特生澤乳。朝飼肥蠶，夕陳毒鼠。握雪寒凝，涵星光煦。文鸛營巢，求溫庇處。

《山海經》：皋塗之山，有白石焉，其名曰礜。李時珍曰：石有蒼白二種，蒼者多特生。吳普曰：一名澤乳。郭璞曰：蠶食則肥，鼠食則死。《丹房鑑源》：握雪礜石，盛寒時有髓。李時珍曰：石有金星、銀星等名，俱是一物，但以形色立名。《容齋隨筆》：文鸛伏卵，取石置巢中，以助溫氣。《列子》：避寒求溫。高啟詞：庇處密固。

**清·陳其瑞《本草撮要》卷六**　礜石　味辛，大熱，有毒，入手足太陰經，功專治堅癖痼冷，寒濕風痹。不鍊服殺人，惡羊血。

### 特生礜石

**宋·唐慎微《證類本草》卷五玉石部下品**《別錄》　特生礜石：味甘，溫，有毒。主明目，利耳，腹內絕寒，破堅結及鼠瘻，殺百蟲惡獸。久服延年。一名蒼礜石，一名鼠毒。生西域。採無時。火鍊之良，畏水。

〔梁·陶弘景《本草經集注》〕云：舊鸛巢中者最佳，鸛常入水冷，故取以壅卵令熱。今不可得。惟用出漢中者，其外形紫赤色，內白如霜，中央有臼，形狀如齒者佳。《大散方》云：又出荊州新城郡房陵縣，縹白色爲好。用之亦先以黃土包燒之一日，亦可內斧孔中燒之，合玉壺諸丸用此。仙經不云特生，則止是前白礜石爾。

〔唐·蘇敬《唐本草》〕注云：陶所說特生，云中如齒臼形者是。今出梁州，北馬道戍澗中亦有之。形塊小於白礜石。而肌粒大數倍，乃如小豆許。白礜石粒細，若粟米爾。

〔宋·唐慎微《證類本草》〕《圖經》：文具礜石條下。

**宋·唐慎微《證類本草》卷五玉石部下品**《別錄》　蒼石：味甘，平，有毒。主寒熱，下氣，瘻蝕，殺禽獸。生西城。採無時。

〔梁·陶弘景《本草經集注》〕云：俗中不復用，莫識其狀。

〔唐·蘇敬《唐本草》〕注云：特生礜，一名蒼礜石。而梁州特生，亦有青者。今房陵、漢川與白礜石同處，有色青者，并毒殺禽獸，與礜石同。漢中人亦取以毒鼠，不入方用。此石出梁州、均州、房州，與二礜石同處，特生、蒼石並生西城，在漢川金州也。

〔宋·唐慎微《證類本草》〕《圖經》：文具礜石條下。

**宋·王繼先《紹興本草》卷一**　蒼石　紹興校定：蒼石，據《圖經》及唐注並稱礜石中色青者。《本經》雖有性味主療之文，但諸方不復見用。既能毒殺禽獸，其有毒明矣。

**宋·王繼先《紹興本草》卷三**　特生礜石　紹興校定：特生礜石，陶注謂鸛伏卵時，取此石圍繞，以助暖氣生之意，故稱特生。然與白礜石相類，而得之者少。今諸方止以白礜石入藥，而罕見用此。既是礜石，即當以味甘、溫、無毒。主痼冷，積聚，輕身延年。多食令人熱。

**明·劉文泰《本草品彙精要》卷六**　特生礜石有毒。

特生礜石：主明目，利耳，腹內絕寒，破堅結及鼠瘻，殺百蟲惡獸，久服延年。名醫所錄。【名】蒼礜石、鼠毒。【地】《圖經》曰：生西域及梁州。陶隱居云：舊鸛巢中者最佳。鸛常入水，冷，故取以壅卵令熱，今不可得。惟用出漢中者，其外形紫赤色，內白如霜，中央有臼，形狀如齒者，佳。《大散方》云：又出荊州新城郡房陵縣，縹白色爲好。用之亦先以黃土包燒之，合玉壺諸丸用此。仙經不云特生，則止是前白礜石耳。《唐本》注云：陶所說特生，云中如齒臼形者是。今出梁州，北馬道戍澗中亦有之，形塊大於白礜石，而肌粒大數倍，乃如小豆許，白礜石粒細若粟米耳。《衍義》曰：特生礜石並礜石，《博物志》及陶隱居皆言此二石，鸛取以壅卵，如此則是一物也。隱居又言：仙經不云特生，則止是前白礜石。今補注但隨文解義，不見特生之意。蓋二條止是一物，但以特生不特生爲異耳。所謂特生者，不附著他石，爲特耳。今用者絕少，惟兩字礜石入藥。然極須慎用，其毒至甚。及言鸛巢中者，恐爲謬說。況鸛巢中皆無此石，乃曰鸛常入水，冷，故取以壅卵。如此鸕鷀、雁鶩之類皆食于水，亦自繁息生化，復不用此，亦不必泥於鸛巢中者也。【時】採：無時。【用】獨生，不附石者良。【色】外紫赤，內白。【味】甘。【性】溫，緩。【氣】氣之厚者，陽也。【臭】臭。【反】畏水。

【製】火煉用。

**明·劉文泰《本草品彙精要》卷六**　蒼石有毒　石生。

蒼石：主寒熱下氣，瘻蝕，殺禽獸。名醫所錄。【地】《圖經》曰：生西域。《唐本》注云：特生礜石，一名蒼礜石，而梁州特生，亦有青者。今房陵漢川與白礜石同處，有色青者，並毒殺禽獸，與礜石同。漢中人亦取以毒鼠，不入方用。此石出梁州、均州、房州。與二礜石同處。特生蒼石，並生西域，在漢川金州也。【時】採：無時。【色】蒼。【味】甘。【性】平，緩。　〖氣〗氣厚于味，陽中之陰。　〖臭〗朽。

**明·王文潔《太乙仙製本草藥性大全》卷六《本草精義》**　特生礜石　一名蒼礜石，一名鼠毒。生西域。張華《博物志》云：　鸛伏卵取礜石周圍遶亦以助暖氣。方術家用之，取鸛巢中者爲真，即此時生礜石也。然此色難得，人多使漢中者，外形紫赤，内白如霜，中央有臼形狀如齒，其塊小於白礜石，而肌粒大數倍，乃如小豆許，白礜石粒細纔若粟米耳。畏水。

**明·王文潔《太乙仙製本草藥性大全》卷六《本草精義》**　蒼石　一名蒼礜石。生西域，及梁州特生，亦有青者。今房漢州與白礜石同處，有色青者，並毒殺禽獸，與礜石同。漢中人亦取以毒鼠，不入湯藥。

**明·王文潔《太乙仙製本草藥性大全》卷六《仙製藥性》**　特生礜石　味甘，氣溫，無毒。火鍊之良。　主治：　主明目利耳捷方，治腹内絶寒秘旨。破癥結鼠瘻，殺百蟲惡獸。久服延年，輕身不老。

蒼石　味甘，氣平，有毒。　主治：　主寒熱下氣極效，治鼠瘻蝕瘡如神。又能毒鼠，亦殺禽獸。

**明·李時珍《本草綱目》卷一〇石部·石類下**　特生礜石《別錄》下品

〖釋名〗蒼礜石　蒼石《別錄》　鼠毒恭曰：　特生礜石，一名蒼礜石。梁州礜石亦有青者，漢中人亦以毒鼠，不入方用。宗奭曰：　礜石、特生礜石止是一物，但以特生、不特生爲異用。所謂特生者，不附著他石爲特爾，今用者絶少。時珍曰：　礜石有蒼、白二種，而蒼者多特生，故此云一名蒼礜石，則《別錄》蒼石係重出矣。其功療皆相同，今併爲一。〖集解〗《別錄》曰：　特生礜石，一名蒼礜石，生西域，采無時。又曰：　蒼石生西域，采無時。弘景曰：　舊説鸛巢中者佳。鸛常入水冷，故取以壅卵令熱。今不可得。惟出漢中者，其外形紫赤色，内白如霜，中央有臼，形狀如齒者佳。又出荆州新城郡房陵縣縹白色者爲好。亦先以黄土包燒一日，亦可納斧孔燒之，合玉壺諸丸。仙經不言特生，止是白礜石耳。恭曰：　陶説中如齒臼形者正是。今出梁州，北馬道戍澗中亦有之。形塊小于白礜石，而肌粒大數倍，乃如小豆許。其白礜粒細如粟米耳。今房陵、漢川、均州、荆州與白礜石同處，有色青者，是也。宗奭曰：　《博物志》言，鸛伏卵，取礜石入巢助暖，方家得此石乃真。陶氏以注特生礜石，則二石是一物明矣。但屢檢鸛巢無此石，况礜石焉得處處有之？　若鸛入水冷故取此石，則鸕鷀之類皆食于水，亦自然生化繁息。此則乃俗士之言，未嘗究其實而窮其理也。時珍曰：　礜石有數種，白礜石、蒼礜石、紫礜石、紅皮礜石、桃花礜石、金星礜石、銀星礜石、特生礜石俱是一物，但以形色立名。其性皆熱毒，並可毒鼠制汞，惟蒼、白二色入藥用。諸礜生于山，則草木不生，霜雪不積；　生于水則水則不冰凍，或有温泉，其氣之熱可知矣。《庚辛玉册》云：　礜，陽石也，生山谷。水中濯出似礬，有文理横截在中者爲佳。伏火，制砂汞。其狀頗與方解石相似，但投水不冰者爲真。其出金穴中者，名握雪礜石。

〖氣味〗甘，溫，有毒。之才曰：　火鍊之良，畏水。　〖主治〗明目利耳，腹内絶寒，破堅結及鼠瘻，殺百蟲惡獸。久服延年《別錄》。　蒼石：　主寒熱下氣瘻蝕，殺禽獸《別錄》。

〖發明〗時珍曰：　《別錄》言，礜石久服令人筋攣，特生礜石久服延年。丹書亦云礜石化爲水，能伏水銀，鍊入長生藥。此皆方士謬説也，與服砒石、汞長生之義同，其死而無悔者乎？

### 握雪礜石

**宋·唐慎微《證類本草》卷五玉石部下品〔唐·蘇敬《唐本草》〕**　握雪礜石　味甘，溫，無毒。主痼冷，積聚，輕身延年，多食令人熱。《唐本》注云：　出徐州西宋里山。入土丈餘於爛土石間，黄白色，細軟如麪。一名化公石，一名石腦。鍊服別有法。《唐本》先附。

〔宋·掌禹錫《嘉祐本草》〕按：　《蜀本》云：　今據中品自有石腦一條，主治與此甚別，應似徐長卿，一名鬼督郵之類也。

〔宋·唐慎微《證類本草》〕《圖經》：　文具礜石條下。《丹房鏡源》：　握雪礜石，乾汞，制汞并丹砂。

**宋·王繼先《紹興本草》卷三**　握雪礜石　紹興校定：　握雪礜石，以謂細軟如麪，故有握雪之稱。雖同得礜石之名，而形質甚異。且礜石至堅，今云細軟如麪，明非一種。但主療之文與礜石頗同，當以味甘、大熱、有毒為定。今方家未聞用矣。

**明·劉文泰《本草品彙精要》卷六**　握雪礜石無毒　石生。

握雪礜石：　主痼冷，積聚，輕身，延年，多食令人熱。名醫所錄。　〖名〗化公石。　〖地〗《圖經》曰：　出徐州西宋里山，入土丈餘于爛土石間，黄白色，細軟如麪。一名化公石，又名石腦。考之中品，自有石腦一條。但所産雖同，而主療甚別，似乎重出於此。正如徐長卿，一名鬼督郵之類也。〖時〗採：　無時。　〖用〗細軟如麪者佳。　〖色〗黄白。　〖味〗甘。　〖性〗溫，緩。　〖氣〗氣之薄者，陽也。　〖臭〗朽。　〖主〗冷疾。　〖製〗研細用。

**明·王文潔《太乙仙製本草藥性大全》卷六《本草精義》**　握雪礜石　一名化公石，一名石腦。出徐州西宋里山，入土丈餘，生於爛土石間，黄白色，細軟如麪也。《丹房鏡源》云：　握雪礜石能乾汞，制汞與丹砂。

**明·王文潔《太乙仙製本草藥性大全》卷六《仙製藥性》**　握雪礜石　味甘，氣溫，無毒。　主治：　主痼冷積聚甚良，能輕身延年不老。　勿宜多食，令人發熱。

**明·李時珍《本草綱目》卷一〇石部·石類下**　握雪礜石《唐本草》

【集解】恭曰：　握雪礜石出徐州宋里山。入土丈餘，於爛土石間得之。細散如麪，黃白色。土人號爲握雪礜石，一名化公石，一名石腦，云服之長生。時珍曰：　謹按獨孤滔《丹房鏡源》云：　握雪礜石出曲灘澤。盛寒時有髓生于石上，可采。一分結汞十兩。又按：　南宮從《岣嶁神書》云：　石液，即丹礬之脂液也。此石出襄陽曲灘澤中，或在山，或在水，色白而粗糯。至冬月有脂液出其上，日則見日而伏。當于日未出時，以銅刀刮置器内，火煅通赤，取出，楮汁爲丸，其液沾處便如鐵色。以液一銖，製水銀四兩，器中火之立乾。但此液亦不多得，乃神理所惜，采時須用白鷄、清酒祭之。此石華山、嵩山皆出，而有脂液者，惟此曲灘。又熊太古《冀越集》亦言：　丹山礬十兩，可乾汞十兩。此乃人格物之精，發天地之秘也。據三書所引，則握雪礜石乃石之液，非土中石腦也。蘇恭所説，自是石腦。其説與《別録》及陶弘景所注石腦相合，不當復注于此。又按：　諸書或作礜石，或作礬石，未知孰是。古書二字每訛混。以理推之，似是礬石。礜石有毒，礬石無毒故也。

【氣味】甘，温，無毒。　【主治】痼冷積聚，輕身延年。多食令人熱《唐本》。治大風瘡時珍。

石膏

**宋·李昉《太平御覽》卷第九八八**　石膏　《廣州記》曰：　鄣平縣有石膏山，望之皎若霜雪。　《本草經》曰：　石膏，味辛，微寒。生山谷。治心下逆驚喘，口乾焦，不能息。

**宋·唐慎微《證類本草》卷四玉石部中品〔《本經·別録·藥對》〕**　**石膏**　**味辛**、甘，**微寒**、大寒，無毒。**主中風寒熱，心下逆氣驚喘，口乾舌焦，不能息，腹中堅痛，除邪鬼，產乳，金瘡**，除時氣，頭痛身熱，三焦大熱，皮膚熱，腸胃中隔氣，解肌發汗，止消渴，煩逆，腹脹，暴氣喘息，咽熱，亦可作浴湯。一名細石，細理白澤者良，黄者令人淋。生齊山山谷及齊盧山、魯蒙山。採無時。鷄子爲之使，惡莽草、馬目毒公。

〔梁·陶弘景《本草經集注》〕云：　二郡之山，即青州、徐州也。今出錢塘縣，皆在地中，雨後時時自出，取之皆如棋子，白澈最佳。彭城者亦好，近道多有而大塊，用之不及彼。仙經不須此。

〔唐·蘇敬《唐本草》〕注云：　石膏、方解石，大體相似，而以未破爲異。今市人皆以方解石代石膏，未見有真石膏也。石膏生於石傍，其方解石不因石而生，端然獨處，大者如升，小者若拳，或在土中，或生溪水，其土皮隨土及水苔色，破之方解，大者方尺。今人以此爲石膏，療風去熱雖同，而解肌發汗不如真者。

〔宋·掌禹錫《嘉祐本草》〕按：　《藥性論》云：　石膏，使，惡巴豆，畏鐵。能治傷寒頭痛如裂，壯熱皮如火燥，煩渴，解肌，出毒汗。主通胃中結，煩悶，心下急，煩躁。治脣口乾焦。和葱煎茶去頭痛。蕭炳云：　石膏，臣。陳藏器云：　陶云出錢塘縣中。按：　錢塘在平地，無石膏，陶爲錯注，蘇又注五石脂云：　五石脂中又有石膏，似骨如玉堅潤，服之勝鍾乳。與此石膏，乃是二物同名耳，不可混而用之。日華子云：　治天行熱狂，下乳，頭風旋，心煩躁，揩齒益齒。通亮，理如雲母者上，又名方解石。

〔宋·蘇頌《本草圖經》〕曰：　石膏，生齊山山谷及齊盧山、魯蒙山，今汾、孟、虢、耀州，興元府亦有之。生於山石上，色至瑩白，其黄者不堪。此石與方解石絕相類，今難得真者，用時惟取未破者以別之。其方解石不附石而生，端然獨處，外皮有土及水苔色，破之皆作方稜。石膏自然明瑩如玉石，此爲異也。採無時。方解石舊出下品，《本經》云：　生方山。陶隱居以爲長石，一名方石，療體相似，疑是一物。蘇恭云：　療熱不減石膏。若然，似可通用，但主頭風不及石膏也。又今南方醫家著一説云：　按本草，石膏、方解石大體相似，但方解石不因石，端然獨處。又云：　今市人皆以方解石代石膏，未見有真石膏也。又陶隱居謂石膏皆在地中，雨後時時自出，取之皆如棋子，此又不附石生也。二説相反，未知孰是。今詳石膏既與方解石肌理、形段、剛柔皆同，但以附石、不附石，豈得功力相異也。但意今之所用石膏、方解者，自是方解石，石膏乃別是一物爾。今石膏中，時時有瑩澈可愛，有縱理，而又不方解者，好事者或以爲石膏，然據本草，又似長石。又有議者以謂青石間，往往有白脉貫澈類肉之有膏肪者，爲石膏，此又本草所謂理石也。然不知石膏定是何物。今且依市人用方解石，然博物者亦宜堅考其實也。今密州九仙山東南隅，地中出一種石，青白而脆，擊之内有火，謂之玉火石，彼土醫人常用之。云味甘、微辛，溫。療傷寒發汗，止頭目昏眩痛，功與石膏等。彼土人或以當石膏，故以附之。

〔宋·唐慎微《證類本草》〕雷公云：　凡使，勿用方解石。方解石雖白，不透明，其性燥，若石膏出剡州茗山縣義情山，其色瑩淨如水精，性良善也。凡使之，先於石臼中搗成粉，以夾物羅過，生甘草水飛過了，水盡令乾，重研用之。《外臺秘要》：　骨蒸亦曰内蒸，所以言内者，必外寒内熱附骨也。其根在五藏六府之中，或皮燥而無光，蒸盛之時，四肢漸細，足肤腫者。石膏十分，研如乳法，和水服方寸匕，日再，以體凉爲度。《肘後方》：　葛氏療小便卒大數非淋，令人瘦。以石膏半斤搗碎，水一斗，煮取五升，稍飲五合。《梅師方》：　治熱油、湯、火燒瘡，痛不可忍。取石膏搗末細研，用粉，瘡愈。《子母秘録》：　治乳不下。以石膏三兩，水二升，煮之三沸。三日飲令盡，妙。《太上八帝玄變經》：石膏發汗。《丹房鏡源》：石膏桂州者，可結汞。

〔宋·陳承《重廣補注神農本草並圖經》〕別說云：謹按：陶說出錢塘山中，雨後時時自出。今錢塘人乃鑿山以取之，甚多，搗爲末，作齒藥貨用。浙人呼爲寒水石，然入藥最勝他處者。今既鑿山石而取，乃是因石而生，即石膏也。陳藏器謂錢塘縣在平地，無石膏，乃知陳不識錢塘，明矣。

**宋·寇宗奭《本草衍義》卷五**　石膏　二書紛辨不决，未悉厥理。詳《本經》原無方解石之說，正緣《唐本》注：石膏、方解石大體相似。因此一說，後人遂惑。《經》曰：生齊山山谷，及齊盧山、魯蒙山，採無時，即知他處者爲非。今《圖經》中又以汾州者編入，前後人都不詳。《經》中所言細理白澤者良，故知不如是，則非石膏也。下有理石條中《經》云，如石膏順理而細，又可明矣。今之所言石膏、方解石，二者何等有順理細文又白澤者。有是，則石膏也；無是，則非石膏也。仍須是《經》中所言州土者，方可入藥，餘皆偏見，可略不取。仲景白虎湯中，服之如神。新校正仲景《傷寒論》後言，四月已後，天氣熱時，用白虎者是也。然四方氣候不齊，又歲中氣運不一，方所既異，雖其說甚雅，當此之時，亦宜兩審。若傷寒熱病，或大汗後，脉洪大，口舌燥，頭痛，大渴不已；或著暑熱，身痛倦怠，白虎湯服之無不效。

**宋·王繼先《紹興本草》卷二**　石膏　紹興校定：石膏主治已載《本經》，與方解石形質相類，但細理瑩白者為石膏。方解石則敲之塊塊形方而解，以此有異爾，其主療亦不遠矣。然方家所用，亦各分之。今當作味辛甘、無毒是矣。

**金·張元素《潔古珍珠囊》〔見元·杜思敬《濟生拔粹》卷五〕**　石膏辛甘陰中之陽。止陽明頭痛，止消渴，中暑，潮熱。

**宋·劉明之《圖經本草藥性總論》卷上**　石膏　味辛、甘，微寒，無毒。主中風寒熱，心下逆氣驚喘，口乾舌焦，不能息，腹中堅痛，除邪鬼，産乳金瘡，除時氣頭痛身熱，〔三〕焦(木)〔大〕熱，皮膚熱，腸胃中隔氣，解肌發汗，止消渴煩逆，腹脹暴氣喘息。《藥性論》云：使。治傷寒頭痛如裂，壯熱，皮如火燥，煩渴，解肌，出毒汗。主通胃中結煩悶，心下急煩燥，治脣口乾焦。和葱煎茶，去頭痛。蕭炳云：臣。日華子云：治天行熱狂，下乳，頭風旋，心煩燥。揩齒益齒。雞子為之使。惡莽草、馬目毒公、巴豆。畏鐵。

**元·王好古《湯液本草》卷六**　石膏　氣寒，味甘、辛，微寒。大寒，無毒。入手太陰經少陽經、足陽明經。《象》云：治足陽明經中熱，發熱，惡熱，燥熱，日晡潮熱，自汗，小便濁赤，大渴引飲，肌肉壯熱，苦頭痛之藥，白虎湯是也。善治本經頭痛，若無此有餘證，勿用。《心》云：細理白澤者良，甘寒。胃經大寒藥，潤肺除熱，發散陰邪，緩脾益氣。《珍》云：辛甘，陰中之陽。止陽明經頭痛。胃弱不可服。下牙痛，須用香白芷為引。《本草》云：主中風寒熱，心下逆氣，驚喘，口乾舌焦，不能息，腹中堅痛，除邪鬼，産乳金瘡。除時氣頭痛，身熱，三焦大熱，皮膚熱，腸胃中膈氣。解肌發汗，止消渴煩逆，腹脹，暴氣喘息，咽熱。亦可作浴湯。　太上云：　石膏發汗。辛寒，入手太陰也。　東垣云：　微寒，足陽明也。又治三焦皮膚大熱，手少陽也。仲景治傷寒陽明證，身熱，目痛鼻乾，不得臥。身已前，胃之經也；胸，胃肺之室。邪在陽明，肺受火制，故用辛寒以清肺，所以號為白虎湯也。雞子為之使。惡莽草、馬目毒公。　《藥性論》云：石膏，使。惡巴豆。《唐本》註：療風去熱，解肌。

**元·朱震亨《格致餘論》**　石膏論　《本草》藥之命名，固有不可曉者，中間亦多有意義，學者不可以不察。以色而名者，大黃、紅花、白前、青黛、烏梅之類是也。以形而名者，人參、狗脊、烏頭、貝母、金鈴子之類是也。以氣而名者，木香、沉香、檀香、麝香、茴香之類是也。以質而名者，厚朴、乾薑、茯苓、生熟地黃之類是也。以味而名者，甘草、苦參、淡竹葉、草龍膽、苦酒之類是也。以能而名者，百合、當歸、升麻、防風、滑石之類是也。以時而名者，半夏、茵蔯、冬葵、寅雞、夏枯草之類是也。以石膏火煅細研，醋調，封丹爐，其固密甚於脂。苟非有膏，焉能為用。此兼質與能而得名，正與石脂同意。閻孝忠妄以方解石為石膏，況石膏其味甘而辛，本陽明經藥。陽明主肌肉，其甘也能緩脾益氣，止渴去火；其辛也能解肌出汗，上行至頭，又入手太陰、手少陽。彼方解石者止有體重質堅，性寒而已。求其所謂有膏，而可為三經之主治者焉在哉！醫欲責效，不亦難乎？

**元·朱震亨《本草衍義補遺》**　石膏　嘗觀藥命名，固有不可曉者，中間亦多有意義，學者不可不察。如以色而名者，大黃、紅花、白前、青黛、烏梅之類是也。以氣而名者，木香、沉香、檀香、麝香、蘭香之類是也。以質而名者，厚朴、乾薑、茯苓、生地黃之類是也。以味而名者，甘草、苦參、龍膽草、淡竹葉、苦酒之類是也。以能而名者，百合、當歸、升麻、防風、硝石之類是也。石膏火煅細研，醋調封丹爐，其固密甚於石脂。苟非有膏，焉能為用。此兼質兼能而得名，正與石脂同意。閻孝忠妄以方解石為石膏。況石膏甘辛，本陽明經藥。陽明主肌肉，其甘也能緩脾，益氣止渴，去火。其辛也能解肌出汗，上行至頭，又入手太陰、手少陽。彼方解石止有體重質堅，性寒而已，求其所謂石膏而可為三經之主者，焉在哉？醫欲責效，不其難乎？又云：軟石膏可研為末，醋和丸如菉豆大，以瀉胃火、痰火、食積，殊驗。〇生錢塘者如棋子白徹，最佳。彭城者亦好。又有一種玉火石，醫人常用之。云味甘、微辛，溫，治傷寒發汗，止頭痛目昏眩，功與石膏等，故附之。

**元・佚名氏《珍珠囊・諸品藥性主治指掌》〔見《醫要集覽》〕**　石膏　味辛、甘，性大寒，無毒。沉也，陰也。其用有二：制火邪，清肺氣，仲景有白虎之名；除胃熱，奪其食，易老云大寒之劑，不可輕用。

**元・徐彥純《本草發揮》卷一**　石膏　味辛、甘，大寒，無毒。除時氣頭痛身熱，三焦大熱，解肌發汗，止消渴，咽熱。成聊攝云：石膏味甘、辛，微寒。風，陽邪也。寒，陰邪也。風則傷陽，寒則傷陰。榮衛陰陽，為風寒雨傷，則非輕劑所能獨散也，必須輕重之劑以同散之，乃得陰陽之邪俱已，榮衛之氣俱和。是以大青龍湯以石膏為使。石膏為重劑，而又專達肌表者也。又云：熱淫所勝，佐以苦甘。知母、石膏之苦甘以散熱。潔古云：治足陽明經中熱，發熱，惡熱燥，日晡潮熱，自汗，小便赤濁，大渴引飲，身體肌肉壯熱，苦頭痛之藥，白虎湯是也。善治本經頭痛，若無以上證勿服，多有脾胃虛勞形體病證。初得之時，與此有餘之證同者，若醫者不識而悞用之，則不可勝救矣。《主治秘訣》云：性寒味淡，氣味俱薄，體重而沉降，陰中之陽也，乃陽明經大寒之藥，能傷胃氣，令人不食。非腹有極熱者，不可輕用。能止陽明經頭痛，胃弱者不可服。治下牙痛者，須用白芷為使發引。東垣云：石膏，辛甘，除三焦熱，傷寒頭痛；甘寒胃經。大寒藥，潤肺除熱，解肌發汗。海藏云：石膏發汗，辛寒入手太陰經。東垣曰石膏足陽明藥也，又治三焦大熱，手少陽也。仲景治傷寒陽明經證，身熱，目痛鼻乾，不得臥。身以前，胃之經也。胸者，胃肺之室也。邪熱在陽明，肺受火制，故用辛寒以清肺，所以號為白虎湯也。《唐本》注云：療風，去熱解肌。《衍義》云：仲景白虎湯中服之如神，新校正仲景《傷寒論》後言四月以後，天氣熱時用白虎湯者是也。然四方氣候不齊，及歲月氣運不一，方所既異，當用之時，亦宜兩審，其說甚雅。若傷寒熱病，大汗後脉洪大，口舌燥，頭痛，大渴不已，或着暑熱，身疼倦怠，白虎湯服之，無有不効。石膏為白虎湯之君主也，知母條下更有說。丹溪云：嘗觀藥之命名，固有不可曉者，中間亦多有意義，學者不可不察。如以色而名者，大黃、紅花、白前、青黛、烏梅之類是也。以氣而名者，木香、沉香、檀香、麝香之類是也。以形而名者，人參、狗脊、烏喙、貝母、金鈴子之類是也。以質而名者，厚朴、乾薑、茯苓、生熟地黃之類是也。以味而名者，甘草、苦參、龍膽、淡竹葉、苦酒之類是也。以能而名者，百合、當歸、升麻、防風、消石之類是也。以時而名者，半夏、茵陳、冬葵、寅雞、夏枯草之類是也。石膏火煅，細研，醋調封丹爐，其固密甚於石脂。苟非石膏，焉能為用。此兼質與能而得名，正與石脂同意。閻孝忠妄以方解石為石膏，況石膏味甘辛，本陽明經藥。陽明主肌肉，其甘也能緩脾益氣，止渴去火；其辛也能解肌出汗，上行至頭；又入手太陰、手少陽。彼方解石止有體重實堅，性寒而已，求其所謂有膏，而可為三經之主者，安在哉？醫欲責効，不亦難乎？又云：軟石膏可研為末，醋丸如菉豆大，以瀉胃火痰火食積殊驗。

**明・王綸《本草集要》卷五**　石膏臣　味辛甘，氣微寒，無毒。入手太陰經少陽經、足陽明經。雞子為之使。惡莽草、巴豆，畏鐵。細理白澤者良。主中風寒熱，心下逆氣，驚喘，口乾舌焦，不能息。腹中堅痛，產乳，金瘡。治中熱發熱惡熱燥熱，日晡潮熱，傷寒時氣，肌肉壯熱，頭痛如裂，大渴引飲。清金制火，潤肺，除三焦大熱，瀉胃火，治胃熱不食。又治胃熱能食善消。以辛也，故能解肌出汗，止行至頭。以甘也，故能緩脾益氣，止渴生津。胃虛寒人不可服。又揩齒益齒。

**明・滕弘《神農本經會通》卷六**　石膏　臣也，使也。雞子為之使。惡莽草、馬目毒公、巴豆。畏鐵。細理白澤者良，黃者令人淋。凡使勿用方解石，雖白，不透明，其性燥。《局》云：火煅，研細，水飛。味辛、甘，氣微寒、大寒，無毒。《湯》云：入手太陰經少陽經、足陽明經。東云：墜頭疼，解肌，消煩渴。又云：沉也，陰也。制火邪，清肺氣。仲景有白虎之名，除胃熱，奪其食。易老云大寒之劑。珍云：陽明大寒藥，治傷寒頭痛，三焦熱，潤肺，解肌，并發汗。白芷為使，可治風熱牙疼，無極熱不可輕用。《疌》云：清金制火，寧肺，除頭痛，止渴，退晡熱，除胃熱，奪其食。

《本經》云：主中風寒熱，心下逆氣，驚喘，口乾舌膲，不能息，腹中堅痛。除邪鬼，產乳，金瘡。除時氣頭痛，身熱，三焦大熱，皮膚熱，腸胃中膈氣，解肌發汗，止消渴煩逆，腹脹，暴氣喘息咽熱。亦可作浴湯。《藥性論》云：使。治傷寒頭痛如裂，壯熱，皮如火燥，煩渴，解肌，出毒汗。主通胃中結，心下急，煩燥，治脣口乾焦。和葱煎茶，去頭痛。蕭炳云：臣。日華子云：治天行熱狂，下乳，頭風旋，心煩燥，揩齒益齒。《象》云：治足陽明經中熱，發熱，惡熱，燥熱，日晡潮熱，自汗，小便滑赤，大渴引飲，肌肉壯熱，苦頭痛之藥，白虎湯是也。善治本經頭痛，若無餘證，勿用。《心》云：細理白澤者良。甘，寒。胃經大寒藥，潤肺，除熱，發散寒邪，緩脾益氣。珍云：辛甘，陰中之陽。止陽明經頭痛。胃弱不可服。牙痛須用香白芷。太上云：石膏發汗，辛，寒，入手太陰也。東垣云：微寒，足陽明也。又治三焦皮膚大熱，手少陽也。仲景治傷寒陽明證，身熱，目痛，鼻乾，不得臥。身已前，胃之經也。胸胃肺之窒邪在陽明，肺受火制，故用辛寒以清肺，所以號為白虎湯也。《唐本》注云：以方解石為石膏，療風去熱雖同，而解肌發汗不如真者。丹溪云：閆孝忠以方解石為石膏，況石非甘辛，本陽明經藥，陽明主肌肉，治胃熱，能食善消。其甘也，能緩脾益氣，止渴生津，去火；其辛也，能解肌出汗，上行至頭，又入手太陰、手少陽。彼方解石止有體重質堅性寒而已，求其所謂石膏，而可謂三經之主者，焉在哉？又云：軟石膏，可研為末，醋丸如菉豆大，以瀉胃火、痰火、食積，殊驗。《集》云：清金制火，潤肺，除三焦大熱，瀉胃火，治胃熱不食。胃寒人不可服。《百一選方》云：寒水石，用火煅，南人謂之軟石膏，《集成》《經驗》俱同。又有爛石膏者，用火煅。《衍義》曰：石膏，二書紛辨不決，未悉厥理，詳《本經》，元無方解石之說，正緣《唐本》注石膏、方解石，大體相似。因此一說，後人遂惑。《經》曰生齊山山谷及齊盧山，魯蒙山。採無時，即知他處者為非。今《圖經》中又以汾州者編入，前後人都不詳《經》中所言細理白澤者良，故知不如是，則非石膏也。下有理石條中《經》云：如石膏順理而細，又可明矣。今之所言石膏、方解石二者，有等，有順理細文又白澤者，有是，則石膏也。無是，則非石膏也。仍須是《經》中所言州土者，方可入藥，餘皆偏見，可畧不取。仲景白虎湯中服之如神，新校正仲景《傷寒論》後言，四月已後，天氣熱時，用白虎者是也。然四方氣候不齊，又歲中氣候不一，方所既異，雖其說甚雅，當此之時，亦宜兩審。若傷寒熱病，或大汗後脉洪大，口舌燥，頭痛，大渴不已，或著暑熱，身痛倦怠，白虎湯服之，無不効。《難知》云：白虎湯治陽明證，脉尺寸俱長，石膏辛寒入肝，知母苦寒入腎，甘草、粳米之甘居中，挽二藥上下。劊云：石膏甘性辛大寒，清金制火肺寧安。除頭痛渴日晡熱，更安胃熱奪其飡。《局》云：石膏主治風寒熱，更療心間逆氣侵。發汗解肌除喘渴，若還黃者使人淋。石膏，發汗解肌，去風寒熱。

**明・劉文泰《本草品彙精要》卷三**　石膏無毒。附玉火石。　石生。

**石膏**出《神農本經》：**主中風，寒熱，心下逆氣，驚喘，口乾舌焦不能息，腹中堅痛，除邪鬼，產乳，金瘡。**以上朱字《神農本經》。除時氣頭痛，身熱，三焦大熱，皮膚熱，腸胃中結氣，解肌發汗，止消渴，煩逆，腹脹，暴氣，喘息，咽熱。亦可作浴湯。以上黑字名醫所錄。【名】細石。【地】《圖經》曰：生齊山山谷及齊盧山、魯蒙山。今汾、孟、虢、耀州，興元府亦有之。生於山石上，色至瑩白，其黃者不堪。此石與方解石絕相類，今難得真者，惟取未破者以別之。其方解不附石而生，端然獨處，外皮有土及水苔色，破之皆作方棱。石膏自然明瑩如玉，此爲異也。陶隱居云：今出錢塘，皆在地中。雨後時時自出，取之皆如棋子，此又不附石生也。據《本草》又似長石，議者又謂青石間往往有白脈貫徹類肉之有膏肪者爲石膏。此亦《本草》所謂理石也。今密州九仙山、東南隅地中出一種石，青白而脆，擊之內有火，謂之玉火石。彼土醫常用之，云：味甘、微辛，溫，療傷寒發汗，止頭目昏眩痛，功與石膏等，彼土人或以當石膏。諸家之說不一，其真偽將何據耶？按丹溪云：藥之命名，固有不可曉者，中間亦多有意義。蓋石膏火煅，細研，醋調，封丹爐，其固密甚于石脂。苟非有膏，焉能爲用，此兼質與能而得名，正與石脂同意。閻孝忠妄以方解石爲石膏，況石膏甘辛，本陽明經藥，陽明主肌肉。其甘也，能緩脾益氣，止渴去火；其辛也，能解肌出汗，上行至頭。又入手太陰、手少陽。彼方解石，止有體重、質堅、性寒而已。其所謂石膏，而可謂三經之主者，焉在哉？醫欲責效，不亦難乎？大抵石膏當如《經》中所言，有細理白澤爲真，無細理而不白澤爲僞。仍如《經》中所言，州土方可入藥。如此庶不惑於多歧之論而灼然有定矣。【時】採：無時。【用】細理白色者良。【質】類長石而肌細。【色】白。【味】甘，辛。【性】微寒。一云大寒。【氣】氣薄味厚，陰中之陽。【臭】朽。【主】清胃去熱，解肌發汗。【行】

足陽明經、手太陰經少陽經。〔助〕雞子爲之使。〔反〕畏鐵。惡莽草、巴豆、馬目毒公。〔製〕《雷公》云：凡使，先于石臼中搗成粉，以密絹羅過，生甘草水飛過，澄令乾，重研用之。〔治〕療：《藥性論》云：治傷寒頭痛，壯熱，皮如火燥，煩渴，解肌，出毒汗，通胃中結，煩悶，心下急，煩躁，唇口乾焦。日華子云：治天行熱狂，下乳，頭風旋，揩齒益齒。《別錄》云：熱油湯火燒，瘡痛不可忍，搗末傅之愈。〔合治〕合葱煎茶服，治頭痛。○合知母、甘草、粳米，治傷寒熱病，或大汗後脈洪大，口舌乾燥，頭痛，大渴不已。○合香白芷治牙痛。〔禁〕黄色者令人淋，不可服。〔贋〕方解石爲僞。

**明·葉文齡《醫學統旨》卷八**　石膏　氣大寒，味辛、甘。無毒。沉而降，陰中之陽。入手太陰少陽、足陽明經。雞子為之使，惡巴豆，畏鐵。細軟白澤者良。切弗悞用方解石，止有體重性寒而已，求其所謂有膏，而可為三經之主者安在哉？治中風寒熱，心下逆氣驚喘，口乾舌焦不能息，腹中堅痛，產乳金瘡，中熱、發熱、惡熱、燥熱，日晡潮熱，傷寒時氣，肌肉壯熱，頭痛如裂，大渴引飲，清金制火潤肺，除三焦火熱，瀉胃火，消中化班，止下牙痛。以辛也，故能解肌出汗，上行至頭；以甘也，故能緩脾益氣，止渴生津。胃虛寒人不可服。又揩齒益齒。○軟石膏可研為末，醋丸如菉豆大，以瀉胃火、痰火、食積殊驗。煅傅諸瘡，生肌止痛。

**明·許希周《藥性粗評》卷四**　石流寒水，沃火毒以回涼。

寒水石，一名凝水石。夏月投水中，能令水凍，故名。此蓋鹽之精也。有縱理，有横理，如雲母可析，投水中與水同色。出常山與邯鄲山谷。三月採。以生薑汁煮過，研粉聽用。畏地榆。味辛、甘，性大寒，無毒。主治時氣壯熱，皮如火燒，煩滿消渴，水腫，小兒丹毒，皮膚赤熱，降火解毒，利小便。

單方：小兒丹毒：凡患小兒丹毒，皮膚赤熱者，以寒水石半兩，白土一分，共搗為末，米醋調塗身上，再塗愈。

**明·許希周《藥性粗評》卷四**　石膏祛中暑，因來白虎之名。

石膏，一名細石，乃附石而生者。出齊山及汾、孟、虢、耀等州山谷。以白而明瑩者佳。其黄赤者不堪入藥。採無時。雞子為之使，惡莽草、巴豆，畏鐵。味辛、甘，性大寒，無毒。入手太陰肺、足陽明胃經。主治傷寒中風，時氣發熱，頭痛煩渴，中暑中暍，消渴，口乾舌焦，腹中堅痛，腸胃隔氣，喘逆如不能息，解肌發汗。成聊攝云：風，陽邪也；寒，陰邪也；榮衛陰陽為風寒所傷，非輕劑所能獨散，是以大青龍湯，以石膏為使。石膏為重劑，而又專達肌表者也。潔古云：治足陽明胃經中熱，自汗，小便赤濁，大渴引飲，肌肉壯熱，苦頭痛之藥，白虎湯是也。善治本經頭痛，若無上證勿服。《主治秘訣》：石膏乃陽明經大寒之藥，能傷胃氣，非腹有大熱者不可服。治下牙痛者，須用白芷為使發引。仲景《傷寒論》：四月已後，天氣熱時用白虎湯，以石膏白虎湯之君主也。按：《活人書》有曰：無汗而喜渴者，勿投白虎。蓋以白虎湯乃汗後一解表藥耳，非正傷寒藥也。其歌曰：中暍汗之堪解表，藥性寒涼恐不經。老弱脉虛寧勿服，故將白虎號湯名。

單方：湯火燒瘡：凡被熱油湯火燒灼，已成瘡痛不可忍者，石膏搗末傅之，日三四次，愈。婦人無乳：石膏三兩，水二升，煮之，頻頻飲之令盡，乳自下。

**明·鄭寧《藥性要略大全》卷八**　石膏　墜頭疼，解肌而消煩渴，制火邪，清肺氣。仲景有白虎之名。除胃熱，奪其食，軟堅痰，止渴生津，發汗。《湯液》云：主中風寒熱，心下逆氣，驚喘，口乾舌焦，不能息。腹中堅痛，除邪鬼，產乳金瘡，除時氣頭痛、身熱，三焦大熱、皮膚熱，腸胃中隔氣，解肌發汗。治消渴煩逆，腹脹，暴氣喘息，咽熱痛。○易老云：大寒之劑。《金匱》云：治胃經熱，惡熱、發熱、燥熱，日晡潮熱，自汗，小便赤澁，大渴引飲，肌內壯熱，苦頭痛之藥。白虎湯是也。善治陽明頭痛。味辛、甘，性大寒，無毒。入手太陰少陰、足陽明。雞子為之使，惡莽草、巴豆。畏飴糖及鐵。細理白潤者良。

**明·陳嘉謨《本草蒙筌》卷八**　石膏　味辛、甘，氣微寒。氣味俱薄，體重而沉，降也，陰中陽也。無毒。青州併徐州多生，畏鐵惡莽草巴豆。細理白澤為上，猛火煅軟方靈。絕細研成，湯液任使。以鷄子為使，入肺胃三焦。辛能出汗解肌，上行而理頭痛；甘則緩脾益氣，生津以止渴消。故風邪傷陽，寒邪傷陰，總解肌表可愈；任胃熱多食，胃熱不食，惟瀉胃火能痊。仲景加白虎名，身以前胃之經，胸者肺之室。邪在陽明，肺受火制，故用石膏辛寒，以清肺，所以號為白虎。易老云大寒劑。胃弱食不下者忌服，血虛身發熱者禁嘗。比象白虎證，悞服白虎湯者死，不可輕忽。單研末和醋為丸，治食積痰火殊驗。胃脘痛甚，吞服立差。

謨按：丹溪云：嘗觀藥之命名，固有不可曉者。中間亦多意義，學者不可不察焉。如以色而名者，大黄、紅花、白前、青黛、烏梅之類是也。以氣而名者，木香、沉香、檀香、茴香、麝香之類是也。以質而名者，厚朴、乾薑、茯苓、生熟地黄之類是也。以形而名者，人參、狗脊、烏喙、貝母、金鈴子之類是也。以味而名者，甘草、苦參、龍膽草、淡竹葉、苦酒之類是也。以能而名者，百合、當歸、升麻、防風、硝石之類是也。以時而名者，半夏、茵陳、冬葵、寅鷄、夏枯草之類是也。石膏火煅，研細醋調，封丹爐，其固密甚於石脂。苟非石膏，焉能為用。此兼質與能而得名，正與石脂同意。閻孝忠妄以方解石為石膏，況石膏味甘辛，本陽明經藥，陽明主肌肉。其甘也，能緩脾益氣，止渴去火。其辛也，能解肌出汗，上行至頭。又入太陰，入手少陽。彼方解石，只體重質堅，性寒而已。求其所謂有膏，可為三經之主者，安在哉！醫欲責効，不亦難乎？第一卷知母欵後謨按宜參看。

**明・方穀《本草纂要》卷九**　石膏　味辛、甘，氣微寒，入太陰肺經，清金制火；入陽明胃經，清胃解熱，此辛甘寒之劑。亦去有餘大熱之症，甚有神功。殆見中熱、發熱、惡熱、躁熱、時行疫熱、三焦大熱、傷寒喘熱、陽明胃熱、消穀鬱熱、哮喘痰熱、日晡潮熱，是皆有餘之症，俱可治之。又有頭痛如裂，牙痛壅熱，喉痛痰結，耳痛腫頰，項痛抽拔，顋痛紅赤，是皆肺胃蘊熱之症也，惟石膏亦可治之。大抵此劑不可輕用，金石之類，有傷正氣，量其虚實而與之。噫！虚則爲人參使，實則爲大黄使。古之用法，三黄石膏，人參白虎，亦可見矣。

**明・王文潔《太乙仙製本草藥性大全》卷六《本草精義》**　石膏　一名細理。生齊山山谷及齊盧山、魯蒙山，今汾、孟、虢州，興元府亦有之。生於山石上，色至瑩白，細理白澤者良，黄者使人淋。陶隱居云：二郡之山，即青州、徐州也。今出錢塘縣，皆在地中，雨後時時自出，取出如棋子，白徹最佳。彭城者亦好，近道多有而大塊，用之不及彼，採無時。惡莽草、馬目毒公，巴豆，畏鐵。猛火煅軟方靈，絕細研成湯液。此石與方解石絕相類，今難得真者，用時惟取未破者以别之。其方解石不附石而生，端然獨處，外皮有土及水苔色，破之皆作方稜。石膏自然明瑩如玉，此爲異也，採無時。古之解石，舊出下品，《本經》云：生方山。陶隱居以爲長石，一名方石，療體相似，疑是一物。蘇恭云：療熱不減，石膏若然，似可通用，但主頭風不及石膏也。

**明・王文潔《太乙仙製本草藥性大全》卷六《仙製藥性》**　石膏臣　味辛、甘，氣微寒，氣味俱薄，體重而沉降也，陰中陽也，無毒。鷄子爲之使。入肺、胃、三焦三經。　主治：辛能出汗解肌，上行而理頭痛。甘則緩脾益氣，生津以止消渴。故風邪傷陽，寒邪傷陰，總解肌表可愈。任胃熱多食，胃熱下食，惟瀉胃火能痊。仲景加白虎名。身以前胃之經，胸者肺之室。邪在陽明，肺受火制，故用石膏辛寒以清肺，所以號爲白虎。易老云大寒劑，胃弱食不下者忌服，血虚身發熱者禁嘗。比象白虎正誤，服白虎湯者死，不可輕忽。單研末和醋爲丸，治食積痰火殊驗。胃脘痛甚，吞服立差。　補註：〔骨〕蒸病亦曰内蒸，所以言内者，必外寒内熱(把手)附骨而蒸也。其根在五臟六腑之中，必因患後得之，骨肉日消，食飲無味也，或皮燥而無光，蒸盛之時，四肢漸細，足趺腫起。用十兩，研如乳粉法，水和服方寸〔匕〕，日再，以體凉爲度。○小便卒大數，非淋，令人瘦，以半斤，搗碎，水一斗，煮取五升，稍飲五合。○熱油湯火燒瘡，痛不可忍，用爲細末傅上自愈。○治乳不下，以二兩，水二升，煮之三沸，三日飲令盡妙。　太乙曰：凡使勿用方解石，方解石雖白不透明，其性燥。若石膏出剡州茗山縣義情山，其色瑩凈如水精，性良善也。凡使之，先於石臼中搗成粉，以密物羅過，生甘草水飛過了，水沉令乾，重研用之。

按：丹溪云：嘗觀藥之命名，固有不可曉者，中間亦多意義，學者不可不察焉。如以色而名者，大黄、紅花、白前、青黛、烏梅之類是也；以氣而名者，木香、沉香、檀香、茴香、麝香之類是也；以質而名者，厚朴、乾薑、茯苓、生熟地黄之類是也；以形而名者，人參、狗脊、烏喙、貝母、金鈴子之類是也；以味而名者，甘草、苦參、龍膽草、淡竹葉、苦酒之類是也；以能而名者，百合、當歸、升麻、防風、硝石之類是也；以時而名者，半夏、茵陳、冬葵、寅鷄、夏枯草之類是也。石膏火煅研細，醋調封丹爐，其固密甚於石脂，苟非石膏，焉能爲用。此兼質與能而得名，正與石脂同意。閻孝忠妄以方解石爲石膏，況石膏味甘辛，本陽明經藥，陽明主肌肉。其甘也，能緩脾氣，止渴去火；其辛也，能解肌出汗，上行至頭。又入太陰，入手少陽。彼方解石，只體重質堅性寒而已。求其所謂如膏，可爲三經之主者，安有？

**明・皇甫嵩《本草發明》卷五**　石膏中品，臣。氣寒，味辛、甘。氣味俱薄，體重沉降也，陰中之陽。無毒。入手太陰經少陽經、足陽明經。　發明曰：石膏，入肺胃三焦之劑者，何惟辛也？而氣味俱輕，故能解肌上行，而理頭痛。《本草》所謂主中風傷寒，時氣頭痛身熱是也。惟甘也，下乳生津止渴，所謂口乾舌熱者主之。又云：能緩脾益氣，若心下逆氣，驚喘暴氣喘息，咽熱能除者，清火之功也。若腹堅痛，腸胃隔氣，胃熱能食，胃熱不能食，與夫下齒痛者，瀉胃火之力也。下牙痛屬胃。香白芷為使。又治三焦皮膚大熱者，入手少陽經也。要之，主肺胃居多。仲景治傷寒陽明經病，身熱目痛，鼻乾不眠，身已前胃之經也，胸胃肺之室。邪在陽明，肺受火制，故用辛寒以清肺，所以有白虎湯之名。凡用，須擇色瑩淨，細理白澤如水精者，若白不明透，是方解石，其性燥，不堪用。若石膏火煅，研細，醋調，封丹爐甚固于石脂方真。畏鐵。惡巴豆、莽草。

## 明·李時珍《本草綱目》卷九石部·石類上　石膏《本經》中品

〔釋名〕細理石《別録》　寒水石《綱目》。震亨曰：火煅細研醋調，封丹竈，其固密甚於脂膏。此蓋兼質與能而得名，正與石脂同意。時珍曰：其文理細密，故名細理石。其性大寒如水，故名寒水石，與凝水石同名異物。

〔集解〕《別録》曰：石膏生齊山山谷及齊盧山、魯蒙山，采無時。細理白澤者良，黃者令人淋。弘景曰：二郡之山，即青州、徐州也。今出錢塘縣，皆在地中，雨後時時自出，取之如棋子，白澈最佳。彭城者亦好。近道多有而大塊，用之不及彼也。仙經不須此。恭曰：石膏、方解石大體相似，而以未破爲異。今市人皆以方解代石膏，未見有真石膏也。石膏生於石旁。其方解不因石而生，端然獨處，大者如升，小者如拳，或在土中，或生溪水，其上皮隨土及水苔色，破之方解，大者方尺。今人以此爲石膏，療風去熱雖同，而解肌發汗不如真者。大明曰：石膏通亮，理如雲母者上。又名方解石。斆曰：凡使勿用方解石。方解雖白不透明，其性燥；若石膏則出剡州茗山縣義情山，其色瑩淨如水精，性良善也。頌曰：石膏今汾、孟、虢、耀州，興元府亦有之。生于山石上，色至瑩白，與方解石肌理形段剛柔絶相類。今難得真者。用時，惟以破之皆作方稜者，爲方解石。今石膏中時時有瑩澈可愛有縱理而不方解者，或以爲石膏；然據本草又似長石。或又謂青石間往往有白脉貫徹類肉之膏肪者，爲石膏；此又本草所謂理石也。不知石膏定是何物？今且依市人用方解石爾。閻孝忠曰：南方以寒水石爲石膏，以石膏爲寒水石，正與汴京相反，乃大誤也。石膏潔白堅硬，有墻壁。寒水石則軟爛，以手可碎，外微青黑，中有細文。又一種堅白全類石膏，而敲之成文者，名方解石也。承曰：陶言錢塘山中雨後時自出。今錢塘人鑿山取之甚多，擣作齒藥貨用，浙人呼爲寒水石，入藥最勝他處者。宗奭曰：石膏紛辯不決，未悉厥理。本草只言生齊山、盧山、蒙山，細理白澤者良，即知他處者非石膏也。震亨曰：本草藥之命名，多有意義，或以色，或以形，或以氣，或以質，或以味，或以能，或以時是也。石膏固濟丹爐，苟非有膏，豈能爲用。此蓋兼質與能而得名。昔人以方解爲石膏，誤矣。石膏味甘而辛，本陽明經藥，陽明主肌肉。其甘也，能緩脾益氣，止渴去火。其辛也，能解肌出汗，上行至頭，又入太陰、少陽。彼方解石，止有體重質堅性寒而已，求其有膏而可爲三經之主治者焉在哉？時珍曰：石膏有軟、硬二種。軟石膏，大塊生於石中，作層如壓扁米糕形，每層厚數寸。有紅白二色，紅者不可服，白者潔淨，細文短密如束針，正如凝成白蠟狀，鬆軟易碎，燒之即白爛如粉。其中明潔，色帶微青，而文長細如白絲者，名理石也。與軟石膏乃一物二種，碎之則形色如一，不可辨矣。硬石膏，作塊而生，直理起稜，如馬齒堅白，擊之則段段橫解，光亮如雲母、白石英，有墻壁，燒之亦易散，仍硬不作粉。其似硬石膏成塊，擊之塊塊方解，墻壁光明者，名方解石也，燒之則姹散亦不爛。與硬石膏乃一類二種，碎之則形色如一，不可辨矣。自陶弘景、蘇恭、大明、雷斆、蘇頌、閻孝忠皆以硬者爲石膏，軟者爲寒水石；至朱震亨始斷然以軟者爲石膏，而後人遵用有驗，千古之惑始明矣。蓋昔人所謂寒水石者，即軟石膏也；所謂硬石膏者，乃長石也。石膏、理石、長石、方解石四種，性氣皆寒，俱能去大熱結氣；但石膏又能解肌發汗爲異爾。理石即石膏之類，長石即方解之類，俱可代用，各從其類也。今人以石膏收豆腐，乃昔人所不知。

〔修治〕斆曰：凡使，石臼中擣成粉，羅過，生甘草水飛過，澄晒篩研用。時珍曰：古法惟打碎如豆大，絹包入湯煮之。近人因其性寒，火煅過用，或糖拌炒過，則不妨脾胃。

〔氣味〕辛，微寒，無毒。《別録》曰：甘，大寒。好古曰：入足陽明、手太陰少陽經氣分。之才曰：鷄子爲之使。惡莽草、巴豆、馬目毒公。畏鐵。　〔主治〕中風寒熱，心下逆氣驚喘，口乾舌焦，不能息，腹中堅痛，除邪鬼，産乳金瘡《本經》。除時氣頭痛身熱，三焦大熱，皮膚熱，腸胃中結氣，解肌發汗，止消渴煩逆，腹脹暴氣，〔喘〕息咽熱，亦可作浴湯《別録》。治傷寒頭痛如裂，壯熱皮如火燥。和葱煎茶，去頭痛甄權。治天行熱狂，頭風旋，下乳，揩齒益齒大明。除胃熱肺熱，散陰邪，緩脾益氣李杲。止陽明經頭痛，發熱惡寒，日晡潮熱，大渴引飲，中暑潮熱，牙痛元素。

〔發明〕成無己曰：風，陽邪也；寒，陰邪也；風喜傷陽，寒喜傷陰。營衛陰陽，爲風寒所傷，則非輕劑所能獨散；必須輕重之劑同散之，乃得陰陽之邪俱去，營衛之氣俱和。是以大青龍湯，以石膏爲使。石膏乃重劑，而又專達肌表也。又云：熱淫所勝，佐以苦甘。知母、石膏之苦甘以散熱。元素曰：石膏性寒，味辛而淡，氣味俱薄，體重而沉，降也陰也，乃陽明經大寒之藥。善治本經頭痛牙痛，止消渴、中暑、潮熱。然能寒胃，令人不食，非腹有極熱者，不宜輕用。又陽明經中熱，發熱惡寒，燥熱，日晡潮熱，肌肉壯熱，小便濁赤，大渴引飲，自汗，苦頭痛之藥，仲景用白虎湯是也。若無以上諸證，勿服之。多有血虛發熱象白虎證，及脾胃虛勞，形體病證，初得之時，與此證同。醫者不識而誤用之，不可勝救也。杲曰：石膏，足陽明藥也。故仲景治傷寒陽明證，身熱、目痛、鼻乾、不得卧。身以前，胃之經也。胸前，肺之室也。邪在陽明，肺受火制，故用辛寒以清肺氣，所以有白虎之名。又治三膲皮膚大熱，入手少陽也。凡病脈數不退者，宜用之；胃弱者，不可用。宗奭曰：孫兆言，四月以後天氣熱時，宜用白虎。但四方氣候不齊，歲中運氣不一，亦宜兩審。其説甚雅。時珍曰：東垣李氏云立夏前多服白虎湯者，令人小便不禁，此乃降令太過也。陽明津液不能上輸于肺，肺之清氣亦復下降故爾。初虞世《古今録驗方》，治諸蒸病有五蒸湯，亦是白虎加人參、茯苓、地黄、葛根，因病加減。王燾《外臺秘要》治骨蒸勞熱久嗽，用石膏文如束鍼者一斤，粉甘草一兩，細研如麪，日以水調三四服。言其無毒有大益，乃養命上藥，不可忽其賤而疑其寒。《名醫録》言，睦州楊士丞女，病骨蒸内熱外寒，衆醫不瘥，處州吴醫用此方而體遂凉。愚謂此皆少壯肺胃火盛，能食而病者言也。若衰暮及氣虚血虚胃弱者，恐非所宜。《廣濟》：林訓導年五十，病痰嗽發熱。或令單服石膏藥至一斤許，遂不能食，而欬益頻，病益甚，遂至不起。此蓋用藥者之瞀瞀也，石膏何與焉。楊士瀛云：石膏煅過，最能收瘡暈，不至爛肌。按劉跂《錢乙傳》云：宗室子病嘔泄，醫用温藥加喘。乙曰：病本中熱，奈何以剛劑燥之，將不得前後溲，宜與石膏湯。宗室與醫皆不信。後二日果來召。乙曰：仍石膏湯證也。竟如言而愈。又按：古方所用寒水石，是凝水石；唐宋以來諸方所用寒水石，即今之石膏也，故寒水石諸方多附于後。近人又以長石、方解石爲寒水石，不可不辨之。

【附方】舊四，新二十五。　傷寒發狂：踰垣上屋。寒水石二錢，黄連一錢，爲末。煎甘草冷服，名鵲石散。《本事方》。　風熱心躁：口乾狂言，渾身壯熱。寒水石半斤，燒半日，净地坑内盆合，四面濕土擁起，經宿取出，入甘草末、天竺黄各二兩，龍腦二分，糯米糕丸彈子大，蜜水磨下。《集驗方》。　解中諸毒：方同上。　乳石發渴：寒水石一塊含之，以瘥爲度。《聖濟録》。　男女陰毒：寒水石不拘多少爲末，用兩餾飯搗丸栗子大，日乾。每用一丸，炭火煅紅燒研，以滚酒調服，飲葱醋湯投之，得汗愈。《蔡氏經驗必用方》。　小兒丹毒：寒水石末一兩，和水塗之。《集玄方》。　小兒身熱：石膏一兩，青黛一錢，爲末，糕糊丸龍眼大。每服一丸，燈心湯化下。《普濟方》。　骨蒸勞病：外寒内熱，附骨而蒸也。其根在五臟六腑之中，必因患後得之。骨肉日消，飲食無味，或皮燥而無光。蒸盛之時，四肢漸細，足趺腫起。石膏十兩，研如乳粉〔法〕，水和服方寸匕，日再，以身凉爲度。《外臺秘要》。　熱盛喘嗽：石膏二兩，甘草炙半兩，爲末。每服三錢，生薑、蜜調下。《普濟方》。　痰熱喘嗽：痰涌如泉。石膏、寒水石各五錢，爲末。每人參湯服三錢。《保命集》。　食積痰火：瀉肺火胃火。白石膏火煅，出火毒，半斤，爲末，醋糊丸梧子大。每服四五十丸，白湯下。《丹溪方》。　胃火牙疼：好軟石膏一兩，火煅，淡酒淬過，爲末，入防風、荆芥、細辛、白芷五分，爲末。日用揩牙，甚效。《保壽堂方》。　老人風熱：内熱，目赤頭痛，視不見物。石膏三兩，竹葉五十片，沙糖一兩，粳米三合，水三大盞，煎石膏、竹葉，去滓，取二盞，煮粥入糖食。《養老方》。　風邪眼寒：乃風入頭，係敗血凝滯，不能上下流通，故風寒客之而眼寒也。石膏煅二兩，川芎二兩，甘草炙半兩，爲末。每服一錢，葱白、茶湯調下，日二服。《宣明方》。　頭風涕淚：疼痛不已。方同上。　鼻衄頭痛：心煩。石膏、牡蠣一兩，爲末。每新汲水服二錢。並滴鼻内。《普濟方》。　筋骨疼痛：因風熱者。石膏三錢，飛羅麪七錢，爲末，水和煅紅，冷定。滚酒化服，被蓋取汗。連服三日，即除根。《筆峰雜興》。　雀目夜昏：百治不效。石膏末每服一錢，猪肝一片薄批，摻藥在上纏定，沙瓶煮熟，切食之，一日一服。《明目方》。　濕温多汗：妄言煩渴。石膏、炙甘草等分爲末。每服二錢匕，漿水調下。龐安時《傷寒論》。　小便卒數：非淋，令人瘦。石膏半斤搗碎，水一斗，煮五升。每服五合。《肘後方》。　小兒吐瀉：黄色者，傷熱也。玉露散：用石膏、寒水石各五錢，生甘草二錢半，爲末，滚湯調服一錢。錢乙《小兒方》。　水瀉腹鳴：如雷，有火者。石膏火煅，倉米飯和丸梧子大，黄丹爲衣。米飲下二十丸。不二服，效。《李樓奇方》。　乳汁不下：石膏三兩，水二升，煮三沸。三日飲盡妙。《子母秘録》。　婦人乳癰：一醉膏：用石膏煅紅，出火毒，研。每服三錢，温酒下，添酒盡醉。睡覺，再進一服。陳日華《經驗方》。　油傷火灼：痛不可忍。石膏末傅之，良。《梅師方》。　金瘡出血：寒水石、瀝青等分，爲末。乾摻，勿經水。《積德堂方》。　刀瘡傷濕：潰爛不生肌。寒水石煅一兩，黄丹二錢，爲末，洗敷。甚者，加龍骨一錢，孩兒茶一錢。《積德堂方》。　瘡口不斂：生肌肉，止疼痛，去惡水。寒水石燒赤，研，二兩，黄丹半兩，爲末，摻之。名紅玉散。《和劑局方》。　口瘡咽痛：上膈有熱。寒水石煅三兩，朱砂三錢半，腦子半字，爲末，摻之。《三因方》。

**題明・薛己《本草約言》卷二《藥性本草》**　石膏　味甘、辛，氣大寒，無毒。陽中之陰，可升可降，入手太陰少陽、足陽明經。瀉陽明熱蒸而汗出，藥名白虎；發傷寒鬱而無汗，方用青龍。發陽鬱，除煩燥于肌表；瀉胃熱，止消渴于胸中。奪甘食，應如桴鼓；清肺熱，捷若飆風。畏鐵。○風，陽邪也。寒，陰邪也。風則傷（寒）〔陽〕，寒則傷陰，陰陽兩傷，則非輕劑所能獨散也，必須輕重之劑，以同散之，乃得陰陽邪散，而榮衛俱和。是以大青龍湯，以石膏為使，石膏乃重劑，而又專達肌表者也。○若傷寒熱病，大汗後脉洪大，口舌燥，頭痛，大渴不已，白虎湯服之無不效。石膏為白虎湯之君主也。如有脾胃虚勞形體病症初得之時，與此有餘之症同者，誤服之則不可勝救矣。甘能緩脾益氣，止渴生津；辛能解肌出汗，上行至頭。又辛寒入手太陰，辛甘除三焦大熱。然乃陽明大寒之藥，能傷胃氣，令人不食，非腹有極熱者，不可輕用。此物太陰之精，配竹葉則入于心，配知母則通于胃，配黄連則入于三焦，配黄芩、知母則入于肺。

**明・梅得春《藥性會元》卷下**　石膏　味辛、甘，大寒。沉而降，陰中之陽。無毒。入手太陰肺經、手少陽三焦經、足陽明胃經。雞子為使。惡巴豆、鐵、莽草。　主治中風寒熱，心下逆氣驚喘，口乾舌焦不能息，腹中堅痛，産乳金瘡，中熱發熱，惡熱燥熱，日晡潮熱，傷寒時氣，肌肉壯熱，頭痛如裂，大渴引飲。清金制火潤肺，除三焦火熱，瀉胃火，消中化斑，止上下牙痛。以辛也，故能解肌出汗，上行至頭；以甘也，故能緩脾益氣，止渴生津。胃虚寒之人不可服。若揩齒能堅，益齒。治滿口破瘡及爛，齒痛出血，研細，水飛熬膏，以甘草、冰片收之，傳含甚妙。研末醋丸，治食積痰火，瀉胃火。《藥性》云：制火邪，清肺氣。仲景有白虎之名，除胃熱，奪其食。易老云：大寒之劑，墜頭疼，解肌而止消渴，發汗，解煩熱，風熱。凡用細理白澤者佳，黄色者令人淋，勿用。方解石：此石雖白，不透明，止有體重，其性燥，其質堅及寒而已。求其所謂石膏而可為三經之主者安在哉？醫欲責效，不亦難乎？又云：軟石膏研末醋丸。以瀉胃火、痰火、食積殊驗。生錢塘，如棋子，白澈最佳，彭城亦好。又一種玉火石，醫人常用之，云味甘、微辛，溫。治傷寒發汗，止頭痛目昏眩，與石膏等，故附之。煅，傳諸瘡，生肌止痛。製法：用石臼中搗成粉，以絹羅過，用生甘草水飛過，澄，晒乾，重加研細聽用。

**明・杜文燮《藥鑒》卷二**　白石膏　氣大寒，味辛、甘，無毒。氣味俱薄，沉也，陰也。足陽明經藥也。陽明主肌肉，惟其甘也，能緩脾益氣，止渴去火。惟其辛也，能解肌出汗，上行止頭疼。故風邪傷陽，寒邪傷陰，揔解肌表甚捷。任胃熱多食，胃熱不食，並瀉胃火極靈。不時食積，痰火殊效。雖有胃脘痛甚，立瘥。東垣曰：制火邪，清肺熱。仲景有白虎之名，除胃熱，奪甘食。易老為大寒之劑，身涼內靜，手足俱冷者禁用，恐耗血也。

**明・王肯堂《傷寒證治準繩》卷八**　石膏　氣寒，味甘辛，無毒。入手太陰經少陽經、足陽明經。潔：石膏，性寒，味辛而淡，氣味俱薄，體重而沉，降也，陰也，乃陽明經大寒之藥。善治本經頭痛牙痛，止消渴，中暑潮熱。然能寒胃，令人不食，非腹有極熱者，不宜輕用。又陽明經中熱，發熱惡寒，燥熱，日晡潮熱，肌肉壯熱，小便濁赤，大渴引飲，自汗，苦頭痛之藥。仲景用白虎湯是也。若無以上諸證，勿服之。多有血虚發熱象白虎證，及脾胃虚勞形體病證，初得之時，與此證同，醫者不識，而誤用之，不可勝救也。垣：石膏，足陽明藥也，故仲景治傷寒陽明證，身熱目痛，鼻乾，不得臥。身以前，胃之經也。胸前，肺之室也。邪在陽明，肺受火制，故用辛寒以清肺氣，所以有白虎之名。又治三焦皮膚大熱，入手少陽也。凡病脉數不退者，宜用之。胃弱者，不可用。按溫熱病，煩熱而渴，脉洪大而數且長者，非用石膏不能取效。冬月有此脉證，亦宜用之。仲景製白虎湯，為正傷寒設也。東垣處暑以後勿用之說，不可拘泥。此即市所謂寒水石者也，亦謂之鞕石膏，細理白澤者良。碎之如粟米大，先煮數十沸，乃入餘藥，以其氣味難出故也。

**明・李中立《本草原始》卷八**　石膏　生齊山山谷及齊盧山、魯蒙山。采無時。有紅、白二色，紅者不可服，白者潔淨，細文短密如束針，正如凝成白蠟狀，鬆軟易碎，燒之即白爛如粉，俗呼軟石膏。震亨曰：藥之命名，多有意義，或以色，或以形，或以氣，或以質，或以味，或以能，或以地，或以時。石膏火煅細研，醋調封丹竈，其固密甚于脂膏，此蓋兼質與能而得名，正與石脂同意。時珍曰：其性大寒如水，故一名寒水石。石膏：氣味：辛，微寒，無毒。元素曰：性寒味辛而淡，氣味俱薄，體重而沉，降也，陰也，乃陽明經大寒之藥。主治：中風寒熱，心下逆氣驚喘，口乾舌焦不能息，腹中堅痛，除邪鬼，産乳金瘡。〇除時氣頭痛身熱，三膲大熱，皮膚熱，腸胃中結氣，解肌發汗，止消渴煩逆，腹脹，暴氣喘，咽熱，亦可作浴湯。〇治傷寒頭痛如裂，壯熱皮如火燥。和葱煎茶，去頭痛。〇治天行熱狂，頭風旋，下乳，揩齒益齒。〇除胃熱肺熱，散陰邪，緩脾益氣。〇止陽明經頭痛，發熱惡寒，日晡潮熱，大渴引飲，中暑，潮熱，牙痛。

石膏，《本經》中品。【圖略】修治：石膏。斆曰：凡使，石臼中搗成粉，羅過，生甘草水飛過，澄晒，篩研用。時珍曰：古法惟打碎如豆大，絹包入湯煮之。近時因其性寒，火煅過研用，或糖拌炒過，不妨脾胃。石膏，一名寒水石；凝水石，一名寒水石，同名異物。雞子為使，惡莽草、巴豆、馬目毒公，畏鐵。

《保壽堂方》：治胃火牙疼，軟石膏一兩，火煅，淡酒淬過，為末，入防風、荊芥、細辛、白芷各五分為末，日用揩牙，甚效。《和劑局方》：治瘡口不斂，生肌肉，止疼痛，去惡水，用軟石膏火煅二兩，黄丹半兩，為末，摻之，名紅玉散。石膏，臣。

**明・張懋辰《本草便》卷二**　石膏臣　味辛、甘，氣微寒，無毒。入手太陰經、少陽經、足陽明經。惡莽草、巴豆，畏鐵。主中風寒熱，心下逆氣驚喘，口乾舌焦不能息，腹中堅痛，産乳金瘡；治潮熱，傷寒時氣，肌肉壯熱，頭痛如裂，大渴引飲，清金制火，潤肺，除三焦大熱，瀉胃火，治胃熱不食；又治胃熱，能食善消。以辛也，故能解肌出汗，上行至頭；以甘也，故能緩脾益氣，止渴生津。胃虛寒人不可服。

**明・李中梓《藥性解》卷一**　石膏　味辛、甘，性寒，無毒，入肺、胃二經。主出汗解肌，緩脾益氣，生津止渴，清胃消痰，最理頭疼，與方解石相似，須瑩淨如水晶者真，雞子為使，惡莽草、馬目毒公、巴豆，畏鐵。按：石膏辛走肺，甘走胃，所以主發散，仲景名為白虎，蓋有兩義，一則以其入肺，一則以其性雄。苟胃弱不食及血虛發熱者悞用之，為害不淺。

寒水石　味辛、甘，性大寒，無毒，入五臟諸經。主內外大熱，時行熱渴，腹中積聚，解巴豆毒，凡使須薑汁煮之，汁盡為度，細研用，畏地榆。按：寒水石即凝水石，性極寒冷，故於五臟靡所不入。過服令人腸胃受寒，不能飲食。陶隱居云：夏月能為冰者佳，如此則舉世不能得矣，似乎失言。

**明・繆希雍《本草經疏》卷四**　石膏　味辛、甘，微寒、大寒，無毒。主中風寒熱，心下逆氣、驚喘，口乾舌焦不能息，腹中堅痛，除邪鬼，產乳金瘡。除時氣頭痛身熱，三焦大熱，皮膚熱，腸胃中膈氣，解肌發汗，止消渴煩逆，腹脹暴氣，喘息咽熱，亦可作浴湯。堅白明瑩者良。浙人呼為寒水石者真。

〖疏〗石膏稟金水之正，得天地至清至寒之氣，故其味辛甘，其氣大寒而無毒。陰中之陽，可升可降。入足陽明、手太陰、少陽經氣分。辛能解肌，甘能緩熱，大寒而兼辛甘則能除大熱。故《本經》主中風寒熱，熱則生風故也。邪火上衝，則心下有逆氣及驚喘。陽明之邪熱甚，則口乾舌焦不能息。邪熱結於腹中，則腹中堅痛。邪熱不散，則神昏譫語，同乎邪鬼。肌解熱散汗出，則諸證自退矣。惟產乳金瘡，非其用也。《別錄》除時氣頭痛身熱，三焦大熱，皮膚熱，腸胃中膈氣，解肌發汗，止消渴煩逆，腹脹暴氣，喘息咽熱者，以諸病皆由足陽明胃經邪熱熾盛所致，惟喘息咽熱，略兼手太陰病。此藥能散陽明之邪熱，降手太陰之痰熱，故悉主之也。甄權亦用以治傷寒頭痛如裂，壯熱如火。日華子用以治天行熱狂，頭風旋，揩齒。東垣用以除胃熱、肺熱，散陽邪，緩脾益氣者，邪熱去則脾得緩，而元氣回也。潔古又謂止陽明經頭痛，發熱惡寒，日晡潮熱，大渴引飲，中暑及牙痛者，無非邪在陽明經所生病也。理陽明則蔑不濟矣。足陽明主肌肉，手太陰主皮毛，故又為發斑、發瘮之要品。起死回生，功同金液。若用之尠少，則難責其功。世醫罔解，茲特表而著之。〖主治參互〗仲景白虎湯，專解陽明邪熱，其證頭疼壯熱，口渴煩躁，鼻乾，目眴眴不得眠，畏人聲、木聲，畏火。若勞役人病此，元氣先虛者，可加人參，名人參白虎湯。發癍陽毒盛者，白虎湯加竹葉、麥門冬、知母，以石膏為君，自一兩至四兩，麥門冬亦如之。知母自七錢至二兩，竹葉自百片至四百片，粳米自一大撮至四大撮。甚則更加黃連、黃蘗、黃芩，名三黃石膏湯，自一劑到四劑。婦人妊娠病此者，亦同。　傷寒汗後煩熱不解，竹葉石膏湯主之。　小兒痧瘮發熱，口渴唇焦，咳嗽多嚏，或多痰，或作泄，竹葉石膏湯加赤檉木枝兩許，貝母、栝樓根各二三錢主之。發癍亦同。甚者加三黃。　瘧疾頭痛，壯熱多汗，發渴，亦用竹葉石膏湯二三劑主之。虛者加人參，後隨證施治。　中暑用白虎湯，虛者加人參。　太陽中暍，亦用竹葉石膏湯。　胃家實熱，或嘈雜，消渴善飢，齒痛，皆須竹葉石膏湯主之。〖簡誤〗石膏本解實熱，祛暑氣，散邪熱，止渴除煩之要藥。溫熱二病多兼陽明，若頭痛，遍身骨痛而不渴、不引飲者，邪在太陽也，未傳陽明不當用。七八日來邪已結，裏有燥糞，往來寒熱，宜下者勿用。暑氣兼濕作泄，脾胃弱甚者，勿用。瘧邪不在陽明則不渴，亦不宜用。產後寒熱由於血虛，或惡露未盡；骨蒸勞熱由於陰精不足，而不由於外感。〔暑熱之邪，因虛內陷者，用之非宜。金瘡下乳，不因邪熱所著者禁用。〕金瘡下乳，更非其職。宜詳察之，竝勿誤用。

**明・倪朱謨《本草彙言》卷一二**　石膏　味辛、甘，氣大寒，無毒。陰中之陽，可升可降。入足陽明、手太陰少陽經氣分。　陶氏曰：石膏，生青州、徐州、齊山、廬山、魯蒙山，及剡州、彭城，今錢塘山中亦有之。生石中，大塊作層，細文短密，宛若束針。其色瑩白如水精，鬆軟易碎者良。　寇氏曰：按石膏一種，諸書紛辨不決，未悉其義。然本草命藥之名，實有意義。或以色，或以形，或以氣，或以質，或以味，或以能，或以地，或以時也。用以火煆細研，醋調，固濟丹爐，堅結甚密，苟非有膏，豈能爲用？此兼質與能而得名，後人以方解石爲石膏，誤矣！　蘇氏曰：石膏、方解石，大體相似，今市家皆以方解代石膏。石膏生于石旁，其方解不因石而生，或生土中，或生溪水，其皮隨土色及水苔色，端然獨處，破之方解。大者方尺，小者方寸，或如豆粒，或如米粒，仍然方稜。今人以此爲石膏，療風去熱雖同，而解肌發汗不如也。　李氏曰：觀石膏，有軟硬二種。軟者，大塊生于石中，作層如壓扁米糕形，每層厚數寸，白潔，細文短密如束針，若凝成白蠟狀，鬆軟易碎，燒之即白爛如粉。其如色白潔而微帶青，文長而細密如束絲者，名理石也。與軟石膏乃一物二種，碎之則形色如一，不可辨矣；硬者，作塊而生地中，直理起稜如馬齒，色堅白，擊之則段段橫解，光亮有墻壁，燒之亦易散，仍堅硬不作粉也。其如潔白成塊，而大者如升，小者如拳，擊之大而方尺，小而方寸，或如豆粒米粒，仍有方稜，燒之則姹散，亦不作粉，名方解石也。與硬石膏，乃一類二種，碎之則形色如一，不可辨矣。繆氏曰：自陶氏、大氏、雷氏、閻氏，皆以硬者爲石膏，軟者爲寒水石。至朱氏、李氏始，斷然以軟者爲石膏而今人遵用有驗，千古之惑始明矣。蓋昔人所謂寒水石者，即軟石膏也；所謂長石膏，即硬石膏也。石膏、理石、長石、方解石四種，性氣皆寒，俱能去大熱結氣，但石膏又能解肌發汗爲異爾。再按：理石即石膏之類，長石即方解石之類，俱可通用。○今人以軟石膏收豆腐，能止水，乃古人所不知。修治：以火煨，石臼中搗研成粉用。

石膏：張元素清內熱，解燥渴，靜暑邪，散陽明伏火，《別錄》退三焦大熱之藥也。繆氏仲淳曰：此藥禀金水之正，得天地至清至寒之氣，方氏故前人治傷寒陽明病，內熱，發熱，惡熱，燥熱，天行暑熱，瘮瘖內悶鬱熱，病見上氣喘急，面垢齒燥，大汗煩渴，引飲無厭，小便短赤等證；或火盛氣實，熱勞骨蒸；或風火上升，頭風頭痛；或火熱內結，齒牙脹痛，凡一切有餘大熱，甚有神效。虛則爲人參使，實則爲大黃使。古之人參白虎、三黃石膏，意可見矣。但金石之類，妄用多用，有傷胃氣。如溫熱二病，若頭痛，遍身骨痛，而不渴不引飲者，邪在太陽，未傳陽明，勿用也；如病至八九日來，邪已結裏，內有燥糞，往來寒熱，宜下者，勿用也；如暑病兼濕作瀉，脾胃弱甚者，勿用也；如內熱燥熱，由于陰極發燥，陽亡神亂者，勿用也；如產後寒熱，由于惡露未淨，或兼血虛者，勿用也；如骨蒸勞熱，由于陰虛，精髓不足者，勿用也；如頭風頭痛，齒牙作痛，由于血虛營損者，勿用也。善治者，臨證當細加斟酌行之，毋忽也。張卿子先生曰：石膏，氣寒性墜，質潤體鬆，善解肌腠結熱，欲清欲散者，用之却當。如胃府結熱，欲攻欲下者，非其宜也。如前賢云：解肌發汗。解肌，解肌熱也；發汗，發熱汗也。若認作麻黃、桂枝、葛根之解肌發汗等，便失主治寒熱之從逆也。

集方：仲景方治內熱燔灼，解燥渴，靜暑邪，散陽明伏火，退三焦大熱，以白虎湯：軟石膏一兩，知母五錢，甘草二錢，水煎服。○《全幼心鑒》治瘮瘖鬱熱，內悶不出，發熱口渴唇焦，咳嗽，作瀉。用軟石膏二錢，荆芥、西河柳、蟬蛻、防風、花粉、黃芩各一錢，羌活、甘草、甘菊花各五分，水煎服。○仲景白虎湯治陽明邪熱，其證頭疼壯熱，煩燥口渴，鼻乾不得眠，或畏火光，或畏人聲、木聲。用軟石膏一兩，知母七錢，甘草五錢，麥冬一兩二錢，竹葉五十片，粳米二百粒，水二升，煎半升服。若勞役人，元氣先虛者，本方加人參三錢。有娠婦人病此證者，亦同。○仲景方治傷寒汗後煩熱，煩渴不解。用軟石膏五錢，知母三錢，甘草八分，竹葉五十片，水煎服。○《方脉正宗》治暑熱內甚及傷寒陽明熱甚，上氣喘急，面垢齒燥，大汗煩渴，引飲無厭，小便短赤等證。用軟石膏一兩，知母五錢，甘草一錢，川黃連一錢二分，北五味五分，水煎服。○同前治火盛氣實，骨蒸勞熱。用軟石膏、知母各三錢，甘草、川黃連各一錢，青蒿二錢，鼈甲五錢，香附子醋炒一錢五分，水煎服。○同前治風火上升，頭風頭痛。用軟石膏、知母各二錢，甘草八分，荆芥、蔓荆子、防風各二錢五分，水煎服。○《保壽堂方》治火熱內結，齒牙脹痛。用軟石膏一兩火煅，加防風、荆芥、細辛、白芷各一錢，共研末，日用揩牙，甚效。凌氏《小心集》又方用軟石膏三錢，荆芥、桔梗各二錢，甘草八分，水煎服。

續補集方：《本事方》治傷寒熱極發狂，踰垣上屋，裸露不避。用軟石膏二錢，川黃連一錢，甘草八分，水煎服。名鵲石散。○《聖濟錄》治乳石發渴。用軟石膏五錢，爲細末，甘草四錢，微炒熱，共研。每服一錢，用菉豆湯調服。○《保命集》治痰熱喘嗽，痰湧如泉。用軟石膏五錢，火燒，研極細。每服一錢，人參六分，泡湯下。○《丹溪方》治食積痰火。用軟石膏火煅一兩，甘草三錢，共研細末，神麯爲末，醋打糊丸，梧子大，每服一錢，薑湯送下。○養老方治老人火鬱生風，目赤頭痛，視不見物。用軟石膏二兩，竹葉五十片，粳米三合，水二升，煮粥食。臨食時加白糖數茶匙。○眼科方治雀目，晚昏不見物，百治不效。用軟石膏二兩爲細末，和猪肝煮熟，臨食時去石膏。○龐安常《傷寒論》治濕溫妄言，煩渴自汗。用軟石膏火燒、甘草各等分，爲細末，每服二錢，米湯調服。○《梅師方》治熱油湯火傷，痛不可忍。用軟石膏，研極細末，敷之。○《方脉正宗》治胃家實熱，或嘈雜，消渴善飢，或齒痛。用軟石膏五錢，知母三錢，甘草一錢，竹葉五十片，白芍藥一錢，水煎服。○治腎火攻胃，齒牙作痛。用石膏五錢研細，大懷熟地一兩，水二大碗，煎七八分服。○治憂忿抑鬱之人，痰涎沃心，以致心氣不舒，漸成健忘驚悸，怔忡不寐，後成心風，語言錯謬，人事不明。用高枕無憂散：用石膏、半夏各五錢，茯苓、陳皮、竹茹、龍眼肉、人參、麥冬各二錢，枳實、甘草各一錢，生薑三片，水煎服。○治多睡及不睡。用石膏煅二錢，酸棗仁炒三錢，白朮、茯苓各一錢，水煎。如要睡，冷服；如不要睡，熱服。○治齒牙疼痛不堅固。用石膏一觔生研，食鹽十二兩，入炭火煅紅半日，白芷四兩，北細辛八兩，共爲極細末，重羅篩過，每日擦牙，永無牙疰牙疼之患。○治齒痛鬱極，服涼藥過多，轉成寒牙疼者。用石膏三錢，附子童便製二錢，人參一錢，水煎，汩漱齒間，徐徐嚥下。

**明・姚可成《食物本草》卷二一玉石部**　石膏生齊山山谷及齊盧山、魯蒙山。今出錢塘縣，皆在地中，雨後時時自出，取之如棋子，白徹最佳。○李時珍曰：石膏有軟硬二種。軟石膏，大塊生於石中，作層如壓扁米糕形，每層厚數寸。有紅白二色，紅者不可服，白者潔淨，細文短密如束針，正如凝成白蠟狀，鬆軟易碎，燒之即白爛如粉。其中明潔，色帶微青，而文長細如白絲者，名理石也。與軟石膏乃一物二種，碎之則形色如一，不可辨矣。硬石膏，作塊而生，直理起稜，如馬齒堅白，擊之段段橫解，光亮如雲母、白石英，有墻壁，燒之亦易散，仍硬不作粉。其似硬石膏成塊，擊之塊塊方解，墻壁光明者，名方解石也，燒之則姹散亦不爛。與硬石膏乃一類二種，碎之則形色如一，不可辨矣。大抵四種性氣皆寒，俱能去大熱結氣，但石膏又能解肌發汗為異爾。今人又以石膏收豆腐，乃昔人所不知。　石膏，味辛，微寒，無毒。治中風寒熱，心下逆氣驚喘，口乾舌焦，不〔能息，腹中堅痛〕，除邪鬼，產乳金瘡。除時氣頭痛身熱，〔三焦大熱，皮〕膚熱，腸胃中結氣，解肌發汗，止消渴煩逆，〔腹脹暴氣〕，喘〔息〕咽熱。治傷寒頭痛如裂，壯熱皮如(久)〔火〕燥。〔和葱〕煎茶，去頭痛。下乳，揩齒益齒。除胃熱肺熱，〔散陰邪〕，緩脾益氣。止陽明經頭痛，發熱惡寒，日晡〔潮熱，大〕渴引飲，中暑潮熱，牙痛。

**明・顧逢柏《分部本草妙用》卷五腎部・寒瀉**　寒水石　辛，寒，無毒。解巴豆毒，畏地榆，制丹砂，伏玄精。　主治：身熱積聚，皮中火燒，煩滿水飲，時氣熱，五臟伏熱，胃熱止渴，水腫，小腹痛，傷寒勞復，涼血降火，牙疼，明目。　寒水稟積陰之氣而成，故入腎經。去血除熱之功，同于諸鹽。古以為即石膏，相傳甚誤。鹽中之寒水，非石膏之謂也。丹溪明之，而時珍深辨，可無疑矣。

**明・顧逢柏《分部本草妙用》卷七兼經部・寒瀉**　石膏　辛，寒，無毒。入足陽明、手太陰少陽經氣分。雞子為使，惡莽草、巴豆，畏鐵。瑩淨者佳。火煅或糖拌炒，則不妨胃。　主治：陽明頭痛，發熱惡寒，潮熱大渴，中風中暑，胃中結熱，解肌止渴，女勞骨蒸，久嗽煩躁。　石膏為陽明經大寒之藥，專治本經中熱，發熱惡寒，躁熱，日晡潮熱，肌肉壯熱，頭疼便濁，引飲自汗之症。仲景用白虎者此也。無上諸症，切禁用之。有血虛者，形症相似，若悞用之，則不可救矣。多服令人小便不禁，惟前陽明症，及手少陽三焦皮熱症為宜，以其沉陰下降，有肅殺而無生長故也。

**明・李中梓《醫宗必讀・本草徵要下》**　石膏　味辛，寒，無毒。入肺、胃二經。雞子為使，惡莽草、巴豆，畏鐵。營衛傷於風寒，青龍收佐使之勳；相傳因於火熱，白虎定為君之劑。頭疼齒痛肌膚熱，入胃而搜逐；消渴陽狂逆氣起，入肺以驅除。氣味俱薄，體重而沉。少壯火熱之人，功如反掌；老弱虛寒之人，禍不旋踵。東垣云：立夏前服白虎湯，令人小便不禁。降令太過也。極能寒胃，使人腸滑不能食，非有大熱者，切勿輕投。

**明・鄭二陽《仁壽堂藥鏡》卷一**　石膏　氣寒，味甘、辛，微寒。一云：大寒，無毒。入手太陰經少陽經、足陽明經。《本草》云：主中風寒熱，心下逆氣，驚喘，口乾舌焦，不能息。腹中堅痛，除邪鬼，產乳金瘡，除時氣頭痛身熱，三焦大熱，皮膚熱，腸胃中隔氣，解肌發汗，止消渴煩逆，腹脹，暴氣喘息，咽熱。　潔古云：治足陽明經中熱，發熱，惡熱，燥熱。日晡潮熱，自汗，小便赤濁，大渴引飲，肌肉壯熱，苦頭痛之藥，白虎湯是也。善治本經頭痛。若無以上證，勿服。多有脾胃虛勞，形體病證初得之時，與此有餘之證同者。若醫者不識而誤用之，則不可勝救矣。《主治秘訣》云：性寒，味淡，氣味俱薄。體重而沉降，陰中之陽也。乃陽明經大寒之藥，能傷胃氣，令人不食。非腹有極熱者，不可輕用。能止陽明經頭痛，胃弱者不可服。治下牙疼者，須用白芷為使發引。　東垣云：石膏辛、甘，除三焦熱，傷寒頭痛。甘寒，胃經大寒藥，潤肺除熱，解肌發汗。　海藏云：石膏發汗，辛寒入手太陰經。東垣曰：石膏足陽明藥也。又治三焦大熱，手少陽也。仲景治傷寒陽明經證，身熱，目痛，鼻乾，不得臥。身以前，胃之經也；胸者，胃肺之室也，邪熱在陽明，肺受火制，故用辛寒以清肺，所以號為白虎湯也。《唐本》註云：療風去熱，解肌。《衍義》云：仲景白虎湯中，服之如神。新校正仲景《傷寒論》後，言四月已後，天氣熱時，用白虎湯者是也。然四方氣候不齊，及歲月氣運不一，方所既異，當用之時，亦宜兩審。其說甚雅。若傷寒熱病，大汗後，脉洪大，口舌燥，頭痛，大渴不已，或着暑熱，身疼倦怠，白虎湯服之，無有不效。石膏為白虎湯之君主也。知母條下更有説。丹溪云：嘗觀藥之命名，固有不可曉者。中間亦多有意義，學者不可不察。如以色而名者，大黄、紅花、白前、青黛、烏梅之類是也；以氣而名者，木香、沉香、檀香、麝香之類是也；以形而名者，人參、狗脊、烏喙、貝母、金鈴子之類是也；以質而名者，厚朴、乾薑、茯苓、生熟地黄之類是也；以味而名者，甘草、苦參、龍膽、淡竹葉、苦酒之類是也；以能而名者，百合、當歸、升麻、防風、消石之類是也；以時而名者，半夏、茵陳、冬葵、寅雞、夏枯草之類是也。石膏火煅細研，醋調封丹爐，其固密甚於石脂。苟非石膏，焉能為用？此兼質與能而得名，正於石脂同意。閻孝忠妄以方解石為石膏，況石膏味甘辛，本陽明經藥，陽明主肌肉。其甘也，能緩脾益氣，止渴去火；其辛也，能解〔表〕出汗，上行至頭。又入手太陰、手少陽，彼方解石止有體重、實堅、性寒而已，求其所謂有膏而可為三經之主者，安在哉？醫欲責效，不亦難乎？又云：軟石膏可研為末，醋丸如緑豆大，以瀉胃火、痰火、食積，殊驗。按：石膏沉陰下降，有肅殺而無生長。宜適事為故，毋恣意用之，致伐資生之本也。

**明・蔣儀《藥鏡》卷四寒部**　石膏　發陽明之汗，汗出而頭已其疼。墜陽明之火，火息而齒蘇其痛。痰喘有效，暑湯多功。張仲景恐其重以趨下，緩以甘草之甘。恐其燥甚勁急，濡以知母之苦。恐其大寒瀉土，載以粳米之平。恐其魄喪氣消，益以人參之補。白虎性猛，功烈禍崇，須認大汗大煩，口舌乾燥，渴能消水，脉洪大滑，不惟無表症，而亦無裏症者，方堪用之。

**明・李中梓《頤生微論》卷三**　石膏　味辛、甘，性大寒，無毒。入肺、胃二經。雞子為使。惡莽草、巴豆、馬目毒公，畏鐵。光明嫩者佳。清胃火，除頭疼齒痛，逆氣驚喘，三焦熱，皮膚熱，腸胃結氣，消渴，發汗解肌。

按：石膏沉陰下降，有肅殺而無生長，須適事為故，毋恣意用之，致伐資生之本也。潔古云：能寒胃，令人不食，非有極熱不宜用。血虚發熱，有類白虎湯症，悮用之，不可救也。寇氏云：孫兆言四月後天熱時，宜用白虎湯，但四方氣候不齊，歲中運氣不一，亦宜兩審。東垣謂立夏前多服白虎，必小便不禁，此陽明津液不能上輸，肺之清氣亦復下降故爾。

**明・張景岳《景岳全書》卷四九《本草正》**　石膏　味甘、辛，氣大寒。氣味俱薄，體重能沉，氣輕能升，陰中有陽。欲其緩者煅用，欲其速者生用。用此者用其寒散清肅，善祛肺胃三焦之火，而尤為陽明經之要藥，辛能出汗解肌，最逐溫暑熱證，而除頭痛。甘能緩脾清氣，極能生津止渴而卻熱煩。邪火盛者不食，胃火盛者多食，皆其所長。陽明實熱牙疼，太陰火盛痰喘，及陽狂熱結熱毒，發班發黄，火載血上，大吐大嘔，大便熱秘等證，皆當速用。胃虚弱者忌服，陰虚熱者禁嘗，若誤用之，則敗陽作瀉，必反害人。

**明・賈九如《藥品化義》卷九火藥**　石膏　屬陽中有陰有金水，體重，色白，氣和，味淡帶微辛，性涼云寒非，能沉能升，力涼腸胃，性氣薄而味濁，入肺胃大腸三經。石膏色白屬金，故名白虎。體重性涼而主降，能清內蓄之熱；味淡帶辛而主散，能祛肌表之熱。因內外兼施，故專入陽明經，為退熱驅邪之神劑。一切譫語狂發斑疹毒，齒痛脾熱胃火皆能奏效。如時氣壯熱頭痛，或身熱有汗不解，及汗後脈洪而渴，或暑月中熱體痛頭疼，汗多大渴或熱極，瘧久渴甚，咽痛口乾舌焦，是皆腸（冐）〔胃〕熱邪內盛，蒸發於肌表，藉此通解而行清肅之氣。若無汗而渴，及小便不利，並腹痛嘔瀉飽悶皆宜禁之。取色白者良。青色雜者剔去，略煅帶生用。多煅則體膩性斂酸。調封丹爐甚於脂膏，（芋）〔膏〕字取義如此。

**明・盧之頤《本草乘雅半偈》帙五**　石膏《本經》中品　氣味：辛，微寒，無毒。主治：主中風寒熱，心下逆氣，驚喘，口乾舌焦，不能息，腹中堅痛，除邪鬼，產乳金瘡。

覈曰：出齊盧山及魯蒙山，剡州、彭城、錢唐亦有之。生石中，大塊作層，細文短密，宛若束針，潔白如膏，鬆軟易碎，燒之白爛如粉也。一種硬者生地中，枚塊作稜，直理堅白，擊之段段横解，牆壁光亮，燒之易散，不作粉也。別有一種，細文長密，宛若束絲者，理石也。一種作塊無稜，横理堅白，擊之方解，燒之姹散作粉者，方解石也。昔人所謂長石，即石膏之硬者。所謂寒水石，即石膏之軟者。而理石、方解石，氣味都辛寒，但不若石膏之軟者，能解肌發汗為異耳。修治：石臼中搗研成粉，羅過，生甘草水飛兩遍，澄清去水，晒乾再研。雞子為之使。惡莽草、巴豆、馬目毒公及鐵。

条曰：石以止為體，膏以釋為用。質之寧謐，氣之微寒，即體之止；文之理腠，味之辛解，即用之釋。體用互顯者也，但止釋有時，故體用各有先後爾。或因似體之止，則顯用以釋之，或因似用之釋，則顯體以止之。此即從而逆，逆而從，反佐以取之之法也。如風性動搖，從之以用，逆之以體；

寒性勁斂，從之以體，逆之以用，此從逆寒風定動之本性，非從逆寒風寒化之本氣也。以性無遷變，氣有反從，反從者，反乎本氣之寒，從乎標象之陽，則為病熱之熱也。則凡結而欲解者宜矣。結而欲下者，非所宜也。與麻黃、桂枝、葛根，解發之用相同。寒熱從逆之氣為別異耳。主治諸證，悉以體止用釋，逆熱從寒，反復分疏，莫不迎刃而解。併可推暑性之欲降，火性之欲炎，燥性之欲濡，濕性之欲流，與府藏形骸，血氣竅穴，欲止欲釋者，詳審合宜，為効頗捷。否則災害並至，慎之慎之。暑性之欲降，轉炎敲為清肅；火性之欲炎，火空則發，以張夏大之出令也。

**明・李中梓《本草通玄》卷下**　石膏　甘，寒，足陽明藥也。除胃熱，止陽明頭額痛，日晡寒熱，大渴引飲，中暑，潮熱胃火，牙疼，皮熱如火。素曰：能寒胃，令人不食，非腹有極熱者，不宜輕用。東垣曰：邪在陽明，肺受火邪，故用以清肺，所以有白虎之名。孫兆曰：四月以後天氣熱時，宜用白虎。壯盛人生用，虛人糖拌炒。恐妨脾胃。

**清・顧元交《本草彙箋》卷一〇**　石膏　稟金水之正，得天地清寒之氣，以其體重主降，故清內蓄之熱。味淡帶辛而主散，能祛肌表之邪。故專入陽明經，療一切譫語發狂、發班疹毒，齒痛、脾熱、胃火，皆能奏功。如時氣壯熱，頭疼，或身熱有汗不解，及汗後脈洪而渴，或暑月中熱，頭疼體痛，汗多大渴，或瘧久熱極渴甚，咽痛，口乾舌焦，是皆腸胃熱邪內熾，蒸發於肌表，皆藉此通解而行清肅之令。但溫熱二病，多兼陽明，若頭痛，遍身骨痛，而不渴不引飲者，邪在太陽，未傳陽明，即不可用。七八日來，邪已結，裏有燥糞，往來寒熱，宜下者，不可用。暑氣兼濕作泄，脾胃弱甚者，瘧邪不在陽明則不渴者，皆勿用之。至若產後寒熱由於血虛，或惡露未盡，骨蒸勞熱由於陰精不足，而不由於外感者，皆不可輕用，宜詳戒之。

寒水石，即石膏也。此有軟硬二種，軟者大塊，生於石中，作層如壓扁米糕形，每層厚數寸，有紅白二色，紅者不可服。白者潔淨，細文短密如束針，鬆軟易碎，燒之白爛如粉。其有明潔色帶微青而文長細如白絲者，名理石。與軟石膏乃一物二種，碎之則形色如一不可辨矣。硬石膏作塊而生，直理起稜，如馬齒堅白，擊之則段段橫解，光亮如雲母、白石英，有墻壁，燒之亦易散，仍硬，不作粉。其似硬石膏，成塊，擊之塊塊方解，墻壁光明者，名方解石。燒之則姹散，亦不爛，與硬石膏一類二種，碎之則形色如一不可辨矣。理石、方解石，性氣皆寒，亦能去大熱結氣。但石膏又能解肌發汗爲異耳。古法惟打碎如豆大，絹包，入湯煮之。近人因其性寒，火煅用，或糖拌炒過，則不妨脾胃。大抵只宜略煅帶生，多煅則體膩性斂，故用以醋調，封丹爐，甚於脂膏。膏字，取義如此。白虎湯專解陽明邪熱，其證頭疼壯熱，口渴煩躁，鼻乾，目眴眴不得眠，畏人聲水聲，畏火。若勞役人病此，元氣先虛者，加人參，名人參白虎湯。發斑陽毒盛者，白虎加竹葉、麥冬、知母，以石膏爲君，宜大劑，甚則更加黃連、黃芩、黃柏，名三黃石膏湯，自一劑至四劑。婦人妊娠病此者，亦同。凡胃家實熱，或嘈雜消渴善飢，齒痛，皆須竹葉石膏湯主之。小兒丹毒，寒水石末一兩，和水塗之。風邪眼寒，乃風入頭，係敗血凝滯，不能上下流通，故風寒客之而眼寒也。石膏煅、川芎各二兩，甘草炙半兩，爲末，每服一錢，葱白、茶湯調下，日二服。頭風涕淚，疼痛不已，方同上。

**清・穆石匏《本草洞詮》卷三**　石膏　火煅醋調，固濟丹爐，甚於脂膏，蓋兼質與能而得名者也。味辛甘，氣寒，無毒。陽明經藥，兼入太陰、少陽。除胃熱、肺熱、三焦大熱，時氣頭痛，中暑潮熱，止消渴，解肌發汗，揩齒益齒。蓋風喜傷陽，寒喜傷陰，榮衛陰陽為風寒所傷，則非輕劑所能獨散，必須輕重之劑同散之，然後陰陽之邪俱去，榮衛之氣俱和，故大青龍湯以石膏為使，石膏乃重劑，而又達肌表也。仲景治陽明經中熱，肌肉壯熱，小便濁赤，大渴引飲，自汗，苦頭痛，用白虎湯者，身以前胃之經也，胸前肺之室也，邪在陽明，肺受火制，合用辛寒以清肺氣，故有白虎之名。然能寒胃，非腹有極熱者，不宜輕用。有血虛發熱，及脾胃虛勞，形體病證初得之時，象白虎證者，不可不辨。立夏前多服白虎湯，令人小便不禁，以降令太過也。陽明津液不能上輸於肺，肺之清氣亦復下降故爾。初虞世治諸蒸病，有五蒸湯，用白虎加人參、茯苓、地黃、葛根。王燾治骨蒸勞熱亦用石膏，以為養命上藥。然或少壯火盛，能食而病者可也，若胃弱者禁之。昔人以方解石為石膏，然方解石未嘗有膏，大略理石、長石、石膏、方解石四種，皆性寒，能去大熱結氣，而石膏兼能解肌發汗為異耳。

**清・張志聰《侶山堂類辯》卷下**　石膏　石膏氣味辛甘微寒。《神農本經》主中風寒熱，心下逆氣，驚喘，口乾舌焦不能息，腹中堅痛，除邪鬼，產乳，金瘡。仲景用麻黃配石膏，能發陽明水液之汁；白虎湯解陽明燥熱之渴，又主風熱發斑。是神農、仲景皆用為發散之品。蓋氣味辛甘，而體質疎鬆如肌理，但其性沉重，色白若金，故直從陽明而達于外也。後人咸謂清內熱而主降下，乃不明經義物性故耳。夫凡物有可升可降者，配發散之藥則升，配破洩之藥則降，如厚朴之氣味苦溫，《本經》主中風傷寒，頭痛寒熱，乃發散之藥也。仲景承氣湯配枳實、大黃、芒硝，為急下之劑。《經》云酸苦湧泄為陰，蓋酸苦之味能上湧而下洩也。同升藥則升，同降藥則降，立方配合，乃醫家第一義，詎可忽諸？

**清・劉雲密《本草述》卷五** 石膏一名寒水石。時珍曰：其性大寒如水，故名寒水石。與凝水石同名異物。 丹溪先生朱震亨曰：《本草》藥之命名，多有意義，或以色，或以形，或以氣，或以質，或以味，或以能，或以時，是也。石膏固濟丹爐，苟非有膏，豈能為用，此蓋兼質與能而得名。昔人以方解為石膏，誤矣。石膏味甘而辛，本陽明經藥，陽明主肌肉，其甘也能緩脾益氣，止渴去火，其辛也能解肌出汗，上行至頭。又入太陰少陽。彼方解石止有體重質堅，性寒而已，求其有膏，而可為三經之主治者焉在哉？

氣味：辛，微寒，無毒。《別錄》曰：甘，大寒。張潔古曰：性寒，味辛而淡，氣味俱薄，體重而沉降，陰中之陽也，乃陽明經大寒之藥。

李東垣曰：甘寒，胃經大寒藥。王海藏曰：入足陽明、手太陰少陽經氣分。

主治：中風寒熱，心下逆氣，驚喘，口乾舌焦，不能息，腹中堅痛《本經》。治傷寒陽明經發熱頭痛，目痛鼻乾，不眠，口渴飲水。白虎湯又溫熱病，煩熱而渴，脈洪大而數且長者，非用石膏不能取效。又傷暑伏暑，暑瘧為要藥。療時氣肌肉壯熱引飲，更療傷寒溫熱各證，陽毒發斑。此味善除胃熱，本經熱，頭痛及頭風旋暈，療齒痛，消渴嘈雜，腹脹，瀉胃上痰熱食積，清肺熱煩逆，暴氣高喘，咽熱，除三焦大熱，皮膚熱，骨蒸熱，并乍寒乍熱諸本草。治頭痛消瘅，中風眩暈，發熱瘧痰飲，虛勞欬嗽喘，傷暑齒鼻病，痙瘈瘲，虛煩霍亂，痞厥，水腫脹滿，嘔吐噫吐，血洩血痹，痿厥癘，風癎黃疸，遺精方書。

愚按：傷寒太陽證，一則桂枝治中風，一則麻黃治傷寒，一則青龍治中風見寒脈。傷寒見風脈，其用石膏者，唯青龍一證。蓋其不汗出，則與自汗之桂枝證反，煩躁則與不煩躁之麻黃證反，此風寒鬱熱之甚，故投此湯。先哲譬之亢熱已極，一雨而涼者，正謂此也。然涼劑何獨石膏？亦是取其氣極清寒，味却甘辛，為從陰達陽之劑，入肺胃而散其鬱熱，與麻黃、桂枝相助為理，以能盡其解表之功也。若使鬱極之熱不散，則氣愈傷，即投以解表諸劑，而表便得解乎？試觀治喘證小青龍湯，更加石膏為其肺脹咳上氣，且煩躁而喘者也。則大青龍之投此味，其義益明。

潔古曰：石膏乃陽明經大寒之藥，善治本經頭痛牙痛，止消渴，中暑潮熱。然能寒胃，令人不食，非腹有極熱者，不宜輕用。又陽明經中熱，發熱更惡熱燥。足陽明經無惡寒證，有惡寒者，乃太陽陽明合病也，投葛根湯，不宜石膏。時珍於潔古所云，誤書發熱惡寒燥熱，亦可謂鹵莽矣。今改正之。日晡潮熱，肌肉壯熱，小便濁赤，大渴引飲，自汗，若頭痛之藥，仲景用白虎湯是也。若無以上諸證，勿服之。多有血虛發熱，象白虎證，及脾胃虛勞，形體病證，初得之時，與此證同，醫者不識，而誤用之，不可勝救也。

海藏曰：石膏發汗辛寒，入手太陰經。東垣曰：石膏足陽明藥也，又治三焦大熱，手少陽也。仲景治傷寒陽明經證，身熱目痛，鼻乾，不得臥，身以前胃之經也。胸者，胃肺之室也。邪熱在陽明，肺受火制，故用辛寒以清肺，所以號為白虎湯也。若傷寒熱病，大汗後脈洪大，口舌燥頭痛，大汗不已，或着暑熱身疼倦怠，白虎湯服之，無有不效。石膏為白虎湯之君主也。大抵傷寒之用石膏，唯大青龍湯是解太陽陰寒所鬱之躁熱。至於陽明諸證之治，是皆直蕩滌其本經之熱耳。若暑證，亦不離於胃也。又曰：傷寒表證發熱，惡熱而渴，與下雜證同，但頭痛身熱，目痛鼻乾，不得臥，乃陽明經病也。雜病裏證發熱，惡熱而渴，但目赤者，病藏也，手太陰氣不足，不能管領陽氣也。

潔古曰：除熱瀉火，非甘寒不可。以苦寒瀉火，非徒無益，而反害之。故有大熱，脈洪大，服苦寒劑而熱不退者，加石膏。如證退而脈數不退，洪大而病有加者，宜減苦寒加石膏。如大便軟或泄者，加桔梗。食後服此藥，誤用則其害非細，用者旋旋加之，如食少者不可用石膏。石膏善能去脈數，如病退而脈數不退者，不治。

時珍曰：初虞世《古今錄驗方》治諸蒸病，有五蒸湯，亦是白虎加人參、茯苓、地黃、葛根，因病加減。王燾《外臺秘要》治骨蒸勞熱，久嗽，用石膏文如束鍼者一斤，粉甘草一兩，細研如麪，日以水調三四服，言其無毒，有大益。《名醫錄》言睦州楊士丞女病骨蒸，內熱外寒，眾醫不瘥。處州吳醫用此方，而體遂涼。愚謂此皆少壯肺胃火盛，能食而病者言也。若衰暮及氣虛血虛胃弱者，恐非所宜。廣濟林訓導年五十，病痰嗽發熱，或令單服石膏，藥至一斤許，遂不能食，而欬益頻，病益甚，遂至不起。此蓋用藥者之瞀瞀也，石膏何與焉。

希雍曰：石膏稟金水之正，得天地至清至寒之氣，故其味辛甘，其氣大寒而無毒。陰中之陽，可升可降，入足陽明、手太陰少陽經氣分。辛能解肌，甘能緩熱，大寒而兼辛甘，則能除大熱。其所主治諸證，多由足陽明胃經邪熱熾盛所致，其手太陰肺、手少陽三焦，固其同氣以為病者也。諸本草未言其治暑瘧及治斑毒，然此正為要藥。此味值熱盛邪熾各證，起死回生功同金液，若用之尠少則難責其功。世醫罔解，故特表而出之。繆氏用石膏所主治諸證，極其精微而詳盡。

仲景白虎湯專解陽明邪熱，其證頭疼壯熱，口渴煩躁，鼻乾，目眴眴不和眠，畏人聲木聲，畏火，若勞役人病此，元氣先虛者，可加人參，名人參白虎湯。發斑陽毒盛者，白虎湯加竹葉、麥門冬、知母，以石膏為君，自一兩至四兩，麥門冬亦如之，知母自七錢至二兩，竹葉自百片至四百片，粳米自一大撮至四大撮，甚則更加黃連、黃蘗、黃芩，名三黃石膏湯，自一劑至四劑，婦人妊娠病此者，亦同。

傷寒汗後，煩熱不解，竹葉石膏湯主之。　小兒痧疹發熱，口渴脣焦，咳嗽多嚏，或多痰，或作泄，竹葉石膏湯加赤檉木枝兩許，貝母、栝樓根各二三錢主之。發斑亦同。甚者加三黃。　瘧疾頭痛壯熱，多汗發渴，亦用竹葉石膏湯二三劑主之，虛者加人參，後隨證施治。此是暑瘧，暑證本與心包絡之氣相感，而包絡又與胃相應者也。石膏入手少陽三焦，固與心包絡表裏，況其又入胃乎？此所以為暑病要藥也。　中暑用白虎湯，虛者加人參。　太陽中暍，亦用竹葉石膏湯。　胃家實熱，或嘈雜，消渴善飢，齒痛，皆須竹葉石膏湯主之。

愚按：石膏，朱丹溪先生因名思義，謂其適用在膏也。正與海藏入足陽明，手太陰少陽氣分之義合。何以故？蓋三焦為氣之所終始，而氣之始者在命門，氣之生者在胃，氣之統者在肺。其由下而上也，自命門以上極於肺；由上而下也，復自肺以下歸命門。其或上或下者，皆不離於胃。若三焦為命門元氣之使，固下而上，上而下者之主也。是舉諸肺胃之病，皆不能離乎三焦矣。第三焦之氣，根於至陰，際於至陽，是先哲所謂始於元氣，用於中脘，散於膻中。膻中固肺所居也。乃石膏即石之脂萃，清寒之精氣，不有合於三焦元氣，根於至陰者乎？而味兼乎甘辛，辛甘發散為陽，是不有合於三焦元氣，由至陰而徹於至陽者乎？然則石膏之致其清寒於肺胃者，固猶是元氣之上布，但陰勝於陽耳。其舉清寒之氣鍾為甘辛，陰得隨陽而入胃，以至於肺，以際於天，舉甘辛之冲味，致其清寒，陽得隨陰，而由肺以降於胃，以極於地。若然其所療種種諸證，似以三焦為體，肺胃為用，然三焦為元氣別使者，亦自完其陰中達陽之用。雖似以三焦為體，肺胃為用，然所主治諸證，多由足陽明胃經邪熱熾盛所致，繆氏之言是也。故先哲多以為足陽明主藥，是乃由用而全體者也。即《本經》首主中風，寒熱可以參矣。按《古今錄驗》五蒸湯內，三焦之乍寒乍熱用此味，是則《本經》首言三焦之治也。然何以又言為陽明主藥？蓋緣水火之氣附於中土以為用，即先於中土以為病，是所謂水火體物而不遺也。如傷寒傳經，由太陽而次陽明，可以思矣。抑《本經》首言中風者，其義謂何？曰：《經》云人生有形，不離陰陽，陰不足而陽有餘者即謂風之淫，陽不足而陰有餘者即謂風之虛。茲味之陰有餘者，正以對待陽有餘之證，而治其風淫者也。真陰之麗於陽以升者，易為六淫之所橫侵，七情之所潛消，於是陽乃獨亢，而化風矣，是為風之淫。何以曰淫？以陰不能為陽守也。不但《本經》，即方書主治諸證屬於風者強半，而熱即次之，因其具足清寒之陰氣，由味之甘辛得上達於至陽，腑臟以化其亢陽之淫氣，而靜其風，更能散風化之厲氣，而除其熱，若熱留而不散，致銷爍真陰已甚，非此不得息，酷烈之燄，而置清冷之淵，是繆希雍所謂功等金液，且云用之尠少難責其功者，皆不謬也。第世醫類知取責於胃耳，雖三焦之熱，亦得因胃之熱清以清之。然究肺胃之本，根於三焦。在《經》曰三焦者，足少陰、太陽之所將，非以其為元氣之使乎？夫人身元氣之用，用於離中坎，以心為火主，而火實藉水以為用也。元氣之根，根於坎中離，以腎為水主，而水實藉火以為體也。蓋三焦主元氣，而元氣之根柢即在命門。然則投茲清寒之氣味，豈得不留意於三焦之根柢，而祇於足陽明之胃留意哉？如方書所謂能除三焦大熱，皮膚熱，又在內骨蒸勞熱，雖茲味之從皮膚而散熱者，即從陽歸陰之功，從骨空而祛熱者，即從陰達陽之功。然三焦之根柢於腎者，為周身之使無量，而其為病者，舉五臟以及六腑，且或氣或血，或皮或膚，或脈或肉，或筋或腦，或髓或骨，或胞，即茲味亦未足以盡變而咸宜，如五蒸湯有可參也。或曰元氣之說是矣，第此味謂為胃經大寒藥，用之有宜有忌者，其義何居？曰：大抵石膏之用，其所宜者，正以救元氣也。蓋陽熾於肺胃之間，則火與元氣不兩立，經所謂至陽盛則地氣不足，故宜石膏以瀉陽而存陰，此之謂救元氣也。其所忌者，亦以救元氣也。蓋肺胃之陽未亢，相火即是元氣，《經》所謂通天者，生之本也。故忌石膏，以存陽而達陰，此之謂亦以救元氣也。審於斯義，則中土握升降之樞，以為元氣轉關者，其宜否當自了然。如東垣所云：立夏前不宜多服白虎湯者，正謂其宜升之時也。雖然用此味，全要認定是氣分除熱之藥，與血分全無涉。其曰能退脈數者，雖以清寒勝熱，然以甘為血生化之原，更有辛以達之，而氣為血主矣。有合於心為火主，而却主血脈，乃血之舍，血固原於水，而成於火者，正合於《內經》化原之義。此苦寒之所以不能奏績，而必藉力於茲味也。先哲謂血虛發熱禁用，又恐亦由氣虛而不能勝，此味更絕血之化原耳。其苦寒不用者，因苦寒固入血分，其陽之鬱者，愈不得散，亦救化原之意也。

或曰：先哲所治多屬外因，豈茲味優於治外淫乎？曰：所云除胃熱肺熱，固不獨外淫，如云食積痰火，非內傷乎？第內傷之證，由於陽分壅閼，其正氣以成有餘之熱者，皆能治之。如頭痛齒痛皆是也。第內傷由於氣不足以生痰熱者，則未可概施而獨任也。又如內傷消渴，有勞傷脾臟，以致心火乘土，善消水穀為糟粕，而不能化為精血以養五臟者，與內傷實熱之消渴，自難例治，至於中風時行，並傷寒中暑之消渴，其治更迥殊矣。若然，何為三焦蒸熱？所謂熱在臟腑之中者，何以亦用茲味也？先哲云：諸蒸皆因熱病後食肉油膩，或行房飲酒，犯之而成。即此推之，由於不能調養正氣，以致熱結而不散者多矣。如五蒸湯，五蒸湯分屬五臟及腑形證，并投治藥味，歷歷不同，具見《準繩·虛勞論》中。益氣血之味，兼以清熱，更入石膏，以散其結熱。先哲立方，豈無深義乎？即如虛煩消痹等證，何嘗不用石膏？唯本於益氣血，而佐使得宜以行之，諸方書固可稽也。故在胃氣虛者不可投，至若他氣血不足，而有結熱在氣分者，若補瀉之宜得當，主輔之劑中節，安能懲噎廢食，舍此中病之味哉？

附方　風熱心躁口乾，狂言，渾身壯熱，寒水石半斤，燒半日，淨地坑內盆合，四面溼土擁起，經宿取出，入甘草末、天竺黃各二兩，龍腦二分，糯米糕丸彈子大，蜜水磨下。　骨蒸勞病，外寒內熱，附骨而蒸也。其根在五臟六腑之中，必因患後得之，骨肉日消，飲食無味，或皮躁而無光，蒸夏之時，四肢漸細，足趺腫起，石膏十兩，研如乳粉，水和，服方寸匕，日再，以身涼為度。　熱勞附骨蒸熱，四肢微瘦，有汗，脈長者，石膏散主之。石膏一味，細末如麪，每夕新汲水服方寸匕，取身無熱為度。　熱勞之證，豈曰盡屬陰虛？亦有陽邪外襲，傳入於骨，不能泄越，內作骨蒸，令人先寒後熱，久久漸成羸瘦。有汗者，胃家實也。脈長者，陽邪證也。石膏寒而清肅者也，可以療裏熱，以故《外臺》集之。處州吳醫用之，陸州鄭迪功之妻驗之，《名醫錄》載之，所以開曚後學也至矣。或問東垣言血虛身熱，證象白虎，誤服白虎者必死，非石膏之謂乎？余曰：若新產失血，飢困勞倦之病，合禁用之。若內熱有汗，脈長者，則不在禁也。　尋常擦牙，石膏、補骨脂同為末，擦之。　希雍曰：石膏本解實熱，祛暑氣，散邪熱，止渴除煩之要藥。溫熱二病多兼陽明，若頭痛，偏身骨痛，而不渴不引飲者，邪在太陽也，未傳陽明，不當用。七八日來，邪已結，裏有燥糞，往來寒熱，宜下者，勿用。暑氣兼溼，作泄，脾胃弱甚者，勿用。瘧邪不在陽明則不渴，亦不宜用。產後寒熱由於血虛或惡露未盡，骨蒸勞熱由於陰精不足，而不由於外感。金瘡下乳，更非其職。宜詳察之，並勿誤用。

修治　時珍曰：近人因其性寒，火煅過用，或糖拌炒過，則不妨脾胃。

丹溪曰：研為末，醋丸如綠豆大，以瀉胃火、痰火、食積殊驗。　生石中作層者真，即市之寒水石也。石臼中搗成粉，以密絹羅過，生甘草水飛過了，水澄令乾，重研用之。作散者煅熟，入煎劑半生半熟。　凡入煎劑，碎之如粟米大，先煮數十沸，乃入餘藥，以其氣味難出故也。

附錄石膏、理石、長石、方解石辨

時珍曰：石膏有軟硬二種。軟石膏大塊，生於石中，作層，如壓扁米糕形，每層厚數寸。有紅白二色：紅者不可服；白者潔淨，細文短密如束鍼，正如凝成白蠟狀，鬆軟易碎，燒之即白爛如粉。其中明潔色帶微青，而文長細如白絲者，名理石也。與軟石膏乃一物二種。碎之則形色如一，不可辨矣。硬石膏作塊而生，直理起稜，如馬齒堅白，擊之則段段橫解，光亮如雲母、白石英，有牆壁，燒之亦易散，仍硬，不作粉。其似硬石膏成塊，擊之塊塊方解，墻壁光明者，名方解石也。燒之則姹散，亦不爛，與硬石膏乃一類二種。碎之則形色如一，不可辨矣。自陶弘景、蘇恭、日華子、雷斅、蘇頌、閻孝忠，皆以硬者為石膏，軟者為寒水石。至朱震亨始斷然以軟者為石膏，而後人遵用有驗，千古之惑始明矣。蓋昔人所謂寒水石者，即軟石膏也。所謂硬石膏者，乃長石也。石膏、理石、長石、方解石四種，性氣皆寒，俱能去大熱結氣，但石膏又能解肌發汗為異爾。理石即石膏之類，長石即方解之類，俱可代用，各從其類也。今人以石膏收豆腐，乃昔人所不知。軟石膏與硬石膏之別，即一生石中作層，一作塊而生，已得其概，乃理石之別於軟石膏者。理石之色微青，不如其雪白，其文細而長，不如其文短密耳。

**清·郭章宜《本草匯》卷一八** 石膏 甘、辛，大寒，氣味俱薄，降也，陰也，入手太陰少陽、足陽明經。除頭痛如裂，解皮熱如火。瀉陽明蒸熱而汗出，發傷寒鬱結而無汗。止消渴于胸中，療盛熱之喘嗽。營衛傷于風寒，青龍收佐使之勳。相傳因于火熱，白虎定為君之劑。

按：石膏，體重而沉，乃陽明經大寒之藥，善治本經頭痛牙痛。石膏二錢，煅，荊芥二錢，丹皮二錢，生薑一錢，青皮二錢，麸炒，防風二錢，甘草一錢。上當門四齒屬心經，加黃連、麥冬；上左二齒屬胃，加川芎、白芷；上左盡二牙屬胆，加羌活、草龍胆；上右一帶屬大腸，加大黃、枳殼；下當門四齒屬腎，加黃蘗、知母；下左二齒屬脾，加芍藥、白术；下左二齒屬肝，加柴胡、山梔；下右一帶屬肺，加杏仁、桑白皮。已上所加藥各二錢，水二鍾，慢慢煎，嗽服。止消渴中暑潮熱，非腹有極熱者，不宜輕用。又陽明經中熱發熱，惡寒燥熱，日晡潮熱，肌肉壯熱，小便濁赤，大渴引飲，自汗之藥。仲景用白虎湯是也。若無以上諸證，不可服也。多有血虛發熱，象白虎證而誤用之，不可勝救。成無己曰：風為陽邪，寒為陰邪，陰陽兩傷，則非輕劑所能獨散，必須輕重之劑，以同散之，乃得陰陽邪散，而榮衛俱和，是以大青龍以石膏為使，石膏重劑，而又專達肌表者也。大抵脉數不退及少壯肺胃火熱之人，功如反掌。老弱虛寒之人，禍不旋踵。東垣云：立夏前服白虎湯，令人小便不禁。降令太過也。極能寒胃，使人腸滑不能食。若溫熱病邪在太陽，未傳陽明者，不當用。七八日來，邪已結裏，有燥糞，往來寒熱，宜下者，亦勿用。

方解石，性氣相同，白不透明，可混石膏。不能解肌發汗，用者辨之。有軟硬二種。寒水石，即昔人所謂軟石膏也。搗粉，生甘草水飛過，澄晒。虛人煅用，或糖拌炒，則不妨脾胃。惡巴豆。

**清·蔣居祉《本草擇要綱目·寒性藥品》** 石膏 氣味：辛，微寒，無毒。沉而降，陰也。入足陽明、手太陰少陰經氣分。主治：除胃熱肺熱，散陰邪，緩脾益氣。止陽明經頭痛，發熱惡寒，日晡潮熱，大渴引飲，中暑潮熱牙痛。凡風喜傷陽，寒喜傷陰，榮衛陰陽為風寒所傷，則非輕劑所能獨散，必須輕重之劑同散之，乃得去陰陽之邪，和榮衛之氣。是以大青龍湯以石膏為之使，以苦甘散熱而直達肌表也。又陽明經中熱，發熱惡寒，燥熱，日晡潮熱，肌肉壯熱，小便濁赤，大渴引飲，自汗頭痛，此邪在陽明，肺受火制，必用辛寒以清肺氣，仲景之用白虎湯是也。若無以上諸症者，則多有血虛發熱，象白虎湯症及脾胃虛勞形體病症，初得之時與此症亦同，俱不宜服之。若不識而誤用，不可勝救也。立夏前多服白虎湯者，令人小便不禁，此乃降令太過，陽明津液不能上輸於肺，肺之清氣亦復下降故也。大抵非腹有極熱者，不宜輕用，輕用之令人寒胃不食也。

**清·閔鉞《本草詳節》卷九** 石膏 【略】按：石膏，至賤之藥，而解熱如神。仲景大青龍湯，全用麻黃湯，止加石膏一味，以解內之煩躁，而又能助麻黃解表，所以為妙。又治傷寒陽明症，身熱目痛鼻乾，不得臥，此邪在陽明，肺受火制，故用辛寒以清肺，而擅西方白虎之名。《古今錄驗方》治諸蒸病有五蒸湯，亦是白虎加參、苓、生地、葛根。《外臺秘要》治骨蒸勞熱久嗽，亦用石膏一斤，甘草一兩。此皆少壯之人，肺胃火盛能食者言也。予治一友，久瘧年餘，被褥用棉至四十餘斤。診之脈鼓有力，每服藥加石膏三錢，服二貼，棉被減半，用石膏至六兩，而棉被全減，瘧疾亦愈。此熱極似水，世俱以陽虛補之，豈不悮哉？但有血虛發熱及脾胃虛勞，初得病時，證亦多同，不識誤用，則不可救也。

**清·王翃《握靈本草》卷一** 石膏生齊州山谷，今錢塘山中甚多，浙人呼爲寒水石。丹溪以硬者爲理石，軟者爲石膏。通亮，理如雲母者上。煅過用。 主治：石膏，辛，微寒，無毒。主中風寒熱，心下逆氣，驚喘，口乾舌焦，除胃熱肺熱，止陽明經頭痛，（火）〔大〕渴引飲。

**清·汪昂《本草備要》卷四** 石膏體重，瀉火；氣輕，解肌。 甘辛而淡，體重而降。足陽明經胃大寒之藥。色白入肺，兼入三焦。諸經氣分之藥。寒能清熱降火，辛能發汗解肌，甘能緩脾益氣，生津止渴。治傷寒鬱結無汗，陽明頭痛，發熱惡寒，日晡潮熱，肌肉壯熱，《經》云：陽盛生外熱。小便赤濁，大渴引飲，中暑自汗，能發汗，又能止自汗。舌焦胎厚無津。牙痛。陽明經熱，爲末擦牙固齒。

又胃主肌肉，肺主皮毛，爲發斑、發疹之要品。色赤如錦紋者爲斑，隱隱見紅點者爲疹，斑重而疹輕。率由胃熱，然亦有陰陽二症，陽症宜用石膏。又有內傷陰症見斑疹者，微紅而稀少，此胃氣極虛，逼其無根之火游行于外，當補益氣血，使中有主，則氣不外游，血不外散。若作熱治，死生反掌，醫者宜審。但用之尠少，則難見功。白虎湯以之爲君，或自一兩加至四兩。竹葉、麥冬、知母、粳米，亦加四倍。甚者加芩、連、柏，名三黄石膏湯。虛者加人參，名人參白虎湯。然能寒胃，胃弱血虛及病邪未入陽明者禁用。成無己解大青龍湯曰：風，陽邪傷衛；寒，陰邪傷營。營衛陰陽俱傷，則非輕劑所能獨散，必須重輕之劑同散之，乃得陰陽之邪俱去，營衛俱和。石膏乃重劑，而又專達肌表也。質重氣輕。又成氏以桂麻爲輕劑，石膏爲重劑也。東垣曰：石膏足陽明藥，仲景用治傷寒陽明症，身熱、目痛、鼻乾、不得臥，邪在陽明，肺受火制，故用辛寒以清肺氣。所以有白虎之名，肺主西方也。按：陽明主肌肉，故身熱；脉交頞中，故目痛；脉起于鼻，循鼻外，金燥，故鼻乾；胃不和，則臥不安，故不得臥。然亦有陰虛發熱，及脾胃虛勞，傷寒陰盛格陽、內寒外熱，類白虎湯症，誤投之不可救也。按：陰盛格陽、陽盛格陰二症，至爲難辨。蓋陰盛極而格陽于外，外熱而內寒；陽盛極而格陰于外，外冷而內熱。《經》所謂重陰必陽，重陽必陰，重寒則熱，重熱則寒是也。當于小便分之，便清者，外雖燥熱，而中實寒；便赤者，外雖厥冷，而內實熱也。再看口中之燥潤，及舌苔之淺深，胎黄黑者爲熱，宜白虎湯。然亦有胎黑屬寒者，舌無芒刺，口有津液也，急宜溫之。誤投寒劑則殆矣。亦名寒水石。時珍曰：古方所用寒水石是凝水石，唐宋諸方用寒水石即石膏。凝水石乃鹽精滲入土中，年久結成，清瑩有棱，入水即化。辛鹹大寒，治時氣熱盛，口渴水腫。瑩白者良。研細，甘草水飛用。近人因其寒，或用火煅，則不傷胃。味淡難出，若入煎劑，須先煮數十沸。鷄子爲使，忌巴豆、鐵。

**清・陳士鐸《本草新編》卷五** 石膏 味辛、甘，氣大寒，體重而沉降也。陰中之陽，無毒。生用為佳，火煅不靈。入肺、胃、三焦。能出汗解肌，上理頭痛，緩脾止渴。風邪傷陽，寒邪傷陰，皆能解肌表而愈。胃熱多食，胃熱不食，惟各瀉胃火而痊。祛痰火之積，止胃脘之痛，發狂可安，言語可定，乃降火之神劑，瀉熱之聖藥也。仲景張夫子以白虎名之，明示人以不可輕用，而非教人之不用也。乃世人畏之真如白虎，竟至不敢一用，又何以逢死症而重生，遇危症而重安哉。夫石膏降火，乃降胃火，而非降臟火也；石膏瀉熱，乃瀉真熱，而非瀉假熱也。辨其胃火真熱，用石膏自必無差。而胃火初起之時，口必作渴，呼水飲之少快，其汗必如雨，舌必大峭，雖飲水而口必燥，眼必紅，神必不安。如見此等之症，確是胃火而非臟火，即可用石膏而不必顧忌。若真熱者，舌必生刺，即不生刺，舌苔必黄而有裂紋，大渴呼飲，飲水至十餘碗而不足，輕則譫語，重則罵詈，見水而入，棄衣而走，登高而呼，發狂不知人，此真熱也，即可用石膏大劑灌之，而不必疑慮。倘或口雖渴而不甚，與之水而不飲，言語雖胡亂而不罵詈，身雖熱而不躁動，上身雖畏熱而下身甚寒，皆假熱之症，即不可輕用石膏矣。以此辨火熱，萬不至殺人，奚必畏之如虎，視其死而不救也。蓋石膏實救死之藥，因看症不清，遂至用藥有悮，救死之藥反變為傷生之藥矣。今既辨之明，自必用之確也。

或問：用石膏以治真正胃火，單用石膏可矣，何以張仲景先生必加入人參、麥冬者乎？曰：胃火之盛者，胃土之衰也。瀉胃火，未有不傷胃土者也。傷胃土，必傷胃氣矣。加人參于石膏湯中，非助胃火，乃顧胃土也。胃土不傷，則胃氣不喪，似乎可不顧肺氣矣。然而胃火升騰，必傷肺金，用人參以顧胃，而不用麥冬以養肺，則胃子必救肺金之母，以泄胃氣，則胃氣仍損，雖用人參，猶之無用也。故又加麥冬，同人參並用，以助石膏之瀉火，火瀉而肺金有養，不耗氣于胃土，則胃氣更加有養。此所以既用石膏，而又加人參，既用人參，而又加麥冬也。

或問：石膏瀉胃火，又加知母以瀉腎火，何為耶？蓋胃火太盛，爍乾腎水。用石膏以瀉胃火者，實所以救腎水也。然而，胃火既爍腎水，腎水若乾，相火必助胃火以升騰矣，胃火得相火而益烈。單瀉胃火，而相火不退，則胃火有源，未易撲滅，愈加其焰矣。瀉胃火，而即瀉相火，則胃火失黨，其火易散，大雨滂沱，而龍雷不興，其炎熱之威自然速解。此所以用石膏以瀉胃中之火者，必用知母以瀉腎中之火也。

或疑石膏既瀉胃火，又用知母以瀉腎火，用麥冬以安肺火，宜乎火之速退而熱之盡解矣，何以用白虎湯往往有更甚者？嗟乎！此又非白虎湯之故，乃不善用白虎湯之故也。火勢不同，有燎原之火，有延燒之火。延燒之火，其勢已衰；燎原之火，其勢正熾。以救延燒者救燎原，必愈為撲滅，而愈增其光焰矣。人身之胃火亦不同，有輕有重。輕者，如延燒之火，少用白虎湯，即可解其熱；重者，如燎原之火，非多用白虎湯，不足以滅其氛。倘以治輕者治重，安得不添其火勢之焰天乎，非變為亡陽，即變為發狂矣。

或疑石膏比為白虎，明是殺人之物，教人慎用之宜也。今又云火重者，非多用石膏不可，吾恐又啟天下輕用石膏之禍，未必非救人而反害人也。嗟乎！論症不可不全，論藥不可不備，天下有此症候，即宜論此治法。烏可因石膏之猛，避其殺人之威，而不彰其生人之益乎。石膏實有功過，總在看症之分明，不在石膏之多寡。若看症之悞，用多固殺人，而用少亦未嘗不殺人。若看症之確，少用固救人。而多用亦未嘗不救人。然則人亦辨症可也，何必忌用石膏哉。

或疑石膏可多用以救人之生，先生不宜從前之過慮矣，畢竟石膏宜少用而不宜多用也。夫石膏原不可多用。石膏大寒，戒多用者，乃論其常；胃火大旺，戒少用者，乃論其變。存不可多用之心，庶不至輕投以喪命；存不宜少用之心，庶不致固執以亡軀。知不宜多用，而後可多用以出奇，庶幾變死為生，反危為安也。

或疑石膏瀉燎原之火，自宜多用以瀉火矣，然過多又恐傷胃，若何而使胃又不傷，火又即熄之為快乎？曰：燎原之火，即生于地上，胃中之火，即起于土中。以石膏而救其胃中之火，即如用水而救其燎原之火也。然而，燎原之火以水救之，而無傷于地；胃中之火以石膏救之，必有傷于土。蓋土即胃土也，胃土非火不能生，奈何反用水以滅之乎？然而胃火之盛，非胃中之真火盛，乃胃中之邪火盛也。邪火，非水不可滅，故不得已大用石膏，以瀉其一時之火也。又胃火之盛，乃胃土之衰也，胃火既盛，而胃土愈衰，胃土既衰，復用寒涼以瀉火，火衰而胃土更衰矣。故瀉火之中，即宜補土之為急，倘徒瀉其火，未有不土崩者也。治法宜人參同用于石膏之中，大約用石膏十之七者，人參用十之三，相濟而相施。胃火既易熄，而胃土又不傷，斷無有亡陽之禍者也。

或疑石膏瀉胃火，有用至一兩，而仍不解，幾幾有發狂之變，又將何藥以解之乎？舍石膏，再無別法也。夫發狂之病，此胃火熱極，不可以常法治者也，必須用石膏至二三兩，加人參亦必至二三兩。又不可拘于前說，用石膏十之七，而人參用十之三也。蓋火盛之極者，土衰之極也，不用人參以補元氣，而惟用石膏以救其火炎，未有不敗者也。此等之病，必登高而歌，棄衣而走，見水而入，大罵大叫，神欲外越，此呼吸存亡之秋，不得不以變法治之。倘服前藥少安，便有生機，否則，雖多用石膏、人參，亦何以救之哉。

或疑發狂之病，往往有少用石膏，多用人參而愈者，又是何故？曰：發狂有虛火、邪火之不同。邪火之發狂，必須多用石膏、人參，以挽回于俄頃。虛火之發狂，又宜專用人參，以定亂于須臾。豈特石膏必宜少用，且斷斷不可共用也。苟虛實、邪正之不明，而用藥一錯，未有不下喉即死者。而虛實、邪正，何以辨之，要不能舍驗舌之法，而另求別症也。正虛而發狂者，神亂而舌必潤滑；邪實而發狂者，神越而舌必紅黃，且燥極而開裂紋也。以此辨症，又何悞乎。

或疑石膏定狂，定胃中之火也，何以即能定心中之狂乎？不知心中之狂，乃起于胃中之火也。救胃火，正所以救心狂也。夫心乃火臟，胃火宜非所畏。乃胃熱而心發狂者，如本是同舟之人，一時劫奪，變出非常。苟不誅討，則心宮何安乎，此救狂必瀉火也。

或疑寒涼之藥多能殺人者，無過石膏，即黃柏、知母，亦不同其類。屏黃柏、知母而不棄石膏，何也？曰：石膏，乃救死之藥也。胃火熱極，非石膏不能降。胃火不降，必變發狂而死矣，用石膏救之，死症立變為生。彼用石膏而殺人者，非胃火而妄用之也。夫人身之火，最烈者，胃火與腎火也。胃火宜瀉，而腎火宜補。不用石膏以瀉胃火，反用石膏以瀉腎火，安得而不殺人乎。但腎火與胃火補瀉之不同，乃宜補而用瀉，亦因黃柏、知母降腎火之說而誤也。寒涼之藥，未嘗不生人，〔彼誤用之而殺人〕，與石膏何過乎。

或又疑屏黃柏、知母之並用，是知母不可助寒涼以殺人矣，先生偏稱知母助石膏之能生人，抑又何也？曰：胃火之盛，原宜直降胃火，用石膏，不宜再用知母。然而胃火之所以盛，由于腎水之衰，水虛而不能制火也。胃火既盛，勢必爍乾腎水，水盡而火勢焰天，人即立亡矣。用石膏以瀉胃火者，正所以急救腎水也。但徒救腎水，而腎火增熱，勢必胃火仍旺，而不遽熄。故又用知母，以暫退其腎中之火，則腎火無黨，庶幾易于撲滅也。此石膏必用知母之相助，乃一時權宜之計，而非永久之圖也。

或問：石膏能瀉胃火，胃火既瀉，何必又用知母？先生偏譽知母助石膏之有功，似亦偏說也。曰：石膏瀉胃火以救腎水，不能瀉胃火以瀉腎火也。胃為腎之關門，胃火息而腎火猶盛，是關門路平烽熄，而內火焚燒，豈是安寧之象。故瀉胃火，即宜瀉腎火也，瀉腎火，非知母不可，尤妙知母不特瀉腎火，且能瀉胃火，所以同石膏用之，則彼此同心，顧腎即能顧胃，不比黃柏專瀉腎而不瀉胃也。

或問：白虎湯發明真無微不晣，而石膏用之于大小青龍湯中，尚未議及，豈白虎能殺人，而青龍否乎？曰：龍性難馴，用之不當，其殺人同于白虎。夫同一石膏也，何以分稱龍、虎，亦在人用之何如耳。用之于熱散之中，則名青龍；用之于寒散之中，則名白虎。石膏大涼，用于熱之內，則能解熱，而不畏其涼；用于寒之內，過于大涼，雖能退熱，而常生其變。似乎白虎之湯，猛于青龍也。然而，邪在胃，非白虎不可解熱；邪未入胃而將入于胃，非青龍不可解熱也。惟是石膏得桂枝、麻黃，勢善升騰，用之青龍湯中，止可少而不可多，有異于白虎湯中石膏可以重加也。

或問：青龍湯有大、小之名，分在石膏之多寡乎？曰：石膏不可多用，不獨小青龍湯也。小青龍之別于大青龍者，以方中用芍藥也。龍性雖難馴，得芍藥之酸收，則石膏不能升騰矣，蓋芍藥所以制石膏也。譬如小龍初長頭角，惟恐傷人，畏首畏尾，故以小名之。世人但知石膏之猛烈，誰知加入芍藥，則石膏正無足忌乎。惟小青龍之用石膏，不得其宜，亦有禍害，但不若大青龍無制之橫耳。

又問大青龍既然過橫，何不加入芍藥乎？〔曰〕：此又不可者也。邪在營衛之間，將趨入于陽明，非大青龍之急用，斷不能行雨以散熱。若加入芍藥之酸收，則風雲不際會，未免收斂有餘，而優渥不足。此仲景夫子特製大青龍湯，雨以沛之，毋單尚涼風之習習也。

**清・顧靖遠《顧氏醫鏡》卷八**　石膏辛、甘，淡，大寒。入肺胃二經。搗碎。主口乾舌焦渴飲，傷寒溫熱，時疫諸病，多兼陽明，故一見煩渴欲飲者，便可用之。除神昏語亂發狂。胃熱冲心，則神昏譫語，甚則發狂。甘寒清解陽明之邪熱，則上症自退矣。氣喘氣壅皆資用，如屬肺熱氣逆者，用以降肺經之痰熱。發斑發疹急尋求。斑疹皆由熱邪傳於肺胃而發。能治嘔吐腹痛，嘔吐而口渴，面紅，小便短赤或澁者，屬胃火冲逆，乃必用之。胃脘痛因火者，亦用之。《本經》言治腹中堅痛，此本屬下症，而亦治之者，陽明邪熱既解，則裏氣和而燥結自下，腹痛自止。若果可下者，仍宜下之。可醫壯熱頭痛。以其味辛，有解肌發汗之能，頭額痛而兼渴飲者，屬陽明，必用之。否則勿用。風熱症亦宜用之。中暑真聖藥，甘寒清解暑熱，此為聖藥。瘧疾亦神丹。瘧亦由於暑邪，故熱多渴飲者，必不可缺。口糜唇胗均收，糜爛也，胗瘡也。仲淳云：口糜、唇瘡、口臭、口淡、吞酸、嘈雜、善飢，皆屬胃火。齒痛頭風並選。上下齦痛，為胃與大腸之火。頭風由於火熱，凡頭面赤腫，目暴赤腫痛者，皆宜用之。解陽明之邪熱，除肺金之痰火。祛暑氣，止煩渴之神藥。屬實熱者用之，起死回生，功同金液。但氣味俱薄，若投之尠少，難責其功。世醫不解，特表著之。內無大熱者勿用，悞則令人腸滑不食，寒胃故也。若頭痛身熱，而不渴飲者，是未傳陽明，勿用。暑氣兼濕氣作瀉，脾胃弱甚者，勿用。失血家及產後血虛發熱煩渴，症象白虎者，大忌。

**清・李熙和《醫經允中》卷一九**　寒水石　解巴荳毒。辛，寒，無毒。主治皮中火燒，時氣發熱，五藏伏熱，涼血降火。悞服腸胃受寒，不能飲食。

**清・李熙和《醫經允中》卷二〇**　石膏　入足陽明、手太陰少陽經氣分。煅用。

辛，寒，無毒。主治陽明頭痛，發熱惡寒，胃中結熱，牙根出血，發班痧疹，消渴中熱。陽明大寒之藥，有肅殺而無生長，止宜于肺胃實熱，大渴飲水，六脉洪數之人。若血虛發熱，胃弱食少，及邪在太陽者悞用，多致難救矣。

**清・馮兆張《馮氏錦囊秘錄・雜症痘疹藥性主治合參》卷五**　石膏稟金水之正，得天地至清至寒之氣。故其味辛甘，氣大寒而無毒。入足陽明、手太陰少陽經氣分。辛能解肌，甘能緩中，大寒而兼辛甘，故用以外解邪熱於肌表，內清邪熱結氣於三焦，且為緩脾益氣，生津止渴之用也。〇宜入火煅紅，置地上出火毒用。　石膏，治食積痰火，胃脘痛甚，并胃熱為病，一切神效。入肺胃三焦，兼之其味辛甘，辛能出汗，解肌上行，而理陽明頭齒作痛，甘則緩脾益氣，生津以止渴消，白虎湯用專清肺胃。但胃弱食不下者，并血虛身發熱者，忌服。

主治痘疹合參：治痘熱極，胃爛發斑，能清胃發痘，止渴生津。然疹家最宜，痘家少用。胃虛寒者，尤宜禁之。

按：石膏，氣味俱薄，體重而沉，沉陰下降，有肅殺而無生長。如不得已而用，須中病即止，勿過投以伐資生之本。故潔古云：極能寒胃，令人腸滑，不能食，非有極熱不宜輕用。又曰：血虛發熱，有類白虎湯症，誤用之不可救也。東垣云：立夏前多服白虎，必小便不禁，此陽明津液不能上輸，肺之清氣亦復下降。觀此可以知其性矣。

寒水石又名凝水石，又名白水石。生於鹵地，鹽之精也。稟積陰之氣而成，味辛、鹹，氣大寒，無毒。《經》曰：小熱之氣，涼以和之。大熱之氣，寒以取之。又曰：熱淫於內，治以鹹寒。故大寒微鹹之性，以為軟堅去滯、除熱利水之需。然止可暫治有餘邪熱及敷湯火所傷，若虛人虛熱，竝宜切禁。

寒水石，卻胃中熱及五臟伏熱，解巴豆毒，併丹石諸毒，傷寒勞復兼治，積聚邪熱亦除。煩渴飲水，胃熱牙疼，水腫，小腹作痛，涼血降火神劑。湯火所傷，敷搽即愈。未潰者，研末油調。已破者，研末乾摻。 主治痘疹合參： 功效同前。

**清·张璐《本經逢原》卷一** 石膏 辛、甘，大寒，無毒。清胃煅用。治中暍熱生用。一種微硬有肌理名理石，主治與粗理黄石相類。《本經》主中風寒熱，心下逆氣驚喘，口乾舌焦不能息，腹中堅痛，除邪鬼產乳金瘡。發明： 古人以石膏、葛根並為解利陽明經藥。蓋石膏性寒，葛根性溫，功用詎可不辯。葛根乃陽明經解肌散寒之藥。石膏為陽明經辛涼解熱之藥，專治熱病，暍病，大渴引飲，自汗頭痛，尿濇便閉，齒浮面腫之熱證，仲景白虎湯是也。東垣云，立夏前服白虎，令人小便不禁，降令大過也。今人以此湯治冬月傷寒之陽明證，服之未有得安者，不特石膏之性寒，且有知母引邪入犯少陰，非越婢、大青龍、小續命中石膏佐麻黄化熱之比。先哲有云： 凡病雖有壯熱而無煩渴者，知不在陽明，切勿誤與白虎。《本經》治中風寒熱，是熱極生風之象。邪火上衝，則心下有逆氣及驚喘。陽明之邪熱甚，則口乾舌焦不能息。邪熱結於腹中，則堅痛。邪熱不散，則神昏讝語，等乎邪鬼。解肌散熱外泄，則諸證自退矣。即產乳金瘡亦是鬱熱蘊毒，赤腫神昏，故可用辛涼以解泄之，非產乳金瘡可泛用也。其《金匱》越婢湯治風水，惡寒無大熱，身腫自汗不渴，以麻黄發越水氣，使之從表而散； 石膏化導胃熱，使之從胃而解。如大青龍、小續命等製，又不當以此執泥也。至於三黄石膏湯，又以伊尹三黄、河間解毒，加入石膏、麻黄、香豉、薑、葱，全以麻黄開發伏氣，石膏化導鬱熱，使之從外而解。蓋三黄石膏之有麻黄，越婢、青龍、續命之有石膏，白虎之加桂枝，加蒼术，加人參，加竹葉、麥門冬，皆因勢利導之捷法。《千金》五石丸等方，用以解鍾乳、紫白石英、石脂之熱性耳。《别錄》治時氣頭痛身熱，三焦大熱，皮膚熱，腸胃中熱氣，解肌發汗，止消渴煩逆。腹脹，暴氣喘息咽熱者，以諸病皆由足陽明胃經邪熱熾盛所致，惟喘息略兼手太陰病，此藥能散陽明之邪熱，陽明熱邪下降，則太陰肺氣自寧，故悉主之。〇粗理黄石破積聚，去三蟲。《千金》鍊石散醋煅水飛，同白斂、鹿角治石癰，以火鍼鍼破傅之。

**清·浦士貞《夕庵讀本草快編》卷一** 石膏《本經》 火煅醋調，封固丹鼎，密甚于脂膏，故名。 石膏性寒，味辛而淡，氣味俱薄，體重而沉，降也，陰也，乃足陽明大寒之藥。更入手太陰、少陽氣分，故仲景治傷寒陽明證，身熱目痛鼻乾不得臥者。蓋謂身以前胃之經也，胸前肺之室也，邪在陽明，肺受火制，故用辛寒以清肺氣，所以有白虎湯之名。兼治三焦皮膚大熱者，因其入手少陰也，凡脉數不退者宜用之。成無己曰： 風，陽邪也； 寒，陰邪也。風喜傷陽，寒喜傷陰。營衛陰陽為風寒所傷，則非輕劑所能獨散，必須輕重之劑同散之，斯得陰陽之邪俱去，營衛之氣俱和。是以大青龍湯以石膏為使，以其重劑而專達肌表也。又曰： 熱淫所勝，佐以苦甘，知母、石膏之類以散熱是也。倘症類白虎，胃氣虚寒，老弱幼怯，不可輕用。而《外臺秘要》載其專治骨蒸勞熱；《古今錄驗》亦取其善療虚損，苟非肺胃火盛能食壯旺者，投之必斃。書可盡信乎哉？

**清·張志聰、高世栻《本草崇原》卷中** 石膏 氣味辛，微寒，無毒。主治中風寒熱，心下逆氣驚喘，口乾舌焦，不能息，腹中堅痛，除邪鬼，產乳，金瘡。 石膏出齊盧山及魯蒙山，剡州、彭城、錢塘亦有。有軟硬二種，軟石膏生於石中，大塊作層，如壓扁米糕，細紋短密，宛若束針，潔白如膏，鬆軟易碎，燒之白爛如粉。硬石膏作塊而生，直理起棱，如馬齒堅白，擊之則段段横解，光亮如雲母、白石英，有牆壁。燒之亦易散，仍硬不作粉，今用以軟者為佳。 石膏質堅色白，氣辛味淡，紋理如肌腠，堅白若精金，稟陽明金土之精，而為陽明胃府之涼劑，宣劑也。中風寒熱者，風乃陽邪，感陽邪而為寒為熱也。金能制風，故主治中風之寒熱。心下逆氣驚喘者，陽明胃絡上通於心，逆則不能上通，致有驚喘之象矣。口乾舌焦，不能息，腹中堅痛者，陽明之上，燥氣治之，口乾舌焦，燥之極也。不能息，燥極而陽明之氣不和於上也。腹中堅痛，燥極而陽明之氣不和於下也。石膏質重性寒，清肅陽明之熱氣，故皆治之。稟金氣則有肅殺之能，故除邪鬼。生產乳汁，乃陽明胃府所生。刀傷金瘡，乃陽明肌肉所主。石膏清陽明而和中胃，故皆治之。《靈樞經》云： 兩陽合明，是為陽明。又云： 兩火併合，故為陽明，是陽明上有燥熱之主氣，復有前後之火熱，故傷寒有白虎湯，用石膏、知母、甘草、粳米，主資胃府之津，以清陽明之熱。又，陽明主合而居中土，故傷寒有越婢湯。石膏配麻黄，發越在内之邪，從中土以出肌表，蓋石膏質重則能入裏，味辛則能發散，性寒則能清熱。其為陽明之宣劑、涼劑者如此。

**清·姚球《本草經解要》卷四** 石膏 氣微寒，味辛，無毒。主中風寒熱，心下逆氣驚喘，口乾舌焦不能息，腹中堅痛，除邪鬼，產乳，金瘡。煅。石膏氣微寒，稟天初冬寒水之氣，入足太陽寒水膀胱經。味辛無毒，得地西方燥金之味，入手太陰肺經、足陽明燥金胃、手陽明燥金大腸經。氣味降多於升，陰也。中風者，傷寒五種之一也。風為陽邪，中風病寒熱，而心下逆氣驚喘，則已傳陽明矣。陽明胃在心之下，胃氣本下行，風邪挾之上逆，乘肺則喘，聞水聲則驚。陽明火爍津液，致口乾舌焦，不能呼吸，故用石膏辛寒之味，以瀉陽明實火也。腹中，大腸經行之地，大腸為燥金，燥則堅痛矣。其主之者，辛寒可以清大腸之燥火也。陽明邪實，則妄言妄見，如有神靈，若邪鬼附之。石膏辛寒清胃，胃火退，而邪妄除，故云除邪鬼也。產乳者，產後乳不通也。陽明之脈，從缺盆下乳，辛寒能潤，陽明潤則乳通也。金瘡熱則皮腐，石膏氣寒，故外糝合金瘡也。　製方：石膏同川連、甘草，治發狂。同知母、甘草、粳米，名白虎湯，治陽明中風熱病。同知母、麥冬、甘草、竹葉，名竹葉石膏湯，治陽明邪熱。同防風、荊芥、細辛、白芷末，擦胃火牙疼。同銀硃末，治金瘡不合。

**清・王子接《得宜本草・中品藥》**　石膏　味甘、辛。入足陽明、手太陰少陽經。得桂枝治溫瘧，得蒼朮治中暍。

**清・黃元御《長沙藥解》卷三**　石膏　味辛，氣寒。入手太陰肺、足陽明胃經。清金而止燥渴，泄熱除煩躁。《傷寒》白虎湯，石膏一斤，知母六兩，甘草二兩，粳米六兩。治太陽傷寒表解後，表有寒，裏有熱，渴欲飲水，脉浮滑而厥者。太陽表解之後，陰旺則汗去陽亡而入太陰，陽旺則汗去陰亡而入陽明。表解而見燥渴，是腑熱內動，將入陽明也。陽明戊土，從庚金化氣而為燥，太陰辛金，從己土化氣而為濕。陽旺之家，則辛金不化。己土之濕，而亦化庚金之燥。胃熱未發，而肺燥先動，是以發渴。石膏清金而除煩，知母泄火而潤燥，甘草、粳米補中化氣，生津而解渴也。《金匱》小青龍加石膏湯，麻黃三兩，桂枝三兩，芍藥三兩，甘草二兩，半夏半升，五味半升，細辛三兩，乾薑二兩，石膏二兩。治心下有水，咳而上氣，煩燥而喘，肺脹脈浮者。以水飲內阻，皮毛外闔，肺氣壅遏而生咳喘。小青龍發汗以泄水飲，石膏清熱而除煩躁也。《傷寒》大青龍湯方在麻黃用之治太陽中風，不汗出而煩躁者。麻杏甘石湯方在竹葉用之治大病差後，氣逆欲吐者。《金匱》越婢湯方在麻黃用之治風水惡風，續自汗出者。木防己湯方在防己用之治膈間支飲，其人喘滿者。厚朴麻黃湯方在厚朴用之治咳而脈浮者。文蛤湯方在文蛤用之治吐後，渴欲得水而貪飲者。竹皮大丸方在竹茹用之治乳婦煩亂嘔逆者。皆以其泄熱而除煩也。石膏辛涼之性，最清心肺，而除煩躁，泄鬱熱而止燥渴。甚寒脾胃，中脘陽虛者，勿服。其諸主治，療熱狂，治火嗽，止煩喘，清燥渴，收熱汗，消熱痰，住鼻衄，除牙痛，調口瘡，理咽痛，通乳汁，平乳癰，解炎灼，療金瘡。研細，綿裹入藥煎。虛熱煅用。

**清・吳儀洛《本草從新》卷五**　石膏〔體重瀉火，氣輕解肌。〕　甘辛而淡，體重而降。足陽明經胃大寒之藥，色白入肺，兼入三焦。諸經氣分。寒能清熱降火，辛能發汗解肌，甘能緩脾，生津上渴。治傷寒鬱結無汗，陽明頭痛，發熱惡寒，日晡潮熱，陽狂壯熱，《經》云：陽盛生外熱。小便赤濁，大渴引飲，中暑自汗，能發汗，又能止自汗。舌焦胎厚，無津。牙痛。陽明經熱。為末，擦牙固齒。又胃主肌肉，肺主皮毛，嘉言曰：極清肺熱。為發斑疹之要品。色赤如錦紋者為斑，隱隱見紅點者為疹。斑重而疹輕，率由胃熱所致。然亦有陰陽二證，陽證宜用石膏。又有內傷陰證見斑疹者，色微紅而稀少，此胃氣極虛，逼其無根之火游行於外，當補益氣血，使中有主則氣不外游，血不外散，若作熱治，死生反掌。少壯火熱者，功效甚速。老弱虛寒者，禍不旋踵。東垣曰：立夏前白虎湯，令人小便不禁，降令太過也。極能寒胃，胃弱血虛及病邪未入陽明者切勿輕投。成無己解大青龍湯曰：風，陽邪傷衛；寒，陰邪傷營；營衛陰陽俱傷則非輕劑所能獨散，必須重輕之劑同散之，乃得陰陽之邪俱去，營衛俱和。石膏乃重劑而又專達肌表也。東垣曰：石膏，足陽明藥。仲景用治傷寒陽明證，身熱目痛鼻乾，不得臥。邪在陽明，肺受火制，故用辛寒以清肺氣。所以有白虎之名，肺主西方也。按：陽明主肌肉，故身熱。脈交頞中，故目痛。脈起於鼻，循鼻外，金燥，故鼻乾。胃不和則臥不安，故不得臥。然亦有陰虛發熱及脾胃虛勞，傷寒陰盛格陽，內寒外熱，類白虎湯證，誤投之，不可救也。按：陰盛格陽，陽盛格陰，二證至為難辨。蓋陰盛極而格陽於外，外熱而內寒；陽盛極而格陰於外，外冷而內熱；《經》所謂重陰必陽，重陽必陰，重寒則熱，重熱則寒是也。當於小便分之。便清者，外雖燥熱而中實寒；便赤者，外雖厥冷而內實熱也。再看口中之燥潤及舌胎之淺深。胎黃黑者為熱，宜白虎湯。然亦有舌黑屬寒者，舌無芒刺，口有津液也。急宜溫之，誤投寒劑則死矣。有軟硬二種，瑩白者良，研細，甘草水飛。近人因其寒，或用火煅，則不甚傷胃，但用之稀少，則難見功。白虎湯以之為君，或自一兩加至四兩。味淡難出。若入煎劑，須先煎數十沸。鷄子為使。惡巴豆。畏鐵。

**清・汪紱《醫林纂要探源》卷三**　石膏　甘，辛，淡，寒。瀉肺，開閉塞。

補肺，清壯熱。氣味輕浮，色白入肺。辛瀉肺，所以開閉塞，發汗，以去其收濇之邪。甘能補，所以解火氣之灼，清金而保其主氣之正，故大青龍湯、白虎湯皆用之。宜生用則辛而能表。煨熟則不表矣。和胃，解肌熱。補脾，益中氣。體重下降，味甘補土。脾胃主肌肉，陽明多氣血，故病干之，則發熱必甚，或至煩渴譫語，壯火食氣，氣反短促矣。故清胃火，益中氣，解肌熱，厚脾土，皆其用也。又治陽毒斑疹，牙痛舌焦，皆肺胃所主之病。益心，除溽暑。淡能滲濕，寒可勝暑，故治小便赤濁。小腸，心之表也。止中暑自汗，內受暑，而外之腠理疏則自汗，此非止汗者，但暑從汗散，則汗自止，猶桂枝治太陽有汗傷寒耳。亦解渴除煩，止火欬，皆甘辛淡之用也。〇用藥當辨證，不容多忌。如用此藥，必察果非實火，而真虛寒，則不可用。若真實火迫於肺胃，須用無疑。且此能表，不謂大寒。其入豆腐中，人不嫌日食之，而入藥則畏之，何也？且味淡薄，少用無效，必須三四錢至一兩為妙。〇雲母石橫理層起，橫達治四肢。此則直理如牙，直行通上下。

**清・嚴潔等《得配本草》卷一**　石膏一名寒水石，一名細理石。雞子為之使。畏鐵。惡莽草、巴豆、馬目毒公。甘、辛，淡寒。入足陽明、手太陰、少陽經氣分。解肌發汗，清熱降火，生津止渴。治傷寒疫症，陽明頭痛，發熱惡寒，日晡潮熱，狂熱發斑，小便濁赤，大渴引飲，舌焦鼻乾，中暑自汗，目痛牙疼。得甘草、薑、蜜，治熱盛喘嗽。得桂枝，治溫瘧。得荊芥、白芷，治胃火牙疼。得蒼术，治中暍。得半夏，達陰降逆。有通玄入冥之神。得黃丹，摻瘡口不斂。生肌止痛。配川芎、炙甘草，葱白、茶湯〔調下〕，治風邪眼寒。配牡蠣粉，新汲水服，治鼻衄頭痛。並滴鼻內。配蕤仁、枳殼、郁李仁，滌鬱結之熱。使麻黃，出至陰之火。麻黃止用二三分。石膏、凝水石各四兩，芒硝一斤，共研末，用生甘草煎汁一升五合，入前藥同煎，不住手攪令消熔，入青黛四兩和匀，傾盆結成碧雪，研末，或含或吹，或水調服，治狂熱諸症。瑩白潔淨，文如束針，軟者良。發表生用，清熱煅用，勿疑過寒而概用火煅。立夏前過服白虎湯，令人小便不禁。胃弱氣虛，血虛發熱者，禁用。火炎土燥，非苦寒之劑所除。《經》曰：甘先入脾。又曰：以甘瀉之。故甘寒之品，祛胃火生津液之上劑也。傷寒時疫，熱邪溢於陽明經者，非此不除。況生石膏味辛而散，使邪氣外達於肌膚。若誤用芩、連，苦燥而降，反令火邪內結，漸成不治之症。勿以川連、石膏、葛根、釵斛、竹茹等味，悉除胃火，概混治之。蓋胃經之氣，涼則行，熱則滯，氣為熱所滯，致失升降之令，而食不化，宜用葛根升之散之。邪火伏於陽明氣分，宜用生石膏疏之。熱火入於胃府，升之火氣益烈，疏之結不可解，宜用川連導之使下。釵斛但清胃中虛火，竹茹專主胃府虛痰。此固各有攸當，分別用之，庶為得法。

**題清・徐大椿《藥性切用》卷七**　生石膏　甘淡微辛，大寒，而入足陽明，兼入手太陰、少陽。質重降火，氣輕泄熱，為傷寒溫熱表裏不解，熱鬱煩渴喘藥。煨熟則不傷胃氣，但可清火，不能泄熱為異。

**清・黃宮繡《本草求真》卷六**　石膏清胃熱解肌發汗。石膏喘入胃腑，兼入脾肺。甘辛而淡，體重而降，其性大寒，功喘入胃，清熱解肌，發汗消鬱，緣傷寒邪入陽明胃府。內鬱不解，則必日晡熱蒸，口乾舌焦唇燥，堅痛不解，神昏譫語，氣逆驚喘，溺閉渴飲。暨中暑自汗，胃熱發斑牙痛等症，皆當用此調治。成無己曰：風陽邪也，寒陰邪也，風喜傷陽，寒喜傷陰，營衛陰陽，為風寒所傷，則非輕劑所能獨散，必須輕重之劑同散之，乃得陰陽之邪俱去，營衛之氣俱和，是以大青龍湯以石膏為使，石膏乃重劑，而又專達肌表也。以辛能發汗解熱，甘能緩脾益氣，生津止渴，寒能清熱降火故也。按石膏是足陽明府藥，邪在胃府，肺受火制，故必用此辛寒以清肺氣，所以有白虎之名，肺主西方故也。杲曰：石膏足陽明藥也。故仲景治傷寒陽明症，身熱目痛，口乾不眠，以身以前，胃之經也。胸前肺之室也，邪在陽明，肺受火制，所以有白虎之名。但西有肅殺而無生長，如不得已而用，須中病即止，切勿過食以損生氣。時珍曰：此皆少壯肺胃火盛，能食而病者言也。若衰暮及氣虛血虛胃弱者，恐非所宜。況有貌屬熱症，裏屬陰寒而見斑黃狂燥。日晡潮熱，便秘等症，服之更須斟酌，惟細就實明辨，詳求其真可也。汪昂曰：按陰盛格陽、陽盛格陰二症，至為難辨。蓋陰盛極而格陽於外，外熱而內寒，陽盛極而格陰於外，外冷而內熱。《經》所謂重陰必陽，重陽必陰，重寒則熱，重熱則寒也，當於小便分之。便清者外雖燥熱而中實寒，便赤者外雖厥冷而內實熱也。再看口中之燥潤及舌胎之淺深，胎黃黑者為熱，宜白虎湯，亦有胎黑屬寒者，舌無芒刺，口有津液，急宜溫之，誤投寒劑則殆矣！又按熱在胃，熱症見斑疹，然必色赤如錦紋者為斑，隱隱見紅點者為疹，斑重而疹輕，斑疹亦有陰陽，陽症宜石膏。又有內傷陰症見斑疹者，微紅而稀少，此胃氣極虛，逼其無根之火遊行於外，當補益氣血，使中有主，則氣不外遊，血不外散。若作熱治，生死反掌，醫者宜審。取瑩白者良。亦名寒水石，非鹽精滲入土中結成之寒水石也。研細，或甘草水飛，或火煅，各隨本方用，雞子為使。忌豆、鐵。

**清・楊璿《傷寒溫疫條辨》卷六寒劑類**　石膏　味辛甘，氣大寒，氣味薄，體沉重。生用速，煅用緩，降而能升，陰中有陽。以其寒散清肅，故祛肺胃三焦之火；辛能清肺解肌，最逐溫熱暑濕而除頭疼；甘能緩脾益氣，極善生津止渴而却煩熱。邪火盛不食，胃火盛多食，皆其所長。陽明熱牙疼，太陰火痰喘，尤當速效。仲景有白虎湯。景岳玉女煎滋少陰之水，瀉陽明之火。良方也。

**清・羅國綱《羅氏會約醫鏡》卷一八金石水土部**　石膏味辛甘，寒，入肺胃二經，兼入三焦。辛能發汗，甘能緩脾益氣，寒能清熱，為去胃經實熱之主藥。治傷寒寒熱無汗、頭痛牙疼、大渴舌焦、便赤、日晡潮熱、肌肉壯熱、陽明主肌肉。目痛、脉交額中。鼻乾、脉起於鼻。不得臥。胃不和也，病傳胃，宜用白虎湯。療發斑、色赤如錦。發疹、隱見紅點。皆胃熱也。逐溫暑熱證、痰喘太陰火盛。陽狂結熱、大嘔吐血胃火、大便秘結、肺胃熱燥。不思食邪火、多食。胃火。二者皆治。然能寒胃，若胃弱血虚，及病邪未入陽明者禁用。熱重生用，熱輕煅用。味淡難出，若入煎劑，分量宜重。生煮數十沸，雞子為使，忌巴豆與鐵。

**清・紀昀《閱微草堂筆記》下卷一八**　乾隆癸丑春夏間，京中多疫。以張景岳法治之，十死八九，以吳又可法治之，亦不甚驗。有桐城一醫，以重劑石膏治馮鴻臚星實之姬，人見者駭異，然呼吸將絕，應手輒痊。踵其法者，活人無算。有一劑用至八兩，一人服至四斤者。雖劉守真之《原病式》、張子和之《儒門事親》專用寒涼，亦未敢至是，實自古所未聞矣。考喜用石膏，莫過於明繆仲淳，名希雍，天、崇間人，與張景岳同時，而所傳各別。本非中道，故王懋竑《白田集》有《石膏論》一篇，力辯其非。不知何以取效如此。此亦五運六氣，適值是年，未可執爲定例也。

**清・陳修園《神農本草經讀》卷四中品**　石膏　氣味辛，微寒，無毒。主中風寒熱，心下逆氣驚喘，口乾舌焦，不能息，腹中堅痛，除邪鬼，產乳，金瘡。

陳修園曰：石膏氣微寒，稟太陽寒水之氣。味辛無毒，得陽明燥金之味。風為陽邪，在太陽則惡寒發熱，然必審其無汗煩燥而喘者，可與麻桂並用。在陽明則發熱而微惡寒，然必審其口乾舌焦大渴而自汗者，可與知母同用。曰心下氣逆，即《傷寒論》氣逆欲嘔之互詞。曰不能息，即《傷寒論》虚羸少氣之互詞。然必審其為解後裏氣虚而內熱者，可與人參、竹葉、半夏、麥冬、甘草、粳米同用。腹中堅痛，陽明燥甚而堅，將至於胃實不大便之症。邪鬼者，陽明邪實，妄言妄見，或無故而生驚，若邪鬼附之，石膏清陽明之熱，可以統治之。陽明之脉從缺盆下乳，石膏能潤陰陽之燥，故能通乳。陽明主肌肉，石膏外糝，又能愈金瘡之潰爛也。但石品見火則成石灰，今人畏其寒而用，則大失其本來之性矣。

**清・王學權《重慶堂隨筆》卷下**　石膏　余師愚以為治疫主藥，而吳又可專用大黄，謂石膏不可用，何也？蓋師愚所論者，暑熱為病，暑為天氣，即仲聖所謂清邪中上之疫也。又可所論者，濕溫為病，濕為地氣，即仲聖所云濁邪中下之疫也。清邪乃無形之燥火，故宜清而不宜下；濁邪乃有形之濕穢，故宜下而不宜清。二公皆卓識，可為治疫兩大法門。故學醫不比學詩文之可專尚一家，如詩法三唐、文宗兩漢，可横絕一時，醫必博覽諸書而知所取捨，不為古人所欺，庶能隨證用藥而不誤世也。

〔王昇〕校：林觀子先生云：陶節庵之於傷寒，其所窺者止大綱粗迹，而非窮神極變之精微，故王金壇謂其聾瞽後學，為仲聖之罪人，非過論也。奈今之治傷寒者，率守陶氏一家之書，以為軌則，可不歎哉！又王予中太史《白田集》，論陶氏以傷寒與溫暑諸證，解表不同而治裏則同，為大不然，且謂承氣、白虎豈可以治溫暑。噫！太史雖深究理學，實未知醫學，何必發此議論以誤後人耶！深恐世之讀其書者，信其學問而并信其醫，故附及之。

〔王孟英〕刊：蕭山郁龍士《瑤史》載楊天安云：杭州李車兒後裔仁山先生，真痘科大作手。一火痘悶證，用石膏斤半熬湯，煎黄連五錢為劑，發猶未透，為加金汁一盞始愈。以金汁乃濁陰，可治亢陽也。雄按：此深得費氏之法者，痘證挾疫，豈不信然。

**清・黄凱鈞《藥籠小品》**　石膏　色白入肺，並清胃火，熱邪在氣分，口渴齒燥，引飲，非此不為功。石膏為水藥，燥熱如焦釜，沃以水，氣出蒸蒸然，此無汗能發之謂也。暑熱爍津，則汗出不休，石膏能寒肺氣，此有汗能止之謂也。凡瘧疾寒輕熱甚多汗者，用之最勝。一切肺燥發熱，乾咳喘急者，須同清滋之品，治之多效。白虎湯之知母、粳米，玉女煎之地黄是也。石膏能行秋肅之令，肺胃發火者大忌。

**清・王龍《本草纂要稿・金石部》**　石膏　味辛、甘，性寒，無毒。辛能出汗，解肌表，而墜頭痛。甘則緩脾，生津液，以止煩渴。故風邪傷陽，寒邪傷陰，解肌表可愈。胃熱不食，胃熱多食，瀉胃火能痊。治天行熱狂壯熱，皮如火燥。療日晡潮熱，大渴飲引無休。入足陽明經。

**清・張德裕《本草正義》卷下**　石膏　甘辛，大寒。氣味輕而質體重，能升能沉，熟緩生速。用其清肅寒散，善去肺胃三焦之火，而尤為陽明要藥。

辛能解肌發汗，驅瘟疫熱邪。寒能生津止渴，除火盛躁煩。若陽明寔熱陽狂，或發黃發斑，火盛嘔吐，火熾血上，皆所必用。假熱悮投，殺人旋踵。

**清・楊時泰《本草述鉤元》卷五**　石膏　其性大寒如水，故名寒水石，與凝水石同名異物。丹溪云：石膏兼質與能而得名。苟非有膏，豈能為固濟丹爐之用。昔人以方解石當之誤矣。膏味甘辛，本陽明經藥，陽明主肌肉。其甘也，能緩脾益氣，止渴去火；其辛也，能解肌出汗，上行至頭。又入手太陰、少陽。彼方解石止有體重質堅性寒而已，求其有膏而可為三經之主治者焉在哉？

附石膏、理石、長石、方解石辨：石膏有軟、硬二種。軟者大塊，生於石中，作層如壓扁米糕形，每層厚數寸，有紅白二色，紅者不可服。白者潔淨，細文短密如束針，正如凝成白蠟狀，鬆軟易碎，燒之即白爛如粉。其中明潔，又色帶微青，而文長細如白絲者，理石也，與軟石膏一物二種，碎之則形色如一，不可辨矣。硬石膏作塊而生，直理起稜，如馬齒堅白，擊之則段段橫解，光亮如雲母、白石英，有牆壁，燒之亦易散，仍硬不作粉。其似硬石膏成塊，擊之塊塊方解，牆壁光明者，乃方解石也，燒之則散，亦不爛，與硬石膏一類二種，碎之則形色如一，不可辨矣。自來皆以硬者為石膏，軟者為寒水石，至丹溪始斷然以軟者為石膏，而後人遵用有驗，千古之惑始明。蓋昔人所謂寒水石者，即軟石膏也。所謂硬石膏者，乃長石也。石膏、理石、長石、方解石四種，性氣皆寒，俱能去大熱結氣，但石膏又能解肌發汗為異耳。理石即石膏之類，長石即方解之類，俱可代用瀕湖。按：軟石膏與硬石膏之別，一生石中作層，一作塊而生，即此已得其概。至理石之別於軟石膏，以其色微青，不如軟石膏雪白，其文細而長，不如軟石膏短密耳。

味辛、甘、淡，氣寒。氣味俱薄，體重而沉，陰中之陽，可升可降。乃足陽明胃經大寒藥，並入手太陰、少陽經氣分。善除胃熱，主中風寒熱，心下逆氣驚喘，口乾舌焦，不能息，腹中堅痛《本經》。治傷寒陽明經肌肉壯熱，頭痛目痛，鼻乾不眠，口渴飲水。又溫熱病煩熱而渴，脈洪大且數而長者。又傷暑、伏暑、暑瘧為要藥。更療陽毒發斑，本經熱頭痛，及頭風旋暈，齒痛消渴，嘈雜腹脹，瀉胃上痰熱食積，清肺熱煩逆，暴氣高喘，咽熱，除三焦大熱，皮膚熱，骨蒸熱，並乍寒乍熱諸本草。方書治消癉、痰飲，虛勞燥咳，齒鼻病，痙厥瘛瘲，虛煩，霍亂，水腫脹滿，嘔吐、噫，吐血洩血，痹痿，癘、風癇，黃疸，遺精。

稟金水之正，得天地至清至寒之氣，故辛能解肌，甘能緩熱，大寒而兼辛甘，則能除大熱。所主諸證，多由足陽明邪熱熾盛所致。其手太陰肺、手少陽三焦，固其同氣以為病者也仲淳。按：傷寒太陽證，惟風寒鬱熱之甚，投大青龍湯。先哲譬之亢熱已極，一雨而涼者，正謂石膏氣極清寒，味却甘辛，為從陰達陽之劑，入肺胃而散其鬱熱，與麻、桂相助為理，以盡解表之功。又，陽明經中熱，發熱更惡熱燥，日晡潮熱，肌肉壯熱，小便赤濁，大渴引飲，自汗，當用石膏。若無以上諸證勿服之。石膏善治陽明本經頭痛牙痛，止消渴，去中暑潮熱，然能寒胃，令人不食，非腹有極熱者，不宜輕用潔古。石膏發汗，辛寒入手太陰經，邪熱在陽明，肺受火制，故用辛寒以清之。若傷寒熱病，大汗後脈洪大，口舌燥，頭痛，大汗不已，或着暑熱，身疼倦怠，服白虎湯無有不效海藏。大抵傷寒之用石膏，惟大青龍解陰寒所鬱之躁熱。至於陽明諸證之治，是皆直滌其本經之熱耳。若夫暑證，則亦不離於胃也。海藏又云：傷寒表證，發熱惡熱而渴，與雜證同，但頭痛身熱目痛鼻乾不得臥，乃陽明經病也。雜病裏證發熱惡熱而渴，但目赤者，病藏也。手太陰氣不足，不能管領陽氣也。治暑瘧及斑毒，此為要藥，值熱盛邪熾各證，起死回生，功同金液。若用之尠少，則難責其功仲淳。除熱瀉火，非甘寒不可，故有大熱脈洪大服苦寒劑而熱不退者，加石膏。如證退而脈數不退，洪大而病有加者，宜減苦寒加石膏。如大便軟或泄者，加桔梗，食後服。此藥誤用，為害非細，用者旋旋加之。如食少者，不可用石膏。石膏善能去脈數，如病退而脈數不退者，不治潔古。《古今錄驗方》治諸蒸病有五蒸湯，亦是白虎加人參、茯苓、地黃、葛根，因病加減。《外臺秘要》治骨蒸勞熱久嗽，用石膏文如束鍼者一斤，粉甘草一兩，細研如麪，日以水調三四服。楊寺丞女病骨蒸，內熱外寒，眾醫不瘥，用此方而體遂涼。按：此皆少壯肺胃火盛能食而病者也。若衰暮及氣血虛胃弱者，恐非所宜瀕湖。仲景白虎湯專解陽明邪熱，其證頭疼壯熱，口渴煩躁，鼻乾目眴眴不得眠，畏人聲木聲，畏火。若勞役人病此，元氣先虛者，可加人參，名人參白虎湯。發斑陽毒盛者，白虎加麥冬、竹葉，以石膏為君，自一兩至四兩，麥冬亦如之，知母自七錢至二兩，竹葉自百片至四百片，粳米自一大撮至四大撮，甚則更加連、蘗、芩，名三黃石膏湯，自一劑至四劑。婦人妊娠病此者亦同。傷寒汗後，煩熱不解，竹葉石膏湯主之。痧疹發熱，口渴唇焦，欬嗽多嚏，或多痰，或作泄，竹葉石膏湯加赤檉木兩許，貝母、栝蔞根各二三錢主之。發斑亦同。甚者加三黃。暑瘧頭痛壯熱，多汗發渴，亦用竹葉石膏湯二三劑主之，虛者加人參，後隨證施治。按：此是暑瘧。暑氣本與心包絡之氣相感，而包絡又與胃相應，石膏入手少陽三焦，固與手厥陰包絡為表裏者，況其又入胃乎。此所以為暑病要藥。中暑，用白虎湯，虛者加人參。太陽中暍，亦用竹葉石膏湯。胃家實熱，或嘈雜消渴，善飢齒痛，皆須竹葉石膏湯主之。研為末，醋丸綠豆大，以瀉胃火痰火食積，殊驗丹溪。風熱心躁，口乾狂言，渾身壯熱，熟石膏半斤，入甘草末、天竺黃各二兩，龍腦二分，糯米糕丸彈子大，蜜水磨下。熱勞附骨蒸熱，四肢微瘦，有汗，脈長者，石膏散主之。石膏一味，細末如麪，每夕新汲水服方寸匕，取身無熱為度。按：熱勞之證，不盡屬於陰虛，亦有陽邪外襲，傳入於骨，不能泄越，內作骨蒸，令人先寒後熱，久久漸成羸瘦，有汗者胃家實也，脈長者陽邪證也，石膏散主之。東垣言血虛身熱，證象白虎，誤服白虎者，必死，此惟新產失血，飢困勞倦之病為然，若內熱而有汗脈長，則不在所禁也。尋常擦牙，石膏、補骨脂同為末用之。

論：三焦為氣之所終始，始之者在命門，生之者在胃，統之者在肺。其由下而上也，自命門以極於肺；由上而下也，復自肺以歸命門，而總不離於胃，却又以三焦為下而上、上而下者之主也。三焦為命門元氣之使。惟三焦之氣，根於至陰，際於至陽。而石膏萃清寒之精，有合於三焦元氣，根於至陰者。其味辛甘發散，更有合於由至陰而徹至陽者。然則石膏之致其清寒於肺胃，固猶是元氣之上布，但陰勝於陽耳。其舉甘寒之氣鍾為甘辛，陰得隨陽而入胃至肺以際於天；舉甘辛之沖味致其清寒，陽得隨陰而由肺降胃以極於地。是其所療諸證，似以三焦為體，肺胃為用，而三焦為元氣之別使，亦自完其陰中達陽之用也。顧何以又為陽明主藥？蓋緣水火之氣附於中土，以為用耳。如傷寒傳經由太陽而次陽明，可以思矣。《本經》首主中風者，其義云何？曰：人生有形，不離陰陽，陰不足而陽有餘，即謂風之淫。陽不足而陰有餘，即謂風之虛。茲味之陰有餘者，正以對待陽有餘之證而治其風淫也。真陰之麗於陽以升者，易為六淫之所侵，七情之所耗。侵之耗之，陽乃獨亢而化風矣，是為風之淫。淫者，陰不能為陽守也。方書主治諸證，屬於風者強半，而熱即次之。能化亢陽之淫氣而靜其風，更能散風化之厲氣而除其熱。凡熱留而不散，致銷爍真陰已甚，非此不能息酷烈之燄，而置清冷之淵。繆氏所謂功同金液，且云用之尠少，難責其功也。夫人身元氣之用，用於離中。坎以心為火主，而火實藉水以為用也。元氣之根，根於坎中。離以腎為水主，而水實藉火以為體也。三焦主元氣，而元氣之根柢在命門。然則投此清寒之氣味，得不留意於三焦之根柢，而祗於足陽明胃經論治哉。茲味從皮膚而散熱，即從陽歸陰之功。從骨空而祛熱，即從陰達陽之功。舉五臟六腑，或氣或血，皮膚脈肉筋腦髓骨與胞皆及之。或曰：元氣之說是矣，第其為胃經大寒藥而用之，有宜有忌者，何故？曰：石膏所宜，正以救元氣也。蓋陽熾於肺胃之間，則火與元氣不兩立，《經》所謂至陽盛則地氣不足，故宜石膏以瀉陽而存陰。至其所忌，亦以救元氣也。蓋肺胃之陽未亢，相火即是元氣，《經》所謂通天者生之本，故忌石膏以存陽而達陰也。審於斯義，則中土握升降之樞以為元氣轉關者，其宜否當自了然。東垣所云立夏前不宜多服，正為宜升之時耳。雖然，用此味全要認定是氣分除熱之藥，與血分全無涉，即其能退數脈，亦以甘味為血生化之原，更有辛以達之，而氣為血主，正合於《內經》化原之義。先哲謂血虛發熱禁用者，又恐氣虛不能勝此味，更絕血之化原耳。即如除熱不偏用苦寒，因苦寒固入血分，令陽之鬱者愈不得散，亦欲救化原之意也。若夫內傷之證，食積痰火。由於陽分壅遏其正氣，以成有餘之熱者，皆能治之，如頭痛齒痛是也。若由於元氣不足以生痰熱，則未可概施。又如內傷消渴，有勞傷脾臟，以致心火乘土，善消水穀為糟粕，而不能化為精血以養五臟者，與內傷實熱之消渴，自難例治。然則何以三焦蒸熱在臟腑之中者亦用石膏？曰：諸蒸皆因熱病後食肉飲酒，或犯房事而成。五蒸湯分屬臟腑形證，投治藥味，歷歷不同，具見《準繩》虛勞中。惟於益氣補血中，更入石膏以清散其結熱。如虛煩、消癉之治，諸方固可稽也。故在胃氣虛者，不可投。至氣血不足而有結熱在氣分者，果使補瀉得宜，主輔中節，安能懲噎廢食，舍此中病之味哉。

石膏本解實熱、祛暑氣、散邪熱、止渴除煩之要藥。溫、熱二病，多兼陽明，若頭痛偏身骨痛而不渴不引飲者，邪在太陽也，未傳陽明，不當用。七八日來，邪已結裏，有燥糞，往來寒熱，宜下者，弗用。瘧邪不在陽明則不渴，亦不宜用。暑氣兼濕作瀉，脾胃弱甚者，弗用。產後寒熱由於血虛，或惡露未盡，骨蒸勞熱，由於陰精不足而不由於外感，並弗誤用仲淳。

辨治：生石中作層者真，石臼中搗成粉，密絹羅過，生甘草水飛過，水澄令乾，重研用之。近人因其性寒，火煅過用，或糖拌炒過，則不妨脾胃。作散者煅熟，入煎劑半生半熟。凡入煎劑，碎之如粟米大，先煮數十沸，乃入餘藥，以其氣味難出故也。

**清・葉桂《本草再新》卷八** 石膏味淡，性涼，無毒。入肝、脾、肺三經。 瀉火除煩，解肌發汗，和胃，治頭痛發熱，目昏長翳，能清肝熱，故能治目疾。 治牙痛，殺蟲，利大小便。

**清・沈善謙《喉科心法》卷下製藥類** 尿浸石膏 用明石膏一大塊，中間挖一孔，放於尿桶內，浸四年。取出，洞中貫一繩，以便攜取。外用有蓋疎眼篾籃盛好，掛於急溜清水處，浸二年。取出煨透，研碎，飛净，聽用。最少尿浸二年，水浸一年，不得再少矣。

**清・趙其光《本草求原》卷二五石部** 石膏 微寒入膀胱。清火，甘辛入肺胃。解肌，無毒。甘又緩脾。能從陰透陽，使膀胱水氣上達肺胃，而鬱熱由皮毛、肺主。肌肉脾主。以外泄。兼解三焦氣分之熱。三焦為元氣別使，根至陰而徹至陽。寒苦入血分，甘寒則入氣分。辛寒質重，能布陰於上，又能降陽於下，佐以麻黄、豉、葱，即內外兩解，治中風、寒熱，驚喘，風為陽邪，在太陽則惡寒發熱，有汗不燥。今無汗，似忌石膏；但煩躁而喘，為風寒鬱熱、邪火上沖，故大青龍用之。佐麻、桂、杏仁以散寒化熱；飲水多者，同麻、杏、甘，以散水外出。口乾舌焦，目痛鼻乾，大渴自汗不得臥，邪入陽明，則發熱、惡熱，或微惡寒，但熱劫胃津，必煩渴；熱盛逼陰於外，必自汗。又見以上諸症，方可用白虎，石膏與知、甘並用。若熱雖壯，而無煩渴，知不在陽明，勿用。若喘而汗出下利者，太陰合病，宜葛根芩連湯；大熱無汗、惡風者，太陽將入陽明也，葛根湯。心下氣逆欲嘔，少氣不得息，此傷寒解後裏氣虛，津液未復，邪火上沖，故竹葉石膏湯，同參、冬、米泔以養肺胃之液，竹葉、半夏以止嘔。腹中堅痛。熱結腹滿不能轉側，未至大便結閉，仍宜白虎。若誤下，則肢厥陰亡。除邪鬼，熱盛，神昏譫語生驚，有似邪鬼。但自大汗，仍宜白虎。通乳，陽明脈從缺盆下乳，熱鬱則乳閉。摻金瘡爛，熱壅肌肉則腫爛。斑痧疹，亦肺胃熱病，白虎加竹葉、麥冬；甚則加芩、連、柏；咳嗽更加赤檉木、川貝、花粉；若虛火外逼，微紅而稀少，宜小建中湯。中暑自汗，白虎加參。暑瘧，竹葉石膏湯加參。骨蒸，勞熱久嗽，是外邪傳入於骨，不能泄越，脈必長，必有汗。為末，水調下，以身涼為度。風熱狂躁，同甘草、竺黄、冰片，糯米糊丸。痰熱喘嗽，同甘草研，參、薑湯下。食積痰火，醋和丸，水下。一切風熱，同竹葉煎水煮粥，入砂糖服。丹毒、水和塗。牙痛、上齦屬胃，下齦屬大腸，脈絡所貫。熱痛，同鹽擦之；兼風，加防風、荊芥、白芷、北辛。筋骨痛、同飛麵水和煅，酒下，取汗。頭痛。額前連目痛，屬陽明，同葱、茶煎。但質重味淡，少用無功。其止渴生津在膏，故名石膏。若煅之成灰，則本性失矣。研油，甘草水飛用，醋為丸，瀉痰火食積。糖拌炒，則不傷胃。入煎劑，須先煮。雞子為使，忌巴豆、鐵。胃弱、血虛勿用；血分熱，亦不宜。

亦名寒水石，生山中，作層，瑩白，鬆軟易碎者良。微青，有肌理，擊之橫解，微硬，為理石。破積聚，去三蟲，塗石癰。醋煅。同白斂、鹿角，以針針破敷之。一種寒水石，又名凝水石，乃鹽精入土，年久結成，精瑩有棱，入水即化。辛、鹹，寒，治時氣熱盛，口渴水腫。二者皆大寒，去熱，而不能解肌。按：凡身大熱，脈洪大，服苦、寒不應者，宜加石膏；大便軟或泄者，加桔梗。石膏善去脈數，若熱退而脈數不退者，不治。暑必傷心包而傳入三焦，故治暑。產後血虛、寒熱忌之。

**清・葉志詵《神農本草經贊》卷二** 石膏 味辛，微寒。主中風寒熱，心下逆氣，驚喘，口乾苦焦，不能息，腹中堅痛。除邪鬼，產乳，金創。生山谷。

斂塵雨霽，棋布林皋。雲溶孕采，玉潔浮醪。潤當吻燥，結解膚撓。調封丹鼎，固密堅牢。

解琬詩：雨霽微塵斂。陶弘景曰：石膏皆在地中，雨後時時自出，如棋子者最佳。《莊子》：山林歟，皋壤歟。程伯子詩：乞與雲膏洗俗腸。鄭惟忠賦：丹青孕采。常建詩：玉膏澤人骨。張華詩：浮醪隨觴轉。蘇軾賦：疑吻燥而當膏。《孟子》：不膚撓。名醫曰：治皮膚熱，腸胃中結。胡震亨曰：火煅細研醋調，封丹鼎，固密勝於脂膏。蘇軾詩：也知不作堅牢玉。

**清・文晟《新編六書》卷六《藥性摘錄》** 石膏 甘辛而淡，體重性寒。入胃腑，兼脾肺。清熱鮮肌，發汗消鬱。○治傷寒邪入胃腑，日晡熱蒸，口乾舌焦，唇燥堅痛不解，神昏譫語，氣逆驚喘，溺閉渴飲，暨中暑自汗，牙痛發斑等症，皆効。然中病則止，切勿過服，以損生氣。○況有貌屬熱症，裏屬（除）〔陰〕寒而見斑黄狂燥，日晡潮熱等症，勿投石膏。○亦有陰盛格陽、陽盛格陰二症，惟察小便清者，外雖燥熱，而中實寒；小便赤者，外雖厥冷，而中實熱，再看舌胎黄赤而有刺者，宜用石膏。○亦有舌胎黑而無刺，則口有津液，急宜溫之，勿妄投石膏。○又熱症有斑疹，必色赤如錦紋者，為斑；隱隱見紅點者，為疹；兼唇紅，口燥渴，能飲水，而便赤色，為陽痙，宜用石膏。○又有內傷陰虛，而見斑疹者，微紅而稀少，口渴不能飲冷，亟當補益氣血，勿妄投石膏。○瑩白者良。研細，或甘草水飛用，或火煅，各隨本方。○忌鐵與豆。

清·張仁錫《藥性蒙求·金石部》 石膏六錢 石膏大寒，甘辛而淡。胃火渴煩，解肌邪散。入肺、胃二經，兼入三焦諸經氣分。能發汗，又能止自汗。又胃主肌肉，肺主皮毛，為發斑疹之要品。因其寒，或用火煅，用之少則難見功，味淡難出，宜先煎。非胃經熱盛，不可輕用。

清·屠道和《本草匯纂》卷二瀉熱 石膏 耑入胃腑，兼入脾、肺。甘辛而淡，體重而降，無毒，其性大寒。功耑入胃，清熱解肌，發汗開鬱。治陽明頭痛，發熱惡寒，日晡潮熱，口乾舌焦脣燥，中暑微熱，牙痛，神昏譫語，氣逆驚喘，腹脹溺閉，腸胃結氣。中暑自汗，胃熱發斑。除肺熱，散陰邪，止消渴煩逆，緩脾益氣。治傷寒頭痛如(烈)〔裂〕，壯熱，皮如火燥。和葱煎茶，去頭痛。按：此是胃腑藥，邪在胃腑，肺受火制，用此辛寒清肺，故有白虎之名。肺主西方故也。但西方有肅殺而無生長，如不得已而用，中病即止，切勿過食，以損生氣。況有貌似熱症，裏實陰寒，而見斑黄狂燥，日晡潮熱，便祕等症，服之更須斟酌。汪昂曰：按陰盛格陽，陽盛格陰二症，至為難辨。蓋陰盛極而格陽於外，外熱而內寒。陽盛極而格陰於外，外冷而內熱。《經》所謂重陰必陽，重陽必陰，重寒則熱，重熱則寒也。當於小便分之，便清者，外雖燥熱而中實寒。便赤者，外雖厥冷而內實熱。再看口中之燥潤及舌苔之淺深，苔黄黑者為熱，宜白虎湯。亦有苔黑屬寒者，舌無芒刺，口有津液，急宜溫之，誤投寒劑則殆矣。又按：熱在胃腑，症見斑疹，然必色赤如錦紋者為斑，隱隱見紅點者為疹，斑重而疹輕。斑疹亦有陰陽，陽症宜石膏。又有內傷陰症見斑疹者，微紅而稀少，此胃氣極虛，逼其無根之火遊行於外，當補益氣血，使中有主則氣不外游，血不外散。若作熱治，生死反掌，醫者最宜審慎。

清·戴葆元《本草綱目易知錄》卷七 石膏 甘辛，微寒。體重而沉，入足陽明、手太陰少陽經氣分。清金降火，發汗解肌，緩脾益氣，生津止渴，除胃熱肺熱，治傷寒頭痛如裂，壯熱如火，熱鬱無汗，陽明本經頭痛，發熱惡寒，日晡潮熱，大渴引飲，肌肉壯熱，煩逆腹脹，氣喘咽熱，小便赤濇，中暑潮熱自汗，天行熱狂，口乾舌焦，頭旋牙疼。除腸胃中結氣，去三焦火熱，產乳金瘡，散陰邪，除邪鬼，為發斑發疹之要藥。但用之少則難見功，然能寒胃，胃弱血虛人及病邪未入陽明者，禁用。火煅則不傷胃。味薄汁難出，入藥先煎，納諸藥。

清·黄光霽《本草衍句》 石膏 寒能清熱降火，瀉肺補肺。辛能發汗解肌。開閉塞，散鬱結。淡滲濕而逐暑，甘益氣而緩脾。熱盛皮膚，頭痛齒痛必用；本胃經藥。熱傷肺胃，發班發疹尤宜。入肺，兼入三焦。若乃邪在陽明，金受火制，大渴引飲，肌肉壯熱。中暑自汗而躁煩，小便赤濁而澀滯。皆白虎症。舌焦脣燥，三焦大熱可除。胃弱血虛，症似白虎宜別。血虛發熱發渴，症似白虎，但脈不洪長為異耳，悮服白虎不救。得桂枝合白虎治溫瘧，得蒼朮合白虎治中暍溼溫。白虎湯：石(羔)〔膏〕、知母、甘草、竹葉、粳米。傷寒發狂，踰垣上屋，寒水石三錢，黄連一錢，為末，煎甘草服，名鵲錫散。胃火牙痛，軟石(羔)〔膏〕一兩，火煅，淡酒淬過，為末，入防風、荊芥、細辛、白芷，日用揩牙甚效。溼溫多汗，妄言煩渴，石(羔)〔膏〕、炙草為末，服。小兒吐瀉黄色者，傷熱也，玉露散，石(羔)〔膏〕、寒水石，甘草減半調服。瘡口不斂，生肌肉，止痛，去惡水，寒水石燒赤，研，黄丹半兩，為末，摻之，名紅玉散。

清·陳其瑞《本草撮要》卷六 石膏 味甘辛，入足陽明、手太陰少陽(輕)〔經〕，功專解肌發汗。得桂枝治溫瘧，得蒼朮治中暍，得知母、甘草、粳米治胃腑大熱。少壯火熱者功效神速，老弱虛寒者禍不旋踵。病邪未入陽明者，切勿遽投。或因其性太寒，用火煅則不甚傷胃，但少用則難見功。且須先煎。雞子為使，惡巴豆，畏鐵。亦名寒水石。

清·周學海《讀醫隨筆》卷五 石膏性用 石膏性寒，理直體重而氣清，最清肺胃氣分之熱。而自仲景青龍、越婢方中用之，後世釋本草者，遂謂力能發表。其說謂石膏理直，故能疏表，穿鑿極矣。竊嘗深體此物必能利濕，仲景方意，蓋取其清熱利水也。後讀《洄溪醫案》又謂石膏能降胃中逆氣，吳鞠通又以石膏、半夏治痰喘。其性用不皎然乎！但生用則清熱之力勝，熟用則利濕之力勝。潔古增損柴胡湯，用石膏治產後中風，是又培土鎮風之藥矣。陳修園《金匱歌括》中《水氣篇》杏子湯方下，亦極論石膏質重性寒，只能清肺胃，鎮逆氣，去內蘊之熱，不能發外感之汗，即或溫病有時熱氣亢逆，肺葉焦滿，不得運轉，以石膏清之、降之，而肺氣遂滋潤而汗出者，此亦非發散之功，乃清滋之效也。又療小兒急驚，用生石膏十兩，加辰砂五錢，研極細末，每服一歲至三歲一錢，四歲至七歲一錢五分，是石膏確為重鎮清痰之品，少加辰砂，借引導以達於心也。又仲景薯蕷丸下云：欲肥者，加燉煌石膏。

是又能令人肥壯也。何者？以其合山藥、大棗，能清養脾胃故也。

**清·仲昂庭《本草崇原集説》卷中**　石膏　【略】〔批〕感陽邪而為寒為熱，病太陽標本之氣矣。石膏清陽明肌理之熱，熱解則標本亦和，故《傷寒》太陽方石膏屢見。【略】〔批〕《類辨》謂仲景用麻黃配石膏，能發陽明水液之汁。白虎湯解陽明燥熱之渴，又主風熱發斑，皆為發散之品。蓋氣味辛甘而體質疏鬆如肌理，但其性沉重，色白若金，故直從陽明而達於外也。後人謂清內熱而降下，乃不明經義物性耳！【略】

仲氏曰：《本經》、仲景皆以石膏為發散之品，審證配藥，《類辨》已詳。然《類辨》係論石膏之體性，《崇原》係釋體性之主治，《經讀》猶恐人誤用，疊加然必審等字於其間，可謂良工心苦。

**清·周巖《本草思辨錄》卷一**　石膏　氏云：石膏體質最重，光明潤澤，乃隨擊即解，紛紛星散，而絲絲縱列，無一縷橫陳。故其性主解橫溢之熱邪，此正石膏解肌之所以然。至其氣味辛甘，亦兼具解肌之長；質重而大寒，則不足於發汗。乃《別錄》於杏仁曰解肌，於大戟曰發汗，石膏則以解肌發汗連稱。豈以仲聖嘗用於發汗耶？不知石膏治傷寒陽明病之自汗，不治太陽病之無汗。若太陽表實而兼陽明熱鬱，則以麻黃發汗，石膏泄熱，無舍麻黃而專用石膏者。白虎湯治無表證之自汗，且戒人以無汗勿與。即後世發表經驗之方，亦從無用石膏者，所謂發表不遠熱也。然則解肌非歟！夫白虎證至表裏俱熱，雖尚未入血成腑實，而陽明氣分之熱，已勢成連衡，非得辛甘寒解肌之石膏，由裏達表，以散其連衡之勢，熱焉得除而汗焉得止？是得石膏解肌，所以止汗，非所以出汗。他如竹葉石膏湯、白虎加桂枝湯，非不用於無汗，而其證則非發表之證，學者勿過泥《別錄》可耳。

又王海藏謂石膏發汗，朱丹溪謂石膏出汗，皆以空文附和，未能實申其義。竊思方書石膏主治，如時氣肌肉壯熱、煩渴、喘逆、中風、眩暈、陽毒發斑等證，無一可以發汗而愈者。病之倚重石膏，莫如熱疫。余師愚清瘟敗毒散，一劑用至六兩、八兩，而其所著疫證一得，則諄諄以發表致戒。顧松園以白虎湯治汪纘功陽明熱證，每劑石膏用至三兩，兩服熱頓減，而遍身冷汗，肢冷發呃。群醫譁然，阻勿再進。顧引仲聖熱深厥深及喻氏陽證忽變陰厥萬中無一之説與辯。勿聽。迨投參附回陽之劑，而汗益多，體益冷。復求顧診。顧仍以前法用石膏三兩，而二服後即汗止身溫。見陸定圃《冷廬醫話》。此尤可為石膏解肌不發汗之明證。要之顧有定識定力，全在審證之的，而仲景與喻氏有功後世，亦可見矣。

《本經》中風寒熱四字，劉潛江、鄒潤安皆作兩項看，甚是。惟鄒以下文：心下逆氣驚喘，口乾舌焦不能息，為即中風與寒熱之候，強為牽合，殊不切當。劉謂：陽不足而陰有餘者，風之虛也；陰不足而陽有餘者，風之淫也。茲味之陰有餘，正對待陽有餘之證，而治其風淫。講石膏治中風極真，講寒熱則以五蒸湯內三焦之乍寒乍熱用石膏釋之，而五蒸湯卻不僅恃石膏除寒熱也。竊思中風用石膏，如《金匱》風引湯、《古今錄驗》續命湯皆是；寒熱用石膏，當以《外臺》石膏一味，治陽邪入裏，傳為骨蒸，令人先寒後熱，漸成羸瘦，有汗而脈長者為切。又白虎加人參湯，治太陽中熱汗出，惡寒身熱而渴，亦可為石膏治寒熱之據。然此二證，與陽虛之寒，陰虛之熱，傷寒有表證之惡寒，皆迴乎不同，未可漫施而不細辨也。

石膏甘淡入胃，辛入肺，體重易碎，亦升亦降，則入三焦。以清肅之寒，滌蒸鬱之熱，只在三經氣分而不入於血，其為胃藥非脾藥亦由於是。然則腹中堅痛，必苦寒入血如大黃，方克勝任，即枳、朴、芍藥，亦只堪用為臣使，石膏斷不能攻堅而止痛。《本經》腹中堅痛四字，必是後世傳寫舛誤，原文寧有是哉？

仲聖方石膏、麻黃並用，與大黃協附子，變其性為溫藥相似。更設多方以增損而軒輊之，覺變幻紛紜，令人目眩。然只認定麻黃散寒發汗，石膏泄熱止汗，相為制還相為用。推此以求，何方不可解，何方不可通。大青龍湯，咸以為發汗之猛劑矣。竊謂發汗之猛，當推麻黃湯，不當推大青龍。麻黃湯中桂枝、杏仁，皆堪為麻黃發汗效力，而無石膏以制麻黃。大青龍麻黃受石膏之制，六兩猶之三兩，杏仁又少三十枚。用於脈浮緊，身疼痛，則曰中風，用於傷寒，則曰脈浮緩，身不疼，但重。中風自較傷寒為輕。身不疼但重，自非但取解表。柯韻伯謂：大青龍方後之汗出多者，溫粉撲之，一服汗者，停後服，汗多亡陽，遂虛惡風，煩躁不得眠也，宜移列麻黃湯後。蓋從溫服八合，並汗後煩躁與未汗煩躁悟出，可謂讀書得間。諸家震於青龍之名，念有汗多亡陽之戒，遂以麻黃得石膏，譬龍之興雲致雨。其於白虎非驅風之方，小青龍無石膏亦名青龍，越婢麻、膏之多如大青龍而不言取汗，皆有所難通，則不顧也。然則名大小青龍何哉？蓋龍者，屈伸飛潛，不可方物，能召陽而化陰者也。麻黄能由至陰以達至陽，而性味輕揚，得石膏、芍藥則屈而入裏，得桂枝、杏仁則伸而出表，石膏寒重之質，復辛甘津潤而解肌，並堪為麻黄策應，故名之曰大青龍。小青龍心下有水氣，以石膏寒重而去之，麻黄可任其發矣，而麻黄三兩，芍藥亦三兩，麻黄雖發亦絀，其辛、夏諸味，又皆消水下行，蓋龍之潛者，故名之曰小青龍。越婢湯之麻黄，亦制於石膏者，而故制之而故多之，則越婢之證使然也。風水惡風，一身悉腫，脈浮不渴，種種皆麻黄證。惟裏熱之續自汗出，則不能無石膏。有石膏故用麻黄至六兩，石膏因有麻黄，故雖無大熱而用至半斤。其不以石膏倍麻黄者，化陰尤要於退陽也。或問越婢以汗出用石膏，大青龍以煩躁用石膏，別有說詳麻黄。無陽明熱邪者，宜不得而用矣。乃傷寒脈浮緩、身不疼但重、乍有輕時，大青龍湯發之。徐洄溪謂：此條必有誤。其信然乎？曰：此正合青龍屈伸飛潛之義也。尤在涇云：《經》謂脈緩者多熱，傷寒邪在表則身疼，邪入裏則身重。寒已變熱而脈緩，經脈不為拘急，故身不疼而但重。而其脈猶浮，則邪氣在或進或退之時，故身體有乍重乍輕之候也。不曰主之而曰發之者，謂邪欲入裏，而以藥發之使從表出也。詮解之精，諸家不及。夫邪欲入裏而以藥發之，非麻黄得石膏寒重之質，如青龍出而復入，入而復出，何能如是？若視石膏為汗藥，麻黄不因石膏而加多，諸家多作此誤。則此條真大可疑矣。越婢石膏多於麻黄止二兩，即不以龍名，不以汗多示禁。大青龍石膏斷不至如雞子大一塊。別有說詳麻黄。且石膏多則不能發汗，又有可證者，麻杏甘膏湯之石膏倍麻黄是也。麻黄四兩，雖不及大青龍之六兩，而較麻黄湯之三兩，尚多一兩。即杏仁少於麻黄湯二十枚，而麻黄一兩，則非杏仁二十枚可比。此湯何不用於無汗之證，而反用於汗出應止之證，則以石膏制麻黄，更甚於越婢耳。方解別詳麻黄。石膏止陽明熱熾之汗，亦止肺經熱壅之喘。既有麻黄，原可不加杏仁，因麻黄受制力微，故輔以杏仁解表間餘邪。無大熱而用石膏至半斤，其義與越婢正同。乃柯氏不察，改汗出而喘無大熱，為無汗而喘、大熱，反謂前輩因循不改。不知用石膏正為汗出，若無汗而喘，乃麻黄湯證，與此懸絕矣。更證之桂枝二越婢一湯，大青龍謂脈微弱，汗出惡風者，不可服，此云脈微弱此無陽也，不可更汗，豈猶以麻黄發之，石膏寒之？夫不可更汗，必先已發汗，或本有自汗。觀其用桂枝湯全方而不去芍藥可見。至又加以麻、膏，則非與桂枝麻黄各半湯互參不明。按桂枝麻黄各半湯，發熱惡寒，熱多寒少，與此同。而彼如瘧狀，脈微緩，有邪退欲愈之象；若脈微非緩而惡寒，面反有熱色，則以桂枝麻黄各半湯微汗之。此脈微弱而惡寒，陽微之體，亦無自愈之理。桂枝湯所以和陽，協麻黄則散餘寒而解表邪，法已備矣。加石膏何為者，為熱多耶？乃熱多不過較多於寒。若脈非微弱，亦將如桂枝麻黄各半湯之欲愈，而何熱之足慮。然則加石膏者，專為陽虚不任麻黄之發，而以石膏制之，化峻厲為和平也。藥止七味，皆傷寒重證之選，而各大減其分數，遂為治餘邪之妙法。用石膏而不以泄熱，如大黄之用以瀉心，用以利小便，同一巧也。生薑多於他味者，以能輔桂、甘生陽，又為石膏防弊也。

### 龍石膏

**宋·唐慎微《證類本草》卷三〇有名未用·玉石**〔《別錄》〕 龍石膏 無毒。主消渴，益壽。生杜陵，如鐵脂中黄。

### 玉火石

**清·趙學敏《本草綱目拾遺》卷二石部** 紅毛石皮 出粤澳門，來自紅毛國，中國用作火石。外皮白如粉，甚鬆脆，番人去其皮，其中石質，售為火石，皮不甚貴重，任人搬取。治金刃傷，以石皮擣粉，功勝千年石灰，云可以黏合皮膚裂痕。

### 長石

**宋·李昉《太平御覽》卷第九八八** 長石 《本草經》曰：長石，一名方石。味辛。治身熱。《吴氏本草》曰：長石，一名方石，一名直石。生長子山。理如馬齒，潤澤玉色，長服不飢。

**宋·唐慎微《證類本草》卷四玉石部中品**〔《本經·別錄》〕 **長石 味辛、苦，寒，無毒。主身熱，胃中結氣，四肢寒厥，利小便，通血脉，明目，去瞖眇，下三蟲，殺蠱毒，**止消渴，下氣，除脇肋肺間邪氣。**久服不飢。一名方石，**一名土石，一名直石，理如馬齒，方而潤澤，玉色。生長子山及太山、臨淄。採無時。

〔梁·陶弘景《本草經集注》〕云： 長子縣屬上黨郡，臨淄縣屬青州。俗方及仙經並無用此者。

〔唐·蘇敬《唐本草》〕注云： 此石狀同石膏而厚大，縱理而長，文似馬齒，今均州遼坂山有之，土人以爲理石者，是長石也。

〔宋·蘇頌《本草圖經》〕曰： 長石，生長子山谷及泰山、臨淄，今惟潞州有之。文如馬齒，方而潤澤，玉色。此石頗似石膏，但厚大，縱理而長爲別耳。採無時。謹按：《本經》理石、長石，二物二條，其味與功效亦別。又云：理石如石膏，順理而細。陶隱居云：理石亦呼爲長理石。蘇恭云：理石皮黄赤，肉白，作斜理，不似石膏，市人刮去皮，以代寒水石，并當礜石。今靈寶丹用長、理石爲一物。醫家相承用者，乃似石膏，與今潞州所出長石無異，而諸郡無復出理石，醫方亦不見單用，往往呼長石爲長理石。又市中所貨寒水石，亦有帶黄赤皮者，不知果是理石否？

**宋・王繼先《紹興本草》卷二**　長石　紹興校定：長石與理石、方解石、石膏，凡四種，《經》注具形質甚明。若在方則治風除熱，功力不遠。《本經》云：長石文理如馬齒，方而潤澤，當從《本經》味辛、苦、寒、無毒是也。又今醫方所用，未聞單稱長石者，但只云長理石。蓋治病之方，取其已驗之藥。既四石其性與主治亦不遠，若用石膏，即的當無疑而經驗可據也。

**宋・劉明之《圖經本草藥性總論》卷上**　長石　味辛、苦，寒，無毒。主身熱，胃中結氣，四肢寒厥，利小便，通血脉，明目去瞖眇。下三蟲，殺蠱毒。止消渴，下氣，除脇肋肺間邪氣。生長子山谷及泰山、臨淄，今惟潞州有之。文如馬齒，方而潤澤，玉色。此石頗似石膏，但厚大縱理而長為別耳。採無時。

**明・王綸《本草集要》卷五**　長石　味辛苦，氣寒，無毒。理如馬齒，方而潤澤，玉色，狀同石膏，但厚(火)[大]，縱理而長。　主身熱，胃中結氣，四肢寒厥，止消渴，利小便，通血脈，明目去翳眇，下三蟲，殺蠱毒。

**明・劉文泰《本草品彙精要》卷三**　長石無毒　石生。

**長石**出《神農本經》：**主身熱，四肢寒厥，利小便，通血脈，明目，去翳眇，下三蟲，殺蠱毒，久服不飢。**以上朱字《神農本經》。胃中結氣，止消渴，下氣，除脇肋肺間邪氣。以上黑字名醫所録。　【名】方石、土石、直石。　【地】《圖經》曰：生長子山谷及泰山、臨淄，今潞州有之。紋理如馬齒，方而潤澤玉色。此石頗似石膏，但厚大縱理而長爲別耳。陶隱居云：理石亦呼爲長理石。蘇恭云：理石皮黄赤，肉白，作斜理，不似石膏。市人刮去皮以代寒水石，並當礜石。今靈寶丹用長理石爲一物，醫家相承用者乃似石膏，與今潞州所出長石無異，而諸郡無復出理石，醫方亦不見單用，往往呼長石爲長理石也。謹按：《本經》理石、長石二物，已立二條，其味與功效亦別，豈得爲一物哉。今均州遼阪山有之，土人以爲理石者，是此長石也。　【時】採：無時。　【質】類石膏，紋如馬齒。　【色】白。　【味】辛，苦。　【性】寒，散。　【氣】氣薄味厚，陰中之陽。　【臭】朽。　【主】利小便，殺蠱毒。　【製】研細，水飛過用。

**明・王文潔《太乙仙製本草藥性大全》卷六《本草精義》**　長石　一名方石，一名土石，一名直石。生長子山谷及泰山、臨淄，今惟潞州有之。文如馬齒，方而潤澤，玉色，此石頗似石膏，但厚大縱理而長爲別耳。採無時。

**明・王文潔《太乙仙製本草藥性大全》卷六《仙製藥性》**　長石　味辛、苦，氣寒，無毒。　主治：　主身熱胃中氣結，除脇肋肺間寒邪。止消渴下氣，治四肢寒厥。殺蠱毒而下三蟲，利小便而通血脉。明目良方，除瞖秘訣。久久服之，不飢耐老。

**明・皇甫嵩《本草發明》卷五**　長石中品。味辛、苦，寒，無毒。　主身熱，胃中結氣，四肢寒厥，利小便，通血脉，下氣，除脇肋肺間邪氣，明目去瞖，下三蟲，殺蠱毒，止消渴。生長子及泰山山谷。狀同石膏而厚大，縱理而長，似馬牙，方而潤澤，玉色，一名方石、直石、土石。

**明・李時珍《本草綱目》卷九石部・石類上**　長石《本經》中品

【釋名】方石《本經》　直石《别録》　土石《别録》　硬石膏《綱目》　【集解】《别録》曰：長石，理如馬齒，方而潤澤，玉色。生長子山谷及太山、臨淄，采無時。弘景曰：長子縣屬上黨，臨淄縣屬青州。俗方、仙經並無用此者。恭曰：此石狀同石膏而厚大，縱理而長，文似馬齒。今均州遼坂山有之，土人以爲理石。頌曰：今惟潞州有之，如蘇恭所說。按《本經》理石、長石二物，味效亦別。又云：理石似石膏，順理而細。陶隱居言，亦呼爲長理石。今靈寶丹用長理石爲一物。醫家相承用者，乃似石膏，與今潞州所出長石無異，而諸郡無復出理石者，醫方亦不見單用，往往呼長石爲長理石。時珍曰：長石即俗呼硬石膏者，狀似軟石膏而塊不扁，性堅硬潔白，有粗理，起齒稜，擊之則片片横碎，光瑩如雲母、白石英，亦有牆壁似方解石，但不作方塊爾。燒之亦不粉爛而易散，方解燒之亦然，但姹聲爲異爾。昔人以此爲石膏，又以爲方解，今人以此爲寒水石，皆誤矣。但與方解乃一類二種，故亦名方石，氣味功力相同，通用無妨。唐宋諸方所用石膏，多是此石，昔醫亦以取效，則亦可與石膏通用，但不可解肌發汗耳。

【氣味】辛、苦，寒，無毒。　【主治】身熱，胃中結氣，四肢寒厥，利小便，通血脉，明目去瞖眇，下三蟲，殺蠱毒。久服不飢《本經》。止消渴，下氣，除脇肋肺間邪氣《别録》。

**明・李中立《本草原始》卷八**　長石　生長子山谷，故名長石。大者如升，小者如拳，性堅硬潔白，理粗起齒稜，擊之則片片橫碎，光瑩如雲母、白石英，亦有墻壁，但不似方解石，破之作方塊爾。燒之散，不得如軟石膏成粉，故俗呼硬石膏。長石：　氣味：　辛、苦，寒，無毒。主治：　身熱，胃中結氣，四肢寒厥，利小便，通血脉，明目去瞖眇，下三蟲，殺蠱毒。久服不飢。○止消渴，下氣，除脇肋肺間邪氣。

長石。《本經》中品。【圖略】一名方石。硬石膏。　長石、方解，乃一類二種，氣力功效相同，通用無妨。

**明·姚可成《食物本草》卷二一玉石部**　長石（狀）似石膏而塊不扁，性堅（硬）潔白，有粗理，起齒稜，擊之則片片橫碎。光瑩（如雲）母、白石英，亦有墻壁似方解石，但不作方塊爾。燒之亦不粉爛而易散，方解燒之亦然，但烢聲為異爾。

味辛、苦，寒，無毒。治身熱，（胃中結氣）。

**清·葉志詵《神農本草經贊》卷二**　長石　味辛，寒。主身熱，四肢寒厥，利小便，通血脈，明目去翳眇，下三蟲，殺蠱毒。久服不飢。一名方石。生山谷。

嵬然卓立，豈恃依憑。縱如排齒，解或方稜。雲飛片片，玉琢層層。熱中頓解，淵靜清凝。

《淮南子》：　嵬然不動。《論語》：　如有所立卓爾。《唐書·傳》：　足可依憑。蘇恭曰：　不附石而生，端然獨處，狀同石膏而厚大，縱理而長文似馬齒。蘇頌曰：　方解石與長石為一物。李時珍曰：　擊之則片片橫碎，光瑩如雲母。名醫曰：　光而潤澤玉色。《孟子》：　不得於君則熱中。《雲笈七籤》：　本真清凝，嶷然淵靜。

### 理石

**宋·唐慎微《證類本草》卷四玉石部中品〔《本經·別錄·藥對》〕**　理石　**味辛**，甘，**寒**，大寒，無毒。**主身熱，利胃，解煩，益精，明目，破積聚，去三蟲**，除榮衛中去來大熱，結熱，解煩毒，止消渴及中風痿痹。**一名立制石**，一名肌石，如石膏，順理而細。生漢中山谷及盧山。採無時。滑石爲之使，惡麻黃。

〔梁·陶弘景《本草經集注》〕云：　漢中屬梁州，盧山屬青州，今出寧州。俗用亦稀，仙經時須，亦呼爲長理石。石膽一名立制，今此又名立制，疑必相類。

〔唐·蘇敬《唐本草》〕注云：　此石夾兩石間如石脉，打用之。或在土中重疊而生。皮黃赤，肉白，作斜理文，全不似石膏。漢中人取酒漬服之，療癖，令人肥悅。市人或刮削去皮，以代寒水石，并以當礜石，并是假僞。今盧山亦無此物，見出襄州西汎水側也。

〔宋·唐慎微《證類本草》〕《圖經》：　文具長石條下。《丹房鏡源》：　長理石可食。

**宋·寇宗奭《本草衍義》卷五**　理石　如長石，但理石如石膏，順理而細，其非順理而細者爲長石，治療亦不相遼。

**宋·王繼先《紹興本草》卷二**　理石　紹興校定：　理石狀如石膏，順理而細，主治、性味亦與石膏不遠矣。唐注復云：　市人刮去皮以代寒水石，並以當礜石，甚不相似，其說顯誤。但理石及性寒去熱之藥，當作味辛甘、寒、無毒者是矣。詳主療內云益精一說，亦未見其驗。

**宋·劉明之《圖經本草藥性總論》卷上**　理石　味辛甘，寒、大寒，無毒。主身熱，利胃解煩，益精明目，破積聚。去三蟲，除榮衛中去來大熱結熱，解煩毒，止消渴及中風痿痺。滑石為之使。惡麻黃。生漢中山谷及盧山。如石膏，順理而細。

**明·王綸《本草集要》卷五**　理石　味辛甘，氣寒，無毒。滑石為之使。惡麻黃。如石膏順理而細。　主身熱去來，大熱結熱，利胃解煩，止渴，益精明目，破積聚，去三蟲。

**明·劉文泰《本草品彙精要》卷三**　理石無毒　石生。

**理石**出《神農本經》：　**主身熱，利胃，解煩，益精，明目，破積聚，去三蟲。**以上朱字《神農本經》。除營衛中去來大熱結熱，解煩毒，止消渴及中風痿痹。以上黑字名醫所錄。　【名】立制石、肌石。　【地】《圖經》曰：　出漢中山谷及盧山，今出寧州。理石如石膏，順理而細。《唐本》注云：　此石夾兩石間如石脈，採用之。或在土中重疊而生，肉白，皮黃赤，作斜理紋，全不似石膏。市人或刮削去皮，以代寒水石並當礜石。今盧山亦無此物，見出襄州西泛水側者是也。　【時】採：　無時。　【用】白淨、斜理紋者爲真。　【色】肉白、皮黃赤。　【味】辛、甘。　【性】大寒。　【氣】氣之薄者，陽中之陰。　【臭】朽。　【主】破癖塊。　【助】滑石爲使。　【反】惡麻黃。　【製】研細，水飛過用。

【治】補：　《唐本》注云：　令人肥悅。

**明·王文潔《太乙仙製本草藥性大全》卷六《本草精義》**　理石　一名立制石，一名肌石。生漢中山谷及梁山、盧山。此石夾兩石間如石脉，打用之。

或在土中重疊而生，皮黃赤肉白，作斜理，不似石膏。市人制去皮以代寒水石，并當礜石。今靈寶丹用長、理石爲一物。醫家相承用者，乃似石膏，與今潞州所出長石無異，而諸郡無復出理石，醫方亦不見單用，往往呼長石爲長理石。又市中所貨寒水石，亦有帶黃赤皮者，不知果是理石否？

**明・王文潔《太乙仙製本草藥性大全》卷六《仙製藥性》**　理石　味辛、甘，寒，氣大寒，無毒。滑石爲之使。　主治：　主身熱利胃解煩，除榮衛去來大熱。益精明目，破積去蟲。治中風痿痹，止消渴結熱。

**明・皇甫嵩《本草發明》卷五**　理石中品。氣大寒，味辛甘，無毒。　主身熱，利胃，解煩，止消渴，益精明目，破積聚，去三蟲，除榮衛中去來大熱結熱及中風痿痹。皮黃肉赤白如長石，亦似石膏，但順理而細，市人或刮削去皮，以代寒水石，并以當礜石，並是假僞。生漢中山谷及盧山。○滑石為之使。惡麻黃。

**明・李時珍《本草綱目》卷九石部・石類上**　理石《本經》中品

【釋名】肌石《別錄》　立制石《本經》。時珍曰：　理石即石膏之順理而微硬有肌者，故曰理石、肌石。弘景曰：　仙經時呼爲長理石。石膽一名立制，今此又名立制，疑必相亂。　【集解】《別錄》曰：　理石如石膏，順理而細，生漢中山谷及盧山，采無時。弘景曰：　漢中屬梁州，盧山屬青州。今出寧州。俗用亦稀。恭曰：　此石夾兩石間如石脉，打用之，或在土中重疊而生。皮黃赤，肉白，作斜理文，全不似石膏。市人或刮削去皮，以代寒水石，并以當礜石，並是假僞。今盧山亦無此物，見出襄州西泛水側。宗奭曰：　理石如長石。但理石如石膏，順理而細；　其非順理而細者，爲長石。療體亦不相遠。時珍曰：　理石即石膏中之長文細直如絲而明潔色帶微青者。唐人謂石膏爲寒水石，長石爲石膏，故蘇恭言其不似石膏也。此石與軟石膏一類二色，亦可通用，詳石膏下。

【氣味】辛，寒，無毒。《別錄》曰：　大寒。之才曰：　滑石爲之使，惡麻黃。　【主治】身熱，利胃解煩，益精明目，破積聚，去三蟲《本經》。除營衛中去來大熱結熱，解煩毒，止消渴，及中風痿痹《別錄》。漬酒服，療癖，令人肥悅蘇恭。

**明・李中立《本草原始》卷八**　理石　生漢中山谷及盧山，今出寧州。采無時。即石膏之長文細直如絲而明潔，帶微青色者。因形有文理，故名理石。理石：　氣味：　甘，寒，無毒。主治：　身熱，利胃解煩，益精明目，破積聚，去三蟲。○除營衛中去來大熱、結熱，解煩毒，止消渴及中風痿痹。○漬酒服，療癖，令人肥悅。

理石，《本經》中品。【圖略】理石與石膏，一類二色，可通用。滑石為使，惡麻黃。

**明・姚可成《食物本草》卷二一玉石部**　理石即石膏中之〔長文細直〕如絲而明〔潔色帶微青〕者。　味甘，寒，無毒。治身熱，利胃〔解煩，益精明目，破〕積聚，去三蟲。除營衛中去來大熱〔結熱，解煩毒，止消渴及中風〕痿痹。漬酒服，療癖，令人肥悅。

**清・葉志詵《神農本草經贊》卷二**　理石　味辛，寒。主身熱，利胃，解煩，益精明目，破積聚，去三蟲。一名立制石。生山谷。

橫理庚庚，移名立制。脈貫峽封，層分土漬。青縷絲明，赤膚肌膩。迭用柔剛，同歸一致。

《史記・紀》：　大橫庚庚。《逸周書》：　以移其名。蘇恭曰：　此石夾兩石間，如石脈，開用之。或在土中重疊而生，皮正赤肉白。名醫曰：　一名肌石。李時珍曰：　石膚有軟、硬二種，理石順理而微，硬者長文細直如絲而明潔，色帶微青，與軟石膏一類通用。

### 白肌石

**宋・唐慎微《證類本草》卷三〇有名未用・玉石**《別錄》　白肌石　味辛，無毒。主強筋骨，止渴，不飢，陰熱不足。一名肌石，一名洞石。生廣焦國卷音權山青石間。

**明・李時珍《本草綱目》卷九石部・石類上**　白肌石《別錄》。有名未用曰：　味辛，無毒。主強筋骨，止渴不飢，陰熱不足。一名肌石，一名洞石，生廣〔焦國〕卷山青石間。時珍曰：　按此即理石也，其形名、氣味、主療皆同。

### 玄精石

**宋・唐慎微《證類本草》卷四玉石部中品〔宋・馬志《開寶本草》〕**　太陰玄精　味鹹，溫，無毒。主除風冷，邪氣濕痹，益精氣，婦人痼冷、漏下，心腹積聚冷氣，止頭疼，解肌，其色青白，龜背者良，出解縣。今附。

〔宋・蘇頌《本草圖經》〕曰：　太陰玄精，出解縣，今解池及通、泰州積鹽倉中亦有之。其色青白，龜背者佳，採無時。解池又有鹽精，味更鹹苦，青黑色，大者三二寸，形似鐵鏵觜，三月、四月採。亦主除風冷，無毒。又名泥精，蓋玄精之類也。古方不見用者，近世補藥及治傷寒多用之。其著者，治傷寒三日，頭痛，壯熱，四肢不利。正陽丹：　太陰玄精、消石、硫黃各二兩，硇砂一兩，四物都細研，入瓷瓶子中，固濟以火半斤，於瓶子周一寸，熁之，約近半日，候藥青紫色，住火。待冷取出，用臘月雪水拌令勻濕，入瓷罐子中，屋後北陰下陰乾。又入地埋二七日，取出細研，以麪糊和爲丸，如雞頭實大。先用熱水浴後，以艾湯研下一丸。以衣蓋，汗出爲差。

〔宋・唐慎微《證類本草》〕《唐本餘》：近地亦有，色赤、青白，片大不佳。沈存中云：大鹵之地，即生陰精石。

**宋・沈括《夢溪筆談》卷二六《藥議》**　太陰玄精生解州鹽澤大滷中，溝渠土內，得之大者如杏葉，小者如魚鱗，悉皆尖角，端正如龜甲，其裙襴小墮，其前則下剡，其後則上剡，正如穿山甲相掩之處，全是龜甲更無異也，色綠而瑩徹，叩之則直理而折，瑩明如鑑，折處亦六角如柳葉，火燒過則悉解拆，薄如柳葉，片片相離，白如霜雪，平潔可愛，此乃稟積陰之氣凝結，故皆六角。今天下所用玄精，乃絳州山中所出絳石耳，非玄精也。楚州鹽城古鹽倉下土中又有一物，六稜，如馬牙消，清瑩如水晶，潤澤可愛，彼方亦名太陰玄精。然喜暴潤如鹽鹼之類，唯解州所出者為正。

**宋・寇宗奭《本草衍義》卷五**　太陰玄精石　合他藥，塗大風疾，別有法。陰證傷寒，指甲、面色青黑，六脉沉細而疾，心下脹滿，結硬，燥渴，虛汗不止，或時狂言，四肢逆冷，咽喉不利，腹疼，亦須佐他藥兼之。《圖經本草》已有法，惟出解州者良。

**宋・王繼先《紹興本草》卷三**　太陰玄精　紹興校定：太陰玄精，形質主療《經》注甚明。所產解州鹽池，亦鹽之類也，自然生此一種。當從《本經》味鹹、溫，無毒。又有鹽精，形似鐵鏵嘴。所治性味與太陰玄精頗同。

**宋・劉明之《圖經本草藥性總論》卷上**　太陰玄精石　味鹹，溫，無毒。主除風冷邪氣濕痺，益精氣，婦人痼冷漏下，心腹積聚冷氣，止頭疼，解肌。其色青白，龜背良。出解縣。

**宋・陳衍《寶慶本草折衷》卷九**　玄精石　味鹹，平艾氏，溫，無毒。

續說云：張松謂元精石又治久痢、腸風、痔疾及頭暈吐痰之患，亦須佐以他藥。

**明・王綸《本草集要》卷五**　太陰玄精　味鹹，氣溫，無毒。色青白，龜背者良。　主除風冷邪氣濕痹，益精氣。婦人痼冷漏下，心腹積聚冷氣。

**明・滕弘《神農本經會通》卷六**　太陰玄精　出解縣，今解池及通、泰州積鹽倉中亦有。其色青白，龜背者良。《局》云：擣碎，細研，水飛，日乾。

味鹹，氣溫，無毒。《本經》云：主除風冷，邪氣濕痺，益精氣，婦人痼冷漏下，心腹積聚冷氣，止頭疼，解肌。太陰玄精石，匀痼冷，止頭疼。《衍義》曰：太陰玄精石，合他藥塗大風疾，別有法。陰證傷寒，指甲、面色青黑，六脉沉細而疾，心下脹滿，結硬燥渴，虛汗不止，或時狂言，四肢逆冷，咽喉不利，腹疼，亦須佐他藥兼之。《局》云：玄精石味鹹無毒，大止頭疼更解肌。若是婦人沉痼冷，腹中積氣用尤宜。

**明・劉文泰《本草品彙精要》卷四**　太陰玄精無毒。附鹽精。　滷地生。

太陰玄精：主除風冷，邪氣，濕痹，益精氣，婦人痼冷漏下，心腹積聚冷氣。止頭疼，解肌。名醫所錄。　【地】《圖經》曰：出解縣解池及通、泰州，積鹽倉中亦有之。其色青白，如龜背者佳。蓋稟陰數而成，故有六出，因名太陰玄精也。近地亦有色赤青白大片者，次之。沈存中云大滷之地，即生陰精石是也。解池一種鹽精，無毒。味更鹹苦，青黑色，大者三二寸，形似鐵鏵嘴，三月、四月採，亦主除風冷，又名泥精。蓋玄精之類也。古方不見用者，近世補藥及治傷寒多用之。　【時】生：無時。採：無時。　【用】龜背者爲好。　【質】類井泉石。　【色】青、白。　【味】微鹹。　【性】溫，軟。【氣】味厚氣薄，陰中之陽。　【臭】朽。　【主】益精氣，消積聚。　【製】研細用。　【合治】合硝石、硫黃各二兩，硇砂一兩，細研，入瓷瓶中，固濟。以火半斤，於瓶子周一寸熁之，約半日，候藥青紫色，住火，待冷，取出，用臘月雪水拌，令勻，濕入瓷罐中，放屋後北陰下陰乾，又入地埋二七日，取出，細研，以麵糊和丸如雞頭實大。先用熱水浴後，以艾湯研下一丸，以衣蓋出汗，名正陽丹。療傷寒三日，頭痛壯熱，四肢不利。

**明・許希周《藥性粗評》卷四**　石鑿玄精，暖復陰隆之候。

太陰玄精石，鹽地所產也。出解州，以色青白而龜背者佳。味鹹，性溫，無毒。主治陰症傷寒，指甲面色青黑，六脉沉細，心下脹滿，結硬燥渴，虛汗不止，或時狂言，四肢逆冷，腹痛，咽喉不利，入正陽丹內用之。

**明・鄭寧《藥性要略大全》卷八**　玄精石　療痼冷，止頭痛，除風冷邪氣濕痹，益精，婦人固冷漏下，心腹積聚冷氣，解肌。　味鹹，氣溫，無毒。出山西解州解縣。今解州鹽池積鹽倉中亦有之。其色青白，龜背者良。近世補藥及傷寒多用之。

**明・王文潔《太乙仙製本草藥性大全》卷六《本草精義》**　太陰玄精石　即生陰精石。出解縣，今解池及通、泰州積鹽倉中亦有之。其色青白，龜背者佳，採無時。解池又有鹽精，又更鹹苦，青黑色，大者三二寸，形似鐵鏵觜，三月、四月採。近地亦有，色赤青白，片大不佳。亦主除風冷，無毒。又名泥精，蓋玄精之類也。古方不見用者，近世補藥及治傷寒多用之。

**明·王文潔《太乙仙製本草藥性大全》卷六《仙製藥性》**　太陰玄精石

主治：益精氣，治濕痹，止頭疼而解肌。心腹積聚能除，風冷邪氣可逐。理男子陰證傷寒，止婦人痼冷漏下。　補註：治傷寒三日頭痛壯熱，四肢不利，正陽丹：太陰玄精、硝石、硫黄各二兩，硇砂一兩，四物都細研入甆瓶子中，固濟以火半斤於瓶子周一寸熁之，約近半日，候藥青紫色住火，待冷取出，用臘月雪水拌令勻，濕入甆罐子中，屋後北陰下陰乾，又入地埋二七日，取出細研，以麪糊和爲丸如鷄頭實大，先用熱水浴後，以艾湯研下一丸，以衣蓋汗出差。　按：《衍義》云：太陰玄精石合他藥塗大風疾別有法。陰證傷寒，指甲、面色青黑，六脉沉細而疾，心下脹滿結硬，燥渴虚汗不止，或時狂言，四肢逆冷，咽喉不利，腹痛，亦須佐他藥兼之。

**明·皇甫嵩《本草發明》卷五**　太陰玄精石中品。氣溫，味鹹，無毒。　發明曰：玄精石，溫以散寒，鹹以軟堅之用。故《本草》主除風冷邪氣，心腹積聚濕痺，婦人痼冷漏下，益精，止頭痛，解肌。出解州，今解、池及通、泰州積鹽場中。古云大鹵之地，則生陰精石，是也。色青白，形似龜背者良。《圖經》云：古方不見用者，近世補藥及治傷寒多用之。

**明·李時珍《本草綱目》卷一一石部·鹵石類**　玄精石宋《開寶》

【釋名】太乙玄精石　陰精石《綱目》　玄英石時珍曰：此石乃鹹鹵至陰之精凝結而成，故有諸名。　【集解】頌曰：玄精石出解州解池，及通、泰州積鹽倉中亦有之。其色青白、龜背者佳，采無時。又解池有鹽精石，味更鹹苦，亦玄精之類也。恭曰：近地亦有之，色亦青白，片大不佳。時珍曰：玄精是鹹鹵津液流滲入土，年久結成石片，片狀如龜背之形。蒲、解出者，其色青白通徹。蜀中赤鹽之液所結者，色稍紅光。沈存中《筆談》云：太陰玄精生解州鹽澤之鹵，溝渠土内得之。大者如杏葉，小者如魚鱗，悉皆尖角，端正（似刻），正如龜甲狀。其裙襴小櫎，其前則下剡，其後則上剡，正如穿山甲相掩之處，全是龜甲，更無異也。色緑而瑩徹，叩之則直理而坼，瑩明如鑒，拆處亦六角，如柳葉大。燒過則悉解拆，薄如柳葉，片片相離，白如霜雪，平潔可愛。此乃禀積陰之氣凝結，故皆六角。今天下所用玄精，乃絳州山中所出絳石，非玄精也。

【氣味】鹹，温，無毒。時珍曰：甘、鹹，寒。獨孤滔曰：制硫黄、丹砂。　【主治】除風冷邪氣濕痹，益精氣，婦人痼冷漏下，心腹積聚冷氣，止頭痛，解肌《開寶》。　主陰證傷寒，指甲面色青黑，心下脹滿結硬，煩渴，虚汗不止，或時狂言，四肢逆冷，咽喉不利腫痛，脉沉細而疾，宜佐他藥服之。又合他藥，塗大風瘡宗奭。

【發明】頌曰：古方不見用，近世補藥及傷寒多用之。其著者，治傷寒正陽丹出汗也。時珍曰：玄精石禀太陰之精，與鹽同性，其氣寒而不温，其味甘鹹而降，同硫黄、消石治上盛下虚，救陰助陽，有扶危拯逆之功。故鐵甕申先生來復丹用之，正取其寒，以配消、硫之熱也。《開寶本草》言其性温，誤矣。

【附方】舊一，新八。　正陽丹：治傷寒三日，頭痛壯熱，四肢不利。太陰玄精石、消石、硫黄各二兩，硇砂一兩，細研，入瓷瓶固濟。以火半斤，周一寸熁之，約近半日，候藥青紫色，住火。待冷取出，用臘月雪水拌勻，入罐子中，屋後北陰下陰乾。又入地埋二七日，取出細研，麪糊和丸鷄頭子大。先用熱水浴後，以艾湯研下一丸。以衣蓋汗出爲瘥。《圖經本草》。　小兒風熱：挾風蘊熱，體熱。太陰玄精石一兩，石膏七錢半，龍腦半兩，爲末。每服半錢，新汲水下。《普濟方》。　肺熱欬嗽：方見不灰木下。　冷熱霍亂：分利陰陽。玄精石、半夏各一兩，硫黄三錢，爲末，麪糊丸梧子大。每米飲服三十丸。《指南方》。　頭風腦痛：玄精石末，入羊膽中陰乾。水調一字，吹鼻中，立止。《千金方》。　目赤澀痛：玄精石半兩，黄蘗炙一兩，爲末。點之，良。《普濟方》。　赤目失明：内外障翳。太陰玄精石陰陽火煅、石决明各一兩，蕤仁、黄連各二兩，羊子肝七個，竹刀切晒，爲末，粟米飯丸梧子大。每卧時茶服二十丸。服至七日，烙頂心以助藥力，一月見效。宋丞相言：黄典史病此，夢神傳此方，愈。《朱氏集驗方》。　目生赤脉：玄精石一兩，甘草半兩，爲末。每服一錢，小兒半錢，竹葉煎湯調下。《總微論》。　重舌涎出：水漿不入。太陰玄精石二兩，牛黄、朱砂、龍腦一分，爲末。以鈹針舌上去血，鹽湯漱口，摻末嚥津，神效。《聖惠方》。

**明·李中立《本草原始》卷八**　玄精石　出解州解池及通、泰州。積鹽倉中亦有之。其色青白，龜背者佳。采無時。此石乃鹹鹵至陰之精凝結而成，故名玄精石，又名太乙玄精石。玄精石：氣味：鹹，溫，無毒。主治：除風冷邪氣濕痹，益精氣，婦人痼冷漏下，心腹積聚冷氣，止頭痛，解肌。○主陰證傷寒，指甲面色青黑，心下脹滿結硬，煩渴，虚汗不止，或時狂言，四肢逆冷，咽喉不利腫痛，脉沈細而疾，宜佐他藥服之。又合他藥，塗大風瘡。獨孤滔曰：玄精石，制硫黄、丹砂。

**明·繆希雍《本草經疏》卷四**　太陰玄精　味鹹，溫，無毒。主除風冷邪氣濕痹，益精氣，婦人痼冷漏下，心腹積聚冷氣，止頭疼，解肌。其色青白，龜背者良。

【疏】太陰玄精出於鹽鹵之地，乃至陰之精凝結而成。故其形皆六出，象老陰之數也。本經味鹹氣溫無毒，然詳其所主，味應帶辛，氣應作寒。非辛寒則不能除風冷邪氣濕痹及止頭疼、解肌等證。鹹能輭堅，故主心腹積聚。鹹能潤下，入腎滋水，故主益精氣。本經誤認為溫，故有婦人痼冷漏下冷氣之治，皆非所宜也。【主治參互】《圖經本草》正陽丹，治傷寒三日，頭疼壯熱，四肢不利。太陰玄精石、硝石、硫黄各二兩，蓬砂一兩，細研，入瓶固濟，以炭半斤，於瓶子周一寸熓之，約近半日，候藥青紫色，住火，待冷取出，用臘月雪水拌勻，入罐子中，屋後北陰下陰乾。又入地埋二七日，取出研細，麵糊丸雞頭實大。先用熱水浴後，以艾湯研下一丸。以衣蓋，汗出為瘥。入來復丹，治緩急諸病，但有胃氣，無不獲安。【簡誤】傷寒陰證不宜服。鹹能走血，用以引經入腎則可，多則反瀉腎傷血矣。血病無多食鹹，戒之。

**明・倪朱謨《本草彙言》卷一三**　玄精石　味鹹，氣寒，無毒。　蘇氏曰：玄精石出解州及通、泰州，所積鹽倉地中多有之。　李氏曰：是鹽鹵津液，流滲入土，年久成石。大者如杏葉，小者如魚鱗，皆有六角，形如龜背，又如扁圍棋子。其色青白，有光者佳。叩之則直理而拆，浸水中亦能化解。今蜀中赤鹽井之液所結者，色稍紅，非若解池之色青白耳。今天下所用玄精石，多是絳州山中所生絳石，水浸不化，此係坊中僞充，非真玄精石也。

玄精石：宗奭消熱痰，化積聚，蕩目翳，《開寶》止頭風頭痛之藥也。李氏瀕湖曰：此藥稟至陰之精，與鹽同體。其味鹹，其氣寒，其性降，其形六出，象老陰之數也。同硫黄、硝石，治上盛下虛，升降不順，有扶危拯逆之功。故中鐵甕入來復丹用之，取其寒以和硝、硫之熱也。成氏之消熱痰，《開寶》之化積聚，《普濟》之去目翳，《千金》之止頭風頭痛者，皆本於結熱爲病之取用焉。倘屬陽虛胃冷之疾，自當廻避，如寇氏方之治陰證，四肢逆冷，狂言煩渴者，此指邪熱傳陰之證也。設屬直中，安敢言此乎？

集方：《方脉正宗》治肺胃蘊熱生痰。用玄精石研極細，每服三分，煉蜜一匙，和白湯調下。○同前治心腹積聚因熱結者。用玄精石一兩，研極細，紅麯三兩，炒爲末，山藥糊爲丸，梧子大。每服一錢，薑湯送下。○眼科方治目生翳障。用玄精石五錢，研極細，用鵞脚蘸點目中。○《朱氏集驗方》治赤目失明，幷內外翳障。用玄精石、石決明各一兩，研極細，蕤仁二兩，共研勻，和羊肝幷膽汁七個，搗爛爲丸，梧子大。每服三十丸，甘菊花十朵，泡湯送下。○同上治頭風頭痛。用玄精石一兩，研極細，入羊膽中陰乾，水調一字，食後服之。又《千金方》用一分吹入鼻中。○《圖經》本草治傷寒天行疫疾，三日，頭痛壯熱，四肢不利。用玄精石、硝石、硫黄各二兩，蓬砂一兩，俱研細，入土罐內，鹽泥固濟，以炭火一觔，於罐子周一寸，熁之，約近半日時候，候泥罐青紫色，住火，待冷，取出，入淨磁瓶中，埋屋內地下二尺深，二七日取出，研末，麵糊爲丸，鷄頭實大。每服二丸，燈心湯送下。○《和劑局方》來復丹治上盛下虛，裏寒外熱，伏暑泄瀉，下注如水。用玄精石研細，硝石、硫黄各一兩，二味入鐵盞內，以米醋拌濕，微火炒，以竹箸不住手拌攪，火不可太過，研極細，五靈脂，水飛去沙石，晒乾，青皮、陳皮各二兩，三味俱微炒，共爲末，次入玄精石末及前硝、硫末，拌勻，好米醋打大麥麵糊爲丸，梧子大。每服三十丸，溫米湯下。

**清・劉雲密《本草述》卷六**　玄精石一名太乙玄精石、陰精石。　時珍曰：玄精是鹹鹵津液流滲入土，年久結成石片，片狀如龜背之形。蒲、解出者，其色青白通徹。蜀中赤鹽之液所結者，色稍紅光。沈存中《筆談》云：太陰玄精生解州鹽澤之鹵溝渠土內，得之大者如杏葉，小者如魚鱗，悉皆尖角端正，如龜甲狀，其裙襴小墮，其前則剡，其後則上剡，正如穿山甲相掩之處，前是龜甲，更無異也。色綠而瑩徹，叩之則直理而坼，瑩如明鑑，坼處亦六角如柳葉，大燒過則悉解。坼薄如柳葉，片片相離，白如霜雪，平潔可愛。此乃稟積陰之氣凝結，故皆六角。今天下所用玄精，乃絳州山中所出。絳石，非玄精也。

氣味：鹹，溫，無毒。　時珍曰：甘、鹹，寒。　滔曰：伏硫黄、丹砂。

主治：除風冷邪氣，溼痹，心腹積聚冷氣，止頭痛《開寶》。除傷寒陰毒證，合諸藥用之。又治上盛下虛，療痰結，目障瞖，木舌，咽喉瘡方書。

時珍曰：玄精石稟太陰之精，與鹽同性，其氣寒而不溫，其味甘鹹而降，同硫黄、消石治上盛下虛，救陰助陽，有扶危拯逆之功。故鐵甕申先生來復丹用之，正取其寒以配消硫之熱也。《開寶本草》言其性溫，誤矣。　希雍曰：玄精乃至陰之精凝結而成，故其形皆六出，象老陰之數也。

附方　《圖經本草》正陽丹治傷寒三日，頭疼壯熱，四肢不利，太陰玄精石、消石、硫黄各二兩，硇砂二兩，細研，入甕瓶固濟，以火半斤，於瓶子周一寸炀之，約近半日，候藥青紫色，住火待冷，取出，用臘月雪水拌勻，入罐子中，屋後北陰下陰乾，又入地埋二七日，取出研細，麪糊丸雞頭實大，先用熱水浴，後以艾湯研下一丸，以衣蓋，汗出為瘥。　入來復丹治緩急諸病，但有胃氣，無不獲安。

愚按：　玄精石之氣味，《開寶本草》以為鹹溫，故其主治有除風冷邪氣，溼痹，心腹積聚冷氣，益精氣之功。而時珍謂其稟太陰之精，與鹽同性，其氣寒而不溫。似此立論，亦甚辨矣。第愚猶有說焉，既為積陰之氣所結，角皆六出，是皆老陰也，陰之極，然後生陽，此陰陽之玄機也。　即凝水石，方此至陰之極而凝，猶不得也。況與諸鹽可同論乎？　或曰：《開寶》所主風邪冷氣為中的否？　曰：　玄精石之用，多主歸氣於腎，以其同於至陰而有陽也。云除風冷諸氣者，至陰之所歸，而陽隨之，所以《開寶本草》謂之益精氣耳。　蘇頌謂近世補藥多用之，諒亦非浪語也。　鐵甕中先生來復丹於治上實下虛，大是妙劑，入玄精石於硫黃、焰消中，蓋不徒配硫消之熱，如時珍所云也。　緣下虛用硫歸之，不得至陰，則陽不還其宅，上實用消散之不得至陰之歸，則陽不降於下，是非探陰陽之微，而能處劑如斯乎？　即入正陽丹以治傷寒陰毒，亦同此意也。　若然，何為治木舌及喉瘡，乃用之以療熱也？　曰：　此二治俱有寒水石、牙消以去其熱矣。　其用玄精石者，亦猶是引陽歸陰之義。　先哲立方，豈苟然而已耶？　或曰：　然則氣不寒而溫乎？　曰：　溫不與熱同，如春溫之氣，繼於冬寒之後，所謂陽之初復，去寒不甚遠耳。　愚揣其義，當如是，願以質之高明。

**清・蔣居祉《本草擇要綱目・溫性藥品》**　玄精石　氣味：　鹹，溫，無毒。　主治：　玄精石稟太陰之精，與鹽同性，其氣寒而不溫，其味甘鹹而降。同硫黃、消石，治上盛下虛，救陰助陽，有扶危拯逆之功。故鐵甕申先生來復丹用之，正取其寒以配消、硫之熱。《開寶本草》言其性溫，誤矣。故古方不見用。近世補藥及傷寒多用之，其著者治傷寒正陽丹，出汗也。

**清・汪昂《本草備要》卷四**　太陰玄精石瀉熱，補陰。　太陰之精，鹹寒而降。治上盛下虛，救陰助陽，有扶危拯逆之功。正陽丹，用治傷寒壯熱。來復丹，用治伏暑熱瀉。　出解池、通、泰積鹽處。鹹鹵所結，青白瑩徹，片皆六棱者良。今世用者，多是絳石。

**清・张璐《本經逢原》卷一**　玄精石　辛鹹，寒，無毒。青白龜背者良。《本經》除風冷邪氣濕痹，益精氣。　發明：　玄精石稟太陰之精，與鹽同性，故其形皆六出，象老陰之數也。《本經》言味鹹氣溫，傳寫之誤，其氣寒而不溫，其味辛鹹沉降。同硫黃、硝石治上盛下虛，收陽助陰，有扶危拯逆之功。來復丹用之，專取一陽來復之義，寒因寒用，深得《本經》諸治之奧。

**清・吳儀洛《本草從新》卷五**　元精石〔瀉熱救陰。〕　太陰之精，鹹寒而降。治上盛下虛，救陰助陽，同硫黃、硝石用。有扶危拯逆之功。正陽丹用治傷寒壯熱，來復丹用治伏暑熱瀉。　出解池、通、泰積鹽處。鹹鹵所結。青白瑩徹，片皆六棱者良。今世用者多是絳石。

**清・汪紱《醫林纂要探源》卷三**　元精石　鹹，寒。凡積鹽處皆有之。積鹵所結也。青白瑩徹，片皆六棱。六，水數也，猶雪花之六出，人謂之太陰元精石。愚謂以醫家言之，則亦少陰耳。　補心消暑，去邪熱。功用略同朴硝。

**清・嚴潔等《得配本草》卷一**　太乙玄精石即玄精石。　制硫黃、丹砂。鹹，寒。治暑火熱瀉，療傷寒壯熱。湯火傷，調油敷。已破者，乾摻。　得牛黃、朱砂、冰片，摻重舌涎出。先以針挑去血，鹽湯漱口。　得生甘草，治目中赤脈。配半夏、硫黃，治寒熱霍亂。配硫黃、硝石，治上盛下虛，救陰助陽，有扶危拯逆之功。　鹹鹵津液，流滲入土，年久結成石，片片狀如龜背，六角，青白瑩徹者良。　今世所用玄精，乃絳州山中所出絳石，非玄精也。

**題清・徐大椿《藥性切用》卷七**　元精石　一名太陰元精石。　性味鹹寒，稟太陰之精，力能救陰助陽，有扶危拯逆之功。復元丹用之。

**清・楊時泰《本草述鉤元》卷六**　元精石　一名太乙元精石，又曰陰精石。乃鹹鹵津液流滲入土，年久結成石片。大者如杏葉，小者如魚鱗，悉皆六出。稟積陰之氣，象老陰之數。尖角端正如龜甲狀，色綠而瑩澈。蒲解出者，其色青白通澈，蜀中赤鹽之液所結者，色稍紅光。　叩之則直理而坼，坼處亦六角，如柳葉大，燒過則悉解坼，片片相離，白如霜雪，平潔可愛。　今世所用元精，乃絳州所出絳石，非元精也瀕湖。

味甘、鹹，氣溫，性降。伏硫黃、丹砂。　主除風冷邪氣，濕痹，心腹積聚冷氣，止頭痛。　合諸藥，治傷寒陰毒證，又治上盛下虛，痰結目障瞖，木舌咽喉瘡。　來復丹申鐵甕，同硫黃、消石用，治上盛下虛，救陰助陽，有扶危拯逆之功，凡緩急諸病，但有胃氣，服此丹無不獲安。　正陽丹，治傷寒三日，頭疼壯熱，四肢不利。　元精石、消石、硫黃各二兩，硇砂二兩，細研，入瓶固濟，以炭火半斤，於瓶子周一寸熇之，約近半日，候藥青紫色，住火，待冷取出，用臘雪水拌勻，仍入罐子，置屋後北陰下陰乾，又入地埋二七日，取出研細，麪糊丸芡實大，先用熱水浴後，以艾湯研下一丸，衣蓋取汗瘥。

論：元精石為積陰之氣所結，角皆六出，是老陰也。陰之極然後生陽，此陰陽之元機，故其用多主歸氣於腎。以其同於至陰而有陽也，至陰之所歸而陽隨之，所以除風冷諸氣，而《開寶》並云益精氣也。來復丹治上實下虛，大是妙劑。蓋下虛用硫歸之，不得至陰，則陽不還其宅。上實用消散之，不得至陰之歸，則陽不降於下。即入正陽丹治傷寒陰毒，亦同此意。然則木舌喉瘡，何仍用之以療熱乎？曰：此二治俱有寒水石、牙消以去其熱矣，其用元精石亦猶是引陽歸陰之義，先哲立方，豈苟然而已。且其氣不寒而溫，溫不與熱同，如春溫之氣繼於冬寒之後，所謂陽之初復，去寒不甚遠耳。

**清·葉桂《本草再新》卷八**　元精石味鹹，性寒，無毒。入腎經。　治上盛下虛，救陰助陽。

**清·趙其光《本草求原》卷二六鹵石部**　元精石　亦鹽液入土而成，形如龜甲，六角，青、入肝。白，入肺，辛鹹而寒。是陰極生陽，水盛木芽之機，以至陰含陽。能使陽隨陰歸於腎。故來復丹治上實下虛，用硫黃補下，硝石散上，而入此以歸陽，為一陽來復之義。正陽丹治傷寒陰毒壯熱，亦同意耳。至目生赤脈，同甘草研，竹葉湯下。內外翳障目赤，同石決、蕤仁、黃連、羊肝為丸茶下。目赤澀痛，同黃柏研點。重舌，同牛黃、朱砂、麝研，針刺去血涎點之。木舌喉瘡用之，亦治熱而兼引陽下歸也。若冷熱霍亂，同半夏、硫黃，麵糊丸，米飲下。風冷、風熱並用，則陰陽分利，陽歸而風自熄也。但真者少，多是絳石偽充。

**清·戴葆元《本草綱目易知錄》卷七**　玄精石　稟太陰之精與鹽同性，其氣寒而不溫，其味甘鹹而降。治陰證傷寒，指甲面青，心下脹滿，結硬煩渴，虛汗不止，或時狂言，肢冷喉痛，脈沉細疾。又能解肌，止頭痛，除風冷，邪氣濕痹。同硫黃、硝石鍊，治上實下虛，救陰助陽，有扶危救逆之功。又合大藥，塗大風瘡。

**清·陳其瑞《本草撮要》卷六**　元精石　味鹹寒而降，入手足太陰、陽明經，功專治上盛下虛，救陰助陽，有扶危拯逆之功。正陽丹用治傷寒壯熱，來復丹用治伏暑熱瀉。

## 方解石

**宋·唐慎微《證類本草》卷五玉石部下品**〔《別錄·藥對》〕　方解石　味苦、辛，大寒，無毒。主胸中留熱，結氣，黃疸，通血脈，去蠱毒。一名黃石。生方山。採無時。惡巴豆。

〔梁·陶弘景《本草經集注》〕云：按《本經》長石一名方石，療體亦相似，疑是此也。

〔唐·蘇敬《唐本草》〕注云：此石性冷，療熱不減石膏也。

〔宋·馬志《開寶本草》〕注：此物大體與石膏相似，惟不附石而生，端然獨處，形塊大小不定，或在土中，或生溪水，得之敲破皆方解，故以爲名。今沙州大鳥山出者佳。

〔宋·唐慎微《證類本草》〕《圖經》：文具石膏條下。

**宋·王繼先《紹興本草》卷二**　方解石　紹興校定：方解石，其狀碎之，則隨大小而皆方，色明瑩者佳。然與石膏性及主治(石)〔亦〕不遠，但形質少異爾。《本經》云味苦辛、大寒、無毒是也。又陶注稱為長石者，誤矣！不唯長石自有條例，其云方解者顯非一物也。

**明·滕弘《神農本經會通》卷六**　方解石　大體與石膏相似，惟不附石而生，端然獨處，形塊大小不定。惡巴豆。

味苦、辛，氣大寒，無毒。《本經》云：主胸中留熱結氣，黃疸，通血脉，去蠱毒。《唐本》注云：此石性冷，療熱不減石膏也。或在土中，或生溪水，得之敲破，皆方解，故以為名。

**明·劉文泰《本草品彙精要》卷三**　方解石無毒　土生。

方解石　主胸中留熱，結氣，黃疸，通血脈，去蠱毒。名醫所錄。【名】黃石。【地】《圖經》曰：出方山，不附石而生，端然獨處，外皮有土及水苔色，破之皆作方棱。《唐本》注云：此種大與石膏相似，惟不附石而端然獨處，形塊大小不同，或在土，或生溪水。得之敲破皆方解，故以爲名。今沙州大鳥山出者佳。【時】採：無時。【用】方而有棱者佳。【質】類晉礬。【色】白。【味】苦，辛。【性】大寒，泄。【氣】氣薄味厚，陰中之陽。【臭】朽。【主】除熱。【反】惡巴豆。【製】搗爲末，水飛過用。

**明·鄭寧《藥性要略大全》卷八**　方解石　苦、辛，氣大寒，無毒。散胸中熱結氣，黃疸，通血脉，去蠱毒。與石膏同功。

**明·王文潔《太乙仙製本草藥性大全》卷六《本草精義》**　方解石　生方

山，不附石而生，端然獨處，形塊大小不定，或在土中，或生溪水，外皮有土及水苔色，得之敲破皆方解，故以爲名。今沙州大鳥山出者佳。

**明・王文潔《太乙仙製本草藥性大全》卷六《仙製藥性》**　方解石　味苦，辛，氣大寒，無毒。　主治：　主胸中留熱，治結氣黃疸。通血脉神方，去蠱毒妙法。

**明・李時珍《本草綱目》卷九石部・石類上**　方解石《別錄》下品

【釋名】黃石志曰：　敲破，塊塊方解，故以爲名。　【集解】《別錄》曰：　方解石生方山，采無時。弘景曰：　《本經》長石，一名方石，療體相似，疑即此也。恭曰：　此物大體與石膏相似，不附石而生，端然獨處。大者如升，小者如拳，甚大者方尺。或在土中，或生溪水，其上皮隨土及水苔色，破之方解。今人以爲石膏，用療風去熱雖同，而解肌發汗不及也。志曰：　今沙州大鳥山出者佳。頌曰：　方解石本草言生方山。陶隱居疑與長石爲一物，蘇恭云療熱不減石膏。若然，似可通用，但主頭風不及石膏也。其肌理形段剛柔皆同，但以附石不附石爲言，豈得功力頓異？如雌黃、雄黃亦有端然獨處者，亦有附石生者，不聞別有名號，功力相異也。時珍曰：　方解石與硬石膏相似，皆光潔如白石英，但以敲之段段片碎者爲硬石膏，塊塊方稜者爲方解石，蓋一類二種，亦可通用。唐宋諸方皆以此爲石膏，今人又以爲寒水石，雖俱不是，而其性寒治熱之功，大抵不相遠，惟解肌發汗不能如硬石膏爲異耳。

【氣味】苦、辛，大寒，無毒。之才曰：　惡巴豆。　【主治】胸中留熱結氣，黃疸，通血脈，去蠱毒《別錄》。

**明・李中立《本草原始》卷八**　方解石　生方山。采無時。此石與長石相似，敲破塊塊方解，故名方解石。氣味：　苦、辛，大寒，無毒。主治：　胸中留熱結氣，黃疸，通血脉，去蠱毒。

《別錄》下品。【圖略】沙州大鳥山出者佳。敲之段段片碎者為硬石膏，塊塊方稜者為方解石。長石、方解石，唐宋諸方皆以為石膏，今人又以為寒水石，雖俱不是，其性寒治熱之功大抵不相遠，惟解肌發汗不能如軟石膏耳。

**明・姚可成《食物本草》卷二一玉石部**　方解石與長石相似，皆光潔如白石英，但以敲之斷截片段者為〔長〕石，塊塊方稜者為方解石，蓋一類二種，亦可通用。　味苦、辛，大〔寒〕，無毒。治胸中留熱結氣。

**清・戴葆元《本草綱目易知錄》卷七**　寒水石方解石　苦、辛，大寒。通血脈，止消渴，利小便，去蠱毒，胸中留熱結氣，黃疸。【略】葆按：　石膏，產於青州、徐州。而方解石處處有之，又與理石、長石有別。時珍註辨：　理石即石膏，中長紋細直如絲，色帶青者。而長石似方解石，雖片橫碎，燒煅但不能作方塊耳，亦不爛。而石膏，《本草》又名寒水石。恐相混不明，茲見市中所用寒水石，形質即方解石，考註詳明，令觀者易曉。

**凝水石**

**宋・李昉《太平御覽》卷第九八七**　凝水石　《本草經》曰：　凝水石，味辛，寒。生山谷。治身熱，腹中積聚邪氣，煩滿，飲之不飢。生常山。《范子計然》曰：　凝水石出河東，色澤者善。　《吳氏本草》曰：　凝水石，一名白水石，一名寒水石。神農：　辛。岐伯、醫和：　甘，無毒。扁鵲：　甘，無毒。李氏：　大寒。或生邯鄲。採無時。如雲母也。

**宋・唐慎微《證類本草》卷四玉石部中品〔《本經・別錄・藥對》〕**　**凝水石　味辛，甘，寒，大寒，無毒。主身熱，腹中積聚邪氣，皮中如火燒，煩滿，水飲之，**除時氣熱盛，五藏伏熱，胃中熱，煩滿，止渴，水腫，小腹痹。**久服不飢。一名白水石，一名寒水石，**一名淩水石。色如雲母，可析者良，鹽之精也。生常山山谷，又中水縣及邯鄲。解巴豆毒，畏地榆。

〔梁・陶弘景《本草經集注》〕云：　常山屬并州，中水縣屬河間郡，邯鄲即趙郡，並屬冀州域。此處地皆鹹鹵，故云鹽精，而碎之亦似朴消。此石末置水中，夏月能爲冰者佳。

〔唐・蘇敬《唐本草》〕注：　此石有兩種，有縱理、橫理，色清明者爲佳。或云縱理爲寒水石，橫理爲凝水石。今出同州韓城，色青黃，理如雲母爲良；　出澄城者，斜理文，色白，爲劣也。

〔宋・掌禹錫《嘉祐本草》〕按：　《吳氏》云：　神農：　辛。岐伯、醫和、扁鵲：　甘，無毒。李氏：　大寒。或生邯鄲，採無時，如雲母色。《藥性論》云：　寒水石，能壓丹石毒風，去心煩渴悶，解傷寒復勞。

〔宋・蘇頌《本草圖經》〕曰：　凝水石，即寒水石也，生常山山谷，又出中水縣及邯鄲，今河東汾、隰州及德順軍亦有之。此有兩種，有縱理者，有橫理者，色清明如雲母可拆，投置水中，與水同色，其水凝動者爲佳。或曰：　縱理者爲寒水石，橫理者爲凝水石。三月採。又有一種冷油石，全與此相類，但投沸油鐺中，油即冷者是也。此石有毒。若誤用之，令腰以下不能舉。

〔宋・唐慎微《證類本草》〕雷公云：　凡使，先須用生薑自然汁，煮汁盡爲度，研成粉用。每修十兩，用薑汁一鎰。《經驗方》：　治小兒丹毒，皮膚熱赤。用寒水石半兩，白土一分，搗羅爲末，用米醋調傅之愈。《集驗方》：　治風熱心躁，口乾狂言，渾身壯熱，及中諸毒。龍腦甘露丸：　寒水石半斤，燒半日，淨地坑内盆合，四面濕土擁起，候經宿取出，入甘草末、天竺黃各二兩，龍腦二分，糯米膏丸彈子大，蜜水磨下。《傷寒類要》：　治肉痺，其人小便白。以凝水石主之也。《丹房鏡源》：　凝水石可作油衣，可食，制丹砂爲匱伏玄精。

**宋·寇宗奭《本草衍義》卷五**　凝水石　又謂之寒水石，紋理通徹，人或磨刻爲枕，以備暑月之用。入藥須燒過，或市人燒入膩粉中以亂真，不可不察也。陶隱居言：夏月能爲冰者佳。如此，則舉世不能得，似乎失言。

**宋·王繼先《紹興本草》卷三**　凝水石　紹興校定：凝水石乃寒水石也。唐注雖稱縱理、横理二種，其實一物。但出産、主療、性味一同，即無少異。常用形色鮮明白，以火鍛之。今當作味辛甘、大寒、無毒是矣。

**宋·劉明之《圖經本草藥性總論》卷上**　凝水石　一名寒水石。味辛、甘，寒、大寒，無毒。主身熱，腹中積聚邪氣，皮中如火燒煩滿，水飲之。除時氣熱盛，五臟伏熱，胃中熱煩滿，止渴，水腫，小腹痺。《藥性論》云：能壓丹石毒風，去心煩渴悶，解傷寒復勞。一云：治風熱心躁口乾狂言，渾身壯熱，及中諸毒，解巴豆毒。畏地榆。採無時。

鹽精　味更鹹苦。青黑色，大者叁貳寸，形似鐵錘觜，三月四月採。亦主除風冷。無毒。又名泥精，蓋玄精之類，及治傷寒。

**明·王綸《本草集要》卷五**　凝水石即寒水石。、味辛甘，氣寒，無毒。畏地榆。入藥須燒過。此有二種，有縱理，有横理，色清明者佳。　主身熱時氣，腹中積聚邪氣，皮中如火燒，煩滿，五臟伏熱，胃中熱，止渴。壓丹石毒，解巴豆毒。

**明·滕弘《神農本經會通》卷六**　凝水石　即寒水石，色如雲母，可析者良。鹽之精也。解巴豆毒，畏地榆。入藥須燒過。此有兩種，有縱理者，有横理者，色清明如雲母，可析，投置水中，與水同色，其水凝動者為佳。《局》云：火煅醋淬，研，水飛。《百一選方》云：火煅過，南人謂之軟石膏。見《袖珍經驗》。

味辛、甘，氣寒，大寒，無毒。　《本經》云：主身熱，腹中積聚邪氣，皮中如火燒，煩滿，水飲之。除時氣熱盛，五臟伏熱，胃中熱煩滿，止渴，水腫，小腹痺。《藥性》云：能壓丹石毒風，去心煩渴悶，解傷寒復勞。《衍義》曰：謂之寒水石，紋理通徹，入藥須燒過。或市人燒入膩粉中以亂真，不可不察也。陶隱居言夏月能為冰者佳。如此則舉世不能得，似乎失言。汾州、德順軍，生常山山谷，又中水縣及邯鄲。有一等冷油石，全與此相類，但投沸油鐺中，油即冷者是也。此石有毒，若誤用之，令腰以下不能舉。

**明·劉文泰《本草品彙精要》卷三**　凝水石無毒　土生。

**凝水石**出《神農本經》：**主身熱，腹中積聚，邪氣，皮中如火燒，煩滿，水飲之。久服不飢。**以上朱字《神農本經》。除時氣熱盛，五臟伏熱，胃中熱，煩滿，止渴，水腫，小腹痹。以上黑字名醫所録。【名】白水石、寒水石、淩水石。

【地】《圖經》曰：凝水石，鹽之精也。生常山山谷及出中水縣、邯鄲，今河東汾、隰州、德順軍亦有之。此有兩種，有縱理者，有横理者。色清明如雲母，可析，投置水中與水同色，其水凝動者爲佳。或曰縱理者爲寒水石，横理者爲凝水石。又有一種冷油石，全與此相類，但投沸油鐺中，油即冷者是也。此石有毒，切勿誤用。《衍義》曰：凝水石又謂之寒水石，紋理通徹，人磨刻爲枕，以備暑月之用。入藥須燒過，或市人燒入膩粉中，以亂真，不可不察也。《圖經》云：入水凝動者佳。如此則舉世不能得也。【時】採：三月取，又云無時。【用】清明如雲母可析者良。【質】類滑石而有紋理。【色】青、黃。【味】辛，甘。【性】寒。一云大寒。【氣】氣薄味厚，陰中之陽。【臭】朽。【主】伏熱，積聚。【反】畏地榆。【製】《雷公》云：每修事，十兩，以生薑自然汁一鎰，煮汁盡爲度。細研成粉用，或以火燒半日，淨地坑内盆，合四面濕土擁起，候經宿，取出用。【治】療：《藥性論》云：能壓丹石毒風，去心煩渴悶，解傷寒勞復。【合治】合白土爲末，用米醋調，傅小兒丹毒，皮膚熱赤。【解】巴豆毒。【贗】冷油石爲僞。若誤服之，令人腰以下不能舉。

**明·鄭寧《藥性要略大全》卷八**　寒水石　除内外大熱煩渴，及皮中熱如火燒，煩滿飲水，及時氣熱渴，止渴，消水腫腹痹，治火毒、丹毒。解巴豆毒。

味甘，氣大寒，無毒。即鹽之精。出汾州及邯鄲，畏地榆，須燒過用。此石碎之，朴硝其末置水中，夏月成冰可析者良。即凝水石。一名淩水石。

**明·陳嘉謨《本草蒙筌》卷八**　凝水石即寒水石。　味辛、甘，氣寒。無毒。多生河間，郡名。即趙郡。亦産邯鄲。有縱理橫理不同，惟潤澤清明為上。置水中與水一色。雖夏月亦凝為冰，故此得凝水之名，必須研極細纔用。服加薑汁，性惡地榆。卻胃中熱，及五臟伏熱齊毆；解巴豆毒，併丹石諸毒並壓。傷寒勞復兼治，積聚邪熱亦除。止煩悶喉顙渴消，去水腫小腹頑痹。

**明·王文潔《太乙仙製本草藥性大全》卷六《本草精義》**　凝水石　一名淩水石，一名白水石，一名寒水石。生常山山谷，又出中水縣及邯鄲，今河東汾、隰州及德順軍亦有之。此有兩種，有縱理者，色清明，如雲母可析，投置水中與水同色，其水凝動者爲佳。或曰：縱理者爲寒水石，橫理者爲凝水石，三月採。又有一種冷油石，全與此相類，但投沸油鐺中即冷者是也。皆鹹鹵，故云鹽精。而碎之亦似朴消，此石末置水中，夏月能爲冰者佳。唐云：此石有兩種，有縱理、橫理，色清明者爲佳。或云：縱理爲寒水石，橫理爲凝水石。今出同州韓城色青黃，理如雲母爲良；出澄城者斜理文色白，爲劣也。此石有毒，若誤用之，令腰以下不能舉。

**明・王文潔《太乙仙製本草藥性大全》卷六《仙製藥性》** 凝水石即寒水石。

味辛、甘，氣寒，無毒。主治：除內外大熱如火燒，理時氣熱渴而飲水。却胃中熱，及五臟伏熱齊毆。解巴豆毒，併丹石諸毒並壓。傷寒勞復兼治，積聚邪熱亦除。止煩悶，喉顙渴消；去水腫，小腹頑痹。補註：小兒丹毒，皮膚熱赤，用半兩，白土一分，搗末，米醋調傅差。○風熱心燥，口乾狂言，渾身壯熱及中諸毒。龍腦甘露丸：寒水石半斤，燒半日，净地坑內盆合四面，濕土擁起，候經宿取出，入甘草末、天竺黃各二兩，龍腦二分，糯米膏丸彈子大，蜜水磨下。○內瘅，其人小便白，以凝水石主之也。太乙曰：凡使先須用生薑自然汁煮，汁盡爲度，細研成粉用。每修十兩，用薑汁一鎰。

**明・皇甫嵩《本草發明》卷五** 凝水石中品，臣。即寒水石。氣大寒，味辛、甘，無毒。

發明曰：凝水石寒，能降火除熱。故《本草》主身熱，腹中積聚邪氣，皮中如火燒，煩滿。水飲之，除時氣熱盛，五藏伏熱，胃中熱，止煩悶消渴，去水腫，小腹痺。《藥性》云：兼理傷寒勞復，解巴豆毒，壓丹石諸毒。有二種，有縱理橫理不同，惟潤澤清明如雲母，置水中與水一色，其水凝動者佳。或曰：縱理為寒水，橫理為凝水。用之研極細。服加薑汁，或用薑汁煮。又云：鹽之精也。惡地榆。有一種冷油石，與此全類，投沸油中，油即冷。此石有毒，若誤用之，令腰以下不能舉，須審辨之。

**明・李時珍《本草綱目》卷一一石部・鹵石類** 凝水石《本經》中品

〖釋名〗白水石《本經》 寒水石 凌水石《別錄》 鹽精石 泥精 鹽枕《綱目》鹽根時珍曰：拆片投水中，與水同色，其水凝動；又可夏月研末，煮湯入瓶，倒懸井底，即成凌冰，故有凝水、白水、寒水、凌水諸名。生于積鹽之下，故有鹽精以下諸名。石膏亦有寒水之名，與此不同。

〖集解〗《別錄》曰：凝水石，色如雲母可析者，鹽之精也。生常山山谷、中水縣及邯鄲。弘景曰：常山即恒山，屬并州。中水屬河間。邯鄲屬趙郡。此處地皆鹹鹵，故云鹽精，而碎之亦似朴消。此石末置水中，夏月能爲冰者佳。時珍曰：《別錄》言凝水，鹽之精也。陶氏亦云鹵地所生，碎之似朴消。《范子計然》云出河東。河東，鹵地也。獨孤滔《丹房鏡源》云：鹽精出鹽池，狀如水精。據此諸說，則凝水即鹽精石也，一名泥精，昔人謂之鹽枕，今人謂之鹽根。生於鹵地積鹽之下，精液滲入土中，年久至泉，結而成石，大塊有齒稜，如馬牙消，清瑩如水精，亦有帶青黑色者，皆至暑月回潤，入水浸久亦化。陶氏注戎鹽，謂鹽池泥中自有凝鹽如石片，打破皆方，而色青黑者，即此也。蘇頌注玄精石，謂解池有鹽精石，味更鹹苦，乃玄精之類；又注食鹽，謂鹽枕作精塊，有孔竅，若蜂窠，可緘封爲禮贄者，皆此物也。唐宋諸醫不識此石，而以石膏、方解石爲注，誤矣。今正之于下。

〖正誤〗恭曰：凝水石有縱理、橫理兩種，色清明者爲上。或云縱理爲寒水石，橫理爲凝水石。今出同州韓城，色青橫理如雲母爲良；出澄州者，斜理文色白爲劣也。頌曰：今河東汾、隰州及德順軍亦有之，三月采。又有一種冷油石，全與此相類，但投沸油鐺中，油即冷者，是也。此石性冷有毒，誤服令人腰以下不能舉。宗奭曰：凝水石文理通徹，人或磨刻爲枕，以備暑月之用。入藥須燒過。或市人末入輕粉以亂真，不可〔不〕察。陶氏言夏月能爲冰者佳，如此則舉世不能得矣。閻孝忠曰：石膏，潔白堅硬，有墻壁。寒水石軟爛，可以手碎，外微青黑，中有細文。王隱君曰：寒水石，堅白晶潔，狀若明礬、蓬砂之質。或有碎之，粒粒大小皆四方，故又名方解石，今人謂之硬石膏者是也。時珍曰：寒水石有二：一是軟石膏，一是凝水石。惟陶弘景所注，是凝水之寒水石，與本文相合。蘇恭、蘇頌、寇宗奭、閻孝忠四家所説，皆是軟石膏之寒水石。王隱君所説，則是方解石。諸家不詳本文鹽精之説，不得其説，遂以石膏、方解石指爲寒水石。唐宋以來相承其誤，通以二石爲用，而鹽精之寒水，絶不知用，此千載之誤也。石膏之誤近千載，朱震亨氏始明；凝水之誤，非時珍深察，恐終于絶響矣。

〖修治〗斅曰：凡使，須用生薑自然汁煮乾研粉用。每十兩，用生薑一鎰也。

〖氣味〗辛，寒，無毒。《別錄》曰：甘，大寒。普曰：神農：辛。岐伯、醫和、扁鵲：甘，無毒。李當之：大寒。時珍曰：辛、鹹。之才曰：解巴豆毒，畏地榆。獨孤滔曰：制丹砂，伏玄精。

〖主治〗身熱，腹中積聚邪氣，皮中如火燒，煩滿，水飲之。久服不飢《本經》。除時氣熱盛，五臟伏熱，胃中熱，止渴，水腫，小腹痹《別錄》。壓丹石毒風，解傷寒勞復甄權。治小便白，內痹，凉血降火，止牙疼，堅牙明目時珍。

〖發明〗時珍曰：凝水石禀積陰之氣而成，其氣大寒，其味辛鹹，入腎走血除熱之功，同于諸鹽。古方所用寒水石是此石，唐宋諸方寒水石是石膏，近方寒水石則是長石、方解石，俱附各條之下，用者詳之。

〖附方〗舊二，新二。

男女轉脬：不得小便。寒水石二兩，滑石一兩，葵子一合，爲末，水一斗，煮五升。時服一升，即利。《永類方》。　牙齦出血：　有竅。寒水石粉三兩，朱砂二錢，甘草腦子一字，爲末。乾摻。《普濟方》。　湯火傷灼：　寒水石燒研傅之。《衛生易簡方》。　小兒丹毒：　皮膚熱赤。寒水石半兩，白土一分，爲末，米醋調塗之。《經驗方》。

**明・梅得春《藥性會元》卷下**　凝水石　味辛、甘，氣大寒，無毒。一名寒水石。解巴豆毒，畏地榆。　主治身熱，腹中積聚邪氣，皮中如火燒煩滿，水飲之。除時氣熱盛，五臟伏熱，胃中熱，止渴，利水腫，小腹痹。久服不飢。色如雲母可析者良。鹽之精也。　製法：　每十兩，用薑汁一鎰煮，汁盡為度。研如粉用。

**明・李中立《本草原始》卷八**　凝水石　即寒水石也。生常山山谷，又出中水縣及邯鄲，今河東汾、隰州及德順軍亦有之。三月采。此有兩種，有縱理者，有横理者。色清明者為上。投置水中，與水同色，其水凝動，故名凝水石。　氣味：　辛，寒，無毒。　主治：　身熱，腹中積聚邪氣，皮中如火燒，煩滿，水飲之。久服不飢。除時氣熱盛，五臟伏熱，胃中熱，止渴，水腫，小腹痹。〇壓丹石毒風，解傷寒勞復。〇治小便白，內痹，涼血降火。〇止牙疼，堅牙明目。

凝水石，《本經》中品。一名白水石，一名凌水石。鹽之精也。凝水石，生于鹵地積鹽之下，精液滲入土中，年久至泉，結而成石。大塊有齒稜，如馬牙消，清瑩如水精。亦有帶青黑色者，皆至暑月回潤，入水浸久亦化。寒水石有二：一是軟石膏，一是凝水石。惟陶弘景所注是凝水之寒水石，與本文相合。蘇恭、蘇頌、寇宗奭、閻孝忠四家所說，皆是軟石膏之寒水石。王隱君所說則是方解石。諸家不詳本文鹽精之說，遂以石膏、方解石指為寒水石。唐宋以來，相承其誤，通以二石為用，而鹽精之寒水，絕不知用，此千載之誤也。石膏之誤近千載，朱震亨氏始明凝水之誤，非時珍深察，恐終于絕響矣。　修治：　每寒水石十兩，用生薑自然汁一溢，煮乾研粉用。

之才曰：　解巴豆毒，畏地榆。〇獨孤滔曰：　制丹砂，伏玄精。

**明・張懋辰《本草便》卷二**　凝水石即寒水石。　味辛、甘，氣寒，無毒。畏地榆。入藥須燒過，惟清明者佳。　主身熱時氣，腹中積聚邪氣，皮中如火燒，煩滿，五臟伏熱，胃中熱，止渴，壓丹石毒，解巴豆毒。

**明・繆希雍《本草經疏》卷四**　凝水石　味辛、甘，寒、大寒，無毒。　主身熱，腹中積聚邪氣，皮中如火燒，煩滿，水飲之。除時氣熱盛，五臟伏熱，胃中熱，煩滿，止渴，水腫，小腹痹。久服不飢。一名寒水石，一名白水石。色如雲母可析者良。鹽之精也。石膏亦名寒水石，與此不同。

【疏】凝水石生於鹵地，稟積陰之氣而成。《本經》味辛氣寒。《別錄》加甘、大寒、無毒。《經》曰：　小熱之氣，涼以和之；　大熱之氣，寒以取之。又曰：　熱淫於內，治以鹹寒。大寒微鹹之性，故主身熱邪氣，皮中如火燒煩滿，及時氣熱盛，五臟伏熱，胃中熱也。易飢作渴，亦胃中伏火也。甘寒除陽明之邪熱，故能止渴不飢。水腫者，濕熱也。小便多不利，以致水氣上溢於腹，而成腹痹。辛鹹走散之性，故能除熱利竅消腫也。療腹中積聚者，亦取其辛散鹹輭之功耳。　【主治參互】《永類方》男女轉脬，不得小便。寒水石二兩，滑石一兩，葵子一合，為末，水一斗，煮五升，時服一升，即利。　《經驗方》小兒丹毒，皮膚熱赤。寒水石半兩，白土一分，為末，米醋調塗之。　【簡誤】凝水石，按本文云鹽之精，則與石膏、方解石大相懸絕矣。因石膏有寒水石之名，而王隱君復云寒水石又名方解石，以致混淆難辨。其功能各不同，用者自宜分別。生鹵地，味辛鹹，碎之如朴硝者，是凝水石。其氣大寒，能除有餘邪熱。凡陰虛火旺，咳嗽吐血多痰，潮熱骨蒸，并脾胃作泄者，不宜服。《經》曰諸腹脹大，皆屬於熱者，宜之；　諸濕腫滿，屬脾土者，忌之。大宜詳審，慎勿有誤。

**明・倪朱謨《本草彙言》卷一三**　凝水石　味鹹、辛，氣寒，無毒。入足陽明胃經。　《別錄》曰：　凝水石，鹽之精也。色如雲母石，可拆者，出幷州及河間、邯鄲諸處。碎之似朴硝。　李氏曰：　生于鹵地積鹽之下，精液滲入土中，年久結而成石，有齒稜如馬牙硝，清瑩如水精，亦有帶青黑色者，至暑月回潤，入水浸久亦化。夏月研末，煮湯入瓶，倒懸井底，即成凌冰。　蘇氏曰：　出同州、韓城及河東、汾隰州及德順軍，亦有色青文理横如雲母者爲良。出澄州者，文理斜而色白者，次也。　修治：　用薑汁和水煮乾，研粉用。外有一種冷油石，與此酷相似，但投沸油鐺中，油即冷者是也。此石性冷有毒，誤服令人腰以下不能舉。

凝水石：　解胃火，《別錄》去伏熱之藥也。聞人氏曰：　《經》云：　小熱之氣，涼以和之；　大熱之氣，寒以取之。又曰：　熱淫於內，治以鹹寒。此藥味鹹氣寒，生于鹵地，稟積陰之氣而成，善治一切伏熱，五藏六府積熱，天行時氣疫熱，煩滿消渴，《別錄》小便淋閉，甄氏并丹石藥毒諸疾。但陰寒沉降之性，能除有餘邪熱，如陰虛火熾，潮熱骨蒸，咳嗽多痰，并脾胃作泄者，勿服。

集方：《方脉正宗》治五藏六府積熱，天行時氣疫熱，以致煩滿消渴。用凝水石、石膏、滑石各五錢，甘草三錢研末。每服一錢，白湯調服。〇同前治丹石諸藥毒。用凝水石一兩，研極細，每用二錢，菉豆湯調服。〇《永類方》治小便淋閉不通，并男女轉脬，不得小便。用凝水石二兩，滑石一兩，冬葵子八錢，共爲末，水五升，煮二升五合，時時服。〇《經驗方》治小兒丹毒，皮膚熱赤。用凝水石五錢，水調和，猪膽汁塗之。〇《衛生易簡方》治湯火灼傷。用凝水石研末，傅之。

**清・顧元交《本草彙箋》卷一〇** 凝水石 稟積陰之氣，其味辛鹹，入腎走血，除熱之功，同于諸鹽。《經》云：小熱之氣，涼以和之。大熱之氣，寒以取之。凝石大寒微鹹，故主身熱邪氣，皮中如火燒，煩滿，及時氣熱感，五臟伏熱，胃中熱也。

此即鹽精石，生於積鹽之下，年久凝成者。其太陰玄精，亦云是鹹鹵津液，流滲入土年久，結成石狀，大約亦鹽精之類，故不另載。

**清・劉雲密《本草述》卷六** 凝水石一名寒水石、鹽精石。 時珍曰：《別錄》言凝水，鹽之精也。陶氏亦云鹵地所生，碎之似朴消。《范子計然》云：出河東。河東，鹵地也。獨孤滔《丹房鑑源》云：鹽精出鹽池，狀如水晶。據此諸說，則凝水即鹽精石也。一名泥精。昔人謂之鹽枕，今人謂之鹽根。生於鹵地積鹽之下，精液滲入土中，年久至泉，結而成石，大塊有齒稜如馬牙消，清瑩如水精。亦有帶青黑色者，皆至暑月回潤，入水浸久亦化。陶氏注戎鹽，謂鹽池泥中自有凝鹽如石片，打破皆方，而色青黑者，即此也。蘇頌注玄精石，謂解池有鹽精石，味更鹹苦，乃玄精之類，固是物也。又曰：寒水石有二，一是軟石膏，一是凝水石。惟陶弘景所注是凝水之寒水石，與本文相合。蘇恭、蘇頌、寇宗奭、閻孝忠四家所說，皆是軟石膏之寒水石。王隱君所說則是方解石。諸家不詳本文鹽精之說，不得其說，遂以石膏、方解石指為寒水石。唐宋以來相承其誤，通以二石為用。而鹽精之寒水絕不知用。此千載之誤也，今特正之。

氣味：辛，寒，無毒。 《別錄》曰：甘，大寒。 普曰：神農，辛。岐伯、醫和、扁鵲，甘，無毒。李當之，大寒。 時珍曰：辛、鹹。

主治：身熱，腹中積聚邪氣，皮中如火燒，煩滿，水飲之《本經》。除時氣熱盛，五臟伏熱，胃中熱，止渴《別錄》。涼血降火，止牙疼，堅牙明目時珍。

時珍曰：凝水石稟積陰之氣而成，其氣大寒，其味辛鹹，入腎走血，除熱之功同於諸鹽。 希雍曰：凝水石生於鹵地，稟積陰之氣而成。《本經》味辛氣寒。《別錄》加甘，大寒，無毒。《經》曰：小熱之氣，涼以和之；大熱之氣，寒以取之。又曰：熱淫於內，治以鹹寒。大寒微鹹之性，故治各本草所主諸證。

愚按：李東璧氏又云：古方所用寒水石，是此種凝水石。唐宋諸方寒水石是石膏，近方寒水石則是長石、方解石。若然，同東璧氏所云，諸家皆不知有鹽精之寒水石，故承襲其誤是矣。今閱方書中，如咳嗽，如痰飲及癎證類，用凝水石，安知其非承誤而不及致察者耶？苐石膏四種並凝水一種，東璧氏悉其形與味甚明，投劑者是宜諦審其所入不同，勿令誤也。但凝水石雖蘇頌謂為玄精之類，而東璧氏遂無分別。愚細繹之，覺同中有異處。觀二石之釋名，同稟水氣，而凝水止曰寒水，玄精則曰大乙玄精。同為鹽結，凝水止曰鹽精，而玄精則曰陰精。如斯相提而論，豈得謂無少異乎？其說見玄精石條。

希雍曰：凝水石，其氣大寒，能除有餘邪熱。凡陰虛火旺，咳嗽吐血多痰，潮熱骨蒸，並脾胃作泄者，不宜服，慎勿有誤。按《經》曰：諸腹脹大，皆屬於熱者，宜之。諸溼腫滿，屬脾土者，忌之是也。 修治：凡使須用生薑自然汁煮乾，研粉用，每十兩用生薑二十兩也。

**清・陳士鐸《本草新編》卷五** 寒水石 味辛、甘，氣寒，無毒。入胃經。却胃中大熱，五臟伏熱亦可祛解，並解巴豆、丹石諸毒。兼治傷寒勞復，散積聚邪熱，止煩悶喉痹。消渴可除，水腫可去。〔此物〕存之以解熱毒，亦藥籠中不可少之味也。

或問：寒水石解胃中之大熱，其功與石膏正復相同，何以瀉胃中之熱，用石膏而不用寒水石乎？曰：寒水石雖解胃中之大熱，然不可與石膏並論。寒水石却胃中大熱，但能下行，而不能外散，若石膏則內、外、上、下無不可以瀉火也。

或問：寒水石同是解熱之藥，而謂不可與石膏並論，豈更有他義乎？

曰：寒水石可以瀉有餘之邪熱，而不可瀉不足之虛熱，此則與石膏同也。更有與石膏異者，石膏瀉濕熱，而寒水石止可瀉燥熱耳。故諸濕腫滿屬脾者，最宜忌之也。

或問：寒水石，近人用之于藥中者絕少，似亦可删之品，而先生收之，何也？曰：燥症之不明于天下也，久矣，而潤燥之藥，又無多幾味。余獨存寒水石者，所以救熱燥之病也。

**清·张璐《本經逢原》卷一**　凝水石即寒水石。　辛、鹹，寒，無毒。近世真者絕不易得，欲驗真偽，含之即化為真，否即是偽。石膏亦名寒水石，與此不同。《本經》主身熱，腹中積聚邪氣，皮中如火燒，煩滿。發明：寒水石生積鹽之下，得陰凝之氣而成，鹽之精也。治心腎積熱之上藥。《本經》治腹中積聚，鹹能軟堅也。身熱皮中如火燒，鹹能降火也。《金匱》風引湯，《局方》紫雪，皆用以治有餘之邪熱也。如無真者，戎鹽、玄精石皆可代用，總取鹹寒降泄之用耳。

**清·吳儀洛《本草從新》卷五**　凝水石（瀉熱。）辛鹹，大寒。治時氣熱盛，口渴水腫。鹽精滲入土中，年久結成，清瑩有棱，入水即化，亦名寒水石。古方所用寒水石，是凝水石。唐宋諸方用寒水石，即石膏。

**清·汪紱《醫林纂要探源》卷三**　凝水石　辛鹹，大寒。鹽精滲入土中，年久結成，清瑩有棱，入水即化，與石膏不同。李時珍曰：古方所用寒水石，是凝水石。唐宋諸方寒水石，即石膏也。補心，除妄熱，行水消腫。暑暍之邪乘心虛，補心所以除妄熱。治天行大熱，及霍亂吐瀉，心煩口渴，濕熱水腫。

**清·嚴潔等《得配本草》卷一**　凝水石一名寒水石，一名鹽精石。　畏地榆。制丹砂。解巴豆毒。　辛、鹹，寒。入足少陰經血分。涼血降火。治時氣熱盛，五臟伏熱，皮如火燒，傷寒勞復，堅齒明目，塗小兒丹毒。得朱砂、甘草、冰片研細末，摻牙齦出血。得滑石、葵子，治男女轉脬。過忍小便而致者。

鹵地積鹽之下，滲入土中，年久至泉，結而成石，清瑩有齒，棱如馬牙硝，入水即化。以生薑自然汁煮乾，研用。　胃弱者禁用。　古方所用寒水石，是此石。唐宋諸方寒水石，是石膏。近方寒水石，是長石、方解石。

**題清·徐大椿《藥性切用》卷七**　凝水石　一名寒水石。　辛鹹大寒，治時氣熱盛，口渴水腫。然質重性寒，苟非大熱，不可輕投。

**清·黃宮繡《本草求真》卷六**　寒水石解火熱，利水道。　寒水石耑入胃腎。又名凝水石，又名白水石。生於鹵地，因鹽精滲入土中，年久結聚，清瑩有棱而成也。味辛而鹹，氣寒無毒。書載能治時行大熱口渴水腫，蓋以性稟純陰故也。《經》曰：熱淫於內，治以鹹寒。又曰：小熱之氣，涼以和之，大熱之氣，寒以收之，服此治熱利水，適相宜耳。《永類方》男女轉脬不得小便，寒水石二兩，滑石一兩，葵子一合，水煎即利。《易簡方》湯火傷，用寒水石燒研敷。《經驗方》小兒丹毒皮膚熱赤，用寒水石半兩，白土一分，為末，醋調塗。然此止可暫治有餘之邪及敷湯火水傷。若虛人熱浮，其切忌焉。瑩白含之即化者真，否即是偽，但真者絕少。

**清·王龍《本草纂要稿·鹵石部》**　凝水石　味辛、甘，性寒，無毒。除時氣熱，皮如火燒立解。却胃中熱，五臟伏熱齊驅。去水腫，消小腹頑痺。止牙疼，療煩悶渴消。理傷寒勞復，驅腹中積聚。稟積陰之氣而成，雖夏月能凝水為冰，故得名。

**清·楊時泰《本草述鉤元》卷六**　凝水石　亦名寒水石，即鹽精石。一名泥精，昔人謂之鹽枕，今人謂之鹽根。生於鹵地積鹽之下。大塊有齒棱，如馬牙消，清瑩如水晶，亦有帶青黑色者，打破皆方。暑月回潤，入水浸久亦化。蘇頌注元精石，謂解池有鹽精石，味更鹹苦，乃元精之類，固是物也瀕湖。寒水石有二：一是軟石膏，一是凝水石。唐宋以來，諸家不詳本文鹽精之說，遂誤以石膏、方解石為寒水石，而鹽精之寒水絕不知用，此千載之誤也。然則古方所用寒水石，正即此種凝水石，唐宋諸方寒水石是石膏，近方寒水石則是長石、方解石耳。參用瀕湖。

味辛、鹹、甘，氣大寒。《本經》主治身熱，腹中積聚邪氣，皮中如火燒，煩滿，水飲之。除時氣熱盛，五臟伏熱，胃中熱，止渴涼血，降火止牙疼，堅牙明目。入腎走血除熱之功，同於諸鹽。《經》曰：小熱之氣，涼以和之，大熱之氣，寒以取之。又曰：熱淫於內，治以鹹寒。凝水石大寒微鹹，故主療如上瀕湖、仲淳。

論：蘇氏以凝水石為元精之類，而東璧氏遂無分別，今細繹之，同中覺有異處。觀二石之釋名，同稟水氣，而凝水止曰寒水，元精則曰太乙元精，同為鹽結，而凝水止曰鹽精，元精則曰陰精，豈得謂無少異乎。說見元精石條。能除有餘邪熱，凡陰虛火旺，咳嗽吐血多痰，潮熱骨蒸，並脾胃作瀉者，慎弗誤服仲淳。

修治：每凝水十兩，須用生薑二十兩搗取自然汁煮乾，研粉用。

**清・趙其光《本草求原》卷二六鹵石部**　凝水石即鹽精石，亦名寒水石。鹽精滲入土中，得陰凝之氣，積久而成。晶瑩如水精，有棱，入水即化。辛、鹹，大寒，治心腎濕熱之上藥。凡腹中積聚，鹹軟堅。身熱、皮中如火燒，時氣胃熱，牙疼，明目，轉脬尿秘，同滑石、葵子為末煮服。丹毒，同白土研，醋調塗。牙齦出血，同朱砂、甘草。口渴、水腫皆有餘之熱也。陰虛、脾虛者，忌之。唐宋諸方寒水石是石膏，不得混用。　如無真者，以戎鹽、元精石代之，皆鹹寒降泄之用也。生薑汁煮乾研用。

**清・葉志詵《神農本草經贊》卷二**　凝水石　味辛，寒。主身熱腹中積聚邪氣，皮中如火燒，煩滿水飲之，久服不飢。一名白水石。生山谷。

凝寒冰沍，積鹵石生。色兼青黑，理具縱橫。蜂窠孔細，馬齒棱瑩。溝渠六角，同類元精。

名醫曰：一名寒水石，鹽之精也。李時珍曰：夏月研末煮湯，入瓶，懸井底即成冰。陶弘景曰：鹵地所生。蘇恭曰：有縱理、橫理二種。蘇頌曰：有孔竅若蜂窠。《丹房鑒源》：石塊有齒棱如馬牙硝，清瑩如水精，亦有青黑色者。《夢溪筆談》：太陰元精石，生鹽澤之鹵，溝渠土內。稟積陰之氣，凝結皆六角。

**清・文晟《新編六書》卷六《藥性摘錄》**　寒水石　辛而鹹，氣寒。入胃腎。〇治時行大熱，口渴水腫實症。〇并可研敷湯火傷。〇若虛人熱浮，切忌。

**清・張仁錫《藥性蒙求・金石部》**　寒水石三錢　寒水石寒，能清心腎。濕熱時邪，渴煩妙品。辛、鹹，大寒。入腎經。為走血除熱之品。堅齒明目。近世真者絕不易得，欲驗真偽，含之即化為真，否則是偽。

**清・戴葆元《本草綱目易知錄》卷七**　凝水石鹽精石、寒水石。　稟積陰之氣而成，其氣大寒而味辛鹹。入腎經，走血分。涼血降火，堅牙明目，止渴，解胃中熱。治身熱，腹中積聚邪氣，皮中如火燒，煩滿。除時氣熱盛，五臟伏熱，小腹痹水腫，小便白內痹。解巴豆毒，制丹砂。【略】葆按：今俗用以方解石為寒水石，用者胡積不知藥性。於寒水石下集註，辨詳表出。

**清・陳其瑞《本草撮要》卷六**　凝水石　味辛鹹，大寒，入手足少陰、太陰、陽明經，功專治時氣熱盛，口渴水腫。亦名寒水石。古方所用寒水石，是凝水石，唐宋諸方用寒水石即石膏。

## 滑石

**宋・李昉《太平御覽》卷第九八八**　冷石　《吳錄・地理志》曰：鬱林布山縣多虺，其毒殺人，有冷石可以解之。石色赤黑，味苦。屑此石著創，并以切齒，立蘇，一名竊齒石。見《大康地記》也。

滑石　《南越志》曰：膋音寮城縣出膋石。膋石，即滑石也。土人以為燒器，以用烹魚。　《本草經》曰：滑石，味苦，寒。生山谷。治身熱泄澼。生赭陽。　《范子計然》曰：滑石，白滑者善。

**宋・唐慎微《證類本草》卷三玉石部上品〔《本經・別錄・藥對》〕滑石**　**味甘**，寒、大寒，無毒。**主身熱泄澼，女子乳難，癃**音隆**閉，利小便，蕩胃中積聚寒熱，益精氣**，通九竅六腑津液，去留結，止渴，令人利中。**久服輕身，耐飢，長年。**一名液石，一名共石，一名脫石，一名番石。生赭陽山谷及太山之陰，或掖北白山，或卷羌權切山。採無時。石韋爲之使，惡曾青。

〔梁・陶弘景《本草經集注》〕云：滑石，色正白，仙經用之以爲泥。又有冷石，小青黃，性并冷利，亦能熨油污衣物。今出湘州始安郡諸處。初取軟如泥，久漸堅强，人多以作塚中明器物，并散熱人用之，不正入方藥。赭陽縣先屬南陽，漢哀帝置，明《本經》所注郡縣，必是後漢時也。掖縣，屬青州東萊；卷縣，屬司州滎陽。

〔唐・蘇敬《唐本草》〕注云：此石所在皆有。嶺南始安出者，白如凝脂，極軟滑。其出掖縣者，理麤質青白黑點，惟可爲器，不堪入藥。齊州南山神通寺南谷亦大有，色青白不佳，至于滑膩，猶勝掖縣者。

〔宋・掌禹錫《嘉祐本草》〕按：《藥性論》云：滑石，臣。一名夕冷。能療五淋，主難産。服其末，又(木)〔末〕與丹參、蜜、猪脂爲膏，入其月即空心酒下彈丸大，臨産倍服，令滑胎易生。除煩熱心躁，偏主石淋。陳藏器云：按始安及掖縣所出二石，形質既異，所用又殊。陶云不知今北方有之否。當陶之時北方阻絕，不知之者，曷足怪焉。蘇恭引爲一物，深可嗟訝。其始安者，軟滑而白，是滑石。東萊者，硬澀而青，乃作器石也。《南越志》云：膋石音僚城縣出膋石，膋石即滑石也。土人以爲燒器以烹魚。日華子云：滑石治乳癰，利津液。

〔宋・蘇頌《本草圖經》〕曰：滑石，生赭陽山谷及泰山之陰，或掖北白山，或卷山，今道、永、萊、濠州皆有之。此有二種，道、永州出者，白滑如凝脂。《南越志》云：膋城縣出膋石，膋石即滑石也。土人以爲燒器，用以烹魚是也。萊、濠州出者，理麤質青，有白黑點，亦謂之斑石。二種皆可作器用，甚精好。初出軟爛如泥，久漸堅强，彼人皆就穴中乘其軟時製作，用力殊少，不然堅强費功。《本經》所載土地，皆是北方，而今醫家所用，多是色白者，乃自南方來。又按《雷斅炮炙方》滑石有五色，當用白色如方解石者。其綠色者，性寒有毒，不入藥。又云：凡滑石似冰，白青色，畫石上有白膩文者爲真。如此說，則與今南中來者又皆相類，用之無疑矣。然雷斅雖名隋人，觀其書乃有言唐以後藥名者，或是後人增損之歟。或云沂州出一種白滑石，甚佳，與《本經》所云泰山之陰相合。然彼土不取爲藥，故醫人亦鮮知用之。今濠州醫人所供青滑石，云性微寒，無毒。主心氣澀滯。與《本經》大同小異，又《吳録·地理志》及《太康地記》云：鬱林州布山縣多虺，其毒殺人，有冷石可以解之，石色赤黑，味苦，屑之著瘡中，幷以切齒立蘇。一名切齒石。今人多用冷石作粉，治痱瘡，或云即滑石也，但味之甘苦不同耳。按古方利小便，治淋澀，多單使滑石。又與石韋同擣末，飲服刀圭更駃。又主石淋發煩悶，取滑石十二分，研粉，分兩服，以水和攪令散，頓服之。煩熱定，即停後服。未已，盡服必差。

〔宋·唐愼微《證類本草》〕雷公云：凡使有多般，勿誤使之，有白滑石、綠滑石、烏滑石、冷滑石、黄滑石。其白滑石如方解石，色白，于石上畫有白膩文，方使得。滑石綠者性寒有毒，不入藥中用。烏滑石似黳色，畫石上有青白膩文，入用妙也。黄滑石色似金，顆顆圓。畫石上有青黑色者，勿用，殺人。冷滑石青蒼色，畫石上作白膩文，亦勿用。若滑石色似冰，白青色，畫石上有白膩文者，真也。凡使，先以刀刮，研如粉，以牡丹皮同煮一伏時，出，去牡丹皮，取滑石，却用東流水淘過，于日中曬乾方用。《聖惠方》：治乳石發動，躁熱煩渴不止。滑石半兩，細研如粉，以水一中盞，絞如白飲，頓服之，未差再服。又方：治膈上煩熱多渴，通利九竅。滑石二兩擣碎，以水三大盞，煎取二盞，去滓，下粳米二合煮粥，溫溫食之效。《外臺秘要》：療妊娠不得小便，滑石末水和泥臍下二寸。《廣利方》：治氣壅，關格不通，小便淋結，臍下妨悶兼痛。以滑石八分研如麵，以水五大合，和攪頓服。《楊氏産乳》：療小便不通。滑石末一升，以車前汁和塗臍四畔，方四寸，熱即易之，冬月水和亦得。《丹房鏡源》：滑石能制雄、雌黄爲外匱。《周禮》：以滑養竅。注云：滑石也。凡諸物通利，往來似竅。

**宋·寇宗奭《本草衍義》卷四** 滑石 今謂之畫石，以其軟滑可寫畫，淋家多用。若暴得吐逆不下食，以生細末貳錢匕，溫水服；仍急以熱麵半盞押定。

**宋·王繼先《紹興本草》卷二** 滑石 紹興校定：滑石除熱利閉塞，方家所用者多。然《本經》云益精一說，未聞其驗。所産桂府、白膩者佳，綠青者不堪。當作味甘、寒、無毒是矣。

**宋·劉明之《圖經本草藥性總論》卷上** 滑石 味甘，寒、大寒，無毒。主身熱洩澼，女子乳難癃閉津液，去留結，止渴，令人利中。《藥性論》云：臣。能療五淋，主難産，令滑胎易生。除煩渴心燥，偏主石淋。日華子云：治乳癰，利津液。《聖惠方》治婦人過忍小便胞轉，以末葱湯，下貳錢匕。石韋為之使。惡曾青。

**元·王好古《湯液本草》卷六** 滑石 氣寒，味甘。大寒，無毒。入足太陽經。《象》云：治前陰不利，性沉重，能泄上氣令下行。故曰滑則利竅。不可與淡滲同用。白者佳。杵細，水飛用。《本草》云：主身熱泄澼，女子乳難，癃閉。利小便，蕩腸胃積聚寒熱，益精氣。通九竅六腑津液，去留結，止渴，令人利中。入足太陽。滑能利竅，以通水道，為至燥之劑。猪苓湯，用滑石與阿膠同為滑利，以利水道。葱、豉、生薑同煎去柤，澄清以解利。淡味滲泄為陽，解表利小便也。若小便自利，不宜以此解之。《衍義》云：暴吐逆不下食，以生細末二錢匕，温水調服，後以熱麪壓之。

**元·朱震亨《本草衍義補遺》** 白滑石 屬金而有土與水。無甘草以和之勿用。燥濕，分水道，實大府，化食毒，行積滯，逐凝血。解燥渴，補脾胃，降妄火之要藥也。○凡使有多般，勿悮使。有黄滑石、綠滑石、烏滑石、冷滑石，皆不入藥。又青黑色者勿用，殺人。惟白滑石，似方解石，色白，於石上畫有白膩文者佳。

**元·徐彥純《本草發揮》卷一** 滑石 味甘，寒，無毒。主身熱，洩澼，女子乳難，癃閉，利小便，蕩胃中積聚寒熱，通九竅六府津液，去留結，止渴，令人利中。成聊攝云：滑石之滑，以利水道。潔古云：氣寒，味甘，治前陰竅澁不利。性沉重，能泄氣上令下行，故曰滑則利竅，不比與滲淡諸藥同。色白者佳，水飛細用。海藏云：入足太陽經。滑能利竅，以通水道，為至燥之劑。滑石、木通、猪苓、阿膠，同為滑劑，以利水道。葱、豉、生薑同煎，去滓，澄清服之。淡味滲泄為陽，以解表利小便也。若小便少利，則不宜以此解之。丹溪云：【略】

**明·王綸《本草集要》卷五** 滑石臣 味甘，氣寒。性沉重。無毒。入足陽明經。石(常)(韋)為之使。畏曾青。白如凝脂，軟滑者佳。用須甘草和之。青黑色者不可用。

主身熱洩澼，女子乳難，癃閉，利小便，通九竅。泄上氣，蕩胃中積聚寒熱，益精氣，久服輕身耐老長年。又燥濕，實大腑，化食毒，行積滯，逐凝血，解燥渴，補脾胃，降妄火之要藥。

**明・滕弘《神農本經會通》卷六**　滑石　臣也。石韋為之使，畏曾青。白如凝脂，軟滑者佳。用須甘草和之。凡使有多般，勿悞使。有黄滑石、緑滑石、烏滑石、冷滑石，皆不入藥。又有青黑色者，勿用，殺人。惟白滑石，似方解石，色白於石，畫石上有白膩文者佳。道州濠州。生赭陽山谷，及太山之精，或掖北白山或卷山。《本經》所載土地皆是北方，而今醫家所用，多是色白者，乃是南方來。

味甘，氣寒，大寒，無毒。《湯》云同。入足太陽經。又云：性沉重。東云：利六腑之澁結。《衍》云：利竅，泄上氣，利水通津液，蕩滌腸胃積聚。《本經》云：主身熱，洩澼，女子乳難，癃閉，利小便，蕩胃中積聚寒熱，益精氣，通九竅六腑津液，去留結，止渴，令人利中。久服輕身，耐飢長年。《藥性論》云：臣。療五淋，主難産，服其末。主除煩熱心躁，偏主石淋。日華子云：治乳癰，利津液。《湯》云：《本草》同《本經》。又云：入足太陽。滑能利竅，以通水道，為至燥之劑。猪苓湯用滑石與阿膠，同為滑利，以利水道。葱、豉、生薑同煎，去(楂)[滓]澄清，以解利。淡味滲泄為陽，解表利小便也。若小便自利，不宜以此解之。《象》云：治前陰不利，性沉重，能泄上氣，令下行，故曰滑則利竅，不可與淡滲同用。白者佳，杵細，水飛用。《衍義》云：暴吐逆不下食，以生細末二錢匕，温水調服，後以熟麪壓之。丹溪云：屬金而有土與水。無甘草以和之，勿用。燥濕，利水道，實大府，化食毒，行積滯，逐凝血，解燥濕，補脾胃，降心火之要藥也。一云：降妄火。《衍義》曰：滑石，今謂之畫石，以其軟滑，可寫畫。淋家多用。若暴得吐逆不下食，以生細末二錢匕，温水服，仍急以熱麪半盞押定。劊云：滑石利竅能泄氣，利水通津入太陽。大腸與胃有積聚，推蕩重令化氣強。《局》云：赭陽滑石味甘寒，主療陰人産乳難。快利小便通血脉，益精止渴更除煩。滑石，除煩止渴，快利小腸。

**明・劉文泰《本草品彙精要》卷一**　滑石無毒　山穴生。

**滑石**出《神農本經》：**主身熱，洩澼，女子乳難，癃**音隆**閉，利小便，蕩胃中積聚寒熱，益精氣，久服輕身，耐飢，長年。**以上朱字《神農本經》。通九竅六腑津液，去留結，止渴，令人利中。以上黑字名醫所録。【名】液石、共石、脱石、番石、畫石、夕冷。【地】《圖經》曰：生赭陽山谷及泰山之陰，或掖北白山或卷羌權切山。今道、永、菜、濠州皆有之。此有三種，道、永州出者白滑如凝脂。《南越志》云：膋音僚城縣出膋石，膋石即滑石也。菜、濠州出者理粗質青，有白黑點，又謂之斑石。二種惟可作烹器，不堪入藥。《本經》所載土地，皆是北方，而今醫家所用，多是白色者，乃自南方來。按雷公云：滑石有五色，當用白色，如方解石。白青色，畫石上有白膩紋者爲真。餘皆有毒，不入藥也。如此與今南中來者，形色相類，用之無疑矣。【時】生：無時。採：無時。【用】白膩者爲好。【質】如方解石而軟暗。【色】白。【味】甘。【性】大寒。【氣】氣之薄者，陽中之陰。【臭】朽。【主】利水道。【行】足太陽經。【助】石韋爲之使。【反】惡曾青。【製】《雷公》云：用刀刮研如粉，以牡丹皮同煮一伏時，出去牡丹皮，取滑石，卻用東流水淘過，于日中曬乾，方用。【治】療：《圖經》曰：利小便，治淋澀。○石淋煩悶，取十二分研粉，分二服，以水調和，攪令散，頓服之。煩熱定即停後服，未已，盡服必瘥。《藥性論》云：末服，治五淋，主難産，除煩熱心躁。日華子云：治乳癰，利津液。《衍義》曰：若暴得吐逆不下食，以生細末二錢匕，温水服，仍急以細麪半盞押定。《别錄》云：乳石發動，躁熱，煩渴不止，用半兩細研如粉，以水一中盞，絞如白飲，頓服之，未瘥，再服。○妊娠不得小便，研爲末，水和塗臍下二寸。○氣壅關格，不通小便，淋結臍下，妨悶兼痛，用滑石八分，研如麵，以水五大合，和攪頓服。【合治】末合朮、丹參、蜜、豬肪爲膏，治妊娠入其月。空心酒下彈丸大，臨産倍服，令滑胎易生。○合葱湯，調末二錢匕服之，治婦人過忍小便致胞轉。○取二兩搗碎，以水三大盞，煎取二盞，去滓，下粳米二合煮粥，温温食之，治膈上煩熱，多渴，通利九竅。○取末一升，合車前汁和塗臍四畔方四寸，療小便不通。熱即易之，冬月水和亦得。【禁】畫石上有青黑色者，殺人。緑色者，性寒，有毒，不入藥用。

**明・葉文齡《醫學統旨》卷八**　滑石　氣寒，味甘。無毒。沉而降，陰也。入足陽明經。石韋為之使，畏曾青。白如凝脂，軟滑者佳。用須甘草和之。青黑色者不可用。

治身熱洩癖，女子乳癰癃閉；利小便，通九竅，泄上氣，蕩胃中積聚寒熱；益精氣燥濕，實六腑，化食毒；行積滯，逐凝血，解煩渴，補脾胃，降心火之要藥。

**明・許希周《藥性粗評》卷四**　蜀道難行，每求通於滑石。

滑石，一名液石。白如凝脂，且軟滑，故名。生赭陽諸州山谷，今近道亦有之。採無時。凡使以肌理細白者勝。石韋為之使,惡曾青。味甘,性寒,無毒。其氣下行,入足太陽膀胱經。主治傷寒煩渴,積熱凝血,癃閉關格,解肌散火,利小便,通滲道,平和五臟,蓋滑能利竅故也。海藏云:滑石、木通、猪苓、阿膠,同為滑劑,以利水道。丹溪云:無甘草以和之,勿用。如益元散:滑石三兩,煨甘草一兩,為末,調服之類。

單方:小便不通:凡患氣壅,關格不通,小便淋結,臍下妨悶兼痛者,滑石八分,研如麵,以水五六合,和攪頓服,效。膈上煩熱:凡患積熱,膈上煩滿不快者,滑石二兩,研為末,用水三大盞,煎取二盞,去滓,下粳二合,煮作粥,待溫食之,妙。

**明・鄭寧《藥性要略大全》卷八** 滑石臣 利六腑之澁結,解燥渴,補脾胃,降火之要藥也。《湯液》云:主身熱洩澼,女人乳難,癃閉,利小便,蕩腸胃積聚寒熱,益氣,通九竅、六腑津液,去結滯,止渴,通水道。為至燥之劑。味甘,氣寒,性沉重,無毒。入足太陽膀胱,石韋為之使。畏曾青。其色白如凝脂軟滑者佳。每須用甘草和之。青黑色者有毒,未堪入藥。

**明・賀岳《醫經大旨》卷一《本草要略》** 滑石 屬金而有土之水,無甘草以和之勿用。丹溪以二味為天水益元散,善燥濕,實大府,分水道,化食毒,行積滯,逐凝血,解燥渴,降妄火之要藥也。《本草》云滑石惟白有膩文者佳,其餘黃色、烏色、青色、黑色,有殺人毒,勿用。

**明・陳嘉謨《本草蒙筌》卷八** 滑石 味甘,氣大寒。性沉重,降也,陰也。無毒。所在多有,收採無時。細膩潔白者為佳,麄頑青黑者勿用。研細以水飛淨,服下方得滑通。惡曾青,宜甘草。石韋為使,入足太陽。利九竅津液頻生,行六腑積滯不阻。逐凝血而解煩渴,分水道以實大腸。消食毒補脾,泄上氣降火。因此滑利,故加滑名。墮胎如神,妊娠忌服。

謨按:滑石治渴,非實能止渴也。資其利竅,滲去濕熱,則脾氣中和,而渴自止爾。假如天令濕淫太過,人患小便不利而渴,正宜用此以滲泄之,渴自不生。若或無濕,小便自利而渴者,則知內有燥熱,燥宜滋潤,苟悞用服,是愈亡其津液,而渴反盛矣。寧不為犯禁乎!

**明・方穀《本草纂要》卷九** 滑石 味甘,氣寒,性沉重,入陽明胃經,去胃中積滯,下痢赤白,或小便癃閉,小水不通,或山嵐瘴氣,水土不伏,或傷暑濕熱,九竅不通,或時行中惡,躁熱發渴,或寒熱下痢,泄瀉水行。此甘寒之劑,性沉下墜,平復水土,陽明經至要之藥也。吾嘗考之,此劑泄上氣,行下氣,燥脾濕,實大腑,化食毒,散積滯,逐凝血,解躁渴,固脾胃,去妄火,莫可加也。須用甘草和之,如凝脂軟滑者佳。

**明・王文潔《太乙仙製本草藥性大全》卷六《本草精義》** 滑石 一名液石,一名共石,一名脫石,一名番石。今謂之畫石。生赭陽山谷及太山之陰,或掖北白山或卷山,今道、永、萊、濠州皆有之。此有二種,道永州出者白滑如凝脂。《南越志》云:膋城縣出膋石,膋石即滑石也。土人以爲燒器,用以烹魚是也。萊、濠州出者理麄質青,有白黑點,亦謂之斑石。二種皆可作器用,甚精好。初出軟爛如泥,久漸堅強,彼人皆就穴中乘其軟時製作,用力殊少,不然堅強費功。《本經》所載土地皆是北方,而今醫家所用多是色白者,乃自南方來。又按:《雷斅炮炙方》滑石有五色,當用白色如方解石者,其綠色者性寒有毒,不入藥。又云:凡滑石似米白青色,畫石上有白膩文者爲真。如此說則與今南中來者又皆相類,用之無疑矣。或云:沂州出一種白滑石甚佳,與《本經》所云太山之陰相合,然彼土不取爲藥,故醫人亦鮮知用之。《唐本》注云:此石所在皆有,嶺南始安出者白如凝脂,極軟滑。其出掖縣者,理麄質青白黑點,惟可爲器,不堪入藥。濟州南山伸通寺南谷亦大有,色青白,不佳,至於滑膩猶勝掖縣者。又有鬱林州布山縣有虺,其毒殺人,有冷石可以解之,石色赤黑,味苦,屑之著瘡中并以切齒立蘇,一名切齒石。今人多用冷石作粉治痱瘡,或云即滑石也,但味之甘苦不同耳。細研以水飛淨,服下方得滑通。惡曾青,宜甘草、石韋爲之使。

**明・王文潔《太乙仙製本草藥性大全》卷六《仙製藥性》** 滑石臣 味甘,氣大寒,性沉重,降也,陰也,無毒。入陽明胃經。石韋爲之使。 主治: 主身熱洩癖,治乳難癃閉。利九竅津液頻生,行六腑積滯不阻。逐凝血而解煩渴,分水道以實大腸。消食毒補脾,泄上氣降火。益精氣,袪寒熱。補胃助脾,因此滑利。故加滑石墮胎如神,妊娠忌服。久服輕身,耐老延年。

補註: 難產用末與丹參、蜜、猪脂爲膏,坐其月,空心酒下彈丸大,臨產倍服,令滑胎易生。○利小便,治淋澁,用與石韋同擣末,飲服刀圭更驗。○石淋發煩悶,取十二分,研粉分兩服,以水和攪令散頓服,煩熱定且停,後服盡。○暴得吐逆,不下食,以生細末二錢,溫水服,仍急以熱麪一盞押定。○治乳石發動,燥熱煩渴不止,滑石半兩細研如粉,以水一中盞,攪如白飲頓服,未差再服。○婦人過忍小便致胞轉,滑石末,葱湯調下二錢。○治膈上煩熱多渴，通利九竅，滑石二兩，搗碎，以水三大盞，煎服二盞，去滓，下粳米二合煮粥，溫溫食之最效。〇療妊娠不得小便，滑石末水和，泥臍下二寸。〇氣壅關格不通，小便淋結，臍下妨悶兼痛，以滑石八分，研如麪，以水五六合，和攪頓服。〇小便不通，滑石末一升，以車前汁和塗臍四畔，方四寸，熱即易之，冬月水和亦得。　太乙曰：　凡使有多般，勿誤使之。有白滑石、綠滑石、烏滑石、冷滑石、黃滑石，其白滑石如方解石，色白，於石上畫有白膩文方使得。滑石綠者性寒有毒，不入藥中用；　烏滑石似黳色，畫石上有青白膩文，入用妙也；　黃滑石色似金，顆顆圓，畫石上有青黑色者勿用，殺人；　冷滑石青蒼色，畫石上作白膩文，亦勿用；　若滑石色似冰，白青色，畫石上作白膩文者，真也。凡使，先以刀刮研如粉，以牡丹皮同炙一伏時出，去牡丹皮，取滑石，却用東流水淘過，於日中晒乾方用。　按：　滑石治渴，非實能止渴也。資其利竅滲去濕熱，則脾氣中和，而渴自止爾。假如天令濕淫太過，人患小便不利而渴，正宜用此以滲泄之，渴不生。若或無濕，小便自利而渴者，則知內有燥熱，燥宜滋潤，苟悞用服，是愈亡其津液，而渴反盛矣，寧不爲犯禁乎？

**明·皇甫嵩《本草發明》卷五**　滑石上品，君。氣大寒，味甘。性沉降也，陰也。入手太陽經。無毒。青黑者有毒，傷人。惟白有細膩紋者佳。　發明曰：　滑石，屬金而有土之水，惟資其利竅，滲去濕熱而已。故《本草》主身熱，洩澼去留結，解煩渴，利小便，蕩胃中積聚寒熱，益精氣，通九竅六府津液及女子乳難癃閉，令人利中。蓋降妄火之要藥也。《藥性》云：　主產難，滑胎。或云：　逐凝血，消食毒，亦取其利下耳。其治煩渴，非實能止渴也，以其滲濕熱，則妄火降，脾氣和平，而津液生，煩渴自止矣。故云實大府者，以其去濕耳。如天令濕淫太過，人患小便不利而渴，用此為宜。或無濕，小便自利而渴者，知內有燥熱也。燥宜滋潤，若誤服之，是愈亡其津液，而渴反盛矣。故益元散必用甘草和之，能泄上氣，令下行，故曰滑以利竅，不可淡滲同用。氣虛者，兼人參、甘草用之。《衍義》云：　暴吐逆，不下食，以生細末二錢匕，溫水調服，後以熱麪壓之。凡用須細白者，以刀刮去浮黃土，併去粗礪者，研細粉，東流水飛過，于日中晒乾用。

**明·李時珍《本草綱目》卷九石部·石類上**　滑石《本經》上品

【釋名】畫石《衍義》　液石《別錄》　脊石音遼　脫石音奪　冷石弘景　番石《別錄》　共石宗奭曰：　滑石今謂之畫石，因其軟滑可寫畫也。時珍曰：　滑石性滑利竅，其質又滑膩，故以名之。表畫家用刷帋代粉，最白膩。脊乃脂膏也，因以名縣。脫乃肉無骨也。此物最滑膩，尤硬者爲良，故有諸名。

【集解】《別錄》曰：　滑石生赭陽山谷及太山之陰，或掖北白山，或卷山，采無時。弘景曰：　滑石色正白，仙經用之爲泥。今出湘州始安郡諸處。初取軟如泥，久漸堅强，人多以作冢中明器物。赭陽屬南陽，掖縣屬青州東萊，卷縣屬司州滎陽。又有冷石，小青黃，並冷利，能熨油污衣物。恭曰：　此石所在皆有。嶺南始安出者，白如凝脂，極軟滑。出掖縣者，理粗質青有黑點，惟可爲器，不堪入藥。齊州南山神通寺南谷亦大有，色青白不佳，而滑膩則勝。藏器曰：　始安、掖縣所出二石，形質既異，所用又殊。始安者軟滑而白，宜入藥。東萊者硬澀而青，乃作器石也。　斅曰：　凡使有多般：　其白滑石如方解石，色似冰白，畫石上有白膩文者，真也；　烏滑石似黳，畫石上有青白膩文，入用亦妙；　綠滑石性寒有毒，不入藥用；　黃滑石似金顆顆圓，畫石上有青黑色者，勿用，殺人；　冷滑石青蒼色，畫石上作白膩文，亦勿用之。頌曰：　今道、永、萊、濠州皆有之。凡二種。道、永州出者白滑如凝脂。《南越志》云：　脊城縣出脊石，即滑石也。土人以爲燒器，烹魚食是也。萊、濠州出者理粗質青，有黑點，亦謂之斑石。二種皆可作器，甚精好。初出軟柔，彼人就穴中製作，用力殊少也。本草所載土地皆是北方，而今醫家所用白色者，自南方來。或云沂州所出甚白佳，與本草所云太山之陰相合，而彼土不取爲藥。今濠州所供青滑石，云性寒無毒，主心氣澀滯，與《本經》大同小異。又張勃《吴録·地理志》及《大康地記》云：　鬱林州布山縣馬湖馬嶺山皆有虵，甚毒殺人，有冷石可以解之。石色赤黑，味苦，屑之着瘡中，并以切齒立蘇，一名切齒石。今人多用冷石作粉，治疿瘡，或云即滑石也，但味之甘苦不同耳。時珍曰：　滑石，廣之桂林各邑及猺峒中皆出之，即古之始安也。白黑二種，功皆相似。山東蓬萊縣桂府村所出者亦佳，故醫方有桂府滑石，與桂林者同稱也。今人亦以刻圖書，不甚堅牢。滑石之根爲不灰木，滑石之中有光明黄子爲石腦芝。

【修治】斅曰：　凡用白滑石，先以刀刮净研粉，以牡丹皮同煮一伏時。去牡丹皮，取滑石，以東流水淘過，晒乾用。

【氣味】甘，寒，無毒。《別錄》曰：　大寒。之才曰：　石韋爲之使，惡曾青，制雄黃。

【主治】身熱洩澼，女子乳難癃閉，利小便，蕩胃中積聚寒熱，益精氣。久服輕身耐飢長年《本經》。通九竅六腑津液，去留結，止渴，令人利中《別錄》。燥濕，分水道，實大腸，化食毒，行積滯，逐凝血，解燥渴，補脾胃，降心火，偏主石淋爲要藥震亨。療黃疸水腫脚氣，吐血衄血，金瘡血出，諸瘡腫毒時珍。

【發明】頌曰：　古方治淋瀝，多單使滑石。又與石韋同搗末，飲服刀圭，更駃。又主石淋，取十二分研粉，分作兩服，水調下。煩熱定，即停後服。權曰：　滑石療五淋，主產難，服其末。又末與丹參、蜜、猪脂爲膏，入其月即空心酒下彈丸大，臨產倍服，令胎滑易生，除煩熱心躁。元素曰：　滑石氣溫味甘，治前陰竅澀不利，性沉重，能泄上氣令下行，故曰滑則利竅，不與諸淡滲藥同。好古曰：　入足太陽經。滑能利竅，以通水道。爲至燥之劑。猪苓湯用滑石、阿膠，同爲滑劑以利水道；　葱、豉、生薑同煎，去滓澄清以解利。淡味滲洩爲陽，故解表利小便也。若小便自利者，不宜用。時珍曰：滑石利竅，不獨小便也。上能利毛腠之竅，下能利精溺之竅。蓋甘淡之味，先入于胃，滲走經絡，遊溢津氣，上輸于肺，下通膀胱。肺主皮毛，爲水之上源。膀胱司津液，氣化則能出。故滑石上能發表，下利水道，爲蕩熱燥濕之劑。發表是蕩上中之熱，利水道是蕩中下之熱；發表是燥上中之濕，利水道是燥中下之濕。熱散則三焦寧而表裏和，濕去則闌門通而陰陽利。劉河間之用益元散，通治表裏上下諸病，蓋是此意，但未發出耳。

【附方】舊六，新一十二。

益元散：又名天水散、太白散、六一散。解中暑傷寒疫癘，飢飽勞損，憂愁思慮，驚恐悲怒，傳染并汗後遺熱勞復諸疾。兼解兩感傷寒，百藥酒食邪熱毒。治五勞七傷，一切虚損，内傷陰痿，驚悸健忘，癇瘛煩滿，短氣痰嗽，肌肉疼痛，腹脹悶痛，淋閟澁痛，服石石淋。療身熱嘔吐泄瀉，腸澼下痢赤白。除煩熱，胸中積聚，寒熱。止渴，消畜水。婦人産後損液，血虚陰虚熱甚，催生下乳。治吹乳乳癰，牙瘡齒疳。此藥大養脾腎之氣，通九竅六腑，去留結，益精氣，壯筋骨，和氣，通經脉，消水穀，保真元，明耳目，安魂定魄，强志輕身，駐顔益壽，耐勞役飢渴，乃神驗之仙藥也。白滑石水飛過六兩，粉甘草一兩，爲末，每服三錢，蜜少許，温水調下。實熱用新汲水下，解利用葱豉湯下，通乳用猪肉麪湯調下，催生用香油漿下。凡難産或死胎不下，皆由風熱燥澁，結滯緊斂，不能舒緩故也。此藥力至，則結滯頓開，而瘥矣。劉河間《傷寒直格》。

膈上煩熱：多渴，利九竅。滑石二兩搗，水三大盞，煎二盞，去滓，入粳米煮粥食。《聖惠方》。

女勞黄疸：日晡發熱惡寒，小腹急，大便溏黑，額黑。滑石、石膏等分，研末，大麥汁服方寸匕，日三，小便大利愈。腹滿者難治。《千金方》。

傷寒衄血：滑石末，飯丸梧子大。每服十丸，微嚼破，新水嚥下，立止。湯晦叔云：鼻衄，乃當汗不汗所致。其血紫黑時，不以多少，不可止之。且服温和藥，調其營衛；待血鮮時，急服此藥止之也。《本事方》。

乳石發動：煩熱煩渴。滑石粉半兩，水一盞，絞白汁，頓服。《聖惠方》。

暴得吐逆：不下食。生滑石末二錢匕，温水服，仍以細麪半盞押定。寇氏《衍義》。

氣壅關格：不通，小便淋結，臍下妨悶兼痛。滑石粉一兩，水調服。《廣利方》。

小便不通：滑石末一升，以車前汁和，塗臍之四畔，方四寸，乾即易之。冬月水和。《楊氏産乳》。

婦人轉脬：因過忍小便而致。滑石末，葱湯服二錢。《聖惠方》。

妊娠子淋：不得小便。滑石末水和，泥臍下二寸。《外臺秘要》。

伏暑水泄：白龍丸：滑石火煅過一兩，硫黄四錢，爲末，麪糊丸緑豆大。每用淡薑湯隨大小服。《普濟方》。

伏暑吐泄：或吐，或泄，或瘧，小便赤，煩渴。玉液散：用桂府滑石燒四兩，藿香一錢，丁香一錢。爲末。米湯服二錢。《普濟方》。

霍亂及瘧：方同上。

痘瘡狂亂：循衣摸床，大熱引飲。用益元散，加硃砂二錢，冰片三分，麝香一分。每燈草湯下。二三服。《王氏痘疹方》。

風毒熱瘡：遍身出黄水。桂府滑石末傅之，次日愈。先以虎杖、豌豆、甘草等分，煎湯洗後乃搽。《普濟方》。

陰下濕汗：滑石一兩，石膏煅半兩，枯白礬少許，研摻之。《集簡方》。

脚指縫爛：方同上。

杖瘡腫痛：滑石、赤石脂、大黄等分爲末。茶湯洗浄，貼。《趙氏經驗方》。

熱毒怪病：目赤鼻脹，大喘，渾身出斑，毛髮如鐵，乃因中熱。毒氣結于下焦。用滑石、白礬各一兩，爲末，作一服。水三盌，煎減半，不住飲之。夏子益《奇疾方》。

**題明・薛己《本草約言》卷二《藥性本草》**　滑石　味甘，氣寒，無毒。陽中之陰，降也，入足太陽、陽明經。利水道，除濕而定六腑；泄逆氣，降火而解煩渴。小便多而渴者，尤宜忌之。〇滑石屬金，而有土與水，惟資其利竅去濕熱而已。細膩潔白者為佳，麄頑青黑者勿用。研細水飛淨服。滑能利竅，以通水道，為至燥之劑。又性沉重，能泄上氣，而令下行。丹溪云：無甘草以和之勿用。能燥濕，分水道，實大腸，化食毒，行積滯，逐凝血，解煩渴，補脾胃，降妄火之聖藥也。因其滑利，故加滑名，主産難滑胎。姙婦忌服。按：滑石治渴，非實能止渴也，資其利竅，滲去濕熱，則脾氣沖和，而渴自止耳。假如天令濕淫大過，人患小便不利而渴，正宜用以滲泄之，渴自不生。若或無濕，小便不利而渴者，則知内有燥熱，燥宜滋潤，苟誤服之，亡其津液，而渴反盛矣。寧不犯禁乎。〇性既滑利，不可與淡滲同用，氣虚者兼人參、甘草用之。逐凝血，消食毒，亦取其利下耳。實大腸者，以其去濕也。

**明・梅得春《藥性會元》卷下**　滑石　味甘，氣寒。沉而降，陰也。無毒。石葦為使。惡曾青。入足陽明胃經。主治身熱洩澼，女子乳癰，癃閉，利小便，通九竅，泄上氣，蕩胃中積聚寒熱，益精氣，燥濕，實六腑，化食毒，行積滯，逐凝血，解煩渴，補脾胃，降心火之要藥也。且分水道。凡使，白如凝者、軟滑者佳。其青黄、烏黑色，及白解石、緑滑石、冷滑石皆不入藥。其中青黑色於石上者，殺人。若色如冰白，清，畫石上有白膩文者真。製法：先以刀刮研如粉，以牡丹皮同煮一伏時，去丹皮，再用東流水煎甘草湯淘過，晒乾聽用。如無甘草水淘過，不可用。

**明・杜文燮《藥鑒》卷二**　滑石　氣寒，味甘，無毒。降也，屬金而有土與水。君甘草則為益元散，取其甘能助陽也。佐麥冬則為潤燥湯，取其寒能驅熱也。分水道，行積滯，化食毒，逐瘀血，降妄火之要藥也。與木通同用，則利小便。與大黄同用，則利大便。

**明・王肯堂《傷寒證治準繩》卷八**　滑石　氣寒，味甘，無毒。潔：性沉重，能泄上氣令下行，故曰滑則利竅，治前陰竅澁不利。利竅不比，與滲淡諸藥同。海：入足太陽經。滑能利竅，以通水道，為至燥之劑。猪苓湯用滑石、阿膠，同為滑劑，以利水道。葱、豉、生薑同煎，去滓澄清，以解利。淡味滲泄為陽，故解表利小便也。若小便自利者，不宜用。珍：滑石利竅，不獨小便也。上能利毛腠之竅，下能利精溺之竅。蓋甘淡之味，先入于胃，滲走經絡，遊溢津氣，上輸于肺，下通膀胱，肺主皮毛，為水之上源，膀胱司津液，氣化則能出，故滑石上能發表，下利水道，為蕩熱燥濕之劑。發表是蕩上中之熱，利水道是蕩中下之熱，發表是燥上中之濕，利水道是燥中下之濕，熱散則三焦寧而表裏和，濕去則闌門通而陰陽利。劉河間之用益元散，通治表裏上下諸病，蓋是此意。但未發出耳。白者佳。搗，水飛用。

**明・李中立《本草原始》卷八**

滑石　生赭陽山谷及太山之陰，或掖北白山，或卷山。采無時。今所在皆有。嶺南始安出者，白如凝脂，極〔細〕軟滑，宜入藥。時珍曰：性滑利竅，其質又滑膩，故名滑石。滑石：氣味：甘，寒，無毒。主治：身熱洩澼，女子乳難，癃閉，利小便，蕩胃中積聚寒熱，益精氣。久服輕身，耐飢長年。〇通九竅六腑津液，去留結，止渴，令人利中。〇燥濕，分水道，實大腸，化食毒，行積滯，逐凝血，解燥渴，補脾胃，降心火，偏主石淋為要藥。〇療黃疸水腫脚氣，吐血衄血，金瘡血出，諸瘡腫毒。

滑石，《本經》上品。【圖略】色白者佳。修治：滑石擇色白滑膩，以刀刮去黃色，用東流水淘過，晒乾用。

之才曰：石韋為之使，惡曾青，制雄黃。好古曰：入足太陽經。益元散，又名天水散、太白散、六一散。解中暑、傷寒、疫癘、飢飽勞損，憂愁思慮，驚恐悲怒，傳染并汗後遺熱，勞復諸疾，兼兩感傷寒，百藥酒食邪熱毒。治五勞七傷，一切虛損，內傷陰痿，驚悸健忘，癇瘛煩滿，短氣痰嗽，肌肉疼痛，腹脹悶痛，淋閟濇痛，服石石淋。療身熱嘔吐泄瀉，腸澼下痢赤白。除煩熱，胸中積聚寒熱，止渴，消畜水。婦人產後損液，血虛陰虛熱甚，催生下乳。治吹乳乳癰，牙瘡齒疳。此藥大養脾腎之氣，通九竅六腑，去留結，益精氣，壯筋骨，和氣，通經脉，消水穀，保真元，明耳目，安魂定魄，強志輕身，駐顏益壽，耐勞役飢渴，乃神驗之仙藥也。白滑石水飛過六兩，汾甘草一兩為末，每服三錢，蜜少許，溫水調下。實熱用新汲水下，解利用葱豉湯下，通乳用豬蹄湯下，催生用香油漿下。凡難產或死胎不下，皆由風熱燥濇，結滯緊斂，不能舒緩故也。此藥力至，則結滯頓開而瘥矣。上係劉河間《傷寒直格》。滑石：臣。

**明・張懋辰《本草便》卷二**

滑石臣　味甘，氣寒，性沉重，無毒。入足陽明經。畏曾青。用須甘草和之。主身熱洩澼，女子乳難癃閉，利小便，通九竅，泄上氣，蕩胃中積聚寒熱，益精氣，又燥濕，實大府，化食毒，行積滯，逐凝血，解燥渴，補脾胃，降妄火之要藥。

**明・李中梓《藥性解》卷一**

滑石　味甘、淡，性寒，無毒，入胃、膀胱二經。主利水道，實大腸，化食毒，行積滯，逐凝血，解燥渴，導乳汁，補脾胃，降妄火，白膩而無黃砂者佳，甘草、石韋為使，惡曾青。按：滑石甘宜於中州，淡宜於利水，胃與膀胱之所由入也。利益雖多，終是走泄之劑，無甘草以和之，弗宜獨用也。

**明・繆希雍《本草經疏》卷三**

滑石　味甘，寒、大寒，無毒。主身熱洩澼，女子乳難，癃閉，利小便，蕩胃中積聚寒熱，益精氣，通九竅六府津液，去留結，止渴，令人利中。久服輕身耐飢長年。石韋為之使，惡曾青。

〔疏〕滑石，石中之得沖氣者也。故味甘淡，氣寒而無毒。入足太陽膀胱經，亦兼入足〔太陰〕陽明、手少陰太陽陽明經。用質之藥也。滑以利諸竅，通壅滯，下垢膩，甘以和胃氣，寒以散積熱。甘寒滑利以合其用，是為祛暑散熱，利水除濕，消積滯，利下竅之要藥。《本經》用以主身熱洩澼，女子乳難，蕩胃中積聚寒熱者，解足陽明胃家之熱也。利小便癃閉者，通膀胱，利陰竅也。其曰益精氣、久服輕身、耐飢長年，此則必無是理矣。《別錄》：通九竅津液，去留結，止渴，令人利中者，濕熱解，則胃氣和而津液自生；下竅通，則諸壅自洩也。丹溪用以燥濕，分水道，實大腸，化食毒，行積滯，逐瘀血，解燥渴，補脾胃，降心火，偏主石淋，皆此意耳。〔主治參互〕和甘草為益元散，又名天水散、六一散、太白散。解中暑、傷寒、疫癘，並汗後遺熱、勞復諸疾，兼解兩感傷寒、百藥、酒食、邪熱毒，煩滿短氣，腹脹悶痛，淋閟澀痛、〔服石石淋〕，療身熱嘔吐洩瀉，腸澼下痢赤白，除煩熱，胸中積聚寒熱，止渴消蓄水。婦人催生下乳，治吹乳，乳癰，牙瘡，齒疳。此藥大養脾胃之氣，通九竅六腑，去留結，通經脈，消水穀，安魂定魄，乃神驗之仙藥也。劉河間《傷寒直格》本方：白滑石水飛過六兩，粉甘草一兩，為末。每服三錢，蜜少許，溫水調下。實熱則用新汲水下，解利則葱豉湯下，通乳用猪肉麪湯調下，催生用香油漿水調下。凡難産或死胎不下，皆由風熱燥澀，結滯緊斂，不能舒緩故也。此藥力至，則結滯頓開而瘥矣。如用以治痢，照雷公炮製，用牡丹皮同煮過，加丹砂水飛細末，每兩一錢，名辰砂六一散。治心經伏暑，下痢純血，煩躁口渴，神昏不爽。《聖惠方》治膈上煩熱多渴，利九竅。滑石二兩，搗水三大盞，煎二盞，去滓，入粳米煮粥食。《千金方》治女勞黄疸，日晡發熱惡寒，少腹急，大便溏黑，額黑。滑石、石膏等分，研末。大麥汁服方寸匕，日三，小便大利，愈。腹滿者難治。《聖惠方》治乳石發動，煩熱煩渴。滑石粉半兩，水一盞，絞白汁，頓服。《廣利方》氣壅關格不通，小便淋結，臍下妨悶兼痛。滑石粉水調服一兩。楊氏《産乳》小便不通，滑石末一升，車前汁和塗臍之四畔，方四寸，乾即易之。冬月水和。《聖惠方》治婦人轉胞，因過忍小便而致。滑石末，葱湯服二錢。《普濟方》伏暑水泄，白龍丸：滑石火煅過一兩，硫黄四錢，為末，麪糊丸菉豆大。每用淡薑湯隨大小服。又方：治伏暑或吐或瀉或瘧，小便赤，煩渴。玉液散：用桂府滑石燒四兩，藿香一錢，丁香一錢，為末，米湯服二錢。亦治霍亂。王氏《痘瘮方》治痘瘡狂亂，循衣摸牀，大渴引飲。用益元散一兩，加朱砂飛過二錢，冰片三分，麝香一分，用燈心湯調二三錢服。《普濟方》治風毒熱瘡，遍身出黄水。桂府滑石末傅之，次日愈。先以虎杖、豌豆、甘草等分，煎湯洗後乃搽。《集簡方》治脚指縫爛，滑石一兩，石膏煅半兩，枯礬少許，研摻之。

夏子益《奇疾方》，載白礬石條內。〔簡誤〕滑石本利竅去濕，消暑除熱，逐積下水之藥。若病人因陰精不足内熱，以致小水短少赤澀或不利；煩渴身熱，由於陰虚火熾水涸者，皆禁用。脾腎俱虚者，雖作泄，勿服。

**明・倪朱謨《本草彙言》卷一二**　滑石　味甘淡，氣寒，無毒。入足太陽經，兼入足陽明、手少陰太陽陽明經。《别録》曰：滑石，出赭陽山谷及太山之陰，或掖縣。李氏曰：今廣之桂林各邑及始安猺峒中皆有。又山東蓬萊縣桂府村所出者亦佳。初取出，柔軟如泥，久漸堅實，白如凝脂，滑而且膩。根即不灰木。中有光明黄子，即石腦芝也。蘇氏曰：若理麤質硬，色青有黑點者，謂之斑石。或有褐色、緑色、黄色、蒼色、五色者，質皆麤燥而不滑膩，僅可作器，不堪入藥。初出時柔軟未堅，土人就穴中製作，或琢或磨，或雕刻諸物，用力殊少也。修治：宜研極細，水飛過用。凡油膩污衣帛，用末研極細，以熨斗盛火，蓋紙熨之能去。

滑石：朱震亨清暑解熱，利水竅之藥也。王寧宇抄王氏好古曰：此藥味甘氣寒，性墜質滑，甘能和胃氣，寒能解熱氣，墜能推壅滯，滑能利諸竅，化垢膩也。故龍潭《本草》主小便癃閉不通，泄瀉暴注，或時行中熱，中暑發熱，發渴，或山嵐瘴氣，水土不服，能泄上氣，行下氣，滲脾濕，清三焦，利六府，解燥渴，去妄火，莫可加也。觀滑能利竅，不獨利小便也。蓋肺主皮毛，爲水之上源，上通肌表，利毛腠之竅；下通水道，利精溺之竅。且甘淡之味，先入于胃，滲走經絡，遊溢精氣，上輸於肺，下通膀胱，故爲蕩熱利竅之劑。夫熱散則三焦寧而表裏和，竅利則闌門通而陰陽順矣。然利竅行水，消暑清熱，去濕逐積，稱爲要劑。若病人因陰虚不足内熱，以致小水赤澀短少，或不利而煩渴身熱，由于陰虚水涸火熾者，皆禁用之。如作泄瀉因于脾腎俱虚者，亦勿服也。

前賢劉河間曰：益元散，通治表裏上下諸病，其效甚多，不可殫述。葉氏正華曰：凡難産或死胎不下，皆由子宮風熱燥澀，結滯緊斂，不能舒緩之故。用此藥滑以利之，則結滯頓開而胎自立下矣。用嫩白滑石六兩研細，水飛過，大甘草一兩，共爲細末，每服二錢，白湯下。○治中暑熱渴，凉水下。○治傷寒疫癘傳染。初起用葱頭三個，生薑三片，煎湯下，取汗。汗後遺熱不淨，用白芍藥二錢，煎湯下。日久不愈，用人參一錢，黑棗五個，煎湯下。勞復，用白朮二錢，煎湯下。○治傷酒。用陳皮、葛根各一錢五分，煎湯下。○治傷食不消。用厚朴、枳實各一錢，煎湯下。○治百藥邪熱諸毒。用菉豆二合，煎湯下。○治癲癇。用青黛、天竹黄各一錢，研細，配益元散一錢，白湯下。○治瘛瘲。用人參一錢，玉竹三錢，煎湯下。○治煩滿短氣。用生薑五片，煎湯下。○治腹脹悶痛。用木香一錢磨汁，調湯下。○治五淋閉澀作痛，或小便不通。用車前草、淡竹葉各三錢，煎湯下。○治胸中積聚蓄水。用猪苓、蒼朮各一錢，煎湯下。○治泄瀉不止，不拘冷熱。用茯苓、陳皮各一錢，煎湯下。如冷瀉，用砂仁、補骨脂各二錢，煎湯下；熱瀉，用川黄連、黄芩各一錢，煎湯下。○治下痢，不拘赤白。用川黄連、廣木香各一錢，煎湯下。○治腸澼瀉血水。用白朮炒三錢，猪苓二錢，煎湯下。○治五種黄疸。用龍膽草、燈心各二錢，煎湯下。○治脚氣濕腫。用木瓜、杜仲、檳榔各二錢，煎湯下。○治生胎不下。用五靈脂，煎湯下。○治死胎不下。用生附子、芒硝各二錢，煎湯下。〇治牙痛。用蛇床子三錢，煎湯下。〇治齒䘌疳爛。用銅青一錢，配益元散一錢，研細，摻齒縫中。〇治婦人轉脬，因過忍小便而致者。用葱頭五個，煎湯調下。〇治兩腋、兩胯濕汗。本方散子，加枯礬末等分，研細，和入摻之。〇治杖瘡腫痛。本方散子一兩，加赤石脂、大黄各五錢，爲末，總研勻，用米泔溫湯洗淨，貼之。　王紹隆先生曰：滑，從水從骨，故能散精于骨，淫氣于骨，以助髓液流通之用。　皇甫氏家製導水丸：主泄瀉濕熱，通利二便，必高燥之地，黑瘦之人，膏粱之家，熱燥之病，服之切當。若下濕之地，肥白之人，淡食之家，寒濕之病，猶未當也。用大黄、黄芩各二兩，牽牛子、滑石各四兩，共爲細末，米糊丸如菉豆大，白湯下二十丸，日二服。

**明·顧逢柏《分部本草妙用》卷七兼經部·寒瀉**　滑石　甘，寒，無毒。入胃、膀胱二經。甘草、石韋為使，惡曾青。白膩者佳。　主治：身熱乳難，癃閉積聚，分水道，實大腸，化食毒，逐凝血，解燥渴，降心火，療石淋，解暑氣。　潔古曰：滑則利竅，不與淡滲藥同。好古以小便利者勿用。予以上能利毛腠之竅，下能利精溺之竅，通闌門而利陰陽，解暑要藥，故益元散用之，以其能去病為補益，非能補益以去病也，終是走滲之劑。

**明·黄承昊《折肱漫録》卷三**　六一散非盛暑中奔走極熱不宜服，能損脾胃。　蓋此藥乃利竅滲濕熱之劑，悞服之，則愈耗津液矣。

**明·李中梓《醫宗必讀·本草徵要下》**　滑石味甘，淡，寒，無毒。入胃、膀胱二經。　利小便，行積滯。宣九竅之閉，通六腑之結。　滑石利竅，不獨小便也。上能利毛竅，下能利精竅。蓋甘淡先入胃家，上輸於肺，下通膀胱。肺主皮毛，為水上源，膀胱司津液，氣化則能出。故上則發表，下則利水，為蕩熱燥濕之劑。按：多服使人精滑，脾虚下陷者禁之。

**明·鄭二陽《仁壽堂藥鏡》卷一**　滑石　《本草》云：出赭陽山谷及泰山之陰。石韋為使，惡曾青。白如凝脂者佳。　氣寒，味甘，大寒，無毒。入足太陽經。　凡使有多般，勿悮使。有黄滑石、緑滑石、烏滑石、冷滑石，皆不入藥。又青黑色者勿用，殺人。惟白滑石似方解石，色白，於石上畫，有白膩文者佳。　味甘，寒，無毒。主身熱洩澼，女子乳難，癃閉。利小便，蕩胃中積聚寒熱，通九竅六府津液，去溜結，止渴，令人利中。蓋濕熱解，則胃氣和而津液自生，竅通則諸壅自洩也。　潔古云：氣寒，味甘。治前陰竅澁不利。性沉重，能泄氣上令下行，故曰滑則利竅，不可與滲淡諸藥同用。色白者佳。水飛細用。　海藏云：滑石為至燥之劑。　滑以利諸竅，通壅滯，下垢膩。甘以和胃氣，寒以散積熱。甘寒滑利，合以成用，是為袪暑散熱、利水除濕、消積滯、利下竅之要藥。然若病人因陰精不足，內熱，以致小水短少赤澁，及煩渴身熱，由于陰虚火熾水涸者，皆禁用。脾腎俱虚者，雖作泄勿服。　丹溪云：滑石屬金，而有土與水。無甘草以和之勿用，能燥濕，分水道，實大腸，化食毒，行積滯，逐凝血，解煩渴。補脾胃，降心火之要藥也。　時珍曰：滑石利竅，不獨小便也。上能利毛腠之竅，下能利精溺之竅。　按：滑石通闌門而利陰陽，為治暑要藥，故益元散用之。利益雖宏，終是走滲之劑。以去病為補，非補以去病也。　《聖惠方》：治婦人轉脬，因過忍小便而致，滑石末，葱湯服二錢。　禹錫云：主療五淋，難產，以滑石為末，酒調下。臨產服之，能滑胎。亦用酒下。

**明·蔣儀《藥鏡》卷四寒部**　滑石　驅暑毒而消渴煩，利小便而實大腑。平霍亂之吐瀉，補胃補脾。制火刼之傷寒，專清心火。痢危噤口，當入參煎。積痛冲心，宜加黛飲。

**明·李中梓《頤生微論》卷三**　滑石　味甘、淡，性寒，無毒。入胃、膀胱二經。甘草、石韋為使。惡曾青。白膩而嫩者佳。研細水飛。利小便，行積滯，逐凝血，解燥渴，宣九竅，通六腑。

按：潔古云：滑則利竅，不與淡滲藥同。時珍曰：滑石利竅不獨小便也。上能利毛腠之竅，下能利精溺之竅。多服使人小便多，精竅滑，脾虚下陷者勿用。

**明·張景岳《景岳全書》卷四九《本草正》**　滑石　味微甘，氣寒，性沉滑，降中有升。入膀胱、大腸經。能清三焦表裏之火，利六府之澁結，分水道，逐凝血，通九竅，行津液，止煩渴，除積滯，實大腸，治瀉痢淋秘白濁。療黄疸水腫脚氣，吐血衄血，金瘡出血，諸濕爛瘡腫痛。通乳亦佳，墮胎亦捷。

**明·賈九如《藥品化義》卷九火藥**　滑石　屬陰中有陽金水與土，體潤滑而重，色白，氣微香，味淡，性涼，能沉，力利六腑，性氣輕而味厚，入小腸膀胱脾胃四經。　滑石體滑，主利竅；味淡，主滲熱。能蕩滌六腑，而無尅伐之弊。主治暑氣煩渴，胃中積滯，便濁澀痛，女人乳汁不通，小兒痘疹發渴，皆利竅滲熱之力也。如天令濕淫太過，小便癃閉，入益元散，佐以朱砂，利小腸最捷。要以口作渴，小便不利，兩症並見，為熱在上焦肺胃氣分，以此利水下行，煩渴自止。若渴而小便自利者，是內津液少也。小便不利而口不渴者，是熱在下焦血分也，均非宜用。且體滑，胎前亦忌之。取白色細嫩者良。刮去微黄生用。敷痘瘡潰爛甚妙。

**明·盧之頤《本草乘雅半偈》帙二** 滑石《本經》上品 氣味：甘，寒，無毒。主治：主身熱洩澼，女子乳難癃閉，利小便，蕩胃中積聚寒熱，益精氣。久服輕身耐飢長年。

覈曰：出赭陽山谷，及太山始安之陰，廣之桂林各邑，及猺峒中皆出，即古之始安也。山東蓬萊縣桂府村所出者亦佳。初取柔軟，久漸堅強，冰白如凝脂，滑而且膩。根即不灰木，中有光明黄子，即石腦芝也。若理粗質硬，色青有黑點者，謂之斑石，或烏色、綠色、黄色、蒼色、五色者，皆可作哭，不堪入藥。修治：竹刀剖淨，研極細用。牡丹皮可煮一伏時，去牡丹皮，取出，以東流水飛過數次，晒乾用。紹隆王先生云：滑從水，從骨，故能散精于腎，淫氣于骨，以助髓液流通之用。条曰：潔白如水體之澄湛，性滑禀水用之動流，氣寒具水化之捍格，奇方之滑劑重劑也。主身熱洩澼，乳難癃閉，蕩胃中積聚寒熱者，滑可去着也。益精氣，輕身耐飢長年者，重可去怯也。先人評藥云：助精運用，益彼空大，水流而不盈，行險而不失其正者也。坎不盈，秖既平。

**明·李中梓《本草通玄》卷下** 滑石 甘，寒。利竅除熱，清三焦，涼六腑，化暑氣，通水腫，理黄疸，止諸血，解煩渴，厚腸胃。時珍曰：滑石利竅，不獨小便也。上能利毛腠之竅，下利精溺之竅。通上下，徹表裏，故主治甚多。小便利及精滑者禁之。

**清·顧元交《本草彙箋》卷一〇** 滑石 石中之得沖氣者也。故能蕩滌六腑，而無尅伐之敝。主治暑氣煩渴，胃中積滯，便濁澀痛，女人乳汁不下，小兒疹毒發渴諸症。取其滑以利竅通滯，甘以和胃，氣寒以散積熱。蓋甘寒滑利，以合其用。又以其沉重能泄上氣，令下行，故上利毛腠，下通膀胱，不與諸淡滲藥等，其偏主石淋者，以其質類相感。凡用或水調，或入湯液。大都製末，臨加乃用質之藥也。胎前忌之。

和甘草，爲益元散，又名天水散、六一散、太白散。實熱，新汲水下。解利，葱豉湯下。通乳，猪肉麪湯下。催生，香油、漿水下。凡難産或死胎不下，皆由風熱燥澀，結滯收斂，不能舒緩故也。此藥力至，則結滯頓開而瘥矣。如用以治痢炤，《雷公炮製》用牡丹皮同煮過，加丹砂水飛，每兩一錢，名辰砂六一散，治心經伏暑，下痢純血，煩燥口渴，神昏不爽。滑石之根爲不灰木。滑石中有光明黄子，爲石腦芝。

**清·穆石匏《本草洞詮》卷三** 滑石 性滑利竅，故以名之。味甘，氣寒，無毒。入足太陽經。療五淋，黄疸，水腫脚氣。性沉重，能泄上氣，令下行。與丹參、蜜、猪脂為膏，令胎滑易生也。蓋滑石利竅，不獨小便也。上以利毛腠之竅，下能利精溺之竅。蓋甘淡之味，先入於胃，滲走經絡，遊溢精氣，上輸於肺，下通膀胱。肺主皮毛，為水之上源，故滑石上能發表，下利水道，為蕩熱燥濕之劑。發表是蕩上中之熱，燥上中之濕；利水道是蕩中下之熱，燥中下之濕。熱散則三焦寧，而表裏和；濕去則闌門通，而陰陽利。劉河間用益元散，通治表裏上下諸病，解中暑傷寒，疫癘傳染，飢飽勞損，憂愁思慮，驚恐悲怒，積滯，并汗後遺熱，勞復諸疾，兼解兩感傷寒，酒食、百藥、邪熱毒，治驚悸健忘，癇、瘛煩滿，短氣痰嗽，嘔吐泄瀉，腸癖下痢，除胸中積聚，消畜水，催生下乳，治吹乳二癰，牙瘡齒疳，其效甚多，不可殫述。白滑石水飛過六兩，粉甘草一兩，為末，每服三錢，蜜少許，溫水調下，實熱用新汲水下，解利用葱豉湯下，通乳用猪肉麪湯下，催生用香油、漿下。凡難産或死胎不下，皆由風熱燥濇結滯，緊斂不能舒緩故也，滑以利之，則結滯頓開矣。此藥大養脾腎之氣，通九竅六腑，去留結，保真元，消水穀，明耳目，安魂寧魄，駐顏益壽，乃神驗之仙藥也。

**清·劉雲密《本草述》卷五** 滑石 時珍曰：廣之桂林各邑及猺峒中皆出之，即古之始安也。山東蓬萊縣桂府村所出者亦佳，故醫方有桂府滑石，與桂林者同稱也。

氣味：甘，寒，無毒。《別錄》曰：大寒。主治：盪胃中積聚寒熱，去畱結，利中，通九竅六腑津液，和血脈，益精氣，解燥渴，除膈上煩熱，療身熱洩澼。音癖，漂絮也。利小便癃閉淋瀝，及黄疸，水腫脚氣，兼滑女子難產，下乳汁，妊娠小便轉脬。文清曰：入足陽明經。潔古曰：滑石氣溫，味甘。治前陰竅濇不利。性沉重，能泄上氣，令下行，故曰滑。則利竅不與諸淡滲藥同。丹溪曰：滑石屬金而有土與水，無甘草以和之勿用。能燥溼，分水道，實大腸，化食毒，行積滯，逐凝血，解煩渴，補脾胃，降心火之要藥也。按：　金水相生，必藉於土，故曰必用甘草以和之。　燥溼，利水道，實大腸三句，相因而言。　溼燥則水道分，水道分，則大腸自實。　時珍曰：　滑石利竅，不獨小便也。　上能利毛腠之竅，下能利精溺之竅。　蓋甘淡之味，先入於胃，滲走經絡，遊溢津氣，上輸於肺，下通膀胱。　肺主皮毛，為水之上源。膀胱司津液氣化，則能出。　故滑石上能發表，下利水道，為蕩熱燥溼之劑。發表是蕩上中之熱，利水道是蕩中下之熱。　發表是燥上中之溼，利水道是燥中下之濕。　熱散則三焦寧，而表裏和。　溼去則闌門通，而陰陽利。　劉河間之用益元散，通治表裏上下諸病，蓋是此意，但未發出爾。

　希雍曰：　滑石，石中之得冲氣者也。　故味甘淡，氣寒而無毒。　入足太陽膀胱經，亦兼入足陽明、手少陰太陽陽明經。　用質之藥也。　滑以利諸竅，通壅滯，下垢膩。　甘以和胃氣，寒以散積熱。　甘寒滑利以合其用，是為祛暑散熱，利水除溼，消積滯，利下竅之要藥。

　愚按：　滑石之用，在前概以為能滑竅利水道而已。　自朱丹溪先生乃謂屬金而有土與水，種種利益。　夫色白者，金也。　味甘者，土也。　氣寒者，水也。　夫金水固相生，必藉土以致其用。《經》曰：　味歸形，形歸氣，是味之甘者歸於質之白，質之白者歸於氣之寒也。　由土而金，由金而水，此豈徒以滑竅利水盡其用乎？《本經》謂其盪胃中積聚寒熱，益精氣。《別錄》曰令人利中，其義可參也。　蓋其堅貞之性，本屬坤貞，而柔膩之質，又得坤柔，合之以為滑利，所以奏功若此。　蓋寒熱者氣，積聚者形，本由氣以有形，滑石即由質以化氣，脾胃患溼，又即積聚之氣所化也。　盪積聚則溼去，而利中土，司運化，上至於肺以生金，還下降入胃以行水，化則九竅六腑津液通，而經脈舒，在脾氣益暢，此所謂益精氣。　又丹溪所謂補脾胃也，然又謂其降心火者，何居？　曰：　肺陰下降，則心火降矣。　又後賢謂大養脾腎之氣，是又益腎也，何居？　曰：　水土合德，以立地者也。　然水土合以為體，分以為用，溼為土病，水在土中也。　即以為水病，土又在水中也。　溼行而水道分，不惟脾臟得其運化，即腎臟亦得以運化，是所謂大養脾腎之氣，而《本經》所謂益精氣者，固已包舉此義矣。　若然，是不唯不可以淡滲例論，即滑竅下泄等語，豈為能精察物理。　然則去畱滯之說，非乎曰滑石之能在去畱滯。　然畱滯之去，即以益脾氣，降心火，養腎氣，此中煞有妙理，知此則可以善其用，不可徒以去結行滯主之也，是其義可得而明歟。曰：人身百病療之者，勿論寒熱虛實之劑，俱宜兼於清中道，清中道有用其氣者，有用其味者，有用其質者，如滑石則質以化氣，而效更捷。　試各舉其同用諸方，寒涼玉屑無憂散咽喉。　茶調散，神芎散俱頭痛，瞿麥湯，瓜蔞根散俱消癉，至小便不通並淋證，同寒涼而用者多也。　辛溫星半安中湯，白螺殼丸俱胃脘痛，水通散脇痛，沉香丸膏淋，辛熱三因白散子中風，大黃龍丸中暑，生附散勞淋，宣泄豬苓湯消癉，人參木香散水腫，大橘皮湯脹滿，小薊飲子溲紅，至小便不通並淋證，同於宣泄者多也。　補養半夏利膈丸痰飲，桂苓白朮散，桂苓甘露飲俱霍亂，甘露飲脹滿，地黃丸，黃芪湯俱勞淋，夫同寒涼宣泄，用此為多，以此味氣固寒，用固通也。　然在溫熱而亦同用之者，非藉其以寒劑熱也。　即其在補養而亦同用之，豈藉其補哉？　蓋人之血氣為病，以畱結於中道者，寧獨熱者，實者為然。　即為虛為寒而患於中道之畱滯者，正未必少，即虛寒亦藉以為用，則其用不可神而明之，以為中道利乎？　試觀滯下病，謂益元散為聖藥，一入紅麯，以和血行滯，名清六丸。　一入乾薑以正氣辟溼，名溫六丸。　一清一溫，因名思義，似寒熱皆可藉其用也。　其他證不可盡變乎哉？

　附方　益元散又名天水散、太白散、六一散。　解中暑傷寒，疫癘，飢飽勞損，憂愁思慮，驚恐悲怒傳染，並汗後遺熱勞復諸疾，兼解兩感傷寒，百藥酒食邪熱毒，治五勞七傷，一切虛損，內傷陰痿，驚悸健忘，癇瘛煩滿，短氣痰嗽，肌肉疼痛，腹脹悶痛，淋閟澀痛，服石石淋，療身熱嘔吐，泄瀉腸澼，下痢赤白，除煩熱，胸中積聚寒熱，止渴，消畜水，婦人產後損液，血虛陰虛熱甚，催生下乳，治吹乳乳癰，牙瘡齒疳。　此藥大養脾腎之氣，通九竅六腑，去畱結，益精氣，壯筋骨，和氣，通經脈，消水穀，保真元，明耳目，安魂定魄，強志輕身，駐顏益壽，耐勞役飢渴，乃神驗之仙藥也。　白滑石水飛過六兩，粉甘草一兩，為末，每服三錢，蜜少許，溫水調下。　實熱用新汲水下。　解利用葱豉湯下。　通乳用豬肉，麪湯調下。　催生用香油漿下。　凡難產或死胎不下，皆由風熱燥澀結滯，緊斂不能舒緩故也。　此藥力至，則結滯頓開而瘥矣。　本劉河間《傷寒直格》。　希雍曰：　如用以治痢，照雷公炮製用，牡丹皮同煮過，加丹砂水飛細末，每兩一錢，名辰砂六一散。　治心經伏暑，下痢純血，煩躁口渴，神昏不爽。　按：　滑石之用，單方不能盡錄，其同他藥用者種種，見於各證例下。　希雍曰：　滑石本利竅去溼，消暑除熱，逐積下水之藥，若病人因陰精不足內熱，以致小水短少赤澀或不利，煩渴身熱由於陰虛火熾水涸者，皆禁用。脾腎俱虛者，雖作泄，勿服。　中梓曰：　多服使人小便多，精竅滑，脾虛下陷者勿用。　大抵中氣虛陷宜升者，所宜致慎。

修治　滑石之名，因其性滑利竅，其質又滑利也。取白如凝脂極軟滑者用。若理麤質硬，色青有黑斑點者，謂之斑石，不入藥。其製法如河間，水飛過用，或有宜如雷公製者，因其證也。

**清·郭章宜《本草匯》卷一八**　滑石　甘淡，大寒，降也，入足陽明太陽、手少陰太陽陽明經。利水道，除濕而定六府。泄逆氣，降火而解燥渴。石淋伏暑必要，轉脬因過忍小便而致。霍亂亦須。

按：滑石一味，用質之藥也。滑以利諸竅，通壅滯，下垢膩，甘以和胃氣，寒以散積熱，甘寒滑利，以合其用，是為祛暑散熱，利水除濕，消積滯，利下竅之藥。然不獨小便也，上能利毛腠之竅，下能利精溺之竅。蓋甘淡之味，先入于胃，滲走經絡，遊溢精氣，上輸于肺，下通膀胱，肺主皮毛，為水之上源，膀胱司津液，氣化則能出，故上能發表，下則利水。發表是燥上中之熱濕，利水是燥中下之熱濕。熱散則三焦寧，而表裏和。濕去則陰陽通，而闌門利。劉河間之用益元散，滑石六兩、甘草一兩。治表裏上下諸病，亦是此意。性既沉滑，能泄上氣下行，不可與淡滲藥同用。氣虛者，兼人參、甘草用之。又如天令濕淫太過，人患小便不利而渴，正宜用以滲泄，渴自不生。若或無濕，小便不利而渴者，則知內有燥熱，燥宜滋潤，苟誤服之，亡其津液而渴反盛矣。陰火虛熾水涸者，勿用。精滑便利者，禁之。

刮淨研粉，以牡丹皮同煮一伏時，水飛，晒乾用。

**清·蔣居祉《本草擇要綱目·寒性藥品》**　滑石　氣味：甘，寒，無毒。入足太陽經。　主治：　利小便，蕩胃中積聚寒熱，通九竅六腑津液，去留結止渴。蓋滑石甘淡之味，先入于胃，滲走經絡，游益津氣，上輸于肺，下通膀胱。肺主皮毛，為水之上源。膀胱司津液，氣化則能出。滑石上能發表，下利水道，為蕩熱燥濕之劑。發表是蕩上中之熱，利水道是利中下之熱，發表是燥上中之濕，利水道是燥中下之濕，熱散則三焦寧而表裏和，濕去則闌門通而陰陽利。劉河間之用益元散，通治表裏上下諸病，蓋深明于此理也。

**清·閔鉞《本草詳節》卷九**　滑石　【略】按：　滑石，滑能利竅，不與諸淡滲藥同。入葱、豉、生薑，則上發表邪。入猪苓湯兼阿膠，則下利水道，為蕩熱燥濕之劑。蓋發表是蕩上中之濕熱，利水道是蕩中下之濕熱，熱散則三焦寧而表裏和，濕去則闌門通而陰陽利。益元散通治表裏上下諸病，蓋是此意。無甘草以和之，勿用。

**清·王翃《握靈本草》卷一**　滑石此石所在皆有，蓬萊縣桂府所出者佳。色白滑者上。凡使與牡丹皮同煮，取出晒乾，研如粉，水飛用。　主治：　滑石，甘，寒，無毒。主身熱洩澼，乳癰，癃閉，療五淋，主產難。

**清·汪昂《本草備要》卷四**　滑石滑，利竅；通，行水；體重，瀉火氣；輕，解肌。　滑利竅，淡滲濕，甘益氣補脾胃，寒瀉熱降心火。色白入肺，上開腠理而發表，肺主皮毛。下走膀胱而行水，通六府九竅津液，爲足太陽經膀胱本藥。治中暑積熱，嘔吐煩渴，黄疸水腫，脚氣淋閉，偏主石淋。水瀉熱痢，六一散加紅麯治赤痢，加乾薑治白痢。吐血衄血，諸瘡腫毒，爲蕩熱除濕之要劑。消暑散結，通乳滑胎。時珍曰：滑石利竅，不獨小便也。上開腠理而發表，是除上中之濕熱；下利便溺而行水，是除中下之濕熱。熱去則三焦寧而表裏和，濕去則闌門通而陰陽利矣。闌門分別清濁，乃小腸之下口。河間益元散，通治上下表裏諸病，蓋是此意。益元散，一名天水散，一名六一散，取天一生水，地六成之之義。滑石六錢，甘草一錢，或加辰砂。○滑石治渴，非實止渴，資其利竅，滲去濕熱，則脾胃中和而渴自止耳。若無濕，小便利而渴者，內有燥熱，宜滋潤。或誤服此，則愈亡其津液而渴轉甚矣。故王好古以爲至燥之劑。　白而潤者良。石韋爲使，宜甘草。走泄之性，宜甘草以和之。

**清·陳士鐸《本草新編》卷五**　滑石　味甘，氣大寒，性沉重，降也，陰也，無毒。入足太陽。利九竅津液頻生，行六腑積滯不阻。逐瘀血而解煩渴，分水道以實大腸，上氣降火，實有奇功。此藥功專滑利，凡有〔火〕積在膀胱者，非此不能除。故夏月犯暑口渴者，必須用之以解，似乎滑石乃止渴之聖藥。然而，滑石非止渴之藥也，藉其利膀胱而去濕熱耳。夫濕熱積于膀胱，則火必上升而作渴，利其濕熱，則火隨濕解，而膀胱之氣化自行。膀胱之氣化既行，則肺氣清肅，不生火而生陰，而津液自潤矣。此滑石所以利尿而止渴也。然而渴症不同，有內火而渴，有外火而渴。犯暑而渴者，乃外來之火，而濕鬱于膀胱也。陰虛而渴，乃內起之火，而濕流于膀胱也。倘亦用滑石以利濕熱，濕不能去，而轉添其燥熱矣。蓋外火可瀉，而內火宜補，未可概以滑石而輕利其濕也。否則，轉利轉虛，益犯虛虛之戒，不可不慎耳。

或疑滑石性急，甘草性緩，相合成散，緩急得宜，似乎瀉火至神，消暑至易矣。然而有瀉火而火愈增，消暑而暑益熾者，何也？夫天水、六一，本一方也。然而此方止可瀉火之已燃，而不能瀉火之未發，能消暑之既盛，而不能消暑之將殘。蓋滑石有形之物，安能瀉火于無形。滑石甚重之物，安能消暑于不重。各有所長，即各有所短耳。

或疑滑石利水，何以傷寒熱病亦用之，而得解其邪？蓋滑石性速，最能逐邪從膀胱下泄，猶恐過于迅速，佐之以甘草之緩，使其少遲于逐邪，反能袪邪之盡出，從小便而下洩，水去而火亦去也。

或又問天水散逐邪最速，何以上焦之邪偏去之遲耶？夫滑石下行而不上行者也，雖佐之以甘草之緩，止能少留于中焦，而不能少留于上焦也。上焦既不能留，又何能逐邪哉？

或又問滑石既能利水，則膀胱之邪必能迅逐之矣，何以有時逐膀胱之邪，反成脹滿迫急之病乎？曰：此下焦之虚熱，膀胱無水而強利之也。夫膀胱有水，則滑石利之可也，無水而強利之，不猶向無衣者而索衣，無食者而索食乎，其窘迫之狀為何如哉。蓋滑石止可瀉實火之邪水，而不可瀉虚火之邪水也。

**清・顧靖遠《顧氏醫鏡》卷八**　滑石甘，淡，寒。入心、胃、膀胱、大小腸五經。研細用。牡丹皮煎汁，煮過，晒乾。利小便，時珍云：滑能利諸竅，不獨小便也。上能利毛腠之竅，下能利精溺之竅。丹溪偏主石淋為要藥。行積滯。性沉重而滑利，故能通壅滯，下垢膩，用質之藥也。中暑須用，甘為和胃氣，寒能消暑熱。痢疾宜求。消暑除熱，利水去濕，行積除鬱之功。陰虚內熱，小便不利者忌用。

**清・李熙和《醫經允中》卷二〇**　滑石　入胃、膀胱二經。甘草為使。甘，寒，無毒。主治分利水道，解煩渴，降心火。療石淋，解暑氣。滑能利竅，故利毛腠精溺，為分利陰陽，解暑要藥。其治煩渴，非實止渴也，資其利竅，滲去濕熱，則脾胃中和，而渴自止耳。若無濕，小便利而渴者，內有燥熱，宜滋潤，倘悞服此，則愈亡其津液，而渴轉甚矣。墮胎如神，姙婦忌用。

**清・馮兆張《馮氏錦囊秘錄・雜症痘疹藥性主治合參》卷五**　滑石石中之得沖氣者也。故味甘淡，氣寒，無毒。入足太陽膀胱經，兼入足陽明、手少陰太陽陽明經。用質之藥也。以滑為性，故利諸竅，通壅滯，下垢膩。甘以和胃氣，寒以散積熱。甘寒滑利，以合其用，是為袪暑散熱，利水除濕，消積滯，利下竅之要藥也。　滑石，利六腑之積滯，宜九竅之秘結。解煩渴，分水道。降火清肺，和胃消暑，散結通乳。然有濕便澀者，宜淡滲之。無濕者，宜滋潤之，不可利也。且滑胎滑精，竝宜知戒。主治痘疹合參：治痘熱甚，驚狂譫語，利小便，通九竅。逐六腑滯結，退諸積熱，解心火之毒熱。不可輕用，致成冰伏。

按：潔古云：滑則利竅，不與淡滲藥同。時珍曰：滑石利竅，不獨小便也。上能利毛腠之竅，下能利精溺之竅，多服使人小便多，精竅滑。脾虚下陷者，尤宜忌之。

**清・张璐《本經逢原》卷一**　滑石　甘，寒，無毒。色青赤者有毒。《本經》主身熱洩澼，女子乳難癃閉，利小便，蕩胃中積聚寒熱，益精氣。發明：滑石利竅，不獨利小便也。上能散表，下利水道，為蕩熱散濕，通利六府九竅之專劑。取甘淡之味，以清肺胃之氣下達膀胱也。詳《本經》諸治皆清熱利竅之義。河間益元散通治表裏上下諸熱。解時氣則以葱豉湯下。催生則以香油、漿水調服。暑傷心包則以本方加辰砂末一分，使熱從手足太陽而泄也。惟元氣下陷，小便清利及精滑者勿服。久病陰精不足內熱，以致小水短少赤澀，雖有泄瀉，皆為切禁。而《本經》又言益精氣者，言邪熱去而精氣自復也。

**清・浦士貞《夕庵讀本草快編》卷一**　滑石《本經》、膋石　其性利竅，其質滑膩，畫家刷紙，代粉最白。滑石氣溫味甘，入足太陽，為至燥之劑。故上能利毛腠之竅，下能利精溺之竅。是以吐衄積滯，石淋難產者宜之。且甘淡之味，先入于胃，滲走經絡，遊溢精氣，上輸于肺，下通膀胱。蓋肺主皮毛，為水之上源，膀胱司津液，氣化則能出。滑石上能發表以清其熱，下能利便以燥其濕，熱散則三焦寧而表裏和，濕去則闌門通而陰陽利。劉河間立益元散，暗合此義，但未明發也。然其性本燥滑，便自利者禁服，恐重傷元氣。

**清・張志聰、高世栻《本草崇原》卷上**　滑石　氣味甘，寒，無毒。主治身熱泄澼，女子乳難，癃閉，利小便，蕩胃中積聚寒熱，益精氣。久服輕身耐飢，長年。　滑石一名液石，又名膋石，始出赭陽山谷及太山之陰，或掖北白山，或卷山，今湘州、永州、始安、嶺南近道諸處皆有。初取柔軟，久漸堅硬，白如凝脂，滑而且膩者佳。　滑石味甘屬土，氣寒屬水，色白屬金。主治身熱泄澼者，稟水氣而清外內之熱也。熱在外則身熱，熱在內則泄澼也。女子乳難者，稟金氣而生中焦之汁，乳生中焦，亦水類也。治癃閉，稟土氣而化水道之出也。利小便，所以治癃閉也。蕩胃中積聚寒熱，所以治身熱泄澼也。益精氣，所以治乳難也。久服則土生金而金生水，故輕身耐飢，長年。

**清·姚球《本草經解要》卷四** 滑石 氣寒，味甘，無毒。主身熱洩澼，女子乳難，癃閉，利小便，蕩胃中積聚寒熱，益精氣。久服輕身，耐飢長年。水研。

滑石氣寒，禀天冬寒之水氣，入足太陽寒水膀胱經、手太陽寒水小腸經。味甘無毒，得地中正之土味，入足太陰脾經。氣味降多於升，陰也。其主身熱腸澼者，蓋太陽行身之表，為諸經主氣者也。暑傷太陽，則氣化失職，水穀不分，身熱洩利腸澼矣。滑石甘以益氣，寒以清暑，所以主之也。其主女子乳難者，乳汁不通也。甘寒有益脾土，脾濕行，則脾血化乳也。膀胱熱則癃閉，甘寒滑滲，故主癃閉而利小便也。脾者，為胃行津液者也。脾濕則困，不行胃中津液，渣穢則積聚於胃，而寒熱生焉。滑石入膀胱利小便，則濕去脾健，而胃中積聚皆行矣。益精氣者，滑石入小腸，則心火有去路，火不刑金，肺金旺生水也。久服濕行脾健，所以輕身耐飢。脾為後天，脾旺穀充，自然長年也。 製方：滑石同甘草末，治暑邪小便閉。水飛治濕熱惡瘡。同石膏末，大麥汁服，治女勞疸。同藿香、丁香末，治霍亂。

**清·王子接《得宜本草·上品藥》** 滑石 味甘，寒。入足太陽經。功專發汗，利小便。得粉甘草解中暑，止泄瀉。

**清·徐大椿《神農本草經百種錄》上品** 滑石 味甘，寒。主身熱，寒能除熱。洩澼，滑石，能滑利大小腸，分清水穀。水穀分，則洩澼愈矣。女子乳難，乳亦水類，滑石利水且能潤竅，故有通乳之功。癃閉，利小便，滑利小腸。蕩胃中積聚寒熱，滑利大腸，凡積聚寒熱由蓄飲垢膩成者，皆能除之。益精氣。邪去則津液自生。久服輕身，耐飢長年。通利之藥，皆益胃氣。胃氣利，則其效如此。 此以質為治，凡石性多燥，而滑石體最滑潤，得石中陰和之性以成，故通利腸胃，去積除水，解熱降氣。石藥中之最和平者也。

**清·黃元御《長沙藥解》卷四** 滑石 味苦，微寒。入足太陽膀胱經。清膀胱之濕熱，通水道之(泄)〔淋〕澀。 《金匱》滑石白魚散，滑石一升，白魚一升，亂髮一斤，為散，飲服方寸匕。治小便不利，以膀胱濕熱，水道不通，滑石滲濕而泄熱，白魚、髮灰利水而開癃也。 滑石代赭湯，滑石三兩，代赭石如雞子大，百合七枚。治百合病下後者，下傷中氣，濕動胃逆，肺鬱生熱。滑石利水而泄濕，百合、代赭清金而降逆也。 《傷寒》猪苓湯方在猪苓用之治脈滑，發熱，渴欲飲水，小便不利者。以其滲膀胱而泄熱也。 《金匱》蒲灰散方在蒲灰用之治皮水為病，四肢腫滿者。以其泄經絡之水也。治小便不利者，以其泄膀胱之濕也。百合滑石散方在百合用之治百合病變發熱，以其利水而泄濕也。 滑石甘寒，滲泄水濕，滑竅隧而開凝鬱，清膀胱而通淋澀，善治黃疸水腫，前陰閉癃之證。

**清·吴儀洛《本草從新》卷五** 滑石〔通，利竅行水；體重，瀉火。〕 淡滲濕，滑得竅，寒瀉熱。色白入肺，清其化源，而下走膀胱以利水，通六腑九竅津液，為足太陽經本藥膀胱。治中暑積熱，嘔吐煩渴，非實止渴，取其利竅，滲去濕熱則脾胃中和而渴自止耳。若無濕，小便利而渴者，內有燥熱，宜滋潤，或誤服此則愈亡其津液而渴轉甚矣，故好古以為至燥之劑。黃疸水種，脚氣淋閉，專主石淋，水瀉熱痢，六一散加紅麯治赤痢，加乾薑治白痢。吐血衄血，諸瘡腫毒。為蕩熱除濕之要藥。時珍曰：滑石上利毛腠之竅，是除中上之濕熱；下利精溺之竅，是除中下之濕熱；濕熱去則三焦寧而表裏和，闌門通而陰陽利矣。河間益元散治表裏上下諸病，蓋是此意。益元散，一名天水散，一名六一散，取天一生水，地六成之之義也。滑石六錢，甘草一錢，或加辰砂。消暑降火，散結，通乳滑胎，凡脾虛下陷及精滑者禁之，病有當發表者尤忌。時珍、士材俱謂其能發表，訒庵亦謂其氣輕解肌，不過以其能利毛竅耳。不知表邪得此滲泄重降之品，必愈陷入裏而成敗證矣，切勿信以為然。白而潤者良。石韋為使。宜甘草。走泄之性，宜甘以和之。嘉言曰：天水散，取其一甘一寒之意也。

**清·汪紱《醫林纂要探源》卷三** 滑石 甘淡寒滑。用純白者良。補肺清金，降熱滲濕，抑溽暑而成清燥之治，革夏徂秋也。凡甘淡之味，皆能上行而補肺，甘，土味，補土所以生金，而淡則上行，色白入肺，味淡能滲濕利竅，降火除熱。凡淡滲之味，皆上升而後下降。長夏之令，火土並居，故暑濕相挾，濕行則暑熱亦以消，濕去暑消，則肺金清肅。而二腸，又心之表也，心火平，則小腸亦平。肺金清，則大腸亦清。暑濕之下降者，必由膀胱而消，此潦盡潭清之理。故此石治中暑中暍，解渴除煩，止嘔噦吐衄，消水腫脚氣，通小便淋閉，理腸澼瀉痢，亦治黃疸，通乳汁，滑胎產，其功則專在清肺滲濕。然此石非能作汗，但濕汗得此而滲。亦非能止渴，但暑退則渴自止，張子和以為燥劑得之。

**清·嚴潔等《得配本草》卷一** 滑石 石韋為之使。惡曾青。制雄黃。甘淡，寒滑。入足太陽、陽明經。利毛腠之竅，清水濕之源，除三焦濕熱。治積熱吐衄，中暑煩渴，嘔吐瀉痢，淋閉乳難，水腫脚氣，諸瘡腫毒。得葱湯送下，治婦人轉脬。因過忍小便而致者。得藿香、丁香，治伏暑吐瀉。配枯白礬、煅石膏，摻陰汗，並治脚指縫爛。和車前汁塗臍，治小便不通。先以刀刮淨，研粉，用丹皮同煮，去丹皮，以東流水淘過，曬乾用。　燥熱精滑，孕婦，病當發表者，禁用。　怪症：　眼赤鼻脹，大喘，渾身發斑，毛髮如鐵，乃熱毒凝結於下焦。　用滑石、白礬各一兩，水三碗，煎服，不住飲。

**題清・徐大椿《藥性切用》卷七**　飛滑石　味淡寒滑，入足太陽而兼入肺經。　外通毛竅，內滌府熱，為清暑除煩、通竅利濕耑藥。　細研，水飛用。

**清・黃宮繡《本草求真》卷五**　滑石降上中下濕熱。　滑石耑入膀胱。　何以滑名，因其性滑而名之也。　滑石味甘氣寒，色白，服則能以清熱降火，通竅利便，生津止渴，為足太陽膀胱經藥。　故凡中暑積熱，嘔吐煩渴，黃疸水腫，脚氣淋閉，水熱瀉利，吐血衄血諸症，腫毒乳汁不通，胎產難下，服此皆能蕩熱除濕，通汁滑胎。同甘草，為六一散。　然其開竅利濕，不獨盡由小便而下，蓋能上開腠理而發表，腠理為肺所生。　是除上中之濕熱，下利便溺而行，是除中下之濕熱，熱去則三焦寧而表裏安，濕去則闌門通而陰陽利矣！　河間益元散六一散或加辰砂。　用此通治上下表裏諸病，其意在此。　滑石既屬滲利，如何又言止渴，因其濕熱既滲，則脾胃中和，而渴自止耳。　故書又載能理脾胃，義亦由此。　白而潤者良，石韋為使，宜甘草。　汪昂云：　凡走泄之劑，宜用甘草以佐。

**清・楊璿《傷寒溫疫條辨》卷六消劑類**　滑石桂府者佳。　味甘淡，氣寒性滑，降也，陰也。　入膀胱、大腸。　利六府之濇結。　六一散：　滑石六兩，甘草一兩，為末服。　分水道，逐凝血，行津液，利九竅，實大腸，清熱降火，墮胎亦捷。　煉石丹，治瘀脹屢效。　滑石三錢，琥珀三錢，陳石灰一兩，為末，水丸。　茶清送下二錢。　煩躁，青黛為衣。　心悶亂，丹砂為衣。

**清・羅國綱《羅氏會約醫鏡》卷一八金石水土部**　滑石味甘淡，氣寒，入肺、胃、大腸、膀胱四經。　利六腑之積滯，宣九竅之秘結，為蕩熱除濕之要劑。　上開腠理而發表，肺主皮毛，能除上中濕熱。　下走膀胱而利水。　能除中下濕熱，熱去則三焦寧而表裏和，濕去則小腸之下口名闌門者，自清濁分而流通矣。　治煩渴、滲去濕熱，則脾胃和而津液生。　中暑、嘔吐、泄瀉、水腫、黃疸、脚氣、皆濕熱也。　淋閉、普通石淋。　熱痢，六一散，加紅麯治赤痢，加乾薑治白痢。　通乳、墜胎性滑，一切濕爛瘡痛。　無故多服，滑精敗脾，戒之！

**清・陳修園《神農本草經讀》卷二上品**　滑石　氣味甘寒，無毒。　主身熱泄澼，女子乳難，癃閉，利小便，蕩胃中積聚寒熱，益精氣。　久服輕身，耐飢長年。

按：　滑石氣寒，得寒水之氣，入手足太陽。　味甘，入足太陰，且其色白兼入手太陰。　所主諸病，皆清熱利水之功也。　益精延年，言其性之循不比他種石藥偏之為害也。　讀者勿泥。

**清・黃凱鈞《藥籠小品》**　滑石　利毛竅，清濕熱從小便出，暑必挾濕，得甘草良。　今鋪中六一散，用漂滑石收甘草湯者佳。

**清・王龍《本草纂要稿・金石部》**　滑石　氣味甘寒，無毒。　利九竅，津液頻生。　行六腑，積滯不阻。　降心火而解煩渴，分水道以實大腸。　化食毒，去留結，積聚能除。　療黃疸，消水腫，脚氣並治。　逐凝血，止吐衄，生產克催。　開癃閉，治石淋，洩澼咸止。　入足太陽經。

**清・張德裕《本草正義》卷下**　滑石　甘，寒。　沉滑，入膀胱、大腸。　清三焦表裏之火，利六腑鬱熱之結。　分水道，通九竅，治熱瀉熱痢，淋閉白濁，水腫黃疸，諸濕爛瘡。　亦能通乳，墮胎。

**清・楊時泰《本草述鉤元》卷五**　滑石　廣之桂林各邑及猺峒中皆出之，山東蓬萊縣桂府村所出者亦佳瀕湖。　味甘，淡，氣寒。　入足太陽膀胱經，兼入足陽明、手少陰太陽陽明經。　主盪胃中積聚寒熱，去留結，利中，通九竅六腑津液，和血脈，益精氣，解燥渴。　除膈上煩熱，療身熱，泄澼，利小便癃閉淋瀝，及黃疸、水腫、脚氣，兼滑女子難產，下乳汁，妊娠小便轉脬。　治前陰竅塞不利，性沉重，能泄上氣令下行，用質之藥，故利竅不與諸淡滲藥同絜古。　屬金而有土與水。　無甘草以和之弗用。　金水相生，必藉於土。　能燥濕，分水道，實大腸，三句相因而言。　濕燥則水道分，水道分則大腸自實。　化食毒，行積滯，逐凝血，解煩渴，補脾胃，降心火之要藥也丹溪。　滑石甘淡入胃，滲走經絡，遊溢津氣，上輸於肺，下通膀胱。　肺主皮毛，為水之上源，膀胱司津液，氣化則能出，故滑石上能發表，去上中之熱與濕。　下利水道。　去中下之熱與濕。　為盪熱燥濕之劑，熱散則三焦寧而表裏和，濕去則闌門通而陰陽利。　河間用益元通治表裏上下諸病，蓋是此意瀕湖。　滑石，石中之得沖氣者，滑以利諸竅，通壅滯，下垢膩，甘以和胃氣，寒以散積熱。　甘寒滑利以合其用，是為祛暑散熱，利水除濕，消積滯，利下竅之要藥仲淳。　益元散，又名六一散、天水散、太白散。　解中暑、傷寒、疫癘，飢飽勞損，憂愁思慮，驚恐悲怒，傳染并汗後遺熱，勞復諸疾，兼解兩感傷寒，百藥酒食邪熱毒，治勞傷虛損，內傷陰痿，驚悸健忘，癇瘛煩滿，短氣痰嗽，肌肉疼痛，腹脹悶痛，淋閉濇痛，服石石淋。　凡身熱嘔吐，泄瀉腸澼，下痢赤白，除煩熱，及胸中積聚寒熱，止渴，消畜水，婦人産後損液，血虚熱甚，催生下乳，治吹乳乳癰，牙瘡齒疳。此藥大養脾腎之氣，通九竅六腑，去留結，益精氣，壯筋骨，和氣通經脈，消水穀，保真元，明耳目，安魂定魄，强志輕身，耐勞役飢渴，乃神驗之仙藥也。白滑石水飛過六兩，粉甘草一兩，為末，每服三錢，蜜少許，溫水調下。實熱，用新汲水調下；解利，用葱豉湯下；通乳，用猪肉麪湯調下；催生，用香油漿下。凡難産或死胎不下，皆由風熱燥澀，結滯緊斂，不能舒緩故也。此藥力至，則結滯頓開而瘥矣河間。如用以治痢，照《雷公炮製》，用丹皮同煮過，加丹砂水飛細末，每兩一錢，名辰砂六一散。治心經伏暑，下利純血，煩躁口渴，神昏不爽仲淳。

論：滑石屬金而有土與水。夫色白者金也，味甘者土也，氣寒者水也，金水相生，必藉土以致其用。《經》曰：味歸形，形歸氣。是味之甘者，歸於質之白，質之白者，歸於氣之寒也。由土而金，由金而水，此豈徒以滑竅利水，盡其用哉。《本經》謂其盪胃中積聚寒熱益精氣，《别録》曰令人利中，其義可參也。蓋其堅貞之性，本屬坤貞，而柔膩之質，又得坤柔，合之以為滑利，所以奏功若此。人身寒熱積聚，本由氣以有形，而脾胃患濕，又即積聚之氣所化也。滑石由質以化氣，俾濕去而中土得司運化之職，上至於肺以生金，還降入胃以行水，化則九竅六腑津液通而經脈舒，脾氣益暢矣，此所謂益精氣補脾胃者也。肺陰下降，則心火降矣。又其所謂大養脾腎之氣者，緣水土合德以立地，而合以為體者，實分以為用。濕為土病，水在土中也。即為水病，土又在水中也。濕行而水道分，脾與腎胥受其益，即《本經》所云益精氣者，固已包舉於此矣。又其能在去留滯，留滯之去，即以益脾氣，降心火，養腎氣，此中煞有妙理，知此則可以善其用，而不徒以去結行滯當之。大抵人身百病，療之者勿論寒熱虚實之劑，俱宜兼於清中道，清中道有用其氣者，有用其味者，有用其質者。如滑石則質以化氣，而效更捷。試舉其同用諸方，如寒涼宣泄，用之固多，乃在溫熱，辛溫，如胃脘痛之星半安中湯、白螺殼丸，脇痛之木通散，膏淋之沉香丸。辛熱，如中風之三因白散、中暑之大黄龍丸，勞淋之生附散。及補養如痰飲之半夏利膈丸，霍亂之桂苓白术散、桂苓甘露飲，脹滿之甘露飲，勞淋之黄芪湯、地黄丸。而亦同用之。正以人之血氣為病，留結於中道者，寧獨熱實為然，即虚寒而患於中道之留滯者，亦自不少。知虚寒亦藉以為用，則可以神而明之為中道利矣。觀於治滯下，益元散一入紅麴以和血行滯，名清六丸；一入乾薑以正氣辟濕，名溫六丸。或清或溫，因名思義，是寒與熱，俱藉為理也。

繆氏：病因陰精不足而内熱，致小水短赤不利，或煩渴身熱，由於陰虚火熾者，皆禁。脾腎俱虚者，雖作瀉，弗服。中氣虚陷宜升者，所宜致慎，多服使人小便多，精竅滑士材。

辨治：取白如凝脂，極軟滑者用。若理粗質硬，色青有黑點者，謂之斑石，不入藥。水飛過用，或有宜如雷公製者，因其證也。

**清・葉桂《本草再新》卷八** 滑石味辛，性涼，無毒。入肝、肺二經。清火化痰，利濕消暑，通經活血。止瀉痢嘔吐，消水腫火毒。

**清・趙其光《本草求原》卷二五石部** 滑石 甘益脾胃，寒入膀胱瀉熱，淡滲濕，白入肺，滑利九竅。能上發腠理，肺主皮毛。通肺胃之氣，下達膀胱，以清散濕熱。主身熱水瀉、乳難、癃閉、石淋，利小便、滑胎，中暑積熱，嘔吐煩渴，濕熱去，渴自止，若燥熱尿多而渴，宜滋潤，誤服則益甚。女勞黄疸。日晡發熱惡寒，小腹急，大便溏黑，額黑，同石膏研大麥汁服，尿利即愈。當汗不汗而鼻衄黑血，宜和營衛，俟血鮮，急以此飯為丸，水下。轉脬，忍尿而成，研，葱湯下。子淋。水和塗臍。伏暑吐瀉或瘧，同硫黄，麪糊丸，薑湯下；或同丁香、藿香研，米湯下。痘瘡狂亂、循衣摸床，益元散，加朱砂、冰片、麝香，燈心湯下。風毒熱瘡，遍身出黄水，為末敷。陰汗，同石膏、枯礬摻。趾縫爛，方同上。杖瘡腫痛，同赤石脂、大黄，茶湯洗淨貼之。熱毒怪病，目赤、鼻脹、大喘，渾身出斑，毛髮如鐵，此熱毒結於下焦，同白礬各一兩，水煎飲。水腫、脚氣，熱痢，六一散加紅麴治赤痢，加乾薑治白痢。金瘡出血，諸瘡腫毒，逐凝血，益精氣。津液通，而經脈舒，則肺脾之氣益暢；濕熱去，而水化行，則精氣亦布。故同甘草、朱砂名益元散，能安魂魄，壯筋骨，溫水同蜜調下。實熱，新水下；時氣，葱豉湯下。催生，香油、漿水下；通乳，豬肉麪湯下。難産由於風熱内結，斂滯不舒者，皆宜用之。惟元氣下陷，小便清利及精滑與陰虚内熱，致小便赤澀，雖作瀉，勿用。《經》言益精，謂邪熱去，精自復耳。無濕者不得混施。白而軟潤者良，水飛用。治痢，以丹皮同煮過，走泄太過，故和以甘草。

**清・葉志詵《神農本草經贊》卷一** 滑石 味甘，寒。主身熱洩澼，女子乳難癃閉。利小便，蕩胃中積聚寒熱，益精氣，久服輕身，耐飢長年。生山谷。

蕩穢滌瑕，滑為滯導。上合三焦，兩之九竅。可以樂飢，使我高蹈。白山卷山，鮮結皓耀。

宋務先疏：滌瑕蕩穢。《黃庭經》：上合三焦道飲漿。《周禮》：疾醫兩之以九竅。《詩》：可以樂飢。《左傳》：使我高蹈。名醫曰：生掖北白山，或卷山。《水經注》：粉水皓耀鮮潔。

**清·文晟《新編六書》卷六《藥性摘錄》** 滑石　味甘，氣寒。入膀胱。降上中下濕熱，治中暑積熱，嘔吐煩渴，黃疸水腫，脚氣淋閉，暑熱瀉利，吐血衄血。白而潤者良。〇宜甘草，石韋為使。

**清·劉東孟傳《本草明覽》卷七** 滑石　【略】按：滑石治渴，非實能止渴也。資其利竅，滲去濕熱，則脾氣冲和而渴自止耳。假如天令淫濕太過，人患小便不利而渴，止宜用此，以滲泄之。若無濕，小便不利而渴者，則內有燥熱，但宜滋潤。若誤服之，是愈亡津液而渴反盛矣，戒之。

**清·張仁錫《藥性蒙求·金石部》** 滑石三錢　滑石淡寒，利竅除煩。濕中兼熱，此品當推。淡滲濕，滑利竅，寒瀉熱。色白入肺，清其化源。而下走膀胱，以利水清暑。妊婦忌之。白而潤者良。

**清·戴葆元《本草綱目易知錄》卷七** 滑石　甘，寒。止渴躁濕，分水道，實大腸，化食毒，行積滯，逐凝血，解躁渴，補脾胃，降心火，利小便。上開腠理而發表，下走膀胱而行水，通九竅六腑津液，去留垢，蕩胃中積聚寒熱，為足太陽經本藥。治中暑寒熱，嘔吐，飽悶，黃疸水腫，癃閉，脚氣，水瀉熱痢，吐血衄血，女子乳難。金瘡血出，諸瘡腫毒。為湯熱燥濕之劑。偏主石淋為要藥。白潤者良，研水，漂用。【略】

益元散：【略】葆按：此散後人加漂朱砂一錢，名益元散，取其清心。加薄荷二錢，名雞蘇散，取其散肺。加青黛一錢，名碧玉散，取其涼肝。驗治瘋狗咬方，斑蝥七箇，糯米仝炒，米變色去米，用斑蝥去翅，末，和六一散三錢，陰陽水調下，毒物從小便打出，七日一服，三七日服，止病根除，一年忌聞鐘鼓。

**清·黃光霽《本草衍句》** 滑石　淡滲溼而分水道，滑利竅而通壅滯。上能利毛腠之竅，下能利精溺之竅。甘益氣而補脾，寒降火而瀉熱。降心火，清肺金。上行肺胃，開腠理表邪；下走膀胱，通六府津液。止渴止煩，中暑中暍。療黃癉脚氣水腫，蕩胃中積聚寒熱。嘔吐瀉痢，通乳滑胎。石淋五淋，石淋要藥。吐血衄血。為滌暑燥溼之長，成革夏徂秋之節。得石韋治石淋，得丹參、白蜜、猪脂為膏丸，空心酒下，臨產服，令胎滑易生，除煩渴心燥。　女勞黃癉，日晡發熱，惡寒，小腹急，大便溏黑，滑石、石（羔）〔膏〕，研末，麥冬汁服。　傷寒衄血，滑石末，飯丸，新汲水嚥下，立止。湯海叔公鼻衄，乃傷寒當汗不汗所致，其血紫黑時，不以多少，不可止之，且服溫和藥，調其榮衛，待血鮮時，急服此藥止之。　伏暑吐瀉，或吐，或瀉，或瘧，小便赤，煩渴，玉液散用滑石，燒四兩，藿香一錢，為末，米湯服。　熱毒怪病，目赤鼻脹大喘，渾身出班毛髮如鐵，乃因中熱毒結于下焦，用滑石、白礬各一兩，為末，作一服。

**清·陳其瑞《本草撮要》卷六** 滑石　味甘，寒，入足太陽經，功專發汗利小便。得甘草解暑止瀉，加紅麴治赤痢，加乾薑治白痢。凡脾虛下陷，及精滑有孕，病當發表者均忌，石韋為使，宜甘草。

**清·李桂庭《藥性詩解》** 賦得滑石利六腑之濇結得之字。田春芳。　滑石甘寒性，精遺最忌之。和中通竅效，利水去煩宜。

前題李慶霖　滑石能通濇，黃疸可用之。治淋兼治嘔，疏腑又疏肌。

按：滑石性寒而滑，甘平滲淡，功專清肺利水，通竅和中，解熱祛煩，除濕治淋。利六腑，宣九竅，為足太陽之本藥。并治黃疸水腫，嘔吐渴瀉。精滑者禁之。

## 陽起石

**宋·李昉《太平御覽》卷第九八七** 陽起石　《本草經》曰：陽起石，一名白石。味酸，微溫。生山谷。治崩中，補足內攣，臟中血結氣寒熱，腸痛，漏下無子，陰陽不合。生齊地。《吳氏本草》曰：陽起石或作羊字，神農、扁鵲：酸，無毒。桐君、雷公、岐伯：無毒。李氏：小寒。或生太山，或陽起山。採無時。

**宋·唐慎微《證類本草》卷四玉石部中品〔《本經·別錄·藥對》〕** **陽起石**　**味鹹**，**微溫**，無毒。**主崩中漏下**，**破子藏中血**，**癥瘕結氣**，**寒熱**，**腹痛**，**無子**，**陰痿不起**，**補不足**，療男子莖頭寒，陰下濕痒，去臭汗，消水腫。久服不飢，令人有子。**一名白石**，一名石生，一名羊起石，雲母根也。生齊山山谷及琅邪或雲山、陽起山。採無時。桑螵蛸爲之使，惡澤瀉、菌桂、雷丸、蛇蛻皮，畏菟絲。

〔梁·陶弘景《本草經集注》〕云：此所出即與雲母同，而甚似雲母但厚實爾。今用乃出益州與礬石同處，色小黃黑即礬石。雲母根未知何者是？俗用乃稀。仙經亦服之。

〔唐·蘇敬《唐本草》〕注云：此石以白色、肌理似殷孽，仍夾帶雲母綠潤者爲良，故《本經》一名白石。今有用純黑如炭者，誤矣。雲母條中既云黑者名雲膽，又名地涿，服之損人，黑陽起石必爲惡矣。《經》言生齊山，齊山在齊州歷城西北五六里，採訪無陽起石，陽起石乃齊山西北六七里盧山出之。《本經》云或雲山，雲，盧字訛矣。今泰山、沂州惟有黑者，其白者獨出齊州也。

〔宋・掌禹錫《嘉祐本草》〕按：《吳氏》云：陽起石，神農、扁鵲：酸，無毒。桐君、雷公、岐伯：鹹，無毒。季氏：小寒。或生泰山。楊損之云：不入湯。《藥性論》云：陽起石，惡石葵，忌羊血。味甘，平。主補腎氣，精乏腰疼，膝冷濕痹，能暖女子子宮久冷，冷癥寒瘕，止月水不定。蕭炳云：陽起石，臣。《南海藥譜》云：陽起石惟太山所出黄者絕佳，邢州鵲山出白者亦好。日華子云：治帶下，溫疫，冷氣，補五勞七傷。合藥時燒後水鍛用，凝白者爲上。

〔宋・蘇頌《本草圖經》〕曰：陽起石，生齊山山谷及琅邪或雲山、陽起山。今惟出齊州，他處不復有，或云邢州鵲山亦有之，然不甚好。今齊州城西惟一土山，石出其中，彼人謂之陽起山，其山常有溫暖氣，雖盛冬大雪徧境，獨此山無積白，蓋石氣熏蒸使然也。山惟一穴，官中常禁閉。至初冬，則州發丁夫，遣人監視取之。歲月積久，其穴益深，鑱鑿他石得之甚艱。以色白、肌理瑩明若狼牙者爲上。亦有夾他石作塊者不堪。每歲採擇上供之餘，州中貨之，不爾，市賈無由得也。貨者雖多，而精好者亦難得，舊說是雲母根，其中猶夾帶雲母，今不復見此色。古服食方不見用者，今補下藥多使之。採無時。

〔宋・唐慎微《證類本草》〕《丹房鏡源》：陽起石　可爲外匱。《青霞子》：陽起，治腎之疾。

**宋・寇宗奭《本草衍義》卷五**　陽起石　如狼牙者佳。其外色不白，如薑石。其大塊者，亦内白。治男子、婦人下部虚冷，腎氣乏絕，子藏久寒，須水飛研用。凡石藥，冷熱皆有毒，正宜斟酌。

**宋・王繼先《紹興本草》卷二**　陽起石　紹興校定：陽起石，出産土地不一，形塊大小不等，但以齊州色瑩白有撮紋者佳，又一種出青州，無撮紋者不堪。凡入藥，當須火煆用之。主治已載《本經》。李氏云小寒即誤也，當云味鹹、性熱、無毒是矣。

**宋・劉明之《圖經本草藥性總論》卷上**　陽起石　味鹹，微溫，無毒。主崩中漏下，破子臟中血癥瘕結氣，寒熱腹痛無子，陰痿不起，補不足。療男子莖中寒，陰下濕痒，去臭汗，消水腫。《藥性論》云：味甘，平。主補腎氣精乏，腰疼膝冷濕痺，能暖女子子宮久冷，冷癥寒瘕，止月水不定。蕭炳云：臣。日華子云：治帶下，溫疫冷氣，補五勞七傷。桑螵為之使。惡澤瀉、菌桂、石葵、雷丸、蛇蛻皮。畏菟絲。忌羊血。

**明・王綸《本草集要》卷五**　陽起石臣。雲母根也。味鹹，氣微溫，無毒。桑螵蛸為之使。惡澤瀉、菌桂、雷丸、蛇蛻、石葵，畏菟絲，忌羊血。形如狼牙，色白明（莹）〔瑩〕者佳。水飛，研用。主崩中漏下，補不足。破子臟中血癥瘕結氣，寒熱腹痛，無子，陰痿不起，莖頭寒，陰下濕癢臭汗，男子婦人下部虚冷，腎氣乏絕，子臟久寒。

**明・滕弘《神農本經會通》卷六**　陽起石　臣也。是雲母根。桑螵蛸為之使。惡澤瀉、菌桂、雷丸、蛇蛻、石葵，畏菟絲。忌羊血。以色白，肌理瑩明若狼牙者為上。水飛，研用。齊州，生齊山山谷及琅邪，或雲山、陽起山，今惟出齊州，他處不復有。《局》云：燒通赤，酒淬七次，研細，水飛。

味鹹，氣微溫，無毒。一云：味甘，平。東云：壯陽，暖子宫，療陰痿。楊損之云：不入湯。《本經》云：主崩中漏下，破子藏中血，癥瘕結氣，寒熱腹痛，無子，陰痿不起，補不足，療男子莖頭寒，陰下濕痒，去臭汗，消水腫，久服不飢，令人有子。《藥性論》云：主補腎氣精乏，腰疼膝冷，濕痺，能暖女子子宮久冷，冷癥寒瘕，止月水不定。日華子云：治帶下，溫疫，冷氣，補五勞七傷。合藥時，燒後水鍛，用凝白者為上。《集》云：主男子婦人下部虚冷，腎氣乏絕，子藏久冷。《衍義》曰：陽起石，如狼牙者佳。其外色不白，如薑石，其大塊者亦内白。治男子婦人下虚冷，腎氣乏絕，子藏久寒。須水飛，研用。凡石藥，冷熱皆有毒，正宜斟酌。《局》云：陽起山生陽起石，癥瘕腹痛效如神。壯陽補下宜男子，止漏除崩益女人。

**明・劉文泰《本草品彙精要》卷三**　陽起石無毒　土石生。

**陽起石**出《神農本經》：**主崩中漏下，破子臟中血，癥瘕結氣，寒熱腹痛，無子，陰痿不起，補不足。**以上朱字《神農本經》。療男子莖頭寒，陰下濕癢，去臭汗，消水腫，久服不飢，令人有子。以上黑字名醫所錄。

【名】白石、石生、羊起石。

【地】《圖經》曰：生齊山山谷及琅邪，或雲山、陽起山，今惟出齊州，他處不復有。或云邢州鵲山亦有之，然不甚好。今齊州城西惟一土山，石出其中，彼人謂之陽起山。其山常有溫暖氣，雖盛冬大雪遍境，獨此山無積白，蓋石氣熏蒸使然也。山惟一穴，官中常禁閉，至初冬則州發丁夫，遣人監視取之。歲月積久，其穴亦深，鑱鑿他石，得之甚艱。以色白肌理瑩明若狼牙者爲上。亦有挾他石作塊者不堪。每歲採擇上供之餘，州中貨之，不爾，市賈無由得也。貨者雖多，而精好者亦難得。舊說是雲母根，其中猶挾帶雲母，今不復見此色，古服食方不見用者，今補下藥多用之。陶隱居云：所出即與雲母同而甚似雲母，但厚實耳。《唐本》注云：此石以白色肌理似殷孽，仍夾帶雲母滋潤者爲良。故《本經》一名白石。今有用純黑如炭者，誤矣。雲母條中既云黑者名雲膽，又名地涿，服之損人。黑陽起石必爲惡矣。《經》言生齊山。齊山在齊州歷城西北五六里，採訪無陽起石。陽起石乃齊山西北六七里盧山出之。《本經》云或雲山，雲，盧字訛矣。今泰山、沂州惟有黑者，其白者獨出齊州也。《別錄》云：惟泰山所出黃者絕佳，邢州鵲山出白者亦好。【時】採：無時。【用】肌理瑩明者爲佳。【質】類雲母而厚實。【色】白。【味】鹹。【性】微溫。【氣】氣厚于味，陽中之陰。

【臭】朽。【主】扶陽益陰。【助】桑螵蛸爲之使。【反】惡澤瀉、菌桂、雷丸、蛇蛻皮、石葵。畏菟絲子。【製】火煅，水飛，研用，不入湯藥。【治】療：《藥性論》云：除濕痹，冷癥寒瘕，止月水不定。日華子云：止帶下，溫疫，冷氣。補：《藥性論》云：益腎氣，精乏，腰疼膝冷，暖女人子宮。日華子云：補五勞七傷。《衍義》曰：主男子婦人下部虛冷。【忌】羊血。

**明・許希周《藥性粗評》卷四**　春色頓回陽起石。

陽起石，雲母根也。生陽起山，故名。以色白肌理明瑩如狼牙者佳。採無時。桑螵蛸為之使，惡澤瀉、菌桂、雷丸、蛇蛻皮，畏菟絲。凡用火燒通赤，酒淬七次，研細，水飛過。味鹹，性微溫，無毒。主治寒熱腹痛，癥瘕結氣，水腫，男子陰痿不起，婦女崩中帶下，子宮久冷無子，補腎添精，壯元陽，利腰膝。

**明・鄭寧《藥性要略大全》卷八**　陽起石臣　暖子宮而壯陽，更毉陰痿。療崩漏、補不足，破子臟中血及癥瘕結氣，寒熱腹痛及陰痿無子者。味甘、平、微酸，氣溫，無毒。桑螵蛸為之使。惡澤瀉、菌桂、雷丸、蛇蛻、石葵，畏菟絲，忌羊血。形如狼牙，雲頭、兩脚鷺鶿毛者佳。凡用研過，水飛用。器盛之，用紙密覆其上，晒日下，其石自起停紙上者真也。拂下聽用。又云：即雲母根也。

**明・彭用光《體仁彙編》卷之四**　升陽起石法此法從未載方書，所以人多不曉，用光特録出之。　陽起石，不拘多少，先用頭燒酒浸一宿，次日取出，焙乾，每兩加樟冰三錢，同研一處，入黑油礶中，上以瓦盞盖口，口以石膏土子，即無名異，先用火煅通紅，研極細末，用醋調成膏子，加煅過，白鹽二三錢，為末，同攪極勻，將瓦盞用粗鐵綿札之，用前膏先塗下口縫一層，不可多，却用火在盞中炙乾，漸漸逐層加搽，以平盞口為度，入神仙爐中，漸漸發火，盞內用水搽，不可打動，燒炷半線香為度，慢慢退去爐磚，又不可震動，聽其冷定，輕輕取下，去鐵線，盞底上礶內輕輕掃下，其礶底下黑砂不用，只用掃升者，此法極妙。

神仙爐，用磚塊間花閣起，中用三釘各開四指地，是定三方，釘在當中，長八指，四指入地，上留四指高為度，磚又離釘周圍四指，團團疊起，平礶盞下為度，漸下發火燒之。　彭用光曰：凡升陽起石，必先學習砌神仙爐，法三五次方可着礶發火，就用燒線香炷半為則，斯完美矣。

**明・王文潔《太乙仙製本草藥性大全》卷六《本草精義》**　陽起石　一名白石，一名石生，一名羊起石，即雲母根也。生齊山山谷及琅邪，或雲山。陽起石今惟出齊州，他處不復有。或云邢州鵲山亦有之，然不甚好。今齊州城西惟一土山，石出其中，彼人謂之陽起山，其山常有溫暖氣，雖盛冬大雪徧境，獨此山無積白，蓋石氣熏蒸使然也。山惟一穴，官中常禁閉，至初冬則州發丁夫，遣人監視取之，歲月積久，其穴益深，鑱鑿他石，得之甚艱。以白色肌理瑩明若狼牙者爲上。又云：惟太山所出黃者絕佳，邢州鵲山白者亦好。有雲頭雨脚及鷺鶿毛者佳。欲試緊慢，絕細研，盛鋪有（祐）〔釉〕盆中，照當午日下，盆面溫，紙密掩，盆底文火微薰，升起粘紙者力洪，仍復在盆者力劣。惟畏菟絲，亦忌羊血。惡澤瀉、菌桂并蛇蛻、雷丸。

**明・王文潔《太乙仙製本草藥性大全》卷六《仙製藥性》**　陽起石臣。即雲母根。　味鹹，氣微溫，無毒。桑螵蛸爲使。主治：治腎氣乏絕，陰痿不舉殊功；破血瘕積凝，腹痛難抵立效。去陰囊濕癢，驅子臟冷寒。補不足精乏腰疼，膝冷濕痹；療女人漏下崩中，月水不定。去臭汗殊捷，消水腫最良。久服不飢，令人有子。按：《衍義》云：陽起石，如狼牙者佳。其外色不白，如薑石。其大塊者，亦內白。治男子、婦人下部虛冷，腎氣乏絕，子臟久寒。須水飛研用。凡石藥，冷熱皆有毒，正宜斟酌。

**明・張四維《醫門秘旨》卷一五《煆煉門》**　煉陽起石　用真陽起石煅紅，研為細末，入固濟罐內，上用鐵燈盞蓋頭封口，盞內用水，如乾搽盞，打火先文後武，三炷香盡，取出升起者入藥用。此醫家多不知製法，故不驗也。

**明・皇甫嵩《本草發明》卷五**　陽起石中品，臣。氣微溫，味鹹，無毒。一云味酸。云雲母石根也。　發明曰：　陽起石，性溫而味鹹，助陽氣，暖水藏之用也。故《本草》主陰痿不起，補不足，療男子莖頭寒，陰下濕痒，去臭汗，消水腫，女人下部虛冷，腎氣乏絕，子藏久寒，主崩中漏下，破子藏中血癥瘕結氣，寒熱腹痛，無子，久服不（肌）〔飢〕，令人有子。《藥性》云：　補腎氣精乏，腰痛膝冷，濕痺，暖女人子宮久冷，止月水不定。桑螵蛸為之使。忌羊血。惡澤瀉、菌桂、雷丸、蛇蛻皮。畏菟絲子。生齊山山谷及瑯琊。色白，肌理瑩明，若狼牙者為上。《衍義》曰：　研絕細，水飛過用。凡石藥冷熱苦，有毒，宜審。

**明·李時珍《本草綱目》卷一〇石部·石類下**　陽起石《本經》中品

〔釋名〕羊起石《別錄》　白石《本經》　石生《別錄》。時珍曰：　以能命名。

〔集解〕《別錄》曰：　陽起石生齊山山谷及琅琊或雲山，雲母根也。采無時。普曰：　生太山。弘景曰：……　此所出與雲母同，而甚似雲母，但厚異爾。今用乃出益州，與礬石同處，色小黃黑。但礬石、雲母根未知何者是？　俗用乃稀，仙經服之。恭曰：　此石以白色肌理似殷孽，仍夾帶雲母滋潤者爲良，故《本經》一名白石；　今用純黑如炭者，誤矣。雲母之黑者名雲膽，服之損人，則黑陽起石亦必惡矣。今齊山在齊州西北，無陽起石。石乃在齊山西北六七里盧山出之。《本經》雲山，〔雲〕或盧字訛也。太山、沂州惟有黑者，白者獨出齊州。珣曰：　今惟出齊州，他處不復有。齊州惟一土山，石出其中，彼人謂之陽起山。其山常有溫暖氣，雖盛冬大雪偏境，獨此山無積白，蓋石氣熏蒸使然也。山惟一穴，官中常禁閉。至初冬則州發丁夫，遣人監取。歲月積久，其穴益深，鑱鑿他石，得之甚難。以白色明瑩若狼牙者爲上，亦有挾他石作塊者不堪。每歲采擇上供之餘，州中貨之，不爾無由得也。貨者雖多，而精好者亦難得。舊說是雲母根，其中猶帶雲母，今不復見此矣。古方服食不見用者，今補下藥多使之。時珍曰：　今以雲頭雨脚輕鬆如狼牙者爲佳，其鋪茸茁角者不佳。建平王《典術》乃云，黃白而赤重厚者佳，雲母之根也。《庚辛玉册》云：　陽起，陽石也。齊州揀金山出者勝，其尖似箭鏃者力強，如狗牙者力微，置大雪中倏然没者爲真。

〔修治〕大明曰：　凡入藥燒後水煆用之，凝白者佳。時珍曰：　凡用火煆赤，酒淬七次，研細水飛過，日乾。亦有用燒酒浸過，同樟腦入罐升煉，取粉用者。

〔氣味〕鹹，微温，無毒。普曰：　神農、扁鵲：　酸，無毒。桐君、雷公、岐伯：　鹹，無毒。李當之：　小寒。權曰：　甘，平。之才曰：　桑螵蛸爲之使，惡澤瀉、菌桂、雷丸、石葵、蛇蛻皮，畏菟絲子，忌羊血，不入湯。

〔主治〕崩中漏下，破子臟中血，癥瘕結氣，寒熱腹痛，無子，陰痿不起，補不足《本經》。療男子莖頭寒，陰下濕痒，去臭汗，消水腫。久服不飢，令人有子《別錄》。補腎氣精乏，腰疼膝冷濕痹，子宮久冷，冷癥寒瘕，止月水不定甄權。治帶下温疫冷氣，補五勞七傷大明。補命門不足好古。散諸熱腫時珍。

〔發明〕宗奭曰：　男子婦人下部虛冷，腎氣乏絕，子臟久寒者，須水飛用之。凡石藥冷熱皆有毒，亦宜斟酌。時珍曰：　陽起石，右腎命門氣分藥也，下焦虛寒者宜用之，然亦非久服之物。張子和《儒門事親》云：　喉痹，相火急速之病也。相火，龍火也，宜以火逐之。一男子病纏喉風腫，表裏皆〔作〕，藥不能下。以涼藥灌入鼻中，下十餘行。外以陽起石燒赤、伏龍肝等分細末，日以新汲水調掃百遍。三日熱始退，腫始消。此亦從治之道也。

〔附方〕新三。　丹毒腫痒：　陽起石煆研，新水調塗。《儒門事親》。　元氣虛寒：　精滑不禁，大腑溏泄，手足厥冷。陽起石煆研、鍾乳粉各等分，酒煮附子末同麪糊丸梧子大，每空心米飲服五十丸，以愈爲度。《濟生方》。　陰痿陰汗：　陽起石煆爲末，每服二錢，鹽酒下。《普濟方》。

**題明·薛己《本草約言》卷二《藥性本草》**　陽起石　性溫而味鹹。助陽氣，暖水臟之用也。

**明·梅得春《藥性會元》卷下**　陽起石　味鹹，微溫，無毒。一名羊起石，即雲母根也。　主治崩中漏下，破子臟中血，癥瘕結氣，寒熱腹痛，暖子宮，以壯元陽，令人有子。療陰痿不起，補不足，及男子莖頭寒，陰下濕痒，去臭汗，消水腫，久服不飢。

**明·李中立《本草原始》卷八**　陽起石　生齊山山谷及琅琊，或雲山、陽起山。今惟出齊州，他處不復有。齊州一土山，石出其中，彼人謂之陽石山。其山常有溫暖氣，雖盛冬大雪偏境，獨此山無積白，蓋石氣熏蒸使然也。山惟一穴，官中常禁閉。至初冬則州發丁夫，遣人監取。歲月積久，其穴益深，鑱鑿他石，得之甚艱。以色白肌理瑩白若狼牙者為上。時珍曰：　陽起石，以能命名。　氣味：　鹹，微溫，無毒。　主治：　崩中漏下，破子臟中血，癥瘕結氣，寒熱腹痛，無子，陰痿不起，補不足。○療男子莖頭〔寒〕，陰下濕痒，去臭汗，消水腫。久服不飢，令人有子。○補腎氣精乏，腰疼膝冷，濕痹，子宮久冷，冷癥寒瘕，止月水不定。○治帶下，溫疫冷氣，補五勞七傷。○補命門不足，散諸熱腫。

陽起石，《本經》中品。【圖略】之才曰：　桑螵蛸為之使，惡澤瀉、菌桂、雷丸、石葵、蛇蛻，畏菟絲子，忌羊血。修治：　陽起石，擇色凝白，雲頭雨脚鷺鷥毛者，火煆酒淬七次，研細水飛過，日乾用。

《普濟方》：　治陰痿陰汗，陽起石火煆為末，每服二錢，鹽湯下。〔陽起石」：臣。

**明・羅周彦《醫宗粹言》卷四**　升陽起石法　揀選真正好陽起石，打碎，用好燒酒浸一宿，撈起，每兩樟腦二錢同研一處，入固濟陽城礶內，上用燈盞封口牢密，入百眼爐上，用水注盞，先文後武，打火二炷香，冷定取開，升盞者可用，沉重在底者勿用。

**明・張懋辰《本草便》卷二**　陽起石臣，雲母根也。　味鹹，氣微溫，無毒。惡澤瀉、菌桂、雷丸、蛇蜕、石葵、菟絲，忌羊血。　主崩中漏下，補不足，破子藏中血癥瘕結氣，寒熱腹痛，無子陰痿不起，莖頭寒，陰中濕痒、臭汗，男子、婦人下部虛冷，腎氣乏絕，子藏久冷。

**明・李中梓《藥性解》卷一**　陽起石　味鹹，性溫，無毒，入腎經。　主腎絕陰痿，崩中漏下，癥瘕結氣。　有雲頭雨脚及鷺鷥毛者真，桑螵蛸為使，畏菟絲，惡澤瀉、官桂、蛇蜕、雷丸，忌羊血。　按：　陽起石鹹溫之品，宜歸水臟。崩漏癥結，皆腎虛所致，故咸療之。　難得其真，勿宜悮用。

**明・繆希雍《本草經疏》卷四**　陽起石　味鹹，微溫，無毒。　主崩中漏下，破子藏中血，癥瘕結氣，寒熱腹痛，無子，陰痿不起，補不足，療男子莖頭寒，陰下濕痒，去臭汗，消水腫。　久服不飢，令人有子。白色瑩明若狼牙者為上，凡用，火煅酒淬七次，研細水飛，日乾。

〔疏〕陽起石稟純陽之氣以生。《本經》味鹹，氣微溫，無毒。　觀《圖經》所載：　齊州陽起山，其山常有暖氣，雖盛冬大雪徧境，獨此山無少積，蓋石氣熏蒸也。　其為氣之溫暖，當不甚微矣。　味鹹而氣溫，入右腎命門，補助陽氣，并除積寒宿血留滯下焦之聖藥，故能主崩中漏下，及破子臟中血，癥瘕結氣，寒熱腹痛，及男子莖頭寒，陰痿不起，陰下濕痒，令人有子也。　真陽足則五臟之氣充溢，邪濕之氣外散，故久服不飢，并去臭汗也。《別錄》又主消水腫者，蓋指真火歸元，則能暖下焦，熏蒸糟粕，化精微，助脾土以制水也。　〔主治參互〕同破故紙、鹿茸、膃肭臍、菟絲子、狗陰莖、肉蓯蓉、巴戟天，治命門虛寒，陰痿不起，精寒無嗣。　服之能令陽道豐隆，使人有子。　總治男子九醜之疾。　〔簡誤〕陰虛火旺者，忌之。　陽痿屬於失志，以致火氣閉密，不能發越而然，及崩中漏下由於火盛，而非虛寒者，竝不得服。

**明・倪朱謨《本草彙言》卷一二**　陽起石　味鹹，氣溫，無毒。　入右腎命門。

《別錄》曰：　陽起石，即雲母根也。　出齊山及雲山、泰山、琅玡諸山谷中。　蘇氏曰：　今唯齊州采取，他處不復見矣。　惟一土山，石出其中，彼人謂之陽起山。　其山嘗有暖氣，雖盛冬大雪，獨無積白，蓋石氣熏蒸使然也。山惟一穴，法禁不開。　每歲初冬，州官遣夫監采，第歲月久，其穴益深，鑱鑿他石，得之甚難。　以白色明瑩、雲頭雨脚，輕鬆若狼牙者爲上，黄色者亦佳。其中猶帶雲母者，稱上品也。　揀擇上供，剩餘者州人方貨出，不爾無由得也。《玉册》云：　齊州揀金出者爲勝，其尖似箭簇者力强，如狗牙者力微。　置雪中倏然没跡者爲真，塗紙上，飄然飛舉者，爲真。

陽起石：　壯元陽，暖子藏，甄權逐濕痹，健腰膝，王好古補養命門不足之藥也。　方龍潭曰：　此稟純陽之氣以生。　其山産石之處，冬不積雪，爲壯陽暖腎，逐濕除寒之用可知矣。　故前古主崩中漏下，癥瘕結氣，寒積腹痛，陰痿無子。《別錄》又主莖寒陰冷，陰汗濕癢，水腫腹脹。　大氏又主婦人冷帶宿血，男子五勞虛冷諸證。　凡屬陽衰氣冷精寒，血中無陽者，服之立見神功。倘涉陰虛有火，營虛血熱者，不宜服。

集方：　燕醫曒玄生傳治男子命門虛寒，精乏無子，婦人衝任不調，血虛不育，或有病腰膝冷疼，手臂麻木，水腫腹脹，奔豚疝瘕，莖寒囊冷，囊汗濕癢，大便溏泄，或癥瘕積聚，肚腹作痛，三陰久瘧，休息久痢，血崩帶漏，月水不定等疾。　用陽起石四兩，火燒酒淬三次，補骨脂、菟絲子、於白朮、巴戟天、枸杞子、鹿茸、人參、黄耆、當歸、茯苓各五兩，俱酒拌炒，研爲末，黑附子童便煮、肉蓯蓉、懷熟地，俱酒煮，俱搗膏，煉蜜和丸梧子大。　每早服三錢，白湯下。服之能令陽道豐隆，使人有子。　總治男婦虛冷百病。

**明・顧逢柏《分部本草妙用》卷五腎部・温補**　陽起石　鹹，溫，無毒。桑螵蛸為使，畏菟絲，惡澤瀉、桂、蛇蜕、雷丸。　忌羊肉。　有雲頭雨脚及鷺鷥毛者真。　主治：　腎絕陰痿，崩中漏下，癥瘕結氣。　暖腎强陽起陽，乃鹹溫之品，鹹歸腎，溫暖腎，故陰痿者宜之。　崩漏癥結，皆腎虛所致，故并治耳。但難得其真，慎勿悮用。

**明・李中梓《醫宗必讀・本草徵要下》**　陽起石味鹹，溫，無毒。入腎經。螵蛸為使，惡澤瀉、桂、雷丸、蛇脱，畏菟絲子，忌羊血。　火煅酒淬七次，水飛。　固精而壯元陽，益氣而止崩帶。　此石産處，冬不積雪，其熱可知。　雲頭兩脚鷺鷥毛，輕鬆如狼牙者佳，非命門火衰者勿用。

**明·盧之頤《本草乘雅半偈》帙四**　陽起石《本經》中品　氣味：鹹，微溫，無毒。　主治：主崩中漏下，破子藏中血，癥瘕結氣，寒熱在腹中，無子，陽痿不起，補不足。

覈曰：陽起石，雲母根也。出齊山，及雲山、泰山、琅琊諸山谷。今唯齊州采取，他處不復識之矣。僅一土山，石出其中，彼人謂之陽起山，其山嘗有暖氣，雖盛冬大雪，獨無積白，蓋石氣熏蒸使然也。山惟一穴，禁閉不開，每歲初冬，州官監采，第歲月積久，其穴益深，鑱鑿他石，得之甚難。以白色明瑩，雲頭雨脚，輕鬆若狼牙者為上，黄色者亦佳。其上猶帶雲母者稱絕品也。揀擇供上，剩餘者州人方貨之，不爾無繇得也。《庚辛玉冊》云：陽起，陽石也。齊州揀金山出者為勝。其尖似箭鏃者力強，如狗牙者力微，置雪中，倏然没跡者為真，寫紙上飄然飛舉者乃佳也。桑螵蛸為之使。惡澤瀉、菌桂、雷丸、石葵、蛇蜕皮。畏菟絲子。忌羊血。不入湯煎用。

条曰：起陽以為量，因名陽起石耳。蓋陰氣流行則為陽，陽氣凝聚則為陰，故主凝聚以為眚，流行以為用也。陽起，雲母根，高山，陽起母，雲母陽起，互相条勘，則知內守外使之為用矣。陽在外，陰之使也；陰在內，陽之守也。陰者，藏精而起亟；陽者，衛外而為固。陽起，兩得之矣。

**明·李中梓《本草通玄》卷下**　陽起石　鹹，溫。　主下部虛寒，助陽種子。火煅，水飛。

**清·顧元交《本草彙箋》卷一〇**　陽起石　乃右腎命門氣分之藥，下焦虛寒者用之。然亦非久服之物，陰虛火旺者禁用。

齊州有陽起山，其山常有暖氣，雖嚴冬大雪，此山無少積。山惟一穴，歲月積久，其穴益深，鑱鑿他石，得之甚難。以白色明瑩，若狼牙者爲上。挾他石作塊者，不堪用。火煅酒淬七次，研細，水飛，晒乾用。亦有用燒酒浸過，同樟腦入罐升煉，取粉用者。

**清·穆石匏《本草洞詮》卷三**　陽起石　乃雲母根也。山産此石，氣帶溫暖，大雪不積。蓋石氣薰蒸然也。以雲頭雨脚，輕鬆如狼牙者為佳。味鹹，氣微溫，無毒。入右腎命門氣分。治崩中漏下，陰痿，膝冷濕痺，冷癥寒瘕，男子婦人下部虛冷，子臟久寒者宜之。然非久服之物。張子和云：喉痺相火，急速之病也，宜以火逐之。一人病纏喉風腫，藥不能下，以涼藥灌入鼻中，下十餘行，外以陽起石燒赤，伏龍肝等分，細末，以新汲水調，埽百遍，三日熱退腫消，此從治之法也。

**清·劉雲密《本草述》卷五**　陽起石　《别錄》曰：陽起石生齊山山谷，及琅琊或雲山，雲母根也。　普曰：生太山。　頌曰：今惟出齊州采取，齊州即今濟南府。《輿圖備攷》云：雲母、陽起石俱出歷城縣濟南附郭首邑也。　他處不復識之矣。僅一土山石出其中，彼人謂之陽起山，其山嘗有暖氣，雖盛冬大雪獨無積白，蓋石氣熏蒸使然也。山惟一穴，禁閉不開，每歲初冬州官監取，第歲月積久，其穴益深，鑱鑿他石得之，甚難。以白色明瑩，雲頭雨脚，輕鬆若狼牙者為上。黄色者亦重其上。猶帶雲母者，稱絕品也。揀擇供上，剩餘者州人方貨之，不爾無由得也。《庚辛玉冊》云：陽起，陽石也。齊州揀金山出者為勝。其尖似箭簇者力強，如狗牙者力微。置雪中倏然没跡者為真，寫紙上飄然飛舉者乃佳也。　桑螵蛸為之使，惡澤瀉、菌桂、雷丸、石葵、蛇蜕皮，畏菟絲子。忌羊血。不入湯煎用。

氣味：鹹，微溫，無毒。　普曰：神農、扁鵲，酸，無毒。桐君、雷公、岐伯，鹹，無毒。李當之，小寒。　權曰：甘平。

主治：補命門不足，陰痿不起，及腰疼膝冷，溼痹，婦人子宮久冷，冷癥寒瘕，止月水不定，並結氣寒熱，腹疼無子。　宗奭曰：男子婦人下部虛冷，腎氣乏絕，子臟久寒者，須水飛用之。凡石藥，冷熱皆有毒，亦宜斟酌。

時珍曰：陽起石，右腎命門氣分藥也。下焦虛寒者宜用之。然亦非久服之物，張子和《儒門事親》云：喉痺，相火急速之病也。相火，龍火也，宜以火逐之。一男子病纏喉風腫，表裏皆藥，不能下，以涼藥灌入鼻中，下十餘行，外以陽起石燒赤伏龍肝，等分，細末，日以新汲水調，掃百遍，三日熱始退，腫始消，此亦從治之道也。　之頤曰：陽在外，陰之使也。陰在內，陽之守也。陰者，藏精而起亟，陽者衛外而為固，陽起兩得之矣。　希雍曰：陽起石稟純陽之氣以生。《本經》味鹹，氣微溫，無毒。然觀《圖經》所載，其出石之山，雖大雪不凝，觀其外蒸之氣，則得溫氣，當不甚微矣。味鹹而氣溫，入右腎命門，補助陽氣，并除積寒，宿血畱滯，下焦之聖藥。同補命門虛寒，諸藥治陰痿不起，精寒無嗣，服之能令陽道豐隆，使人有子，總治男子九醜之疾。

愚按：陰陽之賦氣，陰降而陽升。則凡物之稟陽氣盛者，無不上行也。唯是石類乃為殊異，要亦此山氣之有獨鍾而凝，為斯石所謂形歸氣，則其所異者，在此山之氣如溫泉之類，不多有也。惟取其氣，故取其輕鬆若狼牙，又置雪中自化，寫紙上紙即飛舉者為佳也。夫陽火出於地中，宜其補命門不足，而起男子陰痿，暖婦人子宮冷矣。至男子之腰脊冷痛，女子之子臟痼冷，癥瘕氣寒，崩漏等證，皆取其上升之陽，動而不詘之氣化，以對待之，豈僅取其頑然一石之質哉？苐蘇頌已謂其難得，迄今又可知矣。用其贋者，不如勿用之為愈也。

希雍曰：陰虛火旺者忌之。陽痿屬於失志，以致火氣閉密，不得發越而然，及崩中漏下，由於火盛而非虛寒者，並不得服。

修治　用火煅透紅，研極細如麪，水飛過，日乾用。

**清・郭章宜《本草匯》卷一八**　陽起石　味鹹，微溫，有毒。補命門，散濕痺。治腰膝寒疼，療精滑陰痿。

按：陽起石，稟純陽之氣。其產處之山，冬不積雪，則氣之溫暖可知。入右腎，補助陽氣，併除積寒宿血留滯下焦之聖藥也。然亦非久服之物，陰虛火旺者忌之。

齊州揀金山出者勝。凝白者佳。火煅酒淬七次，研細，水飛乾用。桑螵為之使。惡澤瀉、菌桂、雷丸、蛇蛻。畏菟絲子。忌羊血。不入湯。

**清・蔣居祉《本草擇要綱目・溫性藥品》**　陽起石凡入藥，燒後水煅用之，凝白者佳。又用火中煅赤，酒淬七次，研細，水飛過，日乾。亦有用燒酒浸過，同樟腦入罐升煉取粉用者。　氣味：鹹，微溫，無毒。　主治：崩中漏下，破子臟中血癥瘕結氣，寒熱腹痛，無子，陰痿不起，補不足，療男子莖頭寒，陰下濕痒，去臭汗，消水腫，久服不飢，令人有子。補腎氣，精乏腰疼，膝冷濕痹，子宮久冷，冷癥寒瘕，止月水不定，治帶下溫疫冷氣。補五勞七傷，補命門不足。散諸熱腫。

**清・蔣居祉《本草擇要綱目・溫性藥品》**　陽起石凡入藥，燒後水煅用之。凝白者佳。亦有用燒酒浸過，同樟腦入罐升煉，取粉用者。　氣味：鹹，微溫，無毒。

主治：男子婦人下部虛冷，腎氣乏絕，子臟久寒。右腎命門氣分藥也，下焦虛寒者宜用之。須水飛用之。凡石藥冷熱皆有毒，務宜斟酌，即用亦非久服之藥。

**清・王翃《握靈本草》卷一**　陽起石出齊州。黃白而赤，其尖如箭簇者力強，如狗牙者力微。一云：頭脚輕鬆如狼牙者佳。凡使煅極紅，研極細。　主治：陽起石，鹹，微溫，無毒。主崩中漏下，破子臟中癥瘕結氣，寒熱腹痛，無子，陰痿。

**清・汪昂《本草備要》卷四**　陽起石重，補腎命。　鹹，溫。補右腎命門。治陰痿精乏，子宮虛冷，腰膝冷痹，水腫癥瘕。寇宗奭曰：凡石藥冷熱皆有毒，宜酌用。按：《經》曰：石藥發癲，芳草發狂。芳草之氣美，石藥之氣悍。二者相遇，恐內傷脾。　出齊州陽起山，雲母根也。雖大雪遍境，此山獨無。以雲頭雨脚、鷺鷥毛、色白滋潤者良。真者難得。火煅醋淬七次，研粉，水飛用。亦有用燒酒、樟腦升煉取粉者。桑螵蛸爲使，惡澤瀉、菌桂，畏菟絲子，忌羊血。

**清・陳士鐸《本草新編》卷五**　陽起石最難得真，必得真者，依法配合方驗。

陽起石：非雲母石之根也。明透者佳。味甘，氣平，有毒。入命門。治腎氣乏絕，陰痿不舉，破血瘕積凝腹痛，去陰囊濕癢，驅子宮冷寒。〔此物〕雖溫補命門，而製之不得法，反能動燥，受害無窮。金石之藥，所以不及草木之味。然而亦有不可不服金石之時，乃陰寒無火之人，又加天厭之客也。天厭之客，為天所厭絕。吾人行醫，必欲使其陽道修偉，不幾受逆天之愆乎。不知醫道之大，實能參天地之窮。苟人心悔吝，上至格天，而竟無法以挽回，使其天厭終身，後嗣絕滅，亦失愛育之至仁也。故吾註《本草》，不得不闡發陽起石之奇，蓋此物製之得宜，實可使天厭者重新再造，非草木之藥可比也。其法用陽起石一兩，先用驢鞭肉汁煮三炷香取起，于白炭火燒紅，即于驢鞭汁淬之七次，而陽起石可用矣。同驢肉汁入之于人參、芪、术、茯神、菟絲、龍骨、熟地、枸杞、山茱〔萸〕、杜仲、破故紙之中，自然重新長肉，改換筋膜，內陽既興，外陽亦出，必非從前細小之勢矣。倘舍驢鞭之汁煅煉陽起石，雖亦能取效，止可興平常之陽，不能興天厭之陽也，且口乾舌燥，亦所不免，非瘡瘍之生，即消渴之患矣。

或問：陽起石，但知其興陽，未聞其能改造天厭，先生之論自應奇絕，但未知曾有驗之者否？曰：天有缺陷，煉石可以補天，豈人有缺陷，煉石獨不可以補人乎？其有驗有不驗者，因人有善不善也。陽起石之能改造天厭，又何必過疑哉。

或問：先生傷人死于貪生，戒丹砂之不可輕用，何于陽起石而表揚其奇，無乃有導淫之失乎。曰：吾尚論《本草》，功過不掩。丹砂實有過，予不敢隱。陽起石實有功，予亦不敢沒。至人之生死，人自取之，于予何譏乎。

**清・李熙和《醫經允中》卷一九**　陽起石　桑螵蛸為使。畏菟絲子。惡澤瀉、桂。忌羊肉。　鹹溫，無毒。主治精乏陰痿，癥瘕結氣，暖腎強陽。難得真者，慎勿輕用。

**清・张璐《本經逢原》卷一**　陽起石《本經》名白石。　鹹，溫，無毒。色白，揉之如綿不脆者真，質堅脆者即偽。煅過，燒酒淬七次，杵細，水飛用。《本經》主崩中漏下，破子藏中血，癥瘕結氣，寒熱腹痛，無子，陰痿不起，補不足。　發明：　陽起石乃雲母之根，右腎命門藥，下焦虛寒者宜之。黑錫丹用此，正以補命門陽氣不足也。《本經》治崩中漏下，陽衰不能統攝陰血也。又言破子藏中血，癥瘕結氣，是指陰邪畜積而言。用陽起石之鹹溫，散其所結，則子藏安和，孕自成矣。陰虛火旺者忌用，以其性專助陽也。

**清・張志聰、高世栻《本草崇原》卷中**　陽起石　氣味鹹，微溫，無毒。主治崩中漏下，破子臟中血，癥瘕結氣，寒熱腹痛無子，陰痿不起，補不足。　陽起石乃雲母根也。出齊州之齊山、盧山及太山、雲山、沂州、琅琊諸山谷。今唯齊州采取，他處不復識之矣。齊州僅一土山，石出其中，彼人謂之陽起山。其山常有暖氣，雖盛冬大雪遍境，獨此山無積白，蓋石氣薰蒸使然也。山唯一穴，官司常禁閉，每發冬初，州發丁夫，遣人監取上供，歲月積久，其穴益深，鑱鑿他石得之甚難。以白色明瑩，雲頭雨脚輕鬆，如狼牙者為上。黃色者亦重，其上猶帶雲母者，絕品也。揀擇供上，剩餘者州人方貨之，不爾，無由得也。置雪中倏然沒跡者為真。畫紙上於日下揚之飛舉者，乃真佳也。　陽起石者，此山之石，乃陽氣之所起也，故大雪遍境，而山無積白。有形之石，陽氣所鍾，故置之雪中，倏然沒跡，揚之日下，自能飛舉。主治崩中漏下者，崩漏為陰，今隨陽氣而上升也。破子臟中血，及癥瘕結氣者，陽長陰消，陽氣透發，則癥結破散矣。婦人月事不以時下，則寒熱腹痛而無子。陽起石貞下啟元，陰中有陽，陰陽和而寒熱除，月事調而生息繁矣。男子精虛，則陰痿不起。陽起石助陰中之陽，故治陰痿不起，而補腎精之不足。

**清・徐大椿《神農本草經百種錄》中品**　陽起石　味鹹，微溫。主崩中漏下，寒滑之病。破子藏中血，癥瘕結氣，寒熱腹痛，無子，凡寒凝血滯之病，皆能除之。陰痿不起，補不足。強腎補陽益氣。　陽起石得火不然，得日而飛；硫黃得日無焰，得火而發。皆為火之精，而各不同。蓋陽起石稟日之陽氣以成，天上陽火之精也；硫黃稟石之陽氣以成，地上陰火之精也。所以硫黃能益人身陰火之陽，陽起石能益人身陽火之陽也。五行各有陰陽，亦可類推。

**清・黃元御《玉楸藥解》卷三**　陽起石　味鹹，微溫。入足少陰腎、足厥陰肝經。起痿壯陽，止帶調經。陽起石溫暖肝腎，強健宗筋。治寒疝冷瘕，崩漏帶下，陰下濕癢，腰膝酸疼，腹痛無子，經期不定。

**清・吳儀洛《本草從新》卷五**　陽起石〔重，補腎命。〕　鹹，溫。補右腎命門。治陰痿精乏，子宮虛冷，腰膝冷痺，水腫癥瘕。命門火衰者可暫用之。宗奭曰：凡石藥，冷熱皆有毒，宜酌用。《經》曰：石藥發癲，芳草發狂；芳草之氣美，石藥之氣悍；二者相遇，恐內傷脾。　出齊州陽起山。雲母根也，雖大雪遍境，此山獨無。以雲頭雨脚、鷺鶿毛、色白濕潤者良。真者難得。火煅，醋淬七次，研粉水飛，亦有用燒酒、樟腦升煉取粉者。桑螵蛸為使。惡澤瀉、菌桂。畏菟絲子。忌羊血。

**清・汪紱《醫林纂要探源》卷三**　陽起石　鹹辛，溫。出泰山雲門，有此石處霜雪不積。以雲頭雨脚，鷺鶿毛色白滋潤者良。火煅，醋淬七次，研細水飛。或以燒酒、樟腦合之，入罐升煉，取粉用。　補命火，瀉積水，攻禁閉之痼冷，起欲絕之微陽。　治陰痿，煖子宮，健腰膝，去寒痺，行水腫，攻癥瘕。性悍，勿妄用。

**清・嚴潔等《得配本草》卷一**　陽起石　桑螵蛸為之使。畏菟絲子。惡澤瀉、雷丸、菌桂、石葵、蛇蛻皮。忌羊血。　鹹，溫。入命門。治下焦虛冷，陰痿，腰痺，崩漏，癥結。腎氣不攝則漏，腎氣不運則結。　配伏龍肝，水調掃纏喉風。更以涼藥灌入鼻中。配鍾乳粉、附子，治元氣虛寒。　雲頭雨脚及鷺鶿毛者真，色白滋潤者良。煅赤，酒淬七次，研細，水飛過，日乾用。不入湯。氣悍有毒，不宜輕用。

**清・黃宮繡《本草求真》卷一**　陽起石補火逐寒，宣淤起陽。　陽起石耑入命門。即雲母根也。雖大雪遍境，此山獨無，稟純陽之氣以生，味鹹氣溫，無毒，能補命門相火。凡因火衰寒氣內停，宿血留滯，而見陰痿精滑，子宮虛冷，腰膝冷痺，水腫癥瘕，服此即能有效，以其性稟純陽者故耳！是以育龜丸用此以為嗣續宗祧之基。陽起石合石龍子、蛤蚧、生犀角、生附子、草烏頭、乳香、沒藥、血竭、細辛、黑芝麻、五倍子為末，生鱔魚血為丸，硃砂為衣，每日空心酒下百丸。不可以房術論也，功雖類於硫黃，但硫黃太熱，號為火精，此則其力稍遜，而於陽之不能起者克起，陽起之號，於是而名。出齊州，雲頭雨脚鷺鶿毛色白，滋潤者良。火煅醋淬七次，研粉水飛用。宗奭曰：石藥冷熱皆有毒，亦宜斟酌。　桑螵蛸為使，惡澤瀉、菌桂、雷丸、石葵、蛇皮。惡菟絲。忌羊血。不入湯劑。

**清·羅國綱《羅氏會約醫鏡》卷一八金石水土部**　陽起石味鹹，氣溫，入右腎命門。以鹹溫之性，補相火而壯元陽。治陰痿精乏，子宮虛冷，腰膝無力，血積癥瘕，崩中漏下。多屬火虧。出齊州陽起山，冬不積雪，其氣之溫暖可知。以雲頭雨脚、鷺鷥毛、色白滋潤者良，真者難得。火煅，醋淬七次，研末，水飛用。桑螵蛸為使，惡澤瀉、桂、雷丸，畏菟絲子，忌羊血。命火旺者忌用。

**清·楊時泰《本草述鉤元》卷五**　陽起石　雲母根也。生泰山、齊山山谷及瑯琊。今惟出齊州。即濟南府歷城。其山常暖，冬不積雪。每歲初冬，州官監取，積久穴深，鑱鑿他石，得之甚難。以白色明瑩，雲頭雨脚，輕鬆若狼牙者為上。黄色者亦重，其上猶帶雲母者，稱絕品也《別録》、頌。起為陽石，齊州揀金山出者最勝，其尖似箭簇者力強，如狗牙者力微，置雪中倏然沒跡，寫紙上飄然飛舉者真《庚辛玉冊》。

氣味鹹溫。右腎命門氣分藥也。桑螵蛸為之使。惡澤瀉、菌桂、雷丸、石葵、蛇蜕，畏菟絲，忌羊血。補命門不足，治陰痿不起，及腰疼膝冷濕痹，婦人子宮久冷，冷癥寒瘕，止月水不定，並結氣寒熱，腹疼無子。男婦下部虛冷，腎氣乏絕，子臟久寒者用之。然石藥冷熱皆有毒，亦宜斟酌宗奭。且非久服之物瀕湖。喉痹為相火急速之病。相火，龍火也，宜以火逐之。一人病纏喉風，表裏皆腫，藥不能下，用涼藥灌鼻中，下十餘行，外以陽起石、伏龍肝等分研細，新汲水調，日掃百遍，三日熱始退，腫始消。此亦從治之道也子和。陽在外，陰之使也。陰在內，陽之守也。陰者藏精而起亟，陽者衛外而為固，陽起兩得之子由。稟純陽之氣以生。《本經》云氣微溫，然觀出石之山，大雪不凝，則其溫氣，當不甚微矣。鹹溫入右腎，補助陽氣，為除積寒、宿血留滯下焦之聖藥仲淳。陰痿不起，精寒無嗣者，同溫補藥服之，能令陽道豐隆，總治男子九醜之疾，使人有子。

論：凡物之稟陽氣盛者，無不上行，此山氣有獨鍾而凝為斯石。如溫泉之類不多有。用之者惟取其氣，故以輕鬆若狼牙，着紙即飛舉者為佳。夫陽火出於地中，宜其補命門不足，起陰痿，暖子宮，為男女下焦之聖藥。種種證治，皆取其上升之陽，動而不詘之氣化，以對待之。第蘇頌時已謂難得，迄今用其贋者，不如弗用之為愈也。陰虛火旺者忌之，陽痿屬於失志，火氣閉密不得發越而然。崩漏由於火盛者，並不得服仲淳。

修治：不入湯煎，火煅透紅，研極細如麪，水飛過，日乾用。

**清·葉桂《本草再新》卷八**　陽起石味鹹，性溫，無毒。入腎經。暖命門，治陰痿精乏，子宮虛冷，腰膝冷痺，水腫癥瘕。

**清·趙其光《本草求原》卷二五石部**　陽起石　味鹹，入腎，氣溫，無毒，達肝。所產之山，雪不能到。形輕鬆，若狼牙，是陽氣上行，動而不詘也。故補命門陽氣，黑錫丹用。陰痿精乏，莖冷精滑，泄瀉陰汗，同鍾乳、附子酒煮，麵糊丸。崩漏，陽不攝陰。子宮虛冷，血結癥瘕，陰邪內蓄。腹痛無子，腰膝冷痹，水腫，喉痹，纏喉風腫。煅，同伏龍肝新汲水調搽，此龍火上沖，宜熱藥從治也。出齊州，色白瑩潤，雲頭雨脚者良。但陽起山久奉官監，真者難得，今取別產色白，揉之如綿者用；堅脆者無功。火煅，醋淬，研細，水飛用。或以樟腦酒升煉取粉。桑蛸為使。惡澤瀉，畏菟絲，忌羊肉。

**清·葉志詵《神農本草經贊》卷二**　陽起石　味鹹，微溫。主崩中漏下，破子藏中血，癥瘕結氣，寒熱腹痛，無子，陰痿不起，補不足，(句)〔拘〕攣。一名白石。生山谷。

氣結熇蒸，山恒陽霽。根駐雲叢，鋒銷雪瘞。鑿選狼牙，毒祛蛇蜕。握白提清，芟除黑翳。

揚雄文：涬瀉雲而散熇蒸。注：氣上出也。潘岳賦：陽霽則吐霞耀日。蘇頌曰：齊州陽起山，常有溫暖氣，盛冬大雪，此山獨無。陶弘景曰：甚似雲母，但厚異耳。李嶠詩：山類叢雲起。《庚辛玉冊》：尖似箭鏃者力強，置大雪中，倏然沒者為真。李時珍曰：輕鬆如狼牙者佳。李之才曰：使用惡蛇蜕皮。《抱朴子》：懷黄握白，提清挈肥。日華子曰：凡入藥凝白者佳。蘇恭曰：今用純黑如炭者誤矣。

**清·文晟《新編六書》卷六《藥性摘録》**　陽起石　鹹，溫。入命門，補火逐寒，宣瘀起陽。○火服，醋淬七次，研粉，水飛用。惡澤(泄)〔瀉〕、箘桂、雷丸、兔絲、羊血。不入湯劑。

**清·戴葆元《本草綱目易知録》卷七**　陽起石　鹹，微溫。達命門，補不足。治下焦虛寒，補腎氣精乏，陰痿不起，腰疼膝冷，男子莖頭寒，陰下濕痒。女子崩漏，子宮久冷，冷癥寒瘕，破子臟中血，癥瘕結氣寒熱，腹痛無子，止月水不定，帶下，溫疫冷氣，除濕痹，消水腫，去臭汗，散諸熱腫。忌羊血。凡用火煅，酒淬七次。但係石類，不宜久服。

**清·陳其瑞《本草撮要》卷六**　陽起石　鹹，溫，入足少陰經，功專補右腎命門。治陰痿精乏，子宮虛冷，腰膝冷痹，水腫瘕癥。煅淬研粉，新汲水調塗丹毒腫痒。桑螵蛸為使，惡澤瀉、菌桂，畏菟絲子，忌羊血。

### 不灰木

**宋・唐慎微《證類本草》卷五玉石部下品〔宋・馬志《開寶本草》〕** 不灰木 大寒。主熱痱瘡，和棗葉、石灰爲粉，傅身。出上黨。如爛木，燒之不然，石類也。今附。

〔宋・蘇頌《本草圖經》〕曰： 不灰木，出上黨，今澤、潞山中皆有之，蓋石類也。其色青白如爛木，燒之不然，以此得名。或云滑石之根也，出滑石處皆有，亦名無灰木。採無時。今處州山中出一種松石，如松幹而實石也，或云松久化爲石，人家多取以飾山亭，及琢爲枕。雖不入藥，然與不灰木相類，故附之。

〔宋・唐慎微《證類本草》〕陳藏器： 要燒成灰，即斫破，以牛乳煮了便燒，黃牛糞燒之成灰。中和二年，於李宗處見傳。《丹房鏡源》云： 不灰木煮汞。

**宋・王繼先《紹興本草》卷二** 不灰木 紹興校定： 不灰木，石類也。以其形如爛木，燒之不燃，故以為名。《本經》止云大寒，主熱痱瘡，而不云入服餌。今若外用之，當以性寒、無毒是矣。

**明・王綸《本草集要》卷五** 不灰木 性大寒。如爛木，燒之不燃，石類也。主熱痱瘡，和棗葉、石灰為粉，傅身。

**明・滕弘《神農本經會通》卷六** 不灰木 如爛木，燒之不然，石類也。或云： 滑石之根。《本經》云： 大寒。主熱痱瘡，和棗葉、石灰為粉，傅身。

**明・劉文泰《本草品彙精要》卷六** 不灰木

不灰木： 主熱痱瘡。和棗葉、石灰爲粉，傅身。名醫所錄。【名】無灰木。【地】《圖經》曰： 出上黨，今澤潞山中皆有之，蓋石類也。其色青白如爛木，燒之不然，以此得名。或云滑石根也，出滑石處皆有之。亦名無灰木，今處州山中出一種松石，如松幹而實石也。或云松久化爲石，人家多取以飾山亭及琢爲枕，雖不入藥，然與不灰木相類，故附之。【時】採： 無時。【質】類爛木。【色】青白。【味】淡。【性】大寒。【氣】氣味俱薄，陰也。【臭】朽。【主】傅熱瘡。【製】陳藏器云： 細研入藥用。要燒成灰，即斫破，以牛乳煮了，用黃牛糞燒之，便成灰也。

**明・許希周《藥性粗評》卷三** 癩風起焰，木安得於不灰。

不灰木，形如爛木，燒之不燃，蓋石類也。或曰滑石之根也。出上黨。採無時。味甘，性大寒，無毒。主治癩風熱痱，諸般腫毒。

單方： 癩風： 凡患風癩諸瘡，遍身瘙癢者，以不灰木和棗葉、石灰為粉，遍身傅之，良。

**明・鄭寧《藥性要略大全》卷八** 不灰木 性大寒，主熱痱瘡，即痱子，俗云汗湊子。形如爛木，燒之不燃，石類也。和棗葉、石灰為粉，傅痱子。

**明・王文潔《太乙仙製本草藥性大全》卷六《本草精義》** 不灰木 出上黨，今澤、潞山中皆有之。蓋石類也。其色青白如爛木，燒之不燃，以此得名。或云滑石之根也，出滑石處皆有，亦名無灰木。採無時。今處州山中出一種松石，如松幹而實石也，或云松久化爲石，人家多取以飾山亭及琢爲枕。雖不入藥，然與不灰木相類，故附之。 陳藏器云： 要燒成灰，即斫破以牛乳煮了，便燒黃牛糞燒之成灰。中和二年於李宗處見傳。

**明・王文潔《太乙仙製本草藥性大全》卷六《仙製藥性》** 不灰木 氣大寒，無毒。 主治： 主熱痱瘡，和棗葉、石灰爲粉傅身。

**明・皇甫嵩《本草發明》卷五** 不灰木下品。大寒。 主熱痱瘡，和棗葉、石灰為粉，傅身。出上黨，如爛木，色青白，燒之不然。要燒成灰，砍破，以牛乳煮□，便燒黃牛糞，燒之成灰。

**明・李時珍《本草綱目》卷九石部・石類上** 不灰木宋《開寶》

【釋名】無灰木見下。 【集解】頌曰： 不灰木出上黨，今澤、潞山中皆有之，蓋石類也。其色白，如爛木，燒之不然，以此得名。或云滑石之根也，出滑石處皆有之。采無時。藏器曰： 要燒成灰，但斫破，以牛乳煮了，黃牛糞燒之，即成灰。時珍曰： 不灰木有木、石二種： 石類者其體堅重，或以帋裹蘸石腦油然燈，徹夜不成灰，人多用作小刀靶。《開山圖》云： 徐無山出不灰之木，生火之石。山在今順天府玉田縣東北。《庚辛玉册》云： 不灰木，陰石也。生西南蠻夷中，黎州、茂州者好，形如針，文全若木，燒之無烟。此皆言石者也。伏深《齊地記》云： 東武城有勝火木，其木經野火燒之不滅，謂之不灰木。楊慎《丹鉛録》云：《太平寰宇記》云： 不灰木俗多爲鋌子，燒之成炭而不灰，出膠州。其葉如蒲草，今人束以爲燎，謂之萬年火把。此皆言木者也。時珍常得此火把，乃草葉束成，而中夾松脂之類，一夜僅燒一二寸爾。

【氣味】甘，大寒，無毒。獨孤滔曰： 煮汞，結草砂，煅三黃，匱五金。 【主治】熱痱瘡，和棗葉、石灰爲粉，傅之《開寶》。除煩熱陽厥時珍。

【發明】時珍曰： 不灰木性寒，而同諸熱藥治陰毒。劉河間《宣明方》，治陽絕心腹痞痛，金針丸中亦用服之。蓋寒熱並用，所以調停陰陽也。

〖附方〗新四。　肺熱欬嗽：　卧時盛者。不灰木一兩半，太陰玄精石二兩，甘草炙半兩，貝母一兩半，天南星白礬水煮過半兩，爲末。每服半錢。薑湯下。《聖濟録》。　咽喉腫痛：　五心煩熱。不灰木以牛糞燒赤四兩，太陰玄精石煅赤四兩，真珠一錢，爲末，糯米粥丸芡子大。每服一丸，以生地黄汁、粟米泔研化服。日二次。《聖濟録》。　霍亂煩滿：　氣逆腹脹，手足厥冷。不灰木、陽起石煅、阿魏半兩，巴豆去心，杏仁去皮，各二十五個，爲末，粟飯丸櫻桃大，穿一孔。每服一丸，燈上燒烟盡，研，米薑湯下，以利爲度。《聖濟録》。　陰毒腹痛：　回陽丹：　用不灰木煅、牡蠣煅、高良薑炒、川烏頭炮、白芍藥各一錢，爲末，入麝香少許，每用一錢，男用女唾調塗外腎，女用男唾調塗乳上。得汗即愈。《玉機微義》。

**明・李中立《本草原始》卷八**　不灰木　出上黨，今澤、潞山中皆有之。蓋石類也。其色青白如爛木，燒之不然，以此得名。氣味：　甘，大寒，無毒。主治：　熱痱瘡，和棗葉、石灰為粉傅之。〇除煩熱陽厥。

## 松石

**明・李時珍《本草綱目》卷九石部・石類上**　松石頌曰：　今處州出一種松石，如松幹，而實石也。或云松久化爲石。人多取傍山亭及琢爲枕。雖不入藥，與不灰相類，故附之。

## 金星石

**宋・唐慎微《證類本草》卷五玉石部下品〔宋・掌禹錫《嘉祐本草》〕**　金星石　寒，無毒。主脾肺壅毒，及主肺損吐血、嗽血，下熱涎，解衆毒。今多出濠州。又有銀星石，主療與金星石大體相似。新定。

〔宋・蘇頌《本草圖經》〕曰：　金星石，生并州、濠州。寒，無毒。主脾肺壅毒及肺損出血，嗽血，下熱涎，解衆毒。又有一種銀星石，體性亦相似，採無時。

**宋・寇宗奭《本草衍義》卷六**　金星石、銀星石　治大風疾。別有法，須燒用。金星石于蒼石内，外有金色麩片。銀星石，有如銀色麩片。又一種深青色，堅潤中有金色如麩片，不入藥，工人碾爲器或婦人首飾。餘如《經》。

**宋・王繼先《紹興本草》卷三**　金星石、銀星石　紹興校定：　金星石與銀星石，皆色青而上有細點如金、銀星也。二種主療已載《本經》，諸方亦稀用之。《本經》云解衆毒，當從性寒、無毒是矣。

**宋・劉明之《圖經本草藥性總論》卷上**　金星石　味寒，無毒。主脾肺壅毒，及主肺損吐血嗽血，下熱血，下熱涎，解衆毒。出并州、濠州。銀星石：　主療與金星石大體相似，採無時。

**明・劉文泰《本草品彙精要》卷六**　金星石無毒。附銀星石。　土生。

金星石：　主脾肺壅毒，及主肺損，吐血，嗽血，下熱涎，解衆毒。又有銀星石，主療與金星石大體相似。名醫所録。　〖地〗《圖經》曰：　生并州、濠州，又有一種銀星石，然其色不同，而體性亦相似也。《衍義》曰：　金星石，于蒼石内，外有金色麩片。銀星石，有如銀色麩片。又一種深青色，堅潤，中有金色如麩片，不入藥。工人碾爲器，或首飾多用之。〖時〗採：　無時。〖用〗蒼色，有金星者爲佳。〖色〗蒼。〖味〗淡。〖性〗寒。〖氣〗氣之薄者，陽中之陰。〖臭〗朽。〖主〗清肺熱，止吐血。〖製〗火鍛，研細，水飛用。〖治〗療：　《衍義》曰：　去大風疾。〖解〗諸毒。

**明・鄭寧《藥性要略大全》卷八**　金星石　性寒。主脾肺癰毒，肺損吐血、嗽血，下熱涎，解眾毒。銀星石同功。

**明・王文潔《太乙仙製本草藥性大全》卷六《本草精義》**　金星石　舊不著所出州土，生并州、濠州。於蒼石内外簇金色如麩片。不入藥，工人碾爲器，或婦人首飾。餘如《經》。

**明・王文潔《太乙仙製本草藥性大全》卷六《仙製藥性》**　金星石　氣寒，無毒。　主治：　治肺損咳嗽吐紅，主下熱涎脾肺壅毒。祛痰涎如潑雪，解衆毒似追風。

**明・皇甫嵩《本草發明》卷五**　金星石下品。寒，無毒。　主脾肺壅毒，肺損吐血嗽血，下熱涎，解衆毒。〇又有一種銀星石，主療與此大略相似。生并州、濠州，有金星簇如麩片。

**明・李時珍《本草綱目》卷一〇石部・石類下**　金星石宋《嘉祐》。附銀星石。

〖集解〗頌曰：　金星石、銀星石並出濠州、并州，采無時。二石主療大體相似。宗奭曰：　二石治大風疾，別有法，須燒用之。金星石生於蒼石内，外有金色麩片，銀星石有銀色麩片。又一種深青色堅潤，中有金色如麩片者，不入藥用，工人碾爲器，或婦人首飾用。時珍曰：　金星有數種。蘇頌所説二石，武當山亦有之。或云金星出膠東，銀星出雁門，蓋亦礞石之類也。寇宗奭所説二石治大風者，今考《聖惠方・大風門》，皆作金星礜石、銀星礜石，則似是礜石之類。《丹方鑒源・礜石篇》〔中亦載二〕石名，似與蘇説者不同。且金星、銀星無毒，主熱涎血病；　礜石則有毒，主風癲疾。觀此，則金星、銀星入藥，各有二種矣。又歙州硯石，亦有金星、銀星者。瓊州亦出金星石，皆可作硯。翡翠石能屑金，亦名金星石。此皆名同物異也。劉河間《宣明方》點眼藥方中用金精石、銀精石，不知即此金星、銀星否也。

〔氣味〕甘，寒，無毒。　〔主治〕脾肺壅毒，及肺損吐血嗽血，下熱涎，解衆毒《嘉祐》。水磨少許服，鎮心神不寧，亦治骨鯁時珍。

〔附方〕新二。　吐血嗽血：肺損者。金星石、銀星石、玄精石、不灰木、陽起石、雲母石等分。用坩鍋一個，鋪冬月水牛糞一二寸，鋪藥一層，鋪灰二寸，又藥一層，重重如此，以灰蓋之，鹽泥固濟。用炭一秤，火煅一日夜，埋土中一夜，取出藥塊，去灰爲末。每一兩入龍腦、麝香各半錢，阿膠二錢半炒。每服一錢，糯米湯下，日三服。《聖惠方》。　大風蟲瘡：有五色蟲取下。諸石丸：用金星礜石、銀星礜石、雲母石、禹餘糧石、滑石、陽起石、慈石、凝水石、密陀僧、自然銅、龍涎石等分，搗碎瓶盛，鹽泥固濟之。炭火十斤，煅過爲末，醋糊丸小豆大。每服十五丸，白花蛇酒下，一日三服，以愈爲度。《太平聖惠方》。

**清·戴葆元《本草綱目易知錄》卷七**　金星石銀星石功同。甘，寒。下熱涎，解衆毒，治脾肺壅毒，肺損吐血嗽血。水磨，少許服。鎮心神不寧，亦治骨鯁。

### 銀星石

**明·王文潔《太乙仙製本草藥性大全》卷六《本草精義》**　銀星石　一名銀精石。舊本不載所出州土。出於蒼石內，外有銀色麩片。又一種深青色，堅潤中有金色如麩片，不入藥，工人碾爲末，以灑扇面。入藥須燒用。

**明·王文潔《太乙仙製本草藥性大全》卷六《仙製藥性》**　銀星石　氣寒，無毒。　主治：下熱涎而解衆毒，主肺損，治吐、嗽血。脾肺壅毒以潛消，大風癩疾而祛走。

### 金石

**宋·唐慎微《證類本草》卷三玉石部上品〔唐·陳藏器《本草拾遺》〕**　金石　味甘，無毒。主久羸瘦，不能食，無顏色。補腰脚冷，令人健壯，益陽，有暴熱脫髮，飛鍊服之。生五臺山清涼寺。石中金屑，作赤褐色。

**明·王文潔《太乙仙製本草藥性大全》卷六《仙製藥性》**　金石　味甘，無毒。出五臺山清涼寺石中，金屑作赤褐色。　主治：主久羸瘦，不能食，無顏色。補腰脚冷，令人健壯益陽。有暴熱脫髮，宜飛鍊服食。　補註：常見人取金，掘地深丈餘至紛子石褐色，石皆一頭黑焦，石下有金，大者如指，小尤麻豆，色如桑黄，咬時極軟，即是真金。夫匠竊而吞者，不見有毒。其麩金出水沙氈上淘取，或鵝鴨腹中得之，即便打成器物，亦不重鍊。

### 鹵鹹

**宋·李昉《太平御覽》卷第九八八**　鹵鹽　《本草經》曰：鹵鹽，一名寒石。味苦。治大熱消渴狂煩。戎鹽，主明目，益氣，去毒蟲。大鹽，一名胡鹽，令人吐，主腸胃結熱。

**宋·唐慎微《證類本草》卷五玉石部下品〔《本經·別錄》〕**　**鹵鹹　味苦、鹹，寒，**無毒。**主大熱、消渴、狂煩，除邪及下蠱毒，柔肌膚，**去五藏腸胃留熱結氣，心下堅，食已嘔逆喘滿，明目目痛。生河東鹽池。

〔梁·陶弘景《本草經集注》〕云：是煎鹽釜下凝滓。

〔唐·蘇敬《唐本草》〕注云：鹵鹹既生河東，河東鹽不釜煎，明非凝滓。此是鹼土名鹵鹹，今人熟皮用之，斯則於鹼地掘取之。

〔宋·唐慎微《證類本草》〕《圖經》：文具石鹽條下。　《丹房鏡源》云：鹵鹽純制四黄，作銲藥。

**宋·王繼先《紹興本草》卷三**　鹵城　紹興校定：鹵城，此即城土也。主治已載《本經》。陶注指為煎鹽釜下凝滓，未可為據。《本經》云：生河東鹽池，必因水涸而有之。當從味苦鹹、寒、無毒為正，然諸方罕用之。

**元·朱震亨《本草衍義補遺》**　鹵鹹　一名鹹，或作鹼。去濕熱，消痰，磨積塊。洗滌垢膩。量虚實用之，若過服則頓損人。又云：石鹻、阿魏，皆消磨積塊。

**元·徐彥純《本草發揮》卷一**　鹵鹹一名鹼，公斬切。　味苦、鹹，寒，有小毒。　丹溪云：【略】

**明·王綸《本草集要》卷五**　鹵鹹　味苦鹹，氣寒，無毒。　主大熱消渴狂煩，除邪及下蠱毒。柔肌膚，去濕熱，消痰，磨積塊。洗滌垢膩。勿過服，頓損人。

**明·滕弘《神農本經會通》卷六**　鹵鹹　此是鹼土，名鹵鹹，今人熟皮用之，斯則於鹹地掘取之。

味苦、鹹，氣寒，無毒。　《本經》云：主大熱，消渴，狂煩，除邪及下蠱毒，柔肌膚，去五臟腸胃留熱結氣，心下堅，食已嘔逆，喘滿，明目，目痛。丹溪云：一名（鹹）〔鹼〕。或作鹹。去濕熱，消痰，磨積塊，洗滌垢膩。量虚實用之，若過服則頓損人。又云：石鹻、阿魏皆消磨積塊。

**明·劉文泰《本草品彙精要》卷四**　鹵鹹無毒　土生。

**鹵鹹**出《神農本經》：**主大熱，消渴，狂煩，除邪及下蠱毒，柔肌膚。**以上朱字《神農本經》。去五臟腸胃留熱結氣，心下堅，食已嘔逆，喘滿，明目目痛。以上黑字名醫所録。【地】《圖經》曰：鹵鹹生河東鹽池。陶隱居云：是煎鹽釜下凝滓。《唐本》注云：鹵鹹既生河東，其河東鹽不以釜煎，於此論之，明非凝滓，此是城土，名鹵鹹。今人熟皮皆用之，此則鹼地掘取者是也。《別録》云：鹵鹽純製四黄，可作焊藥。【時】生：無時。採：無時。【臭】朽。【色】黄、白。【味】苦，鹹。【性】寒，軟。【氣】氣薄味厚，陰也。【主】散結氣，軟肌膚。【製】研細用。

**明・許希周《藥性粗評》卷四**　鹵鹹取有磨於堅停。

鹵鹹，鹼土也。俗以洗衣去垢，當是鹽池所出，或謂是煎鹽釜底凝脂。味苦、鹹，性寒，有小毒。主治大熱消渴，顛狂煩燥，除邪氣，下蠱毒，去腸胃中停塊及心下堅滿。丹溪云：石鹼磨積塊，洗滌垢膩，量虛實用之。又云：石鹼、阿魏皆消積塊。

**明・王文潔《太乙仙製本草藥性大全》卷六《本草精義》**　鹵鹽　舊本不著所出州土。今河東鹽池鹽不釜煎，明非凝滓。掘鹽土淋水熬乾，旋結塊，形如磚樣，用之研細，能軟積堅。又云：於海濱掘地爲坑，上布竹木覆以蓬茅，又積沙於其上，海潮汐衝沙，鹵鹹淋於坑中，水退則以火炬照之，鹵氣衝火皆滅，因取海鹵注盤中煎之，頃刻而就。《管子》曰齊有渠展之鹽，伐菹薪煮海水，征積之，十月始生，至於正月成三萬，是也。菹薪請以茅菹燃火也。

**明・王文潔《太乙仙製本草藥性大全》卷六《仙製藥性》**　鹵鹽　味苦、鹹，氣寒，無毒。主治：主五臟腸胃留熱結氣，治心下堅食嘔逆喘滿。止大熱消渴狂煩，除多年癥瘕凝痛。去濕熱消痰癖，下蠱毒柔肌膚。洗滌垢膩有功，漿糯房中必用。

**明・皇甫嵩《本草發明》卷五**　鹵鹹味鹹，寒，無毒。是鹼土，即于鹼地掘取之，不經釜煎者。主大熱，消渴狂煩，除邪，下蠱毒。柔肌膚，去五臟腸胃留熱結氣，軟心下堅，食已嘔逆喘滿，明目，目痛，消痰癖。洗滌垢膩，漿襁房中必用。

**明・李時珍《本草綱目》卷一一石部・鹵石類**　鹵鹹《本經》下品

【釋名】鹵鹽　寒石《吴普》　石鹼《補遺》。時珍曰：鹹音有二：音鹹者，潤下之味；音減者，鹽土之名，後人作鹼、作鹻是矣。許慎《說文》云：鹵，西方鹹地也。故字從西省文，象鹽形。東方謂之斥，西方謂之鹵，河東謂之鹹。《傳》云兑爲澤，其於地也爲剛鹵，亦西方之義。【集解】《別録》曰：鹵鹹生河東池澤。弘景曰：今俗不復見鹵鹹，疑是黑鹽。又云：是煎鹽釜下凝滓。二説未詳。恭曰：鹵鹹生河東，河東鹽不釜煎，明非凝滓，又疑是黑鹽，皆不然。此是鹼土也，今人熟皮用之，于鹼地掘取。頌曰：并州人刮鹹煎鍊，不甚佳，即鹵鹹也。機曰：鹵鹹，即鹵水也。時珍曰：《說文》既言鹵鹹皆斥地之名，則謂凝滓及鹵水之説皆非矣。鹵鹽與鹵鹼不同。山西諸州平野，及太谷、榆次高亢處，秋間皆生鹵，望之如水，近之如積雪。土人刮而熬之爲鹽，微有蒼黄色者，即鹵鹽也。《爾雅》所謂天生曰鹵、人生曰鹽者是矣。凡鹽未經滴去苦水，則不堪食，苦水即鹵水也。鹵水之下，澄鹽凝結如石者，即鹵鹼也。丹溪所謂石鹼者，乃灰鹼也，見土類。《吴普本草》謂鹵鹼，一名鹵鹽者，指鹵水之鹽，非鹵地之鹽也，不妨同名。

【氣味】苦，寒，無毒。《別録》：苦、鹹，寒。獨孤滔曰：鹵鹽制四黄，作銲藥。同硇砂罨鐵，一時即軟。【主治】大熱消渴狂煩，除邪，及下蠱毒，柔肌膚《本經》。去五臟腸胃留熱結氣，心下堅，食已嘔逆喘滿，明目目痛《別録》。

【附方】新二。風熱赤眼：虛腫濇痛。鹵鹻一升，青梅二十七個，古錢二十一文，新瓶盛，密封，湯中煮一炊時。三日後取點，日三五度。《聖惠方》。齒腐齦爛：不拘大人小兒。用上好鹹土，熱湯淋取汁，石器熬乾刮下，入麝香少許研，摻之。《宣明方》。

**明・梅得春《藥性會元》卷下**　鹵鹹　味苦、鹹，氣寒，無毒。一名鹹。又曰石鹹，生河東鹽池。主治大熱消渴狂煩，除邪及下蠱毒，去五臟腸胃留熱，散熱消痰，磨積塊，洗滌垢膩並結氣，心下堅食，止嘔，明目，止目痛。量人虛實用之，過服則頓損人。

**明・李中立《本草原始》卷八**　鹵鹹　機曰：即鹵水也，鹵水之下，凝結如石者，即鹵鹹也。所謂石鹼是已。時珍曰：鹹，音咸，潤下之味。鹼，音減，鹽土之名。許慎《說文》云：鹵，西方鹹地也，故字從西，省文象鹽形。東方謂之斥，西方謂之鹵，河東謂之鹹。《傳》云：兑為澤，其於地也為剛鹵，亦西方之義。今人不復呼鹵鹹，并呼為鹼、為鹻。鹼：氣味：苦，寒，無毒。主治：大熱消渴狂煩，除邪及下蠱毒，柔肌膚。○去五臟腸胃留熱結氣，心下堅，食已嘔逆喘滿，明目目痛。

鹵鹹，《本經》下品。獨孤滔曰：制四黄，作銲藥，同硇砂。罨鐵，一時即軟。洗衣去垢（極妙）。

**明・姚可成《食物本草》卷一六味部・雜類**　鹵鹹生河東池澤、山西諸州平野及太谷、榆次高亢處。秋間皆生鹵，望之如水，近之如雪。土人刮而熬之為鹽，微有蒼黄色者，即鹵鹽也。《爾雅》所謂天生曰鹵，人生曰鹽者是矣。凡鹽未經滴去苦水，則不堪食，苦水即鹵水也。鹵水之下，澄鹽凝結如石者，即鹵鹼也。丹溪所謂石鹼者，乃灰鹼也，見土類。《吳普本草》所謂鹵鹹，一名鹵鹽者，指鹵水之鹽，非鹵地之鹽也。

鹵鹽，味苦，寒，無毒。治大熱消渴狂煩，除邪及下蠱毒，柔肌膚。去五臟腸胃留熱結氣，心下堅，食已嘔逆喘滿，明目目痛。

**明·鄭二陽《仁壽堂藥鏡》卷一** 鹵鹹一名鹼。《唐本》注云：生河東，是鹼。味苦、鹹，寒，有小毒。丹溪云：石鹼去濕熱，消痰磨積塊，洗滌垢膩。量虛實用之。若過服，則頓損。又云：石鹼、阿魏，皆消積塊。

**清·张璐《本經逢原》卷一** 鹵鹼一名石鹼。苦、鹹，微寒，無毒。《本經》主大熱消渴，狂煩，除邪及下蠱毒，柔肌膚。發明：鹼味鹹性走，故能消痰磨積，祛熱煩。蠱毒、消渴，屬實熱者宜之。肌膚粗者，以湯洗之，頑皮漸退，是即柔肌膚之謂也。○水鹼乃竈灰淋湯，衝銀黝脚所造，性能發麪，故麪鋪中無不用之，病人食之多發浮腫，故方後每忌濕麪。觀其善滌衣垢，尅削可知。

**清·趙學敏《本草綱目拾遺》正誤** 瀕湖作《綱目》，於各條下，有《本經》者先引《本經》，次列他書。而土部石鹹一條列作補遺，不知《神農本經》鹵鹼有專條而不列入。據《本經逢源》云：鹵鹼即石鹹也。

**清·趙學敏《本草綱目拾遺》卷一水部** 鹵水 苦鹹無毒，治大熱，消渴去煩，除邪下蠱毒，柔肌膚，去溼熱，消痰，磨積塊垢膩，多服損人《食纂》。《綱目》有鹽膽水，乃已燒成鹽復瀝下之苦鹵，一名鹵水。此乃取於鹵地，瀝以燒鹽之用，與鹽膽水不同。

### 礞石

**宋·唐慎微《證類本草》卷五玉石部下品〔宋·掌禹錫《嘉祐本草》〕** 礞石 治食積不消，留滯在臟腑，宿食癥塊久不差及小兒食積羸瘦，婦人積年食癥，攻刺心腹。得硇砂、巴豆、大黃、京三稜等良。可作丸服用之，細研爲粉。一名青礞石。新定。

**宋·王繼先《紹興本草》卷三** 礞石 紹興校定：礞石，《本經》治食積不消等疾，而近世諸方療下痢挾滯作痛，誠累驗之藥。雖不載性味、有無毒，據除積理痛，當作性溫、微毒為定。唯色青而膩者佳。

**宋·劉明之《圖經本草藥性總論》卷上** 礞石 治食積不消，留滯在藏府，宿食癥塊久不瘥，及小兒食積羸瘦，婦人積年食癥，攻刺心腹。得硇砂、巴豆、大黃、京三稜等良。可作丸服之。用之細研為粉。一名青礞石。

**明·王綸《本草集要》卷五** 青礞石細研為粉用。治食積不消，留滯臟腑，宿食癥塊，久不差。及小兒食積羸瘦，婦人積年食癥，攻刺心腹。得硇砂、巴豆、大黃、京三稜等良，可作丸服。

**明·滕弘《神農本經會通》卷六** 礞石 一名青礞石。細研為粉用。《本經》云：治食積不消，留滯在臟腑，宿食癥塊久不差，及小兒食積羸瘦，婦人積年食癥，攻刺心腹。得硇砂、巴豆、大黃、京三稜等良，可作丸服。

**明·劉文泰《本草品彙精要》卷六** 礞石 礞石：主食積不消，留滯在臟腑，宿食，癥塊久不瘥。及小兒食積羸瘦，婦人積年食癥，攻刺心腹。名醫所錄。〖名〗青礞石。〖地〗謹按：舊本不載所出州郡，今齊魯山中有之。青色微有金星，其質堅理細，鑿製爲磨，取其出物最速，爲末亦細。及考王隱君論痰致病百端，入滾痰丸用之。丹溪治食積成痰，良有驗也。〖時〗採：無時。〖用〗微有金星，質堅，色青者爲佳。〖質〗類玄石而有星。〖色〗青。〖臭〗朽。〖主〗墜痰，消食。〖助〗得硇砂、巴豆、大黃、京三稜等良。〖製〗每二兩捶碎，用焰硝二兩，同入小砂罐內，瓦片蓋定，鐵線縛之，鹽泥固濟，曬乾，火煅紅，上有金星透出爲度，候冷，研爲極細末。

**明·鄭寧《藥性要略大全》卷八** 青礞石 治痰結及小兒食積羸瘦，婦人食癥，攻刺心腹。得硇砂、巴豆、大黃、三稜等，可作丸服。○凡用煅研為粉，極降痰火。味平，甘、微鹹，無毒。合焰硝煅成金色，研用。

**明·陳嘉謨《本草蒙筌》卷八** 青礞石 顏色微綠，出自山東。欲辯假真，須依法製。敲碎小顆粒，貯傾銀罐中。攙半焰硝，石二兩，硝一兩。鹽泥固濟。武火煅一炷香，取出色若雌黃。軟脆易擂，方為不假。成末以水飛細，入藥作散為丸。力能墜痰，滾痰丸必用；功亦消食，積食方常加。匪醫小兒，亦治男婦。

**明·王文潔《太乙仙製本草藥性大全》卷六《本草精義》** 礞石 一名青礞石。出自山東，顏色微綠。欲辨真假，須依法製：敲碎小顆粒，貯傾銀罐中，攙半焰硝石二兩，硝一兩，鹽泥固濟，武火煅一炷香，取出色若雌黃，軟脆易擂，方爲不假，成末以水飛細，入藥作散爲丸。

**明・王文潔《太乙仙製本草藥性大全》卷六《仙製藥性》**　礞石　得硇砂、巴豆、大黃、京三稜良。　主治：　治宿食留滯羸瘦，破癥塊攻刺心腹。力能墜痰，滾痰丸必用。功亦消食，積食方常加。匪醫小兒，亦治男婦。

**明・張四維《醫門秘旨》卷一五《煅煉門》**　青礞石　用青礞石四兩，內有自然銅者真。先將（家）〔礞〕石打碎，放鍋鐵上煅紅，陸續下焰硝，久煉取出，以手碾細為度。如不碎，用硝再煅。硝不可太多，（多）〔太〕多則傷藥。

**明・皇甫嵩《本草發明》卷五**　青礞石下品　發明曰：　礞石，走下之性，墜痰為最。亦消積滯，故滾痰丸必用。《本草》主治食積不消，留滯臟府，宿食癥塊及小兒食積羸瘦，婦人積年食癥，攻刺心腹。○得硇砂、巴豆、大黃、三稜等良。可作丸服，細研為末，火煉金色為妙。若病久氣虛者，雖有積滯，宜慎用。

**明・李時珍《本草綱目》卷一〇石部・石類下**　礞石宋《嘉祐》

【釋名】青礞石時珍曰：　其色濛濛然，故名。　【集解】時珍曰：　礞石，江北諸山往往有之，以盱山出者爲佳。有青、白二種，以青者爲佳。堅細而青黑，打開中有白星點，煅後則星黃如麩金。其無星點者，不入藥用。通城縣一山産之，工人以爲器物。

【修治】時珍曰：　用大坩鍋一個，以礞石四兩打碎，入消石四兩拌勻。炭火十五斤簇定，煅至消盡，其石色如金爲度。取出研末，水飛去消毒，晒乾用。

【氣味】甘、鹹，平，無毒。　【主治】食積不消，留滯臟腑，宿食癥塊久不瘥。小兒食積羸瘦，婦人積年食癥，攻刺心腹。得巴豆、硇砂、大黃、荊三稜作丸服良《嘉祐》。　治積痰驚癇，欬嗽喘急時珍。

【發明】時珍曰：　青礞石氣平味鹹，其性下行，陰也沉也，乃厥陰之藥。肝經風木太過，來制脾土，氣不運化，積滯生痰，壅塞上中二焦，變生風熱諸病，故宜此藥重墜。製以硝石，其性疎快，使木平氣下，而痰積通利，諸證自除。湯衡《嬰孩寶鑒》，言礞石乃治驚利痰之聖藥。吐痰在水上，以石末糝之，痰即隨水而下，則其沉墜之性可知。然止可用之救急，氣弱脾虛者，不宜久服。楊士瀛謂其功能利痰，而性非胃家所好。如慢驚之類，皆宜佐以木香。而王隱君則謂痰爲百病，不論虛實寒熱，概用滾痰丸通治百病，豈理也哉。朱丹溪言：　一老人忽病目盲，乃大虛證，一醫與礞石藥服之，至夜而死。吁！　此乃盲醫虛虛之過，礞石豈殺人者乎？　況目盲之病，與礞石並不相干。

【附方】新四。　滾痰丸：　通治痰爲百病，惟水瀉雙娠者不可服。礞石、焰硝各二兩，煅過研飛晒乾，一兩。大黃酒蒸八兩，黃芩酒洗八兩，沉香五錢。爲末，水丸梧子大。常服一二十丸，欲利大便則服一二百丸，溫水下。《王隱君養生主論》。　一切積病：　金寶神丹：　治一切虛冷久積，滑泄久痢，癖塊，血刺心腹，下痢，及婦人崩中漏下。青礞石半斤爲末，消石末二兩，坩鍋內鋪頭蓋底，按實。炭火二十斤，煅過取出，入赤石脂末二兩，滴水丸芡子大。候乾，入坩鍋內，小火煅紅，收之。每服一丸至二三丸，空心溫水下，以少食壓之。久病瀉痢，加至五七丸。《楊氏家藏方》。　急慢驚風：　奪命散：　治急慢驚風，痰涎壅塞咽喉，命在須臾，服此墜下風痰，乃治驚利痰之聖藥也。真礞石一兩，焰硝一兩，同煅過爲末。每服半錢或一錢。急驚痰熱者，薄荷自然汁入生蜜調下；慢驚脾虛者，木香湯入熟蜜調下。亦或雪糕丸綠豆大，每服二三丸。《湯氏嬰孩寶書》。　小兒急驚：　青礞石磨水服。《衛生方》。

**題明・薛己《本草約言》卷二《藥性本草》**　青礞石　走下之性，墜痰為最，亦消積滯，故滾痰丸必用。火鍊金色為妙。若病久氣虛者，雖有積滯，亦宜慎用。入手足陽明及手太陰經。最能蕩滌宿垢之痰。金石之藥，固不宜多服。近世不論虛實，但見痰火，則以滾痰治之，元氣日削，害人不淺也。慎之。但用，貴煅極精，研極細。

**明・梅得春《藥性會元》卷下**　青礞石　主治食積不消，留滯在臟腑宿食，癥塊久不瘥，及小兒食積羸瘦，婦人積年食癥，攻刺心腹。得硇砂、巴豆、大黃、三稜等味良。可作丸散，不入湯藥。　製法：　凡使打碎，於新瓦上同焰硝拌之，炭火煉成金色，取出火，細研如粉，水飛為丸藥之衣。

**明・李中立《本草原始》卷八**　礞石　江北諸山往往有之，以盱山出者為佳。有青、白二種，以青者為佳。堅細而青黑，打開中有白星點，煅後則星黃如麩金。時珍曰：　其色濛濛然，故名。俗呼青礞石。氣味：　甘、鹹，平，無毒。主治：　食積不消，留滯臟腑，宿食、癥塊久不瘥，小兒食積羸瘦，婦人積年食癥，攻刺心腹。得巴豆、硇砂、大黃、荊三稜，作丸服，良。○治積痰驚癇，欬嗽喘急。

礞石，宋《嘉祐》。**【圖略】**修治：　礞石，用大坩鍋一箇，以礞石四兩打碎，入消石四兩，拌勻，炭火十五斤簇定，煅至消盡，其石色如金為度。取出研末，水飛去消毒，晒乾用。

《衛生方》：　治小兒急驚，青礞石磨水服。

**明・羅周彥《醫宗粹言》卷四**　煅青礞石法　雲南青礞石有金星鬆放者，打碎如豆大，每一斤用火硝半斤和勻，入礶封口，置百眼爐上，先文後武煉二炷香，煅得透裏通紅住火，冷定取下，和硝碾為末，用時乳極細，和藥為佳。

**明·張懋辰《本草便》卷二** 青蒙石 治食積不消，留滯臓腑，屑食癥塊久不差，及小兒食積羸瘦，婦人積年食癥，攻刺心腹。

**明·李中梓《藥性解》卷一** 青礞石 味辛、甘，性平，有毒，入肺、大腸、胃三經，主蕩滌宿痰，消磨食積，研絕細用。 按：礞石辛宜於肺，甘宜於胃。大腸者，肺家傳送之官也，故都入之。大損元氣，不可漫用。

**明·繆希雍《本草經疏》卷五** 礞石 治食積不消，留滯藏府，宿食癥塊久不瘥，及小兒食積羸瘦，婦人積年食癥，攻刺心腹。一名青礞石。

【疏】礞石稟石中剛猛之性，體重而降，能消一切積聚痰結。其味辛鹹，氣平，無毒。辛主散結，鹹主輭堅，重主墜下，故本經所主諸證，皆出一貫也。今世又以之治小兒驚痰喘急。入滾痰丸治諸痰怪證。【主治參互】王隱君《養生主論》滾痰丸，通治痰為百病，惟水瀉、娠婦不宜服。礞石、焰硝各二兩煅過研飛，曬乾一兩，大黄酒蒸八兩，前胡八兩，沉香五錢，為末，水丸梧子大。常服一二十丸，欲利大便則服一二百丸，溫水下。【簡誤】礞石消積滯，墜痰涎，誠為要藥。然而攻擊太過，性復沉墜，凡積滯癥結、脾胃壯實者可用，虛弱者忌之。小兒驚痰食積，實熱初發者可用，虛弱久病者忌之。如王隱君所製滾痰丸，謂百病皆生於痰，不論虛實寒熱概用，殊為未妥。不知痰有二因，因於脾胃不能運化，積滯生痰，或多食酒麪濕熱之物，以致膠固稠黏，咯唾難出者，用之豁痰利竅，除熱泄結，應如桴鼓。因於陰虛火炎，煎熬津液，凝結為痰。或發熱聲啞，痰血雜出者，如誤投之，則陰氣愈虛，陽火反熾，痰熱未退，而脾胃先為之敗矣。可見前人立方，不能無敝，是在後人善於簡擇耳。

**明·倪朱謨《本草彙言》卷一二** 青礞石 味甘、鹹，氣平，無毒。其性下行，陰也，沉也。入厥陰經。 李氏曰：礞石，出江北諸山，有青、白、赭三色，以青色堅細，擊開有白星點者佳。修治：以大坩鍋一口，用礞石四兩杵碎，入消石四兩，拌勻，用炭火十斤簇定，煅至消石盡，星黄如麩金爲度，取出，研極細，水飛三次，晒乾用。

礞石：消食積，化結痰，《嘉祐》鎮驚癇風搐之藥也。體重色明，乃石中之金劑也，故治厥陰風木爲病。李氏時珍曰：風木太過，則脾土受制，氣不運化，積滯生痰，壅塞上中二焦，變生風熱諸病，宜此藥使風平氣順，而痰積通利，諸證自除矣。然止可用之救急，如脾胃虛而氣弱者，不宜久服也。王隱君謂：痰爲百病根，不論虛實寒熱，概用滾痰丸，通治百病，豈理也哉？滾痰丸雖著《集方》之末，司工者當擇而取之可也。

集方：《方脉正宗》治大人小兒食積成痰，胃實多眩暈者。用青礞石七錢，火硝七錢，同研炒，以火硝過性爲度，配枳實、木香、白朮各二兩，共爲末，紅麯二兩，爲末，打糊丸，梧子大。每早服三錢，白湯下。○同前治痰結成癖積。用青礞石一兩，製法同前。海石燒、膽南星、橘紅俱炒各二兩，共爲末，神麯二兩，打糊爲丸，梧子大。每早晚各服二錢，白湯下。○《兒科方》治痰厥轉驚癇搐搦者。用青礞石一兩，製法同前。天竹黄、膽南星、石菖蒲、白朮，俱炒各二兩，共爲末，竹瀝和薑汁煎滾，打神麯末二兩，作糊爲丸，梧子大。每服三十丸，皂角湯調化下。○王隱君《養生主論》滾痰丸，治痰之爲病，或偏頭風，或雷頭風，或太陽頭痛、眩暈，如坐舟車，精神恍惚；或口眼瞤動，或眉稜耳輪俱癢；或頷腮四肢遊風腫硬，似疼非疼；或渾身燥癢，搔之則癮疹隨生，皮毛烘熱，色如錦斑；或齒頰似癢似痛，而疼無定所，滿口牙浮，痛癢不一；或噯氣吞酸，鼻閉焦臭，喉間豆腥氣，心煩鼻塞，咽嗌不利，咯之不出，嚥之不下；或因噴嚏而出，或因舉動而唾。其痰如墨，又如破絮，或如桃膠，或如蜆肉。或心下如停冰鐵，閉滯妨悶，噯嚏連聲，狀如膈氣；或寢夢刑戮，刀兵劍戟；或夢入人家，四壁圍繞，暫得一竇，百計得出，則不知何所；或夢在燒人地上，四面烟火，枯骨焦氣撲鼻，無路可出；或不因觸發，忿怒悲啼，雨淚交流；或時郊行，忽見天邊兩月交輝；或見金光數道，回頭無有；或足膝酸軟，或骨節腰腎疼痛，呼吸難任；或四肢肌骨間，痛如擊戳，乍起乍止，并無常所；或不時手臂麻疼，狀如風濕；或臥如芒刺不安，或如毛蟲所螫；或四肢不舉，或手足重滯，或眼如薑蜇，膠粘癢澀，開闔甚難；或陰晴交變之時，胸痞氣結，閉而不發，則齒癢咽痛，口糜舌爛，及其奮然而發，則噴嚏連聲，初則涕唾稠粘，次則清水如注，或眼前黑暗，腦後風聲，耳內蟬鳴，眼瞤肉惕。治之者，或曰腠理不密，風府受邪；或曰上盛下虛，或曰虛，或曰寒，或曰發邪。惟洞虛子備此疾苦，乃能治療。病勢之來，則胸腹間如有二氣交紐，噎塞煩鬱，有如烟火上衝，頭面烘熱，眼花耳鳴，痰涎涕淚，并從肺胃間涌起，凜然毛竪，噴嚏千百，然後遍身煩燥，則去衣凍體，稍止片時；或春秋乍凉之時，多加衣衾，亦得暫緩；或頓飲冰水而定，或痛飲一醉而寧，終不能逐去病根，乃得神秘沉香丸方，屢獲大效，愈人數萬，但不欲輕傳匪人，故以隱語括之。詩曰：甑裏翻身甲帶金，於今頭戴草堂深，相逢二八求觔正，硝煅青礞倍若沉。十七兩中零半兩，水丸梧子意須斟。除驅怪病安心志，水瀉雙身却不任。用大黃、蒸少頃，翻過，再蒸少頃，即取出，不可過。黃芩、各八兩。青礞石、硝煅如金色。沉香、百藥煎。此用百藥煎，乃得之方外秘傳。蓋此丸得此藥，乃能收斂周身頑涎，聚于一處，然後利下，甚有奇功。曰倍若沉者，言五倍子于沉香，非礞倍于沉之謂也。以上各五錢。右爲末，水丸，如梧子大，白湯食後空心服。○一切新舊失心喪志，或癲或狂等證，每服一百丸。氣盛能食狂甚者，加二十丸。臨時加減消息之。○一切中風癱瘓，痰涎壅塞，大便或通或結者，每服八十丸，或加至百丸，永無閉結之患。○一切陽證，風毒脚氣，遍身遊走疼痛，每服八九十丸。未效，加至百丸。○一切無病之人，遍身筋骨疼痛，不能名者；或頭疼牙痛，或搖或癢，風蛀等證，風寒鼻塞，身體或疼或不疼，非傷寒證者，服八九十丸。痰盛氣實者加之。○一切吞酸噯逆，膈氣，及胸中疼悶，腹中氣塊衝上，嘔沫吐涎，狀如反胃，心下恍惚，如畏人捕，怵惕不安，陰陽關格，變生乖證，食飢傷飽，憂思過慮，心下嘈雜，或痛或噦，或晝夜虛飽，或飢不喜食，急慢喉閉，赤眼，每用加減服。○一切新舊痰氣喘嗽，或嘔吐，頭運目眩，加減服之。○一切腮頷腫硬，若瘰癧者，及口糜舌爛，咽喉生瘡者，每服六七十丸，加蜜少許，一處嚼碎，噙化，睡時徐徐嚥之，曾有口瘡者，服二三十丸，依前法噙之，二三夜瘥。○一切男婦大小虛實，心疼連腹，身體羸瘦，發時必嘔綠水、黑汁、冷涎，乃至氣絕，心下溫暖者，量虛實加減服之。若事屬不虞之際，至于百丸，即便回生，未至癲危者，虛弱疑似之間，只服二三十丸，或五十丸，立見生意。然後續續進之，以瘥爲度。兼服生津化痰，溫中理氣之藥。○一切荏苒疾病，凡男婦患非傷寒內外等證，或酒色過度，或吐血，或月事愆期，心煩志亂，或腹脹脇痛，勞倦痰眩，或暴行日中，因暑伏痰，口眼喎邪，目痛耳憒，鼻塞，骨節酸疼，乾嘔惡心，諸般內外疼痛，百藥無效，衆醫不識者，依前法加減服之效。大抵服藥，須臨臥在牀，用熱水一口許，嚥下便臥，令藥在喉膈間，徐徐而下。如日間病出不測，疼痛不可忍，必欲急除者，須是一依前臥法，服大半日，不可食湯水，及不可起身行坐、言語，直候藥丸除逐上焦痰滯惡物，過膈入腹，然後動作，方能中病。每夜須連進二次，次日痰物既下三五次者，仍服前數。下五七次，或直下二三次，而病勢頓已者，次夜減二十丸。頭夜所服，幷不下惡物者，次夜加十丸。人壯病實者，多加至百丸。惟候虛實消息之。或服過，仰服，咽喉稠粘，壅塞不利者，痰氣泛上，乃藥病相攻之故也。少頃藥力既勝，自然寧帖。往往病久，結實于肺胃之間，或只暴病，全無泛濫者，服藥下咽，即仰臥，頓然百骸安靜，五藏清寧。次早先去大便一次，其餘遍數，皆是痰涕惡物，看甚麽糞，用水攪之，盡是痰片粘涎。或稍稍腹痛，腰腎拘急者，蓋有一種頑痰惡物，閉氣滑腸，裏急後重者，狀如痢疾，片餉即已。若有痰涎易下者，快利不可勝言，頓然滿口生津，百骸爽快。間有片時倦怠者，蓋因連日病苦不安，一時爲藥力所勝，氣體暫和，如醉得醒，如浴方出，如睡方起。此藥幷不洞泄、刮腸大瀉，但取痰積惡物，自腸胃次第而下。腹中糟粕，幷不相傷，其推下腸腹之糞，則藥力所到之處，是故先去其糞。其餘詳悉，不能備述，服者當自知之。

**明・顧逢柏《分部本草妙用》卷一肝部・性平**　礞石　甘、鹹，平，無毒。

主治：　食積留滯，癥塊痰積，驚癇喘急等症。　夫肝經風木太過，來制脾土，氣不運化，積滯生痰，壅塞上中二焦，變生風熱諸病，故宜此藥重墜。制以硝石，其性疎快，使木平氣下，而痰積痰利諸症自平。實治驚利痰之聖藥，故滾痰丸用之。元氣虛者勿用。

**明・李中梓《醫宗必讀・本草徵要下》**　青礞石味鹹，平，入肝經。火煅、水飛。

化頑痰癖結，行食積停留。　痰見青礞，即化為水，脾虛者大忌。

**明・蔣儀《藥鏡》卷三平部**　礞石　壓食積，墜宿痰。用藥稠痰，痰根實熱，摻鼓應桴，概施血痰。痰屬陰虛，抱薪救火。

**明・張景岳《景岳全書》卷四九《本草正》**　青礞石　味微甘、微鹹，其性下行，降也，陰也，乃肝脾之藥。此藥重墜，製以硝石，其性更利。故能消宿食癥積頑痰，治驚癇欬嗽喘急。《寶鑒》言礞石為治痰利驚之聖藥。若吐痰在水上，以石末摻之，痰即隨水而下，則其沉墜之性可知。楊士瀛謂其功能利痰，然性非胃家所好。而王隱君謂痰為百病母，不論虛實寒熱概用滾痰丸，通治百病，豈理也哉？是以實痰堅積，乃其所宜。然久病痰多者，必因脾虛。人但知滾痰丸可以治痰，而不知虛痰服此，則百無一生矣。

**明・賈九如《藥品化義》卷八腎藥**　礞石　味鹹體重，化堅墜痰，入滾痰丸，治怪病神妙。瓦壟子味鹹，清女子血塊，逐男子痰癖甚妙。芫花辛溫逐飲，大戟甘遂苦寒瀉水，總治積聚痰飲。三品同入神祐丸用，不入煎劑。

**明・盧之頤《本草乘雅半偈》帙九**　礞石宋《嘉祐》　氣味：甘、鹹，平，無毒。　主治：　主食積不消，留滯藏府，宿食癥塊久不瘥。小兒食積羸瘦，婦人積年食瘕，攻刺心腹，〔得巴豆、硇砂、大黄、荊三稜作丸服良〕。

覈曰：　出江北諸山。有青、白、赭三色，以青色堅細，擊開有白星點點者為貴。修治：　以大坩鍋一個，用礞石四兩，杵碎，入消石等分拌均，炭火十五斤簇定，煅至消盡，星黄如麩金，取出研極細，水飛數過，晒乾，再(乳)〔研〕萬匝。

參曰：　石以量言。《爾雅》云：　日入為大蒙。莊周云：　鴻蒙元氣。相如云：　蔑蒙踴躍也。蓋水穀入胃，受盛轉輸者量也。設僅受不輸，致陰凝至堅，及營衛陰陽血氣津沫咸泣不流矣。所謂馨飪之邪，從口入者宿食也，即驚癇、欬喘，亦從口受。《經》云：　欬嗽喘急驚。又云：　白脈之至也喘而浮。厥、癇，有積氣在胸中也。礞石功力，發蒙腑臟之元氣，使之踴躍而出。

**明・李中梓《本草通玄》卷下**　青礞石　鹹，平。　破老痰堅積，止欬嗽喘急。　色青乃厥陰之藥，肝木乘脾，土氣不運，痰滯胸膈，宜其重墜，令木平氣下，則痰症自愈。　脾虛家不宜久服。　入罐打碎，礞石四兩，硝石四兩，拌匀火煅，至消盡石色如金為度。研細，水飛。

**清・顧元交《本草彙箋》卷一〇**　礞石　稟石中剛猛之性，體重墜下，辛鹹主散結軟堅，故入滾痰丸，治一切積聚痰結，及小兒驚痰喘急，爲世醫必用之要藥。不知痰有二因，因於脾胃不能運化，積滯生痰，或多食酒麪濕熱之物，以致膠固稠黏，咯唾難出者用之。豁痰利竅，除熱泄結，應如桴鼓。　若因于陰虛火炎，煎熬津液，凝結爲痰，或發熱聲啞，痰血相雜，及小兒久病脾虛，如誤投之，益增其敗。

此有青白二種，以青者佳。　堅細而青黑，打開中有白星點，煅後則星黄如麩金，其無星點者不入藥。　製法：　用大坩鍋一個，以礞石四兩，打碎，入硝石四兩，拌勻，炭火十五斤，簇定，煅至硝盡，其石色如金爲度，取出，研末，水飛去硝毒，晒乾用。

**清・穆石匏《本草洞詮》卷三**　礞石　其色濛濛然，故名。　味鹹甘，氣平，無毒。　入厥陰經。　消食積癥塊，積痰驚癇，咳嗽喘急。　其性下行，陰也，沉也。　風木太過，來制脾土，氣不運化，積滯生痰，壅塞上中二焦，變生風熱諸病，宜用此藥，重墜使木平氣下，而痰積通利，諸證自除。　湯衡言：　礞石乃治痰利驚之聖藥。　吐痰在水，上以石末糝之，痰即隨水而下，則其沉墜之性可知。　然止用之救急，若氣弱脾虛者，不宜久服。　王隱君則謂痰為百病，不論虛實寒熱，概用滾痰丸通治百病，豈理也哉？

**清・劉雲密《本草述》卷五**　礞石　時珍曰：　有青白二種，唯以青者為佳。　取青黑而堅細者，打開中有白星點，煅後則星黄如麩金，其無星點者不入藥用。

氣味：　甘、鹹，平，無毒。　主治：　積痰驚癇，欬嗽喘急，能墜結聚之痰留滯臟腑。　時珍曰：　青礞石氣味平鹹，其性下行，陰也，沉也，乃厥陰之藥。　肝經風木太過，來制脾土，氣不運化，積滯生痰，壅塞上中二焦，變生風熱諸病，故宜此藥重墜。　制以硝石，其性疎快，使木平氣下，而痰積通利，諸證自除。　湯衡《嬰孩寶鑑》言：　礞石乃治驚利痰之聖藥。　吐痰在水上，以石末糝之，痰即隨水而下，則其沉墜之性可知。　然用須恰當，如氣弱脾虛者，不宜久服。　楊士瀛謂其功能利痰，第性非胃家所好，如慢驚之類，皆宜佐以木香。　而王隱君則謂痰為百病，不論虛實寒熱，概可用滾痰丸。　豈理也哉？　朱丹溪言一老人忽病目盲，乃大虛證。　一醫與礞石藥服之，至夜而死。　吁是可戒也！　雖然此亦盲醫虛虛之過，與礞石何尤？　《入門》曰：　得焰硝能利溼熱痰積，從大腸而出。　因溼熱盛而皮膚生瘡者，一利即愈。　希雍曰：　礞石體重而降，能消一切積聚痰結，其味辛鹹，氣平，無毒。　辛主散結，鹹主軟堅，重主墜下，故入滾痰丸，治諸痰怪證。　愚按：　礞石以青者為佳，故時珍謂為厥陰之藥也。　而石中更取白星點者，猶以金平水之義，故湯衡謂為治驚利痰之聖藥也。　夫王隱君所製滾痰丸，大端宜於熱痰。　用礞石者，非徒取其重墜，亦猶是時珍木平氣下之義也，觀其治中風痰塞則可見矣。　雖然，痰之因不一，必審其所因而治，乃可取效，況有虛實之分乎。　楊仁齋謂礞石性非胃家所好者，其亦有所鑒也夫。　希雍曰：　礞石消積滯，墜痰涎，誠為要藥，但專任攻擊，性復沉墜，凡積滯癥結，脾胃壯實者可用，虛弱者忌之。　小兒驚痰食積，實熱初發者可用，虛寒久病者忌之。　如隱君所製滾痰丸，謂虛實寒熱可以概用，殊為未妥。　蓋痰有二，因如脾胃不能運化，積滯生痰，或多食酒麪溼熱之物，以致膠固稠黏，咯唾難出者，用之豁痰利竅，除熱泄結，應如桴鼓。　至於陰虛火炎煎熬津液，凝結為痰，或發熱聲啞，痰血雜出者，誤投之則陰愈虛，火反熾，痰熱未退，而脾胃先敗矣。前人立方，豈能一一皆中，是在善於簡擇耳。

修治　時珍曰：用大坩鍋一箇，以礞石四兩，打碎，入硝石四兩，拌勻，炭火十五斤，簇定，煅至硝盡，其石色如金為度，取出研末，水飛去硝毒，曬乾用。

**清·郭章宜《本草匯》卷一八**　青礞石　味鹹、甘，平。化頑痰結癖，行食積停留。

按：礞石，體重下行，乃厥陰之藥。肝經風木太過，來制脾土，氣不運化，積滯生痰，壅塞上中二焦，變生風熱諸病。宜此藥重墜，令木平氣下，則痰症自愈。然宜于脾胃壯實，而不用于虛弱也。如脾胃不運，或多食酒麪濕熱之物，以致膠固稠黏難出者，用之應如桴鼓。如陰虛火炎，煎熬凝結為痰者，投之未有不敗。

出盱山。入礶打碎，四兩，消石四兩，同拌，火煅，至消盡，石色如金為度。研細，水飛用。

**清·蔣居祉《本草擇要綱目·平性藥品》**　礞石　氣味：甘、鹹，平，無毒。其性下行，陰也，沉也。乃足厥陰之藥。　主治：肝經病，故宜以礞石之重墜，疎快其滯，使木平氣下，而痰積通利也。然止可用之救急，若氣弱脾虛者，不宜僭服。

**清·王翃《握靈本草》卷一**　青礞石出江北盱山者佳。色青，打開有白星，煅後則星黃。無星者不入藥。凡用同硝石等分，拌勻，炭火圍煅至消盡，其石色如金爲度。水飛，去硝毒，晒乾用。　主治：青礞石，甘，鹹，平，無毒。主食癥痰積。

**清·汪昂《本草備要》卷四**　礞石重，瀉痰。　甘、鹹，有毒，體重沉墜。色青入肝，製以硝石，能平肝下氣，爲治驚利痰之聖藥。吐痰水上，以石末摻之，痰即隨下。王隱君有礞石化痰丸，能治百病。礞石、焰硝各二兩，煅研，水飛淨一兩，大黃酒蒸八兩，黃芩酒洗八兩，沉香五錢，爲末，水丸，量虛實服。時珍曰：風木太過，來制脾土。氣不運化，積滯生痰，壅塞上中二焦，變生諸症。礞石重墜，硝性疏快，使痰積通利，諸症自除。氣弱脾虛者禁服。　堅細青黑，中有白星點。硝石、礞石等分，打碎拌勻，入坩堝煅至硝盡，石色如金爲度。如無金星者不入藥。研末水飛，去硝毒用。

**清·顧靖遠《顧氏醫鏡》卷八**　青礞石鹹，平。入肝經。同火硝等分，煅如金色，研細，水飛。　化頑痰癖結，行食積停留。鹹主軟堅，重主墜下。湯氏治小兒痰涎壅塞咽喉，命在須臾，薄荷汁入生蜜，調服五分或一錢，墜下風痰，為治驚利痰之聖藥。稟剛猛之性，有攻擊之能，脾胃虛弱者忌之。

**清·李熙和《醫經允中》卷一七**　礞石　兼入心脾肺經。甘、鹹，平，無毒。主治蕩滌宿痰，消磨食積，小兒驚癇喘急等症，滾痰丸用之。元氣虛者弗用。小兒悮服，多致慢脾風症。

**清·馮兆張《馮氏錦囊秘錄·雜症痘疹藥性主治合參》卷五**　青礞石稟石中剛猛之性，味辛、鹹，氣平，無毒。體重而降，辛主散結，鹹主軟堅，重主墜下，故《本經》所主諸證，皆出一貫也。　青礞石，婦人積年食癥，攻刺心腹，小兒熱結，頑痰驚癇，喘急墜痰，消食，故入滾痰丸用，為平肝破滯、驚熱痰壅之神劑。痰見青礞，即化為水。但脾虛氣弱者忌之。

**清·张璐《本經逢原》卷一**　礞石　辛、鹹，平，無毒。色青者入肝力勝，色黃者兼脾次之。硝石煅過杵細，水飛用。　發明：青礞石，厥陰之藥，其性下行，治風木太過，挾制脾土，氣不運化，積滯生痰，壅塞膈上，變生風熱諸病，故宜此藥重墜以下泄之，使木平氣下，而痰積通利，諸證自除矣。今人以王隱君滾痰丸通治諸痰怪證，不論虛實寒熱概用，殊為未妥。不知痰因脾胃不能運化，積滯而生。膠固稠粘者，誠為合劑。設因陰虛火炎，煎熬津液，凝結成痰，如誤投之，則陰氣愈虛，陽火彌熾，痰熱未除，而脾胃先為之敗矣。況乎脾胃虛寒，食少便溏者得之，泄利不止，禍不旋踵。若小兒多變慢脾風證，每致不救，可不慎歟。

**清·浦士貞《夕庵讀本草快編》卷一**　礞石　其色濛濛而青，煅後如麩，金者為佳。　礞石氣平味鹹，其性下行，沉陰可知，乃足厥陰之藥也。凡風木太過，來制脾土，氣不運化，積滯生痰，壅塞上中二焦，變生風熱諸病。故非礞石重墜之劑不能立取其效。又制以硝石，其性疎快，使木平氣下而痰積通利，諸症自除矣。王隱君滾痰丸乃法此也。若小兒慢驚，婦人癥癖，配藥作丸，無不神速，但胃弱氣虛者不可驟用。

**清·王子接《得宜本草·下品藥》**　青礞石　味甘、鹹。入足厥陰經。功專利痰止驚。得硝石、赤石脂治一切痰積痼疾，得燄硝治驚風危證。

**清·黃元御《玉楸藥解》卷三**　青礞石　味鹹，氣平。入手太陰肺、足太陰脾經。化痰消穀，破積攻堅。青礞石重墜下行，化停痰宿穀，破硬塊老癖。其性迅利，不宜虛家。庸工有滾痰丸，方用礞石、大黃泄人中氣，最可惡也。

**清・吴儀洛《本草從新》卷五**　青礞石〔重，瀉，墜痰。〕甘，鹹，有毒。體重沉墜，色青入肝。製以硝石，能平肝下氣。為治頑痰癖結之神藥。痰着青礞即化為水。王隱君〔王隱君《養生主論》〕有礞石滾痰丸，礞石、焰硝各二兩，煅研，水飛淨一兩，大黃，蒸，八兩，黃芩，酒洗，八兩，沉香五錢。為末，水丸，量虛實服。時珍曰：風木太過，來制脾土，氣不運化，積滯生痰，壅塞上中二焦，變生諸病，礞石重墜，硝性疏快，使痰積通利，諸證自除。氣弱血虛者大忌。堅細青黑，中有白星點。硝石、礞石等分，打碎拌匀，入砂鍋煅至硝盡，石色如金為度。如無金星者，不入藥。研末水飛，去硝毒。

**清・汪紱《醫林纂要探源》卷三**　青礞石　甘，鹹，平。堅細青黑，上有白星點，無者不用。又曰金星礞石，以此石、硝石各半，打碎拌匀，入罐內煅至硝盡，而色如金為度，蓋所以去其毒也。緩肝補心，滲濕墜痰。色青入肝，甘益土而緩肝。心，木之子，而鹹補心，能鎮驚治癇。其輭堅而下沉之性，乃所以墜痰也。

**清・嚴潔等《得配本草》卷一**　礞石　得焰硝良。甘、鹹，平。入足厥陰經氣分。平肝下氣。除結熱，治驚癇，積痰。得薄荷自然汁、生蜜調下，治急驚痰熱。慢驚脾虛者，木香湯熟蜜調下。配大黃末，除橫結之痰。配赤石脂，療積痰久痢。青者佳。如無星點，不入藥。入硝石等分，煅至硝盡，色如金為度，研末，水飛曬乾用。脾虛氣弱，發熱聲啞，痰血夾雜者，禁用。礞石燥可除濕，老痰却非所宜。但諸藥下過，滑潤痰滯，而隱伏之處未必能到。惟此性橫而悍，其於腸胃曲折倚伏之處，無不迅掃其根，使穢濁膩滯之痰，不得稍留胃底，故此品有滾痰之名。然痰之滯，有血虛不能潤、氣虛不能送，因之粘滯胃府，托宿腸中，闗門之內，竟作貯痰之器，如用礞石降之，則痰因燥而愈澀，氣因降而益衰，終將凝結於中而莫解，烏可不審。

**清・黃宮繡《本草求真》卷五**　礞石除肝膈上熱痰。　礞石耑入肝。稟石中剛猛之性，沉墜下降，味辛而鹹，色青氣平，功耑入肝平木下氣，為治驚利痰要藥。喻嘉言曰：驚風二字，乃古人妄鑿空談，不知小兒初生以及童幼，肌肉筋骨，臟腑血脉，俱未克長，陽則有餘，陰則不足，故易於生熱，熱甚則生風生驚，亦所恒有，後人不解，遂以為奇特之病，且謂此病有八候，以其摇頭手動也，而立抽掣之名；以其卒口噤脚攣急也，而立目斜亂搐搦之名；以其脊強背反也，而立角弓反張之名。相傳既久，不知妄造，遇此等症，無不以為奇特，而不知小兒腠理不密，易於感冒風寒，病則筋脉牽強，因筋脉牽強生出抽掣搐搦，角弓反張，種種不通名色，而用金石等藥鎮墜外邪，深入臟腑，千中千死，間有體堅症輕得愈者，又詫為再造奇功。遂致各守耑門，雖日殺數兒，而不知其罪矣。蓋風木太過，脾土受制，氣不運化，積氣生痰，壅塞膈上，變生風熱，治宜用此重墜下泄，則風木氣平，而痰積自除。今人以王隱君滾痰丸內用礞石，通治諸般痰怪症，殊為未是。滾痰丸：礞石、焰硝各二兩，煅研水飛淨一兩，大黃酒蒸八兩，黃芩酒洗八兩，沉香五錢，為末水丸。不知痰因熱盛，風木挾熱而脾不運，故爾痰積如膠如漆，用此誠為合劑，如其脾胃虛弱，食少便溏，服此泄利不止，小兒服之，多成慢症，以致束手待斃，可不慎歟。硝煅水飛研用。

**清・楊璿《傷寒溫疫條辨》卷六攻劑類**　青礞石硝石、礞石等分，打碎拌匀，煅至硝盡，礞色如金為度。　味甘鹹，有小毒。體重沉墜，色青入肝，並入肺、大腸、胃。主蕩滌宿食，消磨陳積，平肝下氣，為治驚利痰之聖藥。王隱君滾痰丸，千古良方也。碭邑監生劉敚郭，年近六旬，因驚氣裹痰，致怪病百出，百藥不效，七年不能起於床，自分必死。丁亥秋，余診之脉沉滑，枯瘦而聲宏，令服滾痰丸錢半，竹瀝入薑汁送下，大便下惡物傾盆，兩服而足能行，病如掃，快哉。

按：攻積諸藥，如萊菔子、麥芽攻麵積，六神麯、穀芽攻米積，山楂、阿魏攻肉積，陳皮、蘇葉攻魚蟹積，枳椇子攻酒積，當門子攻酒果積，甘遂、大戟攻水積，雄黃、膩粉攻涎積，礞石、蛤粉攻痰積，木香、檳榔、枳殼攻氣積，肉桂、乾漆、桃仁攻血積，三稜、莪术、穿山甲、雞內金攻癥瘕；巴豆攻冷積，大黃、芒硝攻熱積，認證施藥，各從其類也。又按：《內經》云：諸疼為實。此實字要參酌，不必虛實之實為實也。凡有痰水、寒熱、酒食、氣血之實邪，皆可言實。《內經》又曰：疼隨利減。則滌痰逐水，瀉熱祛寒，解酒消食，破氣攻血，皆可言利。邪氣去，正氣復，何虛之有？若真虛疼而無實邪，獨參湯可矣。有寒加附子，有熱加黃連，大便不通加酒炒大黃。總當斟酌輕重，隨證攻補，自得之矣。

**清・羅國綱《羅氏會約醫鏡》卷一八金石水土部**　青礞石味辛鹹，入肝經。火煅細研。　色青入肝，體重降下，為平肝鎮驚、消散熱痰之神藥。治食癥腹痛、痰壅喘急。痰見礞石即化為水。然實痰堅積，用礞石滾痰丸，乃其所宜，若久病痰多，必因脾虛，而亦服此，百無一生矣！堅黑中有白星點，用硝石與礞石等分打碎拌匀，入砂鍋煅至硝盡、石色如金為度。如無金星者，不入藥。研末水飛用。

**清・黃凱鈞《藥籠小品》**　青礞石　色青入肝，治頑痰癖結，痰着礞石即化為水。滾痰丸所以用之。虛人大忌。須揀有金心者方入藥。

**清・王龍《本草纂要稿・金石部》**　青礞石　味甘鹹，性平，無毒。除食癥攻刺作痛，化食積成塊不消，墜頑痰留滯臟腑，療小兒急慢驚風。

**清・吴鋼《類經證治本草・足厥陰肝臟藥類》** 礞石 【略】誠齋曰：治發狂，説神見鬼。堅細，青黑中有白星點者入藥。同消石等分，打碎拌勻，入礶內，煅至消盡，石色如金為度。研末，水飛去消毒用。

**清・張德裕《本草正義》卷下** 青礞石 甘鹹下降，肝脾藥也。能攻頑痰，消癥積，治癲癇。寔痰堅積可用，虛者勿宜。

**清・楊時泰《本草述鉤元》卷五** 礞石 有青白二種，青者佳。取青黑而堅細者打開，中有白星點，煅後則星黃如麩金，其無星點者，不入藥瀕湖。味辛、鹹，氣平。其性下行，陰也，沉也。乃厥陰肝經藥。主治積痰驚癇，欬嗽喘急，能墜結聚之痰留滯臟腑。礞石乃治驚利痰之聖藥。風木太過，來制脾土，氣不運化，積滯生痰，壅塞上中二焦，變生風熱諸病，故宜此藥重墜，制以硝石，其性疎快，使木平氣下而痰積通利，諸證自除瀕湖。吐痰在水上，以石末糝之，痰即隨水而下，其沉墜之性可知又。得焰硝，能利濕熱痰積從大腸而出，因濕熱盛而皮膚生瘡者，一利即愈《入門》。性非胃家所好，氣弱脾虛者不宜久服。丹溪言，一老人忽病目盲，乃大虛證，醫與礞石藥服之，至夜而死，是可戒也瀕湖。按：痰有二因，如脾胃積滯生痰，或多食酒麪濕熱之物，以致膠固稠黏，咯唾難出者，用之豁痰利竅，除熱泄結，應如桴鼓。至於陰虛火炎，煎熬津液，凝結為痰，或發熱聲啞，痰血雜出者，誤投則脾胃先敗。

論：礞石以青者為佳，而石中更取白星點者，猶是以金平木之義，即隱君所製滚痰丸，亦非徒取其重墜，猶是木平氣下之義也。觀其治中風痰塞，則可見矣。修治：以礞石四兩打碎，入硝石四兩拌勻，置大坩鍋內，炭火十五斤，簇定，煅至硝盡，其色如金為度，取出，研末水飛，去硝毒，曬乾用。

**清・葉桂《本草再新》卷八** 青礞石味甘鹹，性寒，有毒。入肝、脾二經。平肝下氣，為治頑痰癖結之聖藥。

**清・趙其光《本草求原》卷二五石部** 礞石 鹹軟堅；辛入肺，散結；甘平入陽明胃、大腸，燥濕化痰；色青入肝，能使金媾於木，令風平而氣下，為鎮驚、墜痰、消積之聖藥。凡木強克土，脾胃不運，致各滯生痰，或食濕熱結積，化痰壅塞中上二焦，變生風驚等病，宜此重墜以降之。每合焰硝，等分。煅至金色，硝性疏快，能利濕熱，痰積從大便出。治小兒驚風，痰涎壅塞喘急，每用數分。急驚熱痰，薄荷汁蜜下；慢驚脾虛者，加雪糕、木香蜜下。頑痰食積，同礬水煮，南星、皂角水浸，半夏、薑汁炒，片芩、枳實水炒，赤茯，蘿蔔同硝煮，取水入牛膽風乾，以薑汁者，神麯糊丸，名青礞石丸，白湯下。熱盛者，加酒、大黃、百藥煎、沉香，名加味滚痰丸。脾胃略虛者，合六君子，以竹瀝、薑汁拌曬，以瀝、薑為丸，能泄痰而不損胃。一切冷積致瀉、致痢、癖塊，心腹痛，同赤石脂水為丸，鍋內煨紅收之。瘀滯、崩漏，加三稜、巴豆水下。陰虛火炎成痰及脾胃虛寒者，忌。堅細青黑，中有白點，同硝煅如金色，水飛用。無金者，不入藥。

**清・文晟《新編六書》卷六《藥性摘錄》** 礞石 味辛而鹹，性沉下降，色青氣平。入肝平木，下氣，為治驚利痰要藥。○以硝煅，水飛，研用。○王隱君滚痰丸，用飛淨礞石末一兩，大黃酒蒸八兩，黃芩酒洗八兩，沉香五錢，為末，水丸，此惟痰如膠漆者合宜。若脾胃虛弱，食少便溏，服此泄痢不止。○小兒服之，多成慢症不治。

**清・張仁錫《藥性蒙求・金石部》** 青礞石二錢、三錢 青礞石鹹，平肝下氣。蕩滌宿痰，虛人均忌。辛、鹹，平。製以硝石，為治頑痰癖結之神藥。氣弱血虛之人，雖有結痰，大忌。

**清・戴葆元《本草綱目易知錄》卷七** 礞石 甘、鹹，平。厥陰經藥。其體重墜，製以硝石，性便疏快，使木平氣下而通利痰積，治積痰驚癇，咳嗽喘急，食積不消，留滯臟腑，宿食癥塊。小兒食積羸瘦，婦人積年食癥攻刺心腹。和巴豆、硇砂、大黃、三稜等丸服，良。然止用之救急，不宜久服及氣弱脾虛者忌。

**清・陳其瑞《本草撮要》卷六** 青礞石 味甘鹹，入足厥陰經，功專利痰止驚。得硝石、赤石脂治一切痰積痼疾，得焰硝治驚風危證，得焰硝、大黃、黃芩、沉香名滚痰丸。氣弱血虛者忌。

五色石脂

**宋・唐慎微《證類本草》卷三玉石部上品〔《本經・別錄》〕 五色石脂** 青石、赤石、黃石、白石、黑石脂等味甘，平。**主黃疸，洩痢，腸澼，膿血，陰蝕，下血，赤白，邪氣，癰腫，疽痔，惡瘡，頭瘍，疥瘙。久服補髓，益氣，肥健，不飢，輕身，延年。五石脂各隨五色補五藏。** 生南山之陽山谷中。〔宋・掌禹錫《嘉祐本草》〕按：《蜀本》云：今義陽山甚有之，一本南陽山谷中也。

**宋・王繼先《紹興本草》卷二** 石脂 紹興校定：五種色石脂，本神農舊經，生南山之陽。性味俱甘平者，謂其所產土地一同故也。至於後世乃復疏為五種，由是出產不同，性味亦異。然觀其大要，皆以補益固斂為用。入藥當取色理鮮、綴唇者佳，並為無毒是矣。

**明·王綸《本草集要》卷五**　青石、赤石、黃石、白石、黑石脂等　味甘，氣平，無毒。畏黃芩、大黃。　主黃疸，洩痢腸澼膿血，陰蝕，下血赤白，吐血衄血，邪氣癰腫，疽痔惡瘡，頭瘍疥瘙。久服補髓安心，澀精，鎮五臟，益氣肥健，不飢，輕身延年。五石脂，各隨五色補五臟。澀可以去脫，石脂為收斂之劑也。〇青石脂，味甘酸。主養肝膽氣，明目，女子帶下百病。〇赤石脂，味甘酸辛，氣溫。惡松脂、大黃，畏芫花。主養心氣，明目益精，療腹痛洩澼，下痢赤白，小便利，女子崩中漏下。〇黃石脂，味苦。惡細辛，畏黃連、飛蠊。主養脾氣，調中，大人小兒洩痢下膿血，去白蟲，除黃疸。〇白石脂，味甘酸。惡松脂，畏黃芩。主養肺氣，厚腸胃，療驚悸不足，心下煩，腹痛洩痢，便膿血。〇黑石脂，味鹹。主養腎氣，強陰，治陰蝕瘡、口瘡。

**明·滕弘《神農本經會通》卷六**　五色石脂　《本經》云：青石、赤石、黃石、白石、黑石脂等，味甘，平。主黃疸，洩痢，腸澼膿血，陰蝕，下血赤白，邪氣癰腫，疽痔，惡瘡，頭瘍疥瘙。久服補髓〔益〕氣，肥健不飢，輕身延年。五石脂，各隨五色補五臟。生南山之陽山谷中。今義陽山甚有之。

青石脂　味酸，氣平，無毒。《本經》云：主養肝膽氣，明目，療黃疸，洩痢，腸澼，女子帶下百病及疽痔惡瘡。久服補髓益氣，不飢延年。生齊區山及海崖。又出蘇州餘杭山，不甚佳，唯延州山中所出良。

赤石脂　君也。惡大黃、松脂，畏芫花。以色理鮮膩者為勝。生濟南射陽及太山，今不聞出者。今出潞州。　味甘、酸、辛，氣大溫，無毒。《湯》同。東云：治精濁，止瀉，補崩中。又云：降也，陽中陰也。固腸胃，有收斂之能。下胎衣，無推蕩之峻。珍云：養心，療腹痛。赤白味無殊。末，能固脫，澁瀉痢，治同途。《疌》云：固腸胃，下胎衣，有收斂之功。《本經》云：主養心氣，明目，益精，療腹痛，洩澼，下痢赤白，小便利，及癰疽瘡痔。女子崩中漏下，產難，胞衣不出。久服補髓，好顏色，益智，不飢輕身延年。《藥性論》云：君。補五臟虛乏。《圖經》云：《千金翼》論曰治痰飲，吐水無時節者，其源以飲冷過度，遂令脾胃氣羸，不能消於飲食，飲食入胃，則皆變成冷水，反吐不停，皆赤石脂散主之。又主下痢，補五臟，令人肥健。有人痰飲，服諸藥不効，用此方遂愈。其雜諸藥用者，則張仲景治傷寒下痢不止，便膿血者，桃花湯主之。《湯》云同《本經》。五色石脂，各入五臟補益。東垣云：赤、白石脂，并溫，無毒。畏黃芩、芫花，惡大黃。《本經》云：澁可去脫。石脂為收斂之劑，胞衣不出，澁劑可以下之。赤入丙，白入庚。珍云：赤、白石脂，俱甘酸，陽中之陰，固脫。《心》云：甘溫。篩末用，去脫，澁以固腸胃。《局方》：《本草》云青石脂養肝膽氣，明目。黑石脂養腎氣，強陰，主陰蝕瘡。黃石脂養脾氣，除黃疸。餘與赤、白同功。丹溪云：氣溫，味甘、酸。《本草》主養心氣，明目益精，治腹痛，泄澼，下利赤白，小便利，及癰疽瘡痔，女子崩漏，產難，胞衣不出。其五色石脂，各入五臟補益。澁可以去脫，石脂為收斂之劑。胞衣不出，澁劑可以下之，是赤入丙，白入庚也。《衍義》曰：赤石脂，今四方皆有，以舌試之，粘著者為佳。有人病大腸寒滑，小便精出，諸熱藥服及一斗二升，未甚効。後有人教服赤石脂、乾薑各一兩，胡椒半兩，同為末，醋糊丸桐子大，空心及飯前米飲下五七十丸，終四劑遂愈。劊云：赤石脂甘酸且溫，固腸胃有歛收功。胎衣不下宜斯逐，順落不為峻急攻。《局》云：赤石脂溫除腹痛，更攻下痢洩無時。崩中漏下并難產，瘡痔癰疽亦主之。

黃石脂　曾青為之使。惡細辛，畏蜚蠊。色如鶯雛。生嵩高山。　味苦，氣平，無毒。《本經》云：主養脾氣，安五臟，調中。大人小兒洩痢，腸澼下膿血，去白蟲。除黃疸，癰疽蟲。久服輕身延年。

白石脂　燕屎為之使。惡松脂、馬目毒公，畏芩、黃連、甘草、飛廉。生太山之陰，今不聞有之。今惟潞州有焉。　味甘、酸，氣平，無毒。《本經》云：主養肺氣，厚腸，補骨髓，療五臟，驚悸不足，心下煩，止腹痛，下水，小腸澼熱，溏便膿血，女子崩中漏下，赤白沃，排癰疽瘡痔。久服安心，不飢，輕身長年。《藥性論》云：味甘、辛。澁大腸。《圖經》云：今惟用赤、白二種，餘不復識。《獨行方》：治小兒臍中汁出不止，兼赤腫，以白石脂細末，熬溫，撲臍中，日三，良。《斗門方》：治瀉痢，用白石脂、乾薑二物，停擣，治以百沸湯，和麪為稀糊，搜匀，併手丸如梧子，暴乾，飲下三十丸，久痢不定，更加三十丸，霍亂，煎漿水為使。《衍義》云：白石脂，有初生未滿月小兒多啼叫，致臍中血出，以白石脂，細末，貼之即愈。未愈，微微炒過，放冷再貼，仍不得剝揭。

黑石脂　一名石墨。出潁川陽城。　味鹹，氣平，無毒。　《本經》云：　主養腎氣，強陰，主陰蝕瘡，止腸澼泄痢，療口瘡咽痛，久服益氣，不飢延年。陶隱居云：　五石脂，如《本經》療體亦相似，《別録》各條所以具載，今俗用赤石、白石二脂爾。餘三色脂，有而無正用。黑石脂乃可畫用爾。日華子云：　五色石脂，并溫，無毒。畏黃芩、大黃。治瀉痢，血崩帶下，吐血衄血，並澁精淋瀝，安心，鎮五臟，除煩，療驚悸，排膿，治瘡癤痔瘻，養脾氣，壯筋骨，補虛損久脫，悅色。文理膩綴唇者為上。

**明・劉文泰《本草品彙精要》卷二**　五色石脂無毒　土石生。

**五色石脂：主黃疸，洩痢，腸澼膿血，陰蝕，下血，赤白，邪氣，癰腫，疽痔，惡瘡，頭瘍，疥瘙。久服補髓益氣，肥健不飢，輕身延年。五石脂各隨五色補五臟。**《神農本經》。　《圖經》曰：　五色石脂，舊《經》同一條。並生南山之陽山谷中。　主治並同，後人各分之。所出既殊，功用亦別，用之當依後條。然今惟用赤、白二種，餘不復識也。

**明・鄭寧《藥性要略大全》卷八**　五石脂青、赤、黃、白、黑五色石脂。　主治黃疸，瀉痢膿血，陰蝕下血赤白，吐血癰毒，補髓澁精。五色各補五臟，收斂之劑也。　《經》云：　澁可去脫。石脂為收斂之劑，胞衣不出，澁可以下之。赤入丙丁，白入庚辛也。　《珠囊》云：　赤白石脂，俱甘，酸，陽中之陰，故能固脫。　《心法》云：　甘，溫。　篩末用。　去脫澁以固陽胃。　《局方本草》云：　青養肝，白養肺，赤養心，黃養脾，黑養腎。　五色各入五臟補益。　味甘，氣並溫平，無毒。　畏黃芩、芫花，惡大黃。

青石脂　養肝明目。　治女人帶下百病。　味酸，平，無毒。

赤石脂　養心明目，益精，止腹痛泄澼，下痢赤白。　利小便及癰疽瘡痔，女人崩中漏下。　治男子精濁，止渴。　東垣云：　下胎衣，無推蕩之峻，固腸胃，有收斂之能。　味甘，酸，性溫，無毒。　降也，陽中陰也。　惡松脂、大黃。

黃石脂　養脾調中，止瀉痢膿血，白濁，黃疸。　石脂五色，大略相同。

白石脂　養肺厚腸，治驚悸心煩，腹痛瀉痢膿血，白蟲，黃疸。　惡松脂，畏黃芩。

黑石脂　養腎強陰。　治口瘡，陰蝕瘡。〇味甘，平。

五色石脂皆主黃疸，瀉痢，腸澼膿血，陰蝕下血赤白，癰腫疽痔，惡瘡頭瘍，疥瘡瘙痒，皆可久服。　補髓益氣，肥健不飢，延年。

**明・王文潔《太乙仙製本草藥性大全》卷六《本草精義》**　赤石脂　一名赤符。　生濟南、射陽及太山之陰。　蘇恭云：　濟南大山不聞出者，惟虢州盧氏縣，澤州陵川縣，慈州呂鄉縣並有，及宜州諸山亦出。　今出潞州，以色理鮮膩者爲勝。　採無時。　古人亦有單服食者。《乳石論》載服赤石脂，發則心痛，飲熱酒不解，治之用葱豉綿裹水煮飲之。　形赤粘舌爲良，火煅醋淬纔研。　畏芫花，莫見。　惡大黃、松脂。

青石脂　一名青符。　生齊區山谷及海崖。　收採無時。　用之有驗。

黃石脂　一名黃符。　生嵩高山山谷，揭兩石中取之。　其色黃如㹠腦，鶯雛紋理，鮮膩者良。　惡細辛，畏黃連、甘草、蜚蠊。

白石脂　一名白符，一名隨坡。　生泰山之陰。　蘇恭云：　出慈州諸山，泰山左側不聞有之。　今惟潞州有焉，潞與慈相近，此亦應可用。古斷下方多用，而今醫家亦稀使。　採無時。　惡松脂，馬〔目〕毒公，畏黃芩、黃連、甘草、飛蠊。

黑石脂　一名黑符，一名石涅，一名石墨。　出潁川陽城，生洛西山空地。其色黑如煤，乃可作畫家用爾。

按：　唐注云：　出蘇州餘杭山，今不採。　而蘇州今乃見貢赤白二種，然入藥不甚佳，唯延州山中所出最良，揭兩石中取之。　延州每以蕃寇圍城，苦無水，迺撅地深廣三五丈，以石脂密固貯水，得經時久不滲漏，宜以此爲上。

**明・王文潔《太乙仙製本草藥性大全》卷六《仙製藥性》**　青黃赤白黑石脂等　味甘，氣平，無毒。　主治：　主洩痢腸澼膿血赤白，治黃疸下血吐血衄血。邪氣癰腫疽痔並除，惡瘡頭瘍疥瘙即去。　鎮五臟益氣，安心腎澁精。久服補髓肥健，不飢輕身，耐老延年。　種有五色，實共一名，雖各補臟不同，總係收斂之劑，可以隅反，不必概言。　補註：　五色石脂，舊經本同一條，並生南山之陽山谷中。主治亦同，後人各分之，所出既殊，功用亦別，用之當依後條。　然今惟有赤、白二石脂，餘三種不識者。　赤石脂君：　味甘、酸、辛，氣溫，無毒。　主治：　凡百潰瘍收口長肉，但諸來血止塞歸經。　養心氣澁精，住瀉痢除痛。　明目良方，止痢妙法。　癰疽瘡痔即除，產難胞衣立下。久服補髓益智，好顏色，不飢，輕舉，永壽長年。　補註：　小兒疳瀉，用杵爲末如麪，以粥飲調半錢服立差，或以京芎等分，同服更妙。〇傷寒下痢不止，便膿血者，桃花湯主之，其方用赤石脂一斤，一半全用，一半末用，乾薑一兩，粳米半升，以水七升煮之，米熟爲準，去滓，每飲七合，內赤石脂方寸〔匕〕服，日三愈，止後服，不爾盡之。○心痛徹背者，烏頭赤石脂丸：烏頭一分，附子二分，並炮，赤石脂、乾薑、蜀椒各四分，五物同杵末，以蜜和丸大如梧桐子，先食服一丸，不知稍增之。○大腸寒滑，小便精出，諸熱〔藥〕服及一斗二升，未甚效，後有人教服赤石脂、乾薑各一兩，胡椒半兩，同爲末，醋糊丸如梧子大，空心及飯前米飲下五七十丸，終四劑遂愈。○治痰飲吐水無時節者，其源以冷飲過度，遂令脾胃氣羸不能消於飲食，飲食入胃則皆變成冷水，反吐不停，皆赤石脂散主之：赤石脂一斤，搗篩，服方寸〔匕〕，酒飲自任，稍稍加至三匕，服盡一斤，則終身不吐痰水，又不下痢，補五臟，令人肥健。青石脂：味酸，氣平，無毒。主治：主明目養肝膽氣，療黃疸洩痢腸癖。女子帶下百病蠲除，癰疽惡瘡痔瘻祛散。久服補髓益氣，不飢延年。黃石脂：味苦，氣平，無毒。曾青爲之使。主治：養脾氣益胃，安五臟調中。下膿血止瀉痢腸澼，去白蟲除黃疸癰疽。久服輕身，延年不老。太乙曰：凡使須研如粉，用新汲水投於器中攪不住手了，傾作一盆，如此飛過三度，澄者去之，取飛過者任入藥中使用，服之不問多少，不得食卵味。白石脂：味甘、酸，又云甘、辛，氣平，無毒。燕屎爲之使。主治：養肺氣而厚腸胃，補骨髓而療五臟。驚悸不定立止，心下煩悶堪除。下水，小腸澼膿血熱溏，女子赤白漏下崩中，癰疽瘡痔，排膿長肉。補註：小兒水痢，形羸不勝大湯藥，白石脂半大兩，研如粉，和白粥空腹與食。○小兒臍中汁出不止，兼赤腫，以白石脂細末熬溫，撲臍中，日三良。○治瀉痢，用白石脂、乾薑二物停搗，以百沸湯和麪爲稀糊，搜之并手丸如梧子大，暴乾，飲下三十丸。久痢不定，更加三十丸，霍亂煎漿水爲使。○小兒初生未滿月多啼叫，致臍中血出，以白石脂細末貼之即愈，未愈微微炒過，放冷再貼，仍不得剝揭，漸漸自愈。黑石脂：味鹹，氣平，無毒。主治：益腎氣強陰，止腸澼洩痢。陰蝕瘡瘍即愈，口瘡咽痛立除。久服悅色，不飢延年。

**明·李時珍《本草綱目》卷九石部·石類上** 五色石脂《本經》上品。校正：併入五種石脂。

【釋名】時珍曰：膏之凝者曰脂。此物性粘，固濟爐鼎甚良，蓋兼體用而名也。

【集解】《別錄》曰：五色石脂生南山之陽山谷中。又曰：青石脂生齊區山及海涯。黃石脂生嵩高山，色如鶯雛。黑石脂生潁川陽城。白石脂生太山之陰。赤石脂生濟南、射陽，又太山之陰。並采無時。普曰：五色五脂一名五色符。青符生南山或海涯。黃符生嵩山，色如㹠腦、雁雛。黑符生洛西山空地。白符生少室天婁山或太山。赤符生少室或太山，色絳滑如脂。弘景曰：今俗惟用赤石、白石二脂。好者出吳郡，亦出武陵、建平、義陽。義陽者出𨛬縣界東八十里，狀如㹠腦，赤者鮮紅可愛，隨采復生。餘三色石脂無正用。但黑石脂入畫用耳。恭曰：義陽即申州，所出乃桃花石，非石脂也。白石脂今出慈陽諸山，勝於餘處者。赤石脂今出虢州盧氏縣、澤州陵川縣，又慈州呂鄉縣，宜州諸山亦有，並色理鮮膩爲佳。二脂太山不聞有之，舊出蘇州餘杭山，今不收采。承曰：今蘇州見貢赤白二石脂，但入藥不甚佳。惟延州山中所出最良，揭兩石中取之。頌曰：白石脂、赤石脂，今惟潞州出之，潞與慈州相近也。宗奭曰：赤、白石脂四方皆有，以理膩粘舌綴唇者爲上。

【修治】斅曰：凡使赤脂，研如粉，新汲水飛過三度，晒乾用。時珍曰：亦有火煅水飛者。

【氣味】五種石脂，並甘、平。大明曰：並溫，無毒。畏黃芩、大黃、官桂。

【主治】黃疸，洩痢腸澼膿血，陰蝕下血赤白，邪氣癰腫，疽痔惡瘡，頭瘍疥瘙。久服補髓益氣，肥健不飢，輕身延年。五石脂各隨五色，補五臟《本經》。治洩痢，血崩帶下，吐血衄血，澀精淋瀝，除煩，療驚悸，壯筋骨，補虛損。久服悅色。治瘡癤痔漏，排膿大明。

青石脂 【氣味】酸，平，無毒。普曰：青符。神農：甘。雷公：酸，無毒。桐君：辛，無毒。李當之：大寒。【主治】養肝膽氣，明目，療黃疸洩痢腸澼，女子帶下百病，及〔疽〕痔惡瘡。久服補髓益氣，不飢延年《別錄》。

黃石脂 【氣味】苦，平，無毒。普曰：黃符：雷公：苦。李當之：小寒。之才曰：曾青爲之使，惡細辛，畏蜚蠊、黃連、甘草。斅曰：服之忌卵味。【主治】養脾氣，安五臟，調中，大人小兒洩痢腸澼下膿血，去白蟲，除黃疸癰疽蟲。久服輕身延年《別錄》。

黑石脂《別錄》曰：一名石墨，一名石涅。時珍曰：此乃石脂之黑者，亦可爲墨，其性粘舌，與石炭不同。南人謂之畫眉石。許氏《說文》云：黛，畫眉石也。【氣味】鹹，平，無毒。普曰：黑符：桐君：甘，無毒。【主治】養腎氣，強陰，主陰蝕瘡，止腸澼洩痢，療口瘡咽痛。久服益氣不飢延年《別錄》。

白石脂 【氣味】甘、酸，平，無毒。普曰：白符，一名隨。岐伯、雷公：酸，無毒。桐君：甘，無毒。扁鵲：辛。李當之：小寒。權曰：甘、辛。杲曰：溫。之才曰：得厚朴、米汁飲，止便膿。燕屎爲之使。惡松脂，畏黃芩。頌曰：畏黃連、甘草、飛廉、馬目毒公。【主治】養肺氣，厚腸，補骨髓，療五臟驚悸不足，心下煩，止腹痛下水，小腸澼，熱溏便膿血，女子崩中漏下赤白沃，排癰疽瘡痔。久服安心不飢，輕身延年《別錄》。濇大腸甄權。

【附方】舊四，新二。 小兒水痢：形羸。不勝湯藥。白石脂半兩研粉，和白粥空肚食之。《子母秘錄》。 小兒滑泄：白龍丸：白石脂、白龍骨等分爲末，水丸黍米大。每量大小，木瓜、紫蘇湯下。《全幼心鑒》。 久泄久痢：白石脂、乾薑等分研，百沸湯和麨爲稀糊搜之，併手丸梧子大。每米飲下三十丸。《斗門方》。 兒臍汁出：赤腫，白石脂末熬溫，撲之，日三度。勿揭動。韋宙《獨行方》。 兒臍血出：多啼，方同上。《寇氏衍義》。 粉滓面䵟：白石脂六兩，白斂十二兩，爲末，鷄子白和。夜塗旦洗。《聖濟錄》。

赤石脂 【氣味】甘，酸，辛，大温，無毒。普曰：赤符：神農、雷公：甘。黃帝、扁鵲：無毒。李當之：小寒。之才曰：畏芫花，惡大黃、松脂。頌曰：古人亦單服食，云發則心痛，飲熱酒不解。用綿裹葱、豉，煮水飲之。 【主治】養心氣，明目益精，療腹痛腸澼，下痢赤白，小便利，及癰疽瘡痔，女子崩中漏下，産難胞衣不出。久服補髓好顏色，益智不飢，輕身延年《別錄》。補五臟虛乏甄權。補心血，生肌肉，厚腸胃，除水濕，收脱肛時珍。

【發明】弘景曰：五色石脂，《本經》療體亦相似，《別錄》分條具載，今俗惟用赤、白二脂斷下痢耳。元素曰：赤、白石脂俱甘、酸，陽中之陰，固脱。杲曰：降也，陽中陰也。其用有二：固腸胃有收斂之能，下胎衣無推蕩之峻。好古曰：濇可去脱，石脂爲收斂之劑，赤入丙，白入庚。時珍曰：五石脂皆手足陽明藥也。其味甘，其氣溫，其體重，其性濇。濇而重，故能收濕止血而固下；甘而溫，故能益氣生肌而調中。中者，腸胃肌肉驚悸黃疸是也；下者，腸澼泄痢崩帶失精是也。五種主療，大抵相同。故《本經》不分條目，但云各隨五色補五臟。《別錄》雖分五種，而性味主治亦不甚相遠，但以五味配五色爲異，亦是强分爾。赤白二種，一入氣分，一入血分。故時用尚之。張仲景用桃花湯治下痢便膿血。取赤石脂之重濇，入下焦血分而固脱；乾薑之辛溫，暖下焦氣分而補虛；粳米之甘溫，佐石脂、乾薑而潤腸胃也。

【附方】舊五，新七。 小兒疳瀉：赤石脂末，米飲調服半錢，立瘥。加京芎等分，更妙。《斗門方》。 大腸寒滑：小便精出。赤石脂、乾薑各一兩，胡椒半兩。爲末，醋糊丸梧子大。每空心米飲下五七十丸。有人病此，熱藥服至一斗二升，不效；或教服此，終四劑而息。寇氏《衍義》。 赤白下痢：赤石脂末，飲服一錢。《普濟方》。 冷痢腹痛：下白凍如魚腦。桃花丸：赤石脂煅，乾薑炮，等分爲末，蒸餅和丸。量大小服，日三服。《和劑局方》。 老人氣痢：虛冷。赤石脂五兩水飛，白麨六兩，水煮熟，入葱、醬作臛。空心食三四次即愈。《養老方》。 傷寒下痢：便膿血不止。桃花湯主之。赤石脂一斤，一半全用，一半末用，乾薑一兩，粳米半升，水七升，煮米熟去滓。每服七合。納末方寸匕，日三服，愈乃止。《張仲景方》。 痢後脱肛：赤石脂、伏龍肝爲末，傅之。一加白礬。《錢氏小兒方》。 反胃吐食：絶好赤石脂爲末。蜜丸梧子大。每空腹薑湯下一二十丸。先以巴豆仁一枚，勿令破，以津吞之，後乃服藥。《聖惠方》。 痰飲吐水：無時節者，其原因冷飲過度，遂令脾胃氣弱，不能消化飲食。飲食入胃，皆變成冷水，反吐不停，赤石脂散主之。赤石脂一斤，擣篩，服方寸匕，酒飲自任，稍加至三匕。服盡一斤，則終身不吐痰水，又不下痢，補五藏，令人肥健。有人痰飲，服諸藥不效。用此遂愈。《千金翼方》。 心痛徹背：赤石脂、乾薑、蜀椒各四分，附子炮二分，烏頭炮一分，爲末，蜜丸梧子大。先食服一丸。不知，稍增之。張仲景《金匱方》。 經水過多：赤石脂、破故紙一兩，爲末。每服二錢，米飲下。《普濟方》。 小便不禁：赤石脂煅、牡蠣煅各三兩，鹽一兩，爲末，糊丸梧子大。每鹽湯下十五丸。《普濟方》。

**明·李中立《本草原始》卷八** 五色石脂 一名五色符。普曰：青符生南山或海崖；黃符生嵩山，色如㹠腦、鴈雛；黑符生洛西山空地；白符生少室天婁山，或太山；赤符生少室或太山，色絳，滑如脂。時珍曰：膏之凝者曰脂。此物性粘，固濟爐鼎甚良，蓋兼體用而名也。

五種石脂，並甘，平，無毒。主治：黃疸洩痢，腸澼膿血，陰蝕下血赤白，邪氣癰腫，疽痔惡瘡，頭瘍疥癬。久服補髓益氣，肥健不飢，輕身延年。五石脂，各隨五色補五臟。治洩痢，血崩帶下，吐血衄血，澀精淋瀝，除煩，療驚悸，壯筋骨，補虛損。久服悦色。治瘡癤痔漏，排膿。

青石脂 氣味：酸，平，無毒。主治：養肝膽氣，明目，療黃疸，洩痢腸澼，女子帶下百病及疽痔惡瘡。久服補髓益氣，不飢延年。

黃石脂 氣味：苦，平，無毒。主治：養脾氣，安五臟，調中，大人小兒洩痢，腸澼下膿血，去白蟲，除黃疸癰疽蟲。久服輕身延年。

黑石脂 氣味：鹹，平，無毒。主治：養腎氣，強陰，主陰蝕瘡，止腸澼洩痢，療口瘡咽痛。久服益氣，不飢延年。

白石脂 氣味：甘，酸，平，無毒。主治：養肺氣，厚腸，補骨髓，療五臟驚悸不足，心下煩，止腹痛下水，小腸澼熱，溏便膿血，女子崩中漏下，赤白沃，排癰疽瘡痔。久服安心不飢，輕身長年。〇濇大腸。〇之才曰：得厚朴、米泔飲，止便膿。燕屎為之使，惡松脂，畏黃芩。○頌曰：畏黃連、甘草、飛蠊、馬目毒公。

赤石脂　氣味：甘、酸、辛，大溫，無毒。主治：養心氣，明目益精，療腹痛腸澼，下痢赤白，小便利及癰疽瘡痔，女子崩中漏下，產難，胞衣不出。久服補髓，好顏色，益智，不飢，輕身延年。補五臟虛乏。○補心血，生肌肉，厚腸胃，除水濕，收脫肛。○之才曰：畏芫花，惡大黃、松脂。

《斗門方》：治小兒疳瀉，赤石脂為末，米飲調服半錢，立瘥。加京芎等分更妙。時珍曰：五色石脂，皆手足陽明藥也。其味甘，其氣溫，其體重，其性濇。濇而重，故能收濕止血而固下；甘而溫，故能益氣生肌而調中。五種主療，大抵相同，故《本經》不分條目，但云各隨五色補五臟。《別錄》雖分五種，而性味主治亦不甚相遠，以五味配五色為異，亦是強分爾。赤白二種，一入血分，一入氣分，故時用尚之。俱《本經》上品。赤石脂：君。

**明・張景岳《景岳全書》卷四九《本草正》**　石脂　味甘、澁，性溫、平。脂有五色，而今之入藥者，惟赤白二種。乃手足陽明、足厥陰、少陰藥也。其味甘而溫，故能益氣調中。其性澁而重，故能收濕固下。調中則可療虛煩驚悸，止吐血衄血，壯筋骨，厚腸胃。除水濕黃疸，癰腫瘡毒，排膿長肉，止血生肌之類是也。固下則可治夢泄遺精，腸風瀉痢，血崩帶濁，固大腸，收脫肛，痔漏陰瘡之類是也。又治產難胞衣不出。東垣曰：胞衣不出，惟澁劑可以下之，即此是也。然脂有五種，雖在《本經》言各隨五色補五藏，又云白入氣分，赤入血分。第五脂之性味略同，似亦不必強分者。且其性粘如膏，故用固爐鼎甚良。

**明・盧之頤《本草乘雅半偈》帙二**　五色石脂《本經》上品　氣味：並甘平，無毒。主治：主黃疸，洩痢腸澼濃血，陰蝕，下血赤白，邪氣癰腫，疽痔惡瘡，頭瘍疥瘙。久服補髓，益氣，肥健不飢，輕身延年。五色石脂，各隨五色入五藏。

覈曰：青色脂，生南山，或海涯；白色脂，生少室天婁山，或太山；黃色脂，生嵩山，色如豘胸、雁雛；黑色脂，生雒西山空地；赤色脂，生少室，或太山延州，色如絳，滑如脂。皆揭兩石中取之，以理細粘舌綴唇者為上。修治：研如粉，新汲水飛過三度，晒乾用。畏黃芩、大黃、官桂。先人云：膏釋脂凝，皆肌肉中液也。肌肉有餘，則其氣揚于外，凝中大有不凝義。世人止知固濟，未盡石脂大體，三復《本經》自見。又云：有土貫四旁義，腎水得用義，六府淨潔義，心邪順去義。

**明・盧之頤《本草乘雅半偈》帙二**　五色石脂補遺　糸曰：石中之脂，如骨中之髓，故揭兩石中取之，以粘綴唇舌者為上，何也？骨與肌肉，原相連屬，而骨中之髓，假水穀之精，凝聚所成，從土發源，填滿骨空，自外而內者也。自外而內，更復自內而外。如骨髓滿溢，散精于腎，淫氣于骨；散精于肝，淫氣于筋；散精于脾，淫氣于肉；散精于心，淫氣于脈；散精于肺，淫氣于皮毛。皮毛血脈肌肉筋骨，五臟之所合也，悉從精髓，陶鑄成形，故五脂先歸于髓，游溢精氣，轉輸各藏。是以《本經》《別錄》，補髓為宗，乃若黃疸腸澼，癰腫瘡瘍，種種病證，悉屬水液血氣，混濁不清，石脂能使精氣游溢，去滓純髓，諸疾潛消矣。

**清・穆石匏《本草洞詮》卷三**　赤白石脂　膏之凝者曰脂。此物性粘，固濟爐鼎，故名。白石脂味甘酸，氣平。赤石脂味甘酸辛，氣大溫，竝無毒。五石脂皆手足陽明經藥也。《本經》不分條目，但云各隨五色補五臟。《別錄》雖分五種，而性味主治不甚相遠。今世惟用赤白二種。白入氣分，赤入血分。主收斂腸胃，濇以去脫是也。《本經》言其補髓益氣，輕身延年，似未可泥。但久痢氣脫者，權宜用之可耳。

**清・劉雲密《本草述》卷五**　五色石脂時珍曰：膏之凝者曰脂。此物性粘，固濟爐鼎甚良，蓋兼體用而名也。　弘景曰：今人唯用赤石、白石二脂，餘三色石脂無正用，但黑石脂入畫眉耳。承曰：石脂皆揭兩石中取之。

氣味：五種石脂俱甘平。主治：黃疸，瀉痢腸澼濃血，陰蝕，下血赤白，久服補髓益氣，肥健不飢。五色脂各隨五色補五臟。盧復曰：膏釋脂凝，皆肌肉中液也。肌肉有餘，則其氣揚於外，凝中大有不凝義。世人止知固濟，未盡石脂大體，三復《本經》自見。

赤石脂　宗奭曰：赤、白石脂，四方皆有。以理膩粘舌綴脣者為上。赤者以色如絳，滑如脂者良。氣味：甘、酸、辛，大溫，無毒。普曰：神農、雷公甘。黃帝、扁鵲無毒。李當之小寒。主治：養心氣，益精，補五臟虛乏，療腹痛腸澼，下痢赤白，小便利，收脫肛，並女子崩中漏下，難產，胞衣不出，久服補髓，好顏色，益智不飢。

白石脂　氣味：甘、酸，平，無毒。普曰：岐伯、雷公：酸，無毒。

桐君：甘，無毒。扁鵲：辛。李當之：小寒。權曰：甘、辛。杲曰：温。主治：養肺氣，厚腸，補骨髓，療五臟驚悸不足，心下煩，止腹痛，下水，小腸澼熱，溏便膿血，女子崩中漏下，赤白淫。入大腸止瀉更良。

弘景曰：五色石脂，《本經》療體亦相似，今俗惟用赤、白二脂，斷下痢耳。　潔古曰：赤、白石脂俱甘酸，陽中之陰，固脫。　東垣曰：降也，陽中陰也。其用有二：固腸胃，有收斂之能；下胎衣，無推蕩之峻。　海藏曰：濇可去脫，石脂為收斂之劑，赤入丙，白入庚。　時珍曰：三石脂皆手足陽明藥也。其味甘，其氣温，其體重，其性濇。濇而重，故能收溼止血而固下。甘而温，故能益氣生肌而調中。中者，腸胃、肌肉、驚悸、黄疸是也。下者，腸澼泄痢，崩帶失精是也。赤、白二種，一入氣分，一入血分，故時用尚之。　希雍曰：赤石脂稟土金之氣，而色赤則象火，故其味甘酸辛，氣大温，無毒。氣薄味厚，降而能收，陽中陰也。入手陽明大腸，兼入手足少陰經。《經》曰：澀可去脫。大小腸下後虚脫，非澀劑無以固之，故主腸澼冷痢及女子崩漏之病也。又何以主難産，下胞衣？因其體重下降而酸辛，能化惡血，惡血化，則胞胎無阻滯之患矣。東垣所謂胞衣不出，澀劑可以下之，此之謂也。凡洩痢腸澼，久則下焦虚脫，無以閉藏，其他固澀之藥性多輕浮，不能達下，惟石脂體重而澀，直入下焦陰分，故為久痢洩澼之要藥。

愚按：石脂有五色，在《本經》統言其功，曰隨五色補五臟，至《別錄》始分條具載，亦即以五色之殊，而別其補五臟，於同中有差異者也。其大端所同者，瀉痢腸澼，而五色各養五臟之氣，如《本經》益氣之說也。若《本經》謂其補髓，而《別錄》條分者，止青、白、赤三色，是其同中之異也。若然，則止瀉痢腸澼濃血之功，為五色所同，而補髓之用，為青、白、赤所獨也。後人亦只用赤、白二色耳，乃用之者，惟以斷下痢，反遺補髓之功，何哉？抑其義謂何？曰：之頤有云：石中之脂，如骨中之髓，故揭兩石中取之。而用必以粘綴脣舌者為上也。此說近之矣。《內經》曰：人始生，先成精，精成而腦髓生。然則髓者，精氣之所化，氣化之所凝，從陰中蓄陽，故上歸於腦。盧復謂石脂凝中大有不凝義，斯語可謂探微矣。《本經》取其補髓，非取其精氣所化，氣化所凝，如陰中蓄陽，以化而能歸於凝，凝而未離於化者乎。是焉得以濇能固脫盡之，而獨泥於一證哉？抑亦何以明之？曰：今所用石脂，唯赤者居多，以其甘温合而得陽之化，又酸辛合而能散能收也。如泄瀉滯下之用此味，小便數與不禁、遺精脫肛、自汗之用此味，又如欬嗽之大府遺矢，霍亂之下利膿血，亦用此味，皆逐隊於羣藥中者，不可謂其收澀非功。苐如惡寒之桂附丸，心痛徹背之烏頭赤石脂丸，行痺之乳香應痛丸，癎證之犀角丸，金匱風引湯，消中之天門冬丸，如此類者胥收之。然則亦取其收濇之用乎？是當以化為用也，豈同一味而乃頓然有化而無收乎？即此反推之，則如前諸證之取其收濇者，亦未嘗不有化之用存於中矣。就以瀉痢一證而論，如寒者温藥散之，乃藉此味以化血分之凝，而即為收濇，即熱者用寒藥，祛熱而亦不舍此味。蓋恐寒劑與熱頓忤，更藉此氣化者，引寒導熱，是亦因化為收也。明於一證之寒熱皆宜，可推類以盡他證矣。或曰時珍謂赤者入血分，然否？曰：海藏所說赤入丙，白入庚者是也。故《本經》言其補髓，即繼以益氣二字，不可謂其專入血分，但屬血分之病，由陽中之陰能行其化耳。蓋陽中之陰，能行其化，是即可以益精而化髓，髓盈而氣益盛矣。抑所云補髓之功，方書有可據者乎？曰：如上所療諸證，雖不可謂其補髓，然取其精氣所化以療之，固非判然二也。專取其補髓益氣者，如養氣丹、震靈丹，非其的然可據者歟。若《醫壘元戎》之萬安丸，諸藥皆益腎平劑，却亦不棄茲味，則其功可思矣。茲味類以為收濇之劑，殊為不察。蓋非取其能收取其精氣之所化，而得化之精氣，有若凝為脂者，以對待渙散之氣，不能翕聚以為病者，是則猶非取其脂也。取其化脂之氣，能為渙散之氣用耳。唯取其化脂之氣，故能療腹痛，腸澼下利。但即此一證，則可以思其能化能收之功。不然，腹痛腸澼下利，僅僅以收為功也，可乎哉？即此證以推之，治女子崩漏，真是妙劑。蓋女子崩漏雖多屬虚，然有瘀者，或有熱者，此味可以投之，咸宜矣。雖然《本草》《別錄》言其補髓者，亦本其精氣之所凝為脂，就是明其有補髓之功耳。修真者云：氣盛則精盈，精盈則氣盛。茲品之由氣化而脂凝，非猶氣盛而精盈之義乎？《經》云：精成而腦髓生，是以《別錄》首言益精，而後乃云久服補髓也。　又按：《本草》《別錄》首云養心氣，而次即言益精。蓋心屬陽中之太陽，雖離中有坎，而陽實其主也。故曰：養心氣。腎屬陰中之至陰，雖坎中有離，而陰實其主也。故曰：益精。苐坎離交媾之鄉，陰陽非渙然二也。故首云養心氣，次即言益精也。雖然，五臟六腑皆有精，唯腎受五臟六腑之精而藏之，所以《經》曰：腎者，精之處也。然而修真者有曰：氣盛則精盈，精盈則氣盛，是精與氣合一之義。心腎第為主耳，不得以氣專屬心，精專屬腎也。《經》曰：兩神相搏，合而成形，常先身生，是謂精。夫兩神，陰陽也。搏者，交也。然則成形以後，猶是陰陽相搏，乃得全五臟六腑之精，以永年也。如赤石脂能於陽中行陰之化以下歸，則即於陰中致陽之化以上濟，如是陰陽之不忒，而精乃益也。此甄權所謂補五臟虛乏也。

附方　反胃吐食，絕好赤石脂為末，蜜丸梧子大，每空心薑湯下一二十丸，先以巴豆仁一枚，勿令破，以津吞之，後乃服藥。　痰飲，吐水無時節者，其原因冷飲過度，遂令脾胃氣弱，不能消化飲食，飲食入胃，皆變成冷水，反吐不停，赤石脂散主之。赤石脂一斤，搗篩，服方寸匕，酒飲，自任，稍加至三匕，服盡一斤，則終身不吐痰水。又不下利，有人患痰飲，服諸藥不效，用此遂愈。病人虛者宜之。　心痛徹背，赤石脂、乾薑、蜀椒各四分，附子炮二分，烏頭炮一分，為末，蜜丸梧子大，先食服一丸，不住稍增之。　須知心痛徹背者，皆太陽寒水淩心火也，非泛泛心痛之謂。　經水過多，赤石脂、破故紙一兩，為末，每服二錢，米飲下。希雍曰：火熱暴注者不宜用。滯下全是溼熱，於法當忌，自非的受寒邪，下利白積者不宜用。崩中法當補陰清熱，不可全仗收澀滯下。本屬溼熱積滯，法當祛暑除積，止澀之藥定非所宜，慎之！慎之！此味原非專以收澀為功，希雍殊不及察也。

修治　斅曰：凡使赤脂，研如粉，新汲水飛過三次，曬乾用。　時珍曰：亦有火煅水飛者。

**清・王翃《握靈本草》卷一**　赤白石脂四方皆有。以理膩粘舌脣者爲上。凡使，研，水飛。亦有火煅，水飛者。　主治：白石脂，甘，酸，平，無毒。主養肺氣，厚腸胃。　主治：赤石脂，又云主養心氣，明目益精，及療腸澼，下利赤白，癰疽瘡痔。

**清・浦士貞《夕庵讀本草快編》卷一**　五色石脂《本經》　膏之凝者名為脂，以其性粘也。　脂雖五色，各隨其用，皆手足陽明藥也。其味甘而氣溫，其體重而性濇，濇而重，故能收濕止血而固下。甘而溫，故能益氣生肌而調中。中者，腸胃肌肉驚悸黃疸是也。下者，腸澼泄痢崩帶失精是也。大抵白者屬氣，赤者屬血，仲景桃花湯治少陰下痢膿血以乾薑、粳米為佐，取其直達下焦收肛固脫也。若欲逐死胎下胞衣，又須迅劑同行始奏捷爾。此外三種色雖異而功頗同，方書罕用，故不附贅。

**清・徐大椿《神農本草經百種錄》上品**　五石脂　青石、赤石、黃石、白石、黑石脂等，味甘，平。主黃疸，洩痢腸澼，膿血陰蝕，皆濕氣在太陰、陽明之病也。下血赤白，收澀之功。邪氣，正氣斂則邪氣除。癰腫，疽痔，惡瘡，頭瘍，疥瘙。此皆濕鬱所生之毒，能除濕則諸病亦退。久服，補髓益氣，肥健不飢，輕身延年。斂精氣而燥脾土，故有此效。五石脂各隨五色補五藏。性治略同，而所補之藏各異。石脂得金土雜氣以成，故濕土之質，而有燥金之用。脾惡濕，燥能補之。然其質屬土，不至過燥，又得秋金斂藏之性，乃治濕之聖藥也。

**清・楊時泰《本草述鉤元》卷五**　五色石脂　皆揭兩石中取之承。膏之凝者曰脂。此物性粘，固濟爐鼎甚良，蓋兼體用而名也瀕湖。今人惟用赤、白二脂，餘三色無正用，但黑石脂入畫眉耳貞白。五種氣味俱甘平。各隨五色補五臟，治黃疸，瀉痢腸澼膿血，陰蝕，下血赤白，久服補髓益氣，肥健不飢。膏釋脂凝，皆肌肉中液也。肌肉有餘則其氣揚於外，凝中大有不凝義，世人止知固濟，未盡石脂大體，三復《本經》自見不遠。

赤石脂：赤、白皆以理膩粘舌綴脣者為上宗奭。赤者色如絳，滑如脂者良。　味甘，酸，辛，氣大溫。氣薄味厚，降而能收，陽中陰也。入手陽明大腸，兼入手足少陰經。主養心氣，益精，補五臟虛乏，療腹痛腸澼，下痢赤白，小便利，收脫肛，並女子崩中漏下，難產，胞衣不出。久服補髓，好顏色，益智不飢。

白石脂：味甘，酸，辛，氣溫，平。性入同赤脂。主養肺氣，厚腸，補骨髓，療五臟驚悸不足，心下煩，止腹痛，下水，小腸澼，熱溏，便膿血，入大腸，止瀉更良，並治女子崩中漏下，赤白淫。

赤白石脂，俱陽中之陰，甘酸而固脫潔古。其固腸胃，有收斂之能，而下胎衣，無推蕩之峻東垣。赤入丙，白入庚海藏。三石脂皆手足陽明藥，味甘氣溫。體重性濇，濇而重，故能收濕止血而固下。甘而溫，故能益氣生肌而調中。中者，腸胃肌肉、驚悸、黃疸是也；下者，腸澼泄痢，崩帶、失精是也。赤、白二種，一入氣分，一入血分，故時用尚之瀕湖。濇可去脫，凡大小腸下後虛脫，非濇劑無以固之，故石脂主腸澼冷痢及女子崩漏之病。顧何以又主難產下胞衣？因其體重下降，而酸辛能化惡血，惡血化則胞胎無阻滯之患。東垣所謂胞衣不出，濇劑可以下之，此之謂也。凡久瀉下焦虛脫，其他固濇之藥性多輕浮，不能達下，惟石脂體重而濇，直入下焦陰分，故為要藥仲淳。

反胃吐食，上好赤石脂為末，蜜丸梧子大，每空心薑湯下一二十丸，先以津吞巴豆仁一枚，勿令破，後乃服藥。痰飲吐水無時，此緣飲冷過度，脾胃氣弱，不能消化，飲食入胃變成冷水，反吐不停，赤石脂散主之。赤石脂一斤搗篩，服方寸匕，酒飲自任。稍加至三匕服，盡一斤則終身不吐痰水，又不下利。病人虛者宜之。心痛徹背，赤石脂、乾薑、蜀椒各四分，附子炮二分，烏頭炮一分，為末，蜜丸梧子大，先食服一丸，不住，稍增之。須知心痛徹背，皆太陽寒水上淩，非泛泛心痛之謂。經水過多，赤石脂、破故紙一兩，為末，每服三錢，米飲下。

論：石脂五色，各養五臟之氣，而補髓之用，《別錄》獨以青白赤者當之。蓋石中之脂，如骨中之髓，故揭兩石中取此，必以粘綴唇舌者為上。《內經》曰：人始生，先成精，精成而腦髓生。然則髓者精氣之所化，氣化之所凝，從陰中蓄陽，故上歸於腦。《本經》取其補髓，非取其精氣所化，氣化所凝，如陰中蓄陽，以化而能歸於凝，凝而未離於化者乎。若是，則焉得以濇能固脫盡之。今所用石脂，惟赤者居多，以其甘溫合而得陽之化，又酸辛合而能散能收也。歷觀方書諸證之治，凡取其收濇者，未嘗不有化之用存於其中。就以瀉痢一證而言，如寒者溫藥散之，既藉此以化血分之凝，而即為收濇，即熱者用寒藥袪熱，而亦不舍此味。蓋恐寒劑與熱乖忤，更藉此氣化者引寒導熱，是亦因化為收也。明於一證之寒熱皆宜，可推類以盡他證矣。又《本經》言其補髓，即繼之以益氣，不可謂其專入血分，但屬血分之病，由陽中之陰能行其化耳。蓋陽中之陰能行其化，是即可以益精而化髓，髓盈而氣益盛矣。方書有專取其補髓益氣者，如養氣丹、震靈丹可據也。茲味非取其能收，蓋取其精氣之所化，而得化之精氣，有若凝為脂者，以對待渙散之氣，不能翕聚以為病者，是則猶非取其脂也。取其化脂之氣，能為渙散之氣用耳，即其能療腹痛腸澼下利，可以思能化能收之功，不然腹痛澼利，可僅僅以收為功也乎？即此以推，則其治女子崩漏，真是妙劑。蓋崩漏雖多屬虛，然有挾瘀者，或有挾熱者，此味可以投之咸宜矣。《本草》《別錄》本其精氣之所凝為脂，遂明其有補髓之功。修真者云：氣盛則盈。茲品由氣化而脂凝，非由氣盛精盈之義乎。《經》云：精成而腦髓生。故《別錄》首言益精，而後云久服補髓也。又《本草》《別錄》首云養心氣，次即言益精。心屬陽中之太陽，雖離中有坎，而陽實其主也，故曰養心氣。腎屬陰中之至陰，雖坎中有離，而陰實其主也，故曰益精。人身坎離交媾之鄉，陰陽非渙然二也。修真者曰氣盛則精盈，精盈則氣盛，是精與氣合一之義。心腎第為主耳，不得以氣專屬心，精專屬腎也。赤石脂能於陽中行陰之化以下歸，即於陰中致陽之化以上濟，陰陽不忒，而精乃益，甄氏故謂補五臟虛乏云。瀕湖。

繆氏：火熱暴注者不宜，滯下非的受寒邪，下利白積者，不宜。

修治：凡使研如粉，新汲水飛過三次，曬乾用。斅。亦有火煅水飛者

**清・葉志詵《神農本草經贊》卷一**　青石、赤石、黃石、白石、黑石脂等味甘，平。主黃疸洩利，腸澼膿血，陰蝕下血，赤白邪氣，癰腫疽痔，惡創，頭瘍疥搔。久服補髓益氣，肥健不飢，輕身延年。五石脂各隨五色補五藏。生山谷中。

名別五符，主治異道。駒雁將雛，彀㹠鹽㺉。粉漬膚凝，飴調面澡。曾說赤須，生不知老。

吳普曰：一名五色符，色如㹠㺉。雁雛，方言，雁自關而東，謂之駒䳺。成公綏賦：似鴻雁之將雛。《說文》：彀，小㹠也。《左傳》：晉文公夢楚子伏己而盬其腦。《詩》：膚如凝脂。《世說》：杜宏治面如凝脂。《列仙傳》：赤須子好食石脂。《易林》：生不知老。

### 赤石脂

**宋・李昉《太平御覽》卷第九八七**　赤石脂　《越絕書》曰：由鍾窮隆山，赤松子所取，赤石脂也。《永嘉記》曰：赤石脂，出永寧赤石山。《荊州記》曰：義陽有赤石脂山。《本草經》曰：赤石脂，味酸，無毒。養心氣。《范子計然》曰：赤石脂，出河東。色赤者。

**宋・唐慎微《證類本草》卷三玉石部上品**（《別錄》）　赤石脂　味甘、酸、辛，大溫，無毒。主養心氣，明目益精，療腹痛，洩澼，下痢赤白，小便利，及癰疽瘡痔，女子崩中漏下，產難胞衣不出。久服補髓，好顏色，益智，不飢，輕身延年。生濟南、射陽及太山之陰。採無時。惡大黃，畏芫花。

〔唐・蘇敬《唐本草》〕注云：此石濟南太山不聞出者，今虢州盧氏縣、澤州陵川縣及慈州呂鄉縣幷有，色理鮮膩，宜州諸山亦有。此五石脂中，又有石骨，似骨，如玉堅潤，服之力勝鍾乳。

〔宋・掌禹錫《嘉祐本草》〕按：《藥性論》云：赤石脂，君，惡松脂，補五藏虛乏。

〔宋・蘇頌《本草圖經》〕曰：　赤石脂，生濟南、射陽及泰山之陰。蘇恭云：　濟南泰山不聞出者，惟虢州盧氏縣、澤州陵川縣、慈州呂鄉縣並有，及宜州諸山亦出，今出潞州。以色理鮮膩者爲勝，採無時。古人亦有單服食者。《乳石論》載服赤石脂，發則心痛，飲熱酒不解，治之用葱豉綿裹，水煮飲之。《千金翼》論曰：　治痰飲吐水無時節者，其源以冷飲過度，遂令脾胃氣羸，不能消於飲食，飲食入胃，則皆變成冷水，反吐不停，皆赤石脂散主之。赤石脂一斤，擣篩，服方寸匕，酒飲自任，稍稍加至三匕。服盡一斤，則終身不吐淡水。又不下痢，補五臟，令人肥健。有人淡飲，服諸藥不效，用此方遂愈。其雜諸藥用者，則張仲景治傷寒下痢不止，便膿血者，桃花湯主之。其方用赤石脂一斤，一半全用，一半末用，乾薑〔一〕兩，粳米半升，以水七升煮之，米熟爲準，去滓，每飲七合，內赤石脂末方寸匕服，日三。愈，止後服，不爾盡之。又有烏頭赤石脂丸，主心痛徹背者。烏頭一分，附子二分，並炮，赤石脂、乾薑、蜀椒各四分，五物同杵末，以蜜和丸，大如梧子，先食服一丸，不知，稍增之。

〔宋・唐慎微《證類本草》〕《斗門經》：　治小兒疳瀉。用赤石脂杵羅爲末如麵，以粥飲調半錢服，立差。或以京芎等分同服，更妙。

**宋・寇宗奭《本草衍義》卷四**　赤石脂　今四方皆有，以舌試之，粘著者爲佳。有人病大腸寒滑，小便精出，諸熱藥服及一斗二升，未甚效。後有人教服赤石脂、乾薑各一兩，胡椒半兩，同爲末，醋糊丸如梧桐子大，空心及飯前米飲下五七十丸，終四劑，遂愈。

**宋・王繼先《紹興本草》卷二**　赤石脂　紹興校定：　赤石脂，方家所用多矣。治痢及女子崩漏，固斂之功甚驗。今以出河東潞州者佳。《本經》云味甘酸辛、大溫、無毒是也。鮮膩綴唇者為勝。

**金・張元素《潔古珍珠囊》〔見元・杜思敬《濟生拔粹》卷五〕**　赤石脂甘酸　陽中之陰，固脫，白石脂同。

**宋・劉明之《圖經本草藥性總論》卷上**　赤石脂　味甘酸辛，大溫，無毒。主養心氣，明目益精，療腹痛洩澼，下痢赤白，小便利，及癰疽瘡痔，女子崩中漏下，産難胞衣不出。久服補髓，好顔色，益智。《藥性論》云：　君。補五臟虚乏。一云：　治痰飲吐水及傷寒下痢。又治大腸寒滑，小便精出。惡大黄、松脂。畏芫花。

**元・王好古《湯液本草》卷六**　赤石脂　氣大温，味甘、酸、辛，無毒。

《本草》：　主養心氣，明目益精。療腹痛泄澼，下利赤白，小便利，及癰疽瘡痔，女子崩中漏下，産難，胞衣不出。久服補髓，好顔色，益老不飢，輕身延年。五色石脂，各入五臟補益。東垣云：　赤石脂、白石脂並温無毒。畏黄芩、芫花，惡大黄。《本經》云：　澀可去脱，石脂為收斂之劑。胞衣不出，澀劑可以下之。赤入丙，白入庚。《珍》云：　赤、白石脂俱甘酸，陽中之陰，固脱。《心》云：　甘温，篩末用。去脱，澀以固腸胃。《局方本草》云：　青石脂，養肝膽氣，明目；黑石脂，養腎氣，強陰，主陰蝕瘡；黄石脂，養脾氣，除黄疸。餘與赤、白同功。

**元・朱震亨《本草衍義補遺・新增補》**　赤石脂　氣温，味甘，酸。《本草》主養心氣，明目益精。治腹痛泄澼，下利赤白，小便利及癰疽瘡痔。女子崩漏，産難，胞衣不出。○其五色石脂，各入五臟補益。澁可以去脱，石脂為收斂之劑。胞衣不出，澁劑可以下之，是赤入丙，白入庚也。

**元・佚名氏《珍珠囊・諸品藥性主治指掌》〔見《醫要集覽》〕**　赤石脂　味甘，酸，性溫，無毒。降也，陽中陰也。其用有二：　固腸胃有收斂之能，下胎衣無推蕩之峻。

**元・徐彦純《本草發揮》卷一**　赤石脂　味甘、酸、辛，大溫，無毒。療腹痛洩澼，下利赤白，小便利，女子崩中漏下。日華云：　治吐血衄，并澁精淋瀝，安心，鎮驚悸。成聊攝云：　澁可去脱。石脂之澁，以收斂之。又云：　赤石脂澁，以固腸胃。海藏云：　《本經》言澁可去脱。石脂為收斂之劑，胞衣不出，澁劑何以下之？　赤者入丙，白者入庚。潔古云：　赤、白二石脂俱甘酸，陰中之陽也。固脱。

**明・劉文泰《本草品彙精要》卷二**　赤石脂無毒　土石生。

赤石脂：　主養心氣，明目益精，療腹痛，洩澼，下痢赤白，小便利及癰疽瘡痔，女子崩中漏下，産難，胞衣不出。久服補髓，好顔色，益智，不飢，輕身延年。名醫所録。【名】赤符。【地】《圖經》曰：　出濟南、射陽及泰山之陰。蘇恭云：　濟南泰山不聞出者，惟虢州盧氏縣、澤州陵川縣、慈州呂鄉縣並有，及宜州諸山亦出。今出潞州，以色理鮮膩者爲勝。【時】生：　無時。採：　無時。【用】紋理細膩者佳。【質】類滑石而酥軟。【色】赤。【味】甘，酸，辛。【性】大溫，緩。【氣】氣之厚者，陽也。【臭】朽。【主】養心氣，固腸胃。【反】畏黄芩、芫花，惡大黄、松脂。【製】鍛過用，生用亦可。【治】補：　《藥性論》云：　補五臟虚乏。【合治】取一斤擣篩，合酒飲。服方寸匕，任加至三匕，服盡一斤。能補五臟，則終身不吐痰水，又不下痢，令人肥健。其源蓋飲冷過度，遂令脾胃氣羸，飲食入胃不消皆成冷水，反吐不停也。〇取一斤，一半全用，一半末用。乾薑一兩，粳米半升，水七升煮之，米熟爲度。去滓，飲七合，内石脂末一方寸匕服，日三。治傷寒下痢不止，便膿血者。〇合烏頭一分，附子二分，並炮赤石脂、乾薑、蜀椒各四分，同爲末，蜜丸桐子大，食前服一丸。治心痛徹背者。〇合乾薑各一兩，胡椒半兩爲末，醋糊丸桐子大，空心米飲下五七十丸。治大腸寒滑，小便精出。〇末合粥飲，調服半錢。治小兒疳瀉，加京芎等分同服，妙。

**明・葉文齡《醫學統旨》卷八** 赤石脂 氣溫，味甘、酸、辛。無毒。陰中之陽也。惡松脂、大黃，畏芫花。 治腹痛洩澼，下痢赤白，小便利； 女子崩中漏下，吐血衄血，澁精淋瀝，養心氣，鎮驚悸，固腸胃； 煅傅諸瘡，生肌合口。

**明・許希周《藥性粗評》卷四** 淋流而需赤石脂，其涸可待。

赤石脂，亦土類也。出泰山諸州山谷。以色理鮮潤，舐之粘舌者佳。惡大黃、松脂，畏芫花。凡用火煅通赤，放冷研細，水飛過。 味甘、酸、辛，性溫，無毒。入手太陽小腸經。主治泄精淋瀝，洩澼下痢，小便頻數，女子崩中漏下，產難，胞衣不出，消腫散血，安心鎮悸，明目益精，久服補髓益智，好顏色，不飢，輕身延年。成聊攝云： 赤石脂澁以固腸胃。海藏云： 赤者入丙小腸也，白者入庚大腸也。

**明・陳嘉謨《本草蒙筌》卷八** 赤石脂 味甘、酸、辛，氣溫。無毒。多產太山，無時收採。種有五色，實共一名。雖各補臟不同，總係收斂之劑。可以隅反，不必概言。形赤粘舌為良，火煅醋淬纔研。畏芫花莫見，惡大黃松脂。凡百潰瘍收口長肉，但諸來血止塞歸經。養心氣澁精，住瀉痢除痛。白者入大腸經，止瀉尤妙。

**明・皇甫嵩《本草發明》卷五** 赤石脂上品，君。氣大溫，味甘、酸、辛，無毒。雖有五色，各補五藏不同，總係收斂之劑，惟赤白二脂入藥居多。 發明曰：《經》云澁可以去脫。石脂為收斂之劑，赤、白石脂俱甘酸，陽中之陰，能固脫。故《本草》主養心氣，明目益精。療腹痛，泄澼下痢赤白，小便利，女子崩中漏下，產難，胞衣不下。又治癰疽瘡痔潰瘍，收口長肉，久服補髓，好顏色，益智，不飢輕身。又云： 主諸來血，止塞歸經，澁小便精出，大腸寒滑。其固脫收斂之用見矣。惡大黃，畏芫花。

**題明・薛己《本草約言》卷二《藥性本草》** 赤石脂 味甘、辛、酸，氣溫，無毒。陽中之陰，降也。固腸胃，有收斂之能； 下胎衣，無推蕩之峻。〇足少陰腎經之君藥也。〇澁可去脫，石脂為收斂之劑，胞衣不出，澁劑何以下之？ 赤者入丙，白者入庚。〇石脂雖有五色，各補五臟不同，總係收斂之劑，惟赤白二脂入藥居多。 珍云： 赤白石脂俱甘酸，陽中之陰能固脫。〇赤能療腹痛洩瀉，下痢赤白，女子崩中帶下，男子漏濁遺精。〇赤白石脂以舌試之，粘着者佳。凡使，研如粉，新汲水飛三度，澄者去之，取飛過者任用。忌食卵味。《經》云： 篩末用。畏黃芩、芫花，惡大黃。

**明・梅得春《藥性會元》卷下** 赤石脂 味甘、酸，氣溫。陰中之陽。無毒。惡松脂、大黃，畏芫花。 主治腹痛洩澼，下痢赤白，小便不利，女人崩中漏下，產難、胞不下。吐衄血，澁精淋瀝，明目，養心氣，益精，定驚悸，固腸胃，及療癰疽瘡痔，治腿脚濕腫，沒皮連片等瘡。煅傅，生肌合口。 按：五色石脂各入五臟補益。澁可以去脫，為收斂之劑。胞衣澁滯，用之立下。正謂： 赤入丙，白入辛也。

**明・王肯堂《傷寒證治準繩》卷八** 赤石脂 氣大溫，味甘酸辛，無毒。陽中之陰。固脫。海： 濇可去脫，石脂為收斂之劑，赤入丙，白入庚。珍： 五石脂，皆手足陽明藥也。其味甘，其氣溫，其體重，其性濇，濇而重，故能收濕止血而固下。甘而溫，故能益氣生肌而調中。中者，腸胃肌肉，驚悸，黃疸是也。下者，腸澼泄利，崩帶失精是也。五種主療，大抵相同，故《本經》不分條目，但云各隨五色補五藏。《別錄》雖分五種，而性味主治亦不甚相遠，但以五味配五色為異，亦是強分爾。赤、白二種，一入氣分，一入血分，故時用尚之。張仲景用桃花湯，治下利便膿血，取赤石脂之重濇，入下焦血而固脫，乾薑之辛溫，暖下焦氣分而補虛，粳米之甘溫，佐石脂、乾薑而潤腸胃也。擣細，綿裹煎。

**明・李中梓《藥性解》卷一** 赤石脂 味甘，性平，無毒，入心經。主養心氣，明目益精，療腹痛下痢，癰疽瘡痔，女子崩漏產難，下胞衣，惡大黃及松脂，畏芫花。 按： 石脂色赤，宜入心經，腹痛諸症，皆火為之殃，崩漏諸症，皆血為之禍，心主血屬火，得石脂以療之，而更何庸虞哉？

**明・繆希雍《本草經疏》卷三** 赤石脂 味甘、酸、辛，大溫，無毒。主養心氣，明目益精，療腹痛洩澼，下痢赤白，小便利，及癰疽瘡痔，女子崩中漏下，產難胞衣不出。久服補髓好顏色，益智不飢，輕身延年。白石脂功用大略相同。石脂有五色，舊經同一條，今用唯赤、白二者，餘皆不用。

【疏】赤石脂稟土金之氣，而色赤則象火，故其味甘酸辛，氣大溫，無毒。氣薄味厚，降而能收，陽中陰也。入手陽明大腸，兼入手足少陰經。《經》曰：澀可去脫。大小腸下後虛脫，非澀劑無以固之，故主腹痛腸澼及小便利，女子崩中漏下也。赤者南方之色，離火之象，而甘溫則又有入血益血之功，故主養心氣及益精補髓，好顏色也。血足則目自明，心氣收攝則得所養而下交於腎，故有如上功能也。癰疽因榮氣不從所生，瘡痔因腸胃濕熱所致，甘溫能通暢血脈，下降能滌除濕熱，故主之也。其主難產胞衣不出者，以其體重下降，而酸辛能化惡血，惡血化則胞胎無阻滯之患矣。東垣所謂：胞衣不出，澀劑可以下之。此之謂也。不飢輕身延年，乃方士煉餌之法耳。凡洩利腸澼，久則下焦虛脫，無以閉藏。其他固澀之藥，性多輕浮，不能達下，惟石脂體重而澀，直入下焦陰分，故為久利洩澼之要藥。【主治參互】《和劑局方》冷痢腹痛，下白凍如魚腦者，桃花丸主之。赤石脂煅研，乾薑炮，等分為末，蒸餅為丸。量大小服，日三服。仲景方傷寒下利，便膿血不止，桃花湯主之。赤石脂一斤，一半全用，一半末用，乾薑一兩，粳米半升，水七升，煮米熟，去滓。每服七合。納末方寸匕，日三服，愈乃止。《千金翼方》痰飲吐水無時節者，其原因冷飲過度，遂令脾胃氣弱，不能消化飲食，飲食入胃，皆變成冷水，反吐不停，赤石脂散主之。赤石脂一斤，搗篩，服方寸匕，酒飲自任，稍加至三匕。服盡一斤，則終身不吐痰水，又不下利，補五臟，令人肥健。有人患痰飲，服諸藥不效，用此遂愈。病人虛者宜之。【簡誤】火熱暴注者，不宜用。滯下全是濕熱，於法當忌。自非的受寒邪、下利白積者，不宜用。崩中，法當補陰清熱，不可全仗收澀。滯下本屬濕熱積滯，法當祛暑除積，止澀之藥定非所宜。慎之！慎之！

**明·倪朱謨《本草彙言》卷一二**　赤石脂　味甘，氣平，無毒。氣薄味厚，降而能收，陽中陰也。入手陽明、手足少陰經。吳氏曰：五色石脂，名五色符。青色符，生南山或海涯；白色符，生少室、天婁山，或泰山；黃色符，生嵩山，色如豘腦、雁雛；黑色符，生洛西山；赤色符，生少室，或泰山、延州，色如絳，滑如脂。皆揭兩石中取之。以理細粘舌綴唇者爲上。修治：研如粉，新汲水飛過，曬乾用。諸家本草雖有五色之分，今入藥餌，爲湯液丸散料中，惟用赤色石脂，餘四種不復用矣。李氏曰：膏之凝者曰脂。此物性粘，固濟爐鼎甚良。蓋兼體用而名也。

赤石脂：滲停水，去濕氣，斂瘡口，固滑脫，止瀉利腸澼，《別錄》禁崩中淋帶之藥也。魯氏當垣曰：《經》云：澀可去脫。龍骨、赤石脂是也。故前古治瀉痢腸澼，時珍方主滲水去濕，甄氏方主斂瘡固脫，《別錄》方禁女子崩中淋帶諸證，因其甘溫收澀，體重而降，于一身上下內外，幷大小腸，虛泄虛閉諸疾，悉主之也。繆氏仲淳曰：洩痢腸澼，久則下焦虛脫，無以收藏。其他固澀之藥，性多輕浮，不能下達，惟赤石脂體重而澀，直入下焦陰分，故爲久利洩澼之要藥耳。如暴瀉暴痢，積滯未清，法當用清利之藥者。血崩白帶，陰陽兩虧，法當用補氣血之藥者，此劑定非所宜。操工者當慎擇而取之也。張卿子先生曰：此藥味甘氣溫，體燥質潤，性澀而收，故能益氣生肌，調中固脫，而斂實腸胃。仲景桃花湯：治傷寒下痢便膿血，取此重澀，入下焦血分而固脫也。

集方：《方脉正宗》治水飲停注心胃，漉漉有聲，或兩脇脹悶，或大便滑，小便閉。用赤石脂六錢火燒，乾薑、半夏、陳皮、木香、白芍藥各四錢二分，分作六帖，清水煎服。○同前治諸濕爲病。用赤石脂一兩，火燒爲極細末，每早服一錢，陳皮湯調下。○《外科精義》治諸瘡多膿水，久不乾、不斂口。用赤石脂研細、水飛過，晒乾，日日摻之。○龍潭家抄治脾胃虛寒久泄，滑脫不固。用赤石脂一兩火燒，白朮、人參、補骨脂、北五味、茯苓各八錢，俱炒燥爲細末，與石脂和勻。每服二錢，早晨米湯調送。○《方脉正宗》治瀉痢腸澼，或下白凍，或下紫血水，因熱者。用赤石脂五錢火燒，黃芩、川黃連各三錢，甘草一錢，共爲末，蓮肉糊爲丸，梧子大。每早服二錢，白湯下。○寇氏《衍義》治瀉痢腸澼，或下白凍，或下紫血水，因寒者。用赤石脂一兩火燒，乾薑炒一兩二錢，花椒五錢，共爲末，米醋打神麯末作糊爲丸，梧子大，早晚各食前服二錢，米湯下。○仲景方治傷寒下痢，便膿血不止。用赤石脂一兩，生研極細末，乾薑八錢，黃米二合，水一升，煎半升，徐徐飲，三服乃止。○《普濟方》治經水過多，將成崩漏。用赤石脂一兩火燒，炮薑灰一兩五錢，白芍藥一兩二錢，川黃連五錢，俱炒研末，煉蜜丸，梧子大。每服二錢，白湯下。○治赤白淋帶。用赤石脂、龍骨各一兩，俱火燒過，山藥四兩炒，共研細末，煉蜜丸，梧子大。每早服四錢，白湯下。○《千金翼》治痰飲吐水，發無時候。其原因飲冷過度，遂令脾胃氣弱，不能消化飲食。飲食入胃，皆變成冷痰涎水。用赤石脂一觔，火燒，搗極細末，每早晚各服二錢，乾薑湯調下。此方亦可治反胃吐食物者。

**明・顧逢柏《分部本草妙用》卷二心部・性平** 赤石脂 甘，平，無毒。惡大黃、松脂，畏芫花。主治：養心氣，明目益精。療腹痛下痢，癰痔，女子崩漏，難產，下胞衣。石脂色赤，宜心象也。腹痛諸症，皆火為之殃。崩漏諸症，皆血為之禍。心主血，屬火，得石脂以療之，血火症對病藥也。

**明・李中梓《醫宗必讀・本草徵要下》** 赤石脂味酸、辛，大溫，無毒，入心、胃、大腸三經。畏芫花，惡大黃、松脂，煅水飛。 主生肌長肉，可理癰腸；療崩漏脫肛，能除腸澼。按：石脂固澁，新痢家忌用。

**明・鄭二陽《仁壽堂藥鏡》卷一** 赤石脂 蘇恭云：今出潞州。以色鮮膩者為勝，采無時。氣大溫，味甘、酸、辛，無毒。《本草》云：主養心氣，明目益精。療腹痛泄澼，下痢赤白，小便利，及癰疽瘡痔，女子崩中漏下，產難，胞衣不出。久服補髓，好顏色，益志不飢，輕身延年。五色石脂，各入五臟補益。東垣云：赤石脂、白石脂，並溫、無毒。畏黃芩、芫花，惡大黃。《本經》云：澁可去脫。石脂為收斂之劑，胞衣不出，澁劑可以下之。赤入丙，白入庚。《珍》云：赤、白石脂，俱甘酸，陽中之陰，固脫。

**明・蔣儀《藥鏡》卷一溫部** 赤石脂 降火益血，則陰能養心而目明。心氣攝收，則與腎下交而精補。甘溫能通血脉，而癰疽可平。然酸澁又能固崩漏之虛脫，達下能除濕熱而瘡痔易瘳。然體重又能下不落之胞胎，蓋降而能收者也。仲景桃花湯治下痢膿血，佐以乾薑、粳米，取其入下焦血分，而溫補腸胃爾。白石脂色雖不同，性情功效實無不一。

**明・李中梓《頤生微論》卷三** 赤石脂 味酸澁辛，性大寒，無毒。入心、胃、大腸三經。畏官桂、芫花，惡大黃、松脂。煅透，水飛。固腸止泄，長肉生肌，主崩漏、痢疾、脫肛、腸澼。新補。

按：仲景三物桃花湯用赤石脂為君，治少陰下利膿血，取其酸澁之性也。痢症新起者忌用。

**明・李中梓《本草通玄》卷下** 赤石脂 甘、酸、辛，溫。補心血，生肌肉，厚腸胃，除水濕，收脫肛。好古曰：濇可去脫，石脂為收斂之劑，赤者入丙，白者入庚。瀉與痢新起者，勿驟用。火煅。

**清・顧元交《本草彙箋》卷一〇** 赤石脂 澀可去脫。凡泄利腸澼，久則下焦虛脫，無以閉藏，其他固澀之藥，性多輕浮，不能達下，惟石脂體重而澀，直入下焦陰分，故爲久利洩澼之要藥。然其氣味辛溫，自非的受寒邪，下利白積者不宜用。凡滯下，本屬淫熱積滯，法當祛暑除積，止澀之劑，豈宜混用？若女子崩中漏下之證，法宜補陰清熱，而今人亦用此爲收澀，謬矣。張仲景用桃花湯，治下痢便膿血，取赤石脂之重濇，入下焦血分而固脫，乾薑之辛溫暖下焦氣分而補虛，粳米之甘溫，佐石脂、乾薑而潤腸胃也。其石脂一半入煎，一半製末，臨調服。石脂有五色，今用惟赤白二者，功用略同。以理膩粘舌綴唇者爲上。

**清・郭章宜《本草匯》卷一八** 赤石脂 甘、酸、辛，溫，陽中之陰，降也，入心、胃、大腸三經。主生長肌肉，療崩漏脫肛。固腸胃有收斂之能，下胎衣無推蕩之峻。《別錄》養心氣，明目益精者。赤為離火之象，南方之色，而甘溫則又有入血益血之功，血足則目明，心氣收攝，則得所養而下交于腎，故有如上功能也。

按：赤石脂，收濇之劑也。濇可去脫，故張仲景用桃花湯，治下痢便膿血，取赤脂之重濇，入下焦血分而固脫；乾薑之辛溫，暖下焦氣分而補虛；粳米之甘溫，佐石脂、乾薑而潤腸胃也。《本草》主胞衣不出者，濇劑何以能下？以其體重下降，而酸辛能化惡血也。惡血化，則胞胎無阻滯之患矣。東垣所謂胞衣不出，濇劑可以下之，此之謂也。新痢與火熱暴注者，不宜用。

多產泰山。赤者入丙，白者入庚。研細，水飛三過，澄者去之。亦有火煅飛者，粘膩綴唇者佳。畏芫花。惡大黃、松脂。

**清・蔣居祉《本草擇要綱目・溫性藥品》** 赤石脂 氣味：甘、酸、辛，大溫，無毒。降也，陽中陰也。主治：養心氣，明目益精。療腹痛腸澼，下痢赤白，小便利及癰疽瘡痔。女子崩中漏下，產難胞衣不出。久服補髓，好顏色，益智不飢，輕身延年。補五臟虛乏，補心血。生肌肉，厚腸胃，除水濕，收脫肛。

**清・汪昂《本草備要》卷四** 赤石脂重，濇，固大小腸。 甘而溫，故益氣生肌而調中。酸而濇，故收濕《獨行方》：煅末，敷小兒臍中汁出赤腫。止血而固下。《經疏》云：大小腸下後虛脫，非濇劑無以固之。其他濇藥輕浮，不能達下，惟赤石脂體重而澀，直入下焦陰分，故爲久痢泄澼要藥。仲景桃花湯用之，加乾薑、粳米。療腸澼泄痢，崩帶遺精，癰痔潰瘍，收口長肉，催生下胞。《經疏》曰：能去惡血，惡血化，則胞胎無阻。東垣云：胞胎不出，澀劑可以下之。又云：固腸胃有收斂之能，下胎衣無推蕩之峻。

細膩粘舌者良。赤入血分，白入氣分。五色石脂入五藏。研粉，水飛用。惡芫花，畏大黄。

**清·陳士鐸《本草新編》卷五**　赤石脂　味甘、酸、辛，氣溫，無毒。入脾與大腸。凡有潰瘡，收口長肉甚驗。能止血歸經，養心氣，澁精，住瀉痢。此亦止澁之藥，內外科俱不可缺者也。　赤石脂，稟土金之氣，而色赤則象離火，寒邪之下痢白積者，似可澁之。若大熱暴注滯下，全是濕熱，似宜祛暑祛積，未可用此以止澁之也。　或問：赤石脂酸澁之味，過于收斂，似不可輕用？曰：病有泄瀉大滑者，非此不能止。有不可不用之時，亦不宜慎重而失之也。

**清·顧靖遠《顧氏醫鏡》卷八**　赤石脂辛、甘、酸，溫。入心腎胃大腸四經。研細，宜調服。　止久痢洩瀉，除崩淋赤滯。下焦虛脫，無以閉藏他藥，固澁性多輕浮，惟此體重性澀直入下焦血分而固脫。吐飲無時，小便不禁，調服即止。有人頻吐稀清痰水，諸藥不效，服此而愈。肛門下脫，肌肉難生，敷之立效。一切瘡癰不斂，赤石脂研末摻之，即生肌如神。　痢疾積滯未盡，服之有禍。

**清·李熙和《醫經允中》卷一七**　赤石脂　惡大黄、松脂。畏芫花。甘，平，無毒。主治養心氣，澀精，除泄痢，止痛。凡百潰瘍，長肉生肌，血火對症藥也。

**清·馮兆張《馮氏錦囊秘錄·雜症痘疹藥性主治合參》卷五**　赤石脂稟土金之氣，色赤則象火。故味甘酸辛，氣大溫，無毒。氣薄味厚，降而能收，陽中陰也。入手陽明大腸，兼入手足少陰經。味澀可以去脫，色赤可以入血，甘溫可以補中，所以為陰分收斂補益及滌除溫熱之用也。　赤石脂，係收斂之劑。火煅醋淬，研碎，百潰瘍疽，收口長肉，一切來血，止塞歸經，養心氣塞精，住瀉痢除痛。治腸澼漏下，崩帶脫肛，取色赤以和暢血脈。且體重而澀，直入下焦，以收斂也。治胞衣不下者，取體質之重，兼辛溫而使惡血化也。故云固腸胃有收斂之能，下胞衣無推蕩之峻。　主治痘疹合參：治痘瘡胃虛洩痢不止者，權用入丸藥，為去脫收澀之方，宜煅紅醋淬用之。

**清·张璐《本經逢原》卷一**　赤石脂　甘、酸、辛，溫，無毒。五色石脂並溫，無毒。《本經》養心氣，明目益精，療腹痛腸澼，下痢赤白，小便利，及癰疽瘡痔，女子崩中漏下，産難，胞衣不出。　發明：赤石脂功專止血固下。仲景桃花湯治下利便膿血者，取石脂之重澀，入下焦血分而固脫，乾薑之辛溫，暖下焦氣分而補虛，粳米之甘溫，佐石脂而固腸胃也。火熱暴注，初痢有積熱者勿用。《本經》養心氣，明目益精，是指精血脫泄之病而言，用以固斂其脫，則目明精益矣。療腹痛腸澼等疾，以其開泄無度，日久不止，故取澀以固之也。治産難胞衣不出，乃指日久去血過多無力迸下，故取重以鎮之也。東垣所謂胞衣不出，澀劑可以下之。設血氣壅滯而胞衣不出，又非石脂所宜也。其白者斂肺氣、澀大腸。《金匱》風引湯用之，專取以杜虛風復入之路也。青者入肝，黄者入脾，黑者入腎，總取治崩利水之功，各隨其色而用之。

**清·張志聰、高世栻《本草崇原》卷上**　赤石脂　氣味甘，平，無毒。主治黄疸，泄痢，腸澼膿血，陰蝕，下血赤白，邪氣癰腫，疽痔，惡瘡，頭瘡疥瘙。久服補髓益氣，肥健不飢，輕身延年。　五色石脂，各隨五色，補五臟。《本經》概言五色石脂，今時只用赤白二脂。赤白二脂，赤中有白，白中有赤，總名赤石脂。不必如《別錄》分為二也。始出南山之陽及延州、潞州、吳郡山谷中，今四方皆有。此石中之脂，如骨之髓，故揭石取之以理膩粘舌綴唇者為上。　石脂乃石中之脂，為少陰腎臟之藥。又，色赤象心，甘平屬土。主治黄疸、泄痢、腸澼膿血者，脾土留濕，則外疸黄而內泄痢，甚則腸澼濃血。石脂得太陰之土氣，故可治也。陰蝕下血赤白，邪氣癰腫、疽痔者，少陰臟寒，不得君火之陽熱以相濟，致陰蝕而為下血赤白，邪氣癰腫而為疽痔。石脂色赤，得少陰之火氣，故可治也。惡瘡、頭瘍、疥瘙者，少陰火熱不得腎臟之水氣以相滋，致火熱上炎，而為惡瘡之頭瘍疥瘙。石脂生於石中，得少陰水精之氣，故可治也。久服則脂液內生，氣血充盛，故補髓益氣。補髓助精也，益氣助神也，精神交會於中土，則肥健不飢，而輕身延年。《本經》概言五色石脂，故曰各隨五色補五臟。

**清·劉漢基《藥性通考》卷三**　赤石脂　味甘、酸、辛，氣溫，無毒。入脾與大腸。凡百潰瘡收口長肉甚驗，能止血歸經，養心氣，澁精注瀉痢，亦止澁之藥，內外科皆不可缺者也。赤石脂稟土金之色，而色赤則象離火，寒邪之下痢白積者，似可澁之。若大熱暴注滯下，全是濕熱，似宜祛暑祛積，未可用此以止澁之也。○或問：赤石脂酸澁之味，過於收斂，似不可輕用。曰：

病有泄瀉大滑者，非此不能止，有不可不用之時，亦不必慎重而失之也。

**清・姚球《本草經解要》卷四** 赤石脂 氣大溫，味甘、酸、辛，無毒。主養心氣，明目益精，療腹痛，腸澼下痢赤白，小便利，及癰疽瘡痔，女人崩中漏下，產難，胞衣不出。久服補髓，好顏色，益智不飢，輕身延年。火煅。 赤石脂氣大溫，稟天春夏木火之氣，入足厥陰肝經、手厥陰心包絡經。味甘酸辛，無毒，得地中東西土木金之味，入足陽明燥金胃土，手陽明燥金大腸。氣味升多於降，陽也。心包絡者，臣使之官，喜樂出焉，代心君行事之府也。石脂氣味酸溫，則條暢心包絡，而心君之氣得所養矣。肝開竅於目，辛溫疎達，則肝和而目明。精者，五藏陰氣之華也。甘酸之味，可以益陰，所以益精而補髓也。腹者，太陰經行之地，太陰為濕土，土濕而寒則痛。石脂氣溫，溫能行寒去濕，所以主之也。胃與大腸為陽明燥金，陽虛不燥，則腸澼下利，石脂溫辛收澁，故主下利及小便利。蓋澁可以固脫也。諸痛痒瘡瘍，皆屬心火，火有虛實，實火可瀉，虛火可補。心包絡代君行事，其氣味酸溫，可補心包絡之火也。肝藏血，肝血不藏，則崩中漏下，產難，胞衣不出矣。味甘酸可以藏肝血，氣溫可以達肝氣，所以主之也。久服補益陽明，陽明經行於面，所以好顏色。腎為慳藏而藏智，酸收益陰，所以益智。陽明胃氣充益，所以不飢而延年也。 製方： 赤石脂同炮薑、粳米，名桃花湯，治痢下膿血。專為末，酒服，治痰飲。同炮薑蒸餅丸，名桃花丸，治痢下白凍。

**清・王子接《得宜本草・上品藥》** 赤石脂 味酸。入手足陽明經。功專厚腸止利。得乾薑、粳米治下利膿血，得蜀椒、附子治心痛徹背。

**清・黃元御《長沙藥解》卷一** 赤石脂 味甘、酸、辛，性濇，入手少陰心、足太陰脾、手陽明大腸經。斂腸胃而斷泄利，護心主而止痛楚。《傷寒》桃花湯，乾薑三兩，粳米一升，赤石脂一斤，用一半研末。水七升，煮米熟，去渣，溫服七合，入赤石脂末方寸匕。 治少陰病，腹痛下利，小便不利，便膿血者，以水土濕寒，脾陷肝鬱，二氣逼迫，而腹為之痛。木愈鬱而愈泄，水道不通，則穀道不斂，膏血脫陷，凝瘀腐敗，風水摧剝，而下膿血。粳米補土而泄濕，乾薑溫中而驅寒，石脂斂腸而固脫也。 赤石脂禹餘糧湯，赤石脂一斤，禹餘糧一斤。 治傷寒下利不止，利在下焦，服理中湯，利益甚者。己土濕陷，庚金不斂，則為泄利。而己土濕陷之利，其病在中，理中可愈；庚金不斂之利，其病在下，理中不能愈。石脂、餘糧，濇滑而斷泄利也。 烏頭赤石脂丸方在烏頭用之治心痛徹背，以其保宮城而護心君也。 赤石脂酸收濇固，斂腸住泄，護心止痛，補血生肌，除崩收帶，是其所長。最收濕氣，燥脾土，治停痰吐水之病。更行瘀濇，破凝滯，有催生下衣之能。兼醫癰疽、痔瘻、反胃、脫肛之證。

**清・吳儀洛《本草從新》卷五** 赤石脂重，澀，固大小腸。 甘，溫，酸，澀。能收濕止血而固下。《經疏》云：大小腸下後虛脫，非澀劑無以固之，其他澀藥輕浮不能達下，唯赤石脂體重而澀，直入下焦陰分，故為久痢泄澼要藥。 療腸澼泄痢，崩帶遺精，癰痔潰瘍。收口長肉，催生下胞。《經疏》云：能去惡血，惡血化則胞胎無阻。東垣曰：胞胎不出，澀劑可以下之。又云：固腸胃，有收斂之能；下胞衣，無推蕩之峻。 細膩粘舌者良。赤入血分，白入氣分。五色石脂，各入五臟。 研粉，亦有煅者。水飛。畏芫花。惡大黃、松脂。

**清・汪紱《醫林纂要探源》卷三** 赤石脂 甘酸，溫，濇。有五色，分入五臟，性味實相似。前人惟用赤，餘色罕及。細膩粘舌者良。 瀉肝去瘀，固下斂脫。體重下沉，色赤入肝入血。瀉肝者，抑其散而不收也。脂甚粘，故能斂而固，治瀉泄虛脫，澼痢，崩帶，遺精，癰疽傷潰，能使收口長肉。又能催生，下胞衣，蓋固氣而逐其瘀，則胞胎自下矣。

**清・嚴潔等《得配本草》卷一** 赤石脂 畏芫花、豉汁。惡大黃、松脂。 甘、酸，溫澀。入手少陰、足陽明經。厚腸胃，除水濕。收脫肛，止崩帶，下胞胎，補心血，生肌肉。能助火以生土，故長肌肉。 得乾薑、胡椒，醋糊丸，治大腸寒滑，小便精出。配乾薑、粳米，治久痢膿血。以其直入下焦，故為久痢之要藥。配破故紙，治經水過多。配伏龍肝為末，敷脫肛。配牡蠣、鹽，糊丸，治小便不禁。佐川椒、附子，治心痛徹背。研末敷臍，止汗。 赤入血分，白入氣分。粘舌者良。煅，醋淬，研，水飛用。 非寒痢白積不宜用，初病濕熱者禁用。

**清・徐大椿《藥性切用》卷七** 赤石脂 甘溫微濇，入血分而澁血，止利固下定崩。 醋煅，細研用。

**清・黃宮繡《本草求真》卷二** 赤石脂入大腸血分固脫。 赤石脂耑入大腸。與禹餘、粟殼，皆屬收濇固脫之劑。但粟殼體輕微寒，其功止入氣分斂肺。此則甘溫質重色赤，能入下焦血分固脫，及兼潰瘍收口，長肉生肌也。時珍曰：張仲景用桃花湯治下痢便膿血，取赤石脂之重濇入下焦血分而固脫。乾薑之辛溫暖下焦氣分而補虛。粳米之甘溫佐石脂、乾薑而潤腸胃也。 禹餘甘平性濇，其重過於石脂，此則功耑主濇，其曰鎮墜，終遜禹餘之力耳。是以石脂之溫，則能益氣生肌，石脂之酸，則能止血固下。至云能以明目益精，亦是精血既脫，得此固斂。始見目明而精益矣，催生下胎，亦是味兼辛溫。化其惡血，惡血去則胞與胎自無阻耳，故曰固腸。有收斂之能，下胎，不無推蕩之峻，細膩粘舌者良。時珍曰：石脂雖五種，而性味主治不甚相遠。赤入血分，白入氣分，研粉水飛用，惡芫花，畏大黃。

**清・楊璿《傷寒溫疫條辨》卷六濇劑類**　赤石脂　味甘溫酸濇，性平。色赤入心養血，甘溫益氣，生肌而調中，酸濇收濕，止血而固下。療久痢腸澼。仲景有桃花湯。崩帶遺精，癰痔脫肛。合伏龍肝、白礬等分，為末敷之。催生下胞。東垣曰：固腸胃有收斂之能，下胞衣無推蕩之峻。

**清・羅國綱《羅氏會約醫鏡》卷一八金石水土部**　赤石脂　味酸辛，甘溫，入心、腎、大腸三經。煅，醋淬。味澁能去脫，色赤能入血，甘溫能補中。治崩漏、脫肛、泄痢、遺精，收瘡長肉，無故虛脫者可服。收濕，收小兒臍中汁出赤腫。止血，吐衄者血不歸經。固下，凡下後虛脫，赤石脂體重，直入下焦陰分，故為泄痢虛滑要藥。催生下胞。取體質之重，兼辛溫而使惡血化也，下胎衣而不傷母。石脂固澁，初痢者忌用。白入氣分，畏大黃。

**清・陳修園《神農本草經讀》卷二上品**　赤石脂　氣味甘平，無毒。主黃疸，泄痢，腸澼膿血，陰蝕，下血赤白，邪氣癰腫，疽痔惡瘡，頭瘍疥瘙。久服補髓益氣，肥健不飢，輕身延年。五色石脂，各隨五色補五臟。

陳修園曰：赤石脂氣平稟金氣，味甘得土味，手足太陰藥也。太陰濕勝，在皮膚則為黃疸，在腸胃則為泄痢，甚則為腸澼膿血。下注於前陰，則為陰蝕，並見赤白濁，帶下；注於後陰，則為下血，皆濕邪之氣為害也。石脂具濕土之質，而有燥金之用，所以主之。癰腫、疽痔、惡瘡、頭瘍、疥瘙等症，皆濕氣鬱而為熱，熱盛生毒之患，石脂能燥濕化熱，所以主之。久服補髓益氣、肥健不飢、延年者，濕去則津生，自能補髓益氣、補髓助精、益氣助神也。精神交會於中土，故有肥健不飢、輕身延年之效也。

**清・黃凱鈞《藥籠小品》**　赤石脂　甘溫酸濇，能收濕，止血固下，療腸澼泄痢，久不愈。

**清・王龍《本草纂要稿・金石部》**　赤石脂　味甘、酸、辛，氣溫，無毒。下難產，胞衣不出。補心血，長肉生肌。固腸胃，收脫肛，止泄。養心氣，明眼目，益精。補五臟虛乏，療潰瘍腐疽。種雖有五，實共一名。雖各補臟不同，總係收斂之劑。

**清・張德裕《本草正義》卷下**　赤石脂　甘，澁，溫。用其收斂固澁，澁能治遺精帶濁，泄瀉脫肛。燥可收濕調中，厚腸理胃。敷瘡能排膿長肉，止血生肌。

**清・葉桂《本草再新》卷八**　赤石脂味甘、酸，性溫，無毒。入肝、脾二經。收濕止血而固下，療腸澼泄痢崩帶，遺精癰痔，潰瘍收口長肉，催生下胎。

**清・趙其光《本草求原》卷二五石部**　赤石脂　氣平，入肺胃燥濕；味甘，益氣健脾。主黃疸，濕在皮膚。泄痢、腸澼、膿血、濕在腸胃。陰蝕、赤白帶濁、濕注前陰。痞瀉、為末飲調。脾滑、小便精出、皆濕亂所致，同乾薑、胡椒，醋丸，米飲下。冷痢所下白凍如魚腦，去胡椒，取薑米佐之，益虛以溫固也。脫肛、同伏龍肝、白礬敷之。痰飲吐水，濕冷在胃，為末酒下，至一斤佳。心痛徹背，此寒水淩心而痛也，同乾薑、川椒、附子、川烏蜜丸。經水過多，同故紙研，飲下。尿不禁，同牡蠣、鹽糊丸，鹽湯下。癰疽、瘡痔、頭瘍、疥瘙。皆濕鬱而成熱毒耳。久服補髓益氣，濕去則氣暢而津生。且此是石中所凝之脂，性粘，固濟爐鼎甚良。正如骨之有髓，故能益精化髓，髓盈而氣盛。此五色石脂所同。今人惟用赤、白二脂。赤者入心，行血，濕滯則血凝，取其凝脂辛燥之氣以化凝滯。是同氣相求也。養心氣，血滯則氣亦渙散。止崩漏，能化即能收。滑胎下胞，血氣壅滯，則胞衣不出。時解乃謂其酸澀，惟久痢滑腸，及去血過多，無力迸下而難產乃用之。東垣遂謂澀可下胎，取重以鎮之之義，殊屬強解。豈心痛之烏頭丸，行痹之應痛丸，癎症之犀角丸，消中之天冬丸皆用之，其亦以收澀為功乎？殊不知其能收皆本於能化，且質重直達下焦。故為瀉痢要藥。白者，斂肺氣，厚腸，《金匱》風引湯用之，取其杜虛風復入之路也。而燥濕、利水、止崩痢之功則一。惟赤入血分，白入氣分，各隨其色而用。白石脂末，熬溫，撲臍出汗、出血良。黃青黑石脂，各補本臟。細膩粘舌者良。研粉，水飛用。惡芫花，畏大黃。

**清・文晟《新編六書》卷六《藥性摘錄》**　赤石脂　味兼辛溫。入大腸血分。固脫止血，明目益精，催生下胎。〇外敷收口長肉。〇研粉，水飛用。惡芫花，畏大黃。

**清・張仁錫《藥性蒙求・金石部》**　赤白脂三錢　赤白脂溫，濇固腸胃。泄痢帶崩，無邪則對。甘、酸、辛，溫。重濇，固大小腸虛脫。赤入血分，白入氣分。研粉，亦有煅者。

**清・戴葆元《本草綱目易知錄》卷七**　赤石脂　甘、酸、辛，大溫。養心氣，補心血，手足陽明經藥。明目益精，止血固下，厚腸胃，除水濕，收脱肛，生肌肉。補五臟虛乏，療腹痛，腸澼下痢赤白，癰疽瘡痔，女子崩中漏下，產難胞衣不出。久服補髓，益智延年。

**清・黃光霽《本草衍句》** 赤石脂 味甘氣溫，能益氣生肌而調中。性澀體重，能收澀止血而固下。直入下焦以收斂也。崩帶遺精，泄痢虛脱。固腸胃，有收斂之能。下胞衣，無推蕩之滑。《經疏》云：去惡血，惡血化，則胎無阻。東垣云：胞胎不出，澀劑可以下之。得乾薑、糯米，名桃花湯，治下痢膿血不止；得蜀椒、附子、乾薑，治心痛徹背；得乾薑、胡椒，醋糊丸，空心米飲下，治大腸寒滑。痰飲吐水無時節者，其原因冷飲過度，遂令脾胃氣弱，不能消化飲食，飲食入胃，皆變成冷水，反吐不停。赤石脂脂散主之。赤石脂一斤，搗末，酒服寸(七)〔匕〕，自住，稍加至三匕服，愈。冷痢腹痛，下白凍如魚腦，桃花丸。赤石脂煅，乾薑炮，為末，和丸服。小便不禁，赤石脂煅，牡蠣煅，各三兩，鹽一兩，為末，糊丸，鹽湯下。

**清・陳其瑞《本草撮要》卷六** 赤石脂 味甘溫酸濇，入手足陽明經，功專厚腸止利。得乾薑、粳米治下利膿血，得蜀椒、附子治心痛徹背。得故紙等分為末，米飲下，治經水過多。研粉或煅研，水飛用。畏芫花，惡大黃、松脂。

**清・仲昴庭《本草崇原集說》卷一** 赤石脂 【略】仲氏曰：石脂氣味甘平，時書則曰甘溫酸澀，入手便錯。此猶過之小者也，至每味必踵前人陋習，以相須、相使、相宜及畏某、惡某、反某等語作收，則滿腔子全是俗見矣！雖有《本經》實同廢物。致令旁門外道，無所顧忌，敢侮聖言，非若輩啟之乎！此之謂妖由人興。又曰：令韶曰，石脂為山之血脈凝結而成，能治陰絡之傷，經脈之病，陰絡脾絡也，經脈少陰經脈也。又曰：《經讀》凡遇氣平之品，必曰入肺，而石脂但云稟金氣，便借燥金以明其用。所謂執中央以運四旁也。獨是《傷寒論》桃花湯僅三味，石脂分量最重，列在少陰篇。《經讀》燥金云云，猶不免顧此失彼耳。

**清・鄭奮揚著，曹炳章注《增訂偽藥條辨》卷四** 赤石脂 始出南山之陽，及延州、潞州、吳郡山谷中，今四方皆有。乃石中之脂，故揭石取之。以色如桃花，理膩粘舌綴脣者為上。為少陰腎臟之藥，又取色赤象心，甘平屬土。近有偽品，即黃土混充，色粗不能粘舌，勿用為要。炳章按：時珍曰：膏之凝者曰脂。此石性粘，能固濟爐鼎，蓋兼體用而名也。石脂有五色之分。赤石脂原出濟南，今蘇州餘杭亦出，性不甚佳。《石雅》云：石脂即堊土。堊，白土也。方書名其石脂具五色，今以赤、白二種驗之，亦高嶺之類，其赤者殆即所謂紅高嶺也。吳地餘杭山有白堊，色如玉，甚光潤，號曰石脂。則白石脂即白堊，愈無疑矣。赤石脂色淡紅如桃花色，細膩滑潤者佳。近有新式石脂，色赤質粗，不細滑，不知何種土質，其次無疑，不可入藥。

**清・周巖《本草思辨錄》卷一** 赤石脂 石脂揭兩石中取之。鄒氏云：兩石必同根歧出而相並，脂者粘合兩石之膠，故所治皆同本異趨而不相浹之病，得此乃匯於一處，專力以化之。仲聖所用石脂四方，固與鄒說符合。劉潛江不以東垣、海藏、瀕湖、仲醇專主收澀為然，就《本經》補髓益氣𢎞發其義，雖不如鄒氏之親切證明，而所見自超。抑愚竊有以伸之：《別錄》於赤石脂曰補髓好顏色，則其補髓確是腦髓，與白石脂之補骨髓有別，《本經》且主頭瘍，何東垣但以為性降乎？夫髓生於精，精生於穀，穀入氣滿淖澤注於骨。骨屬屈伸泄澤，補益腦髓，是中土者生精化髓之源也。而石脂味甘大溫，補益脾胃，質粘能和胃陰，性燥復扶脾陽。其所以上際，則辛入肺為之。所以至腦，則酸入肝為之。《外臺》述刪繁論，凡髓虛實之應主於肝膽。石脂確有補腦髓之理，《千金》赤石脂散，治冷飲過度，致令脾胃氣弱，痰飲吐水無時，《本事方》云試之甚驗，蓋即鄒氏所謂聯合其渙散者，謂石脂為胃藥非脾藥可乎。夫下之精秘，則上之髓盈。石脂補髓，亦半由於秘精。秘精易而補髓難，故《本經》《別錄》，皆於補髓上冠以久服字。《千金》羌活補髓丸不收石脂，而無比山藥丸，曰此藥通中入腦鼻必酸痛勿怪。入腦自指石脂，而石脂未嘗專任，可知虛損之難療而無近效也。

### 白石脂

**宋・李昉《太平御覽》卷第九八七** 白石脂 《本草經》曰：白石脂，味甘，無毒。主養肺氣。

**宋・唐慎微《證類本草》卷三玉石部上品〔《別錄・藥對》〕** 白石脂 味甘、酸，平，無毒。主養肺氣，厚腸，補骨髓，療五藏驚悸不足，心下煩，止腹痛，下水，小腸澼熱溏，便膿血，女子崩中，漏下，赤白沃，排癰疽瘡痔。久服安心，不飢，輕身，長年。生泰山之陰。採無時。得厚朴幷米汁飲，止便膿。鷰屎爲之使。惡松脂，畏黃芩。

〔唐・蘇敬《唐本草》〕注云： 白石脂，今出慈州諸山，勝于餘處者。太山左側不聞有之。

〔宋・掌禹錫《嘉祐本草》〕按：《蜀本》及蕭炳云： 畏黄連、甘草、飛廉。《藥性論》云： 白石脂，一名白符。惡馬目毒公。 味甘、辛。 澀大腸。

〔宋・蘇頌《本草圖經》〕曰： 白石脂，生太山之陰。蘇恭云： 出慈州諸山，泰山左側不聞有之。今惟潞州有焉，潞與慈相近，此亦應可用，古斷下方多用。而今醫家亦稀使，採無時。 五色石脂舊《經》同一條，並生南山之陽山谷中，主治並同，後人各分之，所出既殊，功用亦别，用之當依後條。 然今惟用赤、白二種，餘不復識者。唐・韋宙《獨行方》治小兒臍中汁出不止兼赤腫，以白石脂細末，熬溫，撲臍中，日三，良。又《斗門方》治瀉痢。 用白石脂、乾薑二物停搗，以百沸湯和麵爲稀糊，搜勻，併手丸如梧子，暴乾，飲下三十丸。 久痢不定，更加三十丸。 霍亂，煎漿水爲使。

〔宋・唐慎微《證類本草》〕《子母秘録》： 治小兒水痢，形羸不勝大湯藥。 白石脂半大兩研如粉，和白粥空肚與食。

〔宋・陳承《重廣補注神農本草並圖經》〕別説云： 謹按： 唐注云： 出蘇州餘杭山，今不採。 而蘇州今乃見貢赤、白二種，然入藥不甚佳。 唯延州山中所出最良，揭兩石中取之。 延州每以蕃寇圍城，苦無水，迺擷地深廣三五丈，以石脂密固貯水，得經時久不滲漏，宜以此爲良。

**宋・寇宗奭《本草衍義》卷四** 白石脂 有初生未滿月小兒，多啼叫，致臍中血出，以白石脂細末貼之，即愈。 未愈，微微炒過，放冷再貼，仍不得剝揭。

**宋・王繼先《紹興本草》卷二** 白石脂 紹興校定： 白石脂多用於斷下諸方。其味甘酸，性平，無毒是矣。出泰山之陰，鮮膩而綴唇者佳。

**宋・劉明之《圖經本草藥性總論》卷上** 白石脂 味甘、酸，平，無毒。主養肺氣，厚腸補骨髓，療五臟驚悸不足，心下煩，止腹痛下水，小腸澼熱，溏便膿血，女子崩中漏下赤白沃，排癰疽瘡痔。久服安心。《藥性論》云： 味甘辛，澀大腸。 一云： 治瀉痢。 得厚朴并米飲，止便膿。 燕屎為之使。 惡松脂，馬目毒公。 畏黄芩、黄連、甘草、飛廉。

**明・劉文泰《本草品彙精要》卷二** 白石脂無毒 土石生。

白石脂： 主養肺氣，厚腸，補骨髓，療五臟，驚悸不足，心下煩，止腹痛下水，小腸澼，熱溏，便膿血，女子崩中漏下，赤白沃，排癰疽，瘡痔，久服安心，不飢，輕身長年。 名醫所録。 【名】白符。 【地】《圖經》曰： 生泰山之陰。蘇恭云： 出慈州諸山，泰山左側不聞有之，今惟潞州有焉。潞與慈相近，此亦應可用。古斷下方多用之，今醫家亦多用也。《唐本》注云： 出杭州餘杭山，今不採，而蘇州今乃見貢，然入藥不甚佳。 惟延州山中所出最良，揭兩石中取之。 延州每以蕃寇圍城，苦無水，乃擷地深廣三五丈，以石脂密固貯水，得經時久不滲漏，宜以此爲良。 【時】採： 無時。 【用】紋理細膩者佳。 【質】類滑石而酥軟。 【色】白。 【味】甘，酸。 【性】緩，收。 【氣】氣之薄者，陽中之陰。 【主】固腸胃，排瘡瘍。 【助】燕屎爲之使。 【反】畏黄芩、黄連、甘草、飛廉。 惡松脂，馬目毒公。 【治】療：《圖經》曰： 小兒臍中汁出不止兼赤腫，以石脂末熬溫，撲臍中，日三，良。《藥性論》云： 澀大腸。《衍義》曰： 初生未滿月小兒多啼叫，致臍中血出，以石脂末貼之，即愈。 未愈，微炒過，放冷，再貼，仍不得剝揭。 【合治】合乾薑等分，搗以百遍，沸湯和麵爲糊，溲勻，丸如梧桐子大，暴乾，米飲下三十丸。治瀉痢，久痢不止，更加三十丸。 〇研半兩如粉，和白粥空肚服之，治小兒水痢形羸不勝湯藥者，瘥。

**明・皇甫嵩《本草發明》卷五** 白石脂 主養肺氣，厚腸胃，補骨髓，療五臟驚悸不足，心煩，止腹痛，下水，小腸澼，熱溏便濃血，女子崩中漏下，赤白沃。 排癰疽瘡痔。 久服安心不(肌)〔飢〕。治功大都同赤石脂。 得厚朴，米汁飲，止便膿。 鸞糞為之使。 惡松脂。 畏黄芩、黄連、甘草、飛廉。 〇赤、白石脂，四方皆有，以舌試之，粘着者為佳。 凡使，研如粉，新汲水飛三度，澄者去之，取飛過者任用。 忌食卵味。

**清・蔣居祉《本草擇要綱目・溫性藥品》** 白石脂 氣味： 甘、酸，平，無毒。 主治： 養肺氣，厚腸，補骨髓。療五臟驚悸不足，心下煩，止腹痛，下水。小腸澼熱溏便膿血，女子崩中漏下赤白沃，排癰疽瘡痔。久服安心不飢，輕身延年。 濇大腸。 五色石脂，《本經》療體亦相似，《別録》分條具載，今俗惟用赤、白二脂斷下痢耳。 其用有三： 固腸胃，有收斂之能； 下胎衣，無推蕩之峻； 濇可去脱，石脂為收斂之劑。 赤入丙，白入庚，二石脂皆手足陽明藥也。 其味甘，其氣溫，其體重，其性濇。 濇而重，故能收濕止血而固下。 甘而溫，故能益氣生肌而調中。 中者，腸胃、肌肉、驚悸、黄疸是也。 下者，腸澼、泄痢、崩帶、失精是也。 五種主療，大抵相同，故《本經》不分條目，但云各隨五色補五臟。《別録》雖分五種，而性味主治亦不甚相遠，但以五味配五色為異，亦是強分耳。 赤、白二種，一入氣分，一入血分，故時用上之。

張仲景用桃仁湯，治下痢便膿血，取赤石脂之重澀，入下焦血分而固脫，乾薑之辛溫暖下焦氣分而補虛，粳米之甘溫，佐石脂、乾薑而潤腸胃也。　赤畏：芫花。惡：大黃、松脂。白畏：黃芩、甘草、黃連。惡：松脂。

**清·戴葆元《本草綱目易知錄》卷七**　白石脂　甘、酸，平。安心厚腸，養肺氣，濇大腸，補骨髓，止腹痛。治五臟驚悸不足，心下煩，下水，療腸澼熱溏，便膿血，女子崩中漏下赤白沃，排癰疽瘡痔。

### 黃石脂

**宋·李昉《太平御覽》卷第九八七**　黃石脂　《本草經》曰：黃石脂，味平，無毒。主養脾氣。

**宋·唐慎微《證類本草》卷三玉石部上品**〔《別錄·藥對》〕　黃石脂　味苦，平，無毒。主養脾氣，安五藏，調中，大人、小兒洩痢腸澼，下膿血，去白蟲，除黃疸、癰疽蟲。久服輕身延年。生嵩高山。色如鶯雛。採無時。曾青爲之使，惡細辛，畏蜚蠊。

〔宋·唐慎微《證類本草》〕《唐本餘》：畏黃連、甘草、蜚蠊。雷公云：凡使，須研如粉，用新汲水投于器中，攪不住手，了，傾作一盆。如此飛過三度。澄者去之，取飛過者，任入藥中使用，服之不問多少，不得食卵味。

**宋·王繼先《紹興本草》卷二**　黃石脂　紹興校定：黃石脂，五石脂之一也。雖有主療之文，然方家稀入藥用。當從《本經》味苦、平、無毒為正。

**宋·劉明之《圖經本草藥性總論》卷上**　黃石脂　味苦，平，無毒。主養脾氣，安五臟調中，大人小兒洩痢，腸澼下膿血，去白蟲。除黃疸癰疽蟲，久服輕身延年。曾青為之使。惡細辛，畏黃連、甘草、飛廉。出嵩高山。色如鶯雛。採無時。

**明·劉文泰《本草品彙精要》卷二**　黃石脂無毒　土石生。

黃石脂：主養脾氣，安五臟，調中，大人、小兒洩痢，腸癖下膿血，去白蟲，除黃疸，癰疽蟲，久服輕身延年。名醫所錄。【名】黃符。【地】《圖經》曰：生嵩高山，色如鶯雛。吳氏謂之黃符，如豚腦雁雛者。今潞州亦有之，然醫家所用，惟赤白二種也。【時】生：無時。採：無時。【用】紋理膩綴唇者爲上。【質】類滑石而酥軟。【色】黃。【味】苦。【性】平，泄。【氣】味厚于氣，陰中之陽。【臭】朽。【主】養脾氣，固腸胃。【助】曾青爲之使。【反】畏蜚蠊、黃連、甘草，惡細辛。【製】凡使須研如粉，以新汲水投器中，攪不住手，飛過三度，澄者去之，取飛過者入藥用。【禁】不得食卵味。

**明·皇甫嵩《本草發明》卷五**　黃石脂味苦。　主養脾氣，安五臟，調中，大人小兒洩痢，腸澼下膿血，去白蟲，除黃疸，癰疽。

### 黑石脂

**宋·李昉《太平御覽》卷第九八七**　黑石脂　《本草經》曰：黑石脂，味甘，無毒。主養腎氣，强陰陽，蝕腸泄利。

《吳氏本草》曰：五石脂，一名青、赤、黃、白、黑符。〔青符〕，神農：甘。雷公：酸，無毒。桐君：辛，無毒。李氏：小寒。生南山，或海涯。採無時。赤符，神農、雷公：甘。黃帝、扁鵲：無毒。李氏：小寒。或生少室，或生太山。色絳滑如脂。黃符，李氏：小寒。雷公：苦。或生嵩山。色如豚腦鴈雛。採無時。白符，一名隨。岐伯、雷公：酸，無毒。李氏：小寒。桐君：甘，無毒。扁鵲：辛。或生少室天婁山，或太山。黑符，一名石泥。桐君：甘，無毒。生洛西山空地。

**宋·唐慎微《證類本草》卷三玉石部上品**〔《別錄》〕　黑石脂　味鹹，平，無毒。主養腎氣，强陰，主陰蝕瘡，止腸澼洩痢，療口瘡咽痛。久服益氣，不飢，延年。一名石涅，一名石墨。出潁川陽城。採無時。

〔梁·陶弘景《本草經集注》〕云：此五石脂如《本經》，療體亦相似，《別録》各條，所以具載，今俗用赤石、白石二脂爾，仙經亦用白石脂，以塗丹釜。好者出吳郡，猶與赤石脂同源。赤石脂多赤而色好，惟可斷下，不入五石散用。好者亦出武陵、建平、義陽。今五石散皆用義陽者，出鄳縣界東八十里，狀如豘腦，色鮮紅可愛，隨採復而生，不能斷痢，而不用之。餘三色脂有，而無正用，黑石脂乃可畫用爾。

〔唐·蘇敬《唐本草》〕注云：義陽即申州也，所出者，名桃花石，非五色脂，色如桃花，久服肥人。土人亦以療下痢，舊出蘇州，餘杭山大有，今不收採爾。

〔宋·掌禹錫《嘉祐本草》〕按：《吳氏》云：五色石脂，一名青、赤、黃、白、黑符。青符，神農：甘。雷公：酸，無毒。桐君：辛，無毒。季氏：小寒。生南山或海涯。採無時。赤符，神農、雷公：甘。黃帝、扁鵲：無毒。季氏：小寒。或生少室，或生太山。色絳，滑如脂。黃符，季氏：小寒。雷公：苦。或生嵩山。色如豚腦，鴈雛，採無時。白符，一名隨。岐伯、雷公：酸，無毒。季氏：小寒。桐君：甘，無毒。扁鵲：辛。或生少室、天婁山，或太山。黑符，一名石泥。桐君：甘，無毒。生洛西山空地。日華子云：五色石脂，並溫，無毒。畏黃芩、大黃。治瀉痢，血崩帶下，吐血，衄血，并澀精、淋瀝，安心，鎮五藏，除煩，療驚悸，排膿，治瘡癤痔瘻，養脾氣，壯筋骨，補虛損。久服悦色，文理膩，綴脣者爲上也。

**宋·王繼先《紹興本草》卷二**　黑石脂　紹興校定：黑石脂，性味主療《本經》具載，今稀見用於方也。竊詳五石脂皆固斂之藥，其性溫、平甚明。注文引季氏，復云小寒者，誤矣。

**宋·劉明之《圖經本草藥性總論》卷上**　黑石脂　味鹹，平，無毒。主養腎氣，強陰，主陰蝕瘡。止腸澼洩痢，療口瘡咽痛。久服益氣，不飢延年。日華子云：五色石脂并溫，無毒。畏黄芩、大黄。治瀉痢，血崩帶下，吐血衄血，并澀精淋瀝，安心鎮五藏，除煩療驚悸。排膿，治瘡癤痔瘻。養脾氣，壯筋骨，補虛損，久服悦色。文理膩綴唇者為上。出潁川陽城，或生洛。

**明·劉文泰《本草品彙精要》卷二**　黑石脂無毒　土石生。

黑石脂：主養腎氣，強陰，主陰蝕瘡，止腸澼，泄痢，療口瘡，咽痛，久服益氣，不飢延年。名醫所錄。【名】石涅、黑符、石墨。【地】《圖經》曰：出潁川陽城。吳氏云：生洛西山空地。陶隱居云：五石脂如《本經》，療體亦相似。《別錄》各條所以具載。今醫家惟用赤、白二脂，餘三色脂而無正用，惟黑石脂乃可畫用，今用亦稀也。【時】採：無時。【用】文理膩綴唇者爲佳。【質】類滑石而酥軟。【色】黑。【味】鹹。【性】平，軟。【氣】味厚于氣，陰中之陽。【臭】朽。【主】益腎氣，固腸胃。【反】畏黄芩、大黄。【製】《雷公》云：凡使須研如粉，用新汲水投於器中，攪不住手，飛過三度，澄者去之，取飛過者用。【治】療：《唐本》注云：治下痢。

**明·皇甫嵩《本草發明》卷五**　黑石脂味鹹。　主養腎氣，強陰，療陰蝕瘡，止腸澼泄痢，療口瘡咽痛。

青石脂

**宋·李昉《太平御覽》卷第九八七**　青石脂　《本草經》曰：青石脂，味酸，平，無毒。主養肝膽氣。

**宋·唐慎微《證類本草》卷三玉石部上品〔《別錄》〕**　青石脂　味酸，平，無毒。主養肝膽氣，明目，療黄疸，洩痢腸澼，女子帶下百病，及疽痔，惡瘡。久服補髓，益氣，不飢，延年。生齊區山及海崖。採無時。

〔宋·陳承《重廣補注神農本草並圖經》〕別說云：謹按：唐注云：出蘇州餘杭山。今不採。而蘇州今乃見貢赤、白二種，然入藥不甚佳。唯延州山中所出最良。揭兩石中取之。延州每以蕃寇圍城苦無水，迺撅地深廣三五丈，以石脂密固貯水，得經時久不滲漏，宜以此爲良。

**宋·王繼先《紹興本草》卷二**　青石脂　紹興校定：青石脂以其色青而名之。主療具於《本經》，酸、平、無毒是也。考五色石脂多入藥者，(喉)〔唯〕赤白二種，其餘三種，今罕用之。

**宋·劉明之《圖經本草藥性總論》卷上**　青石脂　味酸，平，無毒。主養肝膽氣，明目，療黄(疽)〔疸〕，洩痢腸澼，女子帶下百病，及疽痔惡瘡。補髓益氣，不飢延年。

**明·劉文泰《本草品彙精要》卷二**　青石脂無毒　土石生。

青石脂：主養肝膽氣，明目，療黄疸，洩痢，腸澼，女子帶下百病及疽痔，惡瘡。久服補髓益氣，不飢，延年。名醫所錄。【名】青符。【地】《圖經》曰：生齊區山及海崖山谷中。【時】採：無時。【用】色理鮮膩者佳。【質】類滑石而酥軟。【色】青。【味】酸。【性】平，收。【氣】味厚于氣，陰中之陽。【臭】朽。【主】養肝氣，除煩熱。【製】火鍛通赤，放冷研細，水飛用。

**明·皇甫嵩《本草發明》卷五**　青石脂味酸。　主養肝膽，明目，黄疸，洩痢腸澼，女子帶下百病及疽痔惡瘡。

桃花石

**宋·唐慎微《證類本草》卷四玉石部中品〔唐·蘇敬《唐本草》〕**　桃花石　味甘，溫，無毒。主大腸中冷，膿血痢。久服令人肌熱，能食。

〔唐·蘇敬《唐本草》〕注云：出申州鍾山縣，似赤石脂，但舐之不著舌者爲真。《唐本》先附。

〔宋·掌禹錫《嘉祐本草》〕按：《蜀本》云：令人肥悦能食。《南海藥譜》云：其狀亦似紫石英，若桃花，其潤且光而重，目之可愛是也。

〔宋·蘇頌《本草圖經》〕曰：桃花石，《本經》不載所出州土。注云：出申州鍾山縣。今信州亦有之。形塊似赤石脂、紫石英輩。其色似桃花，光潤而體重，以舐之不著舌者爲佳。採無時。陶隱居解赤石脂云：用義陽者，狀如狏腦，色鮮紅可愛。蘇恭以爲非是，即桃花石也。久服肥人，土人亦以療痢，然則功用亦不相遠矣。

**宋·寇宗奭《本草衍義》卷五**　桃花石　有赤、白兩等。有赤地淡白點，如桃花片者，有淡白地，有淡赤點，如桃花片者。人往往鐫磨爲器用，今人亦罕服食。

**宋・王繼先《紹興本草》卷二**　桃華石　紹興校定：桃華石，形色、主療雖與赤石脂相類，其實兩物也。但舐之不著舌者，與赤石脂有異耳。以其澀腸止痢，當從《本經》味甘、溫、無毒是也。

**明・王綸《本草集要》卷五**　桃花石　味甘，氣溫，無毒。色似桃花，光潤而體重，舐之不著舌。　主大腸中冷，膿血痢。久服令人肌悅，能食。

**明・滕弘《神農本經會通》卷六**　桃花石　形塊似赤石脂、紫石英輩，其色似桃花，光潤而體重，以舐之不著舌者為佳。信陽軍。《本經》不載所出州土，注云出申州鍾山縣，今信州亦有之。

味甘，氣溫，無毒。《本經》云：主大腸中冷膿血痢，久服令人肌熱，能食。《衍義》曰：有赤白兩等，有赤地淡白點，如桃花片者，有淡白地赤點，如桃花片者。人往往鐫磨為器用，今人亦罕服食。

**明・劉文泰《本草品彙精要》卷三**　桃花石無毒　石生。

桃花石：主大腸中冷膿血痢，久服令人肌熱能食。名醫所錄。【地】《圖經》曰：《本經》不載所出州土，注云：出申州鍾山縣，今信州亦有之。形塊似赤石脂、紫石英輩，其色似桃花，光潤而體重，以舐之不著舌者爲佳。陶隱居解赤石脂云：用義陽者，狀如豚腦，色鮮紅可愛。蘇恭以爲非是，此即桃花石也。《衍義》曰：桃花石有赤、白兩等：有赤地淡白點，如桃花片者；有淡白地淡赤點，如桃花片者。人往往鐫磨爲器用，今人亦罕服食。【時】採：無時。【用】舐之不著舌者爲佳。【色】紅、白。【味】甘。【性】溫，緩。【氣】氣之厚者，陽也。【臭】朽。【主】澀腸止痢。【製】研細，水飛過用。【治】補：《蜀本》注云：令人肥悅能食。

**明・王文潔《太乙仙製本草藥性大全》卷六《本草精義》**　桃花石　《本經》不載所出州土。今申州鍾山縣、信州亦有之。形塊似赤石脂、紫石英輩，色似桃花光潤而體重，目之可愛，舐之不着舌者佳。採無時。

**明・王文潔《太乙仙製本草藥性大全》卷六《仙製藥性》**　桃花石　味甘，氣溫，無毒。　主治：主大腸冷膿血痢，久服人肥悅能食。　按：《衍義》云：桃花石有赤白兩等，有赤地淡白點如桃花片者，有淡白地有淡赤點如桃花片者。人往往鐫磨爲器用，今人亦罕服食。

**明・皇甫嵩《本草發明》卷五**　桃花石中品。味甘，溫，無毒。　主大腸中冷膿血痢，久服令人肌熱，能食。似赤石脂，但舐之不苦舌者為真。亦類紫石英，其色似桃花，光潤而體重。

**明・李時珍《本草綱目》卷九石部・石類上**　桃花石《唐本草》

【集解】恭曰：桃花石出申州鍾山縣，似赤石脂，但舐之不着舌者是也。珣曰：其狀亦似紫石英，色若桃花，光潤而重，目之可愛。頌曰：今信陽州有之，形塊似赤石脂、紫石英輩，采無時。陶弘景言赤石脂出義陽者，狀如㹠腦，鮮紅可愛。蘇恭非之，云是桃花石，久服肥人。今土人以療痢。功用亦不相遠。宗奭曰：桃花石有赤、白二種，有赤地淡白點如桃花片者，有淡白地赤點如桃花片者。人往往鐫磨爲器用。人亦罕服之。時珍曰：此即赤白石脂之不粘舌、堅而有花點者，非別一物也，故其氣味、功用皆同石脂。昔張仲景治痢用赤石脂名桃花湯，《和劑局方》治冷痢有桃花丸，皆即此物耳。

【氣味】甘，温，無毒。【主治】大腸中冷膿血痢。久服令有肥悅能食《唐本》。

**清・蔣居祉《本草擇要綱目・溫性藥品》**　桃花石出申州鍾山縣。似赤石脂，但舐之不着舌者是也。　氣味：甘，溫，無毒。　主治：大腸中冷膿血痢，久服令人肥悅能食。

雲母

**宋・唐慎微《證類本草》卷三玉石部上品〔《本經》・《別錄》・藥對》〕**　雲母　**味甘，平，**無毒。**主身皮死肌、中風寒熱，如在車、船上，除邪氣，安五藏，益子精，明目，**下氣，堅肌，續絕，補中，療五勞七傷，虛損少氣，止痢。**久服輕身延年，**悅澤不老，耐寒暑，志高神仙。**一名雲珠，**色多赤；**一名雲華，**五色具；**一名雲英，**色多青；**一名雲液，**色多白；**一名雲砂，**色青黃；**一名磷石，**色正白。生太山山谷、齊盧山及琅邪北定山石間，二月採。澤瀉爲之使，畏鮀甲及流水。

〔梁・陶弘景《本草經集注》〕云：按仙經雲母乃有八種：向日視之，色青白多黑者，名雲母；色黃白多青，名雲英；色青黃多赤，名雲珠；如冰露，乍黃、乍白，名雲砂；黃白皛皛形料切名雲液；皎然純白明澈，名磷石。此六種并好服，而各有時月。其黯黯純黑、有文斑斑如鐵者，名雲膽；色雜黑而强肥者，名地涿。此二種并不可服。鍊之有法，惟宜精細；不爾，入腹大害人。今虛勞家丸散用之，并只擣篩，殊爲未允。琅邪在彭城東北，青州亦有。今江東惟用廬山者爲勝，以砂土養之，歲月生長。今鍊之用礬石則柔爛，亦便是相畏之效。百草上露，乃勝東流水，亦用五月茅屋溜水。〔宋・掌禹錫《嘉祐本草》〕按：《藥性論》云：雲母粉，君，惡徐長卿，忌羊血。

粉有六等，白色者上。有小毒，主下痢、腸澼，補腎冷。楊損之云：青、赤、白、黃、紫者，并堪服餌，惟黑者不任用，害人。日華子云：凡有數種，通透輕薄者，爲上也。

〔宋・蘇頌《本草圖經》〕曰：雲母，生泰山山谷、齊廬山及琅邪北定山石間，今兗州雲夢山及江州、濠州、杭越間亦有之。生土石間，作片成層，可拆，明滑光白者爲上。江南生者多青黑色，不堪入藥。二月採。其片，絕有大而瑩潔者，今人或以飾燈籠，亦古屏扇之遺事也。謹按：方書用雲母，皆以白澤者爲貴；惟中山衛叔卿單服法，雲母五色具者。蓋《本經》所謂一名雲華者是。一物中而種類有別耳。葛洪《抱朴子内篇》云：雲母有五種，而人不能別也，當舉以向日看其色，詳占視之，乃可知正爾，于陰地視之，不見其雜色也。五色并具而多青者，名雲英，宜以春服之；五色并具而多赤者，名雲珠，宜以夏服之；五色并具而多白者，名雲液，宜以秋服之；五色并具而多黑者，名雲母，宜以冬服之；但有青黃二色者，名雲砂，宜以季夏服之，晶晶純白者，名磷石，四時可服也。然則，醫方所用正白者，乃磷石一種耳。古之服五雲之法甚多，陶隱居所撰《太清諸石藥變化方》言之備矣。今道書中有之，然修鍊節度，恐非文字可詳，誠不可輕餌也。又西南天竺等國出一種石，謂之火齊，亦雲母之類也，色如紫金，離析之，如蟬翼，積之乃如紗縠重沓。又云：琉璃類也，亦堪入藥。

〔宋・唐慎微《證類本草》〕雷公云：凡使，色黃黑者，厚而頑，赤色者，經婦人手把者，并不中用。須要光瑩如冰色者爲上。凡修事一斤，先用小地膽草、紫背天葵、生甘草、地黃汁各一鎰，乾者細剉，濕者取汁了，于瓷堝中安雲母并諸藥了，下天池水三鎰，著火煮七日夜，水火勿令失度，其雲母自然成碧玉漿在鍋底，却以天池水猛投其中，將物攪之，浮如蝸涎者即去之。如此三度淘淨了，取沉香一兩，擣作末，以天池水煎沉香湯三升已來，分爲三度，再淘雲母漿了，日中曬，任用之。《聖惠方》：治火瘡敗壞。用雲母粉同生羊髓，和如泥塗之。《千金方》：治風瘮遍身，百計治不差者，煅雲粉以清水調服之，看人大小，以意酌量，與之多少服。《千金翼》：治熱風汗出，心悶。水和雲母服之，不過再服，立差。又方：治帶下。溫水和服三方寸匕，立見神效，差。又方：治赤白痢積年不差。飲調服方寸匕，兩服立見神效。又方：治金瘡并一切惡瘡。用雲母粉傅之，絕妙。又方：治淋疾，溫水和服三錢匕。《經效方》：青城山丈人觀主康道豐傳治百病，煅製雲母粉法：雲母一斤，拆開揉碎，入一大瓶內，築實，上澆水銀一兩，封固，以十斤頂火煅通赤，取出却拌香葱、紫引翹草二件，合擣如泥，後以夾絹袋盛，于大水盆內搖取粉，餘滓未盡，再添草藥重擣如前法取粉沉。水乾以小木盤一面，于灰上印一淺坑，鋪紙傾粉在內，直候乾，移入火焙焙之，取出細研，以麵糊丸如梧桐子大。遇有病者，服之無不效。知成都府辛諫議，曾患大風，衆醫不效，遇此道士進得此方，服之有神驗。《食醫心鏡》：治小兒赤白痢及水痢。雲母粉半大兩，研作粉，煮白粥調，空腹食之。《抱朴子》：服五雲之法：或以桂、葱、水玉化之以爲水，或以露于鐵器中，以元水熬之爲水，或以消石合于筒中埋之爲水，或以蜜搜爲酪，或以秋露漬之百日，(箽)〔韋〕囊挺以爲粉，或以無巔草樗血合餌之。服之一年，百病除。三年久服反老成童，五年不闕服，可役使鬼神。入火不燒，入水不濡，踐棘而不傷膚，與仙人相見。他物埋地，物朽著火即燋，而五雲內猛火中，經時終不燋，埋之永不腐，故能令人長生也。服經十年，雲氣常覆其上。夫服其母，以致其子，其理之自然。《明皇雜録》：開元中，有名醫紀朋者，觀人顏色，談笑，知病深淺，不待診脉。帝聞之，召于掖庭中，一宮人每日昃則笑歌啼號若狂疾，而足不能履地，朋視之，曰：此必因食飽而大促力，頓仆于地而然，乃飲以雲母湯，令熟寐，覺而失所苦。問之，乃言因太華公主載誕，宮中大陳歌吹，某乃主謳，懼其聲不能清且長，喫㹠蹄羹飽而當筵歌大曲，曲罷，覺胸中甚熱，戲于砌臺上，高而墜下，久而方甦，病狂，足不能及地。《丹房鏡源》：雲母粉制汞伏丹砂，亦可食之。《神仙傳》：宮嵩服雲母，數百歲有童子顏色。《青霞子》：雲母久服，寒暑難侵。

**宋・寇宗奭《本草衍義》卷四** 雲母 古雖有服鍊法，今人服者至少，謹之至也。市廛多折作花朵以售之。今惟合雲母膏，治一切癰毒瘡等，惠民局別有法。

**宋・王繼先《紹興本草》卷一** 雲母 紹興校定：雲母主治已載《本經》，因其五色，遂有五名。但取純白輕薄者為上，雜黑重濁者不堪入藥。凡用必須煉之成粉乃可服餌。當從《本經》味甘、平、無毒是矣。未經製煉者，當從《藥性論》有小毒為定。然近世亦稀用之。

**宋・劉明之《圖經本草藥性總論》卷上** 雲母 味甘，平，無毒。主身皮死肌，中風寒熱，除邪氣。安五臟，益子精，明目，下氣。堅肌，續絕補中。療五勞七傷，虛損少氣，止痢。《藥性論》云：君。白色者上。有小毒。主下痢腸澼，補腎冷。壹云：治火瘡及風瘮熱風，帶下淋疾。澤瀉為之使。畏鮀甲及流水。惡徐長卿。忌羊血。出江東廬山者為勝。江南生者多青色，不堪入藥。

**明・王綸《本草集要》卷五** 雲母君 味甘，氣平，無毒。澤瀉為之使。畏鮀甲及東流水，惡徐長卿。忌羊毛。二月採。凡有五色，惟黑者不任用。 主身皮死肌，中風寒熱，如在車船上。除邪氣，安五臟，益子精，明目。治赤白痢及帶下。久服輕身延年，耐寒暑。傅金瘡并一切惡瘡良。風瘮遍身，百計不差，煅粉，清水調服之。

**明・滕弘《神農本經會通》卷六** 雲母 君也。二月採。澤瀉為之使。

畏鮀甲及東流水。惡徐長卿。忌羊血。青、赤、白、黃、紫者，并可服餌，惟黑者不任服，害人。作片成層，可析，明滑光白者為上。鍊之有法，惟宜精細，不爾入腹大害人。今虛勞家丸散用之，并只擣篩，殊為未允。兗州。江州。生太山山谷，齊盧山及琅邪北定山石間。今兗州雲夢山，及江州、濠州、杭越間亦有之，生土石間。

味甘，氣平，無毒。《本經》云：主身皮死肌，中風寒熱，如在車船上。除邪氣，安五臟，益子精，明目，下氣，堅肌，續絕補中。療五勞七傷，虛損少氣，止痢，久服輕身延年，悅澤不老，耐寒暑，志高神仙。《藥性論》云：雲母粉，君。粉有六等，白色者上。有小毒。主下痢腸澼，補腎冷。《圖經》云：古之服五雲之法甚多，陶隱居所撰《太清諸石藥變化方》言之備矣。今道書中有之，然脩煉節度，恐非文字可詳，誠不可輕餌也。《千金方》：治風瘮遍身，百計治不差者，煅雲母粉，以清水調服之。又治帶下，并赤白痢，積年不差，溫水調服方寸匕，效。又治金瘡，并一切惡瘡，用雲母粉傅之，絕妙。《局》云：研細，水飛，日乾。《衍義》曰：雲母石，雖有服煉法，今人服者至少，謹之至也。市鄽多折作花朵以售之。今惟合雲母膏，治一切癰毒瘡等。惠民局別有法。《局》云：雲母甘平安五臟，堅肌止痢補勞傷。秘方有法煎膏用，專治癰疽惡毒瘡。雲母，補勞傷，兼明目。

**明・劉文泰《本草品彙精要》卷一**　雲母石無毒　土石生。

**雲母石**出《神農本經》：**主身皮死肌、中風寒熱如在車船上，除邪氣，安五臟，益子精，明目，久服輕身延年。**以上朱字《神農本經》。下氣，堅肌，續絕，補中，療五勞七傷、虛損少氣，止痢，悅澤，不老，耐寒暑，志高神仙。以上黑字名醫所錄。

【名】雲珠、雲華、雲英、磷石、雲液、雲砂、雲膽、地涿。【地】《圖經》曰：生泰山山谷及琅邪北定山。今兗州、雲夢山、江州、濠州、杭越間有之。多生於土石間，作片成層可析，明滑光白者爲上。其片絕有大而瑩潔者。今人或以飾燈籠，亦古屏扇之遺事耳。《抱朴子內篇》云：雲母有五種，人莫能辨。當舉以向日，詳視其色，乃可知。其正于陰地視之，不見其雜色也。其五色並具而多青者，名雲英，宜以春服之。五色並具而多赤者，名雲珠，宜以夏月服之。五色並具而多白者，名雲液，宜以秋服之。五色並具而多黑者，名雲母，宜以冬服之。但有青、黃二色者，名雲砂，宜以季夏服之。皛刑料切皛純白者，名磷石，四時可服也。然則醫方所用正白者，乃磷石一種耳。惟青州、江東及盧山者爲勝。其黯黯純黑，有紋斑斑如鐵者，名雲膽；雜黑而強肥者，名地涿。及江南多青黑色者，皆不可入藥也。【時】採：二月取。【用】通透輕薄者。【質】類紗縠而明淨。【色】青赤黃白黑。【味】甘。【性】平，緩。【氣】氣厚于味，陽中之陰。【臭】朽。【主】下痢腸澼。【助】澤瀉爲之使。【反】畏鮀甲及流水，惡徐長卿。【製】《雷公》云：凡修事一斤，先用小地膽草、紫背天葵、生甘草、地黃汁各一鎰，乾者細剉，濕者取汁了，於瓷鍋中，安雲母並諸藥了，下天池水三鎰，著火煮七日夜，水火勿令失度。其雲母自然成碧玉漿在鍋底，卻以天池水猛投其中，將物攪之，浮如蝸涎者，即去之。如此三度，淘淨了，取沉香一兩，擣作末，以天池水煎沉香湯三升已，末分爲三度，再淘雲母漿了，日中曬任用。【治】療：《別錄》云：雲母粉消風瘮遍身，百計治不瘥者，以清水調服之。亦主帶下並淋疾，敷金瘡及一切惡瘡尤妙。補：《藥性論》云：補腎冷。【合治】雲母粉合生羊髓，和如泥塗之，療火瘡敗壞。【禁】色黃黑者，厚而頑。赤色者，經婦人手把者並不中用。【忌】羊血。

**明・許希周《藥性粗評》卷四**　瘮毒可平雲母石。

雲母石，此有六種：一名雲華，五色具；一名雲英，色多青；一名雲珠，色多赤；一名雲液，色多白；一名雲砂，色青黃；一名磷石，色正白。此六種俱可煉服，惟雜以黑色者不堪入藥。生太山、齊盧山及琅琊山谷，杭越間亦有之，江南生者多青黑，非所貴，但明瑩光白如冰者為上，又須向日照之，方見五色。二月採。澤瀉為之使，畏鮀甲及流水。其煉法見《本草》雷公註。味甘，性平，無毒。主治中風寒熱，眩暈，五癆七傷，虛損少氣，中邪死肌，風瘮，疔瘡腫毒，五淋，明目下氣，益精，續絕補中，止痢，安五藏，久服輕身延年，耐寒暑，悅澤不老。

單方：火瘡敗壞：雲母粉同生羊脂，和如泥，塗之妙。風瘮遍身：凡患風瘮遍身，百計不能愈者，雲母煅過，研粉，以清水調服，以人大小酌量與服之，多則三錢，少則一錢，最妙。

**明・陳嘉謨《本草蒙筌》卷八**　雲母　味甘，氣平。無毒。瑯琊在彭城東北。雖盛，廬山屬南康府亦生。色有五般，白澤為貴。作片成層可拆，通透輕薄光明。沙土養之，月月生長。畏鮀甲及東流水，忌羊血惡徐長卿。以澤瀉使宜，宗雷公製妙。每雲母一斤，用小地膽草、紫背天葵、生甘草、地黃汁各一鎰，入砂鍋中，安雲母于內，下天池水三鎰，煮七日夜，勿令失度，其雲母自然成碧玉，漿在鍋底，却猛投天池水，以物攪之，浮而蝸涎者去之。如此三度淘了，取沉香一兩，搗末，以天池水煎湯三升，分三度，再淘晒乾用。不解節度，勿輕餌之。主身表死肌，如車船上中風寒熱；治赤白痢疾，及女婦人帶下崩中。安五臟且益子精，除邪氣能耐寒暑。遍身風癢，百計不差者，煅粉調水可服；諸類惡瘡，一切作痛者，研末和油可敷。久服延年，輕身明目。又陽起石，即雲母根。惟畏菟絲，亦忌羊血；惡澤瀉菌桂，併蛇蛻雷丸。佐使得桑螵蛸，宜明瑩若狼牙者勝。有雲頭雨脚及鷺鷥毛者尤佳。欲試緊慢，絕細研成。鋪有釉盆中，照當午日下。盆面濕紙密掩，盆底文火微熏。升起粘紙者力洪，仍復在盆者力劣。治腎氣乏絕，陰痿不舉殊功；破血瘕積凝，腹痛難抵立効。去陰囊濕癢，驅子臟冷寒。

謨按：《本經》註云：雲母有五種，當舉以向日詳占視之，乃可分別。若陰地視，不見其雜色也。若五色具者，名雲華。五色具而多青者，名雲英，宜春服之。五色具而多赤者，名雲朱，宜夏服之。五色具而多白者，名雲液，宜秋服之。五色具而多黑者，名雲母，宜冬服之。但有青黃二色者，名雲砂，宜季夏服之。皛皛純白者，名磷石，四季可服也。醫方所用白澤者，正磷石是爾。又云：他物埋土即朽，着火即焦，而五雲納猛火中，經時不焦，埋深穽內，雖久不腐，故能令人長生。服經十年，雲氣常覆其上。夫服其母，以致其子，亦理當然也。在古固此為言，但今之望壽，未聞有人服此者，蓋因金石性悍，抑且修製節度，恐非文字可詳。弗輕餌之，謹之至也。

**明・王文潔《太乙仙製本草藥性大全》卷六《本草精義》**

雲母石　一名雲珠，色多赤；一名雲華，五色；一名雲英，色多青；一名雲液，色多白；一名雲砂，色青黃；一名磷石，色正白。生太山山谷，齊盧山及琅邪北定山石間。色有五般，白澤爲貴，作片成層可拆，通透輕薄光明，沙土養之，月月生長。畏鮀甲及東流水，忌羊血，惡徐長卿。

按：《本經》註云：雲母有五種，當舉以向日詳占視之，乃可分別，若陰地，視不見其雜色也。若五色具者，名雲華；五色具而多青者，名雲英，宜春服之；五色具而多赤者，名雲朱，宜夏服之；五色具而多白者，名雲液，宜秋服之；五色具而多黑者，名雲母，宜冬服之；但有青黃二色者，名雲砂，宜季夏服之；皛皛純白者，名磷石，四季可服也。醫方所用白澤者，正磷石是爾。又云：他物埋土即朽，着火即焦，而五雲納猛火中經時不焦，埋深穽內雖久不腐，故能令人長生，服經十年，雲氣常覆其上。夫服其母，以致其子，亦理當然也。在古故此爲言，但今之望壽，未聞一人服此者，蓋因金石性悍，抑且修製節度恐非文字可詳，弗輕餌之，謹之至也！

**明・王文潔《太乙仙製本草藥性大全》卷六《仙製藥性》**

雲母石　味甘，氣平，無毒。澤瀉爲之使。主治：療五勞七傷，虛損少氣；能明目下氣，堅肌補髓。主身表死肌，如車船上中風寒熱。治赤白痢疾及女婦人帶下崩中。安五臟，且益子精；除邪氣，能耐寒暑。遍身風癢，百計不差者，煅粉調水可服。諸類惡瘡，一切作痛者，研末和油可敷。久服延年，輕身明目。

補註：治火瘡敗壞，用雲母粉同生羊髓和如泥，塗之。〇風瘮遍身，百計治不差者，煅雲母粉，以清水調服之，看人大小，以意酌量與之多少服。〇帶下，溫水和服三方寸匕立效。〇赤白痢積年不差，飲調服方寸匕，兩服立見神效。〇治金瘡并一切惡瘡，用雲母粉傅之絕妙。〇淋疾，溫水和服三錢。〇小兒赤白痢及水痢，雲母粉半大兩，研作粉，煮白粥調，空腹食之。

太乙曰：凡使色黃黑者，厚而頑；赤色者、經婦人手把者，並不中用。須要光瑩如水色者爲上。凡修事一斤，先用小地膽草、紫背天葵、生甘草、地黃汁各一鎰，乾者細剉，濕者取汁了，於甆鍋中安雲母并諸藥了，下天池水三鎰，著火煮七日夜，水火勿令失度，其雲母自然成碧玉漿在鍋底，却以天池水猛投其中，將物攪之，浮如蝸涎者即去之。如此三度淘净了，取沉香一兩，搗作末，以天池水煎沉香湯三升已來，分爲三度，再淘雲母漿了，日中晒，任用之。

治百病製雲母法：雲母一斤，拆開揉碎，入一大瓶內築實，上澆水銀一兩，封固，以十斤頂火煅通赤，取出却拌香葱、紫連翹草，二件合搗如泥，後以夾絹袋盛，於大水盆內搖取粉，餘滓未盡，再添草藥重搗如前法取粉。沉水乾，以小木盤一面於灰上印一淺坑，鋪紙傾粉在上，直候乾移入火焙之，取出細研，以麪糊丸如梧子大，遇有病者服之，無不效。知成都府辛諫議，曾患大風，衆醫〔不效〕，遇此道士，進得此方，服之有效。

服五雲之法：或以桂、葱、水玉化之以爲水，或以露於鐵器中以原水熬之爲水，或以消石合於筒中埋之爲水，或以蜜溲爲酪，或以秋露漬之百日，韋囊挻以爲粉，或以無巔草樗血合餌之。服至一年百病除，三年久服反老成童，五年不闕服，可役使鬼神。入火不燒，入水不濡，踐棘而不傷膚，與仙人相見。他物埋之即朽，著火即焦，而五雲內猛火中經時終不焦，埋之永不腐，故能令人長生也。服經十年，雲氣常覆其上。夫服其母，以致其子，其理之自然。

**明·皇甫嵩《本草發明》卷五** 雲母上品，君。味甘，平，無毒。 發明曰：雲母古雖有鍊服法，名為仙藥，今未見有明驗。《本草》云：主身皮死肌，中風寒熱，如在車船上，除邪氣，安五臟，益精明目，下氣堅肌，續絕補中，療五勞七傷，虛損少氣，止痢，久服輕身延年，悅澤不老，耐寒暑，志高神仙。

按：雲母有八種，兼五色，惟明徹純白者，四時皆可服。其修鍊之法，如《雷公炮製》，如青城山丈人康道豐傳治百病，如《抱朴子》服五雲之法，雖妙且詳也。愚謂仙道家術，今人餌服者，不可不慎。今合雲母膏，治一切癰腫。雲母粉治惡瘡風疹，載在方書者可采用。

**明·李時珍《本草綱目》卷八金石部·玉類** 雲母《本經》上品

【釋名】雲華 雲珠 雲英 雲液 雲砂 磷石《本經》。時珍曰：雲母以五色立名，詳見下文。按《荆南志》云：華容方臺山出雲母，土人候雲所出之處，于下掘取，無不大獲，有長五六尺可爲屏風者，但掘時忌作聲也。據此，則此石乃雲之根，故得雲母之名，而雲母之根，則陽起石也。《抱朴子》有云：服雲母十年，雲氣常覆其上，服其母以致其子，理自然也。

【集解】《別錄》曰：雲母生太山山谷、齊山、廬山及琅琊北定山石間，二月采之。雲華五色具，雲英色多青，雲珠色多赤，雲液色多白，雲砂色青黃，磷石色正白。弘景曰：按仙經雲母有八種：嚮日視之，色青白多黑者名雲母，色黃白多青者名雲英，色青白多赤者名雲珠，如冰露乍黃乍白者名雲砂，黃白皛皛者名雲液，皎然純白明澈者名磷石，此六種並好服，各有時月；其黯黯純黑、有文斑斑如鐵者名雲膽，色雜黑而强肥者名地涿，此二種並不可服。鍊之有法，宜精細；不爾，入腹大害人。今江東惟用廬山者爲勝，青州者亦好，以沙土養之，歲月生長。頌曰：今兖州雲夢山及江州、淳州、杭越間亦有之，生土石間。作片成層可析，明滑光白者爲上。其片有絶大而瑩潔者，今人以飾燈籠，亦古扇屏之遺意也。江南生者多青黑，不堪入藥。謹按方書用雲母，皆以白澤者爲貴；惟中山衛叔卿單服法，用雲母五色具者。葛洪《抱朴子》云：雲母有五種，而人不能別，當舉以向日看之，陰地不見雜色也。五色並具而多青者名雲英，宜春服之；五色並具而多赤名雲珠，宜夏服之；五色並具而多白者名雲液，宜秋服之；五色並具而多黑者名雲母，宜冬服之；但有青黃二色者名雲砂，宜季夏服之；皛皛純白者名磷石，四時可服也。古方服五雲甚多，然修鍊節度，恐非文字可詳，不可輕餌也。損之曰：青赤黃紫白者並堪服，白色輕薄通透者爲上，黑者不任用，令人淋瀝發瘡。

【修治】斅曰：凡使，黃黑者厚而頑，赤色者，經婦人手把者，並不中用。須要光瑩如冰色者爲上。每一斤，用小地膽草、紫背天葵、生甘草、地黃汁各一鎰，乾者細剉，濕者取汁了，于瓷堝中安置，下天池水三鎰，着火煮七日夜，水火勿令失度，雲母自然成碧玉漿在堝底，却以天池水猛投其中，攪之，浮如蝸涎者即去之。如此三度淘净，取沉香一兩擣作末，以天池水煎沉香湯二升以來，分爲三度，再淘雲母漿了，日晒任用。《抱朴子》曰：服五雲之法：或以桂、葱、水玉化之爲水，或以露于鐵器中，以原水熬之爲水，或以消石合於筒中埋之爲水，或以蜜溲爲酪，或以秋露漬之百日，韋囊挻以爲粉，或以無顛草樗血合餌之。服至一年百病除，三年反老成童，五年役使鬼神。胡演曰鍊粉法：八九月間取雲母，以礬石拌勻，入瓦罐內封口，三伏時則自柔軟，去礬，次日取百草頭上露水漬之，百日，韋囊挻以爲粉。時珍曰：道書言鹽湯煮雲母可爲粉。又云：雲母一斤，鹽一斗漬之，銅器中蒸一日，臼中擣成粉。又云：雲母一斤，白鹽一升，同擣細，入重布袋挼之，沃令鹽味盡，懸高處風吹，自然成粉。

【氣味】甘，平，無毒。權曰：有小毒，惡徐長卿，忌羊血、粉。之才曰：澤瀉爲之使，畏鮀甲及流水。弘景曰：鍊之用礬則柔爛，亦是相畏也。百草上露乃勝東流水，亦有用五月茅屋溜水者。獨孤滔曰：制汞，伏丹砂。

【主治】身皮死肌，中風寒熱，如在車船上，除邪氣，安五臟，益子精，明目，久服輕身延年《本經》。下氣堅肌，續絕補中，療五勞七傷，虛損少氣，止痢，久服悅澤不老，耐寒暑，志高神仙《別錄》。主下痢腸澼，補腎冷甄權。

【發明】保昇曰：雲母屬金，故色白而主肺。宗奭曰：古雖有服鍊法，今人服者至少，謹之至也。惟合雲母膏，治一切癰毒瘡等，方見《和劑局方》。慎微曰：《明皇雜録》云：開元中，名醫紀朋，觀人顔色談笑，知病淺深，不待診脉。帝召入掖庭，看一宫人，每日昃則笑歌啼號若狂疾，而足不能履地。朋視之曰：此必因食飽而大促力，頓仆於地而然。乃飲雲母湯，熟寐而失所苦。問之，乃言太華公主載誕，某當主謳，懼聲不能清長，因喫豘蹄羹，飽而歌大曲，唱罷覺胸中甚熱，戲於砌臺，因墜下，久而方甦，遂病此也。又《經效方》云：青城山丈人觀主康道豐，治百病雲母粉方：用雲母一斤，拆開揉入大瓶內築實，上澆水銀一兩封固，以十斤頂火煅赤取出，却拌香葱、紫連翹草二件，合擣如泥，後以夾絹袋盛，于大水盆內摇取粉，餘滓未盡，再添草藥重擣取粉。以木盤一面，于灰上印一淺坑，鋪紙傾粉在內，候乾焙之，以麪糊丸梧子大。遇有病者，服之無不效。知成都府辛諫議，曾患大風，衆醫不愈，道豐進此，服之神驗。《抱朴子》曰：他物埋之即朽，着火即焦；而五雲入猛火中經時不焦，埋之不腐。故服之者長生，入水不濡，入火不燒，踐棘不傷。時珍曰：昔人言雲母壅尸，亡人不朽。盗發馮貴人冢，形貌如生，因共姦之；發晉幽公冢，百尸縱横及衣服皆如生人，中並有雲母壅之故也。

【附方】舊七，新七。

服食雲母：上白雲母二十斤薄擘，以露水八斗作湯，分半淘洗二次。又取二斗作湯，納芒消十斤，木器中漬二十日，取出絹袋盛，懸屋上，勿見風日，令燥。以鹿皮爲囊揉之，從旦至午，篩滓復揉，得好粉五斗，餘者棄之。以粉一斗納崖蜜二斤，攪糊，入竹筒中，薄削封口漆固，埋北垣南崖下，入地六尺，覆土。春夏四十日、秋冬三十日出之，當成水。若洞洞不消，更埋三十日。此水能治萬病及勞氣風疼。每以温水一合和服之，日三服。十日小便當變黃，二十日腹中寒澼消，三十日齲齒更生，四十日不畏風寒，五十日諸病皆愈，顏色日少，長生神仙。《千金方》。　痰飲頭痛：往來寒熱。雲母粉二兩鍊過，恒山一兩，爲末。每服方寸匕，湯服取吐。忌生葱、生菜。《深師方》。　牝瘧多寒：雲母燒二日夜，龍骨，蜀漆燒去腥，等分爲散。未發前，漿水服半錢。《仲景金匱方》。　小兒下痢：赤白及水痢。雲母粉半兩，煮白粥調食之。《食醫心鑒》。　赤白久痢：積年不愈。飲調雲母粉方寸匕服，二服立見神效。《千金方》。　婦人帶下：水和雲母粉方寸匕服，立見神效。《千金方》。　小便淋疾：温水和雲母粉服三錢。《千金方》。　婦人難産：經日不生。雲母粉半兩，温酒調服，入口即産，不順者即順，萬不失一。陸氏云：此是何德揚方也，已救三五十人。《積德堂方》。　粉滓面䵟：雲母粉、杏仁等分爲末，黃牛乳拌，略蒸，夜塗旦洗。《聖濟錄》。　風㾦遍身：百計不愈。煅雲母粉，清水調服二錢良。《千金方》。　一切惡瘡：雲母粉傅之。《千金方》。　火瘡敗壞：雲母粉和生羊髓塗之。《聖惠方》。　金瘡出血：雲母粉傅之絶妙。《事林廣記》。　風熱汗出：水和雲母粉服三錢，不過再服立愈。《千金翼》。

**明·梅得春《藥性會元》卷下**　雲母　味甘，氣平，無毒。澤瀉為使。畏鮀甲及東流水。一名雲珠，色多赤。一名雲華，五色。一名雲英，色多青。一名雲液，色多白。一名雲砂，色青黃。一名磷石，色正白。生太山、齊廬山、琅琊山谷北定山石間。二月採。　主治身皮死肌，中風寒熱，如在舟船上。除邪氣，安五臟，益精明目，下氣堅肌，補中續絶，療五勞七傷，虛損少氣，止痢。　製法：其色黃黑，厚而頑，赤色者，及經婦人手把過，俱不中用。須取光潤如冰者為上。　凡修事，每乙斤，先用小地膽草、紫背天葵、生甘草、地黃汁各一鎰，乾者細剉，濕者取汁，俱放於磁鍋中。下天池水三鎰，柴火煮七日夜，水火勿令失度，其雲母自然成碧玉色。將在鍋底者，却猛投天池水煮，以竹攪之，浮起如蝸涎者去之。如此三次，淘淨，先預備沉香末一兩，以天池水煮沉香湯三升，分為三分，再淘雲母漿，澄畢，去清水，澄底雲母日晒乾，聽用。

**明·李中立《本草原始》卷八**　雲母　生泰山山谷，齊廬山及琅琊北定山石間，今兖州雲夢山及江州、濠州、杭越間亦有之，生土石間。按《荆南志》云：華容方臺山土人，候雲所出之處，于下掘取，無不大獲。色有五般，入藥用輕薄成層，色白通透者為上。但掘時忌作聲也。據此，則此石乃雲之根，故得雲母之名。雲母：氣味：甘，平，無毒。主治：身皮死肌，中風寒熱，如在車船上。除邪氣，安五臟，益子精，明目，久服輕身延年。○下氣堅肌，續絶補中，療五勞七傷，虛損少氣，止痢，久服悅澤，不老，耐寒暑，志高神仙。○主下痢腸澼，補腎冷。

【圖略】兖州雲母，江州雲母，作片成層。修治：雲母須要光瑩如冰色為上。每一斤用小地膽草、紫背天葵、生甘草、地黃汁各一鎰，乾者細剉，濕者取汁了，于瓷堝中安置，下天池水三鎰，着火煮七日夜，水火勿令失度，雲母自然成碧玉漿在堝底，却以天池水猛投其中攪之，浮如蝸涎者即去之。如此三度淘淨，取沉香一兩，搗作末，以天池水煎沉香湯二升以來，分為三度，再淘雲母漿了，日晒任用。

之才曰：澤瀉為之使，畏鮀甲及流水，制汞，伏丹砂。《明皇雜錄》云：開元中有名醫紀朋者，觀人顏色談笑，知病淺深，不待診脉。帝聞之，召於掖庭中，看一宮人，每日昃則笑歌啼號若狂疾，而足不能履地。朋視之曰：此必因食飽而大促力，頓仆於地而然。乃飲以雲母湯，令熟寐，覺而失所苦。問之，乃言因太華公主載誕，宮中大陳歌吹，某乃主謳，懼其聲不能清且長，喫㹠蹄羹，飽而當筵歌大曲，曲罷覺胸中甚熱，戲於砌臺上，高而墜下，久而方甦，病狂，足不能及地。

**明·張懋辰《本草便》卷二**　雲母君　味甘，氣平，無毒。畏鮀甲及東流水，惡徐長卿，忌羊血。　主身皮死肌，中風寒，凡如在車船上，除邪氣，安五藏，益子精明目，治赤白痢及帶下。

**明·繆希雍《本草經疏》卷三**　雲母　味甘，平，無毒。主身皮死肌，中風寒熱，如在車船上。除邪氣，安五藏，益子精。明目，下氣，堅肌，續絶補中，療五勞七傷，虛損少氣，止痢。久服輕身延年，悅澤不老，耐寒暑，志高神仙。一名雲珠，色多赤；一名雲華，五色具；一名雲英，色多青；一名雲液，色多白；一名雲砂，色青黃；一名磷石，色正白。澤瀉為之使，忌羊血，用礬石則柔爛。

【疏】雲母，《本經》載其味甘，氣平，詳其主治，亦應有溫。韓保昇曰：雲母色白而主肺，此石藥中溫良之品也。以其法金，故主身皮死肌及中風寒熱，如在車船上。甘能緩，溫能和，故除邪氣。石性鎮墜，能使火下，火下則水上，是既濟之象也，故安五臟，益子精，明目，久服輕身延年。《別錄》主下氣，堅肌，續絶補中，療五勞七傷，虛損少氣，久服悅澤不老，耐寒暑，志高神仙，皆此意也。其曰止痢者，久痢則腸胃俱虚，甘温足以回其虚，下墜足以去其積，故亦主之也。〔主治參互〕雲母得鉛丹熬成膏，可貼一切癰疽瘡毒。和以昇丹細末，更著奇效。《經驗方》云：青城山丈人觀主康道豐治百病雲母粉方：用雲母一斤，析開，揉入大瓶内，築實封固，以十斤頂火煅赤取出，卻拌香葱、紫連翹草二件，合搗如泥，後以夾絹袋盛，於大水盆内摇取粉，餘滓未盡，再添草藥重搗取粉。以木盆一面貯灰，於灰上印一淺坑，鋪紙傾粉在内，候乾焙之，以麪糊丸梧子大。遇有疾者，服之無不效。知成都府辛諫議，曾患大風，眾醫不愈，道豐進此，服之神驗。

《千金方》服食雲母法：上白雲母二十斤，薄劈，以露水八斗作湯，分半淘淨二次。又作二斗湯，納芒硝十斤，木器中浸二十日，取出絹袋盛，懸屋上，勿見風日，令燥。以鹿皮為囊揉之，從旦至午，篩滓復揉，得好粉二十斤，攪糊，入竹筒内，薄削封口漆固，北垣南下入地六尺，覆土。春夏四十日，秋冬三十日出之，當成水。若洞洞不消，更埋三十日。此水能治萬病及勞氣風疼。每以温水一合和服之，日三服。十日小便當變黄，二十日腹中寒澼消，三十日齲齒更生，四十日不畏風寒，五十日諸病皆愈，顔色日少，長生神仙。《深師方》治痰飲頭痛，往來寒熱。雲母粉二兩，鍊過，常山一兩，為末。每服方寸匕，湯服取吐，忌生葱、生菜。仲景《金匱方》治牝瘧多寒，雲母燒二日夜，龍骨、蜀漆燒去腥，等分為末。發前漿水服半錢。《千金方》治赤白久痢，積年不愈。飲調雲母粉方寸匕服，神效。

又方：治婦人帶下，水和雲母粉方寸匕服，神效。《積德堂方》治婦人難産，經日不生，雲母粉半兩，溫酒調服，入口即産，不順者即順，萬不失一。陸氏云：此是何德揚方也。已救三五十人。《千金方》治風瘮偏身，百計不愈。煅雲母粉，清水調服二錢良。又方：治一切惡瘡，用雲母粉敷之。《聖惠方》治火瘡敗壞，雲母粉和生羊髓傅之。《事林廣記》治金瘡出血，雲母粉敷之。絶妙。《千金翼方》治風熱汗出，水和雲母粉。服三錢，不過再服，立愈。〔簡誤〕雲母性雖甘平，終屬石種，與臟腑氣血，實非同類，秖宜用以治病取效。若夫益精明目，輕身延年，耐寒暑，志高神仙，皆必不然之論也。始俟世人試過，乃敢信耳。

**明・倪朱謨《本草彙言》卷一二** 雲母 味甘，氣平，無毒。《別錄》曰：雲母出泰山、齊山、廬山、琅琊北定。蘇氏曰：今雲夢山、方臺山及江州、淳州、杭越間亦有。生山石間，宜二月采。李氏曰：候雲氣所出之處，掘取，無不大獲。但掘時忌人聲也。小者長三五寸，大者長五七尺，作片成層可析。光瑩如水，白澤清透者爲上。以沙土養之，歲月生長，置千觔于一室中，雲氣嘗起，向日觀照，五采幷具，陰地不見諸色也。多青色者名雲英，春月宜服；赤色者名雲珠，夏月宜服；多白色者名雲液，秋月宜服；多黑色者名雲母，冬月宜服；具青黄色者名雲砂，季夏宜服；皛皛純白色者名雲磷，不拘四時宜服也；純黑色者有毒，不宜服。悮服令人病淋瀝，瘡疥，即陽起石也。雷氏曰：修治：設經婦人手，便失靈異。以白水煮一日夜，研細用。

雲母：下痰飲，退瘧疾，《別錄》止久痢，甄權禁淋帶之藥也。韓氏保昇曰：此藥色白屬金而主肺，石藥中溫良之品也。以其法金，故主肺胃痰飲；金能平木，故退瘧疾而定寒熱；甘平和胃以溫中，故又止久痢，禁白帶淋濁之疾焉。但味性雖居甘平，終屬石類，與人身藏府氣血，實非同器，祇宜用以治病，取效則已。如前古所云：煉服益精明目、輕身延年之語，此後世妄誕之士，假神農之言，附會其説，以欺世愚俗，不可依從。

集方：《方脉正宗》治痰飲吐涎，或頭痛者。用雲母水煮過五錢，半夏薑汁製、南星薑汁製各一兩，於白朮土拌炒一兩五錢，共爲極細末。每早晚各服三錢，食後白湯調下。○《金匱》方治牝瘧，寒多熱少者。用雲母燒半日，蜀漆燒去腥，龍骨燒紅，各等分，爲末，未發前服一錢，薑湯調下。○《千金方》治赤白痢，積年不愈。用雲母經煉過，爲細末，每早晚各服八分，薑湯調下。○同前治婦人帶下白淫。用雲母，煉過，爲細末，每早晚各服一錢，黑棗泡湯調服。○何德揚治難産，《催生方》用雲母經煉過五錢，爲極細末。溫酒調服。入口即産。不順者即順，萬不失一。○《事林廣記》治金瘡出血不止。用雲母經煉過，研極細末，傅患上即止。治小兒驚風，大人癲癇，及男婦骨蒸勞熱，咳嗽吐痰，如中風語澀，舌强久不瘥者。又傷寒大熱不解，狂燥不寧，一切陽熱火盛之證，悉皆治之。名安神丸，用上潔雲母石研細、水煮過五錢，烏犀角、硃砂各三錢，玄明粉一錢，冰片、牛黄、麝香各四分，共研極細，再配人參、白茯苓、膽星、地骨皮、甘草各四錢，微炒，爲細末。麥門冬去心一兩，酒煮爛，搗膏爲丸，如鷄豆大，晒乾，淨磁器封藏。每遇是患，大人服三丸，小兒服一丸，生薑湯化下。○治小兒一切痰喘，名萬金散。用上潔雲母石水煮過五錢，全蝎、殭蠶、甘草、膽星、黃連、天麻各四錢，俱微炒，牛黃、巴霜、冰片各二分，共爲末，每服一分，薄荷湯化下。○治小兒慢驚風，癲癇天弔，中惡客忤，臍風撮口，胎驚胎癇，牙關緊急，痰熱搐搦，反躬竄視，昏迷不醒，一切驚怪危惡緊急之證，并皆治之，名大聖奪命丹。用上潔雲母石水煮過，全蝎、殭蠶、烏稍蛇尾、烏犀角、羚羊角、赤足蜈蚣各五錢，石菖蒲、羌活、白附子、茯神、半夏、膽星、北細辛各四錢，沉香、川烏童便製、人參、甘草各三錢，琥珀、硃砂、珍珠、雄黃各二錢，天竺黃一兩，川烏泡一個，金箔四十張，麝香一錢。薑汁打糊爲丸，如芡實大。每用一丸，薄荷湯化下。

**明・姚可成《食物本草》卷二一玉石部**　雲母生太山山〔谷〕、齊山、廬山及瑯琊北定山石間。雲華五色具，雲英色〔多青〕，雲珠色多赤，雲液色多白，雲砂色青黃，磷石色正白。○陶弘景曰：按仙經雲母有八種，向日視之，色青〔白〕多黑者名雲母，色黃白多青者名雲英，色青白多赤者名雲珠，如沐露乍黃乍白者名雲砂，黃白晶晶者名雲液，皎然純白明澈者名磷石，此六種並好服，各有時月。其黯黯純黑，有文斑斑如鐵者名雲膽，色雜黑而強肥者名地涿，此二種並不可服。鍊之有法，宜精細，不爾，入腹大害人。今江東惟用廬山者為勝，青州者亦好，以沙土養之，歲月生長。○蘇頌曰：今兗州雲夢山及江州、淳州、杭越間亦有之，生土石間。作片成層可析，明滑光白者為上，其片有絕大而瑩潔者。今人以飾燈籠，亦古扇屏之遺意也。服食大抵以白澤者為貴。《抱朴子》云：雲母有五種，而人不能別，當舉以向日視之，陰地不見雜色也。五色並具而多青者名雲英，宜春服之；五色並具而多赤者名雲珠，宜夏服之；五色並具而多白者名雲液，宜秋服之；五色並具而多黑者名雲母，宜冬服之；但有青黃二色者名雲砂，宜季夏服之；晶晶純白者名磷石，四時可服也。古方服五雲甚多，然脩鍊節度，恐非文字可詳，不可輕餌也。服五雲之法：或以桂、葱、水玉化之為水，或以露於鐵器中，以原水熬之為水；或以消石合於筒中埋之為水；或以蜜溲為酪；或以秋露漬之百日，韋囊〔挻〕〔挻〕以為粉；或以無顛草樗血合餌之。服至一年百病除，三年返老還童，五年役使鬼神。○胡演曰：鍊雲母粉法：八九月間取雲母，以礬石拌勻，入瓦罐內封口，三伏時則自柔軟，去礬，次日取百草頭上露水漬之百日，韋囊挻以為粉。○李時珍曰：道書言鹽湯煮雲母可為粉。又云：雲母一斤，鹽一斗漬之，銅器中蒸一日，臼中搗成粉。又云：雲母一斤，白鹽一升，同搗細，入重布袋挼之，沃令鹽味盡，懸高處風吹，自然成粉。

雲母，味甘，平，無毒。主身皮死肌，中風寒熱，如在車船〔上〕，除邪氣，安五臟，益子精，明目，久服輕身延年。下〔氣堅肌，續絕補中〕，療五勞七傷，虛損少氣，止痢，久服悅澤不〔老〕，耐寒暑，志高神仙。○唐慎微曰：《明皇雜錄》云：開元中，名醫紀朋，觀人顏色談笑，知病淺深，不待診脉。帝召入掖庭，看一宮人，每日昃則笑歌啼號若狂疾，而足不能履地。朋視之曰：此必因食飽而大促力，頓仆於地而然。乃飲雲母湯，熟寐而失所苦，問之，乃言太華公主載誕，某當主謳，懼聲不能清長，因喫㹠蹄羹，飽而歌大曲，唱罷覺胸中甚熱，戲於砌臺，因墜下，久而方甦，遂病此也。又《經效方》云：青城山丈人觀主康道豐，治百病雲母粉方：用雲母一斤，拆開揉入大瓶內築實，上澆水銀一兩封固，以十斤頂火煅赤取出，却拌香葱、紫連翹草二〔件〕，合搗如泥，後以夾絹袋盛，於大水盆內搖取粉，〔餘滓未盡〕，再添草藥重搗取粉。以木盤一面，於灰上印一〔淺〕坑，鋪紙傾粉在內，候乾焙之，以麪糊丸梧子大。遇有病者，服之無不效。知成都府辛諫議，曾患大風，眾醫不愈，道豐進此，服之神驗。○《抱朴子》曰：他物埋之即朽，着火即焦；而五雲入猛火中經時不焦，埋之〔不腐〕。故服之者長生，入水不濡，入火不燒，踐棘不傷。○李時珍曰：昔人言雲母壅尸，亡人不朽。盜發馮貴人冢，形貌如生，因共淫之；發晉幽公冢，百尸縱横及衣服皆如生人，中並有雲母壅之故也。

附方：服食雲母：用上白雲母二十斤薄擘，以露水八斗作湯，分半淘洗二次。又作二斗作湯，納芒硝十斤，木器中漬二十日，取出絹袋盛，懸屋上，勿見風日，令燥。以鹿皮為囊揉之，從旦至午，篩滓復揉，得好粉五斗，餘者棄之。以〔水〕〔粉〕一斗納崖蜜二斤，攪糊，入竹筒中，薄削封口漆固，埋北垣南崖下，入地六尺，覆土。春夏四十日、秋冬三十日出之，當成水。若洞洞不消，更埋三十日。此水能治萬病，及勞氣風疼。每以溫水一〔合和〕服之，日三服。十日小便當變黃，二十日腹中寒澼消，三十日齲齒更生，四十日不畏風寒，五十日諸病皆愈，顏色日少，長生神仙。

**明・顧逢伯《分部本草妙用》卷四肺部・寒補**　雲母　甘，平，微寒，無毒。忌羊血，粉，澤瀉為使，畏鮀甲、流水。鍊之用礬則柔爛。伏丹砂。主治：除邪安臟，益子精，明目，耐寒暑，堅肌，下氣補中。療虛下痢腸澼，補腎。按：雲母色金而主肺。古有鍊服法，而今人未知，惟合雲母膏，治一切癰毒瘡。○明皇時，宮人日昃笑歌，啼號狂走，足不履地。紀朋視之曰：此因食飽大促力，頓仆於地而然。飲之以雲母湯，熟寐而失所苦。問之果然。

**明・盧之頤《本草乘雅半偈》帙一**　雲母《本經》上品　氣味：甘，平，無毒。主治：主身皮死肌，中風寒熱，如在車船上，除邪，安五藏，益子精，明目，輕身延年。

斅曰：出太山、齊山、廬山、琅琊北定，今雲夢山、方臺山，及江州、淳州、杭越間亦有，生山石間。土即地氣，沙更清踈，離本歸根，生機嘗在。宜二月采，候雲氣所出之處，掘取無不大獲。但掘時，忌作聲也。小者長三五寸，大者長五七尺。作片成層可析，光瑩如水，白澤輕透者遂為貴。以沙土養之，歲月生長。置千觔于一室中，雲氣嘗起，向日觀炤，五采並具。陰地不見雜色也，多青者名雲英，多赤者名雲珠，多白者名雲液，多黑者名雲母，但具青黄者名雲砂，皛皛純白者名磷石，各以偏勝之色，為四時之宜。各具偏勝兼色，為四時宜。青春、赤夏、白秋、黑冬也。故雲砂兼黄宜季夏，土磷石皛皛純白無兼，為四時宜。亦可專宜秋。白雲之母，即水之母也。雲砂宜季夏，磷石宜四時服也。純黑者不堪服，令人淋瀝發瘡根，即陽起石也。修治：設經婦人手把，便失靈異，每觔用甘草、地黄、小地膽草、紫背天葵各一鎰，乾者細剉，生者取汁，置瓷鍋中，次入雲母，用天池水三鎰，着火熬煮七日夜，水火勿令失度，自然釀成碧玉色漿，沉于鍋底，更以天池水猛投其中，隨手頻攪，有浮起如蝸涎者，即掠去之。凡三度，澄定去水，更用沉香一兩擣為末，以天池水五升，煮汁二升，分作三度，淘澄其漿，晒乾任用。主療諸疾。《抱朴子》云：或以桂、葱、水玉化之為水；或以消石，合置筒中，埋之為水；或以露于鐵器中，原水熬之為水；或以蜜搜為酪；或以秋露漬之百日，韋(醲挺)〔囊挺〕以為末；或以樗血、無顛草，合餌之，服至一年百疾除，三年反老還童，雲氣嘗覆其上；五年役使鬼神，飛行神仙。惡徐長卿。忌羊肉。畏鮀甲及流水。澤瀉為之使。

条曰：雲母生雲，故名雲母。雲中具雨露霜雪，是雨露霜雪，亦以雲為母也。然雲之母曰雲母，而雲母之母曰高山。釋典云：水勢劣火，結為高山。是故山石，擊則成燄，融則成水。蓋其氣濛浡而為潤濕，升騰而為炎上。故知水火之結高山，高山之育雲母，雲母之生雲氣，雲氣之變雨露霜雪，雖乘化有異而體性不遷，更推潤濕之水，皆從火蒸，誠交互發生，遞相為種者。客曰：五行之理，水能尅火，今云水從火出，不幾矯亂乎。不曰雲生足下，而曰雲覆其上。即此可徵，母字義深，心者得之。頤曰：此實明生潤，非有形相尅制化之比也。若非火光上蒸，則就下之水，焉能含偏十方乎。《經》云：腎苦燥，急食辛以潤之。相提而論，實與釋典脗合，斯足徵矣。客曰：古人命名簡約，何得故為奇特。頤曰：物體性情，若非意外尋求，比量推奪，便為句字所縛。客默然良久。

身皮死肌，此土實不靈，用升騰變幻之母，開鋤頑頹，自能反活回鮮。土主肌肉，若風木相乘者，培其根種，則侮土之風，不期自退。蓋風雲總歸同類，即以同類之雲逐之。風之中者，自不能停，此亦從化之理矣。釜底燃薪，而水出又足徵矣。如在車船上者，畏風大動搖之狀也。安五藏者，邪除則元真通暢，五藏安和。益子精者，益子精之用。明目者，目乃水精所結，能行水上，故令目明。輕身延年者，修煉佩服，骸如雲化，以有形之物，和合氣交之中，則日日更新，新新非故。修治之法，當同龍骨，以回其靈，雲性從龍也。雲母生雲，名雲母。雲具雨露霜雪，是雨露霜雪，為雲之子為水矣。然則雲，又宜號水母。澤瀉亦能行水上，令人明目，但多服反致目盲者，謂其瀉澤上行，澤盡則竭故也。若雲母則從母發源，寧至有竭乎。

**清・穆石匏《本草洞詮》卷三**　雲母　有青、黄、紫、赤、白五色。土人候雲所出之處，於下掘取獲之。有長五六尺者，此石乃雲之根也。味甘，氣平，無毒。主益精明目，除邪氣，安五臟。葛洪云：服雲母十年，雲氣常覆其上，服其母以致其子，理自然也。他物埋之即朽，着火即焦，而雲母入猛火中，經時不焦，埋之不腐，故服之者長生，入水不濡，入火不焦。但古方服五雲者甚多，而脩鍊節度非文字可詳，似難輕餌。惟合雲母膏治一切癰毒瘡可耳。雲母瘗屍，亡人不朽。盜發馮貴人塚，形貌即生；發晉幽公塚，百屍縱横，衣服皆如生人。竝有雲母瘞之故也。

**清・王翃《握靈本草》卷一**　雲母粉生泰山山谷。白色輕薄，通透者爲上。擣粉成漿，晒乾用。　主治：雲母粉，甘，平，無毒。主身皮死肌，中風寒熱，除邪氣，安五臟，下氣，堅肌，續絕補中。療虚損，止痢，補腎冷。

**清・汪昂《本草備要》卷四**　雲母補中。　甘，平，屬金，色白入肺。下氣補中，堅肌續絕。治勞傷瘧痢，瘡腫癰疽。同黄丹熬膏貼之。《千金翼》用敷金瘡。青城山人康道豐有雲母粉方，能治百病。有五色，以色白光瑩者爲上。古人亦有煉服者。雲母入火，經時不焦，入土不腐，故云服之長生。使澤瀉，惡羊肉。

**清・李熙和《醫經允中》卷一八**　雲母　澤瀉為使。忌羊血。　甘，平，微寒，無毒。主治除邪氣，安五臟。合雲母膏治一切癰腫毒、惡瘡。

**清・馮兆張《馮氏錦囊秘錄・雜症痘疹藥性主治合參》卷五**　雲母其味甘，其氣平，無毒。色白而主肺，此石藥中溫良之品也。以其法金，故主肌表，以其甘平鎮墜，能使火下而水上，得既濟之象，故五臟安，子精益，續絶補中，輕身明目。○陽起石，即雲母根，稟純陽之氣以生。味鹹，氣溫，無毒。《圖經》所載，齊州陽起山，其山常有暖氣，雖盛冬大雪遍境，此山獨無，蓋起石熏蒸也。其為氣之溫暖，可知矣。以鹹溫之性，專入右腎命門，補助陽氣，并除積寒，宿血留滯下焦之聖藥。雲頭雨脚，鷺鷥毛，輕鬆如狼牙者佳。　雲母，務須照法精製，不可輕餌。主身皮死肌，中風寒熱，如在車船上。治赤白痢疾及婦人帶下崩中。安五臟，益子精，除邪氣，耐寒暑。治遍身瘙癢，敷一切痛瘡。堅肌續絶補中，五勞七傷虛損。明目下氣，悅色延年。陽起石，治腎氣乏絶陰痿，破血瘕積凝腹痛。去男子陰囊濕癢，驅婦人五臟寒邪，崩中漏下。補不足，令人有子。去臭汗，水腫能消。

**清・張璐《本經逢原》卷一**　雲母　甘平，無毒。凡用選白瑩者，擘薄片，取雨水或流水漬去砂土，更以秋露漬數十日，同露煮七日夜，磨令極細，撚指，無復光明者，乃可用之。或同鹽入重布袋挼之，沃令鹽味盡，懸當風處自然成粉。弘景曰：鍊之用礬則柔爛，忌羊血者，以其能解諸藥之性也。與胡蒜尤為切禁，犯之必腹滿作瀉。黑者有毒傷人。《本經》主身皮死肌，中風寒熱如在車船上，除邪氣，安五藏，益精明目，久服輕身延年。　發明：雲母生泰山山谷，色白者良。《本經》言，雲母甘平，詳其性升，亦應有甘溫助陽之力，故能辟一切陰邪不正之氣，主身皮死肌，以其能辟除陰毒也。其治中風寒熱如在車船上，以其能鎮攝虛陽也。《局方》雲母膏治一切癰毒。仲景方治牝瘧多寒。《千金方》治久利帶下，小便淋疾及一切惡瘡。《深師方》治痰飲頭痛。何德揚治婦人難產，溫酒調服三錢，入口即下。金刃傷傅之，止血最速，且無腐爛之虞。陰疽腸癰亦多用之，皆取助陽之力也。久服能使身輕尸解。孫真人恒服之，但石藥性偏助陽，凡陰虛火炎者，慎勿誤與。

**清・張志聰、高世栻《本草崇原》卷上**　雲母　氣味甘，平，無毒。主治身皮死肌，中風寒熱，如在車船上，除邪氣，安五臟，益子精，明目。久服輕身延年。　雲母出太山山谷、齊山、廬山及琅琊北定山石間，今兗州雲夢山及江州、淳州、杭越間亦有，生土石間，作片成層可析，明滑光白者為上。候雲氣所出之處，於下掘取即獲，但掘時忌作聲，此石乃雲之根，故名雲母，而雲母之根，則陽起石也。　今時用陽起石者有之，用雲母者甚鮮，故但存《本經》原文，不加詮釋，後凡存《本經》而不詮釋者，義俱仿此。

**清・王子接《得宜本草・上品藥》**　雲母　味甘。功專除邪安臟。得蜀漆、龍骨治牝瘧。

**清・徐大椿《神農本草經百種錄》上品**　雲母　味甘，平。主身皮死肌，雲母色白屬金，故為肺經之藥。又肺主皮毛，雲母薄疊如皮，亦與肺合也。中風寒熱，如在車船上，肺氣震蕩，此能鎮之。除邪氣，安五藏，亦靖鎮之功。益子精，肺為腎源。明目。目白屬肺，此能益目中肺藏之精。久服輕身延年。肺旺則氣旺，故有此效。　雲母雖有五色，而白其正色也。白屬金，金生水，故雲母之上常生雲氣。雲者，地氣上升，欲為雨而未成雨者也。肺屬金而在上，為人身水源，與雲母相類，故為肺經之藥。

**清・黄元御《長沙藥解》卷四**　雲母　味甘，入足少陽膽、足太陽膀胱經。利水泄濕，消痰除瘧。《金匱》蜀漆散方在蜀漆用之治牝瘧多寒，以其泄濕而行痰也。瘧以寒濕之邪，結于少陽之經，與淋痢之證，皆緣土濕而陽陷。雲母泄濕行痰，故治牝瘧，而除淋瀝。

**清・吳儀洛《本草從新》卷五**　雲母〔重，下氣。〕以下玉類。　甘，平。色白入肺。下氣，堅肌續絶。治瘧痢癰疽。同黄丹熬膏貼之。《千金翼》用敷金瘡中。有五色，以色白光瑩者為上。澤瀉為使。惡羊肉。

**清・汪紱《醫林纂要探源》卷三**　雲母　甘，淡，平。石也。層層迭起，薄可如蟬翼，光瑩明徹，日照之如銀，俗謂之老鼠銀，輕虛易碎。有五色，以白為良。補肺下氣，堅固肌理，去熱解毒。雖石藥，而體質氣味皆輕虛上浮，色白入肺，甘能補肺，兼補五臟。淡能滲水，解熱，通利關節。昔人煉粉服之，謂入火不焦，埋土不腐，故可長生，此則妄矣。然可熬膏，合他藥以貼瘡瘍癰疽，亦治瘧痢。瘧痢多挾暑燥，乘肺金之虛故也。

**清・嚴潔等《得配本草》卷一**　雲母　澤瀉為之使。畏鮀甲、礬石、東流水、百草上露、茅屋溜水。惡徐長卿、羊血。制汞，伏丹砂。　甘，平。入手太陰經氣分。能入陰逐邪達表，入腸除垢止痢，堅肌續絶。　得蜀漆、龍骨，治牝瘧多寒。得黄丹熬膏，貼癰腫。　黄黑者厚而頑，赤色者，經婦人手把者，並不中用，須要光瑩如水色者為上。

**題清・徐大椿《藥性切用》卷七**　雲母　性味甘溫，鎮攝虛陽，辟陰邪不正之氣，治陰瘧久痢。煮磨，澄粉用。

**清・黄宮繡《本草求真》卷二**　雲母溫中鎮怯。　雲母耑入脾，兼入肝肺。生於泰山山谷，氣味甘平而溫，諸書皆言達肌溫肉，安臟定魄，補中絶續。故凡死肌敗肉，惡毒陰疽及車船眩暈，痰飲頭痛，皆當用此調治。以其溫有陽和之力，重有鎮攝之能，故能使之辟邪而鎮怯也。《局方》雲母膏治一切癰毒。仲景治牝瘧多寒。《千金方》治久痢帶下，小便淋疾及一切惡瘡。深師治痰飲頭痛。何德揚治婦人難產，溫酒調服三錢，入口即下。金刃傷敷之，止血最速，且無腐爛之虞。陰疽陽癰，亦多用之，皆取助陽之力。但書有言久服身輕屍解，不過極為贊揚，且因是物經時不焦，入土不腐，故云服可長生。其說即出《本經》，豈真事哉！但此性偏助陽，陰虛火炎者勿服。以色白光瑩者良，雲母石有五色。使澤瀉，惡羊肉。

**清・趙學敏《本草綱目拾遺》卷二石部**　雲核　《羅浮志》：雲核出羅浮，亦雲母之類。黃者出黃雲峰，白者出白雲峰，屑之調為漿，服之久，能吞吐五色雲。　性平，服食用之，延年却病，功同雲母。

**清・趙其光《本草求原》卷二五石部**　雲母　甘，平，無毒。鎮火下降，益肺脾，下氣，堅肌，續絕，止牝瘧，同蜀漆、龍骨，漿水下。久痢，淋帶，俱水調下，或煮粥。遍身風疹，水下。一切惡瘡、刀傷。同黃丹熬膏，和以升丹，貼之絕妙。　入火不焦，入土不腐，宜折碎，用芒硝水浸二十日，以皮袋盛，揉之成粉用。或云取粉和蜜埋地中化水，能治百病。然石質非氣血之物，豈足為養生延年之用哉。

**清・葉志詵《神農本草經贊》卷一**　雲母　味甘，平。主身皮死肌，中風寒熱，如在車船上。除邪氣，安五藏，益子精，明目。久服輕身延年。一名雲珠，一名雲華，一名雲英，一名雲液，一名雲沙，一名璘石。生山谷。

曉慶非雲，養育如母。時維中春，升彼齊阜。五色相宜，四時更受。蘊地精收，全形不朽。

齊雩祭歌，非雲曉慶。《廣雅》：母，牧也，言育養子也。名醫曰：生太山，齊盧山及琅琊北定山石間，二月采。《抱朴子》：雲母有五種，五色并具。多青者宜以春服之，多赤者宜以夏服之，多白者宜以秋服之，多黑者宜以冬服之；但有青、黃二色者，宜以季夏服之；　皛皛純白，可以四時常服之也。《巴蜀異物志》：雲母，一名雲精，入地萬歲不朽。

**清・文晟《新編六書》卷六《藥性摘錄》**　雲母石　甘平而溫，安臟定魄，溫中鎮怯，補中絕續，治死肌敗肉，惡毒陰症，及車船（痃）〔眩〕暈，痰飲頭痛。○陰虛火炎者勿服。○色白光瑩者佳。忌羊肉。

**清・戴葆元《本草綱目易知錄》卷七**　雲母　甘，平。屬金，色白，主肺。下氣止痢，堅肌續絕，補中明目。益子精，安五臟，補腎冷，除邪氣。治身皮死肌，中風寒熱，如在車船上。治五勞七傷，產損少氣，下痢腸澼。久服耐寒暑，延年。

**清・陳其瑞《本草撮要》卷六**　雲母石　味甘，平，入手足太陰、厥陰經，功專除邪安臟。得蜀漆、龍骨治牝瘧，同黃丹熬膏貼癰疽金瘡，以雲母粉敷金瘡出血最妙。澤瀉為使，惡羊肉。

**清・仲昴庭《本草崇原集說》卷一**　雲母　【略】仲氏曰：雲母能蒸地氣，升而為雲，按《金匱》蜀漆散治牝瘧，內用雲母，雖此處不加詮釋，而所主已可會通矣！

### 白堊

**宋・李昉《太平御覽》卷第九八八**　白堊音惡　《山海經》曰：慈聾之山，其中有大谷，是多白堊。黑、青、黃堊，俱出大谷。《范子計然》曰：青堊出三輔。《本草經》曰：白堊，即白善土也。生邯鄲。

**宋・唐慎微《證類本草》卷五玉石部下品〔《本經・別錄》〕**　**白堊**烏格切：**味苦、辛，溫**，無毒。**主女子寒熱，癥瘕，月閉，積聚**，陰腫痛，**漏下，無子**，泄痢。不可久服，傷五藏，令人羸瘦。一名白善。生邯鄲山谷。採無時。

〔梁・陶弘景《本草經集注》〕云：此即今畫用者，甚多而賤，俗方亦稀，仙經不須。

〔宋・掌禹錫《嘉祐本草》〕按：《唐本》云：胡居士言，始興小桂縣晉陽鄉有白善。《藥性論》云：白堊，使。味甘，平。主女子血結，月候不通，能澀腸止痢，溫暖。蕭炳云：不入湯。日華子云：白善，味甘。治瀉痢，痔瘻，泄精，女子子宮冷，男子水藏冷，鼻洪，吐血。本名白堊，入藥燒用。

〔宋・唐慎微《證類本草》〕《圖經》：文具代赭條下。《唐本餘》注云：此即今畫工用者，甚易得，方中稀用之，近代以白瓷爲之。《雷公》云：凡使，勿用色青并底白者，先單搗令細，三度篩過了，又入鉢中研之。然後將鹽湯飛過，眼乾。每修事白堊二兩，用白鹽一分，投於斗水中，用銅器物內，沸十餘沸了，然後用此沸了水飛過白堊，免結澀人腸也。

**宋・王繼先《紹興本草》卷一**　白堊　紹興校定：白堊，世呼為白土子是也。然《本經》一名白善，即非江南燒金白善土。其入藥治疾者，當取北地白土子為真。人多用以洗衣油膩者即是。其療婦人衝任不調方多用之。當從《本經》味苦、辛、溫、無毒是矣。若《唐本餘》云近代以白瓷為之者，誠為誤也矣。

**宋・劉明之《圖經本草藥性總論》卷上**　白堊　味苦，辛，溫，無毒。主女子寒熱癥瘕，月閉積聚，陰腫痛，漏下無子，洩痢。《藥性論》云：　使。味甘，平。主女子血結，月候不通，能澁腸止痢，溫暖。日華子云：　白善，味甘，治痔漏，洩精，男子水藏冷，鼻洪吐血。本名白堊，入藥燒用。生邯鄲山谷。

**明・滕弘《神農本經會通》卷六**　白堊　即白善土。雷公云：　先單搗令細，三度篩過了，又入鉢中研之，後將鹽湯飛過，晾乾，每一兩用白鹽一分，投於斗水中，銅器中煮十餘沸，用水飛過，免結澁人腸。

味苦，辛，氣溫，無毒。《本經》云：　主女子寒熱癥瘕，月閉積聚，陰腫痛，漏下，無子，洩痢。不可久服，傷人五臟，令人羸瘦。《藥性》云：　使。味甘，平。主女子血結，月候不通。能澀腸，止痢，溫暖。蕭炳云：　不入湯。日華子云：　白善，治瀉痢痔瘻，洩精，女子子宮冷，男子水藏冷，鼻洪吐血。入藥燒用。《局》云：　白堊苦溫除洩痢，澁精更主鼻中洪。女人漏下陰疼痛，血秘癥瘕亦可通。藏泥白堊，除洩痢，破癥瘕，澁精止漏又為良。

**明・劉文泰《本草品彙精要》卷五**　白堊無毒　土生。

**白堊**烏恪切，出《神農本經》：　**主女子寒熱，癥瘕，月閉，積聚。**以上朱字《神農本經》。陰腫痛，漏下，無子，洩痢。以上黑字名醫所錄。【名】白善土。【地】《圖經》曰：　生邯鄲山谷，及始興小桂縣晉陽鄉有白善，今處處有之。即畫家所用者，多而且賤，醫方亦稀用之。又云：　大次之山，其陽多堊。又《北山經》：　天池之山，其中多黃堊。及《中山經》：　葱聾之山，其中有大谷，多白、黑、青、黃堊。注云言有雜色之堊也，然堊有五色，入藥惟白者佳。《衍義》曰：　白堊，即白善土。京師謂白土子，截成方寸段，鬻以浣衣也。【時】生：　無時。採：　無時。【用】白者爲佳。【色】白。【味】苦，辛。【性】溫，泄。【氣】氣厚味薄，陽中之陰。【臭】朽。【主】破癥瘕，止洩痢。【製】《雷公》云：　入藥勿用色青並底白者。凡使，先搗細，三度篩過入鉢中研之，然後將鹽湯飛過，晾乾，每修事白堊二兩，用白鹽一分，投于斗水中，用銅器物內沸十餘沸，然後水飛過白堊，免結澀人腸也，或入藥燒用。【治】療：　《藥性論》云：　調女子血結，月候不通，能澀腸止痢，溫暖。日華子云：　止瀉痢，痔瘻，泄精，女子子宮冷，男子水臟冷，鼻洪，吐血。【合治】合王瓜等分爲末，湯調二錢服，療頭痛。【禁】不入湯，久服傷五臟，令人羸瘦。【贗】白磁爲僞。

**明・許希周《藥性粗評》卷四**　未停瀉痢，填白堊以窮源。

白堊，一名白善。即畫工所用白土也。出邯鄲山谷。凡用研末，以鹽湯飛過，令不澁人腸胃。味辛，甘，性平，溫，無毒。主治男子洩精，女子血結，月候不通，并瀉痢不止，可入瀉痢藥中用之。

**明・鄭寧《藥性要略大全》卷八**　白石灰一名石堊，一名煆石。　止金瘡血，生肌長肉，治楊梅瘡。主疽瘍疥癩，熱氣惡瘡，癘風瘡，死肌墮眉。殺痔蟲，去黑子、息肉。又治附骨疽。　味苦、辛，熱，有毒。治金瘡。得韭良。不堪服食。　易老云：　作丸服，療冷氣，暖水臟，治婦人粉刺。治白癜癧及冷氣痔瘻。解酒酸，令不壞。

**明・鄭寧《藥性要略大全》卷八**　白善土　除洩痢，破癥結瘕積，澁精止漏。　易老云：　主女人寒熱癥瘕，月閉陰腫痛，漏下無子。澁腸，消積聚，止瀉痢。不可久服，傷五臟，令人羸瘦。能治泄精。　味苦、甘、微辛，氣溫，平，無毒。今處處田中有之。採取無時。一名白堊。

**明・王文潔《太乙仙製本草藥性大全》卷六《本草精義》**　白堊　生邯鄲山谷。即畫家呼所用者，多而且賤。一名白善土。胡居士云：　始興小桂縣晉陽鄉有白善。俗方稀用。今處處皆有，人家往往用以浣衣。入藥燒用，不入湯散，近代以白瓷爲之。

**明・王文潔《太乙仙製本草藥性大全》卷六《仙製藥性》**　白堊烏格切

味苦、辛，又云味甘，氣溫，無毒。　主治：　主洩痢痔瘻，破積聚瘕癥。治女人子宮冷血結不通，療男子水臟寒閉下陰腫痛。澀腸止痢，住血鎖精。久服令人羸瘦，五臟傷虧。　太乙曰：　凡使勿用色青并底白者，先單搗令細，三度篩過了，又入鉢中研之，然後將鹽湯飛過，晾乾。每修事白堊二兩，用白鹽一分投於斗水中，用銅器物內十餘沸，然後用此水飛過白堊，免結澁人腸也。

**明・李時珍《本草綱目》卷七土部**　白堊音惡。《本經》下品。

【釋名】白善土《別錄》　白土粉《衍義》　畫粉時珍曰：　土以黃爲正色，則白者爲惡色，故名堊。後人諱之，呼爲白善。

【集解】《別錄》曰：　白堊生邯鄲山谷，采無時。弘景曰：　即今畫家用者，甚多而賤，俗方稀用。頌曰：　胡居士云始興小桂縣晉陽鄉有白善，而今處處皆有之，人家往往用以浣衣。《西山經》云：　大次之山，其陽多堊。《中山經》云：　葱聾之山，其中有大谷，多白黑青黃堊。　堊有五色，入藥惟白者耳。　宗奭曰：　白善土，京師謂之白土粉，切成方塊，賣于人浣衣。時珍曰：白土處處有之，用燒白甆器坯者。

【修治】斅曰：凡使勿用色青并底白者，搗篩末，以鹽湯飛過，曝乾用，則免結澁人腸也。每堊二兩，用鹽一分。大明曰：入藥燒用，不入湯飲。

【氣味】苦，温，無毒。《別錄》曰：辛，無毒。不可久服，傷五臟，令人羸瘦。權曰：甘，温暖。

【主治】女子寒熱癥瘕，月閉積聚《本經》。陰腫痛，漏下，無子，洩痢《別錄》。療女子血結，澀腸止痢甄權。治鼻洪吐血，痔瘻洩精，男子水臟冷，女子子宮冷大明。合王瓜等分，爲末，湯點二錢服，治頭痛宗奭。

【發明】時珍曰：諸土皆能勝濕補脾，而白堊土。則兼入氣分也。

【附方】新九。

衄血不止：白土末五錢，井華水調服，二服除根。《瑞竹堂方》。

水泄不化：日夜不止。白堊煅、乾薑炮各一兩，楮葉生研二兩，爲末，糊丸緑豆大，每米飲下二十丸。《普濟方》。

翻胃吐食：男婦皆治。白善土煅赤，以米醋一升淬之，再煅再淬，醋乾爲度，取一兩研，乾薑二錢半炮，爲末。每服一錢調下，服至一斤以上爲妙。《千金翼》。

卒暴欬嗽：白善土粉、白礬一兩，爲末，薑汁糊丸梧子大，臨卧薑湯服二十丸。《普濟方》。

風赤爛眼：倒睫拳毛。《華陀方》用白土一兩，銅青一錢，爲末。每以半錢泡湯洗。○《乾坤生意》加焰消半兩，爲末，湯泡杏仁杵，和丸皂子大。每用凉水浸一丸，洗眼。《乾坤秘韞》。

小兒熱丹：白土一分，寒水石半兩，爲末，新水調塗，錢乙《小兒方》。

痱子瘙痒：舊屋梁上刮赤白堊末，傅之。《普濟方》。

代指腫痛：猪膏和白善土傅之。《肘後方》。

臁瘡不乾：白善土煅研末，生油調搽。《集玄方》。

**明・顧逢柏《分部本草妙用》卷一〇土部**　白善土　即今畫家用者，處處有之。即燒白甆器壞者。諸土皆勝濕補脾，獨白堊土則兼入氣分。苦，溫，無毒。主治：女子寒熱癥瘕，月閉積聚血結，澀腸止痢，陰腫漏下，吐血。

**清・顧元交《本草彙箋》卷一〇**　石堊　不入湯飲，古方惟用以爲金瘡之藥。得之古墓中者，名地龍骨。火毒已出，燥烈大減，故主頑瘡瘻瘡，膿水淋漓，及斂諸瘡口尤勝。得之艌船油灰，名水龍骨，得油性之潤，復得水氣之陰，故尤主金瘡撲跌傷損及諸瘡瘻血風臁瘡也。石堊，即石灰。有風化、水化二種。風化者有力，水化者差劣。

**清・穆石匏《本草洞詮》卷四**　白堊土　土以黃為正色，則白者為惡色，故名堊。後人諱之，呼為白善。味苦辛，氣溫，無毒。治女子寒熱癥瘕，月閉積聚。蓋諸土皆勝濕補脾，而白堊土則兼入氣分也。

**清・李熙和《醫經允中》卷二三**　白善土　即今畫家用者，處處有之。即燒白甆器壞者。諸土皆勝濕補脾，白堊土則兼入氣分。苦，溫，無毒。主治女子寒熱癥瘕，月閉積聚血結，濇腸止痢，陰腫，漏下吐血。

**清・汪紱《醫林纂要探源》卷三**　堊　甘，平。白土也。一名白墡土。補肺生金，解渴清暑。治肺癰瘻，止赤白痢，和脾胃，治霍亂腹痛。

**題清・徐大椿《藥性切用》卷七**　白堊土　即白善土。性味甘溫，治男子水藏寒，女子子宮冷，痱子瘙痒。研末敷之。臁瘡濕爛，煅研，生油調搽。

**清・葉桂《本草再新》卷八**　白堊土味甘、辛，性溫，有小毒。入肺、腎二經。治欬嗽風寒，眼爛耳閧，反胃痢瀉。按：土皆入脾經，此分五方土者，是因地氣而別之也。用者仍以入脾經為主。

**清・趙其光《本草求原》卷二三土部**　白善土　諸土皆補脾，而白土苦溫，兼入氣分。治帶下，反胃，醋淬數次，同乾薑多服。咳嗽，同白礬、薑汁。水泄，久痢，止吐衄血，熱丹。同寒水石塗。其治寒熱積聚，月閉癥瘕者，土之間氣，能去間廁之積也。

**清・葉志詵《神農本草經贊》卷三**　白堊　味苦，溫。主女子寒熱，癥瘕目閉，積聚。生山谷。

堊分五色，白善稱材。浣衣雪潔，漫鼻風摧。繢開粉本，瓷重陶坯。蚩尤戰罷，山聚餘灰。

蘇頌曰：堊有五色，入藥惟白者耳。名醫曰：一名白善土。《管子》注：稱材，材稱其用也。寇宗奭曰：京師人用浣以衣。《莊子》：郢人堊漫其鼻，匠石運斤成風，盡堊而鼻不傷。陶弘景曰。即今畫家用者。蘇軾詩：粉本遺墨開明窻。李時珍曰：用燒白瓷器坯者。周文璞詩：雕鐫若陶坯。《拾遺記》：黃帝除蚩尤，聚骨如岳，數年後骨白如灰，故有白堊之山。

**清・陳其瑞《本草撮要》卷一〇**　白堊　味甘，溫，治男子水藏冷，女子子宮冷，卒暴咳嗽，風赤爛眼，反胃瀉痢，為末敷痱子瘙痒。煅研，生油調搽臁瘡良。即白蟮土也。

### 石麪

**明・李時珍《本草綱目》卷九石部・石類上**　石麪《綱目》

【集解】時珍曰：石麪不常生，亦瑞物也。或曰饑荒則生之。唐玄宗天寶三載，武威番禾縣醴泉涌出。石化爲麪，貧民取食之。憲宗元和四年，山西雲、蔚、代三州山谷間，石化爲麪，人取食之。宋真宗祥符五年四月，慈州民飢，鄉寧縣山生石脂如麪，可作餅餌。仁宗嘉祐七年三月，彭城地生麪； 五月，鍾離縣地生麪。哲宗元豐三年五月，青州臨朐、益都石皆化麪，人取食之。搜集於此，以備食者考求云。

【氣味】甘，平，無毒。 【主治】益氣調中，食之止飢時珍。

**明·姚可成《食物本草》卷二一土部** 觀音粉生〔江〕浙諸山，其實土也。因感普門之濟眾，〔故〕以為名。蒿萊野人姚可成紀其略曰：流寇之猖獗，自甲戌迄今，殆無寧歲。由秦隴、中州，歷楚蜀至南都之鳳陽，廬州、太平、安慶諸郡邑，無不被其殘戮，且頻年旱潦洊臻，凶荒竝至。天時人事兩失其和，致年來米珠薪桂，百物騰踴，較之往昔，數倍於前，故民生日蹙，流離日重，當事者深為扼腕。近聞越中有掘得觀音粉為救荒者，噫嘻！是果普門之神通〔示現以〕救民命者歟？說固不經，然歷歷有證，特拈筆以紀其異：衢民某，貧不能活，欲之僻自盡，路遇一媼，指謂曰：汝飢無食，此山下有粉，盍取食之？復口授餌法甚詳，言訖不見。某心異之。乃以鍬鋤墾〔掘〕，去浮土尺餘，果得白土如堊，嘗之甚甘，〔於是〕鬨聞城中。凡金、衢、嚴三郡有山處，皆作〔坎如〕穽，頗如山人取煤炭之術，其土纍纍不絕，動以萬計，活民亦不可勝數。其作餌之法：和以米粉三之一，即恣其一飽，當使果腹而無他患。或貪饞之輩，雜以腥羶；逐利之徒，鬻諸市肆，輒味變而不適用。其尤異者，為山土豪家，不能無基址侵削之慮，而紛紛取土之民復夥，莫能禁，乃以糞穢投坎，頃之，視其室中衣飾器皿，無不污損，而土穴了無傷害。此崇禎丙子十一月事也。茲庚辰辛巳之交，荒歉更甚，吾吳素稱饒沃，斗粟迨至千文，餓殍盈途，死亡枕藉。而京口、毘陵為尤甚。諸臺捐糜賑濟，極盡〔焦勞，奈杯水〕車薪，愈遏愈熾。正點金術盡，巧〔婦〕炊窮，〔忽金〕壇縣界延慶寺前有巾袍兩人，指示飢民掘取膩土，與向時浙中所得者無異。於是自金沙之石子澗山至雲陽、句曲有山處，延袤數〔百〕里，無不取食，得活者甚眾。兩臺緘土〔奏〕聞，疏辭懇切，不〔五〕六年，靈蹟踵見。曰非國運之正〔隆，民命之末〕盡，妖孽潛形，禎詳獻〔瑞，而得徼大士〕靈濟若是之異乎？

觀音粉，味〔甘，無毒〕。作餅食之不飢，延年去百疾，身體強健。不可〔與一〕切葷菜及猪、羊、雞、肉、魚腥等物同食，食之主生惡病。

**明·姚可成《食物本草》卷二一玉石部** 石麪李時珍曰：石麪不常生，亦瑞物也。或曰饑荒則生之。唐玄宗天寶三載，武威番禾縣醴泉涌出，石化為麪，貧民取食之。憲宗元和四年，山西雲、蔚、代三州山谷間，石化為麪，人取食之。宋真宗祥符五年四月，慈州民飢，鄉寧縣山生石脂如麪，可作餅。仁宗嘉祐七年三月，彭城地生麪； 五月，鍾離縣地生麪。哲宗元豐三年五月，青州臨朐、益都石皆化麪，人取食之。

石麪，味甘，平，無毒。主益氣調中，食之止飢。

**清·王道純《本草品彙精要續集》卷一** 石麪無毒

石麪：主益氣調中，食之止飢。《本草綱目》。 【地】李時珍云：石麪不常生，亦瑞物也。或曰饑荒則生之。唐元宗天寶三載：武威番禾縣醴泉湧出，石化爲麪，貧民取食之。憲宗元和四年，山西雲、蔚、代三州山谷間，石化爲麪，人取食之。宋真宗祥符五年四月，慈州民飢，鄉寧縣山生石蜡如麪，可作餅餌。仁宗嘉祐七年三月，彭城地生麪，五月鍾離縣生麪。哲宗元豐三年五月，青州臨、朐益都石皆化爲麪，人取食之，搜集於此，以備得石麪者考求云。

【味】甘。【性】平。

**清·趙學敏《本草綱目拾遺》卷二土部** 觀音粉 《處州府志》：雲和山中有白善泥，以水攪矴而取之，和糯米粉一半蒸食之，可以療飢，名觀音粉。生山土內，白如粉，絕細膩，歲荒，鄉人輒掘取之，和麥麪作餅餌以食，但不可多食，多食能令便閉腹重，以其土性滯澀腸胃耳。生洞內者不可服，恐其有蛇虺涎毒。鄭仲夔《冷賞》載云：丙子歲荒，戈陽石窩村庵僧夢大士告以山下土中有石粉，可取充飢。如言往掘，果得之。儼若蕨粉，研細作粉，蒸熟甘美異常。鄉人聞而競採之，或有以葷油裹者，即苦甚不堪入口，名大士粉，即此。《綱目》石部載石麪，即此。以為不常生，不知今山中皆有，瀕湖主治止言益氣調中，食之止飢。而不知其去溼之功，十倍於蒼术。蓋亦土能制水之意耳。味微甘苦，性平。解蟲毒，逐水腫，明目，療溼黃。

## 甘土

**宋·唐慎微《證類本草》卷四玉石部中品〔唐·陳藏器《本草拾遺》〕** 甘土 無毒。主去油垢。水和塗之，洗膩服，如灰。及主草葉諸菌毒，熱湯末和之。出安西及東京龍門，土底澄取之。

**明·王文潔《太乙仙製本草藥性大全》卷六《仙製藥性》** 甘土 無毒。主治：用之洗膩而去油垢。水和塗之，洗服如灰。主草藥毒，解諸菌毒。熱湯和末飲之。

## 禹穴石

**清·趙學敏《本草綱目拾遺》卷二石部** 禹穴石 產四川龍安府石泉縣石紐鄉，以紅如潠血者佳。《四川通志》：出石泉禹穴下，石皮如血染，氣腥，以滾水沃飲之，能催生。治難產。

## 太行山土

**明·姚可成《食物本草》卷二一土部** 太行山土在河南懷慶府城北。昔王烈入太行，忽聞山北雷聲，往視裂開數百丈，石間一孔徑尺，有清泥流出。烈取摶之，即凝膩若粉糕，氣味如香粳飯，食之甚美。　太行山土，味甘，食之不飢，延年益壽，辟癘逐疫，久服成地仙。

### 樂榮山土

**明·姚可成《食物本草》卷二一土部**　樂榮山土在雲南臨安府城南，其土香美，作餅炙〔熟〕可食，爽婦嗜之，當糧。　樂榮山土，味甘，〔食〕之不飢，助脾胃，生智慧，多信誼，重然諾。

### 伏龍肝

**宋·唐慎微《證類本草》卷五玉石部下品〔《本經·別錄》〕**　伏龍肝　味辛，微溫。主婦人崩中，吐血，止咳逆，止血，消癰腫毒氣。

〔梁·陶弘景《本草經集注》〕云：　此竈中對釜月下黃土也，取擣篩，合葫塗癰，甚效。以竈有神，故號爲伏龍肝，并以迂隱其名爾。今人又用廣州鹽城屑，以療漏血，瘀血，亦是近耳之土，兼得火燒之義也。

〔宋·掌禹錫《嘉祐本草》〕按：《藥性論》云：　伏龍肝，單用亦可，味鹹，無毒。末與醋調塗癰腫。蕭炳云：　釜月中墨，一名釜臍下墨。陳藏器云：　竈中土及四交道土，合末以飲兒，辟夜啼。日華子云：　伏龍肝，熱，微毒。治鼻洪，腸風，帶下，血崩，泄精，尿血，催生下胞及小兒夜啼。

〔宋·唐慎微《證類本草》〕《圖經》：　文具石灰條下。雷公云：　凡使，勿誤用竈下土。其伏龍肝，是十年已來竈額内火氣積，自結如赤色石，中黃，其形皃八稜，取得後細研，以滑石水飛過兩遍，令乾，用熟絹裹，卻取子時安於舊額内一伏時，重研了用。《聖惠方》：　治小兒臍瘡久不差，用伏龍肝傅之。《外臺秘要》：　救急治心痛，冷熱。伏龍肝末，煮水服方寸匕，若冷，以酒服。又方：　治癰腫。伏龍肝以蒜和作泥塗，用布上貼之，如乾，則再易。《千金方》：　治風痱者，卒不能語，口噤，手足不隨而强直方：　伏龍肝五升，以水八升，和攪取汁飲之，能盡爲善。又方：　治諸腋臭。伏龍肝燒作泥傅之，立差。又方：　治鬼魘不悟，取伏龍肝末吹鼻中。又方：　治中風，心煩恍惚，或腹中痛滿，或時絶而復甦者。取釜下土五升，擣末，以冷水八升和之，取汁盡服之。口已噤者，强開以筒灌之，使得下入，便愈，甚效。又方：　發背欲死方：　伏龍肝末，以酒調，厚傅其上，瘡口乾即易，不日平復。又方：　小兒卒重舌。釜下土，苦酒和塗舌下。又方：　灸瘡痛腫急痛。竈中黃土水煮，令熱淋渫之，即良。《千金翼》：　治狂癲不識人。以水服伏龍肝方寸匕，日進三。《肘後方》：　治諸癰疽發背及乳房。釜下土擣取末，雞子中黃和塗之，佳。《簡要濟衆》：　治小兒丹毒從臍中起方：　伏龍肝是年深竈下黃土，研爲末，以屋漏水和如糊，傅患處，乾即再傅，以差爲度，用新汲水調亦得。《廣利方》：　治吐血，鼻衄不止。伏龍肝半升，以新汲水一大升淘取汁，和蜜頓服。《傷寒類要》：　妊娠熱病方：　以水調伏龍肝一雞子許服之。又方：　妊娠遭時疫熱病，令子不墮。竈下土，水和塗臍，乾又塗之，以酒調亦妙。《十全博救方》：　治子死腹中，其母氣欲絶，不出方：　伏龍肝三錢匕，以水調下，其土當兒頭上戴出，甚妙。《子母秘録》：　小兒赤遊行於身上下至心即死。伏龍肝末，和雞子白塗，乾即易。又方：　小兒尿灰瘡。伏龍肝和雞子白塗之。《産寶》：　治胞衣不出。取竈下土一寸，研碎，用好醋調令相得，内於臍中。續取甘草湯三四合服之，出。賈相公進過《牛經》：　牛糞血者。取竈中黃土二兩，酒一升，煎候冷灌之，立差。《楊氏産乳》：　療患時行，令胎不損。伏龍肝末和水服，塗臍方寸，乾即易。《丹房鏡源》云：　伏龍肝或經十年者，竈下掘深一尺下，真片紫瓷色者可用，伏砂縮賀妙。賀者，錫也。

**宋·寇宗奭《本草衍義》卷六**　伏龍肝　婦人血露，蠶沙一兩，炒，伏龍肝半兩，阿膠一兩，同爲末，溫酒調，空肚服二三錢，以知爲度。本條中有東壁土，陳藏器云：　取其東壁土，久乾也。今詳之：　南壁土，亦向陽久乾也，何不取？　蓋東壁常先得曉日烘炙。日者太陽真火，故治瘟瘧。或曰：　何不取午盛之時南壁土，而取日初出東壁土者，何也？　火生之時，其氣壯。故《素問》云：　少火之氣壯。及其當午之時，則壯火之氣衰，故不取，實用此義。或曰：　何以知日者太陽真火？　以水精珠，或心凹銅鑒，向日射之，以艾承接其光聚處，火出，故知之。

**宋·王繼先《紹興本草》卷一**　伏龍肝　紹興校定：　伏龍肝，竈中黃土是也，歲久者為上。蓋取其火鍛久而力燥爾。《本經》味辛，微溫，不云有無毒。日華子云微毒。竊詳伏龍肝，諸方主療甚多，然用之斷下殊驗，當從《藥性論》云無毒是矣。

**宋·劉明之《圖經本草藥性總論》卷上**　伏龍肝　味辛，微溫。主婦人崩中，吐血，止欬逆，止血，消癰腫毒氣。《藥性論》云：　單用亦可。鹹，無毒。日華子云：　熱，微毒。治鼻洪，腸風帶下血崩，泄精尿血，催生下胞，及小兒夜啼。一云：　治心痛及中風心煩。陶隱居云：　此竈中對釜月下黃土也。

**元·王好古《湯液本草》卷六**　伏龍肝　氣温，味辛。《時習》云：　主婦人崩中吐血。止欬逆，止血，消癰腫。《衍義》云：　婦人惡露不止，蠶沙一兩炒，伏龍肝半兩，阿膠一兩，同為末，温酒調，空心服三二錢。以止為度。《藥性論》云：單用亦可。鹹，無毒。日華子云：熱，微毒。治鼻洪，腸風帶下，血崩，泄精尿血，催生下胞及小兒夜啼。一云：治心痛及中風心煩。陶隱居云：此竈中對釜月下黃土也。

**明·王綸《本草集要》卷五**　伏龍肝　味辛，氣温。此竈中對釜月下年深黃土。主婦人崩中吐血，止咳逆，止血。消癰腫毒氣，醋調傅，或蒜和作泥。姙娠時疫熱病，令胎不墮，水和塗臍，乾即易。又水調服之，中風不語，心煩恍惚，手足不隨，或腹中痛滿，取五升，搗末，和冷水八升，取汁盡服之。

**明·滕弘《神農本經會通》卷六**　伏龍肝　此竈中對釜月下黃土也。《局》云：火燒赤，研細，水飛。

味辛，氣微溫。《湯》云同。一云味鹹。一云熱，微毒。《本經》云：主婦人崩中，吐血，止欬逆，止血，消癰腫毒氣。陶隱居云：擣末，合葫塗癰，甚效。《藥性論》云：單用亦可。味鹹，無毒。末與醋調，塗癰腫。日華子云：熱，微毒。治鼻洪，腸風，帶下血崩，泄精尿血，催生下胎，及小兒夜啼。《傷寒類要》云：姙娠遭時疫熱病，令子不墮，水和塗臍，乾又塗之，以酒調亦妙。《千金方》：中風不語，心煩恍惚，或腹中痛滿，手足不隨，取五升，搗末，以冷水八升和之，取汁盡服之。口噤者灌之，得入便愈。《湯》云同《本經》、《藥性》、日華。《衍義》云：婦人惡露不止，蠶沙一兩炒，伏龍肝半兩，阿膠一兩，同為末，溫酒調，空心服二三錢，以止為度。一云：治心痛及中風心煩。《衍義》曰：本條中有東壁土，陳藏器云取其東壁土久乾也。今詳之，南壁土亦向陽久乾也，何不取？蓋東壁常先得曉日烘炙，日者，太陽真火，故治瘟瘧。或曰：何不取午盛之時南壁土，而取日初出東壁土者，何也？火生之時其氣壯，故《素問》云少火之氣壯，及其當午之時，則壯火之氣衰，故不取，實用此義。或曰：何以知日者太陽真火，以水精珠，或心凹銅鏡，向日射之，以艾承接其光聚處火出，故知之。《局》云：竈中土是伏龍肝，散腫消癰療産難。欬逆吐紅須廝用，且除崩下血如山。伏龍肝，治産難而吐血尤良。

**明·劉文泰《本草品彙精要》卷五**　伏龍肝無毒。

伏龍肝：主婦人崩中，吐血，止欬逆，止血，消癰腫毒氣。名醫所錄。

【地】《圖經》曰：此竈中對釜月下黃土也。以竈有神，故號爲伏龍肝，並以迂隱其名爾。《雷公》云：凡使，勿誤用竈下土。其伏龍肝是十年以來，竈額內火氣積久，結如赤色石中黃，其形貌八棱者是。《丹房鏡源》云：伏龍肝或經十年者，竈下掘深一尺，其片紫瓷色者，可用。謹按：三說然雖皆取於竈，但今所用，並以竈中對釜月下經久者，療疾多效。與《圖經》所言吻合，用之無疑矣。【時】生：無時。採：無時。【用】土。【色】紫。【味】辛。【性】微溫，散。【氣】氣之厚者，陽也。【臭】腥。【主】調血，消毒。【製】研細，羅過用。【治】療：《圖經》曰：消化積滯。日華子云：止鼻洪，腸風，帶下，血崩，泄精，尿血，催生，下胞，及小兒夜啼，及中風，心煩恍惚。《別錄》云：治鬼魘不寤及諸腋臭。【合治】合四交道土爲末飲兒，辟夜啼。〇爲末，合醋調塗癰腫。

**明·許希周《藥性粗評》卷四**　刻伏龍之肝，姙娠性快。

伏龍肝，竈心土也。一名釜臍下墨。陶隱居謂竈有神，故名伏龍，并以迂隱其名爾。以年久，掘深一尺，如紫石者良。凡用，火再燒赤，研細，水飛過，滲乾。味辛，性微溫，無毒。主治欬逆吐血，止崩漏，散癰腫，專利血科，尤主産難，催生，下胞衣，小兒臍瘡，中風口噤，清心辟邪，止顛狂。

單方：産難：及胎衣不下，以伏龍肝一寸，研細，用好醋調如泥，納於臍中，須臾自下。發背：凡患發背及諸癰腫，焮痛欲死者，伏龍肝研末，好酒調如泥，厚敷其上，乾再易之，不日平復。姙娠時疫：伏龍肝末，酒調，塗臍上，乾即易之，可保子不墮；或用新汲水調服一二錢，亦可。小兒丹遊：伏龍肝末，新汲水調如泥，傅患處，乾即易之，以差為度。

**明·鄭寧《藥性要略大全》卷八**　伏龍肝　治産難，催生下胞，止血崩、血痢、吐血，消癰腫，安胎。水和塗臍，又治腸風帶下，鼻衄。東垣云：止嗽逆，泄精尿血及婦人惡露不止。治小兒夜啼，治心痛及中風心煩。味辛、苦，微溫，無毒。即竈心土也。

**明·陳嘉謨《本草蒙筌》卷八**　伏龍肝　味辛，氣溫，無毒。即竈中對釜底下黃土，取年深色變褐者為良。醋調或蒜搗泥，塗消癰腫毒氣。和水敷臍勤換，辟除時疫安胎。療中風不語心煩，止崩中吐血欬逆。並用搗細，調水服之。〇又有百草霜，名鍋底墨。血部要劑，因黑勝紅。慎勿塗瘡，入肉如印。仍有竈突黑者，亦竈額上黑煤。曾載方書，總能止血。

**明·王文潔《太乙仙製本草藥性大全》卷六《本草精義》**　伏龍肝　十年

已來竈額內火氣積久，自結如赤色石，中黃，其形貌八稜者是也。陶隱居云：此是竈中對釜月下黃土也。取擣篩合葫塗癰腫效。以竈有神，故號爲伏龍肝，并以迂隱其名爾。今人又用廣州鹽城屑，以療漏血瘀血，亦是近耳之土，兼得火燒之義也。

**明·王文潔《太乙仙製本草藥性大全》卷六《仙製藥性》**

伏龍肝　味辛，又云味鹹，氣溫，無毒。主治：醋調或蒜擣泥塗，消癰腫毒氣；和水敷臍勤換，辟除時疫安胎。療中風不語心煩，止崩中吐血欬逆。並用擣細，調水服之。小兒夜啼即止，鼻洪便血立除。催生下胞，澁精止帶。補註：心痛似熱，伏龍肝末煮水服方寸〔匕〕，冷以酒服。○小兒臍瘡久不差，用伏龍肝傅之。○癰腫，伏龍肝以蒜和作泥，塗布上貼之，如乾則易。○小兒卒重舌，釜下土、苦酒和塗舌下。○風痱者，卒不能語，口禁，手又不隨而強直。伏龍肝水和，攪取汁飲之。○諸腋臭，伏龍肝燒作泥，傅之差。○狂顛不識人，水服伏龍肝方寸〔匕〕。○鬼魘不寤，取伏龍肝吹鼻中。○諸癰疽發背及乳房，釜下土擣末，雞子黃和塗佳。○中風心煩恍惚，或腹中痛滿，時絕而復甦者。釜下土擣末，冷水和，取汁服之，口禁者強開以筒灌之甚效。○灸瘡痛腫，急擣灶中黃土，水煮令熱，淋漬之即良。○發背欲死，伏龍肝末，以酒調，厚傅瘡口，乾易，不日平復。○小兒癖夜啼，取灶中土及四交道土合調塗。○小兒丹毒從臍中起，伏龍肝研爲末，以屋漏水和如糊，傅患處，乾即再傅，以差爲度，用新汲水調亦得。○小兒尿灰瘡，伏龍肝和雞子白塗之。○吐血，鼻衄不止，伏龍肝半升，以新汲水一大升淘汁，和蜜服。○妊娠熱病，冷水和塗臍，乾又塗之。○子不墮，以酒調亦妙。○子死腹中，其母氣欲絕不出，伏龍肝三錢，水調下，其土當兒頭上戴出，甚妙。○小兒赤遊行於身上，下至心即死，伏龍肝末和雞子白塗，乾即易。○婦人血露，蠶沙一兩，炒伏龍肝半兩，阿膠一兩，同爲末，溫酒調，空心服二三錢，以止爲度。○胞衣不出，取灶下土一寸，碎研，用好醋調令勻，內臍中，續取甘草湯三四合，服之出。○牛糞血者，取灶中黃土三兩，酒煎候冷，灌之立差。○患時行，令胎不損，伏龍肝末和水服，塗臍方寸〔匕〕，乾即易之。　太乙曰：凡使勿悞用灶下土，其伏龍肝是十年已來灶額內火氣積自結如赤色石，中黃，其形貌八稜，取得後細研，以滑石水飛過兩遍，令乾，用熟絹裹却，取子時安於舊額內一伏時，重研了用。

**明·皇甫嵩《本草發明》卷五**

伏龍肝下品。氣溫，味辛，無毒。　發明曰：伏龍肝，出自火灶中。辛溫，惟涼水調服，以解火毒。不入湯藥。主婦人崩中及吐血欬逆止血，消癰腫毒氣。又云：療中風不語，心煩，腸風帶下，尿血，催生下胞。小兒夜啼，用擣細，調水服之。小兒重舌，釜下土、苦酒，和塗舌下。○水和，敷臍下，頻換，除時疫胎熱不安。○醋調，或蒜擣泥塗，消癰腫毒氣。○《救急方》治心痛冷熱，用伏龍肝（水）〔末〕煮水，服方寸匕。若冷痛，酒服。○癲狂不識人，水調方寸匕，日三進。○伏龍肝，即灶中對釜月下黃土，取年深變褐色者為良。

**明·李時珍《本草綱目》卷七土部**　伏龍肝《別錄》下品

〔釋名〕竈心土弘景曰：此竈中對釜月下黃土也。以竈有神，故號爲伏龍肝，并以迂隱其名爾。今人又用廣州鹽城屑，以療漏血瘀血，亦是近月之土，蓋得火燒之義也。斅曰：凡使勿誤用竈下土。其伏龍肝，是十年以來，竈額內火氣積久自結，如赤色石，中黃，其形貌八稜，取得研細，以水飛過用。時珍曰：按《廣濟曆》作竈忌日云：伏龍在不可移作。則伏龍者，乃竈神也。《後漢書》言：陰子方臘日晨炊而竈神見形。註云：宜市買猪肝泥竈，令婦孝。則伏龍肝之名義，又取此也。臨安陳輿言：砌竈時，納猪肝一具于土，俟其日久，與土爲一，乃用之，始與名符。蓋本于此。獨孤滔《丹書》言：伏龍肝取經十年竈下，掘深一尺，有色如紫瓷者是真，可縮賀，伏丹砂。蓋亦不知猪肝之義，而用竈下土以爲之者也。

〔氣味〕辛，微温，無毒。權曰：鹹。大明曰：熱，微毒。

〔主治〕婦人崩中吐血，止欬逆血。醋調，塗癰腫毒氣《別錄》。止鼻洪，腸風帶下，尿血洩精，催生下胞及小兒夜啼大明。治心痛狂顛，風邪蠱毒，妊娠護胎，小兒臍瘡重舌，風噤反胃，中惡卒魘，諸瘡時珍。

〔附方〕舊十六，新十七。

卒中惡氣：伏龍肝末，一鷄子大，水服取吐。《千金方》。

魘寐暴絕：竈心對鍋底土，研末，水服二錢，更吹入鼻。《千金方》。

中風口噤：不語，心煩恍惚，手足不隨，或腹中痛滿，或時絕而復甦。伏龍肝末五升，水八升攪，澄清濯之。《千金方》。

狂顛謬亂：不識人。伏龍肝末，水服方寸匕，日三服。《千金方》。

小兒夜啼：伏龍肝末二錢，朱砂一錢，麝香少許，爲末，蜜丸緑豆大，每服五丸，桃符湯下。《普濟方》。

小兒重舌：釜下土，和苦酒塗之。《千金方》。

重舌腫木：伏龍肝末，牛蒡汁調塗之。《聖惠方》。

冷熱心痛：伏龍肝末方寸匕，熱以水溫，冷以酒服。《外臺秘要》。

反胃吐食：竈中土年久者，爲末，米飲服三錢，經驗。《百一選方》。

卒然欬嗽：釜月土一分，豉七分，擣丸梧桐子大。每飲下四十丸。《肘後方》。

吐血衄血：伏龍肝末半升，新汲水一升，淘汁和蜜服。《廣利方》。

吐血瀉血：心腹痛。伏龍肝、地壚土、多年烟壁土，等分，每服五錢，水二盌，煎一盌，澄清。空心服，白粥補之。《普濟方》。　婦人血漏：伏龍肝半兩，阿膠、蠶沙炒各一兩，爲末。每空肚酒服二三錢，以知爲度。寇氏《衍義》。　赤白帶下：日久黄瘁，六脉微濇。伏龍肝炒令烟盡，棕櫚灰，屋梁上塵炒煙盡，等分，爲末，入龍腦、麝香各少許，每服三錢，温酒或淡醋湯下。一年者，半月可安。《大全方》。　産後血氣：攻心痛，惡物不下。用竈中心土研末，酒服二錢，瀉出惡物，立效。《救急方》。　妊娠熱病：伏龍肝末一鷄子許，水調服之，仍以水和塗臍方寸，乾又上。《傷寒類要》。　子死腹中：母氣欲絶。伏龍肝末三錢，水調下。《十全博救方》。　横生逆産：竈中心對鍋底土，細研。每服一錢，酒調下，仍搽母臍中。《救急方》。　胞衣不下：竈下土一寸，醋調，納臍中，續服甘草湯三四合。《産寶》。　中諸蠱毒：伏龍肝末一鷄子大，水服取吐。《千金方》。　六畜肉毒：方同上。　陰冷發悶：冷氣入腹，腫滿殺人。釜月下土，和鷄子白傅之。《千金方》。　男陰卒腫：方同上。　諸腋狐臭：伏龍肝末，頻傅之。《千金方》。　聤耳出汁：綿裹伏龍肝末塞之，日三易。《聖濟録》。　小兒臍瘡：伏龍肝末傅之。《聖惠方》。　小兒丹毒：多年竈下黄土末，和屋漏水傅之，新汲水亦可，鷄子白或油亦可，乾即易。《肘後方》。　小兒熱癤：釜下土、生椒末等分，醋和塗之。《千金翼》。　臁瘡久爛：竈内黄土年久者，研細，入黄蘗、黄丹、赤石脂、輕粉末，等分，清油調入油絹中貼之，勿動，數日愈。縱痒，忍之良。《濟急方》。　發背欲死：伏龍肝末，酒調，厚傅之，乾即易，平乃止。《千金》。　一切癰腫：伏龍肝以蒜和作泥貼之，乾再易，或鷄子黄和亦可。《外臺秘要》。　杖瘡腫痛：釜月下土爲末，油和塗之，卧羊皮上，頻塗。《千金方》。　灸瘡腫痛：竈中黄土末，煮汁淋之。《千金方》。

**題明・薛己《本草約言》卷二《藥性本草》**　伏龍肝　療産難和吐血。伏龍肝，竈中土也。味辛，微温，微毒。消癰腫，催生下胞，止血崩。

**明・梅得春《藥性會元》卷下**　伏龍肝　味辛，氣温，無毒。　主治婦人崩中吐血，止欬逆血，消癰腫毒。日華子云：性熱，微毒。治鼻紅，腸風，帶下血崩，泄精尿血，催生下胞及小兒夜啼。　製法：凡使，勿誤用灶下土，是十多年灶額内火氣積結，赤色如石，中黄，形八稜。取出細研，用滑石水飛過兩遍，乾，用絹包，子時分安于原額中一伏時，再乳無聲方用。

**明・李中立《本草原始》卷八**　伏龍肝　弘景曰：此竈中對釜月下黄土也。以竈有神，故號為伏龍肝，並以迂隱其名爾。時珍曰：按《廣濟曆》作竈忌日云：伏龍在，不可移作。則伏龍者，乃竈神也。《後漢書》言：陰子方臘日晨炊，而竈神見形。註云：宜市買豬肝泥竈，令婦孝，則伏龍之名義，又取此也。臨安陳輿言：砌竈時，納豬肝一具于土，俟其日久，與土為一，乃用之。始與名符，蓋本于此。伏龍肝：氣味：辛，微溫，無毒。主治：婦人崩中吐血，止欬逆血。醋調塗癰腫毒氣。○止鼻洪，腸風帶下，尿血洩精，催生下胞及小兒夜啼。○治心疼狂顛，風邪蠱毒，妊娠護胎，小兒臍瘡，重舌風噤，反胃，中惡卒魘，諸瘡。

伏龍肝，《别錄》下品。《聖惠方》：治小兒臍瘡久不差，用伏龍肝末傅之，良。

**明・張懋辰《本草便》卷二**　伏龍肝　味辛，氣温。此灶中對釜月下年深黄土。

主婦人崩中吐血，止欬逆，止血，消癰腫毒氣，姙娠時疫熱病，令胎不墮，中風不語，心煩恍惚，手足不隨，或腹中痛滿。

**明・繆希雍《本草經疏》卷五**　伏龍肝　味辛，微溫，主婦人崩中、吐血，止欬逆，止血，消癰腫毒氣。此竈中對釜臍下黄土，以年久如赤色石中黄者佳，研細水飛用。

【疏】伏龍肝得火土之氣而成。本經味辛，氣微溫，無毒。甄權言鹹。其質本土，味應有甘。以竈有神，故古方多以之治顛狂寐魘及卒中邪惡等證。本經主婦人崩中、吐血、止欬逆、止血者，蓋以失血過多，中氣必損，甘能補中，微溫能調和血脈，故主之也。消癰腫毒氣者，辛散鹹軟之功也。日華子主催生下胞及小兒夜啼者，取其土中有神，而性本沖和，復能鎮重下墜也。　【主治參互】《千金方》卒中惡氣，伏龍肝末一雞子大，水服取吐。《救急方》産後血氣攻心痛，惡露不下。竈中心土研末，酒服二錢，瀉出惡物，立效。　《傷寒類要》妊娠熱病，伏龍肝末雞子許大，水調服之，仍以水和塗臍上方寸，乾則再上。　《外臺秘要》一切癰腫，伏龍肝以蒜和作泥，貼之，乾再易。或雞子黄和亦可。　【簡誤】陰虚吐血者不宜用，以其中有火氣故也。癰腫毒盛難消者，不得獨用。

**明・倪朱謨《本草彙言》卷一三**　伏龍肝　即竈心土。味辛、苦，微甘，氣濕，性燥，無毒。　陶氏曰：此乃竈心對釜月下黄土也。以十餘年之竈，得火土之氣，方可取用。研細水飛過，入藥用。

伏龍肝：溫脾滲濕，止大便穢血之藥也。張相如曰：藏而不出曰伏，隱而不見曰龍，藏血而收攝吾身之納氣曰肝，故命名曰伏龍肝也。體雖土質，深得積年火氣而成，性燥而平，氣溫而和，味甘而斂，以藏爲用者也。故善主血失所藏，如《金匱》方之療先便後血，《別錄》方之止婦人血崩、漏帶赤白，《蜀本草》之治便血血痢、汚穢久延，《雜病方》之定心胃卒痛及魘寐暴絕。凡陰幽伏隱之疾，一時卒難治者，溫湯調服，七劑即定，有神奇變化之莫測也。他如藏寒下泄，脾胃因寒濕而致動血絡，成一切失血諸疾，無用不宜爾。觀結陰便血，當便之時，血隨便下。《經》言結陰便血一升，再結二升，三結三升。若人節養失宜，以致陰血內結，滲入腸間，滲而即下則色鮮，滲而留滯而後下則色黯，治宜溫補，惟用此藥，加桂、朮、參、耆最善。

集方：《金匱》方名黃土湯治結陰便血。用伏龍肝四兩研細，水飛過，熟地、白朮、黃芩、甘草，俱酒拌炒，阿膠、蛤粉拌炒各一兩，附子童便製八錢，以水四升煮一升，溫服。〇治婦人血崩并白帶，或延久血痢。用伏龍肝二兩，製法同前。白朮、茯苓、當歸各四兩，白斂三兩，桂枝一兩，俱用酒拌炒，磨爲末，煉蜜丸。每蚤服五錢，熟地煎湯下。〇治卒中惡氣，及魘寐暴絕，并心胃痛極。用伏龍肝爲細末，白湯調服二錢。

**明・顧逢柏《分部本草妙用》卷一〇土部**　伏龍肝即竈心土。辛，熱、溫，無毒。主婦人崩中吐血，止欬逆血。醋調塗癰毒。催生，下胞衣。水調敷臍，治心痛狂顛風邪。反胃中惡，卒魘諸瘡。

**明・李中梓《醫宗必讀・本草徵要下》**　伏龍肝味辛，溫，無毒。　女人崩中帶下，丈夫尿血遺精。即竈心黃土，去濕有專長。

**明・鄭二陽《仁壽堂藥鏡》卷一**　伏龍肝此竈中對釜月下黃土也。　氣溫，味辛。《時習》云：主婦人崩中，吐血，止欬逆，止血，消癰腫。《衍義》云：婦人惡露不止，蠶沙一兩炒，伏龍肝半兩，阿膠一兩，同為末，溫酒調，空心服二三錢。以止為度。《藥性論》云：單用亦可。鹹，無毒。催生下胞及小兒夜啼。日華子云：熱，微毒。治鼻洪，腸風帶下，血崩，泄精，尿血。

**明・盧之頤《本草乘雅半偈》帙一一**　竈心黃土《別錄》下品　氣味：辛，微溫，無毒。主治：婦人崩中，吐血，止欬逆血。醋調塗癰腫毒氣。

覈曰：竈心黃土，原名伏龍肝。取竈中對釜臍的之赤土也。伏火經十年者良。修治：乳研極細，水飛。

參曰：鱗蟲木屬曰龍。肝者，木藏也。蓋肝藏血，故主血失所藏，為吐血，為逆血，為崩血，為便血，餌臥血歸于肝，而諸血藏，心復得主，脾復歸統，伏龍功力普矣。第木必侮土，木襲火傳，火襲土駐，始而殘賊，終而通生，由是觀之，并可主木乘土下者脾衰，火爍肺葉者欬逆，而皆治之。釋典云帶彼相起，彼帶相起，生生之謂乎。醋調塗癰腫解毒者，醋醯也，穰秔穀而作酸，金行木德兩備矣。全藉火土授受之伏龍，順浮沉于生長之門，而春而夏，而長夏，而秋而冬，成言乎艮矣。何患肉理不通之癰腫，死陰毒厲之不攘乎。且也萬物莫不生土而歸土，物有所歸，殺厲之氣，暖然齊春仁之潔矣。

**清・顧元交《本草彙箋》卷一〇**　伏龍肝　立治婦人崩中，吐血鼻紅，腸風帶下，尿血欬逆，心痛狂顛，反胃中惡諸症。

伏龍肝，取經十年竈下，掘深一尺，有色如紫瓷者是。或云砌竈時，納猪膽一具於土，候其日久，與土爲一，乃用之。反胃吐食，以竈中土年久者，爲末，米飲服三錢，經驗。吐血衄血，以伏龍肝半升，新汲水一升，淘汁，和蜜服。

**清・穆石匏《本草洞詮》卷四**　伏龍肝　此竈中對釜月下黃土也。《廣濟曆》云：伏龍在，不可移作。則伏龍乃竈神也。陰子方臘月晨炊，而竈神見形。註云：宜猪肝泥竈，令婦孝。則伏龍肝之名義，或取諸此。味辛鹹，氣溫，無毒。治心痛狂癲，風邪蠱毒，婦人崩中吐血。醋調，塗癰腫毒。

**清・劉雲密《本草述》卷三**　伏龍肝　陶弘景曰：此竈中對釜月下黃土也。以竈有神，故號為伏龍肝，并以迂隱其名爾。雷斅曰：凡使勿誤用竈下土，其伏龍肝是十年以來，竈額內火氣積久，自結如赤色石，中黃，其形貌八稜，取得研細，以水飛過用。按：以上二說不同，然如陶說者殊多。

氣味：辛，微溫，無毒。主治：欬逆上氣，吐血衄血，腸風，尿血泄精，及婦人崩帶。有孕時疫熱病，令胎不安，水和塗臍中，內又服之，催生下衣。又治小兒夜啼，大人中風，不語狂顛，中惡卒魘，蠱毒，及諸瘡癰腫毒氣，調醋塗之。閬風曰：伏龍有火土相生之妙。又曰：伏龍肝為止血之聖藥。蓋燥可去溼也，故以之治崩漏虛脫者。

愚按：伏龍肝乃脾與肝之劑，何以故？蓋即其取火土相生者，以為各證之主治。則在人身，唯脾胃應之，更為中土之主，以司其用者，不在風化之肝乎？第火土相生之義，取其燥去溼者，猶為得其膚，而未能悉其微也，何以故？蓋脾胃固司溼土之化，而實同乾健之運。所以然者，有水中之真火，為之母氣也。如土不得水中之火，則溼土無以行，其化水即不得土為之主，則寒水亦無以行其化，是水土合德以立地者。由是而兩困也，致令為獨使之一陰，下失水之母氣，中失土之用氣，不病於風之虛，以為風眚而還以侮所勝之土乎？此本錢君黃土湯治風之義而大暢之。故本火土相生之義，俾水土各奠其位，因水土合德之義。俾土水互相為用，乃全其中土生育之化。是則用茲味者非溫，然去溼之謂也，正欲用陽以化陰，而俾溼化得行也，溼化行而血乃化，此所以能治血證者，非以止澁為功。蓋補其生化之原，乃為固脫也。推之女子崩帶，男子洩精，可以胥治矣。且用茲味者，亦非用其燥也。更欲化陰以和陽，而俾風化得平也，風化平而氣乃和，此所以能療風證者，非以疎散為功。蓋益其合化之原，乃為靜風也。推之狂顛、蠱毒、中惡卒魘，可以類推矣。或曰補中土多用燥溼之劑，苐如白朮等味，與茲種何別而用之？除溼者，其過殊若是乎？曰：如血證之治，多不用朮者，恐其燥陰而反劇耳。此味固用陽以化陰，非燥陰之劑也。先哲審處，夫豈苟然而已。

附方　吐血久不止，以伏龍肝二錢，米飲調下即止。　下血，伏龍肝、熟地、白朮、附子、阿膠、黄芩各三兩，竈中黄土半斤，水煎服。二方俱《證治準繩》。　女子血漏，伏龍肝半兩，阿膠、蠶沙炒各一兩，為末，每空肚酒服二三錢，以知為度。　赤白帶下，日久黄瘁，六脈微濇，伏龍肝炒令烟盡，棕櫚灰、屋梁上塵炒烟盡，等分為末，入龍腦、麝香各少許，每服三錢，溫酒或淡醋湯下，一年者半月可安。　妊娠熱病，伏龍肝末一雞子許，水調服之，仍以水和，塗臍方寸，乾又上。　中風口噤不語，心煩恍惚，手足不隨，或腹中痛滿，或時絶而復甦，伏龍肝末五升，水八升，攪澄清服。　反胃吐食，竈中土年久者，為末，米飲服三錢，經驗。此方亦治胃虛者。　小兒丹毒，多年竈下黄土末，和屋漏水傳之，新汲水亦可，雞子白或油亦可，乾即易。　臁瘡久爛，竈內黄土年久者，研細末，黄蘗、黄丹、赤石脂、輕粉末，等分，清油調，入油絹中貼之，勿動，數日愈，縱癢忍之，良。

希雍曰：　陰虛吐血者不宜用，以其中有火氣故也。　癰腫毒盛難消者，不得獨用。

修治　水飛過二次，令乾用。

**清・郭章宜《本草匯》卷一八**　伏龍肝　辛，熱，微毒。治風噤狂顛，卒中惡氣。療陰冷發悶，丹毒臍瘡。

按：伏龍肝，即竈中對釜月圓像月黄土也。取經十年以來，竈額內火氣積久，掘深一尺，色如紫瓷者，研細，水飛，方是真伏龍耳。

**清・王翃《握靈本草》卷一**　伏龍肝竈中對釜底下黄土也。一云是十年來竈額內火氣積結，如赤色石，其形八稜，研細，水飛用。　主治：伏龍肝，辛，微溫，無毒。婦人崩中，吐血，止欬逆，治狂顛，妊娠護胎，小兒臍風，反胃中惡。

**清・汪昂《本草備要》卷四**　伏龍肝重，調中，止血，燥濕，消腫。辛，溫。調中止血，去濕消腫。治欬逆反胃，吐衄崩帶，尿血遺精，腸風癰腫，醋調塗。臍瘡研敷。丹毒。臘月猪脂或鷄子白調敷。催生下胞。《博救方》：子死腹中，水調三錢服，其土當兒頭上戴出。　釜心多年黄土。一云竈額內火氣積久結成如石，外赤中黄。研細，水飛用。

**清・李熙和《醫經允中》卷二三**　伏龍肝　即竈心土。　辛，熱，無毒。主治心痛反胃，中惡咳逆，婦人崩中吐血。水調敷臍催生，下胞衣；醋調敷癰毒諸瘡。

**清・馮兆張《馮氏錦囊秘錄・雜症痘疹藥性主治合參》卷五**　伏龍肝得火土之氣而成。味甘辛兼鹹，氣溫，無毒。古方治顛狂寐魘，卒中邪惡者，以竈有神明，可祛幽暗也。主崩中吐血者，以失血過多，中氣必損，甘能補中，溫能調和血脉也。消癰腫毒氣者，辛散鹹軟之功也。催生下胞及小兒夜啼者，取其神明之土，易祛陰滯之邪，復能鎮重下墜也。　鐺墨，即百草霜，乃釜月中墨也。燒雜草者，名百草霜，甘性更良。《本經》無氣味。觀其所主，與伏龍肝相似。凡血遇黑即止，蠱毒惡氣，得辛溫即散，故《本經》主蠱毒、中惡、吐血、血暈。以酒，或水或醋，細研溫服。亦塗金瘡，生肌止血也。　伏龍肝，即竈中對釜底心之黄土，取十來年陳久色褐者良。醋調，或蒜搗泥，塗消壅腫毒氣。和水敷臍勤換，辟除時疫安胎，中風不語心煩，崩中吐血欬逆。去濕消腫，尿血遺精，腸風反胃，鼻衄帶下，催生下胞，小兒夜啼，竝用極細，調水服之。百草霜，血部要劑，因黑勝紅。主蠱毒中惡，血暈吐血，血痢便血。亦塗金瘡，生肌止血。面瘡勿塗，入肉如印。　主治痘疹合參：消痘癰腫，兼止吐瀉。百草霜，惟痘中赤痢，亦用入丸散。

**清・劉漢基《藥性通考》卷六**　伏龍肝　味辛，溫。調中止血，去濕消腫，治欬逆反胃，吐衄崩帶，尿血遺精。風腫癰腫，醋調。塗臍瘡、丹毒，臘月猪脂或鷄子白調傅之。又能催生下胞，若子死腹中，水調三錢服，其土當兒頭上戴出。釜心多年黃土也。又云：灶額內火氣積久結成如石，外赤中黃，研細，水飛過用，能定心煩、嘔吐。

**清・王子接《得宜本草・下品藥》** 伏龍肝 味苦、辛。治血症帶下。得阿膠、蠶砂治婦人血漏。弘景註即灶心黃土。得附子、黃芩、阿膠治便後血。

**清・黃元御《長沙藥解》卷二** 竈中黃土 味辛，入足太陰脾、足厥陰肝經。燥濕達木，補中攝血。《金匱》黃土湯，竈中黃土半斤，甘草三兩，白术三兩，黃芩三兩，阿膠三兩，地黃三兩，附子三兩。治先便後血。以水寒土濕，乙木鬱陷而生風，疏泄不藏，以致便血。其下在大便之後者，是緣中脘之失統，其來遠也。黃土、术、甘補中燥濕而止血，膠、地、黃芩滋木清風而泄熱，附子暖水驅寒而生肝木也。 下血之證，固緣風木之陷泄，而木陷之根，全因脾胃之濕寒。後世醫書，以為腸風。風則有之，而過不在腸。至於脾胃濕寒之故，則絕無知者，愈用清風潤燥之劑，而寒濕愈增，則注泄愈甚，以至水泛火熄，土敗人亡，而終不悟焉。此其所以為庸工也。竈中黃土，以濕土而得火化，最能燥濕而斂血，合术、甘以燥土，附子以暖水，膠、地以清風，黃芩以泄熱，下血之法備矣。蓋水寒則土濕，土濕則木鬱，木鬱則風生，風生則血泄。水暖而土燥，土燥而木達，木達而風靜，風靜而血藏，此必然之理也。 足太陰以濕土主令，辛金從令化氣而為濕。手陽明以燥金主令，戊土從令化氣而為燥。失血之證，陽明之燥衰，太陰之濕旺也。柏葉燥手太陰、足陽明之濕，故止吐血，燥則氣降而血斂。黃土燥手陽明、足太陰之濕，故止下血，燥則氣升而血收也。 其諸主治，止吐衄、崩帶、便尿諸血，傅發背、癰疽、棍杖諸瘡。

**清・吳儀洛《本草從新》卷五** 伏龍肝〔重，調中止血，燥濕水腫。〕 辛，溫。調中止血，去濕消腫。治咳逆反胃，吐衄崩帶，尿血遺精，腸風癰腫，醋調塗。臍瘡研敷。丹毒。臘月猪脂或鷄子白調敷。催生下胎。子死腹中，水調三錢服。功專去濕，無濕勿用。多年竈心黃土。須用對釜底下者。

**清・汪紱《醫林纂要探源》卷三** 伏龍肝 辛苦甘，溫。取竈心土，或竈額土，久受火氣，堅結如石，外赤內黃者。研細，水飛過。溫中和脾，祛寒燥濕。治反胃，止寒咳，妄血吐衄，崩帶及溺血遺精，以苦能抑火瀉心，甘又能補能緩，土德又安靜以止之。醋調，傅腸風癰腫。豬脂調，傅赤丹毒。水調服，可下死胎。

**清・嚴潔等《得配本草》卷一** 伏龍肝一名灶心土。 苦、辛，溫。調中燥濕，消腫止血。療赤白帶下，止尿血遺精。得黃芩、阿膠，治大便後血。得阿膠、蠶沙，治婦人血漏。得醋調，敷陰腫。得雞子清調，塗丹毒。研水飛。

**題清・徐大椿《藥性切用》卷七** 伏龍肝 即灶心黃土。性味辛溫，假火土之氣，調中止瀉，去濕消腫，有益脾溫土之功。

**清・黃宮繡《本草求真》卷四** 伏龍肝調中止血燥濕。 伏龍肝耑入肝脾。係竈心赤土，因其色赤如肝，故以肝名。味辛氣溫，無毒，按土為萬物之母。在人臟腑，則以脾胃應之，故萬物非土不生，人身五臟六腑非脾胃不養，是以土能補人脾胃。伏龍肝經火久熬，則土味之甘已轉為辛，土氣之和已轉為溫矣！ 凡人中氣不運，則是氣是血，靡不積聚為殃，是瘀是水，靡不蔓延作祟。書言欬逆反胃，腫脹臍瘡可治者，以其得此補土燥濕之謂也！ 書言吐衄崩帶，尿血遺精，腸風可治者，以其失血過多，中氣必損，得此微溫調和血脉也。癰腫可消者，以其辛散軟堅之意也。日華子取其能催生下胞者，以其溫中而鎮重下墜也。《博救方》子死腹中，水調三錢服。其土當兒頭上戴出。 要之皆為調中止血燥濕之劑耳。研細水飛用。

**清・羅國綱《羅氏會約醫鏡》卷一八金石水土部** 伏龍肝味甘辛兼鹹，氣溫。 調中止血，去濕消腫。治欬逆辛以散肺。反胃，甘以補土。止吐衄崩帶、遺精腸風。以虧損既多，中氣必虛，甘能補中，溫能和氣血也。散癰腫毒氣、辛散鹹軟。醋調或搗蒜和塗。臍瘡研敷、丹毒，雞子白調。催生下胎，子死腹中，水調三錢服之。【略】辟邪時疫，【略】止兒夜啼。能鎮重也。係灶中對釜底心之土，取年久褐色者良，研細，水飛用。

**清・黃凱鈞《藥籠小品》** 伏龍肝即對釜臍之土。 辛溫調中，去濕消腫，治久痢不愈。

**清・楊時泰《本草述鉤元》卷三** 伏龍肝 此竈中對釜月下黃土也。以竈有神，故迂隱其名耳貞白。 勿誤用竈下土，其伏龍肝是十年以來，竈額內火氣積久自結，如赤色石，中黃，形貌八稜，取得研細，水飛用之雷斅。 按二說不同，然如陶說者殊多。

味辛，氣微溫。 主欬逆上氣，吐血衄血，腸風尿血，泄精，及婦人崩帶，妊娠時疫熱病令胎不安，催生下衣，又治小兒夜啼，大人中風不語，狂顛中惡，猝魘蠱毒，及諸瘡癰腫毒氣。調醋塗之。 有火土相生之妙，燥可去濕，故為止血之聖藥，而治崩漏虛脱者閫風。吐血久不止，伏龍肝二錢，米飲調下即止。下血，伏龍肝、熟地、白朮、附子、阿膠、黄芩各三兩，竈中黄土半斤，水煎服。女子血漏，伏龍肝半兩，阿膠、蠶沙炒各一兩，為末，每空腹酒服二三錢，以止為度。赤白帶下，日久黄瘁，六脈微濇，伏龍肝、椶櫚灰、梁上塵，各炒令煙盡，等分為末，入龍腦、麝香各少許，每服三錢，溫酒或淡醋湯下，一年者半月可安。妊娠熱病，伏龍肝末一雞子許，水調服之，仍以水和塗臍方寸，乾又上。中風口噤不語，心煩恍惚，手足不隨，或腹中痛滿，或絶而復甦，伏龍肝末五升，水八升，攪，澄清服。反胃吐食，竈中土年久者為末，米飲服三錢。此方亦治胃虛者。小兒丹毒，多年竈下黄土末，和屋漏水傅之，新汲水亦可，雞子白或油亦可，乾即易。臁瘡久爛，竈内黄土年久者研細，加黄檗、黄丹、赤石脂、輕粉末等分，清油調入油絹中貼之，勿動，數日愈。縱癢，忍之良。

論：伏龍肝乃脾與肝之劑，蓋取火土相生，以為各證之主治。在人身惟脾胃應之，更為中土之主，以司其用者，不在風化之肝乎。第火土相生之義，如以為燥可去濕，猶止得其膚而未悉其微也。夫脾胃固司濕土之化，而同乾健之運，所以然者，有水中之真火，為之母氣也。如土不得水中之火，則濕土無以行其化；水即不得土為之主，而寒水亦無以行其化。是水土合德以立地者，由是而兩困也。致令一陰之為獨使者，下失水之母氣，中失土之用氣，不病於風之虛以為風眚，而還以侮所勝之土乎。此本錢仲陽黄土治瘛瘲之義而大暢之。故必本火土相生之義，俾水土各奠其位，又必因水土合德之義，俾土木互相為用，乃全其中土生育之化。是則黄土之用，非漫然去濕也，正欲用陽以化陰，而俾濕化得行也。濕化行而血乃化，所以治血證者，非以止澁為功，蓋補其生化之原，乃為固脱耳。推之女子崩帶、男子洩精胥效矣，亦非用其燥也。更欲化陰以和陽，而俾風化得平也，風化平而氣乃和，所以療風證者，非以疎散為功，蓋益其合化之原，乃為靜風耳，推之狂顛、蠱毒、中惡、猝魘可愈矣。或曰：補土多用燥濕之劑，如白朮等味與茲種何別，而迥殊若是？曰：治血證多不用朮者，恐其燥陰而反劇耳，此味固用陽以化陰，非燥陰之劑也，先哲審處，夫豈苟然而已。

陰虛吐血者勿用，以其中有火氣也，癰腫毒盛難消者，不得獨用仲淳。

修治：水飛二次，令乾。

**清・葉桂《本草再新》卷八**　伏龍肝味辛，性溫，無毒。入脾、腎二經。調中止血，去濕消腫，治欬逆反胃，吐衄崩帶，尿血遺精，臍瘡丹毒，催生下胎。功專去濕，無濕勿用。

**清・趙其光《本草求原》卷二三土部**　伏龍肝即釜月下赤土。辛布肺，微溫達肝，無毒。得火土相生，以化脾胃之陰，則濕化行而血亦化。與朮之燥不能治血者殊。故消濕腫，治卒嗽，同香豉。反胃，米飲調下。咳吐衄，蜜下。泄血，水下。血漏，同阿膠酒下。崩帶，脈微澀。同棕灰、梁上塵炒，煙盡入冰麝，酒或醋湯下。尿血，產後瘀痛，酒下。孕婦瘟熱胎動，水調服，並塗臍。催生，酒下，並搽臍。下胞，醋調塗臍，内服甘草湯。固精，補精血生化之原，非止澀也。化陰以和陽，則風化亦平，故治中風不語，手足不隨，水下。腸風。同煙壁土水下。辛能散堅，溫能和血脈，故治陰冷腹腫、陰腫、丹毒，俱雞子白敷。熱癤，椒末和醋搽。臁爛，同黃柏、黃丹、赤石脂、輕粉油搽，忍癢數日愈。發背，酒塗。癰腫，蒜或醋，或雞子黃塗。臍瘡，水塗。重舌，醋或牛蒡汁塗。杖瘡，油塗。灸瘡腫，煮汁淋。中惡魘，以灶有神故。夜啼。用炊飯者良。煮羹者味鹹，勿用。研細，水飛用，無濕勿用。

**清・文晟《新編六書》卷六《藥性摘錄》**　伏龍肝　係灶心赤土。味辛，氣溫。入肝脾。調中止血，燥濕，治欬逆反胃，吐血崩帶，尿血遺精，腸風，並能催生下胞。○外敷腫脹、臍瘡。○研細，水飛服。

**清・張仁錫《藥性蒙求・土部》**　伏龍肝四錢　伏龍肝溫，調中燥濕。胎漏腸風，血能止濇。辛，溫。得阿膠、蠶砂治婦人血漏，得附子、黃芩、阿膠治便後血。無濕勿用，功專去濕故也。○多年灶心黃土，須用對釜下者。然必用炊飯者良。○張路玉云：胎漏不止，產後下痢，並宜煎水澄清，去渣煎藥，取溫脾和血也。

**清・劉善述、劉士季《草木便方》卷二金石土火部**　伏龍肝　灶心土溫催胎生，崩帶尿血治遺精。癰腫臍瘡塗丹毒，反胃欬逆止血淋。

**清・戴葆元《本草綱目易知錄》卷七**　伏龍肝灶心土　辛，微溫。止咳逆，吐血鼻衄，腸風尿血，洩精，心痛狂顛，風邪蠱毒，反胃中惡，中風口噤，魘寐暴絶。婦人血漏，妊娠熱病，護胎下胞。小兒夜啼風噤，重舌臍瘡。醋調，傅癰腫諸毒。

**清・黃光霽《本草衍句》**　伏龍肝即灶心土。辛、甘、苦，溫。溫中和脾，止吐衄崩帶。止血之功。祛風燥濕，及血溺遺精。寒咳反胃，下胞摧生。主治血症帶下。《金匱》黃土湯，即灶心黃土，治先便後血，此遠血也。明指肝別絡之血，因脾虛陽陷生濕，血亦就滲而下行。甘草、白朮、附子、地黃、阿膠、黃芩，各三兩，黃土半斤。子死腹中，母氣欲絕，伏龍肝末三錢，水調下。　重舌腫木，伏(蓋)〔龍〕肝末，牛蒡汁調塗之。　婦人血漏，伏龍肝、阿膠、蠶沙炒一兩，為末，酒下。　胞衣不下，灶心土醋調，納臍中，續服甘草湯。　橫生逆產，灶心土酒調服，仍搽母臍中。

**清·陳其瑞《本草撮要》卷一〇**　伏龍肝　味辛，溫，調中止血，去濕消腫，治咳逆反胃，吐衄崩帶，尿血遺精。醋調塗腸風癰腫，研末敷臍瘡，臘月猪脂或雞子白調敷丹毒。水調服催生下胎。即灶心黃土也。年久對釜臍下者良，無濕者勿服。得生地、黃芩、白朮、阿膠、炙草、炮薑名黃土湯，治婦人血崩及血衄諸血病。得阿膠、蠶砂治婦人血漏，得附子、黃芩、阿膠治便後下血。

## 無名異

**宋·唐慎微《證類本草》卷三玉石部上品（宋·馬志《開寶本草》）**　無名異　味甘，平。　主金瘡折傷內損，止痛，生肌肉。　出大食國。　生于石上。狀如黑石炭，蕃人以油鍊如黳石，嚼之如錫。今附。

〔宋·掌禹錫《嘉祐本草》〕按：　日華子云：　無名異，無毒。

〔宋·蘇頌《本草圖經》〕曰：　無名異，出大食國，生于石上。今廣州山石中，及宜州南八里龍濟山中亦有之。黑褐色，大者如彈丸，小者如墨石子。採無時。《本經》云：　味甘，平。　主金瘡折傷內損，生肌肉。　今云味鹹，寒。　消腫毒癰疣，與《本經》所說不同，疑別是一種。又嶺南人云：　有石無名異，絕難得，有草無名異，彼人不甚貴重。豈《本經》說者為石。而今所有者為草乎？　用時以醋磨塗傳所苦處。　又有婆娑石，生南海，解一切毒。其石綠色，無斑點，有金星，磨之成乳汁者為上。胡人尤珍貴之，以金裝飾作指彄帶之。每欲食及食罷，輒含吮數四，以防毒，今人有得指面許塊，則價直百金。人莫能辨，但水磨涓滴，點鷄冠熱血，當化成水，乃真也。俗謂之摩娑石。

**宋·寇宗奭《本草衍義》卷四**　無名異　今《圖經》曰：　《本經》云，味甘，平。　治金瘡折傷，生肌肉。　今云味鹹，寒，消腫毒癰腫，與《本經》所說不同，疑別是一種。　今詳上文三十六字未審，今云字下，即不知是何處云也。

**宋·王繼先《紹興本草》卷二**　無名異　紹興校定：　無名異，石類也。所產大食國及廣南山中，形塊大小不定，其色黑褐，性味、主療具於《本經》，乃無毒之藥爾。或云無名異有草石二種，以其形可驗，明非草者矣。

**宋·劉明之《圖經本草藥性總論》卷上**　無名異　味甘，平。　主金瘡，折傷內損，止痛，生肌肉。　日華子云：　無毒。　今云：　味鹹，寒。　消腫毒癰疣。出大食國，生於石上，狀如黑石炭，蕃人以油煉如黳石，嚼之如錫。《圖經》曰：　嶺南人云有石無名異，絕難得。有草無名異，彼人不甚貴重。豈《本經》說者為石，而今所有者為草乎？　用時以醋磨，塗傳所苦處。

**明·王綸《本草集要》卷五**　無名異　味甘，氣平，無毒。狀如黑石炭，嚼之如錫。

主金瘡，折傷肉損，止痛，生肌肉。

**明·滕弘《神農本經會通》卷六**　無名異　出大食國，生於石上，狀如黑石炭，番人以油鍊如黳石，嚼之如錫。廣州。　宜州。　味甘，氣平，一云：無毒。　《本經》云：　主金瘡折傷內損，止痛，生肌肉。《衍義》曰：　今《圖經》曰《本經》云味甘平，治金瘡折傷，生肌肉。今云味鹹寒，消腫毒癰腫，與《本經》所說不同，疑別是一種。今詳上文三十六字未審，今云字下，即不知是何處云也。《局》云：　無名異性味平甘，主治金瘡理折傷。　止痛生肌裨內損，廣州黑褐者為良。　生肌止痛，折傷可理，并金瘡。

**明·劉文泰《本草品彙精要》卷二**　無名異無毒　石生。

無名異：　主金瘡，折傷，內損，止痛，生肌肉。名醫所錄。　〔地〕《圖經》曰：　出大食國。生於石上，狀如墨石炭。蕃人以油煉如黳石，嚼之如錫。今廣州山石中及宜州南八里龍濟山中亦有之。其色黑褐，大者如彈丸，小者如墨石子也。　〔時〕生：　無時。採：　無時。　〔用〕如黳石者佳。　〔質〕類墨石而成碎顆。　〔色〕黑褐。　〔味〕甘。　〔性〕平，緩。　〔氣〕氣之薄者，陽中之陰。　〔臭〕朽。　〔主〕續骨，長肉。　〔治〕療：　《圖經》曰：　消腫毒，癰疣。

**明·許希周《藥性粗評》卷四**　無名異可理青傷。

無名異，石子名也。紫黑色，如雀卵大，今藝人以煉桐油用之。生嶺南諸番山谷，今近道亦往往有之。採無時。　味甘，性平，無毒。　主治金瘡折傷青腫，止痛生肌。以醋磨，隨意塗之，皆妙。

**明·鄭寧《藥性要略大全》卷八**　無名異　止痛，生肌肉。治傷折金瘡。味甘，平，無毒。生大食國。磨，滴雞血化為水者真。

**明·陳嘉謨《本草蒙筌》卷八**　無名異　味甘，氣平。無毒。出大食國內，今廣州，宜州亦有。　生山谷石中。大者若彈丸，小者如櫧栗。又云：　小者如墨石子。　顏色黑褐，嚼之錫甜。鷄血滴之，即化為水。專治金瘡折損，用之以醋摩塗。去瘀止疼，生肌長肉。

謨按：　海南人云：　有石無名異者，難得。有草無名異，彼人不甚貴重。

豈《本經》說者為石，而今所有者為草乎。

**明・方穀《本草纂要》卷九**　無名異　味甘，氣平，無毒。主調血行氣，止痛生肌之妙藥也。或跌撲傷損，致使血瘀内而不和，此藥能推陳致新。殆見行瘀血而和新血也。或閃肭折挫致令氣積滯而不順，此藥能均平氣血，殆見調榮衛而行積滯也。所以金瘡傷者，則能掩其傷，使瘡不腐，杖責瘀者，則能行其瘀，使肉轉紅。至若内損之痛，則能止痛而不損肌肉之腐，則能去腐而生肌，此至妙之藥也。用之須爲細末，必用糖酒調服。

**明・王文潔《太乙仙製本草藥性大全》卷六《本草精義》**　無名異　出大食國，生於石上，狀如黑石。番人以油鍊如黳石，嚼之如錫。今廣州山石中及宜州南八里龍濟山中亦有之，黑褐色，大者如彈丸，小者如墨石子。採無時。

**明・王文潔《太乙仙製本草藥性大全》卷六《仙製藥性》**　無名異　味甘，氣平，無毒。　主治：　主金瘡折傷内損神方，又止痛生肌長肉妙劑。消腫毒殊功，治癰疣奇效。　按：　海南人云有石無名異，絕難得；　有草無名異，彼人不甚貴重。豈《本經》說者爲石，今所有者爲草乎？　用時以醋摩，塗傳所患處。

**明・皇甫嵩《本草發明》卷五**　無名異上品。味甘，氣平，無毒。　主金瘡折傷内損，止痛生肌，醋摩塗之。出大食國，廣州、宜州亦有。生石上，黑褐色，大如彈，小如墨石子，番人油鍊如黳石，嚼之如錫，但難得耳。

**明・李時珍《本草綱目》卷九金石部・石類上**　無名異宋《開寶》

【釋名】時珍曰：　無名異，廋詞也。　【集解】志曰：　無名異出大食國，生於石上，狀如黑石灰。番人以油鍊如黳石，嚼之如錫。頌曰：　今廣州山石中及宜州南八里龍濟山中亦有之。黑褐色，大者如彈丸，小者如黑石子，采無時。斅曰：　無名異形似石炭，味別。時珍曰：　生川、廣深山中，而桂林極多，一包數百枚，小黑石子也，似蛇黄而色黑，近處山中亦時有之。用以煑蟹，殺腥氣；　煎煉桐油，收水氣；　塗剪剪燈，則燈自斷也。

【氣味】甘，平，無毒。頌曰：　鹹，寒。伏硫黄。　【主治】金瘡折傷内損，止痛，生肌肉《開寶》。消腫毒癰疽，醋磨傅之蘇頌。收濕氣時珍。

【發明】時珍曰：　按雷斅《炮炙論序》云：　無名止楚，截指而似去甲毛。崔昉《外丹本草》云：　無名異，陽石也。昔人見山鷄被網損其足，脱去，啣一石摩其損處，遂愈而去；　乃取其石理傷折大效，人因傳之。

【附方】新十。　打傷腫痛：　無名異爲末，酒服，趕下四肢之末，血皆散矣。《集驗方》。　損傷接骨：　無名異、甜瓜子各一兩，乳香、没藥各一錢，爲末。每服五錢，熱酒調服，小兒三錢。服畢，以黄米粥塗帋上，摻左顧牡蠣末裹之，竹篦夾住。《多能鄙事》。　臨杖預服：　無名異末，臨時温服三五錢，則杖不甚痛，亦不甚傷。談埜翁《試效方》。　赤瘤丹毒：　無名異末，葱汁調塗立消。《簡便方》。　痔漏腫痛：　無名異炭火煅紅，米醋淬七次，爲細末。以温水洗瘡，綿裹筯頭填末入瘡口，數次愈。《簡便方》。　天泡濕瘡：　無名異末，井華水調服之。《普濟方》。　臁瘡潰爛：　無名異、虢丹細研，清油調搽。濕則乾搽之。《濟急方》。　股陰瘇癧：　無名異二錢，麝香一字，研。酒半盌，午後空腹服，立效。《多能鄙事》。　拳毛倒睫：　無名異末，帋卷作撚，點燈吹殺熏之，睫自起。《保命集》。　消渴引飲：　無名異一兩，黄連二兩，爲末，蒸餅丸緑豆大。每服百丸，以茄根、蠶繭煎湯送下。《聖濟錄》。　脚氣痛楚：　無名異末，化牛皮膠調塗之，頻換。《衛生易簡方》。

**明・梅得春《藥性會元》卷下**　無名異　味甘，平。出大食國，生石上，狀如黑石炭，蕃人以油鍊如黳石，嚼之如錫，無毒。　主治金瘡折傷内損，止痛、生肌肉。

**明・李中立《本草原始》卷八**　無名異　始出大食國，生於石上。今廣州山石中及宜州南八里龍濟山中亦有之。黑褐色，大者如彈丸，小者如黑石子。採無時。名無名異者，言無可名其異也。無名異：　氣味：　甘，平，無毒。主治：　金瘡折傷内損，止痛，生肌肉。○消腫毒癰疽，醋摩傅之。○收濕氣。

無名異，宋《開寶》。【圖略】似蛇黄而色黑。

昔人見山雞被網損其足，脱去，銜一石摩其損處遂愈。乃取其石，理傷折大效，人因傳之。談埜翁《試效方》：　治臨杖，無名異末，臨時溫服三五錢，則杖不甚痛，亦不甚傷。《簡便方》：　治赤瘤丹毒，無名異末，葱汁調塗，立消。

**明・李中梓《藥性解》卷一**　無名異　味甘，性平，無毒，不載經絡。主金瘡折傷内損，止痛生肌及長肉，消癰疽腫毒。　按：　海内人云：　石無名異絕難得，土無名異不甚貴重，豈《本經》說者為石，今所有者為土乎？　用時以醋磨塗患處。

**明・繆希雍《本草經疏》卷三**　無名異　味甘，平，無毒。　主金瘡折傷内損，止痛，生肌肉。

【疏】無名異稟地中陰水之氣以生，本經味甘，氣平，無毒。蘇頌鹹寒。鹹能入血，甘能補血，寒能除熱，故主金瘡折傷內損及止痛生肌肉也。蘇頌：醋摩傅腫毒癰疽者，亦取其活血涼血之功耳。【主治參互】《集驗方》打傷腫痛，無名異為末，酒服，趕下四肢，瘀血皆散矣。《多能鄙事》損傷接骨，無名異、甜瓜子各一兩，乳香、沒藥各一錢，為末。每服五錢，熱酒調服，小兒三錢。服畢，以黃米粥塗紙上，摻左顧牡蠣末裹之，竹篦夾住。談野翁《試效方》臨杖預服無名異末，臨時溫酒服三五錢，則杖不甚痛，亦不甚傷。除折傷腫毒外，無他用，故不著簡誤。

**明·倪朱謨《本草彙言》卷一二**　無名異　味甘，氣平，無毒。馬氏曰：無名異，生大食國。李氏曰：今川廣深山中及宜州八星龍濟山亦有，而桂林極多。一包數十枚，小黑石子也，似蛇黃而色黑。近處山中亦時有之。修治：火煅酒淬，研末用，以煮蟹殺腥氣，煎桐油入少許，收水氣。塗剪燈，則燈自斷。雞血滴之，即便化水。

無名異：治金瘡，長肌肉，補折傷，接筋骨，消癰疽，《開寶》解腫毒之藥也。蘇水門氏曰：用醋磨外敷，酒磨內服，散一切瘀血甚效。除折傷骨部癰毒外，無他用也。

集方：《集驗方》治打傷腫痛。用無名異，火燒酒淬三次，爲末，每服三錢，酒調服。趕下四肢之末，血皆散矣。○《多能鄙事》治跌打損傷骨折者。用無名異、法製如前。甜瓜子各一兩，乳香、沒藥各二錢，俱爲末，每服五錢，熱酒調服。小兒二三錢，服畢，以黃米粥塗厚油紙上，摻左顧牡蠣末二三錢，用竹篦夾住。○談野翁方治受刑杖。用無名異，製法如前。臨時溫酒調服五錢，受杖不甚痛，亦不甚傷。○《簡便方》治諸漏瘡腫痛。用無名異，製法如前，以溫水洗瘡，用綿裹箸頭，填末入瘡口，數次愈。

**明·顧逢柏《分部本草妙用》卷八雜藥部**　無名異　甘，平，無毒。主治：調血行氣止痛，生肌去腐，杖瘡、金瘡、折挫撲傷妙藥。按：此藥能止痛生肌，外科要藥。散跌傷瘀血，能推陳致新；閃朒折挫，行滯而調榮。金瘡能使之不腐，杖瘡能使之去瘀而轉紅色，用之須為細末，糖酒調下。

**明·李中梓《本草通玄》卷下**　無名異　甘平鹹寒。治金瘡，療折傷，收濕氣，生肌肉。按：無名異，陽石也，善理折內損，止毒止痛，故臨杖人用以溫服三錢，則不甚傷。亦善收水氣，故煎煉桐油者，不可缺也。

**清·顧元交《本草彙箋》卷一〇**　無名異　立愈金瘡折傷內損，及止痛生肌。醋摩，亦可傅臁毒。總取其活血涼血之功。

**清·穆石匏《本草洞詮》卷三**　無名異　昔人見山雞被網損其足，脫去，啣一石摩其損處，遂愈而去。因取其石，理傷折甚效，因稱之為無名異，蓋庾詞也。味甘，氣平，無毒。治金瘡折傷，止痛生肌肉。雷斅云：無名止楚，截指而似去甲毛是也。

**清·郭章宜《本草匯》卷一八**　無名異　甘平鹹，寒。治金瘡，療折傷。收濕氣，生肌肉。

按：無名異，陽石也。善理折傷內損，止痛消毒。故臨杖人用以溫服三錢，則不甚傷。亦善收水氣，故煎煉桐油者，不可缺。

**清·汪昂《本草備要》卷四**　無名異重，和血，行傷。　鹹入血，甘補血。治金瘡折傷，癰疽腫毒，醋磨塗。止痛生肌。人受杖時，須服三五錢，不甚痛傷。生川廣。小黑石子也，一包數百枚。

**清·李熙和《醫經允中》卷二一**　無名異　甘，平，無毒。主治調血行氣，止痛，生肌去腐，杖瘡金瘡，折挫撲傷妙藥。

**清·馮兆張《馮氏錦囊秘錄·雜症痘疹藥性主治合參》卷五**　無名異稟地中陰水之氣以生。故味甘、鹹，微寒，無毒。鹹能入血，甘能補血，寒能補熱，所以入血分，以治金瘡癰腫之患也。　無名異，治金瘡折損，用之以醋摩塗，去瘀止疼，生肌長肉。

**清·張璐《本經逢原》卷一**　無名異　甘，平，無毒。《本經》主金瘡折傷內損，止痛，生肌肉。發明：無名異《本經》主折傷內損。今人治打傷腫痛，損傷接骨，又《試效方》臨（仗）〔杖〕預用，酒服三五錢則（仗）〔杖〕不甚傷。蘇頌醋磨傳腫毒者，亦取活血涼血之功耳。

**清·黃元御《玉楸藥解》卷三**　無名異　味鹹，氣平。入足少陰腎、足厥陰肝經。接骨續筋，破瘀消腫。無名異燥濕行瘀，消腫止痛。治金瘡打損、筋斷骨折、癰疽楊梅、痔瘻瘰癧、脚氣臁瘡之類。無名異善收濕氣，調漆煉油，其乾甚速，至燥之品。

**清·吳儀洛《本草從新》卷五**　無名異〔重，和血行傷。〕　鹹入血，甘和血。治金瘡折傷，癰疽腫毒。醋磨塗。止痛生肌。生川廣。小黑石子也，一包數百枚。

清・汪紱《醫林纂要探源》卷三　無名異　鹹甘，平。大塊如卵，內包小黑石子數百枚。生川廣。火煅，醋淬，研細，水飛。補心，去瘀，解毒生肌。治金瘡折傷，凡恐受刑杖，先服此可耐，瘀血不至攻心。功同蠟礬丸。醋磨傅癰疽腫毒，去瘀血，長肌肉，又能通乳。

清・嚴潔等《得配本草》卷一　無名異　伏硫黃。　甘、鹹，平。活血涼血。治金瘡折損。　得陳酒送下，治打傷腫痛。得醋磨，敷瘡癰。調葱汁，塗赤瘤丹毒。調牛膠，治脚氣腫痛。得甜瓜子各一兩，乳香、沒藥各一錢，為末，每服五錢，熱酒調服，小兒三錢，治損傷接骨，外以黃米粥塗紙上，摻牡蠣末，裹定，再以竹篦夾住。研細末，卷紙［作撚］，燃燈吹滅，黑煙熏，治拳毛倒睫。

清・黃宮繡《本草求真》卷七　無名異解熱活血。　無名異耑入肝。即俗所名乾子者是也。味甘而鹹，微寒無毒。諸書皆言能治癰腫損傷接骨。金瘡合口，其義何居。以其鹹有入血之能，甘有補血之力。寒能勝熱之義者故耳。是以人於受杖時，每服三五錢，其於傷處，不甚覺痛。用醋磨塗腫處即消，要皆外治之品，非內服之味也。生川廣。小黑石子也，一包數百枚。

清・葉桂《本草再新》卷八　無名異味鹹，性微寒，無毒。入肝經。　和血，治金瘡。金瘡，刀傷也。刀傷必出血，血多則不和。和其血，故可療金瘡。

清・趙其光《本草求原》卷二五石部　無名異　甘，補血、生肌；寒，涼血，活血；平，收濕。主金瘡、跌折、內傷腫痛，酒下，即血散痛止。接骨，同甜瓜子各一兩，乳、沒各一錢，酒下三五錢，以黃米粥塗紙，入牡蠣包之夾住。柢杖，臨杖預服，則不甚痛傷。赤瘤丹毒，葱汁調塗。痔瘻，醋煅塗。拳毛倒睫，紙卷作捻點燈，吹滅熏之自起。脚氣痛楚，牛皮膠調塗。一切癰疽、腫毒。醋磨塗。　生川廣小黑石子也，一包數百枚。

清・文晟《新編六書》卷六《藥性摘錄》　無名異　俗名乾子。味甘而鹹，微寒。入肝。解熱活血。〇治癰腫，損傷接骨，金瘡合口。〇受杖時，研服三五錢，傷處不竟痛。〇餘多外治也。

清・陳其瑞《本草撮要》卷六　無名異　味鹹甘，入足厥陰經，功專和血。醋磨塗，治金瘡折傷癰疽腫毒，止痛生肌。

## 井泉石

宋・唐慎微《證類本草》卷五玉石部下品［宋・掌禹錫《嘉祐本草》］　井泉石　大寒，無毒。主諸熱，治眼腫痛，解心臟熱結，消去腫毒及療小兒熱疳，雀目，青盲。得大黃梔子，治眼瞼腫。得決明、菊花，療小兒眼疳生瞖膜，甚良。亦治熱嗽。近道處處有之，以出饒陽郡者爲勝，生田野間地中，穿地深丈餘得之。形如土色，圓方、長短、大小不等，內實而外則重重相疊，採無時。用之當細研爲粉。不爾使人淋。又有一種如薑石，時人多指以爲井泉石者，非是。新定。

［宋・蘇頌《本草圖經》］曰：　井泉石，生深州城西二十里劇家村地泉內，深一丈許。其石如土色，圓方、長短、大小不等，內實外圓，作層重疊相交。其性大寒，無毒。解心臟熱結，消去腫毒及療小兒熱疳。不拘時月採之。

宋・王繼先《紹興本草》卷二　井泉石　紹興校定：　井泉石雖所產土地不一，而北地者為佳。以其掘地丈餘得之，故謂之井泉石也。形色、主療已載《本經》，當云性寒、無毒者是矣。

明・滕弘《神農本經會通》卷六　井泉石　出在饒陽郡者為勝，地中穿地深丈餘，得之形如土色，員方長短大小不等，內實而弱，則重重相疊。用之當細研為粉，不爾使人淋。

氣大寒，無毒。　《本經》云：　主諸熱，治眼腫痛，解心臟熱結，消去腫毒，及療小兒熱疳，雀目青盲。得大黃、梔子治眼瞼腫，得決明、菊花療小兒眼疳，生瞖膜甚良。亦治熱嗽。《局》云：　井泉石性大寒涼，攻熱能消腫毒瘡。治眼決明除瞖膜，菊花梔子喜同方。井泉石，性寒涼，攻大熱，除翳神方。

明・劉文泰《本草品彙精要》卷六　井泉石無毒　土生。

井泉石：　主諸熱，治眼腫痛，解心臟熱結，消去腫毒及療小兒熱疳，雀目青盲。名醫所錄。　【地】《圖經》曰：　生深州城西二十里劇家村地，泉深一丈許，其石如土色，圓方長短大小不等，內實外圓，作層重疊相交者。一種出饒陽郡者爲勝，生田野間，穿地深丈餘得之。又有一種如薑石，時人多指以爲井泉者，非也。【時】採：　無時。　【用】重疊作層者佳。　【色】青黑。　【性】大寒。　【氣】氣之薄者，陽中之陰。　【臭】朽。　【主】療諸熱毒。　【製】研細如粉，水飛過用。　【合治】合大黃、梔子治眼瞼腫。〇合決明、菊花療小兒眼疳生翳膜，甚良。亦治熱嗽。〔禁〕製不如法，使人患淋。

**明・許希周《藥性粗評》卷四**　鑿井泉之石，醫目全科。

井泉石，穿地深丈餘，得水氣所生，如七彩，內實而外則層層相疊，圓方長短，大小不等。近道處處有之，以出饒陽田野勝。採無時。《本草》謂出深州。凡用細研為粉。味甘，性大寒，無毒。主治熱結腫毒，眼痛雀目，青盲瞖膜，小兒眼疳，為眼科要藥。

**明・鄭寧《藥性要略大全》卷八**　井泉石　除大熱攻眼腫痛，除障翳(癡)〔凝〕膜，解心臟熱，消腫毒。　葛可久云：　治雀目青盲。得大黃、梔子，治眼瞼腫；　得決明、菊花，治小兒眼疳、生翳膜甚良。　味淡，性大寒，無毒。此石如土色，形狀方圓不一，但重重相疊而生。處處有之，出饒陽郡者為勝。得菊、梔子良。凡用細研為粉，否則令人病淋。

**明・陳嘉謨《本草蒙筌》卷八**　井泉石　氣大寒，無毒。近道處處俱生，饒陽郡者勝。田野地内纔有。穿地丈許，方可得之。形似土黃，方圓長短，大小不等；內則堅實，外卻作層，重疊相交。收採無時，須研絕細。儻或不爾，令人病淋。解心臟熱結最良，止肺經熱嗽亦妙。得大黃、梔子，治眼瞼暴發腫浮；得決明菊花，療眼疳驟生瞖膜。總主諸熱，別無所能。

**明・王文潔《太乙仙製本草藥性大全》卷六《本草精義》**　井泉石　生深州城西二十里劇家村地泉內，出饒陽郡者爲勝，近道處處俱生，田野地内纔有，穿地丈許方可得之。形似土黃，方圓長短大小不等，內則堅實，外却作層，重疊相交，收採無時。須研絕細，倘或不爾，人人病淋。又有一種如薑石，時人多指以爲井泉石者，非是。

**明・王文潔《太乙仙製本草藥性大全》卷六《仙製藥性》**　井泉石　氣大寒，無毒。　主治：　能消腫毒，善療熱疳。解心臟熱結最良，止肺經熱嗽亦妙。得大黃、梔子治眼瞼暴發腫浮，得決明、菊花療眼疳驟生瞖膜。總主諸熱，別無所能。

**明・李時珍《本草綱目》卷九石部・石類上**　井泉石宋《嘉祐》

〔釋名〕時珍曰：　性寒如井泉，故名。　〔集解〕禹錫曰：　井泉石，近道處處有之，以出饒陽郡者爲勝。生田野中間，穿地深丈餘得之。形如土色，圓方長短大小不等，內實而外圓，重重相叠，采無時。又一種如薑石者，時人多指爲井泉石，非是。頌曰：　深州城西二十里，劇家村出之。

〔修治〕禹錫曰：　凡用，細研水飛過。不爾，令人淋。

〔氣味〕甘，大寒，無毒。〔主治〕諸熱，解心臟熱結。熱嗽，小兒熱疳，雀目青盲，眼赤腫痛，消腫毒。得決明、菊花，療小兒眼疳生翳膜。得大黃、梔子，治眼瞼腫赤《嘉祐》。

〔附方〕新四。　膀胱熱閉：　小便不快，井泉石、海金沙、車前子、滑石各一兩，爲末。每服二錢，蜜湯下。《聖濟錄》。　風毒赤目：　井泉石半兩，井中苔焙，穀精草一兩，豉焙一合，爲末。每服二錢，空心井華水服。《聖濟錄》。　産後搐搦：　俗名鷄爪風。舒筋散：　用井泉石四兩另研，天麻酒浸，木香各一兩，人參、川芎、官桂、丁香各半兩，爲末。每服三錢，大豆淋酒調下，出汗即愈。《宣明方》。　痓痱瘙痒：　井泉石生三兩，寒水石煅四兩，腦子半錢。爲末撲之。《聖濟錄》。

**清・馮兆張《馮氏錦囊秘錄・雜症痘疹藥性主治合參》卷五**　井泉石　解心臟熱結最良，止肺經熱嗽亦妙。得大黃、梔子，治眼瞼暴發腫浮。得決明、菊花，療眼疳驟生翳膜。總主諸熱，別無所能。

**清・嚴潔等《得配本草》卷一**　井泉石　甘，大寒。治熱結、熱嗽、熱疳、熱眼等症。　配海金沙、滑石，治膀胱熱秘。配大黃、梔子，治眼瞼腫赤。細研水飛過，不爾令人淋。

### 蜜栗子

**明・李時珍《本草綱目》卷九石部・石類上**　蜜栗子《綱目》

〔集解〕時珍曰：　蜜栗子生川廣、江浙金坑中，狀如蛇黃而有刺，上有金線纏之，色紫褐，亦無名異之類也。丹爐家采作五金匱藥，制三黃。

〔主治〕金瘡折傷，有效時珍。

**清・王道純《本草品彙精要續集》卷一**　蜜栗子

蜜栗子：　主金瘡折傷有效《本草綱目》。〔地〕李時珍云：　生川廣、江浙，金坑中有之。〔質〕狀似蛇黃而有刺，上有金線纏之，亦無名異之類也。丹爐家採作五金匱藥，製三黃用之。〔色〕紫褐。

### 蛇黃

**宋・唐慎微《證類本草》卷五玉石部下品〔唐・蘇敬《唐本草》〕**　蛇黃　主心痛，疰忤，石淋，産難，小兒驚癇，以水煮研服汁。出嶺南，蛇腹中得之，圓重如錫，黃黑青雜色。〔宋・馬志《開寶本草》〕　蛇黃多赤色，有吐出者，野人或得之。《唐本》先附。

〔宋・掌禹錫《嘉祐本草》〕按：　日華子云：　冷，無毒。鎮心。如入藥，燒赤三四次醋淬，飛研用之。

〔宋・蘇頌《本草圖經》〕曰：蛇黃，出嶺南，今越州、信州亦有之。《本經》云：是蛇腹中得之，圓重如錫，黃黑青雜色。注云多赤色，有吐出者，野人或得之。今醫家用者，大如彈丸，堅如石，外黃内黑色，二月采。云是蛇冬蟄時所含土，到春發蟄，吐之而去。與舊說不同，未知孰是？

**宋・寇宗奭《本草衍義》卷一七** 蛇黃 椎破，中間有如自然銅者佳。治心悸動，火燒赤，酒淬至酥，二兩，朱砂一兩，與蛇黃同研，水飛，天麻二兩，別為末，與前二味合勻，每以半錢，少以薄荷湯調，食後、夜臥服，殊效。

**宋・王繼先《紹興本草》卷三** 蛇黃 紹興校定：蛇黃，主治已載《本經》，又稱蛇腹中得之。《圖經》以謂蛇冬蟄時所含之土，到春發蟄即吐之。其說不同。若以牛黃比論之，甚無可據。但恐山石間蛇穴之傍，自有一種，止是石類也。諸方須以火鍛淬用之，即當從日華子云冷、無毒是矣。若生用即有蛇氣之毒也。

**宋・劉明之《圖經本草藥性總論》卷上** 蛇黃 主心痛疰忤，石淋，産難，小兒驚癇。以水煮研，服汁。出嶺南，蛇腹中得之，圓重如錫黃，黑青雜色。日華子云：冷，無毒。鎮心。如入藥，燒赤叁肆次，醋淬，飛研用之。今醫家用大如彈丸，堅如石，外黃内黑色。二月採。云是蛇冬蟄時所含土，到春發蟄，吐之而去矣。

**明・劉文泰《本草品彙精要》卷六** 蛇黃無毒。

蛇黃：主心痛疰忤，石淋，產難，小兒驚癇。以水煮，研服汁。名醫所錄。

〔地〕《圖經》曰：出嶺南，今越州、信州亦有之。《本經》云：是蛇腹中得之，圓重如錫，黃黑青雜色。注云：多赤色，有吐出者，野人或得之。今醫家用者，大如彈丸，堅如石，外黃内黑色。云是蛇冬蟄時所含土，到春發蟄吐之而去。與舊說不同，未知孰是。〔時〕採：二月取。〔質〕類彈丸。〔色〕黃黑青雜色，或赤。〔性〕冷。〔製〕日華子云：如入藥燒赤三四次，醋淬研細，飛過用。〔治〕療：日華子云：鎮心氣。

**明・鄭寧《藥性要略大全》卷八** 蛇黃石 性冷，無毒。主心腹痛，石淋，產難。小兒驚癇，鎮心，水煮研服。形如彈丸，外黃内黑。云是蛇腹中吐出，又云是蛇蟄時口中所含，至春啟蟄時吐之而去者也。一名蛇含石。入藥須燒三五次，醋淬飛研用。

**明・王文潔《太乙仙製本草藥性大全》卷六《本草精義》** 蛇黃 出嶺南，今越州、信州亦有。《本經》云：是蛇腹中得之，圓重如錫，黃黑青雜色。注云多赤色，有吐出者，野人或得之。今醫家用者，大如彈丸，堅如石，外黃内黑色。二月採。云是蛇冬蟄時所含土，至春發蟄吐之而去。與舊說不同，未知孰是。

**明・王文潔《太乙仙製本草藥性大全》卷六《仙製藥性》** 蛇黃 氣冷，無毒。

主治：主心痛疰忤神效，治石淋產難奇功。小兒驚癇用以鎮心。

補註：治小兒驚癇，鎮心，如入藥，燒赤三四次，醋淬飛研用之。又云以水煮研，服汁效。

**明・李時珍《本草綱目》卷一〇石部・石類下** 蛇黃《唐本草》

〔集解〕恭曰：蛇黃出嶺南，蛇腹中得之，圓重如錫，黃黑青雜色。志曰：蛇黃多赤色，有吐出者，野人或得之。頌曰：今越州、信州亦有之。今醫所用，云是蛇冬蟄時所含土，到春發蟄吐之而去，大如彈丸，堅如石，外黃内黑色，二月採之。與舊說不同，未知孰是。時珍曰：蛇黃生腹中，正如牛黃之意。世人因其難得，遂以蛇含石代之，以其同出於蛇故爾。廣西平南縣有蛇黃岡，土人九月掘下七八尺，始得蛇黃，大者如雞子，小者如彈丸，其色紫。《庚辛玉册》云：蛇含自是一種石，云蛇入蟄時，含土一塊，起蟄時化作黃石，不稽之言也。有人掘蛇窟尋之，並無此說。

〔修治〕大明曰：入藥燒赤醋淬三四次，研末水飛用。

〔氣味〕冷，無毒。〔主治〕心痛疰忤，石淋，小兒驚癇，婦人產難，以水煮研服汁《唐本》。鎮心大明。磨汁，塗腫毒時珍。

〔附方〕新六。 暗風癇疾：忽然仆地，不知人事，良久方醒。蛇黃，火煅醋淬七次，爲末。每調酒服二錢，數服愈。年深者亦效。《危氏得效方》。 驚風癇疳：神穴丹：治急驚風，癇疾，天弔，疳熱等證。用紫色蛇黃四兩煅過，豮猪屎二兩小者泥固煅過，鐵粉一兩，朱砂半兩，麝香一錢，爲末，糯粉糊丸芡子大，漆盤晒乾。看之每丸有一小穴，故名神穴丹。每服一丸，薄荷酒化下，立甦。疳熱，冷水化下。《靈苑方》。 小兒項軟：因風虚者。蛇含石一塊，煅七次，醋淬七次研，鬱金等分，爲末，入麝香少許，白米飯丸龍眼大。每服一丸，薄荷湯化服，一日一服。《活幼全書》。 瘴瘧鬼瘧：食瘧。蛇含石末一兩，信石末一兩，研勻，入水火鼎内。上以盞蓋，六一泥固濟，煅至藥升在盞，刮下爲末，米糕糊丸緑豆大，雄黃爲衣。每服一丸，黑豆研水，五更送下。《摘玄方》。 血痢不止：蛇含石二枚，火煅醋淬，研末。每服三錢。米飲下。《普濟方》。 腸風下血：脱肛。蛇黃二顆，火煅醋淬七次。爲末。每服三錢，陳米飲下。《普濟方》。

**明・李中立《本草原始》卷八**　蛇含石　出嶺南，今越州、信州亦有之。《本經》云是蛇腹中得之，圓重如錫，黄黑青雜色。注云：多赤色，有吐出者，野人或得之。今醫家用者，大如彈丸，堅如石，外黄、内黑色。二月采。《唐本草》載名曰蛇黄。氣味：冷，無毒。主治：心痛疰忤，石淋，小兒驚癇，婦人産難，以水煮，研服汁。〇鎮心。〇磨汁塗腫毒。

蛇黄，《唐本草》。【圖略】色青黄，形大小不一。修治：大明曰：凡用蛇黄，人藥燒赤，醋淬三四次，研末，水飛過用。

《危氏得效方》：治暗風癇疾，忽然仆地，不知人事，良久方醒。蛇黄火煅醋淬七次，為末，每酒調服二錢，數服愈，年深者亦效。時珍曰：蛇黄，生蛇腹中，正如牛黄之意。世人因其難得，遂以蛇含石代之。《庚辛玉冊》云：蛇含自是一種石，云蛇入蟄時含土一塊，啟蟄時化作黄石。不稽之言也。

**明・倪朱謨《本草彙言》卷一二**　蛇黄石　味□，氣寒，無毒。又名蛇含石。　蘇氏曰：蛇含石，出嶺南深山中。圓重如錫，有黄、黑、赤、雜色。今越州、信州亦有之。　李氏曰：今廣西平南縣有蛇黄岡，土人九月，掘下數尺，始得蛇黄石。大者如鷄子，小者如彈丸，圓重如錫團。其亦有相間黄、黑、赤、紫、雜色不一，擊碎其色如錫。俗云：蛇黄是蛇腹中者。歷見諸人剖蛇，腹中并無有黄，非出蛇腹，而出土中掘出可信矣。俗又云是蛇入蟄時，含土一塊，起蟄時吐出，化爲此石。有人掘蛇窟，并無此石，此言更無稽也。係土中掘取，蓋可信矣。明係一石，曰蛇黄、蛇含者何？蛇黄者，指其岡之名而言也。蛇含者，黄字之訛音也。

蛇含石：魏景山抄《唐本草》主大人心胃攻疼，小兒驚癇客忤，婦人氣逆胞阻，産難諸證。服之極驗。

集方：治心胃攻疼，驚癇客忤，并宜火煅、醋淬七次，研末極細，大人服五六分，小兒服二三分，并宜白湯調下。〇治氣逆胞阻、難産者，不宜煅淬，僅宜水煮汁飲之。

**清・劉雲密《本草述》卷五**　蛇含石　按蘇頌謂今醫所用，是蛇冬蟄時所含土，到春發蟄吐之而去者，大如彈丸，堅如石，外黄内黑色。乃時珍曰：昔人每用蛇黄，後因其難得，遂以蛇含石代之。然《庚辛玉冊》又云：蛇含石自是一種石，所云為蛇蟄時口含之土，有掘蛇窟尋之者，並無此説也。

愚按：此石果另是一種，則不可以代蛇黄矣。況更屬無稽之言乎？乃方書每用蛇含石，又即曰蛇黄，是何其夢夢也？然皆不可必得矣，姑俟之博物君子。

**清・张璐《本經逢原》卷一**　蛇黄　温，微毒。　發明：蛇黄生蛇腹中，如牛黄之類。世人因其難得，遂以蛇含石醋煅、水飛代之。取蛇之性竄入肝也。蛇含石入手足厥陰血分，與代赭之性不甚相遠，為小兒鎮攝驚癇之重劑，脾風泄瀉者宜之。

**清・楊時泰《本草述鉤元》卷五**　蛇含石　是冬月蛇蟄時所含土，到春發蟄吐之而去者。大如彈丸，堅如石，外黄内黑色頌。昔人每用蛇黄，後因其難得，遂以蛇含石代之。

## 禹餘糧

**宋・李昉《太平御覽》卷第九八八**　餘粮　《列仙傳》曰：赤斧者，巴戎人。為碧桐主簿，能錬丹與消石，服之三十年，身反童子，髮毛皆赤。數十年，上華山取禹餘粮餌之，手中長有赤斧。《博物志》曰：扶海洲上有草焉，名曰蒒音師草，其實，食之如大麥。從七月稔熟，民斂至冬乃訖，名自然穀，或曰禹餘粮。今藥中有禹餘粮者，世傳昔禹治水，棄其所餘食於江中，而為藥也。《博物志》曰：地有蓼名，則禹餘粮生，亦有蓼名無者矣。《范子計然》曰：禹餘粮，出河東。《本草經》曰：太一禹餘粮，一名石腦。味甘，平。生山谷。治欬逆上氣，癥瘕血閉漏下，除邪，久服能忍寒暑，不飢輕身，飛行千里神仙。生太山。又曰：禹餘粮，味甘，寒。生池澤。治欬逆寒熱煩滿，下痢赤白，血閉癥瘕，大熱，久服輕身。生東海。《吳氏本草經》曰：太一禹餘粮，一名禹哀。神農、岐伯、雷公：甘，平。李氏：小寒。扁鵲：甘，無毒。生太山上，有甲，甲中有白，白中有黄，如鷄子黄色。九月採，或無時。

**宋・唐慎微《證類本草》卷三玉石部上品**（《本經・别録》）　禹餘糧　**味甘，寒**，平，無毒。**主咳逆，寒熱，煩滿，下赤白，血閉，癥瘕，大熱**，療小腹痛結煩疼。**錬餌服之，不飢、輕身、延年。**一名白餘糧。生東海池澤及山島中，或池澤中。

〔梁・陶弘景《本草經集注》〕云：今多出東陽，形如鵝鴨卵，外有殼重疊，中有黄細末如蒲黄，無砂者爲佳。近年茅山鑿地大得之，極精好，乃有紫華靡靡。仙經服食用之。南人又呼平澤中有一種藤，葉如菝葜，根作塊有節，似菝葜而色赤，根形似薯蕷，謂爲禹餘糧。言昔禹行山乏食，採此以充糧，而弃其餘，此云白餘糧也。生池澤復有髣髴。或疑今石者，即是太一也。張華云：地多蓼者，必有餘糧，今廬江間便是也。適有人于銅官採空青于石坎，大得黃赤色石，極似今之餘糧，而色過赤好，疑此是太一也。彼人呼爲雌黃，試塗物，正如雄黃色爾。

〔唐·蘇敬《唐本草》〕注云：陶云黃赤色石，疑是太一。既無殼裹，未是餘糧，疑謂太一，殊非的稱。

〔宋·掌禹錫《嘉祐本草》〕按：《藥性論》云：禹餘糧，君，味鹹。主治崩中。蕭炳云：牡丹爲使。日華子云：治邪氣及骨節疼，四肢不仁，痔瘻等疾。久服耐寒暑。又名太一餘糧。

〔宋·蘇頌《本草圖經》〕曰：禹餘糧，生東海池澤及山島中，或池澤中，今惟澤、潞州有之。舊說形如鵝鴨卵，外有殼重疊，中有黃細末如蒲黃。今圖上者，全是山石之形，都不作卵狀，與舊說小異。採無時。《本經》又有太一餘糧。謹按：陶隱居《登真隱訣》載長生四鎮丸云：太一禹餘糧，定六府，鎮五藏。注云：按本草有太一餘糧、禹餘糧兩種。治體猶同。而今世惟有禹餘糧，不復識太一。此方所用，遂合其二名，莫辨何者的是。而後小鎮直云：禹餘糧，便當用之耳。餘糧多出東陽山岸間，茅山甚有好者，狀如牛黃，重重甲錯，其佳處乃紫色，泯泯如麵，齧之無復磣。雖然用之，宜細研，以水洮取汁澄之，勿令有沙土也。而蘇恭亦云：太一餘糧與禹餘糧本一物，而以精麤爲別，故一名太一禹餘糧，其殼若瓷，初在殼中，未凝結者，猶是黃水，久凝乃有數色，或青、或白、或赤、或黃，年多漸變紫色，自赤及紫，俱名太一，其諸色通謂之餘糧也。今醫家但用餘糧，亦不能如此細分別耳。張仲景治傷寒下痢不止，心下痞鞕，利在下焦者，赤石脂禹餘糧湯主之。赤石脂、禹餘糧各一斤，并碎之，以水六升，煮取二升，去滓，分再服。又按張華《博物志》曰：扶海洲上，有草焉，名曰篩草，其實食之，如大麥，從七月稔熟，民斂至冬乃訖，名自然穀，亦曰禹餘糧。今藥中有禹餘糧者，世傳昔禹治水，棄其所餘食于江中，而爲藥也。然則，篩草與此異物而同名也。其云棄之江中而爲藥，乃與生海池澤者同種乎？

〔宋·唐慎微《證類本草》〕《經驗方》：治產後煩躁，禹餘糧一枚，狀如酸鎌者，入地埋一半，四面緊築，用炭一秤，發頂火一斤煅，去火三分耗二爲度，用濕砂土罨一宿方取，打去外面一重，只使裏內細研水淘澄五七度，將紙淋乾再研數千遍。患者用甘草煎湯調二錢匕，只一服立效。《勝金方》：治婦人帶下。白下，即禹餘糧一兩，乾薑等分；赤下，禹餘糧一兩，乾薑半兩，右件禹餘糧用醋淬，擣研細爲末，空心溫酒調下二錢匕。

〔宋·陳承《重廣補注神農本草并圖經》〕別說云：謹案：越州會稽山中，見出一種甚良。彼人云：昔大禹會稽于此地餘糧者。本爲此爾。

**宋·王繼先《紹興本草》卷二**　禹餘糧　紹興校定：禹餘糧，石類也，故《本經》列之石部中。或云是草類者，非此禹餘糧也。女人斷下藥多用之。其狀殼生重疊，中有黃末，若生用之，即當從《本經》，其性寒。今諸方所用，多以燒煅醋淬，然後入藥，當作性平、俱味甘、無毒是矣。

**宋·劉明之《圖經本草藥性總論》卷上**　禹餘糧　味甘，寒平，無毒。主欬逆寒熱煩滿，下赤白，血閉癥瘕大熱。療小腹痛結煩疼。《藥性論》云：君。味鹹。主治崩中。日華子云：治邪氣及骨節疼，四肢不仁，痔瘻等疾。又治婦人帶下，產後煩躁。牡丹為之使。張仲景治傷寒下痢不止，心下痞鞕音硬，利在下焦者，赤石脂禹餘糧湯主之。赤石脂、禹餘糧各壹斤，並碎之，以水陸升，煮取貳升，去滓，分再服。

**元·王好古《湯液本草》卷六**　禹餘糧　氣寒，味甘，無毒。《本草》云：主欬逆寒熱煩滿，下痢赤白，血閉，癥瘕大熱。《本經》云：重可去怯。禹餘糧之重，為鎮固之劑。《本草》註云：仲景治傷寒下痢不止，心下痞硬，利在下焦者，赤石脂禹餘糧湯主之。赤石脂、禹餘糧各一斤，並碎之，以水六升，煎取二升，去柤，分二服。《雷公》云：看如石，輕敲便碎，可如粉也。兼重重如葉子雌黃，此能益脾，安五臟。

**元·徐彥純《本草發揮》卷一**　禹餘糧　味甘，寒、平，無毒。主欬逆寒熱煩滿，下利赤白，癥瘕，小腹痛結煩疼。成聊攝云：重可去怯。禹餘糧之重，以為鎮固。

**明·王綸《本草集要》卷五**　禹餘糧君　味甘，氣寒，無毒。牡丹為之使。主欬逆寒熱煩滿，下赤白，血閉癥瘕，大熱。鍊餌服之不飢，輕身延年。重氣以去怯，餘糧之重，為鎮固之劑也。

**明·滕弘《神農本經會通》卷六**　禹餘糧　君也。牡丹為之使。凡使誤用石中黃，并卵石黃，令人腸乾。狀如牛黃，有殼。《局》云：用火煅，醋淬七次，搗研，水飛細。形如鵝子卵，外有殼重疊，中有黃細末如蒲黃者，謂之石中黃。生東海池澤及山島中，或池澤中。又云：多出東陽山岸，茅山甚有好者。

味甘，氣寒、平，無毒。《湯》同。東云：療崩漏。《本草》云：主欬逆，寒熱煩滿，下赤白，血閉癥瘕，大熱。療小腹痛結煩疼。鍊餌服之，不飢輕身延年。《藥性論》云：君。味鹹，主治崩中。日華子云：治邪氣，及骨節疼，四肢不仁，痔瘻等疾。久服耐寒暑。又名太乙餘糧。《圖經》云：仲景治傷寒下痢不止，心下痞硬，利在下焦者，赤石脂禹餘糧湯主之。赤石脂、餘糧各一斤，并碎之，以水六升，煮取二升，去滓，分再服。《湯》云：《本草》同《本經》。

《本經》云：重可以去怯。禹餘糧之重，為鎮固之劑。雷公云：看即如石，輕敲便碎，可如粉也。兼重，重如葉子雌黃。此能益脾，安臟氣。雷云：石中黃，向裏赤黑黃，味淡，微跙。卵中黃，微酸，個個如卵，內有子一塊。此二名石，真似禹餘糧，不堪用也。若誤餌之，令人腸乾。《圖經》云：今圖上者，全是山石之形，都不作卵狀，與舊說小異。茅山甚有好者，狀如牛黃，重重甲錯，其佳處，乃紫色泯泯如麪，齧之無復磣。雖然，用之宜細研，以水淘取汁澄之，勿令有沙土也。蘇恭云：太乙禹餘糧與禹餘糧，本一物而有精粗之別。《局》云：禹餘糧是禹餘糧，漏下癥瘕用最良。入藥須知全用殼，有黃末者石中黃。禹餘糧，破癥結，又止漏下。

**明·劉文泰《本草品彙精要》卷二**　禹餘糧無毒　土石生。

**禹餘糧**出《神農本經》：**主欬逆，寒熱，煩滿，下赤白，血閉癥瘕，大熱。煉餌服之不飢，輕身延年。**以上朱字《神農本經》。療小腹痛結，煩疼。以上黑字名醫所錄。【名】白餘糧。【地】《圖經》曰：生東海池澤及山島中，或池澤中。今惟澤、潞州有之。多出東陽山岸間，茅山甚有好者，狀如鵝鴨卵，外有殼重疊，中有末如蒲黃。又若牛黃，重重甲錯。其佳處乃紫色泯泯如麪，齧之而無磣也。陶隱居云：平澤中有一種藤，苗似菝葜，根形如薯蕷者。禹山行乏食，採此以充糧而棄其所餘耳。張華《博物志》云：扶海洲上有草焉，名蒒草，其實食之如大麥。從七月稔熟，民斂至冬乃訖，名自然穀，亦曰禹餘糧。今藥中有禹餘糧者，世傳昔禹治水，棄其所餘食于江中而爲藥也。然則蒒草與此異物而同名也。其云棄之江中而爲藥，乃與生海池澤者同種乎？

【時】採：無時。【收】瓷器盛之。【用】石內細末。【色】黃白。【味】甘。【性】平，寒，緩。【氣】氣之薄者，陽中之陰。【臭】朽。【主】欬逆，煩滿。【助】牡丹爲使。【製】《雷公》云：凡修事四兩，先用黑豆五合、黃精五合、水二斗，煮取五升，置於瓷堝中。下禹餘糧著火煮，旋添，汁盡爲度。其藥氣自然香如新米，搗了，又研一萬杵方用。【治】療：《藥性論》云：止崩漏。日華子云：治邪氣及骨節疼，四肢不仁，痔瘻等疾。補：日華子云：久服耐寒暑。【合治】合赤石脂各一斤，並碎之，以水六升，煮取二升，去滓，分二服。治傷寒下利不止，心下痞鞕、音硬，或作靳。利在下焦者。○禹餘糧一枚，狀如酸餡者，入地埋一半，四面緊築，用炭一秤，發頂火一斤煅，以火三分耗二爲度。用濕砂土罨一宿，取出打去外面一重，細研，水淘澄五七度，將紙襯乾，再研數千遍，用甘草煎湯服二錢匕，治產後煩燥。○醋淬，細研，合乾薑末等分，空心酒服二錢，治白帶。○醋淬，細研一兩，合乾薑末五錢，空心酒服二錢，治赤帶。

**明·許希周《藥性粗評》卷四**　狂瀾一障禹餘糧。

禹餘糧，一名白餘糧。或謂昔禹治水，行山乏食，採以充糧，而棄其餘，故名。生東海池澤及山島中。形如鵝鴨卵，外殼重疊，中有細黃末如蒲黃。採無時。杜仲為之使，畏貝母、菖蒲。凡用連殼，火煅醋淬七次，搗研，以水細飛過。味甘，性平、寒，無毒。其氣下行。主治寒熱欬逆煩滿，下焦虛寒，瀉利不止，解邪毒，破癥瘕，清腸胃。煉服之不飢，輕身延年。成聊攝云：重可去怯，禹餘糧之鎮固，以為鎮固。

**明·鄭寧《藥性要略大全》卷八**　禹餘糧　療崩中漏下赤白，又能破癥瘕血閉，治咳逆寒熱煩悶。仲景云：治傷寒下痢不止，心下痞硬，利在下焦者，赤石脂禹餘糧湯主之。潔古云：治下痢赤白，大熱。味甘，氣寒、平。又云熱，無毒。牡丹為之使。凡用，煅煉醋淬七次，研細水飛過入藥。出潞州，形如鵝鴨卵，有殼重疊，其中有黃細末如蒲黃，無沙者佳。其石中之黃，味甘平者可服，不甘平者不宜輕服。《本草撮要》云：餘糧石大熱，煉餌之，不飢輕身延年。七潭云：今歙之東鄉藍田，地名接王亭，有石如之。外有殼如卵而厚半寸餘，大小不等，但其中末不甚黃，微帶青黑紫色。燒之略似硫黃氣。

**明·陳嘉謨《本草蒙筌》卷八**　禹餘糧　味甘，氣寒，無毒。採從潞州，屬山西。形如鵝卵。外殼重疊包裹，內黃細末一團。彷彿蒲黃，嚙甚糝齒。得之火煅醋淬，復用磁鉢重擂。水澄汁清，勿留砂土。入藥佐使，宜牡丹皮。療血閉癥瘕，赤白漏下；除寒熱煩滿，欬逆邪傷。久久餌之，輕身延壽。《經》曰：重可去怯。禹餘糧之重，乃為鎮固劑也。又石中黃子，乃餘糧未成。藏諸殼中，搖則水響。《本經》註云：水已凝者為餘糧，水未凝者為石中黃子也。亦堪久服，耐老輕身。仍有太乙餘糧，古方之中亦載。偏考諸說，俱未真知。或指水殼為然，是亦猜疑臆度。所云治病，與前小同。

**明·王文潔《太乙仙製本草藥性大全》卷六《本草精義》**　禹餘糧　生東

海池澤及山島池澤中，今澤、潞州有之。舊説形如鵝鴨卵，外殼重疊包裹，內黃細末一團，彷彿蒲黃，嚙甚糝齒。用之火煅醋淬，復用磁鉢擂，水澄汁清，勿留砂土。但圖上全是山石之形，都不作卵狀，與舊説少異。近年東陽山峰間，茅山甚有，好者壯如牛黃，重重甲錯，其佳處乃紫色，泯泯如麪，嚙之無復糝齒。今南人又呼平澤中有一種藤，葉如菝葜，根作塊有節，似菝葜而色赤，根形似薯蕷，謂之禹餘糧，言昔禹行山乏食，採此以充糧而棄其餘，此云白餘糧也。

**明·王文潔《太乙仙製本草藥性大全》卷六《仙製藥性》** 禹餘糧石君

味甘，氣寒，無毒。杜仲爲之使。 主治： 療血閉瘕癥，赤白漏下；除寒熱煩滿，欬逆邪傷。治小腹痛結煩疼，理骨節四肢不舉。祛邪氣神方，療痔疾秘旨。久久餌之，輕身延壽。《經》曰重可去祛，禹餘糧之重，乃爲鎮固劑也。 補註： 傷寒下痢不止，心下痞鞕，利在下焦者，赤石脂禹餘糧湯主之，二味各一斤，並碎之，水煎去滓服。〇治產後煩燥，禹餘糧一枚，狀如酸鎌者，入地埋一半，四面緊築，用炭一秤發頂火一斤，煅去火三分耗二爲度，用濕砂上罨一宿，方取打去外面一重，只使裏內，細研水淘澄五七度，將紙淋乾，再研數千遍。患者用甘草煎湯調二錢，只一服立效。〇治婦人帶下。白下，即禹餘糧一兩，乾薑等分； 赤下，禹餘糧一兩，乾薑半兩。右件禹餘糧皆用醋淬，搗研細爲末，空心溫酒調下二錢。

**明·皇甫嵩《本草發明》卷五** 禹餘糧上品，君。氣寒，平，味甘，無毒。 發明曰： 重可以去怯。禹餘糧之重，乃鎮固劑也。故《本草》主赤白漏下，除欬逆寒熱，煩滿大熱，下赤白血閉，癥瘕及小腹痛結煩疼。鍊餌服之，輕身益壽。〇姙婦患熱病，水調，塗臍間，能固胎。亦鎮固意也。得之火煅醋淬，磁鉢重研，水澄汁清，勿留砂土，入藥。牡丹皮為使。形如鴨卵，外面重疊包裹，內黃末一團，如蒲黃，無砂土者佳。

**明·李時珍《本草綱目》卷一〇石部·石類下** 禹餘糧《本經》上品

【釋名】白餘糧時珍曰： 石中有細粉如麪，故曰餘糧，俗呼爲太一禹餘糧。見太一下。承曰： 會稽山中出者甚多。彼人云昔大禹會稽于此，餘糧者本爲此爾。

【集解】《别錄》曰： 禹餘糧生東海池澤，及山島中或池澤中。弘景曰： 今多出東陽，形如鵝鴨卵，外有殼重疊，中有黃細末如蒲黃，無沙者佳。近年茅山鑿地大得之，極精好，狀如牛黃，重重甲錯。其佳處乃紫色靡靡如麪，嚼之無復磣，仙經服食用之。南人又呼平澤中一種藤，葉如菝葜，根作塊有節，似菝葜而色赤，味似薯蕷，謂爲禹餘糧，此與生池澤者復有髣髴。或疑今石即是太一也。頌曰： 今惟澤州、潞州有之。舊説形如鵝鴨卵，外有殼。今圖上者全是山石之形，都不作卵狀，與舊説小異。采無時。張華《博物志》言： 扶海洲上有蒒草，其實食之如大麥，名自然穀，亦名禹餘糧，世傳禹治水棄其所餘食于江中而爲藥。則蒒草與此異物同名，抑與生池澤者同種乎？時珍曰： 禹餘糧乃石中黃粉，生于池澤； 其生山谷者，爲太一餘糧。本文明白。陶引藤生禹餘糧，蘇引草生禹餘糧，雖名同而實不同，殊爲迂遠。詳太一餘糧下。

【修治】弘景曰： 凡用，細研水洮，取汁澄之，勿令有沙土也。斅曰： 見太一下。

【氣味】甘，寒，無毒。《别錄》曰： 平。權曰： 鹹。之才曰： 牡丹爲之使。伏五金，制三黃。

【主治】欬逆寒熱煩滿，下赤白，血閉癥瘕，大熱。鍊餌服之，不飢輕身延年《本經》。療小腹痛結煩疼《别錄》。主崩中甄權。治邪氣及骨節疼，四肢不仁，痔瘻等疾。久服耐寒暑大明。催生，固大腸時珍。

【發明】成無己曰： 重可去怯，禹餘糧之重，爲鎮固之劑。時珍曰： 禹餘糧手足陽明血分重劑也。其性濇，故主下焦前後諸病。李知先詩曰： 下焦有病人難會，須用餘糧、赤石脂。《抱朴子》云： 禹餘糧丸日再服，三日後令人多氣力，負擔遠行，身輕不極。其方藥多不録。

【附方】舊三，新六。 大腸欬嗽： 咳則遺矢者，赤石脂禹餘糧湯主之。方同下。《潔古家珍》。 冷勞腸泄： 不止。神效太一丹： 禹餘糧四兩，火煅醋淬，烏頭一兩，冷水浸一夜，去皮臍焙，爲末，醋糊丸梧子大。每食前溫水下五丸。《聖惠方》。 傷寒下痢： 不止，心下痞硬，利在下焦者，赤石脂禹餘糧湯主之。赤石脂、禹餘糧各一斤，並碎之，水六升，煮取一升，去滓，分再服。《仲景傷寒論要》。 赤白帶下： 禹餘糧火煅醋淬、乾薑等分，赤下乾薑減半，爲末。空心服二錢匕。《勝金方》。 崩中漏下： 青黃赤白，使人無子。禹餘糧煅研，赤石脂煅研，牡蠣煅研，烏賊骨、伏龍肝炒、桂心等分爲末。溫酒服方寸匕，日〔二〕服，忌葱、蒜。《張文仲備急方》。 育腸氣痛： 婦人少腹痛。禹餘糧爲末。每米飲服二錢，日二服，極效。《衛生易簡方》。 產後煩躁： 禹餘糧一枚，狀如酸鎌者，入地埋一半緊築，炭灰一斤煅之。濕土罨一宿，打破，去外面石，取裏面細者研，水淘五七度，日乾，再研萬遍。用甘草湯服二錢，一服立效。《經驗方》。 身面瘢痕： 禹餘糧、半夏等分爲末，鷄子黃和傅。先以布拭赤，勿見風，日三。十日，十年者亦滅。《聖濟録》。 大風癘疾： 眉髮墮落，遍身頑痹。禹餘糧二斤，白礬一斤，青鹽一斤，爲末。罐子固濟，炭火一秤煅之，從辰至戌。候冷研粉，埋土中，三日取出。每一兩，入九蒸九暴炒熟胡麻末三兩。每服二錢，荆芥茶下，日二服。《聖惠方》。

**明·梅得春《藥性會元》卷下** 禹餘糧 味甘，寒，氣平，無毒。一名白餘糧。生東海池澤及島中。 主治咳逆，寒熱煩滿，血閉癥瘕，大熱。療小腹痛結煩疼。鍊餌服之，且療崩漏。

**明·王肯堂《傷寒證治準繩》卷八** 禹餘糧 氣寒，味甘鹹，無毒。珍：禹餘糧，手足陽明血分重劑也。其性濇，故主下焦前後諸病。生搗細，羅過用。

**明·李中立《本草原始》卷八** 禹餘糧 會稽山中出者甚多。形如鵝鴨卵，外殼重疊包裹，中有細粉如麪，故曰餘糧。一云：昔禹行山乏食，採以充糧，而棄其餘，故名禹餘糧。禹餘糧：氣味：甘，寒，無毒。主治：欬逆寒熱煩滿，下赤白，血閉癥瘕，大熱。煉餌服之，不飢輕身延年。〇療小腹痛結煩疼。〇主崩中。〇治邪氣及骨節疼，四肢不仁，痔瘻等疾。久服耐寒暑。〇催生，固大腸。

修治：細研，水洮汁，澄之，勿令有沙土也。

之才曰：牡丹為之使，伏五金，制三黃。〇入手足陽明血分。《衛生易簡方》：治婦人小腹痛，禹餘糧為末，每米飲服二錢，日二服，極效。禹餘糧：君。〔禹餘糧，《本經》上品。〕

**明·張懋辰《本草便》卷二** 禹餘糧君 味甘，氣寒，無毒。 主欬逆，寒熱煩滿，下赤白，血閉；鍊餌服之不飢。

**明·李中梓《藥性解》卷一** 禹餘糧 味甘，性寒，無毒，不載經絡。主咳逆寒熱煩滿，崩中血閉癥瘕，骨節疼痛，四肢不仁，大熱痔瘻。牡丹、杜仲為使，畏貝母、菖蒲、銕器。按：禹餘糧，因禹行山中乏食，採此充糧，故以名之，則其無毒可知矣。太乙餘糧，本是一種，今諸家往往分別，惟陳藏器所言者近是。

**明·倪朱謨《本草彙言》卷一二** 禹餘糧 味甘濇，氣寒，無毒。入手足陽明經。 陶氏曰：禹餘糧，生東海池澤及山島中，池澤中亦有。今多出東陽，形如鵝卵，外有殼重疊，中有黃色細末如蒲黃，無沙者佳。近年茅山鑿池得之，極精好，狀如牛黃，重重甲錯。其佳處乃紫色，靡靡如麪，無復磣。 蘇氏曰：今南江平澤中一種藤，葉如菝葜，根作塊有節，味似薯蕷，亦名禹餘糧。又張華《博物志》言：海州有一種篩草，其實食之如大麥，名自然穀，亦名禹餘糧。世傳禹治水畢，棄其所餘于江海中，則此二種，與此異物同名，抑與生池澤者同種乎？ 李氏曰：禹餘糧，乃石中黃粉，生于池澤。其生山谷者，爲太乙餘糧，本文參究甚明。蘇氏引藤生、草生，雖名同而實不同，殊爲迂遠。雷氏曰：修治：見禹餘糧一觔，用黑豆一觔，水煮，以黑豆爛，去豆，取禹餘糧，用水漂淨，晒乾，研萬杵，極細用。凡使勿用石中黃，幷卵石黃。此二石真相似禹餘糧也。其石中黃，裏赤黑，味淡；卵石黃，味酸，個個如卵，內有子一塊，不可用也。 沈氏曰：萬曆朝戊申，歲大歉，江浙尤甚。會稽山中，土人掘取黃石末，研細如粉，滚水調食，味甘膩，可充飢。此亦名禹餘糧也。

禹餘糧：李時珍養肺金，固大腸之藥也。盧氏不遠曰：此得水土沖氣所種。故前古主欬逆煩滿、寒熱，下血閉，赤白漏下。凡屬水土不和，清濁混亂諸疾，用之奏效甚捷。但質性燥澀，如病髓虛血燥之證，勿用。 前賢李知先曰：下焦有病人難會，須用餘糧赤石脂。推此，則陳廷采所云：主下焦前後諸病，最的。 盧子繇先生曰：績平水土，有如神禹，故曰禹；煉餌服食，能止飢，故曰餘糧。

集方：潔古方治欬嗽則大腸遺矢者。用禹餘糧、赤石脂各等分，總和，以黑豆煮過，爲極細末，每服二錢，白湯調服。〇仲景《傷寒論要》治傷寒下痢不止，心下痞鞕，此痢在下焦也。用禹餘糧、赤石脂製法如前。各八兩，水四碗，煮減半服，去渣，再煮服。〇《經驗方》治婦人產後煩燥。用禹餘糧一味，用鹽泥數層封固，炭火煅半日，待冷取出，研末。每服二錢，甘草湯調服。〇《易簡方》治婦人諸病，小腹脹痛。用禹餘糧一味，製法如前。爲末。早服二錢，米湯調下。〇《勝金方》治婦人赤白帶漏。用禹餘糧一味製法同前。和炮薑等分，爲極細末，每服一錢，溫酒調下。〇張文仲《備急方》治婦人崩漏久不止，色兼青黃赤白雜色者。有此病者，必無子。用禹餘糧、製法同前。赤石脂、牡蠣，俱火煅各一兩，烏賊魚骨三兩，肉桂八錢，共研極細末。每服三錢，白湯調服。或用煉蜜作丸，亦可。〇《方脉正宗》治老人多滑泄，氣虛者，久愈不止。用禹餘糧四兩製法同前。白朮八兩，甘草一兩，補骨脂三兩，俱用酒拌炒，研爲末，和入禹餘糧末內。每服三錢，早晨參湯或米湯調下。或用飴糖作丸亦可。

**明·姚可成《食物本草·救荒野譜補遺·草類》** 禹餘糧食根。一名仙遺糧，一名冷飯團。昔禹王乏食，采此充糧，而棄其餘，故名。生山谷，采根食之。 禹餘糧，禹王采得濟饑荒。聖神猶自逢陽九，尼父曾遭陳蔡殃。禹餘糧好收藏，叮嚀再四旱隄防。

**明・顧逢柏《分部本草妙用》卷七兼經部・寒瀉**　禹餘糧　甘，寒，無毒。牡丹為使，伏五金，制三黄，畏貝母、菖蒲、銕器。入手足陽明血分。主治：　欬逆寒熱，煩滿，崩中，血閉癥瘕，骨節疼痛，四肢不仁，大熱痔瘻，催生，固大腸。　成無己曰：　重則去怯，餘糧鎮固之劑也。其性濇，故主下焦前後諸病。　李知先詩曰：　下焦有病人難會，須用餘糧赤石脂。

**明・鄭二陽《仁壽堂藥鏡》卷一**　禹餘糧　陶隱居云：　今多出東陽。形如鵝鴨卵，外有殼，重疊，中有黄細末，無砂者為佳。近年茅山鑿地，大得之。昔禹行山，乏食，采此充糧。　蕭炳云：　生東海池澤及山島中。牡丹皮為使。　氣寒，味甘，無毒。　《本草》云：　主欬逆，寒熱煩滿，下痢赤白，血閉癥瘕，大熱。　《本經》云：　重可去怯。禹餘糧之重，為鎮固之劑。《本草》註云：　仲景治傷寒下痢不止，心下痞硬，利在下焦者，赤石脂禹餘糧湯主之。赤石脂、禹餘糧各一斤，並碎之，以水六升，煎取二升，去滓分二服。

雷公云：　看如石，輕敲便碎，可如粉也。兼重重如葉子雌黄，此能益脾安藏氣。　張仲景治傷寒下痢不止，心痞悶，赤石脂禹餘糧湯主之。

**明・盧之頤《本草乘雅半偈》帙二**　禹餘糧《本經》上品　氣味：　甘，寒，無毒。　主治：　主欬逆，寒熱，煩滿，下赤白，血閉癥瘕，火熱。煉餌服之不飢，輕身延年。

覈曰：　出東海池澤，凡山島中池澤亦有之。形如鵝鴨卵，外有殼重疊，中有黄色細末如蒲黄，無沙者佳。近年茅山池澤中者極精好，狀如牛黄，重重甲錯，其佳處，乃紫色靡靡如麪，嚼之無復磣，其生成之因，已具太一餘糧條內。　修治：　細研水洮，取汁澄之，勿令有沙土可也。

參曰：　績平水土，有如神禹，故曰禹。然亦水土之精氣所鍾。土劣水勢，偏得水氣之專精者也。曰餘糧者，煉餌服之，不飢延年故也。氣味甘寒，對待火熱，及水土濁邪聚為寒熱，為欬逆，為煩滿，為赤白，為血閉，為癥瘕，或腎形無堅固性致洪水汎濫者，當捷如影響。神農嘗百草，別五味五氣，有毒無毒，及方域形色，功能優劣，以名藥物。若禹餘糧，績平水土，詮名曰禹，抑逆知後世之有神禹乎，余讀《本經》文，似出周人手筆，況太乙兩字，又出自老氏口角。

**清・顧元交《本草彙箋》卷一〇**　禹餘糧　餘糧，體重性濇，專入手足陽明血分。主下焦前後諸病。《抱朴子》云：　服禹餘糧丸，令人益氣，負擔遠行，身輕不竭。

生於池澤者爲禹餘糧，生於山谷者爲太一餘糧。　其中水黄濁者爲石中黄水，其凝結如粉者爲餘糧，凝乾如石者爲石中黄。

**清・穆石匏《本草洞詮》卷三**　禹餘糧　石中有細粉如麪，會稽山中甚多，俗謂大禹會稽於此所餘糧也。味甘，氣寒，無毒。入手足陽明經。治欬逆邪氣，骨節疼，小腹痛結，催生，固大腸。其性濇，故主下焦前後諸病。李知先云：　下焦有病人難會，須仗餘糧、赤石脂，是也。《抱朴子》謂禹餘糧丸令人多力，負擔遠行，身輕不極。未知然否？

**清・劉雲密《本草述》卷五**　禹餘糧　覈曰：　出東海池澤，凡山島中池澤亦有之。弘景曰：　形如鵝鴨卵，外有殼重疊，中有黄色細末如蒲黄，無沙者佳。近年茅山池澤中者極精好，狀如牛黄，重重甲錯，其佳處乃紫色靡靡如麪，嚼之無復磣也。磣，參上聲，食有沙也。

氣味：　甘，寒，無毒。　《別錄》曰：　平。　權曰：　鹹。

主治：　欬逆寒熱煩滿，下赤白，血閉癥瘕，大熱。煉餌服之不飢《本經》。療小腹痛結，煩疼《別錄》。　主崩中甄權。　治氣證脹滿，咳嗽遺矢，癲。泄瀉血痢，遺精方書。　之頤曰：　績平水土，有如神禹，故曰禹。然亦水土之精氣所鍾，土劣水勢，偏得水氣之專精者也。氣味甘寒，對待火熱及水土濁邪，聚為寒熱，為欬逆，為煩滿，為赤白，為血閉，為癥瘕，或腎形無堅固性致洪水汎濫者，當捷如影響。　又曰：　余讀《本經》，文似出周人手筆，況太乙兩字，又出自老氏口角。

愚按：　太一餘糧暨禹餘糧，如之頤所云，咸鍾水土精氣融結成形者，其説固中肯也。第太一餘糧在陶隱居時，已云今世不復識此種矣，毋怪乎方書用者之不獲一見也。唯是禹餘糧，據《本經》謂其甘寒，而《別錄》曰平，甄權曰鹹。又據《本經》及《別錄》、甄權主治，皆不外於甘寒平鹹之所對待，則之頤所謂偏得水氣之專精者，良不謬也。第水土原合德以立地，斯味雖得水氣之精，故亦不能離於土以成形。觀其於外有殼重疊，於中又有黄色細末，則其相合以凝者，非塊然一物，實本於在地之陰，而具水流土止，生化離合之精氣，有不等於草木臭味者，然亦何以明之？　曰：　如甘寒除大熱，即草木類得奏功，惟是水之精假合於土，以全地道之生化，就所治諸證，如血閉癥瘕及小腹痛結，又如下赤白及女子崩中，並能使行止得宜者，謂非土成乎水，水潤乎土，乃能咸宜如斯歟。故方書中有同諸味而藉之為補者，如氣證之養氣丹，遺精之八仙丹，鹿茸益精丸，泄瀉之震靈丹，皆是也。又試觀脹滿之禹餘糧丸，補而兼行。血痢之蒲黃散，行而有補。癲證之五邪湯，行勝於補，並皆此味同之，雖分兩多少之不齊，然要其逐隊以妙於用者，亦可思也。蓋因其具足水流土止，生化離合之精氣，應能如是，非草木所得儕者也。知此義，則可以能用此味，不致漫用之為鎮固劑，如成無己所說矣。在李知先詩曰：下焦有病人難會，須用餘糧赤石脂。此二語者，蓋為禹糧得水氣之專精，而赤脂亦入下焦益精補髓。禹糧甘寒，而赤脂甘溫，且兼酸辛，故謂其能收。然亦具有能化之妙，唯固脫而止，與禹糧同用，二者相助為理，的的為下焦固陰之藥也。以是借名之曰鎮固，猶未足以盡赤脂，矧可以此二字目單行之禹糧乎？禹糧能除下焦陰中之邪，赤脂能收下焦陰中之氣，故得相合以為鎮固耳。夫禹糧能益陰虛，而除其煩熱痛結，《本經》《別錄》所說甚明。如女子產後煩燥投之，是一的證也，奈何瀕湖止襲其陋說，而不一尋繹乎？況方書各證之用，其竅會又何不一探討耶？醫之為道，固如是其莽耶。

附方　傷寒下痢不止，心下痞鞕，利在下焦者，赤石脂禹餘糧湯主之。赤石脂、禹餘糧各一斤，並碎之，水六升，煮取一升，去滓，分再服仲景方。崩中漏下青黃赤白，使人無子，禹餘糧煅研，赤石脂煅研，牡蠣煅研，烏賊骨、伏龍肝炒、桂心等分為末，溫酒服方寸匕，日服。忌葱、蒜。　產後煩躁，禹餘糧一枚，狀如酸饊者，入地埋一半，緊築炭灰一斤，煅之，濕土罨一宿，打破，去外面石，取裏面細者，研水，淘五七度，日乾，再研萬遍，用甘草湯服二錢，一服立效。

修治　細研，水洮淘同，取汁澄之，勿令有沙土，可也。

**清・郭章宜《本草匯》卷一八**　禹餘糧　味甘、鹹，寒。療血閉癥瘕，赤白漏下。除煩滿欬逆，寒熱結痛。

按：禹餘糧，手足陽明血分重劑也。其性濇，故主下焦前後諸病。李知先詩曰：下焦有病人難會，須用餘糧赤石脂。

生潞州。細研，水澄飛，勿令有沙土。牡丹為之使。

**清・蔣居祉《本草擇要綱目・熱性藥品》**　禹餘糧石中有細粉如麵，故曰餘糧。凡用，研水取汁，澄之，勿令有沙土。　氣味：甘，寒，無毒。入手足陽明血分重劑也。　主治：欬逆寒熱，煩滿，下赤白，血閉癥瘕大熱。鍊餌服之不飢，輕身延年。療小腹痛結煩疼，主崩中。治邪氣及骨節疼，四肢不仁痔瘻等疾。久服耐寒暑，催生，固大腸。夫重可去怯，禹餘糧之重為鎮固之劑，其性濇，又主下焦前後諸病。

**清・王翃《握靈本草》卷一**　禹餘糧石中有細粉如麩，俗呼太一禹餘糧。會稽山中甚多。舊說形如鵞鴨卵，今皆是山石形。凡用細研，水洮取汁。　主治：禹餘糧，甘，寒，無毒。主欬逆，寒熱煩滿，下赤白，血閉癥瘕，催生，固大腸。

**清・汪昂《本草備要》卷四**　禹餘糧重，濇，固下。　甘，平，性濇。手足陽明大腸、胃血分重劑。治欬逆下痢，血閉癥瘕血崩，能固下，李知先曰：下焦有病人難會，須用餘糧赤石脂。又能催生。　石中黃粉，生于池澤。無砂者良。牡丹爲使。

**清・陳士鐸《本草新編》卷五**　禹餘糧　味甘，氣寒，無毒。入脾、胃、大腸。療血閉瘕癥，止赤白漏下，除寒熱煩滿、咳逆邪傷。《經》曰：重可去怯。禹餘糧〔之重〕，正鎮固之劑，可用之止滑也。但止可暫用以固脫，不可久服以延年。《本經》言耐老輕身，予不敢信。

或問：禹餘糧，傳大禹治水之時，棄糧于山中，乃成此物，故凶荒之時，可掘而服食以救饑，果有之乎？曰：此好事者之言也。禹餘糧乃山中之土，異于凡土則有之，豈能療飢以活命。夫饑饉之民，腸胃未有不虛弱者。用禹餘糧之重物以充飢，非充飢也，正所以速之死耳。

遠公註《本草》，憫禹餘糧之不可救荒，請命于我。我嘉遠公善心之無窮也，傳一法以救飢。遇凶荒之年，朝東方日出時，心中注定于太陽，不必朝對太陽也，用口開吸太陽之氣，自覺為我吞入，嚥下腹中一口，口中漱津一口，嚥送腹中。如此七次，不必再嚥。但飲滾水，食青草，再不死矣。此救飢之妙法也，特誌之。

**清・李熙和《醫經允中》卷二〇**　禹餘糧　丹皮為使。入手足陽明血分。　甘，寒，無毒。主治催生，固大腸。

**清・馮兆張《馮氏錦囊秘錄・雜症痘疹藥性主治合參》卷五**　禹餘糧　療血閉癥瘕，赤白漏下。除寒熱煩滿，欬逆邪傷。

**清・张璐《本經逢原》卷一**　禹餘糧《本經》名白餘糧，與太乙餘糧功用皆同。　甘，平，無毒。細研，水淘澄之，勿令有砂土。　《本經》主欬逆寒熱煩滿，下痢赤白，血閉癥瘕，大熱。鍊餌服之，不飢輕身延年。發明：重可以去怯，禹餘糧之重為鎮固之劑，手足陽明血分藥。其味甘，故治欬逆寒熱煩滿之病。其性澀，故主赤白帶下，前後諸病。仲景治傷寒下利不止，心下痞鞕，利在下焦，赤石脂禹餘糧丸主之，取重以鎮痞逆，澀以固脫泄也。《抱朴子》云：禹餘糧丸日再服，三日後令人多氣力，負擔遠行，身輕不飢，即《本經》輕身延年之謂。

**清·張志聰、高世栻《本草崇原》卷上** 禹餘糧 氣味甘，寒，無毒。主治咳逆，寒熱煩滿，下赤白，血閉，癥瘕大熱，煉餌服之，不飢，輕身延年。禹餘糧始出東海池澤及山島中，今多出東陽澤州、潞州，石中有細粉如麵，故曰餘糧。李時珍曰：禹餘糧乃石中黃粉，生於池澤，其生於山谷者，為太一餘糧也。仲祖《傷寒論》云：汗家重發汗，必恍惚心亂，小便已陰痛，宜禹餘糧丸。全方失傳，世亦罕用。

**清·王子接《得宜本草·上品藥》** 禹餘糧 味甘，寒。入手足陽明經。功專鎮固下焦。得赤石脂治傷寒下利，得乾薑治赤白帶下，得牡蠣、烏鰂魚骨、桂心治崩中漏下。

**清·徐大椿《神農本草經百種錄》上品** 禹餘糧 味甘，寒。主欬逆，補中降氣，不使上逆。寒熱，除脾胃氣虛及有濕滯之寒熱。煩滿，補脾之功。下赤白，質燥性寒，故能除濕熱之疾。血閉癥瘕，消濕熱所滯之瘀積。大熱。熱在陽明者必甚，此能除之。鍊餌服之，不飢，其質類穀粉而補脾土，所以謂之糧而能充飢也。輕身延年。補養後天之效。禹餘糧，色黃、質膩、味甘，乃得土氣之精以生者也。故補益脾胃，除熱燥濕之功為多。○凡一病各有所因，治病者必審其因而治之，所謂求其本也。如同一寒熱也，有外感之寒熱，有內傷之寒熱，有雜病之寒熱，若禹餘糧之所治，乃脾胃濕滯之寒熱也。後人見《本草》有治寒熱之語，遂以治凡病之寒熱，則非惟不效，而且有害。自宋以來，往往蹈此病，皆《本草》不講之故耳。

**清·黃元御《長沙藥解》卷一** 禹餘糧 味甘，微寒，入足太陰脾、足少陰腎、足厥陰肝、手陽明大腸經。止小便之痛濇，收大腸之滑泄。《傷寒》禹餘糧丸原方失載，治汗家重發汗，恍惚心亂，小便已陰痛者。以發汗太多，陽亡神敗，濕動木鬱，水道不利，便後滯氣梗澀，尿孔作痛。禹餘糧甘寒收濇，秘精斂神，心火歸根，坎陽續復，則乙木發達，滯開而痛止矣。赤石脂禹餘糧湯方在石脂用之治大腸滑脫，利在下焦者，以其收濕而斂腸也。禹餘糧斂腸止泄，功同石脂。長於泄濕，達木鬱而通經脈，止少腹骨節之痛，治血崩閉經之恙，收痔瘻失血，斷赤白帶下。煎湯，生研作丸、散，煅紅、醋淬、研細用。

**清·吳儀洛《本草從新》卷五** 禹餘糧〔重，澀，固下。〕 甘，平，性澀。手足陽明大腸、胃血分重劑。治咳逆下痢，血閉癥瘕血崩。能固下，李知先〔李知先《活人書括》。〕云：下焦有病人難會，須用餘糧赤石脂。又能催生。石中黃粉。生於池澤，無沙者佳。修治同上。

**清·汪紱《醫林纂要探源》卷三** 禹餘糧 甘，濇，平。石如卵，生池澤中。層層可剝，其中所涵黃粉，則曰禹餘糧。補脾，斂固胃氣，瀉肝，去瘀血，厚大腸。大腸，肺之表，斂濇在下焦，則所以補大腸，而固下止脫也。能通血閉，止血崩，催生產。

**清·嚴潔等《得配本草》卷一** 禹餘糧 牡丹為之使。制五金、三黃。甘寒，重澀。入手足陽明經血分。固下焦。治煩滿、癥瘕、腸泄、下痢，四肢不仁，骨節疼痛，久遠痔瘻。配赤石脂，治大腸咳嗽。嗽即遺矢。配赤石脂、牡蠣粉、烏賊骨、伏龍肝，治崩中漏下。丹皮同煮，日乾用，或火煅醋淬用。

**題清·徐大椿《藥性切用》卷七** 禹餘糧 一名太一餘糧。甘平性濇，入手足陽明血分。收欬止痢，澁脫定崩。細研，水淘，醋拌，煅。

**清·黃宮繡《本草求真》卷二** 禹餘糧體重鎮怯固脫。禹餘糧耑入大腸，兼入心腎。甘平，性濇質重。時珍曰：生於池澤者為禹餘糧，生於山谷者為太乙餘糧。其中水黃濁者為石中黃水，其凝結如粉者為餘糧。凝乾如石者為石中黃，性味功用皆同，但入藥有精粗之等耳。故服食家以黃(之)〔水〕為上，太乙次之，禹餘糧又次之，但禹餘糧乃石中黃粉。既能濇下固脫，復能重以祛怯，仲景治傷寒下利不止，心下痞鞕，利在下焦，赤石脂禹餘糧丸主之。取重以鎮痞逆，濇以固脫泄也。時珍曰：禹餘糧，手足陽明血分重劑也，其性濇，故主下焦前後諸病。功與石脂相同，而禹餘之質重於石脂，石脂之溫過於餘糧，不可不辨，取無砂者良，牡丹為使，細研淘取汁澄用。

**清·羅國綱《羅氏會約醫鏡》卷一八金石水土部** 禹餘糧甘味平性濇，入胃、大腸二經。二經血分重劑。治血閉癥瘕、崩中帶漏，濇能固下。又能催生。石中黃粉，生於池澤無砂者良。

**清・陳修園《神農本草經讀》卷二上品**　禹餘糧　氣味甘寒，無毒。主咳逆，補中降氣，不使上逆。寒熱，除脾胃濕滯之寒熱，非謂可以通治寒熱。煩滿，性寒除熱，即可以止煩；質重降逆，即可以泄滿。下利赤白。除濕熱之功。血閉癥瘕，消濕熱所滯之瘀積。大熱。熱在陽明者，熱必甚，此能除之。煉餌，服之不飢，其質類穀粉而補脾土，所以謂之糧而能充飢也。輕身延年。補養後天之效。按李時珍曰：生池澤者，為禹餘糧；生山谷者，為太一餘糧。《本經》雖分兩種，而治體則同。

**清・黃凱鈞《藥籠小品》**　禹餘糧　甘平性濇，入胃大腸血分，能固下，治血痢血崩，研漂。

**清・王龍《本草纂要稿・金石部》**　禹餘糧　氣味甘溫，無毒。療血閉癥瘕，赤白漏下，除寒熱煩滿，咳逆邪傷。蠲四肢不仁，骨節疼痛。治小腹痛結，催生固腸。入手足陽明經。

**清・張德裕《本草正義》卷下**　禹餘糧　甘，澁，大溫。入胃、大腸。治瀉痢脫肛，崩中漏下。亦用其溫固收斂而已，與石脂類同。

**清・楊時泰《本草述鉤元》卷五**　禹餘糧　績平水土，有如神禹，故名。出東海池澤，凡山島中池澤亦有之。形如鵝鴨卵，裏殼重疊，中有黃色細末如蒲黃，無沙者佳。近出茅山池澤中者極精好，狀如牛黃，重重甲錯，其佳處乃紫色，靡靡如麪，嚼之無磣。磣，食有沙也。　味甘，鹹，氣平，寒。治欬逆寒熱煩滿，主崩中，下赤白，血閉癥瘕，大熱，療小腹痛結煩疼。煉餌服之不飢。方書治氣證脹滿，欬嗽遺矢，癲，泄瀉，血痢，遺精。禹餘糧水土之精氣所鍾，土劣水勢，偏得水氣之專精者也。氣味甘寒，對待火熱及水土濁邪。聚為寒熱，為欬逆，為煩滿，為赤白，為血閉，為癥瘕。或腎形無堅固性，致洪水氾濫者子由。傷寒下痢不止，心下痞鞕，利在下焦者，赤石脂、禹餘糧各一斤，並碎之，水六升，煮取一升，去渣分再服。崩漏五色，使人無子，禹餘糧、赤石脂、牡蠣各煅研，烏賊骨、伏龍肝、桂心等分，為末，每溫酒服方寸匕。忌葱、蒜。產後煩躁，禹餘糧一枚，入地埋一半，緊築，炭灰一斤煅之，濕土罨一宿，打破，去外面石，取裏面細者，研水淘五七度，日乾，再研萬遍，用甘草湯服二錢，一服立效。

論：餘糧二種，咸鍾水土精氣融結成形，而禹餘偏得水氣之專精者。夫甘寒除熱，即草木類能奏功，惟是水之精，假合於土，以全地道之生化，則其具足水流土止，生化離合之精氣，諒非草木所得儕，故能益下焦陰虛而除煩熱痛結，如女子產後煩燥，投之立效，是一的證也。禹糧能除下焦陰中之邪，赤脂能收下焦陰中之氣，故相合以成鎮固之功。　修治：細研，水淘取汁，澄之，勿令有沙土可也。

**清・葉桂《本草再新》卷八**　禹餘糧味甘，性平，無毒。入脾、胃二經。　治欬逆下痢，血閉血崩，能固下，又能催生。

**清・趙其光《本草求原》卷二五石部**　禹餘糧　石內黃粉。氣寒，屬水；味甘，屬土。水土合德，能使水流土止，以除濕熱。如禹平水土之能，故名。故治寒熱，脾胃濕滯之病。赤白痢，濕熱在大腸，合赤石脂煎服。赤白帶，濕熱注前陰，醋淬，同乾薑研。崩漏，同赤石脂、牡蠣、海蛸、伏龍肝、桂研，酒下。冷泄，醋煅，同烏頭，醋糊丸，水下。少腹產腸氣痛，為末，飲下。產後煩躁，甘草湯下。癘瘋頑痹，濕毒所成，每二斤入白礬、青鹽各一斤，罐封煅一日，每一兩合九蒸曬，炒胡麻三兩，荊芥茶下。滅瘢痕，同半夏、雞子黃敷。催生，下焦之濕除，則不阻胎。又甘補中，重鎮降氣。故治大腸咳嗽，咳則遺矢。煩滿，寒瀉熱則止煩，降逆則除滿。咳嗽方同冷泄。血閉癥瘕，濕熱滯則瘀積。大熱，濕熱在胃，大腸則甚。骨節痛，痔瘻。久服耐寒暑，固大腸。水濕去，則土氣運，而血液自固，陰中之邪除，即陰氣受益，故煩熱痛結可治，而產後煩躁可除，是即赤石脂益精髓之義，以除邪而全地道之生化也。世人乃謂其收澀，豈血閉癥瘕、小腹痛結脹滿亦澀劑可治乎？　生山谷者，為太一餘糧；生池澤無砂者，為禹餘糧。功同，而禹糧勝。研細，水飛用。

**清・葉志詵《神農本草經贊》卷一**　禹餘糧　味甘，寒。主欬逆，寒熱煩滿，下痢赤白，血閉癥瘕大熱。鍊餌服之不飢，輕身延年。生池澤及山島中。

蠱為穀飛，糧亦羽化。等潤川流，敷榮巖罅。赤散餘霞，黃吹晚穲。知白辨名，禹功休訝。

《左傳》：穀之飛亦為蠱。《晉書・傳》：好道者皆謂之羽化。陶弘景曰：有殼重疊。中有細末如蒲黃。又一種有節而色赤。范成大詩：早秈與晚穲。《道德經》：知其白。名醫曰：一名白餘糧。按《神農經》：自非夏禹也。

**清・文晟《新編六書》卷六《藥性摘錄》**　禹餘糧　甘，平，性濇。質重濇下，鎮怯固脫。○取無砂者良。細研，淘取汁，澄用。

**清・張仁錫《藥性蒙求・金石部》**　禹餘糧三錢　禹餘糧平，性濇入營。胃腸虛滑，固下神功。甘，平。入胃、大腸二經血分。重濇固下，又能催生。研粉，水飛煅用。

**清・戴葆元《本草綱目易知錄》卷七**　禹餘糧　甘，寒。手足陽明血分重劑藥。其性澁，主下焦前後諸病。催生，固大腸，治嘔逆寒熱，煩滿腸瀉，漏下赤白，血閉癥瘕，骨節煩疼，四肢不仁，崩帶痔瘻等疾。伏五金，制三黃。煅研，醋淬，水飛，曝用。

**清・黃光霽《本草衍句》**　禹餘糧甘，濇。　斂濇在下焦，厚大腸而固胃氣。手足陽明血分重劑。結痛在下，腹通瘀血而止血崩。固下止脫。咳逆久痢，帶下摧生。得乾薑治赤白帶下。《備急方》治崩中漏下，青黃赤白，使人無子。禹餘糧、赤石脂、牡蠣，煅研，烏賊骨、伏龍肝、桂心，等分為末，溫酒下。忌葱、蒜。《聖濟錄》治身面瘢痕，禹餘糧、半夏，等分為末，雞子黃和傅，先以布拭赤，勿令見風日，年久亦滅。　大腸咳嗽(欬)則遺矢者，赤石脂禹餘糧湯主之。　傷寒下痢不止，心下痞鞕，利在下焦者，赤石脂禹餘糧湯主之，赤石脂良，煎服。

**清・陳其瑞《本草撮要》卷六**　禹餘糧　味甘，平，性濇，入手足陽明經，功專鎮固下焦。得赤石脂治傷寒下利，得乾薑治赤白帶下，得牡蠣、烏鰂骨、桂心治崩中帶下。是藥既能固下，亦能催生。

**清・仲昴庭《本草崇原集説》卷一**　禹餘糧　【略】仲氏曰：《傷寒集注》云：　禹餘糧生於山澤中，秉水土之專精，得土氣則穀精自生。得水氣則陰疼自止。此方失傳，或有配合。又《傷寒直解》云：　餘糧生於山谷者，得土之精。生於水澤者，得水之精。水精足則陰疼自止。全方失傳，其配合不可考矣！二書見《醫學真傳》高頭注。按禹餘糧丸及赤石脂禹餘糧湯，皆入太陽篇，其湯方餘糧一味，《集注》以為兩種並用，連赤石脂共三味。

## 太一餘糧

**宋・唐慎微《證類本草》卷三玉石部上品〔《本經・別錄・藥對》〕**　**太一餘糧**　**味甘，平**，無毒。**主咳逆上氣，癥瘕，血閉，漏下，除邪氣**，肢節不利，大飽絕力身重。**久服耐寒暑，不飢，輕身，飛行千里，神仙。一名石腦。**生太山山谷。九月採。杜仲爲之使，畏貝母、菖蒲、鐵落。

〔梁・陶弘景《本草經集注》〕云：　今人惟總呼爲太一禹餘糧，自專是禹餘糧爾，無復識太一者，然療體亦相似，仙經多用之，四鎮丸亦總名太一禹餘糧。

〔唐・蘇敬《唐本草》〕注云：　太一餘糧及禹餘糧，一物而以精、麤爲名爾。其殼若瓷，方圓不定，初在殼中未凝結者，猶是黃水，名石中黃子。久凝乃有數色，或青、或白、或赤、或黃。年多變赤，因赤漸紫。自赤及紫，俱名太一。其諸色通謂餘糧。今太山不見採得者，會稽、王屋、澤、潞州諸山皆有之。

〔宋・掌禹錫《嘉祐本草》〕按：　《吳氏》：　太一禹餘糧，一名禹哀。神農、岐伯、雷公：　甘，平。季氏：　小寒。扁鵲：　甘，無毒。生太山上，有甲，甲中有白，白中有黃，如鷄子黃色。九月採，或無時。

〔宋・唐慎微《證類本草》〕《圖經》　文已具禹餘糧條下。陳藏器云：　蘇云禹餘糧及太一禹餘糧，皆以精麤爲名。　餘糧中黃子，年多變赤，從赤入紫，俱名太一餘糧。雜色者即禹餘糧。案：　蘇恭此談，直以紫色爲名，都無按據，且太一者，道之宗源，太者大也，一者道也，大道之師，即禹之理化神君，禹之師也。師常服之，故有太一之名。兼服混然。張司空云：　還魂石中黃子，鬼物禽獸守之，不可妄得，即其神物也。會稽有地名蓼，出餘糧，土人掘之，以物請買，所請有數。依數必得，不可妄求，此猶有神，豈非太一也。雷公云：　凡使，勿誤用石中黃幷卵石黃，此二名石。真似禹餘糧也。其石中黃，向裏赤、黑、黃，味淡微跙。卵石黃，味酸。個個如卵，內有子一塊，不堪用也。若誤餌之，令人腸乾。太一禹餘糧，看即如石，輕敲便碎，可如粉也。兼重重如葉子雌黃，此能益脾，安藏氣。凡修事四兩，先用黑豆五合，黃精五合，水二斗，煮取五升，置于瓷堝中，下禹餘糧，著火煮，旋添，汁盡爲度。其藥氣自然香如新米，擣了又研一萬杵方用。

**宋・王繼先《紹興本草》卷二**　太一餘糧　紹興校定：　太乙餘糧與禹餘糧本一物也，特以形色為別爾。主療之文《本經》具載。入藥亦當煅淬用之。按《唐本》注云：　或青或白，或赤或黃，年多變赤，因〔赤〕漸紫，白赤及紫，俱名太一。其諸色通謂之餘糧。今定太乙餘糧，赤紫者為是。味甘，平，無毒。其名太一之說，雖具陳藏器，然唐注〔其〕〔甚〕明。

**宋・劉明之《圖經本草藥性總論》卷上**　太一餘糧　味甘，平，無毒。主欬逆上氣，癥瘕血閉漏下，除邪氣，肢節不利，大飽絕力身重。雷公云：　太一餘糧，看即如石，輕敲便碎，可如粉也。兼重重如葉子雌黃，此能益脾安藏氣。

**明・劉文泰《本草品彙精要》卷二**　太一餘糧無毒　土石生。

**太一餘糧**出《神農本經》：　**主欬逆上氣，癥瘕，血閉，漏下，除邪氣，久服耐寒暑，不飢，輕身，飛行千里，神仙。**以上朱字《神農本經》。肢節不利，大飽，絕力，身重。以上黑字名醫所錄。　【名】石腦、禹哀。　【地】《圖經》曰：　生泰山山谷。蘇恭云：　此與禹餘糧但以精粗爲別，其精者爲太一也。其殼若瓷，方圓不定，初在殼中未凝結者，猶是黃水，名石中黃子。久凝乃有數色，或青，或白，或赤，或黃。年多變赤，因赤漸紫，惟赤及紫者俱名太一，其餘通謂之禹餘糧也。今醫家用之，亦不能如此分別。陳藏器云：太一者，道之宗源。太者，大也；一者，道也。大道之師，即禹之理化神君，禹之師也。師常服之，故有太一之名。蘇恭直以紫赤、精粗爲名，都無按據。《雷公》云：太一禹餘糧，看即如石，輕敲便碎如粉，兼重重如葉子雌黃也。謹按：諸說禹餘糧、太一餘糧之源固有所自，以至理論之，未無疵也。蓋嘗藥命名，肇自神農，二種之名皆神農朱書所載。一云禹餘糧，爲大禹食餘而名；一云太一，爲理化神君常食而名。殊未可信。且禹後神農而出，安得未生而預有其名乎？理化先禹而生，焉有先師而取弟之名乎？如丁公藤、劉寄奴、何首烏之類，一時感遇，因人致名，好事者遂以此例之。若蘇恭以爲禹餘、太一之異者，但精粗之分耳，此說似爲得之。【時】採：無時，或九月取。【用】石殼中末。【色】赤、紫。【味】甘。【性】平，緩。【氣】氣之薄者，陽中之陰。【臭】朽。【主】癥瘕血閉。【助】杜仲爲之使。【反】畏貝母、菖蒲、鐵落。【製】與禹餘糧同。【治】療：《圖經》曰：定六腑，鎮五臟。補：雷公云：益脾，安臟氣。【贋】石中黃並卵石黃，此二石真似禹餘糧也。其石中黃向裏赤黑黃，味淡微跙。卵石黃味酸，個個如卵，內有子一塊，不堪用也。若誤餌之，令人腸乾。

**明・王文潔《太乙仙製本草藥性大全》卷六《本草精義》** 太乙餘糧 一名禹哀，一名石腦。生泰山山谷，上有甲，甲中有白，白中有黃，如鷄子黃色。唐註云：太一餘糧及禹餘糧一物而以精粗爲名爾。其殼若瓷，方圓不定，初在殼中未凝結者，猶是黃水，名石中黃子。久凝乃有數色，或青，或白，或赤，或黃，年多變赤，因赤漸紫，自赤及紫俱名太一，其諸色通謂餘糧。今太山不見採得者，會稽、王屋、澤、潞州諸山皆有之。

**明・王文潔《太乙仙製本草藥性大全》卷六《仙製藥性》** 太乙餘糧 味甘，氣平，無毒。主治：主欬逆上氣神方，破癥瘕血閉秘旨。邪氣肢節不利，用此即除；大飽絕力身重，服之立愈。久服耐寒暑而不飢，輕身飛行於千里。太乙曰：凡使勿誤用石中黃并卵石黃，此二名石，真似禹餘糧也。其石黃內裏赤黑黃，味淡微跙；卵石黃酸味，個個有卵，內有子一塊，不堪用也。若誤餌之，令人腸乾。○太乙餘糧看即如石，輕敲便碎，可如粉也。兼重重如葉子雌黃，此能益脾，安臟氣。凡修事四兩，先用黑豆五合，黃精汁五合，水二斗，煮取五升，置於甆鍋中，下禹餘糧，著火煮，旋添，汁盡爲度，其藥氣自然香如新米，擣了又研一萬杵方用。按：（據）且太一者，道之宗源。太者，大也；一者，道也。大道之師，即禹之理化神君，禹之師也，師常服之，故有太一之名，兼服混然。禹餘糧者，禹王治水，棄其所餘食於江中而爲藥也。《博物志》云：扶海洲上有草焉，名曰蒒草，其實食之若大麥，從七月稔熟，民食至冬乃訖，名曰自然穀，亦曰禹餘糧。然則蒒草與此異物而同名也。《七潭》云：今歙之東鄉藍田，地名接王亭有石如之，外有殼如卵而厚半寸餘，大小不等，但其末不甚黃，微帶青黑紫色，燒之略似硫黃氣。

**明・皇甫嵩《本草發明》卷五** 太乙餘糧味甘，平。此能益脾，安臟氣。又云：治病與前餘糧小同，古方亦載。陳藏器云：太者，大也。一者，道也。大道之師，即理化神君，禹之師也。師常服之，故云太乙餘糧。註云：生太山上，有甲，甲中有白，白中有黃如雞子黃色。按：雷公云：太乙餘糧，看即如石，輕敲便碎如粉，兼重重如葉子雌黃。

**明・李時珍《本草綱目》卷一〇石部・石類下** 太一餘糧《本經》上品

【釋名】石腦《本經》 禹哀《吳普》。藏器曰：太一者，道之宗源。太者大也，一者道也。大道之師，即理化神君，禹之師也。師嘗服之，故有太一之名。張司空云：還魂石中黃子，鬼物禽獸守之，不可妄得。會稽有地名蓼，出餘糧。土人掘之，以物請買，所請有數，依數必得。此猶有神，豈非太一乎？【集解】《別錄》曰：太一餘糧生太山山谷，九月采。普曰：生太山。上有甲，甲中有白，白中有黃，如鷄子黃色。采無時。弘景曰：本草有太一餘糧、禹餘糧兩種，治體相同。而今世惟有禹餘糧，不復識太一。《登真隱訣》：長生四鎮丸云，太一禹餘糧，定六腑，鎮五臟。合其二名，莫辨何者的是？今人亦總呼爲太一禹餘糧。有人于銅官采空青于石坎，大得黃赤色石，極似今之餘糧，而色過赤好，疑此是太一也。彼人呼爲雌黃，塗物正如雄色。恭曰：太一餘糧及禹餘糧，乃一物而以精粗爲名爾。其殼若瓷，方圓不定。初在殼中未凝結，猶是黃水，名石中黃子。久凝乃有數色，或青或白，或赤或黃。年多變赤，因赤漸紫。紫及赤者，俱名太一。其諸色通謂禹餘糧。今太山不見采得，而會稽、王屋、澤、潞州諸山皆有。陶云黃赤色，疑是太一。然無殼裹，殊非的稱。斆曰：凡使，勿誤用石中黃並卵石黃，二石真相似。其石中黃向裏赤黑黃，味淡微跙。卵石黃味酸，個個如卵，內有子一塊，不堪用。若誤餌之，令人腸乾。太一餘糧看即如石，輕敲便碎如粉，兼重重如葉子雌黃也。宗奭曰：太一餘糧，是用其殼也，故入藥須火燒醋淬。石中黃是殼中乾者及細末者。石中黃水，是未成餘糧黃濁水也。時珍曰：按《別錄》言，禹餘糧生東海池澤及山島，太一餘糧生太山山谷，石中黃出餘糧處有之，乃殼中未成餘糧黃濁水也。據此則三者一物也。生于池澤者爲禹餘糧，生于山谷者爲太一餘糧，其中水黃濁者爲石中黃水，其凝結如粉者爲餘糧，凝乾如石者爲石中黃。其説本明，而注者臆度，反致義晦。晉宋以來，不分山谷、池澤所産，故通呼爲太一禹餘糧。而蘇恭復以紫赤色者爲太一，諸色爲禹餘糧。皆由未加詳究本文也。寇宗奭及醫方乃用石殼爲禹餘糧，殊不察未成餘糧黃濁水之文也。其殼粗頑不入藥。《庚辛玉册》云：太一禹餘糧，陰石也，所在有之。片片層叠，深紫色。中有黃土，名曰石黃。其性最熱，冬月有餘糧處，其雪先消。《雲林石譜》云：鼎州祈闍山出石，石中有黃土，目之爲太一餘糧。色紫黑，礧塊大小圓扁，外多粘綴碎石，滌去黃土，即空虛可貯水爲硯。《滴丹方鑒》云：五色餘糧及石中黃，皆可乾汞，出金色。

【修治】斅曰：凡修事，用黑豆五合，黃精五合，水二斗，煮取五升。置瓷鍋中，下餘糧四兩煮之。旋添，汁盡爲度，其藥氣自然香如新米，搗了，又研一萬杵，方用。

【氣味】甘，平，無毒。普曰：神農、岐伯、雷公：甘，平。李當之：小寒。扁鵲：甘，無毒。之才曰：杜仲爲之使。畏貝母、菖蒲、鐵落。

【主治】欬逆上氣，癥瘕血閉漏下，除邪氣，肢節不利。久服耐寒暑不飢，輕身飛行千里，神仙《本經》。治大飽絶力身重《别録》。益脾，安臟氣雷斅。定六腑，鎮五臟弘景。

【發明】時珍曰：禹餘糧、太一餘糧、石中黃水，性味功用皆同，但入藥有精粗之等爾。故服食家以黃水爲上，太一次之，禹餘糧又次之。《列仙傳》言，巴戎赤斧上華山，餌禹餘糧，即此。

**明·李中立《本草原始》卷八** 太一餘糧 生太山。上有甲，甲中有白，白中有黃，如雞子黃色。采無時。吳普、藏器曰：太一者，道之宗源。太者，大也；一者，道也。大道之師，即理化神君，禹之師也。師嘗服之，故有太一之名。太一餘糧：氣味：甘，平，無毒。主治：欬逆上氣，癥瘕血閉漏下，除邪氣，肢節不利。久服耐寒暑，不飢輕身，飛行千里，神仙。〇治大飽絶力身重。〇益脾，安臟氣。〇定五腑，鎮六臟。之才曰：杜仲為之使，畏貝母、菖蒲、鐵落。

修治：凡修事四兩，用黑豆五合，黃精五合，水二斗，煮取五升，置瓷鍋中，下餘糧煮之，旋添，汁盡為度。其藥氣自然香如新米。搗了，又研一萬杵方用。太一餘糧，《本經》上品。

**明·倪朱謨《本草彙言》卷一二** 太乙餘糧 味甘，氣平，無毒。

李氏曰：按陶氏言，禹餘糧生東海池澤及山島中，太乙餘糧生太山山谷。又石中黃，生餘糧處，乃殼中未成餘糧，先生黃濁水，後凝結也。據此，則三者一物也。今世知有禹餘糧，不復識太乙餘糧矣。諸山久不見采，唯會稽、王屋、澤、潞，所在諸山時有之。外裏若甲，甲中有白，白中有黃，似鷄子黃，而重重如葉子雌黃，輕敲便碎如粉，霏雪先消者是也。設中無黃粉，但有黃濁水者，爲石黃水；有凝結如石者，爲石中黃，非太乙餘糧也。其修治、製度，與禹餘糧同。其主治功能，亦與禹餘糧同。茲下不復贅。細考《登真隱訣》長生四鎮丸云：太乙餘糧，定六腑，鎮五藏，治久病，或卒暴致神志委頓不振者，服此立安。此又較禹餘糧稍增一功也。識者當心晤何如耳？

**明·盧之頤《本草乘雅半偈》帙一** 太一餘糧《本經》上品 氣味：甘，平，無毒。主治：主欬逆上氣，癥瘕，血閉，漏下，除邪氣，肢節不利。久服耐寒暑，不飢，輕身飛行千里，神仙。

覈曰：太一餘糧，與禹餘糧同一種類，咸鍾水土精氣，融結成形，但勝劣有異。生太山山谷者，曰太一餘糧，是水勢劣土，偏鍾土氣之專精者也。生東海池澤者，曰禹餘糧，是土劣水勢，偏得水氣之專精者也。禹及太一，咸鍾水土精氣，即楞嚴四大法也。今世知有禹餘糧，不復識太一餘糧矣。太山久不見採，唯會稽王屋澤潞，所在諸山時有之。外裹若甲，甲中有白，白中有黃，似雞子黃，而重重如葉子雌黃，輕敲便碎如粉。所在有之，霏雪先消者是也。設中無黃，但有黃濁水者，為石黃水。有凝結如石者，為石中黃，非太一餘糧也。修治：用黑豆、黃精各五合，水二斗，煮五升，置瓷鍋中，下餘糧四兩煮之，旋添汁盡為度，藥氣香如新米矣。搗之，又研萬杵乃已。杜仲為之使。畏貝母、菖蒲、鐵落。

先人云：太一以氣言，氣似神化，大似六芝，遠離本色。

条曰：太一即太乙，氣之始也。塊然獨存而無所不存，故能鎮定中黃，敦艮之止，對待肺金，不能收斂下降，以致欬逆上氣，若癥瘕血閉者，氣不呴運也。漏下淋漓者，氣不收攝也。氣如橐籥，血如波瀾，決之東則東，決之西則西，氣一息不運，則血一息不行，太一能令元氣屈曲而出，使凝閉漏下者，不得不隨之呴運抑揚，所謂欲治其血，先調其氣，設元真萎頓，則邪氣外薄，太一能暢真氣，則邪氣自不相容矣。肢體不利者，氣壅之也。太一黃中通理，宣氣四達。氣拒而固，不受寒暑，氣充而實，不苦飢虛，氣清以升，輕身飛行。唯承宣乃能揚攝。

**清·劉雲密《本草述》卷五** 太一餘糧即太乙餘糧。 覈曰：太一餘糧與禹餘糧同一種類。咸鍾水土精氣，融結成形，但勝劣有異。生太山山谷者，曰太一餘糧，是水勢劣土偏鍾土氣之專精者也。生東海池澤者曰禹餘糧，是土劣水勢偏得水氣之專精者也。諸先哲有云：今世知有禹餘糧，不復識太一餘糧矣。太山久不見采，唯會稽王屋澤潞所在諸山時有之。外裹若甲，甲中有白，白中有黃似雞子黃，而重重如葉子雌黃，輕敲便碎如粉，亦所在有之。設中無黃，但有黃濁水者，為石黃水，有凝結如石者，為石中黃，非太一餘糧也。

氣味：甘，平，無毒。普曰：神農、岐伯、雷公，甘平。李當之，小寒。扁鵲，甘，無毒。主治：欬逆上氣，癥瘕，血閉漏下，除邪氣，肢節不利，久服耐寒暑不飢《本經》。益脾，安臟氣雷斅。定六腑，鎮五臟弘景。之頤曰：太一，即太乙氣之始也。塊然獨存，而無所不存，故能鎮定中黃，敦艮之止，對待肺金不能收斂下降，而致欬逆上氣。若癥瘕血閉者，氣不呴運也。漏下淋瀝者，氣不收攝也。氣如橐籥，血如波瀾決之東，則東決之西，則西氣一息不運，則血一息不行，太一能令元氣屈曲而出，使凝閉漏下者不得不隨之。呴運抑揚，所謂欲治其血，先調其氣。設元真萎頓，則邪氣外薄，太一能暢真氣，則邪氣自不相容矣。肢體不利者，氣壅之也。太一黃中通理，宣氣四達，氣拒而固，不受寒暑氣充，而實不苦飢虛矣。

修治　斅曰：用黑豆、黃精各五合，水二斗，煮取五升，置瓷鍋中，下餘糧四兩煮之，旋添汁盡為度，藥氣香如新米矣。搗之，又研萬杵，方用。

**清・張志聰、高世栻《本草崇原》卷上**　太一餘糧　氣味甘，平，無毒。主治咳逆上氣，癥瘕，血閉，漏下，除邪氣，肢節不利。久服耐寒暑，不飢，輕身，飛行千里，神仙。　陳藏器曰：太，大也。一，道也。大道之師，即理化神君，禹之師也，師嘗服之，故有太一之名。陶弘景曰：《本草》有太一餘糧、禹餘糧兩種，治體相同，而今世唯有禹餘糧，不復識太一矣。李時珍曰：生池澤者，為禹餘糧，生山谷者，為太一餘糧，本是一物。晉宋以來，不分山谷池澤，通呼為太一禹餘糧，義可知矣。

**清・楊時泰《本草述鉤元》卷五**　太一餘糧　與禹餘糧同一種類。生太山山谷者曰太一餘糧，土氣之專精也。生東海池澤者曰禹餘糧，是得水氣之專精者。今惟會稽、王屋、澤潞諸山時有之。外裹若甲，甲中有白，白中有黃似雞子黃，而重重如葉子雌黃，輕敲便碎如粉。設其中無黃，但有黃濁水，是為石黃水，更有凝結如石者為石中黃，非太一餘糧也覈。

氣味甘平。主治欬逆上氣，癥瘕血閉漏下，除邪氣肢節不利，久服耐寒暑不飢，益脾，安臟氣，鎮五臟，定六腑諸本草。盧氏子由曰：太一即太乙，氣之始也。塊然獨存而無所不存，故能鎮定。中黃敦艮之止，對待肺金不能收斂下降，而致欬逆上氣。若癥瘕血閉者，氣不呴運也。漏下淋瀝者，氣不收攝也。太一能令元氣屈曲而出，使凝閉漏下者不得不隨之呴運抑揚，所謂欲治其血先調其氣。設元真萎頓，則邪氣外薄，太一能暢真氣，則邪氣自不相容矣。肢體不利者，氣壅之也。太一黃中通理，宣氣四達，氣拒而固不受寒暑，氣充而實不苦飢虛矣。　修治：用黑豆、黃精各五合，水二斗，煮取五升，置磁鍋中，下餘糧四兩煮之，旋添，汁盡為度，藥氣香如新米矣，搗之，又研萬杵方用斅。

**清・葉志詵《神農本草經贊》卷一**　太一餘糧　味甘，平。主欬逆上氣，癥瘕血閉漏下，除邪氣。久服耐寒暑，不飢輕身，飛行千里若神仙。一名石腦。生山谷。

貴神食氣，亦具乾餱。腦含雪化，甲脫雲浮。行輕千里，采及九秋。豐饒遺滯，棲畝弗收。

《史記・書》：天神貴者太一。《詩》：乾餱以愆。《庚辛玉冊》：石黃性熱，有處其雪先消。吳普曰：生太山上。有甲，甲中有白。九月采取。《詩》：彼有遺秉，此有滯穗。左思賦：餘糧棲畝而弗收。

### 石中黃子

**宋・唐慎微《證類本草》卷三玉石部上品〔唐・蘇敬《唐本草》〕**　石中黃子　味甘，平，無毒。久服輕身，延年，不老。此禹餘糧殼中未成餘糧黃濁水也。出餘糧處有之。陶云：芝品中有石中黃子，非也。《唐本》先附。

〔宋・掌禹錫《嘉祐本草》〕按：日華子云：功同上。去殼研用即是，殼內未乾凝者。

〔宋・蘇頌《本草圖經》〕曰：石中黃子，《本經》不載所生州土，云出禹餘糧處有之，今惟出河中府中條山谷內。舊說是餘糧殼中未成餘糧黃濁水。今云其石形如麵劑，紫黑色，石皮內黃色者，謂之中黃。兩說小異。謹按：葛洪《抱朴子》云：石中黃子所在有之，近水之山尤多，在大石中，其石常潤濕不燥，打石，石有數十重，見之赤黃，溶溶如鷄子之在殼，得者即當飲之，不爾，便堅凝成石，不中服也。破一石中，多者有一升，少者數合，法當正及未堅時飲之，即堅凝，亦可末服也。若然舊說，是初破取者。今所用，是久而堅凝者耳。採無時。

**宋·寇宗奭《本草衍義》卷四**　石中黄子　此又字誤也。子當作水，況當條自言未成餘糧黄濁水，焉得却名之子也？若言未乾者，亦不得謂之子也。子字乃水字無疑。又曰：太一餘糧者，則是兼石言之者也。今醫家用石中黄，只石中乾者及細末者，即便是。若用禹餘糧石，即用其殼。故本條言一名石腦，須火燒醋淬。如此即是石中黄水爲一等，石中黄爲一等，太一餘糧爲一等，斷無疑焉。

**宋·王繼先《紹興本草》卷二**　石中黄子　紹興校定：石中黄子與禹餘糧大同而小異，《本經》云禹餘糧黄濁水也。舊説以初破時取而飲之，今所用即是久而堅凝者爾，其中有水者罕得之矣。《本經》並無療疾之説。當從禹餘糧主療，其味甘、平、無毒是也。

**明·劉文泰《本草品彙精要》卷二**　石中黄子無毒　石生。

石中黄子：久服輕身，延年不老。名醫所錄。【地】《圖經》曰：《本經》不載所生州土，云出禹餘糧處有之。今惟出河中府中條山谷内。舊説是餘糧殼中未成餘糧黄濁水，今云其石形如麵劑，紫黑色石皮，内黄色者謂之中黄。據此兩説小異。今按《抱朴子》云：石子中黄所在有之，近水之山尤多。在大石中，其石常潤濕不燥，打石，石有數十重，見之赤黄，溶溶如雞子之在殼。得者即當飲之，不爾，便堅凝如石，不中服也。破一石中，多者有一升，少者數合。法當正及未堅時飲之，其堅凝亦可末服也。若然舊説是初破取者，今所用是久而堅凝者爾。陶云：芝品中有石中黄子，非也。《衍義》曰：石中黄子，此子字誤也，子當作水。況當條自言未成餘糧黄濁水，焉得卻名之子也？若言未乾者，亦不得謂之子也，子字乃水字無疑矣。【時】生：無時。採：無時。【用】石中黄濁水。【色】黄。【味】甘。【性】平，緩。【氣】氣之薄者，陽中之陰。【臭】朽。【製】研細用。

**明·王文潔《太乙仙製本草藥性大全》卷六《本草精義》**　石中黄子　張司空云：石中黄子，《本經》不載所出州土，云出禹餘糧處有之。今惟出河中府中條山谷内。舊説是餘糧殼中未成餘糧黄濁水。今云其石形如麪劑，紫黑色，石皮内黄色者謂之中黄，兩説小異。謹按葛洪《抱朴子》云：石子中黄所在有之，近水之山尤多，在大石中，其石常潤濕不燥，打石，石有數十重，見之赤黄，溶溶如鷄子之在殼，得者即當飲之，不爾便堅凝成石，不中服也。破一石中多者有一升，少者數合，法當正及未堅時飲之，即堅凝亦可以服也。今醫家用石中乾者及細末者，即便是。若用禹餘糧石，即用其殼。故本條者一名石腦，須火燒醋淬。如此即是石中黄水爲一等，石中黄爲一等，太一餘糧爲一等，斷無疑焉。

**明·王文潔《太乙仙製本草藥性大全》卷六《仙製藥性》**　石中黄子　乃餘糧未成，藏諸殼中，搖則水響。《本經》註云：水已凝者爲餘糧，水未凝者爲石中黄子也。亦堪久服，耐老輕身。

**明·皇甫嵩《本草發明》卷五**　石中黄子　久服輕身耐老。乃餘糧未成，藏諸殼中，搖則水聲。註云：水已凝者為餘糧，水未凝者為石中黄子。此子字當作水字，謂之石中黄水可也。今醫家用石中黄，只是石中乾者及細末者。○雷公云：凡使，勿誤用石中黄并卵石黄，二者與餘糧相似，但石内黄〔向裏〕赤黑黄，味淡微咀。卵石黄味酸，卵内有子一塊，不堪用。誤餌，令人腸乾。如此説，只是另有一種石中黄，與前石中黄子及禹餘糧各不同等矣。《衍義》言之更詳，可參考。

**明·李時珍《本草綱目》卷一〇石部·石類下**　石中黄子《唐本草》

【釋名】宗奭曰：子當作水。既云黄濁水，焉得名子？【集解】恭曰：此禹餘糧殼中，未成餘糧黄濁水也。出餘糧處有之。頌曰：今惟河中府中條山谷出之。其石形如麪劑，紫黑色。石皮内黄色者，謂之中黄。葛洪《抱朴子》云：石中黄子所在有之，沁水山尤多。在大石中，其石常潤濕不燥。打其石有數十重，見之赤黄溶溶，如鷄子之在殼中也。即當未堅時飲之。不爾，便漸堅凝如石，不中服也。破一石中，多者有一升，少者數合，可頓服之。機曰：石中乾者及細末者，當名餘糧，不當名石中黄。詳本文未成餘糧四字可見。時珍曰：餘糧乃石中已凝細粉也，石中黄則堅凝如石者也。石中黄水則未凝者也。故雷斆云，用餘糧勿用石中黄，是矣。

【氣味】甘，平，無毒。【主治】久服輕身延年不老《唐本》。

**明·李中立《本草原始》卷八**　石中黄子　出餘糧處有之。其石如麪劑，紫黑色。石皮内黄色者，謂之中黄。《本經》云：水已凝者為餘糧，水未凝者為石中黄子也。宗奭曰：子，當作水。石中黄子：氣味：甘，平，無毒。主治：久服輕身，延年不老。〔蘇〕恭曰：此禹餘糧殼中未成餘糧黄濁水也。○石中黄子，《唐本草》。

按《别錄》言，禹餘糧生東海池澤及山島中，太一餘糧生太山山谷，石中黄出餘糧處有之，乃殼中未成餘糧黄濁水也。據此，則三者一物也。生于池澤者為禹餘糧，生于山谷者為太一餘糧，其中有水黄濁者為石中黄水。

**宋・李昉《太平御覽》卷第九八七**　石鍾乳　《吳録・地理志》曰：始安始陽有洞山，山有穴如洞庭，其中生石鍾乳。《唐書》曰：高季輔為太子右庶子，上疏切陳得失。特賜鍾乳一劑，曰卿進藥石之言，故以藥石相報。《列仙傳》曰：卬疏煮石髓而服之，謂之石鍾乳。《水經》曰：大洪山巖嶂，皆數百許仞，入石門得穴，穴上素崖壁立，非人跡所及。穴中多鍾乳，凝膏下垂，望若氷雪，微津細液，滴瀝不斷，幽穴潛遠，行者不極。又曰：易水東，經孔山山下，有鍾乳穴，穴出佳乳，採者揭水尋沙，入穴里許。《太山記》曰：山有鍾乳，但不好耳。《湘川記》曰：湘東陰山有黄坑山，出鍾乳。長沙湘鄉縣出鍾乳，季秋入穴六七里乃得。盛宏之《荆州記》曰：天門郡出石鍾乳。《永嘉記》曰：安固縣東山石出鍾乳。《東陽記》曰：北山涯有洞穴，有人嘗於此穴採鍾乳，八十餘日，粮盡而穴不窮。劉道真《錢塘記》曰：靈隱山北有穴，旁入行數步，有清流水廣丈餘。昔有人採鍾乳，水際見異跡，云是龍跡，聞穴裏隆隆有聲，便出，不測所採近遠。《范子計然》曰：石鍾乳出武都，黄白者善。《本草經》曰：石鍾乳，一名留公乳。味甘，温。生山谷。明目益精，治欬逆上氣，安五藏百節，通利九竅，下乳汁。生少室。《吳氏本草》曰：鍾乳，虚中。神農：辛。桐君、黄帝、醫和：甘，扁鵲：甘，無毒。李氏：大寒。或生太山山谷，陰處岸下，聚溜汁所成，如乳汁，黄白色，空中相通。二月三月採，陰乾。

**宋・唐慎微《證類本草》卷三玉石部上品**（《本經・别録・藥對》）　**石鍾乳　味甘，温，**無毒。**主欬逆上氣，明目，益精，安五藏，通百節，利九竅，下乳汁，**益氣，補虚損，療脚弱疼冷，下焦傷竭，强陰。久服延年益壽，好顔色，不老，令人有子。不鍊服之，令人淋。一名公乳，一名蘆石，一名夏石。生少室山谷及太山。採無時。蛇牀爲之使，惡牡丹、玄石、牡蒙，畏紫石英、蘘草。

〔梁・陶弘景《本草經集注》〕云：第一出始興，而江陵及東境名山石洞亦皆有。惟通中輕薄如鵝翎管，碎之如爪甲，中無雁齒，光明者爲善。長挺乃有一二尺者。色黄，以苦酒洗刷則白。仙經用之少，而俗方所重，亦甚貴。

〔唐・蘇敬《唐本草》〕注云：鍾乳第一始興，其次廣、連、澧、朗、郴等州者，雖厚而光潤可愛，餌之并佳。今峽州、青溪、房州三洞出者，亞于始興。自餘非其土地，不可輕服，多發淋渴，止可擣篩，白練裹之，合諸藥草浸酒服之。陶云鍾乳一二尺者，謬説。

〔宋・馬志《開寶本草》〕按：别本注云：凡乳生于深洞幽穴，皆龍蛇潛伏，或龍蛇毒氣，或洞口陰陽不匀，或通風氣。雁齒澀，或黄或赤，乳無潤澤，或其煎鍊火色不調，一煎已後不易水，則生火毒，即令服人發淋。又乳有三種：有石乳、竹乳、茅山之乳。石乳者，以其山洞純石，以石津相滋，陰陽交備，蟬翼文成，謂爲石乳。竹乳者，以其山洞，偏生小竹，以竹津相滋，乳如竹狀，謂爲竹乳。茅山之乳者，山有土石相雜，偏生茅草，以茅津相滋爲乳，乳色稍黑而滑潤。石乳性温，竹乳性平，茅山之乳微寒。一種之中，有上、中、下色，餘處亦有，不可輕信。凡乳光澤爲好也。

〔宋・掌禹錫《嘉祐本草》〕按：吳氏云：鍾乳，一名虚中。神農：辛。桐君、黄帝、醫和：甘。扁鵲：甘，無毒。生山谷陰處岸下。溜汁成如乳汁，黄白色，空中相通，二月、三月採，陰乾。《藥性論》云：鍾乳亦名黄石砂，有大毒。主泄精，寒嗽，壯元氣，建益陽事，能通聲。忌羊血。蕭炳云：如蟬翅者上，爪甲者次，鵝管者下。明白薄者可服。日華子云：補五勞七傷，通亮者爲上。更有蟬翼乳，功亦同前。凡將合鎮駐藥，須是一氣研七周時，點末臂上，便入肉不見爲度。慮人歇，即將鈴繫于槌柄上，研常鳴爲驗。

〔宋・蘇頌《本草圖經》〕曰：石鍾乳，生少室山谷及泰山，今道州江華縣及連、英、韶、階、峽州山中皆有之。生巖穴陰處，溜山液而成，空中相通，長者六七寸，如鵝翎管狀，碎之如爪甲，中無雁齒，光明者善，色白微紅。採無時。舊説乳有三種：有石鍾乳者，其山純石，以石津相滋，狀如蟬翼，爲石乳，石乳性温。有竹乳者，其山多生篁竹，以竹津相滋，乳如竹狀，謂之竹乳，竹乳性平。有茅山之乳者，其山土石相雜，遍生茅草，以茅津相滋，乳色稍黑而滑潤，謂之茅山之乳，茅山之乳性微寒。凡此三種，尤難識别。而唐李補闕《鍊鍾乳法》云：取韶州鍾乳，無問厚薄，但令顔色明淨光澤者，即堪入鍊。惟黄、赤二色不任用。柳宗元與崔連州論鍾乳書云：取其色之美而已，不必惟土之信。是此藥所重，惟明白者，不必盡如上所説數種也。今醫家但以鵝管中空者爲最。又《本經》中品載殷孽云：鍾乳根也，生趙國山谷，又生梁山及南海。又云：孔公孽，殷孽根也。生梁山山谷。又云：石花、石牀，并與殷孽同。陶隱居云：凡鍾乳之類，有三種，同一體。從石室上汁溜積久盤結者，爲鍾乳牀，即此孔公孽也；其以次小巃嵸者，爲殷孽。今人呼爲孔公孽。殷孽復溜輕好者爲鍾乳，雖同一類，而療體爲異。蘇恭云：二孽在上，牀花在下。陶謂孔公孽爲乳牀，非也。又有石腦云：亦鍾乳之類，凡此五種，今醫家稀復用之，但用鍾乳耳。又觀二孽所出州郡不同，陶云三種同根，而所出各處，當是隨其土地爲勝，既云是鍾乳同生，則有孽處，皆當有乳，今并不聞有之，豈用之既寡，則採者亦稀乎？抑時人不知孽中有乳，故不盡採乎？不能盡究也。下品又有土陰孽，《經》云：生高山崖上之陰，色白如脂。陶隱居以爲鍾乳、孔公孽之類。蘇恭云：即土乳也。出渭州，生平地土窟中。土人云：服之亦同鍾乳，而不發熱。又云：是土之脂液，狀如殷孽，故名之。今亦不見用者。

〔宋·唐慎微《證類本草》〕雷公云：凡使，勿用頭麤厚并尾大者，爲孔公石，不用。色黑及經大火驚過并久在地上收者，曾經藥物制者，并不得用。須要鮮明、薄而有光潤者，似鵝翎筒子爲上，有長五六寸者。凡修事法，以五香水煮過一伏時，然後漉出，又別用甘草、紫背天葵汁漬，再煮一伏時，凡八兩鍾乳，用沉香、零陵、藿香、甘松、白茅等各一兩，以水先煮過一度了，第二度方用甘草等二味各二兩再煮了，漉出拭乾，緩火焙之，然後入臼，杵如粉篩過，却入鉢中。令有力少壯者三兩人不住研，三日夜勿歇。然後用水飛澄了，以絹籠之，于日中曬令乾，又入鉢中，研二萬遍後，以瓷合子收貯用之。《傷寒類要》：治舌瘴，渴而數飲，用鍾乳石主之。柳宗元《與崔連州書》：論石鍾乳，直産于石，石之精麤疎密，尋尺特異，而穴之上下，土之薄厚不可知，則其依而産者，固不一性。然由其精密而出者，則油然而清，炯然而輝，其竅滑以夷，其肌廉以微，食之使人榮華溫柔，其氣宣流，生胃通腸，壽考康寧。其麤疎而下者，則奔突結澀，乍大乍小，色如枯骨，或類死灰，淹顇不發，叢齒積纇，重濁頑璞；食之使偃塞壅鬱，泄火生風，戟喉癢肺，幽關不聽，心煩喜怒，肝舉氣剛，不能平和。故君子慎取其色之美，而不必唯土之信，以求其至精，凡爲此也。《太清石壁記》：鍊鍾乳法：《太清經》云：取好細末，置金銀甌器中，瓦一片密蓋甌上，勿令泄氣，蒸之自然化作水。《丹房鏡源》：乳石可爲外匱。《青霞子》：補髓添精。

**宋·寇宗奭《本草衍義》卷四** 石鍾乳 蕭炳云：如蟬翼爪甲者爲上，如鵝管者下。《經》既言乳，今復不取乳，此何義也？蓋乳取其性下，不用如雁齒者，謂如烏頭、附子不用尖角之義同。但明白光潤輕鬆，色如鍊消石者佳。服鍊別有法。

**宋·王繼先《紹興本草》卷二** 石鍾乳 紹興校定：石鍾乳，性味、主治已載《本經》。在石穴堂中，石液凝而為乳，用之當取狀如鵝翎管或碎如爪甲、輕薄光明者佳。煮煉研成粉，極細為用，則曰無毒；若不煉服之，令人淋，則為有毒。今定石鍾乳製煉如法，即性熱無毒，其不經製煉及製煉不如法者，並有小毒矣。

**宋·劉明之《圖經本草藥性總論》卷上** 石鍾乳 味甘，溫，無毒。主欬逆上氣，明目益精，安五臟，通百節，利九竅，下乳汁。益氣補虛損，療脚弱疼冷，下焦傷竭，強陰。《藥性論》云：有大毒。主泄精寒嗽，壯元氣，建益陽事，能通聲。日華子云：補五勞七傷。乳有叁種：有石乳、竹乳、茅乳。用煉，服之不煉，令人發淋。蛇床為之使。惡牡丹、玄石、牡蒙。畏紫石英、蘘草。忌羊血。光澤者為好。出道州江華縣，又生少石山。採無時。

**宋·張杲《醫說》卷九** 五石散不可服 醫之為術，苟非得於心，而恃書以為用者，未見能臻其妙。如术能動鍾乳，按《乳石論》曰：服鍾乳，當終身忌术。五石諸散用鍾乳為主，復用术，理極相反，不知何謂？予以問老醫，皆不能言其義。按《乳石論》云：石性雖溫，而體本冷重，必待其相蒸薄，然後發如此。則服石多者，勢自能相蒸。若要以藥觸之，其發必甚。五石散雜以衆藥，用石殊少，勢不能蒸，須藉外物激之令發爾。如火少必因風氣所鼓而後發，火盛則鼓之反為害，此自然之理。故孫思邈云：五石散大猛毒，寧食野葛，不服五石。遇此方即須焚之，勿為含生之害。又曰：人不服石，庶事不佳。石在身中，萬事休泰。惟不可服五石散，蓋以五石散聚其所惡，激而用之，其發暴故也。古人處方，大體如此，非此書所能盡也。況方書仍多偽雜，如《神農本草》，最為舊書，其間差殊尤多，醫不可以不知也劉穎叔《異苑》。

**元·朱震亨《本草衍義補遺》** 石鍾乳 為慓悍之劑。《經》曰石鍾乳之氣悍，仁哉言也！天生斯民，不厭藥則氣之偏，可用於暫，而不可久。夫石藥又偏之甚者也。自唐時太平日久，膏粱之家惑於方士服食致長生之說，以石藥體厚氣厚，習以成俗，迨至宋及今，猶未已也。斯民何辜受此氣悍之禍而莫知能救？哀哉！《本草》讚服有延年之功，而柳子厚又從而述美之，予不得不深言也。〇《唐本》註云：不可輕服，多發渴淋。

**元·徐彥純《本草發揮》卷一** 石鍾乳 丹溪云：石鍾乳為慓悍之劑。《經》云：石藥之氣悍。仁哉言也。天生斯民，養之以穀，及其有病，治之以藥。穀則氣之和，常食而不厭。藥則氣之偏，可用於暫而不可久。石藥則又偏之甚者也。自唐時太平日久，膏粱之家惑於方士服食致長生之說，以藥石體重氣厚可以延年，習以成俗，迨宋及今猶未已也。斯民何辜受此氣悍之禍，而莫之能救。哀哉！《本草》贊其久服有延年之功，而柳子厚又從而述其美，予不得不深言之。

**明·王綸《本草集要》卷五** 石鍾乳 味甘，氣溫，無毒。蛇床為之使。惡牡丹、玄石、牡蒙，畏紫石英。明白光潤輕鬆，色如鍊消石者佳。主咳逆上氣，明目益精，安五臟，通百節，利九竅，下乳汁。療脚弱疼冷，下焦傷竭。久服延年益壽，令人有子。不鍊服之，令人淋。丹溪云：此慓悍之劑。夫藥者，氣之偏可用於暫，而不可久。石藥又偏之甚者，自唐時膏粱之家，惑於方士服食致長生之說，以石藥體厚氣厚，習以成俗，受此氣悍之禍而不知，哀哉。

**明・滕弘《神農本經會通》卷六** 石鍾乳 蛇床為之使。惡牡丹、玄石、牡蒙，畏紫石英。明白光潤輕鬆，色如鍊消石者佳。生嵓穴陰處，溜山液而成，空中相通，長者六七寸，如鵝翎管狀，碎之如爪甲，中無鴈齒光明者，善。有三種，石乳、竹乳、茅山(山)〔之〕乳。道州。生少室山谷及太山，今道州江華縣及連、英、韶、階、峽別山中皆有之。《局》云：入水研細。

味甘，氣溫，無毒。一云：有大毒。東云：補肺氣，療腎虛。《本經》云：主欬逆上氣，明目益精，安五臟，通百節，利九竅，下乳汁，益氣，補虛損。療脚弱疼冷，下膲傷竭，強陰，久服延年益壽，好顏色，不老，令人有子。不煉服之，令人淋。《唐本》注云：不可輕服，多發淋渴。《藥性論》云：有大毒。主泄精，寒嗽，壯元氣，健益陽事，能通聲。忌羊血。日華子云：補五勞七傷。通亮者為上。丹溪云：石鍾乳，為慓悍之劑。《經》曰石鍾乳之氣悍，仁哉言也。天生斯民不厭藥，則氣之偏可用於暫，而不可久。夫石藥，又偏之甚者也。自唐時太平日久，膏粱之家惑於方士服食致長生之說，以石藥體厚氣厚，習以成俗，迨至宋及今，猶未已也。斯民何辜受此氣悍之禍，而莫知救，哀哉！《本草》讚服有延年之功，而柳子又從而述美之，不得不深言也。《衍義》曰：蕭炳云如蟬翼、爪甲者為上，如鵝管者下。《經》既言乳，今復不取乳，此何義也。蓋乳取性下，不用如鴈齒者，謂如烏頭、附子，不用尖角之義同。但明白光潤輕鬆，色如煉消石者佳。服鍊別有法。《局》云：鍾乳甘溫能益氣，服之不鍊使人淋。通聲治欬能行乳，補髓添精又壯陰。鍾乳粉，補虛而助陽。

**明・劉文泰《本草品彙精要》卷三** 石鍾乳無毒 巖穴生。

**石鍾乳**出《神農本經》：**主欬逆上氣，明目，益精，安五臟，通百節，利九竅，下乳汁。**以上朱字《神農本經》。益氣，補虛損，療脚弱疼冷，下焦傷竭，強陰。久服延年益壽，好顏色，不老，令人有子。不煉服之，令人淋。以上黑字名醫所錄。〔名〕公乳、蘆石、夏石、虛中。〔地〕《圖經》曰：生少室山谷及泰山，道州江華縣，連、英、韶、階、峽州山中皆有之。生巖穴陰處，溜山液而成。長者五六寸，中空相通，如鵝翎管狀，色白微紅，碎之如爪甲，中無雁齒光明者善。舊說乳有三種：有石鍾乳者，其山純石，以石津相滋，狀如蟬翼者爲石乳，性溫；有竹乳者，其山多生篁竹，竹津相滋，乳如竹狀，謂之竹乳，性平；有茅山乳者，其山遍生茅草，以茅津相滋，乳色稍黑而滑潤，謂之茅山乳，性微寒。唐李補闕《煉鍾乳法》云：取韶州鍾乳，無問厚薄，但令顏色明淨光澤者，宜入修煉。惟黃赤者不堪用也。〔時〕採：無時。〔收〕以瓷器貯之。〔用〕明淨白薄者爲上。〔質〕類鵝管石而大小不等。〔色〕白、微紅。〔味〕甘。〔性〕溫，緩。〔氣〕氣厚味薄，陽中之陰。〔臭〕朽。〔主〕固精，壯元氣。〔助〕蛇牀爲之使。〔反〕惡牡丹、玄石、牡蒙。畏紫石英、蘘草。〔製〕《雷公》云：凡修事，鍾乳八兩，用沉香、零陵、藿香、甘松、白茅等各一兩，以水先煮過一度，方用甘草等二味各二兩，再煮了，漉出拭乾，緩火焙之。然後入臼，杵如粉，篩過，卻，入缽中，令有力少壯者三兩人不住研三日夜，勿歇。然後用水飛過，以絹籠之，于日中曬，令乾。又入缽中研二萬遍用之。〔治〕療：《藥性論》云：止寒嗽及通聲。《別錄》云：治心煩，肝氣不平。補：《藥性論》云：止泄精，壯元氣，益陽事。日華子云：補五勞七傷，添精益髓。〔禁〕煮不如法，服之多發淋渴。〔忌〕羊血。〔贗〕石腦、黃石砂爲僞。

**明・許希周《藥性粗評》卷四** 飲石鍾之乳，仙子年高。

石鍾乳，石岩中石汁所溜而成者也。一名蘆石。南北岩谷中處處有之，《本草》以道州江華縣為道地。採無時。以狀如鵝翎，或如蟬翼，明瑩中空者良。蛇床子為之使，惡牡丹、玄石、牡蒙，畏紫石英、蘘草。凡用入水研細，灰碗中紙鋪滲乾。如入服飲，煉過方可。味甘，性溫，無毒。主治欬逆上氣，虛損脚弱，下焦傷竭，清氣明目，補中益精，強筋骨，通百節，利九竅，下乳汁。久服延年，好顏色，不老，令人有子，柳子厚嘗述其美焉。雖然丹溪云石藥之氣悍，可用於暫而不可久。膏粱之家惑於方士長生之說，習以為常，斯民何辜受此氣悍之禍，而莫之能救。《本草》贊其久服有延年之功，而柳子厚又從而述其美，子不得不言之。愚觀漢唐末世之君，往往輕信方士，煉服砂石，及其毒發作渴，咫尺取水而不可救，於此尤徵丹溪之言。

**明・鄭寧《藥性要略大全》卷八** 鍾乳粉 《珠囊》云：補肺氣，療腎虛，通百節，利九竅，下乳汁。《湯液》云：治咳逆上氣，明目益精，安五臟，益氣，補虛損，療脚弱痛冷，下焦傷竭，強陰，久服延年，令人有子。潔古云：治咳嗽，益肺，補髓添精，強堅陽道。味甘，性溫，無毒。蛇床為之使。惡牡丹、玄石、牡蒙，畏紫石英、蘘草。少室山、太山、江陵及東境山石洞中皆有之。產道州者最良。明白光潤輕鬆，色如煉硝石者佳。雷公云：輕薄如鵝翎管狀，碎之如爪甲，中無鴈齒，光明色白微紅者為善。採無時。疑此即鵝管石也。

**明・彭用光《體仁彙編》卷之四**　煉鍾乳粉法凡用於種子方中，必如此法方有益，否則成淋。慎之。　凡使用，勿用頭，粗厚并尾大者不用，色黑，及經大火驚過，并久在地上收者，曾經藥物制者，並不得用。須要鮮明，薄而有光潤者，似鵝翎筒子為上。有長五寸者。凡脩事法：以五香煮過伏時，然後漉出，又別用甘草、紫貝天葵汁漬，再煮一伏時。凡八兩鍾乳，用沉香、零陵香、藿香、甘松、白茅香等各一兩，以水先煮一度，第二度用甘草等二味各三兩，再煮了漉出，拭乾，緩火焙之，然後入臼杵如粉，篩過，却入鉢中，令有力少壯者三兩人，不住手研三日夜勿歇，然後用水飛澄了，以絹籠之，於日中晒令乾，再入鉢中研二萬遍，然後以磁罐合子收貯用之。　用光詳按：此法王公卿相貴人與大富者，方能依此，而於補益種子，延年益壽，美顏色，斯為有効。若不能辦此至貴之物，且不能奈煩如此精製，則勿用。尤為有見也。大抵金石之藥宜少服，不可輕忽，恐製不精，恐生淋病與瘡瘻，難療。惟補天大造丸，王道平和之劑，可服取効。

**明・陳嘉謨《本草蒙筌》卷八**　石鍾乳　味甘，氣溫。無毒。始興江陵，多生岩穴。陰處纔有，溜汁結就，故以乳名。形類鵝管中空，又若蟬翼輕薄。色白淨光潤，得此無問厚薄並佳。儻如枯骨死灰及黃赤二色，不任用。長六七寸餘。收採無時，入水不沉。藥湯者鍊，須宗雷公。每乳八兩，用甘草、紫貝天葵各二兩，以水煮一伏時，漉出拭乾，緩火焙之，搗篩，水飛過，曬乾，復研萬遍收用。節度或違，多生他變。所惡藥有三品，牡丹玄石牡蒙。畏紫石英，使蛇床子。主欬逆上氣，療脚弱冷疼。安五臟百節能通，下乳汁九竅並利。解舌痺渴數飲，補下焦虛遺精。益氣強陰，通聲明目。久服育子，不鍊病淋。

謨按：丹溪云：鍾乳乃慓悍之劑。《經》云：石藥之氣悍。仁哉言也。夫天生斯民養之以穀，及其有病治之以藥。穀則氣和可常食，不致厭；藥則氣偏惟暫用，難久延，石藥則又偏之甚也。自唐以來，膏粱多惑方士服餌致長生之說。以石藥體重氣厚，〔服餌〕可以延年。習以成俗，受此氣悍之禍莫之能救，哀哉！

**明・王文潔《太乙仙製本草藥性大全》卷六《本草精義》**　石鍾乳　一名公乳，一名蘆石，一名夏石，一名虛中。生少室山谷及泰山，今道州江華縣及連、英、韶、階、陝州山中皆有之。生岩穴陰處，溜山液而成。止黃赤二色，不任用。今醫家但以鵝管中空者爲最。又空中相通，長者六七寸，如鵝翎管狀，碎之如爪甲，中無鴈齒，光明者善，色白微紅，採無時。舊說乳有三種，有石鍾乳者，其山純石，以石津相滋，狀如蟬翼爲石乳，石乳性溫；有竹乳者，其山多生篁竹，以竹津相滋，乳如竹狀，謂之竹乳，竹乳性平；有茅山之乳者，其山土石相雜，偏生茅草，以茅津相滋，乳色稍黑而滑潤，謂之茅山之乳，茅山之乳性微寒。凡此三種，尤難識別。　鍊鍾乳法：《太清經》云：取好細末，置金銀甌器中，瓦一片密蓋甌上，勿令泄氣，密之，自然化作水。

**明・王文潔《太乙仙製本草藥性大全》卷六《仙製藥性》**　石鍾乳　味甘，氣溫，無毒。蛇床爲之使。主治：主欬逆上氣，療脚弱冷疼。安五臟百節能通，下乳汁九竅並利。解舌痺渴數飲。補下焦虛遺精。益氣強陰，通聲明目。補虛有效，好顏色甚良。不鍊病淋。久服育子，延年益壽，不老神仙。　補註：治舌痺渴而數飲者，用鍾乳石主之。　太乙曰：凡使勿用頭麄厚並尾大者，爲孔公石。不用色黑及經大火驚過並久在地上收者，曾經藥物製者，並不得用。須要鮮明薄而有光潤者，似鵝翎筒子爲上，有長五六寸者。凡修事法，以五香水煮過一伏時，然後漉出，又別用甘草、紫背天葵汁漬，再煮一伏時。凡八兩鍾乳，用沉香、零陵、藿香、甘松、白茅等各一兩，以水先煮過一度了，第二度方用甘草等二味各二兩再煮了，漉出拭乾，緩火焙之，然後入臼杵如粉，篩過，却入鉢中，令有力少壯者三兩人不住研，三日夜勿歇。然後用水飛澄了，以絹籠之，於日中晒令乾，又入鉢中研二萬遍後，以甆合子收貯用之。凡將合鎮駐藥，須是一氣研七周時，點末臂上便入肉不見爲度，慮人歇，即將鈴繫於槌柄上，研常鳴爲〔驗〕。　按：丹溪云：鍾乳乃慓悍之劑。《經》云：石藥之氣悍。仁哉言也！夫天生斯民，養之以穀，及其有病，治之以藥。穀則氣和，可常食不致厭；藥則氣偏，惟暫用難久延，石藥則又偏之甚者也。自唐以來，膏粱家多惑方士服餌致長生之說，以石藥體重氣厚，可以延年，習以成俗。受此氣悍之禍，莫之能救，哀也！

**明・張四維《醫門秘旨》卷一五《煆煉門》**　煉鍾乳粉　用石鍾乳不拘多少，煉紅，入磁盆內，以童便淬之。如不碎，再煉再燒。如此三次，研為末，乃鍾乳粉也。

**明・皇甫嵩《本草發明》卷五**　石鍾乳上品，君。氣溫，味甘，無毒。　發明曰：石鍾乳雖甘溫近補，其性慓悍，為鎮下快利之用。苟製煉不真精，非徒無益也。《本草》主欬逆上氣，益精，安五臟，補虛損，療脚弱冷痛，下焦虛遺，強陰，是為鎮下之功。通百節，利九竅，通聲明目，下乳汁，又見其快利之用。久服好顏色，延年。不煉，服之令人淋。生少室山谷及泰山道州等處。岩穴陰處，溜山液而成。中空下垂，似鵝翎管子，辟之如爪甲蟬翅，中無腐齒，光明輕白，如鍊硝石者佳。色如枯骨，或類死灰，重濁頑朴，食之使人偃塞壅欝，泄火生風，戟喉痒肺，幽閔不聰，心煩喜怒，肝舉氣剛，不能和平。故君子慎取其色之美，而不必唯土之信，以求其至精，凡為此也。〇雷公云：凡修事，用石鍾乳八兩，先以沉香、零香、藿香、甘松、白茅香各一兩，水先煮一度，另用甘草、紫背天葵各二兩，煮一伏時，杵為粉，(節)〔篩〕過，鉢中研萬徧用。愚按：丹溪云石鍾乳乃慓悍之劑，節度或違，多生他變。《經》云藥石之氣悍，誠是也。夫穀食氣和，可常食，養人。藥則氣偏，可暫用難久，石藥又偏之甚者，自唐宋以來，膏粱家惑于方士，服餌石藥，以體重氣厚，可致長生。又或以鼓助陽事，可以助慾，不知氣悍之惑，哀哉。

**明・李時珍《本草綱目》卷九石部・石類上**　石鍾乳《本經》上品

〔釋名〕留公乳《別錄》　虛中《吴普》　蘆石《別錄》　鵝管石《綱目》　夏石《別錄》　黃石砂《藥性》。時珍曰：石之津氣，鍾聚成乳，滴溜成石，故名石鍾乳。蘆與鵝管，象其空中之狀也。〔集解〕《別錄》曰：石鍾乳生少室山谷及太山，采無時。普曰：生太山山谷陰處岸下，溜汁所成，如乳汁，黃白色，空中相通，二月、三月采，陰乾。弘景曰：第一出始興，而江陵及東境名山石洞亦皆有。惟通中輕薄如鵝翎管，碎之如爪甲，中無雁齒，光明者爲善。長挺乃有一二尺者。色黃，以苦酒洗刷則白。仙經少用，而俗方所重。恭曰：第一始興，其次廣、連、澧、朗、郴等州者，雖厚而光潤可愛，餌之並佳。今峽州、青溪、房州三洞出者，亞于始興。自餘非其土地，不可輕服。多發淋渴，止可擣篩，白練裹之，合諸藥草浸酒服之。陶云有一二尺者，謬説也。思邈曰：乳石必須土地清白光潤，羅紋、鳥翮、蟬翼一切皆成，白者可用。其非土地者，慎勿服之，殺人甚於鴆毒。志曰：別本注云：凡乳生於深洞幽穴，皆龍蛇潛伏，或龍蛇毒氣，或洞口陰陽不均，或通風氣，雁齒濇，或黃或赤，乳無潤澤，或煎鍊火色不調，一煎已後不易水，則生火毒，服即令人發淋。又乳有三種：石乳者，其山洞純石，以石津相滋，陰陽交備，蟬翼紋成，其性溫；竹乳者，其山洞遍生小竹，以竹津相滋，乳如竹狀，其性平；茅山之乳者，其山有土石相雜，遍生茅草，以茅津相滋爲乳，乳色稍黑而滑潤，其性微寒。一種之中，有上中下色，皆以光澤爲好。餘處亦有，不可輕信。炳曰：如蟬翅者上，爪甲者次，鵝管者下。明白而薄者可服。頌曰：今道州江華縣及連、英、韶、階、峽州山中皆有之。生嵓穴陰處，溜山液而成，空中相通，長者六七寸，如鵝翎管狀，色白微紅。唐李補闕鍊乳法云：取韶州鍾乳，無問厚薄，但令顏色明净光澤者，即堪入鍊，惟黃、赤二色不任用。柳宗元書亦云：取其色之美而已，不必惟土之信。是此藥所重，惟在明白者，不必如上所説數種也。今醫家但以鵝管中空者爲最。又《本經》中品載殷孽云：鍾乳根也。孔公孽，殷孽根也。石花、石牀並與殷孽同。又有石腦，亦鍾乳之類。凡此五種，醫家亦復稀用，但用鍾乳爾。時珍曰：按范成大《桂海志》所説甚詳明。云桂林接宜、融山洞穴中，鍾乳甚多。仰視石脉涌起處，即有乳牀，白如玉雪，石液融結成者。乳牀下垂，如倒數峰小山，峰端漸鋭且長如冰柱，柱端輕薄中空如鵝翎。乳水滴瀝不已，且滴且凝，此乳之最精者，以竹管仰承取之。鍊治家又以鵝管之端，尤輕明如雲母爪甲者爲勝。

〔修治〕斅曰：凡使勿用頭粗厚并尾大者，爲孔公石，不用。色黑及經大火驚過，并久在地上收者，曾經藥物制者，並不得用。須要鮮明、薄而有光潤者，似鵝翎筒子爲上，有長五六寸者。凡修事法：鍾乳八兩，用沉香、零陵香、藿香、甘松、白茅各一兩，水煮過，再煮汁，方用煮乳，一伏時漉出。以甘草、紫背天葵各二兩同煮，漉出拭乾，緩火焙之，入臼杵粉，篩過入鉢中。令有力少壯者二三人不住研，三日三夜勿歇。然後以水飛澄，過絹籠，於日中晒乾，入鉢再研二萬遍，乃以瓷盒收之。慎微曰：《太清經》鍊鍾乳法：取好細末置金銀器中，瓦一片密蓋，勿令洩氣，蒸之，自然化作水也。李補闕鍊乳法見後。

〔氣味〕甘，溫，無毒。普曰：神農：辛。桐君、黄帝、醫和：甘。扁鵲：甘，無毒。權曰：有大毒。之才曰：蛇牀爲之使。惡牡丹、玄石、牡蒙。畏紫石英、蘘草。忌羊血。時珍曰：《相感志》云：服乳石，忌參、术，犯者多死。土宿真君曰：鍾乳產于陽洞之内，陽氣所結，伏之可柔五金。麥門冬、獨蒜、韭實、胡葱、胡荽、猫兒眼草，皆可伏之。〔主治〕欬逆上氣，明目益精，安五臟，通百節，利九竅，下乳汁《本經》。益氣，補虛損，療脚弱疼冷，下焦傷竭，强陰。久服延年益壽，好顏色，不老，令人有子。不鍊服之，令人淋《別錄》。主泄精寒嗽，壯元氣，益陽事，通聲甄權。補五勞七傷大明。補髓，治消渴引飲青霞子。

〔發明〕慎微曰：柳宗元《與崔連州書》云：草木之生也依於土，有居山之陰陽，或近木，或附石，其性移焉。況石鍾乳直產於石，石之精粗疏密，尋尺特異，而穴之上下，土之厚薄，石之高下不可知；則其依而產者，固不一性。然由其精密而出者，則油然而清，炯然而輝，其竅滑以夷，其肌廉以微；食之使人榮華溫柔，其氣宣流，生胃通腸，壽考康寧。其粗疏而下者，則奔突結澀，乍大乍小，色如枯骨，或類死灰，奄悴(頓)不發，叢齒積纇，重濁頑璞；食之使人偃蹇壅鬱，泄火生風，戟喉痒肺，幽關不聰，心煩喜怒，肝舉氣剛，不能平和。故君子慎取其色之美，而不必惟土之信，以求其至精，凡爲此也。震亨曰：石鍾乳爲慓悍之劑。《内經》云：石藥之氣悍，仁哉言也。凡藥氣之偏者，可用於暫而不可久，夫石藥又偏之甚者也。自唐時太平日久，膏粱之惑于方士服食致長生之説，以石藥體厚氣厚，習以成俗，迨宋至今，猶未已也。斯民何辜受此氣悍之禍而莫之能救，哀哉！本草讚其久服延年之功，柳子厚又從而述美之，予不得不深言也。時珍曰：石鍾乳乃陽明經氣分藥也，其氣慓疾，令陽氣暴充，飲食倍進，而形體壯盛。味者得此自慶，益肆淫泆，精氣暗損，石氣獨存，孤陽愈熾。久之營衛不從，發爲淋渴，變爲癰疽，是果乳石之過耶。抑人之自取耶？凡人陽明氣衰，用此合諸藥以救其衰，疾平則止，夫何不可？五穀五肉久嗜不已，猶有偏絶之弊，況石藥乎？《種樹書》云：凡果樹，作穴納鍾乳末少許固密，則子多而味美。納少許於老樹根皮間，則樹復茂。信然，則鍾乳益氣、令人有子之説，亦可類推。但恐嗜慾者未獲其福，而先受其禍也。然有稟賦異常之人，又不可執一而論。張杲《醫説》載：武帥雷世賢多侍妾，常餌砂、母、鍾乳，日夜煎鍊，以濟其慾。其妾父苦寒泄不嗜食，求丹十粒服之，即覺臍腹如火，少焉熱狂，投井中，救出遍身發紫泡，數日而死；而世賢服餌千計，了無病惱，異哉！沈括《筆談》載：夏英公性豪侈，而稟賦異於人。纔睡即身冷而僵如死者，常服仙茅、鍾乳、硫黄，莫知紀極。每晨以鍾乳粉入粥食之。有小吏竊食，遂發疽死。此與終身服附子無恙者，同一例也。沈括又云：醫之爲術，苟非得之于心，未見能臻其妙也。如服鍾乳，當終身忌朮，朮能動鍾乳也。然有藥勢不能蒸，須要其動而激發者。正如火少，必借風氣鼓之而後發；火盛則鼓之反爲害。此自然之理也。凡服諸藥，皆宜倣此。又《十便良方》云：凡服乳人，服乳三日，即三日補之；服乳十日，即十日補之。欲飽食，以牛羊麞鹿等骨煎汁，任意作羹食之。勿食倉米、臭肉，及犯房事。一月後精氣滿盛，百脉流通，身體覺熱，遶臍肉起，此爲得力，可稍近房事；不可頻數，令藥氣頓竭，彌更害人，戒之慎之！名之爲乳，以其狀人之乳也。與神丹相配，與凡石迥殊，故乳稱石。語云：上士服石服其精，下士服石服其滓。滓之與精，其力遠也。此説雖明快，然須真病命門火衰者宜之，否則當審。

【附方】新十一。　李補闕服乳法：主五勞七傷，欬逆上氣，治寒嗽，通音聲，明目益精，安五臟，通百節，利九竅，下乳汁，益氣補虛損，療脚弱疼冷，下焦傷竭，强陰，久服延年益壽不老，令人有子。取韶州鍾乳，無問厚薄，但顏色明净光澤者即堪入鍊，惟黄赤二色不任用。置於金銀器中，大鐺着水，沉器煮之，令如魚眼沸，水減即添。乳少三日三夜，乳多七日七夜，候乾，色變黄白即熟。如疑生，更者滿十日最佳。取出去水，更以清水煮半日，其水色清不變即止，乳無毒矣。入瓷鉢中，玉槌着水研之。覺乾濇，即添水，常令如稀米泔狀。研至四五日，揩之光膩，如書中白魚，便以水洗之，不隨水落者即熟，落者更研，乃澄取暴乾。每用一錢半，温酒空腹調下，兼和丸散用。其煮乳黄濁水，切勿服。服之損人咽喉，傷肺，令人頭痛，或下利不止。其有犯者，但食猪肉解之。孫真人《千金方》。　鍾乳煎：治風虛勞損，腰脚無力，補益强壯。用鍾乳粉鍊成者三兩，以夾練袋盛之，牛乳一大升，煎減三之一，去袋飲乳，分二服，日一作。不吐不利，虛冷人微溏無苦。一袋可煮三十度，即力盡，别作袋。每煎訖，須濯净，令通氣。其滓和麪餵鷄，生子食之。此崔尚書方也。孫真人《千金翼》。

鍾乳酒：安五臟，通百節，利九竅，主風虛，補下焦，益精明目。鍾乳鍊成粉五兩，以夾練袋盛之，清酒六升，瓶封，湯内煮減三之二，取出添滿，封七日，日飲三合。忌房事、葱、豉、生食、硬食。《外臺秘要》。　鍾乳丸：治丈夫衰老，陽絶肢冷，少氣減食，腰疼脚痹，下氣消食，和中長肌。鍾乳粉二兩，菟絲子酒浸焙、石斛各一兩，吴茱萸湯泡七次炒半兩，爲末，煉蜜和丸梧子大。每服七丸，空心温酒或米湯下，日二服。服訖行數百步，覺胸口熱，稍定即食乾飯豆醬。忌食粗臭惡食，及聞尸穢等氣。初服七日，勿爲陽事，過七日乃可行，不宜傷多。服過半劑，覺有功，乃續服。此曹公卓方也。《和劑局方》。　元氣虛寒：方見陽起石下。

一切勞嗽：胸膈痞滿。焚香透膈散：用鵝管石、雄黄、佛耳草、款冬花等分，爲末。每用一錢，安香爐上焚之，以筒吸烟入喉中，日二次。《宣明方》。　肺虛喘急：連綿不息。生鍾乳粉光明者五錢，蠟三兩化和，飯甑内蒸熟，研丸梧子大。每温水下一丸。《聖濟錄》。　吐血損肺：鍊成鍾乳粉，每服二錢，糯米湯下，立止。《十便良方》。　大腸冷滑：不止。鍾乳粉一兩，肉豆寇煨半兩，爲末，煮棗肉丸梧子大。每服七十丸，空心米飲下。《濟生方》。　乳汁不通：氣少血衰，脉濇不行，故乳少也。鍊成鍾乳粉二錢，濃煎漏盧湯調下。或與通草等分爲末，米飲服方寸匕，日三次。《外臺秘要》。　精滑不禁：大腑溏泄，手足厥冷，方見陽起石下。

**題明・薛己《本草約言》卷二《藥性本草》**　石鍾乳　補陽衰而治虛。石鍾乳為慓悍之劑。凡藥氣之偏者，可暫而不可久，石藥又偏之甚者也。自唐以來，感於方士服食致長生之説，以石藥體厚氣厚，習以成俗，斯民何辜受此氣悍之禍也。

**明・梅得春《藥性會元》卷下**　石鍾乳　味甘，氣溫，無毒。蛇床為使。惡牡丹皮、玄精石、牡蒙。畏紫石英、蘘草。　主治欬逆上氣，明目益精，安五臟，通百節，利九竅，下乳汁，益氣，補虛損，療脚弱疼冷，下焦傷竭，強陰。久服好顏色，令人有子。不鍊，服之令人淋。一名蘆石，一名公乳，一名夏石。生少室山及泰山，採無時。此剽悍之藥，慎戒勿服。服之則多發渴淋，為禍不淺淺也。　製法：其頭麁厚并尾大者為孔公石，不用。色黑及經大火驚過，并久在地上收者，曾經藥物制過者，俱不堪用。須要鮮明、薄而有光潤者，似鵝翎管子為上；有長五六寸者。凡修事，以五香水煮過一伏時，然後擁去，再用甘草、紫背天葵汁，再煮一伏時。每㭊兩用沉香、零陵香、藿香、甘松、白茅各壹兩，以水煎煮過一度了，第三度方用甘草等三味各貳兩再煮了，漉出拭乾，緩火焙，杵碎，令少壯人兩三個，不住手研三日夜，勿歇，用水飛過澄了，以絹籠之，日晒乾。又入鉢乳二三萬遍，極細。用磁器收貯聽用。

**明・李中立《本草原始》卷八**　石鍾乳　始生少室山谷及太山，今道州江華縣及連、英、韶、階、峽州山中皆有之。生岩穴陰處，溜山液而成。空中相通，長者六七寸，如鵝翎管狀。碎之如爪甲、無鴈齒、光明者善，色白微紅。

採無時。入水不沉。係石之津氣，鍾聚成乳，滴溜成石，故名石鍾乳。氣味：甘，溫，無毒。主治：欬逆上氣，明目益精，安五臟，通百節，利九竅，下乳汁。○益氣，補虛損，療脚弱疼冷。下焦傷竭，強陰。久服延年益壽，好顏色不老，令人有子。不煉服之，令人淋。○主泄精、〔諸〕寒嗽，壯元氣，益陽事，通聲。○補五勞七傷。○補髓，治消渴引飲。

石鍾乳，《本經》上品。【圖略】體輕白佳。服忌參、术，犯者多死。修治：每乳八兩，用甘草、紫背天葵各二兩，以水煮一伏時，漉出拭乾，緩火焙之，搗篩，水飛過，晒乾入缽，復研萬遍，貯磁器中任用。

之才曰：蛇牀為之使，惡牡丹、玄石、牡蒙，畏紫石英、蘘草，忌羊血。

《丹房鏡源》：乳石可為冰匱。

**明・羅周彦《醫宗粹言》卷四**　製鍾乳粉法　鍾乳石取明潔長四五寸者，中空光潤輕鬆為佳。每八兩用沉香、藿香、零陵、甘松、白茅各一兩，以水煮過一伏時，漉出，又甘草、紫(貝)〔背〕天葵各二兩，再煮一伏時，漉出拭乾，緩火焙之，搗篩，仍用水飛澄，以絹籠之，晒乾，又研萬遍，磁器收貯用。若煉研不精，服之令人成淋。

**明・張懋辰《本草便》卷二**　石鍾乳　味甘，氣溫，無毒。惡牡丹、玄石、牡蠣，畏紫石英。主欬逆上氣，明目益精，安五藏，通百節，利九竅，下乳汁，療脚弱疼冷，下焦傷竭。

**明・李中梓《藥性解》卷一**　鍾乳　味甘，性溫，有毒，入肺、腎二經，主泄精寒嗽，壯元氣，益陽事，安五臟，通百節，利九竅，下乳汁，亦能通聲，光潤輕鬆，色如煉硝石者佳，久研忌歇，須用水飛，以摻臂上入肉不見為度。蛇床為使，惡牡丹、玄石、牡蒙，畏紫石英、蘘草。忌羊血。按：鍾乳性溫，而狀有下行之義，宜入腎經，肺即其母也，故并入之。諸家本草述其功者甚眾，惟丹溪以為剽悍之劑，不宜輕用。不煉而服，使人病淋。

**明・繆希雍《本草經疏》卷三**　石鍾乳　味甘，溫，無毒。主欬逆上氣，明目益精，安五藏，通百節，利九竅，下乳汁，益氣，補虛損，療脚弱疼冷，下焦傷竭，強陰。久服延年益壽，好顏色，不老，令人有子。不煉服之，令人淋。蛇牀為之使。惡牡丹、玄參、紫石英。

〔疏〕石鍾乳稟石之氣而生。《本經》謂其味甘，氣溫，無毒。吳普曰：神農辛。斯言近之。甄權以為有大毒，或是經火之故。應云味甘辛，氣大溫，其性得火則有大毒，乃為得之。其主欬逆上氣者，以氣虛則不得歸元，發為斯證。乳性溫而鎮墜，使氣得歸元則病自愈，故能主之也。通百節、利九竅、下乳汁者，辛溫之力也。療脚弱疼冷者，亦是陽氣下行之驗也。甄權主寒嗽、通聲者，辛以散邪結，溫以祛寒氣故也。其他種種補益之說，當是前人好事者溢美之辭。夷考其性，恐無是理，未足信也。

〔主治參互〕石鍾乳得牛黃、白蠟、象牙末、真珠、乳香、沒藥、樺皮灰、龜板灰，俱存性細研，枯白礬、蛀竹屑、紅鉛，治廣瘡結毒，爛壞鼻梁及陰蝕陽物，有神。

孫真人《千金翼》鍾乳煎：治風虛勞損，腰脚無力，補益強壯。用鍾乳粉煉成者三兩，以夾絹袋盛之，牛乳一大升，煎減三之一，去袋飲乳，分二服，日一作。不吐不利，虛冷人微溏無所苦。一袋可煮三十度，力盡別作袋。每服迄，須濯淨，令通氣。其滓和麪煨雞子食之，此崔尚書方也。

《宣明方》治一切勞嗽，胸膈痞滿，焚香透膈散。用鵝管石、雄黃、佛耳草、欵冬花，等分為末。每用一錢，安香爐上焚之，以筒吸煙入喉中，日二次。

《聖濟錄》治肺虛喘急，連綿不息。生鍾乳粉光明者五錢，蠟三兩化和，飯甑內蒸熟，研丸如梧子大。每水下一丸。《外臺秘要》治乳汁不通，氣少血衰，脈澀不行，故少乳。煉成鍾乳粉二錢，濃煎漏蘆湯調下，或通草等分為末，米飲服方寸匕，日三服。〔簡誤〕石鍾乳辛溫，若加火煅，有毒無疑。縱治虛寒，尚須審察，況病涉溫熱者耶？世人病陰虛有熱者十之九，陽虛內寒者百之一。是以自唐迄今，因服鍾乳而發病者不可勝紀，服之而獲效得力者不聞一二。其於事理，可以燭照。《經》曰：石藥之性悍。味斯言也，則其大略可概見已。慎毋輕信方士之言，致蹈前人覆轍。尊生之士，宜安常處，順以道理，自持修短有命，無惑乎長年之說，庶不為其所誤矣。

**明・倪朱謨《本草彙言》卷一二**　石鍾乳　味甘，氣溫，無毒。經火煅則有毒。入陽明經氣分。《別錄》曰：石鍾乳，生少室山谷及泰山中，惟出始興者佳。今江陵及東境各山石洞中亦有。李氏曰：按范氏《桂海志》所說甚詳，云：桂林界接宜、融，山洞石穴中鍾乳甚多。仰視石脉涌起處，即有乳牀，白如玉雪，乃石液融結所成者，乳牀下垂，如倒生山峰，峰端漸銳，且長若冰柱，柱端輕薄，中空如鵝翎，乳水滴瀝不已，且滴且凝，此乳之最精者。以竹管仰承取之，而煉治家又以鵝管之端，尤輕明如雲母爪甲者爲勝。

又孫氏曰：　取乳石，必須土地清白，光潤如羅紋，鳥翮蟬翼，一切皆成白色者可用。其生土地者，慎勿服之，殺人甚于鴆毒。又別本註云：　凡乳石生深洞幽穴者，皆龍蛇潛伏之處，或龔龍蛇毒氣，或洞口陰陽不均，或通風氣，或黃色赤色，乳無潤澤，或煎煉火色不調，一煎已後，不復易水，服之令人發淋。又稱乳有三種，一種石乳，其洞純石，石津相滋，陰陽交媾，具蟬翼紋者，其性多溫；一種竹乳，其洞遍生小竹，竹津相雜，石狀如竹，其性多平；一種茅乳，出茅山，其山土石相雜，遍生茅草，茅津相滋，形質潤滑，其性多寒。三種皆以光澤者爲善，餘處亦有，不可輕信。　雷氏曰：　凡使勿用頭麤厚併尾大者，爲孔公石，不可用也。如色黑及經火驚過，幷久落在地上收者，與曾經藥物製者，俱不可用。須要鮮明白亮、輕薄潤澤，如鵝翎筒子者乃佳。修治：　取石鍾乳八兩，用沉香、零陵香、藿香、甘松、白茅香各一兩，和豆腐漿一斗煮過，以漿乾取出五味香料，再以紫背天葵、甘草各一兩，取新汲井華水一斗，同煮水乾，漉出，拭乾，緩火焙之，入臼杵粉，篩過，入石鉢中，令少壯有力二三人，不住手研三日夜，然後以清水飛澄，罩以絹籠，日中晒乾，入鉢再研三萬轉，乃以潔淨磁器收之。又太清煉鍾乳法：　取細末，置金銀器中，以密蓋勿令洩氣，隔湯蒸之，自然化作水也。　《藥性論》云：　石之津氣鍾聚成乳，滴溜成石，故名。又名鵝管石者，象其中空之狀也。若蟬翅輕薄，色白光潤，得此無問厚薄，幷佳。尙如枯骨死灰色及黃、赤二色，俱不堪用。

　石鍾乳：　溫肺氣，《神農》主欬逆，壯元陽，甄氏健脚弱之藥也。　成氏治安曰：　此藥水煮則平，火煉則毒。前古主欬逆上氣，以氣虛寒則不得歸原而上逆矣。石乳，溫而鎮墜，使氣復丹田而病自愈。如《別錄》之壯元陽，健脚弱；　甄氏之通節竅，發聲音，亦取此溫中降下，達丹田之意耳。繆氏曰：　雖能溫中暖下焦，尚須審察投用，況病有涉溫熱者耶？世人病陰虛有熱者十有八九，陽虛內寒者十無二三。自唐迄今，因服石乳而發病者，不可勝紀。服之而獲效者，當今十無二三。《經》曰：　石藥之性悍，真良言也。尊生之士，無惑方士有長年益壽之說而擅服之，自取其咎也。　李時珍先生曰：《內經》云：　石藥之氣悍。朱丹溪痛言其害，則乳可廢耶？夫石鍾乳，爲慓悍之劑，令陽氣暴充，飲食倍進，而形體壯盛，昧者得此自慶，蓋肆淫泆，精神暗損，石氣獨存，孤陽愈熾，久之營衛不從，發爲淋渴，變爲癰疽，是果乳之咎耶？抑人之自取耶？凡陽明氣衰，用此以救其衰，疾平則止，亦何不可？但不當久嗜以濟慾耳。《種樹書》云：　凡菓樹中作一孔，納鍾乳末少許，固密，勿洩其氣，則結果實多而味更美。納少許于老樹根皮間，則老樹復茂。則鍾乳益氣，令人有子之說，亦可類推。又按：　張杲《醫說》載帥臣雷世賢，多侍妾，常餌砂、母、鍾乳，其妾父苦寒泄，不嗜食，求丹十粒，服之即覺臍腹如火，少頃狂發，投井中，急救出，即遍身發紫泡而死。又沈括《筆談》載夏英公性豪侈，纔睡即身冷，僵如死者，常服仙茅、硫黃，每日以鍾乳粉入粥食之，無恙。有小吏竊食，遂發疽死。人之秉賦，萬有不齊，不可一概論也。或云：　服鍾乳，當終身忌朮，朮能助鍾乳也。然有藥勢不能發，須其動而激發者，正如火少必借風氣鼓之而後發，火盛則鼓之，反爲害矣。凡服諸藥，皆倣此。

　集方：　《千金方》治肺氣虛寒，欬逆上氣，元陽不固，腰脚冷疼，關節不通，乳汁不行，音聲不振等證。取韶州鍾乳石，無問厚薄，但明淨光澤者，即堪入藥，惟黃赤者不用。置于金銀器中，大鐺著水煮之，令如魚眼沸，水減即添，如乳石少，煮三日夜，乳石多，煮七日夜，候乾，色變黃白即熟。取出去水，更以清水煮一日，其水色清不變即止，乳石無毒矣。入石臼中，著水，徐徐研之，研至四五日，揩之光膩如書中白魚，便以清水洗之，不隨水落者即熟。如徐搥之，俟碎再研，覺乾澀即添水，令如米泔水狀，取出，入瓷鉢中，徐徐研落者更研，乃澄取暴乾，每用一錢，溫酒空心調下。亦可作丸服。〇《聖濟錄》治肺虛喘急，連綿不已。用鍾乳石製煉如前，五錢，黃蠟二兩熔化，和鍾乳粉，飯鍋上蒸軟，丸如梧子大，每溫湯送下二丸。〇《十便良方》治吐血損肺。用鍾乳石，製法如前。每服一錢，糯米湯調下，立止。〇姚次先方治廣瘡結毒，爛壞鼻梁及陰蝕陽物。用鍾乳石製法如前。一兩，配乳香、沒藥、瓦上焙出油。象牙末各五錢，蛀竹屑八錢，枯白礬三錢，俱爲細末，白蠟、用鐵刀輕輕刮下浮衣四錢，總和勻，每早晚各服二錢，土茯苓煎湯調下。

**明・姚可成《食物本草》卷二一玉石部**　石鍾乳生少室山谷(及)太山陰處岸下，溜汗所成，如乳汁，黃白色，空中相通，二月、三月采，陰乾。陶弘景曰：　第一出始興，而江陵及(東)境名山石洞亦(黃)(皆)有。惟通中輕薄如鵝翎管，碎之如爪甲，中無鴈齒，光明者為善。凡乳生於深洞幽穴，皆龍蛇潛伏，或龍蛇毒氣，或洞口陰陽不均，或通風氣，鴈齒濇，或黃或赤，乳無潤澤，或煎煉火色不調，一煎已後不易水，則生火毒，服即令發淋。又乳有三種：　石乳者，其山洞純石，以石津相滋，陰陽交媾，蟬翼紋成，其性溫；　竹乳者，其山洞遍生小竹，以津相滋，乳如竹狀，其性平；茅山之乳者，其山有土石相雜，遍生茅草，以茅津相滋為乳，乳色稍黑而滑潤，其性寒微。一種之中，有上中下色，皆以光澤為好。○李時珍曰：按范成大《桂海志》云：桂林接宜、融山洞穴中，鍾乳甚多。仰視石脉涌起處，即有乳牀，白如玉雪，石液融結成者。乳牀下垂，如倒數峰小山，峰端漸鋭且長如冰柱，柱端輕薄中空如鵝翎。乳水滴瀝不已，且滴且凝，此乳之最精者，以竹管仰承取之。

石鍾乳，味甘，溫，無毒。治欬逆上氣，明目益精，安五臟，通百節，利九竅，下乳汁。益氣，補虚損，療脚弱疼冷，下焦傷竭，強陰。久服延年益壽，好顏色，不老，令人有子。不煉服之，令人淋。○《種樹書》云：凡果樹，作穴納鍾乳末少許固密，則子多而味美。納少許老樹根皮間，則樹復茂。信然，則鍾乳益氣、令人有子之説，亦可類推。但恐嗜欲之人，未獲其福，而先受其禍也。然有秉賦異常之人，又不可執一而論。張杲《醫説》載：武帥雷世賢多侍妾，常餌砂、母、鍾乳，日夜煎煉，以濟其欲。其妾父苦寒泄不嗜食，求丹十粒服之，即覺臍腹如火，少焉熱狂，投井中，救出遍身發紫泡，數日而死；而世賢服餌千計，了無病惱，異哉！

附方：李補闕服乳法：主五勞七傷，欬逆上氣，治寒嗽，通音聲，明目益精。安五臟，通百節，利九竅，下乳汁，益氣補虚〔損，療脚弱〕疼冷，下焦傷竭，強陰。久服延年益壽〔不老，令人有子。取〕韶州鍾乳，無問厚薄，但顏色明〔淨〕光澤者即堪入煉，惟黄赤二色不任用。置于金銀器中，大鐺着水，沉器煮之，令沸水如魚眼，水減即添。乳少三日三夜，乳多七日七夜，候乾，色變黄白即熟。如疑其生，更煮滿十日最佳。取出去水，更以清水再煮半日，其水色清不變即止，則乳無毒矣，入瓷鉢〔中，玉槌着水研之。覺〕乾澁，即添水，常〔令如稀米泔狀。研至四五日，揩之光膩，如書中白魚，便以水洗之，不隨水落者即熟，落者〕更研，乃澄取暴乾。每用一錢五分，溫酒空腹調下，兼和丸散用。其煮乳若黄濁水，切勿服。服之損人咽喉，傷肺，令人頭痛，或下痢不止。其有犯者，但食猪肉解之。

**明・顧逢柏《分部本草妙用》卷六兼經部・溫瀉**　石鍾乳　甘，溫，有毒。入肺腎二經。蛇床為使，惡牡丹、玄石，畏紫石英、蘘草。忌羊血。色如鍊硝石者佳。久研忌歇，水飛，摻膚上不見為度。　主治：泄精，寒嗽，壯元氣，益陽事，安五臟，通百節，利九竅，下乳汁，通聲光潤，久服輕鬆。

按：鍾乳性溫，而狀有下行之義，宜入腎經，肺其母也，故并治之。諸家本草，述其功甚衆，獨丹溪以為慓悍之劑，不宜輕用。不煉而服，令人病淋。

**明・李中梓《醫宗必讀・本草徵要下》**　鍾乳石味甘，熱，有毒。蛇床為使，惡牡丹、牡蒙，畏紫石英，忌羊血，反人參、白朮。入銀器煮，水減即添，煮三日夜，色變黄白，換水再煮，色青不變，毒去盡矣，水飛過再研半日。　益精壯陽，下焦之虚弱堪珍；止嗽解渴，上部之虚傷宜寶。其氣慓悍，令陽氣暴充，飲食倍進，昧者得此肆淫，則精竭火炎，發為癰疽淋濁，豈鍾乳之罪耶？大抵命門火衰者相宜，不爾便有害矣。

**明・鄭二陽《仁壽堂藥鏡》卷一**　石鍾乳　《圖經》云：生少室山谷及泰山岩穴陰處。溜山液而長成六七寸。蕭炳云：如蟬翅者上，爪甲者次，鵝管者下。中無雁齒、光明色白者佳。每乳八兩，甘草、紫背天葵各二兩，以水煮一伏時，漉出，緩火焙之，研末，水飛過用。丹溪云：石鍾乳為慓悍之劑。《經》云石藥之氣悍。仁哉言也。天生斯民，養之以穀。及其有病，治之以藥。穀則氣之和，常食而不厭。藥則氣之偏，可用于暫而不可久。石藥則又偏之甚者也。自唐時太平日久，膏粱之家惑於方士服食致長生之説，以藥石體重氣厚，可以延年，習以成俗。迨宋迄今，猶未已也。斯民何辜受此氣悍之禍，而莫之能救。哀哉！本草贊其久服有延年之功，而柳子厚又從而述其美，予不得不深言之。

**明・盧之頤《本草乘雅半偈》帙一**　石鍾乳《本經》上品　氣味：甘，溫，無毒。　主治：主欬逆上氣，明目益精，安五藏，通百節，利九竅，下乳汁。

覈曰：生少室山谷及太山。第一出始興者佳，江陵及東境名山石洞中亦有。按范成大《桂海志》所説甚詳。云桂林接宜、融山洞石穴中，鍾乳甚多。仰視石脈湧起處，即有乳床，白如玉雪，乃石液融結所成者。乳床下垂，如倒生山峰，峰端漸鋭且長，若冰柱，柱端輕薄，中空如鵝翎。乳水滴瀝不已，且滴且凝，此乳之最精者，以竹管仰承取之。而鍊治家又以鵝管之端，尤輕明如雲母爪甲者為勝。孫思邈曰：乳石必須土地清白，光潤如羅紋、鳥翮、蟬翼，一切皆成白色者可用，其非土地者慎勿服之，殺人甚于鴆毒。審形狀辨土地。別本注云：凡乳生深洞幽穴者，皆龍蛇潛伏之處，或襲龍蛇毒氣，或洞口陰陽不均，或通風氣，或黄色赤色，乳無潤澤，或煎鍊火色不調，一煎已後，不復易水，服之令人發淋。又乳有三種：一種石乳，其洞純石，石津相滋，陰陽交備，具蟬翼紋者，其性多溫；一種竹乳，其洞遍生小竹，竹津相雜，石狀如竹，其性多平；一種茅乳，出茅山，其山土石相雜，遍生茅草，茅津相滋，形質潤滑，其性多寒，皆以光澤者為善。餘處亦有，不可輕信。此不獨具山全體，更藉外緣以相資也。雷公曰：凡使勿用頭粗厚併尾大者，為孔公石，不用。色黑及經大火驚過，併久在地上收者，與曾經藥物製者〔並不得用〕。須要鮮明輕薄，而有光潤，如鵝翎筒子者乃佳。修治：鍾乳八兩，用沉香、零陵香、藿香、甘松、白茅各一兩，水煮過，再煮汁，方用煮乳，一伏時，漉出。以甘草、紫背天葵各一兩，同煮，漉出拭乾，緩火焙之，入臼杵粉，篩過，入鉢中。令有力少壯者二三人，不住手研三日夜。然後以水飛澄，罩以絹籠，日中晒乾，入鉢再研三萬遍，乃以磁盒收之。《太清經》鍊鍾乳法：取好末置金銀器中，瓦一片，密蓋，勿令洩氣，蒸之，自然化作水也。之才曰：蛇床為之使。惡牡丹、玄石、牡蒙。畏紫石英、蘘草。忌羊肉。時珍曰：亦忌參、朮，犯之多死。土宿真君曰：鍾乳產于陽洞之內，陽氣所結，服之可柔五金。麥門冬、蒜、韭實、胡葱、胡荽、猫兒眼，皆可服之。《經》云：水勢劣火，結為高山，鍾乳本具水火二大矣。則乳質全類似水，而勇悍獨專，寧非火勝水劣乎。修治：水煮，仍交水火以濟之。但煮則水勝于火，所以少平勇悍也。今世多用火煅，反助長其勇悍，故每多石毒燃燒之患。

先人云：五藏安和，竅節通利，即地形仙矣。此屬借資，大須保任，久與相習，乃成自然。

条曰：乳乃石之靈液，具山之全體者也。具山全體，故功力勇悍乃爾。顧山體有清濁，而乳之優劣因之。如婦人異質，則鍾乳之厚薄，與味之甘淡，氣之腥香冷暖，其滋益嬰兒與否，亦自有辨。故鍾乳先須論土地，再審形狀，庶幾得之，唯天地之氣，鍾于名山而乳凝焉。觀其主治，一一可想，如肺系填塞脹滿，則不能分布諸氣，故欬逆上氣，鍾乳虛中，宛若肺系，何患填塞脹滿，此石液所鍾，光潤瑩徹，故明目，目亦水液所鍾，洞見明暗，此石中精髓，點滴不窮，故益精髓之體。此艮山之液，能益真陰。然五藏至陰，須寧靜濡潤，乃得安和，若通百節，利九竅，下乳汁，藉穿山石之力耳。

**清・顧元交《本草彙箋》卷一〇** 石鍾乳 爲慓悍之劑。凡藥氣之偏者，可用於暫，而不可久。況石藥又偏之甚者也。凡人陽明氣衰，或真病命門火衰者，用鍾乳石合諸藥，以救其衰，疾平則止。但世人病陰虛有熱者十之九，陽虛內寒者百之一。自唐時太平日久，膏粱之家惑于方士之說，以石藥謬充服食，習以成俗。迨宋至今，流禍無已。

鍾乳石，即鵝管石，須鮮明薄而有光潤，似鵝羽筒子爲上。有長五六寸者，製宜用沉香、零陵香、藿香、甘松、白茅水煮過，再將汁用煮乳石一伏時，漉出，再以甘草、紫背天葵同煮，漉出拭乾，緩火焙，杵粉，篩過，研三日夜，水飛澄過，絹籠晒乾，再研(無)〔二〕萬遍，方以瓷盒收用。

服鍾乳，當終身忌朮，朮能動鍾乳也。蓋有藥勢不能蒸，須要其動而激發者，正如火少，必借風氣鼓之而後發。火盛則鼓之，反爲害，此自然之理。凡服諸藥，皆宜倣此。柳宗元《與崔連州書》云：草木之生也，依于土。有居山之陰陽，或近水，或附石，其性移焉。況石鍾乳直產于石，石之精粗疏密，尋尺特異，而穴之上下，土之厚薄，石之高下，不可知。則其依而產者，固不一性。然由其精密而出者，則油然而清，泪然而輝，其竅滑以夷，其肌廉以微，食之使人榮華溫柔，其氣宣流，生胃通腸，壽考康寧。其粗疏而下者，則奔突結澀，乍大乍小，色如枯骨，或類死灰，奄頓不發，叢齒積類，重濁頑璞，食之使人偃蹇壅鬱，泄火生風，戟喉癢肺，幽關不聽，心煩善怒，肝舉氣剛，不能平和。故君子慎取其色之美，而不必惟土之信，以求其至精，凡爲此也。

**清・穆石匏《本草洞詮》卷三** 石鍾乳 石之津氣，鍾聚成乳，故名。石鍾乳與神丹相配，所謂上士服石服其精，下士服石服其滓也。柳子厚云：草木竝生於土，有居山之陰陽，或近木，或附石，其性移焉。況石鍾乳直產於石，石之精粗疎密特異，而穴之上下，土之厚薄，石之高下不同，由其精密而出者，則油然而清，汩然而輝，其竅滑以夷，其肌廉以微，食之令人榮華溫柔；其氣宣流，生胃通腸，粹然盎然；其粗疎而下者，則奔突結澀，乍大乍小；色如枯骨，或類死灰，奄頓不發，重濁頑圤，食之使人偃蹇壅欝，戟喉痒肺，幽關不聽，心煩喜怒，肝舉氣剛，故君子慎取其色之美，以求其性之粹，凡為此也。味甘辛，氣溫，無毒。一云有大毒。入陽明經氣分。主壯元氣，益陽事，通百節，利九竅，療脚弱，久服令人有子。《內經》云：石藥之氣悍。朱丹溪痛言其害，則乳可廢耶。夫石鍾乳為慓悍之劑，令陽氣暴充，飲食倍進，而形體壯盛，昧者得此自慶，益肆淫泆，精神暗損，石氣獨存，孤陽愈熾，久之營衛不從，發為淋渴，變為癰疽，是果乳之咎耶。凡陽明氣衰，用此以救其衰，疾平則止，亦何不可。但不當久嗜以濟慾耳。《種樹》書云：凡果樹作穴，納鍾乳末少許，固密，則子多而味美。納少許於老樹根皮間，則樹復茂。則鍾乳益氣，令人有子之説亦可類推。《醫説》載：雷世賢多侍妾，常餌砂、母、鍾乳，其妾父苦寒泄，求丹十粒服之，即覺臍腹如火，熱狂投井中，救出遍身發紫泡而死。夏英公性豪侈，纔睡即身冷僵如死者，常服仙茅、硫黄，每日以鍾乳粉入粥食之。有小吏竊食，遂發疽死。人之秉賦，萬有不齊，不可一概論也。或云服鍾乳當終身忌术，术能動鍾乳也。然有藥勢不能發，須其動而激發者，正如火少必借風氣鼓之，火盛則鼓之反為害矣。凡服諸藥皆倣此。

**清・劉雲密《本草述》卷五**

石鍾乳　《別錄》曰：生少室山谷及太山。弘景曰：第一出始興者佳。江陵及東境名山石洞中亦有。范成大《桂海志》云：桂林接宜、融山洞石穴中鍾乳甚多，仰視石脈涌起處，即有乳牀白如玉雪，乃石液融結成者，乳牀下垂如倒生山峯，峯端漸鋭，且長若冰柱，柱端輕薄中空如鵝翎，乳水滴瀝不已，且滴且凝，此乳之最精者。以竹管仰承取之，而煉治家又以鵝管之端，尤輕明如雲母爪甲者為勝。孫思邈曰：乳石必須土地清白光潤，如羅紋、鳥翮、蟬翼一切皆成白色者可用。其非土地者，慎勿服之，殺人甚於鴆毒。蕭炳曰：如蟬翼者上，爪甲者次，鵝管者下。明白而薄者可服。頌曰：李補闕煉乳法云：取韶州鍾乳，無問厚薄，但令顏色明淨光澤者，即堪入煉。惟黄赤二色不任用。柳宗元書亦云：取其色之美而已，不必惟土之信。然則此藥惟在明淨光澤是取而已，亦無事苟求也。今醫家但以鵝管中空者為最，故一名鵝管石。

氣味：甘，溫，無毒。普曰：神農，辛。桐君、黄帝、醫和，甘。扁鵲，甘，無毒。權曰：有大毒。

主治：咳逆上氣，益元氣，安五臟，補虛損，療脚弱疼冷，下焦傷竭，強陰，療泄精，久服令人有子，治寒嗽并消渴引飲，同諸藥主治虛勞肺病，元氣虛證，咳嗽血，及腸胃虛冷滯下，及真元虛滑泄精證。之頤曰：乳乃石之靈液，具山之全體者也。具山全體，故功力勇悍乃爾。時珍曰：《十便良方》云：凡服乳人，服乳三日，即三日補之；服乳十日，即十日補之。欲飽食，以牛、羊、麞、鹿等骨煎汁，任意作羹食之。勿食倉米、臭肉及犯房事，一月後精氣滿盛，百脈流徧，身體覺熱，遶臍肉起，此為得力，可稍近房事，不可頻數，令藥氣頓竭，彌更害人。戒之！慎之！名之為乳，以其狀人之乳也。

與神丹相配，與凡石迥殊，故乳稱石。語云：上士服石服其精，下士服石服其滓。滓之與精，其力遠也。此説雖明快，然須真病命門火衰者宜之，否則當審。希雍曰：石鍾乳稟石之氣而生，《本經》謂其味甘，氣溫，無毒。普曰：神農，辛。斯言近之。甄權以為有大毒，或是經火之故。應云：味甘、辛，氣大溫，其性得火則有大毒，乃為得之。石鍾乳得牛黄、白蠟、象牙末、真珠、乳香、沒藥、樺皮灰、龜板灰，俱存性，細研，枯白礬、蛀竹屑、紅鉛，治廣瘡結毒，爛壞鼻梁及陰蝕陽物，有神。

愚按：石鍾乳在《乳石論》為陽中之陰，然竊疑其不必然也。土宿真君曰：鍾乳產於陽洞之內，陽氣所結是固然矣。第陽亦有清濁之分焉，石固稟精悍之氣以結，但其質之堅重為最，是亦居其濁者也，故類名石為陰焉。至精悍之氣，復透化而為乳，則居其清者也。斯名之為陽，而大能益氣也。若然，謂此品不為陰中之陽乎？是則不獨補肺中陽氣，更大能壯下焦元氣。如所云補虛損，療脚弱疼冷，下焦傷竭，強陰，令人有子者，葢不謬也。《種樹書》云：凡果樹作穴，納鍾乳末少許，固密，則子多而味美，納少許於老樹根皮間，則樹復茂，移此於人身，則為元氣之助者，豈其鮮功哉？不審方書用之，何以寥寥也。或曰：即是思其功，且氣味甘溫，似猶不等桂、附之辛熱，奚為久服便至傷生也。曰：石藥之氣悍，《經》固言之矣。易傷陰氣，故久服則營衛不從，變生他證，故非真病於陽虛者不可輕服，即服之中病，病愈則止，豈可恃為延年不死之劑乎？若陰虛人誤服，是猶抱薪救火也。更《物類相感志》曰：服鍾乳忌參、术，犯者多死。又沈括曰：服鍾乳當終身忌术。緣术能動鍾乳也，如火微，必借風鼓之而後發；火盛，則一鼓之即不可嚮邇，其義固如斯耳。統味二説，善養生者，豈能置參、术於不用，而輒投此犯忌之味乎哉？或曰：石英亦為悍氣所透出者，何以其毒差輕也？曰：此品具山之全力，故其勇悍為甚，盧氏之言微中矣。

附方　鍾乳煎治風虛勞損，腰脚無力，補益強壯，用鍾乳粉煉成者三兩，以夾練袋盛之，牛乳一大升，煎減三之一，去袋，飲乳，分二服，日一作，不吐不利，虛冷人微溏無苦。一袋可煮三十度，即力盡，別作袋，每煎訖，須濯淨，令通氣，其滓和麪餵雞，生子食之。此崔尚書方也。　一切勞嗽，胸膈痞滿，焚香透膈散，用鵝管石、雄黄、佛耳草、款冬花等分，為末，每用一錢，安香爐上焚之，以筩吸烟入喉中，日二次。　肺虚喘急，連緜不息，生鍾乳粉光明者五錢，蠟三兩，化和，飯甑内蒸熟，研丸梧子大，每溫水下一丸。　生乳，必肺虚極者，乃可一投，未可概用。　時珍曰：　凡人陽明氣衰，用此合諸藥以救其衰，疾平則止，夫何不可？　五穀、五肉久嗜不已，猶有偏絶之弊，況石藥乎？　更有味者，因其陽氣暴充，藉此淫泆，致精氣暗損，石氣獨存，孤陽愈熾，久之營衛不從，發為淋渴，變為癰疽，是果乳石之過耶？　抑人自取耶？　先哲致戒者多，不能備録。

修治　李補闕服乳法：　取韶州鍾乳，無問厚薄，但顔色明淨光澤者，即堪入煉。惟黄赤二色不任用。　置於金銀器中，大鐺著水，沉器煮之，令如魚眼沸，水減即添。　乳少三日三夜，乳多七日七夜，候乾，色變黄白即熟，如疑生，更煮滿十日最佳。　取出，去水，更以清水煮半日，其水色清不變即止，乳無毒矣。　入瓷鉢中，玉槌著水研之，覺乾濇，即添水，常令如稀米泔狀，研至四五日，揩之光膩，如書中白魚，便以水洗之，不隨水落者即熟，落者更研，乃澄取曝乾。　每用一錢半，溫酒空腹調下，兼和丸散用。　其煮乳黄濁水，切勿服，服之損人咽喉，傷肺，令人頭痛，或下利不止。　其有犯者，但食豬肉解之。　之頤曰：　《經》云水勢劣火，結為高山，鍾乳本具水火二大矣，則乳質全類似水而勇悍獨專，寧非火勝水劣乎？

修治　水煮仍交水火以濟之，但煮則水勝於火，所以少平勇悍也。　今世多用火煅，反助長其勇悍，故每多石毒燃燒之患。

**清・郭章宜《本草匯》卷一八**　石鍾乳即鵞管石。　味甘，氣溫，有毒。補陽衰而治虚損，下乳汁而壯腰膝。

按：　石鍾乳，乃陽明經氣分之藥。　其氣慓疾，令陽氣暴充，飲食倍進，昧者得此自慶，肆其淫佚，精氣暗損，發為癰疽淋濁，豈鍾乳之罪耶？　世人病陰虚有熱者十之九，陽虚内寒者百之一，是以自唐迄今，因服鍾乳而發病者，不可勝紀。　服之而獲効得力者，不聞一二也。　尊生之士，無惑乎長年之説，致蹈前人覆轍也。

生少室山谷。　鮮明，薄而有光潤，似鵞翎筒子者為上。　置銀器中，水煮三日夜，色變黄白，換水再煮，其水色青不變，即熟無毒矣。　研膩水飛用。　蛇牀為之使。　惡牡丹。　畏紫石英。　忌羊血、參、朮，當終身忌之。

**清・蔣居祉《本草擇要綱目・溫性藥品》**　石鍾乳　氣味：　甘，溫，無毒。　又曰：　有大毒。　主治：　乃陽明經氣分之藥。　但石鍾乳為慓悍之劑。　《内經》云：　石藥之氣悍。　仁哉言也。　凡藥氣之偏者，可用於暫，而不可久，夫石藥又偏之甚者也。　自唐時太平日久，膏粱之家惑於方士服食致長生之説，以石藥體厚氣厚，習以成俗，迨宋至今猶未已也。　斯民何辜受此氣悍之禍，而莫之能救？　哀哉！　《本草》讃其久服延年之功，柳子厚又從而述美之，予不得不深言也。

**清・王翃《握靈本草》卷一**　石鍾乳生少室山及太山，惟通中輕薄如鵞翎管，碎之如爪甲，光明者爲善。又云廣連澧朗郴産者，厚而光潤可愛，自餘非其土地不可輕服。凡修事法，鍾乳八兩，用沉香、零陵香、藿香、甘松、白茅各一兩，水煮汁，方用煮乳一伏時，漉出，再用甘草、紫背天葵各二兩同煮，漉出，緩火焙之，杵粉，令少壯二三人不住研三日三夜，然後飛澄，絹籠曬乾，入鉢再研二萬徧，乃以瓷合收之。　主治：　石鍾乳甘，溫，無毒。治欬逆上氣，安五臟，通百節。　益氣補虚損，療脚弱，下焦傷竭，強陰益壽。

**清・汪昂《本草備要》卷四**　鍾乳補陽。　甘，溫。　陽明胃氣分藥。　本石之精。　強陰益陽，通百節，利九竅，補虚勞，下乳汁。　服之令人陽氣暴充，飲食倍進，形體壯盛。　然其性慓悍，須命門真火衰者可偶用之。　若藉以恣慾，多服久服，不免淋濁癰疽之患。　出洞穴中，石液凝成，下垂如冰柱。　通中輕薄，如鵝翎管，碎之如爪甲光明者真。　煉合各如本方。　蛇床爲使，惡牡丹，畏紫石英，忌參、朮、羊肉、葱、蒜、胡荽。

**清・陳士鐸《本草新編》卷五**　石鍾乳　味甘，氣溫，無毒。　主欬逆上氣，療脚弱冷疼，安五臟，百節皆通，下乳汁，九竅並利，解舌痹渴，補下焦虚，〔止〕遺精，益氣強陰，通聲明目，久服育子。　但亦須制伏，方可入藥。　雷公之製自佳，非研萬遍，斷不可輕用。　石鍾乳專能化精。　凡人精少者，最宜用之，然亦必須用之于補藥中，始能奏效，否〔則〕亦徒然也。

或問：　鍾乳石得火則有大毒，先生謂入藥必須制伏，經火煅耶？　不經火煅也？　夫石鍾乳斷不可經火，研極細末，另用牡丹皮煮汁泡三日，去汁用之最佳，無毒而獲大益。

或問：　石鍾乳以明亮者為佳乎？　抑雜色者皆可用之乎？　曰：　用鍾乳石，所以化精也。　化精自取明亮者，始能入腎。　其治諸病，雖雜色亦可用也。

或問：　石鍾乳，其氣慓疾，令陽氣暴充，飲食暴進，世人未免恃之為淫佚之資。誰知精氣暗損，石氣獨存，孤陽轉肆，益精之謂何。李時珍戒人久嗜，有益于世不淺，而吾子不言及，何也？不知人有強弱之不同。火衰之人，必須服鍾乳以益精。而火盛之人，不特不可久服，並且不可暫服也。李時珍備言之矣，余又何必再宣哉。

**清・李熙和《醫經允中》卷二〇** 石鍾乳 入肺腎二經。甘，溫，有毒。主治通百節，利九竅，下乳汁，慓悍之劑，服之恐致淋渴、癰疽之患。

**清・馮兆張《馮氏錦囊秘錄・雜症痘疹藥性主治合參》卷五** 石鍾乳稟石之氣而生，味甘、辛，氣大溫，無毒。得火則有大毒，宜入銀器內，水煮二日，研末，水飛過用。性溫而鎮墜，使氣得歸元，故主欬逆上氣也。以辛溫之力，故能通百節，利九竅，下乳汁者也。其療脚弱冷疼者，亦陽氣下行之驗也。然石藥之性悍，雖有補益，令陽氣暴充，飲食倍進。昧者得此肆淫，則精竭火炎，發為癰疽淋濁，禍不淺矣。長年之說，毋輕試也。 石鍾乳，即鵝管石。主欬逆上氣，脚弱冷疼，安五臟，百節能通，下乳汁，九竅竝利。補下焦虛滑，遺精壯元陽。更益陽事，通聲明目，寒嗽尤宜。

**清・张璐《本經逢原》卷一** 石鍾乳 甘，溫，無毒。以甘草、紫背天葵同煮一伏時，杵粉入鉢，細研水飛，澄過再研萬遍，磁器收之。若不經煅煉，服之令人淋。《本經》主欬逆上氣，明目益精，安五藏，通百節，利九竅，下乳汁。 發明： 鍾乳乃山靈陽氣所鍾，故瑩白中空，純陽通達，專走陽明氣分。若質實色渝，必生陰蜸，不無蛇虺之毒，誤餌傷人。惟產乳源，形如鵝翎管者最勝。然性偏助陽，陰虛之人慎勿輕服。《內經》云：石藥之氣悍，服之令陽氣暴充，形體壯盛。昧者得此自慶，益肆淫泆，精氣暗損，石氣獨存，孤陽愈熾，久之榮衛不從，發為淋濁及為癰疽，是果乳石之過歟，抑人之自取耶。惟肺氣虛寒，欬逆上氣，哮喘痰清，下虛脚弱，陰痿不起，大腸冷滑，精泄不禁等疾，功效無出其右。《本經》主欬逆上氣者，取其性溫而鎮墜之，則氣得歸元而病自愈。五藏安則精自益，目自明。其通百節，利九竅，下乳汁者，皆取其甘溫助陽，色白利竅之力也。昔人言鍾乳與白术相反，而《千金方》每多並用，專取相反之性，激其非常之效。予常親試，未嘗有害。孔公孽：孔竅中通附垂於石，如木之孽，即鍾乳之床。《本經》利九竅、下乳汁之功與鍾乳無異，而殷孽即孔公孽之根，又為瘡疽、瘻痔、癥瘕溫散結氣之用。惜乎！世鮮知者。

**清・浦士貞《夕庵讀本草快編》卷一** 石鍾乳《本經》 虛中 石之津液，鍾聚如乳，滴溜成石，故名。中空如玉者佳。 石鍾乳乃山之精氣所成，體重而色白，甘辛而溫，陽明經氣分藥也。凡五勞七傷，精寒元弱，欬逆上氣，消渴引飲，音聲不出，陽事痿廢者，用之有效。但其氣慓疾，服之則陽氣暴充，飲食倍進，形體壯盛，昧者得此以為自慶，大肆淫泆，精氣暗損，孤陽愈熾。久之營衛不從，發為淋濁，或變癰疽。乃自絕之耳，豈乳石之過哉？用者當自重命，因以重藥可也。

**清・張志聰、高世栻《本草崇原》卷上** 石鍾乳 氣味甘溫，無毒。主治欬逆上氣，明目，益精，安五臟，通百節，利九竅，下乳汁。 石鍾乳一名虛中，一名蘆石，一名鵝管石，皆取中空之意。石之津氣鍾聚成乳滴溜成石，故名石鍾乳。今倒名鍾乳石矣。出太山少室山谷，今東境名山石洞皆有，唯輕薄中通，形如鵝翎管，碎之如爪甲，光明者為上。 石鍾乳乃石之津液融結而成，氣味甘溫。主滋中焦之汁，上輸於肺，故治欬逆上氣。中焦取汁奉心，化赤而為血，故明目。流溢於中而為精，故益精。精氣盛，則五臟和，故安五臟。血氣盛，則百節和，故通百節。津液濡於空竅，則九竅自利。滋於經脈，則乳汁自下。

**清・徐大椿《神農本草經百種錄》上品** 石鍾乳 味甘，溫。主欬逆上氣，鍾乳石體屬金，又其象下垂而中空，故能入肺降逆。明目，能益目中肺藏之精。益精，能引肺氣入腎。安五藏，通百節，利九竅，降氣則藏安，中虛則竅通。下乳汁。鍾乳即石汁如乳者所溜而成，與乳為類，故能下乳汁也。 此以形為治。石為土中之精，鍾乳石液所凝，乃金之液也，故其功專于補肺。以其下垂，故能下氣。以其中空，故能通竅。又肺朝百脈，肺氣利則無所不利矣。〇自唐以前，多以鍾乳為服食之藥，以其能直達腎經，驟長陽氣，合諸補腎之品，用于房中之術最效。但此乃深巖幽谷之中，水溜凝結而成，所謂金中之水，其體至陰，而石藥多悍，性反屬陽，故能補人身陰中之火。陰火一發，莫可制伏，故久服毒發，至不可救。惟昇煉得宜，因證施治，以交肺腎子母之藏，實有殊能也。

**清・黃元御《玉楸藥解》卷三** 鍾乳 味甘，性溫。入足太陰脾、手太陰肺、足少陰腎、足厥陰肝經。甯嗽止喘，斂血秘精。石鍾乳燥濕悍疾，治脾腎濕寒，遺精吐血，腸滑乳閉，虛喘勞嗽，陽痿聲啞，其功甚速。寒消濕去，食進氣充，恃此縱欲傷精，陽根升泄，往往發為消淋。癰疽之證，固緣金石慓悍，亦因服者恃藥力而雕斲也。

**清·吴儀洛《本草從新》卷五** 鍾乳〔補陽。〕一名鵝管。 甘，溫。陽明氣分藥胃。本石之精。強陰益陽，通百節，利九竅，補虚勞，下乳汁。其氣慓悍，令陽氣暴充，飲食倍進。昧者得此肆淫，發為癰疽淋濁，豈鍾乳之罪耶？大抵命門衰者可暫用之，否則便有害矣。出洞穴中，石液凝成，垂如冰柱，如鵝翎管，碎之如爪甲，光明者真。蛇床為使。畏紫石英。惡牡丹。忌胡荽、葱、蒜、羊血、參、朮。

**清·汪紱《醫林纂要探源》卷三** 石鍾乳 甘、鹹，溫。出嶺南雄韶諸郡山洞穴中。石液凝成，垂如冰柱，體輕中通，薄如鵝翎管，碎之如指甲，光明者佳。一名鵝管石。補命火，破痼冷，溫脾胃，生氣血。強陽益精，通百節，利九竅，功用略同陽起石。然彼左行以助肝，此上行以暖胃，故能令人飲食暴進，形體壯盛。又善通乳汁，則固其類也。性亦暴悍，非可常服。

**清·嚴潔等《得配本草》卷一** 石鍾乳一名鵝管石。 蛇床為之使。畏紫石英、蘘草。惡牡丹、玄石、牡蒙、人參、术。忌羊血。伏韭實、獨蒜、胡葱、胡荽、麥門冬、貓兒眼草。 甘，溫。入足少陰經氣分。利九竅，通百節，壯元陽，療脚冷。 得漏蘆、通草，下乳汁。 光潤輕鬆，形如鵝翎筒。沉香、藿香、甘松、白茅根水煮過，再以天葵、甘草同煮，焙研，水飛澄過，絹籠曬乾，再研收用。 服鍾乳者終身忌术、人參，犯者多死。 藥石性悍，勿以補陽可種子，常服不已，以貽卒禍。況陽虚内寒者，百中不過一二，妄用之，激火生風，萬病蜂起。即使宜服而久服之，亦不免淋渴癰疽之禍。

**清·黄宫繡《本草求真》卷一** 石鍾乳鎮陽歸陰，通竅利水。 石鍾乳耑入胃、大腸。即鵝管石者是也。味辛而甘，氣溫質重，故凡欬氣上逆，脚弱冷痛，虚滑遺精，陽事不舉者，服此立能有效。以其氣不歸元，墜墮鎮虚，得此火不上浮，氣不下脱，而病俱可以愈耳。且以辛溫之力，又兼色白，故能通竅利乳，昔人取名鍾乳，即是此意。但金石性悍，服之陽氣暴充，形體壯盛，飲食倍進，得此肆淫，則精竭火爍，發為癰疽淋濁，害不勝言，即古有焚香透膈散。用雄黄、佛耳草、欵冬花，安置香爐，以烟吹入人喉。以治胸膈勞嗽痞滿之病，然暫用則可，久用恐損人氣。出洞穴中，石液凝成，下垂如冰柱，通中輕薄如鵝翎管，碎之如爪甲光明者真，煉合各如本方。蛇床為使，惡牡丹，畏紫石英，忌參、术、羊血、葱、蒜、胡荽。

**清·王龍《本草纂要稿·金石部》** 石鍾乳 氣味甘溫，無毒。主咳逆上氣，明眼目益精，補下焦虚損。療脚膝冷疼，安五臟百節。能通下乳汁，九竅不利。通聲音，治消渴。久服有子。不煉病淋。

**清·楊時泰《本草述鉤元》卷五** 石鍾乳 產處不一。《桂海志》：宜融山洞石穴中，鍾乳甚多，仰視石脈涌起處，即有乳床，白如玉雪，乳床下垂如倒生山峰，峰端漸鋭，且長若冰柱，柱端輕薄，中空如鵝翎，乳水滴瀝不已，且滴且凝，此乳之最精者，以竹管仰承取之。而煉冶家又以鵝管之端尤輕明如雲母爪甲者為勝。光潤而薄如羅紋鳥翮蟬翼，一切皆成白色者，可服。非若此者，慎弗服之，殺人甚於鴆毒孫真人。如蟬翼者上，爪甲者次，鵝管者下蕭炳。一法：取韶州鍾乳，無問厚薄，但令顔色明淨光澤者，即堪入煉。惟黄赤二色不任用。今人但以鵝管中空者為最，故一名鵝管石李補闕。

味甘、辛，氣溫。其性得火則有大毒。主欬逆上氣，益元氣，安五臟，補虚損，治脚弱疼冷，下焦傷竭，強陰，療泄精，久服令人有子，除寒嗽並消渴引飲。同諸藥，治虚勞肺病，元氣虚，欬嗽血，及腸胃虚冷滯下，真元虚滑泄精。乳乃石之靈液，具山體之全，故功力勇悍乃爾。須真病命門火衰者宜之，否則當審子由、瀕湖。凡服乳三日，即三日補之，服十日，即十日補之。欲飽食，以牛、羊、麞、鹿等骨煎汁，任意作羹啜之。勿食倉米臭肉，及犯房事。一月後精氣滿盛，百脈流遍，身體覺熱，遶臍肉起，此為得力，可稍近房事，不可頻數，令藥氣頓竭，彌更害人，戒之慎之瀕湖。得牛黄、白蠟、象牙末、真珠、乳香、沒藥、龜版、樺皮灰，俱存性研細。枯礬、蛀竹屑、紅鉛，治廣瘡結毒，爛壞鼻梁及陰蝕陽物，有神。風虚勞損，腰脚無力，鍾乳煎，用鍾乳粉煉成者三兩，以夾練袋盛之，牛乳一大升，煎減三之一，去袋飲乳，分三服，日一作，不吐不利，虚冷人微溏無苦。一袋可煮三十度，即力盡，別作〔袋〕，每煎訖，須濯淨，令通氣，其渣和麪餵雞，生子食之崔尚書方。一切勞嗽，胸膈痞滿，焚香透膈散，用鵝管石、雄黄、佛耳草、欵冬花等分，為末，每用一錢，安香爐上焚之，以筒吸烟入喉中，日二次。肺虚喘急，連綿不息，生鍾乳粉光明者五錢，蠟三兩化和，飯甑内蒸熟，研丸梧子大，每溫水下一丸。按：生乳必肺虚極者，乃可一投，未可概用。

論：石稟精悍之氣以結，質最堅重，是固居其濁而類為陰也。至精悍之氣透化為乳，則居其清者，斯名之為陽，而大能益氣矣。然則鍾乳不為陰中之陽乎？肺虚極者，用補肺中陽氣，更大壯下焦元氣。非真病於陽虚者，不可輕服，即服之中病，且當終身忌术，緣术能動鍾乳也。如火微，必借風鼓之而後發火，盛則一鼓之即不可嚮邇，義固如此。《種樹書》云凡果樹作穴，納鍾乳末少許，固密，則子多而味美，納少許於老樹根皮間，則樹復茂，移此於人身，其為元氣之助，功豈鮮哉。然而石藥氣悍，易傷陰氣，服久則營衛不從，變生他證，若陰虛人誤投，尤為抱薪救火也。《物類相感志》：服鍾乳，忌參、术，犯者多死。凡人陽明氣衰，用此合諸藥以救衰疾，平則止，夫何不可。昧者因其陽氣暴充，藉耽淫泆，致精氣暗損，石氣獨存，孤陽愈熾，久之營衛不從，發為淋渴，變為癰疽，是果乳石之過耶，抑人之自取耶？先哲致戒者，多不能備錄瀕湖。

修治：李補闕服乳法：取韶州鍾乳，無問厚薄，但顏色明淨光澤者，黃赤二色不用。置金銀器中，大鐺着水，沉器煮之，令如魚眼沸，水減即添，乳少三日夜，乳多七日夜，候乾，色變黃白，即熟，如疑生，煮滿十日更佳，取出去水，更以清水煮半日，其水色清不變，即止，乳無毒矣。入瓷鉢中，玉槌着水研之，覺乾濇，即添水，常令如稀米泔狀，研至四五日，揩之光膩如書中白魚，便以水洗之。不隨水落者即熟，落者更研，乃澄取，曝乾。每用一錢半，溫酒調，空腹服，兼和丸散用。其煮乳黃濁水，切弗服，服之損咽傷肺，令人頭痛，或下利不止，其有犯者，但食猪肉解之。盧子由云：《經》言水勢劣火，結為高山乳質，全類似水，而勇悍獨專，寧非火勝水劣乎。修治用水煮，仍交水火以濟之，水勝於火，所以少平勇悍也。今世火煅，反助勇悍，故多石毒燃燒之患。

**清·鄒澍《本經續疏》卷一**　石鍾乳　【略】乳與泉皆山石中潤澤之氣所結，而性體不同，為用迥殊者，以乳得其陰而化於陽，泉得其陽而化於陰耳。惟得其陽，故專行流動旋轉空隙之地；惟化於陰，故仰出而性寒。惟得其陰，故專行嶄巖犖确艱阻之所；惟化於陽，故俯出而性溫。其在人身，一則似溺似津，行陽道而質清冽，一則似液似精，行陰道而質稠黏也。質稠黏而性溫，形中空而有竅，體潔白而通明，何能不明目益精，通百節，利九竅，下乳汁？石屬金而性下行，何能不主欬逆上氣？五臟主藏精而不瀉，精既充盈，且能彼此輸灌，五臟又何能不安？特味甘氣溫，其用在補，則祇有合於肺虛且寒，氣餒不降，絕無與風寒熱濕之客為欬逆上氣者矣。故《千金》於肺虛冷有補肺湯第二方、第四方、第五方，於氣極有鍾乳散，於欬嗽有鍾乳七星散，又七星散大都合溫補藥用之。是明目為明精氣不充神光昏暗之目，益精為益陰寒痠削氣化清冷之精。安五臟為安氣失聯絡，不相哀益之五臟。通百節為通骨屬乏澤、屈伸不利之百節。利九竅為利氣道窘濇、開闔不便之九竅。下乳汁為下衝脈既上、無陽以化之乳汁。其與一切外感及他內傷，均無涉也。夫補之為補於無形易，有形難。精乃五臟液之至粹，其成尤不易。乃觀鍾乳功力，多在補精，且若不甚難者。《千金》治陰痿精薄而冷方云：欲多精倍鍾乳。是鍾乳之益精甚速也。殊不知有形之生長消歇，皆視無形為指使。《陰陽應象大論》所謂精食氣，精化為氣，則氣為精母。古訓甚明。即以泰西所謂質具之德，傳生之用，而論其義，亦為氣聚生火，火盛迫液，儘可頃刻而成，初非難事。即鍾乳之所以生，原石中潤澤之氣，被陽氣蒸逼而流，既已液中有氣，氣中具陽，其蒸騰變化亦又何難？況觀於《別録》之義，尤有遞相補綴之妙。譬如調兵剿狄，則令禁兵守要害，腹裏之兵防邊，以易邊兵出塞，為其風土合宜，人情不甚相遠耳。鍾乳之用具有此義。調在上未虛之陽，和在下失偶之陰。而恃其甘溫氣味踞守於肺，使源源繼進，務令火下歸而水上濟，成不偏不倚平治之功。此益氣之下，所以復贅補虛損一言。而脚弱疼冷，下焦傷竭強陰，均一以貫之矣。乃世俗所謂補精，動以質膩性寒者當之，名曰以類相求，豈知無陽則陰何由生。是以不阻於中，即滯於下，初為胃減，續為便溏，馴至心之化物無權，肺之治節失職而斃。宜乎視補精為甚難之事也，孰知以陽生陰，推近及遠，為易易耶！

**清·葉桂《本草再新》卷八**　鍾乳味甘，性溫，無毒。入胃、腎二經。　強陰益陽，通百節，利九竅，補虛勞，下乳汁。

**清·趙其光《本草求原》卷二五石部**　石鍾乳　石本精悍，生於陽洞，得陽氣透化而為乳，為陰中之陽，大壯元氣，起陰強陽，安五臟，通百節，利九竅，主風虛腰脚無力，精滑、製粉以袋盛之，燉酒飲，或煎牛乳飲，或同菟絲、石斛、吳萸蜜丸，酒下。又瑩白空明，味辛重鎮，暖肺納氣。治肺寒氣逆、喘咳痰清。和蠟為丸，水下，又同雄黃、佛〔草、款〕冬花焚之，以筒吸煙入喉。肺損吐血，糯米湯調下。又溫達肝，甘益胃，主大腸冷滑，同玉蔻、棗肉為丸，飲下。乳汁不通，氣血衰，脈澀不行也。同通草研，米飲下。補髓通聲，皆甘溫助陽、色白利竅之力也。但藉以恣欲，多服不免淋渴癰疽之患。石為土中金，金之液，則肺歸腎而益精，故安藏陰；中空，故通竅；形下垂，故下氣；石汁如乳，故通乳；益肺中之精，故亦明目。出洞穴中，石液結成，下垂如冰柱，中通輕薄，如鵝翎管者良。若生陰洞，質實色晦者，有毒殺人。以甘草、紫背天葵同煮三日夜，或以藿香、甘松、零陵香、沉檀香水煮三日，再以甘草、地榆、天葵煮三日，研細水飛用。煮煉不熟，服之令人淋。其所煮之水，服之損喉傷肺，令人頭痛下利。豬肉可解。火煅則大毒。水煮，是以水濟火之義。蛇床為使。惡丹皮，畏石英。忌羊血、葱、蒜。至於參、术，則《千金方》多並用，取相反激之以建功也。孔公孽即鍾乳之床。其利竅通乳，功同鍾乳。殷孽，盤結如薑，即孔公孽之根，又為瘡疽、瘻痔、癥瘕溫散結氣、去傷爛瘀血之用。

**清・葉志詵《神農本草經贊》卷一**　石鍾乳　味甘，溫。主欬逆上氣，明目益精。安五藏，通百節，利九竅，下乳汁。《御覽》一名留公乳。生山谷。

由剛化柔，巖脈泄乳。蒸栗侔黄，寒冰積鹵。鵝管排筒，蟬紗錯縷。藥石比言，仙茅安數。

韓愈詩：泄乳交巖脈。吴普曰：黄白色空中相通。《唐書・傳》：高季輔數上書，言得失，辭誠切至。帝賜鍾乳一劑，曰：而進藥石之言，朕以藥石相報。《續傳信方》：千斤鍾乳，不若一斤仙茅。

**清・文晟《新編六書》卷六《藥性摘錄》**　石鍾乳　辛甘，氣溫。質重，鎮陽歸陰，通竅利水。〇煉須得法。惡丹皮，畏紫石英。忌參、术、羊血、葱、蒜、胡荽。〇凡金石之藥性悍，勿妄服，勿多服。

**清・劉東孟傳《本草明覽》卷七**　石鍾乳　【略】按：《經》云：石藥之氣悍。丹溪云：鍾乳乃慓悍之劑。夫藥性之偏可用于暫，而不可久，石藥又偏走之甚者。自唐以來，膏粱之家，惑于方士，以石藥體重氣厚，服餌長生，而卒受氣悍之禍，哀哉。

**清・張仁錫《藥性蒙求・金石部》**　鍾乳石五分　鍾乳石溫，虚勞可補。但益元陽，陰虚勿佐。本石之精，山靈陽氣所鍾，故瑩白中空，純陽通達，專走陽明氣分。服之令陽暴充。命門火衰可暫用之。

**清・戴葆元《本草綱目易知錄》卷七**　石鍾乳　甘，溫。陽明經氣分藥。強陰補髓，益氣延年，明目益精。通聲下乳，安五臟，壯元陽，補虚損，益陽事，通百節，利九竅。治五勞七傷，咳逆上氣，脚弱疼冷。下焦傷竭，泄精寒嗽，消渴引飲。須製錬服，其氣慓疾，令人服之，陽氣暴充。若藉肆淫泆，陰汁暗損，孤陽愈熾，發為淋渴癰疽，多至喪身之禍。

**清・陳其瑞《本草撮要》卷六**　鍾乳　味甘，溫，入足陽明經，功專強陰益陽，通百節，利九竅，補虚勞，下乳汁。肺虚喘急不息，以光明鍾乳粉五錢，蠟三兩化和，飯甑內蒸熟，研丸梧子大，溫水下一丸。氣甚慓悍，命門火衰者只可暫用，否則有害。蛇牀為使，畏紫石英，惡牡丹，忌胡荽、葱、蒜、羊血、參、术。一名鵝管。

**清・仲昴庭《本草崇原集説》卷一**　石鍾乳　【略】仲氏曰：鍾乳雖非要藥，亦備世用。俗解以鍾乳為陽明氣分藥，執而鮮通，乃將經文改竄以成其説，則荒唐絕倫矣。《崇原》詮釋主治，本乎物理之自然，從不於經文上改竄一字。蓋物理即在經文，改竄經文，何異改竄物理乎。

### 孔公孽

**宋・李昉《太平御覽》卷第九八七**　孔公孽　《本草經》曰：孔公孽，一名通石。味辛，溫。生山谷。治食化氣，利九竅，下乳汁，治惡瘡疽瘻。生梁山。《吴氏本草》曰：孔公孽，神農：辛。岐伯：鹹。扁鵲：無毒。色青黄。

**宋・唐慎微《證類本草》卷四玉石部中品〔《本經・別錄・藥對》〕　孔公孽　味辛，溫，無毒。主傷食不化，邪結氣惡，瘡疽瘻痔，利九竅，下乳汁，男子陰瘡，女子陰蝕，及傷食病，常欲眠睡。**一名通石，殷孽根也。青黄色。生梁山山谷。木蘭爲之使。惡細辛。

〔梁・陶弘景《本草經集注》〕云：梁山屬馮翊郡，此即今鍾乳牀也，亦出始興，皆大塊打破之。凡鍾乳之類，三種同一體，從石室上汁溜積久盤結者，爲鍾乳牀，即此孔公孽也。其次以小巃嵸者，爲殷孽，今人呼爲孔公孽。殷孽復溜輕好者爲鍾乳。雖同一類，而療體爲異，貴賤相殊。此二孽不堪丸散，人皆擣末酒漬飲之，甚療脚弱。其前諸療，恐宜水煮爲湯也。按：今三種同根，而所生各處，當是隨其土地爲勝爾。

〔唐・蘇敬《唐本草》〕注云：此孽次於鍾乳，如牛羊角者，中尚孔通，故名通石。《本經》誤以爲殷孽之根，陶依《本經》以爲今人之誤，其實是也。

〔宋・掌禹錫《嘉祐本草》〕按：《蜀本》云：凡鍾乳之類有五種：一鍾乳，二殷孽，三孔公孽，四石牀，五石花，雖一體而主療有異。此二孽止可酒浸，不堪入丸散藥用，然甚療脚弱，脚氣。石花、石牀顯在後條。吴氏云：孔公孽，神農：辛。岐伯：鹹。扁鵲：酸，無毒。色青黄。《藥性論》云：孔公孽，忌羊血，味甘，有小毒。主治腰冷，膝痹，毒風，男女陰蝕瘡。治人常欲多睡，能使喉聲圓朗。日華子云：孔公孽，味甘，暖。治癥結。此即殷孽牀也。

〔宋・唐慎微《證類本草》〕《圖經》：文具石鍾乳條下。《青霞子》：孽，輕身充肌。

**宋・王繼先《紹興本草》卷二**　孔公孽　紹興校定：孔公孽即鍾乳根也。主治已載《本經》，其稱為殷孽根者誤矣。然殷孽在上，盤屈如薑；鍾乳在下，通明如鵝管；孔公孽在中，形如牛羊角也。《唐注》所説(共)〔甚〕明，然諸方用之，皆以酒漬。當從味辛、溫、無毒。若生用入藥亦有毒矣。

**明・劉文泰《本草品彙精要》卷三**　孔公孽無毒　巖穴生。

**孔公孽**出《神農本經》：**主傷食不化，邪結氣惡，瘡疽瘻痔，利九竅，下乳汁。**以上朱字《神農本經》。男子陰瘡，女子陰蝕及傷食病，常欲眠睡。以上黑字名醫所錄。【名】通石。【地】陶隱居云：孔公孽即殷孽根也。生梁山山谷，亦出始興。從石室上汁溜積久盤結者爲鍾乳牀，即此孽也。《唐本》注云：此孽次於鍾乳，如牛羊角者，中有孔通，故名通石也。【時】採：無時。【色】白、微紅。【味】辛。【性】溫，散。【氣】氣之厚者，陽也。【臭】朽。【主】療陰瘡，消宿食。【助】木蘭爲之使。【反】惡細辛。【製】研細，水飛過用。【治】療：《藥性論》云：治腰冷，膝痹，毒風，男女陰蝕瘡，人常欲多睡，能使喉聲圓亮。日華子云：療癥結。補：《別錄》云：輕身，充肌。【合治】合酒漬飲之，治脚弱。【忌】羊血。

**明・許希周《藥性粗評》卷四**　通孔孽好睡而惺。通孔孽，即孔公孽也。石乳所結，如牛羊之角，其中有孔，次於鍾乳者也。採無時。木蘭為之使，惡細辛。味辛、甘，性溫，無毒。主治傷食不化，好睡不醒，利九竅，能使喉聲圓亮。亦主外科。俱以酒浸溫服，不入丸散。

**明・王文潔《太乙仙製本草藥性大全》卷六《本草精義》**　孔公孽　一名通石，殷孽根也。生梁山山谷，亦出始興，皆大塊打破之。凡鍾乳之類，三種同一體，從石室上汁溜積久盤結者爲鍾乳牀，即此孔公孽也。次以小巃嵸者爲殷孽，今人呼爲孔公孽。殷孽伏溜輕好者爲鍾乳，雖一類而療體爲異。此二孽不堪丸散，人皆搗末酒漬飲之，甚療脚弱。已前諸療，恐宜水煮爲湯也。按：今三種同根而所生各處，當是隨其土地爲勝爾。《唐本》注云：此孽次於鍾乳，如牛羊角者，中尚孔通，故名通石。《本經》以爲殷孽之根。陶依《本經》，以爲今人之誤，其實是。

**明・李時珍《本草綱目》卷九石部・石類上**　孔公孽《本經》中品

【釋名】孔公石《綱目》　通石時珍曰：孔竅空通，附垂于石，如木之芽蘖，故曰孔公孽，而俗訛爲孔公爾。恭曰：此孽次于鍾乳，狀如牛羊角，中有孔通，故名通石。《別錄》誤以此爲殷孽之根，而俗猶呼爲孔公孽是也。

【集解】《別錄》曰：孔公孽，殷孽根也。青黃色，生梁山山谷。弘景曰：梁山屬馮翊郡，此即今鍾乳牀也，亦出始興，皆大塊，打破之。凡鍾乳之類有三種，同一體。從石室上汁溜積久盤結者爲鍾乳牀，即孔公孽也。其以次小巃嵸者，爲殷孽，大如牛羊角，長一二尺，今人呼此爲孔公孽也。殷孽復溜輕好者爲鍾乳。雖同一類，而療體各異，貴賤懸殊。三種同根，而所生各處，當是隨其土地爲勝爾。保昇曰：鍾乳之類凡五種：鍾乳、殷孽、孔公孽、石牀、石花也。雖同一體，而主療各異。頌曰：孔公孽、殷孽既是鍾乳同生，則有孽處皆當有乳，今不聞有之。豈用之既寡，則采者亦稀乎？抑時人不知孽中有乳，不盡采乎？不能盡究也。恭曰：孔公孽次于鍾乳，《別錄》誤以爲殷孽之根。殷孽即孔公孽之根，俗人乃以孔公孽爲殷孽，陶氏依之，以孔公孽爲鍾乳牀，非矣。時珍曰：以薑石、通石二名推之，則似附石生而粗者，爲殷孽；接殷孽而生，以漸空通者，爲孔公孽；接孔公孽而生者，爲鍾乳。當從蘇恭之説爲優。蓋殷孽如人之乳根，孔公孽如乳房，鍾乳如乳頭也。

【氣味】辛，温，無毒。普曰：神農，辛。岐伯，鹹。扁鵲，酸，無毒。大明曰：甘，暖。權曰：甘，有小毒。之才曰：木蘭爲之使，惡細辛、术，忌羊血。

【主治】傷食不化，邪結氣惡，瘡疽瘻痔，利九竅，下乳汁《本經》。男子陰瘡，女子陰蝕，及傷食病，常欲眠睡《別錄》。主腰冷膝痹毒氣，能使喉聲圓亮甄權。輕身充肌青霞子。

【發明】弘景曰：二孽不堪丸散，止可水煮湯，并酒漬飲之，甚療脚弱脚氣。

【附方】新一。風氣脚弱：孔公孽二斤，石斛五兩，酒二斗，浸服。《肘後方》。

**明・梅得春《藥性會元》卷下**　孔公孽　味辛，氣溫，無毒。一名通石。殷孽根也，青黃色。木蘭為使。畏細辛。桑螵蛸為使。惡澤瀉、菌桂、雷丸、蛇蜕。畏菟絲子。主治傷食不化，邪結氣，惡瘡疽瘻痔，利九竅，下乳汁，男子陰蝕，及傷食病，常欲眠困。

**清・葉志詵《神農本草經贊》卷二**　孔公孽　味辛，溫。主傷食不化，邪結氣，惡創疽瘻痔，利九竅，下乳汁。一名通石。生山谷。

石垂芽孽，亡是呼公。角森濈濈，房妙空空。寐回蘧覺，音審宣通。如調靈籥，呼噏中充。

李時珍曰：孔竅空通，附垂於石，如木之芽蘖，俗訛為孔公。《漢書・

傳》：齊言亡是公者，無是人也。《宋書・傳》：公何見呼為公。陶弘景曰：孽大如牛羊角，長一二三尺。《詩》：其角濈濈。李時珍曰：孽為鍾乳之房。《論語》：空空如也。《莊子》：成然寐蘧公覺。名醫曰：治傷食病常欲眠睡。甄權曰：能使喉聲圓亮。江總碑：老鷲靈籥。蘇軾詩：外慕漸少由中充。

### 殷孽

**宋・唐慎微《證類本草》卷四玉石部中品〔《本經・別錄・藥對》〕 殷孽** **味辛，溫，**無毒。**主爛傷瘀血，洩痢，寒熱，鼠瘻，癥瘕結氣，**脚冷疼弱。**一名薑石，**鍾乳根也。生趙國山谷，又梁山及南海。採無時。惡防己，畏朮。

〔梁・陶弘景《本草經集注》〕云：趙國屬冀州，此即今人所呼孔公孽，大如牛羊角，長一二尺左右，亦出始興。

〔唐・蘇敬《唐本草》〕注云：此即石堂下孔公孽根也，盤結如薑，故名薑石。俗人乃爲孔公孽，爲之誤爾。

〔宋・掌禹錫《嘉祐本草》〕按：日華子云：殷孽，治筋骨弱，并痔瘻等疾及下乳汁。

〔宋・唐慎微《證類本草》〕《圖經》：文具石鍾乳條下。

**宋・王繼先《紹興本草》卷二** 殷孽 紹興校定：殷孽與孔公孽及鍾乳，在石室中，但分高下、清濁，形質在異爾。鍾乳在下，形如鵝管而瑩明；孔公孽在中，形如牛羊角而稍濁；殷孽在上，附石盤屈如薑。此一物而分三名。以諸方多用鍾乳者，蓋謂取其精英矣。二孽主治已載《本經》，皆酒漬而可用。當從味辛、溫、無毒。若生用入藥即有毒矣。

**明・王綸《本草集要》卷五** 殷蘗石鍾乳根也。 味辛，氣溫，無毒。惡防己，畏朮。 主爛傷瘀血，洩痢寒熱，鼠瘻，癥瘕結氣。〇其根又名孔公孽，味辛，氣溫。木蘭為之使。惡細辛，忌羊血。青黃色。主傷食不化，邪結氣惡，瘡疽瘻痔，男女陰蝕瘡，利九竅，下乳汁。

**明・劉文泰《本草品彙精要》卷三** 殷孽無毒 巖穴生。

**殷孽**出《神農本經》：**主爛傷，瘀血，洩痢，寒熱，鼠瘻，癥瘕，結氣。**以上朱字《神農本經》。脚冷疼弱。以上黑字名醫所錄。【名】薑石。【地】《圖經》曰：殷孽即鍾乳根也，生趙國山谷，又梁山及南海。《唐本》注云：盤結如薑，故名薑石。《蜀本》注云：孽之類有五種，惟以次小巃嵸者爲殷孽，蓋原出於一體而主療有異，此但可以浸酒，不堪入藥也。謹按：孔公孽、殷孽乃鍾乳之旁出者也，從石室中汁溜垂下，漸溜稍長，旁歧而中通者爲孔公孽，再溜分歧，中實如薑石者曰殷孽。正溜中空而輕者爲石鍾乳，滴下積久盤結者爲石牀，牀上有槎牙如鹿角者曰石花。三種同體，其上下懸殊而功用亦異也。【時】採：無時。【用】石盤結巃嵸者佳。【質】類薑歧而長。【色】白，微紅。【味】辛。【性】溫，散。【氣】氣之厚者，陽也。【臭】朽。【主】壯筋骨，消癥瘕。【反】畏朮。惡防己。【製】搗末水飛過用。

【治】療：日華子云：治筋骨弱並痔瘻及下乳汁。

**明・王文潔《太乙仙製本草藥性大全》卷六《本草精義》** 殷孽 一名薑石，即鍾乳根。生趙國山谷及梁山、南海。又云：石花、石牀，並與殷孽同。陶隱居云：凡鍾乳之類有三種，同一體從石室上汁溜積久盤結者爲鍾乳牀，即此孔公孽也。其以次小巃嵸者爲殷孽，今人呼爲孔公孽。殷孽伏溜輕好者爲鍾乳，雖同一類而療體爲異。蘇恭云：二孽在上，牀花在下。陶謂孔公孽爲乳牀，非也。

**明・王文潔《太乙仙製本草藥性大全》卷六《仙製藥性》** 殷孽即鍾乳根。 味辛，氣溫，無毒。 主治：主爛傷瘀血妙方，止洩痢寒熱秘訣。治痔瘻大效，下乳汁尤良。祛鼠瘻癥瘕結氣，理筋骨脚冷疼弱。 孔公孽：即殷孽牀。味辛，一云味甘，氣溫，無毒。木蘭爲之使。 主治：治腰冷膝痹毒氣，理傷食常欲睡眠。祛男女陰蝕瘡殊功，主惡瘡疽瘺痔瘻尤良。下乳汁及傷食不化，利九竅，使喉聲圓亮。

**明・李時珍《本草綱目》卷九石部・石類上** 殷孽《本經》中品

【釋名】薑石時珍曰：殷，隱也。生于石上，隱然如木之蘖也。恭曰：此即孔公孽根也，盤結如薑，故名薑石。俗人乃以孔公孽爲之，誤矣。詳孔公孽下。【集解】《別錄》曰：殷孽，鍾乳根也。生趙國山谷，又梁山及南海，采無時。弘景曰：趙國屬冀州，亦出始興。

【氣味】辛，温，無毒。之才曰：惡防己，畏朮。【主治】爛傷瘀血，洩痢寒熱，鼠瘻癥瘕結氣，脚冷疼弱《本經》。熏筋骨弱并痔瘻，及下乳汁《別錄》。

【發明】見孔公孽下。

**清・葉志詵《神農本草經贊》卷二** 殷孽 味辛，溫。主爛傷瘀血，洩利，寒熱鼠瘻，癥瘕結氣。一名薑石。生山谷。

仰漱飛根，潛萌隱孽。指列薑蟠，脈通乳結。牀設桷宗，花霏霜雪。厓土脂凝，清涼散熱。

名醫曰：殷孽，鍾乳根也。《雲笈七籤》：仰餐飛根。李時珍曰：殷，隱也。生於石上，隱然如木之蘖。又如生薑，新芽頓長，若列指狀。蘇恭曰：根蟠結如薑。《呂氏春秋》：血脈欲其流通也。韓愈文：大者為宗，細者為桷。蘇恭曰：石牀、鍾乳，水滴下凝積如筍狀，久漸與上乳相接為柱。石花，乳水滴石上，散如霜雪。皆與殷孽同功。土殷孽，服之亦同鍾乳，而不發熱。名醫曰：生高山厓土之陰，色白如脂。唐明皇序：嘗散熱之饌。

### 石花

**宋·唐慎微《證類本草》卷四玉石部中品〔唐·蘇敬《唐本草》〕** 石花 味甘，溫，無毒。酒漬服。主腰脚風冷，與殷孽同。一名乳花。

〔唐·蘇敬《唐本草》〕注云：三月、九月採之。乳水滴水上，散如霜雪者，出乳穴堂中。《唐本》先附。

〔宋·掌禹錫《嘉祐本草》〕按：日華子云：石花，治腰膝及壯筋骨，助陽。此即洞中石乳滴下凝結者。

〔宋·唐慎微《證類本草》〕《圖經》：文具石鍾乳條下。

**宋·寇宗奭《本草衍義》卷五** 石花 白色，圓如覆大馬杓，上有百十枝，每枝各槎牙，分歧如鹿角，上有細文起，以指撩之，錚錚然有聲，此石花也。多生海中石上，世方難得，家中有一本，後又于大相國宮中見一本，然其體甚脆，不禁觸擊。本條所注皆非是。

**宋·王繼先《紹興本草》卷三** 石花 紹興校定：石花，本出自鍾乳之下，而《本經》又分此一種，性味主治亦與鍾乳不遠，然無製煉之法。用之漬酒，當從味甘、溫、無毒。今方家罕用之。

**明·劉文泰《本草品彙精要》卷三** 石花無毒 巖穴生。

石花：主腰脚風冷，與殷孽同。名醫所錄。【名】乳香、石筍。【地】《圖經》曰：石花與殷孽同產，即鍾乳之類。從石室上汁溜積久盤結於地者爲石牀花，即牀上槎牙而生者是也。《衍義》曰：色白，圓如覆大馬杓，上有百十枝，每枝各槎牙，分歧如鹿角，上有細紋起，以指撩之錚錚然有聲，此石花也。【時】採：三月、九月取。【用】白如霜雪者佳。【色】白。【味】甘。【性】溫，緩。【氣】氣之厚者，陽也。【臭】朽。【主】暖腰膝。【製】研細，水飛過，以酒漬服。【治】補：日華子云：壯筋骨，助陽。

**明·王文潔《太乙仙製本草藥性大全》卷六《本草精義》** 石花 一名乳石。出山谷洞中及乳穴堂中，乳水滴水上散如霜雪凝結者。與殷孽同用，酒漬服之。

**明·王文潔《太乙仙製本草藥性大全》卷六《仙製藥性》** 石花 味甘，氣溫，無毒。主治：主腰脚風冷神方，壯筋骨助陽妙劑。按：《衍義》云：石花，白色，圓如覆大馬杓，上有百十枝，每枝各槎牙分歧如鹿角，上有細紋起，以指撩之，錚錚然有聲，此石花也。多生海中石上，世方難得。家中自有一本，後又於大相國宮中見一本，然其體甚脆，不禁敲擊。本條所著，皆非是。

**明·李時珍《本草綱目》卷九石部·石類上** 石花時珍曰：石花是鍾乳滴于石上迸散，日久積成如花者。蘇恭所説甚明。寇宗奭所説，乃是海中石梅、石柏之類，亦名石花，不入藥用，非本草石花，正自誤矣。

**清·汪紱《醫林纂要探源》卷二** 石花 鹹，寒，滑。粗而黃黑者曰雞脚菜。形似也。細而紅者曰牛毛石花。洗淨，糖醋蘸食皆可。煮化，傾冷凝塊亦可。○海中石上得海水之餘氣英氣凝聚而生，猶木上之生菌蕈、木耳，山石之生石耳也。功同上。性尤寒，多食腹痛。○得水石之氣而寒，乃謂補心者，猶鹽亦海水所煎，而能補心潤下。作鹹，鹹則凝極而反散，陰陽之變易然也。曰補心者，補火也。寒而能補火乎？曰離中無陰畫，則不成離，坎中無陽畫，則不成坎，火之能布散其光明，正以陰麗陽中也，寒何害於補火？心主血脈，使血脈有所濇滯不行，如瘤瘿瘕疝痰阻之類，即是心病火衰，神明有所窒而不舒處也。鹹以散瘀攻滯，非補心而何？

### 石牀

**宋·唐慎微《證類本草》卷四玉石部中品〔唐·蘇敬《唐本草》〕** 石牀 味甘，溫，無毒。酒漬服，與殷孽同。一名乳牀，一名逆石。

〔唐·蘇敬《唐本草》〕注云：陶謂孔公孽即乳牀，非也。二孽在上，牀、花在下，性體雖同，上下有別。鍾乳水下凝積，生如筍狀，漸長，久與上乳相接爲柱也。出鍾乳堂中，採無時。《唐本》先附。

〔宋·掌禹錫《嘉祐本草》〕按：日華子云：石筍即是石乳下凝滴長者，與石花功同，一名石牀。

〔宋・唐慎微《證類本草》〕《圖經》：文具石鍾乳條下。

**宋・王繼先《紹興本草》卷三** 石牀 紹興校定：石牀，亦出鍾乳之下，然又分此一種。在方即無煉製之法，止可漬酒服餌。《本經》云甘、溫、無毒是也。然固非精英起疾之物矣。

**明・劉文泰《本草品彙精要》卷三** 石牀無毒 巖穴生。

石牀：酒漬服，與殷孽同。名醫所錄。【名】乳牀、逆石。【地】《圖經》曰：出南海及趙國、梁山山谷。從石室中汁溜積久盤結爲牀，謂之石牀。《本經》云：石牀與殷孽同。又云：孔公孽、殷孽根也。鍾乳牀即孔公孽。其次小而巃嵸者爲殷孽也。謹按：已上四種本乎一體，互說紛紜，而無定見。竊觀乳之下溜，有似於乳，故曰鍾乳。二孽亦乳之別溜，猶孟子所謂孽子而亦乳之傍出者也。石牀乃鍾乳水滴盤結於地如牀，故謂之牀。牀上生枝幹槎牙如花者，謂之石花。噫前人命名之義有自來矣。【時】採：無時。【用】盤結如牀者佳。【色】白。【味】甘。【性】溫，緩。【氣】氣之厚者，陽也。【臭】朽。【製】研細，水飛過用。

**明・許希周《藥性粗評》卷四** 睡砂石之床，鬼邪不近。

砂石床，一名乳床，即鍾乳石，下凝滴長如笋狀者。與石花功同。採無時。味甘，性溫，無毒。主治顛癇驚悸，辟鬼邪，漬酒服之。

**明・鄭寧《藥性要略大全》卷八** 石床 即硃砂苗也。按《本草》自有本條。味甘，氣溫，無毒。謂鍾乳水下滴，凝積生如笋狀，漸長，久與上乳相接為柱，出鍾乳堂，為之石床。與石花同功。酒漬服。

**明・王文潔《太乙仙製本草藥性大全》卷六《本草精義》** 石牀 一名乳牀，一名逆石。與殷孽、孔公孽同出鍾乳堂中，二孽在上，牀尤在下，性體雖同，上下有別。鍾乳水下凝積，生如笋狀，凝長久與上乳相接爲柱也。

**明・王文潔《太乙仙製本草藥性大全》卷六《仙製藥性》** 石牀 味甘，氣溫，無毒。功用與石花同。

## 鵝管石

**明・劉文泰《本草品彙精要》卷二** 鵝管石無毒 石生。

鵝管石：主欬嗽，痰喘及小兒諸嗽。今補。【地】謹按：此石出蜀地，嶺南，今濟南歷城縣有之。長二三寸，形圓而層層甲錯，色白，酥脆易折，中空如管，故謂之鵝管石也。【時】採：無時。【用】中空而明淨者佳。【質】類石鍾乳而極短小。【色】白。【味】甘。【性】平。【氣】氣之薄者，陽中之陰。

**明・鄭寧《藥性要略大全》卷八** 鵝管石 療咳嗽痰喘，及遠年近日哮喘痰嗽，功效與鍾乳略同。味甘，微鹹，氣平，無毒。如鵝翎管者良。

**明・李中立《本草原始》卷八** 鵝管石 此石色白，形如鵝管，故名。氣味：甘，平，無毒。主治：肺寒久嗽，痰氣壅膈，兼治瘖瘡。

鵝管石，新增。【圖略】鵝管石狀如鵝管，中有空心，色純白，根上多紋，稍上光淨。入藥火煆細研。

## 石骨

**明・李時珍《本草綱目》卷九石部・石類上** 石骨恭曰：石骨，服之力勝鍾乳，似骨，如玉堅潤，生五石脂中。

## 石腦

**宋・唐慎微《證類本草》卷四玉石部中品〔《別錄》〕** 石腦 味甘，溫，無毒。主風寒虛損，腰脚疼痹，安五藏，益氣。一名石飴餅。生名山土石中。採無時。

〔梁・陶弘景《本草經集注》〕云：此石亦鍾乳之類，形如曾青而白色黑斑，軟易破。今茅山東及西平山並有，鑿土龕取之。俗方不見用，仙經有劉君導仙散用之。又《真誥》曰：李整採服，療風痹虛損而得長生。

〔唐・蘇敬《唐本草》〕注云：隋時在化公者，所服亦名石腦，出徐州宋里山，初在爛石中，入土一丈已下得之，大如鷄卵，或如棗許，觸著即散如麪，黃白色，土人號爲握雪礜石，云服之長生。與李整相會。

〔宋・馬志《開寶本草》〕今附：下品條中。

〔宋・掌禹錫《嘉祐本草》〕按：《蜀本》云：今據下品握雪礜石，主療與此不同。蘇妄引握雪礜石注爲之。

〔宋・唐慎微《證類本草》〕《圖經》：文具石鍾乳條下。

**宋・王繼先《紹興本草》卷二** 石腦 紹興校定：石腦，醫方中亦罕用之。據《本經》載性味、主療，及注云類鍾乳，顯見性溫明矣。然當須製煉而可用，即為無毒，若生用之，不得為無毒也。

**明・劉文泰《本草品彙精要》卷三** 石腦無毒 石生。

石腦：主風寒虛損，腰脚疼痹，安五臟，益氣。名醫所錄。【名】石飴餅。〔地〕陶隱居云：生名山土石中。此石亦鍾乳之類，形如曾青而白色黑斑，軟易破。今茅山東及西平山並有，鑿土龕取之，俗方不見用，仙經有劉君導仙散用之。又《真誥》曰：李整採服，療風痹虛損而得長生。《唐本》注：又云隋時有化公者，所服亦名石腦。出徐州宋里山，初在爛石中，入土一丈已下得之。大如雞卵或如棗許，觸著即散如麵，黃白色，土人號爲握雪礜石，此種實非下品握雪礜石也。〔時〕生：無時。採：無時。〔質〕類土粉。〔色〕黃、白。〔味〕甘。〔性〕溫，緩。〔氣〕氣之厚者，陽也。〔臭〕朽。〔主〕安五臟。〔製〕研細用。

**明・王文潔《太乙仙製本草藥性大全》卷六《本草精義》** 石腦 一名石飴餅。生名山土石中，今茅山東及西平並有，鑿土龕得之。此石亦鍾乳之類，形如曾青而白色黑斑，軟易破。《唐本》註云：隋時有化公者，所服亦名石腦，出徐州宋里山，初在爛石中，入土一丈已下得之，大如雞卵或如棗許，觸着即散如麪，黃白色，土人號爲握雪礜石，云服之長生。

**明・王文潔《太乙仙製本草藥性大全》卷六《仙製藥性》** 石腦 味甘，氣溫，無毒。主治：主風寒虛損奇效，療腰脚疼痹神功。安五臟妙方，益精氣秘旨。

**明・李時珍《本草綱目》卷九石部・石類上** 石腦《別錄》中品

〔釋名〕石飴餅《別錄》 石芝《綱目》 化公石時珍曰：其狀如結腦，故名。昔有化公服此，又名化公石。

〔集解〕《別錄》曰：石腦生名山土石中，采無時。弘景曰：此石亦鍾乳之類，形如曾青而白色黑斑而軟易破。今茅山東及西平山並有之，鑿土龕取出。恭曰：出徐州宋里山，初在爛石中，入土一丈以下得之，大如鷄卵，或如棗許，觸着即散如麪，黃白色。土人號爲握雪礜石，云服之長生。保昇曰：蘇恭引握雪礜石爲注，非矣。時珍曰：按《抱朴子內篇》云：石腦芝生滑石中，亦如石中黃子狀，但不皆有耳。打破大滑石千計，乃可得一枚。初破之，在石中五色光明而自得，服一升得長生，乃石芝也。《別錄》所謂石腦及諸仙服食，當是此物也。蘇恭所說，本是石腦而又以注握雪礜石，誤矣。握雪乃石上之液，與此不同。見後本條。

〔氣味〕甘，溫，無毒。〔主治〕風寒虛損，腰脚疼痹，安五臟，益氣《別錄》。

〔發明〕弘景曰：俗方不見用，仙經有劉君導仙散用之。又《真誥》云：李整采服，療風痹虛損而得長生。恭曰：隋時化公所服，亦名石腦。時珍曰：《真誥》載姜伯真在大橫山服石腦，時時使人身熱而不渴，即此。

**明・姚可成《食物本草》卷二一玉石部** 石腦陶弘景曰：此石亦鍾乳之類，形如曾青而白色黑班而軟，易破。今茅山東及西平山竝有之，鑿土龕取出。○蘇公曰：出徐州宋里山，初在爛石中，入土一丈以下得之，大如雞卵，或如棗許，觸著即散如麪，黃白色。土人號為握雪礜石，云服之長生。○李時珍曰：按《抱朴子內篇》云：石腦芝生滑石中，亦如石中黃子狀，但不皆有耳。打破大滑〔石〕千計，乃可得一枚。初破之，在石中五色光明而自得，服一升得長生。乃石芝也。 石腦，味甘，溫，無毒。治風寒虛損，腰脚疼痹，安五臟，益氣。○《真誥》載姜伯真在大橫山服石腦，時時使人身熱而不渴，即此。

### 土殷孽

**宋・唐慎微《證類本草》卷五玉石部下品**〔《別錄》〕 土陰孽 味鹹，無毒。主婦人陰蝕，大熱，乾痂。生高山崖上之陰，色白如脂。採無時。

〔梁・陶弘景《本草經集注》〕云：此猶似鍾乳、孔公孽之類，故亦有孽名，但在崖上爾，今時有之，但不復採用。

〔唐・蘇敬《唐本草》〕注云：此即土乳是也。出渭州鄣縣三交驛西北坡平地土窟中，見有六十餘坎，昔人採處。土人云：服之亦同鍾乳而不發熱。陶及《本經》俱云在崖上，此說非也。今渭州不復採用。

〔宋・馬志《開寶本草》〕按：別本注云：此則土脂液也，生於土穴，狀如殷孽，故名土陰孽。

〔宋・掌禹錫《嘉祐本草》〕按：《蜀本》注云：今據《本經》所載，既與陶注同，而蘇說獨異，恐蘇亦未是。

**宋・王繼先《紹興本草》卷二** 土陰孽 紹興校定：土陰孽，《本經》及陶注並稱生高山崖上，《唐本》及別注以謂生土窟穴中。雖云與殷孽相類，今方家罕見入藥，及近世亦少識之。當從《本經》味鹹、無毒為正。

**明・劉文泰《本草品彙精要》卷六** 土陰孽無毒 土生。

土陰孽：主婦人陰蝕，大熱，乾痂。名醫所錄。〔地〕《圖經》曰：生高山崖上之陰，色白如脂。陶隱居云：此猶似鍾乳、孔公孽之類，故亦有孽名，但在崖上耳。《唐本》注云：此即土乳是也，出渭州鄣縣三交驛西北坡平地土窟中，見有六十餘坎，是昔人所採之處。土人云：服之亦同鍾乳而不發熱。陶及《本經》俱云在崖上，此說非也。今渭州不復採用。別本注云：此則土脂液也，生於土穴，狀如殷孽，故名土陰孽也。〔時〕採：無時。〔用〕如脂白者爲好。〔質〕狀如殷孽。〔色〕白。〔味〕鹹。

〖性〗軟。　〖氣〗味厚于氣，陰也。　〖臭〗朽。　〖製〗研細用。

**明·許希周《藥性粗評》卷四**　孽出土(陰)〔殷〕，痂乾瘡疥。　土(陰)〔殷〕孽，土乳也。出渭州土窟中，如鍾乳之生石窟焉。味鹹，性寒，無毒。主治瘡疥不乾，為末傅之，其痂自平而脫。

**明·王文潔《太乙仙製本草藥性大全》卷六《本草精義》**　土陰孽　苗如鍾乳、孔公孽之類，故有孽名。生高山崖上之陰，色白如脂。唐註云：此即土乳，乃土之脂液也。出渭州鄣縣三交驛西北坡平地上窟中，見有六十餘坎，昔人採處。土人云：服之亦同鍾乳，而不發熱。陶及《本經》俱云在崖上，此說非也。今渭州不復採用。

**明·王文潔《太乙仙製本草藥性大全》卷六《仙製藥性》**　土陰孽　味鹹，無毒。　主治：主婦人陰蝕堪除，治大熱乾痂立效。

**明·李時珍《本草綱目》卷九石部·石類上**　土殷孽《別錄》下品

〖釋名〗土乳《唐本》。志曰：此則土脂液也，生於土穴，狀如殷孽，故名。〖集解〗《別錄》曰：生高山崖上之陰，色白如脂，采無時。弘景曰：此猶似鍾乳、孔公孽之類，故亦有孽名，但在崖上爾，今不知用。恭曰：此即土乳也。出渭州鄣縣三交驛西北坡平地土窟中，見有六十餘坎，昔人采處。土人云：服之亦同鍾乳，而不發熱。陶及本草云生崖上，非也。時珍曰：此即鍾乳之生於山崖土中者，南方名山多有之。人亦掘爲石山，貨之充玩，不知其爲土鍾乳也。

〖氣味〗鹹，平，無毒。　〖主治〗婦人陰蝕，大熱，乾痂《別錄》。

石髓

**宋·唐慎微《證類本草》卷三玉石部上品〔唐·陳藏器《本草拾遺》〕**　石髓　味甘，溫，無毒。主寒、熱中，羸瘦無顏色，積聚，心腹脹滿，食飲不消，皮膚枯槁，小便數疾，癖塊，腹内腸鳴，下利，腰脚疼冷，男子絕陽，女子絕產，血氣不調，令人肥健能食，合金瘡，性擁，宜寒瘦人，生臨海蓋山石窟。土人採取，澄淘如泥，作丸如彈子，有白有黃，彌佳矣。

**明·王文潔《太乙仙製本草藥性大全》卷六《本草精義》**　石髓　舊本不著所出州土。生臨海華蓋山石窟中。土人採取澄淘如泥，作丸如彈子大，有黃有白彌佳矣。

**明·王文潔《太乙仙製本草藥性大全》卷六《仙製藥性》**　石髓　味寒溫，無毒。　主治：主寒熱羸瘦無顏色，破積聚心腹氣脹滿。治飲食不消，療小便數疾。皮膚枯槁堪醫，腹内腸鳴立止。理男子絕陽腰脚疼冷，調女人絕產血氣不均。癖塊神方，下利妙劑。合金瘡，性擁，宜寒瘦人，悅顏色，能食令肥健。

**明·李時珍《本草綱目》卷九石部·石類上**　石髓《拾遺》

〖集解〗藏器曰：石髓生臨海華蓋山石窟。土人采取澄淘如泥，作丸如彈子，有白有黃彌佳。時珍曰：按《列仙傳》言，邛疏煮石髓服，即鍾乳也。仙經云：神山五百年一開，石髓出，服之長生。王列入山見石裂，得髓食之，因撮少許與嵇康，化爲青石。《北史》云：龜茲國北大山中，有如膏者，流出成川，行數里入地，狀如醍醐，服之齒髮更生，病人服之皆愈。方鎮《編年録》云：高展爲并州判官，一日見砌間沫出，以手撮塗老吏面，皺皮頓改，如少年色。展以爲神藥，問承天道士。道士曰：此名地脂，食之不死。乃發砌，無所見。此數説皆近石髓也。

〖氣味〗甘，温，無毒。　〖主治〗寒熱，羸瘦無顏色，積聚，心腹脹滿，食飲不消，皮膚枯槁，小便數疾，癖塊，腹内腸鳴，下痢，腰脚疼冷，性壅，宜寒瘦人藏器。

**明·姚可成《食物本草》卷二一玉石部**　石髓按《列仙傳》言：邛疏煮石髓服，即鍾乳也。仙經云：神山五百年一開，石髓出，服之長生。王列入山見石裂，得髓食之，因撮少許與嵇康，化為青石。《北史》云：龜茲國北大山中，有如膏者，流出成川，行數里入地，狀如醍醐，服之齒髮更生，病人服之皆愈。方(縝)〔鎮〕《編年錄》云：高展為并州判官，一日見砌間沫出，以手撮塗老吏面，皺皮頓改，如少年色。展以為神藥，問承天道士。道士曰：此名地脂，食之不死。乃發砌，無所見。此數說皆近石髓也。　石髓，味甘，溫，無毒。治寒熱，羸瘦，無顏色，積聚，心腹脹滿，飲食不消，皮膚枯槁，小便數疾，癖塊，腹内腸鳴，脚痛，腰疼冷，性壅，宜寒瘦人。

**清·趙學敏《本草綱目拾遺》卷二石部**　石髓　《福建續志》：石髓出泉州安溪長潭石罅間，接骨如神，療内傷折骨，酒研三分服，能接斷骨。不可多服，多則骨大。

石芝

**明·李時珍《本草綱目》卷九石部·石類上**　石芝《綱目》

〖集解〗葛洪曰：芝有石、木、草、菌、肉五類，各近百種。道家有《石芝圖》。石芝者，石象芝也。生于海隅名山島嶼之涯有積石處。其狀如肉，有頭尾四足如生物，附於大石。赤者如珊瑚，白者如截肪，黑者如澤漆，青者如翠羽，黄者如紫金，皆光明洞徹。大者十餘斤，小者三四斤，須齋祭取之，搗末服。其類有七明九光芝，生臨水高山石崖之間。狀如盤盌，不過徑尺，有莖連綴之，起三四寸。有七孔者名七明，九孔者名九光，光皆如星，百步内夜見其光。常以秋分伺之，擣服方寸匕，入口則翕然身熱，五味甘美。得盡一斤，長生不老，可以夜視也。玉脂芝，生于有玉之山。玉膏流出，百千年凝而成芝。有鳥獸之形，色無常彩，多似玄玉、蒼玉及水精。得而末之，以無心草汁和之，須臾成水。服至一升，長生也。石蜜芝生少室石戶中。有深谷不可過，但望見石蜜從石戶上入石偃蓋中，良久輒有一滴。得服一升，長生不老也。石桂芝生石穴中，有枝條似桂樹，而實石也。高尺許，光明而味辛。時珍曰：神仙之說，渺茫不知有無；然其所述之物，則非無也。貴州普定分司署内有假山，山間有樹，根幹枝條皆石，而中有葉如榴，裊裊茂翠，開花似桂微黄。嘉靖丁巳，僉事焦希程賦詩紀之，以比康于斷松化石之事，而不知其名。時珍按圖及《抱朴子》之説，此乃石桂芝也。海邊有石梅，枝幹横斜，石柏，葉如側柏，亦是石桂之類云。

【主治】諸芝擣末，或化水服，令人輕身，長生不老葛洪。

**明·姚可成《食物本草》卷二一玉石部** 姚可成曰：玉之溫潤，聖賢比德，故君子佩之而不忘；丹汞玄靈，神僊可希，故上士服之而不置。雖於食物稍迂，然為清修所尚，豈區區務以咀嚼為事哉。詳厥數條，以廣趨嚮。

**清·王道純《本草品彙精要續集》卷一** 石芝

石芝《本草綱目》：主延年益壽，返老還童《品彙續集》。諸芝擣末或化水服，令人輕身，長生不老葛洪《神仙傳》。【名】葛洪云：芝有石木草菌肉五類，各近百種。【地】道家有《石芝圖》，石芝者石像芝也。生於海隅名山島嶼之涯有積石處。【時】採：須齋祭取之。【用】全體。【質】其狀如肉，有頭尾四足，似生物附于大石間，大者十餘斤，小者三四斤。【色】赤者如珊瑚，白者如截肪，黑者如澤漆，青者如翠羽，黄者如紫金，皆光明洞徹。【味】甘，辛。【性】溫，熱。【製】擣末服之，其類有五，著明於後，以便收採。

七明芝、九光芝《品彙》分錄。○葛洪云：生臨水高山石崖之間，狀如盤碗，不過徑尺，有莖連綴之，起三四寸，有七孔者，名七明；九孔者，名九光。光皆如星，百步内夜見其光，常以秋分伺之，擣服方寸匕，入口則噏然身熱，五味甘美，得盡一斤，長生不老，可以夜視也。

玉脂芝《品彙》分錄。○葛洪云：生於有玉之山，玉膏流出千百年，凝而成芝。有鳥獸之形，多似元玉、蒼玉及水晶色，無常彩，採得擣末之，以無心草汁和之，須臾成水，服至一升，長生也。

石蜜芝《品彙》分錄。○葛洪云：生少室石戶中，有深谷不可過，但望見石蜜蜂從石戶上入石偃蓋中，良久輒有一滴。得服一升，長生不老也。

石桂芝《品彙》分錄。○葛洪云：生石穴中，有枝條似桂樹而實石也。高尺許，色光明，味辛。○李時珍云：神仙之說，渺茫不知有無。然其所述之物，則非無也。貴州普定分司署内有假山，山間有樹根幹枝條，皆石，其中有葉，如榴裊裊茂翠，開花似桂，微黄，嘉靖丁巳，僉事焦希程賦詩紀之，以比康子斷松化石之事，而不知其名，今按圖及《抱朴子》之説，此乃石桂芝也。又有海邊生石梅，枝幹横斜。石柏葉如側柏，亦是石桂之類云。

## 巖香

**清·趙學敏《本草綱目拾遺》卷二石部** 巖香 深山皆有之，凡山巖洞壁上有泉滴下，年久，其水流處則生水結，乃至陰之精華。憑石乳滋液，乘風力而結者，土人名巖香。俗呼水鹼。鑿石取之，色白如窯灰，置手中冷入骨者真。《百草鏡》云：性寒，敷湯火傷，金瘡出血，用水礆火煅醋淬，研末，同白果肉水浸，擣汁和服七分，可治白濁。亦入眼科用。

## 湯瓶内鹼

**明·李時珍《本草綱目》卷一一石部·鹵石類** 湯瓶内鹼《綱目》

【集解】時珍曰：此煎湯瓶内，澄結成水鹼，如細砂者也。

【主治】止消渴，以一兩爲末，粟米燒飯丸梧子大，每人參湯下二十丸。又小兒口瘡，卧時以醋調末書十字兩足心，驗時珍。

【附方】新二。消渴引飲：湯瓶内鹼、葛根、水萍焙等分。每服五錢，水煎服。○又方：湯瓶内鹼、菝葜根炒各一兩，烏梅連核二兩焙，爲散。每服二錢，水一盞，石器煎七分，溫呷，日一服。《聖濟錄》。

**清·王道純《本草品彙精要續集》卷一** 湯瓶内鹼

湯瓶内鹼：主止消渴，以一兩爲末，粟米燒飯丸梧子大，每服人參湯下二十丸《本草綱目》。【地】李時珍云：此煎湯瓶内澄清，成水鹼如細沙者也。【治】李時珍方：小兒口瘡，卧時以醋調末，書十字兩足心，驗。【合治】《聖濟錄》云：消渴引飲，湯瓶内鹼，葛根、水萍焙等分，每服五錢，水煎服。又方湯瓶内鹼，菝葜根炒，各一兩，烏梅連核二兩，焙爲散，每服二錢，水一盞，石器煎七分，溫呷，日一服。

## 木心石

**清·趙學敏《本草綱目拾遺》卷二石部** 木心石樟巖附。 生古木中，圓如雀卵，中色正白，著木處燦如黃金。《書影叢說》有孝子某，母嘗患心痛，日久不瘳，孝子日禱於神求治，一夕夢神曰：爾母疾必得木心石乃愈。醒而遍訪名醫，皆不知此藥，一日入山，忽有二匠解木，下鋸有聲，孝子乃悟，急止告以故，視鋸下有石，持歸磨酒與母服，痼疾頓除。　治心痛。

按：造化之用，無風不能生物，無火不能結物，故萬物之動者皆生於風，萬物之靜者皆凝於火。觀於火死而質不朽可知，木性疎達，得風以生之，是以自萌而芽而苞，苞坼而花而實，皆得風以散之。故春榮秋落，如有知也。其實與脂質之靜者，均屬於火。火為木子，所以樹老則自焚。火鬱必泄也，木心有石，乃風不能散，火鬱於內，又不得泄，致其脂液凝聚，至精者久則變為石。餘者皆朽，如松脂成琥珀，柏脂成瑪瑙，所謂物物有一太極也。心為人身之太極，主中宮而至靈，以至變之物治之，則合同而化，故能愈此疾，論事雖變，而論理則常也。

樟巖　沈氏《秘檢》：樟樹內有石，名樟巖。　治心痛，能通五經。煅研煎酒服。

### 松化石

**清·趙學敏《本草綱目拾遺》卷二石部**　松化石　《唐書》：僕骨東境康于河，斷松投之，輒化為石，其色佳，謂之康于石。《錄異記》：婺州永康縣山亭中有枯松，因斷之，誤墜水中化為石，取未化者試於水，隨亦化焉，其所化者枝幹及皮與松無異，但堅勁。《博物志》云：松本石氣，石裂受沙即產松，松至三千年更化為石。《輿地紀》：宋建炎間，遂寧府轉運使衙門後圃有松石，外猶松樹，而中化為石。又重慶府永川縣有石松坪，有松花石，石質而松理，或二三尺許，大可合抱，然不過相望數山有之，俗呼雷燒松。《神仙傳》：三千年當化為石。　張綠漪塗說：松花石有黃紫二色，質理甚細，皮上有水紋，或松皮紋，亦有節暈紋者，天台山間有之。西北亦產，乃年久折松入澗水，得地氣變石。且有變不全，尚帶松質者，入藥宜用全化者。服之令人忘情絕想。　治相思症，凡男女有所思不遂者，服之，便絕意不復再念。

敏按：松化石乃有情化無情，為陽極反陰之象，男女愛慕，結想成病，致君相二火虛磨妄動，鑠耗真陰，魂狂魄越，神不守舍。非此反折之使入和平不可，正取其貞凝之氣以釋妄緣也。瀕湖石部不灰木後附松石云：松久所化，不入藥用，殆未深悉其奧妙耳。

### 石灰

**宋·唐慎微《證類本草》卷五玉石部下品〔《本經·別錄》〕**　石灰　味辛，溫。主疽瘍，疥瘙，熱氣，惡瘡，癩疾，死肌，墮眉，殺痔蟲，去黑子息肉，療髓骨疽。**一名惡灰**，一名希灰。生中山川谷。

〔梁·陶弘景《本草經集注》〕云：中山屬代郡。今近山生石，青白色，作竈燒竟，以水沃之，即熱蒸而解末矣。性至烈，人以度酒，飲之則腹痛下痢，療金瘡亦甚良。俗名石堊。古今多以構塚，用捍水而辟蟲。故古塚中水，洗諸瘡，皆即差。

〔唐·蘇敬《唐本草》〕注云：《別録》及今人用療金瘡，止血，大效。若五月五日採蘩蔞、葛葉、鹿活草、槲葉、芍藥、地黃葉、蒼耳葉、青蒿葉合石灰，搗爲團如雞卵，暴乾，末，以療瘡生肌，大神驗。

〔宋·馬志《開寶本草》〕按：別本注云：燒青石爲灰也，有兩種：風化，水化。風化爲勝。

〔宋·掌禹錫《嘉祐本草》〕按：《蜀本》云：有毒，墮胎。《藥性論》云：石灰，治瘑疥，蝕惡肉，不入湯服。止金瘡血，和雞子白，敗船茹，甚良。日華子云：味甘，無毒。生肌長肉，止血，并主白癜，癧瘍，瘢疵等。療冷氣，婦人粉刺，痔瘻疽瘡，瘿贅疣子。又治産後陰不能合，濃煎汁熏洗。解酒味酸，令不壞，治酒毒，暖水藏，倍勝爐灰。又名鍛石。

〔宋·蘇頌《本草圖經》〕曰：石灰，生中山川谷，今所在近山處皆有之。此燒青石爲灰也，又名石鍛。有兩種：風化，水化。風化者，取鍛了石，置風中自解，此爲有力；水化者以水沃之，則熱蒸而解，力差劣。古方多用合百草團末，治金創殊勝。今醫家或以臘月黃牛膽，取汁搜和，却内膽中，掛之當風百日，研之，更勝草葉者。又敗船茹灰刮取用亦同。又冬灰，生方谷川澤。浣衣黃灰，燒諸蒿藜積聚鍊作之。今用灰多雜薪蒸，乃不善，惟桑薪灰，純者入藥絕奇。古方以諸灰雜石灰熬煎，以點疣、痣、黑子等，丹竈亦用之。又鍛鐵竈中灰，主堅積，古方二車丸用之。竈中對釜月下黃土，名伏龍肝。竈額上墨，名百草霜，並主消化積滯，今人下食藥中多用之。鐺下墨、梁上塵，並主金創。屋塵煤，治齒齗腫出血。東壁土，主下部瘡，脫肛，皆醫家常用，故並見此。傷寒黑效丸，用釜底墨、竈突墨、梁上塵三物，同合諸藥，蓋其功用，亦相近矣。

〔宋·唐慎微《證類本草》〕雷公云：凡使，用醋浸一宿，漉出待乾，下火煅，令腥穢氣出，用瓶盛著，密蓋，放冷，拭上灰，令淨，細研用。《聖惠方》：治螻蛄咬人，用石灰醋和塗之。又方：治大腸久積虛冷，每因大便脫肛，挼不得入方：炒石灰令熱，故帛裹，坐其上，冷即易之。《外臺秘要》：元希聲侍郎治卒發癮秘驗方：石灰隨多少，和醋、漿水調塗，隨手即減。《千金方》：治眉髮髭落。石灰三升，右以水拌令勻，焰火炒令焦，以絹袋貯，使好酒一斗漬之，密封，冬十四日，春秋七日。取服一合，常令酒氣相接，服之百日，即新髭髮生，不落。又方：治瘻瘡。取古塚中石灰，傅厚調塗之。《肘後方》：治産後陰道開不閉。石灰一斗熬之，以水二斗投灰中，適寒溫，入水中坐，須臾更作。又方：治湯火灼瘡。石灰細篩，水和塗之，乾即易。又方：治金刃所傷，急以石灰裹之，既止痛，又速愈。無石灰，灰亦可用，瘡若深，未宜速合者，以滑石傅之。《經驗方》：治蚰蚓蟲咬，其形如大風，眉鬚皆落。以石灰水浸身亦良。《梅師方》：治産後陰腫，下脫腸出，玉門不閉：取石灰一斗，熬令黄，以水三斗投灰中，放冷澄清，取一斗三升暖洗。又方：治金瘡止血速差方：炒石灰和雞子白，和丸如彈子大，炭火煅赤，擣末，以傅瘡上，立差。孫用和：治誤吞金銀或錢，在腹内不下方：石灰一杏核大，硫黄一皂子大，同研爲末，酒調下，不計時候服。《孫真人食忌》：治疥淋，石灰汁洗之。又方：去靨子。取石灰炭上熬令熱，插糯米於灰上，候米化，即取米點之。《斗門方》：治刀斧傷。用石灰上包，定痛止血佳，差。又方：治中風，口面喎斜。向右即於左邊塗之，向左即於右邊塗之，候纔正如舊，即須以水洗下，大妙。《崔氏》：治血痢十年方：石灰三升熬令黄，以水一斗攪令清澄。一服一升，日三服。《抱朴子内篇》：古大墓中多石灰汁，夏月行人有瘡者，見墓中清水，用自洗浴，瘡自愈。於是諸病者聞之，悉往洗之，傳有人飲之以中病。《新唐書·李百藥傳》：百藥勸杜伏威朝京師，既至，歷陽中，悔欲殺之，飲以石灰酒，因大利，頓欲死，既而宿病皆愈。《丹房鏡源》云：石灰伏硫黄，去錫上暈，制雄黄，制硇砂可用之。

**宋·寇宗奭《本草衍義》卷六** 石灰 水調一盞，如稠粥，揀好糯米粒全者，半置灰中，半灰外。經宿，灰中米色變如水精。若人手面上有黑黶子及紋刺，先微微以針頭撥動，置少許如水精者於其上，經半日許，黶汁自出，剔去藥不用，且不得着水，三二日愈。又取新硬石灰一合，以醋炒，調如泥，於患偏風牽口喎邪人口唇上不患處一邊塗之，立便牽正。

**宋·王繼先《紹興本草》卷二** 石灰 紹興校定：石灰，鍛石為灰，味辛，性熱而復利。在《本經》主療，唯以外用之，其在毒明矣。日華子云無毒者非也。

**宋·劉明之《圖經本草藥性總論》卷上** 石灰 味辛，溫。主疽瘍疥瘙熱氣，惡瘡癩疾，死肌墮眉。殺痔蟲，去黑子息肉。《藥性論》云：治瘑疥，蝕惡肉。不入湯服。止金瘡血，和雞子白、敗船茹甚良。日華子云：味甘，無毒。生肌長肉止血，并主白癜，癧瘍瘢疵等。療冷氣，婦人粉刺，痔瘻疽瘡，癭贅疣子。又治産後陰不能合，濃煎汁，熏洗。解酒味酸，令不壞。治酒毒，暖水藏，倍勝爐灰。生中山川谷。今近山生石，青白色，作竈燒，竟以水沃之，即熟蒸而解末矣。

**明·王綸《本草集要》卷五** 石灰 味辛，氣溫，有毒。用風化者。主疽瘍疥瘙，熱氣惡瘡癩疾，死肌墮眉，殺痔蟲，去黑子息肉。五月五日採百草葉，合石灰擣為團，風乾，末以治金瘡，生肌止血大效。又臘月黄牛膽搜和，卻内膽中，當風掛百日，研之，更勝。産後脫肛，玉門不閉，取一斗，熬令黄，以水三斗，投灰中，澄清燒洗。

**明·滕弘《神農本經會通》卷六** 石灰 有兩種，風化者，取鍛了石，置風中自解，此為有力。水化者，以水沃之，則熱蒸而解，力差劣。須用風化。附諸灰在後。草葉灰、百草灰、牛膽灰、桑薪灰、諸雜灰、伏龍灰、百草霜、鐺下墨、梁上塵、鍛鐵灰、屋塵煤、釜底墨、竈突墨。

味辛，氣溫。一云：有毒。一云：味甘，無毒。一云：性至烈。《本經》云：主疽瘍，疥瘙熱氣，惡瘡癩疾，死肌，墮眉，殺痔蟲，去黑子息肉，療髓骨疽。《唐本》注云：用療金瘡，止血大效。若五月五日，採蘩蔞、葛葉、鹿活草、槲葉、芍藥、地黄葉、蒼耳葉、蒿葉，合石灰擣為團，如鷄卵，暴乾，末，以療瘡生肌，神驗。《蜀本》云：有毒，墮胎。《藥性論》云：治瘑疥，蝕惡肉。不入湯服。止金瘡血，和鷄子白、敗船茹甚良。日華子云：味甘，無毒。生肌長肉，止血，并主白癜、癧瘍、瘢疵等。療冷氣，婦人粉刺，痔瘻疽瘡，癭贅疣子。又治産後陰不能合，濃煎汁，熏洗。解酒味酸，令不壞，治酒毒，暖水藏，倍勝。

爐灰，《圖經》云：古方多用合百草團，末，治金瘡殊勝。今醫家或以臘月黄牛膽取汁，溲和，却内膽中，掛之當風，掛百日，研之，更勝草葉者。今用灰，多雜薪烝，乃不善。惟桑薪灰純者入藥絕奇。古方以諸灰雜石灰，熬煎，以點疣痣黑子等。又鍛鐵竈中灰，主堅積，古方貳車丸用之。竈中對釜月下黄土，名伏龍肝，竈額上墨，名百草霜，并主消化積滯，今人下食藥中多用之。鐺下墨、梁上塵，并主金創。屋塵煤，治齒斷腫，出血。東壁土，主下部瘡，脫肛。皆醫家常用，故并見此。傷寒黑奴丸用釜底墨、竈突墨、梁上塵，三物同合諸藥，蓋其功用亦相近矣。《梅師方》治産後陰腫，下脫腸出，玉門不閉，取石灰一斗，熬令黄，以水三斗，投灰中，放冷澄清，取一斗二升，暖洗。孫真人方去黶子，取石灰炭上熬令熱，插糯米於灰上，候米化，即取米點之。《衍義》曰：石灰水調一盞，如稠粥，揀好糯米粒全者，半置灰中，半灰外，經宿，灰中米色變如水精，若人手面上在黑黶子及紋刺，先微微以針頭撥動，置少許如水精者於其上，經半日許，黶汁自出，剔去藥不用，且不得著水，二三日愈。又取新硬石灰一合，以醋炒，調如泥，於患偏風牽口喎斜人，口唇上不患處一邊塗之，立便牽正。《纂雜》云：百草霜，散血。《局方》云：石灰風化方為勝，療疥生肌不入湯。主治疽瘍消瘰癧，去除黑子止金瘡。石灰，風化方為勝。不堪服食，可療金瘡。

**明・劉文泰《本草品彙精要》卷五** 石灰有毒 鍛成。

**石灰**出《神農本經》：**主疽瘍，疥瘙，熱氣惡瘡，癩疾，死肌，墮眉，殺痔蟲，去黑子息肉。**以上朱字《神農本經》。療髓骨疽。以上黑字名醫所錄。【名】惡灰、希灰、石堊、鍛石、石鍛。【地】《圖經》曰：生中山川谷及所在近山處皆有之。今之作窯燒青石爲灰也，有風化、水化兩種。其風化者，以經鍛灰塊置風中自解，此爲有力；水化者，以水沃之即熱蒸而解，其力差劣矣。【時】採：無時。【用】風化者爲勝。【色】白。【味】辛，甘。【性】溫，散。【氣】氣味俱厚，陽也。【臭】腥。【主】止血，生肌。【製】《雷公》云：凡使，用醋浸一宿，漉出待乾，下火鍛，令腥穢氣出，用瓶盛著密蓋，放冷，拭上灰，令淨，細研用。【治】療：《藥性論》云：治瘑疥，蝕惡肉，止金瘡血。日華子云：療白癜，癧瘍，瘢疵，及婦人粉刺，痔瘻，疽瘡，瘿贅疣子。又產後陰不能合，濃煎湯熏洗，瘥。補：日華子云：暖水臟。【合治】五月五日採蘩蔞、葛葉、鹿活草、槲葉、芍藥、地黄葉、蒼耳葉、青蒿葉，合石灰搗爲團，如雞卵，曝乾爲末，療金瘡，生肌，神驗。○合百草團爲末，治金瘡。或以臘月黄牛膽取汁溲和，卻，內膽中掛之，當風百日研之，亦治金瘡。○合水調如粥，浸好糯米粒全者，半置灰中半在外，經宿取糯米點人面上黑黶。○合醋調如泥，療口喎斜者，左喎塗右，右喎塗左，立便牽正。【禁】不入湯藥，妊娠不可服。

**明・許希周《藥性粗評》卷四** 石灰納絹袋以浸酒，復長髮毛。

石灰，乃青石燒化者。江南處處有之，農家多以壅田，入藥以風化者良。取用多端，不能具述。味苦、辛，性溫，有小毒。主治疽瘍瘡癩，殺蛇蟲，去黑痣并瘜肉，暖腸胃，生髭髮。

單方：刀斧傷：急以石灰暴之，既止痛又速愈。若瘡口深，不得速合者，再用滑石傅之。湯火灼：石灰篩末，水調塗之，乾又再易。髭髮脱落：凡患疥癩，眉髮脱落，及無故自脱落者，石灰末三升，水拌勻，焰火炒令焦，絹袋盛入好酒一斗內，浸之，密封，冬十四日，春秋七日，每取一合，溫服之，常令酒氣相接，百日後髭髮再生不落。口眼喎斜：凡患中風，不拘久近，口眼喎斜者，取新石灰一合，炒熱，用醋調如泥，於口唇上不偏一邊塗之，如左喎則塗右，右喎則塗左，立住即正，去灰。面上痣黶諸斑：石灰末水調一盞，如稠粥□，好糯米全者數十粒，插灰面上，放灰火中經宿，其米俱化如水精樣，但有痣黶諸瘢，用針微微□□□置少許如水精者於其上半日許，黑汁流出，去灰而愈。產後陰門不閉：凡婦人產後陰腫下脱，腸出，玉門不閉者，石灰末一斗，炒焦，以水三斗，當風中放冷澄清，取一斗，□□□□洗之差。

**明・陳嘉謨《本草蒙筌》卷八** 石灰 味辛，氣溫。性烈有毒。在處近山俱得，造窑燒石而成。種有精麄，用須選擇。以水沃，熱蒸解者力劣；置風吹，自裂解者力優。能伏硫黄，堪去錫暈。凡使醋浸一宿，漉出待乾研成。和白粳蒸透，點疣痣子去根。同諸灰淋汁熬膏，決癰腫破頭開口。產婦陰不合，煎水洗即收。造酒味帶酸，投少許便解。又種爐內冬灰，係荻蒿藜爇者。因冬寒不斷其火，取性氣烈過三時。入劑用之，得此為勝。熬膏蝕肉，專理外科。○竈內熱灰，醋調作餅。心腹冷痛，頻熨彌佳。○百草灰端午多收，此日乘露採草一百種，陰乾燒成。兩腋臭用治即止。井花水調灰成團，曝乾。重燒令白，釅醋和為餅，兩腋下緊緊夾之。當抽一身痛悶瘡出即愈。以少水便洗之，不過三兩度。

**明・王文潔《太乙仙製本草藥性大全》卷六《本草精義》** 石灰 一名惡灰，一名希灰，又名煆石，俗名石堊。生中山川谷，今在處近山俱得，造窑燒石而成。種有精麄，用須選擇。以水沃熱蒸解者力劣，置風吹自裂解者力優。能伏硫黄，堪去錫暈。凡使醋浸一宿，漉出待乾研成。納牛黄膽，陰乾，敷刀斧傷止血；和〔雞子〕白、糯米蒸透，點疣痣子去根；同諸灰淋汁熬膏，決癰腫破頭開口；產婦陰不合，煎水洗即收；造酒味帶酸，投少許便解。五月五日採蘩蔞、葛葉、鹿活草、槲葉、芍藥、地黄葉、蒼耳葉、青蒿葉，合石灰搗爲團如雞卵，曝乾，末以療瘡生肌大效。合百草團末，或用臘月黄牛膽取汁，搜和納膽中挂之當風，百日研之，大勝草藥者。又敗船茹灰刮取用亦同，今多以搆塜，用捍水而辟蟲，故古塜中水洗諸瘡效。又取新硬石灰一合，以醋炒調如泥，於患偏風牽口喎斜人口唇上不患處一邊塗之，立便牽。

明・王文潔《太乙仙製本草藥性大全》卷六《仙製藥性》　石灰　味辛，氣溫，性烈有毒。　主治：　主疽瘍疥瘙有效，治熱氣惡瘡尤奇。癩疾死肌堪除，粉刺瘢疵可去。除黑子息肉，療骨疽墮眉。止金瘡長肉生肌，治五毒吐血冷氣。墮胎甚捷，辟蟲尤能。　補註：　大腸久積虛冷，每因大便脫肛，挼不得入，炒令熱，故帛裹，坐其上，冷即易之。○發瘮隨多少，和醋漿水調塗，隨手即減。○眉髮髭落，以三升水拌令勻，焰火炒令焦，以絹袋貯，使好酒一斗漬之，密封，冬十四日，春秋七日，取服一合，常令酒氣相接，服之百日即新髭髮生不落。○螻蛄咬人，以醋和塗之。○瘻瘡，取古塜中〔石灰〕，傅以裹之，既止痛又速愈。無石灰，灰亦可用。瘡若深未宜速合者，以滑石傅厚調塗之。○湯火灼瘡，石灰細篩，水和塗之，乾即易。○產後陰道開不閉，用一斗熬之，以水二斗投灰中，適寒溫入水中坐，須臾更作。○金刃所傷，急之。○蚯蚓蟲咬，其形如大風，眉鬚皆落，以石灰水浸身亦良。○產後陰腫，下脫腸出，玉門不閉，取一斗，熬令黃，以水三斗，投灰中，放冷澄清，取一斗三升暖洗。○去黶子，取石灰炭上熬令熱，插糯米於灰上，候米化即取米點之。○刀斧傷，用石灰包，定痛止血佳，差。○治中風口面喎斜，向右即於左邊塗之，向左即於右邊塗之，候方正如舊，即須以水洗下，大效。○治血痢十年方：　用石灰三升，熬令黃，以水一斗攪，令清澄，一服一升，日三服。○治金瘡止血，炒石灰和雞子白和丸如彈子大，炭火煅赤爲末，傅之立差。○治誤吞金銀或鉛，在腹內不下，用石灰一杏核大，硫黃一皂子大，同研末，酒調下，不計時候服。○產後陰不能合，濃煎汁熏洗。解酒味酸，令不壞。○治瘑疥蝕惡肉不入湯服。止金瘡血和雞子白，敗船茹甚良。　太乙曰：　凡使用醋浸一宿，抄出待乾，下火煅，令腥穢氣出，用瓶盛貯密蓋，放冷，拭上灰令淨，細研用。

明・皇甫嵩《本草發明》卷五　石（炭）〔灰〕下品。氣溫，味辛，性烈，有毒。

發明曰：　石灰，性熱而烈，不可服用，惟主外科。故《本草》主疽瘍疥瘙熱氣，惡瘡癩疾，死肌，髓骨疽，墮眉，殺痔蟲，去黑子瘜肉。同諸灰淋汁，熬膏，用決癰疽腫破頭。又敷刀斧傷止血。須醋浸，待乾，臘月納黃牛膽內，陰乾用。或五月五日採百草葉，合石灰搗為團，風乾為末，傅之亦妙。○產後陰不合，又脫肛，取灰熬黃，投水中，澄清，洗即收。墮胎，辟蟲尤捷，又能伏硫黃，去錫暈。取風化者力更優。

竈內熱灰，醋調，作餅，（慰）〔熨〕心腹冷痛妙。

明・李時珍《本草綱目》卷九石部・石類上　石灰《本經》中品

【釋名】石堊弘景　堊灰《本經》　希灰《別錄》　鍛石《日華》　白虎《綱目》　礦灰《綱目》　【集解】《別錄》曰：　石灰生中山川谷。弘景曰：　近山生石，青白色，作竈燒竟，以水沃之，即熱蒸而解。俗名石堊。頌曰：　所在近山處皆有之，燒青石爲灰也。又名石鍛。有風化、水化二種：　風化者，取鍛了石置風中自解，此爲有力；水化者，以水沃之，熱蒸而解，其力差劣。時珍曰：　今人作窰燒之，一層柴或煤炭一層在下，上累青石，自下發火，層層自焚而散。入藥惟用風化、不夾石者良。

【氣味】辛，溫，有毒。大明曰：　甘，無毒。獨孤滔曰：　伏雄黃、硫黃、硇砂，去錫暈。

【主治】疽瘍疥瘙，熱氣，惡瘡癩疾，死肌墮眉，殺痔蟲，去黑子息肉《本經》。療髓骨疽《別錄》。治瘑疥，蝕惡肉。止金瘡血，甚良甄權。生肌長肉，吐血，白癜癧瘍，瘢疵痔瘻，癭贅疣子。婦人粉刺，產後陰不能合。解酒酸，治酒毒，暖水臟，治氣大明。墮胎保昇。散血定痛，止水瀉血痢，白帶白淫，收脫肛陰挺，消積聚結核，貼口喎，黑鬚髮時珍。

【發明】弘景曰：　石灰性至烈，人以度酒飲之，則腹痛下利。古今多以構冢，用捍水而辟蟲。故古冢中水洗諸瘡，皆即瘥。恭曰：　《別錄》及今人用療金瘡，止血大效。若五月五日采蘩蔞、葛葉、鹿活草、槲葉、芍藥、地黃葉、蒼耳葉、青蒿葉，合石灰搗，爲團如雞卵，暴乾末，以療瘡生肌大妙神驗。權曰：　止金瘡血，和雞子白、敗船茹甚良。不入湯飲。頌曰：　古方多用合百草團末，治金瘡殊勝。今醫家或以臘月黃牛膽汁搜和，納入膽中風乾研用，更勝草藥者。古方以諸草雜石灰熬煎，點疣痣黑子，丹竈家亦用之。時珍曰：　石灰，止血神品也。但不可着水，着水即爛肉。

【附方】舊十四，新三十二。　人落水死：　裹石灰納下部中，水出盡即活。《千金方》。　痰厥氣絶：　心頭尚溫者。千年石灰一合，水一盞，煎滚去清水，再用一盞煎極滚，澄清灌之。少頃痰下自愈。《集玄方》。　中風口喎：　新石灰醋炒，調如泥，塗之。左塗右，右塗左，立便牽正。寇氏《衍義》。　風牙腫痛：　二年石灰、細辛等分，研。搽即止。《普濟方》。　蟲牙作痛：　礦灰，沙糖和，塞孔中。《普濟方》。　風蟲牙痛：　百年陳石灰爲末四兩，蜂蜜三兩，拌勻，鹽泥固濟，火煅一日，研末。擦牙神效。名神仙失笑散。《張三丰方》。　乾霍亂病：　千年石灰，沙糖水調服二錢，或淡醋湯亦可。名落盞湯。《摘玄方》。　偏墜氣痛：　陳石灰炒、五倍子、山巵子等分，爲末，麪和醋調，敷之，一夜即消。《醫方摘要》。　婦人血氣：　方見獸部猪血下。　產後血渴：　不煩者。新石灰一兩，黄丹半錢，渴時漿水調服一錢。名桃花散。張潔古《活法機要》。　白帶白淫：　風化石灰一兩，白茯苓三兩，爲末，糊丸梧子大。每服二三十丸，空心米飲下，絶妙。《集玄方》。　水瀉不止：　方同上。　酒積下痢：　石灰五兩，水和作團，黄泥包，煅一日夜，去泥爲末，醋糊丸梧子大。每服三十丸，薑湯空心下。《摘玄方》。　血痢十年：　石灰三升熬黄，水一斗投之，澄清。一服一升，日三服。《崔知悌方》。　虚冷脱肛：　石灰燒熱，故帛裹坐，冷即易之。《聖惠方》。　産門不閉：　産後陰道不閉，或陰脱出。石灰一斗熬黄，以水二斗投之，澄清熏。《肘後方》。　産門生合：　不開。用銅錢磨利割開，以陳石灰傅之，即愈。《通變方》。　腹脇積塊：　風化石灰半斤，瓦器炒極熱，入大黄末一兩，炒紅取起，入桂末半兩，略燒，入米醋和成膏，攤絹上貼之。内服消塊藥，甚效。《丹溪心法》。　瘧疾寒熱：　一日一發或二三發，或三日一發。古城石灰二錢，頭垢、五靈脂各一錢，研末，飯丸皂子大。每服一丸，五更無根水下，即止。《集玄方》。　老小暴嗽：　石灰一兩，蛤粉四錢，爲末，蒸餅丸豌豆大，焙乾。每服三十丸。温虀汁下。《普濟方》。　卒暴吐血：　石灰于刀頭上燒研，井水下二錢。《普濟方》。　髮落不止：　乃肺有勞熱，瘙痒。用石灰三升，水拌炒焦。酒三斗浸之。每服三合，常令酒氣相接，則新髮更生，神驗。《千金方》。　染髮烏鬚：　礦灰一兩，水化開，七日，用鉛粉一兩研匀，好醋調搽，油帋包一夜。先以皂角水洗净乃用。《集玄方》。　身面疣目：　苦酒漬石灰，六七日，取汁頻滴之，自落。《千金方》。　面黶疣痣：　水調礦灰一盞，好糯米全者，半插灰中，半在灰外，經宿米色變如水精。先以針微撥動，點少許于上，經半日汁出，剔去藥，不得着水，二日而愈也。《集玄方》。　疣痣瘤贅：　石灰一兩，用桑灰淋汁熬成膏。刺破點之。《普濟方》。　瘴疽瘀肉：　石灰半斤，蕎麥稭灰半斤，淋汁煎成霜，密封。每以針畫破塗之，自腐。《普濟方》。　疔瘡惡腫：　石灰、半夏等分，爲末，傅之。《普濟方》。　腦上瘴癤：　石灰入飯内搗爛，合之。《李樓奇方》。　痰核紅腫：　寒熱，狀如瘰癧。石灰火煅爲末，以白果肉同搗，貼之。蜜調亦可。《活人心統》。　痄腮腫痛：　醋調石灰傅之。《簡便方》。　多年惡瘡：　多年石灰研末，雞子清和成塊，煅過再研，薑汁調傅。《救急方》。　瘻瘡不合：　古冢中石灰，厚傅之。《千金方》。　痔瘡有蟲：　古石灰、川烏頭炮等分，爲末，燒飯丸梧子大。每服二三十丸，白湯下。《活法機要》。　疥瘡有蟲：　石灰淋汁，洗之數次。《孫真人方》。　血風濕瘡：　千年陳石灰研搽，痛即止，瘡即愈，神效。《藺氏方》。　火焰丹毒：　醋和石灰塗之。或同青靛塗。《摘玄方》。　卒發風癭：　醋漿和石灰塗之，隨手滅。元希聲侍郎秘方也。《外臺秘要》。　夏月痱疱：　石灰煅一兩，蛤粉二兩，甘草一兩，研，撲之。《集玄方》。　湯火傷灼：　年久石灰傅之。或加油調。《肘後方》。　杖瘡腫痛：　新石灰，麻油調搽，甚妙。《集簡方》。　刀刃金瘡：　石灰裹之，定痛止血，又速愈。瘡深不宜速合者，入少滑石傅之。《肘後方》。　誤吞金銀：　或錢，在腹内不下。石灰，硫黄一皂子大，同研爲末，酒調服之。孫用和《秘寶方》。　馬汗入瘡：　石灰傅之。《摘玄方》。　螻蛄咬人：　醋和石灰塗之。《聖惠方》。　蚯蚓咬人：　其毒如大風，眉鬚皆落。以石灰水浸之，良。《經驗方》。

古墓中石灰，名地龍骨。【主治】頑瘡瘻瘡，膿水淋漓，斂諸瘡口。棺下者尤佳時珍。

艌船油石灰，名水龍骨。【主治】金瘡跌撲傷損，破皮出血，及諸瘡瘻，止血殺蟲時珍。

【附方】新三。　軟癤不愈：　爛船底油石灰，研末，油調傅之。《胡氏方》。　下體癬瘡：　艌船灰、牛糞，燒烟熏之，一日一次，即安。《醫方摘玄》。　血風臁瘡：　船上舊油灰，將泥作釜，火煅過研末，入輕粉少許，苦茶洗净傅之。忌食發物。《邵真人經驗方》。

**明·梅得春《藥性會元》卷下**　石灰　味辛，溫。陳久年深者佳。主治疽瘍疥瘙，熱氣惡瘡，死肌癇疾，墮眉，殺痔漏蟲，去黑子息肉，療髓骨疽，收金瘡口。　製法：　用米醋浸一宿，漉出待乾，下火煅，令腥穢氣取出，瓦瓶盛貯，密蓋放冷，拭去灰塵令淨，研乳極細用。

**明·李中立《本草原始》卷八**　石灰　生中山川谷。頌曰：　所在近山處皆有之。燒青石為灰也。又名石鍛。有風化、水化二種。風化者，取鍛了石置風中自解，此為有力；　水化者，以水沃之，熱蒸而解，其力差劣。弘景名石堊。《本經》名堊灰。《別錄》名希灰。日華子名鍛石。俗呼白虎，又呼礦灰。　氣味：　辛，溫，有毒。　主治：　疽瘍疥瘙，熱氣惡瘡，癇疾，死肌墮眉，殺痔蟲，去黑子息肉。○療髓骨疽。○治瘑疥，蝕惡肉，止金瘡血甚良。○生肌長肉，吐血，白癜癧瘍，瘢疵痔瘻，瘿贅疣子。婦人粉刺，産後陰不能合。○解酒酸，治酒毒，暖水臟，治氣。○墮胎。○散血定痛，止水瀉血痢，白帶白淫，收脱陰挺，消積聚結核，貼口喎，黑鬚髮。

石灰，《本經》下品。大明曰：　甘，無毒。獨孤滔曰：　伏雄黄、硫黄、硇砂，去錫暈。

古墓中石灰名地龍骨。主治：　頑瘡瘻瘡，膿水淋漓，斂諸瘡口。棺下者尤佳。

艙船油石灰，名水龍骨。主治：金瘡跌撲傷損，破皮出血，及諸瘡瘻，止血殺蟲。《集玄方》：去靨子，取石灰炭上熬令熱，插糯米於灰上，候米化，以針刺，點少許於上，二日而愈。

**明・張懋辰《本草便》卷二**　石灰　味辛，氣溫，有毒。用風化者。　主疽瘍疥瘙熱氣，惡瘡癩疾，死肌墮眉，殺痔蟲，去黑子息肉，治金瘡，生肌止血。產後脫肛，玉門不閉，熬水澄清，暖洗。

**明・繆希雍《本草經疏》卷五**　石灰　味辛，溫。　主疽瘍疥瘙，熱氣惡瘡，癩疾死肌墮眉，殺痔蟲，去黑子息肉，療髓骨疽。

【疏】石灰燒青石而成，故其味辛，氣溫。《本經》不言其毒。觀其主，皆不入湯，其為毒可知矣。火氣未散，性能灼物，故主去黑子、息肉及墮眉也。其主疽瘍疥瘙、熱氣惡瘡、癩疾死肌、髓骨疽者，皆風熱毒氣浸淫於骨肉皮膚之間。辛溫能散風熱毒氣，且能蝕去惡肉而生新肌，故為諸瘡腫毒要藥也。辛而燥，故又能殺痔蟲。古方多用合百草團末，治金瘡殊勝者，以其性能堅物，使不腐壞，且血見石灰則止，而百草又能活血涼血故也。古墓中石灰，名地龍骨。火毒已出，燥烈大減，故主頑瘡瘻瘡，膿水淋漓，及斂諸瘡口尤效。　艙船油灰，名水龍骨。得油性之潤，復得水氣之陰，故主金瘡、跌撲傷損，破皮出血，及諸瘡瘻、血風臁瘡也。　【主治參互】入三仙膏，點一切癰疽腫毒，輕者可消，重者勢亦減。《普濟方》疣痣瘤贅：石灰一兩，用桑灰淋汁，熬成膏，刺破點之。　又方：去癰疽瘀肉：石灰半斤，麥稈灰半斤，淋汁煎成霜，密封。每以針劃破塗之，自腐落。有毒，不入湯丸，故無簡誤。

**明・倪朱謨《本草彙言》卷一二**　石灰　味苦、辛，氣溫，有毒。　蘇氏曰：石灰，南北皆有，取石山，不時采燒。　李氏曰：今人作窑燒之。一層柴，或石煤，累青石一層，相間打疊，窑中自下發火，三晝夜，層層自焚而成灰。大塊不夾生石者佳。可以風化，可以水化。風化者，取灰置風中，片片自解；水化者，以水灑之，即刻熱蒸而解。入藥惟取風化者多，或用水灌即刻熱蒸、滾化成糊。以此糊墻壁，極堅固。

石灰：止生血，日華散死血，墮胎娠，韓氏化積聚，消死肌，滅蟲疥，《別錄》去黖黯之藥也。陶氏起凡曰：此藥性燥至烈，古人用療金瘡止血大效。五月五日，采青蒿搗汁，和古石灰搗爲團，陰乾爲末，傅跌撲破損出血立止，并不潰爛。　李氏曰：但不可着水，着水不免爛肉。

集方：寇氏《衍義》治中風口喎。用新石灰炒熱，米醋調如泥塗之，左喎塗右，右喎塗左，立時牽正。○《集玄方》治痰厥氣絕，心頭尚溫者。用千年古石灰三錢爲末，和水煎滾，澄去滾水，再和水一盞煎滾，澄清灌之，痰降自愈。○《方脉正宗》治乾霍亂轉筋，腹痛欲死。用千年古石灰一錢，爲細末，沙糖水調服。○《方脉正宗》治死胎不下。用千年古石灰爲細末，滾酒調下一錢，空心服。○《丹溪心法》治腹脇積塊。用新解風化石灰四兩爲末，鐵鍋炒極熱，入大黃末一兩，再同炒紅，取起，入肉桂末五錢，和勻，米醋調成膏，攤厚帛上，貼之。○龔雲林方治婦人血氣刺痛。用千年古石灰爲細末，拌猪血和成餅，晒乾，再爲細末，每服五分，醋湯調服。○同前治癰疽瘀肉不落。用新解風化石灰，蕎麥稭灰各八兩，和勻，用竹籮盛灰，以水二十碗，淋汁盡，復頃入灰籮內，如此淋五遍，熬成稠糊，取少許，塗瘀肉上，自落。○《千金方》治瘻瘡久不合。用古塚中石灰，厚傅之。○《活法機要》治痔瘡有蟲。用千年古石灰、川烏炮各等分，爲細末，取少許傅痔上，日一次，再以米糊爲丸，梧子大，每服三十丸，白湯下。○孫真人方治疥瘡有蟲。用新解風化石灰淋汁，煎熱洗之。○《活人心統》治痰核紅腫發寒熱。用新解風化石灰，爲極細末，和白果肉同搗成膏，傅貼之。○《集玄方》治面靨疣痣。用新解風化石灰一盞，水調稠糊，用囫圇糯米數粒，半插石灰糊中，半露石灰糊外，經宿，米色變如水晶，先以針微撥疣痣，點少許，經半日，汁出，剔去藥，不得着水，二日愈。○《普濟方》治疣痣。用新解風化石灰、桑柴灰各二兩，拌勻，用竹籮盛灰，水十碗，淋汁盡，復頃入灰籮內，如此淋七遍，熬膏，刺破疣痣，點之自落。

續補集方：藺氏方治血風寒濕瘡。用千年古石灰，配白蛤粉各等分，研極細，敷瘡上，痛止而愈。○《外臺秘要》治卒發風疹。用新解風化石灰，爲極細末，淡醋水調塗，隨手滅去。○治夏月痱疱。用新解風化石灰一兩，白蛤粉二兩，甘草八錢，共研細，撲之。○《肘後方》治杖瘡腫痛。用千年古石灰，麻油調搽，不閧，甚玅。○《千金方》治身面疣目。用新解風化石灰，米醋浸六七日，取汗頻滴之，自落。○張三丰方治風蟲牙痛。用千年古石灰爲末四兩，蜂蜜三兩，拌勻成團，鹽泥封固，火煅一日，研末，擦牙立效。兼治酒積下痢，每早服一錢，半日愈。○《摘玄方》治偏墜疝氣作痛。用千年古石灰、五棓子、山巵子，各等分，俱炒燥，爲極細末，白麪少許，酒和稀糊，敷之，一夜即消。

○《集玄方》治白帶白淫不止。用千年古石灰一兩，白茯苓三兩，共爲末，米糊丸，梧子大。每服五十丸，半月即愈。○同前治水瀉不止。用千年古石灰爲細末，白湯調服一錢，立止。○崔知悌方治血痢休息，二三年不止。用千年古石灰爲末，取三錢，煎水一盞，澄清飲，日三服，次日再如法煎飲，十日愈。○《肘後方》治產後産門不閉，或陰挺脱。用新解風化石灰五合，和水十碗，煎滚，以瓦鉢盛湯，腿下熏之，用被覆蓋。○《肘後方》治刀刃金瘡，幷跌磕撲打，損傷出血。用千年古石灰，爲極細末，敷之，以布帛緊裹，不可經風，立時止血定痛。○治杖瘡。用隔年風化石灰五錢，研細末，用井水一碗，調用，銀簪順攪十餘轉，如膏，用鵝羽搽上，即佳。○治狗咬潰爛不收，幷治刀斧傷損，及跌打傷損。用風化石灰一合，大黄一錢，炒燥，研末和勻，菜油調塗患處。○治杖打敷藥方：用風化石灰、生半夏末、降香末、大黄末、黄芩末，各等分，麻油調敷患上。內有服藥方，見隰草類苧根集方下。長肉生肌膏藥方，見蟲部卵生類白蠟集方下。○治痄腮腫痛。用礦石灰爲末，不拘多少，炒七次，地上窨七次，米醋調敷腫處，立消。○治跌打損傷。用糞窖中磚瓦，多年者，火煅紅，研極細，以好酒調服五分，立愈。

**明・張景岳《景岳全書》卷四九《本草正》**　石灰　味辛，溫，有毒。能止水瀉血痢，收白帶白淫，可倍加茯苓為丸服之。此外如散血定痛，傅癰毒，消結核瘦瘤，惡瘡腐肉，白癜鼾班瘜肉，收脱肛陰挺。殺痔漏諸蟲。止金瘡血出，生肌長肉，或為末可摻，或用醋調敷俱妙。能解酒酸，亦解酒毒。

**清・穆石匏《本草洞詮》卷三**　石灰　味辛，氣溫，有毒。主散血定痛，止水瀉血痢，白帶白淫，收脱肛陰挺，消積聚結核，蝕惡肉，止金瘡血甚良。古今多以搆塚，以捍水而辟蟲，故古塚中水洗諸瘡即瘥也。

**清・汪昂《本草備要》卷四**　石灰重，燥濕，止血，生肌。　辛，溫，性烈。能堅物散血，定痛生肌，止金瘡血，臘月用黄牛膽汁和，納膽中，陰乾用。殺瘡蟲，有人脚肚生一瘡，久遂成漏，百藥不效，自度必死。一村人見之曰：此鱔漏也，以石灰溫泡熏洗，覺癢即是也。洗不數次，遂愈。蝕惡肉，滅瘢疵，和藥點痣。解酒酸。酒家多用之，然有灰之酒傷人。內用止瀉痢崩帶，收陰挺陰肉挺出，亦名陰菌。或産後玉門不閉，熬黄，水泡，澄清暖洗。脱肛，消積聚結核。　風化者良。壙灰，火毒已出，主頑瘡膿水淋漓，斂口尤妙。

**清・李熙和《醫經允中》卷二三**　石灰　辛，溫，性烈，有毒。主治敷金瘡，點疣痣，決癰腫破頭，洗産婦陰戶不合，殺瘡蟲，斂瘡口。酒味帶酸，投少許即解。

**清・馮兆張《馮氏錦囊秘録・雜症痘疹藥性主治合參》卷五**　石灰係燒青石而成，故味辛，氣溫，《本經》不言其毒，觀所主皆不入湯，其為毒可知也。火氣未散，性能灼物，故主去黑子息肉及墮眉也。其主疽瘍疥瘙，熱氣惡瘡，癩疾死肌，髓骨疽者，皆風熱毒氣浸淫於骨肉皮膚之間，辛溫能散，且能蝕去惡肉，而生新肌，故為諸瘡腫毒要藥。古方多用合百草團末，治金瘡殊勝者，以其性能堅物，使不腐壞，且血見石灰即止，而百草又能活血涼血也。　石灰，風化自裂者良，熱氣惡瘡，癩疾死肌，能墮眉，殺痔蟲，去息肉，療骨疽。納黄牛膽陰乾，敷刀斧傷止血。和白糯米蒸透，點疣痣子去根。同諸灰淋汁熬膏，決腫毒，破頭開口。産婦陰不合，煎水洗即收。造酒味酸，投少許即解。墮胎甚捷，辟蟲尤靈。古墓中石灰，名地龍骨，火毒已出，燥性大減，得土氣即深，解諸毒更捷，故主頑瘡瘻瘡，膿水淋漓及斂諸瘡口尤效。艌船油灰，名水龍骨，得油性之潤，復得水氣之陰。故主金瘡跌撲損傷及諸瘡瘻血風臁瘡也。

**清・张璐《本經逢原》卷一**　石灰　辛，溫，有毒。　《本經》主疽瘍疥瘙，熱氣惡瘡，癩疾死肌，墮眉，殺痔蟲，去黑子瘜肉。　發明：石灰稟壯火之餘烈，故能辟除陰邪濕毒，觀《本經》所主疽瘍疥瘙，熱氣惡瘡，癩疾死肌等，皆外治之用。去黑子者，火氣未散，性能灼物，故能去黑子瘜肉及墮眉也。《本經》雖不言有毒，而內服之方從無及此，其毒可知。寇氏治中風口喎，以石灰醋炒調塗，左塗右，右塗左，立便牽正。《千金》治身面疣，用苦酒浸石灰六七日，取汁，頻頻滴之自落。又治溺死之人，用化過細灰裹下部，以滲其水即活。又治瘻瘡不合，古塚中石灰厚傅之。《集玄方》治面靨疣痣，城水煮滚，化礦灰插糯米拌入灰中，經宿色變如晶，以鍼微撥動，點少許於上，半日汁出剔去藥，不得著水，二日即愈。《便簡方》治痄腮腫痛，醋調陳年石灰傅之。《肘後方》治湯火傷灼，年久石灰，油調傅之。又治刀刃金瘡，石灰裹之，即痛定血止，但不可著水，著水即爛肉也。

**清・張志聰、高世栻《本草崇原》卷下**　石灰　氣味辛溫，有毒。主治疽瘍疥瘙，熱氣惡瘡，癩疾，死肌，墮眉，殺痔蟲，去黑子息肉。　石灰，一名石堊，又名石鍛，山中人燒青石為之，作一土窑，下用柴或煤炭作一層，上壘青石作一層，如是相間，作數層，自下發火，層層自焚，一晝夜則石成灰矣。化法有風化、水化二種，入藥宜用風化，且陳年者。　石者土之骨，以火煅石成灰，色白味辛性燥，乃稟火土之氣，而成燥金之質，遇風即化，土畏木也。遇水即化，火畏水也。稟金氣而祛風，故治疽瘍疥瘙。稟土氣而滋陰，故治熱氣惡瘡癩疾死肌。稟性燥烈，服食少而塗抹多，塗抹則墮眉，殺痔蟲，去黑子息肉。　蘇頌曰：古方多用石灰合百草團末，治金瘡殊勝。李時珍曰：石灰，止血神品也，但不可著水，著水則肉爛。今時以石灰同韭菜搗成餅，粘貼壁上，陰乾細研成末，治跌打損傷，皮肉破處止血如神。

**清・黃元御《玉楸藥解》卷三**　石灰　味辛，性溫。入手太陰肺、手陽明大腸經。止血，化積，殺蟲。石灰溫暖燥烈，收濕驅寒。治癰疽疥癬，瘰癧癥瘕，痔瘻瘿疣，白癜黑痣，松刺瘜肉，水泄紅爛，赤帶白淫，脫肛陰挺，囊墜髮落，牙疼口喝，止痛合瘡，生肌長肉，墜胎殺蟲，染髮烏鬚。收金瘡血流，但可外用薰敷塗，不可服餌。牛膽拌套，風乾者佳。

**清・吳儀洛《本草從新》卷五**　石灰〔重，燥濕，止血。〕　辛，溫，毒烈。能堅物散血，定痛生肌，止金瘡血，臘月用黃牛膽汁，和納膽中，陰乾用。殺瘡蟲，有人脚肚生瘡，久遂成漏，百藥不效，自度必死。一人見之曰：此鱔漏也，以石灰溫泡熏洗，覺癢即是也。洗不數次遂愈。蝕惡肉，滅瘢疵，和藥點痣。解酒酸。酒家多用之，然有灰之酒傷人。內用止瀉痢崩帶，收陰挺陰肉挺出，亦名陰菌。或產後玉門不閉，熬黃水泡，澄清暖洗。脫肛，消積聚結核。風化者良。古礦灰，名地龍骨，棺下者尤佳。火毒已出。主頑瘡膿水淋漓，斂瘡口尤妙。

**清・汪紱《醫林纂要探源》卷三**　石灰　辛苦濇寒。須牆壁上風化久者良。古壙灰尤佳。火毒未退者勿用。瀉心堅腎，破瘀攻結，斂肺清金，殺蟲解毒。辛能散能行，苦能降能堅，濇能收能止。風化石灰煎服，可止瀉痢崩帶，破堅核積聚，收脫肛陰挺。外傅能散瘀止痛，止血生肌，蝕惡肉，去瘢痣，殺蟲䘌。治金瘡頑瘡久不收口者，尤效。以攻則甚銳，以止則能固。由火化之餘，行秋冬之令者。

**清・嚴潔等《得配本草》卷一**　石灰　伏雄黃、硫黃、硇砂。去錫暈。辛，溫，有毒。散血定痛，生肌長肉。止金瘡血，殺瘡蟲，去息肉，滅瘢疵，解酒酸。　得雞子清，和成塊煅，敷惡瘡。蜜調敷亦可。得桑灰淋汁熬膏，點疣痣。先以針刺破。配牛膽汁，陰乾，止金瘡血。和飯搗丸，治斑沙痛。陳久者良。和鮮麻葉，搗罨損傷。血流不止。灰水入香油，塗湯火傷。熬黃色，水泡澄清，洗產後玉門不閉，陰挺不收。　風化者良，古礦灰尤佳。石灰，止血神品也。但不可着水，着水即爛肉。

**清・黃宮繡《本草求真》卷四**　石灰燥血、止血、散血。　石灰耑入肝脾。稟壯火之烈，性非溫柔，味非甘緩，其治亦屬肌膚骨髓瘡瘍惡毒，時行熱氣，刀刃金傷，痄腮腫毒等症。其藥止屬外敷，而內竟不用及。則知性氣之烈，無是過也。故書所言能去黑子、瘜肉、墮眉者，以其火氣未散，性能灼物故也。書言能主疽瘍疥瘙，熱氣惡瘡，癩疾、死肌、附骨疽者，以其風熱毒氣，浸淫於骨肉皮膚之間，得此辛溫以散之也！汪昂曰：有人脚肚生一瘡，久遂成漏，百藥不效，自度必死。一村人見之曰：此鱔漏也。以石灰溫炮薰洗，覺痒即是也。洗不數次，遂愈。書言能蝕惡肉而生新肉者，以其燥能化濕，而肉自克生新之意也。書言能治金瘡者，以其性能堅物，使不腐壞，且血見灰即止之意也。時珍曰：石灰止血神品也。但不可着水，着水即爛肉。但氣味辛烈，其用敷治，務必視症酌施。如殺痔蟲等症。則必用以烏頭炮等為丸。敷刀斧傷，則必用以牛膽，以灰納於膽內陰乾。點疣痣去根，則必和白糯米蒸透。止瀉痢、崩帶、陰挺，則必煎水洗收。造酒味酸，則必投以少許即解。救溺死，則必用化過洗灰下襯，以滲其水。總皆燥濕、止血、散血之味耳，風化自裂者良，壙灰火毒已出，主頑瘡膿水淋漓，斂瘡尤妙。

**清・羅國綱《羅氏會約醫鏡》卷一八金石水土部**　石灰味辛，氣溫，有毒。性能堅物乾摻，又能軟物同水用。散血，止血，臘月納黃牛膽中，陰乾用。止瀉痢虛滑、白帶、白淫，石灰二兩、茯苓四兩為丸。收陰挺、陰肉挺出或產後玉門不閉，熬黃水泡溫洗。脫肛。治惡瘡癩瘡、死肌。殺痔蟲，去瘜肉，消結核、瘿瘤，或為末摻，或醋調敷。解酒酸投少許，墮胎孕，落眉毛，點疣痣黑子。同糯米煮透，挑破點之。風化者良。古墓中石灰名地龍骨，得土氣既深，解諸毒更捷。治頑瘡膿水淋漓，瘡口易斂。艌船油灰名水龍骨，得油性之潤，復得水氣之陰，治金瘡跌傷及諸瘡瘻血風臁瘡。

**清・趙學敏《本草綱目拾遺》卷二**　天龍骨　乃千年塔頂石灰也。瀕湖石灰條下附古墓中石灰，名地龍骨，艌缸油石灰，名水龍骨，而獨遺此，特補之。盛再華云：塔上石灰，受天陽風露之氣，變悍烈之性而成溫和，故能定痛生肌，止血去溼，為金刃要藥，內服亦良。　外治止血生肌，塗惡瘡腫毒，寒溼臁瘡。內治心腹痛，烏痧脹，婦人血崩漏帶，男子久痢便血，及一切打撲損傷，惡血凝聚，腹痛欲死者，俱可服。　白虎丸：治一切青筋腹痛。《萬氏家抄》：天龍骨不拘多少，去泥土，水飛過，丸似桐子大，每服五十丸，看輕重加減，燒酒下。初覺頭痛惡心腹脹，即進一服，當時血散，若過三五日，青筋已老者，多服取效。

**清·張德裕《本草正義》卷下**　石灰　辛，溫，有毒。能止水瀉，收白帶白淫，倍茯苓為丸，服之。外敷可散血定痛，消結核癭瘤，腐死肉，療白癜黖斑，止金瘡出血，生肌長肉。亦解酒毒，能解酒酸。

**清·葉桂《本草再新》卷八**　陳石灰味辛，性溫，有毒。入肝、脾二經。　散血定痛，生肌，止金瘡血，蝕惡肉，滅瘢疵。

**清·趙其光《本草求原》卷二五石部**　石灰　烈火之餘，辛，溫，有毒。故除陰邪濕毒，治癰疽、瘀肉，同蕎麥、草灰淋汁煎濃，刺破點。疣痣、瘤贅，以桑灰淋汁煎膏，或插糯米於濕灰中，經宿如水清，俱刺點之。惡腫，同半夏敷。痰核，同白果肉搗蜜和貼。痄腮，醋調敷。蟲疥，淋汁洗。丹毒，同靛青，醋塗。風疹，醋漿和塗。杖瘡，麻油調敷。螻蛄咬，醋塗。蚯蚓咬，毒如大風，眉鬚皆落。水浸塗。人落水死，布包塞肛門，引水出。痰厥氣絕，心頭尚溫，千年石灰煎滾去水；入水再煎數滾，澄清灌。中風口喎，醋炒，左塗右，右塗左。風牙痛，同細辛搽。髮落瘙癢，肺勞熱也。水拌炒焦，酒浸常飲。烏鬚髮，同鉛粉，醋調搽。眉落，瘜肉。

古墓石灰：棺內的尤良。生肌長肉，散血定痛，止金瘡血，摻之，瘡深不宜速合，少佐滑石。風蟲牙痛，蜜和泥包煅擦，又和砂糖塞之。偏墜氣痛，同五棓、梔子、醋、麵調敷。白帶、白淫，同茯苓糊丸飲下。酒積、久血痢，泥包煅，醋糊丸，薑湯下。蟲痔，同炮川烏燒飯為丸，水下。瘻瘡、頑瘡濃水淋漓，瘡口不合，敷之。湯火傷。油調搽。

**清·葉志詵《神農本草經贊》卷三**　石灰　味辛，溫。主疽瘍疥搔，熱氣惡創，癩疾，死肌墮眉，殺痔蟲，去黑子息肉。一名堊灰。生山谷。

靈根椎鑿，鍛竈薪炊。水蒸濡化，風散靈吹。禁嚴度釀，塗解填肌。潛藏龍骨，歷久探奇。

劉孝孫詩：高嶂接雲根。《論衡》：以椎繫鑿。陶弘景曰：近山生青白石，作竈燒之。《晉書·傳》：荀勗曰：此是勞薪所炊。蘇頌曰：又名石鍛。有二種，風化者，置風中自解。水化者，以水沃之熱蒸而解。揚雄文：從風濡化。王履詩：滿山松樹送靈吹。陶弘景曰：灰性至烈，以度酒飲，則腹痛下利。蘇恭曰：療瘡生肌。李時珍曰：古墓中石灰，名地龍骨尤佳。王維詩：探奇不覺遠。

**清·文晟《新編六書》卷六《藥性摘錄》**　石灰　燥烈。燥血止血散血。治肌膚瘡瘍惡毒，時行熱氣，金刃痄腮腫痛等症。○去黑子，和糯米，蒸透，取米點之，並點疣痣。○風化自烈者良。○壙灰，毒已出，主頑瘡，（濃）〔膿〕水淋漓，斂瘡尤妙。

**清·劉善述、劉士季《草木便方》卷二金石土火部**　礦石灰　石灰辛溫能止血，金瘡止痛生肌烈。瀉痢崩帶收陰挺，脫肛殺蟲散結核。頑瘡久爛膿淋漓，收斂瘡口陳不熱。

**清·戴葆元《本草綱目易知錄》卷七**　石灰　辛，溫，有毒。內服止水瀉血痢，白帶白淫，瘧疾，酒痢，老幼暴嗽，卒暴吐血，悞吞金銀。外用消積聚結核，收脫肛陰挺，白癜癧瘍，瘢疵痔瘻，癭贅疣痣，疽痤疥瘙，婦人粉刺，產後陰不能合，癩疾死肌墮眉。敷偏墮，貼口喎，蝕惡肉，殺痔蟲。治酒毒，解酒酸。去黑子息肉，療骨髓疽，墮胎殺蟲，散血生肌。敷湯火傷灼，止金瘡血甚良。

**清·陳其瑞《本草撮要》卷六**　石灰　味辛，溫，毒烈，入手足太陰、厥陰經，功專堅物散血，定痛生肌，止金瘡血。以黃牛膽汁和納膽中陰乾用甚效，風化者良。古礦灰名地龍骨，棺中者尤佳。痰核紅腫寒熱，狀如瘰癧。石灰火煅為末，以白果肉同搗貼之。如無白果，蜜亦可，奇效。

**清·仲昴庭《本草崇原集說》卷下**　石灰　【略】仲氏曰：鉛粉石灰，外治居多，石灰經久風化者，內用能治蚘痛，然無別藥可配，或指撮少許，開水沖下，候至水冷且清，取水燉服亦佳，此為市遠家貧者，暫救其急云爾！

### 花乳石

**宋·唐慎微《證類本草》卷五玉石部下品〔宋·掌禹錫《嘉祐本草》〕**　花乳石　主金瘡止血，又療產婦血暈惡血。出陝、華諸郡。色正黃，形之大小，方圓無定。欲服者，當以大火燒之；金瘡止血，正爾刮末傅之即合，仍不作膿潰。或名花蘂石。新定。

〔宋·蘇頌《本草圖經》〕曰：花乳石，出陝州閿鄉縣。體至堅重，色如硫黃，形塊有極大者，人用琢器。古方未有用者，近世以合硫黃同鍛，研末傅金瘡，其效如神。又人倉卒中金刃，不及鍛合，但刮石上取細末傅之，亦效。採無時。

〔宋·陳承《重廣補注神農本草並圖經》〕別說云：《圖經》玉石中品有花蘂石

一種，主治與此同，是一物。

**宋・寇宗奭《本草衍義》卷五**　花乳石　其色如硫黃，《本經》第五卷中已著。今出陝、華間，于黃石中間有淡白點，以此得花之名。今惠民局花乳石散者是。此物，陝人又能鐫爲器。《圖經》第二卷中，易其名爲花蘂石，是却取其色黃也，更無花乳之名，慮歲久爲世所惑，故書之。

**宋・王繼先《紹興本草》卷三**　花蕊石或花乳石　紹興校定：花乳石即花蕊石也。《圖經》載色如硫黃，似乎未當，但此石其體堅重，色皆青綠，雖小大方圓不定，破之內有淺黑點及間有暈相雜者是矣。然《本經》雖具主療而不載性味者，有無毒。凡欲入藥，須火鍛之可用。當以性平、無毒為定。若生用之即有毒矣。

**宋・劉明之《圖經本草藥性總論》卷上**　花蘂石　味澁，平。主金瘡止血，又療產婦血暈惡血。出陝華諸郡，色正黃，形之大小方圓無定。欲服者，當以大火燒之。金瘡止血正爾，刮末傳之即合，仍不作遺膿。古方未用，近世以合硫黃同煆，研末，傅金瘡，其効如神。又倉卒中金刃，不及煆合，但刮石上，取細末傳之痊効。採無時。

**明・王綸《本草集要》卷五**　花乳石色正黃，黃石中有淡白點，以此得花之名。或名花蘂石。大火煅用。主金瘡止血，倉卒中金刃，刮末傅之即合，不作膿。又療產婦血暈，惡血出。

**明・滕弘《神農本經會通》卷六**　花乳石　或名花蘂石。色正黃，形之大小方圓無定。黃石中有淡白點，以此得花之名。服者當以大火燒之。出陝州閿鄉縣。東云：治金瘡血行。

《本經》云：主金瘡止血，又療產婦血暈惡血，金瘡止血正爾。刮末，傅之即合，仍不作膿潰。《圖經》云：體至堅重，如硫黃，形塊有極大者，近世以合硫黃，同鍛研末，傅金瘡，其效如神。又人倉卒中金刃，不及鍛合，但刮石上，取細末，傅之亦效。《局》云：陝郡廣生花蕋石，最能止血治金瘡。若除血暈昏迷證，合和硫黃鍊最良。血暈昏迷，法鍊廣生花乳石。

**明・劉文泰《本草品彙精要》卷六**　花乳石

花乳石：主金瘡，止血。又療產婦血暈，惡血。名醫所錄。【名】花蕊石。

【地】《圖經》曰：出陝、華諸郡，其閿鄉縣者體至堅重，色如硫黃，形塊有大小方圓無定。陝人用琢爲器，古方未有用者。《衍義》曰：于黃石中間有淡白點，以此得花之名。今惠民局花乳石散用者，是此也。【時】採：無時。【質】類硫黃，有淡白點而堅重。【色】黃白。【臭】朽。【主】產婦血暈。【製】火煅通赤，碾細用。【治】療：《圖經》曰：人倉卒中金刃，刮取石上細末傅之，效。【合治】合硫黃同鍛，研末傅金瘡，其效如神。

**明・許希周《藥性粗評》卷四**　昏因血暈，煉乳石以求清。

花乳石，一名花蘂石。《本草》兩出。出陝西華陰等郡山谷。色黃如硫而有淡白花點，大小方圓不等。採無時。凡用以大火煅過。味甘，性寒，無毒。主治金瘡血暈，產婦血暈，定血止血有功。

單方：金瘡：刮花乳石末，傅之即合，仍不作膿潰，功勝他藥。

**明・鄭寧《藥性要略大全》卷八**　花蕋石　治金瘡止血，收口不作膿。治產婦惡血，血暈昏迷。〇色正黃，黃石中有淡白點，同花心樣，因得花蕋之名。大火煉之入藥用。蕋出陝州閿鄉縣，性全堅硬。加硫黃，方治金瘡。不及煆合，刮取細末，傅之亦效。以硫黃合此如法煉成，專治產後血暈及惡血。

**明・陳嘉謨《本草蒙筌》卷八**　花蕊石　極大堅重，出自陝州。顏色彷彿硫黃，黃中間有白點。因名花蕊，最難求真。得之煆研粉霜，治諸血證神效。男子以童便攙半酒和，女人以童便攙半醋調。多服體即踈通，瘀血漸化黃水。誠為劫藥，果乃捷方。金瘡血流，敷即合口。產後血暈，舐下立安。

**明・王文潔《太乙仙製本草藥性大全》卷六《本草精義》**　花蕋石　一名花乳石。出自陝州閿鄉縣。體至堅重，顏色彷彿硫黃，形塊大小方圓無定，有極大者，人用作器。黃中間有白點，因名花蕋。最難求真，得之煆研粉霜。

**明・王文潔《太乙仙製本草藥性大全》卷六《仙製藥性》**　花蕊石　極大堅重。主治：主金瘡方殊功，治出血證神效。男子以童便攙半酒和，女人以童便攙半醋調。多服體即踈通，瘀血漸化黃水。誠爲劫藥，果乃捷方。金瘡血流，敷即合口。產後血暈，舐下立安。補註：金瘡用合硫黃同鍛研末敷之，其效如神。〇人倉卒中金刃，不及煆合，但刮石上取細末敷之亦效。採無時。

**明・皇甫嵩《本草發明》卷五**　花蕋石下品。一名花乳石。色如硫黃，中間有淡白點，以此得花之名。發明曰：花蕋石，專治諸血症神效。多服瘀血漸化黃水，體即疏通，誠為劫藥。故《本草》主產婦血暈惡血，金瘡止血。刮末，傅之即合。註云：合硫黃同炒，研末用，傅金瘡神效。服餌，男子以童便攙半，酒服。女人以童便攙半，醋服。

**明·李時珍《本草綱目》卷一〇石部·石類下** 花乳石宋《嘉祐》

【釋名】花蕊石宗奭曰：黃石中間有淡白點，以此得花之名。《圖經》作花蕊石，是取其色黃也。【集解】禹錫曰：花乳石出陝、華諸郡。色正黃，形之大小方圓無定。頌曰：出陝州閿鄉，體至堅重，色如硫黃，形塊有極大者，陝西人鐫爲器用，采無時。時珍曰：《玉册》云：花乳石，陰石也。生代州山谷中，有五色，可代丹砂匱藥。蜀中汶山、彭縣亦有之。

【修治】時珍曰：凡入丸散，以罐固濟，頂火煅過，出火毒，研細水飛晒乾用。

【氣味】酸、澀，平，無毒。【主治】金瘡出血，刮末傅之即合，仍不作膿。又療婦人血運惡血《嘉祐》。治一切失血傷損，內漏目瞖時珍。

【發明】頌曰：花蕊石古方未有(用)者。近世以合硫黃同煅研末，傅金瘡，其效如神。人有倉卒中金刃，不及煅治者，但刮末傅之亦效。時珍曰：花蕊石舊無氣味。今嘗試之，其氣平，其味澀而酸，蓋厥陰經血分藥也。其功專于止血，能使血化爲水，酸以收之也。而又能下死胎，落胞衣，去惡血，惡血化則胎與胞無阻滯之患矣。東垣所謂胞衣不出，澀劑可以下之，故赤石脂亦能下胞胎，與此同義。葛可久治吐血出升斗，有花蕊石散；《和劑局方》治諸血及損傷金瘡胎產，有花蕊石散，皆云能化血爲水。則此石之功，蓋非尋常草木之比也。

【附方】新五。 花蕊石散：治五內崩損，噴血出斗升，用此治之。花蕊石煅存性，研如粉。以童子小便一鍾，男入酒一半，女入醋一半，煎溫，食後調服三錢，甚者五錢。能使瘀血化爲黃水，後以獨參湯補之。葛可久《十藥神書》。 花蕊石散：治一切金刃箭鏃傷，及打撲傷損，狗咬至死者，急以藥摻傷處，其血化爲黃水，再摻便活，更不疼痛。如內損血入臟腑，煎童子小便，入酒少許，熱調一錢服，立效。犓牲抵傷，腸出不損者，急納入，桑白皮線縫之，摻藥，血止立活。婦人產後敗血不盡，血運，惡血奔心，胎死腹中，胎衣不下，至死，但心頭溫暖者。急以童子小便調服一錢，取下惡物如猪肝，終身不患血風血氣。若膈上有血，化爲黃水，即時吐出，或隨小便出，甚效。硫黃四兩，花蕊石一兩，並爲粗末拌勻，以膠泥固濟，日乾，瓦罐一個盛之，泥封口，焙乾，安在四方磚上，磚上書八封五行字。用炭一秤簇匝，從巳午時自下生火，煅至炭消冷定，取出爲細末，瓶收用。《和劑局方》。 金瘡出血： 方見主治。 多年障翳： 花蕊石水飛焙、防風、川芎藭、甘菊花、白附子、牛蒡子各一兩，甘草炙半兩，爲末。每服半錢，臘茶下。《衛生家寶方》。 脚縫出水： 好黃丹，入花蕊石末，摻之。《談野翁試效方》。

**明·梅得春《藥性會元》卷下** 花蘂石 味甘，氣平，無毒。主治金瘡止血，療產婦血昏暈惡血。其形大小方圓無定，其色黃，用大火燒過，刮末，敷金瘡即止血、合口，不作膿潰。

**明·李中立《本草原始》卷八** 花乳石 頌曰：出陝州閿鄉縣，體至堅重，色如硫黃。形塊有極大者，人用琢器。采無時。宗奭曰：黃石中間有淡白點，以此得花之名。《圖經》作花蘂石，是取其色黃也。氣味：酸、澀，平，無毒。主治：金瘡出血，刮末傅之即合，仍不作膿。又療婦人血運惡血。治一切失血傷損內漏，目中瞖。

花蘂石，宋《嘉祐》。【圖略】今市者通是白石黃點。修治：以罐固濟，頂火煅過，出火毒，研細水飛，晒乾用。

頌曰：花蘂石，古方未有用者，近世以合硫黃同鍛，研末傅金瘡，其效如神。又人倉卒中金刃，不及鍛合，但刮末傅之亦效。

**明·羅周彥《醫宗粹言》卷四** 煅花蒕石法 花蒕石黃淡色者，打碎，每十兩用硫黃二兩和之，以土礶大火煅如粉，研極細，用傅金瘡神效。葛可久治吐血用之止血，能化血為水，效果神速。

**明·張懋辰《本草便》卷二** 花乳石色正黃，黃石中有淡白點，以此得花之名。或名花蒕石。大火煅用。 主金瘡止血，倉卒中金刃，刮末傅之即合，不作膿。又療產婦血暈，惡血出。

**明·李中梓《藥性解》卷一** 花蕊石 味性經絡，諸書不載。主金瘡止血，產婦血暈，火煅用。 按：花蕊之功，專主血症，能化瘀血為黃水，服之令人大虛，不宜輕用。若多用，服後當以補劑培之。

**明·繆希雍《本草經疏》卷五** 花乳石 主金瘡止血。又療產婦血暈惡血。出陝、華諸郡。色正黃，形之大小方圓無定。欲服者當以大火燒之。金瘡止血，刮末傅之即合，仍不作膿潰。或名花蕊石。

【疏】花乳石，本經無氣味。詳其所主，應是酸辛溫之藥。其功專於止血，能使血化為水。婦人血暈惡血上薄也，消化惡血，則暈自止矣。以酸斂之氣，復能化瘀血，故傅金瘡即合，仍不作膿也。 【主治參互】葛可久《十藥神書》花乳石散，治五內崩損，噴血出升斗，用此治之。花蕊石煅存性，研如粉，以童子小便一鍾，男入酒一半，女入醋一半，令溫，食後調服三錢，甚者五錢，能使瘀血化為黃水，後以獨參湯補之。按：此石性溫，味辛，又加火煅，虛勞吐血多是火炎迫血上行，於藥性非宜。除是膈上原有瘀血停凝者，乃可暫用，亦須多服童便。獨參湯乃肺熱咳嗽所忌，尤不宜於虛勞內熱火炎之人。戒之！戒之！《和劑局方》花蕊石散，治一切金刃箭鏃傷，及打撲傷損，狗咬至死者，急以藥摻傷處，其血化為黃水，再摻便活，更不疼痛。如內損血入臟腑，熱童便入酒少許，熱調一錢服，立效。婦人產後敗血不盡，血暈，惡血奔心，胎死腹中，胞衣不下至死，但心頭溫暖者，急以童便調服一錢，取下惡物愈。若膈上有血，化為黃水，即時吐出，或隨小便出，甚效。用硫黃四兩，花蕊石一兩，並為麤末，以膠泥固濟，日乾，瓦礶一箇盛之。泥封口，烘乾，安在四方磚上。磚上書八卦五行字。炭一秤簇匝，從巳午時自下生火，煅至炭消，冷定，取出為細末，瓷瓶收貯封固，取用無時。【簡誤】無瘀血停留者不宜內服。不由內傷，血凝胸膈板痛，而因火炎血溢以致吐血者，忌之。

**明・倪朱謨《本草彙言》卷一二** 花乳石 味酸濇，氣平，無毒。入厥陰經血分。蘇氏曰：花乳石，出陝州閿鄉。體堅重，色正黃，如硫黃色，間有淡白點。形塊有極大者，有極小者。大者，可鐫爲器用。李氏曰：花乳石，陰石也，生代州山谷中。有五色者。蜀中汶山彭縣亦有之。修治：花乳石，以陽城罐，鹽泥固濟，頂火煅過，攤地上，出火毒，細研如塵，再水飛過，晒乾用。

花乳石：止血生肌，《嘉祐》散血定暈之藥也。瞿秉元稿善入厥陰血分，《嘉祐》方：治金瘡傷損，出血不止，即刮末傅之隨合，仍不作膿。又療產後惡血血暈，其功專于散血止血，能使血化爲水。故葛可久治吐血來升斗，有花乳石散。又《和劑局方》治諸血證，及金瘡胎產，亦有花乳石散。此專治血之功可知矣。而又能下死胎，落胞衣，去惡血。惡血化，則胎與胞無阻滯之患也。東垣氏所謂胞衣不出，濇劑可以下之，故赤石脂亦能下胞胎，與此同義。

集方：《蘇氏方》治金刃傷肌肉，出血不止。急研花乳石，合石硫黃各等分傅之，止血如神。〇葛可久方治五內崩損，噴血出升斗。用花乳石一兩，傾銀罐盛，鹽泥封固，栗炭火煅三炷香，取出研如粉，用二錢，以童子小便一鍾，白湯一鍾和勻，調服。能使瘀血化爲黃水。後以獨參湯補之。《和劑局方》治一切金刃箭鏃傷，及打撲跌損傷、狗咬傷至死者。急以花乳石研細末，摻傷處，其血花爲黃水，再摻便活，更不疼痛。如內有損傷，血入藏府，急用熱酒一鍾，和童便一鍾，調花乳石末二錢，服下立效。又治畜牲抵傷人體，或有腸出，急納入以桑白皮絲縫之，外護花乳石末，內服花乳石末，依前法，藥下血止立活。〇同前又方：用硫黃四兩，花乳石一兩，幷爲粗末拌勻，以鹽泥固濟，烘乾，用栗炭火五觔，煅三炷香，以泥赤爲度，待冷取出藥，爲極細末，淨磁瓶收貯。治婦人產後敗血不盡，幷暈血昏，惡血奔心，或胎死腹中，胞衣不下，至死，但得心頭溫暖者，即可治也。〇出箭方：用花乳石一味，火煅半時，爲極細末，摻在箭頭四圍，即出。

**明・李中梓《醫宗必讀・本草徵要下》** 花蕊石味酸，平，無毒。火煅，水飛。止吐衄如神，消瘀血為水。血見花蕊石即化為水，過用損血，不可不謹。

**明・蔣儀《藥鏡》卷一部** 花蕋石 能下胞衣，亦落死胎。括末傅金瘡之出血者，使不作膿。火煅治產婦之血運者，使不上泛。瘀血停留宜服，虛火妄行忌之。服後令人大虛，急以補劑培助。

**明・張景岳《景岳全書》卷四九《本草正》** 花蕋石 此藥色如硫黃，黃石中間有淡白點，故名也。李時珍曰：此藥舊無氣味，今嘗試其氣平，其味澁而酸，蓋厥陰經血分藥也。其功專於止血，能使血化為水，酸以收之也。若治金瘡出血，則不必製，但刮末傅之則合，仍不作膿，及治一切損傷失血。又療婦人惡血血暈，下死胎，落胞衣，去惡血，血去而胎胞自落也。凡入丸散，須用罐固濟，火煅過，研細，水飛用之。

**明・盧之頤《本草乘雅半偈》帙九** 花乳石宋《嘉祐》 氣味：酸濇，平，無毒。主治：主金瘡出血，刮末傅之即合，仍不作膿。又療婦人血運惡血。

覈曰：出陝州閿鄉。體堅重，色正黃，如石硫黃色，間有淡白點，一名花蕊石。採無時，大小間出，方圓錯雜，大者可以為器。《玉冊》云：陰石也。代州山谷有五色者，可作丹砂匱室。蜀中汶山彭縣亦有。修事：作釜固濟，頂火煅過，埋土中過宿，取研如塵，水飛三五度，晒乾用。

条曰：花者山之英，乳者山之液，石者山之骨也。《經》云：水勢劣火，結為高山。緣水火為因，即緣水火為體用矣。英即火用，液即水體，用行而體至之，陰因陽為用也。故主諸血為眚，正體雖至而用失先之，花乳先之以用，佐之以體，巽入自中，營周經隧，自強不息矣。水勢劣火，結為高山。是故山石，擊則成啖，融則成水。勢劣以少言，非下劣也。血者，少陰君火之所主。少陰者，因陰以為體，緣陽以為用，是故君火以明，非相火以位。

**明·李中梓《本草通玄》卷下**　花蕊石　主金瘡出血，一切失血，婦人血暈，且化血為水，故雖有殊功，不敢多用。　煅研，水飛。

**清·顧元交《本草彙箋》卷一〇**　花蕋石　其功專於止血，能使血化爲水，婦人血暈，惡露上薄也。消化惡血，其暈自止。蓋其味濇而酸，酸能收斂，而又能下死胎，落胞衣者，乃惡血既化，則胎與胞自無阻滯之患也。東垣所謂胞衣不下，濇劑可以下之。故赤石脂亦能下胞胎，與此同義。況花蕋石又有化瘀之功力乎。

色如硫黃，中間有淡白點，形之大小方圓無定，火煅，研飛，晒乾用。葛可久《十藥神書》花蕋石散，治五内崩損，噴血出升斗者，以花蕋石煅存性，研粉，用童便一鍾，男入酒一半，女入醋一半，令溫食，後調服三錢，甚者五錢，能使瘀血化爲黃水，後以獨參湯補之。按此石性溫，味辛，又加火煅，若虛勞吐血，多係火炎迫血上行者，大不宜也。惟膈上原有瘀血停凝者，乃可暫用。亦須多服童便，而獨參湯亦肺熱咳嗽所忌，尤不宜於虛勞內熱火炎之症，戒之，戒之！又方：用蕊石、青黛、人中白等分，研服，此又勝於童便也。《和劑局方》花蕋石散，治金刃箭鏃所傷，及打撲傷損，狗咬至死者，急用摻傷處，其血自化，再摻便不疼痛。如內損血入臟腑，熱童便入酒少許，熱調一錢，服立效。婦人產後敗血不盡，血暈惡血奔心，胎死腹中，胞衣不下至死，但心頭溫暖者，急以童便調服一錢，取下惡物。若膈上有血，化爲黃水，即時吐出，或隨小便出。方用硫黃四兩，花蕋石一兩，並爲粗末，拌勻，膠泥固濟，日乾，入瓦罐泥封，烘乾，用炭一秤，簇匝，煅至炭消，冷定取出，爲細末，磁瓶收用。

**清·穆石匏《本草洞詮》卷三**　花乳石　黃石中有淡白點，故名花蕋石。味酸濇，氣平，無毒。入厥陰經血分。治金瘡出血，刮末傅之即合，仍不作膿。其功專於止血，能使血化為水，蓋酸以收之也。而又能下死胎，落胞衣，去惡血，惡血化則胞與胎無阻滯之患矣。東垣所謂胞衣不出，濇劑可以下之，故赤石脂亦能下胞胎，與此同義。葛可久治吐血出升斗，有花蕋石散。《和劑局方》治諸血及金瘡、胎產，亦有花蕋石散，此石之功可知矣。

**清·劉雲密《本草述》卷五**　花乳石　宗奭曰：黃石中間有淡白點，以此得花之名。《圖經》作花蕊石，是取其色黃。　時珍曰：《玉冊》云：花蕊石，陰石也。凡入丸散，以罐固濟頂，火煅過，出火毒，研細水飛，曬乾用。

氣味：酸，濇，平，無毒。　主治：金瘡出血，刮末傅之即合，仍不作膿。又療婦人血運惡血，治一切失血傷損，內漏，目瞖。　頌曰：花蕊石古方未有用者，近世以合硫黃同煅，研末，傅金瘡，其效如神。人有倉卒中金刃，不及煅治者，但刮末傅之亦效。　時珍曰：花蕊石舊無氣味，今嘗試之，其氣平，其味濇而酸。蓋厥陰經血分藥也。其功專於止血，能使血化為水，酸以收之也。而又能下死胎，落胞衣，去惡血。惡血化則胎與胞無阻滯之患矣。東垣所謂胞衣不出，濇劑可以下之，故赤石脂亦能下胞胎，與此同義。葛可久治吐血出升斗，有花乳石散；《和劑局方》治諸血及損傷金瘡，胎產，有花蕊石散，皆云能化血為水。則此石之功，蓋非尋常草木之比也。　希雍曰：花乳石，《本經》無氣味，詳其所主，應是酸辛溫之藥。其功專於止血，以酸斂之氣，復能化瘀血，故傅金瘡即合，仍不作膿也。第云能使一切瘀血化為黃水，後以獨參湯補之。然此石性溫味辛，又加火煅，虛勞吐血多是火炎迫血上行，於藥性非所宜。除是膈上原有瘀血停凝者，乃可暫用，亦須多服童便。若無瘀血，則不宜內服。至因火炎血溢，以致吐血，不屬內傷，血凝胸膈板痛者，忌之。且獨參湯乃肺熱咳嗽所忌，尤不宜於虛勞火炎之人也。

愚按：此石類產於西土，其於血證，似以能化瘀為止，其或得於以母氣召子之義乎。蓋血本於水化也，然方書如王宇泰先生《證治準繩》於諸血證，絕未一見者，何哉？豈《本草綱目》之論，治盡屬妄耶？第如繆仲淳氏所云吐血諸證，多因於火炎迫血以上行，如斯藥性非宜，亦是確論也。然有血證不盡因於陰虛者，則此味又為中的之劑矣。蓋不屬陰虛而患於血逆者，應有瘀證，有瘀證而以化為止，是亦奇效也。如花蕊石散，以療產後瘀血危證，遂終身不患血風血氣，其化而止者，且能下死胎，落胞衣，去惡血，是則茲味化瘀，似有以還其血之元，不屬強止之，亦不屬峻導以重虛之，若投劑者審其為應投之證，豈得不藉其奏功於匆遽而云姑舍是乎哉？蓋不屬陰虛者，多屬氣虛，不能引血以歸經，固另有補氣之劑，而禁用寒涼矣。然又有偶感於寒涼，而血泣以逆者，則補氣猶宜少待，如茲味不為應候之良劑乎？繆氏所云尚未能明悉其功用耳。

附方　花蕊石散治一切金刃箭簇傷，及打撲傷損，狗咬至死者，急以藥摻傷處，其血化為黄水，再摻便活，更不疼痛。如内損血入臟腑，煎童子小便，入酒少許，熱調一錢服，立效。犛牲抵傷，腸出不損者，急納入，桑白皮線縫之，摻藥血止，立活。婦人産後敗血不盡，血暈，惡血奔心，胎死腹中，胎衣不下，至死但心頭溫暖者，急以童子小便調服一錢，取下惡物如豬肝，終身不患血風血氣。若膈上有血化為黄水，即時吐出，或隨小便出，甚效。硫黄四兩，花蕊石一兩，並為麤末，拌勻，以膠泥固濟，日乾，瓦罐一箇盛之，泥封口，焙乾，安在西方磚上，磚上書八卦五行字，用炭一秤，簇匝，從巳午時自下生火，煅至炭消，冷定取出，為細末，瓶收用。　多年障瞖，花蕊石水飛焙，防風、川芎藭、甘菊花、白附子、牛蒡子各一兩，甘草炙半兩，為末，每服半錢，臘茶下。

**清・郭章宜《本草匯》卷一八**　花乳石　酸濇，氣平。治崩損噴血，消瘀血為水。

按：花乳石，古方未有，亦無氣味。近世用以傅金瘡有驗。蓋厥陰經血分藥也。其功專于止血，能化血為水。婦人血暈，惡血上薄也，用此消化，則無暈阻之患。故葛可久治吐血出升斗，有花蘂石散，皆是上原有瘀血停凝者，暫用之，後必須多服童便、獨參湯。若虛勞内熱火炎之人，切不可施。

出陝州。火煅水飛。

**清・蔣居祉《本草擇要綱目・平性藥品》**　花乳石一名花蕊石。凡入丸散，以罐固濟頂火煅過，出火毒，研細水飛，晒乾用。　氣味：酸，濇，平，無毒。　主治：金瘡出血，刮末敷之即合，仍不作膿。又療婦人血運惡血，治一切失血傷損，内漏目瞖。古方未用此者，近世以合硫黄，同煅研末，傅金瘡，其效如神。人有倉卒中金刃不及煅治者，但刮末傅之亦效。花蕊石舊無氣味，今嘗試之，其氣平，其味濇而酸，蓋厥陰經血分藥也。其功專於止血，能使血化為水，酸以收之也。而又能下死胎，落胞衣，去惡血。惡血化，則胎與胞無阻滯之患矣。東垣所謂胞衣不出，濇劑可以下之，故赤石脂亦能下胞胎，與此同義。葛可久治吐血出升斗，有花蕊石散；《和劑局方》治諸血及損傷金瘡胎産，亦花蕊石散。皆云能化血為水，則此石之功，蓋非尋常草木之比也。

**清・汪昂《本草備要》卷四**　花乳石濇，止血。　酸濇，氣平。耑入肝經血分。能化瘀血爲水，止金瘡出血，刮末敷之即合，仍不作膿。《局方》治損傷諸血、胎産惡血血運，有花乳石散。下死胎胞衣。惡血化則胞胎無阻。　出陝華、代地。體堅色黄。煅研，水飛用。

**清・陳士鐸《本草新編》卷五**　花蕊石　治諸血證神效，最化瘀血，以酒調服，男女俱同。止可酒調服一分，〔瘀〕血即化為黄水，誠刼藥之至神，化〔瘀〕血之至捷也。外調亦驗極，金瘡口敷上即合。産後血暈，舐舌即安，真有不可思議之妙。故特存之以備急用。然用不可過二分，多則反有害矣。

花蕊石最難製，非研至無聲，斷不可輕用。蓋此物愈細愈妙。無瘀血停滯于腹者，不可服。不由内傷血凝，胸膈作痛如一片横住，以致火炎血溢，因而吐血者，亦不可輕用内治之也。

**清・顧靖遠《顧氏醫鏡》卷八**　花蕋石酸、辛，溫。煅研如粉。　消瘀血如神，一切瘀血，童便調服三五錢，能使化為黄水。　敷金瘡至效。酸能斂血，復能化瘀，敷之即合，仍不作膿。

**清・李熙和《醫經允中》卷二一**　花蕋石　入厥陰血分。　主治消瘀血，療血暈，止金瘡血流，下死胎胞衣。最難得真，慎弗悞用。

**清・馮兆張《馮氏錦囊秘錄・雜症痘疹藥性主治合參》卷五**　花蕊石又名花乳石。《本經》無氣味。詳其所主，應是味酸辛，氣溫之藥。其功專於止血，能使血化為水。婦人血暈，惡血上升也，消化惡血，則暈自止矣。以酸斂之氣，復能化瘀血，故敷一切金瘡及打撲傷損。狗咬至死者，急剉細末摻處，其血化為黄水，即活，更不疼痛。如内損血入臟腑，熱童便入酒少許，熱調錢餘立效。敷則生用，服則煅之。　花蕊石，治血證神效。凡五内崩損，噴血出升斗者，用以煅存性，研極細末，食後調服三錢，甚者五錢，男子以童便攙半酒，女子以童便攙半醋，多服，體即疏通，瘀血化為黄水，誠為刼藥。止後隨以濃獨參湯，或童便參湯補之。金瘡血流，敷即合口。産後血暈，舐下即安。過用損血，不可不謹。

**清・张璐《本經逢原》卷一**　花乳石一名花蘂石。　酸、辛，溫，無毒。出陝華諸郡。色黄中有淡白點，以此得名。又代州山谷中有五色者。製法：以花乳石五兩，同硫黄二兩，入陽成罐内，鹽泥固濟，加頂火煅過，研細，水飛用。

發明：花乳石産硫黄山中，其性大溫，厥陰血分藥也。葛可久治虛勞吐血，有花蕊石散，以其性溫善散瘀結也。《和劑局方》治金刃箭傷，打撲垂死，外有損處，以煅過細末摻傷處，血化黄水，再摻即活。如内有損血入藏府，煎童子小便，入酒少許，調灌一錢匕立效。婦人産後惡血衝心，昏暈不省，或胎死腹中，胞衣不下致死，但心胸溫暖者，急以童便調灌一錢，取下惡血即安。若膈上有血，化為黃水，即時吐出，或隨小便出，甚效。但陰虛火炎，中無瘀積者，誤用必殆。

**清·浦士貞《夕庵讀本草快編》卷一**　花乳石、花蕊石　石中文結如花、如蕊，故名。大者陝人鐫以為器。　花蕊味濇而辛，氣平無毒，乃肝經血分藥也。其功專于止血，能使血化為水，蓋酸以收之也。而又能下死胎，落胞衣，去惡血。東垣所謂胞衣不下，濇劑可以下之也。故葛可久治吐血升斗有花蕊石散，取其消瘀逐血緩肝斂氣爾。而《和劑》又治外傷金刃，跌撲所傷，以及內損積血，停蓄藏府者，與硫黃共煆，童便調服，所下惡物盡化為水，終身不患血風血氣之疾，功更神矣。

**清·黃元御《玉楸藥解》卷三**　花乳石　味酸、濇，氣平。入足厥陰肝經。止血行瘀，磨鬱消癉。花乳石功專止血，治吐衄崩漏，胎產，刀杖，一切諸血。善療金瘡，合硫黃鍛煉，敷之神效。亦磨遠年障瞖，化瘀血老癥，落死胎胞衣，鍛研水飛用。

**清·吳儀洛《本草從新》卷五**　花蕊石（濇，止金瘡血，化瘀。）一名花乳石。酸，濇，氣平。專入肝經血分。能化瘀血為水，止金瘡出血，刮末敷之即合，仍不作膿。《局方》治損傷諸血，胎產惡血血運，有花乳石散，下死胎胞衣。惡血化則胞胎無阻。大損陰血。出陝華代地。體堅色黃。煆研水飛。

**清·汪紱《醫林纂要探源》卷三**　花蕊石　酸，濇，平。出華陝及代地。體堅色黃。煆研，水飛。瀉肝，行血瘀。治損傷諸血，及胎產惡露衝逆，下死胎、胞衣。斂肺，生皮肉。傅金瘡，出血即生肌，不至作膿。

**清·嚴潔等《得配本草》卷一**　花乳石一名花蕊石。　酸、澀，平。入厥陰經血分。化血為水。摻金瘡、跌撲損傷、犬咬至死者。得川芎、甘菊、防風、白附子、大力子、炙甘草為末，每服臘茶下五分，治多年障翳。配黃丹，摻脚縫出水。配童便，治產婦惡血奔心，胎死腹中，胎衣不下。硫黃四兩、乳石一兩為末，坭固日乾，入瓦罐內坭封烘乾，火煆為末，水飛晒乾，瓷瓶收用。內火逼血妄行者禁用。

**清·黃宮繡《本草求真》卷八**　花蕊石通瘀止血。　花蕊石耑入肝。雖產硫黃山中，號為性溫，然究味酸而濇，其氣亦平，故有化血之功耳。是以損傷諸血，胎產惡血、血運，並子死腹中，胞衣不下，服之體即疏通，瘀血化為黃水，金瘡血流，敷即合口，誠奇方也。頌曰：近世以合硫黃同煆，研末敷金瘡，其效如神。人有倉卒金刃，不及煆治者，但刮末敷之亦效。但此原屬劫藥。時珍曰：花蕊石嘗試其味酸濇，其功專於止血，能使血化為水，酸以收之也。東垣所謂胞衣不出，濇劑可以下之。蓋赤石脂亦能下胞胎，與此義同。下後止後，須以獨參湯救補，則得之矣。若使過服，則於肌血有損，不可不謹。以罐固濟，頂火煆過，出火毒。研細水飛，晒乾用。

**清·羅國綱《羅氏會約醫鏡》卷一八金石水土部**　花蕋石味酸澁，氣平，入肝經。　其功專於止血，化血為水。酸以收之。治金傷出血，刮末敷之立止。療婦人惡血、血暈，下死胎，落胞衣。惡血去，胞胎自落。并療五內崩損，噴血出升斗者。男以童便加酒，女以童便加醋，調末三五錢服。　體堅色黃，中有淡白點。外敷生用，內服煆研。

**清·黃凱鈞《藥籠小品》**　花蕊石　入肝血分，能化瘀血為水，下死胎胞衣。大損陰血。煆研水飛。

**清·王龍《本草纂要稿·金石部》**　花蕊石　味酸，澁，氣平，無毒。金瘡出血，刮末敷之即合。傷損出血止血，化血為水。內漏目翳能醫，死胎胞衣立下。

**清·張德裕《本草正義》卷上**　花蕋石　酸，澁，氣平。血分藥也。專惟止血，能使血化為水。若金瘡出血，刮末敷之則合。及一切損傷出血。若婦人腹有惡血，煆研，水飛製過服之。虛損吐血，用之殺人。

**清·翁藻《醫鈔類編》卷二三《本草》**　花蕊石　雖產硫黃山中，號為性溫，然究味酸而濇，其氣亦平，故有化血之功。凡損傷諸血，胎產惡血血運，並子死腹中，胞衣不下，服之體即疏通，瘀血化為黃水。金瘡血流，敷口即合。誠奇方也。頌曰：近世以合硫黃同煆，研末敷金瘡，其效如神。人有倉卒中金刃不及煆治者，但刮末敷之亦效。但此原屬劫藥，下後止後，須以獨參湯救補則得之矣。若使過服，則於肌血有損，不可不謹。以罐固濟，火煆過，出火毒。研細，水飛，曬乾用。

**清·楊時泰《本草述鉤元》卷五**　花乳石　黃石中間有淡白點，以此得花之名。《圖經》作花蕊石宗奭。　味酸，濇，氣平。厥陰經血分藥。主金瘡出血，療婦人血暈惡血，及一切失血傷損，治內漏目瞖，又能下死胎，落胞衣，去惡血。惡血化，則胎與胞無阻滯之患，東垣所謂胞衣不出，濇劑可以下之，故赤石脂亦能下胞胎，與此同義瀕湖。合硫黄同煅研末，傅金瘡神效。人有倉猝中金刃，不及煅治者，但刮末傅之亦效頌。花蕊石，陰石也。其功專於止血，能使血化為水，酸以收之也瀕湖。花乳石是酸辛溫之藥，功專止血，而酸斂之氣復能化瘀，故傅金瘡即合，仍不作膿也仲淳。花蕊石散，治一切金刃箭簇，及打撲傷損，狗咬至死者，急以藥摻傷處，其血化為黄水，再摻便活，更不疼痛。如內損血入臟腑，煎童便入酒少許，熱調一錢服，立效。畜牲(牴)〔抵〕傷，腸出不損者，急納入，桑白皮線縫之，摻藥血止立活。婦人產後敗血不盡，血暈，惡血奔心，胎死腹中，胎衣不下，但心頭溫暖者，急以童便調服一錢，取下惡物如豬肝，終身不患血風、血氣。若膈上有血化為黄水，即時吐出，或隨小便出甚效。用硫黄四兩，花蕊石一兩，並為粗末，拌勻，瓦罐盛之，膠泥固濟，日乾，安在磚上，磚上書八卦五行字。用炭一秤，簇匝，從巳午時自下生火煅，至炭消，冷定取出，為細末，瓶收用。多年障瞖，花乳石水飛焙，防風、川芎、牛蒡、甘菊、白附子各一兩，炙甘草半兩，為末，每服半錢，臘茶下。

論：花乳石類產於西土，其於血證似能以化瘀為止，其或得於以母氣召子之義乎。凡人不屬陰虛而患於血逆者應有瘀，用花乳石以化為止，有奇效。如花乳石散所療產後瘀血危證，遂令終身不患血風、血氣，蓋茲味之化瘀，似有以還其血之元，既不屬強止之，亦不屬峻導以重虛之，臨證者審所應投，豈不藉其奏功匆遽乎？夫血逆之不屬陰虛者，多屬氣虛不能引血以歸經，此固另有補氣之劑而禁用寒涼矣。然又有偶感寒涼而血泣以逆者，則補氣猶宜少待，如茲味當為應候之良劑也。

凡虛勞吐血，多是火炎迫血上行，除是膈上原有瘀血停凝者，乃可暫用，亦須多服童便。若無瘀血，則不宜內服。至因火炎血溢以致吐血，不屬內傷血凝胸膈板痛者，忌之仲淳。修治：凡入丸散，以罐固濟，頂火煅過，出火毒，研細水飛，曬乾用。

**清・趙其光《本草求原》卷二五石部** 花蕊石即花乳石。酸斂陰，辛平達陽、散結。產硫黄山中。無毒。故兼溫，使肝升、肺降，化瘀血為水以止血。治刀箭外傷，甚而破肚，煅摻血即止。急則刮摻亦合，仍不作膿。打撲內損，血入臟腑，產婦惡血沖心，昏暈不省，或犬咬、膈上有血，俱童便酒下。下死胎胞衣，瘀去則胎胞無阻。目翳，同芎、防、菊、蒡、甘、白附研，茶下。脚縫出水，同黄丹摻。偶感寒涼、血泣上逆、吐血升斗。先化瘀，後大補氣。若陰虛火炎，氣虛不攝，以致血溢，中無瘀滯胸痛之症，止宜滋陰補氣。勿用；應用亦須多服童便。出陝華者，色黄，中有淡白點；出代州者，有五色。每五兩，入硫黄二兩同煅；寒不甚而內服者，獨煅，水飛用。

**清・文晟《新編六書》卷六《藥性摘錄》** 花蕊石 酸而濇，性溫，氣平。入肝。通瘀止血。〇治損傷諸血。〇胎產惡血血暈，並子死腹中，胞衣不下，服即疏通，瘀血化為黄水，下後止後，須用參、歸等補之。〇敷金瘡血出最効。〇以灌固濟，火煅過，出火毒，研細，水飛，曬用。〇若使過服，於肌血有損。

**清・張仁錫《藥性蒙求・金石部》** 花蕊石二錢 花蕊石酸，入肝性濇。止血化瘀，金瘡敷末。一名花乳石。酸，濇，氣平。專入肝經血分，能化瘀為水，止金瘡出血，刮末敷之即合，仍不作膿。〇無瘀者忌。煅用。

**清・戴葆元《本草綱目易知錄》卷七** 花乳石花蘂石 味酸，濇，平。厥陰血分藥。其功耑於止血，能使血化為水。療一切失血傷損，內漏目瞖。治婦人血運，去惡血，下死胎，落胞衣。煅用。合硫黄，煅末，傅金瘡止血即合，不作膿。

**清・陳其瑞《本草撮要》卷六** 花蕊石 味酸濇，氣平，入足厥陰經，功專化血為水。止金瘡出血，下死胎胞衣，及胎產惡血血暈等症，有花蕊石散。多服損陰血。煅研水飛用。一名花乳石。

## 薑石

**宋・唐慎微《證類本草》卷五玉石部下品〔唐・蘇敬《唐本草》〕** 薑石 味鹹，寒，無毒。主熱豌豆瘡，丁毒等腫。生土石間，狀如薑，有五種色，白者最良，所在有之，以爛不磣插荏切者好，齊州歷城東者良。《唐本》先附。

〔宋・蘇頌《本草圖經》〕曰：薑石，生土石間，齊州歷城東者良，所在亦有，今惟出齊州。其狀如薑，有五種，用色白者，以爛而不磣者好，採無時。《崔氏》：療丁腫，單用白薑石末，和雞子清傅之，丁自出。乳癰塗之亦善。大凡石類，多主癰疽，北齊馬嗣明醫楊遵彥背瘡，取麁理黄石如鵝卵大，猛烈火燒令赤，內醶醋中，因有屑落醋裏，頻燒淬石至盡，取屑暴乾，擣篩和醋塗之，立愈。《劉禹錫》謂之鍊石法：用之傅瘡腫無不愈者。世人又傳麥飯石亦治發背瘡。麥飯石者，麁黄白，類麥飯，曾作磨磑者尤佳。《中岳山人呂子華方》云：取此石碎如棋子，炭火燒赤，投米醋中浸之，良久又燒，如此十徧，鹿角一具連腦骨者，二三寸截之，炭火燒令煙出即止，白斂末與石末等分，鹿角倍之，三物同杵篩，令精細，取三年米醋，於鐺中煎如魚眼沸，即下前藥調和，令如寒食餳，以篦傳於腫上，惟留腫頭如指面，勿令有藥，使熱氣得洩。如未有腫膿，即當內消，若已作頭，即撮令小。其病久，得此膏，直至肌肉爛落出筋骨者，即於細布上塗之，貼於瘡上，乾即易之，但中膈不穴者，即無不差。其瘡腫時，切禁手觸，其效極神異。此方，孫思邈《千金月令》已有之，與此大同小異，但此本論說稍備耳。又水中圓石，治背上忽腫，漸如楪子，不識名者，以水中圓石一兩椀，燒令極熱，瀉入清水中，沸定後洗腫處，立差。

〔宋·唐慎微《證類本草》〕《外臺秘要》：救急治乳癰腫如椀大，痛甚。取白薑石搗末一二升，用雞子白和如餳傅腫上，乾易之，此方頻試驗佳。

**宋·孔平仲《續世說》卷六**　北齊馬嗣明善醫。楊愔患背腫，嗣明以鍊石塗之便瘥。因此為愔所重。鍊石法：取麄黃石如鵝鴨卵大，猛火燒令赤，納醇醋中，自有石屑落醋裏。頻燒至石盡，取石屑曝乾，擣，下簁，和醋。以塗腫上，無不愈。

**宋·寇宗奭《本草衍義》卷六**　薑石　所在皆有，須不見日色旋取，微白者佳。治丁腫殊效。

**宋·王繼先《紹興本草》卷三**　薑石　紹興校定：薑石，乃沙薑石也，唯色白者佳。《本經》與《圖經》主療並外傅瘡腫，方亦稀用於服餌。當從味鹹、寒、無毒是矣。

**明·王綸《本草集要》卷五**　薑石　味鹹，氣寒，無毒。生土石間，伏如薑。有五種，色白者良。所在有之，以爛不磣者好。主熱，豌豆瘡，疔腫等毒。大凡石類，多主癰疽。

**明·劉文泰《本草品彙精要》卷六**　薑石無毒。附粗理黃石、水中圓石。　土石生。

薑石：主熱豌豆瘡，疔毒等腫。名醫所錄。　【地】《圖經》曰：生土石間，齊州歷城東者良。所在亦有，今惟出齊州。其狀如薑，有五種。凡用，以白爛而不磣插荏切者好。又有粗理黃石、水中圓石，多主癰疽瘡腫，然皆各有其效，故併附之。《衍義》曰：薑石所在皆有，須不見日色，旋取微白者佳。【時】採：無時。【用】爛而不磣者佳。【色】白。【味】鹹。【性】寒，軟。【氣】味厚于氣，陰也。【臭】朽。【主】疔腫，癰疽。【製】研細用。【治】療：《別錄》云：水中圓石治背上忽腫，漸如碟子大，不識名者。以一兩碗燒令極熱，投入清水中沸定後，洗腫處，立瘥。【合治】白薑石末合雞子清，傅疔腫，其疔自出。乳癰塗之亦善。○粗理黃石，如鵝卵大，猛烈火燒令赤，頻淬釅醋中，待淬石至盡，取屑曝乾，擣篩和醋塗，療背瘡，立愈。

**明·鄭寧《藥性要略大全》卷八**　薑石　味鹹，性寒，無毒。治疔腫熱毒等症。形似乾薑。

**明·王文潔《太乙仙製本草藥性大全》卷六《本草精義》**　薑石　生土石間，齊州歷城東者良。所在亦有之，今惟出齊州，其狀如薑。有五種，用色白者，以爛而不磣者好。採無時。大凡石類多主癰疽，劉禹錫鍊石法，用之傅瘡腫無不愈者。世人又傳麥飯石亦治發背瘡。麥飯石者麄黃白，類麥飯，曾作磨磑者尤佳。中岳山人呂子華取此石，碎如棋子，炭火燒赤，投米醋中浸之良久，又燒，如此十徧。鹿角一具連腦骨者，二三寸截之，炭火燒令煙出即止，白斂末與石末等分，鹿角倍之，三物同研，篩令精細。取三年米醋於鐺中，煎如魚眼沸即下前藥，調和令如寒食餳，以蓖傳於腫上，惟留腫頭如指面，勿令有藥，使熱氣得洩，如未有膿腫，即當內消，若已作頭即撮令小。其病久得此膏，直至肌肉爛落出筋骨者，即於細布上塗之，貼於瘡上，乾即易之。但中隔不穴者，即無不差。其瘡腫時，切禁手觸，其效極神異。

**明·王文潔《太乙仙製本草藥性大全》卷六《仙製藥性》**　薑石　味鹹，氣寒，無毒。　主治：主熱豌豆瘡秘旨，治疔瘡腫毒妙方。散乳癰大效，祛背瘡如神。　補註：救急治乳癰腫如大椀痛甚，取擣末一二升，用鷄子白和如餳，傅腫上，乾易之。○丁腫，單用爲末，和鷄子清傅之，丁自出。乳癰塗之亦善。○背瘡，取麄理黃石如鵝子大，猛烈火燒令赤，內釅醋中，因有屑落醋裏，頻淬石至盡，取屑曝乾，擣篩和醋塗之立差。

**明·李時珍《本草綱目》卷一〇石部·石類下**　薑石《唐本草》

【釋名】礓礫石時珍曰：薑石以形名。或作礓礫，邵伯溫云：天有至戾，地有至幽，石類得之則爲礓礫是也。俗作礓礪。　【集解】恭曰：薑石所在有之，生土石間，狀如薑，有五種，以色白而爛不磣者良，齊州歷城東者好，采無時。宗奭曰：所在皆有，須不見日色旋取，微白者佳。

【氣味】鹹，寒，無毒。　【主治】熱豌豆瘡，丁毒等腫《唐本》。

【附方】舊二，新三。　丁瘡腫痛：白薑石末，和鷄子清傅之，乾即易，丁自出，神驗。《崔氏方》。　乳癰腫大：如盌腫痛。方同上。《外臺秘要》。　產後脹衝：氣噎。礞礰石、代赭石等分，爲末，醋糊丸梧子大。每服三五十丸，醋湯下。潔古《保命集》。

通身水腫：薑石燒赤，納黑牛尿中，熱服，日飲一升。《千金方》。

**明・李中立《本草原始》卷八**　薑石　所在有之。生土石間，狀如薑。有五種，以色白而爛、不磣者好。齊州歷城東者良。時珍曰：薑石，以形名。氣味：鹹，寒，無毒。主治：熱豌豆瘡，丁毒等腫。

薑石，《唐本草》。【圖略】收采不拘時。宗奭曰：所在皆有，須不見日色，旋取微白者佳。修治：猛烈火燒，醋淬，暴乾，研為細末用。

《崔氏方》：治丁毒腫痛，白薑石末，和雞子清傅之，乾即易，丁自出，神驗。

## 龍

**宋・李昉《太平御覽》卷第九八八**　龍骨角齒附《史記》曰：穿渠自徵引洛水至商顔，服虔曰：顔，音崖。應邵曰：徵在馮翊，或曰：商顔，山名。穿渠得龍骨，故名龍（昔）〔骨〕渠。盛宏之《荆州記》曰：始安駭鹿山室，鑿室内輒得龍骨。下有伏滔。《范子計然》曰：龍骨，出河東。《本草經》曰：龍骨，味甘，平。〔出〕山谷。治心腹鬼疰。生晉地。《華陽國志》曰：蜀五城縣，其上值天門，天門龍升天不達，死墜此地，故掘取龍骨。冬夏無已。《吳氏本草經》曰：龍骨，生晉地山谷陰大水所過處，是死龍骨。色青白者善。十二月採，或無時。龍骨，畏乾漆、蜀椒、理石。龍齒，神農、李氏：大寒。龍（齒）〔骨〕，治驚癇，久服輕身。

**宋・唐慎微《證類本草》卷一六獸部上品**〔《本經・別録・藥對》〕　**龍骨**　**味甘，平**、微寒，無毒。**主心腹鬼疰，精物老魅，欬逆，洩痢膿血，女子漏下，癥瘕堅結，小兒熱氣驚癇**，療心腹煩滿，四肢痿枯，汗出，夜卧自驚，恚怒，伏氣在心下，不得喘息，腸癰内疽陰蝕，止汗，縮小便，溺血，養精神，定魂魄，安五藏。

白龍骨：療夢寐洩精，小便洩精。

〔宋・掌禹錫《嘉祐本草》〕按：洩精通用藥云：白龍骨，平，微寒。

**齒**：**主小兒、大人驚癇，癲疾狂走，心下結氣，不能喘息，諸痙，殺精物**，小兒五驚、十二癇，身熱不可近，大人骨間寒熱。又殺蠱毒。得人參、牛黃良，畏石膏。

〔宋・掌禹錫《嘉祐本草》〕按：驚邪通用藥及《藥對》云：龍齒，平。

**角**：主驚癇瘈尺曳切瘲子用切，身熱如火，腹中堅及熱洩。**久服輕身，通神明，延年。**生晉地川谷及太山巖水岸土穴中死龍處。採無時。畏乾漆、蜀椒、理石。

〔梁・陶弘景《本草經集注》〕云：今多出梁、益間，巴中亦有。骨欲得脊腦，作白地錦文，舐之著舌者良。齒小强，猶有齒形。角强而實。又有龍腦，肥軟，亦斷痢。云皆是龍蛻，非實死也。比來巴中，數得龍胞，吾自親見，形體具存，云療産後餘疾，正當末服之。

〔唐・蘇敬《唐本草》〕注云：龍骨，今並出晉地，生硬者不好，五色具者良。其青、黃、赤、白、黑，亦應隨色與腑藏相會，如五芝、五石英、五石脂等輩。而《本經》不論，莫知所以。

〔宋・掌禹錫《嘉祐本草》〕按：《藥對》云：龍角，平。吳氏云：龍骨，色青白者善。又云：齒，神農、季氏大寒。《藥性論》云：龍骨，君，忌魚，有小毒。逐邪氣，安心神，止冷痢及下膿血，女子崩中，帶下，止夢泄精，夜夢鬼交。治尿血，虛而多夢紛紜，加而用之。又云：龍齒，君。鎮心，安魂魄。齒、角俱主小兒大熱。日華子云：龍骨，健脾，澀腸胃，止瀉痢，渴疾，懷孕漏胎，腸風下血，崩中帶下，鼻洪，吐血，止汗。又云：龍齒，澀，涼。治煩悶，癲癇，熱狂，辟鬼魅。

〔宋・蘇頌《本草圖經》〕曰：龍骨并齒、角，出晉地川谷及泰山巖水岸土穴中死龍處，今河東州郡多有之。或云是龍蛻，實非死骨，得脊腦，作白地錦文，舐之著舌者良。齒小强，猶有齒形。角强而實。採無時。李肇《國史補》云：春水時至，魚登龍門，蛻其骨甚多，人採以爲藥，而有五色者。《本經》云：出晉地。龍門又是晉地，豈今所謂龍骨者，乃此魚之骨乎？或云骨有雄、雌，細文而廣者是雌，麄文而狹者是雄。凡入藥，五色具者尤佳，黃白色者次，黑色者下。皆不得經落不淨處，則不堪用。骨、齒醫家常用，角亦稀使。惟深師五邪丸用龍角。又云：無角用齒。《千金方》治心，有兼用龍齒、龍角者。韋丹療心熱風癇，取爛龍角濃研取汁，食上服二大合，日再。然則龍角有爛者，此物大抵世所稀有。孫光憲《北夢瑣言》云：石晉時鎮州接邢臺界，嘗鬬殺一龍，鄉豪有曹寬者見之，取其雙角，角前有一物如藍色，文如亂錦，人莫之識。曹寬未經年爲寇所殺，鎮師俄亦被誅。又云：海上人言龍每生二卵，一爲吉弔。吉弔多與鹿游，或於水邊遺瀝，值流槎則粘著木枝，如蒲槌狀，其色微青黃，復似灰色，號紫梢花，坐湯多用之。《延齡至寶方》治聾，無問年月者，取吉弔脂，每日點半杏人許入耳中，便差。云此物福建州甚不爲難得，其脂須琉璃瓶子盛，更以樟木合重貯之，不爾則透氣，失之矣。又《篋中方》女經積年不通，必治之，用龍胎，瓦松、景天三物各少許，都以水兩盞，煎取一盞，去滓。分溫二服，少頃腹中轉動，便下。龍胎，古今方不見用者，人亦鮮識。本方注云：此物出蜀中山澗大水中，大類乾魚鱗，投藥煎時甚腥臊。方家稀所聞見，雖並非要藥，然昔人曾用，世當有識者，因附於此，以示廣記耳。

〔宋・唐慎微《證類本草》〕雷公云：　剡州生者，倉州、太原者上。其骨細文廣者是雌，骨麄文狹者是雄。骨五色者上，白色者中，黑色者次，黄色者稍得。經落不淨之處不用，婦人採得者不用。夫使先以香草煎湯浴過兩度，擣研如粉，用絹袋子盛粉末了。以鸞子一隻，擘破腹去腸，安骨末袋於鸞腹內，懸於井面上一宿，至明去鸞子并袋子，取骨粉重研萬下，其效神妙。但是丈夫服空心，益腎藥中安置，圖龍骨氣入腎藏中也。《聖惠方》：〔治〕小兒臍瘡久不差。用龍骨燒灰細研，傅之。《外臺秘要》：　療傷寒已八九日至十餘日，大煩渴，熱盛而三焦有瘡䘌者，多下，或張口吐舌呵吁，目爛，口鼻生瘡，吟語，不識人，除熱毒止痢。龍骨半斤，碎，以水一斗，煮取四升，沉之井底。令冷，服五合，漸漸進之。恣意飲，尤宜老少。《千金方》：　婦人無故尿血。龍骨一兩，以酒調方寸匕，空心，日三。又方：　治好忘，久服聰明益智。龍骨、虎骨、遠志等分，右三味爲末。食後酒服方寸匕，日三服。《肘後方》：　治熱病不解而下痢欲死。龍骨半斤，擣研，水一斗，煮取五升，候極冷，稍稍飲，得汗即愈。又方：　治老瘧。末龍骨方寸匕，先發一時，酒一升半，煮取三沸，及熱盡服，溫覆取汗，即效。又方：　若久下痢，經時不止者，此成休息。龍骨四兩，如小豆大，碎，以水五升，煮取二升半，令冷，分爲五服。又以米飲和爲丸，服十丸。《經驗方》：　暖精氣，益元陽。白龍骨、遠志等分爲末，煉蜜爲丸，如梧桐子大。空心臥時冷水下三十丸。《梅師方》：　治失精，暫睡即泄。白龍骨四分，韭子五合，右件爲散子。空心酒調方寸匕服。又方：　治熱病後下痢，膿血不止，不能食。白龍骨末，米飲調方寸匕服。又方：　治鼻衄出血多，眩冒欲死。龍骨研細，吹入鼻、耳中。凡衄者並吹。《廣利方》：　治鼻中衄血及咯吐血不止。五色龍骨作末，吹一江豆許於鼻中，立止。又方：　治心熱風癇。爛龍角濃研汁，食上服二合，日再服。《姚氏方》：　治小便出血。末龍骨二方寸匕，水調溫服之，日二服，差。姚和衆：　治小兒因痢脫肛。白龍骨粉，撲之。楊文公《談苑》：　澤州山中多龍骨。蓋龍蛻於土中，崖崩多得之，體骨、頭角皆全。

**宋・寇宗奭《本草衍義》卷一六**　龍骨　諸家之説，紛然不一，既不能指定，終是臆度。西京潁陽縣民家，忽崖壞，得龍骨一副，支體頭角悉具，不知其蛻也？其斃也？若謂蛻斃，則是有形之物，而又生不可得見，死方可見；謂其化也，則其形獨有能化。然《西域記》中所説甚詳，但未敢據憑。萬物所稟各異，造化不可盡知，莫可得而詳矣。孔子曰：君子有所不知，蓋闕如也。妄亂穿鑿，恐誤後學。治精滑及大腸滑，不可闕也。

**宋・王繼先《紹興本草》卷一八**　龍骨　紹興校定：　龍骨、齒、角形色不一，然主療大同小異。大率收固之性多矣，治熱即未聞驗據。性味《經》注不等。詳世之主療，即非性寒。今當作味苦澀，平，無毒為定。但上舌緊澀，産河東佳。又有紫梢花，補助下經，多以外用。其形色、主治已載《圖經》，乃無毒之藥矣。

**金・張元素《潔古珍珠囊》〔見元・杜思敬《濟生拔粹》卷五〕**　龍骨甘純陽。固大腸脫。

**宋・劉明之《圖經本草藥性總論》卷下**　龍骨　味甘，平、微寒，無毒。主心腹鬼疰，精物老魅，欬逆洩痢膿血，女子漏下，癥瘕堅結，小兒熱氣驚癇。療心腹煩滿，四肢痿枯汗出，夜臥自驚恚怒，伏氣在心下，不得喘息，腸癰內疽陰蝕，止汗，縮小便溺血，養精神，定魂魄，安五臟。日華子云：　健脾，澁腸胃，止瀉痢渴疾，懷孕漏胎，腸風下血，崩中帶下，鼻洪吐血，止汗。又云：齒，澁，涼。治煩悶癲癇熱狂，辟鬼魅。畏乾漆、蜀椒、理石。

**宋・陳衍《寶慶本草折衷》卷一五**　龍骨君。灰在內。○龍齒附。○龍涎續附。

潔白者，名白龍骨。出晉地川谷，及太山，蜀中、河東、西涼、太原，益、梁、巴、剡、倉、澤州山巖，水岸土穴中。○採無時。○得人參、牛黄良。畏石膏，與序例説同。○忌魚。○舊云畏乾漆等者，乃謂龍角也，刪訖。○續附：　龍涎，葉庭珪云出大食國，其龍多蟠於洋中之大石，臥而吐涎，衆魚聚而嚼之，土人見則没而取焉。○食，一作石。嚼，子合切，咬也。

味甘，平，澀序例，微寒，無毒。○主心腹鬼疰，欬逆，洩痢膿血，女子漏下，小兒熱氣驚癇，四肢痿枯，夜臥驚恚，腸癰，内疽，陰蝕。止汗，縮小便，溺血。養精神，定魂魄，安五藏。療夢寐洩精，小便洩精。○《藥性論》云：　逐邪氣，安心神，止帶下，治虛而多夢。○日華子云：　建脾，澀腸胃，止瀉、渴疾，懷孕漏胎，腸風下血，鼻洪吐血。○《圖經》曰：　作白地錦文，舐之著舌者良，五色具者尤佳，黄白色者次，黑色者下。○《聖惠方》：　治小兒臍瘡，久不差，用龍骨燒灰，研傅之。○《外臺秘要》：　治傷寒煩渴熱盛，目爛，口鼻生瘡。龍骨半斤，碎，以水壹斗，煮取半升，令冷，服伍合，漸漸進之。○《肘後方》：　治老瘧。末龍骨方寸匕，先發一時，酒壹升半，煮三沸，及熱，盡服，取汗即效。

附：　龍齒君，平，澀，涼。主小兒大人驚癇癲疾，心氣諸痙渠井切，小兒驚熱，大人骨間寒熱，殺蟲毒，鎮心安魂魄，治煩悶熱狂，辟鬼魅。其齒小強，猶有齒形。

續說云：按圖像中所畫，蟲獸之屬，皆具全體。今於龍止畫其骨者，良以龍之靈變無測，難定其形，故以遺骨而載諸圖耳。《成都記》謂蜀中分棟山多有龍蛻，音梲，脱也。齒角頭足悉具，亦有久而腐者。而《松漠記聞》又言：二龍鬥於北方之冷山，身高丈餘，長不可計，寒氣腥焰襲人，莫之敢近。則諸家云龍蛻，或云龍斃者，皆非臆度也。然龍骨之等色，《圖經》辨論雖詳而明，更須擇其橫紋現如粟粒，直理沓似朽杉，揭一層復有一層，其體輕，其氣郁，舐則粘舌，燒則轉青而紋愈現，斯可驗其真矣。復按許叔微論龍齒曰：龍，東方木也，木配肝而肝藏魂，故治魂飛揚、驚悸多魘者，以真珠為君，以龍齒為佐。又《局方》摩挲元，定中風神昏，亦用真珠。註謂如闕真珠，則龍齒可代，當知二物功用伉行，但真珠更能明目耳。抑又觀葉庭珪《香錄》所述，龍涎性寒通利，其氣本臊，能發衆香而益芬。白者如百藥煎而理膩，黑者如五靈脂而光澤。

**元・王好古《湯液本草》卷六**　龍骨　氣平微寒，味甘，陽也。無毒。《本草》云：主心腹鬼疰，精物老魅，欬逆，泄痢膿血，女子漏下，癥瘕堅結，小兒熱氣驚癇。療心腹煩滿，四肢痿枯，汗出，夜臥自驚。恚怒伏氣在心下，不得喘息，腸癰內疽，陰蝕。止汗，縮小便，溺血。養精神，定魂魄，安五臟。《本經》云：澀可去脱而固氣。成無己云：龍骨、牡蠣、鉛丹，皆收斂神氣以鎮驚。凡用，燒通赤為粉。畏石膏。《珍》云：固大腸脱。

**元・尚從善《本草元命苞》卷七**　龍骨　為君。味甘，平、微寒，無毒。澁可固脱，故收斂神氣，鎮驚。主夜夢鬼交精泄，療腸癰內疽陰蝕。止汗，縮小便。逐邪，澁腸胃。安神志，定魂魄，殺鬼魅，養精神。治女子崩中帶下，癥瘕堅積。療小兒熱氣風癇，夜臥多驚。止洩痢膿血，除鼻衄腸風。龍齒，澁而性涼，專主癲癇狂走，辟精物，殺蟲毒，療諸痓，安恚怒。生晉地川谷及太山巖穴。龍蛻之採取無時，舐著舌青白為上。得人參、牛黄者良。畏蜀椒、乾漆之性。

**元・徐彥純《本草發揮》卷三**　龍骨　成聊攝云：澁可去脱。龍骨、牡蠣之澁，以收斂浮越之正氣。東垣云：龍骨，味甘，平，純陽。能固大腸脱。又云：龍齒安魂。海藏云：澁可去脱而固氣。成聊攝云：龍骨、牡蠣、黄丹，皆收斂神氣以鎮驚。凡用，燒通赤，研為粉。

**明・王綸《本草集要》卷六**　龍骨君　味甘，氣平，微寒，陽也。無毒。得人參、牛黄良。畏乾漆、蜀椒、理石。色青白者善，五色具者尤佳，黑色下。主心腹鬼疰，精物老魅，咳逆，洩痢膿血，尿血鼻血吐血，女子漏下，癥瘕堅結，小兒熱氣驚癇，止夢寐洩精，小便洩精，腸癰內疽陰蝕，止盜汗，縮小便。夜臥自驚，多夢紛紜者加用之。安心神，定魂魄，去脱固氣澀腸。小兒臍瘡不差，燒灰，細研傅之。〇齒，得人參、牛黄良。畏石膏。主小兒大人驚癇身熱，癲疾狂走，心下結氣，不能喘息。諸瘡，大人骨間寒熱，殺精物蠱毒。〇角，主驚癇瘈瘲，身熱如火，腹中堅及熱洩。

**明・滕弘《神農本經會通》卷八**　龍骨　君也。得人參、牛黄良。畏石膏、乾漆、蜀椒、理石。色青白者善，五色具者尤佳。黑色者下作白地錦文，舐之著舌者良，生硬者不好。忌魚。凡用，燒通赤為粉。

味甘，氣平，微寒，無毒。《湯》云：味甘。陽也。一云：有小毒。東云：止汗住濕，治血崩。《疌》云：養精神，定魂魄，治驚癇，收癰斂口，殺鬼精，主崩漏，腸癰膿血。《珍》云：能固大腸脱。《本經》云：主心腹鬼疰，精物老魅，欬逆，洩痢膿血，女子漏下，癥瘕堅結，小兒熱氣驚癇。療心腹煩滿，四肢痿枯，汗出，夜臥自驚，恚及恚(恕)〔怒〕，伏氣在心下，不得喘息。腸癰內疽，陰蝕，止汗，縮小便，溺血。養精神，定魂魄，安五臟。《藥性論》云：君。忌魚。有小毒。逐邪氣，安心神，止冷痢及下膿血，女子崩中帶下，止夢泄精，夜夢鬼交。治尿血，虛而多夢紛紜，加而用之。日華子云：健脾，澀腸胃，止瀉痢渴疾。懷孕漏胎，腸風下血，崩中帶下，鼻洪吐血，止汗。劍云：龍骨澁精收泄痢，本功主治女人崩。縮便收汗陰瘡蝕，齒療顛癇又鎮驚。即《局》云，龍骨，生肌，止汗，理洩痢，遺精。

白龍骨：《本經》云：療夢寐洩精，小便洩精。《湯》云：《本草》同《本經》。《本經》云：澁可去脱而固氣。成無己云：龍骨、牡蠣、鉛丹，皆收斂神氣以鎮驚，凡用，燒通赤為粉。畏石膏。《珍》云：固大腸脱。

龍齒：君也。得人參、牛黄良。畏石膏。齒小強，猶有齒形。一云：平。一云：味澁，氣大寒，無毒。一云：澁，涼。東云：安魂。《本經》云：主小兒大人驚癇，癲疾狂走，心下結氣，不能喘息，諸痓，殺精物。小兒五驚十二癇，身熱不可近。大人骨間寒熱。又殺蠱毒。《藥性論》云：

君。鎮心，安魂魄。齒、角俱主小兒大熱。日華子云：澁，涼。治煩悶，癲癎熱狂，辟鬼魅。

龍角：角強而實。畏乾漆、蜀椒、理石。一云：氣平。《本經》云：主驚癎瘈瘲，身熱如火，腹中堅，及熱洩。久服輕身，通神明，延年。

**明・劉文泰《本草品彙精要》卷二三**　龍骨無毒。白龍骨、齒、角、吉吊、紫稍花等附。

**龍骨**出《神農本經》：**主心腹鬼疰精物老魅，欬逆洩痢膿血，女子漏下，癥瘕堅結，小兒熱氣，驚癎。○齒，主小兒、大人驚癎，癲疾，狂走，心下結氣，不能喘息，諸痙，殺精物。○角，久服輕身，通神明，延年。**以上朱字《神農本經》。骨，療心腹煩滿，四肢痿枯，汗出，夜臥自驚，恚怒，伏氣在心下，不得喘息，腸癰，內疽，陰蝕，止汗，縮小便，溺血，養精神，定魂魄，安五臟。○白龍骨，療夢寐泄精。○齒，小兒五驚，十二癎，身熱不可近，大人骨間寒熱，又殺蠱毒。○角，主驚癎，瘛尺曳切瘲子用切，身熱如火，腹中堅及熱泄。以上黑字名醫所錄。

【地】《圖經》曰：出晉地川谷及泰山巖水岸土穴中死龍處。今河東州郡、梁邑間，蜀中多有之。其齒小強，猶有齒形。角強而實，及骨並腦須白地錦文，舐之粘舌而具五色者爲佳。黃白色者次之，黑色及生硬，或經絡不淨處者不堪用。其文細而廣者是雌，文粗而狹者是雄。皆出龍蛻，實非死龍也。然其色有五，與五臟相應，如五芝、五石英、五石脂輩之義，惜乎《本經》而未分耳。若無文如朽骨者，謂之土龍骨，藥不甚須。海人云：龍每生二卵，一爲吉吊，多與鹿遊。或於水邊遺瀝，值流槎則粘着木枝如蒲槌狀，其色微青黃，復似灰色，號爲紫稍花。坐湯多用之。李肇《國史補》云：春水時，至魚登龍門，蛻其骨，人採之。亦有五色者，況龍門又屬晉地，恐今所謂龍骨，乃此魚之骨乎。《衍義》曰：諸家之說紛然不一，既不能指定，終是臆度。西京潁陽縣民家崖壞，忽得龍骨一副，肢體、頭角悉具，不知其蛻也，其斃也。若謂蛻，斃則是有形之物，而又生不可得見，死方可見，謂其化也，則其形獨不能化。蓋萬物所稟各異，造化不可盡知，莫可得而詳矣。【時】生：無時。採：無時。【用】舐之粘舌者良。【色】錦文。【味】甘。【性】平，微寒。【氣】氣之薄者，陽中之陰。【臭】朽。【主】澀精，固氣。【助】得人參、牛黃良。【反】畏石膏，畏乾漆、蜀椒、理石。【製】《雷公》云：凡使，先以香草煎湯浴過兩度，搗研如粉，用絹袋子盛粉末子，以鷰子一隻擘破腹，去腸，安骨末袋于鷰腹內，懸于井面上一宿，至明取骨末，重研萬下用之。【治】療：《圖經》曰：齒、角兼用治心。○爛龍角，除心熱，風癎。《藥性論》云：骨，逐邪氣，安心神，止冷痢，女子崩中，帶下，及夜夢鬼交，虛而多夢紛紜。○齒，鎮心，安魂魄。○齒、角，主小兒熱。日華子云：骨，健脾，澀腸胃，止瀉痢，渴疾，懷孕漏胎，腸風下血，鼻洪，吐血，止汗。【合治】骨合虎骨、遠志爲末酒服，治好忘，聰明，益智。○合韭子爲末酒服，止失精，暫睡即泄。

**明・葉文齡《醫學統旨》卷八**　龍骨　氣平，微寒，味甘。無毒。得人參、牛黃良，畏乾漆、蜀椒、石膏。色青白者善，五色具者尤佳。凡用火煆。治欬逆洩痢，遺精白濁；去脫固腸，收斂神氣；安心志，定魂魄，止盜汗，縮小便，澁精氣，止夢寐，辟鬼疰精物；吐衄尿血，女子漏下癥瘕結，小兒熱氣驚癎；諸瘡久不收口，小兒臍瘡不差，燒灰細研傅之。

龍齒：氣平，味澁。無毒。凡用火煆。治大人小兒驚癎身熱，癲疾狂走，心下結氣不能喘息，諸痙，大人骨間寒熱；安魂，殺精物蠱毒。

**明・許希周《藥性粗評》卷四**　龍骨斂浮於九竅。

龍骨，龍自死骨也。出巴陝大山深窟中，以青白色，能沾舌者良。畏乾漆、蜀椒、理石。凡用燒通赤，研為粉。味甘，性平、微寒，無毒。主治癥瘕堅結，心腹鬼疰，精物老魅，欬逆洩痢，遺精，四肢痿枯，腸癰內疽，女子崩漏，小兒驚癎，止汗，縮小便，養精神，定魂魄，安五臟，大能收斂固澁，使九竅無所浮越。成聊攝云：龍骨、牡蠣、黃丹，皆收斂神氣以鎮驚。

單方：健忘：凡患心氣恍惚，遇事好忘者，龍骨、益智子、遠志三味，等分研為細末，每服後溫酒調下方寸匕，日三服，久服自然聰明。老瘧：龍骨為末，每服方寸匕，當未發之先，酒一升半，煮三四沸，乘熱服之，溫覆取汗，即愈。小便出血：不拘男婦，白龍骨為末，每服方寸匕，空心溫酒調下，日三，妙。元陽久虛：凡患夢遺洩精，腎經有虧，元陽不足者，白龍骨、遠志等分，為末，煉蜜丸如梧桐子大，每服三十丸，空心或臨臥冷水送下，久久精氣自足，陽道甚強，深為有益。

**明・鄭寧《藥性要略大全》卷一○**　龍骨　《經》云：主瀉痢膿血、尿血、鼻血、吐血。止泄精盜汗，夜臥驚，及女人漏下，陰蝕，帶下，縮小便，殺鬼邪，定心志。東垣云：療心腹煩悶，養精神，定魂魄，安五臟，健脾澁腸胃，固大腸之脫。治腸癰內疽，破癥瘕堅結，縮小便，止溺血。《珠囊》云：

止汗住濕及血崩帶下。　味甘，氣平、微涼。又云：微溫，無毒。得人參、牛黄良。畏乾漆、蜀椒、理石、石膏。其色青白者良。五色俱有者佳。黑色者最下也。

龍齒：安魂定魄，治大人小兒驚癇，癲狂結氣。《湯液》云：治骨間寒熱，心下結氣，不能喘息。殺蠱毒精物。味甘，氣平、微涼，無毒。得人參、牛黄良。畏石膏。

**明·陳嘉謨《本草蒙筌》卷一一**　龍骨　味甘，氣微寒。陽也。無毒。河東多，崖穴有。指脱者，當時臆度語；云死者，《本經》的實辭。《經》云：死龍處採無時。雄龍骨狹而紋麁，雌龍骨廣而紋細。五色具全上品，白中黄乃次之。黑者極低，揀除勿用。舐竟粘舌不假，煅脆研細方精。仍水飛淘，免着腸胃。畏椒漆蜀椒、乾漆、理石，宜牛黄、人參。閉澁滑瀉大腸，收斂浮越正氣。止腸風來血及婦人帶下崩中，塞夢寐泄精併小兒驚癇風熱。辟鬼疰精物，除腸癰內疽。固虚汗，縮小便，散堅結，消癥瘕。《經》云濇可去脱，此之謂歟。龍齒形小強，有齒狀。定心安魂，男婦邪夢紛紜者急服；龍角形強而實，世所稀有。卻驚退熱，小兒痰盛發搐者宜求。龍涎吐出涎沫，深澤多有。可製香，龍腦甚肥軟。能斷痢。龍遺瀝粘水傍木枝，類蒲槌狀而灰色。紫稍花又別號，為陰冷無孕仙丹。龍胞胎出蜀中山澗，如乾魚鱗而腥臊，景天瓦松同煎，係經閉不通要藥。

謨按：羅氏云：龍春分登天，秋分潛淵，物之至靈者也。世俗畫龍有三停九似之說。三停者，謂自首至膊，膊至腰，腰至尾相停也。九似者，謂角似鹿，頭似馬，眼似兔，項似蛇，腹似蜃，鱗似魚，爪似鷹，掌似虎，耳似牛也。頭上有物如博山，名尺木。龍無尺木，不能升天。其性麁猛，畏鐵，愛珠玉、空青，而嗜燒鷰肉，故嘗食鷰者，不可渡海。又言畏楝音練葉、五色線，故漢以五色線合楝葉縛之。古有豢龍氏徒能知其欲惡而節制之爾。噓氣成雲，以蔽身體，人不可見。其聲如戞銅盤，液能發眾香。龍火與人火相反，得濕而焰，遇水乃燔。以火逐之，則燔息而焰滅矣。《衛生寶鑒》曰：龍齒安魂，虎睛定魄，此各言其類也。東方蒼龍木也，屬肝藏魂；西方白虎金也，屬肺藏魄。龍能變化，故魂遊不定；虎能專靜，故魄止能守。是以魄不寧者，宜治以虎睛；魂飛揚者，宜治以龍齒。萬物有成理而不說，亦在夫人達之而已矣。

**明·方穀《本草纂要》卷一一**　龍骨　味甘，氣平，微寒，陽也，無毒。主治泄瀉，斂瘡口，收水道，止驚癇，安心神，定魂魄，除遺精，縮小便，固漏下之神藥也。吾觀此藥，有去脱固氣之妙，有澁腸補益之功。蓋龍爲陽物，故興陽道，可以安神而定魄；龍能取水，故用收斂，可以止泄而澁腸；又雲從龍，然龍與氣合，可以去脱而固氣。今人施治之法，能因其性之近而用之，斯可以取效而無疑矣。

**明·王文潔《太乙仙製本草藥性大全》卷六《本草精義》**　龍　【缺】每生二卵，一爲吉弔，多與鹿遊，或於水邊遺瀝，值流槎則粘著木枝如蒲槌狀，其色微青黄，復似灰色，號紫稍花，坐湯多用之。《延齡至寶方》治聾，無問年月，皆取吉弔脂，每日點半杏仁許，入耳中便差。云此物福建州甚爲難得，其脂須琉璃瓶子盛，更以樟木合重貯之，不爾則透氣失之矣。又《篋中方》：女經積年不通，必治之用龍胎、瓦松、景天三物各少許，都以水兩盞，煎至一盞，去滓，分溫二服，少頃腹中轉動，便下龍胎。古今方不見用者，人亦鮮識。本方註云：此物出蜀中山澗，大類乾魚鱗，投藥煎時甚腥臊，方家稀所聞見，雖並非要藥。然昔人曾用，世當有識者，因附於此，以示廣記耳。

**明·王文潔《太乙仙製本草藥性大全》卷七《仙製藥性》**〔龍齒〕【缺】主治：主大人驚癇顛疾狂走，治小兒五驚十二癇熱難近。骨間寒熱堪除，蠱毒精物立定。心下熱氣喘促蠲免。

龍角　氣平，無毒。　主治：主驚癇瘈瘲身熱大效，治腹中堅癖熱洩殊功。久服通神明，輕身延年壽。　補註：心熱風癇，取爛龍角濃研取汁，食上服二大合，日再服。　太乙曰：剡州生者、倉州、太原者上。其骨細紋廣者是雌，骨麁文狹者是雄。骨五色者上，白色者、黑色者次，黄色者稍得。經落不净之處不用，婦人採得者不用。夫使，先以香草煎湯浴過兩度，搗研如粉，用絹袋子盛粉末了。以燕子一隻，擘破腹去腸，安骨末袋於燕腹內，懸於井面上一宿，至明去燕并袋子，取骨粉重研萬下，其效神妙。但是丈夫服空心，益腎藥中安置，圖龍骨氣入腎藏中也。　龍角：形強而實，世所稀有。卻驚退熱，小兒痰盛發搐者宜求。　龍涎：吐出涎沫，深澤多有。而可製香。　龍腦：甚肥軟。能斷痢疾。　龍遺瀝：粘水傍木枝，類蒲槌狀而灰色。紫稍花又別號，爲陰冷無孕仙丹。　龍胞胎：出蜀中山澗，如乾魚鱗而腥臊，景天、瓦松同煎。係經閉不通要藥。

## 明·皇甫嵩《本草發明》卷六

龍骨上品，君。氣平、微寒，味甘。陽也。無毒。

發明曰：龍骨，收斂神氣之物。《本經》云：澁可以去脱而固氣。盡其用矣。故《本草》主辟鬼疰精物老魅，鎮小兒驚癇及心腹煩滿，四肢痿枯，虚汗出，夜卧自驚，恚怒伏氣在心下，不得喘息及欬逆，定魂魄，養精神，安五臟正氣之浮越者，能收之。凡此皆所以收斂神氣之意也。澁血痢膿血，婦人崩漏帶下，癥瘕，塞男子夢寐泄精，止腸紅腸癰，内疽陰蝕，縮小便溺血。凡此皆澁以去脱也。要之，澁之一字，則收斂而固氣之用盡矣。

龍齒，定心安魄，主小兒大人驚癇癲疾狂走，心下結氣，不能喘息，諸痓，殺鬼精物蠱毒及男子邪夢。得人參、牛黄〔良〕。畏石膏。

龍角，世所罕有。卻驚癇瘈瘲，除小兒熱痰盛發搐。又云：無角用齒。畏乾漆、蜀椒、理石。

龍遺溺，粘水傍木枝，類蒲搥灰，又别名紫梢花。治陰冷無子。《圖經》云：龍骨、齒、角，生晉地川谷及太山水岸土穴死龍處，採之，其雄者骨狹而紋粗，雌者骨廣而紋細，五色俱全者上，白者中，黄者最下，勿用。不得經落不淨處則不靈，舐之着舌者真。○用之不須煆，研細，水飛過，免著腸胃。又云：骨齒等是龍脱，（韭）非實死也，脱化而去。○生愚謂龍乃神靈之物，變化莫測，人不可得而見。若云其脱也，其蜕也，是滯于有形之物矣。既不可見，死方可見，是囿于形物而非變化之神靈矣。諸説紛紛不一，此或係蛟蟒之類，老死于岩，而不得飛騰入海者。若神龍出沒于海洋，飛騰於雲霄，豈脱骨于岩穴，為人所獲哉？《衛生寶鑒》曰龍齒安魂，虎睛定魄，言各從其類也。東方蒼龍，木屬肝，肝藏魂，龍能變化，故魂游不定。西方白虎，金屬肺，肺藏魄，虎能專靜，故魄止能守。魄不寧者治以虎（精）〔睛〕，魂飛揚者治以龍齒。萬物有成理而不説，在夫智者達之而已矣。

## 明·李時珍《本草綱目》卷四三鱗部·龍類

龍《本經》上品

【釋名】時珍曰：按許慎《説文》龍字篆文象形。《生肖論》云：龍耳虧聰，故謂之龍。梵書名那伽。

【集解】時珍曰：按羅願《爾雅翼》云：龍者鱗蟲之長。王符言其形有九似，頭似駝，角似鹿，眼似兔，耳似牛，項似蛇，腹似蜃，鱗似鯉，爪似鷹，掌似虎，是也。其背有八十一鱗，具九九陽數，其聲如戛銅盤。口旁有鬚髯，頷下有明珠，喉下有逆鱗。頭上有博山，又名尺木，龍無尺木不能升天。呵氣成雲，既能變水，又能變火。陸佃《埤雅》云：龍火得濕則焰，得水則燔，以人火逐之即息。故人之相火似之。龍，卵生思抱，雄鳴上風，雌鳴下風，因風而化。釋典云：龍交則變爲二小蛇。又小説載龍性粗猛，而愛美玉、空青，喜嗜燕肉，畏鐵及菵草、蜈蚣、楝葉、五色絲。故食燕者忌渡水，祈雨者用燕，鎮水患者用鐵，激龍者用菵草，祭屈原者用楝葉、〔五〕色絲裹糭投江。醫家用龍骨者，亦當知其性之愛惡如此。

龍骨《别録》曰：生晉地川谷，及太山巖水岸土穴中死龍處。采無時。弘景曰：今多出梁、益、巴中。骨欲得脊腦，作白地錦文，舐之着舌者良。齒小强，猶有齒形。角强而實。皆是龍蜕，非實死也。斅曰：剡州、滄州、太原者爲上。其骨細文廣者是雌，骨粗文狹者是雄。五色具者上，白色、黄色者中，黑色者下。凡經落不净，及婦人采者，不用。普曰：色青白者良。恭曰：今並出晉地。生硬者不好，五色具者良。其青、黄、赤、白、黑，亦應隨色與臟腑相合，如五芝、五石英、五石脂，而《本經》不論及。頌曰：今河東州郡多有之。李肇《國史補》云：春水至時，魚登龍門，蜕骨甚多。人采爲藥，有五色者。龍門是晉地，與《本經》合，豈龍骨即此魚之骨乎？又孫光憲《北夢瑣言》云：五代時鎮州鬭殺一龍，鄉豪曹寬取其雙角。角前一物如藍色，文如亂錦，人莫之識。則龍亦有死者矣。宗奭曰：諸説不一，終是臆度。曾有崖中崩出一副，皮體頭角皆備，不知蜕耶斃耶？謂之蜕、斃，則有形之物，不得生見，死方可見；謂之化，則其形獨不可化與。機曰：《經》文言死龍之骨，若以爲蜕，終是臆説。時珍曰：龍骨，《本經》以爲死龍，陶氏以爲蜕骨，蘇、寇諸説皆兩疑之。竊謂龍，神物也，似無自死之理。然觀蘇氏所引鬭死之龍，及《左傳》云豢龍氏醢龍以食，《述異記》云，漢和帝時大雨，龍墮宫中，帝命作羹賜群臣；《博物志》云，張華得龍肉鮓，言得醋則生五色等説，是龍固有自死者矣，當以《本經》爲正。

【修治】斅曰：凡用龍骨，先煎香草湯浴兩度，擣粉，絹袋盛之。用燕子一隻，去腸肚，安袋于内，懸井面上，一宿取出，研粉。入補腎藥中，其效如神。時珍曰：近世方法，但煆赤爲粉。亦有生用者。《事林廣記》云：用酒浸一宿，焙乾研粉，水飛三度用。如急用，以酒煮焙乾。或云：凡入藥，須水飛過晒乾。每斤用黑豆一斗，蒸一伏時，晒乾用。否則着人腸胃，晚年作熱也。

【氣味】甘，平，無毒。《别録》曰：微寒。權曰：有小毒。忌魚及鐵器。之才曰：得人參、牛黄良，畏石膏。時珍曰：許洪云：牛黄惡龍骨，而龍骨得牛黄更良，有以制伏也。其氣收陽中之陰，入手足少陰、厥陰經。

【主治】心腹鬼疰，精物老魅，欬逆，洩痢膿血，女子漏下，癥瘕堅結，小兒熱氣驚癇《本經》。心腹煩滿，恚怒氣伏在心下，不得喘息，腸癰内疽陰蝕，四肢痿枯，夜卧自驚，汗出止汗，縮小便溺血，養精神，定魂魄，安五臟。白龍骨：主多寐洩精，小便洩精《别録》。逐邪氣，安心神，止夜夢鬼交，虚而多夢紛紜，止冷痢，下膿血，女子崩中帶下甄權。懷孕漏胎，止腸風下血，鼻洪吐血，止瀉痢渴疾，健脾，澀腸胃日華。益腎鎮驚，止陰瘧，收濕氣脱肛，生肌斂瘡時珍。

【發明】斅曰：氣入丈夫腎臟中，故益腎藥宜用之。時珍曰：澀可去脱。故成氏云：龍骨能收斂浮越之正氣，固大腸而鎮驚。又主帶脉爲病。

【附方】舊十一，新七。

健忘：久服聰明，益智慧。用白龍骨、〔虎骨〕、遠志等分，爲末。食後酒服方寸匕。日三。《千金方》。

勞心夢洩：龍骨、遠志等分，爲末。煉蜜

丸如梧子大，朱砂爲衣。每服三十丸，蓮子湯下。《心統》。　暖精益陽：　前方去朱砂。每冷水空心下三十丸。《經驗》。　睡即洩精：　白龍骨四分，韭子五合，爲散。空心酒服方寸匕。《梅師方》。　遺尿淋瀝：　白龍骨、桑螵蛸等分，爲末。每鹽湯服二錢。《梅師方》。　老瘧不止：　龍骨末方寸匕。先發一時，酒一升半，煮三沸，及熱服盡。温覆取汗，即效。《肘後》。　泄瀉不止：　白龍骨、白石脂等分爲末，水丸梧子大。紫蘇、木瓜湯下，量大人、小兒用。《心鑒》。　傷寒毒痢：　傷寒八九日至十餘日，大煩渴作熱，三焦有瘡䘌，下痢，或張口吐舌，目爛，口舌生瘡，不識人，用此除熱毒止痢。龍骨半斤，水一斗，煮四升，沉之井底。冷服五合，漸漸進之。《外臺方》。　熱病下痢：　欲死者。龍骨半斤研，水一斗，煮取五升，候極冷，稍飲，得汗即愈，效。《肘後方》。　久痢休息：　不止者。龍骨四兩打碎，水五升，煮取二升半，分五服，冷飲。仍以米飲和丸，每服十丸。《肘後方》。　久痢脱肛：　白龍骨粉撲之。《姚和衆方》。　鼻衄眩冒：　欲死者。龍骨末吹之。《梅師方》。　吐血衄血，九竅出血：　並用龍骨末，吹入鼻中。昔有人衄血一斛，衆方不止，用此即斷。《三因方》。　耳中出血：　龍骨末吹入之。《三因方》。　男婦溺血：　龍骨末水服方寸匕，日三。《千金方》。　小兒臍瘡：　龍骨煅研，傅之。《聖惠方》。　陰囊汗癢：　龍骨、牡蠣粉，撲之。《醫宗三法》。

龍齒　【修治】同龍骨。或云以酥炙。　【氣味】澀，凉，無毒。當之曰：　大寒。之才曰：　平。得人參、牛黄良。畏石膏、鐵器。　【主治】殺精物。大人驚癇諸痙，癲疾狂走，心下結氣，不能喘息，小兒五驚、十二癇《本經》。小兒身熱不可近，大人骨間寒熱，殺蠱毒《别録》。鎮心，安魂魄甄權。治煩悶、熱狂、鬼魅日華。　【發明】時珍曰：　龍者東方之神，故其骨與角、齒皆主肝病。許叔微云：　肝藏魂，能變化，故魂遊不定者，治之以龍齒。即此義也。

龍角　【修治】同骨。　【氣味】甘，平，無毒。之才曰：　畏乾漆、蜀椒、理石。　【主治】驚癇瘈瘲，身熱如火，腹中堅及熱洩。久服輕身，通神明，延年《别録》。小兒大熱甄權。心熱風癇，以爛角磨濃汁二合，食上服，日二次。蘇頌。　【發明】頌曰：　骨、齒醫家常用，角則稀使，惟《深師》五邪丸用之，云無角出《韋丹方》。用齒，而《千金》治心病有角、齒同用者。

龍腦　【主治】其形肥軟，能斷痢陶弘景。

龍胎　【主治】産後餘疾，女人經閉。弘景曰：　比來巴中數得龍胞，形體具存。云治産後餘疾，正當末服。頌曰：　許孝宗《篋中方》言：　龍胎出蜀中山澗，大類乾魚鱗，煎時甚腥臊。治女經積年不通。同瓦松、景天各少許，以水兩盞，煎一盞，去滓，分二服。少頃，腹中轉動便下。按此物方家罕知，而昔人曾用，世當有識者。時珍曰：　胞胎俱出巴蜀，皆主血疾，蓋一物也。

龍涎機曰：　龍吐涎沫，可製香。時珍曰：　龍涎，方藥鮮用，惟入諸香，云能收腦、麝數十年不散。又言焚之則翠煙浮空。出西南海洋中。云是春間群龍所吐涎沫浮出。番人采得貨之，每兩千錢。亦有大魚腹中剖得者。其狀初若脂膠，黄白色；　乾則成塊，黄黑色，如百藥煎而膩理；　久則紫黑，如五靈脂而光澤。其體輕飄，似浮石而腥臊。

**題明·薛己《本草約言》卷二《藥性本草》**　龍骨　收斂神氣之物，故能固大腸活脱，止夢寐洩精，女子赤白帶下。《本經》云：　澁可以去脱而固氣。盡其用矣。

**明·梅得春《藥性會元》卷下**　龍骨　味甘，平，氣微寒，無毒。畏乾漆、石膏、蜀椒。得人參、牛黄良。　主治欬逆洩痢，遺精白濁，收斂神氣，安心志，定魂魄，止盜汗，收濕，縮小便及止遺瀝，療陰瘡，澀精氣，止夢寐，辟鬼，治精魅、吐血尿血，女子崩中漏下，癥瘕堅結，小兒驚癇。療心腹煩滿，四肢痿枯，汗出，夜卧自驚，恚怒伏氣在心下，不得喘息，腸癰内疽。又治諸瘡久不收口者，能生肌斂口，及小兒臍瘡不差，煅，乳極細，敷之愈。

龍齒　畏石膏。得人參、牛黄良。　主治大人小兒癲狂驚走，心下結氣，不能喘息，諸痙，殺精物。療小兒五驚十二癇，身熱不可近；　大人骨間寒熱，殺蠱毒，安魂魄。　角：　主治驚癇，身熱如火，腹中堅及熱洩。　製法：　其龍骨上細文廣者是雌，骨粗文狹者是雄。經不淨及婦人手者，俱不用。取得先以香草煮湯浴過二次，擣研如粉，用絹袋盛之。將燕子一隻，破其腹，取出腸，放骨末袋懸於井面上一宿，取其骨末重研萬下，其效如神。能入腎臟。

**明·王肯堂《傷寒證治準繩》卷八**　龍骨　氣平，味甘，無毒。入手足少陰、厥陰經。澀可去脱，故成氏云：　龍骨能收斂浮越之正氣，固大腸而鎮驚。傷寒方中，只入煎。宜擣碎生用。忌魚及鐵器。

**明·李中立《本草原始》卷一一**　龍　《别錄》云：　生晉地川谷，及太山巖水岸土穴中死龍處。弘景曰：　今出梁、益、巴中。斅曰：　剡州、滄州、太原者為上。頌曰：　今河東州郡多有之。按羅願《爾雅翼》云：　龍者，鱗蟲之長。王符言其形有九似：　頭似駝，角似鹿，眼似兔，耳似牛，項似蛇，腹似蜃，鱗似鯉，爪似鷹，掌似虎是也。其背有八十一鱗，具九九陽數。其聲如戛銅盤，口旁有鬚髯，頷下有明珠，喉下有逆鱗，頭上有博山，又名尺木。龍無尺木不能升天。呵氣成雲，既能變水，又能變火。陸佃《埤雅》云：龍火得濕則焰，得水則燔，以人火逐之即息，故人之相火似之。龍卵生思抱，雄鳴上風，雌鳴下風，因風而化。《釋典》云：龍交則變為二小蛇。又小說載：龍性粗猛而愛美玉、空青，喜嗜燕肉，畏鐵及菵草、蜈蚣、楝葉、五色絲。故食燕者忌渡水，祈雨者用燕，鎮水患者用鐵，激龍者用菵草，祭屈原者用楝葉、〔五〕色絲裹粽投江。醫家用龍骨，亦當知其性之愛惡如此。斅曰：其骨細文廣者是雌，骨粗文狹者是雄。五色具者上，白色、黃色者中，黑色者下。按許慎《說文》：龍字篆文象形。《生肖論》云：龍耳虧聰，故謂之龍。龍骨：氣味：甘，平，無毒。主治：心腹鬼疰，精物老魅，欬逆，洩痢膿血，女子漏下，癥瘕堅結，小兒熱氣驚癇。〇心腹煩滿，恚怒氣伏在心下，不得喘息。腸癰，內疽陰蝕，四肢痿枯，夜臥自驚，汗出止汗，縮小便，溺血。養精神，定魂魄，安五臟。白龍骨：主多寐洩精。〇逐邪氣，安心神，止夜夢鬼交，虛而多夢紛紜。止冷痢，下膿血，女子崩中帶下。〇懷孕漏胎，止腸風下血，鼻洪吐血，止瀉痢渴疾，健脾，澀腸胃。〇益腎鎮驚，止陰瘧。收濕氣脫肛，生肌斂瘡。龍角：氣味：甘，平，無毒。主治：驚癇瘈瘲，身熱如火，腹中堅及熱洩。久服輕身，通神明，延年。龍齒：氣味：澁，涼，無毒。主治：殺精物。大人驚癇諸痙，癲疾狂走，心下結氣不能喘息，小兒五驚十二癇。〇小兒身熱不可近，大人骨間寒熱。〇殺蠱毒。鎮心，安魂魄。〇治煩悶熱狂、鬼魅。龍腦：主治：其形肥軟，能斷痢。龍胎：主治：產後餘疾，女人經閉。

【圖略】龍，《本經》獸部，上品。骨具五色者，俗呼五花龍骨；白色者，俗呼粉龍骨。餌之着舌者良。恭曰：其青、黃、赤、白、黑，亦應隨色與臟腑相合，如五芝、五石脂，而《本經》不論及。修治：龍骨煅赤為粉。亦有生用者。《事林廣記》云：用酒浸一宿，焙乾研粉，水飛三度用。如急用，以酒煮焙乾。或云：凡入藥，須水飛過，晒乾，每斤用黑豆一斗，蒸一伏時，晒乾用。齒、角法同。

權曰：龍骨有小毒，忌魚及鐵器。之才曰：得人參、牛黃良。畏石膏。許洪云：牛黃惡龍骨，而龍骨得牛黃更良，有以制伏也。其氣收，陽中之陰。入手足少陰、厥陰經。之才曰：龍角畏乾漆、蜀椒、理石。龍骨：君。龍齒：君。

時珍曰：龍骨，《本經》以為死龍。陶氏以為蛻骨。蘇寇諸說，皆兩疑之。竊謂龍神物也，似無自死之理。然觀孫光憲《北夢瑣言》云：五代時鎮州鬬殺一龍，鄉豪曹寬取其雙角。角前一物如藍色，文如亂錦，人莫之識。則龍亦有死者矣。《左傳》云：豢龍氏醢龍以食。《述異記》云：漢和帝時大雨，龍墮宮中，帝命作羹賜群臣。《博物志》云張華得龍肉鮓，言得醋則生五色等說，是龍固有自死者矣，當以《本經》為正。昔有人衄血一斛，衆方不止，用龍骨末吹入鼻中即斷。

**明・張懋辰《本草便》卷二** 龍骨君 味甘，氣平，微寒，陽也，無毒。得人參、牛黃良，畏乾漆、蜀椒。主心腹鬼疰，精物老魅，欬逆洩痢膿血，女子漏下，癥瘕堅結，小兒熱氣驚癇；止夢寐洩精，小便洩精，腸癰內疽陰蝕，止盜汗，縮小便；夜臥自驚，多夢紛紜者加用之，安心神，定魂魄；去脫固氣，澁腸。

**明・傅懋光《醫學疑問》** 問：龍骨，《本草》云得於死龍處，云龍非常死之物。而諸家所說，亦多莫知是非。設是他魚骨，從來用之已久，亦龍骨之功耶？ 答曰：龍骨，河東海邊崖穴中時有，或謂死遺之骨，或謂生脫之骨，紛紛未定。大抵龍乃變幻非常之物，生脫之說或然，若謂死骨，乃臆度之語耳。辨其真偽，舐竟粘舌乃妙，五色俱全上品，白中黃次之，黑者檢除勿用。魚骨之偽，難以冒真，本院不用。

**明・李中梓《藥性解》卷六** 龍骨 味甘，性平，無毒，入腎經。主丈夫精滑遺洩，婦人崩中帶下，止腸風下血，療瀉痢不止，得五色具者佳，其齒主驚癇狂疾，俱畏乾漆、蜀椒、理石、石膏。 按：《經》曰：腎主骨，宜龍骨獨入之。觀其沾舌，大抵濇之用居多，故主精滑等症。《經》曰：濇可去脫，是之謂耶。

**明・繆希雍《本草經疏》卷一六** 龍骨 味甘，平、微寒，無毒。主心腹鬼疰，精物老魅，欬逆，洩痢膿血，女子漏下，癥瘕堅結，小兒熱氣驚癇。療心腹煩滿，四肢枯痿，汗出，夜臥自驚，恚怒伏氣在心下，不得喘息，腸癰內疽，陰蝕，止汗，縮小便，溺血，養精神，定魂魄，安五藏。白龍骨：療夢寐洩精，小便洩精。齒：主小兒、大人驚癇，癲疾狂走，心下結氣，不能喘息，諸痙，殺精物，小兒五驚十二癇，身熱不可近，大人骨間寒熱。又殺蠱毒。得牛黃、人參良。畏石膏。忌魚及鐵。

〔疏〕龍稟陽氣以生，而伏於陰，為東方之神，乃陰中之陽，鱗蟲之長，神靈之物也。故其骨味甘平，氣微寒，無毒。內應乎肝，入足厥陰、少陽、少陰，兼入手少陰、陽明經。神也者，兩精相合，陰陽不測之謂也。神則靈，靈則能辟邪惡、蠱毒、魘魅之氣，及心腹鬼疰，精物老魅，遇之則散也。欬逆者，陽虛而氣不歸元也。氣得斂攝而歸元，則欬逆自止。其性濇以止脫，故能止洩痢膿血，因於大腸虛而久不得止及女子漏下也。小兒心肝二臟虛則發熱，熱則發驚癇，驚氣入腹則心腹煩滿，斂攝二經之神氣而平之，以清其熱則熱氣散，而驚癇及心腹煩滿皆自除也。肝氣賊脾，脾主四肢，故四肢痿枯。肝寧則熱退，而脾亦獲安，故主之也。汗者，心之液也。心氣不收，則汗出。肝心腎三經虛，則神魂不安而自驚，收斂三經之神氣，則神魂自安。氣得歸元，升降利而喘息自平，汗自止也。肝主怒，肝氣獨盛，則善恚怒。魂返乎肝，則恚怒自除。小腸為心之腑，膀胱為腎之腑，二經之氣虛脫，則小便多而不禁。臟氣斂則腑亦隨之，故能縮小便，及止夢寐洩精，小便洩精，兼主溺血也。其主養精神，定魂魄，安五臟者，乃收攝神魂，閉濇精氣之極功也。又主癥瘕堅結，腸癰，內疽，陰蝕者，以其能引所治之藥，黏着於所患之處也。　按：　龍骨入心、腎、腸、胃。龍齒單入肝、心。故骨兼有止瀉濇精之用，齒惟鎮驚安魂魄而已。凡用龍骨，先煎香草湯洗二度，擣粉，絹袋盛之。用燕子一隻，去腸肚，安袋於內，懸井上面，一宿取出，研粉。入補腎藥中，其效如神。又法：　酒浸一宿，焙乾，研粉，水飛三度用。如急用，以酒煮焙乾。或云：　凡入藥須水飛過，曬乾。每斤用黑豆一斗，煮一伏時，曬乾用。否則着人腸胃，晚年作熱也。〔主治參互〕仲景方同牡蠣，入柴胡、桂枝各湯內，取其收斂浮越之正氣，固脫而鎮驚。

同遠志等分為末，煉蜜丸如梧子大，硃砂為衣。每服三十丸，蓮心湯下，治勞心夢遺。《梅師方》睡即洩精，白龍骨四分，韭子五合，為散。空心酒服方寸匕。又方泄瀉不止，白龍骨、白石脂等分，為末，水丸梧子大。紫蘇、木瓜湯下，量大人小兒用。亦治久痢休息。姚和眾方，久痢脫肛，白龍骨粉，撲之。龍齒同荊芥、澤蘭、牡丹皮、蘇木、人參、牛膝、紅花、蒲黃、當歸、童便，治產後惡血攻心，妄語癲狂，如傷寒發狂者。切不可認作傷寒治，誤則殺人。同牛黃、犀角、鈎藤鈎、丹砂、生地黃、茯神、琥珀、金箔、竹瀝、天竺黃、蘇合香，治大人小兒驚癇癲疾。〔簡誤〕龍骨味濇而主收斂。凡洩痢腸澼及女子漏下崩中、溺血等證，皆血熱積滯為患，法當通利疎泄，不可便用止濇之劑，恐積滯瘀血在內，反能為害也，惟久病虛脫者，不在所忌。

**明·倪朱謨《本草彙言》卷一八**　龍骨　味甘澀，氣平，無毒。可升可降，陽中之陰。入手足少陰、厥陰經。《別錄》曰：　龍骨出晉地。雷氏曰：　太山、剡州、滄州、太原山巖水岸土穴中，此龍化解脫之處即有也。其骨細，其文廣者雌；其骨粗，其文狹者雄。五色具者上，白黃色者中，純黑者下矣。　蘇氏曰：　各隨五色合五藏。如五芝、五石脂、五石英之入五藏也。《爾雅翼》云：　鱗蟲三百六十，而龍爲之長。《說文》云：　龍春分登天，秋分潛淵，陰中之陽，故夏月龍舉而雲興，物之至靈者也。　盧氏曰：　按《淮南子》云：　羽毛鱗介，皆祖于龍。羽嘉生飛龍，飛龍生鳳凰，而後鸞鶴庶鳥，凡羽族者，以次生焉。毛犢生應龍，應龍生建馬，而後麒麟庶獸，凡毛族者以次生焉。鱗介生蛟龍，蛟龍生鯤鯁，而後建邪庶魚，凡鱗族者以次生焉。介潭生先龍，先龍生玄黿，而後靈龜庶龜，凡介族者以次生焉。《埤雅》云：　龍鱗八十有一，具九九之數，陽之極也，故爲辰而司水；　鯉鱗三十有六，具六六之數，陰之極也，故變陽而化龍。又云：　龍卵生而思抱，雄鳴上風，雌鳴下風，因風而化。《廣雅》云：　有鱗曰蛟龍，有翼曰應龍，有角曰虬龍，無角曰螭龍，未升天曰蟠龍。《玉符》稱世俗書龍之狀，馬首、蛇尾，又有三停、九似之說。謂自首至膊、膊至腰、腰至尾，皆相停也。九似者，角似鹿，頭似駝，眼似兔，項似蛇，腹似蜃，鱗似魚，爪似鷹，掌似虎，耳似牛也。或曰：　龍無耳，故以角聽。又云：　驪龍之眸，見千里纖芥。《論衡》云：　龍頭上有骨，如博山形，名曰尺木。無尺木者，不能昇天。其爲性粗猛而畏鐵，愛玉及空青而嗜燕。故食燕人不可渡海。又曰：　蛟龍畏楝葉及五色綫，故漢以來祭屈原者，以五色綫合楝葉裹糯米，縛而擲之，則蛟龍不敢吞。故古之豢龍氏、御龍氏，以知其好惡而節制之。將雨則吟，其聲如戛銅盤。其涎能發衆香。其噓氣能成雲，因雲以藏其身，故其形不能全見。今江湖間時有見其爪與尾者。《歲時》云：　五月後龍乃分方，各有區域，故兩畝之間，雨暘異焉。又多暴雨，說者曰：　細潤者天雨，猛驟者龍雨也。又龍火與人火相反，得濕即焰，遇水而燔。以火逐之則息而滅矣。服食者所當知其如此。　江氏曰：如修治龍骨，用火煨三時辰，研萬匝，極細用。

龍骨：安心神，定魂魄，方龍潭斂虛汗、收脫泄之藥也。周士和曰：龍，東方之神也。禀陽氣以生，爲神靈之物也。其骨雖係脫化之餘，其體堅重，其質粘着，其性收濇，故本草主精物鬼魅爲患，小兒驚癇，大人癲狂，神志浮越不寧之證，以此神以寧之，堅重以鎮之，所以能安心神、定魂魄，而驚癇狂亂之證，宜其專用之也。如日華方言，能斂虛汗、止泄瀉、滲水氣者，總因收攝斂澀，澀以固脫之義。如《別錄》又治遺精淋濁，崩漏帶下，滑脫諸病者，亦歸斂閉精氣，收攝神藏之極功也。已上諸病，倘因血熱積滯爲患者，法當通利疏泄，不可便用此止濇之劑，恐積滯瘀血未清，反能爲害也。惟久病虛脫者不在所忌。

集方：已下數方出《方脉正宗》治大人小兒一切癲狂、驚搐、風癇，神志不寧等疾。用龍骨一兩，火煅、研極細末，犀角、丹砂、琥珀、天竺黃各五錢，俱研極細末，鈎藤、懷生地、茯苓各一兩五錢，俱微炒燥，爲極細末，蘇合香三錢，牛黃二錢，俱用酒溶化。共十味，總和一處，用膽星八錢研細末，竹瀝一碗，打糊爲丸如梧子大。大人服十丸，小兒服二三丸，俱用生薑湯調灌。○治心虛盜汗。用龍骨五錢火煅，茯苓一兩，人參六錢，蓮肉三兩，俱微炒，共研爲末，麥門冬去心四兩，酒煮搗爛成膏，爲丸梧子大。每早晚各服三錢，白湯下。○治泄瀉不止。用龍骨、赤石脂各等分，俱火煅，研極細末，飯丸梧子大。大人用二錢，小兒用五分，用木瓜湯下。亦治休息久痢。○治遺精淋濁，血崩漏下，白帶久痢諸疾。用龍骨一兩火煅，當歸身酒炒，酸棗仁各二兩炒，白朮三兩土拌炒，車前子一兩五錢炒，共爲末，煉蜜丸梧子大。每早服四錢，烏梅湯下。○治小兒臍濕生瘡，兩胯濕爛成瘡。用龍骨研極細末，摻之即愈。

倪朱謨曰：龍骨一品，《本經》謂死龍之骨，陶氏謂蛻化之骨。後之臆度者，辯訟紛紛，總之未嘗親見，此韓退之所以有《獲麟解》也。竊以龍爲神物，或飛或潛，或大或小，靈奇變化，莫可色相，是必無死理。即曰肉血生養，終須尸蛻。然外有爪、牙、鱗、鬣、鬚、角之形，內有筋、骨、府、藏吞吐之具。其骨雖經蛻化，寧非血肉所滋？自當有髓、有節、有竅、有絡。一經火燒酒淬，中之津氣油液，當必滲逗。雖積久土化，性或常存。今火燒則頑硬無烟，口嚼則冷淡無味，搗研則堅鋭不麋，輾萬匝方細，纔以齒叩之，仍磣磣如石之屑。號曰龍骨，朱甚惑之！間嘗過蜀山谷，爲訪所産龍骨之處，岩石棱峭，谿徑墳衍，則有礧礧如龍鱗、隱隱如爪牙者。隨地掘之，盡皆龍骨，豈真龍之骨，有若此之多，而又皆盡積于梁、益諸山也？要皆石燕、石蟹之倫，蒸氣成形，石化而非龍化耳。朱實有見於此，不敢不爲置辯。

續補集方：治兩耳濕爛，久不收斂。用龍骨、赤石脂俱火煅，海螵蛸水煮過，各三錢，共研細末，先用綿紙條拭乾膿水，後吹末藥。

**明·顧逢柏《分部本草妙用》卷五腎部·性平**　龍骨　甘，平，無毒。水飛晒乾，黑豆蒸，晒乾用。得人參、牛黃良，畏石膏。　主治：殺精鬼，治漏下，驚癇，安神定魄，固精遺洩，冷痢，崩帶漏胎，腸風下血。益腎鎮驚，止陰瘡，收濕氣脫肛，生肌斂瘡。　敩曰：氣入丈夫腎臟中，故為益腎要藥。澀可去脫，能斂浮越之正氣，固大腸，而鎮驚。又主帶脉為病。龍齒亦定驚安魂。龍齒其形肥軟，能斷久痢。龍涎收麝香，久不散。

**明·李中梓《醫宗必讀·本草徵要下》**　龍骨味甘，平，無毒。入心、肝、腎三經。忌魚及鐵器，畏石膏，火煉、水飛、酒煮、曝。　澁精而遺洩能收，固腸而崩淋可止。縮小便而止自汗，生肌肉而收脫肛。龍在東方之神，故其骨多主肝病，腎主骨，故又益腎也。許叔微云：肝藏魂，能變化，魂飛不定者，治之以龍齒。按：龍骨收斂太過，非久病虛脫者，切勿妄投。

**明·鄭二陽《仁壽堂藥鏡》卷七**　龍骨五色具者佳。　氣平，微寒，味甘，陽也。無毒。入心、肝、腎三經。《本草》云：主心腹鬼疰，精物老魅。欬逆，泄痢膿血；女子漏下，癥瘕堅結；小兒熱氣驚癇。療心腹煩滿，四肢痿枯，汗出，夜卧自驚。恚怒伏氣在心下，不得喘息。腸癰內疽，陰蝕。止汗，縮小便，溺血。養精神，定魂魄，安五臟。　成無己云：龍骨、牡蠣、鉛丹，皆收斂神氣以鎮驚。凡用，燒通赤為粉。畏石膏。《珍》云：固大腸脫。

按：龍骨，澁可去脫，故能收斂浮氣，固腸鎮驚。水飛，每斤用黑豆一斗蒸過，否則着人腸胃，晚年作熱。夫龍者，東方之神，故骨與齒多主肝病。許叔微曰：肝藏魂，能變化，故魂遊不定者，治之以龍齒。　或云：有雌、雄骨。文細而廣者為雌，文粗而狹者為雄。　《藥性論》云：龍骨忌魚。有小毒。　龍角：却驚退熱，治小兒痰盛發搐。

**明·蔣儀《藥鏡》卷三平部**　白龍骨　安魂定魄，多夢之施。固精澁腸，脫肛之用。瘡斂肌生稱聖，盜汗崩帶通神。龍齒單入心肝，鎮驚而安魂魄。

**明・李中梓《頤生微論》卷三**　龍骨　味甘，性平，無毒。入肝、腎二經。忌魚及鐵器，畏乾漆、蜀椒、理石、石膏。火煅水飛，酒煮，曝乾。主鬼魅，泄精泄瀉，溺血，小便頻，胎漏，腸風，小兒驚癇，女子漏下赤白，生肌斂瘡，脫肛，止汗安魂。龍齒專主安魂，狂熱。

按：龍為東方之神，故其骨多肝疾，腎主骨，故又益腎也。須火煅紅，水飛，每觔用黑豆一斗，蒸過，否則着人腸胃，晚年作熱。許叔微曰：肝藏魂，能變化，故魂遊不定者，治之以龍齒。性太澁斂，非虛滑脫陷者勿用。

**明・張景岳《景岳全書》卷四九《本草正》**　龍骨　味甘，平，性收澁。其氣入肝、腎，故能安神志，定魂魄，鎮驚悸，澁腸胃，逐邪氣，除夜夢鬼交，吐血衄血，遺精夢洩，收虛汗，止瀉痢，縮小便，禁腸風下血尿血，虛滑脫肛，女子崩淋帶濁，失血漏胎，小兒風熱驚癇。亦療腸癰臟毒，內疽陰蝕，斂膿斂瘡，生肌長肉，澁可去脫，即此屬也。製須酒煮焙乾，或用水飛過，同黑豆蒸熟晒乾用之。

**明・王象晋《三補簡便驗方》卷首**　諸藥應忌　龍骨着腸胃，晚年作熱。曾服米穀，服藥少效。

**明・盧之頤《本草乘雅半偈》帙一**　龍骨《本經》上品　氣味：甘，平，無毒。　主治：主心腹鬼疰，精物老魅，欬逆，洩痢膿血，女子漏下，癥瘕堅結，小兒熱氣驚癇。齒主小兒大人驚癇，癲疾狂走，心下結氣，不能喘息，諸痙，殺精物，久服通神明。

覈曰：出晉地，及太山、剡州、滄州、太原山巖岩水岸土穴中，此龍化解脫之處也。其骨細，其文廣者雌；其骨粗，其文狹者雄。五色具者上，白、黃色者中，純黑者下矣。各隨五色合五藏，如五芝、五石英、五石脂之入五藏也。《山書》云：鱗蟲三百六十，而龍為之長。《元命苞》云：龍之為言萌也，陰中之陽，故龍舉而雲興。《說文》云：龍春分而登天，秋分而潛淵，物之至靈者也。《埤雅》云：龍鱗八十有一，具九九之數，陽之極也。故為辰而司水，鯉鱗三十有六，具六六之數，陰之極也。故變陽而化龍。《淮南子》云：羽毛鱗介，皆祖于龍，羽嘉生飛龍，飛龍生鳳凰，而後鸞鳥庶鳥，凡羽者以次生焉。毛犢生應龍，應龍生建馬，而後麒麟庶獸。凡毛者以次生焉。介鱗生蛟龍，蛟龍生鯤鯁，而後建邪庶魚，凡鱗者以次生焉。介潭生先龍，先龍生玄黿，而後靈龜庶龜，凡介者以次生焉。《埤雅》云：龍亦卵生而思抱，雄鳴上風，雌鳴下風而風化。《廣雅》云：有鱗曰蛟龍，有翼曰應龍，有角曰虬龍，無角曰螭龍，未升天曰蟠龍，玉符稱世俗畫龍之狀，馬首蛇尾，又有三停九似之說。謂自首至膊，膊至腰，腰至尾，皆相停也。九似者，角似鹿，頭似駝，眼似兔，項似蛇，腹似蜃，鱗似魚，爪似鷹，掌似虎，耳似牛也。或曰：龍無耳，故以角聽。又云：驪龍之眸，見千里纖芥。《論衡》云：龍頭上有骨，如博山形，名曰尺木。無尺木者，不能昇天，其為性麤猛而畏鐵，愛玉及空青而嗜燕，故食燕人不可渡海。又曰：蛟龍畏楝葉及五色線，故漢以來祭屈原者，以五色線合楝葉縛之。古者豢龍御龍氏，徒以知其好惡而節制之，將雨則吟，其聲如戛銅盤，涎能發衆香，其噓氣成雲，反因雲以蔽其身，故不可全見。今江湖間，時有見其爪與尾者，《歲時》云：夏四月後，龍乃分方，各有區域，故兩畝之間，而雨暘異焉。又多暴雨，說者曰：細潤者天雨，猛暴者龍雨也。又龍火與人火相反，得濕而焰，遇水而燔，以火逐之，則燔息而焰滅矣。餌食者，當知其出處愛惡如此。修治：龍骨，香草湯浴兩度，擣粉，絹袋盛之，用燕子一隻，去腸肚，安袋于內，懸井面上，一宿取出，再研極細用。昔有飂叔安，有裔子曰：董父實，甚好龍，能求其嗜欲以飲食之，龍多歸之，乃擾畜龍，以服事帝舜。舜賜之姓曰董氏，曰豢龍，故帝舜世有畜龍，及有夏孔甲，擾于有帝，帝賜之乘龍河漢各二。各有雌雄，孔甲不能食，而未獲豢龍氏。陶唐氏既衰，其後有劉累學擾龍于豢龍氏，以事孔甲，能飲食之。夏后嘉之，賜氏曰御龍。《管子》云：龍被五色而遊，故神欲小則為蠶蠋，欲大則涵天地，欲上則凌雲氣，欲下則入于深泉。變化無日，上下無時，謂之神。《變化論》云：龍不見石，猶人不見風，魚不見水也。韓文云：噓氣成雲，雲固弗靈于龍也，然龍乘是氣，茫洋窮乎玄間薄日月，伏光景，感震電，神變化，水下土，汨陵谷，雲亦靈怪矣哉。雲，龍之所能使為靈也，若龍之靈，則非雲之所能使為靈也，然龍弗得雲，無以神其靈矣。失其憑依，信不可與，異哉其所憑依，乃其所自為也。《易》曰雲從龍，既曰，龍則雲從之矣。

紹隆王先生云：龍稟陽而伏陰，神靈之物也。神則靈，靈則變。神也者，兩精相合，陰陽不測之謂也。

參曰：龍耳虧聰，以角為聽，固有六根互用，此則借用以為六根者也。春半登天，秋半潛淵，揆機衡之升沉，是合四時之宜耳。豢龍氏醢龍以食。張華云：龍酢得醋，則生五色，安知非形似龍類也。《別錄》為死龍之骨，蘇寇疑為神物，無自死理，既屬神物，又安知非從尸解而去也，故僅存朽骨，尚獲靈異乃爾。對待生人未朽之四大，便為鬼疰精物老魅之所侮，與洩痢膿血、癥瘕堅結之早現頹敗相者，若驚癇癲疾痙，狂走瘛痓，此不能震驚百里，施諸己身者也。古有龍鬚作拂，見燕則冉冉自飄，龍皮作障，溽暑時雲生涼作，固屬謬誕，亦未必非尸解物，留人間世，以顯靈異者也。雷公修事，藏納燕腹，懸井面上，此遂出處嗜欲之性，倍發其靈異故爾。但用燕似覺傷生，且非時亦不易得，不若以雲母易紫燕，雲從龍，物各從其類也。

客曰：龍骨畏石膏，喜牛黃、人參何也？頤曰：石膏禀艮止之凝肅，雖與潛蟄之德相符，御天之性則反，故畏之。土大頑頹則風木變眚，以木必基土，維土為命，互為乘制，制則化生。牛黃黃中通理，厚德載物。人參叅天兩地，奠安形藏，藉以濟弱扶傾，運用樞紐，故喜之。又曰：牛黃為君，佐以龍骨，牛黃又反畏龍骨，何也？頤曰：牛黃全具敦阜之體，龍則時蟄時躍，蟄時無礙，躍時未免為之崩且潰耳。眼耳鼻舌身意曰六根，色聲香味觸法曰六塵，根之合塵，各有專司，互用，則根塵叠應矣。若龍之角，為根身之餘物，以之借聽，此亦極大神通。繇此觀之，物物都有神通，神通者，我之不能，彼之獨善者是也。若蚱蟬之鳴以脇，蠐螬之行以腹，與猨猴之善援，羚羊之掛角，火鼠之火食，魚龍之藏淵，何莫非極大神通，入水不濡，入火不燒者乎？

**明·李中梓《本草通玄》卷下**　龍骨　甘，平，性澀。澀可去脫，故能收斂浮越之氣。固大腸，止遺泄，下血定驚，止汗，除崩帶。煅赤研細，水飛，稍不細則沾腸胃以作熱。　龍齒：鎮心神，安魂魄，龍者東方之神，故其骨與齒皆主肝病。許叔微云：肝藏魂，能變化，故魂遊不定者，治之以龍齒。煅過研細，水飛。

**清·顧元交《本草彙箋》卷九**　龍骨合齒。　龍者，神靈之物，屬東方木，內應乎肝。心藏神，肝藏魂。神魂不安，則或爲驚癇，或爲恚怒，或爲夢寐遺洩。用龍骨以鎮伏神魂，則驚氣自寧，魂返乎肝，則恚怒亦消矣。其止夢寐遺洩者，不但斂其神魂，而澀能收脫，并可固其精氣也。且骨屬腎，故又能益腎。久痢膿血及女子漏下者，用之亦俱取其收澀之義。

齒者，骨之餘，其功用宜相似。但龍骨兼入心腎及腸胃，故兼有止瀉濇精之用。龍齒單入肝心，惟鎮驚安魂魄而已。

龍呵氣成雲，既能變水，又能變火，龍火得濕則焰，得水則燔，以人火逐之即息。故人之相火似之。　取脊腦骨，白地錦文，舐之着舌者良。黑色者不用。又骨細文廣者，是雌骨，粗文狹者是雄。多生晉地川谷及太山巖水岸土穴中死龍處。或云春水至時，魚登龍門，蛻骨甚多，人採爲藥。有五色者。龍門在晉地，與《本經》合，豈龍骨即此魚骨乎？　製法：酒浸一宿，焙乾研粉，水飛三度用。如急用，以酒煮，焙乾。今人但煅赤爲粉。亦有生用者。

**清·穆石匏《本草洞詮》卷一六**　龍　耳虧聽，故謂之龍。有鱗曰蛟龍，有翼曰應龍，有角曰虬龍，無角曰螭龍。龍，神物也。涎入香，而龍骨、龍角、龍齒俱入藥，何易得耶？《本經》以為死龍。陶氏以為蛻骨。蘇氏、寇氏兩疑之。竊謂龍能變化，不應有死。按《易》云：龍戰於野，其血玄黃。《左傳》云：豢龍氏醢龍以食。《述異記》云：漢和帝時，大雨龍墮宮中，帝命作羹，賜群臣。《博物志》云：張華得龍肉鮓，言得醋則生五色。由此觀之，是龍亦有死矣。龍骨甘，平，無毒。治懷孕漏胎，止腸風下血，泄痢脫肛，生肌斂瘡。蓋龍者，東方之神，故其骨與角齒，皆主肝病。能鎮心，安魂魄，治驚癇，崩帶諸證。腎主骨，宜龍骨獨入之，能收斂浮越之正氣，固腸胃而止滑精，澀以去脫是也。骨具五色，似應隨色與臟腑相合，如五芝、五石英、五石脂，而諸家未嘗論及，亦不敢臆創也。

**清·劉雲密《本草述》卷二八**　龍　《埤雅》云：龍背有八十一鱗，具九九之數，陽之極也，故為辰而司水。鯉背有鱗三十六，具六六之數，陰之極也，故變陽而化龍。　又曰：龍火得溼則焰，得水則燔，以人火逐之即息。故人之相火似之。

紹隆曰：龍稟陽而伏陰，神靈之物也。神則靈，靈則變神也者。兩精相合，陰陽不測之謂也。

龍骨　敩曰：出晉地及太山，剡州、滄州、太原山巖水岸土穴中，此龍化解脫之處也。其骨細、其文廣者雌，其骨粗、其文狹者雄。五色具者上，白黃色者中，純黑者下矣。　弘景曰：皆是龍蛻，非實死也。《造化權輿》曰：龍易骨，蛇易皮，麋鹿易角，蟹易螯。

氣味：甘，平，無毒。《別錄》曰：微寒。　時珍曰：陽中之陰，入手足少陰、厥陰經。

主治：安魂魄，固脫氣，治夜臥自驚汗出，止虛汗，縮小便，療多寐洩精，小便洩精，久瀉休息痢，收溼氣，脫肛，療虛寒，止消渴，鼻衄，二便下血，並主小兒熱氣驚癇，女子崩中帶下。　敩曰：氣入丈夫腎臟中，故益腎藥宜用之。　中梓曰：按龍為東方之神，故其骨多治肝疾。腎主骨，故又益腎也。

好古曰：澀可去脫而固氣。成聊攝云：龍骨、牡蠣、黃丹，皆收斂神氣以鎮驚。　希雍曰：龍稟陽氣以生而伏於陰，乃陰中之陽，淵潛天飛，神靈之物也。其骨味甘平，氣微寒，無毒。內應乎肝，入足厥陰、少陽、少陰，兼入手少陰、陽明經。其所主治皆收攝浮越，固澀精氣之功也。　仲景方同牡蠣入柴胡桂枝各湯內，取其收斂浮越之正氣，固脫而鎮驚。　同遠志等分為末，食後酒服，日三，治健忘。　吐血衄血，九竅出血，並用龍骨末吹入鼻中。昔有一人衄血一斛，眾方不止，用之即斷。

龍齒　氣味：澀，凉，無毒。　當之曰：大寒。　之才曰：平。

主治：安魂魄，療驚癇諸痙，癲疾。《衛生寶鑑》曰：龍齒安魂，虎睛定魄。此各言其類也。東方蒼龍，木也，屬肝，藏魂。西方白虎，金也，屬肺，藏魄。龍能變化，故魂遊不定。虎能專靜，故魄止能守。是以魄不寧者，宜治以虎睛。魂飛揚者，宜治以龍齒。　希雍曰：按龍骨入心、腎、腸、胃。龍齒單入肝、心。故骨兼有止瀉澀精之用，齒惟鎮驚安魂魄而已。龍齒同荊芥、澤蘭、牡丹皮、蘇木、人參、牛膝、紅花、蒲黃、當歸、童便，治產後惡血攢心，妄語顛狂，如傷寒發狂者，切不可認作傷寒治，誤則殺人。　同牛黃、犀角、釣藤鉤、丹砂、生地黃、茯神、琥珀、金箔、竹瀝、天竹黃、蘇合香，治大人小兒驚癇顛疾。

愚按：龍乃神異之物，第其變化最靈者，純乎陽也。而陽原本於陰，故乘水則神立，失水則神廢。且呵氣成雲，既能變水，又能變火者，以水中之陽出於陰，而龍肖之也。夫天一生水，而化形於腎，腎主骨，在人固然，況此靈異之物乎？龍之偏體皆靈，何獨取骨以為用？謂陰陽變化之妙，即形歸神，即神徵形。可以療陰陽乖離之病者，唯骨得先天真一之氣也。若齒則骨之餘耳，以故所患諸證，如陰之不能守其陽，或為驚悸，為狂癇，為譫妄，為自汗、盜汗；如陽之不能固其陰，或為久泄，為淋，為便數，為齒衄、鼻衄，溺血、便血，為赤白濁，為女子崩中帶下，為脫肛；或陰不為陽守，陽亦不為陰固，為多寐洩精，為中風危篤。種種所患，如斯類者，咸得藉此以為關捩子，而治以應證之劑，此所謂療陰陽之患，而用靈物之形神，以氣相感者也。乃粗工貿貿然就澀可固脫以為言，不知其澀固然矣。然豈一澀之所盡乎？則亦不察甚矣。

希雍曰：龍骨味澀而主收斂，凡泄痢腸澼，及女子漏下崩中，溺血等證，皆血熱積滯為患，法當通利疎泄，不可便用止澀之劑，恐積滯瘀血在內，反能為害也。惟久病虛脫者，不在所忌。

修治　凡使，得脊腦作白地錦紋，舐之着舌者乃佳。入藥須水飛過，曬乾，每斤用黑豆一斗，蒸一伏時，曬乾用。否則着人腸胃，晚年作熱也。　齒治同骨，或云以酥炙。

附方　勞心夢洩，龍骨、遠志等分，為末，煉蜜丸如梧子大，硃砂為衣，每服三十丸，蓮子湯下。　暖精益陽，前方去硃砂，每冷水空心下三十丸。　治虛憊便濁滴地成霜方，蓮肉去心、乾藕節、龍骨、遠志各一兩，白礬枯、靈砂各二錢半，右為細末，糯米糊為丸梧子大，每服十五丸，食前白湯下。

## 清・郭章宜《本草匯》卷一七

龍骨　甘，平，性澀，小毒。陽中之陰，入手足少陰、厥陰經。　澁精而遺泄能收，固腸而崩淋可止。縮小便而止自汗，生肌肉而收脫肛。《本經》治欬逆者，陽虛而氣不歸元也，得此斂攝，則逆自止耳。小兒驚癇，皆由心肝二臟虛熱所致。驚氣入腹，則心腹煩滿，斂攝二經之神氣而平之，以清其熱，則熱氣散而諸病去矣。又《別錄》縮小便止洩精者，小腸為心之府，膀胱為腎之府，二經之氣虛脫，則小便多而不禁。臟氣斂，則腑亦隨之故縮，便而止洩也。　按：龍稟陽氣以生，而伏於陰，為東方之神。性澀氣收，益腎臟，兼入心與腸胃，能燥濕固腸脫，善斂浮越之正氣，有止洩澀精之用。帶脈為病，此能主之，諸瘡久不收口者，略用最妙。病屬虛脫者宜之。若當通利疎泄者，不可用也。

產晉地者為上。其骨細文廣者是雌，骨粗文狹者是雄。五色全具上品，白中黃者次，黑色者勿用。舐之着舌者佳。煅赤研細，酒浸焙乾，水飛蒸晒用。稍不細，則沾着腸胃，晚年作熱。畏石膏。得人參、牛黃良。牛黃惡龍骨，而龍骨得牛黃更良。忌魚及鐵器。　附紫梢花：甘，溫。益陽秘精，療真元虛憊。故《集簡方》治陽事痿弱遺精者，同生龍骨各二錢，麝香少許，為丸，燒酒下。欲解，須生薑甘草湯。又治囊下濕癢，同胡椒煎湯，洗數次即愈。陳自明云：此花生湖澤中，乃魚蝦生卵於竹木之上，狀如餹饊，去木用之。而孫光憲云：海人言此是龍在水邊遺瀝，值流槎，着木如蒲槌音垂狀，其色微青黃，復似灰色，坐湯多用之。當以此說為正。附秘傳接氣沐龍湯：耑治陽衰久痿滑精，不用內服，惟主外治。大約患此者，或由稟弱，或由縱欲，或憂鬱所致，或心腎不交，種種不一，如概服辛溫燥熱之劑，不惟銷爍真元，禍不旋踵。此方用外接之法，所以為妙。先史嗚吉患此二載，百藥無濟，獲此頓起。紫梢花、甘草、甘遂、良薑、文蛤、母丁香、巴戟天、川烏、附子、吳茱萸、川椒、細辛、淫羊藿、蛇床子、楝樹子、甘松各一兩，鎖陽、蓯蓉、官桂、羊皮、紅蔗皮、滿山紅、罌粟殼水泡去筋各二兩，紅豆七十粒，酒藥內用辣者，白頸蚯蚓七條，炙，倭鉛八兩，切薄片，勻七劑，每日一劑，瓦鍋內煎湯，先薰後洗，以冷為度，晚重溫藥湯再洗，如此七日內，禁房事。

龍齒　味澁，氣涼，入手少陰、足厥陰經。攻結氣與癲疾，治煩悶之熱狂。鎮心神，安魂魄。小兒五驚十二癇，大人諸痙之寒熱。按：龍骨入心腎腸胃，龍齒則单入肝心，故骨兼有止瀉濇精之用，齒唯鎮驚安魂魄而已。許叔微云：肝藏魂，能變化，故魂遊不定者，治之以龍齒，即此藥也。脈緊病實，氣盛火鬱者，忌之。　製同龍骨。

**清·蔣居祉《本草擇要綱目·平性藥品》**　龍骨　氣味：甘，平，無毒。陽中之陰。入手足少陰、厥陰經。　主治：益腎鎮驚，止陰瘧，收濕氣。療多寐洩精，小便自洩，生肌斂瘡。蓋澀可去脫，龍骨能收斂浮越之正氣，固大腸而鎮驚，又主帶脈為病。

**清·王翃《握靈本草》卷九**　龍骨生晉川及河東。五色者上，白黃者中，黑者下，舐之着舌者良。煅赤為粉用，亦有生用者。　主治：龍骨，甘，平，無毒。主心腹鬼疰精物，欬逆，洩痢，女子漏下，癥瘕，小兒驚癇，安心神，止夜夢鬼交。

龍齒修治同龍骨，或云以酥炙。　主治：龍齒，澁，涼，無毒。主殺精物，大人小兒驚癇諸病，癲疾狂走，心下結氣，鎮心，安魂魄。

**清·汪昂《本草備要》卷四**　龍骨濇精，固腸，鎮驚。　甘濇，微寒。入手足少陰心腎、手陽明大腸、足厥陰肝經。能收斂浮越之正氣，濇腸益腎，安魂鎮驚，辟邪解毒。治多夢紛紜，驚癇瘧痢，吐衄崩帶，遺精脫肛，大小腸利，固精止汗，定喘氣不歸元則喘。斂瘡，皆濇以止脫之義。《十劑》曰：濇可去脫，牡蠣、龍骨之屬是也。　白地錦紋，舐之粘舌者良。人或以古壙灰僞之。酒浸一宿，水飛三度用。或酒煮、酥炙、火煅，亦有生用者。又云水飛，曬乾，黑豆蒸過用。否則着人腸胃，晚年作熱。忌魚及鐵，畏石膏、川椒，得人參、牛黃良。許洪曰：牛黃惡龍骨，而龍骨得牛黃更良，有以制伏也。

**清·汪昂《本草備要》卷四**　龍齒濇，鎮驚。　濇，涼。鎮心安魂。治大人痙癲狂熱，小兒五驚十二癇。《衛生寶鑒》曰：龍齒安魂，虎睛定魄。龍屬木，主肝，肝藏魂。虎屬金，主肺，肺藏魄也。　治同龍骨。

**清·陳士鐸《本草新編》卷五**　龍骨龍齒、紫稍花　味甘，氣微寒，陽也。雖有雌雄，無分功效，但色黑者不可用。必須火煅研末，水飛過，始可用之。閉塞滑瀉之大腸，收斂浮越之正氣，止腸風下血，及婦人帶下崩中，塞夢寐泄精，併小兒驚癇風熱，辟鬼疰精物，除腸癰內疽，固虛汗，縮小便，散堅結，消癥瘕。

龍齒，定心安魂，男婦邪夢紛紜者，尤宜急服。

紫稍花，乃龍精而沾于水草而成者也，世無真物，真則興陽。

或問：龍善變化，何以山中往往有龍骨，任人取攜，血骨淋漓，絕不見有風雲雷雨之生，龍不蠢然一物乎？曰：君誤認龍骨為真乎。世間所用之龍骨，乃地氣結成，非天上行雨之龍也。夫神龍見尾而不見首，首且不見，豈百體聽人之採取乎。惟龍骨乃地氣所結，不能變化，所以取之而無礙耳。

或又問：龍骨既為地氣所結，宜得地氣之深，性當屬陰，而不當屬陽，何龍齒安魂而不安魄耶？曰：虎屬陰，而龍屬陽，龍為火，而虎為金，不易之道也。龍生于地下，宜為陰，則虎生于地上，亦可為陽乎。萬物皆生于天地之中，無陰則陽不生，無陽則陰不長。虎生于地上，未嘗不得陽之氣。龍生于地下，亦未嘗不得陰之氣。然而虎得陽而生，而虎終不可謂陽之精；龍得陰而生，而龍終不可謂陰之精也。夫陽氣者，生氣也；陰氣者，殺氣也。生氣屬木，而人身之肝氣應之；殺氣屬金，而人身之肺氣應之。肺中藏魄，肝中藏魂。魂動，似宜用虎睛以相制；魄飛，似宜用龍齒以相伏。何以用虎睛制魂而魂愈動，用龍齒制魄而魄愈飛也。蓋魂動者，陽氣動也，以陽引陽而魂始歸；魄飛者，陰氣飛也，以魄招魄而魄始降。龍齒正得陽氣，故能安魂。虎睛正得陰氣，故能鎮魄。誰謂龍骨生于地，即屬陰物哉。

或問：龍骨製法，古人有用黑豆煮汁以泡之者，或用酒浸一宿而用之者，或用香草湯洗過，搗粉，絹袋盛之，入于燕子腹中，懸井上一宿而用之者，或用醋淬而研末用者，畢竟何法製最佳？曰：皆可用也。用燕子製之者最神。蓋燕子為龍之所喜，龍得燕而動。龍骨遇燕子，自然流動，而無過澁留腸之害矣。

**清·顧靖遠《顧氏醫鏡》卷八**　龍骨甘，濇，平。入心肝腎三經。忌鐵器。煅，水飛。酒煮，晒乾。一法：用黑豆拌蒸，否則着人腸胃，晚年作熱也。　澁精止遺滑，固腸止洩瀉。崩淋帶下皆宜，腸風遺尿並簡。脫肛與汗不止，撲之均效。鼻衄及耳中血，吹入盡良。皆取其濇以固脫也。鎮驚除邪，鎮驚乃收攝神魂之力。神靈之物，故能辟邪。生肌斂瘡。　龍齒，鎮驚辟邪，安魂定魄。收斂太過，非久病虛脫者，切勿輕用。

**清・李熙和《醫經允中》卷一九**　龍骨　水飛晒乾。得人參、牛黃良。甘，平，無毒。主治丈夫精滑遺泄，婦人崩中帶下，止腸風下血，療瀉痢不止。濇可收脫，故生肌斂瘡，兼主帶脉為病。附龍齒：鎮心神，安魂魄，小兒驚癇，風熱。附紫稍花，龍遺瀝粘水中木枝，類蒲槌狀而灰色。甘，溫，無毒。主治益陽秘精，療真元虛冷，為陰痿無孕仙丹。

**清・馮兆張《馮氏錦囊秘錄・雜症痘疹藥性主治合參》卷一一**　龍骨味甘，平，氣微寒，無毒。內應乎肝。入足厥陰、少陽、少陰，兼入手少陰、陽明經。夫龍稟陽氣以生，而伏於陰，為東方之神。乃陰中之陽，鱗蟲之長，神靈之物也。神也者，兩精相合，陰陽不測之謂。神則靈，靈能辟邪惡蠱毒魘魅之氣及心腹鬼疰精物也。欬逆者，氣不歸元也。氣得斂攝而歸元，則欬逆自止。其性濇以止脫，故能止洩痢膿血及女子漏下也。小兒心肝二臟虛則發熱，熱則驚癇，驚氣入腹，則心腹煩滿，斂攝二經之神氣而平之，則熱氣散而驚癇及女子煩滿自除也。肝氣賊脾，脾主四肢，故四肢痿枯，肝寧則熱退，而脾亦獲安，故主之也。心氣不收，則汗出。肝、心、腎三經虛，則神魂不安而自驚。收斂三經之神氣，則神魂自安，升降利而喘息自平，汗自止也。肝氣獨盛，則善恚怒，魂返乎肝，則恚怒自除。小腸為心之腑，膀胱為腎之腑，三經之氣虛脫，則小便多而不禁。臟氣斂，則腑亦隨之，故能縮小便，及止夢寐洩精，小便洩精，兼主溺血也。其能養精神，定魂魄，安五臟者，乃收攝神魂，閉濇精氣之極功也。又主癥瘕堅結，腸癰內疽，陰蝕者，以其能引所治之藥，粘着於所患之處也。按：龍骨入心、腎、腸、胃，龍齒單入肝、心，故骨兼有止濇澀精之用，齒惟鎮驚安魂魄而已。凡用龍骨，酒浸一宿，焙乾研粉，水飛三度用。如急用，以酒煮，焙乾。或曰凡入藥，須水飛過，晒乾，每斤用黑荳一斗，煮一伏時，晒乾用。否則，着入腸胃，晚年作熱也。

龍骨，主欬逆洩痢，心腹鬼疰，濇腸止瀉，收斂浮越正氣，止腸風來紅，生肌斂瘡脫肛。及婦人帶下崩中，癥瘕堅結，小兒熱氣驚癇，心腹煩滿。四肢枯痿，夜臥自驚。恚怒伏氣不得喘息，腸癰內疽陰蝕，小便溺血洩精。養精神，定魂魄，安五臟，縮小便，固虛汗，禁夢遺諸症。總去脫固氣濇腸之物，久服反致涸精燥熱之端。　龍齒專主安魂狂熱，并殺蠱毒。

主治痘疹合參：痘疹中惟滑洩者，暫入丸中用。

**清・张璐《本經逢原》卷四**　龍骨　甘，平，無毒。粘舌色白者良。煅赤，水飛用。飛之不細，粘著腸胃，令人寒熱。《本經》主心腹鬼疰，精物老魅，欬逆泄痢膿血，女子漏下，癥瘕堅結，小兒熱氣驚癇。發明：濇可以去脫，龍骨入肝斂魂，收斂浮越之氣。《本經》主心腹鬼疰，精魅諸疾，以其神靈能辟惡氣也。其治欬逆泄痢膿血，女子漏下，取濇以固上下氣血也。其性雖濇而能入肝破結，癥瘕堅結皆肝經之血積也。小兒熱氣驚癇亦肝經之病，得牛黃以協濟之，其祛邪伐肝之力尤捷。許洪云：牛黃惡龍骨，而龍骨得牛黃更良，有以制伏之也。其性收陽中之陰，耑走足厥陰經，兼入手足少陰。治夜夢鬼交，多夢紛紜，多寐泄精，衄血吐血，胎漏腸風，益腎鎮心，為收斂精氣要藥。有客邪則兼表藥用之。故仲景治太陽證，火劫亡陽驚狂，有救逆湯火逆下之。因燒針煩躁，有桂枝甘草龍骨牡蠣湯。少陽病誤下驚煩，有柴胡龍骨牡蠣湯。《金匱》治虛勞失精，有桂枝加龍骨牡蠣湯。《千金方》同遠志酒服，治健忘心忡。以二味蜜丸硃砂為衣，治勞心夢泄。《梅師》用桑螵蛸為末，鹽湯服二錢，治遺尿淋瀝。又主帶脈為病，故崩帶不止，腹滿，腰溶溶若坐水中。止濇藥中加用之，止陰瘧，收濕氣，治休息痢、久痢脫肛，生肌斂瘡皆用之。但收濇太過，非久痢虛脫者切勿妄投。火盛失精者誤用，多致溺赤濇痛，精愈不能收攝矣。

龍齒　濇，平，無毒。煅赤，醋淬七次，水飛用。形如筆架，重數兩外，光澤如甆，碎之其理如石，內如龍骨，舐之粘舌者真。亦有微黑，而煅之色如翡翠者為蒼龍齒，較白者更勝。其小如笋尖，或如指狀者，海鰍齒及骨也。叢生如貫眾根者，海馬齒也。舐之亦能粘舌，世多以等類偽充，不可不辯。《本經》主殺精物，大人驚癇諸痙，癲疾狂走，心下結氣，不能喘息，小兒五驚十二癇。　發明：龍者東方之神，故骨與齒皆主肝病。許叔微云：肝藏魂，能變化，故遊魂不定者，治之以龍齒。古方有遠志丸、龍齒清魂散、平補鎮心丸皆取收攝肝氣之劑也。又龍骨以白者為上，取固上氣以攝下脫。齒以蒼者為優。生則微黑，煅之翡翠可愛，較白者功用更捷。產後血暈為要藥，取其直入肝藏也。予聞神龍蛻骨之說，初未之信，及從藥肆選覓龍齒，見其骨有變化未全者，半與牛骨無異，始知宇宙之大無所不有。即如蛇蟲之屬，皆能脫形化體，豈特雲龍風虎而已哉。龍稟東方純陽之氣，故能興云致雨，東方木氣，主乎生也，其耳獨不司聽者，陽神別走於角也。春夏發現而秋冬潛伏者，隨陽氣之鼓舞也。虎稟西方陰暴之性，故嘯則生風，西方金令，主乎殺也，其項獨不能仰者，陰威并振於尾也，晝潛伏而宵奮迅者，乘陰氣之暴虛也。以是惟之，則虎骨能搜風氣，健筋骨，療疼腫。睛能定人魄，魄者，陰之精也。龍骨能濇精氣，收神識，止滑脫。齒能清人魂，魂者，陽之神也。然龍性飛騰而骨獨粘者，正以其滯而欲蛻之，始得飛沖御天，非飛沖後而蛻其骨也。觀《本經》驚癇癲疾結氣，甄權鎮心安魂魄等治，總皆入肝斂魂，用以療陽神之脫，同氣相求之妙。許叔微云：肝藏魂，能變化，故魂遊不定者，治之以龍齒。時珍曰：龍者東方之神，故其骨與齒皆主肝病。

龍角　甘，平，無毒。　發明：龍稟東方木氣，而角又督脈所發，故治驚癇瘈瘲，神魂不寧，龍火上逆，身熱如火及邪魅不祥，深師五邪丸用之。而《千金》治心病有齒角同用者。

**清·浦士貞《夕庵讀本草快編》卷六**　龍《本經》　龍耳虧聰，故字從之。王符言其形有九：頭似駝，角似鹿，眼似兔，耳似牛，頸似蛇，腹似蜃，鱗似鯉，爪似鷹，掌似虎，是也。　龍乃鱗蟲之長，東方之神。顯仁藏用，變化莫測，在人身以神魂應之。凡用入藥，從其類也。其骨甘平，陽中之陰，入手足少陰厥陰，故鎮精魅而治欬逆，止濇痢而化堅痞，泄精帶下，斂汗攝血。成氏所謂龍骨能收斂浮越之正氣，固大腸而鎮驚是也。其齒則味濇而涼，治雖稍同，惟遊魂為變者相宜，如諸痙癲狂，喘息煩悶，小兒驚勞，大人骨蒸，用之更效。其角、其腦，皆不外此矣。記者曰：龍既為神物，決無自死之理。愚謂有形之體，終歸于化。按《左傳》豢龍氏醢龍以食。漢和帝時，龍墮宮中，命作羹，賜群臣，張華食龍鮓，言得醋則生五色，數說驗之，則知龍本魚類，亦有自死，可食者爾。且其性嗜燕而畏鐵，雷斆以骨藏燕腹中，以悅其性，深有得焉！

**清·張志聰、高世栻《本草崇原》卷上**　龍骨　氣味甘，平，無毒。主治心腹鬼疰，精物老魅，咳逆，泄痢膿血，女子漏下，癥瘕堅結，小兒熱氣驚癇。

晉地川谷及大山山岩水岸土穴之中多有死龍之骨，今梁益、巴中、河東州郡山穴、水涯間亦有之骨。有雌雄骨，細而紋廣者，雌也。骨粗而紋狹者，雄也。入藥取五色具而白地碎紋，其質輕虛，舐之粘舌者為佳。黃白色者次之，黑色者下也。其質白重，而花紋不細者，名石龍骨，不堪入藥，其外更有齒角，功用與龍骨相等。　鱗蟲三百六十，而龍為之長，背有八十一鱗，具九九之數，上應東方七宿，得冬月蟄藏之精，從泉下而上騰於天，乃從陰出陽，自下而上之藥也。主治心腹鬼疰、精物老魅者，水中天氣，上交於陽，則心腹和平，而鬼疰精魅之陰類自消矣。咳逆者，天氣不降也。泄痢膿血者，土氣不藏也。女子漏下者，水氣不升也。龍骨啟泉下之水精，從地土而上騰於天，則陰陽交會。上下相和，故咳逆、泄痢漏下，皆可治也。土氣內藏，則癥瘕堅結自除，水氣上升，則小兒熱氣驚癇自散，不言久服，或簡脫也。

**清·姚球《本草經解要》卷四**　龍骨　氣平，味甘，無毒。主心腹鬼疰，精物老魅，欬逆，洩痢膿血，女子漏下，癥瘕堅結，小兒熱氣驚癇。煅。　龍骨氣平，稟天秋收之金氣，入手太陰肺經。味甘無毒，得地中正之土味，入足太陰脾經。龍為東方之神，鱗蟲之長，神靈之骨，入足厥陰肝經。氣味降多於升，陰也。心腹，太陰經行之地也。太陰脾氣上升，則肺氣下降，位一身之天地，而一切鬼疰精魅，不能犯之矣。龍骨氣平益肺，肺平則下降；味甘益脾，脾和則上升，升降如而天地位焉。所以祛鬼疰精物老魅也。欬逆者，肝火炎上而乘肺也。洩痢膿血，清氣下陷也。女子漏下，肝血不藏也。龍骨味甘，可以緩肝火，氣溫可以達清氣，甘平可以藏肝血也。脾統血，癥瘕堅結，脾血不運而凝結也。氣溫能行，可以散結也。小兒熱氣驚癇，心火盛，舍肝而驚癇也。驚者平之，龍骨氣平，所以可平驚也。　製方：龍骨同牡蠣、白芍、甘草、桂枝、生薑、大棗，治夢遺。同遠志、硃砂丸，治勞心夢遺。同韭子，治洩精。同白石脂，治洩瀉。同牛黃、犀角、鈎藤、丹砂、生地、茯神、琥珀、金箔、天竹黃、竹瀝，治大人癲症、小兒驚癇。

**清·王子接《得宜本草·上品藥》**　龍骨　味濇。功專固脫。得遠志治健忘，得韭子治滑精，得桑螵蛸治遺尿，得白石脂治泄瀉不止。　龍齒：鎮心涼驚，功用同前。

**清·徐大椿《神農本草經百種錄》上品**　龍骨　味甘，平。主心腹鬼疰，精物老魅，純陽能制陰邪。欬逆，斂氣滌飲。洩痢膿血，女子漏下，收澀之功。癥瘕堅結，龍性善入，能穿破積滯。小兒熱氣驚癇。斂火安神。齒：主小兒、大人驚癇，癲疾狂走，與骨同義，但齒則屬腎，屬骨，皆主閉藏，故于安神凝志之效尤多。心下結氣，不能喘息，收降上焦遊行之逆氣。諸痙，心經痰飲。殺精物。義亦與骨同。久服輕身，通神明，延年。龍能飛騰變化且多壽，故有此效。　龍得天地純陽之氣以生，藏時多，見時少。其性至動而能靜，故其骨最黏濇，能收斂正氣。凡心神耗散，腸胃滑脫之疾，皆能已之。〇陽之純者，乃天地之正氣，故在人身亦但斂正氣，而不斂邪氣。所以仲景于傷寒之邪氣未盡者，亦用之。後之醫者于斯義，蓋未之審也。人身之神屬陽，然神非若氣血之有形質可補瀉也，故治神為最難。龍者乘天地之元陽出入，而變化不測，乃天地之神也。以神治神，則氣類相感，更佐以寒熱溫涼補瀉之法，雖無形之病，不難治矣。〇天地之陽氣有二：一為元陽之陽，一為陰陽之陽。陰陽之陽，分于太極既判之時，以日月為升降，而水火則其用也，與陰為對待，而不併于陰，此天地並立之義也。元陽之陽，存于太極未判之時，以寒暑為起伏，而雷雨則其用也，與陰為附麗而不雜于陰，此天包地之義也。龍者，正天地元陽之氣所生，藏于水，而不離乎水者也。故春分陽氣上，井泉冷，龍用事而能飛；秋分陽氣下，井泉溫，龍退蟄而能潛。人身五藏屬陰，而腎尤為陰中之至陰，凡周身之水皆歸之，故人之元陽藏焉。是腎為藏水之腎，而亦為藏火之藏也，所以陰分之火動而不藏者，亦用龍骨，蓋借其氣以藏之，必能自反其宅也。非格物窮理之極者，其孰能與于斯。

**清・黃元御《長沙藥解》卷四**　龍骨　味鹹，微寒，性濇。入手少陰心、足少陰腎、足厥陰肝、足少陽膽經。斂神魂而定驚悸，保精血而收滑脫。

《金匱》桂枝龍骨牡蠣湯，桂枝三兩，芍藥三兩，甘草二兩，生薑三兩，大棗十二枚，龍骨二兩，牡蠣三兩。治虛勞，失精血，少腹弦急，陰頭寒，目眩，髮落，脈得芤動微緊虛遲者。凡芤動微緊虛遲之脈，是謂清穀亡血失精之診，男子得之則為失精，女子得之則為夢交。以水寒土濕，風木疏泄，精血失藏故也。相火升泄，則目眩髮落，風木鬱陷，則少腹弦急。桂枝、芍藥達木而清風燥，甘、棗、生薑補脾精而調中氣，龍骨、牡蠣斂精血之失亡也。《傷寒》桂枝甘草龍骨牡蠣湯，桂枝一兩，甘草二兩，龍骨二兩，牡蠣二兩。治太陽傷寒火逆，下後因燒鍼煩躁者。火逆之證，下之亡其裏陽，又復燒鍼發汗，亡其表陽，神氣離根，因至煩躁不安。桂枝、甘草疏木鬱而培中宮，龍骨、牡蠣斂神氣而除煩躁也。桂枝去芍藥加蜀漆龍骨牡蠣湯，桂枝三兩，甘草二兩，大棗十二枚，生薑三兩，龍骨四兩，蜀漆三兩，牡蠣五兩。治太陽傷寒，脈浮。火刦亡陽，驚狂，起臥而不安者。以火逼汗多，因致陽亡，君火飛騰，神魂失根，是以驚生。濁陰上逆，迷失心宮，是以狂作。龍骨、牡蠣斂神魂而止驚，加蜀漆以吐瘀濁，去芍藥之泄陽氣也。

柴胡加龍骨牡蠣湯，柴胡四兩，半夏二合，人參兩半，大棗六枚，生薑兩半，牡蠣二兩半，桂枝兩半，茯苓兩半，鉛丹兩半，大黃一兩，龍骨兩半。治少陽傷寒下後，胸滿煩驚，譫語，小便不利，一身盡重，不可轉側者。以下敗裏陽，膽氣拔根，是以驚生。甲木逆衝，是以胸滿。相火升炎，故心煩而語妄。水泛土濕，故身重而便癃。大棗、參、苓補土而泄水，大黃、柴、桂泄火而疏木，生薑、半夏下衝而降濁，龍骨、鉛丹斂魂而鎮逆也。龍骨蟄藏閉濇之性，保攝精神，安驚悸而歛疏泄。凡帶濁遺泄，崩漏吐衄，一切失精亡血之證皆醫。斷鬼交，止盜汗，除多夢，斂瘡口，濇腸滑，收肛脫。白者佳，煅，研細用。

**清・吳儀洛《本草從新》卷六**　龍骨〔濇精，回陽，鎮驚。〕以下龍類。　甘，澀，平。入手足少陰心腎、手陽明大腸、足厥陰經肝。能收斂浮越之正氣，澀腸益腎，安魂鎮驚，辟邪解毒。治多夢紛紜，驚癇瘧痢，吐衄崩帶，遺精脫肛，大小腸利。固精止汗，定喘，氣不歸元則喘。斂瘡。皆澀以止脫之義。《十劑》曰：澀可去脫，牡蠣、龍骨之屬是也。白地錦紋、舐之粘舌者良。人或以古礦灰偽之。酒浸一宿，水飛三度，或酒煮、酥炙、火煅。亦有生用者。忌魚及鐵。畏石膏、川椒。得人參、牛黃良。許洪〔許洪著《本草指南》。〕云：牛黃惡龍骨，而龍骨得牛黃反良，有以制伏也。

龍齒〔澀，鎮驚。〕　澀，平。鎮心安魂。治大人驚癇癲疾，小兒五驚十二癇。許叔微云：肝藏魂，能變化，魂飛不定者治之以龍齒。《衛生寶鑑》曰：龍齒安魂，虎睛定魄。龍屬木主肝，肝藏魂；虎屬金主肺，肺藏魄也。修治同龍骨。

**清・汪紱《醫林纂要探源》卷三**　龍骨　甘、鹹，濇，微寒。出晉絳河津龍門，往往掘地得之。狀類石灰，以白地錦文粘舌者為真。市肆或以古壙石灰偽之。或生用，或酥炙，及酒煮或浸一宿，研，水飛三度，制當隨宜。補心益肺，斂散瀉肝，固精寧神，拘魂定魄，解毒辟邪。龍之變化無方，潛見以時，至於骨則收斂潛伏之意居多，而神明不測之用，亦未嘗不寓焉。其用以陰，其物本純陽，非一味收斂而息其生機者所可比，故能安神明，治亂夢及夢遺，斂魂氣，定驚癇，止盜汗自汗，安喘促，寧體魄，聰耳明目，固精髓，止帶濁，堅骨養力。以入氣分則斂浮越欲散之氣，以入血分則止妄行妄聚之血，止吐衄血崩，治大腸脫肛，斂瘡去瘀，功用甚大。而大要歸於補心安神，為心臟之主藥，有開廣神智之功。孔聖枕中丹用之，非徒濇以止脫而已。忌魚，惡傷其類。忌鐵，龍之所惡也。龍齒：功主鎮心安神。餘同骨。骨之華而達於外者。主治小兒驚癇，亦止一切狂熱。

**清・嚴潔等《得配本草》卷八**　龍骨龍齒　得人參、牛黃、黑豆良。畏石膏、鐵器。忌魚。甘，平，澀。入足少陰、厥陰經。收浮越之正氣，澀有形之精液。鎮驚定魄，止腸紅，生肌肉，療崩帶，愈溺血，斂瘡口，祛腸毒。能引治毒之藥粘滯於腸，以治患也。得白石脂，治泄瀉不止。得韭菜子，治睡即泄精。配桑螵蛸，治遺尿。合牡蠣粉，撲陰汗濕癢。　酒浸一宿，焙乾，水飛三度用。或酒煮焙乾水飛用，或黑豆蒸曬乾，或火煅水飛用。不製，着於腸胃，晚年發熱。　龍骨、龍齒，舐之粘舌者良。黑色者勿用。

龍齒　得人參、牛黃、黑豆良。畏石膏、鐵器。忌魚。　甘，澀，涼。入手少陰、足厥陰經。鎮心神，安魂魄，療煩熱，逐鬼魅。　法製與龍骨同。止瀉痢莫若龍骨，攝游魂不如龍齒。　怪症：兩足跟齊出一蟲，上行至頂，一到腰膝，旋即分散，大小蟲行，不計其數，後復下行於足，經年累月不可得療，此緣驚氣所積也。重滋真水，加龍齒鎮之，一月而愈。

**題清・徐大椿《藥性切用》卷八**　龍骨　甘澀鹹平，入手足少陰、手陽明、足厥陰。澁精斂汗，收脫安神。龍非蜕骨，不能昇天。龍齒，性味澀平，鎮心安魂，治驚癇癲疾。俱煅研用。龍角，辟邪，治心病。亦可生用者。

**清・黃宮繡《本草求真》卷二**　龍骨斂肝氣，止脫，鎮驚安魄。

龍骨耑入肝、腎、大腸，兼入心，陰中之陽，鱗蟲之長。甘澀微寒，功能入肝斂魂，不令浮越之氣遊散於外。故書載能驚鎮辟邪，止汗定喘。馮兆張曰：龍，靈物也，靈則能斂邪，惡蠱毒魘魅之氣。喘逆者氣不歸元也，氣得斂攝而歸元，則喘逆自止。澀可去脫，故書載能以治脫肛、遺精崩帶、瘡口不斂等症。功與牡蠣相同，但牡蠣鹹澀入腎，有軟堅化痰清熱之功，此屬甘澀入肝，有收斂止脫、鎮驚安魄之妙。如徐之才所謂澀可止脫，龍骨、牡蠣之屬，白地錦紋，舐之黏舌者佳。時珍曰：龍骨，《本經》以為死龍，其說似是。《別錄》曰：生晉地川谷及太山巖水岸上穴中死龍處，採無時。汪昂曰：今人或以古壙灰偽之。酒煮火煅用，忌魚及鐵。畏石膏、川椒，得人參、牛黃良。牛黃惡龍骨，而龍骨得牛黃更良，有以制伏也。龍齒入肝，收魂安魄，凡驚癇癲狂因於肝魂不收者，即當用此以療。肝藏魂，能變化，故魂遊不定者，治之以龍齒。但無止瀉澀精之用。

**清・楊璿《傷寒溫疫條辨》卷六澀劑類**　龍骨五色者佳。　味甘，性澀。入心、肝、腎、大腸。收斂浮越之正氣，治驚癇風熱，祛崩中帶下，止腸風下血，療瀉痢便滑，斂虛汗，縮小便，皆澀以止脫之義。

龍齒澀涼，鎮心安魂，主驚癇痙癲狂熱。《寶鑒》所謂虎屬金，定魄，龍屬木，安魂是也。仲景柴胡牡蠣龍骨湯，治少陽病誤下，胸滿煩驚，譫語身重，小便澀。

**清・許豫和《許氏幼科七種・怡堂散記》卷下**　龍骨　《綱目》龍背八十一鱗，具九九之數，陽之極也。骨為陽中之陰，龍潛則骨長，骨長則身重，故老龍脫骨則體輕。陸佃《埤雅》云：蛇易皮，龍易骨，麋鹿易角，蟹易螯。則龍骨是所脫之生骨，非死龍之骨也。書言晉地川谷及泰山巖穴中甚多。齒為骨之餘，骨脫則齒亦脫矣。蛇易之皮，鹿解之角，山人多拾之，龍骨之拾，亦由是也。　骨為陽中之陰，以潛而長，性澀，餂之粘舌，故能歛浮越之正氣。《十劑》曰：澀可止脫，龍骨、牡蠣之屬是也。牡蠣生於水而無雌，為陰中之陽，故二物每相須用。

**清・羅國綱《羅氏會約醫鏡》卷一八鱗介蟲魚部**　龍骨味甘澀，微寒，入心、肝、腎，大腸四經。忌魚與鐵，畏石膏。火煉、水飛、酒煮。　性主收斂，凡滑脫之病，俱為可治，如吐衄崩帶、遺精脫肛、大小腸利、虛汗氣喘、氣不歸元則喘。潰瘡滑痢。惟久病虛脫，無夾雜者可用。白地錦紋，舐之粘舌者真。人或以古壙灰偽之。

龍齒味澀，性涼。　鎮心安魂。龍屬木，主肝，肝藏魂；虎屬金，主肺，肺藏魄。治大人痙癲狂熱、小兒一切驚癇。其餘斂澀固脫與龍骨同。

**清・陳修園《神農本草經讀》卷二上品**　龍骨　氣味甘平，無毒。主心腹鬼疰精物老魅，咳逆，泄痢膿血，女子漏下，癥瘕堅結，小兒熱氣驚癇。

陳修園曰：龍得天地純陽之氣，凡心腹鬼疰精物，皆屬陰氣作祟，陽能制陰也。肝屬木而得東方之氣，肝火乘於上則為咳逆，奔於下則為泄痢膿血。女子漏下，龍骨能斂戢肝火，故皆治之。且其用變化莫測，雖癥瘕堅結難療，亦能穿入而攻破之。至於驚癇癲痙，皆肝氣上逆，挾痰而歸迸入心，龍骨能斂火安神，逐痰降逆，故為驚癇癲痙之聖藥。仲景風引湯，必是熟讀《本經》，從此一味悟出全方，而神妙變化，亦如龍之莫測。余今詳注此品，復為點睛欲飛矣。　痰，水也，隨火而升。龍屬陽而潛於海，能引逆上之火、泛濫之水，而歸其宅。若與牡蠣同用，為治痰之神品。今人只知其性濇以止脫，何其淺也？

**清・黃凱鈞《藥籠小品》**　龍骨　攝斂收澀，無過此品，故能鎮心澀精斂汗，收飛越孤陽。龍齒主治相同，尤療驚癇，煅用。

**清・王龍《本草纂要稿・蟲魚部》**　龍骨　氣味甘寒。澁滑泄大腸，斂浮越正氣。止腸風來血，塞夢寐洩精。療驚癇風熱，止帶下崩中。辟骨疰精物，除腸內癰疽。固虛汗而小便縮，散堅結而癥瘕消。　龍齒　定心安神，辟紛紜之邪夢。

**清・吳鋼《類經證治本草・足厥陰肝臟藥類》**　龍骨　【略】○龍齒：

【略】誠齋曰：　龍齒專治上焦之病，不入下焦。虎睛自死者不用。

**清·張德裕《本草正義》卷下**　龍骨　甘，平。收澁，入肝、腎。止遺精夢洩，帶濁崩淋。亦能安神定驚，止瀉固腸。療腸癰臟毒，縮小便，斂瘡膿，長肌肉。澁可止脱，即此類也。酒煎，焙乾為用。

**清·楊時泰《本草述鉤元》卷二八**　龍　龍鱗八十一，具數九九，陽之極也，故為辰而司水。鯉鱗三十六，具數六六，陰之極也，故變陽而化龍《埤雅》。龍火得濕則燄，得水則燔，以人火逐之即息，故人之相火似之又。

骨：　出晉地及太山、滄剡諸州山巖水岸土穴中。龍化解脱之處，是蛻骨，非死骨也。麋鹿易角，蟹易螯，蛇易皮，龍易骨。骨細文廣者雌，骨粗文狹者雄。五色具者上，白黄者中，純黑者下。　味甘平，氣微寒，陰中之陽。入足厥陰、少陽、少陰，兼入手少陰、厥陰、陽明經。安魂魄，固脱氣，治夜卧自驚汗出，止虚汗，縮小便，療多寐，洩精、小便洩精、久瀉、休息痢，收濕氣脱肛，止消渴，鼻衄，二便下血，並主小兒熱氣驚癇，女子崩中，帶下諸本草。氣入丈夫腎臟中，故益腎藥宜之雷公。　龍為東方之神，其骨多治肝疾，腎主骨，故又益腎也士材。　龍骨、牡蠣、黄丹皆能收斂神氣以鎮驚無己。　稟陽氣以生而伏於陰，故為陰中之陽，其所主治，皆收攝浮越固濇精氣之功仲淳。　同遠志等分為末，食後酒服，日三，治健忘。　治吐衄九竅出血，並用龍骨末吹入鼻中。有人衄血一斛，眾方不止，用此即斷。　勞心夢洩，龍骨、遠志等分為末，蜜煉丸梧子大，硃砂為衣，每服三十丸，蓮子湯下。　暖精益陽，前方去硃砂，每冷水空心下三十丸。　虚憊便濁，滴地成霜，蓮子肉、乾藕節、龍骨、遠志各一兩，枯礬、靈砂各二錢半，為細末，糯米糊丸梧子大，每服十五丸，食前白湯下。

龍齒：　味濇，氣平涼。　主安魂魄，療驚癇諸痓癲疾。　魂遊不定，龍之變化似之；　魄止能守，虎之專静同之。　是故魄不寧者，定以虎睛，魂飛揚者，安以龍齒。　龍骨入心腎腸胃，龍齒單入肝心，故骨兼止瀉濇精之用，齒惟鎮驚安魂魄而已仲淳。　同荊芥、澤蘭、丹皮、蘇木、人參、牛膝、紅花、蒲黄、當歸、童便，治產後惡血攛心，顛狂妄語，切不可認作傷寒發狂治，誤則殺人。同牛黄、犀角、鉤勾、丹砂、生地、茯神、琥珀、金箔、竹瀝、天竺黄、蘇合香，治大人小兒驚癇、癲疾。

論：　龍之變化最靈者，純乎陽也，而陽原本於陰，故乘水則神立，失水則神廢，且呵氣成雲，既能變水，又能變火者，以水中之陽出於陰，而能肖之也。夫天一生水而化形於腎，腎主骨，人物皆然。龍之偏體皆靈，何獨取骨以為用，謂陰陽變化之妙，即形歸神，即神徵形，可以療陰陽乖離之病者，惟骨為得先天真一之氣也。若齒則骨之餘耳，所患諸證，如陰之不為陽守，驚悸狂癇，譫妄，盜汗，自汗。陽之不為陰固，多寐，洩精，久泄便數，齒鼻衄，便溺血，淋濁，崩帶，脱肛。咸藉此爲關捩子，而治以應證之劑。所謂用靈物之形神，療陰陽之乖忤，皆其以氣相感者也。粗工但就濇可固脱為言，不察甚矣。

凡瀉痢、腸澼及崩漏、溺血等證，皆血熱積滯為患，法當疎利，不可便用止濇。惟久病虚脱者，不忌仲淳。

辨治：　凡使得脊腦，作白地錦紋，舐之着舌者，佳。入藥水飛過曬乾，每斤用黑豆一斗，蒸一伏時，晒乾用，否則着人腸胃，晚年作熱也。齒治同骨，或以酥炙。

**清·葉桂《本草再新》卷一〇**　龍骨味甘，性暖，無毒。入心、脾、腎三經。專斂浮越之正氣，濇腸益腎，安魂鎮驚，辟邪解毒，治多夢紛紜，驚癇瘧痢，吐衄崩帶，滑精脱肛，大小腸利，固精止汗。

**清·趙其光《本草求原》卷一六鱗部**　龍骨　東方蒼龍屬木，入肝藏魂。形為火而純陽，出水中而呵雲。又本於陰，陰陽變化，能治陰陽乖離之病。且天一生水，而化形於腎，以主骨。骨乃天一純陽之真形也。甘，平，無毒。主心腹鬼疰，精物老魅，皆陰惡之氣，陽能制陰也。　咳逆，驚悸，狂癇，皆陰不能守陽，肝火上逆，挾痰而歸迸於心肺也，合牛黄則能收肝經浮火歸陰，逐痰降逆。自汗、盜汗，亦陽浮耳。　久瀉，便數淋痢，上下失血，崩漏，帶濁，遺尿，同桑螵蛸末，鹽湯下，並治淋瀝。　脱肛，皆陽不能固陰，而肝氣奔於下也。　多夢紛紜精滑。皆陰陽不交，肝魂不守也。《金匱》治虚勞失精，有桂枝加龍骨牡蠣湯，《千金方》同遠志酒服，治健忘心忡。再加朱砂蜜丸，治勞心夢泄，夜夢鬼交。　止陰瘧，治休息痢，生肌定喘，氣不歸元。　斂瘡，益腎，暖精，同遠志。　收神魂，一皆取其陽神之靈變，以治陰陽之離散，非徒濇可止脱之説也。　故仲景救逆湯、桂枝甘草龍骨牡蠣湯、柴胡龍骨牡蠣湯，皆因表邪誤灸、誤下，而加之於表劑之中。《本經》又言其治癥瘕堅結，調肝經血積，惟此變化走肝者，乃能入而攻之也，豈收濇之性，能有此效乎？　陳修園曰：　痰，水也，隨火而升。　龍，火也，而潛於水，能引逆上之火、泛濫之水而歸其宅。　若與牡蠣同用，為治痰神品，仲景風引湯從此味悟出。　白地錦紋，舐之粘舌者良。補陽，酒浸，或煮，火煅；補陰，煅赤，以黑豆膠蒸，研細，水飛用；否則着腸胃，晚年作熱。同蓮肉、藕節、遠志、枯礬、朱砂，糯米糊丸，治虛憊，便濁，滴地成霜。忌魚及鐵。畏石膏、川椒。得人參、牛黃良。

龍齒：澀，平，無毒。主殺精物，鎮心安魂。治大人痙癲狂熱，小兒驚癇，心下結氣不能喘息。功同龍骨，餘則遜於骨，以齒為骨之餘也。今人貴齒而賤骨者，非。希雍曰：骨入心、腎、腸、胃，故兼止瀉、固精；齒單入心肝，故但鎮驚安魂。肝魄屬陽，遊而不定，龍之變化，屬木者安之；肺魂屬陰，止而有守，虎不仰視而專靜，屬西方金者定之。故陰魄不寧以虎睛，陽魂飛越者以龍齒。形如筆架，重數兩，外光澤如瓷，碎之其理如石，舐之粘舌者，真；亦有微黑，煅之色如翡翠者，為蒼龍齒，最上。若小如筍尖，或如指狀者，海鰍齒骨也；如貫眾根者，海馬齒也，舐之亦粘舌，宜細辨。龍角安神魂，故《千金方》並用之。

**清・葉志詵《神農本草經贊》卷一** 龍骨 味甘，平。主心腹，鬼注精物老魅，欬逆洩利，膿血。女子漏下，癥瘕堅結。小兒熱氣驚癇。齒，主小兒大人驚癇，瘨疾狂走，心下結氣，不能喘息，諸痙，殺精物。久服輕身，通神明延年。生山谷。

形留曠澤，升憶景雲。挺奇鍊蛻，厲漱編齯。駿同羖市，象類身焚。用潛施溥，枯朽靈芬。

《拾遺記》：南潯之國有洞穴，中有毛龍，時蛻骨於曠澤之中。《易疏》：龍吟則景雲出。權德輿序：挺神奇，祛物怪，告鍊蛻之地。《晉書・傳》：所以漱石，欲厲其齒。李禎詩：香齯皓齒疑貝編。黃庭堅詩：千金市骨今何有，士或不償五羖皮。《左傳》：象有齒以焚其身。《易》：潛龍勿用，又德施溥也。《晉書・傳》：榮加枯朽。馮衍賦：揚屈原之靈芬。

**清・文晟《新編六書》卷六《藥性摘錄》** 龍骨 甘，濇，微寒。○斂肝氣，止脫，鎮魂安魄，治脫肛，遺精崩帶，瘡口不斂等症。酒煮，火煅用。忌魚及鐵，畏石膏、川椒。○龍齒，入肝，定魂魄，治驚癇狂癲。

**清・劉東孟傳《本草明覽》卷一〇** 龍骨 【略】按：龍春分登天，秋分潛淵，物之至靈者也。故龍火與人火相反，得濕而焰，遇水乃燔，以火逐之，則燔熄而焰滅矣。《衛生寶鑒》云：龍齒安魂，虎睛定魄，各言其類也。東方蒼龍，木也，屬肝藏魂；西方白虎，金也，屬肺藏魄。龍能變化，故魂遊不定；虎能專靜，故魄止能守。是魄不寧者，治以虎睛；魂飛揚者，治以龍齒。萬物有成理，亦在夫人之達而已矣。

**清・張仁錫《藥性蒙求・魚鱗介部》** 龍骨龍齒二錢、龍角 龍骨濇平，鎮心安魂。固精斂汗，止帶及崩。入心、肝、腎、大小腸經。能收斂浮越之正氣，又主帶脈為病，故崩帶不止，腹滿，腰溶溶若坐水中，止濇藥中加用之。白地錦紋，舐之粘舌者良。或酒煮，酥炙，火煅。○龍齒：濇，平。定驚安魂，遊魂不定者，治之以龍齒。此品單傳心、肝二經。治大人驚癇癲疾，小兒五驚十二癇。餘治同龍骨。○龍角：辟邪，治心病。

**清・屠道和《本草匯纂》卷一寒濇** 龍骨 甘、濇，微寒。耑入肝、腎、大腸，兼入心。斂肝氣，止脫，鎮驚安魄。入肝斂魂，故能鎮驚辟邪，止汗定喘。治心腹鬼疰，精物老魅，欬逆，洩痢膿血，女子漏下，癥瘕堅結，小兒熱氣驚癇，心腹煩滿，恚怒氣伏在心下，不得喘息，腸癰肉疽，四肢痿枯，夜臥自驚汗出。縮小便溺血，養精神，安五臟。白龍骨主多寐洩精，止夜夢鬼交，虛而多夢紛紜，止冷痢下膿血，止腸風下血，鼻洪吐血，止瀉痢，澀腸胃，止陰瘧及脫肛瘡口不斂。北地錦紋，舐之粘舌者佳。酒煮火煅用。忌魚及鐵。畏石膏、川椒，得人參、牛黃良。

**清・戴葆元《本草綱目易知錄》卷五鱗部** 龍骨 甘平而澁，入手足少陰、厥陰經。能收陽中之陰，而斂浮越之正氣，益腎鎮驚，健脾澁腸胃，又主帶脉為病。治心腹鬼疰，精物老魅，欬逆煩滿，恚怒鬱氣伏在心下，不得喘息。腸癰內疽，陰蝕囊痒。四肢痿枯，夜臥自驚，汗多洩精，縮小便，止溺血，養精神，定魂魄，止夜夢鬼交，多夢紛紜。腸風下血，瀉痢渴疾，吐血鼻洪。女子崩中帶下，癥瘕堅結，懷妊漏胎。小兒熱氣驚癇。又止陰瘧，冷痢，收濕氣脫肛，生肌斂瘡。白者良，生煅聽用，忌魚及鐵器。

**清・黃光霽《本草衍句》** 龍骨甘、鹹，澀，微有寒。澀以止脫，神以治神。變化不測謂之神。能收斂浮越正氣，斂正氣而不斂邪氣也，所以仲景於傷寒之邪未盡者亦用之。入大腸心腎厥陰。開廣神智，固精補心。澀腸益腎，定魄安魂。主心腹鬼疰精物，純陽能制陰邪。止嗽逆，斂氣滌飲。洩痢血膿，收澀之功。縮小便。逐鬼交遺精帶濁，定驚癇，斂虛汗。斂元安神。亂夢紛紜，吐衄崩中。用止妄聚妄行之血，心神耗散，均為腸胃滑脫之珍。齒主肝病，肝藏魂。遊魂不定；癲癇狂痓，心經痰飲。鎮心涼驚。徐云：龍者，正天地元氣所生，藏於水而離乎水者也。故春分陽氣上，井泉冷，龍用事而能飛。秋分陽氣下，井泉溫，龍退蟄而能潛。人身五藏屬陰，而腎尤於陰中之至陰也，凡周身之水歸之。故人之元氣藏焉，是腎為藏水之臟，而亦為藏火之臟也。所以陰分火動而不藏者，亦用龍骨，蓋借其氣以藏之，必能自反其宅。

健忘，久服聰明，益智慧，用白龍骨、遠志，等分為末，食後服。　勞心夢洩，龍骨、遠志，等分為末，蜜丸，硃砂為衣，蓮子湯下。　暖精益陽，白龍骨四分，遠志為末，蜜丸，每冷水空心下。　睡即洩精，白龍骨四分，韮子五合，為散，空心酒下方寸匕。　遺尿淋瀝，白龍骨、桑螵蛸，等分為末，鹽湯下二錢。泄瀉不止，白龍骨，白石脂，為末，水丸，紫蘇、木瓜湯下，量大人、小兒用。

陰囊汗癢，龍骨、牡蠣粉撲之。

**清・陳其瑞《本草撮要》卷九**　龍骨　味甘濇，氣微寒，入手足厥陰、少陰、少陽經，功專固脱。得遠志治健忘，得韭子治滑精，得桑螵蛸治遺尿，得白石脂治泄瀉不止。水飛三度，或酒煮酥炙火煅，或生用。忌魚鐵，畏石膏、川椒，得人參、牛黄良。　龍齒鎮心涼驚，功用同前。

**清・周學海《讀醫隨筆》卷五**　龍骨　土也，而形色象木，其味甘濇，能收斂木氣，清利土氣，故主肝氣犯胃，木土相激，氣逆不和諸證。　其鎮水邪，安心氣，皆平肝逆之功也。　健脾，濇大腸，皆益土制水之功也。　燥濇無潤，大致水濕上泛者宜之。

**清・仲昴庭《本草崇原集説》卷一**　龍骨　【略】〔批〕色白質重是北地深山之石龍骨也，非龍骨也。　按經方用龍骨。　後人齒角並收。　【略】〔批〕修園命其子元犀著《金匱歌括》，至桂枝龍骨牡蠣湯，頗譏徐忠可以龍牡為斂，猶有人之見存，乃《經讀》此處，亦用兩斂字與忠可同病。　因知《經讀》乃修園自創，歌括則父子合謀，所以見解彌確。

**清・周巖《本草思辨錄》卷四**　龍骨　龍骨非無真者，特不易得耳。　藥肆所售，乃龍蟄土中，至春啟蟄上騰。　其所伏處，土遂粘埴似石而形似龍，故其用與真龍為近。　龍為東方之神而骨粘舌，其用在心肝二經為多。　能收斂浮越之正氣，安魂魄，鎮驚癇。　至主心腹鬼疰精魅，則以神物能辟邪惡也。治泄精瀉利漏下，則以味甘歸土，澀可去脱也。　徐氏謂龍骨斂正氣而不斂邪氣，故傷寒邪氣未盡者亦用之。　鄒氏謂龍骨、牡蠣，推挽空靈之陰陽，與他發斂著物之陰陽者異。　故桂枝、柴胡兩湯，可以會合成劑，龍骨攝陽以歸土，牡蠣據陰以召陽。　二説皆極精。

龍齒：　龍骨以白者為上，齒以蒼者為優。　生則微黑，煅之則如翡翠色可愛，較白者功用更捷。　許叔微云：　肝藏魂能變化，故遊魂不定者，治之以龍齒。古方如遠志丸、龍齒清魂散、平補鎮心丸，皆收攝肝氣之劑也。

### 仙人骨

**清・趙學敏《本草綱目拾遺》卷二石部**　仙人骨　《輿地志》：　雲南鎮南州山中出碎石，如朴消。　土人掘取作粉貨之。　相傳仙人曾化於此，因名焉。

《南詔備考》：　鎮南州城東二十里山中，世傳仙人張明亨遺蜕瘞此。治一切瘡神效。　取粉敷。　杜昌丁《藏行紀程》：　楚雄府七十里至呂合，有呂祖廟，去村數里山脚，出仙人骨，如水晶，能療瘡癤。　相傳仙人為呂祖所度，又三五十里為鎮南州。　《滇略》：　南詔時張王二生遇呂仙於呂合驛，王得度上昇，張不能從，憤而死。　埋骨山中化為石。　瑩澈如水晶。　傅一切瘡瘍，立愈。

### 石燕

**宋・唐慎微《證類本草》卷五玉石部下品〔唐・蘇敬《唐本草》〕**　石鷰以水煮汁飲之，主淋有效。　婦人難産，兩手各把一枚，立驗。　出零陵。

〔唐・蘇敬《唐本草》〕注云：　俗云因雷雨則從石穴中出隨雨飛墮者，妄也。　永州祁陽縣西北百一十五里土崗上，掘深丈餘取之。　形似蚶而小，堅重如石也。

〔宋・掌禹錫《嘉祐本草》〕按：　蜀本注云：　《爾雅》云：　螺，謹按《蜀本》作蝠，小者蝠，音含。

〔宋・馬志《開寶本草》〕按：　陳藏器《本草》云：　石鷰，主消渴，取水牛鼻和煮飲之。　自死者鼻不如落崖死者良。《唐本》先附。

〔宋・掌禹錫《嘉祐本草》〕按：　蕭炳云：　別有乳洞中食乳有命者，亦名石鷰，似蝙蝠口方，生氣物也。　日華子云：　石鷰，涼，無毒。　出南土穴中，凝彊似石者佳。

〔宋・蘇頌《本草圖經》〕曰：　石鷰，出零陵郡，今永州祁陽縣江傍沙灘上有之。　形似蚶而小，其實石也。　或云生山洞中，因雷雨則飛出，墮於沙上而化爲石，未審的否。　今人以催生，令産婦兩手各握一枚，須臾子則下。　採無時。

〔宋・唐慎微《證類本草》〕《食療》云：　在乳穴石洞中者，冬月採之堪食。　餘月採者，只堪治病，不堪食也。　又，治法：　取石鷰二七枚，和五味炒令熟，以酒一斗，浸三日，即每夜卧時飲一兩盞，隨性也。　甚能補益，能喫食，令人健力也。　《聖惠方》：　治傷寒，小腹脹滿，小便不通。　用石鷰擣羅爲末，不計時候，葱白湯調半錢，得通爲度。　《簡要濟衆》：　治淋疾。　石鷰子七箇，擣如黍米粒大，新桑根白皮三兩，剉如豆粒，同拌令均，分作七貼。　用水一盞煎一貼，取七分去滓，每服空心、午前各一服。　《靈苑方》：　治久患腸風痔瘻一二十年不差，面色虛黃，飲食無味，及患臟腑傷損，多患泄瀉，暑月常瀉不止，及諸般淋瀝，久患消渴，婦人月候湛濁，赤白帶下，多年不差，應是藏腑諸疾皆主之。用石鷰淨洗，刷去泥土收之。右每日空心取一枚，於堅硬無油瓷器內，以溫水磨服之，如彈丸大者一箇分三服，大小以此爲準，晚食更一服。若欲作散，須先杵，羅爲末，以磁石熻去杵頭鐵屑後，更入堅瓷鉢內，以硬乳搥研細，水飛過，取白汁如泔乳者，澄去水，曝乾。每服半錢至一錢，清飯飲調下，溫水亦得。此方偏治久年腸風痔，須常服勿令歇，服至及一月，諸疾皆愈。

**宋·寇宗奭《本草衍義》卷六**　石燕　今人用者如蜆蛤之狀，色如土，堅重則石也。既無羽翼，焉能自石穴中飛出？何故只墮沙灘上？此說近妄。《唐本》注：永州土崗上，掘深丈餘取之。形似蚶而小，重如石，則此自是一物，餘說不可取。潰虛積藥中多用。

**宋·王繼先《紹興本草》卷三**　石燕　紹興校定：石燕，《經》注所說出產不一，大抵止是石類。主療已具《經》注中，而《本經》不載性味、有無毒。然可治淋，當從日華子性涼、無毒為定。若稱活物所化，即無考據。

**宋·劉明之《圖經本草藥性總論》卷上**　石燕　以水煮汁飲之，主淋有效。婦人難產，兩手各把壹枚，立驗。陳藏器云：主消渴。日華子云：涼，無毒。一云：治傷寒小腹脹滿，小便不通，及久患腸風痔漏三拾年不差，面色虛黃，飲食無味，及患藏府傷積，多患泄瀉，暑月常瀉不止，及諸淋瀝，久患消渴。婦人月候湛濁，赤白帶下，多年不差者，並皆主之。

**明·王綸《本草集要》卷五**　石鷰　氣涼，無毒。　主淋，以水煮汁，飲之。婦人難產，兩手各把一枚，立驗。

**明·滕弘《神農本經會通》卷六**　石鷰　凝彊似石者佳。出零陵郡，今永州祁陽縣，江傍沙灘上有之。

氣涼，無毒。《本經》云：以水煮汁飲之，主淋有效。婦人難產，兩手各把一枚，立驗。陳藏器云：主消渴，取水牛鼻和煮，飲之。《簡要》云：治淋疾，石燕子七隻，搗如黍米粒，新桑根白皮三兩，剉如豆粒，同拌令勻，分作七貼，用水一盞，煎一貼，取半盞，去滓，溫服，空心午前至夜各一。《衍義》曰：今人用者，如蜆蛤之狀，色如土，堅重，則石也。既無羽翼，焉能自石穴中飛出，何故只墮沙灘上，此說近妄。《唐本》注：永州土崗上，掘深丈餘取之，形似蚶而小，重如石。則此自是一物。餘說不可取，潰虛積藥中多用。《局》云：《圖經》石鷰產零陵，煮汁嘗之療五淋。產難雙拳俱一握，管教子母輒分生。石鷰，治淋，催難產。

**明·劉文泰《本草品彙精要》卷五**　石鷰無毒　土生。

石鷰：以水煮汁飲之，主淋有效。婦人難產，兩手各把一枚，立驗。名醫所錄。

【地】《圖經》曰：出零陵郡，今永州祈陽縣江傍沙灘上有之，形似蚶而小，其實石也。或云生山洞中，因雷雨則飛出，墮于沙上而化爲石，未審的否。《唐本》注云：俗云因雷雨則從石穴中出，隨雨飛墮者，妄也。惟永州祁陽縣西北百一十五里土岡上，掘深丈餘取之，形似蚶而小，堅重如石是也。《衍義》曰：今人用者如蜆蛤之狀，色如土，堅重則石也。既無羽翼，焉能自石穴中飛出，何故只墮沙灘上？此說近妄。《唐本》注永州土岡上掘深丈餘取之，形似蚶而小，重如石，則此自是一物，餘說不可取也。【時】生：無時。採：無時。【收】洗刷去泥土。【質】類蚶而小。【色】青白。【味】淡。【性】涼。【氣】氣之薄者，陽中之陰。【臭】腥。【主】催生，明目。【製】研細，水飛過用。【治】療：《圖經》曰：能催生，令產婦兩手各握一枚，須臾子則下。《別錄》云：療久患腸風痔瘻一二十年不瘥，面色虛黃，飲食無味，及患臟腑傷損，多患泄瀉，暑月常瀉不止。及諸般淋瀝，久患消渴，婦人月候湛濁，赤白帶下，多年不瘥。應是臟腑諸疾，皆主之。用石鷰淨洗，刷去泥土收之。右每日空心取一枚，於堅硬無油瓷器內，以溫水磨服之。如彈丸大者，一個分三服。大小以此爲準。晚食更一服，若欲作散，杵羅爲末，以磁石吸去杵頭鐵屑後，更入乳鉢內研細水飛過，取白汁如泔乳者，澄去水，曝乾，每服半錢至一錢，清飯飲調下，溫水亦得。此藥遍治久年腸風痔，須常服，勿令歇，服至一月，諸疾皆愈。【合治】合水牛鼻和煮飲之，止消渴。○以二七枚和五味炒，令熟，合酒一斗，浸三日，即每夜臥時隨性飲一兩盞，甚能補益，能吃食，令人健力。○爲末，不計時候，合葱白湯調服半錢，療傷寒，小腹脹滿，小便不通。○以七枚搗如黍米粒大，合新桑根白皮三兩，剉如豆粒，同拌令勻，分作七貼，每一貼用水一盞，煎取七分，去滓，於空心午前各一服，治淋瀝。

**明·鄭寧《藥性要略大全》卷八**　石燕　治淋，催產難，止消渴。　味甘、鹹，性涼，無毒。產零陵州。形似蚶而大小不一，又似燕，其實石也。有雌雄。難產時產婦兩手各握一枚，產立下。

**明·王文潔《太乙仙製本草藥性大全》卷六《本草精義》**　石鷰　出零陵

郡，今永州祈陽縣江傍沙灘上有之。形似蚶而小，其實石也。或云生山洞中，因雷雨則飛出，墮於沙上，而化爲石。未審的否。今人以催生，令産婦兩手各把一枚，須臾子下。收採無時。

**明・王文潔《太乙仙製本草藥性大全》卷六《仙製藥性》**　石鷰　氣良，無毒。　主治：　主久患腸風痔瘻大效，治傷寒小腹脹滿殊功。下淋瀝神驗，利小便不通。婦人産難，兩手各把一枚立驗。病者消渴，同水牛鼻煮飲即差。　補註：　治傷寒小腹脹滿，小便不通，用石鷰搗羅爲末，不計時候，葱白湯調半錢，得通爲度。〇治淋疾，用七枚，搗如黍米粒大，新桑根白皮三兩，剉如豆粒，同拌令均，分作七貼，用水一盞，煎一貼，取七分，去滓，每服空心午前各一服。〇久患腸風痔瘻，一二十年不差，面色虛黄，飲食無味，及患臟腑傷損，多患泄瀉，暑月常瀉不止，及諸般淋瀝，久患消渴，婦人月候湛濁，赤白帶下多年不差，應是臟腑諸疾皆主之，用石鷰净洗，刷去泥土取之，故每日空心取一枚，於堅硬無油瓷器內，以溫水磨服之，如彈丸大者，一枚分三服，大小以此爲準，晚食更一服。若欲作散，須先杵羅爲末，以磁石取去杵頭鐵屑後，更入堅磁鉢內，以硬乳槌研細水飛過，取白汁如泔乳者，澄去水，曝乾，每服半錢至一錢，清飲調下，溫水亦得。此方偏治久年腸風，特須常服，勿令歇，服至一月，諸疾皆愈。　《食療》云：　在乳穴石洞中者，冬月採之堪食。餘月採者只堪治病，不堪食也。又治法：　取石鷰二七枚，和五味炒令熟，以酒一斗，浸三日，即每夜臥時飲一兩盞，隨性也。甚能補益，能喫食，令人健力也。

**明・皇甫嵩《本草發明》卷五**　石鷰氣涼。形似蚶而小，如蜆蛤之狀，色如土，堅重，其實石也，亦似鷰。　水煮汁飲，治淋效。産難者，兩手各把一枚，立驗。取水牛鼻煮飲，治消渴。

**明・李時珍《本草綱目》卷一〇石部・石類下**　石燕《唐本草》

【集解】李勣曰：　石燕出零陵。恭曰：　永州祁陽縣西北一十里(有)土岡上，掘深丈餘取之。形似蚶而小，堅重如石也。俗云因雷雨則自石穴中出，隨雨飛墮者，妄也。頌曰：　祁陽縣江畔沙灘上有之。或云生洞中，凝僵似石者佳。采無時。宗奭曰：　石燕如蜆蛤之狀，色如土，堅重如石。既無羽翼，焉能飛出？　其言近妄。時珍曰：　石燕有二：　一種是此，乃石類也，狀類燕而有文，圓大者爲雄，長小者爲雌；　一種是鍾乳穴中石燕，似蝙蝠者，食乳汁能飛，乃禽類也，見禽部。禽石燕食乳，食之補助，與鍾乳同功，故方書助陽藥多用之。俗人不知，往往用此石爲助陽藥，刊于方册，誤矣。

【氣味】甘，凉，無毒。【主治】淋疾，煮汁飲之。婦人難産，兩手各把一枚，立驗《唐本》。療眼目障瞖，諸般淋瀝，久患消渴，臟腑頻瀉，腸風痔瘻，年久不瘥，面色虛黄，飲食無味，婦人月水湛濁，赤白帶下多年者，每日磨汁飲之。一枚用三日，以此爲準。亦可爲末，水飛過，每日服半錢至一錢，米飲服。至一月，諸疾悉平時珍。

【發明】時珍曰：　石燕性凉，乃利竅行濕熱之物。宋人修本草，以食鍾乳禽石燕，混收入此石燕下。故世俗誤傳此石能助陽，不知其正相反也。

【附方】舊三，新七。　傷寒尿濇：　小腹脹滿。石燕爲末，葱白湯調半錢，脹通爲度。《聖惠方》。　小便淋痛：　石燕子七枚，搗黍米大，新桑根白皮三兩剉，拌匀，分作七帖。每帖用水一盞，煎七分，空心、午前各一服。《簡要濟衆方》。　血淋心煩：　石燕子、商陸、赤小豆、紅花等分，爲末。每服一錢，葱白湯調下。《聖惠方》。　久年腸風：　石燕磨水，常服勿歇。《靈苑方》。　赤白帶下：　多年不止。石燕一枚，磨水服，立效。《徐氏家傳方》。　襁褓吐乳：　欬嗽，久不愈。石燕子爲末，以蜜調少許，塗唇上，日三五次。《衛生寶鑑》。　拳毛倒睫：　石燕子一雌一雄，磨水點搽眼。先以鑷子摘去拳毛，乃點藥，後以黄連水洗之。《乾坤生意》。　牢牙止痛：　石燕三對，火煅醋淬七次，青鹽、乳香各一兩，細辛半兩，爲末。揩之，荆芥湯漱口。一方：　去乳香、細辛，加麝香。　齒踈不堅：　石燕子五對，火煅，米醋淬七次，爲末，青鹽、麝香各少許，研勻。日用揩牙後，以温酒漱嚥之。《元遺山方》。　服石發動：　石燕子七個，打碎，水三升，煮二升，頻頻淋洗，以瘥爲度。《聖濟〔方〕》。

**明・梅得春《藥性會元》卷下**　石鷰　以水煮汁飲之，治淋有效。療消渴，婦人産難，兩手各把一枚，立下。出零陵。

**明・李中立《本草原始》卷八**　石鷰　出零陵郡，今永州祈陽縣江傍沙灘上有之。狀類鷰而有文，乃石類也，故名石鷰。氣味：　甘，凉，無毒。主治：　淋疾，煮汁飲之。婦人難産，兩手各把一枚，立驗。〇療眼目障瞖，諸般淋瀝，久患消渴，臟腑頻瀉，腸風痔瘻，年久不瘥，面色虛黄，飲食無味，婦人月水湛濁，赤白帶下多年者，每日磨汁飲之。一枚用三日，以此為準。亦可為末，水飛過，每日服半錢至一錢，米飲服，至一月，諸疾悉平。

石鷰，《唐本草》。【圖略】《徐氏家傳方》：　治婦人赤白帶下多年不止，用石鷰一枚，磨水服之，立效。

**明・張懋辰《本草便》卷二**　石燕　氣涼，無毒。　主淋，婦人難產，兩手各把一枚，立驗。

**明・李中梓《藥性解》卷一**　石鷰　性涼，無毒，味與經絡，諸書不載。主五淋小便不利，腸風痔瘻。婦人產難，兩手各握一枚，立驗。研細水飛用。按：《圖經》云：石鷰出零陵郡，今祁陽縣沙灘亦有之，形似蚶而小，其實石也。觀其主治，都是行下之功，《食療》贊其補益，似未然耳。

**明・倪朱謨《本草彙言》卷一二**　石燕　味甘，氣涼，無毒。　蘇氏曰：石燕，出永州祁陽縣江畔沙灘上有之。形如蚶而小，堅重如石也。　李氏曰：石燕有二種，一種是此石，狀類燕而有文，圓大者爲雌，黄小者爲雄；　一種是鍾乳穴中石燕，狀似蝙蝠，食鍾乳汁，能飛，乃禽類也。　今俗人不察，往往以此石燕爲助陽藥，刊于方書，誤矣。

陸杏園抄石燕，《唐本草》主摩目翳，通淋閉，止消渴，催難產，止赤白濁帶之藥也。用以麤石器中，磨水服之，一月，諸疾悉平。

**明・李中梓《本草通玄》卷下**　石燕　利竅，行濕通淋，目障腸風，痔瘻帶下，磨汁飲之。　難產，兩手各握一枚，立出。

**清・穆石匏《本草洞詮》卷三**　石燕　味甘，氣涼，無毒。治淋疾，療目障，腸風痔瘻，婦人赤白帶下。此利竅行濕熱之藥。另有石燕，禽類也，生鍾乳穴中，食乳汁能飛，補助與鍾乳同功。宋人修《本草》混入石類，謂能助陽，不知其用相反也。

**清・劉雲密《本草述》卷五**　石燕石燕如蜆蛤之狀，色如土，堅重如石。　恭曰：永州祁陽縣西北一十里(有)土岡上，掘深丈餘取之，形似蚶而小，堅重如石也。　頌曰：祁陽縣江畔沙灘上有之，或云生洞中，凝僵似石者，佳。采無時。　時珍曰：石燕有二，一種是此，乃石類也，狀類燕而有文，圓大者為雄，長小者為雌。一種是種乳穴中石燕，似蝙蝠者，食乳汁能飛，乃禽類也，見禽部。

氣味：甘，涼，無毒。　主治：療眼目障瞖，諸般淋瀝，久患消渴，臟腑頻瀉，腸風痔瘻，年久不瘥，面色虛黄，飲食無味。婦人月水湛濁，赤白帶下，多年者每日磨汁飲之，一枚用三日，以此為準。亦可為末，水飛過，每日服半錢至一錢，米飲服至一月，諸疾悉平。　時珍又曰：石燕性涼，乃利竅行溼熱之物。宋人修《本草》，以食鍾乳禽石燕混收入此石燕下，故世俗誤傳此石能助陽，不知其正相反也。石燕能利竅，行溼熱，東璧氏所云不妄。方書一案，治寒鬱熱之疝，用川烏、川楝、茴香，破其外寒，用石燕、土狗輩利其鬱熱，而疾平。或茲味能利竅行溼於下焦，有殊於他味之行溼而除熱者歟。

愚按：此種在方書主治諸證，用之寥寥。即女子赤白帶下，方書以是治療者亦少見也。第是物頗為得土氣之精專，而氣味且屬甘涼，即一二單方，多屬腎之合者以為功，是則時珍所列諸疾，概謂其悉平者，豈屬無稽哉？唯是食鍾乳之石燕，能為益陽之助，而不察者，輒與此石燕相混殊，大誤也。時珍特表而出之，更申明之曰：正相反。俾兩者俱得其用，不為無功也。

附方　小便淋痛，石燕子七枚，擣黍米大，新桑根白皮三兩，剉拌勻，分作七帖，每帖用水一盞，煎七分，空心午前各一服。　牢牙止痛，石燕三對，火煅醋淬七次，青鹽、乳香各一兩，細辛半兩，為末，揩之，荊芥湯漱口。一方去乳香、細辛，加麝香。　齒疎不堅，石燕子五對，火煅，米醋淬七次，為末，青鹽、麝香各少許，研勻，日用揩牙，後以溫酒漱咽之。

**清・郭章宜《本草匯》卷一八**　石燕　味甘，氣涼。治小便淋瀝，療赤白帶下。　按：石燕性涼，乃利竅行濕熱之物。婦人難產者，兩手各把一枚，立驗。　出零陵。火煅醋淬七次，為末用。其助陽者，乃禽部之石燕，俗人往往用此，謬矣。

附禽部石燕：甘，暖，壯陽事，暖腰膝，添精，禦風寒，縮便，潤皮膚。按：此乃土燕之乳，于巖穴者，狀似蝙蝠，口方，食石乳汁。取二七枚，和五味子炒熟，以酒一斗，浸三日，臥時隨飲，甚健力。冬月堪食，餘月止采治病。

**清・张璐《本經逢原》卷一**　石燕　鹹，寒，無毒。　發明：石燕出祁陽西北江畔沙灘上，形似蚪而小，堅重於石，俗云因雷雨則自石穴中出，隨雨飛墮者，妄也。其性寒涼，乃利竅行濕熱之物，故能療眼目障翳，磨水不時點之。熱淋煮汁飲之。婦人難產，兩手各執一枚即下，然不若磨汁飲之，僅似有理。

**清・黄元御《玉楸藥解》卷三**　石燕　味甘，性涼。入足少陰腎、足太陽膀胱經。利水通淋，止帶催生。石燕甘寒滲利，泄膀胱濕熱，治淋瀝熱濇，溺血便血，消渴帶下，痔瘻障瞖，齒動牙疼，拳毛倒睫。

**清・吳儀洛《本草從新》卷五**　石燕〔通，利竅，行濕熱。〕　甘，涼。利竅，行濕熱。治諸般淋瀝，月水湛濁，赤白帶下，腸風痔瘻，眼目障翳。出零陵。宋人修《本草》，以食鍾乳禽石燕混收入此石燕下，故世俗誤傳此石能助陽，不知其正相反也。或煮汁，或磨汁，或為末水飛。

**清・汪紱《醫林纂要探源》卷三**　石燕　鹹、辛，寒。形略似而色白。出衡山。天欲風則飛。功用略同石蟹，能祛風去瘀。

**題清・徐大椿《藥性切用》卷八**　石燕　一名土燕。性味甘溫，壯陽益氣，暖腎添精，禦風寒，縮小便。

**清・黃宮繡《本草求真》卷五**　石燕　嵩入脾、胃、肝、小腸。味甘氣寒，出於祁陽西北江畔灘上，其形似蚶而小，與(堅)〔燕〕不同，功嵩利竅除濕解熱。故凡目翳不開，熱淋不利，婦人難產等症，治當用此，無有不效。必審諸病，果因濕熱而成，方用。但書所云難產令婦兩手各執一枚，其胎即下，合之於理，似屬誕妄，未可盡信。磨汁服。書言因雷雨自石穴中出，隨雨飛墮者非。

**清・羅國綱《羅氏會約醫鏡》卷一八金石水土部**　石燕　水煮汁服之，治淋有功。婦人產難，兩手各握一枚，立驗。

**清・楊時泰《本草述鉤元》卷五**　石燕　狀如蜆蛤，色如土，堅重如石。永州祁陽縣西北十里有土岡，掘深丈餘取之恭。祁陽縣江畔沙灘上有之，或云生洞中，采無時頌。石燕有二：一種石類，即是此藥，狀類燕而有文，圓大為雄，長小為雌。一種禽類，乃鍾乳穴中石燕似蝙蝠者，食乳汁，能飛，見禽部瀕湖。

氣味甘涼。主療眼目障瞖，諸般淋瀝，久患消渴，臟腑頻瀉，腸風痔瘻，年久不瘥，面色虛黃，飲食無味。婦人月水湛濁，赤白帶下多年者，每日磨汁飲之，一枚用三日，以此為準，亦可為末，水飛過，每日服半錢至一錢，米飲服至一月，諸疾悉平瀕湖。石燕乃利竅行濕熱之物。觀治疝方，有用川烏、川楝、茴香破其外寒，而石燕、土狗輩利其鬱熱者，知茲味能利竅行濕於下焦也。小便淋痛，石燕七枚，搗黍米大，新桑根白皮三兩，剉，拌勻，分七帖，每帖用水一盞，煎七分，空心午前服。牢牙止痛，石燕三對，火煅醋淬七次，青鹽、乳香各一兩，細辛半兩，為末揩之，荊芥湯漱口。一方：去乳香、細辛，加麝香。齒疎不堅，石燕五對，火煅醋淬七次，為末，青鹽、麝香各少許，研勻，日用揩牙，後以溫酒漱咽之。

論：石燕得土氣之精專，而氣味甘涼，即一二單方多屬骨之合腎以為治，是瀕湖所列諸疾效當不謬也。

**清・葉桂《本草再新》卷九**　石燕　味甘，性溫，有微毒。入心、腎二經。壯陽益氣，暖腰膝，添精髓，潤皮膚，縮小便，禦風寒，嵐瘴瘟疫氣。

**清・趙其光《本草求原》卷二五石部**　石燕　甘，涼，利竅。行濕熱，治淋，利水，煮水飲，或同桑白煎服。血淋加赤小豆、紅花研，葱白湯下。目翳，磨水點。倒睫，磨點後黃連水洗。消渴頻瀉，腸內痔瘻，赤白濁帶，磨汁飲或為末飲下。兒嗽吐乳，蜜調下。齒疏牙痛。同鹽、麝擦。難產，兩手各把一枚，立下。火煅、醋淬、研細、水飛用。出祁陽江灘上，似蚪而小。

**清・文晟《新編六書》卷六《藥性摘錄》**　石燕　味甘，氣寒。入脾、胃、肺、大小腸。利竅，除濕解熱，治目翳不開，熱淋不利。○婦人難產，兩手各握一枚，即生。○入藥，磨汁服。

**清・戴葆元《本草綱目易知錄》卷七**　石燕　味甘，性涼。乃利竅行濕熱之品。諸般淋瀝，煮汁飲之。婦人難產，兩手各握一枚，立產。治眼目障瞖，消渴頻瀉年久，腸風痔瘻，婦人月水湛濁，赤白帶下，為末，水飛，米飲服一錢。

**清・陳其瑞《本草撮要》卷六**　石燕　味甘，涼，入手足太陰、少陰、陽明經，功專利竅行濕熱，治諸般淋瀝，月水淋濁，赤白帶下，腸風痔瘻，眼目障翳。或煮汁，或磨汁，為末水飛亦可。

### 石蟹

**宋・唐慎微《證類本草》卷四玉石部中品〔宋・馬志《開寶本草》〕**　石蟹　味鹹，寒，無毒。主青盲、目淫膚瞖及丁瞖，漆瘡。生南海。又云：是尋常蟹爾，年月深久，水沫相著，因化成石，每遇海潮即飄出。又一般入洞穴。年深者亦然。皆細研水飛過，入諸藥相佐用之，點目良。今附。

〔宋・掌禹錫《嘉祐本草》〕按：日華子云：石蟹，涼。解一切藥毒并蠱毒，催生，落胎，療血運，消癰，治天行熱疾等。並熟水磨服也。又云：浮石，平，無毒。止渴，治淋，殺野獸毒。

〔宋・蘇頌《本草圖經》〕曰：石蟹，出南海，今嶺南近海州郡皆有之。體質石也，而都與蟹相似。或云是海蟹多年水沫相著，化而爲石，每海潮風飄出，爲人所得。又一種入洞穴。年深者亦然。醋磨傅癰腫，亦解金石毒。採無時。

**宋・寇宗奭《本草衍義》卷五**　石蟹　直是今之生蟹，更無異處，但有泥與麤石相着。凡用，須去其泥并麤石，止用蟹，磨合他藥。點目中，須水飛。

**宋・王繼先《紹興本草》卷三**　石蟹　紹興校定：主治已載《本經》，此乃石類也。其狀全如蟹而大小不等。治目方中多用之，當從味鹹、寒、無毒。又注說浮石一種，乃治淋澀一良藥也。亦海中水沫之所結，久而性硬，其無毒則一矣。

**宋・劉明之《圖經本草藥性總論》卷上**　石蠏　味鹹，寒，無毒。主青盲，目淫膚翳，及丁翳漆瘡。生南海。又云：是尋常蟹爾，年月深久，水沫相著，因化成石，每遇海潮即飄出。又一般入洞穴年深者，亦然。皆細研，水飛過，入諸藥相佐用之，點目良。日華子云：涼。解一切藥毒並蠱毒，催生落胎，療血運，消癰，治天行熱疾，並熟磨服也。又云：浮石，平，無毒。止渴，治淋，殺野獸毒。醋磨，傅癰腫，亦解金石毒。

**明・王綸《本草集要》卷五**　石蟹　味鹹，氣寒，無毒。即是生蟹，年月久深，水沫相著，因化成石，故有泥石相著，用須去其泥及石。主青盲目淫膚翳，及丁翳漆瘡，解一切藥毒并蠱毒，消癰腫。治天行熱疾，並熱水磨服。細研，水飛過，入諸藥相佐用。點眼良。

**明・滕弘《神農本經會通》卷六**　石蠏　是尋常蠏，年月深久，水沫相著，因化成石，故有泥石相著。用須去其泥及石。南恩州出南海，今嶺南近海州郡皆有之。

味鹹，氣寒，無毒。《本經》云：主青盲，目淫膚瞖，及丁瞖漆瘡。生南海，皆細研，水飛過，入諸藥相佐，用之點目良。日華子云：涼。解一切藥毒并蠱毒，催生落胎，療血運，消癰，治天行熱疾，并熱水磨服也。又云：浮石，平，無毒。止渴治淋，殺野獸毒。《圖經》云：醋磨，傅癰腫，亦解金石毒。《衍義》曰：直是今之生蟹，更無異處，但有泥與粗石相着，凡用須去其泥并粗石，止用蟹磨，合他藥，點目中，須水飛。又云：浮石，水飛，治目中瞖。今皮作家用之，磨皮上垢，無出此石。石蟹條中云浮石，平，無毒。止渴，治淋，殺野獸毒。合於此條收入。

**明・劉文泰《本草品彙精要》卷三**　石蟹無毒。附浮石。　土石生。

石蟹：主青盲目淫，膚翳及疔翳，漆瘡。細研，水飛過，入諸藥相佐用之，點目良。名醫所錄。

【地】《圖經》曰：生南海，今嶺南近海州郡皆有之。體質石也，而都與蟹相似。又云：是尋常蟹爾，年月深久，水沫相著，因化成石。每遇海潮即飄出。又一種入洞穴，年深者亦然。《衍義》云：石蟹真似今之生蟹，更無異處，但有泥與粗石相著爾。又有浮石，平，無毒，亦產海濱。今皮作家用之，磨皮上垢，無出此石。及治淋，止渴，殺野獸毒。水飛亦治目中翳有效。故附見於此。【時】生：無時。採：無時。【用】形體全具者佳。【質】狀如生蟹。【色】青、黑。【味】鹹。【性】寒，軟。【氣】氣薄味厚，陰也。【臭】朽。【主】消癰腫，去目翳。【製】去泥並粗石，細研，水飛過用。【治】療：日華子云：催生，血暈，天行熱疾，並熟水磨服。浮石止渴治淋。【合治】合醋磨，癰腫。【禁】妊娠不可服。

【忌】一切藥毒並蠱毒、金石毒、野獸毒。

**明・鄭寧《藥性要略大全》卷八**　石蟹　明目，治青盲，去橫翳、目淫，膚翳、疔翳、漆瘡，消癰腫，止渴，催生下胎，治血運，除淋瀝，解一切藥石併蠱毒。治天行熱病。　味鹹，性寒，無毒。凡用須去泥沙石，細研水飛過入藥。

**明・陳嘉謨《本草蒙筌》卷八**　石蟹　味鹹，氣寒，無毒。似生蟹形狀，出近海郡州。云：是海蟹多年水沫相着，化而為石也。風潮飄出，人纔得之。多夾麄石污泥，凡用去淨摩細。清水飛過，佐藥取功。點目中生瞖腫疼，解腹內中毒蠱脹。平癰掃瘮，用醋摩敷。催生落胎。○石蛇盤曲似蛇，但無首尾。內空紅紫，着色又如車螺。雖與石蟹類同，不知何物所化。以左盤者為善，解金石毒極良。○石鷰氣涼，亦與鷰似。水煮汁服，治淋有功。婦人產難，兩手各把一枚立驗；病者消渴，同水牛鼻煮飲即差。○石蠶類蠶，用須摩細。破石淋血結，主金瘡生肌。

**明・王文潔《太乙仙製本草藥性大全》卷六《本草精義》**　石蠏　生南海，今嶺南近海州郡皆有。體質石也，與蠏相似。或云：是海蠏，多年水沫相著化爲石，每海潮風飄出，爲人所得。又一種入洞穴年深者亦然，更無異處，但有泥與麄石相著。凡用須去泥并麄石，止用蠏磨合他藥，點目中須水飛過。採無時。

**明・王文潔《太乙仙製本草藥性大全》卷六《仙製藥性》**　石蠏　味鹹，氣寒，無毒。主治：治天行熱疾，療血暈消癰。點目中生瞖腫疼，解腹內中毒蠱脹。平癰掃瘮，用醋摩效。催生落胎。　補註：天行熱病，消腫血暈，並用熱水磨服。○點目瞖，用石蠏去粗石，飛過，合他藥點之效。○消癰腫，醋磨傅之。亦解金石毒。

**明・皇甫嵩《本草發明》卷五**　石蠏中品。味(醋)〔酸〕，寒，無毒。　發明曰：　石蠏，眼科之聖藥。故《本草》主青盲，目中生瞖及下瞖。又兼療漆瘡。又云：　解一切藥毒蠱毒，消癰腫，天行熱疾斑疹。用醋摩敷。催生落胎，去淨沙石，摩細，水飛，佐藥點眼尤專。形似蠏，是海蠏，年久水沫相着，化成石，海潮飄出，人得之。《圖經》云：　躰質是石也。多夾粗石沙泥，凡用之須淨洗去，研細，水飛過用之。

**明・李時珍《本草綱目》卷一〇石部・石類下**　石蟹宋《開寶》

【集解】志曰：　石蟹生南海，云是尋常蟹爾，年月深久，水沫相着，因化成石，每遇海潮即飄出。又有一種入洞穴年深者亦然。皆細研水飛，入諸藥相助用之。頌曰：　近海州郡皆有之。體質石也，而都與蟹相似，但有泥與粗石相着爾。時珍曰：　按顧玠《海槎録》云：　崖州榆林港內半里許，土極細膩，最寒，但蟹入則不能運動，片時成石矣。人獲之名石蟹，置之几案，云能明目也。復有石鰕似鰕，出海邊；　石魚似魚，出湘山縣。石魚、鰕並不入藥用。《一統志》言，鳳翔汧陽縣西有山魚隴，掘地破石得之，云可辟蠹也。

【氣味】鹹，寒，無毒。　【主治】青盲目淫，膚瞖丁瞖，漆瘡《開寶》。解一切藥毒并蠱毒，天行熱疾，催生落胎，療血運，並熱水磨服大明。醋摩傅癰腫。熟水磨服，解金石毒蘇頌。

【附方】新一。　喉痹腫痛：　石蟹磨水飲，并塗喉外。《聖濟錄》。

**明・梅得春《藥性會元》卷下**　石蟹　味鹹，氣寒，無毒。云是尋常蟹，年月深久，水沫相著，因化成石。每遇海潮即飄出。又一般入洞穴，年久亦然。　主治青盲目淫，膚翳，及漆瘡。生海南。　又云：　浮石，平，無毒。止渴，治淋，殺野獸毒。其石蟹皆研極細，水飛過入諸藥佐用，點眼良。又云解一切毒，蠱毒，催生落胎，療血暈，消癰，治天行熱疾。並用熱水磨服。

**明・李中立《本草原始》卷八**　石蟹　生南海，今嶺南近海州郡皆有之。體質石也，而都與蟹相似。或云是海蟹，多年水沫相著，化而為石。每遇海潮即飄出。又一般入洞穴年深者亦然。采無時。石蟹　氣味：　鹹，寒，無毒。主治：　青盲目淫，膚瞖丁瞖，漆瘡。○解一切藥毒并蠱毒，天行熱疾，催生落胎，療血運，並熱水磨服。○醋摩，傅癰腫。熟水磨服，解金石毒。

石蟹，宋《開寶》。【圖略】按顧玠《海槎錄》云：　崖州榆林港內半里許，土極細膩，最寒，但蟹入則不能運動，片時成石矣。人獲之名石蟹，置之几案，云能明目也。

**明・張懋辰《本草便》卷二**　石蠏　味鹹，氣寒，無毒。　主青盲，目淫膚瞖及百瞖，漆瘡，解一切藥毒并蠱毒，消癰腫，治天行熱疾。

**明・倪朱謨《本草彙言》卷一二**　石蟹　味鹹，氣寒，無毒。　馬氏曰：　石蟹，生南海州土，云是海畔活蟹，年月深久，水沫相着，因而化成石，每遇海潮即飄出。　李氏曰：　按顧玠《海槎錄》云：　崖州榆林港內半里許，土極細膩，水最寒，但蟹入則不能運動，年月深久，竟成石矣。外有石鰕，似鰕出海邊；　石魚似魚，出湘山縣石魚山，并不入藥用。

石蟹：　《開寶》方：　主目淫膚翳，青盲，解天行熱疾、煩渴，化蠱毒、丹毒、喉痹，并宜熟水磨服。

**清・汪昂《本草備要》卷四**　石蟹重，瀉，明目。　鹹，寒。治青盲目翳，天行熱疾，解一切金石藥毒。醋磨，敷癰腫。出南海。身全是蟹，而質石也。細研，水飛用。

**清・馮兆張《馮氏錦囊秘錄・雜症痘疹藥性主治合參》卷五**　石蟹　點目中生翳腫疼，解腹內中毒蠱脹。平癰掃瘮，催生落胎。石蛇，解金石毒良。石燕，水煮汁服之，治淋有功。若婦人產難，兩手各握一枚，立驗。病者消渴，同水牛鼻煮飲即愈。石蠶，破石淋血結，主金瘡生肌。

**清・张璐《本經逢原》卷一**　石蟹　甘，寒，無毒。　發明：　石蟹生南海，近海州郡皆有之，體質石也，與蟹相似。或言崖州榆林港內，土極細最寒，蟹入不能運動，片時成石，亦妄言也。其性鹹寒，質堅，能磨翳積，故青盲、目淫膚翳、丁翳、漆瘡，皆水磨點塗。催生下胎，療熱極血暈，熟水磨服。

**清・王子接《得宜本草・下品藥》**　石蟹　味醎，寒。入足厥陰經。主治青盲丁瞖。得羚羊角、決明治胬肉攀睛。

**清・黃元御《玉楸藥解》卷三**　石蠏　味苦、鹹，性寒。入手少陰心、足少陽膽經。清心泄熱，明目磨瞖。石蠏鹹寒泄火，治青盲白瞖，瘟疾熱疾，催生落胎，行血消腫，癰疽熱毒。吹喉痹，解漆瘡。

**清・吳儀洛《本草從新》卷五**　石蟹(重，瀉，明目。)　鹹，寒。治青盲目翳，天行熱疾，解一切金石藥毒，醋磨敷癰腫。出南海。體質石也，而與蟹相似。細研水飛。

**清・汪紱《醫林纂要探源》卷三**　石蟹　鹹，寒。形似也。或云即蟹所化。出南海。又山中有石蝸、石螺，亦此類也。補心散瘀，去妄熱，解金石毒。性味功用仍同蟹而更和平。治天行暴熱，明目去翳，平相火也。又解一切金石丹毒。醋磨外傅，亦治一切腫毒。

**清・嚴潔等《得配本草》卷一**　石蟹　鹹，寒。入足厥陰經。治天行熱疾，催生落胎，明目解毒，敷癰腫，消翳肉。細研，水飛用

**清・羅國綱《羅氏會約醫鏡》卷一八金石水土部**　石蟹　點目中生翳腫痛，天行熱疾，解一切金石藥毒，散癰腫醋磨敷。細研，水飛用。

**清・趙其光《本草求原》卷二五石部**　石蟹　鹹，寒，無毒。水沫所結，能磨翳積，治青盲、目翳、漆瘡、天行熱疾、熱瘀血暈，解一切藥毒、金石毒，催生，喉痹腫痛，熱水磨服，並點。癰疽。醋磨服。　出南海，形如蟹，研細，水飛用。

**清・陳其瑞《本草撮要》卷六**　石蟹　味鹹，寒，入足厥陰經，功專治青盲目翳。得羚羊角、決明治翳肉攀睛。若喉痹腫痛，以石蟹磨汁飲，并塗喉外。醋磨敷癰腫。

### 石螺螄

**清・趙學敏《本草綱目拾遺》卷二石部**　石螺螄　《百草鏡》：出廣東，修治與石燕同。治瞽目眼疾。按：石螺螄形似螺，而體質則石也。亦石蟹、石蛇之類，故主治亦大略相似。

### 石鼈

**明・李時珍《本草綱目》卷一〇石部・石類下**　石鼈《綱目》

【集解】時珍曰：石鼈生海邊，形狀大小儼如䗪蟲，蓋亦化成者。䗪蟲俗名土鼈。

【氣味】甘，凉，無毒。【主治】淋疾血病，磨水服時珍。

**清・王道純《本草品彙精要續集》卷一**　石鼈無毒

石鼈：主淋疾血病，磨水服《本草綱目》。【地】李時珍云：石鼈，生海邊。【質】形狀大小儼如䗪，蓋亦化成者。䗪蟲，俗名土鼈。【味】甘。【性】凉。

**清・黃元御《玉楸藥解》卷三**　石（鰲）〔鼈〕　味甘，性凉。入足太陽膀胱經。通淋瀝，止便血。石（鰲）〔鼈〕清泄膀胱，治小便淋瀝。

### 石蠶

**宋・唐慎微《證類本草》卷五玉石部下品〔宋・馬志《開寶本草》〕**　石蠶　無毒。主金瘡止血，生肌，破石淋，血結。摩服之，當下碎石。生海岸石傍，狀如蠶，其實石也。今附。



〔宋・掌禹錫《嘉祐本草》〕按：《藥訣》云：石蠶，味苦，熱，有毒。

**宋・王繼先《紹興本草》卷三**　石蠶　紹興校定：石蠶本石類，其形頗類蠶也。主治雖具《本經》，亦是稀用之藥。《本經》云無毒。又《藥訣》云苦，熱，有毒。據止血、生肌，又破石淋，即非性熱、有毒。今當以味苦、平、無毒為定。謹詳蟲魚部復有石蠶一種，與此石蠶名同實異也。

**明・劉文泰《本草品彙精要》卷六**　石蠶無毒。《藥訣》云有毒。　水石生。

石蠶：主金瘡，止血，生肌，破石淋，血結，摩服之，當下碎石。名醫所錄。

【地】《圖經》曰：生海岸石傍，狀如蠶，其實石也。【時】採：無時。【質】類殭蠶。【色】青白。【味】苦。【性】熱。【氣】氣厚于味，陽中之陰。【臭】朽。【主】石淋，金瘡。【製】研細或摩用之。

**明・王文潔《太乙仙製本草藥性大全》卷六《本草精義》**　石蠶　生南海岸邊石傍，其狀類蠶而色黑，其實乃石也。

**明・王文潔《太乙仙製本草藥性大全》卷六《仙製藥性》**　石蠶　味苦，氣熱，有毒。主治：破石淋血結瀝病如神，主金瘡止血生肌奇特。補註：治石淋，用水細細摩服之，當下碎石。

**明・李時珍《本草綱目》卷一〇石部・石類下**　石蠶宋《開寶》

【釋名】石殭蠶《綱目》【集解】志曰：石蠶生海岸石旁，狀如蠶，其實石也。

【氣味】苦，熱，無毒。藥訣曰：苦，熱，有毒。獨孤滔曰：制丹砂。【主治】金瘡止血生肌，破石淋血結，磨服，當下碎石《開寶》。

**清・黃元御《玉楸藥解》卷三**　石蠶　味苦，微凉。入足太陽膀胱經。通淋瀝，生肌肉。石蠶清利膀胱，治石淋血結，磨服則下碎石。

**清・羅國綱《羅氏會約醫鏡》卷一八金石水土部**　石蠶　破石淋血結，主金瘡生肌。

### 砭石

**明・李時珍《本草綱目》卷一〇石部・石類下**　砭石音邊。《綱目》。

【釋名】鍼石【集解】時珍曰：按《東山經》云，高氏之山，鳧麗之山，皆多鍼石。郭璞注云：可爲砭針也。《素問・異法方宜論》云：東方之域，魚鹽之地，海濱傍水，其病爲瘡瘍，其治宜砭石，故砭石亦從東方來。王冰注云：砭石如玉，可以爲鍼。蓋古者以石爲鍼，季世以鍼代石，今人又以瓷鍼刺病，亦砭之遺意也。但砭石無識者，豈即石砮之屬爲之歟。

〖主治〗刺百病癰腫。

**清・王道純《本草品彙精要續集》卷一**　砭石音邊

砭石：　主刺百病及癰腫《本草綱目》，通血脈，理氣滯，古時用之《品彙續集》。〖名〗針石。　〖地〗《東山經》云：　高氏之山，鳧麗之山，皆多鐵石。　〖用〗郭璞注云：　鐵石可爲砭針。　〖質〗王冰注云：　砭石如玉，蓋古者以石爲針，季世以針代石，今人又以瓷針刺病，亦砭之遺意也。　〖治〗《素問・異法方宜論》云：　東方之域，魚鹽之地，海濱旁水，其病爲瘡瘍，其治宜砭石，故砭石亦從東方來，但世無識者，豈即石砮之屬爲之歟，故附石砮於後。

### 石砮

**明・李時珍《本草綱目》卷一〇石部・石類下**　石砮時珍曰：　石砮出肅慎。國人以枯木爲矢，青石爲鏃，施毒，中人即死。石生山中。《禹貢》荆州、梁州皆貢砮，即此石也。又南方藤州，以青石爲刀劍，如銅鐵，婦人用作環玦。琉球國人墾田，以石爲刀，長尺餘。皆此類也。

### 礪石

**宋・唐慎微《證類本草》卷四玉石部中品〔宋・掌禹錫《嘉祐本草》〕**　礪石　無毒。　主破宿血，下石淋，除癥結，伏鬼物惡氣，一名磨石。　燒赤熱投酒中，飲之。　即今磨刀石，取垽，傅蠼螋溺瘡，有效。　又不欲人蹋之，令人患帶下，未知所由。　又有越砥石，極細，磨汁滴目，除障闇，燒赤投酒中，破血瘕痛。　功狀極同，名又相近，應是礪矣。《禹貢》注云：　砥細於礪，皆磨石也。新補，見陳藏器。

**宋・唐慎微《證類本草》卷三〇有名未用・草木〔《別錄》〕**　越砥音旨　味甘，無毒。　主目盲，止痛，除熱瘙。

〔梁・陶弘景《本草經集注》〕云：　今細礪石出臨平者。

〔宋・掌禹錫《嘉祐本草》〕按：　《蜀本》注云：　今據此在草木類中，恐非細礪石也。

**宋・王繼先《紹興本草》卷一**　礪石　紹興校定：　礪石，即今之磨刀石也。　又有越砥石一種，其狀頗細於礪而主治一同，《本經》云應是礪矣。　況諸石皆可磨刀，今定當取越砥石正作礪石用，庶使有準。　主治已載《本經》，無毒者是矣。

**明・王綸《本草集要》卷五**　礪石即磨刀石。　無毒。　主破宿血，下石淋，除癥結，伏鬼物惡氣，燒赤，熱投酒中，飲之。

**明・滕弘《神農本經會通》卷六**　礪石　即磨刀石。　《本經》云：　無毒。　主破宿血，下石淋，除癥結，伏鬼物惡氣。　燒赤，熱投酒中，飲之。　取垽，傅蠷螋溺瘡有效。

**明・劉文泰《本草品彙精要》卷三**　礪石無毒。附砥石。　土生。

礪石：　主破宿血，下石淋，除癥結，伏鬼物惡氣。　燒赤熱，投熱酒中飲之。名醫所錄。　〖名〗磨石。　〖地〗《圖經》曰：　即今磨刀石。《本經》不載所出，今處處有之。　又不欲人蹋之，令人患帶下，未知所由。　又有越砥石，極細，磨汁滴目，除障闇。　燒赤投酒中，破血瘕痛。　功狀極同，名又相近，應是礪矣。《禹貢》注云：　砥細於礪，皆磨石也。　〖時〗採：　無時。　〖臭〗朽。　〖製〗研細，水飛過用。　〖治〗療：　《圖經》曰：　磨刀石垽，傅蠼螋溺瘡。

**明・鄭寧《藥性要略大全》卷八**　礪石　無毒。　主破宿血癥結，下石淋。燒赤投酒中，飲之破血。取垽傅蠼螋瘡。

**明・王文潔《太乙仙製本草藥性大全》卷六《本草精義》**　礪石　一名磨刀，即磨刀石。不欲人蹋之，令人患帶下，未知所由。　越砥石，《禹貢》註云：　細於礪，皆磨石也。

**明・王文潔《太乙仙製本草藥性大全》卷六《仙製藥性》**　礪石即磨刀石。　無毒。　主治：　破宿血神方，下石淋秘旨。　癥瘕熱結堪除，鬼物惡氣即伏。　補註：　蠷螋溺瘡，磨刀石取垽傅患處大效。○破血下淋，用石燒赤投酒中服良。　越砥石：　即礪之極細者。　主治：　磨汁令極細滴目，除障暗；　燒赤淬酒服，破血瘕痛疼。　功狀極同，名又相近，應是礪矣。

**明・皇甫嵩《本草發明》卷五**　礪石中品。無毒。　主破宿血，下石淋，除癥結，伏鬼物惡氣。　燒赤熱，投酒中飲之。今磨刀石，取垽，傅蠼螋溺瘡妙。○又有越砥石，極細，磨汁，滴目除障闇，燒赤，投酒中，破血癥痛。砥細下礪，皆磨石功，狀亦相近。

**明・李時珍《本草綱目》卷一〇石部・石類下**　越砥《別錄》中品

〖釋名〗磨刀石藏器　羊肝石《綱目》　礪石時珍曰：　《尚書》荆州厥貢砥礪。注云：　砥以細密爲名，礪以粗糲爲稱。俗稱者爲羊肝石，因形色也。弘景曰：　越砥，今細礪石也。出臨平。

〖氣味〗甘，無毒。　〖主治〗目盲，止痛，除熱瘙《本經》。　磨汁點目，除障翳。燒赤投酒飲，破血瘕痛切藏器。

礪石　〔主治〕破宿血，下石淋，除結瘕，伏鬼物惡氣，燒赤投酒中飲之。人言蹋之患帶下，未知所由藏器。

磨刀垽一名龍白泉粉。　〔主治〕傅蠼螋尿瘡，有效藏器。塗瘰癧結核時珍。

**清·嚴潔等《得配本草》卷一**　羊肝石即越砥。　甘，無毒。磨汁點目，除翳。燒赤投酒頻飲，破血瘕，下石淋。塗瘰癧結核。

## 空青

**宋·李昉《太平御覽》卷第九八八**　空青　《江乘地記》曰：樵採者，嘗於山上得空青。此山三朝出雲，雨必降，民以為常占。《范子計然》曰：空青、曾青，出巴都，白青又出巴郡，盧青出弘農、豫章。《本草經》曰：空青，味甘，寒。生山谷。明目，久服輕身延年。能化銅鉛作金。生益州。《吳氏本草》曰：空青，神農：甘，一經：酸。久服有神仙玉女來侍，使人志高。

**唐·歐陽詢《藝文類聚》卷八一**　空青　《本草經》曰：空青，生山谷。久服輕身延年，能化銅鉛作金。生益州。《范子計然》曰：空青，出巴郡。白青、曾青出弘農、豫章。白青出新淦，青色者善。《博物志》曰：徐公時令人於西平青山採取空青。江乘《地記》曰：樵採者常於山上得空青，此山一朝出雲，零雨必降，民人以為常占。

**宋·唐慎微《證類本草》卷三玉石部上品〔《本經·別錄》〕**　**空青：味甘、酸，寒、**大寒，無毒。**主青盲，耳聾，明目，利九竅，通血脈，養精神，**益肝氣，療目赤痛，去膚翳，止淚出，利水道，下乳汁，通關節，破堅積。**久服輕身，延年不老，**令人不忘，志高，神仙。**能化銅、鐵、鉛、錫作金。**生益州山谷及越巂山有銅處。銅精熏則生空青，其腹中空。三月中旬採，亦無時。

〔梁·陶弘景《本草經集注》〕云：越巂屬益州。今出銅官者，色最鮮深，出始興者弗如，益州諸郡無復有，恐久不採之故也。涼州西平郡有空青山，亦甚多。今空青但圓實如鐵珠，無空腹者，皆鑿土石中取之。又以合丹成，則化鉛爲金矣。諸石藥中，惟此最貴。醫方乃稀用之，而多充畫色，殊爲可惜。

〔唐·蘇敬《唐本草》〕注云：此物出銅處有，乃兼諸青，但空青爲難得。今出蔚州、蘭州、宣州、梓州。宣州者最好，塊段細，時有腹中空者。蔚州、蘭州者，片塊大，色極深，無空腹者。

〔宋·馬志《開寶本草》〕注：今出饒、信等州者，亦好。

〔宋·掌禹錫《嘉祐本草》〕按：《范子計然》云：空青出巴郡。白青、曾青出新淦。青色者善。《藥性論》云：空青，君，畏菟絲子。能治頭風，鎮肝，瞳人破者，再得見物。蕭炳云：腹中空，如楊梅者勝。日華子云：空青大者如鷄子，小者如相思子，其青厚如荔枝殼，内有漿酸甜，能點多年青盲内障翳膜，養精氣，其殼又可摩翳也。

〔宋·蘇頌《本草圖經》〕曰：空青，生益州山谷及越巂山有銅處，銅精熏則生空青，今信州亦時有之。狀若楊梅，故別名楊梅青。其腹中空，破之有漿者絕難得。亦有大者如鷄子，小者如豆子，三月中旬採，亦無時。古方雖稀用，而今治眼翳障，爲最要之物。又曾青所出與此同山，療體頗相似，而色理亦無異，但其形累累如連珠相綴，今極難得。又有白青，出豫章山谷，亦似空青，圓如鐵珠，色白而腹不空，亦謂之碧青，以其研之色碧也。亦謂之魚目青，以其形似魚目也。無空青時，亦可用，今不復見之。

〔宋·唐慎微《證類本草》〕《千金方》：治眼䀮䀮不明。以空青少許，漬露一宿，以水點之。又方：治口喎不正。取空青一豆許，含之即效。《肘後方》：治卒中風，手臂不仁，口喎僻。取空青末一豆許，著口中，漸入咽即愈。

**宋·寇宗奭《本草衍義》卷四**　空青　功長于治眼。仁廟朝，嘗詔御藥院，須中空有水者，將賜近戚，久而方得。其楊梅青，治翳極有功。中亦或有水者，其用與空青同，第有優劣耳。今信州穴山而取，世謂之楊梅青，極難得。

**宋·王繼先《紹興本草》卷二**　空青　紹興校定：空青謂其色青而中空，故名空青也。形如楊梅，色青翠可愛，療諸目疾甚驗。雖云其中有水，能愈目盲，然亦未聞見有水者，其無水者亦少得之。此物即非大寒，今當作味甘酸、寒、無毒是也。若其色帶白而中實者，即非空青矣。

**宋·劉明之《圖經本草藥性總論》卷上**　空青　味甘、酸，寒、大寒，無毒。主青盲，耳聾，明目，利九竅，通血脉，養精神，益肝氣。療目赤腫，去膚翳，止淚出。利水道，下乳汁，通關節，破堅積。《藥性論》云：君。能治頭風，鎮肝。瞳人破者，再得見物。一云：治中風，手臂不仁，口喎不正。畏菟絲子。

**明·王綸《本草集要》卷五**　空青君　味甘酸，氣寒，無毒。畏菟絲子。生用。〔出有〕銅處，銅精熏則生空青，其腹中空，破之有漿者絕佳。　主青盲，耳聾，明目。療赤痛，去膚翳，止淚出，利九竅，通血脈，養精神，益肝氣，久服輕身延年不老。能化銅、鐵、鉛、錫作金。腹中漿，點眼為最要藥。殼，亦可摩翳。

**明・滕弘《神農本經會通》卷六** 空青 君也。畏菟絲子。生有銅處，銅精熏則生空青，其腹中空。三月中旬採，亦無時。狀若楊梅，其腹中空，破之有漿，絕難得。大者如雞子，小者如豆子。信州生，益州山谷及越嶲山有銅處，銅精熏則生空青。今信州亦時有之，故別名楊梅青。

味甘酸，氣寒、大寒，無毒。一云：酸、甜。《本經》云：主青盲，耳聾，明目，利九竅，通血脉，養精神，益肝氣。療目赤痛，去膚瞖，止淚出，利水道，下乳汁，通關節，破堅積。久服輕身，延年不老，令人不忘，志高神仙。能化銅、鐵、鉛、錫作金。《藥性論》云：君。畏菟絲。能治頭風，鎮肝。瞳人破者，再得見物。日華子云：大者如雞子，小者如相思子，其青厚如荔枝殼，內有漿酸甜，能點多年青盲，內障瞖膜，養精氣。其殼，又可摩瞖也。《圖經》云：古方雖稀用，而今治眼瞖障為最要之藥。《衍義》曰：空青，功長於治眼，其仁廟朝，嘗詔御藥院，須中空有水者，將賜近戚，久而方得。其楊梅青，治瞖極有功。中亦或有水者，其用與空青同，第有優劣耳。今信州穴山而取，世謂之楊梅青，極難得。《局》云：空青功效似曾青，同出銅山却異名。主治頭風并目痛，瞳人雖破也還明。目破瞳人，得空青而復舊。

**明・劉文泰《本草品彙精要》卷一** 空青無毒 土石生。

**空青**出《神農本經》：**主青盲，耳聾，明目，利九竅，通血脈，養精神，久服輕身，延年不老，能化銅、鐵、鉛、錫作金。**以上朱字《神農本經》。益肝氣，療目赤痛，去膚翳，止淚出，利水道，下乳汁，通關節，破堅積，令人不忘，志高神仙。以上黑字名醫所錄。【名】楊梅青、碧青、魚目青、白青、脫剔牙。【地】《圖經》曰：空青生益州山谷及越嶲山有銅處，銅精熏則生空青。今信州亦時有之，狀若楊梅，故別名楊梅青。其腹中空，破之有漿者，絕難得。亦有大者如雞子，小者如豆。古方雖稀用，而今治眼翳障爲最要之物。又有白青，出豫章山谷，亦似空青，圓如鐵珠，色白而腹不空。亦謂之碧青，以其研之色碧也，亦謂之魚目青，以其形似魚目也。無空青時亦可用，今不復見之。陶隱居云：越嶲屬益州。今出銅官者色最鮮深，出始興者弗如，益州諸郡無復有，恐久不採之故也。凉州西平郡有空青山，亦甚多。今空青但圓，實如鐵珠，無空腹者，皆鑿土石中取之。又以合丹，成則化鉛爲金矣。諸石藥中，惟此最貴。醫方乃稀用之，而多充畫色，殊爲可惜。《唐本》注云：此物出銅處，有乃兼諸青，但空青爲難得。今出蔚州、蘭州、宣州、梓州。宣州者最好，塊段細，時有腹中空者。蔚州、蘭州者片塊大，色極深，無空腹者。【時】採：無時，又云三月中旬取。【收】採時搖之響者有漿，隨以濕土養之。否則漿乾不甚珍也，入藥功力差小。【用】有漿者最佳。【質】殼如荔枝，其腹中空。【色】青。【味】甘，酸。【性】寒，緩，收。【氣】味厚于氣，陰也。【主】鎮肝明目。【反】畏菟絲子。【治】療：《藥性論》云：去頭風，鎮肝，瞳人破者再得見物。日華子云：殼內漿能點多年青盲，內障，翳膜，養精氣，其殼又可磨翳也。

**明・許希周《藥性粗評》卷四** 瞳人復舊於空青。

空青，石如雞子，或彈丸大，內空，有青汁。生銅山，乃銅精熏蒸而成。川陝山谷每每有之，但極難得耳。採無時。畏菟絲子。味甘、鹹，性大寒，無毒。主治青盲，瞳人反背，退瞖明目，利九竅，通血脉，破堅積，久服令人不忘。

單方：眼暗：以空青石少許，水漬露一宿，以水點之，妙。口喎：凡患中風口眼喎斜者，以空青石一豆許，含之即正。

**明・鄭寧《藥性要略大全》卷八** 空青君 治青盲，瞳人復舊。除翳障諸疾，眼科之聖藥也。味甘、酸，氣寒，無毒。畏菟絲子。生出銅處。銅精氣熏則生之。今信州時出，但腹中空。其有漿者極難得。其大者如雞子，小者如梅如豆。治眼極妙，效難盡述。形如荔枝，其色青翠可愛。○又云：欲要取其汁，得成個全殼埋地中一二夜，即有汁，取以點眼，比殼尤為速效。

**明・陳嘉謨《本草蒙筌》卷八** 空青 味甘、酸，氣寒。無毒。出益州深山，生有銅處所。銅精熏則生空青，腹中空，破有漿水。儻得之，雖腹中空，取無漿汁者，將成箇全殼埋地三五夜，自然生出。大若鷄蛋，畏惟菟絲。能化銅鐵鉛錫作金，濟貧助富；專治赤腫青盲眼疾，去暗回明。漿為點眼僊丹，殼亦摩瞖要藥。諺云：不怕人間多眼瞎，只愁世上無空青，此可徵也。益肝氣，養子精，利九竅，通血脉。曾青氣味頗似，所畏菟絲又同。但形若連珠，纍纍相綴；亦生于蜀益，求真極難。可立制砂汞成銀，能竟除目痛止淚。其餘治體，彷彿如前。○綠青畫者多求，有青白花紋，吐風痰甚速。白青時不多見，似魚目青碧，俗謂魚目青，不入畫。治眼目亦靈。扁青療折跌癰腫金瘡，令人有子；膚青主蠱毒蛇菜諸毒，令人尫羸。

**明・王文潔《太乙仙製本草藥性大全》卷六《本草精義》** 空青 難得，

倘得之，雖腹中空，取無漿汁者，將成箇全殼埋地三五夜，自然生出。亦有大者如鷄子，小者如豆子。三月中旬採，亦無時。古方雖稀用，而今治眼翳障爲最要之物。

**明·王文潔《太乙仙製本草藥性大全》卷六《仙製藥性》** 空青君 味甘、酸，氣寒，無毒。能化銅、鐵、鉛、錫作金，濟貧助富。 主治：利水道而下乳汁，通關竅而破癥堅。專治青盲眼疾，能醫耳聾赤腫。去暗回明，去目上目翳。 漿：爲點眼仙方。 殼：亦摩翳要藥。諺云：不怕人間多眼瞎，只愁世上無空青。此可徵也。益肝養子精，利九竅通血脉。 補註：治眼矇矓不明，以空青少許，漬露一宿，以水點之。○治口喎不正，取空青一豆許含之即效。○卒中風，手臂不仁，口喎僻，取空青末一豆許，著口中漸入咽即愈。

**明·皇甫嵩《本草發明》卷五《玉石部上》** 空青上品，君。氣寒，味甘、酸，無毒。

發明曰：空青甘酸，益肝，眼科聖藥。故《本草》主青盲，明目，療目赤痛，去翳膚，止淚，益肝，養精神，通血脉，利九竅。療耳聾，聰耳。又兼利水道，下乳汁，通關節，破堅積。漿水點眼回明仙藥。殼摩翳要藥。出益州深山有銅處，銅精熏則生空青，破之有漿水者難得，大若雞卵，小者如相思子，狀若楊梅，故別名〔楊〕梅青，尤難得。能化銅鐵錫為金。倘得之，內空無漿汁者，將成個全殼埋地中三五夜，自然生汁。惟畏菟絲。

**明·李時珍《本草綱目》卷一〇金石部·石類下** 空青《本經》上品

【釋名】楊梅青時珍曰：空言質，青言色，楊梅言似也。

【集解】《別錄》曰：空青生益州山谷，及越巂山有銅處。銅精熏則生空青，其腹中空。三月中采，亦無時。能化銅鐵鉛錫作金。弘景曰：越巂屬益州。益州諸郡無復有，恐久不采之故也。今出銅官者色最鮮深，出始興者弗如，凉州高平郡有空青山亦甚多。今空青但圓實如鐵珠，無空腹者，皆鑿土石中取之。而以合丹成，則化鉛爲金，諸石藥中，惟此最貴。醫方乃稀用之，而多充畫色，殊爲可惜。恭曰：出銅處兼有諸青，但空青爲難得。今出蔚州、蘭州、宣州、梓州。宣州者最好，塊段細，時有腹中空者。蔚州、蘭州者片塊大，色極深，無空腹者。陶氏所謂圓實如鐵珠者，乃白青也。大明曰：空青大者如鷄子，小者如相思子，其青厚如荔枝殼，其內有漿，酸甜。藏器曰：銅之精華，大者即空綠，次即空青也。頌曰：今饒、信州亦時有之，狀若楊梅，故名楊梅青。其腹中空、破之有漿者，絶難得。宗奭曰：真宗嘗詔取空青中有水者，久而方得。其楊梅青，信州穴山而取，極難得，治翳極有功，中亦或有水者，用與空青同，第有優劣爾。時珍曰：張果《玉洞要訣》云：空青似楊梅，受赤金之精，甲乙陰靈之氣，近泉而生，久而含潤。新從坎中出，鑽破中有水，久即乾如珠，金星燦燦。《庚辛玉册》云：空青，陰石也。產上饒，似鍾乳者佳，大片含紫色有光采。次出蜀嚴道及北代山，生金坎中，生生不已，故青爲之丹。有如拳大及卵形者，中空有水如油，治盲立效。出銅坑者亦佳，堪畫。又有楊梅青、石青，皆是一體，而氣有精粗。點化以曾青爲上，空青次之，楊梅青又次之。《造化指南》云：銅得紫陽之氣而生綠，綠二百年而生石綠，銅始生其中焉。曾、空二青，則石綠之得道者，均謂之鑛。又二百年得青陽之氣，化爲鍮石。觀此諸説，則空青有金坑、銅坑二種，或以有漿爲上，不空無漿者爲下也。方家以藥塗銅物生青，刮下僞作空青者，終是銅青，非石綠之得道者也。

【氣味】甘、酸，寒，無毒。《別錄》曰：大寒。權曰：畏菟絲子。酒浸醋拌制過，乃可變化。

【主治】青盲耳聾，明目，利九竅，通血脉，養精神，益肝氣。久服輕身延年《本經》。療目赤痛，去膚翳，止淚出，利水道，下乳汁，通關節，破堅積。令人不忘，志高神仙《別錄》。治頭風，鎮肝。瞳人破者，得再見物甄權。鑽孔取漿，點多年青盲內障翳膜，養精氣。其殼摩翳大明。中風口喎不正，以豆許含嚥，甚效。時珍。出《范汪方》。

【發明】保昇曰：空青法木，故色青而主肝。頌曰：治眼翳障爲最要之藥。時珍曰：東方甲乙，是生肝膽，其氣之清者爲肝血，其精英爲膽汁。開竅于目，血五臟之英，皆因而注之爲神。膽汁充則目明，汁減則目昏。銅亦青陽之氣所生，其氣之清者爲綠，猶肝血也；其精英爲空青之漿，猶膽汁也。其爲治目神藥，蓋亦以類相感應耳。石中空者，埋土中三五日，自有漿水。

【附方】舊二，新三。

眼目䀮䀮：不明。空青少許，漬露一宿，點之。《千金方》。

黑翳覆瞳：空青、礬石燒各一兩，貝子四枚，研細，日點。《聖濟錄》。

膚翳昏暗：空青二錢，蕤仁去皮一兩，片腦三錢，細研，日點。《聖濟錄》。

一切目疾：雀目、赤目、青盲、內外障翳、風眼用此，覺目中凉冷爲驗。楊梅青洗浄，胡黄連洗，各二錢半；槐芽，日未出時勿語采之，入青竹筒內，垂于天、月二德方，候乾，勿見鷄犬，爲末，一錢半。爲末，入龍腦一字密收。每卧時，漱口仰頭，吹一字入兩鼻內便睡，隔夜便用。《聖濟錄》。

中風口喎：見主治。

**明·梅得春《藥性會元》卷下** 空青 味甘、酸、鹹，無毒。生益州及越巂山谷有銅處，銅精熏則生空青，其中空而有汁，能療瞽。三月中旬採無時。

主治青盲耳聾，明目，利九竅，通血脉，養精神，益肝氣，療目赤痛，去膚翳，止淚出，利水道，下乳汁，通關節，破堅積。能化銅為鐵。

**明·李中立《本草原始》卷八** 空青 生益州山谷及越巂山有銅處。銅精熏則生空青。今信州亦時有之。狀若楊梅，故別名楊梅青。其腹中空，破之有漿者絕難得。亦有大者如雞子，小者如豆子。三月中旬採，亦無時。

《本草綱目》云：空，言其質也；青，言其色也。空青　氣味：甘、酸，寒，無毒。主治：青盲耳聾，明目，利九竅，通血脉，養精神，益肝氣。久服輕身延年。○療目赤痛，去膚翳，止淚出。利水道，下乳汁，通關節，破堅積。令人不忘，志高神仙。○治頭風，鎮肝。瞳人破者，得再見物。○鑽孔取漿，點多年青盲內障翳膜，養精氣。其殼摩翳。○中風口喎，以豆許含嚥甚效。

《造化指南》云：銅得紫陽之氣而生綠，綠二百年而生石綠，銅始生其中焉。曾、空二青，則石綠之得道者，均謂之礦。又二百年得青陽之氣，化為鍮石。觀此則空青有金坑、銅坑二種，或大如拳卵，小如豆粒，或成片塊，或若楊梅，雖有精粗之異，皆以有漿為上，不空無漿者為下也。方家以藥塗銅物生青，刮下偽作空青者，終是銅青，非石綠之得道者也。

《本經》上品。君。【圖略】中空有漿。權曰：空青，畏菟絲子。諸藥惟此最貴。能化銅、鐵、鉛、錫作金。

**明・張懋辰《本草便》卷二**　空青君　味甘、酸，氣寒，無毒。畏菟絲子。主青盲耳聾，明目，利九竅，通血脉，養精神，益肝氣。

**明・繆希雍《本草經疏》卷三**　空青　味甘、酸，寒、大寒，無毒。主青盲耳聾，明目，利九竅，通血脈，養精神，益肝氣，療目赤痛，去膚翳，止淚出，利水道，下乳汁，通關節，破堅積。久服輕身延年不老，令人不忘，志高神仙。能化銅鐵鉛錫作金。生益州山谷及越巂山有銅處。銅精熏則生空青，其腹中空。三月中旬採，亦無時。

〖疏〗空青感銅之精氣而結，其味甘酸，其氣大寒，無毒可知已。色青法木，故入肝而主目盲。目者肝之竅，瞳子神光屬腎，肝腎虛則內熱，怒則火起於肝，故生內外障翳，此目病所由成也。甘寒能除積熱，兼之以酸，則火自斂而降矣。熱退則障自消，目自明。耳者腎之竅，水涸火炎故耳聾，腎家熱解則火息水生而聽復聰矣。九竅不利，無非火壅。肝家有火則血熱氣逆，故血脈不通。涼肝除熱則精氣自益，陰足火清，則竅自利而血脈自通，精神自長矣。目赤痛，膚翳淚出，皆肝氣不足之候，益肝氣則諸證自除矣。其曰利水道，下乳汁，通關節，破堅積者，皆以熱除則氣血和平，陰氣自復，五臟清寧則諸證自解。聖藥神功，於斯顯矣。

〖主治參互〗空青得真珠、貝子、珊瑚、石決明，點目中內外障翳有神。《千金方》眼目䀮䀮不明，空青少許，漬露一宿，點。《聖濟總錄》膚翳昏暗，空青二錢，蕤仁去皮一兩，片腦三錢，細研，日點。明目去翳障。上珍之藥，一時難搆。明目外，無別用，故不著簡誤。

**明・倪朱謨《本草彙言》卷一二**　空青：味甘、酸，氣寒，無毒。入足厥陰肝之用藥。陶氏曰：空青，生益州山谷，及越巂山有銅處則生。其腹中空。蘇氏曰：今蔚、蘭、宣、梓諸州亦有。宣州者腹中空，蔚州、蘭州者成片，或成塊，色青，無空腹者。大氏曰：空青，大者如雞子，小者如相思子，其殼青厚如荔枝，其內有漿，味酸甘。又按：張果《玉洞要訣》云：空者言其質，青者言其色也。産上饒，似鍾乳者佳，片片段段皆金紫色，有光彩。次産蜀、嚴道及北代山者，亦好。受庚辛赤金之精，甲乙陰靈之氣，近泉多生，久而含潤。初從坎中出者，其內有水如漿，味頗甘酸，經久即乾，如連珠金星燦燦然。又按：《庚辛玉册》云：多生金坎中，生生不已，故青爲之丹，有如拳大及卵形者，乃得空中有漿如水。出銅坑者亦佳，止堪做作畫。又有石青、楊梅青，皆是一體，而質有精麤不同耳。點化以曾青爲上，空青次之，楊梅青又次之。但圓實如珠者，乃白青，非空青也。修治：各隨方製。酒浸醋拌，製過乃可變用。

空青：明目聰耳，神農利九竅之藥也。振華葉氏曰：此藥得金礦精英之氣熏蒸而生，輕虛玲瓏，力走空竅，故前古主目病一切諸證。凡腫赤翳淚，痛癢昏蒙，及目珠傷損破壞，咸得救全。目疾諸方首稱之也。推此而外，如頭風腦脹，中風口喎，蘇、甄兩氏屢用奏功。色青主肝，去肝經風熱爲最，故爲治目神藥，此藥中之珍貴玅品也，一時難搆。除目疾之外，他用稀少。然治目病，其應甚捷。倘目珠死枯翳乾，幷傷損致瞳神走裂者，用之亦無益也。

王紹隆先生曰：空青，色青法木，故可入肝，功能明目。肝主開明于目故也。然瞳子神光，專司在腎，空青中空有漿，宛如骨中之髓，且金星燦燦然，象形從治，持易易耳。

集方：《聖濟錄》治雀目赤目，青盲、內外翳障，及風眼、火眼、淚眼，幷膚翳昏暗，一切目疾，咸可治之。用空青、胡黃連，俱用天落水洗淨各三錢，晒乾，爲極細末，加大冰片一分，總研勻，用潔淨瓷瓶收貯。每臥時，仰頭用鵝管吹藥一二分，入兩鼻內，便覺目中有凉爲驗。○時珍方治中風口眼喎斜。

用空青豆粒許，乾嚼，含嚥甚效。○治頭風腦痛，百藥不效。用空青一錢，冰片一分，共研極細末，吹一分于兩鼻孔中，或用一二分，白湯調服亦可。○治班瘡入目不退者。用空青一錢，丹砂二錢，共研細末，蠐螬五枚，搗汁和藥點之。

**明・顧逢柏《分部本草妙用》卷一肝部・寒補**　空青　甘，寒，無毒。主治：一切目疾，眼睆黑瞖覆瞳，及中風口喎搖掉。　按：空青為目瞖障神藥，以其色青而主肝，為東方甲乙，其氣清為肝血，其精英為神。膽汁充則目明，汁減則目昏。銅亦青陽之氣所生，其氣之青為綠，猶肝血也。其精英為空青之漿，猶膽汁也。其為治目聖藥，亦以（甚）〔其〕類相感耳。

**明・盧之頤《本草乘雅半偈》帙三**　空青《本經》上品　氣味：甘、酸，寒，無毒。　主治：主青盲，耳聾，明目，利九竅，通血脈，養精神，益肝氣。久服輕身延年。

覈曰：出益州山谷及越嶲山，今蔚、蘭、宣、梓諸州亦有。產上饒，似鍾乳石，片片含紫色光彩者佳，次則蜀嚴道，及北代山者亦好。《玉洞要訣》云：空青受庚辛赤金之精，甲乙陰靈之氣，多近名泉，久而含潤。初從坎中出者，其內有水如漿，味頗甘酸，經久即乾，如連珠金星燦燦然。《庚辛玉冊》云：多生金坎中，生生不已，故青為之丹。有如拳大及卵形者，乃得空中有漿如油，出銅坑者亦佳，止堪作畫。又有石青、楊梅青，皆是一體，而質有精粗。點化以曾青為上，空青次之，楊梅青又次之。但圓實如珠者，不堪用也。修事：各隨方製，酒浸醋拌，製過乃可變化。畏菟絲子。

紹隆王先生云：色青法木，故可入肝。功能明目，肝主開明于目故也。然瞳子神光，專司在腎，空青中空有漿，宛如骨中之髓，且金星燦燦然，象形從治，特易易耳。

參曰：空青黃赤金鑛之精粹也。蓋五行金位于西，黃為五金土，赤為五金火也。《造化指南》云：紫陽之氣生綠，青陽之氣生青，空青者，石綠之得道者也。黃帝云：青陽走上竅，蓋肝竅目，故益肝，明目清盲，并利九竅也。通血脈者，諸脈皆屬于目也；養精神者，心藏神，腎藏精，藉金木之交互，火水之合璧也。然則空青以功用詮名矣。

**清・顧元交《本草彙箋》卷一〇**　空青附曾青、石青、石綠。　空青法水，故色青而主肝，爲治目翳障最要之藥。蓋東方甲乙，主生肝膽。其氣之清者，爲肝血，其精英爲膽汁。開竅于目，五臟之英皆注之，膽汁充則目明，汁減則目昏。銅亦清陽之氣所生，其氣之清者爲綠，猶肝血也。其精英爲空青之漿，猶膽汁也。其爲治目神藥，亦以類相感應耳。

空青，不但出銅坑，即金坑亦有之。或大如拳卵，小如豆粒，或成片塊，或若楊梅。雖有精粗之異，皆以有漿爲上。不空無漿者，下也。此上珍之藥，一時難搆，方家以藥塗銅物生青，刮下僞作空青者，終是銅青，非真空青也。曾青，治目義同。空青出銅處，年古即生，乃石綠之得道者。石綠，即綠青，乃銅之祖氣也。銅得紫陽之氣而生綠，綠久則成石，謂之石綠。而銅生於中，與空青、曾青同一根源。石青，即扁青。繪家用之，其色青翠不渝，腹中亦時有空者。今貨石青者，有天青、大青。西夷回回青、佛頭青，種種不同，而回青尤貴。

**清・穆石匏《本草洞詮》卷三**　空青　空言其質，青言其色。山有銅處兼有諸青，而空青為難得。新出坎有水，久即乾，如珠金星燦燦也。味甘酸，氣寒，無毒。益肝氣，利九竅，通血脈，明目聰耳。鑽孔取漿，點多年青盲甚効。蓋東方甲乙，是生肝膽，氣之清者為肝血，其精英為膽汁，開竅於目，五臟之英因而注之為神，膽汁充則目明，減則目昏。銅亦青陽之氣所生，其氣之清者為綠，猶肝血也；其精英為空青之漿，猶膽汁也；故為治目神藥，亦類相感應耳。青有數種，一曰曾青，其青層層而生；一曰綠青，俗呼石綠；一曰扁青，俗呼石青，西夷回回者呼回青，皆其類也。性味主治俱相仿佛。方家以藥塗銅生青者，不空無漿，是銅青，非空青也。

**清・郭章宜《本草匯》卷一八**　空青　味甘、酸，寒。治眼目睆睆不明，療黑翳覆瞳昏暗。

按：空青，狀若楊梅，其腹中有漿如油，治盲立効。故治眼翳障，為最要之藥。大難得之物也。今方家以藥塗銅物生青，刮下偽作空青者，誤矣。產于銅處。明目之外，無別用。

**清・王翃《握靈本草》卷一**　空青產益州者良。有金坑、銀坑二種，或大如拳，或小如豆粒，或成片塊，或若楊梅，皆以空心有漿爲上。　主治：空青，甘、酸，寒，無毒。主青盲，耳聾，明目，利竅，通血脈，養精神，益肝氣。

**清・汪昂《本草備要》卷四**　空青重，明目。　甘酸而寒。益肝明目，通竅利水。　產銅坑中。大塊中空有水者良。

**清・李熙和《醫經允中》卷一七**　空青　甘，寒，無毒。一切赤腫青盲目疾，開瞽復明，眼科最要之藥，大難得之物也。

**清・馮兆張《馮氏錦囊秘録・雜症痘疹藥性主治合參》卷五**　空青感銅之精氣而結，味甘、酸，氣大寒，無毒。甘寒能除積熱，兼之以酸，則火自斂矣。且得金氣，可以平肝而主目盲。蓋多怒則火起於肝，水虚則火起於腎，故生内外翳障，令肝平火熄目自明矣。　空青，生有銅處所，能化銅鐵鉛錫作金。專治赤腫青盲，回明去暗。其漿為點眼仙丹，殼亦磨翳要藥。有云：不怕人間多瞎眼，只愁世上無空青。綠青，畫者多求。有青白花紋，吐風痰甚捷。

**清・张璐《本經逢原》卷一**　空青　甘酸，大寒，無毒。《本經》主青盲耳聾，明目，利九竅，通血脈，養精神，益肝氣，久服輕身延年。　發明：空青感銅之精氣而結，故專入肝明目。《本經》主耳目九竅諸病，皆通血脈，養精神，益肝氣之力也。久服輕身延年者，銅性善滌垢穢，垢穢去而氣血清純，毋伐天和矣。時珍曰：　空青與綠青皆生益州及越嶲山有銅處。東方甲乙是生肝膽，其氣之清者為肝血，其精英為膽汁，開竅於目。血者，五藏之英，皆因而注之為神。膽汁充則目明，減則目昏。銅亦青陽之氣所生，其氣之清者為綠，猶肝血也。其精英為空青之漿，猶膽汁也，其為治目神藥。蓋亦以類相感耳。但世罕得真，醫亦罕識。以故俗諺有天下有空青，人間無瞽目之説。不知此雖貴品，銅官始興。涼州、高平、饒信等處亦皆有之。出銅坎者，銅質隱隱内涵空綠。生金穴者，金星粲粲内涵空青，總取得肝膽之精靈，通空竅之風氣也。予嘗以此驗之。攷之張果《玉洞要訣》云，空青似楊梅，受赤金之精，甲乙陰靈之氣，近泉而生，故能含潤，然必新從坎中出者，則鑽破中有水，若出礦日久則乾如珠矣，安有藏久不乾之理。近世必以中空涵漿者為真，若爾則當名空漿，不當名空青矣。但須驗其中空，内有青綠如珠者，即真空青。急不可得，綠青可以代用，活法在人，可執一乎。

**清・張志聰、高世栻《本草崇原》卷上**　空青　氣味甘、酸，寒，無毒。主治青盲，耳聾，明目，利九竅，通血脈，養精神，益肝氣。久服輕身延年。　空青，一名楊梅青，始出益州山谷及越嶲山，今蔚、蘭、宣、梓諸州有銅處，銅精熏則生空青，大者如拳如卵，小者如豆粒，或如楊梅。其色青，其中皆空，故曰空青。内有漿汁，為治目神藥。不空無漿者，白青也。今方家以藥塗銅物上，生青刮下，偽作空青，真者不可得。

**清・黄元御《玉楸藥解》卷三**　空青　味苦，性寒。入足厥陰肝經。磨瞖明目，化積行瘀。空青清肝破滯，治目昏眼痛，赤腫障瞖，通經下乳，利水消癥。石子如卵，内含水漿，搖之有聲，其名空青。點久年瞖膜、青盲。殼亦磨障。亦有内裹白麫者，搽腫毒瘡癧甚效，亦空青之別種，極難得也。

**清・吳儀洛《本草從新》卷五**　空青〔重，明目。〕　甘酸而寒。益肝明目，通竅利水。産銅坑中。大塊中空，有水者良。世多偽為之，不得以中空有水而遂信以為真。

**清・汪紱《醫林纂要探源》卷三**　空青　甘、酸，寒。産銅坑中，甚難得。大如雞卵，小亦如雀卵，中空有水，色青。收心之散，瀉肝之熱，平膽火，利小腸水。明目之功最大。

**清・嚴潔等《得配本草》卷一**　空青　畏菟絲子。甘、酸，寒。涼肝除熱。其殼磨翳，其漿點青盲内障。　産銅坑，腹中空，破之有漿者良。

**清・黄宮繡《本草求真》卷六**　空青瀉肝積熱，除内外目翳。　空青耑入肝。感銅精氣而結，故耑入肝明目。蓋人得水氣之清者為肝血，其精英則為膽汁，開竅於目。血者五臟之英，注之為神，膽汁充則目明，減則目昏，銅亦清陽之氣所生，其氣之清者為綠，猶肝血也。其精英為空青之漿，猶膽汁也。其為治目神藥，蓋亦以類相感耳。出時珍。況人多怒則火起於肝，水虚則火起於腎，故生内外翳障，得此甘酸大寒以除積熱及火，兼之以酸則火自斂，兼得金以平木，故治赤腫青盲，其空青所含之漿，可取點眼。殼亦磨翳要藥。書云不怕人間多瞎眼，只愁世上無空青。但空青中水久則乾，必須驗其中空内有青綠如硃者即是。如無綠，青亦可，不必拘泥。《聖濟錄》治黑翳覆瞳，用空青、礬石燒各一兩，貝子四枚，研細日點。

**清・趙其光《本草求原》卷二五石部**　空青　與綠青皆産益州始興、涼州等銅坑中，大塊中空，内有綠珠，即真。若初出穴則中空有水，久則乾如珠矣。今人必以中空有水為真者謬。甘，酸，大寒，無毒。益肝氣、膽汁，通血脈，利竅，中空故。養精神，為明目之神品。膽汁充則明。去黑翳，同枯礬點。膚翳，每二錢入蕤仁一兩，冰片三錢，研點。一切雀目、目赤、青盲、内外翳障、風痛。俱用胡連各二錢半，日未出時，勿語，采槐芽入竹筒内，掛天月德方，候乾，用錢半共研，加冰片，臥時漱口，吹鼻内。如無，以石青代之。曾青，功用亦同，兼止目淚。

**清・陸以湉《冷廬醫話》卷五**　藥品　《廣陽雜記》云：余昔在杭遇一

滿州老人，雙目皆矇，藥不能立時奏效。有貨空青者，其人酬以重價，將用之矣，始問之余。余曰：此物生銅坑中，必銅精也，銅性能伐肝有餘之症，目無不愈。今公年老而脉症俱虚，當用溫補之品，若用此，當無益有損。其人且信且疑，乃破青取水，先點右目，一夜大痛，目精爆焠，始悔不用余言，而猶賴余獲全其左目也。後用養肝滋陰之劑，將及一載，左目復明。觀此益知審症用藥，辨品宜精，未可輕用也。

**清·葉志詵《神農本草經贊》卷一**　空青　味甘，寒。主青盲耳聾，明目利九竅。通血脈，養精神。久服輕身延年不老。能化銅鐵鉛錫作金。生山谷。

銅液薰空，三春浮聚。決牖益聰，披雲快覩。常奉金仙，傳言玉女。曠矣高懷，軒軒韶舉。

名醫曰：銅精薰則生空青，其腹中空。三月中旬采。《真誥》：耳者，體之牖。有決牖之術。《世說》：若披雲霧而覩青天。岑參詩：常願奉金仙。詞曲：名傳言玉女。《世說》：何其軒軒韶舉。

**清·陳其瑞《本草撮要》卷六**　空青　味甘酸，寒，入足厥陰經，功專益肝明目，通竅利水。真者難得。

曾青

**宋·李昉《太平御覽》卷第九八八**　曾青　《衡山記》曰：衡山有曾青崗。曾青，可合仙藥。《淮南萬畢術》曰：取曾青十斤，燒之，以水灌其地，雲起如山雲矣。曾青為藥，令人不老。《本草經》曰：曾青，生蜀郡名山，其山有銅者，曾青出其陽。青者，銅之精，能化金銅。

**宋·唐慎微《證類本草》卷三玉石部上品**〔《別錄·藥對》〕　曾青　味酸，小寒，無毒。主目痛，止泪出，風痹，利關節，通九竅，破癥堅積聚，養肝膽，除寒熱，殺白蟲，療頭風、腦中寒，止煩渴，補不足，盛陰氣，久服輕身不老。能化金、銅。生蜀中山谷及越巂，採無時。畏菟絲子。

〔梁·陶弘景《本草經集注》〕云：此說與空青同山，療體亦相似。今銅官更無曾青，惟出始興。形累累如黄連相綴，色理小，類空青，甚難得而貴。仙經少用之。化金之法，事同空青。

〔唐·蘇敬《唐本草》〕注云：曾青出蔚州、鄂州，蔚州者好，其次鄂州，餘州并不任用。

〔宋·唐慎微《證類本草》〕《圖經》：文附空青條下。雷公云：凡使，勿用夾石及銅青。若修事一兩，要紫背天葵、甘草、青芝草三件，乾、濕各一鎰，并細剉，放于一瓷堝內，將曾青于中。以東流水二鎰并諸藥等，緩緩煮之五晝夜，勿令水火失時，足取出，以東流水浴過，却入乳鉢中，研如粉用。《丹房鏡源》：曾青結汞製丹砂，金氣之所生。《寶藏論》：曾青若住火成膏者，可立製汞成銀，轉得八石。《青霞子》：爽神氣。

**宋·王繼先《紹興本草》卷二**　曾青　紹興校定：曾青所出與空青同山，但中實而不空，累相綴然。二青在治目方中用之皆驗。今空青世罕有，唯曾青療目疾多用之。當從《本經》味酸、小寒、無毒是矣。

**宋·劉明之《圖經本草藥性總論》卷上**　曾青　味酸，小寒，無毒。主目痛，止淚出，風痺，利關節，通九竅，破癥堅積聚。養肝膽，除寒熱，殺白蟲。療頭風腦中寒，止煩渴，補不足，盛陰氣，久服輕身不老，能化金銅。《青霞子》云：爽神氣。畏菟絲子。《唐本》注云：曾青出蔚州者好，鄂州次之。

**明·王綸《本草集要》卷五**　曾青　味酸，小寒，無毒。畏菟絲子，與空青同山。色亦相類，但其形小，累累連珠相綴，甚難得。　主目痛，止淚出。風痹，利關節，通九竅，破癥堅積聚。養肝膽，療頭風，爽神氣，止煩渴。補不足，久服輕身不老。能化金銅。

**明·劉文泰《本草品彙精要》卷一**　曾青無毒　土石生。

**曾青**出《神農本經》：**主目痛，止淚出，風痹，利關節，通九竅，破癥堅積聚，久服輕身不老，能化金銅。**以上朱字《神農本經》。養肝膽，除寒熱，殺白蟲，療頭風腦中寒，止煩渴，補不足，盛陰氣。以上黑字名醫所錄。【地】《圖經》曰：生益州山谷及越巂山有銅處，銅精熏則生。今信州亦有之。與空青療頗相似，而色理亦無異。但其形纍纍如連珠相綴，今極難得。《唐本》注云：蔚州者好，其次鄂州，餘州並不任用。【時】採：無時。【用】無夾石者佳。【質】類蟬腹而連珠相綴。【色】土黄。【味】酸。【性】微寒，收。【氣】味厚于氣，陰也。【主】目痛，爽神氣。【反】畏菟絲子。【製】《雷公》云：凡修事二兩，要紫背天葵、甘草、青芝草三件，乾、濕各一鎰，並細剉放於一瓷堝內，將曾青於中，以東流水二鎰並諸藥等緩緩煮之五晝夜，勿令水火失時，足取出，以東流水浴過，卻，入乳缽內研如粉用。

**明·鄭寧《藥性要略大全》卷八**　曾青　治目痛，止淚，風痹，利關節，通九竅，破癥堅積聚，養肝膽，除寒熱，殺白蟲，療頭風腦中寒，止煩渴，補不足，盛陰氣。久服輕身不老。能化金銅。生蜀中山谷，採無時。治眼為最要之藥，功效與空青同。其氣味、出處、色理皆似，但其形纍纍連珠，非比空青之一個也。〇又云：其形纍纍，與黃連相似，色理亦小類空青，甚難得而貴。丹房用製汞成銀，以金氣之生也。去眼中翳障，明目之聖藥也。七潭云：曾青似黃連之形，外黃土色而鬆，内紫色而堅。兩頭或尖小，中大，或直如黃連者，皆有一孔通貫者真也。

**明・王文潔《太乙仙製本草藥性大全》卷六《本草精義》** 曾青 陶隱居云：與空青同山，療體亦相似，而色黑亦無異。今銅官更無曾青，惟出始興。《唐本》云：曾青出蔚州、鄂州，蔚州者好，〔其次〕鄂州，（諸）〔餘〕州者並不任用。其形纍纍如連珠相綴，極難得而貴，仙經少用之。化金之法，事同空青。畏菟絲。

**明・王文潔《太乙仙製本草藥性大全》卷六《仙製藥性》** 曾青 味酸，氣小寒，無毒。主治：利關節而通九竅，止煩渴而養肝膽。破癥堅積聚，除寒熱殺蟲。療頭風，腹中寒大效；補不足，盛陰氣何難。可立製砂汞成銀，能竟除目痛止泪。久服輕身，延年不老。補註：《丹房》《寶藏論》云：曾青結汞成丹砂，金氣之所生。若住火成膏者，可立製汞成銀，轉得八石。《青霞子》云：食之爽神氣。太乙曰：凡使勿用夾石及銅青。若修事一兩，需紫背天葵、甘草、青芝草三件乾濕各一鎰，並細剉放於一甆堝内，將曾青於中，以東流水二鎰並諸藥等緩緩煮之五晝夜，勿令水火失時，足取出，以東流水浴過，却入乳鉢中研如粉用。

**明・皇甫嵩《本草發明》卷五** 曾青氣味頗似前，但形若連珠，纍纍相綴。治同空青，極難得真。可立制砂汞成銀。

**明・李時珍《本草綱目》卷一〇石部・石類下** 曾青《本經》上品

【釋名】時珍曰：曾音層。其青層層而生，故名。或云其生從實至空，從空至層，故曰曾青也。

【集解】《別錄》曰：曾青生蜀中山谷及越巂。采無時。能化金銅。普曰：生蜀郡石山。其山有銅處，曾青出其陽。青者銅之精。弘景曰：舊説與空青同山，療體亦相似。今銅官更無曾青。惟出始興。形纍纍如黃連相綴，色理相類空青，甚難得而貴，仙經少用之。化金之事，法同空青。恭曰：出蔚州者好，鄂州者次之，餘州並不任用。時珍曰：但出銅處，年古即生。形如黃連相綴，又如蚯蚓屎，方稜，色深如波斯青黛，層層而生，打之如金聲者爲真。《造化指南》云：層青生銅礦中，乃石緑之得道者。肌膚得東方正色，可以合鍊大丹，點化與三黃齊驅。《衡山記》云：山有層青岡，出層青，可合仙藥。

【修治】斅曰：凡使勿用夾石及銅青。每一兩要紫背天葵、甘草、青芝草三件，乾濕各一鎰，細剉，放瓷鍋内，安青于中。東流水二鎰，緩緩煮之，五晝夜，勿令水火失時。取出以東流水浴過，研乳如粉用。

【氣味】酸。小寒，無毒。之才曰：畏菟絲子。獨孤滔曰：曾青住火成膏，可結汞，制丹砂，蓋含金氣所生也。須酒醋漬煮用。葛洪曰：曾青塗鐵，色赤如銅。

【主治】目痛，止淚出，風痹，利關節，通九竅，破癥堅積聚。久服輕身不老《本經》。養肝膽，除寒熱，殺白蟲，療頭風腦中寒，止煩渴，補不足，盛陰氣《別錄》。

【發明】時珍曰：曾青治目，義同空青。古方辟邪太乙神精丹用之，扁鵲治積聚留飲有層青丸，並見《古今録驗方》，藥多不録。

【附方】新三。斑瘡入目：不退者。曾青一錢，丹砂二錢，爲末。蠐螬五枚，擣汁和點。《聖濟錄》。風熱目病：曾青散：治一切風熱毒氣上攻，目赤或爛，怕日羞明，隱澀眵淚，或痒或痛。曾青四兩，蔓荊子二兩，白薑炮、防風各一兩，爲末。每以少許搐鼻中，立有功效。《和劑局方》。耳内惡瘡：曾青五錢，雄黃七錢半，黄芩二錢五分，爲末。傅之。《衛生寶鑒》。

**明・梅得春《藥性會元》卷下** 曾青 味酸，微寒，無毒。畏菟絲子。主治目痛，止淚出，風痹，利關節九竅，破癥堅積聚，養肝膽，除寒熱，殺百蟲，療頭風，腦中寒，止煩渴，補不足，盛陰氣。能化金銅。製法：勿誤使夾石及銅青。每壹兩用紫背天葵、甘草、青芝草乾濕各壹鎰，並細剉，放沙鍋内，加東流水煮五晝夜，勿令水火失度。取出，再以東流水浴過，研如粉用。

**明・李中立《本草原始》卷八** 曾青 生蜀中山谷及越巂。採無時。形累累如黃連相綴，色理相類空青。李時珍曰：曾，音層，其青層層而生，故名。

曾青：氣味：酸，小寒，無毒。主治：目痛，止淚出，風痹，利關節，通九竅，破癥堅積聚。久服輕身不老。〇養肝膽，除寒熱，殺白蟲，療頭風腦中寒，止煩渴，補不足，盛陰氣。

曾青，《本經》上品。【圖略】可合仙藥。修治：勿用夾石及銅青，每一兩要紫背天葵、甘草、青芝草三件，乾濕各一鎰，細剉，放瓷堝内，安曾青于中，以東流水二鎰，緩緩煮之五晝夜，勿令水火失時。取出，以東流水浴過，入乳鉢研如粉用。

之才曰：畏菟絲子。獨孤滔云：曾青住火成膏，可結汞，制丹砂，蓋含金氣所生也。葛洪曰：塗鐵，色赤如銅。治斑瘡入目，曾青一錢，丹砂二錢，為末，蠐螬五枚，搗汁和點。

**明・倪朱謨《本草彙言》卷一二**　曾青　味酸，氣寒，無毒。《別錄》曰：曾青，出蜀中及越巂、蔚州、鄂州諸山谷中。李氏曰：其山有銅，曾青生其陽。曾青者，銅之精也。色理相類空青，累累如黄連相綴，又如蚯蚓屎而方稜，色深如波斯青黛，層層而生，故名曾青。叩之作金聲者，始真。又《造化指南》云：空青多生金礦，曾青多生銅礦，乃石綠之得道者，稟東方之正色也。須酒醋漬煮，乃有神化。修治：勿用夾砂石及有銅青色者。每一兩，取菉豆二合，菥蓂二兩，入瓷鍋内，同煮一晝夜，勿令水火失時，取出，再用東流水浴過。研如粉用。

曾青：治目義同空青，茲不重錄。

**明・顧逢柏《分部本草妙用》卷一肝部・寒補**　曾青　酸，微寒，無毒。畏菟絲子。酒、醋浸煮用。　主治：目痛淚出，風痺，利關節，通九竅。破癥堅積聚。養肝膽，除寒熱，療頭風腦寒，止渴。助陰。　曾青與空青，功稍相似，古方辟邪用之，積聚留飲方用之。

**明・盧之頤《本草乘雅半偈》帙三**　曾青《本經》上品　氣味：酸，小寒，無毒。　主治：主目痛，止淚出，風痹，利關節，通九竅，破癥堅積聚。久服輕身不老。

覈曰：出蜀中及越巂、蔚州、鄂州諸山谷。其山有銅，曾青生其陽。曾青者，銅之精也。色理頗類空青，累累如黄連相綴，又如蚯蚓屎而方稜，色深如波斯青黛，層層而生，叩之作金聲者始真。《造化指南》云：空青多生金礦，曾青多生銅礦，乃石綠之得道者。稟東方之正色，修鍊點化，與三黄齊軀。獨孤滔云：曾青住火成膏，可結澒制砂，亦含金氣所生也。須酒醋漬煮，乃有神化，若塗鐵上，則色赤如銅。畏菟絲子。修事：勿用夾砂石及有銅青者。每一兩，取紫背天葵、甘草、青芝，用乾濕各一鎰，細剉，入瓷鍋内，置青于中。用東流水二鎰，緩火煮五晝夜，勿令水火失時，取出，更用東流水浴過，研乳如粉用。

參曰：曾，層也。其青從實而空，從空而層，然則曾出於空，曾為空之純粹精也。曾亦可以為增矣。故功力曾益其空之所不能，不唯力走空竅，更主利關節，破癥堅積聚者，緣累結以為形而從治也。久服則實從空，空從層，身輕不老耳。

**清・李熙和《醫經允中》卷一七**　曾青　畏菟絲子。酒醋浸煮用。酸，微寒，無毒。治目痛淚出，養肝膽，療頭風腦寒。

**清・张璐《本經逢原》卷一**　曾青曾音層，其青層層而生，故名。形如蚯蚓屎者真。　酸，小寒，無毒。《本經》主目痛，止淚出風痹，利關節，通九竅，破癥堅積聚，久服輕身不老。　發明：曾青治目，義同空青，以其並出銅礦，與綠青同一根源，曾青則綠青之祖氣也。古方太乙神精丹用之。扁鵲治積聚留飲有曾青丸，並見《古今錄驗方》。曾空二青，近世絕罕。《千金》云當取崑崙綠代之，即綠青也。

**清・黄元御《玉楸藥解》卷三**　層青　味酸，性寒。入足厥陰肝經。明目去瞖，破積殺蟲。層青治眼痛，赤爛多淚，明目，磨癥化積，亦同空青。層青色如波斯青黛層層而出，故名。

**清・趙學敏《本草綱目拾遺》卷一水部**　曾青水　《神隱》云：製同丹砂，不用石膽，易以汞二兩，藥用洗眼。亦可服。　止目痛，收風淚，久服輕身不老。

**清・葉志詵《神農本草經贊》卷一**　曾青　味酸，小寒。主目痛，止淚出，風痹，利關節，通九竅，破癥堅積聚。久服輕身不老。能化金銅。生山谷。

逾八百載，是生青曾。光回呼吸，積破瘕癥。珠連纍纍，金化層層。啟關解節，妙合而凝。

《淮南子》：青天八百歲生青曾。《黄庭經注》：常存日月於兩目，使光與身合則通真矣。陶弘景曰：形纍纍如黄連相綴。費冠卿記：層層倚空。周子說：妙合而凝。

## 綠青

**宋・唐慎微《證類本草》卷三玉石部上品**《別錄》　綠青　味酸，寒，無毒。　主益氣，療鼽音求鼻，止洩痢。生山之陰穴中，色青白。

〔梁・陶弘景《本草經集注》〕云：此即用畫綠色者，亦出空青中，相帶挾。今畫工呼爲碧青，而呼空青作綠青，正反矣。

〔唐・蘇敬《唐本草》〕注云：綠青即扁青也，畫工呼爲石綠。其碧青即白青也，不入畫用。

〔宋・蘇頌《本草圖經》〕曰：綠青，今謂之石綠。舊不著所出州土，但云生山之陰穴中，《本經》次空青條上云：生益州山谷及越嶲山有銅處，此物當是生其山之陰耳。今出韶州、信州。其色青白，即畫工用畫綠色者，極有大塊，其中青白花文可愛。信州人用琢爲腰帶環及婦人服飾。其入藥者，當用顆塊如乳香不挾石者佳。今醫家多用吐風痰。其法，揀取上色精好者，先擣下篩，更用水飛過至細，乃再研治之。如風痰眩悶，取二三錢匕，同生龍腦三四豆許研勻，以生薄荷汁合酒溫調服。使偃臥須臾，涎自口角流出，乃愈。不嘔吐，其功速于它藥，今人用之，比比皆效，故以其法附之云。又下條云：扁青生朱崖山谷及武都、朱提。蘇恭云：即綠青是也，海南來者，形塊大如拳，其色又青，腹中亦時有空者，今未見此色。武昌、簡州、梓州亦有，今亦不用。

**宋・寇宗奭《本草衍義》卷四** 綠青 即石綠是也。其石黑綠色者佳，大者刻爲物形，或作器用。又同硇砂，作吐風涎藥，驗則驗矣，亦損心肺。

**宋・王繼先《紹興本草》卷二** 綠青 紹興校定：綠青，其色帶綠，故亦名石綠也。俗用繪畫則其色可愛。古方分吐之藥亦用之。味酸、性寒。既能取吐者，宜當有小毒矣。

**宋・劉明之《圖經本草藥性總論》卷上** 綠青 味酸，寒，無毒。主益氣，療鼽鼻，止洩痢，吐風痰。生山之陰穴中，色青白。今醫家多用吐風痰。其法：揀取上色精好者，先搗，下篩，更用水飛過至細，乃再研治之。如風痰眩悶，取貳叁錢匕，同生龍腦叁肆豆許，研勻，以生薄荷汁，合酒溫調服，使仰臥，須臾涎自口出，乃愈。不嘔吐，其功速於他藥，今人用之，比比皆效，故以法附之。

**明・滕弘《神農本經會通》卷六** 綠青 生山之陰穴中，色青白，即扁青也。畫工呼為石綠，亦出空青中，相帶挾。其入藥者，當用顆塊如乳香，不挾石者佳。今謂之石綠。舊不著所出州土，今出韶州、信州。

味酸，氣寒，無毒。《本經》云：主益氣，療鼽鼻，止洩痢。《圖經》云：今醫家多用吐風痰。其法，揀取上色精好者，擣末，更用水飛過，至細，乃再研治之。如風痰眩悶，取二三錢匕，同生龍腦三四豆許，研白，以生薄荷汁，合酒溫調服，使偃臥須臾，涎自口角流出，乃愈。不嘔吐，其功速於他藥，今人用之，比比皆效。《衍義》曰：綠青，即石綠是也。其石黑綠色者佳。大者刻為物形，或作器用。又同硇砂作吐風涎藥，驗則驗矣，亦損心。

**明・劉文泰《本草品彙精要》卷二** 綠青無毒 石生。

綠青：主益氣，療鼽音求鼻，止泄痢。名醫所錄。【名】石綠。【地】《圖經》曰：舊不著所出州土，但云生山之陰穴中。空青條云：生益州山谷及越嶲山有銅處。此物當是生其山之陰耳。今出韶州、信州，其色青白，即畫工用畫綠色者。極有大塊，其中青白花紋可愛。信州人用琢爲腰帶環及婦人服飾。其入藥者，當用顆塊如乳香不挾石者。【時】生：無時。採：無時。【用】顆塊不挾石者佳。【色】綠。【味】酸。【性】寒。【氣】味厚于氣，陰也。【臭】朽。【主】益氣，止痢。【製】《圖經》曰：先搗羅，更用水飛過，乃再研至細用。【治】療：《圖經》曰：吐風痰。【合治】取二三錢匕，同龍腦三四豆許研勻，以生薄荷汁合溫酒調服，治風痰眩悶，使偃臥須臾，涎自口角流出，乃愈。

**明・王文潔《太乙仙製本草藥性大全》卷六《本草精義》** 綠青 今謂之石綠。舊不著所出州土，但云生山之陰穴中。《本經》次空青條上，云生益州山谷及越嶲山有銅處，此物當是生其山之陰耳。今出韶州、信州，其色青白，即畫工用畫綠色者，極有大塊，其中青白花文可愛。信州人用作爲腰帶環及婦人服飾，其入藥者當用顆塊如乳香，不挾石者佳。

**明・王文潔《太乙仙製本草藥性大全》卷六《仙製藥性》** 綠青 味酸，氣寒，無毒。主治：益氣力妙方，療鼽鼻秘法。止洩痢以何難，吐風痰而大效。補註：吐風痰，揀上等精好者，搗篩水飛過，再研細用，如風疾眩悶，取二三錢，同生龍腦三四豆許，研勻，以生薄荷汁合酒調服，便偃臥須臾，涎自口角流出乃愈。不嘔吐，其功速於他藥也。

**明・皇甫嵩《本草發明》卷五** 綠青 有青白花紋，吐風痰甚速。畫工用之，呼為石綠。

**明・李時珍《本草綱目》卷一〇石部・石類下** 綠青《本經》上品

【釋名】石綠《唐本》 大綠《綱目》 【集解】《別錄》曰：綠青生山之陰穴中，色青白。弘景曰：此即用畫綠色者，亦出空青中，相挾帶。今畫工呼爲碧青，而呼空青作綠青，正相反矣。恭曰：綠青即扁青也，畫工呼爲石綠。其碧青即白青也，不入畫用。頌曰：舊不著所出州土，但云生山之陰穴中。次空青條上云，生益州山谷及越嶲山有銅處，此物當是生其山之陰爾。今出韶州、信州。其色青白，畫工用爲綠色者，極有大塊，其中青白花文可愛。信州人琢爲腰帶器物及婦人服飾。其入藥，當用顆塊如乳香者佳。宗奭曰：其色黑綠色者佳。時珍曰：石綠，陰石也。生銅坑中，乃銅之祖氣也。銅得紫陽之氣而生綠，綠久則成石，謂之石綠，而銅生於中，與空青、曾青同一根源也。今人呼爲大綠。范成大《桂海志》云：石綠，銅之苗也，出廣西右江有銅處。生石中，質如石者，名石綠。一種脆爛如碎土者，名泥緑，品最下。《大明會典》云：青緑石礦一斤，淘净緑一十一兩四錢。暗色緑石礦一斤，淘净緑一十兩八錢。硇砂一斤，燒造硇砂緑一十五兩五錢。

【氣味】〔酸，寒，無毒〕。時珍曰：有小毒。【主治】益氣，止洩痢，療鼽鼻《別錄》。吐風痰甚效蘇頌。

【發明】頌曰：今醫家多用吐風痰。其法揀上色精好者研篩，水飛再研。如風痰眩悶，取二三錢同生龍腦三四豆許研勻，以生薄荷汁合酒温調服之。偃卧須臾，涎自口角流出乃愈。不嘔吐，其功速于他藥，今人用之比比皆效，故著之。宗奭曰：同硇砂作吐上涎藥，驗則驗矣，亦能損心。時珍曰：痰在上宜吐之，在下宜利之，亦須觀人之虚實强弱而察其脉，乃可投之。初虞世有金虎、碧霞之戒，正此意也。金虎丹治風痰，用天雄、膩粉諸藥者。

【附方】新四。急驚昏迷：不省人事。石緑四兩，輕粉一錢，爲末。薄荷汁入酒調一字服，取吐。《全嬰方》。風痰迷悶：碧霞丹：用石緑十兩，烏頭尖、附子尖、蠍稍各七十個，爲末，糊丸芡子大。每服一丸，薄荷汁入酒半合化下，須臾吐出痰涎。《和劑局方》。小兒疳瘡：腎疳鼻疳、頭瘡耳瘡、久不差者。石緑、白芷等分爲末。先以甘草水洗瘡，拭净傅之，一日愈。《集玄方》。腋下胡臭：石緑三錢，輕粉一錢，濃醋調塗。五次斷根。《集玄方》。

**明・張懋辰《本草便》卷二** 石緑 味甘，氣平，無毒。主目痛明目，折跌，癰腫金瘡，破積聚，解毒氣，及丈夫莖中百病，益精，令人有子。

**明・倪朱謨《本草彙言》卷一二** 石緑又名緑青。味苦澀，氣平，有小毒。李氏曰：緑青，即石緑，陰石也。生銅坑中，乃銅之祖氣也。銅得紫陽之氣而生緑，緑久則成石，謂之石緑，而銅生於中。與空青、曾青同一根源也。范成大《桂海志》云：石緑，銅之苗也。出廣西古江有銅處。生石中，質如石，名石緑。一種脆爛如碎土石者，名泥緑，品最下。按《大明會典》云：青緑石礦一觔，淘淨緑一十一兩四錢；暗色緑，每礦一觔，淘淨緑一十兩八錢，硇砂一觔，燒造硇砂緑一十五兩五錢。修治：揀上色深綠精好者，研篩，水飛過用。

石緑：吐風痰，消喉痹，殺疳蠹之藥也。蘇氏水門曰：此藥酸濇，善能逐涎，化風痰眩悶。用一二錢，研末，白湯調服。偃臥須臾，涎自口角流出，即愈。其功更勝于他藥，故著之。李氏時珍曰：痰在上宜吐之，在下宜利之。亦觀人虚實强弱，更察其脉，如痰鬱、火閉、氣盛有餘之人，乃可投之。如肺燥陰虚血少，胃弱之人，并六脉虚數，亦須斟酌行之。故初虞世有金虎、碧霞之戒，正此意也。

集方：《和劑局方》治風痰迷悶。用石緑一兩，川烏頭尖，蠍稍各七個，共研爲末，米糊丸，芡實大。每服二丸，薄荷湯化下，須臾吐出痰涎。○《方脉正宗》治喉痹脹塞，水藥不通。用石緑一錢研末，白湯調服，須臾吐出涎痰，立通。○《集玄方》治小兒疳熱生瘡，或頭瘡、鼻瘡、耳沿瘡、咽頸窩瘡，久不瘥者。用石緑、白芷，各等分，爲細末，先以米泔溫水洗瘡，用猪膽汁調搽。數日愈。○治齒縫疳蠹臭爛。用前藥少許，搽齒縫間即愈。○治急驚昏迷，不省人事。用石緑四分，輕粉三分，共研細末，每服二分，薄荷湯調下，取吐。

**清・劉雲密《本草述》卷五** 石緑一名緑青。時珍曰：石緑，陰石也。生銅坑中，乃銅之祖氣也。銅得紫陽之氣而生緑，緑久則成石，謂之石緑。而銅生於中，與空青、曾青同一根源也。今人呼為大緑。

氣味時珍曰：有小毒。吐風痰甚效。頌曰：今醫家多用吐風痰。其法揀上色精好者，研篩，水飛，再研。如風痰眩悶，取二三錢，同生龍腦三四豆許，研勻，以生薄荷汁合酒，溫調服之，偃臥須臾，涎自口角流出，乃愈。不嘔吐，其功速於他藥。今人用之比比皆效，故著之。

愚按：此味用吐風痰甚效者，蓋以其為銅之祖氣，取金氣之精，能使木平者，莫是過也。況合於龍腦之辛散乎，此方名碧霞散，雖然，不可以治溼痰。又石緑同附子尖、烏頭尖、蝎梢用者，名碧霞丹，乃可以治溼痰也。中風之痰，風溼有異，此陽中、陰中之分也，憒憒者多。

**清・张璐《本經逢原》卷一** 緑青俗名石緑。微酸，小毒。發明：痰在上宜吐之，在下宜利之。緑青吐風痰眩悶，取二三錢同龍腦少許調勻，以生薄荷汁合酒溫服，便臥，涎自口角流出乃愈。不嘔吐而功速，故著之。

**清・黄元御《玉楸藥解》卷三** 石緑 味酸，氣平。入足厥陰肝經。止泄痢，吐風痰。石緑清涼重墜，治風痰壅悶，急驚昏迷。

**清・楊時泰《本草述鉤元》卷五** 石緑 陰石也。生銅坑中，銅得紫陽之氣而生緑，緑久則成石，謂之石緑，而銅生於中，與空青、曾青同一根源也。今人呼為大緑瀕湖。

性有小毒。吐風痰甚效。吐風痰法：揀石緑精好者，研篩水飛，再研。如風痰眩悶，取二三錢，同龍腦三四豆許，研勻，薄荷汁合酒溫調服之，偃臥須臾，涎自口角流出，不致嘔吐，功勝他藥頌。按：此味善吐風痰，以其為銅之祖氣，取金氣之精，能使木平者，莫是過也。合龍腦名碧霞散，不可以治濕痰，惟同附子尖、烏頭尖、蝎梢用者，名碧霞丹，乃可治之。中風之痰，風濕有異，此陽中、陰中之分也。世人憒憒者多。

**清・趙其光《本草求原》卷二五石部** 石綠即綠青。 為銅之祖，能平木。善吐風痰眩悶，同冰片調薑汁及酒下。及風濕痰迷，一兩烏頭尖、附子尖，蠍梢七個，糊丸，薄荷汁酒下。痰涎從口角流出，不嘔而功速。急驚昏迷，同輕粉、薄荷汁酒下。上下疳、頭耳瘡，甘草水洗，同白芷敷。狐臭。同輕粉、醋塗腋下。

扁青

**宋・李昉《太平御覽》卷第九八八** 扁青 《本草經》曰：扁青，味甘，平。生山谷。治目痛，明目，辟毒，利精神，久服輕身不老。生朱崖。《吳氏本草經》曰：扁青，神農、雷公：小寒，無毒。生蜀郡。治明目癰腫，風痺，丈夫內絶，令人有子，久服輕身。

**宋・唐慎微《證類本草》卷三玉石部上品〔《本經・別録》〕** 扁音編**青** **味甘，平，**無毒。**主目痛、明目，折跌**音迭，**癰腫，金瘡不瘳**音抽，**破積聚，解毒氣，利精神，**去寒熱風痹，及丈夫莖中百病，益精。**久服輕身，不老。**生朱崖山谷、武都、朱音殊提音時。採無時。

〔梁・陶弘景《本草經集注》〕云：仙經俗方都無用者。朱崖郡先屬交州，在南海中，晉代省之。朱提郡今屬寧州。

〔唐・蘇敬《唐本草》〕注云：此即前條陶謂綠青是也。朱崖、巴南及林邑、扶南舶上來者，形塊大如拳，其色又青，腹中亦時有空者。武昌者，片塊小而色更佳。簡州、梓州者，形扁作片，而色淺也。

〔宋・掌禹錫《嘉祐本草》〕按：《吳氏》云：扁青，神農、雷公：小寒，無毒。生蜀郡。治丈夫內絕，令人有子。

〔宋・唐慎微《證類本草》〕《圖經》：文具綠青條下。

**宋・王繼先《紹興本草》卷二** 扁青 紹興校定：扁青與諸青皆石之類也。其出產、主治具載《本經》。然比之綠青、白青，即無取吐之說。當從《本經》味甘、平、無毒者為正。若唐注直指為綠青者，未見的據。今方家亦罕用之。

**明・王綸《本草集要》卷五** 扁青即石綠。 味甘，氣平，無毒。 主目痛，明目，折跌癰腫金瘡不瘳。破積聚，解毒氣，及丈夫莖中百病，益精，令人有子。

**明・滕弘《神農本經會通》卷六** 扁青 即前綠青是也，今謂之石綠。生朱崖山谷、武都、朱提。朱崖郡先屬交州，在南海中。朱提郡今屬寧州。

味甘，氣平，無毒。 《本經》云：主目痛，明目，折跌癰腫，金瘡不瘳，破積聚，解毒氣，利精神，去寒熱風痺，及丈夫莖中百病，益精，久服輕身不老。吳氏云：治丈夫內絕，令人有子。

**明・劉文泰《本草品彙精要》卷二** 扁青無毒 石生。

扁音編**青**出《神農本經》：**主目痛，明目，折跌**音迭，**癰腫，金瘡不瘳**音抽，**破積聚，解毒氣，利精神，久服輕身不老。**以上朱字《神農本經》。去寒熱風痹，及丈夫莖中百病，益精。以上黑字名醫所録。

【地】《圖經》曰：生朱崖山谷、武都、朱音殊提音時。《唐本》注云：出朱崖、巴南及林邑、扶南。舶上來者，形塊大如拳，其色又青，腹中時或有空者。武昌出片塊者，其色更佳。簡州、梓州者，形扁作片而色淺也。 謹按：蘇恭云：扁青即綠青。《唐本》注云：綠青即扁青。二論乃爲一種也。其綠青形塊如拳而色綠，扁青形扁作片而色淺。前人擬質命名，必有所自，況其性味、治證各有不同，難以爲一物也，明矣。【時】採：無時。【用】片塊而色青者爲好。【色】青。【味】甘。【性】平，緩。【氣】氣薄味厚，陰中之陽。【臭】朽。【主】消瘡腫，養精神。【製】先搗，下篩，更用水飛過，至細乃再研。【治】療：《別録》云：治丈夫內絕，令人有子。

**明・王文潔《太乙仙製本草藥性大全》卷六《本草精義》** 扁青 生朱崖山谷及武都。先屬交州，在南海中。晉代有朱提都，今屬寧州。蘇云：石綠是也。海南舶上來者，形塊大如拳，其色又青，腹中亦時空者。武都片塊小而色更佳。簡州、梓州者形扁作片而色淺。採無時。

**明・王文潔《太乙仙製本草藥性大全》卷六《仙製藥性》** 扁青即石綠。 味甘，氣平，又云微寒，無毒。 主治：主目痛，明目磨瞖，治折跌金瘡不瘳。破積聚消癰腫神效，利精神解毒氣殊功。去寒熱風痹，療百病益精。補丈夫內絕，能令人有子。久服益氣，不老輕身。

**明・李時珍《本草綱目》卷一〇石部・石類下** 扁青《本經》上品

【釋名】石青《綱目》 大青時珍曰：扁以形名。

【集解】《別錄》曰：扁青生朱崖山谷、武都、朱提，采無時。弘景曰：朱提音殊匙，在南海中。仙經、俗方都無用者。普曰：生蜀郡。恭曰：此即綠青也。朱崖巳南及林邑、扶南舶上來者，形塊大如拳，其色又青，腹中亦時有空者。武昌者，片塊小而色更佳。簡州、梓州者，形扁作片而色淺。時珍曰：蘇恭言即緑青者非也，今之石青是矣。繪畫家用之，其色青翠不渝，俗呼爲大青，楚、蜀諸處亦有之。而今貨石青者，有天青、大青、西夷回回青、佛頭青，種種不同，而回青尤貴。本草所載扁青、層青、碧青、白青，皆其類耳。

【氣味】甘，平，無毒。普曰：神農、雷公：小寒，無毒。【主治】目痛明目，折跌癰腫，金瘡不瘳，破積聚，解毒氣，利精神。久服輕身不老《本經》。去寒熱風痹，及丈夫莖中百病，益精《別錄》。治丈夫内絶，令人有子《吴普》。吐風痰癲癇，平肝時珍。

【附方】新一。頑痰不化：石青一兩，石緑半兩，並水飛爲末，麵糊丸緑豆大。每服十丸，温水下。吐去痰一二盌，不損人。《瑞竹堂方》。

**清・蔣居祉《本草擇要綱目・平性藥品》** 石青一名扁青。氣味：甘，平，無毒。主治：目痛，明目。折跌癰腫，金瘡不瘳。破積聚，解毒氣，利精神，久服輕身不老。去寒熱風痹，及丈夫莖中百病，益精，治丈夫内絕，令人有子。吐風痰，癲癇，平肝。

**清・张璐《本經逢原》卷一** 扁青俗名石青。甘，平，無毒。《本經》主目痛，明目，折跌癰腫，金瘡不瘳，破積聚，解毒氣，利精神。發明：石青走肝磨堅積。故《本經》所主皆肝經積聚之病。時珍用吐風痰，研細，溫水灌下即吐，肝虚易驚多痰者宜之。形如縮砂者名魚目青，主治與扁青無異。

**清・徐大椿《神農本草經百種録》上品** 扁青 味甘，平。主目痛，明目，養肝之功。折跌癰腫，金瘡不瘳。收濇斂肌之功。破積聚，消肝邪也。解毒，利精神。久服，輕身不老。精氣所結之物，故能除毒，益精，增年也。《内經》云：五藏六府之精，皆上注于目。故目雖屬肝之竅，而白乃肺之精也。五行之中，火能舒光照物，而不能鑒物，惟金之明，乃能鑒物。石體屬金，故石藥皆能明目。而扁青生于山之有金處，蓋金氣精華之所結也，又色青屬肝，于目疾尤宜。凡草木中，得秋金之氣者亦然。○凡物精華所結者，皆得天地清粹之氣以成，而穢濁不正之氣不得干之，故皆有解毒之功。其非精華所結，而亦能解毒者，則必物性之相制，或以毒攻毒也。

**清・黄元御《玉楸藥解》卷三** 石青 味甘，氣平。入足厥陰肝經。明目止痛，消腫破癥。石青清肝退熱，治目昏眼痛，跌打金瘡。消癰腫，化積聚，吐頑痰。

**清・趙其光《本草求原》卷二五石部** 石青即畫家佛頭青。甘，平，走肝胃。化聚積頑痰，水飛糊丸，溫水下。目痛，明目，折跌，癰腫，金瘡，皆肝血積病。癲癇，肝虚易驚。多痰者宜。

**清・葉志詵《神農本草經贊》卷一** 扁青 味甘，平。主目痛明目，折跌癰腫，金創不瘳，破積聚，解毒氣。利精神，久服輕身不老。生山谷。

朱崖朱提，斯石有扁。質謝藍成，品分葱淺。蹈刃夷瘳，攻堅濡愞。時有中空，還同萬選。

名醫曰：生朱崖、朱提。《詩》：大有扁斯石。《北史・傳》：青成藍，藍謝青。《爾雅注》：青葱，淺青也。蘇恭曰：形扁作片而色淺，腹中亦時有空者。《中庸》：白刃可蹈也。《詩》：靡有夷瘳。《魏志・傳》注：攻堅易於折枯。《人物志》：擬疑難則濡愞而不盡。《唐書・傳》：張薦猶青銅錢，萬選萬中。

## 銅緑

**宋・唐慎微《證類本草》卷五玉石部下品〔宋・掌禹錫《嘉祐本草》〕** 銅青 平，微毒。治婦人血氣心痛，合金瘡，止血，明目，去膚赤息肉。生銅皆有青，青則銅之精華，銅器上緑色是，北庭罯者最佳。治目時淘洗用。新補，見陳藏器、日華子。

〔宋・唐慎微《證類本草》〕陳藏器云：陶云青銅不入方用。按青銅明目，去膚赤，合金瘡，止血，入水不爛，令瘡青黑。生熟銅皆有青，即是銅之精華，大者即空緑，以次空青也。銅青獨在銅器上緑色者是。《經驗方》：治痰涎潮盛，卒中不語，備急大效。碧琳丹：生碌二兩淨洗，於乳鉢内研細，以水化去石澄清，同碌粉慢火熬令乾，是取辰日辰時於辰位上修合，再研匀入麝香一分同研，以糯米糊和丸如彈子大，陰乾。如卒中者，每丸作二服，用薄荷酒研下。癱緩一切風，用硃砂酒研化下，候吐涎出，沫青碧色，瀉下惡物。又方：治小兒緑雲丹：不計分兩，研細如粉，用醋麵糊和丸如雞頭大。每有中者，纔覺便用薄荷酒磨下一丸，須臾便吐，其涎如膠，令人以手拔之，候吐罷，神效。

**宋・王繼先《紹興本草》卷一** 銅青 紹興校定：銅青者，今稱銅緑是矣。諸銅皆可作之。若在服餌者取吐，然用之亦稀。當從《本經》性平、微毒是也。

**宋・劉明之《圖經本草藥性總論》卷上** 銅青 平，微毒。治婦人血氣心痛，合金瘡止血，明目，去膚赤息肉。生銅皆有青，青則銅之精華，銅器上綠色者是。北庭罯者最佳。治目時，淘洗用。陳藏器云：青銅明目，去膚赤，合金瘡止血。入水不爛，令瘡青黑。生熟銅皆有。

**明・王綸《本草集要》卷五**　銅青　氣平，微毒。生熟銅俱有，青銅器上綠色，是銅之精神也。治婦人血氣心痛，合金瘡止血，明目，去膚赤息肉。

**明・滕弘《神農本經會通》卷六**　銅青　生銅皆有青，青則銅之精華，銅器上綠色是。北庭罯者最佳。陳藏器云：生熟銅皆有青，大者即空綠，以次空青也。獨在銅器上，綠色者是。

氣平，微毒。《本經》云：治婦人血氣心痛，合金瘡，止血，明目，去膚赤息肉。治目，時掏洗用。《局》云：銅青銅綠一般名，銅上精華徹體生。斂合金瘡堪止血，洗淘眼暗令光明。斂金瘡，淘眼暗，銅青銅綠竟無雙。

**明・劉文泰《本草品彙精要》卷五**　銅青微毒　銅生。

銅青：主婦人血氣心痛，合金瘡，止血，明目，去膚赤息肉。名醫所錄。

【地】《圖經》曰：生熟銅皆有青，青則銅之精華，而在銅器上綠色者是也。用之以北庭罯者最佳。【時】生：無時。採：無時。【用】細膩者佳。【色】青綠。【味】酸。【性】平，寒。【氣】氣薄味厚，陰中之陽。【臭】腥。【主】明目，去膚赤。【治】療：陳藏器云：青銅明目，去膚赤。合金瘡止血，入水不爛，令瘡青黑。【合治】生碌二兩淨洗，於乳鉢內研細，以水飛去石，澄清，同碌粉慢火熬令乾，取辰日、辰時於辰位上修合，再研勻，入麝香一分，同研，以糯米糊和丸如彈子大，陰乾，名備急大效碧琳丹。療痰涎潮盛卒中不語者。每丸作二服，用薄荷酒研下。癱瘓，一切風，用硃砂酒研化下，候吐涎出沫青碧色，瀉下惡物，瘥。〇研細如粉，合醋糊和丸如芡實大，名綠雲丹，治小兒纔覺中風者，便用薄荷酒磨下一丸，須臾便吐，其涎如膠，令人以手拔之，候吐罷，神驗。

**明・許希周《藥性粗評》卷四**　銅之青，銅之白，眼暗行時。

銅青，一名銅綠，銅之精華也。似醋沃銅上即生。味辛，性平，微毒。主治眼暗，以水淘洗，可令光明。并斂金瘡，止血。

銅之白《本草》不載。

**明・鄭寧《藥性要略大全》卷八**　銅青　斂金瘡，洗眼暗風弦，治女人血氣心痛，止血，入眼藥、瘡藥及煎膏用。味酸、澁，氣寒，有小毒。不入湯服。〇銅青、銅綠，一物而二名也。生銅山中，乃銅之精華也。今人以醋沃銅上即生之。入眼藥膏藥用，及能點錫為銅。

**明・王文潔《太乙仙製本草藥性大全》卷六《本草精義》**　銅青　一名銅綠。銅青、銅綠實一物而二名也。生銅山中，用火煅煉而得，生熟皆有青，即銅之精華，大者即空綠，以次空青也。銅青獨在銅器上，今人以醋沃銅上即生之，北庭罯者最佳。治目時淘洗用。入眼藥、膏藥，及能點爲銅。

**明・王文潔《太乙仙製本草藥性大全》卷六《仙製藥性》**　銅青　味苦澁，氣平，微毒。主治：合金瘡止血，去膚赤息肉。治婦人血氣心痛，療赤眼明目淘佳。補註：痰涎潮盛卒中不語，備急大效。碧琳丹：生綠二兩净洗，於乳鉢中研細，以水化去石澄清，銅綠粉慢火熬令乾是，取辰日辰時於辰位上修合，再研勻入麝香一分同研，以糯米糊和丸如彈子大，陰乾。如卒中者，每丸作二服，用薄荷酒研下。癱瘓，一切風，用硃砂酒研化下。候吐涎，出水青碧色，瀉下惡物。〇小兒綠雲〔丹〕，用不計分兩，研細如粉，用醋、麪糊和丸如鷄頭大，每有中者，纔覺便用薄荷酒磨下一丸，須臾便吐，其涎如膠，令人以手拔之，候吐罷神驗。

**明・皇甫嵩《本草發明》卷五**　銅青微毒，平。　治婦人血氣心痛，合塗瘡，止血明目，去膚赤息肉，治目，淘洗用。青，乃銅之精華，銅器上綠色是。北庭罯者最佳。〇《經驗方》治痰涎潮盛，卒中不語，備急大效。碧琳丹用生綠二兩，洗淨，于乳鉢內研細，(似)〔以〕水化去石，澄清，同綠粉慢火熬乾，取辰日辰時于辰位上修合，再研勻，入麝香一分，同〔糯米粉〕丸如彈子大，陰乾。卒中者每丸作二服，薄荷酒研下。癱瘓，一切風，硃砂酒研化下，候吐涎出沫青碧色，瀉下惡物。

**明・李時珍《本草綱目》卷八金石部・金類**　銅青宋《嘉祐》

【釋名】銅綠　【集解】藏器曰：生熟銅皆有青，即是銅之精華，大者即空綠，以次空青也。銅青則是銅器上綠色者，淘洗用之。時珍曰：近時人以醋制銅生綠，取收晒乾貨之。

【氣味】酸，平，微毒。　【主治】婦人血氣心痛，合金瘡止血，明目，去膚赤息肉藏器。主風爛眼淚出之才。治惡瘡、疳瘡，吐風痰，殺蟲時珍。

【發明】時珍曰：銅青乃銅之液氣所結，酸而有小毒，能入肝膽，故吐利風痰，明目殺疳，皆肝膽之病也。《抱朴子》云：銅青塗木，入水不腐。

【附方】舊二，新十一。　風痰卒中：碧琳丹：治痰涎潮盛，卒中不語，及一切風癱。用生綠二兩，乳細，水化去石，慢火熬乾，取辰日、辰時、辰位上修合，再研入麝香一分，糯米粉糊和丸彈子大，陰乾。卒中者，每丸作二服，薄荷酒研下；餘風，硃砂酒化下。吐出青碧涎，瀉下惡物，大效。〇治小兒，用緑雲丹：銅緑不計多少，研粉，醋麪糊丸芡子大。每薄荷酒化服一丸，須臾吐涎如膠，神效。《經驗方》。　爛弦風眼：銅青，水調塗盌底，以艾熏乾，刮下，塗爛處。《衛生易簡方》。　赤髮秃落：油磨銅錢末塗之即生。《普濟方》。

面黶黑痣：以草劃破，銅緑末傅之，三日勿洗水，自落。厚者，再上之。《聖濟錄》。　口鼻疳瘡：走馬牙疳：銅青、滑石、杏仁等分，爲末，擦之立愈。《邵真人經驗方》。　楊梅毒瘡：銅青、枯礬等分，研傅之。〇又方：人中白一錢，銅緑三分，研傅之。　臁瘡頑癬：銅緑七分研，黄蠟一兩化熬，以厚紙拖過，表裏别以紙隔貼之。出水妙。亦治楊梅瘡及蟲咬。《筆峰雜興》。　腸風痔瘻：方見密陀僧下。　諸蛇螫毒：銅青傅之。《千金方》。　百蟲入耳：生油調銅緑滴入。《衛生家寶方》。　頭上生虱：銅青、明礬末摻之。《摘玄方》。

**明・張懋辰《本草便》卷二**　銅青　氣平，微毒。　治婦人血氣心痛，合金瘡止血，明目，去膚赤息肉。

**明・李中梓《藥性解》卷一**　銅青　味苦、濇，性平，有微毒，不載經絡。主斂金瘡，治眼暗，止血殺蟲，能去腐肉。　按：銅青即銅緑，本醋沃銅上而得其精華。醋能收斂，故斂瘡止血，其去腐肉者，亦醋之功。眼乃肝竅，眼之不明，肝之病也，得金之精以制木，而目之暗者從此明矣。

**明・繆希雍《本草經疏》卷五**　銅青　平，微毒。治婦人血氣心痛，合金瘡，止血，明目，去膚赤、息肉。生銅皆有青，青則銅之精華。淘洗用。

【疏】銅稟土中陰氣以生，青則其英華秀出於外所結。凡銅入地久，或沃以鹹、酸之味，乃生青，其義可見矣。本經氣平無毒。然觀今人用入吐風痰藥，應是酸苦澀之味，而氣則微寒也。酸入肝而主斂，故能止血合金瘡。風熱入肝經，則目生膚翳息肉，或赤爛淚出。苦寒能除風熱，則所苦去而目自明矣。本經又主婦人血氣心痛者，蓋苦能泄結，而平則又兼辛散之義也。

【主治參互】《經驗方》碧林丹，治痰涎潮盛，卒中不語及一身風癱。用生緑二兩，研細，水化去石，慢火熬乾，取辰日、辰時、辰位上修合，再研入麝香一分，糯米粉糊丸彈子大，陰乾。卒中者，每丸作二服，薄荷酒研下，吐出青碧涎，瀉下惡物，大效。　又方：口鼻疳瘡，人中白一錢，銅緑三分，研傅之。　《衛生易簡方》爛弦風眼，銅青水調塗盌底，以艾熏乾刮下，塗爛處。

【簡誤】目痛膚翳，不由風熱外侵，而因於肝虚血少者，非所宜用。

**明・倪朱謨《本草彙言》卷一二**　銅青　味酸澀，氣寒，微有毒。入足少陽、足厥陰經。　陳氏曰：生熟銅皆有青，是銅之精華。遇濕熱鹽醋之氣而生。刮取淘淨，研細用之。　李氏曰：近時以銅燒紅，米醋澆之，數日即生青。亦可用。

銅青：拔風痰，吸膿毒，去翳障，日華子消䘌疳之藥也。時珍李氏曰：此藥酸澀、鎮重。酸澀能拔痰吸毒，鎮重能去翳搜䘌。故陳氏《本草》主風痰閉結，喉咽不通，舌强不語。又《竇氏方》治癰疽腫毒，内潰脹痛，膿頭不出。若風熱外障，目澀腫疼；若牙疳潰爛，牙齦宣露，一切蟲䘌牙蛀，咸可奏功。皆取此酸澀可通壅脹，鎮重可去浮怯也。但金石之劑，中病即止，多服常服，有燥耗津液，枯損血氣之患。司業者當審而用之。

集方：《證治準繩》治卒中急風，眩暈僵仆，痰涎壅塞，心神迷悶，牙關緊急，目睛上視，及五種癎病，涎潮搐搦等證。用銅青九錢研極細，附子尖、烏頭尖、蝎稍各七個。後三味爲末，入銅青，令勻，麪糊爲丸，如鷄豆肉大。每服急用薄荷湯化下一丸，更入酒半盞，溫暖服之。須臾吐出痰涎。如牙關緊急，斡開灌之，立驗。然後隨證以調補藥治之。〇竇氏《外科》治癰疽腫毒，膿頭不出。用銅青一錢爲末，瀝青一兩，麻油二錢。先將油熬滾，入瀝青熔化，再入銅青末攪勻。用單油紙攤貼毒上，膿頭即出。後換長肉膏貼之。〇《凌霄集》治風熱外障，眼目不明。用銅青一分，川黄連三分，防風一錢，食鹽一分。泡湯頻洗。〇《方脉正宗》治牙疳潰爛，牙齦宣露，一切蟲䘌牙蛀。用銅青三分，北細辛一錢，獨活、肉桂各一錢，共研極細末，再加芒硝一錢五分，冰片一分。總研勻，貯磁瓶内，封口，勿泄藥氣。每遇牙疳，先以髮抿，蘸溫茶洗淨牙齦，用簪頭挑藥少許敷之。不過三次愈。治諸般惡毒初起，疔瘡發背，一切疔毒，遍身癢痛。又治小兒痘瘡，黑陷不起，及喉閉腫痛，幷蠱毒與破傷風。用銅青二分，硃砂、雄黄、片腦各三分，乳香、沒藥、輕粉各五分，血蝎三錢，真蟾酥一錢，當門子二分。右共爲極細末，用稀米粥一盞，和爲丸，如扁豆大。每一丸噙化，用白湯下。

**明・李中梓《醫宗必讀・本草徵要下》**　銅青味辛，酸，無毒。　女科理血氣之痛，眼科主風熱之疼，内科吐風痰之聚，外科止金瘡之血。殺蟲有效，疳證亦宜。　色青入肝，專主東方之證，然服之損血。

**明・蔣儀《藥鏡》卷三平部**　銅青　淘眼暗，吐風痰，歛金瘡，去腐肉。

**明・張景岳《景岳全書》卷四九《本草正》**　銅青即銅綠。　此銅之精華，惟醋製者良，磠製者毒也。味酸澁，性收斂。善治風眼爛弦流淚，合金瘡，止血，明目，去膚赤瘜肉，治惡瘡，口鼻疳瘡。若治走馬牙疳，宜同滑石、杏仁等分為末，擦之立愈。

**明・李中梓《本草通玄》卷下**　銅青　酸。走厥陰。　故〔能退〕利風痰，明目，祛疳殺蟲。

**清・顧元交《本草彙箋》卷一〇**　銅青　亦名銅綠，乃銅之液氣所結。入肝膽二經。故爲吐利風痰，明目殺疳之用。　銅青乃銅器上綠色者，淘洗用。今人以醋制銅生綠，取收晒乾貨之。

**清・劉雲密《本草述》卷四**　銅青一名銅綠。　即是銅器上綠色，銅之精華也。不問生熟銅皆有，近以醋製生綠，貨之。

氣味：　酸，平，無毒。　主治：　吐風痰，明目，婦人血氣心痛，合金瘡止血，治惡瘡疳瘡，殺蟲。　時珍曰：　銅青乃銅之液氣所結，酸而有小毒，能入肝膽，故吐利風痰，明目，殺疳，皆療肝膽之病也。《抱朴子》云：　銅青塗木，入水不腐。　希雍曰：　銅稟土中陰氣以生青，則其英華所結而透出於外者也。凡銅入地久，或沃以鹹酸之味，乃生青，其義正可參也。《本草》氣味酸平，無毒。然用之者，多入吐風痰藥，非正取其由肺得肝之化氣，乃入肝而致肺之用乎。其曰平者，平即辛也，辛乃肝之所喜矣。沃以鹹酸之味而生青者，是能達其辛中之酸於肺，乃得暢其酸中之辛於肝也。歷取藏器、之才。時珍所主治諸證，皆未有越於斯義耳。

愚按：　人身之肺屬金，肝屬木，肺喜酸收，肝喜辛散，正金木相媾之玄機也。銅固金之類，然用醋製生綠者，正金媾於木，而吐其精液也。按：　有五金，銅屬一金，何能獨媾於木乎？　蓋五金，而黃金為之長，若銅則與黃金同，故字從金同，先哲所言諒不謬，其得媾木以善其用者此也。　如銅綠，而方書謂之銅青者，正為媾木而化其精微，故其色亦同於木也。唯其如是，所以治中風之痰涎潮盛者，乃其的對。蓋用其化氣，非以金尅木，而侮其所勝也。如《抱朴子》所云：　銅青塗木，入木不腐，又豈非木為金之匹，因木得媾於金，而木乃裕其化氣，木為金之子，因金已媾於木，而木更育其子氣乎？　生化歸於一氣，是以不為木所腐也，有如是乎？《別錄》首言主治婦人血氣心痛，而方書同他味以治齒衄。蓋風臟原是血臟，心固血之主，而以肝為化原。齒乃骨之餘，而肝又以腎為化原。有治血從齒縫中來者，用益腎水瀉相火而愈，其義更可思也。又言明目者，肝固開竅於目也。之才又云：　主風爛眼淚出，總不離血臟之風以為治也。茲品從金所吐之精液，以治木眚，如療風臟之血，未有如是親切也。

附方　治痰涎潮盛，卒中不語，及一切風癱，用生銅綠二兩，研細，水化去石，慢火熬乾，取辰日辰時辰位上修合，再研，入麝香一分，糯米粉糊和丸彈子大，陰乾，卒中者每丸作二服，薄荷酒研下，餘風硃砂酒化下，吐出青碧涎，瀉下惡物，大效。　治小兒用綠雲丹，銅綠不計多少，研粉，醋麪糊丸芡子大，每薄荷酒化服一丸，須臾吐涎如膠，神效。　治走馬牙疳，用溺桶中白垢，火煆過，每一錢入銅綠三分，麝香一分半，傅之立愈。　鼻疳用青金散，銅青、白礬生各一錢，為末，每用少許傅鼻下。　又蘭香散，蘭香葉菜名也。燒灰二錢，銅青半錢，輕粉二字，為細末，令勻，看瘡大小，乾貼之。

愚按：　錢氏云：　諸疳皆脾胃之病，內亡精液之所作也。此語破的矣。夫小兒腎陰原不足，獨賴脾陰與胃陽，表裏以為生化之地。《經》曰：　脾主為胃行其津液者也。小兒疳證，因種種傷其脾陰，以致胃陽獨亢，曾氏所謂積溫成熱，正脾不能為胃行其津液而成疳也。若銅青之治疳瘡，雖曰金為水之母氣，然亦未能大裕脾陰，但土虛而木斯侮之，是亦治標之急者也。　須知是宜補脾陰，若漫言補脾，而概用參术之劑，乃無益而有害也。但須理會陽生陰長之妙，令陰裕有化原耳。更有宜留意者，蓋腎肝脾，足三陰同起於下，在脾陰之益難以取效旦夕，亦須少少同腎肝藥，以為益脾陰地，則庶幾奏效也。雖足三陰同起於下，而脾陰之化原又屬腎肝，方書有脾腎雙補丸，是亦明於斯義耳。即斯推之，是則凡先哲製方，夫豈苟然而已。

**清・郭章宜《本草匯》卷一八**　銅青　味辛、酸，澁，微毒。入足厥陰經。女科理血氣之痛，眼科主風熱之疼。內科吐風痰之聚，外科止金瘡之血。殺蟲有効，疳症亦宜。　按：　銅青，稟土中陰氣以生，青則其英華秀出所結也。能入肝膽，故吐利風痰，明目殺疳，皆肝膽之病也。　取銅器上綠色者，淘洗用之。近時人以醋制銅生綠，取收晒乾。

**清・蔣居祉《本草擇要綱目・平性藥品》**　銅青即銅綠。　氣味：　酸，平，微毒。　主治：　婦人血氣心痛，合金瘡止血，明目，去膚赤息肉。主風爛眼淚出，治惡瘡疳瘡，吐風痰殺蟲。蓋銅青乃銅之液氣所結，酸而有小毒，能入肝膽，故吐利風痰，明目殺疳，皆肝膽之病也。

**清・汪昂《本草備要》卷四**　銅綠即銅青。宣，去風痰。　酸，平，微毒。治風爛淚眼，惡瘡疳瘡，婦人血氣心痛，吐風痰，合金瘡，止血殺蟲。治皆肝膽之病，亦金勝木之義。　用醋製銅，刮用。

**清・吳楚《寶命真詮》卷三**　銅青　【略】女科理血氣之痛，眼科主風熱之疼，內科吐風痰之聚，外科止金瘡之血。殺蟲有效，疳症亦宜。酸走厥陰，故主吐利，風痰，明目，袪疳，殺蟲。

**清・馮兆張《馮氏錦囊秘錄・雜症痘疹藥性主治合參》卷五**　銅青銅稟土中陰氣以生，青則其英華秀出於外所結。然必仗鹹酸之味而成，故味苦酸，澀，氣寒，無毒。酸入肝而能斂，所以合金瘡止血。苦寒能除風熱，所以去膚赤息肉。苦能洩結，所以又主氣心痛，吐風痰也。　銅青，乃銅之精華。治婦人血氣心痛，洗眼目風熱腫疼，斂金瘡，吐風痰。　去膚赤，除息肉，喉痹口瘡疰資，神效。

**清・张璐《本經逢原》卷一**　銅青　酸、苦，平，小毒。　發明：　銅青藉醋結成，能入肝膽二經。以醋蘸撚喉中則吐風痰，為散療喉痹牙疳，醋調揩腋下治胡臭，薑汁調點爛沿風眼，去疳殺蟲，所治皆厥陰之病。

**清・王士禛《香祖筆記》卷八**　治瘤方　用竹刺將瘤頂稍稍撥開油皮，勿令見血，細研銅綠少許，放撥開處，以膏藥貼之。

**清・黃元御《玉楸藥解》卷三**　銅青　味鹹，氣平。入手太陰肺、足厥陰肝經。止血行瘀，消腫合瘡。即銅綠，酸濇，能合金瘡，止血流，平牙疳肉蝕，收爛弦冷淚，消臁瘡頑癬，療痔瘻楊梅，去風殺蟲，生髮點痣。功專外用，不入湯丸。醫書用吐痰，殊非良法。

**清・吳儀洛《本草從新》卷五**　銅青〔宣，去風痰。〕一名銅綠。　酸，平，微毒。內科吐風痰之聚，外科止金瘡之血，女科理血氣之痛，眼科治風熱之疼，殺蟲有效，疳證亦宜。色青入肝，專主東方之病。服之損血。以醋製銅，刮用。

**清・汪紱《醫林纂要探源》卷三**　銅綠　酸，平。鑄銅作版，米醋澆之，則化綠花，可鏟用。青木生丹，此則丹復於青，其味從醋也。補肺瀉肝，破瘀血，行妄火，斂金氣，合肌肉。治風爛淚眼，惡瘡疳瘡，合金傷生肌肉，又治婦人血氣心痛，引吐風痰。

**清・嚴潔等《得配本草》卷一**　銅綠即銅青。　酸、澀，性平，微毒。入足厥陰、少陽經。吐風痰，治惡瘡、疳瘡、金瘡、風弦、爛眼、淚出。止血殺蟲。配滑石、杏仁，擦走馬疳。配枯礬，治口鼻瘡。

**題清・徐大椿《藥性切用》卷七**　銅青　即銅（錄）〔綠〕。性味酸平，入肝而斂熱，除風明目，止痛。醋製銅器，刮取用。

**清・黃宮繡《本草求真》卷六**　銅青瀉肝膽積熱，除目翳。　銅青巖入肝膽。即俗所云銅綠者是也。與空青所產不同，銅青氣稟地陰，英華外見，藉醋結成。故味苦酸濇氣寒，能入肝膽二經。按酸入肝而斂，所以能合金瘡止血，苦寒能除風熱，所以能去膚赤及鼻瘜肉。苦能洩結，所以醋蘸喉中，則吐風痰而使血氣心痛皆止。為散能療喉痹牙疳，醋調揩腋下，治胡臭。薑汁調點爛沿風眼，錦囊用真川連三錢，杏仁八粒，去皮生用，生甘草六分，膽礬一分，銅青三分，大元棗一枚，水煎乘熱搽眼。　去疳殺蟲，所治皆厥陰之病。　時珍曰：　吐痰須觀人之虛實強弱而察其脉，乃可投之。

**清・羅國綱《羅氏會約醫鏡》卷一八金石水土部**　銅綠味辛酸，入肝膽二經。　色青入肝，專主東方之病。治風眼爛眩、疳瘡、金傷。吐風痰，理血氣，婦人心痛。止血，殺蟲，皆肝膽之病，亦金勝木之義。去膚赤瘜肉、喉痹口瘡、走馬牙疳。方在牙門。　脚指縫中，流水癢痛，敷之即愈。用醋制銅，刮用。

**清・趙學敏《本草綱目拾遺》卷九器用部**　銅燈盞青　即盞內之油垢，起銅綠者，入藥良。　治燕窩瘡：　《救生苦海》：　本名髮際瘡，生頭枕骨下髮盡處。以銅燈盞內青垢刮下研爛，擦之如神。

**清・張德裕《本草正義》卷下**　銅綠　酸澁收斂。善治風眼爛弦流淚，惡瘡，口鼻疳瘡，〔治〕走馬牙疳，同輕粉、杏仁等分為末，擦之可愈。此銅之精華。

**清・楊時泰《本草述鉤元》卷四**　銅青　即銅器上綠色。一名銅綠。銅之精華也。不問生熟銅皆有，近以醋製生綠貨之。

氣味酸平。主治風痰明目，婦人血氣心痛，合金瘡，止血，治惡瘡疳瘡，殺蟲。銅之液氣所結，酸而有小毒，能入肝膽，故吐利風痰，明目殺疳，皆療肝膽之病也。銅青塗木，入水不腐。痰涎潮盛，猝中不語，及一切風癱。用生銅綠二兩，研細水化，去石，慢火熬乾，取辰日辰時辰位上修合，再研入麝香一分，糯粉糊丸彈子大，陰乾，猝中者，每丸作二服，薄荷酒研下。餘風，硃砂酒化下。吐出青碧涎，瀉下惡物，大效。如治小兒，用綠雲丹，銅綠不計多少，研粉，醋麪糊丸芡子大，每薄荷酒化服一丸，須臾吐涎如膠，神效。走馬牙疳，用溺桶中白垢火煅一錢，入銅綠三分，麝香一分半，傅之立愈。鼻疳，青金散，用銅青、生礬各一錢，為末，每取少許，傅鼻下。又蘭香散，蘭香葉菜名燒灰二錢，銅青半錢，輕粉二字，為細末令勻，看瘡大小，乾貼之。按：銅青之治疳瘡，乃土虛而木斯侮之，但治其標之急者。

論：銅稟土中陰氣以生，青則其英華所結而透出於外者。凡銅入地久，或沃以鹹酸之味，便生青，是能達其辛中之酸於肺，乃更暢其酸中之辛於肝，正由肺而得肝之化氣入肝，而致肺之用者本仲淳。人身肺屬金，肝屬木，肺喜酸收，肝喜辛散，正金木相媾之元機也。銅固金類，今用醋製生綠，正金媾於木而吐其精液也。銅屬五金之一，何以獨媾於木？蓋五金惟黃金為之長，而銅則與黃金同，故字從金同也。媾木而化其精微，所以治中風之痰涎潮盛，乃其的對。蓋用其化氣，非以金剋木而侮其所勝也。銅青塗木則入水不腐者，木為金之匹，因木得媾於金，而木乃裕其化氣，水為金之子，因金已媾於木，而水更育其子氣，生化歸於一氣，是以不為水所腐也。其能明目者，肝竅開於目，又主風爛眼淚出，總不離血臟之風以為治也。茲品從金所吐之精液以治木眚，用療風臟之血，未有如是之親切者，所以《別錄》首主婦人血氣心痛耳。又按：諸疳皆脾胃病，內亡精液之所作也。夫小兒腎陰原不足，獨賴脾陰與胃陽表裏，以為生化之地。疳證之作，因種種傷其脾陰，致胃陽獨亢，是宜大補脾陰。又須理會陽生陰長之妙，令陰裕，有化原，蓋足三陰同起於下，而脾陰之益，難以取效旦夕，須少少同腎肝藥，以為益脾陰地，則庶幾奏效也。

**清·葉桂《本草再新》卷八**　青銅味辛，性微寒，無毒。入肝經。專治肝經風熱火氣，療瘡敗毒。

**清·趙其光《本草求原》卷二四金部**　銅青即銅綠。銅屬金，醋製而生綠。木色。酸，平，小毒。是從金而得木之精液，乃入肝而達肺之化氣。故治婦人血氣心痛，心主血，以肝為化原。合金瘡，止血，吐風痰。以醋蘸捻喉中。或辰日辰時熬乾，入麝，醋，麪糊丸，薄荷酒下。治喉痹。同上。牙疳、同人中白火煅，麝香擦之。口鼻疳、同上，又同枯礬敷。楊梅瘡、同白礬、醋、酒調搽。臁瘡、頑癬、入溶黃蠟，中隔紙貼之。爛弦風眼、薑汁調點。或蜜調塗碗底，艾熏乾，搽爛處。明目、殺蟲、止狐臭。醋調塗腋下。所治皆風木之血、血臟之風病。

**清·文晟《新編六書》卷六《藥性摘錄》**　銅青　即銅綠。味苦酸，濇，氣寒。瀉肝膽積熱，除目翳。○合金瘡，止血。○去膚赤及鼻息肉。○醋醮喉中，吐風痰，療喉痹，牙疳殺蟲，去疳。○吐痰，須審虛實強弱用之。

**清·陳其瑞《本草撮要》卷六**　銅青　味酸，平，微毒，入手足太陰、厥陰經，功專吐風痰，止瘍血，理氣痛。服之損血。殺蟲有效，以醋製銅刮用。頭上有蝨，銅青、明礬末摻之良。走馬牙疳，用溺桶中白垢火煅一錢，入銅綠三分，麝香一分，敷之立愈。一名銅綠。

白青

**宋·李昉《太平御覽》卷第九八八**　白青　《本草經》曰：白青，味甘，平。生山谷。明目，利九竅耳聾，殺諸毒之蟲，久服通神明，輕身延年。出豫章。《范子計然》曰：白青，出白郡。《吳氏本草》曰：神農：甘，平。雷公：鹹，無毒。生豫章。可消為銅。《淮南萬畢術》曰：白青，得鐵即化為銅。

**宋·唐慎微《證類本草》卷三玉石部上品〔《本經·別錄》〕**　**白青**　**味甘**、酸、鹹，**平**，無毒。**主明目，利九竅，耳聾，心下邪氣，令人吐，殺諸毒三蟲。久服通神明，輕身，延年不老。**可消爲銅劒，辟五兵。生豫章山谷。採無時。〔梁·陶弘景《本草經集注》〕云：此醫方不復用，市人亦無賣者，惟仙經三十六水方中時有須處。銅劒之法，具在《九元子術》中。〔唐·蘇敬《唐本草》〕注云：陶所云，今空青，圓如鐵珠，色白而腹不空者是也。研之色白如碧，亦謂之碧青，不入畫用。無空青時，亦用之，名魚目青，以形似魚目故也。今出簡州、梓州者好。

**宋·王繼先《紹興本草》卷二**　白青　紹興校定：白青，以空青、曾青較之，色青帶白，其腹不空者為是，形塊大小不定也。《本經》主療亦同空青，明目。又以取吐為用，當以味甘酸鹹、小毒為定，但古今方中稀用之。

**明·劉文泰《本草品彙精要》卷二**　白青無毒　石生。

**白青**出《神農本經》：**主明目，利九竅，耳聾，心下邪氣，令人吐。殺諸毒、三蟲。久服通神明，輕身，延年不老。**以上朱字《神農本經》。可消爲銅劍，辟五兵。以上黑字名醫所錄。【地】《圖經》曰：生豫章山谷。《唐本》注曰：其白青似空青，圓如鐵珠，色白而腹不空者是也。研之色白如碧，亦謂之碧青。不入畫用，無空青時亦用之。名魚目青，以形似魚目故也。今出簡州、梓州者好。【時】採：無時。【用】白如碧者爲好。【質】類空青而腹不空。

【色】白碧。【味】甘，酸，鹹。【性】平，緩。【氣】味厚氣薄，陰中之陽。【臭】朽。【主】通九竅，殺諸蟲。【製】先搗羅，更以水飛極細，候乾再研用。

**明·王文潔《太乙仙製本草藥性大全》卷六《本草精義》**　白青　舊本不載所出州土，今出簡州、梓州者佳。陶云：今空青圓如鐵砯，色白而腹不空是也。研之色白如碧，亦謂之碧青，不入畫用，無空青時亦用之，名魚目青，以其形似魚目故也。仙經三十六水方中，時有須處。銅劍之法，具在《九元子術》中。

**明·王文潔《太乙仙製本草藥性大全》卷六《仙製藥性》**　白青　味酸、鹹，氣平，無毒。主治：主明目而摩瞖障，利九竅而治耳聾。祛邪氣能令人吐，殺諸毒而辟三蟲。久服通神明，輕身延年不老。可消爲銅劒，遻避出兵。

**明·李時珍《本草綱目》卷一〇石部·石類下**　白青《本經》上品

【釋名】碧青《唐本》　魚目青　【集解】《別錄》曰：白青生豫章山谷，采無時。可消爲銅劍，辟五兵。弘景曰：醫方不用，市無賣者，仙經三十六水方中時有須處。銅劍之法，在《九元子術》中。恭曰：此即陶氏所云空青，圓如鐵珠，色白而腹不空者，是也。研之色白如碧，亦謂之碧青，不入畫用。無空青時亦用之，名魚目青，以形似魚目故也。今出簡州、梓州者好。時珍曰：此即石青之屬，色深者爲石青，淡者爲碧青也。今繪彩家亦用。《范子計然》云：白青出弘農、豫章、新淦，青色者善。《淮南萬畢術》云：白青得鐵，即化爲銅也。

【氣味】甘、酸、鹹，平，無毒。普曰：神農：甘，平。雷公：鹹，無毒。【主治】明目，利九竅，耳聾，心下邪氣，令人吐，殺諸毒三蟲。久服通神明輕身《本經》。

**明·倪朱謨《本草彙言》卷一二**　石青　味甘，氣平，無毒。《別錄》曰：石青，生朱厓山谷，及武都、朱提、南海中。吳氏曰：生蜀地、朱厓已南，及林邑、扶南。舶上來者，形塊大如拳，其色甚青，腹中亦時有空者。武昌者，片塊小而色更佳。今簡州、梓州者，形扁作片而色稍淺。李氏曰：今繪畫家用之，其色青翠不渝。楚、蜀、黔、滇諸處亦有之。而今貨石青者，有天青、大青、西夷青、回回青、佛頭青，種種不同，而回回尤貴。外有扁青、層青、碧青、白青，皆其類耳。

石青：下頑痰，去風癎，時珍定驚悸，神農明目疾，《別錄》堅筋骨折傷之藥也。蘇氏水門曰：此藥色青質細，光潤瑩澈，通東方甲膽乙肝之神，故善能明目退翳，鎮驚定狂，下痰破結，立見奏功。然終屬石藥，但中病即已，不可多服久服也。如前古又主折傷，筋骨損壞，溫酒調服數分，日漸完固。軍醫黃杏功，用救陣後傷殘，屢見神應也。

集方：治頑痰阻塞不化，時發風癎。用上翠嫩石青五錢，石綠二錢，俱研極細末，以神麯打糊丸，菉豆大。每服十丸，溫湯下，能吐痰一二盌，不損胃氣。○治小兒急驚風。用石青一兩，天竹黃五錢，牛黃一分，俱研極細末，每服一二分，生薑湯調下。○治目痛目癢，并翳膜不明。用石青三錢，珍珠一錢，研極細，用銀簪脚點少許。已上三方出慕容道子《丹秘》。

**清·葉志詵《神農本草經贊》卷一**　白青　味甘，平。主明目，利九竅，耳聾，心下邪氣令人吐，殺諸毒三蟲。久服通神明，輕身延年不老。生山谷。

三十六水，魚目縈中。挺英融鐵，稟異吹銅。氣宣管籥，毒制彭蟲。靜聽熟視，條達均通。

仙經三十六水方中時有。蘇恭曰：形似魚目，圓如鐵珠。曹植賦：融鐵挺英。劉禹錫文：稟異吹銅。傅子：心有管籥。《宣室志》：彭者三尸之姓。劉伶頌：靜聽不聞雷霆之聲。熟視不見太山之形。阮籍論：陰陽調達均通。

## 膚青

**宋·唐慎微《證類本草》卷四玉石部中品（《本經》·別錄》）**　膚青　**味辛、鹹，平，無毒。主蠱毒及蛇、菜、肉諸毒，惡瘡。**不可久服，令人瘦。**一名推青，**一名推石。生益州川谷。

〔梁·陶弘景《本草經集注》〕云：俗方及仙經並無用此者，亦相與不復識。

**宋·王繼先《紹興本草》卷三**　膚青　紹興校定：膚青，亦石類也。《本經》雖有性味、主治及云無毒，然世以罕識，方家亦無見用矣。

**明·劉文泰《本草品彙精要》卷四**　膚青無毒　石生。

**膚青**出《神農本經》：**主蠱毒及蛇、菜、肉諸毒，惡瘡。**以上朱字《神農本經》。不可久服，令人瘦。以上黑字名醫所錄。【名】推青、推石。【地】《別錄》云：生益州川谷，俗方及仙經並無用此者，亦相與不復識。【色】青。【味】辛，鹹。【性】平，散，軟。【氣】氣味俱薄，陰中之陽。【主】惡瘡，諸毒。

**明·王文潔《太乙仙製本草藥性大全》卷六《本草精義》** 膚青　一名推青，一名推石。舊本不著所出州土，今出益州川谷。陶隱居云：　俗方及仙經並無用此者，亦相與不復識。

**明·王文潔《太乙仙製本草藥性大全》卷六《仙製藥性》** 膚青　味辛、鹹，氣平，無毒。　主治：　主蠱毒及惡瘡，治蛇菜肉諸毒。不可久服，令人尫羸憔瘦。

**清·葉志詵《神農本草經贊》卷二** 膚青　味辛，平。主蠱毒，及蛇、菜、肉諸毒，惡創。生山谷。

藍謝何常，青推膚受。燒入春痕，光留雨後。蟲蛜腥污，瘍痍毒垢。群穢清除，有瘳無咎。

《北史·傳》：　青成藍，藍謝青。師何常，在明經。名醫曰：　一名推青。《論語》：　膚受之愬不行焉。僧惠崇詩：　春入燒痕青。唐球詩：　巫山雨後青。《魏志·傳》：　司馬朗清除群穢。《唐書·傳》：　天下庶有瘳乎。

### 碧石青

**宋·唐慎微《證類本草》卷三〇有名未用·玉石〔《別錄》〕** 碧石青　味甘，無毒。主明目，益精，去白瘲音癬，延年。

### 石膽

**宋·李昉《太平御覽》卷第九八七** 石膽　孝子王(冊)〔丹〕曰：　虎魄，又名為石膽。　《十洲記》曰：　滄浪海島上有石膽，服之〔成〕神仙。《仇池記》曰：　石膽川平池出石膽。　《博物志》曰：　皇初三年，武都西部都尉王褒，獻石膽二十斤。　《范子計然》曰：　石膽，出隴西羌道。　《本草經》曰：　石膽，一名畢石，一名君石。出秦州羌道山谷大石間，或出句青山。其為石也，青色，多白文，易破，狀似空青。能化鐵為銅，合成金銀，煉餌食之不老。　《吳氏本草經》曰：　石膽，一名黑石，一名銅勒。神農：　酸，小寒。李氏：　大寒。桐君：　辛，有毒。扁鵲：　苦，無毒。生羌道或句青山。二月庚子、辛丑採。

**宋·唐慎微《證類本草》卷三玉石部上品〔《本經》·別錄·藥對》〕** **石膽　味酸、辛，寒，有毒。主明目，目痛，金瘡，諸癇痙**巨郢切，**女子陰蝕痛，石淋寒熱，崩中下血，諸邪毒氣，令人有子，**散癥積，咳逆上氣，及鼠瘻惡瘡。**鍊餌服之，不老，久服增壽神仙。能化鐵爲銅，成金銀。一名畢石，**一名黑石，一名棊石，一名銅勒。生羌道山谷、羌里句青山。二月庚子、辛丑日採。水英爲之使，畏牡桂、菌桂、芫花、辛夷、白薇。

〔梁·陶弘景《本草經集注》〕云：　仙經有用此處，俗方甚少，此藥殆絕。今人時有採者，其色青綠，狀如琉璃而有白文，易破折。梁州、信都無復有，俗用乃以青色礬石當去聲之，殊無髣髴。仙經一名立制石。

〔唐·蘇敬《唐本草》〕注云：　此物出銅處有，形似曾青，兼綠相間，味極酸、苦，磨鐵作銅色，此是真者。陶云色似琉璃，此乃絳礬。比來亦用絳礬爲石膽，又以醋揉青礬爲之，并僞矣。真者出蒲州虞鄉縣東亭谷窟及薛集窟中，有塊如鷄卵者爲真。

〔宋·掌禹錫《嘉祐本草》〕按：　《吳氏》云：　石膽，神農：　酸，小寒。李氏：　大寒。桐君：　辛，有毒。扁鵲：　苦，無毒。《藥性論》云：　石膽，君，有大毒。破熱毒，陸英爲使。日華子云：　味酸、澀，無毒。治蚛牙，鼻内息肉。通透清亮，蒲州者爲上也。

〔宋·蘇頌《本草圖經》〕曰：　石膽，生羌道山谷、羌里句青山，今惟信州鉛山縣有之。生于銅坑中，採得煎鍊而成。又有自然生者，尤爲珍貴。并深碧色。入吐風痰藥用最快。二月庚子、辛丑日採。蘇恭云：　真者，出蒲州虞鄉縣東亭谷窟及薛集窟中，有塊如鷄卵者爲真。今南方醫人多使之。又著其説云：　石膽最上出蒲州，大者如拳，小者如桃、栗，擊之縱横解皆成疊文，色青，見風久則綠，擊破其中亦青也。其次出上饒曲江銅坑間者，粒細有廉稜，如釵股米粒。本草注言，僞者以醋揉青礬爲之。今不然，但取麤惡石膽合消石銷溜而成。今塊大色淺，渾渾無脉理，擊之則碎無廉稜者，是也。亦有挾石者，乃削取石膽牀，溜造時投消汁中，及凝則相著也。

〔宋·唐慎微《證類本草》〕《唐本餘》：　下血赤白，面黄，女子藏寒。《外臺秘要》：　療齒痛及落盡。細研石膽，以人乳汁和如膏，擦所痛齒上或孔中，日三四度。止痛，復生齒，百日後復故齒。每日以新汲水漱令淨。《梅師方》：　治甲疽。以石膽一兩，于火上燒令烟盡，碎研末，傅瘡上。不過四五度立差。《勝金方》：　治一切毒。以膽子礬爲末，用糯米糊丸如鷄頭實大，以朱砂衣，常以朱砂養之，冷水化一丸，立差。又方：　治口瘡衆療不效。膽礬半兩，入銀堝子内，火煅通赤，置于地上，出火毒一夜，細研。每取少許傅瘡上，吐酸水清涎，甚者，一兩上便差。《譚氏小兒方》：　治初中風癱緩。一日内，細研膽礬如麵，每使一字許，用溫醋湯下，立吐出涎，漸輕。《太清伏鍊靈砂法》：　石膽所出嵩岳蒲州，稟靈石異氣，形如瑟瑟。沈存中《筆談》：　信州鉛山有苦泉，流以爲澗，挹其水熬之，則成膽礬，烹膽礬即成銅，熬膽礬鐵釜久之亦化爲銅。

**宋・王繼先《紹興本草》卷三** 石膽 紹興校定：石膽，主治、出產已載《本經》。然未經製煉者乃名石膽，已經製煉而成者即名膽礬。此一種之物，但分精粗。然方家所用，多以稱膽礬用之。其味極烈，亦可作分吐之藥。當從《本經》味酸辛、寒、有毒是矣。

**宋・劉明之《圖經本草藥性總論》卷上** 石膽 味酸，辛，寒，有毒。主明目目痛，金瘡，諸癇痙，女子陰蝕痛，石淋寒熱，崩中下血，諸邪毒氣。令人有子，散癥積欬逆上氣，鼠瘻惡瘡。《藥性論》云：君。有大毒。破熱毒，陸英為使。日華子云：味酸，澀，無毒。治蚛牙，鼻內息肉。一云：下血赤白面黃，女子臟寒，療齒痛，治中風癱瘓。水英為之使。畏牡桂、菌桂、芫花、辛夷、白薇。

**宋・周密《齊東野語》卷四** 喉閉之疾，極速而烈。前輩傳帳帶散，惟白礬一味，然或時不盡驗。辛丑歲，余侍親自福建還，沿途多此證，至有闔家十餘口一夕併命者。道路蕭然，行旅惴惴。及抵南浦，有老醫教以用鴨嘴膽礬研細，以釅醋調灌。歸途恃以無恐，然亦未知其果神也。及先子守臨汀日，鈴下一老兵素愿謹，忽垂泣請告曰：老妻苦喉閉，絕水粒者三日，命垂殆矣。偶藥笈有少許，即授之。俾如法用，次日，喜拜庭下云：藥甫下咽，即大吐，去膠痰凡數升，即瘥。其後凡治數人，莫不立驗。

**明・王綸《本草集要》卷五** 石膽君，膽礬也。 味酸苦辛，氣寒，有毒。水英為之使。畏桂、芫花、辛夷、白薇。出有銅處。 主明目，目痛，金瘡鼠瘻惡瘡，諸癇痙，女子陰蝕痛，石淋寒熱，崩中下血，諸邪毒氣。鍊餌服之，不老增壽神仙。能化鐵為銅。

**明・滕弘《神農本經會通》卷六** 石膽 即膽礬。君也。水英為之使。畏牡桂、菌桂、芫花、辛夷、白薇。此物出銅處有，形似曾青，兼綠相間，味極酸苦，磨鐵作銅色，此是真者。信州。生羌道山谷、羌里句青山，今惟信州鉛山縣有之，生於銅坑中。採得，煎煉而成。又有自然生者，尤為珍貴。陶云：色似瑠璃，此乃絳礬，比來亦用。又以醋揉青礬為之，又取粗惡石膽，合消石銷溜而成，并偽戾真者。二月庚子、辛丑日採。

味酸、辛，氣寒，有毒。一云：味極酸苦。一云：有大毒。《本經》云：主明目，目痛，金瘡，諸癇痙，女子陰蝕痛，石淋，寒熱，崩中下血，諸邪毒氣。令人有子，散癥積，欬逆上氣，及鼠瘻惡瘡。煉餌服之，不老，久服增壽神仙。能化鐵為銅，成金銀。《藥性論》云：君。有大毒。破熱毒。日華子云：味酸，澁，無毒。治蚛牙，鼻內息肉。通透清亮，蒲州者為上也。《圖經》云：入吐風痰藥用，最快。《局》云：石膽方中作膽礬，主消熱毒療諸癇。治崩堅齒除陰濁，吐出風痰治中癱。膽礬，除熱毒，諸癇，痰氣。

**明・劉文泰《本草品彙精要》卷一** 石膽有毒 山窟生。

**石膽**出《神農本經》：**主明目，目痛，金瘡諸癇痙**臣郢切。**女子陰蝕痛，石淋，寒熱，崩中，下血，諸邪毒氣，令人有子，煉餌服之，不老，久服增壽，神仙，能化鐵爲銅，成金銀。**以上朱字《神農本經》。散癥積，欬逆上氣及鼠瘻，惡瘡。以上黑字名醫所錄。

【名】畢石、黑石、棋石、銅勒、膽礬、立制石。【地】《圖經》曰：出羌道山谷、羌里句青山，今惟信州鉛山縣有之。生於銅坑中，採得煎煉而成。又有自然生者，尤爲珍貴。蘇恭云：真者出蒲州虞鄉縣東亭谷窟及薛集窟中，有塊如雞卵者爲真。今南方醫人多用之。又著其說云：石膽最上出蒲州，大者如拳，小者如桃栗。擊之縱橫解，皆成疊紋，色青，見風久則綠。擊碎其中亦青也。其次出上饒曲江銅坑間者，粒細有廉棱如釵股米粒。本草注言偽者，以醋揉青礬爲之。今不然，但取粗惡石膽合硝石銷溜而成。今塊大色淺，渾渾無脈理，擊之則碎無廉棱者是也。亦有挾石者，乃削取石膽牀溜造時，投硝汁中及凝則相著也。陶隱居云：仙經有用此處，俗方甚少，此藥殆絕，今人時有採者，其色青綠，狀如琉璃而有白紋，易破折，梁州、信都無復有，俗用乃以青色礬石當去聲之，殊無仿佛。【時】採：二月庚子、辛丑日取。【用】畫鐵上有金線者佳。【質】類匾青而形如鴨嘴。【色】青碧。【味】酸，辛。【性】寒，收。【氣】氣薄味厚，陰中之陽。【臭】腥。【主】去痰熱，喉痹。【助】水英、陸英爲之使。【反】畏牡桂、菌桂、芫花、辛夷、白薇。【製】凡用研爲細末。【治】療：《圖經》曰：吐風痰。《藥性論》云：破熱毒。日華子云：治蚛牙，鼻內息肉。《唐本》注云：下血赤白，面黃，女子臟寒。《別錄》云：甲疽，以一兩於火上燒令煙盡，碎研末傅瘡上，不過四五度，立瘥。○患口瘡，衆療不效，膽礬半兩，入銀鍋子內火鍛通赤，置於地上出火毒一夜，細研，每取少許傅瘡上，吐酸水清涎，便瘥。【合治】細研石膽，合人乳汁和如膏，療齒痛及落盡，擦齒上或孔中，日三四度，止痛復生齒，百日後復故，齒生乃止。每日以新汲水漱令淨。○膽礬爲末，用糯米糊丸如芡實大，以硃砂爲衣，常以硃砂養之，冷水化一丸，治一切毒立瘥。○細研膽礬，每使一字許，用溫醋湯下，治初中風、癱瘓一日內者，立吐出涎，漸輕。　〖贗〗醋揉青礬爲僞。

**明・許希周《藥性粗評》卷四**　理癇熱於膽礬。石膽附。

膽礬，出廣信鉛山縣，有一種苦泉，挹而熬之以成者也，其山即出石膽，以礬搽鐵上變成銅色者真。水英為之使，畏牡桂、辛夷、白薇，與石膽同。　味酸、辛，性寒，有小毒。　主治潮熱癲癇，口瘡癰腫，痰涎齒痛，並諸中毒。

石膽，一名黑石。出廣信鉛山縣。或曰二月庚子、辛丑日採，不知何謂。所使畏同前。　味辛、鹹，性寒，有毒。　主治寒熱，欬逆上氣，癇痓，石淋，鼠瘻惡瘡邪毒，女子陰蝕，崩中下血，清氣，散癥積，令人有子。

單方：　齒落更生：　凡患齒痛及落盡，以石膽研末，用人乳調塗齒，一日三四，其痛自止，以搽所落孔中，亦日三四，每日溫水漱淨，再搽百日後，其齒復生，生則藥止不用。癰腫諸毒：　以石膽研末傅之，不過三四度，立差。

**明・鄭寧《藥性要略大全》卷八**　石膽　其汁極治青盲，功力與空青同。　味苦、辛，氣腥，性大寒。有小毒。　生大石中石子內，大小不等，殼如餘糧石，汁如雞子黃。其色略淡帶黑。　舊註以石膽即空青，悞也。蓋石膽殼青黑黃不一，而空青之色蒼翠。且石膽大而空青小，固非一類也。

膽礬　除熱毒諸癇，消痰氣，療諸風癱瘓，可吐風痰。　味酸、辛，氣寒，有毒。信州有之，生於銅坑中。採取煎鍊而成。俗呼為鴨嘴膽礬，其形色有如鴨嘴者，因名焉。其礬有真假，真者能使鐵為銅。　《圖經》亦以此為是石膽者，非也。　《原毉藥性》云：　明目去血絲，治金瘡惡瘡，石淋及女陰蝕痒痛。又治寒熱，崩中下血及鍊餌不老。

**明・陳嘉謨《本草蒙筌》卷八**　石膽即翠膽礬。　味酸、苦、辛，氣寒，有毒。真者出蒲州虞鄉，屬山西。成塊如鷄卵圓大。顏色青碧，不忝琉璃。擊之縱橫，解皆成疊。有銅坑內方有，亦可採煎鍊成。雖可煎鍊，不勝自生者，尤珍貴。今市多以醋揉青礬假充，不可不細認爾。須研細末，纔入醫方。畏辛夷白薇，及芫花菌桂。水英為使，化鐵成銅。亦成金銀。　治鼠瘻惡瘡並喉鵝毒，療崩中下血及陰蝕疼。吐風痰除癇，殺蟲䘌堅齒。

**明・王文潔《太乙仙製本草藥性大全》卷六《本草精義》**　石膽　一名畢石，一名黑石，一名棋石，一名銅勒。生羌道山谷、羌里句青山。今惟信州鉛山縣有之，生於銅坑中，採得煎鍊而成，俗呼爲鴨嘴膽礬，其形色有如鴨嘴者因名焉。其礬有真假者，真者能匝鐵爲銅。陶云色似琉璃，此乃絳礬，比來亦用絳礬爲石膽，又以醋揉青礬爲之，並僞矣。《圖經》亦以此爲是石膽者，非也。又有自然生者尤爲珍貴，並深碧色，入吐風痰藥用最快。二月庚子、辛丑日採。蘇恭云：　真者出蒲州虞鄉縣東亭谷窟及薛集窟中，有塊如雞卵者爲真，南方醫人多使之。又著其說云：　石膽最上出蒲州，大者如拳，小者如桃栗，擊之縱横解皆成疊文，色青，見風久則綠，打破其中亦青。其次出上饒曲江銅坑間者，粒細有廉稜，如釵股米粒。《金匱》云：　石膽生大石中石子內，大小不等，殼如餘糧，石汁如鷄子黃，其色略淡帶黑。舊註以石膽即空青，悞也！蓋石膽殼青，黑黃不一，而空青之色蒼翠，且石膽大而空青小，固非一類也。其汁極治青盲，功力與空青同。

**明・王文潔《太乙仙製本草藥性大全》卷六《仙製藥性》**　石膽即翠膽礬。　味酸、苦、辛，氣寒，有毒（真者）。　主治：　治鼠瘻惡瘡併喉蛾毒，療崩中下血及陰蝕疼。吐風痰除癇，殺蟲䘌堅齒。石淋寒熱妙方，諸邪毒氣秘訣。止目痛如神，治金瘡奇效。鍊餌服之，不老延年，增壽神仙。　補註：　齒痛及落盡，細研石膽，以人乳汁和如膏，擦所痛處齒上或孔中，日三四度，止痛，復生齒，百日後復故齒乃止，每日以新汲水漱令净。○治甲疽，以一兩於火上燒令烟盡，碎研末傅瘡上，不過四五度立差。○一切毒，以爲末，用糯米糊丸如鷄頭實大，以朱砂衣，常以朱砂養之，冷水化一丸立差。○口瘡衆療不效，用半兩，入銀堝子內火煅通赤，置於地上出火毒一夜，細研，每取少許傅瘡上，吐酸水清涎甚者一兩上便差。○初中風癱緩一日內細研如麪，每使一字許，用溫醋湯下，立吐出涎漸輕。

**明・皇甫嵩《本草發明》卷五**　石膽上品，君。氣寒，味酸、苦、辛，有毒。今名翠膽礬，自是一種，恐非真。　發明曰：　石膽酸寒，入肝。故《本草》主明目，目痛，諸癇痓，女子陰蝕痛，石淋。又兼治崩中下血，金瘡癥積，鼠瘻惡瘡。入口吐風痰藥內用之最快。大者如拳，小者如桃，色青碧，似琉璃，形圓，擊之縱横解，皆成疊紋。又云：　磨鐵作銅色者為真。亦有用絳礬為石膽，又以醋揉青礬為之，皆偽矣。生于銅坑中，採得煎鍊可成，不如自生者，（有）〔尤〕為珍貴。

**明・李時珍《本草綱目》卷一〇石部・石類下**　石膽《本經》上品

〖釋名〗膽礬《綱目》　黑石《吳普》　畢石《本經》　君石當之　銅勒《吳普》

立制石時珍曰：　膽以色味命名，俗因其似礬，呼爲膽礬。　【集解】《別錄》曰：　石膽生秦州羌道山谷大石間，或羌里句青山。二月庚子、辛丑日采。其爲石也，青色多白文，易破，狀似空青。能化鐵爲銅，合成金銀。弘景曰：　仙經時用，俗方甚少，此藥殆絶。今人時有采者，其色青緑，狀如琉璃而有白文，易破折。梁州、信都無復有，俗乃以青色礬當之，殊無髣髴。恭曰：　此物出銅處有之，形似曾青，兼緑相間，味極酸苦，磨鐵作銅色，此是真者。出蒲州虞卿縣東亭谷窟及薛集窟中，有塊如鷄卵者爲真。陶云似琉璃者，乃絳礬也。比來人亦以充之，又以醋揉青礬爲之，並僞矣。頌曰：　今惟信州鉛山縣有之。生於銅坑中，采得煎鍊而成。又有自然生者，尤爲珍貴。並深碧色。今南方醫人多使之，又著其説云：　石膽最上出蒲州，大者如拳，小者如桃栗，擊之縱横解皆成疊文，色青，見風久則緑，擊破其中亦青。其次出上饒曲江銅坑間者，粒細有廉稜，如釵股米粒。《本草》言僞者以醋揉青礬爲之，全不然，但取粗惡石膽合消石銷溜而成之。塊大色淺，渾渾無脉理，擊之則碎無廉稜者，是也。亦有挾石者，乃削取石膽牀，溜造時投消石中，及凝則相着也。時珍曰：　石膽出蒲州山穴中，鴨觜色者爲上，俗呼膽礬；　出羌里者，色少黑次之；　信州者又次之。此物乃生于石，其經煎鍊者，即多僞也。但以火燒之成汁者，必僞也。塗于鐵及銅上燒之紅者，真也。又以銅器盛水，投少許入中，及不青碧，數日不異者，真也。《玉洞要訣》云：　石膽，陽石也。出嵩岳及蒲州中條山。禀靈石異氣，形如瑟瑟，其性流通，精感入石，能化五金，變化無窮。沈括《筆談》載：　鉛山有苦泉，流爲澗，挹水熬之，則成膽礬。所熬之釜，久亦化爲銅也。此乃煎熬作僞，非真石膽也，不可入藥。

【氣味】酸、辛，寒，有毒。普曰：　神農：　酸，小寒。李當之：　大寒。桐君：　辛，有毒。扁鵲：　苦，無毒。大明曰：　酸、澀，無毒。權曰：　有大毒。之才曰：　水英爲之使。畏牡桂、菌桂、芫花、辛夷、白微。　【主治】明目目痛，金瘡諸癇痙，女子陰蝕痛，石淋寒熱，崩中下血，諸邪毒氣，令人有子。鍊餌服之，不老。久服，增壽神仙《本經》。散癥積，欬逆上氣，及鼠瘻惡瘡《別錄》。治蟲牙，鼻内息肉大明。帶下赤白，面黄，女子臟急蘇恭。入吐風痰藥最快蘇頌。

【發明】時珍曰：　石膽氣寒，味酸而辛，入少陽膽經。其性收斂上行，能涌風熱痰涎，發散風木相火，又能殺蟲，故治咽喉口齒瘡毒有奇功也。周密《齊東野語》云：　密過南浦，有老醫授治喉痹極速垂死方，用真鴨觜膽礬末，醋調灌之，大吐膠痰數升，即瘥。臨汀一老兵妻苦此，絶水粒三日矣，如法用之即瘥。屢用無不立驗，神方也。又周必大《陰德録》云：　治蠱脹及水腫秘方，有用蒲州、信州膽礬明亮如翠琉璃似鴨觜者，米醋煮以君臣之藥，服之勝于鐵砂、鐵蛾。蓋膽礬乃銅之精液，味辛酸，入肝膽制脾鬼故也。安城魏清臣腫科黑丸子，消腫甚妙，不傳，即用此者。

【附方】舊五，新一十五。　老小風痰：　膽礬末一錢，小兒一字，温醋湯調下，立吐出涎，便醒。《譚氏小兒方》。　女人頭運：　天地轉動，名曰心眩，非血風也。膽子礬一兩，細研，用胡餅劑子一個，按平一指厚，以篦子勒成骰子，大塊勿界斷，于瓦上焙乾。每服一骰子，爲末，燈心竹茹湯調下。許學士《本事方》。　喉痹喉風：　二聖散：　用鴨觜膽礬二錢半，白殭蠶炒五錢，研。每以少許吹之，吐涎。《濟生方》。　齒痛及落：　研細石膽，以人乳和膏擦之，日三四次。止痛，復生齒，百日後復故乃止。每日以新汲水漱净。王燾《外臺秘要》。　口舌生瘡：　衆療不差。膽礬半兩，入銀鍋内火煅赤，出毒一夜，細研。每以少許傅之，吐出酸涎水，二三次瘥。《勝金方》。　走馬牙疳：　北棗一枚去核，入鴨觜膽礬，帋包煅赤，出火毒，研末傅之，追涎。《楊起簡便方》。　小兒齒疳：　鴨觜膽礬一錢，匙上煅紅，麝香少許研勻。傅齦上，立效。《活幼口議》。　小兒鼻疳：　蝕爛。膽礬燒烟盡，研末。摻之，一二日愈。《集簡方》。　風眼赤爛：　膽礬三錢，燒研，泡湯日洗。《明目經驗方》。　百蟲入耳：　膽礬末和醋灌之，即出。《千金方》。　風犬咬毒：　膽礬末傅之，立愈。《濟急方》。　一切諸毒：　膽子礬末，糯米糊丸如鷄頭子大，以朱砂爲衣，仍以朱砂養之。冷水化一丸服，立愈。《勝金方》。　挑生蠱毒：　胸口痛者。膽礬二錢，茶清泡服，即吐出。《嶺南衛生方》。　腋下胡臭：　膽礬半生半熟，入膩粉少許，爲末。每用半錢，以自然薑汁調塗，十分熱痛乃止。數日一用，以愈爲度。《黎居士簡易方》。　赤白癜風：　膽礬、牡蠣粉各半兩，生研，醋調，摩之。《聖濟録》。　甲疽腫痛：　石膽一兩，燒烟盡，研末。傅之，不過四五度瘥。《梅師方》。　痔瘡熱腫：　鴨觜青膽礬煅研，蜜水調傅，可以消脱。《直指方》。　腫毒不破：　膽礬、雀屎各少許，點之。《直指方》。　楊梅毒瘡：　醋調膽礬末搽之。痛甚者，加乳香、没藥。出惡水，一二上即乾。〇又方：　膽礬、白礬、水銀各三錢半，研不見星，入香油、津唾各少許，和勻。坐帳内，取藥塗兩足心，以兩手心對足心摩擦，良久再塗再擦，盡即卧。汗出，或大便去垢，口出穢涎爲驗。每一次，强者用四錢，弱者二錢，連用三日。外服踈風散，并澡洗。《劉氏經驗方》。

**題明・薛己《本草約言》卷二《藥性本草》**　膽礬　主痰氣諸癇，更除熱毒。膽礬，《圖經》作石膽。生於銅坑中，采得煎煉而成。消熱毒，療諸風癱瘓，可吐風痰。

**明・李中立《本草原始》卷八**　石膽　生羌道山谷、羌里句青山，今惟信州鉛山縣有之。二月庚子、辛丑日採。又著其説云：　石膽最上出蒲州，大者如拳，小者如桃、栗。擊之縱横解，皆成疊文，色青，見風久則綠，擊破其中亦青也。其次出上饒曲江銅坑間者，粒細有廉稜，如釵股米粒。時珍曰：　膽以色味命名，俗因其似礬，呼為膽礬。石膽：　氣味：　酸、辛，寒，有毒。

主治：明目，目痛，金瘡，諸癇痙。女子陰蝕痛，石淋寒熱，崩中下血，諸邪毒氣。令人有子。煉餌服之，不老。久服，增壽神仙。○散癥積，欬逆上氣，及鼠瘻惡瘡。○治蟲牙，鼻內息肉。○帶下赤白，面黃，女子臟急。○入吐風痰藥最快。

石膽：君，《本經》上品。【圖略】色青緑，狀如琉璃，有白文，易折。

時珍曰：氣寒，味酸而辛，入少陽膽經。之才曰：水英為之使，畏牡桂、菌桂、芫花、辛夷、白微。周密《齊東野語》云：密過南浦，有老醫授治喉痹極速垂死方，用鴨觜膽礬末，醋調灌之，大吐膠痰數升，即瘥。臨汀一老兵妻苦此，絶水粒三日矣，如法用之，即瘥。屢用無不立驗，神方也。

**明・張懋辰《本草便》卷二**　石膽君，膽礬也。　味酸、苦、辛，氣寒，有毒。畏桂、芫花、辛夷、白薇。　主明目，目痛金瘡，鼠瘻惡瘡，諸癇痙，女子陰蝕痛，石淋寒熱，崩中下血，諸邪毒氣。

**明・李中梓《藥性解》卷一**　膽礬　味酸、苦、辛，性寒，有毒，不載經絡。主消熱殺蟲，止驚癇，吐風痰，鮮明者佳。　按：膽礬之功，大抵與白礬相類。惟能止驚，為少差耳。

**明・倪朱謨《本草彙言》卷一三**　膽礬　味酸、澁、苦、辛，氣寒，有毒。入足少陽膽經。　蘇氏曰：膽礬，出蒲州虞鄉縣東亭谷窟中。有塊如拳，或如栗，其色碧緑，如鴨嘴而有白文者爲上。爲末擦鐵，即變銅色爲真。味極酸苦澁辛。多生銅坑中石間，擊之縱横解皆成疊。又《玉洞要訣》云：膽礬，陽石也，出嵩嶽及蒲州中條山，禀靈石異氣而生。○今市家以緑礬醋拌揉僞充，不可不辨。

膽礬：吐風痰，蘇頌消喉痹，《别録》療齒疳齦爛之藥也。　李氏曰：此藥得銅氣之精，相感而生，故色青、味澁，如銅味也。其性收斂上行，能湧風熱痰涎，故治咽喉口齒諸毒，有奇功也。攻喉痹極速，垂死者，以鴨嘴膽礬一錢，爲細末，溫醋一鍾調灌，大吐膠痰升許，即瘥也。但硝石之劑，多服有損津氣，宜暫用，不宜久服也。

集方：譚氏方治大人小兒風痰。　用鴨嘴膽礬七分，小兒二分，溫醋湯調服，立吐出涎，便甦。○《濟生方》治喉痹喉風，腫塞不通。用鴨嘴膽礬一錢，白殭蠶二錢炒，共研細末，每以少許吹之，吐涎。○《勝金方》治口舌生瘡久不瘥。用鴨嘴膽礬五錢，入銀鍋內，火炒赤，取起細研，每以少許傅之，吐出酸涎水，愈。○楊氏《簡便方》治走馬牙疳。用大棗一個，去核，入鴨嘴膽礬，濕紙包，燒赤研末，傅之追涎。○《活幼口議》治小兒齒疳齦爛。用鴨嘴膽礬一錢，匙上燒紅，研細末，加麝香五釐，再研勻，取少許傅齦上，立效。○《集簡方》治小兒鼻疳蝕爛。用鴨嘴膽礬火燒紅，研末摻之，一二日愈。○《眼科經驗方》治風眼赤爛。用鴨嘴膽礬三錢，食鹽一錢，紙裹，火燒赤，研勻。每日取五分，泡湯一碗，隨時洗眼。○《經驗方》治風犬咬毒。用鴨嘴膽礬，研末敷之。

**明・顧逢柏《分部本草妙用》卷一肝部・寒瀉**　膽礬　酸、辛，寒，有毒。水英為使，畏牡桂、芫花、辛夷。色如琉璃，似鴨嘴者佳。　主治：明目，諸癇，陰蝕痛，石淋，崩中下血，諸邪毒氣。治蟲牙，鼻息肉，散積欬逆，及鼠瘻惡瘡。入吐風痰藥最快。　膽礬氣寒，味酸而辛，入少陽膽經。其性收斂，上行能涌風熱痰涎，發散風木相火，治咽喉、口齒瘡毒有奇功也。治喉痹，用醋調灌下，大吐膠痰數升，即瘥。蠱脹水腫，同君臣藥服之。蓋酸入肝膽，制脾鬼故也。消腫用之更神。

**明・李中梓《本草通玄》卷下**　胆礬　酸，澀，辛，寒。　性斂而能上升，涌吐風熱痰涎。治喉痹崩淋，能殺蟲，治陰蝕。産銅坑中，磨鐵如銅者真。

**清・顧元交《本草彙箋》卷一〇**　膽礬　氣寒味酸而辛，入少陽膽經。其性收斂上行，能涌風熱痰涎，發散風木相火。又能殺蟲，故治咽喉口齒瘡毒，俱有奇效。

膽礬，即名石膽。由山穴中鴨嘴色者爲上。其經煎煉者多僞。但以火燒之成汁者，必僞也。塗於鐵及銅上，燒之紅者，真也。又以銅器盛水，投少許入中，及不青碧，數日不異者，真也。　凡患喉痺，極速垂死，用真鴨嘴膽礬末，醋調灌之，大吐膠痰，即瘥。　齒痛及落，用石膽研細，以人乳和膏，擦之，日三四次，止痛，復生齒，百日後復故乃止，每日以新汲水漱淨。

痔瘡熱腫，石膽煅研，蜜水調敷，可以消腫。

**清・穆石匏《本草洞詮》卷三**　石膽　出銅處有之。以色味命名也，因其似礬，呼為膽礬，燒之成汁者偽也。塗鐵及銅上，燒之紅者，真也。味辛酸，氣寒，有毒。入少陽膽經。治目痛，諸癇痙，蟲牙，鼠瘻惡瘡。入吐風痰藥最快。其性收斂上行，能涌風熱痰涎，發散風木相火，又能殺蟲，故治咽喉、口齒瘡毒有奇功也。周密云：　喉痺極速垂死，用真膽礬末，醋調灌之，大吐膠痰數升即瘥，神方也。

**清·劉雲密《本草述》卷五**　石膽膽以色味命名，俗因其似礬，呼為膽礬。時珍曰：石膽出蒲州山穴中。鴨嘴色者為上。俗呼膽礬。出羌里者色少黑，次之。信州又次之。是物乃生於石，其經煎煉者，即多偽也。但以火燒之成汁者必偽也。塗於鐵及銅上，燒之紅者，真也。又以銅器盛水，投少許入中，及不青碧，數日不異者，真也。銅器盛水，投入數日不異者，真也。謂其所投之石，非煎煉而成，非水所能浸漬，而水為之色變也。嘉謨曰：成塊如雞卵圓大，顏色青碧，不忝琉璃，擊之縱橫解，皆成叠。有銅坑內生者，亦可采煎煉成。今市多以醋揉青礬假充，不可不細認爾。

氣味：酸、辛，寒，有毒。普曰：神農：酸，小寒。李當之：大寒。桐君：辛，有毒。扁鵲：苦，無毒。日華子曰：酸，澀，無毒。權曰：有大毒。

主治：明目，目痛及諸癇痙，女子陰蝕痛，并崩中下血《本經》。入吐風痰藥最快。散癥積，咳逆上氣，療喉鵝，化鼻中息肉，鼠瘻惡瘡。時珍曰：石膽氣寒，味酸而辛，入少陽膽經。其性收斂上行，能涌風熱痰涎，發散風木相火，又能殺蟲。故治咽喉、口齒瘡毒有奇功也。周密《齊東野語》云：密過南浦，有老醫授治喉痹極速垂死方，用真鴨嘴膽礬末，醋調灌之，大吐膠痰數升，即瘥。臨汀一老兵妻苦此，絕水粒三日矣。如法用之，即瘥。屢用，無不立驗，神方也。又周必大《陰德錄》云：治蠱脹及水腫秘方，有用蒲州、信州膽礬，明亮如翠琉璃，似鴨嘴者，米醋煮以君臣之藥，服之勝於鐵砂、鐵蛾。蓋膽礬乃銅之精液，味辛酸，入肝膽，制脾鬼故也。安城魏清臣腫科黑丸子，消腫甚妙，不傳，即用此者。

愚按：膽礬之氣味，《本草》謂其酸辛寒，在後學亦多以為寒矣。至味則有或言酸，或言辛者，然不如日華子之專言酸澀也。細味之，唯有酸澀，而澀味猶較勝也。據其氣味，乃是陰不得陽以暢，陽即不得陰以和，總未離於出地之初氣耳。故以此對待相火之上逆，而化為風之淫者。觀其色青，而其味酸澀，似獨全乎出地風木之氣化，而還以收降其風邪者也。第風木之用，以升出為其能達陰於陽，而酸收乃其體之根於最初者耳。有收斂於陰，乃能宣散於陽。方書用茲味如治脹滿黃疸，及去齒風、纏喉風等證，似皆由收斂以致宣散之功。不然，則是無體而求其達用，豈不難哉？第詳《本經》所主治明目，目痛及諸癇痙，女子陰蝕痛，並崩中下血等證，是皆治風木之為病，一一的對者也。乃時珍說不及此，而止以喉痹為言，即方書於《本經》所言諸證，並不用及茲味，即用於風痰之治亦鮮見者，何哉？然即喉痹一證用之，亦宜審處。在婁全善有云：喉痹惡寒者，皆是寒折熱，寒閉於外，熱鬱於內，切忌膽礬酸寒等劑點喉，反使其陽鬱不伸，為患反劇。若然，則此味宜於喉閉及纏喉風者，乃治陰不能蓄陽之痹，是為風淫，屬不惡寒之喉痹也。其不宜者，乃不治陽不能達陰之痹，是為風虛，正屬惡寒之喉痹，正全善所謂切忌者也。蓋此味在時珍云入手少陽，能散風木相火，故其治上壅之風痰，及喉痹鼠漏，皆少陽相火之為患也。如惡寒之喉痹，原因鬱熱，非屬相火，宜消陰伸陽，不宜收陽助陰，即時珍論治斯證，亦未精悉至此也。投劑者可得鹵莽乎哉？

**清·郭章宜《本草匯》卷一八**　膽礬　味酸、辛，寒，有毒。治風痰喉痺，理風眼赤爛。按：膽礬，少陽膽經之藥。其性收斂上行，能涌風熱痰涎，發散風木相火，又能殺蟲，故治咽喉口齒瘡毒有奇功也。喉痺垂死，醋調灌之，大吐膠痰即愈。出秦州羌道山谷。其狀如翠琉璃而有白文，易破折者真。今市多以醋揉青礬假充，不可不細認也。研極細末用。畏辛夷、白微、芫花、菌桂。

**清·王翃《握靈本草》卷一**　膽礬生蒲州。鴨嘴色者爲上。燒之成汁者偽，塗銅鐵上，燒之赤者真也。主治：膽礬，酸、辛，寒，有毒。主明目。

**清·汪昂《本草備要》卷四**　膽礬一名石膽。宣，吐風痰；濇，斂咳逆。酸濇辛寒。入少陽膽經。性斂而能上行，涌吐風熱痰涎，發散風木相火。治喉痹醋調嚥，吐痰涎立效。咳逆，痙癇崩淋。能殺蟲，治牙蟲、瘡毒、陰蝕。產銅坑中，乃銅之精液。故能入肝、膽治風木。磨鐵作銅色者真。形似空青，鴨嘴色爲上。市人多以醋揉青礬僞之。畏桂、芫花、辛夷、白微。

**清·李熙和《醫經允中》卷一七**　膽礬　水英為使。畏牡桂、芫花、辛夷。酸、辛，寒，有毒。主治吐風痰，治咽喉口齒，消瘡腫毒，理風眼赤爛。按：膽礬性雖收斂，能上行發散風火，故治咽喉口齒瘡毒有奇功也。喉痺垂死，用醋調灌下，大吐膠痰數升即瘥。

**清·馮兆張《馮氏錦囊秘錄·雜症痘疹藥性主治合參》卷五**　石膽　即翠膽礬。治鼠瘻惡瘡，併喉鵝毒。療崩中下血，及陰蝕瘡，吐風痰，除癇，殺蟲䘌堅齒。

**清・张璐《本經逢原》卷一**　石膽俗名膽礬。　酸、辛，寒，有毒。　產秦州嵩岳，及蒲州中條山出銅處有之，能化五金，以之制汞，則與金無異。　《本經》主目痛，金瘡，諸癇痙，女子陰蝕痛，石淋，寒熱，崩中下血，諸邪毒氣。發明：石膽酸辛氣寒，入少陽膽經。性寒收斂，味辛上行，能涌風熱痰涎痰，發散風木相火，又殺蟲。《本經》主目痛，金瘡，癇痙，取酸辛以散風熱痰垢也。治陰蝕崩淋寒熱，取酸寒以滌濕熱淫火也。又為咽齒喉痹，乳蛾諸邪毒氣要藥。涌吐風痰最快，方用米醋煮真鴨嘴，膽礬末醋調，探吐膠痰即瘥。又治紫白癜風，膽礬，牡蠣粉生研，醋調摩之。風犬咬傷，膽礬末水服，探吐，蜜調傅之立愈。胃脘蟲痛，茶清調膽礬末吐之。走馬牙疳，紅棗去核入膽礬，煅赤研末傅之，追出痰涎即愈。百蟲入耳，膽礬和醋灌之即出，《千金方》也。

**清・張志聰、高世栻《本草崇原》卷上**　石膽　氣味酸、辛，寒，有小毒。主明目，治目痛，金瘡諸癇痙，女子陰蝕痛，石淋寒熱，崩中下血，諸邪毒氣，令人有子。煉餌服之，不老。久服增壽神仙。　石膽，《本經》名黑石，俗呼膽礬。始出秦川羌道山谷大石間，或羌里句青山，今信州鉛山、嵩岳及蒲州皆有之，生於銅坑中，采得煎煉而成。又有自然生者，尤為珍貴。大者如拳，如雞卵，小者如桃栗，擊之縱橫分解，但以火燒之成汁者，必偽也。塗於鐵上及銅上燒之紅者，真也。　膽礬氣味酸辛而寒。酸，木也。辛，金也。寒，水也。稟金水木相生之氣化。稟水氣，故主明目，治目痛。稟金氣，故治金瘡諸癇痙，謂金瘡受風，變為癇痙也。稟木氣，故治女子陰蝕痛，謂土濕潰爛，女子陰戶如蟲嚙缺傷而痛也。金生水，而水生木，故治石淋寒熱，崩中下血，諸邪毒氣，令人有子。夫治石淋寒熱，崩中下血，金生水也。治諸邪毒氣，令人有子，水生木也。煉餌服之不老，久服增壽神仙，得石中之精也。

**清・王子接《得宜本草・上品藥》**　膽礬　味酸。入足少陽經。功專吐痰解毒。得醋治喉痺垂死，得乳香、沒藥、大棗敷楊梅毒神效。

**清・黃元御《玉楸藥解》卷三**　膽礬　味酸，性寒。入手太陰肺經。降逆止嗽，消腫化積。膽礬酸濇燥收，能剋化癥結，消散腫毒。治齒痛牙疳，喉痹牙蟲，鼻內陰蝕，脚疽痔瘻，楊梅金瘡，白癜，一切腫痛。療帶下崩中。治上氣，眼疼弦爛，瘋狗咬傷，百蟲入耳，腋下狐臭，吐風痰最捷。

**清・吳儀洛《本草從新》卷五**　石膽〔宣，吐風痰；澀，斂咳逆。〕一名膽礬。酸，澀，辛，寒，有小毒。入少陽膽經。性斂而能上行，涌吐風熱痰涎，發散風木相火。治喉痺，醋調，咽，吐痰涎立效。咳逆，痙癇崩淋。能殺蟲，治牙蟲瘡毒陰蝕。產銅坑中，乃銅之精液。故能入肝膽治風木。磨鐵作銅色者真。形似空青，鴨嘴色為上，市人多以醋揉青礬偽之。畏桂、白薇、辛夷、芫花。

**清・汪紱《醫林纂要探源》卷三**　膽礬　酸、辛、鹹，寒。產銅坑中，故色青如鴨嘴，亦礬也。以磨鐵便作銅色。行肝風，瀉肝火，斂肺氣，清肺邪，亦兼補心，輭堅，去毒。色青入肝膽，主平相火。氣輕上行，故清肺，能涌吐風痰，治喉痺，止咳逆，去牙痛蟲䘌，定驚癇。下療崩帶，淋瀝陰蝕。功用略同白礬。

**清・嚴潔等《得配本草》卷一**　膽礬即石膽。　水英為之使。畏菌桂、芫花、辛夷、白薇。　辛、酸，寒，有毒。入足少陽經。涌吐風熱痰涎，發散風木相火。殺蟲消癰，療咽喉口齒瘡。　得醋，灌百蟲入耳。漱喉吐痰涎，喉痹立效。得蜜調，敷諸痔腫痛。配龍膽草，煅煙盡紅透，出火氣，研細末，搽走馬牙疳臭爛極急者，神效。配炒白殭蠶，研，吹喉痹、喉氣。入黑棗內煅研，敷牙疳。塗銅鐵上，燒之紅者為真。明亮如翠琉璃，似鴨嘴色者為上。

**清・黃宮繡《本草求真》卷三**　膽礬吐風痰涎在膈。　膽礬耑入肝膽，兼入肺脾。又名石膽，產於銅坑之中，得銅精氣而成。味酸而辛，氣寒而澁，功耑入膽，涌吐風熱痰涎，使之上出。蓋五味惟辛為散，惟酸為收，五性惟寒勝熱，風熱盛於少陽，結為痰垢，汗之氣橫而不解，下之沉寒而益甚。凡因濕熱淫火，提出病要。見為陰蝕崩淋，寒熱風痰毒氣，結聚牢固，見為咽齒喉痹乳蛾，風熱痰垢結聚，見為欬逆癇痙，目痛難忍，及金瘡不愈。諸毒內閉膠結，見為蟲痛牙疳，種種等症，服此力能涌吐上出，去其膠痰，化其結聚，則諸症悉除。故古人之治喉痹乳蛾，用米醋煮真鴨嘴膽礬為末，醋調探吐膠痰即瘥。又治紫白癜風，同牡蠣生研，醋調摩之即愈。又治胃脘蟲痛，以茶清調膽礬末，吐之即除。又治馬牙疳，紅棗去核，入膽礬煅赤，研末敷之，追出痰涎即效。百蟲入耳，用膽礬和醋灌即出。諸症皆因風熱在膈。按此功耑涌吐，何書又言酸寒能收，不知書言收斂，乃是取辛，收其熱毒，上涌而出。非以收其入內，而不宣散出表之意也。以散為收。凡書所論藥性，每有以收為散，以散作補，不為剖析明白，多有意義難明，以致用之者之誤耳！　磨鐵作銅色者真，形似空青鴨色為上。市人各以醋揉青礬偽之。畏桂、芫花、辛夷、白薇。凡用吐法，宜先少服，不涌漸加之。仍以雞羽撩之，不出，以齏投之，不吐再投，且投且探，無不吐者。吐至瞑眩，慎勿驚疑，但飲冷水、新水立解。強者可一吐而安，弱者作三次吐之。吐之次日頓快，其邪已盡。不快，則邪之引之未盡也。吐後忌飽食酸鹹、硬物、乾物、肥油之物。并忌房室、悲憂。

**清・羅國綱《羅氏會約醫鏡》卷一八金石水土部**　膽礬味酸澁辛，寒，入膽經。　性斂上行，涌吐風熱痰涎，發散風木相火。治喉痹，醋調，噙嚥吐痰立效。牙蟲、瘡毒、陰蝕。蟲生風濕。　產銅坑中，乃銅之精液。磨鐵作銅色者真。人以醋揉青礬偽之。

**清・楊時泰《本草述鉤元》卷五**　石膽　膽以色味命名。因其質似礬，俗呼膽礬。出蒲州山穴中，鴨嘴色者為上。產羌里者色少黑次之，信州又次之。是物生於石，其經煎煉者即多偽。但以火燒之成汁者，必偽也。塗於銅鐵上，燒之紅者，真也。又以銅器盛水，投少許入中，水色不變青碧，數日不異者，真也瀕湖。成塊若雞卵，圓大色青，碧如琉璃，擊之縱橫解皆成疊，有銅坑內生者，亦可煎煉而成。今市多以醋揉青礬假充，不可不辨嘉謨。

味酸，濇，氣寒，有毒。入少陽膽經。明目，治目痛及諸癇痙，女子陰蝕痛，并崩中下血《本經》。入吐風痰藥最快，散癥積，欬逆上氣，療喉蛾，化鼻中瘜肉，鼠瘻惡瘡。膽礬乃銅之精液，其性收斂上行，能涌風熱痰涎，發散風木相火，又能殺蟲，故治咽喉口齒瘡毒有奇功瀕湖。喉痹極速垂死方，用真鴨嘴膽礬末，醋調灌之，大吐膠痰數升，即瘥。蠱脹及水腫，用膽礬明亮如翠琉璃者，米醋煮，以君臣之藥佐服，勝於鐵砂、鐵蛾，以其入肝膽制脾塊故也。魏清臣消腫黑丸子，即用此。

論：　膽礬氣寒，味酸濇，而濇較勝。據其氣味，乃是陰不得陽以暢，陽即不得陰以和，總未離於出地之初氣耳，故以對待相火之上逆而化為風淫者。其色青，其味酸濇，似獨全乎出地風木之氣化，而還以收降其風邪也。第風木之用，以升出為其能達陰於陽，而酸收乃其體之根於最初者耳。有收斂於陰，乃能宣散於陽，方書用治脹滿、黃疸，及去齒風、纏喉風等證，皆由收斂以致宣散之功，是由體而達諸用者也。再喉痹一證，用膽礬亦宜審處。婁全善有云：　喉痹惡寒者，皆是寒折熱，寒閉於外，熱鬱於內，切忌膽礬酸寒等劑點喉，反使陽鬱不伸，為患加劇。然則此味宜於不惡寒之喉痹，乃陰不能蓄陽之痹，是風淫也。其惡寒之喉痹，乃陽不能達陰之痹，是風虛也。此味能散風木相火，若惡寒之喉痹，原因鬱熱，非屬相火，宜消陰伸陽，不宜收陽助陰，投劑者可弗審諸？

**清・葉桂《本草再新》卷八**　膽礬味辛、酸，性寒，無毒。入肝、肺二經。　治風熱痰涎，止欬逆，殺牙蟲。治喉痺、目疾。

**清・趙其光《本草求原》卷二五石部**　膽礬即石膽。　酸澀，性寒，斂陰下降；　味辛，宣陽上行，治陰不守陽，致相火上沖。化風生痰之病。主喉風痹，不惡寒者，同炒僵蠶吹。若惡寒鬱熱之痹，則非相火，宜溫散，不宜酸寒矣。時珍未分。蠱脹水腫，俱醋煮，配君臣藥，取其入肝膽，以制脾鬼也。　明目，目痛，燒研，泡湯洗。　金瘡，諸痙癇，陰蝕，石淋，崩下，皆風木病。　吐風痰眩暈，醋湯下。　咳逆上氣，痔瘻，蜜調敷。　齒痛及落；　人乳和擦，止痛復生。　牙疳，入棗內包燒，加麝塗摻。　鼻疳爛，同上方。　鼻瘜，瘡腫，不破，同雀屎點。　赤白癜風，生研，同牡蠣粉醋擦。　口舌瘡，煅搽，去涎水愈。　蠱毒胸痛。茶清泡服即吐。　瘋犬咬，敷之妙。　甲疽，燒之煙盡敷之。楊梅瘡，同乳、沒，醋調搽。　胃脘蟲痛，茶清調下，能殺蟲。　百蟲入耳，醋和灌。　乳蛾，牙蟲，皆酸寒滌濕熱，而風淫自熄也。　生銅坑中，乃銅之精液，磨鐵作銅色，塗銅鐵上燒之。紅者真，鴨嘴色為上。畏桂、芫花、辛夷、白薇。

**清・葉志詵《神農本草經贊》卷一**　石膽　味酸，寒。主明目，目痛金創，諸癇痙，女子陰蝕痛，石淋寒熱，崩中下血，諸邪毒氣，令人有子。鍊餌服之，不老，久服增壽神仙。能化鐵為銅成金銀。《御覽》引作合成。一名畢石。生山谷。

質青喻膽，羌道磷磷。星中弧建，日紀庚辛。永令麋壽，宜爾麟振。仙人狡獪，變化金銀。

《御覽》：　生羌道或句青山。《禮》：　仲春之月，昏弧中，旦建星中。名醫曰：　二月庚子、辛丑日采。《詩》：　綏我眉壽。古作麋。又麟之趾，振振公子。《神仙傳》：　王方平曰：　不喜復作如此狡獪變化也。

**清・文晟《新編六書》卷六《藥性摘錄》**　膽礬　酸辛，氣寒而澀，入肝膽，兼入脾肺。吐風痰在膈。○凡因風熱淫火，而見咽齒喉痹乳蛾，欬(送)〔逆〕癇痙，服此探吐，即消。○胃(腕)〔脘〕蟲痛，以茶清調膽礬末，吐之即除。○又治紫白癜風，同牡蠣生研，醋調摩之，即効。○百蟲入耳，和醋灌，即出。○馬牙疳，紅棗去核，入膽礬，煅赤，研末敷之，追出痰涎，即効。○磨鐵作銅色者真。○畏桂、芫花、辛夷。

**清・戴葆元《本草綱目易知錄》卷七**　膽礬石膽、銅勒。　氣寒，味酸而辛。入足少陽膽經，其性收斂上行，能湧吐風熱痰涎，發散風木相火。明目殺蟲，治蟲牙，散癥積，通喉痹。療諸痙癇，傅息肉口瘡。治咳逆上氣，諸邪毒氣，石淋寒熱，目痛金瘡，鼠瘻惡瘡，崩中下血，女子臟急面黃，帶下赤白，陰蝕疼痛。入吐風痰藥最快。

**清・陳其瑞《本草撮要》卷六**　石膽　味酸，入足少陽經，功專吐痰解毒。得醋治喉痹垂死，得乳香、沒藥、大棗敷楊梅毒神效。市人多以醋揉青礬偽之。畏桂、白薇、辛夷、芫花。小兒鼻疳蝕爛，膽礬燒烟盡研末摻之效。一名膽礬。

**清・仲昴庭《本草崇原集說》卷一**　石膽　【略】〔批〕自消石至石膽皆由煎煉而成，不煎煉則精華不出也。只用水煎者，助其本氣也，與司歲備物之意同。

### 食鹽

**唐・孫思邈《千金要方》卷二六食治・穀米**　鹽　味鹹，溫，無毒。殺鬼蠱邪注毒氣、下部䘌瘡、傷寒寒熱，能吐胸中痰澼，止心腹卒痛，堅肌骨。不可多食，傷肺喜欬，令人色膚黑，損筋力。扁鵲云：鹽能除一切大風疾痛者，炒熨之。黃帝云：食甜粥竟，食鹽即吐，或成霍亂。

**宋・李昉《太平御覽》卷八六五**　鹽　《書》曰：青州，厥貢鹽、絺。又曰：功衰，食菜果，飲水漿，無鹽酪不能食。食鹽酪可也。功衰，齊斬之末也。酪，酢截。《說文》曰：鹽，鹹也。鹽池，河東鹽池袤五十里，廣六里，周一百十四里。戴廷之《西京記》曰：鹽生水中，夕取朝復，千車萬驢，適意多少。鹵，西方鹽也。東方謂之斥，西方謂之鹵。鹺，鹹也。河內謂之鹹。又曰：天竺國出黑鹽。《後魏書》曰：世祖南伐，遣李孝伯賜劉義恭等鹽各九種并胡豉。孝伯曰有後詔，凡此諸鹽，各有所宜。白鹽、食鹽，主上自所食。黑鹽，治腹脹氣滿，末之六銖，以酒下。胡鹽，治目痛。戎鹽，治諸瘡。赤鹽、駮鹽、臭鹽、馬齒鹽四種，並非食鹽。又曰：忽吉國水氣鹹，凝鹽生樹上。《抱朴子》曰：作赤鹽法，用寒鹽一斤，雨泥一斤，內鐵器中，以爲水燒，皆消而赤也。又曰：鹽山二岳，三色為質。赤者如丹，黑者如漆，大小從意，鏤之寫物，赤與黑者皆小，惟白大，或如篋箱，從人所為形也。作獸辟惡，佩之為吉。或治爲鳥獸以佩之。戎鹽可以療疾。四方皆用白者作散，以除頭風。以其出胡國，故言戎鹽也。《涼州記》曰：有青鹽池出鹽，正方半寸，其形似石，甚甜美。《益州記》曰：汶山、越嶲，煮鹽法各異。汶山有鹹石，先以水漬，既而煎之。越嶲先燒炭，以鹽井水沃炭，刮取鹽。《荆州記》曰：鹽水自凝，生傘子，鹽方寸，中央隆起，形如張傘。《本草經》曰：鹵鹽，一名寒石。味苦。戎鹽，主明目。大鹽，一名胡鹽。《呂氏春秋》曰：《本草》云：戎鹽一名胡鹽。

**附：日・丹波康賴《醫心方》卷三〇**　鹽　《本草》云：味鹹，溫，無毒。主殺鬼蠱邪注毒氣，下部䘌瘡，傷寒寒熱，吐胸中痰澼，止心腹卒痛，堅肌骨。多食傷肺，喜欬。陶〔弘〕景注云：五味之中，唯此不可闕。然以(淚)〔浸〕魚肉，則能經久不敗。以沾布帛，則易致朽爛。所施之處，各有所宜耳。《拾遺》云：五味之中，以鹽為主；四海之內，何處無之。崔禹〔錫〕云：主殺鬼邪毒，其為用，無所不入。

**宋・唐慎微《證類本草》卷四玉石部中品〔《別錄》〕**　食鹽　味鹹，溫，無毒。主殺鬼蠱邪疰毒氣，下部䘌瘡，傷寒寒熱，吐胸中痰癖，止心腹卒痛，堅肌骨。多食傷肺，喜欬。

〔梁・陶弘景《本草經集注》〕云：五味之中，惟此不可闕。有東海、北海鹽及河東鹽池，梁、益鹽井，交、廣有南海鹽，西羌有山鹽，胡中有樹鹽，而色類不同，以河東者爲勝。東海鹽、官鹽白，草粒細。北海鹽黃，草粒麤。以作魚鮓及鹹菹，乃言北勝。而藏繭必用鹽官者，蜀中鹽小淡，廣州鹽鹹苦。不知其爲療體復有優劣否？西方、北方人，食不耐鹹，而多壽少病，好顏色。東方、南方人，食絕欲鹹，而少壽多病，便是損人，則傷肺之效矣。然以浸魚肉，則能經久不敗；以沾布帛則易致朽爛。所施處各有所宜也。〔宋・馬志《開寶本草》〕注：《唐本》原在米部，今移。〔宋・掌禹錫《嘉祐本草》〕按：《蜀本》云：多食，令人失色膚黑，損筋力也。《藥性論》云：鹽，有小毒。能殺一切毒氣，鬼疰氣。主心痛中惡，或連腰臍者。鹽如鷄子大，青布裹燒赤，內酒中頓服，當吐惡物。主小兒卒不尿，安鹽于臍中灸之。面上五色瘡，鹽湯綿浸搨瘡上，日五六度易差。又和槐白皮切蒸，治脚氣。又空心揩齒，少時吐水中洗眼，夜見小字，良。治婦人隱處疼痛者，鹽青布裹熨之。主鬼疰，尸疰，下部蝕瘡，炒鹽布裹坐熨之，兼主火灼瘡。陳藏器云：按：鹽本功外除風邪，吐下惡物，殺蟲，明目，去皮膚風毒，調和腑藏，消宿物，令人壯健。人卒小便不通，炒鹽內臍中即下。陶公以爲損人。斯言不當。且五味之中，以鹽爲主，四海之內，何處無之。惟西南諸夷稍少，人皆燒竹及木鹽當之。日華子云：暖水藏及霍亂，心痛，金瘡，明目，止風淚，邪氣，一切蟲傷瘡腫，消食，滋五味，長肉，補皮膚，通大小便。小兒疝氣并內腎氣，以葛袋盛，於戶口懸之，父母用手撚抖盡，即疾當愈。

〔宋・蘇頌《本草圖經》〕曰：　食鹽，舊不著所出州郡。陶隱居云：有東海、北海鹽，及河東鹽池，梁、益有鹽井，交、廣有南海鹽，西羌有山鹽，胡中有木鹽，而色類不同，以河東者爲勝。河東鹽，今解州、安邑兩池所種鹽最爲精好，是也。又有并州兩監末鹽，乃刮鹹音減煎錬，不甚佳，其鹹蓋下品所著鹵鹹，生河東鹽池者，謂此也。下品又有大鹽，生邯鄲及河東池澤。蘇恭云：　大鹽即河東印鹽，人之常食者，形麄于末鹽，乃似今解鹽也。解人取鹽，於池傍耕地，沃以池水，每鹽南風急，則宿昔成鹽滿畦，彼人謂之種鹽。東海、北海、南海鹽者，今滄、密、楚、秀、溫、台、明、泉、福、廣、瓊、化諸州官場煮海水作之，以給民食者，又謂之澤鹽，醫方所謂海鹽是也。其煮鹽之器，漢謂之牢盆，今或鼓鐵爲之，或編竹爲之，上下周以蜃灰，廣丈深尺，平底，寘於竈，皆謂之鹽盤。《南越志》所謂織篋爲鼎，和以牡蠣是也。然後於海濱掘地爲坑，上布竹木，覆以蓬茅，又積沙於其上。每潮汐衝沙，鹵鹹淋于坑中。水退則以火炬照之，鹵氣衝火皆滅，因取海鹵注盤中煎之，頃刻而就。《管子》曰：　齊有渠展之鹽，代葅薪煮海水征積之，十月始生，至于正月成三萬是也。葅薪謂以茅葅然火也。梁、益鹽井者，今歸州及西川諸郡皆有鹽井，汲其水以煎作鹽，如煮海之法，但以食彼方之民耳。西羌山鹽、胡中木鹽者，即下條云光明鹽，生鹽州。下品有戎鹽，生胡鹽山及西羌北地。酒泉福祿城東南角，北海青，南海赤者是也。然羌胡之鹽種類自多。陶注又云：　虜中鹽有九種：　白鹽、食鹽，常食者；　黑鹽、柔鹽、赤鹽、駮鹽、臭鹽、馬齒鹽之類，今人不能徧識。醫家治眼及補下藥多用青鹽，疑此即戎鹽。而《本經》云：　北海青，南海赤，今青鹽從西羌來者，形塊方稜，明瑩而青黑色，最奇。北胡來者，作大塊而不光瑩，又多孔竅若蜂窠狀，色亦淺於西鹽，彼人謂之鹽枕，入藥差劣。北胡又有一種鹽，作片屑如碎白石，彼人亦謂之青鹽，緘封於匣中，與鹽枕并作禮贄，不知是何色類。又階州出一種石鹽，生山石中，不由煎煉，自然成鹽，色甚明瑩，彼人甚貴之，云即光明鹽也。醫方所不用，故不能盡分别也。又通、泰、海州並有停戶刮鹹，煎鹽輸官，如并州末鹽之類，以供給江湖，極爲饒衍，其味乃優於并州末鹽也。濱州亦有人戶煎錬草土鹽，其色最麄黑，不堪入藥，但可啗馬耳。又下有綠鹽條云：　以光明鹽、硇砂、赤銅屑釀之爲塊，綠色，真者出焉耆國，水中石下取之，狀若扁青、空青，今不聞識此者，醫方亦不用。唐柳柳州纂《救三死治霍亂鹽湯方》云：　元和十一年十月得乾霍亂，上不可吐，下不可利，出冷汗三大斗許，氣即絕。河南房偉傳此湯，入口即吐，絕氣復通。其法：　用鹽一大匙，熬令黃，童子小便一升，二物溫和服之，少頃吐下即愈。劉禹錫《傳信方》著崔中丞錬鹽黑丸方：　鹽一升擣末，内麄瓷瓶中實，築泥頭訖，初以塘火燒，漸漸加炭火，勿令瓶破，候赤徹，鹽如水汁，即去火，其鹽冷即凝，破瓶取之。豉一升熬焦，桃人一大兩和麩熬令熟，巴豆二大兩，去心膜，紙中熬令油出，須生熟得所，熟即少力，生又損人，四物各用研擣成熟藥，秤量蜜和丸如梧子，每服三丸，皆平旦時服。天行時氣，豉汁及茶下並得。服後多喫茶汁行藥力。心痛，酒下，入口便止。血痢，飲下，初變水痢，後便止。鬼瘧，茶飲下。骨熱，白蜜湯下。忌冷漿水。合藥久則丸稍加令大。凡服藥後吐痢，勿怪。服藥一日，忌口兩日，吐痢若多，即煎黃連汁服止之。平旦服藥，至小食時已來，不吐痢者，或遇殺藥人，即便服一兩丸投之。其藥冬中合，臘月尤佳，瓷合子中盛貯，以臘紙封之，勿令洩氣。清河崔能云：　合得一劑，可救百人。天行時氣，卒急覓諸藥不得，又恐過時，或道途或在村落，無諸藥可求，但將此藥一刀圭，即敵大黃、朴消數兩，曾試有效。宜行於閭里間及所使輩。若小兒、女子不可服多，被攪作耳。唐方又有藥鹽法，出於張文仲。唐之大夫多作之。《食療》：　蠼螋尿瘡，鹽三升，水一斗，煮取六升，以綿浸湯，淹瘡上。又，治一切氣及脚氣，取鹽三升，蒸，候熱分裹，近壁，脚踏之，令脚心熱。又，和槐白皮蒸用，亦治脚氣。夜夜與之良。又，以皂莢兩梃，鹽半兩，同燒令通赤，細研。夜夜用揩齒。一月後有動者齒及血䘌齒，並差，其齒牢固。《聖惠方》：　治小兒臍風濕。以鹽二兩，豉二合，相和爛擣，捏作餅子如錢大，安新瓦上炙令熱，以熨臍上差。亦用黃蘗末傅之。又方：　治肝風虛，轉筋入腹。以鹽半斤，水煮少時，熱漬之佳。《外臺秘要》：　治胸心痰飲，傷寒熱病，瘴瘧須吐者。以鹽末一大匙，以水或暖湯送下，須臾則吐。吐不快，明旦更服，甚良。又方：　治天行後兩脇脹滿，小便澀。熬鹽熨臍下。又方：　主風，身體如蟲行。鹽一斗，水一石，煎減半，澄清溫洗三五度，治一切風。《千金方》：　治齒齗宣露。每旦捻鹽内口中，以熱水含偏齒百偏，不過五日齒即牢密。又方：　主逆生。以鹽塗兒足底，又可急搔爪之。《千金翼》：　治諸瘡癬初生，或始痛時。以單方救不效，嚼鹽塗之妙。《肘後方》：　治中風，但腹中切痛。以鹽半斤，熬令水盡，著口中，飲熱湯二升，得吐愈。又方：　齒疼、齗間出血，極驗。以鹽末，每夜厚封齒齗上，有汁瀝盡乃卧。其汁出時，仍叩齒勿住。不過十夜，疼、血止。更久尤佳。長慎猪肉、油菜等。又方：　卒得風，覺耳中恍恍者。急取鹽五升，甑蒸使熱，以耳枕之，冷復易。又方：　治耳卒疼痛，以鹽蒸熨之。又方：　手足忽生疣目。以鹽傅疣上，令牛舐之，不過三度。又方：　治金瘡中風。煎鹽令熱，以匙抄瀝，取水，熱瀉瘡上。冷更著，一日許勿住，取差，大效。又方：　治赤白久下，穀道疼痛不可忍。宜服溫湯，熬鹽熨之。又，炙枳實熨之妙。《經驗方》：　治蚰蜒咬。濃作鹽湯，浸身數偏差。浙西軍將張韶爲此蟲所咬，其形如大風，眉鬚皆落。每夕蚰蜒鳴於體，有僧教以此方，愈。《梅師方》：　治心腹脹堅，痛悶不安，雖未吐下，欲死。以鹽五合，水一升，煎令消，頓服。自吐下，食出即定，不吐更服。又方：　治金中經脉傷皮及諸大脉，血出多，心血冷則殺人。宜炒鹽三撮，酒調服之。又方：　治蜈蚣咬人痛不止。嚼鹽沃上及以鹽湯浸瘡，極妙。其蜈蚣有赤足者螫人，黃足者痛甚。又方：　治熱病，下部有䘌蟲生瘡。熬鹽綿裹熨之，不過三度差。《孫真人食忌》：　主眯眼者。以少鹽并豉，置水視之，立出。又方：　主卒喉中生肉。以綿裹筯頭柱鹽揩，日六七度易。又方：　主卒中尸遁，其狀腹脹氣急衝心或塊起，或牽腰脊者是。服鹽湯取吐。《食醫心鏡》：　鹽，主殺鬼蠱氣，下部䘌瘡，傷寒寒熱，吐胸中痰癖，止心腹卒痛，堅肌骨。黄帝云：食甜瓜竟食鹽成霍亂。又主大小腸不通。取鹽和苦酒，傅臍中，乾即易。《廣利方》：治氣淋，臍下刃痛。以鹽和醋調下。《集驗方》：主毒箭。以鹽貼瘡上，灸鹽三十壯，差。《范汪方》：主轉筋。以鹽一升，水一升半作湯，洗漬之。又方：主目中淚出不得開即刺痛方：以鹽如大豆許，内目中，習習，去鹽，以冷水數洗目差。《産寶方》：治妊娠心腹痛，不可忍。以一斤鹽，燒令赤，以三指取一撮酒服差。《子母秘録》：小兒撮口，鹽、豉臍上灸之。《後魏・李孝伯傳》：鹽九種，各有所宜。白鹽主上所自食，黑鹽治腹脹氣滿，末之，以酒服六銖。《素問》：鹹傷血，發渴之證。《丹房鏡源》：鹽消作汁，拒火之力。

**宋・唐慎微《證類本草》卷五玉石部下品**〔《本經・別録・藥對》〕 **大鹽** 味甘、鹹，寒，無毒。主腸胃結熱，喘逆，胸中病。**令人吐。**生邯鄲及河東池澤。漏蘆爲之使。

〔唐・蘇敬《唐本草》〕注云：大鹽，即河東印鹽也，人之常食者是，形麄於末鹽，故以大別之。

〔宋・掌禹錫《嘉祐本草》〕按：蕭炳云：大鹽，臣。

〔宋・唐慎微《證類本草》〕《圖經》：文具石鹽條下。

《太平廣記》：《梁四公子傳》鬬杰曰：交河之間平磧中，掘深數尺有末鹽，紅紫色鮮，味甘，食之止痛。

**宋・寇宗奭《本草衍義》卷五** 食鹽 《素問》曰：鹹走血。故東方食魚鹽之人多黑色，走血之驗，故可知矣。病嗽及水者，宜全禁之。北狄用以淹尸，取其不壞也，至今如此。若中蚯蚓毒，當以鹽洗沃，亦宜湯化飲汁。其燒剝金銀，熔汁作藥，仍須解州池鹽爲佳。齒縫中多出血，常以鹽湯嗽，即已，益齒走血之驗也。

**宋・寇宗奭《本草衍義》卷六** 大鹽 新者不苦，久則鹹苦。今解州鹽池所出者，皆成㪷子，其形大小不等，久亦苦。海水煎成者，但味和。二鹽互有得失。入藥及金銀作，多用大鹽及解鹽。傍海之人多黑色，蓋日食魚鹽，此走血之驗也。齒縫中血出，鹽湯嗽之，及接藥入腎。北虜以鹽淹尸使不腐。

**宋・王繼先《紹興本草》卷三** 大鹽 紹興校定：大鹽，即河東印鹽也。生池澤中，成塊而大，然與解鹽大同小異爾。以其治腸中結熱，故《本經》稱為性寒。其食鹽多食皆能取吐，今《本經》云令人吐者，蓋亦謂過多所致。當從味甘鹹、寒、無毒是也。

**宋・王繼先《紹興本草》卷三** 食鹽 紹興校定：食鹽其種有三，謂解鹽、海鹽及蜀井鹽也。其採取造作之法，《圖經》載之詳矣。自餘外國等鹽，種類甚多。大要食鹽三種，主療功力並同，俱性溫、無毒。《本經》云多食傷肺、喜咳，蓋謂味極濃厚而食之過其節也。或云有小毒者，非也。今當從味鹹、溫、無毒是矣。

**宋・劉明之《圖經本草藥性總論》卷上** 食鹽 味鹹，溫，無毒。主殺鬼蠱邪疰毒氣，下部䘌瘡，傷寒寒熱，吐胸中痰癖，止心腹卒痛，堅肌骨。多食傷肺喜欬。《藥性論》云：有小毒。能殺一切毒氣、鬼疰氣，主心痛中惡，主鬼疰尸疰，下部蝕瘡。日華子云：暖水臟，及霍亂，金瘡，明目，止風淚邪氣，一切蟲傷瘡腫，消食，滋五味，長肉補皮膚，通大小便，小兒疝氣并內腎氣。一云：治胸心痰飲，傷寒熱病，瘴瘧。又治齒齗宣露，妊娠心腹疼痛。

**宋・張杲《醫說》卷四** 齒縫出血 齒縫出血不止，他藥不能治者，鹽主之。《素問》云鹽勝血故也。《蘭室寶鑑》用麥門冬煎湯漱之亦良。

**元・忽思慧《飲膳正要》卷三** 鹽 味鹹，溫，無毒。主殺鬼，蠱邪疰毒，傷寒吐，胸中痰癖，止心腹卒痛。多食傷肺，令人咳嗽，失顔色。

**元・吴瑞《日用本草》卷八** 鹽 味鹹，溫，無毒。多食傷肺，水腫病忌食之。 主殺鬼疰下部䘌瘡，止心腹卒痛，傷寒〔寒〕熱，吐胸中痰癖，霍亂通利大小腸并腎氣。小便不通，以鹽安臍上，艾灸之即通。心腹疼冷者，青布包裹，炒鹽熨之。

**明・王綸《本草集要》卷五** 食鹽臣 味鹹，氣寒，無毒。漏蘆為之使。河東者為勝。 主殺鬼蠱邪疰毒氣，下部䘌瘡，吐胸中痰癖，止心腹卒痛，堅齒，止齒縫出血。中蚯蚓毒，化湯中，洗沃之。又用接藥。入腎，多食傷肺，喜咳。又令人失色膚黑，走血損筋，病嗽及水者禁之。

**明・滕弘《神農本經會通》卷六** 食鹽 臣也。以河東者為勝。 味鹹，氣溫，無毒。東云：治腹疼，滋腎水。《衷》云：調和五味，主吐胸中痰癖，治痛。過食傷肺致嗽。

《本經》云：主殺鬼蠱邪，疰毒氣，下部䘌瘡。傷寒寒熱，吐胸中痰癖，止心腹卒痛，堅肌骨。多食傷肺，喜欬。陶云：西北方人食不耐鹹，而多壽少病，好顔色。東南方人食絶欲鹹，而少壽多病，便是損人，則傷肺之効矣。

《蜀本》云：多食令人失色，膚黑，損筋力。《藥性論》云：鹽，有小毒。能殺一切毒氣，鬼疰氣，主心痛，中惡，或連腰臍者，鹽如雞子大，青布裹，燒赤，内酒中，頓服，當吐惡物。主小兒卒不尿，安鹽於臍中灸之。面上五色瘡，鹽湯綿浸，搨瘡上，日五六度易，差。又和槐白皮切蒸，治脚氣。又空指齒，少時吐水中洗眼，夜見小字良。治婦人隱處疼痛者，鹽，青布裹熨之。主鬼疰尸疰，下部蝕瘡，炒鹽，布裹，坐熨之，兼主火灼瘡。陳藏器云：按鹽本功外，除風邪，吐下惡物，殺蟲，明目，去皮膚風毒，調和腑臟，消宿物，令人壯健。人卒小便不通，炒鹽，内臍中，即下。陶公以為損人，斯言不當。且五味之中，以鹽為主，何處無之。日華子云：暖水藏，及霍亂心痛，金瘡，明目，止風淚邪氣，一切蟲傷瘡腫，消食，滋五味，長食，補皮膚，通大小便。《集》云：堅齒，止齒縫出血。中蚯蚓毒，化湯中洗沃之。又用接藥入腎。多食走血損筋，及水者禁之。《衍義》曰食鹽。《素問》曰：鹹，走血。故東方食魚鹽之人，多黑色，走血之驗，故可知矣。病嗽及水者，宜全禁之。北狄用以淹屍，取其不壞也，至今如此。若中蚯蚓毒，當以鹽洗沃，亦宜湯化飲汁。其燒剝金銀，鎔汁作藥，仍須解州池鹽為佳。齒縫中多出血，常以鹽湯嗽，即已，益齒走血之驗也。《圖經》曰：鹵鹹，生河東鹽池，蓋下品所著，此是鹵鹼土。今人熟皮用之，斯於鹼地掘取之。大鹽，即河東印鹽，人之常食者，形粗於末鹽，似今解鹽。解鹽，解人取鹽於池傍耕地，沃以池水，每南風急，則夙昔成鹽滿畦，彼謂種鹽。澤鹽，今溫、台、福、廣諸州官場煮海水作之，以給民食者，醫方謂海鹽是也。西羌山鹽，胡中木鹽，即下條云光明鹽，生鹽(生)州。戎鹽，生胡鹽山及西羌北地，下品所著。北海青，南海赤者，是也。青鹽，醫家治眼及補下藥多用之，疑此即戎鹽。而《本經》云：北海青，南海赤，今青鹽從西羌來者，形塊方稜明瑩，而青黑色，最奇。北胡來者，作大塊而不光瑩，入藥差劣。北胡又有一種鹽，作片屑如碎白石，彼人亦謂之青鹽。光明鹽，又階州出一種石鹽，生山石中，不由煎煉，自然成鹽，色甚明瑩，彼人甚貴之。(名)(云光明鹽)醫方所不用，故不能盡分别也。綠鹽，以(先)(光)明鹽、硇砂、青銅屑，釀之為塊，綠色，真者出焉耆國，水中石下取之，狀若扁青、空青。《局》云：食鹽殺蟲陰瘡䘌，更主尸邪毒氣攻。霍亂癖痰須用吐，小便不利熨臍中。膀胱不利，炒食鹽以熨臍膀。

**明・劉文泰《本草品彙精要》卷四**　食鹽無毒　煎鍊成。

食鹽：主殺鬼蠱，邪疰，毒氣，下部䘌瘡，傷寒寒熱，吐胸中痰癖，止心腹卒痛，堅肌骨。名醫所錄。〔名〕山鹽、木鹽、末鹽、印鹽、解鹽、海鹽、白鹽、黑鹽、柔鹽、赤鹽、澤鹽、臭鹽、石鹽、馬齒鹽、駁鹽、青鹽、井鹽、鹽枕。〔地〕《圖經》曰：舊不著所出州郡。陶隱居云：有東海、北海鹽及河東鹽池，梁、益有鹽井，交、廣有南海鹽，西羌有山鹽，胡中有木鹽，而色類不同，以河東者爲勝。河東鹽今解州、安邑兩池所種最爲精好。又有并州兩監末鹽，乃刮鹹煎煉，不甚佳。其鹹蓋下品所著鹵鹹，生河東鹽池者是也。下品又有大鹽，生邯鄲及河東池澤。蘇恭云：大鹽即河東印鹽，人之常食者，形粗於末鹽，乃似今解鹽也。解人取鹽，于池傍耕地，沃以池水，每鹽南風急，則宿昔成鹽滿畦，彼人謂之種鹽。東海、北海、南海鹽者，今滄、密、楚、秀、溫、台、明、泉、福、廣、瓊、化諸州官場煮海水作之，以給民食者，又謂之澤鹽。醫方所謂海鹽是也。其煮鹽之器，漢謂之牢盆，今或鼓鐵爲之，或編竹爲之，上下周以蜃灰，廣丈深尺，平底置於竈，皆謂之鹽盤。《南越志》所謂織篾爲鼎，和以牡蠣是也。然後于海濱掘地爲坑，上布竹木，覆以蓬茅，積沙於其上。每潮汐衝沙，鹵鹹淋於坑中，水退，則以火炬照之。鹵氣衝火皆滅，則鹵氣多；火不滅，則鹵氣少。取鹵注盤中，煎之，頃刻而就。梁、益鹽井者，今歸州及四川諸郡皆有鹽井，汲其水以煎作鹽，如煮海之法，但以食彼方之民耳。然羌胡之鹽，種類自多。陶注又云：虜中有九種：白鹽、食鹽，常食者；黑鹽、柔鹽、赤鹽、駁鹽、臭鹽、馬齒鹽之類，今人不能遍識。《本經》云：北海青，南海赤，今青鹽從西羌來者，形塊方稜，明瑩而青，黑色最奇。又通、泰、海州並有停戶，刮鹹煎鹽輸官，如并州末鹽之類，以供給江湖，極爲饒衍，其味乃優於并州末鹽也。濱州亦有人戶，煎煉草土鹽，其色最粗黑，不堪入藥，但可啖馬耳。其大鹽、戎鹽、鹵鹹、光明鹽，詳具下條。〔用〕白淨者。〔色〕青、白。〔味〕鹹。〔性〕溫，軟。〔氣〕氣之薄者，陽中之陰。〔臭〕朽。〔主〕吐痰涎，止霍亂。〔助〕漏蘆爲之使。〔製〕炒。〔治〕療：《藥性論》云：殺一切毒氣，鬼疰，屍疰氣，及小兒卒不尿，炒鹽，於臍中熨之。面上五色瘡及蠼螋尿瘡，蚯蚓咬瘡，鹽湯綿浸搨瘡上，日易五六度，瘥。以空心指齒吐水中洗眼，夜見小字。若婦人隱處疼痛，以青布裹鹽熨之。下部䘌蟲蝕瘡，炒鹽，布裹，坐熨之。兼主火灼瘡。日華子云：治霍亂心痛及金瘡，明目，止風淚邪氣，一切蟲傷，瘡腫，消食，滋五味，通大小便，小兒疝氣並內腎氣，以葛袋盛，於戶口懸之，父母用手撚盡，當愈。《別錄》云：治脚氣，鹽蒸候熱，布裹，踏之令脚心熱，愈。肝臟氣虚，風冷搏於筋，遍體轉筋，入腹不可忍者，及一切風，身體如蟲行，並用熱鹽湯漬之，效。治天行後脇脹滿，炒鹽熨之。小便澀，亦熨臍下。兒逆生，以鹽塗兒足底，並摩産婦腹上，即順。凡諸瘡癬，嚼鹽塗之。治耳中卒痛，蒸鹽熨之。又金瘡，中風，煎鹽令熱，瀝汁瘡上，效。穀道中疼痛，炒鹽熨之。治蜈蚣咬痛，嚼鹽沃之，及鹽湯浸，痛即止。卒中屍遁，其壯腹脹，氣急衝心，服鹽湯取吐，瘥。中毒箭，以鹽貼瘡上，灸鹽三十壯。補：日華子云：暖火臟，長肉，補皮膚。【合治】用鹽如雞子大，青布裹，燒赤內酒中，頓服。治心痛，中惡，或連腰臍疼，當吐惡物。○合槐白皮切蒸，治脚氣。○炒鹽一大匙，合童子小便一升，溫服之，治霍亂上不得吐，下不得利，出冷汗，氣欲絶者。此湯入口即吐，絶氣復通。○鹽一升，內粗瓷瓶中，實築泥頭訖於炭火燒，勿令瓶破，候赤，鹽如水汁，去火，冷即凝，破瓶取之，合豉一升，炒桃仁二兩，麸炒巴豆二兩，去心膜，炒令出油，不可過熟，煉蜜丸如桐子大，每服三丸，皆平旦服。治天行時氣，豉汁茶下；心痛酒下；血痢飲下；鬼瘧茶飲下；骨熱蜜湯下。忌冷漿水，服藥後吐利勿怪。吐利多，煎黄連汁服，止之。此藥合就密器盛之，勿令洩氣。○合皂莢同炒，令赤，研揩齒，治血䘌齒及牢牙。○鹽三兩，合豉二兩，搗捏作餅，安新瓦上，炙熱，熨小兒臍風撮口。○炒鹽合酒服，治金傷經脈及大脈血出不止者。○鹽合醋作湯服，治氣淋，臍下切痛。【禁】多食令人失色，膚黑，及傷肺損筋力，及水腫人不宜食。【忌】不宜與甜瓜同食，令人霍亂，發渴病嗽。

大鹽無毒　土生。

**大鹽**出《神農本經》：**主令人吐。**以上朱字《神農本經》。主腸胃結熱，喘逆，胸中病。以上黑字名醫所錄。【地】《圖經》曰：大鹽生邯鄲及河東池澤。《唐本》注云：大鹽即河東印鹽，人常食者，形粗於末鹽，故名大鹽。《衍義》曰：大鹽新者不苦，久則鹹苦。今解州鹽池所出者，皆成斗子，其形大小不等，久亦苦。海水煎成者，但味和二鹽互有得失，入藥及金銀作，多用大鹽及解鹽。傍海之人多黑色，蓋日食魚鹽，此走血之驗也。謹按：解人取鹽于池傍耕地，沃以池水，每南風急則宿夕而成。其味苦而力薄，較諸海水煎成者爲不及遠矣。所謂煮海爲鹽，煮池爲鹽，鹽苦而易敗。故《詩》云王事靡盬是也。【時】生：無時。採：無時。【色】青、白。【味】甘，鹹。【性】寒。【氣】氣薄味厚，陰中微陽。【臭】朽。【主】腸胃結熱及止痛。【行】接諸藥入腎。【助】漏蘆爲之使。【製】研細用。

**明・盧和、汪穎《食物本草》卷四味類**　鹽　味鹹，氣寒，無毒。主殺鬼蠱，邪疰毒氣，下部䘌瘡，吐胸中痰癖，止心腹卒痛，堅齒，止齒縫出血。中蚯蚓毒，化湯中洗沃之。又用接藥入腎，利小便，明目止風淚。多食傷肺喜欬，又令人失色膚黑，走血損筋。病嗽及水者，宜禁之。一種戎鹽，其用稍同。

**明・許希周《藥性粗評》卷四**　陰證熨炒鹽之味。

鹽，鹵水所煎者也。近海處處有之。日用飲食皆不可缺，然不可多食，令人失色膚黑，傷肺，損筋力。其他取用多端，不可具述。味鹹，性溫，無毒。一曰有小毒。入足少陰腎、太陽膀胱經。主治鬼疰蠱毒，痰癖陰證，心腹絞痛，霍亂，下部䘌瘡，軟堅，吐癖積，堅肌骨。然不可過食，陶隱居云：西北方人多不耐鹹，而多壽少病，好顔色。東南方人食絶欲鹹，而少壽多病。便是損人則傷肺之效矣。按：此雖未必然，要之傷肺喜欬，誠如《本草》之說。

單方：心腹絞痛：以炒鹽半升，敷臍上，用熨斗熨之，自住。如乾霍亂心腹絞痛者，以鹽一大匙，炒令黄，入童子小便一升，溫和服之，須臾吐下，自愈。齒齗宣露：凡患牙齒不固，致齗宣露者，每旦洗面時以食鹽一捻入口中，含熱水偏齒，漱之百徧，不過五六日，齒即牢密。胸中痰癖：凡患心腹積塊，及老痰成癖者，以鹽一抄，置熱水中一碗，頓服之，須臾吐出，病根愈。毒箭中傷：凡中毒箭，焮腫可懼者，以鹽貼瘡上，用艾灸鹽三十壯，即差。

**明・鄭寧《藥性要略大全》卷八**　食鹽　吐胸中痰，制蚯蚓毒，散血，引藥入腎。殺鬼毒氣，止心腹卒痛，堅肌骨，消食，滋五味，補皮膚，消腫，通大小便。治金瘡，明目，止風淚。多食傷肺。味鹹，性寒。一云溫，無毒。漏蘆為之使。出解州者勝。

**明・陳嘉謨《本草蒙筌》卷八**　食鹽　味鹹，氣寒，無毒。為調饌之需，出近海之地。有池有井，汲水煎成。論形色，河東獨佳；入藥劑，漏蘆為使。如欲單用，炒化湯中。堪洗下部䘌瘡，能吐中焦痰癖。甦心腹卒痛，塞齒縫來紅。敺蚯蚓毒傷，殺鬼蠱邪疰。少用接藥入腎，凡服補陰丸，宜鹽湯送下。過多喜欬傷金。走血損筋，黑膚失色。司庖廚者，務用適宜。水腫欬嗽病人，須全禁忌勿服。秋石丹可代用。戎鹽類石，出自西羌。一名青鹽，煅白纔妙。益氣去氣蟲，明目卻目疼。止吐衄血可加，堅筋骨節堪入。鹵鹹即鹻，音減。亦產河東。掘鹽土淋水熬乾，旋結塊形如磚樣。用之研細，能軟積堅。主大熱消渴狂煩，除多年癥瘕凝痛。去濕熱，消痰癖，下蠱毒，柔肌膚。洗滌垢膩有功，漿糨房中必用。　太陰玄精石者，亦出積鹽倉中。古云：大鹵之場，則生陰精石是也。惟解縣屬山東。者勝，似龜背者良。又名鬼精，無時收採。心腹積聚能逐，風冷邪氣可除。理男子陰證傷寒，止婦人痼冷漏下。

**明・方穀《本草纂要》卷九**　鹽　味鹹，氣寒，無毒。主除風毒，實脾胃，軟堅積，潤大腸，止流血，堅口齒，行吐法，殺百毒，清胃熱之要藥也。是故鹹入腎，惟鹽可以補腎；若多鹹亦能傷腎。大抵鹽之鹹，鹹自水生，而又鹹從火化；然從火固能實脾，自水有能補腎，但不可多食，多食亦傷腎矣。

**明・寧源《食鑑本草》卷下**　鹽　味鹹，溫。殺鬼邪蠱症毒氣，治下部䘌瘡，止心腹卒痛，堅筋骨，暖水臟，吐胸中老痰。多食傷肺。《婦人良方》：治妊娠心腹痛不可忍，以鹽四兩，炒令赤，取一撮淬酒中服。《千金方》：治蜈蚣咬疼不吐，以鹽湯沃之。《養生方》：治牙齒宣露，每日將鹽擦齒，以熱水含漱百遍，令齒堅固。

**明・王文潔《太乙仙製本草藥性大全》卷六《本草精義》**　大鹽　生邯鄲及河東池澤，印鹽也。人之常食者是。形麄於末鹽，故以大別之。其鹽新者不苦，久則鹹苦。今解州鹽池所出者皆成㪷子，其形大小不等，久亦苦。海水煎成者，但味和。二鹽互有得失，皆入藥及金銀作多用大鹽及解鹽。傍海之人多黑色，蓋日食魚鹽，此走血之驗也。

食鹽　舊不著所出州郡。五味之中，唯此不可缺。有東海、北海鹽，及河東鹽池，梁、益鹽井，交、廣有南海鹽，西羌有山鹽，胡中有樹鹽，而色類不同。以河東者爲勝，河東鹽今解州、安邑兩池所種鹽最爲精好是也。又有并州兩監末鹽，乃刮鹹煎鍊，不甚佳，其鹹蓋下品所著鹵鹹，生河東鹽池者謂此也。解人取鹽於池傍耕地，沃以池水，每得南風急，則宿昔成鹽滿畦，彼人謂之種鹽。東海、北海、南海鹽者，今滄、密、楚、秀、溫、台、明、泉、福、廣、瓊、化諸州官場煮海水作之，以給民食者，又謂之澤鹽，醫方所謂海鹽是也。其煮鹽之器，漢謂之牢盆，今或鼓鐵爲之，或編竹爲之，上下周以蜃灰，廣丈深尺，平底，置於竈，皆謂之鹽盤。《南越志》所謂織篋爲鼎，和以牡蠣是也。梁、益鹽井者，今歸州及四川諸郡皆有鹽井，汲其水以煎作鹽，如煮海法，但以食彼方之民耳。

唐〔柳〕柳州纂《救三死治霍亂鹽湯方》云：元和十一年十月，得乾霍亂，上不可吐，下不可利，出冷汗三大斗許，氣即絕。河南房偉傳此湯入口即吐，絕氣復通。其法：用鹽一大匙，熬令黃，童子小便一升，二物溫和服之，少頃吐下即愈。《食療》云：蠼螋尿瘡，鹽三升，水一斗，煮取六升，以綿浸湯淹瘡上。又治一切氣及脚氣，取鹽三升，蒸候熱，分裹近壁，脚踏之，令脚心熱。又和槐白皮蒸用，亦治脚氣，夜夜與之良。又以皂莢兩梃，鹽半兩，同燒令通赤，細研，夜夜用揩齒，一月後，有動者齒及血䘌齒並差，其齒牢固。

**明・王文潔《太乙仙製本草藥性大全》卷六《仙製藥性》**　大鹽臣　味甘、鹹，氣寒，無毒。　主治：主腸胃中結熱良方，治胸膈內喘逆妙劑。療齒縫中血，食吐嘔來紅。　補註：齒縫中血，用鹽湯漱之。及接藥入腎，此虜人以鹽淹屍使不腐。

食鹽　味鹹，氣寒，無毒。　主治：暖火臟及霍亂金瘡，明眼目，止風淚邪氣。調和臟腑，消食助脾。堪洗下部䘌瘡，能吐中焦痰癖。滋五味長肉，去皮膚風；治小兒疝氣，并納腎氣。除風邪，吐下惡物。消宿物，令壯健。甦心腹卒痛，塞齒縫來紅。敺蚯蚓毒傷，殺鬼蠱邪疰。少用接藥入腎，凡服補陰丸，宜鹽湯送下。過多喜欬傷金。走血損筋，黑膚失色。司庖廚者，務用適宜。水腫咳嗽病人，須全禁忌勿食。秋石丹可代用。　補註：殺一切毒氣鬼疰氣，心痛中惡，或連腰臍者，鹽如鷄子大，青布裹，燒赤投酒中，頓服當吐惡物。○小兒卒不尿，安於臍中灸之。○面上五色瘡，鹽湯綿浸搨瘡上，已五六度易差。又和槐白皮切蒸，治脚氣。又空心揩齒，少時吐水中，洗眼，夜見小字良。婦人隱處疼痛者，鹽青布裹熨之。○鬼疰尸疰，下部蝕瘡，炒鹽布裹坐熨之。兼主火灼瘡。○通大小便，小兒疝氣并內腎氣，以葛袋盛於戶口懸之，父母用手撚料盡即愈。○小兒臍風濕，以〔鹽〕二兩，豉二合，相和爛搗，捏作餅子如錢大，安新瓦上炙令熱，熨臍差；亦用黃蘗末傅之。○目中淚出不得開，刺痛，以鹽如大豆許，內目中習習，去鹽，以冷水數洗目差。○肝藏氣虛，風冷搏於筋，偏體轉筋，入腹不可忍。熱湯三斗，入鹽半斤，稍熱漬之效。○胸中痰飲，傷寒熱病，瘴瘧須吐者，以鹽末一匙，以水或暖湯送下，須臾吐下，明旦更服甚良。○妊娠心腹痛不可忍，以鹽燒令赤，以三指取一撮，酒服差。○天行後兩脇脹滿，熬鹽熨之；　如小便澁，亦用熨臍下。○風身體如蟲行，鹽一斗，水一石，煎減半，澄清，溫洗三四度。○治齒齦宣露，每旦撚鹽入口中，以熱水含漱齒，百遍即牢密。○逆生，以鹽塗兒足底，又可急爪搔之，并鹽摩産婦腹上。○毒箭，以鹽貼瘡上，灸三十壯差。　凡瘡癬初生，或始痛痒，嚼鹽塗之妙。○中風，但腹切痛，以鹽半斤，熬令水盡，著口中，飲熱湯二升吐愈。○齒痛，其間出血極驗，以鹽末每夜厚封齒齦上，有汁瀝盡乃臥，仍叩齒勿住，更久尤佳。　忌猪、魚、油菜等。○卒中尸遁，其狀腹脹，氣急衝心，或鬼起，或牽腰脊者，是服鹽湯取吐。○得風覺耳中恍恍者，急取鹽五升，甑蒸使熱，以耳枕之，冷復易。○氣淋，臍下切痛，以鹽和醋調下。○耳卒疼痛，以鹽蒸熨之。○手足忽生疣目，以鹽傅疣上，令舌舐之。○卒喉中生肉，以綿裹筯頭拄生鹽指六七次易。○金瘡中風，煎鹽令熱，以匙抄，瀝却水，熱瀉瘡上，冷更著一日許勿住，取差大效。○治赤白久下，穀道疼痛不可忍，宜服溫湯，熬鹽熨之，又炙枳實熨之，妙。○蚯蚓咬，濃作鹽湯浸身數遍差。　浙西軍將張韶爲此蟲所咬，其形似大風，眉鬢皆落，每夕蚯蚓鳴於體，有僧教以此方愈。○轉筋以作湯洗漬之。○心腹脹堅，痛悶不安，雖未吐下，欲死。　以鹽煎令消，頓服自吐下。○金中經脉傷皮，及諸大脉血出多，心血冷則殺人。　宜炒鹽三撮，酒調服。○蜈蚣咬人，痛不止，嚼鹽沃上及以鹽湯浸瘡極妙。　其蜈蚣有赤足者螫人，黃足者痛甚。○熱病下部有䘌蟲生瘡，熬鹽綿裹熨之，不過三度差。　崔中丞鍊鹽黑丸方：　鹽一升，擣末，內甆瓶中實，築泥頭訖，初以煻火燒，漸漸加炭火，勿令瓶破，候赤徹，鹽如水汁，即去火，其鹽冷即凝，破瓶取之。　豉一升熬焦，桃仁一大兩，和麸炒熟，巴豆二大兩，去心膜，紙中熬令油出，須生熟得所，熟即少力，生又損人。　四物各用研擣成熟藥，秤量蜜和丸如梧子大，每服三丸，皆平旦時服。　天行時氣豉汁及茶下，並得服後多喫茶汁行藥力；　心痛酒下，入口便止；　血痢飲下，初變水痢後便止；　鬼瘧茶飲下；　骨熱，白蜜湯下，忌冷漿水。　合藥久則丸稍加令大。　凡服藥後吐痢勿怪，服藥一日，忌口二日，吐痢若多即煎黃連汁服止之。　平旦服藥，至小食時已來，不吐痢者，或遇殺藥人，即更服一兩丸投之。　其藥冬中合，臘月尤佳。　甆合子中盛貯，以臘紙封之，勿令洩氣。　清河崔能云：　合得此劑，可救百人。　天行時氣，卒急覓諸藥不得，又恐過時，或在道途，或在村落，無諸藥可求，但將此藥一刀圭，即敵大黃、朴硝數兩，曾試有效。　宜行於閭里間及所使輩。　若小兒、女子不可服多，被攪作耳。

**明·皇甫嵩《本草發明》卷五**

食鹽氣寒，味鹹，無毒。　吐中焦痰澼，止心腹卒痛，殺鬼疰邪蠱。　少用引藥入腎經，堅肌骨。　炒，化湯中，堪洗下部䘌瘡。　多食傷肺，起欬嗽，走血發渴，損筋，黑肌失色。　水腫病、咳嗽人忌之。秋石丹，可代用。　治乾霍亂欲絕者，用鹽大大匙，熬令黃，童便一升，溫和服之，得吐即愈。　又蚯蚓毒，以鹽洗沃，亦宜湯化飲。　入藥漏蘆為之使。

**明·李時珍《本草綱目》卷一一石部·鹵石類**

食鹽《別錄》中品。　校正：　志曰：　元在米部，今移入此。　時珍曰：　併入《本經》大鹽。

【釋名】鹺音醝。　時珍曰：　鹽字象器中煎鹵之形。《禮記》：　鹽曰鹹鹺。《爾雅》云：　天生曰鹵，人生曰鹽。　許慎《說文》云：　鹽，鹹也。　東方謂之斥，西方謂之鹵，河東謂之鹹。　黃帝之臣宿沙氏，初煮海水爲鹽。《本經》大鹽，即今解池顆鹽也。《別錄》重出食鹽，今併爲一。　方士呼鹽爲海砂。

【集解】《別錄》曰：　大鹽出邯鄲及河東池澤。　恭曰：　大鹽即河東印鹽也，人之常食者，形粗于食鹽。　弘景曰：　有東海鹽、北海鹽、南海鹽、河東鹽池、梁益鹽井、西羌山鹽、胡中樹鹽，色類不同，以河東者爲勝。　東海鹽、官鹽白草粒細，北海鹽黃草粒粗。　以作魚鮓及鹹菹，乃言北勝，而藏繭必用鹽官者。　蜀中鹽小淡，廣州鹽鹹苦，不知其爲療體復有優劣否。　藏器曰：　四海之内何處無之，惟西南諸夷稍少，人皆燒竹及木鹽當之。　頌曰：　并州末鹽，乃刮鹹煎鍊者，不甚佳，所謂鹵鹹是也。　大鹽生河東池澤，粗于末鹽，即今解鹽也。　解州安邑兩池取鹽，於池旁耕地，沃以池水，每得南風急，則宿夕成鹽滿畦，彼人謂之種鹽，最爲精好。　東海、北海、南海鹽者，今滄、密、楚、秀、溫、台、明、泉、福、廣、瓊、化諸州，煮海水作之，謂之澤鹽，醫方謂之海鹽。　海邊掘坑，上布竹木，覆以蓬茅，積沙于上。　每潮汐衝沙，由鹵鹹淋于坑中。　水退則以火炬照之，鹵氣衝火皆滅。　因取海鹵貯盤中煎之，頃刻而就。　其煮鹽之器，漢謂之牢盆，今或鼓鐵爲之。　南海人編竹爲之，上下周以蜃灰，橫丈深尺，平底，置于竈背，謂之鹽盤。　梁益鹽井者，今歸州及四川諸郡皆有鹽井，汲其水以煎作鹽，如煮海法。　又濱州有土鹽，煎鍊草土而成，其色最粗黑，不堪入藥。　通、泰、海州並有停户，刮鹹煎鹽輸官，如并州末鹽之類，而味更優，以供給江湖，極爲饒衍。　時珍曰：　鹽品甚多：　海鹽取海鹵煎鍊而成，今遼冀、山東、兩淮、閩浙、廣南所出是也。　井鹽取井鹵煎鍊而成，今四川、雲南所出是也。　池鹽出河東安邑、西夏靈州，今惟解州種之。　疏鹵地爲畦隴，而塹圍之。　引清水注入，久則色赤。　待夏秋南風大起，則一夜結成，謂之鹽南風。　如南風不起，則鹽失利。　亦忌濁水淤澱鹽脉也。　海豐、深州者，亦引海水入池晒成。　并州、河北所出，皆鹻鹽也，刮取鹻土，煎鍊而成。　階成鳳州所出，皆崖鹽也，生于土崖之間，狀如白礬，亦名生鹽。　此五種皆食鹽也，上供國課，下濟民用。　海鹽、井鹽、鹻鹽三者出于人，池鹽、崖鹽二者出于天。《周禮》云：　鹽人掌鹽之政令。　祭祀供其苦鹽、散鹽，賓客供其形鹽，王之膳羞，供其飴鹽。　苦鹽，即顆鹽也，出于〔池〕，其鹽爲顆，未鍊治，其味鹹苦。散鹽，即末鹽，出于海及井，并煮鹻而成者，其鹽皆散末也。形鹽，即印鹽，或以鹽刻作虎形也；或云積鹵所結，其形如虎也。飴鹽，以飴拌成者；或云生于戎地，味甜而美也。此外又有崖鹽生于山崖，戎鹽生于土中，傘子鹽生于井，石鹽生于石，木鹽生于樹，蓬鹽生于草。造化生物之妙，誠難殫知也。

【修治】時珍曰：凡鹽，人多以礬、消、灰、石之類雜之。入藥須以水化，澄去脚滓，煎鍊白色，乃良。

大鹽　【氣味】甘、鹹，寒，無毒。《別錄》曰：食鹽鹹，温，無毒。多食傷肺，喜欬。權曰：有小毒。時珍曰：鹹、微辛，寒，無毒。保昇曰：多食令人失色膚黑，損筋力。之才曰：漏蘆爲之使。斅曰：敝箄淡鹵。烏賊骨亦淡鹵。【主治】腸胃結熱喘逆，胸中病，令人吐《本經》。傷寒寒熱，吐胸中痰澼，止心腹卒痛，殺鬼蠱邪疰毒氣，下部䘌瘡，堅肌骨《別錄》。除風邪，吐下惡物，殺蟲，去皮膚風毒。調和臟腑，消宿物，令人壯健藏器。助水臟，及霍亂心痛，金瘡，明目，止風淚邪氣，一切蟲傷瘡腫火灼瘡，長肉補皮膚，通大小便，療疝氣，滋五味大明。空心揩齒，吐水洗目，夜見小字甄權。解毒，凉血潤燥，定痛止痒，吐一切時氣風熱、痰飲關格諸病時珍。

【發明】弘景曰：五味之中，惟此不可缺。西北方人食不耐鹹，而多壽少病好顏色；東南方人食絶欲鹹，而少壽多病，便是損人傷肺之效。然以浸魚肉，則能經久不敗，以沾布帛，則易致朽爛，所施各有所宜也。宗奭曰：《素問》云：鹹走血。故東方食魚鹽之人多黑色，走血之驗可知。病喘嗽人及水腫者，宜全禁之。北狄用以淹尸，取其不壞也。其燒剥金銀鎔汁作藥，仍須解州大鹽爲佳。時珍曰：《洪範》：水曰潤下作鹹。《素問》曰：水生鹹。此鹽之根源也。夫水周流于天地之間，潤下之性無所不在，其味作鹹，凝結爲鹽，亦無所不在。在人則血脈應之。鹽之氣味鹹腥，人之血亦鹹腥。鹹走血，血病無多食鹹，多食則脉凝泣而變色，從其類也。煎鹽者用皂角收之，故鹽之味微辛。辛走肺，鹹走腎。喘嗽水腫消渴者，鹽爲大忌。或引痰吐，或泣血脉，或助水邪故也。然鹽爲百病之主，百病無不用之。故服補腎藥用鹽湯者，鹹歸腎，引藥氣入本臟也。補心藥用炒鹽者，心苦虚，以鹹補之也。補脾藥用炒鹽者，虚則補其母，脾乃心之子也。治積聚結核用之者，鹹能耎堅也。諸癰疽眼目及血病用之者，鹹走血也。諸風熱病用之者，寒勝熱也。大小便病用之者，鹹能潤下也。骨病齒病用之者，腎主骨，鹹入骨也。吐藥用之者，鹹引水聚也。能收豆腐與此同義。諸蠱及蟲傷用之者，取其解毒也。頌曰：唐柳柳州纂《救三死方》云：元和十一年十月，得霍亂，上不可吐，下不可利，出冷汗三大斗許，氣即絶。河南房偉傳此方，入口即吐，絶氣復通。一法用鹽一大匙，熬令黄，童子小便一升，合和温服，少頃吐下，即愈也。

【附方】舊四十二，新二十七。

鍊鹽黑丸：崔中丞鍊鹽黑丸方：鹽末一升，納粗瓷瓶中，實築泥頭。初以塘火燒，漸漸加炭火，勿令瓶破，候赤徹，鹽如水汁，即去火，待凝，破瓶取出。豉一升，熬煎。桃仁二兩，和麸炒熟。巴豆二兩，去心膜，帋中炒令油出，須生熟得所，熟即少力，生又損人。四物搗勻，入蜜和丸梧子大。每服三丸，平旦時服。天行時氣，豉汁及茶下。心痛，酒下，入口便止。血痢，飲下，初變水痢，後便止。鬼瘧，茶飲下。骨蒸，蜜湯下。忌久冷漿水。合藥久則稍加之。凡服藥後吐利，勿怪。吐利若多，服黄連汁止之。或遇殺藥人藥久不動者，更服一兩丸。藥後忌口二三日。其藥臘月合之，瓷瓶密封，勿令洩氣。一劑可救百人。或在道途，或在村落，無藥可求，但用此藥，即敵大黄、朴消數兩，曾用有效。小兒、女子不可服，被攪作也。劉禹錫《傳信方》。

卒中尸遁：其狀腹脹，〔氣〕急冲心，或塊起，或牽腰脊者是。服鹽湯取吐。《孫真人方》。

尸疰鬼疰：下部蝕瘡。炒鹽布裹，坐熨之。《藥性論》。

鬼擊中惡：鹽一盞，水二盞，和服，以冷水噀之，即甦。《救急方》。

中惡心痛：或連腰臍，鹽和鷄子大，青布裹，燒赤，納酒中，頓服。當吐惡物愈。甄權《藥性論》。

中風腹痛：鹽半斤，熬水乾，着口中，飲熱湯二斤，得吐愈。《肘後方》。

脱陽虚證：四肢厥冷，不省人事，或小腹緊痛，冷汗氣喘。炒鹽熨臍下氣海，取暖。《救急方》。

心腹脹堅：痛悶欲死。鹽五合，水一升，煎服。吐下即定，不吐更服。《梅師方》。

腹脹氣滿：黑鹽，酒服六銖。《後魏書》。

酒肉過多：脹滿不快。用鹽花搽牙，温水漱下二三次，即如湯沃雪也。《簡便方》。

乾霍亂病：上不得吐，下不得利。方見發明。

霍亂腹痛：炒鹽一包，熨其心腹，令氣透，又以一包熨其背。《救急方》。

霍亂轉筋：欲死氣絶，腹有暖氣者。以鹽填臍中，灸鹽上七壯，即甦。《救急方》。

肝虚轉筋：肝臟氣虚，風冷搏于筋，遍體轉筋，入腹不可忍。熱湯三斗，入鹽半斤，稍熱漬之。《聖惠方》。

一切脚氣：鹽三升，蒸熱分裹，近壁，以脚踏之，令脚心熱。又和槐白皮蒸之，尤良。夜夜用之。《食療本草》。

脚氣疼痛：每夜用鹽擦腿膝至足甲，淹少時，以熱湯泡洗。有一人病此。曾用驗。《救急方》。

胸中痰飲：傷寒熱病瘧疾須吐者，並以鹽湯吐之。《外臺秘要》。

病後脇脹：天行病後，兩脇脹滿，熬鹽熨之。《外臺秘要方》。

妊娠心痛：不可忍。鹽燒赤，酒服一撮。《産寶》。

妊婦逆生：鹽摩産婦腹，并塗兒足底，仍急爪搔之。《千金方》。

婦人陰痛：青布裹鹽，熨之。《藥性論》。

小兒疝氣：并内弔腎氣。以葛袋盛鹽，於户口懸之，父母用手撚抖盡，即愈。《日華子本草》。

小兒不尿：安鹽于臍中，以艾灸之。《藥性論》。

小便不通：濕帋包白鹽，燒過，吹少許入尿孔中，立通。《普濟方》。

氣淋臍痛：鹽和醋服之。《廣利方》。

二便不通：鹽和苦酒傅臍中，乾即易。仍以鹽汁灌肛内，并内用帋裹鹽投水中飲之。《家藏方》。

漏精白濁：雪白鹽一兩，并築緊固濟，煅一日，出火毒，白茯苓、山藥各一兩，爲末，棗肉和蜜丸梧子大。每棗湯下三十丸。蓋甘以濟鹹，脾腎兩得也。《直指方》。　下痢肛痛：不可忍者。熬鹽包坐熨之。《肘後方》。　血痢不止：白鹽，帋包燒研，調粥喫，三四次即止也。《救急方》。　中蠱吐血：或下血如肝。鹽一升，苦酒一升，煎化頓服，得吐即愈，乃支太醫方也。《小品方》。　金瘡血出：甚多，若血冷則殺人。宜炒鹽三撮，酒調服之。《梅師方》。　金瘡中風：煎鹽令熱，以匙抄。瀝却水，熱瀉瘡上。冷更着，一日勿住，取瘥，大效。《肘後方》。　小兒撮口：鹽豉搗貼臍上，灸之。《子母秘錄》。　病笑不休：滄鹽煆赤，研入河水煎沸，啜之，探吐熱痰數升。即愈。《素問》曰：神有餘，笑不休。神，心火也。火得風則焰，笑之象也。一婦病此半年，張子和用此方，遂愈。《儒門事親》。　飲酒不醉：凡飲酒，先食鹽一匕，則後飲必倍。《肘後方》。　明目堅齒：去瞖，大利老眼。海鹽，以百沸湯泡散，清汁于銀石器内，熬取雪白鹽花，新瓦器盛。每早揩牙漱水，以大指甲點水洗目，閉坐良久，乃洗面。名洞視千里法，極神妙。《永類鈐方》。　風熱牙痛：槐枝煎濃湯二盌，入鹽一斤，煮乾炒研，日用揩牙，以水洗目。唐瑶《經驗方》。　齒䘌齒動：鹽半兩，皂莢兩挺，同燒赤，研。夜夜揩齒，一月後並瘥，其齒牢固。《食療本草》。　齒齦宣露：每旦噙鹽，熱水含百遍。五日後齒即牢。《千金方》。　齒疼出血：每夜鹽末厚封齦上，有汁瀝盡乃卧。其汁出時，叩齒勿住。不過十夜，疼血皆止。忌猪、魚、油菜等。極驗。《肘後方》。　喉中生肉：綿裹筯頭，拄鹽揩之，日五六度。《孫真人方》。　帝鍾喉風：垂長半寸，煆食鹽頻點之，即消。《聖惠方》。　風病耳鳴：鹽五升蒸熱，以耳枕之，冷復易之。《肘後方》。　耳卒疼痛：方同上。　目中淚出：鹽點目中，冷水洗數次，瘥。《范汪方》。　目中浮翳：遮睛。白鹽生研少許，頻點屢效，小兒亦宜。《直指方》。　小兒目瞖：或來或去，漸大侵睛。雪白鹽少許，燈心蘸點，日三五次。不痛不礙，屢用有效。《活幼口議》。　塵物眯目：以少鹽并豉置水中，視之立出。《孫真人方》。　酒皶赤鼻：白鹽常擦之，妙。《直指方》。　口鼻急疳：蝕爛腐臭。斗子鹽、白麪等分，爲末。每以吹之。《普濟方》。　面上惡瘡：五色者。鹽湯浸綿搨瘡上，五六度即瘥。《藥性論》。　體如蟲行：風熱也。鹽一斗，水一石，煎湯浴之，三四次。亦療一切風氣。《外臺秘要》。　瘡癬痛痒：初生者。嚼鹽頻擦之，妙。《千金翼》。　手足心毒：風氣毒腫。鹽末、椒末等分，酢和。傅之，立瘥。《肘後方》。　手足疣目：鹽傅上，以舌舐之。不過三度，瘥。《肘後方》。　熱病生䘌：下部有瘡。熬鹽熨之。不過三次。《梅師方》。　一切漏瘡：故布裹鹽，燒赤爲末。每服一錢。《外臺秘要》。　臁瘡經年：鹽中黑泥，晒研搽之。《永類方》。　蠼螋尿瘡：鹽湯浸綿，搨瘡上。《食療本草》。　蜈蚣咬人：嚼鹽塗之，或鹽湯浸之，妙。《梅師方》。　蚯蚓咬毒：形如大風，眉鬢皆落。惟濃煎鹽湯，浸身數遍即愈。浙西軍將張韶病此，每夕蚯蚓鳴于體，一僧用此方而安，蚓畏鹽也。《經驗方》。　蜂蠆叮螫：嚼鹽塗之。《千金方》。　解黄蠅毒：烏蒙山峽多小黄蠅，生毒蛇鱗中，嚙人初無所覺，漸痒爲瘡。勿搔，但以冷水沃之，擦鹽少許，即不爲瘡。《方輿勝覽》。　毒蛇傷螫：嚼鹽塗之，灸三壯，仍嚼鹽塗之。《徐伯玉方》。　虱出怪病：臨卧渾身虱出，約至五升，隨至血肉俱壞，每宿漸多，痛痒不可言狀，惟喫水，卧牀晝夜號哭，舌尖出血不止，身齒俱黑，唇動鼻開。但飲鹽醋湯十數日即安。夏子益《奇疾方》。　解狼毒毒：鹽汁飲之。《千金方》。　藥箭毒氣：鹽貼瘡上，灸三十壯，良。《集驗方》。　救溺水死：以大凳卧之，後足放高，用鹽擦臍中，待水自流出，切勿倒提出水。《救急方》。　潰癰作痒：以鹽摩其四圍，即止。《外科精義》。

**題明·薛己《本草約言》卷二《藥性本草》**　食鹽　味鹹，氣寒，無毒。可洗下部䘌瘡，能吐中焦痰癖，甦心腹卒痛，止齒縫來血，驅蚯蚓毒傷。用化湯中洗沃，殺鬼蠱邪疰。病嗽水腫禁嘗。少用接藥入腎，過多喜咳傷金，又令失色黑膚，更致損筋走血。

**明·梅得春《藥性會元》卷下**　食鹽　味鹹，無毒。多食傷肺，喜欬成哮，煆過用。入足少陰腎經。　主殺鬼蠱邪疰毒氣，下部䘌瘡，傷寒寒熱，吐胸中痰癖，止心腹卒痛，堅肌骨。治小便淋瀝不通，用鹽泥作餅，安臍中，艾蒸，或炒鹽熨臍及小腹，效。

**明·穆世錫《食物輯要》卷八**　鹽　味鹹，性寒，無毒。殺蠱邪疰毒，善走腎，和五味，凉血潤燥，吐胸中痰癖，止心腹卒痛，去皮膚風熱。多食，傷肺發咳，令失色，損筋力。患水腫者、咳嗽者，忌食。小兒中蚯蚓毒，鹽湯沃洗可解。一種戎鹽，功用稍同。凡飲食過多作脹，以鹽擦牙，溫水漱嚥二三次，可消。

**明·李中立《本草原始》卷八**　食鹽　有東海鹽，北海鹽，南海鹽，河東鹽池，梁益鹽井，西羌山鹽，胡中樹鹽，色類不同，以河東者為勝。五味之中，惟此不可闕，乃人所常食者，故《別錄》名食鹽。俗呼大鹽。許慎《說文》云：鹽，鹹也。李時珍曰：鹽字象器中煎鹵之形。食鹽：氣味：甘、鹹，寒，無毒。主治：腸胃結熱，喘逆胸中病，令人吐。○傷寒寒熱，吐胸中痰癖，止心腹卒痛，殺鬼蠱、邪疰毒氣，下部䘌瘡，堅肌骨。○除風邪，吐下惡物，殺蟲，去皮膚風毒，調和臟腑，消宿物，令人壯健。○助水臟，及霍亂心痛，金瘡，明目，止風淚邪氣，一切蟲傷瘡腫，火灼瘡，長肉補皮膚，通大小便，瘰疬氣，滋五味。〇空心揩齒，吐水。洗目，夜見小字。〇解毒涼血，潤燥定痛止痒，吐一切時氣熱，痰飲、關格諸病。

食鹽，《別錄》中品。修治：須以水化，澄去脚滓，煎煉白色，入藥乃良。保昇曰：多食令人失色，膚黑，損筋力。之才曰：漏蘆為之使。頌曰：唐柳柳州纂《救三死方》云：元和十一年十月，得霍亂，上不可吐，下不可利，出冷汗三大斗許，氣即絶。河南房偉傳此方，入口即吐，絶氣復通。一法：用鹽一大匙，熬令黄，童子小便一升，合和溫服，少頃吐下即愈。《千金翼》：治諸瘡癬初生，痒痛者，嚼鹽頻擦之，妙。食鹽：臣。

**明·羅周彦《醫宗粹言》卷四**　死鹽法　用砂鍋一箇，安杏仁一箇在底，却入鹽八分，按實，瓦蓋，大火溶作汁，傾入鐵槽成錠。

**明·張懋辰《本草便》卷二**　食鹽臣　味鹹，氣寒，無毒。主下部䘌瘡，吐胸中痰癖，止心腹卒痛，堅齒，止齒縫出血；中蚯蚓毒，化湯中洗沃之；又用接藥入腎。

**明·龔廷賢《壽世保元》卷一〇**　食鹽治驗　凡覺胸中酒食停積，或被人勸飲過多，一切諸物，心下脹滿，只用鹽花擦牙齒，溫水漱下，不過三次，如湯潑雪，即時舒暢通暢也。　用鹽揩擦牙齒，少時吐水，放掌中洗眼，夜見小字。此擦牙牙固，洗眼眼明。　小便卒不通，炒鹽納臍中，即下。　乾霍亂，上不得吐，下不得利，出冷汗，氣將絶，用鹽一大匙，炒令紅，童子小便一碗，二味溫和服之，少頃吐下即愈。俗名絞腸痧腹痛。　肝臟氣虚，風冷搏於筋，遍體轉筋入腹不可忍，熱湯三斗，入鹽半斤，乘熱漬之。　齒齦宣露，每旦捻鹽納口中，以熱水含漱百遍，不過五日，即堅密。　眼生浮翳粟翳，霧膜遮睛，取雪白鹽生研少許，以大燈草蘸鹽，輕手指定浮翳就點，凡三次，疼痛勿驚恐，屢效。　面上酒刺，并酒齇鼻，切忌手搔手擠，只用無灰好鹽炒過，如癢即將鹽擦之，如出血出水，即將鹽按在傷處止之，久即除根。　蝎螫痛不可忍，以苦鹽點大眼角，若螫左邊點左，螫右邊點右，或祇以鹽湯漬傷處，亦妙。　婦人陰戶極癢難忍，以鹽塗之即已。　寸白蟲上攻心痛，用鹽煮馬齒莧一碗，入醋半盞，空心食之，少時蟲下。　脚氣作痛，每用鹽塗擦脚膝，至足甲，淹少時，卻用熱水泡洗即已。　喉痺腫痛，用鹽炒紅，研末，吹患處，五七次，吐出涎即愈。

**明·吴文炳《藥性全備食物本草》卷四**　鹽　味鹹，性寒，無毒。殺蠱邪疰毒，善走腎，和五味，涼血潤燥，吐胸中痰癖，止心腹卒痛，去皮膚風熱。多食傷肺發咳，令失色損筋力，患水腫咳嗽者忌食。小兒中蚯蚓毒，鹽湯沃洗可解。凡飲食過多作脹，以鹽擦牙，溫水漱嚥二三次可消。

**明·趙南星《上醫本草》卷二**　食鹽　一名鹺音嵯。《爾雅》云：天生曰鹵，人生曰鹽。黄帝之臣宿沙氏，初煮海水為鹽。《本經》：大鹽，即今解池顆鹽也。方士呼鹽為海砂。恭曰：大鹽，即河東印鹽也。弘景曰：有東海鹽、北海鹽、南海鹽、河東鹽池、梁益鹽井、西羌山鹽、胡中樹鹽，色類不同，以河東者為勝。藏器曰：四海之內，何處無之，惟西南諸夷稍少，人皆燒竹及木鹽當之。頌曰：并州末鹽，乃刮鹹煎鍊者，不甚佳，所謂鹵鹹是也。大鹽，生河東池澤，粗于末鹽，即今解鹽也。解州、安邑兩池，取鹽于池旁，耕地沃以池水，每得南風急，則宿夕成鹽滿畦，彼人謂之種鹽，最為精好。煮鹽之器，漢謂之牢盆，今或鼓鐵為之。南海人編竹為之，上下周以蜃灰，横丈深尺，平底，寘于竈背，謂之鹽盤。《周禮》云：鹽人掌鹽之政令，祭祀供其苦鹽、散鹽，賓客供其形鹽，王之膳羞供其飴鹽。苦鹽即顆鹽也，出于池，其鹽為顆，未鍊治，其味鹹苦。散鹽即末鹽，出于海及井，并煮鹹而成者，其鹽皆散末也。形鹽即印鹽，或以鹽刻作虎形也，或云積鹵所結，其形如虎也。飴鹽，以飴拌成者。或云生于戎地，味甜而美也。此外，又有崖鹽生于山崖，戎鹽生于土中，傘子鹽生于井，石鹽生于石，木鹽生于樹，蓬鹽生于草，造化生物之妙，誠難殫知也。時珍曰：鹽為百病之主，百病無不用之。故服補腎藥用鹽湯者，鹹歸腎，引藥氣入本臟也。補心藥用炒鹽者，心苦虚，以鹹補之也。補脾藥用炒鹽者，虚則補其母，脾乃心之子也。治積聚結核用之者，鹽能耎堅也。諸癰疽眼目及血病用之者，鹹走血也。諸風熱病用之者，寒勝熱也。大小便病用之者，鹹能潤下也。骨病齒病用之者，腎主骨，鹹入骨也。吐藥用之者，鹹引水聚也，能收豆腐與此同義。諸蠱及蟲傷用之者，取其解毒也。凡入藥須以水化，澄去脚滓，煎鍊白色，乃良。　甘、鹹，寒，無毒。主治：傷寒寒熱，腸胃結熱，喘逆，止霍亂及心腹卒痛，吐胸中痰癖及一切時氣風熱、痰飲、關格諸病。能明目，止風淚，殺鬼蠱邪疰毒氣，下部䘌瘡金瘡，一切蟲傷瘡腫，火灼瘡。解毒涼血，潤燥，定痛止痒，長肉，補皮膚，通大小便。瘰疬氣，除風邪，堅肌骨，滋五味，調和臟腑，消宿物，令人壯健。　多食傷肺喜欬，令人失色膚黑，損筋力。病喘嗽人及水腫、消渴者，宜大忌。

附方　空心揩齒，吐水洗目：　夜見小字。　明目堅齒：　去瞖，大利老眼。海鹽，以百沸湯泡散，清汁于銀石器內熬，取雪白鹽花，新瓦器盛。每早揩牙漱水，以大指甲點水洗目，閉坐良久，乃洗面。名洞視千里法，極神妙。　塵物眯目：　以少鹽并豉置水目中淚出：　鹽點目中，冷水洗數次，瘥。　小兒目瞖：　或來或去，漸大侵睛。雪白鹽少許，燈心蘸點，日三五次。不痛不礙，屢用有效。　風熱牙痛：　槐枝煎濃湯二盌，入鹽一斤，煮乾炒研，日用揩牙，以水洗目。　齒齦宣露：　每旦噙鹽，熱水含百遍。五日後齒即牢。　齒疼出血：　每夜鹽末厚封齦上，有汁瀝盡乃臥。其汁出時，叩齒勿住。不過十夜，疼血皆止。忌猪、魚、油菜等。極驗。　乾霍亂病：　唐柳柳州纂《救三死方》云：　元和十一年十月，得霍亂，上不可吐，下不可利，出冷汗三大斗許，氣即絕。河南房偉傳此方，入口即吐，絕氣復通。一法：　用鹽一大匙，熬令黃，童子小便一升，合和溫服，少頃吐下，即愈也。　霍亂腹痛：　炒鹽一包，熨其心腹，令氣透，又以一包熨其背。　霍亂轉筋：　欲死氣絕，腹有暖氣者。以鹽填臍中，灸鹽上七壯，即甦。　小便不通：　濕紙包〔白〕鹽，燒過，吹少許入尿孔中，立通。　二便不通：　鹽和苦酒傅臍中，乾即易，仍以鹽汁灌肛內，并內用紙裹鹽投水中飲之。　下痢肛痛不可忍者：　熬鹽包坐熨之。　痢不止：　白鹽，紙包燒研，調粥，喫三四次，即止也。　脚氣疼痛：　每夜用鹽擦腿膝至足甲，淹少時，以熱湯泡洗。有一人病此，曾用驗。　妊娠心痛不可忍：　鹽燒赤，酒服一撮。　妊婦逆生：　鹽摩產婦腹，并塗兒足底，仍急爪搔之。　小兒疝氣，并內弔腎氣：以葛袋盛鹽，于戶口懸之，父母用手撚料盡即愈。　小兒不尿：　安鹽于臍中，以艾灸之。　酒肉過多，脹滿不快：　用鹽花擦牙，溫水漱下二三次，即如湯沃雪也。　酒皶赤鼻：　白鹽常擦之，妙。　蚯蚓咬毒：　形如大風，眉鬢皆落。惟濃煎鹽湯，浸身數遍，即愈。浙西軍將張韶病此，每夕蚯蚓鳴于體，一僧用此方而安。蚓，畏鹽也。　金瘡血出甚多：　若血冷則殺人。宜炒鹽三撮，酒調服之。　手足心毒風氣毒腫：　鹽末、椒末等分，酢和傅之，立瘥。　瘡癬痛痒：　初生者，嚼鹽頻擦之，妙。　臁瘡經年：　鹽中黑泥，晒研，搽之。　潰癰作痒：　以鹽摩其四圍，即止。　蜂蠆叮螫：　嚼鹽塗之。　救溺水死：　以大凳臥之，後足放高，用鹽擦臍中，待水自流出，切勿倒提出水。

**明・李中梓《藥性解》卷一**　食鹽　味鹹，性溫，無毒，入腎、肺、肝三經。主鬼蠱邪疰毒氣，洗下部䘌瘡，吐中焦痰癖，熨疝氣及內腎氣，止霍亂及心腹卒痛，殺蟲去風，明目固齒，白如霜雪者佳。炒研用。　按：　食鹽之鹹，本歸腎臟，肺即其母，肝即其子也，故并入之。本草云：　多食傷筋損肺，水腫及咳嗽血虛者忌之，何也？　蓋以鹹走腎，過多則腎不能勝而受傷。於是盜食母氣，而肺氣亦損，肺損則金還剋木，夫肝主筋而藏血，肺主咳嗽而生水，數症之來，寧能免耶？

**明・繆希雍《本草經疏》卷四**　食鹽　味鹹，溫，無毒。主殺鬼蠱邪疰毒氣，下部䘌瘡，傷寒寒熱，吐胸中痰癖，止心腹卒痛，堅肌骨。多食傷肺，喜欬。

〔疏〕鹽稟水氣以生。《洪範》：　潤下作鹹。《素問》：　水生鹹。此鹽之根源也。《本經》味鹹。《別錄》鹹溫無毒。察其本具氣味，則是鹹寒，而非溫也。氣薄味厚，陰也，降也。入足少陰，亦入手少陰、足陽明、手太陰陽明經。其主腸胃結熱，喘逆胸中病及傷寒寒熱者，皆熱邪在陽明也。《經》曰：　熱淫於內，治以鹹寒。正此之謂也。《五臟苦欲補瀉》云：　心欲輭，急食鹹以輭之，以鹹補之。心虛則邪熱客之而卒痛，鹹寒能除熱補心，故主心腹卒痛也。凡濕熱在下焦，則為䘌瘡；　留著經絡，則肌骨輭。鹹寒能除濕熱，故主之也。或以為鹹能輭堅，又何以堅肌骨？　不知肌骨輭緩，皆濕熱所致，《經》曰：　熱則骨消筋緩。又曰：　體重胕腫，肉如泥，皆屬於濕。如夏月濕熱大盛，則肉食易於潰散，得鹽性之鹹寒，乃能堅久不腐也。鹹味涌泄，所以能吐胸中痰癖，及鬼蠱邪疰毒氣，悉皆吐出也。多食傷肺喜欬者，肺主清肅，多食則鹹味漬入肺竅，故令欬也。日華子以之助水臟，及霍亂心痛，金瘡，明目，止風淚邪氣，一切蟲傷，瘡腫，火灼，通大小腸，療疝氣。諸治悉取其入腎入心，走血輭堅，除熱潤下之功耳。　〔主治參互〕炒鹽三錢，以炒砂仁五錢，為末泡湯，井水澄冷，灌下。治霍亂心腹絞痛，有效。　一味炒，作湯，治心經火熱作痛。　柳柳州纂《救三死方》治霍亂上不得吐，下不得瀉，氣絕欲死者。用鹽一大匙，熬令黃，童子小便一升，合和溫服，少頃吐下，即愈也。　孫真人方卒中尸遁，服鹽湯取吐，效。　甄權《藥性論》中惡心痛，鹽如雞子大，青布裹，燒赤，納酒中，頓服。當吐惡物愈。　唐瑤《經驗方》風熱牙痛，以槐枝煎濃湯二盌，入鹽一斤，煮乾炒研，日用指齒，以水洗目。《梅師方》蜈蚣咬人，嚼鹽塗之，或鹽湯洗之，妙。《經驗方》蚯蚓咬毒，形如大風，眉鬢皆落，惟濃煎鹽湯，浸身數遍即愈。浙西將軍張韶病此，每夕蚯蚓鳴於體，一僧用此方而安。蚯蚓畏鹽故也。〔簡誤〕《内經》曰：鹹走血，血病無多食鹹，多食則脈凝泣而色變。凡血病及喘嗽、水腫、消渴，法所大忌。以其或傷肺引痰，或泣血脈，或助水邪，或走精液故也。

**明・倪朱謨《本草彙言》卷一三**　鹽　味鹹，氣寒，無毒。可升可降，陽中陰也。通行上下表裏一十五經。　沈氏曰：鹽有五種，海鹽、井鹽、鹻鹽三者出于人，池鹽、崖鹽二者出于天。此外戎鹽生于土，石鹽生于石，木鹽生于樹，蓬鹽生于草也。　李氏曰：海鹽，取海鹵煎煉而成，今遼冀、山東、兩淮、兩浙、八閩、廣南所出是也。井鹽取井鹵煎煉而成，今四川、雲南所出是也。鹻鹽，刮取鹻土煎煉而成，今幷州、河北所出是也。池鹽，疏地爲畦壟而塹圍之，引清水注入，待夏秋南風大起，一夜結成，今河東安邑、西夏靈州，惟解州種之是也。崖鹽生于土崖，狀如白礬，又名生鹽，今階州、鳳州所出是也。此五種皆食鹽也。他如戎北戎鹽、西羌石鹽、胡中樹鹽、東林草鹽，此造物生成之妙，誠難殫知也。然出處雖有多種，而主治功力亦不相遠。倪朱謨曰：予生南地，且以南鹽論之。據李時珍先生《綱目》云：南鹽煮海水作之，謂之澤鹽，又謂之海鹽。海邊掘坑，上布竹木，覆以蓬茅，積沙于上，每潮汐衝沙，則鹵淋于坑中，水退則以火炬照之，鹵氣衝火即滅。因取海鹵，貯盤中煎之，頃刻而就。其煎鹽之器，或鑄鐵爲之，或以編竹爲之，上下周以蜃灰，其器横丈深尺，平底，置于竈口，謂之鹽盤。〇又山西一種鹵鹽，秋間生鹵，遠望如水，近觀如積雪。土人刮取熬之爲鹽，微有黄色，即鹵鹽也。

食鹽：日華和陰回陽，藏器引吐，化食消癖，《别録》定疝，去風熱，明目疾，時珍開關格，朱震亨利二便之藥也。《經》曰：熱淫於内，治以鹹寒，正此之謂也。繆氏且人之受命，非飲食不生，非蔬菜不養。蔬菜非五味不爲羹，五味無鹽則不能調劑以奉養生身。故《周禮》鹽人掌鹽之政，以供祭祀，羞王公，上裕國計，下濟民生，其用非淺小也。方藥需用甚多，而奏效亦復不少，今發吐藥用之者，鹹引水聚而上逆也；化食藥用之者，鹹通停滯而潤下也；消癖藥用之者，鹹能去垢而逐積也；定疝藥用之者，鹹能止暴而緩急也；和陰回陽用之者，鹹能升清降濁，逐邪以輔正也；去風熱用之者，鹹爲水母，水化而風熱自降也；明目疾用之者，鹹爲水精，目爲水神，精與神合而目自明也；利二便用之者，鹹能潤下而通結也；諸癰疽腫毒用之者，鹹走血而解毒也；諸蠱毒及百蟲咬傷用之者，鹹能解蠱毒，鹹能殺蟲毒也；開關格用之者，鹹氣上升而鹹味下降，升上而復降下，關格安有不通者乎？又論服補腎藥而用鹽湯者，鹹歸腎，引藥氣入本藏也；服補心藥而用鹽炒者，心苦虛，以鹹補之也；服補脾藥而用鹽製者，虛則補其母也。《素問》曰：鹽走血，血病無多食鹽，多食則脉凝泣而變色。今西北人食不耐鹹而多壽少病，東南人食必用鹽而少壽多病，則食物中固不可缺，似宜少用爲佳。凡喘嗽、水腫、消渴者，宜全禁之。或引痰吐，或泣血脉，或助水邪故也。鹽收豆腐，亦引水聚之意。然以浸魚肉，則經久不敗，以沾布帛則易致朽爛。物各有宜忌，識者當悟此理。

集方：《方脉正宗》治陽脱虛證，四肢厥冷，不省人事；或小腹緊痛，冷汗氣喘。用鹽炒熱，熨臍下氣海。用此方能和陰回陽取效。〇《肘後方》治中惡腹痛，或中蠱吐血，或中痰眩暈，或中食腹脹。用鹽二兩炒熱，泡湯二鍾，乘熱飲之，得吐而愈。〇治食積不化。取鹽生用泡湯，乘熱飲。〇《簡便方》治食酒肉過多，脹滿不快。用鹽花擦牙，溫水漱下二三次，即如湯沃雪也。〇《方脉正宗》治痰飲成癖。用鹽五錢炒，膽星、半夏各一兩，乾薑六錢，三味俱炒燥，研末，後和炒鹽，神麴末打糊爲丸，如梧子大。每早飯後服二錢，白湯下。〇《藥性論》治男子疝核痛，婦人疝瘕痛。用鹽三兩炒熱，熨小腹，其痛立定。〇唐瑤方治風熱牙痛。用槐枝煎濃湯二碗，入鹽二兩，攪清，澄去底脚，用槐枝湯煮乾，取白鹽，日用擦牙。〇《永類鈐方》治目昏生翳膜，大利老眼。用鹽以百沸湯泡，澄去底脚，磁鍋熬乾，有白花起，入淨磁瓶收貯。每早擦牙，或用清水一點，調鹽花半米許，點兩目眦內。〇《方脉正宗》治關格不通。用鹽炒微熱，以布包，前後心揉熨，鹽冷再微炒，不可太熱。如此揉熨十數轉，漸通。〇同前治二便不通。用鹽二兩，和水一桶，作湯，傾入盆內，扶病人坐湯中，揉摸小腹，湯冷和入熱湯，半時許，立通。

續補集方：《肘後方》治金瘡中風。用鹽半升炒熱，取一二匙着瘡上，冷即更着，一日勿住手，大效。〇《本草發明》治乾霍亂，上不得吐，下不得利，腹絞痛，大汗出，脹悶欲死。用鹽一兩炒黄色，白湯一升，童子小便一鍾，乘熱一氣吞下，即吐下立愈。如不吐下，更作。〇《梅師方》治心腹卒時脹堅，痛悶欲死。用鹽一兩，白湯一升，沖和，一氣飲，得吐下即定，不吐更作。○《救急方》治一切脚氣疼痛。用鹽擂爛，每夜擦腿膝至足，半時許，以熱湯淋洗，用五七次。○《外臺秘要》治諸病兩脇肋脹痛。用鹽炒熱，布包熨之。○孫真人方治卒中尸遁，其狀霎時腹脹，急悶沖心，或有塊起，或牽腰脊。取鹽一撮，調白湯二碗，一氣吞下，取吐立止。○《産寶》治妊婦心痛不可忍。取鹽一塊燒紅，白湯調服。○《千金方》治胎孕逆生。用鹽一撮，擂爛，擦妊婦兩肋窩幷兒足底，以一指搔之即順。○《藥性論》治小兒不尿。安鹽一撮于臍中，以艾丸鹽上，灸之三五壯。此方幷治臍風撮口。○《直指方》治無故精漏不止。用鹽一兩，鹽泥固濟，火燒一日，用白茯苓、山藥各一兩五錢，炒燥，共爲末，和燒鹽，棗肉爲丸，梧子大。每用百餘丸，棗湯下。○《聖惠方》治喉中小舌，垂長半寸，名蒂鍾喉風。用鹽一塊，火燒赤，用筯頭頻點之，即消。○《肘後方》治風病耳鳴。用鹽一升炒熱，以耳枕之，冷即易。○《外臺秘要》治身體肌肉表裏如蟲行。用鹽一斗，水一石，煎湯，入缸中，浴之三四次，亦療一切風氣。○邵真人傳治蜈蚣、蛇蝎、蠼螋、蚖蚓、芫青、斑蝥、蜂蠆、蜘蛛、黄蝿、螞蝗、鼠、犬、黿、鼈等，幷一切惡毒禽獸蟲魚諸物咬傷。先用鹽湯洗，後用鹽一撮，和風化石灰一撮，拌勻，掩傷處，用軟帛縛住，不痛不悶，幷無毒氣内攻。倘有危急轉重者，隨用艾丸，量傷處大小，即于鹽灰上，灸七八壯，永無他慮。○《外科精義》治潰癰作癢。以鹽一撮，擂爛，蘸少許，摩其毒口四圍，即止。

**明·應麐《食治廣要》卷八**　鹽　味鹹，氣寒，無毒。吐胸中痰癖，止心腹卒痛，止齒縫出血，堅齒，能引藥入腎經。出産、煎熬固異，氣味、功用稍同。

**明·姚可成《食物本草》卷一六味部·雜類**　食鹽出邯鄲及河東池澤。○李時珍曰：鹽品甚多。海鹽，取海鹵煎鍊而成，今遼冀、山東、兩淮、閩浙、廣南所出是也。井鹽，取井鹵煎鍊而成，今四川、雲南是也。池鹽，出河東安邑、西夏靈州，今惟解州種之。疏鹵地為畦隴，而塹圍之。引清水注入，久則色赤。待夏秋南風大起，則一夜結成，謂之鹽南風。如南風不起，則鹽失利。亦忌濁水淤澱鹽脉也。海豐、深州者，亦引海水入池晒成。并州、河北所出，皆鹻鹽也。刮取鹻土煎鍊而成。階成鳳州所出，皆崖鹽也。生于土崖之間，狀如白礬，亦名生鹽。此五種皆食鹽也，上供國課，下濟民用。海鹽、井鹽、鹻鹽三者出于人，池鹽、崖鹽二者出于天。《周禮》云：鹽人掌鹽之政令。祭祀供其苦鹽、散鹽，賓客供其形鹽，王之膳羞，供其飴鹽。苦鹽，即顆鹽也，出于池，其鹽為顆，未鍊治，其味鹹苦。散鹽，即末鹽，出于海及井，并煮鹻而成者，其鹽皆散末也。形鹽，即印鹽，或以鹽刻作虎形也；或云積鹵所結，其形如虎也。飴鹽，以飴拌成者，或云生于戎地，味甜而美也。此外又有崖鹽，生于山崖；戎鹽，生于土中；傘子鹽，生于井；石鹽，生于石；木鹽，生于樹；蓬鹽，生于草。造化生物之妙，誠難殫知也。

食鹽，味甘、鹹，寒，無毒。治腸胃結熱，喘逆，胸中病，令人吐。傷寒寒熱，吐胸中痰癖，止心腹卒痛，殺鬼蠱邪疰毒氣，下部䘌瘡，堅肌骨。除風邪，吐下惡物，殺蟲，去皮膚風毒，調和臟腑，消宿食，令人壯健。助水臟及霍亂心痛，金瘡，明目，止風淚邪氣，一切蟲傷〔瘡〕腫，火灼瘡，長肉補皮膚，通大小便，療疝氣，滋五味。空心揩齒，吐水洗目，夜見小字。解毒涼血潤燥，定痛止癢，吐一切時氣風熱、痰飲關格諸病。○陶弘景曰：五味之中，惟此不可缺。西北方人，食不耐鹹，而多壽、少病、好顔色，東南方人，食絶欲鹹，而少壽、多病，便是損人傷肺之效。然以浸魚肉則能經年不敗，以沾布帛則能易致朽爛，所施各有所宜也。○寇宗奭曰：《素問》云鹹走血，故東方食魚鹽之人多黑色，走血之驗可知。病喘嗽人及水腫者，宜全禁之。北狄用以淹尸，取其不壞也。其燒剝金銀鎔汁作藥，仍須解州大鹽為佳。○李時珍曰：《洪範》水曰潤下作鹹。《素問》曰：水生鹹。此鹽之根源也。夫水周流于天地之間，潤下之性無所不在，其味爲鹹，凝結為鹽，亦無所不在。在人則血脉應之。鹽之氣味鹹腥，人之血亦鹹腥。鹹走血，血病無多食鹹，多食則脉凝泣而變色，從其類也。煎鹽者用皂角收之，故鹽之味微辛。辛走肺，鹹走腎。喘嗽水腫消渴者，鹽為大忌。或引痰吐，或泣血脉，或助水邪故也。然鹽為百病之主，百病無不用之。故服補腎藥用鹽湯者，鹹歸腎，引藥氣入本臟也。補心藥用炒鹽者，心苦虚，以鹹補之也。補脾藥用炒鹽者，虚則補其母，脾乃心之子也。治積聚結核用之者，鹽能耎堅也。諸癰疽眼目及血病用之者，鹹走血也。諸風熱病用之者，寒勝熱也。大小便病用之者，鹹能潤下也。骨病齒病用之者，腎主骨，鹹入骨也。吐藥用之者，鹹引水聚也。能收豆腐，與此同義。諸蠱及蟲傷用之者，取其解毒也。○蘇頌曰：唐柳柳州纂《救三死方》云：元和十一年十月，得霍亂，上不可吐，下不可利，出冷汗三大斗許，氣即絶。河南房偉傳此方，入口即吐，絶氣復通。一法用鹽一大匙，熬令黄，童子小便一升，合和溫服，少頃吐下即愈也。

附方：治卒中尸遁。其狀腹脹急沖心，或塊起，或牽腰脊者，服鹽湯取吐。治鬼擊中惡。鹽一盞，水二盞和服，以冷水噀之即甦。治脱陽虚證，四肢厥冷，不省人事，或小腹緊痛，冷汗氣喘。炒鹽熨臍下氣海取效。治乾霍亂及轉筋霍亂。炒鹽一包，熨其心腹，令氣透。又一(二)包熨其背，再以鹽填臍中，灸鹽上七壯即甦。　治娠婦逆生。鹽摩產婦腹，并塗兒足底，仍急爪搔之。　治喉中生肉。用綿裹于筋頭，拄鹽揩之，一日五六度。　治蚯蚓(蛟)〔咬〕毒，形如大風，眉髮皆落，惟濃煎鹽湯，浸身數遍即愈。浙西軍將張韶病此，每夕蚯蚓鳴于體，一僧用此方而安，蚓畏鹽也。　治蜂蠆叮螫。嚼鹽塗之。　治虱出怪病，臨臥渾身虱出，約至五升，隨至血肉俱壞，每宿漸多，痛癢不可言狀。惟喫水，臥床，晝夜號哭，舌尖出血不止，身齒俱黑，唇動鼻開。但飲鹽醋湯十數日即安。出《奇疾方》。　救溺水死。以大凳臥之，後足放高，用鹽擦臍中，待水自流出。切勿倒提出水。　治潰癰作癢。以鹽摩其四圍，即止。

**明·顧逢柏《分部本草妙用》卷六兼經部·溫瀉**　食鹽　鹹，溫，無毒。入腎肺肝三經。白如霜雪者佳，炒用。　主治：鬼蠱邪疰毒氣，洗下部䘌瘡，吐中焦痰癖。熨疝氣及內腎氣，止霍亂及心腹痛。殺蟲，去風，明目固齒。難產，知母湯下。　食鹽之鹹，本歸腎部，肺母肝子，故并入之。《本草》云：多食傷筋損肺，水腫欬嗽，血虛者忌之。何也？食過多，則腎不能勝而受傷，于是盜食母氣而肺損，肺損則金還尅木，肝主筋而藏血，肺主咳嗽而生水，數症之來，寧能免耶？

**明·李中梓《醫宗必讀·本草徵要下》**　食鹽味鹹，寒，無毒，入腎經。　擦齒而止痛，洗目而去風。二便閉結，納導隨通；心腹煩疼，服吐即愈。治疝與辟邪有益，痰停與霍亂無妨。潤下作鹹，鹹走腎，喘嗽、水脹、消渴大忌。食鹽或引痰生，或凝血脉，或助水邪，多食損顏色，傷筋力。故西北人不耐鹹，少病多壽；東南人嗜鹹，少壽多病。青鹽功用相同，入肝散風。

**明·蔣儀《藥鏡》卷四寒部**　食鹽　自水生可以補腎，從火化故能實脾。炒來黃色，和童便溫服，霍亂幾死而立甦。燒裹青皮，候赤色酒吞，中惡心痛而隨止。至若血病喘嗽，水腫消渴，法所均忌。

**明·李中梓《頤生微論》卷三**　食鹽　味鹹，性寒，無毒。入腎經。擦牙止痛，洗目去風，納導可通二便，探吐心腹煩疼，停痰，霍亂，中暑，疝症。新補。　青鹽功用相同，其力更倍。

按：潤下作鹹，鹹走腎。凡喘嗽水脹、消渴，大忌食鹽。或引痰生，或凝血脉，或助水邪。多食傷顏色，傷筋力。故西北人不耐鹹，少病多壽；東南人嗜鹽，少壽多病。所以修養家云淡食能多補，匪浪說也。

**清·顧元交《本草彙箋》卷一〇**　食鹽　以水爲根源，水周流天地之間，潤下之性，無所不在。其味作鹹，凝結爲鹽。在人則血脈應之。鹽之氣味鹹腥，人之血亦鹹腥。鹹走血，血病無多食鹹，多食則脈凝泣而變色。煎鹽者，用皂角收之，故鹽之味微辛。辛走肺，鹹走腎，故喘嗽水腫消渴者，鹽爲大忌。或引痰吐，或澀血脈，或助水邪，所以病水腫者，俗醫但知戒勿食鹽，不知其義。然主腸胃結熱，喘逆胸中病，及傷寒寒熱者，皆熱邪在陽明也。《經》云熱淫於內，治以鹹寒是已。鹹歸腎，故入補腎藥，引入本臟。心欲軟，急食鹹以軟之，以鹹補之。蓋心虛，則邪熱客之而卒痛，鹹寒入心除熱，故主心腹卒痛。鹹味涌泄，所以能吐胸中痰癖，及鬼蠱邪疰毒氣，悉皆吐出也。凡淫熱在下焦，則爲䘌瘡，留着經絡，令肌骨軟。鹹寒除溫熱，故亦主之。或謂鹹既軟堅，何以復堅肌骨？不知肌骨軟緩，皆濕熱所致。《經》云：熱則骨消筋軟。又云：體重胕腫，肉如泥，皆屬於濕。如夏月濕熱大盛，則肉食易於潰散，得鹽性之鹹寒，乃能堅久不腐。義理活潑自在，臨症善於通變耳。

凡霍亂心腹絞痛者，用炒鹽三錢，炒砂仁五錢，爲末，泡湯，井水澄冷，灌之。又方：治霍亂上不得吐，下不得瀉，氣絕欲死者，以鹽炒黃一大匙，童便一升，合和溫服，少頃即吐。又方：治霍亂腹痛，以炒鹽一包，熨其心腹，令氣透，又以一包熨其背。卒中尸遁，服鹽湯取吐效。心腹脹堅，痛悶欲死者，鹽湯吐之，不吐更服。酒肉過多，脹滿不快者，鹽花擦牙，溫水漱下二三次，即如湯沃雪也。病後脇脹，熬鹽熨之。漏精折濁，白鹽一兩，築緊固濟，煅一日，出火毒，白茯苓、山藥各一兩，爲末，棗肉和蜜丸梧子大，每棗湯下三十丸。蓋甘以濟鹹，脾腎兩得也。病笑不休，用滄鹽煅赤，研，入河水煎沸，啜之探吐熱痰數升，即愈。《經》云：神有餘，笑不休。神，心火也。火得風則焰，笑之象也。

**清·穆石匏《本草洞詮》卷三**　鹽　食鹽有五種，海鹽、井鹽、鹻鹽，三者出於天。池鹽、崖鹽，二者出於人。此外戎鹽生於土，石鹽生於石，木鹽生於樹，蓬鹽生於草。蓋潤下作鹹，鹽之根源也。水周流於天地之間，潤下之性無所不在。其味作鹹，凝結為鹽，亦無所不在也。味鹹甘，氣寒，無毒。五味之中，惟此不可闕，方藥需用亦多，服補腎藥用鹽湯者，鹹歸腎，引藥氣入本藏也。補心藥用炒鹽者，心苦虚，以鹹補之也。補脾藥用炒鹽者，虚則補其母也。治積聚結核用之者，鹹能耎堅也。諸癰疽、眼目及血病用之者，鹹走血也。諸風熱用之者，寒勝熱也。大小便病用之者，鹹能潤下也。吐藥用之者，鹹引水聚也。諸蠱及蟲傷用之者，取其解毒也。《素問》云：鹽走血，血病無多食鹽，多食則脈凝泣而變色。今西北人食不耐鹹而多壽少病，東南人食欲鹹而少壽多病。則食物中似宜少用為佳。凡喘嗽水腫消渴者，宜全禁之。或引痰吐，或泣血脈，或助水邪故也。鹽收豆腐，亦引水聚之意。然以浸魚肉則經久不敗，以沾布帛則易致朽爛，物各有宜，當悟此理。

## 清·丁其譽《壽世秘典》卷四

鹽　鹽品甚多。海鹽取海水煎煉而成，今山東兩淮等處所出是也。井鹽取井鹵煎煉而成，今四川、雲南所出是也。池鹽出河東安邑、西夏靈州。今解州、安邑兩池，取鹽于池旁，耕地沃以池水，每得南風起則宿夕成鹽滿畦，彼人謂之種鹽，最為精好。并州、河北所出皆鹻鹽也，刮取鹻土，煎煉而成。階成鳳州所出皆崖鹽也，生于土崖之間，狀如白礬，亦名生鹽。此五種皆食鹽也，上供國課，下濟民用。《周禮》云：鹽人掌鹽之政令。祭祀供其苦鹽、散鹽，賓客供其形鹽，王之膳羞供其飴鹽。苦鹽即顆鹽也，出于池，其鹽為顆未鍊治，其味鹹苦。散鹽即末鹽，出于海及井，並煮鹻而成者，其鹽皆散末也。形鹽即印鹽，或以鹽刻作虎形也，或云積鹵，所結其形如虎也。飴鹽，以飴拌成者。或云生于戎地，味甜而美也。藥中青鹽，一名戎鹽，形塊方稜明瑩，有青、赤二色。今寧夏近涼州地鹽井所出，四方皎潔如石。山丹衛即張掖地，有池產紅鹽，紅色。此二鹽，即戎鹽之青、赤二色者。醫方但用青鹽而不用紅鹽，不知二鹽皆名戎鹽也，功同食鹽，不經煎鍊，而生于河岸坂墳之陰，味鹹，氣寒，帶甘，入藥似勝。《周禮》注云飴鹽味甘，即戎鹽，不知果否。

氣味：　鹹、微辛，寒，無毒。　主滋五味，解毒涼血，潤燥定痛，止痒，吐一切時氣，風熱痰飲，關格諸病。多食傷肺喜欬，令人失色，膚黑，損筋力。

發明陶弘景曰：　五味之中惟鹽不可缺，以浸魚肉則能經久不敗，以沾布帛則易致朽爛，所施各有所宜也。李時珍曰：　《洪範》水曰潤下作鹹，《素問》曰水生鹹，此鹽之根原也。夫水周流于天地之間，潤下之性無所不在，其味作鹹，凝結為鹽，亦無所不在。在人則血脉應之，鹽之氣味鹹腥，人之血亦鹹腥，鹹走血，血病毋多食鹹，多食則脉凝泣而變色，從其類也。煎鹽者，用皂角收之，故鹽之味微辛，辛走肺，鹹走腎，喘嗽、水腫、消渴者，鹽為大忌。然百病無不用之。故服補腎藥用鹽湯者，鹹歸腎，引藥氣入本臟也。補心藥用炒鹽者，心苦虚以鹹補之也。補脾藥用炒鹽者，虚則補其母，脾乃心之子也。治積聚、結核用之者，鹹能軟堅也。諸癰疽、眼目及血病用之者，鹹走血也。諸風熱病用之者，寒勝熱也。大小便閉用之者，鹹能潤下也。骨病、齒病用之者，腎主骨，鹹入骨也。吐藥用之者，鹹引水聚也，能收豆腐，與此同義。諸蠱及蟲傷用之者，取其解毒也。

## 清·劉雲密《本草述》卷六

食鹽　時珍曰：　鹽品甚多，海鹽取海鹵煎煉而成，今遼冀、山東、兩淮、浙閩、廣南所出是也。井鹽取井鹵煎煉而成，今四川、雲南所出是也。池鹽出河東安邑、西夏靈州，今惟解州種之。疏鹵地為畦，隴而塹圍之，引清水注入，久則色赤，待夏秋南風大起，則一夜結成，謂之鹽南風。如南風不起，則鹽失利。亦忌濁水淤澱音電，滓泥也。鹽脈也。又海豐、深州者，亦引海水入池曬成。并州、河北所出皆鹻音減，鹵也。鹽也，刮取鹻土，煎煉而成。階成鳳州所出皆崖鹽也，生於土崖之間，狀如白礬，亦名生鹽。此五種，皆食鹽也。上供國課，下濟民用。海鹽、井鹽、鹻鹽三者出於人，池鹽、崖鹽二者出於天。《周禮》云：　鹽人掌鹽之政令，祭祀供其苦鹽、散鹽，賓客供其形鹽，王之膳羞供其飴鹽。苦鹽即顆鹽也，出於池，其鹽為顆，未煉治，其味鹹苦；　散鹽即末鹽，出於海及井，并煮鹻而成者，其鹽皆散末也。形鹽即印鹽，或以鹽刻作虎形也；　或云積鹵所結，其形如虎也。飴鹽以飴拌成者，或云生於戎地，味甜而美也。此外又有崖鹽，生於山崖。戎鹽生於土中。傘子鹽生於井，石鹽生於石，木鹽生於樹，蓬鹽生於草，造化生物之妙，誠難殫知也。

大鹽　氣味：　甘、鹹，寒，無毒。　時珍曰：　鹹、微辛，寒，無毒。　徐之才曰：　漏蘆為之使。

主治：　助水臟，涼血潤燥，和臟腑，除中惡心痛，腸胃結熱，喘逆，胸中病令人吐，並霍亂腹痛，腹脹氣滿，除積聚及傷飲食，吐胸中痰癖，除風邪，止風淚邪氣，瘰疝氣，通大小便，明目固齒，堅肌骨定痛，止癢，吐一切時氣風熱，痰飲關格諸病。　時珍曰：　《洪範》水曰：　潤下作鹹。《素問》曰：　水生鹹，此鹽之根源也。夫水周流於天地之間，潤下之性，無所不在。其味作鹹，凝結為鹽，亦無所不在，在人則血脈應之。鹽之氣味鹹腥，人之血亦鹹腥。鹹走血，血病無多食鹹，多食則脈凝泣而變色，從其類也。煎鹽者用皂角收之，故鹽之味微辛，辛走肺，鹹走腎，喘嗽水腫消渴者，鹽為大忌。或引痰吐，或泣血脈，或助水邪故也。然鹽為百病之主，百病無不用之。故服補腎藥用鹽湯者，鹹歸腎，引藥氣入本臟也。補心藥用炒鹽者，心苦虚，以鹹補之也。補脾藥用炒鹽者，虚則補其母，脾乃心之子也。治積聚結核用之者，鹽能耎軟同堅也。諸癰疽、眼目及血病用之者，鹹走血也。諸風熱病用之者，寒勝熱也。大小便病用之者，鹹能潤下也。骨病齒病用之者，腎主骨，鹹入骨也。吐藥用之者，鹹引水聚也。能收豆腐，與此同義。諸蟲及蟲傷用之者，取其解毒也。

愚按：鹽本於潤下之水而作鹹。《經》曰：在天為寒，在地為水，在人之藏為腎。腎水為人身之元陰，而元陽出焉。李東璧氏謂鹽為百病之主，百病無不用之。洵然哉！《經》曰：水火者，陰陽之徵兆也。先明水火之相勝，即明水火之相濟，然後陰陽之合而分，分而合者可明。如是而後鹽之能主百病者，乃可明也。《經》曰：南方赤色，入通於心，其味苦，其類火。又曰在天為熱，在地為火，在臟為心。更曰熱傷氣，寒勝熱，苦傷氣，鹹勝苦，是非水之勝火乎？然心虛即以炒鹽補之，其義正可思也。《經》曰：心者，生之本，神之變也。其充在血脈，為陽中之太陽，通於夏氣。若然，則謂氣者，火之靈是矣。然曰充在血脈，則所謂火之靈者，豈徒在氣乎？《經》曰：心生血，謂離中有坎也。血固水所化，鹽之氣味鹹腥，人之血亦鹹腥，取鹽入生血之心，非同氣相求歟。心虛者血脈不充也，血脈不充，而後陽偏勝，《經》所謂壯火食氣，熱傷氣，苦傷氣也。以炒鹽之鹹補其血，則火得水濟，而陽不偏勝。《經》所謂少火生氣，寒勝熱，鹹勝苦也，是又不徒益血，而且益氣，所謂相勝而乃以相濟者也。《經》曰：血者，神氣也。又曰：心之病在五藏，夫五臟屬陰氣主之，能使心充於血脈，而五臟之陰氣不傷，則陰為陽之守者，六腑胥受其益。然則鹽為百病之主者，不其然歟。試以臟言之，如中土脾胃，乃水火藉之以達其化者，如《經》云脾色黃，宜食鹽。啓玄子曰：腎為胃關，脾與胃合，故假鹹柔耎以利其關，關利而胃氣乃行，胃行而脾氣方化，若然，是脾之宜鹹者，即以利胃。推之六腑之益，先因於各臟者，又可知矣。如《本經》治腸胃結熱，又霍亂，如傷食，如腹脹滿類，皆可推脾與腎同氣以求之矣。如吐胸中痰癖，及一切時氣風熱痰飲，緣胸中為肺所治，而痰飲諸證，乃元陽不得元陰以化，故液結為痰耳。其能吐者，元陽得陰以化，固不徒以涌瀉為功也。至於能通大便，亦當推肺與腎同氣以求之矣。又如除風邪，止風淚邪氣，療疝氣，並目病之因於肝眚者，皆能使元陽得化於元陰而治之，至膽為中精之腑，亦當推肝與腎同氣以求之矣。更利小水證，固心與小腸、腎與膀胱，皆以同氣相求者，是又何疑之有？大都《經》所云五藏之陰氣不可傷，傷則失守而陰虛，陰虛則無氣，無氣則死，蓋謂陰為陽守，陽失所守而亢，則無氣而死也。第即鹽之為治百病主者，以明其義，見經脈之元，不可使有傷，當就元陰以保元陽，可舉一鹽之治，通於他味，不謂鹽之能兼濟也。東璧氏謂其能涼血潤燥，其說信然。但未能達於益陰氣之義，似於為治百病之主者，尚未能暢其所以然耳。

附方　中惡心痛，或連腰臍，鹽如雞子大，青布裹，燒赤，納酒中，頓服，當吐惡物，愈。胸中痰飲，傷寒熱病，瘧疾，須吐者，並以鹽湯吐之。心腹脹，堅痛悶欲死，鹽五合，水一升，煎服，吐下即定，不吐更服。積聚二賢散，橘紅一斤淨，甘草四兩，鹽半兩，用水二四椀，從早煮至夜，以爛為度，水乾則添水，曬乾為末，淡薑湯調下；有塊者加薑黃半兩，同前藥煮；氣滯加香附二兩，同前藥煮；氣虛者加沉香半兩，另入；噤口痢加蓮肉去心。二兩，另入。傷飲食法製檳榔散，治酒食過度，胸膈膨滿，口吐清水，一切積聚，雞心檳榔一兩，切作小塊。縮砂取仁、白豆蔻取仁、丁香切作細條、粉草、切作細塊，各一兩。橘皮、去白，切作細條。生薑、切作細條，各半斤。鹽二兩，用河水兩碗，浸一宿，次日用慢火砂鍋內煮乾，焙乾，入新瓶收，每服一撮，細嚼酒下。

愚按：心腹脹堅及積聚，皆元陽不得元陰以化也，唯傷食則是確然有形者，故用破堅溫行之劑，然必合於鹹寒，亦使陽得陰化而後行，皆不徒以軟堅為功也。霍亂心腹痛，炒鹽三錢，以炒砂仁五錢，為末，泡湯，井水澄冷，灌下，效。唐柳柳州纂《救三死方》云：元和十一年十月，得霍亂上不可吐，下不可利，出冷汗三大斗許，氣即絕。河南房偉傳此方，入口即吐，絕氣復通。一法用鹽一大匙，熬令黃，童子小便一升合和，溫服，少頃吐下，即愈也。

霍亂轉筋，欲死氣絕，腹有暖氣者，以鹽填臍中，灸鹽上七壯，即甦。愚按：治霍亂多取鹹能上涌下泄之義，然亦不能外於陰陽合化也。齒䘌齒動，鹽半兩，皂莢兩挺，同燒赤，研，夜夜揩齒，一月後並瘥，其齒牢固。目中淚出，鹽點目中，冷水洗數次，瘥。口鼻急疳，蝕爛腐臭，斗子鹽、白麪等分，為末，每以吹之。《別錄》曰：多食傷肺，喜欬。保昇曰：多食令人失色膚黑，損筋力。

修治　時珍曰：凡鹽人多以礬、硝、灰、石之類雜之，入藥須以水化，澄去脚滓，煎煉白色乃良。愚按：弘景於諸鹽以大鹽為勝，是即河東解池印鹽也。取鹽法：於池旁耕地，沃以池水，每得南風急，則宿夕成鹽滿畦，彼人謂之種鹽，最為精好。夫海鹽從海鹵煎煉而成，然每遇南風急，則鹽復回鹵，正與解池之必須南風，而後成鹽者，絕有異也。即此可參以大鹽為勝之義矣。

**清・朱本中《飲食須知・味類》** 鹽　味鹹，性寒。多食傷肺發咳，令失色，損筋力。患水腫者、喘嗽者，忌食。喜鹹人必膚黑。血病無多食鹽，多食則脉凝泣而變色。鹽中多以礬硝灰石之類雜穢，須水澄復煎乃佳。河東天生者及曬成者，無毒。其煎鍊者，不潔有毒。一種戎鹽，功用相同。凡飲食過多作脹，以鹽擦牙，溫水漱嚥二三次，即消。烏賊魚骨能淡鹽。服甘遂藥者，忌之。用鹽擂椒，味佳。

**清・何其言《養生食鑒》卷下** 鹽白色者良。　味鹹，性寒，無毒。殺蟲邪疰毒，善走腎，和五味，涼血潤燥，吐胸中痰癖，止心腹卒痛，去皮膚風熱。多食傷肺，發咳，令人失色，損筋力。患水腫者、咳嗽者，忌食。小兒中蚯蚓毒，陰囊腫痛，鹽湯沃洗，可解。凡飲食過多作脹，以鹽擦牙，溫水漱嚥二三次，可消。

**清・閔鉞《本草詳節》卷九** 食鹽　【略】按：鹽乃水所凝結而成，其味鹹而腥，與人血味同，故鹹走血。煎者收以皂角，故味又微辛，辛走肺，鹹走腎，喘嗽水腫消渴者，鹽為大忌。或引痰吐，或泣血脈，或助水邪故也。肰鹽為百病之主，服補腎藥用鹽湯者，引藥歸腎也。補心藥用之者，心苦虛，以鹹補之也。補脾藥用之者，虛則補其母也。治積聚結核用之者，鹹能耎堅也。諸癰疽、眼目、諸血病用之者，鹹走血也。諸風熱病用之者，寒勝熱也。大小便病用之者，鹹潤下也。吐藥用之者，鹹引水聚也。骨病、齒病用之者，腎主骨，鹹入骨也。諸蠱及蟲傷用之者，取其解毒也。青鹽入腎，與食鹽同，不經煎鍊，而味鹹帶甘，入藥似勝。

**清・王翃《握靈本草》卷一** 食鹽煑海水爲之。　主治：食鹽，甘鹹，寒，無毒。主腸胃結熱，喘逆，助水臟堅肌骨。指齒洗目，夜見小字。解毒涼血，潤燥定痛，止癢。吐一切時氣風熱痰飲，關格諸症。

**清・汪昂《本草備要》卷四** 食鹽瀉熱，潤燥，補心，通二便；宣，引吐。　鹹、甘、辛，寒。鹹潤下，故通大小便。鹹走血而寒勝熱，故治目赤癰腫，血熱熱疾。鹹補心，故治心虛。以水制火，取既濟之義，故補心藥用鹽炒。一人病笑不休，用鹽煅赤煎沸，飲之而瘳。《經》曰：神有餘則笑不休。神，心火也。用鹽，水制火也。一婦病此半年，張子和亦用此法而愈。鹹入腎而主骨，故補腎藥用鹽湯下。故堅肌骨，治骨病齒痛。擦牙亦佳，清火固齒。齒縫出血，夜以鹽厚敷齦上，瀝涎盡乃卧。或問鹹能軟堅，何以堅肌骨？不知骨消筋緩，皆因濕熱。熱淫于內，治以鹹寒。譬如生肉易潰，得鹽性鹹寒，則能堅久不壞也。鹹潤燥而辛泄肺，煎鹽用皂角收，故味微辛。故治痰飲喘逆。《本經》治喘逆，惟哮證忌之。鹹軟堅，故治結核積聚。又能涌吐、醒酒，水勝火。解毒，火熱即毒也，能散火涼血。殺蟲，浙西將軍中蚓毒，每夕蚓鳴于體。一僧教以鹽湯浸身，數次而愈。定痛止癢。體如蟲行，風熱也，鹽湯浴三四次佳。亦治一切風氣。凡湯火傷，急以鹽末摻之，護肉不壞，再用藥敷。多食傷肺走血，滲津發渴。《經》曰：鹹走血，血病毋多食鹹。食鹹則口乾者，爲能滲胃中津液也。凡血病哮喘、水腫、消渴人爲大忌。鹽品頗多：江淮南北鹽生于海，山西解州鹽生于池，四川、雲南鹽生于井，戎鹽生于土，光明鹽或生于階州山崖，或産于五原鹽池。狀若水晶，不假煎煉，一名水晶鹽。石鹽生于石，木鹽生于樹，蓬鹽生于草。造化之妙，誠難窮矣。

**清・陳士鐸《本草新編》卷五** 鹽　有五色之異，惟青鹽最佳。味鹹，氣寒，無毒。堪洗下部䘌瘡，能吐中焦痰癖，甦心腹卒痛，塞齒縫來紅，敺蚯蚓毒傷，殺鬼蠱邪疰。少用，接藥入腎；過多，動欬傷金。走血損筋，黑膚失色。水腫宜忌，咳嗽須禁。

青鹽益氣，去氣蟲，明目，却目疼，止吐血，堅筋骨尤勝，各鹽最能益人，以鹹走腎也。況鹽能軟堅，故又補而兼攻。腎有補而無瀉，鹽補腎而不泄腎，故腎虛者不忌鹽。然而水腫之人，亦腎虛也，何以忌鹽乎，似乎鹽亦瀉腎也。不知水腫之病，乃土尅水也。土尅水，惟宜惡土，而何以惡水。水，陰物也。土，亦陰〔物〕也。鹽補腎必補陰，故走腎而必兼走脾。水腫之病，乃陰虛之至也。鹽補腎，自然直入于腎。然而脾亦欲得鹽以相資，鹽不得已欲分味以與脾，而腎又不肯與脾也。于是，腎與脾相戰，而水症不能愈，即愈者，必且重發而不可救，以脾之益怒而不可解也。然則水腫之忌鹽，非鹽之瀉腎亦明矣。

或問：《內經》有云：（鹽）〔鹹〕走血，血病無多食（鹽）〔鹹〕，多食則脉凝泣而色變。鹽非鹹乎。吾子何以未言也？曰：人生斯世，不能舍五味而資生。不食鹽，安能增益腎水乎。況吐血、衄血、便血之後，所虧者，正鹹味也。使禁之而不食鹽，又將何物以助其生血、生精乎。然則《內經》之言不足盡信乎？亦非也。蓋《內經》言其常，而余言其變。況《內經》亦止教人無多食鹽，非教人盡忌鹽也。今世醫人，一見血症，毋論其虛實初久，一概禁人不得食鹽，與水腫禁鹽若同，往往人益病而血愈多。此過忌鹽之失，予所以因問而增入之，願人勿固執《內經》以治血症也。

**清・李熙和《醫經允中》卷二〇**　食鹽　入腎肺肝三經。炒用。難產，知母湯下。　鹹溫，無毒。主治洗下部䘌瘡，吐中焦痰癖，止霍亂，熨疝氣，殺蟲去風，明目固齒。凡水腫欬嗽，血虛消渴者忌之。多食損顏色，傷筋力。

**清・馮兆張《馮氏錦囊秘錄・雜症痘疹藥性主治合參》卷五**　食鹽稟水氣以生。《洪範》潤下作鹹。《素問》謂水生鹹。此鹽之根源也。鹹，寒，無毒。氣薄味厚，陰也，降也。入足少陰，亦入手少陰、足陽明、手太陰陽明經。為清熱除濕、解毒軟堅、潤下之劑也。○戎鹽，一名青鹽，一名胡鹽。稟水中至陰之氣凝結而成，不經煎煉。生於涯涘之陰，其味鹹，氣寒，無毒。入手足少陰經。《經》曰：熱淫於內，制以鹹寒。以鹹寒之味，故能助水益精，除熱止痛，軟堅破結，明目擦牙之用。青鹽一斤，槐枝半斤，水四碗，煎汁二碗，煮鹽至乾，炒研，日用揩齒洗目最妙。○太陰玄精石，出於鹽鹵之地及至陰之精凝結而成，故其形皆六出，象老陰之數也。其色青白，龜背者良。味(鹽)〔鹹〕，氣溫，無毒。以鹹軟溫散潤下之性，故為積聚濕痹頭疼、漏下益精之需。

食鹽，炒化湯中，堪洗下部䘌瘡，能吐中焦痰癖。甦心腹卒痛，塞齒縫來紅。洗目可除風淫暴赤之邪，探吐以療霍亂絞腸之患。敺蚯蚓毒傷，殺鬼蠱邪疰。少用引藥入腎，過多喜欬傷金。走血損筋，黑膚失色。或引痰生，或凝血脉，或助水邪，所謂過食鹽能傷腎也。水腫欬嗽病人，須全禁忌勿服，故西北人不耐鹹，少病多壽；　東南人嗜鹽，少壽多病。修養家以淡食能多補耳。戎鹽，一名青鹽。益氣去氣蠱，明目卻目疼。止吐衄血，堅筋骨節。助水臟，益精氣。除邪熱心腹作痛，去五臟癥結積聚。外洗風眼爛弦，內擦風熱牙痛。玄精石，止頭疼，益精氣。心腹積聚，冷氣能逐；　風冷邪氣，濕痹可除。理男子陰證傷寒，止婦人痼冷漏下。

**清・张璐《本經逢原》卷一**　食鹽　鹹，寒，無毒。《本經》主結熱喘逆，胸中病，令人吐。　發明：　鹹走腎走血。腎病血病人無多食鹽，以血得鹹則凝也。補腎藥用之，不過借為引導耳。乾霍亂及臭毒、頭疼、腹痛，多用鹽水吐之。《本經》所主結熱喘逆者，以鹹能下氣，過鹹則引涎水聚於膈上而涌之也。好食鹹者，人多黑色，耗血之驗也。病水腫忌食，以其走腎助邪水之逆滿也。《千金》治妊婦橫生逆產先露手足，以鹽摩產婦腹並塗兒手足，急以爪搔之即縮入而正產。又殺蠱毒。凡水蛭、蚯蚓得鹽即化為水。毒蟲螫者，以鹽擦之，其毒即解。鹽之味鹹性降，下氣最速。治下部䘌瘡，吐胸中痰澼，止心腹卒痛。不可多食，傷肺喜欬。扁鵲云：　能除一切大風痛，炒熱熨之。今人救朱魚喰雷電暴雨欲死，但口微動者，速將鹽少許調水，貯魚於中，時時微動其水即活，鱗尾有損處以鹽塗之，即生出。鹽為水之精，專得涵養之力也。今人食暴雨潦水，腹脹，以鹽湯探吐即安。其解水毒可知。

**清・汪啟賢等《食物須知・諸葷饌》**　食鹽　味鹹，氣寒，無毒。為調饌之需。出近海之地，有池、有井，汲水煎成。論形色，河東獨佳；　入藥劑，漏蘆為使。如欲單炒化湯，堪洗下部䘌瘡，能吐中焦痰癖。甦心腹卒痛，塞齒縫來紅；　驅蚯蚓毒傷，殺鬼蠱邪疰。少用接藥入腎，過多喜欬傷金。走血損筋，黑膚失色，司庖廚者，務用適宜。水腫咳嗽病人，須全禁忌，勿服。

**清・浦士貞《夕庵讀本草快編》卷一**　食鹽《別錄》、鹺　附青鹽、紅鹽　黃帝臣宿沙氏，煮海水為鹽。《說文》云：　鹽，鹹也。《洪範篇》云：　潤下作鹹。《素問》曰：　水生鹹，此鹽之根源也。夫水周流于天地之間，潤下之性無所不到，其味作鹹，凝結為鹽，在人則血脉應之。鹽之氣味鹹腥，人之血亦鹹腥，鹹走血，是以血病無多食鹹，多食則脉凝泣而面色變黑也。況煎鹽者用皂角或石灰收之，故鹽之味微辛。辛走肺，鹹走腎，凡喘嗽水腫，消渴吐逆，鹽為大忌，恐其引痰涎，澁血脉，助水邪故也。然鹽為百藥之主，百病無不用之。服補腎藥用鹽湯者，鹹歸腎，引氣入本藏也；　補心藥用炒鹽者，心苦虛，以鹹補之也；　補脾藥用熟鹽者，虛則補其母，脾乃心之子也。治積聚結核用之者，鹹能軟堅也；　療癰疽赤目及血病用之者，鹹走血也；　諸風熱病用之者，寒勝熱也；　大小便病用之者，鹹能潤下也；　骨病齒痛用之者，腎主骨，鹹入骨也；　諸蠱及蟲傷用之者，取其解毒也；　諸吐藥用之者，鹹能聚水也。至于青鹽產于戎羌之域，不經煎煉，功同食鹽，但味帶鹹甘，入藥尤妙。《周禮》註有云飴鹽味甜，即此物也。又有西戎之水上黃赤鹽，色遂變為紅，益精扶陽更勝，故并附之。

**清・吳儀洛《本草從新》卷五**　食鹽(瀉熱，潤燥，補心，通二便；　宣，湧吐。為諸藥引經。)以下鹵石類。　鹹、甘、辛，寒。鹹潤下，故通大小便；　鹹走血而寒勝熱，故治目赤癰腫，血熱；　鹹補心，故治心虛；　以水制火，取既濟之義，故補心藥用鹽炒。一人病笑不休，用鹽炒赤，煎沸飲之而瘳。《經》曰：　神有餘則笑不休。神，心火也。用鹽，水制火也，一婦病此半年，張子和亦用此法而愈。鹹入腎故補腎藥用鹽湯下。而主骨，故堅筋骨，治骨病齒痛；　擦牙甚佳，清火固齒。齒縫出血，夜以鹽厚敷齦上，瀝涎盡乃臥。或問鹹能軟堅，何以堅筋骨？不知骨消筋緩，因於濕熱，瀉熱即安矣。鹹潤燥而辛泄肺，煎鹽用皂角收，故味微辛。今南方多石灰收。故治痰飲喘逆；鹹軟堅，故治結核積聚。又能湧吐醒酒，水勝火。解毒。火熱即毒也，能散火涼血。殺蟲，浙西將軍中蚯蚓毒，每夕蚓鳴於體，一僧教以鹽湯洗身，數日而愈。定痛止癢，體如蟲行，風熱也，鹽湯浴三四次佳。亦治一切風氣。凡湯火傷，急以鹽末摻之，護肉不壞，再用藥敷。洗目去風。凡痰嗽哮證，鹽能傷肺。血病消渴走血滲津。及水脹，俱大忌。或引痰生，或凝血脈，或助水邪，或損顏色，或傷筋力。故西北人不耐鹹，少病多壽，東南人嗜鹹，少壽多病。嘉言曰：《經》謂味過於鹹，大骨氣勞。以食鹽過多，峻補其腎，腰骨高大之所，其氣忽積，喜於作勞，氣即勃勃內動則精關勃勃欲開，雖不見可欲，而不覺關開莫制矣。嘗見高僧高道，棲真習定，忽焉氣動精傾，乃知味過於鹹。大骨氣勞之說，不盡關於情欲也。《經》謂強力入房，腎氣乃傷，高骨乃壞。此固嗜欲無節者之本病，奈何清修卓練之士，每於蔬菜間多食鹹，藏厚味以虧道體，無有以《內經》之理一陳其前者？及病已成而食淡齋，長年累月自苦，亦足補偏救弊，然不如當日味勿過鹹之超矣。鹽品頗多，江淮南北，鹽生於海；山西解州，鹽生於池；四川、雲南，鹽生於井；戎鹽生於土；光明鹽或生於階成山崖，或產於五原鹽池，狀若水晶，不假煎煉，故一名水晶鹽。石鹽生於石，木鹽生於樹，蓬鹽生於草。造化之妙，誠難窮也。

**清・汪紱《醫林纂要探源》卷三**　鹽　鹹，平。所出不一，性味亦稍異，鹹其大體然耳。天津、長蘆、淮、浙、廣、閩鹽出於海，四川、滇黔鹽出於井。色皆有白、黑。山西解州，陝西寧夏，鹽生於池，有紅色，或潔如水晶。此其大者，而陝之階成，則生於山岸，西戎則生於平土，其色青。苗蠻有生於草木上者，此又不可勝窮也。淮、浙之鹽，皆煎成，須收以皂莢，故味微辛。而淮鹽甘，浙鹽苦，則又因方所不同。閩鹽晒成，其形方塊如石子，味最甘。廣鹽或煎或晒。淮上亦有晒者，然不及閩之甘。解池鹽待風刮而成，味兼苦辛，如朴硝，且易成水，故不堅固者，謂之盬鹽，即池鹽也。石鹽、草木之鹽，皆不事煎煉。熟，炒過。用補心，安神止妄。治笑病不休，神多妄者，心以虛靈不滯，而能泛應，一有所滯則堅結一向，而神妄注於偏矣。故必以鹹之輭堅者，為能補其虛靈泛應之體。凡七情之傷，皆本於心之偏滯，此心之正不足，非邪有餘。由是以推，則心偏怒偏哀偏恐，皆當以鹹輭之，又不惟好笑一端矣。活血去瘀。心用血而生脈者，心虛則不能用血，血妄則自生熱，而或瘀，或逆，或涸，以不會膈俞，不為心用。炒鹽之輭堅，能治轉筋霍亂，攻核結積聚，吐頑痰，醒醉，瀹三焦水道，通利二便，排經脈壅滯，潰散癰疽。外用熨身，可去寒濕風痺，消腫散血，止痛定癢，此皆活血去瘀之功。即補心以用血通脈之功也。凡心火安足，則神明四徹，血脈流通而不熱。心火不足，則相火無君，而妄熱自內生，以有血熱血妄，血瘀血逆，血涸結聚，壅腫諸病。若外火乘心之不足，則外邪有餘，而有霍亂便閉，吐瀉轉筋，煩悶作渴，變而瘧痢諸病。人知為邪火之有餘，不知為心火之不足，故鹹以補心之說，鮮有能發明者。生用瀉腎，堅骨固齒。瀉腎輭堅，而能堅腎固齒，何也？曰：凡補者，補不足。瀉者，瀉有餘。不足者，正不足。有餘者，邪有餘。凡禁固凝聚而不當者，皆為腎邪。邪有餘，則水反生熱，而骨不堅，故瀉腎輭堅，正以堅其所當，堅使邪不干正也。凡瀉水者，皆能補心，凡瀉火者，皆能補腎。鹹瀉水，即瀉腎補心也。苦瀉火，即瀉心補腎也。降逆消痰。潤下滲濕之性然也。血病無多食鹹。以過於走滲，則耗津液。哮喘、消渴、水腫者忌之。補心瀉腎，則不益於肺，肺喜清肅，宜淡而不宜鹹。水腫者，脾之濡也。鹹輭則益之濡滯。〇凡入腎之藥，多用鹽引，用其趨下之性耳。以為補腎，則誤矣。

**清・嚴潔等《得配本草》卷一**　食鹽　漏蘆為之使。鹹、微辛，寒。走血，軟堅，潤燥，引吐。熨痛，洗風目，揩牙齒，祛蚓毒。和童便，治霍亂絞痛，通大小便。煅赤，研，河水煎沸，啜之，探吐熱痰數升，病笑不休，即愈。

多食損肺，失色，膚黑，損筋。痰嗽、哮症、血病、消渴、水腫，皆禁用。

**清・黃宮綉《本草求真》卷六**　食鹽補心潤腎，軟堅除熱。鹽耑入心腎。之品類甚多，有生海江淮南北、生池山西解州、生井四川雲南、生土戎鹽、生階光明鹽、生石石鹽、生樹水鹽、生草蓬鹽之各異，然寒氣味則一，蓋鹽味鹹氣寒，加以皂角末同煎，則味又兼微辛，五味惟鹹潤下，故凡大小便閉者，得此則通。

五味惟鹹走血，故凡血熱血痛者，得此則入；五味惟鹹入骨，故補腎藥，必當鹽湯送下。而諸骨筋痛，藉此則堅。骨消筋緩，皆因濕熱所致。《經》曰：熱淫於內，治以鹹寒，譬如生肉易潰，得鹽性寒鹹則能堅久不壞。時珍曰：腎主骨，鹹入骨也。五味惟鹹潤燥，而辛又能泄肺；故凡痰飲喘逆，得此則降；時珍曰：吐藥用之者，鹹引水聚也，能取豆腐，與此同義。五味惟鹹軟堅，故凡結核積聚，得此則消；五味惟鹹補心，故凡病因心起而見喜笑不休，則當用此沸飲遏止。用鹽煅赤而飲，亦水制火之意。至於癰腫惡毒，眼目暴赤，酒醉顛狂，湯火急迫。凡其因熱而起者，無不藉此以寒勝熱主意，而使諸症其悉平矣！但鹹雖能走血，多食則血即凝，鹹雖下趨，過鹹則反水上吐，所以霍亂臭毒、頭疼腹痛等症，則可引涎上膈而吐之也。水腫如何忌食，恐其以水助水之意也。橫生逆生，如何用鹽即便縮入正產，《千金方》用鹽摩產婦腹，並塗兒足底，仍急爪搔之。以其力有上舒之意也。水蛭、蚯蚓及蟲，如何得此即化，《經驗方》浙西將軍張韶病此，每夕蚯蚓鳴於體，僧用此方而安，蚯畏鹽也。以其寓有以水濟火之意也。孫真人治喉中生肉，用綿裹筯頭，拄鹽揩之，日五六度。《聖惠方》治帝鐘喉風，垂長半寸，服食鹽頻點之，即消。多食如何，口渴以其滲去胃中津液也。

**清·李文培《食物小錄》卷下** 鹽 甘、鹹，寒，無毒。潤下，通大小便，補心腎，堅肌骨，醒酒，解毒殺蟲，止痛癢。多食損肺。鹽之名不一，各處皆出，然功用則大同小異。

**清·許豫和《許氏幼科七種·怡堂散記》卷下** 鹽 天一生水，水曰潤下，潤下作鹹，人之精血，味皆鹹。鹽為先天之味，故淡食則人乏。小兒麻痘忌之者，麻痘之出以血運行，鹹能凝血故也。病水腫人忌之者，能助水氣為患也。

**清·羅國綱《羅氏會約醫鏡》卷一八金石水土部** 食鹽味鹹，性寒，入腎經及脾肺諸經。通大小便，鹹潤下。除目赤，茶調洗涼血。治心腹卒痛，炒熟熨之。吐上焦痰飲，開小便秘塞，二症用鹽三錢，炒紅，水淬服則嘔，童便淬服則上嘔下泄，自痰飲吐而小便通。法詳小便秘門。療多笑，《經》曰：神有餘則笑不休。神，心火也，用鹽煅紅，煎服自瘳，水制火也。堅筋骨，骨消筋緩，皆因濕熱，鹽滲濕除熱。除齒痛，清火固齒。解霍亂。亦用吐法，方載本門。少用引藥入腎；過多，黑膚多渴。滲胃中津液也。水腫、欬嗽最忌。西北人不耐鹹，少病多壽；東南人嗜鹹，少壽多病。修養家故少用耳。

**清·王學權《重慶堂隨筆》卷下** 鹽 味最鹹，《泰西水法》云：辛甘酸苦皆寄草木，獨鹹寄於海水，而海水不冰者，海水鹹也。故曰鹹者生於火也。火燃薪木既已成灰，用水淋灌即成灰鹵，燥乾之極，遇水即鹹，此其驗也。愚謂惟其屬火，故生物遇火即死，蓋體潤而用燥之物也。古人但云鹹能耎堅，鹹能潤燥，而不知鹹能堅耎，鹹能燥濕。試觀一切易腐之物，得鹽腌之，即堅乾而可經久。凡鹽倉工作之人，從無患脚氣者，以其日踐於鹽地，故濕氣不能病也。然燥物遇鹹則潤，故鹽能爛鐵，是耎堅也，濕物遇鹹則燥，故鹽能乾液而堅耎也。味過鹹即渴者，乾液之徵也。既能乾液，則鹽味屬火無疑。燥濕堅耎，固其宜矣。但味雖屬火而性下行，虛火上炎者，飲淡鹽湯即降，故為引火歸元之妙品。吐衄不止者，鹽鹵浸足立愈。

**清·章穆《調疾飲食辯》卷一下** 鹽 《綱目》曰：一名鹺，天生曰鹵，人生曰鹽。《說文》：東方謂之斥，《禹貢》曰：海濱廣斥。西方謂之鹵，河東謂之鹹。鹹字有二音二義：一音咸，鹽味也；此音減，鹽土也，鹹地也。後人或作鹼、作鹻，又或作醶、醶。醶字從酉，西方金也。《易傳》曰：兌為澤，其於地也為剛鹵。黃帝之臣夙沙氏始煮海為鹽。管子亦曰：煮海為鹽，其利通於天下。然鹽不盡出於海，夙沙氏就其多者言，管子就齊國言也。市語隱其名曰海沙，不知古方士久已呼之。《周禮》：鹽人掌鹽之政令，祭祀共苦鹽、散鹽，賓客共形鹽、散鹽，王之膳羞共飴鹽。苦鹽名顆鹽，出於池，皆成顆粒，未經煉治，其味鹹苦。散鹽名末鹽，出於海及井，皆散末。形鹽名印鹽，刻作虎形，或曰積鹵自結，不煩印刻。飴鹽味鹹而甘，或曰以飴煎治，非也。鹽品甚多：海鹽取海水煎煉而成，今遼、薊、山東、兩淮、浙、閩、廣南所出是也；井鹽取井水煎煉而成，今四川、雲、貴所出是也；池鹽出河東、安邑、解州，疏鹵地為畦，引池水注入，候南風大起，一夜結成，謂之鹽風，海豐、深州亦或引海水入池曬成；并州、河北皆鹻鹽也，刮取鹻土煎煉而成；階成鳳州皆崖鹽也，生於土崖，狀如白礬。此五種，皆食鹽也。海鹽、井鹽、池鹽、鹻鹽、崖鹽，共五種。上供國課，下濟民用。海鹽、井鹽、鹻鹽出於人，煎治也，煎鹽必以皂莢。鹽成就焉，籌策數之。故司鹽政、督廠竈之官，謂之治鹽莢，或曰算鹽莢。池鹽、崖鹽出於天。自然而成，不須煎煉。又有戎鹽生於土，傘子鹽生於井，石鹽生於石，木鹽生於樹，蓬鹽生於草，造化之妙，誠難殫知也。

按：鹽生於海，生於池，生於崖、井，總不外《洪範》潤下作鹹之理。而草、木、土、石本備五味，草、木、土、石之酸、甘、辛、苦既所習見，而又何異乎鹹？獨是五味分配五行，其入食品也，酸、甘、辛、苦可有可無，鹹則日用所不可缺。酸、甘、辛、苦各自成味，鹹則能滋五味。酸、甘、辛、苦暫食則佳，多食則厭，久食則病，病而不輟其食則夭；鹹則終身食之不厭不病，雖百穀為養生之本，非鹹不能果腹。《別錄》所以云堅肌骨，《拾遺》所以云令人壯健也。而陶隱居乃云：西北人食不耐鹹，故多壽少病；東南人喜鹹，故少壽多病。悖理之言，至於此極。即《素問·異法方宜論》亦秖云東南人黑色疏理，病多癰瘍，未嘗言少壽也。而西方、北方亦必云病生於內，或藏寒生滿病，未嘗言不病而多壽也。全文已載卷首，可查閱。使果北人必嗜淡，南人必嗜鹹，何一母所生，其食性即不同？使果北人必壽，南人必夭，何一爨所供，其修短即懸絕？況欲以南北畛域齊億兆人之嗜好，且齊其命數，不亦傎乎？試觀力作之人多喜食鹹，彼非鹹則不能力作，腎之所以為作強之官也。鹹走腎，鹹補骨。令人壯健之說，豈不信哉。又牛馬食鹽則肥健，業弦高之業者，遇羸瘦老牛，每日飼之以鹽。旬月之間，牛必肥健，得價倍之。

是鹽乃補腎上藥，延壽金丹也。橐駝嗜鹽故多力。畜艾豭者，每飼必以鹽，故一日數交而不疲，皆鹹補腎之力也。人與諸物，靈蠢之性雖殊，血肉之軀則一，取彼證此，理豈難明。我嘗歎世間膏粱紈絝之子，見力作之人多喜食鹹，彼則以食淡為高雅，食鹹為村俗。視其形狀懦弱尪羸，幾於臨風欲倒，而又多置妾媵，廣田自荒；或且狎比孌童，狹邪漁色，必致精寒腎痿，不得不服補藥、買春方。烏知有此絕妙春方而不能用，乃乞靈於鴉片、硫黃，以速其死，誠可悲而復可笑也。杏雲老人治病五十年矣，除血症、水腫、消渴、喘嗽而外，從未一申食鹹之禁。過鹹則刼血，又生水，又傷肺，故此數種病，食物宜比平人略淡。蓋他物恐其過食，此則萬不能過也。彼嗜鹹者遇鹹物，正其本性，且太鹹亦不能食。嗜淡者遇鹹物，自不肯入口，安俟醫人之瑣瑣哉。

《綱目》曰：鹽之主病極多，補腎藥用之者，鹹走腎也；補心藥用炒鹽者，鹽炒則苦，苦為火味，故入心也；積聚、結核用之者，鹹輭堅也；諸癰疽、眼目、血病用之者，鹹走血也；諸風熱用之者，鹹消風散熱也；大小便病用之者，鹹潤下也；諸齒病、骨病用之者，鹹補腎，腎主骨也；發吐亦用炒鹽者，苦以泄之也。唐柳子厚纂《救死三方》，一治攪腸沙即乾霍亂，腹中急痛，爪甲青色，上不得吐，下不得瀉，四肢厥冷，魄汗淋漓，頃刻殺人。用鹽一大匙，炒令通赤，研碎，入童子小便一大盞，冷服。無童便，大人尿亦可。但略帶黃赤色者，即是有病之人，不可用。少頃得吐下即愈，不吐以雞羽入喉探之。此症切忌米汁，尤忌薑湯。曾犯之者，必死無救，切勿誤治招謗。《救急方》治霍亂轉筋欲死，或氣已絕，但腹有暖氣者，以鹽填臍中，灸鹽上七壯，即甦。《子母秘錄》治小兒臍風撮口，《藥性本草》治小兒卒然不尿，頃刻殺人，方並同上。《儒門事親》治病笑不休，形若瘋狂：炒鹽用流水煎沸啜之，探吐即愈。《外臺》方治體如蟲行：鹽一斗，水一石，煎湯頻浴之。此數太多，每浴一次，約水二斗，鹽半斤足矣。《經驗方》治蚰蚓咬毒，眉髮俱脫，形如大風，方同上。《奇疾方》治蝨出怪病，臨臥偏身出蝨數升，每夕漸多，血肉俱壞，痛癢不可言狀，晝夜號哭，舌尖出血，身齒俱黑，唇動鼻開，但飲鹽醋湯十餘日即安。《肘後方》治腎風耳鳴，又治耳卒痛：鹽五升蒸熱，布包枕之，冷即易。《東陽方》治目中多淚，《直指方》治目翳初起，並生鹽點之。《急救方》治牙齦宣露，食鹽頻搽，溫水嗽之。《肘後方》治手足心毒，鹽末、花椒末醋和敷。《外科精義》治潰癰作癢：以鹽水抹其四圍，或煮豬肉汁入少鹽頻洗。《千金方》治喉中生肉，漸礙飲，《聖惠方》治帝鍾垂長，俗名小舌。並用綿裹筯頭蘸鹽頻點。《易簡方》治喉痹、乳蛾：鹽煅赤，研，筯頭點。《小品方》治面生酒皶：生鹽頻搽。腹痛如絞，嘔吐不休，炒鹽包裹，隔衣熨之。凡寒氣作痛，不拘炒飯、炒米、炒麥麩、炒葱，俱可解，藉其暖氣以散寒也。惟血凝氣滯之痛，非炒鹽、炒韭菜不驗。又《千金方》治蜂蠆惡蠅叮螫，並用冷水沃洗，嚼鹽塗之。《徐伯玉方》治毒蛇傷螫，方同上。但塗後宜灸三壯，灸後仍頻塗之。《千金翼》治一切癬瘡，食鹽頻擦之。

**清・章穆《調疾飲食辯》卷三**　鹽藏　凡菜不經烹飪，旋采旋用鹽醃，概非病人所宜。若久藏者，浥鬱之氣更傷胃氣。惟蒜苗、蒜梗、葱、韭等稍可，又難尅化，則亦非佳物也。北地一種大頭菜，其葉甚佳，根如萊菔，味美而質硬，病人愛食，細切如縷，可以不忌。

**清・王龍《本草纂要稿・鹵石部》**　食鹽　氣味鹹寒。吐胸中痰癖，甦心腹卒疼。殺鬼蠱邪疰，塞齒縫來紅。驅蚰蚓毒傷，開腸胃結熱。涼血熱，洗下部䘌瘡。助水臟，利大小二便。祛風痰，體如蟲行。止喘逆，通利關格。少用接藥入腎，多用喜咳傷金，走血損筋，黑膚失色。

**清・楊時泰《本草述鉤元》卷六**　食鹽　鹽品甚多，海鹽取海鹵煎煉而成，今遼、冀、山東、淮、浙、閩、廣所出是也。井鹽取井鹵煎煉，今四川、雲南所出是也。池鹽出河東安邑、西夏靈州，今惟解州種之。疏鹵地為畦，隴而塹圍之，引清水注入，久則色赤，待夏秋南風大起，則一夜結成，謂之鹽南風，亦忌濁水淤澱鹽脈也。海豐、深州者亦引海水入池晒成。又鹻鹽刮取鹻土煎煉而成。并州、河北所出。崖鹽生於土崖之間，狀如白礬，亦名生鹽。階成鳳州所出。此五種皆食鹽也。海鹽、井鹽、鹻鹽三者出於人，池鹽、崖鹽二者出於天，此外又有崖鹽生於山崖，戎鹽生於土中，傘子鹽生於井，石鹽生於石，木鹽生於樹，蓬鹽生於草，造化生物之妙，誠難殫知瀕湖。按：諸鹽以大鹽為勝，即河東解池印鹽也。此鹽最精好，得南風急則宿夕而成，謂之種鹽。大海鹽從海鹵煎煉，遇南風急鹽復回鹵，正與解池之必須南風而後成鹽者絕異，即此可以參大鹽為勝之義。

大鹽：味鹹、微苦、微甘、微辛，氣寒。漏蘆為之使。主助水臟，涼血潤燥，和臟腑，除中惡心痛，腸胃結熱喘逆，胸中病，令人吐，並治霍亂腹痛，腹脹氣滿，除積聚及傷飲食，吐胸中痰癖，及一切時氣風熱，痰飲，關格諸病，除風邪止風淚邪氣，療疝氣，通大小便，明目固齒，堅肌骨，定痛止癢諸本草。夫水周流於天地之間，潤下之性，無所不在。其味作鹹，凝結為鹽，亦無所不在。在人則血脈應之，鹽之氣味鹹腥，人之血亦鹹腥，鹹走血，血病無多食鹽，多食則脈凝泣而變色，從其類也。煎鹽者用皂角收之，故鹽之味微辛，辛走肺，鹹走腎，喘嗽、水腫、消渴者，鹽為大忌。或引痰吐，或泣血脈，或助水邪故也。然鹽為百病之主，百病無不用之。補腎藥用鹽湯者，引入本臟也。而補心補脾藥，亦須用炒鹽，其治積聚結核，以能耎堅也。治諸癰疽、眼目及血病，以其走血也。治諸風熱病，以寒勝熱也。治大小便病，以能潤下也。治骨病齒病，以腎主骨，鹹入骨也。吐藥用之者，鹹引水聚也。能收豆腐，與此同義。諸蠱及蟲傷用之者，取其解毒也瀕湖。中惡心痛，或連腰臍，取鹽如雞子大，青布裹燒赤，納酒中頓服，當吐惡物愈。霍亂心腹痛，炒鹽三錢，以炒砂仁末五錢，泡湯，井水澄，冷灌下效。凡霍亂上不可吐，下不可利，出冷汗三大斗許，氣即絕，此方入口即吐，絕氣復通柳州纂方。一法：用鹽一大匙熬黃，童便一升，合和溫服，少頃吐下即愈。霍亂轉筋欲死，氣絕，腹有暖氣者，以鹽填臍中，灸鹽上七壯即甦。按：治霍亂，多取鹽以上涌下泄，要亦不外於陰陽合化也。胸中痰飲，傷寒熱病，瘧疾，須吐者，並以鹽湯吐之。心腹脹堅，痛悶欲死，鹽五合，水一升，煎服，吐下即定，不吐更服。積聚二賢散，橘紅一斤，甘草四兩，鹽五錢，用水三四盌，從早煮至夜，以爛為度，水乾則添水，曬乾為末，淡薑湯調下。有塊者，加薑黃半兩同前藥煮。氣滯，加香附二兩同前藥煮。氣虛，加沉香半兩另入。噤口痢，加蓮肉二兩另入。酒食過度，胸膈膨滿，口吐清水，一切積聚，法製檳榔散。雞心檳榔一兩切塊，砂仁、白蔻仁、丁香切細粉草各一兩，橘紅、生薑切細各半斤，鹽二兩，用河水兩盌，浸一宿，次日入砂鍋內，慢火煮乾，焙過瓶收，每服一撮，細嚼酒下。按：心腹脹堅及積聚，皆元陽不得元陰以化也。惟傷食則是確然有形者，故用破堅溫行之劑，然必合於鹹寒，使陽得陰化而後行，皆不徒以軟堅為功也。齒蠹齒動，鹽半兩，皂莢兩挺，同燒赤研，夜夜揩齒，一月後並瘥，其齒牢固。目中淚出，鹽點目中，冷水洗數次瘥。口鼻急疳，蝕爛腐臭，斗子鹽、白麪等分，為末吹之。

論：鹽本潤下之水而作鹹。《經》曰：在天為寒，在地為水，在臟為腎。腎為人身之元陰，而元陽出焉。夫水火者，陰陽之徵兆也。先明水火之相勝，即明水火之相濟，然後陰陽之合而分、分而合者可明，而鹽之能主百病者亦可明。《經》曰：南方赤色，入通於心，其味苦。又在天為熱，在地為火，在臟為心。又熱傷氣，寒勝熱，苦傷氣，鹹勝苦，是非水之勝火乎。顧心虛即以炒鹽補之，其義何也？心主火，其充在血脈，既曰充在血脈，則所謂火之靈者，豈徒在氣乎？夫心所以生血，謂離中有坎也。鹽之氣味鹹腥，人之血亦鹹腥，取鹽入生血之心，非同氣相求歟？心虛者血脈不充也。血脈不充而後陽偏勝，《經》所謂壯火食氣，熱傷氣，苦傷氣也。以炒鹽之鹹補其血，則火得水濟而陽不偏勝，《經》所謂少火生氣，寒勝熱，鹹勝苦也，是相勝而乃以相濟者也。《經》曰：心之病在五臟，夫五臟屬陰，氣主之，能使心充於血脈，而五臟之陰氣不傷，則陰之為陽守者，六腑胥受其益矣。試以臟言之。《經》云脾色黃，宜食鹹，啟元子謂腎為胃關，脾與胃合，假鹹耎以利其關，關利而胃氣乃行，胃行而脾氣方化，是脾之宜鹹者即以利胃。凡六腑之益先因於各臟者可推。如《本經》所治腸胃結熱，及霍亂傷食腹脹滿，類皆可推脾腎同氣以求之矣。胸中為肺所治，痰熱諸證乃元陽不得元陰以化，故液結為痰耳。鹽能吐之者，元陽得陰以化，不徒以涌泄為功也。至於能通大便，亦當推肺腎同氣以求之矣。元陽得化於元陰，則目病之因於肝眚者，風淚邪氣可止，又並風邪、疝氣而治之。至膽為中精之腑，亦當推肝腎同氣以求之矣。若心、小腸、腎、膀胱，固皆以同氣相求者，鹽之能利小水，其又何疑。總之，五臟之陰氣不可傷，傷則失守而陰虛，陰虛則無氣，無氣則死。善理病者就元陰以保元陽，可舉一鹽之治，通於他味矣。《別錄》云：多食傷肺喜欬。多食，令人失色膚黑，損筋力保昇。

修治：人多以礬、硝、灰、石之類雜之，入藥須以水化，澄去脚滓，煎煉白色乃良。

**清・葉桂《本草再新》卷八** 食鹽味鹹，性寒，無毒。入肝、腎二經。清肝熱，舒肝氣。鹽能清火，故可斂肝。滋腎，利大小腸，通二便，解火毒。

**清・趙其光《本草求原》卷二六鹵石部** 食鹽 鹹，寒，走腎、走血，勝熱、涼血；甘，利脾胃；腎為胃關，鹹和甘以利其關，則胃氣行，脾氣乃化。辛走肺，煎鹽，用皂角收，故辛。能使水氣上滋心肺，肺陰入心以生血。心苦虛，以鹹補之。故補心、補腎藥多用鹽炒。治心熱多笑，炒赤煎飲。腸胃熱結，心腹堅脹，胸有痰飲，霍亂，尸遁，腹脹急，心或塊起，或牽腰脊是。中蠱，吐下血，血如肝是。鬼擊中惡，心痛，或連腰臍是。以上俱炒鹽淬水飲。中惡淬酒，中蠱淬醋，使過鹹收引涎水惡物聚於膈上而吐之，故收豆腐用之，亦收水之義耳。傷食，方同上，並擦牙，溫水漱下。陰蝕、天行脇脹，陰痛，下痢肛痛，俱炒熱，熨患處。脫陽，炒熨臍下。轉筋入腹，二便閉，撮口，俱填臍，加艾灸。便閉，更炒過，吹入二陰。妊娠心痛，炒赤，酒下。氣淋，醋下。漏精，白濁，煅過，同淮山、茯苓、棗肉蜜丸。甘濟鹹，脾腎兩得也。水瀉大渴，同勞茶炒焦，去鹽煎飲。血痢，紙包燒研，粥調。破傷血不止，炒焦酒下。明目去翳，生研點。堅齒，去風熱牙痛，槐枝煎濃，入鹽煮乾，炒研，日揩之。喉中生肉，帝鐘下垂，俱煅點。風耳痛鳴，蒸熱枕之。目淚出，點之。酒皻赤鼻，擦之。口鼻疳爛，同白麵研吹。身如蟲行，風熱也，水煎浴。瘡癬痛癢，嚼擦。手足心風氣毒腫，同椒末，醋調敷。蚯蚓、蜈蚣咬，煎水浸。蜂螫蛇傷，嚼擦。虱出怪病，臥即渾身虱出，痛癢難忍，漸至血俱肉壞，舌尖出血，身齒俱黑，唇動鼻開。醋煎，多飲即愈。解狼毒毒，煎汁飲。藥箭毒，貼瘡上灸之。溺死，垂頭仰臥，用擦臍中。潰癰作癢，摩其四圍。一切脚氣，同槐白皮蒸，布包踏之，並擦。逆產，用以摩婦腹，並塗兒足底，急抓之。喘逆，鹹降下氣，但多食則傷肺喜咳。一切風痛，炒熨。食暴雨潦水腹脹，鹽湯探吐。皆解毒殺蟲之功。水腫忌食，以其走腎，助水邪之逆滿也。多食則泣血，故好食鹹人多黑。積聚結核用之，鹹軟堅也。二賢散以鹽煮陳皮，甘草為末，有塊加薑黃，氣滯加香附，氣虛加沉香。亦陽得陰化乃行也。吐霍亂關格諸症，亦陰陽合化也。

**清・文晟《新編六書》卷六《藥性摘錄》** 食鹽 味鹹，氣寒。補心潤腎，軟堅除熱。多食口渴。

**清・文晟《新編六書》卷六《藥性摘錄》** 鹽 入腎，兼入心。鹹寒。○青鹽良，食鹽次之。餘詳藥部。

**清・張仁錫《藥性蒙求・金石部》** 食鹽 味鹹，入腎引經。擦牙固齒，涌吐為能。時珍曰：補腎藥用鹽湯炒者，不過借為引導。○凡痰嗽哮喘，血病消渴，及水腫，俱大忌，且引痰凝血，損顏傷筋，不宜多食。吐藥用之者，鹽能聚水也。○西北人不耐鹹，少病多壽。東南人嗜鹹，少壽多病。

**清・王孟英《歸硯錄》卷一** 《飲食辨》云：鹹能補腎，故有堅筋骨、令人壯健之功。觀牛、馬食鹽則肥健，橐駝嗜鹹故多力，飼艾猳以鹽則善交，則補腎之說信矣。凡血證、水證、消渴、喘嗽之外，皆不必申食鹽之禁。愚按焚修之人食淡者，正慮腎得補而欲易動也。

**清・王孟英《隨息居飲食譜・調和類》** 鹽 鹹，涼。補腎，引火下行，潤燥祛風，清熱滲濕，明目，殺蟲。專治脚氣。和羹醃物，民食所需。宿久滷盡色白，而味帶甘者良。擦牙固齒，洗目去翳，點帝鐘墜。傅蛇蟲螫。吐乾霍亂。熨諸脹痛。霍亂轉筋，鹽鹵摩搨患處，或以裹脚布浸鹵束之。併治諸般脚氣。無鹵用極鹹鹽湯亦可。凡無病人，濯足湯中常加鹽鹵，永無脚疾。

**清・劉善述、劉士季《草木便方》卷二金石土火部** 粑鹽 食鹽醎寒治目赤，牙痛骨病散聚積。殺蟲解毒止痛痒，癰腫結消癥瘕宜。

**清・田綿淮《本草省常・氣味類》** 鹽（淮鹽、小鹽） 一名鹺。性寒。瀉熱養心，解酒食熱毒，潤燥軟堅，壯筋骨，殺蟲。多食損肺，易嗽。又瀉腎水，令人黑。鹺，坐，平聲。淮鹽、小鹽等，性略同，而力劣。

**清・戴葆元《本草綱目易知錄》卷七** 食鹽 甘、鹹、辛，寒。解毒涼血，潤躁定痛，殺蟲止痒，明目止淚，堅肌骨，滋五味。療疝氣，利臟腑，消宿物，除風邪，助水臟。治傷寒寒熱，霍亂心痛，吐胸中痰癖，止心腹卒痛，去皮膚風熱及一切時氣痰飲，腸胃結熱，喘逆，關格諸病，通大小便。殺鬼蠱邪疰毒氣，下部䘌瘡。空心揩齒，吐水洗目，夜見小字。一切蟲傷瘡腫，金瘡火灼。惟水腫喘嗽，消渴，血病人忌。【略】葆按：予壯年牙齒時痛，每日以鹽揩牙，冷水含漱，雖冬勿間，至今年已古稀，齒從不痛。

**清・陳其瑞《本草撮要》卷六** 食鹽 味鹹甘辛，寒，入手足少陰、太陰、陽明經，功專潤下軟堅。笑不休症，鹽炒赤煎沸飲之即止。體如蟲行，痒不可當，煎浴良。洗目去風。凡痰嗽哮證，血病消渴及水脹俱大忌。

**清・徐士鑾《醫方叢話》卷七** 鹽藥攷 今俗諺云如鹽藥，言其少而難得。《本草》戎鹽部中，陳藏器云鹽藥味鹹，無毒，療赤眼，明目。生海西南雷諸州中，石似芒硝，入口極冷，可傳瘡腫。又《本草》獨自草作毒箭，惟鹽藥可解。戎鹽條中不言，恐有脫誤《西溪叢語》。

**清・吳汝紀《每日食物却病考》卷下** 鹽 性寒，無毒。治腸胃結熱，解毒，涼血潤燥，定痛止痒，吐一切風熱痰飲，止心腹卒痛，堅齒，殺蟲，明目，止風淚，接藥入腎，洗蚯蚓毒。多食傷肺，作嗽損筋。

## 戎鹽

**宋・唐慎微《證類本草》卷五玉石部下品〔《本經・別錄》〕 戎鹽** 味鹹，寒，無毒。**主明目、目痛，益氣，堅肌骨，去毒蠱**，心腹痛，溺血吐血，齒舌血出。一名胡鹽。生胡鹽山及西羌北地酒泉福祿城東南角。北海青、南海赤。十月採。

〔梁・陶弘景《本草經集注》〕云：今俗中不復見鹵鹹，惟魏國所獻虜鹽，即是河東大鹽，形如結冰圓强，味鹹、苦，夏月小潤液。虜中鹽乃有九種：白鹽、食鹽，常食者；黑鹽，主腹脹氣滿；胡鹽，主耳聾目痛；柔鹽，主馬脊瘡；又有赤鹽、駮鹽、臭鹽、馬齒鹽四種，並不入食。馬齒即大鹽，黑鹽疑是鹵鹹，柔鹽疑是戎鹽，而此戎鹽又名胡鹽，並主眼痛，二三相亂。今戎鹽虜中甚有，從涼州來，芮芮河南使及北部胡客從燉煌來，亦得之，自是稀少爾。其形作塊片，或如雞鴨卵，或如菱米，色紫白，味不甚鹹，口嘗氣臭，正如毈雞子臭者言真。又河南鹽池泥中，自有凝鹽如石片，打破皆方，青黑色，善療馬脊瘡，又疑此或是。鹽雖多種，而戎鹽、鹵鹹最爲要用。又巴東朐䏰縣北岸大有鹽井，鹽水自凝，生粥子鹽，方一二寸，中央突張繖形，亦有方如石膏、博棊者。李云：戎鹽味苦，臭。是海潮水澆山石，經久鹽凝著石取之。北海者青、南海者紫赤。又云：鹵鹹即是人煮鹽釜底疑强鹽滓，如此二說并未詳。

〔唐・蘇敬《唐本草》〕注云：陶稱鹵鹹，疑是黑鹽，此是鹼土，議如前說，其戎鹽即胡鹽。沙州名爲禿登鹽，廓州名爲陰土鹽，生河岸山坂之陰土石間，塊大小不常，堅白似石，燒之不鳴烢爾。

〔宋・掌禹錫《嘉祐本草》〕按：陳藏器云：鹽藥，味鹹，無毒。主眼赤眦爛風赤，細研水和點目中。又入腹去熱煩，痰滿，頭痛，明目，鎮心，水研服之。又主蚖蛇惡蟲毒，疥癬，癰腫，瘰癧。已前入腹。水消服之，著瘡正爾摩傅。生海西南雷、羅諸州山谷。似芒消末細，入口極冷。南人多取傅瘡腫，少有服者，恐極冷，入腹傷人，且宜慎之。日華子云：戎鹽，平。助水藏，益精氣，除五藏癥結，心腹積聚，痛瘡疥癬等。即西蕃所出，食者號戎鹽，又名羌鹽。

〔宋・唐慎微《證類本草》〕《圖經》：文具石鹽條下。陳藏器云：戎鹽累卵。《丹房鏡源》云：戎鹽，赤、黑二色。累卵，乾汞，制丹砂。

**宋・寇宗奭《本草衍義》卷六** 戎鹽 成垛，裁之如枕，細白，味甘、鹹。亦功在却血。入腎，治目中瘀赤、澀昏。

**宋・王繼先《紹興本草》卷三** 戎鹽 興校定：戎鹽，其所載出產甚多，然西蕃所出者，其形成塊，色明净者佳。《本經》雖有主治，而但説明水藏用之多驗。當作味鹹、平、無毒是矣。

**宋・劉明之《圖經本草藥性總論》卷上** 戎鹽 味鹹，寒，無毒。主明目，目痛。益氣，緊肌骨，去毒蠱心腹痛，溺血吐血，齒舌血出。陳藏器云：味鹹，無毒。主眼赤眦爛風赤，去熱煩，痰滿頭痛，明目鎮心。又主蚖蛇、惡蟲毒，疥癬癰腫瘰癧。日華子云：平。助水藏，益精氣，除五臟癥結，心腹積聚痛。

**明・王綸《本草集要》卷五** 戎鹽 味鹹，氣寒，無毒。西羌所出者是。主明目，目痛，益氣，堅肌骨，去毒蠱心腹痛，溺血吐血，齒舌血出，去煩熱痰滿。傅疥癬、癰腫、瘰癧。

**明・滕弘《神農本經會通》卷六** 戎鹽 即胡鹽。塊大小不常，堅白似石，燒之不鳴，烢爾。一名胡鹽。生胡鹽山及西羌北地，酒泉福祿城東南角，北海青，南海赤。

味鹹，氣寒，無毒。《本經》云：主明目，目痛，益氣，堅肌骨，去毒蠱，心腹痛，溺血吐血，齒舌血出。陳藏器云：主眼赤，眥爛風赤，細研，水和點目中。又入腹，去熱煩痰滿，頭痛，明目鎮心，水研服之。又主蚖蛇惡蟲毒，疥癬癰腫，瘰癧，入腹，水消服之。似芒消末細，入口極冷。南人多取傅瘡腫，少有服者，恐極冷，入腹傷人目，宜謹之。日華子云：平。助水藏，益精氣，除五臟癥結，心腹積聚痛，瘡疥癬等。即西番所出食者，又名羌鹽。《衍義》曰：戎鹽成垛，裁之如枕，細白，味甘、鹹，亦功在却血，入腎，治目中瘀赤澁昏。

**明・劉文泰《本草品彙精要》卷四** 戎鹽無毒。附鹽藥。土生。

**戎鹽**出《神農本經》。**主明目目痛，益氣，堅肌骨，去毒蠱。**以上朱字《神農本經》。心腹痛，溺血，吐血，齒舌血出。以上黑字名醫所錄。【名】胡鹽、禿登鹽、陰土鹽。【地】《圖經》曰：生胡鹽山及西羌北地、酒泉福祿城東南角。北海青，南海赤者是也。補下藥多用青鹽，疑此即戎鹽。今青鹽從西羌來者，形塊方棱，明瑩而青黑色，最奇。北胡來者，作大塊而不光瑩，又多孔竅，若蜂窠狀，色亦淺於西鹽，彼人謂之鹽枕，入藥差劣。陶隱居云：今虜中甚有，從涼州來，芮芮河南使及北部胡客從燉煌來，亦得之，自是稀少耳。其形作塊片，或如雞鴨卵，或如菱米，色紫白，味不甚鹹，口嘗氣臭，正如毈音段雞子臭者爲真。又有一種鹽藥，味鹹，無毒，生海西南雷、羅諸州山谷，似芒硝末細，入口極冷，南人多取傅瘡腫，少有服者，恐極冷入腹傷人，且宜慎之。《唐本》注云：其戎鹽即胡鹽，沙州名爲禿登鹽，廓州名爲陰土鹽。生河岸山阪之陰土石間，塊大小不常，堅白似石，燒之不鳴烢爾。戎鹽赤、黑二色者，累卵，乾汞，制丹砂。【時】生：無時。採：十月取。【用】顆塊者佳。【質】類石膏而堅。【色】青。【味】鹹。【性】寒。【氣】味厚于氣，陰也。【臭】朽。【主】化堅積。【製】研細用。【治】療：日華子云：除五臟癥結，心腹積聚，痛瘡疥癬。《衍義》曰：除目中瘀赤澀昏。陳藏器云：鹽藥主眼赤，眥爛，風赤，細研，水和，點目中。入腹去熱煩，痰滿，頭痛，明目，鎮心，水研服之。又主蚖蛇、惡蟲毒，疥癬，癰腫，瘰癧，水消服之，著瘡正爾，摩傅。補：日華子云：助水臟，益精氣。【禁】性冷，不宜多服。

**明・葉文齡《醫學統旨》卷八** 青鹽 氣寒，味鹹，無毒。西羌所出者是。治頭疼牙疼，固齒烏鬚，明目，補下元，益氣堅肌骨；去煩熱痰滿，齒舌血出。

**明・鄭寧《藥性要略大全》卷八** 青鹽 治腹痛，且滋腎水。治眼散血。味鹹，氣溫，無毒。治療與食鹽同。

**明・王文潔《太乙仙製本草藥性大全》卷六《本草精義》** 戎鹽 一名胡鹽，一名青鹽。生胡鹽山及西羌北地，酒泉福祿城東南角。北海青，南海赤是也。然羌胡之鹽，種類自多。陶注又云：虜中鹽有九，白鹽、食鹽常食者，黑鹽、柔鹽、赤鹽、駮鹽、臭鹽、馬齒鹽之類，今人不能偏識。醫家治眼及補下藥多用青鹽，疑此即戎鹽。而《本經》云：北海青，南海赤。青鹽從西羌來者，形塊方稜，明瑩，而青黑色最奇；北胡來者，作大塊而不光瑩，又多孔竅若蜂窠狀，色亦淺於西鹽，彼人謂之鹽枕，入藥差劣。北胡又有一種鹽，作片屑如碎白石，彼人亦謂之青鹽，緘封於匣中，與鹽椀並作禮贄，不知是何色類？

**明・王文潔《太乙仙製本草藥性大全》卷六《仙製藥性》** 戎鹽即青鹽。味鹹，氣寒，無毒。主治：益氣去毒蠱，明目却目疼。止吐衄可加，堅筋骨節堪入。除五臟癥結，破心腹積聚。助水臟而治溺血，益精氣而療疥瘡。補註：主眼赤眥爛風赤，細研水和，點目中。〇入腹痛去熱煩痰滿，頭痛，明目鎮心，水研服之。〇主蚖蛇惡蟲毒，疥癬癰腫，瘰癧，已前入腹。水消服之，著瘡正爾，摩傅。入口極冷，南人多取傅瘡，少有服者，恐極冷，入腹傷人。

**明・皇甫嵩《本草發明》卷五** 戎鹽下品。味鹹，寒，無毒。生胡鹽山及西羌北地、酒泉福祿城東南角。北海青，南海赤。一云味苦臭，(服)〔如〕雞子臭，煅白用纔妙。主明目，却目痛，益氣，堅肌骨，去毒蠱，心腹痛，溺血吐血，齒舌血出。

**明・李時珍《本草綱目》卷一一石部・鹵石類** 戎鹽《本經》下品

【釋名】胡鹽《別錄》 羌鹽《日華》 青鹽《綱目》 禿登鹽《唐本》 陰土鹽大明曰：西番所食者，故號戎鹽、羌鹽。恭曰：戎鹽，即胡鹽也。沙州名禿登鹽，廓州名爲陰土鹽，生河岸山坂之陰土石間，故名。【集解】《別錄》曰：戎鹽生胡鹽山，及西羌北地、酒泉福祿城東南角。北海青，南海赤。十月采。當之曰：戎鹽味苦臭，是海潮水澆山石，經久鹽凝着石，取之北海者青，南海者赤。弘景曰：史書言虜中鹽有九種：白鹽、食鹽，常食者；黑鹽，主腹脹氣滿；胡鹽，主耳聾目痛；柔鹽，主馬脊瘡；又有赤鹽、駮鹽、臭鹽、馬齒鹽四種，並不入食。馬齒即大鹽，黑鹽疑是鹵鹹，柔鹽疑是戎鹽，而此戎鹽又名胡鹽，二三相亂。今戎鹽虜中甚有，從涼州來，亦從燉煌來。其形作塊片，或如雞鴨卵，或如菱米，色紫白，味不甚鹹，口嘗氣臭正如毈雞子臭者乃真。又河南鹽池泥中，自有凝鹽如石片，打破皆〔方〕，青黑色，善療馬脊瘡，又疑此是戎鹽。又巴東朐腮縣北崖有鹽井，鹽水自凝，生繖子鹽，〔方〕一二寸，中央突張如繖形，亦有方如石膏、博棋者。恭曰：戎鹽即胡鹽，生河崖山坂之陰土石間，大小不常，堅白似石，燒之不鳴烢也。宗奭曰：戎鹽成垛，裁之如枕，細白，味甘、鹹。頌曰：陶氏所説九種，今人不能遍識。醫家治眼及補下藥多用青鹽，恐即戎鹽也。《本草》云：北海青，南海赤。今青鹽從西羌來者，形塊方稜，明瑩而青黑色，最奇。北海來者，作大塊而不光瑩，又多孔竅，若蜂窠狀，色亦淺于西鹽，彼人謂之鹽枕，入藥差劣。北胡又有一種鹽，作片屑，如碎白石，彼人亦謂之青鹽，緘封于匣，與鹽枕并作禮贄，不知是何色類。時珍曰：本草戎鹽云，北海青，南海赤，而諸注乃用白鹽，似與本文不合。按《涼州異物志》云：姜賴之墟，今稱龍城。剛鹵千里，蒺藜之形。其下有鹽，累棋而生。出于胡國，故名戎鹽。讃云：鹽山二岳，二色爲質。赤者如丹，黑者如漆。小大從意，鏤之爲物。作獸辟惡，佩之爲吉。或稱戎鹽，可以療疾。此説與《本草》本文相合，亦惟赤、黑二色，不言白者。蓋白者乃光明鹽，而青鹽、赤鹽則戎鹽也。故《西涼記》云：青鹽池出鹽，正方半寸，其形如石，甚甜美。《真臘記》云：山間有石，味勝于鹽，可琢爲器。《梁杰公傳》言，交河之間，掘磧下數尺，有紫鹽，如紅如紫，色鮮而甘。其下丈許，有瑿珀。《北户錄》亦言，張掖池中出桃花鹽，色如桃花，隨月盈縮。今寧夏近涼州地，鹽井所出青鹽，四方皎潔如石。山丹衛即張掖地，有池産紅鹽，紅色。此二鹽，即戎鹽之青、赤二色者。醫方但用青鹽，而不用紅鹽，不知二鹽皆名戎鹽也。所謂南海、北海者，指西海之南北而言，非炎方之南海也。張果《玉洞要訣》云：赤戎鹽出西戎，禀自然水土之氣，結而成質。其地水土之氣黃赤，故鹽亦隨土氣而生。味淡于石鹽，力能伏陽精。但于火中燒汁紅赤，凝定色轉益者，即真也。亦名絳鹽。《抱朴子》書有作赤鹽法。又嶺南一種紅鹽，乃染成者，皆非真紅鹽也。又《丹房鏡源》云：蠻鹽可伏雌雄，紅鹽爲上。

【氣味】鹹，寒，無毒。宗奭曰：甘、鹹。大明曰：平。獨孤滔曰：戎鹽，赤、黑二色，能累卵，乾汞，制丹砂。【主治】明目目痛，益氣，堅肌骨，去毒蠱《本經》。心腹痛，溺血吐血，齒舌血出《別錄》。助水臟，益精氣，除五臟癥結，心腹積聚，痛瘡疥癬大明。解芫青、斑蝥毒時珍。

【發明】宗奭曰：戎鹽甘鹹，功在却血、入腎，治目中瘀赤澀昏。時珍曰：戎鹽功同食鹽，不經煎鍊，而味鹹帶甘，入藥似勝。《周禮注》云，飴鹽味甜，即戎鹽，不知果否？或云以飴拌鹽也。

【附方】新六。小便不通：戎鹽湯：用戎鹽彈丸大一枚，茯苓半斤，白朮二兩，水煎，服之。《仲景金匱方》。風熱牙痛：青鹽一斤，槐枝半斤，水四盌，煎汁二盌，煮鹽至乾，炒研。日用揩牙洗目。《唐氏經驗方》。牢牙明目：青鹽二兩，白鹽四兩，川椒四兩，煎汁拌鹽炒乾。日用揩牙洗目，永無齒疾目疾。《通變要法》。風眼爛弦：戎鹽化水，點之。《普濟方》。痔瘡漏瘡：白礬四兩，青鹽四兩，爲末，猪尿脬一個盛之，陰乾。每服五錢，空心溫水下。《趙氏經驗方》。

**明・梅得春《藥性會元》卷下** 青鹽 味鹹，氣寒，無毒。出西羌者佳。

主治頭疼牙痛，固齒烏鬚明目，補下元益氣，堅肌骨，去煩熱痰滿，齒舌出血，療腹痛，滋腎水。

**明・李中立《本草原始》卷八** 青鹽 生胡鹽山及西羌北地，酒泉福祿城東南角。北海青，南海赤。十月採。大明曰：西番所食者，故號戎鹽、羌鹽。其形作塊，方圓大小不常，方稜、明瑩、青色者最奇，故俗通呼青鹽。青鹽：氣味：鹹，寒，無毒。主治：明目，目痛。益氣，堅肌骨，去毒蠱。○心腹痛，溺血吐血，齒舌血出。○助水臟，益精氣，除五臟癥結，心腹積聚，痛瘡疥癬。○解芫青、斑蝥毒。

青鹽，《本經》下品。載名戎鹽。方塊明淨，無夾泥土者佳。

獨孤滔曰：戎鹽，赤、黑二色，能累卵，乾汞，制丹砂。《通變要法》：青鹽二兩，白鹽四兩，用川椒四兩，煎汁，拌鹽炒乾，日用揩牙洗目，永無齒疾、目疾。

**明・趙南星《上醫本草》卷二** 青鹽 一名戎鹽，一名羌鹽。大明曰：西番所食者，故號戎鹽、羌鹽。時珍曰：故《西涼記》云，青鹽池出鹽，正方半寸，其形如石，甚甜美。今寧夏近涼州地鹽井所出青鹽，四方皎潔如石。山丹衛即張掖地，有池產紅鹽紅色。此二鹽即戎鹽之青、赤二色者。醫方但用青鹽而不用紅鹽，不知二鹽皆名戎鹽也。功同食鹽，不經煎鍊而味鹹帶甘，入藥似勝。鹹，寒，無毒。主治：明目目痛，五臟癥結，心腹積聚痛，溺血，吐血，齒舌血出。助水臟，益精氣，堅肌骨，去毒蠱，療瘡疥癬。

附方 風熱牙痛：青鹽一斤，槐枝半斤，水四盌，煎汁二盌，煮鹽至乾，炒研。日用揩牙、洗目。牢牙明目：青鹽二兩，白鹽四兩，川椒四兩，煎汁，拌鹽炒乾。日用揩牙洗目，永無齒疾、目疾。

**明・李中梓《藥性解》卷一** 青鹽 味鹹，性寒，無毒，入腎經。主明目。止痛益氣，堅筋骨，助水臟，除心腹痛，破聚癖疥瘡。一名戎鹽，一名胡鹽。

按：青鹽味鹹，腎所宜也，故獨入之，水臟既補，則明目堅骨等功，何足異耶？

**明・繆希雍《本草經疏》卷五** 戎鹽 味鹹，寒，無毒。主明目，目痛，益氣，堅肌骨，去毒蠱心腹痛，溺血，吐血，齒舌血出。一名胡鹽，一名青鹽。

【疏】戎鹽稟水中至陰之氣凝結而成，不經煎煉而生於涯涘坂墳之陰。其味鹹，氣寒，無毒。入手足少陰經。《經》曰：熱淫於內，制以鹹寒。血熱則目痛不明，鹹寒能入血除熱，故主目痛明目也。心腹痛者，心虛而邪熱客之也。吐血、齒舌上出血者，火迫血妄行，溢出於上也。鹹主潤下，俾火氣不上炎，則有坎離交之象焉，故能主諸證也。溺血者，小腸熱也。心與小腸為表裏，心火降則小腸熱自除也。《經》曰：熱傷氣。又曰：腎主骨。熱則氣散，骨消筋緩，鹹能入腎，寒能除熱，故主益氣堅肌骨也。鹹為水化，諸毒得水則解，故又能去毒蠱。日華子云助水臟，益精氣，除五臟癥結，心腹積聚者，取其入腎及軟堅除熱之功耳。【主治參互】仲景《金匱方》戎鹽湯，治小便不通。用戎鹽彈丸大一枚，茯苓半斤，白朮二兩，水煎服之。唐氏《經驗方》風熱牙痛，青鹽一斤，槐枝半斤，水四盌，煎汁二盌，煮鹽至乾，炒研。日用揩齒洗目。《普濟方》風眼爛弦，戎鹽水化點之。簡誤同食鹽。

**明・倪朱謨《本草彙言》卷一三** 戎鹽 味鹹、甘，氣寒，無毒。盧氏曰：戎鹽即青鹽，亦赤鹽也。陶氏曰：史書言虜中鹽有九種，曰白鹽、食鹽、駁鹽、胡鹽、柔鹽、黑鹽、赤鹽、臭鹽、馬齒鹽，而胡鹽即戎鹽也。大氏曰：戎鹽，生沙崖山坂之陰土石間，大小不常，形作塊片，間有方稜。或如鷄卵，或如菱米，堅結如石，色玄紫白，味不甚鹹，臭若毈鷄之氣，燒之不鳴烢者是也。又《讚》云：鹽山二色，赤丹黑漆。鏤成龍虎，備之爲吉。可以辟惡，可以療疾。張果云：赤戎鹽生西戎，稟自然水土之氣，結而成質，不假人力煎煉。其地水土之氣黃赤，故鹽亦隨土氣黃赤也。味淡于石鹽，力伏陽精，火中燒之，汁仍紅赤。凝定時色益赤者爲真。再燒之最久，赤轉爲青矣，故一名絳鹽。《西京記》云：有青鹽池出青鹽，正方寸半，其形如石，味甚甘美。《真臘記》云：山間有石，味勝於鹽，可琢爲器。《梁杰公傳》云：交河之間，掘磧下數尺有紫鹽，色紫鮮而味甘，其下丈許，必有璧珀。《北戶錄》云：張掖池中生桃花鹽，色如桃花，隨月盈縮。今寧夏近涼州，池鹽所出青鹽，四方皎潔如石，此二鹽者，即戎鹽之青、赤二鹽也。今方書但用青鹽，不用赤鹽，并目赤鹽爲異物矣。《本草》云：北海産青鹽，南海産赤鹽，總從西戎來。所謂南北者，指西海之南北耳。嶺南一種紅鹽，用色染成，非真赤鹽也。燒之出白汁，凝定仍轉白色矣。

戎鹽：主治病能，與食鹽同功。但出天成，不假人力煎煉，而味鹹兼甘，似勝食鹽一倍也。茲不復贅。

**明・姚可成《食物本草》卷一六味部・雜類** 戎鹽生胡鹽山及西羌北地、酒泉福祿城東南角。北海青，南海赤。《異物志》云：姜賴之墟，今稱龍城。剛鹵千里，蒺藜之形。其下有鹽，累棋而生。出于胡國，故名戎鹽。讚云：鹽山二岳，二色為質。赤者如丹，黑者如漆。小大從意，鏤之為物。作獸辟惡，佩之為吉。或稱戎鹽，可以療疾。久服長生，可登仙籍。 戎鹽，味鹹，寒，無毒。主明目目痛，益氣，堅肌骨，去毒蠱。心腹痛，溺血吐血，齒舌出血。助水臟，益精氣，除五臟癥結，心腹積聚，痛瘡疥癬。解芫青、斑蝥毒。能累卵，乾汞，制丹砂。

**明・蔣儀《藥鏡》卷四寒部** 青鹽 助水臟而血涼，故能止目痛，而筋骨以堅。補心虛而熱退，散能除腹疼，而積聚頓掃。鹹味于五行也，水曰潤下，毒得水而邪蠱自清。然多用則傷肺引痰，心苗與小腸者，相為表裏，心火降而溺血自止。然錯投亦瀉精走血。

**明・張景岳《景岳全書》卷四九《本草正》** 青鹽 味鹹、微甘，性涼。能降火消痰明目，除目痛，益腎氣。除五藏癥結，心腹積聚，吐血尿血，齒牙疼痛出血。殺毒蟲，除疥癬諸蟲，及斑蝥、芫青諸毒。此鹽不經火煉而成，其味稍甘，雖性與大鹽略同，而滋益之功則勝之。

**明・盧之頤《本草乘雅半偈》帙六** 戎鹽《本經》下品 氣味：鹹，寒，無毒。主治：主明目，目痛，益氣，堅筋骨，去毒蠱。

覈曰：戎鹽，即青鹽，亦赤鹽也。史書言虜中鹽有九種：曰白鹽、食鹽、黑鹽、胡鹽、柔鹽、赤鹽、駁鹽、臭鹽、馬齒鹽，而戎鹽即胡鹽。日華一名羌鹽，《唐本》一名禿登鹽，大明一名陰土鹽，生沙崖山坂之陰土石間也，大小不嘗，形作塊片，間有方稜，或如雞卵，或如菱米，堅結似石，色玄紫白，味不甚鹹，臭若鰕鷄之氣，燒之不鳴者是也。《涼州異物志》云：姜賴之墟，今稱龍城。剛鹵千里，蒺藜之形。其下有鹽，累棋而生。又云：鹽山二岳，二色為質，赤者如丹，黑者如漆。小大從意，鏤之為物。作獸闢惡，佩之為吉。或稱戎鹽，可以療疾。張果《玉洞要訣》云：赤戎鹽，生西戎，稟自然水土之氣，結而成質。其地水土之氣黃赤，故鹽亦隨土氣而生。味淡於石鹽，力伏陽精。火中燒之，法仍紅赤，凝定時，色益赤者為真。再燒之最久，赤轉為青矣。故一名絳鹽。《西涼記》云：有青鹽池，出青鹽，正方寸半，其形如石，味甚甘美。《真臘記》云：山間有石，味勝于鹽，可琢為器。《梁杰公傳》云：交河之間，掘磧下數尺有紫鹽，如紅如紫，色鮮而甘。其下丈許，必有璧珀。《北戶錄》云：張掖池中生桃花鹽，色如桃花，隨月盈縮。今寧夏近涼州地，鹽井所出青鹽，四方皎潔如石。山丹衛，即張掖地，有池產鹽紅色。此二鹽者，即戎鹽之青、赤二鹽也。今方書但用青鹽，不用赤鹽，并目赤鹽為異物矣。《本草》云：北海產青鹽，南海產赤鹽，總從西戎來。所謂南北者，指西海之南北耳。嶺南一種紅鹽，用色染成，非真赤鹽也，燒之出白汁，凝定仍轉白色矣。《丹房鑑源》云：鑾鹽可伏雌雄，唯赤鹽為上。獨孤滔云：戎鹽累卵，乾澒制土砂。

參曰：煮海為鹽，若戎鹽者，鍾海水自然之精氣，不假人力為也。生海北者黑如漆，海南者赤如丹，赤則水劣火勢，黑則火勢少水，燒之最久，黑者赤，赤者黑矣。以緣水火爲性，不越水火為色，通以水火為勝劣，亦通以水火為功用也。故主精明眼識為緣，生于眼識，蓋識精緣水為根，緣明為塵，塵為火用，根為火體故爾。若益氣堅筋骨，去毒蠱，此實明澄湛之休徵耳。實明即火，澄湛即水。《經》云：實明生潤，水從火出矣。

**清・顧元交《本草彙箋》卷一〇** 青鹽 稟水中至陰之氣，凝結而成，不經煎煉，而生於涯涘坂墳之陰。味鹹帶甘，較之食鹽入藥爲勝。性能入血除熱，故主目痛，明目。心虛而邪熱客之，則心腹痛。火迫血妄行，溢出於上，故或吐血及齒舌出血。小腸熱則溺血。鹹寒潤下，俾火氣不上炎，則有坎離交之象。而小腸爲心之表，心火降，則小腸熱亦除。其能固齒者，又取其黑能通腎而堅骨也。

青鹽爲西番所食，故號戎鹽，亦名胡鹽、羌鹽。

**清·劉雲密《本草述》卷六**　戎鹽一名青鹽、羌鹽、胡鹽。　時珍曰：《本草》戎鹽云：北海青，南海赤。而諸注乃用白鹽，似與本文不合。按《涼州異物志》云：姜賴之墟，今稱龍城。剛鹵千里，蒺藜之形。其下有鹽，累碁而生。出於胡國，故名戎鹽。贊云：鹽山二岳，二色為質。赤者如丹，黑者如漆，或稱戎鹽，可以療疾。此説與《本草》本文相合，亦惟赤黑二色，不言白者。蓋白者乃光明鹽，而青鹽、赤鹽則戎鹽也。按《西涼記》云：青鹽池出鹽，正方半寸，其形如石，甚甜美。《北戶錄》亦言，張掖池中出桃花鹽，色如桃花，隨月盈縮。今寧夏近涼州地，鹽井所出青鹽，四方皎潔如石。山丹衛即張掖地，有池產紅鹽，紅色。此戎鹽之青赤二色者，醫方但用青鹽，而不用紅鹽，不知二鹽皆名戎鹽也。所謂南海、北海者，指西海之南北而言，非炎方之南海也。總來自西戎耳。

氣味：鹹，寒，無毒。　主治：助水臟，益精氣日華子。明目，療目痛《本經》。心腹痛，溺血吐血，齒舌血出《別錄》。除五臟癥結，心腹積聚日華子。堅肌骨，去毒蠱《本經》。治眩暈脹滿，腰痛遺精，白濁勞淋，小便不禁《方書》。

宗奭曰：戎鹽甘鹹，功在却血，入腎，治目中瘀，赤澀昏。　時珍曰：戎鹽功同食鹽，不經煎煉，而味鹹帶甘，入藥似勝。

愚按：戎鹽從西戎之地來，雖同是潤下之氣所凝，但產於極西者，寒水孕於母氣。李東壁氏謂入藥似勝食鹽，不謬也。若其功等耳，何以療疾者時與他鹽並用乎？即如各本草主治，雖其除心腹痛，及五臟癥結，心腹積聚，明目堅骨者，與食鹽不遠，乃云療諸血證，而食鹽則未及也。夫血固水所化，是同氣相求，此更為要藥矣。雖然用戎鹽而逐寒涼之隊者，此易知也。至如方書治眩暈，沉香磁石丸治上盛下虛，眩暈，耳鳴耳聾用大溫補以歸腎；又如二至丸治老人腎氣虛損，腰痛不可屈伸，亦大用溫補以實腎氣；二證却皆入戎鹽，入於溫補中，藉元陰之氣和陽而歸陰也。又如瑣精丸治腎氣虛而白淫者，戎鹽乃與故紙等分，是又陰陽均配而用，以至陽原根於至陰也。又如水中金丹治元臟氣虛遺精，用微溫腎氣及固脫藥，却入戎鹽與乳香，所以和陰使為陽守也。又如地黃丸治腎虛勞致膀胱結而淋瀝者，主以利竅益氣，亦兼涼血清熱，却以戎鹽入於活血之中，所謂求元陰之本以和血也。即此數類推之，可以盡用戎鹽之變矣。是則《本草》所謂助水臟，益清氣二語，固當不妄，而其主治謂勝於諸鹽者，豈不然哉？

修治　即青鹽溫水洗去塵土净，曬乾和藥。

附二鹽並用方　荔核散治疝氣，陰核腫大痛不可忍，荔枝核、十四枚，燒灰存性，用新者。八角蘹香炒、沉香、木香、青鹽、食鹽各一錢，川楝肉、小蘹香各二錢，為細末，每服三錢，空心熱酒調服。　牢牙明目，青鹽二兩，白鹽四兩，川椒四兩，煎汁拌鹽炒乾，日用揩牙洗目，永無齒疾目疾。

附單用白鹽方　漏精白濁，雪白鹽一兩，并築緊固濟，煅一日，出火毒，白茯苓、山藥各一兩，為末，棗肉和蜜丸梧子大，每棗湯下三十丸。蓋甘以濟鹹，脾腎兩得也。按：白鹽據東壁氏謂光明鹽是。但浙閩之鹽皆白，豈盡謂之光明鹽乎？似當再稽考之。

**清·蔣居祉《本草擇要綱目·溫性藥品》**　青鹽　氣味：鹹，寒，無毒。主治：明目，目痛，益氣，堅肌骨，去毒蠱，其功在却血入腎。治目中瘀赤色，昏憒，助水臟，益精氣。療齒舌血出，祕精固齒。功同食鹽。不經煎鍊而味鹹帶甘，入藥似勝。

**清·王翃《握靈本草》卷一**　戎鹽涼州鹽井取出，四方皎潔如石，有紅白二種，醫方但用青鹽，而不用紅鹽，皆戎鹽也。溫水洗去塵土，晒乾入藥。　主治：戎鹽，醎，寒，無毒。主明目，益氣，堅肌骨。去蠱毒，心腹痛。溺血吐血，齒舌血出。

**清·汪昂《本草備要》卷四**　青鹽即戎鹽。補腎，瀉血熱。　甘鹹而寒。入腎經，助水藏，平血熱。治目痛赤濇，吐血溺血，齒舌出血，堅骨固齒，擦牙良。明目烏鬚。餘同食鹽。　出西羌。不假煎煉，方棱、明瑩、色青者良。

**清·李熙和《醫經允中》卷一九**　青鹽　一名戎鹽。　甘、鹹，寒，無毒。主治止血堅骨，散風固齒，明目烏鬚。

**清·张璐《本經逢原》卷一**　戎鹽一名石鹽，俗名青鹽，與光明鹽同類。　鹹，寒，無毒。　《本經》主明目，目痛，益氣，堅筋骨，去毒蠱。　發明：戎鹽稟至陰之氣凝結而成，不經煎鍊，生涯涘之陰，功專走血入腎，治目中瘀赤昏澀。《金匱》茯苓戎鹽湯治小便不通，取其補腎利膀胱也。又能固齒明目，治目痛，益氣，堅筋骨，一皆補腎之力。《本經》首主明目，目痛，是熱淫於內，治以鹹寒。又言去毒蠱者，鹹能耎堅，蠱毒邪氣不能浮長矣。

**清・汪啟賢等《食物須知・諸葷饌》** 戎鹽　類石，出自西羌，一名青鹽，煅白纔妙。益氣，去氣蠱；　明目，卻目疼。止吐衄血可加，堅筋骨節堪入。

**清・張志聰、高世栻《本草崇原》卷下**　戎鹽　氣味鹹寒，無毒。主明目目痛，益氣，堅肌骨，去毒蠱。　戎鹽產自西戎，故名戎鹽。生酒泉福祿城東南之海中，相傳出於北海者青，出於南海者赤，此由海中潮水濺漬山石，經久則凝結為鹽，不假人力而成。所謂南海、北海，乃西海之南北，非南方之海也。青紅二種，皆名戎鹽。今醫方但用青鹽，不用紅鹽。　戎鹽由海中鹹水凝結於石土中而成，色分青赤，是稟天一之精，化生地之五行，故主助心神而明目，補肝血而治目痛，資肺金而益氣，助脾腎而堅肌骨。五臟三陰之氣，交會於坤土，故去蠱毒。

**清・王子接《得宜本草・下品藥》**　青鹽　味鹹，寒。功專助水藏，益精氣。得杜仲、補骨脂能補肝陽，得川椒能明目。

**清・黃元御《長沙藥解》卷四**　戎鹽　味鹹，微寒。入足太陽膀胱經。清膀胱而泄熱，開癃閉而利水。　《金匱》茯苓戎鹽湯，茯苓半斤，戎鹽彈丸大，白术二兩。治小便不利。以其土濕，則水道不利，茯苓燥土而泄濕，戎鹽利水而泄熱也。　戎鹽鹹寒之性，直走膀胱而清痰熱，長於利水。其他主治，能止吐血、尿血、齒舌諸血，以鹹走血，而性清降也。　味鹹而甘，入藥殊勝。食鹽之苦，即青鹽也。

**清・吳儀洛《本草從新》卷五**　戎鹽（補腎，瀉血熱。）一名青鹽。　甘鹹而寒。入肝、腎。助水臟，平血熱。治目痛赤澀，散肝經風熱。吐血溺血。齒舌出血。堅骨固齒，擦牙良。明目烏鬚。功同食鹽而更勝之。出西羌。不假煎煉。方棱明瑩色青者良。

**清・汪紱《醫林纂要探源》卷三**　青鹽　甘鹹。即戎鹽。色青明瑩，結塊成方稜，不待煎而成者。功用同食鹽，而能平肝火，滲妄血。治目痛赤澀。齒舌出血，以擦牙良。

**清・嚴潔等《得配本草》卷一**　青鹽即戎鹽。　乾汞。制丹砂。解芫青、斑蝥毒。　鹹，寒。入足少陰經血分。助水臟，平血熱，降邪火，消熱痰。去癥，殺蟲，止血，堅骨，固齒，明目。　佐杜仲，補肝陽。君川椒，明目。同冰片，止牙痛。煮桑葉，洗爛眼。西羌來者，不經煎煉，方棱明瑩青色者良。燥藥以青鹽水拌蒸，或拌炒則潤，亦能引諸藥以入腎。嘔吐者禁用。

**題清・徐大椿《藥性切用》卷七**　戎鹽　即青鹽。性味鹹寒，入肝腎而瀉熱，益陰固齒明目，功近食鹽而力更勝，水腫宜之。

**清・黃宮繡《本草求真》卷六**　青鹽除腎血分實熱。　青鹽耑入腎，兼入心。即名戎鹽，稟至陰之氣凝結而成，不經煎煉，生於涯涘之陰。其味鹹，氣寒無毒，能入少陰腎臟以治血分實熱，故凡病因腎起而見小便不通，胃中瘀赤澹昏，及吐血溺血，齒舌出血，牙齦熱痛，暨蠱毒邪氣固結不解者，宜以此味投治。《普濟方》治風眼爛弦，用戎鹽化水點之。仲景《金匱方》治小便不通，用戎鹽彈丸大一枚，茯苓半觔，白术二兩，水煎服之。俾腎補而熱除，鹹入而堅軟。《經》曰：　熱淫於內，治以鹹寒，正此謂耳。出西羌，不假煎煅，方稜明潤色青者良。

**清・羅國綱《羅氏會約醫鏡》卷一八金石水土部**　青鹽味鹹、微甘，寒，入腎經。　甘鹹而寒。助水臟，平血熱，消痰降火。除目痛、吐血、尿血、齒血、舌血鹹寒，堅骨固齒，補腎。固齒方在齒門。明目烏鬚腎足。此鹽出於西羌涯涘之陰，不假煎煉而成，功用略同食鹽，而滋益勝之。方稜、色青者良。

**清・趙學敏《本草綱目拾遺》卷二石部**　桃花鹽　《柑園小識》：　桃花鹽產澤旺，每春深紅如桃花，至夏紅色漸減，秋冬色白，入春仍紅。胃痛人炙鹽熨之立止。　治胃痛，以鹽熨之立止。

**清・王龍《本草纂要稿・鹵石部》**　戎鹽　氣味鹹寒。明目却目痛，益氣去氣蠱。止吐血，堅筋骨。療心腹卒疼，助水臟，益精氣，除五臟癥結。即青鹽。

**清・張德裕《本草正義》卷上**　青鹽　鹹，涼。能降火消痰，益腎明目，止牙疼。此鹽不經火煉而成，味稍甘，與燒鹽不同，畧有滋益。

**清・楊時泰《本草述鉤元》卷六**　戎鹽　即青鹽，來自羌戎胡地。又名羌鹽、胡鹽。北海青，南海赤，指西海之南北而言。此戎鹽之青赤二色者。醫方但用青鹽，而不用紅鹽，不知二鹽皆名戎鹽也。《西涼記》：　青鹽池出鹽正方半寸，其形如石，甚甜美。《北戶錄》：　張掖池中出桃花鹽，色如桃花，隨月盈縮。贊云：　鹽山二岳，二色為質，赤者如丹，黑者如漆，或稱戎鹽，可以療疾。此說亦惟赤黑二色，不言白者，蓋白者乃光明鹽，而青鹽、赤鹽則戎鹽也本瀕湖。　氣味鹹寒。功同食鹽，不經煎煉而味鹹帶甘，入藥似勝。主助水臟，益精氣，明目，療目痛，心腹痛，溺血吐血，齒舌出血，除五臟癥結，心腹積聚，堅肌骨，去毒蠱諸本草。方書治眩暈脹滿，腰痛遺精，白濁勞淋，小便不禁。戎鹽甘鹹，功在却血入腎，治目中瘀赤濇昏。二鹽並用方：荔核散，治疝氣，陰核腫大痛不可忍，新荔枝核十四枚燒灰存性，八角茴香炒、沉香、木香、青鹽、食鹽各一錢，川楝肉、小茴香各二錢，為細末，每服三錢，空心熱酒調服。牢牙明目，青鹽二兩，白鹽四兩，川椒四兩，煎汁，拌鹽炒乾，日用揩牙洗目，永無齒疾目疾。單用白鹽方：據李氏謂光明鹽，未知浙、閩白鹽即號光明否，當再稽考。漏精白濁，雪白鹽一兩，築緊固濟，煅一日，出火毒，白茯苓、山藥各一兩，為末，棗肉和蜜丸梧子大，每棗湯下三十丸。此方甘以濟鹹，脾腎兩得。

論：戎鹽從西戎來，同是潤下之氣所凝，而產於極西，寒水孕於母氣，故入藥似勝，且療諸血證，非食鹽所及。夫用戎鹽入溫補藥，藉元陰之氣和陽而歸諸陰也。如治聾鳴眩暈沉香磁石丸，及老人腰痛二至丸是。或陰陽均配而用，以至陽根於至陰也，如治白淫之鎖精丸是。入固脫藥，所以和陰使為陽守也，如治遺精之水中金丹是。或入於活血中，成元陰之本以和血也，如治腎勞淋瀝之地黃丸是。推此可以盡其變矣。

修治：溫水洗去塵土淨，曬乾入藥。

**清・葉桂《本草再新》卷八**　青鹽味苦鹹，性涼，有小毒。入肝、腎二經。平肝益腎，利水通經。化血熱，治瘡疹，明目消翳。

**清・趙其光《本草求原》卷二六鹵石部**　青鹽即戎鹽，有赤、黑二色。出西戎涯涘之陰，不假煎煉而成，是寒水孕於金氣，其除心腹痛，癥結積聚，明目堅齒骨，功同食鹽，一皆鹹寒解熱軟堅之力。至其治目中瘀血、昏澀，溺血、吐血、齒舌出血、小便不禁，通膀胱，利水，同苓、术煎。乃其所獨。故食鹽止用於寒涼劑中，而青鹽則兼用於溫腎之隊。以其能引肺陽歸陰，使陰為陽守也。治上盛下虛之沉香磁石丸、氣虛精脫之水中金丹，皆用之。古方荔核散，治疝氣，陰核腫大、痛不可忍，同食鹽、荔枝炭、大小茴、沉香、木香、川楝研，酒下。及牢牙明目，同食鹽，以川椒汁炒乾，揩牙、洗目。俱二鹽並用，可知鹹走腎、走血之義未盡也。又治痔瘻瘡。同白礬入豬脬內陰乾，水下。溫水洗去塵土，曬乾用。

**清・葉志詵《神農本草經贊》卷三**　戎鹽　主明目，目痛，益氣堅肌骨，去毒蠱。大鹽，令人吐。鹵鹽，味苦，寒。主大熱消渴狂煩，除邪及下蠱毒，柔肌膚。生池澤。

天產鹹鹺，希踪明潔。凝樹飴甘，留潮石結。煮海飛霜，吹薰散雪。金鼎羹調，和梅就列。

《禮》：煮鹽之尚貴天產也。又：鹽曰鹹鹺。陸雲賦：清和明潔，群動希踪。《唐書・傳》：黑水靺鞨，有鹽泉，氣蒸薄，鹽凝樹顛。李時珍曰：飴鹽生於戎地，味甘美。李當之曰：戎鹽是海潮澆山石，經久凝著石上者。《急就篇注》：夙沙氏煮海為鹽。張融賦：飛霜暑路。虞舜歌：南風之薰兮。曹植啟：離若散雪。蘇頌曰：解州池鹽，得南風則宿夕成。王安石詩：金鼎重調鹽。閻伯璵賦：可以和梅羹之調鼎。

**清・文晟《新編六書》卷六《藥性摘錄》**　青鹽　鹹，寒。入腎兼入心。除腎經血分實熱。

**清・張仁錫《藥性蒙求・金石部》**　青鹽八分　青鹽味鹹，入腎引經。能平血熱，固齒功專。一名戎鹽。功同食鹽，而更勝之。色青者良。功專走血入腎，治目中瘀赤昏濇。

**清・田綿淮《本草省常・氣味類》**　青鹽　一名戎鹽，一名羌鹽，一名胡鹽，一名禿登鹽，一名陰土鹽。性寒。瀉血熱，補水臟，堅筋固齒，烏鬚明目。色愈青者愈良。

**清・戴葆元《本草綱目易知錄》卷七**　青鹽戎鹽　功同食鹽，不經煎鍊而成。味鹹帶甘，入藥似勝。益氣固齒，明目，堅肌骨，益精氣，助水臟，去毒蠱，除五臟癥結，心腹痛，積聚，目赤濇痛，溺血吐血，齒舌出血，痔瘻疥癬。解斑蝥毒。

**清・陳其瑞《本草撮要》卷六**　戎鹽　味鹹，寒，入手足少陰、太陰、陽明經，功專助水藏，益精氣。得杜仲、補骨脂補肝陽，得川椒明目。一名青鹽。

## 光明鹽

**宋・唐慎微《證類本草》卷四石部中品〔唐・蘇敬《唐本草》〕**　光明鹽　味鹹、甘，平，無毒。主頭面諸風，目赤痛，多眵音蚩淚。鹽州，五原鹽池下鑿取之，大者如升，皆正方光徹。一名石鹽。《唐本》先附。

〔宋・掌禹錫《嘉祐本草》〕按：《蜀本》注云：亦呼爲聖石。

〔宋・唐慎微《證類本草》〕《圖經》：文具食鹽條下。

**宋・王繼先《紹興本草》卷三**　光明鹽　紹興校定：光明鹽，形色、主治、性味及無毒之文，已載《本經》。或生鹽池下，或出山石中，不由煎煉以成，乃自然生此一種矣。《圖經》云醫方所不用者是也。

**明・劉文泰《本草品彙精要》卷四** 光明鹽無毒　土生。

光明鹽：主頭面諸風，目赤痛，多眵音蚩淚。名醫所錄。【名】石鹽、聖石。【地】《圖經》曰：生鹽州、五原，鹽池下鑿取之，大者如升，皆正方光澈。又階州一種生山石中，不由煎煉，自然成鹽，色甚明瑩，彼人甚貴之，云即光明鹽也。【時】生：無時。採：無時。【用】白淨光澈者佳。【質】類方解石。【色】白。【味】鹹，甘。【性】平，軟。【氣】味厚于氣，陰中之陽。【臭】朽。【製】研細用。

**明・王文潔《太乙仙製本草藥性大全》卷六《本草精義》** 光明鹽　一名石鹽，一名聖石。出階州山石中，不由煎鍊，自然成鹽也。色甚明瑩，彼人甚貴之。醫方所不用，故不能盡分別也。又通、泰、海州並有，停戶刮鹹煎鹽輸官，如并州末鹽之類，以供給江湖，極爲饒衍。其味乃優於并州末鹽也。濵州亦有人戶煎鍊草土鹽，其色最麄黑，不堪入藥，但可噉馬耳。

**明・王文潔《太乙仙製本草藥性大全》卷六《仙製藥性》** 光明鹽　味鹹、甘，氣平，無毒。主治：主頭面上諸風大效，治目赤痛眵淚如神。

**明・李時珍《本草綱目》卷一一石部・鹵石類** 光明鹽《唐本草》

【釋名】石鹽《唐本》　聖石《蜀本》　水晶鹽《綱目》。時珍曰：雷斆《炮炙論序》云：聖石開盲明目而如雲離日。則光明者，乃兼形色與功而名也。【集解】恭曰：光明鹽生鹽州五原，鹽池下鑿取之。大者如升，皆正方光徹。頌曰：今階州出一種石鹽，生山石中，不由煎鍊，自然成鹽，色甚明瑩，彼人甚貴之，云即光明鹽也。時珍曰：石鹽有山產、水產二種。山產者即崖鹽也，一名生鹽，生山崖之間，狀如白礬，出于階、成、陵、鳳、永、康諸處。水產者生池底，狀如水晶、石英，出西域諸處。《吳録》云：天竺有新淘水，味甘美，下有石鹽。白如水晶。又波斯出自然白鹽，如細石子。金幼孜《北征録》云：北虜有鹽海子，出白鹽，瑩潔如水晶。又有鹽池鹽，色或青或白，軍士采食之。此皆水產者也。《梁四公子傳》云：高昌國燒羊山出鹽，大者如斗，狀白如玉。月望收者，其文理粗，明澈如冰；非月望收者，其文理密。《金樓子》云：胡中白鹽，産于崖，映月光明洞澈如水晶。胡人以供國厨，名君王鹽，亦名玉華鹽。此則山產者也。皆自然之鹽。所謂天成者也。《益州記》云：汶山有鹹石，以水漬而煎之成鹽。此亦石鹽之類，而稍不同者。

【氣味】鹹、甘，平，無毒。【主治】頭痛諸風，目赤痛，多眵淚《唐本》。

【發明】時珍曰：光明鹽得清明之氣，鹽之至精者也，故入頭風眼目諸藥尤良。其他功同戎鹽，而力差次之。

**明・姚可成《食物本草》卷一六味部・雜類** 光明鹽李時珍曰：光明鹽有山產、水產二種。山產者即崖鹽也，一名生鹽，生山崖之間，狀如白礬，出于階、成、陵、鳳、永、康諸處。水產者生池底，狀如水晶、石英，出西域諸處。《吳錄》云：天竺有新淘水，味甘美，下有石鹽，白如水晶。又波斯國出自然白鹽，如海石子。金幼孜《北征錄》云：北虜有鹽海子，出白鹽，瑩潔如水晶。又有鹽池鹽，色或青或白，軍士采食之。此皆水產者也。《梁四公子傳》云：高昌國燒羊山出鹽，大者如斗狀，白如玉。月望收者，其文理粗，明澈如冰；非月望收者，其文理密。《金樓子》云：胡中白鹽，產于崖，映月光明，洞澈如水晶。胡人以供國廚，名君王鹽，亦名玉華鹽。此則山產者也。皆自然之鹽，所謂天成者也。《益州記》云：恒山有鹹石，以水漬而煎之成鹽。此亦石鹽之類，而稍不同者。　光明鹽，味鹹、甘，平，無毒。治頭痛諸風，目赤痛，又多眵淚。

### 硇砂

**宋・唐慎微《證類本草》卷五玉石部下品〔唐・蘇敬《唐本草》〕** 硇砂　味鹹、苦、辛，溫，有毒。不宜多服。主積聚，破結血，爛胎，止痛下氣，療欬嗽宿冷，去惡肉，生好肌。柔金銀，可爲銲音旱藥。出西戎，形如牙消，光淨者良。驢馬藥亦用。

〔宋・馬志《開寶本草》〕按：陳藏器《本草》云：硇砂，主婦人、丈夫羸瘦積病，血氣不調，腸鳴，食飲不消，腰脚疼冷，痃癖痰飲，喉中結氣，反胃吐水。令人能食，肥健。一飛爲酸砂，二飛爲伏翼，三飛爲定精，色如鵝兒黃，和諸補藥爲丸，服之有暴熱。飛鍊有法，亦能變鐵。又按：別本注云：胡人謂爲濃沙，其性大熱，今云溫，恐有誤也。《唐本》先附。

〔宋・掌禹錫《嘉祐本草》〕按：《藥性論》云：硇砂，有大毒。畏漿水，忌羊血。味酸、鹹。能銷五金八石，腐壞人腸胃。生食之，化人心爲血。中者，研生菉豆汁，飲一二升解之。道門中有伏鍊法。能除冷病，大益陽事。蕭炳云：硇砂，使。生不宜多服，光淨者良，今生北庭爲上。日華子云：北庭砂，味辛、酸，暖，無毒。畏一切酸。補水藏，暖子宮，消冷癖瘀血，宿食不消，氣塊痃癖，及血崩帶下，惡瘡息肉。食肉飽脹，夜多小便，女人血氣心疼，丈夫腰胯酸重，四肢不任。凡修制，用黄丹、石灰作櫃，鍛赤使用，並無毒，世人自疑。爛肉，如人被刀刃所傷，以北庭罯傳定，當時生痂。亦名狄鹽者。

〔宋・蘇頌《本草圖經》〕曰：硇砂，出西戎，今西涼夏國及河東、陝西近邊州郡亦有之。然西戎來者，顆塊光明，大者有如拳，重三五兩，小者如指面，入藥最緊。邊界出者，雜碎如麻豆粒，又夾砂石，用之須飛澄去土石訖，亦無力，彼人謂之氣砂。此藥近出唐世，而方書著古人單服一味，伏火，作丸子，亦有兼硫黄、馬牙消輩合餌者，不知方出何時？殊非古法。此本攻積聚之物，熱而有毒，多食腐壞人腸胃，生用又能化人心爲血，固非平居可餌者。而西土人用淹肉炙以當鹽食之，無害，蓋積習之久，若魏武噉野葛不毒之義也。又名北庭砂，又名狄鹽。《本經》云：柔金銀，可爲銲藥。今人作銲藥，乃用鵬砂，鵬砂出於南海。性溫，平。今醫家治咽喉最爲要切。其狀甚光瑩，亦有極大塊者，諸方亦稀用。〔宋・唐慎微《證類本草》〕陳藏器云：有暴熱，損髮。《聖惠方》：治懸癰卒腫。用硇砂半錢，綿裹含，嚥津，即差。《外臺秘要》：救急治魚骨鯁在喉中。以少硇砂，口中咀嚼嚥之，立下。《經驗方》硇砂丸方：硇砂不計多少，用罐子內著硇砂，上面更坐罐子一箇，用紙筋、白土和上下俱泥了。窨乾後，從辰初時便用蒼耳自在落下葉，將來搗羅爲末，藥上鋪頭蓋底，上面罐子內用水坐著，水旋添，火燒從罐子外五寸已來圍遶，欲盡更添火，移向前罐子周迴，火盡更旋燒促向前，計一伏時爲度，更不移火，卻閑雜人及婦人不得見，一伏時住。取來搗羅爲末，醋、麵糊爲丸如桐子大。每服逐日十丸至十五丸，溫酒或米飲下，並無忌，若燒喫三二斤，進食無病。《陳巽》：治元藏虛冷，氣攻臍腹疼痛。硇砂一兩，川烏頭生，去皮臍，杵爲末，取二兩，硇砂生研，用纖霞草末二兩，與硇砂同研勻，用一小砂罐子，不固濟，慢火燒通赤熱，將拌了者硇砂入罐子內，不蓋口加頂火一秤，候火盡爐寒取出研，與烏頭末同研勻，湯浸蒸餅丸如桐子大。每服三丸，熱木香湯、醋湯任下。《青霞子》：《寶藏論》硇砂，若草服伏住火不碎，可轉制得諸石藥，并引諸藥，可治婦人久冷。硇砂爲五金賊也，若石藥并灰霜伏得者，不堪用也。《太清服煉靈砂法》云：北庭砂所稟陰石之氣，性含陽毒之精，功能消敗去穢益陽，其功甚著。《丹房鏡源》云：硇砂性有大毒，或沉冷之疾可服則愈，久服有癰腫。出北庭白黃者，訣曰爲之五金賊，能制合群藥。藥中之使，自制雄、雌黃。

**宋・寇宗奭《本草衍義》卷六**　硇砂　金銀有僞，投鎔鍋中，其僞物盡消散。矧人腹中有久積，故可潰腐也。合他藥治目中瞖，用之須水飛過，入瓷器中，於重湯中煮其器，使自乾，殺其毒及去其塵穢。

**宋・王繼先《紹興本草》卷三**　硇砂　紹興校定：硇砂，性味、主治已載《本經》，形塊大小不一，唯取光明者佳。然此藥性極烈，用之固不得過多，但破積聚最為良藥。又有一法，製煉而經火者，除痼冷堅積尤驗。當從《本經》味鹹苦辛、溫、有毒是矣。

**宋・劉明之《圖經本草藥性總論》卷上**　硇砂　味鹹、苦、辛，溫，有毒。主積聚，破結血爛胎，止痛下氣，療欬嗽宿冷，去惡肉，好肌。陳藏器云：主婦人丈夫羸瘦積病，血氣不調，腸鳴食飲，喉中結氣，反胃吐水，令人能食。《藥性論》云：有大毒。畏漿水。忌羊血。味酸、鹹。能消伍金捌石。腐壞人腸胃，生食之化人心為血。能除冷病，大益陽事。蕭炳云：使。日華子云：北庭砂，味辛、酸，暖，無毒。畏一切酸。補水臟，暖子宮，消冷癖瘀血，宿食不消，氣塊痃癖及血崩帶下，惡瘡息肉，食肉飽脹，夜多小便，女人血氣心痛，丈夫腰胯酸重，四肢不任。凡修製，用黃丹、石灰作櫃，煅赤，使用並無毒。柔金銀可為銲藥。

**元・王好古《湯液本草》卷六**　硇砂　味鹹。《本草》云：破堅癖，獨不用，入群隊用之。味鹹、苦、辛，温，有毒，不宜多服。主積聚，破結血。爛胎，止痛，下氣，療欬嗽宿冷。去惡肉，生好肌。柔金銀，可為焊藥。《藥性論》云：有大毒。畏漿水，忌羊血。味酸鹹。能腐壞人腸胃，生食之化人心為血。能除冷病，大益陽事。日華子云：北庭砂，味辛、酸，暖，無毒。畏一切酸。補水臟，暖子宮，消冷癖瘀血，宿食，氣塊痃癖，及婦人血氣心痛，血崩帶下。凡修製，用黃丹、石灰作匱，煅赤使用。無毒。柔金銀，驢馬藥亦用。

**元・徐彥純《本草發揮》卷一**　碙砂　味鹹、苦、辛，溫、大熱，有大毒。不宜多服。主積聚，破血結爛胎，去惡肉，生好肉，柔金銀。《藥性》云：能消五金八石，腐壞人腸胃，生食之化人心為血。陳藏器云：主飲食不消，痃癖痰飲。日華子云：消氣塊及惡瘡息肉，食飽脹。東垣云：味鹹、苦、辛，溫，有毒。破堅癖，去積，破結血爛胎。獨味不用，入群隊中用之。

**明・王綸《本草集要》卷五**　碙砂使　味鹹苦辛，氣溫，有毒。畏漿水。忌羊血。形如牙消，光淨者良。用之(形)〔須〕澄去土石，入磁器中，重湯煮，不宜生用。主積聚痃癖，破結血爛胎，止痛下氣。療宿冷，去惡肉，生好肌。柔金銀，可為銲藥。合他藥，治目中翳。不宜多服，腐壞人腸胃。

**明・滕弘《神農本經會通》卷六**　碙砂　使也。畏漿水。忌羊血。形如牙消，光净者良。出西戎，今西涼夏國，及河東、陝西近邊州郡亦有之。用之飛澄去土石，入甆器中，重湯煮，不宜生用。《局》云：研細，水飛。

味鹹、苦、辛，氣温，有毒。不宜多用。《湯》同。一云：性大熱。一云：大毒。東云：去積。珍云：去積，破堅癖，爛胎，開血結。有毒。不宜獨用之。《本經》云：主積聚，破結血，爛胎，止痛，下氣。療欬嗽，宿冷，去惡肉，生好肌。柔金銀，可為銲藥。驢馬藥亦用。《藥性論》云：有大毒。畏漿水，忌羊血。味酸、鹹。能銷五金八石，腐壞人腸胃。生食之，化人心為血。中者，研生菉豆汁，飲一二升解之。道門中有伏鍊法，能除冷病，大益陽事。蕭炳云：使。生不宜多服，光淨者良。今生北庭為上。日華子云：　北庭砂，味辛、酸，暖，無毒。畏一切酸。補水藏，暖子宮，消冷癖，瘀血，宿食不消，氣塊痃癖，及血崩帶下，惡瘡息肉，食肉飽脹，夜多小便，女人血氣心疼，丈夫腰胯酸重，四肢不任。凡脩制，用黃丹、石灰作櫃，鍛赤使用，并無毒。《圖經》云：《本經》云柔金銀，可為銲藥，今人作銲藥乃用鵬砂。出於南海，性溫，平。今醫家治咽喉最為要切。其狀甚光瑩，諸方亦稀用。《湯》云：《本草》云破堅癖，獨不用，入群隊用之。餘同《本經》、《藥性》、日華云。《衍義》曰：　金銀有偽，投鎔窩中，其偽物盡消散。矧人腹中有久積，故可潰腐也。合他藥，治目中翳用之，須水飛過，入甆器中，於重湯煮其器，使自乾，殺其毒及去其塵穢。《局》云：　硇砂伐病有功深，生用穿腸并壞心。氣塊血癥能主療，更除積聚更柔金。硇砂，能破癥瘕積聚。若還生用，爛心腸。

**明・劉文泰《本草品彙精要》卷五**　硇砂有毒　石生。

硇砂：　主積聚，破結血，爛胎，止痛，下氣，療欬嗽，宿冷，去惡肉，生好肌，柔金銀，可爲焊音旱藥。名醫所錄。　【名】北庭砂、狄鹽、濃沙、氣砂。【地】《圖經》曰：　出西戎，今西凉夏國及河東、陝西近邊州郡亦有之。其北庭者爲上，然西戎來者顆塊光明，大者如拳，重三五兩，小者如指，入藥最緊，亦能消五金八石。邊界出者難碎，如麻豆粒，又夾砂石，用之須飛澄去土石訖，亦無力矣，彼人謂之氣砂。此物多食腐壞人腸胃，生用又能化人心爲血，固非平居可餌者。西土用醃肉炙以當鹽，食之無害，蓋積習之久，若魏武啖野葛不毒之義也。《本經》云：　柔金銀，可爲焊藥。今人作焊藥乃用硼砂，此則不甚須也。《衍義》曰：　金銀有偽，投硇砂於熔鍋中，其偽物盡消。矧人腹中有久積，豈不潰腐乎。　【時】生：　無時。採：　無時。【收】瓷器貯之。【用】光明、大者佳。【質】類牙硝。【色】白。【味】鹹，苦，辛。【性】溫，軟。【氣】氣味俱厚，陽中之陰。【臭】腥。【主】破積聚結血，去惡肉，生肌。【反】畏漿水、一切酸物。【製】日華子云：　凡修製以黃丹、石灰作櫃，鍛赤，用之無毒。或水飛過，入瓷器中，以重湯煮之，使其自乾而殺其毒，及去塵穢也。【治】療：《藥性論》云：　伏煉者，除冷病，大益陽事。日華子云：　益水臟，暖子宮，消冷癖，瘀血，宿食不消，氣塊痃癖，及血崩，帶下，惡瘡，息肉，食肉飽脹，女人血氣心疼。須修製，可服。陳藏器云：　婦人、丈夫積病，血氣不調，痰飲，喉中結氣，反胃吐水。【禁】誤服生癰腫，多食腐壞人腸胃。【忌】羊血。【解】服此藥毒，研生綠豆汁，飲一二升解之。

**明・葉文齡《醫學統旨》卷八**　硇砂　氣大熱，味鹹、苦、辛、酸。有大毒。畏漿水，忌羊肉。形如牙硝，光淨者良。用之飛澄去土石，入甕器中，重湯煮，不宜生用。治積聚痃癖，痰飲氣塊，破結血爛胎，止痛下氣；療宿冷，去惡肉，生好肌，磨目翳。不宜多用，腐壞人腸胃。

**明・許希周《藥性粗評》卷四**　硇砂忍爛肉之情□奴□反。

硇砂，一名北庭砂。以出兩戎北庭，故名。今關陝近道亦間有之。形如牙硝，光淨者良。爐火家以柔金銀作銲藥，如金銀有偽，投溶窩中，其偽自盡。畏漿水，忌羊血。味苦、辛，性大熱，有大毒。主治積聚血塊，堅癖死肌，膨脹，骨鯁，攻堅爛肉，破滯推陳，獨力自行，不入群藥。服食家須煉過方用。《藥性論》云：　能消五金八石，腐人腸胃，生食之化人心為血，故用者不可不謹，得已用他劑可也。

**明・鄭寧《藥性要略大全》卷八**　硇砂使　破積聚，破結血、爛肉、爛胎，止痛下氣，療咳嗽、宿冷，去惡肉，消癥瘕。主男婦羸瘦積滯，血氣不調，飲食不消者。又治女人血氣心痛，血崩帶下。　味苦、鹹、辛，氣溫，有大毒。能消五金八石。畏漿水，忌羊血。形如牙硝、光淨者良。凡用飛澄去土石，入磁器中重湯煮熟入藥。不宜生用。若生服之，能爛腸胃，化人心為血。《十書》云：　凡脩，用黃丹、石灰作櫃，煅赤使用，並無毒。又法：　將硇砂入罐，用蒼耳葉搗泥固濟其口，重湯煮一伏時，醋糊丸服之，並無毒。半飲酒下，能進飲食。西人用以淹肉炙，當鹽食之無害。蓋習慣故也。因名戎鹽。可為銲藥。一名硇砂，一名北庭砂，一名戎鹽。七潭云：　大抵此物極毒，非不得已，不宜輕易服食。　此藥不獨用，入群隊用之，方有制伏。不然則易為害耳。

**明・陳嘉謨《本草蒙筌》卷八**　硇砂　味酸、苦、辛，氣溫。有毒。近邊州郡俱有，西戎出者尤奇。形擇如牙硝光明，水飛去土石重煮。水飛後，又水煮乾用。忌羊血勿食，畏漿水須防。因多爛肉之功，每為外科要劑。腫毒資破口去血，潰癰仗剔腐生肌。除瞖膜，明雙睛。柔金銀為銲藥。《本經》又云：　生食之，化人心為血。儻悮中毒，急研菉豆汁解之。

謨按：　《經》註云：　硇砂質稟陰石氣，性含陽毒精。去穢益陽，功用甚著。故能消五金八石，而為五金賊也。飛鍊有法：　一飛為酸沙，二飛為伏翼，三飛為定精，色如鵝兒黃。若草伏住不碎，可轉制得諸石藥。亦能變鐵，又能制銅。為大青大緑，修丹竃者當知。

**明·王文潔《太乙仙製本草藥性大全》卷六《本草精義》** 硇砂 一名北庭砂，又名狄鹽。出西戎，今西凉夏國及河東、陝西近邊州郡亦有之，然西戎來者顆塊光明，大者有如拳，重三五兩，小者如指面，入藥最緊。邊界出者，雜碎如麻豆粒，又夾砂石，用之須飛澄去土石訖，亦無力，彼人謂之氣砂。此藥近出唐世，而方書著古人單服一味，伏火作丸子，亦有兼硫黃、馬牙硝輩合餌者，不知方出何時，殊非古法。此本攻積聚之藥，熱而有毒，多食腐壞人腸胃，生用又能化人心爲血，固非平居可餌者。而西土人用淹肉炙以當鹽食之無害，蓋積習之久，若魏武啖野葛不毒之義也。食之令人能食肥健。一飛爲酸砂，二飛爲伏翼，三飛爲定精，色如鵝兒黃，和諸補藥爲丸，服之有暴熱。中毒者飛鍊有法，亦能〔變〕鐵。畏漿水，忌羊血。味酸鹹，能消五金八石。中毒者研生菉豆汁飲一二升解之。道門中又有伏鍊之法，能除冷病，大益陽事，但人不宜多服。光净者良，今生北庭者爲上。

**明·王文潔《太乙仙製本草藥性大全》卷六《仙製藥性》** 硇砂使 味酸、苦、辛，氣溫，無毒。 主治： 主積聚而破結血，療咳嗽而消痰涎。治腸鳴飲食不消，下結氣反胃吐水。祛癖爛胎，止痛下氣。腫毒資破口去血，潰癰仗剔腐生肌。理女人血氣心疼、羸瘦崩帶；調丈夫腰膝痠重、四肢不收。除瞖膜明雙睛，柔金銀爲銲藥。《本經》又云： 生食之化人心爲血，倘悮中毒，急研菉豆汁解之。 補註： 治懸癰卒腫，用半兩，綿裹脚含嚥津即差。○救急治魚骨骾在喉中，以少硇砂，口中咀嚼嚥之立下。○硇砂丸方： 硇砂不計多少，用罐子內著硇砂，上面更坐罐子一個，用紙筋、白土和上下俱泥了，窨乾後，從辰初時便用蒼耳自在落下葉，捋來擣羅爲末，藥上鋪頭蓋底，上面罐子內用水坐著，水旋添，火燒從罐子外五寸已來圍遶，欲盡更添火，移向前罐子周迴，火盡更旋燒促向前，計一伏時爲度，更不移火，却閑雜人及婦人不得見，一伏時佳。取米擣羅爲末，醋麪糊爲丸如桐子大，每服逐日十丸至十五丸，溫酒或米飲下，並無忌，若燒喫三二斤，進食無病。○治元臟虛冷，氣攻臍腹疼痛，硇砂一兩，川烏頭生去皮臍，杵爲末，取二兩，硇砂生研，用纖霞草末二兩，與硇砂同研匀，用一小沙罐子，不固濟，慢火燒通赤熱，將拌了者硇砂入罐內，不蓋口，加頂火一秤，候火盡爐寒取出研，與烏頭末同研匀，湯浸蒸餅丸如桐子大，每服三丸，熱木香湯、醋湯任下。《寶藏論》： 硇砂，若草服伏住火不碎，可轉制得諸石藥，並引諸藥，可治婦人久冷。硇砂爲五金賊也，若石藥並灰霜伏得者，不堪用也。

**明·皇甫嵩《本草發明》卷五** 硇砂下品，佐使。氣溫，味鹹、苦、辛，有毒。《藥性》云： 味酸、鹹。 發明曰： 硇砂，能爛肉，為外科要藥。故主積聚，去結血，剔腐肉，生肌止痛，下氣咳嗽宿冷。雖經泡製，不可輕服，腐人腸胃，爛胎。又云： 生餌化人心為血。合他藥，除目中翳膜，明目。驢馬藥亦用。柔金銀可用銲藥。出西戎者，形如牙硝，光明者良。水飛去土石，又重煮水乾，去其毒。誤中其毒，研生菉豆汁飲一二升解之。按：《本經》註云： 硇砂質禀陰石之氣，含陽毒之精，得伏鍊法，除冷病，大益陽事。忌羊血。畏漿水。

**明·李時珍《本草綱目》卷一一石部·鹵石類** 硇砂硇音鐃。《唐本草》。

〔釋名〕碙砂音硇 狄鹽《日華》 北庭砂《四聲》 氣砂《圖經》 透骨將軍《土宿》。 時珍曰： 硇砂性毒，服之使人硇亂，故曰硇砂。狄人以當鹽食。《土宿本草》云： 硇性透物，五金藉之以爲先鋒，故號爲透骨將軍。 炳曰： 生北庭者爲上，人呼爲北庭砂。

〔集解〕恭曰： 硇砂出西戎，形如牙消，光净者良。 頌曰： 今西凉夏國及河東、陝西近邊州郡亦有之。然西戎來者顆塊光明，大者有如拳，重三五兩，小者如指面，入藥最緊。邊界出者，雜碎如麻豆粒，又夾砂石，用之須水飛澄去土石訖，亦無力，彼人謂之氣砂。 時珍曰： 硇砂亦消石之類，乃鹵液所結，出于青海，與月華相射而生，附鹽而成質，虜人采取淋鍊而成。狀如鹽塊，以白净者爲良。其性至透，用黝罐盛懸火上則常乾，或加乾薑同收亦良。若近冷及得濕，即化爲水或滲失也。《一統志》云： 臨洮蘭縣有洞出硇砂。 張匡鄴《行程記》云： 高昌北庭山中，常有烟氣涌起而無雲霧，至夕光焰若炬火，照見禽鼠皆赤色，謂之火焰山。采硇砂者，乘木屐取之，若皮底即焦矣。北庭即今西域火州也。

〔修治〕宗奭曰： 凡用須水飛過，去塵穢，入瓷器中，重湯煮乾，則殺其毒。 時珍曰： 今時人多用水飛净，醋煮乾如霜，刮下用之。

〔氣味〕鹹、苦、辛，温，有毒。 恭曰： 不宜多服。柔金銀，可爲銲藥。 權曰： 酸、鹹，有大毒。能消五金八石，腐壞人腸胃。生食之，化人心爲血。中其毒者，生緑豆研汁，飲一二升解之。畏漿水，忌羊血。 大明曰： 辛、酸，暖，無毒。畏一切酸。凡脩治，用黄丹、石灰作櫃，煅赤使用，並無毒。世人自疑爛肉，而人被刀刃所傷，以之罨傅，當時生痂。 藏器曰： 其性大熱，服之有暴熱，損髮，云温者誤也。《抱朴子》曰： 伏硇藥甚多： 牡蠣、海螵蛸、晚蠶砂、羊餇骨、河豚魚膠、魚腥草、蘿蔔、獨帚、卷柏、羊蹄、商陸、冬瓜、羊躑躅、蒼耳、烏梅。 斆曰： 硇遇赤鬚，汞留金鼎。

〔主治〕積聚，破結血，止痛下氣，療欬嗽宿冷，去惡肉，生好肌，爛胎。亦入驢馬藥用《唐本》。主婦人丈夫羸瘦積病，血氣不調，腸鳴，食飲不消，腰脚痛冷，痃癖痰飲，喉中結氣，反胃吐水，令人能食肥健藏器。除冷病。大益陽事甄權。補水臟，暖子宫，消瘀血，宿食不消，食肉飽脹，夜多小便，丈夫腰胯酸重，四肢不任，婦人血氣心疼，氣塊痃癖，及血崩帶下，惡瘡息肉。傅金瘡生肉大明。去目瞖弩肉宗奭。消内積好古。治噎膈癥瘕，積痢骨鯁，除痣黶疣贅時珍。

【發明】藏器曰：一飛爲酸砂，二飛爲伏翼，三飛爲定精，色如鵝兒黄。入諸補藥爲丸服之，有暴熱。頌曰：此藥近出唐世，而方書著古人單服一味伏火作丸子，亦有兼硫黄、馬牙消輩合餌者，不知方出何時，殊非古法。此物本攻積聚，熱而有毒，多服腐壞人腸胃，生用又能化人心爲血，固非平居可餌者。而西土人用淹肉炙以當鹽，食之無害，蓋積習之久，自不毒也。宗奭曰：金銀有僞，投碙砂鍋中，僞物盡消化，况人腹中有久積，豈不腐潰。元素曰：碙砂破堅癖，不可獨用，須入群隊藥中用之。時珍曰：碙砂大熱有毒之物，噎膈反胃積塊内癥之病，用之則有神功。蓋此疾皆起于七情飲食所致，痰氣鬱結，遂成有形，妨礙道路，吐食痛脹，非此物化消，豈能去之。其性善爛金銀銅錫，庖人煮硬肉，入碙砂少許即爛，可以類推矣。所謂化人心爲血者，亦甚言其不可多服爾。張果《玉洞要訣》云：北庭砂秉陰石之氣，含陽毒之精，能化五金八石，去穢益陽，其功甚著，力並硫黄。獨孤滔《丹房鏡源》云：碙砂性有大毒，爲五金之賊，有沉冷之疾，則可服之，疾减便止，多服則成擁塞癰腫。二説甚明，而唐宋醫方乃有單服之法，蓋欲得其助陽以縱欲，而不虞其損陰以發禍也。其方唐慎微已收附本草後，今亦存之。以備考者知警。

【附方】舊四，新二十四。

服食法：碙砂丸：碙砂不計多少，入罐子内，上面更坐罐子一個，紙筋、白土上下通泥了，晒乾。上面罐子内盛水，以蒼耳乾葉爲末，鋪頭蓋底，以火燒之。火盡旋添火，水盡旋添水，從辰初起至戌一伏時，住火勿動，次日取出研，米醋麪糊和丸梧子大。每服四五丸，温酒或米飲下，並無忌。久服進食無痰。《經驗方》。 元臟虛冷：氣攻臍腹疼痛。用碙砂一兩，以纖霞草末二兩和匀，用小砂罐不固濟，慢火燒赤，乃入碙在罐内，不蓋口，加頂火一秤，待火盡爐寒取出。用川烏頭去皮臍，生研末二兩，和匀，湯浸蒸餅丸梧子大。每服三丸，木香湯、醋湯任下，日一服。《陳巽方》。 腎臟積冷：氣攻心腹疼痛，面青足冷。碙砂二兩，桃仁一兩去皮，酒一小盞，煎碙十餘沸，去砂石，入桃仁泥，旋旋煎成膏，蒸餅和丸梧子大。每熱酒下二十丸。《聖惠方》。 積年氣塊：臍腹痛疼。碙砂醋煮二兩，木瓜三枚切，須去瓤，入碙在内，盌盛，于日中晒至瓜爛，研匀，以米醋五升，煎如稀餳，蜜收。用時旋以附子末和丸梧子大，熱酒化下一丸。《聖惠方》。 痃癖癥塊：碙砂丸：治痃癖癥塊，暖水臟，殺三蟲，婦人血氣，子宫冷。臘月收桑條灰，淋去苦汁，日乾。每碙砂一兩，用水三兩，以水化碙，拌灰乾濕得所。以瓶盛灰半寸，入碙于内，以灰填蓋固濟，文武火煅赤，冷定取出，研。以箕鋪帋三重，安藥于上，以熱水淋之，直待碙味盡即止。以鉢盛汁，于熱灰火中養之，常令魚眼沸，待汁乾入瓶，再煅一食頃，取出重研，以粟飯和丸緑豆大。每空心，酒下五丸，病去即止。《聖惠方》。 噎膈反胃：鄧才《雜興方》：用北庭砂二錢，水和蕎麥麪包之，煅焦，待冷，取中間濕者，焙乾一錢，入檳榔二錢，丁香二個，研匀。每服七釐，燒酒送下，日三服，愈即止。後喫白粥半月，仍服助胃丸藥。○孫天仁《集效方》用北庭砂二兩：一兩，用人言末一兩，同入罐内，文武火升三炷香，取出，燈盞上末；一兩，以黄丹末一兩，同入罐内，如上法升過，取末。用桑灰霜一兩，研匀。每服三分，燒酒下，愈即止。○又方：平胃散各一錢，入碙砂、生薑各五分，爲末。沸湯點服二錢，當吐出黑物如石，屢驗。

一切積痢：靈砂丹：用碙砂、朱砂各二錢半，爲末，用黄蠟半兩，巴豆仁三七粒去膜，同入石器内，重湯煮一伏時，候豆紫色爲度。去二七粒，止將一七粒同二砂研匀，溶蠟和收。每旋丸緑豆大，或三丸，五丸，淡薑湯下。《本事方》。 月水不通：臍腹積聚疼痛。碙砂一兩，皂角五挺。去皮子，剉爲末，以頭醋一大盞，熬膏，入陳橘皮末三兩，擣三百杵，丸梧子大。每温酒下五丸。《聖惠方》。 死胎不下：碙砂、當歸各半兩，爲末。分作二服，温酒調下。如人行五里，再一服。《瑞竹堂方》。 喉痹口噤：碙砂、馬牙消等分，研匀，點之。《聖濟方》。 懸癰卒腫：碙砂半兩，綿裹含之，嚥津即安。《聖惠方》。

牙齒腫痛：老鼠一個去皮，以碙砂淹擦，三日肉爛化盡，取骨，瓦上焙乾，爲末，入樟腦一錢，蟾酥二分。每以少許點牙根上，立止。孫氏《集效方》。 偏頭風痛：碙砂末一分，水潤豉心一分，擣丸皂子大。綿包露出一頭，隨左右内鼻中，立效。《聖惠方》。 損目生瘀：赤肉弩出不退。杏仁百個，蒸熟去皮尖研，濾取净汁，入碙砂末一錢，水煮化。日點一二次自落。《普濟方》。 鼻中息肉：碙砂點之，即落。《白飛霞方》。 鼻中毛出：晝夜可長一二尺，漸漸粗圓如繩，痛不可忍，摘去復生，此因食猪羊血過多致生，用乳香、碙砂各一兩爲末，飯丸梧子大。每空心臨卧各服十丸，水下。自然退落。夏子益《奇疾方》。 魚骨哽咽：碙砂少許，嚼嚥立下。《外臺秘要》。 蚰蜒入耳：碙砂、膽礬等分爲末。每吹一字，蟲化爲水。《聖濟録》。 割甲侵肉：久不瘥。碙砂、礬石爲末裹之，以瘥爲度。《外臺秘要》。 蠍蠆叮螫：水調碙砂塗之，立愈。《千金方》。 代指腫痛：唾和白碙砂，以麪作盌子，套指入内，一日瘥。《千金方》。 面上疣目：碙砂、硼砂、鐵鏽、麝香等分研，搽三次自落。《集效方》。 疔瘡腫毒：好碙砂、雄黄等分研。以銀篦刺破瘡口，擠去惡血，安藥一豆入内，紙花貼住即效。毒氣入腹嘔吐者，服護心散。《瑞竹堂方》。 疝氣卵腫：脹痛不可忍。念珠丸：用碙砂、乳香各二錢，黄蠟一兩，研溶和丸，分作一百單八丸。以綿縫，露一夜，次日取出，蛤粉爲衣。每用一丸，乳香湯吞下，日二服，取效。《本事方》。 諸勞久嗽：方見獸部下。

**題明・薛己《本草約言》卷二《藥性本草》** 硇砂　能爛肉，為外科要藥。

**明・梅得春《藥性會元》卷下** 硇砂　味鹹、苦、辛、酸，性大熱，有大毒。畏漿水。忌羊肉。　主消積聚痃癖，痰飲氣塊，破結血爛胎，止痛下氣，療宿冷，去惡肉，生好肌，磨目翳。不宜多用，腐壞人腸胃。柔金銀，可為銲藥。驢馬藥亦用。出西戎，形如牙硝，光淨者良。　製法：　用水飛澄，去土石，入甕器中，重湯煮，不宜生用。

**明・李中立《本草原始》卷八** 硇砂　出西戎，今西涼夏國及河東、陝西近邊州郡亦有之。然西戎來者顆塊光明，大者有如拳，重三五兩，小者如指面。入藥用狀如消石、明淨者良。李時珍曰：　硇砂性毒，服之使人硇亂，故曰硇砂。炳曰：　出北庭者為上，故《四聲本草》名北庭砂。《土宿本草》云：硇性透物，五金藉之以為先鋒，故號為透骨將軍。氣味：　鹹、苦、辛，溫，有毒。　主治：　積聚，破結血，止痛下氣。療欬嗽宿冷，去惡肉，生好肌，爛胎。亦入驢馬藥用。○主婦人丈夫羸瘦積病，血氣不調，腸鳴，飲食不消，腰腳痛冷，痃癖痰飲，喉中結氣，反胃吐水，令人能食肥健。○除冷病，大益陽事。○補水臟，暖子宮，消瘀血，宿食不消，食肉飽脹，多小便。丈夫腰胯酸重，四肢不任；　婦人血氣疼，氣塊痃癖，及血崩帶下。惡瘡息肉，傅金瘡生肉。○去目瞖弩肉。○消肉積。○治噎膈癥瘕，積痢骨哽，除痣黶疣贅。　硇砂，《唐本草》。能變鐵，又能制銅，為大青大綠。硇砂，色白明亮連石者，俗呼番硇，又呼夾石硇，最優。又一種白色或紅色者，狀類硼砂塊，俗呼氣硇，次之。又一種色青底黑，形如鹽塊，俗呼鹽硇，此其下也。修治：　宗奭曰：　凡用須水飛過，去塵穢，入瓷器中，重湯煮乾，則殺其毒。時珍曰：今人多用水飛淨，醋煮乾如霜，刮下用。

權曰：　酸、鹹，有大毒。能消五金八石，腐壞腸胃，生食之，化人心為血。中其毒者，生綠豆研汁，飲一二升解之。畏漿水，忌羊血。　元素曰：硇砂破堅癖，不可獨用，須入群隊藥中用之。《普濟方》：　治目生瘀肉弩出，杏仁百箇蒸熟，去皮尖，研濾，取淨汁，入硇砂末一錢，水煮化，日點一二次，自落。硇砂：　使。

**明・繆希雍《本草經疏》卷五** 硇作磠砂　味鹹、苦、辛，溫，有毒。不宜多服。主積聚，破結血，爛胎，止痛，療欬嗽宿冷，去惡肉，生好肌。柔金銀，可為銲藥。形如牙硝，光淨者良。凡用，水飛去塵穢，入瓷器中，重湯煮乾。

【疏】磠砂乃鹵液所結，秉陰毒之氣，含陽毒之精。其味極鹹、極苦、極辛，氣溫，有毒。甄權：　酸鹹，有大毒。能消五金八石，腐壞人腸胃。生食之，化人心為血，其毒之猛烈如此，可畏矣！　其主積聚結血宿冷者，以鹹能入血輭堅，辛能散結，溫能除冷故也。積聚散則痛自止，氣自下。因寒以致頑痰壅結則欬嗽作，故暫用以散之。柔金化石之性，故能爛胎及去惡肉也。金石見之即化，其能生好肌乎？　此前人之誤耳！　【主治參互】《普濟方》損目生瘀，赤肉弩出不退。杏仁百粒，蒸熟去皮尖研，濾取淨汁，入磠砂末一分，水煮化，日點一二次自落。　白飛霞方鼻中息肉，磠砂點之，即落。此方須入明礬、牛黃、鉛粉、象牙末、真珠末，乃佳。　《集效方》面上疣目。磠砂少許，硼砂、鐵鏽、麝香等分研，搽三次自落，急以甘草汁浸洗。　【簡誤】案磠砂大熱有毒之物，近出於唐世，而方書著古人單服一味，伏火作丸子。亦有兼硫黃、馬牙硝輩合餌者，不知方出何時，殊非古法。此物雖能攻積聚凝結，化有形癖塊，然多食腐壞人腸胃。觀其柔化金銀銅錫，及庖人煮硬肉，入磠少許即爛，可以類推矣。惟去惡肉，及惡瘡息肉，目翳弩肉，是其所長，亦須與真牛黃、龍腦、鉛華、象牙末等同用。其內服諸方，雖唐慎微已收附本草末，然服必害人命，悉不敢載。一名狄鹽，一名北庭砂，一名氣砂，一名透骨將軍。中其毒者，生菉豆研汁一二升飲之。畏漿水，忌羊血。

**明・倪朱謨《本草彙言》卷一三** 硇砂　味鹹、苦、辛，氣熱，有毒。　蘇氏曰：　硇砂，出西涼夏國及火州，今河東、陝西近邊州郡亦有之。然西戎來者，顆塊光明，大者如拳，重三五兩，小者如指頭，入藥最緊。邊界者，雜碎如麻豆粒，頗夾砂石。雖可水飛澄去，入藥則力稍減。　李氏曰：　硇砂乃鹵液所結，亦硝石之類。出于青海，與月華相射而生，附鹽而成質。狄人采取，淋煉成砂，狀如鹽塊，以白淨者爲良。其性至透，五金藉此以爲先鋒，用黝罐盛懸火上則常燥，若近冷及得濕，即化爲水，或滲失而走也。張匡鄴云：　高昌北庭山中，嘗有烟氣湧起而無雲霧，至夕光照若炬，照見人形幷禽鼠皆赤色，爲火焰山。采硇砂者，着木屐取之，若屐底皮革爲者，即焦敗矣。服之使人硇亂，故名。一說西土置鹽肉，以代鹽用，食之又無害，豈久與性習耶？

寇氏曰：　修治：　用水飛三次，去塵土淨，再用米醋煮乾如霜，刮下用之。冬瓜、白蘿蔔、烏梅肉、牡蠣粉、海螵蛸五種，能伏硇毒。

硇砂：《唐本草》化積聚，攻癥癖，去死肌，日華子消肉食脹滿之藥也。李氏瀕湖曰：此藥大熱有毒之物，唐人治噎膈反胃，積塊內癥之疾，用之則有神功，幷除目翳努肉，痣靨疣贅，其性善爛金銀銅錫，況人腹中有久積，豈不腐化？蓋此疾皆起于七情飲食所致，痰氣鬱結，遂成有形，妨礙道路，痛脹吐食，非此物化消，豈能去之？觀庖人煮硬肉，以硇砂浸水入少許即爛，可類推矣。多服能腐壞腸胃，生用能化人心爲血，此係無妄之劑，非若良性草木，平常藥石之比。司業者當慎擇而取之，毋嘗試也。如藏器方治欬嗽，療瘦羸，補水藏，暖子宮；又《經驗方》久服令人能食肥健，此真失心病狂之語，萬勿信從！

集方：鄧才方治噎膈反胃。用硇砂二錢研細，水飛三次，和蕎麥麵包之，燒焦，待冷，取出，入檳榔三錢，母丁香二個，研極細，每服五釐，燒酒調下，日二服。○《普濟方》治目翳不退，幷努肉脹突。用杏仁百個，煮熟去皮尖，研細，入硇砂一錢，製法如前。與杏仁一總研極細，臨用時取水一點，以簪脚蘸杏仁末半米許，點目中，努翳盡落。○《集效方》治面上疣目。用硇砂、硼砂、鐵銹各等分，研細末，取少許，搽三次，自落。○神化丹：消癖積，破血塊，下鬼胎，通經脉及諸痞積氣塊。用硇砂、乾漆炒、血竭各三錢，乳香、紅娘子二十個去翅，斑猫二十個去翅足，共爲細末，棗肉丸如豌豆大，每服一丸至三五丸，臨臥時用淡薑湯吞下。○磨癖膏：用硇砂、胡黃連、三稜、莪朮各五錢，麝香二錢，俱研極細末聽用，再用桃仁四兩，亂頭髮四兩，生猪腦子八兩，桐油八兩，香油四兩，先將桐香油熬滚，入桃仁、亂髮、猪腦子，文武火熬，以腦子盡，用麻布濾出渣，次下飛過黃丹十四兩，白蠟五錢，熬成膏，待溫，再下前硇砂、胡黃連等五項藥末攪匀，收貯鐵杓內，勿令泄氣。如有積塊，用絹帛攤藥貼上，後用鞋底炙熱，熨之四五十遍，覺內熱烘烘方止，其癖即自消縮。

**明·鄭二陽《仁壽堂藥鏡》卷一** 硇砂毒物 《本草》云：硇砂出西涼，今河東、陝西近邊州郡有之。顆塊光明，大者有如拳，小者如指面者佳。味鹹。《本草》云：破堅癖。獨不用，入群隊用之。味鹹、苦、辛，溫，有毒。不宜多服。主積聚，破結血，爛胎。止痛下氣，療咳嗽、宿冷，去惡肉，生好肌。柔金銀，可為銲藥。《藥性論》云：有大毒，畏漿水，忌羊血。味酸鹹，能腐壞人腸胃。生食之，化人心為血。能除冷病，大益陽事。日華子云：北庭砂，味辛、酸，暖，無毒。畏一切酸。補水臟，暖子宮，消冷癖、瘀血、宿食，氣塊痃癖，及婦人血氣心痛，血崩帶下。凡修製，用黃丹、石灰作匱，煅赤使用，無毒。柔金銀。驢馬藥亦用。今人作銲藥，乃用硼砂。硼砂出南海，性溫、平。其狀甚光瑩，治咽喉最為要切。

**明·蔣儀《藥鏡》卷一溫部** 磠砂 鹹苦入血軟堅，潰癰爛肉。辛溫散結除冷，癥破毒消。目翳胬肉共誰掃，杏仁淨汁。面上疣痣同誰點，鐵鏽硼砂。

**明·傅仁宇《審視瑤函》卷六** 製硇砂法 用好硇砂五錢，以初生男兒乳汁濕透，放古鏡背面，碗蓋，密布包定，埋土內四十九日，取出，走綠的是活砂，聽用。

**明·張景岳《景岳全書》卷四九《本草正》** 磠砂 味鹹、苦、大辛，性大熱，有毒。善消惡肉腐肉生肌，傅金瘡生肉，去目翳胬肉，除痣靨疣贅。亦善殺蟲毒，水調塗之，或研末摻之立愈。《本草》言其消瘀血宿食，破結氣，止反胃肉食飽脹，暖子宮，大益陽事。但此物性熱大毒，能化五金八石，人之藏腑豈能堪此？故用以治外則可，用以服食則不宜也。若中其毒，惟生綠豆研汁飲一二升，乃可解之。

**明·盧之頤《本草乘雅半偈》帙九** 硇砂《唐本草》 氣味：鹹、苦、辛，溫，有毒。主治：主積聚，破結血，止痛，下氣，療欬嗽，宿冷，去惡肉，生好肌，爛胎。亦入驢馬藥用。

覈曰：出西戎，今西涼夏國，及河東、陝西近邊州郡亦有。然西戎來者，顆塊光明，大者如拳，重三五兩，小者如指面，入藥最緊。邊界者，雜碎如麻豆粒，頗夾砂石，雖可水飛澄去，入藥則無力矣。修事：水飛去塵穢，入瓷器中，重湯煮乾，以殺其毒。或用黃丹石灰作櫃，煅赤使用，亦無毒矣。斅云：硇遇赤鬚，須留金鼎。權云：柔五金，消八石，可作銲藥。《抱朴子》云：牡蠣、海螵蛸、晚蠶砂、羊䯧骨、河豚、魚膠、魚腥草、萊菔、獨帚、卷柏、羊蹄、商陸、冬瓜、羊躑躅、蒼耳、烏梅，皆可伏硇。設中硇毒，生綠豆研汁，飲一二升可立解。畏酸及漿水，忌羊血。

繆仲淳先生云：硇砂稟陰毒之氣，陽毒之精，腐人腸胃，化人心血，其毒之猛烈如此，誠可畏也。

条曰：硇從囟石聲，取通氣以為量。一名氣砂，其為性至透，濕即水化滲洩而走矣。一名透骨將軍，張匡鄴《行程記》云：高昌北庭山，嘗有煙湧，而無雲霧，夕則光焰若炬火，炤見禽鼠盡赤，謂之火焰山。中有硇砂，土人乘屐採之，若屐底為皮革者，即焦敗矣。一名火砂，故性秉火毒，對待宿冷，糜化有形者也。時珍云：硇砂亦消石之類，乃鹵液所結，出于青海，與月華相射而生，附鹽而成質者。故可投諸藏陰之屬，若止痛下氣，療欬嗽，謂其氣結則痛，積聚則氣不下矣。《經》云：欬逆上氣，有積氣在胸中也。倘屬虛無，為害彌篤，慎勿以藥試病耳。

**清・顧元交《本草彙箋》卷一〇**　磠砂　大熱有毒。反胃噎膈，積塊內瘕之病，世醫多用之。然其性能消金石，腐腸胃，不宜輕服。惟去惡肉，及惡瘡息肉，目翳胬肉，是其所長。亦須與牛黃、龍腦、鉛華、象牙末等同用。磠砂，硝石之類，乃鹵液所結。出於青海，與月華相射而生，附鹽成質，虜人採取淋煉而成，狀似鹽塊，以白淨者爲良。須再水飛去塵穢，入瓷器，重湯煮乾，以殺其毒。中其毒者，生綠豆研汁，飲一二升解之。

**清・穆石匏《本草洞詮》卷三**　硇砂　乃鹵液所結。出於青海，與月華相射而生，亦焰消之類。狄人采取，淋鍊而成，服之使人硇亂，故名。硇性透物，五金藉之以為先鋒。用黝罐盛，懸火上則常乾，若近冷及得濕，即化為水，或滲失也。張匡鄴云：高昌北庭山中，常有烟氣湧起而無雲霧，至夕光焰若炬，照見禽鼠皆赤，謂火焰山。采硇砂者，乘木屐取之，若皮底即焦矣。味鹹苦辛，氣溫，有毒。治積聚，破結血，止痛，療宿冷，去惡肉爛胎，治噎膈癥瘕，積痢骨鯁，除痣黶疣贅。其性善爛金銀銅錫，況腹中有久積，豈不腐潰？故反胃內癥之病，用之則有神功。蓋痰氣鬱結，遂成有形，妨礙道路，吐食痛脹，非此不能去之。庖人煮硬肉，入硇砂少許即爛。可類推矣，多服腐壞腸胃，生用能化人心為血。而西土用鹽肉炙以當鹽，食之無害，豈久與性習耶？

**清・劉雲密《本草述》卷六**　硇砂硇音鐃，一名北庭砂，以北庭山出者為上，故云。　恭曰：硇砂出西戎，形如牙消，光淨者良。　頌曰：今西涼夏國及河東、陝西近邊州郡亦有之，然西戎來者，顆塊光明，大者有如拳，重三五兩，小者如指面，入藥最緊。邊界出者，雜碎如麻豆粒，又夾砂石，用之須水飛，澄去土石訖，亦無力，彼人謂之氣砂。　《一統志》云：臨洮蘭縣有洞出硇砂。張匡鄴《行程記》云：高昌北庭山中常有烟氣涌起，而無雲霧，至夕光焰若炬火，照見禽鼠皆赤色，謂之火焰山，采硇砂者乘木屐取之，若皮底即焦矣。北庭即今西域火州也。

氣味：鹹、苦、辛，溫，有毒。　權曰：酸、鹹，有大毒。能消五金八石，腐壞人腸胃。中其毒者，生綠豆研汁飲一二升解之。畏漿水，忌羊血。　藏器曰：其性大熱，誤言溫也。

主治：男婦羸瘦藏器。痰氣鬱結，堅積方書。噎膈癥瘕，積痢，骨鯁時珍。去目翳胬肉宗奭。及惡瘡瘜肉日華子。除痣黶疣贅時珍。　時珍曰：硇砂大熱，有毒之物，噎膈反胃，積塊內癥之病，用之則有神功。蓋此疾皆起於七情、飲食所致，痰氣鬱結，遂成有形，妨礙道路，吐食痛脹，非是物化消，豈能去之？其性善爛金、銀、銅、錫，庖人煮硬肉，入硇砂少許即爛，可以類推矣。所謂化人心為血者，亦甚言其不可多服爾。　潔古曰：硇砂破堅癖。不可獨用，須入羣隊藥中用之。　希雍曰：硇砂乃大熱有毒之物，雖能攻積聚凝結，化有形癖塊，然多食腐壞人腸胃，惟去惡肉及惡瘡瘜肉，目翳胬肉，是其所長。用以外治，亦須與真牛黃、龍腦、鉛華、象牙末等同用，其內服諸方，恐服之戕生，不敢載也。

附方　《普濟方》損目生瘀，赤肉胬出不退，杏仁百粒，蒸熟，去皮尖，研，濾取淨汁，入硇砂末一分，水煮化，日點一二次，自落。　白飛霞方，鼻中息肉，硇砂點之，即落。此方須入明礬、牛黃、鉛粉、象牙末、真珠末，乃佳。《集效方》面上疣目，硇砂少許，硼砂、鐵鏽、麝香等分，研，搽三次，自落，急以甘草汁浸洗。

愚按：硇砂在先哲諄諄致慎，是則人之臟腑，固未可嘗試也。第張果《玉洞要訣》云：北庭砂秉陰石之氣，含陽毒之精，能化五金八石，去穢，益陽，力並硫黃。又獨孤滔《丹房鑑源》云：硇砂性有大毒，為五金之賊，有沉冷之疾乃可服之，疾減即止。故甄權亦云有大毒，多服能壞人腸胃，生食令人心化為血。是則所指大毒者，皆指陽毒也。故沉冷之疾，與痰氣結積諸證，悉由陰之不能化，以為痼病者，非如此味稟陽毒之精，更含於陰石氣中，固不能透入痼陰而致陽之化也。愚不能無疑者，謂是物以北庭砂為上。而張匡鄴《行程記》所云，高昌北庭山中有火焰山，采硇砂者在此。若然，則所謂陽毒之砂，疑即此地所產也。乃時珍又曰：此是鹵汁所結，生於青海，與月華相射而生，附鹽以成質者，彼人淋煉成之。果如此，則又為至陰之精，其毒便屬陰矣，何以治諸沉冷之疾哉？愚揣此砂，或另是鹵汁一種，有異於北庭山中所產之砂也。更可疑者，蘇頌曰是物有毒，能腐人腸胃。而又曰西土人用淹肉炙以當鹽。推求其故而不得，則曰彼土人習久則不毒也。噫！何其自為，背謬至此，猶欲著之，為信書乎？愚揣之，其西人用以當鹽者，即彼中淋煉之鹵汁。而陽毒能腐人腸胃者，乃北庭所產之砂也。是其性味之陰陽迥殊，而施治之證有若氷炭，不審時珍滾同而稱舉之，抑又何耶？未親履其地而道聽塗說，不悟其舛錯。若此，愚故為辨疑以俟後之確見而實證者云。

修治　日華子曰：用黃丹、石灰作櫃，煅赤，使用並無毒。世人自疑爛肉，而人被刀刃所傷，以之罨傅，當時生痂。

按：黄丹，乃鉛煉就者，鉛屬至陰，故可以解硇之陽毒。

按：硇砂又號透骨將軍，謂其善透物也，用黝罐盛懸火上則常乾，或加乾薑同收亦良。若近冷及得溼即化為水，或滲失也，然亦陽極遇陰即化之義。

**清·蔣居祉《本草擇要綱目·平性藥品》**　硇砂硇音鐃。一名透骨將軍。其性毒，服之使人硇亂，故曰硇砂。《本草》云硇性透物，五金藉之以為先鋒，故號為透骨將軍。凡用須水飛過，去塵穢，入瓷器中，重湯煮乾，則殺其毒。今時人多用水飛淨，醋煮乾如霜，刮下用之。又一法：治用黃丹、石灰作櫃，煅赤使用。並無毒。　氣味：鹹、苦、辛，溫，有毒。中其毒者，生綠豆研汁，飲一二升解之。　主治：硇砂大熱，有毒之物。噎膈反胃，積塊内癥之病，用之則有神功。蓋此疾皆起于七情、飲食所致，痰氣鬱結，遂成有形，妨礙道路，吐食痛脹，非此物化消，豈能去之。其性善爛金、銀、銅、錫，庖人煮硬肉，入硇砂少許即爛，可以類推矣。所謂化人心為血者，亦甚言其不可多服耳。若被刀刃所傷，以之罨傅，當時生痂。　畏：漿水，一切酸。忌：羊血。

**清·汪昂《本草備要》卷四**　硇砂硇，音鐃。瀉，消肉積。　鹹、苦、辛，熱，有毒。消食破瘀。治噎膈癥瘕，去目翳努肉，暖子宮，助陽道。性大熱，能爛五金。《本草》稱其能化人心爲血，亦甚言不可多服耳。凡煮硬肉，投少許即易爛，故治噎膈、癥瘕、肉積有殊功。《鷄峰方》云：人之藏府，多因觸冒成病，而脾胃最易受觸。飲食過多，則停滯難化。冷熱不調，則嘔吐瀉痢，而膏粱者爲尤甚。口腹不節，須用消化藥。或言飲食既傷于前，難以毒藥反攻其後，不使硇砂、巴豆等，只用麯蘖之類。不知古今立方用藥，各有主對。麯蘖只能消化米穀，如傷肉食，則非硇砂、阿魏不能治也；如傷魚蟹，須用橘葉、紫蘇、生薑；傷菜果，須用丁香、桂心；傷水飲，須用牽牛、芫花。必審所傷之因，對用其藥，則無不愈。其間多少，則隨患人氣血以增損之而已。又有虛人沉積，不可直取，當以蠟匱其藥。蓋蠟能久留腸胃，又不傷氣，能消磨至盡也。又有脾虛飲食遲化者，止宜助養脾胃，自能消磨，更不須用剋化藥耳。病久積而成癥瘕者，須用三稜、鱉甲之類。寒冷成積者，輕則附子、厚朴，重則礜石、硫黃。瘀血結塊者，則用大黃、桃仁之類，用者詳之。　出西戎。乃鹵液結成，狀如鹽塊，置冷溼處即化。白淨者良。水飛過，醋煮乾如霜用。畏酸。忌羊血。

**清·馮兆張《馮氏錦囊秘錄·雜症痘疹藥性主治合參》卷五**　磠砂乃鹵液所結，稟陰毒之氣，含陽毒之精。其味極鹹、極苦、極辛，氣溫，有大毒。能消五金八石，腐人腸胃，性毒猛烈，故為爛胎，去惡肉，宿冷積聚結血，胬肉息肉，頑痰咳嗽之需。然大熱有毒之物，庖人煮硬肉難化，入磠少許即爛，其烈可知。一名狄鹽，一名北庭砂，一名氣砂，一名透骨將軍。如中其毒者，以生菉豆研汁服，解之。凡用水飛去塵穢，入磁器中，重湯煮乾。

磠砂，主宿冷積聚，破結血爛胎。逐頑痰咳嗽，去惡肉生肌。因多爛肉之功，每為外科要藥。腫毒資破口去血，潰癰仗剔腐生肌，除瞖膜，明雙睛，《經》又云：生食之，化人心為血。倘中毒，研菉豆汁解之。

**清·张璐《本經逢原》卷一**　磠砂　鹹、苦、辛，熱，有毒。醋煮乾，刮下用。番禺者良。畏酸漿水，忌羊血。中其毒者，生菉豆研汁，恣飲解之。

發明：磠砂大熱，乃鹵液所結，秉陰毒之氣，含陽毒之精，破積攻堅，無出其右。故能治噎膈反胃，積塊肉癥。其性能柔金銀，故銲藥用之。所言化人心為血者，甚言其迅利也。外用治惡肉，除疣贅，去鼻中瘜肉最捷。但不可過用，用過急以甘草湯洗之。觀金銀有偽，投磠砂罐中，悉能消去，況人腹中有久積死胎，豈不腐潰。但其性毒烈，苟有生機，慎勿輕試。

**清·楊陳允《眼科指掌》**　製磠砂法　用初生男兒乳汁濕透，放古鏡背面，碗蓋密布包綻，埋土內四十九日，取出，走绿的是活砂，聽用。

**清·黄元御《玉楸藥解》卷三**　磠砂　味辛，性溫。入足太陰脾、手太陰肺經。攻堅破結，化痞磨癥。磠砂辛烈消尅，治氣塊血癥、老瞖胬肉、停食宿膾、疣痣贅瘤之屬。本草謂其暖胃益陽，消食止嗽，備載服食之法。如此毒物，解使金石銷毀，何可入腹？但宜入膏散外用耳！西番者佳。

**清·吴儀洛《本草從新》卷五**　硇砂〔瀉，消肉積。〕　鹹、苦、辛，熱，有毒。消食破瘀。治噎膈癥瘕，去目翳努肉。凡煮硬肉，投少許即易爛，故治噎膈癥瘕肉積有殊功。熱毒之性，能爛五金，《本草》稱其能化人心為血，亦甚言不可輕用爾。出西戎。乃鹵液結成，狀如鹽塊，置冷濕處即化。白淨者良。水飛過，醋煮乾如霜，刮下用。

**清·汪紱《醫林纂要探源》卷三** 硇砂 鹹、苦、辛，熱。出西番。鹵液所結，狀如鹽塊，置冷濕地即化，殆經煎煉所成者歟。白者良。有毒。水飛過，再以醋煮至如霜，刮下用。 輭堅破瘀，去目翳胬肉。能爛肉，不可服。

**清·嚴潔等《得配本草》卷一** 硇砂一名透骨將軍。 畏一切酸漿水、醋、烏梅、牡蠣、卷柏、蘿蔔、獨帚、羊蹄、商陸、冬瓜、蒼耳、蠶沙、海螵蛸、羊䯒骨、羊躑躅、魚腥草、河豚、魚膠。忌羊血。消五金八石。 鹹、苦、辛，熱，有毒。治癥瘕肉積，破結血頑痰，又能盡化三焦之痼疾。其性能消金石、腐腸胃，不宜服。服之化心為血。 白淨者良。水飛，醋煮，乾如霜，刮下用。 中其毒者，以生綠豆研汁，飲一二三升解之。

**題清·徐大椿《藥性切用》卷七** 磠砂 鹹苦辛熱，耑消肉積，治噎膈癥瘕，除目翳胬肉。熱毒之性，非經煉過，不可輕投。

**清·黃宮繡《本草求真》卷八** 硇砂消肉食不化。 磠砂耑入腸胃。 係鹵液所結而成，秉陰毒之氣，含陽毒之精，其味苦鹹與辛，其性大熱。五金八石，俱能消磨。本草言能化人心為血。 硬肉難化，入砂即爛。故治噎膈癥瘕肉積，有殊功。 其性猛烈，殆不堪言，況人脆腸薄胃，其堪用此消導乎？ 第或藥與病對，有非峻迫，投治不能奏效。 時珍曰：硇砂大熱有毒之物，噎膈反胃，積塊內癥之病，用之則有神功。蓋此疾皆起於七情飲食所致，痰氣鬱結，遂成有形，妨礙道路，吐食痛脹，非此物化消，豈能去之？ 如穀食不消，則必用以麯蘗；魚鱉不消，則必用以橘葉、紫蘇、生薑；菜菓不消，則必用以丁香、桂心；水飲不消，則必用以牽牛、芫花；至於肉食不消，又安能舍此阿魏、硇砂而不用乎？ 第當詳其虛實，審其輕重緩急，以求藥與病當耳。 潔古云：實中有積，攻之而不可過，況虛而有積者乎？但謂壯實之人，其在初時，果有大積，攻之自便。若屬虛人，縱有大積，或應攻補兼施可耳。如其置虛不問，徒以實治，似屬偏見，未可法也。 如其審證不明，妄為投治，禍猶指掌，不可不慎。 出西戎，如牙硝，光淨者良，用水飛過，醋煮乾如霜，刮下用之。 忌羊血。

**清·羅國綱《羅氏會約醫鏡》卷一八金石水土部** 硇砂音鐃。 味鹹苦辛，熱，有大毒。 化堅性烈，消金石，腐腸胃。本草稱其能化心為血，亦甚言不可多服耳。 凡煮硬肉，投少許，即易爛。 用之適宜，可消宿冷癥瘕，逐頑痰，爛死胎，去腐肉，生新肌，散目翳胬肉，除痣魘疣贅，故外科用為要藥。 腫毒可破口去血，潰癰可排膿收功。 但宜外治，不宜服食。 若中毒，多飲生綠豆汁二升可解。 出西戎，乃鹵液結成。狀如鹽塊，置冷濕處即化，白淨者良。水飛過，醋煮，畏酸，忌羊血。

**清·趙學敏《本草綱目拾遺》正誤** 硇砂有二種：一種鹽硇出西戎，狀如鹽塊，得濕即化爲水或滲失。一種番硇，出西藏，有五色，以大紅者為上，質如石，並無鹵氣。瀕湖所引，皆鹽硇也。真藏硇能化血肉為水，雖煅煉亦不可服。

**清·張德裕《本草正義》卷下** 硇砂 苦、鹹、大辛，大熱，有毒。善消惡肉腐肉，去目翳胬肉，痣魘疣贅。亦能殺蟲。性熱有毒，能化五金八石，但可外治，不可服也。

**清·楊時泰《本草述鉤元》卷六** 硇砂 以北庭山即今西域火州。 出者為上，故名北庭砂。火焰山即北庭。 中常有烟氣涌起，而無雲霧，至夕光焰若炬火，照見禽鼠皆赤色。 采硇砂者，乘木屐取之，若皮底即焦矣《行程記》。 臨洮蘭縣有洞出硇砂《一統志》，今西涼夏國，及河東、陝西近邊州郡亦有之。 西戎來者顆塊光明，大者如拳，重三五兩，小者如指面，入藥最緊。 邊界出者，雜碎如麻豆粒，又夾砂石，用之須水飛，澄去土石訖，亦無力，彼人謂之氣砂頌。

味酸、鹹、苦、辛，氣大熱，有大毒。能消五金八石，腐壞人腸胃。中其毒者，生綠豆研汁飲一二升解之。 畏漿水，忌羊血權。 主治男婦羸瘦，痰氣鬱結，堅積，噎膈癥瘕，積痢骨鯁，去目瞖胬肉，及惡瘡瘜肉，除痣魘疣贅諸本草。 凡噎膈反胃，積塊內癥，多由七情飲食所致，痰氣鬱結，遂成有形，妨礙道路，吐食痛脹，非用硇砂消化，豈能去之。 其性善爛金銀銅錫，庖人煮硬肉，入硇少許即爛，所謂化人心為血者，亦甚言其不可多服耳瀕湖。 硇破堅癖，不可獨用，須輔入群隊藥中，作散外治，亦須與牛黃、龍腦、鉛華、象牙末等同用潔古、仲淳。 雖能攻化有形癖結，然多食壞人腸胃，惟去惡肉及惡瘡、瘜肉、目瞖、胬肉，是其所長仲淳。 損目生瘀，赤胬不退，杏仁百粒，蒸熟去皮尖，研，濾取淨汁，入硇砂末一分，水煮化，日點一二次自落。 鼻中瘜肉，硇砂合明礬、牛黃、鉛粉、真珠、象牙末點之即落。 面上疣目，硇砂少許，硼砂、鐵鏽、麝香等分，研搽三次自落，急以甘草汁浸洗。

論：北庭砂秉陰石之氣，含陽毒之精。所云有毒，皆指陽毒。 凡沉冷結積諸證，由陰之不化以為痼病者，非此不能透入痼陰而致陽之化也。瀕湖言此乃鹵汁所結，出於青海，與月華相射而生，附鹽以成質者，彼人淋煉成之，果如此則又為至陰之精。其毒屬陰矣，何以治諸沉冷之疾哉？竊意西人用以當鹽者，即彼中淋煉之鹵汁，而陽毒能腐人腸胃者，乃北庭所產之砂也，其性味陰陽迥殊，而施治有若冰炭，因未親履其地，當俟後之確見而實證者云。

修治：用黄丹、石灰作櫃，煅赤使用，並無毒。黄丹乃鉛煉就者，鉛屬至陰，故可解硇之陽毒。世人自疑爛肉，然刀刃所傷，以之罨傅，當時生痂日華子。硇善透物，又號透骨將軍，用黝罐盛懸火上則常乾，或加乾薑同收亦良。若近冷及得濕，即化為水，或滲濕也。此亦陽極遇陰即化之義。

**清·葉桂《本草再新》卷八** 硇砂味苦鹹，性熱，有毒。入肝、脾二經。消濕破瘀，治膈噎癥瘕，去目翳。

**清·趙其光《本草求原》卷二六鹵石部** 硇砂音磽砂。 有二種，一出於西域火焰山，是陽毒之精，能化沉冷痼疾，故去惡肉、瘜肉、目翳、努肉、惡瘡爛胎、破積。但真者甚少，服必腐人腸胃，不可輕用。一是出於青海，與月華相射而生，附鹽成質，人取淋煉而成。其性功與硼砂無異。但多偽造，不若用硼砂較穩。

**清·文晟《新編六書》卷六《藥性摘錄》** 硇砂 苦鹹與辛，大熱，有毒。入腸。治肉食不化，内成積塊，少用佐治。非肉食堅積，不可妄投。〇研細，水飛，醋煮乾，刮霜用。忌羊肉。〇生綠豆汁可解其毒。

**清·戴葆元《本草綱目易知錄》卷七** 硇石 鹹、苦、辛，溫、大熱，有毒。化積聚，破結血，開喉痹，消宿食，益陽事，暖子宮。去惡肉，生肌爛胎，止痛下氣。治羸瘦積病，血氣不調，腸鳴，食飲不消，腰脚痛冷，噎膈，癥瘕，積利，骨鯁，食肉飽脹，痰飲結氣，反胃吐水。丈夫腰胯酸重，四肢不任，婦人血氣疼痛，氣塊痃癖，帶下血崩。去目瞖努肉，惡瘡息肉，除痣黶疣贅。傅金瘡生肉。其性有毒，能消五金八石，壞人心腸胃，不可獨服、多服。中其毒者，綠豆煮汁解之。亦不可生服，須水飛醋煮如霜，或煅用。

**清·陳其瑞《本草撮要》卷六** 硇砂 味鹹苦辛，熱，有毒。入手足太陰、足陽明經。功專消食破瘀，治噎膈癥瘕，去目翳胬肉。若鼻中息肉點之即落。懸癰卒腫，硇砂五錢，綿裹含之，嚥津即安。但能爛五金而化心為血，不可輕用。出西域火焰山者佳。

**清·鄭奮揚著，曹炳章注《增訂偽藥條辨》卷四** 硇砂 時珍曰：硇砂性毒，服之使人硇亂，故名。恭曰：硇砂出西戎。形似牙消，光淨者良。蘇頌曰：西戎來者，顆塊光明，大者有如拳，重三四兩，小者如指而入藥。近有一種如秋石，味鹹；又一種如猪肝色，有星點。不知是何石所混充，皆為贋品，不用為善。炳章按：《石雅》云：硇砂者何？即氯化阿麻尼亞是也。或作碙。方書一名狄鹽《日華本草》，一名北庭砂蕭炳《四聲》，又名氣砂《圖經本草》。或作磠砂。硇砂古以出北庭為顯，故名北庭砂。北庭即西域火州，在漢為東師前王地，隋為高昌，唐置西州，宋時回鶻居之，元時始名火州。《明史》云：其地多山，青紅若火，故名火州。《方輿紀要》云：火燄山在柳陳城東，連亘火州，是火州殆以火燄山得名也。《高昌國傳》云：北庭山中出硇砂，山中常有烟氣涌起，無雲霧，至夕光燄若炬火，照見禽鼠皆赤，採者着木底靴取之，皮底者即焦，下有穴生青泥，出穴外即變為砂石，土人取以治皮。蘇頌《圖經》云：今西涼夏國及河東陝西近邊州郡亦有之。西戎來者顆粒光明，大者如拳，重三四兩，小者如指。邊界出者，雜碎如麻豆粒，彼人謂之氣砂。《方輿紀要》謂蘭州南四十五里，有硇砂洞，出硇砂。又太原府河曲縣西五里，有火山，上有硇沙窟，下有氣砂窟。若然，則硇砂亦出内地邊界矣。然而碎如麻豆，又雜砂石，則疑與西土來者，精粗或異矣。於今見形塊粗末，色帶黄赤，味辛鹹多孔，遇火白煙如雲起，古曰氣砂，洵可謂名符其實矣。《新疆礦產調查記》云：硇砂產于闐之魯村達爾烏蘭布孫山及拜城硇砂山者，為紅硇砂。產於庫車者為白硇砂。《新疆雜記》云：硇砂產於闐魯村達爾烏蘭布孫山及拜城之硇砂山、庫車之大鵲山。徐星伯云：其山極熱，望之若列燈。取硇砂者，春夏不敢近，惟嚴寒時取之。入山採取，亦必去其衣服，著以衣包，僅露二目，至洞内鑿之，不過二時，衣包已焦。取出砂石，每千斤得純砂石少許，著石上紅色星星。携此必用瓦罎盛之，但罎不可太滿，滿則受火氣薰蒸，致於破裂。硇砂善揮發，受風受濕，皆可揮發淨盡，故罎藏必須密閉。賈人在此時，行數日，遇天氣晴明無風時，則稍揭其封口，以出火氣。又云：運庫車時，曾携數十罎，行抵伊犂，則石皆化為黄粉，而純砂不見矣。若白色成塊者不易化，可以及遠，内地所謂硇砂即此是也。以上所辨為上品之淡硇，内地不可能得。近今所通行者，皆鹹硇、石硇，為不道地。亦有高下不同，如色如硃砂，或淡紅起鏡面，西土產者佳。如豬肝色者，名豬肝硇，或曰洋硇者，次之。山西出者為石硇，亦次。陝西出者為香硇，紅色者亦佳。湖廣出者為鹹硇，又名江砂，其色要白者佳，食鹽色者次。

### 石藥

**宋・唐慎微《證類本草》卷三玉石部上品〔唐・陳藏器《本草拾遺》〕**　石藥　味苦，寒，無毒。主折傷內損，瘀血，止煩悶欲死者，酒消服之，南方俚人，以傅毒箭鏃，及深山大蝮中人，速取病者當頂上十字釐之。令皮斷出血，以藥末瘡上，并傅所傷處，其毒必攻上，下洩之，當出黃汁數升，則悶解。俚人重之，帶于腰，以防毒箭。亦主惡瘡，熱毒癰腫，赤白遊，瘻蝕等瘡。北人呼腫名之曰遊，并水和傅之。出賀州石上山內，似碎石、硇砂之類，土人以竹筒盛之。

**明・王文潔《太乙仙製本草藥性大全》卷六《本草精義》**　石藥　出賀州石上山內，似碎石、硇砂之類。土人以竹筒盛之，懸帶於腰，以防毒箭及深山大蝮中人，速取病者當頂上十字釐之，令皮斷出血，以藥末瘡上并傅所傷處，其毒必攻上，下洩之，當出黃汁數升，則悶解。俚人重之，帶於腰以防毒箭。亦主惡瘡、熱毒癰腫，赤白游風，瘻蝕等瘡。北人呼腫名之曰遊，並水和傅。

**明・王文潔《太乙仙製本草藥性大全》卷六《仙製藥性》**　石藥　味苦，氣寒，無毒。　主治：　主折傷內損瘀血，治惡瘡熱毒癰腫。赤白遊瘻蝕瘡堪除，煩悶欲死酒漬服消。俚人傅毒箭鏃，深山大蝮螫良。

### 綠鹽

**宋・唐慎微《證類本草》卷四玉石部中品〔唐・蘇敬《唐本草》〕**　綠鹽　味鹹、苦、辛，平，無毒。主目赤淚出，膚翳眵暗。

〔唐・蘇敬《唐本草》〕注云：　以光明鹽、硇砂、赤銅屑，釀之爲塊，綠色。真者出焉耆國，水中石下取之，狀若扁青、空青，爲眼藥之要。《唐本》先附。

〔宋・唐慎微《證類本草》〕《圖經》：　文具食鹽條下。《海藥》謹按：　《古今録》云：　波斯國在石上生。味鹹、澀。主明目消瞖，點眼及小兒無辜疳氣。方家少見用也。按：　舶上將來，爲之石綠，裝色久而不變。中國以銅錯造者，不堪入藥，色亦不久。後魏李孝伯云：　赤鹽、臭鹽、馬齒鹽、駮鹽，並非食鹽。胡鹽治目痛。已上自《唐本》注，並是綠鹽說。

**宋・王繼先《紹興本草》卷三**　綠鹽　紹興校定：　綠鹽，但色綠，亦諸鹽中一種矣。有出產外國自然生者，有取光明鹽合銅屑、硼砂而造之者，諸注無辨別之說。在主療乃外用治目疾之藥。雖云嘔，鹹苦辛、平、無毒。然用硇砂、銅屑合和而造作者，亦當有小毒矣。

**明・劉文泰《本草品彙精要》卷四**　綠鹽無毒　土石生。

綠鹽：　主目赤淚出，膚翳眵暗。名醫所錄。　〔地〕《圖經》曰：　以光明鹽、硇砂、青銅屑，釀之爲塊，而色綠，其真有出焉耆國，水中石下取之，狀若扁青、空青。《別錄》云：　波斯國在石上生。按舶上將來謂之石綠，裝色久而不變。中國以銅、醋造者，不堪入藥，色亦不久。〔時〕生：　無時。採：　無時。〔用〕綠色成塊者好。〔質〕狀如扁青、空青。〔色〕綠。〔味〕鹹，苦，辛。〔性〕平。〔氣〕味厚于氣，陰中之陽。〔臭〕朽。〔主〕明目消翳。〔製〕研細用。〔治〕療：　《海藥》云：　治小兒無辜疳氣。

**明・王文潔《太乙仙製本草藥性大全》卷六《本草精義》**　綠鹽　出波斯國。在石上生者，味鹹澁，以光明鹽、硇砂、赤銅屑釀之爲塊，綠色。真者出焉耆國，水中石下取之，狀若扁青、空青，爲眼藥之要。今不聞識此者，醫方少見用也。○按：　舶上將來，爲之石綠，裝色久而不變。中國以銅醋造者，不堪入藥，色亦不久。

**明・王文潔《太乙仙製本草藥性大全》卷六《仙製藥性》**　綠鹽　味鹹、苦、辛，氣平，無毒。　主治：　主目赤淚出，治眵暗膚瞖，用之能明目，消瞖點眼。服之治小兒無辜疳氣。

**明・李時珍《本草綱目》卷一一石部・鹵石類**　綠鹽《唐本草》

〔釋名〕鹽綠　石綠《綱目》　〔集解〕恭曰：　綠鹽出焉耆國，水中石下取之，狀若扁青、空青，爲眼藥之要。今人以光明鹽、硇砂、赤銅屑，釀之爲塊，綠色，以充之。珣曰：　出波斯國，生石上，舶上將來，謂之石綠，裝色久而不變。中國以銅、醋造者，不堪入藥，色亦不久。時珍曰：　方家言波斯綠鹽色青，陰雨中乾而不濕者爲真。又造鹽綠法：　用熟銅器盛取漿水一升，投青鹽一兩在內，浸七日取出，即綠色。以物刮末，入漿水再浸一七或二七取出。此非真綠鹽也。

〔氣味〕鹹、苦、辛，平，無毒。　〔主治〕目赤淚出，膚瞖眵暗《唐本》。點目，明目消瞖。療小兒無辜疳氣李珣。

〔附方〕新二。

胎赤眼痛：　鹽綠一分，蜜半兩，于蚌蛤內相和。每夜卧時漿水洗目，炙熱點之，能斷根。《聖濟錄》。

目暗赤澀：　多淚。鹽綠一錢，蕤仁去皮一錢，研熱，入好酥一錢。研勻。每夜點一麻子。《聖惠方》。

**宋・李昉《太平御覽》卷第九八八**　朴消　《本草經》曰：朴消，味苦，寒。生山谷。治百病，除寒熱邪氣，除六府積聚結癖。生山谷之陰。有鹹苦之水，狀如芒消而麄，能化七十二種石。鍊餌服之，輕身神仙。生益州。

《吴氏本草》曰：朴消石，神農、岐伯、雷公，無毒。生益州，或山陰。入土千年不變，鍊之不成不可服。

**宋・唐慎微《證類本草》卷三玉石部上品〔《本經・別錄・藥對》〕　朴消**　**味苦**、辛，**寒**、大寒，無毒。**主百病，除寒熱邪氣，逐六腑積聚，結固留癖，**胃中食飲熱結，破留血、閉絕，停痰痞滿，推陳致新，**能化七十二種石。鍊餌服之，輕身神仙。**鍊之白如銀，能寒能熱，能滑能澀，能辛能苦，能鹹能酸，入地千歲不變，色青白者佳，黄者傷人，赤者殺人。一名消石朴。生益州山谷有鹹水之陽。採無時。畏麥句薑。

〔梁・陶弘景《本草經集注》〕云：今出益州北部故汶山郡，西川、蠶陵二縣界。生山崖上，色多青白，亦雜黑斑。俗人擇取白軟者，以當消石用之，當燒令汁沸出，狀如礬石也。仙經惟云：消石能化他石。今此亦云能化石，疑必相似，可試之。

〔唐・蘇敬《唐本草》〕注云：此物有二種，有縱理、縵理，用之無别。白軟者，朴消苗也，虚軟少力，鍊爲消石，所得不多，以當消石，功力大劣也。

〔宋・馬志《開寶本草》〕注：今出益州，彼人採之，以水淋取汁，煎鍊而成朴消也。一名消石朴者。消即是本體之名；石者，乃堅白之號；朴者，即未化之義也。以其芒消、英消皆從此出，故爲消石朴也。其英消，即今俗間謂之馬牙消者是也。

〔宋・掌禹錫《嘉祐本草》〕按：《藥性論》云：朴消，君，味苦、鹹，有小毒。能治腹脹，大小便不通，女子月候不通。日華子云：主通泄五藏百病及癥結，治天行熱疾，消腫毒及頭痛，排膿，潤毛髮。凡入飲藥，先安于盞内，攪熱藥澆服。

〔宋・蘇頌《本草圖經》〕曰：朴消，生益州山谷有鹹水之陽。消石，生益州山谷及武都、隴西西羌。芒消，生于朴消，今南北皆有之，而以西川者爲佳。舊説三物同種，初採得其苗，以水淋取汁，煎鍊而成，乃朴消也，一名消石朴。以消石出于其中，又鍊朴消或地霜而成，堅白如石者，乃消石也，一名芒消。又取朴消，以暖水淋汁，鍊之減半，投于盆中，經宿而有細芒生，乃芒消也。雖一體異名，而修鍊之法既殊，則主治之功别矣。然《本經》各載所出，疑是二種。而今醫方家所用，亦不復能究其所來，但以未鍊成塊，微青色者，爲朴消。鍊成盆中上有芒者，爲芒消，亦謂之盆消。其芒消底澄凝者，爲消石。朴消力緊，芒消次之，消石更緩，未知孰爲真者。又按：蘇恭謂晉宋古方，多用消石，少用芒消。近代諸醫但用芒消，尠言消石，是不然也。張仲景傷寒方承氣湯、陷胸丸之類，皆用芒消。葛洪《肘後方》傷寒、時氣、溫病亦多用芒消，惟治食鱠胸膈中不化，方用朴消。云無朴消者，以芒消代皆可用也。是晉宋以前，通用朴消、芒消矣。又《胡洽方》十棗湯用芒消，大五飲丸用消石。亦云無消石用芒消。是梁、隋間通用芒消、消石矣。以此言之，朴消、消石爲精，芒消爲麤。故陶隱居引皇甫士安鍊消石法云：乃是取芒消與石脾合煮，成爲真消石，然石脾無復識者。又注礬石云：生者名馬齒礬，青白色，已鍊成絕白，蜀人以當消石，是消石當時已爲難得其真矣。故方書罕用，通以相代。若然，今所用者，雖非真識，而其功效既相近，亦可通用無疑矣。其《本經》所以各載所出州土者，乃方俗治鍊之法有精麤，故須分别耳。至如芎藭之與蘼蕪，大戟之與澤漆，俱是一物，《本經》亦各著州土者，蓋根與苗，土地各有所宜，非别是一物。則朴消、消石，别著所出，亦其義也，他同此比。又有英消者，亦出于朴消，其狀若白石英，作四五稜，白色瑩澈可愛，功用與芒消頗同，但不能下利，力差小耳，亦謂之馬牙消，蓋以類得名，近世用之最多。又金石凌法，用馬牙消、芒消、朴消、消石四種相參次第下之。詳此法出于唐世，不知當時如何分别也。又下有生消條云：生茂州西山巖石間，其形塊大小不常，色青白，鮮見用者。而今醫家又用一種甜消，彌更精好，或疑是此，乃云出于英消，鍊治之法未聞。又南方醫人論消或小異。有著説云：本草有朴消、消石、芒消，而無馬牙消，諸家所注本草三種，竟無堅决，或言芒消、消石本是一物，不合重出。又言煎鍊朴消，投于盆中經宿乃有細芒，既如是自當爲馬牙消。又云馬牙消亦名英消，自是一物，既以芒消爲朴消所出，不應更有英消。今諸消之體各異，理亦易明，而至若此之惑也。朴消味苦而微鹹，《本經》言苦，《名醫别録》以爲辛，蓋誤謂消石也。出蜀(部)〔郡〕者，瑩白如冰雪，内地者小黑，皆蘇脆易碎，風吹之則結霜，泯泯如粉，熬之烊沸，亦可鎔鑄。以水合甘草、猪膽煮之減半，投大盆中，又下凝水石屑同漬一宿，則凝結如白石英者，芒消也。掃地霜煎鍊而成，如解鹽，而味辛苦，燒之成焰都盡，則消石也。能化金石，又性畏火而能制諸石使拒火，亦天地之神物也。牙消則芒消是也。又有生消不因煮鍊而成，亦出蜀道，類朴消而小堅也。其論雖辯，然與古人所説殊别，亦未可全信也。張仲景《傷寒論》療膀胱急，小腹滿，身盡黄，額上黑及足下熱，因作黑癉，大便必黑，腹臚脹滿如水狀，大便溏者，女勞得之，非水也。腹滿者難療，消石礬石散主之。消石熬黄，礬石燒令汁盡，二物等之，合裌絹篩，大麥粥汁和服方寸匕，日三，重衣覆取微汗，病隨大小便去，小便正黄，大便正黑也。大麥用無皮者。《千金方》消石用二分，礬石用一分。劉禹錫《傳信方》著石旻山人甘露飯：療熱壅，涼膈，上嘔，積滯。蜀朴消成末，每一大斤用蜜，冬用十三兩，春、夏、秋用十二兩，先擣篩朴消成末後，以白蜜和令勻，便入新青竹筒，隨小大者一節，著藥得半筒已上即止，不得令滿。却入炊甑中，令有藥處在飯内，其虚處出其上，不妨甑箅即得，候飯熟取出，承熱綿濾入一瓷鉢中，竹篦攪勿停手，令至凝即藥成，收入合中。如熱月(甚)即于冷水中浸鉢，然後攪，每食後或欲卧時，含一匙、半匙，漸漸咽之。如要通轉亦得。

〔宋・唐慎微《證類本草》〕《聖惠方》：治時氣頭痛不止。用朴消二兩，擣羅爲散，用生油調，塗于頂上。又方：治乳石發動煩悶及諸風熱。用朴消鍊成者半兩，細研如粉，每服以蜜水調下一錢匕。日三四服。《外臺秘要》：療喉痹神驗。朴消一兩，細細含嚥汁，頃刻立差。《孫真人食忌》：主口瘡，取朴消含之。《簡要濟衆》：治小便不通，膀胱熱。白花散：朴消不以多少，研爲末，每服二錢匕，溫茴香酒調下，無時服。

**宋・寇宗奭《本草衍義》卷四** 朴消 是初採掃得，一煎而成者，未經再鍊治，故曰朴消。其味酷澀，所以力堅急而不和，可以熟生牛馬皮，及治金銀有僞。葛洪治食膾不化，取此以蕩逐之。臘月中以新瓦罐滿注熱水，用朴消二升，投湯中，攪散，挂北檐下，俟消滲出罐外，羽收之。以人乳汁調半錢，掃一切風熱毒氣攻注目瞼外，及發于頭面、四支腫痛，應手神驗。

**宋・王繼先《紹興本草》卷三** 朴消 紹興校定：朴消一名消石朴，蓋如物之朴，以未經煉故也。而又芒消、英消，皆從此出，故謂之朴消。青白者佳，黃赤者不堪入藥。《本經》云：逐積聚，破留血，推陳致新，其蕩利之性皆可知矣。今定朴消味苦辛、大寒、有小毒是也。

**宋・劉明之《圖經本草藥性總論》卷上** 朴消 味苦、辛，寒、大寒，無毒。主百病，除寒熱邪氣，逐六腑積聚，結固留癖，胃中食飲熱結，破留血閉絕，停痰痞滿。日華子云：主通泄五臟百病及癥結，治天行熱氣，消腫毒及頭痛，排膿，潤毛髮。張仲景《傷寒論》：療膀胱急，小腹滿，身盡黃，額上黑及足下熱，因作黑癉，大便必黑，腹臚脹滿。一云：治時氣頭痛，療喉閉。《聖惠方》：治時氣頭痛不止，用貳兩，為末，生油調，塗頂上。又方：治乳石發動煩悶，及諸風熱，用煉成者半兩，細研如粉，每服以蜜水調下壹錢匕，日三服。《孫真人食忌》主口瘡，取含之立效。畏麥句薑。其色青白者佳，黃者傷人，赤者殺人。

**宋・張杲《醫說》卷八** 朴消下死胎 朴消為細末二錢，溫童子小便調下。知洪州進賢曾通仕定永云：昔為豐城尉，家有猫孕五子，一子已生，四子死腹中，腹脹啼叫欲絕。試以問醫，醫教以此藥灌之，死子即下，猫得不死。後有一牛亦如此，用此法亦活。醫者云：本治人方，用以治畜亦效，以治人無不驗者《信效方》。

**元・王好古《湯液本草》卷六** 朴硝 氣寒，味苦、辛。《象》云：除寒熱邪氣，逐六腑積聚，結痼留癖，胃中食飲熱結。去血閉，停痰痞滿，消毒。揉細，生用。

**元・朱震亨《本草衍義補遺》** 硝 屬陽金而有水與火土。善消化驅逐，而《經》言無毒、化七十二種石。不毒而能之乎？以之治病，以致其用，病退則已。若玄明粉者，以火煅而成，當性溫。曰長服、多服、久服，且輕身固胎，駐顔益壽，大能補益，豈理也哉？予觀見一二朋友，不信予言而亡，故書此為戒云。〇仙經以朴硝製伏為玄明粉。硝是太陰之精華，水之子也。陰中有陽之藥也。

**元・徐彥純《本草發揮》卷一** 朴硝 主除寒熱邪氣，逐六府積聚結固留癖，胃中食飲熱結留，血閉絕停疾痞滿，推陳致新，能化七十二種石。日華云：主通泄五臟百病及癥結，天行熱疾，消腫毒。丹溪云：【略】

**明・王綸《本草集要》卷五** 朴硝君 味苦辛鹹，氣寒，有毒。畏麥句薑。初採掃得，一煎而成者是。主百病寒熱邪氣，逐六腑積聚結固留癖，破留血，停痰痞滿，大小便不通，推陳致新。治天行熱疾，消腫毒，排膿軟堅，能化七十二種石。鍊餌服之，輕身神仙。丹溪云：善消化驅逐，以之治病致用，病退則已。鍊服補益，豈理也哉。〇三硝本一物，朴硝力緊，芒消次之，硝石更緩。

**明・滕弘《神農本經會通》卷六** 朴硝 君也。惡麥句薑。青白者佳，黃者傷人，赤者殺人。一名消石朴。初採掃得，一煎而成者是也。峽州。生益州山谷。有鹹水之陽。

味苦、辛，氣寒、大寒，無毒。《湯》同。一云：有小毒。東云：通大腸，破血，止痰癖。《本經》云：主百病，除寒熱邪氣，逐六腑積聚，結固留癖，胃中食飲熱結，破留血閉絕，停痰痞滿，推陳致新，能化七十二種石。鍊餌服之，輕身神仙。鍊之白如銀，能寒能熱，能滑能澁，能辛能苦，能鹹能酸，入地千歲不變。《今注》云：彼人採之，以水淋取汁，煎鍊而成朴硝也。一名硝石朴者，硝即是本體之名。石者，乃堅白之號。朴者，即未化之義也。其芒硝、英硝，皆從此出，故為硝石朴也。其英硝，即今俗間謂之馬牙硝者是也。《藥性論》云：朴硝，君。味苦、鹹，有小毒。治腹脹，大小便不通，女子月候不通。日華子云：主通泄五臟百病及癥結，治天行熱疾，消腫毒，及頭痛排膿，潤毛髮。凡入飲藥，先安於盞內，攪熱藥澆服。《圖經》云：硝石、芒硝、朴硝，舊說三物同種，初採得苗，以水淋取汁，煎鍊而成，乃朴硝也，一名消石朴。今醫方家又以未鍊成塊，微青色者為朴硝，以硝石出於其中。又取朴硝以暖水淋汁，鍊之減半，投於盆中，經宿而有細芒生，乃芒硝也，亦謂盆硝。其芒硝底澄凝者，堅白如石，為硝石。朴硝力緊，芒硝次之，硝石更緩。仲景傷寒方承氣湯、陷胸丸之類，用芒硝。葛洪《肘後方》，溫病亦多用芒硝。治食鱠，胸膈中不化，用朴硝。胡洽十棗湯用芒硝。大五飲丸用硝石。《湯》云：《本草》同。丹溪云：消屬陽金而有水與火，善消化駈逐。而《經》言無毒，化七十二種石，不毒而能之乎？以之治病，以致其用，病退則已，鍊服補益，豈理也哉？《集》云：三硝本一物，朴硝力緊，芒硝次之，硝石更緩。《衍義》曰：朴硝是初採掃得，一煎而成者，未經再鍊治，故曰朴硝，其味酷澁，所以力堅急而不和，可以熟生牛馬皮，及治金銀有偽。葛洪治食鱠不化，取此以蕩逐之。臘月中以新瓦罐滿注熱水，用朴硝二升，投湯中，攪散，掛檐下，候硝滲出罐外，羽收之，以人乳調半錢，掃一切風熱毒氣，攻注目(臉)[瞼]外，及發於頭面四支腫痛，應手神驗。《局》云：朴硝破血除寒熱，積聚停痰用即安。煎作芒硝功却緩，古方以此治傷寒。朴硝，開積聚，化停痰，煎作芒硝，功却緩。

**明·劉文泰《本草品彙精要》卷一**　朴硝無毒。附甜硝。　土生。

**朴硝**出《神農本經》：**主百病，除寒熱邪氣，逐六腑積聚，結固留癖，能化七十二種石，煉餌服之，輕身神仙。**以上朱字《神農本經》。胃中食飲熱結，破留血閉絕，停痰痞滿，推陳致新。以上黑字名醫所錄。【名】硝石朴。【地】《圖經》曰：生益州山谷鹹水之陽及武都、隴西、西羌，以西川者爲佳。彼人採掃之，以水淋取汁一煎而成，乃朴硝也。煉之白如銀，能寒能熱，能滑能澀，能辛能苦，能鹹能酸。入地千年不變，色青白者佳，黄者傷人，赤者殺人。一名硝石朴，其未煉成塊，微青色者，亦謂之朴硝，朴即未化之義。一說芒硝輩皆從此出，故謂之朴也。一種甜硝更好，或云出於英硝，煉治之法未聞。【時】生：無時。採：冬月取。【收】以磁器盛。【用】明淨者爲好。【質】如碎礬。【色】白。【味】辛，苦。【性】寒，泄。【氣】氣薄味厚，陰中之陽。【臭】朽。【主】蕩滌臟腑實熱。【反】畏麥句薑。【治】療：《藥性論》云：除腹脹，大小便不通，女子月候不通。日華子云：通泄五臟百病及癥結，天行熱疾，消腫毒及頭痛，排膿潤毛髮。孫真人曰：含之治口瘡。葛仙翁曰：食膾不化，取此以蕩逐之。《別錄》云：喉痹，用一兩細細含咽汁，頃刻立瘥。【合治】每硝一大斤，冬合蜜十三兩，春夏秋合蜜十二兩，先搗篩硝成末後，以白蜜和令勻，便入青新竹筒，隨小大者一節著藥，得半筒已上即止，不得令滿。卻，入炊甑中，令有藥處在飯內，其虛處出其上，不妨甑箅即得。候飯熟取出，乘熱綿濾入一瓷缽中，竹篦攪勿停手，令至凝即藥成，收入盒中。如夏月即於冷水浸缽，然後攪凝。每食後或欲臥時含半匙，漸漸咽之，療熱壅，涼胸膈，驅積滯，如要通轉亦得。○用二兩搗羅爲散，合生麻油調塗頂上，治時氣頭痛不止。○取煉成硝半兩，細研如粉，每服合蜜水調下一錢匕，日三四服，治乳石發動，煩悶及諸風熱。○爲末，每服二錢匕，合溫茴香酒調下，無時服，治小便不通，膀胱熱。○臘月中以新瓦罐滿注熱水，用硝二升投湯中，攪散掛北檐下，候硝滲出罐外，羽收之，合人乳汁調半錢，掃一切風熱毒氣，攻注目(臉)[瞼]外及發於頭面四肢腫痛，應手神驗。【禁】黄者傷人，赤者殺人，妊娠不可服。【代】以芒硝代之。

**明·葉文齡《醫學統旨》卷八**　朴硝　氣寒，味苦、辛、鹹，有毒。沉而降，陰也。畏麥句薑。初採掃得一煎成者是也。治百病寒熱邪氣，逐六腑積聚，結固留癖，破留血停痰痞滿。大小便不通，推陳致新。天行熱疾，消腫毒，排膿軟堅，能化七十二種石。

**明·許希周《藥性粗評》卷四**　朴硝開塊癖之壅。

朴硝，砂石初採，未經再煉之名，比芒硝其性稍急。味苦、辛，性大寒，無毒。主治停痰積塊，癥瘕諸癖，破血除熱，化七十二種石，推陳致新，與諸硝同功。大抵凡以硝石者，其功皆然。《本草》雖列硝石、芒硝、朴硝之異，而治法不甚相遠，蓋以硝無二種，治無兩施也。丹溪云：硝能化七十二種石，不毒而能之乎？以之治病，病退即已，言其不可輕服也。

單方：喉痹：凡患時氣，咽喉腫痺者，朴硝一兩，細細含之，嚥其汁，頃刻其腫自消。　口瘡：取朴硝含之。

**明·鄭寧《藥性要略大全》卷八**　朴硝　通大腸，破血，吐痰癖，排膿消腫，軟堅除熱，化痰開積聚，蕩胃中飲食熱結，去血閉，敺停痰，治腫消毒，消痞滿。揉碎生用。伊訓曰：治百病，除寒熱邪氣，逐六腑積聚，血閉停痰痞滿，推陳致新。煉之如白銀，能寒能熱，能滑能澁。色青白佳，黄者傷人，赤者殺人。味苦、辛、鹹，氣寒，有小毒。畏麥句薑。生益州。初掃得一煎便成者名朴硝，其力速於芒硝、硝石。又云此藥無毒。

**明・陳嘉謨《本草蒙筌》卷八**　朴硝　味苦、辛、鹹，氣寒。降也，陰也。無毒。一云有毒。丹溪云：《本經》言無毒，誤也。能化七十二種石，不毒而能之乎。生益州山谷，有鹹水之陽。初採其苗，淋水取汁。一煎成滓，乃名朴硝。色青白者為佳，兼黃赤者勿服。黃者傷人，赤者殺人。諸石藥毒能化，六腑積聚堪敺。潤燥糞推陳致新，消癰腫排膿散毒。卻天行疫痢，破留血閉藏。傷寒發狂，停痰作痞。凡百實熱，悉可瀉除。又善墮胎，孕婦忌用。芒硝因再煎煉，傾入盆內結芒。上有廉稜，名故改喚。甚消痰癖，更通月經。延發漆瘡可敷，難產子胞可下。洗心肝明目，滌腸胃止疼。《經》云：熱淫于內，治以鹹寒，佐以苦寒。古方因之，每用大黃、芒硝，相須而為使也。又稱英硝者，因形與白石英相同。又曰馬牙硝者，因形與馬牙無異。實即芒硝一種，無過因形異名。《本經》各開，此則併附。硝石在盆硝底結，燒之有火焰上騰。由質堅凝，特稱石類。所惡須記三藥，苦參苦菜曾青。總味辛能潤燥，鹹能軟堅，苦能瀉實。但力較前二硝略少緩爾。○仍兩品尤妙，亦朴硝製成。冬天苧布袋滿盛，掛檐端質漸變白，此風化硝，取輕而不降，乃膏粱家易化頑痰捷方。○臘月蘿蔔水同煮，露天底味竟去鹹，號玄明粉。因陰中有陽，誠老弱人微敺虛熱妙劑。臨服之際，惟忌苦參。製玄明粉法：用朴硝十斤，水一桶，同入鍋內溶化。掠去面上油膩，其水將細布併好紙濾去渣滓。仍用蘿蔔十斤，冬瓜五斤，豆腐三斤，俱切厚片，同硝水入鍋內，煮沸六七次，撈去蘿蔔等物。又掠去油膩，將細布好紙再濾過，務令渣滓去淨，然後放入瓦盆，置諸星月之下，自然生出硝芽片子。取出放于棹面上，任其風乾。將原水又煎沸一次，入瓦盆內，令其再生。如是者數次，以水內無硝片為度。將前風乾硝芽，用泥裹罐子，裝盛按實，辟炭周圍不走火氣，如法煎煉，候水乾盡，仍聽罐內硝汁不響，復如法固封罐口，再加猛頂火，煅煉一晝夜，玄明粉成矣。待冷取出，着淨地上，以新瓦盆一箇覆之，以去火毒。後研為末，每斤加生熟甘草各一兩，和勻。初服一錢，漸加三錢，四時服食，各有飲引。春養肝，川芎黃耆芍藥湯下。夏養心，茯苓湯下。秋養肺，茯苓桔梗湯下。冬養腎，肉蓯蓉烏頭湯下。四季養脾，人參白朮湯下。朴硝鹹物也。蘿蔔性溫，與冬瓜、豆腐俱能奪鹹味，用之修製，使去其鹹，故曰陰中有陽之藥也。

謨按：七硝氣味相同，俱善消化敺逐。但朴硝力緊，芒硝、英硝、馬牙硝力緩。硝石、風化硝、玄明粉，緩而又緩也。以之治病致用，病退即已。《本經》載：能煉服補益，豈理也耶？若孕婦有可下證，用之必兼大黃引導，使之直入大腸，潤燥瀉熱，子母均安。《經》曰：有故無殞，亦無殞也。此之謂歟。

**明・皇甫嵩《本草發明》卷五**　朴硝上品，君。大寒，味苦、辛、鹹。降也，陰也。《藥性》云：有小毒。然能化七十二種石，豈云無毒？但黃色傷人，赤者殺人。發明曰：硝性鹹寒，能軟堅，辛能潤燥，苦能瀉實。朴硝力緊，芒硝次之，硝石又次。風化硝性緩，玄明粉尤緩耳。《本經》載煉之能補益。豈真能補哉？《經》云推陳致新，一句見瀉中有補，當此意得之耳。故《〔本〕草》主百病，除寒熱邪氣，逐六腑積聚結固留癖，胃中飲食熱結，破留血閉絕，停痰痞滿，推陳致新。化七十二種石，煉餌服之，輕身神仙。煉白如銀，能寒能熱，能滑能澁，能辛能苦，能鹹能酸。《本草》所云主百病者，此也。愚謂此皆指其（練）〔煉〕法而然，非其本性。一名硝石。畏麥句薑。

**明・李時珍《本草綱目》卷一一石部・鹵石類**　朴消《本經》上品。校正：併入《別錄》芒消、《嘉祐》馬牙消。

〔釋名〕消石朴《別錄》　鹽消《綱目》　皮消志曰：消是本體之名，石乃堅白之號，朴者未化之義也。以其芒消、英消皆從此出，故曰消石朴也。時珍曰：此物見水即消，又能消化諸物，故謂之消。生于鹽鹵之地，狀似末鹽，凡牛馬諸皮須此治熟，故今俗有鹽消、皮消之稱。煎鍊入盆，凝結在下，粗朴者爲朴消，在上有芒者爲芒消，有牙者爲馬牙消。《神農本經》止有朴消、消石，《名醫別錄》復出芒消，宋《嘉祐本草》又出馬牙消。蓋不知消石即是火消，朴消即是芒消、馬牙消，一物有精粗之異爾。諸說不識此，遂致紛紜也。今併芒消、牙消于一云。

〔集解〕《別錄》曰：朴消生益州山谷有鹹水之陽，采無時，色青白者佳，黃者傷人，赤者殺人。又曰：芒消，生于朴消。斅曰：朴消中煉出，形似麥芒，號曰芒消。志曰：以暖水淋朴消，取汁鍊之，令減半，投于盆中，經宿乃有細芒生，故謂之芒消也。又有英消者，其狀若白石英，作四五稜，瑩澈可愛，主療與芒消同，亦出于朴消，其煎鍊自別有法，亦呼爲馬牙消。宗奭曰：朴消是初采得一煎而成者，未經再鍊，故曰朴消。可以熟生牛馬皮，及治金銀有僞。芒消是朴消淋汁再鍊者。時珍曰：消有三品：生西蜀者，俗呼川消，最勝；生河東者，俗呼鹽消，次之；生河北、青、齊者，俗呼土消。皆生于斥鹵之地，彼人刮掃煎汁，經宿結成，狀如末鹽，猶有沙土猥雜，其色黃白，故《別錄》云朴消黃者傷人，赤者殺人。須再以水煎化，澄去滓脚，入蘿蔔數枚同煮熟，去蘿蔔傾入盆中，經宿則結成白消，如冰如蠟，故俗呼爲盆消。齊、衛之消則底多，而上面生細芒如鋒，《別錄》所謂芒消者是也。川、晉之消則底少，而上面生牙如圭角，作六稜，縱橫玲瓏，洞澈可愛，《嘉祐本草》所謂馬牙消者是也。狀如白石英，又名英消。二消之底，則通名朴消也。取芒消、英消，再三以蘿蔔煎鍊去鹹味，即爲甜消。以二消置之風日中吹去水氣，則輕白如粉，即爲風化消。以朴消、芒消、英消同甘草煎過，鼎罐升煅，則爲玄明粉。陶弘景及唐宋諸人皆不知諸消是一物，但有精粗之異，因名迷實，謬猜亂度，殊無指歸。詳見消石正誤下。

朴消《本經》　【氣味】苦，寒，無毒。《別錄》曰：苦、辛，大寒，無毒。鍊白如銀，能寒能熱，能滑能濇，能辛能鹹能酸，入地千年不變。權曰：苦、鹹，有小毒。時珍曰：《別錄》所列神化之説，乃消石之功。詳見消石下。之才曰：石韋爲之使，惡麥句薑。張從正曰：畏三稜。　【主治】百病。除寒熱邪氣，逐六腑積聚，結固留癖。能化七十二種石。鍊餌服之，輕身神仙《本經》。胃中食飲熱結，破留血閉絶，停痰痞滿，推陳致新《別錄》。療熱脹，養胃消穀皇甫謐。治腹脹，大小便不通。女子月候不通甄權。通泄五臟百病及癥結，治天行熱疾，頭痛，消腫毒，排膿，潤毛髮大明。

芒消《別錄》　【氣味】辛、苦，大寒，無毒。權曰：鹹，有小毒。　【主治】五臟積聚，久熱胃閉，除邪氣，破留血，腹中痰實結搏，通經脉，利大小便及月水，破五淋，推陳致新《別錄》。下瘰癧黄疸病，時疾壅熱，能散惡血，墮胎。傅漆瘡甄權。

馬牙消宋《嘉祐》　【氣味】甘，大寒，無毒。時珍曰：鹹、微甘。即英消也。
【主治】除五臟積熱伏氣甄權。末篩點眼赤，去赤腫障瞖濇淚痛，亦入點眼藥中用大明。功同芒消時珍。

【發明】成無己曰：《内經》云：鹹味下泄爲陰。又云：鹹以耎之。熱淫于内，治以鹹寒。氣堅者以鹹耎之，熱盛者以寒消之。故張仲景大陷胸湯、大承氣湯、調胃承氣湯皆用芒消，以軟堅去實熱，結不至堅者不可用也。好古曰：《本草》云朴消味辛，是辛以潤腎燥也。今人不用辛字，只用鹹字，鹹能耎堅也。其義皆是。《本草》言芒消利小便而墮胎，然傷寒妊娠可下者用此，兼大黄引之，直入大腸，潤燥耎堅瀉熱，而母子俱安。《經》云有故無殞，亦無殞也，此之謂歟？以在下言之，則便溺俱陰。以前後言之，則前氣後血。以腎言之，總主大小便難。溺濇秘結，俱爲水少火盛。《經》云熱淫于内，治以鹹寒，佐之以苦，故用芒消、大黄相須爲使也。元素曰：芒消氣薄味厚，沈而降，陰也。其用有三：去實熱，一也；滌腸中宿垢，二也；破堅積熱塊，三也。孕婦惟三四月及七八月不可用，餘皆無妨。宗奭曰：朴消是初得一煎而成者，其味酷濇，所以力緊急而不和，治食鱠不消，以此蕩逐之。芒消是朴消淋過鍊成，故其性和緩，故今多用治傷寒。時珍曰：朴消澄下，消之粗者也，其質重濁。芒消、牙消結于上，消之精者也，其質清明。甜消、風化消，則又芒消、牙消之去氣味而甘緩輕爽者也。故朴消止可施于鹵莽之人，及傅塗之藥；若湯散服餌，必須芒消、牙消爲佳。張仲景《傷寒論》只用芒消，不用朴消，正此義也。消禀太陰之精，水之子也。氣寒味鹹，走血而潤下，蕩滌三焦腸胃實熱陽强之病，乃折治火邪藥也。唐時臘日賜群臣紫雪、紅雪、碧雪，皆用此消鍊成者，通治積熱諸病有神效，貴在用者中的爾。

【附方】舊十七，新一十五。

紫雪：療傷寒温瘧，一切積熱煩熱，狂易叫走，瘴疫毒癘，卒死脚氣，五尸五疰，心腹諸疾，疞刺切痛，解諸熱毒，邪熱發黄，蠱毒鬼魅，野道熱毒，小兒驚癇百病。黄金一百兩，石膏、寒水石、滑石、慈石各三斤，搗碎，水一斛，煮四斗，去滓。入犀角屑、羚羊角、青木香、沉香各五兩，玄參洗焙、升麻各一斤，甘草炒八兩，丁香一兩，入前汁中煮取一斗五升，去滓。入鍊朴消十斤，消石三十二兩，於藥汁中，微火煎之，柳木不住攪，至水氣欲盡，傾木盆中。待欲凝，入麝香一兩二錢半，朱砂末三兩，攪勻，收之。每服一二錢，凉水服。臨時加減，甚者一兩。《和劑局方》。

紅雪：治煩熱，消宿食，解酒毒，開三焦，利五臟，除毒熱，破積滯。治傷寒狂躁，胃爛發斑，温瘴脚氣，黄疸頭痛，目昏鼻塞，口瘡喉痹，重舌腸癰等病。用川朴消十斤鍊去滓，羚羊角屑、黄芩、升麻各三兩，人參、赤芍藥、檳榔、枳殼麩炒、生甘草、淡竹葉、木香各二兩，木通、巵子、葛根、桑白皮、大青、藍葉各一兩半，蘇方木六兩，並剉片。水二斗五升，煎至九升，去滓，濾過煎沸。下消不住手攪，待水氣將盡，傾入器中。欲凝，下朱砂一兩，麝香半兩，經宿成雪。每服一二錢，新汲水調下。欲行，則熱湯化服一兩。《和劑方》。

碧雪：治一切積熱，天行時疾，發狂昏憒，或咽喉腫塞，口舌生瘡，心中煩躁，或大小便不通，胃火諸病。朴消、芒消、馬牙消、消石、石膏水飛、寒水石水飛各一斤，以甘草一斤，煎水五升，入諸藥同煎，不住手攪，令消鎔得所，入青黛一斤，和勻，傾盆内，經宿結成雪，爲末。每含嚥，或吹之，或水調服二三錢。欲通利，則熱水服一兩。《和劑局方》。

凉膈驅積：王旻山人甘露飲：治熱壅，凉胸膈，驅積滯。蜀芒消末一大斤，用蜜十二兩，冬加一兩，和勻，入新竹筒内，半筒已上即止，不得令滿。却入炊甑中，令有藥處在飯内，其虚處出其上，蒸之。候飯熟取出，綿濾入瓷鉢中，竹篦攪勿停手，待凝，收入瓷盒。每卧時含半匙，漸漸嚥之。如要通轉，即多服之。劉禹錫《傳信方》。

乳石發動：煩悶。芒消，蜜水調服一錢，日三服。《聖惠方》。

骨蒸熱病：芒消末，水服方寸匕，日二，神良。《千金方》。

腹中痞塊：皮消一兩，獨蒜一個，大黄末八分，搗作餅。貼于患處，以消爲度。《邵氏經驗方》。

食物過飽：不消，遂成痞膈。馬牙消一兩，吴茱萸半斤，煎汁投消，乘熱服之。良久未轉，更進一服，立效。竇群在常州，此方得效也。《經驗方》。

關格不通：大小便閉，脹欲死，兩三日則殺人。芒消三兩，泡湯一升服，取吐即通。《百一方》。

小便不通：白花散：用芒消三錢，茴香酒下。《簡要濟衆方》。

時氣頭痛：朴消末二兩，生油調塗頂上。《聖惠方》。

赤眼腫痛：朴消置豆腐上蒸化，取汁收點。《簡便方》。

風眼赤爛：明净皮消一盞，水二盌煎化，露一夜，濾净澄清。朝夕洗目。三日其紅即消，雖半世者亦愈也。楊誠《經驗方》。

退瞖明目：白龍散：用馬牙消光净者，厚帋裹實，安在懷内着肉，養一百二十日，研粉，入少龍腦。不計年歲深遠，眼生瞖膜，遠視不明，但瞳人不破散者，並宜日點之。《經驗方》。

諸眼障瞖：牙消十兩，湯泡汁，厚帋濾過，瓦器熬乾，置地上一夜，入飛炒黄丹一兩，麝香半分，再羅過，入腦子。日點。《濟急仙方》。　逐月洗眼：芒消六錢，水一盞六分，澄清。依法洗目，至一年，眼如童子也。正月初三，〔二〕月初八，三月初四，四月初四，五月初五，六月初四，七月初三，八月初一，九月十三，十月十三，十一月十六，十二月初五日。《聖惠方》。　牙齒疼痛：皂莢濃漿，同朴消煎化，淋于石上，待成霜，擦之。《普濟方》。　食蟹齦腫：朴消傅之，即消。《普濟方》。　喉痹腫痛：《外臺》用朴消一兩，細細含咽，立效。或加丹砂一錢。氣塞不通，加生甘草末二錢半，吹之。　小兒重舌：馬牙消塗于舌上下，日三。姚和衆。　口舌生瘡：朴消含之良。《孫真人方》。　小兒鵝口：馬牙消擦舌上，日五度。《簡要濟衆》。　豌豆毒瘡：未成膿者。猪膽汁和芒消末塗之。《梅師》。　代指腫痛：芒消煎湯漬之。《聖惠方》。　火焰丹毒：水調芒消末塗之。《梅師》。　一切風疹：水煮芒消湯拭之。《梅師》。　漆瘡作痒：芒消湯塗之。《千金》。　灸瘡飛蝶：因艾灸火瘡痂退落，瘡内鮮肉片子，飛如蝶狀，騰空飛去，痛不可言，是血肉俱熱，怪病也。用朴消、大黄各半兩，爲末。水調下，微利即愈。夏子益《奇疾方》。　婦人難産：芒消末二錢，童子小便温服，無不效者。《信效方》。　死胎不下：方同上。豐城曾尉有猫孕五子，一子已生，四子死腹中，用此灌之即下。又治一牛亦下。《信效方》。　女人紮足：脱骨湯：用杏仁一錢，桑白皮四錢，水五盌，新瓶煎三盌，入朴消五錢，乳香一錢，封口煎化。置足于上，先熏後洗。三日一作，十餘次後，軟若束綿也。《閨閣事宜》。

風化消　〔修治〕時珍曰：以芒消于風日中消盡水氣，自成輕飄白粉也。或以瓷瓶盛，掛檐下，待消滲出瓶外，刮下收之。别有甜瓜盛消滲出刮收者，或黄牯牛膽收消刮取，皆非甜消也。

〔主治〕上焦風熱，小兒驚熱膈痰，清肺解暑。以人乳和塗，去眼瞼赤腫，及頭面暴熱腫痛。煎黄連，點赤目時珍。

〔發明〕時珍曰：風化消甘緩輕浮，故治上焦心肺痰熱，而不泄利。

**明・梅得春《藥性會元》卷下**　朴硝　味苦、辛、鹹，氣寒。沉而降，陰也。無毒。畏麥句薑。初採得即煎成者是也。青白色者佳，黄者傷人，赤者殺人。一名硝石朴。生益州山谷，有鹹水之陽。採無時。主治百病寒熱邪氣，逐六腑積聚結固，留癖留血，停痰痞滿，大小便不通，推陳致新，天行熱疾，消腫毒，排膿，軟堅，能化七十二種石。鍊餌服之，輕身。又云：煎作芒硝功卻緩。

**明・李中立《本草原始》卷八**　朴消　生益州山谷，有鹹水之陽。採無時。以水淋取汁，一煎而成，未經再煉，故曰朴消。一名消石朴者。消，即是本體之名；石者，乃堅白之號；朴者，即未化之義也。以其芒消、英消，皆從此出，故為消石朴也。其英消即今俗間謂之馬牙消者是也。李時珍曰：此物見水即消。又能消化諸物，故謂之消。生於鹽鹵之地，狀似末鹽，故今有鹽消之名。凡牛馬諸皮，須此治熟，故俗有皮消之稱。煎煉入盆凝結，在下粗朴者為朴消，在上有鋒芒者為芒消。形大於芒消，與馬牙無異者為馬牙消。置之風中吹去水氣，則輕白如粉，為風化消。　用朴消十斤，水一桶，同入鍋内溶化，掠去面上油膩，其水將細布或縑子濾去滓，用蘿蔔十斤，冬瓜五斤，豆腐三斤，俱切厚片，同消水入鍋内煮六七沸，撈去蘿蔔等物，又掠去油膩，再濾過，令滓去淨，放瓦盆内，置星月之下，自然生出消牙。取出放於桌上，任其風乾，將原水又煎一沸，入瓦盆，令其再生消牙，如此數次，以水中無消牙為度。如前風乾，用罐子裝盛，按實泥裹，碎炭周圍，不走火氣，煎煉一晝夜。待冷取出，着淨地上，以新瓦盆覆之，以去火毒。後研為末。每斤加生熟甘草麵各一兩，和勻，為玄明粉。

朴消：氣味：苦，寒，無毒。主治：百病，除寒熱邪氣，逐六腑積聚，結固留癖，能化七十二種石。煉餌服之，輕身神仙。〇胃中飲食熱結，破留血閉絶，停痰痞滿，推陳致新。〇療熱脹，養胃消穀。〇治腹脹，大小便不通，女子月候不通。〇通泄五臟百病及癥結，治天行熱疾，頭痛，消腫毒，排膿，潤毛髮。

芒消：氣味：辛、苦，大寒，無毒。主治：五臟積聚，久熱胃閉，除邪氣，破留血，腹中痰實結搏，通經脉，利大小便及月水，破五淋，推陳致新。〇下瘰癧，黄疸病，時疾壅熱，能散惡血，墮胎。傅漆瘡。

馬牙消：氣味：甘，大寒，無毒。主治：除五臟積熱伏氣。〇末篩，點眼赤，去赤腫障翳澀淚痛，亦入點眼藥中用。〇功同芒消。

風化消：主治：上焦風熱，小兒驚熱膈痰，清肺解暑。以人乳和塗，去眼瞼赤腫，及頭面暴熱腫痛。煎黄連，點赤目。

**明・張懋辰《本草便》卷二**　朴硝君　味苦、辛、鹹，氣寒，有毒。畏麥句薑。

主百病寒熱邪氣，逐六腑積聚，結固留癖，破留血停痰痞滿，大小便不通，推陳致新；治天行熱疾，消腫毒，排膿軟堅，能化七十二種石。

**明・繆希雍《本草經疏》卷三**　朴硝　味苦、辛，寒、大寒，無毒。主百病，除寒熱邪氣，逐六府積聚，結固留癖，胃中食飲熱結，破留血閉絶，停痰痞滿，推陳致新。能化七十二種石。煉餌服之，輕身神仙。煉之白如銀，能寒能熱，能滑能澀，能辛能苦，能鹹能酸。入地千歲不變。色青白者佳，黃者傷人，赤者殺人。

〖疏〗朴硝乃初次煎成者，其氣味烈於芒硝，主治皆同。總為除邪熱，逐六腑積聚，結固留癖，胃中食飲停滯因邪熱結，停痰痞滿，破留血閉絕之要藥。與芒硝功用曾無少別，文具芒硝條下，茲不復疏。〖主治參互〗《聖惠方》治時氣頭痛不止，用朴硝二兩，搗羅為散，用生油調塗於頂上。又方：治乳石發動煩悶及諸風熱，用朴硝煉成者半兩，細研如粉，每服以蜜水調下一錢匕，日三四服。《簡要濟眾》治小便不通膀胱熱，白花散：朴硝不以多少，研為末，每服二錢匕，溫茴香酒調下，無時服。入紫雪：療傷寒，溫疫，溫瘧，一切積熱煩熱，狂呼叫走，瘴疫毒癘，卒死腳氣，五尸五注，心腹諸疾，疞刺切痛，解諸熱毒，邪熱發黃，蠱毒鬼魅，野道熱毒，小兒驚癇百病。黃金一百兩，石膏、寒水石、磁石、滑石各三斤，搗碎，水一斛，煮四斗，去滓。入犀角屑、羚羊角屑、青木香、沉香各五兩，玄參洗焙、升麻各一斤，炙甘草八兩，丁香一兩，入前汁中，煮取一斗五升，去滓。入煉朴硝十斤，消石三十二兩，於藥汁中微火煎之，用柳木不住攪，至水氣欲盡，傾水盆中。待欲凝，入麝香一兩二錢半，硃砂末三兩，攪勻收之。每服一二錢，涼水服。臨時加減，甚者一兩。碧雪：治一切積熱，天行時疾，發狂昏憒，或咽喉腫塞，口舌生瘡，心中煩躁，或大小便不通，胃火諸病。朴硝、芒硝、馬牙硝、硝石、石膏水飛、寒水石水飛各一斤，以甘草一斤，煎水五升，入諸藥同煎，不住手攪，令消鎔得所，入青黛一斤，和勻，傾盆內，經宿結成雪。為末，每含嚥，或吹之，或水調服二三錢。欲通利，則熱水服一兩。劉禹錫《傳信方》治熱壅，甘露飲：涼胸膈，驅積滯。芒硝末一大斤，用蜜十二兩，和勻，入新竹筒內，半筒已上即止，不得令滿。卻入炊甑中，令有藥處在飯內，其虛處出在上，蒸之。候飯熟，取出，綿濾入磁缽內，竹篦攪勻勿停手，待凝，取入磁盒。每臥時含半匙，漸漸嚥之。如要通利，即多服之。《簡便方》治赤眼腫痛，朴硝置豆腐上蒸化，取汁收點。《外臺秘要》治喉痹腫痛，用朴硝一兩，細細含咽，立效。或加丹砂一錢。氣塞不通，加生甘草二錢半，吹之。孫真人方治口舌生瘡，用朴硝含之良。夏之益《奇疾方》灸瘡飛蝶，因艾灸火瘡痂退落，瘡內鮮肉片子飛如蝶狀，騰空飛去，痛不可言，是血肉俱熱，怪病也。用朴硝、大黃各半兩，為末，水調下，微利即愈。《史記·倉公傳》云：菑川王美人，懷子不乳，來召淳于意。意往，飲以莨菪藥一撮，以酒飲之，旋乳。意復診其脈躁，躁者，有餘病，即飲以消石一劑，出血豆比五六枚而安。此去蓄血之驗也。《炮炙論》治頭痛欲死，用消石末吹鼻中即愈。《聖惠方》治赤眼腫痛，用消石末，臨臥時，以銅箸點黍米大，入目眦，至旦，以鹽水洗去之。

**明·倪朱謨《本草彙言》卷一三**

朴硝又名水硝。味苦、鹹，氣大寒，無毒。沉也，陰也，降也。通行腸胃十二經走藥。《別錄》曰：水硝，生益州山谷有鹹水之處。李氏曰：此物見水即消，又能消化諸食，故謂之硝。生于鹽鹵之地，狀似末鹽，凡牛馬諸皮，須此治熟。煎煉入盆，凝結在上，有鋒芒者，謂之芒硝；有牙者，謂之馬牙硝；凝結在下成塊者，謂朴硝；以芒硝、牙硝，再四煮煉，凝如冰雪者，謂之玄明粉；以芒硝、牙硝，懸挂風處，吹去水氣淨，謂之風化硝也。瀕湖再四考究，水硝有三品：生西蜀者，俗呼川硝，最勝。生河東者，俗呼鹽硝，次之。生河北、青、齊者，俗呼土硝，皆生于鹽鹵之地。土人刮掃煎汁，經宿結成，狀如末鹽，猶有沙土猥雜，其色黃赤，須再以水煎化，澄去渣脚，入蘿蔔數枚，同煮熟，去蘿蔔，傾入盆中，經宿則結成白硝，如冰如蠟，呼爲盆硝。齊、衛之硝則底多，而上生細芒如鋒，《別錄》所謂芒硝是也。川、晉之硝則底少，而上生牙尖如圭角，作六稜，縱横玲瓏，明白可愛，《嘉祐》所謂馬牙硝是也。二硝之底則通名朴硝也。取二硝置之風日中，吹去水氣，則輕白如粉，即爲風化硝。取二硝同甘草再四煎煉，鼎罐升煅，則爲玄明粉。陶弘景及唐宋諸人皆不知諸硝爲一物，但分精麤之異，因名失實，謬度亂猜，殊無指歸，互詳在火硝下。

芒硝：化積聚。《神農》破留滯。皇甫氏消熱脹，通利大小二便之藥也。薛氏膚泉曰：此藥稟天地至陰極寒之氣所生，乃太陰之精，以消物爲性，故能去積聚留滯脹滿，行大小二便等證。成氏曰：《經》云：熱淫於內，治以鹹寒。氣堅者，以鹹軟之；熱盛者，以寒消之。故張仲景大陷胸、兩承氣湯皆用此，以取其鹹寒潤下而降，去實熱固結不通之病耳。苟非裏實燥熱，秘結不通之證，當斟酌行之。

方龍潭先生曰：辛能潤燥，鹹能軟堅。芒硝辛鹹，化腸胃蘊熱，燥隔秘結，又通經絡，行留血，墮胎破孕，通淋利濁，推陳致新，莫可加也。然雖墮胎，妊娠傷寒，有熱盛邪堅，在所必下者，用此潤燥耎堅，熱瀉而母子俱安，所謂有故無殞是也。

繆仲淳先生曰：硝者消也。五金八石，其堅莫比，惟硝能消之。苟非大辛、至鹹、極苦、最烈之味，其能消化之乎？究其芒硝功用，無堅不磨，無結不散，無熱不蕩，無積不推，可謂直往無前，性無留礙之物也。《別錄》謂煉餌服之，輕身神仙，失其本矣！故仲景于諸承氣湯用之。非邪結下焦，堅實不可按者不用，恐其誤伐真陰故也。病不由于邪熱深固，閉結難通，斷不可輕投。至于血涸津枯，以致大腸燥結；陰虛精乏，以致大熱骨蒸；火炎于上，以致頭痛目昏、口渴、耳聾、咽痛、吐血、衄血、咳嗽痰壅，虛極而似實等證，切戒勿施。至如唐玄宗所召道士劉玄真，謂取芒硝煉成玄明粉，服之遂無病長生，中所載有益精壯氣，助陽補陰，不拘丈夫婦人，幼稚襁褓，不問四時冷熱俱治之說，迺是荒唐不經之語，不識本草何緣載入。豈歷代董修儒臣，本不知醫，但廣異聞，未暇覈實而悞收之耶？正所謂盡信書則不如無書也。

集方：《方脉正宗》治積聚久着不化。用水芒硝二兩，每早服五分，白湯沖服，漸消。○同前治胸膈幷腹有積熱內脹。用水芒硝一兩，如治積聚同法。○《百一方》治大小二便不通，閉脹欲死，兩三日即殺人。用水芒硝一兩，泡湯一升服，取吐即通。○仲景方治傷寒表邪內陷，心下因鞕則爲結胸，以大陷胸湯：用大黃六錢，水芒硝一合，甘遂一錢，以水二大碗，先煮大黃去滓，取七分，入水芒硝，煮一兩沸，次入甘遂末，攪勻，溫服，得快利，止後服。○同前治傷寒七八日後，邪結下焦，少腹按之堅痛者，宜下之，大承氣湯：用水芒硝一合，大黃一兩酒洗，厚朴二錢，枳實一錢五分，以水二升，先煮朴、枳，去渣，取七分，後入大黃，煮十餘沸，再入水芒硝，煮十餘沸，傾出，溫和服，得下，餘勿服。本方去水芒硝，名小承氣湯。本方去厚朴、枳實，加甘草四錢，名調胃承氣湯。三承氣湯統治邪熱內結，大便不通。量病輕重擇取。○同前治傷寒邪熱失汗，蓄血少腹，或先因內傷，留血下焦者，用桃仁承氣湯下之：用桃仁十個去皮，大黃五錢，甘草三錢，桂枝二錢五分，水芒硝二錢，先四味，以水三升煮熟，去滓，取七合，再入水芒硝，更上火微沸，傾出，溫和服。當微利。○《信效方》治死胎不下。用水芒硝二錢，熱湯沖服，立下。

續補集方：《千金方》治暴赤時眼。用水芒硝五錢，和銅青二分，泡湯，頻洗。○姚和衆方治小兒重舌。用水芒硝研細末，塗舌上下，二日效。○《簡要濟世方》治小兒鵝口。用水芒硝研末，搽舌上，日三次，效。○《三因方》治風熱喉痹及纏喉風。用水芒硝、火芒硝各五錢，銅杓內炒，待冷，配白硼砂三錢，共研極細，用米醋調，以鵝羽蘸藥塗喉內，吐涎即通。

**明・顧逢柏《分部本草妙用》卷七兼經部・寒瀉** 硝 苦、辛，大寒，有毒。入心脾二經。大黃為使，惡苦參、苦菜、女菀，畏麥蘴。主治：六腑積聚燥結，留血閉臟，天行疫痢，傷寒發狂，停痰作痞，腸風痔漏，推陳致新。解諸石藥毒，瀉一切實熱，墮胎利便。按：硝有七種，惟朴硝力緊，芒硝、英硝，馬牙硝力緩，硝石、風化硝、玄明粉緩之又緩也。《經》云：熱淫于內，治以鹹寒。古方因之，故用大黃佐之，以軟堅下滯。大陷胸、大承氣、調胃承氣等湯，俱用之。然而用芒硝，不用朴硝，以芒性清緩，而朴性重濁銳利也。實熱者宜之，虛者禁之。

**明・李中梓《醫宗必讀・本草徵要下》** 朴硝味辛、鹹、酸，寒，無毒。入胃、大腸二經。 破血攻痰，消食解熱。法製玄明粉，功緩力稍輕，明目清躁，推陳致新。朴硝在下，最粗而濁，芒硝在上，其質稍清；玄明粉再經煎煉，尤為精粹。方士濫誇玄明粉却病永年，不根之說也。若施之於有虛無火之人，及陰毒沉寒之證，殺人慘於刀劍矣。

**明・李中梓《頤生微論》卷三** 朴硝 味辛、鹹，性大寒，有小毒。入胃、大腸二經。大黃為使。惡苦參、苦菜、女菀，畏三稜。下氣破血，攻積聚癥瘕，老痰宿食，煩熱邪氣，明目，清躁，推陳致新。

按：《經》曰：鹹吐下泄，為陰。又曰：鹹以軟之。又曰：熱淫於內，治以鹹寒。又曰：氣堅者，以鹹軟之。皆合用硝。仲景只用芒硝，不用朴硝，惡其太峻也。朴硝在下最粗而濁，芒硝在上其質稍清，再經煎煉為玄明粉，尤為清粹。然終是攻擊之劑，方士濫誇玄明粉可以却病延年，不根之説也。若施之于有虛無火人，殺人慘于刀劍矣。

**明・張景岳《景岳全書》卷四九《本草正》** 朴硝 味苦、鹹、辛，氣寒。陰也，降也。有毒。其性峻速。鹹能耎堅，推逐陳積，化金石藥毒，去六腑壅滯脹急，大小便不通，破瘀血堅癥實痰，却濕熱疫痢，傷寒脹閉熱狂，消癰腫排膿。凡屬各經實熱，悉可瀉除。孕婦忌用，最易墮胎。虛損誤吞，傷生反掌。

**明·盧之頤《本草乘雅半偈》帙二** 朴硝《本經》上品 氣味：苦，寒，無毒。 主治：主百病，除寒熱邪氣，逐六府積聚，結固留癖。能化七十二種石。煉餌服之，輕身神仙。

覈曰：時珍云：消石，丹爐家用制五金八石，銀工用化金銀，兵家用作烽燧火藥，得火即焰起。《狐剛子鍊粉圖》謂之北帝玄珠。諸鹵地皆產，河北慶陽及蜀中尤多。秋冬間，鹵地生白，掃取煎煉而成。多不潔，以水煎化，結于盆底者，狀似朴消，又名生消，謂煉過生出之消也。在上者，或有鋒芒，故消石亦有芒消、牙消之名，與朴硝同稱，而水火之性異也。崔昉《外丹》云：消石，陰石也。此非石類，掃取鹵地白屑，煎煉所成，今呼焰消者是也。

時珍曰：朴消有三品，生西蜀者，俗呼川消，最勝；生河東者，俗呼鹽消，次之；生河、青、齊者，俗呼土消，又次之。皆生斥鹵地，刮掃煎汁，經宿結成，狀如鹽末，猶多沙土猥雜，其色黃赤。《別錄》云：朴消黃者傷人，赤者殺人。須再以水煎化，澄去滓脚，入萊菔數枚，同煮熟，去萊菔，傾入盆中，經宿則結成白消，如冰如蠟，俗呼為盆消。齊、衛之消，煉之底多，上生細芒如(峰)〔鋒〕，《別錄》所謂芒消者是也。川、晉之消，煉之底少，上生牙如圭角，作六棱，縱横玲瓏，洞徹可愛，《嘉祐》所謂馬牙消者是也。狀如白石英，又名英消。二消之底，通名朴消。取芒消、英消，各同萊菔煎煉數次，去鹹味，即名甜消。二消置之風日中，吹去水氣，則輕白如粉，即名風化消。取朴消、芒消、英消，同甘草煎煉，更用鼎罐升煅，即名玄明粉。諸消總是一物，但分精麤之異，俗呼皮消者是也。

時珍云：諸消自晉唐以來，諸家都無定見，不知消有水火二種，形質雖同，性氣迥別。今以《本經》朴消、消石為正，《別錄》芒硝、《嘉祐》馬牙消、《開寶》生消，俱係多出，今並歸併。朴消，水消也，有二種，煎煉結出之細消，爲芒消，爲牙消；凝結盆底者，爲朴消。消石，火消也，亦有二種，煎煉結出之細芒，亦名芒消。牙消又名生消。凝結盆底者，為消石。但二消初生鹵地時，消石色白易煉，朴消黃赤，再三煎煉始成，為異也。雷公曰：凡使消石，先研如粉，用鷄腸菜、柏子仁共二十五箇，和作一處，丸如小帝珠子大，以瓷瓶子于五觔火中煅赤，投消石四兩于瓶內，遂投帝珠子入瓶，自然伏火也。凡使朴消，多恐不潔，再同萊菔煎煉一二次用。諸家各立名相，致朴消、消石，反混亂難別。獨蘄陽標朴消為水消，消石為火消，以二消為綱，諸消為目，令後學一顧了然，功德真無量矣。能合諸消歸水火二種，識見甚真，然切要在形質雖同，性氣迥別二義，此所謂圓融不礙行布也。如乳中之酥酪醍醐，是一是三，無差別而有差別也。

先人云：火消屬火大所攝，凡身中無暖熱相者，用之精良。主治積熱在藏者，蓋藏屬身中之陰，熱即陰火，積有堅象，所謂諸寒之而熱不去者，須此消之。以陰火遇水反熾，用火逐之始滅却耳。又云：朴消主百病是有法，寒熱邪氣是宗，是能，六府是所，積聚六字是所之相，能化下是引證，唯此一消字，用消積聚結固留癖，而返病愈。

条曰：朴消、消石，咸生鹵地。假水火二大以為形質，但勝劣有異，故水火之用迥別。《楞嚴》云：火騰水降，交發立堅，濕為巨海，乾為洲潬，以是義故。彼大海中，火光嘗起，彼洲潬中，江河嘗注，交妄發生，遞相爲種，用是思維。彼水消者，火勢劣水，故火體似藏，而水用獨著。彼火消者，水劣火勢，故水體似藏，而火用獨著。觀其主治，則思過半矣。有如反寒水之本，得火熱之標，積聚六府結固留癖，而為百病之邪。此親相四大之分，反承器界疏相之水，變遷暖熱，交發立堅，致令四大缺陷潤濕之水，動搖之風，偏歸暖熱之火，堅固之地矣，先須水消之水用。對待其火熱，從治其本寒，轉以中藏之火體，從治其火熱。對待其本寒，有如火熱為本，藏陰為標，標氣似隱，本氣自盛，積聚胃藏，蓄結脹閉之邪，此親相之分，亦為疏相之火，交發立堅，致令四大反成缺陷者，先須火消之火用。對待其標陰，從治其本熱，此正發真歸元，結固悉皆消隕，所謂非從則弗逆，非逆則弗從也。顧水消功力，致新推陳，火消功力，推陳致新，三復斯言，其義自見。二消之分水火，宛如太極之分兩儀。而陰中有陽，陽中有陰，此又坎離互根之妙諦。思消石，為鹵地所生，與海灘之鹽相似。從無致有，變柔為剛，故以名石，如秋石之亦名石也。雖分水火二種，而覈其根源，止是一水，其焰發熱騰，亦水中之火也。《水經註》記某處水，肥𦞦可以燃燈。又即水具火，不待煎疑矣。惟為水中之火，故宜臟熱之陰火亦從治之一法也。

**明·李中梓《本草通玄》卷下** 朴硝 苦、辛，寒。一經煮煉即為芒硝。鼎罐升煅，即為玄明粉。 主五臟積聚，久熱胃閉，痰實血結，明目墮胎。《內經》云：熱淫於內，治以鹹寒。故承氣湯，用以軟堅去實。朴硝重濁，止堪塗傅。芒硝輕爽，可供走血蕩腸之需。玄明更佳，然止于治病。服食則不可耳。

**清・顧元交《本草彙箋》卷一〇**　朴硝合芒硝、玄明粉。　朴硝，末經澄煉，其質重濁，其味酷濇，所以力緊急而不和。治食鱠不消，以此蕩逐之。若煉爲芒硝，其質清明，其性和緩，故入仲景大陷胸、大承氣、調胃承氣諸湯，用之以軟堅去實熱也。朴硝止可施于鹵莽之湯，及傅塗之藥。若湯散服餌，必須芒硝。或云芒硝利小便而墮胎，妊婦似宜禁用。不知傷寒妊婦，的遇可下者，用此兼大黃引之，直入大腹潤燥，耎堅瀉熱，而母子俱安。《經》云有故無殞，亦無殞也，此之謂歟。若以在下言之，則便溺俱陰。以前後言之，則前氣後血。以腎言之，總主大小便難。溺濇秘結，俱爲水少火盛，熱淫於內，治以鹹寒，佐之以苦，故芒消、大黃相須爲使，總因邪熱深固，閉結難通，非猛勵之劑，不能磨散推蕩。假令大腸燥結，繇於血耗津枯，大熱骨蒸，繇于陰虚精乏，諸如頭痛目昏，口渴耳聾，咽痛，吐血衄血，咳嗽痰壅，虚極類實等證，總由火炎爲患者，概勿誤施，恐伐真陰之氣。

玄明粉，雖屬沉陰，而火煅微溫，則有陰中之陽，其治病功用，原與芒硝無異。

硝生於斥鹵之地，刮掃煎汁，經宿結成，狀如末鹽，故名鹽硝。以熟生牛馬皮，又曰皮硝。再以水煎蘿蔔，收澄去滓，傾盆內，經宿結成白硝，俗呼爲盆硝。其面生細芒，故曰芒硝。生牙如圭角，又云馬牙硝。若又再三煎煉，蔔收去鹹味，即名甜硝。若置之風日中，吹去水氣，輕白如粉，即名風化硝。其性甘緩輕浮，故能治上焦心肺發熱，而不泄利。製玄明粉法：即以煉過芒硝，每斤同甘草一兩，煎去滓，再露一夜，取出，以大沙罐築實，盛之，鹽泥固濟，厚半寸，不蓋口，外以炭火，從文至武煅之，待沸定，以瓦蓋口，再煅俟冷，傾出，隔紙安地上，盆覆三日，研末，每斤再入生甘草末，炙甘草末各一兩，和勻，瓶收用。自朴硝而芒硝，自芒硝而玄明粉，總之一物煅煉多遍，佐以甘草，無非去其鹹寒之毒。

**清・劉雲密《本草述》卷六**　朴消一名鹽消、皮消。　志曰：朴者，是本體之名，未化之義也，故曰朴消。　時珍曰：是物見水即消，又能消化諸物，故謂之消。生於鹽鹵之地，狀似末鹽。凡牛馬諸皮，須此治熟，故今俗有鹽消、皮消之稱。　時珍曰：消有三品，生西蜀者，俗呼川消，最勝。生河東者，俗呼鹽消，次之。生河北、青、齊者，俗呼土消。皆生於斥鹵之地，彼人刮掃煎汁，經宿結成，狀如末鹽，猶有沙土猥雜，其色黃白，故《別錄》云朴消。黃者傷人，赤者殺人。須再以水煎化，澄去滓脚，入蘿蔔數枚同煮熟，去蘿蔔，傾入盆中，經宿則結成白消，如氷如蠟，故俗呼為盆消。齊衛之消，則底多而上面生細芒如鋒，《別錄》所謂芒消者是也。川晉之消，則底少而面上生牙如圭角，作六稜，縱橫玲瓏，洞徹可愛，《嘉祐本草》所謂馬牙消者是也。狀如白石英，又名英消。二消之底，則通名朴消也。取芒消、英消，再三以蘿蔔煎煉，去鹹味，即為甜消。中風活命金丹中用甜消，見《準繩》。以二消置之風日中，吹去水氣，則輕白如粉，即為風化消。以朴消、芒消、英消，同甘草煎過，鼎罐升煅，則為玄明粉。陶弘景及唐宋諸人，皆不知諸消是一物，但有精粗之異，因名迷實，謬猜亂度，殊無指歸。詳見消石正誤下。

朴消硝通　氣味：苦，寒，無毒。　權曰：苦鹹，有小毒。　時珍曰：朴消，澄下消之粗者也，其質重濁。芒消、牙消結於上，消之精者也，其質清明。甜消、風化消，則又芒消、牙消之去氣味，而甘緩輕爽者也。故朴消止可施於鹵莽之人，及傅塗之藥。若湯散服餌，必須芒消、牙消為佳。張仲景《傷寒論》只用芒消，不用朴消，正此義也。　愚按：朴消在各本草，其主治與芒消不遠，唯《本經》朴消之所治者六腑耳。第如仲景大承氣湯，入胃者皆以芒消，則朴消主治不必更列可也。

芒消硝通　氣味：辛、苦，大寒，無毒。按苦辛，未確。　權曰：鹹，有小毒。

主治：百病，除邪氣，逐五臟積聚，結固畱癖，并久熱胃閉，療腹熱脹，并大小便不通，破五淋及畱血閉絕，痰實結搏，通經脈，推陳致新，利女子月水，治時疾壅熱頭痛，下瘰癧黃疸病。

馬牙消硝通　氣味：甘，大寒，無毒。　時珍曰：鹹、微甘，即英消也。

主治：功同芒消。末篩點眼赤，去赤腫障瞖，濇淚痛，亦入點眼藥中用。

無己曰：《內經》云鹹味，下泄為陰。又云：鹹以耎之，熱淫於內，治以鹹寒。氣堅者，以鹹耎之。熱盛者，以寒消之。故張仲景大陷胸湯、大承氣湯、調胃承氣湯，皆用芒消以耎堅去實熱結，不至堅者不可用也。　潔古曰：芒消氣薄味厚，沉而降陰也。其用有三：去實熱，一也；滌腸中宿垢，二也；破堅積熱塊，三也。孕婦惟三四月及七八月不可用，餘皆無妨。

海藏曰：芒消在仲景於大承氣湯、調胃承氣湯用之，治大便難。夫以在下言之，則便溺俱陰。以前後言之，則前氣後血。以腎言之，總主大小便難。溺濇秘結，俱為水少火盛。《經》云：熱淫於內，治以鹹寒，佐之以苦。故用芒消、大黄，相須為使也。又《本草》言芒消利小便而墮胎，然傷寒妊娠可下者，用此兼大黄引之，直入大腹，潤燥耎堅瀉熱，而母子俱安。《經》云有故無隕，亦無隕也，此之謂歟。　時珍曰：消稟太陰之精，水之子也。氣寒味鹹，走血而潤下，蕩滌三焦腸胃實熱陽強之病，乃折治火邪藥也。唐時臘日賜群臣紫雪、紅雪、碧雪，皆用此消煉成者，通治積熱諸病有神效，貴在用者中的爾。

愚按：《經》曰：人生有形，不離陰陽。又曰：水火者，陰陽之徵兆也。消生於斥鹵之地，是水上合德以立地，其氣上蒸而出者也。水為至陰，上為太陰，故能入陰分而逐陽結。時珍謂其走血而潤下，良不謬矣。蓋本於陰陽徵兆之初氣，以為感為化者，不等於他鹹寒之氣味以論功也。曰除邪氣，是因邪氣之困乎真陽以為結，而此為之對待，與真陽不相忤也。曰逐積聚結固留癖，是本於初氣之感化，即金石猶為之消，非徒以相勝為功也。謂其走血者，血固真陰之化醇，同氣自相求也。即痰飲留結皆須之，亦此故耳。既走陰分，而曰化陽毒者，緣陽邪結於陰分而不散，則能蝕真陰以為大患，唯此消化之以全陰也。若然，是則獨趨於陰乎？曰：固趨於陰，而陰之所樂歸者陽，以其不相離，而原相召也。雖曰潤下，然陽之所居，如上行而目與口舌咽喉，尤其奏功之地，故熱從乎淫，與熱從乎風者，胥治。《經》曰：淫從地氣，風從天氣也。是則所治，如《本草》數則尚未盡乎？曰：有陰不能為陽之守，而陽亢還以乘陰者，在陰固傷。有陰不得受陽之化而陰鬱，還以結陽者，其陰愈傷。種種為患，如積熱多渴，面熱脣焦，咽燥舌腫，喉閉目赤，鼻衄，領頬結硬，口舌生瘡，何一不傷於陰分之血？至於為譫語狂妄，驚癇剛痓，反胃關隔，發熱消癉，瘴疫毒癘，胃爛發斑，癰疽惡毒等證，何莫非陰之受傷於陽，而結之甚者？咸藉此陰陽感化之初氣，消釋最捷，謂《本草》數則之主治，遂足以盡之乎。《本經》首曰治百病，除寒熱邪氣，則已知其所主治侈矣。第元陽之虚者，是為禁藥。而元陰虚者，投此至陰之化氣，反為絕其生化之元，而貽害不小也。慎之慎之！

附方　涼膈驅積，王旻山人甘露飲治熱壅，涼胸膈，驅積滯，蜀芒消一大斤，用蜜十二兩，冬加一兩，和勻，入新竹筩內，半筩已上即止，不得令滿，却入炊甑中，令有藥處在飯內，其虚處出其上，蒸之，候飯熟，取出，綿濾入瓷鉢中，竹篦攪，勿停手，待凝，收入瓷盒，每臥時含半匙，漸漸咽之，如要通轉，即多服之。　關格不通，大小便閉脹欲死，兩三日則殺人，芒消三兩，泡湯一升，服，取吐即通。　治小兒赤遊，行於體上下，至心即死，以芒消納湯中，取濃汁，以拭丹上。

風化消硝通　主治：上焦風熱，小兒驚熱膈痰，清肺解暑。以人乳和塗，去眼瞼赤腫，及頭面暴熱腫痛。煎黄連，點赤目時珍。　時珍曰：風化消甘緩輕浮，故治上焦心肺痰熱，而不泄利。

修治　時珍曰：以芒消於風日中，消盡水氣自成，輕飄白粉也。或以瓷瓶盛挂檐下，待消滲出，瓶外刮下收之。　又甜消製法，見前論中。

**清・郭章宜《本草匯》卷一八**

朴硝　味鹹、辛、苦，大寒，小毒。陰也，降也，入胃、大腸二經。敺六府積聚，破停痰痞食。除積熱有峻泄之勇，破宿血有洗滌之功。明目清躁，揀明淨皮硝，煎化，露一夜，濾清，朝夕洗目。推陳致新。

按：朴硝，乃初次煎成入盆，凝結在下粗濁者。其氣味峻烈，能蕩滌三焦腸胃實熱陽強之病，折治火邪之藥也。食鱠不消，以此蕩逐之。然僅施于鹵莽，及傅塗之藥，若湯散中，必須芒硝為佳。故仲景每用芒硝，而不用此，以其太峻耳。

青白者佳，黄者傷人，赤者殺人。畏三稜。

芒硝　味鹹、辛、苦，大寒，小毒。氣薄味厚，沉而降，陰也。消痰滌熱，下燥潤腸。破堅積，墮胎氣。下瘰癧，通五淋。從枳實為峻劑，隨甘草為緩方。

按：芒硝，即朴硝之再經煎煉，凝結于上，有稜如麥，其質清明，其性和緩，乃硝之精者也。其性以消物為主，故能消五金八石，況乎五藏之積聚哉？味又兼鹹。《內經》云：鹹味下泄為陰。又云：鹹以耎之。熱淫于內，治以鹹寒。氣堅者，以鹹耎之。熱盛者，以寒消之。故張仲景大陷胸湯、大承氣湯、調胃承氣湯，皆用芒硝，以軟堅去實。而《本草》言利小便而墮胎。然傷寒妊娠可下者，用此兼大黄引之直入大腹，潤燥耎堅瀉熱，而子母俱安。《經》云有故無殞，亦無殞也，此之謂歟。惟脉實者為良。附紫雪方：療傷寒一切積熱狂叫毒癘，黄金一百兩，石膏、寒水石、滑石、慈石各三斤，搗碎，水煮去滓，入犀角、羚羊角、青木香、沉香各五兩，玄參、升麻各一斤，炒甘草八兩，丁香一兩，入前汁中，煮取一斗五升，去滓，入煉朴硝十斤，硝石三十二兩，于藥汁中微火煎之，柳木不住手攪，至水氣盡，入麝香一兩二錢半，朱砂末三兩，攪勻，收之。隨病輕重用。紅雪方：治傷寒狂躁，胃爛發斑，及積滯口瘡，喉痺腸癰等症。川朴硝十斤，鍊去滓，羚羊角屑、黄芩、升麻各三兩，人參、赤芍、檳榔、枳殼、生甘草、淡竹葉、木香各二兩，木通、梔子、葛根、桑皮、大青、藍葉各一兩半，蘇木六兩，並煎，去滓，下硝不住手攪，水氣盡，下朱砂一兩，麝香半兩，經宿成雪，冷水調服，欲行用熱湯。碧雪方：治時疾發狂，積熱胃火諸病。朴硝、芒硝、馬牙硝、硝石、石膏、寒水石、水飛各一斤，以甘草一斤，煎水，入諸藥同煎，不住手攪，令消鎔，入青黛一斤，和勻，收貯任用。

**清・蔣居祉《本草擇要綱目・寒性藥品》** 朴硝鍊白如銀，能寒能熱，能滑能澀，能辛能苦，能鹹能酸。入地千歲不變。色青白者佳，黄者傷人，赤者殺人。氣味：苦、辛，寒，無毒。又曰：苦、鹹，有小毒。得石韋為之使。主治：百病，除寒熱邪氣，逐五臟積聚結固留癖。能化七十二種石。鍊餌服之，輕身神仙。胃中飲食熱結，破留血閉絕，停痰痞滿，推陳致新。療熱脹，養胃消穀，治腹脹，大小便不通，女子月候不通，通泄五臟百病及癥結。治天行熱疾頭痛，消腫毒，排膿，潤毛髮。惡：麥句薑。畏：三稜。

**清・王翃《握靈本草》卷一** 朴硝硝有三種，生西蜀者，呼川硝；生河東者，呼鹽硝；生河北者，呼土硝。白者入藥。凡使朴硝，以水飛過，以五重紙滴去脚，于鐺中乾之，方入乳鉢研如粉候用。芒硝是朴硝中有芒者。同蘿蔔煎過，去鹹味者，名甜朴。同甘草煮，鼎罐升煅者，曰玄明粉。主治：朴硝，苦，寒，無毒。主除寒熱邪氣，逐五臟積聚留癖。選方：【略】熱厥頭痛，鬱金散，用芒硝三錢，薄荷二錢，石膏二錢，白芷二錢，鬱金一錢，口内含之，鼻内嗃之。

**清・汪昂《本草備要》卷四** 朴硝、芒硝朴硝，即皮硝。大瀉，潤燥，軟堅。辛能潤燥，鹹能軟堅，苦能下泄，大寒能除熱。朴硝酷濇性急，芒硝經煉稍緩。能蕩滌三焦、腸胃實熱，推陳致新。按：致新則瀉亦有補，與大黄同。蓋邪氣不除，則正氣不能復也。治陽强之病，傷寒《經》曰人之傷于寒也必病熱，蓋寒鬱而爲熱也。疫痢，積聚結癖，留血停痰，黄疸淋閉，瘰癧瘡腫，目赤障翳，通經墮胎。本豐城尉家有猫，子死腹中，啼叫欲絕。醫以硝灌之，死子即下。後有一牛，亦用此法得活。本用治人，治畜亦驗。《經疏》曰：硝者，消也。五金八石皆能消之，况藏府之積聚乎？其直往無前之性，所謂無堅不破，無熱不蕩者也。病非熱邪深固，閉結不通，不可輕投，恐誤伐下焦真陰故也。成無己曰：熱淫于内，治以鹹寒。氣堅者以鹹軟之，熱盛者以寒消之。故仲景大陷胸湯、大承氣湯、調胃承氣湯，皆用芒硝以軟堅，去實熱。結不至堅者，不可用也。佐之以苦，故用大黄相須爲使。許譽卿曰：芒硝消散，破結軟堅。大黄推蕩，走而不守。故二藥相須，同爲峻下之劑。王好古曰：本草言芒硝墮胎，然妊娠傷寒可下者，兼用大黄以潤燥，軟堅瀉熱，而母子相安。《經》曰有故無殞，亦無殞也，此之謂歟！謂藥自病當之，故母與胎俱無患也。硝能柔五金，化七十二種石爲水。生于鹵地，刮取煎煉，在底者爲朴硝，在上有芒者爲芒硝，有牙者爲馬牙硝，置風日中，消盡水氣，輕白如粉，爲風化硝。大黄爲使。《本經》《别錄》朴硝，硝石雖分二種，而氣味主治略同。後人辨論紛然，究無定指。李時珍曰：朴硝下降，屬水性寒；硝石爲造炮焰硝，上升屬火性溫。昂按：世人用硝，從未有取其上升而溫者。李氏之説，恐非確論。

**清・陳士鐸《本草新編》卷五** 朴硝芒硝、皮硝、玄明粉 朴硝，味苦、辛、鹹，氣寒，降也，陰也，有毒。青白者佳，黄赤殺人。諸石藥毒能化，六腑積聚堪祛。潤燥糞，推陳致新。消癰腫，排膿散毒，却天行疫痢，破留血閉藏，傷寒發狂，停痰作痞。凡有實熱，悉可瀉除。又善墮胎，孕婦忌用。芒硝，即朴硝之再煎者。消痰癖，通月經，延發漆瘡可敷，難産子胞可下，洗心肝明目，滌腸胃止疼，《經》云：熱淫于内，治以鹹寒，佐以苦寒。仲景夫子所以用大黄、芒硝相須為使也。皮硝，乃硝皮而出之者也。止可用之以洗目，則老眼可復明，洗陰囊可以去濕，洗痔瘡可以却疼，餘無可用。玄明粉，微祛虚熱，亦消老痰。以上四味，除皮硝乃外治之藥，餘俱内治之藥也。硝性最緊，朴硝第一，芒硝次之，玄明粉又次之，俱宜救急而不可救緩，以之治實病則宜，以之治虚病則失。雖玄明粉能退虚熱，似可治虚，然亦止可暫治虚熱，而不可久治虚熱也。

或疑朴硝不可用，用芒硝以佐大黄，似乎平善矣，而用之不得當，往往殺人。不識單用大黄而不用硝石，亦可乎？夫大黄，下藥也。用大黄，似可不用芒硝，然而傷寒之邪傳在臟中，常有一刻不可再停之勢。大黄不得芒硝，則其勢不速，非好用芒硝也。用芒硝以助其迅掃之機，邪去而正始存，安可徒用大黄而不用硝石哉。

或問：芒硝佐大黄，其勢更急，使大黄迅逐趨下，吾恐邪氣反不盡去也。夫邪在上焦，用藥宜緩；邪在下焦，用藥宜急。腸中既有鞕糞，不迅逐趨下，則言語能定乎？子疑芒硝佐大黄，慮其勢甚急，而余猶恐其不急，致邪之不去也。

或問：芒硝佐大黄，不過助其急也，豈别有義乎？曰：芒硝得大黄，亦能制大黄之猛。蓋大黄性速，而芒硝之性更緊于大黄。大黄轉不敢恃其威，而過于逐北，有彼此牽制之益，故成功更神也。

或問：芒硝佐大黄而成功，豈不能佐大黄而致敗，何子但言其功，不言其過乎？嗟乎！孟賁、烏獲之將，驍勇絕倫，用之不得其宜，有不跋扈者乎。惟是宜用而用之耳。用之得宜，則成功于掃蕩。用之不得其宜，則致敗于崩摧。誰謂芒硝但有功而無過哉。

**清・馮兆張《馮氏錦囊秘録・雜症痘疹藥性主治合參》卷五** 朴硝朴硝乃初次煎成者，故攻逐氣味更烈於芒硝耳。○芒硝由朴硝再煎而成，故曰生於朴硝。得天地至陰極寒之氣所生，故味苦辛，性大寒。乃太陰之精，以消物為性，故能消五金八石，況五藏之積聚乎！且辛散苦降，鹹能軟堅，寒能除熱，何慮積熱諸堅不為推蕩消散也。○玄明粉由芒硝再煉而成，其色瑩白，味辛鹹性冷，無毒。入手少陰經、足厥陰陽明經。總以散結軟堅，泄熱，為燥糞、結痰、宿食之需，較之芒硝力稍緩焉，誠虛弱人所宜也。朴硝，青白者為佳，黄赤者勿服。諸石藥毒能化，六腑積聚堪毆。潤燥糞，推陳致新，消癰腫排膿散毒。卻天行疫痢，破留血閉藏。傷寒發狂，停痰作痞，凡百實熱，悉可瀉除。又善墮胎，孕婦忌服。芒硝因再煎煉，傾入盆内結芒。甚消痰癖，能通月經。延發漆瘡可敷，難產子胞可下。洗心肝明目，滌腸胃止疼。風化硝，取輕而不降，治膏粱之家，易化頑痰捷方。玄明粉，因陰中有陽，誠老弱人，微毆虛熱妙劑，停痰宿滯神丹。潤燥推陳致新，洗眼消腫明目。

主治痘疹合參：朴硝，凡痘初起熱甚，二便秘結，悶煩欲死者，方為酌用，不可輕投。

**清・张璐《本經逢原》卷一** 朴硝 辛、苦、鹹，寒，有毒。黄者傷人，赤者殺人。入藥必取白者。以水煎化，澄去滓，入萊菔自然汁同煮，入盆中，經宿結成如冰，謂之盆硝。齊衛之硝，上生鋒芒，謂之芒硝。川晉之硝，上生六稜，謂之牙硝。取芒硝再三以萊菔汁煉去鹹味，懸當風處吹去水氣，輕白如粉，謂之風化硝。以芒硝、牙硝同萊菔汁、甘草煎過，鼎罐昇煅，謂之玄明粉。《本經》主五藏積熱，胃脹閉，滌蓄結飲食，推陳致新，除邪氣。向錯簡在硝石條内，今正之。詳治五藏等證，皆熱邪固積，決非硝石所能。發明：熱淫於内，治以鹹寒，堅者以鹹耎之，熱者以寒消之，不出《本經》推陳致新之妙用。仲景大陷胸湯、大承氣湯、調胃承氣湯，皆用芒硝耎堅去實，且帶微辛，所以走而不守。若熱結不至堅者，不可輕用。小兒赤遊風，以硝傾湯中取布蘸濕拭之。

**清・浦士貞《夕庵讀本草快編》卷一** 朴消、皮消 附玄明粉 此物見水即消，又能消化諸物，故曰消。牛馬諸皮須此治熟，又名皮消。朴者，煎鍊入盆，凝結在下，粗濁之稱。芒消、馬牙乃其在上之清者也。舊本淆混于硝石之下，今釐正之。朴消澄下，消之粗者也，其質重濁，其味苦寒。芒消、牙消凝結于上，消之精者也，其體清明，其味辛苦。又有甜消，風化乃消之，去其氣味而甘緩輕爽者也。是以朴消止可施于鹵莽之人及傅塗之藥，若湯散服餌，必須輕清者為佳。故仲景只用芒消，正此義也。夫消稟太陰之精，水之子也。氣寒味鹹，走血而潤下，蕩滌三焦腸胃實熱，陽強之病者宜之，乃折火邪之藥也。況鹹能軟堅，寒能勝熱，故熱淫于内，治以鹹寒，氣堅者以鹹耎之，熱盛者以寒消之。故大陷胸湯、大承氣湯、調胃承氣湯並皆用之。與大黄同行則耎堅去實，而熱結自除矣。諺云：黄無消不行，消無黄不走。信哉！更得製度之良，瑩徹輕潔，號曰玄明，其性差緩，其用益佳。如心熱煩躁，上焦壅滯，痰火風秘，無不立效。若紅、紫、碧三雪皆用為君，而治病之功普矣！

**清・張志聰、高世栻《本草崇原》卷上** 朴消 氣味苦，寒，無毒。主治百病，除寒熱邪氣，逐六腑積聚結固留癖，能化七十二種石。煉餌服之，輕身神仙。

朴消始出益州山谷有鹹水之陽，今西蜀青齊河東河北皆有。生於斥鹵之地土，人刮掃煎汁，經宿結成，再煎提淨，則結成白消，如冰如蠟。齊衛之消，底多而面上生細芒如鋒，所謂芒硝是也。川晉之消，底少而面上生牙如圭角，作六稜，縱横玲瓏，洞徹可愛，所謂馬牙消是也。愚按：雪花六出，玄精石六稜，六數為陰，乃水之成數也。朴消、消石皆感地水之氣結成，而稟寒水之氣化，是以形類相同，但消石遇火能焰，兼得水水中之天氣。朴消只稟地水之精，不得天氣，故遇火不焰也。所以不同者如此。有謂：冬時採取則為消石，三時採取則為朴硝。有謂：掃取白霜則為消石，掃取泥汁則為朴消。有謂：出處雖同，近山谷者則為消石，近海濱者則為朴消。諸說不同，今並存之，以俟訂正。朴消稟太陽寒水之氣化，夫太陽之氣，本於水府，外行通體之皮毛，從胸膈而入於中土。主治百病寒熱邪氣者，外行於通體之皮毛也。外感百病雖多，不越寒熱之邪氣，治寒熱邪氣，則外感之百病皆治矣。逐六腑積聚結固留癖者，從胸膈而入於中土也，太陽之氣，入於中土，則天氣下交於地，凡六腑積聚結固留癖可逐矣。能化七十二種石者，朴消味鹹，鹹能軟堅也。天一生水，煉餌服之，得先天之精氣，故輕身神仙。

**清・王子接《得宜本草・上品藥》**　朴硝　味苦、鹹。其性主降，逐腑積聚。得大黃直入大腸滌垢。

**清・徐大椿《神農本草經百種録》上品**　朴消　味苦，寒。朴消味鹹而云苦者，或古時所産之地與今不同，故味異耶，抑或以鹹極而生苦也。主百病，除寒熱邪氣，邪氣凝結則生寒熱，消味鹹苦能輭堅，而解散之。逐六府積聚結固留癖，硝質重性輕而能透發鬱結，置金石器中尚能滲出，故遇積聚等邪，無不消解也。能化七十二種石。此輭堅之甚者。鍊餌服之，輕身神仙。消盡人身之滓穢，以存其精華，故有此效。消者，消也。朴消乃至陰之精，而乘陽以出，其本水也，其標火也。遇濕則化為水，遇火則升為火，體最清而用最變，故丹家重之。〇石屬金，消遇火則亦變火。蓋無火之性，而得火之精氣者也。火鑠金，故能化石。

**清・黃元御《長沙藥解》卷四**　赤硝　味鹹苦，入足厥陰肝、足太陽膀胱經。軟堅破積，化癖消癥。《金匱》鱉甲煎丸方在鱉甲，用之治久瘧，結為癥瘕，以其破瘀而消癥也。　赤硝，即朴硝之赤者。凡斥鹵之地，鹹水之旁，鹹氣浸淫，土上生霜。有白有赤有黃，《本草》所謂清白者佳，黃者傷人，赤者殺人，性烈故也。其清熱軟堅，消塊化積，亦同諸硝，而迅利過之。

**清・吴儀洛《本草從新》卷五**　朴硝〔大瀉，潤燥，軟堅。〕即皮硝。　芒硝　辛能潤燥，鹹能軟堅，苦能下泄，大寒能除熱。朴硝，酷澀性急。芒硝，經煉稍緩，能蕩滌三焦腸胃實熱，推陳致新。與大黃同，蓋邪氣不降，正氣不能復也。治陽強之病，傷寒，《經》曰：人之傷於寒也，必病熱。蓋寒鬱而為熱也。疫痢，積聚結癖，留血停痰，黃疸淋閉，瘰癧瘡腫，目赤障翳，通經墮胎。《經疏》云：硝者，消也。五金八石皆能消之，況臟腑之積聚乎？其直往無前之性，所謂無堅不破，無熱不蕩者也。病非邪實深固，閉結不通，不可輕投，恐誤伐下焦真陰故也。無己曰：熱淫於內，治以鹹寒，氣堅者以鹹軟之，熱盛者以寒消之，故仲景大陷胸湯、大承氣湯、調胃承氣湯皆用芒硝以軟堅去實熱。結不至堅者不可用也。佐之以苦，故用大黃相須為使。按：芒硝消散，破結軟堅，大黃推蕩，走而不守，故二藥相須，同為峻下之劑。好古曰：本草言芒硝墮胎，然妊娠傷寒可下者，兼用大黃以潤燥、軟堅、瀉熱而母子相安。《經》曰有故無殞，亦無殞也，此之謂歟？謂藥自病當之，故胎無患也。硝能柔五金，化七十二石為水。生於鹵地。刮取煎煉，在底者為朴硝，在上者為芒硝，有牙者為馬牙硝。置風日中消盡火氣，輕如白粉為風化硝。大黃為使。《本經》《別録》朴硝、硝石雖分二種，而氣味主治略同。後人辨論紛然，究無定指。時珍曰：朴硝下降，屬水性寒。硝石為造炮焰硝，上升，屬火性溫。

**清・汪紱《醫林纂要探源》卷三**　朴硝　鹹、苦、辛，大寒。陰僻斥鹵之地，少見日色，土自起霜如灰，刮取煎煉成硝，在底為朴硝，在上有芒為芒硝，芒起牙為馬牙硝，置風日中，消盡水氣，輕白如粉，為風化硝。陰之華也。而化於火，補心火。鹹能輭堅，所以補心。人知其瀉火，不知其補心火。心火，少陰君火也。生於陰而發於陽，故中虛而能應物，所謂神明也。心火有恆，無過不及，則神明安而照物審。心妄，則火自為邪，熱自內生，相火復動，兩火合則反昏，而有狂惑及骨蒸等內熱之病。心氣不足，則外邪乘之，熱自外作，真陽内鬱，内外爭而亦有狂熱煩悶實熱之病。凡此皆火邪，非心火之正也。心火之正，虛明安靜，敷照事物，通布血脈，無或不周。硝雖生於陰而性寒，然發火之藥也，宣布通達之用也。以能發火而宣布通達之意思之，則其能補心火之化可知矣。瀉妄火。寒鬱作熱，天行暑熱，溽濕成熱，皆妄火也。推盪三焦邪熱，賁門以上至膻中為上焦，賁門以下至幽門為中焦，幽門以下至闌門及下達魄門，為下焦。三焦，水道所行，而實相火之始，火衰則水穀不化，火熾則水道焦枯，於是有結氣瘀血燥糞頑痰之阻，而上下不通矣。心包、三焦相表裏者，補心火，瀉妄火，所以推盪三焦邪熱也。輭堅消硬，無所不通。此即君火之用。硝者，消也。五金八石，且無不可消，況臟腑之積聚乎？非補火而能消物若此乎？故主治通徹上下，去胸膈、脾胃、大小腸、膀胱之實熱。凡氣結血結，硬痰燥糞，皆能消之。仲景於陽明傷寒大小承氣湯中皆有此，所謂熱淫於內，治以鹹寒者，以鹹補心，以寒勝熱是也。凡黃疸淋閉，瘰癧瘡腫，皆可治。又能通經墮胎。〇合火藥用焰硝、硫黃，營弁云黃力橫破，硝力直達，故火箭起火諸具，多用硝，砲火用黃，取其發聲而已。因悟硫黃，少陽相火，裂則橫發。硝火，少陰君火，炎則直上。是以硝入藥，不惟下降，亦能上行。以觀火箭起火，使之向上則上，向下則下，前後左右，惟其所向。凡熱邪所在，則能消而去之矣。

**清・嚴潔等《得配本草》卷一**　朴硝一名皮硝，一名鹽硝。　石韋為之使。畏荊三稜。惡麥句薑。　辛、苦、鹹，微寒，有小毒。逐六腑積聚，散三焦火鬱。治天行熱疾，除停痰痞滿，療傷寒發狂，利大小便，落死胎。　得獨蒜、大黃搗餅，貼痞塊。配殭蠶、硼砂、腦子，吹風熱喉痹。配硫黃、白礬、滑石，治伏暑瀉痢。配礬石、大麥粥，治女勞黑疸。發熱惡寒，膀胱急，小腹滿，身黃額黑，腹脹如水，大便溏黑，小便黃。　瓷瓶煅赤，投硝石於內，每四兩，用雞腸草、柏子仁丸共廿五個，〔丸〕如珠子大，以丸煅盡為度。　虛極似實等症，勿得誤投。孕婦禁用。　朴硝黃者傷人，赤者殺人。

**題清・徐大椿《藥性切用》卷七**　朴硝　即皮硝。味苦辛鹹，其性大寒，瀉熱泄實，潤燥軟堅，蕩滌三焦實熱，腸胃燥結，為推陳致新耑藥。生於鹵地，刮取煎煉。存底為朴硝，在上為芒硝，有芽者為馬牙消。風日消盡水氣，輕白如粉者，為風化硝。朴硝酷烈性急，諸硝經煉稍緩。

**清・黃宮繡《本草求真》卷六** 朴硝消臟腑熱邪固結。 朴硝耑入腸胃，兼入腎。即皮硝，生於鹵地，刮取，初次煎成為朴，由朴再煎為芒。其性最陰，善於消物，故以硝名。其味苦而且辛，凡五金八石，用此俱能消除，況人臟腑積聚乎！然必熱邪深固，閉結不解，用以苦鹹以為削伐，則藥與病符，自不見碍。時珍曰：硝稟太陰之精，水之子也。氣寒味(寒)〔鹹〕，走血而潤下，蕩滌三焦腸胃實熱陽強之病，乃折治火邪藥也。好古曰：硝利小便而墮胎，然傷寒妊娠可下者，用此兼大黃引之，直入大腹，潤燥耎堅瀉熱，而母子俱安。《經》云有故無殞，亦無殞也，此之謂歟。以在下言之，則便溺俱陰，以前後言之，則前氣後血，以腎言之，總主大小便難，溺澁閉結，俱為水少火盛。成無己曰：熱淫於內，治以鹹寒，佐之以苦，故用芒硝、大黃相須為用也。汪昂曰，豐城尉家有猫，子死腹中，啼叫欲絕，醫以硝灌之，死子即下，後有一牛，亦用此法得活。如仲景大陷胸湯、大承氣湯、調胃承氣湯之類，雖其用有大黃，可以除熱，然亦不得不假軟堅之藥耳。若使病非實熱，及或熱結不堅，妄用承氣、朴硝等以為消削，其不傷人性命幾希。唐時臘日賜群臣紫雪、紅雪、碧雪，皆用此硝鍊成者，通治積熱諸病，有神效，貴在用者的中爾。但朴硝初煎性急，芒硝久煎差緩耳。大黃為使。

**清・羅國綱《羅氏會約醫鏡》卷一八金石水土部** 朴硝味辛、鹹、酸，寒，有毒，入胃、大腸二經。 辛能潤燥，鹹能軟堅，苦能下泄，大寒能除熱。蕩滌三焦腸胃積聚，卻天行瘟疫熱痢、傷寒陽狂，下燥糞、留血停痰，消瘡腫宿食。悉實熱之病，推陳致新，能除邪以復正也。善能下胎，孕婦忌之。然妊娠傷寒，有當下者，兼用大黃而母子相安，《經》曰：有故無殞，自無殞也。藥自病當，又何患焉！ 朴硝即皮硝生於鹵地，刮取煎鍊，攻逐最烈，若無實熱者勿服。

**清・陳修園《神農本草經讀》卷二上品** 朴硝 氣味苦，寒，無毒。主治百病，除寒熱邪氣，逐五臟六腑積聚，固結留癖。能化七十種石。煉餌服之，輕身神仙。 張隱庵曰：雪花六出，元精石六棱，六數為陰，乃水之成數也。朴硝、硝石，面上生牙如圭角，作六棱，乃感地水之氣結成，而稟寒水之氣化，是以形類相同。但硝石遇火能焰，兼得水中之天氣，朴硝止稟地水之精，不得天氣，故遇火不焰也，所以不同者如此。

**清・趙學敏《本草綱目拾遺》正誤** 張石頑云：朴消、消石，《本經》所言，後人互錯。五臟積熱等症，乃熱邪固積，非消石所能滌除。而化七十二種石，又豈朴消所能勝？此二條向來互簡，瀕湖不察，亦仍其誤。且於消石發明下，引《土宿本草》消石能化七十二石，以《別錄》此文列於朴消下為誤。何以於《本經》又仍其錯簡耶？

**清・楊時泰《本草述鉤元》卷六** 朴消 消通生於鹵地。狀似末鹽，見水即消，又能消化諸物，故謂之消。此種本體未化，故謂之朴。凡牛馬諸皮，須此治熟，俗又有鹽消、皮消之稱《志》。消有三品，生西蜀者川消，最勝。生河東者鹽消，次之。生河北、青、齊者，俗呼土消。斥鹵之地，人多刮掃煎汁，經宿結成，猶有沙土猥雜，其色黃白。《別錄》云：朴消黃者傷人，赤者殺人，須再以水煎化，澄去渣脚，入蘿蔔數枚同煮熟，去蘿蔔，傾入盆中，經宿則結成白消，如冰如蠟，故呼盆消。齊、衛之消則底多，上面生細芒如鋒，《別錄》所謂芒消是也。川、晉之消則底少，面上生牙如圭角，作六稜，洞澈可愛，《嘉祐》所謂馬牙消是也，狀如白石英，又名英消。二消之底，則通名朴消也。以取芒消、英消，再三以蘿蔔煎煉，去鹹味，即為甜消。中風、活命金丹中用之。以二消置風日中，吹去水氣，則輕白如粉，為風化消。以朴消、芒消、英消同甘草煎過，鼎罐升煅，則為元明粉。唐宋諸人不知諸消皆是一物，但有精粗之異，謬猜亂度，殊無指歸瀕湖。

朴消，味苦、鹹，氣寒，有小毒。朴消澄下，消之粗者也，其質重濁。芒消、牙消結於上，消之精者也，其質清明。甜消、風化消，則又芒消、牙消之去氣味而甘緩輕爽者。故朴消止可施於鹵莽之人，及傅塗之藥，若湯散服餌，必須芒消、牙消為佳。仲景《傷寒論》只用芒消，不用朴消，正此義瀕湖。按：各本草，朴硝主治，與芒消不遠，惟《本經》朴硝所治者，六腑耳。第如承氣入胃，皆以芒消，則朴消不必更列可也。

芒消，味苦、辛、鹹，氣大寒，有小毒，氣薄味厚，沉而降，陰也。除邪氣，治百病，逐五臟積聚，結固留癖，久熱胃閉，療腹熱脹，並大小便不通，破五淋及留血閉絕，痰實結搏，通經脈，推陳致新，利女子月水，治時疾壅熱頭痛，下瘰癧、黃疸病諸本草。

馬牙消，即英消也。味鹹、微甘，氣大寒。功同芒消，末篩點眼赤，去腫濇障瞖淚痛。消稟太陰之精，水之子也。味鹹氣寒，走血而潤下，蕩滌三焦腸胃實熱，陽強之病，乃折治火邪藥也。唐時紫雪、紅雪、碧雪皆用此消煉成，通治積熱諸病有神效瀕湖。《經》云：鹹味下泄為陰。又云：熱淫於內，治以鹹寒，氣堅者以鹹耎之，熱盛者以寒消之。故陷胸、承氣皆用芒消以耎堅去實無己。承氣用芒消治大便難。夫以在下言之，則便溺俱陰；以前後言之，則前氣後血；以腎言之，總主大小便溺澀便秘，俱為火盛水少。《經》云：熱淫於內，治以鹹寒，佐之以苦。故芒消、大黃相須為使也。《本草》言芒消利小便而墮胎，然傷寒妊娠可下者，用此兼大黃引之，直入大腸潤燥耎堅瀉熱，而母子俱安，《經》所云有故無隕，亦無隕也海藏。甘露飲，治熱壅，涼胸膈，驅積滯。芒消一斤，用蜜十二兩，冬加一兩和勻，入新竹筒內，勿令滿，半筒已上即止。蒸之，令有藥處在飯內，虛處出其上，待飯熟取出，綿濾入瓷鉢中，竹篦攪勿停手，待凝，收入瓷盒，每臥時含半匙，漸漸咽之，如要通轉，即多服之。關格不通，二便閉脹欲死，兩三日則殺人，芒消三兩，泡湯一升服，取吐即通。小兒赤遊，行於體上下，至心即死，以芒消納湯中，取濃汁，拭丹上。

論：消生於斥鹵之地，乃水土合德以立地，其氣上蒸而出者也。水為至陰，土為太陰，能入陰分而逐陽結，蓋本於陰陽徵兆之初氣以為感化。不等於他物鹹寒，但以氣味論功。即金石猶為之消，而非徒以相勝為功。謂其走血者，血固真陰之化醇，同氣相求也。既走陰分而取以化陽毒者，緣陽邪結於陰分而不散，則能蝕真陰以為大患，惟此消化之以全陰也。夫消性固趨於陰，而陰之所樂歸者陽，又感上蒸之氣，故目鼻口舌咽喉尤其奏功之地。大約熱從乎濕，與熱從乎風者胥治，不止如本草數條也。凡病有陰不能為陽之守，而陽亢還以乘陰者，在陰固傷；有陰不得受陽之化，而陰鬱還以結陽者，其陰愈傷。種種為患，咸藉此陰陽感化之初氣消釋最捷。如熱渴消癉，面熱脣焦，咽燥舌腫，口瘡喉痹，目赤鼻衄，頷頰結硬，以至譫狂驚癇，剛痙關隔，瘴癘疫毒，斑爛癰疽等症，一皆陰傷於陽而結之甚者。《本經》首曰治百病，除寒熱邪氣，則已知其所主治侈矣。第元陽之虛者，是為禁藥，而元陰虛者，投此至陰之化氣，反為絕其生化之元，貽害不小也。

熱結不至堅者，不可用無己。用以滌腸中宿垢，破堅積熱塊，孕婦惟三四月及七八月不可用，餘皆無妨潔古。

風化消製法：懸芒消於風日中，消盡水氣，自成輕飄白粉，或以瓷瓶盛掛檐下，待消滲出瓶外，刮下收之。甘緩輕浮，治上焦心肺痰熱而不泄利。主上焦風熱，小兒驚熱膈痰，清肺解暑，去眼瞼赤腫，人乳和塗。及頭面暴熱腫痛。煎黃連，點赤目。

元明粉製法：用白淨朴消十斤，長流水一石，煎化去渣，星月下露一宿，去水取消，每斗用蘿蔔一斤，切片同煮熟，濾淨，再露一夜，取出。每消一斤，用甘草一兩同煎，去渣，再露一宿，取出，盛大砂罐中，築實，鹽泥固濟，厚半寸，不蓋口，坐爐上，炭火十斤，從文至武煅之，待沸定，以瓦一片蓋口，仍前固濟，再以十五斤頂火煅之，放冷一伏時，取出，隔紙安地上，盆覆三日，出火毒，研末，每斤入生、炙甘草末各一兩，和勻，瓶收用。

氣味辛甘冷，沉也，陰也。陰中有陽之物仙經。主治心熱煩燥，五臟結滯，退膈上虛熱，明目消腫毒。用代盆消，去胃中之實熱，蕩腸中之宿垢東垣。此粉煅煉多遍，佐以甘草，去其鹹寒之毒，遇有三焦腸胃實熱積滯年少氣壯者，量與服之，亦有速效。若脾胃虛冷及陰虛火動者，仍忌。

繆氏簡誤總論：硝者，消也。究其功用，無堅不磨，無結不散，無熱不蕩，無積不摧，故仲景承氣湯用之。非邪結下焦，堅實不可按者不用，恐其誤伐下焦真陰故也。若病不由於邪熱深固，閉結難通，斷弗輕投。至於血涸津枯以致燥結，陰虛精乏以致骨蒸，火炎於上以致頭痛，目昏聾渴，咽痛，吐衄欬嗽，痰壅類實等證，切戒勿誤，雖悔難追。

**清·趙其光《本草求原》卷二六鹵石部**

朴硝即皮硝。生於鹵地，刮取煎化，以萊菔汁煉，在底而白者為朴硝，黃者傷人，赤者殺人。在上生鋒芒者為芒硝，在上生棱者為牙硝，再三以萊菔汁煮，去鹹味，置風日中去盡水氣，輕白如粉，為甜硝，為風化硝。諸硝見水則消，皆辛能潤燥，鹹能軟堅，苦寒泄熱，皆能消化諸物，故名硝。但朴硝尚雜沙土，本體未化，牛馬諸皮須之治熟，故又名皮硝。止可施於鹵莽積實之人及敷塗之方，湯散服餌必須芒硝。或以瓷瓶盛芒硝懸風中，待滲出瓶外刮取，為風化硝。

**清·葉志詵《神農本草經贊》卷一**

朴硝　味苦，寒。主百病，除寒熱邪氣，逐六府積聚，結固留癖。能化七十二種石，鍊餌服之，輕身神仙。生山谷。

如玉藏璞，鹽液附生。青分曉岫，白表流晶。剛惟柔克，機與化爭。七十二石，含虛太清。

名醫曰：生益州鹽水之陽。色青白者佳。王勃詩：山長曉岫，青白行簡。賦：流晶表異。《書》：高明柔克。白居易贊：但獲天機，則與化爭。《鶡冠子》：上及太清。

**清・文晟《新編六書》卷六《藥性摘錄》** 朴硝 即皮硝。初次煎成朴硝，再煎為芒硝。苦鹹而辛。入腸胃，兼入腎。〇消臟腑熱邪固結不解。〇若病非實熱，及熱結不堅，切忌。〇朴硝初煎，性急。芒硝差緩。

**清・張仁錫《藥性蒙求・金石部》** 朴硝風化硝、芒硝、馬牙硝 朴硝鹹寒，蕩滌三焦。陽明熱結，積滯均消。朴硝即皮硝。朴者，未化之義也。此物見水即消，化諸物，故謂之硝。經煉為芒硝，其性稍緩。朴硝酷酸濇更急。芒硝之性亦味鹹，大寒。主治積聚癥瘕，利小便及邪熱痰食。〇風化硝：治上焦痰熱，小兒驚熱膈痰，并治經絡之痰濕。但重着，而非痠痛者用之有效。〇一云：生於鹵地，刮取煎煉，在底者為朴硝，在上者為芒硝。有牙者為馬牙硝，除五藏積熱伏氣，去目赤而腫，障翳濇痛。置日中，消盡水氣。輕白如粉，為風化硝。

**清・陸以湉《冷廬雜識》卷七** 沈嫗傳方 單方之佳者，不必出自方書，往往有鄉曲相傳，以之治病，應手取效者。吳江沈嫗服役余家，曾傳數方，試之皆效，備錄之。痔瘡，用皮硝煎湯，乘熱熏洗，此方治熱毒皆效。

**清・趙晴初《存存齋醫話稿》卷一** 朴硝、火硝，咸名硝石，咸生鹵地，假水火二火以為形質。朴硝屬水。味鹹氣寒，性下走，故能推蕩腸胃積滯，折治三焦邪火。火硝屬火，味辛帶苦微鹹，而氣大溫，性上升，故能破積散堅，治諸熱病，升散三焦火鬱。朴硝治熱之結，火硝治熱之鬱。一就下，一達上也。火硝投之火中則焰生，朴硝則否，其性從可知矣。紫雪丹中二硝並用，是熱鬱欲其達，熱結欲其降也。瀕湖李氏曰：火硝與硫黃同用，則配類二氣，均調陰陽，有升降水火之功，治冷熱緩急之病。煅制礞石，則除積滯痰飲。蓋硫暖而利，其性下行；火硝暖而散，其性上行。礞石之性寒而下，火硝之性暖而上，一升一降，一陰一陽，此製方之妙也。奈汪訒庵《醫方集解》中礞石滾痰丸，誤以朴硝製礞石，藥肆不察，竟遵其法。蓋同名硝石，汪氏不及詳考，而一字之訛，藥性頓異，大背古人立方之意矣。用辨明之。

**清・戴葆元《本草綱目易知錄》卷七** 朴硝 芒硝，辛、苦、鹹，寒。稟太陰之精，水之子也。通瀉五臟百病，癥瘕積聚，結固留癖，蕩滌三焦腸胃實熱，推陳致新。治天行熱疾，頭痛，寒熱邪氣，下胃中食飲熱結，腹脹停痰痞滿，瘰癧，黃疸。其性寒，能除實熱，治陽強之病而折火邪。其味鹹，又走血分而潤下，下五淋，通大小便，破留血閉絕，女子月事不通。養胃消穀，消腫排膿。墮胎妊，下死胎胞衣，傅漆瘡。葆按：集註，朴硝，未經煎鍊，硝之粗礪者也。上有泥土，其質重濁。芒硝，將朴硝水煮，麻布濾，盆盛，硝結於上，泥土澄於下。硝稍精細，即今之市售者，其汁清明，再將芒硝水煎，盆盛，蓋之。其所結者，淩空，枝枝似牙，其體清潤，又有甜硝、風化硝，則為芒硝，牙硝之去氣味而甘緩輕爽者也。總之胃氣無實熱，濕邪未入陽明府，寒邪未入裏，俱宜慎用。【略】胞衣不出，葆按：古法用平胃散加芒硝，後人恐其傷胃氣，產後難復健，以脫花煎一濟，加芒硝三錢，其胞化水出，而體易健。脫花煎方，當歸三錢，車前、牛膝、紅花減半，肉桂一錢。【略】

風化硝：甘，緩，輕浮。治上焦心熱而不下降，瀉利清肺，解暑，去膈上熱痰，及頭面暴熱腫痛。小兒驚熱膈痰，以人乳和塗。眼瞼赤腫，煎黃連汁調，點赤目。【略】

馬牙硝：甘，大寒。功同芒消，除五臟積熱伏氣。篩末，點眼赤，去赤腫障瞖濇淚痛。亦入點眼藥中用。葆按：此芒硝煎鍊，在上淩空，枝枝似牙，故名。取之其在下者，謂之芒硝。又與硝石之牙硝同稱，而水火之性則異也。

**清・黃光霽《本草衍句》** 朴硝 辛能潤燥，寒能除熱。鹹能軟堅，苦能下泄。瀉妄火而補心，邪火退，則心火自安。治陽強之狂越。通逐六府積聚癖癥，蕩滌三焦腸胃實熱。凡氣結血凝燥糞，推陳致新。疫痢黃疸停痰，上通下徹。通經下胎，二便閉結。得大黃直通大腸滌垢。咽喉痺腫痛，芒硝含咽，如氣塞不通，加生草末吹。風眼赤爛，淨皮硝一盞，水二盌煎，露一夜，濾淨澄清，洗，日三次，其紅自消。退翳明目，白龍散，用馬牙硝，淨厚紙裹實，安在懷內着肉，養一百二十日，研粉，少入龍腦，不計年歲深遠，眼生翳膜，遠視不明，但瞳人不破者，宜點之。婦人難產，死胎不下，芒硝二錢，童便溫服。小兒重舌，馬牙硝塗舌下。小兒鵝口，方同口舌生瘡，皮硝含之良。

**清・陳其瑞《本草撮要》卷六** 朴硝 味苦鹹，性降，入手足太陰、陽明經，功專逐腑積聚。得大黃直入大腸，滌垢通經墮胎。芒硝經煉稍緩，能柔五金化七十二石為水。生於鹵地刮取煎鍊，在底者為朴硝，在上者為芒硝，有牙者為馬牙硝，置風日中消盡水氣，輕白如粉為風化硝。大黃為使。

**清・仲昴庭《本草崇原集說》卷一** 朴消 【略】仲氏曰：芒消是大承氣湯君藥，時法將消煎化，同萊菔煮，再同甘草煎。入罐煅煉，以去其寒性，號元明粉，仍當消用。第寒性既去，消之力亦緩矣。何以應大承氣之急乎。

又曰：經方如大承氣湯，柴胡加芒消湯，皆取消之苦寒，以通地道。然則《崇原》之釋藥，與經方之用藥，息息相關，全在學者一隅三反耳。

## 芒硝

**宋・李昉《太平御覽》卷第九八八**　芒消　《本草經》曰：消石，一名芒消。味酸、苦，寒。生山谷。治五藏積熱，生益州。

**宋・唐慎微《證類本草》卷三玉石部上品〔《別錄・藥對》〕**　芒消　味辛、苦，大寒。主五藏積聚，久熱、胃閉，除邪氣，破留血，腹中痰實結搏，通經脉，利大小便及月水，破五淋，推陳致新，生于朴消。石韋爲之使，惡麥句薑。

〔梁・陶弘景《本草經集注》〕云：按《神農本經》無芒消，只有消石，名芒消爾。後名醫別載此說，其療與消石正同，疑此即是消石。舊出寧州，黄白粒大，味極辛、苦，頃〔向〕來寧州道斷都絕。今醫家多用煮鍊作者，色全白，粒細，而味不甚烈。此云生于朴消，則作者亦好。又皇甫士安《解散消石大凡說》云：無朴消可用消石，生山之陰，鹽之膽也。取石脾與消石，以水煮之，一斛得三斗，正白如雪，以水投中即消，故名消石。其味苦，無毒。主消渴熱中，止煩滿。三月採于赤山。朴消者，亦生山之陰，有鹽鹹苦之水，則朴消生于其陽。其味苦無毒，其色黄白，主療熱，腹中飽脹，養胃消穀，去邪氣，亦得水而消，其療與消石小異。按如此說，是取芒消合煮，更成爲真消石，但不知石脾復是何物？本草乃有石脾、石肺，人無識者。皇甫既是安定人，又明醫藥，或當詳。煉之以朴消作芒消者，但以暖湯淋朴消，取汁清澄煮之減半，出著木盆中，經宿即成，狀如白石英，皆六道也。作之忌雜人臨視。今益州人復煉礬石作消石，絕柔白而味猶是礬石爾。《孔氏解散方》又云：熬煉消石令沸定汁盡。如此，消石猶是有汁也。今仙家須之，能化他石，乃用於理第一。

〔唐・蘇敬《唐本草》〕注云：晉宋古方，多用消石，少用芒消；近代諸醫但用芒消，鮮言消石，豈古人昧于芒消也？《本經》云：生于朴消，朴消一名消石朴，消石一名芒消，理既明白，不合重出之。

〔宋・馬志《開寶本草》〕注：此即出于朴消，以暖水淋朴消，取汁鍊之，令減半，投于盆中，經宿乃有細芒生，故謂之芒消也。又有英消者，其狀若白石英，作四五稜，白色，瑩澈可愛。主療與芒消頗同，亦出于朴消，其煎煉自別有法，亦呼爲馬牙消。唐注以此爲消石同類，深爲謬矣。

〔宋・掌禹錫《嘉祐本草》〕按：《蜀本》又一說：人若常鍊石而服者，至歿塚中生懸石，名芒消。冷如雪，能殺火毒，與此不同。舊注說朴消、消石、芒消等，互有得失，乃云不合重有芒消條也。夫朴消，一名消石朴，即鍊朴消成消石明矣，故有消石條焉。又消石，一名芒消，即明芒消亦是鍊朴消而成也。凡藥雖爲一體，蓋同出而異名。修鍊之法既殊，主治之功遂別矣。《藥性論》云：芒消，使。味鹹，有小毒。能通女子月閉，癥瘕，下瘰癧，黄疸病。主墮胎，患漆瘡，汁傅之。主時疾壅熱，能散惡血。陳藏器云：石脾、芒消、消石并出于西戎鹵地，鹹水結成，所主亦以類相次。

〔宋・唐慎微《證類本草》〕《圖經》云：文具朴消條下。雷公云：凡使，先以水飛過，用五重紙滴過去脚，于鐺中乾之，方入乳鉢研如粉任用。芒消是朴消中煉出形似麥芒者，號曰芒消。《聖惠方》：治伐指，用芒消煎湯淋漬之。《千金方》：療漆瘡方：用湯漬芒消令濃，塗之，乾即易之。《梅師方》：治火丹毒，水調芒消塗之。又方：治一切疹，以水煮芒消塗之。又方：治傷寒發豌豆瘡，未成膿，研芒消，用猪膽相和，塗瘡上，立效。《子母秘録》：小兒赤遊行于體上下至心即死。以芒消内湯中，取濃汁以拭丹上。《百一方》：療關隔大小便不通，脹滿欲死，兩三日則殺人。芒消三兩，紙裹三四重，炭火燒之，令内一升湯中盡服，當先飲湯一升已，吐出，乃服之。《孫真人食忌》：主眼有翳，取芒消一大兩，置銅器中急火上鍊之，放冷後，以生絹細羅，點眼角中。每夜欲卧時一度點，妙。《丹房鏡源》：芒消伏雌黄。

**宋・唐慎微《證類本草》卷三玉石部上品〔宋・掌禹錫《嘉祐本草》〕**　馬牙消　味甘，大寒，無毒。能除五藏積熱伏氣。末篩點眼及點眼藥中用，甚去赤腫障翳澀淚痛。新補，見《藥性論》并日華子。

〔宋・唐慎微《證類本草》〕《圖經》：文已具朴消條中。《經驗方》：治食物過飽不消遂成痞鬲。馬牙消一兩，碎之，吳茱萸半升，陳者，煎取茱萸濃汁，投消，乘熱服，良久未轉，更進一服，立愈。竇群在常州，此方得效。又方：退翳明目白龍散：馬牙消光淨者，用厚紙裹令按實，安在懷内著肉處。養一百二十日取出研如粉，入少龍腦同研細，不計年歲深遠，眼内生翳膜，漸漸昏暗，遠視不明，但瞳人不破散并醫得，每點用藥末兩米許，點目中。《簡要濟衆》：治小兒鵝口。細研馬牙消，于舌上摻之，日三五度。姚和衆：治小兒重舌。馬牙消塗舌下，日三度。《太清伏鍊靈砂法》：馬牙消，陰極之精，能制伏陽精，消化火石之氣。《丹房鏡源》：養丹砂，制硇砂。

**宋・寇宗奭《本草衍義》卷四**　芒消　《經》云：生于朴消。乃是朴消以水淋汁，澄清，再經熬鍊減半，傾木盆中，經宿，遂結芒有廉稜者。故其性和緩，古今多用以治傷寒。

英消　是消之精英者。其味甘，即馬牙消也。別有法煉治而成。由其煎煉，故其味亦別。治五藏積熱。然四物本出於一物。由此煎煉，故分出精麄，所以其用亦不相遠。

**宋・王繼先《紹興本草》卷三**　芒消　紹興校定：芒消生於朴消，謂取朴消煎煉而成，上有細芒者，故曰芒消也。味辛、苦，大寒。《本經》不云有無毒。在古今方用，能破留血堅積，蕩滌邪熱之氣。當從《藥性論》有小毒是也。《圖經》一說煎煉朴消經宿，乃有細芒者名馬牙消，甚誤矣，此正謂芒消爾。

馬牙消　紹興校定：馬牙消，因其狀類馬牙而為名也。出蜀郡，以朴消製煉成之。其色如白石英，故亦名英消。今方家多用於治咽喉、眼目藥中，比之諸消，其性不烈。及已經製煉，當作味甘、寒、無毒者是也。

**宋・劉明之《圖經本草藥性總論》卷上**　芒消　味苦，大寒。五臟積聚，久熱胃閉，除邪氣，破畱血腹中，痰實結搏。通經脉，利大小便及月水，破五淋，推陳致新，化柒拾貳種石。消腫毒，療天行熱病。《藥性論》云：使。味鹹，有小毒。能通女子月閉癥瘕，下瘰癧，黃疸病。主墮胎，傅漆瘡。主時疾壅熱，能散惡血。壹云：治火丹毒，及傷寒發豌豆瘡，及治翳眼。《聖惠方》云：治代指，用芒消煎湯，淋漬之。石韋為使。惡麥句薑。

馬牙消　味甘，大寒，無毒。除五臟積熱伏氣。點眼，去赤腫障翳，澀淚痛。消食，治小兒鵝口重舌。

**元・王好古《湯液本草》卷六**　盆硝即芒硝。　氣寒，味鹹。《心》云：去實熱。《經》云熱淫於內，治以鹹寒，此之謂也。《珍》云：純陰，熱淫於內，治以鹹寒。《本草》云：主五臟積聚，久熱胃閉。除邪氣，破留血，腹中痰實結搏，通經脈及月水，破五淋。消腫毒，療天行熱病。《藥性論》云：使。味鹹，有小毒。通月閉癥瘕，下瘰癧，黃疸，主漆瘡，散惡血。《聖惠方》云：治代指用芒硝煎湯，淋漬之，愈。

**元・徐彥純《本草發揮》卷一**　芒硝　主五臟積熱胃閉，除邪氣，破留血，腹中痰實，通經脈，利大小便及月水，破五淋，推陳致新。《藥性》云：下瘰癧，黃疸，墮胎。治漆瘡，以汁傅之。成聊攝云：熱淫所勝，治以鹹寒。芒硝之鹹，以攻蘊熱。又云：芒硝，一名硝石，以其鹹能耎堅。潔古云：芒硝性寒味鹹，氣薄味厚，沉而降，陰也。其用有三：去實熱一，去腸中垢二，堅積熱塊三也。孕婦忌之。又云：鹹寒純陰，熱淫于內，治以鹹寒。丹溪云：治胞衣不下，以童便調芒硝一二錢，熱服之，立下。牛、馬胞不下，亦可用之。

**明・王綸《本草集要》卷五**　芒硝水煎朴硝，傾木盆中，結芒有廉稜者是。　主五臟積聚久熱，胃閉。辛能潤燥，鹹能軟堅。破留血，除痰實，利大小便，通月水，破五淋，推陳致新。《經》云：熱淫于內，治以鹹寒，佐以苦寒，故用大黃、芒硝相須為使。

**明・滕弘《神農本經會通》卷六**　芒消　使也。《湯》云：即盆消。水煎朴消，傾木盆中，結芒有廉稜者是。石韋為之使。惡麥句薑。《湯》云：氣寒，味鹹。

味辛、苦，氣大寒。一云：有小毒。《衷》云：消積聚及蠲痰，潤燥，又墜胎。治大小便癃，兼療胃中食熱，血結閉。珍云：治熱淫於內，破堅積熱塊，腸中宿垢。孕婦須忌。《本經》云：主五臟積聚久熱，胃閉，除邪氣，破留血，腹中痰實結搏，通經脉，利大小便及月水，破五淋，推陳致新。生於朴消。《今注》云：此即出於朴消，以暖水淋朴消，取汁鍊之，令減半，投于盆中，經宿乃有細芒生，故云芒消。又有英消者，其狀若白石英，作四五稜，白色瑩澈可愛。主療與芒消頗同。亦出於朴消，煎鍊別有法，亦呼為馬牙消。《藥性論》云：芒消，使。味鹹，有小毒。能通女子月閉，癥瘕，下瘰癧，黃疸病，主墮胎。患漆瘡，汁傅之。主時疾壅熱，能散惡血。《心》云：去實熱。《經》云熱淫于內，治以鹹寒，此之謂也。珍云：純陰。熱淫于內，治以鹹寒。《湯》云：《本草》同《本經》。又云，消腫毒，天行熱病。《聖惠方》治伐指，用芒消煎湯，淋漬之，愈。《衍義》曰：《經》云生於朴消，乃是朴消以水淋汁，澄清，再經熬鍊減半，傾木盆中，經宿，遂結芒有廉稜者，故其性和緩，古今多用以治傷寒。劊云：芒消苦寒消積聚，蠲痰潤燥性傷胎。胃中食熱血結閉，大小便癃澁盡開。

**明・滕弘《神農本經會通》卷六**　馬牙消　味甘，氣大寒，無毒。《本經》云：主五臟積熱伏氣，末篩，點眼，及點眼藥中用，其去赤障腫瞖澀淚痛。《圖經》云：英硝，亦出於朴消，亦謂馬牙消。又云：馬牙消，亦名英消。自是一物。又云：牙消，則芒消是也。

**明・劉文泰《本草品彙精要》卷一**　芒硝無毒　土生。

芒硝：主五臟積聚，久熱胃閉，除邪氣，破留血，腹中痰實結搏，通經脈，利大小便及月水，破五淋，推陳致新。名醫所錄。　【名】盆硝。　【地】《圖經》曰：生益州山谷、武都、隴西，今南北皆有之。此亦出於朴硝也。以朴硝用暖水淋汁，澄清煉之，傾木盆中經宿，瑩白如冰雪，結細芒而有廉稜，蘇脆易碎，風吹之則結霜泯泯如粉，故謂之芒硝，又謂之盆硝也。其性和緩，古今多用之入藥，以寧州者爲佳。【時】生：無時。採：三月。【收】以瓷器盛貯。【用】明淨者爲好。【色】白。【味】辛，苦。【性】寒，泄。【氣】味厚于氣，陰也。【臭】朽。【主】時疾壅熱，利大小便。【助】石韋爲之使。【反】惡麥句薑、硫黄，畏京三稜。【製】《雷公》云：以水飛過，用五重紙濾過，去脚，於鐺中乾之，方入乳鉢，研如粉，任用。【治】療：《藥性論》云：通女子月閉，癥瘕，下瘰癧，黄疸病，漆瘡，以汁傅之。時疾壅熱，能散惡血。《別錄》云：代指，煎湯淋浸之。火丹毒，水調塗之。一切疹，水煮塗之。小兒赤遊行于體上下，至心即死，以芒硝内湯中，取濃汁以拭丹上。又療關格，大小便不通，脹滿欲死，用硝三兩，紙裹三四重，炭火燒之，令内一升湯中盡服，當先飲湯一升，候吐出乃服之。又取硝一兩置銅器中，急火上煉之，放冷後以生絹細羅，治眼有翳。點眼角中，每臨卧時點一度。【合治】研硝合豬膽，治傷寒發豌豆瘡未成膿，塗之立效。【禁】妊娠不可服。

**明·劉文泰《本草品彙精要》卷一**　馬牙硝無毒　土生。

馬牙硝：主除五臟積熱，伏氣。末篩，點眼及點眼藥中用，甚去赤腫，障翳，澀淚痛。名醫所錄。【名】英硝。【地】《圖經》曰：生益州山谷，武都，隴西，今南北皆有之。此亦出於朴硝也。以朴硝用暖水淋汁，澄清煉之，傾木盆中，經宿，瑩白若白石英，作四五棱，白色瑩澈可愛。功用與芒硝頗同，但不能下利，力差小耳。近世用之最多。【時】生：無時。採：無時。【收】以瓷器盛貯。【用】明淨者爲好。【色】白。【味】甘。【性】大寒。【氣】氣之薄者，陰中之陽。【臭】朽。【主】諸熱。【製】碾細如粉用。【治】療：《別錄》云：小兒鵝口，細研摻於舌上，日三五度，及小兒重舌，細研塗舌下，日三度。【合治】取一兩碎，合吳茱萸半升陳者，煎取濃汁，投硝在内乘熱服，治食物過飽不消，遂成痞膈，良久未轉，更進一服立愈。〇取硝光淨者，用厚紙裹令按實，安在懷内著肉處，養一百二十日，取出研如粉，入少龍腦同研細，每用藥末兩米許點目中，治不計年歲深遠，眼内生翳膜，漸漸昏暗，遠視不明，但瞳人不破散並醫得。【禁】妊娠不可服。【解】消化火石之氣，及能制伏陽精。

**明·葉文齡《醫學統旨》卷八**　芒硝　氣寒，味鹹。沉而降，陰也。水煎朴硝，傾木盆中，結芒有廉稜者是。治五臟積熱胃閉，除邪氣；辛能潤燥，鹹能軟堅；破留血，除痰實，利大小便，通月水，破五淋，推陳致新；又下瘰癧，黄疸，墮胎；治漆瘡以汁傅之。

**明·許希周《藥性粗評》卷四**　有苗負固，嘗見伐於芒硝。

芒硝朴硝再煉而成者。用溫水淋朴硝，取汁煉之令減半，投於盆中，經宿乃生細芒，故名。出益州等郡。石韋為之使，惡麥句薑。味苦、辛、鹹，性大寒，無毒。其氣下行。主治積熱留血，痰癖痞脹，五淋，瘰癧，黄疸，大便不通，月水不行，胎衣不下。凡有停滯如負固不化者，皆能伐之，大有推陳致新之功。蓋鹹能軟堅，寒能折熱故也。成聊攝云：熱淫所勝，治以鹹寒，芒硝之寒，以攻蕴熱。按：此惟孕婦不可服耳。

單方：關格：凡患上關下膈，二便秘塞，脹滿欲死者，芒硝三兩，紙裹三四重，炭火燒過，以湯一升，將硝投入其中，待硝盡化，通服之，須臾見效。火丹：凡小兒患火丹，謂之赤遊，行於體上下，至心即死，以芒硝投入湯中，取濃汁頻拭丹上，不過數次，愈。

**明·鄭寧《藥性要略大全》卷八**　芒硝　《珠囊》云：除熱，軟堅痰，利大小便，通月水，破五淋。《湯液》云：主五臟積聚，久熱胃閉，除邪氣，去實熱，破留血癥瘕，及腹中痰實。通經脉，消腫毒、瘰癧，解漆瘡、惡血，療天行熱病，治黄疸。味苦、辛、鹹，大寒，無毒。此再取朴硝淋汁煎煉，傾入盆中，結芒刺，有廉稜者，名芒硝。其力緩於朴硝而速於硝石。一名盆硝。《原醫賦》云：芒硝專治傷寒熱症。

馬牙硝　除五臟積熱。點服。點眼藥中用此，甚去赤腫障翳，澁淚暴痛。味甘、鹹，性大寒，無毒。焰硝也。

**明·方穀《本草纂要》卷九**　芒硝　味苦、辛、鹹，氣寒，有毒。主五臟積聚，腸胃蘊熱，大便不通，關格秘結。又通月水，破五淋，去痰積，行留血，軟堅滯，散瘿核，爲清熱開結之要藥也。《本草》云：辛能潤燥，鹹能軟堅。《内經》曰：熱淫於内，治以鹹寒，佐以苦寒。故用大黄芒硝相須爲使。

**明·王文潔《太乙仙製本草藥性大全》卷六《本草精義》**　芒硝　《經》云：生於朴硝，是以朴硝作芒硝者，但以暖湯淋之，取汁清澄，煮之減半，出貯木盆中，經宿遂結芒，有角稜狀如白石英，皆六道也，作之忌雜人臨視。《唐本》云：晉宋古方多用硝石，少用芒硝，近代諸醫但用芒硝，甚少言硝石，豈古昧於芒硝也？《本經》云：生於朴硝，一名硝石。朴硝石一名芒硝，理既明白，不必重贅。

朴硝：　一名硝石。生益州山谷有鹹水之陽。今北部故汶山郡、西川蠶陵二界，生山崖，色青白，亦雜黑班，俗人擇取白軟者以當硝石用之。當燒令汁沸，出狀如礬石也。仙經惟云硝石能化佗石，今此亦云能化石，疑必相似，可試之。《唐本》云：　此物有二種，有縱理、縵理，用之無別。白軟者，朴硝苗也，虛軟少力，鍊爲硝石，所得不多，以當硝石，功力大劣也。《今注》今出益州，彼人採之，以水淋取汁，煎鍊而成朴硝也。一名硝石朴者，硝即是本體之名，石者乃堅白之號，朴者，即未化之義也。而以西川者爲佳，舊說三物同種。初採得其苗，以水淋取汁，煎鍊而成，乃朴硝也。一名硝石朴，以硝石出於其中。又鍊朴硝或地霜，而成堅白如石者，乃硝石也。一名芒硝，又取朴硝以暖水淋汁，鍊之減半，投於盆中，經宿而有細芒生，乃芒硝也。雖一體異名，而修鍊之法既殊，則主治之功別矣。然《本經》各載所出，疑是二種。而今醫方家所用，亦不復詳究其所來，但以未鍊成塊，微青色者爲朴硝；　鍊成盆中上有芒者爲芒硝，亦謂之盆硝；　其芒硝底澄凝者爲硝石。朴硝力緊，芒硝次之，硝石更緩。未知孰爲真者？　凡入飲藥，先安於盞內，攪熱藥澆服。畏麥句薑。

馬牙硝：　即英硝。亦出於朴硝，其狀若白石英，作四五稜，白色瑩徹可愛，功用與芒硝頗同，但不能下利，力差少耳。亦謂之馬牙硝，蓋以類得名，近世用之最多。又金石淩法：　用馬牙硝、芒硝、朴硝、硝石四種相參，次第下之。詳此法出於唐世，不知當時如何分別也？

風化硝　其法於臘月中以新瓦罐滿注熱水，用朴硝二升投湯中，攪散懸掛於北風檐下，候硝滲出罐外，用羽毛掃刷收之聽用。又法以蘿蔔菜葉煎熬，令二三沸，熱入大瓦盆內，傾朴硝三五升於湯內，露一宿，次早生細芒，取起如芒硝樣，冬天苧布袋盛掛檐端，質漸變白，取輕而不降，乃膏粱家易化頑痰捷方。

**明・王文潔《太乙仙製本草藥性大全》卷六《仙製藥性》**

芒硝使　味辛、苦，氣大寒，又云味鹹，有小毒。石韋爲之使。　主治：　甚消痰癖，更通月經。延發漆瘡可敷，難産子胞可下。洗心肝明目，滌腸胃止疼。《經》云熱淫於內，治以鹹寒，佐以苦寒，古方因之每用大黃、芒硝相須而爲使也。　補註：　代指，用煎湯漬之。○漆瘡，用湯漬芒硝令濃塗之，乾即易之。○火丹毒，水調塗之。○一切疹，以水煮塗之。○傷寒發豌豆瘡未成膿，研細用猪膽和塗瘡上立效。○小兒赤遊行於體上下，至心即死，以入湯中取濃汁以拭丹上。○療關格，大小便不通，脹滿欲死，兩三日則殺人。用三兩，紙裹三四重，炭火燒之，令內一升湯中，盡服，當先飲湯一升，已吐出乃服之。○眼有瞖，取一大兩，置銅器中，急火上煉之，放冷後以生絹細羅，點眼角中，每夜欲臥時一度點妙。　太乙曰：　凡使，先以水飛過，用五重紙滴過去脚，於鐺中乾之，方入乳鉢研如粉任用。芒硝是朴硝中鍊出，形似麥芒者，號曰芒硝。

朴硝：　味苦、辛、鹹，氣寒，降也，陰也，無毒。一云有毒。丹溪云：《本經》言無毒，誤也！能化七十二種石，不毒而能之乎？　主治：　諸石藥毒能化，六腑積聚堪毆。潤燥糞推陳致新，消癰腫排膿散毒。却天行疫痢，破留血閉藏。傷寒發狂停痰作痞，凡百實熱悉可瀉除。又善墮胎，孕婦忌用。鍊餌服之，輕身神仙。鍊如銀白，能寒能熱，能滑能澁，能辛能鹹能酸。　補註：　時氣頭痛不止，用二兩，搗羅爲散，以生薑、油調塗於頂上。○乳石發動煩悶，及諸風熱，用鍊成者半兩細研如粉，每服以蜜水調下一錢，日三四服。○喉痹，用一兩，細細含嚥汁，頃刻立差。○患口瘡，取含之即差。○小便不通，膀胱熱，白花散：　朴硝不拘多少，研爲末，每服二錢，溫茴香酒調下，無時服。甘露飲：　療熱壅，涼膈上，毆積滯。蜀朴硝成末，每一大斤用蜜，冬用十三兩，春夏秋用十二兩，先搗篩朴硝成末，後以白蜜和令勻，便入新青竹筒，隨小大者一節，著藥得半筒已上即止，不得令滿，却入炊甑中，令有藥處在飯內，其虛處出其上，不妨甑箄即得，候飯熟取出，承熱綿濾入一甆鉢內，竹篦攪勿停手，令至凝即藥成，收入合中。如熱月，即於冷水中浸鉢，然後攪。每食後或欲臥時含〔一〕匙、半匙，漸漸咽之，如要通轉亦得。　馬牙硝：　味甘，氣大寒，無毒。　主治：　除五臟積熱，治過飽痞膈伏氣。末篩點眼極靈，去赤腫瞖障，除沙澁淚痛。　補註：　食物過飽不消，遂成痞膈，用一兩碎之，吴茱萸半升陳者，煎取濃汁，投消乘熱服良。久未轉，更進一服，宜愈。○〔又〕方：　退瞖明目，白龍散：　馬牙消光净者，用厚紙裹令按實，安在懷內著肉處，養一百二十日取出，研如粉，入少龍腦同研細。不計年歲深遠眼內生瞖膜，漸漸昏暗，遠視不明，但瞳人不破散者〔並〕醫得，每點用藥末兩米許點目中。○小兒鵝口，細研於舌上摻之，日三五度。　《太清》曰：　馬牙硝陰極之精，能制伏陽精，消化火食之氣。《丹房鏡源》云：　能養丹砂，制硇砂。

風化硝　味辛、鹹，氣寒，無毒。　主治：掃一切風熱毒氣攻，除目疾外發於頭，四肢腫疼。治食鱠不化，取此以湯逐之。用末人乳調半傅患處，應手神驗。

**明·皇甫嵩《本草發明》卷五**　芒硝朴硝再煉，入盆內結芒者，名盆硝。比朴硝稍緩。《本草》主五臟積久熱，胃閉，除邪氣，破留血，腹中痰實結，通經脈，利大小便，通月水，破五淋，推陳致新。又云：可下胞衣。又敷沫瘡。敷洗瘡則可，下胞衣宜裁。形與白〔石〕英相同，又名英硝。與馬牙相類，又曰馬牙硝。主治與芒硝相同。點眼藥中用，去赤腫障翳，澁淚痛。《藥性》云：芒硝主時疾壅熱，傷寒狂熱，潤燥糞。《經》云：熱淫于內，治以醎寒，以辛潤之，以苦瀉之。古方每用，芒硝、大黄相須為使。朴硝同用。

**題明·薛己《本草約言》卷二《藥性本草》**　芒硝　味苦、辛、鹹，氣寒，有毒。陰也，降也。除積熱，有峻泄之勇；破宿血，有洗滌之功。水煎朴硝傾木盆中，結芒者是。○朴硝開積聚而停痰可化，硝石止煩渴而熱毒皆通。熱淫於內，治以鹹寒，芒硝之鹹，以攻蘊熱。　丹溪云：治胞衣不下，以童便調芒硝一二錢，熱服之立下。

**明·梅得春《藥性會元》卷下**　芒硝　味辛、鹹、苦，性大寒。沉而降，陰也。無毒。使、惡同前。水煎朴硝，傾木盆中，結芒有廉稜者是也。形似麥芒，故曰芒硝。　主治五臟積熱胃閉，除邪氣。辛能潤燥，鹹能軟堅，破留血，除痰實，利大小便，通月水，破五淋，推陳致新，下瘰癧黄疸，墮胎。治漆瘡，以汁傅之。　製法：先以水飛過，用綿紙五六重盛吊，滴淋於鐺中，晒乾研粉聽用。

**明·王肯堂《傷寒證治準繩》卷八**　芒硝　氣大寒，味鹹苦辛，有小毒。成：《内經》云：鹹味下泄為陰。又云：鹹以耎之。熱淫于內，治以鹹寒。氣堅者，以鹹耎之。熱盛者，以寒消之。故張仲景大陷胸湯、大承氣湯、調胃承氣湯，皆用芒硝以耎堅，去實熱結。不至堅者，不可用也。海：《本草》云：朴硝味辛，是辛以潤腎燥也。今人不用辛字，只用鹹字，鹹能耎堅也，其義皆是。《本草》言：芒硝利小便而墮胎。然傷寒妊娠可下者，用此兼大黄引之，直入大腹，潤燥耎堅瀉熱，而母子俱安。《經》云：有故無殞，亦無殞也。此之謂歟。以在下言之，則便溺俱陰。以前後言之，則前氣後血。以腎言之，總主大小便難，溺澁秘結，俱為水少火盛。《經》云：熱淫于內，治以鹹寒，佐之以苦。故用芒硝、大黄，相須為使也。潔：芒硝氣薄味厚，沉而降，陰也。其用有三：去實熱，一也；滌腸中宿垢，二也；破堅積熱塊，三也。珍：朴硝，是初得一煎而成者，故力緊急而不和，止可施於麤獷之人，及傅塗之劑而已。芒硝，是朴硝淋過煉成，故其性和緩。仲景治傷寒多用之，以此故也。硝禀太陰之精，水之子也，氣寒味鹹，走血而潤下，蕩滌三焦腸胃實熱陽強之病，乃折治火邪藥也。生用。

**明·羅周彦《醫宗粹言》卷四**　製風化硝　川皮硝十斤，蘿蔔四斤，水一斗，同煮過，取起蔔，用水置磁礴中澄之過宿，去清水，以沉下硝濾起風乾，則成霜粉，是為風化硝。

**明·張懋辰《本草便》卷一**　芒硝　主五臟積聚，久熱胃閉。辛能潤燥，鹹能軟堅，破留血，除痰實，利大小便，通月水，破五淋，推陳致新。

**明·繆希雍《本草經疏》卷三**　芒硝　味辛、苦，大寒。主五藏積聚，久熱胃閉，除邪氣，破留血，腹中痰實結搏，通經脈，利大小便及月水，破五淋，推陳致新。生於朴硝。

〔疏〕芒硝禀天地至陰極寒之氣所生，故味苦辛，性大寒。乃太陰之精，以消物為性，故能消五金八石，況乎五臟之積聚，其能比之金石之堅哉？久熱即是邪熱，傷寒熱邪結中焦，或停飲食則胃脹閉，少少投之，可立蕩除。除邪氣者，寒能除熱故也。破留血者，鹹能軟堅，辛能散結也。邪熱盛則經脈閉，熱淫於內，治以鹹寒，結散熱除則經脈自通，二便自利，月水復。故五淋中，惟石淋、膏淋為膠結難解。病由於積熱，非得辛苦大寒之藥，以推蕩消散之，不能除也。推陳致新，總述其體用之功耳。由朴硝再煎而成，故曰生於朴硝。〔主治參互〕入仲景大承氣湯，治傷寒七八日後，邪結下焦，少腹按之堅痛，下之愈。又治傷寒邪熱失汗，蓄血少腹，或先因內傷留血下焦，入桃仁承氣湯，下之愈。《千金方》療漆瘡，用湯漬芒硝令濃，塗之。如乾即易之。《子母秘錄》治小兒赤遊，行於體上下，至心即死。以芒硝納湯中，取濃汁以拭丹上。《百一選方》治療關格，大小便不通，脹滿欲死，兩三日則殺人。以芒硝三兩，紙裹三四重，炭火燒之，令內一升湯中盡服，當先飲湯一升已，吐出乃服之。《孫真人食忌》主眼有翳，取芒硝一大兩，置銅器中，急火上煉之，放冷後，以生絹細羅，點眼角中。每夜欲臥時一度點，妙。　《姚和衆方》治小兒重舌。馬牙硝塗於舌上下，三日效。　《簡要濟衆方》治小兒鵝口，用馬牙硝擦舌上，日五度，效。　《梅師方》治火燄丹毒，水調芒硝末塗之。　《信效方》治死胎不下，用芒硝末二錢，童便溫服。　《三因方》治風熱喉痹及纏喉風，玉鑰匙，用燄硝一兩半，白殭蠶一錢，白硼砂半兩，腦子一字，研勻，取少許，數數吹之。　《普濟方》治重舌、鵝口，用竹瀝同燄硝點之。

**明・倪朱謨《本草彙言》卷一三**　風化硝　味鹹、甘。　李氏曰：以芒硝置于檐下無雨露處，風日中吹之，水氣消盡，自成輕飄白粉，再裝入黃牯牛膽殼內，待硝滲出皮外，臨用收取，最妙。

風化硝：治上焦心肺痰熱之藥也。何氏恒宇曰：此藥體重降下，經風日吹蕩，飄散陳氣，則轉重爲輕，出沉爲浮，主胸膈、心胃、肺府一切風火浮越之疾。如小兒痰熱急驚，大人冒暑發暈，以白湯化服數分，立甦。

**明・鄭二陽《仁壽堂藥鏡》卷一**　盆硝即芒硝。　《今注》：出益州。朴硝取汁煉之，令減半，投於盆，經宿乃有細芒，瑩澈可愛。　氣寒，味鹹。《本草》云：主五臟積聚，久熱胃閉，除邪氣，破留血腹中，痰火結搏，通經脉及月水，破五淋，消腫毒，療天行熱病。　《藥性論》云：使。味鹹，有小毒。通月閉癥瘕，下瘰癧、黃疸，主漆瘡，散惡血。　成聊攝云：熱淫所勝，治以鹹寒。芒硝之鹹，以攻蘊熱。又云：芒硝一名硝石，以其鹹能耎堅。　潔古云：芒硝性寒味鹹，氣薄味厚，沉而降，陰也。其用有三：去實熱，一；去腸中垢，二；堅積熱塊，三也。孕婦忌之。又云：鹹寒純陰。熱淫於內，治以鹹寒。　丹溪云：治胞衣不下，以童便調芒硝一二錢，熱服之，立下。牛馬胞不下亦可用之。　海藏云：硝石味鹹而辛，辛微緩于鹹。硝石者，硝之總名也。但不經火者，謂之生硝、朴硝；經火者，謂之盆硝、芒硝。古人用辛，今人用鹹，辛能潤燥，鹹能軟堅。其意皆是老弱虛人不可下者。若欲用者，以玄明粉代之，尤佳。仲景只用芒硝，不用朴硝，惡其太峻也。《本經》云：利小便而墮胎。傷寒姙娠不可下者，用此兼以大黃引之，直入大腸，潤燥軟堅瀉熱，子母俱安。《內經》云：有故無殞，亦無殞也。此之謂歟。以在下言之，則便溺俱陰；以前後言之，則前氣後血；以腎言之，則總主大小便難，溺澀秘結，俱為水少。《經》言熱淫于內，治以鹹寒，佐以苦辛。故用芒硝、大黃相須為使也。　丹溪云：硝屬陽，金而有水與火、土。善消化驅逐，而《經》言無毒，化七十二種石，不毒而能之乎？以之治病，則治其用，病退則已。若玄明粉者，以其火煅而成，其性當溫，遂曰常服、多服、久服皆可，豈理也哉？

**明・蔣儀《藥鏡》卷四寒部**　芒硝　潰膿散血，利便通淋。下一種之實痰，痰消由其能軟堅也。瀉六腑之積熱，熱去由其能潤燥也。

**明・賈九如《藥品化義》卷九火藥**　芒硝　屬純陰有金與土，體潤，色白，氣和，味鹹云苦辛皆非，性大寒，能降，力軟堅瀉熱，性氣輕而味重，入肺胃大腸三經。　芒硝體本水化，稟陰凝聚，煎汁結如鋒芒，名曰芒硝。味鹹軟堅，故能通燥結。性寒降下，故能去火爍。主治時行熱狂，六腑邪熱，或上焦膈熱，或下部便堅。《經》曰：熱淫於內，治以鹹寒。用此為君劑，以水克火也；佐以苦辛，與大黃苦辛之品相須而治，因鹹走血，亦能通經閉，破蓄血，除痰癖，有推陳致新之功。惟痧子忌用，恐鹹寒內凝不能發出。若產後胞衣不下，用硝三錢，加牛膝、歸尾各五錢，酒煎，臨服入童便一杯，熱飲，立下。

初名朴硝，煎製為芒硝，再煎提為元明粉。仲景只用芒硝，立冬後煎乃得凝結。計硝十斤，用水十斤，蘿蔔十斤，煎至蘿蔔熟爛為度，去蘿蔔，傾硝入缸，隔一宿，去水即成芒硝。照法再煎兩三次，為元明粉。

**清・穆石匏《本草洞詮》卷三**　芒消　見水即消，又能消化諸物，故謂之消。生於鹽鹵之地，狀似末鹽，煎鍊入盆，凝結在下者為朴消，在上有芒者為芒消，有牙者為牙消。取芒消以蘿蔔煎鍊再三，去鹹味為甜消。以二消置之風日中，吹去水氣，為風化消。芒消味辛苦鹹，氣大寒，無毒。一云有小毒。治五臟積聚，久熱留血，痰實結搏，利大小便，破五淋，下瘰癧。《內經》云：鹹味下泄為陰，熱淫於內，治以鹹寒。氣堅者以鹹耎之，熱盛者以寒消之。故仲景陷胸湯、承氣湯皆用芒消。若結不至堅者，不可用也。《本草》言芒消墮胎，然傷寒妊娠可下者，用此潤燥耎堅瀉熱，而母子俱安，所謂有故無殞是也。凡便難，溺濇，秘結，俱為水少火盛，消稟太陰之精，水之子也，蕩滌三焦腸胃實熱陽強之病。唐朝臘日賜群臣紫雪、紅雪、碧雪，皆用此鍊成者，當時競作之矣。第諸種之消有別，朴消澄下，消之粗者也，其質重濁。芒消、牙消結於上，消之精者也，其質清明。甜消、風化消，則又芒消、牙消之去氣味而甘緩輕爽者也。故朴消止可施於傅塗之藥，凡牛馬諸皮，須此治熟，則其耎堅之功可知。若湯散服餌，必須芒消、牙消為佳。若風化消體更輕浮，則又專治上焦心肺痰熱，而不泄利者也。

**清・蔣居祉《本草擇要綱目・寒性藥品》** 芒硝 氣味：辛、苦，大寒，無毒。又曰：鹹，有小毒。 主治：五臟積聚久熱胃閉，除邪氣，破留血，腹中痰實結搏。通經脈，利大小便及月水，破五淋，推陳致新。下瘰癧，黃疸病，時疾壅熱，能散惡血，墮胎，傅膝瘡。 馬牙硝：氣味：甘，大寒，無毒。又曰：鹹，微甘。即英硝也。 主治：除五臟積熱伏氣。末篩，點眼赤，去赤腫障翳，澁淚痛。亦入點眼藥中用。功同芒硝。《內經》曰：鹹味下泄為陰。又云：鹹以耎之。熱淫于內，治以鹹寒。氣堅者，以鹹耎之。熱盛者，以寒消之。故張仲景大陷胸湯、大承氣湯、調胃承氣湯，皆用芒硝以耎堅去實，熱結不至堅者不可用也。《本草》云朴硝味辛，是辛以潤堅燥也。今人不用辛字，只用鹹字，鹹能耎堅也，其義皆是。《本草》言芒硝利小便而墮胎，然傷寒妊娠可下者，用此兼大黃引之，直入大腹，潤燥耎堅瀉熱，而母子俱安。《經》云有故無殞，亦無殞也，此之謂歟。以在下言之，則便溺俱陰。以前後言之，則前氣後血。以腎言之，總主大小便難，溺澁秘結，俱為水少火盛。《經》云：熱淫于內，治以鹹寒，佐之以苦。故用芒硝、大黃相須為使也。芒硝氣薄味厚，沉而降，陰也。其用有三：去實熱，一也；滌腸中宿垢，二也；破堅積熱塊，三也。孕婦惟三四月及七八月不可用，餘皆無妨。朴硝澄下，硝之粗者也，其質重濁。芒硝、牙硝結于上，硝之精者也，其質清明。甜硝、風化硝，則又芒硝、牙硝之去氣味，而甘緩輕爽者也。故朴硝只可施于鹵莽之人及傅塗之藥，若湯散服餌，必須芒硝、牙硝為佳。張仲景《傷寒論》只用芒硝，不用朴硝，正此義也。

**清・閔鉞《本草詳節》卷九** 芒硝 【略】按：朴硝是初次煎成者，質重濁而味酷澁，所以力緊。芒硝是朴硝淋過鍊成者，質清明而性輕爽，所以稍緩。朴硝止可施于鹵莽之人，及傅塗之藥，若湯散，必須芒硝、牙硝為佳。硝稟太陰之精，水之子也。氣鹹味寒，走血而潤下，蕩滌三焦，腸胃實熱，陽強之病，用為折治火邪要藥。肰傷寒姙娠亦用者，以大黃引之，急過胎所，直入大腸，潤燥耎堅瀉熱，而母子俱安。《經》云有故無殞，此之謂歟。元素曰：惟忌三、五、七月，八、九月，餘皆不妨。噫！孕婦豈能擇月而病？《內經》安有未了之言，意求詳慎，反滋疑惑矣。但須審其用之宜不宜，元素之言，可勿泥也。

**清・顧靖遠《顧氏醫鏡》卷八** 芒硝鹹，大寒。入胃大腸二經。 除邪熱，熱淫於內，治以鹹寒。通二便。鹹味下泄為陰。破堅積而蕩宿垢，逐血瘀而攻結痰。鹹能軟堅，鹹能走血，鹹能潤下故也。法製元明粉，用芒硝，以蘿蔔切片，河水同煮，絹濾入盆，露一夜，每斤用甘草一兩，同煎濾淨，再露取硝，疊實礶中，鹽泥厚塗，不蓋口，置爐中，俟沸定，以瓦一片蓋口，泥封固再煅，待冷取出，隔紙攤地上，盆覆三日出火毒，研末。每斤入生熟甘草末各一兩，和勻，瓶收用。 主用相同，功力稍緩，能退膈熱，可除煩躁。邪解心涼，煩躁自除矣。 水煎傾盆，凝結下粗朴者，為朴硝。又名皮硝、鹹硝。 其質重濁，力緊急而不和，只可施於鹵莽壯實之人，及敷塗腫毒、火丹之用。 在上如麥芒者，為芒硝。如牙者，為馬牙硝。 其質稍清，用質清者，再經煎煉，為元明粉，尤為精粹。究其功用皆同，無熱不蕩，無結不散，無堅不磨，無積不推，利大便。墮胎，孕婦應下者，或元明粉代之，必兼用大黃引之，直入腸胃，潤燥軟堅瀉熱，母子俱安，然在三四月及七八月，不宜用之，方士濫誇元明粉却病延年，不根之說也。 風化硝，以芒硝於風日中消盡水氣，自成輕飄白粉。 治上焦心肺痰熱，而不洩利。 硝石，又名火硝、焰硝。 丹竈家用制五金八石，銀工家用化金銀，兵家用作火藥，其功用相似。 朴硝，其性但能下走，不能上升，陰中之陰也。硝石，其性能上升，水中之火也。

**清・李熙和《醫經允中》卷二〇** 芒硝 入胃、大腸二經。大黃為使。青白可用，黃者傷人。 苦、辛，大寒，有毒。 主治敺六腑積聚，破停痰宿血，傷寒發狂，一切實熱，墮胎利便。朴硝氣味同前，主治消痰癖，敷漆瘡。 質濁苦澁，止可外用。硝有七種，惟朴硝力緊，催難產，下胞衣； 芒硝力緩，故用大黃佐之，以軟堅下滯，病非實熱邪盛，閉結不通者，不可輕投也。 又形與白石英相似者，名英硝； 形與馬牙無異者，名馬牙硝； 在盆底凝結，燒之有火焰上騰者，名火硝，能破積軟堅，升散三焦火鬱； 冬天苧布袋滿盛掛檐端，質存變白者名風化硝，實即芒硝一種，煎煉，不過因形異名； 又臘月蘿蔔水同煮，露一宿，澄底，去鹹味淡，名玄明粉，辛、甘，冷，無毒，主治去五臟宿滯，退膈上實熱。胃虛無實熱者忌之。

**清・张璐《本經逢原》卷一** 風化硝 甘、鹹，寒，無毒。 發明：風化硝甘緩輕浮，故治上焦心肺痰熱，而不致於泄利者宜之。並治經絡之痰濕，但重著而非痰痛者用之有效。指迷茯苓丸治痰濕流於肩背之陽位，而隱隱作痛，最為合劑。然惟體肥氣實者為宜。眼瞼赤腫，和人乳點之。

**清・姚球《本草經解要》卷四**　芒消　氣寒，味苦，無毒。主五藏積熱，胃脹閉，滌去蓄結飲食，推陳致新，除邪氣，鍊之如膏，久服輕身。　芒消氣寒，稟天冬寒之水氣，入手太陽寒水小腸經。味苦無毒，得地南方之火味，入手少陽相火三焦經。氣味俱降，陰也。其主五藏積熱，胃脹閉者，五藏本為藏陰之經，陰枯則燥，而火就之，則熱積于藏，而陽偏盛矣。陽者，胃脘之陽，陽偏盛，故胃脹而閉塞也。其主之者，芒消入三焦，苦寒下洩，水穀之道路通，而脹者平矣。小腸為受盛之官，化物出焉之府，小腸燥熱，則物受而不化，飲食蓄結于腸矣。芒消入太陽，苦寒下洩，鹹以耎堅，則陳者下而新者可進也。除邪氣者，苦寒治燥熱之邪氣也。鍊之如膏，久服輕身者，指三焦、小腸有實積者言也，蓋積去身自輕也。　製方：　芒消同大黃、枳實、厚朴，名承氣湯，治胃實積聚。

**清・楊友敬《本草經解要附餘・考證》**　芒消　《綱目》依《本經》，朴消、消石並列，而以芒消屬消石，謂消有水火二種，形質雖同，性氣迥別。朴消即水消，經煎煉有細芒者為芒消，如馬牙者為牙消，氣寒而味鹹。消石即火消，經煎煉亦有芒、牙二種，氣大溫而味辛苦。自唐宋以來，所用芒消、牙消，皆水消也，信然。則氣溫味辛之火消，既不復用，不必以性寒常用之芒消另屬消石，且稱消石為火消矣。《湯液本草》載朴消、盆消、消石，于朴消稱氣溫，盆消、消石稱氣寒。又云，消石者其總名，不經火者為生消、朴消，經火者為盆消、苦消，其餘諸家，皆稱朴、芒。一物而有精麤之別，固是，但今藥肆朴消一名皮消，工以治皮，鍊淨則名芒消，並入藥用，正是水消，產河南睢州。其火消得火即然，一名焰消，產壽春，今禁私販，重火器也。至《本經》消石，氣味主治與朴消無大異，正蘇頌所稱。又有生消，亦出蜀地，不因煮煉，類朴消而小堅，則消石殆自然銅之比，未易多致，且既有芒消可用，亦不更求耳。《綱目》辨論紛紜，惜未畫一。宋《惠民和劑》有碧雪方，治諸熱病，內朴消、芒消、馬牙消、消石並用，皆水消也。業岐黃者，於此等處，亦宜研窮，未容姑置。

**清・黃元御《長沙藥解》卷四**　芒硝　味鹹苦辛，性寒。入手少陰心、足太陽膀胱經。泄火而退燔蒸，利水而通淋瀝。《傷寒》柴胡加芒硝湯，柴胡半斤，黃芩三兩，半夏半升，人參三兩，甘草三兩，大棗十二枚，生薑三兩，芒硝六兩。治少陽傷寒，十三日不解，胸脅滿而嘔，日晡所發潮熱，已而微利者。傷寒之證，六日經盡當解，自能汗愈。遲者十二日，再經解矣。若十三日不解，已過再經之期，此非入藏，即是入府，必不在經中也。其胸脅痞滿而作嘔吐，是少陽經證。日晡所發潮熱，已而微利者，是陽明府證。以少陽之經，循胸脅而走足，經病而侵胃府，胃府被逼，逆而上行，阻格少陽下降之路，二氣壅塞，故胸脅痞滿。胃府鬱迫，故水穀莫容，而生嘔利。少陽以甲木而化相火，傳於戊土，則胃府生熱。陽明以戊土而化燥金，日晡土金旺相之時，故府熱應期，發如潮信。經府雙病，此本大柴胡證，外解其經，而內下其府，一定之法。乃已曾用丸藥下過，緩不及事，而又遺其經證，是以猶見微利，宜先以小柴胡解其經病，後以柴胡而加芒硝清其府熱。緣已服丸藥，無須用大黃也。　《金匱》木防己去石膏加茯苓芒硝湯，木防己三兩，人參四兩，桂枝一兩，茯苓四兩，芒硝三合。治支飲在胸，喘滿，心下痞堅，面黎黑，脈沉，服木防己湯，三日復發，復與不愈者。以土濕木鬱，而生下熱，去石膏之清上，加茯苓以泄濕，芒硝以清熱也。　傷寒大承氣湯方在大黃用之治陽明病，胃熱便難，所以泄陽明之燥熱也。大陷胸湯方在大黃用之治太陽病結胸，所以泄胸膈之濕熱也。《金匱》大黃牡丹皮湯方在大黃用之治腸癰膿成，脈洪數者，所以泄腸中之瘀熱也。

芒硝鹹苦大寒，下清血分，泄火救焚，軟堅破積，利水道而通淋濇，利穀道而開結閉。結熱瘀蒸，非此不退。宿痰老血，非此不消。寒泄之力，諸藥不及。

**清・尤氏《尤氏喉科秘書》**　製鎗硝法　擇其明淨紋路鎗鎗然者，故名。又名馬牙硝。以其長白如牙而厚大者，先以溫湯蘸過，綿花挹乾，仍用紙包，放灶上椒鹽洞內五六日，收其濕氣自乾，白如霜，或如提玄明粉法，提過數次，則味淡而性平，且合藥可以久留，此要臘天製為妙。此金丹內用，玉丹內用，不必如此製。

**清・汪紱《醫林纂要探源》卷三**　芒硝　體輕而性稍緩。《別錄》謂之硝石，李時珍以為上升屬火，性溫。愚謂硝性皆屬火，皆能上升，芒硝之輕，以下降或稍緩，以上升當更速。去中下之邪宜朴硝，去上焦及頭目之邪宜芒硝。但李氏以為性溫，則未必然。　風化硝：　潤燥，去皮膚熱。治瘡腫及目赤障翳。

**清・嚴潔等《得配本草》卷一**　芒硝又名馬牙硝，一名盆硝，一名英硝。　辛、苦、鹹，大寒。蕩滌三焦腸胃之實熱，消除胸膈壅淤之痰痞。　得鼠粘子，治大便癰毒。得水調，塗火焰丹毒。得童便溫服，下死胎。配豬膽汁，塗豌豆毒瘡。和沉香末，破下焦陽結。研末，吹喉痹不通。并治重舌、鵝口。　朴硝再煎煉，傾盆凝結，在上有芒者為芒硝，有牙者為馬牙硝。　大伐下焦真陰，不宜輕用。　風化硝：　辛、鹹，溫。升散三焦之火，消除心肺之痰。治小兒驚熱。　得人乳，塗頭面暴熱腫痛。得川連，點目赤腫痛。　以芒硝置風日中，硝盡水氣，輕白如粉，為風化硝。　無真實者，禁用。

**清・楊璿《傷寒溫疫條辨》卷六下劑類**　芒硝　味辛苦鹹，氣大寒，降也，陰中之陰也。有毒。性峻速，柔金化石。鹹能軟堅，推逐陳積，去藏府壅滯，破瘀血癥瘕。治傷寒溫病，瘧疾脹閉，熱積譫妄。凡屬各經實邪，悉可瀉除。《內經》曰：　熱淫於內，治以鹹寒。芒硝是也。佐之以苦。大黃是也。二味合枳實、厚朴，即大承氣湯。合甘草即調胃承氣湯。　孕婦忌之。然有故無殞，亦無殞也。

**清・羅國綱《羅氏會約醫鏡》卷一八金石水土部**　芒硝　因再煎鍊，傾於盆內，在上結芒，其質稍輕。　功用與朴硝同，但稍輕耳。能消五金八石，何慮積熱諸堅，不為推蕩消散也！　化痰癖，通月經，下死胎，洗赤目，滌腸胃，止疼。若虛寒者誤服，傷生如反掌。

**清・黃凱鈞《藥籠小品》**　芒硝　軟堅，即皮硝之在上者。三承氣所以用之，同大黃、枳實，推蕩燥實疫邪之要藥，克削藏府，故調胃承氣即不用者，恐其誅伐無過。元明粉功用相同，霸性稍減。

**清・王龍《本草纂要稿・鹵石部》**　風化消　氣味辛鹹，性寒，無毒。諸藥石毒能化，六腑積聚堪驅。潤糞燥，推陳致新。消癰腫，排膿散毒。却天行疫痢，破留血閉藏。傷寒發狂，停痰作痞，咸能治之。　芒消，因再煎煉而成。甚消痰癖，更通月經。延發漆瘡可敷，難產子胞立下。洗心肝明目，滌腸胃止痰。風化消，取輕而不降，乃膏粱家易化頑痰捷方。消目謂見水即消，又能化消諸物，故曰消。硝，俗稱。

**清・張德裕《本草正義》卷下**　芒硝一名朴硝。　苦，寒，鹹降，有毒。性極峻速，逐陳積，破癥瘀，利二便。凡傷寒瘟疫，寔熱寔邪脹閉，佐大黃用之尤善。逐死胎，墮生胎。誤用損人。

**清・葉桂《本草再新》卷八**　芒硝味辛鹹，性寒，無毒。入肝、脾、腎三經。　滌三焦腸胃濕熱，推陳致新。傷寒疫痢，積聚結癖，停痰淋閉，瘰癧瘡腫，目赤障翳，通經墮胎。

**清・趙其光《本草求原》卷二六鹵石部**　芒硝　鹹、苦，大寒，熱淫於內，治以鹹寒。　無毒。鹹走血者陰氣也，走陰分，化陽毒，蕩滌三焦、腸胃實熱，推陳致新。邪去則正復。　凡熱邪結於陰分，積聚固結、癥瘕、留血、停痰、痰血皆陰氣鬱結耳。　譫狂驚癇、剛痓、骨蒸熱病、水調下。　痞塊、同獨蒜、大黃搗貼患處。　過飽痞膈、吳萸煎汁調下。二便閉脹、泡湯多飲取吐。　尿秘、茴香酒調下。　淋閉、黃疸、疫痢、胃爛、發斑、風疹、丹毒、漆瘡作癢、俱水煮塗拭。　豌豆毒瘡、豬膽汁和塗。灸瘡痂落後肉成飛蝶痛楚、此血肉熱極，同大黃末水調下。　膈熱積滯、同蜜入新竹筒內，飯上蒸，濾去滓，臥時含咽。　下死胎難產、童便調下。　妊婦應下之症，同大黃引入大腹，軟堅瀉熱，亦不墮胎。　通經、消腫毒、排膿、下瘰癧、代指腫痛。　煎湯浸之。紫雪：　治傷寒溫瘧，一切積熱狂叫，瘴疫毒，卒死，脚氣，尸疰，鬼魅，蠱毒發黃，腹痛驚癇。　黃金十兩，石膏、寒水石、滑石、磁石、礞石各三兩，煮取水，入犀、羚角、青木香、沉香各五錢，元參、升麻各一兩，炒甘草八錢，丁香一錢，再煮去渣，入芒硝一兩，硝石兩半，煎成膏傾出，入麝錢二，朱砂三錢用。　或加甘遂，治熱痰固結。　碧雪：　治一切積熱天行時疾，昏狂，或咽喉腫塞，口舌瘡，心煩，二便閉。　芒硝、牙硝、硝石、石膏飛，寒水石飛各一斤，先煎甘草一斤，取水煎成膏，入青黛一斤，取用為末，含化或吹之。

馬牙硝：　鹹寒而甘，功同芒硝。　然六稜以合陰數，得水氣上蒸而成。又治赤眼腫痛，同豆腐蒸汁點。　退翳明目，泡湯十兩，厚紙瀝過，瓦器熬乾，入黃丹一兩，麝五鳖篩細，加冰片日點止淚。　齒痛，皂莢湯溶化，傾石下，成霜擦之。　食蟹齦腫，敷之。　喉痹腫痛，每一錢加朱砂一分含咽；　氣塞，加甘草吹之。　重舌、口瘡、鵝口。擦之。

風化硝：　甘寒不泄。　治上焦風熱，心肺痰熱，驚熱，解暑，去瞼赤腫，人乳和塗。　目赤，同黃連煎點。　頭面暴熱腫痛。　硝石得水中之天氣，故遇火能焰，溫而能升；　芒硝得地水之精，不得天氣，故遇火不焰，專於寒降。

**清・鄭奮揚著，曹炳章注《增訂偽藥條辨》卷四**　風化硝　風化硝乃芒硝，用蘿蔔煎煉去鹹味，置之風日中，吹去水氣，則輕白如粉，故名風化硝。市肆中有以玄明粉偽充者。殊不知玄明粉是用朴硝、芒硝，以甘草煎過，置泥罐中用火升煅。製法既別，功用懸殊，誤人不淺。　炳章按：　風化硝乃皮硝所提煉而成。皮硝又名朴硝，產於江北通州山東，生於斥鹵之地，經冬令西北燥風冷氣凝結成硝，掃取即名皮硝。再以皮硝入水煎烊，去雜屑，經宿凝結，狀如鹽末，名曰朴硝。再以水煎，澄去渣滓，入蘿蔔數枚同煮熟，傾入盆中，經宿凝結成白硝如冰，其表部生有細芒如鋒者為芒硝。其生牙似圭角，作六角稜，縱橫玲瓏，名馬牙硝。又以其似白石英，故又謂之英硝。其再以蘿蔔汁煎煉，至去鹹味為甜硝。置風日中吹去水氣，則輕白如粉，即風化硝是也。若同甘草汁煎過，鼎罐升燒，則為元明粉也。

### 玄明粉

**宋・唐慎微《證類本草》卷三玉石部上品〔宋・掌禹錫《嘉祐本草》〕** 玄明粉 味辛、甘，性冷，無毒。治心熱煩躁，并五藏宿滯、癥結。明目，退膈上虛熱，消腫毒。此即朴消鍊成者。新補，見《藥性論》并日華子。

〔宋・唐慎微《證類本草》〕仙經： 以朴消製伏爲玄明粉。朴消是太陰之精華，水之子也，陰中有陽之藥。太陰號曰： 玄明粉，內搜衆疾，功莫大焉。治一切熱毒風，搜冷，痃癖，氣脹滿，五勞七傷，骨蒸傳尸，頭痛煩熱，搜除惡疾，五藏秘澀，大小腸不通，三焦熱淋，疰忤疾，咳嗽嘔逆，口苦乾澀，咽喉閉塞，心、肝、脾、肺臟胃積熱，驚悸，健忘，榮衛不調，中酒中膾，飲食過度，腰膝冷痛，手脚痠，久冷久熱，四肢壅塞，背膊拘急，眼昏目眩，久視無力，腸風痔病，血癖不調，婦人產後，小兒疳氣，陰毒傷寒，表裏疫癘等疾，并悉治之。此藥久服令人身輕耳明，駐顏延壽。急解毒藥，補益，妙。唐明皇帝聞說終南山有道士劉玄真，服食此藥，遂詔而問曰： 朕聞卿壽約三百歲，服食何藥，得住世間，充悅如此。玄真答曰： 臣按仙經修鍊朴消，號玄明粉，止服此藥，遂無病長生。其藥無滓，性溫。能除衆疾。生餌尚能救急難性命，何況修鍊長服。益精壯氣，助陽證陰。不拘丈夫婦人，幼稚襁褓，不問四時冷熱，即食後冷熱俱治。一兩分爲十二服，但臨時酌量加減。似覺壅熱，傷寒，頭痛鼻塞，四肢不舉，飲食不下，煩悶氣脹，不論晝夜急疾，要宣瀉求安，即看年紀高下，用藥一分或至半兩，酌量加減，用桃花湯下爲使，最上； 次用葱湯下； 如未通宣，更以湯一碗或兩碗，投之即驗。自然調補如常。要微暢不秘澀，但長服之，稍稍得力，朝服暮服，應不搜刮人五藏，怡怡自泰。其藥初服之時，每日空腹，酒飲茶湯任下三錢匕，食後良久更下三錢匕。七日內常微瀉利黃黑水涎沫等，此是搜淘諸疾根本出去，勿用畏之。七日後漸覺腹藏暖，消食下氣，唯忌食苦參或食諸魚、藕菜。飲食諸毒藥解法，用葱白煎湯一茶碗，調玄明粉兩錢頓服之，其諸毒藥立瀉下。若女人身懷六甲，長服安胎，誕孩子生日，無瘡腫疾病。長服除故養新，氣血日安。如有偶中毒物，取地膽一分，薺苨、犀角各半兩，服之立解。如長服，用大麻湯下爲使。此藥偏暖水藏，女人服，補血脉，及治骨蒸五勞，驚悸健忘，熱毒風等，服之立愈。令人悅澤，開關健脾，輕身延壽，駐精神，明目。諸餘功效不可具載，有傳在《太陰經》中。朴消二斤，須是白淨者，以瓷爐一個疊實，却以瓦一片蓋爐，用十斤炭火一煆，爐口不蓋，著炭一條，候沸定了，方蓋之，復以十五斤炭煆之。放冷一伏時，提爐出藥，以紙攤在地上，盆蓋之一伏時，日曬取乾。入甘草二兩，生熟用，細擣羅爲末。

**宋・王繼先《紹興本草》卷三** 玄明粉 紹興校定： 玄明粉，本出於朴消，以火製煉，入甘草合和而成。比之諸消，即無猛利之性。其主治已載《本經》，味辛甘、冷、無毒是也。

**宋・劉明之《圖經本草藥性總論》卷上** 玄明粉 味辛甘，冷，無毒。治心熱煩躁，并五臟宿滯癥結，明目，退膈上虛熱，消腫毒。大陰號曰： 治熱毒風，搜冷痃癖氣脹滿，五勞七傷，骨蒸傳尸，頭痛煩熱。搜除惡疾，五臟秘澀，大小腸不通，三焦熱淋，疰忤疾，欬嗽嘔逆，口苦乾澀，咽喉閉塞，心肝脾肺藏胃積熱，驚悸健忘，榮衛不調。中酒中膾，飲食過度，腰膝冷痛，手脚痠，久冷久熱，四肢壅塞，背膊拘急，眼昏目眩，久視無力，腸風痔病，血癖不調，婦人產後，小兒疳氣陰毒，傷寒表裏疫癘等疾。長服安胎，誕兒無瘡腫疾病。

**元・王好古《湯液本草》卷六** 玄明粉 氣冷，味辛、甘，無毒。《液》云： 治心熱煩躁，五臟宿滯，癥瘕。明目，逐膈上虛熱，消腫毒。註中有治陰毒一句，非伏陽不可用。若止用此除陰毒，殺人甚速。牙硝條下，太清煉靈砂補注，謂陰極之精，能化火石之毒。仙經云： 陰中有陽之物。

**元・佚名氏《珍珠囊・諸品藥性主治指掌》〔見《醫要集覽》〕** 玄明粉 味辛、甘、酸，氣微溫，無毒。沉也，陰也。其用有二： 去胃中之實熱，蕩腸中之宿垢。其妙不可盡述。大抵用此而代盆硝也。

**元・徐彥純《本草發揮》卷一** 玄明粉 味辛、甘，冷，無毒。治心熱煩躁，并五臟宿滯癥結，明目，退膈上虛熱，消腫毒大陰。號云： 治一切熱毒風，痃癖，氣脹滿，口苦乾澁，咽喉閉塞積熱，驚悸健忘，榮衛不調，中酒中膾，飲食過度，四肢壅塞，腸風痔疾，血癖不消。東垣云： 玄明粉，大抵用此以代盆硝佳。海藏云： 《本草》注云： 治骨蒸五勞，驚悸，熱毒風等，服之立愈。《經》云： 味辛甘，性冷，則治熱病明矣。兼味辛又鹹，此能潤燥而軟堅也。非大便燥結，脈滑有力而洪大者，不宜服。却言暖水臟，女子服之補益血脈，有失用藥寒熱之本意。《經》云： 鹹能勝血。豈能補血哉？又有治陰毒一句，其言尤錯矣。若與硫黃、附子及諸陽藥多寡相佐而行，則可以治陰中有伏陽者。若的是陰毒，別無伏陽，殺人甚速。《太清伏鍊法》云： 硝能制伏陽精，解火石之毒，則不治陰耳。用者宜審也。

**明・王綸《本草集要》卷五** 玄明粉 味辛甘，氣寒。以朴硝鍊成者。丹溪云：以火煆而成，性溫，陰中有陽之藥。　治心熱煩躁，并五臟宿滯癥結，腸胃宿垢，軟積開痰，明目，退膈上虛熱，大除胃熱。

**明・滕弘《神農本經會通》卷六**　玄明粉　此即朴消錬成者。丹溪云：以火煆而成，性當溫。陰中有陽之藥。

味辛、甘，氣冷，無毒。《湯》同。東云：沉也，陰也。去胃中之實熱，蕩腸中之宿垢，其妙不可盡述，大抵用此而代盆消也。《疌》云：治腸中宿垢及軟積，開痰消癖，去瘕，大除胃熱。《本經》云：治心熱煩躁，并五臟宿滯癥結，明目，退膈上虛熱，消腫毒。仙經云：以朴消制伏為玄明粉，朴消是太陰之精華，水之子也，陰中有陽之藥。太陰號云：玄明粉，內搜眾疾，功莫大焉。治一切熱毒風，搜冷痃癖氣，腹滿，五勞七傷，骨蒸傳尸，頭痛煩熱，搜除惡疾，五臟秘澁，大小腸不通，三焦熱淋，疰忤疾，欬嗽嘔逆，口苦乾澁，咽喉閉塞，心肝脾肺臟胃積熱，驚悸健忘，榮衛不調，中酒中膾，飲食過度，腰膝冷痛，手脚痠，久冷久熱，四肢壅塞，背膊拘急，眼昏目眩，久視無力，腸風痔病，血癖不調。婦人產後，小兒陰毒傷寒，表裏疫癘等疾，并悉治之。此藥久服，令人身輕耳明，駐顏延壽。急解毒藥，補益妙。《液》云：《本草》同《本經》。又註中有治陰毒一句，非伏陽不可用。若止用此除陰毒，殺人甚速。牙消條下，太清錬靈砂補注，謂陰極之精，能化火石之毒。丹溪云：消屬陽，善消化駈逐，而《經》言無毒，化七十二種石，不毒而能之乎？以之治病，以致其用，病退則已。若玄明粉者，以火煆而成，當性溫，曰長服多服久服，且輕身固胎，駐顏益壽，大能補益，豈理也哉？故書此為戒。劊云：玄明粉有酸辛味，宿垢留腸用此蠲。軟積開痰消癖瘕，大除胃熱保神全。

**明・劉文泰《本草品彙精要》卷一**　玄明粉無毒　鍛煉成。

玄明粉：主心熱煩躁並五臟宿滯，癥結，明目，退膈上虛熱，消腫毒。名醫所錄。

【地】《太陰經》云：以益州朴硝二斤，須是白淨者，以瓷罐一個疊實。卻以瓦一片蓋罐，用十斤炭火一鍛，罐口不蓋，著炭一條，候沸定了，方蓋之。復以十五斤炭鍛之，放冷一伏時，提罐出藥，以紙攤在地上，盆蓋之一伏時。日取乾，入甘草二兩，生熟用細搗羅爲末。《別錄》云：明淨朴硝不拘多少，于臘月霜雪凝寒之際，用皂莢三兩重，略炮捶碎，溫熱湯六碗，挼去渣浸化，薄紙二重，濾過澄清，入鐵鍋內煮至一半，候溫傾出瓦盆內，於見天處露一宿。次早結塊，再用淨熟水六碗化開，入大蘿蔔八兩重，切作二分厚一片用，煮見蘿蔔熟爲度。仍傾在瓦盆，去蘿蔔片，再放在見天處露一宿，次日結塊去水，取出濾乾，入好皮紙袋盛，懸掛當風處，自然成粉，乃陰中有陽之藥，太陰之精華，水之子也。【收】瓷器盛貯。【用】白淨者佳。【質】類膩粉而輕亮。【色】白。【味】辛，甘。【性】冷，散，緩。【氣】氣薄味厚，陰中之陽。【主】積熱煩躁。【製】研細爲末。【治】療：《別錄》云：治諸熱毒風，除冷，痃癖，氣脹滿，五勞七傷，骨蒸傳屍，頭痛煩熱，搜除惡疾，五臟秘澀，大小腸不通，三焦熱，淋疰，忤疾，欬嗽，嘔逆，口苦乾澀，咽喉閉塞，心肝脾肺臟胃積熱，驚悸，健忘，榮衛不調，中酒中膾，飲食過度，腰膝冷痛，手足酸，久冷久熱，四肢壅塞，背膊拘急，眼目昏眩，久視無力，腸風痔病，血癖不調，婦人產後，小兒疳氣，陰毒，傷寒表裏，疫癘等疾。補：《別錄》云：久服令人輕身，耳聰駐顏。【禁】痼冷寒多者勿服。【忌】苦參。【解】中諸魚、藕菜、飲食毒，以葱白煎湯一碗，調玄明粉兩錢，頓服之，立瀉下。

**明・葉文齡《醫學統旨》卷八**　玄明粉　氣寒，味辛、甘，無毒。以朴硝錬成者。丹溪云：以火煆而成，性溫，陰中有陽之藥。　治心熱煩燥，咽喉腫痛，并五臟宿滯癥結，腸胃宿垢；軟積開痰，明目，退膈上熱，大除胃熱，消腫毒。虛而無實熱不可用。

**明・許希周《藥性粗評》卷四**　昏熱而得玄明粉，雖愚必明。

玄明粉，硝石所升者。升法見《本草》。凡用，用每一斤，須用甘草末二兩相合。味甘、鹹，性寒，無毒。主治心熱煩躁，積熱驚悸，昏昧不惺，風眩目瞖，骨蒸咽腫，潤燥軟堅，消腸風，破血塊，解酒毒。海藏云：非大便燥結，脉滑有力而洪大者不可服。若與硫黄、附子及諸陽藥，多寡相佐而行，則可以治陰中有伏陽者。若的是陰毒，別無伏陽，殺人甚速。

**明・鄭寧《藥性要略大全》卷八**　玄明粉　開痰，明目，退上膈虛熱，去胃中實熱，蕩腸中宿垢。《湯液》云：治心熱煩燥，五臟宿滯癥瘕，除虛熱，消腫毒，大瀉火邪。七潭云：此藥大寒。雖假火煆煉而成，其寒猶在，但比生硝少緩耳。舊本草註云中有治陰毒及陰症一句，極為謬妄，非伏陽不可用此除陰毒。別無佐使之藥，則殺人甚速。宜詳之。味辛、甘、酸、鹹，能冷能溫，大概寒多溫少，無毒。沉也，陰也。蓋朴硝煉成者。大抵用此以代盆硝也。盆硝者，即朴硝之異名也。

**明・方穀《本草纂要》卷九**　玄明粉　味辛、甘，氣寒，無毒。治心熱煩躁，腸熱燥結，痰熱壅滯，目熱昏塞，鬱熱氣閉，胃熱牙疼，喉痹等症，無不治之。此朴硝與蘿蔔煮過，取蘿蔔上粉，其名玄明粉也。

**明・王文潔《太乙仙製本草藥性大全》卷六《本草精義》**　玄明粉　製鍊法：　用朴硝十斤，水一桶，同入鍋内鎔化，掠去上面油膩，其水將細布併好紙濾去渣滓，仍用蘿蔔十斤，冬瓜五斤，豆腐三斤，俱切厚片，同硝水入鍋内煮沸六七次，撈去蘿蔔等物，又掠去油膩，將細布好紙再濾過，務令渣滓去淨，然後放入瓦盆，置諸星月之下，自然生出硝牙片子，取出放桌面上，任其風乾，將原水又煎沸一次，入瓦盆内，令其再生，如是數次，以水内無硝片爲度，將前風乾硝牙，用泥裹罐子裝盛按實，碎炭周圍不走火氣，如法煎鍊，候水乾盡，仍聽罐内硝汁不響，復如法固封罐口，再加猛頂火煅煉一晝夜，玄明粉成矣。待冷取出，着净地上以新瓦盆一個覆之，以去火毒，後研爲末，每斤加生熟甘草各一兩和勻，初服一錢，漸加三錢。四時服食，各有飲引，春養肝，川芎、黄耆、芍藥湯下；　夏養心，茯苓湯下；　四季養脾，人參、白术湯下；　秋養肺，茯苓、桔梗湯下；　冬養腎，肉蓯蓉、烏頭湯下。朴硝鹹物也，蘿蔔性溫，與冬瓜、豆腐俱能奪鹹味，用之修製，使去其鹹，故曰陰中有陽之藥也。

**明・王文潔《太乙仙製本草藥性大全》卷六《仙製藥性》**　玄明粉　味辛，氣溫，無毒。　主治：　内搜衆疾，功莫大焉。治一切熱毒風，搜諸冷痃癖氣。五勞七傷，骨蒸傳屍神方；　頭痛煩熱，五臟秘澁妙劑。療二便不通，解三焦熱淋。掃除惡疾，疰忤能止。健忘驚悸，欬嗽嘔逆，口苦舌乾，胃間積熱，咽喉塞閉，榮衛不調，中酒中膾，飲食過度，腰膝冷痛，手足痠疼，久冷久熱，四肢壅塞，背腰拘急，眼昏目眩，久視無力，腸風下血，痔瘻血癖，婦人產後，小兒疳氣，陰毒傷寒，表裏疫癘。此藥久服令人身輕，耳聰目明，駐顔延壽。急解毒補益妙劑。　補註：　唐明皇帝聞說終南山有道士劉玄真服食此藥，遂詔而問曰：　朕聞卿壽約三百歲，服食何藥得住世間，充悦如此？玄真答曰：　臣按仙經修鍊朴硝，號玄明粉，止服此藥，遂無病長生。其藥無滓，性溫，能除衆疾，生餌尚能救急難性命，何況修煉長服。益精壯氣，助陽證陰。不拘丈夫、婦人、幼稚、襁褓，不問四時冷熱，即食後冷熱俱治，一兩分爲十二服，但臨時酌量加減。似覺壅熱傷寒，頭痛鼻塞，四肢不舉，飲食不下，煩悶氣脹，不論晝夜急疾，要宣瀉求安，即看年紀高下，用藥一分或至半兩，酌量加減，用桃花湯下爲使最上，次用葱湯下。如未通宣，更以湯一椀或兩椀，投之即驗，自然調補如常。要微暢不秘澁，但長服之，稍稍得力，朝服暮服，應不搜刮人五藏，怡怡自泰。其藥初服之時，每日空腹酒飲、茶湯任下三錢，食後良久更下二錢，七日内當微瀉利黄黑水涎沫等，此是搜淘諸疾根本出去，勿用畏之，七日後漸覺腹藏暖，消食下氣。唯忌食苦參或食諸魚、藕菜。飲食諸毒藥解法：　用葱白煎湯一茶椀，調玄明粉兩錢頓服之，其諸毒藥立瀉下。若女人身懷六甲，長服安胎，誕孩子生日，無瘡腫疾病。長服除故養新，氣血日安，如有偶中毒物，取地膽一分，薺苨、犀角各半兩，服之立解。如長服用大麻湯下爲使，此藥偏暖水藏，女人服補血脉及治骨蒸五勞，驚悸健忘，熱毒風等服之立效。令人悦澤，開關健脾，輕身延壽，駐精神，明目，諸餘功效不可具載，有傳在《太陰經》中。朴硝二斤，須是白净者，以甆爐一個疊實，却以瓦一片蓋爐，用十斤炭火一煅，爐口不蓋，著炭一條，候沸定了方蓋之，復以十五斤炭煅之，放冷一伏時，提爐出藥，以紙攤在地上，盆蓋之一伏時，日晒取乾，入甘草二兩，生熟用，細搗羅爲末。　按：　七硝氣味相同，俱善消化敺逐，但朴硝力緊；　芒硝、英硝、馬牙硝力緩；　硝石、風化硝、玄明粉緩而又緩也，以之治病致用，病退即已。《本經》載能煉服補益，豈理也耶？　若孕婦有可下證，用之必兼大黄引導，使之直入大腸，潤燥瀉熱，子母均安。《經》曰有故無殞，亦無殞也，此之謂歟！

**明・張四維《醫門秘旨》卷一五《煅煉門》**　煉玄明粉　冬月極寒時，用朴硝一百斤，大皂角三五十根，蘿蔔十斤切片，同入鍋内，以水滿鍋，熬數十沸，攪入木盆内過夜，生出牙硝，取起，又入鍋，約有五十斤。加白蘿〔白〕〔蔔〕五六斤切片，同入鍋，以水滿，熬數沸，入桶過夜，取起，約有三四十斤。用豆腐三四斤，成片入鍋内，水煮數沸，取出，入盆過夜，取起為粉，入固濟罐，打火三炷香，配甘草則為玄明粉也。

**明・皇甫嵩《本草發明》卷五**　玄明粉氣冷，味辛、甘、微苦，無毒。　發明曰：　玄明粉，陰中有陽之物，以其修煉，去其鹹也。故治心熱煩燥，主〔五〕臟宿滯癥結，腸胃宿垢，除胃熱，明目，逐膈上虛熱，消腫毒。註中有治陰毒一句，若屬陰寒，而非伏陽，不可用，苟用此以除陰毒，殺人甚速。牙硝條下，太清鍊靈砂補注謂陰極之精，能化火石之毒。

按：製玄明粉法：用朴硝十斤，水一桶，同入鍋内，溶化掉，去面上油膩，將布并好紙（攄）〔濾〕去查滓，用蘿葍十斤，冬瓜五斤，豆腐三斤，俱切厚片，同硝水煮沸六七次，撈去等物，掠去油膩，如前再（慮）〔濾〕過，放入磁盆，置星月之下，自結牙硝，取出，放（卓）〔桌〕面上，任其風乾，將原水又煎沸一次，入磁盆内，令再結。如是者數次，以水内無硝牙片為度。併前風乾硝牙，用泥裹礶子裝盛，按實，碎炭火周圍，不走火氣，煉之，磁礶内硝汁無聲，復如前法，封礶口，再加猛頂火煅煉一晝夜，玄明粉成矣。候冷，取出淨地上，以新瓦盆一箇覆之去火毒，入磁礶内貯之。用時研為末，每斤加生炙甘草各一兩，和匀，初服一錢，漸加至二錢為止。春服養肝，川芎耆芍湯下。夏服養心，茯苓湯下。四季月養脾，參术湯下。秋服養肺，茯苓桔梗湯服下。冬服養腎，蓯蓉烏頭湯下。若痰火積熱用之，即于本方藥内，加調服之。忌苦參。〇仙經云：朴硝足太陰之精華，水之子也。鍊成玄明粉，陰中有陽之藥。愚謂雖仙經備言其功浩大，若臟府虚寒，脾胃氣弱，恐不可服。

## 明·李時珍《本草綱目》卷一一石部·鹵石類　玄明粉《藥性》

【釋名】白龍粉時珍曰：玄，水之色也；明，瑩澈也。《御藥院方》謂之白龍粉。

【修治】時珍曰：制法：用白净朴消十斤，長流水一石，煎化去滓，星月下露一夜，去水取消。每一斗，用蘿葍一斤切片，同煮熟濾净，再露一夜取出。每消一斤，用甘草一兩，同煎去滓，再露一夜取出。以大沙罐一個，築實盛之，鹽泥固濟厚半寸，不蓋口，置爐中，以炭火十斤，從文至武煅之。待沸定，以瓦一片蓋口，仍前固濟，再以十五斤頂火煅之。放冷一伏時，取出，隔帋安地上，盆覆三日出火毒，研末。每一斤，入生甘草末一兩，炙甘草末一兩，和匀，缾收用。

【氣味】辛、甘，冷，無毒。　【主治】心熱煩躁，并五臟宿滯癥結甄權。明目，退膈上虚熱，消腫毒大明。

【發明】杲曰：玄明粉，沉也，陰也，其用有二：去胃中之實熱，蕩腸中之宿垢。大抵用此以代盆消耳。玄明粉傳曰：唐明皇帝聞終南山道士劉玄真服食多壽，乃詔而問之。玄真曰：臣按仙經，修鍊朴消，號玄明粉，止服此方，遂無病長生。其藥無滓性温，陰中有陽，能除一百二十種疾。生餌尚能救急難性命，何況修煉長服。益精壯氣，助陽證陰。不拘丈夫婦人，幼稚襁褓。不問四時冷熱，一切熱毒風冷，痃癖氣脹滿，五勞七傷，骨蒸傳尸，頭痛煩熱，五内氣塞，大小腸不通，三焦熱淋，疰忤，欬嗽嘔逆，口苦舌乾，咽喉閉塞，驚悸健忘，營衛不調，中酒中餔，飲食過度，腰膝冷痛，手足酸痹，久冷久熱，四肢壅塞，背膊拘急，目昏眩運，久視無力，腸風痔病，血澼不調，婦人産後，小兒疳氣，陰毒傷寒，表裏疫癘。此藥久服，令人悦澤。開關健脾，駐顔明目，輕身延壽，功效不可具載。但用一兩，分爲十二服，臨時酌量加減。似覺壅熱傷寒，頭痛鼻塞，四肢不舉，飲食不下，煩悶氣脹，須通瀉求安者，即看年紀高下，用藥二錢半或半兩，以桃花煎湯下爲使，最上；次用葱湯下；如未通，以沸湯投之即效。或食諸魚藕菜飲食諸毒藥，用葱白湯調服二錢，毒物立泄下。苦女人身懷六甲，長服安胎生子，亦無瘡腫疾病。若要微暢不閉塞，但長服之，稍稍得力，朝服夕應，不搜刮人五臟，怡怡自泰。其藥初服時，每日空腹，酒飲茶湯任下二錢匕，良久更下三錢匕。七日内常微泄利黄黑水涎沫等，此是搜淘諸疾根本出去，勿用畏之。七日後漸知腹内暖，消食下氣，長服除故養新，氣血日安。用大麻子湯下爲使，惟忌苦參。詳載《太陰經》中。好古曰：玄明粉治陰毒一句，非伏陽在内不可用。若用治真陰毒，殺人甚速。震亨曰：玄明粉火煅而成，其性當温。曰長服久服，輕身固胎，駐顔益壽，大能補益，豈理也哉？予親見一二朋友，不信予言而亡，故書以爲戒。時珍曰：《神農本草》言朴消鍊餌服之，輕身神仙，蓋方士竄入之言。後人因此制爲玄明粉。煅鍊多徧，佐以甘草，去其鹹寒之毒。遇有三焦腸胃實熱積滯，少年氣壯者，量與服之，亦有速效。若脾胃虚冷及陰虚火動者服之，是速其咎矣。

【附方】新三。　熱厥氣痛：玄明粉三錢，熱童尿調下。《集簡方》。　傷寒發狂：玄明粉二錢，朱砂一錢，末之，冷水服。《傷寒蘊要》。　鼻血不止：玄明粉二錢，水服。《聖濟》。

## 題明·薛己《本草約言》卷二《藥性本草》　玄明粉

味辛、甘，氣寒，無毒。陽中之陰，降也。去胃中之實熱，蕩腸中之宿垢，其妙不可盡述。大抵用此而代盆硝也。盆硝即芒硝。玄明粉乃朴硝煉成者。〇玄明粉治實熱實火則宜，然性大寒，若治陰毒及陰症，殺人甚速。此非伏陽不可也。

## 明·梅得春《藥性會元》卷下　玄明粉

味辛、甘，氣寒。又云：以火煅成，性溫。陰中有陽。無毒。主治心熱煩燥，咽喉腫痛，并五臟宿滯，破癥結，滌腸胃間宿垢，軟積開痰，明目，退膈上熱，大除胃熱，消腫毒。虚而無實熱者不可用。久服令人精滑。丹溪云：硝是太陰之精華，水之子也。以火煅而成粉，性溫，而不能輕服。　製法：用朴硝不拘多少，同萊菔根切片，東流水煮，勿令水火失度，煎一晝夜，煮化，揀去萊菔根，將水潑於新磚上，待其水滲乾後出粉，日每以鵝翎掃收於磁器中聽用。又法：用皮硝一百斤，將水二十碗煮化，水少再添，以化盡為度。綿布濾去沙土，以硝汁和蕎麥麪二斗，揉成餅，安鋪蒸籠内，鍋中或切萊菔，或切冬瓜，加河水微火蒸，上氣，再加大火蒸，以乾為度。取去冬瓜、蘿葍不用，只用水。將缸盛露一宿，提起牙子，焙乾為末，入罐封固。先文後武火，煅五炷香，取升清者入眼科用，其濁者每斤加粉草一兩，共研為末，任治諸疾。

**明·杜文燮《藥鑒》卷二** 玄明粉 氣微寒，味辛、鹹，無毒。沉也，陰也。承氣湯用之，去胃中之實邪，而蕩腸中之宿垢。通聖散用之，除胸膈之稠痰，而潤下部之結燥。痘家實熱便秘者用之，於當歸解毒湯中甚為得法，取其不損真陰也。婦人胞衣不下，即用童便調二三錢，熱服立下。大都寒能泄實，鹹能軟堅，辛能散滯，此三者，玄明粉之功也。予用之以代芒硝，雖老弱之人，亦可服之。

**明·李中立《本草原始》卷八** 玄明粉 氣味：辛、甘，冷，無毒。主治：心熱燥煩，并五臟宿滯癥結。○明目，退膈上虛熱，消腫毒。

朴消：君。《別錄》曰：苦、辛，大寒，煉白如銀，能寒能熱，能滑能澀，能辛能鹹能酸。入地千年不變。權曰：有小毒，降也，陰也。之才曰：石葦為之使，惡麥句薑，畏三稜。○風眼赤爛，明淨朴消一盞，水二盌，煎化露一夜，濾淨澄清，朝夕洗目三日，其紅即消，雖半世者亦愈。

芒消：權曰：有小毒。元素曰：氣薄味厚，沉而降，陰也。一去實熱，二滌腸中宿垢，三破堅積。孕婦惟三四月及七八月不可用，餘用無妨。○骨蒸熱病，芒消末，水服方寸匕，日二，神良。

馬牙消：治食物過飽不消，遂成痞膈，用一兩碎之，吳茱萸陳者半升，煎汁投消，乘熱服。良久未轉，更進一服，立愈。

風化消：時珍曰：甘緩輕浮，故治上焦心肺痰熱而不泄利。

玄明粉：沉也，陰也。忌苦參。脾胃虛冷及陰虛火動者服之，是速其咎矣。

《傷寒蘊要》：治傷寒發狂者，用玄明粉二錢，朱砂二錢，為末，冷水調服。

**明·羅周彥《醫宗粹言》卷四** 製玄明粉法冬月可製。用明淨川皮硝十斤，水一斗，蘿蔔四斤切片，同煮爛為度，去蔔，硝水用紙濾，磁礶中露一夜，次早另傾浮水置一器者，塊沉底者取起，復以蘿蔔清水量入同煮，如前露澄，又次日取起，用防風二兩，甘草二兩，煎湯十碗，用玄明粉煮化，濾過，露一夜，次一日傾出，甘防湯同煎二次，蘿蔔湯煮一沸，露一夜，餘硝俱澄，同前硝風吹乾，入礶升打火如秋石法，任用按製。蓋硝味甚鹹，以蘿蔔製解之。其性善降下，若于頭目之火，恐或不能達上而降，以防風導引上行。甘草和緩為佐，懼其寒涼。久服傷胃，故以火煅，則得陽長陰消之義，而無寒襲脾胃之傷，有掣上掣下之功。

**明·張懋辰《本草便》卷二** 玄明粉 味辛、甘，氣寒。火煅而成，性溫，陰中有陽之藥。治心熱煩燥，并五臟宿滯癥結，腸胃宿垢，軟積開痰，明目，退腸上虛熱，大除胃熱。

**明·陳實功《外科正宗》卷三** 煉元明粉法第一百五十 冬至後，用潔淨朴硝十斤，水一斗五升，白蘿蔔五斤，打碎，同入鍋內，將硝煮化，候湯滾足，撈去蘿蔔，以綿紙二層鋪竹絲箕內，架在新缸上，將硝湯徐入箕內，隨濾隨添，以湯濾盡為度，將缸移在天井露三日，其硝結在缸內，傾去餘水，瀝乾為止，將硝取下，再用砂鍋頓炭爐上，將硝一碗化開煎滾，以銅匙鏟攪，將凝結時，鏟入小魚酢罐內，上空寸許，餘硝陸續照上法煉畢。每一罐下用三釘品字樣插入地中，留寸半在外，將罐浮頓釘頭上，用瓦片蓋口，周圍用段磚砌百眼鑪圍繞，離罐寸半許，著炭火入鑪內，四圍底火頂火務要周匝，候罐硝紅為度。次日取出硝來，預用大綿紙攤在潔淨陰土上，將硝碾細，用絹篩篩在紙上約一錢厚，再不許多，門窗俱關閉，不令人見。三日後，其硝自然復活，色白如粉，輕虛成片，將鉢盛貯，內用紙蓋，再放亂紙寸許，以收潮氣，庶不凝結。此品最能降火化痰，清利臟腑，怪症服之可蠲，狂躁用之即愈。搜除百病，安斂心神，不傷元氣。惟久病瀉痢者不宜。大人每服三四錢，小兒五分至一錢皆可，俱用白滾湯或葱湯空心化服，候行二三次，隨飲稀粥，自然精神爽健，臟腑調和，津液頓生，百病如失。又煅過硝石六兩，加硃砂三錢，青黛一錢，冰片一錢五分，共研細末，照前篩紙上，再用紙蓋一層，四邊以界尺壓緊，勿令走氣，候三日外取起密收，又名陽春紫雪。最治失心忘志，顛癇健忘，小兒急慢驚風，大人異症。每服五分至一錢，俱用淡竹葉、燈心湯化服，屢有奇效，不可盡述。此乃神仙保命服食之品，每一斤加生熟甘草末二兩，葱湯化服二三錢，令人容顏悅澤，輕身耐老。

**明·繆希雍《本草經疏》卷三** 玄明粉 味辛、甘，性冷，無毒。治心熱煩躁，并五藏宿滯癥結，明目，退膈上虛熱，消腫毒。此即朴硝煉成者。

【疏】玄明粉，即芒硝投滾湯沸化，夜置冰霜之下，結起在水面上者。用白萊菔切片，煮汁投硝，以結起多次者為上。其色瑩白，其味辛鹹，沉而降，陰也。入手少陰、足厥陰陽明經。其治邪熱在心煩躁者，《經》曰：熱淫於內，治以鹹寒，佐之以苦。並主五藏宿滯癥結者，即燥糞、結痰、瘀血、宿食之謂。辛能散結，鹹能輭堅，兼能潤下，苦能下洩，故主之也。目為血熱所侵，必赤腫作痛異常，硝物峻利，加以苦辛鹹寒之極，故能散熱結，逐熱血。目病既去，必自明矣。退膈上虛熱者，當作實熱。邪解心涼，故熱退也。消腫毒者，即輭堅散結之功也。【主治參互】《集簡方》熱厥氣痛，玄明粉三錢，熱童便調下。《傷寒蘊要》傷寒發狂，玄明粉二錢，朱砂一錢，末之，水服。《聖濟總錄》鼻血不止，玄明粉二錢，水服。【簡誤】硝者，消也。五金八石，其堅莫比，惟硝能銷之。苟非大辛、至鹹、極苦、最烈之味，其能消化之乎？消石、朴硝，一經澄煉，便名芒硝、馬牙硝、風化硝、甜硝。若經煅過，即名玄明粉。究其功用，無堅不磨，無結不散，無熱不蕩，無積不推，可謂直往無前，物無留礙之性也。《別錄》謂煉餌服之，輕身神仙，失其本矣。故仲景於諸承氣湯用之，非邪結下焦，堅實不可按者不用。恐其誤伐下焦真陰故也。病不由於邪熱深固，閉結難通，斷不可輕投。至於血涸津枯，以致大腸燥結；陰虛精乏，以致大熱骨蒸；火炎於上，以致頭痛目昏，口渴耳聾咽痛，吐血衄血，咳嗽痰壅，虛極類實等證，切戒勿施！庶免虛虛之咎，而無悔不可追之大錯也。至如唐玄宗所召道士劉玄真，謂服玄明粉，遂無病長生。中所載有益精壯氣，助陽補陰，不拘丈夫婦人，幼稚襁褓，不問四時冷熱俱治之說，迺是荒唐不經之語。不識本草，何緣載入？豈歷代董修儒臣，本不知醫，但廣異聞，未暇覈實而誤收之耶？正所謂盡信書，則不如無書也。

**明·倪朱謨《本草彙言》卷一三**　玄明粉　味鹹、辛，氣寒，無毒。沉而降，陰也。入手少陰、足厥陰陽明經。　李氏曰：製玄明粉法：用淨芒硝十觔，長流水一石，煎化，用白蘿蔔十觔，切片，同煮熟，濾淨蘿蔔滓，再用甘草一觔同煎，濾去甘草滓，取出，將凝，裝大沙罐內，築實盛之，鹽泥固濟罐身，厚半寸，不蓋口，置爐中，以炭火十觔，從文至武煅之，待沸定，以鐵盞蓋口，以鹽泥固濟，再以十五觔頂火煅之，放冷一伏時，取出，隔紙安地上，盆覆三日，出火氣，研細末，淨磁瓶收貯。

玄明粉：開結潤燥，日華子通利大腸之藥也。方氏龍潭曰：此藥治一切火熱為病，凡心熱煩躁，譫語狂言，腸熱結燥，宿垢積滯，痰熱壅塞，關隔不清，目熱昏澀，腫赤癢痛，胃熱牙疼，齒根浮脹，及喉痹乳蛾，脹閉不通等證，此鹹寒之物，潤燥耎堅，通閉滑滯，一切熱毒悉能治之。凡三焦腸胃實火積滯者，服之速效。若脾胃虛寒及陰虛血虛，虛火妄動者，切禁用之。

**明·顧逢柏《分部本草妙用》卷七兼經部·寒瀉**　玄明粉　辛、甘，冷，無毒。朴硝與蘿蔔煮過，取蘿蔔上粉是也。　主治：心熱煩躁，五臟宿滯，癥堅，退膈上虛熱，消腫毒，明目。　玄明粉性沉而陰，能去胃中實熱，蕩腸中宿垢，下痰開鬱，豁積滯之竗藥。大抵用之，以代盆消耳。

**明·黃承昊《折肱漫録》卷三**　元明粉性涼消痰。予曾聽方士煉服，亦未見效。《本草發明》云：仙經雖備述，其功浩大。若臟腑虛寒，脾胃氣弱不可服。此為格言。

**明·鄭二陽《仁壽堂藥鏡》卷一**　玄明粉　氣冷，味辛、甘，無毒。

《液》云：治心熱煩燥，五臟宿滯，癥瘕，明目，退膈上虛熱，消腫毒。註中有治陰毒一句，非伏陽不可用。若止用此除陰毒，殺人甚速。牙硝條下太清鍊靈砂輔注，謂陰極之精，能化火食之毒。　仙經云：陰中有陽之物。　東垣云：玄明粉，大抵用此以代盆硝者佳。　海藏云：《本草》注云：治骨蒸五勞，驚悸，熱毒風等，服之立愈。正經云味甘、辛，性冷，則治熱病明矣。兼味辛，又鹹，此能潤燥而軟堅也。非大便燥結，脉滑有力而洪大者，不宜服。　臘月將朴硝十斤，蘿蔔十斤，冬瓜五斤，豆腐三斤，同煮，露天底，味竟去鹹，入礶火煅而成者方妙。

**明·蔣儀《藥鏡》卷四寒部**　玄明粉　涼心膈而煩燥除，清腸胃而宿垢蕩。去翳明目，實熱多功。軟積消痰，虛寒反累。痘家實熱便秘，用于當歸解毒湯，不損真陰。婦人胞衣不下，童便調和二三錢，熱服立墮。

**明·張景岳《景岳全書》卷四九《本草正》**　玄明粉　味辛、微甘，性冷，沉也，陰也。降心火，祛胃熱，消痰涎，平傷寒實熱狂躁，去胸膈藏腑宿滯癥瘕，通大便秘結，陰火疼痛，亦消癰疽腫毒。

**清·穆石匏《本草洞詮》卷三**　玄明粉　製玄明粉法：用朴消煎化，去滓，星月下露一夜，用蘿蔔同煮，再露，用甘草同煮，再露，鼎罐升煅則成矣。每一斤入生甘草、炙甘草各一兩，和勻收用。　味辛甘，氣冷，無毒。　治心熱煩躁，並五臟宿滯癥結。　昔唐明皇聞終南山道士劉玄真服食多壽，詔問之，玄真曰：臣按仙經修鍊朴消，號玄明粉，其藥性溫，陰中有陽，能除一百二十種疾，不拘丈夫、婦人、幼稚、繈褓，不問四時冷熱，皆可服之，開關健脾，朝服夕應，不搜刮五臟，怡怡自泰。初服當微泄黄黑水涎沫等，此是搜淘諸疾根本，七月後腹内漸暖，除故養新，駐顔明目，輕身延壽。而朱丹溪、王海藏皆言，玄明粉治陰毒，非伏陽在内不可用，若用治真陰毒，殺人甚速。則劉玄真之論，妄耶！蓋緣《神農本草》有鍊服朴消神仙之句，而方士附會焉耳。較之芒消，加以煆鍊，佐以甘草，鹹寒之毒稍緩。凡遇三焦腸胃實熱積滯者，服之亦有速效。若脾胃虚冷及陰虚火動者，禁之。

**清・劉雲密《本草述》卷六**　玄明粉　氣味：辛、甘，冷，無毒。仙經曰：陰中有陽之物。

主治：心熱煩燥，五臟結滯甄權。退膈上虚熱，明目，消腫毒日華子。

東垣曰：玄明粉沉也，陰也。其用有二：去胃中之實熱，蕩腸中之宿垢。大抵用此，以代盆消耳。時珍曰：玄明粉煆煉多遍，佐以甘草，去其鹹寒之毒，遇有三焦腸胃實熱積滯，少年氣壯者，量與服之，亦有速效。若脾胃虚冷及陰虚火動者，服之是速其咎矣。

製玄明粉法：時珍曰：製法，用白净朴消十斤，長流水一石，煎化去滓，星月下露一夜，去水取消，每一斗用蘿蔔一斤，切片，同煮熟，濾淨，再露一夜，取出，每消一斤，用甘草一兩同煎，去滓，再露一夜，取出，以大砂罐一箇，築實盛之，鹽泥固濟，厚半寸，不蓋口，置爐中以炭火十斤，從文至武煆之，待沸定，以瓦一片蓋口，仍前固濟，再以十五斤頂火煆之，放冷一伏時，取出隔紙安地上，盆覆三日，出火毒，研末，每一斤入生甘草末一兩，炙甘草末一兩，和匀，瓶收用。

希雍《簡誤總論》曰：硝者，消也。究其功用，無堅不磨，無結不散，無熱不蕩，無積不推，可謂直往無前物，無留礙之性也。故仲景於諸承氣湯用之，非邪結下焦，堅實不可按者不用，恐其誤伐下焦真陰故也。病不由於邪熱深固，閉結難通，斷不可輕投。至於血涸津枯，以致大腸燥結，陰虚精乏，以致大熱骨蒸，火炎於上，以致頭痛目昏，口渴耳聾，咽痛吐血衄血，咳嗽痰壅，虚極類實等證，切戒勿施，庶免虚虚之咎，而致有不可追之悔也。

**清・郭章宜《本草匯》卷一八**　玄明粉　味辛、甘，寒，沉而降，陰也，入手少陰、足厥陰陽明經。去胃中之實熱，蕩腸中之宿垢。

按：玄明粉，即芒硝投滚湯沸化，夜置冰霜之下，結起在水面上者。其色瑩白，陰中有陽之藥也。善退膈上虚熱，心中煩躁，熱厥發狂，一切實熱實火之病，蓋無堅不磨，無結不散，無熱不蕩，無積不推之物，故仲景于諸承氣湯用之。非結邪下焦，堅實不可按者，不可輕用也。其性大寒，苟非伏陽，決不可投。若治陰毒及陰症，立刻斃矣。

**清・蔣居祉《本草擇要綱目・温性藥品》**　玄明粉　氣味：辛、甘，無毒。沉也，陰也。主治：心熱煩躁，并五臟宿滯癥結。明目，退膈上虚熱，消腫毒。大抵玄明粉其用有二：去胃中之實熱，蕩腸中之宿垢，用此以代盆消耳。《神農本草》言朴消煉餌服之，輕身神仙。玄明傳云：陰中有陽，能除一百二十種疾。蓋因方士竄入之言。後人因此製為玄明粉，煆煉多徧，佐以甘草，去其鹹寒之毒。遇有三焦腸胃實熱積滯，少年氣壯者，量與服之，亦有速效。若脾胃虚冷及陰虚火動者，服之是速其咎矣。

**清・汪昂《本草備要》卷四**　玄明粉瀉熱，潤燥，軟堅。　辛甘而冷。去胃中之實熱，蕩腸中之宿垢。潤燥破結，消腫明目。血熱去，則腫消而目明。昂按：瀉痢不止，用大黄、玄明粉以推蕩之，而瀉痢反止。蓋宿垢不淨，疾終不除，《經》所謂通因通用也。　朴硝煎化，用萊菔煮，再同甘草煎，入罐火煆，以去其鹹寒之性。陰中有陽，性稍和緩。大抵用代朴硝，若胃虚無實熱者禁用。俱忌苦參。

**清・张璐《本經逢原》卷一**　玄明粉《御藥院方》名白龍粉。　辛、甘，微寒，無毒。發明：玄明粉用芒硝煆過多遍，佐以甘草緩其鹹寒之性。用治膈上熱痰，胃中實熱，腸中宿垢，非若芒硝之力峻傷血也。然脾胃虚寒及陰虚火動者，慎勿輕用，以取虚虚之咎。

**清・黄元御《玉楸藥解》卷三**　元明粉　味辛、鹹，性寒。入手少陰心、手太陰肺經。泄熱除煩，掃磨癥結。元明粉鹹寒疏蕩，治心肺煩熱，傷寒發狂，眼痛鼻衄，宿滯老癥。元明粉乃朴硝、蘿蔔、甘草熬煉而成，是方士造作，以為服食却病之藥。泄火代陽，舍生取死，原非通製，不必用也。

**清・吴儀洛《本草從新》卷五**　元明粉〔瀉熱，潤燥軟堅。〕　辛、甘、鹹，冷。去胃中實熱，蕩腸中宿垢，訒庵曰：有瀉痢不止，用大黄、元明粉以推蕩之，而瀉痢反止，蓋宿垢不淨，疾終不除，《經》所謂通因通用也。潤燥破結，消腫明目。血熱去則腫消而目明。朴硝煎化，同萊菔煮，再同甘草煎，入罐煆煉，去其鹹寒之性，陰中有陽，性稍和緩，用代朴硝。胃虚無實熱者均為大戒。俱忌苦參。

**清・汪紱《醫林纂要探源》卷三**　元明粉　甘、鹹、辛，寒。煎化朴硝，同蘿蔔煑，又用甘草煎，入罐，火煅去其寒性。功用同硝而稍和緩。畏硝之寒而力速者則用此。俱忌苦參。

**清·嚴潔等《得配本草》卷一** 玄明粉 辛、甘，冷。去胃中實熱，蕩腸中宿垢。消腫破結，除痰積，洗目腫。得朱砂，治傷寒發狂。和童便，治熱厥心痛。朴硝以長流水煎化，同萊菔煑，再同甘草煎，入瓦罐火煅，去其鹹寒之性，收用。胃虛無實熱者禁用。朴硝、芒硝、玄明粉，皆通大腸之實結，而虛秘者用之，禍如反掌。然虛實之分，難於審認。七情所傷，怫鬱於內，變為熱壅，結於腸胃則便堅，堅則生火，熾於五內，諸症蜂起，急須通滯，迫不待時。《經》曰：熱淫於內，治以鹹寒。不妨於滋補中佐硝、粉以蕩滌其火，豈得拘於內傷之虛，禁用通劑，而遷延待斃耶。若邪熱傷於陰分，大腸枯燥，秘結不行者，硝、粉甚不相宜。但重滋其陰，以宣其血氣，加麻仁、蔞仁、杏仁、郁李仁之類以利之。如因邪火之熾，用硝、黄推蕩之，未有不重傷其陰而死者也。故虛火反成實結，實邪久成虛秘，務須審之再三，知之確當，應用與否，庶可無誤。

**題清·徐大椿《藥性切用》卷七** 元明粉 辛甘鹹冷，瀉胃中實熱，除腸中宿垢，潤燥破結。以朴硝同萊菔煑，再同甘草煑，性力雖稍緩，無實熱燥結者，均為大忌。

**清·黄宫繡《本草求真》卷六** 玄明粉瀉腸胃實熱。 玄明粉耑入腸胃。係芒硝再煎而成，其色瑩白，辛甘而冷，功用等於芒硝，皆有軟堅推陳致新之力。陳不除則瀉痢不止，用宜同大黄推蕩。正書所云通因通用之意，若熱閉不解，亦當用此下奪。然煅過多遍，其性稍緩，不似芒硝，其力迅鋭，服之恐有傷血之虞耳！王好古曰：玄明粉治陰毒一句，非伏陽在內不可用。若用治真陰毒，殺人甚速。時珍曰：《神農本草》言朴硝鍊餌，服之輕身神仙，蓋方士竄入之言，後人因此製為玄明粉，煅煉多遍，佐以甘草，去其鹹寒之毒。遇有三焦腸胃實熱積滯，少年氣壯者，量與服之，亦有速效。若脾胃虛冷及陰虛火動者，服之是速其咎矣。若佐甘草同投，則膈上熱痰，胃中實熱，腸中宿熱，又克見其治矣。兼洗眼目消腫。繡族兄式和用玄明粉搽眼，初覺一二次甚明。召繡同搽，繡揣眼病非熱不得用，是因未允。越後族兄屢擦屢壞，始信余言不謬。忌苦參。

**清·羅國綱《羅氏會約醫鏡》卷一八金石水土部** 元明粉味辛、微甘，性冷，入胃經。降心火，袪胃熱。平傷寒實邪狂燥，去胸膈臟腑宿滯。通大便秘結，消癰腫，去目障，止瀉痢。血熱去則腫消而目明。瀉痢用大黄、元明粉，蓋宿垢不淨，疾終不除，《經》所謂通因通用是也。老弱人用之，以代芒硝，誠微毆虛熱之妙劑也。朴硝煎化，同萊菔煮，再以甘草煎後入罐火煅，以去其鹹寒之性。陰中有陽，性稍和緩，可去熱而不傷胃。若胃虛而無實熱者禁用。俱忌苦參。芒硝之有牙者，為馬牙硝。置風日中，消盡水氣，輕白如粉，為風化硝。大黄為使。

**清·王龍《本草纂要稿·鹵石部》** 玄明粉 氣味辛冷。去胃中之實熱，蕩胸中之宿垢。解心熱之煩燥，開膈上之結痰。

**清·張德裕《本草正義》卷下** 玄明粉 甘辛，寒。沉也。降心火，袪胃熱，消痰涎，療傷寒寔熱燥狂，胸膈邪熱滯逆，大便秘結。

**清·葉桂《本草再新》卷八** 元明粉味辛甘，性微涼，無毒。入肝、脾二經。性善瀉去胃中濕熱，蕩腸中之宿垢，破結消腫，明目。

**清·趙其光《本草求原》卷二六鹵石部** 元明粉 芒硝、牙硝同萊菔、甘草煎，入罐火煅，去其鹹寒，陰中有陽，用代芒硝。去心胃膈熱痰熱，腸臟垢滯，潤燥破結，同大黄治痢，是通因通用。明目消腫，血熱去故也。傷寒發狂，同朱砂冷水下。鼻衄，水服。攻雖稍緩，而不傷血。然中虛、陰虛均忌。俱忌苦參。一名白龍粉。

**清·文晟《新編六書》卷六《藥性摘錄》** 元明粉 係芒硝再煎而成。辛甘而冷，瀉腸胃實熱，軟堅消積，推陳致新。較芒硝稍緩。〇然脾胃虛冷及陰虛火動者，切勿妄投。忌苦參。

**清·刘序鴴《增刪喉科心法》** 煉元明粉法 冬至後，用白芒硝一斤，潔淨清水五大碗，白蘿蔔一斤，切片。同硝入鍋內，煑數十滾，撈去蘿蔔。用潔淨手巾，攤瀝米箕內，架在新缽上，以硝湯徐入箕內，濾淨。將缽置露天地下，露三夜，其硝結在缽邊。傾去水，濾乾，取硝打碎，裝入新瓦罐內，上空寸許，砂罐亦可，上用瓦片蓋好。置炭火中，周圍上下繞罐鍊之，以罐硝通紅為度，取出候冷。預用綿紙鋪清靜潔淨地上，將硝研細，篩於紙上，一銅錢厚。勿令婦人、雞、犬見之。三日久，其硝自然復活，色白如粉，輕虛成片。磁器盛貯，紙蓋之，上再用亂紙寸許，以收潮氣，庶不凝結。此品最能降火化痰，清利臟腑，怪病服之可除，狂躁用之即愈。搜除百病，安斂心神，又不大傷元氣，不獨喉科要藥。

**清·張仁錫《藥性蒙求·金石部》** 元明粉五分、錢半　元明粉鹹，亦攻宿垢。實證熱痰，其功立奏。辛、甘、鹹，冷。去胃中實熱，蕩腸中宿垢。性稍和緩，用代朴硝。

**清·屠道和《本草匯纂》卷二瀉熱**　玄明粉　耑入腸、胃。味辛、甘、鹹，性冷，無毒。瀉腸胃實熱。治心熱煩燥，五臟宿滯癥結。明目，退膈上虚熱，消腫毒，去胃中實熱，蕩腸中宿垢。係芒硝再煎而成，其色瑩白，功用等於芒硝，皆有軟堅推陳致新之力。然煅過多次，其性稍緩，不似芒硝其力迅鋭，服之恐有傷血之虞。若佐甘草同投，則膈上熱痰，胃中實熱腸中宿熱皆治。忌苦參。惟三焦腸胃實熱積滯，少年氣壯者，量與服之。若脾胃虚寒，無實熱及陰虚火動者，均為大戒。

**清·戴葆元《本草綱目易知錄》卷七**　玄明粉　辛、甘，冷。去胃中之實熱，蕩腸中之宿垢。以代芒硝，復經製法，性較和緩。治心熱煩躁，五臟宿滯癥結，膈上虚熱，明目退瞖，消腫毒。

**清·黃光霽《本草衍句》**　元明粉朴硝煉成，性輕和緩。　去胃中實熱，蕩腸中宿垢。潤燥破結，功亦彷彿。

**清·陳其瑞《本草撮要》卷六**　元明粉　味辛甘鹹，冷，入足陽明經，功專去胃中實熱，蕩腸中宿垢。得大黃止瀉痢。無實熱而胃虚者禁用。忌苦參。

### 鹽藥

**明·李時珍《本草綱目》卷一一金石部·鹵石類**　鹽藥《拾遺》

【集解】藏器曰：生海西南雷、羅諸州山谷。似芒消，末細，入口極冷。南人少有服者，恐極冷入腹傷人，宜慎之。

【氣味】鹹，冷，無毒。　【主治】眼赤眦爛風赤，細研水和點之。又水研服，去熱煩痰滿頭痛，明目鎮心。又主蛇虺惡蟲毒，藥箭鏃毒，疥癬癰腫瘰癧，並摩傅之，甚者水化服之。又解獨自草箭毒藏器。

### 懸石

**明·李時珍《本草綱目》卷一一金石部·鹵石類**　懸石保昇曰：人若常服鍊石者，至歿，冢中生懸石，若芒消，其冷如雪，殺火毒。

### 消石

**宋·李昉《太平御覽》卷第九八八**　消石　《吳氏本草經》曰：消石，神農，苦。扁鵲，甘。《范子計然》曰：硝石，出隴道。

**宋·唐慎微《證類本草》卷三玉石部上品〔《本經》·別錄·藥對〕**　**消石　味苦、辛，寒、大寒，無毒。主五藏積熱，胃脹閉，滌去蓄結飲食，推陳致新，除邪氣，**療五藏十二經脉中百二十疾，暴傷寒、腹中大熱，止煩滿、消渴，利小便及瘻蝕瘡。**鍊之如膏，久服輕身。**天地至神之物，能化成十二種石。一名芒消。生益州山谷及武都、隴西、西羌。採無時。火爲之使，惡苦參、苦菜，畏女菀。

〔梁·陶弘景《本草經集注》〕云：療病亦與朴消相似，仙經多用此消化諸石，今無正識别此者。頃(向)來尋訪，猶云與朴消同山，所以朴消名消石朴也，如此則非一種物。先時有人得一種物，其色理與朴消大同小異，朏朏如握鹽雪不冰，强燒之，紫青烟起，仍成灰，不停沸如朴消，云是真消石也。此又云一名芒消，今芒消乃是鍊朴消作之。與後皇甫説同，并未得覈研其驗，須試效，當更證記爾。化消石法，在三十六水方中。隴西，蜀秦州在長安西羌中。今宕昌以北諸山有鹹土處皆有之。

〔唐·蘇敬《唐本草》〕注云：此即芒消是也。朴消一名消石朴，今鍊麤惡朴消，淋取汁煎，鍊作芒消，即是消石。《本經》一名芒消，後人更出芒消條，謬矣。

〔宋·馬志《開寶本草》〕注：此即地霜也。所在山澤，冬月地上有霜，掃取以水淋汁後，乃煎鍊而成，蓋以能消化諸石，故名消石。非與朴消、芒消同類，而有消名也。一名芒消者，以其初煎鍊時有細芒，而狀若消，故有芒消之號，與後條芒消全别。舊經陶注引證多端，蓋不的識之故也。今不取焉。

〔宋·掌禹錫《嘉祐本草》〕按：《蜀本》云：大黃爲使。按今消石是鍊朴消，或地霜爲之，狀如釵脚，好者長五分已來，能化七十二種石爲水，故名消石。吳氏云：消石，神農，苦。扁鵲，甘。《藥性論》云：消石，君，惡曾青，畏粥。味鹹，有小毒。主項下瘰癧，瀉得根出破血。一名芒消。燒之即成消石矣。主破積，散堅結。一作苦消，甚治腹脹。其消石、芒消，多川原人製作，問之詳其理。日華子云：消石畏杏人、竹葉。含之治喉閉，真者火上伏法，用柳枝湯煎三周時，如湯減少即入熱者，伏火即止也。

〔宋·唐慎微《證類本草》〕《圖經》：文具朴消條下。雷公云：凡使，先研如粉，以磁瓶子于五斤火中，煅令通赤，用鷄腸菜、柏子人和作一處，分丸如小帝珠子許。待瓶子赤時投硝石于瓶子內，其硝石自然伏火。每四兩消石，用鷄腸菜、柏子人共十五個，帝珠子盡爲度。《聖惠方》：治眼赤痛。用消石研令極細，每夜臨卧，以銅筯取如黍米大，點目眦頭。至明旦，以鹽漿水洗之。《外臺秘要》：療惡寒嗇嗇，似欲發背，或已生瘡腫，癮疹起方：消石三兩，以暖水一升和令消。待冷，取故青布揲三重，可似赤處方圓，濕布搨之，熱即換，頻易，立差。《靈苑方》：治五種淋疾，勞淋、血淋、熱淋、氣淋、石淋及小便不通至甚者。透格散：用消石一兩，不夾遲土雪白者，生研爲細末。每服二錢，諸淋各依湯使如後。勞淋，勞倦虛損，小便不出，小腹急痛，葵子末煎湯下，通後，便須服補虛丸散。血淋，小便不出，時下血，疼痛，滿急。熱淋，小便熱，赤色，淋瀝不快，臍下急痛，并用冷水調下。氣淋，小腹滿急，尿後常有餘瀝，木通煎湯下。石淋，莖內痛，尿不能出，內引小腹膨脹急痛，尿下砂石，令人悶絕，將藥末先入銚子內，隔紙炒至紙焦爲度，再研令細，用溫水調下。小便不通，小麥湯下。卒患諸淋，并只以冷水調下。并空心，先調使藥消散如水，即服之，更以湯使送下，服諸藥未效者，服此立愈。陳藏器《拾遺序》：頭疼欲死，鼻內吹消末愈。《兵部手集》：服丹石人有熱瘡，疼不可忍方：用紙環圍腫處，中心填消石令滿，匙抄水淋之。覺甚不熱疼，即止。《寶藏論》：消石，若草伏而斤兩不折軟，一切金、銀、銅、鐵硬物，立軟。《史記·淳于意》：菑川王美人懷子而不乳，來召意，意往。飲以莨菪藥一撮，以酒飲之，旋乳。意復診其脉而脉躁，躁者有餘病，即飲以消石一劑，出血如豆，比五六枚。

**宋·唐慎微《證類本草》卷三玉石部上品〔宋·馬志《開寶本草》〕** 生消 味苦，大寒，無毒。主風熱癲癇，小兒驚邪瘈瘲，風眩頭痛，肺壅，耳聾，口瘡，喉痹咽塞，牙頷腫痛。目赤熱痛，多眵泪。生茂州西山巖石間。其形塊大小不定，色青白，採無時。惡麥句薑。今附。

〔宋·唐慎微《證類本草》〕《圖經》：文附朴消條下。

**宋·寇宗奭《本草衍義》卷四** 消石 是再煎鍊時已取訖芒消，凝結在下如石者。精英既去，但餘滓而已。故功力亦緩，惟能發煙火。《唐本》注：蓋以能消化諸石，故曰消石。煎柳枝湯煮三周時即伏火，湯耗，即又添柳枝湯。

**宋·王繼先《紹興本草》卷三** 生消 紹興校定：生消，性寒，除熱，《本經》已載。然此一種，既言生消，但與朴消亦〔不〕相遠。內有色白鮮而小堅者，為之甜消，近世多用之。味微鹹甘、其性寒、有小毒矣。

消石 紹興校定：消石所產不一，乃所在澤，冬月地上有霜，掃取以水淋汁後乃煎煉而成。蓋以能消化諸石，故名消石。一名謂芒消者，謂其初煎煉時上有細芒，故亦有芒消之名。正別有此一種爾，即非後條內朴消中芒消也。其性寒，主治除熱者閉結顯然矣。既有利性，當以味苦辛、大寒、有小毒者是也。

**宋·劉明之《圖經本草藥性總論》卷上** 生消 味苦，大寒，無毒。主風熱癲癇，小兒驚邪瘈瘲，風眩頭痛，肺壅，耳聾口瘡，喉痹咽塞，牙頷腫痛，目赤熱痛多眵淚。生茂州。惡麥句薑。

消石 味苦、辛，寒、大寒，無毒。主五臟積熱，胃脹閉，滌去蓄結飲食，推陳致新。除邪氣，療五臟十二經脉中百二十疾，暴傷寒腹中大熱，止煩滿消渴，利小便，及瘻蝕瘡。《蜀本》云：大黃為使。能化柒拾貳種石為水。吳氏云：神農苦，扁鵲甘。《藥性論》君。有小毒。主項下瘰癧，破積散堅結。日華子云：治喉閉。一云：治赤眼，療惡寒，治五種淋疾及小便不通。又治頭痛。火為之使。惡苦參、苦菜、曾青。畏女菀、杏仁、竹葉。

**元·王好古《湯液本草》卷六** 硝石 氣寒，味甘、辛。一作苦、辛，大寒，無毒。又云：鹹。又云：甜，甜微緩於鹹。《液》云：硝石者，硝之總名也。但不經火者謂之生硝、朴硝，經火者謂之盆硝、芒硝。古人用辛，今人用鹹。辛能潤燥，鹹能軟堅，其意皆是，老弱虛人可下者宜用。若用此者，以玄明粉代之尤佳。《本經》謂利小便而墮胎，傷寒妊娠可下者用此，兼以大黃引之，直入大腸，潤燥軟堅瀉熱，子母俱安。《經》云：有故無殞，亦無殞也。此之謂歟。以在下言之，則便溺俱陰；以前後言之，則前氣後血；以腎言之，總主大小便難。溺澀秘結，俱為水少。《經》云：熱淫於內，治以鹹寒，佐以苦。故以芒硝、大黃，相須為使也。

**元·徐彥純《本草發揮》卷一** 硝石 味苦、辛、鹹，大寒，有小毒。主五臟積熱，胃脹閉，滌去蓄結飲食，推陳致新。止煩滿，消渴，利大小便。《藥性》云：破血，破積散堅結，治腹脹。日華云：含之以治喉閉。海藏云：硝石味鹹而辛，辛微緩于鹹。硝石者，硝之總名也。但不經火者，謂之生硝、朴硝。經火者，謂之盆硝、芒硝。古人用辛，今人用鹹，辛能潤燥，鹹能軟堅，其意皆是。老弱虛人不可下者，若欲用者，以玄明粉代之尤佳。《本經》云：利小便而損腸。傷寒、妊娠不可下者，用必兼以大黃引之，直入大腸，潤燥軟堅瀉熱，子母俱安。《內經》云：有故無殞，亦無殞也。此之謂歟。以在下言之，則便溺俱陰。以前後言之，則前氣後血。以腎言之，則總主大小便難。溺澁秘結，俱為水少。《經》言熱淫于內，治以鹹寒，佐以苦辛，故用芒硝、大黃相須為使也。

**明·王綸《本草集要》卷五** 消石君 味苦辛鹹，氣寒，有毒。朴硝再煎鍊，上結芒硝，其在下（疑）〔凝〕結如石，燒之成焰者是。火為之使。惡苦參、苦菜、曾青。

主五臟積熱，胃脹閉，滌去畜結飲食，推陳致新，除邪氣。傷寒腹中大熱，煩滿消渴。鍊之如膏，久服輕身。天地至神之物，能化金石。

**明·滕弘《神農本經會通》卷六**　生消　味苦，氣大寒，無毒。主風熱癲癎，小兒驚邪瘈瘲，風眩頭痛，肺壅，耳聾，口瘡(喉)痺，咽塞，牙頷腫痛，目赤熱痛，多眵淚。其形塊大小不定，色青白。《圖經》云：生消生茂州西山岩石間。鮮見用者。今醫家又用一種甜消，或疑是此，乃云出於英消，鍊治之法未聞。

硝石　君也。朴硝再煎鍊。上結芒硝。其在下凝結如石，燒之成餤者，是也。惡苦參、苦菜、曾青。畏女菀、杏仁、竹葉、粥。火與大黄為之使。

味苦、辛，氣寒、大寒，無毒。《湯》云：氣寒，味苦、辛。一作苦、辛。又云：鹹，又甜，甜微緩于鹹。一云：有小毒。《本經》云：主五臟積熱，胃脹閉，滌去蓄結飲食，推陳致新，除邪氣，療五臟，十二經脉中百二十疾，暴傷寒，腹中大熱，止煩滿，消渴，利小便，及瘻蝕瘡。鍊之如膏，久服輕身。天地至神之物，能化七十二種石。一名芒硝。《蜀本》云：大黄為使。按今硝石，是鍊朴硝或地霜為之，狀如釵脚，好者長五分已來，能化七十二種石為水，故名硝石。《藥性論》云：硝石，君。惡曾青，畏粥。味鹹，有小毒。主項下瘰癧，瀉得根出，破血。一名芒硝。燒之即成硝石矣。主破積，散堅結。一作苦消，甚治腹脹。日華子云：畏杏仁、竹葉。含之，治喉閉。《液》云：硝石者，硝之總名也。但不經火者，謂之生硝。石硝經火者，謂之盆硝、芒硝。古人用辛，今人用鹹。辛能潤燥，鹹能軟堅，其意皆是。老弱虛人，可用者宜用，若用此者，以玄明粉代之尤佳。《本經》謂利小便而墮胎，傷寒妊娠可下者用此，兼以大黄引之，直入大腸，潤燥軟堅，瀉熱，子母俱安。《內經》云有故無殞，亦無殞也，此之謂歟。以在下言之，則便溺俱陰，以前後言之，則前氣後血。以腎言之，總主大小便難，溺澁，秘結，俱為水少。《經》云熱淫于內，治以鹹寒，佐以苦寒，故用芒硝、大黄相須為使也。《衍義》曰：硝石是再煎鍊時，已取訖芒硝，凝結在下如石者。精英既去，但餘滓而已，功力亦緩，惟能發煙火。《唐本》注蓋以能消化諸石，故曰硝石。煎柳枝湯煮三周時，即伏火，湯耗，即又添柳枝湯。《局》云：硝石能消諸種石，地霜淋汁鍊而成。主除積熱消煩渴，療疾能和十二經。硝石，止躁煩，除熱毒，煉之須掃地邊霜。

**明·劉文泰《本草品彙精要》卷一**　生硝無毒　石穴生。

生硝：主風熱癲癎，小兒驚邪瘛瘲，風眩頭痛，肺壅，耳聾，口瘡，喉痹，咽塞，牙頷腫痛，目赤熱痛，多眵淚。名醫所錄。【地】《圖經》曰：生茂州西山巖石間及蜀道。其形塊大小不常，似朴硝而小堅，其色青白，不由煮煉而成者也。今醫家所用甜硝，彌更精好，或疑是此。【時】生：無時。採：冬月取。【收】以瓷器密封盛貯。【用】青白而堅者佳。【質】類朴硝而小堅。【色】青白。【味】苦。【性】大寒，泄。【氣】氣薄味厚，陰也。【臭】朽。【主】積熱。【反】惡麥句薑。【禁】妊娠不可服。

硝石無毒　土生。

**硝石**出《神農本經》：**主五臟積熱，胃脹閉，滌去蓄結飲食，推陳致新，除邪氣，煉之如膏，久服輕身。**以上朱字《神農本經》。療五臟十二經脈中百二十疾，暴傷寒，腹中大熱，止煩滿，消渴，利小便及瘻蝕瘡，天地至神之物，能化七十二種石。以上黑字《名醫別錄》。【地】《圖經》曰：南北皆有之，以西川者爲佳，此即地霜也。掃得煎煉而成，如解鹽燒之成焰，都盡能化金石，其性畏火而能制諸石，使拒火，亦天地之神物也。今之入藥多以朴硝中來，在上者爲芒硝，其在下凝結如石者，即硝石也。蓋諸硝同體，《本經》各載所出州土者，乃方俗冶煉之法有精粗，療疾之功有緩急，故須分別。如芎藭之與蘼蕪，大戟之與澤漆，俱是一物。《本經》亦各著州土者，蓋根與苗，土地各有所宜，非別是一物也。其朴硝、硝石輩，亦此義歟。今濟南肥城縣有洞深二三里，曰婁敬洞，亦產硝石。人嘗採得煎煉而成，方家用之，珍於他硝也。【收】瓷器盛貯。【用】瑩澈者佳。【質】類晉礬而輕脆。【色】白。【味】苦，辛，微鹹。扁鵲云：甘。【性】大寒，泄。【氣】氣薄味厚，陰中之陽。【臭】朽。【主】潤燥軟堅。【助】大黄及火爲之使。【反】惡苦參、苦菜、曾青，畏女菀、杏仁、竹葉、硫黄並粥。【製】《雷公》云：凡使，先研硝石如粉，以瓷瓶子於五斤火中鍛令通赤，用雞腸菜、柏子仁和作一處，分丸如小帝珠子許，待瓶赤，投硝石於瓶子內，其硝石自然伏火。每四兩硝石用雞腸菜、柏子仁共十五個，帝珠子盡爲度。如常用，研令極細以瓷瓶盛，炭火中鍛令通赤。【治】療：《藥性論》云：治項下瘰癧，瀉根出，破血，破積，散堅結及腹脹。日華子云：含之治喉閉。《別錄》云：五種淋疾，又頭痛欲死，鼻內吹硝末即愈，並服丹石人有熱瘡，疼不可忍，用紙環圍腫處，中心填硝令滿，用匙抄水淋之，覺甚不熱疼即止。又血淋，小便不出時，下血，疼痛滿急，熱淋，小便赤色，淋瀝不快，臍下急痛，每服二錢，並用冷水調下。如石淋，莖內痛，尿不能出，引小腹膨脹急痛，尿下砂石，令人悶絕，將硝石末先入銚子內，隔紙炒至焦爲度，研細溫水下。〔合治〕取硝石研令極細，每夜臨臥以銅箸取如黍米大，點目眥頭，至明早以鹽漿水洗之，治眼赤痛。○取硝石三兩，以暖水一升和勻，待冷，取故青布折三重，可似赤處方圓濕布搨之，熱即換，頻易。療惡寒，嗇嗇似欲發背，或已生瘡腫癮疹，立瘥。○合葵子末煎湯調下二錢，治勞淋，勞倦虛損，小便不出，小腹急痛。○合木通湯調下二錢，治氣淋，小腹滿急，尿後常有餘瀝。○合小麥湯調下二錢，治小便不通。〔禁〕妊娠不可服。

**明·許希周《藥性粗評》卷四** 痛閉喉門，硝石代儀封之請。

硝石，冬月取地霜煉成者，與芒硝、朴硝不同。《本草》謂為天地至神之物，能化十二種石，故名。大黃為之使，惡苦參、曾青，畏杏仁、女菀。味苦、辛，性大寒，無毒。主治傷寒熱毒，咽喉腫閉，湯水不下，脹滿積聚，消渴，頭痛，五淋，十二經中諸疾，止煩，利小便，推陳致新。煉之如膏，久服輕身。

單方：喉閉：以硝石一塊，含之。頭疼：以硝石末吹鼻內。妊娠傷寒：不可下者，用硝石同大黃煎飲，直入大腸，潤燥軟堅，瀉熱，子母俱安也。丹瘖發毒：凡服丹石人毒發生瘡，疼不可忍者，用紙環圍腫處，中填硝石末，令滿，用匙挑水淋之，但覺熱退疼止，即已。

**明·鄭寧《藥性要略大全》卷八** 硝石君 除五臟積熱，止燥煩，蓄結飲食。推陳致新。《經》云：利小便，墮胎，傷寒及妊娠可下者用此，兼以大黃引之，直入大腸，潤燥軟堅瀉熱，子母俱安。有水故無殞也。大抵大小便難、尿澁閉結，俱為水少故也。《經》云：熱淫於內，治以鹹寒，佐之以苦。故用芒硝、大黃，相須為使也。陳藏器云：止煩滿、消渴，利小便及瘻蝕瘡。《湯液》云：硝石與焰硝，即一類也。總有四種，性味皆相類。治腹脹大小便不通，女人月閉，天行熱病，消腫毒，排膿。凡用先安於盞內，攪熱藥汁，炮服。味苦，氣寒，小毒。同朴、芒二硝而性略緩。火為之使。惡苦參、苦菜、曾青。

**明·王文潔《太乙仙製本草藥性大全》卷六《本草精義》** 生硝 生茂州西山，出石間，形塊大小不常，其色青白，鮮見〔用〕者。今醫家又用一種甜硝，彌更精好，或疑是此，乃云出於英硝，鍊治之法未聞。

硝石 生益州山谷及武都、隴西、西羌。此即地霜也。所在山澤冬月地上有霜，掃取以水淋汁乃煎煉而成。狀如釵脚，好者長五分已，其能化七十二種石爲水，故有此名。又云：石膽也。取石脾與硝石煮之一斛得三斗，正白如雪，以水投之即消。又以朴硝淋汁煎煉作芒硝，其底下澄凝者即硝石。

按：《衍義》云：硝石，是再煉時已取訖芒硝凝結在下如石者，精爽既去，但餘滓而已，故功力亦緩，惟能發煙火。真者火上伏法：煎柳枝湯，煮二三周時，即伏，湯減耗，又添柳枝湯，即大熱者伏火即止也。皇甫士安錦硝石法云：乃取芒硝與石脾，合煮成爲真硝石，然石脾無復識。

**明·王文潔《太乙仙製本草藥性大全》卷六《仙製藥性》** 生硝 味苦，氣大寒，無毒。主治：主風顛癇頭痛，祛驚邪瘈瘲風眩。治耳聾口瘡，解喉痹咽塞。牙頷腫痛堪醫，目赤熱疼屢驗。眵淚多安，肺壅可療。

硝石君 味苦、辛，寒，氣大寒，無毒。大黃爲之使。主治：辛能潤燥，主五臟積熱，滌去蓄結。鹹能破堅，除胃脹邪氣，推陳致新。苦瀉實，療十二經絡百二十疾。治煩渴而止消渴，利小便及瘻蝕瘡。煉之如膏，久服輕身，乃天地至神之物，能化成十二種石。補註：眼赤痛，用研極細末，每夜臨臥，以銅筯取如黍米大，點目眦頭，至明旦以鹽漿水洗之。○療惡寒嗇嗇似欲發背，或已生瘡腫，癮瘮起方，硝石三兩，以暖水一升和令消，待冷，取故青布揲三重，可似赤處方圓，濕布搨之，熱即換，頻易立差。○頭疼欲死，鼻內吹硝即愈。○五種淋疾，勞淋、血淋、熱淋、氣淋、石淋及小便不通至甚者，透格散：用硝石一兩，不夾泥土雪白者，生研爲細末，每二錢，諸淋各依湯使如後。勞淋，勞倦虛損，小便不出，小腹急痛，葵子末煎湯下，通後便須服補虛丸散。血淋，小便不出，時下血，疼痛滿急；熱淋，小便熱赤色，淋瀝不快，臍下急痛，並用冷水調下。氣淋，小腹滿急，尿後常有餘瀝，木通煎湯下。石淋，莖內痛，尿不能出，內引小腹，膨脹急痛，尿下砂石，令人悶絕，將藥末先入銚子內，隔紙炒至紙焦爲度，再研令細，用溫水調下。小便不通，小麥湯。卒患諸淋，並只以冷水調下，並空心，先調使藥消散如水即服之，更以湯使送下，服諸藥未效者，服此立愈。太乙曰：凡使，先研如粉，以甆瓶子於五斤火中，煅令通赤，用鷄腸菜、柏子仁和作一處，分丸如小帝珠子許，待瓶子赤時投硝石於瓶子中，其硝石自然伏火。每四兩硝石，用鷄腸菜、柏子仁共十五個，帝珠子盡爲度。《寶藏論》：硝石，若草伏而斤兩不折軟，一切金、銀、銅、鐵硬物立軟。

## 明・皇甫嵩《本草發明》卷五

硝石煎煉時取訖芒硝，凝結下如石者，但存滓，功力亦緩。惟能發烟火上騰。《唐本》註：蓋以能消化諸石，故曰硝石。味苦辛，大寒。又云鹹。此與風化硝，老弱人虚者可下，宜用。治療與芒硝略同，但力緩。傷寒妊娠可下者，用此兼大黄引之，直入大腸，潤燥軟堅瀉熱，子母俱安。《内經》云有故無殞，亦無殞，此之謂歟。以在下言之，則便溺俱陰，以前後言之，則前氣後血。以腎言之，總主大小便難，溺澁秘結，俱為水少。火為之使。惡苦參、苦菜。畏女苑、杏仁、竹葉。含之治喉閉。

## 明・李時珍《本草綱目》卷一一石部・鹵石類

消石《本經》上品

【釋名】芒消《別錄》　苦消甄權　焰消《土宿》　火消《綱目》　地霜《蜀本》　生消《宋本》　北帝玄珠志曰：以其消化諸石，故名消石。初煎鍊時有細芒，而狀若朴消，故有芒消之號。不與朴消及《別錄》芒消同類。宗奭曰：消石是再煎鍊時取去芒消凝結在下者，精英既去，但餘滓如石而已。入藥功力亦緩，惟能發烟火。權曰：芒消一作苦消，言其味苦也。時珍曰：消石，丹爐家用制五金八石，銀工家用化金銀，兵家用作烽燧火藥，得火即焰起，故有諸名。《狐剛子粉圖》謂之北帝玄珠。《開寶本草》重出生消、芒消，今併爲一，並詳下文。

【集解】《別錄》曰：消石生益州山谷及武都、隴西、西羌，采無時。弘景曰：消石療病與朴消相似，仙經用此消化諸石，今無真識此者。或云與朴消同山，所以朴消一名消石朴也。又云一名芒消，今芒消乃是煉朴消作之。並未覈研其驗。有人得一種物，色與朴消大同小異，朏朏如握鹽雪不冰，燒之紫青烟起，云是真消石也。今宕昌以北諸山有鹹土處皆有之。志曰：此即地霜也。所在山澤，冬月地上有霜，掃取以水淋汁，後乃煎煉而成，狀如釵脚，好者長五分以來。陶説多端，蓋由不的識之故也。又曰：生消生茂州西山岩石間，形塊大小不定，色青白，采無時。時珍曰：消石，諸鹵地皆産之，而河北慶陽諸縣及蜀中尤多。秋冬間遍地生白，掃取煎煉而成。貨者苟且，多不潔净，須再以水煎化，傾盆中，一夜結成，澄在下者，狀如朴消，又名生消，謂鍊過生出之消也。結在上者，或有鋒芒如芒消，或有圭稜如馬牙消，故消石亦有芒消、牙消之名，與朴消之芒、牙同稱，而水火之性則異也。崔昉《外丹本草》云：消石，陰石也。此非石類，乃鹹鹵煎成，今呼焰消。河北商城及懷、衛界，沿河人家，刮鹵淋汁煉就，與朴消小異，南地不産也。昇玄子《伏汞圖》云：消石生烏場國，其色青白，用白石英炙熱點上，便消入石中者爲真。其石出處，氣極穢惡，飛鳥不能過其上。人或單衣過之，身上諸蟲悉化爲水。能消金石爲水，服之長生，以形若鵝管者佳。謹按昇玄子所説，似與今之消石不同，而姚寬《西溪叢話》以其説爲真正消石，豈外國所産與中國異耶？抑別一種耶？當俟博物者訂正。

【正誤】弘景曰：《神農本經》無芒消，只有消石，一名芒消。《名醫別錄》乃出芒消，療與消石同，疑即消石也。舊出寧州，黄白粒大，味極辛苦。今醫家多用煮煉作色者全白，粒細而味不甚烈。皇甫士安言無朴消可用消石。消石生山之陰。鹽之膽也。取石脾與消石以水煮之，一斛得三斗，正白如雪，以水投中即消，故名消石。其味苦無毒，主消渴熱中，止煩滿，三月采于赤山。朴消者，亦生山之陰有鹽鹹苦之水，則朴消生于其陽。其味苦無毒，其色黄白，主療熱，腹中飽脹，養胃消穀，去邪氣，亦得水而消，其療與消石小異。按如此説，是取芒消合煮，更成爲真消石，但不知石脾是何物也？以朴消作芒消者，用暖湯淋汁煮之，着木盆中，經宿即成矣。今益州人復煉礬石作消石，絶柔白，而味猶是礬爾。又曰：朴消今出益州北部汶山郡西川、蠶陵二縣界，生山崖上，色多青白，亦雜黑斑。土人擇取白軟者，以當消石用之，當燒令汁沸出，狀如礬石也。藏器曰：石脾、芒消、消石，並出西戎鹵地，鹹水結成。恭曰：朴消有縱理、縵理二種，用之無別。其白軟者，朴消苗也，虚軟少力。煉爲消石，所得不多；以當消石，功力大劣也。又曰：消石即是芒消，朴消一名消石朴。今煉粗惡朴消，取汁煎作芒消，即是消石。《別錄》復出芒消，誤矣。晋宋古方，多用消石，少用芒消；近代諸醫，但用芒消，鮮言消石。理既明白，不合重出。頌曰：舊説朴消、芒消、消石三物同種。初采得苗，以水淋汁煎成者爲朴消，一名消石朴。又煉朴消或地霜而成，堅白如石者，爲消石，一名芒消。又取朴消淋汁煉煎結成有細芒者，爲芒消。雖一體異名，而修煉之法既殊，則主治之功亦別。然《本經》所載，疑是二種。今醫方所用，亦不能究。但以未煉成塊微青色者爲朴消；煉成盆中有芒者爲芒消，亦謂之盆消；芒消之底澄凝者，爲消石朴。消力緊，芒消次之，消石更緩。未知孰是？蘇恭言，晋宋古方，多用消石，少用芒消。按張仲景《傷寒論》，承氣、陷胸皆用芒消。葛洪《肘後方》，傷寒時氣亦多用芒消，惟治食鱠不化云，無朴消，用芒消代之。是晋宋以前通用朴消、芒消矣。胡洽方十棗湯用芒消，大五飲丸用消石，並云無消石用芒消。是梁、隋間通用芒消、消石矣。以此言之，朴消、消石爲精，芒消爲粗，故陶氏引皇甫士安之言爲證，是消石當時已難得其真，故方書通以相代矣。又古方金石凌法，用朴消、消石、芒消、馬牙消四種相參，次第下之。方出唐世，不知當時如何分別也。又南方醫人著《消説》云：本草有朴消、消石、芒消，而無馬牙消。諸家所注，三種竟無斷决。或言芒消、消石是一物，不合重出。或言煎煉朴消，經宿盆中有細芒爲芒消。或言馬牙消自是一物。今諸消之體各異，理亦易明，而惑乃如此。朴消味苦而微鹹，出蜀郡者，瑩白如冰雪，内地者小黑，皆蘇脆易碎，風吹之則結霜，泯泯如粉，熬之烊沸，亦可鎔鑄。以水合甘草、猪膽煮至減半，投大盆中，又下凝水石屑，同漬一宿，則凝結如白石英者，芒消也。掃地霜煎鍊而成，試竹上如解鹽，而味辛苦，燒之成焰都盡者，消石也，能消金石，又性畏火，而能制諸石，使拒火，亦天地之神物也。牙消，即是芒消也。又有生消，不因煮煉而成，亦出蜀道，類朴消而小堅也。其論雖辨，然與古人所説殊別，亦未可全信也。好古曰：消石者，消之總名也。但不經火者，謂之生消；朴消經火者，謂之芒消、盆消。時珍曰：諸消，自晋唐以來，諸家皆執名而猜，都無定見。惟馬志《開寶本草》以消石爲地霜鍊成，而芒消、馬牙消是朴消鍊出者，一言足破諸家之惑矣。諸家蓋因消石一名芒消，朴消一名消石朴，二名相混，遂致費辨不决。而不知消有水火二種，形質雖同，性氣迥別也。惟《神農本經》朴消、消石二條爲正。其《別錄》芒消、《嘉祐》馬牙消、《開寶》生消，俱係多出，今並歸併之。神農所列朴消，即水消也，有二種，煎鍊結出細消，結出馬牙者爲牙消，其凝底成塊者通爲朴消，其氣味皆鹹而寒。《神農》所列消石即火消也。亦有二種煎鍊結出細芒者，亦名芒消，結出馬牙者亦名牙消，又名生消，其凝底成塊者通爲消石，其氣味皆辛苦而大温。二消皆有芒消、牙消之稱，故古方有相代之説。自唐宋以下，所用芒消、牙消，皆是水消也。南醫所辨雖明，而以凝水石、猪膽煎成者爲芒消，則誤矣。今通正其誤。其石脾一名消石者，造成假消石也。見後石脾下。

【修治】大明曰：　真消石，柳枝湯煎三周時，如湯少，即加熱者，伏火即止。斆曰：　凡使消石，先研如粉，用鷄腸菜、柏子仁共二十五個，和作一處，丸如小帝珠子，以瓷瓶子于五斤火中煅赤，投消石四兩于瓶內，連投藥丸入瓶，自然伏火也。《抱朴子》曰：　能消柔五金，化七十二石爲水。制之須用地蓮子、猪牙皂角、苦參、南星、巴豆、漢防己、晚蠶砂。時珍曰：熔化，投甘草入內，即伏火。

消石　【氣味】苦，寒，無毒。《別錄》曰：　辛，大寒，無毒。普曰：　神農：　苦。扁鵲：　甘。權曰：　鹹，有小毒。時珍曰：　辛、苦、微鹹，有小毒，陰中之陽也。得陳皮，性踈爽。之才曰：　火爲之使，惡苦參、苦菜。畏女菀、杏仁、竹葉。　【主治】五臟積熱，胃脹閉，滌去蓄結飲食，推陳致新，除邪氣。鍊之如膏，久服輕身《本經》。療五臟十二經脉中百二十疾，暴傷寒，腹中大熱，止煩滿消渴，利小便，及瘻蝕瘡。天地至神之物，能化七十二種石《別錄》。破積散堅，治腹脹，破血，下瘰癧，瀉得根出甄權。含嚥，治喉閉大明。治伏暑傷冷，霍亂吐利，五種淋疾，女勞黑疸，心腸疠痛，赤眼，頭痛牙痛時珍。

生消　【氣味】苦，大寒，無毒。時珍曰：　辛、苦，大温，無毒。　【主治】風熱癲癇，小兒驚邪瘛瘲，風眩頭痛，肺壅耳聾，口瘡喉痹咽塞，牙頷腫痛，目赤熱痛，多眵淚《開寶》。

【發明】土宿真君曰：　消石感海鹵之氣所產，乃天地至神之物，能寒能熱，能滑能濇，能辛能苦，能酸能鹹，入地千年，其色不變，七十二石，化而爲水，制服草木，柔潤五金，制煉八石，雖大丹亦不舍此也。時珍曰：　土宿所説，乃消石神化之妙。《別錄》列于朴消之下，誤矣。朴消屬水，味鹹而氣寒，其性下走，不能上升，陰中之陰也。故惟蕩滌腸胃積滯，折治三焦邪火。消石屬火，味辛帶苦微鹹，而氣大温，其性上升，水中之火也。故能破積散堅，治諸熱病，升散三焦火鬱，調和臟腑虛寒。與硫黄同用，則配類二氣，均調陰陽，有升降水火之功，治冷熱緩急之病。煅制礞石，則除積滯痰飲。蓋硫黄之性暖而利，其性下行；　消石之性暖而散，其性上行。礞石之性寒而下，消石之性暖而上。一升一降，一陰一陽，此製方之妙也。今兵家造烽火銃機等物，用消石者，直入雲漢，其性升可知矣。《雷公炮炙論序》云，腦痛欲死，鼻投消末，是亦取其上升辛散，乃從治之義。《本經》言其寒，《別錄》言其大寒，正與龍腦性寒之誤相似。凡辛苦物未有大寒者，况此物得火則焰生，與樟腦、火酒之性同，安有性寒、大寒之理哉？《史記·倉公傳》云：　淄川王美人懷子不乳，來召淳于意。意往飲以莨菪藥一撮，以酒飲之，旋乳。意復診其脉躁，躁者有餘病，即飲以消石一劑，出血，【血如】豆比五六枚而安。此去血結之驗也。

【附方】舊四，新十。　頭痛欲死：　消石末吹鼻內，即愈。《炮炙論》。　諸心腹痛：　焰消、雄黄各一錢，研細末。每點少許入眦內。名火龍丹。《集玄方》。　腰腹諸痛：　方同上。　赤眼腫痛：　消石末，卧時，以銅筯點黍米大入目眦。至旦，以鹽水洗去之。《聖惠方》。　眼目障瞖：　男女內外障瞖，或三五個月不見效者，一點復明。好焰消一兩，銅器鎔化，入飛過黄丹二分，片腦二分，銅匙急抄入罐內，收之。每點少許，其效如神。兖州朱秀才忽不見物，朝夕拜天，因夢神傳此方，點之而愈。《張三丰仙方》。　風熱喉痹：　及纏喉風病。玉鑰匙：　用焰消一兩半，白殭蠶一錢，硼砂半兩，腦子一字，爲末，吹之。《三因方》。　重舌鵝口：　竹瀝同焰消點之。《普濟方》。　伏暑瀉痢：　及腸風下血，或酒毒下血，一服見效，遠年者不過三服。消石、舶上硫黄各一兩，白礬、滑石半兩，飛麪四兩，爲末，滴水丸梧子大。每新汲水下三五十丸。名甘露丸。《普濟方》。　五種淋疾：　勞淋、血淋、熱淋、氣淋、石淋及小便不通至甚者。透格散：　用消石一兩，不夾泥土雪白者，生研爲末，每服二錢，各依湯使。勞淋，勞倦虛損，小便不出，小腹急痛，葵子末煎湯下，通後便須服補虛丸散。小便不出時，下血疼痛滿急。熱淋，小便熱，赤色，臍下急痛，並用冷水調下。氣淋，小腹滿急，尿後常有餘瀝，木通煎湯下。石淋，莖內痛，尿不能出，內引小腹膨脹急痛，尿下砂石，令人悶絶，將藥末先入銚內，隔帋炒至帋焦爲度，再研，用温水調下。小便不通，小麥湯下。卒患諸淋，只以冷水下。並空心，調藥使消如水，乃服之。沈存中《靈苑方》。　蛟龍癥病：　方見雄黄發明下。　服石發瘡：　疼不可忍。用帋圈圍之。中心填消石令滿，以匙抄水淋之。覺不熱痛，即止。《兵部手集》。　發背初起：　惡寒嗇嗇，或已生瘡腫隱疹。消石三兩，暖水一升，泡化，青布折三重，濕搨赤處，熱即換，頻易取瘥。《外臺秘要》。　女勞黑疸：　仲景曰：　黄家日晡發熱，反惡寒，此爲女勞得之。膀胱急，少腹滿，身盡黄，額上黑，足下熱，因作黑疸。腹脹如水，大便黑，時溏，非水也。腹滿者難治。消石、礬石燒等分，爲末。以大麥粥汁和服方寸匕，日三。病隨大小便去，小便黄，大便黑，是其候也。《金匱》。　手足不遂：　大風，及丹石熱風不遂。用消石一兩，生烏麻油二斤，置鐺中，以土墼蓋口，帋泥固濟，火煎。初時氣腥，熟則氣香，更以生麻油二升，合煎得所，收不津器中。服時坐室中，重作小帋屋，然火于內，服一大合，發汗，力壯者日二服。三七日，頭面疱瘡皆減也，然必以火爲使。《波羅門僧方》。

**明·梅得春《藥性會元》卷下**　硝石　味苦、辛，大寒，無毒。惡苦參、苦菜。畏女菀。火為之使。　主治五臟積熱，胃脹閉，滌去蓄結飲食，推陳致新，除邪氣，療腹中大熱，十二經脉中百二十種疾，暴傷寒，止煩滿消渴，利小便及瘻蝕瘡。鍊之如膏，乃天地至神之物，能化七十二種石。又名芒硝，出隴西、武都、西羌。　製法：研如粉，將磁瓶用鹽泥固濟，陰乾，安於五斤火中煅令通赤，投硝石於瓶內，待硝化，伏火一夜，次日打碎瓶子，取出，研為細末。每四兩加雞腸菜、柏子仁等分為末，和如薩蒂珠子大十五枚，以丸盡為度，候乾研末聽用。

**明·李中立《本草原始》卷八**　生消　類朴消而小堅，不經煮煉而成。生茂州西山岩石間，其形塊大小不定，色青白，採無時。惡麥句薑。氣味：大寒，無毒。主治：風熱癲癇，小兒驚邪瘈瘲，風眩頭痛，肺壅耳聾，口瘡喉痹咽塞，牙頷腫痛，目赤熱痛，多眵淚。

消石　始生益州山谷及武都、隴西、西羌。採無時。今所在山澤有之，此即地霜也。冬月地上有霜，掃取，以水淋汁，煎煉而成。蓋以能消化諸石，故名消石。非與朴消、芒消同類，而有消名也。一名芒消者，以其煎煉時有細芒而狀若消，故亦有芒消之號，與前芒消全別。今丹爐家用制五金八石，銀匠家用化金銀，兵家用作烽燧火藥，得火即焰起，故《土宿本草》名焰消，俗呼火消。　消石：　氣味：苦，寒，無毒。主治：五臟積熱，胃脹閉，滌去蓄結飲食，推陳致新，除邪氣。煉之如膏，久服輕身。○療五臟、十二經脉中百二十疾，暴傷寒，腹中大熱。止煩滿消渴，利小便，及瘻蝕瘡。天地至神之物，能化七十二種石。○破積散堅，治腹脹，破血，下瘰癧，瀉得根出。○含嚥治喉閉。○治伏暑傷冷，霍亂吐利，五種淋疾，女勞黑疸，心腸㽲痛，赤眼，頭痛牙痛。

消石：　君。時珍曰：　辛、苦，微鹹，有小毒。陰中陽也。得陳皮性疏爽。之才曰：　火為之使，惡苦參、苦菜，畏女菀、杏仁、竹葉。《炮炙論》：治頭痛欲死，消石末吹鼻內即愈。

時珍曰：　諸消，自晉唐以來，諸家皆執名而猜，都無定見，惟馬志《開寶本草》以消石為地霜煉成，而芒消、馬牙消是朴消煉出者，此言足以破諸家之說矣。諸家因消石一名朴消，朴消一名消石朴，其名相混，遂致費辨不決。不知消有水火二種，形質雖同，性氣迥別也。惟《神農本草》朴消、消石二條為正。其《別錄》芒消、《嘉祐》馬牙消、《開寶》生消，俱係多出，今並歸併之。《神農》所列朴消，即水消也，今俗呼皮消。有二種，煎煉結出細消，有鋒芒者為芒消，結出如馬牙者為牙消，俗呼馬牙消。其凝底成塊者，通為朴消，其色青，其氣味皆鹹而寒，置風中則化而為風化消，用蘿蔔等煮製而為玄明粉。○《神農》所列消石即火消也，亦有二種，煎煉結出細芒者亦名芒消，結出馬牙者亦名牙消。其凝底成塊者為消石，其色白，其氣味皆辛、苦而大溫，風不能化，亦不能為玄明粉。二消皆有芒消、牙消之稱，故市家混賣，醫家混用。今凡用芒消、牙消者，當用朴消中芒消、牙消。用消石者，用火消為是，以凝水石、猪膽煎成者為消石則誤矣。

**明·羅周彥《醫宗粹言》卷四**　死硝法　用深砂鍋盛硝，先滴水數合，于爐火中便放硝鍋，于上瓦蓋口，勿令灰入，頃刻成水，却用甘草截長一寸投入，有焰無烟絕，則硝死出之。

**明·陳實功《外科正宗》卷三**　煉硝石法第一百五十二　用潔淨朴硝半斤，罐內炭火鎔化煎乾，煅紅住火，冷定取出，即成硝石，罐收聽用。利實火，不利虛火也。

**明·李中梓《藥性解》卷一**　硝石　味苦、辛，性大寒，有毒，入心、脾二經。主六腑積聚燥急，留血閉藏，天行疫痢，傷寒發狂，停痰作痞，腸風痔漏，推陳致新，解諸石藥毒。種種實熱，悉可瀉除，能墮胎孕，大黃為使，惡苦參、苦菜，女菀，畏麥句薑。　按：　硝石為太陰之精，宜入心家瀉火。而脾即其子也，故并入之。丹溪云：《本經》言其無毒，悞也！能化七十二種〔石〕，豈無毒而然乎？分為六種，氣味相同，俱善消化驅逐。但朴硝力緊，芒硝、馬牙硝力緩，硝石、風化硝、玄明粉，緩而又緩也。以之治病，病退即已。《本經》稱其煉服補益，豈理也耶？《經》云：熱淫于內，治以鹹寒，佐以苦寒，古方因之，故都用大黃佐芒硝耳。

**明·倪朱謨《本草彙言》卷一三**　硝石　又名火硝。味苦，氣溫，有小毒。陰中陽也。《別錄》曰：火硝，生益州山谷，及武都、隴西、西羌等處。馬氏曰：今南北東西，所在諸山澤有鹹土處皆有。地上有霜，清晨掃取，以水淋汁，煎煉而成白雪。李氏曰：諸鹵地皆產之，而河北慶陽、山東諸縣及蜀中尤多。秋冬間遍地生白，掃取多有泥土，猥雜不潔，以水淋汁煎煉，結于盆底者，狀似朴硝，在上者或有鋒芒稜角，亦有芒硝、牙硝之名，與朴硝同稱，而水火之性各異也。丹爐家用製五金八石，銀工用化金銀，兵家用作烽燧火藥，得火即焰起。 陳氏曰：二硝自晋唐以來，諸家都無定見，不知硝有水、火二種，形質雖同，性氣迥別。今以前古朴硝、硝石爲正。朴硝，水硝也。有二種：煎煉結出之細芒爲芒硝，爲牙硝；凝結盆底者，爲朴硝也。硝石，火硝也。亦有二種：煎煉結出之細芒，亦名芒硝、牙硝。凝結盆底者，爲硝石。但二硝初生鹵地時，硝石色白易煉，朴硝色黄赤，須再三煎煉，方始成也。火硝煎熟入盆內，瑩白如雪，上聚黄水，取出入鍋，再煎成鹽，名硝鹽，腌魚肉不壞，屠場家多收之。

硝石：《本草正義》治陰伏陽格，寒熱兩逆，甄權開結閉，破積聚之藥也。土宿真君曰：此物感海鹵之氣所産，得火則焰，入地千年，其色不變，制七十二石，能化爲水，伏草木，柔五金，煉八石，大丹不舍此也。兵家用作銃機，横衝百里，直入雲漢，其性升達可知矣。此與朴硝形質雖同，性氣迥別。水硝其性下走，陰中之陰也，故惟蕩滌腸胃積滯，折抑三焦實火；火硝其性上升，水中之火也，故能破積散堅，升散三焦火鬱，調和藏府虚寒。與硫黄同用，則有升降水火之功，治冷熱緩急之病。煅製礞石，則除積聚痰飲。蓋硫黄之氣熱而下行，礞石之性寒而下行，硝石之性熱而上行，一升一降，一陰一陽，此製方之玅也。如人來復丹，療寒暑不調，裏寒外熱，或腹痛如絞，泄瀉如水，甚至六脉欲脱，四體如冰，服之回陽返陰，升降順理，阻逆旋通，而卒病暴絶之證自甦矣。如病非陰逆陽阻，而屬真陰虚，真陽脱，漸至脉絶肢冷者，急宜大劑參、附，佐以薑、歸、甘、朮等類，庶可回生，又非硝、硫開劫之力可奪也。

集方：《集玄方》治諸心腹卒痛。用火芒硝一錢，硫黄五分，研細末，醋煮過，每服三分，溫湯調服。○《炮炙論》治頭痛欲死。用火芒硝研細末，吹鼻內即愈。○《普濟方》治重舌蛾口。用火芒硝研細，以竹瀝調點腫處。○《三因方》治風熱喉痹及纏喉風。用火芒硝五分研細，以米醋調，用鵝羽蘸醋拂喉間，吐涎即甦。○《方脉正宗》治伏暑泄瀉。用火芒硝、舶上硫黄各一兩，生明礬、滑石各五錢，俱研細，用米醋一碗，鐵杓內煮乾，研極細末，紅麯二兩，打糊丸，梧子大。每服五六十丸，溫湯下。○《金匱方》治女勞黑疸，身黄額黑，膀胱急，小腹滿，小便黄，大便黑，足下熱。用火芒硝、枯白礬各等分，研爲末，以大麥粥汁和丸，早晚各服三錢，白湯下。○陳氏《産寶》治産後瘀血不行，腹脹悶痛，如有物直築心胸，甚至昏暈欲死，身熱煩燥者。用火芒硝、舶上硫黄各十兩，共研末，米醋十碗，煮乾，滴乳香、真沒藥各四兩，瓦上焙出油，研末，五靈脂五兩，水澄去砂石淨，晒乾，木香二兩研末，六味共研細末，以米醋打麥麵稀薄糊爲丸，如彈子大，每丸重一錢，臨證白湯化下。○《和劑局方》治上盛下虚，裏寒外熱，中暑泄瀉，或暈倒昏不知人，冷汗自出，手足微冷，或吐或瀉，或喘或滿，以來復丹，和蘇合香丸各一丸，用溫滚湯調灌。來復丹見玄精石條下。蘇合香丸：見□□條下。

**明・盧之頤《本草乘雅半偈》帙二** 消石《本經》上品 氣味：苦，寒，無毒。 主治：主五藏積熱，胃脹閉，滌去蓄結飲食，推陳致新，除邪氣。煉之如膏，久服輕身。

**清・顧元交《本草彙箋》卷一○** 硝石 硝，以消物爲性，五金八石，其堅莫比，惟硝能消之。況施於血肉臟腑形質之柔軟者耶？《别録》列於朴硝之下，蓋甚誤也。朴硝屬水，味鹹而氣寒，其性下走，陰中之陰也。故主蕩滌腸胃積滯，折三焦邪火。硝石屬火，味辛帶苦微鹹，而氣大溫。其性上升，水中之火也。故能破積散堅，治諸熱病，升散三焦火鬱，調和臟腑虚寒。與硫黄同用，則配合二氣，均調陰陽，有升降水火之功，治冷熱緩急之病。煅製礞石，則除積滯痰飲。蓋硫黄之性暖而利，其性下行；硝石之性暖而散，其性上行；礞石之性寒而下，硝石之性暖而上，一升一降，一陰一陽，此製方之旨也。今兵家造烽火銃機等物，用硝石直入雲漢，其性升可知矣。凡辛物未有大寒者，況此物得火則焰生，與樟腦、火酒之性同，安有性寒之理哉？此即焰硝也。諸鹵地皆産之。秋冬間遍地生白，掃取煎煉而成。貨者苟且多不潔淨，須再以水煎化，傾盆中一夜結成，澄在下者，狀如朴硝，又名生硝，謂煉過生出之硝也。結在上者，或有鋒芒如芒硝，或有圭角如馬牙硝，故硝石亦有芒硝、牙硝之稱。與朴硝之芒、牙同稱，而水火之性異也。古方代用，既非，而今人乃混爲一種，皆粗心不讀書之過也。

**清・穆石匏《本草洞詮》卷三** 焰硝 感海鹵之氣所産，得火則焰。入地千年，其色不變，七十二石化而為水，制伏草木，柔潤五金，制煉八石，大丹不舍此也。兵家用作烽燧、銃機等物，直入雲漢，其性升可知矣。此與朴消形質雖同，性氣迥別。《本經》所列朴消、水消也，煎鍊結出細芒者為芒消，結出馬牙者為牙消，凝底成塊者為朴消，氣味皆鹹而寒。所列消石、火消也，煎鍊結出細芒者亦名芒消，結出馬牙者亦名牙消，凝底成塊者為消石，氣味皆辛苦而大溫。水消，其性下走，陰中之陰也，故惟蕩滌腸胃積滯，折治三焦邪火，火消其性，上升水中之火也，故能破積散堅，升散三焦火鬱，調和臟腑虛寒。與硫黄同用則有升降水火之功，治冷熱緩急之病，煅製礞石，則除積聚痰飲，蓋硫黄之氣熱而下行，礞石之性寒而下行，消石之性熱而上行，一升一降，一陰一陽，此製方之妙也。雷斆云：腦痛欲死，鼻投消末，取其上升辛散，乃從治之義也。

**清·劉雲密《本草述》卷六**　消石一名焰消、火消、生消。　時珍曰：生消石，諸鹵地皆產之。而河北慶陽諸縣及蜀中尤多，秋冬間徧地生白，掃取煎煉而成。貨者苟且多不潔淨，須再以水煎化，傾盆中一夜結成，澄在下者，狀如朴消，又名生消，謂煉過生出之消也。結在上者，或有鋒鋩如芒消，或有圭稜如馬牙消，故消石亦有芒消、牙消之名，與朴消之芒、牙同稱，而水火之性則異也。崔昉《外丹本草》云：消石，陰石也。此非石類，乃鹹鹵煎成，今呼焰消。河北商城及懷衛界沿河人家，刮鹵淋汁煉就，與朴消小異，南地不產也。

正誤　時珍曰：諸消自晉唐以來，諸家皆執名而猜，都無定見，惟馬志《開寶本草》以消石為地霜煉成，而芒消、馬牙消是朴消煉出者，一言足破諸家之惑矣。諸家蓋因消石，一名芒消，朴消，一名消石朴之名相混，遂致費辨不決，而不知消有水火二種，形質雖同，性氣迥別也。惟《神農本經》朴消、消石二條為正。其《別錄》芒消，《嘉祐》馬牙消，《開寶》生消，俱係多出，今並歸併之。《神農》所列朴消，即水消也。有二種，煎煉結出細芒者為芒消，結出馬牙者為牙消。其凝底成塊者，通為朴消。其氣味皆鹹而寒。《神農》所列消石，即火消也。亦有二種，煎煉結出細芒者亦名芒消，結出馬牙者亦名牙消，又名生消。其凝底成塊者，通為消石。其氣味皆辛苦而大溫。二消皆有芒消、牙消之稱，故古方有相代之説。

消石　氣味：苦，寒，無毒。　時珍曰：辛、苦、微鹹，有小毒。陰中之陽也。得陳皮性疎爽。　徐之才曰：火為之使。　主治：散熱行結，治伏暑傷冷，霍亂吐利，破積塊，散痰飲，療腎虛，氣逆頭痛，溼熱黄疸，女勞黑疸，風熱喉痹，赤眼腫痛，重舌鵞口，發背初起。

生消　氣味：　時珍曰：辛、苦、大溫，無毒。　主治：風熱癲癇，小兒驚邪瘛瘲，風眩頭痛，肺壅耳聾，口瘡喉痹，咽塞牙頷腫痛，目赤熱，多眵淚《開寶》。

時珍曰：朴消屬水，味鹹而氣寒，其性下走，不能上升，陰中之陰也。故惟蕩滌腸胃積滯，折治三焦邪火。消石屬火，味辛帶苦微鹹，而氣大溫，其性上升，水中之火也。故能破積散堅，治諸熱病，升散三焦火鬱，調和臟腑虛寒。與硫黄同用，則配類二氣，均調陰陽，有升降水火之功，治冷熱緩急之病。煅制礞石則除積滯痰飲。蓋硫黄之性暖而利，其性下行，消石之性暖而散，其性上行，礞石之性寒而下，消石之性暖而上，一升一降，一陰一陽，此製方之妙也。今兵家造烽火銃機等物，用消石者，直入雲漢，其性升可知矣。雷公《炮炙論序》云：腦痛欲死，鼻投消末，是亦取其上升辛散，乃從治之義。《本經》言其寒，《別錄》言其大寒，正與龍腦性寒之誤相似。凡辛苦物未有大寒者，況是物得火則焰生，與樟腦、火酒之性同，安有性寒、大寒之理哉？《史記·倉公傳》云：菑川王美人懷子不乳，來召淳于意，意往，飲以莨菪藥一撮，以酒飲之，旋乳。意復胗其脈躁。躁者，有餘病。即飲以消石一劑，出血豆比五六七枚而安。此去自結之驗也。

愚按：消石之用，時珍謂其從火，主升而散。若然，是主氣分之邪熱，不同於朴消入血也。是本出地之初陽，以真氣而散邪結，不等於朴消以勝氣而為化也。其云升而散者，水中之火，自上升以為散也。審此義，則知消石之宜於何等證矣。據方書中暑於來復丹中用之，治伏暑泄瀉如水者；又二氣丹同硫黄治中脘痞結，或嘔或瀉者；又同硫入大黄龍丸，治身熱頭疼，狀如脾寒，或煩渴嘔吐，昏悶不食者。合三證以參之，如二氣丸所治，誠有升降水火之功，合於時珍所云，第尤切於伏暑傷冷，致二氣交錯以為病者。以暑之中，先於心包絡，唯茲二味，一降陽而歸之，一升陽而散之，乃為最切也。硫黄入命門，補真火，且其用流動，故曰降而歸之。伏暑傷心包絡，俾降歸命門，正一氣相召也，且有消石以升散之乎。故曰升降二氣，若伏暑有腹脹疼痛者，更入滑石以利滯熱，加白礬以收陰化陽，庶乎伏暑不留耳。故玉龍丸為治伏暑要劑。至於來復丹因上盛下虛，裹寒外熱，則加玄精石，以至陰和至陽，更入活血行氣之味，俾上下之虛實合宜，寒熱盡散，是法當參也。又如大黄龍丸之治身熱頭痛諸證，則加雄黄、白礬、滑石，以除熱清氣，是又可參也。要皆以二味為主柄矣。此硫、消三味之等分者也，更頭痛證之玉真丸，治腎氣不足，氣逆上行，苦頭痛甚者，乃硫則倍於消，以下歸補腎氣為主，而上逆之陽，第以消石升散之，更入石膏以降火，半夏以散結，此義尤當參也。此硫、消二味之不等分者也。又消不同硫而同他味，如女勞黑疸用礬石、寒水之氣以歸陰，而即以燥溼，同消石升水中之火以達陽，而並以化溼，此治溼熱者之一則也。如喉痹證，用消為主，佐硼砂以除痰熱，殭蠶去風，而更合龍腦之開壅結，此治風熱者之一端也。即數證而推類，以盡其變，庶於消石可以悉其功，不致誤投而罔濟矣。又按：消石與硫黃同用者，好古謂至陽佐以至陰，乃二氣相配之義，蓋謂消石性寒也。李氏既辨消石為水中之火，其性溫而不寒矣。若然，則前哲所用消石，毋乃朴消歟。或亦不審其名之當否，而混稱之為消石歟。然閱從前諸本草，以消石輒附於朴消之後，唯李東璧氏能剖悉之，可謂創獲而發蒙矣。

附方　伏暑瀉痢，及腸風下血，或酒毒下血，一服見效，遠年者不過三服，消石、舶上硫黃各一兩，白礬、滑石半兩，飛麪四兩，為末，滴水丸梧子大，每新汲水下三五十丸，名甘露丸。　女勞黑疸，仲景曰：黃家日晡發熱及惡寒，此為女勞得之，膀胱急，少腹滿，身盡黃，額上黑，足下熱，因作黑疸，腹脹如水，大便黑，時溏，非水也，腹滿者難治，消石、礬石燒，等分，為末，以大麥粥汁和服方寸匕，日三，病隨大小便去，小便黃，大便黑，是其候也。

風熱喉痹，又纏喉風病，玉鑰匙，用焰消一兩半，白殭蠶一錢，硼砂半兩，腦子一字，為末，吹之。　重舌鵞口，竹瀝同焰消點之。　男女內外障瞖，或三五箇月不見效者，一點復明，好焰消一兩，銅器鎔化，入飛過黃丹二分，片腦二分，銅匙急抄入罐內收之，每點少許，其效如神。　發背初起，惡寒嗇嗇，或已生瘡腫，癮疹，消石三兩，暖水一升，泡化，青布摺三重，溫搨赤處，熱即換頻易，取瘥。

總論　之頤曰：朴消、消石，咸生鹵地，假水火二大以為形質，但勝劣有異，故水火之用迥別。《楞嚴經》云：火騰水降，交發立堅，溼為巨海，乾為洲潬。以是義故彼大海中火光常起，彼洲潬中江河常注，交妄發生，遞相為種。用是思維，彼水消者，火勢劣水，故火體似藏而水用獨著；彼火消者，水劣火勢，故水體似藏而火用獨著。觀其主治，則思過半矣。

愚按：朴消即水消，消石即火消，二者俱有芒消、牙消。然水火固區以別矣。雖然二者同原於水，同歸於治熱，但水消為治熱之結，結則多屬血分，所謂陰不降而陽不化者也。能行陰中之陽結，則陰降而陽化矣。火消乃治熱之鬱，鬱者多屬氣分，所謂陽不升而陰不暢者也。能達陽中之陰鬱，則陽化而陰自暢矣。此固地氣天氣之分。時珍曰：水火二種，形質雖同，性氣迥別也。其說誠然。但即就其味而辨之，亦有大異者。水消以鹹勝，却微帶苦，本於鹹而就下，即以歸火之原也。火消以辛勝，亦有鹹，但大遜於水消而苦則稍加之，本於辛而際上，正以達火之用也，火之用達，故苦稍勝於水消也。更有的然，知其用殊者。火消投之火中則焰生，水消則否。入火生焰者，與火同氣也。入火不諧者，水固勝火也。第水火二氣，俱以消得名，則俱能破堅開結，緣天地間生人生物，未有不本於水火者。生之者水火，而化之又焉能外水火之氣乎？但各就其孰為宜降而行，孰為宜升而散，審證診脈，貴有攸當。《內經》所謂適事為故也。之頤曰：二消之分水火，宛如太極之分陰陽。而陰中有陽，陽中有陰，此又坎離互根之妙之數語，亦有精詣。之頤曰：二消初生鹵地，特消石色白易煉，朴消黃赤，再三煎煉始成，為異也。即如水消之能以寒化熱，以鹹化堅固，不徒純陰而已。夫孤陰豈能化陽之結，此又發東璧氏之所未有也。雖然諸消在眾家各立名相，不無溷亂，而李東璧氏標朴消為水，消石為火，以二消為綱，諸消為目，大為先哲功臣，且令後學一見了然。之頤謂其功德無量，洵非溢美矣。

愚按：煉玄明粉者，同甘草煎煉，升煅用之，所以代芒消等之峻。而焰消修治，時珍謂鎔化，投甘草入內即伏火，可見水火二氣，俱歸於土，所謂水火之體，物不遺者此也。

**清·王翃《握靈本草》卷一**　消石消有水火二種，性氣迥別。朴硝者，水消；硝石者，火消也。凡使溶化，投甘草入內即伏。　主治：消石，即餤消。苦，寒，無毒。主五臟積熱，胃脹，去蓄結飲食，治伏暑傷冷，霍亂吐利。五種淋疾，黑疸。含嗽治喉閉。

**清·张璐《本經逢原》卷一**　硝石即焰硝。　辛苦鹹，溫，有毒。溶化投甘草結定取用。《本經》主百病，除寒熱邪氣，逐六府積聚結固留癖，能化七十二種石。諸家本草皆錯簡在朴硝條內，詳化七十二種石，豈朴硝能之。　發明：焰硝屬火，其性上升，能破積散堅，治諸寒熱交錯之病，升散三焦火鬱，調和藏府虛寒，除寒熱邪氣，逐六府積熱，不出《本經》主治也。《別錄》言天地至神之物，能化七十二種石。《抱朴子》亦云：能消柔五金，化七十二石。其錯簡可知。與硫黄同用，即配偶二炁，均調陰陽，有升降水火之功，治冷熱緩急之病。蓋硫黄性暖而利，其性下行，硝石性暖而散，其性上行，一升一降，此製方之妙也。

**清・浦士貞《夕庵讀本草快編》卷一** 消石《本經》、焰消 以其能消化諸石，曰焰曰火，以别朴消也。 焰消屬火，辛苦微鹹而氣大溫，其性上升，水中之火也。故能破積散堅，治諸熱疾，升散三焦火鬱，調和藏府虚寒，若與硫黄同用，則配(類三)(偶二)炁，均調陰陽，有升降水火之功，治冷熱危急之疾。蓋硫性暖利而下行，硝性暖散而逆上，陰陽升降，製方之妙也。兵家烽火、銃機亦皆共用，則直入雲漢，升騰之性可知矣。雷斅云：腦痛欲死，鼻投消末。亦取上升而辛散也。

**清・張志聰、高世栻《本草崇原》卷上** 消石 氣味苦，寒，無毒。主治五臟積熱，胃脹閉，滌去蓄結飲食，推陳致新，除邪氣。煉之如膏。久服輕身。 消石又名火消，又名焰消。丹爐家用制五金八石，銀工用化金銀，軍中用作烽燧火藥，得火即焰起，故有火消、焰消之名。始出益州山谷及武都、隴西、西羌，今河北慶陽、蜀中皆有，乃地霜也。冬間遍地生如白霜，掃取以水淋汁，煎煉而成，狀如朴消，又名生消。再煎提過，或有鋒芒如芒消，或有圭稜如馬牙消，故消石亦有芒硝、牙硝之名，與朴消之芒牙同稱，然水火之性則異也。 硝石乃冬時地上所生白霜，氣味苦寒，稟少陰、太陽之氣化。蓋少陰屬冬令之水，太陽主六氣之終。遇火能焰者，少陰上有君火，太陽外有標陽也。主治五臟積熱，胃脹閉者，言積熱在臟，致胃府之氣脹閉不通。消石稟水寒之氣，而治臟熱。具火焰之性，而消胃脹也。滌去蓄結飲食，則胃府之脹閉自除。推陳致新，除邪氣，則五臟之積熱自散。煉之如膏，得陰精之體，故久服輕身。消石、朴消皆味鹽性寒，《本經》皆言苦寒，初時則鹽極而苦，提過則轉苦為鹹矣。

**清・王子接《得宜本草・上品藥》** 硝石 即火硝。味苦、辛。其性主升，功專破積散堅。得殭蠶、冰、硼吹喉中，治喉痺。

**清・黄元御《長沙藥解》卷四** 硝石 味鹹苦，性寒。入足太陽膀胱、足太陰脾經。清己土而退熱，利壬水而泄濕。《金匱》硝礬散，硝石、礬石等分為散，大麥粥汁合服方寸匕，病從大小便去，大便黑，小便黄。治女勞黑疸，日晡發熱，而反惡寒，足下熱，膀胱急，少腹滿，其腹如水狀，身盡黄，額上黑，因作黑疸，大便黑，時溏。以女勞泄其腎陽，久而水寒土濕，乙木遏陷，鬱生下熱，攻逼己土，己土受之，濕亦化熱，以其濕熱傳於膀胱，而木鬱不能疏泄，故小便黄澀而不利。一感風邪，泄其衛氣，衛氣愈泄而愈斂，皮毛遂閉，膀胱瘀熱下不能泄，而表不能達，因而淫溢經絡，熏蒸肌膚而發黄色。乙木陷於壬水，積鬱莫散，則少腹脹滿，而膀胱迫急，日晡土旺之時，濕盛熱發而木鬱陽陷，故足下常熱，而身反惡寒。太陽膀胱之經，自目之内眥上額交巔，經氣上逆，故額見黑色。久而土負水勝，黄化而黑，因成黑疸。穀滓不從土化，而從水化，因而大便亦黑。水從脾胃而侮土，則大便黑。土傳膀胱而剋水，則小便黄。總之，皆由於木邪，以肝主五色，入腎為黑，入脾為黄也。硝石鹹苦，清熱瘀而泄水。礬石酸澀，收濕淫而泄水也。 水中土木之鬱，泄於小便，故其色黄。土中水木之鬱，泄於大便，故其色黑。黑疸，水陸瘀澀，隧路梗阻。硝石鹹寒之性，直達下脘，利水路而泄穀道，合之礬石滌蕩鬱陳，注於二便，腐敗掃除，正氣清通，繼以補中養火之劑，垂盡之命，可以再延也。 大黄硝石湯方在大黄治黄疸腹滿，小便不利，用之以清膀胱之壅熱也。 硝石掃地霜熬成在上者，鋒芒細白，是謂芒硝。水底成塊者，謂之硝石。其性重濁下行，善於利水泄熱，消瘀化腐，故能醫黄疸之疾。

**清・吴儀洛《本草從新》卷五** 消石 辛、苦，微鹹，大熱毒烈。治傷冷霍亂吐利，心腹疞痛。破積散堅。不宜輕服。又名火硝、焰硝。得火則焰，故名。朴硝陰寒，屬水下走，能蕩滌積滯。消石大熱，屬火上升，能破積散堅，煅製礞石則除積滯痰飲。蓋礞石性寒而降，消石性熱而升，一升一降，一熱一寒，此製方之妙也。

**清・嚴潔等《得配本草》卷一** 硝石一名焰硝，一名火硝。 火為之使。畏女菀、杏仁、竹葉、粥。惡曾青、苦參、苦菜。柔五金。化七十二石為水。 辛、苦，微鹹，有毒。陰中之陽也。而氣大溫，其性上升。散三焦火鬱，調五臟虚寒。 得竹瀝，點重舌、鵝口。配雄黄，研細末，點少許入眥内，治諸心腹痛。 凡用，溶化，投甘草入内，即伏火。 朴硝下降，屬水，氣寒。硝石為造炮焰硝，上升，屬火，氣大溫。 怪症：尸厥，四肢冰冷，不省人事，腹如雷鳴，宜灸氣海七壯，内服火硝五錢，硫黄二兩，為末，薑附湯下。

**題清・徐大椿《藥性切用》卷七** 硝石 一名火硝，即焰硝。辛苦微鹹，大熱性烈，升發胃中陽氣，治傷冷吐瀉，心腹疞痛，破積攻堅，來復丹用之。

**清・楊時泰《本草述鉤元》卷六**　消石　一名焰消，即火消。諸鹵地皆産之，河北慶陽諸縣及蜀中尤多。秋冬徧地生白，掃取煎煉而成，貨者苟且，多不潔淨，須再以水煎化，傾盆中一夜結成，又名生消，謂煉過生出之消也。澄在下者，狀如朴消，結在上者，或有鋒芒，或如圭稜。故消石亦有芒消、牙消之名，與朴消之芒、牙同稱，而水火之性則異也瀕湖。諸消自晉唐以來，諸家執名而猜，都無定見，不知消有水、火二種，形質雖同，性氣迥別。惟《本經》朴消、消石二條為正，神農所列朴消，即水消也。有二種，煎煉結出細芒者為芒消，結出馬牙者為牙消，其凝底成塊者通為朴消。其氣味皆鹹而寒。神農所列消石，即火消也，亦有二種，煎煉結出細芒者，亦名芒消，結出馬牙者，亦名牙消，又名生消，其凝底成塊者，通為消石。其氣味皆辛苦而大溫。以此為正又。消石，陰石也。此非石類，乃鹹鹵煎成，南地不產也崔昉。

消石：辛、苦，微鹹，有小毒，陰中陽也。火為之使。主散熱行結，治伏暑傷冷，霍亂吐利，破積塊，散痰飲，療腎虛氣逆頭痛，濕熱黃疸，女勞黑疸，風熱喉痹，赤眼腫痛，重舌、鵝口，發背初起。得陳皮，性疎爽。

生消：味辛、苦，氣大溫。治風熱，癲癇，小兒驚邪、瘛瘲，風眩頭痛，肺壅，耳聾口瘡，喉痹咽塞，牙頷腫痛，目赤熱，多眵淚。與硫黃同用，則配類二氣，均調陰陽，有升降水火之功。治冷熱緩急之病，煅製礞石，則除積滯痰飲。蓋硫黃之性暖而利，其性下行，消石之性暖而散，其性上行，礞石之性寒而下，消石之性暖而上，一升一降，一陰一陽，此製方之妙也瀕湖。凡辛苦物，未有大寒者，是物得火焰生，與樟腦、火酒性同。《本經》《別錄》言其性寒者誤也。今兵家火藥，用消石者，直入雲漢，性升可知瀕湖。腦痛欲死，鼻投消末，是亦取其上升辛散，乃從治之義《炮炙論序》。菑川王美人懷子不乳，淳于意藥之，旋乳，診其脈躁，躁者有餘病，即飲以消石一劑，出血豆比五六七枚而安。此去結之驗也《史記》。甘露丸，治伏暑瀉痢，及腸風下血，或酒毒下血，一服效。遠年者不過三服。消石、舶硫黃各一兩，白礬、滑石半兩，飛麪四兩，為末，滴水丸梧子大，每新汲水下三五十丸。黃家日晡發熱及惡寒，此為女勞，得之膀胱急，少腹滿，身盡黃，額上黑，足下熱，因作黑疸，腹脹如水，大便黑，時溏，非水也。腹滿者難治。用消石礬石散，消、礬等分，燒為末，以大麥粥汁和服方寸匕，日三，病隨大小便去，小便黃，大便黑，是其候也。此乃本礬石、寒水之氣以歸陰，而即以燥濕，同消石升水中之火以達陽，而並以化濕，亦治濕熱之一則也。喉痹及纏喉風，玉鑰匙，用焰消一兩半，硼砂半兩，白僵蠶一錢，腦子一字，為末吹之。此用消石為主，佐硼砂以除痰熱。僵蠶去風，更合龍腦以開壅結，又治風熱之一端也。重舌、鵝口，竹瀝同焰消點之。內外障瞖，三五月不效者，一點復明，焰消一兩，銅器鎔化，入黃丹二分，片腦二分，銅匙急鈔入罐收之，每點少許，神效。發背初起，惡寒嗇嗇，或已生瘡腫癮疹，消石三兩，暖水一升泡化，青布摺三重，溫搨赤處，熱即換，頻易取瘥。

論：消石從火，性升而散，水中之火自上升以為散也。主治氣分之邪熱，不同於朴消入血。又本出地之初陽，以真氣而散邪結，不等於朴消之以勝氣而為化也。其同硫黃用，名二氣丹。治中脘痞結或嘔或滯。升降水火之功，尤切於伏暑傷冷，致二氣交錯以為病者。以暑之中，先於心胞，惟硫、消二味，一降陽而歸之，一升陽而散之，乃為最切也。硫黃入命門，補真火，其用流動，故曰降而歸之。伏暑傷心包，俾之降歸命門，正一氣相召也，且有消石以升散之，故曰升降二氣。若伏暑有腹脹疼痛者，更入滑石以利滯熱，加白礬以收陰化陽，庶乎伏者不留耳，是以玉龍丸又為要劑。按：二氣、來復及大黃龍三方，用硫、消等分，至玉真丸治腎氣不足，氣逆上行頭痛苦甚者，則硫倍於消，緣玉真意主歸補腎氣於下，而上逆之陽第藉消石升散之，更入石膏以降火，半夏以散結耳。

朴消、消石總論：朴消、消石，咸生鹵地，假水火二大以為形質，但勝劣有異，故水火之用迥別。水消火劣水勢，故火體似藏而水用獨著；火消水劣火勢，故水體似藏而火用獨著。第二消初生鹵地，消石色白易煉，朴消黃赤必再三煎煉始成也子由。朴消屬水，味鹹而氣寒，其性下走，不能上升，陰中之陰也，故惟蕩滌腸胃積滯，折治三焦邪火。消石屬火，味辛帶苦微鹹，而氣大溫，其性上升，水中之火也，故能破積散堅，治諸熱病，升散三焦火鬱，調和臟腑虛寒瀕湖。按：朴消、消石，二者同原於水，同歸於治熱。但水消治熱之結，結則多屬血分，所謂陰不降而陽不化者也，能行陰中之陽結，則陰降而陽化矣。火消治熱之鬱，鬱者多屬氣分，所謂陽不升而陰不暢者也，能達陽中之陰鬱，則陽化而陰暢矣。即就其味辨之，亦有大異者。水消以鹹勝，却微帶苦，本於鹹而就下，即以歸火之原也。火消以辛勝，鹹味大遜於水消，而苦稍加之，本於辛而際上，正以達火之用也，火用達則苦較勝矣。更有的然知其用殊者，火消投之火中則焰生，水消則否。入火生焰者，與火同氣也。

入火不諧者，水固勝火也。二者俱以消名，俱能破堅開結，但審夫證治之孰宜降而行，孰宜升而散，以分用之可耳。蓋天地間生人生物，未有不本於水火者，生之者水火，則化之者又焉能外夫水火之氣。盧氏謂二消之分水火，宛如太極之分陰陽，而陰中有陽，陽中有陰，此坎離互根之妙，即如水消以寒化熱，以鹹化堅，固不徒純陰而已，夫孤陰豈能化陽之結，此又東璧氏之所未發也。元明粉同甘草煎煉升煅，用之所以代芒消等之峻，而焰消修治鎔化時投入甘草，即伏火，可見水火二氣，俱歸於土也。

**清・鄒澍《本經疏證》卷一**　消石、朴消　【略】凡藥之為物，有理焉，有情焉。理者，物之所鍾。情者，物之所向。而適與病機會者也。盧氏、劉氏所言，物之理耳。其情則猶有不止如是者。夫火消，《本經》以主五臟積熱，胃脹閉。水消，《本經》以逐六腑積聚，結固留癖。是分明指火消入臟，水消入腑矣。臟藏精而不瀉者也，腑傳化物而不藏者也。藏而不瀉，則所積者皆無形，倘啟歛不以時，而有盛滿之患，遂仍移於六腑。故其積者惟熱，而能使胃脹閉。曰滌去蓄結飲食，推陳出新，則去胃之脹閉也，胃之脹閉去，五臟積熱自已矣。傳化物而不藏，則所積皆有形，倘輸導不以時，亦有盛滿之患，遂致移於軀體。故其積者，胥飲食痰涎血液，皆能固結成癖。曰主百病，除寒熱邪氣，則其移於軀體者也。結固留癖下，軀體百病亦已矣。所以然者，火消性向陽，故解自陰而陽之盛熱。水消性向陰，故逐伏在陽中之實結。然皆即於物而化物，故能所入無間，所當必摧，此其一也。凡病之虛者，必自陽入陰。實者，多自裏出外。二消原治實之物，妙在一則遇焰輒發，一則逢水即化，故一能發陽之鬱於陰中，一能化陰之結於陽內，此又其一也。雖然，火非滌物者，水非逐物者，乃《本經》著兩消去病之功，在火消曰滌，在水消曰逐，何也？夫固不必拘滌以水、逐以物矣。蓋滌者，溥詞，如大黃之蕩滌腸胃，是在腸胃之病。無不蕩滌淨盡，特彼曰蕩，則有動之義。今祗曰滌，則僅澣濯之而已，以明凡病不受泛治者，不得用也。逐者，單詞，如乾薑之逐風濕痹，山茱萸之逐寒濕痹，地黃之逐血痹，黃芩、苦蔆之逐水，白頭翁之逐血，水蛭之逐惡血，皆特指一節，示不他及。則此亦僅能於六腑中去積聚之結固留癖者，以明凡病散而未結者，不得用也。試更參仲景之用二消，消石、礬石散之治，非臟中鬱熱耶。大承氣湯、調胃承氣湯、茈胡加芒消湯之治，非腑中結熱耶。大陷胸湯丸、木防己去石膏加茯苓芒消湯之治，非腑中留癖耶。是皆其性之所向，徵之於理固不悖，體之於情尤脗合者也。而所謂適與病機會者，則更有精密焉。如芒消豈能治渴，已椒藶黃丸偏加之以治渴，芒消安能止利？小茈胡湯偏加之以止利是也。蓋津液與固癖結，遂不得上潮為渴，去其固癖，正使津液流行。積聚結於中，水液流於旁，為下利。去其積聚，正所以止其下利耳。又豈有他奇也哉？

赤消，想即朴消之赤者。據《別錄》能殺人。仲景鼈甲煎丸用之，且與為君之鼈甲同用至十二分。豈以服之最少，不厭其毒耶？抑欲其入血化堅開結，必不可闕耶。亦無從臆斷其是否矣。

**清・趙其光《本草求原》卷二六鹵石部**　硝石即焰硝、火硝。　鹵地霜煉成，亦有芒、牙之分。在底者名生硝。但辛、苦、鹹，溫，與朴硝有水降、火升之別。散熱行結，治頭痛，吹鼻。心腹諸痛，同雄黃點眼。眼赤腫，點之。翳障，每一兩入黃丹、冰片各二分急炒，研點神效。風熱喉痹及纏喉，每一兩入僵蠶一錢，硼砂五錢，冰片一分吹之。重舌，鵝口，同竹瀝點。伏暑及腸風、酒毒、痢血，同阿、黃各一兩，白礬、滑石五錢，飛麵四兩，為丸，冷水下。五淋閉塞，勞淋，葵子湯下，通即補之；熱淋、血淋，冷水下；氣淋，尿有餘瀝，木通湯下；石淋，下如沙石，須隔紙炒過，溫水調下。女勞黑疸，日晡惡寒、發熱，少腹滿脹，身黃、額黑，大便溏又黑，同枯礬等分，大麥粥汁調下。大風及丹石熱風、手足不遂，每一兩，以烏麻油一斤煎至香，又入生麻油四兩煎好。於暖室服，取汗。伏暑傷冷，霍亂，方同上血痢。硫黃納火硝散火，滑石去滯熱脹痛，白礬收陰化陽，名玉龍丸，為伏暑妙方。破積塊，痰飲。治腎虛氣逆、來(服)〔復〕丹用之。癲癇、瘈瘲、牙頷腫痛，化金石，功勝朴硝，故升降丹及製礞石皆用。礞石寒降，火硝溫升，亦一陰一陽，製方之妙也。

按：芒硝入血，火硝則主氣分之邪熱，以升為散，不同於以寒勝熱也。蓋二硝同原於水以治熱，但芒硝鹹勝，主下歸，故治陰中之陽結，使陰降而陽化也；火硝辛苦勝，主升達，故治氣分之熱鬱，使陽升而陰自暢也。

**清・葉志詵《神農本草經贊》卷一**　消石　味苦，寒。主五藏積熱胃脹閉，滌去蓄結飲食，推陳致新，除邪氣。鍊之如膏，久服輕身。《御覽》引云：一名芒消。生山谷。

京山元礵，性工浣胃。作作生芒，醰醰結味。相勸加餐，解醒既醉。養陽養陰，慧聖好治。

《山海經》：京山其陰，有元礵。礵即消異文。劉基詩：浣胃滌腸，絕去病根。《史記・書》：作作有芒。王褒賦：醰醰而有味。古詩：上有加餐飯。《詩》：既醉以酒。《禮》：凡飲，養陽氣也。凡食，養陰氣也。《淮南子》：黃色主胃，慧聖而好治。

**清・劉東孟傳《本草明覽》卷七** 硝石 【略】按：丹溪云：三味硝，氣味相同，俱善消化祛逐，以之治病致用，病退則已。《本經》謂能鍊補益，豈理也哉？若孕婦有可下之症，必兼大黃引導，使之直入大腸，潤燥瀉熱，子母俱安。《經》曰有故無殞，亦無殞也，此之謂歟。

**清・戴葆元《本草綱目易知錄》卷七** 硝石盆硝、火硝。 味辛，屬火，帶苦，微鹹而氣大溫。其性上升，水中之火也。能治諸熱病，升散三焦火鬱，調和臟腑虛寒，利小便，開喉痹，破惡血，下瘰癧，瀉其根出，消腹脹，破積散堅。治傷寒腹中大熱，止煩滿消渴，積聚胃脹。能蕩滌蓄結飲食，推陳致新，伏暑傷冷，霍亂吐利，五種淋疾，女勞，黑疸，心腹疞痛，赤眼頭痛，重舌牙疼及瘻蝕瘡。然此乃天地至神之物，能制草木，柔潤五金，鍊化七十二石為水。惡苦參、苦菜、女菀、杏仁、竹葉。

生硝芒硝、牙硝。 辛、苦，大溫。治風熱癲癇，小兒驚啼瘛瘲，風眩頭痛，肺壅耳聾，口瘡喉痹，咽塞牙頷腫痛，目赤熱多眵淚。《神農本草》所列硝石，即火硝也。亦有二種：煎鍊結出細芒者，名芒硝；結出馬牙者，名牙硝，又名生硝，其凝底成塊者，通名硝石。其氣味皆辛苦大溫。葆按：江右諸處，以土築墻，經年有損，主人貨其利者，壞其舊土，代築新墻，將土煎鍊成硝，謂之硝石。然草草煎熬，鹼味泥土不淨，以售於市，市人將硝煮鍊，盆盛蜜蓋，次日濾乾，其鹼隨冰化下，其泥沉底去之，在上結淩空，枝枝橫列如馬牙者，名牙硝，又名芒硝，則生硝也。結在邊底者，名硝石，俗名盆硝，合造爆竹用。因《本草》列硝石、生硝名，故細分別。

**清・陳其瑞《本草撮要》卷六** 火硝 味苦辛，性升，入手太陰經，功專破積散堅，得殭蠶、冰、硼吹喉中治喉痹。

**清・仲昴庭《本草崇原集説》卷一** 消石 【略】仲氏曰：物理從運氣看出，斯難明者亦明，如消石遇火能焰，俗解必曰大熱屬火，破冷積無疑矣。夫藥性不知，病根不識，用或失當，委咎於藥，是予藥以不白之冤也。按《金匱》治女勞有消石礬石散，治黃癉有大黃消石湯，二方之取用消石。《本經》導之，《崇原》得之，學者能讀《崇原》，自不為俗解所蔽。

**清・周巖《本草思辨錄》卷一** 消石、芒消消石，即火消，亦名焰消。芒消，消之經煎煉而凝底成塊者為朴消，亦名皮消，在上生細芒如鋒者為芒消，均即水消。 李瀕湖謂：朴消下走，火消上升。火消得火則焰生，與樟腦、火酒之性同。《本經》言其寒，《別錄》言其大寒，實乃大溫。劉氏引伸其説，謂水硝治熱之結。熱結多屬血分，所謂陰不降、陽不化者也。能行陰中之陽結，則陰降陽自化矣。火消治熱之鬱，熱鬱多屬氣分，所謂陽不升、陰不暢者也。能達陽中之陰鬱，則陽化陰自暢矣。鄒氏又以火消為性向陽，解自陰而陽之盛熱；水消為性向陰，故逐伏在陽之實結。斯三家可謂發前人所未發矣。雖然，愚竊有未安焉。陰陽之理，至為微妙，就物論物，易圓其説。以物合證與方而論之，則難於確當，難於瑩徹。渾言之而深，何如切言之而淺也。火消固上升而散，固在氣分，然其升散者為陰中熱鬱之氣，非陽中熱鬱之氣。病在陰經、陰藏為陰，病有陰邪亦為陰。蓋其辛溫際上，鹹苦入下，凡在上在下之病胥治之，而總歸於解陰中之熱鬱。劉氏達陽中陰鬱一語，得毋猶有可商。試核之證，來復丹、二氣丹、玉真丸，皆陰邪中有伏熱，《金匱》消石礬石散尤彰彰者。惟大黃硝石湯用以下奪，不與升散之旨相戾歟？乃其證為黃癉腹滿，小便不利，面赤，熱為陽邪，得濕而鬱，且獨在裏，裏實而表和，是亦陰中之邪也。陰中之邪，非鹹苦何以得入。舍芒消用消石者，以表雖汗出，而表間之濕熱自在。消石辛溫勝於鹹苦，故於大黃蘗梔下奪之中，加茲一味以達表而散邪。夫火消之不易明者，為其以溫治熱耳。若水消以寒治熱，曰耎走血，曰潤下，曰耎堅，曰破結，固宜古今無異詞，然亦何嘗易明哉。大承氣、調胃承氣、桃核承氣，洵可謂去血中熱結矣。獨大陷胸湯丸用芒消至一升、半升，而其所治為結胸。縱云破結軟堅，非多不濟，獨不慮下降之物，用之多不愈速其降耶。是則有故矣。芒消乃煎消時結之於上者，細芒如鋒，質本輕於朴消，味復兼辛，寧無上升之性，寧不入氣分，後世且以治口舌咽喉諸熱證，謂芒消不能際上治上可乎？由斯以觀，劉氏陰中陽結之説，恐亦有未然者。仲聖有言，病發於陽而反下之，熱入因作結胸，據此自非陰中之陽結。又凡仲聖用芒消之方，皆陽證無伏陰。用消石之方，則一證中有陰有陽。然則行陰中陽結者，乃消石非芒消。芒消者，逐陽證之熱結者也。芒消鹹寒勝於苦辛，多煮則下益速，下速則遺上邪，故仲聖必後納微煮而少揚之。消石辛溫勝於鹹苦，微煮則升之亟，升亟則不入下，故仲聖於二升中煮取一升而少抑之。此似二物正相對待。劉氏於二物亦似以對待釋之，而不知非也。鹹與寒皆陰也，其微辛不過挾有升性，並不能治陰邪。鹹與溫則陰陽異趣矣，溫而兼辛，辛溫而兼辛潤，則必陰中有陽邪之證，始克任之。其中奧旨，猝不易悟，故曰非對待也。抑劉氏以入血分為陰中乎。血分為陰，則大承氣當曰太陰病，不當曰陽明病。桃核承氣當曰少陰病，不當曰太陽病。芒消蓋血藥而亦不專入血者，與大黃頗有似處。大黃味苦入心，能開胸膈之熱結，若與芒消皆不宜於氣病。胸膈之間，其能堪此重劑哉？鄒氏以火消向陽，水消向陰，為臟病移腑，腑病移軀體之所以然，此尤不可不辨者。《本經》積熱曰五臟，豈悉能入胃使脹閉？病曰百病，豈盡在於軀體？謂火消性向陽，解自陰而陽之盛熱。向陽自即入陽，何以先入於陰，寧得謂非其所向？謂水消性向陰，逐伏在陽之實結。所逐在陽，所向亦必在陽，反是則有異謀，人固有之，物所必無。此等近似之談，並無真理可求，徒眩人目耳。鄒氏更有誤者，謂己椒藶黃丸加芒消以治渴，是去其痼癖，正使津液流行。小柴胡湯加芒消以止痢，是去其積聚，正所以止下痢。噫！是亦不深思矣。己椒藶黃丸之證，原非固癖，大黃決不止用一兩，有方解詳大黃。芒消亦不後加。況方後云：先食飲服一丸，日三服，稍增，口中有津液，渴者加芒消半兩。是無芒消，津液非不能生，豈加芒消之津液與此有異耶？徐氏、尤氏皆云渴是胃熱，故加芒消，鄒氏坐泥《本經》太過耳。柴胡加芒消湯云：潮熱者實也。熱實無不下之理，以柴胡加芒消湯主之，即所以治熱實。云：內芒消更煮微沸，分溫再服，不解更作。加芒消非欲其解而何？鄒氏之說，何與相反，殆誤會今反利句耳。不知仲聖明云微利，明云下非其治，下之而仍潮熱，安得不以對證之下藥繼之，此讀古書所以貴細心尋繹也。

## 蓬砂

**宋·唐慎微《證類本草》卷五玉石部下品〔宋·掌禹錫《嘉祐本草》〕** 蓬砂 味苦、辛，暖，無毒。消痰止嗽，破癥結，喉痹。及銲金銀用。或名鵬砂。新補，見日華子。

〔宋·唐慎微《證類本草》〕《圖經》： 文具硇砂條下。

**宋·寇宗奭《本草衍義》卷六** 蓬砂 含化咽津，治喉中腫痛，鬲上痰熱，初覺便治，不能成喉痹，亦緩取效可也。南番者，色重褐，其味和，其效速；西戎者，其色白，其味焦，其功緩，亦不堪作銲。

**宋·王繼先《紹興本草》卷三** 鵬砂 紹興校定： 蓬砂亦名鵬砂。生南海，其狀光瑩者佳。《本經》云味苦、辛，暖，無毒。考主療消痰治喉痹，生用之，宜作性平、無毒。若經火鍛用之，當從性暖、無毒是矣。

**宋·洪邁《夷堅志·再補》** 硼砂治骨骾 鄱陽汪友良，因食火肉，誤吞一骨，如小指大，骾於咽喉間，隱然見於膚革，引手可揣摸，百計不下，凡累日，雖咳嗽亦痛，僅能略通湯飲。舉家憂懼。【略】索笥得砂一塊，汲水滌洗，取而含化，終食間，脫然如失。

**宋·劉明之《圖經本草藥性總論》卷上** 蓬砂 味苦、辛，暖，無毒。消痰止嗽，破癥結喉痺。及銲金銀用。或名鵬砂。《圖經》云： 出南海。性溫，平。今醫家治咽喉最為要切。其狀有大塊者，甚光瑩。

**明·王綸《本草集要》卷五** 蓬砂一名鵬砂。 味苦辛，氣溫，無毒。消痰止嗽，破癥結喉痹，含化嚥津，緩以取效。亦用銲金銀。

**明·滕弘《神農本經會通》卷六** 蓬砂 一名鵬砂。《局》云： 西戎來者，顆塊光明，大者如拳，小者如指，碎者如麻豆，謂之氣砂。其出南番者，色重褐，其味苦，其効速。出西戎者，其色白，其味雜，其功緩，不堪入藥。味苦、辛，氣暖，無毒。《疌》云： 消痰止嗽，破癥結，治喉痺瘡腫。甘緩有功。鵬砂，攻喉痺，止嗽消痰。《本經》云： 消痰止嗽，破癥結，喉痺，及銲金銀。《圖經》云： 鵬砂，出於南海。性溫，平。今治咽喉最為切要。其狀甚光瑩，亦有極大塊者，諸方亦稀用。《衍義》云： 含化嚥津，緩以取効，治喉中腫痛，鬲上痰熱，初覺便治，不成喉痺。劊云： 蓬砂消痰能止嗽，甘緩之功破結癥。喉痺初生宜進此，陰陽氣散自無凝。《局》云： 蓬砂一本號鵬砂，止嗽消痰入肺家。成造金銀為銲藥，更攻喉痺破癥瘕。

**明·劉文泰《本草品彙精要》卷六** 蓬砂無毒 土生。

蓬砂： 主消痰，止嗽，破癥結，喉痹，及焊金銀用。名醫所錄。【名】鵬砂。【地】《圖經》曰： 出於南海，其狀甚光瑩，亦有極大塊者，今醫家治咽喉最爲切要之藥也。《衍義》曰： 南番者，色重褐，其味和，其效速。西戎者，其色白，其味焦，其功緩，亦不堪作焊。【時】採： 無時。【收】瓷器盛貯。【用】光瑩色褐者佳。【色】白褐。【味】苦，辛。【性】溫，泄。【氣】氣厚味薄，陽中之陰。【臭】腥。【主】喉閉。【製】研細用。【治】療： 《衍義》曰： 蓬砂含化咽津，治喉中腫痛，膈上痰熱。初覺便用，不成喉痹，亦緩取效，可也。

**明·葉文齡《醫學統旨》卷八** 硼砂 氣味苦、辛。無毒。治咽喉痛痺，消痰止嗽，破癥結；清上焦口瘡，含化噙津，緩以取効。

**明·許希周《藥性粗評》卷四** 搗硼砂以續傷，張良徒勞於博浪。

硼砂，一名蓬砂。今爐冶家以銲金銀。出南番褐色者佳。味苦、辛，性溫，無毒。主治痰熱喉腫，癥瘕積聚。又主鎚杖打傷，散血生肌，復舊無迹，姑借博浪之鎚，以喻其意。至於破積散塊，與硇砂同功。

單方：被打傷損：以硼砂研末，傅之，須臾自合復舊。

**明·鄭寧《藥性要略大全》卷八** 硼砂 消痰止嗽，破癥結喉痹。味苦、辛、鹹，氣溫、平，無毒。又云涼。出南海，可作銲金銀銅藥。

**明·陳嘉謨《本草蒙筌》卷八** 蓬砂一名鵬砂。味苦、辛，氣溫，無毒。出西戎者，色白味焦功遲；出南番者，色褐味和力速。大塊妙，光瑩良。同菉豆收藏，纔形色不伐。治喉中腫痛要藥，去膈上痰熱捷方。含化噙津，緩以取効。又為銲藥，可柔金銀。

**明·方穀《本草纂要》卷九** 蓬砂 味苦、辛，氣溫，無毒。主消痰止嗽，清喉破結，如咽喉科用之，神驗之藥也。

**明·王文潔《太乙仙製本草藥性大全》卷六《本草精義》** 蓬砂 名鵬砂。出西戎、南番，又云生南海。其狀甚光瑩，亦有及大塊者。南番者色重褐，其味和，其效速。西戎者其色白，其味焦，其功緩，亦不堪作銲。同菉豆收藏纔形色不伐。

**明·王文潔《太乙仙製本草藥性大全》卷六《仙製藥性》** 蓬砂 一名鵬砂。味苦、辛，氣溫，無毒。主治：消痰止嗽，破瘕擘堅。治喉中腫痛要藥，去膈上痰熱捷方。含化噙津，緩以取效。又爲銲藥，可柔金銀。補註：喉痹腫痛，膈上痰熱，初覺治之，用白净硼砂，含化噙津即效。

**明·皇甫嵩《本草發明》卷五** 蓬砂下品，佐使。味苦、辛，氣溫，無毒。一名鵬砂。發明曰：蓬砂苦辛，泄肺金之火，為清喉之要藥。故《本草》主瘵喉痺，除喉中腫痛，消痰止嗽，含化噙津，緩以取效。清膈上痰熱，破癥結及銲金銀用之。出西戎者，色白，味燋。出南番者，色褐，味和力速。大塊光瑩者良。同菉豆收藏，形色不伐。

**明·李時珍《本草綱目》卷一一石部·鹵石類** 蓬砂《日華》

【釋名】鵬砂《日華》 盆砂時珍曰：名義未解。一作硼砂。或云：鍊出盆中結成，爲之盆砂，如盆消之義也。【集解】頌曰：硼砂出南海，其狀甚光瑩，亦有極大塊者。諸方稀用，可銲金銀。宗奭曰：南番者，色重褐，其味和，入藥其效速；西戎者，其色白，其味焦，入藥其功緩。時珍曰：硼砂生西南番，有黄白二種。西者白如明礬，南者黄如桃膠，皆是鍊結成，如硇砂之類。西者柔物去垢，殺五金，與消石同功，與砒石相得也。

【氣味】苦、辛、暖，無毒。頌曰：溫、平。時珍曰：甘、微鹹，凉，無毒。獨孤滔曰：制汞，啞銅，結砂子。土宿真君曰：知母、鵝不食草、芸薹、紫蘇、甑帶、何首烏皆能伏硼砂。同砒石煅過，有變化。【主治】消痰止嗽，破瘕結喉痺大明。上焦痰熱，生津液，去口氣，消障翳，除噎膈反胃，積塊結瘀肉，陰瘻骨哽，惡瘡及口齒諸病時珍。

【發明】頌曰：今醫家用硼砂治咽喉，最爲要切。宗奭曰：含化噙津，治喉中腫痛，膈上痰熱，初覺便治，不能成喉痹，亦緩取效可也。時珍曰：硼砂，味甘微鹹而氣凉，色白而質輕，故能去胸膈上焦之熱。《素問》云熱淫于內，治以鹹寒，以甘緩之，是也。其性能柔五金而去垢膩，故治噎膈積聚、骨哽結核、惡肉陰瘻用之者，取其柔物也；治痰熱、眼目障翳用之者，取其去垢也。洪邁《夷堅志》云：鄱陽汪友良，因食誤吞一骨，哽于咽中，百計不下。恍惚夢一朱衣人曰：惟南蓬砂最妙。遂取一塊含化噙汁，脱然而失。此軟堅之徵也。《日華》言其苦辛暖，誤矣。

【附方】新十四。 鼻血不止：硼砂一錢，水服立止。《集簡方》。 勞瘵有蟲：硼砂、硇砂、兔屎等分爲末，蜜丸梧子大。每服七丸，生甘草一分，新水一鍾，揉汁送下。自朔至望，五更時，令病人勿言，服之。《乾坤秘韞》。 木舌腫强：硼砂末，生薑片蘸揩，少時即消。《普濟方》。 咽喉穀賊：腫痛。蓬砂、牙消等分爲末，蜜和半錢，含嚥。《直指方》。 咽喉腫痛：破棺丹：用蓬砂、白梅等分，搗丸芡子大。每噙化一丸。《經驗方》。 喉痺牙疳：盆砂末吹，並擦之。《集簡方》。 骨哽在咽：方見發明。 小兒陰㿉：腫大不消。硼砂一分，水研塗之，大有效。《集玄方》。 飲酒不醉：先服盆砂二錢妙。《相感志》。 飲食毒物：硼砂四兩，甘草四兩，真香油一斤，瓶内浸之。遇有毒者，服油一小盞。久浸尤佳。《瑞竹堂經驗方》。 一切惡瘡：方同上。 弩肉瘀突：南鵬砂黄色者一錢，片腦少許，研末，燈草蘸點之。《直指方》。

**題明·薛己《本草約言》卷二《藥性本草》** 硼砂 攻喉痹而止嗽消痰。硼砂出南蠻者，色重黑，其味和，其效速。出西戎者，其色白，其味雜，其功緩，不堪入藥。

**明·梅得春《藥性會元》卷下** 硼砂 味苦、辛，氣平，無毒。一名蓬砂，又名鵬砂。主治咽喉痛痹，消痰止嗽，破癥結。清上焦口瘡，含化噙津，緩以取效。舌之上下起皰腫脹，破成頑瘡，不能歛口，飲食難下，用一米許，內患處，效。可合金銀銲藥。

**明・李中立《本草原始》卷八**　蓬砂　生西南番。有黃白二種。西者白如明礬，南者黃如桃膠。或云：煉出盆中結成，謂之盆砂。日華子名蓬砂。又名鵬砂，俗呼硼砂。氣味：苦，辛，暖，無毒。主治：消痰止嗽，破癥結喉痹。〇上焦痰熱，生津液，去口氣，消障翳，除噎膈反胃，積塊結瘀肉，陰㿉骨骾，惡瘡。〇口齒諸病。獨孤滔曰：制汞，啞銅，結砂子。〇土宿真君曰：知母、鵝不食草、芸薹、紫蘇、甑帶、何首烏，皆能伏蓬砂。同砒石煅過有變化。

鄱陽汪友良，因食辣蹄，誤吞一骨如小指大，骾于咽喉間，隱然見于膚革。引手揣摸，百計不下，累日咳嗽作痛，僅能通湯飲。家人憂之。于昏睡次，睹一人著朱衣來告曰：汝為骨所苦，吾有一藥，唯南蓬砂最妙。恍忽驚悟，謂非夢也，殆神明陰授以方，欲全其命。索藥笥得砂小塊，汲水滌洗，取而含化，纔食頃，脫然而失。出《壬志》。

**明・張懋辰《本草便》卷二**　蓬砂一名硼砂。　味苦、辛，氣溫，無毒。消痰止嗽，破癥結。喉痹，含化嚥津，緩以取效。

**明・李中梓《藥性解》卷一**　蓬砂　味苦、辛，性溫，無毒，入肺經。主消痰止嗽，理喉痹，破癥結，光明瑩徹者佳。按：蓬砂色白味辛，宜耑肺部，痰嗽等症，皆肺火也，宜咸治之。

**明・繆希雍《本草經疏》卷五**　蓬砂　味苦，辛，暖，無毒。消痰止嗽，破癥結，喉痹及銲金銀用。一名鵬砂。

〔疏〕蓬砂出於西南番，採取煎淋而結，亦如硝石、硇砂之類。本經味苦辛，氣暖無毒。然詳其用，味應有鹹，氣亦微暖。色白而體輕，能解上焦胸膈肺分之痰熱。辛能散，苦能洩，鹹能輭，故主消痰止嗽，喉痹及破癥結也。寇宗奭云：含化嚥津，治喉中腫痛，膈上痰熱，初覺便治，不能成喉痹也。兼能去口氣，消障翳，除噎膈反胃，積塊瘀肉，陰㿉，骨骾，惡瘡，折傷及口齒諸病。〔主治參互〕同龍腦香、人中白、青黛為末，傅口舌瘡效。《經驗方》咽喉腫痛，破棺丹。用蓬砂、白梅等分，搗丸芡子大。每噙化一丸。《集玄方》小兒陰㿉腫大不消，鵬砂一分，水研塗之，大效。《直指方》胬肉瘀突，南鵬砂黃色者一錢，龍腦香少許，研末。燈草蘸點之。〔簡誤〕蓬砂，其性能柔五金，去垢膩，尅削為用，消散為能。宜攻有餘，難施不足。此暫用之藥，非久服之劑。

**明・倪朱謨《本草彙言》卷一三**　蓬砂　味苦、辛、甘，氣溫，無毒。沉也，降也。入手太陰、足陽明經。蘇氏曰：蓬砂，出南番、西戎，狀甚光瑩，有黃白二種。南番者，其色褐，其味和，其效速；西戎者，其色白，其味焦，其效緩。皆是煉結所成。如礬石類，柔物去垢，制汞啞銅，殺五金八石，與硝石同功，今銀工用作焊藥，牢固不脫。

蓬砂：日華子化結痰，通喉閉，李時珍去目中翳障之藥也。李氏瀕湖曰：此屬鹵石之劑，其性能柔金石而去垢膩，體雖重墜而氣質輕清，故本草散上焦胸膈之熱，如通喉閉，噎膈，消瘕聚骨鯁，用此取其柔物也。如化結痰，退目眵翳障，用此取其去垢也。此劑淡滲清化，如諸病屬氣閉而呼吸不利、痰結火結者，用此立清。倘屬陰虛津燥，髓竭營枯而成肺痿熱脹，痹悶不通諸疾，勞咳將危，多見此證。法當禁用。

集方：《方脉正宗》治氣閉痰結火結，喉脹不通。用蓬砂一錢，放口中噙化，立消。〇《普濟方》治木舌腫强。用蓬砂一錢研細，以薑汁調，鵝羽蘸塗腫處。〇《經驗方》治咽喉腫痛。用蓬砂一錢，白梅肉一個，搗丸芡實大，每噙化一丸。〇《直指方》治目翳并努肉遮睛。用南蓬砂一錢，片腦五釐研細，以燈草頭蘸點之。〇《集玄方》治小兒陰㿉腫大不消。用蓬砂一錢，研水塗之，即消。〇解一切毒食，并治一切惡瘡疔毒。用蓬砂四兩研細，真菜油一觔，瓶內浸之，遇有毒者，服油一小盞。

**明・顧逢柏《分部本草妙用》卷四肺部・溫瀉**　蓬砂　苦、辛，溫，無毒。淡知母、紫蘇、何首烏，〔皆能伏之〕。光明者佳。主治：消痰止嗽，治咽喉症，上焦痰熱，破癥結，除噎膈。口齒症。以蓬砂含化嚥津；治喉中腫痛，膈上痰熱。性能柔五金而去垢膩，故治噎膈積聚，骨骾，結核，惡肉陰㿉，取其能柔堅也。治痰熱目瞖者，取其去垢也。

**明・李中梓《醫宗必讀・本草徵要下》**　蓬砂味苦、辛，寒，無毒。入肺經。退障除昏開努肉，消痰止嗽且生津。癥瘕噎膈俱瘥，衄家骨骾通宜。性能柔五金，則消尅可知，但療有餘，難醫不足，虛癆證非宜。

**明・蔣儀《藥鏡》卷一溫部**　硼砂　辛散苦洩，解肺分火毒。噙化嚥津，治喉中腫痛。兼消目翳障睛，更除噎膈翻胃。

**明・張景岳《景岳全書》卷四九《本草正》**　蓬砂　味鹹、微甘，陰也，降也。消痰涎，止欬嗽，解喉痹，生津液。除上焦濕熱噎膈，癥瘕瘀血，退眼目腫痛翳障，口齒諸病，骨骾，惡瘡。或為散丸，或噙化咽津俱可。

**明・盧之頤《本草乘雅半偈》帙一〇**　蓬砂日華　氣味：〔苦〕、辛，暖，無毒。主治：主消痰，止嗽，破瘕結，喉痹。

覈曰：出南番、西戎。狀甚光瑩，有黃白二種。南番者，其色褐，其味和，其效速；西戎者，其色白，其味焦，其效緩。皆是鍊結所成，如硇砂類。柔物去垢，制汞啞銅，知母、鵝不食草、芸薹、紫蘇、甑帶、何首烏，皆能伏之。同砒石煅過，大有變化。

条曰：命名曰蓬，借喻以比量也。蓬，草之不理者，遇風輒拔而旋，故古者觀轉蓬為車，輪之所繇始也。而身亦有輪。喉即呼吸之輪，機廢則為痹；咽即水穀之輪，機廢則為尰；舌即發聲之輪，機廢則為木、為強；目即根識之輪，機廢則為暗、為障；肺即遊溢朝使之輪，機廢則為嗽、為瘻；上焦即開發宣味之輪，機廢則為噎、為膈；胃府即腐化敷布之輪，機廢則為吐、為嘔、為反胃；陰器即轉輸決瀆之輪，機廢則為癃、為閉、為諸淋、為腫㿉。雖氣亦有輪，機廢則壅而痰結；血亦有輪，機廢則濡而瘕結。整之以蓬砂，使旋轉如輪，則形骸氣血，凡廢弛者，無所不運迭而捷行矣。運迭捷行，即機轉不迴，迴則不轉，乃失其機。

**明・李中梓《本草通玄》卷下**　硼砂　甘，凉，微鹹。退障除昏，開努肉；消瘕通膈，殺勞蟲，生津止嗽，治喉痹，口齒諸病。按：硼砂之性能柔五金而去垢膩，故治噎膈積塊，痰核努肉，目翳骨骾等症，但可療有餘，難施于不足，虛勞症中非所宜也。有二种，出西番者白如明礬，南番者黃如桃膠。能制汞啞銅。

**清・顧元交《本草彙箋》卷一〇**　蓬砂　色白體輕，能解上焦胸膈肺分之痰熱。其性亦能柔五金，去垢膩，故噎膈積聚，骨骾結核，惡肉陰㿉用之者，取其柔物也。治痰熱，障翳眼目用之者，取其去垢也。然以尅削爲用，消散爲能，宜攻有餘，難施不足，此暫用之藥，非久服之劑。

蓬砂，生西南番，西者白色，南者黃色，皆採取煎淋而結，如硝石、磠砂之類。　破棺丹，用蓬砂、白梅等分，搗丸芡子大，每噙化一丸，以治咽喉腫痛。

**清・穆石匏《本草洞詮》卷三**　硼砂　生西南番。有黃白二種，西戎者白如明礬，南番者黃如桃膠，亦硇砂之類。味苦辛，氣溫，無毒。消痰止嗽，破癥結喉痺。蓋硼砂質輕，專去胸膈上焦之熱。其性能柔五金，而去垢膩，故治噎膈積聚，骨鯁結核，惡肉陰瘡，用之取其柔物也。治痰熱眼目障翳，用之取其去垢也。一人骨鯁咽中，百計不下，用南硼砂含嚥汁，脫然而失。此軟堅之徵也。

**清・劉雲密《本草述》卷六**　蓬砂一名鵬砂，即硼砂。　時珍曰：硼砂生西南番。有黃白二種，西者白如明礬，南者黃如桃膠，皆是煉結成如硇砂之類。西者柔物去垢，殺五金，與硝石同功，與砒石相得也。

氣味：苦、辛，暖，無毒。頌曰：溫平。時珍曰：甘、微鹹，涼，無毒。

主治：上焦痰熱時珍。喉痹，破癥結日華子。除噎膈，消障瞖，散瘀肉陰㿉，療骨鯁，惡瘡及口齒諸病時珍。頌曰：今醫家用硼砂治咽喉，最為要切。宗奭曰：含化咽津，治喉中腫痛，膈上痰熱，初覺便治，不能成喉痹也。時珍曰：硼砂味甘微鹹而氣涼，色白而質輕，故能去胸膈上焦之熱。《素問》云熱淫於內，治以鹹寒，以甘緩之，是也。其性能柔五金而去垢膩，故治噎膈積聚，骨鯁，結核，惡肉陰㿉，用之者取其柔物也。治痰熱，眼目障瞖用之者，取其去垢也。洪邁《夷堅志》云：鄱陽汪友良因食誤吞一骨，鯁於咽中，百計不下。恍惚夢一朱衣人曰：惟南蓬砂最妙。遂取一塊含化咽汁，脫然而失。此軟堅之徵也。日華子言其苦辛暖，誤矣。希雍曰：蓬砂《本經》味苦辛，氣暖，無毒。然詳其用，味應有鹹，氣亦微暖，色白而體輕，能解上焦胸膈肺分之痰熱。辛能散，苦能洩，鹹能軟，故其所主治如此。同龍腦香、人中白、青黛為末，傅口舌瘡效。咽喉腫痛，破棺丹用蓬砂、白梅等分，搗丸芡子大，每噙化一丸，小兒陰㿉腫大不消，鵬砂一分，水研，塗之大效。弩肉瘀突，南鵬砂黃色者一錢，龍腦香少許，研末，燈草蘸點之。

愚按：硼砂據時珍所云，皆是煉結成如硇砂之類。但硇砂有煉結成者，更有北庭山中生者。據硇砂所主治諸證，舉是以陽毒之精，施化沉冷之陰也。而硼砂之用，乃治上焦痰熱。蓋其味鹹而氣涼也。雖其除噎膈，破瘕結諸證，似與硇砂彷彿，然而陰結陽結，豈可不別，令其溷淆莫辨哉？故愚揣硇砂之辛熱，乃北庭砂，而硼砂之鹹涼，應同於硇砂之同鹵汁而結煉者也。如時珍於硇砂不及分別，而硼砂之同於硇砂類者，不無以寒熱之殊，令人頓生疑意。愚於硇特著辨疑，因註硼之確相類者，以俟臨證審處云。

修治　白如明礬者良，研如飛塵。

**清・郭章宜《本草匯》卷一八**　蓬砂　甘凉微鹹。退障除昏開努肉，鎖瘕通膈殺勞蟲。

按：蓬砂之性，能柔五金，其消尅可知矣。能除噎膈，積塊瘀肉，痰結骨（硬）〔鯁〕，陰潰惡瘡等病。但可療有餘，難施于不足。虛勞證中，非所宜也。

有二種，西戎者白如明礬，南番者黄如桃膠。又附硇音鐃砂，大熱大毒，能爛金銀銅石，可為銲音翰藥。生食之化人心為血。中其毒者，生綠豆研汁解。重湯煮，則殺其毒。畏漿水。忌羊血。

**清・蔣居祉《本草擇要綱目・溫性藥品》**　硼砂　氣味：苦、辛，暖，無毒。主治：硼砂味甘微鹹而氣涼，色白而質輕，故能去胸膈上焦之熱。《素問》云熱淫于內，治以鹹寒，以甘緩之是也。其性能柔五金，而去垢膩，故治噎膈積聚。骨鯁結核，惡肉陰癀用之者，取其柔物也。治痰熱眼目障瞖用之者，取其去垢也。

**清・汪昂《本草備要》卷四**　蓬砂潤，生津，去痰熱。　甘、微鹹，涼。色白質輕，故除上焦胸膈之痰熱，生津止嗽。治喉痹、口齒諸病。初覺喉中腫痛，含化嚥津，則不成痹。能柔五金而去垢膩，故治噎膈積塊，結核努肉，目翳骨鯁。鹹能軟堅，含之嚥汁。　出西番者，白如明礬。出南番者，黄如桃膠。能制汞、啞銅。蓬砂、硇砂，并可作金銀焊。

**清・顧靖遠《顧氏醫鏡》卷八**　蓬砂即硼砂。辛、苦、鹹，涼。白者如明礬，黄者如桃膠。　能解胸膈痰熱，故止咳嗽，除噎膈，皆用取其軟堅也。善療咽喉腫疼。辛能散，苦能洩，鹹能軟也。治骨鯁如神，含化嚥汁，脱然而失，柔物之功也。洗目翳頗效。去垢之力。敷口瘡，口舌生瘡，牙疳並效。而擦木舌腫強。點努肉，而塗小兒陰癀。腫大不消，塗之自愈。性能柔五金，去垢膩，消散尅削藥也。宜攻有餘，忌施不足。可暫用，不可久服。

**清・李熙和《醫經允中》卷一八**　蓬砂　苦、辛，溫，無毒。主生津止嗽，治喉痹口齒症，上焦痰熱，兼消瞖障。硇砂大熱大毒，能爛金銀銅石，外科暫用為腐藥，生食之化人心為血，豈可輕試也？中其毒者，生菉荳研汁解之。

**清・馮兆張《馮氏錦囊秘錄・雜症痘疹藥性主治合參》卷五**　蓬砂一名鵬砂。採取煎淋而結，亦如硝石、礦砂之類。味苦、辛、鹹，氣暖，無毒。色白而體輕，能解上焦胸膈肺分之痰熱。辛能散，苦能洩，鹹能軟，故治口瘡喉痹及消努肉障翳，並堪吹點，甚效。

蓬砂，治喉痹腫痛要藥，去膈上痰熱捷方。去努肉，消障翳。性能柔五金，消尅可知矣。

**清・张璐《本經逢原》卷一**　蓬砂一名鵬砂。　甘、微鹹，無毒。甘草湯煮化，微火炒鬆用。　發明：蓬砂味甘微鹹，氣溫色白而質輕。能去胸膈上焦之實熱。《素問》云熱淫於內，治以鹹寒，以甘緩之是也。其性能柔五金而去垢膩。故主痰嗽喉痹。破癥結，治噎膈積聚，骨鯁結核惡肉，取其能柔物也。含化嚥津，治喉中腫痛，膈上痰熱，取其能散腫也。眼目障翳，口齒諸病用之，取其能滌垢也。昔人治骨鯁，百計不下，取含嚥汁，脱然如失，此軟堅之徵也。

**清・浦士貞《夕庵讀本草快編》卷一**　蓬砂《日華》、鵬砂　名義難解，或因其塊首如蓬，或如鵬之翅，故也。　硼砂，味甘微鹹，氣涼色白，質輕而潤，入手太陰，故能除上焦之熱。《內經》所謂熱淫于內，治以鹹寒，以甘緩之是也。其性柔五金而去垢膩。故治噎膈積聚，骨鯁結核用之者，取其柔物也。治痰熱膠膩，眼目翳障用之者，取其去垢也。雖然，療有餘之症則可，若不足虛勞非所宜爾。洪邁《夷堅志》云：鄱陽一汪姓者悞為骨鯁，百計不下，夢一朱衣人謂曰：淮南蓬砂最佳。遂取噙之，脱然而失。軟堅之旨益可徵矣。

**清・黄元御《玉楸藥解》卷三**　蓬砂　味鹹，性涼。入手太陰肺經。化痰止嗽，磨瞖消癥。蓬砂消化瘀痰，治癖積，瞖障努肉，結核喉痹，骨鯁。本草謂其化痰止嗽，清肺生津，除反胃噎膈。此非循良之性，未可服餌也。

**清・吳儀洛《本草從新》卷五**　蓬砂〔瀉，去痰熱。〕　甘鹹而涼，色白質輕，故除上焦胸膈之痰熱，治喉痹口齒諸病。初覺喉中腫痛，含化咽津則不成痹。能柔五金而去垢膩，故治噎膈積塊，結核努肉目翳，骨鯁。鹹能軟堅，含之咽汁。證非有餘切勿輕用。出西番者白如明礬，出南番者黄如桃膠。能制汞，啞銅。蓬砂、硇砂并可作金銀銲。

**清・汪紱《醫林纂要探源》卷三**　蓬砂　甘、鹹，寒。鹵液所結。出西番者白如明礬，出南番者黃如桃膠，以白為良。補益心肺，攻堅破結，去熱生津，去骾續絕。鹹補心，輭堅，而色白入肺，甘則能補，能解渴，止嗽，治喉痺口齒諸病。亦攻積塊結核，去弩肉，除目翳，消骨骾，骾去則絕者續矣。且蓬砂、硇砂，皆可作銲藥，以合金銀器，永不脫落。則又能固正氣，而膠續筋骨，亦可想也。能制汞，

**清·嚴潔等《得配本草》卷一** 硼砂一名鵬砂，一名盆砂。 畏知母、芸薹、紫蘇、甑帶、何首烏、鵝不食草。 制汞，啞銅。 甘、微鹹，涼。 治上焦痰熱，瘕結，喉痺，骨骾，惡瘡弩肉，翳障，口齒諸病。 得生薑片，蘸揩木舌腫強。 得冰片少許，研細末，燈草蘸點弩肉翳障。 配牙硝，治咽喉穀賊腫痛。 配白梅，治咽喉腫痛。 出西番者白如明礬，南番者黃如桃膠。

**題清·徐大椿《藥性切用》卷七** 蓬砂 即硼砂。甘鹹微涼，滌垢消腫，瀉熱除痰，為喉痺口齒，噎膈積塊耑藥。 並消蛋積。 細研水飛，量虛實用。

**清·黃宮繡《本草求真》卷五** 蓬砂治胸膈熱痰。 蓬砂耑入肝。 又名鵬砂，辛甘微鹹，氣溫，色白質輕，功專入上除熱，故云能除胸膈熱痰也。 是以痰嗽喉痺，噎膈積聚，骨鯁結核，眼目翳障，口齒諸病。 凡在胸膈以上者，無不可以投治。 頌曰：今醫家用硼砂治咽喉，最為要功。 宗奭曰：含化咽津，治喉中腫痛，膈上痰熱，初覺便治，不能成喉痺。 時珍曰：硼砂味甘微鹹而氣涼，色白而質輕，故能去胸膈上焦之熱。《素問》云熱淫於內，治以鹹寒，以甘緩之是也。 其性能柔五金而去垢膩，故治噎膈積聚，骨鯁，結核，惡肉陰癀用之者，取其柔物也。 治痰熱，眼目障翳用之者，取其去垢也。 況性能消金，豈有垢膩塊積而不可以消導乎？ 第當審實而治，勿輕投也。 出西番者白如明礬，出南番者黃如桃膠，甘草湯煮化，微火炒鬆用。

**清·沈金鰲《要藥分劑》卷二** 蓬砂 【略】鰲按：芽兒雪口，以硼砂一味，研細，吹之即效。 禁忌：《經疏》曰蓬砂尅削為用，消散為能，宜攻有餘，難施不足，此暫用之藥，非久服之劑。

**清·羅國綱《羅氏會約醫鏡》卷一八金石水土部** 硼砂味甘，微鹹、微辛，入肺經。 色白入肺。 除上焦熱痰，治喉痺口齒諸病，初覺喉中腫痛，含化嚥津，則不成痺。 退目翳胬肉，研末加片點之。 療噎膈、結核、骨鯁。皆辛散鹹軟之效。 出西番，色白似礬。此味甘，礬味酸。 性能柔五金，則削尅可知。 雖生津止嗽，虛勞證勿用。

**清·王龍《本草纂要稿·鹵石部》** 蓬砂 味苦、辛，性溫，無毒。 清膈熱，療喉痺。 消痰熱，止嗽除噎隔。 止反胃，去口氣生津。 破癥結消瘀，治喉中腫痛。 能柔五金而去垢，善潰骨(硬)〔骾〕而軟堅。

**清·張德裕《本草正義》卷上** 蓬砂 甘鹹，涼降。 能消痰止嗽，解喉痺，生津液，除上焦濕熱，退目腫障翳，口齒諸瘡。 亦療骨骾。 煅過，俗名西天冰。

**清·楊時泰《本草述鉤元》卷六** 蓬砂 即硼砂。 生西南番，有黃白二種： 西者白如明礬，南者黃如桃膠，皆是煉結成。 西者柔物去垢，殺五金，與硝石同功，又與砒石相得也。

味甘，微鹹，氣涼。 主上焦痰熱喉痺，破癥結，除噎膈，消障瞖，散瘀血陰癀，療骨鯁惡瘡及口齒諸病。 凡喉中腫痛，膈上痰熱初覺，便含化蓬砂咽津，不成喉痺也宗奭。 蓬砂味鹹氣涼，色白質輕，能去胸膈上焦肺分之痰熱。《素問》云熱淫於內，治以鹹寒，以甘緩之是也。 其性能柔五金而去垢膩，故噎膈、積聚、骨鯁、結核、惡肉、陰癀用之者，取其柔物也。 痰熱眼目障瞖用之者，取其去垢也瀕湖。 一人骨鯁咽中，百計不下，取南蓬砂含化咽汁，脫然而失，此軟堅之徵也《夷堅志》。 同龍腦、人中白、青黛為末，傅口舌瘡。 破棺丹，治咽喉腫痛，用蓬砂、白梅等分，搗丸芡子大，每噙化一丸。 小兒陰癀，腫大不消，蓬砂一分，水研塗之，大效。 胬肉瘀突，南蓬砂黃色者一錢，龍腦香少許，研末，燈草蘸點之。 修治： 白如明礬者良，研如飛塵用。

**清·葉桂《本草再新》卷八** 蓬砂味甘鹹，性涼，無毒。入肺經。 除上焦胸膈之痰熱，治喉痺噎膈，積塊結核。

**清·趙其光《本草求原》卷二六鹵石部** 硼砂即蓬砂、盆砂。 甘、微鹹，涼，色白，質輕。 出西番者佳； 出南番者黃色，次之。 故除上焦胸膈痰熱，生津散腫，喉初腫痛，含化妙。 治喉痺，同白梅搗丸含化。 木舌，生薑點揩。 口齒舌瘡，同冰片、青黛、人中白擦。 又辛鹹能軟堅，柔五金而去垢膩，故治噎膈，積塊，結核，努肉，同冰片點。 目翳，骨鯁，含化。 散瘀，止鼻衄，水服。 去瘵蟲，同兔屎等分蜜丸，於望前五更，甘草湯日下七丸。 咽喉穀賊，同牙硝蜜丸，含化。 陽潰，腫大，水研塗。 飲食毒物，惡瘡，同甘草以香油久浸飲，又塗。 解酒，明目，生肌，腐瘀則生新。 能制汞，啞銅，作金銀焊。 虛人忌之，有積亦勿久服。 生則化腐，煅枯則生肌。

**清·文晟《新編六書》卷六《藥性摘錄》** 蓬砂 又名鵬砂。 辛甘微鹹，氣溫。 入肝。 除胸膈熱痰，治痰嗽喉痺，噎膈積聚，骨鯁結核，並目翳，口齒諸病。 非實症莫投。 〇甘草湯煮化，微火炒鬆用。

**清・戴葆元《本草綱目易知錄》卷七** 硼砂鵬砂、蓬砂。 味甘、微鹹，氣涼。色白質輕。能去上焦胸膈之熱而消痰止嗽。破癥結，通喉痹，止鼻衄，生津液，去口氣，消障瞖，除噎膈。其性能柔五金而去垢膩。治上焦痰熱，反胃，積塊積聚，惡肉惡瘡陰𤺋，骨鯁，眼目口齒咽喉諸病。解吞鴉片烟毒。

【略】齒血數日，諸藥不效，硼砂研末，傅，即止。葆驗。

**清・陳其瑞《本草撮要》卷六** 硼砂 味甘鹹，涼，色白質輕，入手足太陽、陽明經，功專除上焦胸膈痰熱，治喉痹口齒諸病。能柔五金。去垢膩，治噎膈積塊結核胬肉目翳骨鯁，製汞啞銅。證非有餘不可輕用。

特蓬殺

**宋・唐慎微《證類本草》卷三玉石部上品〔唐・陳藏器《本草拾遺》〕** 特蓬殺 味辛、苦，溫，小毒。主飛金石用之，煉丹亦須用，生西國。似石脂、蠣粉之類，能透金石鐵無礙下通出。

石硫黃

**宋・李昉《太平御覽》卷第九八七** 石硫黃 《後魏書》曰：悅盤國有火山，山傍皆石燋鎔，流數千里迺凝堅。人取以為藥，即石硫黃也。《淮南子》曰：夏至流黃澤。《抱朴子》曰：石硫黃，五岳皆有，而箕山為多。其方言許由就此服之，長生，故不復以富貴累意。《范子計然》曰：石硫〔黃〕出漢中。《神仙傳》曰：劉憑餌石硫黃，老而更少。《博物志》曰：西域使至，王暢説石硫黃出且彌山，去高昌八百里，有石硫黃高數十丈，縱廣五六畒，有取流黃孔穴，晝視其孔上，狀如青烟，常高數尺，夜視皆如燃燈，光明高尺餘，暢所親見也。且彌人言是時氣不和，皆往保此山，毒氣自滅。《本草經》曰：石硫黃味酸。生谷中。治婦人陰蝕疽痔，能作金銀物。生東海。《吳氏本草經》曰：硫黃，一名石流黃。神農、黃帝、雷公：鹹，有毒。醫和、扁鵲：無毒。或生易陽，或河西，或五色黃，是潘水石液也，燒令有紫炎者。八月九月採。治婦人絶陰，能化金銀銅鐵。

**宋・方勺《泊宅編》卷五** 吳興吳景淵刑部服硫黃，人罕有知者。其後二十年，長子橐為華亭市易官，發背而卒，乃知流毒傳氣尚及其子，可不戒哉！

**宋・唐慎微《證類本草》卷四玉石部中品〔《本經・別錄》〕 石硫黃** **味酸，溫**、大熱，有毒。**主婦人陰蝕，疽痔，惡血，堅筋骨，除頭禿，**療心腹積聚，邪氣冷癖在脅，欬逆上氣，脚冷疼弱無力，及鼻衄，惡瘡，下部䘌瘡，止血，殺疥蟲。**能化金、銀、銅、鐵奇物。**生東海牧羊山谷中，及太山、河西山。礬石液也。

〔梁・陶弘景《本草經集注》〕云：東海郡屬北徐州，而箕山亦有。今第一出扶南林邑。色如鵝子初出殼，名崑崙黃。次出外國，從蜀中來，色深而煌煌然。方用之療脚弱及痼冷，甚良。仙經頗用之。所化奇物並是黃白術及合丹法。此云礬石液，今南方則無礬石，恐不必爾。

〔宋・掌禹錫《嘉祐本草》〕謹案：《吳氏》云：硫黃一名石留黃。神農、黃帝、雷公：鹹，有毒。醫和、扁鵲：苦，無毒。或生易陽，或河西。或五色黃，是潘水石液也，燒令有紫焰者。八月、九月採。治婦人血結。《藥性論》云：石硫黃，君，有大毒。以黑錫煎湯解之，及食宿冷猪肉。味甘，太陽之精，鬼焰居焉。伏鍊數般皆傳于作者。能下氣，治脚弱，腰腎久冷，除冷風頑痹。又云：生用治疥癬，及療寒熱欬逆。鍊服主虛損，泄精。蕭炳云：硫黃，臣。日華子云：石亭脂，曾青爲使，畏細辛、飛廉、鐵。壯陽道，治痃癖冷氣，補筋骨勞損，風勞氣，止嗽上氣，及下部痔瘻，惡瘡疥癬，殺腹藏蟲，邪魅等。煎餘甘子汁，以禦其毒也。

〔宋・蘇頌《本草圖經》〕曰：石硫黃，生東海牧羊山谷中，及泰山、河西山，礬石液也。今惟出南海諸蕃。嶺外州郡或有，而不甚佳。以色如鵝子初出殼者爲真，謂之崑崙黃。其赤色者，名石亭脂，青色者號冬結石，半白半黑名神驚石，並不堪入藥。又有一種土硫黃，出廣南及榮州，溪澗水中流出。其味辛，性熱，腥臭。主治疥瘡，殺蟲毒。又可煎煉成汁，以模鎔作器，亦如鵝子黃色。謹按：古方書未有服餌硫黃者。《本經》所説功用，止于治瘡蝕，攻積聚冷氣，脚弱等。而近世遂火鍊治爲常服丸散，觀其製鍊服食之法，殊無本源，非若乳石之有論議節度。故服之其效雖緊，而其患更速，可不戒之！

〔宋・唐慎微《證類本草》〕《海藥》謹案《廣州記》云：生崑崙日脚下，顆塊瑩淨，無夾石者良。主風冷虛憊，腎冷，上氣，腿膝虛羸，長肌膚，益氣力，遺精，痔漏，老人風秘等。并宜燒煉服。仙方謂之黃硇砂，能壞五金，亦能造作金色，人能制伏歸本色，服而能除萬病。如有發動，宜以猪肉、鴨羹、餘甘子湯並解之。蜀中雅州亦出，光膩甚好，功力不及舶上來者。雷公云：凡使，勿用青赤色及半白半青、半赤半黑者。自有黃色，內瑩淨似物命者，貴也。凡用四兩，先以龍尾蒿自然汁一鎰，東流水三鎰，紫背天葵汁一鎰，粟遂子莖汁一鎰，四件合之攪令勻，一坩堝用六一泥固濟底下，將硫黃碎之入於堝中，以前件藥汁旋旋添入，火煮之汁盡爲度，了。再以百部末十兩，柳蚛末二斤，一簇草二斤，細剉之，以東流水并藥等同煮硫黃二伏時，日滿去諸藥，取出用熟甘草湯洗了，入鉢中研二萬匝方用。《聖惠方》：治諸瘡弩肉如蛇出數寸。用硫黃一兩細研，於肉上薄塗之，即便縮。《外臺秘要》《千金》：療小兒聤耳。硫黃末以粉耳中，日一夜一，差止。《肘後方》：女子陰瘡，末硫黃傅之。《經驗方》：大治元藏，氣發久冷，腹痛虛瀉，應急大效。玉粉丹：生硫黃五兩，青鹽一兩，已上衮細研，以蒸餅爲丸如菉豆大。每服五丸，熱酒空心服，以食壓之。《梅師方》：治陰生濕疱瘡。取石硫黃研如粉，傅瘡上，日三度。《博濟方》：治陰陽二毒傷寒。黑龍丹：舶上硫黃一兩，以柳木搥研三兩日，巴豆一兩，和殼記箇數，用二升鐺子一口，先安硫黃鋪鐺底，次安巴豆，又以硫黃蓋之，釅醋半升已來澆之，盞子蓋合令緊密，更以濕紙周回固濟縫，勿令透氣縫，紙乾更以醋濕之。文武火熬，常著人守之，候裏面巴豆作聲，數已半爲度，急將鐺子離火，便入臼中急擣令細。再以米醋些子，幷蒸餅些小，再擣，令冷，可丸如鷄頭大。若是陰毒，用椒四十九粒，葱白二莖，水一盞，煎至六分，服一丸；陽毒，用豆豉四十九粒，葱白二莖，水一盞同煎，吞一丸，不得嚼破。孫尚藥：治氣虛傷冷，暴作水瀉，日夜三二十行，腹痛不止，夏月路行備急。朝真丹：硫黃二兩，牛角研令極細，枯白礬半兩，同細研勻。水浸蒸餅去水脉了，和丸如梧桐子大，朱砂爲衣。每服十五丸至二十丸，米飲、鹽湯下。《玉函方》：王方平通靈王粉散：治腰膝，暖水藏，益顏色，其功不可具載。硫黃半斤，桑柴灰五斗淋取汁，煮三伏時，以鐵匙抄於火上，試之，伏火即止。候乾，以大火煅之。如未伏更煮，以伏爲度。煅了，研爲散。穿地坑一尺二寸，投水於中，待水清，取水和硫黃水，不得多，於垍堝中，煎熬令如膏。及用鐵錢一面，不著火上，以細砂隔紙，慢抄出硫黃於紙上滴之，自然如玉色，光彩射人，此號爲玉粉散。細研，要丸以飯丸如麻子大。空心每日鹽湯下十丸，散服亦鹽湯調兩字，極有效驗。余鄉人王昭遂合服之，年九十，顏貌如童，夜視細字，力倍常人。《太清服鍊靈砂法》：石硫黃本出波斯國，南明之境，稟純陽火石之精氣而結成，質性通流，含其猛毒。藥品之中，號爲將軍。功能破邪歸正，返滯還清，挺立陽精，消陰化魄。《丹房鏡源》：石硫黃，可乾汞，訣曰：此硫黃見五金而黑，得水銀而赤。又曰黃牙。《青霞子》：硫黃散癖。

**宋·寇宗奭《本草衍義》卷五** 石硫黃 今人用治下元虛冷，元氣將絕，久患寒洩，脾胃虛弱，垂命欲盡，服之無不效。中病當便已，不可盡劑。世人蓋知用而爲福，不知用久爲禍。此物損益兼行，若俱弃而不用，當倉卒之間，又可闕乎？或更以法製，拒火而又常服者，是亦弗思也。在《本經》則不言如此服食，但專治婦人。不知者，往往更以酒服，其可得乎？或藏中久冷，服之先利。如病勢危急，可加丸數服，少則不效，仍加附子、乾薑、桂。

**宋·王繼先《紹興本草》卷三** 石硫黃 紹興校定：石硫黃，雖所產土地不一，以舶上來，色理鮮明，不夾石者佳。內其色帶赤，即名石亭脂，亦入藥用。復有臭黃一種，止療瘡疥而不堪服餌。竊詳石硫黃入藥，生用即溫，而有利性，煉治服之，則其性熱而復固斂，皆味酸、有毒是矣。

**宋·洪邁《夷堅志·甲志》卷七** 仁和縣吏 乾道間，仁和縣一吏早衰病瘠，齒落不已。從貨藥道人求藥，得一單方，只碾生硫黃為細末，實於猪臟中，水煮臟爛，同研細，用宿蒸餅為丸，隨意服之。兩月後，飲啖倍常，步履輕捷，年過九十，略無老態，執役如初。因從邑宰出村，醉食牛血，遂洞下數十行，所泄如金水，自是尫悴，少日而死。李巨源得其事於臨安人內醫官管範，嘗與王樞使言之。王云：但聞猪肪脂能制硫黃，茲用臟尤為有理，亦合服之，久當見功効也。

**宋·洪邁《夷堅志·再補》** 治鉛毒方 唐與正治吳巡檢病不得前溲，卧則微通，立則不能涓滴。醫遍用通小腸藥，不效。唐因問吳：常日服何藥？曰：常服黑錫丹。問：何人結砂？曰：自為之。唐洒然悟曰：是必結砂時鉛不死，硫黃飛去，鉛砂入膀胱。卧則偏重，猶可溲，立則正塞水道，以故不能通。令取金液丹三百粒，分為十服，煎瞿麥湯下之。膀胱得硫黃，積鉛成灰，從水道下，猶累累如細砂，病遂愈。

**宋·劉明之《圖經本草藥性總論》卷上** 石硫黃 味酸，溫、大熱，有毒。主婦人陰蝕疽痔惡血，堅筋骨，除頭禿，療心腹積聚邪氣，冷癖在脇，欬逆上氣，脚冷疼弱無力，及鼻衄惡瘡，下部䘌瘡，止血，殺疥蟲。《藥性論》云：君。有大毒。以黑錫煎湯解之。能下氣，治脚弱，腰腎久冷，除冷風頑痺。生用治疥癬，及療寒熱欬逆。煉服主虛損泄精。蕭炳云：臣。日華子云：壯陽道，治痃癖冷氣，補筋骨勞損，風勞氣，止嗽上氣，及下部痔瘻惡瘡疥癬，殺腹臟蟲邪魅等。曾青為之使。畏細辛、飛廉、鐵。

**宋·張杲《醫說》卷九** 金液丹無妄服 金液丹，硫黃煉成，乃純陽之物，夏至人多服之，反為大患。有痼冷則宜服《泊宅編》。

**元·王好古《湯液本草》卷六** 硫黃 氣溫，大熱，味酸，有毒。《本草》云：主婦人陰蝕，疽痔，惡血。堅筋骨，除頭撓。療心腹積聚邪氣，冷癖在脇，欬逆上氣，脚冷疼弱無力，及鼻衄，惡瘡，下部䘌瘡。止血，殺疥蟲。《液》云：如太白丹佐以硝石，來復丹用硝石之類，至陽佐以至陰，與仲景白通湯佐以人溺、猪膽汁，大意相同，所以去格拒之寒。兼有伏陽，不得不爾；如無伏陽，只是陰證，更不必以陰藥佐之也。硫黃亦號將軍，功能破邪歸正，返滯還清，挺出陽精，消陰化魄生魂。

**元·徐彥純《本草發揮》卷一**　石硫黄　味酸，大熱，有毒。《衍義》云：今人用治下元虚冷，元氣將絶，久患寒泄，脾胃虚弱欲垂命盡，服之無不効。中病當便已，不可盡劑。　海藏云：【略】

**明·王綸《本草集要》卷五**　石硫黄君一云：臣。　味酸甘，氣溫、大熱，有毒。　主婦人陰蝕，疽痔惡血，及下部䘌瘡，止血，殺疥蟲，堅筋骨，除頭禿。療心腹痃癖冷氣，咳逆上氣，脚冷疼弱。壯陽道，治下元虚冷，元氣將絶，久患寒泄，脾胃虚弱，垂命欲盡，服之皆效，中病便已，不可過劑。至陽之精，能化金、銀、銅、鐵奇物。

**明·滕弘《神農本經會通》卷六**　石硫黄　君也。一云：臣。色如鵝子初出殼者為真。畏細辛、飛廉、鐵。石亭脂、曾青為使。《局》云：細研，水飛。廣州。滎州。生東海牧羊山谷中及太山河西山，礬石液也。今惟南海諸蕃，嶺外州郡或有，而不甚佳。《廣州記》云：生崑崙日脚下。

味酸，氣溫、大熱，有毒。《湯》云同。東云：暖胃，驅蟲。《衷》云：殺疥蟲，治䘌瘡，痃癖，堅筋骨，及逐冷，壯陽，兼療老風秘。又云：味甘。又云：有大毒。《本經》云：主婦人陰蝕，疽痔，惡血，堅筋骨，除頭禿，療心腹積聚，邪氣冷癖在脇，欬逆上氣，脚冷疼弱無力，及鼻衄，惡瘡，下部䘌瘡，止血，殺疥蟲。能化金、銀、銅、鐵奇物。礬石液也。《藥性論》云：君。有大毒。以黑錫煎湯解之，及食宿冷猪肉。味甘。太陽之精，鬼焰居焉，伏鍊數般皆傳於作者。能下氣，治脚弱，腰腎久冷，除風冷頑痺。又生用，治疥癬及療寒熱欬逆。鍊服，主虚損泄精。蕭炳云：臣。日華子云：石亭脂、曾青為使。畏細辛、飛廉、鐵。壯陽道，治痃癖冷氣，補筋骨勞損，風勞，氣上嗽，上氣，及下部痔瘻惡瘡疥癬，殺腹臟蟲邪魅等。煎餘甘子汁，以禦其毒也。《圖經》云：《本經》所說功用止於治瘡蝕，攻積聚冷氣，脚弱等，而近世遂火鍊治，為常服丸散。觀製鍊服食之法，殊無本源，非若乳石之有議論節度，故服之其効雖緊，而其患更速，可不戒之。《太清》云：本出波斯國南明之境，禀純陽火石之精氣而結成，質性通流，含其猛毒，藥品之中，號為將軍，功能破邪歸正，返滯還清，挺立陽精，消化陰魄。《湯》云：《本草》同《本經》。《液》云：如太白丹佐以消石，來復丹用消石之類，至陽佐以至陰，與仲景白通湯佐以人溺、猪膽汁，大意相同，所以去格拒之寒，兼有伏陽，不得不爾。如無伏陽，只是陰證，更不必以陰藥佐之也。硫黄亦號將軍，功能破邪歸正，返滯還清，挺出陽精，消陰化魄生魂。《衍義》云：至陽之精，治下元虚冷，元氣將絶，久患寒泄，脾胃虚弱，垂命欲盡，服之皆効。中病便已，不可過劑。《衍義》曰：石硫黄，今人用治下元虚冷，元氣將絶，久患寒泄，脾胃虚弱，垂命欲盡，服之無不効。中病當便已，不可盡劑。世人蓋知用而為福，不知用久為禍。此物損益兼行，若俱棄而不用，當倉卒之間，又可闕乎？或更以法制拒火，而又常服者，是亦弗思也。在本朝則不言如此服良，但專治婦人，不知者往往以酒服，其可得乎，或臟中久冷，服之先利。如病勢危急，可加丸數服，少則不効，仍加附子、乾薑、桂。劊云：廣州出產石硫黄，治疥堅筋去䘌瘡。逐冷壯陽陰痃癖，老人風秘是仙方。即《局方》。壯陽，須索石硫黄。

**明·劉文泰《本草品彙精要》卷三**　石硫黄有毒　石生。

**石硫黄**出《神農本經》：**主婦人陰蝕，疽痔，惡血。堅筋骨，除頭禿。能化金銀銅鐵奇物。**以上朱字《神農本經》。療心腹積聚，邪氣，冷癖在脇，欬逆上氣，脚冷疼、弱無力及鼻衄，惡瘡，下部䘌瘡，止血，殺疥蟲。以上黑字名醫所錄。

【名】石硫黄。【地】《圖經》曰：石硫黄，礬石液也。生東海牧羊山谷中及泰山、河西，今惟出南海諸蕃，嶺外州郡或有而不甚佳。以色如鵝子初出殼者爲真，謂之崑崙黄。其赤者名石亭脂，青色者號冬結石，半白半黑名神驚石，並不堪入藥。又有一種土硫黄，出廣南及榮州，溪澗水中流出，其味辛性熱，腥臭，可煎煉成汁，以模鎔作器。蜀中雅州亦出，光膩甚好，功力不及舶上來者。按古方書未有服餌硫黄者，其《經》所說功用，止於治瘡蝕及積聚，冷氣，脚弱而已。世遂火煉治爲常服丸散，觀其製煉、服食之法殊無本源，非若乳石之有議論節度，故服之其效雖緊而其患更速，可不戒之。【時】生：無時。採：八月、九月取。【用】瑩淨無夾石者爲佳。【色】淡黄。【味】酸。【性】溫，大熱。【氣】氣厚味薄，陽也。【臭】臭。【主】心腹積聚，冷癖邪氣。【助】石亭脂、曾青爲之使。【反】朴硝、石亭脂。畏細辛、飛廉、鐵。【製】《雷公》云：凡用，硫黄四兩，先以龍尾蒿自然汁一鎰，東流水三鎰，紫背天葵汁一鎰，粟遂子莖汁四件合之，攪令勻。入坩堝，用六一泥固濟底下，將硫黄碎之入於堝中。以前件藥汁旋旋添入，火煮之，汁盡爲度了，再以百部末十兩，柳蚛末二斤，一簇草二斤，細剉之，以東流水並藥等同煮硫黃二伏時，日滿去諸藥取用，熟甘草湯洗了，入鉢中研二萬匝方用。 ［治］療：《藥性論》云：煉服能下氣，主脚弱，腰腎久冷，除風頑痹，虛損泄精。生用療寒熱欬逆及疥癬。《圖經》曰：土硫黃殺疥瘡，蟲毒。日華子云：石亭脂壯陽道，除痃癖冷氣，強筋骨，勞損，風勞，止嗽上氣及下部痔瘻，惡瘡疥癬，殺腹臟蟲，邪魅。［解］中硫黃毒，以豬肉、鴨羹、餘甘子並解之。

**明·葉文齡《醫學統旨》卷八** 硫黃 氣溫、大熱，味酸、甘，有毒。舶上者良，黃色瑩淨。 治婦人陰蝕疽痔惡瘡，及下部䘌瘡，止血；殺疥蟲；堅筋骨，除頭秃；療心腹痃癖冷氣，欬逆上氣，脚冷疼弱，壯陽道；治下元虛冷，元氣將絶；久患寒泄，脾胃虛弱，垂命欲盡，服之皆効。中病便已，不可過劑。至陽之精，能化金銀銅鐵奇物。

**明·許希周《藥性粗評》卷四** 虛臨冷症，硫黃全趙璧之歸。

石硫黃，礬石液也。出廣南諸州山谷。以色黃內瑩者佳。石亭脂、曾青為之使，畏細辛、飛廉、鐵。味酸，性大熱，有毒。主治心腹積聚，冷癖陰症，暴瀉脫陽，脚弱無力，陽痿不起。能回陽復命，如藺相如之全璧歸趙焉。又能止鼻衄，殺疥瘡，化金銀銅鐵等毒。海藏云：硫黃亦號為將軍，功能破邪歸正，返滯還清，挺出陽精，消化陰魄而生魂。愚謂大黃將軍，以至陰而驅陽毒也。硫黃將軍，以至陽而驅陰毒也。性雖異，而致平之功則同矣。

單方：陰症：凡患陰毒，下元虛冷，元氣將絶，及陽痿不起諸虛弱者，石硫黃一兩，青鹽二錢，同研細，用蒸餅為丸，如菉豆大，每服五丸或十丸，空心熱酒送下，以食壓之，自回陽而復命矣。

**明·鄭寧《藥性要略大全》卷八** 硫黃君 暖胃冷而敺蟲。〇堅筋及老人風秘，治下元虛冷，壯陽道。治女人陰蝕疥癬，蟲䘌疽痔，治目，收風弦，治婦人血結，除頭秃，心腹積聚，冷氣在脇，欬逆上氣，脚冷痛弱無力。《十書》云：治鼻衄，惡瘡，下部䘌瘡。止血，殺疥蟲。《本草》云：硫黃亦號將軍，功能破邪歸正，反滯還清，陽精挺出。消陰，化魄生魂。 味甘、酸，氣溫、大熱，有毒。出廣州。凡入藥，以銅鍋溶化，傾入水內，出火毒方用。

**明·陳嘉謨《本草蒙筌》卷八** 石硫黃 味酸，氣溫、大熱，有毒。乃礬石液，出太山中。《如鷄雛，初出殼者為真；以火熔，傾水浸過可餌。畏細辛、飛廉鐵，使曾青石亭脂。體係至陽之精，能化五金奇物。狀興陽道，若下焦虛冷，元陽將絶者殊功；禁止寒瀉，或脾胃衰微，垂命欲死者立効。中病便已，過劑不宜。塞痔血，殺疥蟲，堅筋骨，除頭秃。去心腹痃癖，卻脚漆冷疼。仍除格拒之寒，亦有將軍之號。蓋因功能破邪歸正，返滯還清，挺出陽精，化陰魄而生魂也。

謨按：硫黃性熱，每用治其格拒之寒。儻或此證，兼有伏陽在內，須加陰藥為佐纔妙也。古方太白丹、來復丹，各有硝石之類。是皆至陽，佐以至陰，正合宜爾。若無伏陽，單患陰證，此又不必例拘，惟在用其陽藥也。

第三卷大黃欵後謨按宜參看。

**明·方穀《本草纂要》卷九** 硫黃 味酸、甘，氣溫、大熱，有毒。主婦人陰蝕疽痔及下部䘌瘡，殺諸蟲惡癩并疥癬濕毒；治心腹痃癖，冷氣欬逆，療下元虛冷，陽衰將絶，止脾胃久泄，飲食不納；壯陽道虛弱，遺精白濁；又燥濕熱，而堅強筋骨；除痃癖而痛引小腹。大抵此劑金石之類，不可多服。《本經》亦云：又曰：大熱之劑，不可多服；又謂有毒之藥，不可多服。至陽之精，能化金石。然金石可化，而況於臟腑，可多服者乎？

**明·王文潔《太乙仙製本草藥性大全》卷六《本草精義》** 石硫黃 生東海牧羊山谷中及太山河西山，礬石液也。今惟出南海諸番嶺外州郡，或有而不甚佳。以色如鵝子初出殼者爲真，謂之崑崙黃。其赤色者名石亭脂，青色者號冬結石，半白半黑名神驚石，並不堪入藥。又有一種土硫黃，出廣南及榮州，溪澗水中流出，其味辛，性熱腥臭，主治疥瘡，殺蟲毒，又可煎鍊成汁，以模鎢作器，亦如鵝子黃色。謹按：古方書未有服餌硫黃者，《本經》所説功用，止於治瘡蝕，攻積聚冷氣脚弱等，仙經頗用之，所化奇物，並是黃白術及合丹法。此云礬石液，今南方則無礬石，恐不必爾，故服之其效雖緊，而其患更速，可不戒之？

按：硫黃性熱，每用治其格拒之寒，倘或此證兼有伏陽在内，須加陰藥爲佐纔妙也。古方太白丹、來復丹各有硝石之類，是皆至陽佐以至陰，正合宜爾。若無伏陽，單患陰證，此又不必例拘，惟在用其陽藥也。第三卷大黃欵後謨按宜參看。

**明·王文潔《太乙仙製本草藥性大全》卷六《仙製藥性》** 石硫黃君，又云臣。 味酸，氣溫、大熱，有毒。乃礬石液。曾青、石亭脂爲使。體係至陽之精，能化五金奇物。 主治：壯興陽道，若下焦虛冷，元虛將絶者殊功。禁止寒泄，或脾胃衰微，垂命欲死者立效。中病便已，過劑不宜。塞痔血，殺疥蟲，堅筋骨，除頭禿。去心腹痃癖，祛脚膝冷疼。仍除格拒之寒，亦有將軍之號，蓋因功能破邪歸正，返滯還清，挺出陽精，化陰魄而生魂也。　補註：諸瘡弩肉如蛇出數寸，用一兩，細研於肉上塗即縮。○女子陰瘡，用爲末傅之差。○小兒聤耳，以末粉耳中，一夜即差。○藏氣發久，腹疼虛瀉，應急。用五兩，青鹽一兩，細研以蒸餅丸菉豆大，每服五丸，熱酒空心服，以食壓之。○陰生濕匏瘡，取研如粉傅瘡上，日三度。○氣虛傷冷，暴作水瀉，日夜三二十行，腹痛不止，夏月路行備急，用二兩，以牛角研令極細，枯礬半兩，同細研勻，水浸蒸餅，去水和丸梧子大，硃砂爲衣，每服十五丸至二十丸，溫米飲鹽湯下。　太乙曰：凡使勿用青赤色及半白半青、半赤半黑者。自有黄色，內瑩净似物命者，貴也。凡用四兩，先以龍尾蒿自然汁一鎰，東流水三鎰，紫背天葵汁一鎰，粟遂子莖汁〔一鎰〕，四件合之攪令勻，入坩堝用六一泥固濟底下，將硫黄碎之入於堝內，以前件藥汁旋旋添入，火煮之汁盡爲度，再以百部末十兩，柳蚛末二斤，一簇草二斤，細剉，以東流水并藥等同煮二伏時滿，去諸藥，取出用熟甘草湯洗了，入鉢中研二萬匝方用。　黑龍丹：　治陰陽二毒傷寒，舶上黄一兩，以柳木槌研三兩日，巴豆一兩，和殼記個數，用二升鐺子一口，先將硫黄鋪鐺底，次用巴豆安硫黄上，以釅米醋半升澆之，盞蓋合令緊密，更以醋紙周回固濟，勿令透氣，紙乾又以醋濕之，文武火熬，常著人守之，候裏面巴豆作聲約可一半爲度，急將鐺子離火，便入臼中急搗令細，再以醋兩茶脚洗鐺中藥入臼，旋入去皮蒸餅，搗丸雞頭實大。若是陰毒，用椒四十九粒，葱白二莖，水一盞，煎六分，帶熱吞下一丸。陽毒用豆豉四十九粒，葱白二莖，水一盞，同煎吞下，不得嚼破。患經五六日方可食前喫，度其病勢，可下即與，病先在臟，亦不可拘制矣。有孕婦人亦許服，或吐或瀉爲候，不可喫熱食，或覺心頭空，溫白粥或服調氣湯散補之。合時忌婦人貓犬見。　王方平通靈玉粉散：　治腰膝，暖水臟，益顏色，其功不可具載。硫黄半斤，桑柴灰五斗，淋取汁，煮三伏時，以鐵匙抄於火上試之，伏火即止，候乾以大火煅之。如未伏更煮，以伏爲度，煅了研爲散，穿地坑一尺二寸，投水於中，待水清，取水和硫末，水不得多，於坩堝中煎熬令如膏。及用鐵錢一面不着火上，以細砂隔紙慢抄，出硫黄於紙上滴之，自然如玉色，光彩射人，此號爲玉粉散。細研，要丸以飯丸如麻子大，空心每日鹽湯下十丸，散服亦鹽湯調兩字，極有效驗。余鄉人王昭遂合服之，年九十，顏貌如童，夜視細字，力倍常人。

**明・皇甫嵩《本草發明》卷五**　石硫黄中品，臣。氣溫，味酸，大熱，有毒。

發明曰：硫黄性熱，係陽之精，能化五金奇物，壯興陽道，故下焦虛冷，元氣將絶，或寒瀉及脾胃衰微痼冷之疾，垂死者用之，中病即止，不可過服。故《本草》主心腹積聚，邪氣冷癖在脇及欬逆上氣，脚冷疼弱無力，婦人陰蝕，下部(慝)〔䘌〕瘡，皆沉寒之候也，宜用之。又寒痔血惡瘡，除頭痜，殺疥蟲，宜為散藥，調敷之。用不宜湯劑。雖云除格拒之寒，倘此症兼有伏陽在內，須兼陰藥為佐。古方太白丹、來復丹，各有硝石之類，皆至陽佐以至陰，正合宜耳。亦不可單服，常見鍊服此者，必致毒發，而不可救藥者多矣。此與大黄寒熱不同，何以並稱將軍之號？蓋能破邪歸正，返滯還清，挺陽精，化陰魄而生魂也。

**明・李時珍《本草綱目》卷一一石部・鹵石類**　石硫黄《本經》中品

【釋名】石留黄《吳普》　黄硇砂《藥性》　黄牙　陽侯《綱目》　將軍時珍曰：硫黄秉純陽火石之精氣而結成，性質通流，色賦中黄，故名硫黄。含其猛毒，爲七十二石之將，故藥品中號爲將軍。外家謂之陽侯，亦曰黄牙，又曰黄硇砂。

【集解】《别録》曰：石硫黄生東海牧羊山谷中，及太山、河西山，礬石液也。普曰：或生易陽，或生河西，或五色黄是潘水石液也。燒令有紫焰，八月、九月采。弘景曰：東海郡屬北徐州，而箕山亦有。今第一出湖南林邑，色如鵝子初出殼者，名崑崙黄。次出外國。從蜀中來，色深而煌煌。此云礬石液，今南方則無礬石，恐不必爾。珣曰：《廣州記》云：生崑崙國及波斯國西方明之境，顆塊瑩净，不夾石者良。蜀中雅州亦出之，光膩甚好，功力不及舶上來者。頌曰：今惟出南海諸番。嶺外州郡或有，而不甚佳。鵝黄者名崑崙黄，赤色者名石亭脂，青色者名冬結石，半白半黑者名神驚石，並不堪入藥。又有一種水硫黄，出廣南及資州，溪澗水中流出，以茅收取熬出，號真珠黄，氣腥臭，止入瘡藥，亦可煎鍊成汁，以模鑄作器，亦如鵝子黄色。時珍曰：凡產石硫黄之處，必有溫泉，作硫黄氣。《魏書》云：盤盤國有火山，山旁〔石〕皆焦熔，流數十里乃凝堅，即石硫黄也。張華《博物志》云：西域硫黄出且彌山。去高昌八百里，有山高數十丈，晝則孔中狀如煙，夜則如燈光。《庚辛玉册》云：硫黄有二種：石硫黄，生南海琉球山中；土硫黄，生于廣南。以嚼之無聲者爲佳，舶上倭硫黄亦佳。今人用配消石作烽燧烟火，爲軍中要物。

【修治】斆曰：凡使勿用青赤色及半白半青、半赤半黑者。自有黄色，內瑩净似物命者，貴也。凡用四兩，先以龍尾蒿自然汁一鎰，東流水三鎰，紫背天葵汁一鎰，粟遂子莖汁〔一鎰〕，四件合之，攪令勻。入坩鍋內，用六乙泥固濟底下，將硫黄碎之，入鍋中，以前汁旋旋添入，火煮汁盡爲度。再以百部末十兩，柳蚛末二斤，一簇草二斤，細剉，以東流水同硫黄煮二伏時。取出，去諸藥，用熟甘草湯洗了，入鉢研二萬匝用。時珍曰：凡用硫黃，入丸散用，須以蘿蔔剜空，入硫在内，合定，稻糠火煨熟，去其臭氣；以紫背浮萍同煮過，消其火毒；以皂莢湯淘之，去其黑漿。一法：打碎，以絹袋盛，用無灰酒煮三伏時用。又消石能化硫爲水，以竹筒盛硫埋馬糞中一月亦成水，名硫黃液。

【氣味】酸，温，有毒。《别録》曰：大熱。普曰：神農、黄帝、雷公：鹹，有毒。醫和、扁鵲：苦，無毒。權曰：有大毒，以黑錫煎湯解之，及食冷猪血。珣曰：人能制伏歸本色，服之能除百病。如有發動，宜猪肉、鴨羹、餘甘子湯並解之。葛洪曰：四黄惟陽候爲尊，金石煅煉者不可用，惟草木制伏者堪入藥用。桑灰、益母、紫荷、波稜、天鹽、桑白皮、地骨皮、車前、馬鞭草、黄蘗、何首烏、石韋、蕎麥、獨帚、地榆、蛇牀、菟絲、蓖麻、鹽砂，或灰或汁，皆可伏之。之才曰：曾青爲之使，畏細辛、飛廉、朴消、鐵、醋。玄壽先生曰：硫是礬之液，礬是鐵之精，慈石是鐵之母。故鐵砂慈石制，伏硫黄立成紫粉。獨孤滔曰：硫能乾汞，見五金而黑，得水銀則色赤也。

【主治】婦人陰蝕疽痔惡血，堅筋骨，除頭秃。能化金銀銅鐵奇物《本經》。療心腹積聚，邪氣冷痛在脇，咳逆上氣，脚冷疼弱無力，及鼻衄惡瘡，下部䘌瘡，止血，殺疥蟲《别録》。治婦人血結《吴普》。下氣，治腰腎久冷，除冷風頑痹，寒熱。生用治疥癬，鍊服主虚損泄精甄權。壯陽道，補筋骨勞損，風勞氣，止嗽，殺臟蟲邪魅大明。長肌膚，益氣力，老人風秘，並宜鍊服李珣。主虚寒久痢，滑泄霍亂，補命門不足，陽氣暴絶，陰毒傷寒，小兒慢驚時珍。

【發明】弘景曰：俗方用治脚弱及痼冷甚效。仙經頗用之，所化奇物，並是黄白術及合丹法。頌曰：古方未有服餌硫黄者。《本經》所用，止于治瘡蝕、攻積聚、冷氣脚弱等，而近世遂火鍊治爲常服丸散。觀其治鍊服食之法，殊無本源，非若乳石之有論議節度。故服之其效雖緊，而其患更速，可不戒之？土硫黄辛熱腥臭，止可治疥殺蟲，不可服。宗奭曰：今人治下元虚冷，元氣將絶，久患寒泄，脾胃虚弱，垂命欲盡，服之無不效。中病當便已，不可盡劑。世人蓋知用而爲福，而不知其爲禍，此物損益兼行故也。如病勢危急，可加丸數服，少則不效，仍加附子、乾薑、桂。好古曰：如太白丹、來復丹，皆用硫黄佐以消石，至陽佐以至陰，與仲景白通湯佐以人尿、猪膽汁大意相同。所以治内傷生冷、外冒暑熱、霍亂諸病，能去格拒之寒，兼有伏陽，不得不爾。如無伏陽，只是陰虚，更不必以陰藥佐之，何也？硫黄亦號將軍，功能破邪歸正，返滯還清，挺出陽精，消陰化魄。時珍曰：硫黄秉純陽之精，賦大熱之性，能補命門真火不足，且其性雖熱而踈利大腸，又與躁濇者不同，蓋亦救危妙藥也。但鍊制久服，則有偏勝之害。况服食者，又皆假此縱欲，自速其咎，于藥何責焉？按孫升《談圃》云：硫黄，神仙藥也。每歲三伏日餌百粒，去臟腑積滯有驗。但硫黄伏生于石下，陽氣溶液凝結而就，其性大熱，火鍊服之，多發背疽。方勺《泊宅編》云：金液丹，乃硫黄鍊成，純陽之物，有痼冷者所宜。今夏至人多服之，反爲大患。韓退之作文戒服食，而晚年服硫黄而死，可不戒乎？夏英公有冷病，服硫黄、鍾乳，莫之紀極，竟以壽終，此其禀受與人異也。洪邁《夷堅志》云：唐與正亦知醫，能以意治疾。吴巡檢病不得溲，卧則微通，立則不能涓滴，遍用通利藥不效。唐問其平日自製黑錫丹常服，因悟曰：此必結砂時，硫飛去，鉛不死。鉛砂入膀胱，卧則偏重，猶可溲；立則正塞水道，故不通。取金液丹三百粒，分爲十服，煎瞿麥湯下。鉛得硫氣則化，累累水道下，病遂愈。硫之化鉛，載在經方，苟無通變，豈能臻妙？《類編》云：仁和縣一吏，早衰齒落不已。一道人令以生硫黄入猪臟中煮熟擣丸，或入蒸餅丸梧子大，隨意服之。飲啖倍常，步履輕捷，年踰九十，猶康健。後醉〔食〕牛血，遂洞泄如金水，尪悴而死。内醫官管範云：猪肪能制硫黄，此用猪臟尤妙。王樞使亦常服之。

【附方】舊八，新四十一。

硫黄盃：此盃配合造化，調理陰陽，奪天地冲和之氣，乃水火既濟之方。不冷不熱，不緩不急，有延年却老之功，脱胎换骨之妙。大能清上實下，升降陰陽。通九竅，殺九蟲，除夢泄，悦容顔，解頭風，開胸膈，化痰涎，明耳目，潤肌膚，添精髓，蠲疝墜。又治婦人血海枯寒，赤白帶下。其法用瓷盌以胡桃擦過，用無砂石硫黄生熔成汁，入明礬少許，則塵垢悉浮，以杖掠去，綿濾過，再入盌熔化，傾入盃内，盪成盃，取出，埋土中一夜，木賊打光用之。欲紅入朱砂，欲青則入葡萄，研勻同煮成。每用熱酒二盃，清早空心温服，則百病皆除，無出此方也。

紫霞盃：葉石林《水雲録》云：用硫黄袋盛，懸罐内，以紫背浮萍同水煮之，數十沸取出，候乾研末十兩。用珍珠、琥珀、乳香、雄黄、朱砂、陽起石、赤石脂、片腦、紫粉、白芷、甘松、三柰、木香、血竭、没藥、韶腦、安息香各一錢，麝香七分，金箔二十片，爲末，入銅杓中，慢火熔化。以好樣酒盃一個，周圍以粉帋包裹，中開一孔，傾硫入内，旋轉令勻，投冷水中取出。每旦盛酒飲二三盃，功同上方。昔中書劉景輝因遘勞瘵，于太白山中遇一老仙，親授是方，服之果愈。人能清心寡欲而服此，仙縁可到也。

金液丹：固真氣，暖丹田，堅筋骨，壯陽道。除久寒痼冷，補勞傷虚損。治男子腰腎久冷，心腹積聚，脇下冷痛，腹中諸蟲，失精遺尿，形羸力劣，腰膝痛弱，冷風頑痹，上氣衄血，欬逆寒熱，霍亂轉筋，虚滑下利。又治痔瘻濕䘌生瘡，下血不止，及婦人血結寒熱，陰蝕疽痔等。用石硫黄十兩研末，用瓷盒盛，以水和赤石脂封口，鹽泥固濟，日乾。地内先埋一小罐，盛水令滿，安盒在内，用泥固濟。慢火養七日七夜，候足加頂火一斤煅，俟冷取出研末。每一兩，用蒸餅一兩，水浸爲丸，如梧子大。每服三十丸至百丸，空心米飲服。又治傷寒身冷脉微，或吐或利，或自汗不止，或小便不禁，並宜服之，得身熱脉出爲度。《惠民和劑局方》。

暖益腰膝：王方平通靈玉粉散：治腰膝，暖水臟，益顔色，其功不可具載。硫黄半斤，桑柴灰五斗，淋取汁，煮三伏時。以鐵匙抄于火上試之，伏火即止。候乾，以大火煅之。如未伏更煮，以伏爲度。煅了研末。穿地坑一尺二寸，投水于中，待水清，取和硫末，坩鍋内煎如膏。鐵錢抄出，細研，飯丸麻子大。每空心鹽湯下十丸，極有效驗。鄉人王昭遂服之，年九十，顔貌如童子，力倍常人。杜光庭《玉函方》。

風毒脚氣：痹弱。硫黄末三兩，鍾乳五升，煮沸入水，煎至三升，每服三合。○又法：牛乳三升，煎一升半，以五合調硫黃末一兩服，厚蓋取汗，勿見風。未汗再服，將息調理數日，更服。北人用此多效。亦可煎爲丸服。《肘後方》。

陰證傷寒：極冷，厥逆煩躁，腹痛無脉，危甚者。舶上硫黃爲末，艾湯服三錢，就得睡汗出而愈。《本事方》。

陰陽二毒：黑龍丹：用舶上硫黃一兩，柳木槌研二三日。巴豆一兩，和殼，計個數，用三升鐺子一口，將硫鋪底，安豆于上，以釅米醋半斤澆之。盞子緊合定，醋帋固縫，頻以醋潤之。文武火熬，候豆作聲，可一半爲度，急將鐺子離火，便入臼中擣細。再以醋兩茶脚洗鐺中藥入臼，旋下蒸餅擣丸鷄頭子大。若是陰毒，用椒四十九粒，葱白二莖，水一盞，煎六分。熱吞下一丸。陽毒，用豆豉四十九粒，葱白一莖，水一盞，煎同前，吞下不得嚼破。經五六日方可服之。若未傳入，或未及日數，不可服。有孕婦人吐瀉，亦可服。《博濟方》。

一切冷氣：積塊作痛。硫黃、焰消各四兩結砂，青皮、陳皮各四兩，爲末，糊丸梧子大。每空心米飲下三十丸。《鮑氏方》。

元臟久冷：腹痛虛泄，裏急，玉粉丹：用生硫黃五兩，青鹽一兩，細研，以蒸餅丸緑豆大。每服五丸，空心熱酒下，以食壓之。《經驗方》。

元臟冷泄：腹痛虛極。硫黃一兩，黄蠟化丸梧子大。每服五丸，新汲水下。一加青鹽二錢，蒸餅和丸，酒下。《普濟方》。

氣虛暴泄：日夜三二十行，腹痛不止，夏月路行，備急最妙。朝真丹：用硫黃二兩，枯礬半兩，研細。水浸蒸餅丸梧子大，朱砂爲衣。每服十五丸至二十丸，温水下，或〔米飲〕鹽湯任下。孫尚藥《秘寶方》。

伏暑傷冷：二氣交錯，中脘痞結，或泄或嘔，或霍亂厥逆。二氣丹：硫黃、消石等分研末，石器炒成砂，再研，糯米糊丸梧子大。每服四十丸，新井水下。《濟生方》。

傷暑吐瀉：硫黃、滑石等分爲末。每服一錢，米飲下，即止。《救急良方》。

霍亂吐瀉：硫黃一兩，胡椒五錢，爲末，黄蠟一兩化，丸皂子大。每凉水下一丸。《聖濟錄》。

小兒吐瀉：不拘冷熱，驚吐反胃，一切吐利，諸治不效者。二氣散：用硫黃半兩，水銀二錢半，研不見星。每服一字至半錢，生薑水調下，其吐立止。或同炒結砂爲丸，方見靈砂下。《錢氏小兒方》。

反胃嘔吐：方見水銀。

脾虛下白：脾胃虛冷，停水滯氣，凝成白涕下出。舶上硫黃一兩研末，炒麪一分同研，滴冷熱水丸梧子大。每米湯下五十丸。楊子建《護命方》。

下痢虛寒：硫黃半兩，蓖麻仁七個，爲末。填臍中，以衣隔，熱湯熨之，止乃已。《仁存方》。

協熱下痢：赤白。用硫黃、蛤粉等分爲末，糊丸梧子大。每服十五丸，米飲下。《指南方》。

腸風下血：方見鯽魚。

老人冷秘：風秘或泄瀉，暖元臟，除積冷，温脾胃，進飲食，治心腹一切痃癖冷氣。硫黃柳木槌研細，半夏湯泡七次焙研，等分，生薑自然汁調蒸餅和杵百下，丸梧子大。每服十五丸至二十丸，空心温酒或薑湯下，婦人醋湯下。《和劑局方》。

久瘧不止：鮑氏方：用硫黃、朱砂等分爲末。每服二錢，臘茶清，發日五更服。當日或大作或不作，皆其效也。寒多倍硫，熱多倍砂。○朱氏方：用硫黃、臘茶等分爲末。發日早冷水服二錢，二服效。寒多加硫，熱多加茶。

酒鼈氣鼈：嗜酒任氣，血凝于氣，則爲氣鼈。嗜酒痼冷，敗血入酒，則爲血鼈。摇頭掉尾，大者如鼈，小者如錢。上侵人喉，下蝕入肛，或附脇背，或隱腸腹。用生硫黃末，老酒調下，常服之。《直指方》。

欬逆打呃：硫黃燒烟，嗅之立止。《醫方摘要》。

頭痛頭風：如神丹：光明硫黃、消石各一兩，細研，水丸芡子大。空心嚼一丸，茶下。《普濟方》。

腎虛頭痛：《聖惠方》用硫黃一兩，胡粉，爲末，飯丸梧子大。痛時冷水服五丸，即止。○《本事方》用硫黃末、食鹽等分，水調生麪糊丸梧子大。每薄荷茶下五丸。○《普濟方》用生硫黃六錢，烏藥四錢，爲末，蒸餅丸梧子大。每服三五丸，食後茶清下。

鼻上作痛：上品硫黃末，冷水調搽。《澹寮方》。

酒皶赤鼻：生硫黃半兩，杏仁二錢，輕粉一錢，夜夜搽之。○《瑞竹堂方》用舶上硫黃、鷄心檳榔等分，片腦少許，爲末。絹包，日日擦之。加蓖麻油更妙。

鼻面紫風：乃風熱上攻陽明經絡，亦治風刺癮疹。舶上硫黃、白礬枯等分，爲末。每以黄丹少許，以津液和塗之，一月見效。《宣明方》。

身面疣目：蠟帋卷硫黃末少許，點之，焠之有聲，根去。《普濟方》。

癧瘍風病：白色成片。以布拭，醋摩硫黃、附子塗之，或硫黃、白礬擦之。《集驗方》。

小兒口瘡：糜爛。生硫黃水調，塗手心、足心。效即洗去。《危氏得效方》。

小兒聤耳：硫黃末和蠟作挺插之，日二易。《千金方》。

耳卒聾閉：硫黃、雄黃等分研末。綿裹塞耳，數日即聞人語也。《千金方》。

諸瘡胬肉：如蛇出數寸。硫黃末一兩，肉上薄之，即縮。《聖惠方》。

癰疽不合：石硫黃粉，以筯蘸插入孔中，以瘥爲度。《外臺秘要》。

一切惡瘡：真君妙神散：用好硫黃三兩，蕎麥粉二兩，爲末，井水和捏作小餅，日乾收之。臨用細研，新汲水調傅之。痛者即不痛，不痛則即痛而愈。《坦仙皆效方》。

疥瘡有蟲：硫黃末，以鷄子煎香油調搽，極效。《救急良方》。

頑癬不愈：傾過銀有蓋罐子，入硫黃一兩熔化，取起冷定打開，取硫同蓋研末，搽之。孫氏《集效方》。

癘風有蟲：硫黃末酒調少許，飲汁。或加大風子油更好。《直指方》。

女子陰瘡：硫黃末傅之，瘥乃止。《肘後方》。

玉門寬冷：硫黃煎水頻洗。《心傳方》。

小兒夜啼：硫黃二錢半，鉛丹二兩，研勻，瓶固煅過，埋土中七日取出，飯丸黍米大。每服二丸，冷水下。《普濟方》。

陰濕瘡疱：硫黃傅之，日三。《梅師方》。

**題明·薛己《本草約言》卷二《藥性本草》** 硫黃 殺蟲，掃疥，暖中。

**明·李詡《戒庵老人漫筆》卷一** 大雄黃 安遠侯柳文家有雄黃一塊，重五十斤，每年五月用金盆架置堂上，過夏乃收。

**明·梅得春《藥性會元》卷下** 石硫黃 味酸、甘，性大熱，有毒。舶上來者，黃色瑩淨，良。主治婦人陰蝕、疽痔、惡瘡，及下部䘌蟲、疥蟲，止血，更堅筋骨，療頭秃，及心腹痃癖冷氣，欬逆上氣，脚冷疼弱，壯陽道，治下元虚冷，元氣將絶，久患寒疾，脾胃虚弱，垂命欲盡，服之皆效。中病便已，不可過施。至陽之精，能化金銀銅鐵等物。生東海山谷，乃礬石液也。且療老人風秘。

製法：每四兩，以龍尾蒿自然汁一鎰，東流水三鎰，紫背天葵汁一鎰，粟遂子莖汁〔一鎰〕，四件令攪匀沙鍋中，用六乙泥固濟底下，將硫黄打碎入鍋，以前藥汁漸漸添入，煮乾為度。再以百部末拾兩，柳蟲末二斤，一簇草二斤，細剉之，用東流水與藥等，再煮二伏時，取出，再用熟甘草湯洗過，入鉢内乳二三萬轉，極細無聲方用。

**明・李中立《本草原始》卷八**　石硫黄　生東海牧羊山及太山河西山，礬石液也。今惟出南海諸蕃，嶺外州郡或有而不甚佳。以色如雞子初出殻者為真，謂之崑崙黄。其赤色者名石亭脂，青色者號冬結石，半白半黑名神驚石，並不堪入藥。李時珍曰：硫黄秉純陽火石之精氣而結成，性質流通，色賦中黄，故名硫黄。含其猛毒，為七十二石之將，故藥品中號為將軍。外家謂之陽侯，亦曰黄牙，又曰黄硇砂。石硫黄：氣味：酸，溫，有毒。主治：婦人陰蝕，疽痔惡血，堅筋骨，除頭秃。能化金、銀、銅、鐵奇物。〇療心腹積聚，邪氣冷痛在脇，欬逆上氣，脚冷疼弱無力，及鼻衄，惡瘡，下部䘌瘡，止血，殺疥蟲。〇治婦人血結。〇下氣，治腰腎久冷，除冷風頑痹，寒熱。生用，治疥癬。煉服，主虚損泄精。〇壯陽道，補筋骨勞損，風勞氣，止嗽，殺臟蟲邪魅。〇長肌膚，益氣力，老人風秘，並宜煉服。〇主虚寒久痢，滑泄霍亂，補命門不足，陽氣暴絶，陰毒傷寒，小兒慢驚。

石硫黄，《本經》中品。修治：李時珍曰：以蘿蔔剜空，入硫黄在内合定，稻糠火煨熟，去其臭氣，以紫背浮萍同煮過，消其火毒，以皂莢湯淘之，去其黑漿。一法：打碎，以絹袋盛，無灰酒煮三伏時用。

權曰：硫黄，有大毒，以黑錫煎湯解之，及食冷猪血。葛洪曰：四黄惟陽侯為尊。金石煅煉者，不可用，惟草木制伏者堪入藥用。桑灰、益母、紫荷、波稜、天鹽、桑白皮、地骨皮、車前、馬鞭草、黄蘗、何首烏、石韋、蕎麥、獨帚、地榆、蛇床、菟絲、蓖麻、䴉砂，或灰或汁，皆可伏之。之才曰：曾青為之使，畏細辛、飛廉、朴消、鐵、醋。《醫方摘要》：治欬逆打呃，硫黄燒烟嗅之，立止。石硫黄：君。

**明・羅周彦《醫宗粹言》卷四**　製硫黄法　硫黄半斤，用龍尾蒿、紫背天葵二味，不拘多少，取二碗，再加東流水二碗，入鍋煮乾為度，再用百部、甘草各一兩煎湯，入硫黄復煮乾為度，取出，研萬匝入劑。

**明・張懋辰《本草便》卷二**　石硫黄君，一云臣。　味酸、甘，氣溫、大熱，有毒。

主婦人陰蝕，疽痔惡血，及下部䘌瘡，止血，殺疥蟲，堅筋骨，除頭秃；療心腹痃癖冷氣，欬逆上氣，脚冷疼弱，壯陽道；治下元虚冷，元氣將絶，久患寒泄，脾胃虚弱，垂命欲盡，服之皆效。中病便已，不可過劑。至陽之精，能化金銀、銅、鐵奇物。

**明・李中梓《藥性解》卷一**　硫黄　味酸，性大熱，有毒，入命門經。主下焦虚冷，陽絶不起，頭秃，疽痔癬疥，心腹痃癖，脚膝冷疼，虚損泄精。瑩淨無夾石者良，甘草湯煮過用，畏朴硝、細辛、飛廉，忌百般禽獸血。按：硫黄為火之精，宜入命門補火，蓋人有真火，寄於右腎，苟非此火，則不能有生。此火一熄，則萬物無父，非硫黄孰與補者。《太清》云：硫稟純陽，號為將軍，破邪歸正，返濁還清，挺立陽精，消陰化魄。戴元禮云：熱藥皆燥，惟硫黄不燥，則先賢常頌之矣。今人絶不用之，誠虞其熱毒耳，然有火衰之症，舍此莫療。亦畏而遺之可乎？中其毒者，以猪肉、鴨羹、餘甘子湯解之。

**明・繆希雍《本草經疏》卷四**　石硫黄　味酸，溫、大熱，有毒。主婦人陰蝕，疽痔惡血，堅筋骨，除頭秃，療心腹積聚邪氣，冷癖在脇，欬逆上氣，脚冷疼弱無力，及鼻衄，惡瘡，下部䘌瘡，止血，殺疥蟲。能乾汞，中其毒者，黑鉛煎湯解之。或食冷猪血。

〔疏〕石硫黄稟火氣以生，《本經》味酸，氣溫，有毒。《別録》大熱。黄帝、雷公：鹹，有毒。氣味俱厚，純陽之物也，入手厥陰經。《經》曰：寒淫於内，治以溫熱。冷癖在脇，欬逆上氣，寒邪在中也，非溫劑無以除之。又曰：鞕則氣堅，鹹以輭之。心腹積聚邪氣，堅積在中也，非鹹劑無以輭之。命門火衰，則為脚冷疼弱無力。下焦濕甚，則為陰蝕、疽痔、䘌瘡。酸溫能補命門不足，大熱能除下焦濕氣，故主之也。其主頭秃、惡瘡、疥蟲者，悉取其除濕殺蟲之功耳。《本經》又主堅筋骨及《別録》療鼻衄止血者，皆非其所宜。夫熱甚則骨消筋緩，火載血上則錯經妄行，豈有大熱之物反能療是證哉？無是理也！〔主治參互〕入雞子，同艾葉煮食，治婦人白帶因於虚寒者。《聖惠方》諸瘡弩肉，如蛇出數寸。硫黄末一兩，肉上撲之，即縮。《救急良方》疥瘡有蟲，硫黄末，以雞子煎香油調搽，極效。

〔簡誤〕硫黃，古方未有服餌者。《本經》所用，止於治瘡蝕，攻積聚冷氣脚弱等，而近世遂為常服。丸散如來復丹、半硫丸、金液丹、黑龍丹，及諸方書所載者，不可縷指，稱其功用，亦未能殫述。然而人身之中，陽常有餘，陰常不足，病寒者少，病熱者多。苟非真病虛寒，胡可服此大熱毒藥？假令果係虛寒證，法當補氣以回陽，亦何須藉此毒石哉！世人徒知其取效良捷，而不知其為害之酷烈也。戒之！戒之！

**明·倪朱謨《本草彙言》卷一三**　石硫黃　味酸，氣熱，有毒。氣味俱厚，純陽之物也。入手厥陰經。

《別錄》曰：石硫黃，出東海牧羊山谷及太行河西山。陶氏曰：今南海諸番、嶺外州郡亦有，不及崑崙、雅州、舶上來者。此火石之精，礬石之液也。李氏曰：所在之處必有溫泉，作石硫黃氣，以顆塊瑩淨，光膩色黃，嚼之無聲者佳。夾土及石者不堪入藥。蘇氏曰：一種赤色者，曰石亭脂；青色者，曰冬結石；鵝黃色者，曰崑崙黃；半白半黑者，曰神驚石，幷不堪用。又有一種水硫黃，出廣南及資州，從溪澗水中流出。以茅收取，熬出者，曰真珠黃。氣極腥臭，堪入瘡藥。一種土硫黃，出閩漳，對海有山，名鷄籠頭，刮取山邊砂土，日中暴乾，和牛脂煎，研去砂土，漉出清汁，乾之，即土硫黃也，入藥亦佳。修治：先以萊菔剜空，置硫黃于萊菔空內，合定，用稻糠火煨熟，去其臭氣，再以紫背浮萍同煮一日，煞其火毒，更以皂莢煎湯淘之，去其黑漿。

石硫黃：暖血壯陽之藥也。李氏伯曰：此藥秉純陽火石之精氣而成，質性通流，色賦中黃，故名。方氏龍潭曰：善治一切冷病。凡氣血筋骨，藏府形骸中，陽神失令，陰氣迷留，《神農》以致惡血血結，脹悶垂死，或腰腎久冷，甄權頑痹痠痛，或心腹積聚，《別錄》冷飲痰癖，或老人寒秘，李珣大便不通，或命門久衰，時珍精寒不固，或白帶淋澀，《方脉正宗》腰脊痠麻，或下元虛冷，《蒙筌》脾胃久泄，或陰陽交紐，霍亂絞痛，或雀疵汗斑，吳普皮膚蟲疥，其氣雖熱而疏利大腸，與燥濇者不同，是亦救危要藥也。寒證服之，固有速效，但中病即已，不可假此以常服多服也。繆仲淳先生曰：硫黃，古方未有服餌者。農皇所用，止于治瘡蝕疽痔等，而近世遂爲常服丸散，如來復丹、半硫丸、金液丹、黑龍丹諸方。稱其功用，亦未能殫述，然而人身之中，陽常有餘，陰常不足；病寒者少，病熱者多。苟非真病虛寒，胡可服此大熱毒藥？世人徒知其取效輕捷，而不知其有酷烈之害也。韓退之作文戒服食，晚年服硫黃而死，可不懼哉！

集方：《方脉正宗》治男子婦人血氣久冷，陽道不振，遍體肉寒，四肢痿弱，脾胃不實，日多溏泄。用石硫黃四兩，豆腐泔水煮三日夜，爲細末，當歸身八兩，於白朮八兩，山藥四兩，砂仁二兩，俱炒燥，研爲末，配硫黃末和勻，神麯六兩炒，研末，打糊爲丸，如梧子大。每早服一錢，白湯下。男婦俱可用。○同前治婦人產後惡血血閉，脹悶垂死。用石硫黃、火硝各二兩，醋炒結成砂，乳香、沒藥各一兩，瓦上焙出汗，共研爲末。每服一錢，白湯調下。○同前治腰腎虛冷，頑痹痠痛。用石硫黃二兩，醋煮二日，附子一兩，童便煮爛，搗膏，萆薢、牛膝各四兩，俱酒拌炒，共研爲末，煉蜜丸梧子大。每早服二錢，白湯下。○同前治心腹積聚，冷飲涎癖。用石硫黃二兩，豆腐泔水煮二日，研末，生半夏三兩，生薑二兩，泡湯，浸二日，瀝去水，連薑同搗千下如泥，和硫黃末爲丸，如梧子大。每早服一錢，白湯下。○《和劑局方》治老人寒秘，大便不通。用石硫黃一兩，豆腐泔水煮一日，研末，生半夏二兩，切碎，生薑二兩，取汁，拌炒熟，搗爛，和硫黃末爲丸，梧子大。每服一錢五分，溫酒下。○同前治命門久衰，精寒不固。用石硫黃二兩，豆腐泔水煮二日，研末，鹿角膠四兩，龜板膠二兩，和酒一斤，頓化，山茱萸肉四兩，山藥三兩，共炒燥，研細，和入硫黃末，以膠酒和爲丸，梧子大。每早服二錢，白湯下。○《方脉正宗》治婦人脾胃虛寒，時多溏泄，及白帶淋瀝，腰脊痠疼。用石硫黃一兩，豆腐泔水煮二日夜，白朮四兩，黃耆五兩，當歸三兩，俱炒燥，爲末，和硫黃一兩搗勻，煉蜜丸，梧子大。每早服二錢，白湯下。○同前治下元虛冷，脾胃久泄。用石硫黃一兩，豆腐泔水煮二日夜，人參、白朮、補骨脂各二兩。丁香一兩，俱微炒，入硫黃末和勻，神麴三兩，炒燥研末，打糊丸，梧子大。每早晚各服一錢二分，白湯下。○《濟生方》治寒暑交紐，霍亂轉筋，中脘痞結，或吐或瀉，腹痛厥逆。二氣丹：用石硫黃、豆腐泔水煮一日，火硝各等分，研細末，醋煮乾，炒成砂，再研末。遇此患，每服一錢，陰陽水調服。此方又治久瘧不止。○《直指方》治酒鱉、血鱉，氣塊攻痛，搖頭掉尾，上竄喉間，下抵腸腹，或附脇背，此藥俱用白湯調服。又治小兒一切吐瀉，不拘冷、熱、驚、食，用此藥二三分，生薑一片，泡湯調服。又治頭風頭痛，百藥不效，用苦茶調服五分。○《瑞竹堂方》治雀疵汗斑，幷皮膚蟲疥。以石硫黃一兩生用，雄黃八錢，真鉛粉六錢，三味同研極細，如雀斑汗斑，用茄蒂蘸擦；如蟲疥，以臭椿皮蘸擦三四次，立效。○《宣明方》治酒皶赤鼻，并面紫風疙瘩。用生石硫黄五錢，黄丹三錢，輕粉二錢，枯白礬一錢五分，共研極細，每晚臨睡時，用糯米粥湯調塗，早辰用熱湯洗，塗一月效。○《聖惠方》治諸瘡努肉突出，如田螺頭，或如蛇頭，出長至寸許者。用石硫黄生研末，摻之即縮。○孫氏《集效方》治頑癬不愈。用石硫黄生研末一兩，配傾銀過熟罐子一兩，同研極細，每日搽之。○《外臺秘要》治癰疽久不收口。用石硫黄，豆腐泔水煮半日，研細末，摻少許于瘡口。○《醫方摘要》治欬逆作呃。用石硫黄燒烟嗅之，立止。○《心傳方》治玉門寬冷。用石硫黄煎水頻洗。

石硫赤、青： 味苦，酸，氣熱，有毒。 《別錄》曰： 石硫赤，石硫青，俱生羌道山石間，理如石者。 李氏曰： 此二種，即石硫黄之多赤色、青色者。石硫赤，又名石亭脂； 石硫青，又名冬結石，較之石硫黄，力稍不及。

石硫赤、青： 主治功用與石硫黄同，茲不復贅。

續補集方： 《萬病回春》治欬逆，即呃忒。服藥無效者。用石硫黄、滴乳香各二錢，共爲末，以白酒半壺，煎滾，入長嘴壺內，以病呃人鼻中嗅之即止。○治自汗盜汗。用石硫黄、五棓子一個，枯礬一錢，共爲末，以酒調，填臍上，以絹帛繫縛一宿，即止。

**明・顧逢柏《分部本草妙用》卷五腎部・温補** 硫黄 酸，熱，有毒。 入命門經。 瑩淨無夾石者佳。 甘草湯煮過用。 畏朴硝、細辛。 忌禽獸血。

主治： 下焦虚冷，陽絕不起，頭秃疽痔，疥癬，心腹痃癖，脚膝冷痛，洩精虚損。 硫黄為火之精，宜入命門補火。 人之真火在右腎，火熄則萬物無父而不生，非硫黄其孰補之？ 《太清》云： 硫稟純陽，號為將軍，破邪歸正，返濁還清，挺立陽精，消陰化魄。 戴元禮云： 熱藥皆燥，獨硫不燥。 今人不用，畏其熱耳。 倘火衰之症，亦棄之乎？ 中其毒者，以猪肉、鴨羹與甘草湯解之。

**明・李中梓《醫宗必讀・本草徵要下》** 硫黄味酸，大熱，有毒。入心、腎二經。畏細辛、朴硝，鐵，醋，用萊菔剜空。入硫合定，糠火煨熟，紫背浮萍同煮，皂角湯淘去黑漿。 壯陽堅筋骨，陰氣全消； 殺蟲燥寒濕，瘡疴盡掃。 老年風秘，君半夏而立通，泄痢虚寒，佐蠟礬而速止。 艾湯投一匕，陰毒回春； 溫酒送三丸，沉寒再造。 秉純陽之精，能補君火，可救顛危。 烏鬚黑髮，真可引年。 然須製煉得宜，淫房斷絕者能之，一有不當，貽禍匪輕。

**明・鄭二陽《仁壽堂藥鏡》卷一** 硫黄 《本草》云： 硫黄出廣南及榮州，色如鵝黄者佳。 氣溫、大熱，味酸，有毒。 《本草》云： 主婦人陰蝕疽痔，惡血，堅筋骨，除頭痜，療心腹積聚邪氣，冷癖在脇，欬逆上氣，脚冷疼弱無力，及鼻衄，惡瘡，下部䘌瘡。 止血，殺疥蟲。 液云： 如太白丹佐以硝石，來復丹用硝石之類。 至陽佐以至陰，與仲景白通湯佐以人溺、猪膽汁大意相同，所以去格拒之寒，兼有伏陽，不得不爾。 如無伏陽，只是陰證，更不必以陰藥佐之也。 硫黄亦號將軍，功能破邪歸正，返滯還清，挺出陽精，消陽化魄生魂。 《衍義》云： 今人用治下元虚冷，元氣將絕，久患寒泄，脾胃虚弱，欲垂命盡，服之無不效。 中病當便已，不可盡劑。

**明・蔣儀《藥鏡》卷二熱部** 硫黄 掃疥癬秃頭，除腹脇痃癖。 脚冷衰疼，是命門之火弱也，惟酸補之。 陰蝕疽痔，為下焦之濕氣也，惟熱能散。

**明・張景岳《景岳全書》卷四九《本草正》** 硫黄 味苦，微酸，性熱，有毒。 療心腹冷積冷痛霍亂，欬逆上氣，及冷風頑痹寒熱，腰腎久冷，脚膝疼痛，虚寒久痢滑洩。 壯陽道，補命門不足，陽氣暴絕，婦人血結，小兒慢驚，尤善殺蟲除疥癬惡瘡。 老人風秘，用宜鍊服。 亦治陰證傷寒，厥逆煩躁，腹痛脉伏將危者，以硫黄為末，艾湯調服二三錢，即可得睡，汗出而愈。

**明・盧之頤《本草乘雅半偈》帙六** 石硫黄《本經》中品 氣味： 酸，溫，無毒。 主治： 主婦人陰蝕，疽痔惡血，堅筋骨，除頭秃，能化金銀銅鐵奇物。

覈曰： 出東海牧羊山谷及太行、河西山，今南海諸番，嶺外州郡亦有，不及崑崙、雅州、舶上來者。 此火石之精，礬石之液也。 所在之處，必有溫泉，作石硫黄氣。 以顆塊瑩淨，光膩色黄，嚼之無聲者彌佳。 夾土及石者，不堪入藥。 一種赤色者，曰石亭脂； 青色者，曰冬結石； 鵝黄色者，曰崑崙黄； 半白半黑者，曰神驚石，並不堪用。 又有一種水(流)(硫)黄，出廣南及資州，從溪澗水中流出，以茅收取熬出者曰真珠黄，氣極腥臭，堪入瘡藥。 一種土硫黄，出閩漳，對海有山，名雞籠頭，刮取山邊砂土，日中暴乾，和牛脂煎研，去砂土，漉出清汁，乾之，即土硫黄也，入藥亦佳。 修事： 先以萊菔剜空，置硫黄于萊菔空內，合定，用稻糠火煨熟，去其臭氣，再以紫背浮萍，同煮一日，消其火毒； 更以皂莢煎湯淘之，去其黑漿。 曾青為之使，畏細辛、飛廉、朴消、鐵、醋。

糸曰：石硫黄，偏得山石慓悍之性，陽燧為體，動流為用者也。氣禀火溫，味兼木酸，蓋木從火得，風自火出故爾。合入厥陰，從乎中治，故主陰蝕疽痔，及惡血為眚，無以奉髮美毛，正骨柔筋者，悉屬陰凝至堅，對待治之，陽生陰長，陽殺陰藏矣。化金銀銅鐵奇物，此火之精，礬之液耳。厥陰之上，風氣主之，中見少陽，少陽相火也。

**明・李中梓《本草通玄》卷下**　硫黄　鹹，熱，有毒。　主命門火衰，陽氣暴絕，陰症傷寒，陽道痿弱，老人虛秘，婦人血結，虛寒久痢，心腹積聚。秉純陽之精，益命門之火，熱而不燥，能潤腸結，亦救危神劑。故養正丹用之，常收起死之功。能化鉛為水，修煉家尊為金液丹。寇宗奭云：下元虛冷，真氣將絕，久患泄瀉，垂命欲盡，服無不效，但中病當便已，不可盡劑。〔番舶者良，取色鮮潔者，以萊菔剜空，入硫在內，合好，糠火煨熟，去其臭氣；再以紫背浮萍同煮，消其火毒；又以皂莢湯，淘去黑漿。一法：絹袋盛鹹水煮三日夜，取出清水漂淨用。畏細辛、醋、諸血。土硫，止可入瘡科，不堪服餌。〕壬子之秋，余應試北雍，值孝廉張抱赤，久荒於色，腹滿如斗。參湯送金匱腎氣丸，小便稍利，滿亦差減。越旬日而腹滿猶是，肢體厥逆，雖投前丸，竟無裨也。舉家哀亂，惟治終事。抱赤泣而告曰：若可救我，當終其身父事之。余曰：即不敢保萬全，然餌金液丹至數十粒，尚有生理。抱赤連服一百粒，小便遄行，滿消食進，更以補中、八味並進，遂獲全安。故夫藥中肯綮，如鼓應桴。世之抱是症，而不得援者眾矣。亦有如抱赤之傾信者，幾何人哉？況硫非治滿之劑，祇因元陽將絕，而參附無功，藉其純陽之精，令陰寒之滯見晛冰消爾。

**清・顧元交《本草彙箋》卷一〇**　硫黄　稟純陽之精，賦大熱之性，能補命門真火不起。且其性雖熱，而疏利大腸，又與燥澀者不同，亦救危之勝藥也。但煉製久服，則有偏勝之害。人身之中，陽常有餘，陰常不足，苟非真病虛寒，胡可服此大熱毒藥？且即果係虛寒，法當補氣以回陽，亦何用此酷烈之品，妄異速效哉？凡産硫處，必有溫泉，作硫黄氣。

**清・穆石匏《本草洞詮》卷三**　石硫黄　秉純陽火石之精氣而成。性質通流，色賦中黄，故名。為七十二石之將，故有陽侯、將軍之號。凡產硫黄之處，必有溫泉，作硫黄氣也。味酸，氣溫，一云大熱，有毒。《本經》所用，止於治瘡蝕，攻積聚，冷氣脚弱等病。近世鍊治服餌，殊無本源，非若乳石之有議論節度也。然硫黄能補命門真火不足，其性雖熱，而疏利大腸，與燥澀者不同，是亦救危妙藥也。凡下元虛冷，久泄脾虛者，服之有速效。但不可假此縱慾爾。韓退之作文戒服食，晚年服硫黄而死，可不戒哉？《夷堅志》載：唐與正能以意治疾，一人病不得溲，臥則微通，立則不能涓滴，用通利藥不効。唐問其平日常服黑錫丹。因悟曰：此必結砂時，硫飛去，鉛不死，鉛砂入膀胱，臥則偏重，猶可溲，立則正塞水道，故不通。服金液丹三百粒，分為十服，煎瞿麥湯下，鉛得硫氣則化，水道自利，遂愈。由此觀之，神而明之，存乎其人矣。

**清・劉雲密《本草述》卷六**　石硫黄一名將軍。　頌曰：今惟出南海諸番，嶺外州郡或有而不甚佳。鵞黄者名崑崙黄，赤色者名石亭脂，青色者名冬結石，半白半黑者名神驚石，並不堪入藥。又有一種水硫黄，出廣南及資州，溪澗水中流出，以茅收取，熬出，號真珠黄，氣腥臭，止入瘡藥，亦可煎煉成汁，以模鑄作器，亦如鵞子黄色。

《庚辛玉冊》云：硫黄有二種，石硫黄生南海琉球山中，土硫黄生於廣南，以嚼之無聲者為佳。舶上倭硫黄亦佳。入藥取顆塊瑩淨光膩，色黄，嚼之無聲者佳。夾土及石者不用。

氣味：酸，溫，有毒。《別錄》曰：大熱。　普曰：神農、黄帝、雷公：鹹，有毒。醫和、扁鵲：苦，無毒。　權曰：有大毒。

主治：療心腹積聚，邪氣冷癖在脇，欬逆上氣，及腰腎久冷，脚冷疼弱無力《別錄》。除冷風頑痹，寒熱甄權。虛寒久痢，滑泄霍亂，續陽氣暴絕，治陰毒傷寒，小兒慢驚時珍。婦人陰蝕，疽痔惡血，堅筋骨，除頭禿，能化金、銀、銅、鐵奇物《本經》。　宗奭曰：今人治下元虛冷，元氣將絕，久患寒泄，脾胃虛弱，垂命欲盡，服之無不效，中病當便已，不可盡劑。世人葢知用而為福，而不知其為禍，是物損益兼行故也。如病勢危急，可加丸數服，少則不效，仍加附子、乾薑、桂。　好古曰：如太白丹、來復丹，皆用硫黄，佐以消石，至陽佐以至陰。與仲景白通湯佐以人尿、豬膽汁大意相同。所以治內傷生冷，外冒暑熱，霍亂諸病，能去格拒之寒，兼有伏陽不得。不爾，如無伏陽，只是陰證，更不必以陰藥佐之。何也？硫黄亦號將軍，功能破邪歸正，返滯還清，挺出陽精，消化陰魄而生魂。

時珍曰：硫黄秉純陽之精，賦大熱之性，能補命門真火不足，且其性雖熱，而疎利大腸，又與躁濇者不同，葢亦救危妙藥也。但煉制久服，則有偏勝之害。按孫升《談圃》云：硫黄，神仙藥也。每歲三伏日餌百粒，去臟腑積滯有驗。但硫黄伏生於石下，陽氣溶液凝結而就，其性大熱，火煉服之，多發背疽。方勺《泊宅編》云：金液丹，用硫黄煉成，純陽之物，有痼冷者所宜。今夏至人多服之，反為大患。韓退之作文戒服食，而晚年服硫黄而死，可不戒乎？夏英公有冷病，服硫黄、鍾乳，莫之紀極，竟以壽終。此其稟受與人異也。洪邁《夷堅志》云：唐與正亦知醫，能以意治疾。吳巡簡病，不得溲，臥則微通，立則不能涓滴，徧用通利藥不效。唐問其平日自制黑錫丹常服，因悟曰：此必結砂時，硫飛去，鉛不死，鉛砂入膀胱，臥則偏重，猶可溲，立則正塞水道，故不通。取金液丹三百粒，分為十服，煎瞿麥湯下，鉛得硫氣則化，纍纍水道下病遂愈。硫之化鉛，載在《經》方，苟無通變，豈能臻妙？《類編》云：仁和縣一吏，早衰齒落不已。一道人令以生硫黄入豬臟中，煮熟，搗丸，或入蒸餅，丸梧子大，隨意服之。飲啖倍常，步履輕捷，年踰九十猶康健，後醉牛血，遂洞泄如金水，尫悴而死。內醫官管範云：豬肪能制硫黄，此用豬臟尤妙。　之頤曰：石硫黄偏得山石慓悍之性，陽燧為體，動流為用者也。氣稟火溫，味兼木酸，葢木從火，得風自火出故爾。《本經》主婦人陰蝕疽痔及惡血為眚，無以奉髮美毛，正骨柔筋者，悉屬陰凝至堅，對待治之，陽生陰長，陽殺陰藏矣。　希雍曰：石硫黄秉火氣以生，氣味俱厚純陽之物也。入手厥陰經。

愚按：硫黄伏生於石下，陽氣溶液凝結而就，且凡產硫黄之處，必有溫泉作硫黄氣，則此味之性大熱。昔哲謂為純陽之物，宜於痼冷者，是也。第其能化五金，衹以為勝者制所不勝，而未察硫之戀於鉛，鉛為五金之祖也。水火二氣相反，乃以相合，是屬何故？更硫戀於鉛，而還能化鉛勝者，又何以反化於不勝者乎？夫鉛為五金之祖，而硫即能化五金，則其化五金也，豈非同於化鉛乎？若然，是硫固為至陽之精，實乃陰中之陽，其化鉛與五金也，固感於所自始之陰，而合和以化之，非止以猛毒而制所不勝者也。即其戀於鉛也，義固可思矣。石硫黄的入命門，為水中之陽。義具鉛總按中。然時珍謂其補命門真火，與桂、附將無同歟。而其微有不同者，當繹前哲痼冷二字，并好古所謂破邪歸正，返滯還清之義，猶不得等於桂、附，但入先天真火之窟，以消陰翳者比也。之頤謂其陽燧為體，動流為用，二語近之矣。故此味主治似於寒凝而積陰者，宜用此純陽以對偏勝之陰，使其結者化，戾者和也。之頤謂所治諸證，悉屬陰凝至堅，對待治之，是中的語，知此，則適事為故，投此熱劑，亦何可已，不則反不中病，無益有損矣。故臨證施治，最宜細酌，葢不必待其久服多服，而始見其有害也。至服餌以戕生者，不亦愚乎哉？

附方　陰證傷寒，極冷厥逆，煩躁腹痛，無脈，危極甚者，舶上硫黄為末，艾湯服三錢，就得睡，汗出而愈。　一切冷氣，積塊作痛，硫黄、焰消各四兩，結砂，青皮、陳皮各四兩，為末，糊丸梧子大，每空心米飲下三十丸。　元臟久冷，腹痛虛泄裏急，玉粉丹用生硫黄五兩，青鹽一兩，細研，以蒸餅丸綠豆大，每服五丸，空心熱酒下，以食壓之。　伏暑傷冷，二氣交錯，中脘痞結，或泄或嘔，或霍亂厥逆，二氣丹，硫黄、消石等分，研末，石器炒成沙，再研，糯米糊丸梧子大，每服四十丸，新井水下。　老人冷秘，風秘，或泄瀉，暖元臟，除積冷，溫脾胃，進飲食，治心腹一切痃癖冷氣，硫黄柳木槌研細，半夏湯泡七次，焙研，等分，生薑自然汁調，蒸餅和杵百下，丸梧子大，每服十五丸至二十丸，空心溫酒或薑湯下，婦人醋湯下。　酒鼈氣鼈，嗜酒，行氣血凝於氣，則為氣鼈；嗜酒痼冷，敗血入酒，則為血鼈；搖頭掉尾，大者如鼈，小者如錢，上侵人喉，下蝕人肛，或附脇背，或隱腸腹，用生硫黄末，老酒調下，常服之。　一切惡瘡，真君妙神散，用好硫黄三兩，蕎麥粉二兩，為末，井水和捏作小餅，日乾，收之，臨用細研，新汲水調傅之，痛者即不痛，不痛則即痛，而愈。

修治　時珍曰：凡用硫黄，入丸散用，須以蘿蔔剜空，入硫黄在內，合定，稻糠火煨熟，去臭氣；以紫背浮萍同煮過，消其火毒；以皂莢湯淘之，去其黑漿。一法打碎，以絹袋盛，用無灰酒煮三伏時用。又消石能化硫為水，以竹筩盛硫，埋馬糞中一月，亦成水，名硫黄液。

**清·郭章宜《本草匯》卷一八**　硫黄　酸、鹹，大熱，有毒。氣味俱厚，純陽之物也。壯陽堅筋骨，陰氣全消。殺蟲燥寒濕，瘡疥盡掃。老人冷秘，君半夏而立通，泄痢虛寒，佐蠟礬而速止。艾湯投一匕，陰毒回春。溫酒送三丸，沉寒再造。回陽氣于暴絕，理下白于脾虛。

按：硫黄，秉純陽之精，益命門之火，熱而不燥，能潤腸結，亦救危神劑也。故養正丹用之，嘗有起死回生之功。今人治下元虛冷，元氣將絕，久患寒泄，脾胃虛弱，垂命欲盡，服之無不効。但中病當已，不可盡劑。況服食者，又皆假此縱慾，自速其咎。蓋知用而為福，而不知其禍隨之也。若荒于色，以致腹滿如斗，肢體厥逆，投以參附不應者，餌金液丹亦有生理。第硫非治滿之劑，只因元陽將絶而參附無功，藉其純陽之精，令陰寒之滯，見晛氷消耳。苟非真病虛寒，不可服此熱毒之藥也。若有伏陽在內，須加陰藥為佐，古方太白丹、來復丹，各有硝石之類，是皆至陽佐以至陰，正合宜爾。

以蘿蔔剜空，入硫合定，糠火煨熟，以紫背浮萍同煮過，皂莢湯淘去黑漿。畏細辛、朴硝。中其毒者，惟煎黑錫湯，及食冷猪血，甘草湯可解。

**清・蔣居祉《本草擇要綱目・溫性藥品》** 石硫黄 氣味：酸，溫，有毒。 主治：古方未有服餌硫黄者。《本經》所用，止于治瘡蝕，攻積聚冷氣，脚弱等。而近世遂火煉治，為常服丸散。觀其治煉服食之法，殊無本源，非若乳石之有論議節度，故服之其效雖緊，而其患更速，可不戒之。土硫黄，辛熱腥臭，止可治疥殺蟲，不可服。

**清・蔣居祉《本草擇要綱目・熱性藥品》** 石硫黄硫黄秉純陽火石之精氣而結成，性質通硫，色賦中黄，故名硫黄。含其猛毒，為七十二石之將，故藥品中號為將軍。外家謂之陽侯，亦曰黄牙，又曰黄硇砂。 氣味：酸，溫，有毒。 主治：除頭禿。能化金、銀、銅、鐵奇物。下部䘌瘡，殺疥蟲。古方未有服餌硫黄者，《本經》所用，止于治瘡蝕，攻積聚冷氣、脚弱等。而近世遂火煉，治為常服丸散。觀其治煉服食之法，殊無本源，非若乳石之有論議，故服之其效雖緊，而其患更速，可不戒之。土硫黄，辛熱腥臭，止可治疥殺蟲，不可服也。

**清・王翃《握靈本草》卷一** 硫黄硫黄有二種，石硫黄生南海琉球，水硫黄生廣南。以嚼之無聲者爲佳。舶上倭黄亦佳。凡用入丸散，須以蘿蔔剜空，入硫在內，合定，糠火煨熟，去臭氣，以紫背浮萍同煮過，以皂莢湯淘之。一法：入豆腐中煮二三次。一法：入猪大臟中煮。 主治：硫黄酸，溫，有毒。療心腹積聚，冷癖冷風頑痺。生用治疥癬，鍊服主虛損泄精，老人風秘虛寒，久痢滑泄，霍亂，補命門不足，陽氣暴絶，陰毒傷寒，小兒慢驚。

**清・汪昂《本草備要》卷四** 石硫黄燥，補陽，殺蟲。 味酸有毒。大熱純陽。硫黄陽精極熱，與大黄極寒，并號將軍。補命門真火不足。性雖熱而疏利大腸，與燥濇者不同。熱藥多秘，惟硫黄暖而能通；寒藥多泄，惟黄連肥腸而止瀉。若陽氣暴絶，陰毒傷寒，久患寒瀉，脾胃虛寒，命欲垂盡者用之，亦救危妙藥也。治寒痹冷癖，足寒無力，老人虛秘，《局方》用半硫丸。婦人陰蝕，小兒慢驚。暖精壯陽，殺蟲療瘡。辟鬼魅，化五金，能乾汞。王好古曰：太白丹、來復丹皆用硫黄，佐以硝石。至陽佐以至陰，與仲景白通湯佐以人尿、猪膽汁意同。所以治內傷生冷、外冒暑濕、霍亂諸病，能除扞格之寒，兼有伏陽，不得不爾。如無伏陽，只是陰虛，更不必以陰藥佐之。《夷堅志》云：唐與正亦知醫，能以意治病。吳巡檢病不得溲，臥則微通，立則不能涓滴，遍用通藥不效。唐問其平日自製黑錫丹常服，因悟曰：此必結砂時，硫飛去，鉛不死，鉛砂入膀胱，臥則偏重猶可溲，立則正塞水道，故不通。取金液丹三百粒，分十服，瞿麥湯下。鉛得硫則化，水道遂通。家母舅童時亦病溺濇，服通淋藥罔效。老醫黄五聚視之曰：此乃外皮竅小，故溺時艱難，非淋證也。以牛骨作楔，塞于皮端，竅漸展開，勿藥而愈。使重服通利藥，得不更變他證乎？乃知醫理非一端也。○硫能化鉛爲水，修煉家尊之爲金液丹。番舶者良。難得。 取色黄堅如石者，以萊菔剜空，入硫合定，糠火煨熟，去其臭氣；以紫背浮萍煮過，消其火毒；以皂莢湯淘其黑漿。一法絹袋盛，酒煮三日夜。一法入猪大腸爛煮三時用。畏細辛、諸血、醋。 土硫黄：辛熱，腥臭，只可入瘡藥，不可服餌。

**清・陳士鐸《本草新編》卷五** 硫黄 味酸，氣溫、大熱，有毒。至陽之精，入腎。能化五金奇物，壯興陽道，益下焦虛冷，元氣將絶者甚效。禁止寒瀉，或脾胃衰微，垂命欲死者立效。堅筋骨，去心腹痃癖，却脚膝冷疼，仍除格拒之寒。此物純陽，專伏純陰之氣，化魄生魂，破邪歸正，其功甚鉅，故有將軍之號。然而性大熱，用之不得其宜，亦必禍生不測，必須制伏始佳。須用寒水石製之大妙，世人未知也，硫黄十兩，研為末，加入寒水石一兩，亦研為末，和在一處，以水化之，寒水化而硫黄不化也，候其水乾，然後取出用之，自無他患。

或疑硫黄大熱，寒水大凉，取之相制，似乎得宜，然而用硫黄正取其純陽也，以寒水製之，陽不變為陰乎？不知寒水製硫黄，非制其熱，制其毒也。去毒則硫黄性純，但有功而無過，可用之而得宜也。

**清・李熙和《醫經允中》卷一九** 硫黄 入命門經。瑩淨者佳。甘草湯煮過用。畏朴硝、細辛。忌禽獸諸血諸肝。 酸，熱，有毒。主治下焦虛冷，陽絶不起，寒洩頭禿，疥癬。硫黄為火之精，入命門，補相火。人之真火在右腎，火熄則萬物無父而不生，硫黄能補之。熱藥皆燥，獨硫黄不燥，今人不用，畏其熱耳。倘火衰之症，命門微弱，不可棄也。但熱毒之物，一有不當，貽禍匪輕。中其毒者，以鴨羹甘草湯解之。

**清·馮兆張《馮氏錦囊秘錄·雜症痘疹藥性主治合參》卷五** 石硫黃稟火氣以生，故味酸、鹹，大熱，有毒。氣味俱厚，純陽之物也。入手厥陰經，以鹹溫之性，故能軟堅溫中，去濕殺蟲，壯陽之需。然石性本悍，況硫更燥烈而酷，徒知捷於回陽，而不知貽害亦甚。止宜外治瘡疥，若內修服餌，宜慎之。　石硫黃，火熔傾水，製過可餌。係至陽之精，能化五陰奇物，補命門真火，壯興陽道，下焦虛冷，元氣將絕者殊功。禁止寒瀉，脾胃衰微，陰毒傷寒，垂命欲死者立效。主婦人陰腫疽痔，下部䘌瘡。冷癖在脇，欬逆上氣。塞痔血，殺疥蟲，堅筋骨，除禿髮。心腹痃癖，脚膝冷疼。老人風秘能通，陽氣暴絕能挽。仍除格拒之寒，亦有將軍之號。功能破邪歸正，返滯還清，挺出陽精，化陰魄而生魂也。中病便已，過劑不宜。然製煉

按：硫黃，純陽之精，能補真火，可救顛危，烏鬚黑髮，真可延年。

得宜，且淫房斷絕者宜之，否則，貽禍不淺。

**清·张璐《本經逢原》卷一** 石硫黃　酸、鹹，大熱，有毒。以萊菔挖空，入硫黃蒸熟用，或入豆腐中煮七次用，或醋煅用，或豬臟中製用，各隨本方。硫是礬之液，礬是鐵之精，磁石是鐵之母，故鍼砂磁石，製入硫黃，立成紫粉，硫能乾汞，見五金而黑，得水銀則赤也。《本經》主婦人陰蝕疽痔惡血，堅筋骨，除頭禿。　發明：硫黃稟純陽之精，賦大熱之性，助命門相火不足。寒鬱火邪，胃脘結痛，脚冷疼弱者宜之。其性雖熱，而能疎利大腸，與燥澀之性不同。但久服傷陰，大腸受傷，多致便血。傷寒陰毒爪甲純青，火焰散屢奏神功。陰水腹脹，水道不通，金液丹服之即效。《本經》治陰蝕疽痔乃熱因熱用，以散陰中蘊積之垢熱，但熱邪亢盛者禁用。又言堅筋骨者，取以治下部之寒濕。若濕熱痿痹，良非所宜。人身陰常不足，陽常有餘，苟非真病虛寒，胡可服此毒熱類。按有久服硫黃，人漸縮小之例，石頑親見李堯占服此數年，臨斃縮小如七八歲童子狀。正《內經》所謂熱則骨消筋緩是也。

**清·浦士貞《夕庵讀本草快編》卷一** 硫黃　硫秉純陽火石之精氣而結成，性質流通，賦色中黃，故名。硫黃含其猛毒，為七十二石之長，亦號將軍。

硫黃稟純陽之精，得大熱之性，酸溫而鹹，毒而不守。能補命門真火不足，腰膝痿冷及虛寒瀉痢，老人風秘，小兒慢驚，投之立應。且其性雖熱烈而能疎利大腸，又與燥澁者不同，真扶危起篤之藥也。故太白丹、來復丹並皆用硝石為佐，以至陰配至陽也。如仲景白通湯以人尿、猪膽與附子同用之意。所以治內傷生冷，外冒暑熱霍亂諸病，以其能去格拒之寒，兼有伏陽不得不爾。若無伏陽，只是陰虛，則不必以陰藥佐之。何也？夫硫黃亦號將軍，功能返滯還清，破邪歸正，挺出陽精，消陰化魄。故紫霞盃、金液丹，固真扶元，清上實下，妙難盡述者。且其性受制于猪肪，或入猪臟烹煮，方可服食，但亦不宜久任，恐生熱毒。《經》云金石氣悍，仁哉言也。此雖鹵類，毒烈甚于金石，不可不知。

**清·張志聰、高世栻《本草崇原》卷中** 石硫黃　氣味酸，溫，有毒。主治婦人陰蝕，疽痔惡血，堅筋骨，除頭禿，能化金銀銅鐵奇物。奇，疑作等。　石硫黃出東海牧羊山谷及太行、河西山中。今南海諸番嶺外州郡皆有，然不及昆侖、雅州、舶上來者良。此火石之精所結，所產之處必有溫泉，泉水亦作硫黃氣。以顆塊瑩淨光膩，色黃，嚼之無聲者，彌佳。夾土與石者，不堪入藥。

硫黃色黃，其形如石。黃者土之色，石者土之骨。遇火即焰，其性溫熱，是稟火土相生之氣化。火生於木，故氣味酸溫，稟火氣而溫經脈，故主治婦人之陰蝕及疽痔惡血。稟土石之精，故堅筋骨。陽氣長則毛髮生，故主頭禿。遇火而焰，故能化金銀銅鐵奇物。

**清·王子接《得宜本草·中品藥》** 硫黃　味酸。入手足少陰經。得半夏治久年哮喘，得艾葉治陰毒傷寒，得烏鰂、五味傳婦人陰脫。

**清·徐大椿《神農本草經百種錄》中品** 石硫黃　味酸，溫。主婦人陰蝕，陰濕所生之疾，惟陽燥之物能已之。疽痔惡血，亦下焦陰分之濕所生病也。堅筋骨，壯筋骨之陽氣。除頭禿，殺髮根濕氣所生之蟲。能化金、銀、銅、鐵奇物。火尅金也。

硫黃乃石中得火之精者也。石屬陰，而火屬陽，寓至陽于至陰，故能治陰分中寒濕之疾。其氣旺而性暴，故又能殺蟲而化諸金也。

**清·黃元御《玉楸藥解》卷三** 硫黃　味酸，性溫。入足太陰脾、足少陰腎、足厥陰肝經。驅寒燥濕，補火壯陽。石硫黃溫燥水土，驅逐濕寒，治虛勞欬嗽，嘔吐泄利，衄血便紅。治氣寒瘕，腰軟膝痛，陽痿精滑，癰疽痔瘻，疥癬癩禿，敷女子陰癢，洗玉門寬冷。塗䵩疣聤耳，消胬肉頑瘡。入蘿蔔內，稻糠火煨熟，去其臭氣，研細，用硝石能化硫為水，以竹筒盛埋馬糞中一月成水，名硫黃液。

**清·吳儀洛《本草從新》卷五** 石硫黃〔大燥，補陽，殺蟲。〕味酸，有毒。大熱純陽，硫黃陽精極熱，與大黃極寒，并號將軍。補命門真火不足。性雖熱而疎

利大腸，與燥澀者不同。熱藥多秘，唯硫黄暖而能通。若陽氣暴絕，陰毒傷寒，久患寒瀉，脾胃虛寒，命欲垂絕者用之，亦救危妙藥也。治寒痺冷癖，足寒無力，老人虛秘，《局方》用半硫丸。婦人陰蝕，小兒慢驚。暖精壯陽，殺蟲療瘡，辟鬼魅，化五金，能乾汞。好古曰：太白丹、來復丹皆用硫黄佐以硝石，至陽佐以至陰，與仲景白通湯佐以人尿、猪膽汁意同。所以治內傷生冷，外冒暑濕霍亂諸病，能除扞格之寒，兼有伏陽不得不爾，如無伏陽，只是陰虛，更不必以陰藥佐之。《夷堅志》云：唐與正亦知醫，能以意治病。吳巡檢病不得溲，臥則微通，立則不能涓滴，遍用通藥不效。唐聞其平日自製黑錫丹常服，因悟曰：此必結砂時，硫飛去，鉛不死，鉛砂入膀胱，臥則偏重，猶可溲，立則正塞水道，故不通。取金液丹三百粒，分十服，瞿麥湯下，鉛得硫則化，水道遂利。家母舅童時，亦病溺澀，服通淋藥罔效，老醫黄五聚視之曰：此乃外皮竅小，故溺時艱阻，非淋證也。以牛骨作屑，塞於皮端，竅漸展開。使重服通淋藥，得不更變他證乎？硫能化鉛為水，修煉家尊之為金液丹。用之得當，兼以製煉得宜，淫房斷絕者能之。一有不當，貽禍匪輕。番舶者良。最難得。取色黄如石者，以萊菔剜空，入硫合定，糠火煨熟，去其臭氣，以紫背浮萍煮過，消其火毒，以皂莢湯淘其黑漿。一法：絹袋盛，酒煮三日夜。一法：入猪大腸，爛煮三時。畏細辛、醋、諸血。土硫黄，辛熱腥臭，止可入瘡藥，不可服餌。

**清・汪紱《醫林纂要探源》卷三** 硫黄 辛、酸、甘，大熱。日本琉球之間，臺灣之東北有硫黄山，熱氣至重，旁及千里，他處亦出。以黄而有綠焰，堅而不散者良。土硫黄色淡，而易散。○氣味無不辛腥者，勿謂石硫黄不臭，土硫黄獨臭也。其甘味甚重，令人嘔吐。《本草》只言其酸，不言辛甘，亦失之而不詳矣。地下之陽，與雷同氣。雷火必有硫黄氣，湯泉亦有此氣，是乃地下所凝積之陽也。其在人為命門相火，故大補元陽，而能收能緩。辛主散，主行，主潤，兼有甘酸，故能收能緩。性雖悍急，幾不可禦，而不至耗竭津液，昏散心神。治陰毒傷寒，久患瀉痢，脾胃虛冷，凡寒痺冷痺，足冷無力，老人虛秘，及陽氣暴絕，皆能起之。異他藥之壯陽動火，思淫逞慾者。亦治小兒脾冷吐瀉之慢驚。製法以蘿蔔挖空，入硫合定，糠火煨熟。又或挖空，豆腐入硫煮熟，然後以紫背浮萍同煮，又以皂莢湯淘去黑漿。今用豬肚或豬大腸入硫、酒煮熟，取出，復入鮮腸肚，再煮三四次，以腸肚不黑，硫黄不腥為度。秉正辟邪，殺蟲䘌，誅鬼魅。外傅，殺蟲，治瘡癬，婦人陰蝕。又能化鉛乾汞，解礬、丹石之毒。合硝石，用以和陰陽，發光明，去陰翳。太白丹、來復丹，皆硝、黄合用，一以發內鬱之陽，一以掃外合之陰，黄行相火，硝行君火，一上行，一下照，所以通扞格，和陰陽，而治暑濕霍亂之氣。今合炮火藥，亦必硝、黄並用，以發其火，而攻堅之力愈不可禦，能使正氣一時舒暢矣。

**清・嚴潔等《得配本草》卷一** 石硫黄 曾青、石亭脂為之使。畏細辛、朴硝、鐵、醋、黑錫、豬肉、鴨汁、餘甘子、桑灰、益母、大鹽、車前、黄柏、石韋、蕎麥、獨帚、地骨皮、地榆、蛇床、蓖麻、菟絲、蠶沙、紫荷、菠薐、桑白皮、馬鞭草。忌禽獸血。酸，有毒。大熱純陽，入足少陰經。去冷積，止水脹，殺臟蟲，除鬼魅。得半夏，治久年哮喘。得艾葉，治陰毒傷寒。得雞子煎香油，調搽疥瘡。得枯礬，治氣虛暴瀉。配雄黄為末，綿裹，塞耳卒聾閉。配滑石，治傷暑吐瀉。燒煙熏嗅，咳逆打呃立止。研細末，摻諸瘡胬肉，如蛇出數寸。出番舶、黄色瑩淨者良。用萊菔剜空，入硫黄合定，糠火煨熟，以紫背浮萍、青蒿汁煮，汁盡為度，再用百部、柳蚛、東流水煮，皂莢水淘去黑漿用，或用豬大腸煮爛用。陰虛者禁用。人生一身，陽常有餘，陰常不足。每見虛熱者，補陰之劑，投之半載一年，未即有效，遂以滋陰為無濟，不若補陽以生陰。且云怯病內必有蟲以食其髓，惟硫黄下補命門，兼可殺蟲，因之日服寸匕，以期速效。詎知陽火日盛，陰水益燥，速之使斃，而莫之知也。且果係虛寒，亦應補氣以回陽。乃用此酷烈之藥而毒之死，何哉。

**題清・徐大椿《藥性切用》卷七** 石硫黄 味酸大熱，入命門而補火通陽，治瘡殺蟲。置豆腐中製，去熱毒用。土硫黄，辛熱腥臭，只可治瘡，不入湯藥。

**清・黄宮繡《本草求真》卷一** 硫黄石硫黄大補命門相火，兼通寒閉不解。石硫黄耑入命門。玄壽先生曰：硫是礬之液，礬是鐵之精，磁石是鐵之母，故鐵砂、磁石製入硫黄，立成紫粉。味酸有毒，權曰：有大毒，以黑錫湯解之。大熱純陽，號為火精。時珍曰：凡產石硫黄處，必有溫泉作硫黄氣。蓋人一身，全賴命門真火周佈，始能上貫心肝以主雲雨，中及脾胃以蒸水穀，下司開闔以送二便，旁達四肢以應動作。李時珍曰：命門為藏精繫胞之物，其體非脂非肉，白膜裹之。在脊骨第七節兩腎中央，繫著於脊，下通二腎，上通心肺，貫腦，為生命之原。相火之主，精氣之府，人物皆有之。生人生物，皆由此出，即《經》所謂七節之旁中有小心是也，以相能代心君行事，故曰小心也。此火既衰，陽微陰盛，內寒先生，外寒後中，厥氣逆胸，旁及於胃，胃為腎關，外寒斬關直入，由是無熱惡寒，手足厥逆，二便凝結。醫以朴硝攻下，猪、澤滲利，則二便不通，而凝結益甚，是猶層冰不解，非不補火消陰，疎陽通胃，則寒莫去而結莫消。書云：命門火衰，服附桂不能補者，須服硫黄補之。按硫黄純陽，與大黄一寒一熱，並號將軍，凡陽氣暴絕，陰毒傷寒，久患寒瀉，脾胃虛寒，命欲垂盡者，須用此主之。又治老人一切風秘、冷秘、氣秘，熱藥多秘，惟硫黃暖而能通，寒藥多泄，惟黃連肥腸而止瀉。為補虛助陽聖藥，且能外殺瘡疥，一切蟲蠱惡毒，並小兒慢驚，婦人陰蝕，皆能有效。但必製造得宜，始可以服，餘用法製。另詳雜症，求真方內。凡遇一切虛癆中寒，冷痢冷痛，四肢厥逆，並面赤戴陽，六脉無力，或細數無倫，煩躁欲臥井中，口苦咽乾，漱水而不欲咽，審屬虛火上浮，陽被陰格者，服無不效。王好古曰：如太白丹、來復丹，皆用硫黃，佐以硝石，至陽佐以至陰，與仲景白通湯，佐以人尿、猪膽汁，大意相同。所以治內傷生冷，外冒暑熱，霍亂諸病，能去格拒之寒，兼有伏陽，不得不爾。如無伏陽，只是陰虛，更不必以陰藥佐之。今人不曉病機，一見秘結不解，不分寒熱，輒用承氣以投，詎知寒熱不同，冰炭迥異，用之無益，適以致害，可不慎歟！但火極似水，症見寒厥，不細審認，輒作寒治，遽用此藥，其害匪淺。孫升《談圃》云：硫黃神仙藥也，每歲三伏日餌百粒，去臟腑積滯有驗。但硫黃伏生於石下，陽氣溶液凝結而就，其性大熱，火煉服之，多發背疽。方勺《泊宅編》云：金液丹乃硫黃煉成純陽之物，有痼冷者所宜。今夏至人多服之，反為大患。韓退之作文戒服食，而晚年服硫黃而死，可不戒乎？夏英公有冷病，服硫黃、鍾乳，莫之紀極，竟以壽終，此其稟受與人異也。番舶色黃，堅如石者良，土硫黃辛熱腥臭，止可入瘡藥，不可服餌。硫黃用大腸煮製，其法不佳。

**清·楊璿《傷寒溫疫條辨》卷六熱劑類** 石硫黃番舶者良。味酸，性大熱，陽中之陽，有毒。與大黃並號將軍。補命門真火，桂、附不如也。性雖熱而能疏利大腸，與燥濇者不同。如元陽暴絕，脾胃虛冷，久患泄瀉寒澼，遺漏精滑者，用之大有起死回生之功。古謂熱劑兼補，此類是也。古方玉真丸：石硫黃二兩，半夏、石膏，硝石一兩。為末，薑汁糊丸，治寒厥頭疼，與仲景白通湯加人尿、猪膽汁義同。古方花蕊石散：石硫黃五錢，花蕊石二兩為末服，下胞衣惡血。〔硫黃入猪大腸頭內，爛煮三時，取出晒乾為末，蒸餅和丸，名來復丹。補命門真火，大有功效。〕

**清·羅國綱《羅氏會約醫鏡》卷一八金石水土部** 硫黃味酸，大熱，有毒，入心腎二經。純陽之精，大補命門真火，能救陽氣暴絕，陰毒惟甚。久患寒瀉，脾胃虛冷，命欲垂盡者用之，可以起死回生。治寒痹冷癖、小兒慢驚，暖精壯陽，殺蟲療瘡，脚膝冷疼，鬼魅作祟，老人虛秘，婦人陰蝕。傷寒厥逆煩躁、腹痛脉伏者，陰證似陽。以硫黃為末，艾湯調服二三錢，即可得睡，汗出而愈。

按：硫黃性雖熱，而疏利大腸，與燥濇者不同。熱藥多秘，惟硫黃暖而能通；寒藥多瀉，惟黃連肥腸而止瀉。番舶者良難得。取色黃而堅者，以萊菔剜空，入硫合定，糠火煨熟，去其臭氣，以紫背浮萍同煮，皂莢湯淘淨用。又法：入猪大腸，煮三時用。畏細辛、朴硝、血與鐵與醋。適病而止，不可過服。

**清·趙學敏《本草綱目拾遺》卷二石部** 天生磺 毗陵劉霽軒先生諱煥章，任浪窮令，有天生磺。《紀略》曰：浪窮東城外五里，有溫泉焉。乃昆明海洱之委也，周圍三四里許，泉底產硫磺，水熱如湯，投以雞蛋可熟。中流峙一平巖，名九氣臺，中空而旁穴，穴凡九，溫泉注其內，其氣熏蒸，上浮於石，沾濡流浹，如垂乳然，積時既久，質漸堅，色甚瑩白，歷數百餘年，其色灰蒼，堆聚巖下，魄碕玲瓏，與巧石相似。土人鑿取之以為藥，其性大溫補命門真火，虛寒等症服之，厥效如神。蓋硫黃泉之熱氣所結，質最輕清，又久而後成，故功效遠過於石硫黃也。今土人建文星閣於九氣臺上，為浪邑勝跡云。治膈症，補命門火衰，餘功同倭黃。按：西儒高一志《空際格致》云：硫黃有人造者，有天生者。天生者外如灰色，內如黃泥而淡，其體濃肥，其味苦鹹，其氣臭毒，其性造熱，故近火則易為養也。

倭硫黃：出東洋琉球日本呂宋等國，以日本者佳。其色白似蜜，氣不臭烈，光潤而嫩。高濂《四時修合方》云：舶上硫黃，倭夷海船上作灰塗縫者佳。人不多見，俱以市硫有油者用，舶硫色如蜜者，黃中有金紅處，如七月石榴皮，打開儼若水晶有光，全非鬆脆，性如石硬者真。按：硫出內地者，取土與油煎熬而成。氣腥觸鼻，作老黃色，倭產者嫩白，瀕湖集解但引《庚辛玉冊》所載石土二種，於倭硫却無考據，僅云倭舶者佳。不知倭硫黃與內地迥別也。其附方內所載《本事方》之陰證傷寒，《博濟方》之陰陽二毒，《瑞竹堂方》之酒皻赤鼻，《宣明方》之鼻面紫風，皆用舶上硫黃者，斷不可以內地臺黃代用，故補著其功於左。《百草鏡》：白硫黃出琉球國，名倭硫黃。洋舶帶來，質堅如石，不臭，光潤滑澤，形如滴乳者真。《物理小識》：舶硫如蜜，黃中有金紅處，擊開如水晶有光，今青硫不佳也。蓋陽氣入地，遇水則死為硫，升雲則爆為雷，乃生養萬物之源。故以金紅者為第一種，但須善製耳，遇硫毒，研釜底煤泡湯飲，以煤為火之宅。硫本陽火，見而服也。岳磋使秀峰先生曾語予曰：在京師見倭黃，如梅花式，成餅，色亦不甚白，握手中置耳畔聽之，索索作聲，如蟲鳴。云此種係倭舶來者，特筆於此以俟考。性大熱，味微酸，有小毒，補下元，助陽道，益命門火衰，於老人尤宜。

滅斑殺蟲，治瘡通血，止瀉痢。

暖肚封臍膏：《周氏家寶》云：夏天貼之，秋後不生痢疾。用韭菜子、蛇牀子、大附子各一兩，肉桂一兩，川椒三兩，倭硫黃一兩，麝香三分，獨蒜一枚，麻油三觔，入粗藥浸半月，熬至枯色，去渣，熬至滴水成珠，再加黃丹十二兩，再熬俟冷，加細藥聽用。孕婦忌貼。

登仙膏：《萬氏家抄》云：此藥存精不漏，固體壯陽，強形健力，凡交不泄，可採十女之精，兼治腰疼。下元虛損，五勞七傷，半身不遂，膀胱疝氣，下焦冷氣，小腸偏墜，又治二三十年脚腿疼麻，陽事不舉，婦人白帶血淋，陰痛血崩，皆宜貼之。麻油一觔四兩，入甘草二兩，熬至六分，下諸藥。第一下芝麻四兩。第二下甘草二錢。第三下天門冬，酒浸去心，麥冬、遠志，俱酒浸去心，生地酒洗，熟地酒蒸，牛膝去蘆酒浸，蛇牀子酒洗，虎骨酥炙，菟絲子酒浸，鹿茸酥炙，肉蓯蓉酒洗去甲膜，川續斷、紫稍花、木鼈子去殼、杏仁去皮尖、穀精草、官桂去皮，各三錢。文武火熬至枯黑色，去渣，下飛過黃丹半觔。第四下松香八兩，槐柳枝不住手攪，滴水不散。第五下倭硫黃、雄黃、龍骨、赤石脂，各為末二錢，再上火熬半時。第六下乳香、沒藥、木香、母丁香各末五錢，再熬，離火放溫。第七下蟾酥、麝香、陽起石各二錢，滴水不散。第八下黃占一兩，用磁罐盛之，以蠟封口。入井中浸三日，去火毒，用紅絹攤貼臍上，如行房欲泄，以婦人唾津潤去膏藥即泄。便有孕。應昌按：御女之說，適足以戕生也，種子之說，亦足以導淫也，貽誤多而成功少，觀者慎諸。

寶珠膏：《行篋檢秘》：此藥能助筋骨，補血長肌固元。未貼此膏之前，先用擦久易丹擦腰眼，三日後再貼此膏。赤石脂、天冬、麥冬、生地、熟地、紫稍花、蛇牀子、鹿茸、穀精草、防風、元參、厚朴、虎骨、菟絲子、木香各一兩，母丁香、肉桂、川斷、赤芍、黃芪、肉蓯蓉、白龍骨、杜仲各一錢五分。附子一個，生用，蓖麻子一百粒去油，穿山甲一錢五分，地龍去土二錢，木鱉去殼不去油切片，倭硫黃、沒藥各一錢，血竭一錢，乳香二錢，松香、黃蠟各四錢，麝香少許，用麻油二觔，將藥入油浸，三日後入鍋內熬至黑色，去渣，用槐柳枝攪，次下黃蠟松香，再下細藥油，滴水成珠不散為度。磁器收之，絹緞布攤貼腰眼，其效如神。

擦久易丹：肉蓯蓉、良薑、蛇牀子、丁香、馬蘭花、韶腦各一兩。木鼈、蟾酥少許，為末。煉蜜為丸，如彈子大，每用一丸。擦腰眼千百遍，軟絹綢護之，一日不解，三日後，貼前寶珠膏。

七寶丹：高濂《修合方》：治久患瀉痢，療不瘥者，服之即效，老人及脾洩滑，宜服。用附子童便和黃泥炮五錢，當歸一兩，乾薑五錢，吳茱萸、厚朴、薑製花椒各三錢，舶硫黃八錢，七味為末，米醋合成兩團，白麪和外衣，裹藥在內，如燒餅包糖一般，文武火煅麪熟，去麪搗為末，蜜丸桐子大。諸痢，米湯下二十丸，空心日午服，宿食氣痛不消，薑鹽湯下。

神效乾丹：《演揲兒集》：此藥堅陽益腎，強筋力，和血脈，種子如神。天雄三錢去皮尖，雄精三錢，鴉片三錢，蟾酥三錢，母丁香大者四粒，人參三錢，樟腦瓦上昇淨霜三錢，乳香、沒藥去油各五分，倭硫黃三錢，共研細末，用絹羅裹外，麝香二錢，研極細，另包，將白及不拘多少，以敷用為度，放盌內，用滾水泡開。將白及裝入絹袋內，擰汁去渣，再用蘇合油三錢，同白及汁和藥調勻，將麝香末灑上，做成錠放磁盒內陰乾，或將口封固略曬，俟乾研擦。

翦根丸：《經驗廣集》：治胃氣，一服除根，冷痛尤效。元胡索、胡椒、五靈脂、白豆蔻各五錢，倭黃，如無用石硫黃，水浸，早晚換水，取出，用磁器鎔數沸，於土地上候冷，再用水泡過洗淨，一兩，木香切片曬乾二錢五分，研細末，拌勻收貯。體壯者服一分，弱者八釐，老人幼童五釐，取溫燒酒半小鍾調服，入密室，一切食物不可喫，待次日喫稀米湯，至五日後方可喫乾飯，永不再發，孕婦忌服。

**清·黃凱鈞《藥籠小品》** 石硫黃　味酸有毒，大熱純陽，補命門真火。若陽氣暴絕，陰毒傷寒，久患寒瀉，亦為救危上藥。治老人虛閉，半硫丸主之。用之不當，貽害匪輕。番舶者良，最難得。土硫黃止可入瘡藥，臭不可服。

**清·王龍《本草纂要稿·鹵石部》** 石硫黃　氣味溫熱，有毒。乃至陽之精，能化五金奇物。壯興陽道，下焦虛冷，元氣將絕者，殊功。禁止寒瀉，脾胃虛弱，垂命立死者，立效。中病便已，過劑不宜。塞痔血，殺疥蟲，堅筋骨，除頭禿。去心腹痃癖，却脚膝冷疼。仍除格拒之寒，亦有將軍之號。蓋因功能破邪歸正，返滯還清，挺出陽精，化陰魄而生魂者也。

**清·張德裕《本草正義》卷下** 硫黃　苦，熱，有毒。能壯腸道，補命門陽氣，除心腹冷積，寒氣頑痺，腰腎脚膝冷痛，久痢滑洩，老人風秘便結，小兒虛寒慢驚。熱烈有毒，不可概用。

**清·楊時泰《本草述鉤元》卷六** 石硫黃　出南海諸番，嶺外州郡或有而不甚佳，鵝黄者名崑崙，黄赤色者名石亭脂，青色者名冬結石，半白半黑者名神驚石，並不堪入藥。一種水硫黄，出廣南及資州，溪澗中流出，以茅收取熬出，號真珠黄，氣腥臭，止入瘡藥，亦可煎煉成汁，模鑄作器，如鵝子黄色須。有土石二種，石硫黄生南海琉球山中，土硫黄生廣南，嚼之無聲者佳。舶上倭硫黄亦佳《庚辛玉冊》。

味酸，氣溫、大熱，有毒。氣味俱厚，純陽之物也。入手厥陰經。主療心腹積聚，邪氣冷癖在脇，欬逆上氣，及腰腎久冷，脚冷疼弱無力，除冷風頑痹寒熱，虚寒久痢滑泄，霍亂，續陽氣暴絶，治陰毒傷寒，小兒慢驚，婦人陰蝕，疽痔惡血，堅筋骨，除頭禿，能化金銀銅鐵等物諸本草。凡人下元虚冷，元氣將絶，久患寒泄，脾胃虚弱，垂命欲盡，服之無不效。但當中病便已，不可盡劑。如病勢危急，可加丸數，少則不效，仍加附子、乾薑、肉桂服。硫黄亦號將軍，功能破邪歸正，返滯還清，挺出陽精，消化陰魄而生魂好古。秉純陽之精，賦大熱之性，能補命門真火不足，其性雖熱，而疎利大腸，又與燥濇者不同，蓋亦救危妙藥也。但煉製久服，則有偏勝之害瀕湖。硫黄伏生於石下，陽氣溶液，凝結而就，其性大熱，火煉服之，多發背疽孫升。金液丹，乃硫黄煉成純陽之物，有痼冷者所宜，今夏至人多服之，反為大患《泊宅編》。昔有人病不得溲，卧則微通，立則不能涓滴，徧用通利不效，其人平日常服黑錫丹，因悟此必結砂時硫飛去鉛不死，鉛砂入膀胱，卧則偏重猶可溲，立則正塞水道，故不通耳。取金液丹三百粒，分十服，煎瞿麥湯下，鉛得硫氣則化，纍纍水道下，病遂愈《夷堅志》。早衰齒落不已，以生硫黄入豬臟中煮熟擣丸，或入蒸餅丸梧子大，隨意服之。管範云豬肪能制硫黄，此用豬臟尤妙。昔有遵服，年踰九十猶健，後醉牛血，洞泄如金水死《類編》。石硫黄偏得山石慓悍之性，陽燧為體，動流為用，氣稟火溫，味兼木酸，蓋木從火得，風自火出故耳。《本經》主婦人陰蝕，疽痔，及惡血為眚，無以奉髮美毛，正骨柔筋者，悉屬陰凝至堅，對待治之，陽生陰長，陽殺陰藏矣。陰證傷寒，厥逆煩躁，腹痛無脈，危甚者，舶上硫黄為末，艾湯服三錢，得睡汗出而愈。一切冷氣積塊作痛，硫黄、焰消各四兩結砂，青皮、陳皮各四兩，為末，糊丸梧子大，每空心米飲下三十丸。元臟久冷，腹痛虚泄裏急，玉粉丹，生硫黄五兩，青鹽一兩，細研，蒸餅丸綠豆大，每服五丸，空心熱酒下，以食壓之。伏暑傷冷，二氣交錯，中脘痞結，或泄或嘔，或霍亂厥逆，二氣丹，硫黄、消石等分，研末，石器炒成沙，再研，糯米糊丸梧子大，每服四十丸，新井水下。老人冷秘風秘，或泄瀉，硫黄柳木槌研細，半夏湯泡七次焙研，等分，生薑自然汁調蒸餅，和杵百下，丸梧子大，每服十五丸至二十丸，空心溫酒或薑湯下，婦人醋湯下。此藥暖元臟，除積冷，溫脾胃，進飲食，治心腹一切痃癖冷氣。酒鼈、氣鼈，嗜酒任氣，血凝於氣，則為氣鼈，其痼冷敗血，入酒則為血鼈，搖頭掉尾，大者如鼈，小者如錢，上侵人喉，下蝕人肛，或附脇背，或隱腸腹，用生硫黄末，老酒調下，常服之。一切惡瘡，真君妙神散，用好硫黄三兩，蕎麥粉二兩，為末，井水和捏作小餅，日乾收之，臨用細研，新汲水調傅之，痛者即不痛，不痛者即痛而愈。

論：硫黄入先天真火之窟以消陰翳，陽燧為體，動流為用，其所主治，當繹前哲痼冷二字，并好古所謂破邪歸正，返滯還清之義。産硫之處，必有溫泉作硫黄氣，其性味大熱，而為純陽之物，宜於痼冷可知。夫水火二氣相反，而乃以相合。硫黄為至陽之精，實乃陰中之陽，其化鉛與五金也，固感於所自始之陰而合和以化之，非止以猛毒而制所不勝也，即其戀於鉛也。義固可思矣。石硫黄的入命門，為水中之陽。義具鉛總按中。

辨治：入藥，取顆塊瑩淨光膩色黄者，夾土及石者不用。凡入丸散，須以蘿蔔剜空，入硫合定，糠火煨熟，去其臭氣。次以紫背浮萍同煮過，消其火毒。更以皂莢湯淘之，去其紫黑漿，方用。一法：打碎，盛絹袋，用無灰酒煮三伏時用。又消石能化硫為水，以筒盛硫，埋馬糞中一月，亦成水，名硫黄液。

**清·葉桂《本草再新》卷八** 琉黄味酸，性熱，有毒。入肺、腎二經。 暖經壯陽，治寒痺冷癖，殺蟲療瘡，婦人陰蝕，小兒慢驚。

**清·趙其光《本草求原》卷二六鹵石部** 土硫黄 辛，熱，腥臭。治惡瘡黑陷，同蕎麥作餅敷。紫白癜風、癮疹，同枯礬、黄丹塗紫風，同附子及醋塗白風。瘡弩肉，敷之。疽不合，填之。疥蟲，雞子油開搽。頑癬、癘瘋蟲，風子油酒調飲。玉門寬冷。煎水洗。不可服餌。得硝石則化為水。

**清·趙其光《本草求原》卷二六鹵石部** 石硫黄 出南番石下，陽液凝結而成。色黄堅，瑩淨如石。赤者名石亭脂。其下必有溫泉。酸鹹，大熱，有毒。能戀鉛而化五金，鉛為五金之祖，真陰之精，陰陽相合則相化，故戀鉛又能化鉛。是本於水而成於火，故能入水中火窟以消陰翳，破痼冷之邪滯以疏利大腸，熱藥多燥濇，惟硫黄暖而能通，凡寒凝陰積者宜此化之。若虚寒而陰不凝結，又宜桂、附，用之反不中病。寒藥多泄，惟黃連肥腸而止瀉。治陰症傷寒，厥逆，煩躁，腹痛無脈，研艾湯下，取汗。一切冷積塊痛，同焰硝炒結，入青皮、陳皮等分糊丸，米飲下卅丸。臟冷痛泄裏急，生者五兩，青鹽一兩，蒸餅丸，酒下，以食壓之。伏暑傷冷霍亂，同硝石等分炒結，糯米糊丸，新汲水下。老人冷秘、風秘或泄瀉，及一切脾胃冷痛、痃癖，半夏等分，薑汁蒸餅為丸，薑湯或酒下，婦人醋下。酒鱉，冷酒敗血而成。氣鱉，嗜酒任氣而成，生為末，酒下。氣虛暴泄，同白礬為丸，朱砂為衣，溫水下，或加滑石。脾虛下白涕，炒麵為丸，米飲下。挾熱痢下赤白，同蛤粉糊丸，米飲下。久瘧，熱多，倍朱砂，寒多，減朱砂，茶清調下。腎虛頭痛，同食鹽、台烏糊丸，飯後薄荷湯下。風毒脚氣，痹弱，鍾乳湯或人乳調下。脇冷咳逆，勞傷，失精遺尿，臟中生蟲，衄血，轉筋，滑利，痔瘻下血，婦人血結陰蝕，皆寒濕之病。《本經》言其堅筋骨，謂寒濕去故也。若濕熱痿痹忌之。小兒慢驚，辟鬼魅，治鉛砂入膀胱。製黑錫丹，硫飛而鉛不死。服之則鉛塞膀胱。臥則偏重猶可溲，立則正塞水道而不通，宜固濟硫黃火養七日為丸，名金液丹，以瞿麥湯下三百粒，分十次服，水道即通。金鉛得硫即化也。按金液丹治陰水腹脹及陰蝕以上諸症也。但久服傷陰，令人便血，骨消筋緩。按古方陰症兼有伏陽，每用硝石佐之，最有妙理。

番舶倭黃：嚼之無聲者佳。以萊菔挖空，入硫黃蒸熟用。或入豆腐及豬臟中煮用，或醋煅用。硫是礬之液，礬是鐵之精，磁石是鐵之母，故針砂、磁石製入硫黃，立成紫粉。硫能乾汞，見五金而黑，得水銀而赤。畏細辛、諸血。

**清・葉志詵《神農本草經贊》卷二** 石硫黃 味酸，溫。主婦人蝕陰，疽痔惡血，堅筋骨，除頭禿。能化金銀銅鐵奇物。生山谷。

尊比陽侯，礬精翕斂。焦土凝堅，溫泉瀉瀲。猛著黃芽，光騰紫燄。金液丹成，因時稽檢。

葛洪曰：四黃惟陽侯為尊。吳普曰：是礬水石液燒令有紫燄者。《易注》：諍翕翕斂也。《魏書・傳》：悅般國南界，有火山，山旁皆焦，溶流數十里乃凝堅，即石硫黃也。《博物志》：凡水有石硫黃，其泉則溫。趙冬曦賦：鑿連巖而瀉瀲。李時珍曰：其猛毒為七十二石之將，外家謂之陽侯，亦曰黃芽。《泊宅編》：金液丹，乃流黃煉成，純陽之物，痼冷者所宜。今夏至人多服之，反為大患。《元史・傳》：曹鑒稽檢有方。

**清・文晟《新編六書》卷六《藥性摘錄》** 石硫黃 味酸，有毒，大熱。純陽。補命門相火，兼通寒閉不解，及陽被陰格，虛火上浮，暴絕寒厥等症。審其六脈無力，或細數無倫，或口苦咽乾，漱水而不欲咽，皆服之有効。若屬熱閉，或火極似水者，切忌。○番艤色黃，堅如石者良。土硫，辛熱腥臭，只可塗瘡，不堪服餌。○製須得法，用大腸煮製者，不甚佳。○中其毒，磨黑鉛湯解之。服豬血、羊血亦可。

**清・劉東孟傳《本草明覽》卷七** 石硫黃 【略】按：硫黃性熱，每治格拒之寒，倘或此症兼有伏陽在內，須加陰藥為佐可耳。古方太白丹、來復丹，各有硝石之類，是皆至陽佐以至陰也。若無伏陽，單患陰症，不必例論。

**清・龍之章《蠢子醫》卷二** 硫黃能治濕寒百病製法：用豆腐一塊，入硫黃於內，同煮二炷香時，取硫黃研末，麵糊為丸，每服二三錢。硫黃原是火之精，一切濕熱他能清。濕熱原從寒上得，抑鬱之久與熱同。熱藥皆補他能通，薑、桂、附子守而不走，硫黃走而不守。疏通元府妙化工。濕熱引下便無病，故云一切濕熱他能清。治濕寒抑鬱之熱，若真火症，他焉能治？如若疥癬毒上壅，內吃外治皆有功。巴豆水銀共油猪板油搗，以搓皮外立時輕。更治濕寒腹甚疼，但吃此味必能通。更治脾虛口流涎，但吃此味必得安。更治水腫愈後復起波，但吃此味永無痾。更治手足風痹不能行，但吃此味漸漸鬆。更治婦人虛寒不坐胎，但吃此味便解懷。吾今已七十，始知硫黃好。加上馬前與熟地，便可長生並不老。製馬前子一兩，製硫黃二兩，熟地八兩，共搗為丸，每服二錢，開水送下。

**清・戴葆元《本草綱目易知錄》卷七** 石硫黃 酸，溫，有毒。大熱，純陽，制錬服。壯陽道，補筋骨，長肌膚，益氣力。主虛寒久痢，滑瀉霍亂，心腹積聚，冷癖在脇，咳逆上氣，脚冷疼弱，鼻衄惡瘡，下部䘌瘡。補命門不足，陽氣暴絕，陰毒傷寒，腰腎久冷，冷風頑痹，虛損洩精，勞損風氣。老人風秘，小兒慢驚，婦人血結，陰蝕陰瘡，止血止嗽，殺臟蟲邪魅。能化金銀銅鐵奇物。研傅癰瘡癧癬。然下元極冷，命火衰微，元氣將絕，服之立效。中病即止。若久服或藉此縱慾，不無偏勝之患，反至傷生貽害。番舶者良。土硫黃，辛熱腥臭，止可治疥殺蟲，不可服餌。【略】扁鵲玉壺丸，治命門火衰，陽氣暴絕，寒水膨脹。古吳王晉三制盡善。葆照謄：舶硫磺八兩，麻油八兩，以硫磺打碎入油內，浸半日，入鍋內，炭火宜微勿烈，以桑條微攪，候硫溶盡，傾入水內，用水攪出上面油水，其色如金，取硫稱若干兩，仍配麻油等分，照前微火溶化，如此三次。第四次轉，稱硫若干，配棉花核油等分，照前微火溶化，傾入水內，攪去上面油，其色如絳。第五轉，用肥皂四兩，煎汁去滓，煮硫磺半日，傾水。第六轉，用皂莢煎水，煮六時，拔淨，以制硫磺之油，攪去其水。第七轉，用爐中炭火淋鹻水，制六時。第八轉，用豆腐煮六時，拔淨皂莢之性。第九轉，用田字草搗汁，和水煮六時，臨用研如飛麪，凡硫黄一兩，配炒糯米粉二兩，調溫，搗丸如梧子大，每服以硫黄合成三分為準，漸漸加一錢，早晚開水送下。

**清・陳其瑞《本草撮要》卷六**　硫黄　味酸，入足太陰、少陰、厥陰經，功專驅寒燥濕，補火壯陽。得半夏治久年哮喘，得艾治陰毒傷寒。烏鰂、五味合硫黄敷婦人陰脫，能化五金而乾汞。畏細辛、醋、血。番舶者良。

**清・李桂庭《藥性詩解》**　賦得石硫黄暖胃驅蟲得蟲字。田春芳。　暖胃除寒痺，硫黄最有功。純陽堪辟鬼，大熱可驅蟲。　按：硫黄本大熱有毒之藥，補命門真火不足，治脾經真寒作瀉，冷癖足寒，暖精助陽，辟鬼療瘡，殺蟲暖胃。熱藥多秘，惟硫黄緩而能通，有疏利大腸，與燥濇者不同。

前題李慶霖　性熱功猶猛，硫黄燥補雄。回陽堪暖胃，逐冷可驅蟲。

按：硫黄大熱，純陽之品，味酸有毒之藥。助陽暖胃，去冷殺蟲，功力猛悍，補力雄壯。大黄極寒，硫黄極熱，二者有却亂反正之能，皆號將軍。又治小兒慢驚，婦人陰蝕，辟鬼魅，化五金，雖屬燥補，却能疏利大腸，故古有半硫丸，治老人虛秘。觀此，則知熱而能通也明矣。

前題　楊昌霖　通秘猶驅冷，硫黄性最雄。功雖能暖胃，力更可誅蟲。

硫黄性本純陽而烈，溫暖脾胃，通利虛秘，助陽驅冷，暖精殺蟲。純熱，有毒，用當酌之。

**清・仲昴庭《本草崇原集說》卷中**　石硫黄　【略】仲氏曰：劉守真製半硫丸，治老年人大腸虛秘，虛指陽而言。若非陽虛，則為腸燥，為脾約，不中與矣！故用藥必辨病因。

### 石硫赤

**宋・唐慎微《證類本草》卷三〇有名未用・玉石〔《別録》〕**　石流赤　味苦，無毒。主婦人帶下，止血，輕身長年。理如石耆，生山石間。

〔梁・陶弘景《本草經集注》〕云：芝品中有石流丹，又有石中黄子。

**宋・李昉《太平御覽》卷第九八七**　石流赤　《神仙傳》曰：許由巢父，服箕山石硫丹。《抱〔朴〕子》曰：石流丹，山之赤精，蓋石流黄之類也。皆浸溢於涯岸之間。其濡濕者可丸服，其已堅者可散服。如此者有百二十種皆石芝。《本草經》曰：石流赤，生羌道山谷。

**明・李時珍《本草綱目》卷一一石部・鹵石類**　石硫赤《別録》有名未用

【釋名】石亭脂《圖經》　石硫丹弘景　石硫芝　【集解】《別録》曰：理如石耆，生山石間。普曰：生羌道山谷。時珍曰：此即硫黄之多赤者，名石亭脂，而近世通呼硫黄爲石亭脂，亦未考此也。按《抱朴子》云：石硫丹，石之赤精，石硫黄之類也。浸溢于涯岸之間，其濡濕者可丸服，堅結者可散服。五岳皆有，而箕山爲多，許由、巢父服之，即石硫芝是矣。

【氣味】苦，温，無毒。　【主治】婦人帶下，止血。輕身長年《別録》。壯陽除冷，治瘡殺蟲，功同硫黄時珍。

【附方】新二。　赤鼻作痛：紫色石亭脂，紅色次之，黄色勿用。研末，冷水調搽，半月絶根。《聖濟録》。　風濕脚氣：石亭脂生用一兩，川烏頭生一兩，無名異二兩，爲末，葱白自然汁和丸梧子大。每服一錢，空心淡茶、生葱吞下，日一服。《瑞竹堂方》。

### 石硫青

**宋・唐慎微《證類本草》卷三〇有名未用・玉石〔《別録》〕**　石流青　味酸，無毒。主療洩，益肝氣，明目，輕身長年。生武都山石間，青白色。

**宋・李昉《太平御覽》卷第九八七**　石流（黄）〔青〕　《本草經》曰：石流（黄）〔青〕白色。主益肝氣，明目。

**明・李時珍《本草綱目》卷一一石部・鹵石類**　石硫青《別録》有名未用

【釋名】冬結石《別録》曰：生武都山石間，青白色，故名。時珍曰：此硫黄之多青色者。蘇頌《圖經》言石亭脂、冬結石並不堪入藥，未深考此也。

【氣味】酸，温，無毒。　【主治】療洩，益肝氣，明目。輕身長年《別録》。治瘡殺蟲，功同硫黄時珍。

### 硫黄香

**宋・唐慎微《證類本草》卷三玉石部上品〔唐・陳藏器《本草拾遺》〕**　流黄香　味辛，溫，無毒。去惡氣，除冷，殺蟲。似流黄而香。《外國傳》云：流黄香出都昆國，在扶南南三千里。《南州異物志》云：流黄香出南海邊諸國，今中國用者從西戎來。

### 婆娑石

**宋・唐慎微《證類本草》卷三玉石部上品〔宋・馬志《開寶本草》〕**　婆娑石　主解一切藥毒、瘴疫，熱悶頭痛。生南海。胡人採得之，無斑點，有金星，磨成乳汁者爲上。又有豆斑石，雖亦解毒，功力不及，復有鄂綠，有文理，磨鐵成銅色。人多以此爲之，非真也。凡欲驗真者，以水磨點鷄冠熱血，當化成水是也。此即俗謂之摩娑石也。今附。

〔宋・唐慎微《證類本草》〕《圖經》：文具無名異條下。

**宋・沈括《夢溪筆談》卷三《補筆談》** 熙寧中，闍婆國使人入貢方物，中有摩娑石一塊，大如棗，黄色，微似花蕊。又無名異一塊，如蓮菂，皆以金函貯之。問其人真僞何以為驗？使人云：摩娑石有五色，石色雖不同，皆薑黄汁，磨之汁赤如丹砂者為真。無名異色黑如漆，水磨之色如乳者為真。廣州市舶司依其言試之，皆驗，方以上聞。世人蓄摩娑石、無名異頗多，常患不能辨真僞。小説及古方書如《炮炙論》之類，亦有説者，但其言多怪誕，不近人情。天聖中，予伯父吏書新除明州，章獻太后有旨，令於舶船求此二物，内出銀三百兩為價。值如不足，更許於州庫貼支。終任求之，竟不可得。醫潘璟家有白摩娑石，色如糯米糍，磨之亦有驗。璟以治中毒者，得汁栗殼許，入口即瘥。

**宋・寇宗奭《本草衍義》卷四** 婆娑石 今則轉爲摩娑石，如淡色石綠間微有金星者佳，磨之如淡乳汁，其味淡。又有豆斑石，亦如此石，但於石上有黑斑點，無金星。

**宋・王繼先《紹興本草》卷三** 婆娑石 紹興校定：婆娑石生南海，辨驗真僞，已載《本經》。既能解一切藥毒，當作性平、無毒者是也。

**宋・劉明之《圖經本草藥性總論》卷上** 婆娑石 解一切毒藥，毒瘴疫，熱悶頭痛。生南海，胡人採得之。無班點，有金星，磨成乳汁者為上。又有豆班石，雖亦解毒，功力不及。復有鄂綠，有文理，磨鐵成銅色，人多以此為之，非真也。凡欲驗真者，以水磨，點雞熱血，當化成水是也。

**明・劉文泰《本草品彙精要》卷二** 婆娑石無毒 石生。

婆娑石：主解一切藥毒，瘴疫，熱悶，頭痛。名醫所錄。【名】摩娑石。

【地】《圖經》曰：生南海，胡人尤珍貴之。無斑點，有金星，磨成乳汁者爲上。以金裝飾作指彄帶之。每欲食及食罷，輒含吮數四以防毒。今人有得指面許塊，則價值甚重。又有豆斑石，雖亦解毒，功力不及。復有鄂綠，有文理，磨鐵成銅色，人多以此爲之，非真。凡欲驗真者，以水磨，點雞冠熱血，當化成水是也。【時】生：無時。採：無時。【質】類石綠而有金星。【色】綠。【味】淡。【性】平。【氣】氣之薄者，陽中之陰。【臭】朽。

【解】一切藥毒。

**明・王文潔《太乙仙製本草藥性大全》卷六《本草精義》** 婆娑石 一名摩娑石。生南海，石如淡色石綠色，無斑點，有金星，磨之成乳汁者爲上。胡人尤珍貴之，以金裝飾作指彄帶之，每欲食及食罷，輒含吮數次以防毒。又有豆斑石亦如此石，但石上有黑斑點，無金星，雖亦解毒，功力不及。復有鄂綠，有文理，磨鐵成銅色，人多以此爲之，非真也。今人有得真者，指面許塊則價值百金。人莫能辨，但水磨涓滴鷄冠熱血，當化成水，乃真也。

**明・王文潔《太乙仙製本草藥性大全》卷六《仙製藥性》** 婆娑石 主治：解一切藥毒瘴疫如神，止心下熱悶頭痛屢驗。

**明・李時珍《本草綱目》卷一〇石部・石類下** 婆娑石宋《開寶》

【釋名】摩挲石時珍曰：姚〔寬〕《西溪叢話》云：舶船過産石山下，愛其石，以手捫之，故曰摩挲。不知然否？ 【集解】志曰：婆娑石生南海，胡人采得之。其石綠色，無斑點，有金星，磨成乳汁者爲上。又有豆斑石，雖亦解毒，而功力不及。復有鄂綠，有文理，磨鐵成銅色，人多以此爲之，非真也。驗法，以水磨點鷄冠熱血，當化成水是也。宗奭曰：石如淡色石綠，間微有金星者佳。又有豆斑石，亦如此石，但有黑斑點，無金星。頌曰：胡人尤珍貴之，以金裝飾作指彄帶之。每欲食及食罷，輒含吮數次以防毒。今人有得指面許塊，則價值百金也。時珍曰：《庚辛玉册》云：摩挲石，陽石也。出三佛齊。海南有山，五色聳峙，其石有光焰。其水下滚如箭，船過其下，人以刀斧擊取。燒之作硫黄氣。以形如黄龍齒而堅重者爲佳。匱五金，伏三黄，制鉛汞。

【氣味】甘、淡，寒，無毒。 【主治】解一切藥毒，瘴疫熱悶頭痛《開寶》。

**清・趙學敏《本草綱目拾遺》正誤** 婆娑石 即摩娑石。《綱目》本條集解下，瀕湖獨取《庚辛玉冊》所言，以燒之作硫黄氣，形如黄龍齒堅重者真。馬志云：其石綠色，無斑點，有金星，磨成乳汁者為上。無名異集解下，時珍云：生川廣，似蛇黄而色黑，煮蟹殺腥，煎桐油收水氣，塗翦翦燭，則燈自斷，以此數者驗之為真。其他試法，亦未有言者。按《筆談補》，熙甯中闍婆國使人入貢方物中，有摩娑石一塊，大如棗，色微黄，似花蕊石。無名異一塊，如蓮菂，皆以金函貯之。問其人真僞何以為驗。使人云：摩娑石有五色，石色雖不同，皆薑黄汁磨之，汁赤如丹砂者為真。無名異色黑如漆，水磨之，色如乳者為真。廣州市舶司依其言，試之皆驗。方以上聞，世人蓄摩娑石、無名異頗多，常患不能辨真僞，小説及古方書《炮炙論》亦有説者，但其言多怪誕，不近人情。醫潘璟家有白摩娑石，色如糯石糍，磨治中毒，得汁栗殼許，入口即瘥。敏按：存中所言則似的實可據，瀕湖反不采錄，何耶？

礬石

**唐・張鷟《朝野僉載》卷一** 礬石可以害鼠，張鷟曾試之。鼠中毒如醉，亦不識人，猶知取泥汁飲之，須臾平復。

**宋・唐慎微《證類本草》卷三玉石部上品〔《本經・別錄・藥對》〕** **礬石味酸，寒，**無毒。**主寒熱，洩痢，白沃，陰蝕，惡瘡，目痛，堅骨齒，**除固熱在骨髓，去鼻中息肉。**鍊餌服之，輕身、不老、增年。**岐伯云：久服傷人骨。能使鐵爲銅。**一名羽碮**泥結切，一名羽澤。生河西山谷及隴西武都、石門。採無時。甘草爲之使，惡牡蠣。

〔梁・陶弘景《本草經集注》〕云：今出益州北部西川，從河西來。色青白，生者名馬齒礬。已鍊成絶白，蜀人又以當消石，名白礬。其黃黑者名鷄屎礬，不入藥，惟堪鍍作以合熟銅，投苦酒中，塗鐵皆作銅色。外雖銅色，內質不變。仙經單餌之，丹方亦用。俗中合藥，皆先火熬，令沸燥。以療齒痛，多即壞齒，是傷骨之證，而云堅骨齒，誠爲疑也。

〔唐・蘇敬《唐本草》〕注云：礬石有五種：青礬、白礬、黃礬、黑礬、絳礬。然白礬多入藥用；青、黑二礬，療疳及諸瘡；黃礬亦療瘡生肉，兼染皮用之；其絳礬本來綠色，新出窟未見風者，正如琉璃，陶及今人謂之石膽，燒之赤色，故名絳礬矣。出瓜洲。

〔宋・馬志《開寶本草》〕陶云蜀人用白礬當消石，誤也。

〔宋・掌禹錫《嘉祐本草》〕按：《藥性論》云：礬石，使。一名理石。畏麻黃，有小毒。能治鼠漏、瘰癧，療鼻衄，治齆鼻，生含嚥津，治急喉痹。日華子云：白礬，性涼。除風去勞，消痰止渴，暖水藏，治中風失音，疥癬。和桃人、葱湯浴，可出汗也。

〔宋・蘇頌《本草圖經》〕曰：礬石，生河西山谷及隴西武都、石門，今白礬則晉州、慈州、無爲軍；綠礬則隰州溫泉縣、池州銅陵縣，幷煎礬處出焉。初生皆石也，採得碎之，煎鍊乃成礬。凡有五種，其色各異，謂白礬、綠礬、黃礬、黑礬、絳礬也。白礬則入藥，及染人所用者。綠礬方入咽喉口齒藥及染色。黃礬丹竈家所須，時亦入藥。黑礬惟出西戎，亦謂之皂礬，染鬚鬢藥或用之。絳礬本來綠色，亦謂之石膽，燒之赤色，故有絳名，今亦稀見。又有礬精、礬蝴蝶，皆鍊白礬時，候其極沸，盤心有濺溢者，如物飛出，以鐵匕接之，作蟲形者，礬蝴蝶也。但成塊光瑩如水晶者，礬精也。此二種入藥，力緊于常礬也。又有一種柳絮礬，亦出礬處有之，煎鍊而成，輕虛如綿絮，故以名之。今醫家用治痰壅及心肺煩熱，甚佳。劉禹錫《傳信方》治氣痢巴石丸，取白礬一大斤，以炭火淨地燒令汁盡，則其色如雪，謂之巴石。取一大兩細研，治以熟猪肝作丸，空腹飲下，丸數隨氣力加減，水牛肝更佳。如素食人，蒸餅丸之亦通。或云白礬中青黑者，名巴石。又治蛇咬蝎螫，燒刀子頭令赤，以白礬置刀上，看成汁，便熱滴咬處，立差。此極神驗，得力者數十人。正元十三年，有兩僧流向南到鄧州，俱爲蛇嚙，令用此法救之，傅藥了便差，更無他苦。又《崔氏方》：治甲疽，或因割甲傷肌，或因甲長侵肉，遂成瘡腫痛，復緣窄靴研損四邊腫焮，黃水出，浸淫相染，五（指）〔趾〕俱爛，漸漸引上脚趺，泡漿四邊起，如火燒瘡，日夜倍增，醫方所不能療者。綠礬石五兩，形色似朴消而綠色。取此一物置于鐵板上，聚炭封之，囊袋吹令火熾，其礬即沸，流出色赤如融金汁者，是真也。看沸定汁盡，去火待冷，取出挼爲末，色似黃丹，收之。先以鹽湯洗瘡，拭乾，用散傅瘡上，惟多爲佳，著藥訖，以軟帛緩裹，當日即汁斷瘡乾。若患痛急，即塗少酥令潤。每日一遍，鹽湯洗濯有膿處，常洗使淨，其痂乾處不須近。每洗訖，傅藥如初。但急痛即塗酥，五日即覺上痂，漸剝起，亦依前洗傅藥，十日即瘡漸漸剝盡痂落，軟處或更生白膿泡，即擦破傅藥，自然總差。刑部張侍郎親嬰此病，卧經六十日，困頓不復可言，京衆醫幷經造問，皆隨意處方，無效驗。惟此法得效如神，故録之，以貽好事者。又有皂莢礬亦入藥，或云即綠礬也。《傳信方》治喉痹用之，取皂莢礬入好米醋，或常用釅醋亦通，二物同研，嚥之立差。如若喉中偏一傍痛，即側卧，就痛處含之勿嚥，云此法出于李謨，甚奇。黃礬入藥，見崔元亮《海上方》滅瘢膏，以黃礬石燒令汁出，胡粉炒令黃，各八分，惟須細研，以臘月猪脂和，更研如泥。先取生布揩令痛，即用藥塗五度，又取鷹糞、白燕窠中草燒作灰，等分，和人乳塗之，其瘢自滅，肉平如故。

〔宋・唐慎微《證類本草》〕雷公云：凡使，須以瓷瓶盛，于火中煅令內外通赤，用鉗揭起蓋，旋安石蜂窠于赤瓶子中，燒蜂窠盡爲度，將鉗夾出放冷，敲碎入鉢中研如粉後，于屋下掘一坑，可深五寸，却以紙裹留坑中一宿，取出再研。每修事十兩，用石蜂窠六兩，盡爲度。又云：凡使，要光明如水精，酸、鹹、澀味全者，研如粉。于瓷瓶中盛，其瓶盛得三升已來，以六一泥，泥于火畔，炙之令乾，置研了。白礬于瓶內，用五方草、紫背天葵二味自然汁各一鎰，旋旋添白礬于中，下火逼令藥汁乾，用蓋子幷瓶口更以泥泥上下，用火一百斤煅，從巳至未，去火，取白礬瓶出，放冷敲破，取白礬，若經大火一煅，色如銀，自然伏火，銖絫不失，擣細研如輕粉，方用之。《聖惠方》：治小兒臍中汁出不止幷赤腫，用礬燒灰，細研傅之。《外臺秘要》：療胸中多痰瘀癖。礬石一兩，以水二升，煮取一升，內蜜半合，頓服，須臾未吐，當飲少熱湯。又方：主目翳及胬肉。用礬石最白者，內一黍米大于翳上及胬肉上，即令淚出，綿拭之，令惡汁盡，其疾日日減，翳自消薄便差。礬石須真白好者方可使用。《千金方》：治小兒舌上瘡，飲乳不得。以白礬和鷄子置醋中，塗兒足底，二七即愈。又方：治鼻中息肉。以礬石末，面脂和，綿裹塞鼻中，數日息肉自隨其藥出。又方：治齒齦間津液血出不止。以礬石一兩，燒，水三升，煮取一升，先拭齒，乃含之。《千金翼》：治陰癢脫方：燒礬石一味，研爲末，每日空心酒調方寸匕服，日三。又方：治脚氣衝心。白礬二兩，以水一斗五升，煎三五沸，浸洗脚良。《肘後方》：救卒死而壯熱者。礬石半斤，水一斗半煮消，以浸脚及踝，即得甦也。又方：

目中風腫，赤眼方： 礬石二錢，熬，和棗丸如彈丸，以摩上下，食頃止，日三度。又方： 足大指角忽爲甲所入肉，便刺作瘡不可着履靴。用礬石一物燒汁盡，取末著瘡中，食惡肉，生好肉。細細割去甲角，旬日即差。此方神效。又方： 療猘犬咬人。摻礬石末內瘡中，裹之止痛，其瘡速愈。又方： 療耳卒腫，出膿水方： 礬石燒末，以筆管吹耳內，日三四度，或以綿裹塞耳中，立差。又方： 療人陰生瘡，膿出作臼。取高昌白礬一兩，研作末，用猪脂相和成膏。槐白皮作湯，洗瘡，拭令乾即塗膏，然後以楸葉貼其上，不過三度差。又方： 患歷齒，積久碎壞欲盡，常以綿裹礬石含嚼之，吐汁也。《經驗方》： 治大小便不通。用白礬細研末，令患人仰卧，置礬末于臍中滿，以新汲水滴之，候患人覺冷透，腹內即自然通，如爲曾灸無臍孔，即于元灸盤上，用紙作鐶子籠灸盤，高一指半已來，著礬末在內，仍依前法用水滴之。《孫真人食忌》： 主蝎螫。以礬石一兩，醋半升煎之，投礬末于醋中，浸螫處。《王氏博濟》： 治驢涎、馬汗毒所傷，神效。白礬飛過，黄丹炒令紫色，各等分，相衮合，調貼患處。《靈苑》： 治折傷，先用止痛湯法。擣白礬爲末，每用一匙，沸湯一碗衝了，以手帕蘸，乘熱熨傷處，少時痛止，然後排整筋骨，貼藥。孫用和： 治懸癰垂長，咽中妨悶。白礬一兩，燒灰，鹽花一兩，右二味，細研爲散，以筯頭點藥在上，差。《子母秘録》： 治小兒風疹不止。白礬十二分，暖熱酒投化，用馬尾揾酒塗之。姚和衆： 治小兒目睛上白膜。白礬一分，以水四合，熟銅器中煎取半合，下少白蜜調之，以綿濾過，每日三度，點一芥子大。又方： 初生小兒産下，有皮膜如榴，中膜裹舌，或遍舌根。可以指甲刺破令血出，燒礬灰細研傅之半綠豆許。若不摘去，兒必瘂。《御藥院》： 治脚膝風濕，虛汗，少力，多疼痛及陰汗。燒礬作灰細研末，一匙頭，沸湯投之，淋洗痛處。《丹房鏡源》： 紫礬石可製汞。《異苑》： 魏武北征蹋頓外嶺，眺矚見山崗不生百草。王粲曰： 是古塚，此人在世服礬石，而石生熱蒸出外，故卉木焦滅。即令發看，果得大墓，内有礬石滿塋。《太平廣記》： 壁鏡毒人必死，用白礬治之。《簡要濟衆》： 治牙齒腫痛。白礬一兩燒灰，大露蜂房一兩微炙，爲散。每用二錢，水一中盞，煎十餘沸，熱煠牙令吐之。

**宋・唐慎微《證類本草》卷三玉石部上品〔前蜀・李珣《海藥本草》〕** 金線礬 《廣州志》云： 生波斯國。味鹹、酸、澀，有毒。主野鷄瘻痔。惡瘡疥癬等疾。打破内有金線文者爲上。多入燒家用。

波斯白礬 《廣州記》云： 出大秦國。其色白而瑩淨，内有棘針紋。味酸、澀，溫，無毒。主赤白漏下，陰蝕洩痢，瘡疥，解一切蟲蛇等毒。去目赤暴腫，齒痛。火煉之良。惡牡蠣。多入丹竈家，功力逾于河西石門者，近日文州諸番往往亦有，可用也。

**宋・李昉《太平御覽》卷第九八八** 礬石 《本草經》曰： 礬石，一名羽涅泥結切。味鹹、酸，寒。生山谷。治寒熱泄痢，惡瘡目痛，堅骨。鍊餌久服，輕身不死。生河西。盛宏之《荆州記》曰： 建平出礬石。《范子計然》曰： 礬石，出武都。《吴氏本草》曰： 礬石，一名羽涅，一名羽澤。神農、岐伯： 酸。扁鵲： 鹹。雷公： 酸，無毒。生河西，或隴西，或武都石門。採無時。岐伯： 久服傷人骨。

**宋・唐慎微《證類本草》卷三玉石部上品〔宋・掌禹錫《嘉祐本草》〕** 柳絮礬 冷，無毒。消痰，治渴，潤心肺。新補，見日華子。

〔宋・唐慎微《證類本草》〕《圖經》： 文具礬石條下。

**宋・寇宗奭《本草衍義》卷四** 礬石 今坊州礬，務以野火燒過石，取以煎礬，色惟白，不逮晉州者，皆不可多服。損心肺，却水故也。水化書紙上，纔乾，水不能濡，故知其性却水。治涎藥多須者，用此意爾。火枯爲粉，貼嵌甲。牙縫中血出如衄者，貼之亦愈。

**宋・王繼先《紹興本草》卷三** 柳絮礬 紹興校定： 柳絮礬，亦礬之類也，其狀輕虛如絮。《本經》云消痰，治渴，潤心肺，但今稀見用之。當從性冷、無毒為正。

礬石 紹興校定： 礬石總諸礬而言之也。然礬正有五種，所謂青礬、黄礬、黑礬、絳礬、白礬也。復有礬蝴蝶、礬精，亦皆白礬之類。其青、黑二礬，止療疳及諸瘡；黄礬，丹竈家所須；絳礬，方家亦罕用之；獨白礬多入藥用，其味酸澀，所以止泄痢而堅骨齒，凡滌除痰實須生用之，則微寒有小毒，若止泄痢，須熬沸枯，令汁盡方可入藥，當性溫、無毒是也。亦如丹砂生用，或經火煉之，其性各異矣。

**宋・劉明之《圖經本草藥性總論》卷上** 柳絮礬 冷，無毒。消痰治渴，潤心肺。

礬石 味酸，寒，無毒。主寒熱洩痢白沃，陰蝕惡瘡，目痛，堅骨齒，除固熱在骨髓，去鼻中息肉。《藥性論》云： 使。有小毒。能治鼠漏瘰癧，療鼻衄，治齆鼻。生含嚥津，治急喉痺。日華子云： 性涼。除風去勞，消痰止渴，暖水臟，治中風失音，疥癬。劉禹錫云： 治氣痢。一云： 治小兒臍中汁出，青翳，小兒口瘡。又治脚氣及牙齒腫痛。甘草為使。惡牡蠣，畏麻黄。

**元・王好古《湯液本草》卷六** 白礬 氣寒，味酸，無毒。《本草》云：

主寒熱泄瀉下痢，白沃，陰蝕惡瘡。消痰止渴，除痼熱。治咽喉閉，目痛。堅骨齒。《藥性論》云：使。有小毒。生含嚥津，治急喉痹。

**元・吴瑞《日用本草》卷八** 礬 味酸，寒，無毒。主寒熱，洩痢，白沃，惡瘡，目痛，消痰，治痹，解毒。

**明・蘭茂撰，清・管暄校補《滇南本草》卷中** 白礬通治

治中風不省人事，用白礬火飛過，研為末，每服二三錢，薑汁炖溫調下。 風癎，用生白礬一兩，為末，細茶一兩，為末，煉蜜和杵，令丸如桐子大，每服三十丸，茶送下，久服其涎從小便出。 痰火漸甚，用生白礬一錢，水花二分半，溶化作丸如菉豆大，每服三粒，於空心時，以滾白湯下。 痢疾，用白礬，於火內飛過，研末一錢，石膏煅過，研末三錢。過白痢以桂皮湯下。 紅痢以甘草湯下。 時氣直瀉，以陳米湯送下。 水瀉，用白礬飛過，研末，五棓子炒過，研末，二味等分，以麪糊丸如桐子大，每服三十五丸，空心時黃酒下。 耳膿疼痛，用枯礬末吹入耳中。 瓮鼻塞肉，乃肺氣盛也。用棉花包枯礬末，塞鼻中數日，即消。 鼻中肉贅，臭不可近，痛不可摇，用枯礬末，加硇砂末吹入鼻孔中。 暴發眼痛，用枯礬三錢，以生薑汁調成膏，抹紙上，令先閉眼，乃貼在眼皮上，當痛至一炷香盡，痛止，將溫水洗去。 咽喉腫痛，水漿不下，死在須臾，用白礬末加銀硃少許，吹入喉中即消。 心腹卒痛，用生白礬研末一錢，以好醋調服，立效。又方：冷痛者，用生白礬末一錢，胡椒末一錢，二味和勻，每服五分，火酒送下。 湯火瘡，用生白礬末，以香油調搽。

腦漏，用枯礬末，頭髮灰等分，以青魚膽拌成餅，陰乾，研細，吹入鼻中。

中諸藥毒，用白礬末生用，茶芽研為末，二味等分，冷水調下。 蜈蚣咬，用白礬末生一半，熟一半，水調搽。 癰疽腫毒，用生白礬末一兩，每服一次或二錢，溫酒送下。 霍亂吐瀉，頭目眩暈，手足轉筋，四肢逆冷，用煅過白礬末二錢，滾白湯下。 毒蛇傷，用生白礬，煎湯洗傷處。 臁瘡，用枯礬末，以陳醋調敷四傍。 腫毒瘡癤，用白礬末生的，入水化開，浸於紙上，貼患處。 諸腫毒惡瘡，用生白礬，於端午日晒過，遇毒初起時，即研末三錢，加葱頭細切，好酒送下，立消。 乳蛾喉閉，用枯礬末，白殭蠶末，炒過，等分，研勻，吹入喉中。 餘見前諸症內。

**明・王綸《本草集要》卷五** 礬石使 味酸，澀，氣寒，無毒。一云：有小毒。甘草為之使。惡牡蠣，畏麻黃。入藥用白色光明者。 主寒熱，洩痢白沃，陰蝕惡瘡，瘰癧疥癬，目痛，堅骨齒，齒痛，去鼻中息肉，除風消痰，止渴。治痰壅及心肺煩熱。生含嚥津，治急喉痹。鍊餌之，輕身不老增年。性卻水，故治涎藥多用之。 蛇(蛟)〔咬〕蠍螫，燒刀頭令赤，置礬其上，看成汁，熱滴咬處，立差。 甲疽，或因割甲傷肌，或甲長侵肉，遂成瘡腫。火枯為末，著瘡中，痛急即塗少酥。

**明・滕弘《神農本經會通》卷六** 柳絮礬 氣冷，無毒。《本經》云：消痰渴，潤心肺。

礬石 使也。甘草為之使。惡牡蠣，畏麻黃。凡使，須以火煅用。要白色，光明如水精，酸鹹澁味全者。出晉州者佳。煅過謂之枯礬，亦可生用。生河南山谷，及隴西武都、石門。今白礬，則晉州、慈州、無為軍。

味酸，氣寒，無毒。《湯》同。一云：有小毒。一云：涼。一云：鹹，澁。

《本經》云：主寒熱洩痢，白沃，陰蝕惡瘡，目痛，堅骨齒，除固熱在骨髓，去鼻中息肉。鍊餌服之，輕身不老增年。岐伯云：久服傷人骨。能使鐵為銅。陶隱居云：合藥皆先火熬，令沸燥，以療齒痛，多即壞齒，是傷骨之證。而云堅骨齒，誠為疑也。《唐本》云：有五種，白礬多入藥用；青、黑二礬，療疳及諸瘡；黃礬，亦療瘡，生肉，兼染皮用之；其絳礬，本來綠色，新出窟未見風者，正如瑠璃，陶及今人謂之石膽，燒之赤色，故名。《藥性論》云：使。有小毒。能治鼠漏瘰癧，療鼻衄，治齆鼻。生含嚥津，治急喉痹。日華子云：白礬，性涼。除風去勞，消痰，止渴，暖水藏，治中風失音，疥癬。和桃人、葱湯浴，可出汗也。《圖經》云：凡礬初生皆石也，採得碎之，煎鍊乃成白礬，則入藥，及染人所用者。綠礬，亦入咽喉口齒藥及染色。黃礬，丹竈家所須，時亦入藥。黑礬，謂之皂礬，染鬚鬢藥或用之。絳礬，本來綠色，謂之石膽，燒之赤色，故有絳名，今亦稀見。又治痰壅，及心肺煩熱甚佳。又治蛇咬蠍螫，燒刀子頭令赤，以白礬置刀上，看成汁，便熱滴咬處，立差。又治甲疽，或因割甲傷肌，或因甲長侵肉，遂成瘡腫痛，復緣窄靴，研損四邊腫焮，黃水出，浸淫相染，五指俱爛，漸漸引上脚趺，泡漿四邊起，如火燒瘡，日夜倍增，用綠礬置鐵板上，火熾，看沸定汁盡，去火，待冷，為末，傅瘡上，惟多為佳。若患痛急，即塗少酥令潤。《傳信方》治喉痹用之，取皂莢礬，入好米醋，或常用釅醋亦通，二物同研，嚥之立差。《海上方》滅瘢膏，以黃礬石燒令汁出，胡粉炒令黃，各八分，細研，以臘月猪脂和，更研如泥，先取生布

指令痛，即用藥塗五次。《湯》云：《本草》云主寒熱，泄瀉下痢，白沃，陰蝕惡瘡，消痰，止渴，除痼熱，治咽喉痺，目痛，堅骨齒。《藥性》云：使。有小毒。生含嚥津，治急喉痺。《集》云：性却水，故治涎藥多用之。《衍義》曰：礬石，今坊州礬，務以其火燒過石，取以煎礬，色惟白，不逮晉州者，皆不可多服，損心肺，却水故也。水化，書紙上，纔乾，水不能濡，故知其性却水，治涎藥多須者，用此意爾。火枯為粉，貼嵌甲。牙縫中血出如衄者，貼之亦愈。《局》云：礬石酸寒除泄痢，消痰堅齒治喉風。更攻陰蝕諸瘡漏，息肉能令去鼻中。礬石，治風喉，并理鼻息，攻陰蝕，兼諸瘡漏。

**明・劉文泰《本草品彙精要》卷一**　柳絮礬無毒　煎煉成。

柳絮礬：消痰，治渴，潤心肺。名醫所錄。【地】《圖經》曰：生河西山谷及隴西武都、石門及隰州溫泉縣，池州銅陵縣，並出礬處有之。初生皆石也，採得碎之，煎煉乃成。凡有五種，其色各異。此礬惟輕虛如綿絮，故以名之。【時】採：無時。【用】輕虛者佳。【色】灰白。【味】酸。【性】寒，收。【氣】氣薄味厚，陰也。【臭】腥。【主】消痰止嗽。【治】療：《圖經》曰：治痰壅及心肺煩熱。

**明・劉文泰《本草品彙精要》卷一**　礬石無毒　煎煉成。

**礬石**出《神農本經》：**主寒熱，泄痢，白沃，陰蝕，惡瘡，目痛，堅骨齒，煉餌服之，輕身不老增年。**以上朱字《神農本經》。除固熱在骨髓，去鼻中息肉。以上黑字名醫所錄。【名】羽𥔵泥結切、黃礬、馬齒礬、白礬、羽澤、黑礬、礬蝴蝶、青礬、絳礬、皂礬、皂莢礬、石膽、礬精。【地】《圖經》曰：生河西山谷及隴西武都、石門。今白礬則晉州、慈州、無爲軍。初生皆石也，採石碎之，煎煉乃成礬。有五種，其色各異。謂白礬、青礬、黃礬、黑礬、絳礬也。白礬則入藥。又有礬精，礬蝴蝶，皆煉白礬時，候其極沸，盤心有濺溢者如物飛出，以鐵匕接之，作蟲形者，謂之礬蝴蝶。但成塊如水晶者，謂之礬精。此二種入藥，力緊于常礬也。《衍義》曰：今坊州礬，務以其火燒過石，取以煎礬，色惟白，不逮晉州者，皆不可多服，損心肺，卻水故也。水化書紙上纔乾，水不能濡，故知其性卻水。治涎藥多須者，用此意爾。【時】採：無時。【用】白色光明者。【質】類方解石而明淨。【色】青白。【味】酸澀。【性】寒。【氣】味厚氣薄，陰中之陽。【臭】腥。【主】泄痢消痰。【助】甘草爲之使。【反】畏麻黃，惡牡蠣。【製】用瓷瓶盛於火中鍛過，研細爲度。【治】療：《圖經》曰：白礬治蛇咬蠍螫，以刀頭燒赤，礬置刀上，成汁，乘熱滴咬處。○黑礬染髭鬚，《唐本》注云：青、黑二礬，療疳及諸瘡，黃礬亦療瘡生肉。《藥性論》云：礬石治鼠漏，瘰癧及鼻衄，齆鼻，生含咽津，治急喉痺。日華子云：白礬除風去勞，消痰止渴，暖水臟。《別錄》云：白礬治小兒臍中赤腫，汁出不止，燒，細研，傅之。治目翳及胬肉，以真白好者內一黍米大於患處，即令淚出。綿拭之令惡汁盡，其疾日日減，翳自消薄。治脚氣衝心，以白礬三兩，用水一斗五升，煎三五沸，浸洗脚，良。治足甲長刺入肉作瘡，枯白礬末內瘡中，即瘥。若牙縫中出血如衄，貼之亦愈。治猘犬咬人，搡礬末於傷處，裹之止痛，其瘡速愈。治耳卒腫，出膿水，以礬燒末，日三四度，用筆管吹耳中，或綿裹塞之，立瘥。治患䘌齒，碎壞欲盡，常以綿裹礬石含嚼之，其汁吐出。治大小便不通，用白礬細末，令患人仰臥，滿置於臍中，以新汲水滴之，覺冷透腹內，即通。如無臍孔，以紙作環高一指，亦依前法用之。治初產小兒有皮膜如榴中膜裹舌或遍舌根，以指甲刺破令血出，燒礬灰，細研傅之半綠豆許，若不摘去，兒必啞。治脚膝風濕，虛汗少力，多疼痛及陰汗，燒礬作灰，細研一匙，投沸湯中，淋洗痛處。【合治】白礬合桃仁、葱湯，浴之出汗，治中風失音，疥癬。○白礬一兩，以水二升，煮一升，內蜜半合治胸中多痰，痰癖頭痛，不欲食者。頓服令吐，未吐當飲少熱湯。○白礬合雞子置醋中，治小兒舌上生瘡，飲乳不得者。塗兒足底二匕即愈。○礬石燒爲末，每日合酒調方寸匕，日三服，治陰癢脫。○白礬末和豬脂，綿裹塞鼻中數日，治鼻中瘜肉，自隨藥出。○煎醋半升，投礬石末一兩於醋中，浸洗蠍螫痛處，效。○飛礬合炒紫色黃丹調貼驢涎，馬汗毒所傷。○白礬燒灰合鹽花細研爲散，以箸頭點治懸癰垂長咽中妨悶。○白礬十二分，以熱酒投化，用馬尾揾酒塗之，治小兒風疹不止。○白礬一分，以水四合，銅器中煎取半合，下少白蜜調之，以綿濾過，每日三度，點小兒目睛上白膜。○白礬一兩，燒灰合露蜂房一兩，微炙爲散，每用二錢，水一鍾煎十餘沸，熱漱吐之，治牙齒腫痛。

**明・葉文齡《醫學統旨》卷八**　白礬　氣寒，味酸。無毒。甘草為之使，惡牡蠣，畏麻黃。入藥用白色光明者。　治寒熱泄痢，白帶陰蝕惡瘡，瘰癧疥癬，目痛堅骨，齒痛；　去鼻中息肉，除風消痰，止渴；　療痰壅風涎，及心肺煩熱，急喉痺痛。

**明·許希周《藥性粗評》卷四**　礬石墜風痰之重。

礬石，一名羽涅。出川□□山，取石蒸煉而成者。有白、黑、黃、綠、絳、皂六種，惟白而明瑩者入藥，其他俱有取用，不能具述。凡用入火煅過，研為末。甘草為之使，惡牡蠣。味酸，性寒，無毒。主治寒熱瀉痢，白沃，陰蝕惡瘡，胸膈風痰，鼻中瘜肉，目痛弩肉，縮水散血，堅骨齒，能使鐵為鋼，煉服之輕身不老。岐伯曰：久服傷人骨。

單方：風痰：凡患胸中風痰癖，頭痛不食者，白礬一兩，水二升，煮取一升，內蜜半合，頓服之，須臾痰湧吐出，愈。目瞖：凡患目赤腫痛，或胬肉攀睛，生瞖不開者，明礬取一黍米大，內眼中，冷淚出惡汁盡而目復明，常試有驗。手脚傷瘡：凡手足但被跌撲磕傷，浸淫成瘡，日久膿腫者，以白礬煅過，研末，先將瘡鹽湯洗淨，拭乾，次以藥末摻上，用軟布包定，次日似前再為，自愈。蛇蝎咬毒：急取白礬，用鐵板燒紅，置礬其上，候溶取汁，滴入瘡口上便差，此方神效。

**明·鄭寧《藥性要略大全》卷八**　白礬使　治泄痢疥癬，中風喉痛，化痰及女陰蝕。味酸、鹹澀，氣寒，無毒。又云小毒。甘草為之使。惡牡蠣，畏麻黃。色白光明，出晉州者良。今廬州及山西礬山下皆有之。亦煎鍊而成者也。凡入藥有生用者，有煅熟用者。亦治喉痛，殺蟲，疥瘡惡瘡，消痰止渴，除固熱，治目痛，堅骨齒。生含嚥津，治急喉痹。其煅過者名枯礬，極化風痰，治疥癬。

**明·陳嘉謨《本草蒙筌》卷八**　礬石　味酸，氣寒，無毒。一云小毒。種顔色五般，地出產數處。初皆石全憑鍊就，其極精無越晉州。屬北直隸。畏麻黃，惡牡蠣。為使甘草，凡用俱同。白礬治病證多能，生煅隨重輕應變。並研細末，任作散丸。去瘜肉鼻竅中，除痼熱骨髓內。劫喉痹，止目痛，禁便瀉，塞齒疼。洗脫肛澁腸，敷膿瘡收水。稀涎散同皂莢研服，吐風痰通竅神方。蠟礬丸和蜜蠟丸吞，平癰腫護膜要劑。久服損心肺傷骨，為醫亦不可不防。黃礬一名雞矢礬。理潰癰生肌，鍍金家難缺。一說：投苦酒中塗鐵，皆作銅色，但外變而內質不變。黑礬即皂礬。塗皓髮變黑，染皮者要多。綠礬亦主瘡科。紫礬可制砂汞。〇絳礬燒之赤色，《本經》但載虛名。金線礬紋縷有金絲，治瘡追毒。柳絮礬輕虛如綿絮，止渴消痰。

**明·方穀《本草纂要》卷九**　白礬石　味酸澁，氣寒，有小毒，煉過無毒。主歛腫毒，化痰涎，清咽膈，開喉閉，散疽癧，除疥癬，去息肉，止泄瀉，清煩熱，療風痰，殺蟲毒，敷脚瘡，爲瘡家之要藥也。大抵此劑治瘡之功甚多，而治痰之功亦美。且如痰涎壅盛，牙關緊急，或喉痹乳蛾，或顋頰舌腫，乃爲至急之症，用白礬與醋灌漱，則痰涎湧來，其病時痊者也。又蠟礬丸治瘡毒之症，在初發時如用之，使毒不起，此藥氣寒，有解毒消化如水；若是瘡家長肉之際，如用之，使瘡易平。此藥酸澁，有收斂生肌之妙。噫！白礬之劑，收斂神效。若染色之家用此，非惟美色而鮮潤，抑且浸漬而不驟也，何況人身氣血之分，有不若此乎？

**明·王文潔《太乙仙製本草藥性大全》卷六《本草精義》**　金線礬　舊本不著所出州土。生波斯國，其礬打破，內有金線紋者爲上，此礬多入燒煉家用。

波斯礬：出大秦國。其色白而瑩净，內有棘紋針紋。惡牡蠣。多入丹竈家，功力逾於河西石門者。近日文州諸番往往亦有可用也。

**明·王文潔《太乙仙製本草藥性大全》卷六《本草精義》**　礬石　即白礬，一名羽涅，一名羽澤。生河西山谷及隴西武都、石門。今白礬出晉州、慈州、無爲軍。初生皆石也，採得碎之煎鍊。又益州北部出者，采色青白，生者名馬齒礬，已鍊成絕白，蜀人以當硝石，名白礬。《唐本》云：礬石五種，青礬、白礬、黃礬、黑礬、絳礬。生白礬多入藥，青黑二礬療疳及諸瘡，黃礬亦療瘡生肉兼染皮用之。劉禹錫治氣痢巴石丸，取白礬一大斤，以炭火净地燒令汁盡，則色如雪，謂之巴石。取一大兩細研，治以熟猪肝作丸，空腹飲下，丸數隨氣力加減，水牛肝更佳。如素食人蒸餅丸之亦通。或云：白礬中青黑者名巴石。

**明·王文潔《太乙仙製本草藥性大全》卷六《仙製藥性》**　柳絮礬　取石煎煉而成，輕虛猶如綿絮。痰壅心肺，煩熱，消痰渴尤佳。礬精：煎之但成大塊光瑩，渾如水晶。礬蝴蝶：皆煉白礬之時，候其極沸，盤心濺溢，如物飛出似鐵，接之，形若蟲狀。此二種入藥力緊，勝於常礬。金線礬：味鹹、酸澁，有毒。主治：主野鷄瘻痔仙方，治疥癬惡瘡甚捷。波斯礬：味酸澁，氣溫，無毒。主治：主赤白漏下，去目赤暴腫。療陰蝕洩痢瘡疥，解一切蟲蛇等毒。若醫齒痛，火煉之良。

紫礬　《丹房鏡源》云紫礬可制砂汞。

礬石　味酸，氣寒，無毒。一云小毒。種有青、黃、赤、白、黑皂。甘草爲之使。主治：白礬治病證多能，生煅隨重輕應變。並研細末，任作散丸。

去瘜肉鼻竅中，除痼熱骨髓內。刼喉痹，止目痛。禁便瀉塞疼，洗脫肛澁腸，敷膿瘡收水。稀涎散同皂莢研服，吐風痰通竅神效。蠟礬丸和蜜蠟丸吞，平癰腫護膜要劑。久服損心肺傷骨，爲醫亦不可不防。補註：蛇咬蠍螫，燒刀頭令赤，置礬其上，看成汁，熱滴咬處立差。○治小兒臍中汁出不止并赤腫，用礬燒灰細研傅之。○胸中多痰痰癖，頭痛，不欲食，礬石一兩，以水二升，煮取一升，內蜜半合，頓服，須臾未吐，當飲少熱湯。○目瞖及胬肉，用礬石最白者，內一黍米大於瞖上及胬肉上，即令淚出，綿乾令惡汁盡，其疾日日減，瞖目消薄便差。礬石須真白好者方可使用。○小兒舌上瘡，飲乳不得，以白礬和雞子置醋中，塗兒足底，二七即愈。○治鼻中息肉，燒礬石末，猪脂和綿裹塞鼻中，數日息肉自隨藥出。○治齒齗間津液血出不止，以礬石一兩，燒水三升，煮取一升，先拭齒乃含之。○治陰痒脫方：燒礬石一味，研爲末，每日空心酒調方寸〔匕〕服，日三。○治脚氣衝心，白礬三兩，以水一斗五升，煎三五沸，浸洗脚良。○救卒死而壯熱者，礬石半斤，水一斗半，煮消，以浸脚及踝，即得甦也。○目中風腫赤眼方：礬石二錢，熬和棗丸如彈丸，以摩上下，食頃止，日三度。○足大指角忽爲甲所入肉，便刺作瘡，不可着履靴，用燒汁盡，取末着瘡中，食惡肉，生好肉，細細割去甲角，旬日即差，此方神效。○治犬咬人，掺礬石末內瘡中，裹之止痛，其瘡速愈。○耳卒腫出膿水，用燒末，以筆管吹耳內，日三四度，或以綿裹塞耳中立差。○療人陰生瘡，膿出作臼，取高昌白礬、麻仁等分，研作末，用猪脂相和成膏，槐白皮作湯洗瘡，拭乾即塗膏，然後以楸葉貼其上，不過三度差。○患歷齒積久碎壞欲盡，常以綿裹含嚼之，吐汁也。○治大小便不通，用細研末，令患人仰臥，置末於臍中滿，以新汲水滴之，候患人覺冷透，腹內即自然通。如爲曾灸無臍孔，即於元灸盤上，用紙作鐶子籠灸盤，高一指半已來，著礬末在內，仍依前法，用水滴之。主蠍螫，以一兩，醋半升煎之，投礬末於醋中，浸螫處。○治折傷，先用止痛湯法：擣礬爲末，每用一匙，沸湯一椀衝了，以手帕蘸，乘熱熨傷處，少時痛止，然後排整筋骨貼藥。○治懸癰垂長，咽中妨悶，用一兩燒灰，鹽花一兩，二味細研爲散，以筯頭點藥在上差。○小兒風瘮不止，白礬十二分，水四合，內熟銅器中煎取半合，下少白蜜調之，以綿濾過，每日三度，點一芥子大。○初生小兒産下，有皮膜如榴，中膜裹舌或遍舌根。可以指甲刺破令血出，燒礬灰細研傅之半菉豆許，若不摘去，兒必瘂。○治脚膝風濕，虛汗少力，多疼痛及陰汗。燒礬作灰，細研末一匙頭，沸湯投之，淋洗痛處。○壁鏡毒人必死，用白礬治之。○牙齒腫痛，白礬一兩燒灰，大露蜂房二兩，微炙爲散，每用二錢，水一中盞，煎十餘沸，熱煠牙，令吐之。太乙曰：凡使，須以甆瓶盛於火中煨，令內外通赤，用鉗揭起蓋，旋安石蜂窠於赤瓶子中，燒蜂窠盡爲度，將鉗夾出放冷，敲碎，入鉢中研如粉後，於屋下掘一坑，可深五寸，却以紙裹留坑中一宿，取出再研。每修事十兩，用石蜂窠六兩，盡爲度。又云：凡使，要光明如水精，酸鹹澁味全者，研如粉，於甆瓶中盛，其瓶盛得三升已來，以六一泥泥於火畔炙之令乾，置研了，白礬於瓶內，用五方草、紫背天葵二味自然汁各一鎰，旋旋添白礬於中，下火逼令藥汁乾，用蓋子并瓶口更以泥泥上下，用火一百斤煅，從巳至未，去火，取白礬瓶出放冷，敲破取白礬。若經大火一煅，色如銀，自然伏火，銖錙不失，擣細研如輕粉方用。

**明・皇甫嵩《本草發明》卷五**　礬石上品，君。氣寒，味酸、鹹，澁。味全者佳。無毒。一云有小毒。　發明曰：白礬，酸鹹寒，收澁，能清熱。或生或煅，隨輕重應用。並研細末，任作湯丸散鍊餌。主寒熱洩痢白沃，目痛齒痛，除痼熱在骨髓，去鼻中瘜肉。《藥性》云：除風消痰，止渴。日華子云：生含嚥津，治急喉痹。其澁能却水，收涎藥用之。稀涎散同皂莢，研服，吐風痰，通竅。和蜜蠟作丸，平癰疽，護膜。煅，傅陰蝕惡瘡疥癬，洗脫肛，澁腸。傅膿瘡，收水。多服損心肺，却水故也。甘草為之使。畏麻黃，惡牡蠣。

**明・李時珍《本草綱目》卷一一石部・鹵石類**　礬石《本經》上品。校正：併入《海藥》波斯礬、《嘉祐》柳絮礬。

〔釋名〕涅石《綱目》　羽涅《別錄》　羽澤《本經》　煅枯者名巴石，輕白者名柳絮礬。時珍曰：礬者，燔也。燔石而成也。《山海經》云：女牀之山，其陰多涅石。郭璞注云：礬石也。楚人名涅石，秦人名爲羽涅。〔集解〕《別錄》曰：礬石生河西山谷，及隴西武都、石門，采無時。能使鐵爲銅。弘景曰：今出益州北部西川，從河西來。色青白，生者名馬齒礬。鍊成純白名白礬，蜀人以當消石。其黃黑者名鷄屎礬，不入藥用，惟堪鍍作以合熟銅，投苦酒中，塗鐵皆作銅色。外雖銅色，內質不變。恭曰：凡有五種：白礬多入藥用；青、黑二礬，療疳及瘡；黃礬亦療瘡生肉，兼染皮；絳礬本來緑色，燒之乃赤，故名絳礬。頌曰：礬石初生皆石也，采得燒碎煎鍊，乃成礬也。礬石有五種，其色各異，白礬、黃礬、緑礬、黑礬、絳礬也。今白礬出晋州、慈州、無爲州，入藥及染人所用甚多。黃礬丹竈家所須，亦入藥。黑礬惟出西戎，亦謂之皂礬，染鬚鬢藥用之，亦染皮用。緑礬入咽喉口齒藥及染色。絳礬燒之則赤，今亦稀見。又有礬精、礬蝴蝶、巴石、柳絮礬，皆是白礬也。鍊白礬時，候其極沸，盤心有濺溢，如物飛出，以鐵匕接之，作蟲形者，礬蝴蝶也。但成塊光瑩如水精者，礬精也。二者入藥，力緊于常礬。其煎鍊而成，輕虛如綿絮者，柳絮礬。其燒汁至盡，色白如雪者，謂之巴石。珣曰：波斯、大秦所出白礬，色白而瑩淨，內有束針文，入丹竈家，功力逾于河西、石門者，近日文州諸番往往有之。波斯又出金線礬，打破內有金線文者爲上，多入燒鍊家用。時珍曰：礬石析而辨之，不止于五種也。白礬，方士謂之白君，出晉地者上，青州、吴中者次之。潔白者爲雪礬；光明者爲明礬，亦名雲母礬；文如束針，狀如粉撲者，爲波斯白礬，並入藥爲良。黑礬，鉛礬也，出晉地，其狀如黑泥者，爲崑崙礬；其狀如赤石脂有金星者，爲鐵礬；其狀如紫石英，火引之成金線，畫刀上即紫赤色者，爲波斯紫礬，並不入服餌藥，惟丹竈及瘡家用之。緑礬、絳礬、黄礬俱見本條。其雜色者，則有鷄屎礬、鴨屎礬、鷄毛礬、粥礬，皆下品，亦入外丹家用。

【修治】斅曰：凡使白礬石，以瓷瓶盛，于火中煅令內外通赤，用鉗揭起蓋，旋安石蜂巢入內燒之。每十兩用巢六兩，燒盡爲度。取出放冷，研粉，以帋裹，安五寸深土坑中一宿，取用。又法：取光明如水晶，酸、鹹、濇味全者，研粉，以瓷瓶用六一泥泥之，待乾，入粉三升在內，旋旋入五方草、紫背天葵各自然汁一鎰，待汁乾，蓋了瓶口，更泥上下，用火一百斤煅之。從巳至未，去火取出，其色如銀，研如輕粉用之。時珍曰：今人但煅乾汁用，謂之枯礬，不煅者爲生礬。若入服食，須循法度。按《九鼎神丹秘訣》，鍊礬石入服食法：用新桑合槃一具。于密室淨掃，以火燒地令熱，洒水于上，或洒苦酒于上，乃布白礬于地上，以槃覆之，四面以灰擁定。一日夜，其石精皆飛于槃上，掃取收之。未盡者，更如前法，數遍乃止，此爲礬精。若欲作水，即以掃下礬精一斤，納三年苦酒一斗中清之，號曰礬華，百日彌佳。若急用之，七日亦可。

【氣味】酸，寒，無毒。普曰：神農、岐伯：酸。久服傷人骨。扁鵲：鹹。雷公：酸，無毒。權曰：濇。凉，有小毒。之才曰：甘草爲之使，惡牡蠣，畏麻黄。獨孤滔曰：紅心灰藋制礬。

【主治】寒熱，洩痢白沃，陰蝕惡瘡，目痛，堅骨齒。鍊餌服之，輕身不老增年《本經》。除固熱在骨髓，去鼻中息肉《別錄》。除風去熱，消痰止渴，暖水臟，治中風失音。和桃仁、葱湯浴，可出汗大明。生含嚥津，治急喉痹。療鼻衄齆鼻，鼠漏瘰癧疥癬甄權。枯礬貼嵌甲，牙縫中血出如衄宗奭。吐下痰涎飲澼，燥濕解毒追涎，止血定痛，食惡肉，生好肉，治癰疽疔腫惡瘡，癲癇疸疾，通大小便，口齒眼目諸病，虎犬蛇蠍百蟲傷時珍。

波斯白礬《海藥》　【氣味】酸、濇，温，無毒。　【主治】赤白漏下陰蝕，洩痢瘡疥，解一切毒蛇蟲等，去目赤暴腫齒痛，火鍊之良李珣。

柳絮礬《嘉祐》　【氣味】同礬石。　【主治】消痰止渴，潤心肺大明。

【發明】弘景曰：俗中合藥，火熬令燥，以療齒痛，多則壞齒，即傷骨之證也。而經云堅骨齒，誠爲可疑。宗奭曰：不可多服，損心肺，却水故也。水化書帋上，乾則水不能濡，故知其性却水也。治膈下涎藥多用者，此意爾。時珍曰：礬石之用有四：吐利風熱之痰涎，取其酸苦涌泄也；治諸血痛脱肛陰挺瘡瘍，取其酸濇而收也；治痰飲泄痢崩帶風眼，取其收而燥濕也；治喉痹癰疽中蠱蛇蟲傷螫，取其解毒也。按李迅《癰疽方》云：凡人病癰疽發背，不問老少，皆宜服黄礬丸。服至一兩以上，無不作效，最止疼痛，不動臟腑，活人不可勝數。用明亮白礬一兩生研，以好黄蠟七錢熔化，和丸梧子大。每服十丸，漸加至二十丸，熟水送下。如未破則內消，已破即便合。如服金石發瘡者，引以白礬末一二匙，温酒調下，亦三五服見效。有人遍身生瘡，狀如蛇頭，服此亦效。諸方俱稱奇效，但一日中服近百粒，則有力。此藥不惟止痛生肌，能防毒氣內攻，護膜止瀉，托裏化膿之功甚大，服至半斤尤佳，不可欺其淺近，要知白礬大能解毒也。今人名爲蠟礬丸，用之委有效驗。

【附方】舊二十六，新六十四。　中風痰厥：四肢不收，氣閉膈塞者。白礬一兩，牙皂角五錢，爲末。每服一錢，温水調下，吐痰爲度。《陳師古方》。　胸中痰澼：頭痛不欲食。礬石一兩，水二升，煮一升，納蜜半合，頻服。須臾大吐，未吐，飲少熱湯引之。《外臺秘要》。　風痰癇病：化痰丸：生白礬一兩，細茶五錢，爲末，煉蜜丸如梧子大。一歲十丸，茶湯下；大人，五十丸。久服。痰自大便中出。斷病根。鄧筆峰《雜興》。　小兒胎寒：軀啼發癇。白礬煅半日，棗肉丸黍米大。每乳下一丸，愈乃止，去痰良。《保幼大全》。　産後不語：胡氏孤鳳散：用生白礬末一錢，熟水調下。《婦人良方》。　牙關緊急：不開者。白礬鹽化等分，搽之，涎出自開。《集簡方》。　走馬喉痹：用生白礬末塗于綿針上，按于喉中，立破。綿針者，用榆條，上以綿纏作棗大也。《儒門事親方》。　喉癰乳蛾：濟生帳帶散：用礬三錢，鐵銚內熔化，入劈開巴豆三粒，煎乾去豆，研礬用之，入喉立愈。甚者，以醋調灌之。亦名通關散。〇法制烏龍膽：用白礬末盛入猪膽中，風乾研末。每吹一錢入喉，取涎出妙。　咽喉穀賊：腫痛。生礬石末少少點腫處，吐涎，以痒爲度。《聖惠方》。　風熱喉痛：白礬半斤，研末化水，新磚一片，浸透取晒，又浸又晒，至水乾，入糞厠中浸一月，取洗，安陰處，待霜出掃收。每服半錢，水下。《普濟方》。　懸癰垂長：咽中煩悶。白礬燒灰、鹽花等分，爲末。筯頭頻點藥在上，去涎。孫用和《秘寶方》。　小兒舌膜：初生小兒有白膜皮裹舌，或遍舌根。可以指甲刮破令血出，以燒礬末半緑豆許傅之。若不摘去，其兒必啞。姚和衆《至寶方》。　牙齒腫痛：白礬一兩燒灰，大露蜂房一兩微炙。每用二錢，水煎含漱去涎。《簡要濟衆方》。　患齒碎壞：欲盡者。常以綿裹礬石含嚼，吐去汁。《肘後方》。　齒齗血出：不止。礬石一兩燒，水三升，煮一升，含漱。《千金方》。　木舌腫强：白礬、桂心等分，爲末。安舌下。《聖惠方》。　太陰口瘡：　生甘草二寸，白礬一粟大，噙之，嚥津。《活法機要》。　口舌生瘡：　下虛上壅。定齋方：　用白礬泡湯濯足。〇張子和方：　用白礬末、黄丹水飛炒等分研，擦之。　小兒鵝口：　滿口白爛。枯礬一錢，朱砂二分，爲末。每以少許傅之。日三次，神驗。《普濟方》。　小兒舌瘡：　飲乳不得。白礬和鷄子，置醋中，塗兒足底，二七愈。《千金方》。　口中氣臭：　明礬入麝香爲末，擦牙上。《生生編》。　衄血不止：　枯礬末吹之，妙。《聖濟録》。　鼻中息肉：　《千金》用礬燒末，猪脂和，綿裹塞之。數日息肉隨藥出。〇一方用明礬一兩，蓖麻仁七個，鹽梅肉五個，麝香一字，杵丸，綿裹塞之，化水自下也。　眉毛脱落：　白礬十兩燒研，蒸餅丸梧子大。每空心温水下七丸，日加一丸，至四十九日減一丸，周而復始，以愈爲度。《聖濟録》。　發斑怪證：　有人眼赤鼻張，大喘，渾身出斑，毛髮如銅鐵，乃熱毒氣結于下焦也。白礬、滑石各一兩爲末，作一服。水三盌，煎減半，不住服，盡即安。夏子益《奇疾方》。　目瞖努肉：　白礬石納黍米大入目，令淚出。日日用之，惡汁去盡，其疾日減。《外臺秘要》。　目生白膜：　礬石一升，水四合，銅器中煎半合，入少蜜調之，以綿濾過。每日點三四度。姚和衆《延齡至寶方》。　赤目風腫：　甘草水磨明礬傅眼胞上效。或用枯礬頻擦眉心。《集簡方》。　爛弦風眼：　白礬煅一兩，銅青三錢，研末，湯泡澄清，點洗。《永類方》。　聤耳出汁：　枯礬一兩，鉛丹炒一錢，爲末，日吹之。《聖濟録》。　卒死壯熱：　礬石半斤，水一斗半，煮湯浸脚及踝，即得甦也。《肘後方》。　脚氣衝心：　白礬三兩，水一斗五升，煎沸浸洗。《千金方》。　風濕膝痛：　脚氣風濕，虛汗，少力多痛，及陰汗。燒礬末一匙頭，投沸湯，淋洗痛處。《御藥院方》。　黄腫水腫：　推車丸：　用明礬二兩，青礬一兩，白麪半斤，同炒令赤，以醋煮米粉糊爲丸。棗湯下三十丸。《濟急方》。　女勞黄疸：　黄家日晡發熱而反惡寒，膀胱急，少腹滿，目盡黄，額上黑，足下熱，因作黑疸。其腹脹如水狀，大便必黑，時溏，此女勞之病，非水也。自大勞大熱，交接後入水所致。腹滿者難治。用礬石燒、消石熬黄等分，爲散。以大麥粥汁和服方寸匕。日三服。病從大小便去，小便正黄，大便正黑，是其候也。張仲景《金匱方》。　婦人黄疸：　經水不調，房事觸犯所致。白礬、黄蠟各半兩，陳橘皮三錢，爲末，化蠟丸梧子大。每服五十丸，以滋血湯或調經湯下。《濟陰方》。　婦人白沃：　經水不利，子臟堅僻，中有乾血，下白物。用礬石燒，杏仁一分，研勻，煉蜜丸棗核大，納入臟中，日一易之。張仲景《金匱方》。　婦人陰脱：　作痒。礬石燒研，空心酒服方寸匕，日三。《千金翼》。　男婦遺尿：　枯白礬、牡蠣粉等分，爲末。每服方寸匕，温酒下，日三服。余居士《選奇方》。　二便不通：　白礬末填滿臍中，以新汲水滴之，覺冷透腹内，即自然通。臍平者，以帋圍環之。《經驗方》。　霍亂吐瀉：　枯白礬末一錢，百沸湯調下。華佗《危病方》。　伏暑泄瀉：　玉華丹：　白礬煅爲末，醋糊爲丸。量大小，用木瓜湯下。《經驗方》。　老人泄瀉：　不止。枯白礬一兩，訶黎勒煨七錢半，爲末。米飲服二錢，取愈。《太平聖惠方》。　赤白痢下：　白礬飛過爲末，好醋、飛羅麪爲丸梧子大。赤痢甘草湯、白痢乾薑湯下。《生生方》。　氣痢不止：　巴石丸：　取白礬一大斤，以炭火净地燒令汁盡，其色如雪，謂之巴石。取一兩研末，熟猪肝作丸梧子大。空腹，量人加減。水牛肝更佳。如素食人，以蒸餅爲丸。或云白礬中青黑者，名巴石。劉禹錫《傳信方》。　冷勞泄痢：　食少，諸藥不效。白礬三兩燒，羊肝一具去脂，釅醋三升煮爛，擂泥和丸梧子大。每服二十丸，米飲下，早夜各一服。《普濟方》。　泄瀉下痢：　白龍丹：　用明礬枯過爲末，飛羅麪醋打糊丸梧子大。每服二三十丸，白痢薑湯下，赤痢甘草湯下，泄瀉米湯下。《經驗方》。　瘧疾寒熱：　即上方。用東南桃心七個，煎湯下。　反胃嘔吐：　白礬、硫黄各二兩，銚内燒過，入朱砂一分，爲末，麪糊丸小豆大。每薑湯下十五丸。〇又方：　白礬枯三兩，蒸餅丸梧子大。每空心米飲服十五丸。《普濟方》。　化痰治嗽：　明礬二兩，生參末一兩，苦醋二升，熬爲膏子，以油帋包收，旋丸豌豆大。每用一丸，放舌下，其嗽立止，痰即消。〇定西候方：　只用明礬末，醋糊丸梧子大。每睡時茶下二三十丸。〇《摘要》：　用明礬半生半燒，山巵子炒黑，等分爲末，薑汁糊爲丸。如上服。〇《雜興方》用白明礬、建茶等分爲末，糊丸服。　諸心氣痛：　《儒門事親方》用生礬一皂子大，醋一盞，煎七分服，立止。〇《邵真人方》用明礬一兩燒，朱砂一錢，金箔三個，爲末。每服一錢半，空心白湯下。　中諸蠱毒：　晋礬、建茶等分，爲末。新汲水調下二錢，瀉吐即效。未吐再服。《濟生方》。　蛇蟲諸毒：　毒蛇、射工、沙蝨等傷人，口噤目黑，手足直，毒氣入腹。白礬、甘草等分，爲末。冷水服二錢。《瑞竹堂方》。　驢馬汗毒：　所傷瘡痛。白礬飛過，黄丹炒紫，等分，貼之。王氏《博濟方》。　虎犬傷人：　礬末納入裹之，止痛尤妙。《肘後方》。　蛇咬蠍螫：　燒刀矛頭令赤，置白礬于上，汁出熱滴之，立瘥。此神驗之方也。貞元十三年，有兩僧流南方到鄧州，俱爲蛇嚙，令用此法便瘥，更無他苦。劉禹錫《傳信方》。　壁鏡毒人：　必死。白礬塗之。《太平廣記》。　刀斧金瘡：　白礬、黄丹等分爲末。傅之最妙。《救急方》。　折傷止痛：　白礬末一匙，泡湯一盌，帕蘸乘熱熨傷處。少時痛止，然後排整筋骨，點藥。《靈苑方》。　漆瘡作痒：　白礬湯拭之。《千金方》。　牛皮癬瘡：　石榴皮蘸明礬末抹之。切勿用醋。即蟲沉下。《直指方》。　小兒風瘙：　作痒。白礬燒投熱酒中，馬尾揾酒塗之。《子母秘録》。　小兒臍腫：　出汁不止。白礬燒灰傅之。《聖惠方》。　乾濕頭瘡：　白礬半生半煅，酒調塗上。《生生編》。　身面瘊子：　白礬、地膚子等分，煎水。頻洗之。《多能鄙事》。　腋下胡臭：　礬石絹袋盛之，常粉腋下，甚妙。《許堯臣方》。　魚口瘡毒：白礬枯研，寒食麪糊調。傅上，即消。《救急良方》。　陰瘡作臼：取高昌白礬、麻仁等分，研末，猪脂和膏。先以槐白皮煎湯洗過，塗之。外以楸葉貼上。不過三度愈。葛洪《肘後方》。　足瘡生蟲：南方地卑濕，人多患足瘡，歲久生蟲如蛭，乃風毒攻注而然。用牛或羊或猪肚，去糞不洗，研如泥，看瘡大小，入煅過泥礬半兩。已上研勻，塗帛上貼之。須臾痒入心，徐徐連帛取下，火上炙之。蟲出，絲髮馬尾千萬，或青白赤黑，以湯洗之。三日一作，不過數次，蟲盡瘡愈。南宮從《峋嶁神書》。　嵌甲作瘡：足趾甲入肉作瘡，不可履靴。礬石燒灰傅之，蝕惡肉，生好肉。細細割去甲角，旬日取愈，此方神效。《肘後方》。　鷄眼肉刺：枯礬、黄丹、朴消等分，爲末，搽之。次日浴二三次，即愈。《多能鄙事》。　冷瘡成漏：明礬半生半飛，飛者生肉，生者追膿；五靈脂水飛，各半錢爲末。以皮帋裁條，唾和末作小撚子，香油捏濕，于末拖過，剪作大小撚，安入漏，早安午換。候膿出盡後，有些小血出，方得乾水，住藥自然生肉痊好。《普濟方》。　魚睛丁瘡：枯礬末，寒食麪糊調貼。消腫無膿。《崔氏方》。　丁瘡腫毒：雪白礬末五錢，葱白煨熟，搗和丸梧子大。每服二錢五分，以酒送下，未效再服。久病、孕婦不可服。《衛生寶鑒》。　癰疽腫毒：方見前發明下。　陰汗濕痒：枯礬撲之。○又泡湯沃洗。《御藥院方》。　交接勞復：卵腫或縮入，腹痛欲絶。礬石一分，消三分，大麥粥清服方寸匕，日三服，熱毒從二便出也。《肘後方》。　女人陰痛：礬石三分炒，甘草末半分，綿裹導之，取瘥。《肘後百一方》。　丁腫惡瘡：二仙散：用生礬、黄丹臨時等分。以三稜針刺血，待盡傅之。不過三上，决愈。乃太醫李管勾方。《衛生寶鑒》。　蟲蛇獸毒：及蠱毒。生明礬、明雄黄等分，于端午日研末，黄蠟和丸梧子大。每服七丸，念藥王菩薩七遍，熟水送下。《東坡良方》。

**題明·薛己《本草約言》卷二《藥性本草》**　白礬　酸、鹹，寒。收澁。能清熱。或生或煅，隨輕重應用。並研細末，任作湯丸散。《藥性》云：除風消痰止渴。○稀涎散同皂莢研服，吐風痰，通竅神方。蠟礬丸，和蜜蠟丸吞，平癰腫，護膜要劑。久服損心肺、傷骨。惡牡蠣，畏麻黄。甘草為之使。○蛇咬蝎螫，燒刀頭令赤，置礬其上，看成汁，熱滴咬處立差。螫音食，蟲行毒。　枯礬，吐痰濕而殺蟲。

**明·梅得春《藥性會元》卷下**　白礬　味酸，氣寒，無毒。甘草為使。惡牡蠣，畏麻黄。白透光明者佳。一名羽澤。生河西山谷及隴西武都、石門，採無時。　主治寒熱瀉痢，白帶、陰蝕，諸惡瘡發背，癰疽瘰癧，疥癬，目痛，堅骨齒痛，去鼻中息肉，除風，消風壅風涎，及心肺煩熱，喉痹急痛，止渴，並諸瘡癬痒燥。岐伯云：久服傷人骨，能使鐵為銅。　製法：取光明如水晶，酸鹹澁味全者，研如粉，置容三升許磁瓶一具，以六一泥固濟，安火畔炙乾，入礬末大半瓶，以文火燒炙。加五方草、紫背天葵搗自然汁各一鎰，徐徐添入，待汁乾，以泥封口，用武火一百斤煅，從巳至未，方去火，取出瓶，待冷敲碎，其色如銀。再研細如粉，任用。

**明·李中立《本草原始》卷八**　礬石　生河西山谷及隴西武都、石門。今白礬則晉州、慈州、無為軍，綠礬則隰州溫泉縣、池州銅陵縣，並煎礬處出焉。初生皆石也，採之燒碎，煎煉乃成礬。凡有五種，其色各異：白礬、黄礬、綠礬、黑礬、絳礬也。白礬入藥，及染人所用甚多。煅枯者名巴石，俗呼枯礬。綠礬入咽喉、口齒藥及染色。黄礬丹竈家所須，時亦入藥。黑礬惟出西戎，亦謂之皂礬，染鬚鬢藥或用之。絳礬燒之赤色，故有絳名。時珍曰：礬者，燔也，燔石而成也。

礬石，《本經》上品。【圖略】甘草為之使，惡牡蠣，畏麻黄。今製煅乾汁謂之枯礬，不煅者為生礬。

礬石：氣味：酸，寒，無毒。主治：寒熱，瀉痢白沃，陰蝕惡瘡，目痛，堅骨齒。煉餌服之輕身，不老增年。○除固熱在骨髓，去鼻中息肉。除風去熱，消痰止渴，暖水臟，治中風失音。和桃仁葱湯浴，可出汗。○生含嚥津，治急喉痹。療鼻衄齆鼻，鼠漏瘰癧疥癬。枯礬貼嵌甲、牙縫中血出如衄。○吐下痰涎飲澼，燥濕解毒，追涎止血定痛。食惡肉，生好肉。治癰疽疔腫惡瘡，癲癇疸疾，通大小便，口齒眼目諸病，虎犬蛇蝎百蟲傷。

波斯白礬：氣味：酸、濇，溫，無毒。主治：赤白漏下，陰蝕洩痢瘡疥，解一切毒，蛇蟲等。去目赤暴腫，齒痛。火煉之良。

黄礬：氣味：酸，濇，鹹，有毒。主治：療瘡生肉。○野雞痔，惡瘡疥癬。○治陽明風熱牙疼。

綠礬，釋名皂礬。青礬煅赤者為絳礬。氣味：酸，涼，無毒。主治：疳及諸瘡。○喉痹，蟲牙，口瘡惡瘡疥癬。釀鯽魚燒灰服，療腸風瀉血。○消積滯，燥脾濕，化痰涎，除脹滿黄腫瘧利，風眼口瘡諸病。　戲術：紙上噴花：用白礬一塊，研為粉，用滚湯泡，將淨筆蘸水隨意畫花在紙上，候乾，摺在身畔，向人前展開，用水噴紙，其花顯然。

《千金翼方》：治脚氣衝心，白礬三兩，以水一斗五升，煎三五沸，浸洗脚，良。《千金方》：治妬精陰瘡，黄礬、青礬、麝香〔各〕等分，為末傅之，不過三度。《陸氏積德堂方》：治重舌木舌，緑礬二錢，鐵上燒紅，研末摻之。

礬石：使。

**明·張懋辰《本草便》卷二**　礬石使　味酸澁，氣寒，無毒。一云有小毒。惡牡蠣，畏麻黄。　主寒熱洩痢，惡瘡瘰癧，目痛，腎骨齒痛，去鼻中息肉，除風消痰，止渴，治痰壅，及心肺煩熱；生含嚥津，治急喉痹。

**明·李中梓《藥性解》卷一**　礬石　味酸，性寒，無毒，入肺、肝二經。主寒熱洩痢，白沃陰蝕，諸惡瘡癬，清喉痹，除目痛，袪固熱，禁泄瀉，收脱肛，同皂莢可吐風痰，和蜜、蠟能消癰瘇。光明如水晶者佳，甘草為使，惡牡蠣，畏麻黄。按：礬石西方之色，宜入肺家。東方之味，宜入肝部。肺肝得令，而寒熱諸症可無虞矣，然亦收斂之劑，弗宜驟用。

**明·繆希雍《本草經疏》卷三**　礬石　味酸，寒，無毒。主寒熱，洩痢，白沃，陰蝕惡瘡，目痛，堅骨齒，除固熱在骨髓，去鼻中息肉。煉餌服之，輕身不老增年。岐伯云：久服傷人骨，能使鐵為銅。生河西山谷及隴西武都、石門。甘草為之使。惡牡蠣，畏麻黄。

〔疏〕礬石味酸，氣寒而無毒。其性燥急，收澀解毒，除熱墜濁。蓋寒熱洩痢，皆濕熱所為；婦人白沃，多由虚脱，澀以止脱故也。陰蝕惡瘡，亦緣濕火。目痛多由風熱，除固熱在骨髓，堅齒者，髓為熱所劫則空，故骨痿而齒浮。礬性入骨除熱，故亦主之。去鼻中息肉者，消毒除熱燥濕之功也。

〔主治參互〕礬石即白礬，得巴豆同煅令枯。取礬研末，以鵝翎管吹入喉中，流出熱涎立解。喉痹其證，俗呼為纏喉風是也。皮膚疥癬，膿窠、坐板、肥瘡等瘡，皆資其用，各合所宜以施之。得硫黄、雄黄、白附子、海金沙、蜜陀僧，擦汗斑殊效。一年者去皮一次，十年者去皮十次。擦後坐臥勿當風，勿行房搖扇。制半夏，能散濕痰及食積痰，兼除五飲。同芒硝可燒水銀成粉，治一切腫中有蟲。得黄蠟和丸，名蠟礬丸，治一切腫毒有神。凡治癰疽，當服之以護膜，膜苟不破，雖劇必瘥。陳師古方中風痰厥，四肢不收，氣閉膈塞者。白礬一兩，牙皂角五錢，為末。每服一錢，溫水調下，吐痰為度。《簡要濟衆方》牙齒腫痛，白礬一兩燒灰，大露蜂房一兩微炙，每二錢水煎，含漱去涎。《千金方》鼻中息肉，用明礬一兩，蓖麻仁七粒，鹽梅肉五箇，麝香一字，搗丸，綿裹塞之，化水自下也。夏子益《奇疾方》發斑怪證：有人眼赤鼻張，大喘，渾身出斑，毛髮如銅鐵，乃熱毒氣結於下焦也。白礬、滑石各一兩為末。水三盌，煎減半，不住，服盡即安。《永類鈐方》爛弦風眼，白礬煅一兩，銅青三錢，研末，湯泡澄清，點洗。《千金方》脚氣衝心，白礬三兩，水一斗五升，煎沸浸洗。張仲景《金匱方》女勞黄疸，日晡發熱而反惡寒，膀胱急，少腹滿，目盡黄，額上黑，足下熱，因作黑疸。其腹脹如水狀，大便必黑，時溏，此女勞之病，非水也，自大勞大熱交接後入水所致。腹滿者難治。用礬石燒，消石熬黄，等分為散。以大麥粥汁和服方寸匕，日三服。病從大小便去。又《金匱方》婦人白沃，經水不利，子臟堅癖，中有乾血，下白物。用礬石〔三分〕燒，杏仁一分，研匀，蜜丸棗核大，納入腸中，日一易之。《千金翼》婦人陰脱作痒，礬石燒研，空心酒服方寸匕，日三。劉禹錫《傳信方》蛇咬蝎螫，燒刀矛頭令赤，置白礬於上，汁出，熱滴之，立瘥。此神驗之方也。〔簡誤〕白礬，《本經》主寒熱洩痢，此蓋指洩痢久不止，虚脱滑洩，因發寒熱。礬性過澀，澀以止脱，故能主之。假令濕熱方熾，積滯正多，誤用收澀，為害不一。慎之！婦人白沃，多由虚脱。故用收澀以固其標，終非探本之治。目痛不由胬肉及有外障，亦非所宜。除固熱在骨髓，僅可資其引導，若謂其獨用，反有損也。礬性燥急而能劫水，故不利齒骨。齒者骨之餘故也。岐伯云：久服傷人骨。故凡陰虚内熱，火熾水涸，發為咽喉痛者，不宜含此。目痛由陰虚血熱者，亦不宜用劫水損骨之藥，豈可煉服，輕身不老增年，徒虚語耳！

**明·倪朱謨《本草彙言》卷一三**　礬石　味酸濇，氣寒，無毒。《別録》曰：礬石，出河西山谷及隴西武都、石門，益州、晋州、青州、慈州、無爲州諸處。蘇氏云：初生皆石，燒碎煎煉，乃成礬也。凡五種，其色各異，白礬、黄礬、緑礬、黑礬、絳礬也。李氏云：折而辨之，不止五種。白礬，方士謂之白君，出晋州者上，青州、吴中者次之。潔白者爲雪礬，光明者爲明礬，亦名雲母礬。文如束針，狀如粉撲者，爲波斯白礬，并入藥爲良。黑礬，鉛礬也，出晋地。其狀如黑泥者，爲崑崙礬，其狀如赤石脂。有金星者爲鐵礬，其狀如紫石英。引之成金線，畫刀上即紫赤色者，爲波斯紫礬，并不入藥餌，惟丹竈及瘡家用之。綫礬、絳礬、黄礬，俱見本品條下。其雜色者，則有鷄屎礬、鴨屎礬、鷄毛礬、粥礬，皆下品，亦入外丹家用也。雷氏曰：修治：

凡使白礬石，貯瓷瓶內，置于火中煅令內外通赤，鉗揭起蓋，旋安石蜂巢，入內燒之，每十兩用巢六兩，燒盡爲度，取出放冷，研粉，以紙裹安五寸深土坑中，一宿取用。又法：取光明如水晶、酸鹹濇味俱全者，研作細粉，以瓷瓶用六一泥固之。候泥乾，入粉三升于瓶內，旋入五方草及紫背天葵，各取汁一鎰，俟汁乾，蓋瓶口，更泥封，上下用火百觔煅之，從巳至未，去火取出，則色如銀，研如輕粉用。　李氏云：今人煅乾，謂之枯礬。不煅者，爲之生礬，入服食家。法用新桑合盤一具，于密室淨地，以火燒地令熱，灑水，或若流于上，乃布白礬于地上，以盤覆之，四面用灰壅定，俟一日夜，其石精皆飛于盤上，即掃了取之。更如前法，凡數遍乃止，名曰礬精。若欲作水，即以掃下礬精一觔，納三年苦酒一斗中，澄清之，號曰礬華，百日彌佳。若急用之，七日亦可。

礬石：解諸毒，寇宗奭化痰涎之藥也。薛氏宇仁曰：《經》云：澀可止脫，白礬有之。前古主洩痢，白沃寒熱等疾，蓋指洩痢久不止，虛脫滑洩，因發寒熱耳。此藥味澀氣寒，體質以澄湛堅明爲用，故寇氏方主濕熱染污、晦濁不清之疾。若癰疽疔毒，若喉痹壅脹，若毒蛇百蟲諸蠱，若中風涎痰，語音渾濁，或癲癇卒暴，人事昏迷諸證，服此立安。能解毒消瘴，石藥中之救急劑也。但性燥急而能刼水，如齒骨之疾，用之不利。岐伯有曰：久服傷人骨。因刼水故也。如陰虛內熱，火熾水涸，發爲涎痰，爲咽喉痛者，不宜用。如洩痢日久，由于脾胃氣虛，婦人白沃，由于中氣下陷，營血不足，以致寒熱者，亦不宜用。如前古煉餌服之，輕身不老增壽，此漢人僞托神農之言，誑世駭俗，不足信也。

集方：《生生方》治洩痢日久，內無積滯而滑脫者。用白明礬一兩，鐵杓內熬枯爲末，醋打麵糊爲丸，如梧子大。每服五十丸，烏梅湯送下。○《金匱方》治婦人白沃，因經水不利，子藏堅僻，中有乾血，時下白物者。用白明礬一兩，如前法熬枯，棗肉和丸，如棗核大，納入戶內，日一易之。○李迅方治癰疽腫毒，疔瘡發背，不問老少。用白明礬一兩，生研末，以好黃蠟七錢熔化，拌礬末，衆手急丸梧子大。每服十丸，漸加至二十丸，白湯送下。服至一兩以上，無不作效。最止疼痛，不動藏府，不損元氣，活人不可勝數。此藥不惟止痛解毒，善防毒氣內攻，護膜止瀉，托裏化膿，生肌收口，服至八兩尤佳，今名蠟礬丸。○《聖惠方》治喉痹喉癰乳蛾。用白明礬三錢，鐵杓內溶化，入劈開巴豆三粒，熬乾，去豆取礬研極細，吹入喉中，立愈。甚者以礬末五分，以米醋調，噙喉間，少頃，吐涎愈。○《濟生方》治中諸蠱毒。用白明礬、細茶葉各二錢，共爲末，新汲水調服，吐瀉即效。未吐瀉，再服。○《瑞竹堂方》治毒蛇蟲傷人，及射工沙虱等毒氣入腹，口噤目黑，手足厥直。用白明礬二錢，爲末，溫湯調灌。○劉禹錫《傳信方》治蛇咬蝎螫及虎犬等傷。用白明礬少許，熬化，乘熱滴傷處，立安。○陳師古方治中風痰厥，四肢不收，氣閉昏塞，人事不明者。用白明礬一兩，猪牙皂角五錢，共爲末，每服一錢，溫湯調下，吐痰即甦。○鄧筆峰治風痰癇病。用白明礬一兩，細茶葉五錢，共爲末，紅麴打糊爲丸，梧子大。一歲十丸，大人以五十丸爲率，久服，痰自大便中出。

續補集方：《普濟方》治風熱喉痛。用新磚一塊，浸糞廁中一月，取出洗淨，晒乾，用白明礬八兩，研末化水，浸磚三日透，取出晒乾，又浸又晒，以礬水乾爲度，放陰處，待霜出掃收。每服五分，白湯調服。○姚和衆《至寶方》治初生小兒，舌生白膜，如皮裹舌，或遍舌根。用指甲刮破，令血出，以生白明礬燒枯爲末，傅之即退。○《簡要方》治齒牙腫痛。用白明礬一兩燒枯，露天大蜂房一兩微炙，每用二錢，水煎，含嗽去涎。○《聖惠方》治舌木腫强。用生白礬、肉桂各等分爲末，安舌上下。○《普濟方》治小兒鵝口，滿口白爛。用白明礬一錢燒枯，硃砂二分，共爲末，每以少許傅之，日三次，神驗。○《生生編》治口中氣臭。用生白明礬二錢，入麝香數釐，爲細末，擦牙上。○姚和衆方治目翳努肉。用生白明礬一錢，水一合，煎半合，入白蜜些須調之，以綿濾過，每日點三四次。○《集簡方》治時行風熱，目赤腫痛。用生白礬、銅青、食鹽、川黃連各二分，泡湯，用軟白絹蘸洗兩眼胞上。○《聖濟錄》治聤耳出汁。用白明礬五錢，枯黃丹一錢，共爲末，日吹一次。○《千金方》治脚氣衝心。用白明礬三兩，水一斗二升，煎沸，俟通和，浸洗。○《濟急方》治黃腫水腫。用白明礬一兩，綠礬二兩，白麵半觔，同炒令赤色，研爲末，以辣醋打米糊爲丸，梧子大，白湯下。○《金匱方》治女勞黃疸，書云：黃家日晡發熱，又惡寒，膀胱急，少腹滿，目黃，額上黑，足下熱，因作黑疸。其腹脹如水狀，大便黑，時溏，此女勞之病，非水也。自大勞大熱，交接後，入水所致。腹滿者難治。用白明礬燒枯，火硝炒黃，各等分爲末，每服二錢，以大麥粥汁調，日三服，病從大小便去。○《經驗方》治二便不通。以白明礬生用，研末，填滿臍中，以溫水滴之，十餘點，半刻即通，如臍眼平而不深者，以麥麵水和，作條圍之。○華佗方治卒時吐瀉不止。用白明礬燒枯，研末，五分，白湯調服。○《普濟方》治反胃嘔吐。用白明礬、硫黄各一兩，研末，米醋煮乾，再研細，用麥麵打糊爲丸，梧子大。每服三十丸，薑湯下。○《救急方》治刀斧金瘡。用白明礬燒枯，黄丹各等分，爲細末傅之。○《千金方》治漆瘡作癢。用白明礬一塊，泡湯拭之。○《聖惠方》治小兒臍腫濕爛。用白明礬燒枯傅之。○《生生編》治頭上黄水脂瘡。用白明礬燒枯，瀝青各等分，爲末，清油調塗。○《肘後方》治足趾甲入肉作瘡，不可履。用白明礬，燒枯傅之，去惡肉，生好肉。用修脚匠，細細割去甲角，旬日愈。○《御藥院方》治陰汗濕癢。用白明礬燒枯，撲之。又泡湯洗。

**明・顧逢柏《分部本草妙用》卷七兼經部・寒瀉**　白礬　酸、寒，無毒。入肝肺二經。甘草為使，惡牡蠣，畏麻黄。煅，去火毒。用光明者佳。主治：　寒熱洩痢，白沃陰蝕，諸惡瘡癬，清喉痺，除目痛，祛固熱，禁泄瀉，收脱肛。同皂莢可吐風痰，和蜜蠟能消癰腫。　白礬為西方之金色，宜入肺。東方之味，味歸肝家，其酸苦涌泄，能吐風熱痰涎。其酸濇而收，能活諸血痛，脱肛瘡毒。其治痰飲，泄痢，崩帶，風眼也，取其收而燥濕也。其治喉痺癰疽，蛇毒蟲傷，取其解毒也。然性太收斂，未可驟用。　綠礬，能通腸結，勝于猪膽、蜜箭。

**明・李中梓《醫宗必讀・本草徵要下》**　白礬味酸、澁，寒，無毒。入肺、脾二經。甘草為使，惡牡蠣、麻黄。　消痰止利，滌熱祛風。收脱肛陰挺，理疥癬濕淫。　礬之用有四：　吐風熱痰涎，取其酸苦湧洩也；　諸血、脱肛、陰挺、瘡瘍，取其酸澁而收也；　治風痰、泄痢、崩帶，取其收而燥濕也；　喉痺、癰疽、蛇傷、蠱毒，取其解毒也。多服傷骨，損心肺。

**明・鄭二陽《仁壽堂藥鏡》卷一**　白礬　今出益州。雷公云：　成塊，光瑩如水晶者佳。　氣寒，味酸，無毒。《本草》云：　主寒熱，泄瀉，下痢白沃，陰蝕惡瘡。消痰止渴，除痼熱，治咽喉閉，目痛。堅骨齒。《藥性論》云：　使。有小毒。生含嚥津，治急喉痹。　一切腫毒瘡癤，用生礬入水化開，用皮紙蘸礬水，頻搭患處，自消。　稀涎散：　同皂莢研末些須，吐風痰通竅如神。　蠟礬丸，和蜜蠟丸吞，平癰腫，護膜要劑。風癇久服，其涎從小便中出。用生礬、細茶，等分為末，蜜丸桐子大，每服三十九丸，茶清送下。齁喘，用枯礬末一匙，臨臥滚白湯調下，三四次愈。鼻中瘜肉，臭不可近，痛不可搖，枯礬和硇砂少許，吹之，化水而消。口瘡，生礬二錢，硼砂一錢，為末，蜜調，敷患處。中風痰厥，不省人事，用生礬末二三錢，生薑汁調，灌服。滿頸生小瘰子，用生礬、地膚子，煎水洗數次即去。楊梅瘡初起，用生礬末擦手足心。腦漏流膿涕，用枯礬、血餘灰，等分為末，青魚膽拌成餅，陰乾研細，吹鼻中。小兒牙疳，用生礬裝五倍子內，燒過為末，擦上。咽喉腫痛，水漿不入，死在須臾，或乳鵝鬪喉，用枯礬、白殭蠶、雄黄、硼砂等分，為末吹之，立已。

**明・蔣儀《藥鏡》卷四寒部**　白礬　入骨以除固熱也，鼻中瘜肉能祛。禁瀉以培虚脱焉，婦人白沃可療。同皂莢吐風痰，喉痺清楚。和蜜蠟消癰腫，瘡癬精光。調臘醋漱齒舌，痰涎涌出。

**明・張景岳《景岳全書》卷四九《本草正》**　白礬　味酸、澁，性涼，有小毒。所用有四：　其味酸苦，可以涌泄，故能吐下痰涎，治癲癇黄疸；　其性收澁，可固脱滑，故能治崩淋帶下，腸風下血，脱肛陰挺，斂金瘡止血，燒枯用之，能止牙縫出血，辟狐腋氣，收陰汗脚汗；　其性燥，可治濕邪，故能止瀉痢，斂浮腫，湯洗爛弦風眼；　其性毒，大能解毒定痛，故可療癰疽疔腫，鼻齆息肉，喉痹瘰癧，惡瘡疥癬，去腐肉，生新肉，及虎犬蛇蟲蠱毒。或丸或散，或生或枯，皆有奇效。

**明・盧之頤《本草乘雅半偈》帙三**　礬石《本經》上品　氣味：　酸，寒，無毒。主治：　主寒熱，洩痢白沃，陰蝕惡瘡，目痛，堅骨齒。鍊餌服之，輕身不老增壽。

覈曰：　出河西山谷，及隴西武都、石門，吳中、益州、晉州、青州、慈州、無為州諸處。頌云：　初生皆石，燒碎煎鍊，乃成礬也。凡五種，其色各異，白礬、黄礬、綠礬、黑礬、絳礬也。時珍云：　折而辨之，不止五種。白礬，方士謂之白君，出晉州者上，青州、吳中者次之。潔白者為雪礬，光明者為明礬，亦名雲母礬。文如束針，狀如粉撲者為波斯白礬，並入藥為良。黑礬，鉛礬也，出晉地，其狀如黑泥者為崑崙礬。其狀如赤石脂，有金星者為鐵礬。其狀如紫石英，引之成金線，畫刀上即紫赤色者，為波斯紫礬，並不入藥餌，惟丹竈及瘡家用之。綠礬、絳礬、黄礬，俱見本品條下。其雜色者，則有雞屎礬、鴨屎礬、雞毛礬、粥礬，皆下品，亦入外丹家用也。修事：　凡使白礬石，貯瓷瓶內，置于火中，煅令內外通赤，鉗揭起蓋，旋安石蜂巢入內燒之。每十兩，用巢六兩，燒盡為度。取出放冷，研粉，以紙裹，安五寸深土坑中一宿，取用。又法：取光明如水晶，酸、鹹、澀味俱全者，研作細粉。以瓷瓶，用六一泥固之，候泥乾，入粉三升于瓶內，旋入五方草及紫背天葵，各取汁一鎰，候汁乾，蓋瓶口，更泥封，上下用火百觔煅之。從巳至未，去火取出，則色如銀，研如輕粉用。時珍云：今人煅乾謂之枯礬，不煅者為之生礬。入服食家法，用新桑合槃一具，于密室淨地，以火燒地令熱，洒水，或若流於上，乃布白礬于地上，以槃覆之，四面用灰壅定。俟一日夜，其石精皆飛于槃上，即掃取之。更如前法，凡數徧乃止，名曰礬精。若欲作水，即以掃下礬精一斤，納三年苦酒一斗中，澄清之，號曰礬華，百日彌佳。若急用之，七日亦可。甘草為之使。惡牡蠣，畏麻黃。

絫曰：礬石具五色味，《本經》品白為上，寒酸偏勝，澀其性，非味也。蓋弱土之氣，御于白天生白礬，是禀天一水，轉堅金地矣。故一名羽涅。羽者，水之音；涅者，水中之具土者。固石顯土地堅金之體相，鎔則仍還水大潤濕之本性耳。然則功能，不唯澀去脫，亦滑去着矣。故洩痢白沃者澀之，息肉瘡蝕者滑之。若堅骨固齒，明目增年，及失音瘰癧，痰澼淡陰之疾，此以澄湛堅明為體用，對待染污晦濁為形證故也。

**明·李中梓《本草通玄》卷下** 白礬 酸，澀，性涼。主消痰燥濕，解毒止血，定痛止痢，除咽喉口齒諸病，虎、犬、蛇、蝎百蟲傷。能吐風熱之痰涎，以其酸苦湧泄也。治諸血痛脫肛，陰挺瘡瘍，以其酸澀而收也。治痰飲瀉痢，崩帶風眼，以其收而燥濕也。治喉痺，癰蠱蛇傷，取其解毒也。性能却水，多服損肺。

**清·顧元交《本草彙箋》卷一〇** 礬石 味酸氣寒而無毒。其性燥急，收澀。解毒除熱，墜濁。故主吐利風熱之痰涎，取其酸苦涌泄也。又主寒熱泄痢，及婦人白沃，取其酸澀而收也。除固熱在骨髓堅齒者，髓爲熱所劫則空，故骨痿而齒浮。礬性入骨除熱，故亦主之。然又云久服則傷骨壞齒，以其性燥急而能劫水，祇可暫用，資其引導，以除骨熱。若獨用久用，反有損也。若痰嗽咽痛之由於陰虛火炎涌泄，不宜用。痢初起之濕熱方熾，固澀不宜用。即婦人白沃，多由虛脫，或用收澀以固其標，終非探本之治。

礬石，初生皆石也，采得燒碎，煎煉乃成礬。 中風痰厥，四肢不收，氣閉隔塞者，白礬一兩，牙皂五錢，爲末，每溫水調下一錢，吐痰爲度。 爛弦風眼，白礬煅一兩，銅青三錢，研末，湯泡澄清，點洗。 牛皮癬瘡，以石榴皮蘸明礬末，抹之，切勿用醋，即蟲沉下。

**清·穆石匏《本草洞詮》卷三** 礬石 礬者，燔也。燔石而出也，水化書紙上，乾則水不能濡，其性却水故也。氣味酸澀，寒，無毒。其用有四：吐利風熱之痰涎，取其酸苦涌泄也；治諸血痛，脫肛陰挺，瘡瘍，取其酸澀而收也；治痰飲泄痢，崩帶風眼，取其收而燥濕也；治喉痺癰疽，中蠱蛇蟲螫，取其解毒也。治膈下涎用之，多服則損心肺，却水故也。凡病癰疽發背，宜服黃礬丸，最止疼痛，不動臟腑，用白礬一兩，生研，以黃蠟七錢，溶化，和丸梧子大，每服二十丸，漸加之，一日中近百粒，便有効。如未破則內消，已破即便合，不惟止痛生肌，能防毒氣內攻臟腑，護膜止瀉，托裏化膿之功甚大，勿謂淺近而忽之也。

**清·劉雲密《本草述》卷六** 礬石 恭曰：礬石有五種，白礬多入藥用。 頌曰：礬石初生皆石也，采得燒碎煎煉，乃成礬也。 時珍曰：白礬者，方士謂之白君。出晉地者上，青州、吳中者次之。潔白者為雪礬，光明者為明礬，亦名雲母礬，文如束針，狀如粉撲者，為波斯白礬。並入藥為良。又曰：煅枯者名巴石，輕白者名柳絮礬。

氣味：酸，寒，無毒。 普曰：神農、岐伯：酸。久服傷人骨。扁鵲：鹹。雷公：酸，無毒。 權曰：澀涼，有小毒。 主治：胸中痰癖，除風去熱，消風痰熱痰，中風痰厥，風熱喉痛，療不惡寒喉痹，風痰癇病，治陰蝕惡瘡，去鼻中息肉，懸癰垂長，目瞖努肉，反胃嘔吐，除固熱在骨髓，暖水藏，療洩利赤白濁，愈下血，又治女勞疸，交接勞復。

宗奭曰：不可多服，損人心肺，却水故也。水書紙上，乾則水不能濡，故知其性却水也。治膈下涎藥多用者，此意爾。 時珍曰：按李迅癰疽方云，凡人病癰疽發背，不問老少皆宜服黃礬丸，服至一兩以上，無不作效。最止疼痛，不動臟腑，活人不可勝數。用明亮白礬一兩，生研，以好黃蠟七錢，溶化和丸梧子大，每服十丸，漸加至二十丸，熟水送下，如未破則內消，已破即便合。如服金石發瘡者，引以白礬末一二匙，溫酒調下，亦三五服見效。有人偏身生瘡，狀如蛇頭，服此亦效。諸方俱稱奇效，但一日中服近百粒則有力，此藥不惟止痛生肌，能防毒氣內攻，護膜止瀉，托裏化膿之功甚大，服至半斤尤佳，不可欺其淺近也。今人名為蠟礬丸。李東璧氏言礬石之用，列其四功，俱強作解，於此味之用，無當也。故盡刪之，止錄治癰疽一方。 希雍曰：礬石味酸，氣寒，而無毒。其性燥急收濇，解毒除熱，墜濁。礬石即白礬，得巴豆同煅，令枯，取礬研末，以鵞翎管吹入喉中，流出熱涎，立解。喉痹其證，俗呼為纏喉風是也。　皮膚疥癬，膿窠坐板，肥瘡等瘡，皆資其用，各合所宜以施之。　制半夏能散溼痰及食積痰，兼除五飲。　同焰消可燒水銀成粉，治一切瘡中有蟲。　得黃蠟和丸名蠟礬丸，治一切腫毒有神。凡治癰疽，當服之以護膜，膜苟不破，雖劇必瘥。

愚按：　白礬之氣寒，其味鹹者少，而酸與濇為多也。夫寒者水氣，合於味之鹹，以歸於木酸金濇，在酸者，陰中之陽，未能大暢以達其陰也。濇者，陽中之陰，未能大暢以和其陽也。是陰之在下者，既不得藉下之陽以達，致陰之在下而欲上者，又不能即和於上之陽以化。若然，是則白礬性味為至陰結於寒水，而不能如勾萌之畢達，祇成其為潤下之用耳。即小兒口瘡，乃用礬湯濯足，脚氣衝心浴足，亦以礬湯。又如二便不通，女子陰脫等證用之，則專於潤下可知矣。然何以曰燥？蓋惟祇成其潤下之性，則在上陽中之陰少，故曰燥。夫肺本曰燥金，以其為陽中之少陰，而其性亦主濇也。此味色白象肺，不更似本燥金之氣，以成其寒水之用，而專歸於下者乎？故每用之收水，寇氏謂多服有傷心肺，其義明矣。故茲味主治本潤下之寒水，而收陰為先。曰：酸濇為至陰，結於寒水，是謂收陰。又曰：本燥金之氣，以成寒水之歸下者，謂上之燥，更助之收也。總歸於收陰，不然是謂金生水矣。雖然，人身陰陽本不宜相離，如茲味之收陰，不似謂離於陽乎，亦何以能奏功於諸證乎？曰：　非真陰之能離於真陽也，亦非真陽之可以離真陰也。其收陰一似令陽失所依者，乃陽之邪也。乃陽亢而為風，風更鼓陽，以傷其寒水所化之液，凝而為痰，大蝕真陰，而並令真陽失所歸者也。蓋人身唯是寒水，乃至陰之初氣，而至陽出焉。陰中之陽，得升於天表以行其陽化，而至陰之精氣，亦依陽而上，為之行其化，蓋無陰則陽即不能行其化也，是即為陽中之陰矣。如六淫七情，一有以傷其陽中之陰，則陽無以行其化，淫而為風，風之厲氣鼓陽，更以傷陰，舉寒化之液，熯而為痰，更即寒水所化之痰，益以滋熱而蝕陰，將使至陰初氣，賦在五臟者，無不受傷，此《內經》所謂失守而陰虛也。若傷其立命之初氣，即《經》所謂陰虛則無氣，無氣則死者也。就是即欲抑陽而益陰，猶水沃石耳。蓋未能消痰，則風之壅也不靜，未能靜風，則陽之狂也不化。唯此收陰歸元，而離於陽者俾陰氣有主，能令寒水所凝之痰自消，而亢陽失恃，是其由祛痰而風靜，由靜風而陽化也。陽之化者，即陽邪散，而真陽亦得依真陰以歸其元也。蓋此收陰，即以全寒水之初氣，使陰不受蝕於陽邪耳。如治外證之陰蝕惡瘡，舉同斯義也。故論茲味主治，唯在收陰於亢陽之中，以散陽邪而救真陰，是為首功，原未嘗分其用於潤下也。然究茲味所益能歸元陰於最初之地，以裕陰化而暢元陽，是為全功，固不止奏其績於清上也。夫人身至陽，本出於陰中，而茲味反全至陰於陽中，人身陰陽以合而神，其分之用，而茲味乃似由離而效其合之用，統識斯義，則白礬主治可以知其大都矣。試以諸先哲之論治徵之，如祛痰靜風化陽，此日華子所謂消痰除風去熱也。如真陽亦隨陰而降，是陽中之陰得行其化，仍還歸於寒水之至陰，此《別錄》所謂除固熱在骨髓也。即此，寒水至陰之中，至陽亦得所宅，而暢其氣化，此日華子所謂暖水臟也。又試以方書之治療，而用白礬首徵於上行者，在痰飲證，此味療風痰為多，如丹溪搜風化痰丸，《寶鑑》祛風丸、飛礬丹、辰砂化痰丸之類是也。其治熱痰則次之，如化涎散，金珠化痰丸之類是也。在咳嗽證，如人參半夏丸、玉液丸之類，皆治熱痰矣。在癎證以治風為專，如治風癎及心風方，又治癎方及勝金丸之類是也。楊氏五癎丸，是兼治痰者。在喉痹證，如開關散、七寶散、備急如聖散、一字散之類，皆治風而兼導痰者也。至其除熱，不啻熱痰之治而已，凡熱之上行者，如口如舌為病，同清熱諸味而奏功於內，又如耳如鼻用之外治者，亦不少矣。凡此皆收真陰於亢陽之中，而救治其飈焰之上行極者，皆由病於陰不能引陽而下也。第病熱者，猶屬陰虛不能馭陽，如風痰相煽而劇者，則陽之蝕陰急矣。其《本經》所云，治陰蝕惡瘡，即內而收陰以消痰之義，總歸於寒水得收，以獲奇效，即內證中風危篤，投稀涎散以開關，是非其明徵歟。凡此俱屬上行為功，次即微於下行者。如小兒口瘡并脚氣衝心，俱以礬湯濯足，是其收陰者即以歸陽也。然就亢陽之中，而收陰以歸陽，是即於歸陰之地，而能裕陰以達陽，蓋清上則自然實下，非茲味之獨能兼擅也。在下血證，如斷紅丸治下血久，面色萎黃，漸成虛憊，下元衰弱，以黃芪四君子湯下此丸；又鯽魚方，與白礬同用，治腸風血痔及下痢膿血，積年瀉血，面色萎黃，夫血乃真陰之化醇，其原固本於腎，然生化却在胃，而且統於肺，斷紅丸已具足斯義矣。乃猶用白礬者，正返其陽之始，俾得化陰以為血之化原也。又如鯽魚方所治，猶未至於虛衰，故但用鯽以補土生血，並止用白礬為歸陽化陰地耳。然即此二方，可以思水土合德，實為人身陰陽之化原，而茲味適有當焉者也。在泄瀉方如玉龍丸之治伏暑，既用硫黄以降而歸之，又消石復升而散之，若腹脹作痛，則加滑石利滯熱，更用白礬之收陰歸陽，即用暢陽而裕陰以化者，於伏暑尤切也。如大斷下丸，治洩瀉滑數脈細皮寒，氣少不能言，飲食不入胃，胃無穀氣，以養致形氣，消索五臟之液不收，謂之五虛，此為難治者，用薑附等味以大補元陽，而濟之收濇諸劑，乃更入枯礬以歸陽，且俾陽能化陰，轉為陽生之本，是於茲證，尤喫緊也。在赤白濁證，如子午丸治心腎俱虛，所見虛證種種，且患於消渴，飲水漩下赤白，此方補陰陽兩虛之味，亦種種攸宜，并兼化濁者，却亦不舍枯礬，則其收陰而歸陽，即暢陽而裕陰以化者，有可參也。又治虛憊，便濁滴地成霜方，茲方所以交水火，合陰陽，暢血化奉腎陽，為治濁地者，亦精矣。更有靈砂養陰馭陽，以救其離絕，而與歸陽裕陰，大暢生化之枯礬，同為主劑，其功用不可思歟。凡此，為下治之大都也。若於茲味，貿貿然止以上治之，消痰靜風化陽者，求其於諸證為功，何不即取女勞疸證，其治以消石、白礬者，是何以得當也。一取其出地之初陽，而升散腎中之鬱陰，一取其歸地之元陰，而專補腎中之虛陽，抑更思此證，額上黑，足下熱，有殊於諸疸，而不知通身盡黄，所謂水土合德之元氣，受病最劇者，若即此以思其功，則不得以上治概其功也，豈不較然哉？雖然，茲味之上下異治，亦因於上下陰陽之分耳。在《經》有曰，出地者，陰中之陽，謂陽予之正，陰為之主也。即此義以推，則上而陽中之陰，便是陰與之正，陽為之主矣。《經》所云為正為主二字，最有分辨，辨之明，則上下異治之由，乃了然矣。故投劑者，須知白礬療風熱之痰，不療寒溼之痰。而治風，亦治內淫之風，不治外受之風。即除熱，止除元陰受傷之熱，不除外邪所鬱之熱。此屬身半以上者也。至療下血，乃療陽虛而陰微之血，不療寒泣及溼滯之血。其補陽，直補陰虛而真元不歸之陽，不補陰鬱而元氣不達之陽。其化陰，即化氣盛而血能化精之陰，不化氣虛而血不裕氣之陰。此屬身半以下者也。或曰：白礬之性燥急，何以不治溼痰？曰：其性燥急收水者，收真陰之麗於陽邪者而歸之，非謂其收溼邪也。但因其收陰，故其性燥急，即燥急亦止成其收陰下歸之用，不能藉其燥溼也。時珍其未之察乎？且以解毒為功，不知收陰歸元以裕陽於解毒，是何義也？憒憒甚矣。

世醫類入溼熱以言其治，蓋因於瀉利、黄疸、赤白濁、陰蝕惡瘡等證，多由於溼熱故也。殊不知此數證，固未嘗不求責於溼熱，第白礬之所治迥乎不同。在王宇泰先生《證治準繩》可以尋繹也。愚於昔年著《本草》，亦坐是不察，至數年後稍覺有進，故更訂之如此。

附方　中風痰厥，四肢不收，氣閉膈塞者，白礬一兩，牙皂角五錢，為末，每服一錢，溫水調下，吐痰為度。喉癰乳蛾，用礬三錢，銀銚內溶化，不可用銅鐵者。入劈開巴豆三粒，煎乾，去豆研礬，用之入喉，立愈。甚者以醋調，灌之，名通關散。木舌腫強，白礬、桂心等分，為末，安舌下。口舌生瘡，下虛上壅，用白礬泡湯，濯足。鼻中息肉，用明礬一兩，蓖麻仁七箇，鹽梅肉五箇，麝香一字，杵丸，緜裹塞之，化水自下也。脚氣衝心，白礬三兩，水一斗五升，煎沸浸洗。婦人陰脱作癢，礬石燒研，空心酒服方寸匕，日三。按：此方當與上二方參看，上二方收陰而下歸元，以療其證。乃女子陰脱亦用之，蓋腎為真陰之元，即以歸元者療之，非取其酸濇能固脱也。反胃嘔吐，白礬、硫黄各二兩，銚內燒過，入硃砂一分，為末，麪糊丸小豆大，每薑湯下十五丸。按：此方收陰歸元，引陽亦歸元，煞有妙義。婦人黄疸，經水不調，房事觸犯所致，白礬、黄蠟各半兩，陳橘皮三錢，為末，化蠟丸梧子大，每服五十丸，以滋血湯或調經湯下。按：此方世醫類知為癰疽護膜，而不知其如此等證用之，於此正可參。交接勞復，卵腫，或縮入腹痛欲絶，礬石一分，消三分，大麥粥清，服方寸匕，日三服，熱毒從二便出也。按：此方與治女勞黄疸之味同，但分兩及製法有異耳。則益知白礬之奏功於腎也。如是，猶可以酸收固脱盡之否？虛憊便濁，滴地成霜，蓮肉去心，乾藕節、龍骨、遠志各一兩，白礬枯、靈砂各二錢半，右為細末，糯米糊為丸梧子大，每服十五丸，食前白湯下。疔腫惡瘡用生礬、黄丹，臨時等分，以三稜針刺血待盡，傅之，不過三上，決愈。

希雍曰：白礬止泄痢，亦由泄痢久不止，虛脱滑泄，而此味性濇以止脱，故能主之。假令溼熱方熾，積滯正多，誤用收濇，為害不少。治目痛不由弩肉及有外障，亦非所宜。礬性燥急而能劫水，用之貴得所宜。咽喉痛者尤宜審之。目痛由陰虛血熱者，亦不宜用。門曰：本除熱在骨髓，多服則反傷骨，本能却水消痰，多服反傷心肺。

修治　白色光明者佳，細研，入瓦罐中，火煅半日，色白如輕粉者，名枯礬。惟化痰生用，治齒痛喉痹，縣裹生含，咽之。

**清・郭章宜《本草匯》卷一八**　白礬　味濇酸，寒，入肺脾二經。燥濕追涎，消痰滌熱。收脱肛陰挺，理疥癬濕淫。稀涎散，同皂莢研服，吐風痰通竅神方。蠟礬丸，和蜜蠟丸吞，平癰腫護膜要劑。

按：礬石之性，燥急收澀，故虚脱滑洩，久痢不止者，用此以止脱。其用有四：吐痢風熱之痰涎，取其酸苦涌泄也；治諸血痛，脱肛陰挺，瘡瘍，取其酸澁而收也；治痰飲泄痢，崩帶風眼，取其收而燥濕也；治喉痹癰疽，中蠱蛇傷，取其解毒也。《癰疽方》云：凡病癰疽發背，用明亮白礬一兩，生研，以好黄蠟七錢，溶化和丸，每服十丸，漸加至二十丸，熟水送下。如未破，則内消，已破便合。其托裹化膿之功甚大也。然此乃劫水之藥，僅可資其引導，若多服，損心肺，傷齒骨矣。陰虚火熾者，不宜用也。又緑礬，氣味酸凉，能消積滯，燥脾濕，疳瘡疥癬，釀鯽魚燒灰，療腸風瀉血，亦解毒之物也。而其化涎之功，差緩白礬耳。附緑礬和脾丸：治濕毒腫脹，腰膝無力，陰囊水湧，穢氣不堪，緑礬、用舊草鞋合礬于内，煅通紅。山查、麥芽各二兩，已上三味，澄濁氣。扁豆炒，芡實、蓮肉、薏仁、白茯苓、乾山藥各一兩，已上和脾。砂仁五錢，小茴、廣皮、蒼术泔浸一晝夜各一兩，已上和脾燥濕。破故紙一兩，五味子五錢，已上溫腎。車前、沙參各一兩，已上利水，開下行之路。為末，用黑棗煮湯，去核，麫糊丸，空心白湯送三錢。又用扁豆、芡實、蓮肉、薏仁、茯苓、山藥各二兩，大米六升，糖二斤，柿霜三兩，蒸作白糕，炙乾食之，應驗神方也。

**清・王翃《握靈本草》卷一**　礬石出晉地青州，吳中者次之。潔白光明者爲上。凡使以瓷瓶盛，煅令内外通赤爲度，不煅者爲生礬。　主治：礬石，酸，寒，無毒。主寒熱，泄痢白沃，陰蝕惡瘡，目痛，堅骨齒，除風去熱，消痰止渴，吐下，痰涎飲癖，燥濕解毒，止血定痛。食惡肉，生好肉，治疔腫惡瘡，癲癇，疸疾，通大小便，口齒眼目諸病。虎犬蛇蠍百蟲傷。

選方：【略】痰裹心包失心者，用明礬三兩，欝金七兩，爲末，丸如桐子，每服五六十丸，湯水任下。此藥能去欝疾。

**清・汪昂《本草備要》卷四**　白礬濇，燥濕，墜痰。　酸鹹而寒，性濇而收。燥濕追涎，化痰墜濁，解毒生津，除風殺蟲，止血定痛，通大小便，蝕惡肉，生好肉，除痼熱在骨髓。髓爲熱所劫則空，故骨痿而齒浮。治驚癇黄疸，血痛喉痹，齒痛風眼，鼻中瘜肉，崩帶脱肛，陰蝕陰挺，陰肉挺出，肝經之火。疔腫癰疽，瘰癧疥癬，虎犬蛇蟲咬傷。時珍曰：能吐風熱痰涎，取其酸苦涌泄也。治諸血痛、陰挺、脱肛、瘡瘍，取其酸濇而收也。治風眼、痰飲、泄痢、崩帶，取其收而燥濕也。治喉痹、癰蠱、蛇傷，取其解毒也。多服損心肺，傷骨。寇宗奭曰：却水故也。書紙上，水不能濡，故知其性却水也。李迅曰：凡發背，當服蠟礬丸以護膜，防毒氣内攻。礬一兩，黄蠟七錢，溶化和丸。每服十丸，漸加至二十丸，日服百丸則有力。此藥護膜托裹、解毒化膿之功甚大。以白礬、茶芽搗末冷水服，解一切毒。　取潔白光瑩者，煅用。又法，以火煅地，灑水于上，取礬布地，以盤覆之，四面灰擁一日夜，礬飛盤上，掃收之，爲礬精。未盡者更如前法。再以陳苦酒醋也化之，名礬華。七日可用，百日彌佳。甘草爲使，畏麻黄，惡牡蠣。

**清・陳士鐸《本草新編》卷五**　生用解毒，煅用生肌。　礬石　味酸，氣寒，無毒。去鼻竅之肉，除骨髓之熱，劫喉痹，止目痛，禁便瀉，塞齒痛。洗脱肛而澁腸，敷膿瘡而收水，吐風痰而通竅，平癰腫而護膜。外治甚效，而内治亦神，然可暫而不可常者也。

或疑礬石味酸，宜斂毒而不宜化毒，何以癰瘍之症用之，毒易化耶？不知礬石之化毒，正在味酸。礬石，有形之物也，入之湯藥之中，則有形化無形矣。存酸之味于散之中，即行散于酸之内，既消毒而又不散氣，此功效之所以更神也。

或問：岐伯有云：久服礬石，必傷人骨。有之乎？曰：礬石性最急而且燥，能劫水，故不利骨與齒耳，蓋齒亦骨之餘也。腎水虚者，斷不可輕用，恐已耗而又耗也。

**清・顧靖遠《顧氏醫鏡》卷八**　白礬酸，澁，寒。　君黄蠟丸服，護膜防癰毒内攻。凡治癰疽，當服之以護膜，膜苟不破，雖劇必痊。一人遍身瘡狀如蛇頭，服此而愈矣。共苦參煎湯，浸足治脚氣冲心。取其除熱燥濕墜濁。可吹喉痹，取其除熱解毒。用洗脱肛。取其收濇。墜濁解毒，除熱燥濕，性急收濇之藥。多服令人上湧下洩。

**清・李熙和《醫經允中》卷二〇**　白礬　入肝、肺二經。甘草為使。煅去火毒用。　酸寒，無毒。主治陰蝕喉痺，諸惡瘡癬，止泄瀉，擦齒疼，收脱肛，解中蠱、蛇毒。同皂莢可吐風痰。和蜜蠟能消癰腫。性大收斂，未可驟用。多服損心肺傷骨。　皂礬氣味與白礬略同，利小便，散喉痺，能通腸結，勝于猪膽、蜜箭。深青瑩淨者良。煅赤用。

**清・馮兆張《馮氏錦囊秘錄・雜症痘疹藥性主治合參》卷五**　礬石白礬，味酸，氣寒而無毒。其性燥急，救澁解毒，除熱墜濁。治一切濕熱所生之病，及為收澁之用也。〇綠礬惟主瘡科。〇黑礬止染皓髮。　白礬，去瘜肉鼻竅中，除痼熱骨髓內。劫喉痹，止目痛，禁瀉痢，塞齒疼。洗脫肛陰挺，理疥癬濕淫。稀涎散，同皂莢研服，吐風痰通竅神方。蠟礬丸，和蜜蠟丸吞，平癰腫，護膜要劑。久服損心肺，傷骨。

按：白礬之用有四：吐風熱痰涎，取其酸苦涌洩也；諸血脫肛，陰挺瘡瘍，取其酸澀而收也；治風痰泄痢崩帶，取其收而燥濕也；喉痹癰疽，蛇傷蠱毒，取其解毒也。然以酸澀為事成功，非與氣血有情却病，即《悟真篇》云非類難為巧是也。暫資症治，多服損心肺，傷骨。

**清・张璐《本經逢原》卷一**　礬石　酸、澀，微寒，無毒。明如鵬砂起横欞者，名馬齒礬，最勝。生用、煅用，各隨本方。生者多食，破人心肺。　發明：白礬專收濕熱，《本經》主寒熱洩利，白沃陰蝕，惡瘡，目痛，堅骨齒。固虛脫，故《本經》主寒熱泄利。蓋指利久不止，虛脫滑泄，因發寒熱而言。弘景曰：《經》云堅骨齒，誠為可疑，以其性專入骨，多用則損齒，少用則堅齒，齒乃骨之餘也。為末，去鼻中瘜肉。其治氣分之痰濕癰腫最捷。侯氏黑散用之，使藥積腹中，以助悠久之功。故蠟礬丸以之為君，有人遍身生瘡如蛇頭，服此而愈。甄權生含嚥津，治急喉痹，皆取其去穢之功也，若濕熱方熾，積滯正多，誤用收濇，為害不一。岐伯言久服傷人骨。凡陰虛咽痛，誤認喉風，陰冷腹痛，誤認臭毒，而用礬石必殆。

**清・浦士貞《夕庵讀本草快編》卷一**　礬石《本經》、羽澤　附綠礬　礬者燔也，燔石而成也。　白礬酸濇，涼而無毒，却水之藥也。蓋其用有四：吐利風熱痰涎，止渴利便，取其酸苦湧泄也。療諸血病，脫肛陰挺，瘡瘍瘜肉，取其酸濇而收也。治痰飲瀉痢，崩帶風眼，取其收而燥濕也。治喉痹癰疽蠱毒，蛇蟲傷螫，取其涼而解毒也。但不可多服，恐傷心肺。致于綠礬，氣味相似，生則燥濕化涎，熟則扶脾伐木，凡黃腫氣衰，心腹中滿者神效。故仲景治女勞黃疸，取此義也。而張三丰伐木丸得非從此出乎？

**清・張志聰、高世栻《本草崇原》卷上**　礬石　氣味酸，寒，無毒。主治寒熱泄痢白沃，陰蝕惡瘡，目痛，堅骨齒。煉餌服之，輕身不老增年。　礬石始出河西山谷及隴西武都、石門，今益州、晉州、青州、慈州、無為州皆有。一名涅石，又名羽涅、羽澤。礬有五種，其色各異，有白礬、黃礬、綠礬、皂礬、絳礬之不同。礬石，白礬也，乃採石敲碎煎煉而成潔白光明者，為明礬。成塊光瑩如水晶者，為礬精。煎礬之法，採石數百斤，用水煎煉，其水成礬石之斤數不減，是石中之精氣，假水而成礬，故有羽涅、羽澤之名。涅澤，水也，羽，聚也，謂聚水而成也。　礬石以水煎石而成，光亮體重，酸寒而澀，是稟水石之專精，能肅清其穢濁。主治寒熱泄痢白沃者，謂或因於寒，或因於熱，而為泄痢白沃之證。礬石清滌腸胃，故可治也。陰蝕惡瘡者，言陰盛生蟲，肌肉如蝕，而為惡瘡之證，礬石酸澀殺蟲，故可治也。以水煎石，其色光明，其性本寒，故治目痛。以水煎石，凝結成礬，其質如石，故堅骨齒。煉而餌服，得石中之精，補養精氣，故輕身不老增年。

**清・王子接《得宜本草・上品藥》**　礬石　味酸，寒。功專吐痰解毒。得黃蠟解一切腫毒。

**清・徐大椿《神農本草經百種録》上品**　礬石　味酸，寒。礬石味澀而云酸者，蓋五味中無澀，澀即酸之變味，澀味收斂亦與酸同，如五色中之紫，即紅之變色也。主寒熱，寒熱為肝經之疾，酸能收斂肝氣。洩痢白沃，亦收澀之功。陰蝕惡瘡，味烈性寒，故能殺濕熱之蟲，除濕熱之毒。目痛，制火清金。堅骨齒。斂氣固精。鍊餌服之，輕身不老增年。　此以味為治，礬石之味最烈，而獨成一味，故其功皆在于味。

**清・黃元御《長沙藥解》卷四**　礬石　味酸、濇，微寒。入足太陰脾、足太陽膀胱經。善收濕淫，最化瘀濁。黑疸可消，白帶能除。　《金匱》礬石丸，礬石三分，燒，杏仁一分，煉蜜丸棗核大，內藏中。治婦人帶下，經水閉不利，藏堅癖不止，中有乾血，下白物。以乾血結瘀，藏中癖鞕，阻硋經脈下行之路，以致經水閉澀不利，血瘀因於木陷，木陷因於土濕，濕土遏抑，木氣不達，故經水不利。木陷於水，愈鬱而愈欲泄，癸水不能封蟄，精液溢流，故下白物。礬石化敗血而消痞鞕，收濕淫而斂精液。杏仁破其鬱陷之滯氣也。　硝礬散方在硝石治女勞黑疸，以其燥濕而利水也。　《千金》礬石丸，礬石二兩，漿水一斗五升，煎，浸脚氣。治脚氣衝心。以其燥濕也。　礬石酸濇燥烈，最收濕氣，而化瘀腐，善吐下老痰宿飲。緣痰涎凝結，粘滯於上下竅隧之間，牢不可動。

礬石搜羅而掃蕩之，離根失據，臟腑不容，高者自吐，低者自下，實非吐下之物也。其善治癰疽者，以中氣未敗，癰疽外發，肉腐膿泄，而新肌生長，自無餘事。陽衰土濕，中氣頹敗，癰疽不能外發，內陷而傷府藏，是以死也。礬石收藏府之水濕，土燥而氣達，是以愈也。煅枯，研細用。

**清・吳儀洛《本草從新》卷五** 白礬〔澀，燥濕化痰。〕 酸鹹而寒，性澀而收。燥濕追涎，化痰墜濁，解毒，除風殺蟲，止血定痛，通大小便，蝕惡肉，生好肉，除痼熱在骨髓。髓為熱所刧則空，故骨痿而齒浮。治驚癇黃疸，血痛喉痺，齒痛風眼，鼻中瘜肉，崩帶脫肛，陰蝕陰挺，陰肉挺出，肝經之火。疔腫癰疽，瘰癧瘡癬，虎犬蛇蟲咬傷。李迅曰：凡發背，當服蠟礬丸以護膜。防毒氣內攻。礬一兩，黃蠟七錢，溶化和丸，每服十丸，漸加至二十丸，日服百丸則有力。此藥護膜托裏，解毒化膿之功甚大。時珍曰：能吐風熱痰涎，取其酸苦湧泄也；治諸血痛，陰挺脫肛瘡瘍，取其酸澀而收也；治風眼痰飲，泄痢崩帶，取其收而燥濕也；治喉痺癰蠱蛇傷，取其解毒也。以白礬、茶牙搗末，冷水服，解一切毒。多服損心肺，傷骨。宗奭曰：却水故也。書紙上，水不能濡，故知其性却水也。取潔白光瑩者煅用。生用解毒，煅用生肌。又法：以火煅地，灑水於上，取礬布地，以盤覆之，四面灰擁一日夜，礬飛盤上，掃收之，為礬精。未盡者，更如前法。再以醋化之，名礬華，七日可用，百日彌佳。甘草為使。畏麻黃，惡牡蠣。

**清・汪紱《醫林纂要探源》卷三** 白礬 鹹、酸，寒。輔君主之神明，而澂清穢濁。斂妄行之血液，以環衛宸居。其鹹以輭堅，能使穢濁下沉，而清明上著。用攪濁水，泥滓即沉，色澄味美，可證補心益神明矣。心神過散，則血熱妄行，火氣過炎，則血枯髓涸。凡諸瘡痛癢，皆屬心火。鹹以滲之則不瘀，酸以收之則不妄，故能止血定痛，治疔腫瘰癧，瘡疥癰疽，喉痺，去瘀血，生新血，蝕惡肉，生好肉。又能除痼熱，填骨髓，皆斂妄熱妄血之功。且入水則化，入火則鎔，是以善於化痰，而生津解渴，利大小便。酸瀉肝火，能治驚癇，療黃疸，去風眼淚眵，止崩帶，收脫肛及陰蝕陰挺，鼻中瘜肉，酸斂肺氣，能滲高原之邪水，清膈利咽，涌吐風痰，鹹瀉腎邪。功用甚廣。然以補斂心神，為心家專藥。凡恐受刑杖及癰疽大毒，先服蠟礬丸護心托裏，使瘀毒不至內攻，所謂環衛宸居也。兼能瀉腎疏水，斂肺平肝。療蛇蟲、犬虎齩傷之毒。凡受傷處，血必凝瘀，輭堅破瘀，所以去毒也。○生用解毒，煅用生肌却水。或以火煅地，洒水於上，取礬布地，以盤覆之，四面灰壅一日夜，礬升盤上，掃收之，為礬精。用以護心，治喉痺尤宜。其未盡者，更如前法，再以醋化之，名礬華，尤妙。

**清・嚴潔等《得配本草》卷一** 礬石即白明礬。 甘草為之使。畏麻黃、紅心灰藋。惡牡蠣。 酸、鹹、澀。入肝肺二經。燥濕解毒，殺蟲墜濁，追涎化痰，除風去熱，止血定痛，蝕惡肉，生好肉，除痼熱在骨髓。治驚癇喉痹，風眼齒痛，鼻中息肉，脫肛漏下，陰挺陰蝕，疔毒惡瘡，瘰癧疥癬，虎犬蛇蟲咬傷。得肉桂，治木舌腫強。得皂角末，吐中風痰厥。得甘草，水磨，洗目赤腫痛。得朱砂，敷小兒鵝口。得銅綠，泡水，洗爛弦風眼。得蓖麻仁、鹽梅肉、麝香，杵丸綿裹，塞鼻中息肉。得細茶葉五錢，生白礬一兩，蜜為丸如梧子大，治風痰癇病。一歲十丸。配黃丹，搽口舌生瘡。配好黃蠟，溶化為丸，治毒氣內攻，護膜止瀉，托裏化膿。配鹽，搽牙關緊急，并點懸癰垂長。配牡蠣粉，酒下，治男婦遺尿。配黃蠟、陳橘皮，治婦人黃疸。如經水不調，或房事觸犯致此疾者，用調經湯下。研生白礬吹喉痹腫閉。蘸石榴皮擦皮癬。生用解毒，煅用生肌。煅過即為枯礬。多服損心肺、傷骨。怪症：遍身生瘡，狀如蛇頭，此熱毒鬱於內，寒氣包於外，久之從皮肉攻出，故外形如此。用蠟礬丸服之自愈。

**題清・徐大椿《藥性切用》卷七** 白礬 酸澁微寒，化痰燥濕，解毒殺蟲。性能却水，去濁澄清。解毒生研，濇涎煨熟。

**清・黃宮繡《本草求真》卷五** 白礬逐熱痰，下泄上涌。 白礬耑入脾。氣味酸寒，則其清熱收熱可知，何書又言燥痰。若於寒字相悖，書言能治風痰。若於收字濇字相殊。不知書之所云能燥痰者，非其氣味溫熱，而可以燥而即化。實以收其燥濕初起，使之下墜，不使留滯而不解也。泄即是收。且其酸而兼鹹，則收濇之中，尚有追涎逐降之力，非即不燥之燥乎？所謂能治風痰者，其酸苦涌泄，兼因風邪初客，合以皂莢等味研服，則能使之上涌，豈其風熱歷久，深入不解，而即可以上涌乎？是以風痰泄痢崩帶，用此以收即愈收。諸血脫肛陰挺肝火，崩帶風眼，痰飲瘡瘍，用此以濇即效濇。喉痹癰疽蛇傷蠱毒，用此酸寒以解即除酸。治雖有四，然總取其酸濇寒鹹為功。以為逐熱去涎之味，但暫用則可，久服則於精血有損。宗奭曰：損心肺却水故也。水化書紙上，乾則水不能濡，故知其性却水。李迅《癰疽方》云：凡人病癰疽發背，不問老少，皆宜服黃礬丸，服至一兩以上，無不作效，最止疼痛。不動臟腑，活人不可勝數，用明亮白礬一兩，生研，以好黃蠟七錢，熔化，和丸梧子大。每服十丸，漸加至二十丸，熟水送下，如未破則內消，已破即便合，如服金石發瘡，以白礬末酒服即效。古言服損心肺傷骨，義根於是，豈正本求源之治歟！取潔白光瑩者佳，火煅用。以火煅地，洒水於上，布地，以盤覆之，四面灰擁一日夜，礬飛盤上，掃收之，為礬精，未盡者，更如前法。再以陳苦酒化之，名礬華，七日可用，百日更佳。甘草為使，畏麻黃，惡牡蠣。

**清·楊璿《傷寒溫疫條辨》卷六吐劑類**　白礬　味酸鹹寒，性濇而收。燥濕追涎，化痰墜濁，解毒生津，止血定疼，通大小便。主痞疾，生好肉，蝕惡肉，除痼熱在骨髓。時珍曰：能吐風熱痰涎。取其酸苦湧瀉也。白礬、茶芽為末，冷水調服，吐一切毒。古方白礬滑石湯治熱毒怪證，目赤鼻脹大喘，渾身生斑，毛髮如鐵，此熱毒氣結於中下焦也。白礬二兩，滑石二兩，水三碗，煎減半，不住飲之，飲盡再作。鶴頂丹：治結胸胸痹，痰火聲嘶。白礬三錢，銀朱一錢五分，同研，入瓦盞，置炭火上熔化，去火，候乾為末。每服一錢五分，薑茶煎湯調下。聽其心上隱隱微聲，結者自散。白礬化痰解毒，銀朱破積消滯也。鐵化湯：洗一切眼疾，痘後翳膜侵睛，赤爛雲點尤妙。生白礬、枯白礬、膽礬、青鹽、五味子二錢，川椒五分，烏梅二枚，杏仁七粒，新針七箇，無根水泡七晝夜，針亦化為水矣。一日三洗效。

**清·羅國綱《羅氏會約醫鏡》卷一八金石水土部**　白礬味酸澁，性寒，入肺脾二經。　酸能收，寒勝熱。善用，有大功效於人。其用有四：能吐風熱痰涎，治癲癇、痰迷心竅。黃疸；其味酸苦，可以涌泄。療崩帶、脫肛、腸風、陰挺、陰肉挺出，肝經之火。牙縫出血，止狐腋臭氣、脚汗、陰汗；四者燒枯用。其性收澁，可固滑脫。除瀉痢，斂浮腫，爛弦風眼。其性燥，可治濕邪。散癰疽疔腫，鼻瘜喉痹，瘰癧惡瘡疥癬及蛇蟲蠱毒。其性能解毒、定痛。或丸或散，或生或枯，皆效。多服損心傷骨。甘草為使。惡牡蠣、麻黃。生用解毒，煅用生肌。

**清·黃凱鈞《藥籠小品》**　白礬　酸鹹，寒，性收濇燥濕，追涎化痰，墜濁解毒殺蟲。

**清·王龍《本草纂要稿·鹵石部》**　白礬石　氣味酸寒。去瘜肉於鼻竅中，除痼熱在骨髓內。刼(侯)〔喉〕痺，斂膿血收水。吐風痰，(即)〔却〕中風失音。止寒熱洩痢，收脫肛，澁腸。同皂角吐風痰，配黃蠟平癰腫。久服傷骨損心，亦不可不慎。

**清·張德裕《本草正義》卷下**　白礬　澁，涼，有小毒。其用有四：一可涌泄吐，下痰涎，治癲癇等病；一可固脫，治淋帶腸風下血，腋下狐臭等疾；一可燥濕，治瀉痢，去浮腫，洗爛弦風眼等疾；一可以毒解毒，治癰疽疔腫，鼻瘜喉痺，瘰癧瘡疥，去腐生新，蛇、犬等毒。

**清·楊時泰《本草述鉤元》卷六**　礬石　礬有五種，初生皆石，采得燒煉乃成礬恭、頌。惟白者，方士謂之白君，出晉地者上，青州、吳中者次之。色潔白為雪礬；質光明為明礬，亦名雪母礬；文如束鍼，狀如粉撲者，為波斯白礬，入藥並良瀕湖。煅枯者名巴石，輕白者名柳絮礬又。

味鹹、酸、濇，氣寒。主胸中痰癖，除風去熱，消風痰熱痰，風熱喉痛，療不惡寒喉痹，中風痰厥，風痰癇病，治陰蝕惡瘡，去鼻中瘜肉，懸癰垂長，目翳胬肉，反胃嘔吐，除固熱在骨髓，暖水藏，療泄利赤白濁，愈下血，又治女勞疸，交接勞復。其性燥急，收濇解毒，除熱墜濁仲淳。多服損人心肺，却水故也。水化書紙上，乾則水不能濡，故知其性却水，治膈下涎藥多用者為此。宗奭。久服傷人骨。本除熱在骨髓，多服則反傷骨；本能却水消痰，多服反傷心肺門。凡病癰疽發背，一切腫毒，不問老少，皆宜服黃礬丸，今名蠟礬丸。服至一兩以上，無不作效，最止疼痛，不動臟腑，活人無算。用明礬一兩生研，黃蠟七錢，溶化和丸梧子大，每服十丸，漸加至二十丸，熟水下，未破則消，已破即合。如服金石發瘡者，引以白礬末一二匙，溫酒調下，三五服效。有人偏身生瘡，狀如蛇頭，服此亦效。但一日中服近百粒則有力，不惟止痛生肌，兼防毒氣內攻護膜，膜苟不破，雖劇必瘥。止瀉托裏化膿之功甚大，服至半斤尤佳。皮膚疥癬膿窠，坐板肥瘡等瘡，各合所宜以資之。用以製半夏，能散濕痰，及食積痰，兼除五飲。同焰消，可燒水銀成粉，治一切瘡中有蟲。中風痰厥，四肢不收，氣閉膈塞者，白礬一兩，牙皂五錢為末，每服一錢，溫水調下，吐痰為度。喉癰、乳蛾，白礬三錢，銀銚內鎔化，忌用銅鐵。入劈開巴豆三粒，煎乾去豆，研礬末，用鵝翎吹入喉，流出熱涎立愈，甚者以醋調灌之，名通關散。木舌腫強，白礬、桂心等分為末，安舌下。鼻中瘜肉，明礬一兩，蓖麻仁七箇，鹽梅肉五箇，麝香二字，杵丸，綿裹塞之，化水自下。口舌生瘡，下虛上壅，用白礬泡湯濯足。脚氣衝心，白礬三兩，水一斗五升，煎沸浸洗。婦人陰脫作癢，礬石燒研，空心酒服方寸匕，日三。按：上二方，收陰而歸元，此方因腎為真陰之元，即以歸元者療之，非取其酸濇固脫也。反胃嘔吐，白礬、硫黃各二兩，銚內燒過，入硃砂一分，為末，麪糊丸小豆大，每薑湯下十五丸。此方收陰歸元，引陽亦歸元，煞有妙義。婦人黃疸，經水不調，房事觸犯所致。白礬、黃蠟各半兩，陳橘皮三錢，為末，蠟丸梧子大，每服五十丸，以滋血湯或調經湯下。按：世知此方為癰疽護膜，而不知此證用之，正可參究。交接勞復，卵腫或縮入腹痛欲絕，礬石一分，消三分，大麥粥清服方寸匕，日三，熱毒從二便出。此與女勞黃疸治同，但分兩及製法有異，益知白礬之奏功於腎如是，猶可以酸濇固脫盡之耶。虛憊便濁，滴地成霜，蓮肉、乾藕節、龍骨、遠志各一兩，枯白礬、靈砂各二錢半，為細末，糯米糊丸梧子大，每服十五丸，食前白湯下。疔腫惡瘡，臨時用生礬、黃丹等分，以三稜鍼刺血待盡傅之，不過三上，決愈。

論：白礬氣寒，其味鹹少而酸濇為多，寒者水氣，合之鹹味，以歸於木酸金濇。夫酸者陰中之陽，未能大暢以達其陰也。濇者陽中之陰，未能大暢以和其陽也。陰之在下者，既不得藉陽以達，致陰之在下而欲上者，又不能即和於陽以化，是則白礬性味，為至陰結於寒水，而衹以成其潤下之用無疑。即治小兒口瘡及脚氣衝心，俱用礬湯浴足，又二便不通，女子陰脫等證用之，則專於潤下可知。然何以又曰性燥？蓋惟衹成其潤下之用，則在上陽中之陰少，故曰燥。本燥金色白味濇以成寒水，而專歸於下，故每用之收水。寇氏固謂多服有傷心肺也。至陰結於寒水，是謂收陰。本燥金之氣以成寒水之歸下，是謂上燥，燥又助之收也。總歸於收陰，不則仍為金生水矣。夫陰陽本不宜相離，茲味之收陰，不似離於陽乎。抑知非真陰之能離於真陽，亦非真陽之可以離真陰也。其收陰一似令陽失所依者，乃陽之邪也，乃陽亢而為風，風更鼓陽以傷其寒水所化之液，凝而為痰，大蝕真陰，而並令真陽失所歸者也。人身惟寒水為至陰之初氣，而至陽出焉。陰中之陽得升於天表以行其化，而至陰之精氣，亦依陽以上，而為之行其化，是即為陽中之陰矣。如六淫七情，一傷其陽中之陰，則陽無以行其化，淫而為風，風之厲氣，既已鼓陽而傷陰，舉寒化之液，燥而為痰，而寒水所化之痰，復以滋熱而蝕陰，將使至陰初氣賦在五臟者，無不受傷，此《內經》所謂失守而陰虛也。斯時即欲抑陽而益陰，猶水沃石耳。蓋未能消痰，則風之壅也不靜，未能靜風，則陽之狂也不化，惟投此收陰歸元而離於陽者，俾陰氣有主，令寒水所凝之痰自消，而亢陽失恃，是由袪痰而風靜，由靜風而陽化也。收陰即以全寒水之初氣，使陰不受蝕於陽邪耳，如治外證之陰蝕、惡瘡，舉同斯義。陽化即邪散，而真陽亦得依真陰以歸其元矣。真陽隨陰而降，是陽中之陰得行其化，還歸於寒水之至陰。《別錄》所謂除固熱在骨髓也。寒水至陰之中，至陽亦得所宅而暢其氣化，日華子所謂暖水臟也。然則斯味收陰於亢陽之中，以散陽邪而救真陰，是其首功。及歸元陰於最初之地，以裕陰化而暢元陽，是其全功。夫至陽本出於陰中，茲味反全至陰於陽中，人身陰陽以合而神其分之用，茲味乃似由離而效其合之用也。方書凡治風熱痰癇，喉舌耳鼻為病，皆收真陰於亢陽之中，而治其飆焰之上行極者，統由陰之不能引陽而下也。惟第病於熱，猶屬陰虛不能馭陽，若風痰相煽而劇，則陽之蝕陰急矣。《本經》故主陰蝕惡瘡。用此味收陰以消痰，總歸於寒水得收以獲奇效，即中風之投稀涎，亦此義也。又凡治口瘡、脚氣浴足、下血斷紅丸、鯽魚方。瀉痢大斷下子午丸、痔濁等證，亦皆收陰以歸陽，即俾陽能化陰，而轉為陽生之本也。女勞疸治以消石、白礬者，一取出地之初陽，升散腎中之鬱陰，一取歸地之元陰，專補腎中之虛陽，均不得以上治概其功也。總之，白礬療風熱之痰，不療寒濕之痰。其治風也，治內淫之風，不治外受之風。其除熱也，止除元陰受傷之熱，不除外邪所鬱之熱。此身半以上之治也。至療下血，乃療陽虛而陰微之血，不療寒泣及濕滯之血。其補陽也，直補陰虛而真元不歸之陽，不補陰鬱而元氣不達之陽。其化陰也，即化氣盛而血能化精之陰，不化氣虛而血不裕氣之陰。此身半以下之治也。或曰：礬性燥急，何以不治濕痰？不知性即燥急，亦止成收陰下歸之用，不能藉之燥濕也。世醫因瀉利、黃疸、赤白濁、陰蝕、惡瘡等證，多由於濕熱，遂入於濕熱以言治，豈知白礬之所以治，迥乎不同，可以尋繹《準繩》而得之矣。

其性燥急而能劫水，用之貴得所宜，咽喉痛者尤宜審之。目痛由陰虛血熱，而不由胬肉，及有外障者，不宜用。泄痢濕熱方熾，積滯正多，誤用收濇，為害不少仲淳。

修治：色白光明者佳。細研入罐，火煅半日，色如輕粉者名枯礬。惟化痰生用，治齒痛喉痹，棉裹生含咽之。

**清・葉桂《本草再新》卷八** 白礬味寒而濇，性寒，無毒。入脾、腎二經。燥濕追風，化痰止血，通大小便，治崩帶脫肛，陰蝕陰腫，去頭風目赤，治疔瘡癰疽，瘰癧癬疥，殺蟲解毒。

**清・趙其光《本草求原》卷二五石部** 礬石 類砒，熱毒亦相近。砒帶黃暈，礬全白。但能破積，去冷濕、風痹、瘙癢，不能開痰散結。今人每以充砒治瘧，無功。且須泥包煅一日夕方可用，與砒宜生用者異。此石生於山無雪，入水不凍者真。故攻冷積最良。惡羊血。

白礬 酸鹹而寒，性澀而收。本燥金之氣，成寒水之用，能於亢陽之中陰以歸陽，收陰歸下，即燥急在上。與燥濕者異，故不治濕痰。故卻水墜濁，以之拭紙，水不能濡可見。治內淫之風痰，如同皂角、半夏溫水下，治中風、痰厥；同細茶蜜丸，治風癎；蜜調服，治胸中痰澼、頭痛。蓋陰虛而陽擾成風，鼓動陰液為痰，則陰益傷而陽亦不歸，收陰則陰為主，而陽依之以歸，自然痰消風靜，非治外風之痰也。陰傷之熱痰。如化涎散、金珠化痰丸是也，非外邪鬱熱之痰。喉癰、乳蛾，同巴豆煎乾，去豆，研吹，或醋調灌。木舌，同桂安舌下。口舌瘡，下虛上壅者，泡湯濯足。鼻瘜，同蓖麻仁、鹽梅、麝，綿包塞之。脚氣沖心，水煎浸洗，皆收陰下歸之功。婦人陰脫作癢，燒枯酒服，日三，此腎陰歸元之效，非但酸澀止脫也。反胃嘔吐，同硫黃炒，入朱砂，麪糊丸，薑湯下。此方收陰引陽，大有妙義。止血，通二便，治崩帶、脫肛、陰腫、頭風、久痢，婦犯房事經亂、黃疸，同黃蠟、陳皮為丸，以滋血湯或調經湯下。人知此方護膜，而不知其收陰治此。交接勞復、卵腫或縮，礬一分，硝三分，大麥粥下。熱毒從大便出，可其功在腎，非止收脫已也。虛憊便濁、滴地霜，燒枯，同蓮連藕節、龍骨、遠志、靈砂，糯米糊丸，白湯下。痰嗽，同人參，醋為丸，或同黑梔、建茶，薑汁為丸，含化。久泄，久痢，久瘧，枯礬、飛麪，醋糊丸，米飲下。赤痢，甘草湯；白痢，薑湯；瘧，東南桃心湯下。疔腫、惡瘡，同煨葱白杵丸，酒下，孕婦勿服；再刺去血，同黃丹敷之。一切癰疽，即蠟礬丸，日服百粒。未破者消，已破者合，不但可防毒氣內攻，且能托裏化膿，止痛生肌，引金石毒外出。有人遍身生瘡如蛇頭，服之亦效，此墜濁去垢之功。風熱喉痛，入豬膽內風乾吹之，或加入人中黃。穀賊喉腫，方同上。懸癰長垂，枯礬同鹽點。舌有白膜，刺破摻枯礬，否則兒啞。齒衄，水化含。鵝口白爛，枯礬同朱砂敷。鼻衄，枯礬吹之。口臭，同麝擦牙。眉落，枯礬蒸餅丸，溫水日下七丸。目翳膜，蜜調點。努肉，水化點。風目赤腫，甘草水化，搽眉心、目胞。弦爛，煅，同銅青水化，點洗。聤耳出汁，同炒鉛丹吹。黃腫，水腫。同青礬、炒白麪、醋，米糊丸，棗湯下。蓋焰硝升散腎中之鬱陰，礬歸腎中之虛陽也。勞後交接入水，目黃額黑，足熱腹滿，方同上勞復。婦下白沃，中有乾血也。同杏仁蜜丸，納陰中。遺尿，同牡蠣酒下。心氣痛，同朱砂、金箔，白湯下。又解毒，收陰於陽中，則陰化而毒自解。殺蟲，治蠱毒，同建茶研，新汲水下。蛇、蟲、蠍毒入腹，同甘草研，冷水下，外以礬放熱刀上，取汁滴之。虎傷，研末包之。金瘡，同黃丹或松香敷之。漆瘡，煎湯洗。疥癬，膿窠，坐板，風疹，乾濕頭瘡，半生、半枯酒調塗。魚口瘡，煅，寒食麪塗。雞眼肉刺，同黃丹、朴硝搽，次日洗之即落。瘡成瘻。半生半枯，同五靈作線，濕香油再蘸插之。制半夏，則散濕痰及食積痰飲。以收陰為燥，時珍竟謂其燥濕，陳修園又以酸苦湧泄概之，俱屬未合。

同焰硝燒水銀成粉，治一切瘡中生蟲。生用化痰、解毒、追膿、去惡肉。多服則損人心肺。煅用則生肌、堅骨齒、除骨中熱。熱刼髓，則骨瘻、齒浮。鹹入腎走骨。然多用則損齒，卻水故也。又通二便，填臍中，汲水滴之。治下血，如斷紅丸以北芪四君湯下。腸風血痔，同鯽魚煅。是歸陽以化陰也。同硫黃、焰硝治伏暑，硫與礬降而歸，硝升而散。腹脹痛，加滑石，是升降之中兼利滯熱也。同薑、附澀濟，止滑瀉不食，是收液歸陽，以為陽生之本也。又治脫肛、陰蝕、陰挺、時症暴瀉，皆解毒去垢之功。若淫熱方盛，積滯正多，誤用收澀，為害不一。色白，光明，起橫爐者佳。研細入瓦罐中，火煅半日，名枯礬，治齒痛、喉痹，綿包生礬含咽之。同硫黃、雄黃、白附、海金沙、陀僧，治汗斑。

**清·葉志詵《神農本草經贊》卷一** 涅石舊作礬石。據郭璞注《山海經》引作涅石。

味酸，寒。主寒熱洩利，白沃陰蝕，惡創目痛，堅筋骨齒。鍊餌服之，輕身不老增年。一名羽涅。生山谷。

羽涅羽澤，女牀之陰。寒凝熱炙，創巨痛深。染緇易色，鍊餌調心。嗤彼椗葉，竊附高岑。

吳普曰：礬石，一名羽澤。《山海經》：女牀之山，其陰多涅石。《淮南子》：以涅染緇。黃庭堅曰：江南野中椗花，土人采葉燒灰，染紫為黝，不借礬而成，因易名為山礬花。

**清·文晟《新編六書》卷六《藥性摘錄》** 白礬 酸寒兼鹹，入脾。逐風熱諸痰，下泄上湧，及諸血崩帶，泄利，喉痹癰疽。外敷瘡瘍，脫肛陰挺，蛇傷蟲毒。○但暫服則可，久服於精血有損。○甘草為使，惡麻黃、牡蠣。

**清·張仁錫《藥性蒙求·金石部》** 白礬綠礬 白礬味濇，滌垢殺蟲。化痰燥濕，止泄多功。酸鹹而寒，性濇而收，燥濕追涎，解毒墜濁。一云：生用解毒，煅用生肌。若濕熱方熾，積滯正多，誤用收濇，為害不一。○綠礬：一名皂礬。酸，涼。消積聚，燥脾濕，化痰涎，除脹滿黃腫。煅赤，名絳礬。

**清·戴葆元《本草綱目易知錄》卷七** 礬石 酸鹹而寒，性濇而收。除風熱，堅骨齒，蝕惡肉，生好肉，暖水臟。躁濕殺蟲，消痰止渴止血追涎，通大小便。除痼熱在骨髓，吐下痰涎飲澼。治寒熱瀉痢，中風失音，癲癎，黃疸，目痛，鼻齆鼻衄，鼠瘻瘰癧疥癬。生含嚥津，治急喉痹，婦人帶沃，陰蝕陰脫陰痛，癰疽疔腫，眼目口齒諸病。虎、犬、蛇、蠍百蟲傷。煅用或生用。多服損心且傷骨。

**清·陳其瑞《本草撮要》卷六** 白礬 味酸，寒，入手足太陰、陽明經，功專吐痰解毒。得黃蠟解一切腫毒。暑天痧症，昏迷瞀亂，急含少許或沖服立愈。得川鬱金治癡疾。多食損心肺傷骨。甘草為使，畏麻黃，惡牡蠣。

**清・仲昴庭《本草崇原集説》卷一** 礬石 【略】仲氏曰：礬石內外症皆用，人所習知，特知之不盡耳。經方於丸、散兩種之配用礬石者，按症施治，效驗如神。後人解不到《本經》藥性，故解不到經方藥用。

## 綠礬

**宋・唐慎微《證類本草》卷三玉石部上品〔宋・掌禹錫《嘉祐本草》〕** 綠礬 涼，無毒。治喉痹蚛牙，口瘡及惡瘡疥癬。釀鯽魚燒灰和服，療腸風瀉血。新補，見日華子。

〔宋・唐慎微《證類本草》〕《圖經》：文具礬石條下。《集驗方》：治小兒疳氣不可療。神效丹：綠礬用火煅通赤，取出，用釅醋淬過復煅，如此三度，細研，用棗肉和丸如菉豆大，溫水下，日進兩三服。

**宋・王繼先《紹興本草》卷三** 綠礬 紹興校定：綠礬亦礬類矣，然考其主療，則綠礬多在咽喉口齒方中用之，性涼、無毒者明矣。

**宋・劉明之《圖經本草藥性總論》卷上** 綠礬 涼，無毒。治喉痺，蚛牙口瘡及惡瘡疥癬。釀鯽魚燒灰和服，療風瀉血。《集驗方》：治小兒疳氣不可療。神効丹：綠礬用火煅通赤，以釅醋淬過，如此叁次，細研，棗肉和丸菉豆大，溫水下，日進叁服。

**明・王綸《本草集要》卷五** 綠礬 味涼，無毒。治喉痹，蚛牙口瘡，及惡瘡疥癬。釀鯽魚燒灰，和服，療腸風瀉血。火煅赤，釅醋淬過，復煅，如此三度，研細，棗肉丸如菉豆大，溫水下，治小兒疳氣不可療。

**明・滕弘《神農本經會通》卷六** 綠礬 氣涼，無毒。《本經》云：治喉痺，蚛牙，口瘡，及惡瘡疥癬，釀鯽魚燒灰，和服，療腸風瀉血。《集驗方》：治小兒疳氣不可療，神效。丹綠礬，用火煅通赤，取出，用釅醋淬過，復煅，如此三度，細研，用棗肉和丸如菉豆大，溫水下，日進兩三服。

**明・劉文泰《本草品彙精要》卷一** 綠礬無毒 煎煉成。

綠礬：治喉痹，蚛牙，口瘡及惡瘡，疥癬，釀鯽魚燒灰和服，療腸風瀉血。名醫所錄。 【地】《圖經》曰：生隰州溫泉縣、池州銅陵縣，並煎礬處出焉。初生皆石也，採得碎之，煎煉乃成。今染家亦多用之。 【時】採：無時。 【用】明淨者佳。 【色】綠。 【味】酸。 【性】寒。 【氣】氣薄味厚，陰也。 【臭】腥。 【主】喉痹口瘡。 【治】療：《經驗方》：治小兒疳氣不可療，神效。丹丸，用火煅，通赤取出，用釅醋淬過，復煅。如此三度，細研。用棗肉和丸如綠豆大，溫水下，日進兩三服。今醫家用治痰壅及心肺煩熱，甚佳。

**明・王文潔《太乙仙製本草藥性大全》卷六《本草精義》** 綠礬 舊本不著所出州土。出隰州溫泉縣、池州銅陵縣，並煎礬處出焉。其形色似朴硝而綠色。取此一物置於鐵板上，聚炭封之，囊袋吹令火熾，其礬即沸流出，色赤如溶金汁者是真也。看沸定汁盡，去火待冷取出，研末如黃丹收用。

**明・王文潔《太乙仙製本草藥性大全》卷六《仙製藥性》** 黑礬 一名皂礬。一名皂莢礬，謂是綠礬。專治喉痺，塗皓髮變黑，染皮者要多。補註：喉痹，取皂礬入好米醋，或常用濃醋亦通，二物同研，嗽之立差。如喉左遍，即向左邊側臥，就痛處含之勿嚥，神效。

絳礬 見風者正如琉璃，亦謂之石膽，燒之赤色，故有絳名。今亦稀見。

綠礬 氣涼，無毒。 主治：治喉痹，主疥癬惡瘡。療蚛牙有準，理血瘡尤良。釀鯽魚燒灰和服，治腸風下血。復煅過釅醋淬喫，主小兒積疳。補註：小兒疳氣不可療，用火煅過，以釅醋淬過復煅，如此三次，細研爲末，棗肉丸菉豆大，溫水下。〇甲疽或因割甲傷肌，或因甲長傷肉，四邊腫焮，黃水出，用四兩，火煅看沸定汁盡，待冷，取出搗末，以黃丹收之，先以鹽湯洗瘡拭乾，以末傅瘡上，惟多爲佳，如急痛，即塗酥。

**明・皇甫嵩《本草發明》卷五** 綠礬涼，無毒。 治喉痺，蚛牙，口瘡及惡瘡疥癬。鯽魚燒灰和服，療腸風瀉血。火煅赤，醋淬三度，研細，棗肉丸菉豆大，溫水下，治小兒疳氣不可療者。大抵主瘡科為專功。崔氏方：治甲疽方見瘡疽門。〇綠礬，出溫州溫泉縣、池州銅陵縣。並煎礬處出。

黑礬，即皂礬。塗髮，染皮色。〇黃礬，名雞矢礬。理潰癰，生肌。鍍金家用之。〇紫礬，可制砂汞。〇金線礬，紋理有金線。治瘡追毒。〇柳絮礬，輕虛如綿絮，煎鍊而成。消渴，消痰，清心肺煩熱。

**明・李時珍《本草綱目》卷一一石部・鹵石類** 綠礬《日華》

【釋名】皂礬《綱目》 青礬 煅赤者名絳礬《唐本》 礬紅時珍曰：綠礬可以染皂色，故謂之皂礬。又黑礬亦名皂礬，不堪服食，惟瘡家用之。煅赤者俗名礬紅，以別朱紅。

【集解】頌曰：綠礬出隰州溫泉縣、池州銅陵縣，並煎礬處生焉。初生皆石也，煎煉乃成。其形似朴消而緑色，取置鐵板上，聚炭燒之，礬沸流出，色赤如金汁者，是真也。沸定時，汁盡，則色如黃丹。又有皂莢礬，或云即緑礬也。恭曰：緑礬新出窟未見風者，正如琉璃色，人以爲石膽。燒之赤色，故名絳礬。出瓜州者良。時珍曰：緑礬晉地、河內、西安、沙州皆出之，狀如焰消。其中揀出深青瑩净者，即爲青礬；煅過變赤，則爲絳礬。入圬墁及漆匠家多用之，然貨者亦雜以沙土爲塊。昔人往往以青礬爲石膽，誤矣。

【氣味】酸，凉，無毒。　【主治】疳及諸瘡蘇恭。喉痹蟲牙口瘡，惡瘡疥癬。釀鯽魚燒灰服，療腸風瀉血大明。消積滯，燥脾濕，化痰涎，除脹滿黃腫瘧利，風眼口齒諸病時珍。

【發明】時珍曰：緑礬酸涌澀收，燥濕解毒化涎之功與白礬同，而力差緩。按張三丰《仙傳方》載伐木丸云：此方乃上清金蓬頭祖師所傳。治脾土衰弱，肝木氣盛，木來剋土，病心腹中滿，或黃腫如土色，服此能助土益元。用蒼术二斤，米泔水浸二宿，同黃酒麪麴四兩炒赤色，皂礬一斤，醋拌晒乾，入瓶火煅，爲末，醋糊丸梧子大。每服三四十丸，好酒、米湯任下，日二三服。時珍常以此方加平胃散，治一賤役中滿腹脹，果有效驗。蓋此礬色緑味酸，燒之則赤，既能入血分伐木，又能燥濕化涎，利小便，消食積，故脹滿黃腫瘧痢疳疾方往往用之，其源則自張仲景用礬石、消石治女勞黃疸方中變化而來。頌曰：劉禹錫《傳信方》治喉痹，用皂莢礬，入好米醋同研含之，咽汁立瘥。此方出于李謨，甚奇妙。皂莢礬，即緑礬也。

【附方】舊一，新一十九。　重舌木舌：皂礬二錢，鐵上燒紅，研，摻之。陸氏《積德堂方》。　喉風腫閉：皂礬一斤，米醋三斤拌，晒乾末，吹之。痰涎出盡，用良薑末少許，入茶內漱口，嚥之即愈。孫氏《集效方》。　眼暴赤爛：紅棗五斤，入緑礬在內，火煨熟，以河水、井水各一盌，桃、柳心各七個，煎稠。每點少許入眦上。《摘玄方》。　爛弦風眼：青礬火煅出毒，細研，泡湯澄清，點洗。《永類方》。　倒睫拳毛：方同上。　瘧疾寒熱：礬紅、獨蒜頭煨等分，搗丸芡子大。每白湯嚼下一丸，端午日合之。《普濟方》。　少陰瘧疾：嘔吐。緑礬一錢，乾薑泡，半夏薑制半兩，爲末。每服半錢，發日早以醋湯下。《聖濟錄》。　翻胃吐食：白麪二斤半，蒸作大饅頭一個，頭上開口，剜空，將皂礬填滿，以新瓦圍住，鹽泥封固，挖土窑安放。文武火燒一日夜，取出研末，棗肉爲丸梧子大。每服二十丸，空心酒、湯任下。忌酒色。《醫方摘要》。　大便不通：皂礬一錢，巴霜二個，同研，入鷄子內攪匀，封頭，濕帋裹，煨熟食之，酒下，即通。《集玄方》。　腸風下血：積年不止，虛弱甚者，一服取效。緑礬四兩，入砂鍋內，新瓦蓋定，鹽泥固濟，煅赤取出，入青鹽、生硫黃各一兩，研匀。再入鍋內固濟，煅赤取出，去火毒，研。入熟附子末一兩，粟米粥糊丸梧子大。每空心米飲、温酒任下三十丸。《永類方》。　婦人血崩：青礬二兩，輕粉一錢，爲末，水丸梧子大。每服二三十丸，新汲水下。《摘玄方》。　血證黃腫：緑礬四兩，百草霜一升，炒麪半升，爲末，沙糖和丸梧子大。每服三四十丸，食後薑湯下。鄭時舉所傳。○又方：小麥淘净一斤，皂礬半斤，同炒黃爲末，黑棗肉半斤搗匀，米醋打糊丸梧子大。每薑湯下八九十丸，一日三服。《簡便方》。　脾病黃腫：青礬四兩，煅成赤珠子，當歸四兩，酒醅浸七日焙，百草霜三兩，爲末，以浸藥酒打糊丸梧子大。每服五丸至七丸，温水下，一月後黃去立效，此方祖傳七世。○又方：緑礬四兩，百草霜、五倍子各一兩，木香一錢，爲末，酒煎，飛麪丸梧子大。每空心酒下五丸。○又方：平胃散〔四兩〕，青礬二兩，爲末，醋糊丸，米飲下。或加烏沉湯四兩，酒糊丸亦可。潔古《活法機要》。　酒黃水腫：黃腫積病。青礬半斤，醋一大盞，和匀，瓦盆內煅乾爲度；平胃散、烏藥順氣散各半兩，爲末，醋煮糊丸梧子大。每酒或薑湯下二三十丸。不忌口，加鍋灰。趙原陽真人《濟急方》。　食勞黃病：身目俱黃。青礬鍋內安，炭煅赤，米醋拌爲末，棗肉和丸梧子大。每服二三十丸，食後薑湯下。《救急方》。　腹中食積：緑礬二兩研，米醋一大盌，瓷器煎之，柳條攪成膏，入赤脚烏一兩研，丸緑豆大。每空心温酒下五丸。《聖惠方》。　疳蟲食土：及生物。研緑礬末，猪膽汁丸緑豆大。每米飲下五七丸。《保幼大全》。　小兒疳氣：不可療者。緑礬煅赤，醋淬三次，爲末，棗肉和丸緑豆大。每服十丸，温水下，日三。《集驗方》。　走馬疳瘡：緑礬入鍋內，炭火煅紅，以醋拌匀，如此三次，爲末，入麝香少許。温漿水漱净，摻之。談野翁《試效方》。　白禿頭瘡：皂礬、楝樹子，燒研，搽之。《普濟方》。　小兒頭瘡：絳礬一兩，淡豉一兩，炒黑，膩粉二錢，研匀。以桑灰湯洗净，摻之良。　小兒甜瘡：大棗去核，填入緑礬，燒存性研，貼之。《拔萃方》。　耳生爛瘡：棗子去核，包青礬煅研，香油調傅之。《摘玄方》。　蚰蜒入耳：水調緑礬，灌之。《普濟方》。　蛆入耳中：緑礬摻之，即化爲水。《摘玄方》。　瘡中生蛆：緑礬末摻貼，即化爲水。《摘玄方》。　湯火傷灼：皂礬和凉水澆之。其疼即止，腫亦消。楊誠《經驗方》。　癬瘡作痒：螺螄十四個，槿樹皮末一兩，入盌內蒸熟，入礬紅三錢搗匀，搽之。孫氏《集效方》。　甲疽延爛：《崔氏方》治甲疽，或因割甲傷肌，或因甲長侵肉，遂成瘡腫，黃水浸淫相染，五指俱爛，漸上脚趺，泡漿四邊起，如火燒瘡，日夜倍增，醫不能療。緑礬石五兩，燒至汁盡，研末，色如黃丹，收之。每以鹽湯洗拭，用末厚傅之，以軟帛纏裹，當日即汁斷瘡乾。每日一遍，鹽湯洗濯，有膿處使净傅，其痂乾處不須近。但有急痛處，塗酥少許令潤。五日即覺上痂起，依前洗傅。十日痂漸剥盡，軟處或更生白膿泡，即擦破傅之，自然瘥也。張侍郎病此，卧經六十日，京醫並處方無效，得此法如神。王燾《外臺秘要》。　婦人甲疽：婦人趾甲內生瘡，惡肉突出，久不愈，名臭田螺。用皂礬日晒夜露。每以一兩，煎湯浸洗。仍以礬末一兩，加雄黃二錢，硫黃一錢，乳香、没藥各一錢，研匀，搽之。《醫方摘要》。　塗染白髮：緑礬、薄荷、烏頭等分爲末，以鐵漿水浸。日染之。《相感志》。　腋下胡氣：緑礬半生半煅爲末，入少輕粉。以半錢，浴後薑汁調搽，候十分熱痛乃止。《仁齋直指方》。

**明・梅得春《藥性會元》卷下** 綠礬 性凉，無毒。 主療喉痹，蟲牙口瘡及惡瘡疥癬。釀鯽魚燒灰和服，療風瀉血。

**明・繆希雍《本草經疏》卷三** 綠礬 凉，無毒。治喉痹，蚛牙，口瘡及惡瘡疥癬。釀鯽魚，燒灰和服，療腸風瀉血。一名皂礬，煅赤醋淬為礬紅，又名青礬。

〔疏〕綠礬氣味所禀與白礬同，其酸涌澀收，燥濕解毒，化涎之功，亦與白礬相似而力差緩。本經主喉痹者，酸涌化涎之功也。蚛牙口瘡、惡瘡疥癬者，燥濕除熱解毒之功也。腸風瀉血者，消散濕熱之後復有收澀之功也。然而諸治之外，又善消積滯，凡腹中堅，肉積，諸藥不能化者，以礬紅同健脾消食藥為丸，投之輒消。 〔主治參互〕得紅麴、山查、肉豆蔻，消肉積。加麥芽、橘皮、草果、檳榔、三稜、蓬茂，消一切肉積及米麪食堅積。脾病黄腫，用綠礬四兩，煅成赤珠子，當歸四兩，酒浸七日焙，百草霜三兩，為末，以浸藥酒，打糊丸梧子大。每服五丸至七丸，溫水下。一月後黄去，立效。

楊真人《濟急方》酒黄水腫，黄腫積痛，青礬半斤，醋一大碗，和勻，瓦盆內煅乾為度，平胃散，烏藥順氣散各半兩，為末，醋煮糊丸梧子大，薑湯下二三十丸。 《救急方》食勞黄病，身目俱黄。青礬，鍋內安炭煅赤，米醋拌為末，棗肉和丸梧子大。每服二三十丸，食後薑湯下。 《聖惠方》腹中食積，綠礬二兩研，米醋一大盌，瓷器煎之，柳條攪成膏，入赤脚烏一兩研丸菉豆大。每空心溫酒下五丸。 談野翁《試效方》走馬疳瘡，綠礬煅紅，以醋拌勻，如此三次，為末，入麝香少許，溫漿水漱淨，摻之。 應加龍腦、雄黄、蓬砂、芒硝。 〔簡誤〕綠礬、礬紅，雖能消肉食堅積，然能令人作瀉，胃弱人不能多用，服此者終身忌食蕎麥，犯之立斃。

**明・倪朱謨《本草彙言》卷一三** 綠礬 味酸，氣寒，無毒。 李氏曰：綠礬，生晋地、河內、西安、沙州。 蘇氏曰：出隰州溫泉縣、池州銅陵縣，初生皆石也，煎煉乃成。其形似朴硝而綠色。取置鐵板上，聚炭燒之，礬沸流出如金汁者是真也。沸定時，汁盡則色如黄丹，名礬紅，入坏墁、漆器家多用之。

綠礬： 燥脾濕，消積聚，化濕痰，時珍除黄腫脹滿之藥也。 李氏曰：此藥酸涌澀收，有燥濕化涎之功，與白礬相似而功力稍有異者。如白礬長于解毒，而綠礬長于消積滯也。如黄腫黄胖、食勞疳黄之證，其人面目遍身通黄，能食而倦怠嗜臥，起居無力，經年累月久不愈者，多屬田家辛苦之人，風雨飲食，勞後貪眠露臥，肝氣內逆，脾蓄伏涎，久久不運，蘊積成黄，此宿病也。非仲景論暴病黄疸、十八日爲期之比。又非雜病脾土虛寒，黄色外見，宜大溫補之比。以此藥配平胃散而黄病自退矣。日華子又治喉痹皷脹，瘧痢疳積，腸風瀉血諸疾，亦取此燥濕熱，化涎逐積之力也。然而諸治之外，又善消腹中堅結，肉食宿垢，諸藥不能化者，以礬紅同消食藥爲丸，投之即化。然性雖燥烈，而質又走滑，能令人作瀉。如胃弱人，又不宜多服久服也。曾服此藥過者，終身須忌蕎麥，犯之有卒夭之虞。

集方：《方脉正宗》治米麥菓菜肉食積滯。用綠礬二兩炒紅，肉豆蔻、紅麯、山查、麥芽、陳皮、草果、檳榔、三稜、蓬朮、木香各一兩，共爲末，神麯打糊丸，如梧子大。每早服三錢，米湯下。○朱丹溪方治黄胖浮腫，能食而腹脹，怠惰無力者。用綠礬三兩炒赤，香附八兩，童便浸，厚朴、薑汁拌炒，白芍藥、山查肉，蒼朮米泔浸各三兩，苦參、陳皮、茯苓、白朮各二兩炒，甘草、青皮各一兩五錢，針砂四兩炒紅，醋淬三次，共爲細末，醋打紅麯末，作糊爲丸，如梧子大。每早晚各服百丸，白湯下。人虛者，服五十丸，人參湯下。忌一切生冷、油膩、鷄、鵝、羊、鴨、生硬，幷糍粽難化之物。服過七日後，便覺手掌心凉，口唇旁有紅暈起，調理半月愈。○又方：治黄胖病。用綠礬炒紅四兩，蒼朮米泔浸，厚朴薑汁拌，陳皮酒洗，俱炒燥各三兩，甘草六錢炒，共爲末，醋打紅麯末作糊爲丸，梧子大。每早晚各服三錢，米湯下。○《救急方》治食勞黄病，身目俱黄。用綠礬二兩，醋拌炒赤，研爲末，棗肉和丸梧子大。每服二錢，食後白湯下。○《集效方》治癬瘡作癢。用礬紅五錢，槿樹葉五十片，螺螄肉二十個，同搗爛，用夏布裹擦之。○談野翁方治走馬牙疳。用綠礬一兩，醋拌炒赤，爲末，入雄黄、蓬砂、水芒硝各一錢，共研極細，用溫茶漱洗淨，滲之。○孫氏《集效方》治喉風腫閉。用綠礬四兩，用好米醋四兩拌濕，日下晒燥，研末吹之，少頃，用生薑一錢，茶葉一錢，泡湯汩漱，再吹再汩漱，半日愈。○陸氏方治重舌木舌。用綠礬，刀頭上燒紅，研末摻之。○《方脉正宗》治食積成皷脹。用綠礬，刀上燒紅一兩，研末，入巴霜五分，共研勻，紅麯打糊爲丸如梧子大。每早服三丸或五丸，白湯下。○《聖濟錄》治瘧疾多嘔、吐涎者。用綠礬炒赤一錢，乾薑三錢，生半夏二錢，甘草五分，水二碗，煎半服。○《方脉正宗》治久痢虛積不淨。用礬紅三錢，茯苓五錢，共研極細，水發爲丸，如菉豆大。每早晚各服一錢，人參湯送下。○治小兒疳積，好食泥土灰炭及生米生肉等。用綠礬一兩，醋拌炒紅，研末，每服五分，米湯調下。○《永類方》治腸風下血，積年不止，虛弱甚者，一服取效。用綠礬四兩，入砂鍋內填實，瓦片蓋定，外用鹽泥固濟，大炭火煅通赤，取出，入青鹽、硫黃各一兩，共研細勻，再入一新砂鍋中，鹽泥固濟，如前法煅，取出研細，附子一兩，童便煮爛，搗成膏，調入煅過藥末內，和勻，再和稀粥糊爲丸，梧子大。每空心白湯下五十丸。○治遍身癩癬、疼癢不常。用綠礬、芒硝各一兩，煎湯，頻洗浴，漸愈。○治床褥中生臭蟲。用綠礬、樟腦各等分，包藏床四角，永無臭蟲。○造屋梁柱闘眼中，用綠礬搗和石灰末，拌勻，藏紝，一切蟻蠹蟲螯不生。葬厝棺木亦可用。○治小兒重舌，用膽礬，研細敷之。

**明・蔣儀《藥鏡》卷四寒部** 綠礬 酸涌化涎而喉痺愈，燥濕解毒而瘡癬除。散熱收溢而腸風瀉血能止。火煅醋淬，即為礬紅。加以健脾諸藥，一切肉積食積，堅久不消及酒黃水腫，悉皆攻治。

**清・顧元交《本草彙箋》卷一○** 綠礬合礬紅。 綠礬，酸涌濇收，燥濕解毒，化涎之功，與白礬同，而力差緩。乃又善消積滯，凡腹中堅肉積，諸藥不能化者，以礬紅同健脾消食藥爲丸，投之輒消。

綠礬，亦煎石煉成，其形似朴硝而綠色，取置鐵板上，聚炭燒之，礬沸流出，色赤如金汁者，真也。沸定時汁盡，則色如黃丹，是爲礬紅。貨者亦雜沙土爲塊，漆匠家多用之。

**清・穆石匏《本草洞詮》卷三** 綠礬 可染皂色，故稱皂礬。味酸，氣涼，無毒。主消積滯，燥脾濕，化痰涎，除脹滿，黃腫瘧疾，風眼口齒諸病，其功與白礬同，而力稍緩。張三丰有伐木丸，云上清金蓬頭祖師所傳，治脾土衰弱，肝水熾盛病心腹中滿或黃腫者服此，助土益元，用泔浸蒼朮二斤，炒赤麪麴四兩，醋拌皂礬一斤，入瓶，火煅為末，醋糊為丸。李瀕湖謂以此方加平胃散，治一人中滿腹脹，果有効驗。劉禹錫《傳信方》治喉痺，用綠礬入好醋同研，含之嚥汁，立瘥也。

**清・劉雲密《本草述》卷六** 綠礬 時珍曰：綠礬可以染皂色，故謂之皂礬。又黑礬亦名皂礬，不堪服食，惟瘡家用之。煅赤者俗名礬紅，以別朱紅。又曰：綠礬晉地、河內、西安、沙州皆出之。狀如焰消，其中揀出深青瑩淨者，即為青礬，煅過變赤，則為絳礬。入圬墁及漆匠家多用之。然貨者亦雜以沙土為塊，昔人往往以青礬為石膽，誤矣。頌曰：取置鐵板上，聚炭燒之，礬沸流出，色赤如金汁者，是真也。沸定時汁盡，則色如黃丹。愚按：皂礬之色微青，非純綠也。若膽礬則青碧。嘉謨所謂不忝琉璃是也。時珍謂青礬如焰消者，為其細碎相類耳。膽礬則成塊，又絕與青礬不同也。

氣味：酸，涼，無毒。主治：消水腫黃疸，小兒疳積，和肝助脾，療腸風下血，消積滯，除脹滿，治喉痺，蛀牙風眼，及口齒諸病。《藥能》曰：茶積黃腫，腸風血疾，病實脈虛，悞補必失，伏火醋煅爛，然赤色平胃，對停棗丸酒，吃走馬牙疳，佐射殺䘌。音匿，蟲食也。時珍曰：綠礬酸涌濇收，燥溼解毒化涎之功，與白礬同，而力差緩。按張三丰《仙傳方》載伐木丸，云此方乃上清金蓬頭祖師所傳，治脾土衰弱，肝木氣盛，木來尅土，病心腹中滿，或黃腫如土色，服此能助土益元，用蒼朮二斤，米泔水浸二宿，同黃酒、麪麴四兩，炒赤色，皂礬一斤，醋拌曬乾，入瓶火煅為末，醋糊丸梧子大，每服三四十丸，好酒米湯任下，日二三服。時珍常以此方加平胃散，治一賤役中滿腹脹，果有效驗。蓋此礬色綠，味酸，燒之則赤，既能入血分伐木，又能燥溼化涎，利小便，消食積，故脹滿黃腫，瘧痢疳疾方往往用之。其源則自張仲景用礬石、消石，治女勞黃疸方中變化而來。頌曰：劉禹錫傳信方治喉痺，用皂莢礬入好米醋，同研，含之咽汁，立瘥。此方出於李謩，甚奇妙。希雍曰：《日華子本草》綠礬主喉痺蟲牙，口瘡惡瘡疥癬，療腸風下血外，又善消積滯，凡腹中堅肉積，諸藥不能化者，以礬紅同健脾消食藥為丸，投之輒消。

愚按：先哲曰：礬是鐵之精。又云：鐵稟太陽之氣，而陰氣不交，故燥。若然，則為礬石之類，固皆稟燥金以為氣之先也。但白礬之氣寒而味酸，後乃有鹹。又有濇，是寒水之氣，已歸於木，而仍還於水，以為至陰之收濇，是金藏於水中也。綠礬之氣涼，固不等於寒矣。而味先鹹，次有酸，即有濇，甚於白礬。蓋從水而之木，以為陰中有陽之酸收，未嘗還於水，是金至於木也。金藏於水為洩，氣於所生，金至於木為專，氣於所勝。故綠礬味之帶鐵氣，濇味甚於白礬，為得金氣之專，故其燥烈更甚。似於燥溼消積有專功，如時珍所云，第用綠礬者，類於土衰木勝之證，多以火煅之，得其色赤，是其義何居？曰：白礬、綠礬，其味皆鹹，是皆走血分，以療所患。然其治在血中之氣，如綠礬能主肝脾生化之氣，令其氣妙於轉化者，在用火煅赤耳。蓋茲味本燥金，而色反青，是木為金用也。更火煅之，俾其色赤，是木之為金用者，又為火用，展轉變化，總歸於木為土用耳。蓋五臟以尅我者為用，而人身中土之生化，全藉我所生者，以禦其所不勝，如木為金用，則木所勝之土，因得子以禦仇，至於木之為金用者，轉為火用，則土所不勝之木，更因子以化恩。在蘇恭於茲味首其功於療疳者，正以疳證盡屬肝脾之不相為用，而生化之氣微也。又如方書療下血證，豈徒恃其酸濇以斷下哉？蓋正藉此生化之氣，展轉致於血臟耳。緣火金合德，乃血生化之元也。即方書療食勞之黃疸，若漫以燥溼消積為言，猶未能窺其微義也。統斯以尋其功，則茲物得火煅赤，乃妙於理脾陰，和脾氣，所云能盡物之性者，是其一班。繆氏所謂能令人瀉，蓋指未嘗煅者耳。若然，則時珍謂其功同於白礬，而力較緩也，固未能精察物理，即止以伐木為其功，其所窺測，不猶隔一層乎哉？

染色家以此入水，造帛絹則易朽，其性燥烈可知。

附方　翻胃吐食，白麪二斤半，蒸作大饅頭一箇，頭上開口，剜空，將皂礬填滿，以新瓦圍，注鹽泥封固，穵土窑安放，文武火燒一日夜，取出研末，棗肉為丸梧子大，每服二十丸，空心酒湯任下，忌酒色。　腸風下血，積年不止，虛弱甚者，一服取效，綠礬四兩，入砂鍋內，新瓦蓋定，鹽泥固濟，煅赤，取出，入青鹽、生硫黃各一兩，研勻，再入鍋中，固濟，煅赤，取出，去火毒，研入熟附子末一兩，粟米粥糊丸梧子大，每空心米飲溫酒任下三十丸。　血證黃腫，綠礬四兩，百草霜一升，炒麪半升，為末，沙糖和丸梧子大，每服三四十丸，食後薑湯下。　脾病黃腫，青礬四兩，煅成赤珠子，當歸四兩，酒醉浸七日，焙百草霜三兩，為末，以浸藥酒打糊丸梧子大，每服五丸至七丸，溫水下，一月後黃去，立效。　酒黃水腫，黃腫積痛，青礬半斤，醋一大盞，和勻，瓦盆內煅乾為度，平胃散、烏藥順氣散各半兩，為末，醋煮糊丸梧子大，每酒或薑湯下二三十丸，不忌口，加鍋灰。加鍋灰即鍋內安炭，煅礬之灰也。　食勞黃病，身目俱黃，青礬鍋內安炭，煅赤，米醋拌為末，棗肉和丸梧子大，每服二三十丸，食後薑湯下。　小兒疳氣不可療者，綠礬煅赤，醋淬三次，為末，棗肉和丸綠豆大，每服十丸，溫水下，日三。　走馬疳瘡，綠礬入鍋內，炭火煅紅，以醋拌勻，如此三次，為末，入麝香少許，溫漿水漱净，摻之。　按：統繹數方主治之義，則用茲味以益脾者，的取其尅者為用，以裕生化之元，不祇以燥溼消積為其功也。　希雍曰：綠礬、礬紅雖能消肉食堅積，然能令人作泄，胃弱人不宜多用。服此者終身忌食蕎麥，犯之立斃。

修治　大抵內服多用火煅紅。間有不煅者，因其所患之證也。

**清·汪昂《本草備要》卷四**　皂礬一名綠礬。濇，燥濕，化痰。　酸涌，濇收。燥濕化痰、解毒殺蟲之功，與白礬同，而力差緩。主治略同白礬。利小便，消食積，同健脾消食藥爲丸。散喉痹。醋調嚥汁。時珍曰：脹滿、黃腫、瘧痢、疳疾方，往往用之。其源則自仲景用礬石、硝石治女勞黃疸方中變化而來。　深青瑩淨者良。煅赤用。煅赤名絳礬，能入血分，伐肝木，燥脾濕。張三丰治腫滿，有伐木丸：蒼朮二斤，米泔浸，黃酒，麵麯四兩炒，絳礬一斤，醋拌曬乾，入瓶，火煅爲末，醋糊丸，酒下。或云皂礬乃銅之精液，用醋製以平肝，勝于針鐵。不必忌鹽，後亦不發。多服令人瀉。

**清·顧靖遠《顧氏醫鏡》卷八**　綠礬酸，澁，涼。入醋煅赤，研細。　燥脾濕而化痰涎，消積滯而治疳蟲。凡腹中肉食堅積，諸藥難化者，同健脾消食藥為丸，投之輒消。小兒疳蟲，食土及生物者，亦神效。　脹滿黃腫並效，腸風瘧疾均求。色青味酸，煅之則赤，能入血分。伐木又能燥濕，化涎消積，故脹滿黃腫瘧痰疳氣主之，治腸風瀉血者，燥濕除熱，收濇之功也。　能令人作瀉，胃弱者不宜多用。服此終身忌食莜麥、河魨，犯之即死。

**清·馮兆張《馮氏錦囊秘錄·雜症痘疹藥性主治合參》卷五**　綠礬一名皂礬，又名青礬，煅赤醋淬為礬紅。　氣味所稟，與白礬同。其酸涌澀收，燥濕解毒，化涎之功，亦與白礬相似，而力差緩。《本經》主喉痹者，酸涌化涎之功也。蚛牙口瘡，惡瘡疥癬者，燥濕除熱解毒之功也。腸風瀉血者，消散濕熱之後，復有收澀之功也。然而，諸治之外，又善消積滯。凡腹中堅肉積，諸藥不能化者，以礬紅同健脾消食藥為丸，投之輒消。胃弱人不宜多用。服此者終身忌食蕎麥，犯之立斃。

**清·张璐《本經逢原》卷一**　綠礬一名皂礬。　酸，寒，無毒。　發明：皂礬專除垢膩。同蒼朮酒麴醋丸，治心腹中滿，或黃腫如土色甚效。蓋礬色綠、味酸，燒之則赤，用以破血分之瘀積，其效最速。《金匱》治女勞黑癉，硝石礬石丸，專取皂礬以破瘀積之血。緣其未經注明，嘗有誤用。白礬濇收，殊昧此理。又婦人白沃經水不利，子藏堅癖，中有乾血白物，用礬紅杏仁蜜丸，納陰中，日一易之。

**清·黃元御《玉楸藥解》卷三** 綠礬 味酸，性涼。入手太陰肺、手陽明大腸經。消癰化積，止血平瘡。綠礬燥烈收濇，治痰涎瘧利，積聚脹滿，喉痹牙蟲，耳瘡眼疼，弦爛水腫，崩中便血，疥癬禿瘡之爛蛆。生者亦外用，未可輕服。

**清·吳儀洛《本草從新》卷五** 綠礬 酸湧，涼散，澀收。燥濕化痰，解毒殺蟲，利小便，消食積，同健脾藥用。散喉痺。醋調咽汁。時珍曰：脹滿黃腫瘧痢方多用之，其源則自仲景用礬石、硝石治女勞黃疸方中變化而來。主治略同白礬。一名皂礬。以其可以染皂色，故名。深青瑩潔者良。煅赤名絳礬，能入血分，伐肝木，燥脾濕。《仙傳方》載伐木丸，蒼朮二斤，米泔浸；黃酒麵麴四兩，炒；絳礬一斤，醋拌曬乾，入瓶，火煅為末。醋和丸，酒下。治木來剋土，心腹中滿或黃腫如土色。

**清·汪紱《醫林纂要探源》卷三** 皂礬 鹹、酸，寒。礬之別種，深青明瑩。功同白礬，而長在瀉肝。色青故也。力稍和緩。膽礬、皂礬，俱長於明目，去風濕浮熱。礬紅：補心平肝，養血散瘀，行穢濁，收積濕，殺蟲䘌。煅煉皂礬，如化礬精法，則色赤。今以畫瓷器。功亦略同。白礬色赤入心，入血分，治諸血病。從容平緩而有奇功，尤消水腫血脹食蠱。治勞疸，合蒼朮及神麯用之，治中滿鼓脹，勝於雞矢醴及他攻破之藥。又能斂氣，且不必忌鹽。蓋平肝即以和脾，補心即以生土也。

**清·嚴潔等《得配本草》卷一** 綠礬一名皂礬，一名青礬，煅赤者名礬紅。畏醋。酸，涼。消積滯，燥脾濕。治喉痹、口疳、蟲牙、惡瘡疥癬。得平胃散，治黃疸。得紅麴、山楂，消肉積。得大棗，去核入礬燒研，搽小兒甜瘡及耳生爛瘡。醋拌，入瓷瓶煅過用。服此終身忌蕎麥。昔人往往以青礬爲膽礬，誤矣！

**題清·徐大椿《藥性切用》卷七** 綠礬 一名皂礬。酸澁性涼，燥濕化涎，解毒殺蟲。性近白礬，而功更烈。煅赤名絳礬，能入血分，而伐肝燥脾，礬石丸用之。

**清·黃宮繡《本草求真》卷八** 皂礬收痰除濕，去毒殺蟲，破血分積垢。皂礬耑入脾，兼入肝，即綠礬。等於白礬，味亦酸鹹而濇，有收痰除濕，去蟲殺蟲之功。但力差於白礬而稍緩耳。且此色綠味酸，燒之則赤，用以破血分之積垢，其效甚速，如《金匱》之治女勞黑癉硝石礬石丸，專取皂礬以破積瘀之血，且治喉痹，用此以取酸涌化涎之力。同米醋研食之，咽汁立瘥。惡瘡疥癬，用以收燥濕解毒之功，腸風瀉血，用此以收消散濕熱之後，又有收濇之功也。然而諸治之外，又善消積滯。凡腹中堅積，諸藥不能化者，以紅礬同健脾消食藥為丸，投之輒消。按張三丰《仙傳》云：治脾土衰弱，肝木氣盛，木來尅土，心腹中滿，或黃腫如土色，宜伐木丸。方用蒼朮二觔，米泔水浸，同黃酒麵麴四兩，炒赤色，皂礬一觔，醋拌晒乾，火煅為末，醋糊丸。每服三四十丸，好酒米湯下，日三服。時珍常以此加平胃散，治賤役中腹滿，果驗。但胃弱人不宜多用。服此者終身忌食蕎麥，犯之立斃。青瑩淨者良，煅赤用。畏醋。

**清·羅國綱《羅氏會約醫鏡》卷一八金石水土部** 皂礬一名青礬。味酸性濇。酸涌濇收，燥濕化痰。解毒、收涎、殺蟲之功，亦與白礬相似，而力差緩。散喉痹，醋調嚥汁，酸涌化痰。治瘡癬，燥濕解毒。腸風，濕熱既散，後宜收澁。消腫脹、方載腫門。食積。同健脾消食藥為丸。煅赤用。名絳礬，入血分。伐肝、燥濕、消腫脹，須醋淬。胃弱者不宜多用。忌蕎麥。

**清·葉桂《本草再新》卷八** 綠礬味酸而濇性涼，有毒。入脾、肺二經。燥濕化痰，解毒殺蟲，利大小便。消食積，散喉痺。

**清·趙其光《本草求原》卷二六鹵石部** 綠礬即皂礬。酸湧，收澀，化痰，解毒，殺蟲。主喉痹，功同白礬而力差緩。煅赤醋淬，名礬紅，又名絳礬，入血伐肝、燥脾。釀鯽魚燒灰服，止腸風下血。功勝白礬。同健脾消食藥為丸，消肉食堅積；同蒼朮、酒麴醋丸，治脹滿、黃腫，皆除垢膩之功勝也。又氣寒，故利小便。按女勞黑疸，婦人白沃，經水不利，因瘀積所致，應用礬紅；若用白礬者，當臨症審之。浮青瑩淨者良，此銅之液，用醋製以平肝，勝於針鐵。不必忌鹽，但終身忌食蕎麥，多食亦令人瀉。又名青礬，治血症、黃腫，同百草霜、炒麵、砂糖為丸，薑湯下。疳蟲，食生物及土、豬膽汁為丸，米湯下。白禿。同苦楝子燒灰搽。

**清·文晟《新編六書》卷六《藥性摘錄》** 皂礬 即綠礬。酸鹹而濇。入脾，兼入肝。攻痰除濕，去毒殺蟲，破血分之積。○治女癆黑痹，翳膜惡瘡疥癬，腸風瀉及腹中堅積。○但胃弱入勿食用。○服此者，終身忌食蕎麥。○火煅赤用。畏醋。

**清·劉善述、劉士季《草木便方》卷二金石土火部** 綠礬 皂礬酸濇消食積，黃疸水腫腹脹息。化痰解毒利二便，瘧痢喉痹殺蟲奇。火煅醋淬用。

**清·戴葆元《本草綱目易知錄》卷七** 青礬礬紅煅赤色。色綠，味酸。燒之則赤，走血分而伐肝木，燥脾濕而化痰涎，利小便而消積滯。其性涼，能解毒殺蟲，治脹滿黄腫，瘧痢疳疾，喉痹蟲牙，口瘡疳瘡，惡瘡疥癬，風眼口齒諸病。釀鯽魚燒灰服，療腸風瀉血。

**清・陳其瑞《本草撮要》卷六**　綠礬　味酸，涼，入手太陰、陽明經，功專燥濕化痰，解毒殺蟲，利小便，消食積，醋調噙汁散喉痹。蒼术二斤米泔浸，黄酒麵麴四兩，炒絳礬一觔，醋拌曬乾入瓶，火煅為末，醋和丸酒下，治木尅土，心腹中滿，或黄腫如土色，名伐木丸。煅赤名絳礬，未煅者亦名皂礬。不可輕服。

## 黄礬

**明・王文潔《太乙仙製本草藥性大全》卷六《仙製藥性》**　黄礬　一名鷄屎礬。理潰癰生肌。鍍金家難缺，用合熟銅。一說投苦酒中，塗鐵皆作銅色，但外變而內質不變。　補註：仙經單餌之，丹方亦用。俗中合藥皆先火熬令沸燥，以療齒痛，多即壞齒，是傷腎之證。而云堅骨齒，誠爲疑也！

**明・李時珍《本草綱目》卷一一石部・鹵石類**　黄礬《綱目》

【集解】恭曰：黄礬，丹竈家所須，亦入染皮用。時珍曰：黄礬出陝西、瓜州、沙州及舶上來者爲上，黄色狀如胡桐淚。人于綠礬中揀出黄色者充之，非真也。波斯出者，打破中有金絲文，謂之金綫礬，磨刀劍顯花文。《丹房鏡源》云：五色山脂，吴黄礬也。

【氣味】酸，濇，鹹，有毒。【主治】療瘡生肉蘇恭。野鷄瘻痔，惡瘡疥癬李珣。治陽明風熱牙疼李杲。

【附方】新五。　聤耳出汁：黄礬二兩燒枯，綿裹二錢塞之。《聖惠方》。　婦人頰瘡：每年頻發。水銀一兩半，以猪脂揉擦，令消盡。入黄礬石末二兩，胡粉一兩，再加猪脂和令如泥。洗瘡净，塗之。別以胡粉塗膏上。此甘家秘方也。《肘後方》。　身上瘢痕：黄礬石燒令汁盡，胡粉炒令黄，各八分，細研，以臘月猪脂和研如泥。以生布揩令痛，乃塗藥五度。取鷹糞、白燕窠中草燒灰等分，和人乳塗之。其瘢自滅，肉平如故。崔元亮《海上集驗方》。　急疳蝕齒：黄礬、青礬半錢，白礬燒一錢，麝香一分，爲末。傅之，吐涎。《聖惠方》。　妬精陰瘡：黄礬、青礬、麝香等分，爲末。傅之，不過三度。《千金方》。

## 金剛石

**明・李時珍《本草綱目》卷一〇石部・石類下**　金剛石《綱目》

【釋名】金剛鑽時珍曰：其砂可以鑽玉補瓷，故謂之鑽。　【集解】時珍曰：金剛石出西番天竺諸國。葛洪《抱朴子》云：扶南出金剛，生水底石上，如鍾乳狀，體似紫石英，可以刻玉。人没水取之，雖鐵椎擊之亦不能傷。惟羚羊角扣之，則漼然冰泮。《丹房鏡源》云：紫背鉛能碎金剛鑽。周密《齊東野語》云：玉人攻玉，以恒河之砂，以金剛鑽鏤之，其形如鼠矢，青黑色如石如鐵。相傳出西域及回紇高山頂上，鷹隼粘帶食入腹中，遺糞于河北砂磧間，未知然否。《玄中記》云：大秦國出金剛，一名削玉刀，大者長尺許，小者如稻黍，着環中，可以刻玉。觀此則金剛有甚大者，番僧以充佛牙是也。欲辨真僞，但燒赤淬醋中，如故不酥碎者爲真。若覺鈍，則煅赤，冷定即鋭也。故西方以金剛喻佛性，羚羊角喻煩惱。《十洲記》載西海流砂有昆吾石，治之作劍如鐵，光明如水精，割玉如泥，此亦金剛之大者也。又獸有貘及嚙鐵、狡兔，皆能食鐵，其糞俱可爲兵切玉，詳見獸部貘下。

【主治】磨水塗湯火傷。作釵鐶服佩，辟邪惡毒氣時珍。

**清・王道純《本草品彙精要續集》卷一**　金剛石

金剛石：主磨水，塗湯火傷，作釵鐶服佩，辟邪惡毒氣《本草綱目》。

【名】金剛鑽、削玉刀。李時珍云：其砂可以鑽玉補瓷，故謂之鑽。【地】李時珍云：出西番天竺諸國。葛洪《抱朴子》云：扶南出金剛石，生水底石上。周密《齊東野語》云：相傳出西域及回紇高山頂上，鷹隼粘帶，食入腹中，遺糞于河北砂磧間，未知然否。《元中記》云：大秦國出金剛，一名削玉刀，大者長尺許，小者如稻黍，着環中，可以刻玉。觀此則金剛有甚大者，番僧以充佛牙是也。《十洲記》載：西海流沙，有昆吾石，治之，作劍如鐵，光明如水精，割玉如泥，此亦金剛之大者也。又獸有貘及嚙鐵狡兔，皆能食鐵，其糞皆可爲兵切玉。詳見獸部貘下。【時】採：于夏秋乘天熱，人可没水取之。【用】可以刻玉。周密《齊東野語》云：玉人攻玉，以恒河之砂，以金剛鑽鏤之。【質】狀如鍾乳，體似紫石英，又形如鼠屎。【色】青黑色，如石如鐵。【性】甚堅，雖鐵椎擊之，亦不能傷。【製】若覺鈍，則煅赤冷定，即鋭也。【忌】葛洪《抱朴子》云：用羚羊角扣金剛石，則漼然冰泮。《丹房鑒源》云：紫背鉛，能碎金剛鑽。【贗】欲辨真僞，燒赤淬醋中如故，不酥碎者爲真。○《元中記》云：金剛石最堅，羚羊角又能克之，即可以悟嗜欲之，足以亂真。故西方以金剛喻佛性，羚羊角喻煩惱也。

## 石炭

**明・李時珍《本草綱目》卷九金石部・石類上**　石炭《綱目》

【釋名】煤炭　石墨　鐵炭　烏金石《綱目》　焦石時珍曰：石炭即烏金石，上古以書字，謂之石墨，今俗呼爲煤炭，煤墨音相近也。《拾遺》記言焦石如炭，《嶺表録》言康州有焦石穴，即此也。　【集解】時珍曰：石炭南北諸山産處亦多，昔人不用，故識之者少。今則人以代薪炊爨，煅鍊鐵石，大爲民利。土人皆鑿山爲穴，橫入十餘丈取之。有大塊如石而光者，有疎散如炭末者，俱作硫黃氣，以酒噴之則解。入藥用堅塊如石者。昔人言夷陵黑土爲劫灰者，即此疎散者也。《孝經援神契》云：王者德至山陵，則出墨丹。《水經》言：石炭可書，然之難盡，烟氣中人。《酉陽雜俎》云：無勞縣出石墨，爨之彌年不消。《夷堅志》云：彰德南郭村井中產石墨。宜陽縣有石墨山。汧陽縣有石墨洞。燕之西山，楚之荆州、興國州，江西之廬山、袁州、豐城、贛州，皆產石炭，可以炊爨。並此石也。又有一種石墨，舐之粘舌，可書字畫眉，名畫眉石者，即黑石脂也。見石脂下。

【氣味】甘、辛，温，有毒。時珍曰：人有中煤氣毒者，昏瞀至死，惟飲冷水即解。獨孤滔曰：去錫暈，制三黃、硇砂、消石。　【主治】婦人血氣痛，及諸瘡毒，金瘡出血，小兒痰癇時珍。

【附方】新五。　金瘡出血：急以石炭末厚傅之。瘡深不宜速合者，加滑石。《醫學集成》。　誤吞金銀：及錢，在腹中不下者。光明石炭一杏核大，硫黃一皂子大，爲末，酒下。《普濟方》。　腹中積滯：烏金石即鐵炭也，三兩，自然銅爲末，醋熬一兩，當歸一兩，大黃童尿浸晒一兩，爲末。每服二錢，紅花酒十盞，童尿半盞，同調，食前服，日二服。張子和《儒門事親》。　月經不通：巴豆去油，如緑豆大三丸，以烏金石末一錢，調湯送下，即通。《衛生易簡方》。　產後兒枕：刺痛。黑白散：用烏金石燒酒淬七次，寒水石煅爲末，等分，每用粥飲服一錢半，即止，未止再服。潔古《保命集》。

**明·倪朱謨《本草彙言》卷一二**　石煤　味苦、甘、辛，氣温，有毒。可升，可降。

李氏曰：石煤，南北諸山生產亦多，昔人不用，故識之者少。今北方以代薪炊爨，煅煉鐵器，大爲民利。土人皆鑿山爲穴，横直十餘丈取之。有大塊如石而光者，有疎散如炭末者，俱有硫黃氣，以酒噴之即解。昔人言夷陵有黑土爲刼灰者，即此類也。《援神契》云：王者德至山陵則出黑丹。《水經》言：石煤可書字，然之有焰。《夷堅志》云：彰德南郭村，井中產石墨；宜陽縣有石墨山，汧陽縣有石墨洞，燕京之西山，楚地之荆州、興國州，江西之廬山、袁州、豐城、贛州，浙之嘉湖郡縣，皆產石煤，可以炊爨，幷此石也。人有中石煤氣者，昏瞀至死，惟灌冷水即解。

石煤：李時珍主婦人血氣刺痛欲死，薛氏小兒痰癇搐搦未甦，金瘡跌撲，寇氏血出不止之藥也。薛宜生氏曰：此得地之伏陽，天之玄靈之氣以生，似土石而實含陽燧，遇火作焰，有水亦燔，此石藥中之神品也。以其法火，如癥瘕血結，惡血血暈，刺痛如死狀，痰癇搐搦，客忤卒死，金瘡跌撲，肉破血泄，凡死厲之屬，陰凝留礙，有妨生氣者，仗此陽暄，爲之救藥，則血氣可行，痰癇可定，血出可封。倘涉火勝血燥之疾，自當束置。

集方：《方脉正宗》治產後兒枕刺痛，及月經不行，惡血結滯疼痛。用石煤五錢，當歸尾四錢，川芎三錢，玄胡索二錢，烏藥一錢，俱爲極細末，每服一錢五分，白湯調服。○《幼科全書》治小兒痰癇搐搦，客忤等疾，頻發者。用石煤五錢，膽星三錢，天竺黃二錢，俱研極細，遇發每服五分，薑湯調服。○《醫學集成》治金瘡出血不止。急以石煤研極細末，厚敷之即止。如瘡深不宜速合者，本方加滑石末，減半和用。

**清·王道純《本草品彙精要續集》卷一**　石炭有毒

石炭：主婦人血氣痛及諸瘡毒，金瘡出血，小兒痰癇《本草綱目》。

【名】煤炭、石墨、鐵炭、烏金石、焦石。李時珍云：石炭，即烏金石。上古以書字，謂之石墨。今俗呼爲煤炭，煤墨音相近也。《拾遺記》云：焦石如炭。《嶺表錄》云：康州有焦石。即此也。　【地】南北諸山產處亦多，昔人不用，故識之者少。今人以之代薪炊爨，煅煉鐵石，大爲民利。《孝經援神契》云：王者德至山陵，則出墨丹。《水經》言：石炭可書，然之難盡，煙氣中人。《酉陽雜俎》云：無勞縣出石墨，爨之彌年不消。《夷堅志》云：彰德南郭村井中產石墨；宜陽縣有石墨山；汧陽縣有石墨洞；薊之西山、楚之荆州、興國州、江西之廬山、袁州澧城、贛州皆產石炭，可以炊爨，並此石也。又有一種石墨，舐之粘舌，可書字畫眉，名畫眉石者，即墨石脂也。見石脂下。　【時】採：無時。土人皆鑿山爲穴，横入十餘丈取之。　【用】入藥取堅塊如石者。　【質】有大塊如石而光者，有疏散如炭末者，俱有硫黃氣，以酒噴之則解。昔人言夷陵黑土爲劫灰者，即此疏散者也。　【色】純黑。　【味】甘，辛。　【性】溫。　【合治】《醫學集成》方：治金瘡出血，急以石炭末厚傅之，瘡深不宜速合者，加滑石。○《普濟方》：治誤吞金銀及錢在腹中者，不能下，用光明石炭一杏核大，硫黃一皂子大，爲末，酒下。○張子和《儒門事親》方：治腹中積滯，烏金石三兩，自然銅爲末，醋熬一兩，當歸一兩，大黃、童尿浸曬一兩，爲末，每服二錢，紅花酒一盞，童尿半盞，同調，食前服，日二服。○《衛生易簡方》：治月經不通，巴豆去油如綠豆大三丸，以烏金石末一錢，調湯送下，即通。○張潔古《保命集》云：產後兒枕刺痛，黑白散用烏金石，燒酒淬七次，寒水石煅爲末，等分，每用粥飲服一錢半，即止，未止再服。〔解〕人有中煤氣毒者，昏瞀至死，惟飲冷水即解。獨孤滔云：去錫暈，製三黃、硇砂、硝石。

**清·吳儀洛《本草從新》卷五**　石炭〔煤，去寒痛。〕一名煤炭。甘、辛，溫，有毒。治婦人血氣及諸毒瘡，金瘡出血，小兒痰癇。去錫暈，制三黃、硇砂、消石。人有中煤氣毒者，昏瞀至死，唯飲冷水即解。

**清·趙其光《本草求原》卷二五石部**　煤炭即烏金石、石墨。辛，溫，有毒。主經閉，巴豆霜為丸，以之為衣。瘀血內痛，同寒水石煅，酒淬研飲下。敷刀傷、諸瘡出血。中其毒者昏迷，冷水可解。

**清·陳其瑞《本草撮要》卷六**　煤　味甘辛，溫，有毒。入手太陰、足厥陰經。功專治婦人血氣痛及諸毒瘡金瘡出血。中煤氣毒者，飲冷水或白蘿蔔即愈。

### 然石

**明·李時珍《本草綱目》卷九石部·石類上**　然石時珍曰：曹叔雅《異物志》云：豫章有石，黃色而理疏，如以水灌之便熱，可以烹鼎，冷則再灌。張華謂之然石。高安亦有之。

## 雜錄

### 石脾

**宋·唐慎微《證類本草》卷三〇有名未用·玉石〔《別錄》〕**　石脾　味甘，無毒。主胃寒熱，益氣，令人有子。一名胃石，一名膏石，一名消石。生隱蕃山谷石間，黑如大豆，有赤文，色微黃，而輕薄如棋子，採無時。

**宋·唐慎微《證類本草》卷三玉石部上品〔唐·陳藏器《本草拾遺》〕**　石碑　芒硝注中陶云：取石脾爲硝石。以水煮之一斛，得三斗，正白如雪，以石投中則消，故名消石。按：石脾、芒消、消石，並生西戎鹵地。鹹水結成，所生次類相似。

**宋·李昉《太平御覽》卷第九八七**　石脾　《本草經》曰：石脾，一名胃(口)〔石〕，一名腎石。赤文。治胃中寒熱。

**明·李時珍《本草綱目》卷一一石部·附錄諸石**　石脾《別錄》有名未用曰：味甘，無毒。主胃中寒熱，益氣，令人有子。一名胃石，一名膏石，一名消石。生隱蕃山谷石間，黑如大豆，有赤文，色微黃，而輕薄如棋子，采無時。弘景曰：皇甫士安言消石，取石脾與消石以水煮之，一斛得三斗，正白如雪，以水投中即消，故名消石。按此說，是取消石合煮成爲真消石，不知石脾是何物？本草有石脾、石肺，人無識者。藏器曰：石脾生西戎鹵地，鹹水結成者。時珍曰：石脾乃生成者，陶氏所說是造成者。按《九鼎神丹經》云：石脾乃陰陽結氣，五鹽之精，因礬而成，峨嵋山多有之。俗無識者，故古人作成代用。其法用白礬、戎鹽各一斤爲末，取苦參水二升，鐺中煮五沸，下二物煎減半，去滓熬乾，色白如雪，此爲石脾也。用石脾、朴消、芒消各一斤爲末，苦參水二斗，銅鐺煎十沸，入三物煮減半，去滓煎，着器中，冷水漬一夜，即成消石。可化諸石爲水，此與焰消之消石不同，皆非真也。

### 石肺

**宋·唐慎微《證類本草》卷三〇有名未用·玉石〔《別錄》〕**　石肺　味辛，無毒。主癘欬寒，久痿，益氣，明目。生水中，狀如肺，黑澤有赤文，出水即乾。

〔梁·陶弘景《本草經集注》〕云：今浮石亦療欬，似肺而不黑澤，恐非是。

**宋·李昉《太平御覽》卷第九八七**　石肺　《本草經》曰：石肺，一名石肝。黑澤，有赤文。如服，置水中即乾濡。主益氣，明目。生水中。

### 石肝

**宋·唐慎微《證類本草》卷三〇有名未用·玉石〔《別錄》〕**　石肝　味酸，無毒。主身痒，令人色美。生常山，色如肝。

### 石腎

**宋·唐慎微《證類本草》卷三〇有名未用·玉石〔《別錄》〕**　石腎　味鹹，無毒。主洩痢。色如白珠。

### 紫石華

**宋·唐慎微《證類本草》卷三〇有名未用·玉石〔《別錄》〕**　紫石華　味甘，平，無毒。主渴，去小腸熱，一名茈石華。生中牛山陰，採無時。

### 白石華

**宋·唐慎微《證類本草》卷三〇有名未用·玉石〔《別錄》〕**　白石華　味辛，無毒。主癉，消渴，膀胱熱。生液北鄉北邑山，採無時。

### 黃石華

**宋·唐慎微《證類本草》卷三〇有名未用·玉石〔《別錄》〕**　黃石華　味甘，無毒。主陰痿，消渴，膈中熱，去百毒。生液北山，黃色，採無時。

### 黑石華

**宋・唐慎微《證類本草》卷三〇有名未用・玉石**〈《別錄》〉　黑石華　味甘，無毒。主陰痿，消渴，去熱，療月水不利。生弗其勞山陰石間，採無時。

### 陵石

**宋・唐慎微《證類本草》卷三〇有名未用・玉石**〈《別錄》〉　陵石　味甘，無毒。主益氣，耐寒，輕身，長年。生華山，其形薄澤。

### 終石

**宋・唐慎微《證類本草》卷三〇有名未用・玉石**〈《別錄》〉　終石　味辛，無毒。主陰痿痹，小便難，益精氣。生陵陰，採無時。

### 封石

**宋・唐慎微《證類本草》卷三〇有名未用・玉石**〈《別錄》〉　封石　味甘，無毒。主消渴，熱中，女子疽蝕。生常山及少室，採無時。

### 遂石

**宋・唐慎微《證類本草》卷三〇有名未用・玉石**〈《別錄》〉　遂石　味甘，無毒。主消渴，傷中，益氣，生太山陰，採無時。

### 五羽石

**宋・唐慎微《證類本草》卷三〇有名未用・玉石**〈《別錄》〉　五羽石　主輕身，長年。一名金黃。生海水中蓬葭山上倉中，黃如金。

### 紫加石

**宋・唐慎微《證類本草》卷三〇有名未用・玉石**〈《別錄》〉　紫加石　味酸。主痹血氣。一名赤英，一名石血。赤無理。生邯鄲山，如爵茈。二月採。

〔梁・陶弘景《本草經集注》〕云：三十六水方，呼爲紫賀石。

### 石耆

**宋・唐慎微《證類本草》卷三〇有名未用・玉石**《別錄》　石耆　味甘，無毒。主欬逆氣。生石間，色赤如鐵脂，四月採。

### 馬肝石

**明・李時珍《本草綱目》卷一一金石部・附錄諸石**　馬肝石《綱目》。時珍曰：按郭憲《洞冥記》云：郅支國進馬肝石百片，青黑如馬肝，以金函盛水銀養之。用拭白髮，應手皆黑。云和九轉丹吞一粒，彌年不飢。亦可作硯。

**清・王道純《本草品彙精要續集》卷一**　馬肝石

馬肝石：主和九轉丹，吞一粒，彌年不飢，亦可作硯。《綱目》總附諸石內。〔地〕郭憲《洞冥記》云：郅支國，進馬肝石百片。〔收〕以金函盛水銀養之。〔用〕拭白髮，應手皆黑。〔質〕如馬肝。〔色〕青黑。

### 猪牙石

**明・李時珍《本草綱目》卷一一石部・附錄諸石**　猪牙石《綱目》。時珍曰：明目去翳。出西番，文理如象牙，棗紅色。

**清・王道純《本草品彙精要續集》卷一**　豬牙石

豬牙石：主明目去翳。《綱目》總附諸石內。〔地〕李時珍云：出西番。〔質〕文理如象牙。〔色〕如棗紅。

### 碧霞石

**明・李時珍《本草綱目》卷一一石部・附錄諸石**　碧霞石《綱目》。時珍曰：明目，去翳障。

### 龍涎石

**明・李時珍《本草綱目》卷一一石部・附錄諸石**　龍涎石《綱目》。時珍曰：主大風癘瘡。出齊州。一名龍仙石。

**清・王道純《本草品彙精要續集》卷一**　龍涎石

龍涎石：主大風癘瘡《綱目》總附諸石內。〔名〕李時珍云：一名龍仙石。〔地〕出齊州者爲上。

鉛光石　鉛光石主骨鯁。《綱目》總附諸石內。

### 龍窩石

**清・趙學敏《本草綱目拾遺》卷二石部**　龍窩石　《名勝志》：出廬山溪中，及有龍居之所，此石夜覺涼冷者真。王伯厚云：深山有龍蟄處皆有之，土人俟龍升去，乃跡而獲之。有五色，以透明者煅用，生用有毒，敲碎投醋中，片片能動而相合者良。性大寒，磨麵能滅瘢痕，解熱瘡毒，煅粉撲暑痱，立消。

按：龍體純陽，凡陽之體，以陰為用，故其蟄處石皆性冷，入夜更涼者，真陰為用也。投醋中輒能相合者，龍乃東方之神，應木，木味作酸，石感精氣，所以遇醋而能合，其功能解熱滅瘢，亦取其寒斂之性以奏效耳。

鉛光石

**明·李時珍《本草綱目》卷一一石部·附録諸石**　鉛光石《綱目》。時珍曰：主骾骨。

太陽石

**明·李時珍《本草綱目》卷一一石部·附録諸石**　太陽石《綱目》。時珍曰：劉守真《宣明方》治遠年近日一切目疾方：用太陽石、太陰石、碧霞石、猪牙石、河洛石、寒水石、紫石英、代赭石、菩薩石、金精石、銀精石、禹餘石、礬礦石、雲母石、爐甘石、井泉石、陽起石、滑石、烏賊骨、青鹽、銅青各一兩，硇砂半兩，蜜陀僧一兩，鵬砂三錢，乳香二錢，麝香、腦子一錢，輕粉一錢半，黄丹四兩，各爲末，熊膽一斤，白砂蜜二斤，井華水九碗，同熬至四盌，點水内不散爲度，濾净收點。此方所用太陽石、太陰石等，多無考證，姑附于此。

朵梯牙

**明·李時珍《本草綱目》卷一一石部·附録諸石**　朵梯牙《綱目》。時珍曰：周(憲)〔定〕王《普濟方》，眼科去瞖，用水飛朵梯牙，火煅大海螺，碗糖霜，爲末，日點。又方：用可鐵剌一錢，阿飛勇一錢，李子樹膠四錢，白雪粉八錢，爲末，鷄子白調作錠，每以乳女兒汁磨點之。又方：安咱蘆，出回回地面，黑丁香即蠟糞，海螵蛸，各爲末，日點。所謂朵梯牙、盌糖霜、安咱蘆、可鐵剌、阿飛勇，皆不知何物也。附録于此以俟。

**清·王道純《本草品彙精要續集》卷一**　朵梯牙

朵梯牙：主明目去瞖。《綱目》總附諸石内。　【合治】周(憲)〔定〕王《普濟方》：治眼去瞖，用水飛朵梯牙，火煅大海螺，碗糖霜爲末，日點。〇又方用可鐵剌一錢，阿飛勇一錢，李子樹膠四錢，白雪粉八錢，爲末，雞子白調作錠，每以乳女兒汁磨點之。〇又方用安咱蘆，出回回地面，黑丁香即蠟糞，海螵蛸各爲末，日點。所謂朵梯牙、碗糖霜、安咱蘆、可鐵剌、阿飛勇，皆不知何物也，並附於此，亦俟識者。

白師子

**宋·唐慎微《證類本草》卷三玉石部上品〔唐·陳藏器《本草拾遺》〕**　白師子　主白虎病。向東人呼爲歷節風，置白師子於病者前自愈，此壓伏之義也。白虎鬼，古人言如猫，在糞堆中，亦云是糞神。今時人掃糞莫置門下，令人病。此療之法，以鷄子揩病人痛，呪願送著糞堆，頭勿反顧。

**明·李時珍《本草綱目》卷一一石部·附録諸石**　白獅子石《拾遺》。藏器曰：主白虎病，江東人呼爲歷節風是也。置此於病者前自愈，亦厭伏之意也。白虎，糞神名，狀如猫。掃糞置門下，令人病此。療法：以鷄子揩病人痛處，呪願，送於糞堆之頭上，勿反顧。

鎮宅大石

**宋·唐慎微《證類本草》卷三玉石部上品〔唐·陳藏器《本草拾遺》〕**　大石鎮宅　主灾異不起。《宅經》：取大石鎮宅四隅。《荆楚歲時記》：十二月暮日，掘宅四角，各埋一大石爲鎮宅。又《鴻寶萬畢術》云：埋丸石於宅四隅，搥桃核七枚，則鬼無能殃也。

# 藻菌部

## 綜述

藻

**明·盧和、汪穎《食物本草》卷二**　藻　有二種，皆可食。熟挼去腥氣，米麵糝蒸為茹，甚佳美，饑年以充食。一種海藻，味苦，鹹，寒，無毒。主癭瘤氣，頸下核，破散結氣癰腫，癥瘕堅氣，腹中上下鳴，下十二水腫，療皮間積聚，暴潰，留氣熱結，利小便。一名海帶。

**清·吴其濬《植物名實圖考》卷一八**　藻　《爾雅》：莙，牛藻。注：似藻而大。陸璣《詩疏》有二種：一似蓬蒿，一如雞蘇。皆可為茹。《本草綱目》始收入水草。《湘陰志》：馬藻，兩兩葉對生如馬齒。牛尾蘊亦藻類，俗名絲草，即大小二種也。

雩婁農曰：藻火絺繡尚矣。澗溪薀藻，可羞可薦。後世屋上覆橑謂之藻井，以畫以織，名之曰罽，取其潔，取其文，取其禳火，不以賤而遺之也。魚朝恩有洞，四壁夾安琉璃，板中貯水及魚藻，號魚藻洞，侈極矣。富者亦復效之。揚子云吾見斧藻其楶，未見斧藻其德。惟師曠云：歲欲惡，惡草先生。惡草者，藻也。藻為惡草，豈以水潦將至之徵耶？凡浮生不根茇者，生於萍藻，君子觀於藻，得澡身之義，而戒其無根，則免於惡矣。

地耳

**宋·唐慎微《證類本草》卷三〇有名未用·草木〔《別録》〕**　地耳　味

甘，無毒。主明目，益氣，令人有子。生丘陵，如碧石青。

**明・姚可成《食物本草》卷首王西樓《救荒野譜》** 地踏菜食苔。一名地耳，狀如木耳。春夏生雨中，雨後采，熟食。見日即枯沒。 地踏菜，生雨中，晴日一照郊原空。莊前阿婆呼阿翁，相携兒女去匆匆。須臾采得青滿籠，還家飽食忘歲凶。東家懶婦睡正濃。

**明・李時珍《本草綱目》卷二八菜部・芝栭類** 地耳《别録》。校正：自有名未用移入此。

【釋名】地踏菰《綱目》 【集解】《别録》曰：地耳生丘陵，如碧石青也。時珍曰：地耳亦石耳之屬，生於地者也。狀如木耳。春夏生雨中，雨後即早采之，見日即不堪。俗名地踏菰是也。

【氣味】甘，寒，無毒。 【主治】明目益氣，令人有子《别録》。

**明・周履靖《茹草編》卷二** 地踏菜俗名皮滑蹋。 閉門十日山中雨，地上濕雲飛不起。放歌郊外有蠟屐，泥滑苔花印雙齒。歸來掇拾烏雲堆，菌蠢簇入冰盤裏。鄰家老翁踏地來，沙青竹翠鷗鳬喜。芳鮮及此雨紛紛，莫待紅輪照牕紙。 一名地耳。狀如木耳，春夏生雨中，雨後採，滾湯焯過，花椒、醬、醯食。見日即枯。

**明・吴文炳《藥性全備食物本草》卷一** 地耳 味甘，性寒，無毒。明目益氣，多食令人有子。生丘陵，似木耳碧色。春夏雨中生，雨後速採，一見日不堪用，俗名地踏菰。

**明・鮑山《野菜博録》卷二** 地踏菰 一名地耳，一名紗羅蒨，一名鼻涕肉。春夏時雨久，濕氣積滯地上，生出纍纍形狀木耳。味甘，性寒，有毒。食法：採取淘淨，去沙土，油鹽調食。

**明・應麐《食治廣要》卷三** 地耳即地踏菰。釋名地踏菇。 氣味：甘，寒，無毒。主治：明目益氣，令人有子。《綱目》云：地耳亦石耳之屬，生于地者也。狀如木耳。春夏生雨中，雨後即早採之，遲則不堪也。

**明・姚可成《食物本草》卷七菜部・芝栭類** 地耳一名地踏菰。亦石耳之屬，生於地者也。狀如木耳。春夏生雨中，雨後即早采之，見日即不堪用也。 地耳，味甘，寒，無毒。主明目益氣，令人有子。

**明・孟笨《養生要括・菜部》** 地耳 味甘，寒，無毒。明目益氣，令人有子。

**明・施永圖《本草醫旨・食物類》卷二** 地耳石耳之屬生於地者也。狀如木耳，春夏生雨後，即早采之。

**清・丁其譽《壽世秘典》卷三** 地耳生於地，狀如木耳而小。春夏生雨中，雨後即采。見日即不堪用，俗名地踏菰是也。 氣味：甘，寒，無毒。主明目，益氣，令人有子。

**清・朱本中《飲食須知・菜類》** 地耳 味甘，性寒。春夏生雨中，雨後速采，見日即不堪用，俗名地踏菰。

**清・何其言《養生食鑒》卷上** 地耳 味甘，性寒，無毒。明目，益氣，令人有子。生丘陵，似木耳，碧色。春夏雨中生，雨後速採，一見日，不堪用，俗名地踏菰。

**清・嚴潔等《得配本草》卷五** 地耳 甘，寒。明目益氣，久服令人有子。

**清・章穆《調疾飲食辯》卷三** 地耳 生卑濕地，不假木氣，狀如木耳，春夏時雨過即生，俗名地踏菰。亦土菌之類。中其毒亦殺人，《别録》乃云明目益氣，令人有子，無理之極。但食之有死有不死，亦似土菌，可竟以為佳物乎。

**清・文晟《新編六書》卷六《藥性摘録》** 地耳 甘，寒。明目益氣。似木耳，碧色。生邱陵。

**清・劉善述、劉士季《草木便方》卷一草部** 地瞼皮 地耳甘平熱毒清，胃熱淋痢止血崩。益精明目令生子，瀉血脱肛服自輕。

**清・田綿淮《本草省常・菜性類》** 地耳 一名地蕈，一名地踏菰。性寒。益氣明目，令人有子。

**清・吴汝紀《每日食物却病考》卷上** 地耳 俗名地踏菜。春夏生雨中，雨過即採之，見日即不堪。味甘，寒，無毒。明目益氣。

頭髮菜

**清・李文培《食物小録》卷上** 頭髮菜 甘，寒，無毒。平肝，清腎熱，宜薑、醋拌食之佳。

**清・章穆《調疾飲食辯》卷三** 頭髮菜 此菜惟甘、陝最多，南方絶無。蔓細如髮，故名頭髮。予曾食其乾者，味鮮腴莫比。《閒情偶寄》亦稱為蔬菜之首。吾老友有官關中者，詢之彼處醫人，云：熟食能清肝腎之熱，生用鹽、醋醃拌，下氣和中。此菜味甘而滑，定能清熱。色深綠近黑，定入肝腎。雖陳者猶帶芳香，定能調氣。此醫蓋明於物理者也。

水松

**晉·嵇含《南方草木狀》卷中木類** 水松 葉如檜而細長。出南海。土產眾香，而此木不大香，故彼人無佩服者。嶺北人極愛之，然其香殊勝在南方時。植物無情者也，不香於彼而香於此，豈屈於不知己而伸於知己者歟？物理之難窮如此。

**明·李時珍《本草綱目》卷一九草部·水草類** 水松《綱目》

【集解】弘景曰：水松狀如松。頌曰：出南海及交趾，生海水中。

【氣味】甘、鹹、寒，無毒。【主治】溪毒弘景。水腫，催生藏器。

**明·姚可成《食物本草》卷一九草部·水草類** 水松出南海及交趾，生海水中。其狀如松，海人取食之。 水松，味甘、鹹，寒，無毒。治溪毒水腫，催生。

陟釐

**宋·李昉《太平御覽》卷一〇〇〇** 苔 《爾雅》曰：藫徒南切，石衣也。水苔也，一名石髮。江東食之。或曰藫，〔葉〕似薤而大，生水底，亦可食。薤，胡畀〔切〕。《說文》曰：苔，水衣也。《淮南子》曰：窮谷之汙生青苔。青苔，水垢。《廣雅》曰：石髮，石衣也。《風土記》曰：石髮，水衣也。青綠色，皆生於石也。《異物志》曰：石髮，海草，在海中石上藂生，長尺餘，大小如韭葉，似蓆莞，而株莖無枝。以肉雜而蒸之，味極美，食之竟不知足。《本草》曰：海藻，一名海羅。生東海中，或生河澤，莖似亂髮。《南越志》曰：海藻，一名海苔。或曰海羅。

**唐·歐陽詢《藝文類聚》卷八二** 苔 《爾雅》曰：藫，石衣也。《說文》曰：苔，水衣也。《淮南子》曰：窮谷之污生青苔。《風土記》曰：石髮，水衣也。青綠色，皆生於石。《遊名山志》曰：石簣山緣崖而上，高百許丈，裏悉青苔，無別草木。《古今注》曰：苔或紫或青，一名員蘚，一名綠錢，一名綠蘚。《拾遺記》曰：晉武帝時，祖梁國獻蔓苔，亦曰金苔，亦曰夜明苔。江文通詩曰：青苔日夜黃。《江賦》：綠苔鬖髿乎研上研石也。江淹《青苔賦》：鑿山楹為室，有老苔焉。《天台山賦》曰：踐莓苔之滑石。《古詩》曰：青苔依空牆。

**宋·唐慎微《證類本草》卷九草部中品（《別錄》）** 陟釐音離 味甘，大溫，無毒。主心腹大寒，溫中消穀，強胃氣，止洩痢。生江南池澤。

〔梁·陶弘景《本草經集注》〕云：此即南人用作紙者，方家惟合斷下藥用之。

〔唐·蘇敬《唐本草》〕注云：此物乃水中苔，今取以爲紙，名苔紙，青黃色，體澁。《小品方》云：水中麁苔也。《范東陽方》云：水中石上生，如毛，綠色者。《藥對》云：河中側梨。側梨、陟釐，聲相近也。王子年《拾遺》云：張華撰《博物志》上晉武帝嫌繁，命削之，賜華側理紙萬張。子年云：陟釐，紙也。此紙以水苔爲之，溪人語訛，謂之側理也。

〔宋·馬志《開寶本草》〕按：別本注云：此即石髮也。色類似苔，而麁澁爲異。且水苔性冷，陟釐甘溫，明其陟釐與苔全異，池澤中石上名陟釐，浮水中者名苔爾。

〔宋·唐慎微《證類本草》〕《圖經》：文具海藻條下。

**宋·寇宗奭《本草衍義》卷一〇** 陟釐 今人事治音池爲苔脯堪噉，京城市〔中〕甚多。然治渴疾，仍須禁食鹽。餘方家亦罕用。

**明·蘭茂原撰，范洪等抄補《滇南本草圖說》卷六** 水青苔 性熱，甘平，無毒。主治：大小便虛冷水瀉，陰寒亦解，暖臍甚佳。採取煅之，為末，可搽疔瘡、黃水瘡，痘症頂陷亦可效。

**明·劉文泰《本草品彙精要》卷一二** 陟釐無毒 麗生。

陟釐：主心腹大寒，溫中，消穀，強胃氣，止洩痢。名醫所錄。【名】石髮。【苗】《圖經》曰：陟釐，即石髮也。生於水中石上，如毛而青黃，似苔而粗澀。古人取以作紙，謂之苔紙；作脯，謂之苔脯。蓋可啖也。《別錄》云：生於水石上者，名陟釐，浮于水中者，乃苔爾。二物俱產水中，然水苔性冷，陟釐甘溫，爲異也。【地】《圖經》曰：生江南池澤。【時】生：春生。採：無時。【收】陰乾。【用】苔，水中石上者爲好。【質】類水苔而粗澀。【色】青黃。【味】甘。【性】大溫。【氣】氣之厚者，陽也。【臭】腥。【主】益胃，厚腸。【治】療：《圖經》曰：治虛冷下痢。《衍義》曰：止渴疾。【忌】食鹽。

**明·王文潔《太乙仙製本草藥性大全》卷二《本草精義》** 陟釐 與苔令異，生江南池澤中石上，生如毛綠色，即南人用作紙者，方家惟合斷下藥用之。唐註云：此物乃水中苔，今取以爲紙，名苔紙，青黃色，體澁。《小品方》云水中麁苔也。《藥對》云：河中側梨，側梨、陟釐聲相近也。三月採，陰乾。

**明·王文潔《太乙仙製本草藥性大全》卷二《仙製藥性》** 陟釐 味甘，

大溫，無毒。　主治：止洩痢，強胃氣，消穀，溫中助脾土。主心腹大寒。

**明·李時珍《本草綱目》卷二一草部·苔類**　陟釐《別録》中品

【釋名】側梨恭　水苔《開寶》　石髮同　石衣《廣雅》　水衣《説文》　水綿《綱目》　藫音覃。　恭曰：《藥對》云：河中側梨。側梨、陟釐，聲相近也。王子年《拾遺記》：晉武帝賜張華側理紙，乃水苔爲之，後人訛陟釐爲側理耳。此乃水中粗苔，作紙青綠色，名苔紙，體澀。《范東陽方》云：水中石上生者，如毛，綠色。石髮之名以此。時珍曰：郭璞曰：藫，水苔也。一名石髮。江東食之。案石髮有二：生水中者爲陟釐，生陸地者爲烏韭。

【集解】《別録》曰：陟釐生江南池澤。弘景曰：此即南人用作紙者，惟合斷下藥用之。志曰：此即石髮也。色類苔而粗澀爲異。水苔性冷，浮水中；陟釐性溫，生水中石上。宗奭曰：陟釐，今人乾之，治爲苔脯，堪啗，青苔亦可作脯食，皆利人。汴京市中甚多。頌曰：石髮乾之作菜，以齏臛啗之尤美。苔之類有井中苔、垣衣、昔邪、屋遊，大抵主療略同。陸龜蒙《苔賦》云：高有瓦松，卑有澤葵。散巖竇者曰石髮，補空田者曰垣衣。在屋曰昔邪，在藥曰陟釐。是矣。澤葵，鳧葵也。雖異類，而皆感瓦石之氣而生，故推類而云耳。時珍曰：陟釐有水中石上生者，蒙茸如髮；有水污無石而自生者，纏牽如絲綿之狀，俗名水綿。其性味皆同。《述異記》言：苔錢謂之澤葵。與鳧葵同名異物。蘇氏指爲鳧葵者，誤矣。《苔賦》所述，猶未詳盡。蓋苔衣之類有五：在水曰陟釐，在石曰石濡，在瓦曰屋遊，在墻曰垣衣，在地曰地衣。其蒙翠而長數寸者亦有五：在石曰烏韭，在屋曰瓦松，在墻曰土馬騣，在山曰卷柏，在水曰藫也。

【氣味】甘，大溫，無毒。　【主治】心腹大寒，溫中消穀，強胃氣，止泄痢《別録》。擣汁服，治天行病心悶《日華》。作脯食，止渴疾，禁食鹽宗奭。擣塗丹毒赤遊時珍。

**明·倪朱謨《本草彙言》卷七**　陟釐　味甘，氣寒平，無毒。　蘇氏曰：王子年《拾遺記》云：晉武帝賜張華陟釐紙，乃水中粗苔爲之。青綠色，名苔紙，(青)〔體〕濇也。又水中石上生者，綠色如毛，詩人命名石髮是也。《別錄》云：陟釐，生江南池澤間，水中石上。一種浮水中，不生石上者，名水苔。性極冷，與陟釐少異。陟釐，今曬乾之，治爲苔脯，又以糖、鹽、醋拌食尤美。水中青苔，洗淨曝乾，亦可作脯食。二者皆利人。汴京市中甚多。外又有生井中者，名井苔；生老屋上者，名屋遊；生古墻側者，名垣衣；生土墻頭者，名土馬騣；生船底者，名船苔；生山石上者，名昔邪；生水中石上者，即陟釐是也。

陟釐：《別錄》止渴止痢之藥也。生水中石上。閔效軒稿甘寒而潔，善治暑熱之邪，傷氣血者，爲煩渴而燥，爲穢痢而濇，并積熱犯胃，痢疾脹悶不食者，每需用此，屢奏功效。倘屬胃家虛寒，切勿沾口。

集方：治以上諸病，用陟釐取新鮮者擣汁，和白湯飲。如無新鮮，取乾者煎汁飲亦可。

**明·姚可成《食物本草》卷一九草部·苔草類**　陟釐一名水苔，生江南池澤。〇李時珍曰：陟釐有水中石上生者，蒙茸如髮。有水污無石而自生者，纏牽如絲綿之狀。今人乾之，治為苔脯，堪啗。青苔亦可作脯食，皆利人。汴京市中甚多。　陟釐，味甘，大溫，無毒。治心腹大寒，溫中消穀。強胃氣，止洩痢。擣汁服，治天行病心悶。作脯食，止渴疾，禁食鹽。擣塗丹毒赤游。

**清·穆石匏《本草洞詮》卷一〇**　陟釐　苔草也，生水中石上，可以作紙，名苔紙。晉武帝賜張華側理紙。側理、陟釐聲相近也。苔衣之類有五：在水曰陟釐，在石曰石濡，在瓦曰屋遊，在牆曰垣衣，在地曰地衣。其蒙翠而長數寸者亦有五：在石曰烏韭，在屋曰瓦松，在牆曰土馬騣，在山曰卷柏，在水曰藫也。陟釐甘，大溫，無毒。主溫中消穀，強胃氣，止洩痢，塗丹毒赤遊。

**清·張璐《本經逢原》卷二**　陟釐　甘，溫，無毒。生於水底石上者，蒙茸如髮，謂之陟釐。　發明：陟釐與水苔同生水中，但浮於水者謂之水苔。《千金》治脇熱下利，嘔逆，溫食則吐，有陟釐丸為痢證之首方，《日華》擣汁治天行心悶，《別錄》主心腹大寒，溫中消穀，強胃氣，止泄痢，竝取其性溫而能利水也。

**清·嚴潔等《得配本草》卷四**　苔衣即陟釐，一名水苔。　辛，平。消穀止瀉。利水故也。　得黃耆，治臟毒。擣汁，治天行時病。　怪症：身上及頭面肌肉浮腫，狀如蛇者，用雨滴階前磚上苔痕一錢，水化，塗蛇頭上即消。

**清·吳其濬《植物名實圖考》卷一八**　陟釐　《別錄》下品。即側理。海中苔，纏牽如絲綿之狀。以為紙，亦可乾為脯。

石髮　原附海藻下，《本草綱目》始分條。生海中曰龍鬚菜，與石衣同名。司馬溫公詩：萬古風濤浸石巖，老苔垂足細鬖鬖，傳聞海底珠無數，何事從來散不簪。蓋生海涯石上，今通呼頭髮菜。

烏韭

**宋·李昉《太平御覽》卷第九九四**　烏韭　《廣雅》曰：昔邪，烏韭也。

生久屋之瓦。在房昔邪，在墻曰垣衣。

**宋・唐慎微《證類本草》卷一一草部下品**〔《本經・別錄》〕 **烏韭** **味甘，寒，無毒。主皮膚往來寒熱，利小腸膀胱氣。**療黃疸，金瘡內塞，補中益氣，好顏色。生山谷石上。

〔梁・陶弘景《本草經集注》〕云：垣衣亦名烏韭，而爲療異，非是此種類也。

〔唐・蘇敬《唐本草》〕注云：此物即石衣也，亦曰石苔，又名石髮。生巖石陰不見日處，與卷柏相類也。

〔宋・馬志《開寶本草》〕按：陳藏器《本草》云：烏韭，燒灰沐髮令黑，生大石及木間陰處，青翠茸茸者，似苔而非苔也。

〔宋・掌禹錫《嘉祐本草》〕按：日華子云：石衣，澁，冷，有毒。垣衣爲使，燒灰沐頭長髮，此即是陰濕處山石上苔，長者可四五寸，又名烏韭。

〔宋・唐慎微《證類本草》〕蘇云：石苔。非也。

**宋・唐慎微《證類本草》卷三〇有名未用・草木**〔《別錄》〕 鬼麗音麗 生石上。挼奴和切之，日柔為沐。

**明・劉文泰《本草品彙精要》卷一四** 烏韭無毒 散生。

**烏韭**出《神農本經》：**主皮膚往來寒熱，利小腸、膀胱氣。**以上朱字《神農本經》。療黃疸，金瘡，內塞，補中益氣，好顏色。以上黑字名醫所錄。【名】石衣、石苔、石髮。【苗】《唐本》注云：此物即石衣也，亦曰石苔，又名石髮，生巖石之陰不見日處，與卷柏相類。陳藏器云：生山石及木間陰處，茸茸然，長四五寸，青翠似苔而非苔也。【地】《圖經》曰：生山谷石上，及木間陰濕處有之。【時】生：春夏。採：無時。【收】陰乾。【質】類卷柏而綠。【色】碧。【味】甘。【性】寒，緩。【氣】氣之薄者，陽中之陰。【主】黃疸，金瘡。【助】垣衣爲之使。【治】療：陳藏器云：燒灰浴髮，能令長黑。

**明・王文潔《太乙仙製本草藥性大全》卷二《本草精義》** 烏韭 一名石衣，亦名石苔，又名石髮。生巖石陰不見日處。青翠葺葺者，似苔而非苔，長者可四五寸，即松栢相類也。

**明・王文潔《太乙仙製本草藥性大全》卷二《仙製藥性》** 烏韭 味甘，氣寒，無毒。垣衣爲使。 主治：主皮膚往來寒熱如神，利小腸膀胱疝氣奇妙。療黃疸如金，理金瘡內塞。益氣補中，悅澤顏色。 補註：烏韭燒灰，水煮沐髮令黑，淋頭亦能長髮。

**明・皇甫嵩《本草發明》卷三** 烏韭下品下，佐使。味甘，寒，無毒。 發明曰：此補而能宣，主皮膚往來寒熱，利小腸膀胱氣，治黃疸，金瘡內寒，補中益氣，好顏色。又云：垣衣為使，燒灰沐頭，長毛髮。生山谷石上不見日處，即石衣。青翠茸茸，似苔非苔。

**明・李時珍《本草綱目》卷二一草部・苔類** 烏韭《本經》下品。校正：移入有名未用《別録》鬼麗。

【釋名】石髮《唐本》 石衣《日華》 石苔《唐本》 石花《綱目》 石馬騣《綱目》 鬼麗與麗同。弘景曰：垣衣亦名烏韭，而爲療異，非此種類也。時珍曰：《別録》主療之證，與垣衣相同，則其爲一類，通名烏韭，亦無害也。但石髮與陟釐同名，則有水陸之性，稍有不同耳。

【集解】《別録》曰：烏韭生山谷石上。又曰：鬼麗，生石上。挼之日乾，爲沐。恭曰：石苔也。又名石髮。生巖石之陰，不見日處，與卷柏相類。藏器曰：生大石及木間陰處，青翠茸茸者，似苔而非苔也。大明曰：此即石衣也。長者可四五寸。

【氣味】甘，寒，無毒。大明曰：冷，有毒。垣衣爲之使。【主治】皮膚往來寒熱，利小腸膀胱氣《本經》。療黃疸，金瘡內塞，補中益氣《別録》。燒灰沐頭，長髮令黑大明。

【附方】新三。腰脚風冷：石花浸酒，飲之。《聖惠方》。婦人血崩：石花、細茶焙爲末，舊漆碟燒存性，各一匙。以碗盛酒，放鍋內煮一滚，乃入藥末，露一宿。侵晨，連藥再煮一滚。温服。董炳避水方。湯火傷灼：石苔焙研，傅之。《海上方》。

**清・吳其濬《植物名實圖考》卷一六** 烏韭 《本經》下品。又名石髮。生石上及木間陰處。青翠茸茸，似苔而非苔也。

**清・葉志詵《神農本草經贊》卷三** 烏韭 味甘，寒。主皮膚，往來寒熱，利小腸膀胱氣。生山谷石上。

漠漠斑斑，石苔薰發。青冪毛衣，翠披捲髮。養愛雲陰，紋添雨歇。屋霤飄游，幽情超越。

白居易詩：漠漠斑斑石上苔。《臨川志》：薰發而起。陳藏器曰：生大石及木陰處，青翠茸茸。日華子曰：一名石衣。蘇恭曰：一名石髮。蘇子卿詩：丹水浴毛衣。《詩》：卷髮如蠆。蘇軾詩：昨日雲除重。李白詩：野涼疎雨歇。李時珍曰：烏韭是瓦松之生於石上者，與垣衣、屋游同類。崔融賦：瓦松產於屋霤之上。錢起詩：幽步更超越。

水豆兒

**明·朱橚《救荒本草》卷上之後** 水豆兒 一名葳菜。生陂塘水澤中。其莖葉比葅草又細，狀類細線連綿不絕，根如釵股而色白，根下有豆如退皮菉豆瓣。味甘。 救飢：採秧及根，豆擇沉潔淨煮食，生醃食亦可。

牛尾瘟

**明·姚可成《食物本草》卷首王西樓《救荒野譜》** 牛尾瘟食葉。生深水中，葉如髮，莖如藻。冬月和魚煮食，夏秋亦可食。 牛尾瘟，不敢吞。疫氣重，流遠村。黃毛牸看過，烏毛𤛆，十莊九疃無一存。摩挱犁耙淚如湧，田中無牛更無種。

**明·周履靖《茹草編》卷二** 牛尾溫 牧兒滌牛腹，照影澄波間。牛尾脆可斷，毛毿輕珊珊。浪花濯醒穢，水色秀可飱。嗟余牛背客，豈學馬蹄穿。芳草南陂暖，閒來抱犢眠。 生深水中。葉如髮，莖如藻，冬月和魚煮食，夏秋亦可。

抓抓兒

**明·姚可成《食物本草》卷首王西樓《救荒野譜》** 抓抓兒食葉。深秋采之，晒乾，和穀煮食，如苧清香可愛。 抓抓兒，生水湄，却似瓦松初出時。須知可食不可棄，不能療痒能療飢。

**明·周履靖《茹草編》卷一** 抓抓兒 江色望如銀，水涯雲浄渚。花潤草薦秋，馨粉光盎面。浮清英羸顔，酒病未可却，香饘一啜解宿醒。先生醒後詩腸癢，為問抓抓何處生。 深秋採之，日乾，和穀煮食如粉，清香可愛。

井中苔及萍藍

**宋·唐慎微《證類本草》卷九草部中品〔《別錄》〕** 井中苔及萍 大寒。主漆瘡，熱瘡，水腫。井中藍，殺野葛、巴豆諸毒。

〔梁·陶弘景《本草經集注》〕云：廢井中多生苔、萍，及塼土間生雜草、菜藍，既解毒，在井中者彌佳。不應復別是一種名井中藍，井底泥至冷，亦療湯火灼瘡。井華水，又服鍊法用之。

〔宋·掌禹錫《嘉祐本草》〕按：《蜀本》云：井中苔及萍，味苦。日華子云：無毒。

〔宋·唐慎微《證類本草》〕《圖經》：文具海藻條下。

**明·劉文泰《本草品彙精要》卷一二** 井中苔萍無毒，附藍。 麗生。

井中苔及萍：主漆瘡，熱瘡，水腫。井中藍，殺野葛、巴豆諸毒。名醫所錄。 【苗】陶隱居云：廢井中多生苔萍及磚土間生雜草、菜藍。在井中者彌佳。 【時】生：春生。採：不拘時取。 【收】陰乾。 【用】苔。【色】綠。 【味】苦。 【性】大寒，泄。 【氣】味厚于氣，陰也。

**明·王文潔《太乙仙製本草藥性大全》卷二《本草精義》** 井中苔 人家廢井中多生苔萍，及磚土間生雜草菜藍，既解毒，在井者彌佳，不應復別是一種名(也)井中藍。井中泥至冷，亦療湯火灼瘡。井華水，又井苔法用效。

**明·王文潔《太乙仙製本草藥性大全》卷二《仙製藥性》** 井中苔及萍 味苦，大寒，無毒。 主治：主漆瘡、熱瘡，療浮腫、水腫。藍：殺野葛毒如神，解巴豆毒大效。

**明·倪朱謨《本草彙言》卷七** 井中苔及萍藍 味苦、微甘，氣寒，無毒。陶隱居曰：井中苔及萍藍，係古廢井中苔萍，及井中磚石土縫間多生雜草，俱類此。

井中苔、萍藍、雜草：別錄解漆瘡熱疹之藥也。耿長生稿清陰寒潔，善除一切火病，并解野葛、巴豆諸毒。搗爛，調水飲之。

**清·张璐《本經逢原》卷二** 苔 甘，寒，無毒。 發明：井中蒼苔，得至陰之氣而生。火瘡傷爛脫皮者，以苔炙末，每錢入冰片二分，杵極細摻上，痛即止，不過三度愈。如無井中者，牆陰地上者亦可用之。

船底苔

**宋·唐慎微《證類本草》卷九草部中品〔宋·掌禹錫《嘉祐本草》〕** 船底苔 冷，無毒。治鼻洪吐血，淋疾。以炙甘草并豉汁，濃煎湯旋呷。又主五淋，取一團鴨子大，煮服之。又水中細苔，主天行病，心悶，擣絞汁服。新補。見孟詵、陳藏器、日華子。

〔宋·唐慎微《證類本草》〕陳藏器云：主五淋。取一鴨卵大塊，水煮服之。《聖惠方》：治乳石發動，小便淋澁不通，心神悶亂。用船底青苔如半雞子大，以水一大盞，煎至五分，去滓溫服，日三四服。《子母秘録》：小兒赤遊，行於體上下，至心即死。水中苔擣末，傅上良。

**明·劉文泰《本草品彙精要》卷一二** 船底苔無毒。附水中苔。 麗生。

船底苔：治鼻洪，吐血，淋疾。以炙甘草並豉汁濃煎湯，旋呷。又主五淋，取一團鴨子大，煮服之。〇水中細苔，主天行病，心悶，搗絞汁服。名醫所錄。

【苗】謹按：舊船之底浸漬日久，得水土之氣積襲而生也。【時】生：無時。採：無時。【收】陰乾。【用】苔。【色】青綠。【味】淡。【性】冷，泄。【氣】氣之薄者，陽中之陰。【主】諸淋。【治】療：《別錄》云：治乳石發動，小便淋澀不通，心神悶亂者，以船底苔如半雞子大，以水一盞，煎至五分，去滓，溫服，日三四服。○水中苔治小兒赤遊行于體上下，至心即死，搗末傅之良。

**明・王文潔《太乙仙製本草藥性大全》卷二《仙製藥性》**　船底苔　味冷，無毒。　主治：鼻洪吐血立止，治五淋淋瀝即通。又水中細苔，療天行心悶，絞汁有神功。　補註：吐衄血，以炙甘草并豉汁同煎濃汁服。○五淋，取一鴨卵大塊，水煮服之效。○天行病心悶，水中細苔，搗絞汁服良。

**明・李時珍《本草綱目》卷二一草部・苔類**　船底苔《食療》

【氣味】甘，冷，無毒。【主治】鼻洪吐血淋疾，同炙甘草、豉汁，濃煎湯呷之孟詵。解天行熱病伏熱，頭目不清，神志昏塞，及諸大毒。以五兩，和酥餅末一兩半，麵糊丸梧子大。每溫酒下五十丸時珍。

【發明】時珍曰：案方賢《奇效方》云：水之精氣漬船板木中，累見風日，久則變爲青色。蓋因太陽曬之，中感陰陽之氣。故服之能分陰陽，去邪熱，調臟腑。物之氣味所宜也。

【附方】舊二。　小便五淋：船底苔一團，鷄子大，水煮飲。陳藏器。　乳石發動：小便淋澀，心神悶亂。船底青苔半鷄子大，煎汁溫服，日三四次。《聖惠方》。

**明・倪朱謨《本草彙言》卷七**　船底苔　味甘，氣冷，無毒。　李氏曰：船底苔，係水之精氣，浸漬船板木中，久則變爲青涎，漸長苔草。蓋因太陽日氣，下映水中，陰陽之氣，蒸漬木中而成。

船底苔：止鼻衄，通血淋，孟詵化金石藥毒之藥也。

集方：治以上諸疾，俱取雞子大一團，水煮飲之。

**清・穆石匏《本草洞詮》卷一〇**　船底苔　味甘，氣寒，無毒。解天行熱病，頭目不清，神志昏塞，及諸大毒，治鼻衄，吐血，淋疾。蓋水之精氣，漬船板木中，累見風日，久則變為青色，中感陰陽之氣，故服之能分陰陽，去邪熱，調臟腑也。

**清・嚴潔等《得配本草》卷四**　船底苔　甘，冷。去邪熱，調五臟。解天行熱毒，止五淋吐衄。　生船底者名船苔。　手背腫，湯浸搗敷。

**清・戴葆元《本草綱目易知錄》卷二**　船底苔　甘，冷。感陰陽之氣日久，服之，能分陰陽，去邪熱，調臟腑，解天行熱病，伏熱頭目不清，神志昏塞，及諸大毒，以五兩和酥餅一兩半，麵糊丸，每酒下五十丸。鼻紅吐血淋疾，同甘草、豉汁濃煎湯呷之。

## 薀

**明・鮑山《野菜博錄》卷二**　薀草　一名水藻，一名牛尾薀，一名馬藻。有二種，生〔水〕中，浮沉間長六七尺，一種葉細如絲，類魚腮(壯)〔狀〕；一種密葉對生如釵股(壯)〔狀〕。味甘，性寒，滑，無毒。　食法：採葉洗淨，煠熟，淘去腥味，米麵蒸食。

**清・劉善述、劉士季《草木便方》卷一草部**　水藻　水藻甘寒清火毒，火症熱痢淋渴服。小兒遊瘮赤白妙，火炎熱瘡搗爛塗。水藻草。

## 海蘊

**宋・唐慎微《證類本草》卷八草部中品〔唐・陳藏器《本草拾遺》〕**　海蘊　味鹹，寒，無毒。主癭瘤結氣在喉間，下水。生大海中，細葉如馬尾，似海藻而短也。

**明・李時珍《本草綱目》卷一九草部・水草類**　海蘊溫、縕、醖三音。《拾遺》。校正：自草部移入此。

【釋名】時珍曰：縕，亂絲也。其葉似之，故名。

【氣味】鹹，寒，無毒。【主治】癭瘤結氣在喉間，下水藏器。主水陰蘇頌。

**清・章穆《調疾飲食辯》卷三**　海蘊　《綱目》曰：縕，亂絲也。此葉似之，故名。與海藻同種異類，猶水藻之有水蘊也。功同海藻。

**清・吳其濬《植物名實圖考》卷一八**　海蘊　《本草拾遺》始著錄。主治癭瘤、結氣在喉間，下水。蓋海藻之細如亂絲者。

**清・田綿淮《本草省常・菜性類》**　蘊　性寒。利水消癭。服甘草者忌之。

## 海帶

**明・王文潔《太乙仙製本草藥性大全》卷二《本草精義》**　海帶　生東海池澤中石上。似海藻而粗且長。登州人採取乾之，柔韌可以繫束物。今醫家用下水，速於海藻、昆布之類。

按：榮氣不從，外爲癰腫，堅硬不潰，仗此可消。蓋三藥味俱鹹，《經》云鹹能軟堅，隨各引經藥治之，則堅無不潰，腫無不消也。

**清·吴其濬《植物名實圖考》卷一八**　海帶　《嘉祐本草》始著録。今以為海錯。俗云食之能消痰去痔。

## 海藻

**唐·孫思邈《千金要方》卷二六《食治·菜蔬》**　海藻　鹹，寒，滑，無毒。主癭瘤結氣，散頸下鞕核痛者，腸内上下雷鳴，下十二水腫，利小便，起男子陰氣。

**宋·李昉《太平御覽》卷第九九二**　海藻　《爾雅》曰：薚，海藻也。藥草也，一名海蘿。如亂髮。生海中。薚，音覃。《本草經》曰：海藻着頸下，破散結。《廣雅》曰：海蘿，海藻。

**附：日·丹波康賴《醫心方》卷三〇**　海藻　《本草》云：味苦、鹹，寒，無毒。主癭瘤氣，頸下核，破散結氣，癰腫，癥瘕堅氣，腹中上下鳴，下十二水腫，皮間積聚，暴㿉留氣，熱結，利小便。崔禹〔錫〕云：味鹹，小冷。一名海髮，其狀如亂髮。孟詵曰：食之起男子陰，恒食消男子㿉。䏸玄子張云：瘦人不可食之。

**宋·唐慎微《證類本草》卷九草部中品〔《本經》·別錄·藥對》〕　海藻**　**味苦、鹹，寒，**無毒。**主癭瘤氣，頸下核，破散結氣，癰腫，癥瘕堅氣，腹中上下鳴，下十二水腫，**療皮間積聚，暴㿉，留氣熱結，利小便。**一名落首，**一名藫。生東海池澤。七月七日採，暴乾。反甘草。

〔梁·陶弘景《本草經集注》〕云：生海島上，黑色如亂髮而大少許，葉大都似藻葉。又有石帆，狀如柏，療石淋。又有水松，狀如松，療溪毒。

〔宋·馬志《開寶本草》〕按：陳藏器《本草》云：此物有馬尾者，大而有葉者。《本經》及注，海藻功狀不分。馬尾藻，生淺水，如短馬尾，細黑色，用之當浸去鹹；大葉藻，生深海中及新羅，葉如水藻而大。《本經》云：主結氣癭瘤是也。《爾雅》云：綸音開似綸，組似組，正爲二藻也。海人取大葉藻，正在深海底，以繩繫腰，沒水下，刈得，旋繫繩上。五月已後，當有大魚傷人，不可取也。

〔宋·掌禹錫《嘉祐本草》〕按：《爾雅》云：薚，海藻。注：藥草也。一名海蘿。如亂髮，生海中。《藥性論》云：海藻，臣，味鹹，有小毒。主辟百邪鬼魅，治氣疾急滿，療疝氣下墜疼痛，核腫，去腹中雷鳴，幽幽作聲。孟詵云：海藻，主起男子陰氣，常食之，消男子㿉疾。南方人多食之，傳於北人，北人食之倍生諸病，更不宜矣。陳藏器云：馬藻，大寒。擣傳小兒赤白遊瘮，火焱熱瘡。擣絞汁服，去暴熱，熱痢，止渴。生水上，如馬齒相連。又云：石帆，高尺餘，根如漆，上漸軟，作交羅文，生海底。煮汁服，主婦人血結，月閉，石淋。又云：水松，葉如松，丰茸，食之，主水腫。亦生海底。《吴都賦》云：石帆，水松是也。日華子云：石帆，平，無毒。紫色，梗大者如筯，見風漸硬，色如漆。多人飾作珊瑚裝。

〔宋·蘇頌《本草圖經》〕曰：海藻，生東海池澤，今出登、萊諸州海中。凡水中皆有藻。《周南詩》云：于以采藻，于沼于沚是也。陸璣云：藻，水草，生水底。有二種：一種葉如雞蘇，莖如筯，長四五尺；一種莖如釵股，葉如蓬蒿，謂之聚藻，扶風人謂之藻聚，爲發聲也。二藻皆可食，熟挼其腥氣，米麪糝蒸爲茹，甚佳美。荆、揚人饑荒，以當穀食。今謂海藻者，乃是海中所生，根著水底石上，黑色如亂髮，而麄大少許，葉類水藻而大，謂之大葉藻。《本經》云：主癭瘤是也。海人以繩繫腰，沒水下，刈得之，旋繫繩上。又有一種馬尾藻，生淺水中，狀如短馬尾，細黑色。此主水㿉，下水用之。陶隱居云：《爾雅》所謂綸似綸，組似組，東海有之。〔而〕今青苔、紫菜皆似綸，昆布亦似組，恐即是此也。而陳藏器乃謂綸、組，正謂此二藻也。謹按《本經》海藻，一名藫。而《爾雅》謂藫爲石衣，又謂薚徒南切，名海藻與藻同，是海藻自有此二名，而注釋皆以爲藥草，謂綸、組乃別草。若然，隱居所云，似近之藏器之說，亦未可的據。又注釋以石衣爲水苔，一名石髮，石髮即陟釐也，色類似苔而麄澁爲異。又云藫，葉似䪥音薤而大，生海底。且陟釐下自有條，味性功用與海藻全別。又生江南池澤，乃是水中青苔，古人用以爲紙，亦青黃色，今注以爲石髮是也。然則藫與薚皆是海藻之名。石髮別是一類，無疑也。昆布，今亦出登、萊諸州，功用乃與海藻相近也。陶又云：凡海中菜，皆療癭瘤，結氣。青苔、紫菜輩亦然。又有石帆如柏，主石淋；水松如松，主溪毒。《吴都賦》所謂草則石帆、水松。劉淵林注云：石帆生海嶼石上，草類也。無葉，高尺許，其華離樓相貫連，死則浮水中，人於海邊得之，稀有見其生者。水松，藥草，生水中，出南海交趾是也。紫菜，附石生海上，正青，取乾之則紫色，南海有之。東海又有一種海帶，似海藻而麄且長，登州人取乾之，柔韌可以繫束物。醫家用下水，速於海藻、昆布之類。石髮，今人亦乾之作菜，以虀臛噉之尤美。青苔，可以作脯食之，皆利人。苔之類，又有井中苔，生廢井中，并井藍，皆主熱毒。又，上有垣衣條云：生古垣牆陰。蘇恭云：即古牆北陰青苔衣也。生石上者名昔邪，屋上生者名屋遊，大抵主療略同。陸龜蒙《苔賦》云：高有瓦松，卑有澤葵，散巖竇者曰石髮，補空田者曰垣衣，在屋曰昔邪，在藥曰陟釐是也。瓦松，生古瓦屋上，若松子作層。澤葵，鳧葵也。雖曰異類，而皆感瓦石而生，故陸推類而云耳。今人罕復用之，故但附見於此。瓦松，即下條昨葉何草也。《廣志》謂之蘭香。段成式云：或言構木上多松栽土，木氣洩則生瓦松，然亦不必爾。今醫家或用作女子行經絡藥。陟釐，古方治虛冷下痢最要。范汪：治腹中留飲，有海藻丸。又有癭酒方，用海藻一斤，絹袋盛，以清酒二升浸，春夏二日，秋冬三日，一服兩合，日三。酒盡更合，飲之如前，滓暴乾，末，服方寸匕，日三，不過兩劑，皆差。《廣濟》：療氣，膀胱急妨，宜下氣昆布臛法：高麗昆布一斤，白米泔浸一宿，洗去鹹味，以水一斗，煮令向熱，擘長三寸，闊四五分，仍取葱白一握，二寸切斷，擘之，更煮，令昆布極爛，仍下鹽、酢、豉、糝調和，一依臛法，不得令鹹、酸。以生薑、橘皮、椒末等調和，宜食粱米、粳米飯。海藻亦依此法，極下氣，大效。無所忌。

〔宋・唐慎微《證類本草》〕《海藥》云：主宿食不消，五鬲痰壅，水氣浮腫，脚氣，賁㹠氣，並良。雷公：凡使，先須用烏豆并紫背天葵和海藻，三件同蒸一伏時，候日乾用之。《肘後方》：治頷下瘰癧如梅李，宜速消之。海藻一斤，酒二升，漬數日，稍稍飲之。又方：治頸下卒結囊欲成癭。海藻一斤，洗去鹹，酒浸飲之。

**宋・王繼先《紹興本草》卷一一** 海藻 紹興校定：海藻生於海中，亦海菜之屬也。性味主治具載《經》注，今醫方用此治癭瘤及下水頗驗。當從《本經》味苦鹹、寒、無毒是也。

**宋・鄭樵《通志》卷七五《昆蟲草木略》** 海藻 類紫菀而麄惡，曰落首，曰薄，曰石衣，曰海蘿。《爾雅》云：薄，石衣。郭氏云，石髮也。又云：蕁，海藻。郭氏云，如亂髮。其說無别，致誤後人引據。且薄與蕁，藻與藻，皆無異義，何得為二物？海藻形如弊衣，石髮形如亂髮，自是二物。凡此之類，易得渾殽。又有石帆之於水松，亦能相亂，故陶弘景云：石帆如栢，療石淋。水松如松，療溪毒。《吴都賦》所謂石帆水松是也。又有海帶似帶，昆布似布。《爾雅》云：綸似綸，組似組，東海有之。綸即鹿角菜，組即海中苔。

**宋・劉明之《圖經本草藥性總論》卷上** 海藻 味苦、鹹，寒，無毒。主癭瘤氣頸下核，破散結氣，癰腫癥瘕堅氣，腹中上下鳴，下十二水腫，療皮間積聚暴㿉，畱氣熱結，利小便。《藥性論》云：臣。味鹹，有小毒。主辟百邪鬼魅，治氣疾急滿，療疝氣下墜疼痛、核腫。孟詵云：主起男子陰氣，常食之，消男子㿉疾。《海藥》云：主宿食不消，五膈痰壅，水氣浮腫，脚氣，賁豚氣並良。《肘後方》：治頷下瘰癧如梅李，及頸下卒結囊欲成癭。海藻壹斤，酒貳升，漬數日，稍稍飲之。

**宋・陳衍《寶慶本草折衷》卷九** 海藻 續説云：藻之生於海者，故以海藻名，即本條所載性用者是也。藻之生於河者，則以水藻名，即《詩》所詠采于行潦者是也。

**元・王好古《湯液本草》卷四** 海藻 氣寒，味鹹。《本草》云：主癭瘤氣，頸下核，破散結氣，癰腫癥瘕堅氣，腹中上下鳴，下十二水腫。療皮間積聚，暴㿉，留氣熱結，利小便。《珍》云：洗，去鹹。泄水氣。

**元・佚名氏《珍珠囊・諸品藥性主治指掌》〔見《醫要集覽》〕** 海藻 味苦、鹹，性寒，無毒。沉也，陰中陰也。其用有二：利水道，通閉結之便；泄水氣，消遍身之腫。

**元・徐彦純《本草發揮》卷二** 海藻 成聊攝云：鹹味湧泄，海藻鹹以泄水氣。潔古云：海藻苦、鹹，寒，陰也。治癭瘤馬刀，諸瘡堅而不潰者。《内經》云：鹹能軟堅。營氣不從，外為浮腫，隨各引經之藥治之，無腫不消。亦泄水氣。

**明・王綸《本草集要》卷三** 海藻臣 味苦鹹，氣寒，無毒。一云：有小毒。反甘草。七月七日採，曝乾。主癭瘤氣，頸下核，破散結氣癰腫，癥瘕堅氣，腹中上下鳴。下十二水腫，主辟百邪鬼魅，治氣疾急滿，療疝氣下墜疼痛，核腫。治頷下瘰癧如梅李。取一斤，洗淨，酒漬浸數日，稍稍飲之。又治頸下卒結囊，欲成癭。同前法。又同昆布等分為末，蜜丸如杏核大，含之，稍稍嚥汁。

**明・滕弘《神農本經會通》卷一** 海藻 臣也。反甘草。七月七日採，暴乾。生海島上。黑色，如亂髮，而大少許，葉大都似藻葉。又云：有馬尾藻，生淺水，如短馬尾，細黑色，用之當浸去鹹。大葉藻，生深海中。

味苦、鹹，氣寒，無毒。《湯》云：氣寒，味鹹。東云：沉也，陰中陽也。利水道，通閉結之便，泄水氣，消遍身之腫。又云：散癭，破氣，治疝。珍云：洗除鹹味，能泄水氣。《本經》云：主癭瘤氣，頸下核，破散結氣，癰腫，癥瘕，堅氣，腹中上下鳴，下十二水腫，療皮間積聚，暴㿉留氣熱結，利小便。《藥性論》云：海藻，臣。味鹹，有小毒。主辟百邪鬼魅，治氣疾急滿，療疝氣下墜疼痛，核腫，去腹中雷鳴，幽幽作聲。孟詵云：主起男子陰氣，常食之，消男子㿉疾。陳藏器云：馬藻，大寒。擣傅小兒赤白遊瘮，火焱熱瘡。擣絞汁服，去暴熱，熱痢，止渴。生水上，如馬齒相連。珍云：洗水鹹，泄水氣。劍云：海藻鹹寒通水道，能開透軟結之便。氣停水結通身腫，非此之功不得痊。《局》云：海藻鹹寒主癭瘤，一般海帶更長柔。專除疝氣偏㿉病，水腫逢之亦可消。海藻，海帶一般，疝氣癭瘤同功。

**明・劉文泰《本草品彙精要》卷一一** 海藻無毒。附石帆、水松、馬藻。

水生。

**海藻**出《神農本經》：**主癭瘤氣，頸下核，破散結氣，癰腫，癥瘕，堅氣，腹中上下鳴，下十二水腫。**以上朱字《神農本經》。療皮間積聚暴㿗，留氣熱結，利小便。以上黑字名醫所録。〔名〕落首、藫、薚、海蘿。〔苗〕《圖經》曰：葉似鬄音薙，生海中，根著水底石上，黑色如亂髮而粗大，類水藻，謂之大葉藻。一種如短馬尾者，生淺水，細而黑色，海人以繩繫腰，沒水下則得之。二種不分功狀，總謂之海藻者，由其皆生於海，其味鹹，能軟堅之義也。若《詩》所謂于以採藻，于彼行潦。陸璣云：藻，水草也，生水底。亦有二種，一種葉如雞蘇，莖似筯，長四五尺；一種莖如釵股，葉如蓬蒿，謂之聚藻。二藻但能作茹而已，非海中所生者，其味未必鹹，其功未必同也。又有石帆，平，無毒，生海嶼石上，狀如柏梗，高尺許，如筯，紫色，無葉，見風漸硬，色如漆，其華離樓相貫連，死則浮水中，人於海邊得之，稀有見其生者。水松，其形似松，出南海交趾。又有馬藻，大寒，生水上，如馬齒相連者是也。三物各有療疾之功，故併附之。〔地〕《圖經》曰：生東海池澤，今出登、萊諸州海中皆有之。〔時〕生：無時。採：七月七日取。〔收〕暴乾。〔用〕莖、葉。〔質〕類水藻而細。〔色〕黑。〔味〕鹹。〔性〕寒，軟。〔氣〕氣薄味厚，陰也。〔臭〕腥。〔主〕散癰瘰，潰堅腫。〔反〕甘草。〔製〕《雷公》云：凡使，先須用生烏豆並紫背天葵同蒸一伏時，候日乾用之。〔治〕療：《圖經》曰：治水㿗。《藥性論》云：辟百邪，鬼魅，除氣疾急滿，去疝氣，下墜疼痛，核腫，腹中雷鳴，幽幽作聲。孟詵云：起男子陰氣，消男子㿗疾。《別録》云：消宿食，療五膈痰壅，水氣浮腫，脚氣，賁豚氣。陶隱居云：水松，療溪毒。陳藏器云：馬藻，大寒，擣傅小兒赤白游疹，火焱熱瘡，絞汁服，去暴熱，熱痢，止渴。○石帆，主婦人血結，月閉，石淋。〔合治〕合酒漬數日，稍稍飲之，療頷下瘰癧如梅李，並療頸下卒結囊欲成癭。〔禁〕北人不可多食，食之倍生諸病，妊娠亦不可服。○水松，食之生水腫。

**明・葉文齡《醫學統旨》卷八**　海藻　氣寒，味苦、鹹。無毒。反甘草。凡使先須用生烏豆同蒸一伏時，日乾用之。治癭瘤氣，頸下核，破散結氣，癰腫癥瘕堅氣；腹中上下鳴，下十二水腫；辟百邪鬼魅；氣疾急滿，疝氣下墜疼痛，核腫。

**明・許希周《藥性粗評》卷二**　海藻攻堅而破腫。海藻，海中水草也，一名落首，《爾雅》謂之藫。有二種，一如馬尾，一大而有葉。生東海池澤，今登、萊等州近海之處亦有之。七月七日採，暴乾。凡用洗去鹹味，如入丸散，則焙乾用之。反甘草。餘說《本草》不載。味苦、鹹，性寒，無毒。其氣下行。主治結熱，堅塊癭瘤，氣頸痒核，癰腫，腹鳴疝氣，利小便，下十二種水，俱與昆布同功。潔古云：治癭瘤馬刀諸瘡堅而不潰者。

單方：留飲不消：凡腹中宿食留飲，停而不消者，以海藻洗去鹽，焙乾，研為末，每用一二錢，溫水調下。癭氣結核：凡頸下結囊，欲成癭或結核，欲成瘤者，海藻一斤，洗淨，清酒二升，春夏浸二日，秋冬三日，每服二合，日三次，酒盡更合飲之，以消為度。

**明・鄭寧《藥性要略大全》卷五**　海藻臣　利水道、便閉，泄十二經水氣，消浮腫。《賦》曰：散癭瘤，破血，治疝，利小便。治氣疾急滿，療皮間積聚暴㿗，留氣熱結。伊訓云：散結氣，癰腫癥瘕，堅氣，腹中上下雷鳴。治頸下核。治疝氣下墜。味苦、鹹，性寒，有小毒。沉也，陰中陰也。反甘草。洗去鹹味，烘乾入藥。

**明・陳嘉謨《本草蒙筌》卷三**　海藻　味苦、鹹，氣寒，無毒。一云有小毒。東海所生，葉類萍藻。根着水底石上，莖如亂髮而烏。七夕收採，性反甘草。治項間瘰癧，消頸下癭囊。利水道通癃閉成淋，瀉水氣除脹滿作腫。辟百邪鬼魅，止偏墜疝疼。○又種麄長，乃名海帶。茅軟堪以繫物，入藥多用催生。亦療風淫，兼下水濕。○昆布亦係海菜，治與海藻功同。散結潰堅，並著奇効。

謨按：榮氣不從，外為癰腫。堅硬不潰，仗此可消。蓋三藥味俱鹹，《經》云：鹹能軟堅。隨各引經藥治之，則堅無不潰，腫無不消也。

**明・王文潔《太乙仙製本草藥性大全》卷二《本草精義》**　海藻　一名落首，一名藫，一名海蘿。生東海池澤，出登、萊諸州海中。凡水中皆有藻，水草。生水底有二種，一種葉如鷄蘇，莖如筯，長四五尺；一種莖如釵股，葉如蓬蒿，謂之聚藻，扶風人謂之藻聚，爲發聲也。二藻皆可食，熟挼其腥氣，米麪糝蒸爲茹甚佳。荊揚人饑荒以當穀食。今謂海藻者，乃是海中所生，根着水底石上，黑色，如亂髮而粗大少許，葉類水藻而大，謂之大葉藻，《本經》云主癭瘤是也。海人以繩繫腰，沒水下而得之，旋繫繩上。又有一種馬尾藻，生淺水中，狀如短馬尾，細黑色，此主水㿗，下水用之。反甘草。

**明・王文潔《太乙仙製本草藥性大全》卷二《仙製藥性》**　海藻臣　味

苦、鹹，氣寒，無毒。一云有小毒。沉也，陰中之陰也。　主治：主宿食不消，五膈痰壅。消項間瘰癧，頸下癭囊。利水道，通癃閉成淋；瀉水氣，除脹滿作腫。辟百邪鬼魅，止偏墜疝疼，破癥腫癥瘕，治氣痰急滿。能散結氣，善理腹鳴。　補註：頷下瘰癧如梅李，取一斤洗浄，酒一升，漬數日，稍稍飲之。○頸下卒結囊，欲成癭，同前法。又同昆布等分爲末，蜜丸如杏核大，含之，稍稍嚥汁。○又方用一斤，洗去鹹，酒浸飲之。○癭酒方：用一斤，絹袋盛，以清酒浸，春夏二日，秋冬三日，日三服，服盡，滓曝乾爲末，服方寸，不過兩服即差。療膀胱氣如神。　太乙曰：凡使先須用烏豆并紫背天葵和海藻，三件同蒸一伏時，候日乾用。

**明・皇甫嵩《本草發明》卷三**　海藻中品下，臣。氣寒，味苦、鹹，無毒。一云有小毒。　發明曰：海藻，鹹能軟堅，故《本草》主消項頸瘰癧，癭瘤結氣暴潰，留氣熱結及癥腫癥瘕堅氣，腹中上下鳴，皮間積聚。又兼療氣疾急滿，疝氣下墜痛腫及脹滿腫，通癃閉，利水道，無非軟堅潤下之性也。生東海。葉類萍藻，莖如亂髮而烏。

**明・李時珍《本草綱目》卷一九草部・水草類**　海藻《本經》中品

〔釋名〕藫音單，出《爾雅》，《别録》作薄。　落首《本經》　海蘿《爾雅注》　〔集解〕《别録》曰：海藻生東海池澤，七月七日採，暴乾。弘景曰：生海島上，黑色如亂髮而大少許，葉大都似藻葉。藏器曰：此有二種：馬尾藻生淺水中，如短馬尾細，黑色，用之當浸去鹹味；大葉藻生深海中新羅國，葉如水藻而大。海人以繩繫腰没水取之。五月以後，有大魚傷人，不可取也。《爾雅》云，綸似綸，組似組，東海有之，正爲二藻也。頌曰：此即水藻生於海中者，今登、萊諸州有之。陶隱居引《爾雅》綸、組注昆布，謂昆布似組，青苔、紫菜似綸；而陳藏器以綸、組爲二藻。陶説似近之。時珍曰：海藻近海諸地採取，亦作海菜，乃立名目，貨之四方云。

〔修治〕斅曰：凡使須用生烏豆，並紫背天葵，三件同蒸伏時，日乾用。時珍曰：近人但洗浄鹹味，焙乾用。

〔氣味〕苦、鹹，寒，無毒。權曰：鹹，有小毒。之才曰：反甘草。時珍曰：按東垣李氏治瘰癧馬刀，散腫潰堅湯，海藻、甘草兩用之。蓋以堅積之病，非平和之藥所能取捷，必令反奪以成其功也。　〔主治〕癭瘤結氣，散頸下硬核痛，癰腫癥瘕堅氣，腹中上下雷鳴，下十二水腫《本經》。療皮間積聚暴潰，瘤氣結熱，利小便《别録》。辟百邪鬼魅，治氣急心下滿，疝氣下墜，疼痛卵腫，去腹中幽幽作聲甄權。治奔豚氣脚氣，水氣浮腫，宿食不消，五膈痰壅李珣。

〔發明〕元素曰：海藻氣味俱厚，純陰，沉也。治癭瘤馬刀諸瘡，堅而不潰者。《經》云：鹹能軟堅。營氣不從，外爲浮腫。隨各引經藥治之，腫無不消。成無己曰：鹹味涌泄。故海藻之鹹，以泄水氣也。詵曰：海藻起男子陰，消男子㿗疾，宜常食之。南方人多食，北方人效之，倍生諸疾，更不宜矣。時珍曰：海藻鹹能潤下，寒能泄熱引水，故能消癭瘤結核陰㿗之堅聚，而除浮腫脚氣留飲痰氣之濕熱，使邪氣自小便出也。

〔附方〕舊二，新二。　海藻酒：治癭氣。用海藻一斤，絹袋盛之，以清酒二升浸之，春夏二日，秋冬三日。每服兩合，日三。酒盡再作。其滓曝乾爲末。每服方寸匕，日三服。不過兩劑即瘥。《范汪方》。　癭氣初起：海藻一兩，黄連二兩，爲末。時時舐咽。先斷一切厚味。《丹溪方》。　項下瘰癧：如梅李狀。宜連服前方海藻酒消之。《肘後方》。　蛇盤瘰癧：頭項交接者。海藻菜以蕎麪炒過，白殭蠶炒，等分爲末，以白梅泡湯和丸梧子大。每服六十丸，米飲下，必泄出毒氣。《危氏得效方》。

**題明・薛己《本草約言》卷一《藥性本草》**　海藻　味苦、鹹，性寒，無毒。沉也，陰中之陰也。其用有二：利水道，通閉結之便；泄水氣，消遍身之腫。又云：散癭破氣，治疝無難。○海藻鹹能軟堅，故主消瘰癧癭瘤。昆布係海菜，與海藻相近同功。

**明・梅得春《藥性會元》卷上**　海藻　味苦、鹹，氣寒。沉也，陰中之陰。無毒。反甘草。　主利水道，通閉結之便。泄水氣，消遍身之腫；散癭瘤而治疝何難，消頸下結核極易。又療癥腫癥瘕堅氣，腹中上下鳴，下十二水腫，辟百邪鬼魅，氣疾急滿，疝氣下墜，腹疼痛，核腫。療皮間積聚。　製法：用生烏頭同蒸一伏時，日乾；或洗去鹹味，焙乾。

**明・杜文燮《藥鑒》卷二**　海藻　氣寒，味醎、苦，無毒。治項間瘰癧，消頸下癭囊。利水道，通癃閉。除脹滿作痛，消堅結作疼。療皮間積聚，止偏墮疝氣。海帶、昆布同功。大都寒能劫熱，苦能泄實，醎能軟堅，茲三藥氣寒味醎苦，故凡榮氣不從，外為癰腫堅硬不潰者，仗此可消。要各隨引經藥治之，則堅無不潰，腫無不消也。反甘草。

**明・王肯堂《傷寒證治準繩》卷八**　海藻　氣寒，味鹹，有小毒。反甘草。潔：氣味俱厚，純陰，沉也。治癭瘤馬刀諸瘡，堅而不潰者。《經》云：鹹能耎堅。榮氣不從外，為浮腫，隨各引經藥治之，腫無不消。成：鹹味湧泄，故海藻之鹹，以泄水氣也。珍：海藻，鹹能潤下，寒能泄熱引水，故能消癭瘤，結核陰㿗之堅聚，而除浮腫脚氣，留飲痰氣之濕熱，使邪氣自小便出也。

**明·李中立《本草原始》卷二**　海藻　水草之有文者，黑色如亂髮，葉類水藻而大。生東海池澤。橫陳于海，若自澡濯然，故名海藻。　海藻：氣味：苦、鹹，寒，無毒。主治：癭瘤結氣，散頸下硬核，癰腫癥瘕堅氣，腹中上下雷鳴，下十二水腫。○療皮間積聚暴癀，瘤氣結熱，利小便。○辟百邪鬼魅，治氣急，心下滿，疝氣下墜疼痛，卵腫，去腹中幽幽作聲。○治奔豚氣，腳氣水氣浮腫，宿食不消，五膈痰壅。

《本經》中品。【圖略】一名藫，一名落首，一名海蘿。七月七日采，暴乾。

又有一種，如短馬尾，細黑色。

反甘草。氣味俱厚，純陰，沉也。修治：洗淨鹹味，焙乾用。

《肘後方》：治頷下瘰癧如梅李，宜速消之，海藻一斤，酒二升，漬數日，稍稍飲之。海藻：臣。

**明·張懋辰《本草便》卷一**　海藻臣　味苦、鹹，氣寒，無毒。一云有小毒。主癭瘤氣，頸下核，破散結氣、癰腫，腹鳴，療疝氣下墜疼痛，核腫。

**明·繆希雍《本草經疏》卷九**　海藻　味苦、鹹，寒，無毒。主癭瘤氣，頸下核，破散結氣癰腫，癥瘕堅氣，腹中上下鳴，下十二水腫，療皮間積聚，暴癀，瘤氣熱結，利小便。

【疏】海藻全禀海中陰氣以生，故味苦鹹、寒而無毒。氣味俱厚，純陰，沉也。苦能泄結，寒能除血熱，鹹能輭堅潤下，故《本經》主癭瘤氣，頸下核，破散結氣癰腫，癥瘕堅氣，及腹中上下鳴，下十二水腫，療皮間積聚，暴癀，瘤氣結熱，利小便。潔古專消癭瘤、馬刀、瘰癧諸瘡，堅而不潰者。《經》云：鹹能輭堅。榮氣不從，外為浮腫，隨各引經治之，腫無不消。反甘草。一云有小毒。【主治參互】危氏《得效方》治蛇盤瘰癧，頭項交接者。海藻菜，以蕎麥麪炒過，白殭蠶等分，為末，以白梅泡湯，和丸梧子大。每服六十丸，米飲下，必泄出毒氣。宜加連翹。《范汪方》海藻酒：治癭氣及項下瘰癧。用海藻一斤，絹袋盛之，以清酒二斤浸之，春夏二日，秋冬三日，每服兩合，日三，酒盡再作。其滓曝乾為末，每服方寸匕，日三服。不過兩劑即瘥。　雷公云：凡使須用生烏豆，并紫背天葵，同蒸一伏時，曝乾用。宜以淡白酒先洗淨為佳。　【簡誤】脾家有濕者勿服。

**明·倪朱謨《本草彙言》卷七**　海藻　味苦、鹹，氣寒，有小毒。氣味俱厚，純陰之品，沉也。《別錄》曰：海藻，生東海池澤。　蘇氏曰：今登、萊諸州及近海諸地皆有之。葉類萍藻，莖如亂髮而黑，根着水底石上。有大小兩種，大者名大葉藻，生深水中，葉大如水藻。小者名馬尾藻，生淺水中，宛如馬尾。海人以繩繫腰投水取之。五月後不可取，恐有大魚出水傷人也。修治：以淡水浸去鹹味，曬乾用。　陳氏曰：海藻生海中，若澡濯然。其名狀有四：一曰藻，海中之水藻也；一曰羅，水草之有文也；一曰綸，生淺水而葉細；一曰組，生深水而葉大。《爾雅》云：綸似綸，組似組，東海有之。正謂此二藻也。

海藻：散癭氣，消癰腫，化癥瘕，《本經》下水腫之藥也。魯當垣稿此藥治癭核、馬刀諸瘡，堅而不潰，潰而不斂者。鹹能軟堅，寒能瀉熱。如營氣不調，外爲癰腫，隨各引經藥配之，腫無不消。又《李氏方》兼治水腫脚氣，留飲結痰之濕熱。使邪氣從小便中出，取鹹入腎達膀胱，有潤下分消之意。如脾虛胃弱，血氣兩虧者，勿用之。　東垣老人曰：此藥反甘草。古方治瘰癧，用海藻、甘草兩用之。蓋以堅結之病，非平和之藥所能取捷，必令反奪以成其功也。

集方：《范汪方》治癭氣。用海藻八兩，絹袋盛之，以清酒二升浸之，春二、夏三、秋四、冬五日。每服二合，日三服，酒盡再作。其渣曬乾爲末，每服二錢，白湯調，日三服，不過兩劑愈。○《危氏方》治瘰癧左右交接者。以海藻菜，用蕎麥麪拌炒，直白殭蠶炒各等分，爲末，米糊爲丸，如梧子大。每食後服百丸，白湯下。

**明·姚可成《食物本草》卷七菜部·水菜類**　海藻生〔東〕海。葉如雞蘇，莖如筯，長四五尺。海人以〔繩〕繫腰，沒水下，刈得之，挼去腥氣，米麪糝蒸〔為〕茹。荊揚人饑荒以當穀食，亦乾之作菜，以虀臛噉之，尤美。

海藻，味鹹，寒，無毒。主癭瘤氣，項下結核，散結氣癰腫，癥瘕堅氣，腹中上下鳴。下十二水腫，療皮間積聚暴癀，留氣結熱，利小便。

裙帶菜生東海。形如帶，長數寸，其色青。醬、醋烹調，亦堪作葅。　裙帶菜，味鹹，寒。主女人赤白帶下，男子精洩夢遺。

**明·姚可成《食物本草》卷一九草部·水草類**　海藻生海島上。黑色如亂髮。有二種：馬尾藻，生淺水中，如短馬尾；大葉藻，生深海中及新羅國。葉如水藻而大，海人以繩繫腰，沒水取之。五月以後，有大魚吞人，不可取也。今近海諸地采取，亦作海菜，乃立名目，貨之四方，以薑、醋淹之作葅。　海藻，味鹹，寒，無毒。治癭瘤結氣，頸下硬核癰腫，癥瘕堅積。辟百邪鬼魅下利，利小便。

海藴形如亂絲。　治同上。

**明·顧逢柏《分部本草妙用》卷七兼經部·寒瀉**　海藻　苦、鹹，寒，無毒。反甘草。隨引經藥，入十二經。　主治：癭瘤結核癰腫，下十二水腫。療皮間積聚，疝氣卵腫，腹鳴，五膈痰壅症。　海藻，鹹能潤下，又能軟堅。寒能洩熱，又能引水。故能消癭瘤結核陰㿉之堅聚，而除浮腫脚氣，留飲痰氣之濕熱，使邪從小便出，各隨引經藥而奏効。逐皮間水，消膜外痰之要藥也。

**明·李中梓《醫宗必讀·本草徵要上》**　海藻味苦、鹹，寒，無毒。入腎經。反甘草。　消瘰癧癭瘤，散癥瘕癰腫。　苦能洩結，寒能滌熱，鹹能軟堅，故主療如上。按：脾家有濕者勿服。

**明·鄭二陽《仁壽堂藥鏡》卷一〇下**　海藻　《圖經》云：海藻，出登、萊海中。無毒。治五膈痰壅，瘰癧，奔豚。解溪水毒，反甘草。　成聊攝云：鹹味湧泄，海藻鹹以泄水氣。　潔古云：海藻苦、鹹，寒，陰也。治癭瘤馬刀，諸瘡堅而不潰者。　《内經》云：鹹能軟堅。營氣不從，外為浮腫，隨各引經之藥治之，無腫不消。亦泄水氣。　陸璣云：藻，水草。《周南詩》云于以采藻，于沼于沚是也。

**明·張景岳《景岳全書》卷四九《本草正》**　海藻反甘草。海帶、昆布性用略同。　味苦、鹹，性微寒。陰也，降也。善降氣清熱，消膈中痰壅，故善消頸項癭瘤結核，及癰腫癥積。利小便，逐水氣，治濕熱氣急，腹中上下雷鳴。療偏墜疝氣疼痛，消奔豚水氣浮腫，及百邪鬼魅熱毒。

**明·施永圖《本草醫旨·食物類》卷二**　藻　有二種，皆可食。煮熟，挼去腥氣，米麵糝蒸為茹，甚佳。饑年可以充食。一種海藻，味苦，寒，鹹，無毒。主癭瘤氣，頸下核。破散結氣癰腫，癥瘕堅氣，腹中上下鳴，下十二水腫。療皮間積聚暴㿉，留氣熱結，利小便。一名海帶，不可與甘草同食。

**明·盧之頤《本草乘雅半偈》帙六**　海藻《本經》中品　氣味：苦、鹹，寒，無毒。　主治：主癭瘤結氣，散頸下硬核痛，癰腫，癥瘕堅氣，腹中上下雷鳴，下十二水腫。

覈曰：出東海海島。有大小二種：小者，名馬尾藻，生淺水中，宛如馬尾；大者，名大葉藻，生深水中，葉大如藻。海人以繩繫腰，投水取之。五月後，不可取，恐大魚傷人也。修事：用生烏豆、紫背天葵，同煮一伏時，晒乾用。反甘草。

条曰：海藻生海中，橫陳于水，若澡濯然。生淺水者，葉細鍾水液之氣淺；生深水者，葉大，鍾水液之氣深。一名歐薚，海中之水藻也。一名羅，水草之有文也。一名綸，生淺水而葉細。一名組，生深水而葉大。《爾雅》云綸似綸，組似組，東海有之，正謂二藻也。蓋海，晦也。主承穢濁，水黑如晦也。藻善條暢，不以晦濁礙衍漾，故主經絡肉理，有失次第淺深，致氣結成癭瘤，及頸下硬核，或氣堅成癥瘕癰腫，及腹中上下雷鳴，亦鹹以軟之，堅結自釋矣。十二經水，皆止而盈，海納百川，止而不盈，尾閭泄之是也。

**明·李中梓《本草通玄》卷上**　海藻　鹹，寒。　主癭癧癰腫，癥瘕水腫，疝氣痰壅食凝。　《經》云：鹹能軟堅。海藻鹹能潤下，寒能洩熱，故無堅不潰，無腫不消。　洗淨鹹味，焙乾。

**清·顧元交《本草彙箋》卷四**　海藻　純陰，氣味沉厚，治癭瘤馬刀諸瘡，堅而不潰者。《經》云：鹹能軟堅。營氣不從，外爲浮腫，隨各引經藥治之，腫無不消。鹹味涌泄，故用以泄水腫。

海藻反甘草。東垣李氏治瘰癧馬刀，散腫潰堅湯，海藻、甘草兩用之，蓋以堅積之病，非平和之藥所能取捷，必令反奪，以成其功也。　海藻酒，治癭氣及項下瘰癧，用海藻一觔，絹袋盛之，漬清酒二觔，春夏二日，秋冬三日，每服兩合，日三服，酒盡再作，其滓曝乾，爲末，每服方寸匕，亦日三服，不過兩劑即瘥。

**清·穆石匏《本草洞詮》卷一〇**　海藻　即水藻之生海中者。　氣味苦鹹寒，無毒。一云有小毒。　治癭瘤結氣，癰腫癥瘕，腹中上下雷鳴，下十二水腫。　蓋海藻氣味俱厚，鹹能潤下，寒能洩熱，故能消堅聚而除浮腫，使邪氣自小便而出也。海藻反甘草。而東垣治瘰癧馬刀散腫潰堅湯兩用之，蓋以堅積之病，非平和之藥所能取効，必令反奪以成其功也。

**清·丁其譽《壽世秘典》卷三**　海藻此即水藻生于海中者。今登、萊諸州有之，亦作海菜，乃立名目，貨之四方，以薑、醋醃之，作葅。　氣味：鹹，寒，無毒。　治癭瘤結氣，散頸下硬核癰腫、癥瘕堅積。　發明李時珍曰：海藻鹹能潤下，寒能洩熱引水，故能消癭瘤、結核、陰㿉之堅聚，而除浮腫脚氣、留飲痰氣之濕熱，使邪氣自小便出也。

**清·劉雲密《本草述》卷一二** 海藻反甘草　此即水藻，生於海中者。此有二種，馬尾藻生淺水中，如短馬尾，細黑色。大葉藻生深海中，葉如水藻而大，海人以繩繫腰，沒水取之。《爾雅》云：綸似綸，組似組，東海有之。正此二藻也。時珍曰：海藻亦作海菜，貨之四方。

氣味：苦、鹹，寒，無毒。權曰：鹹，有小毒。　主治：癭瘤結氣，散頸下硬核痛，癰腫癥瘕堅氣，男子㿗疾，疝氣下墜疼痛，卵腫，治奔豚氣，脚氣水氣浮痛，下十二水腫，腹中上下雷鳴，胸膈痰壅，利小便，起男子陰消。潔古曰：海藻氣味俱厚，純陰沉也。治癭瘤馬刀，諸瘡堅而不潰者。《經》云：鹹能軟堅，營氣不從，外為浮腫，隨各引經藥治之，腫無不消。孟詵曰：海藻起男子陰，消男子㿗疾。宜常食之，南方人多食，北方人效之，倍生諸疾。時珍曰：海藻鹹能潤下，寒能洩熱引水，故能消癭瘤結核陰實之堅聚，而除浮腫脚氣留飲痰氣之溼熱，使邪氣自小便出也。按：海藻、甘草本相反，時珍謂東垣治瘰癧馬刀，有散腫潰堅湯，何以二味並用？蓋欲令其反奪，以成厥功也，此義固然，第兩味並用，不止此一方，而更有獨用海藻者，於是尤當互參也。

愚按：《本經》主治癭瘤結氣，並癰腫癥瘕堅氣，其散結破堅者，總歸於能達陰中之氣。夫人身至陰之氣，水化出焉，故《本經》更云下十二水腫，即此推之。如先哲所云起男子陰，消男子㿗疾，豈非有益於陰氣，而的能奏功如是歟。第謂南人多食，北人食之則生諸疾者，合於時珍鹹能潤下，寒能洩熱之說，則知此味宜於陰氣虛而化溼熱者，如陰氣虛而病於寒，則不宜也。

附方　海藻酒治癭氣，用海藻一斤，絹袋盛之，以清酒二升浸之，春夏二日，秋冬三日，每服兩合，日三，酒盡再作，其滓曬乾，為末，酒服方寸匕，日三服，不過兩劑即瘥。

修治　洗淨鹹味，焙乾用。

**清·郭章宜《本草匯》卷一二** 海藻　味甘、鹹，寒，小毒，氣味俱厚，沉也，陰中之陰也。入足少陰經。破積聚，通閉結之便。治痰壅，消遍身之腫。去腹中幽幽作聲，療皮間十二水腫。《本草》主瘰癧癭瘤，頸下結核者，苦能洩結，寒能除熱，鹹能軟堅也。故無堅不潰，無腫不消耳。

按：海藻，禀海中之陰氣，其性潤下引水，故能除諸瘡腫之堅而不潰者，及留飲痰氣之濕熱，使邪氣自小便出。《經》云鹹能軟堅，營氣不從，外為浮腫，當隨各引經藥治之。若脾家有濕者，勿服。與甘草相反，而東垣散腫潰堅湯，同甘草用者，蓋以堅積之病，非平和之藥所能取捷，必令反奪以成其功也。蛇盤瘰癧，海藻同蕎麪炒過，白殭蠶炒，等分為末，以白梅湯和丸，每服六十丸，米飲下，毒氣俱出。

洗淨鹹味，焙乾。不宜于北人。反甘草。

**清·蔣居祉《本草擇要綱目·寒性藥品》** 海藻　氣味：苦、鹹，寒，無毒。純陰而沉。　主治：癭瘤馬刀諸瘡，堅而不潰。凡營氣不調，外為浮腫，海藻鹹能軟堅，隨各引經之藥治之，可反奪以成其功。

**清·汪昂《本草備要》卷一** 海藻瀉熱，軟堅痰，消癭瘤。　鹹潤下而軟堅，寒行水以泄熱。故消癭瘤、桔核、陰㿗之堅聚，腹痛曰疝，丸痛曰㿗，音頹。痰飲、脚氣、水腫之濕熱。消宿食，治五膈。　出東海，有大葉、馬尾二種，亦作海菜食，洗去鹹水用。昂按：其用在鹹，似不宜過洗。　反甘草。東垣治瘰癧、馬刀，海藻、甘草并用，蓋激之以潰堅也。

**清·陳士鐸《本草新編》卷四** 海藻　味苦、鹹，氣寒，無毒。云有毒者，非。反甘草，入脾。治項間瘰癧，頸下癭囊，利水道，通癃閉成淋，瀉水氣，除脹滿作腫，辟百邪鬼魅，止偏墜疝疼。此物專能消堅硬之病，蓋鹹能軟堅也。然而單用此一味，正未能取效，隨所生之病，加入引經之品，則無堅不散矣。

或問：海藻消堅致效，亦有試而言之乎？夫藥必有試而言之，則神農氏又將何試哉。雖然言而未試，不若試而後言之為驗。予遊燕趙，遇中表之子，談及伊母生癭，求于余。余用海藻五錢、茯苓五錢、半夏一錢、白朮五錢、甘草一錢、陳皮五分、白芥子二錢、桔梗一錢，水煎服，四劑而癭減半，再服四劑，而癭盡消，海藻治癭之驗如此，其他攻堅，不因此而可信乎。

**清·顧靖遠《顧氏醫鏡》卷七** 海藻苦、鹹，寒。反甘草。　消瘰癧癭瘤，除卵腫疝疼。苦能洩結，鹹能軟堅，寒能除熱故也。　脾家有濕者，勿服。

**清·李熙和《醫經允中》卷二〇** 海藻　反甘草。隨引藥入十二經。苦、鹹，寒，無毒。主治癭瘤，結核癰腫，下十二經水腫。療皮間積聚，五膈痰壅。鹹能潤下，又能軟堅消腫，利水道，故治諸前症，逐皮間水，消膜外痰之要藥也。但不宜于北人。又種粗長者名海帶，療風淫，下水濕。

**清·馮兆張《馮氏錦囊秘錄·雜症痘疹藥性主治合參》卷三** 海藻全禀海中陰氣以生，故味苦鹹，寒，無毒。氣味俱厚，純陰，沉也。苦能洩結，寒能除血熱，鹹能軟堅潤下，故主消癭瘤病結核瘰癧，破堅散結，十二水腫之要藥。〇宜（淡白酒）先洗淨，再用生烏荳并紫背天葵同蒸一伏時，晒乾用。　海藻，性反甘草。治項間瘰癧，頸下癭囊，癥瘕癰腫，痰飲濕熱。利水通癃閉成淋，瀉水除脹滿作腫。辟百邪鬼魅，止偏墮疝疼。海帶多用催生，亦治風淫，兼下水濕。（功同海藻。）昆布，頑痰結氣，積聚癭瘤，功同海藻而少滑，性雄，故癀疝膈噎，散結潰堅，竝有奇效。多服久服，令人瘦削。

**清·张璐《本經逢原》卷二**　海藻　苦、鹹，寒，小毒。反甘草。《本經》主癭瘤結氣，散頸硬核，療癰腫癥瘕堅氣，腹中上下雷鳴，下十二種水腫。發明：　海藻鹹能潤下，寒能泄熱利水，故《本經》主癭瘤結核，癰腫癥瘕，散十二經水及除浮腫、脚氣留飲痰氣之濕熱，使邪從小便而出。《經》云：鹹能軟堅。營氣不從，外為浮腫，隨各引經藥治之。凡海中諸藥性味相近，主療一致，雖有不同，亦無大異。

**清·浦士貞《夕庵讀本草快編》卷三**　海藻《本經》、蕁音單　水草中之有文者，潔淨如澡浴，故名。《左傳》蘋蘩蘊藻之菜，乃指溪河中生者。《詩》云于以采藻，干沼于沚，于彼行潦是也。　海藻苦鹹而寒，氣味俱厚，純陰而沉也。鹹能潤下，寒能泄熱，兼有引水之功，故消癭瘤結核以及陰癀之堅聚，除浮腫脚氣而化留飲痰涎，使濕熱之邪從小便而出，無不効也。其性與甘草相反，而東垣散腫潰堅湯二味同用，蓋堅積之病，非平和之藥所能奏捷，故取其相反以成功，立方之妙耳。

**清·張志聰、高世栻《本草崇原》卷中**　海藻　氣味苦、鹹，寒，無毒。主治癭瘤結氣，散頸下硬核痛，癰腫，癥瘕堅氣，腹中上下雷鳴，治十二水腫。海藻生東海島中，今登萊諸處海中皆有，黑色如亂髮，海人以繩繫腰，沒水取之。　鹹能軟堅，鹹主潤下，海藻生於海中，其味苦鹹，其性寒潔，故主治經脈外內之堅結，癭瘤結氣，頸下硬核痛，癰腫，乃經脈不和而病結於外也。癥瘕堅氣，腹中上下雷鳴，乃經脈不和，而病結於內也。海藻形如亂髮，主通經脈，故治十二經水腫，人身十二經脈流通，則水腫自愈矣。

**清·修竹吾廬主人《得宜本草分類·下部補養並瘍科感症門》**　海藻酒治癭氣，海藻一斤，絹袋盛之，以清〔酒〕一升浸之，春夏二日，秋冬三日，每服兩合，日三，酒盡再作，其渣曝乾為末，每服方寸匕，日三服，兩劑即瘥《範汪方》。　海藻氣味鹹，寒。

**清·黃元御《長沙藥解》卷四**　海藻　味鹹，性寒。入手少陰腎、足太陽膀胱經。利水而泄痰，軟堅而消痞。《金匱》牡蠣澤瀉散方在牡蠣用之治大病差後，從腰以下有水氣者。以其利水，而清熱澀也。海藻鹹寒下行，走膀胱而通水道，下療奔㹠腳氣，氣鼓水脹之疾，而軟堅化痞尤為擅長。且凡癭瘤瘰癧，癀疝癥瘕，一切癰腫堅頑之病皆醫。

**清·吳儀洛《本草從新》卷二**　海藻〔瀉熱，軟堅痰，消癭瘤。〕　苦能泄結，鹹能軟堅，寒能滌熱。消瘰癧結核，癥瘕陰癀之堅聚，及痰飲脚氣、水腫癰腫之濕熱，去宿食，消五膈。脾寒有濕者勿服。出東海，有大葉、馬尾二種。亦作海菜食。洗去鹹水。其用在鹹，不宜過洗。反甘草。東垣治瘰癧馬刀，海藻、甘草并用，蓋激之以潰堅也。

**清·嚴潔等《得配本草》卷四**　海藻　反甘草。　苦、鹹，寒。軟堅泄熱。消癭瘤，止癩疝，辟鬼邪，除浮腫，去痰飲，通淋閉。得甘草，治瘰癧馬刀。反者并用，其功益烈。配殭蠶，治蛇盤瘰癧。淡白酒洗去鹽水，再用生烏豆、紫背天葵同蒸，曬乾用。　用之不當，令人瘦削。

**題清·徐大椿《藥性切用》卷四**　海藻　苦醎性寒，軟堅破結，滌熱消癭，為瘰癧耑藥。

**清·黃宮繡《本草求真》卷五**　海藻泄熱散結軟堅。　海藻耑入腎。書載性反甘草，能治項頸一切瘰癧癥瘕疝癀。腹痛曰疝，丸痛曰癀。及痰飲脚氣水腫等症，其故奚似。蓋緣苦能洩結，寒能除熱，鹹能軟堅。海藻氣味俱備，與甘草本屬不合。凡其水因熱成，而致隧道閉塞，小便不通，硬結不解者，用此堅軟結泄，邪退熱解，使熱盡從小便而出，而病自無不愈也。丹溪治癭氣初起，用海藻一兩，黃連二兩，為末，時時䑛咽，先斷一切厚味。至有病非實結，最不宜用。非獨海藻為然，即凡海中諸藥，無不如是。海帶有似海藻而粗，柔韌而長，主治無異。昆布亦同海藻、海帶，俱性帶滑且雄。凡癭堅如石者，非此不除。且其下氣最速，久服多令人瘦，至云海島人常食，以其水土不同故耳。皆反甘草，略洗去鹹水用。偏有同甘草以治瘰癧，蓋激之以潰其堅耳！

**清·羅國綱《羅氏會約醫鏡》卷一六草部**　海藻味苦鹹，寒，入腎經。反甘草。　鹹潤下而軟堅，寒行水以泄熱。消瘰癧、癭瘤、陰癀、結核、腹病曰疝，丸病曰癀音頹。一切堅聚，鹹以軟堅。通癃閉，除水腫。行十二經之濕邪。略洗鹹水用。其用在鹹，不得過洗。

**清・黄凱鈞《藥籠小品》** 海藻 苦泄結，鹹軟堅，寒滌熱，消瘰癧結核癥瘕，脾胃有濕勿服。

**清・章穆《調疾飲食辯》卷三** 海藻 《綱目》曰：《爾雅》曰蕁，海藻。郭注云：一名海蘿。《本經》曰：落首。《別錄》曰：藫。《拾遺》曰：有二種：馬尾藻生淺水，如短馬尾，細葉，黑色。大葉藻生深海，新羅諸國取以貨之四方。形似水藻，功用不同。水藻生淡水，性冷，但能退熱。此生鹹水，故能軟堅益血，亦能泄熱利水。《本經》曰：消癭瘤結氣，散項下硬核癰腫，破癥瘕堅氣，治腹中上下雷鳴，下十二水腫。凡病血虧氣滯者宜食之。

**清・王龍《本草纂要稿・草部》** 海藻 氣味苦鹹。利水道，瀉水氣，通癃閉成淋。消癭囊，治瘰癧，除脹滿作腫。辟百邪鬼魅，止偏墜疝疼。

**清・吳鋼《類經證治本草・足少陰腎臟藥類》** 海藻 【略】出東海。有大葉、馬尾二種。亦作海菜食。反甘草。誠齋曰：大葉者是海帶，出登州。大略性味似海藻，兼主婦人病，難產催生。更有一種大者，可搓繩索，名昆布。亦出東萊，產於浙、閩。大葉似菜，不長。登州者佳。性味亦同海藻，而少滑性，雄壯。能消項下卒腫及癭氣。皆反甘草。

**清・張德裕《本草正義》卷上** 海藻 苦鹹，涼。善降氣，清熱化痰，消頸項癭瘤結核，偏墜疝瘕，邪魅熱毒，亦能逐水利便。海帶、昆布性用略同。

**清・楊時泰《本草述鉤元》卷一二** 海藻 即水藻生於海中者。有二種：馬尾藻生淺水中，如短馬尾，細黑色；大葉藻生深海中，葉如水藻而大，海人以繩繫腰，沒水取之，作海菜貨遠。

苦鹹而寒。氣味俱厚，純陰，沉也。反甘草。主癭瘤結氣，散頸下硬核痛，癰腫，癥瘕堅氣。癭瘤諸瘡堅而不潰者，隨經各引，腫無不消。起男子陰，消及㿗疾，疝氣下墜，疼痛卵腫，治奔豚氣，脚氣，水氣浮痛，下十二水腫，腹中上下雷鳴，胸膈痰壅，利小便。南方人多食良，北人效之，倍生諸疾詵。鹹能潤下，寒能泄熱，引水使邪氣從小便出瀕湖。與甘草本相反，東垣散腫潰堅湯，治瘰癧、馬刀，二味並用，欲其反奪以成厥功也。治癭氣，海藻酒，海藻一斤，絹袋盛之，浸以清酒二升，春夏二日，秋冬三日，每服兩合，日三，酒盡再作，其渣曬乾為末，酒服方寸匕，日三服，不過兩劑瘥。

論：海藻散結破堅，總由能達陰中之氣。夫至陰之氣，水化出焉，故《本經》更下十二水腫，推此則其起男子陰，消㿗疾，非益於陰氣之故歟。第鹹潤下，寒洩熱，止宜於陰氣虛而化濕熱者，如陰氣虛而病於寒，則不宜也。

修治：洗淨鹹味，焙乾用。

**清・葉桂《本草再新》卷三** 海藻味苦而鹹，性寒，無毒。入肺、胃二經。 消瘰癧癥瘕，及脚氣水腫，濕熱。

**清・吳其濬《植物名實圖考》卷一八** 海藻 《本經》中品。《爾雅》：蕁，海藻。注：如亂髮生海中。蓋即俗呼頭髮菜之類。又《拾遺》有海蘊。蘊，訓亂絲。亦其類也。

**清・趙其光《本草求原》卷五水石草部** 海藻 生東海島中。色黑如亂髮，氣寒，除血熱。味苦、泄結。鹹，軟堅潤下。無毒。能除經脈內外之堅結，治癭瘤結氣，散頸下硬核痛、癰腫。此皆經脈不和，病結於外，堅而不潰者也。癥瘕堅氣、腹中上下雷鳴。是經脈不和，病結於內也。海藻形如亂髮，主通經脈，故治之。又治十二經水腫。經脈流通，水腫自消也。單用浸酒飲，治癭氣及項下瘰癧馬刀。脾有濕忌之。

**清・葉志詵《神農本草經贊》卷二** 海藻 味苦，寒。主癭瘤氣頸下核，破散結氣，癰腫癥瘕堅氣，腹中上下鳴，下十二水腫。一名落首。生池澤。

託身洪流，藏修潔澡。縈帶蘿牽，如雲髮繞。火藉光明，鑒形醜好。似組似綸，偕功海島。

嵇康詩：俯唼綠藻，託身洪流。《禮》：藏焉修焉。《埤雅》：藻，水草之有文者。字從澡，言自潔如澡也。杜甫詩：徑石相縈帶。昭明太子詩：牽蘿下石磴。《爾雅注》：一名海蘿。《詩》：鬒髮如雲。陶弘景曰：生海島。黑色如亂髮。《書註》：藻火。藻，取其潔；火，取其明也。閻復啟：藻鑒垂光。劉禹錫賦：彼多方兮，自生醜好。李時珍曰：《爾雅》云：綸似綸，組似組。東海有之，即昆布也，性味相近，主療一致。

**清・文晟《新編六書》卷六《藥性摘錄》** 海藻 鹹，寒。入腎泄熱，散結軟堅，治瘰癧癥瘕，疝㿗痰飲，脚氣水腫等症，使熱邪從小便而出。○若病非實結，最不宜用。○署洗去鹹水用。○昆布、海帶性同，皆反甘草。

**清・張仁錫《藥性蒙求・草部》** 海藻昆布錢半，海帶二錢 海藻鹹寒，消癭散癧。鹹能軟堅，腫塊痰核。苦能泄結，鹹能軟堅，寒能除熱。脾寒有濕者，勿服。

○昆布功同海藻，而少滑，性更雄。皆略洗用。海帶亦功同。

**清・戴葆元《本草綱目易知錄》卷二** 海藻 鹹潤下而軟堅，寒行水以泄熱，故消癭瘤結核，陰㿉之堅聚，痰飲脚氣水腫之濕熱，使邪氣利小便而出。散皮間積聚，癰腫癥瘕。腹中上下雷鳴，幽幽作聲，下十二水腫，治氣急心下滿，及奔豚氣疝氣卵腫。宿食不消，五膈痰壅，辟百邪鬼魅。反甘草。

**清・黃光霽《本草衍句》** 海藻　鹹潤下而軟堅，寒行水以泄熱。《本經》治腹中上下雷鳴，下二十種水。消癭瘤結核疝瘕，療飲痰噎膈脚氣。得昆布治癭氣結核。海帶昆布，功用皆同。　蛇盤瘰癧，頭項交接者，海藻菜以蕎麵炒過，白殭蠶炒，等分為末，以白梅泡湯，和丸梧子大，每服六十丸，米飲下，必泄出毒氣，乃愈。

**清・李桂庭《藥性詩解》** 賦得海藻散癭破氣而治疝何難得何字。李慶霖。

海藻鹹寒苦，其功力若何。疝瘕能破散，癭瘰自消磨。　按：海藻苦能洩結，鹹能軟堅，寒能滌熱，消癭瘰結核，癥瘕陰㿉之堅聚，及核腫疼痛、痰飲癰腫之濕熱。下十二水腫，利小便，消五膈。脾寒有濕者勿服。出東海。有大葉、馬尾二種。亦作海菜食，洗去鹹水。反甘草。海帶下水，消癭軟堅，治疝功同海藻。生東海中，似海藻而麄且長。　海菜味鹹而寒，下煩熱，治癭瘤結氣，利水道。生海中。色正青，取乾之則色紫，故一名紫菜。

昆布

**唐・孫思邈《千金要方》卷二六《食治・菜蔬》** 昆布　味鹹，寒，滑，無毒。下十二水腫、癭瘤結氣、瘻瘡，破積聚。

**宋・李昉《太平御覽》卷第九九二** 綸布　《本草經》曰：綸布，一名昆布。味酸，寒，無毒。主十二種水腫，癭瘤聚結氣，瘻瘡，生東瘡。

**附：日・丹波康賴《醫心方》卷三〇** 昆布　《本草》云：味鹹，寒，無毒。主十二種水腫，癭瘤，氣癭。陶〔弘〕景注云：乾性熱，柔甚冷。《拾遺》云：生頹卵腫，含汁嚥之。崔禹〔錫〕云：治九瘻風熱熱癉，手脚疼痹，以生噉之，益人。

**宋・唐慎微《證類本草》卷九草部中品〔《別錄》〕** 昆布　味鹹，寒，無毒。主十二種水腫，癭瘤聚結氣，瘻瘡。生東海。

〔梁・陶弘景《本草經集注》〕云：今惟出高麗，繩把索之如卷麻，作黃黑色，柔韌可食。《爾雅》云：綸音開似綸，組似組，東海有之。今青苔、紫菜皆似綸，此昆布亦似組，恐即是也。凡海中菜，皆療癭瘤結氣。青苔、紫菜輩亦然。乾苔性熱，柔苔甚冷也。

〔宋・馬志《開寶本草》〕按：陳藏器《本草》云：昆布，主陰㿉，含之咽汁。生南海。葉如手大，如薄葦，紫色。

〔宋・掌禹錫《嘉祐本草》〕按：《藥性論》云：昆布，臣，有小毒。利水道，去面腫，治惡瘡，鼠瘻。陳藏器云：紫菜，味甘，寒。主下熱煩氣，多食令人腹痛，發氣，吐白沫，飲少熱醋消之。蕭炳云：海中菜，有小螺子，損人，不可多食。

〔宋・唐慎微《證類本草》〕《圖經》：文具海藻條下。《唐本》注云：又有石帆，狀如柏，治石淋。又有水松，狀如松，治溪毒。陳藏器云：主頹卵腫。煮汁咽之。生南海。葉如手，乾，紫赤色，大似薄葦。陶云：出新羅，黃黑色，葉柔細。陶解昆布，乃是馬尾海藻也。新注云：如癭氣，取末蜜丸，含化自消也。《海藥》云：謹按《異志》：生東海水中，其草順流而生。新羅者黃黑色，葉細，胡人採得，搓之爲索，陰乾，舶上來中國。性溫，主大腹水腫，諸浮氣，并癭瘤氣結等，良。雷公云：凡使，先弊甑箅同煮，去鹹味，焙，細剉用。每修事一斤，用甑箅大小十個，同昆布細剉，二味各一處，下東流水，從巳煮至亥，水旋添，勿令少。《食療》云：下氣，久服瘦人。無此疾者，不可食。海島之人愛食，爲無好菜，只食此物。服久，病亦不生。遂傳說其功於北人，北人食之，病皆生，是水土不宜爾。又云：紫菜，下熱氣，多食脹人。若熱氣塞咽喉，煮汁飲之。此是海中之物，味猶有毒性。凡是海中菜，所以有損人矣。《聖惠方》：治癭氣結核，瘰癧腫硬。昆布一兩，洗去鹹，擣爲散，每以一錢綿裹於好醋中浸過。含嚥津，藥味盡，再含之。《外臺秘要》：治頷下卒結囊，漸大欲成癭。以昆布、海藻等分爲末，蜜丸，含如杏核大，稍嚥汁。《千金翼》：治五癭。昆布一兩，並切如指大，酢漬，含嚥汁，愈。

**元・忽思慧《飲膳正要》卷三** 海菜　味鹹，寒，微腥，無毒。主癭瘤，破氣核癰腫。勿多食。

**元・徐彥純《本草發揮》卷二** 昆布　東垣云：味大鹹。治瘡之堅硬者，鹹能軟堅也。

**明・王綸《本草集要》卷三** 昆布臣　味鹹，氣寒，無毒。一云：小毒。主十二種水腫，癭瘤聚結氣，瘻瘡。凡海中菜，皆療癭瘤結氣。又頹卵腫，煮汁嚥之。

**明・滕弘《神農本經會通》卷一** 昆布　一云有小毒。陶解乃是馬尾海藻。

味鹹，氣寒，無毒。東云：破疝氣，散癭瘤。《本經》云：主十二種水腫，癭瘤聚結氣，瘻瘡。陶云：凡海中菜，皆療癭瘤結氣。青苔、紫菜亦然。乾苔性熱，柔苔甚冷也。陳藏器云：主陰㿉，含之咽汁。《藥性論》

云：微有小毒。利水道，去面腫，治惡瘡鼠瘻。陳云：主顙卵腫毒，煑汁咽之。又云：紫菜，味甘，寒。主下熱煩氣。多食令人腹痛，發氣，吐白沫，飲少熱醋消之。蕭炳云：海中菜，有小螺子，損人，不可多食。《局》云：昆布鹹酸性冷寒，能消水腫利漩難。癭瘤結硬真良劑，海藻同科氣自寬。昆布，消水腫，結硬，癭瘤。

**明·劉文泰《本草品彙精要》卷一一**　昆布　無毒。附紫菜。水生。

昆布：主十二種水腫，癭瘤，聚結氣，瘻瘡。名醫所錄。【苗】陶隱居云：生南海，葉如手大。似薄葦，紫色，出高麗。綯作繩索，如卷麻而黃黑色，柔韌可食。《海藥》云：生東海水中，其草順流而生。新羅者，黃黑色，葉細，胡人採得，搓之爲索。又有一種紫菜，附石，生南海上，正青，取乾之則紫色，而亦有療疾之功，故附於此。【地】《圖經》曰：生東海，今亦出登、萊諸州。陶隱居云：出高麗，及南海有之。【時】生：無時。採：無時。【收】陰乾。【用】葉。【質】類紫菜而匾厚。【色】紫赤。【味】鹹。【性】寒，軟。【氣】味厚于氣，陰也。【臭】腥。【主】散癭瘰，潰堅腫。【製】《雷公》云：凡使，先同弊甑箄煮去鹹味，焙，細剉用。每修事一斤，用甑箄大小十個，同昆布細剉，二味各一處，下東流水，從巳煮至亥，水旋添，勿令少。【治】療：《藥性論》云：利水道，去面腫，並惡瘡，鼠瘻。陳藏器云：陰㿉，含之咽汁。○紫菜，味甘，寒，主下熱煩。多食令人腹痛，發氣，吐白沫。飲少熱醋消之。【合治】搗末，合醋浸，含之咽津，治癭氣結核，瘟瘟腫硬。【禁】久服瘦人，妊娠亦不可服。

**明·葉文齡《醫學統旨》卷八**　昆布　氣寒，味大鹹。無毒。凡海中菜皆療癭瘤結氣；又顙卵腫，煮汁噉之。　治十二種水腫，癭瘤聚結氣，瘻瘡；治瘡之堅硬者，鹹能軟堅也。

**明·許希周《藥性粗評》卷二**　血壅蓄水，洗昆布以疏通。

昆布，此與海藻同類，柔韌如麻，故名。海人以為菜茹。生東海及高麗國，採製俱與海藻同，餘說《本草》不載。味鹹，性寒，無毒。其氣下行。主治與海藻同功。

單方：咽喉熱腫：取昆布搗汁飲之。　癭氣結核：昆布一二兩，洗去鹹味，焙乾為末，蜜丸如梅李大，含而噉之。一方：搗爛，每以一丸如彈大者，綿裹於好醋中浸過，含而噉之，味盡再含，俱以消為度。

**明·鄭寧《藥性要略大全》卷五**　昆布　破疝氣，散癭瘤及結聚氣瘰，治十二經水腫。《湯液》云：利水道，去面腫，惡瘡鼠瘻。多食令人腹冷痛，發氣吐白沫。飲少醋消之。　味鹹，性寒，無毒。一云有小毒。形如卷麻。此海中苔類也。凡海中菜皆療癭瘤結氣。

**明·王文潔《太乙仙製本草藥性大全》卷二《本草精義》**　海昆布　一名綸組，一名石髮。即陟釐也。生東海，今出登萊諸州，色類似苔而粗澁爲異。又云藻葉似薤而大，生海底。且陟釐下自有條，味性功用與海藻全別。又生江南池澤，乃是水中青苔，古人用以爲紙，亦青黃色，今注以爲石髮是也。

**明·王文潔《太乙仙製本草藥性大全》卷二《仙製藥性》**　海昆布臣　味鹹，氣寒，無毒。又云有小毒。　主治：破疝氣，散癭瘤及結聚。利水道，治鼠瘻，去面腫惡瘡，善主陰㿉，下熱煩氣。多服令人腹冷痛，發氣吐白沫。

補註：癭氣結核，瘟瘟腫硬，用一兩，洗去鹹，搗爲散，每以一錢，綿裹，於好醋中浸過，含噉津，藥味盡，再含之。○頷下卒結囊漸大，欲成癭，以昆布、海藻等分爲末，蜜丸，含如杏核大，稍稍噉汁。○治五癭，用一兩，並切如指大，醋浸，含噉津，愈。　太乙曰：凡使先弊甑箅同煮，去鹹味，焙，細剉用。每脩事一斤，用甑箅大小十個。同昆布細剉，二味各一處，下東流水，從巳煮至亥，水旋添，勿令少。○昆布臛法：用一斤，以白米泔浸一宿，洗去鹹味，以水一斗，○令向熱擘，長三寸，闊四五分，仍取葱白一握，二寸切斷，擘之更煮，令昆布爛極，仍下醋豉糝調和，一依臛法，不得令鹹酸，以生薑、橘皮、椒末等調和，宜食粱米、粳米飯。海藻亦依此法，極下氣大效，無所忌。

**明·皇甫嵩《本草發明》卷三**　昆布　係海菜，與海藻相近，同功。

**明·李時珍《本草綱目》卷一九草部·水草類**　昆布《別録》中品

【釋名】綸布時珍曰：按《吴普本草》，綸布一名昆布，則《爾雅》所謂綸似綸，東海有之者，即昆布也。綸音關，青絲綬也，訛而爲昆耳。陶弘景以綸爲青苔、紫菜輩，謂組爲昆布；陳藏器又謂綸、組是二種藻。不同如此。

【集解】《別録》曰：昆布生東海。弘景曰：今惟出高麗。繩把索之如卷麻，作黃黑色，柔韌可食。《爾雅》云：綸似綸，組似組，東海有之。今青苔、紫菜皆似綸，而昆布亦似組，恐即是也。珣曰：其草順流而生。出新羅者葉細，黃黑色。胡人搓之爲索，陰乾，從舶上來中國。時珍曰：昆布生登、萊者，搓如繩索之狀。出閩、浙者，大葉似菜。蓋海中諸菜性味相近，主療一致。雖稍有不同，亦無大異也。

【修治】斅曰：凡使昆布，每一斤，用甑箅大小十個，同剉細，以東流水煮之，從巳至亥，待鹹味去，乃曬焙用。

【氣味】鹹，寒，滑，無毒。普曰：酸、鹹，寒，無毒。權曰：温，有小毒。【主治】十二種水腫，癭瘤聚結氣，瘻瘡《別録》。破積聚思邈。治陰㿉腫，含之咽汁藏器。利水道，去面腫，治惡瘡鼠瘻甄權。

【發明】杲曰：鹹能軟堅，故癭堅如石者非此不除，與海藻同功。詵曰：昆布下氣，久服瘦人，無此疾者不可食。海島之人愛食之，爲無好菜，只食此物，服久相習，病亦不生，遂傳説其功於北人。北人食之皆生病，是水土不宜耳。凡是海中菜，皆損人，不可多食。

【附方】舊四。昆布臛：治膀胱結氣，急宜下氣。用高麗昆布一斤，白米泔浸一宿，洗去鹹味。以水一斛，煮熟劈細。入葱白一握，寸斷之。更煮極爛，乃下鹽〔酢〕豉糁薑橘椒末調和食之。仍宜食粱米、粳米飯。極能下氣。無所忌。海藻亦可依此法作之。《廣濟方》。癭氣結核：癗癗腫硬。以昆布一兩，洗去鹹，曬乾爲散。每以一錢綿裹，好醋中浸過，含之咽汁，味盡再易之。《聖惠方》。項下五癭：方同上。項下卒腫：其囊漸大，欲成癭者。昆布、海藻等分，爲末，蜜丸杏核大。時時含之，咽汁。《外臺》。

**明・梅得春《藥性會元》卷上**　昆布　味辛、鹹，氣微寒，無毒。凡海中菜，皆治癭瘤結氣，又頹卵腫，煮汁嚥之。凡使用甑箅同煮，從巳至亥，水漸添，勿令乾。煮去鹹味，焙乾，剉用。主破疝氣，散癭瘤，治結硬水腫。與海藻同科。治癭瘤，治瘡之堅硬者，鹹能軟堅也。

**明・李中立《本草原始》卷二**　昆布　葉如手大，如薄葦，紫〔赤〕色。《吳普本草》名綸布，一名昆布。則《爾雅》所謂綸似綸，東海有之者，即昆布也。綸，青絲綬也，訛而為昆耳。《醫學入門》曰：昆，大也，形長大如布，故名昆布。昆布：氣味：鹹，寒，滑，無毒。主治：十二種水腫，癭瘤聚結氣，瘻瘡。破積聚。治陰㿉腫，含之嚥汁。利水道，去面腫，治惡瘡鼠瘻。昆布，《別錄》中品。【圖略】昆布下氣，久服之損人。《千金翼》：治五癭，昆布一兩，切如指大，酢漬，含嚥汁則愈。昆布：臣。

**明・張懋辰《本草便》卷一**　昆布臣　味鹹，氣寒，無毒。一云小毒。主十二種水腫，癭瘤聚結。又頹卵腫。

**明・繆希雍《本草經疏》卷九**　昆布　味鹹，寒，無毒。主十二種水腫，癭瘤聚結氣，瘻瘡。

【疏】昆布得水氣以生，故味鹹、氣寒而性無毒。鹹能輭堅，其性潤下，寒能除熱散結，故主十二種水腫，癭瘤聚結氣，瘻瘡，東垣云：癭堅如石者，非此不除，正鹹能輭堅之功也。詳其氣味、性能、治療，與海藻大略相同。故同一簡誤也。【主治參互】《外臺秘要》項下卒腫，其囊漸大欲成癭者。昆布、海藻等分，為末，蜜丸杏核大。時時含嚥汁。《聖惠方》癭氣結核，癗癗腫硬。以昆布一兩，洗去鹹，曬乾為散。每以一錢綿裹，好醋浸過，含之嚥汁，味盡再易之。項下五癭同此。《廣濟方》治膀胱結氣，急宜下氣。用昆布一斤，白米泔浸一宿，洗去鹹味，以水一斛，煮熟劈細，入葱白一握，寸斷之，更煮極爛，乃下鹽、酢，摻薑、橘、椒末，調和食之。仍食粱米、粳米飯，極能下氣。

**明・倪朱謨《本草彙言》卷七**　昆布　味鹹，氣寒，性滑，無毒。李氏曰：昆布，又名綸布。生東南海中。葉如手大，紫色，柔韌可食。其細葉者即海藻也。又一說，昆布生登、萊者葉細，搓如繩索之狀。出閩、浙者，葉大似菜。蓋海中諸菜性味相近，主療一致。海藻、昆布，雖稍有不同，亦無大異也。修治：以水煮半日，待鹹味去，可曬、焙用。

昆布：去頑痰，利結氣，吳普消癭癧之藥也。黃正暘稿《別錄》方又治十二種水腫，并陰癩疝瘕諸疾，總不過爲消痰下氣故也。古方噎隔證恒用之，亦取此意。但此性雄于海藻，不可多服，令人瘦削。東垣老人曰：鹹能軟堅，故癭腫堅如石者，非此不除。與海藻同功。二物下氣消痰殊捷。久服又能損人，無此疾者，不可服食。

集方：〇《廣濟方》治膀胱結氣，脹壅不行，類多疝證。用高麗昆布一斤，以米泔水浸去鹹味，再洗淨，以水一斛，煮熟再切細，更水煮極爛，乃下醬油、薑、椒、葱白等味，調和過飯食，極能下氣。海藻亦可依此法製食之。〇《外臺秘要》治項下五種癭氣，結核癗癗腫硬。以昆布、海藻各一兩，浸洗去鹹味，曬乾爲末，醋和爲丸，彈子大。時時含之嚥汁，味盡再易。其患漸消。

**明・姚可成《食物本草》卷七菜部・水菜類**　昆布生南海。葉如手，紫赤色，大如薄葦。人取醋拌食之以作葅。　昆布，味鹹，寒，無毒。主十二種水腫，癭瘤聚結氣，瘻瘡。

**明・姚可成《食物本草》卷一九草部・水草類**　昆布生海中。葉如手，大似薄葦，紫赤色，柔韌可食。　昆布，味鹹，寒，滑，無毒。治十二種水腫癭瘤，聚結氣，鼠瘻。含之嚥汁，治陰㿉疝腫。孟詵曰：昆布下氣，久服瘦人。無癭氣人勿久食。海島之人愛食之，為無好菜，只食此物。服久相習，病亦不生，遂傳說其功於北人。北人食之皆生病，是水土不宜爾。凡是海中菜，皆損人，不可多食。

附方：治膀胱結氣，小便不通，昆布羹下之。用高麗昆布一斤，白米泔浸一宿，洗去鹹味，以水一斛煮熟，劈細，入葱白一握，寸斷之，更煮極爛，乃下鹽醋，糝薑橘椒末，調和食之。仍宜食粱米、粳米飯，極能下氣。海藻亦可依此法作之。

**明・顧逢柏《分部本草妙用》卷七兼經部・寒瀉**　昆布　鹹，寒，滑，微毒。主治：與海藻同功。但昆布下氣，久服瘦人，無此疾者不可食。

**明・李中梓《醫宗必讀・本草徵要上》**　昆布味鹹，寒，無毒。入腎經。洗淨。頑痰結氣，積聚癭〔瘤〕。鹹能軟堅，噎證恒用之，取其祛老痰也。按：昆布之性，雄於海藻，不可多服，令人瘦削。

**明・鄭二陽《仁壽堂藥鏡》卷一〇下**　昆布　《本草》云：昆布生東海。氣寒，無毒。治諸水腫，癭瘤結氣，瘰癧。　東垣云：味大鹹，治瘡之堅硬者，鹹能軟堅也。

**明・盧之頤《本草乘雅半偈》帙九**　昆布《別錄》下品　氣味：鹹，寒滑，無毒。主治：主十二種水腫，癭瘤積聚，結氣瘻瘡。

覈曰：出南海，及高麗、新羅。順流而生，如手大，似薄葦，紫赤色，乾之搓如繩索，柔韌可食也。修事：每斤用甑箅十個，同剉細，以東流水煮之，從巳至亥，待鹹味去，晒乾用。順流而生，能使十二水順流而去。

參曰：昆布，即海藻之如綸者，故一名綸布。氣味功能，與海藻無別。稍分淺深者。隨所生淺深之異爾。

**明・李中梓《本草通玄》卷上**　昆布　鹹，寒。　主水腫噎膈，瘰癧惡瘡。　昆布功同海藻。凡海中菜皆損人，勿多食。　洗去鹹，焙乾。

**清・顧元交《本草彙箋》卷四**　昆布　昆布之性，雄於海藻，故破積消癭，利水之功爲勝。但久服瘦人，無此疾者不可服。海島人愛食之，因無別菜，服久相習，病亦不生。異方人不宜也。蓋凡海中菜，皆能損人。

**清・穆石匏《本草洞詮》卷一〇**　昆布　亦藻類。《爾雅》云：綸似綸，組似組，東海有之，皆此類也。氣味鹹寒滑，無毒。一云有小毒。治十二種水腫，癭瘤結氣瘻瘡。蓋其鹹能軟堅，故癭堅如石者，非此不除。然最下氣，久服瘦人。海島之人愛食之，服久相習故耳。

**清・丁其譽《壽世秘典》卷三**　昆布生登、萊者，搓如繩索之狀。出閩浙者，大葉似菜。蓋海中諸菜性味相近，主療一致，雖稍有不同，亦無大異也。　氣味：鹹，寒，滑，無毒。治十二種水腫、癭瘤、結氣、鼠瘻。

發明李杲曰：鹹能軟堅，故癭堅如石者，非此不除。孟詵曰：昆布下氣，久服瘦人、無癭氣人，勿久食。凡海中菜皆損人，不可多食。

**清・劉雲密《本草述》卷一二**　昆布一名綸布，綸音關，青絲綬也。　時珍曰：按《吳普本草》綸布一名昆布。則《爾雅》所謂：綸似綸，東海有之者，即昆布也。訛而為昆耳。又曰：昆布生登萊者，搓如繩索之狀。出閩浙者，大葉似菜。蓋海中諸菜，性味相近，主療一致，雖稍有不同，亦無大異也。

氣味：鹹，寒，滑，無毒。普曰：酸、鹹，寒，無毒。權曰：溫，有小毒。主治：十二種水腫，癭瘤結聚氣，瘻瘡《別録》。治陰㿉腫藏器。利水道，去面腫甄權。東垣曰：鹹能軟堅，故癭結如石者，非此不除，與海藻同功。詵曰：昆布下氣，久服瘦人，無此疾者不可食。

昆布臛音郝，羹臛也。治膀胱結氣，急宜下氣，用高麗昆布一斤，白米泔浸一宿，洗去鹹味，以水一斛，煮熟，劈細，入葱白一握，寸斷之，更煮極爛，乃下鹽酢，摻薑、橘、椒末，調和食之，仍宜食粱米、粳米飯，極能下氣，無所忌。海藻亦可依此法作之。

修治　東流水煮半日，去鹹味，焙乾。

愚按：海藻、昆布，其功大都相同。用者謂其寒能潤下，鹹能軟堅，第在他藥中亦有兼之者，如謂此二種，本於海鹹之氣所生為有異耶。則海鹹之氣味所生，寒而鹹者不少矣，何獨取此種以奏前功也？毋亦以其潤下軟堅者，因其與水浮沉之性，故從上而下，能致其流溼之用乎？觀其下而治男子陰㿉，即上而頸核，更上而面腫，無不奏效，則其用可思矣。是流溼引水者，乃二物之所獨擅，而散結破堅，即流溼引水之能事，不與他味例視者也。雖然如《本經》首言治癭瘤結氣，即如陰㿉，皆屬膀胱結氣，氣屬陽，本不聚而成形，所為諸患，皆陰畜乎陽也。此種破陰之蓄以達陽，恐亦不得恃其寒能洩熱而獨任之，須有以佐其破陰者，如海藻酒之治癭，必藉酒以行，又如昆布臛皆合葱白、薑、橘、椒之力以為功，是不可以推類乎哉？

希雍曰：二味俱於脾家有溼者勿服。

**清・郭章宜《本草匯》卷一二**　昆布　酸，鹹，寒，滑，沉也，陰中之陰也，人足少陰經。治頑痰結氣，散積聚癭瘤。

按：昆布之性，雄于海藻。噎症恆用之，蓋取其祛老痰也。故癭堅如石者，非此不除。善下氣，久服令人腹痛，發氣吐沫，以熱醋少許解之。凡海菜寒中，有小螺者，尤損人。胃虛者，勿服。

洗淨鹹味，焙乾，不宜于北人。

**清・蔣居祉《本草擇要綱目・寒性藥品》** 昆布 氣味：鹹，寒，滑，無毒。 主治：十二種水腫，癭瘤聚結，去面腫，療惡瘡鼠瘻。但昆布下氣，久服瘦人。大抵海中菜，皆能損人，不可多食。

**清・汪昂《本草備要》卷一** 昆布 功同海藻而少滑，性雄。治水腫癭瘤，陰㿉膈噎。含之嚥汁。 出登、萊者搓如繩索，出閩、越者大葉如菜。洗去鹹味用。

**清・顧靖遠《顧氏醫鏡》卷七** 昆布鹹，寒。洗淨。 癭堅如石者，非此不除。老痰成噎者，用之可去。散結軟堅，除熱之品，與海藻相同。多服令人瘦削。

**清・李熙和《醫經允中》卷二〇** 昆布 與海藻同功。入腎經。 鹹，寒，滑，微毒。主治下氣，散結潰堅，久服瘦人，不可輕食。胃寒者服之，食人腹痛，發氣吐沫，以熱醋少許解之。

**清・张璐《本經逢原》卷二** 昆布 鹹，寒，滑，小毒。 發明：鹹能軟堅，故癭堅如石者，非此不除。能破陽邪水腫，與海藻同功。然此物下氣，久服瘦人，海島人常食之，水土不同故耳。凡海中菜皆損人，不獨昆布、海藻為然。

**清・浦士貞《夕庵讀本草快編》卷三** 昆布《別錄》、綸布 《爾雅》為綸布，綸音關，青絲綬也，訛而為昆耳。 昆布氣味鹹寒，柔滑之物也。或問其散癭瘤，破堅積，治陰癩，化鼠瘻。蓋鹹能軟堅，我無疑矣。而《別錄》謂主十二種水腫，甄權亦謂其利水消浮。況腫脹門專忌鹹物，恐其聚水，今反用之，何耶？夫浮腫斷無不因痰氣所結，木尅土而成。昆布味雖鹹而體寒滑，破其頑痰則水自化，潤澤肝木氣亦自平。孟詵云久服瘦人，亦謂其瘠氣耶？

**清・高鼓峰《四明心法》卷二** 昆布 本是綸布，綸，音關。誤綸為昆，故呼昆布。東垣肥氣、痞氣用之。大抵《千金》有破積聚之語，讀《廣濟方》有治膀胱結氣，急宜下氣，用昆布下。 調和製作菜食，極能下氣。然則昆布乃太陽正藥，與繆氏云鹹能軟堅，其性潤下，寒能治熱散結，故主十二種水腫，癭瘤聚結瘻瘡，是又三陽並用者。然五方獨於肥氣丸及如減痞氣丸用昆布，其餘皆不用，是又因其滑能破積血也。

**清・王子接《得宜本草・中品藥》** 昆布 味鹹，寒。功專軟堅破結。得海藻治癭氣結核。

**清・黃元御《玉楸藥解》卷一** 昆布 味鹹，性寒。入足太陽膀胱經。泄水去濕，破積軟堅。 昆布鹹寒清利，治氣臌水脹，癭瘤瘰癧，㿉疝惡瘡。與海帶、海藻同功。

**清・吳儀洛《本草從新》卷二卷二** 昆布 功同海藻而少滑，性雄。治癭瘤水腫，陰㿉膈噎，含之咽汁，取其祛老痰也。頑痰積聚。性更雄於海藻，多服令人瘦削。出登萊者搓如繩索，出閩越者大葉如菜。略洗去鹹味。

**清・汪紱《醫林纂要探源》卷二** 昆布 鹹，寒，滑。《爾雅》所謂綸也。今謂之紫菜。出登萊者搓如繩索。閩廣者葉散如木耳。功同上。

**清・嚴潔等《得配本草》卷四** 昆布 鹹，寒。軟堅破結，利水消腫。除㿉疝，去頑痰，治癭瘤。 配海藻，治項下卒腫。 洗淨用。

**題清・徐大椿《藥性切用》卷四** 昆布 功同海藻，而稍滑利。性更雄烈，多服令人瘦。

**清・沈金鰲《要藥分劑》卷六** 昆布【略】鰲按：昆布消堅，誠為要品。余曾用此同茯苓、歸身、白朮、半夏、陳皮，治梅核膈，二帖吐出血塊如柿核大者二枚，覺咽喉之上甚空快，食稍下，又加人參服二帖，吐出一物如小櫻桃大，極堅硬，吐磚地上濺出二三尺許，擊之不碎。又用人參、茯苓、白朮、山藥、歸身、白芍，四帖霍然。

**清・羅國綱《羅氏會約醫鏡》卷一六草部** 昆布 破頑痰、結氣，消水腫、瘰癧、陰㿉，噎膈。含之嚥汁。

按：昆布之性雄於海藻，若多服，令人瘦削。

**清・黃凱鈞《藥籠小品》** 昆布 用同海藻而性雄，除頑痰積聚，治癭瘤陰潰。

**清・章穆《調疾飲食辯》卷三** 昆布 《吳氏本草》曰：一名綸布。《綱目》曰：生登、萊者，搓如繩；生閩、浙者，大葉如菜。然今肆中昆布，薄如菘菜葉，青黃色，全無布形。而海帶之闊者，俗名海布，狹者乃為海帶。恐

《爾雅》綸似綸、組似組者，指此二種。其似海藻與菘者，皆別為一物，不可知也。但海中諸菜，性味相近，軟堅散結、下氣利水，均有同功。而《食物本草》謂海中菜皆損人，北人食之必生病，極為無理。海物皆軟堅利水，且能益血養陰。惟近海人食過於多，則鹹能㓤血，其害不在北方也。

**清·王龍《本草纂要稿·草部》** 昆布 治疝氣，散癭瘤。破堅潰結，功同海藻，並著奇效。

**清·楊時泰《本草述鉤元》卷一二** 昆布 一名綸關布，生登萊者，搓如繩索之狀。出閩浙者，大葉似菜瀕湖。

氣味鹹酸寒滑。下氣，治十二種水腫，癭瘤結聚氣。瘿結如石者，非此不除。療瘻瘡及陰癀腫，利水道，去面腫，久服瘦人。昆布臛，治膀胱結氣，用高麗昆布一斤，米泔浸一宿，洗去鹹味，以水一斛煮熟，劈細，入葱白一握，寸斷之，更煮極爛，乃下鹽、醋、糝薑、橘、椒末調和食之，仍宜食粱米、粳米飯，極能下氣，無所忌，海藻亦可，依法作之。 修治：東流水煮半日，去鹹味，焙乾。

總論：寒潤下，鹹軟堅，獨取海藻、昆布二物，因其與水浮沉之性，從上而下，以致流濕之用，故下而陰癀，上而頸核，更上而面腫，無不奏效。是流濕引水者，二物所獨擅，而散結破堅，即流濕引水之能事，他味莫與爭功也。第如諸般結氣，氣屬陽，本不聚而成形，所患癭瘤癀腫，大抵皆陰蓄乎陽耳。此類破陰之蓄以達陽，須更有佐其破陰者，如海藻酒之治癭，必藉酒以行，昆布臛治膀胱結氣，必合葱、薑、椒、橘之力以為功也。

繆氏：二物脾家有濕者，弗服。

**清·葉桂《本草再新》卷三** 昆布味苦，性寒，無毒。入脾經。 功同海藻，治水腫，膈噎。

**清·吴其濬《植物名實圖考》卷一八** 昆布 《別錄》中品。今治癭瘤瘰癧多用之。

**清·趙其光《本草求原》卷五水石草部** 昆布 得水中陰氣以生。鹹能軟堅、潤下，寒能除熱。無毒。主十二種水腫，凡癭瘤聚結氣、瘻瘡毒堅如石者，非此不除。脾濕忌。

**清·戴葆元《本草綱目易知錄》卷二** 昆布 酸、鹹，寒，滑。功同海藻而性較雄。破積聚，利水道，去面腫，治十二種水種，軟癭瘤堅結如石，結氣瘻瘡，惡瘡鼠瘻，陰癀腫者，含之嚥汁。久食瘦人。洗去鹹用。

**清·陳其瑞《本草撮要》卷一** 昆布 味鹹，寒，入足太陽經，功專軟堅破結。得海藻治癭氣結核。多服令人瘦。

**清·李桂庭《藥性詩解》** 賦得昆布破疝氣散癭散瘤得瘤字。湯克家。

昆布鹹寒性，消堅利水優。豈專醫疝氣，尤可散癭瘤。 按：昆布性寒，味鹹，無毒。主十二水腫，利水道，去面腫，頑痰積聚，陰癀膈噎。生東海中。功同海藻，而少滑性雄。治癭瘤結氣。略洗去鹹味。多服令人瘦削。

## 紫菜

**元·吴瑞《日用本草》卷七** 紫菜 二者皆生於海。味甘，寒，無毒。凡食時，以油接開。多食令人腹痛，發氣，吐白沫，飲醋少許即消。 主下熱解煩。○凡海中之菜皆性毒。

**明·盧和、汪穎《食物本草》卷一菜類** 紫菜 味甘，寒。下熱解煩，療癭瘤結氣。不可多食，令人腹痛，發氣，吐白沫，飲少醋即消。其中有小螺螄，損人，須擇出。凡海菜皆然。

**明·李時珍《本草綱目》卷二八菜部·水菜類** 紫菜《食療》

【釋名】紫萸音軟。 【集解】詵曰：紫菜生南海中，附石。正青色，取而乾之則紫色。時珍曰：閩、越海邊悉有之。大葉而薄。彼人挼成餅狀，晒乾貨之，其色正紫，亦石衣之屬也。

【氣味】甘，寒，無毒。藏器曰：多食令人腹痛發氣，吐白沫。飲熱醋少許，即消。

【主治】熱氣煩塞咽喉，煮汁飲之孟詵。病癭瘤脚氣者，宜食之時珍。

【發明】震亨曰：凡癭結積塊之疾，宜常食紫菜，乃鹹能軟堅之義。

**明·穆世錫《食物輯要》卷三** 紫菜 味甘、鹹，性寒，無毒。主熱氣煩滿，咽喉不利，癭瘤脚氣痰熱。有冷積腹痛者食之，令吐涎沫，飲熱醋少許，可解。其中防小螺螄損人，須揀淨用。凡海菜皆然。

**明·趙南星《上醫本草》卷三** 紫菜 一名紫萸音軟。 甘，寒，無毒。主治：熱氣煩塞咽喉，煮汁飲之。病癭瘤腳氣者宜食之。 藏器曰：多食令人腹痛，發氣，吐白沫，飲熱醋少許即消。

**明·應麐《食治廣要》卷三** 紫菜 氣味：甘，寒，無毒。主治：熱氣煩塞咽喉，癭瘤脚氣，煮汁食之佳。多食令人腹痛。

**明·姚可成《食物本草》卷七菜部·水菜類** 紫菜生南海中，附石。正青色，取而乾之則紫色。李時珍曰：閩、越海邊悉有之，大葉而薄。彼人挼成餅狀，晒乾貨之，其色正紫，亦石衣之屬也。紫菜，味甘，寒，無毒。治熱氣煩塞咽喉，煮汁飲之。病（痿）〔瘻〕瘤結氣者，宜食之。多食令人腹痛發氣，吐白沫。飲熱醋少許，即消。其中有小螺蛳，悮食損人，須揀出。凡海菜皆然。

**明・孟笨《養生要括・菜部》** 紫菜 味甘，寒，無毒。治熱氣煩塞咽喉，煮汁飲之。病瘻瘤脚氣者，宜食之。

**明・施永圖《本草醫旨・食物類》卷二** 紫菜生海中，凡海中之菜，皆有毒。味： 甘，寒。下熱解煩，療瘻瘤結氣。多食令人腹痛，發氣，吐白沫，飲少醋即消。其中有小螺蛳，誤食損人，須擇出。凡海菜皆然。凡瘻結積塊之疾，宜常食紫菜，乃鹹能軟堅之義。

**清・穆石匏《本草洞詮》卷七** 紫菜 甘寒，無毒。治煩熱，瘻瘤脚氣。凡瘻結積塊之疾，宜嘗食之，乃鹹能軟堅之義也。

**清・丁其譽《壽世秘典》卷三** 紫菜附石生海邊，色本青，乾則紫。彼人挼成餅狀，晒乾貨之，其色正紫。 氣味： 甘，寒，無毒。主解熱除煩，療瘻瘤結氣。發明陳藏器曰： 多食令人腹痛，發氣，吐白沫，飲熱醋少許，即消。其中有小螺蛳，須擇出，誤食損人。

**清・尤乘《食鑒本草・菜類》** 紫菜 出海中，多食令人腹痛，吐白沫，飲少醋即解。

**清・朱本中《飲食須知・菜類》** 紫菜 味甘、鹹，性寒。多食令人發氣腹痛。有冷積者食之，令吐白沫，飲熱醋少許可解。其中防小螺蛳損人，須揀淨用。凡海菜皆然。石蓴，味甘，性平。似紫菜而色青。凡海菜忌甘草。

**清・何其言《養生食鑒》卷上** 紫菜閩越海邊悉有之，大葉而薄，彼人挼成餅狀，曬乾貨之。其色紫赤，亦石衣之屬也。 味甘，鹹，性寒，無毒。主熱氣煩塞，咽喉不利，瘻瘤，脚氣痰熱。有冷積腹痛者，食之令吐涎沫，飲熱醋少許，可解。其中防小螺蛳損人，須揀淨用，凡海菜皆然。

**清・李熙和《醫經允中》卷二二** 紫菜 甘、鹹，寒，無毒。主治瘻瘤結滯，宜常食之。多食令人腹痛，吐白沫，飲醋可解。

**清・张璐《本經逢原》卷三** 紫菜 甘、鹹，寒，無毒。 發明： 凡瘻結積塊之疾宜常食之，鹹能軟堅之義。多食令人腹痛，發冷氣，吐白沫，飲熱醋少許，即消。

**清・浦士貞《夕庵讀本草快編》卷四** 紫菜《食療》、紫荚音軟 閩越海邊悉有之，葉大而薄，彼人挼作餅狀，晒乾貨之。其色正紫而軟，故有二名，亦石衣之屬也。紫菜附海石而生，氣味甘寒，生時青色，曝乾則紫，肝之腎藥也。故熱氣煩塞，咽喉脹痛，瘻瘤九瘻，以及脚氣不利，腹中積塊者宜之。蓋取其鹹能軟堅，寒能清火也。若過食之，令人腹痛發氣，口吐白沫，少飲熱醋則旋消矣。

**清・吳儀洛《本草從新》卷四** 紫菜〔軟堅，消瘻瘤。〕一名紫英。 甘寒而鹹。消瘻瘤積塊，鹹能軟堅。治熱氣煩塞咽喉。藏器曰： 多食令人腹痛，發氣，吐白沫，飲熱醋少許即消。

**清・嚴潔等《得配本草》卷五** 紫菜 甘，寒。消痰軟堅。治咽喉熱氣煩塞。多食腹痛、吐沫，飲熱醋少許即消。

**題清・徐大椿《藥性切用》卷六** 紫菜 一名紫英。甘寒微鹹，瀉熱散結，軟堅消瘻。多食令人寒中。

**清・李文培《食物小錄》卷上** 紫菜 甘，涼，無毒。涼血解毒。病瘻瘤、脚氣人宜食之。

**清・章穆《調疾飲食辯》卷三** 紫菜 一名紫英。《綱目》曰： 生閩、粤海邊。大葉而薄。彼人搓成餅，曝乾貨之。色紫。病瘻瘤及脚氣者宜之，鹹故軟堅，滑能利下也。

**清・吳其濬《植物名實圖考》卷一八** 紫菜 《本草拾遺》始著錄。諸家皆以附石。正青色，乾之即紫。然自有一種青者。滇南謂之石花菜，深山石上多有之。或生海中者色紫，生山中色青耳。

**清・趙其光《本草求原》卷一五菜部** 紫菜 甘、鹹，寒，無毒。去熱氣煩滿，咽喉不利，瘻瘤脚氣。中寒，食之腹痛，吐涎沫，飲熱醋可解。

**清・文晟《新編六書》卷六《藥性摘錄》** 紫菜 甘鹹，性寒。揀去小螺蛳用。主熱氣煩滿，咽喉不利，瘻瘤脚氣，熱痰。有冷積腹痛者，食之令人吐涎沫。飲熱醋可解。

**清・王孟英《隨息居飲食譜・蔬食類》** 紫菜 甘，涼。和血養心，清煩滌熱，治不寐，利咽喉，除脚氣、瘻瘤，主時行瀉痢，析酲開胃。淡乾者良。

**清・田綿淮《本草省常・菜性類》** 紫菜 一名紫英。性寒。解煩熱，清咽喉。多食發冷氣，令人腹痛、口吐白沫，飲熱醋可解。服甘草者忌之。

莧，音軟。

**清・陳其瑞《本草撮要》卷四**　紫菜　味甘寒鹹，入手太陰經，功專消癭瘤積塊，治熱氣煩塞咽喉。多食令人腹痛，發氣吐白沫，飲熱醋少許即止。

**清・吳汝紀《每日食物却病考》卷上**　紫菜　生南海中，附石青色，取而乾之則紫。閩、越海邊悉有之。味甘，寒，無毒。熱氣煩塞咽喉，煮汁飲之，愈。病癭瘤、脚氣者宜食之。不可多食，令人腹痛發氣，吐白沫，飲醋少許即消。

### 葛仙米

**清・趙學敏《本草綱目拾遺》卷八諸蔬部**　葛仙米　生湖廣沿溪山穴中石上，遇大雨衝開穴口，此米隨流而出，土人撈取，初取時如小鮮木耳，紫綠色，以醋拌之，肥脆可食，土名天仙菜，乾則名天仙米，亦名葛仙米。以水浸之，與肉同煮，作木耳味。大約山洞內石髓滴石所成。性寒，不宜多食。四川亦有之，必遇水衝乃得，歲不常有。他如深山背陰處，大雨後石上亦間生，然形質甚薄，見日即化。或乾如紙，不可食矣。《梧州府志》：葛仙米出北流縣勾漏洞石上，為水所漬而成，石耳類也。采得曝乾，仍漬以水，如米狀，以酒泛之，清爽襲人。此原非穀屬，而名為米，傳云：晉葛洪隱此乏糧，采以為食，故名。《嶺南雜記》：韶州仁化縣丹霞山產仙米，徧地所生，粒如粟而色綠，煮熟，大如米，其味清腴，大抵南方深山中皆有之。《宦遊筆記》：出粵東葛仙洞外，有流泉噴薄石上，遂生苔菌之類，其狀如米粒，青色，芼以為羹，味極鮮美，土人呼為葛仙米。有未識者，疑是青螺。按《韶州府志》：丹霞出仙米，頗與此相類，但一生沙土，一生水石，為異耳。陸祚蕃《粵西偶記》：道書寶圭洞天，即今北流縣勾漏山。洞口前後產葛仙米，采而乾之，粒圓如黍，揉麪釀酒，極芳香，性寒，味甘爽，解熱清膈，利腸胃。

按：葛仙米本屬石耳之類。憶庚子歲曾於劉明府席間食之，時以為羹，儼如青螺狀，翠碧可愛，味極甘鮮，滑脆適口，入蔬為宜。《藥性考》云：清神解熱，痰火能療；或云，久服延年，蓋亦能清臟熱者。

**清・陸以湉《冷廬醫話》卷五**　葛仙米　乃山穴中石上為水所漬而成，楚蜀越深山中皆有之。龍青霏《食物考》謂清神解熱療痰火，久服延年。《本草綱目拾遺》則謂性寒，不宜多食。按：此物不入藥用，祇宜作羹，味殊鮮美。凡煮食者，先入醋少許，方以滾水發之，則大而和軟。

### 真珠菜

**清・王子接《得宜本草・下品藥》**　珠菜　味甘，溫。主治虛勞傷憊，吐血下利。

**清・趙學敏《本草綱目拾遺》卷八諸蔬部**　真珠菜　六安有真珠菜，如真珠。《益部方物略記》：真珠菜，戎、瀘等州有之，生水中石上，翠縷纖蔓，首貫珠。蜀人以蜜熬食之，或以醯煮，可致千里不壞。《黃山志》：真珠菜，藤本蔓生，暮春發芽，每芽端綴一二蕊，圓白如珠，葉翠綠如茶，連蕊葉腊之，香甘鮮滑，他蔬讓美。利水，通淋結，消腹脹，下氣癃閉。

### 乾苔

**宋・唐慎微《證類本草》卷九草部中品〔宋・掌禹錫《嘉祐本草》〕**　乾苔　味鹹，寒一云溫。主痔，殺蟲及霍亂嘔吐不止，煮汁服之。又心腹煩悶者，冷水研如泥，飲之即止。又發諸瘡疥，下一切丹石，殺諸藥毒。不可多食，令人痿黃少血色。殺木蠹蟲，內木孔中，但是海族之流，皆下丹石。新補。見孟詵、陳藏器、日華子。

**元・吳瑞《日用本草》卷八**　苔脯　以海苔為紙，名苔紙。色青黃，語訛為苔脯。石髮菜粗澁，與菜無異。　味鹹，溫，無毒。多食可消茶積。痰飲、嗽，忌食。　主心腹大寒，溫中強胃氣，止洩痢。

**明・王綸《本草集要》卷三**　乾苔即海中苔菜。　味鹹，氣寒。　主痔殺蟲，及霍亂嘔吐不止，煮汁服之。又心腹煩悶，冷水研如泥，飲之即止。下一切丹石，殺諸藥毒。不可多食，令人痿黃，少血色。殺木蠹蟲，內木孔中。凡海族之流，皆下丹石。

**明・滕弘《神農本經會通》卷一**　乾苔即海中苔菜。　味鹹，氣寒。一云溫。《本經》云：主痔，殺蟲，及霍亂嘔吐不止，煮汁服之。又心腹煩悶者，冷水研如泥，飲之即止。又發諸瘡疥，下一切丹石，殺諸藥。不可多食，令人痿黃，少血色。殺木蠹蟲，內木孔中。但是海族之流，皆下丹石。

**明・劉文泰《本草品彙精要》卷一二**　乾苔無毒　水生。

乾苔：主痔，殺蟲及霍亂，嘔吐不止，煮汁服之。又心腹煩悶者，冷水研如泥，飲之即止。又發諸瘡疥，下一切丹石。殺木蠹蟲，內木孔中。但是海族之流，皆下丹石。名醫所錄。【地】生海中。【時】生：春生。採：

無時。〖收〗日乾。〖用〗苔。〖色〗綠。〖味〗鹹。〖性〗寒。又云溫。〖氣〗味厚于氣，陰也。〖臭〗腥。〖禁〗多食令人痿黄，少血色。〖解〗諸藥毒。

**明・陳嘉謨《本草蒙筌》卷三** 乾苔 味鹹，氣寒。一云溫。無毒。即地面青苔是也。滲濕有，背陰生。療心腹悶煩，研調水飲；治霍亂嘔吐，採煎汁嘗。發諸般瘡疥殺蟲，下一切丹石去毒。但服不可過劑，令人少血痿黄。○生老屋上者，名屋遊。利膀胱吊氣，及浮熱在皮膚間。○生古牆側者，名垣衣。主黄疸心煩，致暴熱攻腸胃内。○陟釐生水石面，止洩痢，強胃氣，消穀溫中。○土馬騣生土牆頭，涼骨蒸，止鼻衄，敗毒毆熱。○井苔從井底覔，療水腫漆瘡熱瘡。○船苔向船底求，治五淋鼻洪吐血。○昔邪生山石，去小兒時熱驚癇。○瓦松生瓦溝，通女人經絡閉澁。

謨按：至賤之類，類如許之名，蓋因所附不同，以致主療各異。瓦松雖則别種，亦由滲濕而生。故併録之，以便查考。

**明・王文潔《太乙仙製本草藥性大全》卷二《本草精義》** 乾苔 即地面青苔是也。其地滲濕，有背陰之處而生，大抵苔之類也。以其所附不同，故立名與主療亦異。在屋，則謂之屋遊、瓦苔；在墻垣之側，則謂之垣衣；在墻垣之上，則謂之土馬騣；在地，則謂之地衣；在井，則謂之井苔；在水中石上，則謂之陟釐；在山中石上，則謂之昔邪；生船底，則謂之船苔、陸龜、蒙苔。《賦》云高有瓦松，卑有澤葵。散岩竇者爲石髮，補空田者曰垣衣，在石爲昔邪，在藥爲陟釐是也。

**明・王文潔《太乙仙製本草藥性大全》卷二《仙製藥性》** 乾苔 味鹹，氣寒，一云溫，無毒。主治：療心腹悶煩，研調水飲。治霍亂嘔吐，採煎汁嘗。發諸般瘡疥，殺蟲，下一切丹石，去毒。但服不可過劑，令人少血痿黄。

**明・皇甫嵩《本草發明》卷三** 乾苔中品下。氣寒，味鹹，無毒。即地面青苔。滲濕背陰，生苔一也。以所附不同，故主名主治異。發明曰：苔類鹹寒，得陰而生，大約清熱解毒。故《本草》主療心腹悶煩，研調水飲。主痔殺蟲及霍亂嘔吐，煎汁。發諸瘡疥癢，下一切丹石諸藥毒。多服令人少血痿黄，以味鹹故也。○背陰生古墻上，名土馬騣。治骨蒸熱，消毒，止鼻衄。○生古墻側，名垣衣。主黄疸，心煩欬逆，血氣暴熱，攻腸胃，金瘡内塞，久服益氣，長肌好顏。○生老屋上，名屋遊。利膀胱弔氣及浮熱在皮膚往來寒熱。○生水中石上，緑毛色，名陟釐。味甘，大溫。主心腹大寒，止洩痢清穀，強胃溫中。○生井中，名井苔及井中蘋。大寒。療水腫漆瘡。井中藍殺野葛、巴荳諸毒。○生山石，名昔邪。去小兒時熱驚癇。○生船底，名船苔。性冷。治鼻衄吐血，淋疾，甘草水并豉汁濃煎，旋呷。主五淋，取鴨卵大塊，水煮服。○生水中細苔，主天行病心悶，擣絞汁服。○生瓦溝，名瓦苔。通女人經絡閉澁。○又一種昨葉何草，生年久瓦屋上，葉似蓬，望之如松，一名瓦松。味酸，平，無毒。主口中乾痛，水穀血痢止血，治頭風白屑。用曝乾，燒灰淋汁，洗頭生眉髮膏為要。瓦松異種，非瓦苔之類，亦由滲濕而生，故附諸此。

**明・李時珍《本草綱目》卷二一草部・苔類** 乾苔《食療》

〖集解〗藏器曰：乾苔，海族之流也。時珍曰：此海苔也。彼人乾之爲脯。海水鹹，故與陟釐不同。張華《博物志》云：石髮生海中者，長尺餘，大小如韭葉，以肉雜蒸食極美。張勃《吴録》云：江蘺生海水中，正青似亂髮，乃海苔之類也。蘇恭以此爲水苔者，不同。水苔不甚鹹。

〖氣味〗鹹，寒，無毒。大明曰：溫。弘景曰：柔苔寒，乾苔熱。詵曰：苔脯食多，發瘡疥，令人痿黄少血色。瑞曰：有飲嗽人不可食。〖主治〗癭瘤結氣弘景。治痔殺蟲，及霍亂嘔吐不止，煮汁服孟詵。心腹煩悶者，冷水研如泥，飲之即止藏器。下一切丹石，〔殺〕諸藥毒。納木孔中，殺蠹《日華》。消茶積瑞。燒末吹鼻，止衄血。湯浸擣，傅手背腫痛時珍。

〖發明〗時珍曰：洪氏《夷堅志》云：河南一寺僧盡患癭疾。有洛陽僧共寮，每食取苔脯同餐。經數月，僧項贅皆消。乃知海物皆能除是疾也。

**明・張懋辰《本草便》卷一** 乾苔即海中苔菜。味鹹，氣寒。主痔，殺蟲，及霍亂嘔吐，煮汁服之。又殺諸藥毒。

**明・倪朱謨《本草彙言》卷七** 海苔菜 味鹹，氣寒，有小毒。倪氏曰：海苔菜，生海岸崖畔。長尺餘，彼人乾之爲脯。但味鹹，與陟釐、水苔味淡不同也。

海苔菜：陶弘景化癭瘤結核，消酒積，時珍解丹石藥毒之藥也。閔效軒稿味鹹，得水氣而成。凡風、火、烟、石、丹藥諸毒，用此立解。茶積、酒積，蘊結内臟，以致面黄腹痛，投此即平。但氣雖寒平，性稍有毒，緣水氣釀結故也。如多食，亦令發瘡疥，使人面色痿黄，少血色。又飲病作嗽之人亦忌用。納樹孔中，殺䘌。

集方：治以上諸病，用海苔菜取新鮮者，搗汁和白湯飲。如無新鮮，取乾者煎汁亦可。切細和粥食，亦可充蔬。

**明·姚可成《食物本草》卷七菜部·水菜類** 苔菜生海中。浮波面如溪澤荇藻之類，其形縷縷如線，交互織成大片。人取鹽、醋拌食，以作蔬品，味亦清鮮，少助樽俎。苔菜，味鹹，寒。消癭瘤結塊，下氣消痰。不可多食，恐致傷脾。

**明·姚可成《食物本草》卷一九草部·苔草類** 乾苔李時珍曰：此海苔也。彼人乾之為脯。海水鹹，故與陟釐不同。張華《博物志》云：石髮生海中者，長尺餘，大小如韭葉。以肉襍蒸食，極美。 乾苔，味鹹，寒，無毒。治癭瘤結氣。治痔殺蟲及霍亂嘔吐不止，煮汁服。心腹煩悶者，冷水研如泥，飲之即止。下一切丹石諸藥毒。納木孔中，殺䘌。消茶積。燒末吹鼻止衄血。湯浸擣傅手背腫痛。苔脯多食發瘡疥，令人痿黃，少血色。有飲嗽人不可食。《夷堅志》云：河南一寺僧盡患癭疾，有洛陽僧共寮，每食取苔脯同飡。經數月，僧項贅皆消，乃知海物皆能除是疾也。

**清·穆石匏《本草洞詮》卷一〇** 乾苔 此海苔也。彼人乾之為脯。海水鹹，故與陟釐不同。氣味鹹寒，一云溫，無毒。治癭痛結氣。燒末吹鼻止衄血，湯浸搗傅手背腫痛。《夷堅志》云：河南一寺僧，盡患癭疾，有洛陽僧共寮，每食取苔脯共飡，經數月，寺僧項癭皆消，乃知海物皆能除是疾也。

**清·朱本中《飲食須知·菜類》** 海苔 味甘、醎，性寒。多食發瘡疥，令人痿黃少血色。

**清·馮兆張《馮氏錦囊秘錄·雜症痘疹藥性主治合參》卷三** 乾苔 即處處地面青苔。療心腹悶煩，研調水飲。治霍亂嘔吐，採煎汁嘗。發諸般瘡疥殺蟲，下一切丹石去毒。但服不可過劑，令人少血痿黃。生老屋上名屋遊，利膀胱吊氣及浮熱在皮膚間。生古牆側，垣衣為名，主黃疸心煩，治暴熱，攻腸胃內。生水石面名陟釐，止洩痢，強胃氣，消穀溫中。生土牆頭名土馬騣，涼骨蒸，止鼻衄，敗毒毆熱。生井底名井苔，療水腫漆瘡熱瘡。生船底名船苔，治五淋，鼻洪吐血。生山石名昔邪，去兒時熱驚癇。生瓦溝名瓦松，通女人經絡閉澀。

**清·吳儀洛《本草從新》卷二** 海苔〔軟堅。〕以下苔類。 鹹，寒。消癭瘤結氣。《夷堅志》云：河南一寺僧盡患癭疾，有洛陽僧共寮，每食取苔脯同餐，經數月，僧項贅皆消，乃知海物皆能除是疾也。

**清·汪紱《醫林纂要探源》卷二** 苔 鹹，寒。石上者曰石髮。水中者曰水衣。益心解煩。敷治遊丹火毒，長毛髮。須寒水中者，敷遊丹最效。游丹，心火之鬱於氣分而發，以寒勝熱，而鹹則能滲散，不必疑其外閉也。石苔煎沐，能去垢長髮。髮者，心之華也。○海苔，今以當蔬。然凡水苔，洗治皆可食。

**清·嚴潔等《得配本草》卷四** 乾苔即海苔，俗呼苔菜。 鹹，寒。治癭瘤結氣，止嘔吐心煩，消茶積，貼瘡毒。燒末吹鼻，止衄血。

**題清·徐大椿《藥性切用》卷四** 海苔 醎寒軟堅，消癭瘤結氣，為外科耑藥。

**清·王孟英《隨息居飲食譜·蔬食類》** 苔菜 鹹，涼。清膽，消瘰癧、癭瘤，泄脹，化痰，治水土不服。

石蓴

**宋·唐慎微《證類本草》卷七草部上品〔唐·陳藏器《本草拾遺》〕** 石蓴味甘，平，無毒。下水，利小便。生南海中水石上。《南越志》云：似紫菜，色青。《臨海異物志》曰：附石生也。

〔宋·唐慎微《證類本草》〕《海藥》云：主風秘不通，五鬲氣，并小便不利，臍下結氣，宜煮汁飲之。胡人多用治耳疾。

**附：日·丹波康賴《醫心方》卷三〇** 石蒓 崔禹〔錫〕云：味鹹，至滑，滑然大冷，無毒。食之止口爛，治消渴，進食。

**明·李時珍《本草綱目》卷二八《菜部·水菜類》** 石蓴《拾遺》。校正：自草部移入此。

【集解】藏器曰：石蓴生南海，附石而生。似紫菜，色青。

【氣味】甘，平，無毒。 【主治】下水，利小便藏器。主風祕不通，五膈氣，并臍下結氣，煮汁飲之。胡人用治疳疾李珣。

**明·穆世錫《食物輯要》卷三** 石蓴 味甘，平，無毒。能下水，利小便，去臍下結氣，治噎膈便秘，小兒五疳。生南海，似紫菜。

**明·姚可成《食物本草》卷七菜部·水菜類** 石蓴出南海，附石而生。莖長二三寸，色青而涎滑如脂，又光瑩如水晶。莖間有椏，椏中生花，形圓如豆。葉大於錢，卷而不舒，如慈菇葉。薑、豉烹之甚美。張翰蓴鱸之思，即此是矣。 石蓴，味甘，平，無毒。主下水，利小便，風秘不通，五膈氣，并臍下結氣，煮汁飲之。胡人用治疳疾。

**明・施永圖《本草醫旨・食物類》卷二**　石蓴　治風秘不通，五腸氣，并臍下結氣。煮汁治疳疾。

**清・何其言《養生食鑒》卷上**　石蓴附石而生，似紫菜，色青。　味甘，平，無毒。能下水，利小便，去臍下結氣，噎膈便秘，小兒五疳。

**清・章穆《調疾飲食辯》卷三**　石蓴　《拾遺》曰：生南海，附石而生。形似紫菜，色青。主下水，利小便。《海藥本草》曰：煮汁飲，下結氣。此二物食過多，令人腹痛，飲熱醋少許即解。

**清・田綿淮《本草省常・菜性類》**　海白菜　一名海菘。性寒。利水催生。服甘草者忌之。

鹿角菜

**附：日・丹波康賴《醫心方》卷三〇**　鹿角菜　《養生要集》云：味鹹，冷利。食之動嗽。

**宋・唐慎微《證類本草》卷二九菜部下品〔宋・掌禹錫《嘉祐本草》〕**　鹿角菜　大寒，無毒，微毒。下熱風氣，療小兒骨蒸熱勞。丈夫不可久食，發痼疾，損經絡血氣，令人脚冷痹，損腰腎，少顏色。服丹石人食之，下石力也。出海州，登、萊、沂、密州並有，生海中。又能解麵熱。

**元・吳瑞《日用本草》卷七**　鹿角菜　出海中石涯間。　味甘、酸，大寒，微毒。不可久食，損經絡，能解麵熱毒。　主下熱風氣，療小兒骨蒸熱勞血氣，令人脚冷痹，損腰腎，下丹石。

**明・滕弘《神農本經會通》卷五**　鹿角菜　《本經》云：大寒，無毒，微毒。下熱風氣，療小兒骨蒸熱勞。丈夫不可久食，發痼疾，損經絡血氣，令人脚冷痺，損腰腎，少顏色。服丹石人食之，下石力也。生海中。又能解麪熱。

**明・劉文泰《本草品彙精要》卷四〇**　鹿角菜無毒，微毒。　海生。

鹿角菜：下熱風氣，療小兒骨蒸熱勞。丈夫不可久食，發痼疾，損經絡血氣，令人脚冷痹，損腰腎，少顏色，服丹石人食之，下石力也。名醫所錄。

【苗】謹按：鹿角菜，莖長二三寸，紅紫色，生海中石上，其莖中空而多歧，形類鹿角，故以名之。海人採鬻以作蔬茹，今筆家煮以製筆，蓋取其黏滑而不散亂也。【地】《圖經》曰：出海州及登、萊、沂、密州並有。【時】生：無時。採：無時。【收】陰乾。【色】紫。【味】鹹。【性】大寒。【氣】味厚於氣，陰也。【臭】腥。【解】麪熱。

**明・盧和、汪穎《食物本草》卷一菜類**　鹿角菜　大寒，無毒，微毒。下熱風氣，療小兒骨蒸，解麪熱。不可久食，發痼疾，損經絡血氣，令脚冷痹，損腰腎，少顏色。

**明・寧源《食鑒本草》卷下**　鹿角菜　大寒，無毒。散風熱邪氣，治小兒骨蒸勞熱。　新增大人不可久食，有損，少顏色。服丹石，食之下石力也。

**明・王文潔《太乙仙製本草藥性大全》卷五《本草精義》**　鹿角菜　一名紫菜。出登州、萊州，沂密州並有之。生海中，如海菜樣，能解麪熱，服丹石人食下石瀝也。

**明・王文潔《太乙仙製本草藥性大全》卷五《仙製藥性》**　鹿角菜　性大寒，無毒。又云有微毒。　主治：下虛熱風氣，療骨蒸熱勞。久食發痼疾，損經絡血氣，令脚痹，損腰腎，小顏色。

**明・皇甫嵩《本草發明》卷五**　鹿角菜大寒，微毒。　下熱風氣，療小兒骨蒸。不可久食，發痼疾，損經絡血氣，令人脚冷痺，損腰腎，少顏。服丹石人食之，下石力，又能解麪熱。生海中。

**明・李時珍《本草綱目》卷二八菜部・水菜類**　鹿角菜《食性》

【釋名】猴葵時珍曰：按沈懷遠《南越志》云：猴葵一名鹿角。蓋鹿角以形名，猴葵因其性滑也。　【集解】士良曰：鹿角菜生海州，登、萊、沂、密諸處海中。時珍曰：鹿角菜生東南海中石崖間。長三四寸，大如鐵線，分丫如鹿角狀，紫黃色。土人采曝，貨爲海錯。以水洗醋拌，則脹起如新，味極滑美。若久浸則化如膠狀，女人用以梳髮，粘而不亂。

【氣味】甘，大寒，滑，無毒。詵曰：微毒。丈夫不可久食，發痼疾，損腰腎、經絡、血氣，令人脚冷痹，少顏色。　【主治】下熱風氣，療小兒骨蒸熱勞。服丹石人食之，能下石力士良。解麪熱大明。

**明・穆世錫《食物輯要》卷三**　鹿角菜　味甘，性大寒，無毒。服丹石人食之下石積。解麪毒，散風氣，退小兒骨蒸熱。多食，發痼疾，傷經絡，不利腰腎，令人腳冷痹。

**明・趙南星《上醫本草》卷三**　鹿角菜　甘，大寒，滑，無毒。　詵曰：微毒，丈夫不可久食，發痼疾，損腰腎經絡血氣，令人脚冷痹，少顏色。

**明・應廔《食治廣要》卷三**　鹿角菜　氣味：甘，大寒，滑，無毒。主治：下熱風氣，療小兒骨蒸熱勞。解麪熱，壓丹石毒。又，浸水梳髮不亂。

**明・姚可成《食物本草》卷七菜部・水菜類**　鹿角菜生東南海中石崖間。

長三四寸，大如鐵線，分丫如鹿角狀，紫黃色。土人采曝，貨為海錯。以水洗醋拌，則脹起如新，味極滑美。若久浸或以沸湯泡，則化如膠狀。女人用以梳髮，粘而不亂。　鹿角菜，味甘，大寒，滑，無毒。主下熱風氣，療小兒骨蒸勞。服丹石人食之，能下石力。解麪熱。丈夫不可久食，發痼疾，損腰腎經絡血氣，令人脚冷痹痛，少顏色。

**明·顧逢柏《分部本草妙用》卷九菜部**　鹿角菜　甘，大寒，滑，無毒。主治：下熱風氣，療小兒骨蒸勞熱，下丹石力，解麪熱毒。

**明·孟笨《養生要括·菜部》**　鹿角菜　味甘，大寒，滑，無毒。下熱風氣，療小兒骨蒸熱勞。服丹石人食之，能下石力。解麪熱。

**明·施永圖《本草醫旨·食物類》卷二**　鹿角菜生東南海中石崖間，久浸則化為膠。　大寒，無毒。下熱動風。療小兒骨蒸，解麪熱。不可久食，發痼疾，損經絡血氣，令脚冷痹，損腰腎，少顏色。

**清·丁其譽《壽世秘典》卷三**　鹿角菜鹿角以形名，紫黃色，以水洗醋拌，則脹起如新，味極滑美。若久浸則化如膠狀，女人用以梳髮，粘而不亂。　氣味：甘，大寒，無毒。主散風熱，療小兒骨蒸。服丹石人食之，下石力。　發明孟詵曰：不可久食，發痼疾，損腰腎經絡血氣，令脚冷痹，少顏色。《通雅》云：石花、鹿角、雞脚。李時珍《綱目》分之，其實一物也，一曰瓊枝。

**清·朱本中《飲食須知·菜類》**　鹿角菜　味甘，性大寒。解麪毒。丈夫不可久食，發痼疾，損腰腎經絡血氣，令人脚冷痹，少顏色。

**清·何其言《養生食鑒》卷上**　鹿角菜生南海石厓間，形如鹿角，紫黃色。土人晒乾為貨，以水洗，醋拌，則脹起如新，味滑美，久則成膠，女人煮爛以梳頭，髮粘而不亂。味甘，性大寒，無毒。服丹石人，食之下石積。解麪毒，散風氣，退小兒骨蒸熱。多食發痼疾，傷經絡，不利腰腎，令人脚冷痹。

**清·李熙和《醫經允中》卷二二**　鹿角菜　甘，大寒，無毒。主療小兒骨蒸勞熱，解丹石、麪毒。多食損腰腎，少顏色。

**清·嚴潔等《得配本草》卷五**　鹿角菜　甘，大寒，性滑。治骨蒸勞熱，解麪熱。　洗去泥砂。　多食、久食，發痼疾，損腰腎。

**清·李文培《食物小錄》卷上**　鹿角菜　甘、鹹，大寒，性滑，無毒。解麪熱，療小兒骨蒸。

**清·章穆《調疾飲食辯》卷三**　鹿角菜　《南越志》曰：一名猴葵。《綱目》曰：生東南海中崖石間。長三四寸，大如鐵線，分丫如鹿角，紫黃色。土人采曝貨之。水浸則發大如新，醋拌食滑美。久浸亦化為膠。《食性本草》曰：去熱風，退骨蒸勞熱。久食治虛勞肺痿。《食療本草》曰：丈夫不可久食指無熱病者言，損腰腎，令人脚冷。

按：此與石花、雞脚一類三種，養陰退熱，可以通用。虛寒人均宜戒也。

**清·吳其濬《植物名實圖考》卷一八**　鹿角菜　《食性本草》始著錄。《通志》以為即綸。李時珍所述即今鹿角菜，與原圖不甚符，存以俟考。

**清·趙其光《本草求原》卷一五菜部**　鹿角菜　生海石間，形如鹿角，紫黃色。甘，寒，無毒。下丹石積，解麪毒，散風，退骨蒸。曬乾，水洗醋拌，則脹起如新，味滑美。

**清·田綿淮《本草省常·菜性類》**　鹿角菜　一名猴葵。性寒。除煩熱骨蒸，發痼疾。多食傷腰腎。久食令人少顏色，患脚冷痹。服甘草者忌之。

**清·吳汝紀《每日食物却病考》卷上**　鹿角菜　生東南海崖。大寒，滑，無毒。下熱風氣，療小兒骨蒸，解麪熱。不可多食，發痼疾，損腰腎，少顏色。女人用以梳髮，粘而發黑。

### 石花菜

**元·吳瑞《日用本草》卷七**　瓊芝　有紅、白色二，庖人用以助素食。性味主治，本草失載。

**明·寧源《食鑒本草》卷下**　石花菜　大寒，無毒。去上焦之浮熱，發下部之虛寒。

**明·李時珍《本草綱目》卷二八菜部·水菜類**　石花菜《食鑒》

【釋名】璚枝時珍曰：並以形名也。　【集解】時珍曰：石花菜生南海沙石間。高二三寸，狀如珊瑚，有紅、白二色，枝上有細齒。以沸湯泡去砂屑，沃以薑、醋，食之甚脆。其根埋沙中，可再生枝也。一種稍粗而似鷄爪者，謂之鷄脚菜，味更佳。二物久浸皆化成膠凍也。郭璞《海賦》所謂水物則玉珧海月，土肉石華，即此物也。

【氣味】甘，鹹，大寒，滑，無毒。　【主治】去上焦浮熱，發下部虛寒甯原。

**明·穆世錫《食物輯要》卷三**　石花菜　味甘鹹，性大寒、滑，無毒。去上焦浮熱，發下部虛寒。有冷積人食之，令腹痛。多食弱陽。

**明·應廩《食治廣要》卷三**　石花菜　氣味：甘，鹹，大寒，滑，無毒。主治：去上焦浮熱，發下部虛寒。

**明・姚可成《食物本草》卷七菜部・水菜類**　石花菜一名璚枝。生南海砂石間。高二三寸，狀如珊瑚，有紅、白二色，枝上有細齒。以沸湯泡去砂屑，沃以薑、醋，食之甚脆。其根埋沙中，可再生枝也。一種稍粗似雞爪者，謂之雞脚菜，味更佳。二物久浸皆化成膠凍也。今人以石花菜洗去沙，入鍋中，和以少水，煮數沸，帶熱擂數十轉，便烊如膏糊，加以砂仁、椒、薑等末，取出貯盆內，稍冷凝結，如琥珀，如瑪瑙，謂之瓊脂。或醬或糟，冰姿可愛。　石花菜，味甘、鹹，大寒，滑，無毒。去上焦浮熱，發下部虛寒。孕婦不宜多食。

**明・顧逢柏《分部本草妙用》卷九菜部**　石花菜　甘、鹹，寒，滑，無毒。主治：去上焦浮熱，發下部虛寒。

**明・孟笨《養生要括・菜部》**　石花菜　味甘、鹹，大寒，滑，無毒。去上焦浮熱，發下部虛寒。

**明・施永圖《本草醫旨・食物類》卷二**　石花菜生南海沙石間，有紅、白二色。　味：甘、鹹，大寒，滑，無毒。治：去上焦浮熱，發下部虛寒。

**清・丁其譽《壽世秘典》卷三**　石花菜有紅、白二色，枝上有細齒，以沸湯泡去沙屑，沃以薑、醋，食之甚脆。其根埋沙中，可再生枝。一種稍粗似雞爪者，謂之雞脚菜，味更佳。二物久浸，皆化成膠凍也。　氣味：甘、鹹，大寒，無毒。主去上焦浮熱，發下部虛寒，孕婦不宜多食。

**清・朱本中《飲食須知・菜類》**　石花菜　味甘、醎，性大寒滑。有寒積人食之，令腹痛。多食弱陽，發下部虛寒。

**清・何其言《養生食鑒》卷上**　石花菜形如珊瑚，有紅、白二色，枝上有細齒，以沸湯泡去砂屑，薑、醋食，甚脆。　味甘、鹹，性大寒、滑，無毒。去上焦浮熱，發下部虛寒。有冷積人食之，令腹痛。多食弱陽。

**清・李熙和《醫經允中》卷二二**　石花菜　甘、鹹，寒滑，無毒。主治去上焦浮熱，發下部虛寒。

**清・张璐《本經逢原》卷三**　石花菜　甘、鹹，寒，滑，無毒。　發明：石花煮肉，夏月必凍。下部虛寒及脾氣不充者勿食。

**清・浦士貞《夕庵讀本草快編》卷四**　石花菜《食鑒》、璚枝　皆以形象立名。郭璞《海賦》所謂水物則玉珧海月，土肉石華，即此也。　石花生南海砂石間，高二三寸，狀如珊瑚，有紅白二種。雖甘鹹無毒，乃大寒大滑之物也。能去上焦浮熱，發下部虛寒。凡人腰腎氣虛，脾胃怯弱者，斷不可食。

**清・王道純《本草品彙精要續集》卷八**　石花菜無毒　石花菜：主去上焦浮熱，發下部虛寒寗原。【名】橘枝。李時珍曰：並以形名也。【地】李時珍曰：石花生南海沙石間。【苗】高二三寸，狀如珊瑚，有紅白二色，枝上有細齒，以沸湯泡去砂屑，沃以薑醋，食之甚脆。其根埋沙中，可再生枝也。一種稍粗而似雞爪者，謂之雞脚菜，味更佳，二物久浸，皆化成膠凍也。郭璞《海賦》所謂水物則玉珧海月，土肉石華，即此物也。

【味】甘，鹹。【性】大寒，滑。

**清・吳儀洛《本草從新》卷四**　石花菜〔瀉熱。〕　甘，鹹，大寒，滑。去上焦浮熱，發下部虛寒。狀如珊瑚，有紅白二色，枝上有細齒。一種稍粗而似鷄爪，謂之鷄脚菜，味更佳。《廣東新語》〔屈翁山《廣東新語》〕云：石花出崖州海港中，三月采取，過期則成石矣。

**清・嚴潔等《得配本草》卷五**　石花菜　甘、鹹，大寒，性滑。去上焦浮熱。煎汁，凝服。　多食發下部虛寒。

**清・徐大椿《藥性切用》卷六**　石花菜　甘醎大寒，利上焦浮熱，發下部虛寒。洵非實熱，不可輕投。

**清・李文培《食物小錄》卷上**　石花菜　甘，寒，鹹，滑，無毒。解上焦浮熱，暑熱。大者名雞脚菜，有紅、白二種。夏日，以薑、醋拌食甚良。

**清・章穆《調疾飲食辯》卷三**　石花菜　《綱目》曰：生南海沙石中。高二三寸，似珊瑚，故又名瓊枝。有紅、白二色。沸湯泡脹，入薑、醋甚脆美。根埋土中可復生。一種稍粗者，名雞脚菜，味更佳。二物久浸，皆化成膠。郭景純《江賦》所謂土肉石華者是也。《食鑑本草》曰：甘鹹大寒滑，去上焦浮熱，發下部虛寒，確論也。今人暑月用以煮魚，其膠如冬天魚凍。魚性熱，石花寒，兩物相和，想當兩無弊也。

**清・葉桂《本草再新》卷六**　石花菜味甘、鹹，性寒，無毒。入肝、肺二經。除上焦浮熱，發下部虛寒。

**清・吳其濬《植物名實圖考》卷一八**　石花菜　《本草綱目》始著錄。生海礁上，有紅白二花，形如珊瑚。粗者為雞脚菜。今海菜中有鳳尾菜，如珊瑚而扁，亦其類也。

**清・陳其瑞《本草撮要》卷四**　石花菜　味甘鹹，大寒滑。入手足太陰、陽明經，功專去上焦浮熱，發下部虛寒。

清・吴汝紀《每日食物却病考》卷上　石花菜　生南海沙石間，狀如珊瑚枝。甘、鹹，大寒，滑，無毒。去上焦浮熱。泡去沙淨，以薑、醋食之脆佳。然多食亦寒胃也。

麒麟菜

清・趙學敏《本草綱目拾遺》卷八諸蔬部　麒麟菜　出海濱石上，亦如璚枝菜之類，瓊州府海濱亦產。周海山煌《琉璃國志》載：雞脚菜、麒麟菜，皆生海邊沙地上，又名鹿角菜。今人蔬食中多用之，煮食亦酥脆，又可煮化為膏，切片食。《綱目》鹿角菜云：甘，大寒，滑。陳芝山《食物宜忌》云：微鹹性平，大有消痰功用。瀕湖反引孟詵一說，以為有微毒，不可久食，能發痼疾。且其主治，止載下食風氣，小兒骨蒸，治丹石熱結，解麫毒，何昧其功用乃爾耶，兹特表之。朱排山《柑園小識》：石花菜生海中沙石間，高二三寸，狀如珊瑚，有紅、白二種，洗去沙土，煮化凝成膏，糟醬俱佳。又有細如牛毛者，呼牛毛石花，味稍劣。郭璞《海賦》所謂土肉石華是也。味鹹，性平，消痰如神，能化一切痰結痞積痔毒。

敏按：《盛京志》：龍鬚菜生於東南海濱石上，叢生，狀如柳根，長者至尺餘，白色，以醋浸食，亦佳蔬也，土人呼為麒麟菜，出金州海邊。鹿角菜生東南海中，大如鐵線，分丫如鹿角，紫黃色，乾之為海錯，水洗醋拌，則如新味，今金州海邊有之，據志則似一類二種也。

石花膏：毛世洪《養生集》：治辛苦勞碌之人，或嗜酒多慾，忽生外痔，發作疼痛，步履難移。服此，或大便瀉一遍，或不瀉，亦即止痛，可以行走。再用搽洗等藥，自能斷根。用麒麟菜洗去灰一兩，用天泉水煮烊，和白糖五錢食之。此方乃李治運臬司傳靈隱寺僧。杭人蕭成子患此症，僧往候，授以此方，服之隨愈。予記之，後治數人多效。

清・王孟英《隨息居飲食譜・蔬食類》　石華　甘，鹹，寒，滑。專清上焦客熱，久食愈痔，而能發下部虛寒。盛夏煎之化成膠凍，寒凝已甚，中虛無火者忌食。粗者名麒麟菜，性味略同。

清・田綿淮《本草省常・菜性類》　麒麟菜　一名石花菜，一名瓊枝。性寒。清胸膈邪熱，發冷疾。多食傷血脉。服甘草者忌之。

龍鬚菜

明・李時珍《本草綱目》卷二八菜部・水菜類　龍鬚菜《綱目》

【集解】時珍曰：龍鬚菜生東南海邊石上。叢生無枝，葉狀如柳，根鬚長者尺餘，白色。以醋浸食之，和肉蒸食亦佳。《博物志》一種石髮似指此物，與石衣之石髮同名也。

【氣味】甘，寒，無毒。【主治】癭結熱氣，利小便時珍。

明・穆世錫《食物輯要》卷三　龍鬚菜　味甘，性寒，無毒。利小水，去內熱，治癭結氣。患冷氣人勿食。

明・趙南星《上醫本草》卷三　龍鬚菜　甘，寒，無毒。主治：癭結熱氣，利小便。

明・應檟《食治廣要》卷三　龍鬚菜　氣味：甘，寒，無毒。主治：癭結熱氣，利小便。以上四種皆生東南海邊。

明・姚可成《食物本草》卷七菜部・水菜類　龍鬚菜生東南海邊石上。叢生無枝，葉狀如柳，根鬚長者尺餘，白色。以醋浸食之，和肉蒸食亦佳。一名石髮，即此是矣。龍鬚菜，味甘，寒，無毒。主癭結熱氣，利小便。

明・孟笨《養生要括・菜部》　龍鬚菜　味甘，寒，無毒。治癭結熱氣，利小便。

明・施永圖《本草醫旨・食物類》卷二　龍鬚菜生東南海邊石上，叢生，無枝葉。味：甘，寒，無毒。治：癭結熱氣，利小便。

清・丁其譽《壽世秘典》卷三　龍鬚菜生東南海邊石上，叢生無枝葉，狀如柳，根鬚長者尺餘，白色。以醋浸食之，和肉蒸食亦佳。氣味：甘，寒，無毒。主癭結熱氣，利小便。

清・何其言《養生食鑒》卷上　龍鬚形如柳，根長尺餘，白色，以醋拌食，和肉蒸食，亦佳。味甘，性寒，無毒。利小水，去內熱，治癭結氣。患氣冷人勿食。

清・朱本中《飲食須知・菜類》　龍鬚菜　味甘，性寒。患冷氣人勿食。

清・王道純《本草品彙精要續集》卷八　龍鬚菜無毒　龍鬚菜：主癭結熱氣，利小便《本草綱目》。【名】一種石髮似指此物，與石衣之石髮同名也。【地】李時珍曰：龍鬚菜生東南海邊石上。【苗】叢生無枝葉，狀如柳，根鬚長者尺餘。【色】白色。【用】以醋浸食之，和肉蒸食亦佳。【味】甘。【性】寒。

清・吴儀洛《本草從新》卷四　龍鬚菜清熱消癭。　甘，寒，微鹹。清熱消癭，利小便。《博物志》張華《博物志》。一種石髮似指此，與石衣之石髮同名也。

清・徐大椿《藥性切用》卷六　龍鬚菜　甘寒微鹹，清熱散結，利水消癭。較石花菜功力稍緩。

**清・章穆《調疾飲食辯》卷三** 龍鬚菜 《綱目》曰：生東南海邊石上。叢生，無枝葉，狀如柳根之鬚，長者尺餘，白色。醋拌、肉煮皆可食。性能消癭結，解熱氣，利小便。《博物志》之石髮似指此物，與苔類之石髮名同物異也。

**清・趙其光《本草求原》卷一五菜部** 龍鬚菜 形如柳，根長尺餘，白色。甘，寒，無毒。利水，去肉熱。治癭結氣，醋拌或和肉食佳。

**清・文晟《新編六書》卷六《藥性摘錄》** 龍鬚菜 形如柳根，長尺餘，白色。甘，寒。利小水，去內熱，治癭結氣，以醋拌食，和肉蒸食，亦佳。患冷氣，勿食。

**清・王孟英《隨息居飲食譜・蔬食類》** 髮菜本名龍鬚菜。與海粉相同，而功遜之。

**清・田綿淮《本草省常・菜性類》** 洋菜 一名洋粉，一名龍鬚菜。性寒。散結熱，利二便。服甘草者忌之。

**清・陳其瑞《本草撮要》卷四** 龍鬚菜 味甘寒微鹹，入足太陽、太陰經，功專清熱消癭，利小便。

**清・吴汝紀《每日食物却病考》卷上** 龍鬚菜 生東南海邊石上，叢生無枝葉。味甘，寒，無毒。治積熱，利小便。以醋浸食之，和肉亦佳。

鷓鴣菜

**清・趙學敏《本草綱目拾遺》卷八諸蔬部** 鷓鴣菜 《連江志》：生海石上，色微黑。《漳州府志》：鷓鴣菜散碎花，微黑，出漳浦。療小兒腹中蟲積，食之即下如神。

紅麯

**元・忽思慧《飲膳正要》卷三** 紅麯 味甘，平，無毒。健脾，益氣，溫中。淹魚、肉內用。

**明・皇甫嵩《本草發明》卷五** 紅麯 色赤。滑血。造麯六月作者良。入藥須陳，宜炒。按：六月六日，諸神集會，此日宜造神麯，合用藥料，各肖神明，故名神麯。過此日不靈也。〇用白麪百斤，以象白虎；蒼耳自然汁三升，以象勾陳；野蓼自然汁四升，以象(藤)〔騰〕蛇；青蒿自然汁三升，以象青龍；杏仁去皮尖四升，以象玄武；赤小豆煮軟熟，去皮，三升，以象朱雀。如造麯法造備，晒乾收貯，以待用。

**明・李時珍《本草綱目》卷二五穀部・造釀類** 紅麴《丹溪補遺》

【集解】時珍曰：紅麴，《本草》不載，法出近世，亦奇術也。其法：白粳米一石五斗，水淘浸一宿，作飯。分作十五處，入麴母三斤，搓揉令匀，併作一處，以帛密覆。熱即去帛攤開，覺温急堆起，又密覆。次日日中又作三堆，過一時分作五堆，再一時合作一堆，又過一時分作十五堆，稍温又作一堆，如此數次。第三日，用大桶盛新汲水，以竹籮盛麴作五六分，蘸濕完又作一堆，如前法作一次。第四日，如前又蘸。若麴半沉半浮，再依前法作一次，又蘸。若盡浮則成矣，取出日乾收之。其米過心者謂之生黄，入酒及鮓醢中，鮮紅可愛。未過心者不甚佳。入藥以陳久者良。

【氣味】甘，温，無毒。瑞曰：釀酒則辛熱，有小毒，發腸風痔瘻、脚氣、哮喘痰嗽諸疾。

【主治】消食活血，健脾燥胃，治赤白痢下水穀震亨。釀酒，破血行藥勢，殺山嵐瘴氣，治打撲傷損吴瑞。治女人血氣痛，及産後惡血不盡，擂酒飲之，良時珍。

【發明】時珍曰：人之水穀入於胃，受中焦濕熱熏蒸，游溢精氣，日化爲紅，散佈臟腑經絡，是爲營血，此造化自然之微妙也。造紅麴者，以白米飯受濕熱鬱蒸變而爲紅，即成真色，久亦不渝，此乃人窺造化之巧者也。故紅麴有治脾胃營血之功，得同氣相求之理。

【附方】新四。濕熱泄痢：丹溪青六丸：用六一散，加炒紅麴五錢，爲末，蒸餅和丸梧子大。每服五七十丸，白湯下，日三服。《丹溪心法》。小兒吐逆：頻併，不進乳食，手足心熱。用紅麴年久者三錢半，白术麸炒一錢半，甘草炙一錢，爲末。每服半錢，煎棗子、米湯下。《經濟》。小兒頭瘡：因傷濕入水成毒，濃汁不止。用紅麴嚼罨之，甚效。《百一選方》。心腹作痛：赤麴、香附、乳香等分爲末，酒服。《摘玄方》。

**明・繆希雍《本草經疏》卷三〇** 紅麴 味甘，溫，無毒。主消食，活血，健脾，燥胃。治赤白痢下水穀。

【疏】紅麴，以白粳米雜麴母蒸罨為之，亦奇術也。人之水穀入於胃，受中焦濕熱薰蒸，精氣變化而赤為血。紅麴以白米飯受濕熱鬱蒸而變為紅，皆造化自然之微妙也。故紅麴治脾胃榮血之功，有同氣相求之理。消食健脾胃，與神麯相同。而活血和傷，惟紅麴為能，故治血痢，尤為要藥。

【主治參互】得番降香、通草、鯪鯉甲、沒藥，治上部內傷，胸膈作痛。或怒傷吐血，和童便服，有神效。同黃連、白藊豆、蓮肉、黃芩、白芍藥、升麻、乾葛、烏梅、甘草、滑石、橘紅，治滯下有神。同續斷、番降香、延胡索、當歸、通草、紅花、牛膝、沒藥、乳香，治內傷血瘀作痛。同澤蘭、牛膝、地黃、續斷、蒲黃、赤芍藥，治產後惡露不盡，腹中痛。《丹溪心法》濕熱泄痢，青六丸，用六一散加炒紅麴五錢，為末，蒸餅和丸梧子大。每六七十丸白湯下，日三服。《摘玄方》心腹作痛，赤麴、香附、乳香，等分為末，酒服。［簡誤］性能消導，無積滯者勿用。又善破血，無瘀血者禁使。

**明·倪朱謨《本草彙言》卷一四** 紅麴 味甘，氣溫，無毒。 李氏曰：紅麴，《本草》不載。法出近世，亦奇術也。其法用白粳米一斗五升，水淘淨，浸一宿，蒸作飯，分作十五處，入麴母五兩，搓揉令勻，併作一處，以帛密覆，熱即去帛，攤開覺溫，不可過冷，急堆起，又密覆。次日日午，又作三堆，過一時分作五堆，再一時又合作一堆。又過一時，又分作十五堆。稍溫，又合作一堆。如此數次。第三日，用桶盛新汲水，以竹籮盛麴，作五六分蘸濕完，又合作一堆，如前法作一次。第四日如前法，用竹籮又蘸，若麴半浮半沉，再依前法作一次，又蘸。若俱浮，則成矣。取出日乾收之。其米透心者，謂之生黃，入酒及醢中，鮮紅可愛。未透心者不甚佳。入藥以陳久而直透心者良。

紅麴：《藥性論》燥胃健脾，朱震亨下水穀，活血氣之藥也。許氏長如曰：此藥受濕蒸熱鬱，黰發而成，能入血分。故吳瑞方以此釀酒飲，可破血行瘀，而治打撲傷損。又時珍方以此煎酒飲，療血氣刺痛，而治產後惡血不行，竊觀人受水穀，入于胃中，得中焦濕熱之氣，熏蒸游溢，化爲赤汁，散布藏府經絡，是爲營血。紅麴，以白米作飯，入麴揉勻，密覆，旋分旋合，旋合旋分，令其濕熱鬱蒸，變而爲赤，其色久亦不渝，與人身水穀醞釀，化赤爲血之理相合，乃得造化自然之微玅也。故前人用此化宿食積滯、和脾胃、達營血之功，得同氣相求之理。消食健脾，與神麴相同，而活血散傷，惟紅麴爲最，故治血痢方，丹溪翁尤爲要藥。

集方：經驗方治停食作吐，手足心熱，腹脹胸悶。用紅麴炒五錢，白朮麩炒四錢，甘草炙一錢，共爲末。大人服二錢，小兒服五分，生薑湯下。○《摘玄方》治停食腹痛。用紅麴、香附各等分，炒研爲末。每服三錢，酒調下。此方亦可治婦人產後血悶腹痛及跌撲損傷，血瘀諸痛。○《丹溪心法》名青六丸治泄痢赤白。用滑石六錢，甘草一錢，紅麴五錢炒，共研末，用蒸餅爲丸梧子大。每服百丸，白湯下。

**明·應廑《食治廣要》卷八** 紅麴 氣味：甘，溫，無毒。主治：消食，活血，健脾燥胃，除赤白痢下。釀酒，破血，行藥勢，殺瘴氣。治女人血氣痛及產後惡血不盡，擂，酒飲之，良。

按：紅麴以白粳米淘浸作成，《本草》不載，法出近世，亦奇術也。

**明·姚可成《食物本草》卷五穀部·醃造類** 紅麴紅麴本草不載，法出近世，亦奇術也。其法：白粳米一石五斗，水淘浸一宿，作飯。分作十五處，入麴母三斤，搓揉令勻，併作一處，以帛密覆。熱即去帛攤開，覺溫急堆起，又密覆。次日日中又作三堆，過一時分作五堆，再一時合作一堆，又過一時分作十五堆，稍溫又作一堆，如此數次。第三日，用大桶盛新汲水，以竹籮盛麴作五六分，蘸溼完又作一堆，如前法作一次。第四日，如前又蘸。若麴半沉半浮，再依前法作一次，又蘸。若盡浮則成矣，取出日乾收之。其米過心者謂之生黃，入酒及鮓醢中，鮮紅可愛。未過心者不甚佳美也。 紅麴，味甘，溫，無毒。主消食活血，健脾燥胃，治赤白痢下水穀。釀酒，破血行藥勢，殺山嵐瘴氣，治打撲傷損，女人血氣痛及產後惡血不盡，擂酒飲之，良。李時珍曰：人之水穀入於胃，受中焦溼熱薰蒸，游溢精氣，日化為紅，散佈臟腑經絡，是為榮血，此造化自然之微妙也。造紅麴者，以白米飯受溼熱鬱蒸變而為紅，即成真色，久亦不渝，此乃人竊造化之巧者也。故紅麴有治脾胃榮血之功，得同氣相求之理。

**明·孟笨《養生要括·穀部》** 紅麴 味甘，溫，無毒。消食活血，健脾燥胃，治赤白痢，下水穀。釀酒，破血，行藥勢，殺山嵐瘴氣，治打撲傷損。治女人血氣痛及產後惡血不盡，擂酒飲之，良。

**明·蔣儀《藥鏡》卷一溫部** 紅麴 養榮清血痢，相求在同氣之倫。消積健胃脾，活血奏和傷之驗。炒入六一散，日下三服，濕熱泄痢者，盜去而邦寧。同香附、乳香，等分酒過，心腹作疼者，氣調而福致。

**明·施永圖《本草醫旨·食物類·五穀類》** 紅麴以白粳米作飯為之。味：甘，溫，無毒。釀酒則辛熱有小毒，發腸風痔瘻、脚氣、哮喘、痰嗽。治：消食活血，健脾燥胃，治赤白痢，下水穀。釀酒，破血行藥勢，殺山嵐瘴氣，治打撲損傷。治女人血氣痛及產後惡血不盡，擂酒飲之良。

**明·盧之頤《本草乘雅半偈》帙一〇** 紅麴《補遺》 氣味：甘，溫，無毒。

主治：主消食，活血，健脾燥胃，治赤白痢。下水穀。

覈曰：用白秔米一石五斗，水淘，浸一宿，蒸之成飯。分作十五處，入麯母三斤，搓揉令勻，復併作一處，遂以帛密覆之。熱即去帛，攤開覺微溫，遂復堆起，又以帛密覆之。次日日中，又分作三堆，越一時，分作五堆，再一時，復合作一堆，過一時，又分作十五堆，俟稍溫，又復合作一堆，如此數次乃止。至第三日，用大桶盛新汲水於桶內，以竹籮盛麴，分作五六分，水中蘸之，完時又作一堆，仍如前法作一次。第四日如前又蘸，若米半浮半沉，仍如前法作一次，復蘸之。米盡浮，則麯成矣，取出日乾收之。其米過心赤者，謂之生黃，未過心者，不堪入藥。陳久者良。

粂曰：稻之不黏者為秔，米粒如霜，性尤宜水，溉種之穀也。鬱之使塵華為赤，過心者赤，心為大赤，法出近世，亦奇術也。金穀曰秔，性宜水者，即金向水求，胎藏水母中也。《易》以坎為水，為赤，乾為金，為大赤，顧穀之能為赤為大赤者，其唯稻之秔乎。藉金水以相資，亦非本有之形色，假人力而成者也。故女工曰紅，紡績織紝，功力之謂也。鬱秔造麴，使之衣生，令之心赤，亦孰非功力之使然乎。是故穀入于胃，乘中黃之生氣，升出之，降入之，奉心化赤，乃得流溢于中，布散于外，精專者獨行其經隧，營營無已，終而復始也。設中黃生氣息，則升出降入廢，上焦亦不為之開發，五穀亦不為之宣味，水食亦不消，血凝亦不流，胃濡脾憊，停而成飲矣。留于中則為蠱，溢于外則為腫，注于下則為淋為帶為痢矣。稻秔鬱之為赤為大赤，已若奉心化赤矣，則從前生意已成其終。餌之以赤以大赤，嗣後生意寧不以成其始乎。誠金胎水中為先天，木藏火裏為後天，孕育之基，中黃戊己也，合物我為互交，分成兩象者，復還圓相矣。致飲之因，變生之證，從來未經發覆，能于此比量推廣，法不可勝用矣。若祇作紅麴粂，失却許多看書法門。仲淳繆先生，為人處方，每脾胃疾，必多用紅麴。又嘗見先生酒後，次早單以此種作丸，必大啖之。庚申中秋，曾與頤言，白秔蒸罨，變赤而成麴，如水穀醞釀，化赤而為血，其主脾胃營血之功，有同氣相求之感。

**清・顧元交《本草彙箋》卷七**　紅麴　消食活血，健脾燥胃，能冷赤白痢，而下水穀。蓋人之水穀入胃，受中焦濕熱熏蒸，遊溢精氣，日化爲紅，散在臟腑經絡，是爲營血。造紅麯者，以白米飯受濕熱熏蒸，變而爲紅，即成真色，久亦不渝，此直竊造化之巧，故紅麯有治脾胃營血之功，得同氣相求之理。

**清・穆石匏《本草洞詮》卷五**　紅麯　味甘，氣溫，無毒。主消食活血，健脾，治赤白痢。蓋人之水穀入胃，受中焦濕熱薰蒸，游溢精氣，化而為紅，散布臟腑經絡，是為營血，此造化自然之妙也。造紅麯者，以白粳米作飯，入麯母揉勻，密覆，旋分旋合，令其濕熱鬱蒸，變而為紅，久亦不渝，此乃人竊造化之巧者也。故有治脾胃營血之功，得同氣相求之理。朱丹溪青六丸治痢，用六一散加炒紅麯五錢，為末，蒸餅和丸梧子大，每服七十丸，日三服。

**清・劉雲密《本草述》卷一四**　紅麴　氣味：甘，溫，無毒。主治：消食活血，健脾燥胃，治赤白痢，下水穀震亨。釀酒，破血行藥勢，殺山嵐瘴氣，治打撲傷損吳瑞。治女人血氣痛，及產後惡血不盡。擂酒飲之良時珍。

方書主治：血鬱畜血，心痛，胃脘痛，滯下。時珍曰：人之水穀入於胃，受中焦溼熱熏蒸，遊溢精氣，日化為紅，散布臟腑經絡，是為營血，此造化自然之微妙也。造紅麴者，以白米飯受溼熱鬱蒸，變而為紅，即成真色，久亦不渝，此乃人竊造化之巧者也。故紅麴有治脾胃營血之功，得同氣相求之理。

希雍曰：紅麴消食健脾胃，與神麴相同，而活血和傷，惟紅麴為能，故治血痢尤為要藥。得番降香、通草、鯪鯉甲、沒藥，治上部內傷，胸膈作痛，或怒傷吐血，和童便服，有神效。同黃連、白藊豆、蓮肉、黃芩、白芍藥、升麻、乾葛、烏梅、甘草、滑石、橘紅，治滯下有神。同續斷、番降香、延胡索、當歸、通草、紅花、牛膝、沒藥、乳香，治內傷血瘀作痛。同澤蘭、牛膝、地黃、續斷、蒲黃、赤芍藥，治產後惡露不盡，腹中痛。

愚按：赤麴本於溼熱之氣所化，因於人身營血由液而化，漸由黃而化赤，彷其所自始以造茲種，李瀕湖謂人竊造化之巧者此也。故營血不化，還以此化之，最為親切矣。第化則與破不同，全本於氣之所轉以為血。先如溼熱血痢，固以同氣相求矣。他證或血因熱盛而泣，或因寒斂而泣，或因痰積礙其隧道而泣，舉六淫七情之病於氣以泣血者，如其所因，而投所宜之主劑，用此為化血地，較之暖於破決者，庶乎有益無咎耳。第人身血化本於陰陽，絪蘊以成變化，故《經》曰受氣取汁，泌其精微，變化而赤，是為血。又曰：血者，神氣也。如瀕湖謂為中焦溼熱熏蒸而化，是何等語也？讀之不覺失笑。吳瑞曰：釀酒則辛熱，有小毒。發腸風痔瘻，脚氣哮喘痰嗽諸疾。

**清・郭章宜《本草匯》補遺**　紅麴　味甘，氣溫。消食活血，燥胃健脾。療產後惡血不盡，治濕熱泄痢腹疼。

按：紅麴一種，法出近世，故《本草》不載。李時珍云：人之水穀入胃，受中焦濕熱薰蒸，游溢精氣，日化為紅，散布藏府經絡，是為營血，此造化自然之微妙也。造紅麴者，以白米飯受濕熱鬱蒸，變而為紅，即成真色，久亦不渝，此乃人竊造化之巧者也。故紅麴有治脾胃營血之功，得同氣相求之理。若以釀酒，則辛熱有毒，發腸風痔瘻，脚氣哮喘，痰嗽諸疾矣。心腹作痛，用此同香附、乳香為末，酒服甚效。

陳久者良。

**清·何其言《養生食鑒》卷下** 紅麯今人作鮮醋用者。 味甘，性溫，無毒。消食活血，健脾燥胃，治赤白痢，下冷穀不化。治女人血氣痛及產後惡血不盡，擂酒，飲之良。

**清·王翃《握靈本草》卷六** 紅麴本草不載。法出近世，以白粳米入麴造成。主治：紅麴，甘，溫，無毒。治赤白痢。女人血氣痛，產後惡血不盡，研酒服之良。 選方：青六丸，治赤痢，用六一散三兩，紅麴半兩，酒糊丸服。并治產後自痢。

**清·汪昂《本草備要》卷四** 紅麯宣，破血；燥，消食。 甘，溫，色赤。入營而破血，燥胃消食，活血和傷。治赤白下痢，跌打損傷，產後惡露不盡。李時珍曰：人之水穀入胃，中焦濕熱熏蒸，游溢精氣，化爲營血，此造化自然之妙也。紅麯以白米飯雜麯麵母，濕熱蒸罯，即變爲真紅，此人竊造化之巧者也。故治脾胃營血，得同氣相求之理。 紅入米心，陳久者良。 昂按：紅麯溫燥，能腐生物使熟。故魚肉鮓用之，不特取其色也。

**清·顧靖遠《顧氏醫鏡》卷八** 紅麯甘，溫。炒研。 功專活血，赤利多用之。 造法：以白米飯，受濕熱鬱蒸，變而為紅，故有治脾胃營血之功。釀酒破血。 亦可消食。有健脾燥胃之功。

**清·馮兆張《馮氏錦囊秘錄·雜症痘疹藥性主治合參》卷六** 紅麯味甘，溫，無毒。主消食活血，健脾和胃。治赤白痢，下水穀。蓋紅麯以白粳米，雜麯母蒸罨為之，亦奇術也。人之水穀入於胃，受中焦濕熱熏蒸，精氣變化而赤，為血紅麯，以白米飯受濕熱鬱蒸，而變為紅，皆造化自然之微妙也。故紅麯治脾胃榮血之功，有同氣相求之理。消食健脾胃，與神麯相同。而活血和傷，惟紅麯為能，故治血痢尤為要藥。得番降香、通草、鮫鯉甲、沒藥，治上部內傷，胸膈作痛。怒傷吐血，和童便服神效。同黃連、白藊豆、蓮肉、黃芩、白芍藥、升麻、乾葛、烏梅、甘草、滑石、橘紅，治滯下有神。同續斷、番降香、延胡索、當歸、通草、紅花、牛膝、沒藥、乳香，治內傷血瘀作痛。同澤蘭、牛膝、地黃、續斷、蒲黃、赤芍藥，治產後惡露不盡，腹中痛。【略】 紅麯，色赤，滑血須知，更治赤痢，至於化穀，意有在焉。蓋水穀入胃，遊溢精氣，日變赤色，是為營血。紅麯之象，同氣相合，故能活血化穀，而不消尅也。

主治痘疹合參：凡托痘散中可用，以活血調中之力也。

**清·浦士貞《夕庵讀本草快編》卷三** 紅麴丹溪《補遺》 麴類而色紅，故名。 紅麴，罨米造成，甘溫之品也。夫人水穀入胃，受中焦濕熱薰蒸，游益精氣，化而為赤，散布臟腑經絡，是為營血，此造化自然之微妙也。造紅麴者，以白米飯受濕熱鬱蒸變而為紅，久亦不渝，此乃人竊造化之巧而生此法乎。故專消食健脾，止痢止瀉，以及婦人血痛惡露等症，皆得同氣相求之理也。

**清·劉漢基《藥性通考》卷六** 紅麯 味甘，溫。色赤，入營而破血，燥胃消食，活血和傷，治赤白下痢，跌打損傷，產後惡露不盡。紅入米心，陳久者良。

**清·姚球《本草經解要》卷四** 紅麴 氣溫，味甘，無毒。主消食，活血，健脾燥胃，治赤白痢，下水穀。 紅麴氣溫，稟天春和之木氣，入足厥陰肝經。味甘無毒，得地中正之土味，入足太陰脾經。氣味俱升，陽也。主消食者，飲食入胃，散精於肝，肝散之，然後脾消之。紅麴入脾肝，氣溫達肝，肝疎暢，則脾亦健運也。肝藏血，脾統血，血溫則活也。人之水穀入胃，中焦濕熱薰蒸，游溢精氣，日化為經，是為營血。紅麴以白飯蒸罨成紅色，與營血有同氣相求之理，能生血而健脾，脾健則為胃行其津液，而胃燥矣。治赤白痢者，以有活血消食之功也。下水穀者，氣溫達肝，味甘益脾之力也。 製方：紅麴同白朮、甘草，治吐逆。同滑石、甘草末，治暑痢。

**清·吳儀洛《本草從新》卷四** 紅麯〔宣，破血；燥，消食。〕 甘，溫。色赤入營而破血活血，燥胃消食。魚肉鮓用之，以能腐生物使熟也。治赤白下痢，跌打損傷，產後惡露不盡。 時珍曰：人之水穀入胃，中焦濕熱熏蒸，游溢精氣，化爲營血，此造化自然之妙也。紅麯以白米飯雜麯母，濕熱蒸罨，即變爲真紅，此人竊造化之巧者也。故治脾胃營血，得同氣相求之理。 忌同神麯。紅入米心，陳久者良。

**清·汪紱《醫林纂要探源》卷二** 紅麴 辛、甘、酸，熱。以水浸濕早稻米，中藏砒石麯藥，罨地下，使作熱，又復攤開，數罨數攤，則米鬱爛成赤色，其赤入心透，撚之則碎。此亦與水穀入中焦，命火熏蒸而化血之理同也。破瘀活血，去傷，赤入血分，酸則去瘀，辛則氣行而血活，故治血痢，療損傷，去產婦惡露。開胃消食，解生冷物毒。由變化而成，故能消滯，且化物毒也。

**清·嚴潔等《得配本草》卷五** 紅麴 甘，溫。入足陽明、太陰經血分。消食活血，治赤白痢。 配香附、乳香末，治心腹痛。入六一散，治濕熱痢。

煎黃酒服，治血氣痛。煎童便服，治怒傷吐血。

**清·徐大椿《藥性切用》卷六**　紅麯　甘溫色赤，入血分而破血消積，為陽明血痢稠粘旹藥。陳久者良。炒研用。血虛忌之。

**清·李文培《食物小錄》卷下**　紅麴　甘、酸，溫，無毒。消食活血，健脾燥胃。

**清·羅國綱《羅氏會約醫鏡》卷一七穀部**　紅麯味甘氣溫，入肝、脾、胃三經。性溫色赤，入榮而化血。燥胃消食，活血和傷。治赤白下痢、跌打損傷、產後惡露作痛。以赤色治血，同氣相求。消食健脾與神麯同功，而活血治痢，有獨長也。

**清·章穆《調疾飲食辯》卷二**　紅麴　《綱目》曰：紅麴，古本草不載，法出近世，奇術也。其法：用白粳米一石五斗，水浸一宿，作飯。分為十五堆，入麴母三斤，搓令勻，併作一堆，以帛密覆。熱即去帛攤開，覺溫急急堆起，又密覆。次日午又作三堆，過一時分作五堆，再一時合作一堆，又過一時分作十五堆，稍溫又作一堆，如此數次。第三日，用大桶盛新汲水，以竹籮盛麴作五六分，蘸濕又作一堆，如前法分合為一次。至第四日，如前又蘸濕。若麴半浮半沉，再依前法作一次。又蘸，若麴盡浮，則成矣，日乾收之。性能消食、健脾、活血。煮酒飲，下產後瘀血。

按：紅麴性大消肉食，今人作魚、肉鮝用之，較古之鮝稍易化。然總屬生物，病人大忌。

**清·王龍《本草纂要稿·穀部》**　紅麯　色赤。滑血須知，亦易腐物。

**清·楊時泰《本草述鉤元》卷一四**　紅麴　氣味甘溫。消食活血，健脾燥胃，下水穀，治赤白痢，女人血氣痛，及產後惡血不盡，擂酒飲之。釀酒，破血行藥勢，殺山嵐瘴氣，治打撲損傷。方書治血鬱蓄血，心痛胃脘痛。有治脾胃營血之功，得同氣相求之理瀕湖。消食健脾胃，與神麴同，而活血和傷，惟歸紅麴，故治血痢，尤為要藥仲淳。得番降香、鯪鯉甲、沒藥、通草，治上部內傷胸膈作痛，或怒傷吐血，和童便服神效。同黃連、稨豆、蓮肉、黃芩、白芍、升麻、乾葛、烏梅、甘草、滑石、橘紅，治滯下有神。同續斷、番降香、延胡、當歸、通草、紅花、牛膝、乳香、沒藥，治內傷血瘀作痛。同澤蘭、牛膝、地黃、續斷、蒲黃、赤芍，治產後惡露不盡，腹中痛。

論：紅麴本於濕熱之氣所化，因人身營血由液化，漸黃而赤，彷其所自始以造茲麴，瀕湖謂人竊造化之巧者此也。故營血不化，還以此化之，最為親切。夫化與破不同，全本於氣之所轉以為血先。如濕熱血痢，固以同氣相求矣。其他見證，或血因熱盛而泣，或因寒斂而泣，或因痰積礙其隧道而泣，舉六淫七情之病於氣以泣血者，如其所因而投所宜之主劑，用此為化血地，較之峻於破決者，庶乎有益無咎耳。紅麴釀酒，則辛熱有小毒，發腸風痔瘻，脚氣，哮喘痰喘諸疾吳瑞。

**清·趙其光《本草求原》卷一四穀部**　紅麴　粳米飯加酒麴窨造，變為真紅。能走營氣，以活血，燥胃消食。凡七情六欲之病於氣以致血澀者，皆宜佐之。故治冷滯，赤白痢，跌打損傷，經閉，產後惡血。營血精液所化，漸由黃而變赤，皆真氣之所熏蒸而成。若因寒、因熱、因濕阻其氣化，則血不行，故即以熏蒸之氣所造者為之轉化其氣，以活血，是氣為血先之義。《經》曰：血者，神氣也。治氣以化血，與破血不同。　紅入米心，福建所造，陳久者良，性溫燥，能腐生物成熟，故魚肉鮓用之。酒麴亦消食，但力峻傷胃。

**清·張仁錫《藥性蒙求·穀部》**　紅（麵）〔麴〕二錢　紅（麵）〔麴〕甘溫，消食和營。女人經阻，瘀血能通。治赤痢，跌打損傷，產後惡露不盡。有治脾胃營血之功。乃粳米所造。然必福建製者為良。○能腐魚肉，易熟。

**清·田綿淮《本草省常·穀類》**　紅麯　性溫。健脾燥胃，破血消食。

**清·戴葆元《本草綱目易知錄》卷二**　紅麴　甘，溫。消食活血，健脾燥胃。下水穀，解溫熱。治山嵐瘴氣，下痢赤白，小兒吐逆。釀酒飲，破血，行藥勢。療打撲損傷，女人血氣痛，產後惡血不盡。

**清·黃光霽《本草衍句》**　紅麯甘，溫。　消食活血，燥胃健脾。產後惡血不盡，有破血之功。下痢赤白損傷。得降香、通草、川山甲、沒藥，治上部內傷，胸膈作痛，怒傷吐血，和童便服，神效。得黃連、白扁豆、蓮肉、黃芩、白芍、升麻、乾葛、烏梅、甘草、滑石、橘紅，治滯下有神。得續斷、降香、延胡索、當歸、通草、紅花、牛膝、沒藥、乳香，治內傷血瘀作痛。得澤蘭、牛膝、地黃、續斷、蒲黃、赤芍，治產後瘀露不盡，腹中作痛。　濕熱瀉痢，丹溪青六丸，用六一散加炒紅麯五錢，為末，和丸，白湯下。　心腹作痛，赤麯、香附、乳香，等分為末，酒服。

**清·陳其瑞《本草撮要》卷五**　紅麴　味甘，溫，入營而破血，燥胃消食。忌同神麴。陳者良。

冬蟲夏草

**清・吴儀洛《本草從新》卷一**　冬蟲夏草〔補肺腎。〕甘，平。保肺益腎止血，化痰，止勞嗽。產雲、貴。冬在土中，身如老蠶，有毛能動，至夏則毛出土上，連身俱化為草。若不取，至冬則復化為蟲。

**題清・徐大椿《藥性切用》卷三草部**　冬蟲夏草　性味甘平，滋腎保肺，功耑止血化痰，能已勞嗽。冬在土中，身活如老蠶，有毛能動。至夏則毛出土上，連身俱化為草。若不取，則至冬復化為蟲。

**清・趙學敏《本草綱目拾遺》卷五草部下**　夏草冬蟲　出四川江油縣化林坪，夏為草，冬為蟲，長三寸許，下趺六足，脰以上絶類蠶，羌俗採為上藥。功與人參同。《從新》云：產雲貴，冬在土中，身活如老蠶，有毛能動，至夏則毛出土上，連身俱化為草。若不取，至冬復化為蟲。《四川通志》云：冬蟲夏草出(裏)〔理〕塘撥浪工山，性溫暖，補精益髓。《黔囊》：夏草冬蟲出烏蒙塞外，暑茁土為草，冬蟄土為蟲。《青藜餘照》：四川產夏草冬蟲，根如蠶形，有毛能動，夏月其頂生苗，長數寸，至冬苗槁，但存其根，嚴寒積雪中，往往行於地上。《文房肆考》：邇年蘇州皆有之，其氣陽，性溫，孔裕堂述其弟患怯汗大泄，雖盛暑，處密室帳中，猶畏風甚，病三年，醫藥不效，症在不起，適有戚自川歸，遺以夏草冬蟲三觔，逐日和葷蔬作餚燉食，漸至愈。因信此物保肺氣，實腠理，確有徵驗，用之皆效。七椿園《西城聞見錄》：夏草冬蟲生雪山中，夏則葉歧出類韭，根如朽木，淩冬葉乾，則根蠕動化為蟲。入藥極熱。徐后山《柳崖外編》：冬蟲夏草，一物也。冬則為蟲，夏則為草，蟲形似蠶，色微黄，草形似韭，葉較細。入夏，蟲以頭入地，尾自成草，雜錯於蔓草間，不知其為蟲也，交冬草漸萎黄，乃出地蠕蠕而動，其尾猶簌簌然帶草而行。蓋隨氣化轉移，理有然者，和鴨肉頓食之，大補。紹興平萊仲先生言其尊人曾任雲南麗江府中甸司馬，其地出冬蟲夏草，其草冬為蟲，一交春，蟲蛻而飛去，土人知之。其取也有期，過期無用也。朱排山《柑園小識》：冬蟲夏草生打箭爐，冬生土中如蠶，夏則頭上生苗形，長寸許，色微黄，較蠶差小，如三眠狀，有口眼，足十有二，宛如蠶形，苗不過三四葉。以酒浸數枚啖之，治腰膝間痛楚，有益腎之功，以番紅花同藏則不蛀。或云：與雄鴨同煮食，宜老人。

潘友新云：粵中鴉片丸，用夏草冬蟲合鴉片人參合成，乃房中藥也。此草性更能興陽，則入腎可知。甘平，保肺益腎，補精髓，止血化痰，已勞嗽，治膈症皆良《從新》。味甘性溫，秘精益氣，專補命門《藥性考》。按：物之變化，必由陰陽相激而成，陰靜陽動，至理也。然陽中有陰，陰中有陽，所謂一陰一陽，互為其根。如無情化有情，乃陰乘陽氣，有情化無情，乃陽乘陰氣。故皆一變而不復返本形，田鼠化鴽，鴽化田鼠，鳩化鷹，鷹化鳩，悉能復本形者，陽乘陽氣也。鉚石化丹砂，斷松化為石，不復還本形者，陰乘陰氣也。夏草冬蟲，乃感陰陽二氣而生，夏至一陰生，故靜而為草。冬至一陽生，故動而為蟲。輾轉循運，非若腐草為螢，陳麥化蝶，感溼熱之氣者可比，入藥故能治諸虚百損，以其得陰陽之氣全也。然必冬取其蟲，而夏不取其草，亦以其有一陽生發之氣可用。張子潤云：夏草冬蟲，若取其夏草服之，能絶孕無子。猶黄精鉤吻之相反，殆亦物理之奥云。周兼士云：性溫，治蠱脹，近日種子丹用之。燉老鴨法：用夏草冬蟲三五枚，老雄鴨一隻，去肚雜，將鴨頭劈開，納藥於中，仍以線紮好，醬油酒如常蒸爛食之。其藥氣能從頭中直貫鴨全身，無不透浹。凡病後虚損人，每服一鴨，可抵人參一兩。

**清・王學權《重慶堂隨筆》卷下**　冬蟲夏草　論物之變化，必由陰陽相激而成，陰靜陽動，至理也。然陽中有陰，陰中有陽，所謂一陰一陽，互為其根。如無情化有情，乃陰乘陽氣；有情化無情，乃陽乘陰氣。故皆一變而不復返本形。田鼠化鴽，鴽化田鼠，鳩化鷹，鷹化鳩，悉能復本形者，陽乘陽氣也。鉚石化丹砂，斷松化為石，不復還本形者，陰乘陰氣也。夏草冬蟲，乃感陰陽兩氣而生。夏至一陰生，故靜而為草；冬至一陽生，故動而為蟲。輾轉循運，非若腐草為螢、陳麥化蝶，感濕熱之氣者可比。入藥故能治諸虚百損，以其得陰陽之氣全也。然以冬取者良。張子潤云：夏取者服之可以絶孕。周兼士云：冬取者可種子治蠱脹也。

〔王孟英〕刊：得陰陽之氣既全，具溫和平補之性可知。因其活潑靈動，變化隨時，故為虚瘧、虚痞、虚脹、虚痛之聖藥，功勝九香蟲。且至冬而蟄，德比潛龍，凡陰虚陽亢而為喘逆痰嗽者，投之悉效，不但調經種子有專能也。周稚圭先生云：須以秋分日采者良，雄謂夏取者可治陽氣下陷之病。

**清・葉桂《本草再新》卷二**　冬蟲夏草味甘，性平，有小毒。入肺、腎二經。保肺益腎，止血化痰，已勞嗽。

**清・吴其濬《植物名實圖考》卷一〇**　冬蟲夏草　《本草從新》：冬蟲

夏草，甘平，保肺益腎，止血化痰，止勞嗽。產雲貴。冬在土中，身如老蠶有毛，能動；至夏則毛出土上，連身俱化為草。若不取，至冬復化為蟲。

按：此草兩廣多有之，根如蠶，葉似初生茅草。羊城中採以饌，云鮮美，蓋與啖禾蟲同。

**清・趙其光《本草求原》卷三隰草部**　冬蟲夏草　甘，平，保肺益腎，止血化痰，已勞嗽。產雲、貴。冬在土中，活如老蠶，有毛能動；夏則毛出土上，連身亦化為草，若不取，至冬復化為蟲。

**清・張仁錫《藥性蒙求・草部》**　冬蟲夏草錢半、二錢　冬蟲夏草，甘平保肺。益腎化痰，勞嗽堪已。又能止血。出四川佳。夏為草，冬為蟲，長三寸許，下趺六足，脰以上絕類蠶。《從新》云產雲、貴者次之，冬在土中，身活如老蠶，有毛能動，至夏者毛出土上，連身俱化為草。若不取，至冬復化為蟲。《拾遺》云：乃感陰陽二氣而生。夏至一陰生，故靜而為草。冬至一陽生，故動而為蟲。能治諸虛百損，以其得陰陽二氣全也。然必冬至取其蟲，而夏不取其草，亦以其有一陽生發之氣可用也。〇張子潤云：若取夏草服之，能絕孕無子。殆亦物理之奧云。

### 蟬花

**宋・唐慎微《證類本草》卷二一蟲魚部中品**　蟬花　味甘，寒，無毒。主小兒天吊，驚癇瘈瘲，夜啼心悸。所在皆有，七月採。生苦竹林者良，花出土上。

〔宋・唐慎微《證類本草》〕《圖經》：上文具蚱蟬條下。　雷公云：凡使，要白花全者，收得後，於屋下東角懸乾，去甲土後，用漿水煮一日，至夜焙乾，碾細用之。

**宋・王繼先《紹興本草》卷一八**　蟬花　紹興校定：蟬花，雖分此一種，亦殼之類，然罕入方。唯蜀中多產之。《本經》雖具性味、主治，但近世止取驗多矣。

**宋・陳衍《寶慶本草折衷》卷一六**　蟬花　出蜀中《圖經》土上。今所在有之。〇七月採，以苦竹林者良。

味甘，寒，無毒。〇主小兒天吊，驚癇瘈瘲，夜啼心悸。〇《圖經》曰：頭上一角如花冠狀，入藥最奇。分蚱蟬條，下同。〇寇氏曰：蟬在殼中不出而化為花，自頂中出。

**明・劉文泰《本草品彙精要》卷三〇**　蟬花無毒　化生。

蟬花：主小兒天吊，驚癇，瘛瘲，夜啼，心悸。名醫所錄。　【地】《圖經》曰：《本經》不載所出州土，今所在皆有之。生苦竹林中者良，花出土上。今蜀中有一種蟬，其蛻殼頭上有一角，如花冠狀，謂之蟬花。西人有齎至都下者，入藥最奇。《衍義》曰：西川有蟬花，乃是蟬在殼中不出而化爲花，自頂中出者也。【時】生：五月。採：七月取。【收】陰乾。【用】花白全者良。【色】黃白。【味】甘。【性】寒。【氣】氣之薄者，陽中之陰。【臭】腥。【主】風癇，驚悸。【製】《雷公》云：凡收得，於屋下東角懸乾，去甲土後，用漿水煮一日，至夜焙乾，碾細用。

**明・王文潔《太乙仙製本草藥性大全》卷八《仙製藥性》**　蟬花　味甘，氣寒，無毒。　主治：止小兒天吊瘈瘲，夜啼即住。治渾身壯熱驚癇，止渴尤佳。　補註：治風頭旋，用蟬殼一兩微炒爲末，非時溫服一錢。〇風氣客皮膚，瘙痒不已，蟬蛻和薄荷爲末，酒調服一錢，日三服。〇治頭風目眩，蟬蛻爲末，熱湯送下。　太乙曰：凡使要白花全者，收得後於屋下東閣懸乾，去泥土後用漿水煮一日至夜，焙乾碾細用之。

**明・皇甫嵩《本草發明》卷六**　蟬花味甘，寒，無毒。　主小兒天弔，驚癇瘈瘲，夜啼心驚。多出西川，生苦竹林者良。殼頭上一角如花冠，入藥妙。《衍義》云：殼，治目昏翳。水煎殼汁，治小兒出瘡疹不快甚良。

**明・李時珍《本草綱目》卷四一虫部・化生類**　蟬花《證類》

【釋名】冠蟬《禮註》　胡蟬《毛詩》　螗蜩同上　蝘時珍曰：花、冠，以象名也。胡，其狀如胡也。唐，黑色也。古俗謂之胡蟬，江南謂之螗，蜀人謂之蟬花。

【集解】慎微曰：蟬花所在有之。生苦竹林者良。花出頭上，七月采。頌曰：出蜀中。其蟬頭上有一角，如花冠狀，謂之蟬花。彼人賫蛻至都下。醫工云：入藥最奇。宗奭曰：乃是蟬在殼中又出而化爲花，自頂中出也。時珍曰：蟬花，即冠蟬也。《禮記》所謂范則冠，而蟬有緌者是矣。緌音蕤，冠纓也。陸雲《寒蟬賦》云：蟬有五德，頭上有幘，文也；含氣吸露，清也；黍稷不享，廉也；處不巢居，儉也；應候守常，信也。陸佃《埤雅》云：螗首方廣有冠，似蟬而小，鳴聲清亮。宋祁《方物贊》云：蟬之不蛻者，至秋則花。其頭長一二寸，黃碧色。並指此也。

【氣味】甘，寒，無毒。【主治】小兒天弔，驚癇瘈瘲，夜啼心悸慎微。功同蟬蛻，又止瘧時珍。

### 羊肚菜

**清・朱本中《飲食須知・菜類》**　羊賭蕈　味甘，性寒。患冷積腹痛泄瀉者，勿食。

**清・李文培《食物小錄》卷上**　羊肚菜　甘，平，無毒。和腸胃，養肝腎。

**清・章穆《調疾飲食辯》卷三**　羊肚菜　此菇狀如羊肚，有蜂窠眼，味極鮮腴，食之終日不飢，然不恒有。明季歲饑，各處皆生此菜，至秋穀熟則無矣。此上蒼救濟灾黎，不可以常理論也。見朱竹垞《靜志居詩話》。

稔頭

**清・吴其濬《植物名實圖考》卷一**　稔頭　一名灰包，蜀黍之不成實者。忽作一包白瓤如茭瓜，小兒輒取食之，味甘而酥，能噎人，亦可作茹，老則黑縷迸出成灰，亦有作粒者，輒即黑枯。地不熟、功不至則生。余偶以訾客，戲語之曰：山西謂蜀黍為茭子，俗亦謂菰為茭，鄭康成以菰列九穀，此不可謂菰耶？客曰：吾食茭瓜而不知為雕胡，食蜀黍而不知有稔頭，微君言，吾固不辨為二穀。請作食經，以充吾廚，勿談太元，以覆吾瓿。

麥奴

**清・趙其光《本草求原》卷一四穀部**　麥奴麥將熟時，上有黑黴者。　治陽毒、溫毒、熱渴斑狂。同梁上塵、釜底煤、灶突墨、黄芩、麻黄、硝黄等分蜜丸，水下錢餘，汗出或微利愈。取從火化之象也。

木耳

**宋・唐慎微《證類本草》卷一三木部中品〔唐・陳藏器《本草拾遺》〕**　楊盧耳　平，無毒。主老血結塊，破血止血。煮服之。楊盧木上耳也。出南山。

**元・忽思慧《飲膳正要》卷三**　木耳　味苦，寒，有毒。利五藏，宣腸胃擁毒氣，不可多食。

**元・吴瑞《日用本草》卷七**　木耳　此有五耳：槐耳療痔，楮、榆、桑、柳並以軟者堪食。餘木生者發痼疾、動風，不可多食。　味甘，寒，無毒。服丹石人發熱，和葱、豉煮作羹，食之即止。　主利五臟，益腸胃，熱壅毒氣。

**明・盧和、汪穎《食物本草》卷二**　木耳　凡木上所生者，曰木耳。　主益氣，輕身，強志。一云：平，利五臟，宣腸胃氣，排毒氣，壓丹石熱。又主血衄。不可多食。桑、槐上者佳，餘動風氣，發痼疾，令肋下急，損經絡，令背膊悶。楓木上者，食之令人咲不止，地漿解之。一人患痔，諸藥不効，用木耳同它物煮羹食而愈，極驗，但它物今失記矣。桑耳，味甘，有毒。黑者，主女子赤白帶下，癥瘕，陰痛，陰陽寒熱，無子，月水不調。其黄熟白者，止洩，益氣。金色者，治癖飲積聚。一云：寒，無毒，主消渴。又云：甘辛。又云：溫，微毒，止腸風瀉血，婦人心腹痛，治五痔。柘木上者，次於桑、槐耳。主五痔心痛，女子陰中瘡痛，又治風破血，益力。楮耳，人常食之。并榆、柳耳，名具五耳，而功用無所另著。餘木俱有耳，若木之氣性本良者，亦可食。

**明・寧源《食鑒本草》卷下**　木耳　味性冷，無毒。治腸癖下血，又涼血。勿與小兒食，不能克化。東坡詩云況是桑鵝與樹雞，即此類。

**明・李時珍《本草綱目》卷二八菜部・芝栭類**　木耳《本經》中品。校正：自桑根白皮條分出。

【釋名】木檽而、軟二音　木菌窘、卷二音　木㙡音縱　樹鷄《韓文》　木蛾時珍曰：木耳生於朽木之上，無枝葉，乃濕熱餘氣所生。曰耳曰蛾，象形也。曰檽，以軟濕者佳也。曰鷄曰㙡，因味似也。南楚人謂鷄爲㙡。曰菌，猶蜠也，亦象形也。蜠乃貝子之名。或曰：地生爲菌，木生爲蛾。北人曰蛾，南人曰蕈。【集解】《别録》曰：五木耳生犍爲山谷。六月多雨時采，即暴乾。弘景曰：此云五木耳，而不顯言是何木。惟老桑樹生桑耳，有青、黄、赤、白者。軟濕者人采以作葅，無復藥用。恭曰：桑、槐、楮、榆、柳，此爲五木耳。軟者並堪啖。楮耳人常食，槐耳療痔。煮漿粥安諸木上，以草覆之，即生蕈爾。時珍曰：木耳各木皆生，其良毒亦必隨木性，不可不審。然今貨者，亦多雜木，惟桑、柳、楮、榆之耳爲多云。

【氣味】甘，平，有小毒。權曰：蕈耳，古槐、桑樹上者良，柘木者次之。其餘樹上，多動風氣，發痼疾，令人肋下急，損經絡背膊，悶人。藏器曰：木耳，惡蛇、蟲從下過者，有毒。楓木上生者，令人笑不止。采歸色變者有毒，夜視有光者，欲爛不生蟲者並有毒。並生擣冬瓜蔓汁解之。時珍曰：按張仲景云：木耳赤色及仰生者，並不可食。【主治】益氣不飢，輕身強志《本經》。斷穀治痔時珍。

【發明】穎曰：一人患痔，諸藥不效，用木耳煮羹食之而愈，極驗。時珍曰：按《生生編》云：柳蛾補胃，木耳衰精。言老柳之蛾能補胃理氣。木耳乃朽木所生，得一陰之氣，故有衰精冷腎之害也。

【附方】新六。　眼流冷淚：木耳一兩燒存性，木賊一兩，爲末。每服二錢，以清米泔煎服。《惠濟方》。　血注脚瘡：桑耳、楮耳、牛屎菰各五錢，胎髮灰男用女，女用男三錢，研末，油和塗之，或乾塗之。《奇效良方》。　崩中漏下：木耳半斤，炒見烟，爲末，每服二錢一分，頭髮灰三分，共二錢四分，以應二十四氣。好酒調服，出汗。孫氏《集效方》。　新久洩痢：乾木耳一兩炒，鹿角膠二錢半炒，爲末，每服三錢，溫酒調下，日二。《御藥院方》。　血痢下血：木耳炒研五錢，酒服即可。亦用井花水服。或以水煮鹽、醋食之，以汁送下。《普濟方》。　一切牙痛：木耳、荆芥等分，煎湯頻漱。《普濟方》。

桑耳　【釋名】桑檽《唐本》　桑蛾《宋本》　桑鷄《綱目》　桑黄《藥性》　桑臣《藥性》　桑上寄生弘景曰：《斷穀方》：桑檽又呼爲桑上寄生。名同物異也。時珍曰：桑檽以下皆軟耳之名，桑黄以下皆硬菰之名，其功性則一也。　【氣味】甘，平，有毒。詵曰：寒，無毒。大明曰：温，微毒。權曰：桑、槐耳：甘、辛，平，無毒。　【主治】黑者，主女子漏下赤白汁，血病癥瘕積聚，陰痛，陰陽寒熱，無子《本經》。療月水不調。其黄熟陳白者，止久洩，益氣不飢。其金色者，治癖飲積聚，腹痛金瘡《别録》。治女子崩中帶下，月閉血凝，産後血凝，男子痃癖甄權。止血衂，腸風瀉血，婦人心腹痛大明。利五臟，宣腸胃氣，排毒氣。壓丹石人熱發，和葱、豉作羹食孟詵。

【附方】舊四，新十。　少小鼻衂：小勞輒出。桑耳熬焦擣末，每發時，以杏仁大塞鼻中，數度即可斷。《肘後方》。　五痔下血：桑耳作羹，空心飽食，三日一作。待孔卒痛如鳥啄狀，取大小豆各一升合擣，作兩囊蒸之，及熱，更互坐之即瘥。《聖惠方》。　脱肛瀉血：不止，用桑黄一兩，熟附子一兩，爲末，煉蜜丸梧子大，每米飲下二十丸。《聖惠》。　血淋疼痛：桑黄、槲白皮各二錢，水煎服，日一次。《聖惠方》。　月水不斷：肉色黄瘦，血竭暫止，數日復發，小勞輒劇，久疾失治者，皆可服之。桑黄焙研，每服二錢，食前熱酒下，日二服。《普濟方》。　崩中漏下：桑耳炒黑爲末，酒服方寸匕，日三服取效。《千金方》。　赤白帶下：桑耳切碎，酒煎服。蘇頌《圖經》。　遺尿且澀：桑耳爲末，每酒下方寸匕，日三服。《聖濟總録》。　留飲宿食：桑耳二兩，巴豆一兩去皮，五升米下蒸過，和棗膏擣丸麻子大。每服一二丸，取利止。《范汪方》。　心下急痛：桑耳燒存性，熱酒服二錢。《集簡方》。　瘰癧潰爛：桑黄菰五錢，水紅豆一兩，百草霜三錢，青苔二錢，片腦一分，爲末，鷄子白調傅，以車前、艾葉、桑皮煎湯洗之。《纂奇方》。　咽喉痹痛：五月五日，收桑上木耳，白如魚鱗者，臨時擣碎，綿包彈子大，蜜湯浸，含之立效。《便民方》。　面上黑斑：桑耳焙研，每食後熱湯服一錢，一月愈。《摘玄方》。　足趾肉刺：先以湯浸，刮去一層，用黑木耳貼之，自消爛不痛。《近效方》。

槐耳　【釋名】槐檽《唐本》　槐菌《唐本》　槐鷄《蜀本》　赤鷄《綱目》　槐蛾恭曰：此槐樹上菌也。當取堅如桑耳者。權曰：煮漿粥安槐木上，草覆之，即生蕈耳。　【氣味】苦、辛，平，無毒。　【主治】五痔脱肛，下血心痛，婦人陰中瘡痛蘇恭。治風破血，益力甄權。

【附方】舊二，新四。　腸痔下血：槐樹上木耳，爲末。飲服方寸匕，日三服。《肘後方》。　崩中下血：不問年月遠近。用槐耳燒存性，爲末。每服方寸匕，温酒下。《産寶方》。　産後血疼：欲死者。槐鷄半兩爲末，酒濃煎飲服，立愈。《婦人良方》。　蚘蟲心痛：槐木耳燒存性，爲末，水服棗許。若不止，飲熱水一升，蚘蟲立出。張文仲《備急方》。　月水不斷：勞損黄瘦，暫止復發，小勞輒劇者。槐蛾炒黄、赤石脂各一兩，爲末，食前熱酒服二錢。桑黄亦可。《聖惠方》。　臟毒下血：槐耳燒二兩，乾漆燒一兩，爲末。每服一錢，温酒下。《聖濟總録》。

榆耳八月采之。　【主治】令人不飢時珍。

【附方】新一。　《服食方》：《淮南萬畢術》云：八月榆檽，以美酒漬曝，同青粱米、紫莧實蒸熟爲末。每服三指撮，酒下，令人辟穀不飢。

柳耳　【主治】補胃理氣時珍。

【附方】新一。　反胃吐痰：柳樹蕈五七個，煎湯服即愈。《活人心統》。

柘耳　【釋名】柘黄　【主治】肺癰欬唾膿血腥臭，不問膿成未成。用一兩研末，同百齒霜二錢，糊丸梧子大。米飲下三十丸，效甚捷時珍。

楊櫨耳藏器曰：出南山。　【氣味】平，無毒。　【主治】老血結塊，破血止血，煮服之藏器。

杉菌宋《圖經》　【集解】頌曰：杉菌出宜州。生積年杉木上，狀若菌。采無時。【氣味】甘、辛，微温，無毒。　【主治】心脾氣疼，及暴心痛蘇頌。

**明・穆世錫《食物輯要》卷三**　木耳　味甘，平，有小毒。壓丹石，利五臟，宣腸胃，散瘀血，治腸風便血。桑耳，味甘，有小毒。黑者，治女人癥瘕陰痛，月水不調，赤白帶下；白者，益氣止瀉；黄者，消癖痰飲，積聚腹痛。槐耳，味苦辛，無毒。祛風破血。治五痔下血，女人陰瘡。久食強力。榆耳，八月採食，益氣。柳耳，益脾，止反胃，散瘀血。多食，發風氣，發痼疾，令背膊悶，肋下急。王盤云：赤色者、仰生者，不可食。楓耳，有毒。誤食令人笑不休，飲地漿可解。

**明・趙南星《上醫本草》卷三**　木耳　一名木檽音軟、木菌音窘、木㙵，一名樹雞，一名木蛾。　甘，平，有小毒。　時珍曰：按《生生編》云：柳蛾補胃，木耳衰精。言老柳之蛾能補胃理氣。木耳乃朽木所生，得一陰之氣，故有衰精冷腎之害也。

附方　患痔諸藥不効：用木耳煮羹食之而愈，極驗。　新久洩痢：乾木耳一兩炒，鹿角膠二錢半炒，為末。每服三錢，溫酒調下，日二。　血痢下血：木耳，炒研，五錢，酒服即可。亦用井花水服。或以水煮，鹽、醋食之，以汁送下。　一切牙痛：木耳、荊芥等分，煎湯頻漱。

桑耳：一名桑臣。　甘，平，有毒。利五臟，宣暢胃氣，排毒氣，壓丹石人熱發，和葱豉作羹食。

**明·應麐《食治廣要》卷三**　木耳　氣味：甘，平，有小毒。主治：益氣不飢，輕身強志，斷穀治痔。仲景曰：赤色及仰生者，不可食。《綱目》言：木耳各木皆生，其良毒亦必隨木性，不可不審。惟桑、柳、楮、榆、槐者良。

**明·姚可成《食物本草》卷七菜部·芝栭類**　木耳一名木檽，音而。一名木菌，音窘。一名木㙡，音縱。一名樹雞，一名木蛾。木耳生於朽木之上，無枝葉，乃溼熱餘氣所生。桑、槐、楮、榆、柳，此為五木耳。軟者竝堪啖。楮耳人常食，槐耳療痔。煮漿粥安諸木上，以草覆之，即生。〇木耳各木皆生，其良毒亦必隨木性，不可不審。然今貨者，亦多雜木，惟桑、柳、楮、榆之耳為多云。　木耳，味甘，平，有小毒。主益氣不飢，輕身強志，斷穀治痔。生古槐、桑樹上者良，柘木者次之。其餘樹上多動風氣，發痼疾，令人肋下急，損經絡背膊，悶人。木耳，惡蛇、蟲從下過者，有毒。楓木上生者，有大毒，誤食之，令人笑不止。采歸色變者有毒，夜視有光者有毒，欲爛不生蟲者有毒。人或犯其毒者，竝生擣冬瓜蔓即藤也。汁解之。張仲景云：木耳赤色及仰生者，竝不可食。按《生生編》云：柳蛾補胃，木耳衰精。言老柳之蛾能補胃理氣。木耳乃朽木所生，得一陰之氣，故有衰精冷腎之害也。

桑耳　味甘，平，有毒。黑者，主女子漏下赤白，血病癥瘕積聚，陰痛，陰陽寒熱，無子。療月水不調。其黃熟陳白者，止久洩，益氣不飢。其金色者，治癖飲積聚，腹痛金瘡。治女子崩中帶下，月閉血凝，產後血凝，男子痃癖。止血衄，腸風瀉血，婦人心腹痛。利五臟，宣腸胃氣，排毒氣，壓丹石人熱發，和葱、豉作羹食。

槐耳　味苦、辛，平，無毒。治五痔脫肛，下血心痛，婦人陰中瘡痛。治風破血，益力。

榆耳　主令人不飢。

柳耳　主補胃理氣。

柘耳　治肺癰欬嗽，膿血腥臭。不問膿成未成，用一兩研末，同百齒霜二錢，糊丸梧子大，米飲下三十丸，效甚捷。

楊櫨耳　味甘，平，無毒。主老血結塊，破血止血，煮服之。

附方：一人患痔，諸藥不效。用木耳煮羹食之而愈。　治女子崩中下血。桑耳炒黑為末，酒服方寸匕，日三服，取效。　治血崩。木耳不拘多寡，炒見烟為末。每服二錢一分，髮灰三分，酒服出汗。　治鼻衄。用桑樹耳炒焦為末，塞鼻中效。　治痔疾。桑耳作羹，空心飽食，三日一作。待患處痛如鳥啄，取大、小豆各一升合擣，作兩囊，蒸之極熱，更互坐之，即瘥。　治小便血淋疼痛。桑耳、槲白皮各二錢，水煎服。　治血痢。木耳灰五錢酒服。或以木耳煮熟，鹽、醋食之，以汁送下。　凡有官府杖責，用木耳灰於未打時酒下三錢，不致命。　治瘰癧潰爛，日久不愈。桑耳五錢，水紅豆一兩，百艸霜三錢，青苔二錢，冰片一分，為末，雞子白調傅，以車前、艾葉、桑皮煎湯洗之。　治臟毒下血。槐樹上木耳灰，乾漆灰減半，每一錢，溫酒下。　去面上黑斑。桑耳焙研，每食後熱湯下一錢，一日三服，取效。　治咽喉痹痛。端午日，收桑樹上木耳白如魚鱗者，臨時擣碎，綿包彈子大，蜜湯浸，含之立效。

**明·顧逢柏《分部本草妙用》卷九菜部**　木耳　甘，平，有小毒。古槐桑樹上者良，柘木耳次之，其餘多動風氣，發痼疾，不可食。赤色及仰生者，竝不宜食。　主治：益氣不飢，輕身強志，斷穀治痔。

**明·孟笨《養生要括·菜部》**　木耳　各木皆生，其良毒亦必隨木性，不可不審。然今貨者亦多雜木，惟桑、柳、楮、榆、槐之耳為可用。

**明·施永圖《本草醫旨·食物類》卷二**　木耳生於朽木之上。地生為菌，木生為蛾。北人曰蛾，南人曰蕈。　味：甘，平，有小毒。多動風氣，發痼疾，令人肋下急，損經絡，背膊悶人。〇木耳，惡蛇、蟲從下過者有毒。楓木上生者，令人笑不止。采歸色變者有毒，夜視有光者、欲爛不生蟲者並有毒，並生擣冬瓜蔓汁解之。〇赤色及仰生者並不可食。　治：益氣，不飢，輕身，強志，斷穀，治痔。一人患痔，諸藥不效，用木耳煮羹食之而愈。

附方　眼流冷淚：木耳一兩，燒存性，木賊一兩，為末，每服二錢，以清米泔煎服。　血注脚瘡：桑耳、楮耳、牛屎菰各五錢，胎髮灰男用女，女用男三錢，研末，油和塗之，或乾塗之。　崩中漏下：木耳半斤，炒見烟，為末。每服二錢一分，頭髮灰三分，共二錢四分，以應二十四氣，好酒調服，出汗。　新久洩痢：乾木耳一兩炒，鹿角膠二錢半炒，為末。每服三錢，溫酒調下自止。　血痢下血：木耳炒研五錢，酒服，即可。亦用井花水服，或以水煮鹽、醋食之，以汁送下。　一切牙痛：　木耳、荊芥等分，煎湯頻漱。

**清・穆石匏《本草洞詮》卷七**　木耳　一名木蛾，象形也。凡木皆生耳，惟桑、柳、楮、榆為多，良毒應隨木性。仲景謂赤色及仰生者不可食也。氣味甘平，有小毒。斷穀治痔。凡患痔，諸藥不效者，用木耳煮羹，食之即瘥。《生生編》云：　柳蛾補胃，木耳衰精。此乃朽木所生，得一陰之氣，故有衰精冷腎之患也。

**清・丁其譽《壽世秘典》卷三**　木耳　一名木蛾，在地曰芝，在木曰檽，韓退之曰樹雞。生於朽木之上，無枝葉，乃濕熱餘氣所生。曰耳，曰蛾，象形也，或曰地生為菌，木生為蛾。各木皆生，其良毒亦隨木性。然今貨者多雜木，惟桑、柳、楮、榆之耳為多，古槐、桑樹上者良。其餘樹上，動風氣，發痼疾。惡蛇蟲從下過者有毒。楓木上生者，令人笑不休。採歸色變者，夜視有光者，欲爛不生蟲者，並有毒。生搗冬瓜汁或地漿，解之。赤色及仰生者，不可食。　氣味：　甘，平，有小毒。治腸癖下血，又涼血治風，壓丹石熱，斷穀療痔。　發明《生生編》云：　柳蛾補胃，木耳衰精。言老柳之蛾能補胃理氣。木耳乃朽木所生，得一陰之氣，故有衰精冷腎之害也。

**清・劉雲密《本草述》卷一五**　木耳生於朽木上，乃溼熱餘氣所生。　權曰：　古槐桑樹上者良，柘木者次之，餘樹生者不宜用。

桑耳　氣味：　甘，平，有毒。　詵曰：　寒，無毒。　日華子曰：　溫，微毒。　權曰：　桑、槐耳甘辛平，無毒。　主治：　女子崩中帶下，止血衄，腸風洩血。　希雍曰：　桑耳煅存性，研細，香附、童便炒黑，研細，每用桑耳灰二分，香附末三分，淡醋湯空心調服，治血崩奇效，過於他木耳。

附方　月水不斷，肉色黃瘦，血竭暫止，數日復發，小勞輒劇，久疾失治者，皆可服之，桑黃焙研，每服二錢，食前熱酒下，日二服。

槐耳　氣味：　苦、辛，平，無毒。　主治：　五痔脫肛，下血。　恭曰：　槐耳療痔。

附方　腸痔下血，槐樹上木耳為末，飲服方寸匕，日三服。　臟毒下血，槐耳燒二兩，乾漆燒一兩，為末，每服一錢，溫酒下。

柘耳　主治：　肺癰咳唾膿血，腥臭，不問膿成未成，用一兩，研末，同百齒霜即梳垢也二錢，糊丸梧子大，米飲下三十丸，效甚捷時珍。

愚按：　文清曰：　木耳涼血，故止血。又時珍曰：　木耳，各木皆生，其良毒亦必隨各木之性，不可不審。又云：　木耳得一陰之氣，且謂感溼熱餘氣。參此數語，則知所以用木耳矣。

藏器曰：　木耳，惡蛇蟲從下過者有毒。楓木上生者，令人笑不止。采歸色變者，有毒。夜視有光者，欲爛不生蟲者，並有毒。並生搗冬瓜蔓汁，解之。　時珍曰：　按張仲景云：　木耳赤色及仰生者，並不可食。

**清・朱本中《飲食須知・菜類》**　木耳　味甘，性平，有小毒。惡蛇蟲從下過者，有大毒。楓木上生者，食之令人笑不止。采歸色變者，夜視有光者、欲爛不生蟲者、赤色及仰生者，並有毒，不可食。惟桑、槐、榆、柳樹上生者良，柘木者次之。其餘樹生者，動風氣，發痼疾，令人肋下急，損絡，背膊悶。不可合雉肉、野鴨、鵪鶉食，中其毒者，生擣冬瓜蔓汁並地漿可解。

**清・何其言《養生食鑒》卷上**　木耳　味甘，平，有小毒。壓丹石，利五臟，宜腸胃，散瘀血。治腸風便血病，煮羹食之良。

**清・李熙和《醫經允中》卷二二**　木耳　楓木上生者食之令人笑不止，地漿解之。　甘，平，有小毒。治五痔，腸風瀉血。古槐、桑樹上者佳，柘耳次之，其餘多動風發痼疾。赤色者不可食。不可合野鴨、雉肉、鵪鶉食。

**清・张璐《本經逢原》卷三**　木耳　甘，平，小毒。　發明：　木耳稟溼土之氣而生於朽株，故有衰精冷腎之患。然治痔瘡焮腫、崩中漏下大驗。俱炒見烟，為末，酒服方寸匙效。

**清・浦士貞《夕庵讀本草快編》卷四**　木耳《本經》、木蛾　生於朽木，乃濕熱所成，曰耳，曰蛾，象其形也。　木耳隨木寄生，良毒亦隨木性，惟桑、槐、柳、柘四種為佳。氣味甘平，雖有小毒，可食可服者也。姑以桑耳言之，能治婦人漏下，赤白血結，癥瘕陰痛無子；　男人澼飲積聚，衄血腸風，取其利五藏而宜胃氣，排熱毒而壓丹石。槐耳則兼苦辛，能益人力，而治風破血止心痛，并五痔脫肛者宜之。柘耳又名柘黃，善治肺癰，欬唾膿血腥臭，不問膿成未成，丸服甚効。柳耳能補胃理氣，而反胃吐痰者當服。其他木諸耳，多動風發痼，損經絡，令人脇下急，背膊悶。更有毒蛇惡蟲，從下棲止，其毒更甚。如楓上者令人咲不休，兼之采歸色變者，夜視有光者，欲爛不生蟲者，赤色仰生者，並不可食。若欲解之，須投冬瓜蔓汁。雖然諸耳皆充食饌之珎，然朽腐所生，鍾一陰之氣，未免有衰精冷腎之害，並失血腸痔者，不宜多食。故《生生編》云：　柳蛾補胃，木耳衰精，信夫！

**清・葉盛《古今治驗食物單方》**　木耳　崩中漏下，木耳半觔，炒見烟，為末，每用二錢一分，血餘灰三分，共二錢四分，以應二十四氣，酒調服出汗。　血痢，木耳炒研五錢，酒服，或以水煮鹽、醋食之。　腸紅不止，乾結便難，木耳填滿猪大腸頭，以線札之，煮熟，任意食之。

**清·吳儀洛《本草從新》卷四**　木耳〔治痔。〕以下芝栭類。　甘，平，有小毒。利五臟，宣腸胃。治五痔及一切血證。生古槐、桑樹者良，柘樹者次之。地耳，甘，寒。明目。石耳，甘，平。明目益精。

**清·汪紱《醫林纂要探源》卷二**　木耳　鹹，寒。萃水木之餘氣而生，非若蕈之鬱濕熱也，故性味不同。在處有之。鄖陽者佳。槐樹所生勿食。補心，有刑罪者，預食白木耳以護心，蓋刑重則瘀血攻心而死，鹹能散血，故可護心，是補心之明驗也。且木耳，木之餘，而心即木所生也。　清肺，心火虛炎則鑠肺，心火四布則肺安。　治腸風痔瘻。小腸，心之表。大腸，肺之表。

**清·嚴潔等《得配本草》卷五**　木耳　甘，平，有小毒。　得髮炭，治崩中。得木賊，治冷淚。　炒見煙為度。

**題清·徐大椿《藥性切用》卷六**　木耳　俗名雲耳。甘平性滑，潤燥利腸。燒灰，治五痔。大便不實者忌。

**清·黃宮繡《本草求真》卷九**　木耳解腸胃熱毒成痔。　木耳耑入大腸、胃。生非一木，良枯莫辨。權曰：蕈耳，古槐桑樹上者良。柘木者次之。其餘樹木多動風氣，發痼疾，令人肋下急，損經絡背膊，悶人。藏器曰：木耳從下過者有毒，楓木上生者令人笑不止，採歸色變者有毒，夜有光，欲爛不生蟲者，並有毒。須生搗冬瓜蔓汁解之。　據書所載，能治痔瘡焮腫，崩中漏下。用此炒黑為末，酒調方寸匙服。　眼流冷淚，用木耳燒存性，木賊一兩，為末，每用二錢，以清米泔煎服。　血注脚瘡，用桑耳、楮耳、牛屎菰各五錢，胎髮灰男用女，女用男三錢，研末，油和塗之，或乾塗。　血痢、下血，用木耳炒研五錢，酒服。　一切牙痛等症。用荊芥等分，煎湯頻洗。　然性稟陰濕，生於枯木，徒有衰精冷腎之害，而無溫脾益胃之功也。《本經》言其益氣不飢，輕身強志，恐譽詞耳。豈真謂哉？

**清·李文培《食物小錄》卷上**　木耳　甘，平、涼，有小毒。益氣不飢，輕身強志，惟桑耳為上，難得。仲景云：木耳仰生及赤色者，不可食。

**清·章穆《調疾飲食辯》卷三**　木耳　一名木檽，一名木蛾。性之良毒，視所生之木。而山中人不知，往往雜採而食，甚或貪一時之口腹，損百年之身命。謹依諸本草考訂如左。所不能盡知者，惟自愛之人謹之可也。至若市肆所售，從無一人中毒，豈不由業此者擇木而伐，非零星雜湊者比哉。觀此，木耳可食不可食之理，較然矣。

《名醫別錄》曰：五木耳生犍為山谷。二月多雨時，采即曝乾。陶隱居曰：五木耳不言何木，惟老桑樹上有。青、黃、赤、白者，濕軟者，人采以作葅耳。《唐本草》曰：桑、槐、楮、榆、柳為五木耳，並堪啖。《綱目》曰：五木耳各木皆生，今貨者亦多雜木，惟桑、柳、楮、榆之耳為多云。按：五木耳者，取其最良有益於病也。其餘雜耳，貨者並由伐木釀埋，既已擇去有毒之木，雖無大益，亦不至傷人。然非濕熱鬱蒸之氣不生，故皆有毒無益。其性專走血分，非血病人不宜多食也。

桑耳：《本經》曰：治婦人漏下赤白，血病，癥瘕，陰痛。凡女人血病及腸風、痔瘻不拘男女宜之。

槐耳：亦主血病，而槐性本清大腸之熱，故於腸風、五痔為更宜。又《聖惠方》治月水不斷，勞損黃瘦，暫止復發，槐耳炒黃色，赤石脂各一兩，為末，每食前熱酒下二錢。按：赤石脂難得，以海螵蛸代之更佳。如無槐耳，用他木耳加醋炒槐米一兩，亦可。

榆耳：亦主血病。《淮南萬畢術》云可辟穀不飢，幻談也。

柳耳：《生生編》曰補胃理氣，恐未必然。又《活人心鏡》治反胃吐涎，用柳耳或柳菰五七枚，煎服。

柘耳：《綱目》曰：反胃、欬唾膿血，柘耳一兩，研，百齒霜二錢梳篦上垢膩，糊丸梧子大，每服三十丸。按：百齒霜最令人吐，今反以治反胃，或有深意。然非唾膿血者，毋輕試也。

楮耳：諸書原缺。又不拘何木耳，冷水浸噙，皆治胃火牙疼。

杉菌：《圖經本草》曰：即杉樹上木耳，治心脾氣痛。

楓耳：食之令人狂笑不休，不速解殺人。

**清·楊時泰《本草述鉤元》卷一五**　木耳　朽木上濕熱餘氣所生。古槐桑樹上最良，柘木次之，餘樹生者不宜用權。其良毒必隨各木之性，不可不審瀕湖。

桑耳：　氣味甘平。主女子崩中帶下，止血衄，腸風瀉血。其性涼血，故能止血文清。木耳得一陰之氣瀕湖。血崩奇效方，用桑耳煅存性，香附、童便炒黑，共研細，每用桑耳灰二分，香附末三分，淡醋湯空心調服。月水不斷，肉色黃瘦，血竭暫止，數日復發，小勞輒劇，用桑黄耳焙研，每服二錢，食前熱酒下，日二服，久疾失治者，皆可服之。

槐耳：　氣味苦辛平。主五痔脱肛下血。腸痔下血，槐耳為末，飲服方寸匕，日三。臟毒下血，槐耳燒二兩，乾漆燒一兩，為末，每服一錢，溫酒下。

柘耳：　主治肺癰。肺癰咳唾，膿血腥臭，不問膿成未成，用一兩研末，同百齒霜即梳垢也二錢，糊丸梧子大，米飲下三十丸，捷效。

仲景云：　木耳赤色及仰生者，並不可食。藏器云：　惡蛇蟲從木耳下過者，采歸色變者，夜視有光者，欲爛不生蟲者，並有毒，　楓木上生者，食之令人笑不止。中木耳毒，並生搗冬瓜蔓汁解之。

**清・葉桂《本草再新》卷六**　木耳味甘，淡，性平，無毒。入肝、脾、腎三經。清涼化血，理腸分，開胃，治痔。

**清・趙其光《本草求原》卷一五菜部**　木耳各木所生。　稟濕熱之氣而生。甘，溫，小毒。令人衰精，惟散瘀，治五痔、疵腫、崩中漏下、一切血症最驗。炒見煙為末，酒下一匙。

**清・文晟《新編六書》卷六《藥性摘錄》**　木耳　甘，平，有小毒。壓丹石，利五臟，宣腸胃瘀血，治腸風便血，痔痢，煮羹食之良。

**清・王孟英《隨息居飲食譜・蔬食類》**　木耳　甘，平。補氣耐飢，活血，治跌仆傷。凡崩淋、血痢、痔患腸風，常食可瘳。色白者勝。煮宜極爛，葷素皆佳。

**清・田綿淮《本草省常・菜性類》**　木耳　一名木蕈，一名木菌，一名木㮇，一名木㙍，一名樹雞。性平。理氣破血，宣腸胃，治五痔及一切血症。同鵪鶉食，發痔瘡。服麥冬者忌之。蕈音信。菌音郡。

**清・戴葆元《本草綱目易知錄》卷三**　木耳　甘，平，有小毒。益氣不飢，輕身強志。煮食，治痔瘡。同荊芥煎湯，漱牙疼。若嗜食，衰精冷腎。【略】葆按：　今市中木耳，產自漢中府，山民栽樹，盌大斫倒，上潑米飲，草覆，候生耳采曬。又發又采，照法可取數次。

**清・陳其瑞《本草撮要》卷四**　木耳　味甘，平，有小毒，入手足陽明、足厥陰經。功專利五臟，宣腸胃，治五痔及一切血證。生古槐桑樹者良，柘樹者次之。地耳甘寒明目，石耳甘平明目益精。

**清・吴汝紀《每日食物却病考》卷上**　木耳　凡木上所生者，皆為木耳，乃濕熱蒸其木之餘氣所生。氣味甘，平，有小毒，利五臟。惟桑、槐、楮、榆、柳，為五木耳，軟而堪啖。桑、槐者更佳。餘動風氣，發痼疾。　桑耳，甘，平，無毒。黑者，治女人赤白帶下，月水不調，癥瘕陰痛。其黃熟陳白者，止洩益氣；　金色者，治癖飲積聚。槐耳，苦、甘，平，無毒。治五痔，脱肛下血。一人患痔，諸藥不効，用槐耳同物煮羹食而愈。柘木者，次於桑、槐、楮、榆、柳者，名具五耳，功用相似。楓木者，食之令人笑不止，地漿解之。大抵各隨其木之氣性，良者可食。今之市者，俱無所別，或下有蛇蟲毒，惟軟而小者良。夜視有光及赤色者、仰生者，並不可食。其毒，搗冬瓜蔓汁以解之。

### 五木耳

**宋・鄭樵《通志》卷七六《昆蟲草木略》**　五木耳曰檽。蘇恭云：　楮、槐、榆、柳、桑之耳也。其桑耳曰桑菌，曰木麥，曰桑巨，曰桑黄。

**宋・陳衍《寶慶本草折衷》卷一三**　新分五木耳　五耳並一名檽。○六月採，暴乾。○檽，音軟。

味甘，寒，微毒。○益氣強志。同前分。○《唐本》註云：　楮、槐、榆、柳、桑耳為五耳，軟者並堪噉。此五耳大略也。

**明・滕弘《神農本經會通》卷二**　五木耳　名檽音軟。六月多雨時採，即暴乾。生犍為山谷。《本經》云：　益氣，不飢，輕身強志。陶云：　五木耳而不顯(四)〔言〕者是何木？　按老桑樹(燥)〔桑〕耳，有黃、赤、白者。又多時雨亦生軟濕者，人採以作葅，皆無復藥用。《唐本》注：　楮耳人常食，槐耳用療痔，榆、柳、桑耳，此為五耳。軟者並堪噉。

**明・劉文泰《本草品彙精要》卷一八**　五木耳無毒　寄生。

**五木耳：　主益氣不飢，輕身強志。**《神農本經》。　【名】檽音軟。　【苗】《唐本》注云：　楮、槐、榆、柳、桑耳，此爲五耳。軟者並堪啖。《藥性論》云：　蕈耳亦可單用，古槐、桑、柘樹上者良，其餘樹上不堪用。又煮漿粥罨槐木上，草覆之而生者爲次也。孟詵云：　菌子有數種，槐樹上生者良。野田中者，恐有毒殺人，不宜食也。　【地】《圖經》曰：　生犍爲山谷，處處有之。【時】生：　六月多雨時。採：　無時。　【收】暴乾。　【用】古槐桑上者良。【色】黃、白、黑。　【性】平，寒。　【氣】氣之薄者，陽中之陰。　【臭】朽。【主】利五臟。　【治】療：　《藥性論》云：　桑耳，治女子崩中，帶下，月閉血凝，產後血凝，男子痃癖。兼療伏血，下赤血。○蕈耳，能治風，破血，益力。孟詵云：木耳，利五臟，宣腸胃氣壅，毒氣。日華子云：桑耳，止腸風瀉血，婦人心腹痛。《唐本》注云：槐耳，療痔疾。【合治】其餘樹上者，食之多動風氣，發痼疾，令人肋下急損經絡。〇食菌子，發五臟風壅經脈，動痔疾，令人昏昏多睡，背膊四肢無力。

杉菌

**明・蘭茂原撰，范洪等抄補《滇南本草圖説》卷一一**　杉菌　氣味辛平，性溫，無毒。主治：心脾暴痛。先輩云：菌感天地陰陽濕之氣而生，多發人之冷氣，宜用生薑以解之。

**明・姚可成《食物本草》卷七菜部・芝栭類**　杉菌生老杉木上。　杉菌，味甘、辛，無毒。主心脾氣疼及暴心痛。

**明・孟笨《養生要括・菜部》**　杉菌　味甘、辛，微(濕)〔溫〕，無毒。治心脾氣疼及暴心痛。

**明・施永圖《本草醫旨・食物類》卷二**　杉菌出宜州，生積年杉木上。味：甘、辛，微溫，無毒。治：心脾氣疼及暴心痛。

**清・尤乘《食鑑本草・菜類》**　杉菌　治心脾痛。

**清・何其言《養生食鑒》卷上**　杉蕈　味辛，性溫，無毒，治心脾暴痛。

**清・文晟《新編六書》卷六《藥性摘錄》**　杉蕈　辛，溫。治脾胃暴痛。笠喧云：蕈乃感陰濕生化者，善發冷氣，多和生薑食良。

**清・劉善述、劉士季《草木便方》卷二木部**　杉木菌　杉木菌甘辛微溫，心脾氣痛忽暴疼。崩中帶下血熱逆，風熱漆瘡湯火平。

皂莢蕈

**明・蘭茂原撰，范洪等抄補《滇南本草圖説》卷一一**　皂莢菌　有大毒，不宜食之。治有積垢作痛，泡湯飲之，令微瀉。若猶未已，再飲。多食此菌，令人恍惚。

**明・李時珍《本草綱目》卷二八菜部・芝栭類**　皂莢蕈《綱目》

【集解】時珍曰：生皂莢樹上木耳也。不可食。采得烘乾備用。

【氣味】辛，有毒。【主治】積垢作痛，泡湯飲之，微泄效。未已再服。又治腫毒初起，磨醋塗之，良時珍。

【附方】新一。腸風瀉血：皂角樹上蕈，瓦焙爲末。每服一錢，溫酒下。許學士《本事方》。



**明・施永圖《本草醫旨・食物類》卷二**　皂莢蕈生皂莢樹上木耳也，不可食。味：辛，有毒。治：積垢作痛，泡湯飲之，微泄效，未已，再服。又治腫毒初起，磨醋塗之良。

附方　腸風瀉血：皂角樹上蕈，瓦焙為末。每服一錢，溫酒下。

**清・尤乘《食鑑本草・菜類》**　皂莢菌　不可食。治積垢痛，泡湯飲，未效，再服愈。

**清・何其言《養生食鑒》卷上**　皂莢蕈　有毒，不宜食。有積垢作痛，泡湯飲，微瀉取效，未已再飲。

**清・王道純《本草品彙精要續集》卷八**　皂莢蕈有毒

皂莢蕈：主積垢作痛，泡湯飲之，微泄效，未已再服。又治腫毒初起，磨醋塗之良《本草綱目》。【用】李時珍曰：生皂莢樹上木耳也。不可食，采得烘乾備用。【味】辛。【治】腸風瀉血，皂莢樹上蕈瓦焙爲末，每服一錢，溫酒下也。

**清・劉善述、劉士季《草木便方》卷二木部**　皂菌耳　皂菌耳辛苦微毒，祛風除濕消腫速。腸風瀉血反胃妙，熱積胸膈瀉痢服。

柘耳

**明・孟笨《養生要括・菜部》**　柘耳　治肺癰，欬唾膿血腥臭，不問膿成未成，用一兩研末，同百齒霜貳錢，糊丸梧子大，米飲下三十丸，效甚捷。

**明・施永圖《本草醫旨・食物類》卷二**　柘耳名柘黃。治：肺癰，欬唾膿血腥臭，不問膿成未成，用一兩研末，同百齒霜二錢，糊丸梧子大，米飲下三十丸，效甚捷。

**清・尤乘《食鑑本草・菜類》**　柘耳　治肺癰，不拘膿成未成，用一兩研末，百齒霜二錢，丸如桐子大，米飲下三十丸効。

**清・趙其光《本草求原》卷一五菜部**　柘耳　治肺癰、咳血膿。每末一兩，同梳垢二錢糊丸，米飲下，已成未成皆效。

楊櫨耳

**明・施永圖《本草醫旨・食物類》卷二**　楊櫨耳　味：平，無毒。治：老血結塊，破血止血，煮服之。

天花蕈

**元・忽思慧《飲膳正要》卷三**　天花　味甘，平，有毒。與蘑菇稍相似，未詳其性。生五臺山。

**元・吳瑞《日用本草》卷七**　天花蕈　形如松花，大而香氣足，如蕈，出五臺山。　味甘，無毒。食之甚美，不入方用，時人珍重之。

**明・蘭茂原撰，范洪等抄補《滇南本草圖説》卷一一**　天花菌　氣味甘，性平，無毒。色白味佳。主治：補中益氣，健脾寬中。亦治小兒五疳蟲疾，食之可化。凡煮菌者，入金銀器同煮，不黑可食，黑者勿用。此菌晒乾，研末，敷惡瘡可消，潰爛出頭者，敷其瘡邊，自可痊愈。

**明・劉文泰《本草品彙精要》卷三九**　天花　叢生。

天花：食之有毒，與蘑菇稍相似。今補。　【名】天花菜。　【苗】謹按：此種如蕈，生於山谷。其苗高五六寸，大小不等，上有碎瓣如木耳而黄色，數十瓣攢生一本。採之以形似松花、大而氣足者佳，亦謂之天花菜。世人惟作菜品食之，未聞入藥用也。　【地】生五臺山谷。　【時】生：無時。採：無時。　【收】日乾。　【用】大而氣足者佳。　【質】類雞冠花而多瓣。　【色】黄白。　【味】甘。　【性】平。　【氣】氣之薄者，陽中之陰。　【臭】香。

**明・李時珍《本草綱目》卷二八菜部・芝栭類**　天花蕈《日用》

【釋名】天花菜　【集解】瑞曰：天花菜出山西五臺山。形如松花而大，香氣如蕈，白色，食之甚美。時珍曰：五臺多蛇，蕈感其氣而生，故味美而無益，其價頗珍。段成式《酉陽雜俎》云：代北有樹鷄，如柸棬，俗呼胡孫眼，其此類與？

【氣味】甘，平，無毒。時珍曰：按《正要》云：有毒。　【主治】益氣，殺蟲吳瑞。

**明・穆世錫《食物輯要》卷三**　天花蕈　味甘，平，無毒。色白味美，益氣殺蟲。多生五臺山。防有蛇毒，煮時以金銀器試之，不變黑者可用。

**明・趙南星《上醫本草》卷三**　天花蕈　甘，平，無毒。主治：益氣殺蟲。　時珍曰：按《正要》云有毒。

**明・姚可成《食物本草》卷七菜部・芝栭類**　天花蕈一名天花菜。出山西五臺山。形如松花而大，香氣如蕈，白色，食之甚美。○李時珍曰：五臺多蚍，蕈感其氣而生，故味美而益，其價頗珍。《酉陽雜俎》云：代北有樹雞，如柸棬，俗呼胡孫眼，其此類與？

天花蕈，味甘，平，無毒。主益氣，殺蟲。

**明・孟笨《養生要括・菜部》**　天粉蕈　味甘，平，無毒。益氣殺蟲。

**明・施永圖《本草醫旨・食物類》卷二一**　天花蕈又名天花菜，出山西五臺山，形如松花而大，香氣如蕈，白色，食之甚美。　味：甘，平，無毒。治：益氣殺蟲。

**清・穆石匏《本草洞詮》卷七**　天花蕈　生五臺山。素饌之，至腴也。氣味甘平，無毒。主益氣殺蟲。李瀕湖謂五臺多蛇，蕈感其氣而生，故味美而無益，似未為確論也。

**清・丁其譽《壽世秘典》卷三**　天花蕈出山西五臺山，形如松花而大，香氣如蕈，白色，食之甚美。　氣味：甘，平，無毒。主益氣殺蟲。

發明李時珍曰：按《飲膳正要》云有毒，五臺多蛇，蕈感其氣而生，故味美而無益，其價頗珍。

**清・朱本中《飲食須知・菜類》**　天花蕈　味甘，性平。五臺山多蛇，蕈感其氣而生，故味雖美而無益。煮時以金銀器試之，不變黑者，方可食之。

**清・何其言《養生食鑒》卷上**　天花蕈　味甘，性平，無毒。色白，味美，益氣，殺蟲，多生五臺山。防有蛇毒，煮時以金銀器試之，不變黑者，可用。

凡菌，冬春無毒，夏秋有毒，防蟲蛇從下過也。夜中有光者，欲爛無蟲者，煮之不熟者，煮訖炤人無影者，上有毛下無紋者，仰卷赤色者，並有毒，誤食殺人。煮時投以薑屑、飯粒，若色黑者，勿食。各菌凡有痔病、牙痛者，食之必發。中菌毒及菰毒，急掘地漿飲，可解，糞汁亦可一用。苦茗、明礬末，水調下，亦解。

**清・文晟《新編六書》卷六《藥性摘錄》**　天花菰　甘，平。色白味美，益氣殺蟲。多生五臺。防有蛇毒，煮時以金銀器試之，不變黑者可用。

**清・田綿淮《本草省常・菜性類》**　天花　一名天蕈。性平。益氣，殺蟲。

**清・吳汝紀《每日食物却病考》卷上**　天花菜　出山西五臺山。如松花而大，香氣如蕈，白色，食之甚美。《本草》云：甘，平，無毒。又云：五臺多蛇，蕈感其氣而生，雖美無益。故《正要》云有毒。

桑耳

**宋・陳衍《寶慶本草折衷》卷一三**　新分桑耳使。椹附。　一名桑菌，一名桑上寄生，一名桑臣，一名桑黄，一名木麥，一名木夋，一名木檽。○附：椹，一名桑梅，一名烏椹，乃桑之實也。○菌，巨隕切。夋，詮荀切。檽，音軟，一作椹，又作䵋，並時審切。

味甘、辛、苦、澀艾氏，平，寒，微毒。〇黑者主女子漏下赤白汁，血病癥瘕積聚，陰痛，寒熱無子，月水不調。其黃熟陳白者止久洩，益氣。其金色者治癖飲、腹痛，金瘡。同前分。〇三色多通用之。〇《藥性論》云：治崩中帶下，產後血凝，痃癖。療伏血，下赤血。〇孟詵云：利五藏，宣腸胃擁熱氣。〇日華子云：止腸風瀉血，心腹痛。〇《肘後方》：治鼻衄，桑耳熬焦擣末，塞鼻數度即可斷。

附：椹。〇味甘，寒，無毒。主消渴，利五藏關節，通血氣。又治服金石發熱渴及腸熱。〔只〕微研，以布濾去滓，石器中熬成稀膏，量入蜜，再熬成稠膏，貯瓷器中。每抄壹貳錢，食後夜臥，沸湯點服。

**明·鄭寧《藥性要略大全》卷七** 桑黃 酒煎，治乳癰。金色者，治癖飲積聚，腹痛、金瘡。其黃熟陳白者，止久洩，益氣不飢。黑者治女人崩漏，帶下赤白，月閉癥瘕，產後血凝，心腹痛，陰痛，陰陽寒熱，無子及月水不調。味甘，氣寒，有小毒。六月多雨時採，晒乾用之。其軟如耳，黑色者，止可作蔬，不入藥。又云：桑黃：甘、辛，無毒。治男子腸風瀉血，痃癖，善治風破血。不宜多服，能發五臟風壅塞筋脈，痔漏。

**明·孟笨《養生要括·菜部》** 桑耳 味甘，平，有毒。黑者，主女子漏下赤白汁，血病癥瘕，積聚陰痛，陰陽寒熱無子，療月水不調。其黃熟陳白者，止久洩，益氣不飢。其金色者，治癖飲積聚，腹痛，金瘡，止血衄，腸風瀉血，婦人心腹痛。利五臟，宣腸胃氣。〔崩中漏下：桑耳炒黑為末，酒服方寸匕，日三服，取效。〕

**明·施永圖《本草醫旨·食物類》卷二** 桑耳桑上寄生 味：甘，平，有毒。黑者主治女子漏下赤白汁，血病，癥瘕積聚，陰痛，陰陽寒熱，無子，療月水不調。其黃熟陳白者，止久洩，益氣不飢。其金色者，治癖飲，積聚，腹痛，金瘡，治女子崩中帶下，月閉血凝，產後血凝，男子痃癖，止血衄，腸風瀉血，婦人心腹痛，利五臟，宣腸胃氣，排毒氣，壓丹石人熱發，和葱豉作羹食。

**清·何其言《養生食鑒》卷上** 桑耳 味甘，有小毒。黑者，治婦人癥瘕，陰痛，月水不調，赤白帶下。白者，益氣止瀉。黃者，消癖塊痰飲，積聚腹痛。

**清·张璐《本經逢原》卷三** 桑耳桑上寄生 甘，平，有毒。有桑蛾、桑雞、桑黃、桑臣等名。《本經》黑者主女子漏下。赤者治血病癥瘕積聚，陰痛陰瘍，寒熱無子。發明：桑耳涼潤，善祛子藏中風熱，不但主漏下血病，並可以治寒熱積聚，積聚去不難成孕。《本經》專取黑者達腎，赤者走肝，補中寓瀉，瀉中寓補之機，具見言外矣。其黃熟陳白者，止久洩，益氣，金色者治癖飲積聚，及腸風瀉血、衄血、五痔下血、血痹虛勞，咽喉痹痛，一切血證，咸宜用之。〇槐耳治五痔脫肛。〇柳耳治反胃吐痰。〇柘耳治肺癰欬吐膿血，不問已成未成，皆可用之。

**清·鄒澍《本經續疏》卷五** 桑耳 【略】朽木之氣上結為諸菌，其液上結為木耳，猶枿松之氣下淪為茯苓，其脂下淪為琥珀也。琥珀利水消瘀，其性下通。則木耳止漏除癥，其性上出。夫血生於氣，氣生於穀，而血注於經。凡多血之經，皆主下行。惟衝任起於下流極而主上行。血至於是，賴衝以容之，任以妊之，挹引而入，儲蓄經月，二脈既滿，乃得下出，故曰血海，言為眾流所歸，應期以生潮汐也。然肺以朝諸脈，心以攝諸脈。朝之而不能布政令，歸之而不能定約束，則衝失其容，任失其妊，遂不上朝不歸往矣。於是不由政令之氣，不遵約束之血，如巵無當而系系延延，不竭不爽，名曰漏下，赤白汁以見與整月乃行之經，稠粘不斷之帶，均有異也。桑耳者，取其肅降綢繆之氣化以入肺而布政令，更取其挹液變色之形質以入心而定約束。政令既均，約束不愆，則諸脈諧暢和調，非特不上稟而下滲漏者可已。即不滲漏而結成癥瘕，釀成積聚者亦可通。以女子帶下、癥聚，固並屬任脈為病也。陰痛陰傷而成寒熱，亦由氣火挾血下注而不上承，致氣血爭道，陰陽交戰耳。要而言之，結為耳者，木之液也。致液為耳者，木之氣也。不結於別時，而獨生於盛夏多雨時者，天地間生氣收藏發越，由微至著，無一息暫停，即使枯木朽株，偶賸精英，不致徒歸泯沒，乃復隨氣賦形，因色達用。其入於人身，在感斯通。故雖枯槁之餘，氣不盛不能致液，液不靈不能變色，皆以時令之發越，雨露之濡潤，媾合以成形，溯源以成色。黃者入脾以止洩，金者入肺以除飲，且並有益氣不飢之功焉。非氣之盛液即隨之以布耶。特市肆所售，恐非采自桑者，即不皆采自桑，亦終有益氣不飢之功矣。

**清·趙其光《本草求原》卷一五菜部** 桑耳 甘，平。黑者入腎，祛子藏風熱，女子漏下。赤者走肝，治血病、癥瘕積聚、寒熱無子、積聚去，則孕成。陰痛陰瘍。煅，與童便、炒香附至黑為末，醋下，血崩奇效。金色者主癖飲積聚，腸風下血，衄血痔血，虛勞咽痛。黃熟陳白者，止久泄益氣。

**清・文晟《新編六書》卷六《藥性摘錄》** 桑耳　味甘，有小毒。治婦人癥瘕陰痛，月水不調，赤白帶下。白者益氣止瀉，黃者消癖塊痰飲、積聚腹痛。

**清・劉善述、劉士季《草木便方》卷二木部**　桑苔花　桑苔花苦治風良，健脾澀腸熱欬嘗。腸風下血止崩帶，鼻衄吐血湯火強。

**清・劉善述、劉士季《草木便方》卷二木部**　桑菌耳　桑菌耳甘苦辛平，腸風瀉血五痔靈。癥瘕淋閉崩帶濁，婦陰瘡痒產瘀疼。

**清・戴葆元《本草綱目易知錄》卷三菜部**　桑耳桑黄　甘，平，微毒。利五臟，止久瀉，排毒氣，益氣不飢。宣暢胃氣，止鼻衄，腸紅瀉血，金瘡。女子心腹痛，漏下赤白汁，血病癥瘕，癖飲積聚，陰痛陰痒，寒熱無子，崩中帶下，月閉血結，產後血凝。男子痃癖，壓丹石人發熱，和葱豉作羹食。

**清・周巖《本草思辨錄》卷三**　桑耳　桑耳，木耳之生於桑者，雖有五色，今但論黑。桑為箕星之精，迨其朽也，經盛夏濕熱之蒸騰，結而為耳。猶腎液之上朝，故色黑。具好風之本性，故入肝。是以於血分之濕熱，最能效力。血分之濕熱，惟女子為易成病。漏下赤白汁者，陰為陽迫而下泄也。血病癥瘕積聚者，陰為陽遏而致壅也。陰通陰傷寒熱者，陰為陽負而思競也。此陰之不足，非陽之有餘。但當化陰以升陰，不必抑陽以損陽。桑耳性涼潤而蒸騰上出，所以能化陰以升陰也。

榆耳

**明・孟笨《養生要括・菜部》** 榆耳　同青粱米、紫莧實，蒸熟為末，酒下令人辟穀不飢。〔八月采之，以黃酒漬曝。〕

**明・施永圖《本草醫旨・食物類》卷二**　榆耳八月采之。　治：　令人不飢。

**清・何其言《養生食鑒》卷上**　柳耳　益脾，止反胃，散瘀血。　各木耳多食，發痼疾，令背膊悶，肋下急。仲景云：　赤色者、仰生者，並不可食。

**清・何其言《養生食鑒》卷上**　榆耳　八月採食，益氣。

**清・文晟《新編六書》卷六《藥性摘錄》** 榆耳　八月採食，益氣。

柳耳

**明・孟笨《養生要括・菜部》** 柳耳　治反胃吐痰，補胃理氣。

**明・施永圖《本草醫旨・食物類》卷二**　柳耳　治：　補胃理氣。

附方：　反胃吐痰：　柳樹蕈五七箇，煎湯服，即愈。

**清・趙其光《本草求原》卷一五菜部**　柳耳　治反胃吐痰。

**清・劉善述、劉士季《草木便方》卷二木部**　柳菌耳　柳菌耳辛寒無毒，補土生金理氣速。止血破血除風濕，月蝕蟲瘡煅油塗。

槐耳

**明・孟笨《養生要括・菜部》** 槐耳　味苦、辛，平，無毒。治五痔脫肛，下血心痛，婦人陰中瘡痛。治風，破血，益力。〔槐耳燒存性，為末水服。心痛不止：　飲熱水一升，蛇蟲立出，即止。〕

**明・施永圖《本草醫旨・食物類》卷二**　槐耳槐樹上菌也。　味：　苦、辛，平，無毒。治：　五痔，脫肛下血，心痛，婦人陰中瘡痛，治風，破血，益力。

**清・何其言《養生食鑒》卷上**　槐耳　味苦、辛，無毒。祛風，破血，治五痔下血，女人陰瘡。久食強力。

**清・趙其光《本草求原》卷一五菜部**　槐耳　苦辛，平。祛風破血，治五痔、婦陰瘡，脫肛下血。為灰，飲下，或同乾漆灰酒下。

**清・文晟《新編六書》卷六《藥性摘錄》**　槐耳　苦辛。除寒破血，治五痔下血，女人陰瘡。久食強力。

**清・劉善述、劉士季《草木便方》卷二木部**　槐菌耳　槐菌耳辛苦微平，祛風破血痔痢淋。月閉血凝陰痒痛，腸風崩漏產後疼。

楓耳

**清・何其言《養生食鑒》卷上**　楓耳　有毒，誤食令人笑不休，飲地漿調黑片糖，解之，生搗冬瓜蔓汁，亦可。

**清・文晟《新編六書》卷六《藥性摘錄》** 楓耳　有毒。食之令人笑不止，急飲地漿調黑糖解之。生搗瓜蔓汁，亦可。

篛菌

**明・蘭茂原撰，范洪等抄補《滇南本草圖說》卷一一**　篛菌　俗名箬篛菌。味甘，性平，無毒。主治：　和胃氣，祛風破血，緩中。多食令人氣凝，少者舒氣。

菌

**宋・唐慎微《證類本草》卷一一草部下品〔唐・陳藏器《本草拾遺》〕**　毒菌　地漿注陶云：　山中多有毒菌，地漿解之。地生者爲菌；　木生者爲槱。

江東人呼爲蕈。《爾雅》云：中馗，菌。注云：地蕈子也。或云地雞，亦云麞頭。夜中光者有毒，煮不熟者有毒，煮訖照人無影者有毒，有惡蟲鳥從下過者有毒，欲爛無蟲者有毒。冬春無毒及秋夏有毒者，爲蛇過也。

**宋・李昉《太平御覽》卷第九九八** 菌巨員切 《爾雅》曰：中馗，菌，郭璞注曰：地蕈也。似蓋，今江東名為土菌，亦曰馗厨，可啖之。小者，菌。注大小異名。

《列子》曰：朝菌不知晦朔。朽壤之上，有菌芝者，生於朝，死於晦。

《莊子》曰：朝菌不知晦朔。司馬曰：大芝也。天陰時生糞土，(曰)見時萎，故不知月始終。《呂氏春秋》曰：菜之美者，駱越之菌。《博物志》曰：江南諸山郡中，大木斷倒者，經春夏生菌，謂之椹。食之有味，而忽有毒，殺人。云此物往往自有毒者，或云蛇所着之楓樹生者，啖之令人笑不得止，治之飲土漿多愈。《異苑》曰：交州諸郡有菌，以葉塗人軀，便舉體菌生，生既遍，便就朽爛，肌肉消腐。

**元・忽思慧《飲膳正要》卷三** 菌子 味苦，寒，有毒。發五藏風，擁氣，動脉痔，令人昏悶。

**元・吴瑞《日用本草》七** 菌奇隕反 地生名菌，木上生名檽音軟。山東人呼為蕈。又有天花蕈、摩孤蕈。生桐、柳、枳椇木上，紫色名香蕈，白色名肉蕈，皆因濕氣薰蒸而成。生山僻處者，多毒，殺人。味甘，寒。夜光者有毒。煮不熟者有毒。煮乾照人無影有毒。冬春者無毒，夏秋者有毒，恐有毒蛇。有脚氣、腎氣人尤忌。悮食楓木蕈，令人笑不休。中蛇菌毒者，以地漿解之。主五臟風壅經脉，動痔疾，令人昏昏多睡，腹微痛。

**明・蘭茂原撰，范洪等抄補《滇南本草圖說》卷一一** 以上五色諸菌，人多不識，往往不細為分別，誤將毒菌視為無傷，致令毒殺，深為可憫。今特一一分別詳明，使人知所採擇。凡有未識者，宜加薑米或金銀器同煮，倘有黑色，斷不可食。外有一種番腸菌，其形與見手青無異，採來擷開，亦係見手即為青黑，但其味苦麻，若誤食之，肚腹定為疼痛，解亦當以薑米及金銀器預為辨之，方無舛錯。蓋菌之種類甚多，不能盡述。五色諸菌，外復有反黄、反青、反白、反黑、反赤諸菌，不可食。又云：所謂反者，若青面白背者是也，餘可類推。及二十三種，性各不同，亦並分別言之，以便臨時有所考察者也。篦菌，形矮有毒。困木菌，微甘，性惡。栗菌，苦，寒。人食多生癭，滯氣。桑花菌，味甘美，人難得食。食者強壯延年。柏木菌，苦，寒，有小毒。苦竹菌，有大毒。楓菌，寒澁，有毒。蔴菌，苦，寒。人食發瘡。柳菌，散血。人面菌，似雞㙡，有大毒，食之即死。番腸菌，有大毒。腐草菌，有毒。馬蹄菌，形似馬蹄，味苦澁。胭脂菌，可為外科仙藥。癩頭菌，味辛。食之令髮蒼。番花菌，背黑面赤，誤食損齒落髮。

總之，青、黄、赤、白、黑，五色菌可食，五菌之外，其色必雜色，必須種種審明，方可採用。倘毫釐有差，誤傷性命，切宜慎之。然諸菌之內，名隱仙方，非師指不能即知也。又諸菌之內，實有仙芝，其形似菌，宜按前部靈芝圖式，細為考察，方無錯誤。

**明・滕弘《神農本經會通》卷二** 蕈耳菌子 《藥性論》云：蕈耳，亦可單用。古槐桑樹上者良。能治風破血，益力。其餘樹上多動風氣，發痼疾，令人肋下急，損經絡，背膊悶。又煑漿粥，安槐木上，草覆之，即生蕈。次柘木者良。孟詵云：菌子，寒。發五臟風，壅經脉，動痔病，令人昏昏多睡，背膊四肢無力。又菌子有數般，槐樹上生者良。野田中者恐有毒，殺人。又多發冷氣，令腹中微微痛。《圖經》云：桑耳，一名桑黄。有黄熟陳白者，又有金色者，皆可用，碎切，酒煎，主帶下。

**明・寧源《食鑑本草》卷下** 菌子 味甘，溫，有毒。黑豆解菌毒，煮汁飲之。菌有五色，種則一類。夏月間土壤灰糞中或竹林虚杯處，得雨後盡生，此乃濕熱相感而成，多食發濕熱。《茅亭客話》：唐貞元年間，田家於墻隅得菌百十，製而食之。二人多食死。三人少食脹亂，得甘草湯解，復得生。後掘墻隅視之，見土瓱蛇子母六七條，熱氣與毒感化如此。

**清・尤乘《食鑑本草・菜類》** 菌 皆因濕氣熏蒸所成，生山僻處，有毒，殺人。在木生者為木耳。菌有多種，惟楮、榆、柳、桑、槐、棗六木之耳可食。生野田者有毒者殺人。冬春無毒，夏秋有毒。夜有光、欲爛無蟲者，上有毛、下無紋者，仰卷赤色及煮之不熟者，煮訖照人無影者，並有毒。中其毒者，地漿及糞汁可解。煮菌投以薑屑飯粒，如黑色者殺人。凡中其毒者必笑不止，解以礬末，新汲水吞之，或苦茗並吞，無不立愈。

**清・李熙和《醫經允中》卷二二** 菌 甘，溫，無毒。主治發冷氣，壅經絡。痔瘡食之，不甚益人者。按：菌生於朽木，或生於地，地生者多毒，往往殺人。凡夜有光者，煮不熟者，煮訖其湯照人無影，欲爛無蟲者俱有毒。夏秋者多毒，以蛇蟲行故也。此物皆濕熱化生之物，煮之宜加以薑，及投飯粒試之，如黑則有毒，否則食之無害。中其毒者，急以苦茗、地漿、生白礬研水解之。

**清·张璐《本經逢原》卷三** 土蕈蕈，通作菌。 甘，寒，有毒。 發明：處處山中有之，以其得嵐瘴鬱蒸之氣而生，助長濕熱最甚。過食令人腹痛、顱脹，或發痰氣嘔逆，其在初春蟄蟲未起之時，為毒尚淺，夏秋濕熱盛行之時，毒邪尤甚。以其多有蛇虺之毒也。即生朽株上者，除槐、榆、松、柳、杉、桑及蘆根者，食之無虞。然日久蟲生味苦，亦不宜食。他如皂莢、苦竹、茅根生者，不無小毒，食之多發瘡疥。而生於楓樹上者，食之毒攻心包，令人笑不止，急以苦茗、地漿，或生白礬研，新汲水解之。諸菌之可食者，首推雷驚菌，次則糖菌、松花菌，味極鮮美。若味苦或辣，皆為有毒，切不可食。至如光白如銀，中夜有光，上有毛下無紋，底無贈襉，仰卷色赤，欲爛無蟲，洗之水黑，煮之不熟者，並有大毒傷人。中其毒者，非地漿、清糞不能救之。昔聞有人得一大菌，光潤可愛，置之瓶中，蠅蚋撲上即死，究其所得之處，乃在古塚穴中，洵為桫枋之毒無疑。今人煮菌，每以銀飾並燈心草置鍋中，但驗其銀色黑者，即為有毒，近見食蕈而死者，與河豚無異，特表而出之。

**清·文晟《新編六書》卷六《藥性摘錄》** 凡菌冬春無毒，夏秋有毒，防蛇從下過也。夜中有光者，欲爛無蟲者，煮不熟者，上有毛下無紋者，仰卷赤色，並有毒，殺人。煮時投以薑屑飯粒，若色黑者，勿食。〇中菌毒及菰毒，急掘地漿，飲可解。糞清亦可。苦茗、明礬調服，亦解。

**清·毛祥麟《對山醫話》卷四** 菌之種類甚多，閩粤間人所植楠木，沃以米汁而生者，名曰香菌，乃可充饌。若生墟落穢濕之地，則本鬱蒸之氣所化，其性多毒，食之殺人。我邑新橋鎮，昔有農人於竹園中得鮮菌數枚，甚肥白，煮而食之，竟以腹瀉死。憶道光己酉春，淫雨經月，徧地生菌。友人謝月屏家於庭角忽生一菌，大如盆，色淺紅，其紋隱有鳥獸形。謝以為瑞芝，邀余往觀。余曰：此毒菌也，不久當萎。越夕果漸小，未幾而萎。謝以人咸為芝，而余獨曰菌，且知其敗之速，謂必有所見。余曰：嘗閱《珍珠船》所載，李涼公鎮朔方時，耕甿於園，樹下產菌一本，大數尺，上有樓臺，中間二叟對博，并成三字，曰朝榮觀。公聞而疑之，乃令甿掘其地。僅三四尺，即有巨蟒穴。其下目光如鏡，口吐沫成菌。今觀君家所生，疑即此類。見背有蓑紋，故知非芝，以氣化必易萎也。

## 土菌

**明·姚可成《食物本草》卷首王西樓《救荒野譜》** 雷聲菌食苔。夏秋雷雨後，生茂艸中，如蘑菇，味亦相似。 雷聲菌，如卷耳，想是蟄龍兒，雷聲呼輒起。休誇瑞草生，莫歎靈芝死。如此凶年穀不登，縱有禎祥安足倚？

**明·李時珍《本草綱目》卷二八菜部·芝栭類** 土菌《拾遺》。校正：自草部移入此。

【釋名】杜蕈《菌譜》 地蕈《拾遺》 菰子《食物》 地雞《爾雅》 獐頭藏器曰：地生者爲菌，木生者爲檽。江東人呼爲蕈。《爾雅》云：中馗，菌也。孫炎註云：地蕈子也。或云地雞，亦云獐頭。郭璞註云：地蕈似釘蓋，江東名爲土菌，可啖。凡菌從地中出者，皆主瘡疥，牛糞上黑菌尤佳。若燒灰地上經秋雨，生菌重臺者，名仙人帽，大主血病。時珍曰：中馗神名，又椎名也。此菌釘上若織，其狀如椎及中馗之帽，故以名之。

【氣味】甘，寒，有毒。詵曰：菌子有數般，槐樹上者良。野田中者有毒殺人，又多發冷氣，令人腹中微微痛，發五臟風，擁經脉，動痔病，令人昏昏多睡，背膊四肢無力。藏器曰：菌，冬春無毒，夏秋有毒，有蛇、蟲從下過也。夜中有光者，欲爛無蟲者，煮之不熟者，煮訖照人無影者，上有毛下無紋者，仰卷赤色者，並有毒殺人。中其毒者，地漿及糞汁解之。穎曰：凡煮菌，投以薑屑、飯粒，若色黑者殺人，否則無毒。時珍曰：按《菌譜》云：杜蕈生土中，與山中鵝膏蕈相亂。俗言毒螫之氣所成，食之殺人。甚美有惡，食肉不食馬肝，未爲不知味也。凡中其毒者，必笑不止。解之以苦茗、白礬，勺新水並咽之，無不立愈。又按楊士瀛《直指方》云：廣南人殺毒蛇，覆之以草，以水洒之，數日菌生。采乾爲末，入酒毒人。遇再飲酒，毒發立死。又陳氏《拾遺》云：南夷以胡蔓草毒人至死，懸尸于樹，汁滴地上，生菌子收之，名菌藥，毒人至烈。此皆不可不知，故併記之。〇馬勃亦菌類，見草部。 【主治】燒灰，傅瘡疥藏器。

【附方】新一。 疔腫：黑牯牛抛糞石上，待生菌子，焙乾，豨薟草等分爲末。以竹筒去兩頭，緊縛，合住疔上。用水和末一錢，入筒内。少頃沸起，則根拔出。未出，再作二三次。《醫學正傳》。

**明·周履靖《茹草編》卷一** 雷聲菌 驚雷動群蟄，草木亦得長。茂草氣鬱蒸，土菌大如掌。昔聞商山翁，紫芝入清賞。余亦山中人，高歌徹雲響。菌味美可飡，古道敦宿想。更搜雷破木，刻作鳩形杖。 夏秋雷雨後，忽生茂草中，如蘑菇，味亦相似。湯泡，鹽醯拌食。

**明·應麐《食治廣要》卷三** 土菌釋名杜蕈。 氣味：甘，寒，有毒。主治：燒灰，傅疥瘡。

按《菌譜》云：杜蕈生土中，與山中鵝膏蕈相亂。俗言毒蠚之氣所成，食之殺人。凡中其毒者，必笑不止。宜解之以苦茗、白礬，和新水併咽之，立愈。汪穎曰：凡煮菌，投以薑屑、飯粒，若色黑者殺人，否則無毒。

**明·姚可成《食物本草》卷七菜部·芝栭類** 土菌一名杜蕈。地生者為菌，木生者為檽。江東人呼為蕈也。山間茅艸中久陰溼便生。極多。其良毒不可不審。村鄙之夫，貪圖微利，入市售人；孟浪之徒，不察美惡，往往被其害命。願吾輩博識之士，轉相傳戒，則其功大矣。

土菌，冬春無毒，夏秋有毒。有蛇蟲從下過也。菌子有數般：槐樹上者良，野田中者有毒殺人，夜中有光者、欲爛無蟲者、煮之不熟者，煮訖照人無影者、上有毛下無紋者、仰卷赤色者，竝有毒殺人。中其毒者，地漿及糞汁解之。○凡煮菌，投以薑屑、飯粒，若色黑者殺人，否則無毒。○按《菌譜》云：杜菌生土中，與山中鵝膏蕈相亂。俗言毒蠚之氣所成，食之殺人。凡中其毒者，必笑不止。解之以苦茗、白礬，勺新水併咽之，無不立愈。○《茆亭客話》云：唐貞觀元年，田家子於墻隅得菌百十，烹食之。二人食多立死，三人食少脹亂，得甘艸湯解之。後掘墻隅，見土虺蛇，子母六七條。熱氣與毒氣相感如此。○又按楊士瀛《直指方》云：廣南人殺毒蛇，覆之以草，以水洒之，數日菌生。采乾為末，入酒毒人。遇再飲酒，毒發立死。又南夷以胡蔓草毒人至死，懸屍於樹，汁滴地上，生菌子收之，名菌藥，毒人至烈。此皆不可不知，故併記之。

附方：治疔腫。黑牯牛抛糞石上，待生菌子，焙乾，豨薟草等分為末。以竹筒去兩頭，緊縛，合住疔上。用水和末一錢，入筒內，少頃沸起，則根拔出。未出，再作二三次。

**明·施永圖《本草醫旨·食物類》卷二** 土菌地生者為菌，木生者為檽。江東人呼為蕈。味：甘，寒，有毒。菌子有數般，槐樹上者良，野田中者有毒，殺人。又多發冷氣，令人腹中微微痛，發五臟風，擁經脉，動痔病，令人昏昏多睡，背膊四肢無力。○菌，冬春無毒，夏秋有毒，有蛇蟲從下過也，夜中有光者、欲爛無蟲者、煮之不熟者、煮訖照人無影者、上有毛下無紋者、仰卷赤色者，並有毒，殺人。中其毒者，地漿及糞汁解之。○煮菌投以薑屑、飯粒，若黑色者殺人，否則無毒。○凡中其毒者，必笑不止，解之以苦茗、白礬，勺新水併咽之，無不立愈。治：燒灰傅瘡疥。

**清·丁其譽《壽世秘典》卷三** 菌子窘、捲二音。一名土菌，又名杜蕈，一曰地雞。夏月間，土壤陰濕及竹林虛坯處，雨後即生，此乃濕熱相感而成。凡夜有光者、煮不熟者、煮訖照人無影者、上有毛下無紋者、仰卷赤色者，並有毒殺人。煮時宜投以薑屑、飯粒試之，若色黑則有毒。中其毒者，地漿及糞汁解之。氣味：甘，平，無毒。主燒灰傅瘡疥。多食發五臟風，壅經絡，動痔病，昏昏多睡，背膊肢節無力，又多發冷氣。按：菌乃濕熱化生之物，中其毒者往往殺人，《本草》皆不言其性劾，則不甚益人可知。《廣嗣全訣》云：妊婦食諸般菌，令子驚風而夭，蓋濕熱之氣與胎氣相感，是以子多不育，求嗣者慎之。

**清·朱本中《飲食須知·菜類》** 土菌菌藥 味甘，性寒，有毒。槐樹上生者良，野田中者有毒，殺人。多食發冷氣，令人腹中微微痛，發五臟風，擁經脉，動痔漏，令人昏昏多睡，背膊四肢無力。冬春無毒，夏秋有毒。或有蛇蟲從下過也，夜中有光者、欲爛無蟲者、煮之不熟者、煮訖照人無影者、上有毛下無紋者、仰卷赤色者、墳墓中生棺木上者，並有毒殺人。勿同雉肉、鵪鶉食，中其毒者，地漿及糞汁解之。煮菌時投薑屑飯粒，若色黑者，殺人，否則無毒。或以苦茗、白礬，勺新水咽下解之。妊婦食之，令子風疾。廣南人殺毒蛇，覆之以草，以水洒之，數日菌生，采乾為末。入酒毒人，遇再飲酒，毒發立死。又南夷以胡蔓草毒人至死，懸屍於樹，汁滴地上，生菌子收之，名菌藥。毒人至烈。此皆不可不知，故併記之。苦竹菌，有大毒，忌食。

**清·李文培《食物小録》卷上** 土菌即地菰。甘，寒，有大毒。生于陰濕之地，或因毒蠚之氣所成，食之殺人。凡中其毒者，必笑不止，可以苦茗、白礬解之。

**清·章穆《調疾飲食辯》卷三** 土菌《爾雅》曰：中馗，菌也。孫炎注曰地蕈。或曰地雞，亦曰獐頭。《食物本草》曰：菇子，其生與地耳同理，而濕熱之毒過之，味雖鮮美，性則惡極，自愛之人斷不肯食。而愚俗嗜之，歲有死者。推原其故，每云死者不能辨識，誤食惡菇。彼則別擇精詳，無何而善辨者亦死矣。其辨之之法，云色紅黃者、背無雞絲坼紋者不可食而已。詎知此物本無種類，濕熱之氣倏長倏消，受氣輕者，食之或不盡死，遂侈為善辨。一遇氣重，則身命殉之，安能徧告天下愚夫愚婦。陰司菇子鬼，盡是陽間善辨菇子之人。其不善辨者，不敢食也。至諸本草皆云：蛇蟲從下過則有毒，是菇本無毒，殺人者乃蛇毒矣。無理不通，相沿千百載，無不隨聲附和，極為可笑。夫百穀百果百菜皆生於原野，蛇蟲無地不有，獨不過其下乎。何以千萬年來，從未聞何年何地，有何人食某穀某果某菜而中蛇毒者？穀菜猶可,果中櫻桃、楊梅、蒲桃,蛇最喜食,蓋無一樹一架不經蛇過者。夫天下有毒之物多矣,豈必蛇蟲? 而蛇之毒在口,被螫者輕則腫潰,重則立死,中其涎毒也。自涎而外,一身首尾盡可撫摩。乞兒終日弄之且食之,藥劑亦多用之,豈一過即毒人至死乎? 蛇有不可食、不可入藥者,無不可弄。蓋菇之毒在濕熱,全不關乎蛇蟲。菇之難辨在無種,亦難拘以形狀。《本草拾遺》雖載辨法,亦不能盡。附錄於左: 夜中有光者,爛不生蟲者,煮不熟者,煮湯照人無影者,上有毛者,下無紋者,仰卷者,色赤者,並殺人。《食物本草》曰: 煮菇以薑屑、飯粒投入,色變黑者有毒。中其毒,以地漿及糞汁解之地漿最妙。張景岳曰: 解菰毒以大劑補中燥濕之藥,如理中之類,加薑、附服之。此言極有理。予意略加黃連,寒溫並行,濕熱兩解,似為更妥。清明前菇毒乃寒濕,勿用黃連。即飲地漿得吐後,亦宜多服此藥,乃善後之良策也。

雷菌　廣西橫州,遇雷雨過即生,須速采,稍遲即腐或老。作羹甚美。然濕熱鬱蒸之氣暴長暴消,性又在香菇下矣。

**清・趙其光《本草求原》卷一五菜部**　土菌　處處山中有之,得嵐瘴鬱蒸而生。甘溫,或甘寒,有毒。能長濕熱寒濕,令人腹痛䐜脹,發痰嘔逆,或發冷氣。其在冬春未啟蟄前,為毒尚淺,宜和生薑食之。秋夏濕熱盛行所生,其毒大,且恐蟲蛇經過,為毒更甚。松菌,甘溫,治小便不禁。杉菌,辛溫,治心脾暴痛。槐菌、柳菌、榆菌、桑菌、蘆根菌、甜竹菌、露兜簕菌,俱鹹寒,去肺臟、大小腸熱,治赤白痢,同豬肉食。俱朽株所生,無毒,食之無虞,得薑醋良; 但恐日久蟲生,味苦,亦不宜食。至皂莢、茅根、苦竹各菌,有小毒,食之多發瘡疥。楓樹菌,誤食,毒攻心包,令人笑不休。凡中毒菌,急以地漿、糞汁或生白礬研,新汲水解之。

凡菌味苦,或辣,或夜中有光,上有毛下無紋,仰卷色赤,欲爛無蟲,洗之水黑,煮之不熟者,皆毒,能殺人。聞昔有人得一大菌,光潤可愛,置之瓶中,蠅蚋撲上即死,究其所得之處,乃在古冢穴中,洵為杉枋之毒無疑。今人煮菌,以紋銀器並燈草置鍋中同煮,或食時以銀器試之,銀色黑者勿食; 或煮時投以薑屑、飯粒而色黑者,亦勿食。世多食菌而死,其毒甚於河豚,不可不慎。痔病、牙痛者,食菌必發。

**清・王孟英《隨息居飲食譜・蔬食類》**　鮮蕈一名土菌。甘,寒。開胃。蔬中異味,以寒露時,松花落地所生者無毒,最佳。葷素皆宜。病人均忌。或洗淨瀝乾,以麻油或茶油沸過,入秋油浸,收,久藏不壞。設莫辨良毒,切勿輕嘗。中其毒者,以地漿、金汁解之。

**清・吳汝紀《每日食物却病考》卷上**　土菌　甘,寒,有毒。生田野山谷土中。多發冷氣,令人腹痛,發五臟風並痔,令人多睡,四肢無力。夏秋,多有蛇蟲從下過,故毒。夜有光者、煮不熟者、照人無影者、上有毛下無紋者、仰卷赤色者,並能殺人。中其毒者,地漿、糞清汁解之。凡煮,必須投以薑屑、飯粒,黑者殺人。有云杜蕈食之笑不止,解之以苦茗、白礬,勺新水併咽之,即愈。

地苓

**宋・唐慎微《證類本草》卷三〇有名未用・草木〔《別錄》〕**　地苓　味苦,無毒。主小兒癇,除邪,養胎,風痹,洗洗寒熱,目中青瞖,女子帶下。生腐木積草處,如朝生,天雨生蓋,黃白色,四月採。

**明・李時珍《本草綱目》卷二八菜部・芝栭類**　地苓時珍曰: 此即鬼蓋之色黃白者,其功亦相近。

松橄欖

**明・蘭茂撰,清・管暄校補《滇南本草》卷下**　松橄欖　性微寒,味苦、甘。大腸積熱之毒,療九種痔瘡。附方: 治牙齒疼,將松橄欖於疼牙上咬住,疼即止。

**明・蘭茂《滇南本草》〔叢本〕卷中**　松橄欖　味苦、甘,性寒。治大腸下血,熱毒,內外九種痔瘡。一方: 松橄欖治牙齒疼,咬住即止。

靈芝

**明・陳嘉謨《本草蒙筌》卷一**　靈芝草　色分六品,味應五行。氣禀俱平,服餌無毒。〇青芝如翠羽,一名龍芝。應木味酸,產泰山,專補肝氣。興仁恕強志,明眼目安魂。〇赤芝如珊瑚,一名丹芝。應火味苦,產衡山,善養心神。增智慧不忘,開胸膈除結。〇白芝截肪可比,一名玉芝。味辛應金,華山生,益肺定魄,止欬逆,潤皮毛。〇黑芝澤漆堪倫,一名玄芝。味鹹應水,常山出,益腎毆癃,利二便,通九竅。〇黃芝與黃金類,一名金芝。嵩嶽山多。紫芝與紫衣同,一名木芝。高夏山有。並味甘應土,咸逐邪益脾,堅骨健筋,悅顏駐色。六芝俱主祥瑞,夜視光彩映人。燒不焦,藏不朽。久服延壽,常帶辟兵。世所難求,醫絕不用。但附其說,俾識其詳。

**明·李中立《本草原始》卷一** 靈芝

赤芝，一名丹芝，生霍山；黑芝，一名玄芝，生常山；青芝，一名龍芝，生泰山；白芝，一名玉芝，生華山；黄芝，一名金芝，生嵩山；紫芝，一名木芝，生高夏山。六芝俱主祥瑞，故曰靈芝。

赤芝：如珊瑚。味苦，平。主胸中結，益心氣，補中，增慧智，不忘，久服輕身不老，延年神仙。【圖略】

黑芝：黑如澤漆。味鹹，平。主癃，利水道，益腎氣，通九竅，聰察，久食輕身不老，延年神仙。【圖略】

青芝：如翠羽。味酸，平。主明目，補肝氣，安精魂，仁恕，久食輕身不老，延年神仙。【圖略】

黄芝：如紫金。味甘，平。主心腹五邪，益脾氣，安神，忠信和樂，久食輕身不老，延年神仙。【圖略】

白芝：白如截肪。味辛，平。主欬逆上氣，益肺氣，通利口鼻，強志意，勇悍，安魂魄，久食輕身不老，〔延年〕神仙。【圖略】

紫芝：味甘，溫。主耳聾，利關節，保神益精氣，堅筋骨，好顔色，久食輕身不老，延年。【圖略】六芝皆無毒，六月、八月采。

按：《爾雅》云：茵，芝。釋曰：瑞草名也。一歲三華。一名茵，一名芝。《論衡》云：芝生於土，土氣和，故芝草生。《瑞命禮》曰王者仁慈，則芝草生，是也。

靈芝，薯蕷為之使，得髮良，得麻子仁、白瓜子、牡桂共益人，惡常山，畏扁青、茵陳蒿。

**清·馮兆張《馮氏錦囊秘錄·雜症痘疹藥性主治合參》卷三** 靈芝草色分六品，味應五行。青芝應木，專補肝氣，興仁恕強志，明眼目安魂。赤芝應火，善養心神，增智慧不忘，開胸膈除結。白芝應金，益肺定魄，止欬逆，潤皮毛。黑芝應水，益腎，毆癃，利二便，通九竅。黄芝與黄金類，嵩嶽山多。紫芝，應土，咸逐邪益脾，堅骨健筋，悦顔駐色。六芝俱主祥瑞，夜視光彩映人。燒不焦，藏不朽，久服延壽。常帶辟兵，世所難求。醫絕不用，但附其説，俾識其詳。

## 芝

**宋·李昉《太平御覽》卷第九八五** 芝上 《春秋運斗樞》曰：搖光得陵，出黑芝。《孝經援神契》曰：德至草木，則芝草生。《爾雅》曰：茵似由切，芝也。郭璞曰：芝，一歲三華，瑞草。《漢書》曰：武帝時，芝生殿內房中，九莖。詔赦天下，作《芝房歌》。又曰：宣帝神爵元年三月，詔曰：金芝草，九莖，服處曰：色象金。產于涵德殿銅池中。如淳曰：函亦含也。銅池，承霤也。晉灼曰：以銅作池。韋昭曰：以銅節池邊也。《東觀漢記》曰：明帝永平七年，公卿以芝生前殿，奉觴上壽。桓帝建和元年，芝草生中黄藏府。又曰：光和四年，郡國上芝草英。《續漢書》曰：建初五年，零陵女子傳寧宅內生紫芝五株，長者尺四寸，短者七八寸。太守沈豐使功曹齎芝以聞，帝告示天下。《宋書》曰：順帝升明二年，臨城縣生紫蓋黄裏芝。芝歷時，質色不變。《唐書》曰：貞觀中，皇太子寢室中產素芝十四莖，並為龍興鳳翥之（刑）〔形〕。又曰：天寶中，有玉芝產於大同殿之柱礎，一本兩莖，神光照於殿。又曰：上元中，延英殿御座生玉芝，一莖三花，御製《玉靈芝詩》。《淮南子》曰：巫山之上，從風縱火，紫芝與蕭艾俱死。又曰：稻生〔於〕水，而不能生於湍瀨之流。芝生於山，而不能生於磐石之上。《抱朴子》曰：芝者，有石芝，有木芝，有草芝，有肉芝，有菌芝，名有百許種也。石芝者，石象，生於海隅石山及島嶼之涯。肉芝者狀如肉，〔有〕頭尾四足，良似生物也。附於大石，（蓋）〔喜〕在高岫嶮峻之地，或卻着仰綴也。赤者如珊瑚，白者如截肪，黑者如澤漆，青者如翠羽，黄者如紫金，而光明洞徹如堅冰也。晦夜去之一二百步，便望見其光矣。大者十餘斤，小者三四斤，非久齋至精，及佩老子入山靈寶五符，亦不能得見此。凡見諸芝，且先以開山卻害符置其上，則不得復隱蔽化去矣。徐徐擇王相之日，設醮，然後取之皆從日下禹步閉氣而往也。又得石象，擣之三萬六千杵，服方寸匕，日盡一斤，則得千歲，十斤則萬歲。亦可分人服之。玉脂芝，生於有玉之山，常居懸危之處，玉膏流出萬年已上，則凝而成芝，有似鳥獸之形，色無常采，率多似山水蒼玉也。亦鮮明如水精，得而采之，以無心草汁和之，須臾成水，服一升，得一千歲也。又曰：七明九光芝，皆石也。生臨水之高山石崖之間，狀如盤椀，不過徑尺以還，有莖蒂連綴之，起三四寸，有七孔者名九光，〔光〕皆如星，百餘步內，夜可望見其光，其光自別。常以秋分伺之得之，擣服方寸匕，（人）〔入口〕服則翕然身熱，五味甘美，盡一斤則得千歲，令人身有光，所居暗地如月，可以夜視書也。又曰：石蜜芝，生少室石戶中，戶中便有深谷，不可得過，以石投谷中，半日猶聞其聲也。去戶外十餘丈有石柱，柱上有偃蓋石，（南）〔高〕度徑可一丈許，蜜芝生石上，墮入偃蓋中，良久輒有一滴，有似雨後屋之餘漏，時時一落耳。然蜜芝墮不息，而偃蓋亦終不溢也。戶上刻石為科斗字，曰：得服石蜜芝一斗者，壽萬歲。諸道士共思推其處，不可得往，唯當以椀器着勁竹木端以承取之，然竟未有能為之者。按此戶上刻題如此，前世必已有得之者也。又曰：石桂芝，生山巖穴中，似桂樹而實石也。高尺〔許〕，光明而味辛，有枝條，擣服之一斤，得千歲也。石中黄子，所在有之。泌水山為尤多。在其大石中。則其石常潤濕不燥，打其石，石有數十重，乃得之。在大石中，赤黄溶溶，如雞子之在殼中也。即當飲之，不飲則漸堅凝成石，不復中服。法正當及未堅時歠之，既凝則不得服也。破一石中，多者有一升，少者有數合。不可頓服，雖不得多，相繼服之。（其）〔共〕計前後所服，合成三斗則千歲，但欲多，唯患難得耳。又曰：石腦芝，生滑石中。亦如石中黄子狀，但不皆有耳。打破大滑石千許，乃可得一斤。初破之，其在石中五色光明而自動，服一升，得千歲矣。又曰：木芝者，松栢脂淪地千歲化為茯苓，萬歲，其上生小木，狀似蓮花，名曰木威喜芝。夜視有光，持之甚滑，燒之不焦，帶之辟兵，以帶雞而雜他雞十二頭，共籠之，去十二步，射十二箭，他雞皆傷，帶威喜芝者終不傷也。從生門上採之，六甲陰中乾之百日，末服方寸匕，日三盡，一枝則三千歲也。

**宋・李昉《太平御覽》卷第九八六**　芝下　《抱朴子》曰：千歲之枯木，其下根如坐人，長七寸，刻之有血，以其血塗足下，可以步行水上不沒；以塗人鼻，入水，水為之開，可以止住淵底也；以塗身則隱形，欲見則拭之。又可以治病，病在腹内，則刮服一刀圭；其腫痛在外者，隨其所在，刮一刀圭，以摩之，皆手下即愈。假令左足有疾，則刮塗人左足也。又曰：松樹枝三千歲者，其皮中有聚脂，狀如龍形，名曰飛節芝。大者十斤，末服之，盡一斤得五百歲。又曰：樊桃芝，其木如昇龍，其花葉如丹蘿，其實如翠鳥，高不過五尺。生於名山之陰，東流泉水之上，以夏至後祠之，得末服之，一株得五千歲。又曰：參成芝，赤色，有光。扣之枝葉，如金石之音。折而續之，即復如故。又曰：木渠芝，寄生大木上，如蓮花，九莖一叢，其味甘而辛。建木芝，實生於都廣，其皮如纓蛇，其實如鸞鳥。此三芝得服之，白日昇天也。又曰：黄蘆子、尋木華、玄液華，此三芝生於泰山要鄉及奉高。有得服之，皆令人壽千歲也。又曰：千歲燕，其窠戶北向，其色多白，而尾毛掘。取陰乾，末服，得五百歲。凡此百二十種，皆肉芝也。又曰：菌芝，或生深山之中，或生大木之下，或生泉水之側。其狀或如宫室，或如車馬，或如龍虎，或如飛鳥。五色無常，亦百二十種，自有圖也。皆當禹步往採取之。刻以骨刀。陰乾，末服方寸匕，令人昇仙，中者數千歲，下者千歲。欲求芝草入名山，必以三月、九月，此山間出神藥之月也。勿以山浪日，必以天輔時，三奇會尤佳。出三奇吉門，到山須六陰之日，明堂之時，帶靈寶符，牽白犬，抱白雞，以白鹽一斗及開山符檄着大石上，執吳唐草一把以入山。山神喜，必得芝也。又採芝服芝欲得王相專和之日，支干上下相生為佳。此諸芝名山多有之，但凡庸道士，心不精，志行穢，德薄，又不曉入山之術，雖得其圖，不知其狀，亦終不能得也。山無大小，皆有鬼神，其鬼神不以芝與人，人雖踐之，不可見也。又曰：草芝，有獨搖芝，無風自動，其莖大如手指，赤如丹，素葉如莧，其根有大魁如斗，有細者如雞子。十二枚，周繞大根四方，似倣傚十二辰也。相去丈許，皆有細根如白髮以相連。生高山深谷之上，其所生左右無草。得其大魁，末服之，盡則千歲。服其細者，一枚百歲。可以分他人也。壞其大根，即隱形，欲見則左轉而出之。又曰：牛角芝，生虎壽山及吳陵上，狀如葱，而特生如牛角，長三四尺，青色，末服方寸匕，日三，服至百日，則得千歲矣。又曰：龍仙芝，狀如昇龍之相負，以葉為鱗，其根則如蟠龍，服一株得千歲矣。又曰：紫珠芝，其莖黄，其葉赤，其實如李而紫色，二十四枚輒相連，而垂如貫珠也。又曰：白符芝，高四五尺，似梅，常以大雪而花，季冬而實。又曰：朱草芝，九曲，〔曲〕有三葉，葉有實也。又曰：五德芝，狀如樓殿，莖方，其葉五色各具而不雜，（狀）〔上〕如偃蓋，中嘗有甘露，紫光起數尺。又曰：龍銜芝，常以仲春對生，三節一十二枚，下根如坐人。凡此草芝，又有百二十種，陰乾服之，則令人與天地相畢，或得千歲、二千歲。又曰：肉芝者，謂萬歲蟾蜍，頭上有角，頷下有丹書八字，以五月五日日中時取之，陰乾百日。以其足畫地，即為流水。千歲蝙蝠，色如白雪，集則倒懸，腦重故也。此二物得而陰乾，末服之，令人壽四萬歲。千歲龜五色具，額上兩骨起似角，以羊血浴之，乃剔取服之，壽千歲。行山中，見小人乘車馬，長七八寸者，肉芝也。取服，即成仙。凡百二十種，皆肉芝。《漢武内傳》曰：仙芝上蕊，有大真虹芝。《論衡》曰：章帝時，零陵生芝草五本。又《初稟篇》曰：朱草之莖如鍼，紫芝之栽如豆，如珠玉者，稟氣而生，亦猶此也。《茅君内傳》曰：勾曲山上有神芝五種，第一曰龍仙芝，似交龍之相負，服之為太極仙卿。第二曰(名)參成芝，赤色有光，扣之其枝葉，如金石之音，折而續之，即如故，服之為太極大夫。第三曰燕胎芝，其色紫，形如葵葉，燕象，如欲飛狀，光明洞徹，服一株，拜為太清龍虎仙君。第四曰(名)夜光芝，其色青，實正白如李，夜視其實如月光，照洞一室，服一株為太清仙官。第五曰玉芝，色白如玉，剖食拜三官正真御史也。《神仙傳》曰：漆飛黄子張虚，字子黄，遼人也。又曰：刁子然服赤道，年二百歲，有少容，服九英、蓋芝、石象而得道也。烏散及夜光芝。《仙人採芝圖》曰：芝生於名山，食之令人乘雲，能上天觀望八極，通見神明。鳳凰芝草，生於名山之上，金玉間。文石上陰乾，治食一年，令人羽翼皆生，壽千歲，能乘雲，與鳳凰俱。又曰：水芝，生於名山大谷之陰，治食之，能入水中，乘雲行，通神明，能使百鬼。甘露芝，生於石山之陰，有五彩覆之。又曰：車馬芝，生於名山之中，此堯時七車馬化為之，能得食之，乘雲而行，上有雲氣覆之。萬年芝，生於名山之中及蓬萊山。又曰：地芝，生於名山，得食之延年益壽，一舉千里，走越江海。又曰：月芝，生於名山之陰，金石珠玉之間，陰乾。治食令人有毛二尺，延壽萬歲。又曰：土芝，生於名山之陰，黄雲覆之。此戊己中宫黄帝之精，食之益壽八千。又曰：黑雲芝，生於名山大谷凉泉之間。黑蓋赤裏，莖黑，味鹹苦。食之一年，能入火不燋，入水不漬。石芝，生於名山之陰。色黄，上有不死之藥，如甘露，味極美，取而食之，令人不死。赤松子所服。山芝之居，東西行三，南北行五，此為山芝。其色皆白。山芝者，韓終所服也。與天地相極，延年益壽，通神明矣。又曰：人芝，生於名山之陰，青蓋白莖。黄龍芝，生於神(仙)〔山〕之中，狀如黄龍。雲氣芝，生於名山之中，蓋白莖白裏赤。天芝，生於名山之陰。千秋芝，生於大谷中。四方異色，南赤西白，北黑東青。食之不老，老者不死。雷芝，生於名山之陰，白石之上，有白雲覆之。黄雲芝，生於名山之中，金石間，上有黄雲覆之，食之壽千歲，令人通見神明，乘雲為車，風為馬。青雲芝，生於名山之陰。雲母芝，生於名山澤泉之旁。白虎芝，生於名山之陰，大木下，狀如虎，蓋青，味辛，食之令人有力。又曰：東方芝，生於東山之陰。南方芝，生於神山之陽。北方芝，生於北海之山，大谷水中，狀異而澤。西方芝，生於崑崙之上，金石間。萬年芝，生於名山之陰。又曰：夜光芝，出於名山之陰，大谷凉泉中，金石間，有浮雲翔其上。太乙芝，生於名山之陽，蓋黄莖赤，得而食之，令人不老，與天地相保。又曰：虎芝，生於名山之陰，狀如虎，食之身輕，延壽八百年。鳴鳥芝，生於名山多林之陽，狀如鳥。五色，陰乾。治食令人身輕，與風俱行。又曰：赤龍芝，生於名山之陰，源泉澤泉中。狀如龍，其色赤白，以秋採之，便有白光。食之，壽與天地無極。黑龍芝生於名山之中，大木下，黑色如龍。食之，便令人能入水中。《孫氏瑞應圖》曰：芝草常以六月生，春青夏紫，秋白冬黑。《十洲記》曰：祖州有養神丹芝，似菰苗，長三四尺，人死以草覆之，皆活。服之長生。秦始皇時，大疫多有死者，有鳥如烏，銜此草，以覆死人面，(燈)〔登〕時皆活。始皇聞，以問北郭鬼谷先生，先生曰：此不死草也。生瓊田中。又有鍾山仙家，數十萬耕田種芝草。《嵩高山記》曰：嵩高山上有神芝。人芝者，狀如小兒。地芝者，辟方一尺，如黄金色，覆以五色雲，有神龍守之。食者可以遐年。崔豹《古今注》曰：元和二年，芝生沛，如人冠狀，又生章武，如人抱三子狀。成帝建初五年，芝生潁州，常以六月中生一葉，春青夏紫，秋白冬黑，十月復黄，氣出上尺五寸。《博物志》曰：名山生神芝，不死之草。上芝為車馬形，中芝為人形，下芝為六畜形。《唐新語》曰：崔希嶠以孝友稱，丁内憂，哀毁過禮，為鄭縣丞，芝草生所居堂，一宿而葩，蓋盈尺。杜寶《大業拾遺錄》曰：七年六月，東都永康門内，會昌門東，生芝草百二十莖，散在地，周十步許，紫莖白頭，或白莖黑頭，或有枝，或無枝，亦有三枝，如古出字者，地内根並如綿，大相連着。乾陽殿東東上閤前槐樹上，生芝九莖，共本相扶而生，中莖最長，兩邊八莖，相次而短，有如樓閣，甚潔白。武賁郎將段文操留守，畫圖表奏。《本草經》曰：青芝，一名龍芝。食之身輕，不老神仙。生太山山谷，亦生五岳地上。又曰：黄芝，一名金芝。食之〔為〕神仙。生嵩高山山谷中。又曰：赤芝，一名丹芝。食之為神仙。生霍山山谷。又曰：黑芝，一名玄芝。生恒山山谷。又曰：紫芝，一名木芝。久服延年作神仙。生山岳地上。色紫，形如桑。《吳氏本草經》曰：紫芝，一名木芝。《九歌》曰：采三秀兮於山間，三秀，芝草。石磊磊兮葛蔓蔓。繆襲《神芝讚》曰：青龍元年五月庚辰，神芝生平長平之習陽。其色紫丹，其質光曜，高尺八寸五分，散為三十有六莖，枝幹連屬，有似珊瑚之形。詔御府匱而藏之，具畫其形。《古瑞命記》曰：王者慈仁則生芝，食芝則延年。又神農氏之論芝云：山川與四時、五行、陰陽、晝夜之精，以生五色神芝，皆為聖王休祥焉。自漢孝武顯宗，世號隆盛，而元封、永平所紀神芝方，斯蔑如也。具其枝幹條莖，本末相承，乃協於天官之數，非神明其數，孰能如此。《天台山賦》曰：五芝含秀而紛敷。嵇康詩曰：煌煌靈芝，一年三秀。

**宋·唐慎微《證類本草》卷六草部上品〔《本經·別錄·**藥對**》〕　紫芝　味甘，溫。主耳聾，利關節，保神，益精氣，堅筋骨，好顏色，久服輕身不老，延年。一名木芝。**生高夏山谷。六芝皆無毒，六月、八月採。署預爲之使，得髮良，得麻子人、白瓜子、牡桂共益人，惡常山，畏扁青、茵蔯蒿。

〔梁·陶弘景《本草經集注》〕云：按郡縣無高夏名，恐是山名爾。此六芝，皆仙草之類，俗所稀見，族種甚多，形色瓌異，並載《芝草圖》中。今俗所用紫芝，此是朽樹木株上所生，狀如木檽，音軟，名爲紫芝。蓋止療痔，而不宜以合諸補丸藥也。凡得芝草，便正爾食之，無餘節度，故皆不云服法也。

〔宋·掌禹錫《嘉祐本草》〕按：《爾雅》云：茵，芝。釋曰：瑞草名也，一歲三華，一名茵，一名芝。《論衡》云：芝生於土，土氣和，故芝草生。《瑞命禮》曰王者仁慈，則芝草生是也。《抱朴子》云：赤者如珊瑚，白者如截肪，黑者如澤漆，青者如翠羽，黃者如紫金，而皆光明洞徹，如堅冰也。又云：木芝者，松柏脂淪地千歲，化爲茯苓；萬歲，其上生小木，狀似蓮花，名曰木威喜芝，夜視有光，持之甚滑，燒之不焦，帶之辟兵。《藥性論》云：紫芝，使。畏髮。味甘，平，無毒。主能保神益壽。

**宋·唐慎微《證類本草》卷六草部上品〔《本經·別錄》〕　青芝　味酸，平。主明目，補肝氣，安精魂，仁恕。久食輕身不老，延年神仙。一名龍芝。**生泰山。

〔宋·唐慎微《證類本草》〕英公云：不忘，强志。

**宋·唐慎微《證類本草》卷六草部上品〔《本經·別錄》〕　白芝　味辛，平。主欬逆上氣，益肺氣，通利口鼻，强志意，勇悍，安魄。久食輕身不老，延年神仙。一名玉芝。**生華山。

**宋·唐慎微《證類本草》卷六草部上品〔《本經·別錄》〕　赤芝　味苦，平。主胸中結，益心氣，補中，增智慧，不忘。久食輕身不老，延年神仙。一名丹芝。**生霍山。

〔梁·陶弘景《本草經集注》〕云：南嶽本是衡山，漢武帝始以小霍山代之，非正也。此則應生衡山也。

〔宋·唐慎微《證類本草》〕英公云：安心神。

**宋·唐慎微《證類本草》卷六草部上品〔《本經·別錄》〕　黃芝　味甘，平。主心腹五邪，益脾氣，安神，忠信和樂。久食輕身不老，延年神仙。一名金芝。**生嵩山。

**宋·唐慎微《證類本草》卷六草部上品〔《本經·別錄》〕　黑芝　味鹹，平。主癃**音隆**，利水道，益腎氣，通九竅，聰察。久食輕身不老，延年神仙。一名玄芝。**生常山。

〔唐·蘇敬《唐本草》〕注云：五芝，《經》云：皆以五色生於五嶽，諸方所獻，白芝未必華山，黑芝又非常嶽。且芝多黃、白，稀有黑、青者，然紫芝最多，非五芝類。但芝自難得，縱獲一二，豈得終久服耶？

**宋·鄭樵《通志》卷七五《昆蟲草木略》**　芝　曰菌，其類有五色，加以紫，是為六芝。青曰龍芝，赤曰丹芝，黃曰金芝，白曰玉芝，黑曰玄芝，紫曰木芝。瑞草也，生則有雲氣，及禽獸之異。

**明·蘭茂撰，清·管暄校補《滇南本草》卷上**　靈芝草　此草生山中，分五色。味甘，無毒，俗呼菌子。赤芝，治胸中有積，補中，强智慧，服之輕身不老。白芝，味辣，無毒。治一切肺痿癆咳，力能安魂延年。仙品也。黑芝，味鹹，性平，無毒。補腎，通竅，利水，黑髮。治百病，人服成仙。黃芝，味甘辛，性平，無毒。治一切百病如神，熬膏，久服輕身延年。青芝，味鹹，無毒。治一切眼目不明，服之目視千里。

**明·劉文泰《本草品彙精要》卷八**　赤芝無毒　寄生。

**赤芝：主胸中結，益心氣，補中，增慧智，不忘。久食輕身不老，延年神仙。**《神農本經》。〔名〕丹芝。〔苗〕《唐本》注云：五芝。《經》云：皆以五色生於五嶽。諸方所獻，白芝未必華山，黑芝又非常嶽，且芝多黃白，稀有黑青者。然紫芝最多，非五芝之類。但芝自難得，縱獲一二，豈得終久服耶。陶隱居云：按郡縣無高夏名，恐是山名爾。此六芝皆是仙草之類，俗所稀見，族種甚多，形色環異，並載《芝草圖》中。今俗所用紫芝，此是朽樹木株上所生，狀如木檽音軟，名爲紫芝。《爾雅》云：茵音囚，芝，釋曰瑞草名也。一歲三華，爲茵爲芝。《論衡》云：芝生於土，土氣和，故芝草生瑞命。《禮》曰王者仁慈，則芝草生是也。 【地】《圖經》曰：生霍山。

黑芝無毒 寄生。 **黑芝，主癃**音隆**，利水道，益腎氣，通九竅，聰察。久食輕身不老，延年神仙。**《神農本經》。 【名】玄芝。 【地】《圖經》曰：生常山。 【時】生：無時。採：六月、八月取。 【質】類澤漆。 【色】黑。 【味】鹹。 【性】平。 【氣】味厚于氣，陰中之陽。 【臭】朽。 【助】山藥爲之使，得髮良。 【反】畏扁青、茵陳蒿，惡常山。 【製】水洗剉碎或爲末用。 【合治】合麻子仁、白瓜子、牡桂，共益人。

青芝無毒 寄生。 **青芝，主明目，補肝氣，安精魂，仁恕。久食輕身不老，延年神仙。**《神農本經》。 【名】龍芝。 【地】《圖經》曰：生泰山。 【時】生：無時。採：六月、八月取。 【質】類翠羽。 【色】青。 【味】酸。 【性】平，泄。 【氣】味厚于氣，陰中之陽。 【臭】朽。 【主】不忘，強志。 【助】山藥爲之使，得髮良。 【反】畏扁青、茵陳蒿。 【製】水洗剉碎或爲末用。 【合治】合麻子仁、白瓜子、牡桂，共益人。

白芝無毒 寄生。 **白芝，主欬逆上氣，益肺氣，通利口鼻，強志意，勇悍，安魄。久食輕身不老，延年神仙。**《神農本經》。 【名】玉芝。 【地】《圖經》曰：生華山。 【時】生：無時。採：六月、八月取。 【質】類截肪。 【色】白。 【味】辛。 【性】平，散。 【氣】氣之薄者，陽中之陰。 【臭】朽。 【助】山藥爲之使，得髮良。 【反】畏扁青、茵陳蒿，惡常山。 【製】水洗剉碎，或爲末用。 【合治】合麻子仁、白瓜子、牡桂，共益人。

黃芝無毒 寄生。 **黃芝，主心腹五邪，益脾氣，安神，忠信，和樂。久食輕身不老，延年神仙。**《神農本經》。 【名】金芝。 【地】《圖經》曰：生嵩山。 【時】生：無時。採：六月、八月取。 【質】類紫金而光明，洞澈如堅冰。 【色】黃。 【味】甘。 【性】平，緩。 【氣】氣之薄者，陽中之陰。 【臭】朽。 【助】山藥爲之使，得髮良。 【反】畏扁青、茵陳蒿，惡常山。 【製】水洗剉碎，或爲末用。 【合治】合麻子仁、白瓜子、牡桂，共益人。

紫芝無毒 寄生。 **紫芝，主耳聾，利關節，保神，益精氣，堅筋骨，好顔色。久服輕身不老，延年神仙。**《神農本經》。 【名】木芝。 【地】《圖經》曰：生高夏山谷。 【時】生：無時。採：六月、八月取。 【收】陰乾。 【用】鮮明潤澤者爲佳。 【質】類木檽。 【色】紫。 【味】甘。 【性】溫。 【氣】氣味俱厚，陽也。 【臭】朽。 【主】療痔疾。 【助】山藥爲之使。 【反】畏髮、扁青、茵陳蒿。 【製】水洗剉碎，或爲末。 【治】補：《藥性論》云：保神，益壽。 【合治】合麻子仁、白瓜子、牡桂，共益人。

**明·王文潔《太乙仙製本草藥性大全》卷二《本草精義》** 藿菌芝 菌芝釋曰瑞草，一歲三華。一名菌，一名芝。《論衡》云：芝生於土，土氣和，故芝草生。《瑞命禮》曰王者仁慈，故芝生是也。此六芝皆仙草之類，薯蕷爲之使，得髮良，得麻子仁、白瓜、牡桂共益人。惡常山，畏扁青、茵陳蒿。《五芝經》云：皆以五色生於五嶽。諸方所獻，白芝未必華山，黑芝又非常嶽，且多黃白，稀有黑青者。然紫芝最多，非五芝類。但芝自難得，縱獲一二，豈得終久服耶。六月、八月採。今俗所用紫芝，此是朽樹木株上所生，狀如木檽，名爲紫芝，蓋止療痔，而不宜以合諸補丸藥也。凡得芝草，便正爾食之，無餘節度，故皆不云服法也。《抱朴子》云：赤者如珊瑚，白者如截肪，黑者如澤漆，青者如翠羽，黃者如紫金，而皆光明洞徹如堅冰也。

**明·王文潔《太乙仙製本草藥性大全》卷二《仙製藥性》** 赤芝 味苦，氣平，無毒。一名丹芝，生中霍山。主治：主胸結奇效，益心氣妙方。補五臟溫中，增智慧不忘。久服輕身，延年不老。 黑芝：味鹹，氣平，無毒。一名玄芝，生常山。主治：主癃而利水道，益腎而通九竅。會使耳聰，亦能明目。久服益壽，不老輕身。 青芝：味酸，氣平，無毒。一名龍芝，生泰山。主治：主肝氣而能明目，安精魂而又仁慈。強志不忘，輕身神仙。 白芝：味辛，氣平，無毒。一名玉芝，生華山。主治：主欬逆如神，治喘息甚驗。益肺氣而通利口鼻，強志意而男婦安魄。久服輕身益壽，不老神仙。 黃芝：味甘，氣平，無毒。一名金芝，生嵩山。主治：主心腹五邪神驗，益肝氣安神尤良。能全忠信，和暢心歡。久食輕身，神仙不老。 紫芝使：味甘，氣溫，無毒。一名大芝，生高夏山谷。主治：主耳聾而利關節，益精氣而堅筋骨。益壽保神，悦澤顔色。 木芝：木芝者，松柏脂淪地，千歲化爲茯苓，萬歲其上生小木芝，狀似蓮花，名曰木威喜芝，夜視有光，持之甚滑，燒之不焦，帶之辟兵。

**明·皇甫嵩《本草發明》卷三** 芝草上品上，君。有六色，味各不同。 發明曰：靈芝，仙品也。久服輕身延年，不老神仙。世所罕有，縱有色未能備，如紫、黃、白者間有，未必真靈。若黑、青色者絕無。姑錄之以備名物云。

按：赤芝，味苦，平。主益心氣，除胸中結，補中，增慧智不忘。蓋赤色象心，苦入心故耳。一名丹芝，多生霍山、南嶽衡山。　青芝，味(辛)〔酸〕，平。主補養肝氣，明目，安精魂仁恕。蓋青象肝，酸入肝故耳。一名龍芝。生泰山，即東嶽，一名岱山。　黑芝，味鹹，平。主益腎氣，利水道，通癃閉，宣九竅，能聰察。蓋黑象腎，鹹入腎故耳。一名玄芝。(之)生北嶽恒山。　白芝，味辛，平。主益肺氣，欬逆上氣，通和口鼻，強志意，勇悍安魄。蓋白象肺，辛入肺故耳。一名玉芝。多生西嶽華山。　黃芝，味甘，平。主益脾氣，心腹五邪，安神忠信和樂。蓋黃象脾，甘入脾故耳。一名金芝。多生中嶽嵩山。　紫芝，味甘，溫。主保神，益精氣，堅筋骨，利關節，聰耳好顏色。蓋紫南北之間色也，屬心腎二經。甘溫能補，故益心腎。一名木芝。生山谷深處，不拘于方。所要之，六芝所產，必十靈也，亦不拘拘于方色也。

## 明・李時珍《本草綱目》卷二八菜部・芝栭類

芝《本經》上品。校正：併入《本經》青、赤、黃、白、黑、紫六芝。

【釋名】苬音囚。時珍曰：芝本作之，篆文象草生地上之形。後人借之字爲語辭，遂加草以別之也。《爾雅》云：苬，芝也。注云：一歲三華，瑞草。或曰生於剛處曰菌，生於柔處曰芝。昔四皓采芝，群仙服食，則芝亦菌屬可食者，故移入菜部。

【集解】《別録》曰：青芝生泰山，赤芝生霍山，黃芝生嵩山，白芝生華山，黑芝生常山，紫芝生高夏山谷。六芝皆六月、八月采。弘景曰：南嶽本是衡山，漢武帝始以小霍山代之，此赤芝當生衡山也。郡縣無高夏名，恐是山名也。此六芝皆仙草之類，俗所稀見，族類甚多，形色環異，並載《芝草圖》中。今俗所用紫芝，乃是朽木株上所生，狀如木檽，名爲紫芝，止療痔，不宜合諸補丸藥也。凡得芝草，便正爾食之，無餘節度，故皆不云服法也。恭曰：《五芝經》云：皆以五色生於五嶽。諸方所獻，白芝未必華山，黑芝又非常嶽。且多黃、白，稀有黑、青者。然紫芝最多，非五芝類。但芝自難得，縱獲一二，豈得終久服耶？禹錫曰：王充《論衡》云：芝生於土。土氣和，故芝草生。《瑞命禮》云王者仁慈則芝草生是也。時珍曰：芝類甚多，亦有花實者。《本草》惟以六芝標名，然其種屬不可不識。《神農經》云：山川雲雨、四時五行、陰陽晝夜之精，以生五色神芝，爲聖王休祥。《瑞應圖》云：芝草常以六月生，春青夏紫，秋白冬黑。葛洪《抱朴子》云：芝有石芝、木芝、肉芝、菌芝，凡數百種也。石芝石象，生於海隅石山島嶼之涯。肉芝狀如肉，附於大石，頭尾具有，乃生物也。赤者如珊瑚，白者如截肪，黑者如澤漆，青者如翠羽，黃者如紫金，皆光明洞徹如堅冰也。大者十餘斤，小者三四斤。凡求芝草，入名山，必以三月、九月，乃山開出神藥之月。必以三輔時，出三奇吉門。到山須六陰之日，明堂之時。帶靈寶符，牽白犬，抱白鷄，包白鹽一斗，及開山符檄，着大石上。執吴唐草一把入山，山神喜，必得見芝。須禹步往采。以王相專和、支干相生之日，刻以骨刀，陰乾爲末服，乃有功效。若人不至精久齋，行穢德薄，又不曉入山之術，雖得其圖，鬼神不以與，人終不可得見也。曰菌芝，生深山之中，大木之下，泉水之側。其狀或如宮室，如龍虎，如車馬，如飛鳥，五色無常。凡百二十種，自有圖也。曰木威喜芝，乃松脂淪地，千年化爲茯苓，萬歲其上生小木，狀似蓮花，夜視有光，持之甚滑，燒之不焦，帶之辟兵，服之神仙。曰飛節芝，生千歲老松上，皮中有脂，狀如飛形，服之長生。曰木渠芝，寄生大木上，狀如蓮花，九莖一叢，味甘而辛。曰黃蘗芝，生於千歲黃蘗根下，有細根如縷，服之地仙。曰建木芝，生於都廣，其皮如纓，其實如鸞。曰參成芝，赤色有光，扣其枝葉，如金石之音。曰樊桃芝，其木如籠，其花如丹蘿，其實如翠鳥，並可服食。曰千歲芝，生枯木下，根如坐人，刻之有血，血塗二足，可行水隱形，又可治病。已上皆木芝也。曰獨搖芝，無風自動，其莖大如手指，葉似莧，根有大魁如斗，周繞有細子十二枚繞之，相去丈許，生高山深谷，服之神仙。曰牛角芝，生虎壽山及吴陵上，狀似葱而特出如牛角，長三四尺，青色。曰龍仙芝，似昇龍相負之形。曰紫珠芝，莖黃葉赤，實如李而紫色。曰白苻芝，似梅，大雪而花，季冬而實。曰朱草芝，九曲三葉，葉有實也。其莖如針。曰五德芝，狀似樓殿，五色各具，方莖紫氣。已上皆草芝也，有百二十種，人得服之神仙。曰玉脂芝，生於有玉之山，狀似鳥獸，色無常彩，多似山水蒼玉，亦如鮮明水晶。曰七明九光芝，生於臨水石崖之間，狀如盤盌，有莖葉，此芝葉有七孔，夜見其光，食至七枚，七孔洞徹，一名螢火芝。曰石蜜芝，生少室石户中石上，終難得。曰桂芝，生石穴中，似桂樹，乃石也，光明味辛。曰石腦芝、石中黃，皆石芝類也。千歲燕、千歲蝙蝠、千歲龜、萬歲蟾蜍、山中見小人，皆肉芝類也。凡百二十種。又按《採芝圖》云：鳳凰芝，生名山金玉間，服食一年，與鳳凰俱也。曰燕胎芝，形如葵，紫色，有燕象。曰黑雲芝，生山谷之陰，黑蓋赤理黑莖，味鹹苦。又有五色龍芝、五方芝、天芝、地芝、人芝、山芝、土芝、石芝、金芝、水芝、火芝、雷芝、甘露芝、青雲芝、雲氣芝、白虎芝、車馬芝、太一芝等，名狀不一。張華《博物志》云：名山生神芝不死之草。上芝爲車馬，中芝人形，下芝六畜形。又按段成式《酉陽雜俎》云：屋柱無故生芝者：白主喪，赤主血，黑主賊，黃主喜；形如人面者亡財，如牛馬者遠役，如龜蛇者蠶耗。時珍嘗疑：芝乃腐朽餘氣所生，正如人生瘤贅，而古今皆以爲瑞草，又云服食可仙，誠爲迂謬。近讀成式之言，始知先得我所欲言，其揆一也。又方士以木積濕處，用藥傅之，即生五色芝。嘉靖中王金嘗生以獻世宗。此昔人所未言者，不可不知。

青芝　一名：龍芝《別録》　【氣味】酸，平，無毒。時珍曰：五色之芝，配以五行之味，蓋亦據理而已，未必其味便隨五色也。即如五畜以羊屬火，五果以杏配心，皆云味苦之義。之才曰：青、赤、黃、白、黑、紫六芝，並以薯蕷爲之使，得髮良，得麻子仁、白瓜子、牡桂甚益人，惡常山，畏扁青、茵蔯蒿。　【主治】明目，補肝氣，安精魂，仁恕。久食，輕身不老，延年神仙《本經》。不忘强志《唐本》。

赤芝　一名：丹芝《本經》　【氣味】苦，平，無毒。　【主治】胸中結，益心氣，補中，增智慧，不忘。久食，輕身不老，延年神仙《本經》。

黃芝　一名：金芝《本經》　【氣味】甘，平，無毒。　【主治】心腹五邪，益脾氣，安神，忠信和樂。久食，輕身不老，延年神仙《本經》。

白芝　一名：玉芝《本經》　素芝　〖氣味〗辛，平，無毒。〖主治〗欬逆上氣，益肺氣，通利口鼻，强志意，勇悍，安魄。久食，輕身不老，延年神仙《本經》。

黑芝　一名：玄芝《本經》　〖氣味〗鹹，平，無毒。〖主治〗癃，利水道，益腎氣，通九竅，聰察。久食，輕身不老，延年神仙《本經》。

紫芝　一名：木芝《本經》　〖氣味〗甘，温，無毒。甄權曰：平。〖主治〗耳聾，利關節，保神，益精氣，堅筋骨，好顏色。久服，輕身不老延年《本經》。療虛勞，治痔時珍。

〖附方〗新一。　紫芝丸：治虛勞短氣，胸脇苦傷，手足逆冷，或時煩躁口乾，目視䀮䀮，腹内時痛，不思飲食，此藥安神保精也。紫芝一兩半，山芋焙，天雄炮去皮、柏子仁炒、巴戟天去心、白茯苓去皮、枳實去瓤麩炒各三錢五分，生地黄焙、麥門冬去心焙、五味子炒、半夏制炒、附子炒去皮、牡丹皮、人參各七錢五分，遠志去心、蓼實各二錢五分，瓜子仁炒、澤瀉各五錢，爲末，煉蜜丸梧子大。每服十五丸，漸至三十丸，温酒下，日三服。《聖濟總録》。

**明·趙南星《上醫本草》卷三**　芝　芝本作之，篆文象草生地上之形，後人借之字為語辭，遂加草以别之也。《爾雅》云：　茵，芝也。註云：一歲三華，瑞草。或曰：　生于剛處曰菌，生于柔處曰芝。青芝生泰山，赤芝生霍山，黄芝生嵩山，白芝生華山，黑芝生常山，紫芝生高夏山谷。六芝皆六月、八月采。《神農經》云：　山川雲雨、四時五行、陰陽晝夜之精，以生五色神芝，為聖王休祥。《瑞應圖》云：　芝草常以六月生，春青，夏紫，秋白，冬黑。葛洪《抱朴子》云：　芝有石芝、木芝、肉芝、菌芝，凡數百種也。石芝石象，生于海隅石山島嶼之涯。肉芝狀如肉，附于大石，頭尾具有，乃生物也。赤者如珊瑚，白者如截肪，黑者如澤漆，青者如翠羽，黄者如紫金，皆光明洞徹如堅冰也。大者十餘斤，小者三四斤。凡求芝草，入名山，必以三月、九月，乃山開出神藥之月。必以三輔時，出三奇吉門，到山須六陰之日，明堂之時。帶靈寶符，牽白犬，抱白雞，包白鹽一斗，及開山符檄，著大石上。執吳唐草一把入山，山神喜，必得見芝。須禹步往采。以王相專和、支干相生之日，刻以骨刀，陰乾為末服，乃有功効。若人不至精久齋，行穢德薄，又不曉入山之術，雖得其圖，鬼神不以與，人終不可得見也。龍仙芝似昇龍相負之形，鳳凰芝生名山金玉間，服食一年，與鳳凰俱也。曰燕胎芝，形如葵，紫色有燕象。

青芝，一名龍芝，生泰山；赤芝，一名丹芝，生霍山；黄芝，一名金芝，生嵩山；白芝，一名玉芝，一名素芝，生華山；黑芝，一名玄芝，生常山；紫芝，一名木芝，生高夏山谷。段成式《酉陽雜俎》云：　屋柱無故生芝者，白主喪，赤主血，黑主賊，黄主喜，形如人面者亡財，如牛馬者遠役，如龜蛇者蠶耗。時珍嘗疑芝乃腐朽餘氣所生，正如人生瘤贅，而古今皆以為瑞草。又云：　服食可仙，誠為迂謬。近讀成式之言，始知先得我所欲言，其揆一也。又方士以木積濕處，用藥傅之，即生玉色芝。嘉靖中，王金嘗生以獻世宗。此昔人所未言者，不可不知。

**明·姚可成《食物本草》卷七菜部·芝栭類**　芝　芝，瑞艸也。生於剛處曰菌，生於柔處曰芝。昔四皓采芝，群僊服食，則芝亦菌屬可食者，故采入菜部。李時珍曰：　芝類甚多，不可不審。《神農經》云：　山川雲雨、四時五行、陰陽晝夜之精，以生五色神芝，為聖王休祥。《瑞應圖》云：　芝艸常以六月生，春青夏紫，秋白冬黑。葛洪《抱朴子》云：　芝有石芝、木芝、肉芝、菌芝，凡數百種也。石芝〔石〕象，生於海隅石山島嶼之涯。肉芝狀如肉，〔附〕於大石，頭尾具有，乃生物也。赤者如珊瑚，白者如截肪，黑者如澤漆，青者如翠羽，黄者如紫金，皆光明洞徹如堅冰也。大者十餘斤，小者三四斤。凡求芝艸，入名山，必以三月、九月，乃山開出神藥之月。必以三輔時，出三奇吉門。到山須六陰之日，明堂之時。帶靈寶符，牽白犬，抱白雞，包白鹽一斗及開山符檄，着大石上。執吳唐艸一把入山，山神喜，必得見芝。須禹步往采。以王相專和、支干相生之日，刻以骨刀，陰乾為末服，乃有功效。若人不至精久齋，行穢德薄，又不曉入山之術，雖得其圖，鬼神不以與，人終不可得見也。曰菌芝，生深山之中，大木之上，泉水之側。其狀或如宫室，如龍虎，如車馬，如飛鳥，五色無常。凡百二十種，自有圖也。曰木威喜芝，乃松脂淪地，千年化為茯苓，萬歲其上生小木，狀似蓮華，夜視有光，持之甚滑，燒之不焦，帶之辟兵，服之神僊。曰飛節芝，生千歲老松上，皮中有脂，狀如飛形，服之長生。曰木渠芝，寄生大木上，狀如蓮華，九莖一叢，味甘而辛。曰黄蘗芝，生於千歲黄蘗根下，有細根如縷，服之地僊。曰建木芝，生於都廣，其皮如纓，其實如鸞。曰条成芝，赤色有光，扣其枝葉，如金石之音。曰樊桃芝，其木如籠，其花如丹蘿，其實如翠鳥，竝可服食。曰千歲芝，生枯木下，根如坐人，刻之有血，血塗二足，可行水隱形，延年却疾。已上皆木芝也。曰獨摇芝，無風自動，其莖大如手指，根有大魁如斗，周旋有細子十二枚繞之，相去丈許，生高山深谷，服之神僊。曰牛角芝，生虎壽山及吳陵上，狀似葱而特出如牛角，長三四尺，青色。曰龍仙芝，似昇龍相負之形。曰紫珠芝，莖黄葉赤，實如李而紫色。曰白符芝，似梅，大雪而花，季冬而實。曰朱草芝，九曲三葉，葉有實也。其莖如鍼。曰五德芝，狀似樓殿，五色各具，方莖紫氣。已上皆艸芝也。有百二十種，人得服之神僊。曰玉〔暗〕〔脂〕芝，生於有玉之山，狀似鳥獸，色無常彩，多似山水蒼玉，亦如鮮明水晶。曰七孔九光芝，生於臨水石厓之間，狀如盤盌，有〔莖〕葉。此芝葉有七孔，夜見其光，食至七枚，七孔洞徹，一名螢火芝。曰石蜜芝，生少室石戶中石上，不易得者。曰桂芝，生石穴中，似桂樹，乃石也。光明味辛。曰石腦芝、石中黃，皆石芝類也。千歲燕、千歲蝙蝠、千歲龜、萬歲蟾蜍、(出)〔山〕中見小人，皆肉芝類也。凡百二十種。又按《采芝圖》云：鳳凰芝，生名山金玉間，服食一年，與鳳凰俱也。曰燕胎芝，形如葵，紫色，燕象。曰黑雲芝，生山谷之陰，黑蓋赤理黑莖，味鹹苦。又有五色龍芝、五方芝、天芝、地芝、人芝、山芝、土芝、石芝、金芝、水芝、火芝、雷芝、甘露芝、青雲芝、白虎芝、車馬芝、太一芝等芝，名狀不一。何本草止以六芝標名？已上數百種悉歸遺漏，茲特具載，以備世之哲人、高士爲求僊延壽之一助云。

青芝一名龍芝。　味酸，平，無毒。　主明目，補肝氣，安精魂，寬容仁恕。久食，輕身不老，延年神仙，不忘強志，養筋。

赤芝一名丹芝。　味苦，平，無毒。　益心氣，補中，智慧，明敏。久食，輕身不老，延年神仙。

黃芝一名金芝。　味甘，平，無毒。　主心腹五邪，益脾氣，安神，忠信和樂。久食，輕身不老，延年神仙。

白芝一名玉芝。　味辛，平，無毒。　主欬逆上氣，益肺氣，通利口鼻，強志意，決斷勇悍，安魄。久食，輕身不老，延年神仙。

黑芝一名玄芝。　味鹹，平，無毒。　治癃閉，利水道，益腎氣，通九竅，聰敏英察。久食，輕身不老，延年神仙。

紫芝一名木芝。　味甘，溫，無毒。　通耳聾，利關節，保神，益精氣，堅筋骨，好顏色。久服，輕身不老，延年神仙。

**明・施永圖《本草醫旨・食物類》卷二**　芝青芝生泰山，赤芝生霍山，黃芝生嵩山，白芝生華山，黑芝生常山，紫芝生高夏山谷。六芝皆六月八日采。　青芝：一名龍芝。味：酸，平，無毒。治：明目，補肝氣，安精魂仁恕。久食輕身不老，延年神仙，不忘強志。　赤芝：一名丹芝。味：苦，平，無毒。治：胸中結，益心氣，補中，增智慧不忘。久食輕身不老，延年神仙。　黃芝：一名金芝。味：甘，平，無毒。治：心腹五邪，益脾氣，安神忠信和樂。久食輕身不老，延年神仙。　白芝：一名玉芝、素芝。味：辛，平，無毒。治：欬逆上氣，益肺氣，通利口鼻，強志意勇悍，安魄。久食輕身不老，延年神仙。　黑芝：一名玄芝。味：鹹，平，無毒。治：癃，利水道，益腎氣，通九竅，聰察。久食輕身不老，延年神仙。　紫芝：一名木芝。味：甘，溫，無毒。治：耳聾，利關節，保神，益精氣，堅筋骨，好顏色。久服輕身不老，延年，療虛勞，治痔。

**明・盧之頤《本草乘雅半偈》帙一**　紫芝《本經》上品　氣味：甘，溫，無毒。　主治：主耳聾，利關節，保神，益精氣，堅筋骨，好顏色。久服輕身，不老延年。希世異種，服食致仙，上品上生，與天合化。

青芝《本經》上品　氣味：酸，平，無毒。　主治：主明目，補肝氣，安精魂，仁恕。久服輕身不老，延年神仙。

赤芝《本經》上品　氣味：苦，平，無毒。　主治：主胸中結，益心氣，補中，增智慧不忘。久服輕身不老，延年神仙。

黃芝《本經》上品　氣味：甘，平，無毒。　主治：主心腹五邪，益脾氣，安神，忠信和樂。久服輕身不老，延年神仙。

白芝《本經》上品　氣味：辛，平，無毒。　主治：主欬逆上氣，益肺氣，通利口鼻，強志意，勇悍，安魄。久服輕身不老，延年神仙。盤繞層臺，寄生於土者，此草芝。凡芝也，不足數耳。

黑芝《本經》上品　氣味：鹹，平，無毒。　主治：主癃，利水道，益腎氣，通九竅，聰察。久服輕身不老，延年神仙。

覈曰：出五嶽名山者貴，嘗以六月生，應六月之卦以表德也。《神農經》云：山川雲雨，四時五行陰陽之精，以生五色神芝，為聖王休祥。《瑞命禮》云：王者仁慈，則芝草生。《論衡》云：芝生於土，土氣和則芝草生，不假種識，隨處寄生，隨緣現相。先人云：靈異無根，如優曇一現，若盤繞層臺，寄生於土者，此其嘗也。《本經》惟標六芝，然其色相奇異，不可不識，存錄以廣見聞。菌芝，生深山大木之上，淵泉之側，五色無嘗，或如宮室龍虎，車馬飛鳥之形。木威喜芝，生千年茯苓上，上生小木，狀似蓮花，夜視有光，持之甚滑，燒之不焦。飛節芝，生千歲松樹上，皮中有脂，形狀如飛。木渠芝，寄生大木，如蓮花，九莖一叢，味甘且辛。黃櫱芝，生千年黃櫱根下，下有細根如縷。建木芝，其皮如纓，其實如鸞。条成芝，赤色有光，扣其枝葉，作金石音。樊桃芝，其木如籠，其花如丹，其實如翠鳥。千歲芝，生枯木下，根如人形趺坐，刻之有血，塗人兩足，能行水上，亦可隱形。以上皆木芝也。獨搖芝，有風不動，無風自搖，一莖直上，中空外赤，貼莖杪之半，生細小尖葉，稍頭成穗，作花灰白，結子十二枚，至秋不落，却透虛入莖中，還筒而下，根大如斗，更有游子十二枚，相為環繞。牛角芝，生虎壽山，及吳凌，狀似葱，特出如角，色青翠，長三四尺。龍仙芝，宛如昇龍相負之形。紫珠芝，葉黄實赤，狀似紫李色。白符芝，大雪而花，季冬而實。朱草芝，其莖如針，九曲三葉，葉有實也。五德芝，狀似樓殿，五色具備，方莖紫色。以上皆草芝也。玉暗芝，生有玉之山，狀如鳥獸，色無常彩，多似山水蒼玉，亦如鮮明水晶。七孔九光芝，生臨水石崖間，狀如盤盎，有莖有葉，葉有七孔，夜視有光，食之七孔洞徹。石蜜芝，生少室石戶中。桂芝，生石穴，似桂，乃石也，其色光明。石腦芝、石中黄，亦石芝類也。石芝，石象，生於海隅及石山島嶼之涯。肉芝，其狀如肉，附於大石，頭尾俱有，乃生物也，赤如珊瑚，白如截肪，黄如紫金，黑如重漆，青如翠羽，光明洞徹，儼若堅冰，大者重十多觔。条肉蓯蓉命名云，柔紅美滿，膏釋脂凝，肉之體也。燕休受盛外發，夫榮肉之用也，又可摘作肉芝評語。千歲燕、千歲蝙蝠、千歲龜、萬歲蟾蜍、山中小人，皆肉芝類也。鳳凰芝，生名山金玉間。燕胎芝，形如紫葵，紫色如燕狀。黑雲芝，生山谷之陰，黑蓋赤理，莖黑味鹹。又有五色龍芝、五方神芝、甘露芝、青雲芝、雲氣芝、白虎芝、車馬芝、太乙芝，名狀不一，皆服食仙去者也。《抱朴子》云：欲求芝草，當入名山，必以三月、九月，乃山開出神藥之月也。忌山很日，用天輔時，出三奇吉門。到山須六陰之日，明堂之時。帶靈寶符，牽白犬，抱白雞，包白鹽一斗，及開山符檄，着大石上。入山執吳唐草一把，山神喜，芝乃得見。禹步往采，以旺相專和、支干上下相生之日，刻以骨刀，陰乾為末，服有神異。若人不致精久齋，行穢德薄，又不曉入山之術，雖得其圖，鬼神不與，終不可得。雖曉入山術，不具神仙骨者，亦終不可得。郭璞云：一歲三華，瑞草也。昔四皓采芝，群仙服食者也。智者大師云：服食石藥，但可平疾，服食芝草，併可得仙。陶隱居云：凡得芝草，正爾食之，無餘節度，故皆不云服法也。天有五炁，御五方，而生五嶽，此指神芝所生緣。山川雲雨，四時五行陰陽之精，此指神芝能生因，則神芝不惟為五芝首，且獨為五嶽主矣。故欲盡神芝希有功德，須從生成能所中，看得廣大圓滿。先人云：芝草為仙家服食，藥之上品上生者也。從山石水木之靈氣，鬱蒸所結，亦草亦木，亦石亦土，而非草非木，非石非土，與菌檷夐別。要在名山大川，古木仙境中得者，服之自然靈妙。李瀕湖以為可食，溷置菜部，是何異高隱灌園耶。予從固陵山中，獲小黄芝，細咀微噍，頃之喉間涼潤如雲，盤繞五內，信是氣鍾，非灌溉滋生之比，靈異無根，如優曇一現，宜特尊諸首。

又云：神農為民疾，偏嘗草木，以起夭札。芝則可以養性移情，進之於德，如仁慈忠信，和樂勇悍，非草木所能滋益也。感天地氤氳之和，屬精神，不屬形質，故主治如此耳。

条曰：陰陽合和，地氣上為雲，天氣下為雨，雨霽雲徹則芝生。氣味涼潤，體相旋繞，不假種識，以無成有，故益五藏。有中之無，藏形為有，藏神為無也。如神芝具五色味，則五藏咸入。紫芝赤黑相間，則交通心腎，偏得一色一味，則各從其類矣。與滋培有形者別異。澄徹性靈，久而得仙，設非烟霞靜隱之流，外息諸緣，內心無喘，不堪僭服耳。雨霽雲徹，陰陽必清必淨矣。不與陰陽蒸鬱，而作檷菌者反乎。

**清・穆石匏《本草洞詮》卷七** 芝

芝乃瑞草。王者仁慈則芝草生。昔四皓采芝，群仙服食，則芝亦可食者。陶貞白謂：青芝生泰山，赤芝生霍山，黄芝生蒿山，白芝生華山，黑芝生常山，紫芝生高夏山。然芝類甚多，五色無常，不必五嶽定生五色也。此六芝皆仙草，世所希見，今俗所用紫芝，乃朽木株上所生，止療痔，不入補藥，似非五芝類也。《神農經》云：山川雲雨，四時五行之精，以生五色神芝，為聖王休祥。《抱朴子》云：芝有數百種，菌芝狀如宮室，如龍虎，如車馬，如飛鳥。威喜芝狀似蓮花，夜視有光，持之甚滑，燒之不焦，帶之辟兵，服之神仙。樊桃芝刻之有血，血塗兩足，可行水隱形。此亦因其瑞物，人不輕見，而形容之詞耳。凡求芝草，入名山必以三月、九月，乃山開出神藥之日，以三輔時，出三奇吉門，至山須六陰之日，明堂之時，帶靈寶符，牽白犬，抱白雞，禹步往采，必得見芝。若其人行劣德薄，又不曉入山之術，鬼神不以與人也。嘉靖中方士以木漬濕處，用藥傅之，生五色芝，以獻世宗。則芝亦有偽者，不可不知。芝草既不易得，《本經》《別錄》雖有氣味主治，茲不具載。

**清・浦士貞《夕庵讀本草快編》卷四** 芝《本經》

芝字象艸生地上之形，或云：芝生於剛處，菌生於柔處。庾肩吾云：芝葉正玲瓏。又云：黄金九華發，紫蓋六英通。錢起云：豈知玉殿生三秀。則芝洵非凡卉等也。芝生於土，土氣和則生，是為瑞應。《禮》云：王者仁慈則芝草生。《神農經》云：山川雲雨，四時五行，陰陽晝夜之精以生五色。神芝為聖王休祥。故本草以五色配五味而治病，亦合五藏焉。更有紫芝，云雖屬木，療疾反類檷。《聖濟方》紫芝丸，專治虛勞短氣，手足逆冷。或口乾腹痛，用此以安神保精是也。大抵六種之芝，俱能久服輕身，延年不老，神仙藥耳。故四皓采芝而食，則知芝亦菌屬，錄入菜部久矣。按《瑞應圖》云：芝春青、夏紫、秋白、冬黑。抱朴子謂芝類百種，有石、有木、有肉、有菌。石者象石，生於海隅島嶼之崖；肉者狀肉，附於大石，頭尾具有，乃生物也。張華《博物志》云：名山生神芝不死之草，上芝為車馬形，中芝人形，下芝六畜形。其譜所載，乃希世之物，凡俗豈能易過，但博識之士不可不知也。《酉陽雜俎》云：柱庭無故生芝，惟黄者主喜，餘俱不祥。瀕湖亦曰：芝為腐朽餘氣所生，正如人之贅瘤，而古人皆以為瑞，服食可仙，誠迂誕矣。予心又以為不然，如漢甘泉之宫，九莖著異；唐延英之殿，三秀吐奇。邵君協多善政，叢生於便座之間；崔希喬以孝稱，有盈尺挺於居堂之內。豈得不為休徵之兆耶？若修煉之輩果有宿根，棄世離俗，辟穀茹芝，自然仙去，前賢之旨原不誣爾。家居宅第，忽爾生芝，倘其人德不厭祥，反為變異，如新相之第，芝生梁上，後為禍敗。蓋人自階之，豈得歸咎於芝耶？

**清・葉志詵《神農本草經贊》卷一**　赤芝　味苦，平。主胸中結，益心氣，補中，增慧智，不忘。久食輕身不老，延年神仙。一名丹芝。　黑芝，味鹹，平。主癃利水道，益腎氣，通九竅聰察。久食輕身不老，延年神仙。一名元芝。　青芝，味酸，平。主明目補肝氣，安精魂仁恕。久食輕身不老，延年神仙。一名龍芝。　白芝，味辛，平。主欬逆上氣，益肺氣，通利口鼻，强志意，勇悍安魄。久食輕身不老，延年神仙。一名玉芝。　黄芝，味甘，平。主心腹五邪，益脾氣安神，忠信和樂。久食輕身不老，延年神仙。一名金芝。　紫芝，味甘，溫。主耳聾，利關節，保神益精氣，堅筋骨，好顔色。久服輕身，不老延年。一名木芝。生山谷。

三秀六芝，慈仁上瑞。肪白珊紅，金黄羽翠。漆抹黮雲，筍萌紫帔。大藥可求，龜龍百歲。

《爾雅注》：芝一歲三華，瑞草。《宋書・志》：王者慈仁則生。《抱朴子》：赤者如珊瑚，白者如截肪，黑者如澤漆，青者如翠羽，黄者如紫金。氣和暢則生，玉莖紫筍。束晳詩：黮黮重雲。《稽神錄》：報盈以繡羽紫帔。蘇軾詩：古來大藥不可求。蘇轍詩：龜龍百歲豈知道。

### 雷丸

**宋・李昉《太平御覽》卷第九九〇**　雷丸　《范子計然》曰：雷丸，出漢中。色白者善。《本草經》曰：雷公：丸，一名雷矢。味苦，寒。生山谷。《吴氏本草》曰：雷丸，一名雷實。神農：苦。黄帝、岐伯、桐君：甘，有毒。扁鵲：甘，無毒。李氏：大寒。或生漢中。八月採。

**宋・唐慎微《證類本草》卷一四木部下品〔《本經・別錄・藥對》〕**　雷丸　**味苦、鹹，寒**、微寒，有小毒。**主殺三蟲，逐毒氣，胃中熱。利丈夫，不利女子。作摩膏，除小兒百病**，逐邪氣惡風汗出，除皮中熱結積蠱毒，白蟲、寸白自出不止。久服令人陰痿。一名雷矢，一名雷實。赤者殺人。生石城山谷及漢中土中。八月採根，暴乾。荔實、厚朴爲之使，惡葛根。

〔梁・陶弘景《本草經集注》〕云：今出建平、宜都間。累累相連如丸。《本經》云：利丈夫。《別録》云：久服陰痿，於事相反。

〔唐・蘇敬《唐本草》〕注云：雷丸，竹之苓也。無有苗蔓，皆零無相連者。今出房州、金州。

〔宋・馬志《開寶本草》〕今注：此物性寒。《本經》云：利丈夫，不利女子。《別録》云：久服令陰痿者，於事相反。按此則踈利男子元氣，不踈利女子藏氣，其義顯矣。

〔宋・掌禹錫《嘉祐本草》〕按：范子云：雷矢出漢中，色白者善。吴氏云：雷丸，神農：苦。黄帝、岐伯、桐君：甘，有毒。扁鵲：甘，無毒。季氏：大寒。《藥性論》云：雷丸，君，惡葛根，味苦，有小毒。能逐風。芫花爲使。主癲癇狂走，殺蚘蟲。日華子云：入藥炮用。

〔宋・唐慎微《證類本草》〕雷公云：凡使，用甘草水浸一宿了，銅刀刮上黑皮，破作四五片。又用甘草湯浸一宿後蒸，從巳至未，出，日乾。却以酒拌，如前從巳至未蒸，日乾用。《經驗前方》：下寸白蟲。雷丸一味，水浸軟去皮切，焙乾爲末。每有疾者，五更初，先食炙肉少許，便以一錢匕藥，稀粥調半錢服之，服時須六衙及上半月日，蟲乃下。

**宋・王繼先《紹興本草》卷一六**　雷丸　紹興校定：雷丸，性味、主治《本經》具載。但下蟲諸方用之頗驗，然有攻裹之性多矣。《本經》云利丈夫，不利女子，似無可據。今當作味鹹苦、微寒、有小毒為定。產漢中，實而不蛀者佳，若色赤者，但不堪入藥，然亦不致於殺人。

**宋・鄭樵《通志》卷七六《昆蟲草木略》**　雷丸　曰雷矢，曰雷實。

**宋・劉明之《圖經本草藥性總論》卷下**　雷丸　味苦、鹹，寒、微寒，有小毒。主殺三蟲，逐毒氣，胃中熱，利丈夫，不利女子。作摩膏，除小兒百病，逐邪氣惡風汗出，除皮中熱結積，蠱毒，白蟲、寸白自出不止。久服，令陰痿。

赤者殺人。《藥性論》云：君。味苦，有小毒。能逐風。芫花為之使。主癲癇狂走，殺蚘蟲。今注云：疎利男子元氣，不疎利女子藏氣。荔實、厚朴為之使。惡葛根、蓄根。生石城及漢中。

**宋・陳衍《寶慶本草折衷》卷一四**　雷丸君。　一名雷矢，一名雷實，竹之(零)[苓]也。○古方用者名雷丸。生石城山谷，及漢中、建平、宜都，房、金州土中。○八月採根，暴乾。○荔實、厚朴、芫花為使，惡葛根、蓄根。

味苦、鹹，微寒，有小毒。○主殺三蟲，逐毒氣，胃中熱，除小兒病邪氣，惡風汗出，除皮中熱結積，蠱毒，白蟲、寸白，服赤者殺人。○今註：疎利男子元氣，不疎利女子藏氣。○范子云：色白者善。○《藥性論》云：逐風，主癲癇狂走，殺蚘蟲。○日華子云：入藥炮用。

**元・尚從善《本草元命苞》卷七**　雷丸　為君。味苦、鹹，寒，微寒，有小毒。厚朴為之使。殺三蟲蠱毒，療癲癇狂走。治小兒百病，除皮中熱結。逐邪氣汗出惡風，主白蟲自出不止。久服陰痿，於事相反，疎利丈夫元陽，不利女子臟氣，其義顯然，用者詳悉。惡葛根。能殺蚘蟲。八月採，入藥炮用。生石城山谷，及漢中土中，建平、宜都所產，累累相連如丸。白者為善，赤者殺人。

**明・王綸《本草集要》卷四**　雷丸君　味苦鹹，氣寒，有小毒。荔實、厚朴為之使。惡葛根。入藥炮用。赤者殺人。　主殺三蟲，逐毒氣，胃中熱。利丈夫，不利女子。作摩膏，除小兒百病，除皮中熱，結積蠱毒，白蟲、寸白自出不止。久服令人陰痿。

**明・滕弘《神農本經會通》卷二**　雷丸　君也。荔實、厚朴為之使。惡葛根。赤者殺人。八月採根，暴乾。入藥炮用。

味苦、鹹，氣寒，微寒，有小毒。《本經》云：主殺三蟲，逐毒氣，胃中熱，利丈夫，不利女子。作摩膏，除小兒百病，逐邪惡氣，惡風汗出，除皮中熱結，積蠱毒，白蟲，寸白自出不止，久服令陰痿。今注云：《本經》云利丈夫，不利女子。《別録》云：久服令陰痿，於事相反。按此則疎利男子元氣，不疎利女子藏氣，其義顯矣。《藥性論》云：雷丸，君。惡葛根。味苦，有小毒。能逐風，芫花為使。主癲癇狂走，殺蚘蟲。《局》云：雷丸味苦寒微毒，主殺三蟲寸白蟲。若作摩膏如法用，小兒百病最能攻。雷丸，殺寸白，三蟲。

**明・劉文泰《本草品彙精要》卷二〇**　雷丸有小毒　土生。

**雷丸**出《神農本經》：**主殺三蟲，逐毒氣，胃中熱，利丈夫，不利女子，作摩膏，除小兒百病。**以上朱字《神農本經》。逐邪氣，惡風，汗出，除皮中熱，結積，蠱毒，白蟲，寸白自出不止。以上黑字名醫所錄。【名】雷矢、雷實。【苗】陶隱居云：累累相連如丸，肉色白者善。《唐本》注云：竹之苓也，無有苗蔓，皆零無相連者。《本經》云：利丈夫，不利女子。《別錄》云：久服令人陰痿。二説相反。按此則疏利男子元氣，不疏利女子臟氣，其義顯矣。【地】《圖經》曰：生石城山谷及漢中土中。陶隱居云：今出建平、宜都間。《唐本》注云：出房州、金州。【時】生：無時。採：八月取。【收】暴乾。【用】肉白者良。【質】類大風子而有大小。【色】皮赤黑，肉白。【味】苦，鹹。【性】寒，泄。【氣】味厚于氣，陰也。【臭】朽。【主】殺蟲去積。【助】荔實、厚朴爲之使。【反】惡葛根。【製】《雷公》云：凡使，用甘草水浸一宿，銅刀刮上黑皮破作四五片，又用甘草湯浸一宿，後蒸，從巳至未，出，日乾，卻以酒拌如前，從巳至未，蒸，日乾用。一云，入藥炮用。【合治】合芫花，療癲癇，狂走。

**明・葉文齡《醫學統旨》卷八**　雷丸　氣寒，味苦、鹹。有毒。荔實、厚朴為之使；惡葛根。入藥炮用。赤者殺人。　治邪氣惡風汗出，除皮中熱，胃中熱；殺三蟲，逐毒氣結積蠱毒，白蟲、寸白自出不止；作摩膏除小兒百病。久服令人陰痿。

**明・許希周《藥性粗評》卷三**　雷丸布令，遂懾三蟲。

雷丸，一名雷矢。乃竹苓也，得之竹下土中。出關陝山谷。八月掘得，陰乾。赤者殺人。厚朴、荔實為之使，惡葛根、蓄根。味苦、鹹，性寒，有小毒。主治邪氣惡風，結熱積蟲，殺三蟲，除小兒百病。不可久服，令人陰痿。

單方：寸白蟲：雷丸一枚，水浸軟，去皮，剉，焙乾為末，五更初先食炙肉少許，後用稀粥調下藥末一錢匕，其蟲自下。

**明・鄭寧《藥性要略大全》卷五**　雷丸　殺三蟲及寸白蟲。黄友云：去皮裏膜外之水，削年久堅積。　味苦、鹹，性寒，有小毒。白者良，赤黑者有毒，能殺人。

**明・陳嘉謨《本草蒙筌》卷四**　雷丸　味苦、鹹，氣寒。有小毒。係竹之苓，苗蔓鮮有。建平屬南直隸出，累累相連，狀如丸，因而名此。入藥炮用，甘草煎湯浸一宿，尤殺毒。赤者殺人。白者善。惡扁蓄葛根，使厚朴芫荔。芫花、荔實。胃熱可解，蠱毒能毆。殺三蟲仍殺白蟲，利丈夫不利女子。非利益之利，乃踈利也。主癲癇狂走，療汗出惡風。又作摩積之膏，專卻小兒百病。久服陰痿，尤宜慎之。

**明・王文潔《太乙仙製本草藥性大全》卷三《本草精義》** 雷丸 一名雷矢，一名雷實。生石城山谷及漢中山中，今出建平、宜都間。雷丸乃竹之苓也，無有藤蔓，皆零，累累相連如丸。八月採根曝乾，色白者善，赤者殺人。惡葛根、萹蓄。入藥炮用。

**明・王文潔《太乙仙製本草藥性大全》卷三《仙製藥性》** 雷丸 味苦、鹹，氣寒，有小毒。荔實、厚朴爲之使。 主治： 胃熱可解，蠱毒能毆。殺三蟲，仍殺白蟲。利丈夫，不利女子。非利益之利，乃踈利也。主顛癇狂走，療汗出惡風。又作摩積之膏，專却小兒百病。久服陰痿，尤宜慎之。 補註： 下寸白蟲，雷丸一味，水浸軟，去皮切，焙乾爲末，使有疾者五更初先食炙肉少許，便以一錢匕藥，稀粥調半錢，服時須六衙及上半月日，蟲乃下。 太乙曰： 凡使用甘草水浸一宿了，銅刀刮上黑皮，切作四五片，又用甘草湯浸一宿後，蒸從巳至未出，日乾，却以酒拌如前，從巳至未蒸，日乾用。

**明・皇甫嵩《本草發明》卷四** 雷丸下品，佐使。氣寒，味苦、鹹，有小毒。 發明曰： 雷丸苦寒，泄熱之劑。故《本草》主殺三蟲，逐毒氣，除胃熱。利丈夫，不利女人。疏利之利。除小兒百病，除皮膚中結熱積，蠱毒，逐邪風，汗出惡風及癲癇狂走。又作摩積膏。久服陰痿，以苦寒疏泄之過也。此係竹之苓，累累相連，狀如丸。甘草湯浸一宿殺毒，炮用。白者善，赤者殺人。惡萹蓄、葛根。厚朴、芫花、荔實為之使。

**明・李時珍《本草綱目》卷三七木部・寓木類** 雷丸《本經》下品

【釋名】雷實《別録》 雷矢同上 竹苓時珍曰： 雷斧、雷楔，皆霹靂擊物精氣所化。此物生土中，無苗葉而殺蟲逐邪，猶雷之丸也。竹之餘氣所結，故曰竹苓。苓亦屎也，古者屎、苓字通用。

【集解】《別録》曰： 雷丸生石城山谷及漢中土中。八月采根，暴乾。弘景曰： 今出建平、宜都間。纍纍相連如丸。恭曰： 雷丸，竹之苓也。無有苗蔓，皆零，無相連者。今出房州、金州。時珍曰： 雷丸大小如栗，狀如猪苓而圓，皮黑肉白，甚堅實。

【修治】斅曰： 凡使，用甘草水浸一夜，銅刀刮去黑皮，破作四五片。以甘草水再浸一宿，蒸之，從巳至未，日乾。酒拌再蒸，日乾用。大明曰： 入藥炮用。

【氣味】苦，寒，有小毒。《別録》曰： 鹹，微寒，有小毒。赤者殺人，白者善。普曰： 神農： 苦。黄帝、岐伯、桐君： 甘，有毒。扁鵲： 甘，無毒。李當之，大寒。權曰： 苦，有小毒。時珍曰： 甘、微苦，平。之才曰： 荔實、厚朴、蓄根、芫花爲之使，惡葛根。

【主治】殺三蟲，逐毒氣胃中熱。利丈夫，不利女子《本經》。作摩膏，除小兒百病，逐邪氣惡風汗出，除皮中熱結積蠱毒，白蟲寸白自出不止。久服，令人陰痿《別録》。逐風，主癲癇狂走甄權。

【發明】弘景曰： 《本經》云利丈夫，《別録》曰久服陰痿，于事相反。志曰： 《經》言利丈夫不利女子，乃踈利男子元氣，不踈利女子臟氣，故曰久服令人陰痿也。時珍曰： 按陳正敏《遯齋閑覽》云： 楊勔中年得異疾，每發語，腹中有小聲應之，久漸聲大。有道士見之，曰： 此應聲蟲也。但讀《本草》，取不應者治之。讀至雷丸，不應。遂頓服數粒而愈。

【附方】舊一，新二。

小兒出汗： 有熱。雷丸四兩，粉半斤，爲末撲之。《千金方》。

下寸白蟲： 雷丸，水浸去皮，切焙爲末。五更初，食炙肉少許，以稀粥飲服一錢匕。須上半月服，蟲乃下。《經驗方》。

筋肉化蟲： 方見石部雄黄下。

**明・梅得春《藥性會元》卷中** 雷丸為君。 味苦、鹹，氣寒，有小毒。荔實、厚朴為使。惡葛根。赤者殺人。 主殺三蟲，逐毒氣胃中熱，利丈夫，不利女子。作摩膏，除小兒百病，去皮中結熱積，殺蠱毒，寸白蟲自出不止。久服令人陰痿。 製法： 凡使，去皮，甘草湯或米醋浸一日夜，切片用。

**明・李中立《本草原始》卷四** 雷丸 生石城山谷及漢中土中，竹之餘氣所結，故一名竹苓。《本草綱目》云： 雷斧、雷楔，皆霹靂擊物精氣所化。此物生土中，無苗蔓，而殺蟲逐邪，猶雷之丸也。《醫學入門》云： 雷，纍也，纍纍相連如丸狀也。氣味： 苦，寒，有小毒。 主治： 殺三蟲，逐毒氣，胃中熱，利丈夫，不利女子。○作摩膏，除小兒百病，逐邪氣，惡風汗出，除皮中熱結積，蠱毒，寸白蟲自出不止。久服令人陰痿。○逐風，主癲癇狂走。

雷丸，《本經》下品。【圖略】皮黑肉白者良。 修治： 甘草湯浸一夜，銅刀刮去黑皮，酒拌蒸，焙乾用。大明曰： 入藥炮用。

荔實、厚朴、芫花為之使，惡蓄根、葛根。赤者殺人。按： 陳正敏《遯齋閑覽》云： 楊勔中年得異病，每發語，腹中有小聲應之，久漸聲大。有道士見之曰： 此應聲蟲也。但讀本草，取不應者治之。讀至雷丸，不應。遂頓服數粒而愈。 雷丸： 君。

**明・張懋辰《本草便》卷二** 雷丸君 味苦、鹹，氣寒，有小毒。惡菖蒲。主殺三蟲，逐毒氣，胃中熱。利丈夫，不利女子。作摩除小兒百病，除皮中熱結積，蠱毒，白蟲寸白自出不止。久服令人陰痿。

**明·李中梓《藥性解》卷五** 雷丸 味苦、鹹，性寒，有小毒，入肺、脾、胃三經。主胃中熱，癲癇狂走，惡風汗出，解蠱毒，殺諸蟲，逐皮裏膜外之水；又作糜膏，除小兒百病，利丈夫，不利女子，久服陰痿。火炮用，荔實、厚朴、芫花為使，惡葛根、扁蓄，赤者殺人。按：雷丸苦能燥脾，而胃則其腑也，肺則其子也，故均入之。蟲以濕熱為巢穴，濕熱去而蟲可殺矣。《本經》既云利丈夫，《別錄》又云久服陰痿，于事相反，陶隱居以此致疑，不知利者疎利之謂爾！非利益也。

**明·繆希雍《本草經疏》卷一四** 雷丸 味苦、鹹，寒、微寒，有小毒。主殺三蟲，逐毒氣，胃中熱。利丈夫，不利女子。作摩膏，除小兒百病，逐邪氣惡風汗出，除皮中熱，結積蠱毒，白蟲寸白自出不止。久服令人陰痿。

【疏】雷丸稟竹之餘氣，兼得地中陰水之氣以生。《本經》味苦氣寒。《別錄》加鹹，有小毒。黃帝、岐伯、桐君、扁鵲云甘。詳其所主，應是苦鹹為勝。氣薄味厚，陰也，降也。入手足陽明經。其主殺三蟲，白蟲寸白自出者，腸胃濕熱甚也。逐毒氣，胃中熱，邪氣惡風汗出，皮中熱，結積者，腸胃邪熱盛也。苦寒能除二經濕熱邪氣，則上來諸證自除。作摩膏治小兒百病者，以小兒好食甘肥，腸胃類多濕熱蟲積，苦能殺蟲除濕，鹹寒能清熱消積，故主之也。凡蠱毒必熱，必辛苦寒能除辛熱，故又主解蠱毒也。利丈夫，不利女子者，蓋以男子屬陽，得陰而生，故喜陰寒之味。女子屬陰，得陽而長，故不利陰寒之物也。《別錄》又云：久服令人陰痿，正見其過於苦寒，偏至之氣能令陽道痿也。

【主治參互】同蕪荑、使君子、蘆薈、五穀蟲、胡黃連、青黛，治小兒疳蚘，有神。同檳榔、鶴蝨、楝根、貫眾、牽牛、錫灰、薏苡根，殺腸胃一切蟲。《經驗方》下寸白蟲，雷丸水浸去皮，切焙為末。五更初，食炙肉少許，以稀粥飲服一錢匕。須上半月服，蟲乃下。

除殺蟲外，他用甚稀，故不著簡誤。惟赤色者能殺人，用時細擇去之。

**明·倪朱謨《本草彙言》卷一一** 雷丸 味苦、鹹，氣寒，有小毒。氣薄味厚，陰也，降也。入手足陽明經。《別錄》曰：雷丸，生石城山谷及漢中。今建平、宜都、房州、金州諸處亦有。蘇氏曰：生竹林土中，乃竹之餘氣，滋蔭所成也。無苗蔓，狀如栗，纍纍相結，不相連屬。又如猪苓而圓，皮黑肉白，甚堅實。八月采。雷氏曰：修治：用甘草水浸一夜，銅刀刮去黑皮，切作四五片，以甘草水再浸一夜，日乾用。如赤色者，能殺人，宜揀去之。

雷丸：《別錄》去蠱毒，《本經》殺諸蟲之藥也。趙天民稿 夫人腸胃有濕熱之氣，能令蟲生，此藥苦寒善逐，能去濕熱，而破一切蟲積。又研細作膏，敷腹上，治小兒百病。觀夫小兒百病，則知食物停滯，停滯必生濕熱，濕熱必致百病。此藥破蟲攻積，一理而已。前古言利丈夫不利女子。利乃疏利元氣之利，非補養利益之利也。故《別錄》有云：久服令人陰痿。正見其過于苦寒，偏至之氣耳。除蟲積蠱毒之外，亦無他用。如病蟲積日久，脾胃衰憊者，亦禁用之。

集方：以下三方俱繆氏定 治寸白蟲。用雷丸水浸去皮，切，焙爲末。五更初，先食炙肉少許，以稀粥湯調服一錢。須上半月服，蟲乃下。○治小兒疳蛔。用雷丸、蕪荑、使君子、五穀蟲、蘆薈、胡黃連各等分，爲末。砂糖湯調服一錢。○治腸胃一切蟲積。用雷丸、檳榔、鶴虱、楝根、貫衆、錫灰、薏苡根，各等分。每服一錢，空心砂糖湯調下。

**明·顧逢柏《分部本草妙用》卷八雜藥部** 雷丸 苦，寒，有小毒。芫花為使，惡葛根。主治：殺三蟲，逐毒氣，胃中熱，利丈夫，不利女子。作摩膏，除小兒百病。逐邪氣惡風，汗出，除皮熱，結積諸蟲，逐風，癲癇狂走。久服令人陰痿。殺應聲蟲。雷丸疎男子元氣，不疎女子臟氣，故曰久服令人陰痿。昔有一人，出語則腹中有小聲。道士見之曰：此應聲蟲也。讀《本草》至雷丸，不應，頓服數粒而愈。

**明·張景岳《景岳全書》卷四九《本草正》** 雷丸 味苦，性寒，有小毒。殺三蟲，逐蠱毒諸毒，降胃中實熱，痰火癲狂，除百邪惡氣，并一應血積氣聚。

**明·盧之頤《本草乘雅半偈》帙七** 雷丸《本經》下品 氣味：苦，寒，有小毒。主治：主殺三蟲，逐毒氣，胃中熱，利丈夫，不利女子。

覈曰：出石城山谷及漢中、建平、宜都、房州、金州諸處。生竹林土中，乃竹之餘氣，零落所成也。無苗蔓，不相連，狀如栗，又如猪苓而圓，皮黑肉白，甚堅實。修事：用甘草水浸一宿，取出，蒸之，從巳至未，日乾。酒拌潤，再蒸之，日乾用。荔實、厚朴、蒿根、芫花為之使，惡葛根。

參曰：雷丸，竹苓也。具節候之靈氣，零落復震，故名雷丸。蓋雷之發聲，物無不同時而應，故與三蟲毒氣嚮晦者反。其味苦，其氣寒，對待胃熱為因，諸熱若伏若匿者，亦相宜矣。利丈夫，不利女子者，震為雷，長男也。所謂方以類聚，物以群分，剛柔斷而吉凶生矣。凡物有質成，有氣結，如茯苓之本乎松，雷丸之因乎竹是也。木之耐歲寒，實而堅多節者，唯松性善隱伏，故遺苓名之；草之能冬生，虛而蒼筤色者唯竹，象切震雷，故轉丸名之，其氣類所感，一靜一動，一秉大夫貞潔之操，一展君子奮揚之力，其功用各有致也。

**明・李中梓《本草通玄》卷下**　雷丸　苦，寒。清胃熱，殺三蟲。《本經》稱其利丈夫。《別錄》云：久服陰痿，似乎相反。不知利者疎利也，疎利太過則閉藏失職，故陰痿也。

**清・顧元交《本草彙箋》卷五**　雷丸　乃竹之餘氣所結，故亦名竹苓。纍纍出土中，無有苗蔓，皆零無相連者。味苦氣寒，苦能燥脾，寒能除熱。蟲以濕熱爲巢穴，濕熱去而蟲殺矣。故爲疳積所需。以其過於苦寒，故多食能痿陽道。

白者善，赤色者殺人。

**清・穆石匏《本草洞詮》卷一一**　雷丸　雷斧、雷楔，皆霹靂擊物，精氣所化。雷丸生土中，無有苗蔓，纍纍如丸，無相連者，故名。雷丸味苦鹹，氣寒，有小毒。殺三蟲，逐邪氣，除蠱毒，逐風，主癲癇狂走。《遯齋閑覽》云：楊勔得異疾，每發語，腹中有小聲應之。有道士曰：此應聲蟲也。但讀《本草》，取不應者治之，讀至雷丸，不應，遂服數粒而愈。

**清・劉雲密《本草述》卷二五《寓木部》**　雷丸　時珍曰：雷斧、雷楔，皆霹靂擊物，精氣所化。是物生土中，無苗葉，而殺蟲逐邪，猶雷之丸也。竹之餘氣所結，故又名曰竹苓。又曰：雷丸大小如栗，狀如豬苓而圓，皮黑肉白，甚堅實。

氣味：苦，寒，有小毒。《別錄》曰：鹹，微寒，有小毒。赤者殺人，白者善。普曰：神農：苦。黃帝、岐伯、桐君：甘，有毒。扁鵲：甘，無毒。李當之：大寒。權曰：苦，有小毒。時珍曰：甘、微苦，平。

主治：行胃熱，除皮中熱結，逐風，主癲癇狂走，逐毒氣，解蠱毒，殺三蟲，下寸白蟲。利丈夫，不利女子。作摩積之膏，能療小兒百病。但此味久服陰痿，慎之！志曰：《經》言利丈夫，不利女子，乃疎利男子元氣，不疎利女子臟氣，故曰久服令人陰痿也。《仙製本草》云：利非利益之利，乃疎利也。時珍曰：雷丸能治應聲蟲。

愚按：雷丸為竹之餘氣所結。夫竹引根於秋深，孕筍於冬半，是氣稟清寒以生，合於金水之陰，以在下也。則其為微寒，固然。又曰小毒，緣清陰之氣味，而又能疎利，其於行氣血之熱，豈非良劑？第過用不無有傷元氣也。悉此義，則能善用此味矣。

附方　小兒出汗有熱，雷丸四兩，粉半斤，為末，撲之。下寸白蟲，雷丸水浸去皮，切焙為末，五更初食炙肉少許，以稀粥飲服一錢匕，須上半月服，蟲乃下。

修治　日華子曰：入藥炮用。切忌赤色者。

**清・郭章宜《本草匯》卷一六**　雷丸　味苦、鹹，寒，有毒。氣薄味厚，陰也，降也，入手足陽明經。殺藏府諸蟲，除嬰兒積病。治熱結蠱毒，療癲癇狂走。

按：雷丸，乃竹之餘氣，得霹靂而生，故名雷丸。《本經》稱利丈夫，《別錄》云久服陰痿，似乎相反，不知利者，疎利也，疎利太過，則閉藏失職，故陰痿也。除殺蟲之外，無他長。

產建平。江寧。大小如栗，皮黑肉白，甚堅實，以竹刀刮去黑皮，破開，甘草水浸一宿，酒拌蒸晒，或炮用。厚朴、芫花為之使。惡葛根。

**清・汪昂《本草備要》卷三**　雷丸　瀉，消積，殺蟲。苦，寒，有小毒。入胃、大腸經。功耑消積殺蟲。楊勔得異疾，每發語，腹中有小聲應之，久漸聲大。有道士曰：此應聲蟲也。但讀本草，取不應者治之。讀至雷丸，不應，服之而愈。竹之餘氣，得霹靂而生，故名。大小如栗，竹刀刮去黑皮，甘草水浸一宿，酒拌蒸，或炮用。厚朴、芫花爲使，惡葛根。

**清・陳士鐸《本草新編》卷四**　雷丸　味苦、鹹，氣寒，有小毒。入脾、胃與大腸。胃熱可解，力能殺蟲。不論各蟲，皆能驅逐。男婦皆利，非利男子而不利婦人也。主癲癇狂走，墮鬼胎甚速。遇怪病在腹，無藥可治者，加入輒應如響。名曰雷丸者，言如雷之迅、如丸之轉也，走而不留，堅者能攻，積者能去，實至神之品。但有小毒，未免損傷胃氣，去病則已，不可多服。宜以之逐邪，不宜以之耗正也。

或曰：聞雷丸善治奇病，有之乎？雷丸何能治奇病也，用之有理則奇，用之無事則拙。吾深怪世人，無理而欲眩異也。

或問：雷丸可以逐邪，亦可以逐鬼乎？夫鬼亦邪也，既可逐邪，獨不可以逐鬼乎。惟是逐鬼與逐邪少異，逐邪須用攻邪之藥為佐，而逐鬼必須用補正之藥為君，未可單用攻劑也。

或問：　邪與鬼何分？曰：　寒熱之有常，此邪氣而非鬼祟也。寒熱之無常，此鬼祟而非邪氣矣。然而亦不可拘也。天下有鬼祟憑之而無寒熱者，亦有寒熱未解，而鬼祟先去者。雖曰逐邪用攻邪之藥，逐鬼用補正之藥，苟能以補正為主，而佐之逐邪、逐鬼也，則無往而非宜也。

或問：　雷丸性至急，不識可少製而緩之乎？夫雷丸一製，則無用矣。大凡逐邪之藥，正取其迅速，製之則失其性，安能施其功用乎。設有同群之中，而佐之和平之味，則彼此調劑，自得其宜，亦不製之製也。

**清・顧靖遠《顧氏醫鏡》卷八**　雷丸苦，寒。入胃大腸二經。白者可用，赤者殺人。　專主殺蟲，濕熱則生蟲，寒能清熱，苦能除濕殺蟲。　亦解蠱毒。苦寒能除辛熱故也。　無毒積者勿用。

**清・李熙和《醫經允中》卷二一**　雷丸　芫花為使。惡葛根。白者善，赤者殺人。　苦，寒，有小毒。　主治殺三蟲，逐毒氣，解胃中熱，利丈夫不利女子，作摩膏除小兒百病，殺應聲蟲。　多服令人陰痿。

**清・馮兆張《馮氏錦囊秘錄・雜症痘疹藥性主治合參》卷四**　雷丸稟竹之餘氣，得霹靂而生，故名雷丸。味苦、鹹，性微寒，有小毒。入手足陽明經。苦寒之性，故入腸胃而為濕熱殺蟲，化積解毒除狂之用。利丈夫，不利女子者，蓋以男子屬陽，得陰而生，故喜陰寒之味。女子屬陰，得陽而長，故不利陰寒之物也。〇宜擇白者可用，蓋赤者殺人，甘草汁浸一宿，去皮用。　雷丸，胃熱可解，蠱毒能毆。善殺三蟲，仍殺白蟲。惟治男人，不治女子。　主顛癇狂走，療汗出惡風。又作磨積之膏，專却小兒百病。無蟲積者禁之。

**清・张璐《本經逢原》卷三**　雷丸　苦、鹹，寒，小毒。竹之餘氣所結，皮黑肉白者良。入藥泡用，赤黑色者殺人。　《本經》殺三蟲，逐毒氣胃中熱，利丈夫不利女子。　發明：　雷丸功專殺蟲，楊勔得異疾，每發語則腹中有小聲，漸漸聲大，有道士曰，此應聲蟲也。但讀《本草》取不應者治之，讀至雷丸不應，遂頓服數粒而愈，此追蟲下積之驗也。《本經》稱其利丈夫，《別錄》云久服陰痿，似乎相反，不知利者疎利之也。疎利太過則閉藏失職，故陰痿也。《千金》治小兒傷寒，不能服藥。浴方中恒用之，取其逐毒氣之功也。

**清・浦士貞《夕庵讀本草快編》卷五**　雷丸《本經》、竹苓　雷斧、雷楔，皆霹靂擊物，精氣所化，此物生於土而無苗葉，能殺蟲逐邪，猶雷之丸也。雷丸乃竹之餘氣所結，苦寒有小毒。逐風氣而治癲癇，除胃中熱而殺蠱毒。小兒最宜，丈夫偏利。夫震為雷，位居長男，方以類聚，故不利於女子也。聖人恐人泥於利丈夫之句，視為良藥，急戒之曰久服陰痿，表其疎利之性，能耗精液爾。歲寒之友，惟松與竹，松之液為苓，竹之氣為丸，一秉丈夫堅貞之操，一展君子奮揚之力，功用各有致也。

**清・張志聰、高世栻《本草崇原》卷下**　雷丸　氣味苦，寒，有小毒。主殺三蟲，逐毒氣，胃中熱，利丈夫，不利女子。　雷丸出漢中、建平、宜都及房州、金州諸處，生竹林土中，乃竹之餘氣所結，故一名竹苓。上無苗蔓，大小如栗，狀似豬苓而圓，皮黑而微赤，肉白甚堅實。　雷丸是竹之餘氣，感雷震而生，竹莖葉青翠，具東方生發之義。震為雷，乃陽動於下，雷丸氣味苦寒，稟冬令寒水之精，得東方震動之氣，故殺陰類之三蟲，而逐邪毒之氣，得寒水之精，故清胃中熱。震為雷，為長男，故利丈夫，不利女子。　按：《別錄》云：　雷丸久服令人陰痿，當是氣味苦寒，久服則精寒故耳。男子多服陽痿，則女子久服子宮寒冷，不能受孕，其不利可知。《本經》乃兩分之曰：　利丈夫，不利女子，未審何義。馬志云：　疏利男子元氣，不疏利女子臟氣。隱庵以震為雷，為長男為解，均未得當，尚當另參。

**清・黃元御《玉楸藥解》卷二**　雷丸　味苦，性寒。入手少陰心、足厥陰肝經。　殺蟲解蠱，止汗除癲。雷丸清熱疏肝，殺寸白小蟲，驅風除癇，止小兒汗。久服令人陰痿。甘草水浸去皮，切炮為末，撲身出汗。

**清・吳儀洛《本草從新》卷三**　雷丸〔瀉，消積殺蟲。〕　苦，寒，有小毒。入胃、大腸經。　功專積殺蟲。《遯齋閒覽》云：　楊勔得異疾，每發語，腹中有小聲應之，久漸聲大。有道士曰：　此應聲蟲也。但讀本草，取不應者治之，讀至雷丸不應，服數粒而愈。殺蟲之外無他長。　能令人陰痿。　竹之餘氣，得霹靂而生，故名。大小如栗。竹刀刮去黑皮，甘草水浸一宿，酒拌蒸或炮。厚朴、芫花為使。惡葛根。

**清・汪紱《醫林纂要探源》卷二**　雷丸　苦、酸、鹹，寒。或云生竹下，或云生淡竹草下，或云生紫背天葵下。惟大竹下者未見，餘皆親見之。其生天葵根下，色紫黑如鼠矢，淡竹草下者亦然。　平相火燥濕土，定驚悸，解忤，消積，殺蟲。相火，雷火也，且雷驚人也，以平相火，定驚悸而名，非得霹靂而生之說。

**清・嚴潔等《得配本草》卷七**　雷丸　厚朴、芫花、蓄根、荔實為之使。

惡葛根、〔萹蓄〕。苦，寒，有小毒。入手足陽明經。燥脾除熱，消積殺蟲。濕熱除，蟲之巢穴自倒。甘草汁浸，酒拌蒸，或泡用。色赤者殺人。怪症：皮肉生蟲，行如蟹走，聲如孩啼，此筋肉之化。用雷丸合雄黃各一兩，為末，摻豬肉上炙熟食之。又腹中作聲，隨人言語，此名應聲蟲。用板藍汁一碗，分五次服之，再服雷丸，必效。

**題清・徐大椿《藥性切用》卷五** 白雷丸 性味苦寒，入腸胃而殺蟲消積。乃竹之餘液，得霹靂之氣而生。微焙用。

**清・黃宮繡《本草求真》卷八** 雷丸除熱消積殺蟲。雷丸耑入胃。味苦而鹹，性寒小毒。本竹餘氣所結，得霹靂而生，故有雷丸之號。功耑入胃除熱，消積化蟲。故凡濕熱內鬱，癲癇狂走，汗出惡風，蟲積殆甚。腹大氣脹，蟲作人聲者，服之即能有效。蟲在肝，令人恐怖，眼中赤壅。蟲在心，令人心煩發躁，在脾使人勞熱，四肢腫急，在肺使人咳嗽氣喘。以其秉性純陰，兼味至苦，感其霹靂，故能去其邪魅也。所云惟利男子，不利婦人，亦以婦人屬陰，故於陰物不宜耳。志曰：久服令人陰痿。究之果屬腎熱，亦又何礙？但無蟲積，不得妄用，皮黑肉白者良。若肉紫黑者殺人，甘草水浸一宿，酒拌蒸，或泡用。厚朴、芫花為使，惡葛根。繡按《綱目》述楊勔腹有小聲應人，後讀至本草雷丸不應，知為應聲蟲害，其說不無可疑。

**清・羅國綱《羅氏會約醫鏡》卷一七竹木部** 雷丸味苦寒，有小毒，入胃大腸經。惟治男子，不治女人。消積殺蟲，小兒宿食生蟲，作膏與食。并療胃中實熱、痰火癲狂、百邪惡氣。稟竹之餘氣，得霹靂而成，故名雷丸。擇肉之白者可用，赤者殺人。甘草水浸一夜，去皮，酒拌蒸。

**清・黃凱鈞《藥籠小品》** 雷丸 苦，寒，有小毒，入胃，功專消積，殺蟲，竹之餘氣，得霹靂而生故名。

**清・王龍《本草纂要稿・木部》** 雷丸 氣味苦鹹而寒。胃熱可解，蠱毒能驅。殺三蟲，仍殺百蟲。治顛癇狂走，却小兒百病。

**清・張德裕《本草正義》卷下** 雷丸 苦，寒，有小毒。殺蟲，除百邪惡氣，清寔熱火痰，療癲癇及一切血積氣聚。

**清・楊時泰《本草述鉤元》卷二五** 雷丸 雷斧雷楔，皆霹靂擊物，精氣所化。是物生土中，無苗葉，而殺蟲逐邪，猶雷之丸也。竹之餘氣所結，故又名竹苓瀕湖。大小如栗，狀類猪苓而圓，皮黑肉白，甚堅實又。赤者殺人，白者善貞白。

氣味甘、微苦，微寒，有小毒。主行胃熱，除皮中熱結，逐風逐毒，解蠱殺蟲，治癲癇狂走，利丈夫，不利女子。非利益之利，乃疏利男子元氣，不疏利女子臟氣，故久服陰痿也。久服陰痿，作摩積之膏，能療小兒百病，下寸白蟲，治應聲蟲。小兒出汗有熱，雷丸四兩、粉半斤，為末，撲之。下寸白蟲，雷丸水浸，去皮切，焙為末，五更初，食炙肉少許，以稀粥飲服一錢匕，須上半月服，蟲乃下。

論：雷丸為竹之餘氣所結，夫竹引根於秋深，孕笋於冬半，是稟清寒以生，合於金水之陰以在下者。茲味本清陰之氣味，而又能疏利，取以行氣血之熱，豈非良劑，第通用不無有傷元氣耳。

辨治：切忌赤色者。入藥炮用。

**清・葉桂《本草再新》卷四** 雷丸味苦，性寒，有小毒。入脾、胃二經。專消積殺蟲。

**清・趙其光《本草求原》卷一〇寓木部** 雷丸 竹本陰寒，雷丸稟其餘氣以結。苦能殺蟲，焙為末，於上半月五更初，先食炙肉少許，以粥飲下一錢，殺應聲、寸白諸蟲；或同檳榔、鶴虱、楝根、貫眾、牽牛、錫灰、苡米用。同蕪荑、使君、蘆薈、胡連、青黛、五穀蟲，治小兒蛔疳。除濕。蟲亦溫熱所生。寒能清熱，去胃與皮中熱結。消積，作摩積膏，治小兒百病。止熱汗，同米粉撲之。癲狂。但疏利太過，多服則陰痿。大小如栗，皮黑、肉堅、白者良；赤者，殺人。去皮，甘草水浸一宿，酒拌蒸，或泡用。厚朴、芫花為使。惡葛根。按小兒傷寒，不能服藥，浴方恒用之，取其逐邪氣惡毒也。故又治蠱毒。

**清・葉志詵《神農本草經贊》卷三** 雷丸 味苦，寒。主殺三蟲，逐毒氣，胃中熱。利丈夫，不利女子。作摩膏，除小兒百病。生山谷。

苓寓松根，丸藏竹隖。擊豈聞雷，添還過雨。疏利宜男，隄防近女。稚子分甘，纍纍膏乳。

李時珍曰：竹之餘氣所結，猶松根之伏苓。霹靂擊物，精氣所化，此物生土中，殺蟲逐邪，猶之雷斧雷楔也。蘇轍詩：過雨時添好子孫。馬志曰：疏利男子元氣，不疏利女子藏氣。曹植頌：草號宜男。《國語》：是謂遠男而近女。杜甫詩：筍根稚子無人見。洪炎詩：分甘須剩斸。蘇軾詩：纍纍似桃李，一一流膏乳。

**清・文晟《新編六書》卷六《藥性摘錄》** 雷丸 苦鹹，性寒，有小毒。入胃。除熱消積，殺蟲。○治濕熱內鬱，癲癇狂走，蟲積腹大，蟲作應聲各症。○若無蟲者，勿服。○皮黑肉白者良。若肉紫黑者，殺人。○甘草水浸一宿，酒拌蒸，或泡用。

**清・張仁錫《藥性蒙求・木部》** 雷丸五分 雷丸苦冷，微有小毒。消積殺蟲，不宜久服。

**清・陳其瑞《本草撮要》卷二** 雷丸 味苦，寒，有小毒，入手足陽明經，功專消積殺蟲，腹中得應聲蟲非此莫治。甘草水浸一宿，酒拌蒸或炮用。厚朴、芫花為使，惡葛根。又名竹苓。

**清・仲昴庭《本草崇原集說》卷下** 雷丸 【略】仲氏曰：琢崖以《本經》利丈夫，不利女子之言，疑隱庵之解，乃添注於後，引征《別錄》，而經旨終不明晰，仍應以《崇原》解之。震為雷，為長男，為蒼筤竹。雷出地奮，得竹之餘氣而成雷丸。男子乾體陽剛，動象也。雷丸稟寒水之精，得震動之氣，陽變陰合，故利丈夫，若女子坤體陰柔，靜象也，雷丸雖氣味苦寒，實感雷震而生竹地，苗蔓全無，以體陰之人，服雷震之藥，則陰躁而柔道牽矣。故不利女子。

## 猪苓

**宋・李昉《太平御覽》卷第九八九** 猪苓 莊子曰：豕橐，藥也。司馬彪注曰：豕橐，一名苓粮，如猪豕。治渴。《本草經》曰：猪(零)〔苓〕，一名猳猪矢。味甘，平。生山谷。治痎瘧，解毒蠱疰不祥，利水道，久服輕身，能不老。生衡山。《吳氏本草》曰：猪(零)〔苓〕，神農：甘。雷公：苦，無毒。如茯苓，或生宛句。八月採。

**宋・唐慎微《證類本草》卷一三木部中品〔《本經・別錄》〕** **猪苓** **味甘、苦，平，**無毒。**主痎**音皆**瘧，解毒蠱疰不祥，利水道。久服輕身耐老。一名猳猪屎。**生衡山山谷及濟陰、冤句。二月、八月採，陰乾。

〔梁・陶弘景《本草經集注》〕云：是楓樹苓，其皮至黑作塊，似猪屎，故以名之。肉白而實者佳，用之削去黑皮乃秤之。

〔宋・掌禹錫《嘉祐本草》〕按：吳氏云：猪苓，神農：甘；雷公：苦，無毒。司馬彪注《莊子》云：豕橐，一名苓。根似猪矢，治渴。《藥性論》云：猪苓，臣，微熱。解傷寒溫疫大熱，發汗，主腫脹滿，腹急痛。

〔宋・蘇頌《本草圖經》〕曰：猪苓，生衡山山谷及濟陰、冤句，今蜀州、眉州亦有之。舊說是楓木苓，今則不必楓根下，乃有生土底，皮黑作塊似猪糞，故以名之。又名地烏桃。二月、八月採，陰乾。削去皮，肉白而實者佳。《莊子》謂之豕橐。司馬彪注云：一名苓，根似猪矢，治渴。張仲景治傷寒諸病在藏加渴者，猪苓湯主之。猪苓、茯苓、澤瀉、滑石、阿膠各一兩，以水四升，煮四物，取二升，內膠。每服七合，日三。嘔而思水者亦主之。又治消渴，脉浮，小便不利，微熱者，猪苓散發其汗。病欲飲水而復吐之爲水逆，冬時寒嗽如瘧狀，亦與猪苓散，此即五苓散也。猪苓、朮、茯苓各三分，澤瀉五分，桂二分，細搗篩，水服方寸匕，日三。多飲暖水，汗出即愈。利水道諸湯劑無若此駃，今人皆用之。又黃疸病及狐惑病，並猪苓散主之。猪苓、茯苓、朮等分，杵末，每服方寸匕，與水調下，今施州有一種刺猪苓，蔓生。春夏採根，削皮焙乾。彼土人用傅瘡毒，殊效。云味甘，性涼，無毒。

〔宋・唐慎微《證類本草》〕《唐本餘》：去邪氣。雷公云：凡採得，用銅刀削上麁皮一重，薄切，下東流水浸一夜，至明漉出，細切，以升麻葉對蒸一日，出，去升麻葉，令淨，曬乾用。《外臺秘要》：治姙娠患子淋。猪苓五兩，一味末，以白湯三合服方寸匕，漸至二匕，日三夜二，盡劑不差，宜轉用之。又方：治小兒大便不通。猪苓一兩，以水少許，煮雞屎白一錢，調服，立差。《子母秘録》：治姙娠從脚上至腹腫，小便不利，微渴引飲。猪苓五兩末，以熟水服方寸匕，日三服。《楊氏産乳》：療通體遍身腫，小便不利。猪苓五兩，搗篩，煎水三合。調服方寸匕，加至二匕。

**宋・寇宗奭《本草衍義》卷一四** 猪苓 行水之功多。久服必損腎氣，昏人目。果欲久服者，更宜詳審。

**宋・王繼先《紹興本草》卷一六** 刺猪苓 紹興校定：猪苓，採根為用，性味、主治具於《本經》。大率利水道諸方多用之。《藥性論》云微熱，誤矣。今當從《本經》味甘、苦、平、無毒為定。生山東，取去皮、白實而不蛀者佳。又《圖經》載，刺猪苓，一種蔓生，止傅瘡毒，而不入服餌，即非此一種矣。

**宋・鄭樵《通志》卷七六《昆蟲草木略》** 猪苓 曰猳屎，曰豕橐，曰地烏桃。

**金・張元素《潔古珍珠囊》〔見元・杜思敬《濟生拔粹》卷五〕** 猪苓甘苦陽中之陰。滲泄止渴，又治淋腫。

**宋・劉明之《圖經本草藥性總論》卷下** 豬苓 味甘、苦，平，無毒。主痎瘧，解毒蠱疰不祥，利水道。《藥性論》云：臣。微熱。解傷寒溫疫大熱，發汗，主腫脹，滿腹急痛。《唐本餘》云：去邪氣。《外臺秘要》：治姙娠患子淋。又治小兒大便不通。《子母秘録》：治姙娠從脚上至腹腫，小便不利，微渴引飲。楊氏《産乳》療通體遍身腫，小便不利。一云：採根，削皮焙乾用。傅瘡毒。

**宋・陳衍《寶慶本草折衷》卷一三**　猪苓臣。四百十八。刺豬苓在内。　一名假猪屎，一名豕橐，一名苓根，一名地烏桃。○《莊子》疏云：一名豕苓，一名木豬苓。○《説文》云：一名狶苓。生衡山山谷及濟陰、冤句、蜀、眉、龍州土底。○二、八月采根，陰乾。

味甘，苦，平，涼，無毒。○主痎音皆瘧，解毒蠱疰，利水道。○《藥性論》云：解傷寒溫疫大熱，發汗，主腫脹，滿腹急痛。○《圖經》曰：猪苓皮黑作塊，似猪糞，削去皮，肉白而實者佳。治消渴，脉浮，小便不利。欲飲水而復吐之，為水逆，冬時寒慄如瘧狀。猪苓、术、茯苓各叁分，澤瀉伍分，桂貳分，細擣篩，水服方寸匕。多飲暖水，汗出即愈。又黄疸及狐惑病並主之。施州有一種刺猪苓，蔓生，採根傅瘡毒殊效。○寇氏曰：行水之功，久服必損腎昏目。

續説云：艾原甫論猪苓，或以為楓木之苓，或以為自是一種之藥，難以分別。《本事方》援經云：腎氣閉，即精泄。謂腎能攝精。今腎氣既閉，則一身精氣無所管攝，故妄出不時也。用半夏壹兩，破之如豆，各碾猪苓末肆兩，先分壹半炒半夏黄色，不可焦，獨取半夏碾末糊元如梧桐子大，名猪苓元。《陶隱居外傳》號神仙養命丹。候乾，更將前末炒之，猪苓末貳兩和元子炒令微拆，并入不泄沙合封養。空心淨揀元子，每服伍陸拾粒，溫酒鹽湯下。蓋半夏有利性，而猪苓導水，以導腎氣使通之意也。

**元・王好古《湯液本草》卷五**　猪苓　氣平，味甘苦，甘寒。甘苦而淡，甘重於苦，陽也。無毒。　入足太陽經、少陰經。　《象》云：除濕。比諸淡滲藥大燥，亡津液，無濕證勿服。去皮用。　《心》云：苦以泄滯，甘以助陽，淡以利竅。故能除濕，利小便。　《珍》云：利小便。　《本草》云：主痎瘧，解毒蠱疰不祥。利水道，能療妊娠淋，又治從脚上至腹腫，小便不利。仲景，少陰渴者猪苓湯。入足太陽、少陰。　《衍義》云：行水之功多，久服必損腎氣，昏人目。果欲久服者，更宜詳審。

**元・尚從善《本草元命苞》卷六**　猪苓　為臣。味甘、苦，平。治通身水腫，小便不通。療傷寒溫疫，大熱煩渴。主發痎瘧寒熱，解毒蠱疰不祥。行水之功尤多。久服損人腎氣。入太陽、少陰之經。足之太陽、少陰。生衡山、濟陰、冤句。二八月採之，陰乾，去黑皮方可入藥。舊云楓木苓，形如猪屎塊。

**元・佚名氏《珍珠囊・諸品藥性主治指掌》〔見《醫要集覽》〕**　猪苓　味甘、淡，平，〔性溫〕，無毒。降也，陽中陰也。其用有二：除濕腫體用兼備，利小水氣味俱長。

**元・徐彦純《本草發揮》卷三**　猪苓　成聊攝云：淡味滲泄，為陽。猪苓、茯苓之甘，以行小便。　潔古云：大燥除濕。比諸淡滲藥大燥，亡津液，無濕證勿服。《主治秘訣》云：性平，味淡，氣味俱薄，升而微降，陽也。其用與茯苓同。去心中懊憹。　東垣云：豬苓味甘苦而淡，性平。甘重於苦，陽也。苦以泄滯，甘以助陽，淡以利竅，故能除脾濕，而利小便也。　海藏云：治妊娠淋，及治妊娠從肺上至腹腫脹，小便不利。仲景治少陰渴者，用猪苓湯。入足太陽、少陰經。《衍義》云：行水之功多，久服必損腎氣，昏人目。

**明・王綸《本草集要》卷四**　猪苓臣　味甘苦而淡，氣平，無毒。入足太陽經、少陰經。　主痎瘧，解毒蠱痓不祥。除濕，利水道。久服輕身耐勞。治渴，解傷寒溫疫大熱發汗。又治腫脹滿，從脚上至小腹腫。此藥行水之功多，大燥亡津液，無濕證勿用，久服損腎昏目。

**明・滕弘《神農本經會通》卷二**　猪苓　臣也。二八月採，陰乾。肉白而實者佳。用之削去黑皮。

味甘，苦，氣平，無毒。《湯》云：氣平，味甘、苦。甘寒，甘苦而淡，甘重於苦，陽也。東云：降也，陽中陰也。除濕腫，體用兼備，利小水。氣味俱長。又云：利水。《疌》云：利小便，消膨，伏瘟疫，解蠱毒，消腫，治子淋。珍云：治小便懊憹。

《本經》云：主痎瘧，解毒蠱疰不祥，利水道，久服輕身耐老。《藥性論》云：臣。微熱。解傷寒溫疫大熱，發汗，主腫脹滿腹急痛。《圖經》云：治渴，仲景治傷寒諸病在臟加渴者，猪苓湯主之，猪苓、茯苓、澤瀉、滑石、阿膠各一兩，以水四升，煑四物，取二升，内膠，每服七合，日三。嘔而思水者，亦主之。又治消渴，脉浮，小便不利，微熱者，猪苓散發其汗。病欲飲水而復吐之，為水逆，冬時寒慄如瘧狀，亦與猪苓散，此即五苓散也。猪苓、术、茯苓各三分，澤瀉五分，桂二分，細搗篩，水服方寸匕，日三，多飲暖水，汗出即愈。

利水道，諸湯劑無若此駃，今人皆用之。又黄疸病，及狐惑病，並猪苓散主之，猪苓、术、茯苓等分，杵末，每服方寸匕，與水調下。《象》云：除濕，比諸淡滲藥大燥，亡津液，無濕證勿服。去皮用。《心》云：苦以泄滯，甘以助陽，淡以利竅，故能除濕，利小便。珍云：利小便。《本草》云：能療妊娠淋，又治從脚上至腹腫，小便不利。仲景少陰渴者，猪苓湯，入足太陽、少陰。《衍義》云：行水之功多，久服必損腎氣，昏人目，果欲久服者，更宜詳審。剜云：猪苓味淡更甘平，大燥功為治濕能。利小水還除濕腫，常人多服腎虛增。《局》云：猪苓解毒攻痎瘧，消腫能令水道行。又治傷寒并中暑，更除消渴及遺精。猪苓，消渴，利漩，治傷寒中暑。

**明・劉文泰《本草品彙精要》卷一八**　豬苓無毒。附刺豬苓。　植生。

豬苓：主痎音皆瘧，解毒，蠱疰不祥，利水道。久服輕身耐老。《神農本經》。【名】地烏桃、苓根、豖橐、猳豬屎。【苗】《圖經》曰：舊說是楓木苓，今則不必楓根下乃有，生土底。皮黑作塊，似豬糞，故以名之。以肉白而實者佳。今施州有一種刺豬苓，味甘，性凉，無毒蔓生，春夏採根。彼土人削皮焙乾用傅瘡毒，殊效。【地】《圖經》曰：生衡山山谷及濟陰、冤句，今蜀州、眉州亦有之。【道地】龍州者良。【時】生：春。採：二月、八月取根。【收】陰乾。【用】根，堅實者爲佳。【質】類茯神，小而皮黑。【色】外黑内白。【味】甘，苦。【性】平，緩。【氣】氣之薄者，陽中之陰。【臭】朽。【主】除濕，利小便。【行】足太陽經、少陰經。【製】《雷公》云：凡採得，用銅刀削上粗皮一重，薄切下，東流水浸一夜，至明漉出，細切，以升麻葉對蒸一日，出，去升麻葉，令淨，曬乾用。【治】療：《圖經》曰：治渴。《藥性論》云：解傷寒，溫疫，大熱，發汗，腫脹滿，腹急痛。《別錄》云：去邪氣，妊娠，患子淋，及妊娠從脚上至腹腫，小便不利，微渴，引飲，又消遍身腫。【合治】合茯苓、澤瀉、滑石、阿膠，療傷寒諸病在臟而渴，或嘔而思水者。〇以一兩水煮，合雞屎白一錢，調服，治小兒大便不通。【禁】久服損腎氣，昏人目。

**明・葉文齡《醫學統旨》卷八**　猪苓　氣平，味甘、苦而淡。無毒。升而微降，陽也。入足太陽、少陰經。肉白而實者佳。凡使削去黑皮。　治痎瘧，解毒蠱疰不祥，除濕利水道，止渴，解傷寒疫大熱發汗；　又治腫脹滿，從脚上至小腹腫；　婦人子淋子腫。此藥行水之功多，大燥亡津液，無濕症勿用，久服損腎昏目。

**明・許希周《藥性粗評》卷一**　豬苓，媲蒼术之美，燥濕上焦。

豬苓，或曰楓樹苓也，一名猳豬屎，一名地烏桃，莊子謂之豕橐，司馬彪注謂之苓，根土底皮黑作塊，似豬屎，故名。生川蜀及衡山山谷，以龍州及肉白而實者為勝。二月、八月採根，陰乾。今施州有一種刺豬苓，蔓生，春夏採根，焙乾。凡用削去黑皮，薄切，焙過，其餘《本草》不載。味甘、苦、淡，性平，無毒。入足太陽膀胱、少陰腎經。主治傷寒中暑，發熱消渴，痎瘧蠱毒，遺精，浮腫，妊娠腫脹，行水道，利小便，除上焦濕，與蒼术同功。仲景治少陰渴者，用豬苓湯；小便不利，發熱，脉浮者，用五苓散内有豬苓。潔古云：大燥除濕，亡津液亡濕證者勿服。《衍義》云：行水之功居多，久服必損腎氣，昏人目。

單方：遍身浮腫：不拘大人小兒，以豬苓為末，熟水調下一錢匕，妊娠亦同此治。

水泡諸瘡：豬苓焙乾，為末傅之。

**明・鄭寧《藥性要略大全》卷五**　豬苓臣　除濕腫，體用兼備；利小水，氣味俱長。久服損腎昏目，以其行水之功多也。《金匱》云：行濕利小便，療妊娠淋瀝。又治從脚上至腹腫，及少陰渴者。　味甘淡，性平，無毒。入足太陽、少陰。降也，陰也。水浸，打剉用。

**明・賀岳《醫經大旨》卷一《本草要略》**　猪苓　無他能，一於滲淡，雖能利水，而下虚者皆不可用，蓋有損而無益也。諸藥性皆曰味甘，豈知味之真者哉，皆因舊説之説，而不能審察者也。勿聽子曰止遺精者，蓋謂脾家有濕流入腎經，因而滲泄，用劑於滲濕藥中，遂能中病，故以為能止遺精，其可守以為常哉？醫者不可不知。其曰消渴，利水消腫當矣。雖然亦不可主劑，但可佐澤瀉而已，宜少用之。又渴與腫，腎虚所致者不可用，恐虚其虚也。

**明・陳嘉謨《本草蒙筌》卷四**　猪苓　味甘、苦、淡，氣平。降也，陽也。無毒。多產衡山，八月收採。作塊類猪糞，故此名猪苓。用須去淨黑皮，經入膀胱與腎。通淋消腫滿，除濕利小便。蓋苦泄滯，甘助陽，淡利竅故爾。《衍義》又云：行水之功居多，大能燥亡津液。儻無濕證，勿輕用之。若久煎嘗，損腎昏目。

**明・方穀《本草纂要》卷四**　猪苓　味甘、苦、淡，氣平，無毒。入太陽膀胱，能清化源；入少陰腎經，能利水道，治水之聖藥也。凡泄瀉自利而穀道不實，或小腹急脹而小便不利，或四肢氣結而上下浮腫，或濕熱不清而脚氣腰酸，或黄疸水腫而怠惰嗜臥，或山嵐瘴氣而吐利並行，惟此甘淡氣平之藥，行水而治水，滲泄而不驟也。其性大燥，多服則亡津液，以其行水之功盛也，所以腎虛之人切勿用之。

**明・王文潔《太乙仙製本草藥性大全》卷三《本草精義》** 猪苓 一名豭猪屎，一名苓根。生衡山山谷及濟陰、宛句，今蜀州、眉州亦有之。舊說是楓木苓，今則不必楓根下乃有。生土底，皮黑作塊似猪糞，故以名之。又名地烏桃。二月、八月採陰乾。削去皮，肉白而實者佳。水浸打剉用。

**明・王文潔《太乙仙製本草藥性大全》卷三《仙製藥性》** 猪苓 味甘、苦、淡，氣平，降也，陽也，無毒。入足太陽膀胱、少陰心經。 主治： 通淋消腫滿，除濕利小便。蓋苦泄滯，甘助陽，淡利竅。《衍義》又云： 行水之功居多，大能燥亡津液，儻無濕證，勿輕用之。若久煎，嘗損腎，昏目。 補註： 小兒大便不通，用一兩，以水少許，煮雞屎白一錢調服。〇妊婦從脚上至腹腫，小便不利，微渴引飲，末五兩，以熟水服方寸〔匕〕，日三服。〇通體遍身腫，小便不利，以五兩，搗篩，煎水三合調服方寸匕，加至二匕。 太乙曰： 凡採得用銅刀削上麄皮一重，薄切，下東流水浸一夜至明，漉出細切，以升麻葉對蒸一日出，去升麻葉令净，熬乾用。

**明・皇甫嵩《本草發明》卷四** 猪苓中品，臣。氣平。水洗，微甘、苦。降也，陽也。入足太陽經、少陰經藥也。 發明曰： 猪苓，一於淡滲能利水而已。故《本草》主利水道，通淋，消腫除濕，此其專功。又主痻瘧，解毒蠱疰不祥，解傷寒瘟疫大熱發汗。蓋取淡以利竅，氣薄則發泄耳。諸藥性皆曰甘能助陽，豈真味甘而有助益哉？ 又云： 止遺精者，以脾溫流於腎經，用以滲下焦邪水，而精氣益固，非真能補腎也。然其利水除濕，不可主劑，但佐以澤瀉。若多服久服，大能燥亡津液。無濕症勿輕用。仲景猪苓治少陰消渴，若渴與腫屬腎虛所致，不可用，虛其虛也。久服損腎昏目，以其滲泄真水故耳。用去黑皮。

**明・李時珍《本草綱目》卷三七木部・寓木類** 猪苓《本經》中品

〔釋名〕豭猪屎《本經》 豕橐《莊子》 地烏桃《圖經》。 弘景曰： 其塊黑似猪屎，故以名之。 司馬彪注《莊子》云： 豕橐一名苓，其根似猪矢是也。 時珍曰： 馬屎曰通，猪屎曰零，即苓字，其塊零落而下故也。

〔集解〕《别録》曰： 猪苓生衡山山谷，及濟陰、宛句。二月、八月采，陰乾。 弘景曰： 是楓樹苓，其皮黑色，肉白而實者佳，削去皮用。 頌曰： 今蜀州、眉州亦有之。生土底，不必楓根下始有也。 時珍曰： 猪苓亦是木之餘氣所結，如松之餘氣結茯苓之義。他木皆有，楓木爲多耳。

〔修治〕斅曰： 采得，銅刀削去粗皮，薄切，以東流水浸一夜。至明漉出，細切，以升麻葉對蒸一日，去葉，晒乾用。 時珍曰： 猪苓取其行濕，生用更佳。

〔氣味〕甘，平，無毒。 普曰： 神農： 甘。雷公： 苦，無毒。 權曰： 微熱。 元素曰： 氣平味甘，氣味俱薄，升而微降，與茯苓同。 杲曰： 淡，甘，平，降也，陽中陰也。 好古曰： 甘重于苦，陽也。入足太陽、足少陰經。

〔主治〕痎瘧，解毒蠱疰不祥，利水道。久服，輕身耐老《本經》。解傷寒溫疫大熱，發汗，主腫脹滿腹急痛甄權。治渴除濕，去心中懊憹元素。瀉膀胱好古。開腠理，治淋腫脚氣，白濁帶下，妊娠子淋胎腫，小便不利時珍。

〔發明〕頌曰： 張仲景治消渴脉浮、小便不利、微熱者，猪苓散發其汗。病欲飲水而復吐，名爲水逆，冬時寒嗽如瘧狀者，亦與猪苓〔散〕，此即五苓散也。猪苓、茯苓、术各三兩，澤瀉五分，桂二分，細搗篩，水服方寸匕，日三。多飲暖水，汗出即愈。利水道諸湯劑，無若此駃，今人皆用之。 杲曰： 苦以泄滯，甘以助陽，淡以利竅，故能除濕利小便。 宗奭曰： 猪苓引水之功多，久服必損腎氣，昏人目。久服者，宜詳審之。 元素曰： 猪苓淡滲，大燥亡津液，無濕證者勿服之。 時珍曰： 猪苓淡滲，氣升而又能降。故能開腠理，利小便，與茯苓同功，但入補藥不如茯苓也。

〔附方〕舊五，新二。

傷寒口渴： 邪在臟也。豬苓湯主之。豬苓、茯苓、澤瀉、滑石、阿膠各一兩，以水四升，煮取二升。每服七合，日三服。嘔而思水者，亦主之。《張仲景方》。 小兒祕結： 猪苓一兩，以水少許，煮雞屎白一錢，調服，立通。《外臺秘要》。 妊娠通身腫滿： 小便不利。猪苓五兩，爲末。熟水服方寸匕，日三服。楊氏《産乳》。 妊娠子淋： 從脚至腹，小便不利，微渴引飲。方同上法。《子母秘録》。 壯年遺溺： 方見草部半夏下。 消渴白濁： 方見半夏。

**題明・薛己《本草約言》卷二《藥性本草》** 猪苓 味甘苦而淡，氣平，無毒。陽中之陰，降也，入足太陽、少陰經。除濕腫，體用兼備； 利小便，氣味俱長。一於滲淡，能利而已，下虛者皆不可用，蓋有損而無益也。諸藥性皆曰甘能助陽，豈真味甘而有助哉？ 或謂其止遺精者，蓋謂脾家有濕流入腎經，因而滲泄，用之於滲濕藥中，遂能中病，故以為能止遺精耳，非真能補腎也。其曰消渴利水腫是矣，然亦不可主劑，但可佐澤瀉而已。若渴與腫，腎虛所致者用之，恐虛其虛也。大抵行水之功多，久服必損腎氣，昏人目。〇今之吐瀉藥，俱用五苓散，皆謂脾胃之濕，賴猪苓、澤瀉以去之，似為脾胃藥也，不知二味消水，固能燥脾，水盡則反損腎昏目。

**明·梅得春《藥性會元》卷中**　猪苓　味甘而淡苦，性溫。陽中之陰，升而微降。無毒。入足太陽膀胱經，足少陰腎經藥。　主除濕腫，體用兼備，利小便澁滯，能通解傷寒大熱，發汗，治瘟疫痎瘧，消中，殺毒蠱疰不祥，燥亡津液可療。又治腫脹滿從脚上至小腹，婦人子淋、子腫。行水之功最多，無濕症者勿用，久服則消腎水，昏目。

**明·杜文燮《藥鑒》卷二**　猪苓　氣微溫，味甘、淡，無毒。氣味俱薄，降也，陽中陰也。一於淡滲利水而已。其曰止遺精者，蓋以脾家有濕熱，流入膀胱，因而用制於滲濕藥中，遂能中病，豈可為止遺精之常法哉？其曰消渴利水除腫固矣，然亦不可用為主劑，宜少用之，以佐澤瀉也。又渴與腫若腎虛所致者，皆不可用。反烏頭、烏喙。

**明·王肯堂《傷寒證治準繩》卷八**　猪苓　氣平，味甘、微苦，無毒。潔：氣味俱薄，升而微降，與茯苓同。垣：淡，甘，平。降也，陽中陰也。海：甘重於苦，陽也。入足太陽、足少陰經。〔助〕燥除濕。比諸淡滲藥大燥，亡津液，無濕證勿服。頌：仲景治消渴，脉浮，小便不利，微熱者，猪苓散，發其汗。病欲飲水而復吐，名為水逆。冬時寒嗽如瘧狀者，亦與豬苓，此即五苓散也。猪苓、茯苓、术各三兩，澤瀉五分，桂二分，細搗，篩，水服方寸匕，日三，多飲暖水，汗出即愈。利水道，諸湯劑無如此駃，今人皆用之。垣：苦以泄滯，甘以助陽，淡以利竅，故能除濕，利小便。去黑皮，裏白者佳。搗羅過用。

**明·李中立《本草原始》卷四**　猪苓　始生衡山山谷及濟陰、冤句，今蜀州、眉州亦有之。生土底，是木之餘氣所結。皮黑作塊似猪屎，故以名之。一名猳猪屎。　氣味：甘，平，無毒。主治：痎瘧，解毒蠱疰不祥，利水道，久服輕身耐老。○解傷寒溫疫大熱，發汗，主腫脹滿，腹急痛。○治渴除濕，去心中懊憹。○瀉膀胱。○開腠理，治淋腫，脚氣，白濁帶下，妊娠子淋胎腫，小便不利。

猪苓，《本經》中品。【圖略】肉色白。猪苓取其行濕，生用正宜。

《本草綱目》曰：馬屎曰通，猪屎曰零，即苓字。其塊零落而下，故也。

杲曰：甘，平，降也，陽中陰也。入足太陽、足少陰經。久服損腎氣，昏人目，宜詳審之。

**明·張懋辰《本草便》卷二**　猪苓臣　味甘苦，甘寒，氣平，無毒。入足太陽經，少陰經。　主瘧，解毒蠱痓不祥，除濕利水道，治渴。解傷寒溫疫大熱，發汗。又治腫脹滿，從脚上至小腹腫。此藥行水之功多，大燥亡津液，無濕證勿用。久服損腎昏目。

**明·李中梓《藥性解》卷五**　猪苓　味淡，性平，無毒，入膀胱經。主利便除濕，消腫通淋，去黑皮用。　按：猪苓味淡，五臟無歸，耑入膀胱利水，今之療瀉者概用之，謂其去脾家之濕也。不知一於滲泄，逐水太過，水盡則傷腎昏目，不可不知。

**明·繆希雍《本草經疏》卷一三**　猪苓　味甘、苦，平，無毒。主痎瘧，解毒蠱疰不祥，利水道。久服輕身耐老。

〔疏〕猪苓稟戊土之陽氣，得風木之陰氣，《本經》謂其味甘，應兼淡苦，其氣平而無毒。氣味俱薄，降也，陽中陰也。入足太陽、足少陰經。其主痎瘧者，瘧必由暑，暑必兼濕，淡以利竅，引暑濕之氣從小便出，所以分消之也。淡滲之性，故利水道。濕勝則身重，濕去則身輕。利竅之藥，必能走泄精氣，其曰久服耐老，必無是理矣。解蠱毒疰不祥，義將安出？亦未可盡信也。　〔主治參互〕入五苓散，為除濕之要藥。　佐白芍藥、白茯苓、人參、橘皮、术、澤瀉，治水腫之屬陽分者。　佐白芍藥、生地黃、桑寄生、桑根白皮、茯苓、澤瀉、琥珀、石斛、薏苡仁、肉桂，治水腫之屬陰分者，均為要藥。其功長於利水，故善除濕。　〔簡誤〕寇宗奭曰：猪苓利水之功多，久服必損腎氣，昏人目。　潔古曰：淡滲太燥能亡津液，無濕證勿服。皆確論也。有濕尚宜暫用，久服斷乎不可。

**明·倪朱謨《本草彙言》卷一一**　猪苓　味甘淡、微苦，氣平，無毒。氣味俱薄，降也，陽中陰也。入足太陽、足少陰經。　《別錄》曰：猪苓，生衡山山谷，及濟陰、冤句，大楓樹下。今所在楓樹亦有之。生塊零落，形如猪屎，故名。皮黑內白，堅實者佳。修治：以銅刀刮去粗黑皮，淨水浸一夜，取出切片，曬乾用。　李氏曰：猪苓亦是木之餘氣所結，如松之餘氣結茯苓之義。生于諸木根底，他木皆有，不定楓木始有，但楓木根底生者爲多耳。

猪苓：　滲濕氣，《本經》利水道，李時珍分解陰陽之的藥也。金自恒稿此藥味甘淡，微苦，苦雖下降，而甘淡又能滲利走散，升而能降，降而能升，故善開腠理，分理表陽裏陰之氣而利小便。故前古主痎瘧，解蠱毒。甄氏方主傷寒溫疫大熱，能發汗逐邪，此分利表陽之氣于外也。張氏方主腹滿腫脹急痛，心中懊憹，瘧痢瘴瀉，此分利裏陰之氣于內也。張仲景治太陽病，脉浮，發熱，消渴，而小便不利者，用五苓散以發其汗；病消渴，欲飲水而復吐水者，名爲水逆，用五苓散以止其吐；冬時寒嗽，兼寒熱如瘧狀者，名爲痰風，用五苓散以定其嗽。此三法，俱重在猪苓，開達腠理，分利陰陽之妙用也。又繆氏方單重前古神農氏主痎瘧立意，云瘧必由暑，暑必兼濕，此藥淡以利竅，引暑濕之氣，上從腠理出，下從小便出，所以善解散而分消之也。又推淡滲之性而利水道，故小便癃閉可通，身面腫脹可退，濕熱痞滿可除。解利之用，無如此駃。但利水之功居多，分泄太甚，病人無水濕病者，忌之。腎虛津液燥乏者，亦忌之。盧子繇先生曰：苓曰猪苓，性相似耳。猪爲水畜，苓即木令。自上而下者，使之自下而上；自下而上者，使之自上而下。痎瘧則木鬱，蠱瘧則土鬱，腫脹、癃閉則水鬱。木鬱則達之，土鬱則奪之，水鬱則折之。猪苓兼而有也。轉氣化之機衡故爾。張石峰曰：世知行水，未知折水并達木奪土。盧公之言，實發先秘。

集方：林完仲《方脉家寶》治痎瘧，不分新久。用猪苓一兩，茯苓五錢，柴胡四錢，半夏三錢，甘草一錢，生薑三片，大棗二枚，水三碗，煎一碗，未發前服。渣再煎，發後服。頭疼，加羌活；熱多，加知母；寒多，加桂枝、乾薑；煩渴，加天花粉、滑石；渴甚，加麥門冬；腹脹，加檳榔、厚朴；無汗，加葛根；汗多，加白芍藥；有食，加枳實、蘿蔔子；有痰，加蒼朮、白芥子；氣喘，加杏仁、蘇子；大便熱閉，加蔞仁、酒製大黃；精神疲憊，元氣虛乏，加人參、黃耆、白朮、當歸；嘔吐，加砂仁；遍身骨節痛，加秦艽、紅花；發久不止，加木瓜、牛膝、人參、白朮；腹中生瘧母，加桃仁、鱉甲、花椒、莪朮、附子、川黃連；腸中有停飲，加芫花、吳茱萸、木香、薑汁製南星。加減法，分兩多寡，隨病增用。○《醫林小品》治蠱疰腹脹痛，面黃體瘦。用猪苓一兩，燈心五十莖，水二碗，煎一碗服。○甄氏方治傷寒溫疫，大熱大渴，無汗而小便不利，或自利者。用猪苓一兩，茯苓三錢，澤瀉二錢，白朮一錢，甘草五分，水煎服。○張元素方治腹滿腫脹，急痛，心中懊憹。用猪苓一兩，車前子去殼三錢，蔞仁二錢，枳實一錢，陳皮八分，水煎服。○張元素方治時行瘴瘧、瘴痢、瘴瀉。山谷風濕嵐霧之氣，人感之，不論傷寒瘧痢與泄瀉，兼發熱頭痛，胸滿不食，大小同病，名曰瘴邪。病在太陰。用猪苓二兩，茯苓、紫蘇葉各五錢，蒼朮、厚朴各三錢，生薑五片，水六碗，煎三碗。有是患者，俱可服之。○《外臺秘要》治小便癃閉不通。用猪苓一兩，茯苓、澤瀉各五錢，滑石二錢，真阿膠三錢，水煎服。○楊氏《産乳方》治通身腫滿，小便不利。用猪苓四兩爲末，每用五錢，白湯調服，日三次。○林氏方治腹滿內有痞結者。用猪苓二兩，茯苓、白朮、枳實、砂仁各一兩五錢，爲末。每用五錢，白湯調服，日三次。治脾胃不和，水穀不化，陰陽不分，腹痛泄瀉，名胃苓湯。用猪苓、澤瀉、白朮、茯苓各二錢，肉桂七分，蒼朮、厚朴、陳皮各一錢五分，甘草六分，加生薑三片，黑棗二個，水煎服。○如水瀉，加滑石一錢。○暴痢赤白相雜，腹痛，裏急後重，去桂，加木香、檳榔、黃連各一錢。○久瀉不止，加升麻、人參各一錢。○濕勝，加防風、升麻各一錢。○食積，加枳實、麥芽、神麯。○口渴，加葛根一錢五分。治腹中痛一陣，瀉一陣，後去如湯，後重如滯。或瀉下黃色，小水短赤，煩渴引飲，是火瀉熱瀉也。以四苓散加味方：用猪苓二錢，澤瀉、茯苓、白朮各一錢，黃連、黃芩、黑山梔、白芍藥各一錢二分，滑石、甘草各二錢。水煎服。○腹中作脹，加枳殼、厚朴各一錢。○腹痛，加砂仁、山楂各一錢。○嘔逆惡心，加藿香、半夏各一錢。○小水短少，加木通、車前各一錢。瀉多不止，加人參一錢，肉豆蔻、烏梅各二個。○瀉多元氣虛脫，加人參、黃耆、乾薑，去芩、連、梔、滑石。

**明・顧逢柏《分部本草妙用》卷五腎部・寒瀉** 猪苓 淡，微寒，無毒。主治：痎瘧蠱疰，利水發汗，腫滿，去懊憹，淋腫脚氣，帶濁子淋，利小便。仲景治消渴，脉浮便澀，微寒者，以猪苓發汗。飲水復吐，與冬時寒嗽如瘧狀者，與五苓散和水諸劑，無過于此。但潔古俱為損腎，昏目，燥亡津液，無濕勿用。

**明・李中梓《醫宗必讀・本草徵要下》** 猪苓味甘、淡，平，無毒。入腎、膀胱二經。去皮。分消水腫，淡滲濕痰。猪苓感楓根之餘氣而成，利水諸藥無如此駃。按：寇宗奭曰：多服猪苓，損腎昏目。潔古云：淡滲燥亡津液，無濕證勿服。

**明・鄭二陽《仁壽堂藥鏡》卷二** 猪苓 《藥性論》云：出衡山山谷。微熱，解傷寒溫疫大熱，發汗，主腫脹滿腹急痛。氣平。味甘苦，甘寒。甘苦而淡，甘重於苦，陽也。無毒。入足太陽經、少陰經。《象》云：除濕。比諸痰滲藥，大燥，亡津液。無濕證勿服。去皮用。《心》云：苦以泄滯，甘以助陽，淡以利竅，故能除濕、利小便。《珍》云：利小便。《本草》云：主痎瘧，解毒蠱疰不祥，利水道。能療妊娠淋。又治從脚上至腹腫，小便不利。仲景：少陰渴者猪苓湯。入足太陽、少陰。《衍義》云：行水之功多。久服必損腎氣，昏人目。果欲久服者，更宜詳審。

**明・蔣儀《藥鏡》卷三平部**　猪苓　行水退腫脹，清暑疏胎水。蓋脾家濕熱流入膀胱，少用為佐，能止遺精。然澹滲而燥，大損腎水，症非濕實，久服喪明。

**明・李中梓《頤生微論》卷三**　猪苓　味淡，性平，無毒。入膀胱經。去皮用。利水去脹滿，主帶下淋濁，亦能發汗。

按：猪苓感楓根之餘氣而生，利水諸藥無如此快。《衍義》謂多服損腎昏目。潔古謂淡滲亡津液。無濕症者勿用。

**明・張景岳《景岳全書》卷四九《本草正》**　猪苓　味微苦、甘，氣平。陽中陰也。性善降滲，入膀胱、腎經。通淋消水腫，除濕利小便。因其苦，故能泄滯。因其淡，故能利竅。亦解傷寒濕熱脚氣白濁，亦治妊娠子淋胎腫。

**明・賈九如《藥品化義》卷五脾藥**　猪苓　屬陽，體乾，色肉白皮黑，氣和，味淡云微苦非，性平云燥非，能降，力淡滲，性氣與味俱輕，入脾、膀胱二經。

猪苓味淡，淡主於滲，入脾以通水道，用治水瀉濕瀉，通淋除濕，消水腫，療黄疸，獨此為最捷，故云與琥珀同功，但不能為主劑。助補藥以實脾，領泄藥以理脾，佐溫藥以暖脾，同涼藥以清脾。凡脾虛甚者，恐泄元氣，慎之。車前、木通、猪苓、澤瀉四品，不專利水，亦通氣藥。又不專主脾經，但實脾以利水為先，因列於此。凡利水道，治在上焦，使水上行，非下部藥也。特為拈出。

**明・盧之頤《本草乘雅半偈》帙五**　猪苓《本經》中品　氣味：甘，平，無毒。主治：主痎瘧，解毒，蠱疰不祥，利水道。久服輕身耐老。

覈曰：所在有之。楓樹苓也，皮黑肉白，堅實者佳。修事：銅刀刮去粗黑皮，東流水浸一夜，至明取出，細切，再以升麻葉對蒸一日，去葉，晒乾用。

先人云：通利水道，原當先開玄府，斯上下通調，水始有用。

參曰：木之有餘于氣與脂者，唯松與楓焉。松則兼氣與脂而咸有餘。楓則餘氣為苓，不復餘脂為香矣。餘脂為香，不復餘氣為苓矣。顧苓與香，各禀氣與脂之體與用也。苓曰猪苓，形相似耳，猪為水畜，苓即木令。自上而下者，使之自下而上；自下而上者，使之自上而下。痎瘧則金鬱，蠱疰則土鬱，癃閉則水鬱，水鬱則折之，土鬱則奪之，金鬱則泄之，苓則兼而有之，轉氣化之機衡故爾。世知行水，未知折水，併奪土泄金。

**明・李中梓《本草通玄》卷下**　猪苓　甘淡而平，入足太陽。　開腠理，利小便，療痎瘧。利小便之劑無如此駃，故不入補劑也。

**清・顧元交《本草彙箋》卷五**　猪苓　亦木之餘氣所結。他木皆有，而楓木爲多。味淡主滲，氣升而又能降，故能開腠理，利小便，與茯苓同功。五苓散以猪苓理上焦，茯苓理中焦，澤瀉理下焦，各有部分。又苓者，令也，有分截之義。王損菴治瘧疾，陰陽上下交爭，寒熱更作，以升、柴等升陰中之陽，以知、芩等降陽中之陰，特加猪苓，人所未曉。而《本經》亦云猪苓治痎瘧。人苦不讀書耳。

**清・穆石匏《本草洞詮》卷一一**　猪苓　其塊零落而黑，故名。猪苓味甘苦淡，氣平，無毒。除濕解毒，治淋腫脚氣，白濁帶下。仲景治消渴，脈浮，小便不利，微熱者，豬苓散發其汗。病欲飲水而復吐，名為水逆。冬時寒嗽如瘧狀者，與五苓散，豬苓、茯苓、术各三兩，澤瀉五分，桂二分，為末，水服方寸匕，日三，多飲暖水，汗出即愈。利水諸湯劑，無若此駃者。蓋其苦以泄滯，甘以助陽，淡以利氣，升而能降，故利小便與茯苓同，而補不如茯苓。如無濕證者，勿服之。

**清・劉雲密《本草述》卷二五**　猪苓莊子作豨苓。　時珍曰：猪苓為楓之餘氣所結。頌曰：生土底，不必楓根下始有也。

氣味：甘，平，無毒。普曰：神農：甘。雷公：苦，無毒。潔古曰：氣平，味甘。氣味俱薄，升而微降。東垣曰：豬苓味甘苦而淡，性平，甘重於苦，陽也。好古曰：入足太陽、少陰經。主治：開腠理時珍。利水道《本經》。治渴除溼潔古。通淋消腫，并脚氣作腫，治白濁帶下，妊娠子淋胎腫，小便不利時珍。痎瘧，解毒蠱疰《本經》。解傷寒溫疫大熱，發汗甄權。除溼，去心中懊憹潔古。東垣曰：苦以泄滯，甘以助陽，淡以利竅，故能除溼利小便。頌曰：利水道，諸湯劑無若此駛。音使，馬行疾也。

時珍曰：豬苓淡滲，氣升而又能降，故能開腠理，利小便，與茯苓同功。但入補藥，不如茯苓也。門曰：止泄精，脾經溼熱流入腎經，用以滲泄。

中病即止。　希雍曰：　豬苓稟戊土之陽氣，得風木之陰氣。《本經》謂其味甘應兼淡苦，其氣平而無毒，氣味俱薄，降也，陽中陰也，入足太陽、足少陰經。　入五苓散為除溼之要藥。佐白芍藥、白茯苓、人參、橘皮、朮、澤瀉，治水腫之屬陽分者。佐白芍藥、生地黃、桑寄生、桑根白皮、茯苓、澤瀉、琥珀、石斛、薏苡仁、肉桂，治水腫之屬陰分者。均為要藥。其功長於利水，故善除溼。　小兒大便不通，用一兩，以水少許，煮雞矢白一錢，調服。　通身腫滿，小便不利，豬苓五兩，為末，熟水調方寸匕，日三服。　妊娠腫，從脚至腹，小便不利，微渴引飲，方同上法。　妊娠子淋，方同上法，日三夜二，以通為度。

愚按：　豬苓之用，方書類以滲利言之，詎知其利水雖同，而猶有不能槩同者，如此味是也。夫人身水液為元氣所化，而人身元氣為真水所生，如病於氣，即不能化水，而滯於水。更有以病氣，是水與氣一而二，二而一者也。故有補氣以化水者，治其本也。有行水以起氣者，治其標也。要當分緩急以治之。然又有分其陰陽以為治者，豬苓是矣。蓋氣病於水者，陽蓄於陰中也。此味能升陽而出於陰中，使陽不為陰所囷，而陰降於下，此與滲利差異者也。夫陰陽原不得相離，離則病。潔古言唯有溼者可用，察物可謂精矣。此味能隔陰陽，使陽離於陰，此其行溼處，即其大燥津液處，故潔古曰無溼證勿服。故《本經》首主治痎瘧，而後學無能明其義者，惟王宇泰先生治瘧用豬苓以分隔陰陽，使陽不下陷於陰，與潔古升而微降之說適相合也。又如《本經》所云解毒蠱疰，及甄權之解傷寒溫疫大熱發汗，又潔古之除溼去心中懊憹者，皆此義耳。然則，此味豈可謂其滲利為功，槩同於他味乎哉？又如前方通身水腫而小便不利者，獨用之，盧之頤言能轉氣化之機衡，不無溢美。然由水之泛於經絡者，使斂歸故道，豈止司滲泄，無有理陰陽而為水氣之主者歟？　況如大便不通之證，亦以之治療，則又不獨水氣之主。盧之頤所謂土鬱奪金鬱泄，不徒水鬱之能折也，非盡無據矣。大抵此味能理陰陽，其司水氣者，水乃氣之液也，氣固由腎而脾而肺，故《經》曰三焦者，水穀之道路，氣之所終始也。然唯細究其用之所及，合於病之所因，乃可投之。不則陰陽之不容分者而強分之，則貽患甚矣，寧獨曰大燥津液之宜慎也。按豬苓從陽暢陰，潔古所謂升而微降者是，陽也。澤瀉從陰達陽，潔古所謂沉而降者是，陰也。二味合，乃為分理陰陽。　又按：　昔哲引仲景療傷寒太陽證，消渴，脈浮，小便不利，有五苓散；　又引治少陰證，渴而下利，兼嘔咳不眠，小便不利者，用豬苓湯。遂多指此味止入足太陽、少陰二經者，其義殊未備也。蓋如五苓散有白朮、茯苓等味，其治在中下焦。而豬苓湯有滑石、阿膠等味，并上中下而治之，況豬苓湯即陽明證之脈浮，發熱，渴欲飲水，小便不利者亦用之矣，又安得謂其止入前二經哉？　抑小便不利，是水化鬱也，何以致渴？　蓋真水化氣，水化不行，則氣化鬱矣，津液又為氣所化，氣不化而津液何自而生？《經》曰脾主為胃行其津液者也。溼勝則脾困，溼熱勝則寒水之化亦困，安得不渴？

宗奭曰：　豬苓引水之功多，久服必損腎氣，昏人目。　潔古曰：　除溼比諸淡滲藥大燥，亡津液，無溼證勿服。　門曰：　有溼而腎虛者亦忌。

修治　內白而實者佳。銅刀刮去粗皮用。　時珍曰：　豬苓取其行溼，生用良。按《雷公》用升麻對蒸一日，甚有理。

**清·郭章宜《本草匯》卷一六**　豬苓　甘、苦，淡，平，氣味俱薄，降也，陽中陰也，入足太陽、少陰經。瀉膀胱分消水腫，開腠理除濕治淋。利白濁帶下，解結秘暑溫。《本經》主痎瘧者，瘧必由暑，暑必兼濕。淡以利竅，引暑濕之氣從小便出，所以分消之也。

按：　豬苓稟戊土之陽，得風木之陰，利竅引水，無如此駃。音快。升而又能降，大能走洩精氣。諸藥性皆曰甘能助陽，豈真味甘而有助哉？　或謂其止遺精者，正謂脾家流濕入腎，因而滲泄，用之于滲濕藥中，遂能中病止遺耳。非真能補腎也。然亦不可主劑，但可佐澤瀉而已。下虛者，皆不可用，蓋有損而無益者也。今之吐瀉藥俱用五苓散，皆謂脾之濕，賴豬苓、澤瀉以去之，似為脾胃藥也。不知二味，消水固能燥脾，水盡則反損腎昏目，故不入補劑也。有濕者宜暫用，無濕症者，勿服。佐白芍藥、白茯苓、人參、橘皮、白朮、澤瀉，治水腫之屬陽分者。佐白芍、生地、桑寄生、桑白皮、茯苓、澤瀉、琥珀、石斛、苡仁、肉桂，治水腫之屬陰分者。

產衡山。作塊類豬糞，皮黑肉白而實者佳。水浸去皮，蒸晒。行濕生用為妙。

**清·蔣居祉《本草擇要綱目·寒性藥品》**　豬苓　氣味：　甘，平，無毒。升而微降，陽中陰也。入足太陽、足少陰經。　主治：　痎瘧，利水道，解傷寒瘟疫大熱，發汗。主腫脹滿腹急痛，治渴除濕，去心中懊憹，瀉膀胱，開腠理。故張仲景治消渴脈浮，小便不利微熱者，豬苓散發其汗。病欲飲水而復吐，名為水逆，冬時寒嗽如瘧狀者，亦用豬苓，此即五苓散也。此皆苦以泄滯，甘以取陽，淡以利竅，功長于除濕利小便也。久服損人腎氣，昏人眼目，用者忌之。

**清・王翃《握靈本草》卷八** 猪苓亦是木之餘氣所結，楓木為多。衡山、蜀州皆有之。生用佳。主治：豬苓，甘，平，無毒。主痎瘧，利水道，解傷寒溫疫大熱，發汗，腫脹急痛。

**清・汪昂《本草備要》卷三** 猪苓通，行水。苦泄滯，淡利竅，甘助陽。入膀胱、腎經。升而能降，開腠發汗，利便行水，與茯苓同而不補。治傷寒溫疫大熱，《經疏》曰：大熱利小便，亦分消之意。懊憹消渴，腫脹淋濁，瀉痢痎瘧。瘧多由暑，暑必兼濕。《經》曰：夏傷于暑，秋必痎瘧。然耗津液，多服損腎昏目。腎水不足則目昏。仲景五苓散：猪苓、茯苓、澤瀉、白朮、桂，爲治水之總劑。昂按：《經》曰：膀胱者，州都之官，津液藏焉，氣化則能出矣。用肉桂辛熱引入膀胱，所以化其氣也。除桂名四苓散。《資生經》曰：五苓散能生津液，亦通大便。曾世榮治驚風，亦用五苓散，曰茯苓安心神，澤瀉導小便，小腸利而心氣平；木得桂而枯，能抑肝而風自止。可謂善用五苓者矣。多生楓樹下，塊如猪屎，故名。馬屎曰通，猪屎曰苓。苓即屎也，古字通用。肉白而實者良。去皮用。

**清・陳士鐸《本草新編》卷四** 猪苓 味甘、苦、淡，氣平。降也，陽也，無毒。入腎與膀胱經。通淋消腫滿，除濕利小便泄滯，助陽利竅，功專于行水，凡水濕在腸胃、膀胱、肢體、皮膚者，必須用猪苓以利之。然而水濕之症有陽有陰，有虛有實，未可一概利之也。倘陰虛之症，輕用猪苓以瀉其水，水去而陰亦消亡，必有口乾舌燥之症。況原無水濕之證而利之，則重亡津液，陰愈虛矣。甚則有利小便，欲得點滴而不可得者，非悞利之明驗乎。雖然水濕之邪既在人身，豈可以陰虛難治，竟置之于不治哉？用猪苓利水之藥，仍入之于陰藥中，陰既不虛，而濕亦自利，安在猪苓之不可用乎。

或問：猪苓利水，胡為利水而水反不通，且多急悶而不可解，何也？此火蓄于膀胱，而上焦之氣不升，肺金清肅之令不行于下焦之故也。夫膀胱瀉水也，然必得肺中之氣清肅下行，而水乃走于陰器而出。猪苓但利水，而不能益上焦之氣，上焦有火，過抑肺金，清肅之令不能行于下焦，不用降火之品，而惟從事于利水。所以，用猪苓而不效，非猪苓之不能利水也。

或問：猪苓導水，使火邪從小便而出，是引火邪之下出也，然仲景張公往往用猪苓湯以散邪，何也？蓋猪苓之性，不特下走于陰竅，而且兼走于皮毛之竅，仲景夫子之用猪苓湯者，惡邪不走膀胱而走皮膚，慮成亡陽之症，所以用之，即引火邪從皮毛而出外也。然則猪苓不特引水下泄，而亦能引火外瀉也。

或問：猪苓利水，何能解口之不渴也？夫小便數而口不渴者，火蓄于膀胱也。火蓄則熬乾其水，水沸而為熱，所以作渴。用猪苓以利水，實所以瀉火，火瀉而水獨存，則津液通，而上潤于口舌之間矣。然則猪苓非利水之藥，乃生津之藥也。

或疑猪苓為生津之藥，終不可為訓。曰：猪苓利水，水盡則口益乾，而欲其口舌之生津難矣。所謂生津者，止能生于多水之症，而不能生于無水之症。無水之症，瀉水則水涸而火起；多水之症，瀉水則火降而水升。水既升矣，而津液有不潤于口齒者乎。是猪苓之生津，生于利水以去火，而非概生于利水也。

或疑猪苓、澤瀉，同是利水之物，而吾子偏分出功用之不同，非好奇耶？曰：猪苓、澤瀉用既不同，義自各別，有異言異，有同言同，何好奇之有。

**清・顧靖遠《顧氏醫鏡》卷八** 豬苓甘，淡，平。入腎膀胱二經。去皮。利水除濕，長於利水，故善除濕。消腫治瘧。水腫藉為要藥，瘧必由暑，暑必兼濕，用其引暑濕之邪從小便出，所以分消之也。多服損腎昏目，淡滲燥亡津液，無濕症者勿服。

**清・李熙和《醫經允中》卷一九** 猪苓 淡，微寒，無毒。主治通淋，除濕腫，發汗，利小便。性燥耗液，無濕用之損腎昏目。

**清・馮兆張《馮氏錦囊秘錄・雜症痘疹藥性主治合參》卷四** 猪苓稟戊午土之陽氣，得風木之陰氣，而楓根之餘氣以成。故味甘淡兼苦，氣平，無毒。入足太陽、足少陰經。以淡滲之性，為利水除濕之需。多服損腎耗津，無濕者忌用。猪苓，入膀胱、腎，通淋利小便，除濕消腫滿，行水之功多。主痎瘧者，亦以能利暑濕之氣也。利水諸劑，無若此駃。然能燥亡津液，無濕症者忌用。久嘗損腎昏目。

主治痘疹合參：淡滲除濕，痘爛，小便澀者宜之。然消水，固能燥脾，水盡亦走真氣。每同澤瀉竝用，蓋苓性燥，澤性潤，苓治火易損元氣，澤治水能生腎氣，一燥一潤，和平中和，不能為害矣。然多服終屬耗陰損腎，無濕症者不可用。

**清・张璐《本經逢原》卷三**　豬苓　甘、淡、微苦，平，無毒。《本經》主痎瘧，解毒蠱疰不祥，利水道，久服輕身耐老。　發明：　豬苓入腎與膀胱血分，性善疎利經府，世人但知為利水專藥，不知其有治痎瘧蠱疰之功。仲景治消渴脈浮，小便不利微熱者，豬苓散汗之。病欲飲水而復吐，名曰水逆，五苓散主之。豬苓專司引水之功，久服必損腎氣，昏人目，利小便之劑無如此駃，故不入補劑，非澤瀉之比也。而《本經》又云，久服輕身耐老，是指素多濕熱者而言，不可一律而推。

**清・浦士貞《夕庵讀本草快編》卷五**　豬苓《本經》、豕橐　馬屎曰通，豬屎曰零，即苓字也。莊子曰豕橐。　豬苓甘平無毒，氣味俱薄，升而微降，陽中陰也，入足太陽、少發陰二經。故能開腠理，利小便，除濕治渴，解傷寒瘟疫大熱，且能發汗消腫脹，腹滿急痛，更療帶淋。故仲景治消渴，脉浮，小便不利，微熱者，用豬苓湯發其汗。若病欲飲水而復吐，名為水逆。又冬月寒嗽如瘧，或太陽症傳裏，用五苓散，在外者則汗，在裏者則利是也。夫豬為水畜，苓得水氣，善開金水之鬱阻，轉氣化之機衡，非他物可代也。不宜久服，亦損腎昏目。

**清・張志聰、高世栻《本草崇原》卷中**　豬苓　氣味甘，平，無毒。主治痎瘧，解毒蠱疰不祥，利水道。久服輕身耐老。　豬苓始出衡山山谷及濟陰、冤句，今蜀州、習州亦有之。乃楓樹之苓也，其皮黑，其肉白，而堅實者佳。《異述記》云：　南中有楓子鬼木之老者，為人形，亦呼為靈楓，蓋癭瘤也。至今越巫有得者，以之雕刻鬼神，可致靈異。《爾雅正義》云：　楓子鬼，乃楓木上寄生，枝高二三尺，天旱以泥塗之即雨。荀伯子《臨川記》云：　嶺南楓木歲久生癭，如人形，遇暴雷大雨，則暗長三五尺，謂之楓人，則楓為靈異之木，可知矣。　按：　陶弘景曰：　豬苓是楓樹苓。　蘇頌曰：　生土底不必楓根下始有。　李時珍曰：　豬苓是木之餘氣所結，如松之餘氣結茯苓之理。他木皆有，楓樹為多。　盧子由曰：　木之有餘於氣與脂者，唯松與楓，松則兼氣與脂而咸有餘，楓則餘氣為苓，不復餘脂為香。　餘脂為香，不復餘氣為苓，苓與香各稟氣與脂之體與用也。　合諸說，觀之苓雖他木皆有，唯楓樹下者，入藥為良。猶寄生、螵蛸二物他樹亦有，而唯取桑上者入藥，亦此理耳。謂之豬苓者，以其形似豬矢命名。　楓樹之癭，遇雷雨則暗長，以泥塗之，即天雨，是稟水精所主之木也。豬苓新出土時，其味帶甘，苓主淡滲，故曰甘平。痎瘧，陰瘧也。主治痎瘧者，稟水精之氣以奉春生，則陰瘧之邪，隨生氣而升散矣。解毒蠱疰不詳者，苓稟楓樹之精華，結於中土，得土氣則解毒，稟精華則解蠱疰不祥也。味甘平而淡滲，故利水道。久服則水精四布，故輕身耐老。

**清・劉漢基《藥性通考》卷五**　豬苓　味苦、微甘，氣淡，無毒。入膀胱、腎經，可昇可降。泄滯利竅，助陽開腠，發汗利便。行水與茯苓同，而不補。治傷寒溫疫，大熱懊憹，消渴，腫脹淋濁，瀉痢痎瘧。〇凡瘧多由暑，暑必兼濕。《經》曰夏傷於暑，秋必發瘧也。〇然耗津液，多服損腎昏目，腎水不足，則目昏。仲景五苓散，猪苓、茯苓、澤瀉、白朮、肉桂，為治水之總劑。〇昂按：《經》曰膀胱者，州都之官，津液藏焉，氣化則能出矣。用肉桂辛熱，引入膀胱，所以化其氣也。除桂名四苓散，《經》曰五苓散能生津液，亦通大便。曾世榮治驚風，亦用五苓散。〇曰茯苓安心神，澤瀉導小便，小腸利而心氣平矣。然此藥多生於楓樹下，塊如猪屎，故名猪苓。肉白而實者良。去皮用。

**清・姚球《本草經解要》卷三**　豬苓　氣平，味甘，無毒。主痎瘧，解毒蠱疰不祥，利水道。久服輕身耐老。　豬苓氣平，稟天秋涼之金氣，入手太陰肺經。味甘無毒，得地中正之土味，入足太陰脾經。氣味降多於升，陰也。其主痎瘧者，蓋主太陰嘔吐之濕瘧也。豬苓入脾肺以化氣，則濕行而瘧止也。蠱疰不祥，皆濕熱之毒，甘平滲利，所以主之。肺主氣，氣平益肺，肺氣化及州都，則水道利，所以利水。久服則味甘益脾，脾統血，血旺故耐老。氣平益肺，肺主氣，氣和故身輕也。　製方：　豬苓同白茯、澤瀉、滑石、阿膠，名豬苓湯，治傷寒口渴及嘔而思水。

**清・周垣綜《頤生秘旨》卷八**　豬苓　滲淡利水之藥也。利水道，通淋，消腫除濕，盡其能矣。

**清・王子接《得宜本草・中品藥》**　豬苓　味苦、甘。入足少陰、太陽經。功專利水滲濕，得雞矢白治小兒溺閉。

**清・黃元御《長沙藥解》卷四**　豬苓　味甘，氣平。入足少陰腎、足太陰膀胱經。利水燥土，泄飲消痰。開汗孔而泄濕，清膀胱而通淋。帶濁可斷，熱脹能消。

《傷寒》猪苓湯，猪苓一兩，茯苓一兩，澤瀉一兩，滑石一兩，阿膠一兩。治陽明傷寒，脈浮發熱，渴欲飲水，小便不利者。陽明之證，有燥有濕，陽明旺而太陰虛，則燥勝其濕。太陰旺而陽明虛，則濕勝其燥。己土濕陷，乙木抑遏，不能疏泄水道，則小便不利。木鬱風動，肺津傷耗，則渴欲飲水。風氣飄揚，而表寒未解，則脈浮發熱。猪苓滑澤，燥己土而泄濕，阿膠滋乙木而清風也。治少陽病，下利，咳而嘔渴，心煩不得眠者。以水旺土濕，風木鬱陷，下尅己土，疏泄不藏，則為利。風燥亡津，則為渴。乙木陷，而甲木逆上尅戊土，濁氣逆衝，則為咳嘔。相火上炎，則心煩不得眠睡。猪苓澤滑，滲癸水而泄濕。阿膠滋乙木而清風也。

《金匱》猪苓散，猪苓、澤瀉、白朮等分，為散。治病在膈上，嘔吐之後而思水者。痰飲內阻，多見渴證。而投以新水，益復難容，故隨飲而即吐。嘔傷津液，應當作渴，而水停心下，則反不渴，是以先渴而即嘔者，必有支飲。若飲在膈上，吐後而思飲水者，是飲去而津傷，為欲解也。此當急與之水，以救其渴。但其平日陽衰土濕，而後飲停膈上，宿水方去，又得新水，而土濕如前，不能蒸水化氣，則新水又停矣。是當泄濕而生津，澤苓泄水而去濕，白朮燥土而生津也。猪苓滲利瀉水，較之茯苓更捷。但水之為性，非土木條達，不能獨行。猪苓散之利水，有白朮之燥濕土也。猪苓湯之利水，有阿膠之清風木也。五苓之利水，有白朮之燥土、桂枝之達木也。八味之利水，有桂枝之達木，地黃之清風也。若徒求利于猪苓滑澤之輩，恐難奏奇功耳。去皮用。

**清・吳儀洛《本草從新》卷三**　猪苓〔通，行水。〕苦、甘、淡，平。泄滯利竅，入膀胱、腎經。升而能降，開腠發汗，利濕行水，與茯苓同而泄較甚。治傷寒瘟疫大熱，《經疏》曰：大熱利小便，亦分消之意。懊憹消渴，濕熱。腫脹淋濁，瀉痢痎瘧。瘧多由暑，暑必兼濕。《經》曰：夏傷於暑，秋為痎瘧。宗奭曰：損腎昏目。潔古云：淡滲燥亡津液。無濕者勿服。多生楓樹下。塊如猪屎，故名。馬屎曰通，豬屎曰苓，苓即屎也，古字通用。白而實者良。去皮。

**清・汪紱《醫林纂要探源》卷三**　豬苓　甘、淡、微苦，平。楓之精氣所結，猶松之茯苓也。形如豬矢塊，皮黑肉白。補腎，滲邪水。色黑入腎，淡滲濕。瀉心，平暑暍。氣味輕淡，上行而降氣。瀉火，能開腠理以發汗，利小腸水，滲入膀胱而通水道。治瘟疫大熱，伏暑痎瘧，解懊憹，消水腫，止燥渴，通淋濁，止瀉痢。多服損神。功多似茯苓，惟此相反。豈松屬陽，而楓屬陰故歟？

**清・嚴潔等《得配本草》卷七**　豬苓　淡、苦。入足少陰、太陽經。去心中水濕之懊憹，分瘧疾陰陽之交并。能于陽中降陰。目昏、無濕而渴，二者禁用。瀉水故也。王損庵治瘧，每加豬苓於湯藥中。以陰陽上下交爭，遂致寒熱更作，用升、柴升陰中之陽，用知、苓降陽中之陰。外加豬苓一味，理上焦而開腠理，使邪氣外達也。

**題清・徐大椿《藥性切用》卷五**　楓猪苓　苦甘淡平，入膀腎而利濕行水，功勝茯苓。但無益脾之效，虛人無濕忌之。

**清・黃宮繡《本草求真》卷五**　猪苓除膀胱血分濕熱。　猪苓耑入膀胱、腎。甘淡微苦，性平無毒，得楓根之餘氣以成，形如猪屎，故以猪名。凡四苓、五苓等方，並皆用此。仲景用茯苓、澤瀉、白朮與桂，名五苓散。為治水之總劑，方中用以肉桂。蓋以膀胱津液，賴氣以化，則能以出。用肉桂辛熱，所以化其氣也。除桂名四苓散。李東垣曰：無惡寒症，不可用桂。周揚俊曰：五苓為渴而小便不利者設，若不渴則茯苓、甘草足矣。若但渴，則四苓足矣。性雖有類澤瀉，同入膀胱腎經，解熱除濕，行竅利水，然水消則脾必燥，水盡則氣必走。澤瀉雖同利水，性亦類燥，然鹹性居多，尚有潤存，澤雖治火，性亦損氣，然潤能滋陰，尚有補在，故猪必合澤瀉以同用，則潤燥適均，而無偏陂之患矣。至於茯苓，雖屬滲劑，有濕自可以去，然茯則入氣而上行，此則入血而下降。且與降濕利水消腫，治瘧止痢等藥，審屬暑邪濕熱內閉，無不藉此以為宣導之需。瘧多由暑，暑必成瘧。古人已云清利小便，無若此駃，以故滋陰藥中，止有澤瀉，而不用及猪苓，正謂此耳。故六味丸有澤瀉，無猪苓。但此專司引水，津液易耗，久服多致損目。凡服利水藥而明目者，因除濁氣濕熱而成明也，用利水藥而失明者，因其走泄真氣也。白而實者良，去皮用。

**清・楊璿《傷寒溫疫條辨》卷六消劑類**　猪苓　味淡而苦，氣平。降也，陽中陰也。入膀胱、腎。通淋消腫滿，除濕利小便。因其苦，故瀉滯，因其淡，故滑竅。仲景有猪苓湯，利濕兼清熱，治疸黃便閉渴嘔。《衍義》云：行水之功居多。仲景五苓散用之。按：五苓為治水之總劑。訒菴謂曾世榮治驚風，亦用五苓。蓋以茯苓安心神，猪、澤導小水，水利則火降，金得木而旺，木得火而枯，抑木則風息，風火寧而驚自定。曾可謂善用五苓者矣。可知仲景製一方，即可通百病，人特不善體會耳。

**清・羅國綱《羅氏會約醫鏡》卷一七竹木部**　猪苓味甘、淡、平，入腎膀胱二經。去皮用。甘助陽，淡利竅。通淋，消水腫，除濕，理脚氣，解傷寒濕熱、胎腫子淋。皆利濕之功。然耗津液，多服昏目。

**清・陳修園《神農本草經讀》卷二上品** 豬苓 氣味甘，平，無毒。主痎瘧，解毒，蠱疰不祥，利水道。久服輕身耐老。

陳修園曰：豬苓氣平，稟金氣而入肺。味甘無毒，得土味而入脾。肺主治節，脾主轉輸，所以能利水道。又考此物，出土時帶甘，久則淡然無味，無味則歸於膀胱。膀胱為太陽，其說有二：一曰經絡之太陽，一曰六氣之太陽。何謂經絡之太陽？其腑在下而主水，得上焦肺氣之化，中焦脾氣之運，則下焦愈治。所謂上焦如霧，中焦如漚，下焦如瀆，俾決瀆之用行於州都，則州都中自有雲行雨施之景象，利水如神，有由來也，且不獨利水道也。六氣之太陽名曰巨陽，應天道居高而衛外，乃心君之藩籬也。凡風寒初感，無非先入太陽之界，治不得法，則留於膜原而為瘧，久則為痎。即傷寒雜病似瘧非瘧者，皆在此例。但得豬苓之通利水道，水行氣化，水精四布，溱溱汗出，則營衛和而諸邪俱解。仲景五苓散、桂枝去桂加茯苓白朮湯非於此得其悟機乎？若陽明之渴欲飲水，小便不利，少陰之咳嘔而渴，心煩不眠，熱瘧多兼此症，總於利水道中，布達太陽之氣，使天水循環，滋其枯燥，即仲景豬苓湯之義也。且太陽為天，光明清湛，清湛則諸毒可解，光明則蠱疰不驅自除。又云久服輕身耐老者，溺得陽氣之化而始長，溺出不能遠射，陽氣衰於下也。溺出及溺已時頭搖者，頭為諸陽之會，從下以驗其上之衰也。此皆老態，得豬苓助太陽之氣而可耐之。然此特聖人開太陽之治法，非謂豬苓之淡可賴也。

**清・黃凱鈞《藥籠小品》** 猪苓 甘苦淡，泄滯利竅，在上能開腠發汗，入膀胱利濕行水，平陰陽，分消濕邪，淡滲亡津，無濕勿服。去皮切。

**清・王龍《本草纂要稿・木部》** 猪苓 味苦甘淡。通淋，消腫滿。除濕，利小便。蓋苦泄滯，甘助陽，淡利竅，故行水之功居多。大能燥亡津液，倘無濕勿輕用之。

**清・張德裕《本草正義》卷下** 猪苓 苦甘，平。降滲，入膀胱、腎經。利小便，除濕通淋，消水腫，治妊娠子淋胎腫。

**清・楊時泰《本草述鉤元》卷二五** 豬苓 楓之餘氣所結，生土底，不必楓根下始有也。

甘淡苦平。氣味俱薄，升而微降，陽中陰也。入足太陽、少陰經。主開腠理，利水道，治渴除濕，去心中懊憹，通淋消腫，并脚氣作腫，療白濁帶下，妊娠子淋，胎腫小便不利，痎瘧，蠱疰，傷寒溫疫大熱，發汗解毒。稟戊土之陽氣，得風木之陰氣，苦泄滯，甘助陽，淡利竅。利水道諸劑，無若此(駃)〔駛〕頌。濕在脾胃者，必用猪苓、澤瀉以分理之。能使水之泛於經絡者斂歸故道。猪苓淡滲，氣升能降，故開腠理，利小便，與茯苓同功，但入補藥，不如茯苓瀕湖。止泄精，脾經濕熱流入腎經，用以滲泄，中病即止門。入五苓散，為除濕要藥。傷寒、太陽證，消渴脈浮，小便不利，有五苓散。少陰證渴而下利，兼嘔咳，不眠，小便不利者，用猪苓湯。世遂指猪苓止入足太陽少陰二經，小便不利，何以致渴。蓋真水化氣，水化不行，則氣化鬱矣。津液又為氣所化，氣不化，津液何自而生。《經》曰：脾主為胃行其津液者也。濕勝則脾困，濕熱勝，則寒水之化亦困，安得不渴。不知五苓有白朮、茯苓等味，其治在中下焦，而猪苓有滑石、阿膠等味，并上中下而治之，況猪苓湯即陽明證之脈浮、發熱、渴欲飲水、小便不利者，亦用之矣，安得謂其止入太陽少陰哉？佐白芍、白朮、茯苓、人參、橘皮、澤瀉，治水腫之屬陽分者。佐白芍、生地、寄生、桑白皮、茯苓、澤瀉、琥珀、石斛、薏仁、肉桂，治水腫之屬陰分者。小兒大便不通，猪苓一兩，以水少許，煮雞矢白一錢，調服。通身腫滿，小便不利，猪苓五兩為末，熟水調方寸匕，日三服。又治妊娠子腫，從脚至腹，小便不利，微渴引飲。妊娠子淋，方亦同上，日三夜二服，以通為度。

論：人身水液，為元氣所化；人身元氣，又為真水所生。故病於氣，即不能化水，而滯於水，更有以病氣，水與氣，一而二、二而一者也。水氣之治，有補氣以化水者，責其本也，有行水以起氣者，急其標也。卻又有分其陰陽以為治者，因氣病於水，則陽蓄於陰中，猪苓能升陽出於陰中，故雷公法，用升麻對蒸一日，甚有理。使陽不為陰所囿而陰降於下，此其與滲利差異者也。夫陰陽不得相離，離則病，此味分隔陰陽，能使陽離於陰，其行濕處，即其大燥津液處。故潔古曰：無濕證弗服也。《本經》首主痎瘧，後學無能明其義者，惟肯堂治瘧用猪苓，以分隔陰陽，使陽不下陷於陰，與潔古升而微降之說相合。然則此味豈止司滲泄，而無分理陰陽以為水氣之主者哉？猪苓升而微降，從陽暢陰，澤瀉沉而降，從陰達陽，二味合乃為分理陰陽。人身之氣，由腎而脾，而肺，《經》故曰：三焦者，水穀之道路，氣之所終始也。明此則惟深究於病之所困，乃可投之，不則陰陽之不容分者而強分之，貽患甚矣。此藥除濕，比諸淡滲藥，大燥亡津液，無濕證勿服潔古。久服損腎氣，昏人目宗奭。腎虛而有濕者，忌之門。

修治：內白而實者佳，銅刀刮去粗皮用。同升麻對蒸一日雷公。取其行濕，生用良。

**清・葉桂《本草再新》卷四** 猪苓味苦，性平，無毒。入肝、腎二經。 利濕發汗，破積滯，通膀胱。

**清・吳其濬《植物名實圖考》卷三三** 豬苓 《本經》中品。舊說是楓樹苓，今則不必。楓根下乃有。《莊子》謂之豕橐，功專利水。

**清・趙其光《本草求原》卷一〇寓木部** 豬苓 楓根下所生。氣平，入肺以調水轉入膀胱。味甘，入脾以行津液。淡，入胃而歸膀胱。無毒。甘，升陽；平、淡，則先升後降，而利竅。故能解肌發汗，利水以化氣。元氣為真水所化，水鬱則氣鬱，水化則氣化。治傷寒、瘟疫大熱、痎瘧，太陽膀胱為寒水之經，從皮毛而外合於肺。凡風寒初感，必在太陽之表，即宜驅水氣外出以為汗。若治不得法，則邪留膜原而為瘧，久則為痎，即傷寒雜病，似瘧非瘧，皆汗之不盡，而水氣困陽也。此味行濕以燥津，使陽離於陰，則水行氣化，水精四布，溱溱汗出，營衛通而諸邪自解。故古人治瘧用豬苓以分陰陽者，此也。況痎瘧由暑濕久鬱而致，更宜分消。腫脹，淋濁，瀉痢，皆利濕之功。懊憹消渴，仲景治太陽脈浮，尿秘而渴，有五苓散；陽明症渴欲飲水，尿秘脈浮，與少陰症咳嘔不眠，下利而渴，有豬苓湯，此皆症兼太陽，氣不化而津不生也。但得利水以布太陽之氣，使天水循環則熱，消渴止。通大便，以一兩煮雞屎白服。又五苓散生津，亦通大便，氣化而陰陽分理也。治驚風，曾世榮以五苓治之，曰：茯苓安心神；豬苓升而降，從陽暢陰；澤瀉沉降，從陰達陽。分理陰陽，則小腸利而心氣平，木得桂而枯，能抑肝而風自止。可謂善用五苓者矣。解毒蠱疰不祥，太陽在下焦，而主天光，三焦其所統也。《經》曰：三焦者，水穀之道路，氣之所終始也。但得決瀆之用，行於州都，則三焦光明澄沏，而不正之氣自消。久服輕身耐老，陽氣充則溺長而射遠，陽衰則溺已而頭搖。從下可驗其上之盛衰。此特開太陽之治法，言濕盛之人，宜保太陽之氣化耳。此味功同茯苓而無補，不可倚仗。妊娠子淋身腫，為末，白滾水下，凡尿不利而身腫皆治。然滲耗津液損腎，無濕勿用，有濕而腎虛亦忌。

白實者良，去皮用。以升麻對蒸，或生用，更行濕。佐參、苓、术、芍、橘、澤，治陽分水腫；佐地、芍、苓、澤、珀、斛、苡、桂、桑白、桑寄，治陰分水腫。

**清・葉志詵《神農本草經贊》卷二** 豬苓 味甘，平。主痎瘧，解毒蠱疰不祥，利水道。久服輕身耐老。一名猳豬屎。生山谷。

氣感木餘，楓根采掇。豎采苞零，瓊腴囊括。圓比竹丸，拳如松撥。升降咸宜，滌煩療渴。

李時珍曰：亦是木之餘氣所結。他木皆有，楓樹為多，其塊零落而下。陶弘景曰：其皮黑色肉白，而實者佳。陸龜蒙詩：更賦錦苞零。《易》：括囊無咎。李時珍曰：雷丸，竹之餘氣所結，一曰竹苓。《群芳譜》：古松枯槎不復上生者，謂之茯苓，撥有大如拳者。李時珍曰：猪苓淡滲，升而能降。《國史補》：滌煩療渴，所謂茶也。

**清・文晟《新編六書》卷六《藥性摘錄》** 豬苓 甘、淡、微苦，性平。除膀胱腎經血分濕熱，行竅利水。去皮用。〇久服精液易耗，每致損目。

**清・張仁錫《藥性蒙求・木部》** 豬苓錢半 豬苓味淡，利水通淋。濕邪溺少，用可如神。苦、甘、淡，平。入膀胱、腎經。升而能降，開腠發汗，利濕行水，與茯苓同而泄較甚。〇無濕者勿服。

**清・屠道和《本草匯纂》卷二瀉濕** 猪苓 耑入膀胱、腎經。甘、淡、微苦，性平，無毒。除膀胱血分濕熱。治渴除濕，去心中懊憹。解傷寒溫疫大熱，開腠理，發汗。主腫脹滿腹急痛，治痎瘧，利水道，治淋腫脚氣。白濁帶下，妊娠子淋胎腫。解毒蠱疰不祥。升而能降，利濕行水，與茯苓同而泄較甚。宗奭曰：損腎昏目。潔古云：淡滲燥，亡津液，無濕者勿服。多生楓樹下，塊如猪屎，故名。白而實者良，去皮。凡服利水藥而明目者，因除濁氣濕熱也。又因此失明者，因走泄真氣也。

**清・戴葆元《本草綱目易知錄》卷四** 猪苓 甘，平。氣味俱薄，入足太陽、少陰經。升而能降，開腠理，瀉膀胱，利小便，與茯苓同功而不能補。治傷寒溫疫，大熱無汗，止渴除濕，去心中懊憹。解毒蠱疰不祥，治腫脹腹滿，急痛瀉痢，痎瘧，脚氣淋腫，白濁帶下，子淋胎腫，小便不利。然耗津液，多服損腎昏目。

**清・黃光霽《本草衍句》** 猪苓 味兼苦甘淡滲，入足太陽少陰。膀胱、腎。泄滯利竅，除溼通淋。平暑喝。開腠理而發汗，利水道而耗津。耑司引水，易耗津液。傷寒溫疫大熱，大熱利小便，亦分消之意也。腹滿脹渴，懊憹痎瘧，脚氣。瘧由於暑，能利暑濕之氣，凡無濕症勿用。帶濁子淋。白濁帶下，胎腫子淋，傷寒口渴，邪在藏也，猪苓湯主之。猪苓、茯苓、澤瀉、滑石、阿膠各一兩。仲景方。妊婦腫渴，從足至腹，小便不利，微温引飲，猪苓為末，溫水服。　遍身腫滿，姙婦子淋，方同上法。　小兒秘結，猪苓一兩，以水少許，煮雞矢一錢，調，立通。

**清・陳其瑞《本草撮要》卷二**　猪苓　味苦甘，入足少陰、太陽經，功專利水滲濕。　得雞矢白治小兒溺閉。　四苓散、五苓散多用之。　用宜去皮。

**清・仲昴庭《本草崇原集説》卷中**　猪苓　【略】〔批〕豬苓屬中品，他書因《本經》久服二字，誤與上品茯苓同列。【略】〔批〕以《本經》猪苓悟聖方，猪苓即以聖方猪苓湯悟《本經》猪苓之主治，此是修園悟機。【略】〔批〕老幼皆有此態。　然此特聖人開太陽之治法，非謂猪苓平淡之可賴也。　仲氏曰：微，莫微於藥性，性即理也。《崇原》樸實說理，無微不顯，是爲理境上乘。又曰：　修園於《傷寒淺注》凡例，而贊《傷寒集注直解》曰：　二張會全部以為注解，余百讀之後，神明與浹，幾不知我即古人，古人即我。　如此處因藥論方，因方論藥，頭頭是道，實由體會純熟而來，無它謬巧也。　後有作者，咸欲借重《傷寒》，然必如修園之靜專而後得，既得矣，亦不敢作矣。

按：　溺出及溺已句，《本經》所無，《經讀》特推而及之。

**清・周巖《本草思辨錄》卷四**　豬苓　《本經》猪苓利水道，不云止消渴；　而仲聖以猪苓名方者，必渴而後與之，惡得無故。　鄒氏謂猪苓起陰氣以和陽化水，譬之楓葉已丹，遂能即落。　雖《本經》《別錄》無起陰之文，然考《爾雅正義》、《述異記》、《一統志》、《南方草木狀》、《物類相感志》、荀伯子《臨川記》，所載楓樹諸靈異，確與陰氣相感。　猪苓生楓樹下，其皮至黑，氣味俱薄，未必不能起陰。　況水道既利，三焦得通，腎氣之由三焦而上者，自亦滋溉於其胸，《釋名》：　消渴者，腎氣不周於胸也。　消渴奚能不止。　此與澤瀉之止消渴，有相侔之處。　然有不如澤瀉者焉，澤瀉形圓，一莖直上，能起極下之陰以濟極上之陽，平極上之陽淫。　猪苓甘淡，不能直上至頭，故澤瀉湯治冒眩而猪苓不與。　然猪苓之陰，陰中有陽，能開腠理達表，與茯苓為伯仲，而澤瀉亦不與。　五苓散、猪苓湯，所以治脈浮發熱者，以其有猪苓、茯苓也。　夫以猪苓視茯苓，所同者為太陽陽明藥耳，猪苓究何足與茯苓比烈，茯苓結於土中，猪苓亦結於土中；　茯苓肉白，猪苓亦肉白；　茯苓甘淡，猪苓亦甘淡；　而茯苓之白，光潔而純，猪苓之白，幽暗而獷。　茯苓甘淡，得土味之正，猪苓甘淡，得土味之偏。　此茯苓所以主治廣，猪苓所以主治狹也。

## 茯苓

**宋・李昉《太平御覽》卷第八九**　茯苓　《廣雅》曰：　茯神，茯苓也。《史記・龜策傳》曰：　茯苓在菟絲之下，(之)〔狀〕似飛鳥之形，新雨已，天清靜無風，以夜燒菟絲去之，即篝燭此地，徐廣曰：　篝，籠也。蓋然火而籠罩其上也，篝，音溝。　火滅即記其處，明則掘取，入地四尺至七尺得矣。　茯苓者，千歲松脂，食之不死。　《齊書》曰：　陶弘景永明中上表辭禄。　許之，賜以東帛，勑所在月給茯苓五斤，白蜜二升，以供服餌。　《淮南子》曰：　下有茯苓，上有菟絲。　茯苓，千歲松脂也。菟絲生其上而無根，一名女蘿也。　《抱朴子內篇》曰：任子季服茯苓十八年，仙人玉女往從之，面體如玉澤。　《范子計然》曰：茯苓出嵩高三輔。　《神異經記》曰：　西北荒有人飲甘露，食茯苓。　《典論》曰：　潁川郄儉能辟穀，餌茯苓。　初儉至市，茯苓價暴貴數倍。　《典術》曰：　茯苓者，松脂入地，千歲為茯苓。　望松樹赤者，下有之。　《神仙傳》曰：　秀眉公餌茯苓得仙。　又曰：　皇初起，以弟初平得道，乃棄妻子，留就初平，共服松栢、茯苓，至五萬日，能坐在立亡，行日中無影，有童子之色。及俱還鄉里，親戚死亡畧盡，乃復俱去。　臨去，以方教南伯逢，易姓爲赤。　初起，字魯班。　初平(字)，爲〔赤〕松子。　其後服此藥得仙者數十人。　《列仙傳》曰：　犢子，鄴人也。　少在黑山上，採松子、茯苓餌而服之，且數百年，時壯時老，時好時醜，時人乃知仙人也。　《廣志》曰：　茯神，松汁所作，勝茯苓。　或曰：　松根，茯苓貫着之。　生朱提濮陽縣。　《博物志》曰：　《神仙傳》云：　松栢入地中千年化為茯苓。　茯苓千年化為虎魄。　一名江珠。　今太山出茯苓，而無虎魄江珠。　益州永昌郡出虎魄，而無茯苓。　或云蜂燒窠所作，未詳二說。　《嵩高山記》曰：　取松栢茯苓二斤，醇酒漬之，和以白蜜，日三服，乃通靈。　《名山畧記》曰：　鬱州出茯苓。　《吳氏本草》曰：　茯苓通神。　桐君：　甘。雷公、扁鵲：　甘，無毒。　或生益州，大松根下，入地三丈一尺，二月、七月採。　《本草經》曰：　茯苓，一名茯神。　味甘，平。　生山谷。　治胸脇疝氣，憂患悸驚。　生太山。

**宋・唐慎微《證類本草》卷一二木部上品**〔《本經・別錄・藥對》〕　**茯苓**　**味甘，平，**無毒。**主胸脇逆氣，憂恚、驚邪、恐悸，心下結痛，寒熱，煩滿，欬逆，口焦舌乾，利小便，**止消渴，好睡，大腹淋瀝，膈中痰水，水腫淋結，開胸腑，調藏氣，伐腎邪，長陰，益氣力，保神守中。**久服安魂養神，不飢延年。**　一

**名茯菟。**其有抱根者，名茯神。

茯神：平。主辟不祥，療風眩、風虚，五勞，口乾，止驚悸，多恚怒，善忘，開心益智，安魂魄，養精神。生太山山谷大松下。二月、八月採，陰乾。馬間爲之使，得甘草、防風、芍藥、紫石英、麥門冬共療五藏。惡白斂，畏牡蒙、地榆、雄黄、秦艽、龜甲。

〔梁·陶弘景《本草經集注》〕云：按藥無馬間，或是馬莖，聲相近故也。今出鬱州，彼土人乃假研松作之，形多小虚赤不佳。自然成者，大如三四升器，外皮黑，細皺，内堅白，形如鳥獸、龜鼈者良。作丸散者，皆先煮之兩三沸，乃切，暴乾。白色者補，赤色者利，俗用甚多。仙經服食，亦爲至要。云其通神而致靈，和魂而煉魄，明竅而益肌，厚腸而開心，調榮而理胃，上品仙藥也。善能斷穀不飢。爲藥無朽蛀。嘗掘地得昔人所埋一塊，計應三十許年，而色理無異，明其貞全不朽矣。其有銜松根對度者爲茯神，是其次茯苓後結一塊也。仙方：惟云茯苓而無茯神，爲療既同，用之亦應無嫌。

〔唐·蘇敬《唐本草》〕注云：《季氏本草》云：馬刀爲茯苓使，無名馬間者。間字草書似刀字，寫人不識，訛爲間爾。陶不悟，云是馬莖，謬矣。今太山亦有茯苓，白實而塊小，而不復採用。第一出華山，形極麄大。雍州南山亦有，不如華山者。

〔宋·馬志《開寶本草》〕注：馬間當是馬藺，二注皆恐非也。

〔宋·掌禹錫《嘉祐本草》〕按：《蜀本圖經》云：生枯松樹下，形塊無定，以似人、龜、鳥形者佳。今所在有大松處皆有，惟華山最多。范子云：茯苓出嵩高三輔。《淮南子》云：下有茯苓，上有菟絲。注云：茯苓，千歲松脂也。菟絲生其上而無根。一名女蘿也。《典術》云：茯苓者，松脂入地千歲爲茯苓，望松樹赤者下有之。《廣志》云：茯神，松汁所作，勝茯苓。或曰松根茯苓貫著之。生朱提漢陽縣。《藥性論》云：茯苓，臣，忌米醋。能開胃止嘔逆，善安心神，主肺痿痰壅，治小兒驚癇，療心腹脹滿，婦人熱淋，赤者破結氣。又云：茯神，君，味甘，無毒。主驚癇，安神定志，補勞乏，主心下急痛堅滿人虚而小腸不利，加而用之。其心名黄松節，偏治中偏風，口面喎斜，毒風筋攣不語，心神驚掣，虚而健忘。日華子云：茯苓，補五勞七傷，安胎，暖腰膝，開心益智，止健忘，忌醋及酸物。

〔宋·蘇頌《本草圖經》〕曰：茯苓，生泰山山谷，今泰華、嵩山皆有之。出大松下，附根而生，無苗、葉、花、實，作塊如拳在土底，大者至數斤，似人形、龜形者佳，皮黑，肉有赤、白二種。或云是多年松脂流入土中變成，或云假松氣於本根上生。今東人採之法：山中古松，久爲人斬伐者，其枯折槎枿，枝葉不復上生者，謂之茯苓撥。見之，即於四面丈餘地内，以鐵頭錐刺地。如有茯苓，則錐固不可拔，於是掘土取之。其撥大者，茯苓亦大。皆自作塊，不附著根上。其抱根而輕虚者爲茯神。然則假氣而生者，其說勝矣。二月、八月採者良，皆陰乾。《史記·龜策傳》云：伏靈在菟絲之下，狀如飛鳥之形。新雨已，天清静無風，以夜捎或作燒菟絲去之，即篝燭此地，篝音溝，籠也，蓋然火而籠罩其上也。火滅即記其處，以新布四丈環置之，明乃掘取，入地四尺至七尺得矣。此類今固不聞有之。神仙方多單餌之。其法：取白茯苓五斤，去黑皮，擣篩，以熟絹囊盛，於三斗米下蒸之，米熟即止，暴乾又蒸，如此三過。乃取牛乳二斗和合，著銅器中，微火煮如膏，收之。每食以竹刀割取，隨性任飽服之，則不飢。如欲食，先煮葵菜汁飲之，任食無礙。又茯苓蘇法云：取白茯苓三十斤，山之陽者甘美，山之陰者味苦，去皮，薄切，暴乾蒸之。以湯淋去苦味，淋之不止，其汁當甜。乃暴乾篩末，用酒三石，蜜三升相和，内末其中，并置大瓮攪之百匝，封之勿洩氣。冬五十日，夏二十五日，蘇自浮出酒上，掠取之，其味極甘美。以作餅，大如手掌，空室中陰乾，色赤如棗。飢時食一枚，酒送之，終日不須食，自飽。此名神仙度世之法。又服食法：以合白菊花，或合桂心，或合朮，丸、散自任。皆可常服，補益殊勝。或云茯苓中有赤筋，最能損目，若久服者，當先杵末，水中飛澄熟挼，去盡赤滓方可服。若合他藥，則不須爾。凡藥有茯苓，皆忌米醋。舊說琥珀，是千年茯苓所化，一名江珠。張茂先云：今益州永昌出琥珀，而無茯苓。又云：燒蜂窠所作。三說張皆不能辨。按《南蠻地志》云：林邑多琥珀，云是松脂所化。又云：楓脂爲之，彼人亦不復知。地中有琥珀，則傍無草木，入土淺者五尺，深者或八九尺，大者如斛，削去皮，初如桃膠，久乃堅凝。其方人以爲枕，然古今相傳是松類，故附於茯苓耳。

〔宋·唐慎微《證類本草》〕雷公云：凡採得後，去皮心神了，擣令細，於水盆中攪令濁，浮者去之，是茯苓筋，若誤服之，令人眼中童子并黑睛點小，兼盲目。甚記之。《聖惠方》：治面皯皰及産婦黑皰如雀卵色。用白茯苓末，蜜和傅之。《肘後方》：姚氏療皯，茯苓末白蜜和塗上，滿七日即愈。《經驗後方》：養老延年服茯苓方：華山挺子茯苓，研削如棗許大，令四方有角，安於新甆瓶内，以好酒浸，以三重紙封其頭後，一百日開，其色當如餳糖。可日食一塊，百日後肌體潤澤，服一年後，可夜視物，久久食之，腸化爲筋，可延年耐老，面若童顏。《孫真人枕中記》：茯苓久服百日，百病除，二百日夜晝不眠，二年後役使鬼神，四年後玉女來侍。《抱朴子》：任子季服茯苓十八年，玉女從之，能隱能彰，不食穀，灸瘢滅，面生光玉澤。《宋王微》：茯苓讚：皓苓下居，彤紛上薈，中狀雞鳧，具客龜蔡，神侔少司，保延幼艾，終志不移，柔紅可佩。《神仙服茯苓法》：白茯苓去皮，酒浸十五日，漉出爲散。每服三錢，水調下，日三。

**宋·龔鼎臣《東原錄》** 真廟朝，汝州進茯苓一顆，重三十斤，宣示宰臣而下，遂表謝。其表王沂公代為之。有云：事將符於難老，效豈止於蠲痾。

**宋·寇宗奭《本草衍義》卷一三** 茯苓 乃樵斫訖多年松根之氣所生。此蓋根之氣味，噎鬱未絕，故爲是物。然亦由土地所宜與不宜，其津氣盛者，方發洩於外，結爲茯苓，故不抱根而成物。既離其本體，則有苓之義。茯神者，其根但有津氣而不甚盛，故止能伏結於本根。既不離其本，故曰伏神。此物行水之功多，益心脾不可闕也。或曰松既樵矣，而根尚能生物乎？答曰：如馬勃菌、五芝、木耳、石耳之類，皆生於枯木、石、糞土之上，精英未淪，安得不爲物也。其上有菟絲，下有茯苓之說，甚爲輕信。

**宋・鄭樵《通志》卷七六《昆蟲草木略》** 茯苓 曰茯菟。其抱根者曰茯神。《典術》云：松脂入地，千年為茯苓。今詳茯苓乃松脂所化，而云千年，未必耳。《龜策傳》云：茯苓在菟絲之下。今詳茯苓生山林，而菟絲生人間叢薄，自清濁異趣，非同類相感者。

**金・張元素《潔古珍珠囊》〔見元・杜思敬《濟生拔粹》卷五〕** 茯苓甘淡 純陽。滲泄止渴，伐腎邪，小便多則能止之，澀則能利之。白入辛壬癸，赤入丙。與白斂、地榆相反。

茯神甘 純陽。療風眩，心虛非此不能除。

**宋・劉明之《圖經本草藥性總論》卷下** 茯苓 味甘，平，無毒。主胸脇逆氣，憂恚驚邪恐悸，心下結痛，寒熱煩滿欬逆，口焦舌乾，利小便，止消渴，好唾，大腹淋瀝，膈中痰水，水腫淋結，開胸府，調臟氣，伐腎邪，長陰益氣力，保神守中。《藥性論》云：臣。開胃，止嘔逆，主肺痿痰壅，治小兒驚癇，療心腹脹滿，婦人熱淋赤者，破結氣。日華子云：補五勞七傷，安胎，暖膝腰。馬藺為之使。惡白斂。畏壯蒙、地榆、雄黃、秦艽、龜甲。忌米醋。

茯神：平。主辟不祥，療風眩風虛，五勞口乾，止驚悸，多恚怒善忘，開心益智，安魂魄，養精神。《藥性論》云：君。味甘，無毒。主驚癇，安神定志，補勞乏，主心下急痛堅滿，人虛而小腸不利。其心名黃松節，偏治中偏風，口面喎斜，毒風筋攣不語，心神驚掣，虛而健忘。忌米醋及酸物。

**宋・陳衍《寶慶本草折衷》卷一二** 白茯苓臣。從陶隱居，加以白字。 一名伏靈，一名茯菟。生太山山谷大松下，及嵩高、三輔、泰華、西京、鬱、雍州。今所在有松處有之。○二八月於枯折古松下掘採，或大者解割成板，陰乾。○馬間、馬刀為使。間字恐是馬藺或馬蘭。 惡白斂，畏牡蒙、地榆、雄黃、秦艽、龜甲，忌醋及酸物。 味甘，平，無毒。○主胸脇逆氣，憂恚，驚邪，恐悸，心下結痛，寒熱煩滿，欬逆，口焦舌乾，利小便，止消渴，腹中痰水。調藏氣，伐腎邪，長陰，益氣力，保神守中。○陶隱居云：明竅而益肌，厚腸而開心，調榮而理胃。○《藥性論》云：開胃，止嘔逆，安心神。主肺痿，治小兒驚癇，療心腹脹滿。○日華子云：補五勞七傷，安胎，暖腰膝，益智，止健忘。○《圖經》曰：茯苓作塊在土底，大者至數斤。似人形、龜形者佳。皮黑，肉有赤白二種。山之陽者甘美，山之陰者味苦。去皮薄切，暴乾蒸之，以湯淋去苦味，暴篩，末之服食。或云茯苓中有赤筋，能損目，若久服者，先杵末水飛澄，捋盡赤滓，方可服。若合他藥，則不須爾。○坡仙以茯苓削去皮，為散，入細布袋中，就冷水揉擺，澄取粉，其筋滓在袋中，棄去不用。○《聖惠方》：治面皯、黑皰、雀卵色，用白茯苓末，蜜和傅之。○寇氏曰：乃樵斫訖，多年松根之氣所生，其津氣盛者，發洩結為茯苓，故不抱根而成物，則有苓之義。或曰：松既樵矣，而根尚能生物乎？答曰：精英未淪，安得不為物也。

**元・王好古《湯液本草》卷五** 茯苓 氣平，味淡。味甘而淡，陽也。無毒。

白者，入手太陰經、足太陽經少陽經；赤者，入足太陰經、手太陽經少陰經。《象》云：止渴，利小便，除濕益燥，和中益氣，利腰臍間血為主。治小便不通，溺黃或赤而不利。如小便利或數服之，則大損人目。如汗多人服之，損真氣，夭人壽。醫云赤瀉白補，上古無此說。去皮用。《心》云：淡能利竅，甘以助陽，除濕之聖藥也。味甘平，補陽，益脾逐水。濕淫所勝，小便不利。淡味滲，泄陽也。治水緩脾，生精導氣。《珍》云：甘，純陽。滲泄止渴。《本草》云：主胸脇逆氣，憂恚驚邪恐悸，心下結痛，寒熱煩滿，欬逆，口焦舌乾。利小便，止消渴，好唾，大腹淋瀝，消膈中痰水，水腫，淋結。開胸腑，調臟氣，伐腎邪，長陰，益氣力，保神守中。《液》云：入足少陰，手足太陽。色白者，入辛壬癸；赤者，入丙丁。伐腎邪，小便多能止之，小便澀能利之。與車前子相似，雖利小便而不走氣。酒浸，與光明硃砂同用，能秘真。味甘平，如何是利小便。

茯神 陽也，味甘，無毒。《珍》云：治風眩心虛，非此不能安。《藥性論》云：君，主驚癇，安神定志，補虛乏。主心下急痛堅滿，人虛而小便不利者。

**元・尚從善《本草元命苞》卷六** 茯苓 為君。又云茯菟。味甘，平，無毒。利小便，止渴，開胃府，調臟氣。主憂思驚悸，伐腎邪，消痰水。能保神守中，治胸脇逆氣煩滿。療心下結痛，消中，小便多能止，小便澀能分。心神驚掣能保，魂魄離亂能寧。和魂煉魄，通神致靈。益肌明竅，厚腸開心。調榮理衛，益血通經。白入壬癸，赤入丙丁。善斷穀以不飢，取真全而不朽。松脂入地千歲，形化乃為茯苓。山之陽者，甘美。山之陰者，苦平。惡白斂。畏地榆、龜甲、秦艽。服之忌米醋。入藥去粗皮。生太山山谷松下，似人形、龜形者佳。抱根者名茯神，性平，善辟不祥。療風眩風虛，止驚癇恚怒。治五勞口乾，醫心下急滿。開心志，益智，定魂魄，安神虛。而小腸不利，尤當加以用之。《唐本》注云：李氏《本草》云馬刀為茯苓使，無名馬間者，間字，草書似刀者，寫人不識，訛為間爾。陶云：馬草，今注馬簡。二注皆謬矣。

**元・朱震亨《本草衍義補遺》**　茯苓　得松之餘氣而成，屬金。仲景利小便多用之，此暴、新病之要藥也。若陰虛者，恐未為相宜。○其上有菟絲，下有茯苓之說，甚為輕信。又：宋王微《茯苓讚》：皓苓下居，彤紛上薈。中狀雞鳧，且容龜蔡。神侔少司，保延幼艾。終志不移，柔紅可佩。

**元・佚名氏《珍珠囊・諸品藥性主治指掌》〔見《醫要集覽》〕**　白茯苓　味甘，淡，性溫，無毒。降也，陽中之陰也。其用有六：利竅而除濕，益氣而和中，小便多而能止，大便結而能通，心驚悸而能保，津液少而能生。白者入壬癸，赤者入丙丁。

**元・徐彥純《本草發揮》卷三**　茯苓　成聊攝云：茯苓，以伐腎邪。又云：津液少者，以甘潤之。茯苓、白朮之甘，以益脾逐水。又云：脾惡濕，甘先入脾。茯苓、白朮之甘，緩脾生津。潔古云：止消渴，利小便，除濕益燥，和中益氣，利腰臍間血為主治。小便不通，溺黃或赤而不利。如小便利或數，服之則大損人目。如汗多人服之，損元氣，夭人壽。醫言赤瀉白補，上古無此說。《主治秘訣》云：性溫，味淡。氣味俱薄，浮而升，陽也。其用有五：止瀉一，利小便二，開腠理三，除虛熱四，生津液五也。又云：茯苓淡，為在天之陽也。陽當上行，何謂利水而泄下？《經》云：氣之薄者，乃陽中之陰。所以茯苓利水而泄下，亦不離乎陽之體，故入手太陽。東垣云：茯苓味甘而淡，性平，陽也。淡能利竅，甘以助陽，除濕之聖藥也。味甘，平。補陽益脾，逐水平火。寒淫所勝，小便不利，用淡味滲泄為陽也。治水緩脾，生津液，止渴導氣。又云：分陰陽而導濕。海藏云：入手足少陰、手足太陽也。白者入庚辛、壬癸，色赤者入丙丁，伐腎邪，小便多則能止之，小便澀則能利之，與車前子相似，雖利小便，卻不走氣。酒浸，與光明硃砂同用，能秘真。其味甘平，如何是利小便？丹溪云：茯苓屬金，得松之餘氣所成。仲景利小便多用之。此治暴病新病之要藥，若久病陰虛者，恐未為相宜。

**元・徐彥純《本草發揮》卷三**　茯神　東垣云：味甘，平，純陽。療風眩心虛，辟不〔祥〕，止驚悸，開心益智，安魂魄，養精神，心虛，非此不能除之。

**明・王綸《本草集要》卷四**　茯苓臣　味甘，淡，氣平。陽也。無毒。入手太陰、足太陽少陽。赤者入足太陰、手少陽少陰經。惡白斂、牡蒙、地榆、雄黃、秦艽、龜甲，忌醋及酸物。得松之餘氣而成者。陰乾。中有赤筋，最損目，用宜去之。主胸脇逆氣，憂恚驚邪〔志〕〔恐〕悸，心下結痛，寒熱煩滿，咳逆，口焦舌乾，利小便，水腫淋結，膈中痰水，肺痿痰壅。調胃氣，伐腎邪，降肺火，益氣力，保神守中，久服安魂養神，不飢延年。淡利竅，甘助陽，除濕行水之聖藥。白色者補，赤色者利。又赤者破結氣，如小便多及汗多陰虛者，不宜服。其有抱根者名茯神君，主辟不祥，療風眩風虛，五勞口乾，止驚悸恚怒驚癇，善忘，開心益智，安魂魄，養精神，補勞乏。又治心下恚痛堅滿。人虛而小腸不利，加而用之。

**明・滕弘《神農本經會通》卷二**　白茯苓　臣也。惡白斂，畏牡蒙、地榆、雄黃、秦艽、龜甲。凡藥有茯苓，皆忌米醋及酸物。得松之餘氣而成者，二月八月採，陰乾者良。皮黑細皺，內堅白。有白、赤二種，中有赤筋，最能損目，用宜去之。又要去黑皮。

味甘，氣平，無毒。《湯》云：氣平，味淡，味甘而淡，陽也。白者入手太陰、足太陽少陽三經。赤者入足太陰、手太陽少陰三經。東云：陰也，陽中陰也。利竅而除濕，益氣而和中，小便多而能止，小便結而能通，心驚悸而能保，津液少而能生。白者入壬癸，赤者入丙丁。又云：補虛勞，益心脾。珍云：補陽，益脾生津，導氣，能開腠理，祛除虛熱，通利小便，止泄瀉、除濕之聖藥。《疌》云：開胃，止泄，益氣安胎，定經，暖腰膝，利水，伐腎邪。

《本經》云：主胸脇逆氣，憂恚驚邪恐悸，心下結痛，寒熱煩滿，欬逆，口焦舌乾，利小便，止消渴，好唾，大腹淋瀝，消膈中痰水，水腫淋結，開胸腑，調臟氣，伐腎邪，長陰，益氣力，保神守中，久服安魂養神，不飢延年。陶云：白色者補，赤色者利。仙經服食亦為至要，云其通神而至靈，和魂而練魄，明竅而益肌，厚腸而開心，調榮而理胃，上品仙藥也。善能斷穀不飢，為藥無朽蛀。《藥性》云：臣。忌米醋。能開胃，止嘔逆，善安心神，主肺痿痰壅，治小兒驚癇，療心腹脹滿，婦人熱淋。赤者破結氣。日華子云：補五勞七傷，安胎，暖腰膝，開心益智，止健忘。忌醋及酸物。《象》云：止渴，利小便，除濕益燥，和中益氣，利腰臍血為主。治小便不通，溺黃，或赤而不利。如小便利或數，服之則大損人目。如汗多人服之，損真氣，夭人壽。醫云：赤瀉白補，上古無此說。去皮用。《心》云：淡能利竅，甘以助陽，除濕之聖藥也。味甘平，補陽益脾，逐水，濕淫所勝，小便不利，淡味滲泄陽也，治水緩脾，生津導氣。珍云：甘，純陽。滲泄止渴。《液》云：入足少陰、手足太陽。色白者入壬癸，赤者入丙丁。伐腎邪，小便多能止之，小便澁能利之。與車前子相似，雖利小便，而不走氣。酒浸，與光明硃砂同用，能秘真。味甘平，如何利小便？丹溪云：得松之餘氣而成，屬金，仲景利小便多用之，此暴新病之要藥也。若陰虛者，恐未為相宜。又云：其上有菟絲，下有茯苓之說，甚難輕信。劄云：白茯苓溫味甘淡，和中益氣濕能行。《局》云：茯苓滲泄除寒濕，止渴消痰利小便。更順三焦分水穀，補虛治悸定強言。白茯苓，補虛定悸。

赤茯苓　氣味，《經》同白茯苓。《叀》云：利水，破氣。東云：破結血，利水道。其餘功用與白同。赤茯苓，通利小便。

茯神：君也。《局》云：去粗皮及心中木。此物行水之功多，益心脾，不可闕也。味甘，氣平，無毒。《湯》云：味甘而淡，陽也。東云：寧心益智，除驚悸。珍云：止驚，辟不祥，心虛及風眩，開心定魄，兼養精神。《本經》云：其有抱根者，名茯神。茯神，平。主辟不祥，療風眩風虛，五勞口乾，止驚悸，多恚怒，善忘，開心益智，安魂魄，養精神。《藥性論》云：君。味甘，無毒。主驚癇，安神定志，補勞乏，主心下急痛堅滿。人虛而小腸不利，加而用之。其心名黃松節，偏治中偏風，口面喎斜，毒風筋攣不語，心神驚掣，虛而健忘。《局》云：茯神多是抱根生，主療風虛性却平。更治五勞並健志，開心益智又除驚。茯神，健志除驚，開心益智。

**明・劉文泰《本草品彙精要》卷一六**　茯苓無毒。附茯神。　寄生。

**茯苓**出《神農本經》：**主胸脇逆氣，憂恚，驚邪恐悸，心下結痛，寒熱煩滿，欬逆，口焦舌乾，利小便。久服安魂養神，不飢延年。**以上朱字《神農本經》。止消渴，好唾，大腹淋瀝，膈中痰水，水腫，淋結，開胸腑，調臟氣，伐腎邪，長陰，益氣力，保神守中。○茯神，平，主辟不祥，療風眩，風虛，五勞，口乾，止驚悸，多恚怒，善忘，開心益智，安魂魄，養精神。以上黑字名醫所錄。【名】茯菟。【苗】《圖經》曰：出大松下，附根而生，無苗葉花實，作塊如拳，在土底。大者至數斤，似人形、龜形者佳，皮黑，肉有赤白二種。《衍義》曰：茯苓乃樵斫訖多年松根之氣所生，蓋根之氣，抑鬱未絕，故爲此物。然亦由土地所宜與不宜，其津氣盛者，發洩於外，結爲茯苓，故不抱根而成，既離其本則有潛伏之義，故曰茯苓。其茯神雖有津氣而不甚盛，故止能伏結於本根，既不離其本則有藉松之靈，故曰茯神。或云：松既樵矣，而根尚能生物乎？答曰：如馬勃、菌、五芝、木耳、石耳之類，皆生於枯木土石之上，精英未淪，安得不爲物也。傳云：上有菟絲，下有茯苓，及多年松脂入地所化，甚爲輕信。【地】《圖經》曰：生泰山山谷，泰、華、嵩山、鬱州、雍州、南山。【道地】嚴州者佳。【時】生：無時。採：二月、八月。【收】陰乾。【用】堅實者爲上。【色】白，赤。【味】甘，淡。【性】平緩。【氣】氣之薄者，陽中之陰。【臭】朽。【行】白者入手太陰經、足太陽經少陽經。赤者入足太陰經、手太陽經少陰經。【主】利水，除濕，益氣，和中。【助】馬藺爲之使。【反】惡白歛，畏牡蒙、地榆、雄黃、秦艽、龜甲。【製】《雷公》曰：凡採得後，去皮心，搗令細，于水盆中攪令濁浮去之，是茯苓筋，若誤服之，令人眼中瞳子並黑，睛點小兼盲目，甚記之。【治】療：陶隱居云：白茯苓，通神而致靈，和魂而煉魄，明竅而益肌，厚腸而開心，調榮而理衛。《藥性論》云：白茯苓，開胃止嘔逆，安心神，及肺痿痰壅，並小兒驚癇，療心腹脹滿，婦人熱淋。○赤茯苓，破結氣。○茯神，安神定志，及驚癇，心下急痛，堅滿，人虛而小腸不利，加而用之。○心名黃松節，去中偏風，口面喎斜，毒風，筋攣不語，心神驚掣，虛而健忘。日華子云：白茯苓，安胎，暖腰膝，止健忘。《湯液本草》云：白茯苓，除濕益燥，和中益氣，利腰臍間血。其淡能利竅，甘以助陽，除濕之聖藥。所以補脾逐水。濕淫所勝，小便不利，淡味滲泄，陽也，故治水，緩脾，生津，導氣。○赤茯苓，入丙丁，伐腎邪，小便多能止之，小便澀能利之。補：《藥性論》云：白茯苓，補勞乏。日華子云：白茯苓，補五勞七傷，開心益智。【合治】白茯苓酒浸，合光亮硃砂同用，能秘真。○白茯苓，爲末，合蜜和傅面上，療面皯皰及產婦黑皰如雀卵。○白茯苓合甘草、防風、芍藥、紫石英、麥門冬，共療五臟。【禁】如小便利或數，服之則大損人目；　如汗多人服此，損真氣，夭人壽。陰虛人不宜服。

【忌】醋及酸物。

**明・葉文齡《醫學統旨》卷八**　茯苓　氣平，味甘而淡，無毒。浮而升，陽也。入手太陰、足太陽少陽。赤者入足太陽、手少陽少陰經。惡白斂；畏地榆、雄黃、秦艽、龜甲；忌醋及酸物；得松之餘氣而成；中有赤筋最損目，用宜去之。白補赤瀉，去皮用。　治胸脇逆氣，憂恚驚邪恐悸，心下結痛；寒熱煩滿欬逆，口乾止消渴；利小便，除濕益燥，水腫淋結，膈中痰水，肺痿痰壅；調胃氣，伐腎邪，降肺火，益氣力；保神守中，利腰臍血。久服安魂養神，不飢延年。如小便多及汗多陰虛者不宜服。　茯神：氣平，味甘。純陽。無毒。去皮用。　治風眩風虛，辟不祥驚悸，開心益智，安魂魄，養精神，補勞乏，心虛非此不能除；又治心下急痛，堅滿，人虛而小便不利者，加而用之。

**明・許希周《藥性粗評》卷二**　心每靈於茯神。

茯神，乃茯苓之抱根而生者也。略見茯苓條下。凡用去粗皮并中心木，惡白斂，畏牡蒙、地榆、雄黃、秦艽、烏臼。味甘，性平，無毒。入手少陰心經。主治風眩風虛，五癆驚悸，恚怒健忘，開心益智，安魂魄，養精神，辟不祥。東垣云：心虛非此不能除。【略】

茯苓分陰陽而導濕。

茯苓，一名茯菟，千歲松脂也，其脂入地結而成塊，掘而得之如芋，大小不一，皮黑而肉有赤白二種。《淮南子》云：下有茯苓，上有菟絲。或曰：乃古松久為人斬伐者，其氣在下，不能上生，鬱鬱而別生此物。其抱根而生者，輕虛，謂之，茯神。或又曰：此非松脂所生，乃別一種假松之氣以生者。然今採者，多得之古松之下，亦未有得之於既斬之松之下者，且觀其質，似非脂液所凝，然則假氣而生之說，充為可信。而茯神乃其游根之所穿者歟，江南山谷古松下處處有之。二、八月採，陰乾。凡用削去黑皮，剉搗為末，入清水盆中攪令濁，但有浮者去之，此茯苓絲也，服之壞目，其餘以布漉出，晒乾任用。忌米醋。餘說《本草》不載。味甘、淡，性平，無毒。其氣浮而升，入手足少陰、太陽經。主治寒熱煩躁，欬逆，憂恚驚悸，消渴，淋瀝腫滿，止瀉除濕，開胸膈，安魂魄，伐腎邪，利小便，生津液，益氣力，養精神，消痰化氣，久服延年不飢，蓋仙品要藥也。成聊攝云：津液少者，以甘潤之，茯苓、白术之甘以緩脾生津。東垣云：除濕之聖藥也，分陰陽而導濕。《本草》云：白補赤瀉。海藏云：色白者入庚辛壬癸，益氣生津也。色白者入丙丁，瀉火除熱也。伐腎邪與車前子相似，雖利小便，却不走氣。潔古云：如小便利或數，服之則大損人目，如汗多服之，則損元氣。丹溪云：久病陰虛者，恐未為相宜。如此則治病者，不可概以為補益而直用之也。

單方：住世延年：白茯苓去皮切塊，酒浸十五日，漉出，為細末，每服三錢，水調下，日三，久久有功。此甚簡易。一法：華山挺子茯苓，削如棗大，令四方有角，安於新甆瓶內，以好酒浸，重紙封固後，一百日開，其色當如餳糖，可日食一塊，百日後肌體潤澤，一年後可夜視物，久久食之，腸化為筋，延年（柰）〔耐〕老，面若童顏，辟穀不飢也。　除斑去黶：男婦面有雀斑墨黶者，白茯苓為末，白蜜調塗面上，滿七日而愈。

**明・鄭寧《藥性要略大全》卷二**　茯苓　利竅除濕，益氣和中。小便多而能止，大便結而能通。心驚悸而能保，津液少而能進。白者入壬癸，赤者入丙丁。　《經》云：開胸膈，消水腫，安胎，治淋瀝，伐腎邪，長陰益氣力。久服安神養魂，不飢延年。　潔古云：療虛勞，補心脾，除寒熱，止渴消痰。赤茯苓：破結氣，破血利水道。　《象》云：服多者，大損人真氣。《十書》云：白者入肺、膽、膀胱，赤者入脾。又云：入膀胱腎經之劑。　丹溪云：淡能利竅，甘以助陽。除濕之聖藥也。利腰間血及小便黃赤者。若小便自利或數者，服多則大損人目。若汗多之人服多，則損其氣，以其利小便之過也。　味甘、淡，氣溫、平，無毒。降也。陽中陰也。惡白斂。畏牡蒙、地榆、雄黃、秦艽、龜甲。忌醋及酸物。得松之餘氣而成。採取陰乾，去皮用。中有赤筋最損目。又云：赤瀉白補。古無是說。

茯神　辟不祥，養精神，定心氣，補虛勞。《珠囊》云：寧心益志，令人不忘。《經》云：治風眩風虛，五勞口乾，止驚悸恚怒，健忘，開心益志，安魂魄，養精神。《十書》云：治心下急痛堅滿，利小便。　味甘，氣平，無毒。去木用。〇即茯苓抱根而生者。每生處止一二枚。若茯苓所生處，多至三四十斤矣。

**明・賀岳《醫經大旨》卷一《本草要略》**　茯苓　雖曰赤者向丙丁，白者向壬癸。又曰赤者能利水，白者能補脾。是知赤者而瀉小腸之火，則能利水矣，不知白者潤肺生津而能分利也。故此劑以分利為主，而莫如用白。《衍義補遺》以為陰虛未為相宜，蓋以其滲淡也。殊不知氣重者主氣，味重者助血，茯苓雖曰滲淡，而其味尚甘，於陰虛者亦無害也。其佐人參等補劑下行，亦能補虛而固腎矣。特猪苓一劑，誠為滲淡而陰虛者為當忌也。

**明・陳嘉謨《本草蒙筌》卷四** 茯苓 味甘、淡，氣平。屬金。降也，陽中陰也。無毒。近道俱有，雲貴雲南、貴州獨佳。產深山谷中，在枯松根底。由木被斧斤砍伐，或老遭風雹折摧。枝葉不復上升，津氣旋向下泄。凝結成塊，乃名茯苓。因其本體相離，故取附之之義。小如鵝卵，大若匏瓜。猶類龜鼈人形，並尚沉重結實。四五斤一塊者愈佳。久藏留自無朽蛀，初收採須仗陰乾。咀片水煎，黑皮淨削。研末丸服，赤筋盡淘。茯苓中有赤筋，最損目，為丸散久服者，研細末，入細布袋中，以冷水揉擺，如作葛粉狀，澄取粉，而筋滓在袋中者，棄去不用，若煎湯則不須爾。方益心脾，不損眼目。忌酸物，惡白斂，仍畏牡蒙、地榆、雄黃、秦艽、龜甲。種赤白主治略異，經上下行走自殊。赤茯苓入心脾小腸，屬己丙丁，瀉利專主；白茯苓入膀胱腎肺，屬辛壬癸，補益兼能。甘以助陽，淡而利竅。通便不走精氣，功並車前；利血僅在腰臍，効同白术。為除濕行水聖藥，乃養神益智僊丹。生津液緩脾，敺痰火益肺。和魂鍊魄，開胃厚腸。卻驚癇，安胎孕。久服耐老，延年不飢。儻汗多陰虛者誤煎，傷元夭壽；若小便素利者過服，助燥損明。暴病有餘相宜，久病不足切禁。凡須細察，不可妄投。〇茯神附結本根，因津泄少；謂既不離其本，故此為名。體比苓略鬆，皮與木須去。所忌畏惡，悉倣於前。專理心經，善補心氣。止恍惚驚悸，除恚怒健忘。心木名黃松節載經，偏風致口喎僻治驗。

謨按：經註有曰：松木既樵，根尚能生物者何也？蓋因精英未淪，沾其土氣，不能不為物爾。正猶馬勃、菌蕈、五芝、木耳、石耳之類，多生枯木潤石糞土之上，則可知焉。其上菟絲下有伏苓之說，甚為輕信者矣。又曰：茯苓為在天之陽，陽當上行，何謂利水而瀉下也？《經》云：氣薄者，陽中之陰。所以茯苓利水瀉下，亦不離乎陽之本體，故入手足太陽經焉。丹溪又曰：茯苓、猪苓、澤瀉各有行水之能，久服損人。八味丸用之，亦不過接引諸藥，歸就腎經，去胞中久積陳垢，以為搬運之功也。第一卷白术欵後謨按宜參看。

**明・方穀《本草纂要》卷三** 茯苓 味甘、淡，氣平，陽也，無毒。入太陰脾經，復入太陽膀胱、少陰心經。堅固榮衛，分理陰陽，疎通滲泄，利水實脾，化膀胱之源，寧心腎之氣者也。故鎮驚定志，非茯苓不能除；清血化氣，非茯苓不能療。若夫健脾之劑，多用茯苓，蓋脾喜燥而惡濕，茯苓淡滲以實脾也。鎮驚之劑亦用茯苓，驚乃氣之虛，茯苓氣之實，今借氣之實而壯氣之虛也。膀胱濕熱不清，水道蘊蓄不利，茯苓能清化源也。臟腑癥瘕積聚，小便癃閉淋瀝，茯苓能清血化氣也。《本草》云：氣虛之人不可用，因其淡滲有泄下也。自汗之症不可用，因其發汗不可利小便也。又云：茯苓能生津液，殊不知津爲濟渡之處，液之往來，乃曰津液。茯苓生津，因其利竅利水而活動其液，非若人參而真能生液也。元虛之人還宜忌之，故產後多禁用。

**明・王文潔《太乙仙製本草藥性大全》卷三《本草精義》** 茯苓 一名□魂。近道俱有之。雲南、貴州者獨佳。產深山谷中，在枯松根底，山木被斧斤砍伐，或老遭風雹折摧，枝葉不復上升，津氣旋向下泄，凝結成塊，乃名茯苓，因其本體相離，故取附之之義。小如鵝卵，大若瓠瓜，猶類龜鼈人形，並向沉重結實，四五斤一塊者愈佳。久藏留自無朽蛀。初收採須使陰地咀片，水煎，黑皮净削，研末丸服，赤筋盡淘，方〔益〕心脾，不損眼目。忌酸物，惡白斂，仍畏牡蒙、地榆、雄黃、秦艽、龜甲。

茯神：生太山山谷，今泰、華、嵩山皆有之。出大松下，附根而生，無苗葉花實，作塊如拳，在土底，大者至數斤，似人形、龜形者佳。皮黑，肉有赤白二種。或云是多年松脂流入土中變成，或云假松氣于本根上生。今東人採之法：山中古松，久爲人斬伐者，其枯折槎枿，枝葉不復上生者，謂之茯苓，撥見之即于四面丈餘地內，以錢頭錐刺地，如有茯苓，則錐固不可拔，于是掘土取之。其撥大者，茯苓亦大，皆自作塊，不附著根上，其抱根而輕虛者爲茯神。然則假氣而生者，其說勝矣。二月、八月採者良，皆陰乾。《史記・龜策傳》云：茯苓在菟絲之下，狀如飛鳥之形。新雨已，天清靜無風，以夜捎或作燒菟絲去之，即篝燭此地，篝，音溝籠也。蓋燃火而籠罩其上也，火滅即記其處，以新布四丈環置之，明乃掘取，入地四尺至七尺得矣。此類今固不聞有之。

按經註有曰：松木既樵，根尚能生物者，何也？蓋因精英未淪，沾其土氣，不能不爲物爾，正猶馬勃、菌蕈、五芝、木耳、石耳之類，多生枯木、潤石、糞土之上，則可知焉。其上菟絲下有茯苓之說，甚爲輕信者矣！又曰：茯苓爲在天之陽，陽當上行，何謂利水而瀉下也？《經》云：氣薄者，陽中之陰，所以茯苓利水瀉下，亦不離乎陽之本體，故入手足太陽經焉。丹溪又曰：茯苓、猪苓、澤瀉各有行水之能，久服損人，八味丸用之，亦不過接引諸藥歸就腎經，去胞中久積陳垢，以爲搬運之功也。

**明·王文潔《太乙仙製本草藥性大全》卷三《仙製藥性》** 茯苓臣 味甘、淡，氣平，屬金，降也，陽中陰也，無毒。入手太陰、足太陽少陽經。赤者入足太陰、手少陽少陰經。得松之餘氣而成者，陰乾。中有赤筋最損目。主治：種有赤白，主治略異，經分上下，行走自殊。赤茯苓，入心、脾、小腸，屬己丙丁，瀉利專主。白茯苓，入膀胱、腎、肺，屬辛壬癸，補益兼能。甘以助陽，淡而利竅。通便不走精氣，功並車前。利血僅在腰臍，效同白术。爲除濕行水聖藥，乃養神益智仙丹。開胸膈，消水腫，伐腎邪，長陰益氣。療虛勞，補心脾。除寒熱，消痰止渴。生津液緩脾，驅痰火益肺。和魂鍊魄，開胃厚腸，却驚癇，安胎孕。久服耐老，延年不飢。儻汗多陰虛者誤煎，傷元夭壽。若小便素利者過服，助燥損明。暴病有餘相宜，久病不足切禁，凡須細察，不可妄投。補註：治血奸皰及產婦黑皰如雀卵色，用白茯苓末，蜜和傳之。〇姚氏療鼾，茯苓末白蜜和塗上，滿七日即愈。〇養老延年，服茯苓方：華山挺子茯苓，研削如棗許大，令四方有角，安於新甆瓶內，以好酒浸，用紙一重，封其頭後一百日開，其色當如錫糖，可日食一塊。百日後身體潤澤，服一年後可夜視物，久久食之，腸化爲筋，可延年耐老，面若童顏。〇茯苓久服百日百病除，二百日夜晝不眠，二年後役使鬼神，四年後〔玉女〕來侍。《抱朴子》云：任子季服茯苓十八年，玉女從之，能隱能彰，不食穀，灸瘢滅，面生光玉澤。服茯苓法：白茯苓，去皮，酒浸十五日，漉出爲散，每服三錢，水調下，日三服。太乙曰：凡採得後，去皮心神了，搗令細，於水盆中攪令濁，浮者去之，是茯苓筋，若誤服之，令人眼中童子并黑睛點小，兼盲目，甚記之。茯神：味甘，氣平，無毒。去木用。〇即茯苓抱根而生者，每生處止一二枚，因津泄少，謂既不離其本，故此爲名。主治：體比苓略鬆，皮與木須去。所忌畏惡，悉倣於前。專理心經，善補心氣。止恍惚驚悸，除恚怒健忘。松黄松節：載經。偏風致口喎僻治驗。補註：茯苓，乃樵斫訖多年松根之氣所生。此蓋根之氣味噎鬱未絕，故為是物。然亦由土地所宜與不宜，其津氣盛者，乃發泄於外，結爲茯苓，故不抱根而成，既離其本體，則有苓之義。茯神者，其根但有津氣而不甚盛，故止能伏結於本根，既不離其木，故曰茯神。此物行水之功多，益心脾不可闕也。或曰松既樵矣，而根尚能生物乎？答曰：如馬勃菌、五芝、木耳、石耳之類，皆生於枯木、石、糞土之上，精英未淪，安得不爲物也？其上有菟絲，下有茯苓之說，甚爲輕信。

**明·皇甫嵩《本草發明》卷四** 茯苓上品，君。氣平，味甘，淡。屬金，降也，陽中陰也。無毒。白者入手太陰、足太陽少陽，赤者入足太陰、手太陽少陰。發明曰：惟能茯苓，淡而能滲，甘而能補，除濕聖藥也。惟能滲，故能行水，利小便。惟能補，故能和中益脾，自其滲中焦之水。《本草》所謂胸脇逆氣，憂恚驚悸，心下結痛寒熱，煩滿欬逆，膈中痰水，皆水飲停心下濕熱所致也。能滲泄之，則以上諸症悉除，中氣自和，脾藏自益，而津液亦生矣。又何口焦舌乾，煩渴之有哉？自其滲下焦之水，《本草》所去大腹淋瀝水腫，淋結溺黄赤，腰臍不利，皆由邪水停下部，濕淫所勝也。此滲利之，則以上諸症悉除，邪水去，腎家真水得養，腰臍血亦利，津道自行，所謂長陰，益氣力，保神守中，開心益智，安胎，安魂魄，延年者，安之滲之，即所以補之也。赤者，清心熱，而瀉小腸之火，能制水。白者，潤肺助陽，長陰生津，而能分利也。〔赤化痰涎，白利水道。〕上古無赤瀉白補之說，今補劑中多用白者。〇《衍義補遺》以為陰虛者未宜，汗多陰虛禁用。然味淡中有甘，若與參、芪、歸、芍等兼用，何妨？又云：小便素利者，過服助燥損明，若兼補陰之劑，所謂小便多，而能止也。但不宜入燥劑中用耳。非比猪苓一味，誠為淡滲，陰虛者當忌之。

茯神，氣味與茯苓同，而功用稍異。專理心經，補心氣，安神定志，開心益智，安魂魄，養精神，止恍惚驚悸，除忿恚健忘。又辟不祥，療風眩風濕，五勞口乾，心下急痛堅滿等。茯苓、茯神忌醋及酸物。惡白斂。畏牡蒙、地榆、雄黄、秦艽、龜甲。〇產雲貴者佳。生深谷中枯松底，枝葉不復上升，津氣向下，(沽)〔沾〕土氣凝結塊，沈重堅實，三五斤一塊，如人形、龜形者佳妙。中有赤筋，最損目。為丸散，須研細末，入細夏布袋中，以冷水揉擺，澄取粉盡出水中，筋滓在袋中者去之不用。若(易)〔湯〕藥中煎服，不須如此製。

**明·李時珍《本草綱目》卷三七木部·寓木類** 茯苓《本經》上品

〔釋名〕伏靈《綱目》 伏菟《本經》 松腴 不死麪《記事珠》 抱根者名伏神《別録》。宗奭曰：多年樵斫之松，根之氣味抑鬱未絶，精英未淪。其精氣盛者，發泄于外，(洁)〔結〕爲茯苓。故不抱根，離其本體，有零之義也。津氣不盛，止能附結本根，既不離本，故曰伏神。時珍曰：茯苓，《史記·龜策傳》作伏靈。蓋松之神靈之氣，伏結而成，故謂之伏靈、伏神也。仙經言伏靈大如拳者，佩之令百鬼消滅，則神靈之氣，(益)〔亦〕可徵矣。俗作苓者，傳寫之訛爾。下有伏靈，上有菟絲，故又名伏菟。或云其形如兔，故名亦通。〔集解】《别録》曰：茯苓、茯神生太山山谷大松下。二月、八月采，陰乾。弘景曰：今出鬱州。大者如三四升器，外皮黑而細皺，内堅白，形如鳥獸、龜鼈者良。虚赤者不佳。性無朽蛀，埋地中三十年，猶色理無異也。恭曰：今太山亦有茯苓，實而理小，不復采用。第一出華山，形極粗大。雍州南山亦有，不如華山。保昇曰：所在大松處皆有，惟華山最多。生枯松樹下，形塊無定，以似龜、鳥形者爲佳。禹錫曰：《范子計然》言：茯苓出嵩山及三輔。《淮南子》言：千年之松，下有茯苓，上有菟絲。《典術》言：松脂入地，千歲爲茯苓，望松樹赤者有之。《廣志》言：茯神乃松汁所作，勝于茯苓。或云即茯苓貫着松根者。生朱提、濮陽縣。頌曰：今太、華、嵩山皆有之。出大松下，附根而生，無苗、葉、花、實，作塊如拳在土底，大者至數斤，有赤、白二種。或云松脂變成，或云假松氣而生。今東人見山中古松久爲人斬伐，其枯折槎枿，枝葉不復上生者，謂之茯苓撥。即于四面丈餘地内，以鐵頭錐刺地。如有茯苓，則錐固不可拔，乃掘取之。其撥大者，茯苓亦大。皆自作塊，不附着根。其包根而輕虚者爲茯神，則假氣生者，其説勝矣。《龜策傳》云：茯苓在菟絲之下，狀如飛鳥之形。新雨已霽，天静無風，以火夜燒菟絲，去之，即篝燭此地罩之，火滅即記其處。明乃掘取，入地四尺或七尺得矣。此類今不聞有之。宗奭曰：上有菟絲之説，甚爲輕信。時珍曰：下有茯苓，則上有靈氣如絲之狀，山人亦時見之，非菟絲子之菟絲也。注《淮南子》者，以菟絲子及女蘿爲説，誤矣。茯苓有大如斗者，有堅如石者，絶勝。其輕虚者不佳，蓋年淺未堅故爾。劉宋王微《茯苓贊》云：皓苓下居，形絲上薈。中狀雞鳬，其容龜蔡。神侔少司，保延幼艾。終志不移，柔紅可佩。觀此形絲，即菟絲之證矣。寇氏未解此義。

【修治】斅曰：凡用皮去心，搗細，于水盆中攪濁，浮者濾去之。此是茯苓赤筋，若誤服餌，令人瞳子并黑睛點小，兼盲目。弘景曰：作丸散者，先煮二三沸乃切，暴乾用。

【氣味】甘，平，無毒。元素曰：性温，味甘而淡，氣味俱薄，浮而升，陽也。之才曰：馬間爲之使。得甘草、防風、芍藥、紫石英、麥門冬，共療五臟。惡白斂，畏牡蒙、地榆、雄黄、秦艽、龜甲，忌米醋及酸物。弘景曰：藥無馬間，或是馬莖也。恭曰：李氏《本草》：馬刀爲茯苓使，間字草書似刀字，傳訛爾。志曰：二注恐皆非也。當是馬藺字。【主治】胸脇逆氣，憂恚驚邪恐悸，心下結痛，寒熱煩滿欬逆，口焦舌乾，利小便。久服，安魂養神，不飢延年《本經》。止消渴好睡，大腹淋瀝，膈中痰水，水腫淋結，開胸腑，調臟氣，伐腎邪，長陰，益氣力，保神氣《别録》。開胃止嘔逆，善安心神，主肺痿痰壅，心腹脹滿，小兒驚癇，女人熱淋甄權。補五勞七傷，開心益智，止健忘，暖腰膝，安胎大明。止渴，利小便，除濕益燥，和中益氣，利腰臍間血元素。逐水緩脾，生津導氣，平火止泄，除虚熱，開腠理李杲。瀉膀胱，益脾胃，治腎積奔豚好古。

赤茯苓　【主治】破結氣甄權。瀉心、小腸、膀胱濕熱，利竅行水時珍。

茯苓皮　【主治】水腫膚脹，開水道，開腠理時珍。【發明】弘景曰：茯苓白色者補，赤色者利。俗用甚多，仙方服食亦爲至要。云其通神而致靈，和魂而鍊魄，利竅而益肌，厚腸而開心，調營而理衛，上品仙藥也。善能斷穀不飢。宗奭曰：茯苓行水之功，多益心脾，不可缺也。元素曰：茯苓赤瀉白補，上古無此説。氣味俱薄，性浮而升。其用有五，利小便也，開腠理也，生津液也，除虚熱也，止瀉也。如小便利或數者，多服則損人目。汗多人服之，亦損元氣，夭人〔壽〕，爲其淡而滲也。又云：淡爲天之陽，陽當上行，何以利水而瀉下？氣薄者陽中之陰，所以茯苓利水瀉下。不離陽之體，故入手太陽。杲曰：白者入壬癸，赤者入丙丁。味甘而淡，降也，陽中陰也。其用有六，利竅而除濕，益氣而和中，治驚悸，生津液，小便多者能止，小便結者能通。又云：濕淫所勝，小便不利。淡以利竅，甘以助陽。温平能益脾逐水，乃除濕之聖藥也。好古曰：白者入手太陰、足太陽經氣分，赤者入足太陰、手少陰太陽氣分。伐腎邪。小便多，能止之；小便濇，能利之。與車前子相似，雖利小便而不走氣。酒浸與光明朱砂同用，能秘(童)〔真〕元。味甘而平，如何是利小便耶？震亨曰：茯苓得松之餘氣而成，屬金，仲景利小便多用之，此暴新病之要藥也。若陰虚者，恐未爲宜。此物有行水之功，久服損人。八味丸用之者，亦不過接引他藥歸就腎經，去胞中久陳積垢，爲搬運之功耳。時珍曰：茯苓，《本草》又言利小便，伐腎邪。至李東垣、王海藏，乃言小便多者能止，濇者能通，同朱砂能秘真元。而朱丹溪又言陰虚者不宜用，義似相反，何哉？茯苓氣味淡而滲，其性上行，生津液，開腠理，滋水之源而下降，利小便。故張潔古謂其屬陽，浮而升，言其性也；東垣謂其爲陽中之陰，降而下，言其功也。《素問》云：飲食入胃，遊溢精氣，上輸于肺，通調水道，下輸膀胱。觀此，則知淡滲之藥，俱皆上行而後下降，非直下行也。小便多，其源亦異。《素問》云：肺氣盛則小便數而欠；虚則欠㰦，小便遺數。心虚則少氣遺溺。下焦虚則遺溺。胞移熱于膀胱則遺溺。膀胱不利爲癃，不約爲遺。厥陰病則遺溺閉癃。所謂肺氣盛者，實熱也。其人必氣壯脉强。宜用茯苓甘淡以滲其熱，故曰小便多者能止也。若夫肺虚、心虚、胞熱、厥陰病者，皆虚熱也。其人必上熱下寒，脉虚而弱。法當用升陽之藥，以升水降火。膀胱不約、下焦虚者，乃火投于水，水泉不藏，脱陽之證。其人必肢冷脉遲。法當用温熱之藥，峻補其下，交濟坎離。二證皆非茯苓輩淡滲之藥所可治，故曰陰虚者不宜用也。仙家雖有服食之法，亦當因人而用焉。

茯神　【氣味】甘，平，無毒。【主治】辟不祥，療風眩風虚，五勞口乾，止驚悸，多恚怒，善忘，開心益智，安魂魄，養精神《别録》。補勞乏，主心下急痛堅滿。人虚而小腸不利者，加而用之甄權。

神木即茯神心内木也。又名黄松節。【主治】偏風，口面喎斜，毒風，筋攣不語，心神驚掣，虚而健忘甄權。治脚氣痹痛，諸筋牽縮時珍。【發明】弘景曰：仙方止云茯苓而無茯神，爲療既同，用應無嫌。時珍曰：《神農本草》止言茯苓，《名醫别録》始添茯神，而主治皆同。後人治心病必用茯神。故潔古張氏云：風眩心虚，非茯神不能除。

然茯苓亦未嘗不治心病也。陶弘景始言茯苓赤瀉白補。李杲復分赤入丙丁，白入壬癸。此其發前人之祕者。時珍則謂茯苓、茯神，只當云赤入血分，白入氣分，各從其類，如牡丹、芍藥之義，不當以丙丁、壬癸分也。若以丙丁、壬癸分，則白茯神不能治心病，赤茯苓不能入膀胱矣。張元素不分赤白之説，于理欠通。《聖濟録》松節散：用茯神心中木一兩，乳香一錢，石器炒，研爲末。每服二錢，木瓜酒下。治風寒冷濕搏于筋骨，足筋攣痛，行步艱難，但是諸筋攣縮疼痛並主之。

【附方】舊五，新二十六。　服茯苓法頌曰：仙方多單餌茯苓。其法：取白茯苓五斤，去黑皮，擣篩，以熟絹囊盛，于二斗米下蒸之。米熟即止，暴乾又蒸，如此三遍。乃取牛乳二斗和合，着銅器中，微火煮如膏，收之。每食以竹刀割，隨性飽食，辟穀不飢也。如欲食穀，先煮葵汁飲之。〇又茯苓酥法：白茯苓三十斤，山之陽者甘美，山之陰者味苦，去皮薄切，暴乾蒸之。以湯淋去苦味，淋之不止，其汁當甜。乃暴乾篩末，用酒三石，蜜三升相和，置大甕中，攪之百匝，密封勿洩氣。冬五十日，夏二十五日，酥自浮出酒上。掠取，其味極甘美。作掌大塊，空室中陰乾，色赤如棗。飢時食一枚，酒送之，終日不食，名神仙度世之法。〇又服食法：以茯苓合白菊花，或合桂心，或合朮，爲散、丸自任。皆可常服，補益殊勝。〇《儒門事親方》用茯苓四兩，頭白麪二兩，水調作餅，以黄蠟三兩煎熟。飽食一頓，便絶食辟穀。至三日覺難受，以後氣力漸生也。〇《經驗後方》：服法用華山挺子茯苓，削如棗大方塊，安新甕內，好酒浸之，帋封一重，百日乃開，其色當如餳糖。可日食(一)塊，至百日肌體潤澤，一年可夜視物，久久腸化爲筋，延年耐老，面若童顏。〇《嵩高記》用茯苓、松脂各二斤，淳酒浸之，和以白蜜。日三服之，久久通靈。〇又法：白茯苓去皮，酒浸十五日，漉出爲散。每服三錢，水調下，日三服。〇孫真人《枕中記》云：茯苓久服，百日病除，二百日晝夜不眠，二年役使鬼神，四年後玉女來侍。〇葛洪《抱朴子》云：(壬)(任)子季服茯苓十八年，玉女從之，能隱能彰，不食穀，灸瘢滅，面體玉澤。又黄初起服茯苓五萬日，能坐在立亡，日中無影。　交感丸方：見草部莎根下。　吴仙丹方：見果部吴茱萸下。　胸脇氣逆：脹滿。茯苓一兩，人參半兩。每服三錢，水煎服，日三。《聖濟總録》。　養心安神：朱雀丸，治心神不定，恍惚健忘不樂，火不下降，水不上升，時復振跳。常服，消陰養火，全心氣。茯神二兩，去皮，沉香半兩，爲末，煉蜜丸小豆大。每服三十丸，食後人參湯下。《百一選方》。　血虚心汗：別處無汗，獨心孔有汗，思慮多則汗亦多，宜養心血，以艾湯調茯苓末，日服一錢。《證治要訣》。　心虚夢洩：或白濁。白茯苓末二錢，米湯調下，日二服。蘇東坡方也。《直指方》。　虚滑遺精：白茯苓二兩，縮砂仁一兩，爲末，入鹽二錢。精羊肉批片，摻藥炙食，以酒送下。《普濟方》。　漏精白濁：方見菜部薯蕷下。　濁遺帶下：威喜丸：治丈夫元陽虚憊，精氣不固，小便(不)(下)濁，餘瀝常流，夢寐多驚，頻(頻)遺洩，婦人白淫白帶並治之。白茯苓去皮四兩作匱，以猪苓四錢半，入內煮二十餘沸，取出日乾，擇去猪苓，爲末，化黄蠟搜和，丸彈子大。每嚼一丸，空心津下，以小便清爲度。忌米醋。〇李時珍曰：《抱朴子》言茯苓千萬歲，其上生小木，狀似蓮花，名曰木威喜芝。夜視有光，燒之不焦，帶之辟兵，服之長生。《和劑局方》。威喜丸之名，蓋取諸此。　小便頻多：白茯苓去皮，乾山藥去皮，以白礬水瀹過，焙，等分爲末。每米飲服二錢。《儒門事親方》。　小便不禁：茯苓丸：治心腎俱虚，神志不守，小便淋瀝不禁。用白茯苓、赤茯苓等分，爲末。以新汲水挼洗去筋，控乾，以酒煮地黄汁搗膏搜和，丸彈子大。每嚼一丸，空心鹽酒下。《三因方》。　小便淋濁：由心腎氣虚，神(守)(志)不守，或夢遺白濁。赤、白茯苓等分，爲末，新汲水飛去沫，控乾。以地黄汁同搗，酒熬作膏，和丸彈子大。空心鹽湯嚼下一丸。《三因方》。　下虚消渴：上盛下虚，心火炎爍，腎水枯涸，不能交濟而成渴證。白茯苓一斤，黄連一斤，爲末，熬天花粉作糊，丸梧子大。每温湯下五十丸。《德生堂經驗方》。　下部諸疾：龍液膏：用堅實白茯苓去皮焙研，取清溪流水浸去筋膜，復焙，入瓷罐內，以好蜜和勻，入銅釜內，重湯桑柴火煮一日，取出收之。每空心白湯下二三匙，解煩鬱躁渴。一切下部疾，皆可除。《積善堂方》。　飱泄滑痢：不止。白茯苓一兩，木香煨半兩，爲末。紫蘇木瓜湯(下)二錢。《百一選方》。　妊娠水腫：小便不利，惡寒。赤茯苓去皮、葵子各半兩，爲末。每服二錢，新汲水下。《禹講師方》。　卒然耳聾：黄蠟不拘多少，和茯苓末細嚼，茶湯下。《普濟方》。　面䵟雀斑：白茯苓末，蜜和，夜夜傅之，二七日愈。姚僧坦《集驗方》。　猪鷄骨哽：五月五日，采楮子晒乾，白茯苓等分，爲末。每服二錢，乳香湯下。一方不用楮子，以所哽骨煎湯下。《經驗良方》。　痔漏神方：赤白茯苓去皮、没藥各二兩，破故紙四兩，石臼搗成一塊。春、秋酒浸三日，夏二日，冬五日。取出木籠蒸熟，晒乾爲末，酒糊丸梧子大。每酒服二十丸，漸加至五十丸。董炳《集驗方》。　血餘怪病：手十指節斷壞，惟有筋連，無節肉，蟲出如燈心，長數尺。遍身緑毛卷，名曰血餘。以茯苓、胡黄連煎湯，飲之愈。夏子益《奇疾方》。　水腫尿濇：茯苓皮、椒目等分，煎湯，日飲取效。《普濟方》。

**題明・薛己《本草約言》卷二《藥性本草》**　茯苓　味甘、淡，氣平，無毒。陽中之陰，降也。白者入手太陰、足太陽少陽經，赤者入手少陽少陰、足太陰經。利小便有餘留飲之效，伐腎邪有生新血之功，故除口舌之乾燥，神志之怔忡。赤者破結血而瀉火，白者調脾氣而和中。忌醋及酸物。中有赤筋最損目，用宜去之。淡利竅，甘助陽，乃除濕行水之聖藥也。又赤者能利水，白者能補脾，是知赤瀉小腸之火，固能分利，不知白者潤肺生津，亦能分利也，故此劑以分利為主，莫如用白。或謂陰虚未為相宜，以其滲淡也，不知氣重者主氣，味重者助血，茯苓雖滲淡，而其味尚甘，于陰虚者亦無害也。況佐人參等補劑下行，氣能補虚而固腎矣。特猪苓一劑，誠為滲淡，而陰虚者，為當忌也。○通使不走精氣，功並車前；利血僅在腰臍，效同白术。暴病有餘相宜，久病不足切禁。如小便利數者服之，大損人目；汗多人服之，則損元氣夭人壽。　東垣云：其用有六：利竅而除濕，益氣而和中，小便多而能止，大便結而能通，心驚悸而能保，津液少而能生。若兼補陰之劑，則小便多而能止，但不宜人燥劑中用耳。《發明》云：淡而能滲，甘而能補，除濕勝藥也。惟能滲，故能行水利小便；惟能補，故能和中益脾。自其滲中焦之水，則水飲停心者悉除，中氣和，脾藏益而津液亦生矣，又何口焦舌乾煩渴之有？自其滲下焦之水，則邪水悉去，真水得養，腰臍家血亦利，津道自行。所謂長陰益氣力，瀉之即所以安之也。

**題明・薛己《本草約言》卷二《藥性本草》**　茯神　味甘、淡，氣平，無毒。陽中之陰，可升可降。療眩暈，定上氣之亂；安神志，益心氣之虚。　江云：定心安神。○《賦》云：治風眩心虚，安癇定志，止心下急痛，驚悸虚勞。

**明・梅得春《藥性會元》卷中**　茯苓　味甘、淡，性溫，無毒。可升可降，陽中之陰也。惡白斂、地榆、雄黄、秦艽、龜甲。忌醋及酸物。入手太陰肺經、足太陽膀胱經、足少陽膽經藥。　白者利竅而除濕，益氣而和中；大便多而能止，小便結而能通。心驚悸而能保，津液少而能生。補虚勞在心脾有益，治逆氣連胸脇多功。又治憂恚驚邪，心下結痛，寒熱煩滿，欬逆口乾，止消渴好睡，除濕益燥，利膈中痰水，肺痿痰壅。調胃氣，伐腎邪，降肺火，益氣力，保神守中，利腰臍間血。久服安魂養神，不飢延年。又治産後血虚發熱，輕者可用此味，淡滲其熱。得松之餘氣而成，屬金，仲景利小便多用之。此暴病、新病之要藥也。若陰虚者，不宜多服。

赤茯苓　入足太陽膀胱經、手少陽三焦經、足少陰腎經。忌、畏同前。　主利小便，分水穀，破結氣，止瀉痢，小便淋瀝，滯澀不通，消水腫。與澤瀉同用，利小便，導濕。　凡使去皮，水淘去赤筋，則不損人眼目。白者入壬癸，赤者入丙丁。

茯神　味甘，氣平，無毒。　主寧心益脾，利驚開心，定智，辟鬼安魂。治風眩恚怒，勞乏心虚，養神保睡，口渴健忘，大有功效。又治心下急痛堅滿。人虚而小便不利者，加而用之。

**明・杜文燮《藥鑒》卷二**　茯苓　氣平，味甘、淡，氣味俱薄，無毒。降也，陽中之陰也。主治膈中痰火，驅水腫，除淋結，開胃腑，調臟氣，伐腎邪，和中益氣，利竅寧心，除濕之聖藥也。《經》曰：赤者向丙丁，白者向壬癸。又曰：赤者能利水，白者能補脾。是知赤者瀉小腸之火而利水矣，不知白者潤肺生津而能分利也。此劑皆主分利，但不如用白為良。大都淡能利竅，甘能助陽。《衍義補遺》以為陰虚，未為相宜，以其淡滲也。孰知氣重者主氣，味重者助血，茯苓雖曰淡滲，然味尚甘美，於陰虚者亦無妨也。臣升、芪而上行，固能補氣。兼當歸、棗仁，又養心血。佐參、术而下行，亦能補血。加枸杞、仙茅，又固腎氣。四君湯用之以補氣，地黄丸用之以補血。痘家灌漿之時禁用，恐水利而漿不能灌也。若見有水白泡，即取升麻汁製用，取其散表以利水也。若見有紅紫泡，即取茜草汁製用，取其行血以利水也。

茯神　氣溫，味甘，無毒。陽也。專理心經，善補心血。止恍惚驚悸，治恚怒健忘。開心益智，安魂定魄。養精神，美顔色，療風眩。乳製為良。

**明・王肯堂《傷寒證治準繩》卷八**　茯苓　氣平，味甘，無毒。潔：性溫，味甘而淡，氣味俱薄，浮而升，陽也。垣：止渴，利小便，除濕益燥，和中益氣，利腰臍間血為主。治小便不通，溺黄，或赤而不利。如小便利或數，服之則大損人目。如汗多人服之，損真氣，夭人壽。醫云赤瀉白補，上古無此説。淡能利竅，甘以助陽，除濕之聖藥也。味甘平，補陽益脾，逐水濕淫所勝，小便不利。淡味滲泄，陽也。治水緩脾，生津導氣。海：入足少陰、手足太陽。色白者入辛壬癸，赤者入丙丁，伐腎邪，小便多能止之，小便澀能利之，與車前子相似，雖利小便而不走氣。酒浸，與光明朱砂同用能秘真。味甘平，如何是利小便？去皮，搗細，紗羅過用。

**明・李中立《本草原始》卷四**　白茯苓　氣味：甘，平，無毒。主治：胸脇逆氣，憂恚驚邪恐悸，心下結痛，寒熱煩滿，欬逆，口焦舌乾，利小便。久服安魂養神，不飢延年。○止消渴，好睡，大腹淋瀝，膈中痰水，水腫淋結，開胸腑，調臟氣，伐腎邪，長陰益氣力，保神氣。○開胃，止嘔逆，善安心神，主肺痿痰壅，心腹脹滿，小兒驚癇，女人熱淋。○補五勞七傷，開心益智，止健忘，暖腰膝，安胎。○止渴，利小便，除濕益燥，和中益氣，利腰臍間血。○逐水緩脾，生津導氣，平火止瀉，除虚熱，開腠理。○瀉膀胱，益脾胃，治腎積奔豚。

赤茯苓：主治：破結氣。○瀉心、小腸、膀胱濕熱，利竅行水。

茯苓皮：主治：水腫膚脹，開水道，開腠理。

茯神：氣味：甘，平，無毒。主治：辟不祥，療風眩風虛，五勞口乾，止驚悸、多恚怒、善忘，開心益智，安魂魄，養精神。○補勞乏，主心下急痛堅滿。人虛而小腸不利者，加而用之。

茯神心內木：主治：偏風，口面喎斜，毒風筋攣不語，心神驚掣，虛而健忘。○治脚氣痹痛，諸筋牽縮。

**明・張懋辰《本草便》卷二**　茯苓臣　味甘、淡，氣平，陽也，無毒。入手太陰、足太陽少陽，赤者入足太陰、手少陽少陰經。惡白斂、牡蒙、地榆、雄黃、秦艽、龜甲，忌醋酸之物。中有赤筋，最損目，宜去之。　主胸脇逆氣，憂恚驚邪恐悸，心下結痛，寒熱煩滿，欬逆，口焦舌乾，利小便，水腫淋結，膈中痰水，肺痿痰壅，調胃氣，伐腎邪，降肺火，益氣力，保神守中。久服安魂養神，不飢延年。淡利竅，甘助陽。除濕行水之聖藥。白色者補，赤色者利。又赤者破結氣，如小便多及汗多，陰虛者不宜服。

茯神君　主辟不祥，療風眩風虛，五勞口乾，止驚悸，恚怒驚癇，善忘，開心益智，安魂魄，養精神，補勞乏。又治心下恚痛堅滿，人虛而小腸不利，加而用之。

**明・焦竑《焦氏筆乘》**　茯苓久服之，顏色悅澤，能滅瘢痕。《抱朴子》云：任子季服茯苓十八年，玉女從之，能隱能彰，不食穀。灸瘢滅，面生光玉澤。

**明・焦竑《焦氏筆乘・續集》卷六**　吳興莫君陳著書名《月河所聞》，載王駙馬師約年四十九，髭髮白，醫教之服茯苓，每日秤二兩，以代晚食。其法㕮咀之，蜜水洒過，小甑微蒸令潤。匙抄，時以少湯嚥之，每次不過半醆。服已二年，極康強，善飲酒。楊次公服二十年，每日服一彈丸。茯苓華山為上，其次東山，謂京東諸山。

**明・李中梓《藥性解》卷五**　白茯苓　味淡、微甘，性平，無毒，入肺、脾、小腸三經。主補脾氣，利小便，止煩渴，定驚悸，久服延年。去皮心研細，入水中攪之浮者，是其筋也，宜去之，誤服損目。赤者耑主利水。抱根而生者名茯神，主補心安神，除驚悸，治健忘。馬藺為使，惡白斂，畏牡蒙、地榆、雄黃、秦艽、龜甲，忌醋及酸物。按：茯苓色白，是西方肺金之象也。味淡，是太陽滲利之品也。微甘，是中央脾土之味也，故均入之。夫脾最惡濕，而小便利則濕自除，所以補脾既能滲洩，燥脾似不能生津已。潔古何為稱其止渴，良由色白屬金，能培肺部，肺金得補，則自能生水。且《經》曰：膀胱者，州都之官，津液藏焉，氣化則能出矣。誠以其上連於肺，得肺氣以化之，津液從之出爾。《藥性》所謂白者入壬癸，亦此意也。而渴有不止者乎？至於驚悸者，心經之虛也，而心與小腸相為表裏，既瀉小腸，而心火亦為之清矣，故能定之。丹溪曰：陰虛未為相宜，蓋虞其滲洩爾。然味尚甘，甘主緩，亦無大害，非若猪苓一於淡滲，而大傷陰分也。《藥性》云：小便多而能止，大便結而能通，與本功相反，未可輕信。赤者屬丙丁，耑入膀胱瀉火，故利水之外無他長。茯神抱根，有依而附之之義，驚悸者魂不能附，健忘者神不能守，宜其治矣。《廣誌》云：茯神松脂所作，勝茯苓。《衍義》曰：氣盛者洩於身，不抱本根，結為茯苓，有津氣而不甚盛，不離其本，結為茯神，攷茲兩書，各相違悖。然仙經服食，多需茯苓，而茯神不與焉。兩說之是非，於是乎辨。

**明・繆希雍《本草經疏》卷一二**　茯苓　味甘，平，無毒。主胸脇逆氣，憂恚驚邪恐悸，心下結痛，寒熱，煩滿，欬逆，口焦舌乾，利小便，止消渴，好睡，大腹，淋瀝，膈中痰水，水腫淋結，開胸腑，調藏氣，伐腎邪，長陰益氣力，保神守中。久服安魂養神，不飢延年。其有抱根者，名茯神。茯神，平，主辟不祥。療風眩風虛，五勞，口乾，止驚悸，多恚怒善忘，開心益智，安魂魄，養精神。

〖疏〗茯苓生於古松之下，感土木之氣而成質，故其味甘平，性則無毒。入手足少陰、手太陽、足太陰陽明經，陽中之陰也。胸脇逆氣，邪在手少陰也。憂恚驚邪，皆心氣不足也。恐悸者，腎志不足也。心下結痛、寒熱煩滿欬逆、口焦舌乾，亦手少陰受邪也。甘能補中，淡而利竅，補中則心脾實，利竅則邪熱解，心脾實則憂恚驚邪自止，邪熱解則心下結痛，寒熱煩滿欬逆，口焦舌乾自除。中焦受濕熱則口發渴，濕在脾，脾氣弱則好睡。大腹者，脾土虛不能利水，故腹脹大也。淋瀝者，脾受濕邪則水道不利也。膈中痰水，水腫，皆緣脾虛所致。中焦者，脾土之所治也，中焦不治，故見斯病。利水實脾，則其證自退矣。開胸腑，調臟氣，伐腎邪者何？莫非利水除濕、解熱散結之功也。長陰益氣力，保神守中，久服安魂養神，不飢延年者，補心脾，伐腎邪，除濕利竅之極功也。白者入氣分，赤者入血分，補心益脾，白優於赤；通利小腸，專除濕熱，赤亦勝白。《藥性論》云：茯苓臣，忌米醋，能開胃止嘔逆，善安心神，主肺痿痰壅，治小兒驚癇，療心腹脹滿，婦人熱淋，赤者破結氣。日華子云：茯苓補五勞七傷，安胎，暖腰膝，開心益智，止健忘。茯神，抱木心而生，以此別於茯苓。《別錄》謂茯神平。總之，其氣味與性，應是茯苓一體。茯苓入脾腎之用多，茯神入心之用多。故主辟不祥，療風眩風虛，五勞，口乾，止驚悸，多恚怒善忘，開心益智，安魂魄，養精神。《藥性論》又云：茯神君，味甘無毒。主驚癇，安神定志，補勞乏，主心下急痛堅滿，人虛而小腸不利，加而用之。其心名黃松節，治偏風口面喎斜，毒風筋攣不語，心神驚掣，虛而健忘，其所主與茯苓大同小異耳。【主治參互】白茯苓得煉蜜、胡麻仁，餌之可以辟穀，延年不飢。入五苓散，利水除濕。暑氣勝則去桂。得人參、白朮、橘皮、山藥、藊豆、芍藥、甘草，為補脾胃之上藥。得二朮、澤瀉、車前、白芍藥、橘皮、木瓜、豬苓，為消水腫之要劑。入六味地黃丸，能伐腎邪。入補心丹，則補心安魂養神。《百一選方》朱雀丸，治心神不定，恍惚健忘，不樂，火不下降，水不上升，時復振跳。常服消陰、養火、全心氣。茯神二兩去皮，沉香半兩，為末，煉蜜丸小豆大。每服三十丸，食後人參湯下。《證治要訣》治血虛心汗，別處無汗，獨心孔有汗，思慮多則汗亦多，宜養心血。以艾湯調茯苓末，服一錢。《直指方》治心虛夢洩，或白濁。白茯苓末二錢，米湯調下，日二服，東坡方也。威喜丸：治丈夫元陽虛憊，精氣不固，小便下濁，餘瀝常流，夢寐多驚，頻頻遺洩。婦人白淫、白帶竝治之。白茯苓去皮四兩，作匱，以豬苓四錢半入內，煮二十餘沸，取出日乾，去豬苓，為末，化黃蠟搜和，丸彈子大。每嚼一丸，空心津下，以小便清為度。忌米醋。《三因方》治小便淋濁，由心腎氣虛，神志不守，或夢遺白濁。赤白茯苓等分為末，新汲水飛去沫，控乾，以地黃汁同搗，酒熬作膏，和丸彈子大，空心鹽湯嚼下一丸。《禹講師方》治妊娠水腫，小便不利惡寒。赤茯苓去皮，葵子各半兩，為末。每服二錢，新汲水下。《普濟方》治卒然耳聾，黃蠟不拘多少，和茯苓末細嚼，茶湯下。夏子益《奇疾方》治血餘怪證，十指節斷壞，惟有筋連，無節肉蟲出如燈心，長數寸，遍身綠毛卷，名曰血餘。以茯苓、胡黃連煎湯，飲之愈。《普濟方》治水腫尿澀：茯苓皮、椒目等分，煎湯，日飲取效。【簡誤】病人腎虛，小水自利，或不禁，或虛寒精清滑，皆不得服。

**明・倪朱謨《本草彙言》卷一一**

茯苓 味甘淡，氣平，無毒。氣味俱薄，浮而升，陽也。入手少陰、太陰、太陽、陽明，足少陰、太陰、太陽、陽明八經。《別錄》曰：茯苓，生太山山谷及華山、嵩山、鬱州、雍州諸處古松根下。李氏曰：《龜策傳》作伏靈，蓋松之神靈之氣，伏結而成，故謂之伏靈、伏神也。又曰：下有伏靈，則松頂盤結如蓋。時有彤絲上薈，非新雨初霽，澄徹無風，不易現也。陶氏曰：此即古松靈氣，淪結成形。如得氣之全者，離其本體，故不抱根；如得氣之微者，止能附結本根，故中心抱木。小者如拳，大者如斗，外皮皺黑，內質堅白。形如鳥獸龜鱉者良；虛軟而色赤者，不堪用。蘇氏曰：又一種，即百年大松爲人斬伐，枯折槎枿，雖枝葉不復上生，而精英之氣，亦淪結成形，謂之茯苓撥。即于四面丈餘地內，以鐵錐刺地，有則錐固不可拔，無則作聲如甕者，謂之茯苓窠。中有白色蒙翳，蒸潤其間，如蛛網然，尚屬松氣將結成形者也。亦可人力爲之。就斫伐松樹，根則聽其自腐。取新苓之有白塊者，名曰茯苓纘。截作寸許長，排種根旁，久之發香如馬勃，則茯苓生矣。今浙江、溫州、處州等處，山農以此法排種，四五年即育成。修治：去皮，切片，或搗末，水淘去浮末赤筋用。

茯苓：李東垣利水健脾，日華子定志鎮驚，清氣化痰，李時珍分理水穀之藥也。伍少山稿此得松木餘氣而生，甘淡和平，甘能實脾，淡能利竅，溫而不寒，利而不燥，補而不滯，解結熱，散結氣，而又無消伐之虞。至清至潔，至和至美之上珍也。凡五味之用，各有所偏。酸味束而收斂，苦味直行而泄，甘味上行而發，辛味橫行而散，鹹味湧上，復能潤下。惟甘淡之味，最得中和之用。故《農皇》治胸脇逆氣，憂恚驚邪，此肝氣不和也。恐悸，心下結痛，此心氣不和也。寒熱煩滿，此脾氣不和也。欬逆口焦，此肺氣不和也。舌乾、小便不利，此腎氣不和也。五氣不和，爲病甚衆。用此甘淡平和之劑，五氣咸和，諸病自已矣。若李氏方之治腹脹肢腫，肉浮如泥；朱氏方之治夢寐驚恐，神魂不寧；張氏方之治肺痿肺癰，咳嗽膿血；甄氏方之治膀胱濕熱，水道不行；成氏方之治五痢五泄飧泄、溏泄、鶩泄、濡泄、滑泄，大腸不實。此又後世諸醫，備詳古人未發之旨也。而明初戴氏《直指方》云：茯苓甘淡純陽，緩脾逐水，導氣生津，平火止泄，此數字盡其用矣。善治者，當致意焉。魯當垣先生曰：質堅色白，類金；附生松下，類木，木體而金用也。凡金木互交爲病，如欬逆喘嗽，胸脇脹滿等證，蓋可想見。又如膀胱不利爲癃，不約爲遺。癃與遺，病固各異，均屬膀胱清氣不順使然，宜用茯苓之堅白甘淡，以化其氣，氣化自能出，氣化自能止矣。有云：陰虚者勿用。謂其利小便，水液下行之力居多，下行恐亡陰，故云勿用。此説殊爲乖謬！不知松枝歲寒不凋，原具堅骨，其精靈之氣，旋伏根下，潛受陰陽吐納之機，有陽長陰生之妙，何陰虚之不可用耶？不知補陰之藥，往往俱用茯苓，如六味丸、滋陰丸、養陰丸、益陰丸，未嘗不用茯苓者也。　潘鄧林先生曰：　張三丰有《茯苓贊》云：　形質塊磊，芳香清潔。幽潛深邃，恬憺勿烈。體陽用陰，充氣貫脉。能泄能收，勿寒勿熱。通神攝魂，守志養魄。中空可實，中滿可决。神化無方，真人之訣。　陳月坡先生曰：　茯苓甘平温厚，淡滲利竅。觀利竅二字，有無限功用。利竅則小便結閉可通，利竅則淋瀝遺溺可止，利竅則外邪可出而汗可發矣，利竅則内神可收而汗可止矣。神而明之，晤心者得之。粗工執一之士勿語此。

集方：《聖濟總録》治胸脇逆氣，或脹或痛者。用白茯苓一兩，人參三錢，陳皮三錢二分，木香一錢，分作四帖，清水煎服。○許繼心方治憂恚驚邪，致成心志不寧，精神恍惚，怔忡健忘，甚至失魂喪志，顛狂痴醉。用白茯苓一兩，酸棗仁、遠志、半夏、當歸各六錢，川芎四錢，分作四帖，水煎服。臨服時，調硃砂末一分五釐。○《證治類方》治恐悸夜臥，交睫則夢鬥爭敗負，恐怖之狀，此屬心血虚而有痰者。用白茯苓三錢，半夏麯二錢，水煎服。臨服時，加鹿角膠五錢，白湯溶化沖入。○余居士《選奇方》治心常忪悸，行事懼往，或忘前失後。用白茯苓、白檀香各二錢，肉桂一錢五分，石菖蒲、天竺黄、犀角各六分，麥門冬、遠志、酸棗仁、人參各八分，甘草一錢，共爲細末，煉蜜丸，如彈子大。每服一丸，臨睡米湯化下。○《局方》治心下結痛，因心氣虚而有痰者。用白茯苓二錢，半夏麯一錢五分，當歸身、廣陳皮各一錢，甘草五分，水煎服。○《局方》治寒熱煩滿，因脾虚有停水積飲者。用白茯苓、半夏各二錢五分，廣陳皮一錢五分，甘草五分，厚朴薑汁炒、前胡、乾薑各一錢，生薑三片，水煎服。○襲雲子方治欬逆，氣急而咳，即今之頓嗆也。口焦，燥渴也。肺氣不順。用白茯苓二錢，半夏一錢，陳皮八分，甘草五分，麥門冬、知母、黄芩各一錢二分，水煎服。○平氏《醫林小學》治舌乾，小便不利，心火亢甚，腎水衰微。用茯苓二錢，懷熟地三錢，川黄連、白芍藥、黑山梔各一錢二分，甘草五分，燈心廿根，水煎服。○東垣方治腹脹肢腫，肉浮如泥，氣息喘促。用白茯苓、生半夏切片，生薑湯泡，葶藶子各一錢，牽牛子一錢六分，微炒燥，共爲末。每早服二錢，生薑湯調下。○丹溪方治夢寐驚恐，神魂不寧。用白茯苓一兩，石菖蒲五錢，甘草三錢，硃砂二錢，共研極細末，煉蜜丸，如龍眼核大。每早晚各服一丸，燈心湯下。○潔古方治肺痿肺癰，咳嗽吐血。用白茯苓、百合、米仁各一兩，白及五錢，川貝母八錢去心，共爲末。每服三錢，不拘時，白湯調下。○雲生方治膀胱濕熱，水道不行，小腹脹悶。用白茯苓、海金沙各五錢，車前子、淡竹葉、茵陳葉各四錢，韭菜子三錢，共爲末。每服三錢，早晚白湯調下。○呂再康方治五泄五利，大便不實。用白茯苓一兩二錢，猪苓、澤瀉、麥芽、穀芽、防風、陳皮、升麻各六錢，白芍藥四錢，俱炒燥，分作六劑，水煎服。内熱者，本方每劑加黄連八分，黄芩一錢，俱酒炒；　内寒者，加補骨脂炒一錢，木香八分；　内虚者，加人參二錢，白朮炒一錢；　内實者，加麸炒枳實一錢五分，紅麯三錢。

續補集方：《百一選方》治心神不定，時復振跳，恍惚健忘，情緒不樂，水不上升，火不下降。常服消陰養火，保全心氣。用白茯苓二兩，沉香五錢，人參六錢，共爲末，煉蜜丸，小豆大。每服五十丸，白湯下。○《證治要訣》治陰神虚耗，出心汗者，别處無汗，獨心孔有汗一片，此由思慮勞心過多。用白茯苓、人參各等分，共爲末。每服一錢，真蘄艾湯調下。○《直指方》治心虚夢泄，或白濁者。用白茯苓爲細末，每服二錢，米湯調下。○抱朴子方治男子遺精白濁，小便後餘瀝常流，并夢寐多驚，頻頻遺泄，及婦人白淫白帶，穢水不淨，并皆治之。用白茯苓八兩去皮切作塊，如圍棋子大，猪苓三兩切片，用湯五碗，同煮二三十沸，取出，日乾，揀去猪苓，以茯苓爲末，用黄蠟溶化爲丸，如彈子大。每早嚼一丸，空心津下，以小便清爲度。忌米醋。○《三因方》治小便頻多不禁，并五淋白濁諸證。用白茯苓八兩爲末，以新汲水挼洗去筋，日乾；　乾山藥十兩，切碎，以白礬一錢，泡湯浸一晝夜，日乾，共爲末；以熟地黄八兩，酒煮，搗爛成膏，爲丸如彈子大。每早晚各食前嚼化一丸，米湯送下。○《普濟方》治水腫尿澀。用白茯苓皮、花椒子煎湯，日日代茶飲。半月效。○姚僧坦《集驗方》治面上雀斑。用白茯苓末，蜜和，夜夜敷之，一月全愈。《廣筆記》治一人病遺精，聞婦人聲即泄，瘠甚欲死，醫告術窮。仲淳以茯苓、遠志、蓮鬚、石蓮子各二兩，沙苑蒺藜三兩炒，牡蠣一兩火煅，魚膠四兩切碎，焙，共爲末，煉蜜丸，梧桐子大。每早晚各食前服五錢，白湯下。

**明・姚可成《食物本草》卷二〇木部・寓木類** 茯苓生太山山谷大松下。二月、八月采，陰乾。陶弘景曰：今出鬱州。大者如三四升器，外皮黑而細皺，內堅白，形如鳥獸龜鼈者良。虛赤者不佳。性無朽蛀，埋地中三十年，猶色理無異也。《淮南子》言：千年之松，下有茯苓，上有菟絲。《典術》言：松脂入地千歲為茯苓，望松樹赤者有之。《廣志》言：茯神乃松汁所作，勝于茯苓。或云即茯苓貫着松根者。生朱提、濮陽縣。〇李時珍曰：下有茯苓，則上有靈氣如絲之狀，山人亦時見之。今人或以為菟絲，非矣。非菟絲子之菟絲也。注《淮南子》者，以菟絲子及女蘿為説，悮矣。茯苓有大如斗者，有堅如石者，絕勝。其輕虛者不佳，葢年淺未堅故爾。劉宋王微《茯苓贊》云：皓苓下居，彤絲上薈。中狀雞鳧，其容龜蔡。神侔少司，保延幼艾。終志不移，柔紅可佩。觀此彤絲，即菟絲之證矣。茯苓，味甘，平，無毒。治胸脇逆氣，憂恚驚邪，恐悸，心下結痛，寒熱煩滿欬逆，口焦舌乾，利小便。久服，安魂養神，不飢延年。止消渴好睡，大腹淋瀝，膈中痰水，水腫淋結，開胸腑，調臟氣，伐腎邪，長陰，益氣力，保神氣。開胃止嘔逆，善安心神。主肺痿痰壅，心腹脹滿。小兒驚癇，女人熱淋。補五勞七傷，開心益志，止健忘，暖腰膝、安胎。止渴，利小便，除濕益燥，和中益氣，利腰臍間血。逐水緩脾，生津導氣，平火止泄。除虛熱，開腠理，瀉膀胱，益脾胃。治腎積奔豚。服茯苓忌米醋及酸物。

茯神 味甘，平，無毒。主辟不詳，療風眩風虛，五勞口乾。止驚悸、多恚怒，善忘，開心益智，安魂魄，養精神，補勞乏，主心下急痛堅滿。人虛而小腸不利者，加而用之。

附方：服茯苓法：蘇頌曰：《集仙方》多單餌茯苓。其法取白茯苓五斤，去黑皮擣篩，以熟絹囊盛，于二斗米下蒸之，米熟即止，暴乾又蒸。如此三遍，乃取牛乳二斗和合，着銅器中微火煮如膏收之。每食以竹刀割，隨性飽食，辟穀不飢也。如欲食穀，先煮葵汁飲之。又茯苓酥法：白茯苓三十斤，山之陽者甘美，山之陰者味苦。去皮薄切，暴乾蒸之。以湯淋去苦味，淋之不止，其汁當甜。乃暴乾，篩末。用酒三石，蜜三升相和，置大甕中，攪之百匝，密封勿洩氣。冬五十日，夏二十五日，酥自浮出酒上，掠取。其味極甘美，作掌大塊，空室中陰乾，色赤如棗。飢時食一枚，酒送下，終日不食，名神仙度世之法。《經驗後方》服法：用華山梃子茯苓，削如棗大方塊，安新甕內，好酒浸之。紙封一重，百日乃開。其色當如餳糖，可日食一塊，至百日肌體潤澤，一年可夜視物，久久腸化為筋，延年耐老，面若童顏。《嵩高記》：用茯苓、松脂各二斤，淳酒浸之，和以白蜜，日三服之，久久通靈。又法：白茯苓去皮，酒浸十五日，漉出為散。每服三錢，水調下，日三服。孫真人《枕中記》云：茯苓久服，百日病除，二百日晝夜不眠，三年役使鬼神，四年後玉女來侍。葛洪《抱朴子》云：任子年服茯苓十八年，玉女從之，能隱能彰，不食穀，灸瘢滅，面體玉澤。

**明・顧逢柏《分部本草妙用》卷七兼經部・性平** 白茯苓 甘、淡，無毒。入肺、膀胱、小腸三經。馬藺為使，惡白歛，畏地榆、雄黃、秦艽、龜甲。忌醋及酸物。去皮。主治：憂恚驚熱，欬逆口乾，利小便痰水，水腫淋結。伐腎邪，長陰益氣，保神開胃，止嘔，開心益智，安胎平火，止泄，除虛熱。

赤茯苓，主破血利水。〇抱根生者為茯神，止驚安神，解憂怒。按：茯苓白者入肺、膀胱氣分，赤者入心、脾血分。《本草》言利小便，伐腎邪。東垣、海藏言：便多者能止，濇者能通，同硃砂更能秘真元。丹溪又言：陰虛不可用。何哉？夫茯苓淡滲，上行生津，滋水之源，而下降利便。潔古謂其陽浮而升，言其性也。東垣謂其陽中之陰，降而下，言其功也。《內經》曰：飲食入胃，遊溢精氣，上輸于肺，能調水道，下輸膀胱。則水之藥，皆上行而後下降，非直下行也。又云：肺氣盛則便數，虛則小便遺。心虛則少氣遺溺，下焦虛則遺溺，胞移熱于膀胱則遺溺，厥陰病則遺溺。所謂肺氣盛，實熱也，實熱宜茯苓瀉之，故曰小便多者能止也。若心肺俱虛，胞熱，厥陰病皆虛熱也。下焦虛熱，必肢冷脉遲，法當溫補，豈茯苓之可治？故曰陰虛不宜用也。茯苓得坤厚之精，為脾家之要藥。體在下，故下行而利便，逐水益脾，不傷其液也。茯神抱根而生，有依守之義，故多安神之功。予嘗以之治不眠如神，定驚悸更尠。

**明・李中梓《醫宗必讀・本草徵要下》** 茯苓味甘、淡，平，無毒。入心、腎、脾、胃、小腸五經。馬藺為使，畏牡蒙、地榆、秦艽、龜甲，忌醋。產雲南，色白而堅實者佳，去皮膜用。益脾胃而利小便，水濕都消；止嘔吐而定洩瀉，氣機咸利。下行伐腎，水泛之痰隨降；中守鎮心，憂驚之氣難侵。保肺定欬喘，安胎止消渴。抱根者為茯神，主用俱同，而安神獨掌；紅者為赤茯苓，功力稍遜，而利水偏長。茯苓假松之餘氣而成，無中生有，得坤厚之精，為脾家要藥。《素問》曰：飲入於胃，遊溢精氣，上輸於肺，通調水道，下輸膀胱。則利水之藥，皆上行而後下降也。故潔古謂其上升，東垣謂其下降，各不相背也。

按：小便多，其源亦異。《素問》云：肺氣盛則便數，虛則小便遺，心虛則少氣遺溺，下焦虛則遺溺，胞絡遺熱於膀胱則遺溺，膀胱不約為遺，厥陰病則遺溺。所謂肺氣盛者，實熱也，宜茯苓以滲其熱，故曰小便多者能止也。若肺虛、心虛、胞絡熱、厥陰病，皆虛熱也，必上熱下寒，法當升陽。膀胱不約，下焦虛者，乃火投於水，水泉不藏，必肢冷脉遲，法當用溫熱之藥，皆非茯苓可治，故曰陰虛者不宜用也。茯神抱根而生，有依守之義，故魂不守舍者，用以安神。赤者入丙丁，但主導赤而已。按：病人小便不禁，虛寒精滑者，皆不得服。

**明・鄭二陽《仁壽堂藥鏡》卷二**　茯神　陽也，味甘，無毒。入心與肝經。《本草》云：主辟不祥，恚怒善忘，五勞七傷。得甘草、防風、芍藥、紫石英、麥門冬，共療五藏。惡白斂，畏牡蒙，地榆、雄黃、秦艽、龜甲。《珍》曰：治風眩心虛，非此不能安。《藥性論》云：君。主驚癇，安神定志，補虛乏。主心下急痛堅滿，人虛而小便不利者。茯苓：陶隱居云：今出鬱州。形如鳥獸龜鼈者良。氣平，味淡。味甘而淡，陽也。無毒。白者入手太陰經、足太陽經少陽經，赤者入足太陰經、足太陽經少陽經。惡白斂，畏牡蒙、地榆、雄黃、秦艽、龜甲。忌醋及酸物。去皮。《本草》云：主胸脇逆氣，憂恚驚邪，恐悸，心下結痛，寒熱煩滿，咳逆，口焦舌乾。利小便，止消渴，好唾。大腹淋瀝。消膈中痰水，水腫，淋結。開胸腑，調臟氣，伐腎邪，長陰，益氣力，保神守中。《象》云：止渴，利小便，除濕益燥，和中益氣，利腰臍間血為主。治小便不通，溺黃或赤而不利。如小便利或數服之，則大損人目。如汗多人服之，損真氣，夭人壽。醫云赤瀉白補，上古無此說。去皮用。《心》云：淡能利竅，甘以助陽，除濕之聖藥也。味甘，平，補陽，益脾，逐水。濕淫所勝，小便不利，淡味滲泄，陽也。治水緩脾，生津導氣。《液》云：入足少陰、手足太陽。色白者，入辛壬癸；赤者，入丙丁。伐腎邪，小便多，能止之；小便澁，能利之。與車前子相似，雖利小便而不走氣。酒浸，與光明硃砂同用，能秘真。味甘，平，如何是利小便？

時珍曰：《本草》止言利小便，伐腎邪。至東垣、海藏，乃言小便多者能止，澁者能通。同硃砂能秘真元。丹溪又言：陰虛者不宜用。何哉？茯苓淡滲上行，生津，滋水之源而下降，利〔小〕便。故潔古謂其屬陽，浮而升，言其性也；東垣謂其陽中之陰，降而下，言其功也。《素問》曰：飲食入胃，遊溢精氣，上輸於肺。通調水道，下輸膀胱。則利水之藥，皆上行而後下降，非直下行也。小便多，其源亦異。《素問》云：肺氣盛則便數，虛則小便遺。心虛則少氣遺溺，下焦虛則遺溺，胞移熱於膀胱則遺溺，膀胱不約為遺溺，厥陰病則遺溺。所謂肺氣盛者，實熱也。其人必強壯，宜茯苓以滲其熱，故曰小便多者能止也。若肺虛心虛胞熱，厥陰病者，皆虛熱也，必上熱下寒而虛弱。法當用升陽之藥，以升木降火。膀胱不約，下焦虛者，乃火投於水，水泉不藏。脫陽之症，必肢冷脉遲，法當用溫熱之藥，峻補其下，皆非茯苓可治，故曰陰虛者不宜用也。按：茯苓假松之餘氣而成，無中生有，得坤厚之精，故為脾家要藥。其體在下，故其用亦下行而利便，逐妄水以益脾，不傷真液也。茯神抱根而生，有依守之義，故多安神之功。

**明・蔣儀《藥鏡》卷三平部**　茯苓　赤入血分，滲濕止泄。白入氣分，下氣化痰。隄防土陷，土實而痰消。疏通水溢，水消而腫退。單用有伐腎之虞，兼用有益腎之玅。磨為末，調服艾湯，能療血虛心汗。合黃蠟，細咀茶下，卒然聾耳能醫。同椒目等分煎吞，水腫溺艱可治。偕生地以熬膏，趂空心而鹽飲。則又幇心腎氣虛，夢遺白濁。痘將灌漿者禁用，恐利水而漿不能灌也。若見水白泡，以升麻汁製用，取其散表以利水也。若見紅紫泡，以茜草根製用，取其行血以利水也。蓋脾惡濕，小便快利，自然除濕健脾。然濕既祛，津宜少，何以止煩解渴？良繇白為金色，肺部能培，得補肺金，自能生水，且膀胱耑藏津液，上連于肺，得肺氣化之，津液自從茲出耳。

茯神：滋化源，育養元陽。鎮靈臺，攝收魂魄。退虛熱而水道暢，消虛痰而夢寐寧。固遺泄之不禁，定健忘之恍惚。

**明・李中梓《頤生微論》卷三**　白茯苓　味甘，淡，性平，無毒。入心、脾、肺、腎、小腸五經。馬藺為使。畏牡蒙、地榆、秦艽、龜甲，忌醋。產雲南皮薄色白而堅重者佳。去皮膜，乳製用。補胃，利小便，消痰去濕，止嘔吐泄瀉，安神定驚，保肺定欬，止渴安胎。抱根者為茯神，主用相倣，職耑安神。赤色者利水之外無他長。

按：茯苓假土之精氣，松之餘氣而成，無中生有，得坤厚之精，為脾家要藥。《素問》曰：飲入于胃，遊溢精氣，上輸于肺，通調水道，下輸膀胱，則利水之藥皆上行，而後下降也。潔古謂其上升，東垣謂其下降，各不相背也。小便頻多，其源亦異。《經》云：肺氣盛則便數，虛則小便遺，心虛則少氣遺溺，下焦虛則遺溺，胞絡遺熱于膀胱則遺溺，膀胱不約為遺，厥陰病則遺溺。所謂肺氣盛者，實熱也，宜茯苓以滲其熱，故曰小便多者能止也。若肺虛、心虛、胞絡熱、厥陰病，皆虛火也，必上熱下寒，法當升陽。膀胱不約，下焦虛者，乃火投于水，水泉不藏，必肢冷脉遲，當用溫熱，皆非茯苓可治，故曰陰虛者不宜用也。茯神抱根而生，有依守之義，故魂不守舍者，用以安之。赤者入丙丁，但主導赤而已。

**明・張景岳《景岳全書》卷四九《本草正》** 茯苓 味甘、淡，氣平。性降而滲，陽中陰也。有赤白之分，雖《本草》言赤瀉丙丁，白入壬癸，然總不失為泄物，故能利竅去濕。利竅則開心益智，導濁生津。去濕則逐水燥脾，補中健胃。祛驚癇，厚腸藏，治痰之本，助藥之降。以其味有微甘，故曰補陽，但補少利多，故多服最能損目，久弱極不相宜。若以人乳拌晒，乳粉既多，補陰亦妙。

茯神 附根而生近，故能入心經，通心氣，補健忘，止恍惚驚悸。雖《本草》所言如此，然總不外於滲降之物，與茯苓無甚相遠也。

**明・賈九如《藥品化義》卷四心藥** 茯神 屬陽，體重實而堅，色白，氣和，味甘淡，性微溫，能守能定，力補心氣，性氣薄而味厚，入心脾二經。茯神生於枯松根下，因無枝葉上升津氣，向下抱根附結，得松之神氣而成。不離於本，有依守之義，故名茯神。特取此鎮伏心神，能中守而不移，以其體沉重，重可去怯，其性溫補，補可去弱，戴人曰：心本熱，虛則寒，如心氣虛怯，神不守舍，驚悸怔忡，魂魄恍惚，勞怯健忘，俱宜溫養心神，非此不能也。抱木而生者為茯神，無木者另名茯苓。

**明・賈九如《藥品化義》卷五脾藥** 白茯苓 屬陽有土與金，體重而實，色白，氣和，味甘而淡，性平，能升能降，力補脾肺，性氣薄而味厚，入脾肺腎膀胱四經。 白茯苓，苓字是俗訛傳，《史記》及仙經皆名茯靈。假松之真液而生，受松之靈氣而結，秉坤陰最厚，味獨甘淡，甘則能補，淡則能滲，甘淡屬土，用補脾陰，土旺生金，兼益肺氣。主治脾胃不和，泄瀉腹脹，胸脇逆氣，憂思煩滿，胎氣少安，魂魄驚跳，膈間痰氣，蓋甘補則脾臟受益，中氣既和則精液自生，口焦舌乾煩渴亦解。又治下部濕熱淋瀝，水腫便溺黃赤，腰臍不利，停蓄邪水，蓋淡滲則膀胱得養，腎氣既旺則腰臍間血自利，津道流行。益肺於上源，補脾於中部，令脾肺之氣從上順下，通調水道，以輸膀胱，故小便多而能止，澀而能利。惟痘瘡起脹時禁用，恐滲瀉不能貫漿。其赤茯苓淡赤微黃，但不堪入肺，若助脾行痰，與白者同功。因松種不一，故分赤白，原無白補赤瀉之分。擇堅實者佳，去粗皮用。

**明・盧之頤《本草乘雅半偈》帙一** 茯苓《本經》上品 氣味：甘，平，無毒。 主治：主胸脇逆氣，憂恚驚邪恐悸，心下結痛，寒熱煩滿，欬逆，口焦，舌乾，利小便。久服安魂，養神，不飢，延年。

覈曰：出太山山谷，及華山嵩山，鬱州雍州諸處。生古松根下，下有茯苓，則松頂盤結如蓋。從來相傳，上有菟絲，下有茯苓，不知何所本。嘗見菟絲隨木縈繞茯苓，當不獨只在松下矣。又傳松脂化茯苓，茯苓化琥珀，又不知何所本。時有彤絲上薈，非新雨初霽，澄徹無風，不易現也。此即古松靈氣，淪結成形，如得氣之全者，離其本體，故不抱根。世又重抱木者曰茯神，赤色者主利水，又不知何所本。如得氣之微者，止能附結本根，故中心抱木。小者如拳，大者如斗，外皮皺黑，內質堅白，形如鳥獸龜鼈者良。虛赤者不堪入藥。又一種，即百年大松，為人斬伐，枯折槎枿，雖枝葉不復上生，而精英之氣，亦淪結成形，謂之茯苓撥。即于四面丈餘地內，以鐵錐刺地，有則錐固不可拔，無則作聲如甕者，謂之茯苓窠，中有白色蒙翳，蒸潤其間，如蛛網然，尚屬松氣，將結成形者也。亦可人力為之，就斫伐松林，根則聽其自腐，取新苓之有白根者，名曰茯苓纜，截作寸許長，排種根旁，久之發香如馬勃，則茯苓生矣。修治：去皮，搗作細末，入水盆中頻攪，浮者濾去之，此即赤膜也，誤服令人目盲，或瞳子細小。馬藺為之使。惡白斂。畏牡蒙、地榆、雄黃、秦艽、龜甲。忌米醋酸物。得甘草、防風、芍藥、紫石英、麥門冬，共療五藏。

參曰：歲寒不凋，原具仙骨。雖經殘斫，神靈勿傷，其精英不發于枝葉，而返旋生氣，吸伏于踵，所謂真人之息也。羽毛鱗介之長為四靈，故取形如鳥獸龜鼈者良，則苓宜作四靈長矣。以降地之魄，待游天之魂，真真對證。故茯取伏義，苓取齡義。又松木參天條達之氣，反潛隱不露，亦茯取伏義，苓取令義。二擬未確，聊備博采云爾。芳香清氣，潛藏根底。對待忿戾濁邪，衝逆胸脇。皓苓下居，彤絲上薈，對待憂愁怫逆，形諸顏面，摧殘槎枿，俛就零落。對待刀圭在心，有懷怨恨，珍重深邃。對待驚駭氣上，鎮定不動。對待恐懼悸忡，形質塊磊，氣味清疎。對待晦滯立堅，心下結痛，神靈在躬。對待寒熱外侮，幽靜安閒。對待勞亂煩滿，滲洩就下。對待水寒逆肺，清閒平淡。對待口焦舌乾，轉旋氣化。對待小便閉癃，吸元歸踵。對待游魂于天，恬澹虛無。對待神不內守，服氣長生。對待飢渴夭齡，悉屬象形，巽以入之。清氣上升，濁氣下降，此其驗也。《嵩山記》曰：嵩山有大松樹，或百歲，或千歲，其精變為青牛，為伏龜，採其實，可長生。萬松記曰：夫松，木德之中正也，五德具焉。故其好生似仁。其後凋似義，其調理似禮，其枝不生污下似知。其氣化為茯苓，其脂化為琥珀似信。

**明・李中梓《本草通玄》卷下**

茯苓　甘淡而平，入手足太陰、足太陽。補中開胃，利水化痰，安神定悸，生津止瀉，止嘔逆，除虛熱。赤者專主利小便，祛濕熱〔而已〕。　茯苓藉松之餘氣而成，得土氣最全，故作中宮上藥。《本草》言其利小便，伐腎邪。東垣乃言小便多者能止，澀者能通。丹溪又言陰虛者不宜用，義似相反，何哉？茯苓淡滲上行，生津液，開腠理，滋水之原而下降，利小便。潔古謂其屬陽浮而升，言其性也。東垣謂其陽中之陰降而下，言其功也。《經》云：飲食入胃，遊溢精氣，上輸于肺，通調水道，下輸膀胱。則知淡滲之藥，俱先上升而後下降也。小便多，其源亦異。《經》云：肺氣盛則小便數，虛則小便遺。心虛則少氣遺溺。下焦虛則遺溺。胞移熱於膀胱則遺溺。膀胱不利為癃，不約為遺溺。厥陰病則遺溺。所謂肺盛者，實熱也，必氣壯脉強。宜茯苓以滲其熱，故曰小便多者能止也。若肺虛、心虛、胞熱、厥陰病者，皆虛熱也。必上熱下寒，脉虛而弱。法當用升陽之藥，升水降火。膀胱不約，下焦虛者，乃火投于水，水泉不藏。脫陽之症，必肢冷脉遲。法當用溫熱之藥，峻補其下。二症皆非茯苓(葦)〔輩〕淡滲之藥所能治，故曰陰虛者不宜用也。　茯神：主用與茯苓無別。但抱根而生，有依附之義，故魂魄不安不能附體者，乃其專掌也。　赤茯苓：但能瀉熱行水，並不及白茯苓之多功也。

**清・顧元交《本草彙箋》卷五**

茯苓兼赤白，合茯神。　茯苓爲松之靈液結成。《史記》及仙經皆名茯靈。其味甘淡。甘補淡滲，用補脾陰。故小便利或數者，不宜多服，汗多不宜服，爲其淡滲也。然淡爲天之陽，陽當上行，何以利水而瀉下？蓋以氣薄爲陽中之陰，陰主利下，不離陽體，故入手太陽。其爲陽浮而升者，性也。其爲陽中之陰降而下者，言其功也。《經》云：飲食入胃，遊溢精氣，上輸於肺，通調水道，下輸膀胱。以此推之，即淡滲之味，亦必先上行，而後下降，所謂益肺於上源，補脾於中部，令脾肺之氣從上順下，以輸膀胱也。至有宜用不宜用者，如肺氣盛，寔熱氣壯脈強，宜用甘淡以滲其熱。若肺虛心虛胞熱，厥陰病者，皆虛熱也。其人上熱下寒，脈虛而弱，當用升陽之劑，以升水降火。膀胱不約，下焦虛者，廼水泉不藏，脫陽之症，其人必肢冷脈遲，當用溫熱之品，峻補其下，交濟坎離。此二症者，豈淡滲所宜？至若痘瘡起脹，恐滲洩不能貫漿，尤所禁用。其赤茯苓，淡赤微黃，不堪入肺。若助脾行濕，與白同功。因松種不一，故分赤白，原無白補赤瀉之分。

茯神生於枯松根下，因無枝葉上升津氣，向下抱根附結，非若茯苓之各自成塊也。以此溫養心神，能中守而不移。潔古云：風眩心虛，非茯神不除。

茯苓赤筋，須搗細，水中攪去之，令人瞳子并黑睛點小兼盲目。凡服茯苓，須忌米醋酸物。　威喜丸，治男子元陽虛憊，精氣不固，小便下濁，餘瀝常流，夢寐多驚，頻頻遺洩，婦人白淫白帶，並治之。白茯苓去皮四兩，作匱，以猪苓四五錢入內，煮二十餘沸，取出晒乾，揀去猪苓，爲末，化黃占和丸彈子大，每嚼一丸，空心津下，以小便清爲度。茯苓，千萬歲上生小木如蓮花狀，名木威喜芝。夜視有光，燒之不焦，帶之辟兵，服之長生，丸名取此。然據前論，若元氣怯弱甚者，雖有前症，亦宜酌用。

**清・穆石匏《本草洞詮》卷一一**

茯苓白茯苓、赤茯苓、茯苓皮、茯神、茯神木　多年樵砍之松，松之氣味抑鬱未絕，精英未淪，其精氣盛者，發泄於外，結為茯苓，故不抱根，離其本體，有零之義。津氣不盛，止能附結木根，故曰茯神。《史記》作伏靈，蓋松之神靈之氣，伏結而成，故名伏靈、伏神。仙經言：大如拳者，佩之令百鬼消滅，則神靈之氣可徵矣。味甘淡，氣平，無毒。白茯苓治胸脇逆氣，膈中痰水，除濕益燥，利腰臍間血，治腎氣奔豚。赤茯苓瀉心、小腸、膀胱濕熱，利竅行水。茯苓皮治水腫膚脹，通水道，開腠理。茯神辟不祥，療風眩風虛，止驚悸，多恚怒，善忘，開心益智，安魂魄，養精神。茯神木治偏風，口面喎斜，筋攣不語，心神驚掣，虛而健忘。茯苓之用有六：利竅而滲濕，益氣而和中，除虛熱，生津液，小便多者能止，結者能通。夫淡為天之陽，陽當上行，何以利水而瀉下？蓋氣薄者，陽中之陰，所以下行，不離陽之體，故入手太陽也。《本草》言利小便，伐腎邪。東垣言小便多者能止。海藏言雖利小便，而不走氣。丹溪言陰虛者不宜用。義似相反，何哉？《經》

云：飲食入胃，遊溢精氣，上輸於肺，通調水道，下輸膀胱，則知淡滲之藥，俱先上行而後下降，非直下行也。小便多，其源亦異。《經》云：肺氣盛則便數而欠，虚則欠㰦，小便遺數，心虚則少氣遺溺，下焦虚則遺溺，胞移熱於膀胱則遺溺，膀胱不利為癃，不約為遺，厥陰病則遺溺閉癃。所謂肺氣盛者，實熱也，其人必氣壯脈強，宜用茯苓甘淡以滲其熱，故曰小便多者能止也。若夫肺虚、心虚、胞熱、厥陰病者，皆虚熱也，其人必上熱下寒，脈虚而弱，法當用升陽之藥，以升水降火。膀胱不約，下焦虚者，乃火投於水，水泉不藏。脱陽之證，其人必肢冷脈遲，法當用溫熱之藥，峻補其下，交濟坎離二經，非茯苓輩淡滲之藥所可治。故曰陰虚者不宜用也。《本草》止言茯苓，《別錄》始增茯神，而主治皆同。後人治心病必用茯神，潔古謂風眩心虚，非茯神不能除。然茯苓未嘗不治心病也？陶貞白謂赤瀉白補，李東垣復分赤入丙丁，白入壬癸。李瀕湖則謂赤入血分，白入氣分。各從其類。如牡丹、芍藥之義，若以丙丁、壬癸分，則白茯神不能治心病，赤茯苓不能入膀胱矣。瀕湖之論甚確。茯苓有大如斗者，有堅如石者，絕勝。其輕虚者不佳，蓋年淺未堅故爾。凡使去皮心，搗細，攪盆中，浮者濾去之，此係赤筋，誤服損目。

**清・劉雲密《本草述》卷二五**　茯苓　氣味：甘，平，無毒。　潔古曰：性溫味甘而淡，氣味俱薄，浮而升，陽也。　東垣曰：味甘而淡，降也，陽中陰也。　海藏曰：白者入手太陰、足太陽氣分，赤者入足太陰、手少陰太陽氣分。　潔古曰：淡為天之陽，陽當上行，何以利水而瀉下？蓋氣薄者，陽中之陰，所以茯苓利水瀉下。不離陽之體，故入手太陽。

諸本草主治：和中益氣，除溼理脾，調臟氣，開腠理，逐水平火，生津導氣，開胸腑，治胸脇逆氣，心下結痛，安心神，止憂恚驚悸，消痰潤肺，止咳逆，利胸中痰水，愈消渴及嘔吐，並大腹淋瀝，水腫淋結，伐腎邪，長陰，治腎積奔豚，利腰膝間血，療遺精白濁。諸本草主治多證，不能備錄。　東垣曰：茯苓利竅而除溼，益氣而和中。治驚悸，生津液，小便多者能止，小便結者能通。又曰：茯苓補虚勞，多在心脾之有準。　海藏曰：伐腎邪者，小便多能止之，小便濇能利之。與車前子相似，雖利小便而不走氣。酒浸與光明朱砂同用，能秘童元。　時珍曰：茯苓之性，潔古言其為陽浮而升，東垣謂為陽中之陰降而下，其義不相背也。蓋茯苓味甘而淡，甘和而淡滲，其性上行，生津液，開腠理，滋水之源而下降，通水道。潔古、東垣所云固相合也。《素問》云：飲食入胃，遊溢精氣，上輸於肺，通調水道，下輸膀胱。觀此則知淡滲之藥，俱皆上行而後下降，非直下行也。《類明》曰：成無己謂茯苓伐腎邪，蓋為傷寒後臍下悸者欲作奔豚，奔豚者腎之積，蓋緣發汗後，心氣虚而腎氣逆上凌心。仲景以茯苓伐腎邪，取其淡而利竅，以平其氣也。　又曰：東垣言茯苓分陰陽而導溼，病於溼則陰陽混淆，升降之職不行焉。茯苓氣之薄，為陽中之陰，所以能上行以導氣，下行以利水。故陰陽分判，而溼淫平也。　按嘉謨謂利水又生津者，以除溼則氣得施化，而津生也。詎知由於清陽上布，故濁陰下行，而氣乃化，津乃生也。《經》曰脾主為胃行其津液，是豈脾無真陽之運化，而能生胃中之津液哉？即此可悟茯苓除溼之義。　文清曰：凡藥氣重者主氣，味重者主血。茯苓雖曰淡滲，而味甘且重，不走真氣，佐以人參等補劑下行，亦能補虚固腎，養生家每取白者，蒸曝三次，為末，以牛乳汁和膏服之。或蜜浸，或酒浸，封固百日後，常服不飢延年，腸化為筋，通神致靈。要知虚而上有痰火，下有溼熱者，最宜。若勞役陽虚，小便多，汗多者，禁用。　嵩曰：《衍義補遺》以為陰虚者未宜。又云：小便素利者，過服助燥損明。若兼補陰之劑，所謂小便多而能止也。但不宜入燥劑中用耳，非比豬苓一味，誠為淡滲，陰虚者當忌之。　希雍曰：茯苓生於古松之下，感土木之氣而成質，故其味甘平，性則無毒。入手足少陰、手太陽、足太陰、陽明經。陽中之陰也。甘能補中，淡而利竅。補中則心脾實，利竅則邪熱解，有補有泄，故能主治諸證也。然補心益脾，白優於赤。通利小腸，專除溼熱，赤亦勝白。　茯苓入五苓散利水除溼，暑氣勝則去桂。　得人參、白朮、橘皮、山藥、扁豆、芍藥、甘草，為補脾胃之上藥。　得二朮、澤瀉、車前、白芍藥、橘皮、木瓜、豬苓，為消水腫之要劑。　入六味地黃丸，能伐腎邪。　入補心丹，則補心，安魂養神。

愚按：茯苓本古松靈氣淪結成形。之頤有云其精英不發於枝葉，而返旋生氣吸伏於踵，所謂真人之息也，此語亦可思。陶隱居言，仙方服食俱為要藥，其説不為無據矣。若是，則所謂益中利溼，為此味上功者，殆未然歟。曰：茯苓之甘也淡也，其用誠如昔哲所云，第其成於陰而生於陽，為得老松之氣厚也，是其質陰也，其氣陽也。夫松之凌冬不凋者，為其秉真陽之性也，乃其入土久而結茯苓，是豈惟至陰之時，不能移其性，即根極至陰之下，而真陽之精氣更有凝結如斯者。隱居曰性無朽蛀，埋地中三十年，猶色理無異，不可想見真陽堅貞之用哉？苐其味淡，潔古所謂淡為天之陽，陽當上行。又謂氣之薄者，為陽中之陰，又宜利水而泄下者也。故此說是矣。但茯神氣味亦同，何不以滲下為功乎？蓋古松稟真陽之氣，久而參天，更入地而吸陰，以結此磊落者，非他木所敢望也。是陽之有餘，而下趨於陰也。其氣專，似專於清陽以化濁陰，但陽之有餘，而下合於陰也。其氣和實，和於至陰以歸至陽，故始終唯有一淡。海藏謂茯苓甘平，如何是滲利？兹舉陽吸陰，陰歸陽之義，以實甘平，然後知海藏之說不妄。蓋甘具五味，平具五氣，乃陰陽之合也。然而本於甘則陰陽相含之真氣，又不可謂其淡者止能滲也。則又已入中土而神其清濁之升降矣。抑言升者謂何？曰：時珍云凡淡滲之藥，俱先上行，而後下降，非直下行也。試条之四君子湯之用，豈為下滲地乎？固知時珍之說不妄。而昔哲謂其通行三焦者，亦非無據也。苐甘者先入中土，諸本草謂其和中益氣，除溼理脾，逐水平火，調臟氣，開腠理，是在中土，而致其清陽之氣於上者，此也。即就其致清陽於上，而導濁陰之氣於下者，此也。以故在治上焦，或同於益真氣者，以致陽而布其升清之化；或同於祛痰行氣者，即於升清陽中，以達其濁陰之降。在治下焦，或同於分理導水者，以達陰而致其降濁之化；或同於健脾和氣者，即降濁陰中，以還其清陽之升，是且未可徒以下滲槩之也。即方書主治，如眩暈咳嗽，喘逆痰飲，不能食，嘔吐霍亂，脹滿積聚，水腫黄疸，消癉，泄瀉滯下，小便秘、或數、或淋，以及心胃脇腰諸痛，并脚氣等證，又安得不細条斯義，以用兹味乎？更宜精究者，清濁本之陰陽，陰陽兆於水火，水火賦之心腎，如甄權所謂善安心神，與《本經》主治憂恚驚邪恐悸合。好古所謂能秘精，亦與《别錄》長陰，日華子暖腰膝之義不遠。如是者，果取其淡滲為功乎？抑亦别有取義也？方書治驚悸健忘諸方，皆以益心氣心血，同於各所宜用之味。即有或痰、或飲、或風，皆治其標者耳。又方書治遺精白濁，皆同於固精之味，以守真元。惟濁不屬腎病者，亦用以分清濁耳。如是則不得徒守淡滲之說，而當思其從陽吸陰，吸陰歸陽之玄機矣。或曰：所云養安心神，更能秘精者，請得而悉之。曰：心内陰而外陽，腎内陽而外陰。内者是神是主，外者是氣是用。《經》曰陽中之太陽，心也。唯茯苓稟真陽之精氣，却能吸陽中之陰以歸陽。夫陽中之陰為血，《經》曰血者，神氣也，是其能益心血矣。如陰得宅於陽中，則神定而氣充，是又謂之益心氣耳。其所謂秘精者，亦即不外此。在上者，陰宅於陽中，則火有主，而下交於水，即得水中之火，自從地氣而蟄藏在下者。陽宅於陰中，則水有主，而上交於火，即得火外之水，自從天氣而發育。此所謂神足而氣充，氣充而精盈，精盈而氣固者也。惜乎先哲亦微言之，而處方多本此義，何夢夢者徒取一淡滲以為功乎？蓋其清升而濁降者，特其從陽吸陰、由陰歸陽之餘事，雖屬一物，而具有根陰根陽之化機，即有清濁不相干者，以妙於真陽之中，乃粗工尋末而遺本，奈之何哉？試即茯神乏補益精元之功，乃即無取於升清降濁，不可識茯苓之以淡滲得名者，不為受其厚誣，而莫之察者多乎？海藏曰：茯苓甘平，如何是利小便？只此一語，察物可謂優於諸賢矣。但引其端，未竟其說，愚故為之發其覆云。按東垣謂逐水平火。蓋水火即陰陽之氣所化，清陽不升，則鬱而為火，濁陰不降，則鬱而為水。茯苓氣陽質陰，合於水火降升，但其味淡，不能專功，以之為佐使則可。

附方　胸脇氣逆脹滿，茯苓一兩，人參半兩，每服三錢，水煎服，日三。血虚心汗，别處無汗，獨心孔有汗，思慮多，則汗亦多，宜養心血，以艾湯調茯苓末，日服一錢。濁遺帶下，丈夫元陽虚憊，精氣不固，小便下濁，餘瀝常流，夢寐多驚，頻頻遺洩，婦人白淫白帶，並治之。白茯苓去皮四兩，作匱，以豬苓四錢半入内，煮二十餘沸，取出日乾，擇去豬苓，為末，化黄蠟，搜和丸彈子大，每嚼一丸，空心津下，以小便清為度。忌米醋。小便淋瀝不禁，由心腎俱虚，神志不守，用白茯苓、赤茯苓等分，為末，以新汲水挼洗去筋，控乾，以酒煮地黄汁，搗膏，搜和丸彈子大，每嚼一丸，空心鹽酒下。消渴，由於上盛下虚，心火炎爍，腎水枯涸，不能交濟而成，白茯苓一斤，黄連一斤，為末，熬天花粉作糊丸梧子大，每溫湯下五十丸。虚弱，陰精不足，白茯苓粉一斤，拌人乳曬至一斤半，另將童便重湯頓溫，取壯盛女子月經布一二個，洗入便内，拌入茯苓粉，曬乾，將茯苓粉再磨，加鹿角膠四兩，酒化，同煉蜜丸如梧子大，空心服，白湯吞三錢，服久痰從大便出。按：茯苓之用，亦多言其淡滲耳。然觀前數方，則補益心腎良多。況其用之似多為補陰，李氏所謂味重主血，義不謬也。然則利下損陰之說確否？即腎氣丸用之，止謂其伐腎邪可乎？又如小便淋瀝，以白赤同用，益知白者之不專於滲利矣。

修治　堅白者良，去皮。茯苓筋更宜水飛去，若誤服之，令人眼中童子并黑睛點小，兼盲目，切記。用赤茯苓則不必飛也。製法見茯神後。

赤茯苓

主治：破結氣甄權。瀉心、小腸、膀胱溼熱，利竅行水時珍。

茯苓皮　主治：水腫膚脹，開水道，開腠理時珍。

赤白茯苓主用之異

愚按：李東璧氏曰，陶弘景始言茯苓赤瀉白補，李杲復分赤入丙丁，白入壬癸，此其發前人之秘者。時珍則謂茯苓、茯神，只當云赤入血分，白入氣分，各從其類，如牡丹、芍藥之義，不當以丙丁、壬癸分也。若以丙丁、壬癸分，則白茯神不能治心病，赤茯苓不能入膀胱矣。此晰義更精。按赤茯苓謂為血分是矣，第其味尚有微甘，應以入胃而散血分之溼熱。蓋胃固多氣多血之地，而亦升降之樞也。愚妄揣之，茯苓既為松氣所化，則其主用者，同氣相應，安得有氣血之分，如此頓異耶。據陶貞白先生所云，合於方書之言，謂虛赤者不堪用，是則白而且堅，誠如上條所列之功，能以其受氣厚也。丹溪謂白茯苓稟松之餘氣而結，屬金，則其氣厚可知，其或虛而赤者，受氣未甚凝厚，止本於淡滲之性，而利水逐溼熱耳。蓋味之淡者能滲，滲者就水，水與液同為血分主之，故東璧氏之說，更為發前人之秘，但未能大暢其義也。總之，白補赤瀉，固不能易陶所云矣。

茯神：氣味：甘，平，無毒。主治：專理心經，補心氣，療風眩心虛，開心益智，止驚悸，補虛乏。虛人小腸不利者，加而用之。時珍曰：《神農本草》止言茯苓，《名醫別錄》始添茯神，而主治皆同。後人治心病必用茯神。故潔古張氏云風眩心虛，非茯神不能除。然茯苓亦未嘗不治心病也。

《類明》曰：茯苓是古松流肪入地，久得霜露泉壤之精氣而成。方士言其通神致靈，和魂煉魄。《本草》亦有此語。茯神是抱根者，與松根連屬，氣不相絕，故尤有補心氣之功。蓋為其得真陽之餘氣，名之以神，職此耳。先哲曰：茯神補心，須佐遠志。此語有精詣。蓋茯神專補心之陽，必合遠志舉陰中之陽以上奉，乃可補心也。朱雀丸治心神不定，恍惚健忘，不樂，火不下降，水不上升，時復振跳，常服消陰養火，全心氣，茯神二兩，去皮，沉香半兩，為末，煉蜜丸小豆大，每服三十丸，食後人參湯下。

愚按：《萬松記》云：松具五德，其氣化為茯苓，其脂化為琥珀。又蘇頌曰：茯苓或云松脂變成，或云假松氣而生。今東人見山中古松，久為人斬伐，其枯折槎音茶，邪斫木也。枿，音合，伐木而根復生也。枝葉不復上生者，謂之茯苓撥。即於四面丈餘地內，以鐵頭錐刺地，如有茯苓，則錐固不可拔，乃掘取之。其撥大者，茯苓亦大，皆自作塊，不附着根，其包根而輕虛者為茯神。則假氣生者，其說勝矣。具而論之，是前條流肪入地之說誤也。但其入地深者，謂得泉壤至精之氣，庶乎近之。若然，則附根而結者，猶未得泉壤之精氣，何以僅取其與根連屬，謂尤有補心氣之功耶？抑或其入地未深，得陽之精氣居多，故取以治心，不槩如茯苓得陽中之陰氣厚也。雖同為陽中之陰，止以入地之淺深，分陰陽之厚薄。不然，一物兩用，前哲豈無據乎？後人不察，又有謂附木者得氣之微，不知茯苓、茯神，皆取其堅而白，皆用其氣之厚，均皆有不堅者，均為得氣之微，是當以入地深淺，分陰陽厚薄，不得以之較虛實也。按茯苓、茯神俱為補心，然而亦有異者。蓋茯苓導手太陰之氣，使肺氣降而入心生血，且其從陽吸陰，似於補心血較切，而於安神者為最，以心主脈，脈含神也。茯神固亦導氣，第其補心氣，似專於苓，以其入地尚淺，而未絪蘊陰氣以歸陽耳，於安神似當遜於茯苓矣。

神木即伏神心內木也。又名黃松節。主治：偏風，口面喎斜，毒風筋攣，不語，心神驚掣，虛而健忘甄權。治脚氣痹痛，諸筋牽縮時珍。

附方　茯神木一兩，乳香一錢，於瓦器中炒研末，木瓜酒下二錢，治風寒溼搏於筋骨，足筋攣痛難行。

修治　去皮木，先以茯神去皮，切為細末，復以細末入羅篩內，於水盆中蕩篩去筋膜，澄清取水底細末，曬乾，復以人乳拌蒸三四次，或五六次更佳。每茯神一兩，蒸作二兩，茯苓用於補者，亦照此製。若用之導邪，止去其筋可也。亦不必取水底細末。

**清・郭章宜《本草匯》卷一六**　白茯苓　味甘淡，平，氣味俱薄，浮而升，陽中之陰也，入手太陰、足太陽經氣分。調脾胃而利小便，水濕多消。清肺熱而定洩瀉，氣機咸利。滲中焦之水，水飲悉除，而中宮受益。滲下焦之水，真水得養，而津道自行。益燥長陰，導氣平火。《本經》主胸脇逆氣，心下結痛，寒熱煩滿欬逆，口焦舌乾者，皆手少陰受邪也。憂恚怒恨驚悸，皆心志氣不足也。甘補則心脾實，淡利則邪熱解，諸症自平矣。中焦受濕熱，則口發渴。濕在脾，脾氣弱則好睡。大腹者，脾土虛而不利水也。淋瀝者，脾受濕邪，水道不利也。

按：茯苓，生于古松之下，假土之精氣，松之餘氣而成，屬金。無中生有，得坤厚之精，為脾家除濕行水之要藥也。《本草》言其利小便，伐腎邪；東垣言其小便多者能止，澀者能通；丹溪又言陰虛者不可用。義似相反，何哉？蓋茯苓滲淡，淡為天之陽，陽當上行，然氣薄為陽中之陰，所以能生津液，滋化源而利水降下也。潔古謂其屬陽，浮而升，言其性也。東垣謂其陽中之陰，降而下，言其功也。《經》云：飲食入胃，遊溢精氣，上輸于肺，通調水道，下輸膀胱。則知淡滲之藥，俱先上升，而後下降也。小便多，其源亦異。《經》云：肺氣盛則小便數，而虛則小便遺。心虛則少氣遺溺，下焦虛則遺溺，胞移熱于膀胱則遺溺。所謂肺盛者，實熱也，必氣壯脉強，宜茯苓以滲其熱，故曰小便多者能止也。若肺虛心虛胞熱，厥陰病者，皆虛熱也，必上熱下寒，脉虛而弱，法當用升陽之藥，升水降火。膀胱不約，下焦虛者，乃火投于水，水泉不藏，脱陽之症，必肢冷脉遲，法當用溫熱之藥，峻補其下。二症皆非茯苓輩淡滲之藥所能治，故曰陰虛者不宜用也。愚謂氣重者主氣，味重者助血。茯苓雖滲淡，其味尚甘，況佐以人參等補劑，下行亦能補虛而固腎矣。即施之陰虛，亦何妨哉？古方瑤臺雪，治脾虛不思食，及胃弱洩泄者，亦需此為接引。茯苓二兩，砂仁一兩，川椒一兩五錢，炒去汗目，陳皮二兩，薏仁八兩炒，山藥八兩炒，芡實十兩，白术十兩麩炒，蓮肉廿兩，白糖二斤，同和，空心白湯調服五錢，加炒大米亦可。惟猪苓一味，誠不宜耳。久病不足，精滑便利者，切禁。汗多者亦禁。

凡用，去皮，煮二三沸，切曝。須去赤筋，誤服損目。研細，入水中攪之，浮者是其筋也。乳潤蒸用。產雲南，色白而堅實者佳。惡白斂。畏地榆、雄黃、秦艽、龜甲。忌米醋及酸物。

赤茯苓　甘淡，氣平，降也，陽中陰也，入足太陰、手少陰太陽氣分血分。破血氣，而瀉心與小腸之火。除濕熱，而有利竅行水之功。

按：赤茯苓，功力稍遜于白。但白者能補，赤者能瀉。通利小腸，瀉熱行水，赤之功當勝于白。補心益脾，白之功自優于赤。仲景云：白者入壬癸，赤者入丙丁。則此于導赤行水之外，無他長矣。其皮善開腠治水，故水腫膚脹者，用此而水道開通。

製忌同白茯苓。

茯神　甘，平，陽中之陰，可升可降，入手少陰經。療眩運，定上氣之亂。安神志，益心氣之虛。止心下急痛堅滿，療虛勞驚悸善忘。朱雀丸治心神恍惚，水火不濟，用茯神二兩，沉香半兩，為末，食後人參湯下。

按：茯神，即茯苓一種也。假松之氣津盛，發泄于外者，結為茯苓。津氣不甚盛者，抱根而生，名為茯神，有依附之義，故魂魄不安，不能附體者，有收斂神氣之功焉。然主治皆不異于茯苓也。後人治心病，必用茯神。然茯苓亦未嘗不治心病也。陶弘景始言茯苓赤瀉白補，李杲復言赤入丙丁，白入壬癸，此能發前人之秘者。時珍則謂茯苓、茯神，只當云赤入血分，白入氣分，各從其類，不當以丙丁、壬癸分也。若以丙丁、壬癸分，則白茯苓不能治心病，赤茯苓不能入膀胱矣。又毒風攣痛，有松節散，用茯神心中木一名黃松節。一兩，同乳香二錢，石器砂研為末，每服二錢，木瓜酒下，善治風寒冷濕搏于筋骨，足攣難走之病。

製忌同白茯苓。

**清・蔣居祉《本草擇要綱目・平性藥品》**　茯神　氣味：甘，平，無毒。主治：五勞口乾，止驚悸。療風眩風虛，開心益智，安魂魄，養精神，補勞乏。主心下急痛堅滿，人虛而小腸不利，加而用之。神木，即茯神心內木，療毒風筋攣，心神驚掣，治脚氣痹痛。　赤白茯苓　氣味：甘，平，無毒。浮而升，陽也。白者入手太陰、足太陽經氣分。赤者入足太陰、手少陰太陽氣分。　主治：心下結痛，寒熱煩滿，欬逆，口焦舌乾，利小便，止消渴，大腹淋瀝，膈中痰水。開胸肺，調臟氣，伐腎邪。長陰益氣力，開胃止嘔逆，安心神，主肺痿痰壅，小兒驚癇，女人熱淋，暖腰膝，安胎。除濕益燥，緩脾生津。導氣平火，開腠理，泄膀胱，療腎積奔豚。赤茯苓主治破結氣，瀉心、小腸、膀胱濕熱，利竅行水。蓋茯苓之白入壬癸，赤者入丙丁，味甘而淡又降也，為陽中之陰。《服食至要》云：茯苓通神而至靈，和魂而鍊魄，利竅而益肌，厚腸而開心，調榮而理衛。大抵得松之餘氣，孕毓而成，屬金之質。小便多能止之，小便澀能利之。止之者何？茯苓多益心脾，性美，下能接引諸溫暖藥歸就腎經，腎得真火而真氣固，故八味丸之不離茯苓者是也。利之者何？凡飲食入胃，遊溢精氣，上輸於肺，通調水道，下輸膀胱，茯苓淡滲而色白，為金之象，金之令上行而下降，金能生水，澀者有不利之乎？然《本草》言茯苓利小便，伐腎邪，有降而下之功。而丹溪又言陰虛者不宜用，似亦相反，何也？蓋肺虛、心虛、胞熱厥陰病者，皆虛熱也，其人必上熱下寒，脈虛而弱，法當用升陽之藥，以升水降火，膀胱不約，下焦虛者，乃火投於水，水泉不藏，脫陽之症，其人必肢冷脈遲，法當用溫暖之藥，峻補其下，交濟坎離，二症皆非茯苓淡滲之藥所能益其元氣。朱氏之謂陰虛不可用者，此之謂也。《素問》云：心虛則少氣遺溺，下焦虛則遺溺，胞遺熱於膀胱則遺溺。膀胱不利為癃，不約為遺，厥陰病則遺溺閉癃。朱氏之不欲驟用者，其深明於此理也。若肺氣盛者，實熱也，其人必氣壯脈強，寒淫所勝。《素問》所云肺氣盛則便數而欠，非茯苓之淡滲，何以分陰陽而導濕。《本草》之必用以伐腎邪者，此之謂也。

**清·王翃《握靈本草》卷八** 茯苓所在大松處皆有，產雲貴者良。苓中有赤筋，能損目。凡入丸散，研粉澄濾取粉，以人乳蒸用。 主治：茯苓，甘，平，無毒。一云：甘，淡。主胸脇逆氣，憂恚驚邪恐悸，心下結痛，寒熱煩滿，欬逆，口焦舌乾，利小便，久服安魂養神，止消渴嘔逆，膈中痰水。伐腎邪，長陰，益氣力。瀉膀胱，安胎。益脾胃，治奔豚。

茯神抱木者真。 主治：茯神，甘，平，無毒。主辟不祥，療風眩風虛，止驚悸，多怒善忘，開心益智，安魂魄，養精神。

**清·汪昂《本草備要》卷三** 茯苓補心脾，通，行水。 甘，溫。益脾助陽，淡滲利竅除濕。色白入肺瀉熱而下通膀胱，能通心氣于腎，使熱從小便出，然必其上行入肺能清化源，而後能下降利水也。寧心益氣，調營理衛，定魄安魂。營主血，衛主氣，肺藏魄，肝藏魂。治憂恚驚悸，心肝不足。心下結痛，寒熱煩滿，口焦舌乾，口爲脾竅，舌爲心苗。火下降則熱除。咳逆肺火。嘔噦，胃火。膈中痰水，脾虛。水腫淋瀝，泄瀉滲濕。遺精。益心腎。若虛寒遺溺泄精者，又當用溫熱之劑峻補其下。忌用茯苓淡滲之藥。小便結者能通，多者能止。濕除則便自止。生津止渴，濕熱去則津生。退熱安胎。 松根靈氣結成，以大塊堅白者良。去皮，乳拌蒸。多拌良。 白者入肺、膀胱氣分，赤者入心、小腸氣分。時珍曰：白入氣，赤入血。 補心脾白勝，利濕熱赤勝。 惡白斂，畏地榆、秦艽、龜甲、雄黃，忌醋。 皮：專能行水，治水腫膚脹。以皮行皮之義，五皮散用之。凡腫而煩渴，便秘溺赤，屬陽水，宜五皮散、疏鑿飲；不煩渴，大便溏，小便數，不赤澀，屬陰水，宜實脾飲、流氣飲。腰以上腫宜汗，腰以下腫宜利小便。

茯神補心。 主治略同茯苓，但茯苓入脾、腎之用多，茯神入心之用多。開心益智，安魂養神。療風眩心虛，健忘多恚。 即茯苓抱根生者。昂按：以其抱心，故能補心也。 去皮及中木用。 茯神心木，名黃松節。療諸筋攣縮，偏風喎斜，心掣健忘。心木一兩，乳香一錢，石器炒研，名松節散。每服二錢，木瓜湯下，治一切筋攣疼痛。乳香能伸筋，木瓜能舒筋也。

**清·吳楚《寶命真詮》卷三** 茯苓 【略】補中開胃，利水化痰，安神定悸，生津止渴。止嘔逆，除虛熱，保肺定欬，安胎止瀉。下行伐腎，水泛之痰隨降。 赤者專主利小便，祛濕熱。茯神即苓之根，而生有依附之義，故專掌安神，使魂魄附體。 假松之餘氣而生，得土氣最厚，故作中宮上藥。

**清·陳士鐸《本草新編》卷四** 茯苓茯神 茯苓：味甘、淡，氣平，降也，陽中陰也，無毒。有赤、白二種，白者佳，亦可用入心、脾、肺、肝、腎五臟，兼入膀胱、大小腸、膻中、胃經。助陽，利竅通便，不走精氣，利血僅在腰臍，除濕行水，養神益智，生津液，暖脾，敺痰火，益肺，和魂鍊魄，開胃厚腸，却驚癇，安胎孕，久服耐老延年。

茯神，即茯苓一種。但茯神抱松木之根而生者也，猶有顧本之義，故善補心氣，止恍惚驚悸，尤治善忘，其餘功用，與茯苓相同，此二種，利中有補，久暫俱可用也，可君可臣，而又可佐使。惟輕重之宜分，無損益之可論。或謂汗多而陰虛者宜忌，少用之何損。或言小便素利者勿服，恐助燥損陰，微用之何妨。初病與久病相殊，而健脾正宜于久病，何必盡去夫茯苓也。丹溪謂：茯苓有行水之能，久服損人。八味丸用之，亦不過接引諸藥，歸就腎經，去胞中積陳，而以為搬運之功也。夫八味丸有桂、附、熟地、山茱之直入于腎，何藉茯苓之引經耶。仲景張夫子用茯苓于八味丸中，大有深意。以熟地純陰，而性過于膩滯，雖澤瀉利水，熟地之滋潤已足相制，然而澤瀉過于利水，未必健脾以去濕。故又用茯苓以佐之，利腹臍而又不走氣，使澤瀉亦不過于滲洩，則瀉中有補，助熟地、山藥、山茱速于生陰，實非徒為接引而用之也。

或問：茯苓健脾，而仲景張公用之益腎，意者脾腎同治耶？夫茯苓雖亦入脾，而張夫子用之全非取其健脾，止取其益腎耳，夫腎惡燥，而亦惡濕，過燥則水乾，而火易熾，過濕則邪住，而精難生。用茯苓于六味丸中，瀉腎中之邪水，以補腎中之真水也，故與健脾之意全不相干，勿認作脾腎同治也。

或問：茯苓不健脾而益腎，而茯苓實健脾之物也，意者腎健而脾亦健乎？夫腎健而脾亦健，此六味湯之功用也。茯苓止能益腎以通胃耳，胃為腎之關門，腎氣足而關門旺，不可單歸功于茯苓也。然而，茯苓之氣實先通于胃中。夫茯苓下利之物，如何能上行于胃。不知茯苓最通上下之竅，而胃又是水穀之海，利水而水不入海，將何往乎？故下通膀胱，而上通于胃，胃氣得腎氣之升騰，而胃氣有不更開，飲食有不更進乎。似乎脾健而能容，實亦胃健而能受也。

或疑茯苓、澤瀉，同是利水之物，而或言過于利水，或言未能健脾，皆是與人相反，謂先生不好奇得乎？曰：非好奇也。二味實各有功用，不得不分言之耳。澤瀉，瀉之中有補，表其補之功，則其瀉正可用也；茯苓，補中有瀉，論其瀉之益，則其補亦可用也。凡藥有功有過，辨明功過于胸中，自然臨症無差。

或問：六味丸中闡發已盡，不識茯苓于前說之外，尚有異論乎？曰：前說不足以盡茯苓之義也。仲景夫子用茯苓于六味丸中也，豈特瀉腎中之邪水，以補腎中之真水哉。茯苓更能入腎，以通腎中之火氣。腎中火氣，上通胃而下通膀胱二經。苟無腎火之氣以相通，則上水不能入，而下水不能出矣。上水不能入者，非不能飲也，飲水而水之氣不消；下水不能出者，非不能容也，容水而水之氣不洩，不消不洩，而水勢必奔迫于中焦，而不能化矣，惟有火氣以相通，而上下之水始周流而無滯。六味補腎中之水，而不補腎中之火，則火不能自通于胃與膀胱矣。得茯苓代為宣化，而上下之水行，何致有不消不洩之慮哉。茯苓用之于六味丸中者，尚有如此妙義也。

又問：茯苓用之于六味丸中，奇義如此，而用之于八味丸中，亦別有奇義乎？曰：有。茯苓瀉水，亦能瀉火。瀉水者瀉腎中之邪水，則瀉火者獨不瀉腎中之邪火乎。八味丸用桂、附以補火者，補腎中之真火也。然補腎中之真火，而腎中之邪火不去，則真火不生，反助邪火而上升矣。仲景夫子用茯苓于八味丸中，正取其瀉邪火以補真火也。桂、附得茯苓之助，無邪火之相干，自然真火之速長。于是火生而脾土得其益，受水穀而能容，胃土得其益，進飲食而無礙，肺氣調，而心氣降，肝氣平矣。

又問：茯苓用之四君子湯與六君子湯，似非盡利水也，何獨不言其奇乎？夫茯苓用之于陰藥之內，可以出奇。茯苓用之于陽藥之間，無以顯異，不過佐人參、白朮，分消其水濕，以固其脾土而開胃氣也。

又問茯苓用之于都氣丸中，亦未見出奇，必得肉桂，而後瀉水，安在入腎氣丸中即能出奇乎？曰：腎氣丸之妙，全在茯苓。茯苓利水，人人知之。利水之中，得群陰之助，更能于補水中，以行其利水之權；得二陽之助，更能于補火中，以全其化水之神。止利其邪水，而不使波濤泛濫，又不損其真水，而轉使熱氣薰蒸，通上下三焦，消內外二濕，皆茯苓為君之功也。倘以茯苓為臣，而君以熟地，勢必中焦阻滯，水積于皮膚而不得直入于膀胱矣，又何以瀉之哉？

或問：夏子益集奇病治病之方，有人十指節斷壞，惟有筋連無節肉，蟲出如燈心，長數寸，遍身綠毛，以茯苓、胡黃連，煎飲而愈，豈亦有義耶？曰：是濕熱出蟲耳。茯苓以去濕，黃連以解熱，濕熱散而蟲自死矣。惟是蟲身長綠毛，實有秘義。此人必手弄青蛙，戲于池塘之中，綠毛之龜在池內，欲吞之而不可得，故氣沖于手，久之而手爛，得至陰之毒而不散，故皮爛而肉腐，生蟲長綠毛也。惜吾發異議，無人證之耳。

或問：今人用茯苓，多用人乳浸泡，久製則白色變紅，其有益于人乎？夫補藥中而用茯苓者，恐純補之膩滯，故用之通達，使于瀉之中，以助其補之力也，若過用乳製，則通利之性全失，一味呆補，反不能佐補藥以成功。此近人不知用藥之功，而妄為制度，不可以為法也。

**清・顧靖遠《顧氏醫鏡》卷八**　茯苓甘，淡，平。入心、腎、肺、胃、小腸五經。生於古松之下，感土木之氣而生。產雲南，白而堅實者佳。去皮用。　安心神而定驚悸，止健忘。補心之功。益脾胃而治痰飲，消水腫。益脾，除濕利水之功。除嘔吐而止洩瀉，以其能和中益氣也。療咳逆而理痰壅。以其能導氣平火也。能利小便，味甘淡滲，其性上行，滋水之源而下降，利小便。堪伐腎邪。能降腎經水泛之痰，又治奔豚之症。地黃丸中用之，取其去胞中積垢，搬運之功耳。抱根者為茯神，主用相同，而安神獨掌。紅者為赤茯苓，功力稍遜，而利水偏長。茯苓皮開腠理，通水道，治水腫多功。若小便不禁，虛寒精滑者，皆不可服。

**清・李熙和《醫經允中》卷二〇**　白茯苓　入肺、膀胱、小腸三經氣分。忌醋及酸物。中有赤筋最損目，用宜去之。甘，淡，無毒。主治小便痰水水腫淋結，補中開胃，退熱安胎，止嘔止泄，健脾除濕。赤茯苓主破血利水。茯神主止驚安神。《經》云：飲食入胃，遊溢精氣，上輸于肺，通調水道，下輸膀胱。則知津液之行，先上升而後下降也。茯苓屬陽，浮而升者，陽中之陰。又能下降者，故肺、心包熱，小便頻數，尺脉浮洪者，宜用茯苓以滲其熱。若膀胱不約，下焦虛寒，而水泉不止，乃陽脱之疾，必尺脉沉遲，法當兼用溫補固精之藥，以補助元陽，又非專用茯苓所能愈矣。

**清·馮兆張《馮氏錦囊秘錄·雜症痘疹藥性主治合參》卷四**　白茯苓生於古松之下，感土木之氣而成。故味甘淡，性平，無毒。入手足少陰、手太陽、足太陰陽明經，陽中之陰也。甘能補中，淡能利竅，故為滲濕扶脾，解熱散結，利水補中之要藥。專入脾腎功多。如入補脾藥中，宜不製者，方得淡滲之功。若入補陰藥中，宜人乳拌晒，以減淡滲之勢。茯神，抱木而生，有依守之義，故專入心經，為安神益智、健忘却驚之需。其心木名黄松節，治傷風口(喎)(眼)喎斜，毒風筋攣不語，凡神驚掣，虛而健忘，其所主與茯神大同小異耳。

白茯苓，主胸脇逆氣，膈中痰水，憂恚驚恐，寒熱煩滿，心下結痛，咳逆舌乾，水腫淋結，五勞七傷，安胎氣，暖腰膝，生津液，健脾，敺痰火，益肺利血，滲濕安魂，却驚，開胃厚腸。上以滲脾肺之濕，下以伐肝腎之邪。故為利水燥濕之要藥。入四君，則佐參、术以滲脾家之濕。入六味，則使澤瀉以行腎邪之餘。赤入心脾小腸，專功瀉熱利水。白者兼補，赤者專瀉。白者入壬癸，赤者走丙丁。茯神專補心經，主恍惚驚悸，恚怒健忘，辟不詳，開心智，安魂魄，養精神。蓋假松之氣，而津盛發洩於外以成者為茯苓；其內守抱根而生者為茯神，有依附之義，為收斂神氣之用，取靜而能安也。茯苓皮，本性淡而能滲濕，色黑而象水，故入五皮湯中，以為利水消腫之劑。琥珀，亦松液精華凝結地中千年而成象，故生於陽而成於陰也。屬陽與金，色赤味甘，肝、心、脾、小腸血分之藥。本性燥而滲濕，故亦利水。辛溫而色赤，故能消瘀。資稟斂濇，故能長肌。成於坤淨，故能定魄。

主治痘疹合參：茯苓，利水除濕，益氣和中，本為扶脾養胃之藥，但多淡滲走利之功，故於痘瘡灌漿時忌服，恐令水氣下行，外不行漿，内防發渴。惟泄瀉者，水泡者及收靨時竝用之。赤者惟利水瀉熱而不補，如小便多及汗多陰虛者，所當忌也。

按：茯苓假土之精氣，松之餘氣而成，無中生有，得坤厚之精，為脾家之要藥。《素問》曰飲入於胃，遊溢精氣，上輸於肺，調通水道，下輸膀胱。則利水之藥，皆上行而後下降也。潔古謂其上升，東垣謂其下降，各不相背也。但小便頻多，其源甚異。《經》云：肺氣盛則便數，虛則小便遺，心虛則少氣遺溺，下焦虛則遺溺，胞絡遺熱於膀胱則遺溺，膀胱不約為遺，厥陰病則遺溺。所謂肺氣盛者，實熱也，宜茯苓以滲其熱，故曰小便多者能止也。若肺虛心虛，胞絡熱，厥陰病，皆虛火也，必上熱下寒，所當升陽。膀胱不約，下焦虛者，乃火投於水，水泉不藏，必肢冷脉遲，當用溫熱。皆非茯苓可治，故曰陰虛者，不宜用也。茯神抱根而生，有依守之義，故魂不守舍者用以安之。赤者入丙丁，但主導赤而已。

**清·张璐《本經逢原》卷三**　茯苓　甘，淡，平，無毒。入補氣藥，人乳潤蒸；入利水藥，桂酒拌晒；入補陰藥，童便浸切。一種栽蒔而成者曰蒔苓，出浙中，但白不堅，入藥少力。凡用須去盡皮膜，則不傷真氣，以皮能泄利津液，膜能阻滯經絡也。《本經》主胸脇逆氣，憂恚驚邪恐悸，心下結痛，寒熱煩滿，欬逆，口焦舌乾，利小便，久服安魂養神，不飢延年。　發明：茯苓得松之餘氣而成，甘淡性平，能守五藏真氣。其性先升後降，入手足太陰少陰、足太陽陽明。開胃化痰，利水定悸，止嘔逆泄瀉，除濕氣，散虛熱。《本經》治胸脇逆氣，以其降泄也。憂恚驚悸，心下結痛，以其上通心氣也。寒熱煩滿，欬逆口焦舌乾，利小便，以其導熱滋乾流通津液也。《本草》言其利小便，伐腎邪。東垣云，小便多者能止，濇者能通，又大便瀉者可止，大便約者可通。丹溪言陰虛者不宜用。義似相反者，何哉？蓋茯苓淡滲上行，生津液，開腠理，滋水之源，而下降利小便。潔古謂其屬陽，浮而升，言其性也。東垣言其陽中之陰，降而下，言其功也。《經》言飲食入胃，遊溢精氣，上輸於脾，脾氣散精，上歸於肺，通調水道，下輸膀胱。則知淡滲之性，必先上升而後下降，膀胱氣化而小便利矣。若肺氣盛則上盛下虛，上盛則煩滿喘乏，下虛則痿躄軟弱而小便頻。茯苓先升後降，引熱下滲，故小便多者能止也。大便瀉者，胃氣不和，不能分利水穀，偏滲大腸而泄注也，茯苓分利陰陽則瀉自止矣。大便約者以膀胱之水不行，膀胱硬滿，上撑大腸，故大便不能下通也，宜茯苓先利小便，則大便隨出也。至若肺虛則遺溺，心虛則少氣遺溺，下焦虛則遺溺，胞遺熱於膀胱則遺溺，膀胱不約為遺溺，厥陰病則遺溺，皆虛熱也。必上熱下寒，當用升陽之藥，非茯苓輩淡滲所宜，故陰虛不宜用也。此物有行水之功，久服損人。八味丸用之，不過接引他藥歸就腎經，去胞中久陳積垢，為搬運之功耳。是以陰虛精滑而不覺，及小便不禁者，皆不可服，以其走津也。其赤者入丙丁，但主導赤而已。其皮治水腫、膚腫，通水道、開腠理，勝於大腹皮之耗氣也。　茯神　甘，淡，平，無毒。即茯苓中之抱根而生者。　發明：《神農本經》只言茯苓，《名醫別錄》始添茯神，而主治皆同。後人治心病必用茯神，故潔古云，風眩心虛非茯神不能除。然茯苓未嘗不治心病也。陶弘景始言茯苓赤瀉白補，此發前人之秘。時珍謂茯苓、茯神只當云赤入血分，白入氣分，如牡丹、芍藥之義。茯神中所抱之木，治風濕筋骨攣縮與松節同功。

**清・浦士貞《夕庵讀本草快編》卷五**　茯苓《本經》　抱根者名茯神。《史記・龜策傳》作伏靈。蓋松之神靈之氣伏結而成，故謂伏靈、伏神也。茯苓、茯神乃松之餘氣結成，屬金，性溫味甘而淡，陽中陰也。白者入手太陰、足太陽氣分，赤者入足太陰、手太陽少陽血分。故能益氣而溫中，利竅而滲濕，定驚悸，生津液，小便多者能止，濇者能通，蓋甘以助陽，淡能益脾爾。《別錄》言其利小便，伐腎邪。東垣、海藏言其止便通濇。丹溪言其陰虛者不宜，與張似相反也，何哉？茯苓味淡而滲，其性上行，生津液，開腠理，滋水之上源，下降而利小便，故潔古謂其陰浮而升，言其性也；東垣謂其陽中之陰，降而下，言其功也。《經》云：飲食入胃，游溢精氣，上輸於肺，通調水道，下輸膀胱。觀此則知淡滲諸藥俱皆上行而後下降，非直達下行也。若小便之通濇，其源不一。《素問》曰：肺氣盛則便數而久，虛則久欬，小便遺數，心虛則少氣遺溺，下焦虛則遺溺，胞移熱於膀胱則遺溺，膀胱不利為癃，不約為遺，厥陰症則遺溺癃閉。所謂肺氣盛者，實熱也。其人必氣壯脉強，宜用茯苓甘淡以滲其熱，故曰小便多者能止也。若肺虛、心虛、胞熱及厥陰症者，皆虛熱也，其人必上熱下寒，脉虛而溺，法當用升陽之藥以升水降火矣。膀胱不約，下焦虛寒者，乃火陷於水，水泉不藏，脫陽之症，其人必肢冷脉遲，法當用溫熱之藥峻補其下，交濟坎離。二症皆非茯苓輩所能療也，故曰陰虛者不宜與服。如此條晰，庶文義不背。茯神乃抱木而生，中有所主，《別錄》用其治驚悸健忘，神魂不寧，多恚多怒。潔古又云：風眩、心虛，非此不除。蓋取其專治心疾也。若其木亦得苓之精氣兼能走肝，肝主筋，脚氣攣縮，偏風喎斜，心神驚掣，語言不出者，宜之。其皮消水腫，去膚脹，開水道之聖藥，不可忽諸。夫芳香之木，歲寒不凋，原具仙骨。皓苓下結，形絲上薈，真乃潛藏不露之君子。宜乎有陽春之德，不老之譽。然白補而赤利，為仙家服食之上品，以其通神明，鎮魂魄，益肌膚，厚腸胃，和衛調榮，故四君子、六味丸、瓊玉膏，可類推已！

**清・張志聰、高世栻《本草崇原》卷上**　茯苓　氣味甘，平，無毒。主治胸脇逆氣，憂恚驚邪，恐悸，心下結痛，寒熱，煩滿，咳逆，口焦舌乾，利小便。久服安魂養神，不飢延年。　茯苓生大山古松根下，有赤白二種。下有茯苓，則上有靈氣如絲之狀，山中人亦時見之。《史記・龜策傳》作茯靈，謂松之神靈伏結而成。小者如拳，大者如斗，外皮皺黑，內質光白，以堅實而大者為佳。　茯苓，本松木之精華，藉土氣以結成，故氣味甘平，有土位中央而樞機旋轉之功。稟木氣而樞轉，則胸脇之逆氣可治也。稟土氣而安五臟，則憂恚驚恐悸之邪可平也。裏氣不和，則心下結痛。表氣不和，則為寒為熱。氣鬱於上，上而不下，則煩滿咳逆，口焦舌乾。氣逆於下，交通不表，則小便不利。茯苓位於中土，靈氣上薈，主內外旋轉，上下交通，故皆治之。久服安肝藏之魂，以養心藏之神。木生火也，不飢延年，土氣盛也。　赤茯苓附　主破結氣《藥性本草》瀉心、小腸、膀胱濕熱，利竅行水。《本草綱目》附。　茯神附　氣味甘，平，無毒。主辟不祥，療風眩、風虛、五勞、口乾，止驚悸，多恚怒、善忘，開心益智，安魂魄，養精神。《別錄》附。離松木本體，不附根而生者，為茯苓。不離本體，抱根而生者，為茯神。雖分二種，總以茯苓為勝。　茯苓皮附　主治水腫膚脹，利水道，開腠理。《本草綱目》附。　神木附　主治偏風，口面喎斜，毒風筋攣，不語，心神驚掣，虛而健忘。《藥性本草》附。　即茯神心內木也，又名黃松節。　愚謂：茯苓之皮與木，後人收用，各有主治，然皆糟粕之藥，並無精華之氣，不堪列於上品，只因茯苓而類載之於此。

**清・姚球《本草經解要》卷三**　茯苓　氣平，味甘，無毒。主胸脇逆氣，憂恚驚邪，恐悸，心下結痛，寒熱煩滿，欬逆，口焦舌乾，利小便。久服安魂養神，不飢延年。　茯苓氣平，稟天秋降之金氣，入手太陰肺經。味甘無毒，得地中正之土味，入足太陰脾經。氣平味和，降中有升，陰也。胸者，肺之分也。脇者，肝之分也。肝主升，而肺主降。肺金不足，則氣不降。肝木有餘，則氣上逆，逆於肝肺之分，故在胸脇間也。茯苓入肺，氣平則降，味甘可以緩肝，所以主之。脾為土，肺為金，脾肺上下相交，則五藏皆和，位一身之天地矣。若脾肺失中和之德，則憂恚驚邪恐悸，七情乖戾於胸，發不中節而為病。茯苓味甘和脾，氣平和肺，脾肺和平，七情調矣。心下，脾之分也，濕熱在脾則結痛，濕熱不除，則流入太陽而發寒熱，鬱於太陰而煩滿，濕乘肺金而欬逆。茯苓甘平淡滲，所以能燥脾，伐水清金，治以上諸症也。人身水道不通，則火無制，而口焦舌乾矣。茯苓入肺以通水道，下輸膀胱，則火有去路，故止口舌乾焦。水道通，所以又利小便也。肝者，魂之居也。而隨魂往來者，神也。久服茯苓，則肺清肅，故肝木和平，而魂神安養也。不飢延年者，脾為後天之本，肺為元氣之府。脾健則不飢，氣足則延年也。製方：白茯同人參、白术、甘草、陳皮、山藥、扁豆、白芍，治脾虛。同人參、白术、甘草、陳皮、半夏，名六君子湯，治欬而吐。同二术、澤瀉、車前、白芍、陳皮、木瓜、豬苓，治水腫。同陳皮、半夏、甘草、人參、枳殼、川芎、白芍、歸身、生地、前胡、葛根、桔梗、蘇葉、生薑、大棗，名茯苓補心湯，治火鬱心包痛而吐血欬逆。

茯神：氣平，味甘，無毒。主辟不祥，療風眩風虛，五勞，口乾，止驚悸多恚怒，善忘，開心益智，安魂魄，養精神。茯神氣平，稟天秋平之金氣，入手太陰肺經。味甘無毒，得地中正之土味，入足太陰脾經。氣平味和，降中有升，陰也。茯神味甘氣平，得中正之氣味，和脾肺，位一身之天地，所以能辟不祥也。諸風皆屬肝木，木虛則風動而眩。其主之者，味甘性緩，可以益肝傷。氣平清金，可以定風木也。五勞，五藏勞傷其神也。五勞神傷，則陰火動而口乾矣。茯神甘平安神，故止口乾。驚悸多恚怒善忘，皆心腎不交，而肝木不寧之症。茯神氣平益肺，肺氣下降，則心亦下交。味甘益脾，脾氣上升，則腎亦上交。蓋天地位則水火寧，土金實則風木定，五行相制之道也。其開心益智者，皆氣平益肺之功。肺益則水道通，而心火有制，所以心神開朗而光明。肺益則金生腎水，所以伎巧出而智益也。肝者，魂之居。肺者，魄之處。茯神氣平益肺，肺寧肝和，故安魂魄。精者，陰之華。神者，陽之靈。茯神味甘益脾，脾和則飲食納，而精神得所養也。製方：茯神同沉香丸，名朱雀丸，治心神恍惚。專為末，艾湯服，治心孔有汗及心虛夢洩白濁。

**清·周垣綜《頤生秘旨》卷八** 茯苓 甘補淡滲，除濕之藥也。和中益脾，為其淡滲也。開心延年，為其甘補也。

**清·王子接《得宜本草·中品藥》** 茯苓 味甘，淡。入手足太陰、太陽經。得人參能下氣，得半夏能滌飲。赤者利水尤捷。

茯神：味甘，淡。入手少陰經。得棗仁能安神，得乳香、木瓜酒治筋骨攣痛。

**清·徐大椿《神農本草經百種錄》上品** 茯苓古注茯苓，皆云松脂入地所結，無苗葉花實。今之茯苓，皆有蔓可種，疑古今有異同也。 味甘，平。主胸脇逆氣，憂恚，驚邪恐悸，心下結痛，寒熱煩滿，欬逆，皆脾虛不能化水，痰飲留結諸經之疾。口焦舌乾，胸有飲，則水下聚而津液不升。利小便。淡滲利水道。久服，安魂養神，不飢延年。心脾和通之效。 茯苓生山谷之中，得松柏之餘氣，其味極淡，故為調補脾陰之藥，義見石斛條下。○凡人邪氣鬱結，津液不行，則為痰為飲。痰濃稠為火之所結，飲清稀為水之所停。故治痰則鹹以降之，治飲則淡以利之。若投以重劑，反拒而不相入，惟茯苓極輕淡，屬土，土勝水能疏之滌之，令從膀胱以出，病漸去而不覺也。觀仲景豬苓湯、五苓散等方，義自見矣。

**清·黃元御《長沙藥解》卷四** 茯苓 味甘，氣平。入足陽明胃、足太陰脾、足少陰腎、足太陽膀胱經。利水燥土，泄飲消痰。善安悸動，最豁鬱滿。除汗下之煩躁，止水飲之燥渴。淋癃泄痢之神品，崩漏遺帶之妙藥。氣鼓與水脹皆靈，反胃共噎膈俱效。功標百病，效著千方。 《傷寒》五苓散，茯苓十八銖，澤瀉一兩六銖，白术十八銖，桂枝半兩。治太陽中風，內有水氣，渴欲飲水，水入則吐者。以宿水停留，因表鬱而內動，阻隔三陽，不得下行，是以渴欲飲水，而以水投水，又復不受，是以水入則吐。茯、猪、术、澤，泄水而燥土，桂枝行經而發表也。治太陽傷寒，汗復脉浮，小便不利，熱微消渴者。以汗泄脾陽，己土溼陷，乙木抑遏，不能疏泄水道，故小便不利。木鬱風生，肺津傷耗，是以消渴。伏、猪、术、澤，瀉濕而生津液，桂枝達木以行疏泄也。 《金匱》小半夏加茯苓湯，半夏一升，生薑半斤，茯苓四兩。治飲家水停心下，先渴後嘔。飲家水停心下，土濕津凝，必作燥渴。而再得新水，愈難消受，是以嘔吐。茯苓、薑、半夏降濁陰而瀉水飲也。 茯苓澤瀉湯，茯苓八兩，澤瀉四兩，白术三兩，甘草二兩，桂枝二兩，生薑四兩。治反胃嘔吐，渴欲飲水者。以土濕木鬱，抑塞不升，下竅閉結，濁陰無降泄之路，膽胃俱逆，是以嘔吐。桂枝達木鬱而升陷，生薑利胃壅而降逆，术、甘補土而生津，苓、澤泄水而去濕也。 《外臺》茯苓飲，茯苓三兩，人參三兩，白术三兩，枳實三兩，橘皮二兩半，生薑四兩。治心胸中停痰宿水，吐出水後，心胸間虛滿不能食者。心胸陽位，而痰水停宿，全緣中焦土濕，宿水雖吐，停痰尚在，而其中脘不旺，一吐之後，胃土上逆，濁氣壅塞，是以虛滿，不能下食。參、术、茯苓補中而燥土，枳、橘、生薑降濁而消滿也。 《傷寒》桂枝去桂加茯苓白术湯，芍藥二兩，甘草二兩，生薑三兩，大棗十二枚，茯苓三兩，白术三兩。治太陽傷寒，汗出不解，頭疼發熱，無汗，心下滿痛，小便不利。

以汗後亡陽，水泛土濕，胃氣上逆，則心下滿痛。脾氣下陷，則小便不利。苓、术燥土泄水而消滿也。　小青龍湯方在麻黄治太陽傷寒，心下有水氣，小便不利，少腹滿者。去麻黄，加茯苓四兩。《金匱》黄耆建中湯方在黄耆治虚勞，裏急腹滿者，去大棗，加茯苓一兩半。緣土濕木鬱，兩氣壅塞，而生痞滿，茯苓泄濕，滿自消也。　《傷寒》苓桂术甘湯，茯苓四兩，桂枝二兩，白术二兩，甘草二兩。治太陽傷寒，吐下之後，心下逆滿，氣上衝胸，起則頭眩，又復發汗動經，身為振振摇者。吐下泄其藏中之陽，風木動於藏，而氣上衝胸膈，復汗以泄其經中之陽，風木動於經，則身體振摇。緣水泛土濕，而木氣鬱動也。桂枝疏木而達鬱，术、甘、茯苓培土而泄水也。　真武湯，茯苓三兩，白术二兩，附子一枚，芍藥二兩，生薑三兩。治少陽病，内有水氣，腹痛下利，小便不和，四肢沉重疼痛，或嘔者。以水泛土濕，風木鬱遏，不能疏泄水道，故小便不利。木鬱賊土，脾陷胃逆，故腹痛嘔利。營血寒澀，不能行經絡而充肢節，故四肢沉重疼痛。附子溫癸水之寒，芍藥清乙木之風，生薑降濁而止嘔，苓、术燥土而泄濕也。治太陽中風，服大青龍湯，汗後亡陽，手足厥逆，筋惕肉瞤者。以陽亡土敗，寒水大發，風木失溫，鬱動不寧，故手足厥冷，而筋肉振動。芍藥斂風木之搖蕩，苓、术、附子溫補火土而泄寒水也。治太陽傷寒，汗出不解，發熱頭眩，心下悸，身瞤動振振欲擗地者。以汗後亡陽，水寒土濕，風木鬱動，身體戰搖。芍藥清風木之振撼，苓、术、附子溫補火土而泄寒水也。　苓桂甘草湯，茯苓半斤，桂枝四兩，甘草二兩，大棗十五枚。治汗後臍下悸動，欲作奔豘。風木鬱動，是生振悸。心下悸者，枝葉之不寧，臍下悸者，根本之不安。臍下振悸，根本撼搖，則奔豘作矣。因于水旺土崩，而根本失培也。甘、棗補脾精以滋風木，桂枝達木鬱而安動搖，茯苓泄水而燥土也。　《金匱》假令瘦人，臍下有悸，吐涎水而顛眩，此水也，五苓散主之。理中丸方在人參治霍亂吐利，若臍下築者，腎氣動也，去术加桂四兩，悸者加茯苓二兩。《傷寒》小柴胡湯方在柴胡治少陽傷寒，心下悸，小便不利者。去黄芩，加茯苓。蓋悸者，木也，所以致木之悸者，水也。緩則悸于心下，急則悸于臍間。臍下之悸用桂枝以疏木，心下之悸用茯苓以泄水，緩急之不同故也。　茯苓四逆湯，茯苓四兩，甘草二兩，人參一兩，乾薑一兩，附子一兩。治汗下之後，病仍不解，煩躁者。以汗下亡陽，土敗水發，陽氣拔根，擾亂無歸，故生煩躁。參、甘、薑、附溫補火土，茯苓泄其水邪也。　火位于上，水位于下，水寒而下潤，火熱而上炎。人之生也，火水必交，交則火胎于坎，而水不寒，水孕于離，而火不炎。水火相交，爰生濕氣。土位在中，是以性濕。火燥水濕，自然之性。土生于火，而土之濕氣，實化于水。水火之交，全賴乎土。己土左旋，坎陽東升而化火。戊土右轉，離陰西降而化水。水火互根，寒熱交濟，則胃不偏燥，而脾不偏濕，陰陽和平，是以無病。物不能有盛而無衰，火盛則土燥，水盛則土濕，水不勝火，則濕不勝燥。然丁癸同宫，丁火不能敵癸水之寒，戊己並列，而戊土何能敵己土之濕。人之衰也，火消而水長，燥減而濕增，其大凡也。　土濕不運，升降倒行，水木下陷而寒生，火金上逆而熱作，百病之來，莫不以此。自此以往，陽火漸虧，陰水漸盛，火復而土生則人存，水盛而土崩則人亡。是以仲景垂教，以少陰之負趺陽者為順，土勝為順，水勝為逆。古之聖人，燥土而制水。後之庸工，滋水而伐土。上智之與下愚，何其相遠也。　土燥之病，傷寒惟陽明有之，而濕居其半，他經已不少覯。内傷雜病之中，那復有此？後世庸工，開滋陰補水之門，而醫如蕭斧，人若朝菌矣。凡内傷諸病，如氣鼓水脹，咳嗽痰飲，泄痢淋濁，吐衄崩漏，瘕疝帶下，黄疸消渴，中風顛狂，驚悸遺精，反胃噎膈，泄穢吞酸，骨蒸毛熱，閉經絕產，霍亂腹痛，傷風齁喘，種種幻怪，百出不窮，究其根原，悉緣土濕。茯苓泄水燥土，沖和淡蕩，百病皆宜，至為良藥。道家稱其有延年之功，信非過也。　庸工用乳製，最謬不通。

**清·吳儀洛《本草從新》卷三**　茯苓〔通，行水，寧心，益脾。〕　甘，平。益脾寧心，淡滲利竅除濕。色白入肺，瀉熱而下通膀胱，能通心氣於腎，使熱從小便出，然必上行入肺，清其化源而後能下降利水，故潔古謂其上升，東垣謂其下降，各不相背也。治憂恚驚悸，心下結痛，寒熱煩滿，口焦舌乾，口為脾竅，舌為心苗，火下降則熱除。咳逆嘔噦，膈中痰水，水腫淋瀝，泄瀉遺精。因濕熱，故宜淡滲以清之。小便結者能通，多者能止。《素問》曰：肺氣盛則便數。生津止渴。濕熱去則津生。功專行水伐腎，小便不禁，虚寒滑精，及陰虧而小便不利者皆勿妄投。松根靈氣結成。產雲南。色白而堅實者佳。去皮。　附：　赤茯苓〔通利濕熱。〕　白者入肺、膀胱氣分，赤者入心、小腸氣分。時珍曰：白入氣，赤入血。益心脾，白勝；利濕熱，赤勝。　附：　茯苓皮〔通，行水。〕　專能行水，治水腫膚脹。以皮行皮之義，五皮散用之。凡腫而煩渴，便閉溺赤屬陽水，宜五皮散、疏鑿飲；不煩渴，大便溏，小便數屬陰水，宜實脾飲、流氣飲。腰以上腫宜汗，腰以下腫宜利小便。　茯神〔通，行水寧心。〕　主治與茯苓同，而入心之用居多。開心益智，安魂養神。療心虚驚悸，多恚善忘。茯苓抱根生者。以其抱心，故入心之用多。去皮及中木。茯神心木，名黃松節。療諸筋攣縮，偏風喎斜，心掣健忘。心木一兩，乳香一錢，石器炒研，名松節散。每服二錢，木瓜湯下，治一切筋攣疼痛。乳香能伸筋，木瓜能舒筋也。二茯俱惡白斂。畏地榆、秦艽、鱉甲、雄黃。忌醋。

**清・汪紱《醫林纂要探源》卷二** 茯苓 淡，平。生松下而不相附，然枝根皆注嚮，是神氣所凝聚，猶松之精魄也。寧心益肺，定魄安魂，滲濕通竅，去熱固精。心常苦散，得此凝聚，則神安矣。心下有邪濕，則神不安，得淡以滲濕，則心安矣。火妄則金不安，心安則肺亦安矣。又白色入肺，赤色入心，魄藏於肺，魂藏於肝，魂以依魄為安，此為松之魄，是魂依於魄也。凡濕積成熱成痰，淡滲濕，故去熱行痰，濕熱妄行，則精恒不固，濕熱邪除，則精固矣。不必以虛寒為慮也。小腸，心之表，滲胸膈之水，則小便利，小腸清，膀胱津液之腑亦清。餘若治痞膈煩滿，通淋定嘔，其功用可類推也。白入肺，赤入心。推類審用。忌醋。茯苓皮：行皮膚之水。茯神：淡，平。茯苓抱松根而生者。功專入心。以抱根有神守之意，治怔忡，驚癇，健忘。茯神木：治偏風喎斜，筋攣心掣。茯神所抱之木，取神抱而木伸之意。

**清・嚴潔等《得配本草》卷七** 白茯苓皮、赤茯苓、茯神、黃松節。得甘草、防風、芍藥、麥門冬、紫石英，療五臟。馬藺為之使。畏地榆、秦艽、牡蒙、龜甲、雄黃。惡白斂。忌米醋、酸物。甘，淡，平。入手足少陰、太陰、太陽經氣分。性上行而下降，通心氣以交腎，開腠理，益脾胃。除嘔逆，止泄瀉，消水腫，利小便。除心下結痛，煩滿口乾，去胞中積熱，腰膝痹痛，及遺精、淋濁、遺溺、帶下，概可治之。以其能利三陰之樞紐，故治無不宜。得人參，通胃陽。得白朮，逐脾水。得艾葉，止心汗。得半夏，治痰飲。得木香，治泄痢不止。配黃蠟，治濁遺帶下。君川連、花粉，治上盛下虛之消渴。加朱砂，鎮心驚。能利心經之熱，故可治驚。去皮。補陰，人乳拌蒸。利水，生用。補脾，炒用。研細入水，浮者是其筋膜，誤服之損目。上熱陽虛、虛陽上浮，故熱。氣虛下陷、心腎虛寒、汗多血虛、水涸口乾、陰虛下陷、痘疹灌漿，俱禁用。怪症：手十指節斷壞，惟有筋連，無節肉，出蟲如燈心，長數寸，遍身綠毛卷，名曰血餘。以茯苓、胡黃連煎湯飲之愈。皮 專行水，治水腫膚脹。腫而煩渴，屬陽水，宜五皮飲。若溏而不渴，屬陰水，宜實脾，不應利水。配椒目，治水腫尿澀。

赤茯苓 甘，淡，平。入手少陰、太陽經氣分。專利濕熱。茯神抱松根生者。得、使、畏、惡、忌，與白茯苓同。主治與茯苓同，但茯神入心之用多。治心虛健忘，療風眩，安魂魄。較茯苓之淡滲稍差，然總屬滲泄之物，心無火而口乾者，不宜輕用。得燈草，退心火。配金銀，鎮驚悸。配竹茹，利驚痰。佐沉香，消陰氣。使遠志，逐心邪。使菖蒲，散心氣。去皮、木用。恐燥，人乳拌蒸。黃松節即茯神中木。苦，溫。治骨風，療健忘，止指節痛，除血中濕。配乳香、木瓜，治筋攣疼痛。好酒浸透用。血虛者禁用。

**題清・徐大椿《藥性切用》卷五** 白茯苓 甘淡性平，入肺、膀而兼入心、脾。滲濕利竅，益脾甯心。赤茯苓入心、小腸經。耑於滲利濕熱。益脾氣白勝，利濕熱赤勝。茯苓皮，專走皮膚，行水氣，治膚腫效。赤、白茯神，主治與茯苓略同，而入心之用多，治驚悸效。去皮及中木用。茯神心木，治諸筋攣縮，喎僻偏風。

**清・黃宮繡《本草求真》卷五** 茯苓滲脾肺濕，伐肝胃水邪。茯苓耑入脾胃，兼入肺肝。色白入肺，味甘入脾，味淡滲濕，故書皆載上滲脾肺之濕，下伐肝腎之邪，其氣先升清肺化源。後降。下降利水。凡人病因水濕而見氣逆煩滿，心下結痛，呃逆嘔吐，口苦舌乾，水腫淋結，憂恚驚恐，及小便或澁或多者，諸病皆從水濕所生而言。服此皆能有效。故治亦從水濕生義。故入四君，則佐參、朮以滲脾家之濕。入六味，則使澤瀉以行腎邪之餘，最為利水除濕要藥。書曰健脾，即水去而脾自健之謂也。又曰定魄，肺藏魄。即水去而魄自安之意也。且水既去，則小便自開，安有癃閉之慮乎？水去則內濕已消，安有小便多見之謂乎？故水去則胸膈自寬，而結痛煩滿不作，水去則津液自生，而口苦舌乾悉去。故效亦從水濕既去而見。惟水衰精滑，小便不禁，非由水濕致者切忌。恐其走表洩氣故耳，苓有赤白之分，赤入小腸，白入膀胱，白微有補，赤則止瀉濕熱，一氣一血，自不容混如此。至皮專治水腫膚脹，以皮行皮之義。凡腫而煩渴，便閉溺赤，屬陽水。有五皮散、疏鑿飲，不煩渴，大便溏，小便數，不赤澁，屬陰水，宜實脾飲、疏氣飲，腰以上腫者宜汗，腰以下腫者宜利小便。以大塊堅白者良。係松根靈氣結成。惡白斂，畏地榆、秦艽、龜甲、雄黃，忌醋。

茯神導心痰濕。茯神耑入心。功與茯苓無異，但神抱心以生，苓則不從心抱，故苓則能入脾與腎，而神則多入心耳。書曰服此開心益智，安魂肝藏魂。定魄，肺藏魄。無非入心導其痰濕，故能使心與腎交通之謂耳的解。心木書名黃松節，味苦性溫，能治諸筋攣縮，偏風喎斜，心掣健忘。汪昂曰：方用心木一兩，乳香一錢，石器炒研，名松節散，每服二錢，木瓜湯下。治一切筋攣疼痛，乳香能伸筋，木瓜能舒筋也。亦是入血滲濕之意，取苓有心者是。汪昂曰：以其抱心，故能治心也。去皮及中木用。

**清·沈金鰲《要藥分劑》卷二** 茯神木 【略】鰲按：肝風内煽發厥，不省人事者，余每重用茯神木治之，無不神效。蓋此症雖屬肝，而内煽則必上薄于心，心君為之不寧，故致發厥。茯神本治心，而中抱之木又屬肝，以木制木，木平則風定，風定則心寧，而厥自止也。

**清·沈金鰲《要藥分劑》卷三** 茯苓 【略】炮製：鰲按：入補藥，乳蒸晒，焙用。入利水藥，生用。

**清·楊璿《傷寒温疫條辨》卷六補劑類** 茯苓雲南者佳。味甘淡氣平，性降而滲，陽中陰也。上達肺氣，而下通膀胱。《本草》言白行壬癸，赤瀉丙丁，故能利竅滲濕。仲景有茯苓甘草湯。利竅則開心益志，導濁生津，滲濕則逐水燥脾，補中健胃。祛驚癇，厚腸藏，治痰之本，助藥之降。以其味甘，故曰補陽，但補少利多耳。皮專行水，蓋以皮行皮之義，治水腫膚脹。脾不能為胃行其津液，故腫脹。《澹寮》五皮飲：茯苓皮、五加皮、桑白皮、大腹皮、陳皮等分，加生薑皮煎。此於消腫之中，仍寓補脾之意。茯神附根而生，專理心經，補心氣健忘，止恍惚驚悸。然總不外滲利，與茯苓不相遠也。茯苓皮非補劑類也。一種而性味不同者甚多，觀者勿以連及而誤之，餘倣此。

**清·羅國綱《羅氏會約醫鏡》卷一七竹木部** 茯苓味甘淡，平，無毒，入心、腎、脾、胃、小腸五經。假松脂之餘氣，得坤厚之精英，為脾家要藥。益脾甘溫除濕淡滲，入肺瀉熱，色白入肺。而下通膀胱以利水。上行入肺，以清化源，而後下降利水，使熱從小便出也。調榮血理衛氣定魄清肺以藏魄。安魂。養肝以藏魂。除欬嗽保肺、驚悸、心肝不足。心下結痛、膈中痰水脾虛、嘔吐胃經濕熱。口燥胃火。療水腫、淋瀝、泄瀉滲濕、遺精。益心腎之功，若腎水虧寒者，又所忌用。小便結者能通，多者能止。濕除自止。生津止渴，濕熱去則津生。補陽安胎。胎繫於脾，脾健則胎安。

按：茯苓補少利多，多服損目。陰虛者，久弱者，不宜服。若多用人乳拌晒，以減痰滲之勢，亦能補陰。

茯苓皮：功專行水。治腰以下水腫膚脹。五皮散用之。

赤茯苓：專利濕熱，全無補益。痘瘡灌漿時，赤白二種俱忌服。

茯神：主治略同茯苓，惟入心之用多。開心益智，安魂養神。治心虛驚悸、怔忡健忘。即茯苓抱根生者，以其抱心，故能補心。去木用。茯神心木，名黃松節，療偏風喎斜、諸筋攣縮。心木一兩、乳香二錢，石器炒研，每服二錢，木瓜湯下，治一切筋攣疼痛。乳香伸筋，木瓜舒筋也。

**清·陳修園《神農本草經讀》卷二上品** 茯苓 氣味甘，平，無毒。主胸脇逆氣，憂恚驚邪恐悸，心下結痛，寒熱煩滿，咳逆，口焦舌乾，利小便。久服安魂養神，不飢延年。陳修園曰：茯苓氣平入肺，味甘入脾。肺能通調，脾能轉輸，其功皆在於利小便一語。胸為肺之部位，脇為肝之部位，其氣上逆則憂恚驚邪恐悸，七情之用因而弗調。心下為太陽之部位，水邪停留則結痛，水氣不化則煩滿，凌於太陰則咳逆，客於營衛則發熱惡寒，内有宿飲則津液不升，為口焦舌乾，唯得小便一利，則水行而氣化，諸疾俱愈矣。久服安魂養神、不飢延年者，以肺金為天，脾土為地，位一身之天地，而明其上下交和之效也。

**清·陳修園《神農本草經讀》附録** 茯神 氣味甘，平，無毒。主辟不祥，療風眩風虛，五勞口乾，止驚悸，多恚怒，善忘，開心益智，安魂魄，養精神《別錄》。張隱庵曰：離松根而生者為茯苓，抱松根而生者為茯神，總以茯苓為勝。茯苓皮、茯神木，後人收用，各有主治，然皆糟粕之藥，並無精華之氣，不足重也。

**清·黃凱鈞《藥籠小品》** 茯苓 滇產者色紺，堅實可入補藥；其六安兩浙所出者，多斷松枝種成，數年可采，惟能利小便，不及滇產遠甚。茯苓必須用片，《葉氏醫案》每用塊苓，徐洄溪以為雖煎終日而味不出，此言自當遵之。抱木者為茯神，安神寧心。

**清·王龍《本草纂要稿·木部》** 白茯苓 氣味甘淡而平。通便利竅，為除濕行水之聖藥。生津緩脾，乃養神益智之仙丹。安魂定魄，却驚悸以安胎。開胃厚腸，驅痰火而益肺。且小便多而能止，大便結而能通，補泄兼能。入膀胱、肺、腎之經。赤茯苓：破結血，利水。治健忘，定驚。開心志，止渴。入小腸、心、脾經。茯神：補心氣，安神益志。治健忘，開竅補虛。除恚怒止渴，鎮恍惚驚悸。

**清·張德裕《本草正義》卷上** 白茯苓 甘，淡，氣平。性降而滲。有赤、白之分，總為滲利之藥。通竅去濕，逐水燥脾，故亦能補中健脾，祛驚癇，厚腸胃，治痰之本，助藥之降。鮮有補益。茯神，附根而生，入心經。亦滲利之品，與茯苓同。《本草》有白補赤瀉之說，恐亦無甚相遠也。

**清・楊時泰《本草述鉤元》卷二五**　茯苓　山中古松，久為人斬伐，其枯折槎枿，枝葉不復上生者，謂之茯苓撥。即於四面丈餘地內，以鐵錐刺地，如有茯苓，則錐固不可拔，乃掘取之。其撥大者，茯苓亦大頌。

甘淡而平。氣味俱薄，浮而升，陽也。東垣曰：降也，陽中之陰。甘和而淡，淡為天之陽，其性上行生津液，開腠理，滋水之源，而下降通水道，二說固相合。白者入手太陰、足太陽氣分，赤者入足太陰、手少陰太陽氣分。補心益脾，白優於赤，通利小腸，赤亦勝白仲淳。諸本草和益氣，除溼理脾，調臟氣，開腠理，逐水平火，生津導氣，開胸腑，治胸脇逆氣，心下結痛，安心神，止憂恚驚悸，消痰潤肺，止欬逆，利胸中痰水，愈消渴及嘔吐，並大腸淋瀝，水腫淋結，伐腎邪長陰，治腎積奔豚，利腰膝間血，療遺精白濁。酒浸，與光明朱砂同用，能秘童元海藏。茯苓補虛勞，多在心脾之有準東垣。小便多者能止，結者能通又。伐腎邪者，小便數能止之，小便濇能利之。與車前子相似，雖利小便而不走氣海藏。傷寒發汗後，心氣虛而腎氣逆上淩心，臍下悸者，欲作奔豚也。仲景以茯苓伐腎邪，取其淡而利竅，以平其氣也《類明》。茯苓分陰陽而導溼，蓋病於溼則陰陽混淆，升降之職不行焉，茯苓氣薄，為陽中之陰，上行導氣，下行利水，故陰陽分判，而溼淫平也又。茯苓利水，何又生津，詎知清陽上布，故濁陰下行，而氣乃化，津乃生。《經》曰：脾主為胃行其津液，是豈脾無真陽之運化，而能生胃中之津液哉？即此可悟茯苓除溼之義。凡藥，氣重者主氣，味重者主血，茯苓雖曰淡滲，而味甘且重，不走真氣，佐以人參等補劑，下行亦能補虛固腎文清。成於陰而生於陽，得老松之氣厚，其質陰也，其氣陽也。感土水之氣而成質，故其味甘平。補中利竅，補中則心脾實，利竅則邪熱解，有補有瀉之藥也仲淳。其治上焦或同於益真氣者，以致陽而布其升清之化，或同於祛痰行氣者，即於升清陽中以達其濁陰之降。治下焦或同於分理導水者，達陰而致其降濁之化，或同於健脾和氣者，即降濁陰中以還其清陽之升，未可徒以下滲槩之也。取白者，蒸曬三次，為末，以牛乳汁和膏服之，或蜜浸，或酒浸，封固，百日後常服。不飢延年，腸化為筋，通神致靈。入五苓散，利水除溼，暑氣勝，則去桂。入六味丸，能伐腎邪。入補心丹，則補心安魂養神。得人參、白术、橘皮、山藥、扁豆、芍藥、甘草，為補脾胃之上藥。得二术、澤瀉、車前、白芍、橘皮、木瓜、猪苓，為消水腫之要劑。胸脇氣逆脹滿，茯苓一兩，人參五錢，每服三錢，日三服。血虛心汗，獨心孔有汗，別處無。思慮多則汗亦多，宜養心血，以艾湯調茯苓末，日服一錢。濁遺帶下，丈夫元陽虛憊，精氣不固，小便下濁，餘瀝常流，夢寐多驚頻遺，並治婦人白淫白帶，白茯苓去皮四兩作匱，以猪苓四錢半入內，煮二十餘沸，取出日乾，擇去猪苓，為末，化黃蠟搜和丸彈子大，每嚼一丸，空心津下，以小便清為度，忌米醋。小便淋瀝不禁，由心腎俱虛，神志不守，白赤茯苓等分為末，以新汲水挼洗去筋，控乾，用酒煮地黃汁，搗膏搜和，丸彈子大，每嚼一丸，空心鹽酒下。消渴由於上盛下虛，心火炎爍，腎水枯涸，不能交濟而成，白茯苓、黃連各一斤，為末，熬天花粉作糊，丸梧子大，每溫湯下五十丸。虛弱陰精不足，白茯苓一斤，拌人乳曬至一斤半，另將童便重湯頓溫，壯盛女子月經布一二個洗入便內，拌入茯苓粉，曬乾，將茯苓粉再磨，加鹿角膠四兩，酒化，同煉蜜丸如梧子大，空心白湯吞三錢，服久，痰從大便出。按世俗恒言茯苓淡滲，觀上數方，則補益心腎良多，且其用又似補陰為多，李氏所謂味重主血，義不謬也。

論：茯苓本古松靈氣淪結成形，之頤謂其精英不發於枝葉，而返旋生氣吸伏於踵，所謂真人之息也。夫松秉真陽之性，淩冬不凋，乃其入土久而結茯苓，即根極至陰之下，而真陽之凝結，更有如斯者。隱居言其性無朽蛀，埋地中三十年，色理無異，不可想見其真陽之貞固哉。第其味淡，淡為天之陽，陽當上行，而氣之薄者，惟陽之陰，又宜利水而下泄，總惟陽之有餘，而下趨於陰也。其氣專，故專於清陽以化濁陰，且陽之有餘，而下合於陰也。其氣和，實和於至陰以歸至陽。故始終惟有一淡，海藏謂茯苓甘平，如何是滲利？茲舉陽吸陰、陰歸陽之義，以實甘平，然後知海藏之說不妄。蓋甘具五味，平具五氣，乃陰陽之合也。然淡本於甘，則陰陽相含之真氣，已入中土而神其清濁之升降矣。諸本草謂其和中益氣，除溼理脾，逐水平火；水火即陰陽之氣所化，清陽不升，則鬱而為火，濁陰不降，則鬱而為水，茯苓氣陽質陰，合於水火之升降，但其味至淡，不能專功耳。調臟氣，開腠理者，是在中土而致其清陽之氣於上也。即其致清陽於上，而導濁陰於下者，亦此也。更宜究者，清濁本之陰陽，陰陽兆於水火，水火賦之心腎，如甄權所謂善安心神，與《本經》憂恚驚悸之治合，如好古所謂秘精，亦與《別錄》長陰，日華子暖腰膝之義不遠。然則用茯苓者，不得徒守淡滲之說，而當思其從陽吸陰，吸陰歸陽之元機矣。至所云安心神，秘精氣，請更悉之。心內陰而外陽，腎內陽而外陰，內者是神是主，外者是氣是用。《經》曰：陽中之太陽心也。惟茯苓稟真陽之精氣，卻能吸陽中之陰以歸陽，陽中之陰為血，血者神氣也。是其能益心血者也。陰既得宅於陽中，由神定而氣充，是又謂之益心氣耳，秘精之說，亦不外此。總之，在上者陰宅於陽中，則火有主而下交於水，即得水中之火，從地氣而蟄藏；在下者陽宅於陰中，則水有主而上交於火，即得火外之水，從天氣而發育，此所謂神足而氣充，氣充而精盈，精盈而氣固者也。　虛而上有痰火，下有溼熱者，最宜。若勞役陽虛，小便多、汗多者，禁用文清。《衍義補遺》謂陰虛者未宜。小便素利者過服，助燥損明。嵩言兼補陰之劑，可用，但不宜入燥劑中耳。非比猪苓一味，誠為淡滲。陰虛者，當忌之。

修治：　堅白者良。去皮，更宜水飛去筋。若誤服之，令人眼中童子并黑睛點小，兼盲目，切記。製法，見茯苓後。用赤苓則不必飛。

赤茯苓：　主破結氣，瀉心小腸膀胱濕熱，利竅行水。　赤苓味有微甘。入胃而散血分之濕熱。以胃固多氣多血之區，而升降之樞也。夫同一苓也，赤者何以瀉，白者何以補。蓋白而堅者，屬金而氣厚。其虛而赤者，受氣未甚凝厚，止本於淡滲之性，而利水逐濕熱耳。

茯苓皮：　主治水腫膚脹，開水道，開腠理。

茯神：　氣味甘平。專理心經。補心氣虛乏，療風眩心虛，開心益智，止驚悸，虛人小腸不利者，加而用之。治心病必用茯神。潔古云：　風眩心虛，非茯神不能除，然茯苓亦未嘗不治心病也瀕湖。茯苓是古松流肪入地，久得霜露泉壤之精氣而成，茯神是抱根者，與松根連屬，氣不相絕，故尤有補心氣之功。為其得真陽之餘氣，名之以神，職此耳《類明》。生雀丸：　治心神不定，恍惚健忘不樂，火不下降，水不上奉，時復振跳，常服消陰養火全心氣，茯神去皮二兩、沉香半兩為末，煉蜜丸小豆大，每服三十丸，食後，人參湯下。

論：　茯苓假松氣而生，不附着根，皆自作塊，其包根而輕虛者為茯神，大約入地深，則蘊泉壤至精之氣，附根而結，則入地未深，假陽之精氣居多，故取以治心，不概如茯苓為得陽中之陰氣厚也。又按茯神、茯苓，皆取其堅而白，皆用其氣之厚，均皆有不堅者，但當以入地深淺，分陰陽厚薄，不得以虛實較也。茯神、茯苓俱補心，而亦有少異者。茯苓導手太陰之氣，使肺氣下降入心而生血，且從陽吸陰，似於補心血較切，而安神為最，以心主脈，脈舍神也。茯神固亦導氣，第其入地尚淺，未蘊陰氣以歸陽，故補心氣似較茯苓為專，而安神當遜於苓也。茯神補心，須佐遠志。蓋茯神專補心之陽，必藉遠志舉陰中之陽以上奉，乃可補心也。

茯神木：　又名黃松節。治偏風口面喎斜，毒風筋攣不語，心神驚掣，虛而健忘，療脚氣痺痛，諸筋牽縮。風寒濕搏於筋骨，足筋攣痛難行，用茯神木一兩、乳香一錢，瓦器中炒，研末，木瓜酒下二錢。

修治：　去木，先以茯神去皮，剉細，入蘿篩內，置水盆中，蕩篩，去筋膜，澄清，取水底細末，曬乾，復以人乳拌蒸三四次，或五六次更佳。每茯神一兩，蒸作二兩。茯苓用於補劑，亦照此製。若用之導邪，止去其筋可也，不必取水底細末。

**清・鄒澍《本經疏證》卷四**　茯苓　【略】劉潛江云：　茯苓本古松靈氣，淪結成形。盧子繇謂其精英不發於枝葉，返旋生氣吸伏於踵。一若真人之息，則但視為利濕。殆有未然。蓋松之凌冬不彫，非以其稟真陽之性耶。乃其氣入土久而結茯苓，是其質成於陰，氣稟於陽也。陶隱居曰：　性無朽蛀，埋地中三十年，猶色理無異。不可見其堅貞哉？　第淡滲之物，俱先上行而後下降。其說猶非始於李瀕湖也。前乎此者，有謂味淡為天之陽，陽當上行，氣薄為陽中之陰，陰主下降。後乎此者，有謂參天之陽，迴返而團結於陰，其義為陽有餘而下趨於陰，故其氣專，專則從清陽以化濁陰，又為陽有餘而下合於陰，故其氣和，和則引至陰以歸至陽。其說皆精確不磨，可證瀕湖不妄矣。且甘先入脾，淡主養胃，是其功在中土而升清陽，就其升陽，即以為洩濁之用。故在上焦，而同益氣，同驅痰。在下焦，而同導水，同健脾。莫不以是為升，即升致降，固未可徒以下滲概之。此《本經》主胸脇逆氣，心下結痛，寒熱煩滿，欬逆之義也。至其主憂恚、驚邪、恐悸，非治心乎？　主口乾舌焦，利小便，非治腎乎？　則但謂其升清降濁，似尚未盡悉其物之理，與其治之能者，夫清濁本之陰陽，陰陽兆於水火，水火屬之心腎，心內陰外陽，而位於上。腎內陽外陰，而位於下。茯苓之用，能於陰中吸陽以歸陰，又能於陽中引陰以歸陽，是故在上者陰宅陽中，則火有所主。而下交於水，水中之火，自從地氣而蟄藏，在下者陽宅陰中，則水有所主，而上交於火。火外之水，自從天氣而發育，是所謂神足則氣充，氣充而精盈，精盈而氣固，憂恚、驚邪、恐悸、口乾舌焦，又何自為患哉？　故其升清降濁，特從陽吸陰，由陰歸陽之餘事耳。至若茯神入土較淺，故止能入心。以得陽厚，得陽中之陰不厚也。

大凡物之生，必陰陽相抱。若茯苓則水土之陰交於正陽而生者也。其攝於陽，則有氣無質。其鍾於陰，則有質無氣。故能於無形中煉有形，有形中吸無形。無形中煉有形，則上焦之以氣化陰也。有形中吸無形，則下焦之從陰引陽也。上焦之氣能化陰，則所謂滓穢去而清光來，結者自開，逆者自降矣。下焦之陰能引陽，則所謂宇泰定而天光發，焦者自蘇，乾者自澤矣。《靈樞・決氣篇》曰：上焦開發，宣五穀味，熏膚充身澤毛，若霧露之溉，是為氣。於此見，若焰若煙，若霜霧，若霖雨，皆非氣之正。故夫氣以潤而行，水以氣而運，水停即氣阻，氣阻則水淤。茯苓者，純以氣為用，故其治咸以水為事。觀於仲景書，其顯然可識者。如隨氣之阻而宣水，茯苓甘草湯。隨水之淤而化氣，五苓散。氣以水而逆，則冠以導水，而下氣隨之。茯苓桂枝甘草大棗湯、茯苓桂枝白朮甘草湯。水以氣而湧，則首以下氣，而導水為佐。桂枝五味甘草及諸加減湯。水與氣並壅於上，則從旁洩而慮傷無過。茯苓杏仁甘草湯、茯苓戎鹽湯、茯苓澤瀉湯。氣與水偕溢於外，則從內挽而防脫其陽。防己茯苓湯。氣外耗則水內迫，故為君於啟陽之劑。茯苓四逆湯。氣下阻則水中停，故見功於妊娠之痾。桂枝茯苓丸、葵子茯苓散。凡此皆起陰以從陽，布陽以化陰，使清者條鬯，濁者自然退聽，或從下行，或從外達。是用茯苓之旨，在補不在洩。茯苓之用，在洩不在補矣。

四逆散證，小便不利者，加茯苓。理中丸證，悸者加茯苓。夫水不下行，則必上壅，原屬一貫。茯苓色白象肺，緣水土之陰，吸陽氣而成，故其治為自上及下，直濬其源，非開導而使之洩也。然則小茈胡湯證，心下悸，小便不利者，去黃芩，加茯苓。小青龍湯證，小便不利，少腹滿者，去麻黃，加茯苓，其去黃芩何耶？其去麻黃又何耶？黃芩本治因熱生濕，麻黃亦治因水阻氣。濕氣也，水質也，以濕而能使心下悸，小便不利，則有形矣，又豈得以黃芩治之。易以茯苓，直下其已化之水，非追討其未化以前濕熱也。麻黃治水，就其在上，橫開毛竅以驅之。今水滿於少腹，自當就其在下，引停畜水氣，並從小便而出，是皆因勢而導之耳。雖然，諸證自有本源，水氣特其條目耳。惟真武湯證，則以水氣為正病，乃曰小便利者去茯苓，豈小便利，尚有水氣為病者哉？蓋真武證正病，固係水氣，但水氣之所被，不止在直道中。觀其內自腹外及四支，上為嘔欬，則小便不利者，亦其末病耳。是證主腦，在坎中之陽不能鎮攝水氣，非水道不利致病也。若仍用茯苓，則於橫溢上逆者無干，反足以耗直道之津液，故去之耳。以是推之，茯苓之化氣導水，止能在直道中矣。然則服桂枝湯或下之，仍頭項強痛，翕翕發熱，無汗，心下滿，微痛，小便不利，及膈間支飲喘滿，心下痞堅，面色黧黑，脈沉緊，服木防己湯愈。即復發者，病似不僅在中道，非茯苓主治也。胡為一主以桂枝去桂加茯苓白朮湯，一主以木防己去石膏加茯苓芒消湯耶。此病固不僅在中道，病之根卻據於中道，致使應證之方，宜效而不效，故即就其原治之方，增入拔根之物，根荄既動，枝葉自摧也。

用茯苓方，桂苓五味去桂加薑辛半夏湯、腎氣丸、栝蔞瞿麥丸，皆治渴。小半夏加茯苓湯、豬苓散、茯苓澤瀉湯、五苓散、豬苓湯，皆治渴而兼嘔。正合《本經》所謂口焦舌乾，利小便矣。乃茯苓甘草湯、乾甘苓朮湯，則指明不渴乃用，何哉？夫水與飲本係兩端，其大本大源處，仲景未嘗不分之極嚴，如痰飲、水氣之不同篇是也。至支流之所及，則仲景每混稱之，如《痰飲篇》之水在心、水在肺是也。蓋能排臟腑，廓肌膚之謂水。懸於一處，客於一隅之謂飲。水是已化之飲，飲是未化之水。茯苓能化，故能治飲。非以治水，而飲之所在，或留於中，或據於旁。留於中者，能渴能嘔。據於旁者，不能渴，不能嘔。茯苓之行直道，則治留於中者，故兼嘔兼渴者皆隸焉。他若雖在直道，而不在中，如厥而心下悸，則病在上，不在中矣。腰以下冷痛，腰中如帶五千錢，則病在下，不在中矣。所以然者，水在上，原足以潤喉舌。水在下，原無妨於中焦輸化。惟其有時在中，礙脾之輸，斯得竭肺之化，不能輸，不得化。於何而不渴，渴則引水自救。水溢而化機仍窒，於何能不嘔。嘔與渴，本是證所波及，非茯苓所的主也。若夫《本經》所謂口焦舌乾，則當於諸補益方參之。如腎氣丸治男子消渴，小便反多，是用桂、附蒸動下焦，直行不化之水，使茯苓守於中以化之也。如酸棗仁湯，治虛煩不得眠，是用知母益下焦之水，酸棗仁啟而上之，亦使茯苓守於中以化之也。試觀茯苓四逆湯、附子湯，未嘗有水，亦並無渴，其用茯苓，又可以為疑乎？夫二湯所主之候，皆係陰壅陽微，故振其陽可愈。然徒振其陽，恐致求直反曲。陽雖轉而陰液消亡，故用茯苓以轉陽樞而化陰。又恐茯苓不足獨當其任，故益以人參於陰中化津者為之殿。於此見茯苓不特能使陰隨陽化，並能使陽藥不至耗陰，陰藥不至抑陽，其斡旋之妙，有非他物所能並者。

卒嘔吐，心下痞，膈間有水，眩悸者，小半夏加茯苓湯主之。薑能止嘔吐，夏能開痞滿，而欲其行水，則恐非所擅也。能行水而止眩悸者，其惟茯苓乎？況苓桂术甘湯、葵子茯苓散，皆以茯苓治眩。茯苓桂枝甘草大棗湯、茯苓甘草湯、理中丸，皆以茯苓治悸。即太陽病發汗，汗出不解，其人仍發熱，心下悸，頭眩，身瞤動，振振欲擗地者，真武湯主之。方中茯苓之任亦甚重，宜茯苓為眩悸之主劑矣。乃桂枝甘草湯、小建中湯、炙甘草湯、四逆散之治悸，皆賴桂枝。半夏麻黄丸之治悸，又賴半夏，何哉？夫悸之用桂枝與用茯苓，有心中心下之分，其説見於飴糖。其用半夏與用茯苓，又有膈間臍下之異，其説見於半夏。惟其治眩，則澤瀉湯之因心下支飲而冒眩，葵子茯苓散之妊娠水氣，身重小便不利，洒淅惡寒，起即頭眩。兩者均係水氣。一仗澤瀉，一仗茯苓，其義自應有別。然身重小便不利，自當屬之下。心下有支飲，自當屬之上。則茯苓、澤瀉之治眩，又顯有上下之別矣。於此見悸與眩之病根在心已下者，皆為茯苓所宜。又可證茯苓之性為由脾及肺，而《本經》於憂恚、驚邪、恐悸之下，著心下結痛一語，非無故矣。

賁豚衝氣，盡水氣之所為耶，則不可為不用茯苓者解矣。賁豚衝氣，非水氣之所為耶，則不可為用茯苓者解矣。或曰：賁豚衝氣，即《別錄》所謂腎邪者也。腎邪之動，有挾水者，有不挾水者。挾水者用茯苓，不挾水者不用茯苓。此言是也，而嫌未推其所以然之故。發汗後，其人臍下悸者，欲作賁豚，茯苓桂枝甘草大棗湯主之。此用茯苓者也。燒鍼令其汗，鍼處被寒，核起而赤者，必發賁豚，與桂枝加桂湯。此不用茯苓者也。發汗後動水，燒鍼後不動水，其所以然安在？夫發汗動水。《難經・四十九難》所謂腎主五液，入心為汗者也。燒鍼不動水，《金匱要略》所謂從驚恐得之者也。病皆涉心，故茯苓可有用，桂枝不可不用。《靈樞・五色篇》曰：腎乘心，心先病。腎為應是已。若夫衝氣，則所謂傷寒若吐若下後，心下逆滿，氣上衝胸，起則頭眩，脈沉緊，發汗則動經，身為振振搖者，茯苓桂枝白朮甘草湯主之。青龍湯下已，多唾口燥，寸脈沉，尺脈微，手足厥逆，從少腹上衝胸咽，手足痺，其面翕熱如醉狀，因復下流陰股，小便難，時復冒者，與茯苓桂枝五味甘草湯。治其氣衝，亦俱用茯苓、桂枝。第在吐後下後，則因中虚，致水氣上逆，故需术之堵禦。在汗後，則水氣先動，衝氣隨之，故需五味之降攝。然病終由腎，則緣證加減，祇可去桂枝，不可去茯苓。而兩證之標，其所以用茯苓者，仍不離乎悸眩，是悸眩究係用茯苓之眉目矣。

非水飲用茯苓，其責亦非輕者，尤不可不察也。夫茯苓之用，在氣水轉化之交，故補劑中用之，使脾交於肺。薯蕷丸。風劑中用之，使陰從陽化，侯氏黑散。上焦用之，則化陽歸陰。酸棗仁湯。下焦用之，則從陰引陽。腎氣丸。譬諸郵傳之遞接，過往之廨舍，非是不足以濟道路之窮，聯遠近之跡也。其顯然可異者，尚有在上主氣，在下主血之能。曰胸痺，胸中氣塞，短氣，茯苓杏仁甘草湯主之。曰婦人咽中如有炙臠，半夏厚朴湯主之。兩者脾氣俱已上行，而肺為之阻，一則礙其直道，故升降不靈。一則礙其横絡，故呼吸不利。病異方異，用意並異，茯苓之轉升為降則同。曰婦人宿有癥病，經斷未及三月，得漏下不止，胎動在臍上者，桂枝茯苓丸主之。曰婦人懷妊，腹中㽲痛，當歸芍藥散主之。兩者心肺俱已下行，而肝為之阻，一則滯氣凝血，隔胎元之吸引，故當停反漏。一則流痰宿飲，混養胎之陰血，故雖動不漏。然茯苓之闢阻為通，則又無不同。其在上之功，則所謂通調水道，下輸膀胱。在下之功，則所謂水精四布，五經並行。絕非治水，其功實附於治水。蓋人身之經衢，惟氣血為之運行，血自有營氣之流轉，氣則賴津液以行故也。

**清・葉桂《本草再新》卷四**　茯苓味甘，性平，無毒。入心、脾、肺三經。　健脾和胃，定心氣，利濕熱，潤肺止欬，化痰利水。

茯神味甘，性平，無毒。入心、脾二經。　開心益智，定魄安神，治心虚氣短，健脾利濕。

赤苓味辛，性溫，無毒。入心、脾、肺三經。　益心氣，健中和脾，潤肺燥濕，治瀉痢。

**清・吳其濬《植物名實圖考》卷三三**　茯苓　《本經》上品。附松根而生，今以滇產為上。歲貢僅二枚，重二十餘斤。皮潤細，作水波紋，極堅實。他處皆以松截斷，埋於山中，經三載，木腐而茯成，皮糙黑而質鬆，用之無力。然山木皆以此翦薙，尤能竭地力，故種茯苓之山，多變童阜，而沙崩石隕，阻遏溪流，其害在遠。聞新安人禁之。

**清・趙其光《本草求原》卷一〇寓木部**　茯苓　松秉真陽不凋，茯苓乃結於根下，是得清陽之餘氣而下趨於陰，故能導濁陰下行。且氣平，入肺以通調；味甘，入脾以轉輸，故功專和運上下表裏之氣，以利水滲濕。主胸肺部脇肝部逆氣，水停則氣逆，此降以泄之。憂恚，驚邪，恐悸，氣逆則七情之用弗調，惟上通清陽之氣者能調之。心下結痛，痰飲留結於太陽之部。煩滿，水結則氣不化。咳逆，水淩肺。寒熱，水客營衛。口焦舌乾，飲停於中，則津液不升。利小便。惟利水以導熱濁則氣化，而津液流通，諸症自愈。久服安魂養神，和中益氣，秘精、止小便，逐水、平火。

心內陰而外陽，腎內陽而外陰。內者是神為主，外者是氣為用。茯苓氣淡薄，為陽；質重而甘，為陰。能致清陽於上，以吸陰而歸於下，使陰陽升降，則火不至於鬱，而後水得火交而氣生，火得水交而神定。神定則氣充，氣充則精盈，精盈則氣固。故古方治驚悸、健忘及遺精、白濁，每與益心氣、心血及固精之味同用。文清曰：淡滲而甘，不走真氣。蜜浸、酒浸或牛乳浸，多蒸曬，常服，補虛通神；虛而上有痰火、下有濕熱最宜。惟陽虛尿多、汗多者禁用。陰虛尿多者，與補陰藥同用，又能止小便。今人但以其滲泄伐腎目之，誤矣。東垣曰：茯苓補虛，多在心脾。海藏曰：酒浸同朱砂，能秘童元，開腠理。凡淡滲之藥，皆上行而後下，必脾陽運化，散精歸肺，而後胃津乃行，清陽上市，即是解肌。治腎積奔豚，傷寒發汗後，心氣虛，腎水上淩而臍下悸也。泄瀉，解濕。嘔噦。清不升，則胃鬱熱。

堅、白者良；去皮，有筋，更宜水飛去。能損目。

張隱庵曰：苓得松之精靈，伏土中以結，得土位，中央有樞機旋轉之功，故能旋轉內外，交通上下。李氏云：質重主血，故腎氣丸用之。至小便淋漓，白、赤同用，以白補而赤滲也。世有謂其利下損陰，謬甚。徐靈胎曰：五味各有所屬。甘屬土，然土實無味。故《洪範》論五味，皆即其物言之。惟於土則曰稼穡作甘，不指土，而指土之所生，可知土本無味也。無味即淡，淡乃五味之全，土之正味也。茯苓淡，得五味之全；平，得五氣之全，和平不偏，故專和中益脾胃。

得參、术、甘、陳、扁、芍、淮山，則清濁不相干，而陰陽妙合。同參，治胸脇氣逆、脹滿。為末，艾湯調，治思慮多，心血虛，心孔獨多汗。同豬苓煮過，去豬苓，為末，蠟為丸，治濁帶精滑、小便餘瀝。同赤茯為末，以酒煮生地汁，搗膏為丸，治心腎虛，小便淋瀝不禁。同黃連等分為末，治腎水虧，心火亢而消渴。為末，人乳拌，曬八九次，取月經布一二塊，洗入童便中，拌粉再曬，加鹿膠蜜丸，能使陰虛之人痰從大便出。按痰為火結，宜鹹降；飲為水停，宜輕淡滲利。若用重劑，反拒而不入。同冬葵子，治妊娠水腫，尿不利，惡寒。

赤茯苓：白者，入肺脾兼心氣分，主補陰；赤者，入心、胃、小腸、膀胱血分，主瀉血分濕熱，破結氣，利竅，行水。水與液同為血分。惡白斂，畏地榆、秦艽、龜甲、雄黃，忌醋。皮專開腠理，行水，治皮膚水腫。以皮行皮也。凡水在表，宜五皮散裏水。屬熱，宜疏鑿飲等；屬寒，宜實脾飲、流氣飲等。腰以上腫，宜汗；腰以下腫，宜利小便。

茯神：主治略同茯苓，但茯苓離松根而生，入地深，從陽吸陰，降肺陰，入心生血，故補心血，安神更勝。《經》曰：血者，神氣也。茯神抱根而生，入地淺，得陽精居多，專補心氣，俗法不知茯苓補心，可笑。辟不祥，治風眩、心虛、口乾、驚悸、多怒、善忘、開心益智、安魂養神，虛人小腸不利者，宜之。按《本經》止有茯苓，《別錄》始添茯神。後人治心，乃重神而輕苓，誤矣。但茯神補心陽，尤必合遠志舉陰中之陽以上奉，乃可補心。同沉香蜜丸，治心氣虛火少，水火不交；心跳、健忘、神恍惚不定，參湯下更妙。制法同茯苓。

茯神心內木，名黃松節，治偏風喎斜，毒風筋攣，腳氣痹痛。木一兩，乳香一錢，瓦器炒研，木瓜酒下二錢，以乳香伸筋止痛，木瓜舒筋也。

**清・葉志詵《神農本草經贊》卷一** 茯苓 味甘，平。主胸脇逆氣，憂恚驚邪恐悸，心下結痛，寒熱煩滿，欬逆，口焦舌乾，利小便。久服安魂養神，不飢延年。一名茯菟。生山谷。

霰結九秋，根尋夜燎。雲粉中堅，彤絲上繞。磊砢跧龜，毰毸蹲鳥。抱木和神，攸處不擾。

李益詩：下結九秋霰。《史記・傳》：伏苓在菟絲之下，夜捎菟絲去之。篝燭記其處，明即掘取之。吳融詩：金鼎曉煎雲漾粉。王微贊：彤絲上薈。張鎡詩：龜跧梟伏自磊砢。《廣韻》：毰毸，張羽貌。蘇軾賦：象鳥獸之蹲伏。名醫曰：抱根者名茯神。楊炯賦：保性和神。《左傳》：各有攸處，德用不擾。

**清・文晟《新編六書》卷六《藥性摘錄》** 白茯苓 甘，淡。滲脾肺之濕，伏肝痛呃逆嘔吐，口苦舌乾，水腫淋結，懮恚驚恐，及小便或多或少，服此皆有効。○惟水衰精滑，小便不禁，及病症非由水濕所致者，切忌。○大塊堅結者良。惡白斂，畏地榆、雄黃，忌醋。赤茯苓：耑入小腸血分，瀉濕熱。○茯苓皮，治水腫膚脹，以皮行皮之義。茯神：味苦，淡。開心益智，安魂定魄，亦導其痰濕。去皮及心中木用。木名黃松節，味甘，性溫。治諸筋變縮，偏風喎斜，心志健忘。

**清・張仁錫《藥性蒙求・木部》** 茯苓赤苓三錢、四錢 茯苓甘淡，滲濕利竅。白補脾元，赤通水道。白者入肺、膀胱氣分，補益心脾。赤者入心、小腸氣分，利泄濕熱。時珍曰：白入氣，赤入血。○功專利水。腎虛勿服。

茯神心二錢、四錢 茯神補心，益智療驚。善忘心悸，不寐安神。即茯苓抱根生者。以其抱心，故入心之用多。去皮及中木。○茯神心木名黃松節。療諸筋攣縮，偏風喎斜，心掣健忘。沈金鰲曰：肝風內煽發厥，不省人事者，余每重用茯神木治之，無不神效。蓋此症雖屬肝而內煽，則必上薄於心，心君不寧，故致發厥。茯神以木治木，則風定心寧，而厥自止矣。

**清・屠道和《本草匯纂》卷二滲濕** 茯苓 耑入脾、胃，兼入肺、肝。性平，味甘淡，無毒。上滲脾肺之濕，下伐肝腎水邪。其氣先升，清肺化源；後降，利膀胱氣。治胸膈逆氣，憂恚驚邪恐悸，心下結痛，寒熱煩滿欬逆，口焦舌乾，消渴好睡，肺痿痰壅，心腹脹滿，膈中痰水，水腫淋結，大腹淋瀉，腎積奔豚，逐水緩脾，生津導氣，平火止泄。除虛熱，開腠理，調臟氣，伐腎邪，開心益志。止健忘，暖腰膝，利腰膝間血。開胃止嘔，安魂養神。除濕益燥，益氣和中。赤茯苓，破結氣瀉心，及小腸、膀胱濕熱，利竅行水。茯苓皮，治水腫膚脹，開水道，開腠理。若小便不禁，虛寒精滑及陰虧而小便不利者，皆禁。產雲南，色白者佳。去皮。

**清・戴葆元《本草綱目易知錄》卷四** 茯苓 味甘益脾，色白入肺，瀉熱而下通膀胱。安魂定魄，益智養神，開胃止嘔，平火導氣。安心神，益氣力，開腠理，調臟氣，暖腰膝，伐腎邪，止健忘，開胸腑。治腎積奔豚，憂恚驚悸，心下結痛，五勞七傷，寒熱煩滿，口焦舌乾，欬逆肺痿，胸脇逆氣，膈中痰水，心腹脹滿，水腫淋瀝，瀉血遺精。小兒驚癇，女人熱淋。小便結者能通，多者能止。生津止渴，退熱安胎。係松根靈氣聚結，有赤、白二種，白者入氣分，赤者入血分。【略】

赤茯苓：功同茯苓而益心脾，破結氣。其性上行，生津液，開腠理，滲水之源而下降，故能瀉心、小腸、膀胱濕熱。雖利竅行水，而不走氣。【略】

茯神：甘，平。主治同茯苓，但茯苓入脾腎之用，而茯神入心之用。開心益智，安魂定魄，止驚悸，養精神，補勞乏，辟不祥。治風眩風虛，多怒善忘，心下急痛，堅滿體虛，小腸不利，加用之。

**清・黃光霽《本草衍句》** 白茯苓 甘溫益氣和中，淡滲利竅除溼。入肺瀉熱而下通膀胱，故利小便，治淋瀝。入心安神而上除驚悸。水停心下亦悸。開胃止嘔，療膈中痰水腹脹。大腹水腫，心腹脹滿。益脾止泄，治胸脇逆氣結疼。《本經》治心下結痛，寒熱煩滿。安胎退熱，止渴生津。伐肝腎之邪，治腎積之奔豚。滲肺脾之溼。行水之功，多益心脾。小便結者能通，小便多者能止。得半夏能滌飲，得人參治胸脇氣逆。赤入心脾小腸，功耑瀉溼行水。皮消水腫膚脹，能開水道腠理。濁遺帶下，威喜丸治丈夫元陽虛憊，精氣不固，小便下濁，餘溺帶流，夢寐多驚，頻頻遺洩，婦人白淫白帶並治。茯苓、猪苓同煮，取出日乾，擇去猪苓，為末，化黃（臈）〔蠟〕和丸。下虛消渴，上盛下虛，心火炎燥，腎水枯涸，不能交濟而成渴症。白雲苓、黃連、天花粉，丸服。飧泄，滑痢不止，茯苓、煨木香、紫蘇、木瓜，煎服。血餘怪病，手十指節斷壞，惟有筋連無節，肉蟲出如丁草，長數寸，遍身綠毛卷，名血餘。以茯苓、胡黃連，煎湯飲之愈。血虛心汗，別處無汗，獨心孔有汗，思慮多即汗亦多。宜養心血，以艾湯調茯苓末，日服。虛滑遺精，白茯苓、砂仁，共為末，入鹽，精羊肉批片，摻藥炙食，酒下。小便頻多，雲苓、山藥，為末，米飲下。小便不禁，茯苓丸治心腎俱虛，神志不守，小便淋瀝不禁，茯苓、赤苓等分，為末酒煮，地黃汁搗膏丸。茯神：主治略同茯苓。靜而能安，收斂神氣。定魄安魂，開心益智。治風眩風虛，止健忘驚悸。得棗仁能安神。心中木又名黃松節。治偏風口面喎斜，療痺痛筋攣牽縮。得乳香、木瓜酒，治筋攣骨痛。

**清・陳其瑞《本草撮要》卷二** 茯苓 味甘淡，入手足太陰、太陽經，功專補心益脾。得人參能下氣，得半夏能滌飲。若虛寒遺溺泄精者，當用溫補之品，不宜用此。皮膚治水腫膚脹，赤者利水尤捷。惡白蘞，畏地榆、秦艽、龜甲、雄黃，忌醋。茯神：味甘淡，入手少陰經，功專開心益智，止驚悸，虛人小腸不利。得棗仁能安神，得乳香、木瓜、酒治筋骨攣痛。

**清・徐士鑾《醫方叢話》卷七** 服茯苓說 茯苓，自是仙家上藥。但其中有赤筋脈，若不能去，服久不利人眼，或使人眼小。當削去皮，切為方寸塊，銀石器中清水煮，以酥輭解散為度。入細布袋中，以冷水揉擺，如作葛粉狀，澄取粉，而筋脈留布袋中，棄去不用，其粉以蜜和，如溼香狀，蒸過食之尤佳。胡麻，但取純黑脂麻，九蒸九暴，入水爛研，濾取白汁，銀石器中熬如作杏酪，湯更入，去皮核，研爛棗肉，與茯苓粉一處調和，食之尤有奇效。

**清・仲昴庭《本草崇原集説》卷一**　茯苓　【略】〔批〕茯苓固利小便，但氣味甘平，則主治應從胸脇説下，以見氣化水行，小便自利，而先聖立言之次第亦明矣。倘如《經讀》所言，人將謂小便一利，即無餘事，舉凡利水之藥，不問何證，紛紛摻入，流弊轉多，此修園過求淺易之失也，所以立言須體經。

**清・鄭奮揚著，曹炳章注《增訂偽藥條辨》卷三**　茯苓　茯苓當取整個切片，照之微有筋膜者真。切之其片自捲，以潔白為上。近來有一種鏡片，多以米粉和苓末假造混充。聞又有以米粉包裹松根造成整個者，亦宜細辨。炳章按：　寇宗奭曰：　茯苓生於多年大松之根，乃松之精氣盛而抑鬱，發泄於外，結為茯苓，故不抱根，離其本體，有零之義也。精氣不盛，止能附結本根，既不離本，故曰茯神。《淮南子》云：　千年之松，下有茯苓，上有菟絲。寇宗奭曰：　上有菟絲之説，甚為可信。時珍曰：　下有茯苓，上有靈氣如絲之狀，土人亦時見之，非菟絲也。《典術》云：　松脂入地，千年為茯苓。望松樹赤者，下有茯苓。此皆言天然野生之茯苓，其生長在十年或數百年不等，得松之精氣足，其皮黑皺，其肉堅緻潔白，不論何地產，皆為佳品。惟雲南產，天然生者為多，亦皮薄起皺紋，肉帶玉色，體糯質重為最佳。惜乎出貨不多。其他產臨安、六安、於潛者，種苓為多，其法：　用本地天產鮮茯苓搗碎如泥，種於肥土山葉茂松根上，先將松根傍離根二尺餘，掘去泥土至見松根，將茯苓屑每株約一兩，以竹箬裹附松之支根上。閲半年，施肥料一次，至三年起掘，則成二三斤重量之茯苓。然其生結不在原種根上，隨氣息止而結苓，往往有種於西杈根而結苓在東杈根。間有種而不結者。且松根下結苓，而葉必萎黃，或發紅色，此即松之精氣，收聚凝結為苓也，故土人望而即知其為有苓。種苓外皮鬆浮而厚，内肉鬆而不堅結，色白無神，即種苓也，為次。凡茯苓有筋者去之。雷斅云：　茯苓有赤筋者，誤服令人目中有星，多服致目盲。服茯苓者注意之。

茯神　茯神真者，木心或旁，或在中，亦不止一心，切開有筋膜者是也。假者木心在中，且止一心，而無筋膜。　炳章按：　茯神即茯苓之抱木中心者。茯苓乃得松之氣，自作塊而大，不附着根。其抱根而生者，茯神也。其餘鑒別法，詳前茯苓條下。

**清・周巖《本草思辨錄》卷四**　茯苓　茯苓結於土中，久而不變，宜其得陰氣多，與猪苓埒矣。然楓擅召雨之能，松挺不雕之概；　一毗於陰，一毗於陽。毗於陽者，能耗陰不能起陰，不能起陰即不能止渴。故五苓散治汗出而渴，不渴則主以茯苓甘草湯；　栝蔞瞿麥湯治渴，有茯苓不能無栝蔞；　小柴胡湯渴加人參，小青龍湯渴加栝蔞，皆獨不加茯苓，此可徵茯苓之非渴藥。能起陰以止渴者，莫如葛根、栝蔞，以葛根、栝蔞起陰而不利小便也。起陰而兼利小便，則止渴之力必減，故猪苓、澤瀉次之，茯苓又次之。然五苓散、猪苓湯偏以之治渴，更非葛根、栝蔞所能代者，何哉？　蓋其渴非他，脈浮，發熱飲水，而小便不利耳。不去其病，起陰奚濟。茯苓與猪苓、澤瀉泄水，則小便利。茯苓、猪苓與桂枝、滑石達表，則表邪解。去其蔽陰灼陰而陰自升，陰自升者渴亦止，此茯苓之於渴，所以得廁名其間也。

雖然，其中又甚有故，不得不辨者焉。二苓、澤瀉之治渴，是治飲水而小便不利之渴。以其水為渟瀦之水，不受胃變則嘔，格其腎陰則渴，故得以泄水利小便而愈。若是痰飲，胃亦賴之以養；　其濃厚者，且無走小便之理。將毋水能致渴，飲不能致渴耶。而仲聖謂：　嘔家本渴，反不渴者，心下有支飲；　又謂：　胸中有留飲，其人短氣而渴。二説相反，曷故？　夫飲而曰支，謂其如支流不正出也。不正出則腎陰猶得以上潮，故不渴。留飲是正留於胸中，氣焉得不短，而渴焉得不作？　是則痰與飲宜分者也。水與飲有分有不分者也。以渴不渴定茯苓與猪澤之去取可矣。

抑又思之，仲聖用此三物之證，多渴與嘔兼，豈非治渴而亦治嘔？　不知嘔吐之專藥為半夏、生薑，猶葛根、栝蔞為消渴之專藥。仲聖之以茯甘五味薑辛湯治咳滿也，曰嘔者復内半夏。既有茯苓又内半夏，以茯苓不治嘔也，不内猪、澤不治嘔也。乃《嘔吐篇》之猪苓散，明明治嘔吐思水。茯苓澤瀉湯，明明治胃反吐而渴欲飲水。今必曰不治嘔，其誰信之。然必曰治嘔與小半夏湯等，此何以多思水飲水之證，獨是泄水以止渴者，其義易曉。泄水以止嘔，則嘔已自去其水，何待藥為。是則仲聖之言為甚可味也。猪苓散思水者三字，是對上後思水而言。此思水為先思水，先思水而後嘔吐，所謂先渴卻嘔者，為水停心下也。水停心下者，愈渴亦愈飲，嘔不能有裨。故其用二苓也，所以泄水。用白术也，所以生津。茯苓澤瀉湯特提胃反吐三字，胃反者，胃虛且寒，不至有渴。今渴欲飲水，是陰中有陽之證。故於吐下加一而字以折醒之。與他胃反不同，與他嘔吐亦不同。薑、桂、甘、术，所以溫胃而止吐。茯苓、澤瀉，所以泄水而止渴。證既兼見，藥亦分理。有生薑無半夏者，渴忌半夏也。無猪苓者，無表證者也。泄水而兼能止渴者，以澤瀉為優，故入澤瀉。至茯苓協澤瀉泄水，協生薑平逆，協桂枝化氣，協甘草、白术補中，為益良多，故以標方名冠首。以茯苓與猪、澤較，雖同不治嘔，而以茯苓為猶有參贊之功。何則？甘先入脾，淡主養胃，茯苓甘淡，非猪澤可比，是其於嘔也，不用剿而用撫者也。

外此茯苓以泄水奏績者，又於仲聖方得三事焉：曰眩，曰悸，曰咳。必別其近似而真始出，則與嘔渴無二也。眩有肺痿上虛而眩，失精下損而眩，穀疸因食而眩，茯苓詎可漫施。心下有支飲，其人苦冒眩，茯苓宜可用矣。不知澤瀉湯無渴而用澤瀉，以其於冒眩有專長也。且使輔以茯苓，則澤瀉方欲至極上治冒，而茯苓偏從而抑之，全功必墮。白术則蠲飲而守中，足為澤瀉策應，故寧退茯苓而進白术。然則，冒與非冒何別乎？蓋冒者，上之陽為水飲所格而不得入於陰，則淫於上如復冒，是眩在陽盛。以澤瀉泄其水而濟以陰，眩乃得息。若水飲上淩而上之陽不能與陰爭，則陰與水相比，為患而眩亦生，是眩在陰盛。惟茯苓稟陽和之性，擅化氣之長，水遇之而自卻，陽得之而即伸。仲聖似此治眩之方不一，可不煩枚舉。

水停心下而眩者，亦水停心下而悸。眩在外，悸在內，惟派別而源同，故眩定者悸亦定。心下悸者水侵其心，臍下悸者水發自腎，似不能悉主以茯苓矣。然上中下之水，應皆從小便出者，舍茯苓其奚屬。且始而臍下悸者，後必心下亦悸，所謂水在腎心下悸也。其悸非茯苓得治者，如小建中湯、桂枝甘草湯、炙甘草湯，非溫養中氣，補益心陽不可。茯苓淡滲，適傷其正，故擯之也。

咳之因亦致多矣，茯苓所司為痰飲之咳。然有痰飲而不宜者：半夏麻黃湯，有痰飲而悸，以麻黃發心陽而泄之於表，徐忠可謂之老痰，老痰非滲得去。甘遂半夏湯，有留飲而利，以甘遂、甘草加白芍，就其利而下之，必欲使走小便則謬。此外有痰飲而宜辛散、宜苦降者無論矣。夫咳者肺病，茯苓下滲，則肺邪不解，故咳證用之頗鮮。惟咳而沖氣挾痰飲而上，胸滿由痰飲而得者，以茯苓下之泄之，厥效甚捷。然則茯苓非能治咳，治痰飲耳；非能治痰，實治飲耳。苓桂术甘湯治痰飲如神，而其推茯苓為君也，在使微飲從小便去也，痰飲之有需於茯苓可知矣。

抑其治飲治水，能使上中下統泄之於小便者有故。茯苓甘淡，為胃之正藥。色白而純，則兼入肺。肺主皮毛而太陽為之應，故又入太陽。淡滲則又從皮毛而入太陽之府，肺胃職司下降，膀胱氣化則出，其利小便，蓋有高屋建瓴之勢焉。仲聖於小便不利而必曰加茯苓者，職是故也。

夫利小便者，仲聖之明文，實《本經》之遺訓，斷不必以止消渴滋學者之惑。顧謂利小便足盡其長乎，而不然也。試更即仲聖方核之，腎氣丸主小便不利並消渴、小便反多，蓋小便不利者，腎中陰氣之壅也，以茯苓與桂、附消其陰，則由壅得通；小便反多者，腎中陽氣之弱也，以茯苓與桂、附扶其陽，則轉弱為強。且用以祛表濕，如防己茯苓湯；用以解咽窒，如半夏厚朴湯；用以開胸痹，如茯苓杏仁甘草湯；用以下癥痼，如桂枝茯苓丸；用於補劑，如薯蕷丸；用於風劑，如侯氏黑散。蓋惟茯苓以甘淡之味，溫和之性，能於氣中消水，水中化氣，隨他物而膺繁劇者，胥不出乎此旨。若非製劑得宜，則茯苓之真不見，而亦未必無害矣。

### 赤茯苓

**宋陳衍《寶慶本草折衷》卷一二**　新分赤茯苓臣。皮續附。○今從陶隱居，加以赤字。　所出及採月、為使、惡、畏、忌，並與白茯苓同。　味甘，平，無毒。○主利小便，止消渴，大腹水腫，淋結。自前條分。○《藥性論》云：　主熱淋，破結氣。

續說云：　舊總以茯苓立條，至陶隱居則曰白者補，赤者利。於是推考經註，參之諸方，析而為二也。凡松木斫折，不復再抽條幹，津澤流歸於根，歲久結為茯苓矣。亦有松木尚全，斤斧不侵，而根畔自結茯苓者，此松之氣魄壯盛，遺津而成也。故受氣清則白，受氣濁則赤。其外皮皆黑而皺，工於下水退腫。古方五皮飲治脾經受濕致浮腫者，亦資是皮以和衆藥。其赤白二皮，形色一同，性用一致爾。

新分茯神君。○中心木梗附。　所出與茯苓同。又生朱提、漢陽及袞州。○朱，音殊。提，音時。附：　中心木梗，一名黃松節。艾氏云：　一名松節黃。　味甘，平，無毒。○主辟不祥，療風眩風虛，五勞口乾，止驚悸恚怒，善忘，開心益智，安魂魄，養精神。同前分。○《廣志》云：　茯神，松汁所作，勝茯苓。○《藥性論》云：　主驚癇，安神定志，補勞乏，主心下急痛堅滿，小腸不利。○寇氏曰：　茯神，其根津氣不甚盛，止能結伏於本根。此物行水，益心脾。分茯苓條。

附：　中心木梗。〇治中偏風，口面喎邪，毒風筋攣，不語，心神驚掣，虚而健忘。

香蕈

**元・吴瑞《日用本草》卷七**　香蕈　即肉蕈。　味甘，平，無毒。　動風氣、脚氣，發痼疾、痔疾，令兩肋下急痛，損經絡，背膊痛。　主益氣不飢，治風破血。

**明・李時珍《本草綱目》卷二八菜部・芝栭類**　香蕈《日用》

【釋名】時珍曰：　蕈從覃。覃，延也。蕈味雋永，有覃延之意。　【集解】瑞曰：　蕈生桐、柳、枳椇木上。紫色者名香蕈，白色者名肉蕈，皆因濕氣熏蒸而成。生山僻處者，有毒殺人。穎曰：　香蕈生深山爛楓木上。小於菌而薄，黄黑色，味甚香美，最爲佳品。時珍曰：　蕈品不一。宋人陳仁玉著《菌譜》甚詳。今録其略於此云：　芝、菌，皆氣茁也。自商山茹芝，而五臺天花，亦甲群彙。仙居介乎天台、括蒼之間，叢山入天，仙靈所宫，爰産異菌。林居岩栖者，左右芼之，乃藜莧之至腴。近或以羞王公，登玉食矣。一曰合蕈，又名台蕈，生台之韋羌山。寒極雪收，春氣欲動，土鬆芽活，此菌候也。其質外褐色，肌理玉潔，芳香韻味，一發釜鬲，聞於百步。山人曝乾以售，香味減於生者。他山雖産，其柄高而香劣，不及矣。二曰稠膏蕈，生孟溪諸山。秋中雨零露浸，釀山膏木腴，發爲菌花，生絶頂樹杪，初如蕊珠，圓瑩類輕酥滴乳，淺黄白色，味尤甘。已乃張傘大若掌，味頓渝矣。春時亦生而膏液少。食之之法，下鼎似沸，漉起參和衆味，而特全於酒。切勿攪動，則涎腥不可食矣。亦可蒸熟致遠。三曰松蕈，生松陰，采無時。凡物松出，無不可愛者。四曰麥蕈，生溪邊沙壤中。味殊美，絶類蘑菰。五曰玉蕈，初寒時生，潔晳可愛。作羹微韌。俗名寒蒲蕈。六曰黄蕈，叢生山中。黄色，俗名黄纘蕈，又名黄犱。七曰紫蕈，赭紫色，産山中，爲下品。八曰四季蕈，生林木中，味甘而肌理粗峭。九曰鵝膏蕈，生高山中，狀類鵝子，久而傘開。味殊甘滑，不減稠膏。然與杜蕈相亂，不可不慎。杜蕈，土菌也。

【氣味】甘，平，無毒。　【主治】益氣不飢，治風破血吴瑞。　松蕈：　治溲濁不禁，食之有效《菌譜》。

**明・穆世錫《食物輯要》卷三**　香蕈　味甘、辛，無毒。　和胃益氣，祛風破血。　松蕈，治小便不禁。　皂莢蕈，有毒。不宜食。　有積垢作痛，泡湯飲，令微瀉取效，未已再飲。　杉蕈，味辛，性溫，無毒。　治心脾暴痛。　竺喧云：　蕈乃感陰濕生化者，善發冷氣。　多和生薑食，良。

**明・吴文炳《藥性全備食物本草》卷一**　香蕈　味甘、辛，無毒。　能益氣，祛風破血。

松蕈：　治小便不禁。

皂莢蕈：　有毒。不宜食。有積垢作痛，泡湯飲令微瀉，取効未已再飲。

杉蕈：　味辛，性溫，無毒。　治心脾暴痛。　竺喧云：　蕈乃感陰濕生化者，善發冷氣，多和生薑食良。

羊脂蕈：　味甘，性寒，無毒。　清肺胃，去内熱，患冷積腹痛泄瀉者勿食。

竹蕈：　味鹹，性寒，無毒。和薑醋食良。　去臟肺熱，治赤白痢。　同猪雞肉食益脾。一種苦竹蕈，有大毒，勿食。

天花蕈：　味甘，平，無毒。　色白味美，益氣殺蟲。　多生五臺山。　防有蛇毒，煮時以金銀器試之，不變黑者可用。

**明・趙南星《上醫本草》卷三**　香蕈　穎曰：　香蕈生深山爛楓木上，小於菌而薄，黄黑色，味甚香美，最為佳品。　時珍曰：　蕈品不一，宋人陳仁玉著《菌譜》甚詳，今錄其略於此。　云芝、菌皆氣茁也。　自商山茹芝，而五臺天花，亦甲群彙。　仙居介乎天台、括蒼之間，叢山入天，仙靈所宫，爰産異菌。　林居岩栖者，左右芼之，乃藜莧之至腴。　近或以羞王公，登玉食矣。　甘，平，無毒。

**明・應廖《食治廣要》卷三**　香蕈　氣味：　甘，平，無毒。　主治：　益氣不飢，療風破血。　宋人陳仁玉著《菌譜》甚詳。　品類不一，皆氣之茁也。

**明・姚可成《食物本草》卷七菜部・芝栭類**　香蕈蕈生桐、柳、枳椇木上。　紫色者名香蕈，白色者名玉蕈，皆因溼氣熏蒸而成。　生山僻處者，有毒殺人。〇香蕈生深山爛楓木上。小於菌而薄，黄黑色，味甚香美，最為佳品。〇蕈品不一。宋人陳仁玉著《蕈譜》甚詳。今錄其略於此，云：　芝、蕈，皆氣茁也。自商山茹芝，而五臺天花，亦甲群彙。仙居介乎天台、括蒼之間，叢山入天，仙靈所宫，爰産異蕈。林居巖棲者，左右(筆)〔芼〕之，乃藜莧之至腴。近或以羞王公，登玉食矣。一曰合蕈，又名台蕈，生台之韋羌山。寒極雪收，春氣欲動，土鬆芽活，此蕈候也。其質外褐色，肌理玉潔，芳香韻味，一發釜鬲，聞於百步。山人曝乾以售，香味減於生者。他山雖産，其柄高而香劣，不及矣。二曰稠膏蕈，生孟溪諸山。秋中雨零露浸，釀山膏木腴，發為蕈花。生絕頂樹杪，初如蕊珠，圓瑩類輕酥滴乳，淺黄白色，味尤甘。已乃張傘大若掌，味頓渝矣。春時亦生而膏液少。食之之法，下鼎似沸，漉起參和眾味，而特全於酒。切勿攪動，則涎腥不可食矣。亦可蒸熟致遠。三曰松蕈，生松陰，采無時。凡物松出，無不可愛者。四曰麥蕈，生溪邊沙壤中。味殊美，絕類蘑菰。五曰玉蕈，初寒時生，潔晳可愛。作羹微韌，俗名寒蒲蕈。六曰黄蕈，叢生山中。黄色，俗名黄纘蕈，又名黄犱。七曰紫蕈，赭紫色，產山中，為下品。八曰四季蕈，生林木中，味甘而肌理粗峭。九曰鵝膏蕈，生高山中，狀類鵝子，久而傘開，味殊〔甘滑〕，不減稠膏。然與杜蕈相亂，不可不慎。杜蕈，土蕈也。

香蕈，味甘，平，無毒。主益氣不飢，治風破血。

**明·顧逢柏《分部本草妙用》卷九菜部** 香蕈 甘，平，無毒。主治：益氣不飢，治風破血。松蕈，治溲濁不禁，食之有効。

**明·孟笨《養生要括·菜部》** 香蕈生桐、柳、枳椇木上，紫色者名香蕈，白色者名白蕈，皆因濕氣熏成。味甘，平，無毒。益氣不飢，治風破血。

**明·施永圖《本草醫旨·食物類》卷二** 香蕈皆因濕氣熏蒸而成，生山僻處者有毒，殺人。〇生深山爛楓木上，小於菌而薄黃黑色，味甚香美，最為佳品。味：甘，平，無毒。治：益氣不飢，治風破血。松蕈治溲濁不禁，食之有效。

**清·穆石匏《本草洞詮》卷七** 香蕈 《爾雅》云：生於剛處曰菌，生於柔處曰芝。木耳一名木菌。蕈亦菌屬，則芝、菌、蕈、木耳，亦類也。宋人陳仁玉著《菌譜》，分別蕈有十種，品之高下甚詳。香蕈氣味甘平，無毒。主益氣，治風破血。

**清·丁其譽《壽世秘典》卷三** 香蕈生深山爛木上，小于菌而薄，黃黑色，味甚香美。紫色者名香蕈，白色者名肉蕈，皆因濕氣熏蒸而成。生山僻處者有毒，殺人。氣味：甘，平，無毒。主益氣不飢，治風破血。

**清·尤乘《食鑒本草·菜類》** 香菌 益氣不飢，治風破血。

**清·朱本中《飲食須知·菜類》** 香蕈 味甘，性平。感陰濕之氣而成，善發冷氣，多和生薑食良。生山僻處者，有毒殺人。皂莢蕈有毒，不可食。

**清·何其言《養生食鑒》卷上** 香蕈即菌。味甘，性平，無毒。和胃益氣，祛風破血。

**清·李熙和《醫經允中》卷二一** 香蕈 有毛者、無褁者皆有毒，殺人。甘，平，無毒。主益氣，不飢，治風破血。

**清·张璐《本經逢原》卷三** 香蕈 甘，平，無毒。發明：諸蕈禀土之熱毒浮長，所以有毒傷人。惟香蕈楠木上糯米種出，大益胃氣，與蘑菇、雞㙡性味不殊，蘑菇亦埋桑楮諸木於土中，澆以米泔而生，其長大色白，柔軟中空如雞腿者，名雞腿蘑菇。狀如羊肚有蜂窠眼者名羊肚菜。其出雲南生沙地間，高脚繖頭者曰雞㙡菜。皆能益胃清神。蘑菇兼能化痰，雞㙡兼能治痔。一得桑楮餘澤，一鍾山川靈氣，故其性各有不同耳。

**清·浦士貞《夕庵讀本草快編》卷四** 香蕈《日用》 附土菌 蕈字從覃，覃，延也，言味雋永有覃延之意。蕈品不一，皆因濕氣薰蒸而成。有毒無毒，不可不辨也。按：宋陳仁玉譜云：芝、菌，皆氣茁也。自商山茹芝，而五臺天花，亦甲群彙。仙居介乎天台、括蒼之間，爰產異菌。林居岩栖者，左右芼之，乃藜莧之至腴。近以羞王公，登玉食矣。一曰台蕈，生台之韋羌山。春氣欲動，土鬆芽活，其質褐色，肌理玉潔，芳香韻味，發釜越鄰。山人曝乾以售，則香味減半矣。二曰稠膏，生孟溪諸山，秋雨零露，山膏木腴，發為菌花，生絕頂樹杪，初如露珠，圓瑩類輕酥滴乳，淺黃白色，味極甘美，亦可蒸焙致遠。三曰松蕈，生松陰，采無時。四曰麥蕈，生溪邊沙壤中，絕類蘑菇。五曰玉蕈，初寒始生，俗名寒蒲。六曰黃蕈，叢生山中，俗名黃纘。七曰紫蕈，為品最下。八曰季蕈，肌理粗峭。九曰鵝膏，生於高山，狀類鵝子，久而繖開，味殊甘滑，不減稠膏，然與玉蕈相亂，用者宜慎已。上雖分九種，氣味皆甘平無毒，益氣不飢，治風破血者也。若玉蕈，冬春無毒，夏秋忌食，恐有蛇蝮經過，遺毒害人。凡煮之不熟，及煮湯照人無影，上有毛，下無紋，仰卷紅赤者，並能殺人。欲試其毒，投以薑屑飯粒，色變黑者是也。若悮受其毒，當用苦茗、白礬，勺新汲水咽之，或投地漿糞汁，便可立愈。嗟乎！鮮蕈之味雖不及香蕈，而亦甲蔬菜之品，然蒙其害者不少，尊生之士，勿以老饕而累其有生也。

**清·吴儀洛《本草從新》卷四** 香蕈〔破血治風。〕 甘，平。破血治風。松蕈，治溲濁不禁。

**清·嚴潔等《得配本草》卷五** 香蕈 甘，平。醒脾益氣，破血去風。

**題清·徐大椿《藥性切用》卷六** 香蕈 甘平無毒，乃柟木上糯米種出。大益胃氣，與蘑菰、鷄㙡性味不殊。蔴菰，埋桑樹、楮木於土中，澆以米泔而生，其出雲南沙地間者，高脚散頭，名鷄㙡菜，力能益胃清神。其蘑菰兼能化痰，雞㙡兼能治痔，較香蕈為性發耳。瘠地所出一種，形瘦味淡，性亦稍斂，名芋肉，亦供食品，皆為蔬饌之佳殽。土蕈，得鬱蒸之氣而生，助長濕熱最甚。雷蕈，甘美可啖。瘡疥人忌之。

**清·黃宮繡《本草求真》卷九** 香蕈益胃進食。 香蕈耑入胃。食中佳品。凡菰禀土熱毒，惟香蕈味甘性平，大能益胃助食，及理小便不禁。蓋此本於桑楮諸木所出，得受桑楮餘澤而成也。有種出於深山爛楓木上，小於菌而薄，黃黑色，味甚香美。然此性極滯濡，中虛服之有益，中寒與滯食之不無滋害，取冬產肉厚細約如錢大者良。

**清·李文培《食物小錄》卷上** 香蕈即香芯。 甘，平，有小毒。益氣不飢，發諸瘡疥。不宜多食。

**清·章穆《調疾飲食辯》卷三** 香菇 一名香蕈，一名香菌，一名樹雞，一名木㙡。本無種類，感濕熱之氣而生，形色氣味亦無一定。大率有毒。宋人陳仁玉作《菌譜》，云有九種：一曰合蕈，二曰稠膏蕈，三曰松蕈，四曰麥蕈，五曰玉蕈，六曰黃蕈，七曰紫蕈，八曰四季蕈，九曰鵝膏蕈。生孟溪、五臺、天台、括蒼諸名山。芳香氣味，莫與倫比。然此不過山家之清供，富室之珍肴已耳，於養生治病無關也，概置不錄。所辯者，肆中處處皆有，常食之菇也。此菇係伐木罨造，木本無毒，加以糯米汁引之，糯米之性速朽，故諸果見之即爛，古方有猪、羊血拌糯米飯，乾筍包之埋土中種靈芝之法，與此理同。食之無害。然濕熱之毒，總不能無。中氣弱者，下元虚冷者，及瘡瘍、痘後，均不宜食。菇稟木氣而生，故善升。《易》曰：地中生木，升。愈升則中下愈弱，必頭眩鼻衄，或足不能行。菇成於一二日，其生最捷，故善發。瘡瘍、痘後，雖全愈，食之必復作膿。諸本草有云益氣補虚者，有云食之不飢者，皆非見理之言也。近或用以發痘，亦當論其上下，必上部頭面未起始可，若上部已發，下部未發者，大不宜也。

**清·翁藻《醫鈔類編》卷二四《本草》** 香蕈 食中佳品。凡菰稟土熱毒，惟香蕈味甘性平，大能益胃助食及理小便不禁。蓋此本於桑楮諸木所出，得受桑楮餘澤而成也。有種出於深山爛楓木上，小於菌而薄黃黑色，味甚香美。然此性極滯濡，中虛服之，有益中寒與滯，食之不無滋害。取冬產肉厚，細如錢大者良。松蕈治溲濁不禁。

**清·葉桂《本草再新》卷六** 香蕈味甘，性平，無毒。入肝經。破血治風。

**清·趙其光《本草求原》卷一五菜部** 香蕈即香信，同菌。 楠木上糯米種出。甘，平，無毒。大益胃氣，亦祛風行血，香能散故也。其治濕熱腫脹，亦香能運胃之功。若各土菌，因濕鬱而生，必不能治矣。

**清·文晟《新編六書》卷六《藥性摘錄》** 香菰 甘，平。和胃益氣，祛風破血。

**清·王孟英《隨息居飲食譜·蔬食類》** 香蕈 甘，平。開胃，治溲濁不禁。包邊圓媆者佳，俗名香菰。痧痘後、產後、病後忌之，性能動風故也。

**清·田綿淮《本草省常·菜性類》** 香蛾 一名香蕈。性平。益氣理血，祛風除濕。南蕈為上，西蕈次之。

**清·戴葆元《本草綱目易知錄》卷三** 香蕈香菰 甘，平。益氣不飢。治風破血，起痘瘡，發癰瘍葆元。○松蕈，治溲溺不禁，食之效。陳仁玉著《菌譜》甚詳。葆略錄其九種。一曰合蕈，生台之韋羌山。二曰稠膏蕈，生孟溪諸山。三曰松蕈，生松陰，凡物松出皆可愛。四曰麥蕈，生溪邊沙壤中，味殊美。五曰玉蕈，初寒生，潔皙可愛。六曰黃蕈，叢生山中，黃色。七曰紫蕈，產山中，為下品。八曰四季蕈，生林木中，味甘，肌理粗。九曰鵝膏蕈，生高山中，狀類鵝子。茲錄其略。近所食香菰，係產福建建寧，亦由澆覆所出，其性發，食之發痘瘡瘍科。

**清·陳其瑞《本草撮要》卷四** 香蕈 味甘，平，入足厥陰經，功專破血治風。松蕈治溲濁不禁。

**清·吴汝紀《每日食物却病考》卷上** 香蕈 生各木上紫色者，取以乾之，泡洗淨食之，極香美。甘，平，無毒。地生者多毒，往往殺人。投飯粒試之，如黑則有毒，否則無害。

### 茅草蛾

**清·田綿淮《本草省常·菜性類》** 茅草蛾 一名茅蕈。性寒。清熱破瘀。孕婦忌之。

### 雞㙡

**明·李時珍《本草綱目》卷二八菜部·芝栭類** 鷄㙡《綱目》

【釋名】鷄菌時珍曰：南人謂鷄爲㙡，皆言其味似之也。 【集解】時珍曰：鷄㙡出雲南，生沙地間丁蕈也。高脚繖頭。土人采烘寄遠，以充方物。點茶、烹肉皆宜。氣味皆似香蕈，而不及其風韻也。又廣西横州出雷菌，遇雷過即生，須疾采之，稍遲則腐或老，故名。作羹甚美，亦如鷄㙡之屬。此數種其價並珍。

【氣味】甘，平，無毒。 【主治】益胃清神，治痔時珍。

**明·穆世錫《食物輯要》卷三** 雞㙡 味甘，平，無毒。味美益人，和脾胃，清神氣。治五痔下血。

**明·趙南星《上醫本草》卷三** 雞㙡 一名雞菌。時珍曰：南人謂為雞㙡，皆言其味似之也。出雲南，生沙地間。丁蕈也，高脚繖頭。土人采烘，寄遠以充方物，點茶、烹肉皆宜，氣味皆似香蕈，而不及其風韻也。又廣西横州出雷菌，遇雷過即生，須疾采之，稍遲則腐或老，故名。作羹甚美，亦如雞㙡之屬。此數種其價並珍。甘，平，無毒。主治：益胃清神，治痔。

**明·應麐《食治廣要》卷三** 雞㙡 甘，平，無毒。主治：益胃清神，愈痔。出雲南沙土地上，亦蕈屬也。

**明・姚可成《食物本草》卷七菜部・芝栭類**　雞㙡音縱，一名雞菌。其味似雞，故以名之。出雲南。生沙地間丁蕈也。高脚繖頭。土人采烘寄遠，以充方物。烹鮮、煮肉皆宜。氣味皆似香〔蕈，而〕不及其風韻也。又廣西横州出雷菌，遇雷過即生，須疾采之，稍遲則腐或老，故名。〔作〕羹甚美，亦如雞㙡之屬。此數種價甚珍貴。　雞㙡，味甘，平，無毒。主益胃清神，治痔。

**明・孟筌《養生要括・菜部》**　雞㙡　味甘，平，無毒。益胃清神，治痔。

**明・施永圖《本草醫旨・食物類》卷二**　雞㙡出雲南，生沙地間，丁蕈也。又廣西横州，出雷菌，遇雷過即生，須疾采之。　味：甘，平，無毒。治：益胃，清神，治痔。

**清・穆石匏《本草洞詮》卷七**　雞㙡　生沙地間，其味似雞，故名。氣味甘平，無毒。益胃清神，治痔。點茶，烹肉皆宜。土人采烘奇遠，以充方味。

**清・丁其譽《壽世秘典》卷三**　雞㙡出雲南，生沙地，高脚繖頭，土人采烘，寄遠以充方物，點茶、烹肉皆宜，氣味皆似香蕈而不及其風韻也。又廣西横州出雷蕈，雷過即生。須疾采之，稍遲則腐或老，故名。作羹甚美，亦如雞㙡，其價並珍。楊升庵云：雲南名佳菌，曰雞㙡，鳥飛而斂足，菌形如之，故以雞名。邊上有榆，肉為最，榆之癭也。　氣味：甘，平，無毒。主益胃，清神，治痔。

**清・尤乘《食鑒本草・菜類》**　雞㙡沙地丁菌。益胃清神，治痔。

**清・何其言《養生食鑒》卷上**　雞㙡　味甘，平，無毒。味美益人，和脾胃，清神氣，治五痔下血。

**清・王道純《本草品彙精要續集》卷八**　雞㙡無毒

雞㙡：　主益胃清神，治痔《本草綱目》。　【名】雞菌。李時珍曰：南人謂爲雞㙡，皆言其味似之也。　【地】李時珍曰：雞㙡，出雲南，生沙地間，下蕈也。又廣西横州出雷菌，遇雷過即生，須疾採之，稍遲即腐或老，故名。作羹甚美，亦如雞㙡之屬，此數種其價並珍。　【苗】高脚繖頭，土人採烘，寄遠以充方物，點茶烹肉皆宜，氣味皆似香蕈，而不及其風韻也。　【味】甘。

【性】平。

**清・章穆《調疾飲食辯》卷三**　雞㙡　生滇南沙地，大頭高脚，土人以充方物，性近香菰。

**清・文晟《新編六書》卷六《藥性摘錄》**　雞㙡　雲南多有之。甘，平。味美益人，和脾胃，清神氣，治五痔下血。

**清・劉善述、劉士季《草木便方》卷二木部**　豆雞菰　豆雞菰甘平無毒，補益胃氣清神服。五種痔漏除風熱，崩中帶下清利速。三〔擺〕〔種〕菰同性。

**清・陳其瑞《本草撮要》卷四**　雞㙡　味甘，平，入手足太陰經，功專益胃，神於治痔。一名雞菌，出雲南沙地者較他處佳，廣西出者名雷菌。

**清・吳汝紀《每日食物却病考》卷上**　鷄㙡　生雲南沙地間，蕈也。高脚繖頭，土人採烘，以寄遠為方物，故珍之。味似香蕈而不及也。

## 松蕈

**明・蘭茂原撰，范洪等抄補《滇南本草圖説》卷一**　松菌　氣味苦澀而淡，平。峕治小便不通，或不禁，可以分利水道。亦治五淋白濁，食之最良。往往謂是菌為有毒者，非菌之有毒耳，以菌下多有蛇臥，故用薑以驗之，使人預知有毒、無毒也。

**明・孟筌《養生要括・菜部》**　松蕈　治溲濁不禁，食之有效。

**清・尤乘《食鑒本草・菜類》**　松菌　治溲濁不禁，食之有效。

**清・何其言《養生食鑒》卷上**　松蕈　治小便不禁。

**清・趙學敏《本草綱目拾遺》卷八諸蔬部**　地腎　《粵志》：羅浮多地腎，一名松黃。但松黃未落為松實，已落而英華未散為地腎。其狀若彈丸，大者如雞卵，紅黃相錯，一一晶瑩，熟之可入饌。其生無根蔕，散布松下。土鬆石潤處有之，或亦松蕈之類也。《乍浦九山補志》：松花蕈，山之有松者皆產，惟陳山東麓為多。三月間松花入土，至四五月經雨後即生，至八九月又生，鮮肥滑嫩，素品之上味也。　味甘，性平，生津消痰，治溲濁不禁。

**清・文晟《新編六書》卷六《藥性摘錄》**　松蕈　治小便不禁。

## 木菌

**附：日・丹波康賴《醫心方》卷三〇**　木菌　《七卷經》云：味甘，溫，平。食之輕身，利九竅。凡諸有毒朽木所生，人不識，煮食，無不死之。宜不可輕噉之。又云：石耳性冷，生於石上，食之為益。又云：地菌，溫，平。食之補五藏，益氣。崔禹〔錫〕云：菌茸，食之去熱氣，生冷乾溫。《拾遺》云：採歸，色變者有毒，夜中有光者有毒，煮不熟者有毒。蓋仰者有毒。又冬春無毒，秋夏有毒，為虵過也。冬生白軟者無毒，久食利腸胃。《養生要集》云：木菌味甘，溫，平。食之輕身，利九竅。又云：菌赤色，不可食，害人。又云：菌生捲者，食之傷人。青色者亦不可食。木耳，色青及仰生者不可食，傷人。又云：楓樹所生菌，食之令人笑不止。又云：治食菌中毒，煩亂欲死方。煮大豆汁，飲之良。又土漿，飲之良。

牛肝菌

**明・蘭茂原撰，范洪等抄補《滇南本草圖說》卷一一**　牛肝菌　氣味微酸，辛，平。主治：清熱解煩，養血和中。○凡菌，冬春生者無毒，夏秋生者有毒。或帶赤色，自下卷上者，有大毒。或上無毛，下無紋者，均勿食，恐有蛇過其下，食之令人毒殺，不可不慎也。未食須以薑米驗之於先，若薑米色黑，必有大毒。既中其毒，須掘地漿水，或糞汁、苦茶，同明礬調水，解之。

黃菌

**明・蘭茂原撰，范洪等抄補《滇南本草圖說》卷一一**　黃菌　味甘，性溫平。得天地土濕之氣而生，雖能溫中健胃，但濕氣居多，食之往往令人氣脹。欲食者，須以薑同炙之，方能解其濕氣。世人多以大蒜同煮，以為有毒蒜黑，不知蒜見毒未必即黑，薑見毒則必黑，何若以薑驗之為愈也。

羊脂菌

**明・蘭茂原撰，范洪等抄補《滇南本草圖說》卷一一**　羊脂菌　色白，味甘，性寒，無毒。主治：清肺胃，去內熱。惟患冷疾，腹疼泄瀉者忌食。

**明・穆世錫《食物輯要》卷三**　羊脂蕈　味甘，性寒，無毒。清肺胃，去內熱。患冷積腹痛泄瀉者，勿食。

大毒菌

**明・蘭茂原撰，范洪等抄補《滇南本草圖說》卷一一**　大毒菌　其形似柳菌，亦生柳樹下，然柳菌其邊不朝上仰，此菌邊向上番，食之即亡。解此菌毒，宜用苦茗、白礬為末，水調服，可解。採此毒菌，煮銅器變色。

七星菌

**明・蘭茂原撰，范洪等抄補《滇南本草圖說》卷一一**　七星菌　生山中陰濕處，形似牛肝，背後有七點黃斑。味甘美，性辛平，無毒。主治：五勞七傷，諸虛百損。婦人屍勞瘵症，能殺勞蟲，人多忽其功效。

羊胎蕈

**清・何其言《養生食鑒》卷上**　羊胎蕈　味甘，性寒，無毒。清肺胃，去內熱，患冷疾腹痛、泄瀉者，勿食。

蕈

**唐・孫思邈《千金要方》卷二六《食治・菜蔬》**　蕈菜　味苦，寒，無毒。主小兒火丹諸毒腫，去暴熱。

**宋・張杲《醫說》卷六**　中蕈毒　崇寧間蘇州天平山白雲寺五僧行山間，得蕈一叢，甚大，摘而煮食之。至夜發吐，三人急採鴛鴦草，生啖遂愈，二人不甚肯啖，吐至死。此草藤蔓而生，對開黃白花，傍水依山處皆有之。治癰疽腫毒尤妙，或服或傅皆可。今人謂之金銀花。又曰：老翁鬚，《本草》名為忍冬並出《己志》。

**宋・陳衍《寶慶本草折衷》卷一三**　新分槐桑菌巨隕切。子餘木菌在內。○內口槐桑兩字。

一名蕈音其。○亦耳之□□。○生於槐桑之上。又煮漿粥安木上，以草覆之，〔即生〕菌耳。今山鄉有一等木，亦用此法，蒸漬生蕈，俗號□□。○秋采日乾。平，寒，有毒。○治風，破血，益力。其餘樹上多動風氣，發痼疾。次柘木者良。分前條《藥性論》。○孟詵云：發五藏風，擁經脈，動痔病，令人昏睡，背膊四肢無力。田野中者，有蟲毒殺人。

續說云：夫菌本毒物也。《藥性論》取槐桑所生為良者，蓋槐可理風，桑能平氣。菌感其性而生，故堪服食。如孟詵所謂發疾者，乃餘木之菌也。《茅亭客話》云：野蕈一名椹，有黑而斑者，有黃而赤者，又有生於毒蛇之上，大而光明者。愚人認為靈芝，食必速斃。凡菌，或夜中有光，或爛而無蟲及煮之不熟，皆大毒也。

**元・忽思慧《飲膳正要》卷三**　蘑菇　味甘，寒，有毒。動氣發病，不可多食。

**明・劉文泰《本草品彙精要》卷三九**　蘑菇　植生。

蘑菇：動氣發病，不可多食。今補。〔苗〕謹按：蘑菇乃蕈之屬也。苗高二三寸，中空而輕脆，其色黃白，五六月多生濕處，今人諸湯中食之，味甚鮮美。但不可多食，由其動氣而發病故也。〔地〕出河南，今北地亦有之。〔時〕生：無時。採：無時。〔收〕日乾。〔色〕黃白。〔味〕甘。〔性〕寒。〔氣〕氣之薄者，陽中之陰。〔臭〕香。〔反〕酒。〔製〕初採得，與米飯同炒，如飯黑者有毒，食之即死。〔解〕中蘑菇毒，以生菉豆和水研濃汁飲之，遂解。

**明·盧和、汪穎《食物本草》卷二**　蕈　地生者為菌。木生者為檽，江南人呼為蕈。味鹹、甘，平、微溫，小毒。主心痛，溫中，去蛇螫毒，蛔蟲、寸白蟲諸蟲。今世所通用者，一曰菰子，生於深山爛楓木上，小於菌而薄，黃黑色。味甚香美者，為香蕈，最為佳品。有一種曰鷄腿蘑菇。其它或在地，或在樹，地生者多毒，往往殺人，土人自能識。凡夜有光者、煮不熟者、煮訖其湯照人無景、欲爛無蟲者，俱有毒。夏秋者多毒，以蛇蟲行故也。此物皆濕熱化生之物，煮之宜切以薑及投飯粒試之，如黑則有毒，否則食之無害。《本草》註謂：九菌皆發五臟，壅經絡，動痔，病昏多睡，背膊四肢無力，又多發冷氣。大抵食之不甚益人也。

**明·寧源《食鑒本草》卷下**　蘑菇　味甘，平，無毒。河南所產者佳。可食之，亦無損益。

**明·李時珍《本草綱目》卷二八菜部·芝栭類**　蘑菰蕈《綱目》

【釋名】肉蕈　【集解】時珍曰：蘑菰出山東、淮北諸處。埋桑、楮諸木於土中，澆以米泔，待菰生采之。長二三寸，本小末大，白色柔軟，其中空虛，狀如未開玉簪花。俗名鷄腿蘑菰，謂其味如鷄也。一種狀如羊肚，有蜂窠眼者，名羊肚菜。

【氣味】甘，寒，無毒。《正要》曰：有毒。動氣發病，不可多食。　【主治】益腸胃，化痰理氣。時珍。○出《生生編》。

**明·穆世錫《食物輯要》卷三**　菇菰　味甘，性寒，無毒。益腸胃，消痰熱。多食，動風氣發病。一云有毒。

**明·趙南星《上醫本草》卷三**　蘑菰蕈　甘，寒，無毒。主治：益腸胃，化痰理氣。《正要》曰：有毒。動氣發病，不可多食。

**明·應麐《食治廣要》卷三**　蘑菰蕈　氣味：甘，寒，無毒。主益腸胃，化痰理氣。出山東、淮北諸處。一云埋桑、楮諸木于土中，澆以米泔，其菰即生。

**明·姚可成《食物本草》卷七菜部·芝栭類**　蘑菰蕈出山東、淮北諸處。埋桑、楮諸木於土中，澆以米泔，待菰生采之。長二三寸，本小末大，白色柔軟，其中空虛，狀如未開玉簪花。俗名雞腿蘑菰，謂其味如雞也。一種狀如羊肚，有蜂窠眼者，名羊肚菜。　蘑菰蕈，味甘，寒，無毒。益腸胃，化痰理氣。能發痼疾，不可多食。

**明·孟笨《養生要括·菜部》**　蘑菰蕈　味甘，寒，無毒。益腸胃，化痰理氣。

**明·施永圖《本草醫旨·食物類》卷二**　蘑菰蕈又名肉蕈。出山東淮北諸處，采之長二三寸，本小末大，白色柔軟，其中空虛，狀如未開玉簪花。俗名雞腿蘑菰，謂其味如雞也。一種狀如羊肚，有蜂窠眼者，名羊肚菜。　味：甘，寒，無毒。有毒動氣發病，不可多食。　治：益腸胃，化痰理氣。

**清·穆石匏《本草洞詮》卷七**　蘑菰蕈　氣味甘寒，無毒。益腸胃，化痰理氣。

**清·丁其譽《壽世秘典》卷三**　蘑菇蕈出山東淮北諸處，長二三寸，本小末大，白色柔軟，其中空虛，狀如未開玉簪花，俗名雞腿蘑菇，謂其味如雞也。一種狀如羊肚，有蜂窠眼者，名羊肚菜，山西汾州諸處有之。　氣味：甘，平，無毒。主治益腸胃，化痰理氣。

發明《飲膳正要》云：能發痼疾，不可多食。

**清·尤乘《食鑒本草·菜類》**　蘑菇菌即雞腿蘑菇也。　益腸胃，化痰理氣。多食發病。

**清·朱本中《飲食須知·菜類》**　蘑菰蕈雞㙞　味甘，性寒。一云有毒，不可多食，動風氣發病。勿同雉肉食。雞㙞，味甘，性平，出雲南。

**清·何其言《養生食鑒》卷上**　磨菰　味甘，性寒，無毒。益脾胃，消熱痰。多食動風氣，發病。

**清·王逊《藥性纂要》卷三**　蘑菰蕈　【略】東圃曰：《生生編》云：主益腸胃，化痰理氣。恐未必然也。

**清·李熙和《醫經允中》卷二二**　蘑菇　羊肚菜。　俱甘，平，無毒。主治略同，能益脾清胃，化痰。

**清·吳儀洛《本草從新》卷四**　蘑菇蕈（理氣化痰。）　甘，寒。益腸胃，理氣化痰。土菌，一名地蕈。甘，寒，有毒。燒灰敷瘡疥。馬勃，亦菌類。見草部。

**清·汪紱《醫林纂要探源》卷二**　蕈　甘，寒。又曰菌，俗曰菰。《內則》燕食所謂芝栭，疑即此。或生於木，或生於地。赤曰紅菰，白曰雞肉菰，竹林中曰竹菰，松林中曰黃菰，稻稈堆上曰草菰。浙閩山中伐杜木、楓木，橫置之斧劈成痕，日沃以粥，冬月生蕈，鮮香甘美，曰香蕈。又有麻菰、羊肚菰，出淮南北及漢上，皆珍品。又天花出五臺山，尤美。然性皆寒而有毒，鮮者勿輕食。中其毒，善笑而死，笑由神散。蕈亦木之餘氣所生而就散者也。蕈初生似心，漸就腐散，乾則不至殺人，亦有毒。甘草、菉豆、泥漿、雞子、鴨子皆可解之。可托痘毒。

**清・嚴潔等《得配本草》卷五**　蘑菰蕈　甘，寒。益腸胃，化痰理氣。

**清・黃宮繡《本草求真》卷九**　蘑菇清膈化痰。

蘑菇耑入腸胃肺。本於桑楮諸木，埋於土中，澆以米泔而生，味甘氣寒。《正要》曰：有毒。李時珍曰：無毒。色白，柔軟中空，狀如未開玉簪花品。又有形如羊肚蜂窠眼，故又有別其名曰羊肚菜。味甘如雞，故又有別其名曰雞腿菇，皆與香蕈諸菇同為一類。但香蕈色白而平，蘑菇則色白而寒也。香蕈能益胃氣不飢，及治小便不禁，蘑菇則能理氣化痰，而於腸胃亦有功也。然皆體潤性滯，多食均於內氣有阻，而病多發，不獨蘑菇然也。

**清・李文培《食物小錄》卷上**　蘑菇　甘，寒，無毒。益腸胃，化痰理氣。不可多食，發諸瘡。

**清・章穆《調疾飲食辯》卷三**　蘑菇　長二三寸，本小末大，中空如玉簪花，氣味香美，價亦極昂。尋常之菇，有木處皆有。此惟生於山東、淮北，然濕熱之毒及善發善升之性，無異地菇。《生生編》曰：益腸胃，化痰理氣。誤說也。《飲膳正要》曰：動氣發病，不可多食。則正論也。

**清・葉桂《本草再新》卷六**　蘑菰蕈味甘，性寒，無毒。入肺、胃二經。　益腸胃，理氣化痰。

**清・趙其光《本草求原》卷一五菜部**　蘑菇又羊肚菜、雞㙅菜。　埋桑楮諸木於土中，澆以米泔而生。其長大色白，柔軟、中空、如雞腿者，名雞腿蘑菇；狀如羊肚，有蜂巢眼者，名羊肚菜，出雲南沙地；高脚者，曰雞㙅菜。皆得米氣，益脾胃，清神氣。蘑菇，甘，寒，兼消熱痰；雞㙅，甘平，兼理五痔，下血。一得桑楮餘氣，一得山川靈氣，故微異耳。至於草菇，則受陰濕而生，不能益人矣。

**清・文晟《新編六書》卷六《藥性摘錄》**　草菰　韶州等處：有之。與天花菰味同。

**清・文晟《新編六書》卷六《藥性摘錄》**　磨菰　甘，寒。益脾胃，消熱痰。多食動氣，發病。　各菌：凡有痔瘡牙痛者，食之必發。

**清・王孟英《隨息居飲食譜・蔬食類》**　蘑菰　甘，涼。味極鮮美，葷素皆宜。開胃化痰。媆而無砂者勝。多食發風動氣，諸病人皆忌之。

**清・田綿淮《本草省常・菜性類》**　口蘑菇　一名口蕈。性溫。益脾胃，和中。

**清・田綿淮《本草省常・菜性類》**　蘑菇　一名蘑蕈。或曰：木生為蕈，土生為菌。性寒，有毒。發病，滯膈，令人痞悶，必同薑煮方可食之。益脾胃，理氣化痰。孕婦忌之。赤色者、仰卷者、上有毛下無紋者及煮之不熟，或無蟲自爛者，俱毒大，不可食。中毒者，黑豆、甘草煎濃汁飲之，或金銀花煎湯飲之，或用地漿水飲之，或用吐瀉藥亦可。

**清・陳其瑞《本草撮要》卷四**　蘑菇　味甘，寒，入手足太陰經，功專益腸胃，理氣化痰。土菌，一名地蕈，有毒，燒敷瘡疥良。

**清・吳汝紀《每日食物却病考》卷上**　蘑菇　甘，寒，無毒。益腸胃，化痰。多食，發氣發病。

### 酒蕈

**清・趙學敏《本草綱目拾遺》卷八諸穀部**　酒蕈　生酒罈中，不恒有。凡藏酒之家，千百罈酒，間有一罈，啟之中空無酒，下有蕈結於中。其蕈初結之時，酒上薄凝如衣膜，久則漸厚一二寸，便能滲酒，將酒中精華醇釀之氣盡攝於膜內，膜乃漸厚，酒亦漸少，久久則酒乾，所存十不餘一。啟視之，其膜如鮮海蜇，濡潤而軟，嗅之作酒香，微帶黴蒸氣。識者取之焙乾，乾者如瓜皮，面青黑，背作肉紅色，溼軟如棉，可入藥。蓋酒能生蕈，必罈係新出窰，未脫火氣。而置酒之地，又為溼熱所蒸，致中變而成此，故造釀家用罈貴舊而不貴新也。金御乘自慈谿歸，帶有酒蕈，出以相示，云彼土亦罕得，間有之，然不多見也。　治一切酒傷、酒勞、酒疸，因酒成病諸症，服之立效。

### 䩞蕈

**明・姚可成《食物本草》卷七菜部・芝栭類**　䩞蕈䩞，音恒。產自北虜，馬市貿入中原。大如盤，色白，繖頭有柄，味極肥鮮。和雞、魚諸肉烹煮，無不相宜。雖微帶膻氣，而他種終不能及。　䩞蕈，味甘，平，無毒。主益脾胃，潤五臟，利大小腸。產沃野之地，得牛羊餘氣所生。茹素之人，不宜入口。

### 舵菜

**明・李時珍《本草綱目》卷二八菜部・芝栭類**　舵菜《綱目》

【集解】時珍曰：此即海舶舵上所生菌也。亦不多得。

【氣味】鹹、甘，寒，無毒。【主治】癭結氣，痰飲時珍。

**明・姚可成《食物本草》卷七菜部・芝栭類**　舵菜此即海舶舵上所生菌也。

亦不多得。　舵菜，味鹹、甘，寒，無毒。治癭瘤結氣，痰飲。

**清·尤乘《食鑒本草·菜類》**　舵菜　治癭結氣，痰飲。

**清·王道純《本草品彙精要續集》卷八**　舵菜無毒

舵菜：主癭結氣，痰飲《本草綱目》。【苗】李時珍曰：此即海舶舵上所生菌也，亦不多得。【味】鹹，甘。【性】寒。

**清·趙學敏《本草綱目拾遺》卷九器用部**　洋船璞　此乃海船底中間有櫬木，舟人名曰龍骨，藥生其間，形如菌蕈，乾之入藥。治胃脘疼痛。　按：潘子恒《廣菌譜》：舵菜即海船舵上所生菌也，不可多得。果爾，則宜入蔬部，留以俟考。

鬼蓋

**宋·唐慎微《證類本草》卷三〇有名未用·草木**（《別錄》）　鬼蓋　味甘，平，無毒。主小兒寒熱癇。一名地蓋。生垣牆下，叢生，赤，旦生暮死。

〔梁·陶弘景《本草經集注》〕云：一名朝生，疑是今鬼繖也。

〔宋·掌禹錫《嘉祐本草》〕按：陳藏器云：鬼蓋，名為鬼屋。如菌，生陰濕處，蓋黑，莖赤。和醋傅腫毒，馬脊腫，人惡瘡。杜正倫云：鬼繖，夏日得雨，聚生糞堆，見日消黑，此物有小毒。

**明·李時珍《本草綱目》卷二八菜部·芝栭類**　鬼蓋杜正倫曰：鬼繖有小毒。夏日得雨，聚生糞堆，見日即消黑。時珍曰：此亦土菌之類，朝生夕死者。燒灰治疔腫，以針刺破四邊，納灰入內，經宿出根。

青頭菌

**明·蘭茂原撰，范洪等抄補《滇南本草圖說》卷一一**　青頭菌　氣味甘、淡，微酸，無毒。主治：眼目不明，能瀉肝經之火，散熱舒氣，婦人氣鬱，服之最良。第不可多食，食之宜以薑為使。

竹蓐

**宋·唐慎微《證類本草》卷一四木部下品（唐·陳藏器《本草拾遺》）**　竹肉　味鹹，溫，有大毒。主殺三蟲，毒邪氣，破老血。灰汁煮三度煉訖，然後依常菜茹食之，煉不熟者，戟人喉出血，手爪盡脫，生苦竹枝上如雞子，似肉臠，應別有功，人未盡識之。一名竹實也。

**明·蘭茂原撰，范洪等抄補《滇南本草圖說》卷一一**　竹菌家園生者。氣味鹹，性寒，無毒。和薑、醋食最良。主治：能解五藏六腑熱結，亦治赤白痢疾。同猪肉食，益脾補中。外有一種苦竹菌，有大毒，不可用，味苦麻。

**明·王文潔《太乙仙製本草藥性大全》卷三《仙製藥性》**　竹肉　味鹹，氣溫，有大毒。主治：殺三蟲諸毒秘方，破老血邪氣妙劑。

**明·李時珍《本草綱目》卷二八菜部·芝栭類**　竹蓐《食療》。校正：併入《拾遺》竹肉。

【釋名】竹肉《拾遺》　竹菰《綱目》　竹蕈時珍曰：草更生曰蓐，得溽濕之氣而成也。陳藏器《本草》作竹肉，因其味也。　【集解】詵曰：慈竹林夏月逢雨，滴汁着地生蓐。似鹿角，白色，可食。藏器曰：竹肉生苦竹枝上。如鷄子，似肉臠，有大毒。以灰汁煮三度煉訖，然後依常菜茹食之。煉不熟者，戟人喉出血，手爪盡脫。應別有功，人未盡識之。時珍曰：此即竹菰也。生朽竹根節上。狀如木耳，紅色。段成式《酉陽雜俎》云：江淮有竹肉，大如彈丸，味如白樹鷄。即此物也。惟苦竹生者有毒耳。

【氣味】甘、鹹，寒，無毒。藏器曰：苦竹肉有大毒。　【主治】一切赤白痢，和薑、醬食之孟詵。苦竹肉：灰汁鍊過食，殺三蟲毒邪氣，破老血藏器。

**明·穆世錫《食物輯要》卷三**　竹蕈　味醎，性寒，無毒。和薑醋食，良。去肺〔臟〕熱，治赤白痢。同猪雞肉食，益脾。一種苦竹，肉有大毒，勿食。

**明·應廛《食治廣要》卷三**　竹蓐即竹蕈。釋名竹肉、竹菰、竹蕈。　氣味：甘、鹹，寒，無毒。主治：一切赤白痢，和薑、醬食之。《酉陽雜俎》云：江淮有竹肉，大如彈丸，味如白樹雞。惟苦竹生者有毒耳。宜以灰汁煮三度，然後依常菜茹食。按：白樹雞出《酉陽雜俎》，云代北有樹雞如杯棬。

**明·姚可成《食物本草》卷七菜部·芝栭類**　竹蓐一名竹肉，一名竹菰，一名竹蕈。慈竹林夏月逢雨，滴汁着地生蓐。似鹿角，白色，可食。〇陳藏器曰：竹肉生苦竹枝上。如雞子，似肉臠，有大毒。以灰汁煮三度煉訖，然後依常菜茹食之。煉不熟者，戟人喉出血，手爪盡脫。應別有功，人未盡識之。〇李時珍曰：此即竹菰也。生朽竹根節上，狀如木耳，紅色。《酉陽雜俎》云：江淮有竹肉，大如彈丸，味如白樹雞。惟苦竹生者有毒耳。

竹蓐，味甘、鹹，寒，無毒。主一切赤白痢，和薑、醬食之。

苦竹肉　灰汁練過食，殺三蟲毒邪氣，破老血。

**明·施永圖《本草醫旨·食物類》卷二**　竹蓐慈竹林夏月逢雨滴汁着地，生蓐似鹿角，白色可食。　味：甘、鹹，寒，無毒。苦竹肉有大毒。治：一切赤白痢，和薑、醬食之。苦竹肉，灰汁鍊過食，殺三蟲毒邪氣，破老血。

**清·丁其譽《壽世秘典》卷三**　竹蓐即竹菰也，生朽竹根節上，狀如木耳，紅色。草更生曰蓐，得溽濕之氣而成也。《本草》作竹肉，因其味也。苦竹生者，有大毒。　氣味：甘、鹹，寒，無毒。治一切赤白痢，和薑、醬食之。

**清・何其言《養生食鑒》卷上**　竹蕈　味鹹，性寒，無毒。和薑、醋食良。去臟肺熱，治赤白痢，同猪、雞肉食，益脾。一種苦竹蕈，有大毒，勿食。

**清・王道純《本草品彙精要續集》卷八**　竹蓐無毒。陳藏器曰：苦竹肉有大毒。

竹蓐《本草綱目》：主一切赤白痢，和薑醬食之孟詵。苦竹肉，灰汁煉過食，殺三蟲毒，邪氣，破老血陳藏器。［名］竹蓐、竹菰、竹蕈。李時珍曰：草更生曰蓐，得溽濕之氣而成也。陳藏器《本草》作竹肉，因其味也。［地］孟詵曰：慈竹林，夏月逢雨滴汁著地，生蓐似鹿角，白色可食。李時珍曰：此即竹菰也，生朽竹根節上，狀如木耳，紅色。段成式《酉陽雜俎》云：江淮有竹肉，大如彈丸，味如白樹雞，即此物也。惟苦竹，生者有毒耳。［禁］陳藏器曰：竹蓐，生苦竹枝上，如雞子，似肉臠，有大毒，以灰汁煮三度訖，然後依常菜茹食之，煉不熟者，戟人喉出血，手爪盡脫，應別有功。人未盡識之耳。［味］甘，鹹。［性］寒。

**清・章穆《調疾飲食辯》卷三**　竹蓐　《拾遺》作竹肉，云生苦竹枝上，如雞子，似肉臠，有大毒，須灰汁煮二三度，然後可食。否則戟人喉出血，手爪盡脫，是其害過於砒、鴆。《本草》猶云能治痢，好奇無理。

**清・文晟《新編六書》卷六《藥性摘錄》**　竹蕈　鹹，寒。和薑、醋食良。去臟腑熱，治赤白痢。

**清・文晟《新編六書》卷六《藥性摘錄》**　苦竹蕈　有大毒。勿食。

**清・劉善述、劉士季《草木便方》卷二木部**　竹上菌　竹上菌甘鹹微寒，赤白瀉痢薑醬啖。破血止血消瘀血，腸胃熱毒解不難。

**清・田綿淮《本草省常・菜性類》**　竹耳　一名竹蕈，一名竹菰，一名竹蓐。性寒。殺邪毒，破老血。

雚菌

**宋・唐慎微《證類本草》卷一〇草部下品〔《本經》・《別錄》・藥對》〕**　**雚**音桓**菌**音郡　**味鹹**，甘，**平**，微溫，有小毒。**主心痛，溫中，去長蟲白瘲**音蘚**蟯**音饒**蟲，蛇螫毒，癥瘕諸蟲**，疽蝸，去蛕蟲，寸白，惡瘡。一名雚蘆。生東海池澤及渤海章武。八月採，陰乾。得酒良，畏雞子。

〔梁・陶弘景《本草經集注》〕云：出北來，此亦無有。形狀似菌，云鸛屎所化生，一名鸛菌。單末之，猪肉臛和食，可以遣蛕蟲。

〔唐・蘇敬《唐本草》〕注云：雚菌，今出渤海蘆葦澤中鹹鹵地，自然有此菌爾，亦非是鸛屎所化生也。其菌色白輕虛，表裏相似，與衆菌不同。療蛕蟲有效。

〔宋・掌禹錫《嘉祐本草》〕按：《蜀本圖經》云：今出滄州。秋雨以時即有，天旱及霖即稀。日乾者良。《藥性論》云：雚菌，味苦。能除腹內冷痛，治白禿。

〔宋・唐慎微《證類本草》〕《食療》云：菌子，發五藏風，壅經絡，動痔病，昏多睡，背膊、四肢無力。又，菌子有數般，槐樹上生者良，野田中者，恐有毒，殺人。又，多發冷氣。《外臺秘要》：治蛕蟲攻心如刺，吐清汁。雚蘆一兩杵末，以羊肉臛和之，旦頓服佳。《金匱玉函》云：菌，仰卷及赤色不可食。木耳，青色及仰生者，不可食之。

**宋・鄭樵《通志》卷七五《昆蟲草木略》**　雚菌　曰雚蘆，生於蘆葦中，云鸛矢所化，故曰鸛菌。

**明・劉文泰《本草品彙精要》卷一三**　雚菌有小毒　植生。

**雚**音完**菌**音郡，出《神農本經》：**主心痛，溫中，去長蟲，白瘲**音蘚**蟯**音饒**蟲，蛇螫毒，癥瘕，諸蟲**。以上朱字《神農本經》。疽蝸，去蛔蟲，寸白，惡瘡。以上黑字名醫所錄。［名］雚蘆、鸛菌。［苗］《唐本》注云：渤海蘆葦澤中鹹鹵地，自然有此菌爾，亦非鸛屎所化生也。其色白輕虛，表裏相似，與衆菌不同。然秋雨以時即有，天旱及霖即稀也。《食療》云：又菌子有數種，槐樹上生者良，野田中生者恐有毒，生食之殺人。［地］《圖經》曰：生東海池澤及渤海章武，滄州皆有之。［時］生：無時。採：八月取。［收］陰乾。［用］頭、莖。［質］類蕈而大小不一。［色］白。［味］鹹，甘。［性］平，微溫。［氣］氣厚味薄，陽中之陰。［臭］朽。［助］得酒良。［反］畏雞子。［製］杵末用。［治］療：《藥性論》云：除腹內冷痛及治白禿瘡。［合治］以清汁雚蘆一兩，合羊肉臛，日食一次，療蛔蟲攻心如刺。〇爲末，合豬肉作臛，食之療蛔蟲。［禁］仰卷紫色及大耳青色仰生者，皆不可食，發五臟風，壅經絡。多食動痔病，昏多睡，背膊四肢無力。

**明・王文潔《太乙仙製本草藥性大全》卷二《本草精義》**　雚菌　一名雚蘆，一名鸛菌。今出勃海蘆葦澤中鹹鹵地，自然有此菌爾，非鸛屎所化生也。其菌色白輕虛，表裏相似，與衆菌不同。《金匱玉函》云：菌仰卷及赤色，不可食，木耳青色及仰生者，不可食之。

**明・王文潔《太乙仙製本草藥性大全》卷二《仙製藥性》**　雚菌　味鹹、

甘，氣平、微寒，有小毒。得酒良。　主治：　主腹冷痛，心痛，溫中。去蛇螫毒，長蟲，白瘲，殺蟯蟲，蛇蟲，諸蟲，寸白大效。治癥瘕，疽蝸，惡瘡，白禿如神。補註：治蚘蟲攻心如刺，吐清汁，雚蘆一兩，杵末，以羊肉臛和之，日一頓服佳。〇又方：用鸛菌草末和猪肉臛和食效。〇雚菌子，發五臟風，壅經絡，動痔病，昏多睡，背膊四肢無力。又菌子有數般，槐樹上生者良。野田恐有毒，殺人，又多發冷氣。

**明·李時珍《本草綱目》卷二八菜部·芝栭類**　雚菌音桓郡。〇《本經》下品。校正：自草部移入此。

〔釋名〕雚蘆《本經》。時珍曰：雚當作萑，乃蘆葦之屬，此菌生於其下，故名也。若雚音觀，乃鳥名，與萑蘆無關。〔集解〕《別錄》曰：雚菌生東海池澤及渤海章武。八月采，陰乾。弘景曰：出北來，此亦無有。形狀似菌，云鸛屎所化生，一名鸛菌。單末之，猪肉臛和食，可以遣蚘蟲。恭曰：雚菌今出渤海蘆葦澤中鹹鹵地，自然有此菌爾，非鸛屎所化生也。其菌色白輕虛，表裏相似，與衆菌不同。療蚘有效。保昇曰：今出滄州。秋雨以時即有，天旱久霖即稀。日乾者良。

〔氣味〕鹹，平，有小毒。《別錄》曰：甘，微溫。權曰：苦。得酒良，畏鷄子。

〔主治〕心痛，溫中，去長蟲白瘲蟯蟲，蛇螫毒，癥瘕諸蟲《本經》。疽蝸，去蚘蟲寸白，惡瘡《別録》。除腹内冷痛，治白禿甄權。

〔附方〕舊一。　蚘蟲攻心：　如刺，吐清汁者。雚菌一兩杵末，羊肉臛和食之，日一頓，大效。《外臺秘要》。

**明·姚可成《食物本草》卷七菜部·芝栭類**　雚菌雚，音桓。當作萑，乃蘆葦之屬，此菌生於其下，故名也。出渤海蘆葦澤中鹹鹵地，自然有此菌爾。其菌色白輕虛，表裏相似，與衆菌不同。療蚘有效。今出滄州。秋雨以時即有，天旱久霖即稀。日乾者良。

雚菌，味鹹，平，有小毒。治心痛，溫中，去長蟲，白瘲，蟯蟲，蛇螫毒，癥瘕諸蟲。疽蝸，去蚘蟲寸白，惡瘡。除腹内冷痛，治白禿。

附方：

治蚘蟲攻心如刺，吐清汁者。雚菌一兩杵末，羊肉臛和食之，日一頓，大效。

**明·施永圖《本草醫旨·食物類》卷二**　雚菌生東海池澤及渤海章武。味鹹，平，有小毒。若得酒良，畏雞子。治：心痛，溫中，去長蟲，白癬，蟯蟲，蛇螫毒，癥瘕諸蟲，疽蝸。去疣蟲，寸白，惡瘡，除腹内冷痛，治白禿。

附方　蚘蟲攻心吐清汁者，雚菌一兩，杵末，羊肉臛和食之，日一頓，大效。

**清·章穆《調疾飲食辯》卷三**　雚菌　此物《本經》所收，不著形狀。陶隱居曰：生鸛屎中。附會之談，何處有許多鸛屎。為末和猪肉食，可殺蚘蟲。《唐本草》曰：渤海蘆葦中鹹鹵所化，非鸛屎也。觀其所主之病，知性之劣矣。

**清·葉志詵《神農本草經贊》卷三**　雚菌　味鹹，平。主心痛，溫中，去長蟲，白瘲，蟯蟲，蛇螫毒，癥瘕諸蟲。一名雚蘆。生池澤。

深秋叢葦，過雨繁釘。輕虛酥脆，表裏光熒。攻蚘羹臛，禦虺塵腥。桑菰竹蓐，和美同馨。

李時珍曰：雚，當作萑，蘆葦之屬。此菌生於其下，故名。韓保昇曰：秋雨以時即有。汪藻詩：纍纍萬釘繁。蘇恭曰：其菌色白輕虛，表裏相似。楊萬里詩：酥莖嬌脆手輕拾。《外臺秘要》：蚘蟲攻心，羊肉臛和食之效。李質賦：極驚蛇而走虺。元好問詩：鬧嫌人迹帶塵腥。潘之恒譜：埋桑木於土中，澆以米汁生菰。竹蓐，生朽竹根節，得溽濕之氣而成。《呂氏春秋》：和之美者，越駱之菌。

### 蜀格

**宋·唐慎微《證類本草》卷三〇有名未用·草木〔《別錄》〕**　蜀格　味苦，平，無毒。主寒熱，痿痹，女子帶下，癰腫。生山陽，如雚菌，有刺。

### 鬼筆

**宋·唐慎微《證類本草》卷一〇草部下品〔唐·陳藏器《本草拾遺》〕**　朝生暮落花　主惡瘡疽䘌，疥癰蟻瘻等。並日乾，末，和生油塗之。生糞穢處，頭如筆，紫色，朝生暮死，小兒呼爲狗溺臺，又名鬼筆菌。從地出者，皆主瘡疥。牛糞上黑菌尤佳。更有燒作灰地，經秋雨生菌重臺，名仙人帽，大主血。

**宋·王介《履巉巖本草》卷下**　狗溺臺　又名朝生暮落花。主惡瘡疽䘌，疥癰蟻瘻等，并日乾，末，和生油塗之。生糞穢處，頭如筆，紫色，朝生暮死。小兒呼爲狗溺臺，又名鬼筆。菌從地出者，皆主瘡疥。牛糞上黑菌尤佳。更有燒作灰地，經秋雨生菌重臺，名仙人帽，大主血。

**明·李時珍《本草綱目》卷二八菜部·芝栭類**　鬼筆時珍曰：此亦鬼蓋之類而無繖者。紅紫鬆虛，如花之狀，故得花名。研末，傅下疳瘡。

### 馬勃

**宋·唐慎微《證類本草》卷一一草部下品〔《別錄》〕**　馬勃　味辛，平，無毒。主惡瘡，馬疥。一名馬庀。生園中久腐處。

〔梁・陶弘景《本草經集注》〕云：俗人呼爲馬⿱穴氣勃。紫色虚軟，狀如狗肺，彈之粉出。傅諸瘡，用之甚良也。

〔宋・掌禹錫《嘉祐本草》〕按：《蜀本圖經》云：此馬庀菌也。虚軟如紫絮，彈之紫塵出。生濕地及腐木上，夏秋採之。

**宋・寇宗奭《本草衍義》卷一二**　馬勃　此唐韓退之所謂牛溲、馬勃，俱收并蓄者也。有大如斗者，小亦如升杓。去膜，以蜜揉拌，少以水調，呷，治喉閉咽痛。

**宋・劉明之《圖經本草藥性總論》卷上**　馬勃　味辛，平，無毒。主惡瘡馬疥。

**宋・陳衍《寶慶本草折衷》卷一一**　馬勃或作葧。一名馬庀，一名馬⿱穴氣勃，一名馬屁菌。○張松云：一名馬屁勃。○《集驗方》用者名馬鼻勃。生園中久腐處，及濕地腐木上。○夏秋採。味辛，平，無毒。○主惡瘡，馬疥。○《蜀本》云：虚軟如紫絮，彈之紫塵出。○寇氏曰：有大如斗者，小亦如升杓。去膜，以蜜揉拌，少以水調呷，治喉閉咽痛。

續説云：張松謂馬屁勃又治纏喉風，急重舌、木舌及雙肉娥亦作蛾、單肉娥，皆由熱壅所致，夫一邊腫為單娥，兩邊腫為雙娥。痰涎盛而不能語，並宜以馬勃入蜜調噙少塊，亦不必嚥。凡諸涼咽之藥，亦可通用也。以至骨骾疼刺，以生布蓋於盞面，將馬勃就布上揩之。即取盞中之末，和沙糖，元如龍眼大，臨睡含化而臥。若凍瘡血出疼甚，則乾攤貼軟帛，繫定，悉有驗矣。

**元・尚從善《本草元命苞》卷五**　馬勃　味辛，平。俗呼馬⿱穴氣勃。專醫惡瘡馬疥。狀若狗肺，虚軟如紫絮，彈之粉出。生濕地久腐木上。

**明・劉文泰《本草品彙精要》卷一五**　馬勃無毒。

馬勃　主惡瘡，馬疥。名醫所録。【名】馬庀、馬⿱穴氣勃、馬屁菌。【苗】《蜀本圖經》曰：此馬屁菌也，其狀如狗肺，生濕地及腐木上，虚軟如紫絮，彈之有紫塵出。《衍義》曰：此唐韓退之所謂牛溲、馬勃俱收並蓄者也。其大者如斗，小者如杓，彈之則粉出也。【地】《圖經》曰：生園中久腐濕處。【時】生：無時。採：夏秋取。【收】陰乾。【用】大而虚軟者佳。【色】紫。【味】辛。【性】平，散。【氣】氣之薄者，陽中之陰。【臭】朽。【主】瘡疥，喉閉。【製】去膜用。【治】療：陶隱居云：傅諸瘡。【合治】合蜜揉拌，少以水調，呷，治喉閉咽痛。

**明・鄭寧《藥性要略大全》卷六**　馬屁勃　味辛，平，無毒。生園中久腐處，虚軟，狀如狗肺，彈之紫塵噴出。用敷諸瘡甚良。即馬屁菌也。

**明・王文潔《太乙仙製本草藥性大全》卷二《本草精義》**　馬勃　一名馬尤蘭，俗人呼爲馬疕勃，又名香末菇。生濕地及腐木上，紫色，虚軟狀如狗肺，軟如紫絮，彈之紫塵出。夏秋採。

**明・王文潔《太乙仙製本草藥性大全》卷二《仙製藥性》**　馬勃　味辛，氣平，無毒。主治：主惡瘡、馬疥神功，治喉閉、咽痛奇效。補註：喉閉咽痛，取之去膜，以蜜揉拌，少以水調服。諸瘡取爲末，以傅之良。《衍義》曰：馬勃即退之所謂牛溲、馬勃，俱收並蓄者也。大者如斗，小者如升杓，去膜，取粉以蜜揉拌用。

**明・皇甫嵩《本草發明》卷三**　馬勃下品，佐使。味辛，平，無毒。發明曰：此惟辛能散毒，主惡瘡馬疥。今呼為馬⿱穴氣勃，紫色，收如狗肺，彈之粉出。傅諸瘡用之良。

**明・李時珍《本草綱目》卷二一草部・苔類**　馬勃《別録》下品

【釋名】馬疕音屁　馬⿱穴氣勃音庀　灰菰《綱目》　牛屎菰　【集解】《別録》曰：馬勃生園中久腐處。弘景曰：俗呼馬⿱穴氣勃是也。紫色虚軟，狀如狗(肝)〔肺〕，彈之粉出。宗奭曰：生濕地及腐木上，夏秋採之。有大如斗者，小亦如升杓。韓退之所謂牛溲、馬勃，俱收並畜者，是也。

【修治】時珍曰：凡用以生布張開，將馬勃於上摩擦，下以盤承，取末用。

【氣味】辛，平，無毒。【主治】惡瘡馬疥《別録》。傅諸瘡甚良弘景。去膜，以蜜拌揉，少以水調呷，治喉痹咽疼宗奭。清肺散血，解熱毒時珍。

【發明】時珍曰：馬勃輕虚，上焦肺經藥也。故能清肺熱，咳嗽，喉痹，衄血，失音諸病。李東垣治大頭病，咽喉不利，普濟消毒飲亦用之。

【附方】新九。咽喉腫痛：咽物不得。馬勃一分，蛇蜕皮一條燒末。綿裹一錢，含咽立瘥。《聖惠方》。走馬喉痹：馬屁勃即灰菰、焰硝一兩，爲末。每吹一字，吐涎血即愈。《經驗良方》。聲失不出：馬⿱穴氣勃、馬牙硝等分，研末，沙糖和丸芡子大。噙之。《摘玄方》。久嗽不止：馬勃爲末，蜜丸梧子大。每服二十丸，白湯下，即愈。《普濟方》。魚骨哽咽：馬勃末，蜜丸彈子大。噙咽。《聖濟録》。積熱吐血：馬屁勃爲末，沙糖丸如彈子大。每服半丸，冷水化下。《袖珍方》。　妊娠吐衄：不止。馬勃爲末，濃米飲服半錢。《聖惠方》。　斑瘡入眼：馬屁勃、蛇皮各五錢，皂角子十四個，爲末，入罐內，鹽泥固濟，燒存性，研。每溫酒服一錢。閻孝忠《集效方》。　臁瘡不斂：葱鹽湯洗淨拭乾，以馬屁勃末傅之，即愈。仇遠《稗史》。

**明·梅得春《藥性會元》卷上**　馬勃　味辛，平，無毒。紫色如狗肺，彈之粉出。　主治惡瘡，馬疥，凍瘡。生園中久腐處。今人呼為馬窠勃。

**明·繆希雍《本草經疏》卷一一**　馬勃　味辛，平，無毒。主惡瘡，馬疥。一名馬疕。

［疏］馬勃感土金之氣而生，故味辛氣平而無毒。宜其主惡瘡馬疥及止凍瘡也。《衍義》曰：去膜，以蜜揉拌，少以水調呷，治喉痹痛，則辛散之功也。［主治參互］《經驗良方》治走馬喉痹，馬屁勃即灰菰、焰硝各一兩，為末。每吹一字，吐涎血，即愈。《普濟方》治久嗽不止，馬勃為末，蜜丸梧子大。每服二十丸，白湯下即愈。斑瘡入眼，馬屁勃、蛇皮各五錢，皂角子十四箇，為末，入礶內鹽泥固濟，煅存性，研。每溫酒服一錢。此閻孝忠《集效方》也。因無別用，故不著簡誤。

**明·倪朱謨《本草彙言》卷七**　馬勃　味辛，氣平，無毒。　寇氏曰：馬勃，生濕地及腐木上。　陶氏曰：俗稱馬屁勃是也。五六月卒然而發，紫褐虛浮，狀如狗(肝)〔肺〕。大者如斗，小者如拳如杓。以指彈之，即有塵出。韓退之所謂牛溲、馬勃俱收者是也。　修治：密室中置筐幃紙，以生布張開，緩緩摩擦，下以盤承取末用。

馬勃：陶弘景敷諸種惡瘡之藥也。江春野稿《別錄》方除浸淫馬疥，瘰癧疽瘡毒，散頭面卒腫。盧氏《乘雅》凡闇亂晦蒙之眚，結聚壅閉成病者，假此輕浮、勃然卒長之物，旋放旋卷，即旋開而卒旋闔矣。他如寇氏方治喉痹重舌，久嗽失音，凍瘡破爛諸證，亦取此勃然旋放，冥然旋消之意。　李瀕湖先生曰：馬勃輕虛，上焦肺經藥也。故能清肺熱咳嗽，喉痹失音，瘡疥諸疾。所以東垣公治大頭瘟，咽喉不利，有普濟消毒飲，亦嘗用之。

集方：見《醫獸方》中治馬疥。用馬勃擦粉，菜油調敷。○《外科良方》治瘰癧。用馬勃擦粉，米醋調敷，即消。并入連翹各少許，煎服亦可。○東垣方治頭面卒腫，并大頭瘟毒。用馬勃五錢剪碎，連翹、荆芥、牛蒡子、薄荷、白芷、玄參、羌活、防風各三錢，杏仁、川芎各一錢，水煎服。○《經驗良方》治急喉痹。用馬勃擦粉五錢，火硝一錢，共爲極細末，每吹一字，吐涎血即愈。○《普濟方》治久嗽不止。用馬勃擦粉，再研細，煉蜜丸梧子大，每服三十丸，白湯下。○《袖珍方》治積熱吐血。用馬勃擦粉，蜜湯調服一二錢。○仇遠方治臁瘡久不斂。用馬勃粉敷之，間日用葱湯洗一次。

**明·顧逢柏《分部本草妙用》卷四肺部·性平**　馬勃　辛，平，無毒。濾汁用。　主治：惡瘡，喉痺咽疼，清肺散血，解熱毒。　按：馬勃輕虛，上焦肺經藥也。故能清肺熱欬嗽，喉痺，衄血，失音諸病。東垣治大頭病，咽喉症，普濟消毒散用之。

**明·盧之頤《本草乘雅半偈》帙九**　馬勃《別錄》下品　氣味：辛，平，無毒。　主治：主喉痹重舌，失聲久嗽，頭面卒腫，崩淋吐衄，除浸淫馬疥，瘰癧疽。久敗瘡瘍。

覈曰：生濕地及腐木上。五六月卒然而發，紫褐虛浮，宛如丸鞠，大者如斗，重不過錢許，彈之即有塵出。一名灰菰。修事：密室中，置筐幃紙，如洒金箱式，張布襯盤，緩緩摩擦，俟定收取。否則揚塵飛去矣。

条曰：馬勃之生也奇甚，宛若野馬塵埃，生物之以息相吹也。如闇亂晦蒙之眚，孛孛有所妨蔽者。如泡亦如幻，如影亦如電。卒然怒作而旋放之，旋放卒旋卷，故旋開卒闔矣。

**清·穆石匏《本草洞詮》卷一〇**　馬勃　生濕地及腐木上，夏秋采之。韓退之所謂牛溲、馬勃俱收並蓄者是也。氣味辛平，無毒。主清肺散血，解熱毒，傅諸瘡甚良。蓋馬勃輕虛，上焦肺經藥也。故能治咳嗽，喉痺鼻衄，失音諸病。東垣治大頭病，咽喉不利，普濟消毒飲亦用之。

**清·劉雲密《本草述》卷一三**　馬勃一名馬勃窠，音譬。　覈曰：生溼地及腐木上，五六月卒然而發，紫褐虛浮，宛如丸鞠，有大如斗者，重不過錢許，小亦如升杓，弹之即有塵出。夏秋采之。

氣味：辛，平，無毒。　主治：清肺，散血熱，解毒治疫，大頭痛。去膜以蜜拌揉，少以水調呷，治喉痹咽疼。　時珍曰：馬勃輕虛，上焦肺經藥也。故能清肺熱咳嗽，喉痹，衄血，失音諸病。如潔古解毒丸，散一切毒。東垣普濟消毒飲治大頭痛，及桔梗湯治咽腫微痛，皆可条也。

附方　咽喉腫痛，咽物不得，馬勃一分，蛇蜕皮一條，燒末，綿裹一錢，含咽立瘥。　走馬喉痹，馬屁勃為末，每吹一字，吐涎血即愈。　聲失不出，馬窠勃、馬牙硝等分，研末，沙糖和丸芡子大，噙之。　積熱吐血，馬屁勃為末，沙糖丸如彈子大，每服半丸，冷水化下。

愚按：　凡物順氣化而成形，如馬勃之成，乃本於腐化之氣也。　且如五六月卒然而發，是當火土極盛之候，百物化生之氣已極，即腐化之氣亦乘於斯時之氣而成形。　有如斯者，即其彈之塵出，又名之為灰菰、𤸇硝，則其氣之腐，亦偶然假聚而即歸於消化矣。　故以對待浮而在上，并偶寄而不即化之證，借此腐化假聚者，俾歸之於無何有也，斯為妙於取裁者乎。

修治　時珍曰：　凡用以生布張開，將馬勃於上摩擦，下以盤承取末用。

**清・汪昂《本草備要》卷二**　馬勃輕，瀉熱，外用傅瘡。　辛，平，輕虛。　清肺解熱，東垣普濟消毒飲中用之。　散血止嗽。　治喉痹咽痛，吹喉中良，或加白礬，或硝，掃喉，取吐痰愈。　鼻衄失音。　外用傅諸瘡良。　生濕地朽木上。　狀如肺肝，紫色虛軟，彈之粉出，取粉用。

**清・李熙和《醫經允中》卷一八**　馬勃　濾汁用。　辛，平，無毒。　主治惡瘡，喉痺咽疼，清肺散血，解熱毒。

**清・馮兆張《馮氏錦囊秘錄・雜症痘疹藥性主治合參》卷三**　馬勃感土金之氣而生，故味辛，氣平，無毒。　宜其主惡瘡馬疥，凍瘡，喉痹，久嗽，皆辛散之功也。　馬勃，主惡瘡馬疥，走馬喉痹。　止久嗽，愈凍瘡。　云馬屁勃者，即煅存性成灰也。

**清・张璐《本經逢原》卷二**　馬勃　辛，平，無毒。　多生竹園濕地，腐脹而成。　凡用，以生布張開，將馬勃於上摩擦，下以盤承取末用之。　發明：　馬勃輕虛上浮，力能散肺中邪熱。　故治欬嗽，喉痹衄血，失音諸病。　東垣治大頭病，咽喉不利，《普濟》消毒飲用之，然須生蜜拌挼，入水調散，不浮，方可煎服。

**清・浦士貞《夕庵讀本草快編》卷三**　馬勃《別錄》、馬窠、灰菰　生於濕地及腐木上，色紫虛軟，俗呼馬窠勃。　馬勃性輕而浮，辛平無毒，上焦肺部藥也。　故能清肺熱，出音聲，而止咳嗽，消喉痺，治衄血，而解瘡毒。　故東垣治天行大頭，咽喉不利者。　又《普濟》消毒散中並皆用之，不因其賤而棄其功也。　韓退之云牛溲、馬勃、敗鼓之皮，無不收於藥籠者，醫之良者也，信夫！

**清・王子接《得宜本草・下品藥》**　馬勃　味辛，平。　功專散血解毒。　得牛蒡子、連翹、玄參治溫毒發頤。

**清・吴儀洛《本草從新》卷二**　馬勃〔輕，解毒，外用敷瘡。〕　辛，平。　輕虛。　清肺解熱，散血，止嗽。　治喉痺咽痛，吹喉中良。　或加白礬或硝，掃喉取痰愈。　鼻衄失音。　外用敷諸瘡良。　每見用寒涼藥敷瘡者，雖愈而熱毒内攻，變生他病，為害不小。此藥辛平而散，甚為穩妥。　生濕地朽木上，狀如肺肝，紫色虛軟，彈之粉出，取粉。

**清・汪紱《醫林纂要探源》卷二**　馬勃　辛、鹹，平。　生濕地，或糞草堆中及朽木上。　形下小上大，如傘之未開者，色紫，中虛，亦如肺狀，不分葉，彈之則粉出，取粉用。　瀉肺，能止咳。　補心，能散血，治喉痺咽痛，止衄。　清金，能清發音聲。　去瘀。　傅治一切惡瘡。

**清・嚴潔等《得配本草》卷四**　馬勃　辛，平。　入手太陰經。　清肺金，散血熱，解頭毒，治咽喉。　佐鼠粘、玄參，治溫毒發頤。　拌沙糖、井水，治積熱吐血。　生朽木上，狀如肺肝，色紫，彈之粉出。　取粉用。

**題清・徐大椿《藥性切用》卷四**　馬屁勃　性味辛平，輕虛入肺。　消腫解熱，為咽喉腫痛耑藥。

**清・羅國綱《羅氏會約醫鏡》卷一六草部**　馬勃味辛，氣平。　體性輕虛，清肺解熱。　東垣普濟消毒飲用之。　治喉痹久嗽肺熱。　外用敷一切毒瘡。　生濕地朽木上，狀如肺肝，紫色虛軟，彈之粉出，取粉用。

**清・黃凱鈞《藥籠小品》**　馬勃　辛，平，輕虛清肺，解熱散血止嗽，治喉痹咽痛失音，將粉吹入，活鼻衄，外用敷諸瘡良。

**清・楊時泰《本草述鉤元》卷一三**　馬勃　五六月中，濕地及腐木上卒然而發，紫褐虛浮，彈之塵出，大如斗者，重不過錢許，夏秋采之。　味辛氣平。　其質輕虛，上焦肺經藥也。　清肺散血熱解毒，治時疫大頭痛及喉痺咽疼。　去膜，入蜜拌揉，少以水調呷。　能清肺熱欬嗽衄血失音諸病瀕湖。　咽喉腫痛，咽物不得，馬勃一分，蛇蛻皮一條，燒末，綿裹一錢，含咽立瘥。　走馬喉痺，馬勃為末，每吹一字，吐涎血即愈。　聲失不出，馬勃、馬牙硝等分，研末，沙糖和丸芡子大，噙之。　積熱吐血，馬勃為末，沙糖丸如彈大，每服半丸，冷水化下。

論：　馬勃本於腐化之氣，當五六月火土極盛時，百物化生之氣已極，即腐化之氣，亦乘斯而猝發成形。　第其氣之腐，偶然假聚，即歸於消亡，故以對待浮而在上并偶寄而不即化之證。　修治：　以生布張開，將馬勃於上摩擦，下以盤承取末用。

**清·吴其濬《植物名實圖考》卷一六** 馬勃 《別錄》下品。生濕地及腐木上，紫色虚軟，狀如狗(肝)〔肺〕，大如升斗，為清肺、治咽痛要藥。

**清·趙其光《本草求原》卷五水石草部** 馬勃 辛，平，無毒。氣味皆金，輕虚上浮，專清散肺熱。治咳嗽、喉痹咽疼、衄血失音，解毒，散惡瘡馬疥，敷諸瘡。 入東垣普濟消毒飲，治大頭病，咽喉不利。同焰硝等分為末，治走馬喉痹，吹一字，吐涎血即愈。

**清·張仁錫《藥性蒙求·草部》** 馬勃五分、一錢 馬勃辛平，輕虚清肺。解熱開音，咽疼喉痺。又能散血止嗽，外用敷諸瘡良。

**清·劉善述、劉士季《草木便方》卷二木部** 灰包菌 馬屁包辛平肺熱，喉痹咽痛逐痰邪。咳嗽失音止鼻衄，塗搽爛瘡散瘀血。馬屁勃。

**清·戴葆元《本草綱目易知錄》卷二** 馬勃 辛，平。輕虚。清肺熱，散血熱，解熱毒。治肺熱咳嗽，喉痹咽疼，鼻衄失音。傅惡瘡馬疥及諸瘡良。

**清·黄光霽《本草衍句》** 馬勃 輕虚清肺，辛平解熱。解毒。散熱止嗽，内治喉痺有功。衄血失音，外敷諸瘡皆效。得牛蒡子、連翹、元參治溫毒發頤。 治走馬喉痺，馬勃為末，吹一字，吐涎血愈。

**清·陳其瑞《本草撮要》卷一** 馬勃 味辛，平，輕虚，入手太陰經，功專清肺解熱，散血止嗽。得馬牙硝等分為末，砂糖和丸芡子大噙之，治失音。但用馬勃吹喉，治喉痹喉腫。以蛇退一條燒灰，同馬勃綿裹一錢含咽，治咽痛喉腫，立時即瘥。

**封**

**明·李時珍《本草綱目》卷五一獸部·寓類怪類** 封《綱目》

【集解】時珍曰：按《江鄰幾雜志》云：徐積於廬州河次得一小兒，手無指無血，懼而埋之。此《白澤圖》所謂封，食之多力者也。田汝成《西湖志》云：董表儀撤屋掘土，得一肉塊。術士云：太歲也。棄之亦無害。又《山海經》(敦)〔務〕隅之山，及開明南、北，東南海外並有視肉。郭璞注云：聚肉形如牛肝，有兩目。食之無盡，尋復生如舊也。此皆封類可食者，但人不知耳。又海中一種土肉，正黑，長五寸，大如小兒臂，有腹無口目，有三十足，可炙食。此又蟲、魚之屬，類乎封者也。

**木肉**

**明·姚可成《食物本草》卷七《菜部·芝栭類》** 木肉《稽神錄》云：有人於江西建昌府芙蓉山中伐木，木中得肉可五斤。食之，其味肥美，如豚肉。 木肉，味甘，平，無毒。主益筋骨，養血氣。久食，不飢悦顔，耐老輕身。

# 地衣苔蘚部

## 題解

**清·浦士貞《夕庵讀本草快編》卷三** 苔類總論 苔種頗多，或因其所寄，或以其所感而名之也。陸龜蒙賦云：高有瓦松，卑有澤葵。散岩竇曰石髮，補空田曰垣衣，在屋曰昔邪，在藥曰陟釐。雖然，猶未盡也，然其寄跡不同，所用亦異。如海苔積鹽寒之味，能除癭瘤結氣，止嘔而消茶積； 木苔受甘淡之氣，能溫中化穀，強胃止痢，作脯除渭，又可造帋。晉武帝賜張華側理帋是也。側理乃陟釐之誤爾。舡板苔乃水精，漬木累見風日，感陰陽之氣，性冷味甘，止鼻衄吐血以及淋疾。解天行伏熱，頭目不清，神志昏塞，并毒惡諸症。以其能分陰陽而調藏府也。石蕊産於蒙頂，乃烟霧凝結。土人春初刮取以供饋送，號曰雲茶。能益精而明目，潤咽解熱而化痰。《晉書》載唐褒入山咀石蕊而得長年，信可珍矣！瓦松，《庚辛玉冊》謂之向天艸，搗汁伏砂結汞，行女人經絡及止血痢，燒灰療腸紅兼塗瘡口不收。若背有白毛者，大毒，沐髮即落，入眼即瞽，與本草生鬚眉之説相反，不可不知。土馬駿生背陰古牆，雨多始茂，又非垣衣可比。凡骨間煩熱，二便秘塞，用之立効，少年髮白，浸汁洗之，九竅流血，挼塞止之。若井中苹藍，稟陰極之精，太寒無毒，服之可消水腫，散野葛、巴豆諸毒，敷之可治漆瘡而救湯火灼爛。蓋藍性已佳，又生古井，故益妙也，若他草則不如矣。諸苔雖非日用之劑，古人諄諄不遺者，恐遇窮鄉僻壤，藥餌妄及，藉此以拯療疾苦而收奇功，未嘗無補于醫也。況王處士謝絕徵聘十載，棲遲環堵，苔艸沒階，世仰其高。陳思王想憶應、劉二友，憂悄中庭，苔衣生閣，人以為賢。要知苔固微物，亦足標人品格矣，豈可忽哉？

# 綜述

**諸苔**

**附：日・丹波康賴《醫心方》卷三〇**　紫苔　崔禹〔錫〕云：味酸，小冷，無毒。生水底石上，食之止消渴。

**明・蘭茂原撰，范洪等抄補《滇南本草圖說》卷六**　石青苔　生石上或土山上，形似水青苔，其性不同。採取晒乾，為末，能解夷人毒藥。性辛味甘。有中毒者，服此即愈。又能解散蒙汗藥性，敷瘡功勝一筆勾。

**地衣草**

**宋・唐慎微《證類本草》卷四玉石部中品〔唐・陳藏器《本草拾遺》〕**　仰天皮　無毒。主卒心痛，中惡，取人膏和作丸，服之一七丸。人膏者，人垢汗也，揩取。仰天皮者，是中庭內停污水後，乾地皮也，取卷起者。一名掬天皮，亦主人、馬反花瘡，和油塗之佳。

**宋・唐慎微《證類本草》卷六草部上品〔唐・陳藏器《本草拾遺》〕**　地衣草　味苦，平，無毒。主明目。《崔知悌方》云：服之令人目明。地上衣如草，生濕處是。

**明・許希周《藥性粗評》卷四**　仰天皮卒心不痛。仰天皮，一名掬天皮。中庭內停汙水，既乾捲起地皮也。逢捲時收貯聽用。味無考，性溫，無毒。主治卒心痛，并中惡。取人膏人垢汗也，和作丸，溫水下七丸，愈。亦主人馬花瘡，和清油塗之佳。

**明・王文潔《太乙仙製本草藥性大全》卷二《仙製藥性》**　地衣　冷，有微毒。即陰濕地被日晒起苔蘚是也。　主治：治卒心痛，中惡，以人垢膩爲丸，服七粒。用生油調傅馬反花瘡良。

**明・李時珍《本草綱目》卷二一草部・苔類**　地衣草《日華》。校正：並入《拾遺》土部仰天皮。

【釋名】仰天皮《拾遺》　掬天皮《綱目》　【集解】大明曰：此乃陰濕地被日曬起苔蘚也。藏器曰：即濕地上苔衣如草狀者耳。

【氣味】苦，冷，微毒。藏器曰：平，無毒。　【主治】卒心痛中惡，以人垢膩爲丸，服七粒。又主馬反花瘡，生油調傅大明。明目藏器。研末，新汲水服之，治中暑時珍。

【附方】新三。　身面丹腫：如蛇狀者。以雨滴階上苔痕水花，塗蛇頭上，即愈。《危氏得效方》。　雀目夜昏：七月七日、九月九日取地衣草，陰乾爲末。酒服方寸匕，日三服，一月愈。《崔知悌方》。　陰上粟瘡：取停水濕處乾卷皮，爲末。傅之，神效。《外臺秘要》。

**明・倪朱謨《本草彙言》卷七**　地衣草　味苦，氣寒，微有毒。大氏曰：地衣草，係陰濕地，日曬即起苔蘚如草狀者是也。　地衣草：日華解火毒、丹毒之藥也。效軒稿主身面丹腫，中惡心痛。以男人身上汗垢爲丸，服七粒，白湯送，立解。

**清・吳其濬《植物名實圖考》卷一六**　地衣　《本草拾遺》始著錄。即陰濕地苔蘚，經日曬起皮者，故名仰天皮。治中暑、陰瘡、雀盲；又主馬反花瘡，生油調傅。

**清・佚名氏著，錢沛補《治疹全書》卷上**　仰天皮考　一名地衣草，一名掬天皮。乃陰濕地被日晒起苔蘚也。陳藏器《本草拾遺》謂濕地上苔衣如草狀者，即此。

**地捲草**

**明・蘭茂撰，清・管暄校補《滇南本草》卷上**　地捲草　味甘，無毒。生石上，或貼地。綠細葉，自捲成蟲形。一名蟲草，一名抓地松。採取晒乾，為末聽用。夷人呼為石上青苔。治鼻血效。俗呼地捲絲，作菜食。治一切跌打損傷，骨碎筋斷，服之神效。不可生用，生則破血。

**明・蘭茂原撰，范洪等抄補《滇南本草圖說》卷五**　地捲草　形似重綠，葉捲於地，生採用。氣味甘寒，無毒。主治：跌打損傷，筋骨疼痛，手足痿軟，煮酒常服，即愈。亦可以延年。生服破血，炙過最奇。

**清・吳其濬《植物名實圖考》卷一七**　地捲草　即石上青苔。濕氣凝結成片，與仰天皮相似。面青黑，背白，蓋即石耳之類。《滇本草》：味甘，性溫，無毒。生石上或貼地上。綠色細葉自捲成蟲形。一名蟲草，一名抓地松。採取治一切跌打損傷筋骨如神。不可生用，生則破血。夷人呼為石青苔，治鼻血效。

地纓子

**明·蘭茂撰，清·管暄校補《滇南本草》卷上**　地纓子　味苦，性寒。此草形似纓子一撮，貼地。分赤綠二色。赤絲者治脫陽，服之如神。綠絲者治脫陰，服之如神。

地皮巴根

**清·莫樹蕃《草藥圖經》**　地皮巴根　即山土之精涎。性溫，微毒。

石蕊

**宋·唐慎微《證類本草》卷六草部上品〔唐·陳藏器《本草拾遺》〕**　石蘂　主長年不飢。生太山石上，如花蘂，爲丸散服之。今時無復有。王隱《晉書》曰：庾褒入林慮山，食木實，餌石蘂，得長年也。

**宋·唐慎微《證類本草》卷三〇有名未用·草木〔《別錄》〕**　石濡　主明目，益精氣，令人不飢渴，輕身長年。一名石芥。〔宋·掌禹錫《嘉祐本草》〕按：陳藏器云：生石之陰，如屋遊、垣衣之類，得雨即展，故名石濡。早春青翠，端開四葉，山人名石芥，性冷，明目，不飢渴。

**宋·鄭樵《通志》卷七五《昆蟲草木略》**　石蘂　生太山石上，如花蘂。王隱《晉書》云：庾褒入林慮山，餌石蘂得長年。

**明·李時珍《本草綱目》卷二一草部·苔類**　石蕊《拾遺》。校正：並入有名未用《別録》石濡。

【釋名】石濡《別録》　石芥同　雲茶《綱目》　蒙頂茶時珍曰：其狀如花蕊，其味如茶，故名。石芥乃茶字之誤。　【集解】藏器曰：石蕊生太山石上，如花蕊，爲丸散服之。今時無復有此也。王隱《晉書》：庾褒入林慮山，食木實，餌石蕊，遂得長年。即此也。又曰：石濡生石之陰，如屋遊、垣衣之類，得雨即展，故名石濡。早春青翠，端開四葉。山人名石芥。時珍曰：《別録》石濡，具其功用，不言形狀。陳藏器言是屋遊之類，復出石蕊一條，功同石濡。蓋不知其即一物也。此物惟諸高山石上者爲良。今人謂之蒙頂茶，生兗州蒙山石上，乃烟霧熏染，日久結成，蓋苔衣類也。彼人春初刮取曝乾饋人，謂之雲茶。其狀白色輕薄如花蕊，其氣香如蕈，其味甘澀如茗。不可煎飲，止宜咀嚼及浸湯啜，清凉有味。庾褒入山餌此，以代茗而已。長年之道，未必盡緣此物也。

【氣味】甘，温，無毒。時珍曰：甘，澀，凉。　【主治】石濡明目益精氣。令人不飢渴，輕身延年《別録》。石蕊主長年不飢藏器。生津潤咽，解熱化痰時珍。

**明·倪朱謨《本草彙言》卷七**　石蕊　味甘，濇，氣寒，無毒。陳氏曰：石蕊，生太山石上，如花蕊。《別錄》方雖載，只言功用，不言形狀。此生高山石上。今人謂之蒙頂茶，多生兗州蒙山石上，乃山霧日影，熏蒸日久結成。早春青翠鋪開，葉如手掌，蓋苔衣類也。春中刮取，曝乾饋人，謂之石雲茶。其狀白色，清薄如花蕊，其氣香如蕈，其味甘濇如茗。不可煎飲，止宜咀嚼及泡湯啜，清凉有味。

石蕊：解熱化痰，李時珍生津潤喉之藥也。馬少川稿此得山霧陰清之氣以生，輕浮高潔，能去心熱煩悶不安，肝熱眼障失明，脾熱唇口瘡發，肺熱咽燥痰結，腎熱小便淋閉。凡諸虛火火鬱之證，咸宜用之。見《蘊齋本草》。

集方：五方出朱蘊齋醫集治心熱煩悶。用石蕊花五錢，以蓮子十五粒，煎湯泡服。○治肝熱，眼目昏障。用石蕊花三錢，以木賊、薄荷各二錢。煎湯泡服。○治脾熱口瘡。用石蕊花三錢，以川黄連六分。煎湯泡服。○治肺熱，咽燥有痰。用石蕊花三錢，以麥冬去心，黄芩各三錢，煎湯泡服。○治腎熱，小便淋閉及濕熱五疸諸疾。用石蕊花五錢，以車前子、木通各三錢，煎湯泡服。

**明·姚可成《食物本草》卷一九草部·苔草類**　石蕊一名蒙頂茶。生太山石上，如花蕊。《晉書》庾褒入林慮山，食木實，餌石蕊，遂得長年。即此也。○李時珍曰：蒙頂茶，生兗州蒙山石上。乃煙霧熏染，日久結成，蓋苔衣類也。彼人春初刮取曝乾餽人，謂之雲茶。其狀白色，輕薄如花蕊。其氣香美如蕈，其味甘濇如茗。不可煎飲，止宜咀嚼及浸湯啜，清涼有味。庾褒入山餌此，以代茗而已。長年之道，未必盡緣此物也。　石蕊，味甘，溫，無毒。主明目，益精氣，令人不飢渴，輕身延年。生津潤咽，解熱化痰。

**清·張璐《本經逢原》卷二**　石蕊一名蒙頂茶。　甘，溫，無毒。生蒙山頂石面及枯株上，與木耳無異。　發明：石蕊明目，益精氣，潤咽解熱化痰。同生薑能解陽明頭額眉稜骨痛，本乎天者親上也。

**清·趙學敏《本草綱目拾遺》卷六木部**　雲芝茶　《宦遊筆記》：山東蒙山在蒙陰縣城南三十里，高二十里許，周圍約三百餘里，産茶曰雲芝茶。土人售於市，曰蒙山茶，然絶非茶類，乃山石中所生石衣，如苔蘚之屬，土人掬而沃之，冒登茗荈。《五雜俎》：蒙山在蜀雅州，其中峰頂尤極險穢，蛇虺虎狼所居，得採其茶，可蠲百疾。今山東人以蒙陰山下石衣為茶當之，非矣。然蒙陰茶性冷，可治胃熱之病，性寒，能消積滯。《綱目》有石蕊，云性溫，不言消積滯。

**清・吴其濬《植物名實圖考》卷一六**　石蘂　《本草拾遺》始著録。李時珍以為即《别録》石濡。生高山石上，苔衣類也。狀如花蘂，故名。

**石布**

**明・蘭茂原撰，范洪等抄補《滇南本草圖説》卷九**　石布　氣味苦，微寒。主治：吐血，血衄，血痢，血崩，去濕痹，生肌。治冷風歷節疼痛，止尿血。取汁，潤髮，敷湯火傷，止痛。煎湯服之，殺蟲，療蠱痢。生於大石面上，隱隱似布形，扯起一塊，内有筋，又似大葉。人多不覺，此物生於石上也。

**石鮮**

**明・蘭茂原撰，范洪等抄補《滇南本草圖説》卷三**　石癬　白地膏，生石上，似白森。性寒，味苦澁。主治：敷一切諸瘡，無名腫毒最良。服之治五淋白濁，赤白帶下神驗。上有黑點者，必年深日久方能有之，得此最效，但不能多得。

**明・蘭茂撰，清・管暄校補《滇南本草》卷上**　白地骨　生山地上。形似蟲窩，亦同白森，或敷貼於石上，色白，性冷。採取，敷大惡瘡，無名(種)(腫)毒。湯大傷，調醋搽之如神效，或為末調蘇油搽痔瘡。夷人治小兒生火，調蘇油搽火即散，又治廉瘡如神效。

**明・蘭茂撰，清・管暄校補《滇南本草》卷中**　石癬　性寒，味苦，澁。生石頭上，形如白森微薄，治赤白帶下，便濁，五淋疼痛。

**明・蘭茂《滇南本草》(叢本)卷中**　石鮮　味苦，澀，性寒。生石上，形如白森樣，形薄。治赤白便濁，五淋疼痛。

**石耳**

**元・吴瑞《日用本草》卷七**　石耳　煙嵐遠望如煙。出河南、四明、天台、宣州、黄山、巴西，邊陵岩間有之。《靈苑方》中名曰靈芝。　味平，無毒。彼人不知其神，採為菜食，美。久服延年益色，至老不改。令人不飢苦，無大小便。

**明・盧和、汪穎《食物本草》卷一菜類**　石耳　石崖上所生者，出天台山、廬山等名山，《靈苑方》中名曰靈芝。味甘，平，無毒。久食延年，益顏色，至老不改，令人不飢，大小便亦少。一云：性冷。

**明・李時珍《本草綱目》卷二八菜部・芝栭類**　石耳《日用》

【釋名】靈芝《靈苑方》　【集解】瑞曰：石耳生天台、四明、河南、宣州、黄山、巴西邊徼諸山石崖上，遠望如烟。時珍曰：廬山亦多，狀如地耳。山僧采曝餽遠。洗去沙土，作茹勝於木耳，佳品也。

【氣味】甘，平，無毒。穎曰：冷。段成式曰：熱。　【主治】久食益色，至老不改，令人不飢，大小便少吴瑞。明目益精時珍。

【附方】新一。　瀉血脱肛：石耳五兩炒，白枯礬一兩，密陀僧半兩，爲末，蒸餅丸梧子大，每米飲下二十丸。《普濟方》。

**明・穆世錫《食物輯要》卷三**　石耳　味甘，平，無毒。益精明目。久食，令人不飢，大小便少，肌潤童顏。多生天台、廬山。遠望如煙，似地耳。晒乾，洗去沙土作茹，勝木耳，佳品也。

**明・趙南星《上醫本草》卷三**　石耳　一名靈芝。瑞曰：石耳生天台、四明、河南、宣州、黄山、巴西邊徼諸山石崖上，遠望如烟。時珍曰：廬山亦多，狀如地耳，山僧采曝餽遠。洗去沙土，作茹勝于木耳，佳品也。　甘，平，無毒。主治：久食益色，至老不改，令人不飢，大小便少，明目益精。　穎曰：冷。段成式曰：熱。

**明・應廖《食治廣要》卷三**　石耳　氣味：甘，平，無毒。久食益顏色，至老不改，令人不飢，大小便少，明目益精。

**明・姚可成《食物本草》卷七菜部・芝栭類**　石耳生天台、四明、河南、宣州、黄山、巴西、邊徼諸山石崖上，遠望如烟。廬山亦多，狀如地耳。山僧采曝餽遠。洗去沙土，作茹勝於木耳，佳品也。　石耳，味甘，平，無毒。主久食益顏色，至老不改，令人不飢，大小便少，明目益精。

**明・施永圖《本草醫旨・食物類》卷二**　石耳生天台、四明諸山，石崖上遠望如煙。　味：甘，寒，無毒。治：明目，益氣，令人有子。　味：甘，平，無毒。治：久食益色，至老不改，令人不飢，大小便少，明目益精。

附方　瀉血脱肛：石耳五兩，炒，白枯礬一兩，蜜陀僧半兩，為末，蒸餅丸梧子大，每米飲下二十丸。

**清・丁其譽《壽世秘典》卷三**　石耳　生諸山石崖上，遠望如煙，狀如地耳。山僧采曝，饋遠，洗去沙土作茹，勝木耳，以之煮肉，其味尤佳。　氣味：甘，平，無毒。主明目，益精，久食益色，至老不改。

**清・朱本中《飲食須知・菜類》**　石耳　味甘，性平。味勝木耳。

**清・何其言《養生食鑒》卷上**　石耳　味甘，性平，無毒。益精明目，久食令人不飢，大小便少，肌潤童顏。多生天台、廬山，遠望如烟。似地耳，晒乾，洗去沙土，作茹，勝木耳，佳品也。

**清・王道純《本草品彙精要續集》卷八**　石耳無毒

石耳：主久食益色，至老不改，令人不飢，大小便少吳瑞，明目益精《本草綱目》。【名】靈芝。【地】吳瑞曰：石耳，生天台、四明、河南宣州、黃山、巴西邊徼諸山石崖上，遠望如煙。李時珍曰：廬山亦多，狀如地耳，山僧採，曝，餽遠，洗去沙土，作茹勝於木耳，佳品也。【味】甘。【性】平。【合治】瀉血脫肛，石耳五兩，炒白枯礬一兩，密陀僧半兩，爲末，蒸餅丸梧桐子大，每米飲下二十丸。

**清・汪紱《醫林纂要探源》卷二**　石耳　鹹、苦，寒。萃高寒水石之氣凝結而生。補心清肺，治腸風痔瘻。尤良於木耳。行水，解熱毒。

**清・李文培《食物小錄》卷上**　石耳　涼，平，無毒。久食益顏色，至老不改，令人不飢，明目益精。

**清・趙學敏《本草綱目拾遺》卷八諸蔬部**　石衣石耳

台州仙居有之，生峻嶺絕壁海崖高處，乃受陰陽雨露之氣，漸漬石上，年久則生衣，鮮者翠碧可愛，乾者面黝黑，背白如雪，土人以作羹餉客，最為珍品。煮法：用滾水一盌，投鹽少許，泡石衣於中，用手細細擺揉，去其細砂，待軟如緜，其細砂去淨，色即變紫如玫瑰，必得鹽水，則所銜細砂，始能吐盡，再過清水二三次，以雞湯下食，滑脆鮮美，味最香甘，為山蔬第一。台州六屬，惟仙居有之。或云，各處深山皆有，非仙居人不能取，故仙居人有專業此為生者。近則一二百里，遠則數百里外，向深巖危壑人跡莫能躋攀者，壁上始有此物。其取之法：人則藤兜飛架，衣雞毿，躡鞋趫，捷如猿猱，取之則銛鉤鋒鏟輪絙，入山有祭，買路有楮，非仙土人莫能盡其術也。然結侶雖多，其采取止許一人往，不得兩人並采，亦奇也。每年必損人，故其值昂，而貪利者且競趨之。

味甘氣清，性寒無毒，清膈熱，利小水，化痰，消瘻結滯氣，有補血明目之功。婦人食之，能潔子宮，易於受胎。男子食，益精增髓。

石耳《群芳譜》：石耳，一名靈芝，生天台、四明、河南宣州、黃山、巴西邊徼諸山石巖上，遠望如烟，廬山亦有之。狀如地耳，山僧採曝餽遠，洗去沙土，作茹，勝於木耳。《粵志》：韶陽諸洞多石耳，其生必於青石。當大雪後，石滋潤，微見日色，則石生耳。大者成片如苔蘚碧色，望之如烟，亦微有蒂，大小朵朵如花，烹之面青紫如芙蓉，底黑而皺，每當昧爽擷取則肥厚，見日漸薄，亦微化為水。凡香蕈感陰溼之氣而成，善發冷氣，多和生薑食乃良。惟石耳味甘腴，性平無毒，多食飫人，能潤肌童顏，在木耳、地耳之上。《南粵瑣記》：凡青石，以烈日輒出汗，汗凝結則成石耳。青為木氣，故生耳，若白石則否。或曰，此亦蕈之類，厚者蕈，薄者耳。或曰，凡乳牀必因石脈而出，不自頑石出，其在陰洞者為乳牀，在陽巖者為石耳。石耳之美，見稱於伊尹，其言曰漢上石耳，蓋上古已珍之矣。性寒，或曰平，味甘腴，無毒。○《藥性考》：石耳寒平，石崖懸珥，氣並靈芝。久食色美，益精悅神，至老不毀。瀉血脫肛，灰服愈矣。○《名勝志》安吉州梅溪石門中產石耳，食之止熱。

**清・章穆《調疾飲食辯》卷三**　石耳　生天台、四明、黃山及巴西諸山石巖上，廬山亦多。石之精華所發。形似木耳，性則判若天淵。《日用本草》曰：久食益顏色，令人耐飢，大小便少。《綱目》曰：益精明目。又治瀉血、脫肛、熱淋、熱痢。

按：木將枯朽，受天地濕蒸之氣，精華外洩，而為木耳。木在臟爲肝，在體為血，故性專走血分。肆中所售雜耳，既不害人，入藥無不可用。而桑耳、柘耳之補血，槐耳之涼血，非他耳所及。臨病覓之，萬不能得，幸腸風、崩漏均可緩治。三十年前，曾令患腸風者隔冬覓得槐樹一株，去皮，任春雨淋灑，久晴則覆以草，不使過乾。至初夏，天氣倏晴倏雨，隔數日以清糯米粥灑之，遂生多耳，用之神驗。病深者盍倣而行之，所費無多，且次年復生，可以待用，不僅愈一疾也。諸耳有毒：《金匱要略》曰：木耳赤色及仰生者，並不可食。《拾遺》曰：採歸色變者，夜視有光者，欲爛無蟲者，皆有毒。解毒法：《拾遺》曰：中木耳毒，生搗冬瓜蔓汁，飲之。然不能隨時隨地皆有，不如地漿灌之最妙見一卷，糞汁亦可。

**清・趙其光《本草求原》卷一五菜部**　石耳　甘，平。利二便，明目益精。

按：凡木耳，皆得一陰之氣，故涼血止血。木耳為惡蛇毒蟲所過者，能傷人，生搗冬瓜蔓汁可解。凡仰生及夜視有光欲爛不生蟲者，皆不可食。

清・文晟《新編六書》卷六《藥性摘錄》　石耳　甘，平。益精明目。久食令不飢，大小便少，肌潤童顏。生天台、廬山。

清・田綿淮《本草省常・菜性類》　石耳　一名石蕈。性平。益精明目。久食令人不飢，大小便少。

清・吴汝紀《每日食物却病考》卷上　石耳　生石崖上，出天台、廬山等名山靈苑。味甘，平，涼，無毒。久食延年，益顏色，至老不改，令人不飢，大小便少，明目益精。佳品也。

石苔花

清・劉善述、劉士季《草木便方》卷一草部　石苔花　石花甘溫能明目，益精化痰解熱毒。生津止渴潤咽喉，凍瘡水口湯火塗。

曼諸石

宋・唐慎微《證類本草》卷三〇有名未用・草木〔《別錄》〕　曼諸石　味甘。主益五藏氣，輕身長年。一名陰精。六月、七月出石上，青黄色，夜有光。

岩菰

明・佚名氏《醫方藥性・草藥便覽》　岩菰　其性溫、甘。去諸風，補腎。

松蘿

宋・唐慎微《證類本草》卷一三木部中品〔《本經》・《別錄》〕　松蘿　味苦、甘，平，無毒。主瞋怒邪氣，止虚汗，頭風，女子陰寒腫痛，療痰熱溫瘧，可爲吐湯，利水道。一名女蘿。生熊耳山川谷松樹上。五月採，陰乾。

〔梁・陶弘景《本草經集注》〕云：東山甚多，生雜樹上，而以松上者爲真。《毛詩》云：蔦音鳥與女蘿，施于松上。蔦是寄生，以桑上者爲真。不用松上者，此互有異同爾。今詳《經》云：松蘿當用松上者。

〔宋・掌禹錫《嘉祐本草》〕按：《藥性論》云：松蘿，使，味苦、辛，微熱。能治寒熱，能吐胸中客痰涎，去頭瘡，主項上瘤癭。日華子云：令人得眠。

〔宋・唐慎微《證類本草》〕《圖經》：文具桑寄生條下。

宋・陳衍《寶慶本草折衷》卷一三　松蘿使　一名女蘿。生熊耳山川谷松木上及東山。〇五月採，陰乾。

味苦、甘、辛，平，微熱，無毒。〇主瞋怒邪氣，虚汗頭風。女子陰寒腫痛，療痰熱溫瘧，利水道。〇《藥性論》云：治寒熱，能吐胸中客熱痰涎，去頭瘡，主項上瘤癭。〇日華子云：令人得眠。

續說云：按陸璣《草木疏》載松蘿自蔓松上，生枝正青。然蔓依松者非一種，惟於蔓上發出青枝者，是亦罕有也。

明・滕弘《神農本經會通》卷二　松蘿　使也。以松上者為真。生松樹上，五月採，陰乾。

味苦、甘，氣平，無毒。一云：味苦、辛，微熱。《本經》云：主瞋怒邪氣，止虚汗，頭風，女子陰熱腫痛。療痰熱溫瘧，可為吐湯。利水道。一名女蘿。《藥性論》云：使。味苦、辛，微熱。治寒熱，能吐胸中客熱痰涎，去頭瘡，主項上瘤癭。日華子云：令人得睡。《局》云：松蘿無毒苦辛(濕)〔溫〕，止汗消痰吐瘧瘟。好解頭風瞋怒氣，破除瘤癭項邊團。

明・劉文泰《本草品彙精要》卷一九　松蘿無毒　寄生。

松蘿出《神農本經》：主瞋昌真切怒，邪氣，止虚汗，頭風，女子陰寒腫痛。以上朱字《神農本經》。療痰熱，溫瘧，可爲吐湯，利水道。以上黑字名醫所錄。

【名】女蘿。【苗】《圖經》曰：松蘿，即女蘿也。《詩》所謂蔦與女蘿，施于松上是也。《經》云：松蘿，當用松上者，謂之松蘿。生雜樹上者，非真也。《詩》云：蔓連草上，黄赤如金。《釋文》曰：在草曰菟絲，在木曰松蘿。【地】《圖經》曰：生熊耳山川谷。陶隱居云：東山甚多。【時】生：春生。採：五月取。【收】陰乾。【用】莖、葉。【質】類藤而細。【色】青。【味】苦，甘。【性】平，緩。【氣】味厚于氣，陰中之陽。【臭】朽。【主】項上瘤癭。【製】剉碎用。【治】療：《藥性論》云：祛寒熱，能吐胸中客痰涎，去頭瘡。日華子云：令人得眠。

明・許希周《藥性粗評》卷三　松蘿堪止一頭風。

松蘿，松上藤也，一名女蘿。五月採，陰乾。味苦、甘，性平、微熱，無毒。主治溫瘧痰熱，痰涎頭風，止虚汗，利水道。

明・王文潔《太乙仙製本草藥性大全》卷三《本草精義》　松蘿　一名女蘿。《詩》云蔦與女蘿，施于松上。陶〔隱〕居云：東山甚多。生松樹上者爲真。蔦寄生當用桑上者，女蘿當用松上者真。

明・王文潔《太乙仙製本草藥性大全》卷三《仙製藥性》　松蘿　味苦、甘，平，無毒。主治：煎濃可作吐湯，湧客痰，截溫瘧，利水道，驅頭風。

掃頂上瘡痍，去項間瘤瘿。虛汗堪止，嗔怒能消。治陰寒瘇痛，理邪氣寒痰。

**明・李時珍《本草綱目》卷三七木部・寓木類**　松蘿《本經》中品

【釋名】女蘿《別録》　松上寄生時珍曰：名義未詳。　【集解】《別録》曰：松蘿生熊耳山谷松樹上。五月采，陰乾。弘景曰：東山甚多。生雜樹上，而以松上者爲真。《詩》云：蔦與女蘿，施于松上。蔦是寄生，以桑上者爲真，不用松上者，互有異同爾。時珍曰：按毛萇《詩》注云：女蘿，菟絲也。《吳普本草》：菟絲一名松蘿。陶弘景謂蔦是桑上寄生，松蘿是松上寄生。陸佃《埤雅》言：蔦是松、柏上寄生，女蘿是松上浮蔓。又言：在木爲女蘿，在草爲菟絲。鄭樵《通志》言：寄生有二種，大曰蔦，小曰女蘿。陸璣《詩疏》言：菟絲蔓生草上，黃赤如金，非松蘿也。松蘿蔓延松上生枝正青，與菟絲殊異。羅願《爾雅翼》云：女蘿色青而細長，無雜蔓。故《山鬼》云被薜荔兮帶女蘿，謂青長如帶也。菟絲黃赤不相類。然二者附物而生，有時相結。故《古樂府》云：南山羃羃菟絲花，北陵青青女蘿樹。由來花葉同一心，今日枝條分兩處。《唐樂府》云：菟絲故無情，隨風任顛倒。誰使女蘿枝，而來强縈抱。兩草猶一心，人心不如草。據此諸説，則女蘿之爲松上蔓，當以二陸、羅氏之説爲的。其曰菟絲者，誤矣。

【氣味】苦、甘，平，無毒。　【主治】瞋怒邪氣，止虛汗頭風，女子陰寒腫痛《本經》。療痰熱温瘧，可爲吐湯，利水道《別録》。治寒熱，胸中客痰涎，去頭瘡、(頂)〔項〕上瘤瘿，令人得眠甄權。

【發明】時珍曰：松蘿能平肝邪，去寒熱。同瓜蒂諸藥則能吐痰，非松蘿能吐人也。葛洪《肘後方》治胸中有痰，頭痛不欲食，氣壯者，用松蘿、杜蘅〔各〕三兩，瓜蒂三十枚，酒一升二合漬再宿。旦飲一合，取吐。不吐，晚再服一合。孫思邈《千金方》治胸膈痰辟積熱斷膈湯：用松蘿、甘草各一兩，恒山三兩，瓜蒂二十一枚，水、酒各一升半，煮取一升。分三服，取吐。

**明・倪朱謨《本草彙言》卷一一**　松上寄生即女蘿　味苦，微甘，氣平，無毒。《別錄》曰：松上寄生，名松蘿，生熊耳山谷松樹上。山東甚多，雜樹上亦有，惟取松寄者入藥。李氏曰：按毛萇《詩注》云：松蘿即女蘿，又名菟絲也。陸氏言：菟絲蔓生草上，非松蘿也。松蘿蔓延松上，枝葉似木，色正青，與菟絲蔓生草上，色赤黃殊異。然二物附物而生，然有時相結，故《古樂府》云：南山羃羃菟絲花，北陵青青女蘿樹。由來花葉同一心，今日枝條分兩處。《唐樂府》云：菟絲故無情，隨風任顛倒。誰使女蘿枝，而來强縈抱。據此二說，則女蘿之爲松上蔓，菟絲爲草上蔓，陸氏之說爲的矣。

松上寄生：散頭風頭痛，風痰風癬之藥也。《別錄》方治時行溫瘴、痰瘧，寒熱頭眩諸疾。用松上寄生一兩，半夏五錢，瓜蒂六枚，水煎，探吐。又《千金方》治胸膈痰癖積熱。用松上寄生一兩，瓜蒂十二枚，甘草五錢，酒水各三碗，煎一碗，分三服取吐。如中胃虛弱者勿服。

**清・张璐《本經逢原》卷三**　松蘿　苦、甘，平，無毒。《本經》治瞋怒邪氣，止虛汗頭風，女子陰寒腫痛。發明：松蘿是松上女蘿，又名菟絲，能平肝怒，去寒熱邪氣。其去頭風、止虛汗者，本乎天者清上也。《別錄》療痰熱溫瘧，可為吐湯，利水道，故《肘後方》同瓜蒂、杜蘅酒漬再宿，且飲一合，取吐胸中痰熱頭痛。《千金方》同瓜蒂、恒山、甘草，水酒和煎，取吐胸膈痰癖，以其輕清上涌，故吐藥用之。

**清・趙學敏《本草綱目拾遺》卷七藤部**　松蘿　《山川志》：出武當山，生高峰古木上，長者丈餘。治蛇虎傷，湯火烙傷，及頑瘡等症。《藥性考》：松蘿甘平，能平肝氣，瞋怒痰熱，溫瘧吐痢，頭風頭瘡，瘿瘤結聚，亦能探吐膈痰，去熱。

**清・趙其光《本草求原》卷一〇寓木部**　松蘿松上女蘿。　苦、甘，平，無毒。能平肝怒，治癲，去寒熱邪氣，止虛汗、頭風，本乎天者清上也。痰熱濕瘧。同瓜蒂、常山、甘草，水酒煎，則吐胸膈痰癖及痰熱頭痛，以其輕清上湧也。

**清・葉志詵《神農本草經贊》卷二**　松蘿　味苦，平。主瞋怒邪氣，止虛汗頭風，女子陰寒腫病。一名女蘿。生山谷。

蒼顏老叟，玉女肩隨。陰籠月逗，風卷雲垂。披衣結帶，補屋搴帷。歲寒相保，千載心期。

僧法潛指松曰：此蒼顏叟。《爾雅》：蒙，玉女。注：女蘿別名。《禮》：則肩隨之。杜牧詩：晝陰籠近山。于鵠詩：深蘿月不通。王融詩：因風卷復垂。《新論》：碧蘿附於青松，以茂淩雲之葉。劉删詩：學帶非難結，為衣或易披。杜甫詩：牽蘿補茅屋。又：高蘿成帷幄。白居易詩：應能保歲寒。朱子詩：心期本自幽。

**清・戴葆元《本草綱目易知錄》卷四**　松寄生松蘿　苦、甘。平肝邪，利水道，止虛汗頭風，解瞋怒邪氣，女子陰寒腫痛，療痰熱溫瘧，可為吐湯。治寒熱胸中，客熱痰涎，去頭瘡，項上瘤瘿，令人得眠。

白龍鬚

**明・李時珍《本草綱目》卷二〇草部・石草類**　白龍鬚《綱目》

【集解】時珍曰：劉松石《保壽堂方》云：白龍鬚生近水旁有石處，寄生搜風樹節，乃樹之餘精也。細如椶絲，直起無枝葉，最難得真者。一種萬纏草，生於白綫樹根，細絲相類，但有枝莖，稍粗爲異。誤用不效。愚案所云二樹名皆隱語，無從考證。

【氣味】缺。平，無毒。【主治】男子婦人風濕腰腿疼痛，左癱右痪，口目喎斜，及產後氣血流散，脛骨痛，頭目昏闇，腰腿痛不可忍，並宜之。惟虛勞癱瘓不可服。研末，每服一錢，氣弱者七分，無灰酒下。密室隨左右貼牀卧，待汗出自乾，勿多蓋被，三日勿下牀見風。一方：得疾淺者，用末三錢，瓷瓶煮酒一壺。每日先服桔梗湯少頃，飲酒二盞。早一服，晚一服《保壽堂方》。

【發明】時珍曰：《保壽方》云：成化十二年，盧玄真道士六十七歲，六月偶得癱瘓，服白花蛇丸，牙齒盡落。三年扶病入山，得此方，服百日，復舊，壽至百歲乃卒。凡男婦風濕腰腿痛，先服小續命湯及滲濕湯後，乃服此。凡女人產後腰腿腫痛，先服四物湯二服，次日服此。若癱瘓年久，痰老氣微者，服前藥出汗，三日之後，則日服龍鬚末一分，好酒下。隔一日服二分，又隔一日服三分，又隔一日服四分，又隔一日服五分。又隔一日，復從一分起，如前法，周而復始。至月餘，其病漸愈。謂之升陽降氣，調髓蒸骨，追風逐邪，排血安神。忌房事、魚、鵝、雞、羊、韭、蒜、蝦、蟹，及寒冷動風之物。又不可過飲酒及麵食，只宜米粥蔬菜。

【附方】新一。諸風癱痪：筋骨不收。用白龍鬚根皮一兩，鬧羊花即老虎花七分，好燒酒三斤，封固，煮一炷香，埋土中一夜。能飲者三杯，不能飲者一杯，卧時服。服至三五杯，見效。但知痛者可治。《坦仙皆效方》。

**明・李中立《本草原始》卷三**　白龍鬚　劉松石《保壽堂方》云：生近水傍有石處，寄生搜風樹節，乃樹之餘精也。細如椶絲，直起無枝葉。最難得真者。一種萬纏草，生于白線樹根，細絲相類，但有枝莖，稍粗為異，誤用不效。此草形似龍鬚菜而色白，故名白龍鬚。氣味：甘、微辛，平，無毒。主治：男婦風濕腰腿疼痛，左癱右痪，口目喎斜，及產後氣血流散，脛骨痛，頭目昏暗，腰腿疼不可忍者，並宜服之。惟虛勞癱瘓不可服。研末，每服一錢，氣弱者七分，無灰酒下，密室，隨左右貼床卧，待汗出自乾，勿多蓋被。三日勿下床見風。一方，得疾淺者，用末三錢，瓷瓶煮酒一壺，每日先服桔梗湯，少頃飲酒二盞，早一服，晚一服。

白龍鬚，新增。**【圖略】**色青白有節。有一種色黃，如細絲；一種長及一二尺餘，如草木之根，皆僞也。

**明・顧逢柏《分部本草妙用》卷八雜藥部**　白龍鬚　主治：風濕腰腿疼痛，癱瘓喎斜，產後血虛，脛骨痛，頭目昏暗，腰腿痛不可忍。惟虛勞癱瘓不要服。用末，每服一錢，氣弱者七分，無灰酒下，避風三日。每日先服桔梗湯，少頃飲酒二盞，早晚下一服。

**清・王道純《本草品彙精要續集》卷二**　白龍鬚無毒　白龍鬚《本草綱目》：主男子婦人風濕、腰腿疼痛，左癱右痪，口目喎斜，及產後氣血流散，脛骨痛，頭目昏暗，腰腿痛不可忍，並宜之。惟虛勞癱瘓不可服，研末，每服一錢。氣弱者，七分，無灰酒下，密室，隨左右貼牀，卧待汗出，自乾，勿多蓋被，三日勿下牀見風，一方得疾淺者，用末三錢，瓷瓶煮酒一壺，每日先服桔梗湯，少頃飲酒一盞，早一服，晚一服《保壽堂方》。【地】李時珍曰：劉松石《保壽堂方》云：白龍鬚，生近水旁有石處，寄生搜風樹節，乃樹之餘精也。【苗】細如棕絲，直起無枝葉，最難得真者。一種萬纏草，生於白線樹根，細絲相類，但有枝莖稍粗爲異，誤用不妨。愚按：所云二樹名皆隱語，無從考證。【味】缺。【性】平。【治】李時珍曰：《保壽方》云：成化十二年盧玄真道士六十七歲，六月偶得癱瘓，服白花蛇丸，牙齒盡落，三年扶病入山，得此方，服百日，復舊，壽至百歲乃卒。凡男婦風濕腰腿痛，先服小續命湯及滲濕湯，後乃服此。凡女人產後腰腿腫痛，先服四物湯二服，次日服此。若癱瘓年久，痰老氣微者，服前藥，出汗三日之後，則日服龍鬚末一分，好酒下，隔一日服二分，又隔一日服三分，又隔一日服四分，又隔一日服五分，又隔一日復從一分起，如前法，周而復始，至月餘，其病漸愈，謂之升陽降氣，調髓蒸骨，追風逐邪，排血安神。忌房事、魚、鵝、雞、羊、韭、蒜、蝦、蟹及寒冷動風之物。又不可過飲酒及麵食，只宜米粥蔬菜。【合治】諸風癱痪，筋骨不收，用白龍鬚根皮一兩，鬧羊花，即老虎花七分，好燒酒三斤，封固，煮一炷香，埋土中一夜，能飲者三杯，不能飲者一杯，卧時服，服至三五杯見效。但知痛者可治。

普賢線

**清・趙學敏《本草綱目拾遺》卷四草部中**　普賢線　《山川典》：產峨嵋山，乃樹上苔鬚蔓引而成。長數尺，或言深谷有尋丈者，《湖湘故事》載羅汗絛，即此。唐鴐湖曰：普賢線產峨嵋山，乃普賢石上青苔也。山僧採取曬乾，以為上藥。《益部方物記》：仙人縚生大山中，與苔同種，但巖陰石隈多鮮翠，長二三尺，叢垂若縚。　敏按：《酉陽雜俎》：仙人縧出衡岳，無根蒂，生石上，狀如同心帶，三股色綠，亦不常有。縧即縚也。此生石上者方入藥，無疑。　治胃脘心氣疼痛，煎服，瀕死者皆效。

烏龍鬚

**清・趙學敏《本草綱目拾遺》卷五草部下**　烏龍鬚　徐一士云：有鄉人行野田中，見老烏桕樹上挂生細長草一叢，如燈心狀，下垂，一道士指謂曰：此名烏龍鬚。乃五福星所照在樹而生此，取曬藏之，可治瘧疾一切血症。鄉人如其教，後用頗驗。　治癰腫，一切血症，勞瘵。

雪茶

**清・趙學敏《本草綱目拾遺》卷六木部**　雪茶　出滇南，色白，久則色微黃，以盞烹瀹，清香迥勝，形似蓮心，但作玉芽色耳。　平萊仲云：雪茶出麗江府屬山中，雪地所產，色白味甘，性大溫，祛寒疾如神。甘苦性溫，治胃氣積痛，瘧痢如神。　敏按：雪茶出雲南永善縣，其地山高積雪，入夏不消，雪中生此，本非茶類，乃天生一種草芽，土人采得炒焙，以其似茶，故名。其色白，故曰雪茶。己亥臘過餘杭，往訪劉挹清少府，啜雪茶，云帶自雲南，茶片皆作筒子，如蜜筒菊蕊瓣樣，詢所主治，因言此茶大能暖胃，凡嚴寒冰凍時，啜一盞，滿腹如火，若患癆損及失血過多之人，腹胃必寒，最忌食茶，惟此茶不忌。乃相與烹瀹食之，果入腹溫暖，味亦苦冽香美，較他茶更厚。　《大觀茶論》：白茶自為一種，與常茶不同，其條敷闡，其葉瑩薄，崖林之間，偶然生出，非人力所可致，有者不過四五家，生者不過一二株，所造止於二三銙而已，芽英不多，尤難蒸焙，湯火一失，則已變而為常品。須製造精微，運度得宜，則表裏昭澈，如玉之在璞，它無與倫也。　《東溪試茶錄》：白葉茶，民間大重，出於近歲，園焙時有之，地不以山川遠近，發不以社之先，芽葉如紙，民間以為茶瑞。

矮它它

**清・劉善述、劉士季《草木便方》卷一草部**　矮它它　矮它陀寒解熱毒，風濕腰膝痠痛服。行氣化痰消癰腫，血不榮筋洗服塗。

垣衣

**宋・李昉《太平御覽》卷第九九三**　千歲垣中膚皮　《吳氏本草》曰：千歲垣中膚皮，得薑、赤石脂共治。

**宋・唐慎微《證類本草》卷九草部中品**《別錄》　垣衣　味酸，無毒。主黃疸心煩，欬逆血氣，暴熱在腸胃，金瘡內塞。久服補中益氣，長肌好顏色。一名昔邪，一名烏韭，一名垣嬴，一名天韭，一名鼠韭。生古垣牆陰或屋上。三月三日採，陰乾。

〔梁・陶弘景《本草經集注》〕云：方藥不甚用，俗中少見有者。《離騷》亦有昔邪，或云即是天蒜爾。

〔唐・蘇敬《唐本草》〕注云：此即古牆北陰青苔衣也。其生石上者名昔邪，一名烏韭。江南少牆，陶故云少見。《本經》載之，屋上者名屋遊。在下品，形並相似，爲療略同。《別錄》云：主暴風口噤，金瘡，酒漬服之效。

〔宋・掌禹錫《嘉祐本草》〕按：日華子云：垣衣　冷。又云：地衣，冷，微毒。治卒心痛，中惡。以人垢膩爲丸，服七粒。此是陰濕地被日曬起苔蘚是也，并生油調，傅馬反花瘡良。

〔宋・唐慎微《證類本草》〕《圖經》曰：文具海藻條下。

**宋・鄭樵《通志》卷七五《昆蟲草木略》**　垣衣　曰昔邪，曰烏韭，曰垣嬴，曰天韭，曰鼠韭。有數種：生於屋上曰屋遊，生於屋陰曰垣衣。在石上謂之烏韭，在地上謂之地衣，在井中謂之井中苔，在牆上抽起茸茸然者謂之土馬騣。生於水中謂之陟釐，水中苔也，生海中者可食。又有生於石上連緣作暈者，謂之石花，石花生於海中石上，謂之紫荑，即紫菜也。松上之衣曰艾納香，以和香燒，則煙氣直上。

**明・劉文泰《本草品彙精要》卷一二**　垣衣無毒，附地衣。　麗生。

垣衣：主黃疸，心煩，欬逆，血氣，暴熱在腸胃，金瘡，內塞。久服補中益氣，長肌，好顏色。名醫所錄。　〔名〕垣嬴、天韭、鼠韭。　〔苗〕《圖經》曰：垣衣生古垣牆背陰處，青苔衣是也。其石上生者名昔邪，屋上生者名屋遊。形療略同，已具下品。又地衣，冷，微毒，即陰地苔蘚日曬起者也。〔時〕生：無時。採：三月三日。〔收〕陰乾。〔用〕苔。〔質〕類土馬騣。〔色〕青綠。〔味〕酸。〔性〕微寒，收。〔氣〕味厚于氣，陰也。〔臭〕腥。〔主〕暴風，口噤。〔製〕洗去土。〔治〕合生油調，傅馬反花瘡。◯地衣，合人垢膩爲丸，服七粒，治卒心痛，中惡。

**明・鄭寧《藥性要略大全》卷七**　垣衣一名土馬騣。　味酸，氣寒，無毒。

主治骨蒸煩熱，毒癰衄血，及黃疸，心煩熱病。〇此係背陰古墻垣上苔，生在墻為之垣衣，在屋為之屋遊，在井為之井苔。一皆苔類也。

**明・王文潔《太乙仙製本草藥性大全》卷二《本草精義》**　垣衣　一名烏韭，一名垣嬴，一名天韭，一名鼠韭。《離騷》云：即天蒜爾。生古墻垣之側背陰處青苔衣也。生石上者，名昔邪，生屋上者名屋遊。三月採，陰乾。

**明・王文潔《太乙仙製本草藥性大全》卷二《仙製藥性》**　昔邪　生山石上者是。去小兒肘熱驚癇神效。

垣衣　味鹹，無毒。　主治：　主黃疸，心煩，咳逆。理腸胃，血氣，暴熱，金瘡。療除內寒堪洩。久服益氣補中，長肌悅色。　補注：　暴風口噤、金瘡，酒漬，服之神効。

**明・李時珍《本草綱目》卷二一草部・苔類**　垣衣《別録》中品

【釋名】垣嬴《別録》　天韭《別録》　鼠韭《別録》　昔邪《別録》　【集解】《別録》曰：垣衣生古垣墻陰或屋上。三月三日採，陰乾。恭曰：此即古墻北陰青苔衣也。其生石上者名昔邪，一名烏韭；生屋上者名屋遊。形並相似，爲療略同。江南少墻，故陶弘景云：方不復用，俗中少見也。時珍曰：此乃磚墻城垣上苔衣也。生屋瓦上者，即爲屋遊。

【氣味】酸，冷，無毒。　【主治】黃疸心煩，咳逆血氣，暴熱在腸胃，暴風口噤，金瘡內塞，酒漬服之。久服補中益氣，長肌肉，好顏色《別録》。搗汁服，止衄血。燒灰油和，傅湯火傷時珍。

**明・倪朱謨《本草彙言》卷七**　垣衣　味酸，氣寒，無毒。　李氏曰：垣衣，乃磚墻城垣上背陰處青苔衣也。生石上者名昔邪。生屋上者名屋遊。形狀相似，治療略同。古方不曾用此。

垣衣：　李時珍療黃疸，止衄血之藥也。閔效軒集《別錄》方主熱極疸黃，暴風口噤，衄血吐血。俱宜搗汁，和酒飲之，即愈。

**清・嚴潔等《得配本草》卷四**　垣衣　酸，冷。入手少陰經。主暴熱暴風口噤、金瘡、黃疸、心煩。　牆垣生者名垣衣。止衄，搗汁用。敷湯火傷，燒研油調用。

**清・吳其濬《植物名實圖考》卷一六**　垣衣　《別錄》中品。在瓦曰屋遊，苔類。主治大略相同。

**清・劉善述、劉士季《草木便方》卷一草部**　地墻苔衣　地墻衣酸止衄血，五勞黃疸心煩咳。暴風暴熱解熱毒，金瘡湯火磨油捷。

## 屋遊

**宋・唐慎微《證類本草》卷一一草部下品**〔《別錄》〕　屋遊　味甘，寒。主浮熱在皮膚，往來寒熱，利小腸膀胱氣。生屋上陰處。八月、九月採。

〔梁・陶弘景《本草經集注》〕云：此瓦屋上青苔衣，剝取煮服之。

〔宋・馬志《開寶本草》〕按：別本注云：無毒。主小兒癇熱時氣，煩悶止渴。

〔宋・掌禹錫《嘉祐本草》〕按：《蜀本圖經》云：古瓦屋北陰青苔衣也。

**宋・陳衍《寶慶本草折衷》卷一一**　屋遊　古瓦屋北陰青苔衣也。〇八九月採。　味甘，寒，無毒。〇主浮熱在皮膚，往來寒熱，利小腸膀胱氣。〇別本註云：主小兒癇熱，時氣煩悶，止渴。

**明・滕弘《神農本經會通》卷一**　屋遊　青苔衣生瓦屋上陰處，八九月採，去泥，煮服。

味甘，氣寒。《本經》云：主浮熱在皮膚，往來寒熱，利小腸膀胱氣。《局》云：瓦上青苔號屋遊，喜生陰處尚輕浮。皮膚寒熱閑來往，逐利膀胱齒衄優。屋遊，斷齒衄之蹤。

**明・劉文泰《本草品彙精要》卷一五**　屋遊無毒　麗生。

屋遊：　主浮熱在皮膚，往來寒熱，利小腸膀胱氣。名醫所錄。　【名】昔邪。　【苗】陶隱居云：此古瓦屋上青苔衣也。陸龜蒙《苔賦》云：高有瓦松，卑有澤葵，散巖竇者有石髮。補空田者曰垣衣，在屋曰昔邪，在藥曰陟釐。昔邪即屋遊也。然所產雖異，主療則同，皆由積陰而生於瓦石爾，故推類而言之。　【地】《圖經》曰：生屋上陰處。　【時】生：春夏。採：八月、九月取。　【收】陰乾。　【用】苔。　【質】類垣衣。　【色】綠。　【味】甘。　【性】寒，緩。　【氣】氣之薄者，陽中之陰。　【臭】朽。　【主】清熱止渴。　【製】剝取淨洗服。　【治】療：《別錄》云：主小兒癇熱，時氣煩悶，止渴。

**明・許希周《藥性粗評》卷三**　瓦上青苔，衄絲之斷。

瓦上青苔，一名屋遊。八九月採，去土，陰乾。味甘，性寒，無毒。主治熱毒上攻，鼻衄不已，并皮膚寒熱，膀胱不利。

**明・鄭寧《藥性要略大全》卷七**　屋遊即屋上青苔。　逐皮膚之水腫，斷齒衄之血蹤，及治小兒癇熱。　《十書》云：治皮膚浮熱，往來寒熱，利小腸、膀胱及時氣煩悶，止渴。　味苦，氣寒，無毒。入湯用。煮服之。

**明·王文潔《太乙仙製本草藥性大全》卷二《本草精義》**　屋遊　生老瓦屋上北陰處，青苔衣也。用時宜剝取，煮服之良。

**明·王文潔《太乙仙製本草藥性大全》卷二《仙製藥性》**　屋遊　味甘，氣寒，無毒。　主治：　主皮膚浮熱水腫，斷齒衄血，往來寒熱，利小腸膀胱氣，療小兒驚癇熱。煩悶立除，消渴即止。

**明·李時珍《本草綱目》卷二一草部·苔類**　屋遊《別録》下品

【釋名】瓦衣《綱目》　瓦苔《嘉祐》　瓦蘚《綱目》　博邪　【集解】《別録》曰：　屋遊生屋上陰處。八月、九月採。弘景曰：　此古瓦屋上苔衣也。剥取用之。時珍曰：　其長數寸者，即爲瓦松也。

【氣味】甘，寒，無毒。　【主治】浮熱在皮膚，往來寒熱，利小腸膀胱氣《別録》。止消渴之才。小兒癇熱，時氣煩悶《開寶》。煎水入鹽漱口，治熱毒牙齦宣露。研末，新汲水調服二錢，止鼻衄時珍。

【發明】時珍曰：　《別録》主治之證，與《本經》烏韭文相同。蓋一類，性氣不甚遼遠也。

【附方】新一。　犬咬：　舊屋瓦上刮下青苔屑，按之即止。《經驗方》。

**明·倪朱謨《本草彙言》卷七**　屋遊　味甘，氣寒，無毒。《別錄》曰：　屋游生古屋上，陰處苔衣也。八九月剝取用之。其長數寸者非屋游，即爲瓦松也。

屋遊：　凉血止衄，利氣，李時珍通小便之藥也。白尚之稿《開寶》方主小兒積熱成癇，痰閉煩悶，煎湯飲之。李氏方治胃中風火，牙齦宣露，和鹽少許，泡湯漱齒。及鼻衄暴出，小水卒秘，俱宜新汲水研服。此寒淡清肅之物，多服亦損胃氣，胃寒者少與之。

集方：　《經驗良方》治犬咬痛極。取古屋上青苔屑，按之立止。

**清·郭章宜《本草匯》補遺**　屋遊　味甘，氣寒。治浮熱在皮膚，寒熱往來。利小腸膀胱氣，止衂消渴。療小兒癇熱煩悶，漱大人牙齦宣露。

按：　屋遊，即古瓦屋上青苔也。能療犬咬之毒，與雄黃研貼。其長數寸者，即瓦松也。味酸，有大毒。燒灰淋汁沐髮，髮即墮落。誤入目中，令瞽。《本草》無毒及生眉髮之説，謬也。又有垣衣，生于古垣城墻北陰，即青苔衣也。氣味酸冷，能療黃疸心煩，傅湯火傷。

**清·嚴潔等《得配本草》卷四**　屋游　甘，寒。入手足太陽經。理水氣，止消渴，治皮熱、寒熱往來。配鹽湯漱口，治熱毒牙齦宣露。　瓦上生者名屋遊。治衄，新汲水送下。

## 桑花

**宋·唐慎微《證類本草》卷一三木部中品〔宋·掌禹錫《嘉祐本草》〕**　桑花　暖，無毒。健脾澁腸，止鼻洪，吐血，腸風，崩中帶下。此不是桑椹花，即是桑樹上白癬，如地錢花樣，刀削取，入藥微炒使。新補。見日華子。

〔宋·唐慎微《證類本草》〕《圖經》：　文具桑根白皮條下。

**宋·陳衍《寶慶本草折衷》卷一三**　桑花　即桑木上白癬也。○刀削取。　暖，無毒。○建脾澀腸，止鼻洪吐血，腸風，崩中，帶下。此不是桑椹花，即桑樹上如地錢花樣，微炒使。

**明·滕弘《神農本經會通》卷二**　桑花　桑上白蘚。　暖，無毒。《本經》云：　健脾澁腸，止鼻洪，止血，腸風，崩中帶下。此不是桑椹花，即是桑樹上白癬，如地錢花樣，刀削取，入藥微炒使。

**明·劉文泰《本草品彙精要》卷一九**　桑花無毒　麗生。

桑花：　主健脾，澀腸，止鼻洪，吐血，腸風，崩中，帶下。名醫所錄。

【苗】《圖經》曰：　此不是桑椹花，乃桑樹皮上白蘚，狀如地錢花者是也。【地】《圖經》曰：　處處有之。【時】生：　無時。採：　無時。　【收】陰乾。【用】花。　【質】類地錢。【色】青白。　【性】暖。　【氣】氣之厚者，陽也。　【臭】朽。【主】澀腸胃，止鼻衄。【製】微炒用。

**明·王文潔《太乙仙製本草藥性大全》卷三《本草精義》**　桑花　花，暖，無毒。非指桑椹花，爲云乃樹上白蘚花，亦其名桑花。其狀因與地錢花相類，故假此立名。刀削取之火炒入藥。性緩無毒，健脾澁腸，塞崩中，禁帶漏，鼻洪吐血。愈腸風下血，安胎。

**明·李時珍《本草綱目》卷二一草部·苔類**　桑花《日華》

【釋名】桑蘚《綱目》　桑錢　【集解】大明曰：　生桑樹上白蘚，如地錢花樣。刀刮取炒用。不是桑椹花也。

【氣味】苦，暖，無毒。　【主治】健脾澀腸，止鼻洪吐血，腸風，崩中帶下大明。治熱咳時珍。

【附方】新一。　大便後血：　桑樹上白蘚花，水煎服，或末服。亦止吐血。《聖惠方》。

**明·倪朱謨《本草彙言》卷七**　桑花　味苦，氣溫，無毒。　大氏曰：

桑花，生桑樹上白蘚。花樣如錢，用刀刮取，炒用。不是桑椹花也。

桑花： 澀腸健脾，李時珍止泄止血之藥也。釋醫臨水稿日華子治吐血衄血，腸風藏血，及婦人血淋、白帶諸疾，爲末，服二三錢，良驗。

**清·嚴潔等《得配本草》卷四** 桑錢即桑樹上白蘚。 苦，平。入足太陰、手陽明經。健脾澀腸。止衄、吐血，腸風崩帶熱咳，并宜用之。

### 木上森

**明·蘭茂原撰，范洪等抄補《滇南本草圖說》卷九** 木上森 形似白森，貼於木上，採取。主治： 外科一切瘡毒，已出頭，未出頭，圍搽敷之，能消散。熬水，洗癩瘡，其效如神。一治楊梅結毒，年久不愈，用火煅，為末，加冰片共研，調油搽之，立愈。並貼無名腫毒。

### 艾納

**宋·唐慎微《證類本草》卷九草部中品〔宋·馬志《開寶本草》〕** 艾蒳香味甘，溫，無毒。去惡氣，殺蟲，主腹冷洩痢。《廣志》曰： 出西國，似細艾。又有松樹皮綠衣，亦名艾納。可以和合諸香，燒之能聚其煙，青白不散，而與此不同也今附。

〔宋·掌禹錫《嘉祐本草》〕按： 古樂府詩云： 行胡從何方，列國持何來，氍毹毾㲪五木香，迷迭艾蒳與都梁，是也。

〔宋·唐慎微《證類本草》〕陳藏器云： 主癬辟蛀。《海藥》云： 謹按《廣志》云： 生剽國，溫，平。主傷寒，五洩，主心腹注氣，下寸白，止腸鳴，燒之，辟溫疫，合鼈窠，浴脚氣，甚良。

**明·李時珍《本草綱目》卷二一草部·苔類** 艾納時珍曰： 艾納生老松樹上綠苔衣也。一名松衣。和合諸香燒之，煙清而聚不散。別有艾納香，與此不同。又嶺南海島中，檳榔木上有苔，如松之艾納。單爇極臭，用合泥香，則能發香，如甲香也。《霏雪録》云： 金華山中多樹衣，僧家以爲蔬，味極美。

**明·姚可成《食物本草》卷一九草部·石草類** 附樹衣生樹上，如苔。《霏雪錄》云： 金華山中多樹衣，僧家以為蔬，味極美。又，老松樹上生衣，名艾納。和合諸香燒之，煙清聚而不散。又，嶺南海島中檳榔木上有苔，單爇極臭，用合他香燒之，則香氣倍增也。 樹衣，味甘，平，無毒。主健脾澀腸，益氣止渴，好顏色，變白不老。

### 石髮

**清·劉善述、劉士季《草木便方》卷一草部** 石髮 青苔甘溫洩痢良，溫中胃氣消穀強。井苔大寒搽漆瘡，天行丹毒熱淋嘗。

### 一把傘

**清·吳其濬《植物名實圖考》卷一七** 一把傘 生大理府石上。似峨眉萬年松而葉圓。俚醫用之，云味甘濇，性溫，入足少陰，補腰腎，壯元陽。

### 土馬騣

**宋·唐慎微《證類本草》卷九草部中品〔宋·掌禹錫《嘉祐本草》〕** 土馬騣 治骨熱敗煩，熱毒壅，衄鼻。所在背陰古牆垣上有之，歲多雨則茂盛。世人或便以爲垣衣，非也。垣衣生垣牆之側，此物生垣牆之上，比垣衣更長，大抵苔之類也。以其所附不同，故立名與主療亦異。在屋則謂之屋遊、瓦苔，在牆垣則謂之垣衣、土馬騣，在地則謂之地衣，在井則謂之井苔，在水中石上則謂之陟釐。土馬騣，近世常用，而諸書未著，故附新定條焉。新定。

**明·劉文泰《本草品彙精要》卷一二** 土馬騣無毒 麗生。

土馬騣： 治骨熱，敗煩，熱毒壅，衄鼻。名醫所錄。 【地】《圖經》曰： 生於背陰，古牆垣上有之，歲多雨則茂盛，世人以爲垣衣，非也。垣衣，生垣牆之側，此物生垣牆之上，比垣衣更長，大抵苔之類也。以其所附不同，故立名與主療亦異。在屋則謂之屋遊、瓦苔，在牆垣則謂之垣衣； 土馬騣在地則謂之地衣，在井則謂之井苔，在水中石上則謂之陟釐。土馬騣近世常用，而諸書未著，故附新定條焉。【時】生： 春生。採： 無時。【收】陰乾。【用】苔，牆垣上者佳。【質】類垣衣而長。【色】綠。【味】酸。【性】寒。【氣】氣薄味厚，陰也。【臭】腥。

**明·王文潔《太乙仙製本草藥性大全》卷二《本草精義》** 土馬騣 土馬騣音鬃近世常用之，而諸書未著所在，背陰古墻垣上有之，歲多雨則茂盛，世人或便以爲垣衣，非也。垣衣生垣墻之側，此物生垣墻之上，比垣衣更長。

**明·王文潔《太乙仙製本草藥性大全》卷二《仙製藥性》** 土馬騣 味鹹，無毒。 主治： 主治骨蒸之熱，敗熱燥之煩。癰毒能驅，衄鼻立解。

**明·李時珍《本草綱目》卷二一草部·苔類** 土馬騣宋《嘉祐》

【集解】禹錫曰： 所在背陰古墻垣上有之。歲多雨則茂盛。或以爲垣衣，非也。垣衣生垣墻之側。此生垣墻之上，比垣衣更長，故謂之馬騣，苔之類也。時珍曰： 垣衣乃磚墻上苔衣也，此乃土墻上烏韭也。

【氣味】甘，酸，寒，無毒。 【主治】骨熱敗煩，熱毒壅衄鼻《嘉祐》。沐髮令長黑，通大小便時珍。

〔附方〕新五。　九竅出血：墻頭苔挼塞之。《海上方》。　鼻衄不止：寸金散：用墻上土馬騣二錢半，石州黃藥子五錢，爲末。新水服二錢，再服立止。《衛生寶鑒》。　二便不通：土馬騣水淘净，瓦煿過，切。每服二錢，水一盞，煎服。《普濟方》。　耳上濕瘡：土馬騣、井中苔等分，爲末。燈盞内油和，塗之。《聖濟録》。　少年髮白：土馬騣、石馬騣、五倍子、半夏各一兩，生薑二兩，胡桃十個，膽礬半兩爲末，搗作一塊。每以絹袋盛一彈子，用熱酒入少許，浸汁洗髮。一月神效。《聖濟録》。

**明・倪朱謨《本草彙言》卷七**　土馬騣　味甘、酸，氣寒，無毒。　劉氏曰：土馬騣，所在背陰古土墻之上，歲多雨則茂盛。或以爲垣衣，非也。垣衣生磚墻之側，此生土墻之上，比垣衣更長，故名馬騣，亦苔草之類也。采之日乾用。

土馬騣：宋《嘉祐》凉血止衄，退熱壅骨蒸之藥也。

集方：《衛生寶鑒》治暴衄。取土馬騣一二兩，生酒煮滚，溫和服。〇《思安集》治骨蒸夜熱。取土馬騣一兩，納嫩雞中煮食，漸退。

**清・吳其濬《植物名實圖考》卷一六**　土馬騣　《嘉祐本草》始著錄。垣衣生於土墻頭上者，性能敗熱毒。

# 蕨部

## 綜述

### 萬年松

**明・蘭茂撰，清・管暄校補《滇南本草》卷上**　萬年松　味苦，微寒，無毒。似松青草，又似瓦松，佛指甲，俗呼荅箒菌，一名千里菌。採之，治一切疔瘡發背，無名腫毒，敷之神效。

**清・吳其濬《植物名實圖考》卷一六**　萬年松　產峨眉山。置之篋中經年，得水即生，彼處以充饋問。其似柏葉為千年柏，深山亦多有之。李時珍以釋《別錄》玉柏，但與紫花不符。

### 千層塔

**清・吳其濬《植物名實圖考》卷一六**　千層塔　生山石間。蔓生綠莖，小葉攢生，四面如刺，間有長葉及梢頭葉，俱如初生柳葉。可煎洗腫毒、跌打及鼻孔作痒。

### 過江龍

**明・蘭茂《滇南本草》卷下**　過江龍　一名蒲地虎，又名地蜈蚣。　性大溫，味辛。行週身經絡，發散表汗，手足濕痺，不仁麻木，濕氣流痰，筋骨疼痛。或打傷筋骨，悞傷經絡，用力勞傷，筋骨疼痛，能強筋舒筋，活絡定痛，發散風寒濕氣，膀背疼痛，背寒困痛。附方：過江龍酒泡，治膀背疼痛，手足麻木不仁，週身經絡疼痛，或用力過多，週身經絡發困，脚腿轉筋，寒濕作脹酸疼。此酒舒筋活絡，定痛神效。過江龍五兩，去口。八仙草二兩，牛膝五錢，全當歸三兩，真穀子酒十斤，將藥入礶内，礶口紮緊，無令洩氣，於鍋内重水煎一炷香為度，取出露一夜，去火毒，臨用將酒炖熱，隨量服。

**明・蘭茂《滇南本草》〔叢本〕卷下**　過江龍　味辛，性大寒。行周身十二經絡，發散表汗，手足濕痺，不仁麻木，濕氣流痰筋骨疼，或打傷經絡，用力掙傷經絡疼痛。能強筋骨，活經絡，定痛，散風濕氣寒，治膀背寒痛。古方單劑，泡酒煨熱服。過江龍藥酒：治膀背疼痛，手足麻木不仁，周身經絡疼痛，或用力過多，周身疼痛發困，脚腿轉筋，寒濕傷筋，經絡作脹酸疼。此藥舒筋定痛，神效。過江龍五兩，去葉。八仙草二兩，牛膝一兩，全歸三兩，好酒十斤，將藥入礶内，重湯煎一柱香時，取出，露一宿，去火毒，臨用將藥入小礶内炖熱吃。

### 玉柏

**宋・唐慎微《證類本草》卷三〇有名未用・草木〔《別錄》〕**　玉伯　味酸，溫，無毒。主輕身，益氣，止渴。一名玉遂。生石上，如松，高五六寸，紫花，用莖葉。

〔宋・掌禹錫《嘉祐本草》〕按：陳藏器云：今之石松，生石上，高一二尺。山人取根、莖浸酒，去風血，除風瘙，宜老。伯應是柏字，傳寫有誤。

**明・李時珍《本草綱目》卷二一草部・苔類**　玉柏《別録》有名未用

〔釋名〕玉遂《別録》藏器曰：舊作玉伯，乃傳寫之誤。　〔集解〕《別録》曰：生石上，如松，高五六寸，紫花。用莖葉。時珍曰：此即石松之小者也。人皆採置盆中養，數年不死，呼爲千年柏、萬年松。

〔氣味〕酸，温，無毒。〔主治〕輕身，益氣，止渴《别録》。

石松

宋·唐慎微《證類本草》卷一二木部上品〔唐·陳藏器《本草拾遺》〕　石松　味苦、辛，温，無毒。主人久患風痹，脚膝疼冷，皮膚不仁，氣力衰弱。久服好顏色，變白不老。浸酒良。生天台山石上。如松，高一二尺也。

明·王文潔《太乙仙製本草藥性大全》卷三《仙製藥性》　石松　味苦、辛，氣温，無毒。生天台山石上。如松，高二三尺也。主治：主久患風痹，腰脚疼痛冷，皮膚不仁，氣力衰憊。久服好顏色，變白而耐老。浸酒服。

明·李時珍《本草綱目》卷二一草部·苔類　石松《拾遺》

〔集解〕藏器曰：生天台山石上。似松，高一二尺。山人取根莖用。時珍曰：此即玉柏之長者也。名山皆有之。

〔氣味〕苦、辛，温，無毒。〔主治〕久患風痹，脚膝疼冷，皮膚不仁，氣力衰弱。久服去風血風瘙，好顏色，變白不老。浸酒飲，良藏器。

明·倪朱謨《本草彙言》卷七　石松　味苦、辛，氣温，無毒。又名玉柏。陳氏曰：石松生天台山石上。似松，高一二尺，山人取根莖用。諸名山皆有之。

石松：陳藏器驅風活血之藥也。楊思山稿《拾遺》方主脚膝冷疼，皮膚麻木，一切風痹不仁之證，宜一味浸酒飲之。

清·吴其濬《植物名實圖考》卷一七　石松　生雲南山石間。矮草大根，長葉攢簇似羅漢松葉，葉脱剩莖，粗痕如錯。

清·劉善述、劉士季《草木便方》卷一草部　伸筋草　伸筋草溫性舒筋，筋急拘攣力能伸。消瘀活血肢節痛，風濕寒痹酒服珍。

石龍尾

清·吴其濬《植物名實圖考》卷一七　石龍尾　生雲南山石上。獨莖細葉，四面攢生，高四五寸；頗似初生青蒿而無枝叉，大致如石松等，而莖肥葉濃，性應相類。

地柏支

清·劉善述、劉士季《草木便方》卷一草部　地柏支　地柏芝辛平止血，下血崩淋通經脉。鎮心除煩安五臟，刀斧損傷血跡滅。

卷柏

宋·李昉《太平御覽》卷第九八九　卷柏　《建康記》曰：建康出卷柏。《范子計然》曰：卷柏，出三輔。《本草經》曰：卷柏，一名萬歲。味辛温。生山谷。治五臟邪氣。《吴氏本草》曰：卷柏，一名豹足，一名求股，一名萬歲，一名神投時。神農：平。桐君、雷公：甘。生〔山〕谷。鄭氏《婚禮謁文》曰：卷柏，藥草。附生山顛，屈卷成性，終無自伸。

宋·唐慎微《證類本草》卷六草部上品〔《本經·别録》〕　卷君免切柏　味辛、甘，温、平、微寒，無毒。主五藏邪氣，女子陰中寒熱痛，癥瘕，血閉，絶子，止欬逆，治脱肛，散淋結，頭中風眩，痿蹷，强陰益精。久服輕身和顏色，令人好容體。一名萬歲，一名豹足，一名求股，一名交時。生常山山谷石間。五月、七月採，陰乾。

〔梁·陶弘景《本草經集注》〕云：今出近道。叢生石土上，細葉似柏，卷屈狀如雞足，青黃色。用之，去下近石有沙土處。〔宋·掌禹錫《嘉祐本草》〕按：范子云：卷柏出三輔。《吴氏》云：卷柏，神農：辛平。桐君、雷公：甘。《建康記》云：建康出卷柏。《藥性論》云：卷柏，君。能治月經不通，尸疰鬼疰，腹痛，去百邪鬼魅。日華子云：鎮心治邪，啼泣，除面皯，頭風，暖水藏。生用破血，炙用止血。〔宋·蘇頌《本草圖經》〕曰：卷柏，生常山山谷間，今關、陝、沂、兗諸州亦有之。宿根紫色多鬚。春生苗，似柏葉而細碎，拳攣如雞足，青黃色，高三五寸。無花、子，多生石上。五月、七月採，陰乾。去下近石有沙土處，用之。

宋·鄭樵《通志》卷七五《昆蟲草木略》　卷柏　曰萬歲，曰豹足，曰求股，曰交時。葉如栢，狀如雞足，生於陰崖。

宋·劉明之《圖經本草藥性總論》卷上　卷栢　味辛、甘，温、平、微寒，無毒。主五臟邪，女子陰中寒熱痛，癥瘕血閉絶子，止欬逆，治脱肛，散淋結，頭中風眩，痿躄，强陰益精。《藥性論》云：君。能治月水不通，尸疰鬼疰腹痛，去百邪鬼魅。日華子云：鎮心，治邪啼泣，除面皯頭風，暖水臟。生用破血，炙用止血。

明·蘭茂原撰，范洪等抄補《滇南本草圖説》卷四　石蓮花　一名不死草。生石岸上，似側栢葉形。氣味辛平。主治：五臟邪氣，女子陰中寒熱痛，癥瘕，血閉結子。久服輕身，和顏色。○生用破血，炙用止血。

**明·蘭茂撰，清·管暄校補《滇南本草》卷中**　石蓮花一名卷柏，一名回陽草。性寒，味苦。通月經，破瘀血，破癥瘕，消血塊。難產催生，良效。燒酒為使。

**明·蘭茂《滇南本草》〔叢本〕卷中**　石蓮花一名卷栢，一名回陽草，燒酒為使。味苦，性寒。通月經，破癥瘕，消血塊，難產催生效。

**明·王綸《本草集要》卷二**　卷栢君　味辛甘，氣溫、平、微寒，無毒。五月、七月採，陰乾。　主五臟邪氣，女子陰中寒熱痛，癥瘕血閉絕子。治脫肛，散淋結，頭中風眩，痿蹷，強陰益精，鎮心，治鬼邪啼泣。久服輕身，和顏色。生用破血，炙用止血。

**明·滕弘《神農本經會通》卷一**　卷柏　君也。五七月採，陰乾。用之去下近石有沙土處。生用破血，炙用止血。

味辛、甘，氣溫、平、微寒，無毒。東云：破癥瘕血閉。《本經》云：主五臟邪氣，女子陰中寒熱痛，癥瘕，血閉絕子，止咳逆，治脫肛，散淋結，頭中風眩，痿蹷，強陰益精，久服輕身，和顏色，令人好容體。《藥性論》云：君。治月經不通，屍疰鬼疰腹痛，去百邪鬼魅。日華子云：鎮心，治邪啼泣，除面皯頭風，暖水藏。《局》云：卷栢強陰溫水藏，主除邪氣治頭風。女人寒熱陰中痛，血閉癥瘕最有功。

**明·劉文泰《本草品彙精要》卷八**　卷柏無毒　叢生。

**卷柏**出《神農本經》：**主五臟邪氣，女人陰中寒熱痛，癥瘕，血閉，無子。久服輕身，和顏色。**以上朱字《神農本經》。止欬逆，治脫肛，散淋結，頭中風眩，痿蹶，強陰益精。名醫所錄。【名】萬歲、豹足、求股、交時。【地】《圖經》曰：卷柏生常山山谷間，今關、陝、沂、兗諸州亦有之。宿根紫色，多鬚。春生苗，似柏葉而細碎，拳攣如雞足，青黃色，高三五寸，無花子，多生石上。五月、七月採，陰乾，去下近石有沙土處用之。考之范子云：卷柏出三輔。《建康記》云：出建康。【時】生：春生苗。採：五月、七月取根。【收】陰乾。【用】細碎拳攣者爲好。【質】形如雞足而拳屈。【色】青黃。【味】辛，甘。【性】溫，平，微寒。【氣】氣厚味薄，陽中之陰。【臭】香。【主】生破血、炙止血。【製】去石沙土。【治】療：《藥性論》云：月經不通，屍疰鬼疰，腹痛，去百邪鬼魅。日華子云：鎮心中邪，啼泣，消面皯，頭風，暖水藏。

**明·鄭寧《藥性要略大全》卷七**　卷栢君　破癥瘕而血通。○主五臟邪氣，女子陰中寒熱痛，癥瘕血閉，無子。止咳逆，治脫〔肛〕，散淋結，頭中風眩痿厥。《湯液》云：強陰益精，療腹痛。久服好容體，和顏色。　味辛、甘，性溫、平、微寒，無毒。五七月採，陰乾用。生用破血，炙用止血。

**明·陳嘉謨《本草蒙筌》卷一**　卷栢　味辛、苦，氣溫、平、微寒，無毒。多生石崖濕處，形僅寸半而長。莖葉紫青，彷彿匾栢。遇雨舒開如掌，經晴卷束如拳。凡欲用之，隨時收採。止血用炙，去血宜生。治婦人癥瘕血閉殊功，療男子風眩痿蹙立効。止脫肛而散淋結，除啼泣以敺鬼邪。尸疰鬼疰腹痛百邪，鬼魅啼泣酒煎服之。益精強陰，鎮心安魄。暖水臟育孕，和顏色輕身。

**明·王文潔《太乙仙製本草藥性大全》卷一《本草精義》**　卷栢　一名萬歲，一名豹足，一名求股，一名交時。生常山山谷間，今關、陝、沂、兗諸州亦有之。宿根紫色，多鬚。春生苗，似栢葉而細碎，拳拳如雞足，青黃色，高五寸，無花實，多生石上。五月七日採，陰乾，去下近石膏沙土處用之。

**明·王文潔《太乙仙製本草藥性大全》卷一《仙製藥性》**　卷柏君　味甘、辛，氣溫、平、微寒，無毒。五月、七月採，陰乾。　主治：治婦人癥瘕血閉殊功，療男子風眩痿蹙立效。止脫肛而散淋結，除啼泣以敺鬼邪。尸疰、鬼疰，腹痛，百邪鬼魅滯泣，酒煎服之。益精強陰，鎮心安魄，暖水臟，育孕。和顏色，輕身。主五臟邪氣，女子陰中寒熱痛，絕孕。頭中風，止欬逆。久服令人好容貌。生用破血，炙用止血。　補註：《藥性論》云：卷柏根能治月經不通，更除面外頭風。

**明·皇甫嵩《本草發明》卷三**　卷柏上品上，君。氣微寒，味辛、甘，溫，無毒。

發明曰：卷柏辛而甘溫，活血益血居多。故《本草》主五藏邪氣，女子陰中寒熱痛，癥瘕血閉，絕子，通月水，散淋結，止欬逆，風眩頭風，面皯，痿蹶，此辛能活血散氣之功。又強陰益精，治脫肛，鎮心，治邪啼泣，暖水藏育孕，久服輕身，好容顏，是甘溫養血滋陰之用也。止血宜炙用，活血用宜生搗。僅長寸餘，青紫如匾柏，遇雨舒開如掌，(經)〔莖〕葉晴卷束如軸。用之去下有砂土處。

**明·李時珍《本草綱目》卷二一草部·苔類**　卷柏《本經》上品

【釋名】萬歲《本經》　長生不死草《綱目》　豹足《吳普》　求股《別録》　交時《別録》。時珍曰：卷柏、豹足，象形也。萬歲、長生，言其耐久也。

【集解】《別録》曰：卷柏生常山山谷石間。五月、七月採，陰乾。弘景曰：今出近道。叢生石土上，細葉似柏，屈藏如鷄足，青黄色。用之，去下近沙石處。禹錫曰：出建康。《范子計然》曰：出三輔。頌曰：今關陝及沂兖諸州亦有之。宿根紫色多鬚。春生苗，似柏葉而細，拳攣如鷄足，高三五寸。無花，子，多生石上。

【修治】時珍曰：凡用，以鹽水煮半日，再以井水煮半日，曬乾焙用。

【氣味】辛，平，無毒。《別録》曰：甘，溫。普曰：神農：辛，平。桐君、雷公：甘，微寒。【主治】五臟邪氣，女子陰中寒熱痛，癥瘕血閉絶子。久服輕身和顔色《本經》。止咳逆，治脱肛，散淋結，頭中風眩，痿躄，强陰益精，令人好容顔《別録》。通月經，治尸疰鬼疰腹痛，百邪鬼魅啼泣甄權。鎮心，除面皯頭風，暖水臟。生用破血，炙用止血大明。

【附方】新二。大腸下血：卷柏、側柏、椶櫚等分，燒存性爲末。每服三錢，酒下。亦可飯丸服。《仁存方》。遠年下血：卷柏、地榆焙等分。每用一兩，水一碗，煎數十沸，通口服。《百一選方》。

**明・佚名氏《醫方藥性・草藥便覽》** 石蓮花 其性涼。乾膿，止嗽，産後之血。

**明・梅得春《藥性會元》卷上** 生卷柏 味辛、甘，微寒，無毒。 主治五臟邪氣，女子陰中寒熱痛，癥瘕血閉絶子；止欬逆，治脱肛，散淋結，頭風眩，痿蹷，强陰益精，令人好容顔。

**明・李中立《本草原始》卷一** 卷柏 始生常山山谷，今出近道。根紫色，多鬚，形僅寸餘，莖葉青黄，彷彿柏葉，卷束如雞足，故名卷柏。吴普名豹足，象形也。《別録》名萬歲。《綱目》名長生不死草，言其耐久也。 氣味：辛，平，無毒。 主治： 五臟邪氣，女子陰中寒熱痛，癥瘕，血閉絶子；久服輕身，和顔色。○止欬逆，治脱肛，散淋結，頭中風眩，痿躄，强陰益精，令人好容顔。○通月經，治尸疰鬼疰腹痛，百邪鬼魅啼泣。○鎮心，除面皯頭風，暖水臟。生用破血，炙用止血。

卷柏，《本經》上品。**【圖略】**五月五日采，陰乾。 葉似柏而細，色青黄水潤，色青緑可愛。 修治： 以鹽水煮，日晒，焙用。

《百一選方》： 治遠年下血，卷柏、地榆，焙，等分，每用一兩，煎數沸，通口服。 卷柏： 君。

**明・張懋辰《本草便》卷一** 卷柏君 味辛、甘，氣溫、平、微寒，無毒。主五臟邪氣，女子陰中寒熱痛，癥瘕血閉，絶子； 治脱肛，散淋結，頭中風眩，痿躄，强陰益精，鎮心。生用破血，炙用止血。

**明・繆希雍《本草經疏》卷六** 卷栢 味辛、甘，溫、平、微寒，無毒。主五臟邪氣，女子陰中寒熱痛，癥瘕血閉絶子。止欬逆，治脱肛，散淋結，頭中風眩，痿躄，强陰益精。久服輕身，和顔色，令人好容顔。

【疏】卷栢稟石之氣，兼感天之陽氣以生，故味辛溫。《別録》益之以甘平、微寒、無毒。入足厥陰、少陰血分藥也。故主五臟邪氣，女子陰中寒熱痛，癥瘕血閉絶子。又主痿躄，强陰益精。久服輕身，和顔色，當是理榮血之要藥，行而能補者也。《別録》又謂止欬逆，治脱肛，散淋結，頭中風眩，其亦辛能散結，辛能潤燥，甘能緩中，甘能益血之謂歟！ 【簡誤】孕婦禁用。

**明・倪朱謨《本草彙言》卷七** 卷柏 味辛，氣溫，無毒。《別録》曰：卷柏，生常山山谷。 蘇氏曰： 今關、陝及沂、兖諸州亦有之。 叢生石上，春分宿根再發，高三五寸，細葉似側柏，遇雨舒開如掌，經晴卷束如拳。 根紫赤多鬚，無花子。六七月采取，洗去沙土，陰乾用。

卷柏： 甄權行血通經之藥也。計日聞稿前古主女人陰中寒熱，癥瘕血閉絶子。此屬陰不與陽。功能使陰氣起亟，陽氣前通，瘀滯行而新血生，癥瘕去而寒熱解，營衛融和，子可發育矣。 然淡利之物，活血通經，卷柏之常性也。苟非血有瘀蓄，或不因瘀蓄而致疾者，不可輕用。

集方： 治婦人血閉成瘕，寒熱往來，子嗣不育者。 用卷柏四兩，當歸二兩，俱酒浸炒，白朮、牡丹皮各二兩，白芍藥一兩，川芎五錢，分作十劑，水煎服，或煉蜜爲丸。每早服四錢，白湯送。○楊仁齋方治大腸下血，不拘年月遠近。用卷柏、側柏、椶櫚各等分，俱火燒存性爲末，每早食前服三錢，白湯調下。

外有地柏，即卷柏之生于地上者。 生蜀中山谷，根黄莖細，狀如絲，上有黄點子，無花葉。三月生，長四五寸許。四月采，曝乾用。 此藥治臟毒下血，與嫩黄耆各等分爲末，米飲調，每服二錢。 蜀醫甚神此方，特附此以廣用云。

**明・盧之頤《本草乘雅半偈》帙三** 卷柏《本經》上品 氣味： 辛，平，無毒。 主治： 主五藏邪氣，女子陰中寒熱痛，癥瘕血閉絶子。 久服輕身，和顔色。

覈曰： 出常山山谷，關、陝、沂、兖亦有之。 叢生石上，春分宿根再發，高三五寸，細葉似側柏，屈藏如雞足，根紫赤多鬚。六七月采取陰乾。修治：以鹽水煮半日，再以井水煮半日，晒乾焙用。

條曰：葉形似柏，屈曲拳攣，因名卷柏。一名豹足、求股，亦取象形。一名萬歲、長生不死草，言根栖岩石，能耐歲寒。一名交時，言春分始發，時值陰離于陽，能與陽相交合。春秋二分，陰陽離也。故主五藏至陰之地，為邪所薄，及女子陰中寒熱，癥瘕，血閉絕子。此正陰不與陽，功能使陰氣起亟，陽氣前通，交相匹配。更能使陽氣外溢，故和色，輕身，所謂陽在外，陰之使也。

**清・劉雲密《本草述》卷一三**　卷柏　𤔡曰：出常山山谷，關、陝、沂、兗亦有之。叢生石上，春分宿根再發，高三五寸，細葉似側柏，屈藏如雞足，根紫赤多鬚，六七月采取，陰乾。

氣味：辛，平，無毒。《别錄》曰：甘，温。普曰：神農：辛，平。桐君、雷公：甘，微寒。主治：五臟邪氣，女子陰中寒熱痛，癥瘕，血閉絕子，久服輕身，和顔色《本經》。之頤曰：葉形似柏，屈曲拳攣，因名卷柏。一名豹足，一名求股，亦取象形。一名萬歲，一名長生不死草，言根栖巖石能耐歲寒。一名交時，言春分始發，時值陰離於陽，能與陽相交合。故主五臟至陰之地，為邪所薄，及女子陰中寒熱，癥瘕，血閉絕子，此正陰不與陽功能，使陰氣起亟陽氣前通交相匹配，更能使陽氣外溢，故和色輕身，所謂陽在外，陰之使也。

愚按：之頤止述《本經》主治耳。然其所説，時值陰離於陽，能使陽相交合以明主治之義，可謂得未曾有矣。葢《本經》止言女子之主治，而不及丈夫者，正為女子以血為主，如所謂癥瘕，血閉絕子，正陰不得陽之配，以致於斯，不漫同於陰虚之血閉絕子也。即《别録》謂其强陰益精，皆屬此義。故云止咳逆，治脱肛，散淋結，頭中風眩，痿躄等證，非臆説也。再合於日華子暖水臟一語，乃知盧氏所説，信而有徵。且《準繩》治嗽血唾血，及臟毒下血，並用茲味，試推求臟毒二字，以条盧氏五臟至陰之地，為邪所薄數語，乃知五臟至陰之地不得陽以和而行之，其為陰毒更有大焉者爾。

附方　大腸下血，卷柏、側柏、椶櫚等分，燒存性，為末，每服三錢，酒下，亦可飯丸服。　遠年下血，卷柏、地榆，焙，等分，每用一兩，水一盌，煎數十沸，通口服。

**清・蔣居祉《本草擇要綱目・熱性藥品》**　生卷柏一名長生不死草。凡用以鹽水煮半日，再以井水煮半日，晒乾焙用。　氣味：辛，平，無毒。　主治：五臟邪氣，女子陰中寒熱痛，癥瘕血閉絕子。久服輕身，和顔色，止欬逆，治脱肛，散淋結。頭中風眩痿躄，强陰益精，通月經，鎮心，除面皯頭風，暖水臟。生用破血，炙用止血。

**清・汪昂《本草備要》卷二**　卷柏生，瀉，行血；炙，澀，止血。　生用辛平，破血通經，治癥瘕淋結；　炙用辛溫，止血，治腸風脱肛。　生石上，拳攣如鷄足，俗呼萬年松。凡使，鹽水煮半日，井水煮半日，焙用。

**清・李熙和《醫經允中》卷二一**　卷栢　即萬年松。　生用辛平，破血通經，治癥瘕淋結。炙用辛溫，止血，治腸風脱肛。

**清・馮兆張《馮氏錦囊秘錄・雜症痘疹藥性主治合參》卷三**　卷栢稟石之氣，兼感天之陽氣以生。故味辛甘，溫、平、微寒，無毒。　卷栢，彷彿匾栢。止血用炙，去血宜生。治婦人癥瘕血閉殊功，療男子風眩痿蹶立效。止脱肛而散淋結，敺鬼邪以除啼泣。益精强陰，鎮心定魄。暖水臟，育孕，和顔色，輕身。

**清・张璐《本經逢原》卷二**　卷栢　辛，平，無毒。桐君、雷公云：甘，寒，無毒。鹽水煮半日，再以井水煮半日。生用破血，炙用止血。《本經》主五藏邪氣，女子陰中寒熱痛，癥瘕血閉絕子，久服輕身和顔色。　發明：卷栢，足厥陰經血分藥也。詳《本經》諸治一皆女子經癸之病，總厥陰與衝脈之患也。《千金》大澤蘭丸、紫石英、天門冬等丸皆用之。《經疏》言妊婦禁用，以其能寒子藏中血氣也。

**清・劉漢基《藥性通考》卷六**　卷栢　味辛，氣溫。生用辛平，破血通經，治癥瘕淋結。炙用辛溫，止血，治腸風脱肛。生石上，拳攣如鷄足，俗呼萬年松。凡使，鹽水煮半日，井水煮半日，焙用。加入補劑之中，方可見效。

**清・吴儀洛《本草從新》卷二**　卷柏〔生用破血，炒用止血。〕　生用辛平，破血通經，治癥瘕淋結；　炙用辛溫，止血，治腸風脱肛。生石上，拳攣如鷄足，俗名萬年松。鹽水煮半日，井水煮半日，焙。

**清・汪紱《醫林纂要探源》卷二**　卷柏　辛、鹹，平。生水石上，起幹分葉，茸茸如柏，雨潤則舒，晴乾則卷，故名。一名萬年松。亦苔類也。補心，行肝，專入血分。色青微紅，水石之英，故入血分。生用則行，去癥瘕，通淋閉，破瘀血，通月經。炙用能止。炙則溫，兼火化，有苦味而辛減，故止血，治崩漏，脱肛，腸風血痢。

**清・嚴潔等《得配本草》卷四**　卷柏　辛，平。除五臟邪氣，治陰中作痛。收脱肛，暖水臟，療風眩，消癥瘕。配地榆，治下血。配側柏，治腸紅。

在山生者名卷柏。鹽水煮，曬乾用。

**題清・徐大椿《藥性切用》卷四** 卷栢 炙用辛溫，善能濇腸止血。生用辛平，力可破血通經。

**清・黄宫繡《本草求真》卷七** 卷柏生涼血，炒止血。 卷柏耑入肝。原屬草部。並非側栢，生於石上。形如拳卷，故以卷名。即俗所謂萬年松者是也。氣堅質厚，味甘性溫，入足厥陰肝經血分。其治有分生熟，生則微寒，力能破血通經，故治癥瘕淋結等症，炙則辛溫，能以止血，故治腸紅脱肛等症，性與側栢葉懸殊，治亦稍異。側栢葉仗金氣以制木，借炒黑以止血。不可不辨。鹽水煮半日，井水煮半日，焙用。

**附：琉球・吴繼志《質問本草》外篇卷三** 水松卷柏 辛丑之冬清舶漂到，採此種問之。 水松。鄭茂慶。

**清・羅國綱《羅氏會約醫鏡》卷一六草部** 卷柏俗名萬年松。味辛甘，溫、平，微寒。 通經脉。治癥瘕淋結，宜生用以破血。療脱肛腸風及一切血熱妄行。宜炙用以止血。生石上拳攣如鷄足。

**清・楊時泰《本草述鉤元》卷一三** 卷柏 一名豹足，一名求股，一名萬歲，一名長生不死草。出常山山谷，關、陝、沂、兖亦有之。叢生石上，春分宿根再發，高三五寸，細葉似側柏，屈藏如雞足，根紫赤多鬚，六七月采取，陰乾。

氣味辛平。《本經》主五臟邪氣，女子陰中寒熱痛，癥瘕血閉絶子。此陰不得陽之配所致，非陰虚之血閉絶子也。久服輕身和顔色。諸本草止欬逆嗽血唾血頭中風眩，強陰益精，療痿躄，治脱肛，散淋結及臟毒下血。此臟陰之地，不得陽以和而行之，為陰毒。下血，用卷柏、側柏、椶櫚等分，燒存性為末，每服三錢酒下，亦可飯丸服。遠年下血，卷柏、地榆焙等分，每用一兩，水一盌，煎數十沸，通口服。

論：卷柏一名交時，言春分始發，時值陰離於陽，能與陽相交合，故主五臟至陰之地為邪所薄。不得陽以和而行之之故。功能使陰氣起亟，陽氣前通，交相配匹。《本經》故主癥瘕血閉絶子及陰中寒熱痛。更能使陽氣外溢，和顔色而輕身。所謂陽在外陰之使也。

**清・吴其濬《植物名實圖考》卷一六** 卷柏 《本經》上品。詳宋《圖經》。今山石間多有之。

**清・趙其光《本草求原》卷三隰草部** 還魂草即打不死，又名萬年松。 淡、腥，微寒。活血，理跌打、杖傷，取汁調酒服。敷瘡腫，消火癧。

**清・趙其光《本草求原》卷五水石草部** 卷柏 根棲巖石，耐寒不死，春復生發。甘而溫。能使陰與陽交合，故《本經》言其主治五臟至陰之地為陰邪所薄，及女子陰中寒熱、癥瘕、血閉絶子，皆陽氣不能前通所致。久服身輕者，陽在外為陰之使也；和顔色者，陽光外澤也；除臟毒者，至陰不得陽以和，行之則為陰毒也。然則《別録》諸書，謂其強陰益精，止咳逆，治脱肛，散淋結，頭中風眩，痿躄及破血、止血。總不外日華子暖水臟一語盡之。同地榆水煎，同側柏、棕櫚燒灰酒下，俱治下血。

**清・葉志詵《神農本草經贊》卷一** 卷柏 味辛，溫。生山谷。主五藏邪氣，女子陰中寒熱痛，癥瘕血閉，絶子。久服輕身，和顔色。一名萬歲。生山谷石間。

含春時發，莳植無稽。白石鑿鑿，芳草萋萋。斑窺豹隱，拳屈雞栖。長生萬歲，名與栢齊。

梁簡文帝賦：草含春而色動。《易》：以時發也。《唐書・志》：司苑掌園囿莳植。《書》：無稽之言勿聽。《詩》：白石鑿鑿。《楚辭》：芳草生兮萋萋。《晉書・傳》：管中窺豹，時見一斑。吴普曰：一名豹足。蘇頌曰：春生苗，似栢葉而細，拳屈如雞足。李時珍曰：俗名長生不死草。

**清・文晟《新編六書》卷六《藥性摘録》** 卷柏 屬草部。甘，溫。入肝經血分。○生涼血，能通經，治疝瘕淋結。○炒止血，治腸紅脱肛等症。○鹽水煮半日，井水煮半日，焙用良。

**清・劉善述、劉士季《草木便方》卷一草部** 豹足草 卷柏辛平生活血，強陰益精除臟邪。癥瘕血門陰中痛，脱肛淋結頭風滅。

**清・劉善述、劉士季《草木便方》卷一草部** 還魂草 還魂草辛破血良，去瘀生新跌撲嘗。昏悶不醒熬嚾服，起死回生真妙方。

**清・戴葆元《本草綱目易知録》卷二** 卷柏 生用，辛，平。破血，通月經，散淋結，女子陰中寒熱痛，癥瘕血閉絶子。炙用，甘，溫。鎮心止血，強陰益精，暖水臟，收脱肛，止欬逆，頭中風眩，痿躄尸疰鬼疰，腹痛百邪，鬼魅啼泣，除面皯，令人好顏容。

**清・陳其瑞《本草撮要》卷一**　卷柏　味辛，平，入足厥陰經，功專破血通經，治癥瘕淋結。炙用辛溫止血，治腸風脫肛，俗名萬年松。鹽水煮半日，井水煮半日焙用。

含生草

**宋・唐慎微《證類本草》卷九草部中品〔唐・陳藏器《本草拾遺》〕**　含生草　主婦人難產，口中含之，立產。亦咽其汁。葉如卷柏而大。生靺鞨國。其葉，煮之不熱，無毒。

地柏

**宋・唐慎微《證類本草》卷三〇外草類〔宋・蘇頌《本草圖經》〕**　地柏　生蜀中山谷，河中府亦有之。根黃，狀如絲，莖細，上有黃點子。無花。葉三月生，長四五寸許。四月採，暴乾用。蜀中九月藥市，多有貨之。主臟毒下血，神速。其方與黃耆等分，末之，米飲服二錢。蜀人甚神此方，誠有效也。

**明・劉文泰《本草品彙精要》卷四一**　地柏　散生。

地柏　主臟毒下血。其方與黃芪等分，末之，米飲服二錢，神效。出《圖經》。【苗】《圖經》曰：根黃，壯如絲，莖細，上有黃點子。無花，葉三月生，苗長四五寸許。蜀中九月藥市多有貨之。【地】《圖經》曰：生蜀中山谷，及河中府亦有之。【時】生：春生苗。採：四月取莖花。【收】暴乾。【用】莖及根。

筋骨草

**清・吳其濬《植物名實圖考》卷一六**　筋骨草　生山溪間。綠蔓茸毛，就莖生杈，長至數尺；著地生根，頭緒縈挐如人筋絡。俚醫以為調和筋骨之藥，名為小伸筋。秋時莖梢發白芽，宛如小牙。滇南謂之過山龍，端午日玀玀採以入市鬻之。云小兒是日煎水作浴湯，不生瘡毒受濕痒。

鬱松

**清・吳其濬《植物名實圖考》卷一七**　鬱松　生蒙自縣山中。綠莖細葉，蒙茸荏柔，一叢數本，經冬不萎，故名為松，而枝葉俱扁。土醫採治牙痛，無論風火蟲蝕，揉熟，塞入患處即止。

貓糊草

**附：琉球・吳繼志《質問本草》外篇卷二**　貓糊草　辛丑清舶漂到，拈此種問之。貓糊草。鄭茂慶。

翠雲草

**清・趙學敏《本草綱目拾遺》卷四草部中**　翠羽草　一名翠雲草、孔雀花、神錦花、鶴翎草、鳳尾草。其草獨莖成瓣，細葉攢簇，葉上有翠斑。《百花鏡》：翠雲草無直梗，宜倒懸及平鋪在地，因其葉青綠蒼翠，重重碎蹙，儼若翠鈿雲翹，故名。但有色而無花香，非芸也。其根遇土即生，見日則萎，性最喜陰溼。《粵志》：孔雀花可以避暑。汪連仕《采藥書》：翠雲草，一名翠翎草，即矮腳鳳毛。治痔漏，同胡桃葉煎洗汪連仕方。　治吐血神效：《百草鏡》：女子吐血：翠雲草三錢，水煎服。　嘉慶癸亥，予寓西溪吳氏家。次子年十五，忽腹背患起紅瘰，蔓延及腰如帶，或云蛇纏瘡，或云丹毒，乃風火所結，血凝滯而成。予疑其入山樵採染蟲毒，乃以蟾酥犀黃錠塗之，不效。二三日瘰愈，大作膿。復與以如意金黃散傅之，亦不效。次日，瘡旁復起紅暈，更為潤大，有老嫗教以用開屏鳳毛，即翠雲草也，搗汁塗上，一夕立消。此草解火毒如此，又不特治血神效也。

**清・趙學敏《本草綱目拾遺》卷五草部下**　金雞獨立草　散喉風：《採藥志》云：散喉癰之聖藥。　敏按：此即翠羽草。宜併。

**清・吳其濬《植物名實圖考》卷一七**　翠雲草　生山石間。綠莖小葉，青翠可愛。《群芳譜》錄之。人多種於石供及陰濕地為玩。江西土醫謂之龍鬚，滇南謂之劍柏，皆云能舒筋絡。

問荆

**宋・唐慎微《證類本草》卷九草部中品〔唐・陳藏器《本草拾遺》〕**　問荆　味苦，平，無毒。主結氣瘤痛，上氣，氣急。煮服之。生伊、洛間洲渚，苗似木賊，節節相接，亦名接續草。

**附：琉球・吳繼志《質問本草》外篇卷二**　土木賊問荊　生水濱，六七月莖叉頭開小花。木賊近水地，苗長尺許，或二三尺，叢生，每根一幹，無花葉，中空，寸寸有節，色青，凌冬不凋。按圖中乃是土木賊，跌打藥有用之者。壬寅，潘貞蔚、石家辰。木賊草，產近水肥地，直挺無歧者為上，磋木光滑。入肝膽二經。明目退翳，消積塊，腸風止痢，及婦人月經不止，解肌，止淚，療脫肛之良藥也。壬寅，陸澍。　敝藩或以此為本草所謂麻黃，先生以為木賊。然邦俗呼木賊者，形狀異於此，今圖以問是非。再問陸澍。　俗名土木賊草。木賊有兩種，一種川木賊，一種土木賊。以此觀之，有芒無芒而已，非麻黄也。此有兩辨：生在岩穴，地土豐厚，其物粗大；生在水濱，地氣不足，不過苗軟而已。此二件俱可用也。吳先生所見為麻黄，非也。陸先生認作木賊是矣。其性與用，載在《綱目》。甲辰，戴道光、戴昌蘭。○繼志云：陸澍既歸於松江故游，學生以是問之戴氏，而戴氏有此答。

### 木賊

**宋・唐慎微《證類本草》卷一一草部下品〔宋・掌禹錫《嘉祐本草》〕** 木賊 味甘，微苦，無毒。主目疾，退翳膜，又消積塊，益肝膽，明目，療腸風，止痢，及婦人月水不斷，得牛角鰓、麝香，治休息痢歷久不差。得禹餘糧、當歸、芎藭，療崩中赤白。得槐鵝、桑耳，腸風下血服之效。又與槐子、枳實相宜，主痔疾出血。出秦、隴、華、成諸郡近水地。苗長尺許，叢生。每根一莖，無花葉，寸寸有節，色青，陵冬不凋。四月採用之新定。

〔宋・蘇頌《本草圖經》〕曰：木賊，生秦、隴、同、華間。味微苦，無毒。主明目，療風，止痢。所生山谷近水地有之。獨莖，苗如箭笴，無葉，長一二尺，青色，經冬不枯，寸寸有節，採無時。今醫用之最多，甚治腸痔多年不差，下血不止方：木賊、枳殼各二兩，乾薑一兩，大黄一分，四味並剉一處，於銚子內炒黑色，存三分性，擣羅。溫粟米飲調，食前服二錢匕，甚效。

〔宋・唐慎微《證類本草》〕《廣利方》：治瀉血不止。木賊十二分，切，以水一升八合，煎取八合，去滓。空心溫分二服，如人行五里再服。

**宋・寇宗奭《本草衍義》卷一二** 木賊 細剉，微微炒，擣爲末，沸湯點二錢，食前服，治小腸、膀胱氣，緩緩服必效。

**宋・劉明之《圖經本草藥性總論》卷上** 木賊 味甘，微苦，無毒。主目疾，退翳膜，消積塊，益肝膽明目，療腸風止痢，及婦人月水不斷。得牛角鰓、麝香，治休息痢，歷年不差。得禹餘糧，當歸，芎藭，療崩中赤白。得槐蛾、桑耳，腸風下血服之効。又與槐子、枳實相宜，主痔疾出血。《廣利方》：治瀉血不止。出秦隴。

**元・尚從善《本草元命苞》卷五** 木賊 味甘，微苦，無毒。益肝膽，明目，退翳膜侵睛。消積塊，療腸風瀉痢。止月水，治崩漏赤白。生秦、隴、華、成諸郡近水地。苗長尺餘，作叢生，每根一莖，無花葉，寸寸有節，色青，凌冬不凋。用之無時採取。

**元・朱震亨《本草衍義補遺》** 木賊 用發汗至易。去節，剉，以水潤濕，火上烘用。○《本草》不言發汗至易，傳寫之誤也。又云：味甘，微苦，無毒。治目疾，退翳膜，益肝膽。婦人月水不斷。得禹餘糧、當歸、芎藭，治崩中赤白。得槐鵝、桑耳，腸風下血服之效。

**元・徐彥純《本草發揮》卷二** 木賊 丹溪云：用木賊發汗至易，須去節，剉，以水潤濕布，烘用。

**明・蘭茂撰，清・管暄校補《滇南本草》卷中** 木賊一名節節草，又名闘管草，又名闘眼草。性微寒，味辛、酸、微苦。行十二經絡，散肝家鬱結，雲翳暴赤脹痛，退翳膜，消弩肉攀睛。以土木賊本性治法，但土性不同。兼治五淋，玉莖疼痛，赤白便濁，婦人赤白帶下，破血積，通月經。

**明・蘭茂《滇南本草》〔叢本〕卷上** 木賊一名節節草，一名筆管草，一名豆根草。味辛、微苦，性微溫。行十二經絡，散肝家流結成翳，治暴赤火眼，珠脹疼，退翳膜，〔帑〕〔胬〕肉遮睛。以上是木賊草本治，但木性不同。治五淋，玉莖疼痛，小便赤白濁症。根治婦人白帶淋瀝，破血塊，通婦人經閉，止大腸下血。草果藥，不拘多少，瓦焙二錢。木香三錢，共為細末，每服一錢，熱燒酒下。

**明・王綸《本草集要》卷三** 木賊 味甘，微苦，無毒。四月採，去節，剉，以水潤濕，火上烘用。主目疾，退翳膜，益肝膽，明目。又消積塊，療腸風，止痢，及婦人月水不斷。又用發汗至易。得牛角鰓、麝香，治休息痢歷久不差；得餘糧，當歸，芎藭，療崩中赤白；得槐鵝，桑耳，療腸風下血；又與槐子、枳殼相宜，主痔疾血出。

**明・滕弘《神農本經會通》卷一** 木賊 四月採，去節，剉，以水潤濕，火上烘用。

味甘，微苦，無毒。東云：去目翳，治崩漏。《本經》云：主目疾，退翳膜。又消積塊，益肝膽，明目。療腸風，止痢，及婦人月水不住。得牛角鰓，麝香，治休息痢歷久不差。得禹餘糧、當歸、芎藭，療崩中赤白。得槐鵝、桑耳，腸風下血服之効。又與槐子、枳實相宜，主痔疾出血。《圖經》云：主明目，治風止痢。又治腸痔多年不差，下血不止，木賊、枳殼各二兩，乾薑一兩，大黄一分，並剉一處，於銚子內炒黑色，存三分性，細末，溫粟米飲調，食前服二錢匕，効。《廣利方》治瀉血不止，水煎，空心服。丹溪云：用發汗至易，去節，剉，以水潤濕，火上烘用。《本草》不言，傳寫之誤也。《局》云：木賊苦甘除目疾，益精去翳可還明。更攻積塊腸風痢，并治陰人赤白崩。木賊，開眼翳。

**明·劉文泰《本草品彙精要》卷一五**　木賊無毒　叢生。

木賊：主目疾，退翳膜。又消積塊，益肝膽，明目，療腸風，止痢，及婦人月水不斷。名醫所錄。〔苗〕《圖經》曰：叢生，苗如箭笴，長二三尺，色青而無花葉，每根一蘚，寸寸有節，其紋直而甚利，淩冬不凋。〔地〕《圖經》曰：生秦隴同華諸郡山谷，近水地有之。〔道地〕秦州。〔時〕生：春生苗。採：四月取。〔收〕暴乾。〔用〕莖。〔色〕青。〔味〕甘，微苦。〔性〕平，緩。〔氣〕氣之薄者，陽中之陰。〔臭〕朽。〔主〕明目退翳。〔製〕去節剉，以水潤濕，火上烘用。〔治〕療：《衍義》曰：治小腸膀胱氣，細剉，炒搗爲末，食前沸湯點二錢，緩緩服之，必效。《別錄》云：治瀉血不止，以木賊十二分，切碎，用水一升八合，煎取八合，去滓，空心溫分二服，如人行五里，再服之。〔合治〕合牛角鰓、麝香，治休息痢日久不瘥。〇合槐子、禹餘糧、當歸、芎藭，治崩中赤白。〇合槐鵝、桑耳，治腸風下血。〇合槐子、枳實，治痔疾出血。〇合枳殼各二兩，乾薑一兩，大黃一分，四味煎剉一處，於銚子內炒黑色，存三分性，搗羅爲末，溫粟米飲調，食前服一錢匕，治腸痔下血，多年不瘥。

**明·葉文齡《醫學統旨》卷八**　木賊　氣寒，味甘、微苦，無毒。去節，剉，以水潤濕，火上烘用。　治目疾退翳膜，益肝膽明目；　又消積塊，療腸風，止痢，及婦人月水不斷；　又用發汗至易。

**明·許希周《藥性粗評》卷一**　血症流洪，塞漏偏宜於木賊。

木賊，叢生，每根一莖如筋大，高一二尺，頗似箭笴，獨莖並無枝葉花實，寸寸有節，色青，經冬不衰。出水邊阪岸之間，南北處處有之。四月採莖，暴乾。凡用去節。味苦、甘，性平，無毒。主治腸風痔漏，血痢，婦人月水不斷，崩中帶下，磨塊散血，明目退翳膜，亦能出汗。丹溪云：木賊發汗。《至易本草》云：得牛角鰓、麝香治休息痢得禹餘糧、芎藭、當歸治崩中、赤白，得槐花、桑耳治腸風下血。又與槐子、枳實相宜，主痔疾出血。

單方：瀉血：木賊一兩，剉，水一升八合，煎取八合，去滓，空心溫服，少頃再服，當止。

疝氣：木賊，剉，微炒，搗為細末，每服一二錢，食前沸湯點服，日三次，愈。

**明·鄭寧《藥性要略大全》卷五**　木賊草　明目去翳。止崩漏，益肝膽，消積塊，攻腸風，止痢。《十書》云：得牛角鰓、麝香，治休息痢歷久不差者；得禹餘糧、當歸、芎藭，療崩中赤白；得槐蛾、桑耳，治腸風下血；得槐子、枳實，止痔漏出血。味甘、微苦，性平，無毒。四月採，去節，剉，以水潤濕，烘乾入藥。處處有之，惟川地產者粗大，良。

**明·陳嘉謨《本草蒙筌》卷二**　木賊　味甘、微苦，無毒。苗長尺餘，寸寸有節。產自秦隴諸郡，色青淩冬不凋。夏將莖收，手搯節淨。憑煎湯液，任合散丸。益肝膽，退目瞖暴生。消積塊，止月經久滴。極易發汗，大能踈邪。得麝香、牛角鰓，治休息痢證；得芎、歸、餘糧石，治赤白崩中。得桑耳、槐鵝，療腸風下血。得槐子、枳殼，療痔瘻來紅。

**明·王文潔《太乙仙製本草藥性大全》卷二《本草精義》**　木賊　生秦、隴、華、成諸郡，近水地有之。獨莖，苗如箭笴，無葉，長三尺餘，叢生，每根一蘚，無花葉，寸寸有節，色青，陵冬不凋，夏至採收，手搯節净，並煎湯液，任作散丸。

**明·王文潔《太乙仙製本草藥性大全》卷二《仙製藥性》**　木賊　味甘、微苦，無毒。主治：益肝膽，退目瞖暴生；　消積塊，止月經久滴。極易發汗，大能踈邪。得麝香、牛角鰓治休息痢證，得芎、歸、餘糧石治赤白崩中，得桑耳、槐鵝療腸風下血，得槐子、枳殼療痔瘻來紅。　補註：治痔血不止，木賊十二分，切，以水一升八合，煎取八合，去滓，空心溫分二服，如人行五里再服。腸痔多年不差，下血不止，用木賊、枳殼各二兩，乾薑一兩，大黃一分，四味並剉一處，於銚子內炒黑色存三分性，搗羅，溫粟米飲調，食前服二錢匕甚效。《衍義》云：木賊細剉，微微炒，搗爲末，沸湯點一錢，飯前服，治小腸、膀胱氣，緩緩服必效。

**明·皇甫嵩《本草發明》卷三**　木賊下品下，佐使。味甘、微苦，平，無毒。發明曰：木賊，益肝膽明目。《本草》主目疾，退翳膜暴生，此專攻也。又消積塊，療腸風止痢，婦人月水不斷。得牛角鰓、麝香治休息痢，得禹餘糧、芎、歸療崩中赤白，得槐鵝、桑耳，腸風下血。與槐子、枳實相宜，主痔疾出血。此肝經藥，又兼治諸血分之症。抑諸血藏于肝，而能益肝氣歟。或云：極易發汗，大能疏邪，抑以輕虛之質，性能疏散榮中之氣藥歟，更詳之。

**明·李時珍《本草綱目》卷一五草部·隰草類上**　木賊宋《嘉祐》

〔釋名〕時珍曰：此草有節，面糙澀。治木骨者，用之磋擦則光净，猶云木之賊也。

【集解】禹錫曰：木賊出秦、隴、華、成諸郡近水地。苗長尺許，叢生。每根一幹，無花葉，寸寸有節，色青，凌冬不凋。四月採之。頌曰：所在近水地有之，採無時，今用甚多。時珍曰：叢叢直上，長者二三尺，狀似鳧茈苗及粽心草，而中空有節，又似麻黄莖而稍粗，無枝葉。

莖【氣味】甘、微苦，無毒。時珍曰：温。【主治】目疾，退翳膜，消積塊，益肝膽，療腸風，止痢，及婦人月水不斷，崩中赤白《嘉祐》。解肌，止淚止血，去風濕，疝痛，大腸脱肛時珍。【發明】禹錫曰：木賊得牛角鰓、麝香，治休息久痢。得禹餘糧、當歸、芎藭，治崩中赤白。得槐蛾、桑耳，治腸風下血。得槐子、枳實，治痔疾出血。震亨曰：木賊去節烘過，發汗至易，《本草》不曾言及。時珍曰：木賊氣温，味微甘苦，中空而輕，陽中之陰，升也，浮也。與麻黄同形同性，故亦能發汗解肌，升散火鬱風濕，治眼目諸血疾也。

【附方】舊三，新九。目昏多淚：木賊去節，蒼术泔浸，各一兩，爲末。每服二錢，茶調下。或蜜丸亦可。急喉痹塞：木賊以牛糞火燒存性，每冷水服一錢，血出即安也。《聖惠方》。舌硬出血：木賊煎水漱之，即止。《聖惠方》。血痢不止：木賊五錢，水煎温服，一日一服。《聖惠方》。瀉血不止：方同上，日二服。《廣利方》。腸痔下血：多年不止。用木賊、枳殼各二兩，乾薑一兩，大黄二錢半，並於銚内炒黑存性，爲末。每粟米飲服二錢，甚效也。蘇頌《圖經本草》。大腸脱肛：木賊燒存性，爲末摻之，按入即止。一加龍骨。《三因方》。婦人血崩：血氣痛不可忍，遠年近日不瘥者，雷氏木賊散主之。木賊一兩，香附子一兩，朴硝半兩，爲末。每服三錢，色黑者，酒一盞煎，紅赤者，水一盞煎，和滓服，日二服。臍下痛者，加乳香、没藥、當歸各一錢，同煎。忌生冷硬物猪魚油膩酒麪。《醫壘元戎》。月水不斷：木賊炒三錢，水一盞，煎七分，温服，日一服。《聖惠方》。胎動不安：木賊去節、川芎等分，爲末。每服三錢，水一盞，入金銀一錢，煎服。《聖濟總録》。小腸疝氣：木賊細剉，微炒爲末，沸湯點服二錢，緩服取效。一方：用熱酒下。○寇氏《本草衍義》。誤吞銅錢：木賊爲末，鷄子白調服一錢。《聖惠方》。

**題明・薛己《本草約言》卷一《藥性本草》** 木賊 益肝膽，明目。

**明・佚名氏《醫方藥性・草藥便覽》** 節築草 其性溫。去翳，收淚。名木賊。

**明・梅得春《藥性會元》卷上** 木賊 味甘、微苦，氣寒，無毒。主明目，退翳膜，益肝膽，去腸風，破積塊，止痢，止崩，療女人月水不斷。又云：發汗至易。得禹餘糧、歸、芎同用，治崩中；得槐鵝、桑耳同用，治腸風；與槐子、枳實相宜，用治痔瘡出血。製法：凡使，水洗過，去節，剉用。

**明・李中立《本草原始》卷三** 木賊 出秦隴、華、成諸郡近水地。苗長尺許，叢生，每根一蘚，無花葉，寸寸有節，色青，凌冬不凋。四月采之。作木器用之磨光，能去木屑，故名木賊。氣味：甘、微苦，無毒。主治：目疾，退翳膜，消積塊，益肝膽，明目。療腸風，止痢，及婦人月水不斷。得牛角鰓、麝香，治休息痢歷久不差。得禹餘糧、當歸、芎藭，療崩中赤白。得槐蛾、桑耳，腸風下血服之效。又與槐子、枳實相宜，主痔疾出血。○解肌，止淚，止血，去風濕疝痛，大腸脱肛。

木賊，宋《嘉祐》。【圖略】

震亨曰：木賊，去節烘得，發汗至易，《本草》不曾言及。《聖惠方》：治舌硬出血，木賊煎水漱之即止。

**明・張懋辰《本草便》卷一** 木賊 味甘、微苦，無毒。主目疾，退翳膜，益肝膽。又消積塊，療腸風，止痢，及婦人月水不斷，發汗至易。

**明・李中梓《藥性解》卷四** 木賊 味甘、微苦，性平，無毒，入肺經。主目疾，退翳膜，消積塊，益肝臟，得麝香、牛角鰓治休息痢久不瘥。得禹餘糧、當歸、芎藭療崩中赤白，得槐鵝、桑耳治腸虚下血；得槐子、枳實、地榆治腸澼及痔血。去節，水潤焙用。按：木賊之名，以其能伐木也。肝為木，故宜入焉，夫目得血而能視，藉之以伐肝邪，則血生而愈目疾。

**明・繆希雍《本草經疏》卷一一** 木賊 味甘、微苦，無毒。主目疾，退翳膜，又消積塊，益肝膽，明目，療腸風止痢，及婦人月水不斷。得牛角鰓、麝香，治休息痢歷久不差。得禹餘糧、當歸、芎藭，療崩中赤白。得槐鵝、桑耳，腸風下血服之，效。又與槐子、枳實相宜，主痔疾出血。

【疏】木賊草感春升之氣，故應味甘微苦，而性則無毒。入足厥陰、少陽二經血分。故首主目疾，及退翳膜，益肝膽而明目也。又療腸風止痢，及婦人月水不斷，則消之中又有止之義矣。其主積塊，療腸風止痢，及婦人月水不斷，崩中赤白，痔疾出血者，皆入血益肝膽之功，肝藏血故也。【主治參互】木賊得穀精草、決明子、白蒺藜、蟬蛻、生地黄、甘菊花、蜜蒙花，治目疾久不愈，消翳障有奇功。得槐角子、桑耳煅存性、地榆、茜草根，治腸痔下血，多效。《廣利方》治瀉血不止，木賊十二分，切，以水二升，煎取八合，去滓。空心溫分二服，如人行五里再服。《衍義》云：治小腸膀胱氣，木賊細剉，微焙，搗為末。沸湯點二錢，食前服，必效。【簡誤】目疾由於怒氣，及暑熱傷血，暴赤腫痛者，非其所任。

**明·倪朱謨《本草彙言》卷三** 木賊 味甘、苦，氣平，無毒。中空而輕，陽中之陰，升也浮也。入手足三陽經。 劉氏禹錫曰：木賊出秦、隴、華、成諸郡。所在近水地亦有之。苗長尺許，叢生直上，一根只一榦。無花葉，狀似鳧茈苗及棕心草，寸節中空。又似麻黃莖而稍粗。經冬不凋。四月采之，莖榦糙澁。治木骨器，以此磋擦則光淨而滑，猶云木之賊也。

木賊草：治目疾，退翳膜，《嘉祐本草》治腹疾，消積塊之藥也。梁心如稿 目爲肝之用也，風熱勝則翳膜生，此草性體輕揚，中空直榦，故能上達肝竅以祛目疾之風；淫火勝，爲翳爲障，爲努肉，爲疳淚諸疾。《嘉祐本草》又謂治隱癖積塊，喉痹腸痔，即去翳障努淚之意。又謂去節能解肌發汗，功過麻黃，亦即取其輕空陽象之用，而有升散之力也。然多服損肝，不宜久用。如前古謂益肝膽，止婦人月水不斷，崩中赤白，此說似屬奇謬，不可信從。

集方：《方脉正宗》治目障昏蒙多淚。用木賊去節一兩爲末，和羊肝搗爲丸，早晚各食後服二錢，白湯下。○同前治小兒疳積，肚大目盲。用木賊草二兩，蕪荑一兩，共爲細末，羊肝搗和，丸彈子大。每早晚各服一丸，白湯化下。○《聖惠方》治急喉閉塞，用木賊草切碎，用牛糞炒成炭，每用白湯調服一錢，血出即安也。○同前治一切風寒濕邪，欲發汗者。用木賊草去節一兩，生薑、葱白各五錢，水煎飲即汗。○寇氏方治小腸疝氣。用木賊草去節一兩，爲末，沸湯點服一錢。○《圖經本草》治腸痔下血，多年不止。用木賊草連節、枳殼各二兩，炮薑一兩，大黃三錢，幷于鍋內炒黑爲末，每食前用米湯下三錢，甚效也。

**明·顧逢柏《分部本草妙用》卷一肝部·寒瀉** 木賊 甘、微苦，無毒。主治：目疾退瞖，消積，益肝膽，療腸風，止痢，解肌，止淚去血，去風濕，疝痛，大腸脫肛，伐肝平火。 東垣曰：木賊去節，烘過，發汗，最易升散火鬱、風濕，治目痢諸血症，以其平肝故也。肝平，脾不受剋，肺亦宣暢，故痢疾用之甚效。

**明·李中梓《醫宗必讀·本草徵要上》** 木賊草味甘、苦，平，無毒。入肝經。迎風流淚，翳膜遮睛。木賊為磋擦之需，故入肝而伐木。去節者善發汗，中空而輕，有升散之力也。按：木賊多服損肝，不宜久用。

**明·鄭二陽《仁壽堂藥鏡》卷一〇下** 木賊 《本草》云：木賊味甘，氣寒，無毒。生秦、隴、同、華間。寸寸有節，色青，冬不凋。 丹溪云：用木賊發汗至易，須去節剉，以水潤濕，布火烘用。 《圖經》云：木賊治目疾，治翳膜。

**明·蔣儀《藥鏡》卷三平部** 木賊草 伐肝邪，則血生而目翳自退。益血藏，則木平而崩痢是醫。去其節而烘過，發汗至易。治火鬱及風濕，升散不難。

**明·張景岳《景岳全書》卷四八《本草正》** 木賊 味微苦、微甘，性溫而升，陽也。性亞麻黃，故能發汗解肌，治傷寒瘧疾，去風濕，散火邪，療目疾，退翳障，止腸風下血下痢，及婦人崩中帶漏，月水不調，亦治風濕疝痛，大腸脫肛。

**明·盧之頤《本草乘雅半偈》帙九** 木賊宋《嘉祐》 氣味：甘、微苦，無毒。主治：主目疾，退翳膜，消積塊癥瘕，益肝膽，療腸風，止痢，及婦人月水不斷，崩中赤白。

覈曰：出秦、隴、華、成諸郡，所在近水地亦有之。苗長尺許，叢生直上，一根只一幹，無花葉，狀似鳧茈苗及粽心草，寸節中空，又似麻黃莖而稍粗，淩冬不凋。四月採之，莖幹糙澀，治木骨者，以之磋擦。

条曰：木以金為賊，金淫則木鬱矣。木賊草獨幹寸節，具積龠以成升，中虛淩冬，合兩明而作離，升木南征之象也。蓋火為木子，刑所勝之金，復母所不勝之讐。斯木用行，肝膽益，根竅開，目眚除，前陰疎，月水調，崩帶止，後陰洩，滯利行，腸風已矣。至若積塊癥瘕，此以堅固歸金，正所以驅木賊也。然則翳膜之屬，亦即堅固之金歟。

**明·李中梓《本草通玄》卷上** 木賊 甘、苦，入肝。 退目翳，止淚出。木賊與麻黃同形同性，亦能發汗散火。治木器者，用之磋擦則光淨，故有木賊之名。取以治肝，木有靈也。

**清·顧元交《本草彙箋》卷三** 木賊草 爲磨擦之需，入肝伐木，故首主目疾，退翳膜，爲肝經之本治。其療腸風止痢，及婦人月水不斷，則消之中又有止之義。蓋其體乾則澀，澀主去脫也。莖似麻黃，去節亦能發汗，中空而輕，有升發之道耳。

**清·穆石匏《本草洞詮》卷九** 木賊 治木骨者，用之磋擦則光淨，猶云木之賊也。味甘、微苦，氣溫，無毒。主目疾，退翳膜，消積塊，益肝膽，療腸風，止痢，及婦人月水不斷，崩中赤白。蓋木賊中空而輕，與麻黃同形同性，故亦能發汗解肌，升散火鬱、風濕，治眼目諸血疾也。

**清・劉雲密《本草述》卷九上**　木賊　覈曰：出秦、隴、華、成諸郡，所在近水地亦有之。苗長尺許，叢生，直上一根，只一幹，無花葉，狀似鳧茈苗，及悰心草，寸節中空，又似麻黃莖而稍粗，凌冬不凋，四月采之，莖幹糙濇，治木骨者，以之磋擦。

莖：　氣味：　甘，微苦，無毒。　時珍曰：溫。

主治：　目疾，退瞖膜，止淚，消積塊，益肝臟，療腸風血痢，及女子月水不斷，崩中赤白《嘉祐》。去風溼，疝痛，大腸脫肛時珍。　禹錫曰：木賊得牛角䚡、麝香，治休息久痢。得禹餘糧、當歸、芎藭，治崩中赤白。得槐蛾、桑耳，治腸風下血。得槐子、枳實，治痔疾出血。　丹溪曰：木賊去節，烘過，發汗至易。《本草》不曾言及。　時珍曰：木賊氣溫，味微甘、苦，中空而輕，陽中之陰，升也，浮也。與麻黃同形同性，故能發汗解肌，升散火鬱風溼，治眼目諸血疾也。　希雍曰：木賊草感春升之氣，故應味甘微苦，而性則無毒，入足厥陰、少陽二經血分。　木賊得穀精草、決明子、白蒺藜、蟬蛻、生地黃、甘菊花、密蒙花治目疾久不愈，消瞖障有奇功。　得槐角子、蒼耳煅存性，地榆、茜草根，治陽痔下血，多效。

附方　腸痔下血，多年不止，用木賊、枳殼各二兩，乾薑一兩，大黃二錢半，並於銚內炒黑存性，為末，每粟米飲服二錢，甚效也。　婦人血崩，血氣痛甚，遠年近日不瘥者，雷氏木賊散主之。木賊一兩，香附子一兩，朴消半兩，為末，每服三錢。色黑者酒一盞，煎。紅赤者水一盞，煎。和滓服，日二服，臍下痛者加乳香、沒藥、當歸各一錢，同煎。忌生冷、硬物、豬、魚、油膩、酒、麪。

愚按：　木賊直上中空，是陰中透陽，而風升畢達也。凌冬多節，是陽能化陰，而氣不踰節也。故其味甘勝而苦微。甘者，土也，血之所統。苦者，火也，血之所主。血雖生化於土，然原於水而成於火，故亦兼有苦也。是茲物之致其用者，固在血也。繆希雍謂入肝膽二經，誠然。但未能離於足太陰脾耳。所以血之為病，病於溼者居多，蓋從其本也。血乃水液之所化，溼勝是陰不得陽以化，故血病。血屬風木之所藏，血因溼而病，則還病於風淫，以陽不得陰以化也。而血愈病，是物本風，升陽和之氣以達溼，乃即歸於中土生化之地，溼固土所主也。又甘能和血，而土之溼行，溼行而血和，血和而陽化，則風邪散矣。先哲曰：血熱流迸，則風入腸胃，此謂陽不得陰也。即是思之，則所謂腸風血痢者，非風木不能化溼，而病於中土，致風淫於腸胃之故乎？其女子崩中，月水不斷，非溼土不化，血還以病於肝臟，而大失其藏血之職乎？然非是物，有土木交相為用之性味，可能幾其一切奏功乎哉？雖然此所能治者，屬陰不得陽化之血證，若始於陽不得陰化者，又別當從其本而治矣。何以明之？即其治目瞖，消積塊，不為陰之無陽以至斯歟。抑如止淚者，謂何？曰：目淚所因不一，此之所治，乃因血之不化，以病於風也。要不離於血病耳。

希雍曰：目疾由於怒氣，及暑熱傷血，暴赤腫痛者，非其所任。

修治　去節，童便浸一宿，焙乾。

**清・郭章宜《本草匯》卷一一**　木賊　甘苦，微溫，陽中之陰，升也，浮也。入足厥陰、少陽經血分。益肝膽，退目翳暴生。消積塊，止月經久滴。極易發汗，大能疎邪。得麝香、牛角䚡治休息痢證，得芎、歸、餘糧石治赤白崩中，得槐蛾、桑耳治腸風下紅，得槐子、枳實治痔疾出血。

按：木賊與麻黃同性同形，去節焙過，最易發汗解肌，升散火鬱風濕。但粗細之分耳。治木器者，用之磋擦則光淨，故有木賊之名。取以制肝木有靈也，故能治目昏多淚，眼目血疾。因其入肝伐木，故不可多服。若目疾由于怒氣，及暑熱傷血，暴赤腫者，非其所任。

**清・蔣居祉《本草擇要綱目・平性藥品》**　木賊草　氣味：甘，微苦，無毒。空而輕，陽中之陰，升也，浮也。　主治：目疾，退翳膜，益肝膽，解肌止淚。與麻黃同形同性，亦能散火鬱風濕而發汗。

**清・王翃《握靈本草》卷四**　木賊所在近水處有之。去節用。　主治：木賊，甘，微苦，無毒。主目疾，退翳膜，消積塊，益肝膽，療腸風，止痢，婦人月水不斷，崩帶。

**清・汪昂《本草備要》卷一**　木賊輕，發汗，退目翳。　溫，微甘、苦。中空輕揚，與麻黃同形性，亦能發汗解肌，升散火鬱風濕。入足厥陰、少陽血分，益肝膽。治目疾，退翳膜，翳乃肝邪鬱遏，不能上通于目。及疝痛脫肛，腸風痔瘻，赤痢崩中諸血病。

**清·吴楚《寶命真詮》卷三** 木賊草 【略】主迎風流淚，翳膜遮睛。入肝伐木，去節善發汗。中空而輕，有升散之力，多服損肝。

**清·王逊《藥性纂要》卷二** 木賊 【略】東圃曰：賊者，害也。木者肝者，木賊乃伐肝之品。人壯邪實，病目生翳者，可暫用。若多用，則耗削真氣矣。予男敬元四歲，好讀書，六歲病目，猶終日不徹，以至兩目生翳。且此子誕甫十月而生母歿，雖在孩提，時有憂色，絕無笑容，此天性有異於人，其抑鬱已非一日矣。及病目而又為人誤投木賊，頻服過劑，遂至肌熱如烙，膚如甲錯，竟不能治。予後究心醫理，乃知前此之誤，因書以告來者，勿妄用也。

**清·顧靖遠《顧氏醫鏡》卷七** 木賊草甘、苦，平。入肝經。專退目翳，為搓擦之需故也。善能發汗。中空而輕，有升散之功。伐肝之品，不宜久用。

**清·李熙和《醫經允中》卷一七** 木賊 甘、微苦，無毒。主治目疾，退瞖，去風濕，止淚，伐肝平火。去節焙用。最易發汗解肌，升散火鬱風濕。然入肝伐木，不宜多服。東垣云：肝平脾不受剋，肺亦宣滯，故痢疾用之亦妙。

**清·馮兆張《馮氏錦囊秘錄·雜症痘疹藥性主治合參》卷二** 木賊草感春升之氣，故味甘、微苦，無毒。入足厥陰、少陽二經血分。故首主目疾及退翳膜，益肝膽而明目也。又療腸風止痢，痔疾出血，婦人月水不斷，崩中赤白者，皆以入肝而走血分，消之中而復有止澁之義也。發汗疎邪者，輕揚春升之性也。木賊草，入肝膽，退目翳暴生。消積塊，兼發汗疎邪。但目疾暴赤腫痛，由於怒氣暑熱者，非其所宜，久服損肝。

主治痘疹合參：專益肝膽，去翳明目。治痘後目疾，宜去節，以酒潤濕，火上烘用。

按：穀精去星障，木賊去翳障，其功在菊花之上，蓋菊花和血藥，止能調養眼目，而其除星去翳則不及也。然目病久患，精血虧損者，雖有翳障，而木賊、穀精之類，必兼熟地、芍藥滋補肝腎之藥而始效，豈不思目得血而能視乎？即當歸雖能養血，然味辛散，尚非所宜也。

**清·张璐《本經逢原》卷二** 木賊 甘、微苦，無毒。去節用。發明：木賊與麻黄同形同性，故能發汗解肌，升散火鬱風濕，專主眼目風熱暴瞖止淚，取發散肝肺風邪也。多用令人目腫，若久瞖及血虚者，又非所宜。而傷暑或暴怒赤腫亦勿用之。

**清·浦士貞《夕庵讀本草快編》卷二** 木賊宋《嘉祐》 木工取其糙濇以磋器皿，猶如木之賊也。木賊中空而輕，陽中之陰，氣溫味苦，浮升之體，與麻黄同形、同性，亦可發汗解肌，升散火欝，且能磋擦諸木，信乎伐肝之物也。夫目為肝之外候，六淫交感則生翳膜，宜同決明、蒙花磨而散之。但血虚者不可多服，恐反損肝氣，雖然，豈止此哉！如同麝香、牛腮則治休息久痢，得當歸、芎藭則療崩中赤白，得槐子、枳實則收腸痔出血，得牛糞火煨則開急喉風痺。而丹溪又云去節烘燥，發汗至易，可憫今人但知療目，冤哉！

**清·劉漢基《藥性通考》卷五** 木賊草 味甘、苦，性溫。中空輕揚，與麻黄同形。性亦能發汗，解肌，昇散火欝風濕。入足厥陰、少陽血分。益肝胆，治目疾，退翳膜。翳乃肝邪欝遏，不能上通於目也。又能治疝痛，脫肛，腸風痔漏，赤痢，崩中諸血病之藥也。

**清·王子接《得宜本草·中品藥》** 木賊 味苦。功專去目翳，療腸風。得牛角䚡、麝香治休息利，得禹餘糧、當歸、川芎治崩中赤白，得槐子、枳實治痔中出血。

**清·黄元御《玉楸藥解》卷一** 木賊草 味苦，微溫。入足厥陰肝經。明目退瞖，清風止崩。磨瞖清障，除漏止崩，解肌發汗。與麻黄同性。

**清·吴儀洛《本草從新》卷一** 木賊草〔輕，發汗，退目翳。〕 甘苦而平。治目疾迎風流淚，翳膜遮睛。醫乃肝邪鬱遏，不能上通於目。去節者能發汗。中空而輕，有升散火鬱風濕之功。多服損肝。

**清·汪紱《醫林纂要探源》卷二** 木賊草 甘、淡、微苦，微溫。色青綠，似麻黄，而莖粗糙澀如錯，可刮磨金石竹木，故名。緩風泄肺逆，輕浮上達。能發汗祛寒，亦似麻黄，但味不辛，升散之力不如。滲邪濕，除妄熱，刮垢去翳。以能刮磨竹木，故治目去翳膜。目，肝竅也。兼行血分。青色入肝，故行血分。能治赤痢腸風，脫肛痔瘻。一以其微苦而甘淡，能除血中濕熱。一以其中空類腸，而又能磨垢，故去腸胃垢穢。今只用以去目翳，不知發汗治痢諸功矣。

**清·嚴潔等《得配本草》卷三** 木賊 甘、微苦，微溫。入足厥陰經血分。散肝木之風濕，升血中之鬱火，解肌發汗，去目翳，療腸風。虚者可代麻黄。得餘糧石，治赤白崩中。配槐子，治腸澼。配地榆，治脫肛。佐牛角䚡，治休息下痢。肝氣虚，血虚目不明，怒氣與傷熱暴赤腫痛者，禁用。

穀精去星障，木賊去翳障。甘菊養目，而星翳不能除。

**題清·徐大椿《藥性切用》卷三** 木賊草 甘苦性平，治目疾暴發，除翳膜遮睛。去節能發汗。多服損肝賊目，故名。

清·黃宮繡《本草求真》卷四　木賊表散風熱，專治目翳。

木賊耑入肝膽。味甘微苦，氣溫無毒，中空輕揚，書云，形質有類麻黃，升散亦頗相似，但此氣不辛熱，且入足少陽膽、足厥陰肝，能於二經血分驅散風熱，使血上通於目。目為肝竅。故為去翳明目要劑。初非麻黃味辛性燥，專開在衛腠理，而使身汗大出也。是以疝痛脫肛，腸風痔漏，赤痢崩帶諸血等症，審其果因風熱而成者，得此則痛止肛收，腸固血止，而無不治之症矣！必審果屬風熱，方用。至其去翳明目，功雖有類穀精，能駕甘菊，但穀精則去星障，甘菊則止調和血藥，於障全不能退，此則能去翳障也。然氣血虧損，則用穀精、木賊去障，又當兼以芍藥、熟地滋補肝腎，使目得血能視。若徒用此二味退障，則即加以當歸補助，亦惡氣味辛散。當歸辛散。非其所宜。

清·羅國綱《羅氏會約醫鏡》卷一六草部　木賊草味甘，微苦，微溫，入肝膽二經。中空而輕，去節能發汗，有升散之力。治目疾，退翳障，翳屬肝邪鬱遏，木賊能平肝。止腸風下血、赤痢、崩帶、脫肛、風濕疝痛。俱屬肝經病。但多服損肝，不宜久用。

清·黃凱鈞《藥籠小品》　木賊草　治目疾，見風流淚，翳膜遮睛。

清·王龍《本草纂要稿·草部》　木賊草　氣味甘苦。益肝膽，退目翳暴生。消積聚，止月經久滴。極易發汗，大能疏邪。

清·張德裕《本草正義》卷下　木賊　苦，溫。性亞麻黃，能發汗解肌，除風濕瘧疾，療目疾，退障翳，及風濕，腸風下血脫肛。性散而升，若陰虛肝熱患目者，忌之。

清·楊時泰《本草述鉤元》卷九　木賊　出秦、隴、華、成諸郡，所在近水地亦有之。苗長尺許，叢生直上，一根一幹，無花葉，寸節中空，莖幹糙澀，似麻黃而稍粗，淩冬不凋。四月采之曝。

莖味甘，微苦，氣溫。中空而輕，升也，浮也。入足厥陰、少陽血分，亦入足太陰經。主治目疾，退瞖膜，止淚，消積塊，益肝膽，療腸風血痢及女子月水不斷，崩中赤白，去風濕，疝痛，大腸脫肛。去節烘過，發汗至易丹溪。與麻黃同形同性，故能發汗解肌，升散火鬱風濕，治眼目諸血疾。得牛角鰓、麝香，治休息久痢。得禹餘糧、當歸、川芎，治崩中赤白。得槐蛾、桑耳，治腸風下血。得槐子、枳實，治痔疾出血。得穀精草、決明子、白蒺藜、蟬蛻、生地、甘菊、密蒙花，治目疾久病消瞖障。得槐角子、蒼耳子煅存性、地榆、茜根，治腸痔下血。腸痔下血，多年不止，用木賊、枳殼各二兩，乾薑一兩，大黃二錢半，並炒黑存性為末，每粟米飲服二錢。血崩血氣痛甚，年遠不瘥者，木賊散主之。木賊、香附各一兩，朴消半兩，為末，每服三錢。色黑者酒一盞煎，紅赤者水一盞煎，和渣，日二服。臍下痛者，加乳香、沒藥、當歸各一錢同煎。忌生冷硬物猪魚油膩酒麪。

論：木賊中空直上，是陰中透陽，而風升畢達也。淩冬多節，是陽能化陰，而氣不踰節也。其味甘勝苦微，甘者土味，血之所統，苦者火味，血之所主，血雖生化於土，然原於水，而成於火，故鹹苦兼之，而茲物之致其用者，固在血也。血之為病，病於濕者居多，以血為水液之所化，濕勝是陰不得陽以化也。血因濕而病，則還病於風淫，陽又不得陰以化也。木賊本風升之氣以達濕，乃即歸於中土生化之地，中土之濕行而血和，血和而陽化，則風邪散矣。先哲曰：血熱流迸，則風入腸胃。此陽不得陰也。然則腸風血痢之病，非風木不能化濕，而病於中土，致風淫於腸胃之故乎。其女子崩中，月水不斷，非濕土不能化血，還以病於肝臟，而大失其藏血之職乎。是物有土木交相為用之性味，可幾其一切奏功矣。雖然，此所能治者，惟屬陰不得陽以化之血證。即如目瞖積塊，皆緣陰之無陽以至斯。若由於陽不得陰以化者，又當別從其本而治之，至如止目淚，乃因血之不化以病於風，要不離於血病耳。

目疾由於怒氣，及暑熱傷血，暴赤腫痛者，非其所任仲淳。

修治：去節，童便浸一宿，焙乾用。

清·葉桂《本草再新》卷二　木賊草味甘，苦，性平，無毒。入心、肝二經。治目疾，迎風流淚，翳膜遮睛。去節，發汗，有升散火鬱、風濕之功。

清·吳其濬《植物名實圖考》卷一四　木賊　《嘉祐本草》始著錄。今惟治目，醫用之。《物類相感志》：木賊軟牙，蓋治木角之工，所恃以為光滑者。通呼為節節草，亦肖其形。

清·趙其光《本草求原》卷三隰草部　木賊　溫入肝，藏血。微甘入脾，統血。苦入心，主血。中空直上，淩冬多節，能於血中透陽，達濕去風，血因濕病則火鬱而風生。治目翳，止淚，肝邪遏抑，血不上注，同穀精、決明子、蒙花、甘菊、白蒺、生地、蟬蛻用。腸風血痢，風木濕鬱，血熱流進，則風入腸胃。崩中、月水不斷，土濕而血不化，肝亦失其藏血之職。疝痛，脫肛，痔瘻。皆血中風濕之病。去節，童便浸焙佳。

焙過易發汗。

得牛角䚡、麝香，治休息痢。得餘糧、芎、歸，治崩中赤白。得槐蛾、桑耳，治腸風下血。得槐子、枳實、蒼耳煅存性，地榆、茜根，或同枳殼、乾薑、大黃並炒黑為末，米飲下，治腸痔下血。同香附、朴硝，治血崩；色黑者酒下，色赤者水調下，臍痛加乳、沒、歸。忌生冷、豬、魚、油膩、酒、麵。目疾由於暑熱、怒氣暴赤者勿用。

**清・文晟《新編六書》卷六《藥性摘錄》**　木賊　味甘微苦，中空輕揚，表散風熱，尚治目翳，兼治疝痛脫肛，腸風痔漏，赤痢崩帶諸血等症。必審果系風熱而成，用此方效。○治目每用木賊、穀精。然氣血虧損，須兼芍藥、熟地等滋補，僅加當歸無益。

**清・張仁錫《藥性蒙求・草部》**　木賊草錢半　木賊草苦甘，清火散風。目疾暴翳，止淚功同。苦甘而平。治目疾迎風流淚，翳膜遮睛。若久翳及血虛者，非宜。

**清・戴葆元《本草綱目易知錄》卷一**　木賊　甘，溫，微苦。中空輕揚，與麻黃同形同性，亦能發汗解肌，止淚止血，升散火鬱風濕，益肝膽，治腸風。療目疾，退瞖膜。消積塊，收脫肛，去風濕疝痛，止痢，及婦人月水不斷，崩中赤白，胎動不安。

**清・黃光霽《本草衍句》**　木賊草甘苦。　發汗解肌，升散火鬱。益肝膽而理腸風，退翳膜而止目泣。得牛角䚡、麝香治休息利，得禹餘糧、當歸、川芎治崩中赤白，得槐子、枳實治痔中出血。

**清・陳其瑞《本草撮要》卷一**　木賊　味苦，入足厥陰經，功專去目翳，療腸風。得禹餘糧、當歸、川芎治崩中赤白，得槐子、枳實治痔中出血。

### 筆筒草

**清・劉善述、劉士季《草木便方》卷一草部**　筆筒草　通炁草辛治跌傷，通氣過節明目強。能利九竅消積滯，止嗽化痰清利湯。

### 蕨菜

**明・佚名氏《醫方藥性・草藥便覽》**　蕨菜　其性苦。治吐瀉之嘔。

**清・吳其濬《植物名實圖考》卷六**　蕨藄　蕨藄如蕨而肥矮，有枝無杈，梢葉如粟，色綠。按《爾雅》：藄，月爾。注：即紫藄也。似蕨可食，或即此。疑有綠、紫二種。江右蕨，經野燒再發名蕨基，與此異。

**清・梁章鉅《浪跡三談》卷五**　《隨園食單》謂用蕨菜不可愛惜，須盡去其枝葉，單取直根洗淨煨爛，再用雞肉湯，或煨或炒，自別有風味。按《食物本草》云：此味甘滑，令人消陽道，眼昏腹脹，非良物也。

### 陰地厥

**宋・唐慎微《證類本草》卷三〇外草類〔宋・蘇頌《本草圖經》〕**　陰地厥　生鄧州順陽縣內鄉山谷。味甘，苦，微寒，無毒。主療腫毒風熱。葉似青蒿，莖青紫色，花作小穗，微黃。根似細辛。七月採根，苗用。

**宋・王介《履巉巖本草》卷下**　陰地蕨　性寒，有毒。能死硫磺，硃砂。

**宋・陳衍《寶慶本草折衷》卷二〇**　陰地厥或作蕨。　生鄧州，順陽縣內鄉山谷。○七月採根苗。　味甘，苦，微寒，無毒。○主療腫毒風熱，葉似青蒿，莖青紫色，花作小穗，微黃，根似細辛。

續說云：王史《經效方》治極熱結癰疽，并涎中。用深山僻崖間陰地蕨，并莖、葉為末，每服貳錢，新汲水下，仍可外傅瘡疽。

**明・劉文泰《本草品彙精要》卷四一**　陰地厥無毒　植生。

陰地厥：主療腫毒風熱。出《圖經》。〔苗〕《圖經》曰：葉似青蒿，莖青紫色，花作小穗，微黃，根似細辛。〔地〕《圖經》曰：生鄧州順陽縣內鄉山谷。〔時〕生：春生苗。採：七月取根苗。〔收〕陰乾。〔用〕苗及根。〔味〕甘，苦。〔性〕微寒。〔氣〕氣薄味厚，陰中之陽。

**明・李時珍《本草綱目》卷一五草部・隰草類上**　陰地厥宋《圖經》

〔集解〕頌曰：生鄧州順陽縣內鄉山谷。葉似青蒿，莖青紫色，花作小穗，微黃，根似細辛。七月採根用。時珍曰：江浙亦有之。外家採製丹砂、硫黃。

根苗　〔氣味〕甘，苦，微寒，無毒。〔主治〕腫毒風熱蘇頌。

〔附方〕新一。男婦吐血：後胸膈虛熱。陰地厥、紫河車、貫衆、甘草各半兩。每服三錢，水煎服。《聖濟總錄》。

**清・何諫《生草藥性備要》卷下**　石奇蛇　祛風，去濕。浸酒，壯筋骨。趴在石岩之處生的佳。

**清・吳其濬《植物名實圖考》卷一四**　陰地厥　宋《圖經》收之，云生鄧州內鄉山谷。葉似青蒿，莖青紫色，花作小穗微黃。按圖不作穗形。李時珍云江浙有之，引《聖濟總錄》治男婦後胸膈虛熱吐血。依原圖繪，以俟訪。

**清・劉善述、劉士季《草木便方》卷一草部**　一朵雲　一朵雲辛治風良，癰疽腫毒消瘡瘍。祛風除濕塗蛇毒，跌打損傷金瘡強。

一支箭

**清·劉善述、劉士季《草木便方》卷一草部**　一枝箭　一枝箭苦入厥陰，腎囊腫痛熱毒清。疔腫惡毒除風熱，胸腹宿血蛇毒輕。

瓶爾小草

**明·蘭茂原撰，范洪等抄補《滇南本草圖說》卷四**　瓶爾草　性溫，味淡。主治：筋絡消氣，散瘰癧馬刀，結核鼠瘡、潰爛膿血不止。補氣，益虛調元。搽癬瘡，小兒黄水瘡。婦人陰痒生蟲，洗之良。

**清·吴其濬《植物名實圖考》卷一七**　瓶爾小草　生雲南山石間。一莖一葉，高二三寸；葉似馬蹄有尖，光緑無紋，就莖作小穗，色緑微黄，貼葉如著。

觀音座蓮

**清·吴其濬《植物名實圖考》卷九**　觀音座蓮　生南安。形似貫眾而葉小莖細，多枝杈；高二三尺；根亦如貫眾，有黑毛，彷彿蓮瓣，層層上攢，蓋大蕨之類。

水蕨

**明·李時珍《本草綱目》卷二七菜部·柔滑類**　水蕨《綱目》

【集解】時珍曰：水蕨似蕨，生水中。《呂氏春秋》云：菜之美者，有雲夢之䓋。即此菜也。䓋音豈。

【氣味】甘，苦，寒，無毒。【主治】腹中痞積，淡煮食，一二日即下惡物。忌雜食一月餘乃佳。時珍。○《衛生方》。

**明·姚可成《食物本草》卷七菜部·柔滑類**　水蕨似蕨，生水中。《呂氏春秋》云：菜之美者，有雲夢之䓋，即此菜也。䓋，音豈。　水蕨，味甘、苦，寒，無毒。主腹中痞積，淡煮食，一二日即下惡物。忌雜食一月餘乃佳。

**清·王道純《本草品彙精要續集》卷八**　水蕨

水蕨：主腹中痞積，淡煮食，一二日即下惡物，忌雜食，一月餘乃佳《本草綱目》。【地】李時珍曰：水蕨，似蕨，生水中。《呂氏春秋》云：菜之美者，有雲夢之䓋，即此菜也。䓋，音豈。【味】甘、苦。【性】寒。

**清·章穆《調疾飲食辯》卷三**　水蕨　似蕨，生水中，又名䓋。《綱目》曰：《呂氏春秋》云：菜之美者，雲夢之䓋。治腹中痞塊，淡煮食，一二日即下。忌雜食一月餘。攻痞之物，必不和平，病人無痞，不必食之。

**清·田綿淮《本草省常·菜性類》**　水蕨　一名䓋。《呂氏春秋》云菜之美者，有雲夢之䓋是也。性寒。下腹中惡物。䓋，音豈。

海金沙

**宋·唐慎微《證類本草》卷一一草部下品〔宋·掌禹錫《嘉祐本草》〕**　海金沙　主通利小腸。得梔子、馬牙消、蓬沙共療傷寒熱狂。出黔中郡。七月收採。生作小株，纔高一二尺。收時全科於日中暴之，令小乾紙襯，以杖擊之，有細沙落紙上，旋收之，且暴且擊，以沙盡爲度。用之或丸或散新定。〔宋·蘇頌《本草圖經》〕曰：海金沙，生黔中山谷，湖南亦有。初生作小株，高一二尺。七月採得，日中暴令乾，以紙襯，擊取其沙，落紙上，旋暴旋擊，沙盡乃止。主通利小腸。亦入傷寒狂熱藥。今醫治小便不通，臍下滿悶方：海金沙一兩，臘麵茶半兩，二味擣碾令細。每服三錢，煎生薑甘草湯調下，服無時，未通再服。

**宋·劉明之《圖經本草藥性總論》卷上**　海金沙　主通利小腸。得梔子、馬牙消、蓬砂，共療傷寒熱狂。今人治小便不通、臍下滿悶方，海金沙一兩、蠟南茶半兩，二味搗碾令細，每服三錢，煎生薑、甘草湯調下，服無時，未通再服。

**宋·王介《履巉巖本草》卷中**　竹園荽　性涼，無毒。治淋病熱疼者，并小便不利，不以多少，曒乾爲細末，每服一錢至二錢，空心食前用蜜水調服，立效。

**宋·陳衍《寶慶本草折衷》卷一一**　海金沙　出黔中郡即黔州。○及湖南山谷。○七月全科採，暴，以紙襯，用杖擊之。有細沙落紙上。旋暴旋擊，沙盡乃止。寒，無毒張松。○主通利小腸，得梔子療傷寒熱狂。○《圖經》曰：治小便不通，臍下滿悶。海金沙壹兩，臘面茶半兩，碾細，每服叁錢，煎生薑、甘草湯調下，服無時。

**元·尚從善《本草元命苞》卷五**　海金沙　利小腸，治臍下脹滿。療小便不通。出黔中山谷，今湖南有之。初生作株，纔高一二尺。七月採，日中暴乾，以紙襯擊取，其沙落紙上，旋暴旋擊。入藥用，或散，或丸。

**明·王綸《本草集要》卷三**　海金砂　主通利小腸。得梔子、馬牙硝，共療傷寒熱狂。

**明·滕弘《神農本經會通》卷一**　海金沙　七月收採。《本經》云：主通利小腸。得梔子、馬牙消、蓬沙，共療傷寒熱狂。七月收採，收時全科，於日中暴之，令小乾，紙櫬，以杖擊之，有細沙落紙上，旋收之，且暴且擊，以沙盡為度。用之或丸或散。《圖經》云：治小便不通，臍下滿悶方，海金沙一兩，蠟面茶半兩，二味搗碾令細，每服三錢，煎生薑、甘草湯調下，服無時，未通再服。《局》云：海金砂用日中收，通利便漩細末調。若療傷寒強熱病，蓬砂梔子馬牙消。海金砂，用日中收，攻傷寒熱病。

**明·劉文泰《本草品彙精要》卷一五**　海金沙無毒　植生。

海金沙：主通利小腸。名醫所錄。【苗】《圖經》曰：初生作小株，高一二尺，七月採全科于日中暴之，令乾，紙襯以杖擊之，有細沙落紙上，旋收之。且暴且擊，以沙盡爲度。【地】《圖經》曰：在黔中山谷，湖南亦有之。【時】生：春生苗。採：七月取。【收】日中擊之。【用】沙。【色】黃。【味】淡。【性】平。【氣】氣之薄者，陽中之陰。【臭】朽。【主】通關竅，利水道。【合治】合梔子、馬牙硝、硼砂，治傷寒熱狂。〇海金沙一兩，臘茶半兩，二味搗碾令細，每服三錢，煎生薑甘草湯，調服無時，治小便不通，臍下滿悶，未通再服。

**明·許希周《藥性粗評》卷三**　金砂出海，利小便於傷寒。

海金砂，小株高一二尺。生黔中山谷，江南間亦有之。七月全株採來，日中暴乾，向紙上以杖擊之，自有一層細砂落下，再擊，以砂盡落為度，收貯。今考金砂樹蔓生丈餘，葉似蕨，瑣碎，與《圖經》不相似。性味《本草》不載。主治傷寒，壯熱狂躁，通小腸，利小便。

單方：小便不通：凡患下焦燥熱，小便不通者，海金砂一兩，臘茶半兩，共研為細末，每服三錢，用生薑、甘草湯調下，服無時，不通再服。

**明·鄭寧《藥性要略大全》卷七**　海金砂　攻傷寒熱病，利小便。俗呼其草為竹園荽。處處有之。收全科，以好紙盛晒之，就日中以杖打之，枝葉中自然有砂落紙上，旋收之。專利小便赤血淋瀝。得硼砂、梔子、牙硝最良。

又云：生作小株，纔高一二尺。七月採。

**明·陳嘉謨《本草蒙筌》卷三**　海金沙　《本經》不言氣味，只云出產黔州。屬雲南。一二尺高，株材甚小。七月收取，拔起全科。晴日襯紙地間，將此曝於紙上，以杖敲擊，自落細沙。且曝且敲，沙盡為度。用為丸散，專利小腸。得梔子、牙硝、蓬砂，可供療傷寒狂熱。本註又云：小便不通臍下滿悶者，用此一兩，臘茶五錢，絕細研成，煎生薑、甘草梢，調下三錢。不通再又服之，旋可以取効也。

**明·王文潔《太乙仙製本草藥性大全》卷二《本草精義》**　海金沙　生黔中山谷，湖南亦有。初生作小株，高二三尺，七月採得，日中曝之，令小乾，用紙襯盛，以杖擊之，有細沙落紙上，旋收之，且曝且擊，以沙盡爲度。用之或丸或散。又有一種，乃蔓生作藤，莖似蕨萁，葉如葫荽，面青背白，有黃點，長有三四尺，採收且曝且擊，如法收之。

**明·王文潔《太乙仙製本草藥性大全》卷二《仙製藥性》**　海金沙　《本經》不言氣味。　主治：用爲丸散，專利小腸。得梔子、牙硝、蓬砂可共療傷寒狂熱。本註又云：小便不通，臍下滿悶者，用此一兩，臘茶五錢，絕細研成，煎生薑、甘草稍，調下三錢，不通，再又服之，旋可以取效也。

**明·皇甫嵩《本草發明》卷三**　海金沙下品下，佐使。《本經》不言氣味。　發明曰：海金沙為丸散，專利小腸。得梔子、牙硝、蓬砂，共療傷寒狂熱。想其性亦寒苦，下焦腎氣虛，不能化膀胱水，而非熱秘不通者，恐未可用。又云：小便不通，臍下滿悶，用一兩，臘茶五錢，為末，生薑、甘草湯下三錢，不通再服，旋效。生黔中山谷，作小株，七月採取，日曝乾，紙襯杖擊，取其沙落紙上，(一)且曝且擊，沙盡為度。

**明·李時珍《本草綱目》卷一六草部·隰草類下**　海金沙宋《嘉祐》

【釋名】竹園荽時珍曰：其色黃如細沙也。謂之海者，神異之也。俗名竹園荽，象葉形也。

【集解】禹錫曰：出黔中郡，湖南亦有。生作小株，高一二尺。七月收其全科，於日中暴之，小乾，以紙襯承，以杖擊之，有細沙落紙上，且暴且擊，以盡爲度。時珍曰：江浙、湖湘、川陝皆有之，生山林下。莖細如線，引于竹木上，高尺許。其葉細如園荽葉而甚薄，背面皆青，上多皺文。皺處有沙子，狀如蒲黃粉，黃赤色。不開花，細根堅强。其沙及草皆可入藥。方士采其草取汁，煮砂、縮賀。

【氣味】甘，寒，無毒。

【主治】通利小腸。得巵子、馬牙硝、蓬沙，療傷寒熱狂。或丸或散《嘉祐》。治濕熱腫滿，小便熱淋、膏淋、血淋、石淋莖痛，解熱毒氣時珍。

【發明】時珍曰：海金沙，小腸、膀胱血分藥也。熱在二經血分者宜之。

【附方】舊一，新五。

熱淋急痛：海金沙草陰乾爲末，煎生甘草湯，調服二錢，此陳總領方也。一加滑(水)〔石〕。《夷堅志》。

小便不通：臍下滿悶。海金沙一兩，臘南茶半兩，搗碎，每服三錢，生薑甘草煎湯下，日二服。亦可末服。《圖經本草》。

膏淋如

油：海金沙、滑石各一兩，甘草稍二錢半，爲末。每服二錢，麥門冬煎湯服。日二次。《仁存方》。　血淋痛澀：但利水道，清濁自分。海金沙末，新汲水或砂糖水服一錢。《普濟方》。　脾濕腫滿：腹脹如鼓，喘不得卧。海金沙散：用海金沙三錢，白术四兩，甘草半兩，黑牽牛頭末一兩半，爲末。每服一錢，煎倒流水調下，得利爲妙。東垣《蘭室秘藏》。　痘瘡變黑：歸腎。用竹園荽草煎酒，傅其身，即發起。《直指方》。

**明·梅得春《藥性會元》卷上**　海金沙　主通利小腸。得梔子、馬牙硝、蓬砂，療傷寒狂熱。

**明·李中立《本草原始》卷三**　海金沙　始出黔中郡。生作小株，高一二尺，七月收其全科，於日中暴之，令小乾，以紙襯承，以杖擊之，有細沙落紙上，旋收之。且暴且擊，以沙盡為度。因色黄如海底細沙，故名海金沙。海金沙：氣味：甘，寒，無毒。主治：通利小腸。得梔子、馬牙消、蓬沙，共療傷寒熱狂，或丸或散。〇治濕熱腫滿，小便熱淋、膏淋、血淋、石淋，莖痛，解熱毒氣。〇治熱淋急痛，海金沙草陰乾，為末，煎生甘草湯調服二錢。

海金沙，宋《嘉祐》。【圖略】其粒細如黄沙。今市家多以葶藶子充之，用者宜辨。

**明·張懋辰《本草便》卷一**　海金砂　主通利小肠。

**明·傅懋光《醫學疑問》**　問：海金砂，未知石藥耶？　答曰：海金砂非種於石，而種於草也。生於黔山谷中，初生作小株，高一二尺，七月採之，日中曝令乾，下以紙襯，上以杖擊，有細砂落紙上，旋曝旋擊，以砂盡為度。

**明·盧復《芷園臆草題藥》**　海金砂　莖細如線而堅強，生於葉之縐紋中，氣結成砂，故能行氣結之成沙石有形者。通利小腸，亦氣化則出義也。

**明·繆希雍《本草經疏》卷一一**　海金沙　主通利小腸。得梔子、馬牙硝、蓬砂，共療傷寒熱狂。

〔疏〕海金沙味甘淡，氣寒，性無毒。甘寒淡滲之藥，故主通利小腸。得牙硝、梔子，皆鹹寒苦寒之極，又得蓬砂之辛，所以能治傷寒熱狂大熱，當利小便，此釜底抽薪之義也。淡能利竅，故治熱淋、血淋、膏淋等病，乃手太陽小腸經藥也。〔主治參互〕《夷堅志》治熱淋急痛，海金沙草，日中曝之，令小乾，紙襯，以杖擊之，有細沙落紙上，旋收之，且曝且擊，以沙盡為度，研細，煎生甘草湯，調服二錢。《圖經本草》治小便不通，臍下滿悶。海金沙一兩，臘南茶半兩，搗碎。每服三錢，生薑、甘草煎湯下，日二服。《仁存方》治膏淋如油，海金沙、滑石各一兩，甘草梢二錢半，為末。每服二錢，麥門冬煎湯服，日二次。《普濟方》治血淋痛澀，但利水道，則清濁自分。海金沙末，新汲水或沙糖水服一錢。《蘭室秘藏》治脾濕腫滿，腹脹如鼓，喘不得卧，海金沙散，用海金沙三錢，白术四兩，甘草半兩，牽牛子一兩半，為末。每服一錢，煎倒流水調下，得利為妙。元氣虚人禁服此方。

〔簡誤〕海金沙，性淡滲而無補益，小便不利及諸淋由於腎水真陰不足者，勿服。

**明·倪朱謨《本草彙言》卷四**　海金沙　味甘、淡，微苦，氣寒，無毒。沉也，降也。入足少陰、手足太陽經。血分藥也。　李氏曰：海金沙，出黔中，江浙、湖湘、川陝皆有。生山林下，莖細如線，引竹而上，高尺許，葉如園荽，細而且薄，面背俱青，皺紋中有沙，狀似蒲黄，不作花實。根細堅强，沙及莖葉皆可入藥。七月采其全科，日中曝之。少乾，用紙承襯，以杖擊之，有沙落紙上，且曝且擊，以沙盡爲度。

海金沙：《嘉祐》淡寒利竅之藥也。顧汝琳稿專通利小便，主熱、血、膏淋，莖中澀痛等病。又主陽明氣熱，傷寒熱狂之疾。此釜底抽薪之義也。但其性淡滲而無補益，小便不利，及諸淋病，由于腎水真陰不足者，勿用。盧不遠先生曰：似金而體輕，似沙而質滑。草氣之生沙，猶水體之成冰。合入足少陰腎、足太陽膀胱，主溺沙石者，恰當。

集方：《圖經本草》治小便不通，臍下滿悶。用海金沙一兩，臘茶五錢，共爲末。每服三錢，甘草湯調下。〇《普濟方》治血淋澀痛，但利水道則清濁自分。用海金沙末，蜜湯調服一錢。〇仁存老人方治膏淋如油。用海金沙、滑石各一兩，甘草梢三錢，共爲末。每服二錢，麥門冬煎湯調下。早晚各一次。〇《夷堅志》治熱淋急痛。用海金沙一兩，滑石三錢，車前子五錢，三味共研極細。每服三錢，白湯調。再加生白果汁五六匙，早晚各一次。〇《嘉祐本草》方治傷寒陽明實熱。用海金沙五錢，配山梔子、牙硝、硼砂各三錢，共研細。每服三錢，早午晚各一次，白湯調下。〇《雜證類方》治濕熱腫滿，腹脹如鼓，喘不得卧。用海金沙五錢，白茯苓二兩，甘草二錢，黑丑頭末一兩，共爲末。每服一錢，白湯調下，早晚各一次。

**明·李中梓《醫宗必讀·本草徵要上》**　海金沙味甘，寒，無毒。入小腸、膀胱二經。　除濕熱，消腫滿，清血分，利水道。　產於黔中及河南，收曝日中小乾，以紙襯之，以杖擊之，有細沙落紙上，且曝且擊，以盡為度。　性不狠戾，惟熱在太陽經血分者宜之。

**明·張景岳《景岳全書》卷四八《本草正》**　海金沙　此草出黔中，七月收其全科，晒乾，以杖擊之，則細沙自莖葉中落。　味甘，性寒。乃小腸膀胱血分藥也。　善通利水道，解鬱熱濕熱，及傷寒熱狂，小便癃閉腫滿，熱淋膏濁，血淋石淋，莖中疼痛。　解諸熱毒。　或丸或散皆可用。

**明·盧之頤《本草乘雅半偈》帙九**　海金砂宋《嘉祐》　氣味：　甘寒，無毒。

主治：　主通利小腸。　得卮子、馬牙硝、蓬沙，療傷寒熱狂。　或丸或散。

覈曰：　出黔中、江浙、湖湘、川陝皆有，生山林下。　莖細如線，引竹而上，高尺許。　葉如園荽，(花)〔葉〕細而薄，面背俱青，皺紋緊簇，紋中有沙，狀似蒲黃，不作花實，根細堅強。　沙及莖葉，皆入藥用。　七月採其全(料)〔科〕，日中暴之小乾，用紙承襯，以杖擊之，有沙落紙，且暴且擊，沙盡為度。　摘葉搗汁，煮砂縮汞。

先人云：　似金而體輕，似沙而質滑。　草氣之生沙，猶水體之成冰，合入足少陰腎、足太陽膀胱，主溺沙石者卻當。

条曰：　天池以納百川者海，止而不盈，尾閭泄之，蓋言量也。　金者色，沙者象，形似蒲黃。　蒲黃四布花上，黃金經久不變，金沙四布葉下，垂枝布葉，下曲如鉤，若夏火吐英之榮極時也。　第草木綻蕚吐英，黃布花心，獨蒲布花上，金沙布葉下者，正所以表專精之在黃，別百花之隨顯隨滅爾。　宜入心之府，小腸經藥也。　小腸者，泌糟粕傳大腸，泌水道輸膀胱，止而不盈，決瀆以為量也。卮子六出之冰花，對待熱惱為清涼。　蓬沙蓬轉如輪，樞機迅捷。　牙硝緣水火以為性，可從之以水逆之以火，亦可逆之以水，從之以火，所謂奇之不去則偶之，偶之不去反佐以取之。

**明·李中梓《本草通玄》卷上**　海金沙　甘，寒，小腸、膀胱藥也。　主濕熱腫滿，通小便淋閉。　此太陽經血分之藥，惟熱在二經血分者，始為相宜。

勿令見火。

**清·劉雲密《本草述》卷九下**　海金沙　時珍曰：　江、浙、湖、湘、川、陝皆有之，生山林下。　莖細如線，引於竹木上，高尺許，其葉細如園荽葉而甚薄，背面皆青，上多皺文，皺處有沙子，狀如蒲黃粉，黃赤色，不開花，細根堅強，其沙及草皆可入藥。

氣味：　甘，寒，無毒。　主治：　濕熱腫滿，小便熱淋、膏淋、血淋、石淋，莖痛，解熱毒氣時珍。　時珍曰：　海金沙，小腸膀胱血分藥也。　熱在二經血分者，宜之。　盧復曰：　海金沙，莖細如線而堅強，生於葉之皺紋中，氣結成沙，故能行氣結之成沙石有形者，通利小腸，亦氣化則出義也。　希雍曰：　海金沙，味甘，淡，氣寒，性無毒。　甘寒淡滲之藥。　故主通利小腸，治熱淋、血淋、膏淋等病，乃手太陽小腸經藥也。　小便不通，臍下滿悶，海金沙一兩，臘南茶半兩，搗碎，每服三錢，生薑、甘草煎湯下，日二服，亦可末服。　膏淋如油，海金沙、滑石各一兩，甘草梢二錢半，為末，每服二錢，麥門冬煎湯服，日二次。

愚按：　海金沙，此種不開花，其專氣鍾於葉。　氣之所鍾者，此沙而已。　沙則不同於花實之吐其華，而復孕其元，唯得氣之流散者，以致其自然之化機而已，然狀如蒲黃粉而色黃赤。　則有可參者，夫腎主水，而脾主溼，是腎水之用寄於脾也。　黃非中土之色乎？　小腸行水，而合於心臟，心主血，血乃水之化也。　血和而水之化自行。　赤非心之色乎？　方書但知其治血淋、膏淋、石淋等證，詎知其種種所患，皆本於溼土之氣不能運化，而又有火以合之，乃結聚於水道。　有如是耳，豈可徒取責於行水之臟腑乎？　此味似於土中，布其流散之用，而并達其火之塵土，以為病於水者。　試觀李東垣先生治脾溼腫滿方，更如續隨子丸之治，亦治通身腫滿喘悶不快者，則可以思其功之所主，固不徒在行水之臟腑矣。

附方　脾溼腫滿，腹脹如鼓，喘不得臥，海金沙散用海金沙三錢，白朮四兩，甘草半兩，黑牽牛頭末一兩半，為末，每服一錢，煎，倒流水調下，得利為妙。　續隨子丸：　見《準繩·水腫》。　希雍曰：　海金沙，性淡滲而無補益，小便不利及諸淋，由於腎水真陰不足者，勿服。

修治　禹錫曰七月收其全科，於日中曝之稍乾，以紙襯承，以杖擊之，有細沙落紙上，且曝且擊，以盡為度。

**清·郭章宜《本草匯》卷一一**　海金沙　甘，寒，入手太陽、足太陽經。　主濕熱腫滿，療傷寒熱狂。　治莖痛澀痛，利膏淋血淋。　通小腸，解熱毒。

按：　海金沙，淡滲而無補益，太陽經血分之劑，惟熱結在二經血分者宜之。小便不利，及諸淋由于腎水真陰不足者，勿服。

產黔中及川陝間。其葉極細極薄，背面皆清，上多皺文，皺處有沙子，晒乾，以杖擊之，用其沙，及草皆可入藥。勿令見火。

**清・汪昂《本草備要》卷二**　海金砂通淋，瀉濕熱。甘，寒，淡滲。除小腸、膀胱血分濕熱。治腫滿，五淋，莖痛。得梔子、牙硝、硼砂，治傷寒熱狂。大熱利小便，此釜底抽薪之義也。　莖細如綫，引竹木上。葉紋皺處，有砂黃赤色。忌火。

**清・顧靖遠《顧氏醫鏡》卷七**　海金沙甘，淡，寒。入小腸膀胱二經。　利水道而治諸淋，淡能利竅，故通小便，水道利則清濁自分，而血淋、沙淋、膏淋、澁痛愈矣。　時珍云：惟熱在太陽經血分者最宜。　除濕熱而消腫滿。腫脹因濕熱者用之。　小便不利，由於腎水不足者，勿服。

**清・李熙和《醫經允中》卷一九**　海金沙　入手足太陽經。　味甘，性寒。主治利小便，解熱毒，太陽經血分之劑。惟熱結在二經血分者宜之，真陰不足者慎用。

**清・馮兆張《馮氏錦囊秘錄・雜症痘疹藥性主治合參》卷三**　海金沙味甘，淡，氣寒，無毒。甘寒淡滲，故主通利小腸，治熱血膏淋及脾濕腫滿，腹脹如鼓，喘不得臥，乃手太陽小腸經藥也。然淡滲而無補，若腫脹由於脾虛，淋濁由於真陰不足者，忌服。　海金沙，治小便不通，臍下滿悶。　主濕熱腫滿，膏血諸淋。　乃專利小腸濕熱之藥，可供合丸散。

**清・張璐《本經逢原》卷二**　海金沙　甘，寒，無毒。市鋪每以沙土雜入，須淘淨，取浮者曝乾，撚之不沾指者真。　發明：　海金沙生於葉上，小腸膀胱血分藥也。　熱伏二經血分者宜之。　故小便熱淋，莖痛為要藥。　腎藏真陽不足者忌用。

**清・何諫《生草藥性備要》卷下**　迷离網　不入服。專理跌打。形如井茜。一名海金沙。

**清・劉漢基《藥性通考》卷六**　海金沙　味甘，寒，淡滲。除小腸、膀胱血分濕熱，治腫滿，五淋莖痛。得梔子、牙硝、蓬砂，治傷寒熱狂。莖細如線，引竹木上，葉紋皺處有砂，黃赤色。忌火。然利小便，治淋病，亦釜底抽薪之義也。用於孩童、年輕之人可以取效，若年大之人得淋病者，多由腎家虧損而起，必用大補腎水之藥，或六味地黃湯、八味湯治之可也。

**清・王子接《得宜本草・下品藥》**　海金沙　味甘，寒。功專利水通淋。得臘茶治小便不通，得滑石治膏淋如油，得白朮、黑牽牛治脾濕腫滿。

**清・黃元御《玉楸藥解》卷一**　海金沙　味甘，性寒。入手太陽膀胱經。利水泄闕，開癃止淋，清泄膀胱濕熱。治膏、血、砂、石諸淋，消鼓脹腫滿。沙乃草上細粉，如蒲黃然。

**清・吳儀洛《本草從新》卷一**　海金沙〔通淋，瀉濕熱。〕甘，寒，淡，滲。除小腸膀胱血分濕熱。治腫滿，五淋莖痛。得梔子、牙硝、蓬砂治傷寒熱狂。大熱利小便，此釜底抽薪之義。唯熱在太陽經血分者宜之。　產黔中及河南。收曝日中小乾，以紙襯之，以杖擊之有細沙落紙上，且曝且擊，以盡為度。　莖細如線，引竹木上，葉紋皺處有沙，黃赤色。忌火。

**清・汪紱《醫林纂要探源》卷二**　海金沙　甘，淡，寒。細蔓碎葉，蔓生木上，其葉縐紋，中含細沙，採之微曬使萎，擊以杖則沙落，色黃赤。忌焙。　除手足太陽二經之血分濕熱，且除狂熱。草上結沙，亦所含之精英也。氣輕上浮，宜入心肺。沙體下墜，則入二腸。甘淡則能滲濕，去熱。色黃赤，亦入血分。故主治五淋，莖痛，濕腫，下熱除則上熱亦息。

**清・嚴潔等《得配本草》卷三**　海金沙一名竹園荽。　甘，寒，淡滲。入手足太陽經血分。去臍下滿悶，消膀胱濕熱。　得臘茶、生薑，治癃閉。得滑石、甘草梢，治膏淋。得梔子，治熱狂。得白朮、甘草、牽牛，治脾濕腫滿。真陰不足者禁用。

**題清・徐大椿《藥性切用》卷三**　海金沙　甘寒淡滲，除小腸膀胱血分濕熱，為血淋要藥。

**清・黃宮繡《本草求真》卷五**　海金沙利小腸，血分濕熱。　海金沙耑入小腸。味甘而淡，氣寒無毒，為主通利小腸血分要藥。凡小腸熱閉，而見五淋疼痛不止者，服之使熱盡從小便而出。且於傷寒熱閉，而見腹滿狂燥，則當於此加梔子、朴硝、蓬砂投治，俾熱亦從小便而出，此灶裏抽薪之一義也。但腎臟真陽不足切忌。　淘淨，取浮者晒乾，撚之不沾指者真，忌火。

**附：　琉球・吳繼志《質問本草》外篇卷三**　雞膠莽海金沙　春時宿根生蔓著葉，秋葉背生粉如黃沙。　俗名雞膠莽。甲辰，潘貞蔚、石家辰、孫景山、戴道光、戴昌蘭。　名海金沙，載在《綱目》隰草類。甲辰，徐子靈。　海金沙，七月收其全科，於日中晒之小乾，以紙襯承，以杖擊之，有細沙落紙上，且擊且晒，以盡為度。氣味甘寒，無毒。主治利小便，除濕熱諸淋。甲辰，邵元世。

**清・羅國綱《羅氏會約醫鏡》卷一六草部**　海金沙味甘寒，入小腸、膀胱二經。入二經血分。治小便癃閉、熱淋、膏濁血淋、石淋、莖中痛，療腫滿淡滲，解去濕熱及傷寒熱狂。同梔子、牙硝用，利小便則熱自去。或丸或散用。

**清・黃凱鈞《藥籠小品》**　海金沙　除手足太陽小腸膀胱血熱之要藥。

**清・王龍《本草纂要稿・草部》**　海金沙　《本經》不言氣味，只云出產黔州。專利小腸，傷寒狂熱者並治。小便不通，臍下滿悶者殊功。

**清・張德裕《本草正義》卷下**　海金沙　甘，寒。小腸膀胱血分藥。善通水道，解鬱熱濕熱，小便癃閉，熱淋膏濁，血淋石淋，莖中作痛。

**清・楊時泰《本草述鉤元》卷九**　海金沙　江、浙、湖、湘、川、陝皆有之。莖細如線，引於竹木上，高尺許，葉細如園荽而甚薄，背面皆青，上多皺文，皺處有沙子，狀如蒲黃，不開花，細根堅強，其沙及草，皆可入藥。瀕湖。

味甘滄，氣寒。小腸、膀胱血分藥，熱在二經血分者宜之。解熱毒氣，治濕熱腫滿，熱淋、膏淋、血淋、石淋莖痛瀕湖。海金沙氣結成沙，故能行氣結之成沙石有形者，通利小腸，亦氣化則出之義也不遠。小便不通，臍下滿悶，海金沙一兩，臘茶半兩，搗碎，每服三錢，生薑、甘草湯下，日二服。膏淋如油，海金沙、滑石各一兩，甘草梢二錢半，為末，每服二錢，麥冬湯服，日二次。脾濕腫滿，腹脹如鼓，喘不得臥，海金沙散，用海金沙三錢，白朮四兩，甘草半兩，黑牽牛頭末一兩半，為末，每服一錢，煎倒流水調下，得利為妙。

論：海金沙不開花，其專氣鍾於葉，葉上復鍾此沙，黃赤色。夫沙不同於花實之吐，惟得氣之流散者，以致其自然之化機而已。人身腎主水，而脾主濕，是腎水之用，寄於脾也，黃非中土之色乎。小腸行水而合於心臟，心主血，血乃水之化也，血和而水之化自行，赤非心之色乎。所治沙石膏血諸淋，皆本於濕土之氣不能運化，而又有火以合之，乃結聚於水道耳，可徒取責於行水之臟腑乎。此沙似於土中布其流散之用，而並達其火之麗土，以為病於水者，觀東垣用治脾濕腫滿，並喘悶不快，則可知其功之所主，固不徒在行水之臟腑矣。其性澹滲，而無補益，諸淋由於腎水真陰不足者，勿服仲淳。

修治：七月收其全科，日中曝之，稍乾，以紙襯承，用杖擊之，有細沙落紙上，且曝且擊，以盡為度。

**清・葉桂《本草再新》卷二**　海金沙味甘、淡，性寒，無毒。入脾、腎二經。除血分濕熱，治腫滿，五淋莖痛。

**清・吳其濬《植物名實圖考》卷一四**　海金沙　《嘉祐本草》始著錄。江西、湖南多有之。俚醫習用，如《本草綱目》主治。

**清・趙其光《本草求原》卷三隰草部**　海金沙　生於葉上，色黃赤。甘而寒，能散脾土之濕火以歸於小腸、膀胱之水府，故治三經血分伏熱而為五淋莖痛、腫滿之病。得梔子、牙硝、蓬砂，治傷寒熱狂，大熱利水，是釜底抽薪法。市肆多以砂土雜之，須淘淨，取淨者撚之，不沾指者真。性無補益，真陰、真陽虛者，禁用。

**清・文晟《新編六書》卷六《藥性摘錄》**　海金沙　甘，淡。通利小腸血分。○凡小腸熱閉，而見五淋疼痛，服之熱從小便出。○傷寒熱閉，而見腹滿狂燥，用此加梔子、朴硝亦効。○但腎脫，真陽不足者，切忌。○淘取浮者，曬乾，撚之不沾指者真。○忌火。

**清・張仁錫《藥性蒙求・草部》**　海金沙二錢、三錢　海金沙淡，瀉熱通淋。血分濕熱，小膀二經。甘寒淡滲，除小腸、膀胱血分濕熱。治腫痛脹滿，五淋莖痛。

**清・屠道和《本草匯纂》卷二瀉濕**　海金沙　耑入小腸、膀胱。氣寒，無毒。通利小腸血分濕熱要藥。治濕熱腫滿，五淋，解熱毒氣。凡小腸熱閉，而見五淋疼痛不止者，服之使熱盡從小便出。傷寒熱閉，致腹滿狂燥，加梔子、朴硝、蓬砂投治，此竈裏抽薪之義。惟熱在太陽經者宜之。腎臟真陽不足者，切忌。

**清・劉善述、劉士季《草木便方》卷一草部**　班鳩窩（坐篆）〔左轉〕藤寒治五淋，膀胱通利濕熱平。小便莖痛消腫靈，傷寒熱狂大有情。破網筋。

**清・黃光霽《本草衍句》**　海金沙　甘寒淡滲，通利小腸膀胱濕熱。傷寒熱狂，五淋莖痛腫滿脾殃。得臘茶治小便不通，得滑石治膏淋如油，得白朮、黑牽牛治脾濕腫滿。

**清・陳其瑞《本草撮要》卷一**　海金沙　味甘，寒，入手太陽經，功專利水通淋。得臘茶治小便不通，得滑石治膏淋如油，得白朮、黑牽牛治脾濕腫滿，得梔子、牙硝、蓬砂治傷寒熱狂。

田基沙

**清・趙其光《本草求原》卷三隰草部**　田基沙即田細沙。淡，平。去眼中血膜紅筋，跌打瘀腫，止痛，治飛沙。煎水洗。

## 狗脊

**宋・李昉《太平御覽》卷九九〇** 狗脊 《廣雅》曰：薜挈，狗脊也。《本草經》曰：狗脊，一名百丈。味苦，平。生川谷。治腰背强，開機緩急，風痺，寒濕膝痛，利老人。生常山。《建康記》曰：建康出狗脊。《吴氏本草》曰：狗脊，一名狗青，一名萆薢，一名赤節，一名强膂。神農：苦。桐君、黄帝、岐伯、雷公、扁鵲：甘，無毒。李氏：温。如萆薢，莖節如竹，有刺，葉圓青赤，根黄白，亦如竹，根毛有刺。岐伯、一經：莖無節，根黄白如竹根，有刺，根葉端圓赤，皮白，有赤脉。二月採。

**宋・唐慎微《證類本草》卷八草部中品〔《本經・别録・藥對》〕** **狗脊** **味苦**、甘，**平**，微温，無毒。**主腰背强，關機緩急，周痹，寒濕膝痛，頗利老人**，療失溺不節，男子脚弱腰痛，風邪淋露，少氣，目闇，堅脊利俛仰，女子傷中，關節重。**一名百枝**，一名强膂，一名扶蓋，一名扶筋。生常山川谷，二月、八月採根，暴乾。萆薢爲之使，惡敗醬。

〔梁・陶弘景《本草經集注》〕云：今山野處處有，與菝葜相似而小異。其莖、葉小肥，其節疏，其莖大直，上有刺，葉圓有赤脉。根凹烏交切凸徒結切巃嵸如羊角細强者是。

〔唐・蘇敬《唐本草》〕注云：此藥，苗似貫衆，根長多歧，狀如狗脊骨，其肉作青緑色，今京下用者是。陶所説乃有刺萆薢，非狗脊也，今江左俗猶用之。

〔宋・掌禹錫《嘉祐本草》〕按：吴氏云：狗脊，一名狗青，一名赤節。神農：苦。桐君、黄帝、岐伯、雷公、扁鵲：甘，無毒。季氏：小温。如萆薢，莖節如竹，有刺，葉員赤，根黄白，亦如竹根，毛有刺。岐伯：經云莖無節，葉端員青赤，皮白，有赤脉。《藥性論》云：狗脊，味苦、辛，微熱。能治男子、女人毒風軟脚，邪氣濕痹，腎氣虚弱，補益男子，續筋骨。

〔宋・蘇頌《本草圖經》〕曰：狗脊，生常山川谷，今太行山、淄、温、眉州亦有。根黑色，長三四寸，兩指許大，苗尖細碎，青色，高一尺已來，無花。其莖、葉似貫衆而細，其根長而多歧，似狗脊骨，故以名之。其肉青緑，春秋採根，暴乾用。今方亦用金毛者。

〔宋・唐慎微《證類本草》〕《雷公》云：凡使，勿用透山藤，其大腡根與透山藤一般，只是入頂苦，不可餌之。凡修事，細剉了，酒拌，蒸，從巳至申，出，曬乾用。

**宋・鄭樵《通志》卷七五《昆蟲草木略》** 狗脊 曰百枝，曰强膂，曰扶蓋，曰扶筋。葉類蕨，根類菝葜、萆薢。萆薢曰赤節，菝葜曰金剛根，謂其根堅；曰王瓜草，謂其苗葉與王瓜相近。

**宋・劉明之《圖經本草藥性總論》卷上** 狗脊 味苦甘，平、微温，無毒。主腰背強，關機緩急，周痺寒濕膝痛，頗利老人，療失溺不節，男子脚弱，腰痛風邪，淋露少氣，目暗，女子傷中，關節重。《藥性論》云：味苦、辛，微熱。治男子女人毒風，軟脚邪氣濕痺，腎氣虚弱，補益男子，續筋骨。萆薢為之使。惡敗醬。

**明・王綸《本草集要》卷三** 狗脊 味苦甘，氣平，微温，無毒。萆薢為之使。惡敗醬。細剉，酒拌蒸從巳至申。主腰背強，關機緩急，周痹，寒濕膝痛。頗利老人，療失溺不節，男子脚弱，腰痛，續筋骨，堅利俛仰，女子傷中。

**明・滕弘《神農本經會通》卷一** 狗脊 萆薢為之使。惡敗醬。細剉，酒拌蒸。二八月採根，暴乾。今方亦用金毛者。《局》云：猛火（療）〔燎〕去毛淨，酒浸。

味苦、甘，氣平，微溫，無毒。東云：強腰脚，壯筋骨。《本經》云：主腰背強，關機緩急，周痺寒濕，頗利老人。療失溺不節，男子脚弱腰痛，風邪淋露，少氣，目闇，堅脊，利俛仰，女子傷中，關節重。《藥性論》云：味苦、辛，微熱。治男子女人毒風，軟脚，邪氣濕痺，腎氣虚弱，補益男子，續筋骨。《局》云：狗脊其形如狗脊，主除寒濕痺周身。更攻脚弱腰疼痛，補益諸虚利老人。狗脊，扶老補虚，腰疼脚弱，與濕痺牽纏。

**明・劉文泰《本草品彙精要》卷一〇** 狗脊無毒 植生。

**狗脊**出《神農本經》：**主腰背強，關機緩急，周痹，寒濕膝痛，頗利老人。**以上朱字《神農本經》。療失溺不節，男子脚弱，腰痛風邪，淋露，少氣，目暗，堅脊，利俯仰，女子傷中，關節重。以上黑字名醫所錄。【名】百枝、強膂、扶蓋、扶筋、狗青、赤節。【苗】《圖經》曰：苗尖細碎，青色，高尺餘，無花，其莖葉似貫衆，根長尺許而多歧，肉作青綠色，亦有黑色，形似狗脊骨，故以名之。今方亦以金毛者爲勝。陶隱居云：一種與菝葜相似而小異，其莖葉小肥，其節疏，其莖大直上有刺，葉圓有赤脈，根凹凸巃嵸，如羊角而細強者。《唐本》注云：今江左俗猶用者是，陶所説乃是有刺萆薢耳，非狗脊也。【地】《圖經》曰：生常山川谷及太行山。【道地】成德軍、眉州、溫州、淄州。【時】生：春生苗。採：二月、八月取根。【收】暴乾。【用】根有金毛者爲佳。【質】如犬脊而有毛。【色】黃黑。【味】苦，甘。【性】平，微溫，緩。【氣】氣厚味薄，陽中之陰。【臭】朽。【主】除濕定痛。【助】

萆薢爲之使。〔反〕惡敗醬。〔製〕《雷公》云：凡修事，細剉，酒拌蒸，從巳至申，方出，乾用。〔治〕療：《藥性論》云：治男女毒風，軟脚，濕痹，腎氣虛弱。補：《藥性論》云：益男子，續筋骨。〔贗〕透山藤味苦入頂爲僞。

**明·許希周《藥性粗評》卷二**　狗脊無愁於骨弱。

狗脊，一名強膂，一名扶筋。苗尖碎，青色，高一尺以來，其莖葉似貫眾而細，其根黑色，長四五寸，兩指許大，多歧似狗脊，故名。其肉青綠色，皮有黃毛。南北山野處處有之。二八月採根，暴乾。凡用猛火燒去毛，取淨。萆薢為之使，惡敗醬。餘說《本草》不載。味苦、甘，性平、微溫，無毒。主治風濕寒痹，脚弱腰疼，風邪淋露，少氣目暗，堅脊膂，續筋骨，利俛仰，尤與老人相宜。

**明·鄭寧《藥性要略大全》卷三**　狗脊一名金毛狗脊。朱氏云：緩腰背強急，寒濕腰膝痛，失溺。《象》云：治毒風，軟脚濕痹。補男女腎氣虛弱，續筋骨及女人傷中，關節重痛。味苦、甘，平、微溫，無毒。萆薢為之使，惡敗醬。雷公云：細剉，酒拌蒸，從巳至申，焙乾，去毛用。

**明·陳嘉謨《本草蒙筌》卷二**　狗脊　味苦、甘，氣平，微溫，無毒。深谷多生，在處俱有。根採類金毛狗脊，故假為名；酒蒸須從巳至申，纔咀入劑。惡敗醬，使萆薢。治腰背強疼，關機緩急。理脚膝軟弱，筋骨損傷，女子傷中欠調，老人失溺不節，周痹寒濕，並可醫痊。

**明·王文潔《太乙仙製本草藥性大全》卷二《本草精義》**　狗脊　一名金毛狗脊，一名狗青，一名赤節，一名百枝，一名強膂，一名扶蓋，一名扶筋。生常山山谷，太行山、淄、溫、眉州亦有之。苗尖細碎，青色，高一尺已來，無花，其根葉似貫衆而細，其根長多歧，似金毛狗脊，故假爲名。其肉青綠色。春秋採根曝乾。惡敗醬。

**明·王文潔《太乙仙製本草藥性大全》卷二《仙製藥性》**　狗脊即金毛狗脊。味苦、甘，氣平，微溫，無毒。萆薢爲之使。主治：主風邪淋露少氣，利俛仰目闇，堅脊，補腎氣虛弱。療毒風痹攣，治腰背強疼，關節緩急，理脚膝軟弱，筋骨損傷。女子傷中欠調，老人失溺不節，周痹寒濕並可醫痊。

太乙曰：凡使勿用透山藤，其大腡根與透山藤一般，只是入頂苦，不可餌之。凡修事細剉了酒拌蒸，從巳至申出，曝乾用。

**明·皇甫嵩《本草發明》卷三**　狗脊上品上，臣。氣平、微溫，味苦、甘，無毒。

發明曰：狗脊，溫經活血之藥。故《本草》主腰背強，関節緩急，周痺寒濕，膝痛，堅脊利俛仰，頗利老人，療失溺不節，男子脚弱，腰痛風邪，女子傷中，関節重，淋露，少氣目闇。又主腎氣虛弱，益男子，續筋骨。〇熬膏藥中用之更妙。凡用細剉，酒拌蒸三伏時。萆薢為之使。惡敗醬。根長多歧，似狗脊。今用金毛者。

**明·李時珍《本草綱目》卷一二草部·山草類上**　狗脊《本經》中品

〔釋名〕强膂《別錄》　扶筋《別錄》　百枝《本經》　狗青《吴普》。恭曰：此藥苗似貫衆，根長多歧，狀如狗之脊骨，而肉作青綠色，故以名之。時珍曰：强膂、扶筋，以功名也。《別錄》又名扶蓋，乃扶筋之誤。《本經》狗脊一名百枝，《別錄》萆薢一名赤節，而《吴普本草》謂百枝爲萆薢，赤節爲狗脊，皆似誤也。

〔集解〕《別錄》曰：狗脊生常山川谷，二月、八月採根暴乾。普曰：狗脊如萆薢，莖節如竹有刺，葉圓赤，根黃白，亦如竹根，毛有刺。《岐伯經》云：莖無節，葉端圓青赤，皮白有赤脈。弘景曰：今山野處處有之，與菝葜相似而小異。其莖葉小肥，其節疏，其莖大直，上有刺，葉圓有赤脈，根凸凹巃嵸如羊角强細者是。頌曰：今太行山、淄、温、眉州亦有之。苗尖細碎青色，高一尺以來，無花。其莖中似貫衆而細。其根黑色，長三四寸，多歧，似狗之脊骨，大有兩指許。其肉青綠色。春秋採根暴乾。今方亦有用金毛者。陶氏所説乃有刺萆薢，非狗脊也，今江左俗猶用之。斅曰：凡使狗脊，勿用透山藤根，形狀一般，只是入頂苦，不可餌也。時珍曰：狗脊有二種：一種根黑色，如狗脊骨；一種有金黃毛，如狗形，皆可入藥。其莖細而葉花兩兩對生，正似大葉蕨，比貫衆葉有齒，面背皆光。其根大如拇指，有硬黑鬚簇之。吴普、陶弘景所説根苗，皆是菝葜；蘇恭、蘇頌所説，即真狗脊也。按張揖《廣雅》云：菝葜，狗脊也。張華《博物志》云：菝葜與萆薢相亂，一名狗脊。觀此則昔人以菝葜爲狗脊，相承之誤久矣。然菝葜、萆薢、狗脊三者，形狀雖殊，而功用亦不甚相遠。

根

〔修治〕斅曰：凡修事，火燎去鬚，細剉了，酒浸一夜，蒸之，從巳至申，取出曬乾用。時珍曰：今人惟剉炒去毛鬚用。

〔氣味〕苦，平，無毒。《別錄》曰：甘，微温。普曰：神農：苦。桐君、黃帝、岐伯、雷公、扁鵲：甘，無毒。李當之：小温。權曰：苦、辛，微熱。之才曰：萆薢爲之使，惡敗醬、莎草。

〔主治〕腰背强，關機緩急，周痹寒濕膝痛，頗利老人《本經》。療失溺不節，男女脚弱腰痛，風邪淋露，少氣目暗，堅脊利俯仰，女子傷中關節重《別錄》。男子女人毒風軟脚，腎氣虛弱，續筋骨，補益男子甄權。强肝腎，健骨，治風虛時珍。

〔附方〕新四。男子諸風：四寶丹：用金毛狗脊，鹽泥固濟，煅紅去毛，蘇木、萆薢、川烏頭生用等分，爲末，米醋和丸梧子大。每服二十丸，温酒、鹽湯下。《普濟方》。

室女白帶：衝任虛寒。鹿茸丸：用金毛狗脊燎去毛、白斂各一兩，鹿茸酒蒸焙二兩，爲末，用艾煎醋汁打糯米糊，丸梧子大。每服五十丸，空心温酒下。《濟生方》。固精強骨：金毛狗脊、遠志肉、白茯神、當歸身等分，爲末，煉蜜丸梧子大。每酒服五十丸。《集簡方》。病後足腫：但節食以養胃氣，外用狗脊煎湯漬洗。吴綬《蘊要》。

**明・梅得春《藥性會元》卷上** 狗脊 味苦、甘，平，性微溫，無毒。萆麻為使。惡敗醬。主治腰疼脚氣，強筋骨，扶老補虛，治背強膝痛，周痹寒濕。利老人失溺，丈夫行步艱難，女人傷中；便於俛仰。製法：用酒拌蒸。

**明・李中立《本草原始》卷二** 狗脊 始生常山川谷，今太行山、淄、溫、眉州亦有之。苗尖細碎，青色，高一尺以來，無花。其莖葉似貫仲而細，其根黑色，長三四寸，大如兩指許，多歧，狀如狗之脊骨，故名狗脊。一種有金黄毛，狀如金毛狗，俗呼為金毛狗脊。氣味：苦，平，無毒。主治：腰背強，關機緩急，周痹寒濕，膝痛，頗利老人。○療失溺不節，男女脚弱腰痛，風邪淋露，少氣目闇，堅脊利俛仰，女子傷中關節重。○男子、女人毒風軟脚，腎氣虛弱，續筋骨，補益男子。○強肝腎，健骨，治風虛。

狗脊，《本經》中品。【圖略】春秋采。狗脊有金黄毛，肉青綠色。亦有赤色者，市賣皆此樣也。修治：剉，炒，去毛鬚用。

《別錄》曰：甘，微溫。萆薢為之使，惡敗醬、莎草。吴綬《蘊要》：治病後足腫，用狗脊煎〔藥〕湯漬洗。

**明・張懋辰《本草便》卷一** 狗脊 味苦、甘，氣平，微溫，無毒。惡敗醬。主腰背強，關機緩急，利老人。失溺不節，療膝脚弱，續筋骨，堅利俛仰，女子傷中。

**明・李中梓《藥性解》卷四** 狗脊 味苦、甘，性微溫，無毒，入腎、膀胱二經。主腎氣虛弱，風寒濕痹，腰膝軟弱，骨節作疼，老人失溺不節，女子傷中淋露。酒蒸用，萆薢為使，惡敗醬。按：狗脊入腎，故主骨病，入膀胱，故主濕病。

**明・繆希雍《本草經疏》卷八** 狗脊 味苦、甘，平、微溫，無毒。主腰背強，機關緩急，周痹，寒濕膝痛，頗利老人，療失溺不節，男子脚弱腰痛，風邪淋露，少氣，目闇，堅脊，利俛仰，女子傷中，關節重。萆薢為之使，惡敗醬。

〔疏〕狗脊稟地中沖陽之氣，而兼感乎天之陽氣，故其味苦，其氣平。《別錄》云甘、微溫、無毒，兼火化也。苦能燥濕，甘能益血，溫能養氣，是補而能走之藥也。入足少陰。腎主骨，骨者腎之餘也。腎虛則腰背強，機關有緩急之病，滋腎益氣血，則腰背不強，機關無緩急之患矣。周痹寒濕膝痛者，腎氣不足，而為風寒濕之邪所中也。茲得補則邪散痹除而膝亦利矣。老人腎氣衰乏，肝血亦虛，則筋骨不健，補腎入骨，故利老人也。失溺不節，腎氣虛脱故也。《經》曰：腰者腎之府，動搖不能，腎將憊矣。此腰痛亦指腎虛而為濕邪所乘者言也。氣血不足，則風邪乘虛客之也，淋露者，腎氣與帶脈衝任俱虛所致也。少氣者，陽虛也。目得血而能視，水旺則瞳子精明。肝腎俱虛故目闇。女子傷中，關節重者，血虛有濕也。除濕益腎，則諸病自瘳，脊堅，俯仰利矣。

〔主治參互〕得鹿茸、白斂、艾、茯苓、蛇床子，治室女衝、任、帶脈三經虛寒，下白帶。得牛膝、菟絲子、地黄、山茱萸、白膠、杜仲，固精強骨，壯腰腎。得沉香、牛膝、石斛、木瓜、五加皮、白鮮皮、菊花、漆葉、蒺藜子，能通利關節，除五緩六急。〔簡誤〕腎虛有熱，小水不利，或短澀赤黄，口苦舌乾，皆忌之。

**明・倪朱謨《本草彙言》卷一** 狗脊 味苦，氣平，無毒。李氏曰：狗脊出常山山谷，今大行山、淄、溫、眉州深山中有之。苗尖莖細，有刺葉。花兩兩相對，葉似貫衆而細，邊有鋸齒，面背皆光。根黄白色，形如狗脊骨，凹凸蘢嵸，有黄毛叢密如軟刺。二八月采根，火燒去毛，細切，酒浸半日，晒乾用。外有一種透山根，形狀相似，味極苦，不可餌服。

狗脊：李時珍補肝腎，甄權活筋骨血脉，《本經》利機關經絡之藥也。周士和稿滑氏方引前古，利機關緩急，周痹寒濕諸證。故時醫每治男婦傷中羸瘠，腰痛不能俛仰，痿痹强急，軟癱脚弱，筋骨堅掣，不能動搖諸疾。或瞳子昏蒙，或失溺不節，或淋露奔豚諸疾，凡屬肝腎虛疲，有風寒濕氣者，咸需用之。又《濟生方》治衝任寒冷，婦女白帶，此又屬機關不利爲病，并可治奇經諸脉，陽維陰維，陽蹻陰蹻，以及督與十二經脉，經絡之機關失利爲病，與諸病沿及機關者，俱可投入。以此推取，真不勝其用矣。如腎虛有蓄熱，肝虛有鬱火，精虧血熱，多慾斲喪之人，以致已上諸疾，或小水不利，或短澁赤黄，口苦舌燥者，皆忌用之。

集方：《普濟方》治風寒濕氣，傷中羸瘠，腰痛不能俛仰，痿痹强急，軟癱脚弱，筋骨不能動搖者。用金毛狗脊四兩，酒浸一日，曬乾炒，萆薢、於白朮、當歸、羌活、枸杞子、牛膝、黄柏各三兩，俱酒洗炒，共爲末，每早晚各服五錢，白湯調下。〇《集簡方》治骨冷癱瘓，四肢不舉。用金毛狗脊四兩，如法修製，磨爲末，大附子一兩，童便煮，搗膏爲丸如梧子大，每早晚各食前服二錢，白湯下。〇《濟生方》治婦人幷室女白帶。用金毛狗脊四兩，如前法修製，白斂、蘄艾葉，俱醋炒，共爲末，煉蜜丸，每早服五錢，白湯下。

**明・李中梓《醫宗必讀・本草徵要上》** 狗脊味苦，平，無毒。入肝、腎二經。萆薢為使，剉炒。 強筋最奇，壯骨獨異。男子腰脚軟疼，女人關節不利。狀如狗之脊，故名狗脊，以形得名也。別名扶筋，以功得名也。

**明・盧之頤《本草乘雅半偈》帙五** 狗脊《本經》中品 氣味：苦，平，無毒。主治：主腰背強，關機緩急，周痹，寒濕膝痛，頗利老人。

覈曰：出(嘗)〔常〕山川谷及太行山、淄、溫、眉州山野間。莖細葉花，兩兩相對，似大葉蕨及貫衆葉，邊有鋸齒，面背皆光。根形如狗脊骨，凸凹巃嵸，金毛密布者是也。勿用透山根，其形狀相似，只入頂苦不可餌。修治：火燎去毛，細剉，酒浸一夜，蒸之，從巳至申，取出晒乾。

先人云：狗脊綿韌，如筋如骨，味苦性堅，而葉對生，猶脊分兩脇也。能強關機者，唯精與氣，體用俱備故也。

条曰：此以功用立名，亦因形相類也。狗，叩也，聲有節，若叩物也；脊，積也，積續骨節筋脈上下也。主肝腎體用，權衡形藏之關機者也。故治寒濕周痹，致關機緩急，為腰背強，及膝痛。頗利老人者，利老人之筋骨關機也。《別錄》甄權：廣關機不利于目，為目闇，不利于膀胱，失溺不節，及淋露，寒濕痹，及風虛，毒風腰強，及腰痛，膝痛，及脚弱軟脚，傷中，及關節重，筋骨絶。若堅脊，即所以強肝腎，健筋骨，以利俯仰。少氣，即關機失利之故也。《濟生方》治衝任寒熱，室女白帶，此又廣關機不利衝任與帶。并可廣陽維、陰維，陽(喬)〔蹻〕、陰(喬)〔蹻〕以及督與十二經脈經絡之失利關機，則凡關機為病，與病及關機者，咸可因勢而利導之。吳綬方，病後足腫，狗脊煎湯漬洗，此法《金匱要略》治百合病。百合煎湯洗之。百合病者，百脈之宗主為病，此筋骨脈絡之關機為病也。以此推廣，真不勝其用，唯在專司佐使者何如耳。

**清・顧元交《本草彙箋》卷一** 狗脊 甘能益血，溫能養氣，又苦能燥濕，是補而能走之藥也。入足少陰。腎主骨，故凡腰背強而機關不利者，此藥主之。《經》云：腰者，腎之府，動搖不能，腎將憊矣。此腰痛亦指腎虛，而爲濕邪所乘者言也。除濕益腎，則脊堅而俯仰利矣。若腎虛有熱，及小水短澀者，溫燥不宜混用。

**清・穆石匏《本草洞詮》卷八** 狗脊 狗脊，言其狀也。一名強膂，一名扶筋，言其功也。氣味苦平，無毒。強肝腎，健骨強脊，利俛仰。菝葜、萆薢、狗脊，三者形狀雖殊，而功用不相遠也。

**清・劉雲密《本草述》卷七上** 狗脊萆薢為之使，惡敗醬、莎草。 此藥苗似貫衆，但比貫衆葉有齒，而背皆光，其根黑色，長三四寸，形大如拇指，其形似狗脊骨，凸凹巃嵸，凸音突，凸出貌。凹音坳，凸之對也。土高曰凸，土窪曰凹。巃音龍，嵸音竦，山峯貌。有硬黑鬚簇之，其肉青綠色，春秋采根，曝乾用。又一種有金黄毛，如狗形，皆可入藥。斅曰：勿用透山形根，形狀相似，只是入頂苦，不可餌也。

氣味：苦，平，無毒。《別錄》曰：甘，微溫。普曰：神農：苦。桐君、黄帝、岐伯、雷公、扁鵲：甘，無毒。李當之：小溫。權曰：苦、辛，微熱。

主治：腰背強，關機緩急，周痹寒溼，膝痛並脚弱，毒風軟脚，腎氣虛弱，及風邪淋露少氣，目闇，又女子傷中，關節重，強肝腎，續筋骨，補益男子，頗利老人，並治失溺不節。時珍曰：治風虛。 希雍曰：狗脊稟地中沖陽之氣，而兼感乎天之陽氣，故味苦氣平。《別錄》云：甘，微溫，無毒。兼火化也。苦燥溼，甘益血，溫養氣，是補而能走之藥也。入足少陰。 得牛膝、菟絲子、地黄、山茱萸、白膠、杜仲，固精強骨，壯腰腎。 得沉香、牛膝、石斛、木瓜、白鮮皮、菊花、五加皮、漆葉、蒺藜子，能通利關節，除五緩六急。

之頤曰：狗脊主肝腎，體用權衡，形藏之關機者也。

愚按：狗脊之用，在《本經》關機緩急一語，而盧氏謂種種主治，皆不外是，似亦近之。《經》曰：人有八虛，皆機關之室，真氣之所過，血絡之所遊，邪氣惡血，固不得住留，住留則傷經絡，骨節機關，不得屈伸，故拘攣也。又曰：經脈者，所以行血氣而營陰陽，濡筋骨利關節者也。又曰：腰脊者，人之大關節也。合數條而參之，夫所謂八虛者，即八谿，兩肘、兩腋、兩髀、兩膕也。八谿為關機之室，一谿有邪氣惡血住留，則傷乎經絡，而上下各關機舉為之不利，不利即緩急，夫經脈固所以利關節者也。然則關機之利，豈不根治於大會之地乎？《內經》謂大關節在腰脊，以腰為腎府，而脊為足太陽之所行也。此一臟一腑，為人身根蒂，如腎中衝脈，實為經脈之海。丹溪治一人因溼氣右手疼痛攣拳，以二陳加金毛狗脊、杜仲、川芎、升麻。即此觀之，則茲味於溼宜，而於陰氣不足之溼乃為中病。然又以之治手，尤當參之。蓋以經脈之海，總屬於腎中之衝脈也。然則所謂行血氣，營陰陽，濡筋骨，利關節者，能外此一臟一腑乎？故八谿雖為機關之室，而腰脊尤居其關節之大者，以屬腎與膀胱也。即《內經》所云：腎有邪，則氣留於兩膕，可知關機之室如兩膕者，尤以腎為主矣。《本經》於狗脊主治首云腰背，次乃及機關緩急，更次乃及膝也。豈非知所先後哉？又如療脚弱，並毒風軟脚，皆由大關節之處有留滯邪氣惡血，故在下部之經脈有傷，而見於脚者，其關機不利如是耳。然則狗脊主氣乎？主血乎？夫其所治，《別錄》言風邪淋露，少氣目闇。按：少氣目闇，若何？曰：目睛神水，固膽汁也。然化原在腎水，水鬱而風木不能達之於上，故目闇。此皆經脈不利之故耳，蓋三陰經脈從下而上也。甄權又言：毒風軟脚，腎氣虛弱即此，可以思其功。夫經脈所以濡筋骨，利機關，非血無以濡之，非氣無以呴之，故此味乃主下焦肝腎之陰氣，與上焦心肺之陽氣，微不同耳。《本經》謂頗利老人，緣老人下焦之陰氣多虛，多有不利故也。更繹《本經》但言寒溼，而《別錄》、甄權又出風邪毒風之治，非有二也。蓋腎者水臟，全藉風木以達陽而化陰，風木虛則陽不達，陽不達則陰不化，陰不化則寒溼病乎血，病乎血則風化自病而為風邪，久之為毒風，還病於腎臟，而為腎臟風毒。或有化為溼熱，以為肝種種之病者，皆坐風虛也。此味能益腎氣，若主輔得宜，使陽得達，而陰得化，有何關節不利，而風溼不瘳乎？但病各有所因，則劑各有所主，試即方書治寒溼脚氣，必用益陽氣，除寒溼之劑，治風溼必用活血除風溼之劑，而此特逐隊以奏功。又有脚氣宜補心腎者，主以益心腎之味，而此特佐之。三方見脚氣類。然則此味固不任攻擊之功，即冀其奏補益之效，亦未能專恃也矣。

希雍曰：腎虛有熱，小水不利，或短澀赤黃，口苦舌乾，皆忌之。

修治　剉炒，去毛鬚，酒浸一夕用。

**清・郭章宜《本草匯》卷九**　狗脊　苦甘，微溫，入足少陰、厥陰、太陽經。强筋最奇，壯骨獨異。理脚膝軟弱，治失溺不節。《本經》稱其利老人者，蓋老人腎氣衰乏，肝血亦虛，則筋骨不健，補腎入骨，故無不利也。又主腰痛者，《經》曰：腰者，腎之府，動搖不能，腎將憊矣。此腰痛，亦指腎虛而為濕邪所乘者言也。

按：狗脊，以形得名也。善能利機關，堅筋骨，是補而能走之藥也。因其入腎，故主骨病。又入膀胱，故入濕病。若腎虛有熱，小水不利，或短澀赤黃，口苦舌乾，法皆忌之。如病後足腫，但節食以養胃，外用狗脊煎湯漬洗。

選金毛者，火燎去鬚，細剉，酒浸蒸晒用。萆薢為之使。惡敗醬、莎草。

**清・蔣居祉《本草擇要綱目・溫性藥品》**　狗脊　氣味：苦，平，無毒。主治：腰背強，關機緩急周痹，寒濕膝痛，頗利老人。療失溺不節，男女脚弱腰痛，風邪淋露，少氣目闇，堅脊，利俛仰，女子傷中關節重，男子女人毒風軟脚，腎氣虛弱，續筋骨。補益男子，強肝腎，治風虛。

**清・閔鉞《本草詳節》卷一**　狗脊　【略】按：狗脊，苦燥濕，甘益血，溫養氣，諸病皆腎虛所致。腎之氣血得補，故筋骨之病自愈。又入膀胱治濕，故又主周痺，女子諸病。

**清・王翃《握靈本草》卷二**　狗脊生常山。酒浸，晒。主治：狗脊，苦，平，無毒。主腰背強，機關緩急，周痺寒濕，脚軟膝痛，頗利老人。療失溺，強肝腎，治風虛，健骨。

**清・汪昂《本草備要》卷一**　狗脊平補肝腎。苦堅腎，甘益血，能强肝。溫養氣。治失溺不節，腎虛。脚弱腰痛，寒濕周痹。《經》曰：內不在藏府，而外未發于皮，獨居分肉之間，真氣不能周，命曰周痹。除風虛，强機關，利俛仰。滋腎益肝，則骨健而筋强。有黄毛如狗形，故曰金毛狗脊。去毛，切，酒拌蒸。萆薢爲使。熬膏亦良。

**清・李熙和《醫經允中》卷二〇**　狗脊　入肝腎二經。甘溫，無毒。主治利關節，堅筋骨，理腰背強痛，脚膝耎弱。

**清・馮兆張《馮氏錦囊秘錄・雜症痘疹藥性主治合參》卷三**　狗脊稟地中沖陽之氣，兼感乎天之陽氣，故味苦甘，平，微溫，無毒。苦能燥熱，甘能益血，溫能養氣，是補而能走之藥也。入足少陰腎經，腎主骨，故主骨節一切諸症。狀如狗脊，以形得名也。別名扶筋，以功得名也。　狗脊惡敗醬，使萆薢。强筋壯骨，補腎除濕。治腰背強疼，機關緩急，理腰膝軟弱，筋骨損傷。女人傷中欠調，老人失溺不節，周痹寒濕，竝可醫痊。腎虛有熱，小便不利，口苦舌乾者，忌之。

**清・张璐《本經逢原》卷一**　狗脊《本經》名百枝。　苦，平，微溫，無毒。

酒浸，炒去毛用。《本經》主腰背強，關機緩急，周痺寒濕膝痛，頗利老人。

發明：狗脊為強筋骨要藥，故《本經》主腰背強、周痺寒濕等疾。頗利老人者，補益腎氣而堅強筋骨也。其性味形類與萆薢相似，而功用亦不甚相遠。四寶丹用金毛狗脊去毛，鹽泥固濟，煅紅，蘇木、萆薢、川烏頭生用，等分為末，醋和丸，溫酒鹽湯下二十丸，治男婦毒風脚軟，腎氣虛弱。又病後足腫，煎湯洗效。

**清・浦士貞《夕庵讀本草快編》卷一**　狗脊《本經》、強膂　根長多毛，如狗之脊，故名。狗脊微苦而溫，雖曰形相類，實以功用立名也。草本而得堅剛之性，如狗之益氣壯陽，脊之通經運髓，得肝腎之體用，司關機之權衡者歟。故寒濕周痺，腰背強痛，足膝筋疼，更宜于老人。《別錄》廣關機不利，于日則目闇不利，于膀胱則矢溺不節或成淋露。《濟生》又廣關機不利于衝任則室女白帶。如此推之，凡諸筋脉以及奇經督蹻失利于關機者，無不宜之。故曰強脊，利俛仰，利補虛，則筋骨舒爾。

**清・張志聰、高世栻《本草崇原》卷中**　狗脊　氣味苦，平，無毒。主治腰背強，機關緩急，周痺，寒濕膝痛，頗利老人。　狗脊出常山川谷及太行山、淄、青、眉州山野，處處有之。莖節如竹有刺，葉圓有赤脈，兩兩對生，邊有鋸齒，根形如狗之脊骨凸凹巃嵸，金毛密布。李時珍曰：狗脊有二種，一種根黑色如狗脊骨，一種有金黃毛如狗形，皆名狗脊。《本經》一名百枝，以形名也，《別錄》一名強膂，一名扶筋，以功名也。　狗脊根堅似骨，葉有赤脈，主利骨節而通經脈之藥也。治腰背強，機關緩急，利骨節也。血脈不和，則為周痺，或因於寒，或因於濕，皆能為痺。治周痺寒濕，通經脈也。又曰膝痛者，言機關緩急，則膝亦痛。老人精血虛而機關不利，故頗利老人。

**清・劉漢基《藥性通考》卷六**　狗脊　味苦、甘，氣溫。堅腎益血，強肝養氣，治失溺不節，腎虛脚弱腰痛，寒濕周痺，除風虛，強機關，利俯仰。有黃毛如狗形，故曰金毛狗脊。去毛，切，酒拌蒸。萆薢為使。熬膏良。

**清・王子接《得宜本草・中品藥》**　狗脊　味苦、甘。功專強肝腎，健筋骨。得鹿茸、白歛治帶下，得川烏、萆薢治諸風。

**清・徐大椿《神農本草經百種錄》中品**　狗脊　味苦，平。主腰背，強機關，緩急周痺，寒濕膝痛，凡邪氣之在骨節間者皆能治之。頗利老人。老人精血衰，則筋骨空隙中尤不能舒展，故于此藥為尤宜也。　此以形為治，狗脊偏體生毛而多節，頗似狗之脊。諸獸之中，惟狗狡捷，而此藥似之。故能入筋骨機關之際，去其凝滯寒濕之氣，而使之強健利捷也。形同而性亦近，物理蓋可推矣。

**清・黃元御《玉楸藥解》卷一**　狗脊　味苦，氣平。入足少陰腎、足厥陰肝經。泄濕驅寒，起痿止痛。泄腎肝濕氣，通關利竅。壯筋骨，治腰痛膝疼，足腫腿弱，遺精帶濁。去毛，酒蒸。

**清・吳儀洛《本草從新》卷一**　金毛狗脊〔平補肝腎，除風寒濕。〕　苦堅腎，甘益血滋肝，溫養氣。治失溺不節益腎。脚弱腰痛，寒濕周痺。《經》曰：內不在臟腑而外未發於皮，獨居分肉之間，真氣不能周，故曰周痺。除風濕，強關節，利俯仰。滋腎益肝則骨健而筋強。有黃毛如狗形，故名。去毛切，酒拌蒸。萆薢為使。熬膏良。

**清・汪紱《醫林纂要探源》卷二**　狗脊　苦、甘，溫。葉似蕨萁，叢生根上，根黃如脊骨，有黃毛，色黑，名金毛狗脊。堅腎緩肝，除濕去痺。堅腎，故能治腰脊痛及脚弱，療失溺不節。緩肝，故能補風虛，利機關。苦能燥濕，又生於陰濕之地，而能去濕，其堅腰膝，亦以形用也。

**清・嚴潔等《得配本草》卷二**　狗脊即金毛狗脊。　萆薢為之使。惡莎草、敗醬。　微苦，微溫。入足少陰經氣分。去風濕，療失溺，治傷中，利關節。　配當歸，治病後足腫。佐鹿茸、艾，治寒濕帶下。　火燎去毛，切碎，酒浸蒸，取出曬乾用。　腎虛有火者禁用。其性溫燥。

**題清・徐大椿《藥性切用》卷三**　金毛狗脊　苦甘微溫，滋腎益肝。除風虛濕痺，強腰脚，利機關，為滋補虛痺良藥。

**清・黃宮繡《本草求真》卷二**　狗脊溫補肝腎，以除風濕。　狗脊耑入肝腎。味苦甘平微溫，何書既言補血滋水，又曰去濕除風，能使脚弱腰痛、失溺、周痺俱治。周痺因於風寒濕邪，在於血脈上下，寒凝汁沫，排於分肉而痛，即《內經》所謂內不在臟腑，外未發於皮，獨居分肉之間，真氣不能周，故曰周痺。是明因其味苦，苦則能以燥濕。又因其味甘，甘則能以益血。又因其氣溫，溫則能以補腎養氣。蓋濕除而氣自周，氣周而溺不失，血補而筋自強，筋強而風不作，是補而能走之藥也。故凡一切骨節諸疾，有此藥味燥入，則機關自強，而俯仰亦利，非若巴戟性兼辛散，能於風濕則直除耳。去毛，有黃毛如狗形，故曰金毛狗脊。切片酒蒸，萆薢為使，熬膏良。

**清・羅國綱《羅氏會約醫鏡》卷一六草部**　狗脊味苦甘，性溫，入肝腎二經。

去毛酒蒸。　苦堅骨，甘益血，能補肝。溫養氣。強筋壯骨。治腰脚軟痛、失溺不節腎虛，強機關，利俯仰，滋腎益肝。療寒濕周痹，《經》曰：內不在臟腑，而外未發於皮，獨居分肉之間，真氣不能周，命曰周痹。是補而能走之藥也。若腎有虛熱，小便不利、口苦舌乾者，忌之。

**清·陳修園《神農本草經讀》卷三中品**　狗脊　氣味苦，平。主腰背強，關機緩急，風痹寒濕膝痛，頗利老人。

**清·趙學敏《本草綱目拾遺》卷四草部中**　金狗脊　《職方典》：出粵南甯府，即蕨。根形如狗脊，毛如狗毛，有黃黑之別。　止諸瘡血出，治頑痹，黑色者殺蟲更效。

**清·黃凱鈞《藥籠小品》**　金毛狗脊　味鹹入腎，治腰脊痛，鹽水炒。微滑，大便不實者勿用。

**清·楊時泰《本草述鉤元》卷七**　狗脊　黑色長三四寸，形如拇指，又似狗脊骨，凸凹巃嵸，有硬黑鬚簇之，其肉青綠色，春秋采根，曝乾用，又一種有金黃毛如狗形，皆可入藥。勿用透山藤根，形狀相似，只是入頂苦不可餌也歟。

味苦、甘，平，氣微溫。苦燥濕，甘益血，溫養氣，是補而能走之藥。入足少陰。萆薢為之使。惡敗醬、莎草。治腰背強，關機緩急，周痹寒濕膝痛，並脚弱毒風軟脚，腎氣虛弱，及風邪淋露，少氣目闇。瀕湖謂治風虛。又女子傷中關節重，強肝腎，續筋骨，補益男子，頗利老人，並治失溺不節。主肝腎體用權衡形臟之關機者之頤。

得牛膝、菟絲、地黃、山萸、白膠、杜仲，固精強骨壯腰腎。得沉香、牛膝、石斛、木瓜、白鮮皮、菊花、五加皮、漆葉、蒺藜子，能通利關節，除五緩六急。

論：　狗脊之用，在《本經》關機緩急一語。人身八谿，即八虛，兩肘、兩腋、兩髀、兩膕也。為關機之室，一谿有邪氣惡血住留，則傷乎經絡，而上下各關機舉為之不利，不利即緩急。夫經脈固所以利關節者也，然則關機之利，能不根治於大會之地乎。《內經》謂大關節在腰脊，以腰為腎府，脊乃足太陽之所行，此一臟一腑，繫人身根蒂，而腎中衝脈，實又為經脈之海。丹溪治人右手疼痛攣拳因濕氣，以二陳加金毛脊、杜仲、川芎、升麻，可知茲味宜於濕，而於陰氣不足之濕乃為中病。惟經脈之海，總屬於腎中衝脈，故又以之治手也。然則八谿雖為關機之室，而腰脊尤居關節之大者，所以行血氣，營陰陽，濡筋骨而利關節，脊屬腎與膀胱也。即《經》所云腎有邪則氣留於兩膕，可知關機之室如兩膕者，尤以腎為主矣。又如脚弱並毒風軟脚，皆由大關節之處有邪氣惡血留滯，故在下之經脈有傷而見於脚者，其關機不利如是耳。夫《別錄》既言風邪淋露少氣目闇，目睛神水，固屬膽汁，然化原在腎水，水鬱而風木不能達之於上，故目闇，此皆經脈不利之故，以三陰經脈從下而上也。甄權又言毒風軟脚腎氣虛弱，即此知狗脊之功專主下焦肝腎之陰氣。《本經》謂頗利老人，緣老人下焦之陰氣虛，多有不利故也。抑《本經》但言寒濕，而《別錄》甄權又出風邪毒風之治，有二道歟？要知腎者水臟，全藉風木以達陽而化陰，風木虛則陽不達，陽不達則陰不化，而寒濕病乎血，病乎血則風化自病而為風邪，久之為毒風，還病於腎臟而為風毒，或化為濕熱，以成種種肝病，皆坐風虛而已。此味能益腎氣，使陽得達而陰得化，用之者主輔得宜，病各有所因，則劑各有所主。有何關節不利而風濕不瘳乎。

繆氏云：　腎虛有熱，小水不利，或短澀赤黃，口苦舌乾，皆忌。

修治：　去毛鬚，剉，酒浸一夕用。

**清·鄒澍《本經續疏》卷四**　狗脊　【略】凡獸之脊負重者，坳帖而不撓；　行遠者，平挺而矢發；　絕有力者，穹突而傾前。狗則便儇狡捷之尤也，故其脊坳突隨時，折旋任意，奔竄則挺，捕逐則傾，回轉如風，蹲起如浪。乃草之根有以似其形，則能通關節可知矣。黑主腎，青主肝。腎者，作強之本，伎巧所由出。肝者，罷極之本，屈伸所由發。相連而周運一身，出於下者為堅強，出於上者為便捷。乃草根之皮肉有以似其色，則能利機括可知矣。人之脊為骨之長，凡骨之屈伸以節，節之能屈伸以脫，脫則屈伸之機括，究在筋而不在骨，惟脊寸寸有節，節皆不脫，仍能屈伸，是骨也含筋之用，為一身關機之所屬。狗脊者，皮黑肉青綠，律以肝主筋、腎主骨之義，絕似骨含筋用。周痹者，風寒濕之氣，內不在臟，外未發於皮，致真氣不能周也。故其治在刺法，則痛從上下者，先遏其下，後脫其上；　從下上者，先遏其上，後脫其下。是截其流以探其源。狗脊之所治，腰背強是其源，關機緩急，寒濕膝痛，是其流。關機緩急，所謂左緩右急，右緩左急者也。寒濕膝痛，所以別濕熱膝痛，風濕膝痛也。夫眾痹之痛，各在其處，更發更止，更起更居，以右應左，以左應右，是以不得為周。今日關機緩急，則非以右應左，以左應右矣。曰寒濕膝痛，則必更發更止，更起更居，各在其處矣。故關機緩急，冠於周痹之前，而寒濕膝痛係於周痹之後，以明寒濕膝痛之非周痹，惟關機緩急，乃為周痹。而腰背強，則狗脊之主證，為兩病之所均有也。此《本經》之最明析周詳，遙應《靈樞·周痹篇》，黍銖無漏者也。雖然，味苦氣平，則性專主降，惟其苦中有甘，平而微溫，乃為降中有升，降中有升是以下不能至地，本專主降，是以上不能至天，而盤旋於中下之際，為活利之所憑藉，非補虛，亦非洩邪。有邪者也能活利，無邪者亦能活利，是以頗利老人句，著於周痹膝痛兩證之外，以見其不專治邪耳。其《別録》以療失溺不節，更治男女有異，何也？蓋溺雖出於膀胱，而啟閉由於腎。啟閉之以時，猶關節之以利。利者過利，必有不利者過於不利，利者以時，則不利者利矣。所以然者，腎固主藏五臟六腑之精，而敷布於周身百節者也。故以啟閉之機關，可驗屈伸之機關，以屈伸之機關，可揣啟閉之機關，用是知狗脊所治之失溺不節，必機關有倔強之萌者矣。治痿者獨取陽明。陽明主宗筋，宗筋主束骨而利機關，病涉宗筋，男女自應有別。脚弱俛仰不利，痿之似而緩急之根，關節重則痹之似而亦緩急之根，其源於濕一也。特宗筋縱者，其病也疾；宗筋縮者，其病也徐。故男子用狗脊，遇弱而無力，即應投之。女子用狗脊，雖至關節已重可也。

**清·葉桂《本草再新》卷一** 金毛狗脊味苦，性微寒，無毒。入心、肝、腎三經。堅腎，養血補氣，治失溺不節，脚弱腰痛，寒濕周痺，除風虛，強機關，利俯仰。無風則機關通，無虛則俯仰便。

**清·吴其濬《植物名實圖考》卷八** 狗脊 《本經》中品。一種根黑色，一種有金黃毛似貫眾，葉有齒。昔人多以菝葜為狗脊。

**清·趙其光《本草求原》卷一山草部** 狗脊一名百枝，一名強膂，一名扶筋。根堅似骨，葉有赤脈。味苦就下，溫腎燥濕；甘益血；氣溫，達肝，無毒。能達肝腎氣血，去凝滯之寒濕，以通血脈而利筋骨。主腰背強，腰為腎腑所行，人之大關節也。氣虛有濕，則屈伸不得。機關緩急、兩腋、兩肘、兩髀、兩膕皆機關之室，氣血所遊行，邪氣惡血留滯，則氣血不濡布而馳緩拘急。周痹寒濕。氣血不濡布，則或寒或濕，閉而不周於身。膝痛，兩膕尤腎所主，故再言之。不利老人，精血衰，則機關多不利。毒風脚軟，濕鬱久而木不達，則成風毒。風邪淋露，失溺不節，溫肝達陽，陰滯自化。少氣目暗，濕鬱而膽汁、腎水不上奉。固精，同神、遠、歸蜜丸，酒下，以溫心腎。止白帶，衝任虛寒，同白蘞、鹿茸，以艾、醋煮，糯米糊丸，酒下。諸風。煅同蘇木、萆薢、生川烏，醋和丸，酒、鹽湯任下。 佐補陽藥，治寒濕； 佐活血去風濕藥，治風濕；佐補心腎藥，治腳氣，藉之引入筋骨，不得專恃此為攻、補。同二陳、芎、杜、升麻，治腎氣衰，寒濕攣痛。得牛膝、木瓜、五加葉、菊花、杜仲、菟絲、沙苑，利關節，壯腰腎。腎虛有熱，尿赤短，口乾苦，皆忌。 萆薢為使。有二種：一種根黑如狗脊骨；一種有黃毛，如狗形。春、秋採根去毛，酒浸蒸用。

**清·葉志詵《神農本草經贊》卷二** 狗脊 味苦，平。主腰背強，關機緩急，周痹寒濕，膝痛，頗利老人。一名百枝。生川谷。

強扶百枝，舒拳如蕨。赤脈簇鬚，金茸歧骨。髀膂僨盈，筋骸超越。黃耇康強，清秋健鶻。

名醫曰：一名強膂，一名扶筋。李時珍曰：葉似大葉蕨。蘇軾詩：韭芽戴土拳如蕨。吴普曰：葉端圓，青赤，皮白有赤脈。雷斆論：凡修事，火燎去鬚。蘇頌曰：根黑色，多歧，似狗脊骨。陳鑒賦：髀膂僨盈。《劇談録》：田膨郎且善超越。《詩》：黃耇台背。《書》：身其康強。蘇舜欽詩：氣勁健鶻橫清秋。

**清·文晟《新編六書》卷六《藥性摘録》** 狗脊 苦甘，平，微溫。溫補肝腎，以除風濕，治脚弱腰痛，失溺周痺，強筋骨，利俯仰。○去毛，切片，酒蒸透，(華)〔萆〕薢為使。熬膏良。

**清·張仁錫《藥性蒙求·草部》** 金毛狗脊錢半、二錢 金毛狗脊，平補腎肝。風寒濕氣，服後均安。去毛，切，酒拌蒸。苦堅腎，甘益血，溫養氣。《本經》主腰背強，周痺寒濕等疾。頗利老人者，補益腎氣，而堅強筋骨也。形類萆薢，而功用亦不甚相遠。得鹿茸、白蘞治帶下。

**清·劉善述、劉士季《草木便方》卷一草部** 金毛獅子 狗脊甘苦溫腎肝，脚弱腰痛強機關。溫痹風虛養血氣，腎虛失溺筋骨堅。

**清·戴葆元《本草綱目易知錄》卷一** 狗脊 苦、辛，微溫。強肝腎，續筋骨，強關機，利俛仰，堅脊健骨。治風虛緩急，寒濕周痹，毒風軟脚，腎氣虛弱，腰膝背疼。療失溺不節，切片，去毛，酒炒用。

**清·黃光霽《本草衍句》** 狗脊 苦以堅腎，即能健骨。甘以強肝。即能續筋。除寒濕之周痺，利俛仰之機關。凡邪氣之在骨節間者，皆能治之。男子脚弱腰痛，失溺不節，女人傷中節重，衝任虛寒，得鹿茸、白蘞治白帶，衝任虛寒；得川烏、萆薢治諸風。凡獸之中，惟狗狡捷，而此藥似之。故能入筋骨機關之際，去其凝滯寒濕之氣，強健利捷也。 固精強骨，狗脊、遠志肉、茯神、當歸身，為末和丸，酒服。

**清·陳其瑞《本草撮要》卷一**　狗脊　味苦甘，入足少陰經，功專強肝腎，健筋骨。得鹿茸、白斂治帶下，得川烏、萆薢治諸風。有黃毛如狗形，故曰金毛狗脊。去毛切，酒拌蒸。萆薢為使。

貫眾

**宋·李昉《太平御覽》卷第九九〇**　貫衆　《爾雅》曰：濼，貫衆。孫炎曰：一名貫渠。郭璞注曰：葉圓鋭，莖毛黑，布地生，冬不死也。《廣雅》曰：貫節，貫衆也。《本草經》曰：貫衆，一名貫節，一名百頭，一名貫渠，一名虎卷，一名扁苻。味苦，微寒。治腹中邪氣，諸毒，殺三蟲。生玄山，亦生宛句。《吳氏本草》曰：貫衆，一名貫來，一名貫中，一名渠母，一名貫鍾，一名伯萍，一名藥藻，一名扁符，一名黃鍾。神農、岐伯：苦，有毒。桐君、扁鵲：苦。一經：甘，有毒。黃帝：鹹酸，一苦，無毒。葉青黃，兩兩相對，莖黑，毛聚生，冬夏不死，四月華白，七月實黑，聚相連卷旁行。生三月，八月採根，五月採葉。

**宋·唐慎微《證類本草》卷一〇草部下品〔《本經·別錄·藥對》〕**　**貫衆**　**味苦，微寒**，有毒。**主腹中邪熱氣，諸毒，殺三蟲**，去寸白，破癥瘕，除頭風，止金瘡。

花：療惡瘡，令人洩。**一名貫節，一名貫渠，一名百頭，一名虎卷，一名扁苻**，一名伯萍，一名樂藻。此謂草鴟頭。生玄山山谷及冤句少室山。二月、八月採根，陰乾。雚菌爲之使。

〔梁·陶弘景《本草經集注》〕云：近道亦有。葉如大蕨，其根形色毛芒，全似老鴟頭，故呼爲草鴟頭。

〔宋·掌禹錫《嘉祐本草》〕按：《爾雅》云：濼，貫衆。注：葉員鋭，莖毛黑，布地，冬不死，一名貫渠，《廣雅》云貫節。《蜀本》云：一名樂音洛藻。又《圖經》云：苗似狗脊，狀如雉尾，根直多枝，皮黑肉赤，曲者名草鴟頭，療頭風用之。今所在山谷陰處有之。《藥性論》云：貫衆，使。主腹熱。赤小豆爲使。殺寸白蟲。

〔宋·蘇頌《本草圖經》〕曰：貫衆，生玄山山谷及冤句少室山，今陝西、河東州郡及荆、襄間多有之，而少有花者。春生苗，赤。葉大如蕨。莖蘚三稜。葉綠色似小雞翎，又名鳳尾草。根紫黑色，形如大瓜，下有黑鬚毛，又似老鴟。《爾雅》云：濼，舒若切，貫衆。郭璞注云：葉圓鋭，莖毛黑，布地，冬不死。《廣雅》謂之貫節是也。三月採根，曬乾。荆南人取根爲末，水調服一錢匕，止鼻血有效。

**宋·鄭樵《通志》卷七五《昆蟲草木略》**　貫衆　曰貫節，曰貫渠，曰百頭，曰虎卷，曰扁苻，曰伯萍，曰藥藻，曰濼，曰草鴟頭。《爾雅》云：濼，貫衆。

**宋·劉明之《圖經本草藥性總論》卷上**　貫衆　味苦，微寒，有毒。主腹中邪熱氣，諸毒，殺三蟲，去寸白，破癥瘕，除頭風，止金瘡。花，療惡瘡，令人洩。《藥性論》云：使。主腹熱。赤小豆、雚菌為之使。殺寸白蟲。又《圖經》云：苗似狗脊，狀如雉尾，根直多枝，皮黑肉赤者，名草鴟頭。治頭風。又荆南人取根，為末，水調服一錢匕，止鼻血有効。

**宋·陳衍《寶慶本草折衷》卷一〇**　貫衆使。一名貫節，一名貫蕖，一名百頭，一名虎卷，一名萹苻，一名伯萍，一名藥藻，一名樂藻，一名草鴟頭，一名鳳尾草，一名濼。○《選奇方》云：俗號營仲。○苻，音蒲；樂，音洛；濼，舒若切。生玄山山谷及冤句、少室山、陝西、河東、荊襄、淄州。今所在陰處有之。○二、三、八月採根，曬乾。○雚菌、赤小豆為使。味苦，微寒，有毒。○主腹中邪熱氣，諸毒，殺三蟲，去寸白，破癥瘕，除頭風，止金瘡。○《圖經》曰：根紫黑色，形如瓜，下有黑鬚，又似老鴟。為末水調服壹錢，止鼻血。

續說云：貫衆，艾原甫用貼風熱瘡癤之毒。《是齋方》用煎汁治骨鯁之患，濃煎壹盞半，分叁服并進，悉有捷功。

**元·尚從善《本草元命苞》卷五**　貫眾　為使。味苦，微寒，有毒。花療惡瘡，服之令人洩利。根似老鴟頭，苗如狗脊狀，葉大如蕨，莖蘚三稜，毛黑，布地，淩冬不死。赤小豆為使。殺寸白三蟲，治腹內邪熱氣，除頭上諸般風，破癥瘕眾積，止衂血金瘡。生玄山山谷及冤句少室，二八月採根，陰乾。荊襄間、陝西多有。《廣雅》云：貫節，雚菌為之使。

**明·蘭茂撰，清·管暄校補《滇南本草》卷中**　貫眾即蕨薇菜根。性寒，味鹹，澁。祛毒，止血，解水毒。二三月間，泡水盆中。凡用去毛，切片，於火上，白酒汁醮上，焙乾。

附方：治婦人白帶，製法如前，研末，開火服。又方：治刀傷流血。貫仲去毛、髮灰、龍骨各等分，共為細末，搽患處，能止血，收口生肌。

**明·蘭茂《滇南本草》〔叢本〕卷中**　貫仲　附方：治刀傷血流不止。貫仲、去尾，為末。髮灰、炒，為末。龍骨為末，共合一處，撒患處，止血收口，生肌。

**明・滕弘《神農本經會通》卷一** 貫眾 使也。雚菌、赤小豆為之使。謂之草鴟頭。二月、八月採根，陰乾。

味苦，微寒，有毒。東云：除毒熱，殺蟲。《本經》云：主腹中邪熱氣，諸毒，殺三蟲，去寸白，破癥瘕，除頭風，止金瘡。花，療惡瘡。令人洩。《藥性》云：貫眾，使。治腹熱。赤小豆為使。殺寸白蟲。《蜀圖經》云：苗，似狗脊，狀如雉尾，根直多枝，皮黑肉赤，曲者名草鴟頭，療頭風用之。《圖經》云：南人取根，為末，水調服一錢匙，止鼻洪有効。《局》云：貫眾，苦，寒。能散熱，主除寸白，殺三蟲，破癥，仍治金瘡痛。細末，湯調，止鼻洪。貫眾，殺寸白諸蟲。

**明・劉文泰《本草品彙精要》卷一三** 貫衆有毒 植生。

**貫衆**出《神農本經》：**主腹中邪熱氣，諸毒，殺三蟲。**以上朱字《神農本經》。去寸白，破癥瘕，除頭風，止金瘡。○花，療惡瘡，令人泄。以上黑字名醫所錄。

【名】貫節、貫渠、百頭、虎卷、扁符、伯萍、藥藻、草鴟頭。【苗】《圖經》曰：春生苗赤，葉大如蕨而少有花者。莖幹三稜，葉綠色似小雞翎，又名鳳尾草。根紫黑色，形如大瓜，下有黑鬚，毛又似老鴟。《爾雅》云：濼舒若切，貫衆。郭璞注云：葉圓銳，莖毛黑，布地，經冬不死。《廣雅》謂之貫節是也。《蜀本》注云：苗似狗脊，狀如雉尾，根直多枝，皮黑肉赤，曲者名草鴟頭也。【地】《圖經》曰：生玄山山谷，及冤句、少室山，今陝西、河東州郡及荊襄間多有之。【道地】淄州。【時】生：春生苗。採：二月、八月取根。【收】陰乾。【用】根。【質】類黑狗脊而有甲。【色】黑。【味】苦。【性】微寒。【氣】味厚于氣，陰中之陽。【臭】香。【主】消毒，殺蟲。【助】雚菌、赤小豆爲之使。【製】去土鬚用。【治】療：《圖經》曰：根，止鼻血，擣末水調服一錢，效。草鴟頭，療頭風。

**明・許希周《藥性粗評》卷二** 三部蟲行，魂銷貫眾。

貫眾，鳳尾草根也，一名貫渠，一名樂藻。《廣雅》謂之貫節，俗名草鴟頭。春生苗，似狗脊，赤色，莖三稜，葉長綠色，頗如雉尾，經冬不死，根直多枝，皮黑肉赤，一把叢生，蓋蕨之類，而大於蕨者也。好生山谷陰處，江南處處有之。二八月採根，陰乾。雚菌與赤小豆為之使，餘說《本草》不載。味苦，性微寒，有毒。主治邪熱癥瘕，頭風鼻衄，殺三部寸白諸蟲，止金瘡血痛。

**明・鄭寧《藥性要略大全》卷七** 管仲使。一名貫眾。除毒熱，殺蟲，治金瘡，破癥結，止鼻衄。治腹中邪熱氣。亦治馬熱。潔古云：除頭風，解諸毒，止血崩。殺寸白蟲。味苦，微寒，有毒。雚菌、赤小豆為之使。葉大於蕨。

**明・陳嘉謨《本草蒙筌》卷三** 貫眾 味苦，氣微寒，有毒。在處山谷有，背日陰濕生。莖有三稜，皮係赤色。葉青綠如小鷄翅，根紫黑似老鴟頭。故《本經》欵中亦載曰：此謂草鴟頭也。一說：根形如大爪，下有黑鬚毛。二八月採根陰乾，赤小豆、雚菌為使。敺諸毒，理金瘡惡毒；殺三蟲，去寸白蚘蟲。仍除頭風，更破癥瘕。

**明・王文潔《太乙仙製本草藥性大全》卷二《本草精義》** 貫衆 一名虎卷，一名扁苻，一名伯萍，一名藥藻，一名貫渠，又名鳳尾草。生玄山山谷及冤句、少室，今陝西、河東州郡及荊襄間多有之。而少有花者，生莖有三稜，皮係赤色，葉青綠如小雞翅，根紫黑似老鴟頭，故《本經》欵中亦載曰此謂草鴟頭也。一說根形如木瓜，下有黑鬚毛。二八月採根陰乾。郭云：葉圓銳，莖毛黑，布地，冬不死。《廣雅》謂之貫節是也。

**明・王文潔《太乙仙製本草藥性大全》卷二《仙製藥性》** 貫衆使 味苦，氣微寒，有毒。赤小豆、雚菌爲之使。主治：敺諸毒，理金瘡惡毒；殺三蟲，去寸白蚘蟲。仍除頭風，更破癥瘕。花：療惡瘡，能令人洩。

補註：止鼻血，取根爲末，水調一錢服，立差。

**明・皇甫嵩《本草發明》卷三** 貫眾下品上，佐使。氣微寒，辛、苦，有毒。發明曰：貫眾苦寒，除熱消毒。《本草》主腹中邪熱氣諸毒，殺三蟲、寸白蚘蟲，止金瘡，破癥瘕，除頭風。○花，治惡瘡。令人洩。生陰濕地。根紫色，似老鴟頭，故俗云老鴟頭。小赤豆、雚菌為之使。

**明・李時珍《本草綱目》卷一二草部・山草類上** 貫衆《本經》下品

【釋名】貫節《本經》 貫渠《本經》 百頭《本經》，又名虎卷、扁府。 草鴟頭《別錄》 黑狗脊《綱目》 鳳尾草《圖經》。時珍曰：此草葉莖如鳳尾，其根一本而衆枝貫之。故草名鳳尾，根名貫衆、貫節、貫渠。渠者，魁也。《吳普本草》作貫中，俗作貫仲、管仲者，皆謬稱也。《爾雅》云，濼音灼，貫衆，即此也。《別錄》一名伯萍，一名藥藻，皆字訛也。金星草一名鳳尾草，與此同名，宜互考之。

【集解】《別錄》曰：貫衆生玄山山谷及冤句、少室山，二八月採根，陰乾。弘景曰：近道皆有之。葉如大蕨。其根形色毛芒，全似老鴟頭，故呼爲草鴟頭。

月、八月採根陰乾。普曰：葉青黃色，兩兩相對。莖有黑毛叢生，冬夏不死。四月花白，七月實黑，聚相連卷旁生。三月、八月採根，五月採葉。保昇曰：苗似狗脊，狀如雉尾，根直多枝，皮黑肉赤，曲者名草鴟頭，所在山谷陰處則有之。頌曰：今陝西、河東州郡及荊、襄間多有之，而少有花者。春生苗，赤。葉大如蕨。莖幹三稜，葉綠色似鷄翎，又名鳳尾草。其根紫黑色，形如大瓜，下有一黑鬚毛，又似老鴟。郭璞注《爾雅》云，葉員銳，莖毛黑，布地，冬不死，《廣雅》謂之貫節是矣。時珍曰：多生山陰近水處。數根叢生，一根數莖，莖大如箸，其涎滑。其葉兩兩對生，如狗脊之葉而無鋸齒，青黃色，面深背淺。其根曲而有尖嘴，黑鬚叢族，亦似狗脊根而大，狀如伏鴟。

根 【氣味】苦，微寒，有毒。之才曰：雚菌、赤小豆爲之使，伏石鍾乳。【主治】腹中邪熱氣，諸毒，殺三蟲《本經》。去寸白，破癥瘕，除頭風，止金瘡《別錄》。爲末，水服一錢，止鼻血有效蘇頌。治下血崩中帶下，產後血氣脹痛，斑疹毒，漆毒，骨哽。解猪病時珍。

【發明】時珍曰：貫衆大治婦人血氣，根汁能制三黃，化五金，伏鍾乳，結砂制汞，且能解毒軟堅。王海藏治夏月痘出不快，快斑散用之。云貫衆有毒，而能解腹中邪熱之毒，病因內感而發之於外者多效，非古法之分經也。又黃山谷《煮豆帖》，言荒年以黑豆一升挼淨，入貫衆一斤，剉如骰子大，同以水煮，文火斟酌至豆熟，取出日乾，覆令展盡餘汁，簸去貫衆，每日空心啗豆五七粒，能食百草木枝葉有味可飽。又王璆《百一選方》，言滁州蔣教授，因食鯉魚玉蟬羹，爲肋肉所哽，凡藥皆不效。或令以貫衆濃煎汁一盞，分三服，連進至夜，一咯而出。亦可爲末，水服一錢。觀此可知其軟堅之功，不但治瘡治血而已也。

【附方】新一十五。 鼻衄不止：貫衆根末，水服一錢。《普濟方》。 諸般下血：腸風酒痢，血痔鼠痔下血。黑狗脊，黃者不用，須內肉赤色者，即本草貫衆也。去皮毛，剉焙爲末。每服二錢，空心米飲下。或醋糊丸梧子大，每米飲下三四十丸。或燒存性，出火毒爲末，入麝香少許，米飲服二錢。《普濟方》。 女人血崩：貫衆半兩，煎酒服之，立止。《集簡方》。 產後亡血：過多，心腹徹痛者。用貫衆狀如刺猬者一個，全用不剉，只揉去毛及花萼，以好醋蘸濕，慢火炙令香熟，候冷爲末，米飲空心每服二錢，甚效。《婦人良方》。 赤白帶下：年深，諸藥不能療者，用上方治之亦驗，名獨聖湯。方同上。 年深咳嗽：出膿血。貫眾、蘇方木等分，每服三錢，水一盞，生薑三片，煎服，日二服。 久咳，漸成勞瘵。鳳尾草爲末，用魚鮓蘸食之。《聖惠方》。 痘瘡不快：快斑散：用貫衆、赤芍藥各一錢，升麻、甘草各五分，入淡竹葉三片，水一盞半，煎七分，溫服。《王海藏方》。 頭瘡白禿：貫衆、白芷爲末，油調塗之。又方：貫衆燒末，油調塗。《聖惠方》。 漆瘡作癢：油調貫衆末塗之。《千金方》。 鷄魚骨哽：貫衆、縮砂、甘草等分，爲粗末，綿包少許，含之咽汁，久則隨痰自出。《普濟方》。 解輕粉毒：齒縫出血，臭腫。貫衆、黃連各半兩，煎水，入冰片少許，時時漱之。陸氏《積德堂方》。 血痢不止：鳳尾草根，即貫衆，五錢，煎酒服。陳解元吉言所傳《集簡方》。 便毒腫痛：貫衆，酒服二錢良。《多能鄙事》。

花 【主治】惡瘡，令人洩《別錄》。

**明・梅得春《藥性會元》卷上** 貫眾 味苦，微寒，有毒。 主治心腹中熱氣，諸熱毒，殺寸白及諸蟲，破癥瘕。 止鼻紅，治頭風，傅金瘡。 葉：治惡瘡，令人泄。

**明・李中立《本草原始》卷三** 貫衆 始生玄山山谷及冤句、少室山，今陝西、河東州郡及荊襄間多有之，而少有花者。春生苗，赤葉大如蕨。莖幹三稜，葉綠色，似雞翎。《圖經》名鳳尾草。根紫黑色，形如大瓜，下有黑鬚毛，又似老鴟，故《別錄》名草鴟頭。根一本而衆枝貫之，故名貫衆。《本經》一名貫節，一名貫渠，一名百頭。《吳普本草》名貫中。俗作貫仲、管仲，皆謬稱也。貫衆： 氣味：苦，微寒，有毒。主治：腹中邪熱氣，諸毒，殺三蟲。去寸白，破癥瘕，除頭風，止金瘡。為末，水服一錢，止鼻血有效。治下血，崩中帶下，產後血氣脹痛。

貫衆，《本經》下品。【圖略】根紫色，象鴟頭。修治：或火燒存性，或生用，各隨方法。之才曰：雚菌、赤小豆為之使，伏石鍾乳。《集簡方》：治女人血崩，貫衆半兩，酒煎服之，立止。貫衆：使。

**明・繆希雍《本草經疏》卷一〇** 貫眾 味苦，微寒，有毒。主腹中邪熱氣，諸毒，殺三蟲，去寸白，破癥瘕，除頭風，止金瘡。花：療惡瘡，令人洩。赤小豆為之使。

【疏】貫眾味苦，而又微寒，止應云有小毒。以其苦寒，故主腹中邪熱氣諸毒。三蟲皆由濕熱所生，苦寒除濕熱，則三蟲自死矣。苦以洩之，亦兼有散之之義，故破癥瘕。苦寒能除風熱，故止頭風。金瘡出血後必發熱，洩熱散結，則金瘡自止。【主治參互】貫眾一味為細末，水調一錢匕，治鼻衄有効。疫氣發時，以此藥置水中，令人飲此水，則不傳染。【簡誤】病人虛寒無實熱者，禁用。

**明・倪朱謨《本草彙言》卷一** 貫衆 味苦，氣微寒，有毒。《別錄》曰：貫衆，生玄山山谷及冤句、少室山中。蘇氏曰：今陝西、河東州郡及荊、襄間多有之。出陰山近水處。數根叢生，每根必有多莖貫之，故名貫衆。莖有三稜，如蕨狀，大如筯，有黑汁涎滑。其葉兩兩對生，如雞翎及鳳尾，又似狗脊葉，而但無鋸齒。色青黄，面深背淡。四月開白色花，七月結實黑，相聚聯卷而旁生。其根曲而有尖，黑鬚叢簇，亦似狗脊。根狀(及)〔如〕伏鴟，皮黑肉赤，直而多枝，若百枝狀。冬夏不死，雖乾枯，見水即活。人家置水缸中，可吸水底塵垢，揚之不使渾濁。

貫衆：《本經》《别錄》殺蟲化癥之藥也。楊思山稿前古主腹中邪熱結氣，故時人用爲殺蟲化癥，皆屬腹中邪熱，濕鬱結氣也。《蘇氏方》又治下血崩淋，衄血不止，亦取氣味苦寒，散結熱，百莖貫脉絡耳。但性氣寒燥有毒，如病人營虚血槁，肝腎有火，幷陰虚咳嗽人，不可加用。

集方：林氏方治腸風下血，婦人崩淋瀝血，久痢日下血水，幷積年白帶等疾，幷宜服之。用貫衆五個，酒浸一日，連鬚幷内肉俱切碎，曝乾微炒，配黑蒲黄、丹參各減半，俱酒洗炒，共爲末，每早晚各食前服三錢，白湯下。○《千金方》治漆瘡痛癢濕爛。用貫衆一兩爲末，摻之即消。○治吐血成斗，命在須臾。用貫衆生擣淨末三錢，髮灰五錢，側柏葉擣汁一碗，和童便一盞，和匀，調入貫衆、髮灰，頓溫徐徐服之，尋止。如不止，用人參一兩，煎湯頻灌即止。

**明·李中梓《醫宗必讀·本草徵要上》** 貫眾味苦，寒，有毒。入肝經。去皮毛，剉焙。殺蟲解毒，化哽破癥，産後崩淋，金瘡鼻血。有毒而能解毒，去瘀而能生新，然古方中不恒用之。别名管仲，豈音相類耶，抑為其有雜覆之氣耶？

**明·蔣儀《藥鏡》卷四寒部** 貫眾 頭風除，癥瘕破，兼療金瘡。散濕熱，殺三蟲，單攻鼻衄。不但起發斑疹，且解草木等毒之誤餐。不但墮硬軟堅，亦治瘡腫猪疫之諸症。

**明·盧之頤《本草乘雅半偈》帙六** 貫衆《本經》下品 氣味：苦，微寒，有毒。主治：主腹中邪熱氣，諸毒，殺三蟲。

覈曰：出玄山山谷，及冤句、少室山，今陝西、河東州郡及荊、襄間多有之。生山陰近水處。冬夏不死，數根叢生，每根必有多莖貫之，莖作三稜如蕨狀，有黑色汁，頗涎滑也。其葉兩兩對生，如雞翎及鳳尾，又似狗脊葉而無鋸齒，色青黄，面深背淡。四月花白，七月實黑，相聚連卷，而旁生其根，曲而有尖嘴，黑鬚叢族，亦似狗脊根狀，及伏鴟，皮黑肉赤，直而多枝，若百頭也。藋菌、赤小豆為之使，伏石鍾乳。

先人云：百頭而以一貫，故名貫衆。連卷有夏脈如鉤之象，是心物無疑矣。腹中邪熱，是夏氣在藏之病，從血脈流入心腹之部者，當須此品。

条曰：根具百頭，獨莖葉兩相對，若偶貫群陰也，因名貫衆。多生山陰近水處，故稟苦寒氣味，對待陽不貫陰而成邪熱，理不貫經而成諸毒。生陽不貫四大而成三蟲，亦地以陽殺陰藏之象歟。既連卷有夏脈如鉤之象，則百頭一貫，有心主百脈宗主之象矣。假以治百合病者頗象形百合病者，百脈一宗悉致其病故也。

**清·顧元交《本草彙箋》卷一** 貫衆 有微毒，而能解腹中邪熱之毒。蓋其性味苦寒，而形質堅鋭，故有攻伐之能，殺蟲破瘕，皆其本事也。凡痘瘡不快者，用貫衆、赤芍各一錢，升麻、甘草各五分，淡竹葉三片，是名快斑散。凡雞、魚、骨鯁，用貫衆、砂仁、甘草等分，爲粗末，綿裹，噙嚥汁，久則隨痰自出。古稱貫衆能軟堅，信矣。治乳癰，以貫衆燒存性，研末，酒調，每服三錢。并治便毒腫痛。

**清·穆石匏《本草洞詮》卷八** 貫眾 莖葉如鳳尾，其根一本，而眾枝貫之，故名。氣味苦，微寒，有毒。治腹中邪熱，解諸毒，殺三蟲，治崩帶産後血氣脹痛，斑疹毒，漆毒，骨鯁，制三黄，化五金，結砂制汞，解豬病。王海藏治夏月痘出不快，快斑散用之。云貫眾有毒，而能解腹中邪熱之毒，病因内感而發於外者多效。黄山谷煮豆帖，言黑豆一升，入貫眾一斤，同煮，豆熟去貫眾，每日啖豆五七粒，能食百草木枝葉，有味可飽，此荒年救飢奇方也。

**清·劉雲密《本草述》卷七下** 貫衆一名鳳尾草，一名貫節，一名貫渠。 時珍曰：此草莖葉如鳳尾，其根一本，而衆枝貫之，故草名鳳尾，根名貫眾、貫節、貫渠。渠者，魁也。金星草亦同名鳳尾草。第其葉如柳而長，蔓延長二三尺，葉背有黄點如七星，其根盤屈，如竹根而細，折之有筋，固與貫眾迥異也。多生山陰近水處，冬夏不死，數根叢生，一根數莖，莖幹三稜，大如筯，其涎滑，其葉兩兩對生，如雞翎及鳳尾，根直多枝，皮黑肉赤，曲者名草鴟頭。有云：其根曲而有尖觜，黑鬚，叢簇，亦似狗脊根而大，狀如伏鴟，三月、八月采之。

根：氣味：苦，微寒，有毒。主治：腹中邪熱氣，諸毒，殺三蟲，治衄血下血，崩中帶下，産後血氣脹痛，解斑疹毒。時珍曰：貫眾大治婦人血氣，根汁能制三黄，化五金，伏鍾乳，結砂制汞，且能解毒軟堅。王海藏治夏月痘出不快，快斑散用之，云貫眾有毒，而能解腹中邪熱之毒，病因內感而發之於外者，多效。非古法之分經也。又王璆《百一選方》云：滁州蔣教授因食鯉魚玉蟬羹，為肋肉所鯁，凡藥皆不效。或令以貫眾濃煎汁一盞，分三服，連進至夜，一咯而出。亦可為末，水服一錢。觀此可知其軟堅之功，不但治血治瘡而已也。希雍曰：貫眾味苦而又微寒，止應云有小毒，以其苦寒，故主腹中邪熱氣，諸毒，苦以洩之，兼散之義。故其治諸血證，皆洩熱散結之功耳。貫眾一味，為細末，水調一錢匕，治鼻衄有效。疫氣發時，以此藥置水中，令人飲此水，則不傳染。

愚按：貫眾之所治，海藏數語盡之矣。所云非古分經之法，可以知其功之可及并其所不及。葢分經之法，乃人物陰陽，相為對待而酌治之理。茲味但以解邪熱之毒，故遇毒熱則無不解。觀其飲此水能散疫氣，又荒年以煮黑豆，服豆便可食百草木枝葉，是其能解諸毒，非其所獨稟者歟。愚按：貫眾解毒，在方書用之不一二數也。第止就其療中風一證，如至聖保命金丹，暨活命金丹，二方特小有異同，固皆危證之所急須者也。然皆以貫眾為首，是以合於《本經》主治，在腹中邪熱諸毒者，大為恰當。葢真中類中，俱是邪熱毒氣，還以病於心腹，固劇且急也，療斯證莫先解毒。《本經》真作者之謂聖哉。然多生山陰近水處，而冬夏俱不死。且百葉俱貫於一根，豈非稟陰之厚，而能撤諸陽之毒以出於外者歟？故多治血病。然以此思其力之所可及，似不外於撤毒，如陰虛陽虛之為病者，未審此味何當也，用者豈得同於他血藥以漫投哉？

諸般下血，腸風酒痢，血痔鼠痔，下血，黑狗脊黃者不用，須內肉赤色者，即《本草》貫眾也。去皮毛，剉焙為末，每服二錢，空心米飲下，或醋糊丸梧子大，每米飲下三四十丸。　女子血崩，貫眾半兩，煎酒飲之，立止。　赤白帶下年深，諸藥不能療者，用貫眾狀如刺蝟者，一個全用，不剉，只揉去毛及花萼，以好醋蘸溼，慢火炙令香熟，候冷，為末，米飲空心每服一錢，甚效。

**清・郭章宜《本草匯》卷九**　貫眾　味苦，微寒，有毒。入足厥陰經。善殺寸白之蟲，能解輕粉之毒。止產後崩淋，化雞魚骨鯁。同縮砂、甘草等分，為末，綿包少許，含嚥汁，久則隨痰自出。破癥瘕，止鼻衄。

按：貫眾，大治婦人血氣，根汁能制三黃，化五金，伏鍾乳，結砂制汞，且能解腹中邪熱之毒。病因內感而發之于外者，多効。古方中不恒用之者，抑為其有雜霸之氣耶。

去皮毛，剉焙。

**清・王翃《握靈本草》補遺**　貫眾陝西、河東、荊、襄皆有之。多生山陰近水處。其根曲而有尖，黑鬚，叢族似狗脊。　苦，微寒，有毒。主腹中邪熱氣，殺三蟲，治骨鯁。

**清・汪昂《本草備要》卷二**　貫衆瀉熱，解毒。　味苦，微寒，有毒，而能解邪熱之毒。治崩中帶下，產後血氣脹痛，破癥瘕，發斑痘，王海藏快斑散用之。化骨鯁，能軟堅。殺三蟲。　根似狗脊而大。汁能制三黃，化五金，伏鍾乳、結砂、制汞，解毒軟堅。以此浸水缸中，日飲其水，能辟時疾。

**清・陳士鐸《本草新編》卷四**　貫眾　味苦，氣微寒，有小毒。入陽明胃經，亦入心、入肺。祛諸毒，理金瘡惡毒，殺三蟲，去寸白蚘蟲，仍除頭風，更破癥瘕，尤祛時氣，亦止心疼。此物有毒而能祛毒，所謂以毒攻毒也。人家水缸內置貫眾一枚，永無疫癘之侵，然須三月一易為妙，否則，味散無益耳。

或曰：解毒用貫眾，不可用貫眾以祛毒，以貫眾能消弭毒之未至，不能逐散于毒之已成也。是未知貫眾矣。貫眾實化毒之仙丹，毒未至，可以預防；已至，可以善解；毒已成，可以速祛，正不可以前後而異視之。惟毒來之重，單用貫眾，則力薄勢綿，必須佐之以攻毒之藥，始易奏功耳。

**清・李熙和《醫經允中》卷二一**　貫眾　苦，寒，有毒。主治殺三蟲，毆諸毒，化雞魚骨鯁，解輕粉毒，辟時行疫癘不正之氣，疫發之時，以此物置水缸中，食之則不傳染。

**清・馮兆張《馮氏錦囊秘錄・雜症痘疹藥性主治合參》卷三**　貫眾味苦，微寒，有小毒。寒能泄熱，苦能殺蟲，故治腹中邪熱，諸毒諸蟲濕熱所生之病也。疫氣時行，以此置水中，令人飲之，則不傳染。　貫眾，殺三蟲，毆諸毒，破癥瘕，除邪熱。產後崩淋，金瘡鼻血。

**清・张璐《本經逢原》卷一**　貫眾《別錄》名草鴟頭。　苦，微寒，有毒。《本經》主腹中邪熱氣諸毒，殺三蟲。　發明：貫眾苦寒而降，辟時行疫癘不正之氣。疫發之時，以此藥置水，食之則不傳染，且能解毒耎堅，治婦人血氣。《本經》治腹中邪熱氣諸毒，以其性專散結積諸毒。而蟲積皆由濕熱所生，苦寒能除濕熱，故亦主之。王海藏治夏月痘出不快，快斑散用之。云貫眾有毒而能解腹中邪熱，殺三蟲，病從內發者多效。王璆《百一選方》言，食鯉魚羹為肋骨所鯁，百藥不效，或令以貫衆煎濃汁連進，一咯而出。可見軟堅之功，不但治瘡治血而已。病人虚寒無實熱者勿服。

**清・浦士貞《夕庵讀本草快編》卷一**　貫衆《本經》、百頭　一根而貫百頭，所統衆矣。　貫衆微苦而寒，以一貫通如心之義也。如陽不貫陰而成邪熱，理不貫經而成癰毒，精氣不貫而成三蟲，脾胃之氣不貫則變癥瘕，血脉不貫上為衄血，（不）〔下〕則便痢崩中，用此宣攝之劑，不勞而愈矣。世人專取其解毒，陋哉！

**清・張志聰、高世栻《本草崇原》卷下**　貫衆根　氣味苦，微寒，有毒。主治腹中邪熱氣，諸毒，殺三蟲。　貫衆所在山谷有之，多生山陰近水處，數根叢生，交相貫穿，故《本經》名貫節，又名百頭。形如大瓜，直而多枝，皮黑肉赤，黑鬚叢簇。春生赤苗，圓葉銳莖，黑毛布地，冬夏不死，四月花白，七月實黑。　貫衆氣味苦寒，色多赤黑，蓋稟少陰水火之氣。主治腹中邪熱氣，諸毒，稟水氣也。殺三蟲，稟火氣也。

**清・劉漢基《藥性通考》卷一**　貫衆　【略】有毒而能祛毒，毒未至可以預防，已至可以善解，已成可以速祛，惟毒來之重，單用一味，則力薄勢綿，必佐以攻毒之藥，乃易成功耳。

**清・徐大椿《神農本草經百種錄》下品**　貫衆　味苦，微寒。主腹中邪熱氣，寒能除熱。諸毒，邪熱之毒。殺三蟲。濕熱所生之蟲。　貫衆生于山澗之中，得天地清陰之氣，故能除蘊熱濕穢之疾。其體中虚而清芳，故能解中焦之毒。人身之蟲，皆濕熱所生。濕熱除，則諸蟲自消也。

**清・黄元御《玉楸藥解》卷一**　貫仲　味苦，微寒。入手太陰肺、足厥陰肝經。止血行瘀，破積殺蟲，收斂營血，消化瘀蒸。治吐衄崩帶，積聚痃癖，殺寸白諸蟲。

**清・吴儀洛《本草從新》卷二**　貫衆瀉熱解毒。　味苦，微寒。能解邪熱之毒。治崩淋帶下，産後血氣脹痛，金瘡鼻血。破癥瘕，發斑痘，化骨鯁，能軟堅。殺諸蟲。有毒而能解毒，去瘀而能生新。别名管仲，豈音相類耶？抑為其有雜霸之氣耶。根似狗脊而大。汁能制三黄，化五金，伏鍾乳，結砂制汞，解毒軟堅。浸水缸中，日飲其水能辟時疫。

**清・汪紱《醫林纂要探源》卷二**　貫衆　苦，寒。根苗皆似狗脊，但色黑而大，歧根叢聚，連貫生苗，故名。訛曰管仲。好生山溪水石間。瀉火，解熱毒熱結，輭堅殺蟲。能化骨鯁，亦有鹹味。有毒。煉丹家謂其能制三黄，化五金，結丹砂，制水銀。

**清・嚴潔等《得配本草》卷二**　貫衆一名黑狗脊。　藋菌、赤小豆為之使。制三黄、汞。伏石鍾乳。化五金。　苦，寒，微毒。入足厥陰經。解邪熱，止鼻衄，除血淋，驅諸毒，殺三蟲，破癥瘕，療金瘡。病因内感而發之於外者，多效。　配蘇木，治咳嗽膿血。配升麻、甘草、赤芍，發痘。配縮砂、甘草，為粗末，綿包少許，含咽汁，治雞魚骨鯁。　煅炭，童便、酒下，治乳癰。　置水缸中，用水製飲食，令人疫氣不染。

**題清・徐大椿《藥性切用》卷四**　貫衆　一名管仲。味苦微寒，瀉邪熱，解疫毒。

**清・黄宫繡《本草求真》卷六**　貫衆瀉熱殺蟲，辟時行不正。　貫衆耑入肝胃。即俗稱為管仲者是也。味苦微寒無毒，世遇天時行不正之氣，人多用此置之水缸，使人食之不染，且不獨力能解毒。凡遇崩中帶下，並癥瘕斑痘，蟲蠱骨鯁，皆可用之。蓋以苦能殺蟲，寒能散熱故也。以諸症皆因熱成。昔王璆《百一選方》，言食鯉魚羹，為骨所鯁，百藥不效，或令以貫衆煎濃汁連進，一咯而出。可見軟堅之功，其殆若是之神矣！形似狗脊而大，汁能制三黄。化五金，伏鍾乳，結沙制汞，解毒軟堅。

**附：琉球・吴繼志《質問本草》内篇卷二**　貫衆　生岸阪，莖帶紫色，葉兩兩對出，高二三尺許，凌冬不凋，其根有黑鬚。　貫衆又名管仲，又名鳳尾草。生近水背陰處者為是，若産向陽旱地，枝葉瘦小，背有黄星者不是。耑治下體濕熱作癢。甲辰，陸澍。　貫衆也，生岸阪，莖帶紫色，葉兩兩對生，凌冬不凋，根有黑鬚，與方書相符。惟葉有鋸齒，或由方土各殊，物種致異乎？至於製法，宜依方書用之。癸卯，周天章、李旭。　鳳尾草，外科用。癸卯，馮岳溪。　管仲，去濕殺蟲，用根。甲辰，周之良、鄧履仁、吴美山。　此種繼志曾定為貫衆，敢質是非。乙巳，再問潘貞蔚、石家辰。　此種查係貫衆，可以無疑。其葉名鳳尾草，性寒涼，可治痢疾。乙巳，陳倬為代潘貞蔚、石家辰再查。

**清・羅國綱《羅氏會約醫鏡》卷一六草部**　貫衆又名管仲。　味苦寒，有小毒，入肝、腎二經。去毛焙。　寒泄熱，苦殺蟲。治邪熱腹痛寒也、濕熱所生諸毒，以毒攻毒。諸蟲苦也，解時行疫氣，以此置水缸中，令人飲之，則不傳染。破癥化硬能軟堅，産後血氣脹痛。去瘀生新。根似狗脊而大者。

**清・黄凱鈞《藥籠小品》**　貫衆　有毒，而能解毒，故解邪熱之毒，發癍痘，殺諸蟲。浸水缸中，日飲其水，能辟時疫。

**清・楊時泰《本草述鉤元》卷七**　貫眾　一本而眾枝貫之，莖葉如鳳尾，故草名鳳尾，根名貫眾、貫節、貫渠，渠者魁也。根直多枝，皮黑肉赤，三八月采之。曲者名草鴟頭，其根曲而有尖嘴，黑鬚叢簇，似狗脊而大，狀如伏鴟。

氣味苦，微寒，有毒。主治腹中邪熱氣，諸毒，解斑疹毒，殺三蟲，治衄血下血，崩中帶下，產後血氣脹痛。皆洩熱散結之功。根汁解毒軟堅，能制三黃，化五金，伏鍾乳結砂，制汞。海藏治夏月痘出不快，快斑散中用之。云貫眾有毒，而能解腹中邪熱之毒，病因內感而發之於外者多效，非古法之分經也。為末，水服一錢，或煎濃汁連服，治魚肋骨鯁。為細末，水調一錢匙，治鼻衄。疫氣發時，以此藥置水中，令人飲此水，則不傳染。荒年以煮黑豆，服豆便可食百草木枝葉。諸般下血，腸風酒痢，血痔鼠痔下血，黑狗脊須內肉赤色者，即貫眾也。去皮毛，剉焙為末，每服二錢，空心米飲下，或醋糊丸梧子大，每米飲下三四十丸。女子血崩，貫眾半兩，煎酒飲之，立止。赤白帶下，年深諸藥不效者，貫眾一個全用，不剉，只揉去毛及花蕚，以好醋蘸濕，慢火炙令香熟，候冷為末，空心米飲，每服二錢，甚效。

論：　貫眾多生山陰近水處，冬夏不死，且百葉俱貫於一根，稟陰之厚而能撤諸陽之毒以出於外，故遇毒熱則無不解，而多治血病也。繹海藏所云非古分經之法，可以知其功之所及，并其所不及，蓋分經乃人物陰陽相為對待，而酌治之理，茲味但解邪熱之毒，為其性之所獨稟而已。

**清・鄒澍《本經續疏》卷六**　貫眾　【略】貫眾之根，裹纈層疊，莖鬚錯出四射，恰有合於腹中。其初出莖鬚頑梗粗濇，恰有合於邪氣。其外黑內赤，味苦氣寒，恰有合於為寒所束之熱氣。然其四射之莖，無不可生青放葉，即皆生理之所敷，則其義為重疊包裹之邪氣熱氣，自隨所過經絡四散，而導於外。諸毒者，邪熱久秘，不得宣洩之所成也。邪熱既散，毒於何有？　蟲者，緣濕熱而生，遇隙而居，善伏於生氣不屆之地。貫眾隨處孔隙，隨處生機坌湧。一任沉於水，委於冰雪，皆不閡其生全。苟使臟腑空隙，鍾氣盡能如是，蟲何由居。況頑梗粗濇之莖鬚雖發於外，而根於裹纈層疊之極內。《千金》《外臺》以之治蟲，專治腎家之蟲，為非無所本矣。且其功能豈僅在是，形連卷而不密，則可以疏癥瘕中氣血；　葉對生而不隻，則可以去頭風之偏。內之赤不能越外之黑，則可以止金瘡之血；　外之黑終能限內之赤，則可已崩漏衄血。皆以其既喜生於山，又必近於水，置燥處而不枯，浸水中而不爛，為具剛體而行柔化，畜滑潤而出頑梗，而治喉痹，治物骾，解藥毒，消頑腫，均於此取裁矣。

**清・葉桂《本草再新》卷三**　貫眾味苦，性寒，無毒。入肝、腎二經。　能解邪，能化熱，止氣脹氣痛，殺蟲毒蟲傷，發斑疹，解痘毒。

**清・吳其濬《植物名實圖考》卷八**　貫眾　《本經》下品。《爾雅》：　濼，貫眾。注：　葉圓銳莖，毛黑。《蜀本草》謂苗似狗脊，狀如雉尾，形容最切。其葉對生，無鋸齒，與狗脊異耳。諸書皆以治血症，而俗以祛疫，浸之井與缸中，飲其水不患時氣，頗有驗。方中有治豆瘡不快，快斑散用之，蓋亦和血去邪之意。

雩婁農曰：　范文正公所居宅，必浚井，置青朮數斤以辟疫。吾先公居京師，每春暵必置貫眾於井、於甕，仁人之用心微矣。人窮則呼天，疾痛則呼父母。夫疾痛未必即至阽危，而反側叫號，旁觀者拊掌太息。有欲為分其所苦而不得者，況家有嚴君，門內之婦子臧獲，皆所托命，其瘴癘之毒、腫瘍之痛、寒暖燥濕之眚，不早為綢繆護持，迨至據榻呻吟，始貿貿然執途人而問醫，醫或一誤，則父之於子、夫之於妻、主之於僕，非自殺之，亦一閒耳。若如許世子之不嘗藥，則有《春秋》之律在，昔人謂：　為人子者不可不知醫。夫醫誠難知，知之不精則罪更甚於不知。吾謂病未至而防之則易醫，已至而治之則難。椒、薑、葱、蒜之禦寒，瓜、果、菘、莧之滌熱，蒼朮、赤豆之辟疫，穀芽、神麯之消積，凡所謂春多酸、夏多苦、秋多辛、冬多鹹，默會而時和之，其除穢之香、屢效之丸，兼收並蓄，以備疹氣之不時。自非心腹膏肓之疾，未有不獲效者。仰則視無形、聽無聲；　俯則時其飽、時其暖，雖運數不可知，然譬之力田，旱則一溉者後枯，水則有隄者後浸，備豫不虞，古之善教。其斯為家政一端乎。

**清・趙其光《本草求原》卷一山草部**　貫眾即鳳尾草、草鴟頭，俗名管仲。味苦，微寒，有小毒。生於山陰近水處，得陰氣最厚，專解腹中邪熱諸毒，殺蟲，治鼻衄，為末水下。諸下血，為末，醋糊丸，米飲下；　或煅，同麝為末服。血崩。酒煎。血痢，便毒腫痛，俱酒煎。產後亡血氣痛，醋炙研。米飲下。年久赤白帶下，方同上。久嗽膿血，同蘇木末，淡薑湯下。勞瘵，為末，魚鮮蘸食。癥瘕斑疹痘瘡不快，同淡竹、甘草、升麻、赤芍，皆泄熱散結之功。辟時疫，浸水缸中飲之。化骨鯁，濃煎水連進；或同砂仁、甘草末含咽最效，是又能軟堅也。治中風，因邪熱毒入於腹，故危而急，宜先解毒，故保命、活命二金丹用之。頭瘡白禿，同白芷末油搽。漆瘡作癢，為末油塗。輕粉毒發，齒縫臭腫，同黃連煎，入冰片少許漱之。酒痢、血痔，方同上諸下血。止金瘡，理諸病，汁能制三黃，化五金，伏鍾乳，制汞。

同黑豆煮，曬至汁盡，日食豆五七粒，可食百草木葉以救荒，可知解毒之功大也。惡赤小豆。

根似狗脊而大。金星草，亦名鳳尾，但其葉如柳。此如鳳尾，葉兩兩對生，根直多枝，皮黑肉赤，又名黑狗脊，黃者不取。去皮用肉。

**清·葉志詵《神農本草經贊》卷三** 貫眾 味苦，微寒。主腹中邪熱氣諸毒，殺三蟲。一名貫節，一名貫渠，一名百頭，一名虎卷，一名扁苻。生山谷。

水曲山陰，暑寒獨適。中貫連卷，旁生滋益。翹尾摩翎，攢頭伏脊。煮豆療飢，噬羹通嗌。

李時珍曰：多生山陰近水處，其根一本而眾枝貫之。吳普曰：貫中冬夏不凋，黑聚相連卷，旁行生。蘇頌曰：葉綠色，似雞翎，又名鳳尾草。陶弘景曰：毛芒金似老鴟頭。韓保昇曰：苗似狗脊。郭璞贊：翹尾翻飛。王履詩：金仙已跨摩雲翎。元好問詩：攢頭爭似與春爭。喬宇記：俛首伏脊。黃庭堅書：荒年以貫眾煮黑豆，日啗五七粒，能食百草木枝葉，有味可飽。《禮》：毋噬羹。王璆曰：有食魚羹，為骨所鯁，飲貫眾濃汁而消。

**清·文晟《新編六書》卷六《藥性摘錄》** 貫眾 俗名管仲。苦，微寒。入肝胃。瀉熱殺蟲。〇入水內，辟時行不正之氣。並治崩中帶下，癥瘕，斑痘，蟲蠱，骨哽。〇切片，煎汁，能制三黃，化五金，伏鍾乳結砂，制水解毒，軟堅。

**清·張仁錫《藥性蒙求·草部》** 貫眾三錢 貫眾微寒，殺蟲化骨。熱毒堪清，帶崩亦服。別名管仲。浸水缸中，日飲其水，能辟時疫，有毒而解毒，去瘀而生新。又能發癍痘，化骨硬，治金瘡鼻血。

**清·劉善述、劉士季《草木便方》卷一草部** 鷄腦殼 貫衆苦寒解熱毒，崩中帶下癥瘕服。血氣脹痛發班痘，化諸骨鯁殺蟲速。二物。

**清·戴葆元《本草綱目易知錄》卷一** 貫眾 味苦，微寒，有毒。而能解腹中邪熱氣諸毒，殺三蟲，去寸白，破癥瘕，除頭風。治下血，崩帶，產後血氣脹滿。止鼻衄，金瘡，解斑疹毒，漆毒，化骨鯁，治猪疫病。汁能制三黃，化五金，伏鍾乳，結砂制汞，解毒軟堅。

**清·陳其瑞《本草撮要》卷一** 貫眾 味苦，微寒，有毒。入手太陰、足厥陰經。功專解邪熱。治崩中帶下，產後血氣脹痛，破癥瘕，發斑痘，化骨鯁，殺三蟲。以之浸水中，去垢辟毒。

**清·仲昴庭《本草崇原集說》卷下** 貫眾根 【略】仲氏曰：貫眾根有毒，置之水缸辟水毒，其水作食，可辟溫疫氣，與《本經》主治之意相符。

老虎蒙

**附：琉球·吳繼志《質問本草》外篇卷一** 老虎蒙崖椶 生岸阪，高二三尺，叢生，莖無椏，葉厚且硬，面不光，背有小點。子經冬不凋，其根硬，多黑鬚。俗名老虎蒙。癸卯，潘貞蔚、石家辰。《明鑒》為老虎蒙。中山俗呼之蛇枝，能解蛇毒云，何如。乙巳，再問潘貞蔚、石家辰。此種先生鑒為金星草，敝邑俗呼之蛇枝，敝邑稱金星草者，與此異，今圖於乙巳帖第三十四以質。乙巳，再問陸澍。〇所謂乙巳帖第三十四者，即《內篇》所載金星草是也。老虎蒙，原用以治蛇毒，中山謂之蛇枝，或以其功得名也。乙巳，陳倬為代潘貞蔚、石家辰、陸澍再查。

蕨

**宋·唐慎微《證類本草》卷二七菜部上品〔唐·陳藏器《本草拾遺》〕** 蕨 葉似老蕨，根如紫草。按蕨，味甘，寒，滑。去暴熱，利水道，令人睡，弱陽。小兒食之，脚弱不行。生山間，人作茹食之。四皓食之而壽，夷、齊食蕨而夭，固非良物。《搜神記》曰：郗鑒鎮丹徒，二月出獵。有甲士折一枝，食之，覺心中淡淡成疾。後吐一小蛇，懸屋前，漸乾成蕨，遂明此物不可生食之也。

〔宋·唐慎微《證類本草》〕《食療》：寒。補五藏不足。氣壅經絡筋骨間，毒氣。令人脚弱不能行。消陽事，令眼暗，鼻中塞，髮落，不可食。又，冷氣人食之，多腹脹。《毛詩》：陟彼南山，言采其蕨。又曰：言采其薇。是蕨、薇俱可食。《伯夷叔齊》：採薇而食，恐蕨非薇也。今永康道江居民，多以醋淹而食之。

**附：日·丹波康賴《醫心方》卷三〇** 蕨菜 崔禹〔錫〕云：味鹹，苦，小冷，無毒。食之補中，益氣力。或云多食之睡，令人身重。是物不宜陽人，即宜陰吒，瘻人食一兩斤蕨，終身不病。作脯食之。又煮蒸於腊食之。孟詵云：令人脚弱不能行，消陽事，縮玉莖，多食令人髮落，鼻塞，目闇。小兒不可食之，立行不得也。《拾遺》云：小兒食，脚弱不行。四皓食芝而壽，夷齊食蕨而夭，固非良物。《搜神記》曰：郗鑒鎮丹徒二月出獵，有甲士折一莖蕨食之，覺心中淡淡成病。後吐一小蛇，懸屋前，漸乾成蕨，視即遂差。明此物不可生食之。

**宋・莊綽《雞肋編》卷上**　蕨有青、紫二種，生山間，以紫者為勝。春時，嫩芽如小兒拳，人以為蔬。味小苦，性寒。生山陰者，可煅金石。葉大則與貫眾、狗脊相類。取置田中，或燒灰用之，皆能肥田。又有狼衣草，小者亦相似，但枝葉瘦硬，人取以覆牆，又雜泥中，以砌階甓，澀而難壞。蕨根如枸杞，皮下亦有白粉。暴乾擣碎，以水淘澄取粉，蒸食如餻，俗名烏糯，亦名蕨衣。每二十斤可代米六升。紹興二年，浙東艱食，取蕨根為糧者幾徧山谷。而《本草》亦不載也。

**宋・鄭樵《通志》卷七五《昆蟲草木略》**　蕨　一名虌，莽牙也。四皓食之而壽，夷齊食之而夭。《搜神記》曰：郗鑒鎮丹徒，二月出獵，有甲士折一枝食之，覺心中淡淡成病，後吐一小蛇，垂之屋前，漸乾成蕨。明此物不可生食。《爾雅》云：蕨，虌。又有一種大蕨，亦可食，謂之綦蕨。《爾雅》云：綦，月爾。

**宋・王介《履巉巖本草》卷中**　鐵脚鳳尾草　性溫，無毒。即休糧藥。每用同黑豆蒸熟，揀去鳳尾草，每食五七粒後，終日自然忘食。

**宋・陳衍《寶慶本草折衷》卷二〇**　蕨根粉續附。　俗號蕨菜，其老者俗號蕨萁。○萁，音機。生南山。註見南藤條首。○及永康道江山間。○宜醋淹。○續附：　根，俗稱烏糯。掘之杵細，水漬去滓，取膏澄凝，曬乾為粉。　味甘，滑，寒。○去暴熱，利水道，弱陽。小兒食之，脚弱不行。作茹食之，不可生食也。○《食療》云：　補氣，壅經絡筋骨間毒氣，令眼暗，鼻塞，髮落。又冷氣人，食多腹脹。

續說云：　本條嘗謂其根如紫草，今山民掘取，舂製成粉，蒸為餈餻。有冷疾者，食多亦動脾，發氣。凡生疥疾而食厥菜者，立見疼痒增極，切須謹忌。

**元・忽思慧《飲膳正要》卷三**　蕨菜　味苦，寒，有毒。動氣發病，不可多食。

**元・吳瑞《日用本草》卷七**　蕨菜　生山谷間，人作茹食之。　味甘，寒滑，有毒。久食令人脚弱不能行，眼暗，鼻塞，髮落。冷氣人食之多腹脹。主補五臟不足氣，及壅經絡筋骨間毒，去暴熱，利水道，消陽事。《搜神記》曰：郗鑒鎮丹徒，二月出獵，有甲士折一枚食之，覺心中淡淡成疾，吐一小蛇，懸屋前，漸乾成蕨，遂明此物不可生食之。　蕨粉：　即蕨根擣洗澄清涏成粉，可以充飢。性冷不可久食。

**明・朱橚《救荒本草》卷上之後**　鹿蕨菜　生輝縣山野中。苗高一尺許，其葉之莖背圓而面窊五化切，葉似紫香蒿脚葉，而肥闊頗硬，又似胡蘿蔔葉，亦肥硬。味甜。　救飢：　採苗葉煠熟，水浸淘淨，油鹽調食。

**明・蘭茂原撰，范洪等抄補《滇南本草圖說》卷八**　蕨菜　味甘滑，性冷。主治：　去暴熱，利水。○兼冷氣下降。

**明・滕弘《神農本經會通》卷五**　蕨　《本經》云：　葉似老蕨，根如紫草。按：　蕨味甘，寒，滑。去暴熱，利水道。令人睡，弱陽。小兒食之，脚弱不行。生山間，人作茹食之。四皓食之而壽，夷齊食蕨而夭。固非良物，不可生食。

**明・盧和、汪穎《食物本草》卷一菜類**　蕨　味甘，寒滑。去暴熱，利水道。令人睡，弱陽，小兒食之脚弱不能行。又云：　寒，補五臟不足，氣壅經絡，筋骨間毒氣，令人消陽事，令眼暗，鼻中塞，髮落，非良物也。又冷氣，人食之多腹脹。《搜神記》曰：　郗鑒鎮丹徒二月出獵，有甲士折一枝食之，覺心中淡淡成疾，後吐出一小蛇，懸屋前，至乾成蕨，遂明此物不可生食也。今人遇荒年，多取其根，搗洗作粉，代粮度活，終羸弱，不養人。一種名薇，亦蕨類。

**明・許希周《藥性粗評》卷三**　採蕨首陽，難救伯夷之餓。

蕨，或曰薇也。中春破地而出，其形如拳，可採為茹，過此則生葉矣。處處山中有之。味甘，性寒，無毒。滑腸，利水道。與胃無益，消陽事，弱人筋骨，生痰不化，必變蛇蟲。昔伯夷餓死首陽，雖未必為此然，採之無功者也。一說蕨根令人採以作糍充飢，伯夷所為，豈以是與。

**明・陳嘉謨《本草蒙筌》卷六**　蕨　味甘，氣寒。性滑利。無毒。深谷多生，在處俱有。如足之蹶，故以蕨名。三月採收，作茹可食。寒能去暴熱，甘以利小便。氣壅經絡者旋歐，毒延筋骨者易去。但衰陽事落髮，仍痿脚膝昏眸。切勿過餐，甚非良物。根挖造粉，堪以代糧，雖免啼飢，不能生肉。花留年久，能治脫肛，研細敷之，即時收澁。○薇較蕨差大，味略苦有芒。亦潤大腸調中，尤消浮腫利水。夷齊日採，久食不飢。武王誡之，不食而死。謨按：《搜神記》曰：郗鑒鎮丹徒，二月出獵，甲士折一枚食之，覺心中淡淡成疾。後吐一小蛇，懸屋前漸乾成蕨，遂明此物不可生食。今山間人多用作茹，或以醋淹食之，亦不可不鑒此也。

**明·王文潔《太乙仙製本草藥性大全》卷五《本草精義》** 蕨菜　舊本《圖經》不著，今在處有之，深谷多生。三月採莖，可作茹食。五六月採根，净洗杵爛洗粉，可如是之蕨，故以蕨名。莖梗高二三尺，葉如老蕨，根如紫草，作果食，荒年亦可充飢。四皓食之而壽，夷齊食之而夭，亦非良物。

按：《搜神記》曰：郗鑒鎮丹徒，二月出獵，甲士折一枚食之，覺心中淡淡成疾，後吐一小蛇，懸屋前漸乾成蕨，遂明此物不可生食。今山間多用作茹，或以醋淹食之，亦不可不鑒此也。

**明·王文潔《太乙仙製本草藥性大全》卷五《仙製藥性》** 蕨菜　味甘，氣寒，性滑利，無毒。　主治：寒能去暴熱，甘以利小便。氣壅經絡者旋歐，毒延筋骨者易去。但衰陽事落髮，仍痿脚膝昏眸。切勿過飡，甚非良物。根挖造粉，堪以代糧，雖免啼飢，不能生肉。花留年遠，能治脫肛，研細敷之，即時收澁。　薇：較蕨差大，味略苦，有芒。亦潤大腸調中，尤消浮腫利水。夷齊日採，久食不飢，武王誡之，不食而死。　補註：《食療》云：能補五臟不足，氣壅經絡，筋骨間毒氣。令人脚弱不能行，消陽事，令眼暗，鼻中窒，髮落，不可多食。又冷氣人食之多腹脹。伯夷、叔齊採薇而食，恐蕨非薇也。今水道江居民多以醋淹而食之。

**明·皇甫嵩《本草發明》卷五** 蕨葉似老蕨，根如紫草。味甘，寒，滑。　去暴熱，利水道。令人睡，弱陽，小兒食之脚弱不行。生山間，人作茹食之，不可生食。

**明·李時珍《本草綱目》卷二七菜部·柔滑類** 蕨《拾遺》

【釋名】鼈時珍曰：《爾雅》云：蕨，鼈也。菜名。陸佃《埤雅》云：蕨初生無葉，狀如雀足之拳，又如人足之蹶，故謂之蕨。周秦曰蕨，齊魯曰鼈，初生亦類鼈脚故也。其苗謂之蕨萁。

【集解】藏器曰：蕨生山間。根如紫草。人採茹食之。時珍曰：蕨處處山中有之。二三月生芽，拳曲狀如小兒拳。長則展開如鳳尾，高三四尺。其莖嫩時採取，以灰湯煮去涎滑，曬乾作蔬，味甘滑，亦可醋食。其根紫色，皮内有白粉，擣爛再三洗澄，取粉作粔籹，蕩皮作綫食之，色淡紫，而甚滑美也。野人饑年掘取，治造不精，聊以救荒，味即不佳耳。《詩》云：陟彼南山，言採其蕨。陸璣謂其可以供祭，故採之。然則蕨之爲用，不獨救荒而已。一種紫萁，似蕨有花而味苦，謂之迷蕨，初生亦可食，《爾雅》謂之月爾，《三蒼》謂之紫蕨。郭璞云：花繁曰爾。紫蕨拳曲繁盛，故有月爾之名。

萁及根　【氣味】甘，寒，滑，無毒。詵曰：久食，令人目暗、鼻塞、髮落。又冷氣人食，多腹脹。小兒食之，脚弱不能行。思邈曰：久食成瘕。　【主治】去暴熱，利水道，令人睡藏器。補五臟不足，氣壅經絡筋骨間，毒氣孟詵。根燒灰油調，傅蛇、蠨傷。時珍。○蠨音蕭，蟲名。

【發明】藏器曰：多食消陽氣，故令人睡、弱人脚。四皓食芝而壽，夷齊食蕨而夭，固非良物。干寶《搜神記》云：郗鑒鎮丹徒，二月出獵，有甲士折蕨一枝，食之，覺心中淡淡成疾。後吐一小蛇，懸屋前，漸乾成蕨。遂明此物不可生食也。時珍曰：蕨之無益，爲其性冷而滑，能利水道，泄陽氣，降而不升，耗人真元也。四皓採芝而心逸，夷齊採蕨而心憂，其壽其夭，於蕨何與焉？陳公之言，可謂迂哉。然飢人瀕死，賴蕨延活，又不無濟世之功。

【附方】新一。　腸風熱毒：蕨菜花焙，爲末。每服二錢，米飲下。《聖惠》。

**明·穆世錫《食物輯要》卷三** 蕨粉　味甘，性寒，無毒。其氣善降，利水道，去暴熱。多食，令目暗鼻塞，落髮弱陽。病人食之，令邪氣壅經絡筋骨。患冷氣人食之，令腹脹。小兒食，令脚弱不能行。思邈曰：食生蕨粉，成蛇瘕。

**明·吴文炳《藥性全備食物本草》卷一** 蕨菜　味甘，氣寒，性滑利，無毒。去暴熱，利小便。多食令目暗，鼻塞落髮。弱陽病人食之令邪氣壅經絡筋骨；患冷氣人食之令腹脹；小兒食令脚弱不能行。

根：挖造粉，堪以代糧，荒年充飢，四皓食之而壽，夷齊食之而夭，亦非良物。

花：留年遠能治脫肛，研細敷之，即時收澁。

按：《搜神記》曰：郗鑒鎮丹徒，二月出獵，折一枝食之，覺心中淡淡成疾，後吐一小蛇，懸屋前漸乾成蕨，遂明此物不可生食。今山間多用作茹，或以醋淹食。亦宜少食。

**明·鮑山《野菜博錄》卷一** 鹿蕨菜　生山野中。苗高一尺許。葉莖背圓而窊，葉似胡蘿苜，亦肥硬。味甜。　食法：採苗葉煠熟，水浸淘淨，油鹽調食。

**明・應慶《食治廣要》卷三**　蕨萁　氣味：甘，寒，滑，無毒。去暴熱，利水道。孟詵曰：久食，令人目暗、鼻塞、髮落。又冷氣人食，多腹脹。小兒食之，脚弱不能行。孫真人曰：久食成瘕。諺云：菜不益人，筍與蕨。此物是矣。

**明・姚可成《食物本草》卷七菜部・柔滑類**　蕨萁處處山中有之。二三月生芽，拳曲狀如小兒拳。長則展開如鳳尾，高三四尺。其莖嫩時采取，以灰湯煮去涎滑，晒乾作蔬，味甘滑，亦可醋食。其根紫色，皮內有白粉，擣爛再三洗澄，取粉作粔籹，盪皮作線食之，色淡紫，而甚滑美。楚人饑年掘取，治造不精，聊以救荒，味即不佳耳。詩云：陟彼南山，言采其蕨。陸璣謂其可以供祭。然則蕨之為用，不獨救荒而已。一種紫萁，似蕨有花而味苦，謂之迷蕨，初生亦可食。《爾雅》謂之月爾，《三蒼》謂之紫蕨。郭璞云：花繁曰爾。紫蕨拳曲繁盛，故有月爾之名。　蕨萁，味甘，寒，滑，無毒。去暴熱，利水道，令人睡，補五藏不足，氣壅經絡筋骨間，毒氣。

根　燒灰油調，傅蛇、蠨傷。蠨，音蕭，蟲名。不可久食，令人目暗、髮落。小兒食之，脚弱不能行。久食成瘕。多食消陽氣，故令人睡，弱人脚。四皓食芝而壽，夷齊食蕨而殂，固非良物。干寶《搜神記》云：郗鑒鎮丹徒，二月出獵。有甲士折蕨一枝，食之，覺心中淡淡成疾。後吐出一小蛇，懸屋前，漸乾成蕨。遂明此物不可生食也。李時珍曰：蕨之無益，為其性冷而滑，能利水道，洩陽氣，降而不升，耗人真元也。四皓采芝而心逸，夷齊采蕨而心憂，其壽其夭，於蕨何與焉？昔人之言，可謂迂矣。然飢人瀕死，賴蕨延活，又不無濟世之功。

**明・姚可成《食物本草・救荒野譜補遺・草類》**　蕨萁莖葉俱食。處處山中有之，生石罅中。　蕨萁菜，生石傍。烈士當年餓首陽，曾將彼菜當餱糧。茲生不遇遭歲荒，胡不食之充飢腸。

**明・孟笨《養生要括・菜部》**　蕨萁及根　味甘，寒，滑，無毒。去暴熱，利水道，令人睡。補五臟不足，氣壅，經絡筋骨間毒氣。根，燒灰油調，傅蛇、蠨傷。蕨粉味甘滑美，久食令人目暗，鼻（寒）〔塞〕，髮落，腹脹。小兒食之脚弱。四皓食芝而壽，夷齊食蕨而夭。

**明・施永圖《本草醫旨・食物類》卷二**　蕨生山中者有毒，澄其粉而食。味：甘，寒，滑。去暴熱，利水道，令人睡弱。與小兒食之，脚軟不能行。又云寒，補五臟不足。氣壅經絡筋骨間毒氣，令人消陽事，眼暗鼻塞，腹脹髮落，非良物也。根：燒灰，油調，敷蛇、蠨毒。

附方　腸風熱毒：蕨菜花焙，為末，每服二錢，米飲下。《搜神記》曰：郗鑒鎮丹徒，二月出獵，有甲士折一枝食之，覺心中淡淡成疾，後吐出一小蛇，懸屋前，漸乾成蕨。遂明此物不可生食也。　水蕨似蕨，生水中。　味：甘、苦，寒，無毒。治：腹中痞積，淡煮食一二日即下惡物。忌雜食一月餘，乃佳。

**清・穆石匏《本草洞詮》卷七**　蕨　初生無葉，狀如雀足之拳，又如人足之蹶，故謂之蕨。氣味甘寒滑，無毒。去暴熱，利水道，令人睡。久食令人目暗鼻塞，髮落，冷氣人食多腹脹，小兒食之脚弱不能行。夫蕨之無益，為其洩陽氣，降而不升，耗人真元也。陳藏器謂：四皓食芝而壽，夷齊食蕨而夭。夫夷齊之死，於蕨何與焉？若飢人瀕死，賴蕨延活，又不無濟世之功矣。

**清・丁其譽《壽世秘典》卷三**　蕨　氣味：甘，寒，滑，無毒。主去暴熱，利水道，令人睡，洩陽氣。

發明孟詵曰：久食令人目暗，髮落，冷氣人食多腹脹，小兒食之脚弱不能行，久食成瘕。李時珍曰：蕨之無益，為其性冷而滑，能利水道，洩陽氣，降而不升，損人真元也。其根紫色，皮內有白粉，搗爛，再三洗澄，取粉充蔬，色淡紫而甚滑美，饑年掘取，可以救荒，不無濟世之功，但損陽滑精，終不益人。

**清・尤乘《食鑒本草・菜類》**　蕨　去暴熱，利水道。令人多睡，脚弱，生食成瘕。

**清・朱本中《飲食須知・穀類》**　蕨粉　味甘，性寒，生山中者有毒。多食令目暗鼻塞，落髮弱陽。病人食之，令邪氣壅經絡筋骨。患冷氣人食之，令腹脹。小兒食之，令脚軟不能行。生食蕨粉，成蛇瘕，能消人陽事，非良物也。勿同莧菜食。

**清・何其言《養生食鑒》卷上**　蕨　味甘、滑，性寒，無毒。其氣善降，利水道，去暴熱。多食令目暗鼻塞，落髮弱陽。病人食之，令邪氣壅經絡筋骨。患冷氣人食之，令腹脹。小兒食，令脚弱，不能行。瘡患尤忌。生食，成蛇瘕。今人遇荒年多取其根，搗洗作粉，代糧度活，終羸弱，不養人。

**清・馮兆張《馮氏錦囊秘錄・雜症痘疹藥性主治合參》卷七**　蕨味甘，寒。生食有毒。古一甲士食之，覺心中淡淡成疾，後吐一小蛇，懸之屋前漸乾成蕨，可見宜戒矣。

蕨，味甘，性寒。寒能去暴熱，甘能利小便。氣壅經絡者全毆，毒延筋骨者易痓。但衰陽事落髮，仍痿脚膝昏眸。

**清·张璐《本經逢原》卷三** 蕨 甘，寒，滑，無毒。發明：蕨性寒滑，不可生食，《搜神記》言，有甲士折蕨食之，覺心中怏怏成疾，後吐一小蛇，漸乾成蕨。孫真人云，久食成瘕，信與前說相符耳。

**清·浦士貞《夕庵讀本草快編》卷四** 蕨《拾遺》 苗名萁。《爾雅》云：蕨，虌也。陸佃云：蕨初生無葉，狀如雀足之拳，又如人足之蹶，故名。蕨萁及根，味甘氣寒，滑而能利，降而不升之物也。惟胸腹暴熱，水道不利，氣壅經絡，毒凝骨節者宜之。陳藏器謂其多食消陽氣，泄真元，故令人睡，弱人脚，良有以也。若因夷齊而迸絕之，則迂矣。夫四皓采芝而心逸，夷齊食蕨而心憂。其壽其夭，與蕨何與乎？況凶年野人掘取充腹，亦未嘗無補於世也。《詩》云：言采其蕨。陸璣謂其可供祭祀，則知蕨不見棄於人明矣。

**清·吴儀洛《本草從新》卷四** 蕨〔瀉熱利水。〕 甘，寒，滑。去暴熱，利水道。時珍曰：性冷而滑，泄陽氣，降而不升，耗人真元也。作蔬味甘滑，亦可醋食。采取嫩莖，以灰湯煮去涎滑，曬乾。澄粉甚滑美。其根紫色，皮内有白粉，搗爛，再三洗澄取粉。

**清·汪紱《醫林纂要探源》卷二** 蕨 甘，寒，滑。一名鼈脚。滑腸，發瘡。色紫入血分，含氣未舒，故發瘡。蕨粉：甘，寒，滑。搗根，澄治。可濟荒，無補益，多食令人痼冷。

**題清·徐大椿《藥性切用》卷六** 蕨菜 味甘寒滑，瀉熱利水。作蔬甘滑，亦可醋食，澄粉甚滑美。

**清·章穆《調疾飲食辯》卷三** 蕨 《爾雅》曰蕨，虌。《埤雅》曰：初生無葉，狀如人足之蹶。此解牽強。蕨初生如人手之握，蘇長公句曰：竹筍初抽黄犢角，蕨芽已作小兒拳。則體物之工也。周秦曰蕨，齊魯曰虌，苗曰蕨萁。《拾遺》曰：多食消陽氣，弱人脚，令人好睡。澄粉食性稍平。《食療本草》曰：多食令人目暗鼻塞，有冷氣人食之腹痛。《綱目》曰：蕨性冷滑，能利水道，洩陽氣，降而不升也。然饑年賴以存活，又不無濟世之功矣。熱病或可，寒病忌之。

**清·葉桂《本草再新》卷六** 蕨味甘，性寒，無毒。入脾經。 去暴熱利水道滑腸化痰。

**清·吴其濬《植物名實圖考》卷四** 蕨 《本草拾遺》始著録。《爾雅》：蕨，虌；又：綦，月爾。注：即紫綦也。似蕨，可食。蓋紫緑二種。又水蕨生水中，北〔地〕謂之龍鬚菜。《山堂肆考》范文正公奉使安撫江淮還，進貧民所食烏昧草，呈乞宣示六宫戚里，用抑奢侈。《安徽志》以為即蕨。今江湖滇黔山民，皆研其根為餌。《遵義府志》一種甜蕨，根如竹節，掘洗擣爛，曰蕨凝；和水掬汁，以椶皮濾滓，隔宿成膏，曰蕨粉；摶粉為餅，曰蕨巴；灑粉釜中，微火起之，曰蕨線；煮之如水，引一種苦蕨，亦可食。又有猫蕨，初生有白膜裹之，不可食。水邊生者曰荳蕨。余舟行潕水，有大聲出於硤中，就視之，則居人以木桶就溪杵蕨，如所謂舂堂者。明羅永恭詩：南村北村日卓午，萬戶喧闐不停杵，初疑五丁驅金牛，又似催花撾羯鼓。非目覩者，不解其所謂。又云：堆盤炊熟紫瑪瑙，入口嚼碎明琉璃。則為溝壑之瘠增氣色矣。陳藏器云：多食弱人脚。朱子《次惠蕨》詩枯筇有餘力，意亦謂此。而或者釋蕨為蹶，且云負荷者不肯食。以余所見，黔中之攀附任重、頂踵相接者，無不甘之如飴。宋方岳詩：偃王妙處原無骨，鉤弋生來已作拳。刻畫至矣。楊誠齋詩則曰：食蕨食臂莫食拳。滇蜀山民腊而鬻之，長幾有咫。而孤竹之墟所產尤肥，以蕨、絕音同，更曰吉祥。伏臘燕享，轉以佳名。登翠釜，不復憶夷齊食之而夭矣。至其灰可以燒瓷粉，可以漿絲，民間習用而紀載闕如。

**清·趙其光《本草求原》卷一五菜部** 蕨菜 甘，寒，滑，無毒。降氣，利水，清熱。中寒人食之，則目暗鼻塞，痿陽脚弱，邪氣壅於經絡。

**清·文晟《新編六書》卷六《藥性摘録》** 蕨 甘，滑，性寒。其氣善降，利水道，去暴熱。多食目暗，鼻塞，落髮。弱陽病人及小兒，尤忌之。

**清·劉善述、劉士季《草木便方》卷一草部** 蕨萁 蕨萁根甘寒滑真，清便除煩利骨筋。補安五臟令人臥，蛇蟲蟛傷塗毒輕。

**清·田綿淮《本草省常·菜性類》** 蕨 一名虌。性寒。去暴熱，利水道，食人好睡。多食令人氣冷，目暗鼻塞，髮落。久食成瘕症，生食尤甚。小兒食之，脚弱不能行。

**清·戴葆元《本草綱目易知録》卷三** 蕨山蕨 箕及根，甘，寒，滑，去暴熱，利水道，補五臟不足氣，通經絡筋骨間毒氣。多食消陽氣，令人睡，目暗鼻塞，髮落腹脹。小兒嗜食，脚弱難行。葆按：此生山間，二三月生芽拳曲，鄉人采，開水泡過，蒸食適口。歲歉，掘根擣，澄粉，濟飢。又澄粉，漂淨售賣，名蕨粉。烹食，熱水泡食，俱爽口，但其性不益人。○臟風熱毒，山蕨花焙為末，每服二錢，米飲下。

**清・陳其瑞《本草撮要》卷四**　蕨草　味甘，寒滑，入手少陰、太陽經。功專去暴熱，利水道。

**清・吴汝紀《每日食物却病考》卷上**　蕨　味甘，寒滑。去暴熱，利水道。多食消陽氣，故令人睡，弱人脚，鼻(基)〔塞〕髮落，非良物也。《搜神記》曰：郗鑒鎮丹徒，二月出獵，有甲士折一枝食之，覺心中淡淡成疾，後吐出一小蛇，懸屋前，漸乾成蕨，遂明此物不可生食也。其苗嫩時採取，以灰湯煮去涎滑，曬乾作蔬。又以根搗洗作粉，止可以備荒年，終不養人也。

### 金絲矮它它

**清・吴其濬《植物名實圖考》卷一七**　金絲矮它它　生雲南山石間。莖葉皆如蕨，而高不逾尺，横根；一莖一臼，臼皆突起如節。土醫以治筋骨痰火。

### 碎補

**清・吴其濬《植物名實圖考》卷一七**　碎補　生雲南山石間。横根叢莖，莖極勁，細葉如前胡、藁本輩，石草似此種者甚多，而葉細碎無逾於此。

### 金雞脚

**明・鄭寧《藥性要略大全》卷七**　金雞脚即金星草之別種也。　治癰腫熱毒及婦人乳癰。　味甘香，氣寒，無毒。生石上，一莖一葉三丫，形如雞脚，故名。其氣與辟汗草香相似。

### 鳳尾草

**清・何諫《生草藥性備要》卷下**　井茜　洗疳、疔、痔，散毒，敷瘡。鳳尾草　治跌打折傷，或浸疳疔瘡，亦治痢症。多生在井內。一名鳳凰草。飲，又退黄氣。

**附：琉球・吴繼志《質問本草》外篇卷一**　銀線藤小雉尾草　生岸阪間，四時不凋。　銀線藤，土名。不堪入藥。壬辰，潘貞蔚、石家辰。　俗名鳳尾草，土名猴錘芽，江西省呼為鶯脚草，根名土黄連，其根入藥，載在《綱目》。甲辰，戴道光、戴昌蘭。　鳳尾草。辛丑，漂到人陳宜春。

**清・吴其濬《植物名實圖考》卷一六**　鳳尾草　生山石及陰濕處。有綠莖、紫莖者。一名井闌草。或謂之石長生。治五淋，止小便痛。

### 蜈蚣草

**宋・王介《履巉巖本草》卷中**　蜈蚣草　性涼。有毒。能解諸毒。治蜈蚣傷，嚥乾爲末，入鹽少許，水調壹貳錢，敷貼患處。

**明・蘭茂原撰，范洪等抄補《滇南本草圖説》卷一一**　蜈蚣草　味甘、酸、辛，平，無毒。主治：筋骨疼痛，左癱右瘓，半身不遂，偏估麻木之症，以酒為引，其效如神。

### 海風絲

**清・吴其濬《植物名實圖考》卷一〇**　海風絲　生廣信。一名草蓮。叢生，横根綠莖，細如小竹；初生葉如青蒿，漸長細如茴香葉。俚醫以治頭風，利大小便。

### 石猪棕

**清・劉善述、劉士季《草木便方》卷一草部**　石猪棕　岩棕甘平溫氣血，止嗽定喘化痰烈。婦人血氣擣酒飲，勞傷氣血補肺捷。

### 過壇龍

**清・莫樹蕃《草藥圖經》**　鐵線草　氣微苦，平，無毒。治療風疾，消腫毒。治產後風尤妙。三月採根，陰乾用。

**清・吴其濬《植物名實圖考》卷一六**　過壇龍　生南安。似鐵角鳳尾草，長莖分枝，葉稍大，蓋一類。治瘡毒，研末傅之。瘡破不可擦。

### 銅線草

**明・蘭茂原撰，范洪等抄補《滇南本草圖説》卷九**　銅線草　燒灰存性，為末，酒服，治疔瘡毒。生荒地大水邊。形同鐵線，紅潤而圓，粗若(筋)〔筯〕，長尺餘。○氣味甘甜。走肝經。能活血，生血，養血。點酒散血。○耑治跌打損傷，骨碎筋斷，筋骨疼痛，除濕祛風，解熱，治痿軟痰火，同酒煮服，最效。○骨斷，搗敷患處。能接打傷之處，敷之亦愈。又能治瘡毒，即年久筋骨疼痛，煎服立瘥。或服過升藥，筋骨冷者，服之能暖。亦能解水銀之毒。

### 石長生

**宋・李昉《太平御覽》卷第九九一**　丹草　《本草經》曰：石長生，一名丹沙草。味鹹，微寒。生山谷。治寒熱惡瘡火熱，辟惡氣不祥鬼毒。生咸陽。《吴氏本草》曰：石長生，神農：苦。雷公：辛。一經：甘。生咸陽，或同陽。

**宋・唐慎微《證類本草》卷一一草部下品〔《本經・別録》〕** **石長生** 味**鹹**、苦，**微寒**，有毒。 **主寒熱，惡瘡，大熱，辟鬼氣不祥**，下三蟲。 **一名丹草。**生咸陽山谷。

〔梁・陶弘景《本草經集注》〕云： 俗中雖時有採者，方藥亦不復用。近道亦有，是細細草葉，花紫色爾。南中多生石巖下，葉似蕨，而細如龍鬚草大，黑如光漆，高尺餘，不與餘草雜也。

〔唐・蘇敬《唐本草》〕注云： 今市人用齡音零筋草爲之，葉似青葙，莖細勁紫色，今太常用者是也。

〔宋・掌禹錫《嘉祐本草》〕按： 《藥性論》云： 石長生皮，臣。亦云石長生也。味酸，有小毒。治疥癬，逐諸風，治百邪鬼魅。

〔宋・唐慎微《證類本草》〕《唐本餘》： 下三蟲，謂長蟲、赤蟲、蟯蟲也。苗高尺許，用莖、葉，五月、六月採。

**明・劉文泰《本草品彙精要》卷一四** 石長生有毒 叢生。

**石長生**出《神農本經》： **主寒熱，惡瘡，大熱，辟鬼氣不祥。**以上朱字《神農本經》。下三蟲。以上黑字名醫所録。 【名】丹草。 【苗】陶隱居云： 俗中雖時有採者，方藥亦不復用。是細細草，葉花紫色爾。南中多生石岩山，葉似蕨而細如龍鬚草，大黑如漆，高尺餘，不與餘草雜也。《唐本》注云： 今市人用齡音零筋草爲之，葉似青葙，莖細勁，紫色，今太常用者是也。《藥性論》云： 石長生皮，亦云石長生也，味酸，有小毒，亦入藥用。 【地】《圖經》曰： 生咸陽山谷。陶隱居云： 近道亦有之。 【時】生： 春生苗。採： 五月、六月取莖、葉。 【收】日乾。 【用】莖、葉。 【色】黑。 【味】鹹，苦。【性】微寒，泄。 【氣】味厚于氣，陰也。 【臭】朽。 【主】瘡癬，諸蟲。【治】療： 《藥性論》云： 療疥癬，逐諸風，治百邪鬼魅。《別録》云： 下三蟲。

**明・王文潔《太乙仙製本草藥性大全》卷二《本草精義》** 石長生 一名丹草。 生咸陽山谷石巖下，近道亦有之。 陶云葉細似蕨而細，如龍鬚草，花紫色如光漆，高尺餘，不與餘草雜也。 唐注云： 今市人用齡筋草爲之，葉似青葙，莖細，紫色，今〔太〕常用者是也。 五月、六月採莖葉用。

**明・王文潔《太乙仙製本草藥性大全》卷二《仙製藥性》** 石長生臣 味鹹、苦，又云酸，氣微寒，有毒。 主治： 逐諸寒熱大熱，辟百邪鬼氣不祥。下三蟲甚效，治惡瘡疥癬奇方。

**明・李時珍《本草綱目》卷二〇草部・石草類** 石長生《本經》下品

【釋名】丹草《本經》 丹沙草時珍曰： 四時不凋，故曰長生。 【集解】《別録》曰： 石長生，生咸陽山谷。 弘景曰： 俗中時有採者，方藥不復用。近道亦有，是細細草葉，花紫色。南中多生石巖下，葉似蕨，而細如龍鬚，黑如光漆，高尺餘，不與餘草雜也。恭曰： 苗高尺許，五六月採莖葉用。今市人用齡筋草爲之，葉似青葙，莖細勁紫色，今太常用者是也。時珍曰： 宋祁《益部方物記》： 長生草生山陰蕨地，修莖茸葉，色似檜而澤，經冬不凋。

【氣味】鹹，微寒，有毒。普曰： 神農： 苦。雷公： 辛。桐君： 甘。權曰： 酸，有小毒。 【主治】寒熱惡瘡大熱，辟鬼氣不祥《本經》。下三蟲《別録》。 治疥癬，逐諸風，治百邪魅權。

**清・吴其濬《植物名實圖考》卷一六** 石長生 《本經》下品。 陶隱居云： 似蕨而細，如龍鬚草，黑如光漆。今蕨地多有之。

**清・吴其濬《植物名實圖考》卷一七** 還陽草 大體類鳳尾草，細莖如漆，横根多毛，殆石長生之類。

**清・葉志詵《神農本草經贊》卷三** 石長生 味鹹，微寒。 主寒熱，惡創火熱，辟惡氣，不祥鬼毒。 一名丹草。 生山谷。

石有時泐，草獨長留。 色踰檜澤，地旁蕨柔。 丹沙名異，元漆光浮。 齡筋細紫，藥物何求。

《周禮》： 石有時以泐。《益部方物記》： 長生草生山陰，蕨地修莖茸葉，色似檜而澤，經冬不凋。 李時珍曰： 一名丹沙草。 陶弘景曰： 葉似蕨而細如龍鬚，黑如光漆。 蘇恭曰： 市人以齡筋草為之，莖細勁紫色。 杜甫詩： 多病所須惟藥物，微軀之外更何求？

紅茂草

**宋・唐慎微《證類本草》卷三〇外草類〔宋・蘇頌《本草圖經》〕** 紅茂草生施州。 又名地沒藥，又名長生草，四季枝葉繁盛，故有長生之名。 大涼，味苦。 春採根、葉，焙乾，擣羅爲末，冷水調，貼癰疽瘡腫。

**明・劉文泰《本草品彙精要》卷四一** 紅茂草 叢生。

紅茂草： 主癰疽，瘡腫。 取根葉焙乾爲末，以冷水調貼之。出《圖經》。

【名】地沒藥、長生草。 【苗】《圖經》曰： 四季枝葉繁盛，故有長生之名。

〖地〗《圖經》曰：生施州。〖時〗生：春生新葉。採：春取根葉。〖製〗焙
〖用〗根及葉。〖味〗苦。〖性〗大凉。〖氣〗味厚於氣，陰也。
乾，擣羅爲末用。

**明・李時珍《本草綱目》卷二〇草部・石草類**　紅茂草時珍曰：案《庚辛玉册》云：通泉草一名長生草，多生古道丘壟荒蕪之地。葉似地丁，中心抽一莖，開黄白花如雪，又似麥飯，摘下經年不槁。根入地至泉，故名通泉。俗呼禿瘡花。此草有長生之名，不知與石長生及紅茂草亦一類否？故並附之。

鳳丫草

**清・吴其濬《植物名實圖考》卷一六**　鳳丫草　生廬山。横根黑圓多鬚，紫莖似蕨，而葉長大對生。蓋即大蕨之類。

金雞尾

**清・吴其濬《植物名實圖考》卷九**　金雞尾　生建昌山中。一名年年松。叢生，斑莖；葉如箬葉，排生，中有金黄粗紋一道，面緑背淡，微白；露根似貫眾、狗脊。土人以解水毒，用同貫眾。

金星草

**清・吴其濬《植物名實圖考》卷一六**　金星草　《嘉祐本草》：即石韋之有金星者。石韋結子，大率相類，即貫眾等亦然，凡俗名金星者，皆以此。

地柏葉

**清・吴其濬《植物名實圖考》卷一六**　地柏葉　湖南山坡多有之。高四五寸，細莖，花葉似側柏而光，色亦淡緑，四五莖作小叢。蓋與卷柏、千年松同類，而生於土不生於石。俚醫用以去肺風。

萬年柏

**清・吴其濬《植物名實圖考》卷一六**　萬年柏　生山石間。高三四寸，細莖光黑，葉如地柏葉而硬，面緑背白如紙剪成，可為盆玩。

鐵角鳳尾草　生建昌山石上。高四五寸，叢生，紫莖，對葉排生；生如指肚大而末作細齒，背有細子小如粟。治紅白痢，連根葉酒煎服。嶽麓亦多有之。

紫背金牛

**清・吴其濬《植物名實圖考》卷一六**　紫背金牛　生四川山石間。似鐵角鳳尾草而葉微團，面緑背紫，抽莖開小紫花，微似薄荷花。按宋《圖經》有紫金牛似小青，與此異。

倒掛草

**清・张璐《本經逢原》卷二**　倒掛草　甘、苦，無毒。發明：倒掛草生井口邊，《千金》斷酒方，於端午午時取，燒研，水服，勿令知，即惡酒不飲。其樹孔中生者，《千金》用治瘻瘤，取其倒垂而根不著也。

蜈蚣草

**清・吴其濬《植物名實圖考》卷一七**　蜈蚣草　生雲南山石間。赭根糾互，硬枝横鋪；密葉如鋸，背有金星。其性應與石韋相類。

草石蠶

**宋・唐慎微《證類本草》卷一一草部下品〔唐・陳藏器《本草拾遺》〕**　草石蠶　蟲石蠶注陶云：今俗用草根，黑色，按草石蠶，生高山石上，根如箸，上有毛，節如蠶，葉似卷柏。山人取浸酒，除風破血，主溪毒，煮食之。《本經》從蟲部出，復有蟲石蠶，已出《拾遺》。

**清・趙學敏《本草綱目拾遺》卷五草部下**　草石蠶　餘杭山中多有之，葉似大葉金星，根黑色，如蠶。

按：甘露子，亦名草石蠶，與此別。○《前溪逸志》：銅官山生石蠶，藤也。以石為土，形則蠶也，採食之，可已風痹。○《本草》：石蠶，乃石似蠶者，非真蠶也。藤之蠶根於石，石之蠶伏於土，非格勿君子，焉能辨其名號，識其性情哉！

治虎傷收口用之，虎咬成瘡，口不斂者，為末摻上，即痂。風痹羊毛痧。

敏按：王安《采藥方》：金星鳳尾，即寶劍草，其根名石蠶，能解硫黄毒蛇毒，治發背癰疽結核等症，竹木魚刺，黄疸熱淋，洗眼疾陰溼瘡，似此則非藤蠶甘露子明矣。

**清・吴其濬《植物名實圖考》卷一六**　草石蠶　《本草拾遺》始著錄。山石上多有之。毛莖如蠶，葉如卷柏，乾瘁得濕則生。俚醫呼為返魂草。《本草綱目》附注菜部石蠶下，蓋未的識。

抱樹蓮

**清・何諫《生草藥性備要》卷上**　小葉蔓頭蘿　味甘，性苦。治一切風氣，壯筋骨。取根，用葉，洗痔疳、疥癩、黄水瘡；又治内傷，化痰止咳。敷折損傷，酒糟仝敷。治小腸氣發，和鷄蛋、泰和酒熟服之即消。一名爬墻虎，

一名抱樹蓮。

清·何諫《生草藥性備要》卷上　抱石蓮　不入服。宜洗疳疔，最妙。在石上生的者佳。

抱樹蓮　治疥癩，殺蟲。似小葉蔓頭蘿，纏樹而生。

清·趙其光《本草求原》卷四蔓草部　扒牆虎即細葉蔓頭蘿。根，甘、苦，寒，無毒。治一切風氣，壯筋骨。其葉，洗痔瘡、疥癩、黄泡水瘡，化痰止嗽，已虚損，治小腸氣，同雞蛋、酒燉。敷折傷。同酒糟。生石上者良。宜與濕草王不留行同參。

蔓頭蘿

清·何諫《生草藥性備要》卷下　蔓頭蘿　味淡，性微寒。通經行血，煲肉食，下乳汁。消腫毒，洗疳、疔、痔，理跌打。一名王不留行。

螺靨草

宋·唐慎微《證類本草》卷一〇草部下品〔唐·陳藏器《本草拾遺》〕　螺靨草　主癰腫風瘮，脚氣腫。搗傳之。亦煮湯洗腫處。藤生石上似螺靨微有赤色，背有少毛。

明·李時珍《本草綱目》卷二〇草部·石草類　螺靨草《拾遺》

【釋名】鏡面草時珍曰：皆象形也。　【集解】藏器曰：蔓生石上，葉狀似螺靨，微帶赤色，而光如鏡，背有少毛，小草也。

【氣味】辛。　【主治】癰腫風瘮，脚氣腫，搗爛傳之。亦煮湯洗腫處藏器。治小便出血，吐血衄血，齲齒痛時珍。

【發明】時珍曰：案陳日華《經驗方》云：年二十六，忽病小便後出鮮血數點而不疼，如是一月，飲酒則甚。市醫張康，以草藥汁一器，入少蜜水進，兩服而愈。求其方，乃鏡面草也。

【附方】新七。　吐血衄血：鏡面草水洗，擂酒服。《朱氏集驗方》。　牙齒蟲痛：《乾坤生意》：用鏡面草不拘多少，以水缸下泥同搗成膏，入香油二三點，研勻。貼於疼處腮上。《楊氏家藏方》：用鏡面草半握，入麻油二點，鹽半捻，挼碎。左疼塞右耳，右疼塞左耳。以薄泥餅貼耳門閉其氣，仍仄卧。泥耳一二時，去泥取草放水中，看有蟲浮出，久者黑，次者褐，新者白。須於午前用之。徐克安一乳婢，苦此不能食，用之，出數蟲而安。　小兒頭瘡：鏡面草日乾爲末，和輕粉、麻油傳之，立效。《楊氏家藏方》。　手指腫毒：又指惡瘡，消毒止痛。鏡面草搗爛，傳之。《壽域神方》。　蛇纏惡瘡：鏡面草，入鹽杵爛，傳之妙。　解鼠莽毒：鏡面草自然汁、清油各一杯和服，即下毒三五次。以肉粥補之，不可遲。張杲《醫説》。

清·吴其濬《植物名實圖考》卷一六　石龍　一名石茶。横根叢生，一莖一葉，高三四寸，葉如茶而厚，如石韋重疊堆砌。李時珍謂石韋有如杏葉者，殆即此。

螺靨草　《本草拾遺》：螺靨草，蔓生石上。葉狀似螺靨，微帶赤色，而光如鏡，背有少毛，小草也。氣味辛。主治癰腫、風瘮、脚氣腫。搗爛傳之，亦煮湯洗腫處。按《救荒本草》有螺靨兒，形狀不相類，恐非一種。

魚鱉金星

清·趙學敏《本草綱目拾遺》卷四草部中　魚鱉金星　生背陰山石上，立夏後發苗，根細如纖綫，蔓延石上，葉不對節，一長一圓，長者為魚，圓者為鱉，魚葉經霜則老，背起金星，惟鱉葉無，亦生西湖飛來峰絶頂。　治臌脹瘰癧火毒症：《採藥志》云：性涼，治痰火毒行上部。《采藥方》：消痞塊痰核痄腮。《永師方》：治烟筒戳傷喉，用魚鱉金星草煎濃湯，咽喉中傷，立止疼而愈。《永師方》一作《永甯傳方》。

金星鳳尾草

宋·王介《履巉巖本草》卷上　小金星鳳尾草　治五毒發背，和根淨洗，用慢火焙乾，秤四兩，入生甘草一錢，搗(米)〔末〕，分作四服。每服用酒一升已來，煎三二沸後，更以冷酒三二升相和，入瓶器內封却。時時飲服，忌生冷油膩毒物。一名鐵脚雞。擣末，塗發背瘡上。亦效。根：主生髮，浸油塗頭。老人不可多服，其性冷故也。

明·蘭茂原撰，范洪等抄補《滇南本草圖説》卷五　鳳尾草　形似茴香，年多者有紅幹，細綠葉。主治：跌打損傷，或打死微有呼吸，用燒酒送，即活。避刑傷，滲腿不痛，包傷散血定痛。

明·蘭茂撰，清·管暄校補《滇南本草》卷上　鳳尾草　味辛，無毒。生山中有水處。採枝葉用，忌犯鐵器。然掃天晴明草硬梗，鳳尾草軟梗。主治跌打損傷，筋斷骨碎，敷患處。治脫肛，敷顖門即入，隨後換藥，神效。此草能潰人大瘡，小兒佩之，蠱毒遠去。

明·蘭茂撰，清·管暄校補《滇南本草》卷下　金星鳳尾草　性寒，味苦。(改)〔解〕硫黄毒，升丹、輕粉毒。洗暴赤火眼，年老昏花，退翳膜睛。煎湯服，後溫洗，或用碗，將藥入內筆桿，於口內吹之。

**明・蘭茂《滇南本草》〔叢本〕卷中**　金星鳳尾草　味苦，性寒。古水附註：　解硫黄毒，升輕粉毒。今用洗暴赤火眼，老年暈，退翳膜遮睛，煎湯，候溫，或洗或用筆管吹。

**清・何諫《生草藥性備要》卷上**　山鷄尾　味辛，性平。治蛇咬諸毒、刀傷，能止血生肌；舂汁，調酒服，渣敷患處。研末收貯，治氣痛。

**清・趙學敏《本草綱目拾遺》卷四草部中**　鳳尾金星　根類竹根，黄色有鬚，葉類建蕙而短，長不滿尺。春月發苗，背有點子，兩行相對，有數十粒極密，秋霜後乃黄，生石山下，其根蔓生。《百草鏡》：　金星鳳尾，其葉細碎，形似鳳尾，三月發苗葉，背有星，作細白點子，秋後乃黄，生古牆石塹中。背日者佳。惟實熱症可用。　性涼，治吐血咽喉火毒，諸丹毒，發背癰疽。《百草鏡》：　癰疽非陽毒及非金石藥毒者戒用。　謝雲溪云：　性太涼，男女忌服，雖取效一時，但精血受寒，不能生育為虞耳。○《甯德縣志》：　白脚者治痢。　《家寶方》：　治喉癬，金星鳳尾草搗汁，加米醋數匙和勻，用竹筯裹新棉花，蘸汁點患處，稠痰隨筯而出，亦治喉風。

劍丹

**清・吴其濬《植物名實圖考》卷一六**　劍丹　生贛州山石上。叢生，長葉如初生萵苣，面綠背淡，亦有金星如骨牌點。治跌打損傷，酒煎服。

**清・劉善述、劉士季《草木便方》卷一草部**　金星草　石韋苦甘性微寒，能通膀胱利水泉。五淋五勞崩中妙，補益精氣發背痊。

石韋

**宋・唐慎微《證類本草》卷八草部中品〔《本經・**別錄・藥對**》〕　石韋**

**味苦、**甘，**平，**無毒。**主勞熱邪氣，五癃閉不通，利小便水道，**止煩下氣，通膀胱滿，補五勞，安五藏，去惡風，益精氣。**一名石韀**之夜切，一名石皮。用之去黄毛，毛射人肺，令人欬不可療。生華陰山谷石上，不聞水及人聲者良。二月採葉，陰乾。滑石、〔宋・掌禹錫《嘉祐本草》〕按：《蜀本》作絡石。杏人爲之使，得昌蒲良。

〔梁・陶弘景《本草經集注》〕云：　蔓延石上，生葉如皮，故名石韋。今處處有。以不聞水聲、人聲者爲佳。出建平者，葉長大而厚。

〔唐・蘇敬《唐本草》〕注云：　此物叢生石傍陰處，不蔓延生。生古瓦屋上，名瓦韋，用療淋亦好也。

〔宋・掌禹錫《嘉祐本草》〕按：《藥性論》云：　石韋，使，微寒。治勞及五淋，胞囊結熱不通，去膀胱熱滿。　日華子云：　治淋瀝，遺溺。入藥須微炙。

〔宋・蘇頌《本草圖經》〕曰：　石韋，生華陰山谷石上，今晉、絳、滁、海、福州、江寧府皆有之。叢生石上，葉如柳，背有毛而斑點如皮，故以名。以不聞水聲者良。二月、七月採葉，陰乾用。南中醫人炒末，冷酒調服，療發背，皆甚效。石韋一名石皮，而福州自有一種石皮，三月有花，其月採葉，煎浴湯，主風。又有生古瓦屋上者，名瓦韋，用治淋亦佳。

**宋・鄭樵《通志》卷七五《昆蟲草木略》**　石韋　曰石韀，曰石皮，生於石崖。其生瓦上者，曰瓦韋。皆感陰濕而生。每莖抽一葉，背有毛而斑點，其狀如皮，故得韋名。

**宋・劉明之《圖經本草藥性總論》卷上**　石韋　味苦、甘，平，無毒。主勞熱邪風，五癃閉不通，利小便水道，止煩下氣，通膀胱滿，補五勞，安五臟，去惡風，益精氣。《藥性論》云：　使。治勞及五淋，胞囊結熱不通，膀胱熱滿。　日華子云：　治淋瀝遺溺。　杏仁為之使。得菖蒲良。　生華陰。　又有生古瓦屋上者，名瓦韋，用治淋亦佳。

**元・王好古《湯液本草》卷四**　石韋　此一條，與《本經》無一字同，恐別是一物，有誤，姑存之。名遠墨子、血見愁、鹿經草也。　《時習》云：　今一種作青苔帚，名蟻子槐，作血見愁。又隰州鼓角樓上一種，名血見愁，俱能破瘀血。《時習》補：　或人言，紫花如旋風草，但花不白。又有一種，花黄，葉似槐，結角如綠豆，俗呼夾竹梅。　《局方本草》：　石韋，味苦、甘，平，無毒。主勞熱邪氣，五癃閉不通，利小便水道，止煩下氣，通膀胱滿，補五勞，安五臟，去惡風，益精氣。　《藥性論》云：　使。治勞及五淋，胞囊結熱不通，膀胱熱滿。　日華子云：　治淋遺溺。杏仁為之使，得菖蒲良。生華陰，又有生古瓦屋上者，名瓦韋，用治淋亦佳。

**明・蘭茂原撰，范洪等抄補《滇南本草圖說》卷八**　石韋　氣味苦平，毒。去葉上毛用。主治：　勞熱邪氣，五癃閉不通，利小便水道，止煩，下氣，通膀胱，治痳。

**明・蘭茂撰，清・管暄校補《滇南本草》卷中**　石韋　性寒，味苦。入小腸經。治利小便，通五淋，止玉莖痛。根消胸膈橫氣作脹，退蒸熱。凡用刮去毛，若毛去不淨，反令人咳嗽。

附方：治手顫作搖，服此即愈。石韋根，煎湯，當茶水頻服。

**明·蘭茂《滇南本草》〔叢本〕卷中** 石韋 刮去毛用，毛去不淨，令人咳嗽。昔一人手戰作抖，用石韋煎湯，當茶吃，效。

**明·王綸《本草集要》卷三** 石韋使 味苦甘，氣平，微寒，無毒。杏仁為之使。得菖蒲良。生山谷石上，不聞水聲及人聲者良。二月採葉，陰乾用之。去黃毛，毛射人肺，令人咳不可療。入藥微炙用。 主勞熱邪氣，五癃閉不通，利小便水道。止煩下氣，補五勞，安五臟。去惡風，益精氣。南中醫人炒末，冷酒服，療發背效。

**明·滕弘《神農本經會通》卷一** 石韋 使也。杏仁為之使。得菖蒲良。一名石皮。用之去黃毛，毛射人肺，令人欬，不可療。生華陰山谷石上，不聞水及人聲者良。二月採葉，陰乾。入藥須微炙用。

味苦甘，氣平，無毒。一云：微寒。《湯》云：此一條與《本經》無一字同，恐別是一物，有誤，姑存之。名遠黑李、血見愁、鹿經草也。東云：通淋於小腸。《本經》云：主勞熱邪氣，五癃閉不通，利小便水道，止煩下氣，通膀胱滿，補五勞，安五臟，去惡風，益精氣。《唐本》注云：此物叢生石傍陰處。生古瓦屋上名瓦韋，用療淋亦好。《藥性論》云：使。微寒。治勞及五淋，胞囊結熱不通，膀胱熱滿。日華子云：治淋瀝遺溺。入藥須微炙用。《圖經》云：南中醫人炒末，冷酒調服，療發背甚効。《局》云：石韋主熱除邪氣，通透膀胱利小便。若不去毛射入肺，令人欬嗽病難痊。石韋，透膀胱之便。

**明·劉文泰《本草品彙精要》卷一一** 石韋無毒。附瓦韋。 叢生。

**石韋**出《神農本經》：**主勞熱邪氣，五癃閉不通，利小便水道。**以上朱字《神農本經》。止煩下氣，通膀胱滿，補五勞，安五臟，去惡風，益精氣。以上黑字《名醫》所錄。

【名】石韉之夜切、石皮。 【苗】《圖經》曰：叢生石上，葉如柳葉，背有毛而斑點如皮，故名石韋。《唐本》注云：生石傍陰處，不蔓延。福建一種三月有花，採葉煎湯浴之，主風。有生於古瓦屋上者，謂之瓦韋。 【地】《圖經》曰：生華陰山谷，及晉、絳、滁、福州，江寧府皆有之。陶隱居云：建平，今處處有之，生山谷石上。【道地】海州。 【時】生：春生苗。採：二月取葉。以不聞水及人聲者良。 【收】陰乾。 【用】葉。 【質】類柳葉而長大。 【色】綠。 【味】苦，甘。 【性】平，泄。 【氣】味厚于氣，陰中之陽。 【臭】朽。 【主】補勞利水。 【助】絡石、杏仁爲之使，得菖蒲良。 【製】去黃毛，微炙。 【治】療：《藥性論》云：除勞及主五淋，胞囊結熱不通，膀胱熱滿。日華子云：治淋瀝，遺溺。 【合治】炒末合酒調服，療發背。 【禁】誤用葉上黃毛，射入肺，令人欬，不可療。

**明·葉文齡《醫學統旨》卷八** 石韋 氣平，微寒，味苦、甘。無毒。杏仁為使，得菖蒲良。生山谷石上，不聞水聲及人聲者良。去黃毛，毛射人肺，令人欬不可療；入藥微炙用。 治勞熱邪氣，五癃淋閉不通，利小便水道； 止煩下氣，補五勞，安五臟，去惡風，益精氣。南中醫人炒末，冷酒服，療發背效。

**明·許希周《藥性粗評》卷三** 石韋透便於癃淋。

石韋，一名石皮。生石上，亦有生古瓦上者，名瓦常。高數寸，葉如柳，長大而厚，其背有毛，而斑點如獸皮，故名。南北山崖處處有之。二八月採葉，陰乾，以不聞水及人聲者良。凡用拭去黃毛令淨，不爾射肺，令人咳嗽不已，羊脂拌炒過。絡石、杏仁為之使，得菖蒲良。味苦、甘，性平，無毒。主治勞熱，惡風邪氣，五淋癃閉，煩渴，通膀胱，利小便，行水道，安五臟，益精氣。

單方：發背：石韋剉炒，為末，冷酒調下一二錢，甚效。 燥風：凡身體燥熱有風氣者，採石韋葉煎湯浴之。

**明·鄭寧《藥性要略大全》卷六** 石韋 通淋於小腸，補五勞，安五臟，療發背，治淋瀝遺溺。《證類》云：主勞熱邪氣，五癃閉不通，利小便，止煩下氣，去惡風，益精氣。《藥性》云：治五淋，療〔胞〕囊結熱不通。味苦、甘，氣平、微寒，無毒。杏仁為之使，得菖蒲良。生山谷石上，不聞水聲及人聲者良。二月採葉，陰乾。用時微炙，去黃毛，否則射人肺，令人嗽，不可療。

**明·陳嘉謨《本草蒙筌》卷三** 石韋 味苦、甘，氣平、微寒。無毒。叢生山谷石上者真，不聞人聲水聲者効。葉長似柳，背有黃毛。不拭射人肺中，即成欬嗽難治。務先去淨，復拌羊脂；炒變焦黃，方入藥劑。得菖蒲妙，使杏仁良。治遺溺成淋，通膀胱利水。療癰疽發背，去惡風止煩。益精氣，補五勞，除邪熱，安五臟。○生瓦上者，瓦韋為名。治淋亦佳，《本經》曾載。

**明·王文潔《太乙仙製本草藥性大全》卷二《本草精義》** 石韋 一名石韉，一名石皮。生華陰山谷石上，今晉、絳、滁、海、福州、江寧府皆有之。叢生石上，葉如柳，背有毛而班點如皮，故以名之。以不聞水聲者良。二月、七月採葉陰乾用。但葉背黃毛不去則射人肺中，即成欬嗽難治，務先去净，復拌羊脂炒，變焦黃方入藥劑。得菖蒲妙，使杏仁良。

**明·王文潔《太乙仙製本草藥性大全》卷二《仙製藥性》** 石韋使 味苦、甘，氣平、微寒，無毒。杏仁爲之使。 主治： 治遺溺成淋，通膀胱利水。療癰疽發背，去惡風止煩。益精氣，補五勞，除邪熱，安五臟。止煩，下氣，益氣，通淋。〇生瓦上者，瓦韋爲名，治淋亦佳，《本經》曾載。 補註： 發背，炒研爲末，冷酒調服，效。

**明·皇甫嵩《本草發明》卷三** 石韋中品之上，臣。氣平，味甘，寒，無毒。 發明曰： 此味甘苦寒，大約清熱利水。故《本草》主勞熱邪氣，五癃淋閉不通，膀胱熱滿，利小水，止煩下氣為專功。又云： 惡風，補勞，安五藏，益精氣。得非苦寒利水清熱之效歟。杏仁為之使。得菖蒲良。生華陰山谷石上，不聞水聲者良。葉似柳，背有黃毛，不拭去射人肺，作咳嗽。治須去净，拌羊脂，炒焦黃入藥。〇又有生古瓦屋上者，名瓦韋，用治淋亦佳。

**明·李時珍《本草綱目》卷二〇草部·石草類** 石韋《本經》中品

【釋名】石韉音蔗 石皮《別録》 石蘭弘景曰： 蔓延石上，生葉如皮，故名石韋。時珍曰： 柔皮曰韋，韉亦皮也。 【集解】《別録》曰： 石韋生華陰山谷石上，不聞水聲及人聲者良。二月採葉，陰乾。弘景曰： 處處有之。出建平者，葉長大而厚。恭曰： 此物叢生石旁陰處，亦不作蔓。其生古瓦屋上者名瓦韋，療淋亦好。頌曰： 今晉、絳、滁、海、福州、江寧皆有之。叢生石上，葉如柳，背有毛，而斑點如皮。福州別有一種石皮，三月有花，採作浴湯，治風。時珍曰： 多生陰崖險罅處。其葉長者近尺，闊寸餘，柔韌如皮，背有黃毛。亦有金星者，名金星草，葉凌冬不凋。又一種如杏葉者，亦生石上，其性相同。

【修治】《別録》曰： 凡用去黃毛。〔毛〕射人肺，令人咳，不可療。大明曰： 入藥去梗，須微炙用。一法： 以羊脂炒乾用。

【氣味】苦，平，無毒。《別録》曰： 甘。權曰： 微寒。之才曰： 滑石、杏仁、射干爲之使，得菖蒲良。制丹砂、礬石。 【主治】勞熱邪氣，五癃閉不通，利小便水道《本經》。止煩下氣，通膀胱滿，補五勞，安五臟，去惡風，益精氣《別録》。治淋瀝遺溺《日華》。炒末，冷酒調服，治發背頌。主崩漏金瘡，清肺氣時珍。

【附方】新五。 小便淋痛： 石韋、滑石等分，爲末。每飲服刀圭，最快。《聖惠》。 小便轉脬： 石韋去毛、車前子各二錢半，水二盞，煎一盞，食前服。《指迷方》。 崩中漏下： 石韋爲末。每服三錢，温酒服，甚效。 便前有血： 石皮爲末。茄子枝煎湯下二錢。《普濟方》。 氣熱咳嗽： 石韋、檳榔等分，爲末。薑湯服二錢。《聖濟録》。

**題明·薛己《本草約言》卷一《藥性本草》** 石韋 甘、苦，寒。大約清熱利水，故主膀胱熱滿，五癃淋閉不通。

**明·梅得春《藥性會元》卷上** 石韋 味苦、甘，氣微寒，無毒。生山谷石上，不聞水聲、人聲者良。杏仁為使。得菖蒲良。 主治勞熱邪氣，五癃淋閉不通，利小便水道，除煩下氣，通膀胱熱，補五勞，安五臟，去惡風，益精氣。炒末，冷酒調服，療發背，效。 製法： 去黃毛，不射人肺，不令作欬。凡使，微炒用。

**明·李中立《本草原始》卷二** 石韋 始生華陰山谷石上，今處處有之。叢生石傍陰處。葉青，背有斑點，黃毛。《綱目》曰： 柔皮曰韋。此葉柔韌如皮，故名石韋。石韋： 氣味： 苦，平，無毒。主治： 勞熱邪氣，五癃閉不通，利小便水道。止煩下氣，通膀胱滿，補五勞，安五臟，去惡風，益精氣。治淋瀝遺溺。炒末，冷酒調服，治發背甚效。治崩漏，金瘡，清肺氣。

石韋，《本經》中品。【圖略】二月采葉陰乾。修治： 石韋，水浸軟，以新布拭去黃毛，微炒入藥。不則毛射人肺，令人欬，不可療。

《別錄》曰： 甘。權曰： 微寒。之才曰： 滑石、杏仁、射干為之使。得菖蒲良。制丹砂、礬石。崩中漏下，石韋為末，每服三錢，溫酒調服甚效。石韋： 使。

**明·張懋辰《本草便》卷一** 石韋使 味苦、甘，氣平，微寒，無毒。 主勞熱邪氣，五癃不通，利小便，止煩下氣，補五勞，安五臟，去惡風。

**明·李中梓《藥性解》卷四** 石韋 味苦、甘，性平，無毒，入肺、膀胱二經。主勞熱邪氣，五淋癃閉，膀胱熱滿。癰疽發背，除煩下氣，補虚益精。拭去毛，羊脂炒焦用。絡石、杏仁為使，得菖蒲良。 按： 石韋清熱利水，本入膀胱，而肺則下連者也，宜兼入之。既能清熱利水，則無陽亢陰傷之患。

**明·倪朱謨《本草彙言》卷七** 石韋 味苦，氣溫，無毒。足太陽膀胱經藥也。

《別錄》曰： 石韋，生華陰山谷。 蘇氏曰： 今晉、絳、滁、海、福州、江寧、吳越，凡陰崖險罅，處處有之。叢生石旁，不聞人聲處更良。 李氏曰： 凌冬不凋。葉長近尺，闊寸許，背有黃毛，柔韌，斑點如文。一種葉背有金星者，名金星石韋。葉如杏葉者，名杏葉石韋。同生石上，功用亦相同也。修治： 去黃毛極淨，否則戟人肺，令欬逆難療也。外有古瓦屋上生者，名瓦韋，療淋亦效。

石韋：利水道，《本經》通癃閉之藥也。閔效軒稿日華子主小便癃閉不通，或淋瀝遺溺，凡膀胱一切火鬱氣閉之證，用此立清。故前古又謂清肺氣，主勞熱，下欬逆，即與治膀胱火鬱氣閉之證同意。但其氣性溫平，無毒，不補不瀉，爲方科要藥。倘不善製，去毛未淨，增人欬嗽。司業者，當留心毋忽也。

集方：《聖惠方》治小便淋痛。用石韋去毛淨，滑石各等分，爲末，每服二三錢，白湯送，最驗。○《指迷方》治小便轉脬。用石韋去毛淨，車前子各二錢，甘草五分，水煎服。○《普濟方》治男婦血淋。用石韋去毛爲末，茄子枝煎湯下二錢。○同上治血崩漏。用石韋去毛爲末，每服三錢，溫酒服，極效。

**明・盧之頤《本草乘雅半偈》帙五**　石韋《本經》中品　氣味：苦，平，無毒。　主治：主勞熱邪氣，五癃閉不通，利小便水道。

覈曰：出華陰山谷，今晉、絳、滁、海、福州、江寧亦有之。叢生石旁，及陰崖險罅，不聞水聲人聲處。淩冬不凋，葉長近尺，闊寸許，背有黃毛，柔韌斑點如皮。一種葉背有金星者，曰金星草；葉如杏葉者，曰杏葉韋，同生石上，功用亦相同也。修事：去黃毛極淨，否則射人肺，令欬逆難療也。滑石、杏仁、射干為之使，得菖蒲良。制丹砂、礬石。

叅曰：石者山骨，韋為之皮，秉坎剛之水用，離麗之火體，從堅凝閉密中，暢達敷布，故主勞熱邪氣，致五癃閉，假石性之慓悍，宣通水道，捷于影響。有金星者，曰金星草，《嘉祐》用治發背癰瘡，蓋艮為背，背發癰瘡，止非止矣；金星功能上下敵應，時行則行，時止則止也。解丹石陽毒者，以艮止之寧謐，對待治之，大生毛髮者，腎主骨主髓，髮者腎之榮，肺主皮、主膚，毛者肺之華耳。

**清・劉雲密《本草述》卷一三**　石韋　陶隱居曰：蔓延石上，生葉如皮，故名石韋。　時珍曰：柔皮曰韋。多生陰崖險罅處，其葉長者近尺，闊寸餘，柔韌如皮，背有黃毛。

氣味：苦，平，無毒。《別錄》曰：甘。　權曰：微寒。　主治：勞熱邪氣，五癃閉不通，利小便水道《本經》。止煩下氣，通膀胱滿，補五勞，安五臟，去惡風，益精氣《別録》。主崩漏、金瘡，清肺氣時珍。

之頤曰：石者，山骨。韋為之皮，秉坎剛之水用，離麗之火體，從堅凝閉，密中暢達敷布，故主勞熱邪氣，致五癃閉。假石性之慓悍，宣通水道，捷於影響。

愚按：石韋生於石旁及陰崖險罅，似乎稟陰寒之氣，以為治熱而已。乃閱方書用之以治五淋，如治熱淋，則因於腎氣不足，而移熱於膀胱者也。更如冷淋亦治，則屬氣之虛寒者也。至於氣淋而投之，乃因於氣之鬱結於下者也。又其沙石淋亦即由於氣之鬱結而成，此沙石之形者也。若勞淋之治，固以腎氣虛而為勞也。統是究之，則此味得陰氣之專，固於腎氣有即補以為通之用乎。然則《本經》所謂氣味苦平，其治勞熱邪氣，五癃閉不通者，誠然即《別録》謂其下氣，益精氣，補五勞，通膀胱滿者，豈臆說哉？雖之頤所說未必中肯，然亦有思議下為茍然之語也。

修治　凡用去黃毛，免射肺作咳。日華子云：宜去梗，微炙用。

**清・汪昂《本草備要》卷二**　石韋通淋，補勞。甘、苦，微寒。清肺金以滋化源，凡行水之藥，必皆能先清肺火。通膀胱而利水道。益精氣，補五勞。利濕清熱之功。高陽負對黃帝：治勞傷用石韋丸。治淋崩發背。炒末，冷調，酒服。生石陰。柔韌如皮，背有黃毛。去毛，微炙用。杏仁、滑石、射干爲使，得菖蒲良。生古瓦上者名瓦韋，亦治淋。

**清・李熙和《醫經允中》卷一九**　石韋　入肺、膀胱經。　苦、甘，微寒。主治清肺金，利小便，治淋瀝，癰疽發背。

**清・馮兆張《馮氏錦囊秘錄・雜症痘疹藥性主治合參》卷三**　石韋　用須拭去背上黃毛，治遺溺成淋，通膀胱利水。療癰疽發背，去惡風止煩，益精氣補五勞，除邪熱安五臟。生瓦上者名為瓦韋，治淋亦佳。

**清・张璐《本經逢原》卷二**　石韋　苦，微寒，無毒。凡用去黃毛，不爾射人肺，令欬不已。去梗微炙用。　《本經》主勞熱邪氣，五癃閉不通，利小便水道。　發明：石韋蔓延石上，生葉如皮。其味寒利，故《本經》治勞熱邪氣，指勞力傷津，癃閉不通之熱邪而言，非虛勞之謂。治妊娠轉胞，同車前煎服。

**清・張志聰、高世栻《本草崇原》卷中**　石韋　氣味苦，平，無毒。主治勞熱邪氣，五癃閉不通，利小便水道。　石韋始出華陰山谷，今晉、絳、滁、海、福州、江寧皆有，叢生石旁及陰崖險罅處。其葉長者近尺，闊寸餘，背有黃毛，亦有成金星者，淩冬不凋，柔韌如皮，故《別錄》名石皮，采處以不聞水聲及人聲者良。水草、石韋皆主在腎。石韋生於石上，淩冬不凋，蓋稟少陰之精氣，葉背有金星，有黄毛，乃金水相生。腎上連肺也，主治勞熱邪氣者，勞熱在骨，邪氣在皮，肺腎之所主也。五癃者，五液癃閉，小便不利也。石韋助肺腎之精氣，上下相交，水津上濡，則上竅外竅皆通。肺氣不化，則水道行而小便利矣。夫水聲泄腎氣，人聲泄肺氣，不聞水聲、人聲者，藏水天之精，以助人之肺腎也。

**清・黄元御《長沙藥解》卷四**　石韋　味苦，入足太陽膀胱經。清金泄熱，利水開癃。《金匱》鱉甲煎丸方在鱉甲用之治瘧日久，結為癥瘕，以其泄水而消瘀也。石韋清肺除煩，利水泄濕，專治淋濇之證。並療崩漏、金瘡、發背、癰腫。

**清・吴儀洛《本草從新》卷二**　石韋（通淋。）　苦、甘，微寒。清肺金以滋化源，凡行水之藥必皆能先清肺火。通膀胱而利水道。治崩淋、發背。炒末，冷酒調服。《别録》謂其補五臟，益精氣，亦止清熱利濕之功，非真有補性也。無濕熱者勿與。生石陰處，柔韌如皮，用須拭去背上黄毛，微炙。杏仁、滑石、射干為使。得菖蒲良。生古瓦上者名瓦韋，治淋亦佳。

**清・汪紱《醫林纂要探源》卷二**　石韋　苦、甘，寒。生水石上。只一葉，柔韌如熟皮，長三五寸，形如短刀，背有黄毛，作點子，兩行排列整齊，俗曰七星劍。清肺降氣，能生腎水，堅腎緩肝，以利水道。主通淋，治膀胱熱，且能益精氣。去毛微炙。毛：　傅湯火炮傷。　瓦韋：　同用。可治淋。無堅腎之功。

**清・嚴潔等《得配本草》卷四**　石韋一名石皮。　得菖蒲良。滑石、杏仁、射干為之使。制丹砂、礬石。　甘、苦，微寒。入足太陽，兼入手太陰經。通膀胱，清肺火。治淋瀝遺溺，療癰疽發背。配檳榔、薑湯，治氣熱咳嗽。配滑石末，治淋痛。去黄毛、梗，微炙。治發背，酒調服。除煩熱，羊脂炒。黄毛射人肺，令人咳，不可療。真陰虚者禁用。

**題清・徐大椿《藥性切用》卷四**　韌石韋　苦甘微寒，入肺膀而清熱利水，為通淋耑藥。古瓦上者，名瓦韋，性稍輕揚，治淋亦佳。

**清・黄宫繡《本草求真》卷五**　石韋清肺熱以利水。

石韋耑入肺。苦甘微寒，功耑清肺行水，凡水道不行，化源不清，以致水道益閉。化源不清，則水道自閉。石韋蔓延石上，生葉如皮，味苦氣寒，苦則氣行而金肅，寒則熱除而水利。是以勞力傷津，伏有熱邪，而見小便不通，及患背發等症，治當用此調治。俾肺肅而水通，亦淋除而毒去矣。去梗及黄毛，微炙用。生於瓦上，名瓦韋。亦治淋。

**附：　琉球・吴繼志《質問本草》外篇卷二**　水杋周山蘇花　辛丑清舶漂到，拈此種問之。　水杋周。鄭茂慶。

**清・羅國綱《羅氏會約醫鏡》卷一六草部**　石韋味苦甘，微寒，入肺經。清肺金以滋化源，故通膀胱而利水道。治五勞清熱、崩淋、發背。炒末，冷酒調服。生石陰。柔韌如皮，背有黄毛，去毛炙用。

**清・王龍《本草纂要稿・草部》**　石韋　味甘、苦，性平，寒，無毒。益精氣，尤安五臟。除邪熱，兼治五勞。治遺溺成淋，通膀胱利水。療癰疽發背，去惡風止渴。

**清・楊時泰《本草述鉤元》卷一三**　石韋　多生陰崖險罅處，其葉長者近尺，闊寸餘，柔韌如皮，背有黄毛，故名石韋瀕湖。

味苦，平，氣微寒。主治勞熱邪氣，癃閉不通《本經》。止煩下氣，通膀胱滿，補五勞，安五臟，去惡風，益精氣《别録》。主崩漏、金瘡，清肺氣瀕湖。假石性之慓悍，宣通水道，捷於影響子繇。

論：　石韋生於石旁及陰崖險罅，得陰氣最專，似於腎氣有即補以為通之用，故統治五淋。五淋者，熱淋因腎氣不足而移熱於膀胱，冷淋屬氣虚寒，氣淋因氣鬱結，沙石淋由鬱結而成形，勞淋以腎氣虚而為勞。惟此物能益精氣，補五勞，是以諸淋皆宜也。

修治：　刷去黄毛，免射肺作欬。並宜去梗，微炙用。

**清・吴其濬《植物名實圖考》卷一六**　石韋　《本經》中品。種類殊多，今以面綠背有黄毛、柔韌如韋者為石韋。餘皆仍俗名以别之。

飛刀劍　生南安。即石韋之瘦細者。亦有金星。俚醫以治痰火，同瘦猪肉蒸服。

金交翦生建昌。横根生葉，似石韋而小，亦有金星，功同石韋。

**清・趙其光《本草求原》卷五水石草部**　石韋　蔓延石上，生葉如皮。苦，寒，滑利。故治勞力傷津之熱氣，癃閉不通之熱邪。利小便水道。去梗及毛炙用。

**清・葉志詵《神農本草經贊》卷二**　石韋　味苦，平。主勞熱邪氣，五癃閉不通，利小便水道。一名石韉。生山谷石上。

靜寄陰森，離披險罅。韉質堅柔，金星映射。水遠潺湲，聲休叱咤。蟠石久要，渾忘凋謝。

陶潛詩：靜寄東軒。溫庭筠詩：畫壁陰森九子堂。韋應物詩：草木曉離披。李時珍曰：多生陰崖險罅處，柔韌如皮。亦有金星者，凌冬不凋。名醫曰：生山谷石上，不聞水聲、人聲者良。《正韻》：潺湲，水流貌。一曰水流聲。《史記・傳》：項王喑啞叱咤。《易通卦驗》：下如蟠石。《論語》：久要不忘。張昱詩：芳容有凋謝。

**清・文晟《新編六書》卷六《藥性摘錄》** 石韋 苦甘，微寒。清肺行水。○治熱淋及小便閉。○去梗及黃毛，微炙用。○瓦韋生於瓦上，亦治淋。

**清・張仁錫《藥性蒙求・草部》** 石韋一錢 石韋苦甘，清熱利水。癃閉五淋，兼療發背。苦，甘，微寒。清肺金以滋化源，通膀胱而利水道。無濕熱者勿與。○拭去毛。

**清・戴葆元《本草綱目易知錄》卷二** 石韋 甘、苦，微寒。清肺氣以滋化源，通膀胱而利小便水道。止煩下氣，補五勞，安五臟，去惡風，益精氣。治勞熱邪氣，五癃閉不通，淋瀝遺溺，崩漏，金瘡。研末，冷酒服，治發背。

**清・陳其瑞《本草撮要》卷一** 石韋 味甘苦，微寒，入手太陰經，功專清金利水道，益精氣，補五勞。治淋崩發背，炒末冷調酒服。去毛，微火炙用。杏仁、滑石、射干為使。得菖蒲良。生瓦上者名瓦韋，治淋亦佳。

**清・李桂庭《藥性詩解》** 賦得石韋通淋於小腸得淋字。田春芳。 石韋甘寒苦，功先入肺金。利陰尤利水，通便且通淋。 石韋性本甘苦微寒，通膀胱以利水道，清肺金以滋化源，先賢謂以凡行水之藥，必皆先清肺火。余故謂功先入肺也，非真有利陰之性，乃實清熱水之功也。

前題李慶霖 寒苦惟石韋，其能可治淋。清金功最大，利水力偏深。

按：石韋生石陰處，用須拭淨背上黃毛，微炙。功專通淋利水，清肺治熱。杏仁、滑石為使。

### 大金星鳳尾草

**宋・王介《履巉巖本草》卷上** 大金星鳳尾草 味苦，寒，無毒。主癰疽瘡毒。大解硫黃及丹石毒、發背、癰腫、結核。用葉和根，酒煎服之。

**清・劉善述、劉士季《草木便方》卷一草部** 七星草 （线）〔闍〕鷄尾苦寒解毒，消熱涼血腫毒塗。發背通淋消結核，丹硫砒毒冷酒服。

### 大風草

**清・吳其濬《植物名實圖考》卷一七** 大風草 石韋之類，而葉長尺許，薄脆，橫直紋，皆類蕉葉，背有白綠點。蓋無風自搖者。

### 半把繖

**清・吳其濬《植物名實圖考》卷一七** 半把繖一名雄過山。 半把繖生雲南山石上。橫根，黑鬚如亂髮；莖端生葉，長二三寸，披垂如繖而闕其半，背有點如金星。

### 水石韋

**清・吳其濬《植物名實圖考》卷一六** 水石韋 生山石間。橫根赭色，一莖一葉；長如石韋而葉薄軟，面綠背淡。一名銀茶匙，一名牌坊草。主治咳嗽，敷手指蛇頭。

### 金星草

**宋・唐慎微《證類本草》卷一一草部下品〔宋・掌禹錫《嘉祐本草》〕** 金星草 味苦，寒，無毒。主癰疽瘡毒，大解硫黃及丹石毒，發背癰腫結核。用葉和根，酒煎服之。先服石藥悉下，又可作末冷水服，及塗發背瘡腫上，殊效。根碎之浸油塗頭，大生毛髮。西南州郡多有之，而以戎州者爲上。喜生陰中石上淨處及竹箐中不見日處，或大木下，或古屋上。此草惟單生一葉，色青，長一二尺。至冬大寒，葉背生黃星點子，兩行相對如金色，因得金星之名。其根盤屈如竹根而細，折之有筋，如猪馬騣。陵冬不凋，無花、實。五月和根採之，風乾用新定。

〔宋・蘇頌《本草圖經》〕曰： 金星草，生關陝、川蜀及潭、婺諸州皆有之。又名金釧草。味苦，性寒，無毒。葉青，多生背陰石上淨處，或竹箐中少日色處，或生大木下及背陰多年瓦屋上。初出深綠色，葉長一二尺，至深冬背上生黃星點子，兩兩相對，色如金，因以爲名。無花、實，陵冬葉不凋。其根盤屈如竹根而細，折之有筋，如猪鬉。五月和根採之，風乾。解硫黃及石毒，治發背癰腫結核。用葉半斤和根剉，以酒五升銀器中煎取二升，五更初頓服，丹石毒悉下。又擣末，冷水服方寸匕，及塗發背瘡上亦效。彼人用之，往往皆驗。根又主生毛髮，搥碎，浸油塗頭良。南人多用此草末，以水一升煎取半，更入酒半升，再煎數沸，溫服，取下毒黑汁，未下再服。但是瘡毒皆可服之。然性至冷，服後下利須補治乃平復，老年不可輒服。

〔宋・唐慎微《證類本草》〕《經驗方》： 治五毒發背。金星草和根淨洗，慢火焙乾，秤四兩，入生甘草一錢，擣末分作四服。每服用酒一升已來，煎三二沸後，更以冷酒三二升相和，入缾器内封却，時時飲服。忌生冷、油膩、毒物。

**宋・唐慎微《證類本草》卷三〇外木蔓類〔宋・蘇頌《本草圖經》〕**　七星草　生江州山谷石上。味微酸，葉如柳而長，作藤蔓，延長二三尺。其葉堅硬，背上有黄點如七星。採無時，入烏鬚髮藥用之。

**宋・寇宗奭《本草衍義》卷一二**　金星草　丹石毒發於背及一切癰腫。每以根葉一分，用酒一大盞，煎汁服。不惟下所服石藥，兼毒去瘡愈。如不欲酒，將末一二錢，新汲水調服，以知爲度。

**宋・鄭樵《通志》卷七五《昆蟲草木略》**　金星草　生於陰崖，或瓦木上，葉背有金星相對。爐火家所用也。

**宋・劉明之《圖經本草藥性總論》卷上**　金星草　味苦，寒，無毒。主癰疽瘡毒，大解硫黄及丹石毒。發背癰腫結核，用葉和根，酒煎服之，先服石藥悉下。又可作末，冷水服。及塗發背瘡腫上殊効。《經驗方》治五毒發背。

**宋・陳衍《寶慶本草折衷》卷一一**　金星草根在内，仍附。　一名金釧草。《楊氏方》用者名金星鳳尾草。生西南州郡，及關陝川蜀，戎、潭、婺、施、峽州，背陰石上及竹箐中，或大木，或多年瓦屋上。〇五月，葉和根採，風乾。〇箐，七見切，竹陰處地也。　味苦，寒，無毒。〇主癰疽瘡毒，解硫黄丹石毒，發背，癰腫，結核，用葉和根酒煎服。又可作末，冷水服，及塗發背瘡腫殊效。以戎州者為上。〇《圖經》曰：　深緑，葉長，背生黄星點子如金。其根盤屈如竹根而細，折之有筋，但是瘡毒，皆可服。服後下利，須補治。老年不可輒服。〇附：　根獨論根功。〇主生毛髮，搥碎浸油，塗頭。

**明・王綸《本草集要》卷三**　金星草　味苦，氣寒，無毒。凌冬不凋，葉皆冬生黄星點子，兩行相對，如金色，五月和根採，風乾。　主癰疽瘡毒。大解硫黄及丹石毒，發背癰腫，結核，用葉和根，酒煎服之，先服食藥，悉下毒去，瘡愈。或作末，冷水服。及塗瘡腫上，殊效。根碎之，浸油塗頭，大生毛髮。老年人不可輒服。

**明・滕弘《神農本經會通》卷一**　金星草　喜生陰石中上淨處，及竹箐中不見日處，或大木下，或古屋上，惟單生一葉，色青，長一二尺，至冬大寒，葉背生黄星點子，兩行相對，如金色，故得名。其根盤屈如竹根而細，折之有筋如猪馬騣，(陵)〔凌〕冬不凋，無花實。五月和根採之，風乾用。　味苦，氣寒，無毒。　《本經》云：　主癰疽瘡毒，大解硫黄及丹石毒，發背，癰腫結核，用葉和根，酒煎服之。先服石藥，悉下。又可作末，冷水服。及塗發背瘡腫上，殊効。根碎之，油浸，塗頭，大生毛髮。《圖經》云：　性至冷，服後下利，須補治乃平復。老年不可輒服。《局》云：　金星草有金星點，專治癰疽發背瘡。為末水調乘冷服，可除丹毒解硫黄。　金星草，治丹毒，發背諸癰。

**明・劉文泰《本草品彙精要》卷一四**　金星草無毒　植生。

金星草：　主癰疽，瘡毒，發背，癰腫，結核。用葉和根酒煎服之，先服石藥悉下，又可作末，冷水服及塗發背瘡腫上，殊效。〇根碎之，浸油塗頭，大生毛髮。名醫所録。　【名】金釧草。　【苗】《圖經》曰：　生陰中石上淨處，及竹箐中不見日處，或大木下，或古屋上。此草惟單生一葉，色青，長一二尺，至冬大寒，葉背生黄星點子，兩行相對如金色，因得金星之名。其根盤屈如竹根而細，折之有筋，如豬馬鬃，淩冬不凋，無花實。【地】《圖經》曰：　生西南州郡，關陝、川蜀及潭、婺諸州皆有之。【道地】施州、峽州。【時】生：　春生苗。採：　五月取根，不拘時取葉。【收】風乾。【用】葉、根。【色】深緑。【味】苦。【性】寒，泄。【氣】味厚于氣，陰也。【主】癰腫。【治】療：　《圖經》曰：　治發背瘡，搗末，溫水服方寸匕，及塗瘡上。【合治】葉合根，火焙乾四兩，生甘草一錢，俱末，分四服，用酒一升，煎二三沸，更以冷酒和入瓶内封，時時飲之，治五毒發背，忌生冷油膩毒物。【禁】多服令人痢，及老年人不可輒服。【解】硫黄及丹石毒。

**明・劉文泰《本草品彙精要》卷四一**　七星草　蔓生。

七星草：　入烏髭髮藥用之。出《圖經》。　【苗】《圖經》曰：　葉如柳而長，作藤蔓延，長二三尺，其葉堅硬，背上有黄點如七星。【地】《圖經》曰：　生江州山谷石上。【時】生：　春生葉。採：　無時。【味】微酸。【性】收。【氣】味厚於氣，陰也。

**明・許希周《藥性粗評》卷三**　丹毒見金星，斂衽自退。

金星草，一名金釧草。每葉單生，大如掌，長一二尺，色青，至冬大寒，葉皆生黄星點子，兩行相對，如金色，故名。冬夏不凋，無花實，其根盤屈如竹根，折之有筋。好生山谷背陰之處，及大木下，或古屋上。南北處處有之。五月連根葉採之，風乾。餘説《本草》不載。　味苦，性寒，無毒。主治癰疽發背，無名腫毒，結核瘡瘍，金石丹毒，及大人小兒頭瘡，毛髮不生。

單方：　金石丹毒：　凡服砂、硫、金石丹藥，日久毒發燥渴，至成癰腫發背諸患者，用金星草連根葉半斤許，剉，以酒五升，甆器中煎取二升，五更空心待溫頓服，其毒悉下，腫患俱平，如不能飲酒，以新汲水調下一二錢亦可，俱以知為度。　毛髮不生：　凡頭禿毛髮不生者，取金星草根搥碎，浸清油，塗頭上，最妙。　癰腫諸瘡：　凡患發背癰腫諸毒，以金星草根葉，搥碎漬水，頻頻服之，又以水時塗腫上。　牙疳急症：　凡小兒發熱，成疳蝕牙，其症卒急者。以金星草根葉，搥碎漬水，頻與飲之，又時以水塗其唇齒，妙。

**明・鄭寧《藥性要略大全》卷七**　金星草　治赤紫丹毒，發背，諸瘡腫，癰疽結核等症。浸油搽頭，極生毛髮。　味苦、甘，氣寒，無毒。冬至後葉背有兩行黃點，故名金星。與石韋相類。解硫黃毒，殺蛇毒。生石上者良。《經》云：　葉長二尺，因致惑焉。

**明・陳嘉謨《本草蒙筌》卷三**　金星草　味苦，氣寒。無毒。多生陰濕石上，葉長淩冬不凋。背有黃點兩行，狀若金星相對，故因得此名也。五月採收，風乾入藥。解毒消腫，專理外科。凡百初起惡瘡，但諸未潰陽毒。沿頸瘰癧，發背癰疽。或剉碎煮酒頻吞，或研末調水旋服。或煎汁淋洗，或搗爛敷塗。並可建功，立能獲効。諸丹石毒悉解，硫黃毒亦能敺。根搗浸真麻油，搽頭大生毛髮。

**明・王文潔《太乙仙製本草藥性大全》卷二《本草精義》**　金星草　一名金釧草。生陝州川岩及西南州郡多有之，而以戎州者爲上。生陰中石上净處及竹箐中不見日處，或大木下，或古屋上。此草惟單生一葉，色青，長一二尺，至冬大寒葉背生黃星點子，兩行相對如金色，因得金星之名。其根盤屈如竹根而細，折之有筋如猪馬騣，淩冬不凋，無花實。五月和根採之，風乾用。南人多用此草末，以水一升，煎取半，更入酒半升，再煎數沸頓服，取下毒黑汁，未下再服，但是瘡毒皆可服之。然性至冷，服後下痢，須補治乃平復。老年不可輒服。

**明・王文潔《太乙仙製本草藥性大全》卷二《仙製藥性》**　金星草　味苦，氣寒，無毒。　主治：　解毒消腫，專理外科。凡百初起惡瘡，但諸未潰陽毒，沿頸瘰癧、發背癰疽，或剉碎煮酒頻吞，或研末調酒旋服，或煎汁淋洗，或搗爛敷塗並可建功，立能獲效。諸丹石毒悉解，硫黃毒亦能驅。　根：　搗，浸真麻油，搽頭，大生毛髮。　補註：　五毒發背，和根，水净洗，慢火焙乾，秤四兩入生甘草一錢，搗末，分作四服，每服用好酒一升已來，煎三四沸後，更以冷酒二三升相和，入瓶器內封，却時時飲服，忌生冷、油膩、毒物。解硫黃及丹石毒，治發背癰腫、結核，用葉半斤，和根剉，以酒五升，銀器中煎取二升，五更初頓服。丹石毒未下，又搗末，冷水服方寸〔匕〕，及塗發背瘡上亦效。

**明・李時珍《本草綱目》卷二〇草部・石草類**　金星草宋《嘉祐》

【釋名】金釧草《圖經》　鳳尾草《綱目》　七星草時珍曰：　即石韋之有金星者。《圖經》重出七星草，並入。　【集解】禹錫曰：　金星草，西南州郡多有之，以戎州者爲上。喜生背陰石上净處，及竹箐中少日色處，或生大木下，及背陰古瓦屋上。初出深緑色，葉長一二尺，至深冬背生黃星點子，兩兩相對，色如金，因得金星之名。無花實，凌冬不凋。其根盤屈如竹根而細，折之有筋，如猪馬鬃。五月和根採之，風乾用。頌曰：　七星草生江州山谷石上。葉如柳而長，作蔓延，長二三尺。其葉堅硬，背上有黃點如七星。採無時。

【氣味】苦，寒，無毒。頌曰：　微酸。崔昉曰：　制三黃、砂、汞、礬石。　【主治】發背癰瘡結核，解硫黃丹石毒，連根半斤，酒五升，銀器煎服，先服石藥悉下。亦可作末，冷水服方寸匕。塗瘡腫，殊效。根浸油塗頭，大生毛髮《嘉祐》。烏髭髮頌。解熱，通五淋，凉血時珍。

【發明】頌曰：　但是瘡毒，皆可服之。然性至冷，服後下利，須補治乃平復。老年不可輒服。宗奭曰：　丹石毒發於背，及一切癰腫。以其根葉二錢半，酒一大盞，煎服，取下黑汁。不惟下所服石藥，兼毒去瘡愈也。如不飲酒，則爲末，以新汲水服，以知爲度。時珍曰：　此藥大抵治金石發毒者。若憂鬱氣血凝滯而發毒者，非所宜也。

【附方】舊一，新二。　五毒發背：　金星草和根净洗，慢火焙乾。每四兩入生甘草一錢，搗末，分作四服。每服用酒一升，煎二三沸，更以温酒三二升相和，入瓶器内封固，時時飲之。忌生冷油肥毒物。《經驗方》。　熱毒下血：　金星草、陳乾薑各三兩，爲末。每服一錢，新汲水下。《本事方》。　脚膝爛瘡：　金星草背上星，刮下傅之，即乾。《集簡方》。

**明・梅得春《藥性會元》卷上**　金星草　味苦，寒，無毒。此草惟生一葉，色青，長一二尺。至冬大寒，葉背生黃星點子，兩行相對如金色。其根盤屈，似細竹根，折之有筋如騣。　主治癰瘡疽毒，大解硫黃及丹石毒。發背癰腫結核，用葉和根，酒煮服之，百藥毒悉下。又可作末，冷水調服，并塗傅發背瘡腫效。根碎之，浸油塗頭，可生毛髮。戎州産者佳，常生背陰石上淨處，及竹箐中不見日處，淩冬不凋。和根採之，風乾。又名金釧草。

**明・張懋辰《本草便》卷一**　金星草　味苦，氣寒，無毒。　主癰疽瘡毒，大解硫黃及丹石毒，發背癰腫，結核。

**明·倪朱謨《本草彙言》卷七**　金星石韋又名金星草。　味苦，氣寒，無毒。　劉氏曰：　金星石韋，生成出處與石韋同。喜生背陰石上及竹箐中，或大木下及古瓦屋上，少日色背陰處常有之。初出深綠色，葉長尺餘，至深冬背生黄星點子，兩兩相對。無花實，凌冬不凋。其根盤屈如菖蒲根而細，折之有筋。五六月和根采之，風乾用。

金星石韋：　其主治功用與石韋同。然性至冷，解鬱熱，背發癰瘍，及金石煙火丹藥諸毒，發病特異。悉以末，白湯調服，立下。不惟丹石火藥之毒悉去，即終身有患諸火病，一幷盡除也。如年老人不可輒服。若患人不因金石烟火丹藥之毒，而因憂鬱，氣血凝滯而發毒者，亦非所宜也。○其根搗爛，浸麻油塗頭，大生毛髮。○《本事方》治熱毒下血。用金星草、陳乾薑各三兩，俱微炒，共爲末。每服一錢，白湯調下。○《集簡方》治脚膝爛瘡。用金星草背上星刮下，搗爛敷之即乾。

**明·顧逢柏《分部本草妙用》卷八雜藥部**　金星草即鳳尾草。　苦，寒，無毒。　主治：　發背癰疽結核，解硫黄、丹石毒。連根半斤，酒五升，銀器煎服，解熱，通五淋，涼血。　按：　金星草性冷，不可多食。止治金石發毒者如神。其憂悶氣血凝滯發毒者，非所宜也。

**清·穆石匏《本草洞詮》卷一〇**　金星草　即石韋之有星者，叢生石上，凌冬不凋。氣味苦微酸寒，無毒。主涼血解熱，通五淋，治發背，癰腫結核，解硫黄、丹石毒。凡瘡毒皆可服之。然性至冷，服後下利，須補，治乃平復。大抵服金石發毒者宜之。若憂鬱，氣血凝滯而發毒者，非所宜也。

**清·李熙和《醫經允中》卷二一**　金星草　即鳳尾草。　苦，寒，無毒。主治發背癰疽，金石發毒。性冷，不可多食。

**清·馮兆張《馮氏錦囊秘錄·雜症痘疹藥性主治合參》卷三**　金星草　解毒消腫，專理外科。凡百初起惡瘡，但諸未潰陽毒，沿頸瘰癧，發背癰疽，或剉煮酒服，或研末酒吞，或煎汁洗，或搗爛敷，竝建神效。根搗真麻油塗頭，大生毛髮。

**清·吴儀洛《本草從新》卷二**　金星草〔瀉熱解毒。〕一名鳳尾草，一名七星草。苦，冷。解毒消腫。耑理外科惡瘡初起，陽毒未潰，沿頸瘰癧，發背癰疽。或剉煮酒煎，或研末酒吞，或煎汁洗，或搗爛敷，并建神效，并解丹石毒。若非陽毒及金石發毒不可服。蘇頌曰：　性至冷，服後下利，須補治乃平復，老年不可服。宗奭曰：　丹石毒發於背，及一切癰腫，以其根葉二錢半，酒一盞煎服，取下黑汁，不唯下所服石藥毒，兼毒去瘡愈也。如不飲酒，則為末以新汲水服，以知為度。時珍曰：　此藥大抵治金石發毒者，若憂鬱氣血凝滯而發毒者，非所宜也。根搗，真麻油塗頭，大生毛髮。

**清·嚴潔等《得配本草》卷四**　金星草一名七星草。　制三黄、砂、汞、礬石。　苦，寒。涼血解熱，通淋。制藥毒。　配乾薑，治熱毒下血。　其星可敷脚膝爛瘡。　年老者禁用。

**題清·徐大椿《藥性切用》卷四**　金星草　一名鳳尾草，又名七星草。性味苦冷，瀉熱解毒，并金石藥毒，為外科耑藥。根，入麻油，搗汁塗之，大生毛髮。

**清·葉桂《本草再新》卷三**　金星草味苦，性冷，有小毒。入脾經。　解毒消腫，專理外科惡瘡初起，陽毒未潰。

**清·吴其濬《植物名實圖考》卷一六**　金星草又一種　生山石間。横根多鬚，抽莖生葉，如貫眾而多齒，似狗脊而齒尖，葉背金星極多。蓋狗脊之別種。

**清·趙其光《本草求原》卷三隰草部**　金星草即鳳尾草、七星草。　苦，大冷。瀉熱，解毒，專理初起陽毒，惡瘡，沿頸瘰癧，治丹石毒發於背及一切癰腫。以根、葉二錢半煎酒服，或為末酒吞，不飲酒則新汲水調下，取下黑汁為度，或煎洗，或搗敷，並建奇效。若憂鬱氣血凝滯而發毒，非金石發毒勿服；陽毒服後下利，須調補乃平復。根搗真麻油塗頭，大生毛髮。

**清·戴葆元《本草綱目易知錄》卷二**　金星草　苦，寒。解熱涼血，通五淋，治發背，結核癰瘡。解硫黄、丹石毒，連根半斤，酒煎服，或研末，冷水服。擣塗瘡腫，烏髭髮。浸油塗頭，大生毛髮。

辟瘟草

**清·趙學敏《本草綱目拾遺》卷四草部中**　辟瘟草魚鱻金星、鳳尾金星。　一名獨脚金雞，又名鴨脚金星，佩帶之可辟疫氣。近見市者，有小葉而短狹，大葉而長狹者，皆非辟瘟草也。小者名七星草，俗呼骨牌草。惟無五六，蓋五六乃天地之中，不易結，寄生石樹間。大者名劍脊金星，長一二尺，生山溪澗旁，老則葉背皆起星。此二種，東璧《綱目》已收載。辟瘟草葉如鴨脚，有三歧，一莖一葉，氣味清香，老則有星，香氣亦減。　《百草鏡》云：　鴨脚金星，即辟瘟草。葉如鴨脚，大而薄，背生星點，至八九月間，星老乃黄，乾之，其氣香冽不變，若葉太老及經水者，便不香。端午采嫩者陰乾用，勿見火。性平，味苦，氣香，治傷寒瘧痢，風氣腫毒，時氣惡氣，散邪風乳癰熱瘡，小兒痘眼疳，喉閉生蛾，同金鎖匙汁醋漱痧脹，香竄疏經絡，治疳。《百草鏡》：治痧脹用鴨脚金星草，曬乾為末。取少許嗃鼻中，或煎服亦可。《小泉驗方》：疔腫用鴨脚金星草煎酒，一服即消。

### 鵝掌金星

**明・蘭茂撰，清・管暄校補《滇南本草》卷上** 七星草 味甘，性寒，無毒。此草形似鷄脚，上有黄點，按宿度而生，或依根貼土上，或石上。採服，治沙淋血淋，白濁冷淋。又能包肚臍，治陰症，敷名瘡大毒如神。

**清・吴其濬《植物名實圖考》卷一六** 鵝掌金星草 生建昌山石間。横根，一莖一葉，葉如鵝掌，有金星。《滇本草》謂之七星草。云此草形如鷄脚，上有黄點，貼石生。味甘，性寒，無毒。治五淋白濁。又包敷無名大瘡，神效。又熨臍，治陰寒。

### 水龍骨

**清・吴其濬《植物名實圖考》卷一六** 水龍骨 生山石間。圓根横出分杈，藍白色，多斑，破之有絲，疎鬚數莖，抽莖紅紫，一莖一葉，葉長厚如石韋，分破如猴薑而圓，有紫紋。主治腰痛，酒煎服。

### 骨碎補

**宋・唐慎微《證類本草》卷一一草部下品〔宋・馬志《開寶本草》〕** 骨碎補 味苦，溫，無毒。主破血止血，補傷折。生江南。根著樹石上，有毛。葉如菴蕳。江西人呼爲胡孫薑。一名石菴蕳，一名骨碎布今附。

〔宋・掌禹錫《嘉祐本草》〕按：《藥性論》云：骨碎補，使。能主骨中毒氣，風血疼痛，五勞六極，口手不收，上熱下冷，悉能主之。陳藏器云：骨碎補，似石韋而一根，餘葉生於木。嶺南虔吉亦有。本名猴薑。開元皇帝以其主傷折，補骨碎，故作此名耳。日華子云：猴薑，平，治惡瘡蝕爛肉，殺蟲。是樹上寄生草苗，似薑細長。

〔宋・蘇頌《本草圖經》〕曰：骨碎補，生江南，今淮、浙、陝西、夔路州郡亦有之。根生大木或石上，多在背陰處，引根成條，上有黄毛及短葉附之。又有大葉成枝，面青綠色，有黄點，背青白色，有赤紫點。春生葉，至冬乾黄，無花實，惟根入藥。採無時，削去毛用之。本名胡孫薑。唐明皇以其主折傷有奇效。故作此名。蜀人治閃折筋骨傷損，取根擣篩，煮黄米粥，和之裹傷處良。又用治耳聾。削作細條，火炮，乘熱塞耳，亦入婦人血氣藥用。又名石毛薑。

〔宋・唐慎微《證類本草》〕雷公云：凡使，採得後，先用銅刀刮去上黄赤毛盡，便細切，用蜜拌令潤，架柳甑蒸一日後出，暴乾用。又《乾寧記》云：去毛細切後，用生蜜拌蒸，從巳至亥，準前暴乾。擣末用。炮猪腎空心喫治耳鳴，亦能止諸雜痛。《靈苑方》：治虚氣攻牙，齒痛血出，牙齗痒痛。骨碎補二兩，細剉炒令黑色，杵末。依常盥漱後揩齒根下，良久吐之，臨卧用後睡，點之無妨。

**宋・寇宗奭《本草衍義》卷一二** 骨碎補 苗不似薑，薑苗如葦梢。此物苗，每一大葉兩邊，小葉槎牙，兩兩相對，葉長有尖瓣。全如《經》。

**宋・鄭樵《通志》卷七五《昆蟲草木略》** 骨碎補 曰石菴蕳，曰骨碎布，曰石毛薑。江南曰胡孫薑。根著木石上，有毛，葉如菴蕳，俗呼猴薑。唐明皇以其主折傷，補骨碎有奇功，故賜名。

**宋・劉明之《圖經本草藥性總論》卷上** 骨碎補 味苦，溫，無毒。主破血止血，補傷折。《藥性論》云：使。主骨中毒氣，風血疼痛，五勞六極，兩手不收，上熱下冷。陳藏器云：亦名猴薑。主傷折，補骨碎。日華子云：平。治惡瘡蝕爛肉，殺蟲。一云：治耳聾。《靈苑方》：治虚氣攻牙，齒痛血出，牙齗痒痛。

**宋・陳衍《寶慶本草折衷》卷一一** 骨碎補使。一名胡孫薑，一名骨碎布，一名猴薑，一名木菴蕳，一名石毛薑，一名木上寄生草。生江南，及江西、淮浙、陝西、嶺南、夔路，及秦、舒、海、戎、虔、吉州木石上背陰處。○採根無時。○忌鐵。味苦，平，溫，無毒。○主破血、止血、補傷折。○《藥性論》云：主骨中毒氣，風血疼痛，口手不收，上熱下冷。○日華子云：治惡瘡，蝕爛肉，殺蟲。○《圖經》曰：根成條，有黄毛，削去毛用之。本名胡孫薑，唐明皇以其主折傷有奇效，故作此名。治閃折，筋骨傷損，取根擣篩，煮黄米粥，和裹傷處。又治耳聾，削作細條，火炮，乘熱塞耳。亦入婦人血氣藥用。○《靈苑方》：治虚氣攻牙齒痛、血出，骨碎補細剉炒黑，杵末，依常盥漱後，揩齒根良久，吐之，臨臥用後，睡嚥之無妨。

**元・尚從善《本草元命苞》卷五** 骨碎補 味苦，溫，為使，無毒。專補骨碎，本名胡孫薑。又曰骨碎布。治骨中毒氣，風血疼痛。療五勞六極，口手不收。上熱下冷悉治，破血止血皆醫。主惡瘡蝕爛肉，補傷折，殺三蟲。生江南、淮、陝諸郡。根成條，上有黄毛，葉似菴蕳，苗如薑細。惟根入藥，採取無時。

**明・王綸《本草集要》卷二** 骨碎補使 味苦，氣溫，無毒。採根無時，削去毛用。 主破血，止血，補傷折骨碎，療骨中毒氣，風血疼痛，五勞六極。亦入婦人血氣藥。本名胡孫薑，唐明皇以其主折傷有效，故名。擣末，煮黃米粥和之，裹傷處。

**明・滕弘《神農本經會通》卷一** 骨碎補 使也。本名猴薑。惟根入藥，採無時，削去毛用之。《局》云：刮去黃皮毛令淨，酒拌蒸晒。

味苦，氣溫，無毒。東云：療折傷。《本經》云：主破血，止血，補傷折。《藥性論》云：使。主骨中毒氣，風血疼痛，五勞六極，口手不收。上熱下冷悉主之。日華子云：猴薑，平。治惡瘡，蝕爛肉，殺蟲。是樹寄生草，苗似薑。《圖經》云：唐明皇以其主折傷有（寄）〔奇〕効，故名。治閃折，筋骨傷損，取根擣末，煮黃米粥和之，裹傷處良。又治耳聾，削作細條，火炮，乘熱塞耳。亦入婦人血氣藥用。《局》云：骨碎補能補骨碎，折傷得効故因名。更除血氣諸般痛，又治牙疼及耳鳴。骨碎補，補折傷，及耳鳴聾。

**明・劉文泰《本草品彙精要》卷一四** 骨碎補無毒 寄生。

骨碎補：主破血，止血，補傷折。名醫所録。〔名〕胡孫薑、石菴蕳、骨碎布、石毛薑、猴薑。〔苗〕《圖經》曰：春生葉，其根生大木或石上，多在背陰處，引根成條，上有黃毛及短葉附之，又有大葉成枝，面青綠色，有黃點，背青白色，有赤紫點，無花實，至冬乾黃。本名胡孫薑，唐明皇以其主折傷有效，故名骨碎補。《衍義》曰：骨碎補苗不似薑，薑苗如葦稍，此物苗每一大葉兩邊小葉槎牙，兩相對，葉長有尖瓣，餘如《經》。〔地〕《圖經》曰：生江南，今淮、浙、陝西、夔路州郡及嶺南虔吉亦有之。〔道地〕海州、舒州、戎州、秦州。〔時〕生：春生苗。採：無時取根。〔收〕暴乾。〔用〕根。〔質〕類薑而細長。〔色〕赤黑。〔味〕苦。〔性〕溫，泄。〔氣〕氣厚于味，陽中之陰。〔臭〕香。〔主〕折傷。〔製〕《雷公》云：凡使，採得後，先用銅刀刮去上黃赤毛，盡細切，用蜜拌令潤，入柳甑蒸一日後，出，暴乾用。〔治〕療：《圖經》曰：治耳聾，削作條子，火炮乘熱塞耳中，亦入婦人血氣藥用。《藥性論》云：主骨中毒氣，風血疼痛，五勞六極，口手不收，上熱下冷。日華子云：治惡瘡，蝕爛肉，殺蟲。《別録》云：治虛氣，攻牙齒痛，血出牙齦癢痛，用二兩細剉，炒令黑色，杵末。如常盥漱後揩齒根下，良久吐之，或臨臥用，咽之無妨。〔合治〕取根擣篩，煮黃米粥和之，裹傷損閃折筋骨良。○擣篩爲末，用炮豬腎同吃，治耳聾，亦能止諸雜痛。

**明・許希周《藥性粗評》卷二** 骨碎復胡孫之舊。

骨碎補，一名胡孫薑，一名石菴蕳，春抽葉，長一尺許，每一葉兩邊槎牙相對，青綠色，雜以赤點，無花實，至冬而枯，葉脚下又有短葉相抱，有黃枯之色，根黃有毛，如知母，枝長五六寸。好生大樹或石或古牆上，多在背陰處，江南處處有之。採無時。世說骨碎補乃唐明皇所更名也，以其能主折傷，故名。凡用刮去毛。餘說《本草》不載。味苦，性溫，無毒。主治骨中毒氣，風血疼痛，折傷損爛，惡瘡蟲蝕，牙痛耳鳴，破血散血止血。

單方：牙痛：凡虛氣攻牙，疼痛血出，齗痒等病，骨碎補不拘多少，刮去毛，細剉，炒令黑色，擣為末，每擦牙根下良久，漱水吐之，或每日常用擦牙亦可，臨臥時擦牙根下，睡着點之無妨。骨傷：凡被閃折，筋骨傷損，取骨碎補去毛，擣爛，以黃米粥調敷患處，乾復易之，或用熱酒調敷亦可。耳聾：凡患耳聾，或腎虛耳鳴，取骨碎補一塊，削作尖條，火炮，乘熱塞入耳中。腫毒：骨碎補去毛擣爛，調酒敷之。

**明・鄭寧《藥性要略大全》卷三** 骨碎補使。一名猴孫薑。療打折傷損骨碎之症。○主骨中毒風，氣血疼痛，五癆六極，口手不收，上熱下冷。又治惡瘡，殺蟲。味苦，性溫，無毒。根緣樹上，能補骨碎，故名焉。凡削去毛入藥。

**明・陳嘉謨《本草蒙筌》卷三** 骨碎補 味苦，氣溫，無毒。陰濕山谷，生長最多。根着樹石上有毛，葉附兩小葉相對。每一大葉邊附小葉，槎牙兩兩相對。不結花實，至冬乾黃。入藥採根，刮去毛用。補骨節傷碎，療風血積疼。破血有功，止血亦効。本名曰胡孫薑，唐明皇以其主折傷甚驗，故易名骨碎補也。

**明・王文潔《太乙仙製本草藥性大全》卷一《本草精義》** 骨碎補 一名胡猻薑，一名石菴蕳，一名骨碎布。生江南，今淮浙、陝西、夔路州郡亦有之。根生大木或石上，多在背陰處，引根成條，上有黃色及短葉，附之又有大葉成枝，面青綠色，〔有〕青黃點，背青白色，有赤紫點。春生葉，至冬乾黃，無花實，惟根入藥，採無時，削去毛用之亦效。此物苗每一大葉兩邊小葉槎牙，兩相對葉，長有尖瓣。

**明・王文潔《太乙仙製本草藥性大全》卷一《仙製藥性》** 骨碎補 味苦，氣溫，無毒。唐明皇以其主折傷甚驗，故易名骨碎補也。 主治：療打折傷損骨碎之症。○主骨中毒風，氣血疼痛，五勞六極，口手不收，上熱下冷。又治惡瘡，殺蟲，補骨節，破血有功，止血亦效。　補註：治虛氣攻牙，齒痛血出，牙齒痒痛，骨碎補二兩，細剉，炒令黑色，杵末，依常盥漱後揩齒根下，良久吐之，臨臥用後睡，咽之無妨。○折傷，細剉，搗末，黃米粥和之，裹傷處效。○治耳聾，削作細條，火炮，乘熱塞耳。　亦入婦人血氣藥用，又名石毛薑。　太乙曰：凡使採得後，先用銅刀刮去上黃赤毛盡，便細切用蜜拌，令潤，架柳甑蒸一日後出，曝乾用。又《乾寧記》云：去毛細切後，用生蜜拌蒸，從巳至亥，照前曝乾，搗末，用煨猪腎，空心喫，治耳鳴，亦能止諸雜痢。

**明・皇甫嵩《本草發明》卷三**　骨碎補下品下，佐使。氣溫，味苦，無毒。本名胡孫薑，俗名猴薑。唐明(王)〔皇〕以其主折傷有功，故名骨碎補。　發明曰：此專主破血，亦能止血。故《本草》主補骨節傷碎折傷為專功。又云：主骨中毒氣，療風血積疼。又治惡瘡蝕爛肉，殺蟲。大畧破毒血，止新血可知矣。亦入婦人血氣藥用。○採根，刮去黃赤毛，用蜜拌令潤，蒸半日，晒乾用。

**明・李時珍《本草綱目》卷二〇草部・石草類**　骨碎補宋《開寶》

【釋名】猴薑《拾遺》　胡猻薑《志》　石毛薑《日華》　石庵蕳藏器曰：骨碎補本名猴薑。開元皇帝以其主傷折，補骨碎，故命此名。或作骨碎布，訛矣。江西人呼爲胡猻薑，象形也。時珍曰：庵蕳主折傷破血。此物功同，故有庵蕳之名。【集解】志曰：骨碎補生江南。根寄樹石上，有毛。葉如庵蕳。藏器曰：嶺南虔、吉州亦有之。葉似石韋而一根，餘葉生於木。大明曰：是樹上寄生草，根似薑而細長。頌曰：今淮、浙、陝西、夔路州郡皆有之。生木或石上。多在背陰處，引根成條，上有黃赤毛及短葉附之。又抽大葉成枝。葉面青綠色，有青黃點；背青白色，有赤紫點。春生葉，至冬乾黃。無花實。採根入藥。宗奭曰：此苗不似薑，亦不似庵蕳。每一大葉兩旁小葉叉牙，兩兩相對，葉長有尖瓣也。時珍曰：其根扁長，略似薑形。其葉有椏缺，頗似貫衆葉，謂葉如庵蕳者，殊謬；如石韋者，亦差。

根　【修治】斅曰：凡採得，用銅刀刮去黃赤毛，細切，蜜拌潤，甑蒸一日，曬乾用。急用只焙乾，不蒸亦得也。　【氣味】苦，温，無毒。大明曰：平。　【主治】破血止血，補傷折《開寶》。主骨中毒氣，風血疼痛，五勞六極，足手不收，上熱下冷權。惡疾，蝕爛肉，殺蟲大明。研末，猪腎夾煨，空心食，治耳鳴，及腎虛久泄，牙疼時珍。

【發明】頌曰：骨碎補，入婦人血氣藥。蜀人治閃折筋骨傷損，取根搗篩，煮黃米粥，和裹傷處有效。時珍曰：骨碎補，足少陰藥也。故能入骨，治牙及久泄痢。昔有魏刺史子久泄，諸醫不效，垂殆。予用此藥末入猪腎中煨熟與食，頓住。蓋腎主大小便，久泄屬腎虛，不可專從脾胃也。《雷公炮炙論》用此方治耳鳴，耳亦腎之竅也。案戴原禮《證治要訣》云：痢後下虛，不善調養，或遠行，或房勞，或外感，致兩足痿軟，或痛或痹，遂成痢風。宜用獨活寄生湯吞虎骨四斤丸，仍以骨碎補三分之一，同研取汁，酒解服之。外用杜(仲)〔牛〕膝、杉木節、萆薢、白芷、南星煎湯，頻頻熏洗。此亦從腎虛骨痿而治也。

【附方】舊一，新三。　虛氣攻牙：齒痛血出，或痒痛。骨碎補二兩，銅刀細剉，瓦鍋慢火炒黑，爲末。如常揩齒，良久吐之，咽下亦可。劉松石云：此法出《靈苑方》，不獨治牙痛，極能堅骨固牙，益精髓，去骨中毒氣疼痛。牙動將落者，數擦立住，再不復動，經用有神。　風蟲牙痛：骨碎補、乳香等分，爲末糊丸，塞孔中。名金針丸。《聖濟總録》。　耳鳴耳閉：骨碎補削作細條，火炮，乘熱塞之。蘇氏《圖經》。　病後髮落：胡孫薑、野薔薇嫩枝煎汁，刷之。　腸風失血：胡孫薑燒存性五錢，酒或米飲服。《仁存方》。

**題明・薛己《本草約言》卷一《藥性本草》**　骨碎補　味苦，性溫，無毒。入足少陰腎。最能固齒殺蟲，不惟療跌打損傷，又治骨中毒風，氣血疼痛。《發明》云：專主破血，亦能止血。故主補骨節傷碎折傷為專功。

**明・佚名氏《醫方藥性・草藥便覽》**　猴薑葉　其性溫。治婦人之胎血，益男子之精陽。

**明・梅得春《藥性會元》卷上**　骨碎補　味苦，性溫，無毒。　主治破血折傷，克效；及治耳鳴耳聾。一名胡絲薑。根生樹上，能補骨碎、折傷，因名之。

**明・李中立《本草原始》卷三**　骨碎補　始生江南，今淮、浙、陝西、夔路州郡亦有之。根生大木或石上，多在背陰處，引根成條。上有黃毛及短葉附之。又抽大葉成枝，葉面青綠色，有青黃點，背青白色，有赤紫點。春生葉，至冬乾黃。無花實。根入藥，採無時。《本草拾遺》名猴薑。日華子名石毛薑。江西人呼為胡孫薑。象形也。開元皇帝以其主傷折，補骨碎，故作此名耳。根氣味：苦，溫，無毒。主治：破血止血，補傷折。○主骨中毒氣，風血疼痛，五勞六極，足手不收，上熱下冷。○惡瘡蝕爛肉，殺蟲。○研末，豬腎夾煨，空心食，治耳鳴及腎虛久泄，牙疼。

頌曰：骨碎補入婦人血氣藥。蜀人治閃折，筋骨傷損，取根擣篩，煮黃米粥，和裹傷處有效。

骨碎補，宋《開寶》。【圖略】根入藥。根有黃毛。修治：用銅刀刮去赤黃毛，細剉，蜜拌潤，甑蒸一日，晒乾用。急用只焙乾，不蒸亦得也。

《靈苑方》：治虛氣攻牙，齒痛，血出，牙齦痒痛，骨碎補二兩，細剉，炒令黑色，杵末，依常盥漱後，揩齒根下，良久吐之，嚥下亦可。骨碎補，使。

**明・張懋辰《本草便》卷一**　骨碎補使　味苦，氣溫，無毒。　主破血止血，補傷折骨碎，療骨中毒氣，風血疼痛，五勞六極，亦入婦人血氣藥。

**明・李中梓《藥性解》卷三**　骨碎補　味苦，性溫，無毒，入腎經。主折傷，補骨碎，去毒風疼痛，固齒牙，療蝕瘡，殺諸蟲。去毛細剉，蜜拌蒸，晒乾用。　按：骨碎補溫而下行，耑入腎家，以理骨病。齒者骨之餘也，故能固之。又能殺蟲者，蓋以蟲生于濕，今能去毒風，而蟲之巢穴搗矣，豈能生耶？

**明・繆希雍《本草經疏》卷一一**　骨碎補　味苦，溫，無毒。主破血，止血，補折傷。

【疏】骨碎補得金氣，兼得石氣。石者水之母也。味苦氣溫，亦應有辛。好生陰處，故得陰氣為多，宜其入足少陰，而主骨、開耳、入血行傷也。開元命名，其義可思矣。甄權用以主骨中毒氣，風血疼痛，五勞六極，手足不收，上熱下冷。雷公用以治耳鳴。戴元禮用以治痢風，足痿軟。皆入腎強骨之驗也。　【主治參互】骨碎補，得青鹽、槐角，炒研，細擦牙，能固齒。《靈苑方》治虛氣攻牙，齒痛血出，或時痒痛。骨碎補二兩，銅刀細剉，瓦鍋慢火炒黑為末。如常揩齒，良久吐之，嚥下亦可。劉松石云：此方不獨治牙痛，極能堅骨固牙，益精髓，去骨中毒氣疼痛。牙動將落者，數擦立住，再不復動，經用有神。《聖濟總錄》治風蟲牙痛，骨碎補、乳香等分為末，糊丸，塞孔中。名金針丸。蘇氏《圖經》治耳鳴、耳閉，骨碎補削作細條，火炮，乘熱塞之。又方，病後髮落，胡孫薑、野薔薇嫩枝，煎汁，刷之。《仁存方》治腸風失血，胡孫薑燒存性五錢，或酒，或米飲服。時珍云：骨碎補，足少陰藥也。故能入骨治牙及久泄痢。昔魏刺史子久泄，諸醫不效，垂殆。用此藥末，入猪腎中煨熟，與食，頓住。蓋腎主大小便，久泄屬腎虛，不可專責脾胃也。雷公用治耳鳴，耳亦腎之竅也。戴元禮治痢後下虛，不善調養，或遠行，或房勞，或外感，致兩足痿軟，或痛，或痹，遂成痢風。宜用獨活寄生湯吞虎骨四斤，丸，仍以骨碎補三分之一，同研取汁，酒和服之。外用杜牛膝、杉木節、萆薢、白芷、南星煎湯，頻頻熏洗。此亦從腎虛骨痿而治也。雷公云：凡采得，銅刀刮去黃赤毛，細切，蜜拌蒸曝用。【簡誤】不宜與風燥藥同用。

**明・倪朱謨《本草彙言》卷七**　骨碎補　味苦，氣溫，無毒。足少陰經之藥也。陳氏曰：骨碎補，原名猴薑，因其主折傷、補骨碎有效，故命此名。生嶺南虔、吉州。蘇氏曰：今淮、浙、陝西、夔路州郡皆有。寄生石上，或木上，多在背陰處，引根成條，上有黃白赤毛及短葉附之。又抽大葉成枝，葉長有缺，頗似貫衆，面色青綠，有青黃點，背色青白，有紫赤點。每一大葉兩旁各有小葉叉丫，兩兩相對。至春作葉，冬則乾黃。無花實，根扁而長，略似薑形。又江右人呼爲胡孫薑。日華子呼爲石毛薑，皆形相似也。修治：用刀刮去黃赤毛，細切，曬乾用。

骨碎補：破血止血，療折傷，《開寶》補骨碎之藥也。耿長生稿按此藥好生陰處，每得陰氣爲多，宜其入足少陰腎經而主骨間病也。蘇氏方治婦人血分阻滯，因虛而不堪行藥者，用此行散瘀積，補續折傷，一切筋骨血病。又甄氏方主骨中邪氣，風血兩痹，以致手足不收，或大病後四肢痿軟無力。雷氏方治耳鳴耳聾，虛氣攻牙，牙痛動搖諸證，咸需治之。皆入腎入骨之驗也。但性燥氣溫，如血虛風燥，血虛有火，血虛攣痹者，俱禁用之。如必不得已，在所當用者，宜配大滋養同劑方可。盧不遠先生曰：味苦走骨，氣溫暖腎。有火疾者，恐生懊憹。

集方：嵇接骨家傳方治折撲傷損，骨節筋脉，或腫或痛，或傷折，或閃肭。用骨碎補三兩，當歸、川芎、續斷、紅花，俱酒洗炒，桃仁泥各一兩五錢，分作十劑，水煎服。或作丸梧桐子大。每早晚吞服三錢，白湯送亦可。○《產寶方》治婦人血氣阻滯，攻痛心腹，或流散四肢，成腫成脹，腹猶疼悶，血不行者。用骨碎補三錢，當歸、川芎、木香、玄胡、香附各二錢，俱酒炒，水煎服。○方士譚春臺方治骨中邪氣，或風或火，或濕或血，或痰飲諸病，留滯作疼作脹，難以言狀者。用骨碎補三錢，羌活、防風、黃柏、蒼朮、當歸、川芎、懷生地、半夏、天麻各二錢，俱酒洗，炒燥爲末。每用三錢，白湯調服。○戴元禮方治久痢久瀉不止，形容憔悴，腿足痿軟無力者。用骨碎補二兩，川萆薢一兩，於白朮、茯苓、枸杞子各八錢，俱用酒洗，曬乾，炒燥爲末，或作散，或作丸，每食前服三錢，白湯送。○《聖濟總錄》治腎虛耳鳴耳聾，并齒牙浮動，疼痛難忍。用骨碎補四兩，懷熟地、山茱萸、山藥、茯苓各二兩，牡丹皮一兩五錢，俱酒洗炒，澤瀉八錢，鹽水炒，共爲末，煉蜜丸。每服五錢，食前白湯送下。○

同上治一切牙痛。用骨碎補四兩，炒黑爲末，每早擦牙，不惟堅齒，亦且補腎益精。并除一切骨病。如牙動將落者，數擦立住，再不復動，極驗。○內府方治病後髮落不住。用骨碎補、野薔薇嫩枝各少許，煎汁刷之。○楊仁齋家抄治腸風失血不止。用骨碎補四兩，炒黑如炭，爲細末。每早服三錢，米湯調服。○繆氏《醫譚》昔魏刺史患久泄，諸醫不效，竟至危殆。一醫用骨碎補爲末，入猪腎中，煨熟，食之頓止。蓋腎主大小二便，久泄屬腎虛，不可專從脾胃也。特附此以廣其義云。

**明・顧逢柏《分部本草妙用》卷五腎部・温補**　骨碎補　苦，温，無毒。蜜拌潤，蒸熟，晒乾用。　主治：破血止血，補傷折骨，中毒風血疼，手足不收，上熱下冷。殺肉蟲，研末入猪腎，空心食。治耳鳴腎虛，久洩牙疼。按：骨碎補，腎經補藥，故能入骨治牙，入猪腎煨食，止久痢也。蜀人以之治閃折筋骨，取根搗煮米粥，和裹傷處有殊效。予嘗以之治遠行房勞，或痿軟症如神。

**明・李中梓《醫宗必讀・本草徵要上》**　骨碎補味苦，温，無毒。入腎經。去毛，蜜蒸。主骨碎折傷，耳響牙疼，腎虛泄瀉，去瘀生新。跡其勳伐，皆是足少陰腎經，觀其命名，想見功力。戴元禮用以治骨痿有效。按：《經疏》云：勿與風燥藥同用。

**明・鄭二陽《仁壽堂藥鏡》卷一〇下**　骨碎補　《圖經》云：骨碎補生江南，淮、浙、陝西州郡有之。　味苦，氣温，無毒。酒浸，去毛用。　主破血止血，補傷折骨碎。療骨中毒風，氣血疼痛。　陳藏器云：治五勞六極，兩手不收，悉能除之。　開元皇帝以其治傷折、補骨碎，故作此名耳。

**明・蔣儀《藥鏡》卷一温部**　骨碎補　添精堅骨，去風毒之發疼。入血行傷，療下寒而上熱。青鹽、槐角拌擦牙根，能令齒固。火炮乘熱，耳聾塞治，耳閉兼開。包猪腎而煨酥，治腎虛之久瀉。屑虎骨而酒下，起痢後之痿疲，蓋腎主二便，久瀉腎虛，不可耑從脾胃也。

**明・張景岳《景岳全書》卷四九《本草正》**　骨碎補　味微苦，性温、平。乃足少陰、厥陰肝腎藥也。能活血止血，補折傷，療骨中邪毒，風熱疼痛，及痢後下虛。或遠行，或房勞，或外感風濕，以致兩足痿弱疼痛，俱宜以四斤丸，補陰藥之類佐而用之。或炒熟研末，用猪腰夾煨，空心食之，能治耳鳴及腎虛久痢牙疼。

**明・盧之頤《本草乘雅半偈》帙一〇**　骨碎補宋《開寶》　氣味：苦，温，無毒。　主治：主破血，止血，補傷折。

覈曰：出嶺南虔、吉州，今淮、浙、陝西、夔路州郡皆有。寄生石上，或木上，多在背陰處。引根成條，上有黃白赤毛，及短葉附之。又抽大葉成枝。葉長有缺，頗似貫衆，面色青綠，有青黃點；背色青白，有赤紫點。每一大葉兩旁各有小葉叉牙，兩兩相對。至春作葉，冬則乾黃無花實。根扁而長，略似薑形。《拾遺》呼為猴薑，江右人呼為胡猻薑，日華呼為石毛薑。皆形相似也。修事：其根，用銅刀刮去黃赤毛，細切，蜜潤，柳木甑蒸一日夜，晒乾。急用只焙乾，不蒸亦得也。

先人云：味苦走骨，氣温暖骨，有火性者，恐生懊憹。

条曰：骨碎可補，功勝補骨脂矣。不唯勝負有別，即頓漸有殊，形藏亦有宜忌也。補骨脂漸而烈，骨碎補頓而圓，左右平均，轉無峻暴之失矣。漸而烈，則漸中有頓；頓而圓，則頓中有漸，理應頓悟事以漸消，則麼生理會。故温歸於右，此生氣之本也。協苦性以走骨，自內及外而皮毛。皮毛者，肺之合。自外及內而兩腎，功力到時，莫不森榮，互為變化，則五藏之勞可充，五形之極可裨。毋慮氣血之不流，傷折之難續，與上熱下冷之藏宛形槁，不充不裨者矣。

**明・李中梓《本草通玄》卷上**　骨碎補　苦，温，腎經藥也。　主骨中毒氣，風血痛。破血止血，補折傷。理耳鳴牙痛。　筋骨傷碎者能療之，故名骨碎補。走入少陰，理耳牙諸疾。凡損筋傷骨之處，同黃米粥裹傷處有效。

焙過用。

**清・顧元交《本草彙箋》卷四**　骨碎補　得金氣，兼得石氣。石者，水之母也。好生陰處，故得陰氣最厚。宜其入腎主骨，入血行傷。齒者，骨之餘，故能固齒。耳者，腎之竅，故療耳鳴。久痢，諸醫不效者，以骨碎補末入猪腎，煨食頓瘥。蓋腎主二便，久泄即屬腎虛，未可專從脾胃。又能殺蟲者，蟲生於濕，骨碎補能去毒風，以搗諸蟲之巢穴。

江西人呼爲胡孫薑，象形也。須銅刀刮去毛、細切，蜜拌蒸曝，或只焙用。不宜與風燥藥同用。　虛氣攻牙，或痛出血，或痛癢交作，以骨碎補去毛，細剉，瓦鍋慢火炒黑，爲末，如常揩齒，良久吐之，嚥下亦可。不獨治牙痛，極能強骨，且去骨中毒氣。若牙痛，動而將落者，數擦立止，再不復動，經用有神。

**清・穆石匏《本草洞詮》卷一〇** 骨碎補　本名猴薑。唐玄宗以其主傷折，補骨碎，故命此名。氣味苦溫，一云平，無毒。入足少陰經。能入骨，治牙疼，骨中毒氣，風血疼痛，五勞六極，手足不收，上熱下寒，久泄痢，破血止血，補傷折。蜀人治閃折，取根擣篩，黄米粥和，裹傷處甚效。一人久泄，諸醫不效，李瀕湖用此藥末，入豬腎中煨熟，與食，頓住。蓋腎主大小便，久泄屬腎，不可專從脾胃也。《炮炙論》用此方治耳鳴，耳亦腎之竅也。

**清・劉雲密《本草述》卷一三** 骨碎補　嘏曰：出嶺南虔、吉州，今淮、浙、陝西、夔路州郡皆有。寄生石上或木上，多在背陰處，引根成條，上有黄白赤毛及短葉附之，又抽大葉成枝，葉長有缺，頗似貫眾，面色青緑，有青黄點，背色青白，有赤紫點，每一大葉兩旁各有小葉叉牙，兩兩相對，至春作葉，冬則乾黄，無花實，根扁而長，畧似薑形，《拾遺》呼為猴薑，江右人呼為胡孫薑，日華子呼為石毛薑，皆形相似也。

根：　氣味：　苦，温，無毒。　日華子曰：　平。　諸本草主治：　破血止血，補傷折骨碎，療骨，中毒氣風血疼痛。血和則臥息，故痛風證類用之。所云入骨散毒，亦是此義。亦入婦人血氣藥中，用兼治腎虛久痢，並耳鳴齒痛。　方書主治：　腰痛，行痺，中風，鶴膝風攣氣證，泄瀉，淋，遺精，脱肛。　權曰：療五勞六極，手足不收，上熱下冷。此味在秘傳降氣湯中，治上熱下虛，知權言不謬。　時珍曰：　骨碎補足少陰藥也，故能入骨治牙，及久泄痢。昔有魏刺史子久泄，諸醫不效，垂殆。予用此藥末入豬腎中，煨熟與食，頓住。蓋腎主大小便，久泄屬腎虛，不可專從脾胃也。按戴原禮《證治要訣》云：　痢後下虛，不善調養，或遠行，或房勞，或外感，致兩足痿軟，或痛或痹，遂成痢風，宜用獨活寄生湯，加虎骨四斤丸，仍以骨碎補三分之一同研，取汁，酒解服之；　外用杜牛膝、杉木節、萆薢、白芷、南星，煎湯，頻頻熏洗。此一從腎虛骨痿而治也。　希雍曰：　骨碎補得金氣兼得石氣。石者，水之母也。味苦氣温，亦應有辛。好生陰處，故得陰氣為多，宜其入足少陰而主骨。

附方　虛氣攻牙，齒痛血出，或時癢痛，骨碎補二兩，銅刀細剉，瓦鍋慢火炒黑，為末，如常復齒良，久吐之，咽下亦可。劉松石云：　此方不獨治牙痛，極能堅骨固牙，益精髓，去骨中毒氣疼痛，牙動將落者，數擦立住，再不復動，經用有神。

愚按：　骨碎補類以為補腎虛云耳，而破血止血，補傷折並療骨中毒氣之說，初不深究也。且因名思義，骨碎而曰補者，不先療傷折，而謂能補骨碎乎？　且《經》曰：　髓者，骨之充也。不療傷折及骨中毒氣，俾能髓充骨中而謂能補腎虛乎？　先哲曰：　凡男子女人一百九十骨，或隱或襯，或無髓勢，餘二百五十六骨並有髓液以藏，諸筋以會，諸脈谿谷相需而成身形，謂之四大，此骨度之常也。即此条之，則每用此味以補骨之碎折者，豈非謂其能大補髓液乎？　蓋由其為陰氣所鍾，而乃味苦氣溫，苦者火味，温者少火之氣也，故能破血，即能止血，血和而血海細緼之，餘乃化為精，即入於腎之合者，能散毒而益髓，所云專理骨病者此耳。然則劉松石謂益精髓乃補，《本草》之所未發，豈如粗工輩泛泛言其益腎哉？　雖然先哲每言由血化精，是化機寧盡由血，蓋稟於陰中之陽，為由化而得生之玄機，是乃由氣而化血者也。故方書用之治氣，蓋就升降之義，而於諸調氣中，必本之元氣屬腎者，俾之化機得暢也。或曰何以於治氣不多見而方書所治，如中風行痹，鶴膝風等證，似又屬血也？　曰：方書所主諸證，蓋屬陰中之氣，陰中之氣並不可槩以氣言，亦不能專以血言也。如中風之治，治其病於癱瘓者，如行痹三方；　治其風溼走注者，其治鶴膝風有經進地仙丹；　治腎氣虛憊風溼流注者，又如攣證之百倍丸；　治男女中風，腰膝疼痛，筋脈拘攣，行步艱難者，如腰痛，有乳香趂痛散及虎骨散與百倍丸；　或治打墜，或療腎虛者，如泄瀉，有五味子丸；　治五更腎虛瀉者，又治遺精之水中金丹；　治元臟氣虛不足者，更如女子有娠而病子淋，有纛羊角散。若密齋所云：　子淋為病，類分母自病，及子為母病者。更云此一證，熱則清之，燥則潤之，壅則通之，塞則行之，即是説以条於茲味之由化得生，因之補腎虛者，非其的證歟。舉一證之主治，不可以類推於諸證歟。是則由化得生之妙，若為茲味所獨異，而陰中之陽，為腎中元氣，唯茲味獨有斡旋，不汎同於諸藥之，或治血，或治氣者，以為功也。用茲味以療所患，可得鹵莽乎哉？

附方　腸風失血，骨碎補燒存性五錢，酒或米飲服。　耳鳴耳閉，骨碎補削作細條，火炮，乘熱塞之。　希雍曰：　不宜與風燥藥同用。

修治　凡采得用銅刀刮去黄赤毛，細切，蜜拌潤，甑蒸一日，曬乾用。急用只焙乾，不蒸亦得也。

**清・郭章宜《本草匯》卷一二** 骨碎補即猴薑。　苦，溫，入足少陰經。治骨中毒氣，骨碎折傷。療耳響牙疼，腎虛泄瀉。

按：骨碎補好生陰處，得陰氣為多。筋骨傷碎者能療之，故有此名。走入少陰，凡損傷筋骨處，用黃米粥和裹傷處，有効。患久泄者，用此藥末入猪腎中，煨熟食之，即住。蓋腎主大小便，久泄屬腎虛，不可專從脾胃也。雷公炮用此方治耳鳴，耳亦腎之竅也。戴原禮用以治骨痿，皆從腎虛起見也。《經疏》云：勿與風燥藥同用。氣虛攻牙，或痛或癢，以二兩細剉，慢火炒黑為末，時常揩齒良久，吐嚥皆可。此法出《靈苑方》，經用有神。若風蟲牙痛，用此同乳香，等分為末，丸塞孔中，名金針丸。病後髮落，同野薔薇嫩枝，煎汁刷用。

生陰濕山谷，寄生樹石。銅刀刮去黄黑毛，蒸焙用。

**清・蔣居祉《本草擇要綱目・溫性藥品》** 骨碎補 氣味：苦，平，溫，無毒。入足少陰經。 主治：破血止血，補傷折骨，中毒氣，耳鳴及腎虛久泄，兼療牙疼。

**清・王翃《握靈本草》卷五** 骨碎補生江南。去毛，蜜潤，蒸晒用。 主治：骨碎補，苦，溫，無毒。主破血止血，補傷折風血疼痛，腎虛久泄，牙疼。

**清・汪昂《本草備要》卷二** 骨碎補補腎，治折傷。 苦溫補腎，故治耳鳴，耳鳴必由腎虛。及腎虛久瀉。研末，入猪腎煨熟，空心食之。腎主二便，久瀉多屬腎虛，不可專責脾胃也。腎主骨，故治折傷，以功命名。粥和敷傷處。《經》曰：腎者胃之關也。前陰利水，後陰利穀。牙痛。炒黑爲末，擦牙，嚥下亦良。又入厥陰心包、肝。能破血止血。入血行傷，故治折傷，粥和末裹傷處。 根似薑而扁長。去毛用，或蜜拌蒸。

**清・陳士鐸《本草新編》卷三** 骨碎補 味苦，氣溫，無毒。入骨，用之以補接傷碎最神。療風血積疼，破血有功，止血亦效。同補血藥用之尤良，其功用真有不可思議之妙；同補腎藥用之，可以固齒；同失血藥用之，可以填竅，不止祛風接骨獨有奇功也。

或問：骨碎補入骨，且能接續于損傷，不識亦可用之以補腎乎？骨碎補雖能入腎，而不能益腎也。夫骨乃腎之餘，接骨即補腎也，乃在腎之不能益乎。雖然，腎中之水，無形之水；腎中之火，亦無形之火也。骨碎補但能補有形之齒骨，不能補無形之水火。然而有形之齒骨乃無形之水火所生，即謂骨碎補之能益補也，又何獨不可哉？

或疑李時珍謂骨碎補乃補腎之藥，以其治久泄能效也。腎主大小便，久泄是腎虛，而不專脾胃也。況雷公以之治耳鳴，非皆補腎之明驗乎。不知骨碎補之能止痢者，以其能破血也，破血則痢自止。耳鳴者風也，骨碎補療風最驗，塞耳則腎中之風自散。非因其補腎也，時珍悮認為補耳。

**清・李熙和《醫經允中》卷一九** 骨碎補 亦名猴薑。蜜拌潤蒸熟，晒乾用。 苦，溫，無毒。主治補骨節折傷，耳鳴牙疼，腎虛久泄。腎經補藥，能堅骨益精，故入骨治牙，牙動將落，擦之能住。入猪腎煨食，能止久痢；以之治閃折筋骨，取搗煮米粥，和裹傷處殊功；以之治遠行房勞，并痿軟症，其効如神。因其補折傷甚驗，故名骨碎補也。

**清・馮兆張《馮氏錦囊秘錄・雜症痘疹藥性主治合參》卷三** 骨碎補又名猴薑。得金氣，兼得石氣而生。味苦、辛，氣溫。好生陰處，故得陰氣為多。入足少陰而主骨，凡骨中毒氣，風血疼痛，五勞六極，手足不收，上熱下冷，腎虛齒痛，耳鳴，痢風足軟，堅骨固齒，皆入腎主骨之驗也。○凡採得銅刀刮去黄赤毛，細切，蜜拌蒸，晒用。 骨碎補，補骨節傷碎，療風血積疼。破血有功，止血亦效。專入腎經，故治腎泄骨痿，耳響，牙疼，諸骨腎症。昔魏刺史子，久泄垂危，諸藥不效，用此藥末入猪腎中，煨熟食之，即愈。蓋腎主二陰，而司禁固，久泄乃屬腎虛，不可專責脾胃也。

**清・张璐《本經逢原》卷二** 骨碎補俗名猴薑。 苦，溫，無毒。蜜水焙用。

發明：骨碎補，足少陰藥也。骨傷碎者能療之，故名。主骨中毒氣，風氣，耳鳴，牙疼，骨痛，破血止血，折傷接骨。又治腎虛久瀉，以之為末，入豬腎中煨熟食之。戴元禮治痢後骨痿，入虎骨四觔，丸用之有效。但其性降收，不可與風燥藥同用。

**清・浦士貞《夕庵讀本草快編》卷三** 骨碎補宋《開寶》、猴薑 本名猴薑，開元皇帝以其專主折傷，特賜今名。 骨碎補苦溫而平，足少陰藥也。專治筋骨傷損，牙疼耳鳴，瀉泄久痢以及婦人血氣諸疾。蓋謂腎主骨，耳為腎之外竅，血亦屬水，二便皆屬於腎故也。戴元禮《證治〔要〕訣》云：痢下失調，或遠行、房慾，致兩足痿痺，名曰痢風。宜以獨活寄生湯吞虎骨四斤丸，仍以猴薑三分之一同研，取汁酒服。蓋不治脾胃而治腎爾。又《仁存方》治病後髮落，用野薔薇嫩枝同煎刷之，亦取髮為血之餘乎。

**清・何諫《生草藥性備要》卷上** 〔侯〕〔猴〕〔羌〕〔薑〕 味辣，性平。能退熱；治酒頂。一名千夜錦。

**清・王子接《得宜本草・上品藥》** 骨碎補 味苦。入足少陰經。主治閃折筋骨傷損。得猪腎治久瀉不止，得獨活、寄生、虎骨治痿痺。

**清・黃元御《玉楸藥解》卷一**　猴薑　味苦，微溫。入足少陰腎、足厥陰肝經。接骨斷，止牙痛，泄濕通經。治關節疼痛，手足不仁，耳鳴牙疼，筋斷骨折，兼療腎泄。亦名骨碎補。

**清・吳儀洛《本草從新》卷二**　骨碎補〔堅腎行血，治折傷。〕一名猴薑。苦堅腎，故治耳鳴及腎虛久瀉、牙疼。以上三證，俱研末，入猪腎中煨熟，空心服之。炒黑為末，擦牙咽下亦良。溫行血，又能止血。補傷折，以功命名。粥和末敷傷處。療骨痿。戴原禮〔戴原禮著《金匱鉤玄》。〕常用之，有效。《經疏》云：勿與風燥藥同用。根似薑而扁長，銅刀刮去黃赤毛，細切，蜜拌蒸曬。

**清・汪紱《醫林纂要探源》卷二**　骨碎補　苦，溫。一名猴薑。好生木石上，葉似石韋而多刻缺，貼根有厚葉數片，堅硬而短，如手掌，根似薑而扁，有黃黑厚毛，去淨，蜜拌蒸。補腎，治折傷，瀉心，去瘀血。外傅止血。

**清・嚴潔等《得配本草》卷四**　骨碎補一名猴薑。　忌羊肉、羊血、芸薹菜。　辛、苦，溫。入足少陰經。堅腎固齒。治耳鳴久瀉，痿痺折傷，去骨中毒風。　佐六味煎服，療齒痛。入豬腎煨食，治久瀉。　燒炭存性，米飲或酒服，治腸風失血。　瓦鍋慢火炒黑為末，擦齒痛出血神效。　去毛，蜜拌蒸曬。　擦齒，炒黑。　敷傷處，粥調。

**題清・徐大椿《藥性切用》卷四**　骨碎補　性味苦溫，堅腎活血，為折傷損骨耑藥。酒炒，或蜜炒用。

**清・黃宮繡《本草求真》卷七**　骨碎補破瘀逐血補骨。　骨碎補耑入腎，兼入心。味苦而溫，功耑入腎補骨，且能入心破血，是以腎虛耳鳴，耳屬腎。久瀉，腎司開闔之權，久瀉多責於腎。跌仆損傷骨痛，牙痛血出，無不用此調治。泄瀉，研末入猪腎煨食。牙痛，炒黑為末擦牙。折傷，粥和末裹傷處。俾其腎補骨堅，破瘀生新，而病即除，至命其名曰骨碎補，以其骨碎能補骨故耳。雖與補骨脂相似，然總不如補骨脂性耑固腎通心，而無逐瘀破血之治也。去毛，蜜拌蒸用。

**清・楊璿《傷寒溫疫條辨》卷六補劑類**　骨碎補去毛，蜜炙。　味苦，氣溫，入腎。破血有功，止血甚驗。主折傷，補精髓，療耳鳴，治周痹，固牙齒。去濕熱疼痛及腎虛久瀉。研末，入猪腎中，煨熟食之。　蓋腎主二便，久利多屬腎虛，不專責脾胃也。六味丸料加骨碎補，治腎虛牙疼效。

**附：　琉球・吳繼志《質問本草》外篇卷二**　猴薑骨碎補　辛丑清舶漂到，採此種問之。　猴薑。陳宜春。　生巖阪間，四時不凋。　俗名海蝦青。甲辰，戴道光、戴昌蘭。

**清・羅國綱《羅氏會約醫鏡》卷一六草部**　骨碎補味苦溫，入腎肝二經。銅刀刮去毛，蜜拌蒸晒用。　此物好生陰處，入腎而主骨。折傷，粥和敷之。治骨中毒氣、風熱疼痛，五勞六極，手足不收，上熱下冷，或痢後下虛，或遠行，或房勞，或外感風濕，以致兩足痿弱，俱宜補陰之藥佐之成功。并治腎虛耳鳴、久瀉、腎主二陰而司禁固，久泄，乃屬腎虛，用此為末，入猪腎中煨熟，空心食之。二證俱宜。牙痛。炒黑為末，擦牙嚥下為良。又能活血止血。去瘀生新。　按：《經疏》云：勿與風燥藥同用。

**清・黃凱鈞《藥籠小品》**　骨碎補　苦堅腎，溫行血，補傷折，療骨痿，蜜拌蒸晒。

**清・王龍《本草纂要稿・草部》**　骨碎補　氣味苦溫。補骨節傷碎，療風血積疼。破血有功，止血亦效。本名胡孫薑。

**清・莫樹蕃《草藥圖經》**　石蓮薑　即石毛薑，本草名骨碎補。苦溫，無毒。治破血止血，補傷損，治骨中毒氣，風血疼痛，五勞六極，足手不收，上熱下冷。猪腎夾煨，空心食，治耳鳴及腎虛，久泄牙疼。

**清・吳鋼《類經證治本草・足少陰腎臟藥類》**　碎補　【略】誠齋曰：齒痛服藥不愈者，以六味地黃湯加骨碎補三錢，一服立愈。似薑而扁，去毛用，或蜜拌蒸。

**清・張德裕《本草正義》卷下**　骨碎補一名猴薑。　微苦，溫。肝腎藥也。補折傷，療骨中邪毒痛疼，或感風濕，兩足痿弱而痛，亦能活血，止牙痛。

**清・楊時泰《本草述鉤元》卷一三**　骨碎補　出嶺南虔吉諸州，今淮、浙、陝西、夔路皆有。寄生石上或木上背陰處，引根成條，上有黃白赤毛及短葉附之，大葉似貫眾，根扁而長，略似薑形，人呼猴薑，又為石毛薑覈。

根，氣味苦溫。入足少陰經。主治破血止血，補傷折骨碎，散骨中毒氣，風血疼痛。血和則風息，故痛風證類用之。亦入婦人血氣藥中用，兼治腎虛久痢，耳鳴齒痛。方書治腰痛，行痺，中風，鶴膝風攣，泄瀉，淋，遺精脫肛。久瀉垂殆，諸藥不效，用猴薑末，入豬腎中煨熟，食之頓住，蓋腎主二便，久瀉屬腎虛，不可專事脾胃也瀕湖。凡痢後下虛，不善調養，或遠行，或房勞，或外感，致兩足痿軟，或痛或痺，遂成痢風，宜用獨活寄生湯，加虎骨四斤丸，仍以骨碎補三分之一同研取汁，酒解服之，外用杜牛膝、杉木節、萆薢、白芷、南星煎湯，頻頻熏洗，此一從腎虚骨痿而治也原禮。好生陰處，故得陰氣為多，宜其入足少陰而主骨仲淳。虚氣攻牙，齒痛血出，或時癢痛，骨碎補二兩，銅刀細剉，瓦鍋慢火炒黑，為末，如常揩齒，良久吐之，咽下亦可。此方不獨治牙痛，極能堅骨固牙，益精髓，去骨中毒氣。疼痛牙動將落者，數擦立住，經用有神松石。腸風失血，骨碎補燒存性五錢，酒或米飲服。耳鳴耳閉，骨碎補削作細條，火炮，乘熱塞之。

論：骨碎補寄生木石背陰處，為陰氣所鍾。味苦氣溫，苦者火味，溫者少火之氣也。稟陰中之陽，為由化得生之元機，句指氣言，蓋由血化精，其化機寧盡由血，乃由氣而化血者也。方書用茲味治氣，正於調氣諸藥中本之元氣屬腎者，俾化機得暢耳。故能破血，有氣以行之。即能止血。復有氣以固之。血和而血海絪緼之餘，乃化為精，以入於腎之合，而散毒益髓，所以專理骨病。然則劉松石謂益精髓，乃補《本草》所未發，豈如粗工泛言其益腎哉。閱方書所主治，大約屬陰中之氣為病。陰中之氣不可概以氣言，亦不能專以血言。惟茲味於由化得生之妙，若所獨畀。而陰中之陽，為腎中元氣，又似獨有斡旋，不泛同於諸藥之或治血或治氣者。甄氏謂其能療五勞六極，手足不收，上熱下冷，而秘傳降氣湯中用治上熱下虚，知權言不謬也。

繆氏：不宜與風燥藥同用。

修治：銅刀刮去黄赤毛，細切，蜜拌潤，甑蒸一日，曬乾用。急用只焙乾，不蒸亦得。

**清·鄒澍《本經續疏》卷六**　骨碎補　【略】折之不死，插之輒生，翦枝移續，劚根重栽。皆草木恒性，詎足為異，未可以療傷折也。然則倒插亦生，横埋亦生，雖切之成塊，暴之至枯，摘其一葉，分其一瓣，無不可生者，遂可以療傷折乎？此不過水與土正相媾，草木偶得之，遂乘此生發耳，又烏足以療傷折？且傷之為傷，豈無差別？在皮肉曰傷破，在筋脈曰傷斷，惟在骨乃曰傷折。傷既在骨，而遠望水土之滋凝，草木之聯屬，其傷處敗壞久矣。惟骨碎補者，寸寸折之，寸寸皆生；處處折之，處處有汁。無藉根株之係，不致血液之漏。故曰主破血止血，補傷折，言能不使瘀結者留滯，不使流動者妄行，而補苴傷折如未嘗傷折也。所以然者，苦本堅裏，而内含水，自應腎之體；溫本生發，而能運水，自應腎之用。此後人所以察其幾微，而謂為補腎以除耳鳴齒痛，皆可以是義推之矣。

**清·葉桂《本草再新》卷三**　骨碎補味苦，性溫，無毒。入肝、腎二經。　治耳鳴，及腎虚久瀉，牙疼，兼能行血。

**清·吴其濬《植物名實圖考》卷一六**　骨碎補　《本草拾遺》謂之猴薑，開元時以其主傷折、補骨碎命名。凡古木陰地皆有之。

**清·吴其濬《植物名實圖考》卷一七**　骨碎補　與猴薑一類。惟猴薑扁闊，骨碎補圓長，滇之採藥者别之。

過山龍　一名骨碎補。似猴薑而色紫有毛。雲南極多。味苦，性溫。補腎，治耳鳴及腎虚久瀉。

**清·趙其光《本草求原》卷五水石草部**　骨碎補俗名猴薑。苦，溫，氣味俱火。故能破血，即能和血以止血，使血海氤氳，乃化為精髓，以入於腎合之骨；是其能散骨中風毒，乃於補髓有專功，而不同於他味之泛泛補腎者，故名。血和則風熄毒散，故痛風方多用之。○燒存性，酒或米飲下，治腸風失血。性降收，不可與風燥藥同用。

**清·文晟《新編六書》卷六《藥性摘錄》**　骨碎補　苦，溫。入腎補骨，兼入心破血，治腎虚耳鳴，久瀉，跌撲損傷，骨痛，牙痛血出。○去毛，蜜拌蒸用。

**清·張仁錫《藥性蒙求·草部》**　骨碎補五錢　骨碎補溫，療傷行血。骨痿耳鳴，腎虚可攝。苦溫堅腎，又治腎虚牙疼及久瀉。蜜拌蒸。勿與風燥藥同用。○一名猴薑。

**清·劉善述、劉士季《草木便方》卷一草部**　骨碎補　石巖薑苦溫補骨，牙痛耳鳴久瀉服。破血止血炒黑用，折傷接骨功效速。猴薑。

**清·戴葆元《本草綱目易知錄》卷二**　骨碎補　苦，溫。入足少陰經。能破血止血，補折傷。腎主骨，故治骨中毒氣，風血疼痛，手足不收，五勞六極，上熱下冷。又治惡疾蝕爛肉，殺蟲。研末，入猪腎内，包煨，空心食，治耳鳴及腎虚久瀉，牙疼。去毛，焙用。

**清·黄光霽《本草衍句》**　骨碎補苦，溫。　入腎治牙痛耳鳴，腎虚久瀉入陰。心包，肝。能破血止血，筋骨損傷。得猪腎治久泄瀉不止，得獨活、寄生、虎骨治痢後下虚，兩足痿痺，遂成痢風。　風蟲牙痛，骨碎補、乳香等分，為末，糊丸塞孔中，名金針丸。

**清・陳其瑞《本草撮要》卷一**　骨碎補　味苦，入足少陰經，功專療閃折筋骨損傷。得猪腎治久瀉不止，得獨活、寄生、虎骨治痿痹。蜜拌蒸。

**清・周巖《本草思辨錄》卷二**　骨碎補　《開寶》主破血、止血、補傷折。其所破之血，乃傷折之瘀血；所止之血，乃傷折之好血。非謂其於他處能破血，復能止血也。傷在皮膚曰傷破，在筋脈曰傷斷，在骨曰傷折。骨碎補寄生樹上或石上，多在背陰處，其根有黃赤毛，所抽之葉，則有青、綠、黃、白、赤、紫各點，宛似效力於骨碎之處而調其血脈。又寸寸折之，寸寸皆生。處處折之，處處有汁。氣味苦溫，故能入腎，堅腎補傷折。且無花無實，力專而不分也。　李氏謂以骨碎補研末，入猪腎中，煨熟空心食，治久泄頓住。其補腎之功，自不可沒。則他方書治耳鳴牙疼，亦必不虛。要知其為苦溫之劑，勿施於陽勝之體而可耳。

### 岩蠶

**明・佚名氏《醫方藥性・草藥便覽》**　岩蠶　其性苦。治風痛。

### 蘋

**宋・李昉《太平御覽》卷一〇〇〇**　萍　《爾雅》曰：苹，萍。水中浮萍，江東謂之薸，音瓢。其大者蘋。《詩義疏》曰：萍麄大者為蘋，季春生，可糝蒸為茹。《周處風土記》曰：萍，蘋，芹菜之別名也。《范子計然》曰：水萍出三輔。色青者善。《吴氏本草》曰：水萍，一名水廉。生池澤水上。葉圓小，一莖一葉，根入水，五月華白，三月採，日乾之。《本草經》曰：水萍，一名水華。味辛，寒。生池澤水上。療暴熱身癢，下水氣，勝酒，長鬚髮，久服輕身。

**明・盧和、汪穎《食物本草》卷二菜類**　蘋　味辛酸，寒，無毒。主暴熱身痒，下水氣，勝酒，長鬚髮，止消渴，下氣。久服輕身。季春始生，可糝蒸為茹。《詩》所謂采蘋、采藻，以供祭者是也。昔楚昭王渡江，獲蘋實如斗，剖而食之，甜如蜜，即此。但不可多得也。蘋有三種。

**明・李時珍《本草綱目》卷一九草部・水草類**　蘋《吴普本草》

【釋名】芣菜《拾遺》　四葉菜《巵言》　田字草時珍曰：蘋本作薲。《左傳》蘋蘩蘊藻之菜，可薦於鬼神，可羞於王公。則薲有賓之之義，故字從賓。其草四葉相合，中折十字，故俗呼爲四葉菜、田字草、破銅錢，皆象形也。諸家本草皆以蘋注水萍，蓋由蘋、萍二字，音相近也。按韻書：蘋在真韻，蒲真切；萍在庚韻，蒲經切。切脚不同，爲物亦異。今依《吴普本草》別出於此。

【集解】普曰：水萍一名水廉，生池澤水上。葉圓小，一莖一葉，根入水底，五月花白。三月採，日乾之。弘景曰：水中大萍，五月有花白色，非溝渠所生之萍。乃楚王渡江所得，即斯實也。恭曰：萍有三種：大者名蘋；中者名荇，葉皆相似而圓；其小者，即水上浮萍也。藏器曰：蘋葉圓，闊寸許。葉下有一點，如水沫。一名芣菜。曝乾可入藥用。小萍是溝渠間者。禹錫曰：按《爾雅》云：萍，蓱也。其大者曰蘋。又《詩》云：于以采蘋，于澗之濱。陸璣注云：其粗大者謂之蘋，小者爲萍。季春始生。可糝蒸爲茹，又可以苦酒淹之按酒。今醫家少用此蘋，惟用小萍耳。時珍曰：蘋乃四葉菜也。葉浮水面，根連水底。其莖細於蓴、莕。其葉大如指頂，面青背紫，有細紋，頗似馬蹄決明之葉，四葉合成，中折十字。夏秋開小白花，故稱白蘋。其葉攢簇如萍，故《爾雅》謂大者爲蘋也。《呂氏春秋》云：菜之美者，有崑崙之蘋。即此。《韓詩外傳》謂浮者爲藻，沉者爲蘋。臞仙謂白花者爲蘋，黃花者爲莕，即金蓮也。蘇恭謂大者爲蘋，小者爲莕。楊慎《巵言》謂四葉菜爲莕。陶弘景謂楚王所得者爲蘋。皆無一定之言。蓋未深加體審，惟據紙上猜度而已。時珍一一採視，頗得其真云。其葉徑一二寸，有一缺而形圓如馬蹄者，蓴也。似蓴而稍尖長者，莕也。其花並有黃白二色。葉徑四五寸如小荷葉而黃花，結實如小角黍者，萍蓬草也。楚王所得萍實，乃此萍之實也。四葉合成一葉，如田字形者，蘋也。如此分別，自然明白。又項氏言白蘋生水中，青蘋生陸地。按今之田字草，有水陸二種。陸生者多在稻田沮洳之處，其葉四片合一，與白蘋一樣。但莖生地上，高三四寸，不可食。方士取以煅硫結砂煮汞，謂之水田翁。項氏所謂青蘋，蓋即此也。或以青蘋爲水草，誤矣。

【氣味】甘，寒，滑，無毒。【主治】暴熱，下水氣，利小便吴普。擣塗熱瘡。擣汁飲，治蛇傷毒入腹內。曝乾，栝樓等分爲末，人乳和丸服，止消渴藏器。食之已勞《山海經》。

**明・姚可成《食物本草》卷一九草部・水草類**　蘋水中大蘋，五月有花，白色。非溝渠所生之萍，乃楚王渡江所得，即斯實也。昔有童謠云：楚王渡江得蘋實，大如瓜，赤如日，剖而食之甜如蜜。○蘇恭曰：萍有三種，大者名蘋，中者名荇，葉皆相似而圓，其小者即水上浮萍也。○陳藏器曰：蘋葉圓，闊寸許，葉下有一點如水沫。一名芣菜。《爾雅》云：大者曰蘋。又，《詩》云：于以采蘋，于澗之濱。陸(機)〔璣〕注云：其粗大者謂之蘋，小者為萍。莫春時始生，可糝蒸為茹，又可以苦酒淹之按酒。○李時珍曰：蘋乃四葉菜也。葉浮水面，根連水底。其莖細于蓴莕。其葉大如指頂，面青北紫，有細紋，頗似馬蹄決明之葉。四葉合成，中折十字。夏秋開小白花，故稱白蘋。其葉攢簇如萍，故《爾雅》謂大者為蘋也。《呂氏春秋》云菜之美者，有崑崙之蘋，即此。《韓詩外傳》謂浮者為(藻)〔薸〕，沉者為蘋；臞仙謂白花者為蘋，小者為莕；楊慎《巵言》謂四葉菜爲莕；陶弘景謂楚王所得者為蘋。皆無一定之言。蓋未深加體審，惟據紙上猜度而已。時珍一一采視，頗得其真云。其葉徑一二寸，有一缺而形圓如馬蹄者，蓴也。似蓴而稍尖長者，莕也。其花竝有黃白二色。葉徑四五寸，如小荷葉而黃花，結實如小角黍者，萍蓬草也。楚王所得萍實，乃此萍之實也。四葉合成一葉，如田字形者，蘋也。如此分別，自然明白。又，項氏言白蘋生水中，青蘋生陸地。按今之田字草，有水、陸二種。陸生者多在稻田沮洳之處，其葉四片合一，與白蘋一樣，但莖生地上，高三四寸，不可食，方士取以煅硫結砂煮汞，謂之水田翁。項氏所謂青蘋，蓋即此也。或以青蘋為水草。誤矣。〇《左傳》：蘋蘩蘊藻之菜，可薦于鬼神，可羞于王公。

蘋，味甘，寒，滑，無毒。治暴熱，下水氣，利小便。擣塗熱瘡。擣汁飲，治蛇傷毒入腹內。曝乾，栝樓等分為末，人乳和丸服，止消渴。食之已勞。〇程氏夫妻性好嗜鼈。一日，偶得巨鼈，囑婢修事，時暫出外。婢念手所殺鼈，不知其幾，今此巨鼈，心欲釋之，甘受箠撻耳。遂放池中。主回索鼈，對以忘失，遂遭痛打。後感疫疾將死，家人舁至水閣，以俟命盡。夜忽有物池中出，身負萍藻，塗于婢身。熱得涼解，病乃漸愈。主怪不死，詰之，具以實對。主不信，至夜潛窺，則向所失鼈也。闔門驚歎，永不食鼈。

**明・施永圖《本草醫旨・食物類》卷二** 蘋大者為蘋，小者為萍。味：辛、酸，寒，無毒。主暴熱身痒，下水氣，入酒，長鬚髮，主消渴，下氣，久服輕身。季夏始生，可糝蒸為茹。《詩》所謂采蘋、采藻，以供祭祀者是也。昔楚昭王渡江，獲蘋實如斗，剖而食之，甜如蜜，即此秀結而成，不能常有。蘋有三種，唯背赤者佳。

**清・穆石匏《本草洞詮》卷一〇** 蘋 乃四葉合成，中折十字，面青背紫，葉浮水面，根連水底，夏秋開小白花，謂之白蘋。《左傳》：蘋蘩蘊藻之菜，可以薦鬼神，羞王公。《詩》云于以采蘋，于澗之濱是也。此與蓴、荇，一類數種。葉經一二寸，有一缺而形圓，如馬蹄者，蓴也。似蓴而稍尖長者，荇也。葉經四五寸，如小荷葉而黃花，結寔如小角黍者，萍蓬草也。楚王所得萍，寔此萍之寔也。四葉合成一葉，如田字形者，蘋也。白蘋生水中，青頻生陸地，陸生者多在稻田沮洳之處，不可食，方士取以煅硫，結砂煮汞，俗稱為水田翁。水蘋甘寒滑，無毒。治暴熱，利小便。

**清・丁其譽《壽世秘典》卷三** 蘋俗呼為四葉菜，葉浮水面，根連水底，其莖細于蓴莕，其葉大如指頂，面青，背紫有細紋，四葉合成，中折十字。夏秋開小白花，故稱白蘋。蘇恭言：有三種，大者名蘋，中者名荇，小者即水上浮萍，處處池澤止水中甚多。季春始生，或云楊花所化，一葉經宿，即生數葉，葉下有微鬚，即其根也。一種背面皆綠者。一種面青背紫者，謂之紫萍，入藥為良。諸家本草皆以蘋注浮萍，蓋由蘋、萍二字音相近也。別有一種萍蓬草，莖大如指，葉似荇葉而大，初生如荷葉，六七月開黃花，結實狀如角黍，長二寸許，內有細子一包如罌粟，澤農采之，洗擦，去皮，蒸曝，舂取米作粥飯食之。其根大如藕，儉年人亦食之，香味如栗，俗呼水栗子。氣味：甘，寒，滑，無毒。主治暴熱身痒，下水氣，利小便。擣，塗熱瘡。擣汁飲，治蛇傷，毒入腹內。

**清・王道純《本草品彙精要續集》卷二** 蘋無毒

蘋：主暴熱下水氣，利小便吳普。擣塗熱瘡，擣汁飲，治蛇傷，毒入腹內，暴乾，栝樓等分爲末，人乳和丸服，止消渴《本草拾遺》。食之已勞《山海經》。

【名】芣菜、四葉菜、田字草。李時珍曰：蘋，本作薲，《左傳》蘋蘩蘊藻之菜，可薦於鬼神，可羞于王公，則薲有賓之之義，故字從賓。其草四葉相合，中折十字，故俗呼爲四葉菜、田字草、破銅錢，皆象形也。諸家本草皆以蘋注水萍，蓋由蘋、萍二字音相近也。按《韻書》：蘋在真韻，蒲真切；萍在庚韻，薄經切。切脚不同，爲物亦異。今依《吳普本草》，別出於此。【地】吳普曰：水萍，一名水廉，生池澤水上。【苗】一莖一葉，葉圓小，根入水底。陶弘景曰：水中大萍，非溝渠所生之萍，乃楚王渡江所得，即斯實也。蘇恭曰：萍有三種，大者名蘋，中者名荇，葉皆相似而圓，其小者即水上浮萍也。陳藏器曰：蘋葉圓，闊寸許，葉下有一點如水沫，一名芣菜，小萍是溝渠間者。劉禹錫按《爾雅》云：萍，蓱也。其大者曰蘋。又《詩》云：于以採蘋，南澗之濱。陸璣注云：其粗大者，謂之蘋，小者爲萍，季春始生，可糝蒸爲茹，又可以苦酒淹之。按：酒今醫家少用，此蘋惟小萍耳。李時珍曰：蘋，乃四葉菜也。葉浮水面，根連水底，其莖細於蓴莕，其葉大如指頂，面青背紫，有細紋，頗似馬蹄決明之葉。四葉合成中折十字，夏秋開小白花，故稱白蘋，其葉攢簇如萍，故《爾雅》謂大者爲蘋也。《呂氏春秋》云：菜之美者，有崑崙之蘋，即此。《韓詩外傳》謂浮者爲藻，沉者爲蘋。臞仙謂白花者爲蘋，黃花者爲荇，即金蓮也。蘇恭謂大者爲蘋，小者爲萕。楊慎《巵言》謂四葉菜爲萕。陶弘景謂楚王所得者爲蘋。皆無一定之言，蓋未深加體審，惟據紙上猜度而已。李時珍一一採視，頗得其真，云：其葉徑一二寸，有一缺而形圓，如馬蹄者，蓴也。似蓴而稍尖長者，萕也。其花並有黃白二色，葉徑四五寸，如小荷葉而黃，花結實如小角黍者，萍蓬草也。楚王所得萍實，乃此萍之實也。四葉合成一葉，如田字形者，蘋也。如此分別，自然明白。又項氏言：白蘋生水中，青蘋生陸地。按今之田字草有水陸二種，陸生者多生稻田沮洳之處，其葉四片合一，與白蘋一樣，但莖生地上，高三四寸，不可食，方士取以煅硫結砂煮汞，謂之水田翁。項氏所謂青蘋，蓋即此也。或以青蘋爲水草，誤矣。【時】生，三月。採，五月。【收】暴乾入藥。【色】白。【味】甘。【性】寒，滑。【氣】降也，陰也。

**清・王子接《得宜本草・上品藥》** 蘋 一名田字草。制硫黄毒。功專下水氣。得花粉、人乳止消渴。

**清・汪紱《醫林纂要探源》卷二** 蘋 甘、鹹，寒，滑。生水中。如荇而四葉，聚於莖端，形如田字。一名大萍，一名田字草。功用同上。

**清・章穆《調疾飲食辯》卷三** 蘋 《拾遺》名芣菜。楊升庵《卮言》名四葉菜。又名田字草。《韓詩外傳》《臞仙真隱書》《名醫别錄》《唐本草》諸書，所載蓴、莕、蘋形色不一。獨《綱目》考訂加詳，曰：葉大如指頂，面青背紫，有細紋，四葉合成一葉，中折十字，如田字形者，蘋也。葉徑一二寸，有一缺而形圓者，蓴也。似蓴而稍尖長者，莕也。花並有黄、白二色，不結實。葉徑四五寸，花黄，結實如小角黍者，蘋，蓬草也。《爾雅》曰：萍，蓱。其大者蘋。後人注《詩》于以采蘋，皆因之大誤。萍無根，浮汎水面，蘋根連水底，二物絶不相侔。《呂氏春秋》曰：菜之美者，崑崙之蘋。《吴氏本草》曰：甘寒而滑。主暴熱，下水氣，利小便，止消渴。《山海經》曰：食之已勞。

**清・吴其濬《植物名實圖考》卷一八** 蘋 四葉合成一葉，如田字形。或以其開小白花，因呼白蘋。或謂生水中者為白蘋，生陸地者為青蘋，水生者可茹云。

**清・劉善述、劉士季《草木便方》卷一草部** 夜關門 四葉菜寒清利熱，火眼牙痛利便捷。熱淋尿血消火結，瘰癧痔瘻火毒滅。荇菜。

**清・田綿淮《本草省常・菜性類》** 蘋 一名四葉菜，一名田字草。性寒。除暴熱，下水氣。服甘草者忌之。

蜈蚣萍

**清・趙學敏《本草綱目拾遺》卷五草部下** 蜈蚣萍 生溪澗田港止水中，若流水則不生，形如蕨萁，中一莖，兩旁細葉攢對，似蜈蚣狀，故名。葉頗糙澀，不似浮萍之光澤。《綱目》水藻集解下有馬藻，葉亦對生，形亦微似，而實非一物。蓋藻可食，此則不可食。故主治亦别也。俗呼邊箕萍。《群方譜》：麻藻，萍之異種，長可指許，葉相對聯綴，不似萍之點點清輕也。按：麻藻，即今蜈蚣萍。治蝨：《同壽錄》：蜈蚣萍曬乾燒烟熏之，則一切跳蚤壁蝨皆除。

滿江紅

**明・李時珍《本草綱目》卷二一草部・有名未用** 滿江紅 時珍曰：主癰疽。入膏用。

**清・劉善述、劉士季《草木便方》卷一草部** 紅浮萍 浮萍辛散發汗良，風濕癱瘓痒洗強。通利小便下水氣，採用紫色勝麻黄。蘋。

格注草

**宋・唐慎微《證類本草》卷一一草部下品〔唐・蘇敬《唐本草》〕** 格注草 味辛、苦，溫，有大毒。主蠱疰諸毒疼痛等。生齊、魯山澤。

〔唐・蘇敬《唐本草》〕注云：葉似蕨，根紫色若紫草根。一株有二寸許，二月、八月採根，五月、六月採苗，日乾。《唐本》先附。

〔宋・唐慎微《證類本草》〕《唐本餘》注云：《圖經》出齊州、兗州山谷間。

**明・劉文泰《本草品彙精要》卷一五** 格注草有大毒 叢生。

格注草：主蠱疰，諸毒疼痛等。名醫所錄。【苗】《唐本》注云：葉似蕨，根紫色若紫草根，一株有二十許。【地】《圖經》曰：生齊魯山澤。《唐本》注云：出兗州山谷間。【時】生：春生苗。採：二月、八月取根，五月、六月取苗。【收】日乾。【用】根、苗。【色】苗緑根紫。【味】辛，苦。【性】溫，散。【氣】氣厚味薄，陽中之陰。

**明・王文潔《太乙仙製本草藥性大全》卷二《本草精義》** 格注草 生齊、魯、兗山澤間。葉似蕨，根紫色，若紫草，一株有二寸許。二月、八月採根，五月、六月採苗，日乾。

**明・王文潔《太乙仙製本草藥性大全》卷二《仙製藥性》** 格注草 味辛、苦，氣溫，有大毒。主治：主蠱毒鬼疰良方，祛諸毒疼痛神效。

**明・姚可成《食物本草》卷一九草部・毒草類** 格注草出齊魯山澤間。葉似蕨。根紫色，若紫草根。一株有二三十許。格注草，有大毒。不可食。